SOTHEBY'S
Welt der Weine

TOM STEVENSON

SOTHEBY'S Welt der Weine

Anbaugebiete und Weingüter
Rebsorten und Qualität

Aus dem Englischen von Dr. Bernhard Abend, Iris Berner, Gudrun Fleckenstein, Barbara Holle, Dagmar Mallet, Elisabeth Schönleitner, Andreas Stieber, Gabriele Zelisko

GONDROM

Titel der englischen Originalausgabe:
The New Sotheby's Wine Encyclopedia

Übersetzung: Dr. Bernhard Abend, Iris Berner, Gudrun Fleckenstein, Barbara Holle, Dagmar Mallet, Elisabeth Schönleitner, Andreas Stieber, Gabriele Zelisko
Redaktion: Dr. Bernhard Abend, München;
Karl-Heinz Schuster, München
Fachberatung: Matthias Schleinitz, München
Aktualisierung dieser Ausgabe: twinbooks, München
Covergestaltung: HildenDesign, München
Coverabbildung: © HildenDesign, München

014

ISBN 3-8112-2370-4

5 4 3 2 1

✧ INHALT ✧

Château Gruaud-Larose, St-Julien

Champagner-Etikett von Roederer

Weinberg Rieschen in Meersburg

Aglianico del Vulture DOC in der Basilikata

Blühendes Senfgras zwischen den Rebzeilen, Napa Valley

Cabernet-Sauvignon-Trauben in Chile

✧ VORWORT VON SOTHEBY'S ✧

Von Serena Sutcliffe, Master of Wine
Leiterin des Sotheby's International Wine Department

FÜR WEINLIEBHABER HAT DER BEGRIFF »Wissensdurst« eine ganz besondere Bedeutung, denn sie erwerben sich ihr Wissen im wahrsten Sinn des Wortes, indem sie Wein verkosten und genießen. Durch Lektüre aber vertiefen und erweitern sie ihre Kenntnisse. Informationen darüber, wie Wein angebaut und hergestellt wird, tragen dazu bei, die Wahrnehmung von Geruch und Geschmack eines Weins zu verbessern. Sogar etwas so »Trockenes« wie das Studium von Weingesetzen (im Gegensatz zu Geschichten und Überlieferungen, die zwar sehr pittoresk, aber unzuverlässig sind) wird interessant, wenn man Bukett und Aroma eines Flascheninhalts von diesem Rahmen her beurteilt. Sotheby's Weinenzyklopädie von Tom Stevenson befasst sich mit der Welt des Weins in ihrer ganzen großen Vielfalt. Dieses Werk wurde aus Liebe zur Sache geschrieben; es enthält Fakten und subjektive Meinungen, die auf Tatsachen gründen; diese Mischung ist es, was ein solches Buch lebendig macht. Und diese Enzyklopädie sprüht vor Leben, aus jeder Seite sprechen unmittelbare persönliche Erfahrung und unstillbarer Enthusiasmus.

Im vergangenen Jahrzehnt hat sich in der Welt des Weins viel ereignet. Nie zuvor sind Weinproduzenten und -liebhaber so viel gereist, noch nie haben sie so intensiv Kenntnisse und Erfahrungen ausgetauscht. Ihre Ideen haben sich gegenseitig befruchtet, zum Vorteil der Weinkonsumenten auf der ganzen Welt und auf allen Anspruchsniveaus. Wein wird heute von China bis Uruguay hergestellt und getrunken. Diese Enzyklopädie zeigt die große Vielfalt der globalen Weinindustrie am Beginn des neuen Jahrtausends. Tom Stevensons verständlich und unterhaltsam geschriebenes Buch bietet konzentrierte, faszinierende Informationen. Selbst ausgefallene Rebsorten und seltene Bodentypen werden hier zu interessanten Informationen, die den Weingenuss vertiefen und verstärken.

Eine gute Enzyklopädie sollte den Leser auf unzählige Pfade des Entdeckens führen. Das vor Ihnen liegende Beispiel nimmt Sie mit in die Weinberge und Weinkeller – und zu guter Letzt zu einem Glas Wein, dem Ort, bei dem sich alle Weinliebhaber treffen.

Auf dieses Buch mögen bald sicher auch Sie nicht mehr verzichten.

Serena Sutcliffe

FREUDE AM WEIN

OFT WIRD MIR BEI VORTRÄGEN, bei Weinproben und bei den Weinseminaren, die Sotheby's veranstaltet, die Frage gestellt: Wie kann man diesen Wein beschreiben? Die Teilnehmer suchen nach Worten, die ihre Geruchs- und Geschmacksempfindung genau wiedergeben. Der beste Weg, sich ein nützliches, aber nicht lächerlich esoterisches Vokabular aufzubauen, ist, einem Weinfreund zuzuhören, der über eine empfindliche Nase und einen sensiblen Gaumen verfügt, viel Erfahrung auf diesem Gebiet aufweist sowie die Gabe besitzt, sich klar und prägnant auszudrücken. Oft ist es ein Wort oder ein Satz, der die Unzahl von Düften und Geschmacksnoten eines guten Weins auf den nachvollziehbaren Begriff bringt. Die anschauliche Beschreibung des Buketts oder Geschmacks eines Weins vermag auch neue Dimensionen an einem Wein zu enthüllen, stellt der Erinnerung Merkzeichen zur Verfügung und gibt dem Wein Bedeutung. Es ist wie bei der Führung durch eine Gemäldegalerie unter Leitung eines Fachkundigen, der sich jahrelang mit dem Künstler befasst hat: Man nimmt Dinge wahr, die man zuvor nicht gesehen hat.

DIE FORM DES GLASES

Ob man verkostet oder trinkt: Die Form des Glases ist wichtig. Ein tulpenförmiges Glas von ausreichender Größe ist das ideale Trinkgefäß für jeden Wein. Der bauchige Unterteil und die nach innen geneigten Wände konzentrieren den Duft im oberen Bereich des Glases, sodass der Weintrinker in den vollen Genuss des Buketts kommt. Dabei sollte das Glas so groß sein, dass ein »ordentliches Glas voll« das Glas tatsächlich kaum bis zur Hälfte füllt, denn nur so kann sich das Bukett entwickeln. Zu kleine Gläser, Gläser mit geraden oder nach außen geneigten Wänden und Sektschalen (sowohl die Gasblasen als auch das Bukett können ungehindert entweichen) sind am wenigsten geeignet. In bedeutenden Anbaugebieten haben sich traditionelle Glasformen und sogar -farben (*siehe* S. 265) entwickelt, während der Trend heute dahin geht, für bestimmte Weintypen Gläser von bestimmter Form und Größe herzustellen. Ein österreichischer Gläserfabrikant behauptet sogar, dass derselbe Wein in jedem seiner Gläser unterschiedlich schmeckt.

T. S.

DIE FREUDE AM WEIN

Das Schöne am Weingenuss ist, dass man keinen großen Aufwand treiben muss, um seinem Hobby zu frönen. Man braucht nur intakte Riech- und Geschmacksorgane, alles weitere erforderliche Zubehör sind ein paar saubere, gut geformte Gläser, einige Flaschen Wein und ein Korkenzieher. Dünnes, schlichtes Glas ist am besten geeignet, da es zwischen Ihnen und dem Inhalt keine Barriere schafft, und Gläser mit langen Stielen sind besser zu halten. Ein Glas, das sich nach oben hin verengt, bewahrt das Bukett besser und verhindert überdies ein Verschütten bei allzu heftigem Schwenken, mit dem man dem Wein Sauerstoff zuführt und ihm sein Bukett entlockt. Es ist darüber hinaus sinnvoll, für gute Lichtverhältnisse, weiße Tischdecken und chlorfreies Wasser zu sorgen. Es gibt verschiedene Arten von Weinverkostungen, von den Marathonsitzungen der Branche zur Beurteilung des neuen Jahrgangs bis hin zu kleinen Treffen im Freundeskreis, zu denen jeder eine Flasche mitbringt. Letzteres macht noch mehr Spaß, wenn man zusammen isst, da der Wein eigentlich zur Begleitung und Ergänzung von Mahlzeiten gemacht wird. Man kann das Ganze auch etwas ernsthafter gestalten und sich schon vor dem Essen einen Eindruck von jedem Wein verschaffen; dann kann man die »Vorher-Nachher-Wirkung« prüfen.

So wie ein Pianist sich einer Vielzahl von Übungen und Etüden bedient, um höchstes musikalisch-künstlerisches Niveau zu erreichen, so hat auch jeder Weinprüfer seine eigene Routine. Meine ist sehr einfach: Ich prüfe die Farbe, schwenke den Wein im Glas, atme sein Bukett durch die Nase ein und koste ihn schließlich. Dann spucke ich ihn in ein Spuckbecken oder sonst ein Behältnis, da das Urteil beeinträchtigt wird, wenn man mehrere Proben hinunterschluckt. Niemand wird jedoch auf die Idee kommen, bei privaten Verkostungen auszuspucken. Beim Ausspucken bleibt dem Weinprüfer keine der vielen Nuancen des Abgangs vorenthalten – einzig die anheiternde Wirkung des Weins bleibt aus.

So verläuft, kurz gesagt, eine Weinprobe, doch man könnte sein halbes Leben über dieses Thema diskutieren. Jeder, der im Besitz der grundlegenden biologischen Werkzeuge in Form einer Nase und eines Gaumens ist, kann Wein verkosten. In den vielen Jahren des Degustierens von Wein habe ich kaum jemand getroffen, der so etwas wie eine »physische Geschmacksblockade« hatte; hin und wieder begegnet man jedoch Menschen, die das Pendant zu denen darstellen, die kein musikalisches Gehör haben. Die große Mehrzahl verfügt aber über die für dieses Metier notwendigen »Hilfsmittel«, sie müssen nur lernen, diese Werkzeuge richtig einzusetzen und zu gebrauchen.

DAS SAMMELN VON WEIN

DIE ANLAGE EINER WEINSAMMLUNG bereitet großes und anhaltendes Vergnügen. Die Motivation, mit dem Sammeln zu beginnen, könnte die Freude an der Kollektion eines Freundes sein oder eine unerwartete, nicht verplante Summe Geldes, die nur darauf wartet, verflüssigt zu werden. Die einzige weitere Voraussetzung ist die Liebe zum Wein – eine Leidenschaft, die immer mehr Menschen auf dem ganzen Globus teilen.

Eine Weinsammlung kann in ein paar Dutzend Flaschen bestehen, die man von Händlern und Versandhäusern erworben hat oder als Andenken an Besuche in Weingütern. Daneben gibt es aber auch strategisch geplante Weinkeller, deren Inventar aus Tausenden von Flaschen besteht, die von Auktionen stammen oder über professionelle Fachleute bezogen wurden. Das einzige Kriterium bei der Entscheidung sollte sein, dass die Sammlung den individuellen Bedürfnissen entspricht. Natürlich ist auch die Größe des Geldbeutels wichtig; eine der Freuden dieses Hobbys besteht jedoch darin, dass man klein anfängt und den Bestand allmählich erweitert.

WEIN ZUM GENIESSEN UND ALS ANLAGEFORM

Bei der Anlage einer Sammlung stellt sich zuallererst die Frage nach ihrem Zweck: Dient sie dem raschen Verbrauch, sind die Weine zur langen Lagerung gedacht oder soll beidem Rechnung getragen werden? Sollen es verschiedene Sorten von Wein sein, mit unterschiedlichem Alter, sodass die Weine nach und nach reif werden und genossen werden können? Mit konkreten Vorstellungen und Wünschen kann man sich bei Experten in Auktionshäusern und bei seriösen Weinhändlern Rat holen.

Mein erster Rat: Kaufen Sie keinen Durchschnittswein. Der ist für raschen Genuss gemacht und schmeckt dann frischer und besser. Weine, die zur kurzen oder langen Lagerung gedacht sind, sollten anspruchsvoller, von besserer Qualität und natürlich auch für die Lagerung geeignet sein.

Ich frage auch jeden angehenden Sammler, ob sein Motiv bei der Einrichtung eines Weinkellers der Spaß, die Investition oder eine Kombination aus beiden ist; alles ist vernünftig und machbar. Je mehr man den Weinkauf als Anlageform sieht, desto hochklassiger, desto weniger riskant und abenteuerlich sollten die gekauften Weine sein. Die Mehrzahl der Leute, die eine bescheidene Weinsammlung aufbauen, tun dies nur zum Vergnügen, für sich und ihre Freunde. Auch dies gehört zur Kultur des Weins, denn mit gleich gesinnten Weinenthusiasten Flaschen und Meinungen zu teilen ist eine schöne Form der Geselligkeit und bereichert das Leben. Mit einem gewissen verfügbaren Teil seines Einkommens kann sich ein Weinfreund eine Sammlung zulegen, die als Kapitalanlage dient und nach und nach verkauft wird, um so den eigenen Trinkgenuss zu finanzieren – eine Lösung, die besonders sinnvoll erscheint.

PRAKTISCHE ASPEKTE

Sofern man Wein nicht ausschließlich zur Investition kauft, wird sich jedermann für den Wein entscheiden, den er bevorzugt. Probieren Sie, sooft es geht, in Restaurants, in der Weinhandlung, vor dem Kauf bei Auktionen, mit Freunden oder bei Seminaren. Nur durch Verkosten entdeckt man bevorzugte Anbaugebiete und Traubensorten. Beginnen Sie danach mit dem Sammeln dieser Weinsorten. Es gibt mehrere praktische Aspekte, die es zu bedenken gilt, bevor man einen Weinladen oder ein Kaufhaus betritt: Wie groß ist das Budget, wie groß ist der vorhandene Lagerraum, sind die Lagerbedingungen gut?

Je genauer Sie den Berater über Ihre Vorstellungen und Ihren Geschmack informieren, umso größer wird dann auch die Freude sein, die Ihnen Ihre Sammlung bietet. Der talentierteste und kompetenteste Weinkenner vermag Sie nicht an den Wein Ihrer Träume zu führen, wenn er Ihren Geschmack nicht kennt: jung oder alt, trocken oder süß, würzig und tanninreich oder leicht und blumig. Man darf sie ohne weiteres alle schätzen. Lesen, diskutieren Sie, aber vor allem probieren Sie so oft wie nur möglich, wenn Sie eine Sammlung anlegen. Halten Sie sich für alle Optionen offen, denn neue und aufregende Erfahrungen warten in nächster Nähe.

Eine Kollektion Methusalem-Flaschen, Jahrgang 1985, Domaine Romanée-Conti: bei Sotheby's 1996 für 148 500 Pfund ersteigert.

DIE ANLAGE EINES KELLERS

MAN HAT EIN PASSENDES PLÄTZCHEN ausfindig gemacht, das Bankkonto gibt grünes Licht, also ... was soll man für den Keller kaufen? Wenn Sie zu den Menschen gehören, die Vielfalt und Auswahl lieben, gerne reisen und Ferien in Weinbaugebieten machen, dann ist die Wahrscheinlichkeit groß, dass Ihre Sammlung international wird.

Das könnte heißen, dass Sie Flaschen, vielleicht auch Kisten, aus ganz Europa, aus den USA, Südamerika, Australien, Neuseeland und Südafrika kaufen. Oder bevorzugen Sie eher den klassischen Geschmack, haben Sie ein Faible für Bordeaux, Burgunder und Rhônewein oder für Spitzenkalifornier? Falls Sie ab und zu ein Schlückchen Portwein zu einem pikanten Käse nehmen wollen, dann ergänzen Sie Ihre Sammlung um einige Vintage Ports. Wenn Sie süße Weine schätzen, dann sollten Sauternes und eine deutsche Riesling-Beerenauslese in Ihrer Kollektion nicht fehlen. Steht Ihnen der Sinn nach gut gereiftem Jahrgangs-Champagner, besorgen Sie sich einige Flaschen der letzten Jahrgänge aus einem oder mehreren der großen Champagnerhäuser, sobald sie auf den Markt kommen.

Gute Händler, Fachleute und – natürlich – Bücher wie dieses nennen eine Auswahl von Herstellern und Kellereien. Ebenso beschreiben und bewerten sie die Jahrgänge, die den Charakter der meisten Weine bestimmen (*siehe* »Jahrgangsübersicht«, S. 569). Hohe Temperaturen und trockenes Klima lassen mächtige, vollmundige und haltbare Weine entstehen, ein feuchtes Jahr hingegen beschert eher leichtere Weine. Wollen Sie eine Sammlung anlegen, deren Weine sich Jahrzehnte halten sollen, dann sollten Sie Spitzenweine großer Jahrgänge wählen, da diese das beste Potenzial für Langlebigkeit haben. Wenn Sie nur einen kleinen Vorrat benötigen, der für die nächsten paar Jahre ein angenehmes, abwechslungsreiches Trinken gewährleistet, dann sollten Sie nach leichteren, fruchtigen Jahrgängen Ausschau halten, die schneller reifen, oder nach gereiften Weinen (hier sind Auktionen eine gute Quelle), die bereits trinkfertig sind.

Das allmähliche Herausfinden, ob man junge, lebhafte Weine bevorzugt oder eher ältere, reifere, komplexere Tropfen, ist eines der vielen Vergnügen, die man mit Wein hat. Danach richtet sich auch die Entscheidung, welcher Typ Weinkeller angelegt werden soll. Weine höherer Qualität reifen besser als Billigweine, die zum raschen Verbrauch gemacht sind. Weiterhin ist zu bedenken, dass nicht alle Weine mit den Jahren besser werden – manche werden einfach nur älter.

Andrew Lloyd Webbers Weinkeller auf Sydmonton Court in Südengland.

WEIN ALS KAPITALANLAGE

Soll ein Weinkeller in erster Linie als Geldanlage dienen, muss man seine Auswahl mit großer Umsicht treffen und den Rat derer befolgen, die sich am Markt wirklich auskennen. Wein als Investition wird dominiert von roten Spitzen-Bordeaux. Die Premiers Crus des Médoc sind zusammen mit dem Premier Cru des Graves, Château Haut Brion, die Trumpf-Asse der Weinwelt. Weitere Weine dieser Kategorie sind die Erzeugnisse von La Mission-Haut-Brion im Graves sowie die bekanntesten Deuxièmes Crus des Médoc wie Château Pichon-Longueville Comtesse-de-Lalande, Cos d'Estournel und Léoville Las Cases. Daneben gibt es im *Classement* des Bordelais noch weitere Châteaux, deren Weine mit Sicherheit im Wert wachsen werden. Als klassische Beispiele seien Château Palmer – das oft mit den Ersten Gewächsen mithalten kann – und Château Lynch Bages (5ème Cru) erwähnt.

Genaue Information ist entscheidend, denn das Image eines Châteaux kann sich ändern: So war zum Beispiel die Nachfrage nach Pichon-Longueville Baron ab den späten 1980er Jahrgängen groß.

Auch Erzeugnisse bestimmter Weingüter in Pomerol und St-Émilion gehören zu den Investmentweinen, wie Pétrus, Cheval Blanc, Ausone, Figeac, Latour à Pomerol, Lafleur und neuerdings auch Le Pin.

Investmentsammlungen sollten darüber hinaus Sauternes enthalten wie Château d'Yquem und Rieussec, ferner Vintage Ports von Taylor, Fonseca, Graham, Warre und Noval. Im Burgund gibt es viel weniger Investmentweine, da die Güter kleiner sind und der Markt fragmentiert und komplex ist. Führend hier sind die Weine der Domaine Romanée-Conti, gefolgt von Gütern wie Comtes de Vogüé, Armand Rousseau, Henri Jayer (ältere Jahrgänge) sowie Leflaive und Ramonet (für Weißweine). Auch kalifornische Rotweine können Bestandteil eines Investmentkellers sein; Weine von Caymus, Mondavi, Ridge, Grace Family, Heitz (Martha's Vineyard), Stag's Leap Wine Cellars und Opus One wird man am ehesten in Betracht ziehen, besonders die Spitzen-Reserves. Grange ist das einzige australische Gut mit Produkten, die international als Investitionsgut gelten, während in Italien der Sassicaia und Tignanello führend sind.

Der Weinkeller der Fürsten von Thurn und Taxis in Regensburg, der im Oktober 1993 von Sotheby's versteigert wurde.

WELCHER KELLER IST DER BESTE?

Wein als langfristiges Investitionsgut sollte in professionellen Kellern aufbewahrt werden. Ein Weinkeller, der für den persönlichen Bedarf da ist, macht viel mehr Freude, wenn er leicht zugänglich zu Hause eingerichtet wird. In den mitteleuropäischen Ländern, deren Häuser fast ausnahmslos unterkellert sind, bietet sich der »Keller« (eben!) an, der jedoch nicht zu trocken und nicht zu warm sein sollte (kein Heizungskeller, keine Heizungsrohre usw.). Einige Weinliebhaber rüsten ein leer stehendes Zimmer um, andere bauen einen Lagerraum an ihr Haus, andere schaffen sich einen Klimaschrank an. Weinhändler und Auktionshäuser können Ihnen die Namen von Lieferanten für Kellereinrichtungen nennen; viele inserieren auch in den einschlägigen Zeitschriften, und auch das Internet mag heutzutage weiterhelfen.

WEINKAUF PER SUBSKRIPTION

Manche Sammler verlegen sich auf den Erwerb von Wein, der noch sehr jung ist und lange gelagert werden muss. Diese Weine werden als *En-primeur-Weine, Futures* oder *Frühweine* bezeichnet. Da diese Spitzenweine – meist Bordeaux – gekauft und bezahlt werden, lange bevor sie in Flaschen abgefüllt werden, sollten Sie immer einen Händler mit einwandfreiem Ruf wählen, damit eine Lieferung gewährleistet ist. Das wichtigste Kriterium für den persönlichen Weinkeller sollte jedoch sein, dass dieser leicht zu nutzen ist und dass der Gaumen seines Besitzers das letzte Wort hat.

LAGERBEDINGUNGEN

TEMPERATUREN
Die ideale Lagerungstemperatur für Wein liegt bei 11 °C. Temperaturen zwischen 5 und 18 °C sind akzeptabel, wenn keine größeren Temperaturschwankungen stattfinden. Bei höheren Temperaturen erhöht sich die Oxidationsgeschwindigkeit des Weins; ein Wein wird bei 18 °C schneller reifen als bei 11 °C. Eine gleich bleibende Temperatur von 18 °C ist aber zuträglicher als Temperaturen, die um die 11 °C schwanken, an einem Tag 3 °C darüber, am nächsten 3 °C darunter.

AUSWIRKUNGEN VON LICHT
Ultraviolettes Licht schadet dem Wein in höchstem Maß, aber auch normales Sonnenlicht und künstliches Licht sollten vermieden werden. Dunkelheit ist bei der Weinlagerung ebenso wichtig wie die Temperatur.

DIE LAGERUNG VON FLASCHEN
Flaschen und Kisten sollten horizontal gestapelt werden, damit die Korken feucht bleiben, denn diese sorgen für luftdichten Verschluss und verhindern Oxidation. Feuchtigkeit im Keller schadet den Weinen nicht.

WEINAUKTIONEN

AUKTIONEN sind für Weinfreunde ein Paradies. Sie sind ein Forum für den Kauf und Verkauf von Wein und im internationalen Weinmarkt höchst bedeutend. Edelste Weine werden bei Versteigerungen verkauft, im Auktionsraum werden die Preise gebildet. Hier treffen sich Weinliebhaber und potenzielle Käufer. Der Auktionspreis wird von den Kunden gemacht, die an Ort und Stelle, übers Telefon oder per Fax gegeneinander bieten. Der Käufer ist das Preisbarometer.

Weinauktionen sind jedermann zugänglich. Sie sind keineswegs eine geschlossene Welt mit seltenen Schätzen und Kostbarkeiten, die sich nur einigen wenigen Eingeweihten öffnet. Alles, was Sie benötigen, ist ein Auktionskatalog, um informiert zu sein und mitbieten zu können. Sowohl junge Weine als auch alte Tropfen kommen bei einer Versteigerung zum Verkauf. Die Preise variieren erheblich, von relativ bescheidenen Zahlen für Weine, die zum Konsum gedacht sind, bis hin zu astronomischen Summen für »antike« Kostbarkeiten mit großem Namen.

Berichte der Medien über seltene, einzigartige Spitzenweine, die Rekordpreise erzielen, tragen zum Eindruck bei, dass Weinauktionen nicht für Normalsterbliche gedacht sind. Nichts jedoch ist von der Realität weiter entfernt, wie ein kurzer Blick auf das Publikum bei Veranstaltungen dieser Art beweist. Alter und Geschmack der Kunden sind so unterschiedlich wie die Weine, die in der Auktionshalle zu bewundern sind, und das Einzige, was die Teilnehmer von allen Kontinenten miteinander verbindet, ist die Liebe zum Objekt.

Man kauft und verkauft Wein aus vielen verschiedenen Gründen. Einige Leute legen sich nur zum Vergnügen einen Weinkeller an, andere sehen diesen schönen Zeitvertreib auch unter dem Investitionsaspekt. Weinliebhaber aller Klassen und Schichten machen regen Gebrauch von den Auktionshäusern, besonders im letzten Jahrzehnt. Die markanteste Veränderung in neuerer Zeit war wohl die Internationalisierung des Versteigerungsmarktes. Waren Auktionen früher eine fast rein britische Angelegenheit, nutzen nun Weinenthusiasten aller Herren Länder die Auktionen, um ihre Vorräte aufzustocken oder zu veräußern. Teilnehmer, die an Auktionen Spaß haben, kommen seit neuestem auch aus Asien, vor allem aus Hong Kong, Singapur und Taiwan; aber auch Lateinamerika tritt mit wachsender Nachfrage in Erscheinung.

Eine der häufigsten Fragen bei Weinversteigerungen lautet: Woher kommt der Wein? In der Branche gibt es seit langem das geflügelte Wort, dass Versteigerungen drei Ursachen haben: Tod, Scheidung, Schulden. Sieht man einmal davon ab, dass es ziemlich makaber klingt, ist es sicher nur die halbe Wahrheit. Manche Weinsammler kaufen ganz einfach zu viel, dann wird der Platz knapp oder auch die Jahre, um die Vorräte zu verbrauchen. Viele Auktionen sind zum Teil Veräußerungen von Teilbeständen, eine Ausdünnung, da der Bedarf kleiner ist oder weil eine Sammlung einen anderen Schwerpunkt bekommen soll. So könnte ein Weinsammler auf die Idee kommen, seine älteren Weine zu verkaufen und den Bestand mit jüngeren Jahrgängen aufzufüllen; oder die Begeisterung für bislang unbekannte Anbaugebiete kann Anlass zur Bestandsumbildung sein. Für viele ist die Vielfalt des Weins die Würze des Lebens. Es ist ohne weiteres möglich, dass ein Auktionskunde gleichzeitig als Käufer und Verkäufer auftritt und so überlegt frischen Wind in seine Weinsammlung bringt. Andere legen sich Vorräte an, lassen den Wein reifen und verkaufen ihn dann zum Teil, um ihren stetigen Verbrauch an Rebensaft zu subventionieren. Käufer profitieren von dem vielfältigen Markt, der das ganze Jahr hindurch und überall mit Auktionen lockt.

Mit 3,7 Millionen Pfund für die Weinsammlung von Andrew Lloyd Webber wurde 1997 bei Sotheby's in London ein neuer Rekord für Weinauktionen aufgestellt.

Im Großen und Ganzen wechseln europäische Weinsammlungen auf Auktionen in Europa ihren Besitzer, in Amerika geschieht dies analog. Auf Auktionen in Asien werden zumeist europäische Weine zum Kauf angeboten. Die Mehrzahl der Versteigerungen wird aus den Lagern vieler Sammler gebildet, wobei jeder Bestand in einen Katalog aufgenommen wird. Die größten Auktionshäuser veranstalten jedoch gelegentlich Auktionen, auf denen der Bestand eines einzigen Eigentümers versteigert wird. Hier herrscht immer eine besonders aufregende Atmosphäre. Die Weine sind meist erstklassig, der partielle oder vollständige Verkauf der Sammlung erfreut sich eines großen Interesses. Sotheby's hat viele dieser außergewöhnlichen Bestände versteigert, so die klassischen Weine eines Lord McAlpine in England, die große, wenn auch nicht unbedingt erstklassige Sammlung des Fürsten von Thurn und Taxis bis hin zu Andrew Lloyd Webbers Sammlung, die im Mai 1997 in London sämtliche Rekorde brach.

Wenn Sotheby's damit betraut wird, Wein zu verkaufen, dann veranlasst das Haus zunächst die Erstellung einer Maximal- und Minimalschätzung, gleichgültig, ob es sich um ein komplettes Lager oder nur um ein paar Kisten handelt. Wenn der Verkäufer dann verkaufen will, werden die Weine geprüft, in Lose geteilt und von Sotheby's Weinexperten in den Katalog aufgenommen. Das Auktionshaus prüft Qualität und Zustand des Weins und hält signifikante Merkmale wie Volumen des Flascheninhalts, Zustand der Etiketten und Art des Verpackungsmaterials (originale Holzkisten oder Kartons aus dem Hause Sotheby's) fest.

Feuchte, verrottete Etiketten sind ein Indiz für feuchte Keller, was von Insidern geschätzt wird, denn es deutet darauf hin, dass der Wein unter idealen Bedingungen gelagert wurde. Man trinkt schließlich nicht das Etikett, sondern den Inhalt einer Flasche! Wenn es sich um ältere oder wertvolle und kostspielige Objekte handelt, müssen Echtheit und Herkunft besonders sorgfältig geprüft werden. Ebenso wie wertvolle Gemälde ihre Geschichte haben, kommen alte, große Weine nicht geheimnisvoll irgendwie aus dem Nichts, sondern haben eine Historie, die sich zurückverfolgen lässt. Es ist zunehmend wichtig, hier kritisch und vorsichtig zu sein. Genaue Katalogisierung und die Verfügbarkeit von Fachleuten für weitere Informationen tragen zur Sicherheit des Kunden bei und gehören zum Service eines Auktionshauses. Weine, die zum Verkauf bestimmt sind, kommen vor der Auktion in das hauseigene Lager von Sotheby's oder bleiben in den professionellen Lagern, besonders in Ländern, wo die Weine unter Zollverschluss gehalten werden.

Auktionskataloge sind etwa drei Wochen vor der Versteigerung erhältlich. So haben die Kunden genügend Zeit, ihre Käufe zu planen, und können ihre Angebote per Fax dem Veranstalter zukommen lassen, falls sie nicht persönlich bei der Auktion erscheinen können. Das Bieten im Auftrag – also in Abwesenheit des Käufers – spielt eine große Rolle; der Käufer kann sich sicher fühlen, da er die Weine bereits kennt oder sie ihm empfohlen wurden. Bei bedeutsamen Posten oder bei Kunden, die größere Mengen kaufen wollen, werden auch telefonisch übermittelte Gebote akzeptiert.

Für Besucher mit Kaufabsichten ist es vernünftig und ratsam, aufmerksam zu bleiben, da die Gebote sehr schnell folgen. In Anbetracht der großen Zahl von Auktionsposten kann ein geschickter Auktionator über 200 Lots verkaufen (ein Lot kann z. B. aus einer Kiste oder aus nur einer Flasche bestehen, wenn diese sehr alt und wertvoll ist). Jeder Besucher erhält vor der Auktion eine Karte mit einer Ziffer, anhand derer der Auktionator die Gebote dem jeweils Bietenden zuordnen kann. Wenn Sie mit Ihrem Gebot erfolgreich sind, gibt Ihnen der Auktionator den Zuschlag (indem er mit dem Hammer aufschlägt), ruft Ihre Ziffer aus und nennt den Preis, zu dem die Partie verkauft wurde. Sämtliche Posten werden zu der Bietestufe verkauft, die der vorausgegangenen folgt.

Ein Merkmal von Weinauktionen sind »Pakete« desselben Weins, also z. B. sechs einzelne Lots mit je einer Kiste Château X 1982. Der Käufer des ersten Lots aus dem Paket kann vom Auktionator gefragt werden, ob er »weitergehen will«, d. h. ob er die anderen fünf Posten zum gleichen Preis erwerben will. Dies steht im Ermessen des Veranstalters, aber es bedeutet, dass Sie schon beim ersten Lot Ihr Gebot abgeben müssen, wenn Sie wirklich etwas aus dem Paket kaufen wollen. Bietestufen sind im Katalog angegeben, sodass Sie keine unerwarteten Preissprünge fürchten müssen.

Nach Bezahlung des erstandenen Weins kann er, wie die meisten Handelsgüter, von Ihnen abgeholt oder Ihnen geliefert werden. Wenn der Wein nicht der Beschreibung im Katalog entsprechen sollte, setzen Sie sich unverzüglich mit dem Auktionshaus in Verbindung; es wird gerne dazu bereit sein, die Verantwortung zu übernehmen. Kaufen Sie jedoch nie reifen roten Burgunder, wenn Sie junge kalifornische Cabernets bevorzugen!

Auktionen können süchtig machen, und Weinauktionen haben einen ganz besonderen Reiz, da Ihre Erwerbung schon bald im Glas auf Sie warten kann. Weinauktionen gibt es seit Jahrhunderten, und sie waren immer eine reiche Quelle der Befriedigung für alle Weinliebhaber. Da Sotheby's seinen Weinkatalog auch im Internet veröffentlicht, wird es für den Weinfreund noch aufregendere Dinge geben.

Serena Sutcliffe MW

Eine Doppelmagnumflasche Château Mouton Rothschild 1975 mit von Andy Warhol entworfenem und signiertem Etikett wurde von Sotheby's New York im Februar 1997 für 3738 Dollar verkauft.

✧EINFÜHRUNG✧

Das ist mein Buch – im wörtlichen Sinne. Kein Buch, das ich je geschrieben habe oder je schreiben werde, stellt eine solche Herausforderung dar. Für die erste Ausgabe (die in England erschienen ist) benötigte ich 3, für die Überarbeitung zur vorliegenden Ausgabe 5 Jahre. Der Grund dafür war, dass sich in den vorangegangenen zehn Jahren so vieles verändert hatte. So vieles musste komplett neu geschrieben oder hinzugefügt werden, dass das Buch von 480 auf 600 Seiten angewachsen ist. Allein der Umfang des Kapitels »Italien« ist von 25 auf 40 Seiten angestiegen. Ich hatte mich darauf gefreut, in einem neuen Abschnitt die Weinhersteller Italiens porträtieren zu können, aber die Ausweitung dieses Kapitels ist allein auf die Zunahme der Herkunftsbezeichnungen zurückzuführen.

Mein Ziel ist immer noch dasselbe, nämlich mit einem schön illustrierten, mit Informationen voll gepackten Buch einen Einblick in jedes Weinbaugebiet zu geben, und zwar so, dass durch eine benutzerfreundliche Gestaltung das Lesen angenehm gemacht wird und sowohl Novizen wie Experten sich angesprochen fühlen.

Tom Stevenson

BENUTZERHINWEISE

Die Kapitel dieser Enzyklopädie behandeln unterschiedlich große Gebiete, je nach ihrer Bedeutung in der Welt des Weins. Während etwa Frankreich, Deutschland und Italien je ein eigenes großes Kapitel darstellen, werden andere Länder zu Regionen zusammengefasst. Jedes Land ist dann wieder in Weinbaugebiete und -untergebiete gegliedert. In jedem Kapitel sind zwei Haupttypen von Texten zu erkennen, zum einen eine einführende allgemeine Darstellung, zum anderen der »Weinführer«. Der allgemeine Text befasst sich mit Themen wie dem Lesen von Weinetiketten und den natürlichen Faktoren, die Geschmack und Qualität des Weins beeinflussen, und zwar entweder auf der nationalen oder der regionalen Ebene. Die Texte, mit denen die Weine eines bestimmten Gebiets beschrieben werden, tragen – je nach Systematik – Überschriften wie zum Beispiel »Die Herkunftsbezeichnungen in …«, »Weinstile in …« und »Erzeuger in …«. Wo es angebracht ist – etwa in Bordeaux –, wird anhand der umfassenden Regionalappellationen ein Überblick gegeben, bevor spezifische Appellationen dargestellt werden. Im »Weinführer« werden Informationen zu einem Wein und/oder einem Hersteller gegeben, und zwar je nach seiner Bedeutung unterschiedlich detailliert. Die Symbole, die insbesondere auf die Qualität eines Weins oder Erzeugers hinweisen, sind auf der gegenüberliegenden Seite erläutert. **Zum schnellen Nachschlagen:** Suchen Sie Informationen zu einem bestimmten Wein, dann schlagen Sie im Register unter dem Eintrag des Erzeugers nach. Wenn er nicht aufgeführt sein sollte, dann suchen Sie im Register nach der Herkunftsbezeichnung oder dem Weinstil (je nach Land oder Region).

ALLGEMEINE TEXTE ZU LÄNDERN UND REGIONEN

EINFÜHRUNG
Hier wird ein Land oder eine Region dargestellt. Viele statistische und technische Daten sind in Tafeln zusammengefasst, damit sie den Textfluss nicht behindern und andererseits dem Leser, der diese Informationen sucht, rasch zur Verfügung stehen.

TAFELN UND TABELLEN
Eine große Zahl statistischer Informationen werden in Kästen mit Tafeln und Tabellen geliefert.

DAS WEINETIKETT
Anhand eines Musteretiketts wird erläutert, wie die Etiketten eines Landes oder einer Region zu »entziffern« sind.

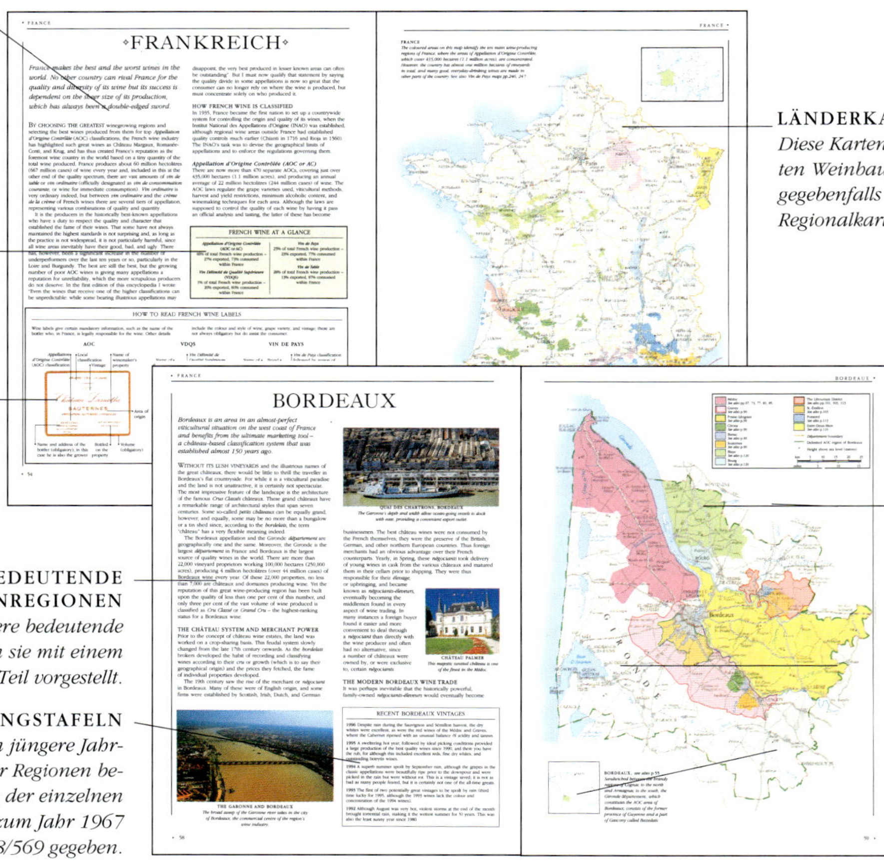

LÄNDERKARTEN
Diese Karten zeigen die wichtigsten Weinbaugebiete eines Landes, gegebenenfalls mit Verweisen auf Regionalkarten.

BEDEUTENDE WEINREGIONEN
Hat ein Land mehrere bedeutende Weinbaugebiete, werden sie mit einem kompletten allgemeinen Teil vorgestellt.

JAHRGANGSTAFELN
In jedem Kapitel werden jüngere Jahrgänge von Ländern oder Regionen bewertet. Eine Einstufung der einzelnen Jahrgänge bis zurück zum Jahr 1967 wird auf den Seiten 568/569 gegeben.

REGIONALKARTEN
Regionalkarten stellen die wichtigsten Anbaugebiete einer Region dar, gegebenenfalls mit Verweisen auf Karten für Unterregionen.

FÜHRER ZU BEREICHEN UND WEINEN

WEINBEREICHE
In Frankreich und Kalifornien wird jeder einzelne Anbaubereich innerhalb einer Region separat dargestellt.

BEREICHSKARTEN
In diesen Karten sind die Unterbereiche dargestellt. Sie verzeichnen wie einige Regionalkarten auch die Hauptanbaugebiete und nennen die Standorte der besten Erzeuger.

DARSTELLUNG DER APPELLATIONEN
Jedes Anbaugebiet und jede Herkunftsbezeichnung innerhalb eines Landes, einer Region oder eines Bereichs – ob gesetzlich festgelegt oder nicht – werden aufgeführt und beschrieben. Die besten Hersteller eines Herkunftsgebiets werden genannt. Symbole (siehe unten) bieten weitere Informationen.

WEINSTILE
Hat ein Land oder eine Region ein ausschließlich geografisches System von Herkunftsbezeichnungen, können ihre Weine unter der Überschrift »Die Weinstile in …« beschrieben sein. Auch die besten Erzeuger für einen Stil werden genannt.

ILLUSTRATIONEN
Farbfotos vermitteln ein anschauliches Bild vom Charakter einer Region.

GESCHMACKS- UND QUALITÄTSFAKTOREN
In den Einführungen zu Ländern, Regionen und Bereichen geben Kästen einen Überblick über die wichtigsten Umweltbedingungen, die die Qualität und den Stil der Weine in diesem Gebiet bestimmen. Die Symbole sind unten erläutert.

ERZEUGER
Die besten und berühmtesten Hersteller in Ländern, Regionen und Bereichen werden in eigenen Abschnitten aufgeführt. Mit Sternen wird besondere Qualität hervorgehoben, bestimmte Weine werden namentlich empfohlen.

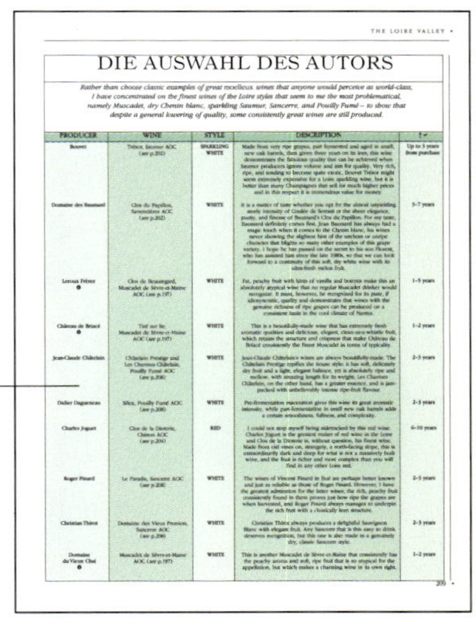

DIE AUSWAHL DES AUTORS
Am Schluss eines Kapitels lädt Tom Stevenson zu einer virtuellen Tour ein, auf der man die besten Weine (oder einige der besten) der Region, des Landes oder des Bereichs näher kennen lernt.

SYMBOLE

Die Hinweise zu den Geschmacks- und Qualitätsfaktoren (zusammengefasst in einem Kasten) sind jeweils Bestandteil der Einführung. Die Orientierungshilfen finden sich bei Appellationen, Herkunftsbezeichnungen und Erzeugern.

GESCHMACKS- UND QUALITÄTSFAKTOREN

- Lage
- Klima
- Topografie
- Böden
- Weinbau und Weinbereitung
- Rebsorten

ORIENTIERUNGSHILFEN

- Optimaler Zeitpunkt, zu dem der Wein getrunken werden sollte. Er wird meist als Zeitspanne (z.B. 3–7 Jahre), von der Lese an gerechnet, angegeben. »Sofort« ist bei Weinen vermerkt, die gekauft und getrunken werden sollten, wenn sie jung sind. »Nach dem Öffnen zu trinken« ist bei gespriteten Weinen angegeben, die sich viele Jahre halten, aber nur solange die Flasche nicht geöffnet wird.
- Verwendete Rebsorten
- ✓ Die nach Ansicht des Autors besten Erzeuger, Lagen oder Weine

BEWERTUNG DER QUALITÄT

Sterne werden für die allgemein hohe Qualität eines Erzeugers vergeben, sie gelten also nicht notwendig für jeden Wein dieses Erzeugers. Ist kein Stern oder Kreuz vorhanden, bedeutet dies akzeptable, jedoch nicht besonders herausragende Qualität.

Halbsterne bezeichnen Zwischenstufen.

★ Innerhalb der Klasse oder des Stils hervorragende Weine.

★★ Besonders herausragende Weine. Das lokale oder regionale Äquivalent zu einem Spitzen-Zweitwein aus Bordeaux.

★★★ Die besten Weine überhaupt. Zugeständnisse an lokale oder sonstige Einschränkungen werden nicht gemacht.

Ⓥ Weine mit hervorragendem Preis-Leistungs-Verhältnis, ob preiswert oder teuer.

❓ Weine oder Hersteller von unsicherer Qualität; oder eine Beurteilung wird aus jeweils genannten Gründen nicht vorgenommen.

⊗ Ungenügende Vertreter ihrer Kategorie oder ihres Stils.

DIE WEINVERKOSTUNG

Der Unterschied zwischen dem Verkosten und dem Trinken von Wein ist vergleichbar mit einer Probefahrt vor dem Kauf eines Autos und dem Genuss des Fahrens nach dem Kauf. Eine Verkostung erfordert Aufmerksamkeit und Konzentration, da man die charakteristischen Vorzüge und Fehler herausfinden will; was danach kommt, ist Entspannung und Genuss. Wie man verkostet, kann fast jeder lernen.

Beim Verkosten oder Probieren von Wein ist es wichtig, alle Störfaktoren auszublenden, besonders die Meinung anderer; man kann nur allzu leicht beeinflusst werden. Bevor diskutiert wird, sollte der Wein getestet und das Urteil niedergelegt sein. Selbst bei Weinproben unter professioneller Anleitung soll der Experte nicht Urteile diktieren, sondern er soll führen, Hilfestellung geben und spontane Urteile über Geruch und Geschmack durch Erklärung in die richtigen Bahnen leiten. Die drei Hauptkriterien, nach denen ein Wein beurteilt wird, sind Aussehen, Geruch und Geschmack.

DAS AUSSEHEN

Der erste Punkt ist die Klarheit eines Weins, die vollkommen sein sollte. Viele Weine bilden Ablagerungen, die jedoch harmlos sind, wenn sie sich abgesetzt haben und der Wein klar ist. Ist der Wein trüb, sollte man ihn weggießen. Bläschen, die sich am Glas anlagern, sind bei einigen Weinen wie dem Muscadet sur Lie und dem Vinho Verde akzeptabel, bei den meisten Stillweinen können sie jedoch ein Indiz für einen Defekt sein, besonders bei Rotwein oder Weinen aus den klassischen Anbaugebieten Europas.

Dann wird der Wein behutsam im Glas geschwenkt. Dabei können sich Schlieren, so genannte Tränen oder Kirchenfenster, zeigen, schmale »Bäche«, die im Glas herabfließen. Dies ist jedoch kein Indiz für einen hohen Glyzeringehalt, wie oft behauptet wird, sondern die Auswirkung des Alkohols auf die Viskosität oder Fließfähigkeit des Weins. Je höher der Alkoholgehalt, desto »zäher« ist der Wein.

Die Farbe

Natürliches Licht eignet sich am besten für die Beurteilung der Farbe, des ersten Anhaltspunkts für die Identität eines Weins. Schauen Sie sich den Wein vor einem weißen Hintergrund an, halten Sie dabei das Glas am unteren Ende des Stiels und neigen Sie es leicht von sich weg. Rotweine variieren in ihrer Färbung vom *Clairet*, einem hellen Rotwein, der schon fast rosé ist, bis zu ganz dunklen und undurchsichtigen, fast schwarzen Farben. Die Farbe von Weißweinen reicht von Wasserhell zu Tiefgolden; die meisten Weißweine sind hell-strohfarben. Es gibt wenige Rosé-Weine, die wirklich rosafarben sind; ihre Farbskala reicht von Blaurosa über Purpurrosa zu Orangerosa. Prüfen Sie die Farbe nie bei künstlichem Licht, das Ergebnis wird nie der Wirklichkeit entsprechen.

Faktoren, die die Farbe bestimmen

Farbe und Tönung eines Weins, egal ob rot, weiß oder rosé, werden zunächst von der Rebsorte bestimmt. Ebenso wirken sich der Reifegrad der Trauben, das Anbaugebiet, die Vinifikationsmethoden und das Alter auf die individuelle Färbung des Weins aus. Trockene, leichte Weine aus kälteren Klimazonen sind am hellsten, volle, schwere oder süße Weine aus warmen Regionen sind am dunkelsten. Jugendliche Rotweine weisen gewöhnlich einen violetten Farbton auf, junge Weißweine hingegen können grünliche Reflexe zeigen, besonders wenn sie aus kühlen Klimazonen kommen. Der Reifungsprozess schließt eine leichte Oxidation ein, wodurch, wie bei der Verfärbung eines geschälten Apfels an der Luft, ein leichter Bräunungseffekt eintritt.

DER GERUCH

Wenn ein erfahrener Weinprüfer behauptet, er sei fähig, über eintausend verschiedene Geruchsnuancen zu erkennen und zu unterscheiden, lassen viele Weinliebhaber jegliche Hoffnung fahren,

OPTISCHE PRÜFUNG

Wenn der Wein keine extreme Färbung aufweist, ist das Aussehen eines Weins für die meisten Weinfreunde relativ unwichtig. Daher geben die meisten Autoren nur spärlich Auskunft über die Farbe. Für den professionellen Verkoster ist das Auge jedoch eines der wichtigsten Sinnesorgane, da schon geringste Farbnuancen wichtige Hinweise auf die Identität eines Weins geben können.

GERUCHSPRÜFUNG

Eine gute »Nase voll« verrät uns einiges über den Wein. »Schnüffeln« Sie aber nicht längere Zeit, denn das beeinträchtigt Ihr Geruchsempfinden. Riechen Sie einmal kräftig im Glas und lassen Sie den Eindruck wirken! Lassen Sie sich Zeit bei der Verkostung. Es gibt keine weinspezifischen Gerüche, sie können alle mit etwas Bekanntem verglichen werden. Es braucht aber Zeit, sie zu identifizieren.

auch nur die elementarsten Verkostungsfähigkeiten zu entwickeln. Sie sollten sich jedoch nicht entmutigen lassen. Beinahe jeder kann über eintausend Geruchseindrücke erkennen und unterscheiden. Die Prozedur der Geruchsprüfung ist denkbar einfach: Schwenken Sie das Glas ordentlich, stecken Sie Ihr Riechorgan in das Glas und atmen Sie tief durch die Nase ein. Dabei ist es wichtig, eine kräftige »Nase voll« zu nehmen, es ist jedoch nicht sinnvoll, zwei Minuten immer wieder an demselben Wein zu riechen, denn durch jeden Geruchseindruck wird nur ein bestimmtes Muster von Nervenenden im Geruchszentrum aktiviert. Diese Nerven ähneln kleinen Kerzen, die nach ihrer Aktivierung gelöscht werden und eine gewisse Zeit benötigen, um sich zu reaktivieren. Demzufolge geben aufeinander folgende Geruchseindrücke vom selben Wein immer weniger Aufschluss, aber es ist ohne weiteres möglich, nacheinander verschiedene Gerüche von verschiedenen Weinen wahrzunehmen.

DER GESCHMACK

Sobald man am Wein gerochen hat, möchte man ihn verständlicherweise auch schmecken, aber tun Sie das erst, wenn alle Fragen zu Geruch und Aroma geklärt sind. Das Vorgehen ist einfach, auch wenn es für den Laien seltsam und auch kompliziert klingt und aussieht. Nehmen Sie einen kräftigen Schluck und ziehen Sie durch den Wein Luft in den Mund ein. Das verursacht ein schmatzend-gluckerndes Geräusch, ist aber notwendig, damit die flüchtigen Aromastoffe des Weins sich im hinteren Rachenraum entfalten können, von wo sie wieder in die Nase gelangen und wahrgenommen werden.

Die Zunge selbst offenbart nur sehr wenig; an ihrer Spitze wird Süße und an den Seiten Säure wahrgenommen, bitterer Geschmack mit dem hinteren und oberen Bereich und salziger Geschmack mit dem vorderen Bereich und an den Seiten der Zunge. Außer diesen einfachen Geschmackswahrnehmungen werden alle »Geschmackseindrücke« mit der Nase gerochen. Jede Speise und jedes Getränk entlassen Geruchsstoffe in die Mundhöhle, von wo aus sie in den Nasenraum weiterbefördert werden. Hier werden diese Eindrücke von den Riechzellen geprüft, unterschieden und eingeordnet. Die Beschaffenheit eines Weins hat auch Einfluss auf seinen Geschmack; so erhöht beispielsweise die prickelnde Empfindung von Kohlendioxid unsere Wahrnehmung für Säure, durch größere Zähflüssigkeit wird sie reduziert.

AUSSPUCKEN

Will man mehrere Weine testen, sollte jeder Mund voll (»Schluck« kann man da nicht sagen) nach der Beurteilung wieder ausgespuckt werden. Trotz Ausspucken bleibt immer etwas Wein in der Mundhöhle, wird direkt absorbiert und gelangt so in den Blutkreislauf. Entgegen gängiger Ansicht schmeckt man besser, je mehr man verkostet, doch ist die Unternehmung ein Wettrennen zwischen der sensibilisierenden Wirkung des Weins und dem betäubenden Effekt des Alkohols!

DIE VERBESSERUNG DER GESCHMACKSWAHRNEHMUNG

Die Zunge kann nur zwischen süß, sauer, bitter und salzig unterscheiden. Jeden weiteren Geschmack riechen wir. Zieht man Luft durch den im Mund befindlichen Wein ein, werden flüchtige Aromastoffe in den hinteren Rachenraum befördert und von dort in die Nasenhöhle, wo sie von den Geruchsnerven analysiert werden. Diese Information wird als »Aroma« an das Gehirn weitergeleitet.

QUALITÄT UND GESCHMACK: WESHALB DIE MEINUNGEN AUSEINANDER GEHEN

Ob Sie nun Laie oder Experte sind: Bei der Beurteilung eines Weins werden letztendlich immer persönliche Präferenzen ausschlaggebend sein. Die größten Weinexperten können oft endlos über die Vorzüge und Mängel bestimmter Weine streiten.

Wir alle wissen, dass es Qualität gibt, jedoch stimmen wir oft nicht darin überein, welchen Weinen man dieses Prädikat zusprechen soll, und wir sind kaum in der Lage, Qualität zu definieren. Wenn nun auch eine allgemein gültige Definition fehlt, so würden führende Weintester doch bestätigen, dass ein guter Wein über natürliche Ausgewogenheit und Finesse verfügen sowie einen deutlichen individuellen Charakter innerhalb seiner Art oder seines Typs aufweisen muss.

Es ist kompliziert genug, die wahrgenommenen Geschmacksmerkmale einer anderen Person zu vermitteln. Dabei spielt es keine Rolle, ob jemand ein Buch schreibt oder nur bei einer Verkostung seine Meinung kundtut. Ein großer Teil der Probleme liegt im zur Verfügung stehenden Wortschatz begründet, beschränkt sich jedoch nicht nur auf die Semantik. Selbst in einer Welt perfekter Kommunikation wäre die Vermittlung von Geschmackseindrücken eine unsichere Sache, da wir für Geschmacks- und Geruchswahrnehmungen unterschiedliche Reizschwellen haben und diese Eindrücke als unterschiedlich attraktiv empfinden. Wenn verschiedene Individuen unterschiedliche Mengen an Säuren, Tannin, Alkohol, Zucker, Estern und Aldehyden brauchen, um sie wahrzunehmen, wird ein und derselbe Wein für jeden tatsächlich unterschiedlich schmecken. Für den sehr unwahrscheinlichen Fall, dass alle Menschen dieselbe Reizschwelle für jeden Bestandteil sowie ihre Kombinationen hätten, würden dennoch Divergenzen bestehen bleiben, da die individuellen Toleranzniveaus unterschiedlich sind.

DIE BEURTEILUNG EINES WEINS

Es wäre unmöglich, auf viele der folgenden Fragen zu antworten, ohne über eine gewisse Erfahrung zu verfügen, und einen bestimmten Wein zu identifizieren, ohne ihn je gekostet zu haben. Verzweifeln Sie nicht – Ihre Erfahrungen und Kenntnisse werden mit jeder Verkostung zunehmen.

FARBE

Betrachten Sie die Farbe: Ist sie kräftig oder blass, weist sie eine prägnante Eigenschaft auf, eine spezifische Schattierung, die auf eine Rebsorte, eine Klimazone oder ein Anbaugebiet schließen lässt? Ist die Farbe leuchtend und jugendlich-frisch oder deutet eine bräunliche Färbung auf Alter? Was lässt der Rand des Flüssigkeitsspiegels erkennen? Bleibt die Farbe auch am Glas intensiv, was auf Qualität hindeutet, oder verblasst sie zu einem undeutlichen, wässerigen Etwas?

GERUCH

Macht der Wein einen alkoholreichen Eindruck, ist er vielleicht gespritet. Hat der Wein deutlich identifizierbare Aromen, oder sind sie nichts sagend? Riecht der Wein so jugendlich oder reif, wie er aussieht? Ist er geschmeidig und harmonisch, was Trinkreife anzeigt? Ist das Aroma für eine Rebsorte typisch? Gibt es da Noten

EINE VERKOSTUNG

Ich gebe hier einige Beispiele für die große Zahl von Möglichkeiten, die bei einer Verkostung zu prüfen bzw. zu berücksichtigen sind. Damit möchte ich zeigen, dass man einen Wein systematisch und logisch probieren und beurteilen kann. Man sollte alle Optionen offen halten, bis man Aussehen, Geruch und Geschmack des Weins geprüft und beurteilt hat. Bei jedem Schritt der Beurteilung sollten Sie mindestens eine der Möglichkeiten zu fixieren versuchen, die beim vorangegangenen in Betracht gezogen wurden. Seien Sie zuversichtlich und stehen Sie hinter Ihrem Urteil. Nur so können Sie Fortschritte machen.

AUSSEHEN
Ein klares, ausgeprägtes Granatrot lässt vermuten, dass der Wein aus einem nur mäßig warmen Herkunftsgebiet kommt. Der Hauch Violett am Rand könnte ein Indiz für geringes Alter sein.

GERUCH
Es dominiert ein deutliches Fruchtbonbonaroma, Kennzeichen für die Kohlensäuremaischung, die bei guten Beaujolais verwendet wird. Man hält es oft fälschlicherweise für das Aroma der Gamay-Traube (aus der Beaujolais hergestellt wird), doch es ist für alle Weine typisch, die auf diese Weise hergestellt werden. Wenn dieser Wein ein Beaujolais ist, dann deutet seine Farbe auf etwas Edleres als einen leichten Standardbeaujolais oder Nouveau hin.

GESCHMACK
Die Balance zwischen Frucht, Säure und Alkohol bestätigt die Vermutung, dass dies ein Beaujolais ist. Die füllige, würzig-traubige Frucht und das Fruchtdropsaroma verweisen auf einen überdurchschnittlichen Wein.

SCHLUSSFOLGERUNG
Traubensorte Gamay
Anbaugebiet Beaujolais
Alter 2–3 Jahre
Kommentar Beaujolais Villages

AUSSEHEN
Der wasserhelle Wein kommt offensichtlich aus einem kühlen Klima, obwohl die kleinen Bläschen einen *Vinho Verde* anzeigen könnten; doch der hellste Vinho Verde weist gewöhnlich eine typische strohgelbe Färbung auf. Wahrscheinlich ein bescheidener Qualitätswein aus dem Anbaugebiet Mosel – Saar – Ruwer.

GERUCH
Vinho Verde scheidet aus. Das frische, jugendliche Aroma ist typisch für einen Mosel-Riesling. Das Bukett bestätigt, was die Farbe vermuten lässt. Es ist wahrscheinlich ein Qualitätswein oder allenfalls ein Kabinett eines durchschnittlichen Jahrgangs, jedoch von einem guten Erzeuger von der weit im Norden gelegenen Saar.

GESCHMACK
Jugendlich-pikante Frucht mit deutlicher Riesling-Blume. Mehr Geschmack als erwartet, trockener, würziger Abgang mit einem Hauch Pfirsich.

SCHLUSSFOLGERUNG
Traubensorte Riesling
Anbaugebiet Mosel – Saar – Ruwer
Alter Etwa 18–24 Monate
Kommentar Kabinett, Spitzenerzeuger

AUSSEHEN
Intensive Farbe, beinahe schwarz und undurchsichtig. Höchstwahrscheinlich aus einer dickschaligen Sorte wie Syrah, die in einem sehr warmen Klima wächst. Australisches Swan Valley, französisches Rhône-Tal oder Kalifornien?

GERUCH
Das Bukett ist ebenso intensiv wie die Färbung. Ganz sicher Syrah. Würziger Duft mit einer Andeutung von Kräutern, fast sicher nördliches Rhône-Tal. Australien und Kalifornien scheiden aus. Eher wuchtig-massives als differenziertes Bukett; es muss sich um einen besonders guten Jahrgang handeln.

GESCHMACK
Kraftvoll und tanninbetont. Würzige Frucht mit Aromen von Brombeere, Schwarzer Johannisbeere, Pflaume und Zimt. Steht am Anfang der Entwicklung; bis zum Höhepunkt ist es jedoch noch weit. Dies ist ein Rhône-Syrah bester Qualität, wenn auch nicht von der Klasse eines Hermitage oder der Eleganz eines Côte Rôtie.

SCHLUSSFOLGERUNG
Traubensorte Syrah
Anbaugebiet Cornas, Rhône
Alter Etwa 5 Jahre
Kommentar Spitzenerzeuger, hervorragender Jahrgang

AUSSEHEN
Die ziegelrote Farbe sowie der wasserhelle Rand lassen sofort an einen jungen Bordeaux eines Petit château denken. Aber der erste Eindruck kann täuschen – weitere Indizien sind erforderlich.

GERUCH
Attraktives Veilchen-Aroma mit verhaltener, würziger Frucht. Nichts widerspricht der ersten Vermutung, doch deutet das Fehlen von Schwarze-Johannisbeeren-Aroma auf einen Bordeaux mit hohem Anteil Merlot hin anstatt Cabernet Sauvignon.

GESCHMACK
Der Gaumen bestätigt die Nase: ein bescheidener Bordeaux von mittlerem Körper und geringem Alter. Die abgerundete Frucht und die weichen Tannine lassen vermuten, dass der Wein in zwei, vielleicht auch drei Jahren auf dem Höhepunkt ist.

SCHLUSSFOLGERUNG
Rebsorte Merlot
Region Bordeaux
Alter 2 Jahre
Kommentar Petit château oder gute regionale Appellation

von Sahne oder Vanille, die darauf hindeuten, dass der Wein in neuer Eiche ausgebaut wurde? Wenn ja, in welchen Gegenden wird ein solcher Wein in Eiche gelagert? Ist es ein einfacher Wein oder lässt er Komplexität erkennen? Gibt es Hinweise auf das Anbaugebiet? Ist seine Qualität schon am Duft erkennbar oder benötigen Sie die weitere Prüfung im Mund?

GESCHMACK

Im Geschmack sollten sich der Geruch des Weins wieder erkennen lassen und die bereits gemachten Wahrnehmungen bestätigen. Aber alle menschlichen Organe sind fehlbar; bleiben Sie deshalb offen! Akzeptieren Sie sowohl Widersprüche wie Bestätigungen! Stellen Sie sich selbst die Fragen, die Sie an Ihre Nase gerichtet haben. Bevor Sie das tun, fragen Sie erst Ihren Gaumen, was er Ihnen über Säure, Süße und Alkoholgehalt zu sagen hat.

Wenn Sie einen Rotwein testen, kann sein Tanningehalt aufschlussreich sein. Tannine kommen vor allem aus der Schale der Weinbeere; je dunkler und dicker sie ist und je länger der Most auf den Schalen mazerierte, desto tanninhaltiger ist der Wein. Ein großer, noch junger Rotwein enthält so viel Tannin, dass es einem den Mund zusammenzieht, während Weine, die zum baldigen Konsum gedacht sind, nur wenig davon enthalten. Wenn Sie Schaumweine testen, wird die Entwicklung der Gasblasen, die *Perlage* oder das *Mousseux*, zusätzliche Hinweise geben.

Die Intensität und die Andauer der Perlage – kräftig, mittel oder leicht – bestimmen den Typ des Schaumweins; und die Größe der Perlen gibt Aufschluss über seine Qualität: je kleiner, desto besser.

SCHLUSSFOLGERUNG

Versuchen Sie Rebsorte und Herkunftsgebiet zu bestimmen, und schätzen Sie Alter und Qualität des Weins ein. Kluge Verkoster werden ihre Glaubwürdigkeit nicht aufs Spiel setzen und versuchen, spezifischere Angaben zu machen, etwa über Hersteller oder Lage, es sei denn, sie sind sich vollkommen sicher. In der Prüfung zum *Master of Wine* werden Punkte für die korrekte Begründung gegeben, auch wenn eine Schlussfolgerung falsch sein sollte; hingegen kann ein Kandidat, der einen Wein sehr genau bestimmt, jedoch fehlerhaft argumentiert, auch einmal keine Punkte bekommen. Das Verkosten von Wein ist keine Frage des Vermutens, sondern des Schlussfolgerns, und man sollte keine Angst haben, Fehler zu machen, denn nur so kann man lernen.

AUSSEHEN
Die charakteristisch goldgelbe Farbe bleibt auch am Rand kräftig. Es gibt mehrere Möglichkeiten: ein Süßwein, ein körperreicher trockener Wein, ein gereifter Wein oder etwa ein Retsina? Vielleicht ein Gewürztraminer.

GERUCH
Ein Gewürztraminer! Das füllige, üppige und würzige Bukett ist unverwechselbar, man denkt spontan an einen Elsässer. Sehr wahrscheinlich wird man damit richtig liegen, aber man denke auch an einen Spitzenerzeuger in der Pfalz oder in Österreich. Wäre das Aroma etwas gedämpfter, könnte es ein Italiener sein, ein exotisches Bukett deutet auf einen kalifornischen oder australischen Wein hin. Hier scheint es sich jedoch um einen klassischen reifen, etwa 4 Jahre alten Elsässer zu handeln.

GESCHMACK
Ein Wein voller Aroma: füllig, schmalzig und fruchtig mit gut entwickelter Würze und sanftem, saftigem Finale. Offensichtlich aus sehr reifen Trauben.

SCHLUSSFOLGERUNG
Rebsorte Gewürztraminer
Region Elsass
Alter 4–5 Jahre
Kommentar Sehr gute Qualität

AUSSEHEN
Beeindruckende Farbe, noch charakteristischer als die des Gewürztraminers. Das Altgold lässt sofort an einen vollen, üppigen und vermutlich sehr süßen Wein wie den Sauternes denken. Aber auch Österreich oder ein seltener Australier wären möglich.

GERUCH
Die unwahrscheinlich volle, reiche und opulente Nase eines botrytisierten Weins. Wer süße Weine nicht mag, sollte an einem solchen Wein riechen, bevor er sie endgültig verbannt. Eine Spur sahnig-würziger Eiche schließt Österreich aus, die Reife – wohl zwischen 10 und 15 Jahre alt – lässt Australien vermuten.

GESCHMACK
Man findet hier alles, von Pfirsich, Ananas und Sahne bis hin zu den honigartigen Noten eines wirklich reifen Weins. Nur ein klassischer Sauternes verfügt über so intensive Aromen und gleichzeitig über solche Eleganz.

SCHLUSSFOLGERUNG
Rebsorte Überwiegend Sémillon
Region Sauternes
Alter Über 15 Jahre
Kommentar Premier Cru, großer Jahrgang

AUSSEHEN
Der orange-rosafarbene Ton ordnet den Wein mit ziemlicher Sicherheit der Provence oder Tavel zu. Die Orange-Tönung könnte, wenn sie nicht von der Vinifikation herrührt, aber auch irgendeinen anderen Rosé anzeigen, der über dem Höhepunkt ist.

GERUCH
Das kraftvolle Aroma des Pinot Noir wirft die Möglichkeit eines Rosé aus Tavel oder aus der Provence über den Haufen. Aber was ist es nun? Der Wein ist nicht oxidiert, also kann er nicht schon hinüber sein. Ist die Orangefärbung ein Hinweis auf sein Herkunftsgebiet? Weitere Daten sind nötig. Der Wein muss geschmeckt werden.

GESCHMACK
Definitiv Burgunder mit dem unverwechselbaren pikanten Geschmack des Pinot Noir. Der Wein ist auf dem Höhepunkt, baut aber mit Sicherheit noch lange nicht ab. Wenn man ausschließt, was es nicht sein kann, dann passt nur Rosé de Marsannay.

SCHLUSSFOLGERUNG
Rebsorte Pinot Noir
Region Burgund
Alter 4–5 Jahre
Kommentar Mittlere Qualität

AUSSEHEN
Schaumwein von attraktiver, lebhafter zitronengelber Farbe. Nicht jung, aber auch nicht alt. Das Mousseux ist deutlich, aber Kraft und Größe der Perlage können nur im Mund beurteilt werden. Seine strahlende Klarheit lässt an einen sehr guten Wein denken.

GERUCH
Seine Qualität ist sofort erkennbar. Er hat die autolytischen Merkmale eines Weins, der mehrere Jahre auf dem ersten Korken verbrachte (Kontakt mit der Hefe vor dem Degorgieren), was nur ein guter Champagner aufweist. Er hat das lebhafte Bukett reifer Chardonnay-Trauben. Es muss sich um einen Champagner Blanc de Blancs mit hohem Anteil von Weinen der Côte des Blancs handeln.

GESCHMACK
Sachtes, anhaltendes Prickeln feinster Schaumperlen. Der frische, lebendige Geschmack hat ein langes Finish, bedarf aber noch weiterer fünf Jahre, um zur Perfektion zu gelangen.

SCHLUSSFOLGERUNG
Rebsorte Chardonnay
Region Champagne
Alter 5 Jahre
Kommentar Spitzenqualität

GESCHMACKS- UND QUALITÄTSFAKTOREN

Eine Traube kann im selben Anbaugebiet zwei absolut verschiedene Weine hervorbringen. Genauso kann man mit verschiedenen Rebsorten auf verschiedenen Kontinenten zwei sehr ähnliche Weine erzeugen.

Es gibt bestimmte Faktoren, die Geschmack und Qualität eines Weins beeinflussen. Zu ihnen gehören die Rebsorte als der wichtigste Faktor, der Standort, die klimatischen Verhältnisse, die das Wachstum der Reben bestimmen, die topografischen Verhältnisse und die Bodenbeschaffenheit. Weiterhin von Bedeutung sind die Methoden des Weinbaus, denn durch die jeweiligen Verfahren kann man den Charakter der Traube verändern; die Weinherstellung, die – wie das Kochen mit denselben Zutaten – eine Reihe ganz unterschiedlicher Vorstellungen realisieren kann; der Jahrgang, der mit seinem unberechenbaren Verlauf über Größe und Qualität der Ernte entscheidet; und schließlich der Winzer, der Joker im Spiel.

REBSORTE

Die zur Herstellung eines Weins verwendete Rebsorte ist der wohl bedeutendste Faktor für die Bestimmung seines Geschmacks. Die Faktoren, die den »angeborenen« Geschmack einer Traube beeinflussen, sind dieselben wie bei jeder anderen Frucht.

GRÖSSE DER BEEREN

Je kleiner die Beere, desto konzentrierter der spätere Geschmack. Die bekanntesten klassischen Rebsorten wie Cabernet Sauvignon und Riesling haben kleine Beeren; bestimmte Sorten wie Pinot Noir, die mehr auf Eleganz als auf kraftvolle Konzentration abgestellt sind, bringen jedoch große Beeren hervor. Viele französische Sortenbezeichnungen haben das Präfix *petit* bzw. *gros*, und gewöhnlich ist die *Petit*-Sorte die bessere.

STRUKTUR DER BEERENSCHALE

Die Schale (Haut) enthält den Großteil der Aroma- und Geschmacksstoffe, die die Identität der Sorte bestimmen. Ihre Struktur und Dicke sind daher entscheidend. So wird beispielsweise aus der dickschaligen Sauvignon Blanc ein aromatischer Wein hergestellt, dessen Charakter – wenn die Trauben reif geerntet werden – von »Pfirsich« in einem warmen Klima bis »Stachelbeere« in kälteren Zonen reicht. Wenn sie hingegen unreif geerntet wird, besitzt der Wein einen unterschiedlich intensiven vegetalen Charakter, der mit Begriffen von »grasig« über »Holunderblüten« bis hin zu »Katzenpisse« beschrieben wird. Andererseits wird aus der dünnschaligen Traube Sémillon ein recht nichts sagender Wein gemacht, jedoch ist sie durch ihre dünne Haut für die Edelfäule prädestiniert und damit für die Herstellung eines der größten Süßweine der Welt mit einem atemberaubenden Aroma.

FARBE UND DICKE DER SCHALE

Eine dunkle, dickschalige Traube wie Cabernet Sauvignon ergibt sehr farbkräftige Weine, während mit hellen und dünnschaligen Sorten wie Merlot weniger intensive Farben erzielt werden.

SÄURE, ZUCKER UND WEITERE INHALTSSTOFFE

Der Zuckergehalt der Traube bestimmt auch den Alkoholgehalt des Weins und den eventuellen Restzuckergehalt. Zusammen mit

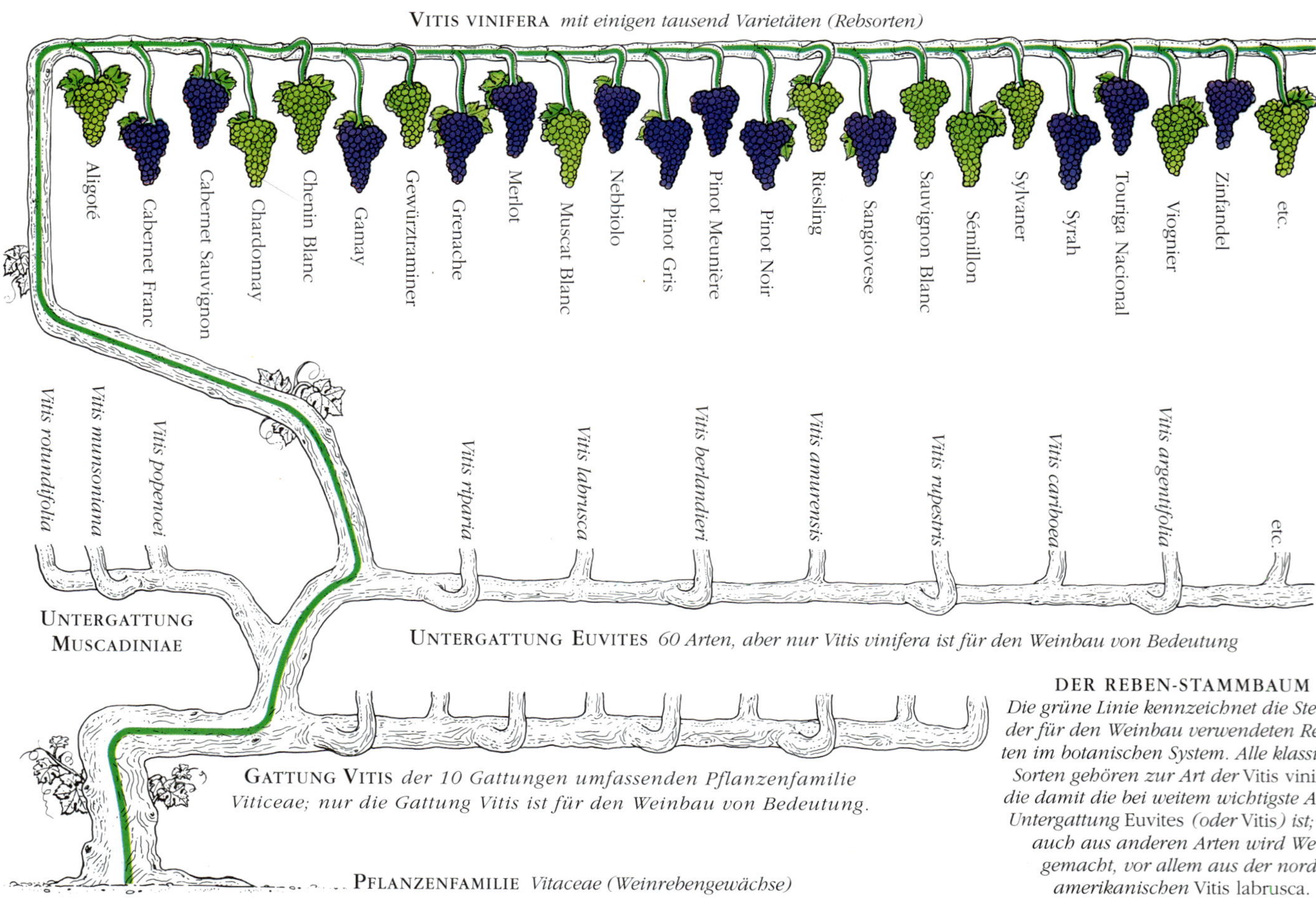

DER REBEN-STAMMBAUM
Die grüne Linie kennzeichnet die Stellung der für den Weinbau verwendeten Rebsorten im botanischen System. Alle klassischen Sorten gehören zur Art der Vitis vinifera, *die damit die bei weitem wichtigste Art der Untergattung* Euvites *(oder* Vitis*) ist; aber auch aus anderen Arten wird Wein gemacht, vor allem aus der nordamerikanischen* Vitis labrusca.

dem Säuregehalt ist der Zuckergehalt wesentlich für die Ausgewogenheit oder Balance eines Weins verantwortlich. Die weiteren Inhaltsstoffe einer Traube bzw. deren Produkte nach der Gärung, die flüchtigen Inhaltsstoffe und der Extrakt, bilden all die Geruchs- und Geschmackseigenschaften aus. Zwar beeinflussen Bodenbeschaffenheit, Wurzelunterlage und Klima den Geschmack der Traube, das Grundrezept liegt aber in den genetischen Eigenschaften der Ertragsrebsorte.

DIE FAMILIE DER WEINREBENGEWÄCHSE

Diese »Familie« ist groß und umfasst ganz unterschiedliche Pflanzen. Der Stammbaum (linke Seite) zeigt, wie die *Vitis vinifera*, die Art, die fast ausschließlich zur Weinherstellung verwendet wird, sich zum Rest der »Familie« verhält. Die Art *Vitis vinifera*, kurz *Vinifera*, ist eine der vielen Arten der Untergattung *Euvites* (oder *Vitis*). Andere Arten dieser Untergattung sind als Unterlagsreben für den Weinbau wichtig.

PHYLLOXERA VASTATERIX – FLUCH ODER SEGEN?

Die Reblaus *Phylloxera vastaterix*, die im späten 19. Jahrhundert die europäischen Weinberge verwüstete, bedroht noch immer die meisten Anbaugebiete der Welt. Man betrachtete sie als die größte Katastrophe in der Geschichte des Weinbaus, aber sie entpuppte sich im Nachhinein als ein Segen.

Bevor die Reblaus nach Europa kam, hatten viele bedeutende Weinbauregionen Europas auf Grund der gestiegenen Nachfrage an Wert verloren. Die Nachfrage führte zu Massenproduktion, zur Verwendung minderwertiger Rebsorten und zur Anlage von Rebflächen auf ungeeignetem Land. Als die Reblaus sich verbreitete, musste man Ertragsreben auf reblausresistente amerikanische Unterlagsreben pfropfen. Dies führte zu der dringend erforderlichen rationalen Umstrukturierung der Weinwirtschaft; nur die besten Plätze der klassischen Regionen wurden neu bepflanzt, nur edle Sorten wurden verwendet: eine kosten- und zeitintensive Angelegenheit, die für Weinbauern in weniger geeigneten Regionen nicht bezahlbar war. In Frankreich dauerte die Umstellung auf gepfropfte Rebstöcke 50 Jahre und ermöglichte die Einrichtung des Systems der *Appellation d'Origine Contrôlée*. Man kann sich kaum vorstellen, welche Vielfalt an Rebsorten es heute gäbe, wenn die Reblaus nicht gewütet hätte.

DIE WURZELUNTERLAGE

Hunderte von Unterlagssorten wurden aus verschiedenen Rebenspezies entwickelt, insbesondere aus *Vitis berlandieri*, *V. riparia* und *V. rupestris*, da diese sich am resistentesten erwiesen haben. Die Wahl der Unterlagsrebe hängt von der Ertragssorte ab, die auf sie gepfropft werden soll, außerdem von ihrer Eignung für die geografische Situation und den Bodentyp.

LAGE

Der Ort eines Weinbergs ist entscheidend für die Frage, ob die klimatischen Bedingungen sich für den Weinanbau eignen. Nahezu alle Anbaugebiete der Welt liegen in den gemäßigten Zonen zwischen dem 30. und 50. Breitengrad, die durchschnittliche Jahrestemperaturen zwischen 10 °C und 20 °C aufweisen. Die nördlichsten Weinberge Deutschlands befinden sich an der Grenze, nämlich zwischen dem 50. und 51. Breitengrad (die Weinberge Ostdeutschlands liegen sogar am 53. Breitengrad); sie können durch die Einflüsse des Kontinentalklimas mit seinen warmen Sommern existieren.

Interessant ist, dass die besten Weine der Welt überwiegend an westlichen Küstengebieten hergestellt werden, wo kühleres und weniger feuchtes Klima herrscht als an Ostküsten.

Wälder und Bergketten schützen die Reben vor Wind und Regen. Die Nähe zu Wäldern und großen Wasserkörpern kann sich auf das Klima u. a. durch Verdunstung auswirken, die in Trockenperioden Feuchtigkeit liefert; andererseits wird durch Feuchtigkeit Fäule begünstigt. Somit haben einige Faktoren sowohl positive wie negative Effekte.

EIN APFELBAUM IN DER NORMANDIE
Reberziehungsmethoden lassen sich auch auf andere Obstkulturen übertragen, wie dieser Apfelbaum bei Calvados zeigt.

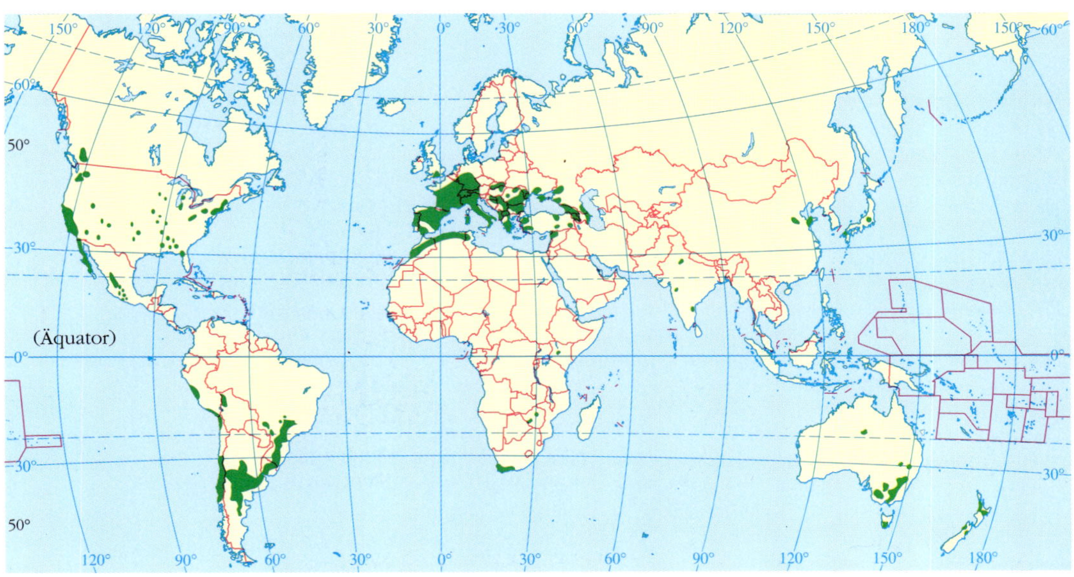

DIE WELT DES WEINS
Die wichtigsten Anbaugebiete der nördlichen und südlichen Erdhemisphäre sind größtenteils zwischen dem 30. und 50. Breitengrad zu finden. Einige kleinere Anbaugebiete liegen jedoch nahe am Äquator; es gibt »Äquatorialweine«, die in geringen Mengen in Kenia und Peru hergestellt werden.

KLIMA UND WETTER

Klima und Wetter sind die wichtigsten Faktoren, die das Wachstum der Reben bestimmen. Die klimatischen Verhältnisse sind durch die geografische Lage vorgegeben, das Wetter ist die tägliche konkrete Ausgestaltung und Realisierung des Klimas. Ein Winzer muss ein Gebiet mit einem förderlichen Klima wählen und darauf hoffen, dass die Natur keine allzu großen Anomalien bereithält. Bestimmte Rebarten wachsen auch unter extremen Bedingungen, die Verbreitung der meisten klassischen Rebsorten ist auf relativ schmale Klimazonen zwischen dem 30. und 50. Breitengrad beschränkt. Zum Gedeihen brauchen sie von allem etwas: Wärme, Sonnenschein, Regen und Kälte.

WÄRME

Rebstöcke, aus deren Trauben Wein gemacht werden soll, benötigen eine minimale jährliche Durchschnittstemperatur von etwa 9 °C. Die ideale Durchschnittstemperatur liegt für Weißweine bei 14 bis 15 °C, mit durchschnittlich nicht weniger als 19 °C im Sommer und –1 °C im Winter. Für einen guten Ertrag mit reifen Trauben ist eine bestimmte minimale »Temperatursumme« erforderlich: Man zählt die täglichen Durchschnittstemperaturen, sobald sie über 10 °C – die für die Vegetationszeit der Rebe minimale tägliche Durchschnittstemperatur – liegen, über das Jahr zusammen. Diese Summe soll bei spätreifenden Sorten nicht unter 1000 °C liegen.

GEBIET	TEMPERATURSUMME (°C)
Trier, Mosel	945
Bordeaux, Frankreich	1320
McLaren Vale, Südaustralien	1350
Russian River, Kalifornien	2000

SONNE

Sonnenlicht ist für die Fotosynthese, den grundlegenden biologischen Prozess bei Grünpflanzen, erforderlich. Allerdings ist auch bei bedeckten Verhältnissen ausreichend Licht vorhanden. Für den Weinbau benötigt man die Sonnenstrahlung eher wegen der Wärme als wegen des Lichts. Etwa 1300 Sonnenstunden pro Vegetationsperiode sind das für das Rebwachstum erforderliche Minimum.

REGEN

Ein Rebstock benötigt 680 mm Niederschlag im Jahr. Idealerweise sollte die Hauptmenge im Frühjahr und Winter fallen, jedoch auch während des Sommers ist ausreichend Feuchtigkeit notwendig. Die Pflanzen können auch mit weniger Wasser überleben, wenn die Temperaturen höher sind, Niederschlag bei warmen Bedingungen ist jedoch oft schädlicher als bei niedrigen Temperaturen. Etwas Regen vor der Lese wäscht chemische Mittel von den Trauben und ist daher ideal, wenn ihm Sonne und ein leichter, trockener Wind folgen. Wolkenbrüche hingegen lassen die Beeren aufplatzen und begünstigen den Pilzbefall.

GEBIET	NIEDERSCHLAG
McLaren Vale, Südaustralien	600 mm
Trier, Mosel	650 mm
Bordeaux, Frankreich	900 mm
Russian River, Kalifornien	1350 mm

KÄLTE

So überraschend es auch klingen mag: Minustemperaturen sind wünschenswert – im Winter –, da durch Frost das Holz gehärtet und gekräftigt wird sowie Sporen und andere Schädlinge, die sich in der Rinde eingenistet haben, vernichtet werden.

VORBEREITUNGEN VOR DEM REGEN

In Südspanien zieht man Furchen quer zum Hang, damit das Regenwasser nicht einfach ungenutzt abfließen kann.

KLIMABEDINGUNGEN

Günstig

Schöne, lange Sommer mit eher warm als heiß scheinender Sonne. Dadurch reifen die Trauben langsam mit dem Effekt der Balance zwischen Säure- und Zuckergehalt.

Ein trockener, sonniger Herbst ist für die Reifung der Trauben wichtig und verhindert Fäule. Er darf aber auch nicht zu heiß sein.

Die Wintermonate von November bis Februar (Mai bis August auf der Südhemisphäre) können sich klimatisch unterschiedlich gestalten. Der Rebstock verkraftet Temperaturen bis zu –20 °C und andere Widrigkeiten außer völlige Überschwemmung oder Trockenheit.

Innerhalb dieser Rahmenbedingungen muss das Klima den spezifischen Erfordernissen der Traubensorten Rechnung tragen: ein kühles Klima für Riesling, ein wärmeres für Syrah usw.

Ungünstig

Gefährlich sind Frost, Hagel und starker Wind, die den Rebstock entblättern können, was insbesondere während der Blüte bzw. der Reifung der Trauben fatal sein kann, da sie zu diesem Zeitpunkt am anfälligsten sind.

Regen und/oder niedrige Temperaturen während der Blüte sind die Ursache für eine mangelhafte Befruchtung, was Kleinbeerigkeit (*Millerandage*) zur Folge hat. Die davon betroffenen Trauben enthalten keinen Samen, sind klein und nur zum Teil entwickelt, wenn die restlichen Trauben schon voll gereift sind.

Anhaltender Regen kurz vor oder während der Lese kann zu Fäule führen oder den Wein dünn machen, was beides Probleme bei der Weinbereitung verursacht.

Zu viel Sonne lässt den Saft an den sich bildenden Trauben vorbei zu den Blättern und Triebspitzen, wodurch die Beeren zu wenig Kohlehydrate bekommen und schließlich abfallen (denselben Effekt hat auch anhaltend schlechtes Wetter). Diese Erscheinung, Verrieseln (*Coulure*) genannt, wird oft mit der Kleinbeerigkeit verwechselt. Bei der Coulure fallen die Beeren ab, bei der Millerandage bleiben sie am Kamm, entwickeln sich aber nicht.

Hitze während der Lese lässt den Säuregehalt des Traubensaftes rasch absinken und erwärmt die Trauben, was Probleme bei der Gärung nach sich zieht. Besonders in sehr heißen Gebieten wie Südafrika ist es schwierig, Trauben bei der Ernte auf einer akzeptablen Temperatur zu halten. Aus diesem Grund ernten manche Weingüter bei Nacht, wenn die Temperaturen niedrig sind.

TOPOGRAFIE

Unter der Lage eines Weinbergs versteht man seine topografischen Eigenschaften: in welcher Höhe er liegt, ob er am Hang oder in der Ebene angelegt ist, in welche Himmelsrichtung und wie steil der Hang geneigt ist usw.; all dies sind Bedingungen, die mit dem Klima in vielfältigen Beziehungen stehen. Es gibt nur wenige Orte auf der Welt, wo Trauben, aus denen Wein gemacht wird – im Gegensatz zu Tafeltrauben –, unter den natürlichen klimatischen Bedingungen gedeihen. Im Normalfall werden die optimalen klimatischen Bedingungen für einen erfolgreichen Anbau durch Veränderung der lokalen Gegebenheiten geschaffen.

SONNENLICHT

Hänge, die nach Süden (Südhemisphäre: Norden) geneigt sind, werden längere Zeit von der Sonne beschienen. In warmen Gebieten werden hingegen eher die Nordhänge bepflanzt.

LICHTINTENSITÄT UND ENTWÄSSERUNG

Aufgrund der Neigung bekommen an einem Hang gelegene Rebflächen mehr Sonneneinstrahlung. In gemäßigten Breiten steht die Sonne nicht senkrecht, nicht einmal im Sommer und mittags. Umgekehrt verteilen sich die Sonnenstrahlen auf einer waagerechten Fläche auf ein größeres Areal, sodass ihre Intensität abgeschwächt wird.

Ein geneigter Weinberg sorgt überdies für einen natürlichen Abfluss des Wassers. Auf Bergkuppen hingegen sind Reben zu sehr Wind und Regen ausgesetzt. Hoch gelegene Wälder sorgen nicht nur für genügend Feuchtigkeit in Trockenperioden, sondern absorbieren auch bei starkem Regen einen Teil des Wassers.

TEMPERATUREN

Hänge sind für den Weinbau sehr vorteilhafte Plätze, doch ist zu berücksichtigen, dass mit zunehmender Höhe die durchschnittlichen Temperaturen auf 100 m um 1 °C fallen. Dieser Temperaturunterschied kann eine um 10 bis 15 Tage längere Reifungszeit und einen höheren Säuregehalt bedeuten. So ist die Höhe eines Weinbergs eine gute Möglichkeit, Qualität und Eigenschaften seiner Trauben zu beeinflussen. Hänge an Flüssen und Seen profitieren von dem vom Wasser reflektierten Sonnenlicht und von der Wärme, die das Wasser als Wärmespeicher bei kühlen Temperaturen – nachts und im Winterhalbjahr – abgibt. Dadurch werden nicht nur plötzliche Temperaturstürze gemildert, sondern auch das Frostrisiko verringert. Senken und Talsohlen, in denen sich die kalte Luft sammelt, sind jedoch besonders frostgefährdet.

BODEN

Der Oberboden ist für den Rebstock sehr wichtig, da er dem Wurzelsystem Halt gibt und sich in ihm der größte Teil des Versorgungssystems befindet. Die Schichten des Unterbodens entsprechen dem jeweiligen Muttergestein. Die Wurzelstämme dringen durch die Schichten des Unterbodens, dessen Beschaffenheit für die Entwässerung, die Größe des Wurzelsystems und dessen Fähigkeit, Mineralstoffe zu absorbieren, ausschlaggebend ist.

Der Stoffwechsel des Rebstocks ist gut erforscht, die Wechselbeziehungen zwischen ihm und dem Boden sind weitgehend bekannt. Der ideale Boden für den Weinbau hat einen relativ dünnen Oberboden und einen lockeren Unterboden, der das Wasser gut speichert. Da der Wein »nasse Füße« nicht gerne hat, ist ein guter Wasserabzug (Dränage) sehr wichtig; weil er aber auch Feuchtigkeit benötigt, sind gute Wasser haltende Eigenschaften des Bodens ebenso bedeutend. Das Wärmeverhalten eines Bodens – Wärmeleitfähigkeit, -kapazität (Wärmespeicherung) und -reflexion – beeinflusst den Reifungsprozess der Trauben: Warme Böden wie Kies, Sand und Lehm fördern die Reifung, kalte Böden wie Ton verlangsamen sie. Kreide liegt zwischen den beiden Extremen. Dunkle, trockene Böden sind wärmer als helle, feuchte Böden. Böden mit hohem pH-Wert (alkalische Böden) wie Kreide beeinflussen den Stoffwechsel derart, dass Pflanzensaft und Traubensaft mit relativ hohem Säuregehalt produziert werden. Durch den ständigen Einsatz von Düngemitteln wurde in einigen Weinbaugebieten Frankreichs der pH-Wert abgesenkt. Hier werden nun Weine mit höherem pH-Wert, also geringerer Säure, produziert.

DER NÄHRSTOFFBEDARF

Ebenso wie Blumen, Sträucher und Gemüse in einem bestimmten Boden besser gedeihen als in einem anderen, so verhält es sich auch mit den Weinreben. Gewisse Nährstoffe sind überall vorhanden. Abgesehen von Wasserstoff und Sauerstoff (die als Wasser zur Verfügung stehen) sind die wichtigsten Bodennährstoffe: Stickstoff, der für die Entwicklung der Grünteile einer Pflanze notwendig ist; Phosphat, das das Wurzelwachstum veranlasst und die Reifung der Trauben beschleunigt (zu viel hemmt die Aufnahme von Magnesium); Kalium, das den Stoffwechsel der Pflanze verbessert und für die Entwicklung der nächstjährigen Ernte wichtig ist; Eisen, das für die Fotosynthese unverzichtbar ist (zu wenig davon verursacht Chlorose), und Calcium, das das Wurzelsystem ernährt, Säure neutralisiert und zur Entstehung einer krümeligen Bodenstruktur beiträgt (bei zu viel Calcium verliert der Boden allerdings seine Fähigkeit, Eisen zu absorbieren, und es kommt zu Chlorose).

TERRASSIERTE WEINBERGE AM RHEIN
Rebpflanzungen am Wasser profitieren von der reflektierten Sonneneinstrahlung, ein Vorteil in Gegenden mit kühlem Klima.

HÜGELLANDSCHAFT BEI SANCERRE
Im Frühjahr bieten die Weinberge in der welligen Landschaft des Loire-Tals ein buntscheckiges Bild. Hier herrschen Ton- und Kalksteinböden vor.

JAHRGANG

Eine gute Ernte hängt vom Wetter ab, was nicht dasselbe ist wie das Klima. Während das Klima vielleicht im Allgemeinen angenehm ist, kann das Wetter dennoch Kapriolen schlagen. Hinzu kommt, dass die konkreten Wetterverhältnisse im Lauf eines Jahres sehr kleinräumig sein können. So werden beispielsweise einige Weinberge durch sommerlichen Hagelschlag vernichtet, während andere unversehrt bleiben und guten Wein liefern. Dazwischen stehende Rebstöcke können z. B. einen Teil der Früchte behalten, die Weine von außergewöhnlicher Güte ergeben, wenn ihnen noch zwei, drei sonnige, warme Monate vor der Lese bleiben; weniger Trauben am Rebstock bedeuten nämlich konzentriertere Aromen.

DER WEINMACHER

Der Weinmacher – womit der Weinbauer und der Kellermeister gemeint sind – kann die Tätigkeit der Natur mit seinen Fähigkeiten fördern oder behindern. Ich habe erlebt, dass benachbarte Winzer mit demselben Ausgangsprodukt und nahezu denselben Herstellungsverfahren völlig unterschiedliche Weine produzieren können. Chemische Analysen der Weine können praktisch dieselben Ergebnisse zeitigen, und dennoch hat der eine Wein das Profil, die Vitalität und den Charakter, den der andere nicht hat. Wie erklärt sich das? Sicher gibt es dafür handfeste Gründe, die von der Wissenschaft eines Tages entdeckt werden, aber nach dem gegenwärtigen Stand unserer Unkenntnis kann ich nur sagen, dass es der engagierte Winzer ist, der den besseren und charaktervolleren Wein herzustellen vermag. Sicher sind in manchen Fällen minderwertige Weine dem schlechten Einsatz neuester Technik zuzuschreiben, andererseits weiß ich, dass passionierte Winzer mit den einfachsten Mitteln absolut faszinierende Weine machen. Von einigen Weinmachern weiß man sogar, dass sie während einer besonders schwierigen Phase des Gärungsprozesses neben ihren Fässern schlafen, um sofort korrigierend eingreifen zu können. Angefangen beim Weinbauern, der nicht zögert, den Rebstock für geringere Erträge zurückzuschneiden, und sich den Kopf über den optimalen Zeitpunkt für die Lese zerbricht, bis zum Kellermeister, der den werdenden Wein wie eine Kinderschwester in jeder einzelnen Phase der Gärung und Reifung umsorgt und ihn schließlich genau zum richtigen Zeitpunkt und mit optimaler Temperatur abfüllt: Der Mensch ist unbestritten die zentrale Figur unter den Faktoren, die Geschmack und Qualität eines Weins bestimmen.

DIE KONTROLLE DES REIFUNGSPROZESSES

Auguste Clape, einer der renommiertesten Winzer an der nördlichen Rhône, prüft die Entwicklung seiner Weine im Eichenfass.

WEINBAU

Während der Geschmack eines Weins in der Hauptsache durch die Rebsorte bestimmt wird, sind es die unterschiedlichen Methoden der Weinbergsarbeit, die sich entscheidend auf die Qualität des Weins auswirken.

REBENERZIEHUNG

Ein Grundsatz der Rebenerziehung ist, dass kein Trieb den Boden berührt, denn sollte dies der Fall sein, wird er Ableger aussenden, die Wurzeln ausbilden. Innerhalb von zwei oder drei Jahren würde ein Großteil der aufgepfropften Ertragsrebe nicht von der Unterlagsrebe versorgt werden, sondern von dem neu gebildeten Wurzelsystem der Ableger-Ertragsrebe. Dadurch wäre der Rebstock nicht nur der Reblaus preisgegeben, sondern der Teil des Rebstocks, der seine Nährstoffe noch immer von der Wurzelunterlage bezieht, würde seine eigenen Austriebe bilden, und diese wür-

GRUNDLEGENDE METHODEN DER REBENERZIEHUNG

Es gibt zwei Hauptmethoden der Rebenerziehung: den Fruchtrutenschnitt und den Zapfenschnitt. Für beide gibt es eine unübersehbare Zahl von Varianten. Rebstöcke mit Fruchtrutenschnitt haben keine dauernden »Äste« (Kordons, Schenkel), da jedes Jahr alle Triebe außer dem stärksten (der im folgenden Jahr die Fruchtrute bildet) zurückgeschnitten werden, sodass ein Rebstock praktisch ganz aus neu entstandenen Trieben besteht. Abgesehen vom Stamm ist das älteste Holz bei einem Rebstock, der im Fruchtrutenschnitt erzogen wird, der Hauptarm (Bogen, Strecker), der nur ein Jahr alt ist. Dieses System verteilt die Trauben auf eine große Fläche und erlaubt eine einfache Regulierung des Ertrags, da die Zahl der Frucht tragenden Triebe groß oder klein gehalten werden kann. Beim Zapfenschnitt findet keine jährliche Erneuerung des Hauptarms statt, wodurch der Rebstock einen baumartigen Aufbau erhält. Es ist daher nicht schwierig zu bestimmen, nach welchem System ein Rebstock erzogen wird: Es genügt, sich seine(n) Hauptarm(e) anzusehen. Ist er dünn und glatt, liegt Fruchtrutenschnitt vor, ist er hingegen dick, dunkel und knorrig, verweist dies auf Zapfenschnitt.

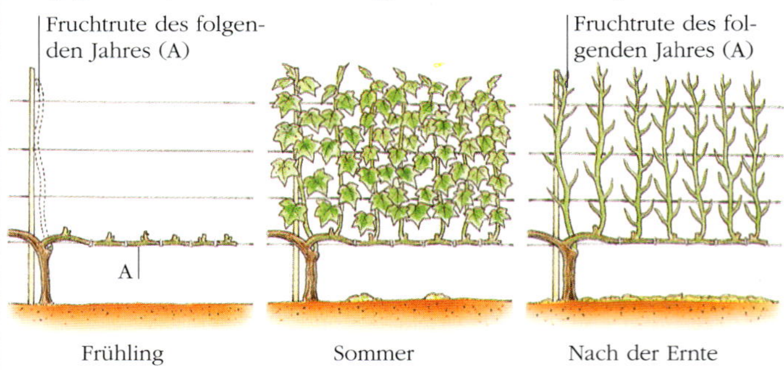

EIN BEISPIEL FÜR FRUCHTRUTENSCHNITT: GUYOT

Im Winter wird der horizontale Hauptarm, Fruchtrute oder Tragarm genannt (A), weggeschnitten, der verbleibende Trieb horizontal gebogen und an den Spalierdraht geheftet. Dieser wird im folgenden Jahr zum Hauptarm des Rebstocks. Einen weiteren Trieb lässt man aus dem Stamm als Fruchtrute der nächsten Saison wachsen.

EIN BEISPIEL FÜR ZAPFENSCHNITT: GOBELET

Die Hauptarme sind dauerhaft; nur bei Beschädigung werden sie ersetzt. Nur die einjährigen Triebe werden zurückgeschnitten.

den – falls nicht zurückgeschnitten wird – Hybridfrüchte bilden. Die Hauptgründe für Rebenerziehung und Rebschnitt sind also Vorbeugung vor Reblausbefall und Sicherstellung der Reinheit der Ertragsrebe.

Die Art, wie ein Rebstock erzogen wird, bestimmt Größe, Aussehen und Wachstum der Pflanze, um die lokalen topografischen und klimatischen Verhältnisse optimal zu nutzen. Rebstöcke können hoch erzogen werden, damit sie z. B. dem Bodenfrost entgehen, oder niedrig, damit sie alle Wärme abbekommen, die von steinigen Böden nachts abgestrahlt wird. Es kann viel Platz zwischen den Reihen sein, damit viel Sonne einfallen kann und Feuchtigkeit vertrieben wird. Andererseits können Rebstöcke auch so erzogen werden, dass sie ein Laubdach zum Schutz vor zu viel Sonne bilden.

FORMEN DER REBENERZIEHUNG

Die beiden Grundformen der Rebenerziehung, Zapfenschnitt und Fruchtrutenschnitt, werden in Hunderten von Variationen verwendet, die alle zu speziellen Zwecken entwickelt wurden und ihre Vor- und Nachteile besitzen. Um das Verfahren zu erkennen, das in einem Weinberg angewandt wird, sieht man sich die Stöcke am besten zwischen Spätherbst und Frühling an, wenn sie noch keine Blätter tragen. In den folgenden Zeichnungen (in verschiedenen Maßstäben) werden die Rebstöcke gezeigt, wie sie während der Winterruhe aussehen, die Triebe des folgenden Jahres sind grün dargestellt. Bei den Formen der Fruchtrutenerziehung wurde ein grünbrauner Farbton zur Darstellung des einjährigen Holzes verwendet, das im folgenden Jahr als Hauptarm dient.

Buschform (Zapfenschnitt)

Eine spalierlose Form des Gobelet-Systems (*siehe* S. 24). Die Buschform hat im Beaujolais (wo es sowohl spalierlose als auch Spalier-Gobelets gibt) Tradition und ist in den trockenen Regionen des Mittelmeerraums allgemein üblich. In Australien, wo ein paar Weinberge mit alten Grenache-Reben immer noch so geschnitten werden, wird sie »bush vine« genannt. Da die Triebe nicht unterstützt werden, zieht sie das Gewicht der Trauben nach unten, und der Rebstock bekommt ein verwildertes Aussehen. In den Crus des Beaujolais ist die Zahl der Arme auf 3 bis 5 begrenzt; in Gebieten, die weniger strengen Regeln unterworfen sind, können es bis zu 10 sein. Die Methode ist nur für weniger wuchskräftige Rebsorten geeignet.

Chablis (Zapfenschnitt)

Wie der Name verrät, wurde diese Methode im Chablis entwickelt, heute wird dort allerdings das doppelte Guyot-System verwendet. Die bedeutendste Region, in der diese Methode gebraucht wird, ist die Champagne, wo 90 % der Chardonnay-Reben so erzogen werden. Es können drei, vier oder fünf Cordons (Arme) gezogen werden, die im Abstand von einem Jahr angelegt werden. Das bedeutet, dass ein dreijähriger Rebstock (das Mindestalter für die AOC Champagne) drei Cordons hat, ein vierjähriger vier usw. Der Abstand der Rebstöcke in einer Reihe bestimmt die Lebensdauer des ältesten Arms, denn wenn er den nächsten Rebstock erreicht, wird er entfernt und durch einen Trieb des Stamms ersetzt. Die Chablis-Methode ist eigentlich eine schräggestellte Buschform.

Cordon de Royat (Zapfenschnitt)

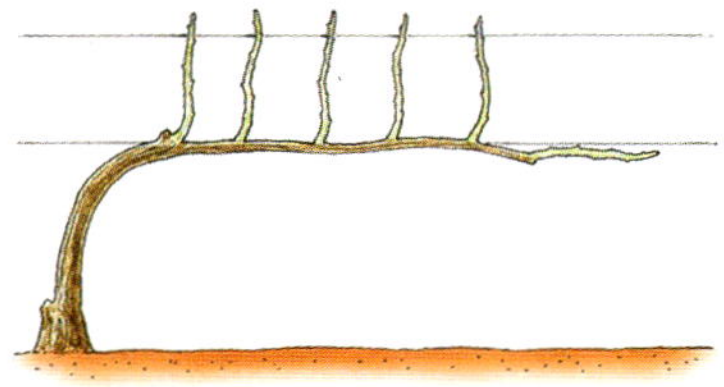

Diese Methode, die in der Champagne für die Pinot-Noir-Rebstöcke verwendet wird, ist eine Variation des einfachen Guyot-Systems (*siehe* unten). Es existiert sogar eine doppelte Form, die jedoch selten eingesetzt wird, eigentlich nur dann, wenn der Platz eines fehlenden Rebstocks genützt werden soll. Nach dem Winterschnitt sehen die nach diesem Verfahren bearbeiteten Rebstöcke wie perfekt ausgerichtete Reihen alter, knorriger Männer aus, die alle nach vorne gewandt sind, tief gebeugt, ein Arm in den Rücken gestützt, der andere auf einen Stock.

Geneva Double Curtain (Zapfenschnitt)

Diese Methode wurde in den frühen 1960er Jahren von Professor Nelson Shaulis an der Geneva Experimental Station des Bundesstaats New York entwickelt, um den Ertrag und die Reifung der heimischen Concord-Traube zu verbessern. Ihre Kennzeichen sind die Laubdachaufteilung (*split-canopy*) und die nach unten gezogenen Triebe. Die kurz als GDC bezeichnete Methode wurde weltweit übernommen, besonders in Italien. Die meisten klassischen Rebsorten wachsen jedoch im Gegensatz zu den Concord-Reben nach oben, weshalb dieses Verfahren in der Praxis schwierig ist. Erfolgreich ist das Verfahren mit der Triebausrichtung mit beweglichen Drähten (*siehe* Scott-Henry-System, S. 26), durch Heftung von Hand oder auch maschinell. Beim GDC sind die Erträge um 50 % höher als beim VSP Trellis (S. 27). Durch die große Entfernung der Trauben vom Boden sind sie vor Frost besser geschützt. Die Methode ist ideal für die mechanische Bearbeitung von Reben mit mittlerer bis starker Wuchskraft auf tiefen, fruchtbaren Böden (bei geringer Wüchsigkeit nicht geeignet).

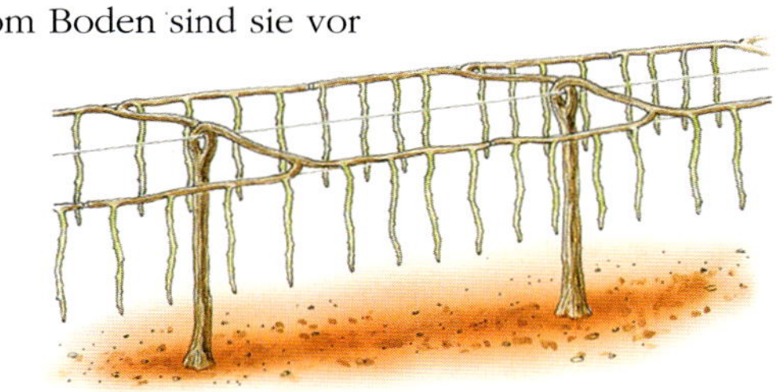

Guyot (Fruchtrutenschnitt)

Diese Methode, die im Jahr 1860 von dem Önologen Dr. Jules Guyot bekannt gemacht wurde, ist – sowohl in der einfachen wie in der doppelten Form – die konservativste Methode der Fruchtrutenerziehung. Sie ist am einfachsten zu erlernen und durch die Beschränkung der Ruten sowie der Augenzahl das einfachste Mittel, den Ertrag zu verringern. Sogar bei Missbrauch ist diese Methode die am wenigsten Erfolg versprechende Möglichkeit, den Ertrag aufzublasen. Das Verfahren wird überwiegend im Bordeaux verwendet, wo die Zahl der Ruten und der Augen durch die AOC-Bestimmungen beschränkt ist (allerdings beruht dies auf Selbstkontrolle; ich habe noch nie einen Prüfer der INAO im Weinberg bei der Zählung der Rebstöcke entdeckt, geschweige denn beim Zählen der Ruten und Augen). Mit Guyot werden einige der besten Weine der Welt gemacht, in der Alten wie in der Neuen Welt.

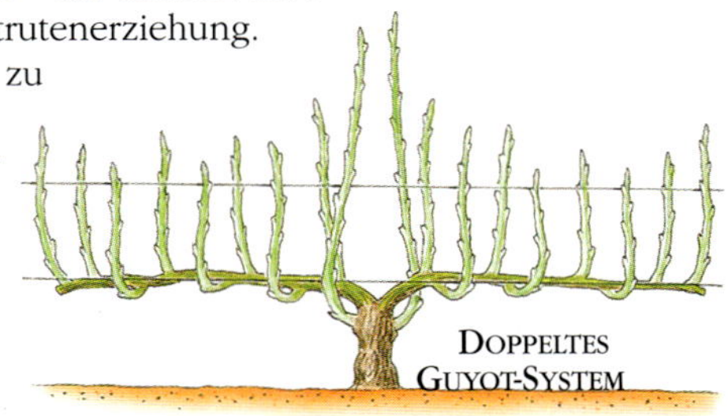

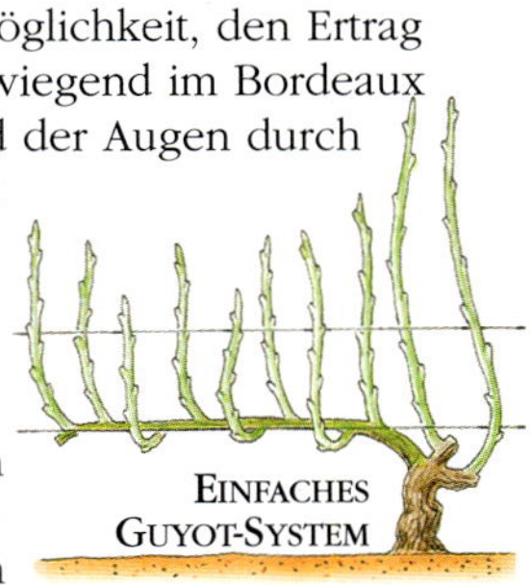

Lyra (Zapfenschnitt)

Auch als U-Verfahren bekannt. Das Laubdach ist geteilt, was eine bessere Versorgung mit Licht (verbessert die Reife) und Luft gewährleistet, wodurch Pilzinfektionen vorgebeugt wird. Die in Bordeaux entwickelte Methode ist in der Neuen Welt sehr verbreitet, wo die Wuchskraft der Rebe ein Problem – wenn auch kein großes – darstellt. Wie alle Verfahren mit Laubdachaufteilung ist es für geringwüchsige Rebstöcke nicht angezeigt. Einige Winzer haben es erfolgreich für den Fruchtrutenschnitt adaptiert.

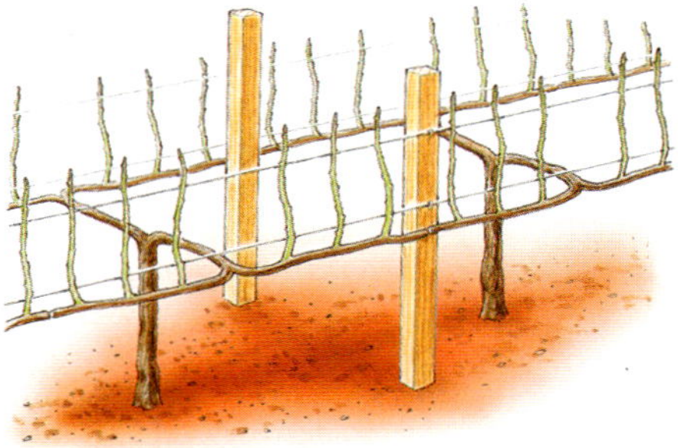

Minimalschnitt (Zapfenschnitt)

Eine wilde, regellose Masse, die in der Mitte ein Dickicht unbeschnittenen alten Holzes enthält, das per definitionem keine geordnete Form aufweist, kann zeichnerisch schlecht dargestellt werden. Etwas von diesem zentralen Wildwuchs kann im Winter mit mechanischen Mitteln entfernt werden, dennoch bleibt ein Gestrüpp zurück. Zu Beginn werden auf jeder Seite des Stammes etwa 1,5 bis 2 m über dem Boden mehrere Triebe locker um einen Draht gewickelt. Dann wird der Rebstock sich selbst überlassen, nur ein Teil der Sommertriebe wird eventuell zurückgeschnitten, damit die Trauben den Boden nicht berühren. Einige Winzer geben das Verfahren rasch auf, weil die Erträge zunächst alarmierend hoch sein können und sich die Qualität dadurch verschlechtert. Bringen sie jedoch die nötige Geduld auf, erreicht der Rebstock schließlich seine natürliche Balance, indem seine Triebe kürzer und die Frucht bringenden Augen damit weniger werden. Zwar erbringen minimalbeschnittene Rebstöcke weiterhin ziemlich hohe Erträge, doch beginnt sich die Qualität der Früchte nach zwei oder drei Jahren zu verbessern. Etwa nach dem sechsten, siebten Jahr ist die Qualität in aller Regel bedeutend höher als vor der Behandlung nach dieser Methode, aber auch der Ertrag ist wesentlich größer. Die für die Reifung notwendige Zeit nimmt zu, was sich in heißen Klimazonen vorteilhaft, in kalten jedoch katastrophal auswirken kann, besonders wenn es feucht ist. Weiterhin machen die Mengen alten Holzes und die herumliegenden Triebe von der maschinellen Bearbeitung den Rebstock nach einigen Jahren für bestimmte Krankheiten, besonders Fäule und Mehltau, anfällig. Deshalb werden Rebstöcke in feuchten Klimazonen wie Neuseeland viel stärker beschnitten als etwa in den heißen Gebieten Australiens (z. B. Coonawarra und Padthaway).

Rundbogen (Fruchtrutenschnitt)

Die Bogen- oder Rundbogenerziehung in Form des Halbbogens oder Pendelbogens ist eine Variante des Guyot-Verfahrens (S. 25) und in der Schweiz, in Deutschland und im Elsass weit verbreitet.

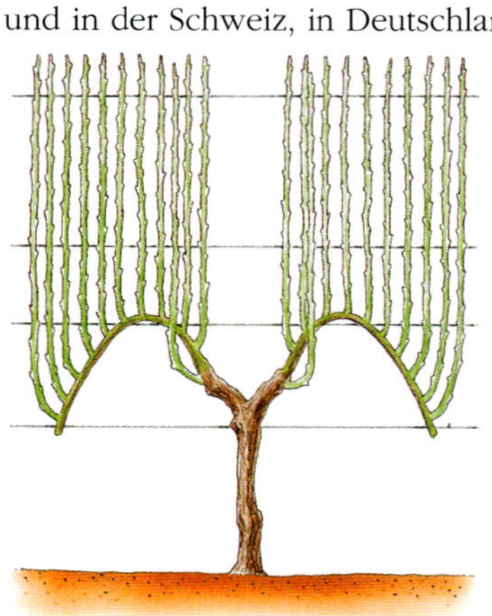

Man findet die Bogen- oder Rundbogenerziehung auch in Mâcon, British Columbia und Oregon. Die Formung der Ruten zu einem Bogen macht eine höhere Augenzahl möglich als der Guyot, somit auch höhere Erträge. Zudem werden Saftzirkulation und Nährstoffversorgung verbessert, allerdings kann auch die Reifung reduziert werden, weshalb dieses Verfahren mehr auf Quantität als Qualität abgestellt ist.

Scott Henry (Fruchtrutenschnitt)

Das Verfahren wurde Anfang der 1980er Jahre von Scott Henry auf seinem Gut in Oregon entwickelt. Im Vergleich zum Guyot-Verfahren verdoppelt sich die Fläche der Fruchtzone, gegenüber dem VSP-Trellis-Verfahren (S. 27) ist die Fläche noch um 60 % größer. Scott Henry sorgt für höhere Erträge und für reifere, bessere Früchte. Da das Blätterdach geteilt und daher weniger dicht ist, schmecken die Weine auch weniger krautig und enthalten weichere Tannine.

Gleichzeitige Verbesserung des Ertrags und der Qualität, das klingt unwahrscheinlich, aber Kim Goldwater von Waiheke Island kann dies anhand seiner Statistiken nachweisen, und sein Goldwater Estate ist einer der besten Rotweine Neuseelands – das genügt mir. Frage ich Winzer, die diese Methode ausprobiert haben, weshalb sie sie aufgaben, erhalte ich immer wieder die Antwort: »Haben Sie schon mal versucht, Triebe nach unten wachsen zu lassen? Das funktioniert nicht!« Tatsächlich wachsen jedoch nach unten weisende Triebe die meiste Zeit nach oben. Sie werden von der oberen Hälfte des Laubdachs mit Hilfe von beweglichen Drähten getrennt, die sie in Abwärtsrichtung bringen. Das Geheimnis des Erfolgs besteht darin, den Draht erst zwei oder drei Wochen vor der Lese zu bewegen, wodurch man verhindert, dass die Triebe in die alte Position zurückkehren, wozu auch das wachsende Gewicht der Trauben beiträgt. Da zwischen Blätterdach und Boden die meiste Zeit des Jahres mindestens 1 m Abstand ist, können in Gebieten, wo Nutztierhaltung mit dem Weinbau koexistiert (z. B. Schafzucht in Neuseeland), Wasserschosse und Unkraut ohne Herbizide oder großen Arbeitsaufwand natürlich beseitigt werden.

Scott Henry (Zapfenschnitt)

Wird ein Scott-Henry-Rebstock auf Zapfen geschnitten, hat er zwei permanente Cordons an Stelle von vier Fruchtruten und produziert entweder den oberen oder den unteren Teil des Laubdachs. Die Cordons werden auf verschiedene Höhen gezogen, um den Effekt des Fruchtrutenschnitts nachzuahmen. Alle Triebe wachsen zunächst nach oben, später werden die Triebe der »unteren« Rebstöcke nach unten geheftet (wie hier abgebildet). Diese Methode ist kaum zu identifizieren, wenn der Rebstock Blätter trägt.

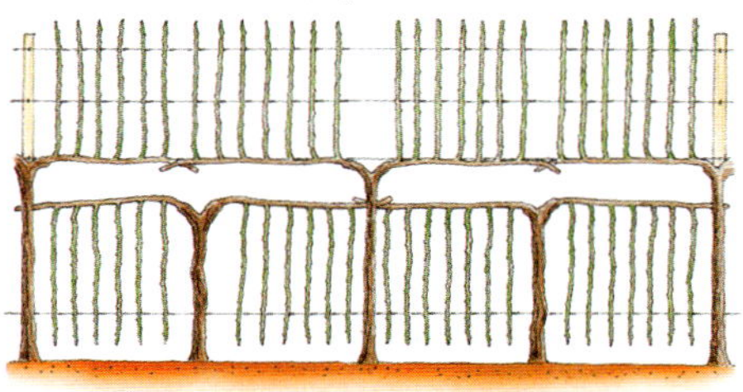

Sylvos (Zapfenschnitt)

Ähnlich dem Guyot-Verfahren, nur dass der Stamm wesentlich höher ist (bis zu 2 m); die Hauptarme sind permanent, die Fruchttriebe werden nach unten gezogen, nicht nach oben. Dieses Verfahren erfordert nur wenig Schnittarbeit und ist einfach zu unterhalten, da es für die mechanische Bearbeitung geeignet ist. Die Erträge sind jedoch niedrig, es sei denn, dass man nur wenig schneidet. *Vinifera*-Reben lassen sich nur ungern mit hängenden Trieben erziehen. Diese Methode, die in Australien und Neuseeland

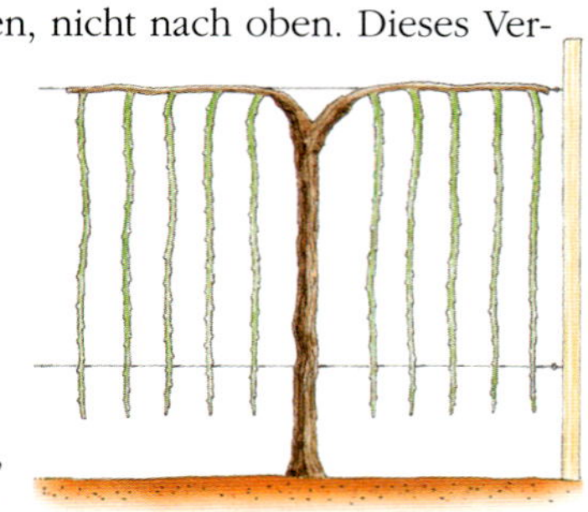

eingeführt ist, wurde von Carlo Sylvos in Italien entwickelt, wo sie als Casarsa-System weit verbreitet ist; hier wird auf den unteren Draht verzichtet, die Triebe richten sich unter ihrem eigenen Gewicht nach unten. Der größte Nachteil ist das dichte Blätterdach: Traubenfäule droht.

Sylvos Hawke's-Bay-Variante (Zapfenschnitt)

Diese Variante des Sylvos-Systems wurde zu Beginn der 1980er Jahre von Gary Wood auf dem Weingut von Mark Read in Hawke's Bay entwickelt. Der Unterschied zum ähnlichen System Scott Henry besteht darin, dass sie zwei Hauptarme anstatt vier aufweist. Die Fruchttriebe eines Kordons werden abwechselnd nach oben und unten geheftet, wodurch das Blätterdach offener

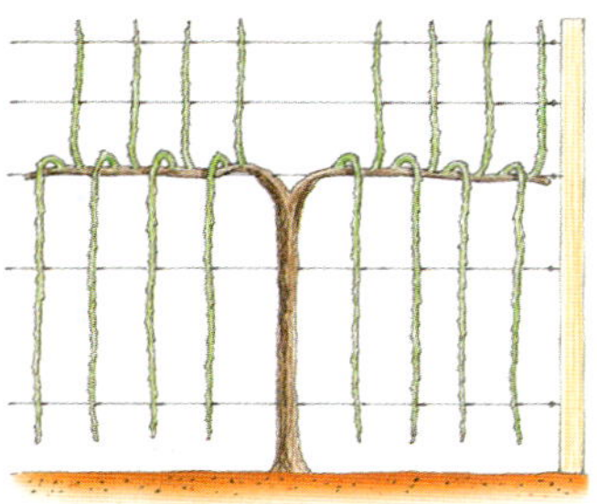

und der Abstand der Trauben voneinander vergrößert wird. Damit wird Traubenfäule vorgebeugt und der Effekt des Spritzens mit chemischen Mitteln verbessert. Der Ertrag ist um nahezu 100% höher. Einziger Nachteil ist die Verzögerung der Reifung, was in Gebieten, wo im Spätherbst schon mit Frost zu rechnen ist, Risiken bringt.

Vertikaldrahtrahmen (Fruchtrutenschnitt)

Der Vertikaldrahtrahmen (engl. *Vertical Shoot Positioning Trellis*, kurz *VSP*) ist weit verbreitet, besonders in Neuseeland, wo er als das Standard-Spaliersystem gilt. Da die Fruchtzone einen kompakten Bereich an Drähten mit geringem Abstand darstellt, eignet sich dieses System optimal für die maschinelle Bearbeitung (Rückschnitt, Laubauslichtung, Lese) und den

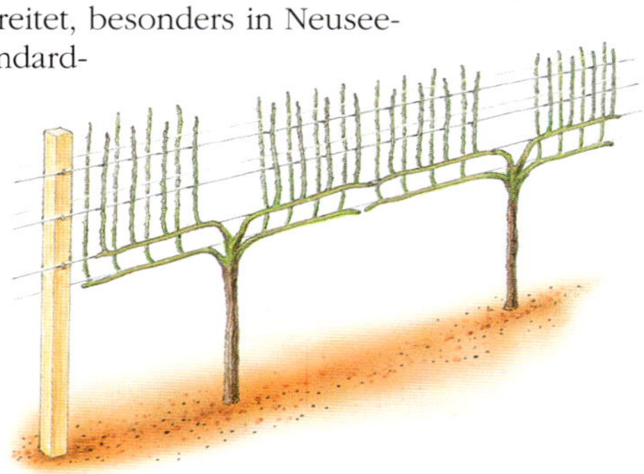

Einsatz chemischer Mittel; andererseits fördert es das Wachstum und damit Schattenbildung. Es ist ein sehr ökonomisches Verfahren, mit dem sich bei korrekter Pflege gute, wenn auch keine herausragenden Weine erzielen lassen. Der Vertikaldrahtrahmen eignet sich ausschließlich für geringwüchsige Rebsorten. Eine Zapfenschnitt-Variante mit zwei Hauptarmen ist in Frankreich und Deutschland weit verbreitet.

DER EINSATZ CHEMISCHER MITTEL

Die Verwendung chemischer Mittel beschränkte sich einst auf die Bekämpfung von Schädlingen, Rebkrankheiten und Unkraut; inzwischen hat man weitere Einsatzmöglichkeiten gefunden: die Versorgung des Rebstocks mit Nährstoffen, Reduzierung des Blattwuchses (was den Sommerschnitt unnötig macht) oder gar die künstliche Induktion von Kleinbeerigkeit (*Millerandage*) und Verrieseln (*Coulure*), um den Ertrag zu vermindern und (hoffentlich) die Qualität zu steigern.

REBSCHNITT

Die Beschneidung des Rebstocks ist wichtig für die Reduzierung des Ertrags und damit für eine gute Traubenqualität. Bei jeder Pflanze bedeuten geringe Mengen höhere Qualität. Reduziert man die Zahl der Augen, verringert sich die Zahl der Trauben.

BLÜTE

Eine sehr kritische Phase im Vegetationszyklus eines Rebstocks ist die Blüte. Frost, Hagel, Wind, Regen, extrem hohe oder niedrige Temperaturen können die Erträge eines ganzen Jahres vernichten. Sogar qualitätsbewusste Winzer lassen gewöhnlich einige zusätzliche Knospen am Rebstock, um gegen schlechtes Wetter während der Blüte gewappnet zu sein. Daraus folgt, dass – wenn das Wetter eine optimale Blüte zulässt – die Rebstöcke selbst des besten Winzers zu viele Trauben ansetzen. Wenn das Wetter in den klassischen Anbaugebieten einmal perfekt sein sollte – was selten vorkommt –, wird ein Teil der jungen Trauben entfernt.

DER OPTIMALE LESEZEITPUNKT

Zu bestimmen, wann der Zeitpunkt für die Lese gekommen ist, ist eine der wichtigsten Entscheidungen, die ein Winzer jedes Jahr zu treffen hat. Wenn die Trauben reifen, sinkt der Gehalt an Säure (die außerdem hauptsächlich aus Apfelsäure in Weinsäure umgewandelt wird), und der Gehalt an Zucker, Farbstoffen, verschiedenen Mineralien sowie wichtigen Aromastoffen steigt. Der Zeitpunkt der Lese ist von der Traubensorte, der Lage des Weinbergs und dem gewünschten Charakter des Weins abhängig. Dem Weißwein kommt in aller Regel der hohe Säuregehalt früh gelesener Trauben zugute, er braucht aber auch das sortentypische Aroma und die Substanz, die nur in reifen Trauben vorhanden sind. Die richtige Balance ist also wichtig. Rotwein benötigt relativ wenig Säure und profitiert vom hohen Farben-, Zucker- und Tanningehalt spät gelesener Trauben. Auch die Unwägbarkeiten des Wetters muss der Winzer berücksichtigen. Diejenigen, die über die nötige Nervenstärke verfügen, um auf die volle Reife zu warten, können selbst in schlechten Jahren hervorragende Weine produzieren, riskieren andererseits aber Frost, Fäule und Hagelschäden. Dadurch können die Ernte und damit die Einnahmen eines ganzen Jahres verloren gehen. Diejenigen, die nie ein Risiko eingehen, werden zwar durchwegs gesunde Trauben ernten, in schlechten Jahren aber werden die Trauben unreif bleiben und mittelmäßigen Wein ergeben.

DER TRANSPORT DER TRAUBEN

Der Transport der Trauben vom Weinberg in den Weinkeller ist ein Wettlauf gegen die Zeit, bei dem alles getan werden muss, um die Trauben zu schonen. Weinberg und Weinkeller sollten möglichst nahe beieinander liegen und die Trauben in Plastikkisten transportiert werden, die klein sein sollten, damit die Beeren nicht durch ihr Eigengewicht beschädigt werden.

MECHANISCHE LESE

Ein sehr umstrittenes Thema. Ihre Vorteile bestehen in den dramatisch reduzierten Kosten und einer schnellen Lese der gesamten Ernte zum optimalen Zeitpunkt. Dazu müssen jedoch der Weinberg an die gewählten Maschinen angepasst sowie die Anliefer- und Gäreinrichtungen vergrößert werden, um die größeren Mengen rasch verarbeiten zu können, was seinerseits Kosten verursacht. Nachteilige Auswirkungen auf die Qualität des Weins hat die Arbeitsweise der Maschinen. Da der Stamm des Rebstocks mit Gummistöcken bearbeitet wird, fallen außer den Trauben auch Blätter und andere Pflanzenteile auf das Förderband; sie werden größtenteils beim Transport zum Behälter wieder aussortiert. Abgesehen von den bei den Trauben verbleibenden Verunreinigungen – deren Menge sich mit der Weiterentwicklung der Maschinen verringert –, besteht der entscheidende Nachteil in der Unfähigkeit der Maschine, zwischen reifen und unreifen, gesunden, kranken oder schlicht verfaulten Trauben zu unterscheiden (letztere fallen beim Schütteln als erste ab). Trotz dieser Unzulänglichkeiten werden aus mechanisch gelesenen Trauben einige exzellente Rotweine hergestellt. Vom praktischen Standpunkt aus betrachtet scheint diese Erntemethode dem Rotwein zuträglicher zu sein als dem Weißwein, besonders dem Schaumwein, da die Trauben gequetscht werden, was Oxidation und Aromaverlust verursacht. Werden rote Trauben für weißen Schaumwein geerntet, ergibt sich dadurch eine unerwünschte Färbung des Traubensafts.

DER BODEN DES WEINBERGS

Die Entstehung der Böden und der Gesteine ist natürlich ein wichtiges Thema für den Geologen, weniger dagegen für den Weinfreund. Macht es einen Unterschied, ob sich zwei Lehmböden zu verschiedenen Zeiten abgelagert haben, wenn ihre Auswirkungen auf die Reben und den Wein ähnlich sind? Ich denke nicht. Es gibt rund um den Wein schon so viele Fachbegriffe, dass man nicht noch die der Gesteine einbringen muss.

Albariza Der berühmte weiße Boden im Gebiet von Jérèz de la Frontera in Südspanien, der durch Ablagerung von Diatomeen gebildet wurde.

Äolischer Boden Sedimentablagerungen durch Wind (z. B. Löss).

Aquatisches Gestein Eine der drei Hauptgesteinsarten (*siehe* **Gestein**). Auch Sedimentgestein oder Schichtgestein genannt.

Basalt Material, das rund 90 % aller aus Lava entstandenen vulkanischen Gesteine ausmacht. Es enthält unterschiedliche Mineralien, ist reich an Kalziumoxid und Natron, enthält aber kaum Quarz, das Mineral mit dem häufigsten Vorkommen, und ist zudem arm an Kaliumkarbonat.

Bastard-Erde Eine *bordelais* Bezeichnung für mittelfette, sandige Lehmböden mit unterschiedlicher Fertilität.

Boulbènes Eine *bordelais* Bezeichnung für einen sehr feinen kieselhaltigen Boden, der rasch verdichtet und sich schwer bearbeiten lässt. Diese »gestauchte« Erde bedeckt einen Teil des Entre-Deux-Mers-Plateau.

Crasse de fer Eisenreicher Ortstein (*siehe* dort), anzutreffen im Libournais-Gebiet in Frankreich. Er wird auch *Machefer* genannt.

Dolomit Ein Kalzium-Magnesium-Karbonat-Gestein. Die meisten Kalksteine enthalten Dolomite.

Eisenortstein Ein sandiger, eisenhaltiger Ortstein (*siehe* dort).

Erstarrungsgestein Eine der drei Hauptgesteinsarten (*siehe* **Gestein**); Erstarrungsgesteine sind aus schmelzflüssigem oder teilweise schmelzflüssigem Material entstanden. Die meisten Erstarrungsgesteine sind kristallin.

Feldspat Eines der häufigsten Mineralien. Feldspat ist ein weiß- oder rosafarbenes Silikat und bildet Mischungsreihen mit Kalium-Aluminium oder Natrium-Kalzium-Aluminium. Es ist in einer Vielzahl von Gesteinen enthalten, einschließlich Granit und Basalt.

Feuerstein Ein siliziumhaltiger Stein, der Wärme speichert und wieder abgibt.

Fluviatile Ablagerungen (Alluvialböden) Von Flüssen angeschwemmtes und abgelagertes Material. Die meisten Schwemmlandböden enthalten Schluff, Sand und Kies und sind sehr fruchtbar.

Galestro Eine toskanische Bezeichnung für den steinigen, schieferigen Boden, den man gemeinhin in den meisten der besten Weinberge der Region antrifft.

KREIDE
Makellose weiße Kreide in den Côtes des Blancs.

Gestein Grob gesagt kann man ein Gestein als ein Gemenge von Mineralien beschreiben. Es gibt drei Hauptgesteinsarten: Erstarrungsgesteine, Sedimentgesteine (aquatische oder Schichtgesteine) und metamorphe Gesteine.

Gesteinsschutt Abgetragenes Material, durch Schwerkraft oder Hangflussablagerung transportiert.

Gips Höchst aufnahmefähiges, hydratisiertes Kalziumsulfat, das bei der Verdunstung von Meerwasser gebildet wurde.

Gipshaltiger Mergel Ein mergeliger Boden, durchdrungen mit Gipsfragmenten von Keuper und Muschelkalk, die die Wärmespeicherung und Wasserzirkulation des Bodens verbessern.

Glazialmoräne Geröll, das sich durch Gletscherbewegung abgelagert hat.

Glimmer Ein Gattungsname, der verschiedene Silikate, normalerweise in einem feinen, verwitterten Gesteinsformat umfasst.

Gneis Grobkörnige Form des Granit.

Granit Ein hartes, mineralreiches Gestein, das sich schnell erwärmt und diese Wärme gut speichert. Granit besteht zu 40 bis 60 % aus Quarz und zu 30 bis 40 % aus Feldspat sowie aus Glimmer oder Hornblende und verschiedenen anderen Mineralien. Er hat einen hohen pH-Wert, der den Säuregehalt im Wein reduziert. Somit befindet sich in Beaujolais der beste Boden für die säurehaltige Gamay-Traube. Es ist wichtig anzumerken, dass ein aus Granit gebildeter Boden eine Mischung ist aus Sand (der teilweise aus Quarzverwitterung entstanden ist und teilweise durch Verwitterung des Feldspats mit entweder Glimmer oder Hornblende gebildet wurde), Ton und verschiedenen Karbonaten oder Silikaten, die durch Verwitterung des Feldspats, Glimmers oder der Hornblende entstanden.

Hornblende Zusammengesetzt aus Kettensilikaten, die Aluminium, Kalzium und Magnesium enthalten; es bildet das Hauptmineral vieler kristalliner Gesteine, wie Basalt, und ist wichtigster Bestandteil einiger Granite, Gneise usw.

Humus Organisches Material, das Bakterien und andere Mikroorganismen enthält, die in der Lage sind, komplexe Chemikalien in einfache Pflanzennahrung umzuwandeln. Humus macht Böden fruchtbar, ohne ihn wären Böden nichts weiter als feinkörniges Erdgestein.

Kalkstein Alle Sedimentgesteine bestehen im Wesentlichen aus Karbonaten. Mit Ausnahme von Kreide sind nur wenige Kalksteine weiß, die meisten Kalksteine, wie man sie oft in Weinbaugebieten antrifft, sind grau und lederfarben. Der Härtegrad und das Speichervermögen für Wasser dieses Steins variiert, aber da er basisch ist, fördert er im Allgemeinen die Produktion eines relativ hohen Säuregrades in den Trauben.

Karbonatboden Alle Böden oder Bodengemische mit einer Anreicherung von Kalzium- und Magnesiumkarbonaten. Der im Wesentlichen basische Boden fördert die Produktion der Säure in den Trauben, obwohl der pH-Wert eines jeden Bodens je nach Anteil des »aktiven« Kalziumoxids variiert. Karbonatböden sind kalt, mit gutem Speichervermögen für Wasser. Mit Ausnahme von Kreidemergel (*siehe* dort) erlaubt die Beschaffenheit dieser Böden eine tiefe Durchwurzelung der Reben und sorgt für eine hervorragende Dränage.

KIES
Château de France, Leognan, Gironde.

Keuper Taucht häufig in Diskussionen um Weinbau im Elsass auf; Keuper ist eine stratigrafische Bezeichnung für das Zeitalter des Oberen Trias und stellt eine Wechselfolge von Tonen, Mergeln (bunt, salzgrau oder gipsgrau) und Sandstein dar.

Kies Ein weit verbreiteter Begriff, der siliziumhaltige Gesteine verschiedener Korngrößen umfasst. Dieser Boden ist locker, körnig, luftig und bietet ausgezeichnete Dränage. Er ist zudem säurehaltig, unfruchtbar und regt die Rebe dazu an, ihre Wurzeln auf der Suche nach Nährstoffen bis tief in das Erdreich wandern zu lassen. Deshalb produzieren Kiesbänke, die über kalkhaltigem Unterboden liegen, Weine mit merklich höherem Säuregrad als jene, die über tonhaltigem Unterboden liegen.

Kohlenstoffhaltige Böden Ein Boden, der durch Zersetzung der Vegetation unter anaeroben Bedingungen entstanden ist. Am weitesten verbreitet sind Torf, Braunkohle, Kohle und Anthrazit.

Kreide Eine Art Kalkstein. Kreide ist ein weiches, kühles, poröses, glanzweißes, sedimentäres, basisches Gestein, das bei den Trauben zu einem relativ hohen Säuregrad führt. Der Boden lässt sich leicht durchwurzeln und sorgt für eine hervorragende Dränage, während er aber gleichzeitig genügend Feuchtigkeit für die Versorgung mit Nährstoffen zurückhält. Aus geologischer Sicht ist nur anzumerken, dass sich Kreide von den zahlreichen festen Kalksteinen durch seine physikalischen Eigenschaften unterscheidet.

Kreidemergel Tonhaltiger Boden mit kohlensaurem Kalkgehalt, der den eigenen Säuregrad des Kalks neutralisiert. Seine niedrige Temperatur bedingt verspätete Reife, deshalb neigen die Trauben, die auf solchen Böden wachsen, zu mehr Säure.

Kristallines Gestein Kann entweder magmatisch (z. B. Granit) oder metamorph sein.

Kristalliner Schiefer Ein Wärme speicherndes,

grobkörniges, fein geschichtetes, kristallines Gestein, das reich an Kalium und Magnesium ist, jedoch arm an Stickstoff und organischen Substanzen.

Lehm Ein warmer, weicher, bröckliger Boden, der sich aus annähernd gleichen Anteilen von Ton, Sand und Schluff zusammensetzt. Er eignet sich perfekt für den Großanbau mittelmäßiger Weinqualitäten, ist jedoch zu fruchtbar für feinere Weine.

Lignit Deutschlands »Braunkohle« und das »schwarze Gold« der Champagne. Ein braunes, kohlenstoffhaltiges Material, zwischen Kohle und Torf liegend. Lignit ist warm und sehr fruchtbar und wird in der Champagne als Naturdünger abgebaut und verwendet.

Löss Eine Anhäufung von äolisch abgelagertem, meist schluffigem Material, das manchmal kalkhaltig, normalerweise jedoch verwittert und entkalkt ist. Es erwärmt sich relativ rasch und ist ein guter Wasserspeicher.

Machefer Siehe *Crasse de fer*.

Mergel Ein kalter, kalkhaltiger Ton, der im Weinbau die Reifung der Trauben verzögert und den Säuregehalt erhöht.

Mergelstein Tonartiger Kalkstein, hat einen ähnlichen Effekt wie Mergel.

Metamorphite Eine der drei Hauptgesteinsarten (*siehe* **Gestein**). Sie sind durch große Hitze oder Druck, häufig durch beides, entstanden.

Moräne(nschutt) *Siehe* **Glazialmoräne**.

Mühlsandstein Ein silizium- und eisenhaltiges Sedimentgestein.

Muschelkalk Taucht häufig in Diskussionen um Weinbau im Elsass auf; Muschelkalk ist eine stratigrafische Bezeichnung für das Zeitalter des Mittleren Trias und umfasst verschiedene Gesteine von Sandstein (muschelig, dolomithaltig, kalkhaltig, lehmhaltig, rosa, gelb oder Mühlsandstein) über Mergel, Dolomit, Kalkstein (Crinoidenkalk oder Graukalk) bis hin zu Kieselgeröll.

Ooid Eine Bezeichnung für kleine, runde, kalkhaltige Kiesel, die durch Fusion winziger Partikel entstanden sind.

Oolith Ein durch Verkittung von Ooiden entstandenes Gestein.

Ortstein Eine dichte Tonschicht, die entsteht, wenn der Unterboden in bestimmten Tiefen lehmhaltiger ist als der Oberboden. Da Ortstein sowohl für Wasser als auch für Wurzeln undurchdringlich ist, ist er zu nahe an der Bodenoberfläche nicht erwünscht, könnte jedoch, wenn er sich tief unten befindet, für einen leicht erreichbaren Grundwasserspiegel sorgen. Sandiger, eisenhaltiger Ortstein, bekannt als Eisenortstein, ist gewöhnlich in Teilen von Bordeaux anzutreffen.

Palus Eine *bordelais* Bezeichnung für einen sehr fruchtbaren Boden rezenten, alluvialen Ursprungs, der robuste, gut gefärbte Weine mittelmäßiger Qualität hervorbringt.

PUDDINGSTEIN
Große Steine (galettes), *Château de Beaucastel in Châteauneuf-du-Pape.*

Perlit Eine feine, pulverartige, leichte und glänzende Substanz vulkanischen Ursprungs mit ähnlichen Eigenschaften wie Diatomeenerde.

Porphyr Ein buntes, vulkanisches Gestein mit hohem pH-Wert.

Puddingstein Eine Bezeichnung für große, Wärme speichernde Konglomerate von Kiesel.

Quarz Das am weitesten verbreitete Mineral, das man in verschiedenen Größen und in fast allen Böden findet, wobei der größte Quarzanteil in Sand und grobem Schluff zu finden ist. Quarz hat einen hohen pH-Wert, der in den Weintrauben den Säuregrad reduziert, andererseits aber aufgrund der mit Kiesel vergleichbaren Größe Wärme speichert und reflektiert, was wiederum das Alkoholpotenzial erhöht.

Roterde *Siehe* **Terra rossa**.

Sand Winzige Partikel verwitterter Gesteine und Mineralien, die kaum Wasser speichern, aber einen warmen, luftigen Boden bilden, der gut entwässert und angeblich phylloxerafrei ist.

Sandgesteine Durch Ablagerungen grobkörniger Partikel entstanden; meist kieselhaltig und aus Bruchstücken älterer Gesteine (z.B. Sandstein) gebildet.

Sandiger Lehm Ein warmer, gut entwässerter, Sand-dominierter Lehm, der leicht zu bearbeiten und für Rebsorten mit früher Lese geeignet ist.

Sandstein Sedimentgestein aus sandgroßen Partikeln, das entweder durch Druck oder durch Bindung an verschiedenen Eisenmineralien entstanden ist.

Schichtgestein Eine der drei Hauptgesteinsarten (*siehe* **Gestein**), auch aquatisches oder Sedimentgestein genannt.

Schiefer Hartes, dunkelgraues, feinkörniges, plattenartiges Gestein, das sich unter Druck aus Ton, Schluffstein, Tonschiefer und anderen Sedimenten gebildet hat. Es erwärmt sich rasch, hält die Wärme gut und ist für viele Weine feiner Qualität, vor allem von der Mosel, verantwortlich.

Schluff Eine sehr feine Ablagerung mit gutem Speichervermögen für Wasser. Schluff ist fruchtbarer als Sand, dafür aber kühler und bietet schlechte Dränage.

Sedimentgestein Eine der drei Hauptgesteinsarten (*siehe* **Gestein**); es beinhaltet sandige Gesteine (z.B. Sandstein), tonige (z.B. Ton), kalkhaltige (z.B. Kalkstein), kohlenstoffhaltige (z.B. Torf, Lignit oder Kohle) und siliziumhaltige Gesteine (z.B. Quarz) sowie die fünf Gruppen der ausgefällten Salze (Oxide, Karbonate, Sulfate, Phosphate und Chloride). Sedimentgesteine nennt man auch aquatische oder Schichtgesteine.

Siliziumhaltiger Boden Ein Gattungsname für saures Gestein von kristalliner Natur. Es kann organisch (Feuerstein und Kieselgur) oder anorganisch (Quarz) sein. Das Gestein hat die Fähigkeit, gut Wärme zu speichern, ist jedoch kein guter Wasserspeicher, es sei denn, es ist in feinkörniger Form in Schluff, Ton und anderen Sedimentgesteinen enthalten. Die Hälfte der Bordeaux-Anbaufläche ist mit siliziumhaltigem Boden bedeckt.

Stein Dieses Wort sollte im Zusammenhang mit Gesteinstypen verwendet werden, wie Kalkstein oder Sandstein; es wird jedoch häufig gleich bedeutend mit Kiesel gebraucht.

Talus Synonym für kolluviale Ablagerungen.

Terra rossa Ein roter, tonartiger, manchmal feuersteinartiger Sedimentärboden, der entstanden ist, nachdem sich Karbonat aus Kalkstein herausgelöst hat. Er ist landläufig als »Roterde« bekannt.

Ton Eine feinkörnige, tonige Verbindung mit geschmeidiger, plastischer Eigenschaft und hervorragendem Speichervermögen für Wasser. Er ist jedoch kalt, säurehaltig, bietet nur schlechte Dränage und lässt sich aufgrund seiner plastischen Eigenschaften nur schwer bearbeiten. Zu viel Ton kann das Wurzelsystem des Rebstocks ersticken, ein gewisses Maß an kleinen Tonpartikeln vermengt mit anderen Böden kann hingegen vorteilhaft sein.

SCHIEFER
Schieferboden im Moseltal.

Tonartiger Lehm Ein sehr fruchtbarer Lehmtyp, ist aber bei Nässe schwer zu bearbeiten, da er schnell durchtränkt ist.

Tonige Böden Diese Bezeichnung schließt eine Reihe von Sedimentböden mit ein, gemeinhin Ton, Tonschiefer, Mergelstein, Schluffsteine und Mergel.

Tonschiefer Wärme speicherndes, feinkörniges, fein geschichtetes, mäßig fruchtbares Sedimentgestein. Unter Druck kann man Tonschiefer in Dachschiefer verwandeln.

Tonstein Ein sedimentärer, dem Ton ähnlicher Boden, aber ohne dessen plastische Eigenschaften.

Tuff Verschiedene verfestigte, vulkanische Lockerprodukte. Der Kreidetuff der Loire ist der wichtigste, zumindest wenn es um den Weinbau geht.

Vulkanische Böden Vulkanische Böden haben zweierlei Ursprung – sie basieren auf Lava (Produkte des Ausflusses) und auf eruptivem, durch Explosionen aus dem Schlot emporgeschleudertem Material. Etwa 90 % aller auf Lava basierenden Gesteine und Böden bestehen aus Basalt, während andere Andesit, Pechstein, Rhyolith und Trachyt umfassen. Die auf eruptiven Vorgängen basierenden Substanzen wurden entweder als schmelzflüssige Tropfen ausgestoßen, die in der Luft abkühlten und als feste Partikel (Naturbimsstein) auf die Erde zurückfielen, oder sie waren Feststoffe, die durch die Explosionskraft, mit der sie herausgeschleudert wurden, zerbarsten (Tuff).

TERRA ROSSA
Roterde, Wynns, Coonawarra, Südaustralien.

DER VEGETATIONSZYKLUS DER WEINREBE

Im Folgenden werden die Vorgänge beschrieben, die eine Rebe im Lauf eines Jahres durchmacht; dabei werden auch die Arbeiten erwähnt, die der Winzer vornimmt, um beste Traubenqualität zu erzielen.

Die Vegetationszeit der Rebe beginnt mit dem Ende des Winters und endet im folgenden Winter; der Winzer ist jedoch fast das ganze Jahr über aktiv, da der Weinberg auch im Winter gepflegt werden muss.

FEBRUAR Nordhemisphäre
AUGUST Südhemisphäre

Der Saftaustritt

Nach der Winterruhe tritt an den Schnittstellen des Winters Saft aus.

Das Austreten von Safttröpfchen an den Schnittstellen ist das erste Anzeichen dafür, dass die Rebe aus ihrem winterlichen Ruhezustand erwacht. Erreicht der Boden in einer Tiefe von 25 cm eine Temperatur von 10,2 °C, beginnen die Wurzeln Wasser zu ziehen, und in den Reben steigt der Saft, der an den Enden der im Winter geschnittenen Ruten austritt. Ein Rebstock gibt zwischen einem halben und fünf Liter Saft ab. Die Ausscheidung des Safts zeigt den Zeitpunkt für den Frühjahrsschnitt an. Ein großes Problem ist allerdings, dass der Rebstock im frisch geschnittenen Zustand äußerst frostempfindlich ist. Zu warten, bis die Frostgefahr vorüber ist, verschwendet jedoch die begrenzte Energie des Rebstocks und verzögert das Wachstum, was eine um mindestens zehn Tage spätere Reifung und eine Bedrohung durch Herbstfröste nach sich zieht.

APRIL – MAI Nordhemisphäre
OKTOBER – NOVEMBER Südhemisphäre

Das Wachsen der Triebe, Blätter und Gescheine

Am Rebstock bilden sich nach den Blättern die Gescheine (Rispen).

Nach dem Aufbrechen der Knospen entwickeln sich die Triebe und die Blätter. Mitte April (Südhemisphäre: Mitte Oktober), wenn sich das vierte oder fünfte Blatt gebildet hat, entstehen kleine grüne Rispen, die Blütenstände oder Gescheine. Sie geben erste Hinweise auf die voraussichtliche Erntemenge. Im Weinberg beginnen im Mai (November) die Spritzungen mit Bioziden gegen Schädlinge sowie Pilz- und Viruskrankheiten. Dem stehen allerdings immer mehr Menschen skeptisch gegenüber, die Beeinträchtigungen von Geschmack und Gesundheit befürchten. Im naturnahen oder ökologischen Weinbau versucht man den Einsatz vor allem von chemischen Bioziden zu vermeiden durch so genannten integrierten Schutz, indem man sich auf natürliche Methoden der Schädlingsbekämpfung verlegt und im Weinberg Pflanzendünger anstelle von Kunstdünger ausbringt.

MÄRZ – APRIL Nordhemisphäre
SEPTEMBER – OKTOBER Südhemisphäre

Das Aufbrechen der Knospen

Das Aufbrechen der Knospen (Augen) wird auch als Austrieb bezeichnet.

Etwa 20 bis 30 Tage nachdem die Safttröpfchen ausgetreten sind, öffnen sich die Knospen. Der Zeitpunkt hängt von der Rebsorte ab, außerdem können bei ein und derselben Rebsorte die Knospen in verschiedenen Jahren zu unterschiedlichen Zeiten aufbrechen, je nach Witterung. Der Boden kann ebenso Einfluss nehmen; kalter Lehmboden verzögert diesen Prozess, warmer Sandboden begünstigt ihn. In weit nördlich (Südhemisphäre: südlich) gelegenen Weinbergen sind früh aufbrechende Rebsorten der Frostgefahr ausgesetzt. Der Rebschnitt dauert bis in den März (Südhemisphäre: September) hinein. Die Rebstöcke werden an Drahtrahmen befestigt und die Erde, die eventuell zum Schutz der Pfropfstelle im Winter aufgeschüttet wurde, wird nun zwischen den Reihen verteilt und zur Auflockerung des Bodens untergepflügt.

MAI – JUNI Nordhemisphäre
NOVEMBER – DEZEMBER Südhemisphäre

Die Blüte

Die Blüte dauert etwa zehn Tage – ein kritisches Stadium.

Nachdem sich das fünfzehnte oder sechzehnte Blatt am Rebstock entwickelt hat – etwa acht Wochen nach dem Aufbrechen der Knospen –, beginnt das Gescheín zu blühen, Bestäubung und Befruchtung folgen. Die Blüte dauert etwa zehn Tage und benötigt trockenes sowie frostfreies Wetter; die Temperatur ist das kritischere Element. Ungünstige Witterung in dieser Zeit kann Verrieseln *(Coulure)* und Kleinbeerigkeit *(Millerandage)* verursachen. Die Tagesdurchschnittstemperatur muss 15 °C betragen, damit der Rebstock blühen kann, 20 °C bis 25 °C sind ideal. Die Temperatursumme ist wichtiger als die Höhe der Temperatur an sich; d. h., dass die Tageslänge die Dauer der Blüte bestimmt. Die Temperatur des Bodens spielt dabei eine bedeutendere Rolle als die der Luft; deshalb ist die Wärmekapazität des Bodens ein weiterer Faktor.

JUNI – JULI Nordhemisphäre
DEZEMBER – JANUAR Südhemisphäre

Der Fruchtansatz

Nach der Blüte beginnen sich die Beeren zu entwickeln.

Nach der Blüte entwickeln sich die Gescheine rasch zu Beerentrauben. Jede befruchtete Blüte reift zu einer Beere, ein erstes sichtbares Zeichen der Frucht, die später zu Wein verarbeitet wird. Die Anzahl der Beeren je Traube unterscheidet sich von Sorte zu Sorte, ebenso wie der Anteil der Blüten, die tatsächlich Frucht ansetzen. Die Tabelle unten verdeutlicht dies. Der Winzer führt weiterhin Spritzungen durch und schneidet im Sommer einen Teil der Trauben ab, um in den verbleibenden die Akkumulation von Zucker und Extraktstoffen zu verstärken. In einigen Weinbergen wird Unkraut gejätet, in anderen lässt man es 50 cm hoch wachsen, ehe es gemäht und zur Lockerung des Bodens und zur Gründüngung in den Boden eingearbeitet wird.

REBSORTE	BLÜTEN JE NACH GESCHEIN	BEEREN JE TRAUBE	FRUCHTANSATZ
Chasselas	164	48	29%
Gewürztraminer	100	40	40%
Pinot Gris	149	41	28%
Riesling	189	61	32%
Sylvaner	95	50	53%

AUGUST Nordhemisphäre
JANUAR Südhemisphäre

Die Beerenreifung

Die Reifephase der Beeren beginnt mit dem Farbumschlag (Véraison).

Während die Beeren wachsen und Fruchtfleisch entwickeln, gibt es in ihrem Inneren kaum eine chemische Veränderung, bis sich die Beerenhaut zu verfärben beginnt *(Véraison)*. Solange die Traube grün ist, bleiben Zucker- und Säuregehalt unverändert. Mit Beginn der eigentlichen Beerenreife im August (Südhemisphäre: Januar) verfärbt sich die Beerenhaut, und der Zuckergehalt nimmt drastisch zu; die harte Apfelsäure verringert sich in dem Maße, wie die weichere Weinsäure gebildet wird. Nach etwa zwei Wochen beginnt der Weinsäuregehalt zu sinken, sie bleibt aber die vorherrschende Säure. In dieser Phase wird das Tannin der Trauben allmählich hydrolysiert. Das ist ein entscheidender Moment, denn lediglich hydrolysierte Tannine werden bei der Reifung des Weins weicher. Im Weinberg wird u. a. das Blattwerk ausgelichtet, um die Luftzirkulation zu verbessern. Es darf aber nicht zu viel Blattwerk entfernt werden, denn die Einwirkung der Sonnenstrahlen auf die Blätter lässt die Trauben reifen, nicht die Einwirkung auf die Trauben.

AUGUST – OKTOBER Nordhemisphäre
FEBRUAR – MÄRZ Südhemisphäre

Die Weinlese

Der Winzer bestimmt den Beginn der Weinlese.

In der Regel beginnt die Lese Mitte bis Ende September (Südhemisphäre: Mitte bis Ende Februar) und dauert einen Monat oder auch etwas länger. Die Lese beginnt umso eher, je näher man dem Äquator ist; sie ist außerdem witterungsabhängig. Deshalb kann es gut sein, dass die Weinlese bereits früh im August (Februar) beginnt und spät im November (April) endet. Weiße Trauben reifen vor den roten und werden in der Regel früher gelesen, um ausreichende Säure im Wein zu erzielen.

NOVEMBER – DEZEMBER Nordhemisphäre
APRIL – MAI Südhemisphäre

Das Ende der Wachstumsperiode

Von Edelfäule befallene Trauben ergeben süße, aromatische Weine.

Die Ruhephase des Rebstocks beginnt. Die Blätter verfärben sich, der Rebsaft zieht sich zum Schutz des Wurzelsystems zurück. Die einjährigen Ruten beginnen zu verholzen, und am Stock verbliebene Trauben, vom Stoffwechselsystem des Rebstocks abgeschnitten, beginnen auszutrocknen. Dabei werden die Extraktstoffe im Fruchtfleisch konzentriert. Dieser Vorgang ruft komplexe chemische Veränderungen hervor, die als *Passerillage* bezeichnet werden. In manchen Anbaugebieten lässt man die Trauben am Rebstock hängen und hofft, entsprechende Klimabedingungen vorausgesetzt, auf die Edelfäule.

DEZEMBER – JANUAR Nordhemisphäre
MAI – JUNI Südhemisphäre

Eiswein

Minus 7 °C muß die Temperatur bei der Lese für Eiswein betragen.

In Deutschland kann man Trauben noch im Dezember oder gar im Januar am Rebstock hängen sehen, meist dann, wenn der Winzer auf Edelfäule gehofft hat und einige Trauben davon nicht befallen wurden. Lässt Frost die Trauben gefrieren, können sie – der erforderlichen tiefen Temperatur wegen auch nachts – für Eiswein gelesen werden, einen der spektakulärsten Weine der Welt. Da nur das Wasser in den Beeren gefriert, bleibt es als Eis beim Keltern zurück, und es wird ein superkonzentrierter Most gewonnen.

DIE WEINBEREITUNG

Die Techniken der Weinbereitung gleichen sich international immer mehr an, doch ist dies ein ziemlich umstrittenes Thema; die Produktionsmethoden variieren nach wie vor beträchtlich, nicht nur von Land zu Land, sondern von Anbaugebiet zu Anbaugebiet und sogar von Winzer zu Winzer innerhalb eines Orts.

Bei der Weinbereitung hängt viel davon ab, ob sich der Winzer eher traditionellen Werten verpflichtet fühlt oder auf Innovation setzt (und in diesem Fall über die nötigen technischen Einrichtungen verfügt). Wie immer er sich aber entscheidet, gewisse Prinzipien bleiben im Grunde die gleichen.

QUALITÄT VOM WEINBERG BIS ZUM WEIN

Zum Zeitpunkt der Ernte besitzen die Trauben ein bestimmtes Qualitätspotenzial. Kein Kellermeister ist jedoch in der Lage, diese inhärente Qualität zu 100% in den Wein zu bringen, denn eine Qualitätsminderung setzt bereits in dem Moment ein, in dem die Traube vom Stoffwechselsystem des Rebstocks getrennt wird. Darüber hinaus ist der Prozess von der Traube zum Wein notwendigerweise destruktiv, sodass jeder Schritt, den der Winzer unternimmt (und sei er noch so qualitätsbewusst), das Potenzial des Ausgangsprodukts unausweichlich mindert. Winzer können daher lediglich versuchen, den Qualitätsverlust auf ein Minimum zu reduzieren. Es ist verhältnismäßig einfach, vielleicht 80% der potenziellen Qualität eines Weines zu bewahren, aber jeder Prozentpunkt darüber hinaus erfordert große Anstrengung. Andererseits ist es relativ leicht, die Grundqualität der Trauben durch eine bessere Wahl der Weinberglagen, verbesserte Erziehungsformen, den Einsatz höherwertiger Klone und der richtigen Wurzelstöcke sowie durch Verminderung der Erträge beträchtlich zu verbessern. Daher widmet sich die Forschung heute wieder mehr dem Weinberg. Die Verfahren der Weinbereitung besitzen dennoch immer einen großen Stellenwert und haben weit reichende Auswirkungen auf die Qualität und den Stil des künftigen Weins.

PRINZIPIEN DER VINIFIKATION

Mit Hilfe moderner Technik können gute Weine für den täglichen Genuss fast überall produziert werden, wo Trauben wachsen. Wenn die Herstellung solcher Weine fehlschlägt, liegt das allermeist an mangelhafter Ausstattung und Fachkenntnis. Bessere Weinqualitäten verlangen Weinberge mit einem gewissen Potenzial und Winzer mit besonderem Talent. Werden nicht einmal unter diesen Voraussetzungen gute Konsumweine bereitet, ist es gewöhnlich einer Kombination von übermäßigen Erträgen und fehlerhaftem Weinausbau zuzuschreiben, und für beides gibt es keine Entschuldigung.

DIE GÄRUNG

Den biochemischen Prozess, der frischen Traubensaft (Most) in Wein umwandelt, nennt man alkoholische Gärung. Dabei geben Hefezellen Enzyme ab, die den vergärbaren Fruchtzucker der Trauben zu fast gleichen Teilen in Alkohol und Kohlendioxid aufspalten. Dieser Prozess gelangt zum Stillstand, sobald der Zuckervorrat erschöpft oder der Alkoholgehalt so hoch ist, dass Hefeenzyme zerstört werden (normalerweise zwischen 15 und 16%). Traditionell füllten Winzer ihre Weine von Fass zu Fass um (*siehe* S. 34), bis sie sicher waren, dass die Gärung zum Stillstand gekommen war. Heute gibt es viele andere Methoden, die Gärung zu stoppen. Man kann dazu Wärme, Schwefeldioxid, Separatoren, Alkohol, Druck oder Kohlendioxid einsetzen.

- **Wärme** Zur Stabilisierung des Weins werden verschiedene Arten der Pasteurisierung (für Tafelweine), Kurzzeiterhitzung (für Qualitätsweine) und Kälteverfahren verwendet. Diese Methoden machen sich zu Nutze, dass die Aktivität der Hefezellen bei Temperaturen über 36 °C oder unter –3 °C unterbunden wird und dass Hefeenzyme bei Temperaturen von über 65 °C zerstört werden. Bei der Schnellpasteurisierung wird der Wein kurz, zwischen 30 Sekunden und einer Minute, auf Temperaturen um 80 °C gebracht, bei einer »richtigen« Pasteurisierung lässt man hingegen niedrigere Temperaturen, zwischen 50 °C und 60 °C, für längere Zeit einwirken.
- **Zugabe von Schwefeldioxid oder Sorbinsäure** Die Zugabe einer oder mehrerer keimtötender Substanzen macht die Hefe unwirksam.
- **Separation oder Filtration** Moderne Maschinen ermöglichen heute die Entfernung aller Hefen aus dem Wein durch physikalische Mittel, entweder durch Filtration, wobei der Wein durch einen Filter gepresst wird, der für bestimmte Stoffe unpassierbar ist, oder durch Separation, bei der die unerwünschten Stoffe mit Hilfe der Zentrifugalkraft vom Wein getrennt werden.
- **Zugabe von Alkohol** Beim Aufspriten wird der Alkoholgehalt so weit erhöht, dass die Hefen unwirksam gemacht werden.
- **Druck** Hefezellen werden durch einen Druck von über 8 bar zerstört (in einer Champagnerflasche herrscht ein Druck von etwa 6 bar).
- **Zugabe von Kohlendioxid (CO_2)** Die Hefezellen werden durch die Anreicherung mit mindestens 15 g Kohlendioxid pro Liter zerstört.

DER EINSATZ VON SCHWEFEL

Schwefel kann von der Anlieferung der Trauben im Keller bis kurz vor Abfüllung des Weins eingesetzt werden. Er hat oxidationshemmende und desinfizierende Wirkung, Eigenschaften, die für die Weinbereitung unverzichtbar sind. Bis zu einem gewissen Grad oxidieren alle Weine von dem Moment an, sobald die Trauben gepresst sind und der Saft dem Luftsauerstoff ausgesetzt ist. Der Grad der Oxidation muss aber begrenzt werden. Dabei ist Schwefel sehr nützlich, denn er bindet die kleinen Mengen Sauerstoff, die im Wein vorhanden sind. Ein Schwefelmolekül verbindet sich dabei mit zwei Sauerstoffmolekülen zu Schwefeldioxid (SO_2). Natürlich absorbiert der Wein während der Weinbereitung weite-

DIE HEFE

Hefen, die für die Gärung eingesetzt werden, kann man in zwei Kategorien unterteilen: Reinzuchthefen und Naturhefen. **Reinzuchthefen** sind nichts anderes als im Labor gezüchtete Weinhefen. Man setzt sie ein, wenn vor der Gärung der Most sterilisiert und damit die natürlichen Hefen abgetötet wurden, oder weil der Kellermeister ihre genaue Handhabbarkeit schätzt, oder für einen bestimmten Zweck, etwa um einen höheren Alkoholgehalt oder den erhöhten Druck, der bei der Flaschengärung von Schaumwein entsteht, zu berücksichtigen.

Naturhefen haften auf dem »Duft« (*pruina*), der wachsartigen Substanz, die die Haut reifer Weinbeeren und anderer Früchte überzieht. Wenn die Traube ausgereift ist, enthält der Überzug durchschnittlich 10 Millionen Hefezellen, von denen jedoch lediglich 1% (100000 Zellen) Weinhefen sind. Eine Hefezelle ist nur einen Bruchteil eines Millimeters groß, doch unter günstigen Bedingungen kann eine einzige Zelle bei der Gärung 10000 Zuckermoleküle pro Sekunde spalten.

ren Sauerstoff, und nach der Abfüllung gibt es zwischen Wein und Korken eine kleine Menge Sauerstoff. Aus diesem Grund werden die Weine mit einer festgelegten Menge an freiem Schwefel (der nicht gebundene Anteil am Gesamtschwefelgehalt) in Flaschen abgefüllt. Manche Kellermeister halten Schwefelgaben bei der Vinifikation für überflüssig; doch während man tatsächlich nur wenig Schwefel zugeben soll, sind Weine ohne Schwefel meistens grässlich oder nicht lagerfähig.

Methoden, den Schwefeldioxidgehalt zu reduzieren, sind bekannt; die wichtigste ist eine sehr gut berechnete Anfangsdosis, denn später baut sich eine Resistenz gegen Schwefel auf, weshalb dann höhere Dosen eingesetzt werden müssen. Weine können überschwefelt sein, was heute seltener ist als früher, als es für die Schwefelzugabe noch keine genauen Vorschriften gab. Überschwefelte Weine sind leicht an ihrem Geruch zu erkennen, der von einem schwachen Geruch nach eben entzündetem Streichholz (reiner Geruch freien Schwefels) bis zum Geruch nach faulen Eiern reichen kann (H_2S, Schwefelwasserstoff). Reagiert Schwefelwasserstoff mit Ethanol oder mit einem höheren Alkohol, entstehen faulig riechende Verbindungen, die Mercaptane (Thioalkohole). Sie können nach Knoblauch riechen, nach Zwiebeln, verbranntem Gummi oder altem Kohl, je nach der chemischen Verbindung. Für den Kellermeister sind die Mercaptane extrem schwer zu entfernen, sie können einen Wein ruinieren; auch dies ein Argument für geringe Schwefelgaben.

GÄRTANKS AUS EDELSTAHL

Edelstahl ist der Grundpfeiler moderner Weinbereitungstechnik. In den Bändern um die Tanks zirkuliert Kühlmittel zur Regulierung der Gärtemperatur.

BIOLOGISCHER SÄUREABBAU

Der biologische Säureabbau wird auch als zweite Gärung oder malolaktische Gärung bezeichnet. Bei diesem biochemischen Vorgang wandeln Bakterienarten die harte Apfelsäure, die vor allem aus nicht ausgereiften Trauben stammt, in zwei Drittel weichere Milchsäure und ein Drittel Kohlendioxid um (*malolaktisch* von lat. *malum*, Apfel, und *lac*, Milch). Apfelsäure ist eine sehr scharf schmeckende Säure, die während der Fruchtreifung reduziert wird; dennoch bleibt auch in reifen Trauben eine bedeutende Menge und, wenn auch durch die Gärung vermindert, im Wein. Die verbliebene Menge Apfelsäure kann als zu hoch empfunden werden, und es ist häufig vorteilhaft, sie durch eine geringere Menge der viel milderen Milchsäure zu ersetzen. Für Rotweine ist diese Verbesserung notwendig, für Weiß-, Rosé- und Schaumweine möglich; für füllige, schmalzig-komplexe Weißweine ist sie angezeigt, bei leichten, spritzigen Weißweinen und Schaumweinen wird sie unterbunden. Die für die malolaktische Fermentation notwendigen Bakterien finden sich von Natur aus gemeinsam mit Hefen und anderen Mikroorganismen auf der Beerenhaut. Damit sie ihre Aufgabe erfüllen können, brauchen sie bestimmte Umgebungsbedingungen: Wärme, einen niedrigen Schwefelgehalt, einen pH-Wert zwischen 3 und 4 und Nährstoffe, die von Natur aus in den Trauben enthalten sind.

EDELSTAHL ODER EICHE?

Der Gebrauch von Edelstahl- oder Eichenholzbehältnissen für Gärung und Reifung ist nicht nur eine Kostenfrage (*siehe* Kasten). Die beiden Materialien haben gegensätzliche Wirkung auf den Wein, sodass die Wahl davon abhängt, ob der Kellermeister dem Wein mehr Aroma geben oder ob er seine Reinheit erhalten will. Ein Edelstahltank ist ein langlebiges, leicht zu reinigendes Gefäß aus einem undurchlässigen und inerten Material, das sich ideal für alle Arten der Temperatursteuerung eignet. Außerdem verfügt es über die Eigenschaft, sehr frische Weine mit unverfälschtem Sortencharakter hervorzubringen. Ein Holzfass hat dagegen eine begrenzte Lebensdauer, ist schwer zu reinigen (man wird es nie keimfrei bekommen), macht Temperatursteuerung sehr schwierig und ist weder undurchlässig noch inert. Es lässt Luft zum Wein, was zu schnellerer Oxidation führt, andererseits kann Wein verdunsten, was dichtere Aromen bewirkt. Vanillin, der wesentliche Aromastoff der Vanilleschote, wird durch Oxidation aus dem Eichenholz herausgelöst und verleiht gemeinsam mit verschiedenen Holz-Lactonen und unvergärbaren Zuckern dem Wein eine unverwechselbare süße und sahnige Vanillenote. Dieser Eichenholzcharakter bekommt eine rauchige Note, wenn der Wein den biologischen Säureabbau in Kontakt mit Holz durchmacht; er wird noch vielschichtiger und wird besser eingebunden, wenn der Wein die ganze oder den größten Teil der Gärung in einem Holzfass absolviert. Eiche gibt Gerbstoffe an gerbstoffarme Weine ab, absorbiert andererseits Gerbstoffe (Tannine) von Weinen mit hohem Tanningehalt. Eichenholztannine agieren zudem als Katalysatoren; sie rufen durch ein komplexes Wechselspiel der Oxidation wünschenswerte Veränderungen bei den Traubengerbstoffen hervor.

BARRIQUES

Brandneue französische Barriques liegen in Reih und Glied im Jungwein-Chai von Château Mouton-Rothschild.

DER PREIS VON BARRIQUES

Zweihundert 225-l-Eichenfässer mit einer Gesamtkapazität von 450 hl sind vier- bis zehnmal so teuer wie ein 450-hl-Edelstahltank. Nach zwei Jahren mit wesentlich höheren Kosten, die der Unterhalt der großen Anzahl kleiner Einheiten verursacht, hat sich das Volumen des Weins, der in den Barriques heranreift, durch Verdunstung um 10% verringert. Schließlich steht der Winzer dann vor der Notwenigkeit, zweihundert neue Fässer zu erwerben.

MASSNAHMEN NACH DER GÄRUNG

Zahlreiche Maßnahmen sind nach dem Abklingen der Gärung und gegebenenfalls nach dem biologischen Säureabbau durchzuführen. Die wichtigsten sind Abstich, Schönung, Kaltstabilisierung, Filtration und Flaschenabfüllung.

Der Abstich

Das Abstechen oder Abziehen des Weins vom Bodensatz (Hefesatz, Geläger) erfolgt durch Ablassen in einen anderen Tank oder in ein anderes Fass. In der modernen Weinbereitung wird dieser Vorgang während des Ausbaus normalerweise mehrmals durchgeführt. Dabei bildet sich in den Fässern immer weniger Bodensatz. Weine wie der Muscadet sur Lie (»Muscadet auf der Hefe«) werden überhaupt nicht abgezogen.

Die Schönung

Nach dem Ende der Gärung kann der Wein noch trübe aussehen und Schwebeteilchen enthalten, die den Wein in der Flasche gefährden. Zur Entfernung der unerwünschten Bestandteile werden Schönungsmittel eingesetzt, die die Schwebeteilchen mechanisch oder chemisch an sich binden. Es bilden sich winzige Cluster, Kolloidgruppen, die ausflocken und zu Boden sinken. Am häufigsten kommen folgende Schönungsmittel zum Einsatz: Eiweiß, Tannin, Gelatine, Bentonit, Hausenblase und Kasein. Kellermeister haben dabei ihre Präferenzen, und bestimmte Schönungsmittel sind für spezielle Zwecke geeignet. Positiv geladene Eiweißteilchen klären negativ geladene Stoffe heraus, wie unerwünschte Tannine oder Anthocyane, negativ geladenes Bentonit bindet positiv geladene Stoffe wie Proteinschleier und andere organische Stoffe.

Die Kaltstabilisierung

Werden Weine bei niedrigen Temperaturen gelagert, kann sich ein Bodensatz aus Weinsteinkristallen (hauptsächlich Kaliumtartrat) bilden. Um die Bildung von solchen Kristallen nach dem Abfüllen des Weins zu verhindern, kann dieser Prozess beschleunigt werden, indem man den Wein für einige Tage auf eine sehr niedrige Temperatur bringt. In den vergangenen zwanzig Jahren war die Kaltstabilisierung bei der Herstellung preiswerter Konsumweine beinahe obligatorisch. Heute wird dieses Verfahren auch vermehrt bei der Bereitung von Weinen höherer Qualität angewandt. Dieser Trend ist bedauerlich, denn die Kristalle sind vollkommen harmlos, ihre Anwesenheit ist ein willkommenes Zeichen für einen eher natürlich belassenen und wenig behandelten Wein.

Die Filtration

Den verschiedenen Methoden der Filtration ist gemeinsam, dass der Wein durch ein Medium gepresst wird, das für Partikel einer bestimmten Größe nicht passierbar ist. In jüngerer Zeit wurde die Filtration zu einem umstrittenen Thema; einige Kritiker meinen, dass alles, was dem Wein etwas wegnimmt, schlecht sein muss. Je nachdem, wem man zuhört, ist dieses »Etwas« verantwortlich für die Komplexität, den Körper oder das Aroma des Weines. Es lässt sich nicht leugnen, dass die Filtration dem Wein etwas nimmt, aber ungefiltert würde er größere Mengen Bodensatz ausbilden. Das mysteriöse »Etwas« wird demnach früher oder später aus allen Weinen eliminiert, ganz gleich, ob mit oder ohne Filtration, ob die Kritiker dies mögen oder nicht. Filtration ist, wie so viele andere Dinge, vollkommen akzeptabel, wenn sie gemäßigt angewendet wird. Die Tatsache, dass viele der größten Weine der Welt gefiltert sind, ist ein Beweis dafür. Ich persönlich bevorzuge wenig oder gar keine Filtration, genauso wie die meisten qualitätsbewussten Kellermeister. Nicht wegen eines romantischen, nicht definierbaren Ideals, sondern ganz einfach deswegen, weil ich Weine bevorzuge, die so wenig behandelt und so natürlich belassen sind wie möglich. Allgemein gilt: Je höher die Qualität des Weins, desto weniger wird Filtration notwendig, da Konsumenten teurer Weine mit einem Depot rechnen und auf ein Dekantieren vorbereitet sind. Feine Rotweine wie Pinot Noir sollten am wenigsten gefiltert werden, denn – ich schwör's – allein schon vom Anschauen verlieren sie an Frucht, gewiss verlieren sie Farbe – das zumindest ist quantifizierbar. Kein Wein mit langer Fassreifung sollte filtriert, sondern lediglich einer leichten natürlichen Schönung unterzogen werden.

DREHTROMMEL-VAKUUMFILTER

Eines der effizientesten Filtrationsverfahren. Der Trommel-Vakuumfilter wird häufig dazu verwendet, den letzten Tropfen Wein aus den Trubstoffen zu holen.

Jede Filtration ist teuer und zeitaufwendig, sodass sogar die Hersteller der kommerziellsten Weine den Einsatz dieses Verfahrens auf ein Minimum beschränken. Das wichtigste Mittel dazu ist die bestmögliche Klärung mittels Absitzenlassen und Abstechen. Der Schönung sollte immer der Vorzug gegeben werden, da sie sanfter zum Wein und auch wesentlich preisgünstiger ist als die Filtration. Die vier Grundarten der Filtration sind Kieselgur-, Schicht-, Membran- und Cross-Flow-Filtration.

• **Kieselgurfiltration** Dieses System wird in erster Linie nach dem Abstechen angewandt, um den weinhaltigen Bodensatz zu filtern, der sich im Gärbehälter angesammelt hat, und um Schönungsmittel (Bentonit) zu entfernen. Ein Filtermedium, normalerweise Kieselgur, eine Diatomeenerde, wird dabei kontinuierlich dem Wein zugesetzt und mit einem Schichtenfilter oder einem Drehtrommel-Vakuumfilter wieder ausgefiltert. Bei einem Schichtenfilter werden der Wein und das Filterhilfsmittel unter Druck durch die Filterschichten hindurchgepresst. Beim Vakuumdrehfilter hingegen wird auf die große perforierte Filtertrommel eine Kieselgurschicht aufgebracht, die durch den Unterdruck im Innern der Trommel haften bleibt. Die Trommel dreht sich in einem flachen Becken, in das der Wein gepumpt wird, und der Wein wird durch das Filtermedium in die Trommel gesaugt, von wo er abgeleitet wird. Der Vorteil dieses Systems ist, dass auf einer Seite des Beckens eine Rakel kontinuierlich die Schicht des Filtermediums auf eine bestimmte Dicke abkratzt. Das Filtermedium fällt in den Wein, vermischt sich mit ihm und wird anschließend wieder angesaugt. Dieser kontinuierliche Prozess ist sehr ökonomisch, da nur relativ wenig Filtermedium gebraucht wird. Bei einem Schichtfilter ist das Filtermedium eingeschlossen und verstopft mit der Zeit, sodass der Vorgang unterbrochen und die Maschine gereinigt werden muss.

• **Schichtenfiltration** Für diese Filtrationsmethode benötigt man eine Rahmenfilterpresse mit einer unterschiedlichen Anzahl von Rahmen, in die das Filtermaterial eingespannt wird. Bevor es verboten wurde, benutzte man gewöhnlich Asbest. Heute besteht das Filtermaterial aus Diatomeenerde oder (am häufigsten) Zelluloselagen. Spezielle Filtertypen enthalten Aktivkohle (um unerwünschte Farbpartikel zu entfernen, was bei allen Weinen – außer dem allerkommerziellsten Massenzeug – missbilligt wird) und elektrostatisch geladene Schichten. Die sind so gebaut, dass sie die im

Wein schwebenden Teilchen anziehen, die meist positiv oder negativ geladen sind. Solche elektrostatisch geladenen Zelluloseschichten sollen effektiver filtern können als dieselben Schichten ohne elektrische Ladung.

• **Membranfiltration** Mit Hilfe von sehr dünnen Kunststoffmembranen, die Poren von ca. 0,5 bis 1 µ Durchmesser aufweisen, können Hefen und andere Mikroorganismen ausgefiltert werden. Da diese Poren trotz ihrer geringen Größe 80 % der Filterfläche ausmachen, kann der Wein extrem schnell durchfließen, vorausgesetzt er wurde einer leichten Vorfiltration unterzogen. Vorfiltration als auch die eigentliche Membranfiltration können heute mit kombinierten Filterpatronen, die zwei oder mehr Membranen mit unterschiedlichen Porengrößen besitzen, in einem Gang erfolgen.

• **Cross-Flow-Filtration** Ursprünglich für die Wasseraufbereitung konstruiert, unterscheidet sich ein Cross-Flow-Filter von den anderen Verfahren insofern (außer dem Vakuumdrehfilter), dass er selbstreinigend ist und nicht verstopft. Der Wein fließt über die Membran und nicht durch sie hindurch, sodass nur eine kleine Menge durch die Membran dringt; die meiste Flüssigkeit fließt zum Einlauf zurück und nimmt, da sie sehr schnell fließt, alles mit, was von der Membran ausgefiltert wurde.

FLASCHENABFÜLLUNG

Das Schreckgespenst für den Weinjournalisten sind bei der Besichtigung großer Hersteller die automatischen Abfüllanlagen. Sie werden von Jahr zu Jahr größer und komplizierter, und da die Eigentümer enorme Summen in die allerneueste Technik investieren, ist es verständlich, dass sie ihr Hightech-Spielzeug vorführen wollen. Mein Kollege John Arlott lehnte es strikt ab, auch nur einen Fuß in die Abfüllhalle von Piper-Heidsieck zu setzen: »Ich habe in meinem Leben noch kein Wort über Abfüllanlagen geschrieben, und ich werde auch jetzt nicht damit beginnen.« Abfüllanlagen sind uninteressant und brechen immer dann zusammen, wenn der Gastgeber sich der Schnellsten der Welt rühmt. Dennoch ist ein reibungsloses Funktionieren tagein, tagaus unabdingbar, soll der Wein in den Flaschen so frisch wie möglich bleiben. Der Leser sollte wissen, dass die Flaschen steril sein müssen, dass vollautomatische Maschinen die Flaschen verkorken, die Kapseln aufziehen oder aufrollen, das Etikett aufkleben und die Flaschen in Kartons oder Kisten verpacken, nachdem jede einzelne Flasche auf Verunreinigungen geprüft wurde. Alle europäischen Systeme drucken eine Ziffer, die das Abfülldatum einer Partie kennzeichnet, auf das Etikett oder mit Laser direkt auf die Flasche.

VON DER TRAUBE INS GLAS

Nahezu jede Ingredienz einer frischen Traube findet sich auch in dem Wein wieder, zu dem sie verarbeitet wird. Bei der Weinbereitung entstehen aber auch zusätzliche Verbindungen, und vor der Abfüllung werden alle Schwebeteilchen beseitigt. Der bedeutendste Unterschied zwischen den folgenden beiden Listen ist das Verschwinden von vergärbarem Zucker und das Entstehen von Alkohol. Die Komponenten können je nach Rebsorte u. a. variieren.

DIE BESTANDTEILE DES FRISCHEN TRAUBENSAFTS

in Volumenprozent

73,3		**Wasser**
25		**Kohlenhydrate**, davon
	5 %	Zellulose
	20 %	Zucker (plus Pentosen, Pektin, Inosit)
0,8		**Organische Säuren**, davon
	0,54 %	Weinsäure
	0,25 %	Apfelsäure
	0,01 %	Zitronensäure (dazu mögliche Spuren von Bernstein- und Milchsäure)
0,2		**Mineralien**, davon
	0,025 %	Calcium
	0,01 %	Chlorid
	0,025 %	Magnesium
	0,25 %	Kalium
	0,05 %	Phosphat
	0,005 %	Kieselsäure
	0,035 %	Sulfat
	0,1 %	Aluminium, Bor, Kupfer, Eisen, Molybdän, Rubidium, Natrium, Zink
0,13		**Tannine und Farbpigmente**
0,017		**Stickstoffverbindungen**, davon
	0,05 %	Aminosäuren (Arginin, Glutaminsäure, Prolin, Serin, Threonin und andere)
	0,005 %	Eiweiße
	0,015 %	andere Stickstoffverbindungen (Humin, Amid, Ammoniak und andere)
Spuren		Vitamine (Thiamin, Riboflavin, Pyridoxin, Pantothensäure, Nicotinsäure und Ascorbinsäure)

DIE BESTANDTEILE DES WEINS

in Volumenprozent

86		**Wasser**
12		**Alkohol** (Ethylalkohol)
1		**Glycerin**
0,4		**Organische Säuren**, davon
	0,20 %	Weinsäure
	0,15 %	Milchsäure
	0,05 %	Bernsteinsäure (plus Spuren von Apfel- und Zitronensäure)
0,2		**Kohlenhydrate** (unvergärbarer Zucker)
0,2		**Mineralien**, davon
	0,02 %	Calcium
	0,01 %	Chlorid
	0,02 %	Magnesium
	0,075 %	Kalium
	0,05 %	Phosphat
	0,005 %	Kieselsäure
	0,02 %	Sulfat
	Spuren	Aluminium, Bor, Kupfer, Eisen, Molybdän, Rubidium, Natrium, Zink
0,1		**Tannine und Farbpigmente**
0,045		**flüchtige Säuren** (meist Essigsäure)
0,025		**Stickstoffverbindungen**, davon
	0,01 %	Aminosäuren (Arginin, Glutaminsäure, Prolin, Serin, Threonin und andere)
	0,015 %	Eiweiße und andere Stickstoffverbindungen (Humin, Amid, Ammoniak und andere)
0,025		**Ester** (meist Essigsäureethylester, aber auch Spuren zahlreicher anderer)
0,004		**Aldehyde** (meist Acetaldehyd, etwas Vanillin und Spuren anderer)
0,001		**Höhere Alkohole** (kleinste Mengen von Amylalkohol, Spuren von Isoamylalkohol, Butylalkohol, Isobutylalkohol, Hexyl, Propyl und Methyl kann enthalten sein)
Spuren		Vitamine (Thiamin, Riboflavin, Pyridoxin, Pantothensäure, Nicotinsäure und Ascorbinsäure)

WASSER ZU WEIN

Die individuellen Aromastoffe in jedem Wein machen kaum 2 % aller Bestandteile aus. Man kann Menge und Identität von 99 % dieser Stoffe mit großer Genauigkeit bestimmen, dennoch bleibt ein Geheimnis. Denn wenn wir diese Bestandteile mit Wasser und Alkohol ergänzen, würde das Resultat überhaupt nicht wie Wein schmecken und schon gar nicht wie ein bestimmter Wein, den man nachzuahmen versuchte.

ROTWEINHERSTELLUNG

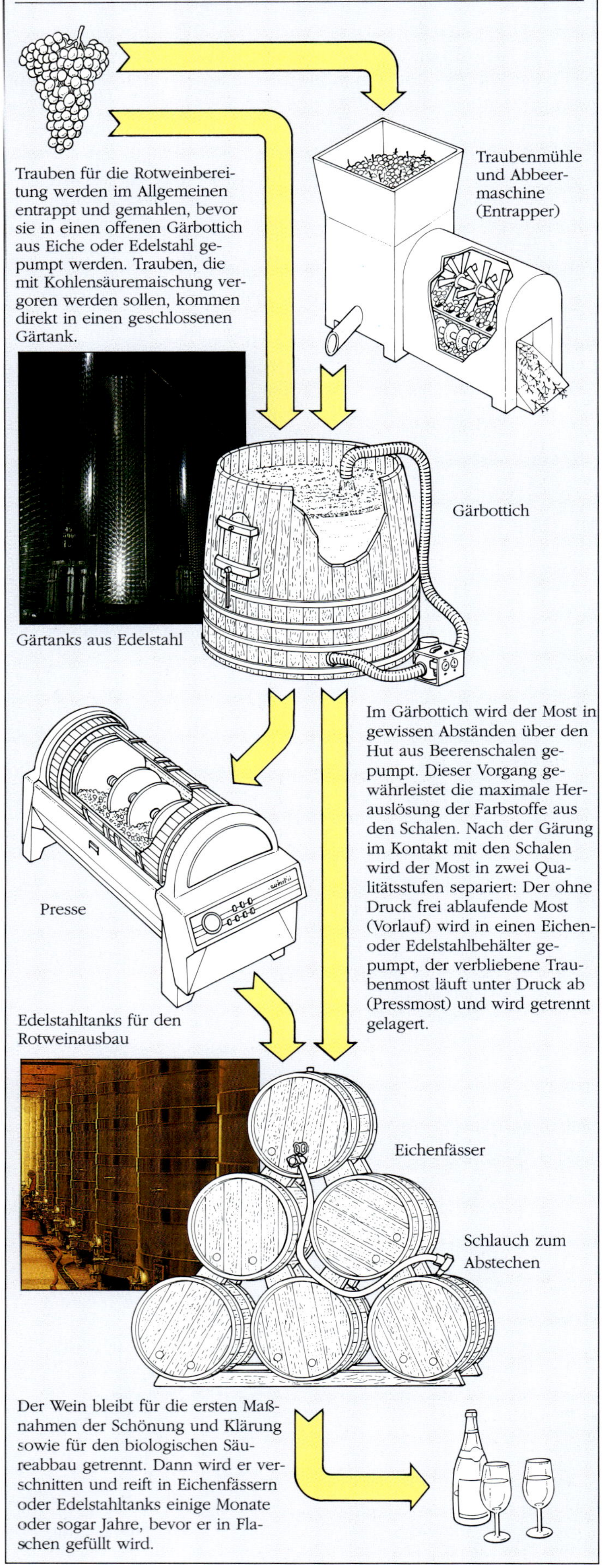

ROTWEINE

Bei Anlieferung der Trauben in der Kellerei werden diese normalerweise in Traubenmühlen entrappt und gemahlen. In der Vergangenheit war es durchaus üblich, die Stiele nicht von den Beeren zu trennen, um einen gerbstoffreichen Wein zu erzielen. Die Gerbstoffe (Tannine) der Stiele sind jedoch zu bitter und mildern sich auch während der Reifung des Weins nicht ab. Der moderne Weinmacher kann einen kleinen Anteil der Stiele dran lassen, wenn die Traubensorte oder der Jahrgang mehr Rückgrat braucht.

GÄRUNG

Nachdem das Traubengut entrappt und gemahlen ist, wird die Maische in einen Gärbehälter gepumpt, in dem die Gärung nach zwölf Stunden oder auch erst nach einigen Tagen einsetzt. Selbst Weine, die später im Fass gären werden, beginnen ihre Gärung in Behältern, seien es altmodische *foudres* aus Eichenholz oder moderne Edelstahltanks. Der Grund dafür ist, dass der Most unter einem Hut aus Beerenschalen fermentiert. Um die Gärung anzuregen, werden der Saft auch erhitzt und ausgewählte Hefekulturen oder teilweise vergorener Wein aus einem anderen Behälter beigegeben. Während der Gärung wird der Most vom Boden des Fasses abgesaugt und über den Hut gepumpt, damit er immer wieder mit den Schalen in Kontakt kommt. Dies gewährleistet die maximale Herauslösung der Farbstoffe aus den Beerenschalen.

Je höher die Temperatur bei der Gärung ist, desto mehr Farbstoffe und Tannine werden herausgelöst; je niedriger die Temperatur, desto besser bleiben Bukett, Frische und Frucht erhalten. Die optimale Temperatur für die Rotweingärung ist 29,4 °C. Bei zu hoher Temperatur bilden die Hefen bestimmte Substanzen (Caprinsäure, Caprylsäuren und entsprechende Ester), die die Nährstoffaufnahme behindern und dadurch das Absterben der Hefen bewirken. Trotzdem ist es weitaus besser, einen frischen Most warm zu vergären, als einen schalen Most in zwei Wochen (was in vielen Fällen die Norm ist) kühl gären zu lassen. Die kräftigeren, dunklen, gerbstoffreichen und potenziell länger haltbaren Weine bleiben zwischen zehn und 30 Tagen auf der Maische liegen, leichtere Weine werden hingegen bereits nach wenigen Tagen gekeltert.

VORLAUFWEIN UND PRESSWEIN

Wird der Wein von den festen Bestandteilen getrennt, teilt er sich in zwei Weine auf, den frei ablaufenden Vorlaufwein oder *Vin de goutte* und den Presswein oder *Vin de presse.* Der Vorlaufwein läuft aus dem Gärfass ab, sobald der Auslauf geöffnet wird. Der Rest, der Trester – der Hut aus Beerenhäuten, Kernen und anderen festen Substanzen –, wird gepresst, um den sehr dunklen, extrem gerbstoffreichen Presswein zu extrahieren. Vorlauf- und Presswein werden dann in verschiedene Tanks oder Fässer umgepumpt, abhängig vom Stil des künftigen Weins. Diese Weine werden dann getrennt dem biologischen Säureabbau unterzogen, mehrmals abgestochen, geschönt, nochmals abgestochen, verschnitten und vor der Abfüllung ein weiteres Mal geschönt und abgezogen.

KOHLENSÄUREMAISCHUNG

Es gibt mehrere Varianten der Kohlensäuremaischung (*Macération carbonique*), ein Verfahren, das fast ausschließlich für die Rotweinbereitung verwendet wird. Die Gärung findet dabei zunächst in einer unter Druck stehenden Kohlendioxidatmosphäre statt. Nach der traditionellen Methode, die es mindestens schon 200 Jahre gibt, wurden die unzerquetschten Trauben in einen geschlossenen Behälter gegeben, wo nach einer Weile eine natürliche Gärung im Inneren der Trauben begann. Die Trauben platzten schließlich auf, und der Behälter füllte sich mit Kohlendioxid; eine normale Gärung schloss sich an, wobei die Traubenschalen in ihrem Saft mazerierten. Heute werden die Trauben in Tanks mit Kohlendioxid aus der Gasflasche vergoren. Die *macération carbonique* ergibt leichte Weine mit kräftiger Farbe, fruchtigem Aroma und einem charakteristischen Fruchtdropsgeschmack.

WEISSWEINE

Noch bis vor kurzem konnte man sagen, dass zwei Maßnahmen die Weißwein- von der Rotweinbereitung unterschieden: erstens das sofortige Keltern, um den Saft von den Beerenschalen zu trennen, zweitens die Klärung des Saftes. Heute werden für Weißweine mit deutlichem Sortencharakter die Trauben auch häufig gemahlen und dann in einem Gärbehälter 12 bis 48 Stunden mazeriert, um die Aromastoffe in den Traubenschalen zu extrahieren. Der frei ablaufende Saft und der aus den mazerierten Schalen gepresste Saft wird wie jeder Weißmost geklärt und vergoren.

Mit Ausnahme der Trauben, die mazerieren sollen, werden die Trauben entweder sofort bei der Anlieferung gekeltert oder angequetscht und danach abgepresst. Der Saft aus der letzten Pressung ist trüb, bitter sowie säure- und zuckerarm, sodass nur die erste Pressung, etwa dem Vorlaufmost bei der Rotweinbereitung gleichwertig, und der beste Teil der zweiten Pressung für die Weißweinproduktion verwendet werden sollten. Nach dem Pressen wird der Most in einen Behälter gepumpt, in dem er geklärt wird, was in der einfachsten Form bedeutet, den Saft in Ruhe zu lassen, damit sich Verunreinigungen am Boden absetzen können. Diese Klärung kann durch Kühlung unterstützt werden, wobei man oft Schwefeldioxid und eventuell ein Schönungsmittel hinzufügt. Sanfte Filtration und Separation können ebenso angewandt werden.

Nach der Klärung wird der Most in Gärbehälter gepumpt oder direkt in Fässer, wenn der Wein eine Fassgärung erfahren soll. Die Verwendung von Reinzuchthefen ist bei der Weißweinproduktion häufig, da der Saft nur kurz mit den Hefe tragenden Schalen Kontakt hat und die Klärung obendrein die potenzielle Weinhefemenge reduziert. Die optimale Temperatur für die Gärung von Weißwein liegt bei 18 °C, allerdings wählen viele Weinmacher Temperaturen zwischen 10 °C und 17 °C, und es ist durchaus möglich, Wein noch bei einer Temperatur von nur 4 °C gären zu lassen. Bei niedrigen Temperaturen werden mehr Ester und andere Aromastoffe, aber weniger flüchtige Säure produziert, man benötigt eine niedrigere Dosis Schwefeldioxid, dafür sind die Weine leichtgewichtiger und enthalten weniger Glycerin.

Da der Säuregehalt bei Weißweinen ein unverzichtbares Gegengewicht zur Frucht und gegebenenfalls zur Süße darstellt, wird der biologische Säureabbau häufig unterbunden, und man füllt frühestens zwölf Monate nach der Lese ab. In Eichenfässern gereifte Weine, die übrigens immer einen biologischen Säureabbau durchmachen, können nach 9 bis 18 Monaten abgefüllt werden. Weine, die dafür gedacht sind, jung getrunken zu werden, werden fast immer so bald wie möglich abgezogen, geschönt, gefiltert und abgefüllt, um viel frischen und fruchtigen Geschmack zu bewahren.

ROSÉWEINE

Mit ganz wenigen Ausnahmen – rosé Champagner und deutscher Schillerwein, die ein Verschnitt weißer und roter Weine sind –, werden alle Qualitäts-Roséweine aus Vorlaufmost, durch Pressen oder durch begrenzte Mazeration roter Trauben erzeugt. Ein echter *Saignée* wird aus dem Saft gemacht, den die Trauben unter ihrem eigenen Gewicht abgeben. Dies ist eine Art *Tête de cuveé*, die nach der Gärung eine sehr helle *Vin-gris*-Farbe hat, dennoch einen kräftigen, fruchtigen und herrlich spritzigen Geschmack. In Gebieten, deren Klima richtig dunkle Rotweine nicht möglich macht, kann ein Teil des Vorlaufs zu Rosé verarbeitet werden, damit im verbleibenden Saft mehr farbgebende Pigmente enthalten sind. Für gepressten Rosé werden rote Trauben so lange gepresst, bis der Saft genügend Farbe angenommen hat. Auch er ist blass wie ein *Vin gris*, hat aber nicht die Opulenz einer *Tête de cuveé*. Die üblichste Methode der Roséweinherstellung ist die begrenzte Maischegärung, bei der der Most dieselbe Prozedur durchläuft wie beim Rotwein, nur dass der Kontakt mit den Beerenschalen auf die Zeit begrenzt wird, die zur Verleihung der gewünschten rosa Farbe nötig ist.

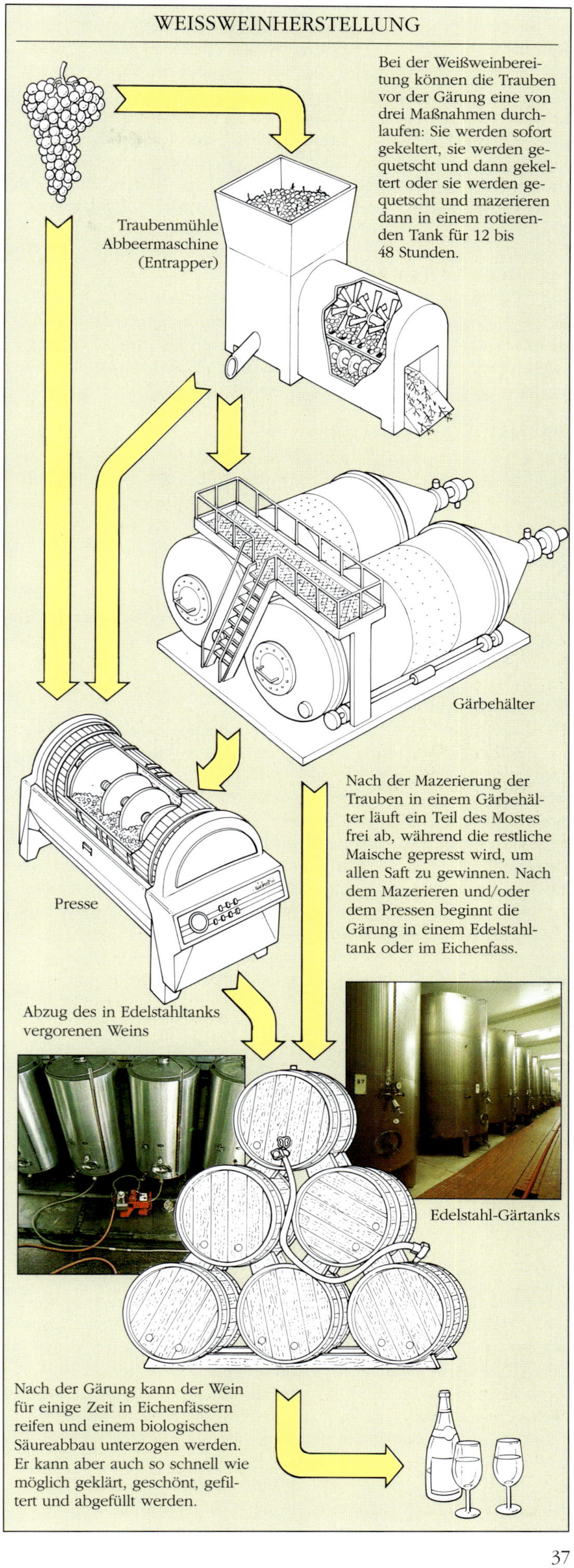

SCHAUMWEIN

Bei der Vergärung von Traubensaft wird Zucker in Alkohol und Kohlendioxid umgewandelt. Bei Stillwein darf das Gas entweichen, doch wenn man das verhindert, indem man den Tank verschließt oder die Flasche verkorkt, bleibt es so lange im Wein gelöst, bis der Deckel oder der Korken entfernt wird. Wenn der Druck absinkt, lösen sich Bläschen sprudelnd aus dem Wein. Die Produktion aller natürlich schäumenden Weine basiert auf diesem Prinzip. Man verfügt über vier Methoden: *Méthode champenoise*, Transvasierverfahren, *méthode rurale* und Tankgärung.

MÉTHODE CHAMPENOISE

Auch als Traditionelle Flaschengärung – Handgerüttelt (Deutschland), *Méthode traditionelle* oder *Méthode Classique* (Frankreich), *Metodo Classico* (Italien) und *Cap Classique* (Südafrika) bezeichnet. Dieser Begriff bezeichnet einen Schaumwein, der in der Flasche, in der er auch verkauft wird, eine zweite Gärung durchmacht.

TRANSVASIERVERFAHREN

Auch bei dieser Methode gärt der Wein in der Flasche ein zweites Mal, aber (und das ist der Haken) nicht in der, in der er verkauft wird. Er gärt in der einen Flasche, wird unter Druck in einen Tank umgefüllt, bei –3 °C gefiltert und in eine andere Flasche abgefüllt.

MÉTHODE RURALE

Der Vorläufer der *Méthode champenoise* wird heute noch verwendet, wenn auch nur für einige unbedeutende Weine. Es gibt keine zweite Gärung, der Wein wird noch vor Beendigung der ersten alkoholischen Gärung abgefüllt.

TANKVERGÄRUNG

Diese auch *cuve close* und Charmat-Verfahren genannte Methode ist für die Massenproduktion preiswerter Schaumweine gebräuchlich. Die Zweitgärung findet in großen Tanks statt, dann wird der Wein unter Druck bei –3 °C gefiltert und abgefüllt. Entgegen allgemeiner Ansicht gibt es keine Anhaltspunkte dafür, dass diese Methode per se minderwertig wäre. Dadurch, dass diese Methode für die Massenproduktion geeignet ist, werden häufig mediokre Grundweine bei raschem Durchsatz verarbeitet. Ich bin fest davon überzeugt, dass ein tankvergorener Schaumwein, der aus den besten Grundweinen der Champagne gemacht wird und bei mindestens dreijähriger Reifung auf der Hefe von den Vorteilen der Autolyse profitieren darf, von dem »echten Stoff« nicht zu unterscheiden wäre.

KARBONISATION

Die billigste Methode, Bläschen in den Wein zu bringen, ist die, Kohlendioxid in den Wein zu pressen. Da die meiste Limonade so hergestellt wird, nimmt man fälschlicherweise an, dass die durch Karbonisation entstehenden Bläschen groß und kurzlebig sein müssen. Sie können es sein, und voll schäumende Perlweine, die so hergestellt werden, sind in der Tat miserabel. Moderne Karbonisationsanlagen sind aber in der Lage, die winzigsten Bläschen zu erzeugen, ja sogar das »Prickeln« der *sur Lie* ausgebauten Weine zu imitieren.

GESPRITETE WEINE

Zur Kategorie der gespriteten oder angereicherten Weine gehören die verschiedensten Produkte; wichtig ist nur, dass Alkohol zugesetzt wurde. Stillweine haben normalerweise zwischen 8,5 und 15% Alkohol, angereicherte Weine hingegen zwischen 17 und 24%. Normalerweise wird ein aus heimischen Weinen hergestellter Weinbrand zugesetzt. Er ist völlig neutral, ohne die Spur eines Brandy-Geschmacks. Die zugegebene Menge Alkohol, der Zeitpunkt und die Art der Zugabe sind für den Charakter eines angereicherten Weins genauso wichtig wie die Rebsorte oder das Anbaugebiet. Methoden, die zur Erhöhung des Alkoholgehalts eingesetzt werden, sind *Mutage*, früher Zusatz und später Zusatz.

MUTAGE (VOR DER GÄRUNG)

Hier wird (mehr oder minder frischem) Traubensaft Alkohol zugegeben. Mutage unterbricht bzw. verhindert die Gärung und ergibt Weine, die in Frankreich als *Vin de liqueur* bezeichnet werden, wie der Pineau des Charentes in Cognac, der Floc de Gascogne in Armagnac und der Ratafia in der Champagne.

FRÜHER ZUSATZ (WÄHREND DER GÄRUNG)

Die Zugabe von Alkohol erfolgt früh nach Beginn der Gärung. Sie geschieht meistens in mehreren kleinen, sorgfältig bemessenen und zeitlich abgestimmten Dosen, verteilt auf mehrere Stunden oder gar Tage. Der Typ des gespriteten Weins bestimmt, wann der Alkohol zugefügt wird, er wird allerdings selbst durch die von Jahr zu Jahr unterschiedliche Qualität der Trauben beeinflusst. Bei Portwein wird im Allgemeinen Alkohol zugegeben, sobald die Gärung 6 bis 8% erreicht hat, bei den französischen *Vins doux naturels* wie dem Muscat de Beaumes de Venise in der Zeitspanne, da der Alkoholgehalt zwischen 5 und 10% liegt.

SPÄTER ZUSATZ (NACH DER GÄRUNG)

Bei dieser Methode wird Alkohol nach Beendigung der Gärung zugegeben. Das klassische Getränk, das so entsteht, ist der Sherry, der immer trocken ausgebaut wird; die Süße kommt erst später hinzu.

AROMATISIERTE WEINE

Mit Ausnahme von Retsina, dem geharzten griechischen Wein, sind alle aromatisierten Weine angereichert. Der wichtigste ist der Wermut, der aus zwei- bis dreijährigen neutralen Weißweinen und einem Extrakt aus Wermut, Vanille und verschiedenen anderen Kräutern und Gewürzen hergestellt wird. Der Wermut aus Italien wird in Apulien und Sizilien hergestellt, der französische Vermouth in Languedoc und Roussillon. Der Chambéry z. B. ist ein delikater Wermut aus Savoyen und der rosarote Chambéryzette eine mit Erdbeeren aus den Bergen aromatisierte Version. Solche lokalen aromatisierten Weine sind jedoch selten, die meistverkauften sind natürlich die internationalen Marken wie Cinzano und Martini. Andere bekannte aromatisierte Weine sind Picon, Byrrh, Dubonnet (rot und weiß), Punt e Mes, St-Raphael und Suze.

ALKOHOLFABRIKATION
In der staatlichen Destillerie im Gebiet Douro (Portugal) wird der für den Portwein bestimmte Weingeist mit effizienter Technik hergestellt.

EICHENHOLZ

Warum Eichenholz? Warum wird unter all den Holzarten, die es auf der Erde gibt, gerade Eiche, und fast ausschließlich Eiche, zur Herstellung von Holzfässern gewählt?

Die Antwort ist, dass andere Hölzer entweder zu porös sind oder penetrante Aromastoffe enthalten, die den Wein verderben. Es ist allerdings nicht ganz richtig, dass nur Eichenholz für den Ausbau von Wein verwendet wird; Kastanie beispielsweise ist gelegentlich im Rhône-Tal und anderswo zu finden. Dieses Holz ist jedoch zu porös und zu gerbstoffreich, sodass es normalerweise mit einer neutralen Substanz ausgekleidet wird; dann unterscheidet sich das Holz aber in nichts von anderen beschichteten Baumaterialien (wie Beton). Die Buchenart *Rauli* war früher in Chile sehr populär, bis seine Winzer, plötzlich den internationalen Märkten ausgesetzt, feststellten, dass ihre Weine vom Holz einen modrigen, an Räucherstäbchen erinnernden Geruch bekamen. Große Redwood-Tanks sind in Kalifornien und Oregon noch in Gebrauch, werden aber nicht sehr geschätzt, und da das Holz sich nur sehr schwer biegen lässt, ist es für kleine Fässer nicht geeignet. Kiefer hat einen stark harzigen Charakter, den die Griechen schätzen, allerdings hatten sie auch 3000 Jahre Zeit, sich an diesen Geschmack zu gewöhnen. Die Mehrheit der Griechenlandbesucher trinkt Retsina, zu Hause jedoch verzichten sie auf ihn. Überdies erhält er den harzigen Geschmack nicht durch Lagerung in Holzfässern, sondern durch Beifügung von Harz. Außer einem Exoten, dem Tea Wine der Kanareninsel La Palma, gibt es meines Wissens keine Weine, die in Fässern aus Kiefernholz reifen. Eukalyptus verleiht Wein ebenso eine harzige Note, Akazie färbt Wein gelb, tropische Harthölzer sind nicht zu biegen und enthalten unerwünschte aromatische Öle. Eiche hingegen ist leicht biegsam und kaum porös, hat einen akzeptablen Tanningehalt und milde, sahnige Geschmacksstoffe, die mit dem Wein harmonieren.

GROSS ODER KLEIN?

Die Größe des Fasses ist entscheidend für den Ausbau des Weins, denn je kleiner das Fass, desto größer ist das Verhältnis Eichenholz zu Wein, desto mehr gibt es dem Wein ein Eichenholzaroma. Die Innenfläche eines 200-l-Fasses ist pro Liter Wein im Vergleich zu einem 500-l-Fass anderthalbmal so groß. Die traditionellen Größen der Barriques reichen von 205 l in der Champagne über 225 l in Bordeaux und Spanien sowie 228 l in Burgund bis zwischen 300 und 315 l in Australien und Neuseeland.

EIN EICHENFASS

Die Dauben werden von Metallreifen zusammengehalten, die in unterschiedlichen Abständen positioniert sein können, je nach den Traditionen des jeweiligen Küfers (*Tonnelier*). Bei der Weißweingärung zeigt das Spundloch nach oben. Während der stürmischen Hauptgärphase bleibt es trotz eines größeren Leerraums offen; sobald die Gärung nachlässt, wird es mit einem Gärrohr verschlossen, das auch während der malolaktischen Gärung auf dem Fass bleibt. Wenn die Weine nach dem ersten Abzug mehrere Monate reifen sollen, werden die Fässer vollständig gefüllt, fest verspundet und nach einer Seite gedreht, woran alle Kellerarbeiter sehen, dass sie voll sind. Fässer mit rechteckigem Grundriss wurden entwickelt, um das Verhältnis von Eichenholz zu Wein zu erhöhen, sie waren in der Tat auch praktischer und ökonomischer als herkömmliche Fässer. Mit ihnen ist der Lagerraum effizienter zu nutzen, und die geraden Seiten können gedreht und zu neuen Behältnissen zusammengesetzt werden. Ein australisches Unternehmen baute sogar einen kubischen Edelstahltank mit zwei Wänden aus Eichenholzdauben, die ersetzt, gewendet und auf verschiedene Größen gebracht werden können, um unterschiedliche Holz-Wein-Verhältnisse zu bekommen. Doch all dies wurde mit dem Einsatz von Eichenspänen überflüssig.

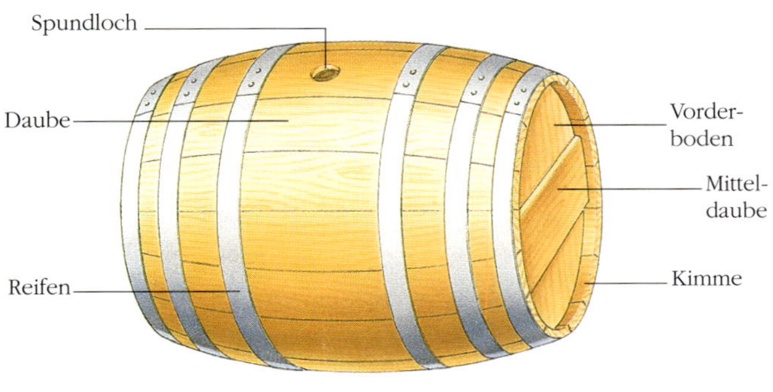

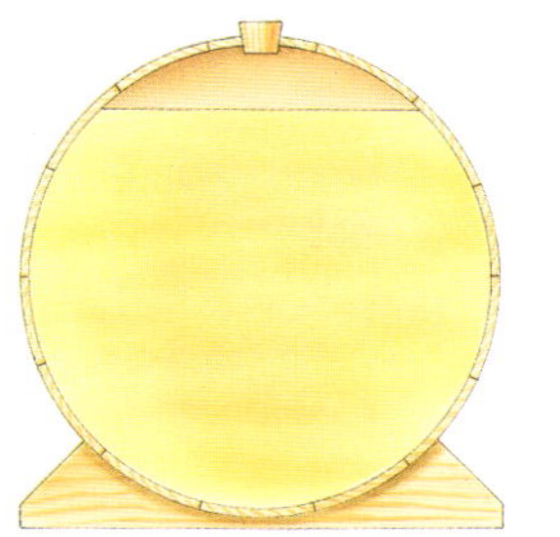

Gärungsstellung

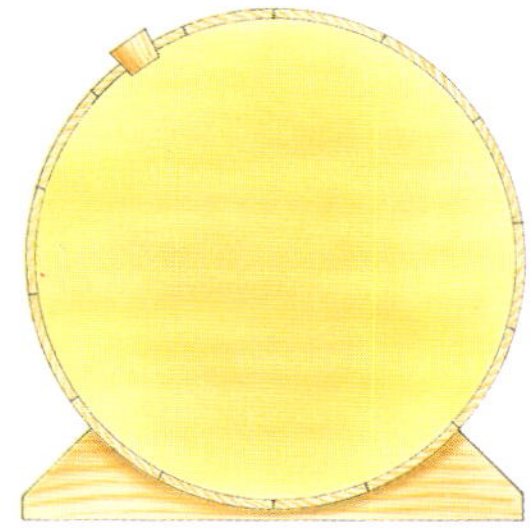

Reifungsstellung

EICHENHOLZSPÄNE

Alte Eichenbarriques für die Gärung oder den Ausbau der besten Weine zu verwenden ist mehr eine Frage des Stils als der Kosten. Für preiswerte Weine hingegen ist es fast ausschließlich eine wirtschaftliche Frage, da die Verwendung von Fässern den Preis eines Vin de pays verdoppeln kann. Es genügt schon, einen kleinen Teil eines Verschnitts in frischen Eichenbarriques reifen zu lassen, um ihm eine gewisse unterschwellige Komplexität zu verleihen, wenn auch nicht den offenen Eichenholzgeschmack, den viele so ansprechend finden, allerdings nicht teuer bezahlen wollen. Kleine Eichenholzstücke oder -späne im Wein sind die Lösung. Das ist keineswegs eine neue Erfindung, schon um 1961 war der Einsatz von Eichenspänen in den USA so verbreitet, dass er eine gesetzliche Reglementierung rechtfertigte. Als Nebenprodukt der Fassherstellung haben die heute überall anzutreffenden Späne wahrscheinlich eine ähnlich lange Geschichte, wenn auch keine allgemein bekannte. Eichenholzspäne zählten zu den mächtigsten Waffen im Arsenal der Neuen Welt, da man mit ihrer Hilfe relativ preiswerte, aber definitiv hochwertige Weine herstellen und die internationalen Märkte erobern konnte. Das ist besonders augenfällig im Falle Australiens, dessen *flying winemakers*, die um die Welt jettenden freien Weinmacher, nicht nur die Eichenchip-Weine perfektionierten, sondern diese Technik schon Anfang der 1990er Jah-

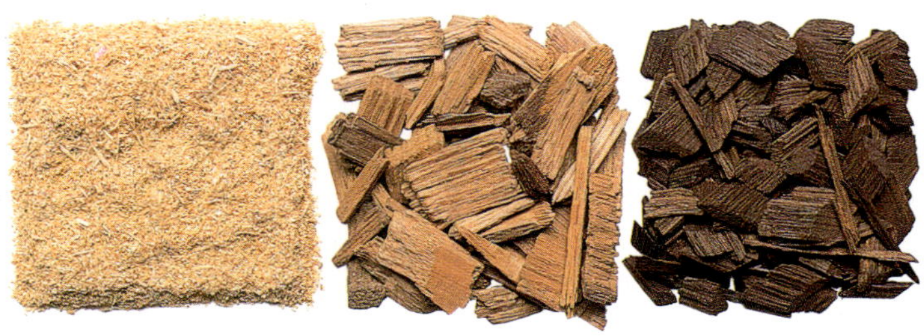

Eiche: Staub (amerik.) und Späne (franz., amerik.)
Geringer Toastgrad — Mittlerer Toastgrad — Hoher Toastgrad

FRANZÖSISCHE EICHEN-»APPELLATIONEN«

Einige Kellermeister schwören auf eine ganz bestimmte französische Eichenart, die meisten aber betrachten Fässer, die angeblich aus einem bestimmten Wald kommen, mit Argwohn. Im Tronçais ist einer der berühmtesten Eichenwälder zu finden, er liefert aber gerade mal 2% aller französischen Eichen; wäre jedes Fass, das aus Tronçais-Eichen gemacht sein soll, tatsächlich echt, gäbe es diesen Wald schon lange nicht mehr. Vielleicht haben die Burgunder, die die meiste Erfahrung im Kauf frischer französischer Eichenfässer haben, dieses Problem schon vor Jahrhunderten erkannt, denn sie kaufen traditionell Fässer aus »gemischten Dauben« (d. h. aus Holz aus verschiedenen Wäldern). Die meisten Weinmacher kaufen bei einem bestimmten Küfer, weil ihnen seine Fässer zusagen. Das hat normalerweise weniger mit der Konstruktion der Fässer zu tun als mit der Würze des Holzes und dem Toastgrad der Fässer. Die meisten Fässer werden nicht nach Art eines Markenschaumweins »zusammenmontiert« – verschiedene Ausgangsmaterialien werden ausgewählt und so gemischt, dass das Ergebnis immer gleich bleibt –, im Gegenteil, die Zusammensetzung der Fassdauben variiert ständig, weil Eichen auf Auktionen gekauft werden und weil nach Qualität ausgewählt wird, nicht nach dem Namen. Es ist auch viel wichtiger, wem der Wald gehört, als wo er zu finden ist. Bekannte Quellen wie das *Office National des Forêts*, der einzige Händler von *Haute-Futaie*-Eiche, kann einheitliche Qualität in einem Maße garantieren, wie es ein Privateigentümer, selbst mit gutem Wald, nicht kann. Daher haben es sich Firmen wie die berühmte Küferei Seguin Moreau in Cognac zum Grundsatz gemacht, nur *Haute-Futaie*-Eiche zu kaufen.

re in nahezu alle Wein herstellenden Länder der Welt exportiert hatten. Experimente haben gezeigt, dass Wein, der in alten Fässern, aber mit Eichenholzspänen reifte, praktisch nicht zu unterscheiden ist von dem gleichen Wein, der in neuen Eichenfässern ausgebaut wurde. Das Angebot an Eichenholzspänen ist inzwischen riesig und umfasst alle Eichenarten und Röstgrade. Einige Produkte sind sogar mit Bakterien für die malolaktische Gärung geimpft. Wird auf einem Etikett Eichenholz erwähnt, nicht aber Barrique oder Fass, ist dies wahrscheinlich ein Hinweis darauf, dass bei der Weinbereitung Eichenholzspäne eingesetzt wurden; ist der Wein außerdem noch preiswert, kann man darauf wetten. In vielen Ländern der Alten Welt ist die Verwendung von Eichenholzspänen jedoch verboten.

BOUSINAGE
Das »Toasten« des Fassholzes verleiht den Weinen später einen Röstton.

EIN TOAST GEFÄLLIG?

Das Toasten oder Rösten ist Teil der Fassherstellung und hat einen direkten Einfluss auf den Geschmack eines Weins. Um die Dauben biegen zu können, muss Hitze in drei Stufen eingesetzt werden: Aufwärmen (*Pre-chauffage*), Biegen (*Cintrage*) und »Toasten« (*Bousinage*), wobei jede die Innenwand des Fasses bräunt. Doch nur die letzte Stufe – *Bousinage* – legt den Grad der Röstung fest. Während des Toastens bilden sich Furanaldehyde, die für die Röstaromen verantwortlich sind, das Vanillearoma des Vanillins wird verstärkt, und verschiedene Phenole wie Eugenol (der Hauptaromabestandteil von Nelkenöl) verleihen den Eichenaromen eine rauchige, würzige Note.

Es sind drei Toastgrade zu unterscheiden: leicht, mittel (medium) und stark. Eine leichte Röstung (*léger*) wird von Weinmachern gewählt, die den Eichencharaker ganz natürlich belassen möchten (er ist jedoch nicht so neutral, als würden die Dauben mit Dampf gebogen). Beim mittleren Toastgrad gibt es eine normale Stufe (*moyen*), die für die meisten Rotweine geeignet ist, und eine etwas stärkere Stufe (*moyen-plus*), der Favorit für die Vergärung von Weißwein. Die dritte Stufe, das starke Toasten (*fort*), reduziert die für das Kokosnussaroma verantwortlichen Lactone stark und hinterlässt einen rauchig-verkohlten Charakter, der penetrant wirken kann, wenn er nicht auf einen kleinen Anteil in einem Verschnitt beschränkt wird. Überdies kann der hohe Kohlegehalt stark getoasteter Fässer die Farbe von Weinen absorbieren, sodass diese Toaststufe eher für den Weißweinausbau benutzt wird.

DIE EICHENARTEN

Die Aromastoffe der schnellwüchsigen, großporigen amerikanischen Weißeiche (*Quercus alba*) sind strenger, während die langsam wachsende, feinporige europäische Stieleiche (*Quercus robur*, Syn. *Quercus pedunculata*) und die Traubeneiche (*Quercus sessiliflora*, Syn. *Quercus rouvre*) gerbstoffreicher sind und eine feinere Struktur aufweisen.

Der ansprechende, jedoch sehr präsente Kokosnusscharakter der amerikanischen Eiche geht auch auf die andere Herstellungstechnik in den USA zurück. Anders als die europäischen Eichen wird die amerikanische gesägt und nicht gespalten. Diese Technik bricht die Holzzellen auf und setzt aromatische Substanzen frei, besonders Vanillin und bis zu sieben verschiedene Lactone, die zusammen für das Kokosnussaroma verantwortlich sind. Die amerikanische Eiche wird außerdem im Ofen getrocknet, was zur Konzentration der Lactone führt, die europäische Eiche wird hingegen einige Jahre im Freien gelagert, was einige der stärksten Aromastoffe auslaugt und die aggressiven Tannine reduziert. Durch diese Verfahren wird der Charakter des amerikanischen Eichenholzes akzentuiert, der Charakter des europäischen Eichenholzes eher gemildert. Viele französische Weinmacher halten amerikanisches Eichenholz für vulgär. Trotzdem experimentieren im ultrakonservativen Bordelais mindestens 60 Châteaux mit diesem Holz.

LEICHT GETOASTET

MEDIUM GETOASTET

STARK GETOASTET

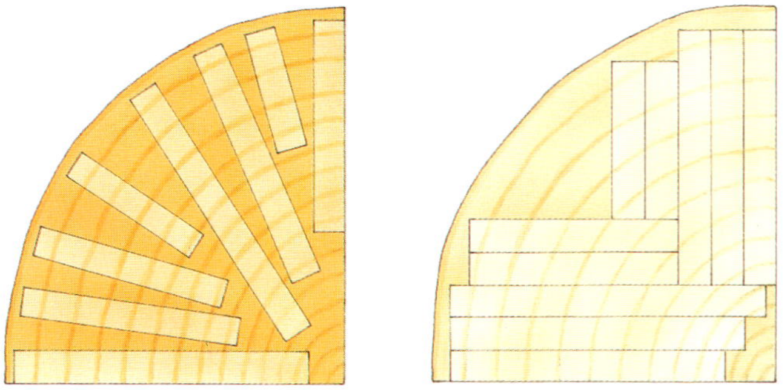

SPALTEN IN EUROPA, SÄGEN IN AMERIKA
Wenn die Rinde von dem zur Fassherstellung bestimmten Baumstamm abgeschält ist, wird er in Viertel gespalten (in Europa) oder zersägt (in den USA). Die Zeichnungen zeigen deutlich, dass es viel ökonomischer ist, ein Viertel in Dauben zu sägen als zu spalten, der Hauptgrund, warum amerikanische Eichenfässer nur halb so viel kosten wie europäische.

REGIONALE EICHENARTEN

Für den Weinausbau gilt: Je feinporiger das Eichenholz, desto besser. Je langsamer ein Baum wächst, desto kleiner die Poren; folglich ist das europäische Eichenholz aufgrund des kühleren Klimas älter und feinporiger als das der in einem warmen Gebiet wachsenden amerikanischen Eiche. Von den europäischen Eichen ist die im Wald wachsende Traubeneiche (*Quercus petraea* oder *Q. sessiliflora*) der solitär wachsenden Stieleiche *(Q. robur)* vorzuziehen, da die Äste höher ansetzen und der Stamm länger und gerader ist. Als Solitär wachsende Eichen sind schnellwüchsiger und großporiger, da sie meist auf fruchtbaren Böden mit mehr Wasser stehen. *Q. sessiliflora* wird *Q. robur* auch deswegen vorgezogen, weil sie viermal so viel aromatische Stoffe enthält.

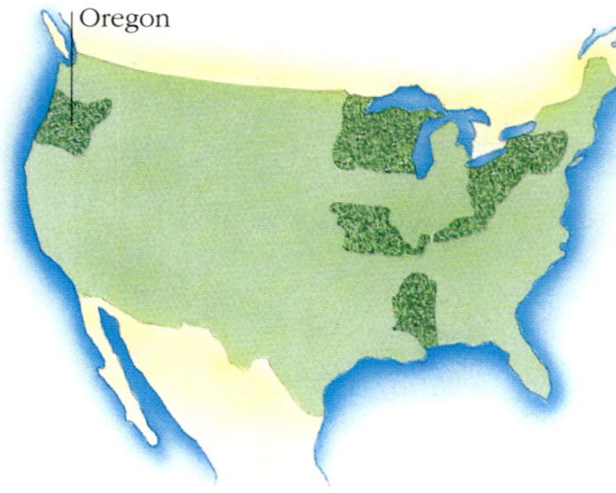

AMERIKANISCHE EICHENWÄLDER

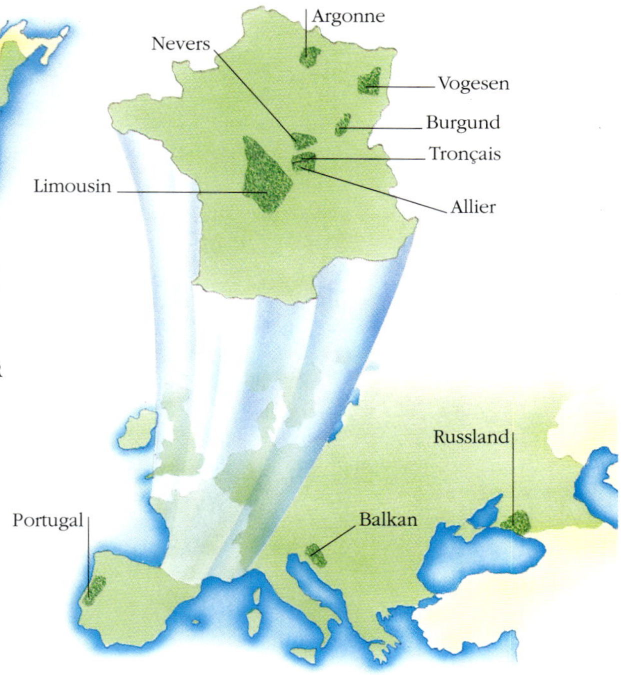

EUROPÄISCHE EICHENWÄLDER

AMERIKANISCHE EICHE *Quercus alba*

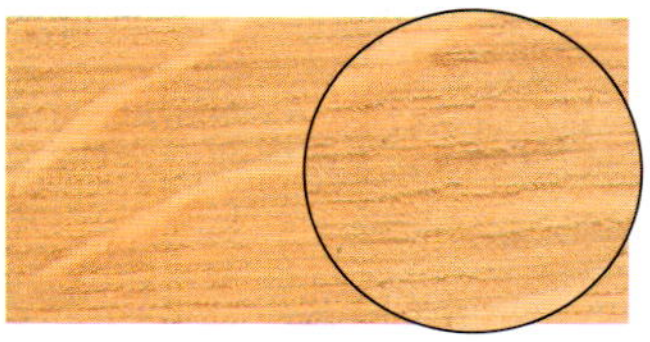

Diese Weißeiche ist im Osten der USA verbreitet. Einige Winzer glauben, dass Eiche aus Minnesota und Wisconsin die beste ist, andere finden sie zu gerbstoffreich und halten die Appalachen-Eiche, insbesondere aus Pennsylvania, für hochwertiger. Sie sind raschwüchsiger, grobporiger, weniger gerbstoffreich (mit Ausnahme der Oregon-Eiche) als die europäischen Brauneichen, aber sie enthalten mehr und süßere Aromen, v. a. das typische Kokosnussaroma. *Quercus alba* wird für traditionelle Riojas bevorzugt, für australischen Shiraz und kalifornischen Zinfandel.

OREGON *Quercus gariana*

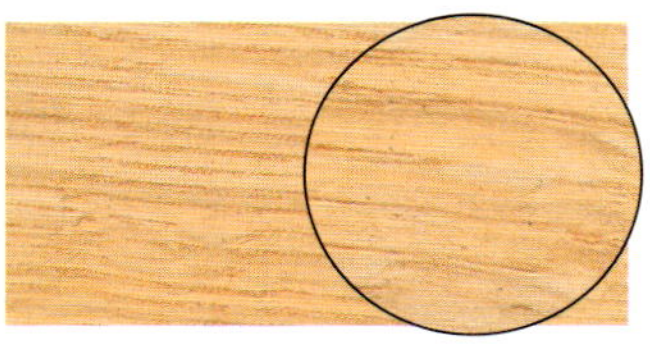

Obwohl eine Weißeiche, hat *Quercus gariana* eine bedeutend feinere Maserung als *Quercus alba*. Relativ wenige Fässer wurden aus Oregon-Eiche hergestellt, und da sie schon immer gesägt wurde, ist die Behauptung, dass sie der europäischen Eiche ähnelt, schwer zu prüfen. 1996 jedoch wurden Fässer aus gespaltener, an der Luft getrockneter Oregon-Eiche hergestellt.

ALLIER *Quercus sessilis*

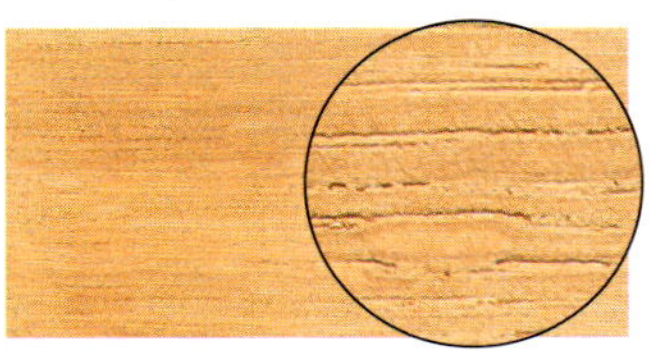

Feinporig mit fein ausgeglichenen, mäßigen Gerb- und Aromastoffen. Allier ist sehr geschätzt.

ARGONNE *Quercus sessiliflora*

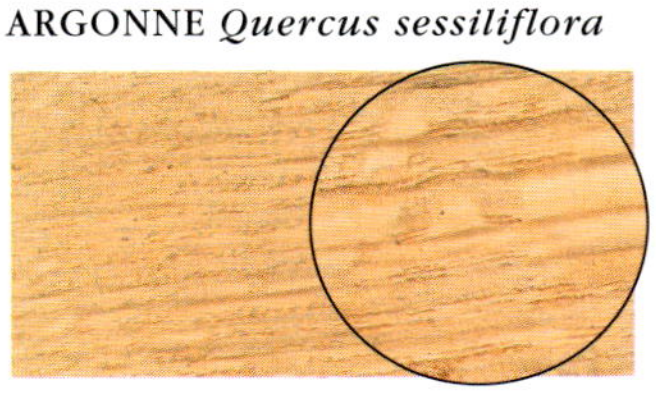

Feinporig mit wenig Aroma- und Gerbstoffen. Dieses Holz wurde vor dem Aufkommen der Edelstahltanks für den Champagnerausbau benutzt.

BURGUND *Quercus sessiliflora*

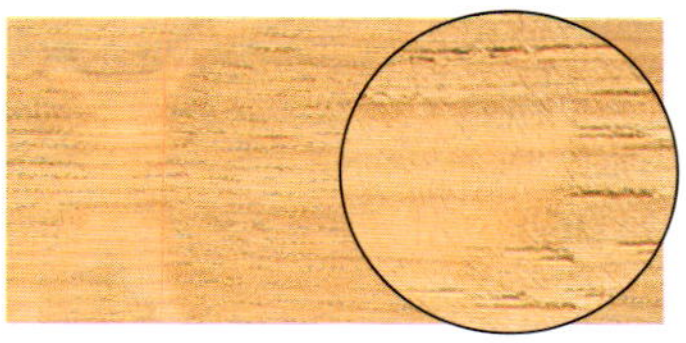

Feinporig mit hohem Tanningehalt und wenig Aromastoffen. Das meiste Holz geht in Kellereien im Burgund.

LIMOUSIN *Quercus robur*

Etwas grobporiger mit viel Tannin und wenig Aromastoffen. Früher für Chardonnay bevorzugt, heute meist für Weinbrand verwendet.

NEVERS *Quercus sessiliflora*

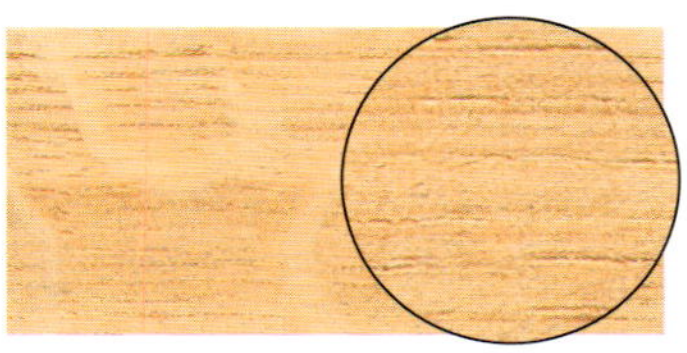

Feinporig mit ausgeglichenem, mittlerem Tannin- und Aromengehalt. Nevers ist sehr geschätzt.

TRONÇAIS *Quercus sessiliflora*

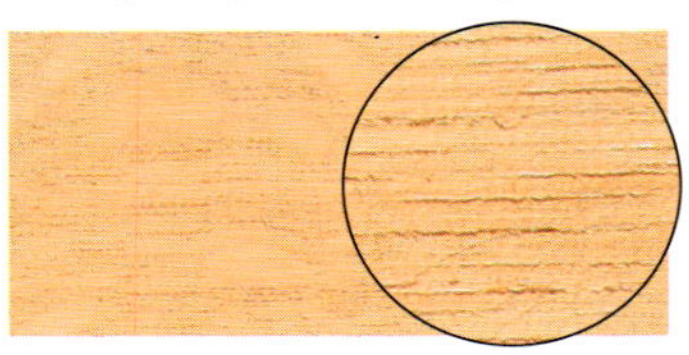

Die dichteste und neben der Vogesen-Eiche tanninreichste Eiche. Die Tronçais-Eiche wächst in dem berühmten Wald im Norden der Auvergne. Das Holz eignet sich hervorragend für langen Ausbau.

VOGESEN *Quercus sessilis*

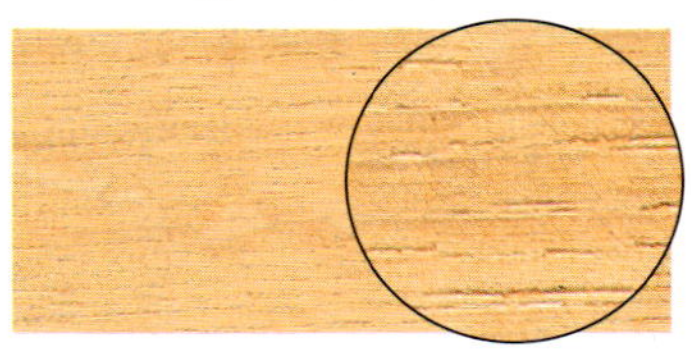

Die feinen Poren, der sehr hohe Tanningehalt und die unaufdringlichen, leicht würzigen Aromen machen die Vogesen-Eiche zum ausgeglichenen Holz für den Weinausbau. Sie ist unterbewertet, v. a. in ihrer Heimat, dem Elsass, wo die wenigen Winzer, die überhaupt Barriques einsetzen, ironischerweise mit nahezu allen französischen Eichen experimentieren, außer mit der, die vor ihrer Haustüre wächst. Vogesen-Eiche ist besonders in Kalifornien und Neuseeland populär, einige Winzer vergleichen sie sogar mit der Allier- und der Nevers-Eiche. Sie verdient größere Beachtung.

BALKAN-EICHE *Quercus robur*

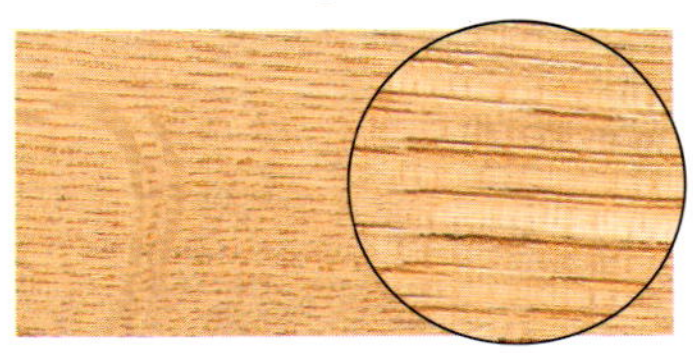

Häufig auch als Slawonische oder Jugoslawische Eiche bezeichnet. Die Maserung ist fein, hat einen mittleren Tanningehalt und wenig Aromastoffe. Balkan-Eiche ist für lange ovale Fässer beliebt, besonders in Italien.

PORTUG. EICHE *Quercus gariana*

Eiche für den Fassbau ist in Portugal wirtschaftlich weit weniger bedeutend als die knorrige Korkeiche. Das mittelfein gemaserte Holz von *Q. gariana* hat gute Aromaeigenschaften, die es für Portugal selbst interessant machen, wo es viel preiswerter ist als französische Eiche.

RUSSISCHE EICHE *Q. sessiliflora*

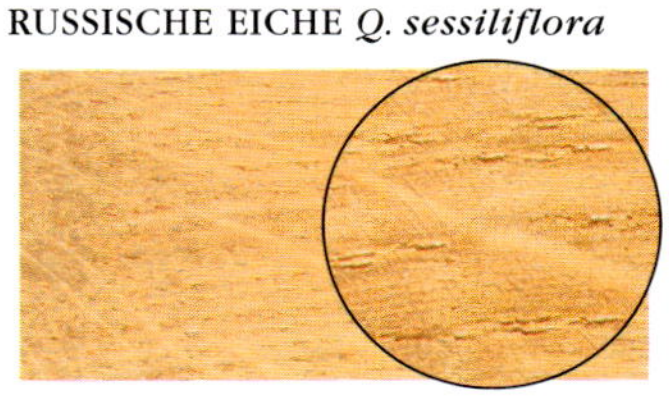

Fein gemasert, mit wenig Aromastoffen und leicht mit französischer Eiche zu verwechseln. Im 19. Jh. und bis in die 1930er Jahre war dieses Holz in Bordeaux das bedeutendste, sodass ihm alle großen alten Jahrgänge verpflichtet sind. Seguin Moreau aus Cognac hat eine Küferei in der Republik Adygeja nordöstlich des Schwarzen Meers gegründet, weshalb französische Erzeuger wieder russische Eiche einsetzen können, obwohl sie mysteriöserweise nur 10 % billiger ist als französische.

GLOSSAR DER REBSORTEN

Tausende von Rebsorten werden auf der Welt zur Weinerzeugung kultiviert. Sorten, die in unterschiedlichem Maß für ihre Region wichtig sind, werden auf den folgenden Seiten beschrieben.

KREUZUNGEN UND HYBRIDEN

Eine Kreuzung von zwei Rebsorten (Varietäten) innerhalb einer Spezies nennt man Kreuzung, während die Nachkommen einer Kreuzung von Rebsorten verschiedener Spezies Hybriden genannt werden. Man kreuze dieselben Rebsorten mehrmals, und man wird seltsamerweise unterschiedliche Stämme erhalten. Folglich ist die Kreuzung *Silvaner x Riesling* nicht nur Herkunft des Rieslaners, sondern auch der Scheurebe, zweier völlig verschiedener Sorten. In diesem Glossar sind, wie in der ganzen Enzyklopädie, die Elternsorten von Kreuzungen und Hybriden *kursiv* gedruckt.

KLONE UND KLONEN

Intensive Selektion innerhalb der Grenzen einer Varietät kann eine Rebe hervorbringen, die besonderen Bedingungen gerecht wird, wie dem Wunsch nach höheren Erträgen, nach Resistenz gegenüber Krankheiten oder Eignung für bestimmte klimatische Bedingungen. Identische Klone dieses Stocks können dann mit vegetativen und gentechnischen Methoden in unendlicher Zahl reproduziert werden. Klone werden durch Nummern und Initialen gekennzeichnet. Zum Beispiel ist der Riesling-Klon »88Gm« der 88ste Klon der Sorte Riesling, der im Institut für Rebenzüchtung und Rebenveredlung der Forschungsanstalt für Weinbau, Gartenbau, Getränketechnologie und Landespflege in Geisenheim im Rheingau erzeugt wurde.

TRAUBENFARBE

Die meisten Weißweine werden aus »weißen« Trauben gemacht, die tatsächlich grün bis bernsteinfarben sind. Die meisten Rot- oder Roséweine stammen von »roten« Trauben, die zwischen Rot und Blauschwarz variieren. Weißweine können auch aus den meisten roten Trauben hergestellt werden; mit Ausnahme einiger weniger Sorten, die als *Teinturier* (»Färber«) bezeichnet werden, enthält nur die Beerenhaut Farbstoffe und nicht der Saft. Rotwein kann jedoch nur aus roten Trauben hergestellt werden, denn es sind die Pigmente in der Beerenhaut, die Anthocyane, die dem Wein seine Farbe geben.

Der Säuregehalt in der Schale beeinflusst die Farbe des Weins: Ein hoher Säuregrad verleiht eine rote Farbe, und je niedriger der Säuregehalt, desto mehr geht die Farbe zu Purpur und schließlich zu Violett.

WEISSE REBSORTEN

Einige rosafarbene Traubensorten, wie Gewürztraminer und Pinot Gris, sind in diesem Abschnitt aufgeführt, da der Wein, der aus ihnen gewonnen wird, weiß ist.

ALBALONGA

Kreuzung *Rieslaner x Silvaner*. In Deutschland gezüchtet und aufgrund des hohen Zuckergehalts und der frühen Reife angebaut.

ALIGOTÉ

Siehe Kasten unten auf dieser Seite.

ALTESSE

Die beste traditionelle Rebsorte in Savoyen liefert wunderbar üppige und duftende Weine.

ALIGOTÉ

Eine dünnschalige Traube von durchschnittlicher Qualität, die in Burgund und Bulgarien verwendet wird. Sie ergibt harte Weine mit mäßigem Alkoholgehalt, in ungewöhnlich heißen Jahren können sie jedoch Gewicht und Stoff haben. Die besten Weine dieser Sorte stammen aus bestimmten Gemeinden Burgunds, vor allem aus Bouzeron, wo der Wein durch Zugabe von etwas Chardonnay verbessert wird.

ALVARINHO

Die klassische *Vinho-verde*-Traube, obwohl sie nicht als »klassische« Rebsorte gelten kann.

ARBOIS

Eine interessante, nur lokal im Loire-Tal angebaute Rebsorte, wo sie manchmal mit einer anderen wenig bekannten Traube, der Romorantin, verschnitten wird.

ARINTO

Eine der exzellenten weißen Trauben Portugals. In Bucelas wird ein frischer, zitroniger Wein aus ihr gemacht, der schön reift.

ASSYRTIKO

Eine der guten einheimischen Rebsorten Griechenlands.

AUXERROIS

Häufig mit der Pinot Blanc verwechselt, aber eine völlig eigenständige Sorte. Diese Rebe wird erfolgreich im Elsass angebaut und ist auch in England im Kommen. Ihr Wein ist üppiger als der Pinot Blanc und ist daher für ein kühleres Klima geeignet. Ihr moschusartiges Aroma besticht, andererseits neigt sie zu geringer Säure und kann in warmem Klima zu fett und plump werden.

BACCHUS

Die Kreuzung *(Silvaner x Riesling) x Müller-Thurgau* ist eine der besseren deutschen Neuzüchtungen und wurde in den letzten Jahren auf großen Flächen in Rheinhessen angepflanzt. Sie wird wegen ihres hohen Zuckergehalts auch in England kultiviert und kann in beiden Ländern lebendige, fruchtige Weine ergeben.

BLANQUETTE

Synonym für die Sorte Colombard im französischen Département Tarn-et-Garonne, für Clairette im Département Aude und für Onden im Bordelais.

BORRADO DES MOSCAS

Die Dão-Traube, deren Name »Fliegendreck« bedeutet, behält bei hohem potenziellem Alkoholgehalt viel Säure, was sie für die Weißweinherstellung in heißen Gebieten prädestiniert.

BOUVIER

Eine Rebsorte mittlerer Qualität, vor allem in Österreich angebaut. Unter dem Namen Ranina liefert sie in Slowenien den Wein »Tigermilch«.

BUAL/BOAL

Die opulenteste der vier klassischen Rebsorten Madeiras. Bual wächst ebenso in vielen Teilen Südportugals.

CHARDONNAY

Siehe Kasten S. 43 links oben.

CHASSELAS (GUTEDEL)

Eine Rebsorte mittlerer Qualität, aus der passabler Pouilly-sur-Loire gemacht wird (nicht mit dem Pouilly-Fumé zu verwechseln, der aus dem gleichen Gebiet kommt). Sie ist im schweizerischen Wallis (dort als Fendant bezeichnet) wohl am erfolgreichsten. Die Chasselas ist in Frankreich die beliebteste Tafeltraube, aber gute Trauben zum Essen bringen selten guten Wein hervor.

CHENIN BLANC

Siehe Kasten S. 43 rechts oben.

CLAIRETTE

Eine zuckerreiche, ausdruckslose Traube, aus der in Südfrankreich viele Weine gemacht werden. Dennoch ist die Muscat und nicht die Clairette für den Rhône-Schaumwein Clairette de Die verantwortlich.

COLOMBARD

Eine Sorte, die dünnen, sauren Wein erzeugt, der zur Destillation von Armagnac und Cognac ideal geeignet ist. Sie hat sich auch gut dem heißen Klima in Kalifornien und Südafrika angepasst, wo ihre kräftige Säure ein positives Attribut ist.

CROUCHEN

Eine in Südafrika und Australien verbreitete Sorte, die häufig unkorrekt als Riesling bezeichnet wird (in Südafrika auch Cape Riesling).

CHARDONNAY

Die bedeutendste Traube der Welt für trockene Weißweine, ungeachtet ihrer starken Verbreitung in nahezu allen Weinbauländern. Aus dieser klassischen Rebsorte, die einst fälschlicherweise als Mitglied der Pinot-Familie betrachtet wurde, gehen die größten weißen Burgunder hervor. Die Chardonnay-Traube ist außerdem eine der drei Hauptrebsorten für den Champagner.

CHENIN BLANC

Die Rebsorte, die nach Mont-Chenin in der Touraine benannt ist, wurde bereits 845 urkundlich erwähnt und 1490 in der Touraine eingeführt. Die Traube ist dünnschalig und hat einen guten Säure- und hohen Zuckergehalt, was die Trauben für die Herstellung von Schaumweinen und Süßweinen geeignet macht. Es werden aber auch einige trockene Weine hergestellt, insbesondere Savennières.

DELAWARE
Diese amerikanische Hybride mit unbekannten Eltern wurde in Frenchtown (New Jersey, USA) entwickelt und Mitte des 19. Jahrhunderts in Delaware (Ohio) verbreitet. Sie wird im Bundesstaat New York und in Brasilien angebaut, in Japan ist sie noch populärer.

EHRENFELSER
Die Kreuzung *Riesling x Silvaner* ist eine der besten Rebenneuzüchtungen aus Deutschland.

ELBLING
Einst in Deutschland und in Frankreich hoch geschätzt. Im 19. Jahrhundert an der Mosel die wichtigste Rebsorte, heute ist sie auf wenige Rückzugsgebiete an der Obermosel beschränkt. Ihr säurebetonter, neutraler Geschmack macht sie für die Sektindustrie interessant.

EMERALD RIESLING
Die Kreuzung *Muscadelle x Riesling* wurde von Professor H. P. Olmo, einem bekannten Wissenschaftler der Universität von Kalifornien in Davis, für die Kultivierung in Kalifornien gezüchtet, und zwar als Schwester zu seinem Ruby Cabernet, einer Kreuzung von Cabernet Sauvignon und Carignan.

FABER
Die Kreuzung *Weißburgunder x Müller-Thurgau* wird in Deutschland angebaut und bringt einen fruchtigen Wein mit einem charakteristischen leichten Muskataroma hervor.

FOLLE BLANCHE
Traditionell für die Herstellung von Armagnac und Cognac angebaut. Im Loire-Tal, bei Nantes, heißt sie Gros Plant und liefert einen gleichnamigen Weißwein.

FORTA
Die Kreuzung *Madeleine Angevine x Silvaner* wird in geringen Mengen in Deutschland angebaut. Sie liefert Trauben von guter Qualität und hohem Zuckergehalt.

GEWÜRZTRAMINER

Diese Rebsorte ist berühmt für ihre äußerst aromatischen Weine, die häufig als »würzig« bezeichnet werden; tatsächlich reicht ihr komplexes Bukett von einem traubigen Moschusaroma bis zu einer scharfen Pfeffrigkeit. Der Gewürztraminer stammt aus der Rheinpfalz und wurde nach 1871 im Elsass eingeführt, wo er sein klarstes Sortenprofil entwickelt. Hauptsächlich dort und in Südtirol anzutreffen, wurde die Rebe auch nach Südafrika und Kalifornien verpflanzt, wo sie weichere Weine ergibt.

FREISAMER
Die Kreuzung *Silvaner x Ruländer* wird in Deutschland angebaut und liefert kräftige, dem Silvaner ähnelnde Weine.

FURMINT
Diese Traube mit kräftigem, unverwechselbarem Aroma ist die wichtigste Sorte zur Herstellung des bekanntesten ungarischen Weins, des Tokajers.

GARGANEGA
Eine italienische Rebsorte, die vor allem für die Herstellung von Soave verwendet wird.

GEWÜRZTRAMINER
Siehe Kasten unten auf dieser Seite.

GLORIA
Die deutsche Kreuzung *Silvaner x Müller-Thurgau* erreicht hohe Mostgewichte, ihre Weine sind jedoch recht neutral.

GRENACHE BLANC
Die weiße Spielart der in Frankreich und Spanien angebauten Grenache (Garnacha) ist eine alte spanische Rebsorte und ergibt Weine von guter Qualität und rundem Körper.

GRÜNER VELTLINER
Die Hauptrebsorte Österreichs, ihre Weine sind frisch und ausgewogen mit leichtem, fruchtigem, manchmal pikantem Aroma. Spitzenqualitäten aus der Wachau können deutlich pfeffrig schmecken.

GUTENBORNER
Die Kreuzung *Müller-Thurgau x Chasselas Napoleon* wächst in Deutschland und England. Ihre Trauben erzielen ein hohes Mostgewicht, ergeben aber ziemlich nichtssagende Weine.

HÁRSLEVELÜ
Eine der besten Weißweinsorten Ungarns (deutsch: Lindenblättrige) und die zweitwichtigste für die Tokajer-Herstellung. Sie ergibt kräftige, üppige und stark duftende Weine.

HUXELREBE
Die Kreuzung *Chasselas x Courtillier Musqué* ist in Deutschland und in England verbreitet.

JACQUÈRE
Das Arbeitspferd im französischen Savoyen. Die fäuleanfällige Traube besitzt einen neutralen Geschmack und einen hohen Säuregehalt.

JOHANNISBERG RIESLING
So wird der echte Riesling in den USA und Australien meist bezeichnet. In Übersee hat der Riesling, der an den Hängen von Johannisberg im Rheingau wächst, den Ruf des klassischen Rieslings schlechthin; mit dem Begriff will man also anzeigen, dass es sich um »den« Riesling handelt und nicht um eine der vielen Sorten, die sich in irgendeiner Weise mit diesem Titel schmücken.

KANZLER
Die Kreuzung *Müller-Thurgau x Silvaner* wird in Deutschland v. a. in Rheinhessen angebaut; ihr Wein ist dem Silvaner sehr ähnlich.

KERNER
Die Kreuzung *Trollinger x Riesling* ist in Deutschland, Südafrika und England verbreitet. Ihre Weine ähneln dem Riesling, haben hohen Zuckergehalt, gute Säure, manchmal einen leichten Muskatton.

LEN DE L'ELH
Eine stark duftende, zuckerreiche Traube, die in Gaillac in Südfrankreich verwendet wird.

MACABÉO
Eine spanische Rebsorte, die in der Cuvée des Cava-Schaumweins für Pep und Spritzigkeit sorgt. Unter dem Namen Viura ist sie für die neue Welle der frischen, nicht in Eiche ausgebauten weißen Riojas verantwortlich.

MADELEINE ANGEVINE
Eine Kreuzung aus *Précoce de Malingre x Madeleine Royale*, die mit Erfolg in England kultiviert wird.

MUSCAT À PETITS GRAINS

Von dieser Rebsorte gibt es zwei Varianten, die Muscat Blanc à Petits Grains und die Muscat Rosé à Petits Grains – und einige Reben produzieren eine bunte Mischung dieser beiden. Wo eine angebaut wird, ist die andere oft untergemischt oder wächst in unmittelbarer Nähe. Die besten Produkte der Muscat à Petits Grains sind die trockenen Weine des Elsass und der süße, angereicherte Muscat de Beaumes de Venise. Im Elsass wird die Sorte allmählich durch den Muskat-Ottonel abgelöst.

MANSENG
Gros Manseng und Petit Manseng werden im Südwesten Frankreichs angebaut. Bekannt sind sie hauptsächlich als Trauben für den legendären Jurançon Moelleux.

MARIENSTEINER
Die Kreuzung aus *Silvaner x Rieslaner* wird in Deutschland angebaut. Ihre Weine erinnern an Silvaner, sind aber meist besser als dieser.

MARSANNE
Diese Traube, die runde, extraktreiche und schmalzige Weine liefert, ist eine der beiden Hauptrebsorten, aus denen die raren Weißweine von Hermitage und Châteauneuf-du-Pape gemacht werden.

MAUZAC
Eine spätreifende Traube mit guter Säure. Sie wird im Südwesten Frankreichs angebaut.

MELON DE BOURGOGNE
Diese Rebsorte gelangte von Burgund nach Nantes, um nach dem strengen Winter 1709 nicht frostresistente Rebstöcke zu ersetzen. Bekannt ist die Rebe als Grundstoff für den Muscadet. Bei voller Reife ergibt sie ziemlich kraftlose, säurearme Weine.

MERLOT BLANC
Diese Rebe wird am rechten Ufer der Gironde überraschend intensiv kultiviert. Nach Aussage des Ampelographen Pierre Galet ist sie mit der bekannten roten Merlot nicht verwandt.

MORIO-MUSKAT
Diese Kreuzung aus *Silvaner x Weißer Burgunder* wird vornehmlich in der Pfalz und in Rheinhessen angebaut. Faszinierenderweise ist sie sehr aromatisch, ganz im Gegensatz zum neutralen Charakter ihrer Eltern.

MÜLLER-THURGAU
Diese Weißweinrebe wurde von Professor Hermann Müller, der aus dem Schweizer Kanton Thurgau stammte, 1882 in Geisenheim gezüchtet und 1891 durch August Dern, einen seiner Schüler, nach ihm benannt. Ursprünglich glaubte man, es handele sich um eine Kreuzung aus *Riesling x Silvaner*, aber kein einziger Silvaner-Stock konnte jemals aus ihr rückgezüchtet werden. Genetisch am nächsten ist ihr der Rabaner, eine Kreuzung aus *Riesling (Klon 88Gm) x Riesling (Klon 64Gm)*. Das schien die Theorie zu bestätigen, dass der Müller-Thurgau in Wirklichkeit aus einer Riesling-Selbstung entstanden ist. Die neueste genetische Forschung hält sie inzwischen für eine Kreuzung von Riesling und Gutedel. Müller-Thurgau ist ertragreicher als Riesling, hat ein typisches blumiges Aroma und eine kräftige Frucht, lässt aber das klare Profil des Rieslings vermissen. Sie nimmt eine wichtige Position in der Produktion von deutschem Tafelwein ein.

MULTANER
Von dieser Kreuzung aus *Riesling x Silvaner* werden kleine Mengen in Deutschland angebaut. Sie ist rückläufig, da nur vollreife Trauben gute Qualität erbringen.

MUSCADELLE
Eine eigenständige Rebsorte, die nicht zur großen Familie der Muscattrauben gehört, obwohl sie tatsächlich ein auffälliges Moschusaroma hat. Zu beachten ist auch, dass die südafrikanische Muskadel tatsächlich Muscat ist. Die Muscadelle hat auch nichts mit dem Muscadet von Nantes zu tun, auch wenn die für diesen Wein verwendete Melon de Bourgogne in einer Art Rückschluss als Muscadet bezeichnet wird. In Bordeaux verleiht die Muscadelle, in geringen Mengen verwendet, einigen Süßweinen einen langen Nachhall. Am besten ist die Muscadelle jedoch in Australien, wo sie Tokay genannt wird und fabelhaft üppige, süße Likörweine liefert.

MUSCAT
Eine Familie mit zahlreichen Sorten, Unter-Sorten und lokalen Klonen, aber alle mit dem unverkennbaren Moschusaroma und dem prononciert traubigen Geschmack. Aus ihnen werden alle möglichen Weine gemacht: trocken und süß, still und schäumend und auch aufgespritet.

MUSCAT À PETITS GRAINS
Siehe Kasten links auf dieser Seite.

MUSCAT D'ALEXANDRIE
In Frankreich wird aus dieser Traube der gespritete Muscat de Rivesaltes hergestellt (man macht dort auch eine geringe Menge trockenen, nicht angereicherten Muscat). Sehr bedeutend ist die Sorte in Südafrika, wo sie hauptsächlich süße, aber auch einige trockene Weine liefert. In Kalifornien wird sie zur Wein- und zur Rosinenproduktion verwendet.

MUSKAT-OTTONEL
Eine aus Osteuropa stammende und in Österreich verwendete Rebsorte, die wegen ihrer Robustheit im Elsass langsam die Muscat à Petits Grains ersetzt.

NOBLESSA
Eine in Deutschland gezüchtete Weißweinrebe aus der Kreuzung von *Madeleine Angevine x Silvaner.*

NOBLING
Die Kreuzung *Silvaner x Chasselas* wird in Baden angebaut, ihre Trauben haben einen hohen Zucker- und Säuregehalt.

ONDENC
Die Traube, die einst im Südwesten Frankreichs weit verbreitet war, besonders in Bergerac, wird heute vorwiegend in Australien angebaut. Ihre hohe Säure macht sie für die Schaumweinproduktion interessant.

OPTIMA
Die Neuzüchtung von 1970 ist eine Kreuzung aus *(Riesling x Silvaner) x Müller-Thurgau.* Sie ist aufgrund ihrer frühen Reife (sie schlägt sogar die früh reifende Müller-Thurgau) in Deutschland bereits weit verbreitet.

PINOT GRIS

Eine Rebsorte, die ohne Zweifel im Elsass am besten ist, wo sie köstlich üppige, körperreiche und komplexe Weine mit einer Würze ergibt, die sonst kaum anzutreffen ist. Pinot Gris bildet auch die Grundlage für viele gespritete süße Weine in aller Welt.

RIESLING

Eine klassische deutsche Rebsorte. Andere deutsche Rebsorten und Kreuzungen können gute Konsumweine erbringen, doch der Riesling liefert – bei richtiger Behandlung – einen Wein von einem fantastischen Frucht-Säure-Verhältnis, das einer anderen Klasse angehört. Riesling besitzt einen leichten Körper und einen niedrigen Alkoholgehalt, dennoch intensive Aromen und große Lagerfähigkeit. Nach einigen Jahren in der Flasche entwickeln Spitzenweine ein rassig-pikantes, lebendiges Bukett. Durch die Anfälligkeit für Botrytis liefert diese Rebsorte auch faszinierende große Süßweine.

ORTEGA
Die Kreuzung *Müller-Thurgau x Siegerrebe* wird in Deutschland und in England kultiviert. Ihre aromatischen Trauben erzielen ein hohes Mostgewicht und ergeben einen angenehm fruchtigen, würzigen Wein.

PALOMINO
Die klassische Traube für die Sherryproduktion.

PARELLADA
Die wichtigste weiße Rebsorte in Katalonien, verwendet sowohl für Still- als auch für Schaumweine. Im Cava-Verschnitt sorgt sie für ein unverkennbares Aroma und mildert die feste Xarel-lo ab.

PERLE
Eine Neuzüchtung aus *Gewürztraminer x Müller-Thurgau*, die in Franken verbreitet ist. Diese geringtragende Rebsorte kann winterlichen Temperaturen bis zu –30 °C standhalten. Ihre Weine sind leicht, zart, blumig und weich.

PINOT BLANC
Eine Rebsorte, die ihre größten Erfolge wohl im Elsass hat, wo sie feinfruchtige und ausgewogene, dennoch herzhafte und alkoholstarke Weine ergibt. Die Rebflächen mit echtem Pinot Blanc nehmen weltweit allmählich ab.

PINOT GRIS
Siehe Kasten S. 44 links unten.

PINOT LIÉBAULT
Eine rote Traube, die für die Erzeugung verschiedener burgundischer Appellationen zugelassen wurde. Sie ist der Pinot Noir sehr ähnlich, mit der sie wohl eng verwandt ist, vielleicht ist sie eine lokale Spielart.

POULSARD
Die berühmte Traube des Jura mit blassroter Beerenhaut und rosafarbenem Traubensaft, der einen feinen und aromatischen Vin gris ergibt.

PROSECCO
Aus dieser Traube werden vornehmlich die großen Mengen des bekannten, meist bescheidenen italienischen Perlweins hergestellt.

RABANER
Eine deutsche Kreuzung von *Riesling 88Gm x Riesling 64Gm*, die der Müller-Thurgau sehr ähnlich ist. In Deutschland wird sie im Versuchsanbau kultiviert.

RABIGATO
Die Hauptrebsorte für weißen Portwein. Auch als Rabo di Ovelha, »Schafsschwanz«, bekannt.

REGNER
Die Eltern dieser Kreuzung bilden eine kuriose Kombination: *Luglienca Bianca x Gamay*. Warum jemand auf die Idee kam, eine Tafeltraube mit einer roten Beaujolais-Traube zu kreuzen, um eine deutsche Weißwein-Rebsorte zu erhalten, bleibt ein Mysterium. Ihre zuckerreichen Trauben ergeben milde, dem Müller-Thurgau ähnliche Weine.

REICHENSTEINER
Eine deutsche Neuzüchtung aus *Müller-Thurgau x (Madeleine Angevine x Weißer Calabreser)*, die vor allem in Deutschland und England angebaut wird. Die zuckerreichen Trauben ergeben milde, feine, eher neutrale Weine, die dem Silvaner ähneln.

RHODITIS
Diese griechische Traube liefert das Material für die Herstellung des Retsina und für die Destillation.

RIESLANER
Die Kreuzung aus *Riesling x Silvaner* wird hauptsächlich in Franken angebaut. Die Traube erreicht hohe Mostgewichte und ergibt körperreiche, leicht säurebetonte Weine.

RIESLING
Siehe Kasten S. 44 rechts unten.

RKATSITELI
Eine Rebsorte, die in den Staaten der einstigen Sowjetunion sehr weit verbreitet ist, und zwar in einer Größenordnung, die das Anbaugebiet Champagne um mindestens das Zehnfache übertrifft. Sie gilt dort als Sorte von hoher Qualität. Außerdem in Bulgarien, China, Kalifornien und im US-Bundesstaat New York angebaut.

SÉMILLON
In Sauternes und Barsac wird diese Traube wegen ihrer Anfälligkeit für Botrytis, die Edelfäule, kultiviert. Experten behaupten, ihr Aroma erinnere an Lanolin, aber da reines Lanolin praktisch geruchlos ist, kann dieser Vergleich das unverwechselbare Bukett der Sémillon kaum erfassen. Melone oder Feige treffen den Charakter besser, allerdings beschreibt man damit eher das Bukett botrytisbefallener Trauben als das der Sémillon an sich.

ROBOLA
Diese Rebsorte, eine der griechischen Qualitätstrauben, ist auf die Insel Kefallonia beschränkt und ergibt frische, aromatische Weine.

ROMORANTIN
Eine wenig bekannte Rebsorte, nur bei Romorantin nördlich der Loire angebaut, die einen zarten, attraktiven Wein hervorbringt, sofern ihr Ertrag reduziert wird.

ROUSSANNE
Eine der zwei Hauptsorten, die für die seltenen weißen Hermitage und Châteauneuf-du-Pape im Rhône-Tal verwendet werden. Die Rousanne bringt die feineren, zarteren Weine hervor, während die Weine aus der Marsanne körperreich und fett sind.

SACY
Eine wenig bedeutende Rebsorte, die in kleinen Mengen in Chablis wächst und fade Streckweine erzielt. Ihr hoher Säuregrad macht sie sehr gut für die Produktion von Schaumweinen geeignet.

SAINT-ÉMILION
Synonym für Ugni Blanc in Frankreich und für Sémillon in Rumänien.

SAUVIGNON BLANC
Siehe Kasten links auf dieser Seite.

SAVAGNIN BLANC
Aus dieser Traube, dem Weißen Traminer, wird der sherryähnliche *Vin Jaune* des französischen Départements Jura gemacht. Berühmt ist der Château-Chalon, der nach dem Ort, nicht nach einem Schloss oder Gut benannt ist. Der Savagnin Rosé ist identisch oder eng verwandt mit dem Gewürztraminer (*siehe* Kasten S. 43); der Klevener, der im elsässischen Dorf Heiligenstein kultiviert wird, ist eine Variante des Gewürztraminers. Savagnin Noir ist ein Synonym für Pinot Noir.

SAVATIANO
Diese Traube wurde von den Griechen traditionell für Retsina verwendet. Reiner, nicht geharzter Savatiano wird in Attika gemacht.

SCHEUREBE
Die Kreuzung aus *Riesling x Silvaner* ist eine der besten neuen Rebsorten Deutschlands. Bei voller Reife ergibt sie gute reinsortige Weine, zu früh geerntet kann ihr Bukett recht unangenehm sein.

SCHÖNBURGER
Die deutsche Neuzüchtung aus *Blauer Spätburgunder x (Chasselas Rosa x Muscat Hamburg)* wird in Deutschland und England angebaut und liefert zuckerreiche Trauben, die einen bukettbetonten, säurearmen Wein hervorbringen.

SÉMILLON
Siehe Kasten oben auf dieser Seite.

SEPTIMER
Eine Kreuzung aus *Gewürztraminer x Müller-Thurgau*, die in Deutschland verwendet wird. Die früh reifende Sorte erbringt bei hohem Mostgewicht würzige Weine.

SERCIAL
Diese klassische Rebsorte Madeiras steht im Ruf, eine entfernte Verwandte des Rieslings zu sein.

SEYVAL BLANC
Diese Hybride aus *Seibel 5656 x Seibel 4986* ist die erfolgreichste der vielen Seyve-Villard-Kreuzungen. Sie wird in Frankreich, in England und im US-Bundesstaat New York angebaut und liefert attraktive Weine, die in der EU jedoch keinen Qualitätswein-Status haben.

SIEGERREBE
Eine Kreuzung aus *Madeleine Angevine x Gewürztraminer*, die im Südwesten Deutschlands und in Franken recht weit verbreitet ist.

SAUVIGNON BLANC
Die Sauvignon Blanc entwickelt ihr klarstes Profil im oberen Loire-Tal, wo für ihr typisches Aroma bekannte trockene Weine wie Sancerre und Pouilly-Fumé gemacht werden. In Bordeaux hingegen ist der Sortencharakter verschwommen, was sich gegenwärtig jedoch durch frühere Lese und verbesserte Weinbereitung ändert. Die Traube wird auch in Sauternes- und Barsac-Verschnitten verwendet.

SILVANER
Diese aus Österreich stammende Sorte ist in ganz Zentraleuropa verbreitet. Am bekanntesten sind die Weine aus Franken und dem Elsass. Die Sorte ist ertragreich und reift früh. Die Weine sind meist herb und erdig, jedoch nicht besonders aromatisch. Bei Flaschenlagerung bildet Silvaner ein tomatenähnliches Bukett aus.

VIOGNIER
Eine ertragsarme Weinrebe des Rhône-Tals, aus der die berühmten, hervorragenden trockenen Weine Condrieu und Château Grillet gemacht werden. Sie wird auch in Kalifornien und Australien zunehmend angebaut.

STEEN
Steen ist in Südafrika ein Synonym für Chenin Blanc. Der südafrikanische Begriff Stein bezeichnet einen halbsüßen Weißwein, der normalerweise, jedoch nicht notwendig, einen gewissen Anteil von Steen enthält.

SILVANER
Siehe Kasten oben links.

TROUSSEAU GRIS
Diese Traube ist heute in Kalifornien und Neuseeland häufiger anzutreffen als im nördlichen französischen Jura, ihrer Heimat. Sie ist eine der Reben, die in der Neuen Welt fälschlich als Riesling bezeichnet wurden, ähnelt ihm jedoch nicht im Geringsten.

UGNI BLANC
Die Rebsorte bringt normalerweise leichte, ja sogar dünne Weine hervor, die sich eigentlich nur – jedoch hervorragend – für die Herstellung von Armagnac und Cognac eignen. Es gibt Ausnahmen, aber das sind im besten Fall leichte, frische Zechweine.

VERDELHO
Die Verdelho, die vielleicht mit der italienischen Verdello verwandt ist, ist eine klassische Madeira-Traube. Auch in Australien erfolgreich.

VERDICCHIO
Diese Rebe ergibt nicht nur den gleichnamigen reinsortigen Wein Mittelitaliens, sie wird auch im Verschnitt verwendet.

VILLARD BLANC
Diese Hybride aus *Seibel 6468 x Seibel 6905* ist die in Frankreich am weitesten verbreitete Seyve-Villard-Kreuzung. Die leicht bitteren, eisenhaltigen Weine sind nicht mit dem attraktiven Wein der Seyve-Villard 5276 oder der Seyval Blanc, die in England wächst, zu vergleichen.

VIOGNIER
Siehe Kasten oben rechts.

WELSCHRIESLING
Die mit dem echten Riesling nicht verwandte Rebsorte ist, wie ihr Name erkennen lässt, vor allem in Norditalien und Südosteuropa verbreitet. Sie liefert halbtrockene bis halbsüße Konsumweine.

WÜRZER
Eine deutsche Rebsorte mit den gleichen Eltern wie die Sorte Perle, nämlich *Gewürztraminer x Müller-Thurgau.*

XAREL-LO
Für die Cava-Industrie ist diese spanische Traube sehr wichtig. Sie ergibt feste, alkoholische Weine, die durch den Verschnitt mit Parellada und Macabéo gemildert werden.

ROTE REBSORTEN

AGIORGITIKO
Eine exzellente, in Griechenland beheimatete Rebsorte, die für die kräftigen und häufig in Eichenfässern gereiften Weine von Nemea verantwortlich ist.

ALICANTE BOUSCHET
Aus *Petit Bouschet x Grenache* gezüchtete Färberrebe mit lebhaft rotem Saft. Sie wird in Frankreich und Korsika verbreitet kultiviert, ist für die Herstellung von Port zugelassen und wird in Italien, im Libanon, Nordafrika, Südafrika und Kalifornien angebaut. In Kalifornien dient sie vorwiegend im Central Valley für preiswerte Verschnitte.

ARAMON
Bis Mitte des 20. Jahrhunderts lieferte die sehr ertragreiche Sorte in Frankreich riesige Mengen von dünnem, hartem, billigem Alltagswein.

BAGA
Vom Potenzial der portugiesischen Region Bairrada aus zu urteilen, wo diese Rebsorte 80 % der Anbauflächen einnimmt, muss sie eine verlässliche Sorte sein. Wirklich hervorragende Sorteneigenschaften müssen allerdings erst noch herausgearbeitet werden.

BARBERA
Die ertragreiche Rebsorte, eine der beiden großen Sorten des Piemont, ergibt leichte, frische, fruchtige Weine, die ausgezeichnet sein können.

BASTARDO
Eine klassische Portweintraube. Sie ist identisch mit der Trousseau, einer alten, einst im französischen Jura kultivierten Rebsorte.

BLAUFRÄNKISCH
Manche glauben, dass diese österreichische Rebsorte mit der burgundischen Gamay identisch ist. Den leichten und qualitativ minderen Weinen nach zu urteilen, könnte dies sogar stimmen. Allerdings machen Spitzenweine aus dieser Rebsorte zunehmend Furore, vor allem in Österreich und Württemberg (dort Lemberger oder Limberger genannt).

CABERNET
Cabernet Sauvignon: *Siehe* Kasten S. 47 oben links; Cabernet Franc: *Siehe* Kasten rechts.

CAMINA
Diese deutsche Kreuzung aus *Portugieser x Pinot Noir* bringt Trauben mit höherem Mostgewicht und mehr Säure hervor als ihre Eltern.

CAMPBELL'S EARLY
Eine amerikanische Hybride, besonders in Japan populär geworden.

CANAIOLO
Eine untergeordnete Rebsorte, die als Verschnittpartner der Sangiovese Weichheit einbringt.

CARIÑENA
Eine spanische Rebsorte, die als Carignan auch in Südfrankreich und Kalifornien verbreitet ist und sehr körperreiche Weine mit viel Säure und Tannin, aber wenig Eleganz liefert. Sie wird auch Mataró genannt.

CABERNET FRANC
Cabernet Franc ist in ganz Bordeaux verbreitet; im Médoc wird sie jedoch nur sporadisch angebaut, im Graves ist sie immer seltener anzutreffen. Am erfolgreichsten ist sie auf der rechten Seite der Dordogne in St-Émilion und Pomerol, wo sie Bouchet heißt und mengenmäßig die Cabernet Sauvignon hinter sich lässt. Cabernet Franc ergibt meist einen etwas erdigen, sehr aromatischen Wein, dem es gegenüber dem Cabernet Sauvignon aber etwas an Feinheit mangelt.

CABERNET SAUVIGNON

Die edelste Rebsorte im Bordelais ergibt farbkräftige, bukettreiche und tiefschichtige Weine. Sie ist die wichtigste Sorte der klassischen Médoc-Weine, und viele ihrer besten Merkmale zeichnen sie auch in Kalifornien, Chile und Australien aus. Die komplexen Aromen, die diese Traube hervorbringt, werden oft mit Zedernholz, Schwarzen Johannisbeeren und Veilchen beschrieben.

GAMAY

Das in großen Mengen hergestellte Hauptprodukt dieser berühmten Traube des Beaujolais weist Aromen von Fruchtdrops und Nagellackentferner auf, die für die Kohlensäuremaischung (Macération Carbonique) *charakteristisch sind. Diese Weine sollten sehr jung und frisch getrunken werden; traditionell ausgebaute Weine aus den zehn klassischen Crus des Beaujolais können aber wie andere Rotweine reifen und entwickeln nach 10 bis 15 Jahren Eigenschaften eines Pinot Noir. Das könnte ein zufälliges Phänomen sein, oder es kann daher rühren, dass die Rebe ein sehr alter, natürlich entstandener Klon der Pinot Noir ist. In Frankreich wird »Gamay Beaujolais« als Synonym für Gamay verwendet, in Kalifornien jedoch für Pinot Noir. Leon Adams berichtet in seinem Buch* The Wines of America, *dass diese falsche Benennung entstand, als Paul Masson einige burgundische Reben auf sein Weingut brachte, von denen er eine als die Gamay des Beaujolais ansah. Mitte der 1960er Jahre wurde sie als Pinot Noir identifiziert, aber da verkauften bereits einige kalifornische Kellereien Weine unter der Bezeichnung Gamay Beaujolais. Bevor ihre wahre Identität enthüllt wurde, hatte man eine andere Rebsorte – die Napa Gamay, die man in Kalifornien schon einige Zeit anbaute – als die echte Gamay identifiziert.*

Gamay-Teinturier-Rebsorten *Gamay Fréaux, Gamay de Bouze, Gamay Castille, Gamay Teinturier Mouro, Fréaux Hatif*

CARMENÈRE
Eine wenig verwendete Traube aus dem Bordelais, die köstlich üppige, weich strukturierte Weine mit tiefer Farbe hervorbringt. Man findet sie heute häufiger in Chile.

CÉSAR
Eine wenig bedeutende Rebsorte mit mäßiger Qualität, die noch in einigen Teilen Burgunds angebaut wird, besonders in Irancy im Département Yonne.

CINSAULT
Eine reich tragende Rebe, die hauptsächlich an der südlichen Rhône und in Languedoc-Roussillon verbreitet ist und robuste, dunkle Rotweine liefert. Am besten geeignet ist sie für den Verschnitt, etwa im Châteauneuf-du-Pape.

CONCORD
Außerhalb Kalifornien die meistverbreitete Rebsorte Nordamerikas. Sie besitzt ein extrem fuchsiges Aroma.

CORVINA
Eine ertragreiche italienische Weinrebe, die hauptsächlich im Veneto zu finden ist und eine Hauptsorte im Bardolino- und Valpolicella-Verschnitt darstellt. Die dicke Beerenhaut ist farb- und gerbstoffreich.

DECKROT
Eine deutsche Neuzüchtung aus *Pinot Gris x Teinturier*. Die Deckrot liefert einen roten Saft, der den Winzern in Deutschland willkommen ist, da die kühlen klimatischen Bedingungen den Anbau von Sorten mit farbkräftiger Beerenhaut schwierig machen.

DOMINA
Eine Kreuzung aus *Portugieser x Spätburgunder*, die einen kräftigen, dunklen Rotwein erbringt.

GAMAY
Siehe Kasten oben rechts.

GRACIANO
Eine für den Rioja-Verschnitt wichtige Rebsorte, die bereits in geringen Mengen Aroma und Frucht beisteuert. Sortenreine Weine aus der Graciano könnten bald Schlagzeilen machen.

GRENACHE
Siehe Kasten unten rechts.

GROLLEAU
Eine reich tragende Rebsorte mit hohem Zuckergehalt, die für die Massenproduktion des Anjou Rosé wichtig, qualitativ allerdings kaum von Bedeutung ist.

HEROLDREBE
Eine Neuzüchtung aus *Portugieser x Limberger*. Die nur in Deutschland verbreitete Traube ergibt hellrote Weine mit neutralem Aroma.

KADARKA
In Ungarn die meistangebaute Rebsorte (u. a. im Erlauer Stierblut), aber auch in anderen Balkanländern verbreitet. Lange Zeit hielt man sie für identisch mit der Zinfandel-Rebe, doch dies ist heute hinfällig. Die Kadarka ergibt angenehm gerbstoffbetonte, samtig-fruchtige Weine.

KOLOR
Eine der deutschen Färbertrauben, entstanden aus der Kreuzung *Spätburgunder x Teinturier*. Sie wurde eine Zeit lang als Deckwein verwendet, um die hellen Rotweine Deutschlands kräftiger zu machen.

LAMBRUSCO
Eine italienische Rebsorte, sie ist berühmt für ihren halbsüßen, roten, schäumenden Wein gleichen Namens aus der Emilia-Romagna.

MALBEC
Traditionell wird diese Rebe in Bordeaux-Verschnitten verwendet, wo sie Farbe und Gerbstoffe beisteuert. Sie wird u. a. auch an der Loire, im Cahors und in den Mittelmeerregionen angebaut. Sie war für den »schwarzen Wein von Cahors« verantwortlich, der im 19. Jahrhundert legendär war. Heute ist der Cahors ein Verschnitt und unendlich viel besser als sein Vorgänger.

MAVROUD
Diese bulgarische Rebsorte liefert dunkle, kräftige, pflaumige Weine.

MAZUELO
Die in Rioja verbreitete Sorte (gilt als identisch mit der Cariñena) liefert leichte und alkoholarme, aber extraktreiche, fruchtige Weine.

GRENACHE

Grenache wird u. a. im Süden Frankreichs angebaut, wo sie für den Châteauneuf-du-Pape, den Tavel und viele andere Weine verwendet wird. Als Garnacha ist sie die Hauptstütze des Rioja, in Kalifornien ergibt sie »Portwein« und leichte Rosés, außerdem wird sie in Südafrika angebaut. Ihre Weine sind mitunter so körperreich, samtig und alkoholreich, dass sie mit anderen Rebsorten verschnitten werden. Die echte Grenache hat nichts mit der spanischen Grenache de Logroña zu tun, die eigentlich die Tempranillo ist. Einige Quellen behaupten, die Alicante (Synonym für Grenache) sei identisch mit der Alicante Bouschet (oder nur Bouschet, wie sie in Kalifornien heißt), aber das ist irreführend. Die Alicante/Grenache-Traube hat einen hellroten Saft, während die Alicante Bouschet einen leuchtend roten Saft hat, den sie von der Färberrebe Petit Bouschet aus der Kreuzung mit Garnacha Tinta mitbekommen hat. Die Petit Bouschet ist selbst eine Kreuzung aus Teinturier du Cher x Aramon.

MERLOT

Die Merlot bringt Weine von schöner Farbe, weicher Frucht sowie großer Fülle und Komplexität hervor. In Bordeaux ist sie von unschätzbarem Wert, sie bringt köstliche Frucht und Geschmeidigkeit in Weine, die sonst eher hart und zugeknöpft wären. Sie ist die Haupttraube des Château Pétrus, des berühmtesten Weins in Pomerol.

PINOT MEUNIER

Eine wichtige Rebsorte der Champagne. Sie wird weiß gekeltert und zeigt schon früh eine ansprechendere Frucht als Pinot Noir, weshalb sie für jung zu trinkende Champagner unverzichtbar ist. Die Sorte ist von vordergründigem Charakter, aber weniger fein und erdiger als Pinot Noir. Pinot Meunier wird vor allem im Marne-Tal kultiviert, einem Teilgebiet der Champagne, wo ihre Frostresistenz sie zur geeigneten Rebe macht.

MERLOT
Siehe Kasten oben.

MONASTRELL
Eine unterbewertete spanische Rebsorte, die sich gewöhnlich in Verschnitten versteckt. Sie besitzt ein volles, unverwechselbare Aroma und könnte recht attraktive eigenständige Weine hervorbringen. Sie ist mit der Mourvèdre identisch.

MONDEUSE
Diese Rebsorte könnte aus dem Friaul im Nordosten Italiens stammen, wo sie als Refosco bekannt ist. Heute wird sie in so verstreuten Gebieten wie Savoyen, in der USA einschließlich Kalifornien, in der Schweiz, in Italien, Argentinien und Australien angebaut, wo sie ein wichtiger Bestandteil portweinähnlicher gespriteter Weine ist.

MONTEPULCIANO
Eine spätreifende Rebsorte, die sich am besten in den italienischen Abruzzen entfaltet. Die tieffarbigen Weine können füllig, weich und rund oder aber in einem festeren, tanninbetonten Stil gemacht sein.

MOURVÈDRE
Eine Rebsorte von exzellenter Qualität, die in den letzten Jahren zunehmend in den Châteauneuf-du-Pape-Verschnitten verwendet wird. Sie ist auch im französischen Midi und unter den Namen Monastrell und Mataró auch in Spanien verbreitet. In Australien steht die Mataró an fünfter Stelle, in Südkalifornien ist sie jedoch auf dem Rückzug.

NEBBIOLO
Siehe Kasten unten links.

PAMID
Die meistverbreitete der einheimischen bulgarischen Rotweinreben. Sie liefert einfache, leichte, frische Rotweine.

PETIT VERDOT
Eine spätreifende Sorte, die in Bordeauxverschnitten Säure zur Ausgewogenheit des Weins beitrug. Moderne Techniken in Weinberg und Keller haben sie weniger wertvoll gemacht, was sich als Verlust herausstellen könnte, da sie bei Reife einen charaktervollen, langlebigen und gerbstoffreichen Wein hervorbringen kann.

PINEAU D'AUNIS
Diese sehr alte Rebsorte hatte lange Zeit Bedeutung für den Rosé d'Anjou, wird aber nur mehr wenig angebaut.

PINOTAGE
Die Kreuzung aus *Pinot Noir x Cinsault (Hermitage)* wurde 1925 entwickelt und nimmt im südafrikanischen Weinbau eine wichtige Stellung ein, wo ihre rustikalen Weine mit intensivem, manchmal acetonartigem Aroma sehr beliebt sind.

PINOT MEUNIER
Siehe Kasten oben rechts.

PINOT NOIR
Siehe Kasten unten rechts.

PORTUGIESER
Die in Deutschland zweithäufigste Rotweinsorte stammt aus Niederösterreich, nicht aus Portugal, wie ihr Name vermuten lassen könnte. Einfache, sehr helle, milde Weine.

PRIMITIVO
Eine in Apulien verbreitete Sorte, die zu hochwertigen, üppigen Weinen verarbeitet wird, manchmal auch zu Süß- oder gespriteten Weinen. Ihre Identität bzw. Verwandtschaft mit der kalifornischen Zinfandel ist inzwischen nachgewiesen.

RONDINELLA
Eine italienische Rotweinrebe, nach der Corvina der wichtigste Partner im Bardolino- und im Valpolicella-Verschnitt.

ROTBERGER
Eine Kreuzung von *Trollinger x Riesling* erscheint etwas merkwürdig, der Sprössling ist jedoch überraschend erfolgreich; er ergibt exzellente Roséweine und Sekte.

RUBY CABERNET
Die amerikanische Kreuzung aus *Carignan x Cabernet Sauvignon.*

SANGIOVESE
Diese Rebsorte ist Hauptbestandteil des Chianti. Sortenrein kann der Wein etwas Frucht vermissen lassen und einen metallischen Nachgeschmack haben, was jedoch zunehmend überwunden wird.

SYRAH
Siehe Kasten S. 49 links oben.

TANNAT
Diese Rebsorte stammt aus dem Baskenland und hat das Potenzial für tiefrote, tanninreiche Weine von großer Langlebigkeit (einige moderne Methoden der Weinbereitung verändern allerdings häufig den traditionellen Charakter des Tannat-Weins). Die bekanntesten Weine sind die attraktiven roten Madiran und Irouléguy. Ein kleiner Teil Tannat wird auch in Cahors in Verschnitten verwendet.

NEBBIOLO

Die Sorte ist durch den Barolo und den Barbaresco berühmt, sie ist aber auch (rein oder im Verschnitt) für die anderen hervorragenden Weine des Piemont wie Gattinara, Carema und Donnaz verantwortlich. Sie bedarf häufig der Milderung durch Verschnitt mit der Bonarda, die eine ähnliche Rolle spielt wie die Merlot-Traube in Bordeaux. Tatsächlich wird Merlot in der Lombardei zur Abrundung der Nebbiolo verwendet, und zwar für die Valtellina- und Valtellina-Superiore-Weine, insbesondere den samtigen Sassella.

PINOT NOIR

Eine der klassischen Rebsorten der Champagne, ihren eigentlichen Ruhm hat sie jedoch im weiter südlich gelegenen Burgund gewonnen. Am richtigen Platz, unter idealen klimatischen Bedingungen kann Pinot Noir die aromatischsten, samtigsten Rotweine der Welt hervorbringen. Je nach Klima und Reifegrad schwankt ihr sortentypisches Aroma zwischen Kirschen und Erdbeeren.

SYRAH

Der von Shiraz (Schiraz), der Hauptstadt der iranischen Provinz Fars, abgeleitete Name lässt viele annehmen, dass die Rebe ihren Ursprung in Persien hatte. Sie wurde schon um 600 v. Chr. von den Griechen nach Frankreich gebracht. In Hermitage im nördlichen Rhône-Tal bringt sie mächtige, stoffige und gerbstoffreiche Weine mit kräftiger Frucht hervor.

ZINFANDEL

Die Zinfandel ist mit der Primitivo Süditaliens identisch. In Kalifornien, wo sie einzigartige Weine erbringt, wird sie als einheimische Rebsorte angesehen. Der Charakter kann variieren von leichten, eleganten Weiß- und Roséweinen bis zu schweren, gerbstoffreichen Rotweinen, doch das charakteristische Beerenaroma setzt sich immer durch.

TEMPRANILLO
Die wichtigste Rebsorte in Rioja, wo sie traditionell verschnitten wird; heute werden auch viele exzellente reine Tempranillos gemacht. Die Weine sind sehr langlebig und besitzen viel Finesse und Komplexität. Die Sorte ist auch in Argentinien wichtig.

TINTA AMARELA
Eine wichtige Sorte für Portwein, vor allem aufgrund ihrer hohen Erträge und der tiefen Farbe.

TINTA BARROCA
Eine der aufstrebenden Rebsorten am Douro. Ihre körperreichen, farbstarken Weine sind im Vergleich mit den beiden Touriga-Sorten (*siehe* unten) etwas rustikal.

TINTA CÃO
Eine der besten Portweintrauben.

TOURIGA FRANCESA
Diese klassische Portwein-Traube ist nicht mit der Touriga Nacional verwandt. Ihr Wein ist weniger dicht, aber von guter Qualität.

TOURIGA NACIONAL
Die beste Portweintraube im Douro-Tal. Sie ergibt einen herrlich üppigen, tanninreichen Wein mit enormer Frucht, die ihm große Lebensdauer und Komplexität verleiht.

TROLLINGER
Diese Rebsorte wird in Deutschland fast ausschließlich in Württemberg angebaut. Ihre hellroten Weine sind frisch und fruchtig.

VERDELHO TINTO
Eine klassische Madeira-Traube.

VRANAC
Eine in Kroatien, Montenegro und Mazedonien beheimatete Rebe. Sie liefert farbintensive, körperreiche, charaktervolle Weine.

XYNOMAVRO
Xyno bedeutet Säure und *mavro* schwarz, ein Hinweis darauf, wie dunkel und langlebig die Weine aus dieser exzellenten griechischen Rebsorte sein können.

ZINFANDEL
Siehe Kasten oben.

REBSORTEN: SYNONYMA

Viele Rebsorten sind unter vielen verschiedenen Namen bekannt. Die Malbec zum Beispiel hat über 30 Namen, darunter auch Auxerrois. *Das wäre nicht weiter schlimm, wenn diese Namen immer für dieselbe Rebsorte gelten würden; das ist leider nicht der Fall. Die* Malbec *ist auch dafür ein gutes Beispiel. Diese rote Sorte ist – siehe oben – in Cahors als* Auxerrois *bekannt; im Elsass ist* Auxerrois *jedoch eine weiße Traubensorte, während in anderen Teilen Frankreichs die* Malbec *als* Cahors *bezeichnet wird!*

Synonyme, die für lokale Klone oder Untersorten gelten, werden häufig als Namen eigener Sorten behandelt. Die italienische Trebbiano zum Beispiel, die mit der französische Ugni Blanc identisch ist, hat viele Untersorten, die von den italienischen Weingesetzen anerkannt sind. Weiterhin stellen eine Reihe von Synonymen Abwandlungen anderer Sortennamen dar, obwohl die Sorten nicht miteinander verwandt sind. Ampelographen unterscheiden zwischen »falschen« und »irreführenden« Synonymen. »Falsch« sind die Namen, die irrtümlicherweise einer ganz anderen Rebsorte beigelegt wurden, »irreführend« sind Synonyme, die den Anschein erwecken, als sei die damit bezeichnete Rebsorte mit einer anderen Sorte verwandt. Ein Beispiel: Die Pinot Chardonnay ist tatsächlich Chardonnay, jedoch nicht im Entferntesten mit einer Pinot-Sorte verwandt.

Alben Elbling
Albig Elbling
Alcabéo Macabéo
Alcaing Macabéo
Alicante Grenache
Alicante Grenache Grenache
Alva (in Portugal) Elbling
Alzeyer Perle Perle
Angélicant Perle
Angélico Muscadelle
Aragad Grenache
Aragonez Tempranillo
Arnaison Chardonnay
Aubaine Chardonnay
Auvergnat Gris Pinot Meunier
Auvernat Pinot Noir
Auvernat Blanc Muscadelle
Auvernat Gris Pinot Gris
Auxerrois Malbec
Auxerrois Gris Pinot Gris
Auxois Pinot Gris
Balkan Kadarka Kadarka
Balouzet Mourvèdre
Banatski Rizling Welschriesling
Beaunois Chardonnay, Pinot Blanc
Beli Muscat Muscat Blanc à Petits Grains
Beni Carlo Mourvèdre
Béquin (in Bordeaux) Ondenc
Bergeron Roussanne
Biela Sladka Grasica Welschriesling
Bigney Merlot
Black Hamburg Trollinger
Black Malvoisie Cinsault
Blanc d'Anjou Chenin Blanc
Blanc de Troyes Aligoté
Blanc Doux Sémillon
Blanc Fumé Sauvignon Blanc
Blanc Select Ondenc
Blanc Vert Sacy
Blanc-Lafitte Mauzac
Blanche Feuille Pinot Meunier
Blanquette Colombard, Ondenc
Blauburgunder Pinot Noir
Blauer Limberger Blaufränkisch
Blauer Malvasier Trollinger
Blauer Spätburgunder Pinot Noir
Blaufränkisch Lemberger
Bobal Monastrell
Bois Dur Carignan
Bordeleza Belcha Tannat
Borgogna Crna Gamay
Bötzinger Silvaner
Bouchet Cabernet Franc
Bouchet Sauvignon Cabernet Sauvignon
Bourdalès Cinsault
Bourguignon Blanc Melon
Bourguignon Noir Gamay
Bouviertraube Bouvier

Bovale Monastrell
Breton Cabernet Franc
Briesgaver Elbling
Briesgaver Riesling Elbling
Brown Muscat Muscat Blanc à Petits Grains
Brunello (in Montalcino) Sangiovese
Buisserate Jacquère
Burger Elbling Elbling
Cabarnelle Carmenère
Cabernet Gris Cabernet Franc
Cahors Malbec
Calabrese Sangiovese
Camobraque Folle Blanche
Cape Riesling (in Südafrika) Crouchen Blanc
Carignan Noir Carignan
Carignane Carignan
Carmelin Petit Verdot
Carmenelle Carmenère
Carmenet Cabernet Franc
Catalan Mourvèdre
Catape Muscadelle
Cavalier Len de l'Elh
Cencibel Tempranillo
Chalosse Folle Blanche
Chardonnay Chasselas, Pinot Blanc
Chasselas Chardonnay
Chasselas Blanc Chasselas
Chasselas Doré Chasselas
Chaudenet Gras Aligoté
Chenin Noir Pineau d'Aunis
Chevier Sémillon
Chevrier Sémillon
Chiavennasca Nebbiolo
Chira Syrat
Christkindtraube Gewürztraminer
Cinq-Saou Cinsault
Cinsaut Cinsault
Clairette à Grains Ronds Ugni Blanc
Clairette Blanc Clairette
Clairette Blanche Clairette
Clairette de Vence Ugni Blanc
Clairette Ronde Ugni Blanc
Clare Riesling (in Australien) Cruchen Blanc
Clevner Gewürztraminer, Pinot Blanc
Codarka Kadarka
Collemusquette Muscadelle
Colombar Colombard
Colombier Colombard
Colombier Sémillon
Cortaillod Pinot Noir
Corvina Veronese Corvina
Cot Malbec
Cot à Queue Rouge Pineau d'Aunis
Crabutet Noir Merlot
Crna Moravka Blaufränkisch
Crucillant Sémillon
Cruina Corvina
Crujillon Carignan
Cugnette Jacquère
Cuviller Cinsault
Dannery Romorantin
Dorin Chasselas
Douzanelle Muscadelle
Dreimänner Gewürztraminer, Roter Veltliner
Drumin Gewürztraminer
Dusty Miller Pinot Meunier
Edeltraube Gewürztraminer
Elben Elbling
Enragé Folle Blanche
Enrageade Folle Blanche
Entournerien Syrah
Epinette Blanche Chardonnay
Ermitage Blanc Marsanne
Espagna Cinsault
Espar Mourvèdre
Estrangey Malbec
Estreito Rabigato
Etaulier Malbec
Etranger Malbec
Färberrebe Teinturier
Farine Sacy
Fauvet Pinot Gris
Fehérburgundi Pinot Blanc
Fendant Chasselas
Fendant Blanc Chasselas
Fermin Rouge Gewürztraminer
Fié dans le Neuvillois Sauvignon
Flaischweiner Gewürztraminer
Folle Enrageat Folle Blanche
Formentin (in Ungarn) Savagnin
Frankenthaler Trollinger
Franken Silvaner
Franken-Riesling Silvaner
Frankenriesling Silvaner
Frankinja Crna Gamay
Fränkisch Gewürztraminer
Frankonja Modra Gamay
Frauentraube Chasselas
Fréaux eine Gamay Teinturier
French Colombard Colombard
Frenscher Gewürztraminer
Fromenté Savagnin
Fromenteau Rouge Gewürztraminer
Fromentot Pinot Gris
Frontignac Muscat Blanc à Petits Grains
Fumé Blanc Sauvignon Blanc
Fuszeres Gewürztraminer
Gamay Beaujolais Gamay
Gamay Blanc (à Feuille Rond) Melon de Bourgogne
Gamay Castille eine Gamay Teinturier
Gamay de Bouze eine Gamay Teinturier
Gamay de Chaudenay eine Gamay Teinturier
Gamay Fréaux eine Gamay Teinturier
Gamay Noir Gamay
Gamay Noir à Jus Blanc Gamay
Gamay Rond Gamay
Gamay Teinturier Mouro eine Gamay Teinturier
Gamé Blaufränkisch
Gamza Kadarka
Garnacha Grenache
Garnacha Blanca Grenache Blanc
Garnache Grenache
Garnacho Grenache
Garnacho Blanco Grenache Blanc
Garnatxa Grenache Blanc
Gelber Muscateller Muscat Blanc à Petits Grains
Gelber Muskatel Muscat Blanc à Petits Grains
Gelber Muskateller Muscat Blanc à Petits Grains
Gelber Ortlieber Knipperlé
Gentin à Romorantin Sauvignon Blanc
Giboudot Aligoté
Glera Prosecco
Golden Chasselas Chasselas
Gordo Blanco Muscat d'Alexandrie
Goujan Pinot Meunier
Gourdoux Malbec
Graisse Ugni Blanc
Graisse Blanc Ugni Blanc
Granaccia Grenache
Grand Picot Moneuse
Grande Vidure Carmenère
Grasica Welschriesling
Grauer Burgunder Pinot Gris
Grauer Clevner Pinot Blanc
Grauer Mönch Pinot Gris
Grauer Pinot Pinot Gris
Grauklevner Pinot Gris
Gray Riesling Trousseau Gris
Greffou Rousanne
Grenache de Logroño Tempranillo
Grenache Nera Grenache
Grey Friar Pinot Gris
Grifforin Malbec
Gris Auxerrois Melon de Bourgogne
Gris Cordelier Pinot Gris
Gris Meunier Pinot Meunier
Gris Rouge Gewürztraminer
Gros Blanc Sacy
Gros Bouchet Cabernet Franc
Gros Bouschet Cabernet Franc
Gros Cabernet Cabernet Franc
Gros Lot Grolleau
Gros Monsieur César
Gros Noir César
Gros Noir Guillan Rouge Malbec
Gros Plant Folle Blanche
Gros Plant du Nantais Folle Blanche
Gros Rhin Silvaner
Gros Rouge du Pays Mondeuse
Gros Vidure Cabernet Franc
Groß-Vernatsch Trollinger
Grosse Roussette Marsanne
Grosse Syrah Mondeuse
Großriesling Elbling
Grünedel Silvaner
Grüner Grüner Veltliner
Grüner Silvaner Silvaner
Grünfränkisch Silvaner
Grünling Silvaner
Grünmuskateller Grüner Veltliner
Guenille Colombard
Guépie(-Catape) Muscadelle
Guillan(-Musqué) Muscadelle
Gutedel Chasselas
Haiden Gewürztraminer
Hanepoot Muscat d'Alexandrie
Harriague Tannat
Heida Gewürztraminer
Hermitage Cinsault
Hermitage Blanc Marsanne
Hignin (Noir) Syrah
Hochheimer Riesling
Hunter Riesling (in Australien) Sémillon
Hunter River Riesling Sémillon
Ilegó Macabéo
Iskendiriye Misketi Muscat d'Alexandrie
Island Belle Campell's Early
Italianski Rizling Welschriesling
Jacobain Malbec
Johannisberg Riesling Riesling
Johannisberger Riesling
Kadarska Kadarka
Kékfrankos Blaufränkisch
Klavner Gewürztraminer
Kleiner Räuschling Gelber Ortlieber
Kleinweiner Gewürztraminer
Klevner, Clevner Pinot Blanc, Pinot Noir, Traminer
Knipperlé Gelber Ortlieber
Kurztingel (in Österreich) Elbling
Lardot Macabéo
Laski Rizling Welschriesling
Lemberger Blaufränkisch
Lexia Muscat d'Alexandrie
Limberger Lemberger
Liwora Gewürztraminer
Luckens Malbec
Lyonnaise Blanche Melon de Bourgogne
Maccabeu Macabéo
Mâconnais Altesse
Madiran Tannat
Magret Malbec
Mala Dinka Gewürztraminer
Malaga Morterille Noir Cinsault
Malbeck Malbec
Malmsey Pinot Gris
Malvoisie Pinot Gris
Manseng Blanc Manseng
Marchigiano Verdicchio
Mataró Carignan
Mataró Mourvèdre
Mausat Malbec
Maussac Mauzac
Mauzac Malbec
Mauzac Blanc Mauzac
Mavasia Pinot Gris
Mavrud Mavroud
Mazuelo Carignan
Médoc Noir Merlot
Melon Melon de Bourgogne
Melon Blanc Chardonnay
Melon d'Arbois Chardonnay
Menu Pineau Arbois
Moisac Mauzac
Molette Noir Mondeuse
Monemvasia Pinot Gris
Monterey Riesling (in Kalifornien) Silvaner
Montonec(h) Parellada
Moravka Silvánské (in Tschechien) Silvaner
Morellino Sangiovese
Morillon Pinot Noir
Morillon Taconé Pinot Meunier
Morrastel Graciano
Moscadel Muscat d'Alexandrie
Moscata (Bianca) Muscat Blanc à Petits Grains
Moscatel Muscat Blanc à Petits Grains
Moscatel Bravo Rabigato
Moscatel de Alejandria Muscat d'Alexandrie
Moscatel de Grano Menudo Muscat Blanc à Petits Grains
Moscatel de Málaga Muscat d'Alexandrie
Moscatel de Setúbal Muscat d'Alexandrie
Moscatel Dorado Muscat Blanc à Petits Grains
Moscatel Gordo (Blanco) Muscat d'Alexandrie
Moscatel Menudo Bianco Muscat Blanc à Petits Grains
Moscatel Romano Muscat d'Alexandrie
Moscatel Rosé Muscat Rosé à Petits Grains
Moscatel Samsó Muscat d'Alexandrie
Moscatello (Bianco) Muscat Blanc à Petits Grains
Moscato Muscat Blanc à Petits Grains
Moscato d'Asti Muscat Blanc à Petits Grains
Moscato di Canelli Muscat Blanc à Petits Grains
Mosttraube Chasselas
Mourane Malbec
Moustère Malbec
Moustrou(n) Tannat
Müllerrebe Pinot Meunier
Mueller-Thurgau Müller-Thurgau

Muscade Muscadelle
Muscadel Ottonel Muskat-Ottonel
Muscadet Melon de Bourgogne
Muscadet Muscadelle
Muscadet Doux Chardonnay
Muscat Muscat Blanc à Petits Grains
Muscat Aigre Ugni Blanc
Muscat Canelli Muscat Blanc à Petits Grains
Muscat d'Alsace Muscat Blanc à Petits Grains
Muscat d'Alsace Muscat Rosé à Petits Grains
Muscat de Frontignan Muscat Blanc à Petits Grains
Muscat Doré Muscat Blanc à Petits Grains
Muscat Doré de Frontignan Muscat Blanc à Petits Grains
Muscat Fou Muscadelle
Muscat Gordo Blanco Muscat d'Alexandrie
Muscat Rosé d'Alsace Muscat Rosé à Petits Grains
Muscat Roumain Muscat d'Alexandrie
Muscateller Muscat Blanc à Petits Grains
Muskat Muscat Blanc à Petits Grains
Muskat-Silvaner Sauvignon Blanc
Muskatel Muscadelle
Muskateller Muscat Blanc à Petits Grains
Muskotály Muskat-Ottonel, Muscat Blanc à Petits Grains
Muskuti Muscat Blanc à Petits Grains
Musquette Muscadelle
Nagyburgundi Pinot Noir
Napa Gamay Gamay
Naturé Savagnin
Nebbiolo Lampia Nebbiolo
Nebbiolo Michet Nebbiolo
Nebbiolo Rosé Nebbiolo
Nebbiolo Spanna Nebbiolo
Negri Malbec
Negron Mourvèdre
Nerino Sangioivese
Noir de Pressac Malbec
Noir Doux Malbec
Noiren Pinot Noir
Ojo de Liebre Tempranillo
Olaszrisling Welschriesling
Oporto Portugieser
Ormeasco Dolcetto
Österreicher Silvaner
Paarl Riesling (in Südafrika) Cruchen Blanc
Pansa Blanca Xarel-lo
Panse Musqueé Muscat d'Alexandrie
Parde Malbec
Perpignanou Graciano
Petit Bouschet Cabernet Sauvignon
Petit Cabernet Cabernet Sauvignon
Petit Dannezy Romorantin
Petite Syrah (in Frankreich) Syrah
Petite Sainte-Marie Chardonnay
Petite-Vidure Cabernet Sauvignon
Petit Gamai Gamay
Petit Mansenc Manseng
Petit Merle Merlot
Petit Pineau Arbois
Petit Rhin Riesling
Petit Riesling Riesling
Petit Verdau Petit Verdot
Petit-Fer Cabernet Franc
Picardin Noir Cinsault
Picotin Blanc Roussanne
Picoutener Nebbiolo
Picpoul(e) Folle Blanche
Picutener Nebbiolo
Pied de Perdrix Malbec
Pied Noir Malbec
Pied Rouge Malbec
Pied Tendre Colombard
Pinat Cervena Gewürztraminer
Pineau Pinot Noir
Pineau Blanche de Loire Chenin Blanc
Pineau de la Loire Chenin Blanc
Pineau de Saumur Grolleau
Pineau Rouge Pineau d'Aunis
Pinot Beurot Pinot Gris
Pinot Blanc (in Kalifornien) Melon de Bourgogne
Pinot Blanc Chardonnay
Pinot Blanc Chardonnay Chardonnay
Pinot Blanc Vrai Auxerrois Pinot Blanc
Pinot Chardonnay Chardonnay
Pinot de la Loire Chenin Blanc
Pinot Grigio Pinot Gris
Pinot Vérot Pinot Noir
Piperdy Malbec
Pisse Vin Aramon
Plant Boisnard Grolleau
Plant d'Arles Cinsault
Plant d'Aunis Pineau d'Aunis
Plant de Brie Pinot Meunier
Plant Dore Pinot Noir
Plousard Poulsard
Portugais Bleu Portugieser
Portugalka Portugieser
Prèchat Malbec
Pressac Malbec
Primativo Primitivo
Primitivo Zinfandel
Prolongeau Malbec
Prugnolo (in Montepulciano) Sangiovese
Ptinc Cerveny Gewürztraminer
Pugnet Nebbiolo
Puiechou Sauvignon Blanc
Punechon Sauvignon Blanc
Quercy Malbec
Queue-Tendre Colombard
Queue-Verte Colombard
Rabo de Ovelha Rabigato
Raisinotte Muscadelle
Rajinski Rizling Riesling
Rajnai Rizling Riesling
Ranfoliza Gewürztraminer
Ranina Bouvier
Räuschling Gelber Ortlieber
Rdeci Traminac Gewürztraminer
Refosco Mondeuse
Reno Riesling
Resinotte Muscadelle
Rezlink Riesling
Rezlink Rynsky Riesling
Rheingauer Riesling
Rheingauer Riesling Riesling
Rheinriesling Riesling
Rhine Riesling Riesling
Riesler Riesling
Riesling (in Australien) Sémillon
Riesling du Rhin Riesling
Riesling Italianski Welschriesling
Riesling Italico Welschriesling
Riesling Renano Riesling
Riesling x Sylvaner Müller-Thurgau
Rieslinger Riesling
Rismi Welschriesling
Rivaner Müller-Thurgau
Rizling Rajinski Bijeli Riesling
Rizling Vlassky Welschriesling
Romain César
Ronçain César
Rössling Riesling
Rossola Ugni Blanc
Rotclevner Gewürztraminer, Pinot Noir
Rotedel Gewürztraminer
Roter Muskateller Muscat Rosé à Petits Grains
Roter Nürnberger Gewürztraminer
Roter Traminer Gewürztraminer
Roter Trollinger Trollinger
Rousanne Ugni Blanc
Rousette Altesse
Roussan Ugni Blanc
Rousselet Gewürztraminer
Roussillon Tinto Grenache
Royal Muscadine Chasselas
Ruländer Pinot Gris
Rulonski Szürkebarát Pinot Gris
Rusa Gewürztraminer
Rynski Rizling Riesling
Saint-Emilion (in Rumänien) Sémillon
Saint-Emilion Ugni Blanc
Sangiovese di Lamole Sangiovese
Sangiovese Dolce Sangiovese
Sangiovese Gentile Sangiovese
Sangiovese Toscana Sangiovese
Sanvicetro Sangiovese
Sargamuskotaly Muscat Blanc à Petits Grains
Sauvagnin Savagnin
Sauvignon Jaune Sauvignon Blanc
Sauvignon Vert (in Kalifornien) Muscadelle
Savagnin Traminer
Savagnin Blanc Weißer Traminer
Savagnin Musqué Sauvignon Blanc
Savagnin Noir Pinot Noir
Savagnin Rosé Gewürztraminer
Savoyanche Mondeuse
Scharvaner Silvaner
Schiava Grossa Trollinger
Schiras Syrah
Schwarzklevner Pinot Noir
Schwarzriesling Pinot Meunier
Séme Malbec
Semijon Sémillon
Sémillon Muscat Sémillon
Sémillon Roux Sémillon
Sercial (in Australien) Ondenc
Serenne Syrah
Seretonina (in Ex-Jugoslawien) Elbling
Serine Syrah
Serprina Prosecco
Seyve-Villard 5.276 Seyval (Blanc)
Shiraz Syrah
Silvain Vert Silvaner
Silván (in Tschechien) Silvaner
Silvaner Sylvaner
Silvaner Bianco Silvaner
Sipon Furmint
Sirah Syrah
Sirrah Syrah
Sonoma Riesling (in Kalifornien) Silvaner
Spanna Nebbiolo
Spätburgunder Pinot Noir
Spauna Nebbiolo
Steen Chenin Blanc
Surin Sauvignon Blanc
Süssling Chasselas
Syra Syrah
Syrac Syrah
Syras Syrah
Szilváni (in Ungarn) Silvaner
Talia Ugni Blanc
Talijanski Riesling Welschriesling
Tamyanka Muscat Blanc à Petits Grains
Tanat Tannat
Teinturier Färberrebe
Tempranillo de la Rioja Tempranillo
Tepranilla Tempranillo
Termeno Aromatico Gewürztraminer
Terranis Malbec
Terrano Mondeuse
Tinta Roriz Tempranillo
Tinto Mourvèdre
Tinto Aragonés Grenache
Tinto de la Rioja Tempranillo
Tinto de Toro Tempranillo
Tinto Fino Tempranillo
Tinto Madrid Tempranillo
Tinto Mazuela Carignan
Tokay (in Australien) Muscadelle
Tokay d'Alsace Pinot Gris
Tokay-Pinot Gris Pinot Gris
Touriga Touriga Nacional
Traminac Gewürztraminer
Traminac Creveni Gewürztraminer
Traminer Gewürztraminer
Traminer Aromatico Gewürztraminer
Traminer Aromatique Gewürztraminer
Traminer Musqué Gewürztraminer
Traminer Parfumé Gewürztraminer
Traminer Rosso Gewürztraminer
Traminer Roz Gewürztraminer
Traminer Rozovy Gewürztraminer
Tramini Gewürztraminer
Tramini Piros Gewürztraminer
Trebbiano (häufig sind Ortsnamen angehängt) Ugni Blanc
Tresallier Sacy
Ugni Noir Aramon
Ull de Llebre Tempranillo
Uva di Spagna Carignan
Uva Marana Verdicchio
Veltliner Grüner Veltliner
Veltlini (in Ungarn) Grüner Veltliner
Verdet Arbois
Verdone Verdicchio
Verdot Petit Verdot
Verdot Rouge Petit Verdot
Verneuil Romorantin
Véron Cabernet Franc
Vert Doré Pinot Noir
Vidure Cabernet Sauvignon
Vionnier Viognier
Vitraille Merlot
Viura Macabéo
Wälschriesling Welschriesling
Weißburgunder Pinot Blanc
Weißklevner Pinot Blanc
Weißer Elbling Elbling
Weißer Muskateller Muscat Blanc à Petits Grains
Weißer Riesling Riesling
Weißgipfler Grüner Veltliner
White Hermitage Ugni Blanc
White Pinot Chenin Blanc
White Frontignan Muscat Blanc à Petits Grains
White Riesling Riesling
Wrotham Pinot Pinot Meunier
Xarel-lo Xarello
Zibibbo Muscat d'Alexandrie
Zinfandel Primitivo
Zingarello Primitivo, Zinfandel
Zuti Muscat Muscat Blanc à Petits Grains

Die WEINE *aus*

FRANKREICH

DIE FRANZÖSISCHEN WEINE GELTEN ALS DIE BESTEN der Welt, selbst bei Frankreichs schärfsten Konkurrenten in der so genannten Neuen Welt ist von dieser Überzeugung noch etwas zu spüren. Obwohl man, etwa in Australien und Kalifornien, inzwischen davon abgekommen ist, berühmte französische Weine kopieren zu wollen, sind sie für die dortigen Winzer nach wie vor das große Vorbild. Ihren Erfolg verdanken die großen französischen Weinbauregionen dem glücklichen Zusammentreffen von Geografie, Klima und *Terroir.* Kein zweites Weinland der Welt verfügt über eine ähnliche Vielzahl gemäßigter Klimabereiche. Dadurch ist Frankreich in der Lage, das gesamte Spektrum der klassischen Weine zu erzeugen, von den frischen Schaumweinen der Champagne über die weichen Rotweine Burgunds bis hin zu den Süßweinen aus Sauternes. In vielen Jahrhunderten von Versuch und Irrtum erkannten die französischen Weinbauern, dass bestimmte Rebsorten nur auf bestimmten Böden gedeihen. Dabei haben sich auch die charakteristischen regionalen Weintypen herausgebildet, sodass heute jeder Weinkenner weiß, was er von einem Bordeaux, einem Burgunder, einem Champagner oder einem Rhônewein erwarten kann. Und das war für die französischen Weine der Schlüssel zum Erfolg.

DER MOND ÜBER CHÂTEAU LATOUR
Der mächtige Turm von Château Latour (gelegen in Pauillac), fast ein Symbol für die Majestät eines der weltbesten Weine.

FRANKREICH

Frankreich macht die besten Weine der Welt, aber auch einige der schlechtesten. Zwar kann es kein zweites Land hinsichtlich Qualität und Vielfalt mit Frankreich aufnehmen, aber sein Erfolg beruht auf der schieren Größe seiner Produktion. Und das war zu allen Zeiten ein zweischneidiges Schwert.

Obwohl sie nur einen verschwindend geringen Teil der Gesamtproduktion ausmachen, haben große Weine wie Château Margaux, Romanée-Conti oder Moët-Chandon Frankreichs Ruf als erstes Weinland der Welt begründet. Sie repräsentieren die besten unter den guten Weinbauregionen (Appellation d'Origine Contrôlée, AOC) und innerhalb dieser die besten Produkte. Frankreich erzeugt jährlich über 67 Millionen hl Wein. Darin enthalten sind riesige Mengen an Weinen am unteren Ende der Qualitätsskala, die *Vins de Table* oder *Vins ordinaires* (im offiziellen Sprachgebrauch auch als *Vins de Consommation courante* bezeichnet, als Wein zum sofortigen Verbrauch). Zwischen diesen sehr einfachen Tafelweinen und den Spitzenweinen findet man noch eine große Zahl weiterer Kategorien unterschiedlicher Qualität und Quantität.

Vor allem die Erzeuger in den besonders traditionsreichen Appellationen sollten dafür Sorge tragen, dass die Qualität und der Charakter, die den Ruhm ihrer Weine begründet haben, gewahrt bleiben. Gewiss haben nicht alle immer diesen Höchststandard aufrechterhalten, aber solange es nicht die Norm wird, schadet es auch nicht. Schließlich gibt es in jeder Weinbauregion die Guten, die Schlechten und die ganz Schlimmen. Allerdings nimmt die Zahl der Winzer, die den Qualitätsansprüchen nicht gerecht werden, vor allem im Loire-Tal und in Burgund, seit etwa zehn Jahren deutlich zu. Die Besten sind nach wie vor die Besten, aber die wachsende Zahl schlechter AOC-Weine bringt viele Appellationen in den Ruf der Unzuverlässigkeit, was den gewissenhaften Erzeugern schadet. Mitte der 90er Jahre hatte ich angemerkt: »Selbst bei Weinen höherer Kategorien ist man vor Überraschungen nicht sicher. Denn erlebt man gelegentlich bei Weinen berühmter Appellationen eine Enttäuschung, erweisen sich die besten Erzeugnisse weniger bekannter Regionen nicht selten als hervorragend.« Ich muss dieses Urteil heute noch deutlicher fassen: Das Qualitätsgefälle ist in manchen Regionen inzwischen so stark geworden, dass der Konsument sich nicht mehr am Herkunftsgebiet, sondern ausschließlich am Erzeuger orientieren sollte.

DIE KLASSIFIZIERUNG DER FRANZÖSISCHEN WEINE

Im Jahr 1935 führte Frankreich mit der Gründung des *Institut National des Appellations d'Origine* (INAO) als erster Staat ein landesweites Ursprungs- und Qualitätskontrollsystem für Wein ein. Außerhalb Frankreichs gab es solche Qualitätskontrollen in einzelnen Weinbauregionen allerdings schon sehr viel früher, zum Beispiel seit 1716 im Chianti und seit 1560 in Rioja. Aufgabe des INAO war es, die geografischen Grenzen der einzelnen Appellationen festzulegen und die für die jeweiligen Weinbauregionen geltenden Vorschriften durchzusetzen.

Appellation d'Origine Contrôlée (AOC oder AC)

Man zählt heute 470 verschiedene AOC, die eine Fläche von fast 490 000 ha umfassen und im Durchschnitt jährlich 29 Millionen hl Wein erzeugen. Die AOC-Vorschriften regeln, welche Rebsorten in welcher Region verwendet werden dürfen. Darüber hinaus bestim-

FRANZÖSISCHER WEIN AUF EINEN BLICK

Appellation d'Origine Contrôlée (AOC oder AC)
Mehr als 62% der französischen Produktion (27% Export, 73% im Land konsumiert)

Vin Délimité de Qualité Supérieure (VDQS)
Weniger als 1% der französischen Produktion (20% Export, 80% im Land konsumiert)

Vin de Pays
29% der französischen Produktion (23% Export, 77% im Land konsumiert)

Vin de Table
18% der französischen Produktion (13% Export, 87% im Land konsumiert)

DAS FRANZÖSISCHE WEINETIKETT

Die Etiketten müssen bestimmte Informationen liefern, zum Beispiel den Namen des Abfüllers, der in Frankreich gesetzlich für den Wein verantwortlich ist. Andere Angaben betreffen Farbe und Charakter des Weins, Rebsorte und Jahrgang. Sie sind nicht vorgeschrieben, liefern dem Käufer aber nützliche Informationen.

AOC

Appellation d'Origine Contrôlée Herkunftsbezeichnung • Lokale Klassifikation • Jahrgang • Name des Weinguts

• Herkunftsgebiet
• Name und Adresse des Abfüllers (obligatorisch); in diesem Fall zugleich der Erzeuger
• Hinweis zum Abfüllort
• Inhalt (obligatorisch)

VDQS

Name des VDQS • Qualitätsstufe *Vin Délimité de Qualité Supérieure*

• Hinweis zum Abfüllort
• Inhalt (obligatorisch)
• Name und Adresse des Abfüllers (obligatorisch)

VIN DE PAYS

Name des Weinguts • Markenname • Qualitätsstufe *Vin de Pays* und Herkunft (obligatorisch)

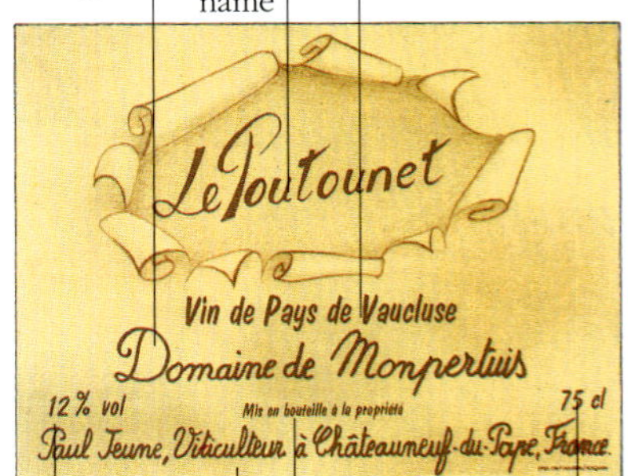

• Alkoholgehalt
• Hinweis zum Abfüllort
• Inhalt (obligatorisch)
• Name und Adresse des Abfüllers (obligatorisch)

FRANKREICH

Die farbigen Flächen kennzeichnen die zehn wichtigsten französischen Weinbauregionen, in denen die meisten der insgesamt 490 000 ha umfassenden AOC-Gebiete liegen. Insgesamt verfügt Frankreich über fast 1 Million ha Rebfläche, und viele gute Alltagsweine werden in anderen Teilen des Landes erzeugt. Siehe auch Karte Vins de Pays, Seite 246/247.

men sie die Anbau- und Vinifikationsmethoden, die Höchsterträge und den Mindestalkoholgehalt. Die Gesetze sollen zwar die Qualität der einzelnen Weine garantieren, indem sie einer offiziellen Analyse und Verkostung unterworfen werden, doch ist letztere inzwischen zu einer Farce verkommen; die Prüfungskommissionen setzen sich heute fast ausschließlich aus den Personen zusammen, die den Wein erzeugen. Fast alle Winzer, mit denen ich sprach, räumten ein, dass nur Weine mit offensichtlichen Mängeln Gefahr laufen, abgelehnt zu werden, während sonst weder die Qualität geprüft noch die Frage gestellt wird, ob der Wein die typischen Eigenschaften der Rebsorte und der Region widerspiegelt. Manche gaben sogar zu, man fürchte, die Frage nach der Qualität zu stellen; betroffene Erzeuger könnten sich nämlich dafür rächen, indem sie wahllos andere Weine ablehnten. Kein Wunder also, dass bei diesen Proben nur etwa 2 bis 3 % der Weine durchfallen.

Michel Bettane, einer der bedeutendsten französischen Weinautoren, äußerte sich 1995 so: »Das Prädikat *Appellation Contrôlée* garantiert heute weder Qualität noch Authentizität.« Und selbst Alain Berger, damals Direktor des INAO und damit verantwortlich für das ganze Appellationssystem, gestand ein, dass skandalös schlechte Erzeugnisse mit dem Gütesiegel *Appellation Contrôlée* auf dem Markt seien. Die Qualitätsprüfung ist also offensichtlich unzulänglich, und das gilt vermutlich auch für die Prüfungen der VDQS-Weine und der Vins de Pays (Landweine). Allerdings sind die Erwartungen an diese Weine ohne berühmten Namen und große Tradition relativ bescheiden, sodass es hier kaum vergleichbare Skandale gibt wie bei den teuren AOC-Weinen.

Vin Délimité de Qualité Supérieure (VDQS)

Es gibt in Frankreich etwas mehr als 40 VDQS-Weine mit einer Rebfläche von weniger als 8000 ha und einem durchschnittlichen Jahresertrag von 515 000 hl. Sie unterliegen ähnlichen Qualitätskontrollen wie die AOC-Weine, die Erträge können allerdings höher und der Alkoholgehalt geringer sein. Im Allgemeinen ist der Standard niedriger, in einigen Fällen ist die Qualität jedoch durchaus einem AOC-Wein ebenbürtig.

Seitdem in den 1970er Jahren die Vins de Pays aufkamen, kursieren immer wieder Gerüchte über eine Abschaffung dieser Kategorie; doch das INAO, das auch für die VDQS-Weine zuständig ist, hält solche Bestrebungen für unsinnig, finden sich unter ihnen doch immer wieder potenzielle AOC-Weine. Zu den VDQS, die zur AOC avancierten, zählen Coteaux du Tricastin (1973), St-Chinian (1982), Coteaux du Lyonnais (1984) und Côtes du Marmandais (1990). Es wäre jedoch falsch, die VDQS nur als Übergangsstadium zur AOC zu betrachten. Das belegen Weine, die 40 Jahre nach Einführung dieser Kategorie noch immer als VDQS eingestuft sind, aber auch die Tatsache, dass die meisten dieser Weine in den 60er und 70er Jahren klassifiziert wurden. Vielleicht werden auch solche alten VDQS-Weine eines Tages in die AOC-Kategorie erhoben, doch der Großteil der potenziellen neuen AOC-Weine wird aus VDQS-Weinen ausgewählt werden, die aus inzwischen gereiften *Vins de Pays* hervorgegangen sind.

Vin de Pays

Es gibt etwa 140 Vin-de-Pays- oder Landwein-Appellationen mit einer Gesamtrebfläche von 200 000 ha und einem durchschnittlichen Jahresertrag von 16 Millionen hl. Diese Kategorie wurde offiziell bereits 1968 eingeführt, doch entwickelten sich die Vins de Pays erst ab 1973 mit der Festlegung von Produktionsrichtlinien zu einer marktfähigen Größe. Geschaffen wurde diese Kategorie ganz einfach dadurch, dass bestimmte Vins de Table die geografische Herkunft und auch die Rebsorte angeben durften. Das hatte jedoch sehr weit reichende Konsequenzen. Lange Zeit mussten diese Weine neben der Bezeichnung *Vin de Pays* auch die Bezeichnung *Vin de Table* (Tafelwein) tragen, was 1989 abgeschafft wurde. Dass man ihnen nun gestattete, mit Herkunft und Rebsorten zu werben, bedeutete für die Besitzer von Tafelweinflächen mit höherem Potenzial neuen Antrieb. Und so begannen die besten Winzer dieser Gebiete nicht nur, sich mehr um die Methoden in Weinberg und Keller zu kümmern, sondern auch Rebsorten von minderer Qualität durch bessere zu ersetzen und die Erträge zu beschränken.

Man unterscheidet drei Kategorien von Vins de Pays. Jede unterliegt eigenen Kontrollen, die durch das *Office National Interprofessionnel des Vins* (ONIVINS) geregelt werden. Jeder Vin de Pays muss auf dem Etikett die Herkunftsbezeichnung tragen. Viele verschiedene Traubensorten werden verwendet, und es sind hohe Erträge erlaubt, was erhebliche Qualitätsunterschiede zur Folge hat. Dennoch ist dies eine hochinteressante Kategorie, die inzwischen auch viele ausländische – in der Regel australische – Winzer für sich entdeckt haben; ihnen ist es gelungen, einige der aufregendsten preiswerten Weine mit deutlicher Frucht zu erzeugen. Gewiss gibt es viele farblose Erzeugnisse, die wohl auch nie besser werden, andere hingegen werden zu VDQS-Weinen aufsteigen und vielleicht sogar einmal zur AOC. Einige Winzer, etwa Aimé Guibert vom Gut Mas de Daumas Gassac, müssen sich um den

PRIMEUR-WEINE

Vielen ist wohl nur der Beaujolais Nouveau als *vin de primeur* (»neuer Wein«) bekannt. Es gibt jedoch 55 verschiedene Weine, die nach den AOC-Gesetzen noch im Jahr der Lese im Handel angeboten werden dürfen. 25 dieser Weine müssen die Aufschrift *primeur* oder *nouveau* tragen. Sie werden so gemacht, dass sie im ersten Jahr am besten schmecken. Wer gerne Weine trinkt, die gerade erst ihre Gärung beendet haben, sollte also nach folgenden Ausschau halten.

Weine, die deutlich erkennbar als *primeur* oder *nouveau* gekennzeichnet sein müssen und bereits ab dem dritten Donnerstag im November nach der Lese verkauft werden dürfen:

1 Anjou Gamay
2 Beaujolais (rot und rosé)
3 Beaujolais Supérieur (rot und rosé)
4 Beaujolais-Villages (rot und rosé)
5 Beaujolais mit Nennung der Gemeinde, jedoch kein Cru (rot und rosé)
6 Bourgogne (nur weiß)
7 Bourgogne Aligoté (nur weiß)
8 Bourgogne Grand Ordinaire (nur weiß)
9 Cabernet d'Anjou (rosé)
10 Cabernet de Saumur (rosé)
11 Coteaux du Languedoc (rot und rosé)
12 Coteaux du Lyonnais (rot, weiß und rosé)
13 Coteaux du Tricastin (rot, weiß und rosé)
14 Côtes-du-Rhône (rot – nur als billiger offener Wein – und rosé)
15 Côtes du Roussillon (rot, weiß und rosé)
16 Côtes du Ventoux (rot, weiß und rosé)
17 Gaillac (roter Gamay und weiß)
18 Mâcon (weiß und rosé)
19 Mâcon Supérieur (nur weiß)
20 Mâcon-Villages (nur weiß)
21 Mâcon mit Nennung der Gemeinde (nur weiß)
22 Muscadet
23 Muscadet de Sèvre et Maine
24 Muscadet des Coteaux de la Loire
25 Muscadet Côtes de Grand Lieu
26 Rosé d'Anjou
27 Tavel (nur rosé)
28 Touraine Gamay (nur rot)
29 Touraine (nur rosé)

Die folgenden Weine dürfen bereits ab dem 1. Dezember nach der Lese verkauft werden, ohne als *primeur* und *nouveau* gekennzeichnet werden zu müssen:

1 Anjou (nur weiß)
2 Bergerac (weiß und rosé)
3 Blayais (nur weiß)
4 Bordeaux (sec, rosé und clairet)
5 Buzet (weiß und rosé)
6 Cabernet d'Anjou (nur rosé)
7 Cabernet de Saumur (nur rosé)
8 Corbières (weiß und rosé)
9 Costières de Nîmes (weiß und rosé)
10 Coteaux d'Aix-en-Provence (weiß und rosé)
11 Coteaux de Languedoc (weiß und rosé)
12 Coteaux Varois (weiß und rosé)
13 Côtes de Bourg (nur weiß)
14 Côtes de Duras (weiß und rosé)
15 Côtes du Marmandais (weiß und rosé)
16 Côtes de Provence (weiß und rosé)
17 Côtes-du-Rhône (weiß und rosé)
18 Côtes du Ventoux (weiß und rosé)
19 Entre-Deux-Mers (nur weiß)
20 Faugères (nur rosé)
21 Graves (nur weiß)
22 Graves des Vayres (nur weiß)
23 Jurançon Sec
24 Minervois (weiß und rot)
25 Montravel (weiß und rosé)
26 Muscadet
27 Muscadet de Sèvre et Maine
28 Muscadet des Coteaux de la Loire
29 Muscadet Côtes de Grand-Lieu
30 Premières Côtes de Blaye (nur weiß)
31 Rosé d'Anjou
32 Rosé de Loire
33 St-Chinian (nur rosé)
34 Ste-Foy-Bordeaux (nur weiß)
35 Saumur (nur weiß)
36 Touraine (nur weiß)

DIE FRANZÖSISCHE WEINPRODUKTION IN ZAHLEN

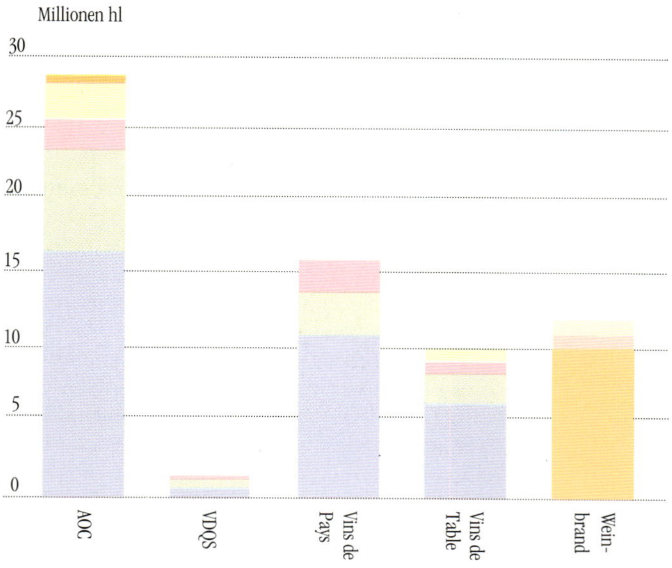

	AOC	VDQS	VINS DE PAYS	VINS DE TABLE	WEINBRAND
Rotweine	16 000 000	250 000	11 000 000	6 000 000	0
Weißweine	8 000 000	240 000	3 000 000	2 000 000	0
Roséweine	2 000 000	25 000	2 000 000	1 000 000	0
Schaumweine	2 500 000	0	0	1 000 000	0
Gespritete Weine	500 000	0	0	0	0
Cognac	0	0	0	0	10 000 000
Armagnac	0	0	0	0	1 000 000
Andere Traubenbrände	0	0	0	0	1 000 000
Gesamt	29 000 000	515 000	16 000 000	10 000 000	12 000 000

AOC-Status überhaupt keine Gedanken machen, produzieren sie doch unter den weit weniger strengen Vin-de-Pays-Regeln Weine, die schon jetzt einen ebenso guten Ruf genießen wie die besten französischen Appellationen und höhere Preise erzielen als teure AOC-Weine. Eine Beschreibung der Vin-de-Pays-Kategorien, eine Karte der Vin-de-Pays-Regionen und Profile der Vins de Pays mit ihren besten Erzeugern finden Sie auf den Seiten 246 bis 257.

Vin de Table

In Frankreich gibt es über 170 000 ha nicht klassifizierter Weinberge, die pro Jahr durchschnittlich 10 Millionen hl *Vins de Table* liefern. Darin enthalten sind allerdings auch rund 2 Millionen hl Traubensaft, Traubensaftkonzentrat und Weinessig.

Diese Weine, auch *Vins Ordinaires* genannt, sind in jeder Hinsicht »billig«. Sie sind nicht zur Lagerung gedacht; Zyniker könnten sogar behaupten, sie seien nicht zum Trinken geeignet, denn selbst die Franzosen trinken sie häufig nur mit Wasser verdünnt.

Die Vins de Table unterliegen der Kontrolle des ONIVINS. Allerdings sind die Bestimmungen für diese Weine nur Verbote. So ist es beispielsweise nicht gestattet, die verwendeten Rebsorten zu nennen, und als Herkunftsgebiet darf nur Frankreich angegeben werden. Auch wenn manche Winzer bemüht sind, Weine im Stil ihrer Region zu erzeugen, ist die Adresse des Erzeugers nur selten ein verlässliches Indiz für die tatsächliche Herkunft. So wird etwa ein Weinhändler in Nuits-St-Georges versuchen, einen Vin de Table mit Burgundercharakter auf den Markt zu bringen, der Verbraucher kann allerdings nicht sicher sein, dass tatsächlich Weine aus Burgund verwendet wurden, und das wird höchstwahrscheinlich auch nicht der Fall sein. Manche Weinhändler rühmen zwar die Qualität ihrer Tafelweine, aber nützliche Informationen werden kaum geliefert, geschweige denn zuverlässige.

DIE FRANZÖSISCHE WEINPRODUKTION NACH ARTEN

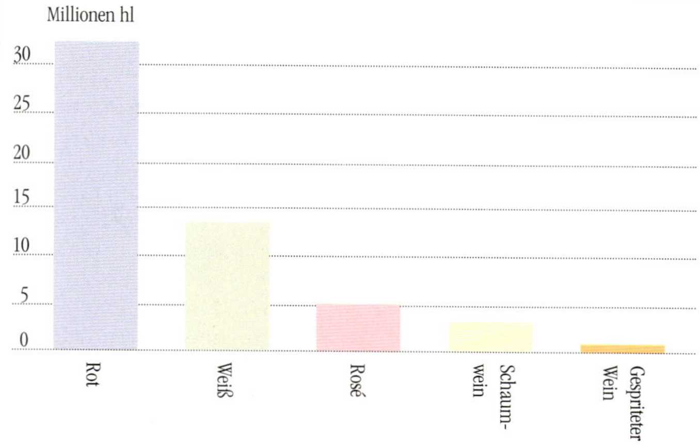

DIE WEINPRODUKTION NACH ARTEN

Frankreich erzeugt gegenwärtig jährlich rund 55 Millionen hl Wein. Hinzu kommen 12 Millionen hl, die zu Weinbrand verarbeitet werden. Seit Mitte der 1980er Jahre ist die französische Weinproduktion um 27 % zurückgegangen, was der Abkehr vom Vin de Table (vor zehn Jahren 34 Millionen hl, heute 10 Millionen hl) und dem Trend zu besseren Weinen zuzuschreiben ist.

WER TRINKT FRANZÖSISCHE WEINE?

Obwohl die Weinproduktion in Frankreich in den 1990er Jahren um 27 % gesunken sind, stieg der Export um mehr als 3 Millionen hl auf die Rekordzahl von über 16 Millionen hl. Dieses Maximum im Jahr 1999 hing wohl mit den Vorbereitungen auf die »Millenniums«feiern zum Wechsel auf das Jahr 2000 zusammen, denn der Weinexport sank im Jahr 2000 wieder auf knapp 15 Millionen hl. Doch damit lag der Export immer noch um 2 Millionen hl über dem Export-Höchststand der 1980er Jahre. Hinsichtlich der Menge ist Deutschland der größte Importeur französischer Weine, die meist das preisgünstige Segment abdecken, weshalb Deutschland nach Kurswert auf dem dritten Rang liegt; hier nimmt Großbritannien die erste Stelle ein.

FRANZÖSISCHE WEINEXPORTE IM JAHR 2000

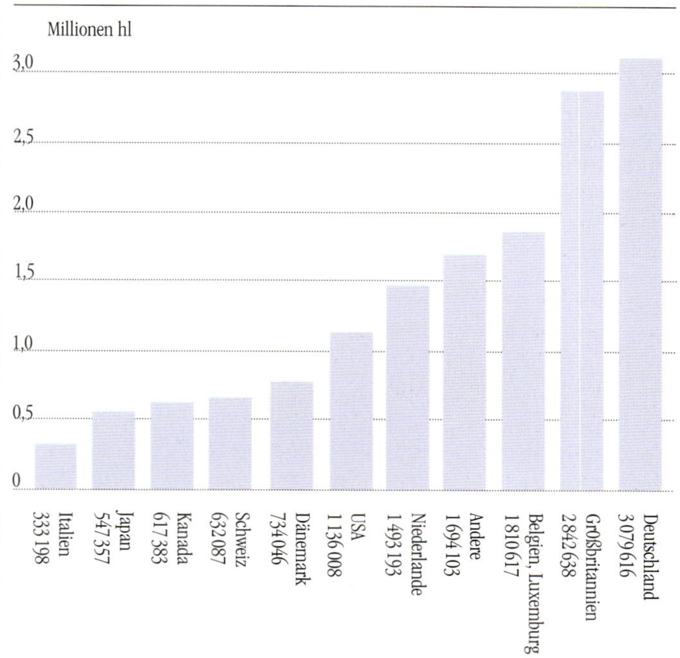

BORDEAUX

Das an der französischen Westküste gelegene Weinbaugebiet um Bordeaux bietet nicht nur die idealen Voraussetzungen für den Weinbau, sondern verfügt darüber hinaus mit seinem seit fast 150 Jahren bestehenden Klassifizierungssystem über ein einzigartiges Marketinginstrument.

Die letzten Jahre des 20. Jahrhunderts stellten den guten Ruf des Bordeaux auf eine schwere Probe. Verregnete Ernten hatten die Stellung des Bordelais als ultimatives Weinbauparadies fraglich erscheinen lassen, und die fast schon deprimierend schlechte Qualität der Gebietsweine sorgte für nahezu ähnlich negative Schlagzeilen wie die weit überhöhten Preise der führenden Châteaux für den relativ bescheidenen Jahrgang 1997. Wer aber die Geschicke des Bordeaux in den vergangenen zwanzig Jahren verfolgt hat, dürfte Erscheinungen dieser Art bereits kennen. Das Neue wird wohl nur darin bestehen, dass der Bordelaiser Weinadel angesichts der Konkurrenz aus der Neuen Welt diesmal wahrscheinlich auf allen Preisebenen etwas unternehmen wird.

Das Département Gironde, das größte Frankreichs, und die Appellation Bordeaux sind geografisch identisch. Diese Weinbauregion ist der weltgrößte Produzent von Qualitätsweinen mit über 22 000 Weinbergbesitzern, die 113 000 ha Land bearbeiten und jährlich 6 Millionen hl Wein erzeugen. Von diesen 22 000 Weingütern sind nicht weniger als 7000 so genannte *Châteaux* und *Domaines*. Doch verdankt die Region ihren Ruhm nicht einmal 1 % dieser Weingüter, und nur 3 % der produzierten Menge tragen das Prädikat *Cru Classé* oder *Grand Cru* – die höchste Qualitätsstufe bei den Bordeaux-Weinen.

BORDEAUX & EICHENHOLZSPÄNE

Im Jahr 1999 befand in zweiter Instanz ein Gericht in Bordeaux vier Châteaux der Weinverfälschung durch die Verwendung verbotener Zusatzstoffe für schuldig und verhängte Geldbußen von jeweils etwa 26 000 Mark. Der Vorwurf klingt ernst, doch alles, was die betroffenen Güter (Giscours, Cap de Haut, Greysac und Lacroix-Merlin) verbrochen hatten, war, Eichenspäne zu verwenden, wie es außerhalb Frankreichs, und vor allem in der Neuen Welt, schon seit langem verbreitete Praxis ist. Ob ein *Second Cru* wie Giscours so vorgehen sollte, ließe sich zwar diskutieren, aber dass weniger exklusive Châteaux mit Eichenspänen experimentieren werden, ist eine durchaus vernünftige Annahme und lässt sich auch kaum als Verfälschung bezeichnen. Bis zu jenem Urteil war die Zugabe von Eichenspänen in Bordeaux zudem keineswegs untersagt, doch andererseits stellte Jacques Fanet vom INAO seinerzeit fest: »Wir sind schon deshalb dagegen, weil die ursprünglichen AOC-Bestimmungen von 1935 klar vorschreiben: ›Sämtliche önologischen Verfahren müssen den ortsüblichen Verfahren entsprechen, welche redlich und beständig sind.‹ Und in Bordeaux heißt das, Wein liegt in Holz, und nicht Holz in Wein.«

Das mag eine kluge Bemerkung sein, oder in gewisser Weise gar auch eine amüsante, doch sie ist reiner Unsinn. Eine derart rigide Interpretation dieser sehr allgemeinen Vorschrift würde alles von Stahltanks bis zu jedweder technischen Neuerung verbieten. Und was das Holz betrifft, so wird Monsieur Fanet sicher nicht entgangen sein, dass in den 30er Jahren in Bordeaux vor allem russische Eiche zum Einsatz kam; nur wenige Erzeuger verwendeten französische Eiche und kein einziger amerikanische. Seitdem allerdings haben sich in Bordeaux mehr als 60 Châteaux, darunter auch einige *Crus Classés*, der Eiche aus Amerika zugewandt. Wenn das INAO Fälle dieser Art nicht verfolgt, dann müsste es konsequenterweise eigentlich das Urteil im Fall Giscours, Cap de Haut, Greysac und Lacroix-Merlin anfechten.

CHÂTEAUX UND HÄNDLER

Vor dem Aufkommen der Château-Weingüter wurde das Land auf der Basis der Halbpacht bewirtschaftet. Dieses feudale System begann sich im ausgehenden 17. Jahrhundert allmählich zu verändern. Die Makler des Bordelais gingen damals dazu über, die Weine nach Crus, also nach der geografischen Herkunft, und nach den Preisen, die sie erzielten, zu erfassen und zu klassifizieren; dadurch gelangten bestimmte Weingüter zu Ruhm.

Im 19. Jahrhundert etablierten sich die ersten Weinhändler oder *Négociants* in Bordeaux. Viele von ihnen kamen aus England, einige Unternehmen wurden von schottischen, irischen, holländischen oder deutschen Kaufleuten gegründet. Die besten Château-Weine wurden nicht in Frankreich konsumiert, sondern waren für den Export nach England, Deutschland und in andere europäische Länder bestimmt. Damit hatten die ausländischen Kaufleute einen klaren Vorteil gegenüber ihren französischen Konkurrenten. Jedes Jahr im Frühling kauften diese Weinhändler die jungen Weine in Fässern von den verschiedenen Châteaux, um sie in ihren Kellern reifen zu lassen und später weiterzuversenden. Sie kümmerten sich also auch um den Ausbau (frz. *Élevage*) dieser Weine, weshalb man sie *Négociants-éleveurs* nannte. Darüber hinaus fungierten sie beim Verkauf der Weine auch als Makler, denn vielfach verhandelten die ausländischen Käufer der Bequemlichkeit halber lieber mit einem Weinhändler als direkt mit dem Winzer. Häufig hatten sie auch keine andere Wahl, da eine ganze Reihe von Châteaux im Besitz von Weinhändlern waren oder exklusiv von ihnen vertreten wurden.

CHÂTEAU PALMER
Das majestätische Château zählt zu den schönsten »Schlössern« des Médoc.

DER MODERNE WEINHANDEL

Es war vielleicht unvermeidlich, dass die einst florierenden Familienunternehmen der *Négociants-éleveurs* im Laufe der Zeit an Einfluss verloren. Ihnen fehlten die Mittel, um auf die in den 1960er Jahren enorm gestiegene Nachfrage nach Bordeaux-Weinen reagieren zu können. Sofern sie nicht schon während der Ölkrise Anfang der 1970er Jahre untergingen, fielen sie in den beiden folgenden Jahrzehnten der Rezession zum Opfer.

Während viele alteingesessene Familienunternehmen von Großunternehmen geschluckt wurden oder in Konkurs gingen, verlagerte sich die Macht von den Händlern auf die Châteaux, und um mit der weltweit gestiegenen Nachfrage Schritt halten zu können, erweiterte man vielfach die Rebflächen und baute neue, stahlglänzende Kelleranlagen. Da die Zinsen niedrig waren, wurden viele dieser Projekte mit Bankkrediten finanziert. Als die Verkaufszahlen absackten und die Zinsen in die Höhe schnellten, konnten die Kredite nicht mehr getilgt werden. In der Folge übernahmen Banken, Versicherungskonzerne und Pensionskassen die Rolle der Châteaux und investierten, wenn auch nicht immer ganz freiwillig, kräftig im Bordelais.

Die *Négociants-éleveurs* haben dadurch erheblich an Einfluss verloren, und sie beschränken sich heute im Ausbau von Weinen vorwiegend auf Handelsmarken. Der Ausbau der edlen *Cru-Classé*-Weine wird entweder von den Gütern selbst übernommen

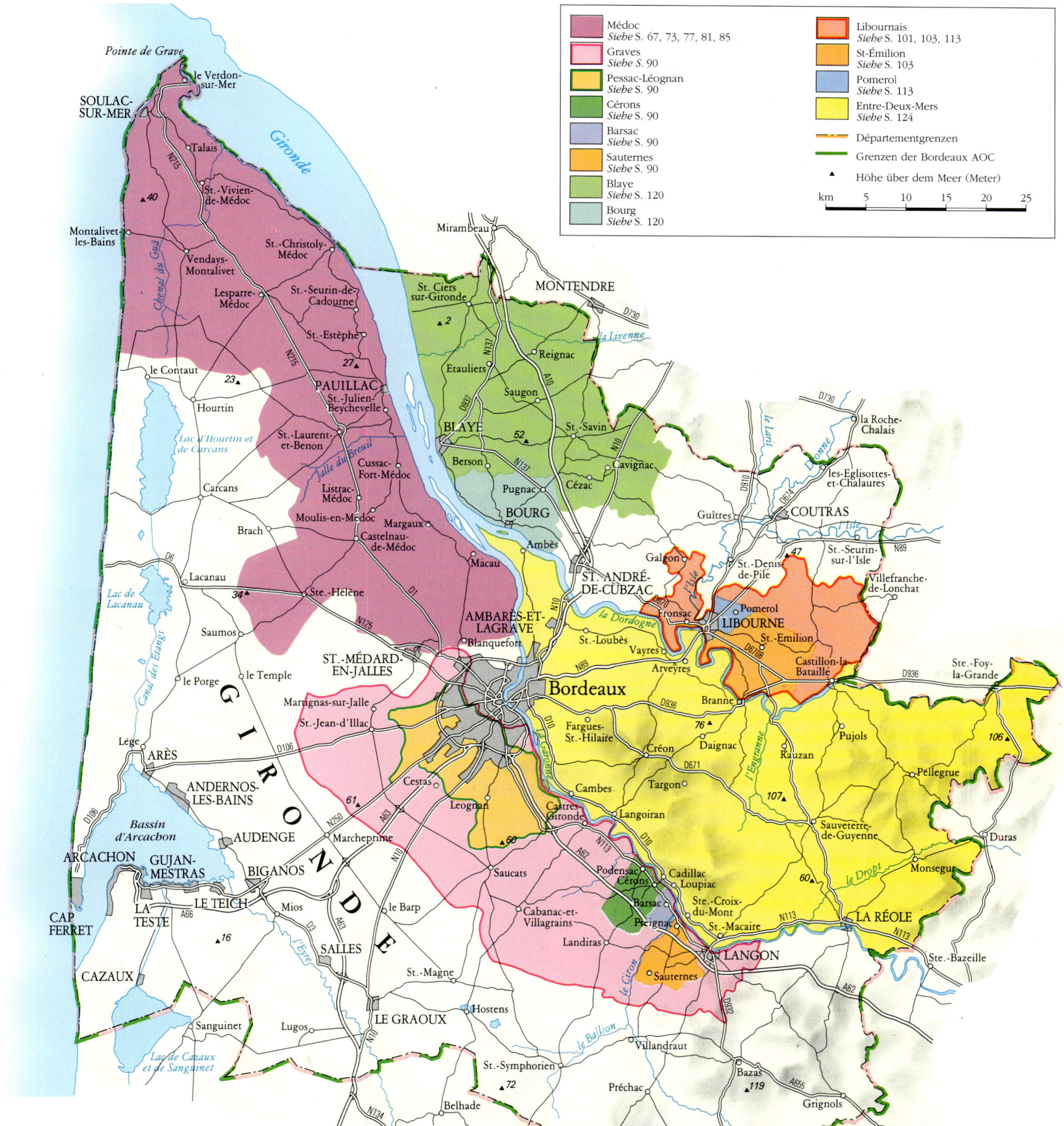

BORDEAUX ***Siehe auch* S. 55**

Das Gebiet der Bordeaux AOC erstreckt sich über das ganze Département Gironde, das im Norden und Süden von den beiden Weinbrandregionen Cognac bzw. Armagnac eingefasst wird. Es besteht aus der ehemaligen Provinz Guyenne sowie einem Teil der Gascogne, dem Bazadais.

oder ganz abgegeben, indem die Weine in grotesk jungem Alter an französische Supermarktketten oder als En-primeur-Weine (*siehe* S. 62) auf dem Weltmarkt verkauft werden. Eine Reihe von Château-Besitzern haben sich kleine Imperien geschaffen, indem sie in einer Art Monopoly ein Weingut nach dem anderen aufkauften. Andere bauten gesunde, wirtschaftskräftige Handelsunternehmen auf, mit denen kaum einer der bekannten, alteingesessenen *Négociants-éleveurs* konkurrieren kann.

Zur neuen Bordeaux-Elite zählen Jean-Michel Cazes (Château Lynch-Bages; ob der Einfluss seines Nachfolgers Christian Sealey ähnlich bestimmend wirkt, wird sich weisen), Eric Dulong (Weinhändler), Frédéric Engerer (seinerzeit jüngster Leiter des Château Latour), André Lurton (La Louvière und Cluteau) und dessen Söhne Jacques und François Lurton, die einen Weinhandel betreiben, Jean-François Mau (Handel mit Bordeaux-Weinen), die Familie Merlaut (seit kurzem auch Cos d'Estourel und Gruaud-Larose), Christian und Jean-Jacques Moueix (Château Pétrus und andere Spitzengüter vor allem im Libournais) und Stephan von Neipperg (mit seinem glanzvollen Beitrag zur Appellation Côtes de Castillon).

DIE KLASSIFIZIERUNG DER BORDEAUX-WEINE

Spricht man von »der« Klassifizierung der Bordeaux-Weine, ist die Einstufung der Bordeaux-Weine von 1855 gemeint. Sie wurde von der Handelskammer Libourne durchgeführt, die auf Wunsch Napoleons III. bei der Pariser Weltausstellung eine Auswahl ihrer Weine vorstellen sollte. Da die Makler an der Börse von Bordeaux die berühmtesten Bordeaux-Weingüter für eigene Zwecke bereits seit langem an Hand der erzielten Preise einstuften, wurden sie aufgefordert, eine »vollständige Liste der klassifizierten Bordeaux-Rotweine sowie unserer großen Weißweine« vorzulegen. Die beiden hier abgedruckten Listen nennen die Namen in der Fassung vom 18. April 1855. Es fehlt daher vielfach die Bezeichnung *Château;* beibehalten wurden die Angaben *Seconds Crus* bei den Rotweinen und *Deuxième Crus* bei den Weißweinen.

DIE KLASSISCHEN BORDEAUX-REBSORTEN

Anders als man vielleicht vermuten würde, ist nicht Cabernet Sauvignon, sondern Merlot die wichtigste Rebsorte des Bordelais. Cabernet Sauvignon macht nur 18 % der Rebfläche aus, Merlot über 32 %. Man sollte daher besser sagen, Cabernet Sauvignon

DAS ETIKETT DES BORDELAIS

Seit dem Jahr 2000 muss bei allen Weinen dieser Region Vin de Bordeaux oder Grand Vin de Bordeaux angegeben sein. Dies dürfte für alle Verbraucher eine willkommene zusätzliche Erläuterung sein, denen nicht bewusst war, dass bestimmte AOC, zum Beispiel Fronsac, Appellationen aus dem Bordeaux sind.

Jahrgang
Lokale Unterschiede in der Qualität der Jahrgänge sind zu beachten. Der hervorragende Jahrgang 1970 fiel in St-Émilion nicht ganz so gut aus, dafür waren dort die 1971er Weine sehr viel besser als im Médoc. Doch lassen Sie sich dadurch nicht irritieren – die Experten streiten noch heute über die Jahrgänge 1961 und 1945. Selbst Weinpapst Michael Broadbent gesteht freimütig, dass er 40 Jahre brauchte, um sich für den 45er Jahrgang zu entscheiden. Einen 61er würde er aber auch nicht verschmähen!

Name des Weins
Handelsmarke oder Château-Wein? Markenweine haben in der Regel nur eine regionale Herkunftsbezeichnung und sollten preiswert sein. Bei Château-Weinen sollten Sie sich fragen, ob der Name dem Preis entspricht, den Sie zu zahlen bereit sind.

Grand Cru Classé
Bei Erzeugnissen aus dem Médoc und Graves entspricht dieses Prädikat der Bezeichnung Cru Classé (*siehe* unten).

Eigentümer
Name und Adresse des Weingutsbesitzers.

Appellation
Als Erstes ist auf die Angabe der Herkunft zu achten. Alle großen Château-Weine gehören sehr kleinen Herkunftsbereichen an. Weine mit allgemeiner Herkunftsbezeichnung oder aus einem weniger bedeutenden Gebiet, zum Beispiel Bourg, Blaye oder Entre-Deux-Mers, können durchaus gute, aber keine großen Weine sein.

Produce of France oder Produit de France
Bei für den Export bestimmten Erzeugnissen ist die Nennung des Herkunftslandes gesetzlich vorgeschrieben. Es gibt jedoch einen Grund, warum die Angabe fehlen kann: Bordeaux-Weine gehen nicht selten in mehreren Ländern durch verschiedene Hände, bevor sie konsumiert werden.

Hinweis zum Abfüllungsort
Alle großen Bordeaux-Weine tragen heute sowohl auf dem Korken als auch auf dem Etikett deutlich sichtbar die Aufschrift Mis en bouteille au château (Erzeugerabfüllung). Ältere Jahrgänge können von einem négociant in Bordeaux abgefüllt oder in Tanks versandt und an einem anderen Ort abgefüllt worden sein. Diese Weine sollten erheblich preiswerter sein. Ist (oder war) der Abfüller ein ehrenhafter Händler, kommt man unter Umständen günstig in den Genuss eines alten Jahrgangs – dieser 1966er Château Batailley wurde bei Peter Dominic in London abgefüllt und war in der Tat vorzüglich.

Folgende Klassifikationen kann man auf Bordeaux-Etiketten finden (einige sind nur für Weine aus St-Émilion verwendbar; *siehe* S. 104):

Cru Artisan
Traditionelles Prädikat des Médoc, das allerdings von der EU nicht anerkannt wird, obwohl sich 250 Weingüter, die 11 % der Weinproduktion des Médoc liefern, gemeinsam um die offizielle Anerkennung bemühen.

Cru Bourgeois
Zu dieser Kategorie gehören gute nicht klassifizierte Weine, die ein Drittel der Produktion der verschiedenen Médoc-Appellationen ausmachen. Sie liegen qualitativ zwischen den *Petits Châteaux* und den *Crus Classés* und stammen von über 300 Weingütern, die 49 % der Gesamtproduktion des Médoc liefern. Aufgrund der Vielzahl dieser Weine kann die Qualität erheblich schwanken, man findet aber durchaus außergewöhnliche Produkte.

Cru Classé
Diese Bezeichnung steht für »klassifiziertes Gewächs« und darf in Bordeaux nur verwendet werden, wenn Weingut und Rebflächen offiziell klassifiziert wurden.

Premier Cru oder Premier Grand Cru Classé
Wer als *Premier Cru* (»Erstes Gewächs«) eingestuft wurde, wird selbstverständlich mit diesem Prädikat werben.

Grand Cru
Dieses Prädikat wurde bis einschließlich 1985 jährlich neu an bestimmte St-Émilion-Weine verliehen.

Grand Cru Classé
Mit diesem auf Dauer verliehenen Prädikat werden in St-Émilion besonders hochwertige Weine ausgezeichnet, die über den *Grands Crus* stehen. Im Médoc und im Graves ist die Bezeichnung *Grand Cru Classé* hingegen synonym mit *Cru Classé*.

Premier Grand Cru
Die auf Dauer zuerkannte Spitzenkategorie der St-Émilion-Weine rangiert über dem Grand Cru Classé.

Grand Vin
Dieses Prädikat entbehrt zwar einer gesetzlichen Grundlage, wird aber von den berühmten Châteaux zur Kennzeichnung ihres »Hauptweins« verwendet. Die so genannten »Zweitweine« werden unter anderen Namen verkauft.

DIE KLASSIFIZIERUNG DER WEISSWEINE DER GIRONDE VON 1855

PREMIER CRU SUPÉRIEUR

Yquem, Sauternes

PREMIERS CRUS

Latour Blanche, Bommes (heute *Château La Tour Blanche*)

Peyraguey, Bommes (heute zwei Güter: *Château Lafaurie-Peyraguey* und *Château Haut-Peyraguey*)

Vigneau, Bommes (heute *Château Rayne-Vigneau*)

Suduiraut, Preignac

Coutet, Barsac

Climens, Barsac

Bayles, Sauternes (heute *Château Guiraud*)

Rieusec, Sauternes (heute *Château Rieussec*, Barsac)

Rabeaud, Bommes (heute zwei Güter: *Château Rabaud-Promis* und *Château Sigalas-Rabaud*)

DEUXIÈMES CRUS

Mirat, Barsac (heute *Château Myrat*)

Doisy, Barsac (heute zwei Güter: *Château Doisy-Daëne* und *Château Doisy-Védrines*)

Pexoto, Bommes (heute Teil von *Château Rabaud-Promis*)

D'arche, Sauternes (heute *Château d'Arche*)

Filhot, Sauternes

Broustet Nérac, Barsac (heute zwei Güter: *Château Broustet* und *Château Nairac*)

Caillou, Barsac

Suau, Barsac

Malle, Preignac (heute *Château de Malle*)

Romer, Preignac

Lamothe, Sauternes

mehr oder weniger großem Maß auch in trockenen Weinen verwendet. Viele preiswerte trockene Weißweine werden ausschließlich aus Sauvignon Blanc gemacht.

DIE ROLLE DER REBSORTEN IM VERSCHNITT

Im Bordelais werden verschiedene rote und weiße Rebsorten angebaut. Durch Mischung der verschiedenen Sorten erhält jeder Bordeaux-Wein seinen typischen Charakter.
Unter den roten Bordeaux-Sorten zeichnet sich die Cabernet Sauvignon durch besonderen Nuancenreichtum und ausgeprägten

DIE KLASSIFIZIERUNG DER ROTWEINE DER GIRONDE VON 1855

PREMIERS CRUS

Château Lafite, Pauillac (heute *Château Lafite-Rothschild*)

Château Margaux, Margaux

Château Latour, Pauillac

Haut-Brion, Pessac-Léognan (Graves)

SECONDS CRUS

Mouton, Pauillac (heute *Château Mouton-Rothschild;* seit 1973 Premier Cru)

Rauzan-Ségla, Margaux

Rauzan-Gassies, Margaux

Léoville, St-Julien (heute drei Güter: *Château Léoville-Las-Cases, Léoville-Poyferré* und *Léoville-Barton*)

Vivens Durfort, Margaux (heute *Château Durfort-Vivens*)

Gruau-Laroze, St-Julien (heute *Château Gruaud-Larose*)

Lascombe, Margaux (heute *Château Lascombes*)

Brane, Cantenac (heute *Château Brane-Cantenac*)

Pichon Longueville, Pauillac (heute zwei Güter: *Château Pichon-Longueville-Baron* und *Château Pichon-Longueville Comtesse-de-Lalande*)

Ducru Beau Caillou, St-Julien (heute *Château Ducru-Beaucaillou*)

Cos Destournel, St-Estèphe (heute *Château Cos d'Estournel*)

Montrose, St-Estèphe

TROISIÈMES CRUS

Kirwan, Cantenac

Château d'Isaan, Cantenac

Lagrange, St-Julien

Langoa, St-Julien (heute *Château Langoa-Barton*)

Giscours, Labarde

St-Exupéry, Margaux (heute *Château Malescot-St-Exupéry*)

Boyd, Cantenac (heute zwei Güter: *Château Boyd-Cantenac* und *Château Cantenac Brown*)

Palmer, Cantenac

Lalagune, Ludon (heute *Château La Lagune*)

Desmirail, Margaux

Dubignon, Margaux (besteht nicht mehr; ein Teil der Weinberge gehört heute zu *Château Malescot-St-Exupéry, Château Palmer* und *Château Margaux*)

Calon, St-Estèphe (heute *Château Calon-Ségur*)

Ferrière, Margaux

Becker, Margaux (heute *Château Marquis d'Alesme-Becker*)

QUATRIÈMES CRUS

St-Pierre, St-Julien (heute *Château St-Pierre*)

Talbot, St-Julien

Du-Luc, St-Julien (heute *Château Branaire*)

Duhart, Pauillac (zeitweise *Château Duhart-Milon Rothschild*, heute *Château Duhart-Milon*, obwohl noch im Besitz der Familie Rothschild)

Pouget-Lassale, Cantenac (heute *Château Pouget*)

Carnet, St-Laurent (heute *Château La Tour-Carnet*)

Rochet, St-Estèphe (heute *Château Lafon-Rochet*)

Château de Beychevele, St-Julien (heute *Château Beychevelle*)

Le Prieuré, Cantenac (heute *Château Prieuré-Lichine*)

Marquis de Thermes, Margaux (heute *Château Marquis-de-Thermes*)

CINQUIÈMES CRUS

Canet, Pauillac (heute *Château Pontet-Canet*)

Batailley, Pauillac (heute zwei Güter: *Château Batailley* und *Château Haut-Batailley*)

Grand Puy, Pauillac (heute *Château Grand-Puy-Lacoste*)

Artigues Arnaud, Pauillac (heute *Château Grand-Puy-Ducasse*)

Lynch, Pauillac (heute *Château Lynch-Bages*)

Lynch Moussas, Pauillac

Dauzac, Labarde

Darmailhac, Pauillac (heute *Château d'Armailhac*)

La Tertre, Arsac (heute *Château du Tertre*)

Haut Bages, Pauillac (heute *Château Haut-Bages-Libéral*)

Pédesclaux, Pauillac (heute *Château Pédesclaux*)

Coutenceau, St-Laurent (heute *Château Belgrave*)

de Camensac, St-Laurent

Cos Labory, St-Estèphe

Clerc Milon Rothschild, Pauillac

Croizet-Bages, Pauillac

Cantemerle, Macau

verleiht dem Merlot Rückgrat, anstatt dass Merlot den Cabernet Sauvignon abrundet. Eine Ausnahme bildet der Château Mouton-Rothschild, der zu 90 % aus Cabernet Sauvignon gekeltert wird. Selbst auf dem heiligen Boden des Médoc, wo es an Blasphemie grenzt, das Wort »Merlot« auch nur auszusprechen, sind 40 % der Reben Merlot. Der Château Pétrus (*siehe* S. 114), einer der teuersten Weine der Welt, besteht zu 95 % aus Merlot und enthält überhaupt keinen Cabernet Sauvignon. Cabernet Sauvignon ist zwar eine klassische Rebsorte, vielleicht sogar die beste Rotweintraube der Welt, doch wird ihre Bedeutung für Bordeaux oft überschätzt. Die wichtigste Weißweintraube des Bordelais ist – sowohl hinsichtlich Rebfläche als auch Qualität – die Sémillon. Diese Rebsorte, die leicht von der Edelfäule befallen wird, gilt als die beste Süßweintraube der Welt; sie liefert die klassischen Weine von Sauternes und Barsac. Die Sémillon ist auch für die meisten der besten trockenen Bordeaux-Weißweine verantwortlich; leider genießen sie wenig Ansehen und sind selten zu finden. Sauvignon Blanc ist eine wichtige Komponente der Süßweine und wird in

DIE MERLOT-TRAUBE
Im Bordelais werden fast doppelt so viel Merlot- wie Cabernet-Rebstöcke kultiviert.

WEINKAUF PER SUBSKRIPTION

WAS VERSTEHT MAN UNTER WEINKAUF PER SUBSKRIPTION?
Dies ist eine Möglichkeit, mit Bordeaux-Weinen zu spekulieren, indem man sie kauft, bevor sie in Flaschen abgefüllt werden. Ich würde dies heute nicht mehr empfehlen. Alle Bordeaux-Châteaux versuchen, einen bestimmten Prozentsatz ihrer Weinproduktion bereits im ersten Jahr zu verkaufen, während der Wein erst nach drei Jahren abgefüllt und versandt wird.

VERKAUF PER POSTANGEBOT
Der Erstverkauf beginnt in der Regel im Frühjahr nach der Lese, kurz nachdem Weinhändler aus aller Welt in nur einer Woche Hunderte von Weinen verkostet haben, die kaum ein halbes Jahr alt sind. Anschließend werden heimischen Händlern und großen Privatkunden Fassproben der besten Weine zur Verkostung angeboten. Diese Weinproben finden frühestens im März, meist erst im Juni statt, und um diese Zeit werden auch die Angebote verschickt, in denen die Weine und ihre mögliche Entwicklung in den schillerndsten Farben angepriesen werden.

PROBEVERSCHNITTE
Bei den von den Händlern verkosteten und zur Subskription angebotenen Erzeugnissen handelt es sich stets um Probeverschnitte. Das bedeutet, dass das Mischungsverhältnis der verschiedenen Rebsorten nur in etwa dem des tatsächlichen Endprodukts entspricht. Auch wenn sich der Weinmacher um größte Genauigkeit bemüht, werden diese Proben doch nie exakt dem fertigen Wein entsprechen. Selbst die Winzer wissen nicht genau, wie das endgültige Mischungsverhältnis aussehen wird. Viel hängt nämlich davon ab, ob sich jedes Fass so entwickelt wie erwartet und ob ein Fass, das sich nicht für den Grand Vin qualifiziert, tatsächlich ausgesondert wird.

WANN SIND SUBSKRIPTIONS-KÄUFE ZU EMPFEHLEN?
Der Kauf eines Weins, den Sie drei bis vier Jahre nicht anrühren (und wahrscheinlich noch weitere drei bis vier Jahre liegen lassen) sollten, empfiehlt sich nur dann, wenn er anders nicht zu haben ist oder später – wenn er verfügbar ist – sehr viel teurer sein wird.

WELCHE WEINE SIND EMPFEHLENSWERT?
Weinliebhabern würde ich für den Subskriptions-Kauf besonders Cornas-Weine von der Rhône empfehlen, die in trinkreifem Zustand kaum zu bekommen sind, es sei denn, man ist bereit, das Zwei- bis Dreifache des Subskriptions-Preises zu bezahlen. Bei den Bordeaux-Weinen kann ich nur zum Kauf von Spitzenprodukten raten. Es spielt keine Rolle, ob die Fassprobe eines Latour, Mouton, Pétrus oder Yquem dem Endprodukt auch nur ansatzweise gleicht, diese Investition lohnt sich in jedem Fall. Und auch aus der Perspektive des Weintrinkers sollte man auf keinen anderen Bordeaux setzen.

Charakter aus. Sie besitzt feste Tannine und entfaltet mit der Zeit kräftige, intensive, nachhaltige Aromen. Cabernet-Sauvignon-Weine können von außergewöhnlicher Finesse sein; ihr Bukett erinnert häufig an Schwarze Johannisbeeren oder Veilchen. Cabernet Franc hat ähnliche Eigenschaften wie Cabernet Sauvignon, kann aber je nach Boden auch einen krautigen, holzigen oder erdigen Beigeschmack haben. In St-Émilion und Pomerol ist sie jedoch die überlegene Sorte, ihre Produkte können mit denen ihrer berühmteren Cousine im Graves ohne weiteres mithalten. Die Merlot liefert weiche, geschmeidige und bisweilen gehaltvolle Weine, die sich durch eine angenehme intensive, saftige, würzige Frucht auszeichnen. Petit Verdot ist eine spät reifende Traube mit hohem Säuregehalt, während Malbec eine dicke, pigmentreiche Beerenhaut hat. Kleine Mengen dieser beiden Sorten wurden deshalb traditionell dazu verwendet, Farbe und Säure von Verschnitten zu regulieren. Ihr Einsatz für diesen Zweck ist in den letzten 20 Jahren aufgrund moderner Weinbau- und Kellertechnik zurückgegangen.

Die weiße Sémillon ergibt Weine mit viel Aroma und Alkohol. Ihre köstlichen Süßweine sind außerordentlich lange lagerfähig, aufgrund ihres geringen Säuregehalts ist diese Rebsorte für trockene Weine kaum geeignet. In Ausnahmefällen lassen sich aus besonders hochwertigen Trauben feine trockene Weißweine gewinnen, wenn sie in neuen Eichenfässern ausgebaut werden. Das hebt das Aroma des Weins und verleiht ihm eine gute Struktur; sonst wäre er zu fett und ausdruckslos.

Der Sauvignon Blanc aus dem Bordelais ist weich, delikat und sehr zugänglich. Ihm fehlt zwar der Biss der Loire-Weine aus Sancerre oder Pouilly-Fumé, doch ist der Sortencharakter heute ausgeprägter als noch vor wenigen Jahren. Frühe Ernte, eine Mazeration auf den Schalen vor der Gärung – um Aromastoffe herauszuholen – und verlängere Gärung in gekühlten Edelstahltanks ergeben einen durchaus interessanten trockenen Weißwein von mittlerer Qualität.

DIE VERGÄRUNG

Zwar verwenden einige *Cru-Classé*-Erzeuger für die Gärung nach wie vor Holzbottiche (weniger aus Traditionsbewusstsein als aus finanziellen Gründen); in neue Eichenfässer investiert bislang jedoch kaum einer, stattdessen bevorzugt man Edelstahltanks. Die einzige Ausnahme bildet überraschenderweise Château Margaux. Dieses große Weingut hat auf den Rat des berühmten Önologen Professor Peynaud mehr Geld für neue Eichenfässer ausgegeben als irgendein anderes Weingut im Bordelais. Dies ist überraschend, da fast jeder andere Erzeuger in Bordeaux aufgrund Peynauds Empfehlung in Edelstahltanks investierte.

DER EINSATZ VON PRESSWEIN – IM BORDEAUX ÜBLICH

Ein Verfahren, das vor allem für die Rotweinherstellung in Bordeaux typisch ist, ist die Zugabe bestimmter Mengen an *vin de presse* (Presswein). Dies ist ein besonders dunkler und tanninhaltiger Rotwein, der nach Abschluss der alkoholischen und malolaktischen Gärung gewonnen wird. Der Wein wird zunächst vom Trub abgezogen und in Fässer umgefüllt. Anschließend werden die im Bottich verbliebenen Schalen und Kerne gepresst, in der Regel zweimal; der erste – bessere – Presswein macht etwa 10 % der Gesamtproduktion aus, der zweite liefert weitere 5 %. Pressweine haben einen relativ geringen Alkoholgehalt und sind, da die Reste

GÄRUNG UND AUSBAU DER WEINE

Qualität und Eigenschaften der Bordeaux-Weine werden vom Anteil der verwendeten Rebsorten und dem Terroir des jeweiligen Guts bestimmt. Die Gestaltung der Vinifikation war jedoch seit jeher für den Feinschliff der großen Weine verantwortlich. Zu den Möglichkeiten gehören die Zugabe von Presswein (maximal 15 %), Maischung auf den Schalen (bis zu einem Monat), Ausbau (früher drei bis fünf Jahre, heute nur noch 15 bis 18 Monate) und ein Anteil neue Eiche, immer ein Markenzeichen der Ersten Gewächse des Bordelais.

vorwiegend aus Schalen bestehen, besonders farbintensiv und gerbstoffreich. Weine, die jung getrunken werden sollten, würden durch die Zugabe von Presswein unangenehm hart, ein klassischer, im Eichenfass gereifter Bordeaux bekommt hingegen mehr Fülle und längere Lebensdauer.

DER AUSBAU IM EICHENFASS

Nach der Gärung reifen die besten Bordeaux-Weine bis zur Flaschenabfüllung durchweg in 225-l-Eichenfässern, den so genannten *Barriques.* Wie lange der Reifeprozess dauert und wie hoch der Anteil neuer Eichenfässer sein sollte, ist abhängig von Qualität und Struktur des Weines, die je nach Jahrgang variieren. Je größer der Wein, desto höher kann der Anteil neuer Eiche sein und desto länger wird er zum Reifen benötigen. Die absoluten Spitzenweine – alle *Premiers Crus* – erfordern mindestens 18 bis 24 Monate Lagerung in zu 100 % neuen Eichenfässern, um reif zu werden. Andere hochwertige Weine benötigen unter Umständen nur 12 bis 18 Monate und ziehen keinen Nutzen aus 100 % neuer Eiche; 30 bis 50 % können genügen. Sollten Sie Gelegenheit dazu haben, stecken Sie Ihre Nase einmal in ein unbenutztes Fass aus neuer Eiche. Dieses wunderbar sahnig-rauchige, an Vanille und Holzkohle erinnernde Aroma sollte einen guten Wein prägen, wenn er richtig im Eichenfass ausgebaut wurde.

BLICK IN EIN BORDEAUX-FASSLAGER

In diesen Barriques aus neuer Eiche im Chai *(Fasslager) von Château Langoa-Barton reifen die Weine von Château Léoville-Barton. Léoville-Barton verfügt über kein eigenes Fasslager.*

GEGENWART UND ZUKUNFT

In den frühen 1980er Jahren entdeckten auch die Erzeuger von *Crus Bourgeois* den so genannten Zweitwein, der seit jeher von den Spitzenweingütern angeboten wird. So sind nun auch bescheidene Betriebe in der Lage, durch eine strengere Auslese bei ihrem *Grand Vin* (Hauptwein) sehr viel bessere Erzeugnisse anzubieten. Ende der 80er Jahre gingen die qualitätsbewussten Châteaux dazu über, die Erntemengen durch regelmäßiges Ausdünnen der reifenden Trauben zu begrenzen. In jüngster Zeit führte man auf Cos d'Estournel, Château Lafite, Château Léoville-Las-Cases und Château Pichon-Longueville-Baron Geräte zur Extraktanreicherung ein, mit denen sich, etwa durch Verdampfung oder Osmose, der Traubensaft konzentrieren lässt. Ob dies ein Schritt vorwärts ist, darf bezweifelt werden. Den bedeutendsten Fortschritt der letzten 20 Jahre erzielte man im Bordelais ohne Zweifel im Jahr 1994, als man sich entschied, die Tanninreife anstatt wie üblich die Zucker-Säure-Reife als Beginn der Traubenlese zu wählen. Denn im Unterschied zu den unreifen Tanninen, die nicht wasserlöslich sind und immer hart bleiben, sind reife Tannine spaltbar, sie sind geschmeidiger und werden weich. Das Phänomen ist zwar seit langem bekannt, doch wann die Tanninreife eintritt, ist von Region zu Region verschieden. Für das Bordelais wird die Tanninreife seit 1986 von Vincent Dupuch von der Landwirtschaftskammer erforscht. Er entdeckte, dass Trauben, die physiologisch (das heißt nach dem Zucker-Säure-Verhältnis) reif erschienen, noch einen hohen Anteil unreifer Tannine aufwiesen. 1994 begannen zahlreiche Winzer erst zu dem von Dupuch für die Tanninreife ermittelten Termin mit der Weinlese und stellten zu ihrer Überraschung fest, dass der beste Zeitpunkt tatsächlich sehr viel später liegt als bislang angenommen. Viele Bordeaux-Weine dieses Jahrgangs werden also nicht nur früher trinkreif sein, sondern die Winzer konnten durch die Ermittlung des exakten Gehalts an Phenolen – zu denen auch Farb- und Gerbstoffe gehören – Mazeration und Gärung bei jeder einzelnen Partie Trauben genau regulieren.

Das 21. Jahrhundert wird einen weiteren Aufstieg hochwertiger Boutiqueweine bringen, vor allem aus St-Émilion. Die Erhöhung der Rebdichte zur Steigerung der allgemeinen Qualität in einigen Bordelaiser Appellationen wird sich jedoch verzögern. Verordnungen aus dem Jahr 1994 hatten eine schnelle Umsetzung der neuen Standards vorgesehen, doch aufgrund neuer Verordnungen von 1998 wird ein Teil der höheren Dichten erst 2025 legal zu verwirklichen sein.

JÜNGERE BORDEAUX-JAHRGÄNGE

2001–2003 Das Klima im Bordeaux war 2001 nicht so ausgeglichen wie im Vorjahr, so ist der Jahrgang 2001 weniger homogen als sein Vorgänger. Allerdings konnte ein warmer und trockener Herbst die Ernten retten. Weingütern, die sich wie etwa in Margaux mit der Lese geduldeten und eine gewissenhafte Auslese der Trauben vornahmen, sind wunderschöne Weine gelungen. 2002 hingegen spielte die Natur den Bordelaiser Winzern zahlreiche Streiche, vor allem der ungünstige August machte eine volle Reife der Trauben zunichte. Einzelnen Erzeugern, vor allem unter den *Premiers Crus,* sind durch strengste Selektion dennoch gute Weine gelungen. Generell allerdings kommt der Jahrgang 2002 über das Mittelmaß kaum hinaus. Dafür wurden die Winzer durch den Jahrhundertsommer 2003 wieder versöhnt. Ein warmer Frühling, heiße Sommermonate und ideale Bedingungen während der historisch frühen Erntezeit brachten einen viel versprechenden Jahrgang: Weißweine mit intensiven Aromen, dabei aber geringem Säuregehalt, runde Merlots und vollreife Cabernets Sauvignons sowie herausragende Süßweine.

2000 Der liebe Gott hatte ein Nachsehen mit den Verfehlungen des Bordelais in der jüngsten Vergangenheit und ließ im letzten Jahr des gerade vergangenen Jahrhunderts mild die Sonne über die bekannteste Rotweinregion der Welt lächeln. Die Rotweine beiderseits der Gironde sind von der herrlichen Färbung, der Fülle und Ausgewogenheit eines großen Jahrgangs. Einige hervorragende, körperreiche Weine wurden produziert. Obwohl die späte Lese der Sauterne und des Barsac von überraschenden Regenschauern begleitet wurde, lässt sich das Ergebnis mit dem Jahrgang 1999 vergleichen.

1999 Alles, was schief gehen konnte, ging in jenem Jahr schief. Die letzte Lese der 1990er Jahre hatte unter den Widrigkeiten des Klimas jenes Jahrzehnts zu leiden, Krankheiten befielen die Rebstöcke, Regen behinderte die Lese, eine hohe Quote der Trauben blieb unreif. Alles in allem ein sehr uneinheitlicher Jahrgang; die besten Weine kamen meist aus St-Émilion, dazu einige hervorragende Margaux und St-Juliens sowie manche Sauternes, die an die 1998er, wenn auch nicht an die 1997er, herankommen.

1998 Ein sehr guter Jahrgang, der wirklich groß hätte werden können, wenn es Ende September nicht geregnet hätte. Die Weine waren aber dennoch nicht verwässert, denn sie zeigen außerordentliche Farbe. Der Merlot geriet gleich zu Anfang viel versprechend, und die Cabernets, vor allem der führenden Güter, entwickelten sich wesentlich besser als erwartet. Hervorragender Pomerol und St-Émilion und sehr guter Sauternes.

DIE REGIONALE HERKUNFTSBEZEICHNUNG

BORDEAUX AOC

BORDEAUX AOC

Qualitätsunterschiede sind in großen Weinbauregionen unvermeidlich. Und so ist auch die regionale Herkunftsbezeichnung Bordeaux AOC ein Sammelbecken für gute, mittelmäßige und schlechte Weine der Region. Die Weine dieser Kategorie sind meist recht anständig, auch wenn selbst die besten kaum den klassischen Standards entsprechen, die diese Region berühmt gemacht haben. Weine mit regionaler Herkunftsbezeichnung können von jedem AOC-Weingut aus dem gesamten Département Gironde stammen. Einige besonders interessante Weine kommen aus klassischen Bereichen, deren spezifische AOC nur für einen bestimmten Weintyp gilt: zum Beispiel ein roter Bordeaux, der in Sauternes erzeugt wird. Handelt es sich um einen Markenwein, ist er trinkfertig. Ist es ein Gutswein, lässt die Adresse des Weinbaubetriebs Rückschlüsse auf das Herkunftsgebiet zu; zudem ist hier der Preis ein Indikator für die Qualität und den Zeitpunkt, wann der Wein getrunken werden kann.

ROT Meist einfache, helle Weine zum Essen, die durch einen hohen Anteil Merlot geschmeidig sind und früh getrunken werden sollten.

Cabernet Sauvignon, Cabernet Franc, Carmenère, Merlot, Malbec, Petit Verdot

1–5 Jahre

WEISS Durch einen Restzuckergehalt von mindestens 4 g pro l haben die Weine eine gewisse Süße. Diese Kategorie ist jedoch höchst bunt zusammengesetzt, und so finden sich hier viele nichts sagende, langweilige Weine. Liegt der Restzuckergehalt unter 4 g pro l, muss das Etikett die Geschmacksangabe »Sec« (trocken) tragen. Zwar gibt es auch bei den trockenen Weinen große Unterschiede, aber auch viele der besten Weine der Appellation. Sie dürfen bereits ab dem 1. Dezember – ohne Kennzeichnung als *primeur* oder *nouveau* – in den Handel gebracht werden.

Sémillon, Sauvignon, Muscadelle, dazu bis zu 30 % Merlot Blanc, Colombard, Mauzac, Ondenc, Ugni Blanc

1–2 Jahre

ROSÉ Wenn sie von individuellen Gütern stammen, können diese halbtrockenen, mittelgewichtigen Weine recht attraktiv sein. Sie dürfen bereits ab dem 1. Dezember – ohne Kennzeichnung als *primeur* oder *nouveau* – in den Handel gebracht werden.

Cabernet Sauvignon, Cabernet Franc, Carmenère, Merlot, Malbec, Petit Verdot

Sofort

BORDEAUX CLAIRET AOC

Der Begriff *Clairet* bezeichnet leichte, helle Rotweine. In alten Zeiten stand *Vin Claret* für einen besonders guten Wein – ein Indiz dafür, dass das Bordelais schon früh für besonders klare Weine berühmt war.

ROSÉ Kräftiges, dunkles Rosa oder schwaches, helles Rot? Die besten dieser halbtrockenen, mittelgewichtigen Weine kommen aus Quinsac.

Cabernet Sauvignon, Cabernet Franc, Carmenère, Merlot, Malbec, Petit Verdot

1–2 Jahre

BORDEAUX ROSÉ AOC

In der Theorie ist diese Bezeichnung Weinen vorbehalten, die als Rosé vinifiziert werden. Der Name »Bordeaux Clairet« steht hingegen für Rotweine mit besonders heller Farbe. Beide können jedoch einfach auch nur als »Bordeaux AOC« gekennzeichnet werden.

BORDEAUX SEC AOC

Weiße Weine mit einem Restzuckergehalt von unter 4 g pro l (*siehe* auch Bordeaux AOC).

BORDEAUX SUPÉRIEUR AOC

Theoretisch sind diese Weine den Bordeaux AOC nur durch ein halbes Prozent mehr Alkohol überlegen, tatsächlich sind sie insgesamt besser, zuverlässiger und damit preiswürdiger.

ROT Trockene, leichte bis mittelgewichtige Weine von sehr unterschiedlicher Qualität, jedoch meist voller und körperreicher als die meisten anderen roten Bordeaux mit allgemeiner Herkunftsbezeichnung.

Cabernet Sauvignon, Cabernet Franc, Carmenère, Merlot, Malbec, Petit Verdot

2–6 Jahre

WEISS Trockene, bisweilen liebliche, leichte bis mittelgewichtige Weine; selten anzutreffen.

Sémillon, Sauvignon, Muscadelle, dazu bis zu 30 % Merlot Blanc, Colombard, Mauzac, Ondenc, Ugni Blanc; der Anteil an Merlot Blanc darf 15 % nicht übersteigen.

1–2 Jahre

BORDEAUX SUPÉRIEUR CLAIRET AOC

Diese Kategorie ist nur selten anzutreffen; die Weine werden entweder als »Bordeaux Supérieur« oder als »Bordeaux Clairet« angeboten.

ROSÉ Halbtrockene, mittelgewichtige Clairet-Weine; enthalten jedoch einen halben Prozentpunkt mehr Alkohol.

Cabernet Sauvignon, Cabernet Franc, Carmenère, Merlot, Malbec, Petit Verdot

1–2 Jahre

BORDEAUX SUPÉRIEUR ROSÉ AOC

Der beste Vertreter dieser mengenmäßig kleinen Kategorie ist nach wie vor der Rosé de Lascombes von Château Lascombes.

ROSÉ Halbtrockene, mittelgewichtige Weine, im Allgemeinen voller, runder und eleganter als irgendein Bordeaux Rosé AOC.

Cabernet Sauvignon, Cabernet Franc, Carmenère, Merlot, Malbec, Petit Verdot

1–2 Jahre

CRÉMANT DE BORDEAUX AOC

Die Crémant de Bordeaux AOC wurde 1990 eingeführt und ersetzt die Bordeaux Mousseux AOC, die zum 31. Dezember 1995 eingestellt wurde. Wenngleich vielen Loire-Schaumweinen überlegen, darf man von Bordeaux-Schampus nichts Außergewöhnliches erwarten. Hinter der neuen Bezeichnung verbirgt sich nämlich nach wie vor das alte Produkt, ein bescheidener, anspruchsloser Sekt ohne den Charakter und den Ausdruck, die ihn aus der Flut weitaus preiswerterer, ebenso langweiliger Produkte herausheben könnten, die nahezu überall zu finden sind. Ich habe schon weitaus bessere Schaumweine aus Gebieten getrunken, die viel ungünstigere Bedingungen boten als das Bordelais.

WEISS Trockene bis liebliche, leichte bis mittelgewichtige, jedoch fast durchweg nichts sagende Weine.

Sémillon, Sauvignon, Muscadelle, Ugni Blanc, Colombard, Cabernet Sauvignon, Cabernet Franc, Carmenère, Merlot, Malbec, Petit Verdot

1–2 Jahre

ROSÉ Hätte man mit der Einführung einer neuen AOC auch die Verwendung weißer Trauben für Roséschaumweine gestattet, hätte sich dies wahrscheinlich positiv auf die Qualität ausgewirkt.

Cabernet Sauvignon, Cabernet Franc, Carmenère, Merlot, Malbec, Petit Verdot

2–3 Jahre

DIE BESTEN MARKEN DER BORDEAUX AOC

Die Rotweine aus Bordeaux genießen in der ganzen Welt einen besonderen Ruf. Doch wie in allen Weinbauregionen findet man auch hier einfache Weine. Im Bordelais dürfen sich diese Erzeugnisse mit den gleichen illustren Namen schmücken wie die Spitzenweine. Ein einfacher Margaux unterscheidet sich jedoch nicht nur im Preis von einem Château Margaux. Denn handelt es sich bei Ersterem um einen Verschnitt anspruchsloser Weine, die aus allen Ecken der Appellation stammen, ist Letzterer eine Selektion aus den besten Weinen eines Guts, nämlich des *Premier Cru* Château Margaux. Damit Sie bei der ersten Begegnung mit Markenweinen dieser weltbesten Weinbauregion keine Enttäuschung erleben, würde ich Ihnen folgende empfehlen:

DOURTHE NUMÉRO 1
Wahrscheinlich zurzeit die beste der in großen Mengen verkauften Bordeaux-Marken.

LA COUR PAVILLON
Einer der beständigsten, unterbewerteten Weine mit regionaler Herkunftsbezeichnung. Der auf Château Loudenne gemachte Wein besitzt eine gute Frucht und genug Struktur, um eine Weile lagern zu können.

MAÎTRE D'ESTOURNEL
Der Maître d'Estournel hat zum Château Cos d'Estournel dieselbe Beziehung wie der Mouton-Cadet zum Château Mouton-Rothschild: nämlich im Grunde keine. Man hofft, diese Weine unter dem Château-Namen besser zu vermarkten. Ein Unterschied besteht allerdings: Ist der Maître d'Estournel ein ausdrucksvoller Wein, der jung getrunken werden kann, aber auch einige Jahre Flaschenreife verträgt, ist der Mouton-Cadet nur auf jung getrimmt.

MICHEL LYNCH
Michel Cazes von Château Lynch-Bages macht zugängliche, fruchtige Weine. Ob rot, weiß oder rosé, alle sind absolut zu empfehlen.

SICHEL SIRIUS
Der Name bürgt für Qualität. Exzellenter, in Eichenfässern ausgebauter Bordeaux, der nach ein bis zwei Jahren Flaschenreife noch besser schmeckt.

ERZEUGER DES BORDELAIS

BORDEAUX UND BORDEAUX SUPÉRIEUR

BORDEAUX

CHÂTEAU BALLUE-MONDON
Gensac
Weicher, zuverlässiger Clairet aus organischem Anbau.

CHÂTEAU DE BERTIN
Targon
Kraftvolle, Cabernet-Sauvignon-dominierte Weine, die schön altern.

CHÂTEAU BERTINERIE
Cavignac
Solider, reizvoller Roséwein mit intensiver, blumiger Frucht und weichem Abgang.

CHÂTEAU BONHOSTE
St-Jean-de-Blaignac
★Ⓥ
Klassischer weißer Bordeaux, wie er sein sollte.

DOMAINE DU BRU
St-Avit-St-Nazaire
Frische, helle und leichte Weine, die sich angenehm trinken.

CHÂTEAU CARSIN
Rions
Einflüsse aus der Neuen Welt spürbar.

CHÂTEAU COURTEY
St-Macaire
★Ⓥ
Geschmacksintensive, altmodische Weine mit recht bemerkenswertem Bukett.

CHÂTEAU FAUGAS
Cadillac
Ausgewogene Rotweine mit attraktiver Beerennote.

CHÂTEAU DU GRAND MOUEYS
Capian
Von diesem Gut kommen durchweg elegante Rotweine.

CHÂTEAU GRAND VILLAGE
Mouillac
Körperreicher, gefälliger Rotwein mit dominantem Merlot-Anteil, im Eichenfass ausgebaut.

CHÂTEAU DE HAUX
Haux
Wunderbar reifer, trockener Weißwein mit ausgesprochen frischer, eleganter Frucht.

CHÂTEAU LAGROSSE
Tabanac
★Ⓥ
Elegante, reife Weine mit langem Abgang, intensiver Frucht und zitroniger Note.

CHÂTEAU LAPÉYÈRE
Cadillac
Gut strukturierter Wein mit hohem Cabernet-Sauvignon-Anteil.

CHÂTEAU DE LUGUGNAC
Pellegrue
Kräftiger, fleischiger Rotwein, der manchmal echte Finesse zeigt.

CHÂTEAU MARJOSSE
Branne
★Ⓥ
Pierre Lurton macht hier saftige, zugängliche Rotweine mit weicher, seidiger Frucht und einen wundervoll trockenen Weißwein.

CHÂTEAU MORILLON
Monségur
★Ⓥ
Üppige, fette und saftige Weine.

CLOS DE PELIGON
St-Loubès
Gute, körperreiche Weine mit leichter Eichennote.

CHÂTEAU PLAISANCE
Capian
Exzellenter, recht runder Bordeaux Blanc Sec, in Eiche vergoren, kommt von diesem Gut.

CHÂTEAU DE PLASSAN
Tabanac
★Ⓥ
Der einfache Bordeaux Blanc Sec zeichnet sich durch eine frische, intensive Sauvignon-Frucht aus. Der teurere Bordeaux Blanc Sec wird in Eichenfässern vergoren und ausgebaut; er hat eine wunderbar sahnige Frucht und Zitrone-Vanille-Noten im schönen Abgang.

CHÂTEAU POUCHAUD-LARQUEY
La Réole
Rotweine, voll und rund mit jeder Menge Frucht.

CAVE DE QUINSAC
La Tresne
Leichtgewichtige Roséweine von schöner heller Farbe.

CHÂTEAU RENON
Langoiran
★Ⓥ
Angenehm frischer, blumiger, Sauvignon-betonter Wein.

CHÂTEAU REYNON
Cadillac
★Ⓥ
Spitzengut mit trockenen *Cru-Classé*-Weinen.

CHÂTEAU ROC-DE-CAYLA
Targon
Ausgewogene, angenehme Weine mit guter Frucht und einer gewissen Finesse.

LE ROSÉ DE CLARKE
Castelnau-de-Médoc
Wie erwartet, macht das Château Clarke einen aromatischen, klassischen trockenen Rosé.

CHÂTEAU THIEULEY
Créon
★Ⓥ
Mittelgewichtige, elegante Rotweine mit deutlicher Eichennote. Feine, frische und fruchtige Weißweine mit blumiger Note.

CHÂTEAU TIMBERLAY
St-André-de-Cubzac
★Ⓥ
Tieffarbige, aromareiche Weine, denen es jedoch nicht an einer gewissen Eleganz fehlt.

BORDEAUX SUPÉRIEUR

CHÂTEAU DES ARRAS
St-André-de-Cubzac
★Ⓥ
Farbkräftige Weine mit guter Struktur und kräftiger, intensiver Frucht.

MARQUIS DE BOIRAC
Castillon-la-Batille
★Ⓥ
Hervorragend preiswürdige Genossenschaftsweine mit kräftiger, eichenbetonter Frucht.

CHÂTEAU FONCHEREAU
St-Loubès
★Ⓥ
Gut strukturierte und harmonische *vins de garde* von hervorragender Qualität.

CHÂTEAU FOUCHÉ
Bourg-sur-Gironde
Fester Wein mit üppig-saftiger Frucht und weichem Abgang.

CHÂTEAU GROSSOMBRE
Branne
★Ⓥ
Sehr guter, gehaltvoller Rotwein, der durch 12 bis 18 Monate Lagerung gewinnt. Hervorragendes Preis-Leistungs-Verhältnis.

CHÂTEAU LACOMBE-CADIOT
Blanquefort
Intensives Bukett, schöne Farbe und köstliche, eichenbetonte Frucht zeichnen diese Weine aus.

CHÂTEAU LAGRANGE-LES-TOURS
St-André-de-Cubzac
Gut gemachte, volle, aromatische Weine.

CHÂTEAU LATOUR
Sauveterre-de-Guyenne
Mittelgewichtige Weine mit durchweg guter Frucht und rundem Geschmack.

CHÂTEAU LAVILLE
St-Loubès
Das Gut erzeugt kräftige, mächtige Weine mit intensivem Tannin und würziger Frucht.

CHÂTEAU LA MICHELERIE
St-André-de-Cubzac
Auch dieses Weingut macht mächtigen Wein mit kräftigen Tanninen.

CHÂTEAU LES MOINES-MARTIN
Galgon
Gut gemachter, ausgewogener Wein mit attraktivem Bukett und runder Frucht, der relativ früh getrunken werden sollte.

CHÂTEAU DE PIERREDON
Sauveterre-de-Guyenne
★Ⓥ
Solider Bordeaux aus dem Haut-Benauge im Entre-Deux-Mers mit hohem Cabernet-Sauvignon-Anteil.

CHÂTEAU PUYFROMAGE
Lussac
Attraktiver, harmonischer, mittelgewichtiger Wein, der sich angenehm trinkt.

ROSÉ DE LASCOMBES
Margaux
Frischer, fruchtiger Rosé von exzellenter Machart, Qualität und Finesse.

CHÂTEAU SARRAIL-LA-GUILLAMERIE
St-Loubès
Körperreicher, fleischiger Wein, der zu angenehmer Geschmeidigkeit reift.

CHÂTEAU DE SEGUIN
La Tresne
Dem einfachen Château Seguin ist die körperreichere, weichere Cuvée Prestige vorzuziehen.

CHÂTEAU TOUR-DE-L'ESPÉRANCE
Galgon
★Ⓥ
Weicher, runder Wein voll schmalziger, reifer und saftiger Frucht, jedoch nicht ohne Finesse.

CHÂTEAU TOUR PETIT PUCH
St-Germain-du-Puch
★Ⓥ
Gut gemachte, ausgewogene Weine mit attraktiver Farbe und würziger Note.

CHÂTEAU DE LA VIEILLE TOUR
St-Michel-Lapujade
★Ⓥ
Durchweg geschmeidige, körperreiche Weine, selbst in allgemein harten Jahrgängen.

CHÂTEAU VIEUX MOULIN
Villegouge
Ausgewogene, geschmeidige Weine mit langem Abgang, die sich durch gleich bleibend gute Qualität auszeichnen.

MÉDOC

In keinem anderen Rotweingebiet Frankreichs findet man dicht beieinander so unterschiedliche Weine wie im Médoc: Weich, aber nicht überragend sind die Weine unmittelbar nordwestlich von Bordeaux, doch schon von Ludon an gewinnen sie an Charakter und Finesse und werden ab Margaux körperreicher. Jenseits von St-Estèphe wird die Festigkeit der Weine fast zur Rauheit, auf Kosten der Eleganz.

Der Name Médoc leitet sich vom lateinischen *medio aquae* – »in der Mitte des Wassers« – ab, was sich auf die Lage zwischen Gironde und Atlantischem Ozean bezieht. Das Médoc ist ein langer, schmaler Landstreifen mit erstklassigen Rebflächen. Das Zentrum des Gebiets stellt den klassischen Bereich des Bordelais dar – hier ist die Mehrzahl der berühmtesten Bordeaux-Châteaux angesiedelt –, und doch ist dies der zuletzt mit Reben bestockte Teil der Gegend. Während man im Libournais, bei St-Émilion, bereits zu römischer Zeit mit dem Weinbau begann, wurden im Médoc erst tausend Jahre später hier und da Rebflächen angelegt. Jenseits der Gironde, dem breiten Mündungstrichter von Dordogne und Garonne, hatten die Römer das hügelige Gelände um Bourg entdeckt, das ihnen für den Weinbau weit geeigneter zu sein schien, denn das Sumpfland des Médoc war nur mühsam zu durchqueren und ließ sich nicht urbar machen. Heute hingegen gilt das Médoc als *das* Weinbaugebiet, während aus Bourg nur noch einfache und preiswerte, wenn auch ordentliche Weine kommen.

GESCHMACKS- UND QUALITÄTSFAKTOREN

LAGE
Das Médoc erstreckt sich am linken Ufer der Gironde in nordwestlicher Richtung von Bordeaux bis Soulac-sur-Mer.

KLIMA
Die Wassermassen des Atlantiks und der Gironde, die das Médoc umgeben, sorgen für gemäßigte Temperaturen und schaffen ein ideales Klima für den Weinbau. Der Golfstrom beschert der Region milde Winter, warme Sommer und einen langen, sonnigen Herbst. Ein ununterbrochener Streifen von Pinienwäldern, der die Atlantikküste säumt, schützt vor den rauen West- und Nordwestwinden.

TOPOGRAFIE
Sanft gewellt ist die Landschaft des Médoc. Die besten Reblagen »können das Wasser sehen«, wie man hier sagt, und nahezu alle Areale des Haut-Médoc fallen sanft von der Wasserscheide nach Osten zur Gironde hin ab. In den meisten Gemeinden stößt man hier und da auch auf sumpfige Gebiete, in denen kein Weinbau möglich ist.

BÖDEN
Der Unterboden des Médoc ist unterschiedlich, der Oberboden weist hingegen überall ähnliche Eigenschaften auf: zumeist lockerer, mit Sand vermischter Kies verschiedener Korngröße. Der Unterboden kann ebenfalls Kies enthalten und mehrere Meter tief reichen. Er kann auch aus Sand – häufig mit einem hohen Humusanteil – und Kalk und Mergel bestehen.

WEINBAU UND WEINBEREITUNG
Nur rote Rebsorten dürfen die Médoc AOC verwenden. Die Trauben werden in der Regel maschinell geerntet und anschließend entrappt. Die Gärung erfolgt zunehmend in Edelstahltanks. Nach ein bis zwei Wochen wird der Most von den Schalen getrennt, auf manchen Châteaux – wie früher – erst nach vier Wochen.

HAUPTREBSORTEN
Cabernet Sauvignon, Cabernet Franc, Merlot

WEITERE REBSORTEN
Carmenère, Petit Verdot, Malbec

ANZAHL DER CRUS CLASSÉS NACH APPELLATIONEN

APPELLATION	CRUS 1ER	2ÈME	3ÈME	4ÈME	5ÈME	GESAMT
Haut-Médoc	0	0	1	1	3	5
St-Estèphe	0	2	1	1	1	5
Pauillac	3	2	0	1	12	18
St-Julien	0	5	2	4	0	11
Margaux	1	5	10	3	2	21
GESAMT	4	14	14	10	18	60

DER TYPISCHE MÉDOC – EIN THEMA MIT VARIATIONEN

Die vier großen Weinbaugemeinden Margaux, St-Julien, Pauillac und St-Estèphe und die beiden aufstrebenden, bislang noch weniger bekannten Weinbaugebiete um Listrac und Moulis liegen im Haut-Médoc, das für seine guten, kräftigen und fleischigen Weine berühmt ist. Das Haut-Médoc beginnt an der südlichen Gemeindegrenze von Blanquefort, die die Nordgrenze der Weinbauregion Graves bildet. Die Weine sind dort nicht besonders bemerkens-

AOC-REBFLÄCHEN UND ANTEIL DER CRUS CLASSÉS

APPELLATION	GESAMT-REBFLÄCHE (ha)	CRUS-CLASSÉS REBFLÄCHE (ha)	ANTEIL AN DEN AOC-FLÄCHEN UND AN DER CLASSÉ-GESAMTFLÄCHE
Médoc	4700	–	Keine *Crus Classés*
Haut-Médoc	4160	255	6 % AOC-Weine, 9 % der *Crus Classés*
Listrac	660	–	Keine *Crus Classés*
Moulis	600	–	Keine *Crus Classés*
St-Estèphe	1380	226	16 % AOC-Weine, 8 % der *Crus Classés*
Pauillac	1170	842	72 % AOC-Weine, 30 % der *Crus Classés*
St-Julien	910	628	69 % AOC-Weine, 22 % der *Crus Classés*
Margaux	1340	854	64 % AOC-Weine, 31 % der *Crus Classés*
GESAMT	14920	2805	19 % der Médoc AOC, 100 % *Crus Classés*

wert. Die besten Haut-Médoc-Erzeugnisse kommen aus dem Gebiet, das bei Ludon mit Château La Lagune beginnt, dem ersten Cru Classé nördlich von Blanquefort. Von hier stammen aber auch gute Crus Bourgeois, etwa Château d'Agassac.

Die Weine aus Margaux sind weich und samtig und haben einen besonderen Charme, dennoch sind sie langlebige *Vins de Garde*, die mit dem Alter sehr gewinnen. Eleganz und Reintönigkeit zeichnen die Weine von St-Julien aus. Ähnlich fein wie die Margaux-Weine, erinnert ihr Körper allerdings eher an Pauillac-Weine. Aus Pauillac kommen kraftvolle Weine mit kräftigem Cassisaroma und Anklängen an Zedernholz und Tabak. Sie sind von besonderer Finesse, weshalb Pauillac als die beste Appellation des Médoc gilt. In St-Estèphe findet man neben wenigen Spitzenweinen viele kleinere Crus mit rustikalem Charme.

Die Weine der nördlich von St-Estèphe gelegenen Gemeinde St-Seurin-de-Cadourne zählen noch zur Appellation Haut-Médoc, weiter nördlich lautet die Ursprungsbezeichnung nur noch Médoc AOC. Dieses Gebiet, früher Bas-Médoc genannt, ist nicht so renommiert wie das Haut-Médoc. Trotzdem werden auch hier eine ganze Reihe außergewöhnlicher Weine gemacht; zwischen St-Yzans, Lesparre und Valeyrac sind herausragende Crus wie Loudenne, Potensac, La Cardonne, Blaignac, Les Ormes-Sorbet, La Tour-St-Bonnet, La Tour-de-By und Patache d'Aux zu finden. Im Allgemeinen sind die Weine hier allerdings einfacher als im Haut-Médoc.

DER KAMPF UM DEN KIES

Die für den Weinbau am besten geeigneten Böden sind auch die besten für die Kiesgewinnung. Mangels gesetzlicher Vorschriften ging man deshalb nach dem Zweiten Weltkrieg dazu über, nicht mehr bewirtschaftete Weingärten als Kiesgruben auszubeuten. Doch ist der Kies erst einmal abgebaut, ist das Gelände für den Weinbau unwiederbringlich verloren. Dies hat man inzwischen erkannt und deckt den Kiesbedarf – wenn auch weniger rentabel – mit dem im Mündungstrichter der Gironde vorhandenen Kies.

MÉDOC *Siehe auch* S. 59
Das Médoc ist ein schmaler Landstreifen, der sich von Bordeaux nordwestlich bis zur Pointe de Grave erstreckt. Das von Gironde und Atlantischem Ozean umschlossene Gebiet ist die mildeste Klimazone des Bordelais. Große Waldgebiete schirmen die Weinberge gegen den starken Seewind ab.

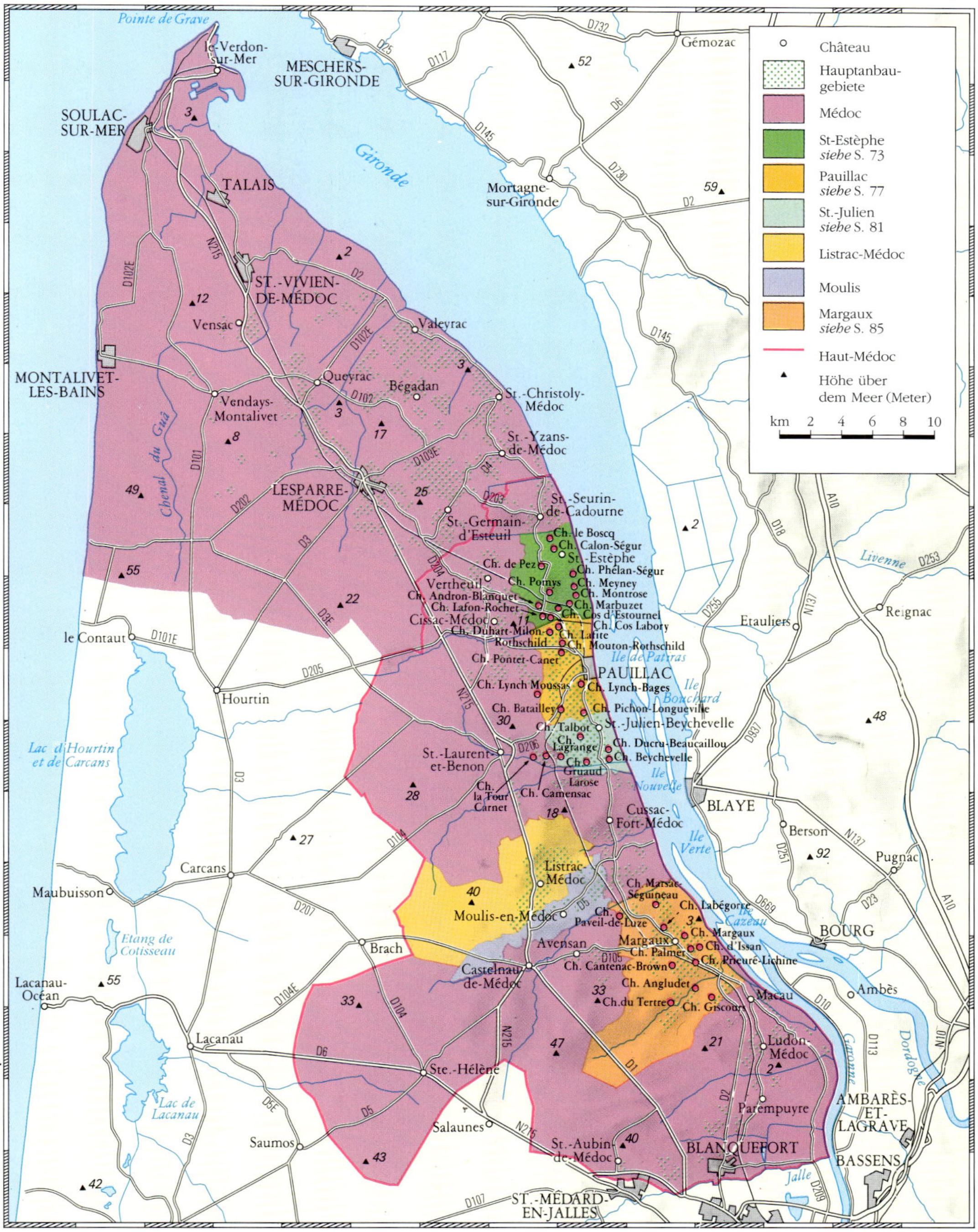

DIE KÜFEREI VON CHÂTEAU LAFITE-ROTHSCHILD
Château Lafite-Rothschild baut seine Weine in Fässern aus neuer Eiche aus. Die Reifezeit ist heute allerdings nicht mehr so lang wie früher. Die Fässer werden nach wie vor nach bewährter traditioneller Art angefertigt.

DIE APPELLATIONEN IM MÉDOC

HAUT-MÉDOC AOC

Zu dieser regionalen Appellation gehören die vier berühmtesten Gemeinden des Médoc, Margaux, St-Julien, Pauillac und St-Estèphe sowie die weniger bekannten Gemeinden Listrac und Moulis. Weine, die außerhalb dieser sechs Gemeinden erzeugt werden, sind zwar im Allgemeinen nicht ganz so herausragend, den Médocs aber immer noch haushoch überlegen. Unter diesen äußerst zuverlässigen Erzeugnissen finden sich neben einer Vielzahl hochwertiger *Crus Bourgeois* auch einige sehr preisgünstige *Crus Classés*. Haut-Médoc ist zwar einer der besten Namen für Château-Weine, bei Weinen nur mit regionaler Herkunftsbezeichnung zählt er jedoch wenig.

ROT Trockene, mittelgewichtige bis körperreiche Weine mit großzügiger Frucht, die durch feste Struktur gezügelt wird.

Cabernet Sauvignon, Cabernet Franc, Merlot, Malbec, Petit Verdot, Carmenère

6–15 Jahre *(Crus Classés)*,
5–8 Jahre *(andere)*

LISTRAC-MÉDOC AOC

Man hat in eine Reihe von Spitzen-Châteaux in dieser Gemeinde erhebliche Summen investiert, obwohl ihre schweren Mergelböden bei weitem nicht das Potenzial der Kiesböden haben, wie sie in den berühmten Médoc-Gebieten vorherrschen.

ROT Trockene, mittelgewichtige bis körperreiche Weine vereinen die Frucht und Finesse von St-Julien und die Festigkeit von St-Estèphe. Die besten Erzeugnisse enthalten gewöhnlich sehr viel Merlot, der auf dem Mergel des Haut-Médoc besonders gut gedeiht.

Cabernet Sauvignon, Cabernet Franc, Carmenère, Merlot, Malbec, Petit Verdot

5–10 Jahre

MARGAUX AOC

Die besten Weine von Margaux zählen zu den Stars des ganzen Bordelais. Doch da die Appellation fünf Gemeinden mit sehr unterschiedlichen Böden umfasst, bleibt es nicht aus, dass einige Erzeugnisse den Erwartungen nicht gerecht werden. Margaux profitiert enorm von der Existenz eines gleichnamigen Châteaux, was im Bordelais einmalig ist. Die Tatsache, dass dieses Gut allerhöchste Maßstäbe setzt, hat Ansehen und Marktwert der übrigen Margaux-Weine sehr gefördert. Der phänomenale Erfolg von Château Margaux ist Ansporn für alle Erzeuger dieser AOC. Kritiker, die beklagen, man opfere die Qualität der Quantität, könnten nicht weiter von der Wahrheit entfernt sein. Gewiss gibt es auch hier Erzeuger, die auf Quantität setzen und dadurch ihr Potenzial nicht realisieren, doch Überproduktion ist nicht typisch für die Region; die Hektarerträge liegen in

Margaux deutlich niedriger als in den drei anderen berühmten Haut-Médoc-AOCs.

ROT Vorzügliche trockene, mittelgewichtige, bisweilen körperreiche Weine mit tiefer Farbe und fabelhaftem Aroma, die dennoch große Finesse und einen seidigen Abgang besitzen.

Cabernet Sauvignon, Cabernet Franc, Carmenère, Merlot, Malbec, Petit Verdot

5–20 Jahre *(Crus Classés)*,
5–10 Jahre *(andere)*

MÉDOC AOC

Theoretisch umfasst diese Herkunftsbezeichnung das gesamte Médoc, die meisten Weine stammen jedoch aus dem nördlich des Haut-Médoc gelegenen Gebiet, das früher Bas-Médoc hieß. Seit Mitte der 1970er Jahre wurden die Rebflächen hier beträchtlich ausgeweitet.

ROT Die Spitzenerzeugnisse unter diesen trockenen, mittelgewichtigen Weinen sind mit guten Haut-Médoc-Erzeugnissen vergleichbar.

Cabernet Sauvignon, Cabernet Franc, Carmenère, Merlot, Malbec, Petit Verdot

4–8 Jahre

MOULIS AOC *ODER* MOULIS-EN-MÉDOC AOC

Moulis, eine der beiden weiter von der Gironde entfernten Gemeinden des Médoc, ist kleiner und vielleicht auch interessanter als die südliche Nachbargemeinde Listrac. Wie in Listrac gibt es hier keine Cru-Classé-Châteaux, während das unmittelbar angrenzende Margaux über die größte Anzahl solcher Spitzenweingüter im Médoc verfügt.

ROT Trockene, mittelgewichtige, bisweilen körperreiche Weine, die kraftvoller sind als Margaux-Weine, aber nicht deren Finesse haben.

Cabernet Sauvignon, Cabernet Franc, Carmenère, Merlot, Malbec, Petit Verdot

5–12 Jahre

PAUILLAC AOC

Pauillac konkurriert mit Margaux um den Rang der berühmtesten Appellation. Pauillac ist ohne Zweifel die beständigste und solideste Bordeaux-AOC, die Premiers Crus Latour, Lafite und Mouton machen sie gleichzeitig zur bedeutendsten.

ROT Die großen, dunklen, fast undurchsichtigen Pauillac-Weine sind trocken, mächtig strukturiert und mit Aromen von Schwarzer Johannisbeere und neuer Eiche überreich gesegnet. Jung sind sie meist verschlossen, entfalten mit der Reife aber eine intensive Frucht. Zwar fehlt ihm die Grazie der großen Margaux-Weine, dafür vereint ein Pauillac Kraft und Eleganz und ist für seine Statur von unvergleichlicher Finesse.

Cabernet Sauvignon, Cabernet Franc, Carmenère, Merlot, Malbec, Petit Verdot

9–25 Jahre *(Crus Classés)*, 5–12 Jahre *(andere)*

ST-ESTÈPHE AOC

Das Potenzial von St-Estèphe wird durch Cos d'Estournel beispielhaft belegt, einem besten Deuxièmes Crus des Médoc. Die Stärke der Appellation liegt jedoch in der großen Zahl von Crus Bourgeois. St-Estèphe verfügt zwar etwa über die gleiche Rebfläche wie die Gemeinde Margaux, die Zahl nicht klassifizierter Weingüter ist hier aber weitaus größer, und sogar die Spitzenerzeugnisse können herrlich preiswert sein.

ROT Während sich Pauillac durch besondere Rasse auszeichnet, ist der St-Estèphe das Arbeitspferd der großen vier Appellationen. Die trockenen, körperreichen Weine sind groß und stark, aber nicht ohne Würde. Ein St-Estèphe verlangt nach Zuneigung, und die üppige Frucht sonnenreicher Jahrgänge verdient sie auch. Diese sehr erfreulichen Weine mit ihren süßlich-würzigen Zedernholznoten verströmen häufig eine reiche, intensive Frucht. Der Vollblüter von St-Estèphe ist Cos d'Estournel.

Cabernet Sauvignon, Cabernet Franc, Carmenère, Merlot, Malbec, Petit Verdot

8–25 Jahre *(Crus Classés)*,
5–12 Jahre *(andere)*

ST-JULIEN AOC

Die kleinste der vier berühmten Gemeinden des Médoc verfügt über die relativ größte Rebfläche, fast 50 % der Gemeindefläche werden für den Weinbau genutzt. Es gibt keine Premiers Crus, jedoch nicht weniger als fünf Deuxièmes Crus von außerordentlich hohem Standard und ebenso großer Zuverlässigkeit. Die Weinberge liegen zum Teil in der Gemeinde Pauillac, Château Latour und Château Pichon-Longueville-Comtes-

se-de-Lalande hätten leicht zur St-Julien-AOC anstatt zur Pauillac-AOC gelangen können.

ROT Trockene, mittelgewichtige, teils körperreiche Weine, die sich durch Reinheit, sortentypisches Bukett und Langlebigkeit auszeichnen. Mit ihrer Eleganz und schönen Ausgewogenheit liegen sie zwischen der Opulenz von Margaux und der festeren Struktur von Pauillac.

Cabernet Sauvignon, Cabernet Franc, Carmenère, Merlot, Malbec, Petit Verdot

6–20 Jahre *(Crus Classés)*, 5–12 Jahre *(andere)*

ERZEUGER IM MÉDOC

CHÂTEAU D'AGASSAC

AOC Haut-Médoc *Cru Bourgeois*

★☆Ⓥ

Früher eines der besten nicht klassifizierten Weingüter des Haut-Médoc, heute nur noch schwacher Durchschnitt.

ROT Dunkle, pflaumige Weine mit reicher, weicher und reifer Frucht.

Cabernet Sauvignon 60%, Merlot 40%

4–10 Jahre

CHÂTEAU D'AURILHAC

AOC Haut-Médoc, *Cru Bourgeois*

★

Ein Newcomer, der sich bei seinen Anhängern zum Kult entwickelt hat.

ROT Groß, dunkel und dicht mit viel Frucht zum Ausgleich der reifen Tannine und der Eiche.

Cabernet Sauvignon 67 %, Cabernet Franc 3 %, Merlot 27 %, Petit Verdot 3 %

5–15 Jahre

Zweitwein *Château la Fagotte*

CHÂTEAU BEAUMONT

AOC Haut-Médoc *Cru Bourgeois*

Dieses große Weingut macht Weine von gleichbleibend guter Qualität.

ROT Attraktives Bukett, elegante Frucht und geschmeidige Tannine zeichnen diese Weine des Château Beaumont aus.

Cabernet Sauvignon 56 %, Merlot 36 %, Cabernet Franc 7 %, Petit Verdot 1 %

4–8 Jahre

Zweitwein *Château Moulin d'Arvigny*

CHÂTEAU BÉCADE

AOC Haut-Médoc *Cru Bourgeois*

★Ⓥ

Das gut gelegene Château Bécade macht Weine, die regelmäßig bei internationalen Wettbewerben ausgezeichnet werden, so auch Concours de Bordeaux.

ROT Sehr fruchtige, mittelgewichtige bis körperreiche Weine mit schöner Farbe, feinem Bukett und geschmeidigen Tanninen.

Cabernet Sauvignon 75 %, Merlot 25 %

4–8 Jahre

Zweitwein *La Fleur Bécade*

CHÂTEAU BEL-AIR LAGRAVE

AOC Moulis

☆Ⓥ

Château Bel-Air Lagrave wurde 1932 als Cru Bourgeois klassifiziert, 1978 aber nicht in die Liste des *Syndicat des Crus Bourgeois* des Médoc aufgenommen, obwohl seine Weine einigen der aufgenommenen überlegen sind.

ROT Intensive Farbe, feines Bukett und kräftige Tannine zeichnen diese Weine aus.

Cabernet Sauvignon 60 %, Merlot 35 %, Petit Verdot 5 %

8–20 Jahre

CHÂTEAU BELGRAVE

AOC Haut-Médoc *5ème Cru Classé*

★☆Ⓥ

Die Reben stehen auf einer hochwertigen Kiesbank hinter Château Lagrange. Die Weine reifen 24 Monate in Holzfässern, davon ist die Hälfte neue Eiche. Während der 1990er Jahre kontinuierlicher Qualitätsanstieg.

ROT Der 1983er zeigt gute Balance von reifer Säure und Schwarze-Johannisbeer-Frucht, eine kräftige Tanninstruktur und Vanillenoten von neuer Eiche. Die Jahrgänge 1993 sowie 1995 bis 1998 sind hervorragend bei vorbildlichem Preis-Leistungs-Verhältnis.

Cabernet Sauvignon 60 %, Merlot 35 %, Petit Verdot 5 %

8–16 Jahre

Zweitwein *Diane de Belgrave*

CHÂTEAU BEL-ORME-TRONQUOY-DE-LALANDE

AOC Haut-Médoc *Cru Bourgeois*

☆

Dieses Gut sollte man nicht mit dem zur Gemeinde St-Estèphe gehörenden Château Tronquoy-Lalande verwechseln.

ROT Kräftige, fruchtige und robuste Weine.

Cabernet Franc 30 %, Cabernet Sauvignon 30 %, Merlot 30 %, Malbec und Petit Verdot 10 %

7–15 Jahre

CHÂTEAU BERNADOTTE

AOC Haut-Médoc

★☆Ⓥ

Dieses Gut, das qualitativ über dem Niveau der Klassifikation liegt, verfügt über gute Kiesflächen. 1997 wurde es an die gefürchtete Mme Lencquesaing verkauft.

ROT Sehr elegante Weine mit üppiger Cabernet-Frucht, die von einer ausgeprägten Eichenholznote gestützt wird.

Cabernet Sauvignon 60 %, Merlot 30 %, Cabernet Franc 10 %

6–12 Jahre

CHÂTEAU BISTON-BRILLETTE

AOC Moulis *Cru Bourgeois*

★☆Ⓥ

Spitzenweingut in der Gemeinde Moulis. Die Weine werden 15 bis

20 Monate in Holzfässern ausgebaut, davon sind 20 % neue Eiche.

ROT Weine mit intensiver Farbe und Frucht, vollem, würzigem Cassisaroma und weichen Tanninen.

Cabernet Sauvignon 55 %, Merlot 40 %, Petit Verdot und Malbec 5 %

5–15 Jahre

CHÂTEAU LE BOURDIEU

AOC Haut-Médoc

Das zwischen Vertheuil und St-Estèphe gelegene Gut wurde 1932 als Cru Bourgeois klassifiziert, 1978 aber nicht in die Liste des *Syndicat des Crus Bourgeois* aufgenommen,

obwohl seine Weine einigen der dort genannten überlegen sind.

ROT Robuste, körperreiche Weine mit schöner Farbe und einem gewissen Charme.

Cabernet Sauvignon 50 %, Merlot 30 %, Cabernet Franc 20 %

7–15 Jahre

Zweitwein *Château Les Sablons*

Weitere Weine *Château La Croix des Sablons*

CHÂTEAU BRANAS-GRAND-POUJEAUX

AOC Moulis

★☆Ⓥ

Die hervorragenden, sich rasch verbessernden Weine reifen 18 bis 22 Monate in Holzfässern, davon ist ein Drittel neue Eiche.

ROT Gut strukturierte Weine mit Unmengen gefälliger Frucht, charmantem Aroma und zunehmender Finesse.

Cabernet Sauvignon 60 %, Merlot 35 %, Petit Verdot 5 %

5–12 Jahre

CHÂTEAU BRILLETTE

AOC Moulis *Cru Bourgeois*

★☆Ⓥ

Seinen Namen verdankt dieses Gut seinem glitzernden Kiesboden. Die Weine reifen 15 bis 18 Monate in Holzfässern, davon ist ein Drittel neue Eiche.

ROT Körperreiche, dabei weiche Weine mit attraktiver Farbe und köstlichen Aromen von Sommerfrüchten und Vanille, die ohne weiteres Cru-Classé-Qualität erreichen.

Cabernet Sauvignon 55 %, Merlot 40 %, Petit Verdot 5 %

5–12 Jahre

CHÂTEAU CAMBON-LA-PELOUSE

AOC Haut-Médoc

Château Cambon-la-Pelouse wurde 1932 als Cru Bourgeois klassifiziert, 1978 aber nicht in die Liste des *Syndicat des Crus Bourgeois* des Médoc aufgenommen.

ROT Weiche, mittelgewichtige bis körperreiche Weine mit frischer, saftiger Frucht.

Merlot 50 %, Cabernet Sauvignon 30 %, Cabernet Franc 20 %

3–8 Jahre

CHÂTEAU CAMENSAC

AOC Haut-Médoc *5ème Cru Classé*

★Ⓥ

Das hinter Ch. Belgrave gelegene Gut wurde Mitte der 60er Jahre neu eingerichtet. Die Weine erreichten Ende der 70er Jahre und seit 1995 das Niveau der Klassifikation und liegen heute darüber. Sie reifen 14 bis 18 Monate in Holzfässern, davon sind 40 % neue Eiche.

ROT Gut strukturierte Weine mit mittlerer Frucht und einer gewissen Finesse.

Cabernet Sauvignon 60 %, Cabernet Franc 20 %, Merlot 20 %

8–20 Jahre

CHÂTEAU CANTEMERLE

AOC Haut-Médoc *5ème Cru Classé*

★☆Ⓥ

1980 ersetzten Edelstahltanks die hölzernen Gärbottiche, die dafür verantwortlich waren, dass einige Jahrgänge ziemlich dürftig ausfielen. Zugleich wurden die alten Fässer ausrangiert, weshalb der 1980er Jahrgang ganz in neuen Eichenfässern ausgebaut wurde. Sonst ist nur ein Drittel der Fässer, in denen die Weine 18 bis 20 Monate reifen, aus neuer Eiche. Die Produkte von Cantemerle liegen gegenwärtig über dem Niveau ihrer Klassifikation.

ROT Herrlich volle, ausgewogene Weine von schöner Farbe und weicher Frucht mit sahniger Eichenholznote, die an Finesse gewinnen.

Cabernet Sauvignon 45 %, Merlot 45 %, Cabernet Franc 10 %

8–20 Jahre

Zweitwein *Baron Villeneuve de Cantemerle*

CHÂTEAU LA CARDONNE

AOC Médoc *Cru Bourgeois*

★V

Dieses Gut wurde 1973 vom Lafite-Zweig der Rothschilds erworben, die es erweiterten und sanierten. Das mit 50 ha recht große Château liegt im nördlichen Médoc.

ROT Attraktive, mittelgewichtige, seidige und elegante Weine mit gutem, traubigem Bukett.

Merlot 58 %, Cabernet Sauvignon 34 %, Cabernet Franc 8 %

6–10 Jahre

CHÂTEAU CARONNE-STE-GEMME

AOC Haut-Médoc *Cru Bourgeois*

★☆V

Das Gut, das südlich von Château Lagrange liegt, bildet eine herrliche Insel von Rebstöcken auf einem Kiesplateau. Es umfasst 40 ha Rebfläche und hätte eine Höherstufung verdient.

ROT Körperreiche, aromaintensive Weine mit sahniger Eichenholznote und geschmeidigen Tanninen.

Cabernet Sauvignon 65 %, Merlot 35 %

8–20 Jahre

CHÂTEAU CASTÉRA

AOC Médoc *Cru Bourgeois*

☆V

Das Schloss, das einmal hier stand, wurde im 14. Jahrhundert vom »Schwarzen Prinz« dem Erdboden gleichgemacht.

ROT Weiche, mittelgewichtige Weine, die man am besten relativ jung genießen sollte.

Cabernet Sauvignon und Cabernet Franc 60 %, Merlot 40 %

4–8 Jahre

Zweitwein *Château Bourbon La Chapelle*

CHÂTEAU CHARMAIL

AOC Haut-Médoc, *Cru Bourgeois*

★

Die Weine von diesem Château sind seit 1996 wesentlich besser geworden und schneiden auch bei Blindproben gut ab.

ROT Reich, würzig und lang, mit gut abgerundeten, reifen Tanninen.

Cabernet Sauvignon 30 %, Cabernet franc 20 %, Merlot 48 %, Petit Verdot 2 %

3–7 Jahre

CHÂTEAU CHASSE-SPLEEN

AOC Moulis *Cru Bourgeois*

★☆V

Dem Besitzer dieses qualitätsbewussten Guts gehören auch das Cru-Classé-Château Haut-Bages-Libéral und das hervorragende, nicht klassifizierte Château La Gurgue in Margaux. Die Weine werden 18 bis 24 Monate in Holzfässern ausgebaut, zur Hälfte in neuer Eiche. In der Regel haben die Weine Cru-Classé-Qualität. Die Rebfläche des beständigen Château umfasst etwa 70 ha.

ROT Körperreiche Weine von großer Finesse mit sahnig-üppigen Aromen von Cassis und Schokolade und einer warmen, würzigen Vanillenote. Ohne weiteres einem Cru Classé gleichwertig.

Cabernet Sauvignon 50 %, Merlot 45 %, Petit Verdot 3 %, Cabernet Franc 2 %

8–20 Jahre

Zweitwein *L'Ermitage de Chasse-Spleen*

CHÂTEAU CISSAC

AOC Haut-Médoc *Cru Bourgeois*

★V

Die Weine von Château Cissac sind, vor allem in heißen Jahren, sehr ordentlich. Sie werden in Holz vergoren und ohne Zugabe von Presswein in Holzfässern ausgebaut.

ROT Körperreiche, kräftige Weine mit schöner Farbe.

Cabernet Sauvignon 75 %, Merlot 20 %, Petit Verdot 5 %

8–20 Jahre

Zweitwein *Les Reflets*

CHÂTEAU CITRAN

AOC Haut-Médoc *Cru Bourgeois*

Das stattliche Gut wurde von Château Coufran geführt, bevor es an Jean Casseline überging. Heute gehört es der Groupe Bernard Taillan.

ROT Rustikaler, kräftiger, aber etwas schwerfälliger Médoc.

Cabernet Sauvignon 50 %, Merlot 40 %, Cabernet Franc 10 %

8–15 Jahre

CHÂTEAU CLARKE

AOC Listrac *Cru Bourgeois*

☆V

Das Gut lag, nachdem man die Weinberge 1950 aufgegeben und das Schloss abgerissen hatte, bis 1973 brach. Der neue Besitzer, Baron Edmond de Rothschild, baute es wieder auf und richtete eine ultramoderne Kellerei ein. Seit 1981 hat es sich zu einem der erfolgreichsten Weingüter des Médoc entwickelt. Die Weine werden in Edelstahltanks vergoren und reifen 12 Monate in Holzfässern, davon 60 % neue Eiche. Ein Wein, den man im Auge behalten sollte!

ROT Mittelgewichtige bis körperreiche Weine mit schöner Farbe, kräftiger, sahnig-rauchiger Eichenholznote und weicher Frucht.

Cabernet Sauvignon 48 %, Merlot 35 %, Cabernet Franc 14 %, Petit Verdot 3 %

7–25 Jahre

CHÂTEAU COUFRAN

AOC Haut-Médoc *Cru Bourgeois*

Die Weine werden 13 bis 18 Monate in Holzfässern ausgebaut, davon ist ein Viertel neue Eiche.

ROT Mittelgewichtige bis körperreiche, von Merlot dominierte Weine mit offener Frucht und herzhaftem schokoladigem Aroma.

Merlot 85 %, Cabernet Sauvignon 10 %, Petit Verdot 5 %

4–12 Jahre

Zweitwein *Domaine de la Rose-Maréchale*

CHÂTEAU DUTRUCH-GRAND-POUJEAUX

AOC Moulis *Cru Bourgeois*

★V

Château Dutruch ist eines der besten Grand-Poujeaux-Güter. Zwei weitere Weine werden aus Trauben von den Lagen La Bernède und La Gravière gemacht.

ROT Schöne, körperreiche Weine, die sich durch eine wunderbare Frucht und Finesse auszeichnen.

Cabernet Sauvignon und Cabernet Franc 60 %, Merlot 35 %, Petit Verdot 5 %

7–15 Jahre

Weitere Weine *La Bernède-Grand-Poujeaux, La Gravière-Grand-Poujeaux*

CHÂTEAU FONRÉAUD

AOC Listrac *Cru Bourgeois*

Die Weinberge dieses prächtigen Château erstrecken sich über die Südhänge des Hügels Puy-de-Menjon.

ROT Attraktive, mittelgewichtige bis körperreiche Weine mit guter Frucht und einer gewissen Eleganz.

Cabernet Sauvignon 66 %, Merlot 31 %, Petit Verdot 3 %

3–12 Jahre

Zweitwein *Château Chemin-Royal-Moulis-en-Médoc*

Weitere Weine *Fontaine Royale*

CHÂTEAU FOURCAS-DUPRÉ

AOC Listrac *Cru Bourgeois*

★V

Ein malerisches Château mit Rebflächen auf Kies über einer Schicht eisenhaltigem Ortstein. Besonders gut geraten die Weine in heißen Jahren.

ROT Ein schönes Bukett und eine angenehme Tanninstruktur werden in guten Jahrgängen durch eine intensive Frucht ergänzt.

Cabernet Sauvignon 50 %, Merlot 30 %, Cabernet Franc 10 %, Petit Verdot 2 %

6–12 Jahre

Zweitwein *Château Bellevue-Laffont*

CHÂTEAU FOURCAS-HOSTEN

AOC Listrac *Cru Bourgeois*

★V

Nach der Übernahme durch eine französisch-dänisch-amerikanische Eigentümergruppe 1972 wurde die Kellerei des Guts komplett überholt.

ROT Tieffarbige, körperreiche Weine mit intensiver Frucht und kräftigen Tanninen, die zunehmend an Geschmeidigkeit gewinnen. Besonders reife Jahrgänge wie der 1982er können sogar recht fett ausfallen.

Cabernet Sauvignon 50 %, Merlot 40 %, Cabernet Franc 10 %

8–20 Jahre

CHÂTEAU GRESSIER-GRAND-POUJEAUX

AOC Moulis

★V

Château Gressier-Grand-Poujeaux wurde 1932 als Cru Bourgeois klassifiziert, 1978 aber nicht in die Liste des *Syndicat des Crus Bourgeois* aufgenommen, obwohl seine Weine einigen der dort genannten überlegen sind. Seit ein paar Jahren macht man vorzügliche Weine, die guten Crus Classés durchaus gleichkommen.

ROT Körperreiche, überaus fruchtige und aromatische Weine, die sehr lagerungsfähig sind.

Cabernet Sauvignon 50 %, Merlot 40 %, Cabernet Franc 10 %

6–12 Jahre

CHÂTEAU GREYSAC

AOC Médoc *Cru Bourgeois*

☆V

Seitdem das Gut 1973 von Baron de Gunzbourg übernommen wurde, wurden die Einrichtungen umfassend modernisiert. Die Qualität der Weine ist hervorragend und verspricht noch mehr.

ROT Elegante, mittelgewichtige Weine mit den samtigen Aromen reifer Früchte.

Cabernet Sauvignon 50 %, Merlot 38 %, Cabernet Franc 10 %, Petit Verdot 2 %

6–10 Jahre

CHÂTEAU HANTEILLAN

AOC Haut-Médoc *Cru Bourgeois*

★V

Die Erzeugnisse dieses großen Guts sind durchweg von guter Qualität.

ROT Schöne Farbe, würziges Bukett mit Vanillenoten vom Eichenholz, reife Frucht und geschmeidige Tannine zeichnen diese Weine aus.

Cabernet Sauvignon 48 %, Merlot 42 %, Cabernet Franc 6 %, Malbec und Petit Verdot 4 %

6–12 Jahre

Zweitwein *Château Larrivaux Hanteillan*

CHÂTEAU DU JUNCA

AOC Haut-Médoc *Cru Bourgeois*

★Ⓥ

Von diesem nur 8 ha großen Gut kommen gute Haut-Médocs, die selbst in schlechteren Jahrgängen eine mittlere Lagerfähigkeit aufweisen.

ROT Klassischer, gut strukturierter Wein mit ausgeprägtem Cabernet-Aroma im Abgang.

Cabernet Sauvignon 60 %, Merlot 30 %, Cabernet Franc 10 %

7–10 Jahre

CHÂTEAU LA LAGUNE

AOC Haut-Médoc *3ème Cru Classé*

★☆Ⓥ

Das hervorragende, in Ludon nördlich von Bordeaux gelegene Gut (Eigentümer ist die Familie Ducellier vom Champagnerhaus Ayala) ver-

fügt über Sand-Kies-Boden. Die Weine sind durchweg von hervorragender Qualität.

ROT Tieffarbige, körperreiche, zugleich geschmeidige Weine mit nuancenreichem Cassis- und Steinobst-Aroma und weichem, intensivem Vanille-Eichenholz-Ton.

Cabernet Sauvignon 55 %, Cabernet Franc 20 %, Merlot 20 %, Petit Verdot 5 %

10–30 Jahre

Zweitwein *Ludon-Pomies-Agassac*

CHÂTEAU LAMARQUE

AOC Haut-Médoc *Cru Bourgeois*

★Ⓥ

Die Qualität dieses großen Guts verbessert sich ständig.

ROT Geschmeidige Médoc-Weine mit ausladendem Aroma von Früchten und verführerischem Bukett.

Cabernet Sauvignon 50 %, Merlot 25 %, Cabernet Franc 20 %, Petit Verdot 5 %

5–12 Jahre

Zweitwein *Réserve du Marquis d'Evry*

CHÂTEAU LAMOTHE-CISSAC

AOC Haut-Médoc, *Cru Bourgeois*

★

Der aufstrebende Lamothe-Cissac von einem der ältesten Weingüter in Bordeaux reift in 20 % neuer Eiche und übertrifft seit kurzem Cissac.

ROT Klassisch proportionierte Weine, mit viel Cabernet und von hoher potenzieller Langlebigkeit.

Cabernet Sauvignon 70 %, Merlot 20 %, Petit Verdot 4 %

4–16 Jahre

CHÂTEAU LANESSAN

AOC Haut-Médoc

Ch. Lanessan wurde 1932 als Cru Bourgeois klassifiziert, 1978 aber nicht in die Liste des *Syndicat des Crus Bourgeois* aufgenommen.

ROT Große, farbstarke, oft fast undurchsichtige Weine mit intensivem Aroma in der Qualität eines Cru Classé.

Cabernet Sauvignon 75 %, Merlot 20 %, Cabernet Franc und Petit Verdot 5 %

7–20 Jahre

Zweitwein *Domaine de Ste-Gemme*

CHÂTEAU LAROSE-TRINTAUDON

AOC Haut-Médoc *Cru Bourgeois*

★☆Ⓥ

Das größte Gut im Médoc hatte bis 1986 denselben Besitzer wie Château Camensac, der in die Renovierung dieses Château kräftig investierte. Der Standard der Weine, die 24 Monate in Holzfässern ausgebaut werden (ein Drittel ist neue Eiche), ist zuverlässig hoch.

ROT Mittelgewichtige, bisweilen

körperreiche Weine mit feinem Aroma von saftigen Sommerfrüchten, Vanille und Trüffeln, das von geschmeidigen Tanninen gestützt wird. Larose-Perganson ist praktisch mehr ein *Tête de Cuvée* als ein Zweitwein. Er macht nur 15 % der Gesamtproduktion aus, wird ausschließlich aus den ältesten Reben gewonnen und im Gegensatz zum Larose-Trintaudon werden die Trauben per Hand geschnitten.

Cabernet Sauvignon 60 %, Cabernet Franc 20 %, Merlot 20 %

6–15 Jahre

Zweitwein *Larose-Perganson*

CHÂTEAU LESTAGE-DARQUIER-GRAND-POUJEAUX

AOC Moulis *Cru Bourgeois*

★Ⓥ

Auch das dritte hier genannte Grand-Poujeaux-Gut macht Weine, die zu entdecken sich lohnt.

ROT Kräftige strukturierte Weine mit reichem Bukett und intensiver Frucht.

Cabernet Sauvignon 50 %, Merlot 40 %, Cabernet Franc 10 %

8–20 Jahre

CHÂTEAU LIVERSAN

AOC Haut-Médoc *Cru Bourgeois*

★Ⓥ

1984 ging Château Liversan, das engstens mit dem Champagnerhaus Pommery verbunden war, in den Besitz von Prinz Guy de Polignac über. Heute ist es von Patache d'Aux gepachtet. Man verfügt über guten Sand-Kies-Boden mit einem Kalkstein-Unterboden, die Weine werden in Edelstahl vergoren und reifen 18 bis 20 Monate in Holzfässern, davon ist die Hälfte neue Eiche.

ROT Körperreiche, sehr aromatische und relativ elegante Weine, die mit jedem Jahr mehr Klasse gewinnen.

Cabernet Sauvignon 49 %, Merlot 38 %, Cabernet Franc 10 %, Petit Verdot 3 %

7–20 Jahre

CHÂTEAU LOUDENNE

AOC Médoc *Cru Bourgeois*

☆Ⓥ

Das rosa getünchte Schloss im Stil einer Kartause, dessen große Rasenflächen sich bis zur Gironde hinunter erstrecken, gehörte W. & A. Gilbey. Die Firma führte das Gut »very british«, quasi wie zu Zeiten des britischen Empire. Hier war ein Internat mit einer hervorragenden Weinfachschule eingerichtet, die auch Amateuren offen stand. 1999 wurde es an Jean-Paul Lagragette verkauft. Der Wein wird 15 bis 18 Monate in Holzfässern ausgebaut, davon 25 % neue Eiche. Loudenne erzeugt auch einen trockenen Weißwein, den man am besten ein bis zwei Jahre nach der Lese trinkt.

ROT Körperreiche Weine mit würzigem Cassisaroma, oft mit Veilchenbukett und Vanillenote von der Eiche; intensive, reife Frucht, exzellenter Extrakt und beachtlich langer Abgang.

Cabernet Sauvignon 55 %, Merlot 38 %, Cabernet Franc 7 %

5–15 Jahre

CHÂTEAU DE MALLERET

AOC Haut-Médoc *Cru Bourgeois*

Ch. de Malleret ist ein sehr großes Gut mit 60 ha Rebfläche. Angeschlossen ist ein Gestüt mit zwei Rennbahnen und Stallungen für Jagd- und Rennpferde.

ROT Köstliche, mittelgewichtige Weine mit angenehmem Bukett und intensiver, saftiger Frucht.

Cabernet Sauvignon 70 %, Merlot 15 %, Cabernet Franc 10 %, Petit Verdot 5 %

5–12 Jahre

Zweitwein *Château Barthez*

Weitere Weine *Château Nexon, Domaine de l'Ermitage Lamourous*

CHÂTEAU MAUCAILLOU

AOC Moulis *Cru Bourgeois*

★☆Ⓥ

Die Weine von Ch. Maucaillou zählen zu den beständigsten der AOC Moulis. Sie sind äußerst zuverlässig, meist hochwertig und immer preisgünstig.

ROT Tieffarbige, körperreiche Weine mit Unmengen samtiger Frucht, ge-

schmeidigen Tanninen und köstlichen Cassis- und Vanillearomen.

Cabernet Sauvignon 45 %, Merlot 35 %, Cabernet Franc 15 %, Petit Verdot 5 %

6–15 Jahre

Zweitwein *Château Franc-Caillou*

CHÂTEAU MAUCAMP

AOC Haut-Médoc *Cru Bourgeois*

★Ⓥ

Auf dem zwischen Macau und dem Cru Classé Cantemerle gelegenen Gut setzt man die Qualität des Terroirs auf 15 ha gutem Kiesboden hervorragend um.

ROT Farbkräftige, körperreiche Weine mit üppiger Frucht und geschmeidigen Tanninen.

Cabernet Sauvignon 50 %, Merlot 40 %, Petit Verdot 10 %

5–12 Jahre

CHÂTEAU LE MEUYNIEU

AOC Haut-Médoc *Cru Bourgeois*

★Ⓥ

Château le Menynien gehört demselben Besitzer wie Château Lavillotte in St-Estèphe. Die farbkräftigen Weine werden vor der Flaschenabfüllung nicht gefiltert.

ROT Tiefgründiger, dunkler und schwerer Wein mit dichtem Bukett und fester Frucht, die für die Zukunft viel verspricht.

Cabernet Sauvignon 70 %, Merlot 30 %

7–15 Jahre

CHÂTEAU MOULIN-À-VENT

AOC Moulis *Cru Bourgeois*

Ein Drittel der Rebfläche dieses Guts liegt zwar in der Gemeinde Listrac, die Herkunftsbezeichnung ist dennoch Moulis.

ROT Mittelgewichtige Weine mit elegantem Bukett und fülligem Aroma.

Cabernet Sauvignon 65 %, Merlot 30 %, Petit Verdot 5 %

7–15 Jahre

Zweitwein *Moulin-de-St-Vincent*

CHÂTEAU PATACHE D'AUX

AOC Médoc *Cru Bourgeois*

Dieses traditionsreiche Gut gehörte früher der Familie Aux, die von den Grafen von Armagnac abstammte. Zwar war Patache d'Aux schon immer zuverlässig, doch seit dem außergewöhnlichen 1990er Jahrgang ist die Leistung besonders hoch.

ROT Stilvolle, außergewöhnlich aromatische, mittelgewichtige Weine mit überaus zugänglicher Frucht.

Cabernet Sauvignon 70 %, Merlot 20 %, Cabernet Franc 10 %

4–8 Jahre

Zweitwein *Le Relais de Patache d'Aux*

CHÂTEAU PLAGNAC

AOC Médoc

Die Weine reifen 18 bis 20 Monate in Holzfässern mit wenig neuer Eiche. Man erzeugt guten, preiswürdigen roten Bordeaux.

ROT Körperreiche, sehr aromatische Weine mit einer gewissen Rasse; viel vordergründige Merlot-Frucht und weicher Abgang.

Cabernet Sauvignon 60 %, Merlot 40 %

4–10 Jahre

CHÂTEAU PONTEY

AOC Médoc, *Cru Bourgeois*

★☆

Dieses Château in hervorragender Lage auf einem Kiesplateau ist im Besitz eines *Négociant* in Bordeaux; den Weinen kommt ein Drittel neuer Eiche zugute.

ROT Gut ausgebaute Weine voller üppiger von Eiche geprägter Frucht.

Cabernet Sauvignon 60 %, Merlot 40 %

3–12 Jahre

Zweitwein *Château Vieux Prezat*

CHÂTEAU POTENSAC

AOC Médoc *Cru Bourgeois*

★Ⓥ

Dieses Gut hat denselben Besitzer wie Château Léoville-Las-Cases in St-Julien, seine Weine erreichen häufig Cru-Classé-Qualität.

ROT Körperreiche Weine mit schöner ziegelroter Farbe und viel Frucht mit Schokolade- und Gewürznoten.

Cabernet Sauvignon 60 %, Merlot 25 %, Cabernet Franc 15 %

6–15 Jahre

Zweitwein *Château Lassalle*

Weitere Weine *Château Gallais-Bellevue, Goudy la Cardonne*

CHÂTEAU POUJEAUX

AOC Moulis *Cru Bourgeois*

★★Ⓥ

Château Poujeaux zählt neben Château Chasse-Spleen zu den besten Erzeugern in Moulis, die Weine entsprechen in der Qualität durchaus einem guten *Cru Classé*.

ROT Körperreiche Weine mit herrlich ausladendem Bukett und sahnig-üppiger, würziger Frucht.

Cabernet Sauvignon 40 %, Merlot 36 %, Petit Verdot 12 %, Cabernet Franc 12 %

10–25 Jahre

Zweitwein *Château La Salle-de-Poujeaux*

CHÂTEAU RAMAGE-LA-BATISSE

AOC Haut-Médoc *Cru Bourgeois*

★Ⓥ

Dieses Gut hat sich seit einigen Jahren enorm gesteigert und macht Weine von außerordentlich gutem Preis-Leistungs-Verhältnis.

ROT Runde, aromatische, eichenbetonte Weine. Die leichteren Jahrgänge sind schon früh sehr attraktiv, die großen Jahrgänge sind echte *Vins de Garde* zu Spottpreisen.

Cabernet Sauvignon 60 %, Merlot 30 %, Cabernet Franc 10 %

7–15 Jahre

Zweitwein *Le Terrey*

Weitere Weine *Château Dutellier*

CHÂTEAU ROLLAN DE BY

AOC Haut-Médoc, *Cru Bourgeois*

★☆

Neuer Kult-Wein in der Bordelaiser Szene; in 100 % Eiche gereift und mit etlichen Erfolgen bei Weinproben.

ROT Reichlich offene Frucht, jedoch lang und mit viel Finesse. Nicht groß und, überraschenderweise, nicht zu viel Eiche.

Cabernet Sauvignon 25 %, Merlot 70 %, Petit Verdot 5 %

4–12 Jahre

Zweitwein *Château Haut-Condessas*

CHÂTEAU ST-BONNET

AOC Médoc *Cru Bourgeois*

☆

Von dem 55 ha großen Areal dieses bedeutenden Guts werden etwa 35 ha als Rebfläche genutzt.

ROT Kräftig aromatische Weine mit attraktivem Bukett.

Merlot 50 %, Cabernet Sauvignon 28 %, Cabernet Franc 22 %

5–10 Jahre

CHÂTEAU SOCIANDO-MALLET

AOC Haut-Médoc *Cru Bourgeois*

★★Ⓥ

Dieses Gut hat sich seit 1970 einen Namen gemacht, nachdem es von Jean Gautreau übernommen worden war; er hat das Niveau seiner Weine fast auf *Cru-Classé*-Qualität angehoben. Im Laufe der 90er-Jahre, als 80 bis 100 % neue Eiche die Norm wurde, stieg die Qualität weiter kontinuierlich an.

ROT Extraktreiche, kraftvoll strukturierte Weine mit intensiver Farbe und viel konzentrierter Schwarze-Johannisbeer-Frucht, die in jungen Jahren vom Eichenholz-Vanillearoma übermäßig dominiert werden.

Cabernet Sauvignon 60 %, Merlot 30 %, Cabernet Franc 10 %

10–25 Jahre

Zweitwein *Château Lartigue-de-Brochon*

CHÂTEAU LA TOUR-DE-BY

AOC Médoc *Cru Bourgeois*

★Ⓥ

Der Turm von Ch. La Tour-de-By diente früher als Leuchtturm. Die Weine sind zuverlässig von sehr guter *Cru-Bourgeois*-Qualität.

ROT Tieffarbige, körperreiche Weine mit kräftigen Aromen, guter, würziger Frucht und einer festen Tanninstruktur.

Cabernet Sauvignon 70 %, Merlot 25 %, Cabernet Franc 5 %

6–12 Jahre

Zweitwein *La Roque-de-By*

Weitere Weine *Moulin de Roque*

CHÂTEAU LA TOUR-CARNET

AOC Haut-Médoc *4ème Cru Classé*

☆

Zu diesem malerischen, von einem Graben umgebenen Schlösschen aus dem 13. Jahrhundert gehört ein gepflegter Weinberg. Die Weine sind auf dem besten Weg, in die Spitze der 4. Klasse aufzusteigen.

ROT Mittelgewichtige bis körperreiche Weine mit schöner Farbe und leichter Frucht, die über ausgeprägtere Aromen verfügen dürften.

Cabernet Sauvignon 53 %, Merlot 33 %, Cabernet Franc 10 %, Petit Verdot 4 %

6–12 Jahre

Zweitwein *Le Sire de Camin*

CHÂTEAU TOUR HAUT-CAUSSAN

AOC Médoc, *Cru Bourgeois*

★☆

Aufstrebendes Gut im Besitz von Philippe Courrian, der auch in Corbières Wein herstellt.

ROT Herrlich konzentrierte Frucht mit schön eingebundener Eiche.

Cabernet Sauvignon 50 %, Merlot 50 %

4–10 Jahre

Zweitwein *Château Landotte*

CHÂTEAU LA TOUR ST-BONNET

AOC Médoc *Cru Bourgeois*

★Ⓥ

Das Gut, das im 19. Jahrhundert Château la Tour Saint-Bonnet-Cazenave hieß, verfügt über guten Kiesboden.

ROT Feste, aromakräftige Weine von gleichbleibender Qualität.

Merlot 50 %, Cabernet Sauvignon 28 %, Cabernet Franc 22 %

7–15 Jahre

Zweitwein *Château La Fuie-Saint-Bonnet*

CHÂTEAU VERDIGNAN

AOC Haut-Médoc *Cru Bourgeois*

☆Ⓥ

Das Gut ist seit 1972 im Besitz der Familie Miailhe. Die Weine werden in Edelstahl vergoren und reifen 18 bis 20 Monate in Holzfässern.

ROT Weiche, fruchtige, mittelgewichtige Weine.

Cabernet Sauvignon 60 %, Merlot 35 %, Cabernet Franc 5 %

5–10 Jahre

Weitere Weine *Château Plantey-de-la-Croix*

CHÂTEAU VILLEGORGE

AOC Haut-Médoc

Château Villegorge wurde 1932 als Cru Bourgeois klassifiziert. 1973 ging es in den Besitz von Lucien Lurton über. Nach dem Ausscheiden den Lurtons aus dem *Syndicat des Crus Bourgeois* wird das Gut nicht mehr in der Liste geführt, obwohl es besser ist als einige der dort genannten.

ROT Körperreiche Weine mit schöner Farbe und würzigem Aroma.

Merlot 60 %, Cabernet Sauvignon 30 %, Cabernet Franc 10 %

6–12 Jahre

SAINT-ESTÈPHE

Von den vier berühmten Appellationen des Médoc ist St-Estèphe die am wenigsten attraktive, doch sie verfügt über eine große Zahl hervorragender Crus Bourgeois.

MIT NUR FÜNF CRUS CLASSÉS, die 6 % der Gemeindefläche einnehmen, zählt St-Estèphe zu den Bereichen mit deutlich unterbewerteten Rotweinen, und es ist (vorerst?) kaum zu erwarten, dass die günstigen Preise von Weinspekulanten kaputt gemacht werden.

CHÂTEAU COS D'ESTOURNEL

In St-Estèphe gibt es zwar nur wenige *Crus Classés*, doch mangelt es ihm nicht an Klasse. Auch wenn es nur über den außergewöhnlichen, ausgesprochen eleganten Château d'Estournel verfügte, wäre St-Estèphe berühmt. Sein Renommee erreichte ungeahnte Höhen, nachdem Bruno Prats 1971 die Leitung übernommen hatte. Sein Erfolg ist im Wesentlichen darauf zurückzuführen, dass er es verstand, aus dem hervorragenden Terroir – einem Kies-Südhang mit ausgezeichneter Dränage – alles herauszuholen. Reben, die auf schwereren Böden mit weniger Kies und mehr Lehm stehen, liefern rustikalere Weine. Schade, dass der engagierte Bruno Prats im Oktober 1998 an die Gruppe Bernard Taillan verkaufte.

WEINLESE AUF CHÂTEAU COS D'ESTOURNEL
Über dem Weinberg erhebt sich die exotische Ostfassade der Kellerei. Das Château gehörte dem Perfektionisten Bruno Prats.

ST-ESTÈPHE IN ZAHLEN

Appellationsbereich
Die AOC umfasst nur einen Teil der Gemeindefläche

Gemeindefläche
3 757 ha

AOC-Rebfläche
1 380 ha
37 % der Gemeindefläche

Cru-Classé-Lagen
226 ha
6 % der Gemeindefläche
16 % der AOC-Fläche

Anmerkung
Etwa 5 ha Rebfläche in St.-Estèphe gehören der Pauillac AOC an

DIE CRUS CLASSÉS IN ZAHLEN

***Crus Classés* der AOC St.-Estèphe**
5 Châteaux (8 % der *Cru-Classé-Güter* des Médoc) mit 226 ha Rebfläche (8 % der *Cru-Classé-Fläche* des Médoc, 16 % der Rebfläche von St.-Estèphe)

1er Cru
keiner

2èmes Crus
2 Châteaus (14 % der 2ème-Cru-Güter des Médoc) mit 121 ha Rebfläche (15 % der 2ème-Cru-Fläche des Médoc)

3èmes Crus
1 Château (7 % der 3ème-Cru-Güter des Médoc) mit 48 ha (11 % der 3ème-Cru-Fläche des Médoc)

4èmes Crus
1 Château (10 % der 4ème-Cru-Güter des Médoc) mit 45 ha (10 % der 4ème-Cru-Fläche des Médoc)

5èmes Crus
1 Château (6 % der 5ème-Cru-Güter des Médoc) mit 12 ha (2 % der 5ème-Cru-Fläche des Médoc)

GESCHMACKS- UND QUALITÄTSFAKTOREN

LAGE
St-Estèphe, die nördlichste der vier klassischen Weinbaugemeinden des Médoc, liegt etwa 45 km nördlich von Bordeaux an der Gironde.

KLIMA
Wie im übrigen Médoc (*siehe* S. 66).

TOPOGRAFIE
St-Estèphe verfügt über sanft abfallende Rebflächen mit gut entwässertem Boden. Der nach Südosten geneigte Kieshang – der für das Médoc ziemlich steil ist – blickt auf Château Lafite-Rothschild in Pauillac.

BÖDEN
Der kiesige Oberboden ist fruchtbarer als in den weiter südlich gelegenen Gemeinden. Der lehmige, zum Teil freiliegende Unterboden über einer eisenhaltigen Ortsteinschicht besteht aus Ton, mit Steinen vermischtem Lehm und Kalk.

WEINBAU UND WEINBEREITUNG
Die Appellation St-Estèphe gilt nur für Rotweine. Durch die zunehmende Verbreitung von Merlot, der inzwischen auf einigen Weingütern 50 % der Rebfläche einnimmt, durch geringere Verwendung von Pressweinen und verbesserte Vinifikationstechniken sind auch die weniger sonnenreichen Jahrgänge viel zugänglicher. Die Trauben werden entrappt, der Most mazeriert in der Regel drei Wochen auf den Schalen. Die Weine reifen 15 bis 24 Monate in Holzfässern.

HAUPTREBSORTEN
Cabernet Sauvignon, Cabernet Franc, Merlot

WEITERE REBSORTEN
Carmenère, Malbec, Petit Verdot

DAS MODERNE ST-ESTÈPHE

Zur guten Struktur und Langlebigkeit, die die St-Estèphe-Weine seit jeher auszeichnen, ist inzwischen eine Fruchtigkeit gekommen, sodass die Weine heute bereits relativ jung zugänglich sind. Früher war es ratsam, nur die herausragenden Jahrgänge zu kaufen und zwanzig Jahre liegen zu lassen. Die zunehmende Verwendung von Merlot, aber auch Cabernet Sauvignon und Cabernet Franc, sowie neue Techniken, die weniger die harten Tannine als Farbe und Frucht aus den Trauben holen, machen die Weine heute in der Regel runder, fruchtiger und wunderbar zugänglich.

ST-ESTÈPHE *Siehe auch* S. 68
St-Estèphe ist die nördlichste der vier berühmten Weinbaugemeinden des Haut-Médoc. Der AOC-Bereich gilt nur für einen Teil der Gemeindefläche.

ERZEUGER IN SAINT-ESTÈPHE

CHÂTEAU ANDRON-BLANQUET

Cru Bourgeois

★Ⓥ

Die Weinberge des Guts, das denselben Eigentümer hat wie Cos Labory, liegen oberhalb des Kieshangs mit Crus Classés, von denen man auf Château Lafite-Rothschild in Pauillac hinunterblickt.

ROT Außergewöhnlich gut gemachter Wein, durchweg über seinem Petit-Château-Status. Im Fass vergoren und ausgebaut, besitzt er eine gute Frucht und individuellen Stil.

Merlot 35 %, Cabernet Franc 30 %, Cabernet Sauvignon 30 %, Petit Verdot 5 %

4–10 Jahre

Zweitwein *St-Roch*

CHÂTEAU BEAU-SITE

Cru Bourgeois

★Ⓥ

Nicht verwechseln mit Château Beau-Site Haut-Vignoble, einem weniger bedeutenden Gut.

ROT Stilvoller, mittelgewichtiger bis körperreicher Wein, häufig mit elegantem, an Veilchen erinnernden Abgang.

Cabernet Sauvignon und Cabernet Franc 65 %, Merlot 35 %

3–10 Jahre

CHÂTEAU LE BOSCQ

★☆Ⓥ

Château Le Bosc ist seit jeher für gute Weine bekannt und steigerte in den 80er Jahren seine Qualität bedeutend. 1995 übernahm Dourthe-Kressman das Gut.

ROT Wunderbar aromatischer, fast exotischer, körperreicher und eleganter Wein mit dem vollen Geschmack von Sommerfrüchten, der perfekt von neuer Eiche gestützt wird.

Cabernet Sauvignon 60 %, Merlot 40 %

5–12 Jahre

CHÂTEAU CALON-SÉGUR

3ème Cru Classé

★☆Ⓥ

Um dieses Gut gallorömischen Ursprungs entstand später der Ort St-Estèphe. Als ältestes Weingut der Gemeinde schmückte es sich lange mit dem Prädikat »Premier Cru de St-Estèphe«, bis andere Erzeuger Einspruch erhoben.

ROT Voller, fruchtiger, gut strukturierter Wein mit sahnig-üppigem Aroma, der sich durch zuverlässige Qualität auszeichnet und sich gut in der Flasche entwickelt.

Cabernet Sauvignon 60 %, Cabernet Franc 20 %, Merlot 20 %

3–20 Jahre

Zweitwein *Marquis de Ségur*

CHÂTEAU CAPBERN GASQUETON

Cru Bourgeois

★Ⓥ

Die Weinberge des Guts, das denselben Besitzer hat wie Château Calon-Ségur, erstrecken sich nördlich und südlich der Gemeinde St-Estèphe.

ROT Mittelgewichtiger, reifer und fruchtiger Wein von gleichbleibender Qualität, der 24 Monate in Holzfässern reift.

Cabernet Sauvignon 60 %, Merlot 25 %, Cabernet Franc 15 %

4–12 Jahre

CHÂTEAU CHAMBERT-MARBUZET

Cru Bourgeois

★☆Ⓥ

Einwandfrei gemachter Wein, der in begrenzten Mengen auf dem Schwestergut Château Haut-Marbuzet vinifiziert wird. Viele würden ihn als *Cru Classé* einstufen.

ROT Mittelgewichtiger bis körperreicher Wein mit attraktivem Aroma, rund, reif und fruchtig mit ausgeprägtem Karamell-Eichenholz-Ton und genügend Tannin für gute Flaschenreifung.

Cabernet Sauvignon 70 %, Merlot 30 %

3–10 Jahre

CHÂTEAU COS D'ESTOURNEL

2ème Cru Classé

Hier entstand einer der ersten Spitzen-Zweitweine, und dies war das Verdienst eines Mannes, nämlich von Bruno Prats, auch wenn er dabei selbst wohl von Teamwork sprechen würde. Aus steuerlichen Gründen musste Prats das Gut 1998 an die Groupe Taillan verkaufen, die es im Jahr 2001 an Michel Reybier weiterveräußerte, einen Lebensmittelfabrikanten aus Genf. Die Baulichkeiten von Cos d'Estournel erinnern weniger an ein klassisches Château, sondern zeigen eine etwas exotische Fassade mit riesigen, geschnitzten Eichenportalen, die einst den Palast des Sultans von Sansibar schmückten. Prats' Sohn Jean-Guillaume leitet das Gut für Reybier und setzt bei der Weinbereitung die von seinem Vater begründeten Traditionen fort. Dabei wird ein Teil in Stahltanks

vergoren, doch die gesamte Ernte reift 18 bis 24 Monate in Holzfässern, in guten Jahren zu 100 % in neuer Eiche und in schwächeren bis zu 70 %.

ROT Reicher, aromatischer, attraktiver Wein von großer Klasse und außergewöhnlichem Charakter – zweifellos der beste Wein aus St-Estèphe. Er ist für die Appellation ungewöhnlich großzügig, und selbst die schwächsten Jahrgänge sind erstaunlich lange lagerfähig. Ein vielschichtiger Wein mit weicher Frucht und großer Finesse.

Cabernet Sauvignon 60 %, Merlot 38 %, Cabernet Franc 2 %

8–20 Jahre

Zweitwein *Les Pagodes de Cos*

CHÂTEAU COS LABORY

5ème Cru Classé

★

Château Cos Labory gehörte bis ins späte 19. Jahrhundert zu Château Cos

d'Estournel. In den 1920er Jahren ging es an eine argentinische Familie, entfernten Verwandten der jetzigen Besitzerin, Madame Audoy. Der Wein reift 15 bis 18 Monate in Holzfässern, ein Drittel davon ist neue Eiche.

ROT Früher waren selbst die besten Weine nur leicht und elegant mit einer gewissen Finesse; neuere Jahrgänge zeigen sich – ein sehr begrüßenswerter Wandel – deutlich fülliger, fruchtiger und schmalziger.

Cabernet Sauvignon 55 %, Merlot 38 %, Petit Verdot 5 %, Cabernet Franc 2 %

5–15 Jahre

CHÂTEAU LE CROCK

Cru Bourgeois

☆

Dieses Weingut hat denselben Besitzer wie Château Léoville-Poyferré in St-Julien.

ROT Die dunklen gehaltvollen Weine sind seit 1995, als Michel Rolland persönlich die Leitung übernahm, noch besser geworden.

Cabernet Sauvignon 58 %, Merlot 24 %, Cabernet Franc 12 %, Petit Verdot 6 %

6–15 Jahre

CHÂTEAU DOMEYNE

Château Domeyne wurde 1932 nicht als Cru Bourgeois klassifiziert und auch 1978 vom *Syndicat des Crus Bourgeois* nicht gelistet, obwohl es das Prädikat mit Sicherheit verdient.

ROT Farbkräftige, geschmacksintensive Weine, bei denen sich Frucht und Eichenaromen hervorragend vereinen. Die geschmeidigen, ausgewogenen Weine können relativ jung getrunken werden.

Cabernet Sauvignon 75 %, Merlot 25 %

3–8 Jahre

CHÂTEAU FAGET

Château Faget wurde 1932 als Cru Bourgeois klassifiziert, 1978 aber nicht in die Liste des *Syndicat des Crus Bourgeois* aufgenommen. Inzwischen sind die Weine dieser Genossenschaft allerdings manchen der dort genannten überlegen.

ROT Gut gemachter, fülliger und langlebiger Wein.

Cabernet Sauvignon 60 %, Merlot 30 %, Cabernet Franc 10 %

6–10 Jahre

CHÂTEAU LA HAYE

★Ⓥ

Neue Kellertechnik und zu 25 % neue Eichenfässer ergeben auf Château La Haye immer wieder herausragende, aufregende Jahrgänge.

ROT Brillanter, ausgewogener, mittelgewichtiger bis körperreicher Wein, intensiv in Farbe und Geschmack, mit langem Vanille-Abgang vom Eichenholz.

Cabernet Sauvignon 65 %, Merlot 30 %, Petit Verdot 5 %

5–8 Jahre

CHÂTEAU HAUT-MARBUZET

Cru Bourgeois

★☆Ⓥ

Patron auf Château Haut-Marbuzet ist Henri Duboscq, dem noch einige weitere Weingüter gehören. Außergewöhnlich für einen *Cru Classé:* Die Weine reifen bis zu 18 Monate ausschließlich in neuer Eiche.

ROT Körperreiche, farbkräftige Weine mit intensiver, saftiger Frucht und geschmeidigen Tanninen, die sich durch großzügige Buttertoast-aromen und weiche Vanilletöne auszeichnen.

Merlot 50 %, Cabernet Sauvignon 40 %, Cabernet Franc 10 %

4–12 Jahre

Zweitwein *Tour de Marbuzet*

CHÂTEAU HOUISSANT

Château Houissant wurde 1932 als Cru Bourgeois klassifiziert, 1978 aber nicht in die Liste des *Syndicat des Crus Bourgeois* aufgenommen, obwohl seine Weine einigen der dort genannten durchaus überlegen sind.

ROT Gut gemachte, vollmundige, mittelgewichtige bis körperreiche Weine.

Cabernet Sauvignon 70 %, Merlot 30 %

3–8 Jahre

CHÂTEAU LAFON-ROCHET

4ème Cru Classé

Nachdem Guy Tesseron dieses an der Grenze zu Pauillac gelegene Weingut 1959 erworben hatte, erhöhte er nach und nach den Cabernet-Sauvignon-Anteil, was dem Terroir jedoch schadete, sodass in den vergangenen Jahren damit begonnen wurde, diese Maßnahme rückgängig zu machen. Die Weine werden 18 bis 24 Monate in Holzfässern ausgebaut; davon ist ein Drittel neue Eiche.

ROT Die Weine sind nicht typisch für St-Estèphe, weder in deren klassischer noch in der modernen fruchtigeren Form. Der Anteil von Cabernet Sauvignon wurde vermindert und der von Merlot verdoppelt, um dem adstringierenden Charakter der Weine entgegenzuwirken. Die Qualität ist heute wesentlich höher, doch Steigerungen sind noch immer möglich.

Cabernet Sauvignon 55 %, Merlot 40 %, Cabernet Franc 5 %

5–12 Jahre

Zweitwein ✓ *Numéro 2*

CHÂTEAU LAVILLOTTE

Cru Bourgeois

★✫Ⓥ

Dieses Gut macht hervorragende Weine mit gutem Preis-Leistungs-Verhältnis.

ROT Dunkle, dichte und körperreiche Weine mit intensivem, ausgeprägtem, komplexem Bukett und rauchiger Note.

Cabernet Sauvignon 75 %, Merlot 25 %

5–12 Jahre

CHÂTEAU DE MARBUZET

Cru Bourgeois

✫

In gleicher Hand wie Cos d'Estournel und einst Herstellungsort auch jener Weine, die dort nicht den Kriterien des Zweitweins entsprachen. Seit 1994 verarbeitet Château de Marbuzet aber ausschließlich eigene Trauben.

ROT Ausgewogene, elegante, mittelgewichtige bis körperreiche Weine mit guter Frucht und weichem Abgang.

Merlot 56 %, Cabernet Sauvignon 44 %

4–10 Jahre

LE MARQUIS DE SAINT-ESTÈPHE

Ⓥ

Diese Weine werden in der gleichnamigen qualitätsbewussten Winzergenossenschaft hergestellt.

ROT Durchweg gut gemachte, mittelgewichtige, manchmal auch körperreiche Weine von gutem Preis-Leistungs-Verhältnis.

Cabernet Franc und Cabernet Sauvignon 60 %, Merlot 35 %, Malbec und Petit Verdot 5 %

3–6 Jahre

CHÂTEAU MEYNEY

Cru Bourgeois

★Ⓥ

Diesem Weingut gelingt es fast in jedem Jahrgang, gute Weine auf den Markt zu bringen.

ROT Die früher mächtigen, fleischigen, vierschrötigen Weine mussten mindestens zehn Jahre in den Flaschen reifen. Inzwischen änderte man die Vinifizierungsmethoden, die Weine verfügen über eine seidige Finesse und entwickeln sich in der Flasche sehr elegant.

Cabernet Sauvignon 70 %, Merlot 24 %, Cabernet Franc 4 %, Petit Verdot 2 %

5–25 Jahre

Zweitwein *Prieuré de Meyney*

CHÂTEAU MONTROSE

2ème Cru Classé

★✫Ⓥ

Château Montrose zählt ohne Zweifel zu den Stars des nördlichen Médoc, Robert Parker bewertete den 1990er mit 100 Punkten. Die Weine (jährlich ca. 230 000 Flaschen) werden 24 Monate in Holzfässern ausgebaut, davon ist bis zu einem Drittel neue Eiche.

ROT Der Wein benötigt eine lange Reifung, bis er zur Bestform gelangt. Exzeptionell waren die Jahrgänge 1982, 1986, 1989 und 1990.

Cabernet Sauvignon 65 %, Merlot 25 %, Cabernet Franc 10 %

8–25 Jahre

Zweitwein *La Dame de Montrose*

CHÂTEAU LES ORMES DE PEZ

Cru Bourgeois

★✫Ⓥ

Jean-Michel Cazes, auch Hausherr auf Château Lynch-Bages in Pauillac, installierte 1981 neue Edelstahlbottiche und steigerte die Qualität von gut zu sensationell. Der relativ preiswerte Wein, der es mit einem guten Cru Classé aufnehmen kann, reift 12 bis 15 Monate in Holzfässern.

ROT Dunkle, fruchtige Weine, die mit der Reife eine komplexe Kräuternote annehmen.

Cabernet Sauvignon 55 %, Merlot 35 %, Cabernet Franc 10 %

3–15 Jahre

CHÂTEAU DE PEZ

★✫Ⓥ

Das Gut wurde 1995 von Champagne Louis Roederer erworben. Die Weine gären in Holzbottichen und reifen 20 bis 22 Monate in Fässern, von denen jeweils ein Viertel neu sind. Sie erreichen ohne weiteres *Cru-Classé*-Qualität.

ROT Zuverlässig einer der besten Crus Bourgeois des Médoc. Ein mittelgewichtiger Wein mit üppig fruchtigem Aroma und guter Tanninstruktur, der sehr fein reift und eine Zedernholznote annimmt.

Cabernet Sauvignon 70 %, Cabernet Franc 15 %, Merlot 15 %

6–20 Jahre

CHÂTEAU PHÉLAN-SÉGUR

Cru Bourgeois

Ⓥ

Château Phélan-Ségur hat sich seit dem Jahrgang 1988 erheblich verbessert und zählt heute zu den besten St-Estèphe-Weinen.

ROT Die immer noch sehr festen Weine lassen Charme und Eleganz inzwischen nicht mehr vermissen.

Cabernet Sauvignon 50 %, Merlot 40 %, Cabernet Franc 10 %

5–10 Jahre

Zweitwein *Franck Phélan*

CHÂTEAU POMYS

Ⓥ

Château Pomys wurde 1932 als Cru Bourgeois klassifiziert, 1978 aber nicht in die Liste des *Syndicat des Crus Bourgeois* aufgenommen, obwohl seine Weine einigen der dort genannten überlegen sind. Die Weine reifen 24 Monate in Holzfässern, davon sind 25 % neue Eiche.

ROT Substanzielle Weine mit guter Frucht und Tanninbalance.

Cabernet Sauvignon 50 %, Merlot 25 %, Cabernet Franc 20 %, Petit Verdot 5 %

3–10 Jahre

CHÂTEAU LES PRADINES

Ⓥ

Die Weine werden von einer Genossenschaft erzeugt und auf dem Gut abgefüllt. Les Pradines wurde weder 1932 noch 1978 als Cru Bourgeois klassifiziert, obwohl es dies wirklich verdient hätte.

ROT Angenehmer, überaus fruchtiger Wein mit ausgeprägtem Charakter und sehr schönem Abgang.

Cabernet Sauvignon 60 %, Merlot 35 %, Cabernet Franc 5 %

2–7 Jahre

CHÂTEAU TOUR DE PEZ

★Ⓥ

Die Investitionen der 1990er Jahre haben sich bezahlt gemacht.

ROT Eleganter, mittelgewichtiger Wein mit guter, selbstbewusster Frucht. Der 1996er ist famos.

Cabernet Sauvignon 45 %, Cabernet Franc 10 %, Merlot 40 %, Petit Verdot 5 %

3–7 Jahre

CHÂTEAU TRONQUOY-LALANDE

Cru Bourgeois

Besitzerin Arlette Castéja-Texier wird tatkräftig unterstützt vom Dourthe-Kressmann-Team.

ROT Der Charakter der Weine reicht von angenehm fruchtig bis dunkel und tanninbetont. Steigerung seit 1996.

Cabernet Sauvignon 45 %, Merlot 45 %, Petit Verdot 10 %

3–7 Jahre

PAUILLAC

Auf keinen anderen Bordeaux treffen die Attribute »groß«, »schwarz« und »schön« so sehr zu wie auf die Weine von Pauillac, der Gemeinde mit den drei berühmtesten und klassischen Premier-Cru-Châteaux, Latour, Lafite und Mouton.

PAUILLAC IST ABER AUCH eine Appellation mit überraschenden Kontrasten. Hier sind nicht nur drei Fünftel der Premier-Cru-Weingüter des Médoc angesiedelt, sondern auch zwei Drittel der 5ème Crus. Das Mittelfeld ist hingegen schwach vertreten, und auch Cru-Bourgeois-Güter sind eher die Ausnahme als die Regel. Der Cabernet Sauvignon zeigt sich in Pauillac von seiner prachtvollsten Seite. Das viel gerühmte Cassisaroma dieser Rebsorte, das in vielen leichteren Weinen kaum wahrnehmbar ist, kommt in Pauillac zur vollen Entfaltung. Durch den langen Reifungsprozess erlangen Spitzen-Pauillacs eine für ihr Gewicht erstaunliche Finesse, und die Cassis-Frucht wird durch die Tannine schön ausbalanciert.

DIE CRUS CLASSÉS IN ZAHLEN

Crus Classés in der AOC Pauillac
18 Châteaux (30 % der Cru-Classé-Güter des Médoc) mit 842 ha Rebfläche (30 % der Cru-Classé-Fläche des Médoc, 72 % der Rebfläche von Pauillac)

1ers Crus
3 Châteaux (75 % der 1er-Cru-Güter des Médoc) mit 230 ha Rebfläche (75 % der 1er-Cru-Fläche des Médoc)

2èmes Crus
2 Châteaux (14 % der 2ème-Cru-Güter des Médoc) mit 90 ha Rebfläche (11 % der 2ème-Cru-Fläche des Médoc)

3èmes Crus
keiner

4èmes Crus
1 Château (10 % der 4ème-Cru-Güter des Médoc) mit 45 ha Rebfläche (10 % der 4ème-Cru-Fläche des Médoc)

5èmes Crus
12 Châteaux (67 % der 5ème-Cru-Güter des Médoc) mit 477 ha Rebfläche (63 % der 5ème-Cru-Fläche des Médoc)

Anmerkung Keine AOC-Gemeindeappellation hat mehr Cru-Classé-Rebflächen (72 % der AOC), und nur Margaux verfügt über mehr Cru-Classé-Châteaux.

CHÂTEAU LATOUR
Nach Einführung völlig neuer Vinifikationsverfahren in den 1960er Jahren ist Château Latour heute der zuverlässigste Premier Cru des Bordelais. Von hier kommt der Archetyp des eleganten Pauillac.

GESCHMACKS- UND QUALITÄTSFAKTOREN

LAGE
Pauillac liegt zwischen St-Estèphe und St-Julien im Süden.

KLIMA
Wie im übrigen Médoc (*siehe* S. 66).

TOPOGRAFIE
Pauillacs Anbaufläche nimmt zwei ausgedehnte Plateaus nordwestlich und südwestlich der Stadt ein. Die Lage ist exzellent, das Wasser fließt über sanfte Hänge nach Osten in die Gironde, nach Westen in den Wald und nach Norden und Süden in verschiedene Kanäle und Wasserläufe ab.

BÖDEN
Beide Plateaus sind mächtige Schotterbänke, die hier tiefer reichen als sonst im Médoc. Das Wasser wird abgeleitet, bevor es die Ortsteinschicht erreicht. In St-Saveur besteht der Boden im Westen aus Sand über steinigem Unterboden, im Zentrum und im Süden aus Kies über der Ortsteinschicht oder weiteren Kiesschichten.

WEINBAU UND WEINBEREITUNG
Die Herkunftsbezeichnung Pauillac gilt nur für Rotweine. Die meisten Erzeuger setzen den Weinen traditionell etwas Presswein zu. Der Most wird in der Regel nach drei bis vier Wochen von den Schalen getrennt. Die Weine reifen 18 bis 24 Monate in Holzfässern.

HAUPTREBSORTEN
Cabernet Sauvignon, Cabernet Franc, Merlot

WEITERE REBSORTEN
Carmenère, Petit Verdot, Malbec

PAUILLAC IN ZAHLEN

Appellationsbereich
Ein Teil der Weinberge liegt in der Gemeinde, dazu kommen 34 ha in St-Saveur, 16 ha in St-Julien, 5 ha in St-Estèphe und 1 ha in Cissac.

Gemeindefläche
2 539 ha

AOC-Rebfläche
1 170 ha
46 % der Gemeindefläche

***Cru-Classé*-Lagen**
842 ha
3 % der Gemeindefläche
72 % der AOC-Fläche

PAUILLAC
Pauillac, die größte Stadt des Médoc, liegt am Westufer der Gironde. Trotz ihrer Größe und Bedeutung hat sie sich einen ruhigen ländlichen Charakter bewahrt.

DER PRIVATE WEINKELLER VON CHÂTEAU PICHON-LONGUEVILLE-COMTESSE-DE-LALANDE
In diesen Regalen im privaten Keller des Schlosses liegen Zeugnisse einer fast zweihundertjährigen Weingeschichte.

PAUILLAC ***Siehe auch*** **S. 68**
Das zwischen St-Estèphe und St-Julien gelegene Pauillac ist gleich mit drei Premiers Crus gesegnet: Château Lafite-Rothschild und Château Mouton-Rothschild im Norden und Château Latour im Süden.

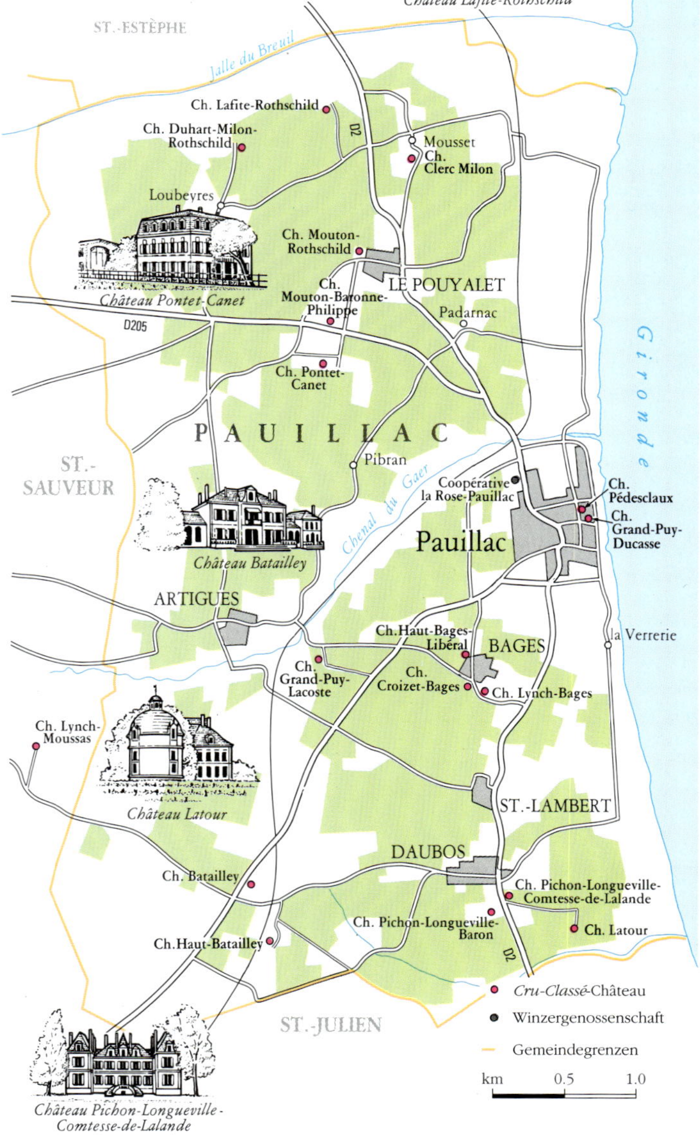

KÜNSTLERETIKETTEN FÜR CHÂTEAU MOUTON-ROTHSCHILD

Im Jahr 1922 übernahm der 20-jährige Philippe de Rothschild die Leitung von Château Mouton-Rothschild. Als eine seiner ersten Amtshandlungen gab er bei dem jungen Maler Jean Carlu den Entwurf eines neuen Etiketts für den Jahrgang 1924 in Auftrag, den berühmten Schafskopf mit fünf Pfeilen. Das Etikett zierte die Flaschen einiger Jahrgänge, darunter auch solche, die man vor 1922 erzeugt, aber nicht abgefüllt hatte. 1928 und 1929, später auch 1933, wählte man ein anderes Etikett. Seit 1945 bekommt jeder Jahrgang ein neues, von einem berühmten Künstler entworfenes Etikett.

Pablo Picasso, 1973

Marc Chagall, 1970

Das erste Etikett, Jean Carlu, 1924

ERZEUGER IN

PAULLIAC

CHÂTEAU D'ARMAILHAC

5ème Cru Classé

☆

Im Jahr 1933 erwarb Baron Philippe de Rothschild Château Mouton d'Armailhac, das er 1956 in Château Mouton Baron-Philippe umbenannte. 1975 wurde es zu Ehren von Rothschilds verstorbener Frau in Château Mouton-Baronne-Philippe umbenannt. 1989 ging man schließlich wieder zum Namen d'Armailhac über, jedoch ohne den Zusatz Mouton, denn Rothschild fürchtete, der Wein könnte aufgrund des ungeheuren Ansehens, das der Name Mouton-Rothschild genießt, als Zweitwein angesehen werden. Das Gut grenzt unmittelbar an Mouton an, und Philippe de Rothschild hatte es unter anderem deshalb erworben, um leichter Zugang zu dem berühmten Premier Cru zu haben. Die Weine von Château d'Armailhac werden mit der gleichen Sorgfalt vinifiziert wie die berühmten Premiers Crus. Sie reifen 22 bis 24 Monate in Holzfässern, davon sind 20 % neue Eiche.

ROT Die verschlossenen, leichten, jung recht harten Weine sind der beste Beweis dafür, dass gutes Terroir selbst für Geld nicht zu haben ist.

Cabernet Sauvignon 65 %, Merlot 30 %, Cabernet Franc 5 %

10–20 Jahre

CHÂTEAU BATAILLEY

5ème Cru Classé

★☆

Château Batailley liefert in sonnigen Jahren gute Weine, dennoch werden sie im Allgemeinen unterbewertet. Der Jahrgang 1985 war wahrscheinlich das größte Schnäppchen in Bordeaux, und der 1986er ist noch besser. Auch 1993 sowie 1995 bis 1998 sind Batailley-Weine sehr zu empfehlen. Der Wein wird 16 bis 18 Monate in Holzfässern ausgebaut, davon ist mindestens ein Drittel neue Eiche.

ROT Früher waren die Weine mitunter sehr rustikal und aufdringlich. Inzwischen zeigen sie Klasse mit einer feinen, saftigen Frucht, reifen Tanninen und einem weichen, komplexen, sahnigen Abgang.

Cabernet Sauvignon 74 %, Merlot 20 %, Cabernet Franc 5 %, Petit Verdot 1 %

10–25 Jahre

CHÂTEAU BECASSE

Dieses rasch aufsteigende Gut wurde weder 1932 noch 1978 als Cru Bourgeois klassifiziert, verdient heute aber mit Sicherheit diesen Status.

ROT Zuverlässiger, gut strukturierter Wein mit kräftiger Schwarze-Johannisbeer-Frucht, der unverkennbar teilweise in neuer Eiche ausgebaut wird.

Cabernet Sauvignon 70 %, Merlot 20 %, Cabernet Franc 10 %

5–12 Jahre

CHÂTEAU CLERC MILON

5ème Cru Classé

★

Château Clerc Milon ging 1970 in den Besitz von Baron Philippe de Rothschild über. Nach kräftigen Investitionen in den ersten zehn Jahren und einer Reihe recht enttäuschender Jahrgänge hatte man 1981 den ersten Erfolg, ein sensationeller 1982er folgte. Seither liegt die Qualität der Weine durchweg über der Klassifikation. Der Wein wird 22 bis 24 Monate in Holzfässern ausgebaut, davon sind 20 bis 30 % neue Eiche. Ein Wein, den man im Auge behalten sollte!

ROT Mittelgewichtiger bis körperreicher Wein mit Aromen von Cassis und würziger Eiche; die intensive Beerenfrucht wird durch reife Säure schön balanciert.

Cabernet Sauvignon 70 %, Merlot 20 %, Cabernet Franc 10 %

10–20 Jahre

CHÂTEAU COLOMBIER-MONPELOU

Cru Bourgeois

☆V

Obwohl es nie als solches klassifiziert wurde, wurde Château Colombier-Monpelou in der dritten Auflage 1874 von *Bordeaux and its Wines* als 4ème Cru beschrieben. Tatsächlich haben die Weine, die zu 30 % in neuer Eiche ausgebaut werden, etwas von der Klasse eines Cru Classé.

ROT Intensive, würzige Frucht mit gutem Cabernet-Charakter, reifen Tanninen und Vanille vom Eichenholz.

Cabernet Sauvignon 70 %, Merlot 20 %, Cabernet Franc 5 %, Petit Verdot 5 %

5–12 Jahre

Zweitwein *Grand Canyon*

CHÂTEAU CORDEILLAN-BAGES

AOC Pauillac

☆

Jean-Michel Cazes vom Château Lynch-Bages war die treibende Kraft hinter der Gruppe von Winzern, die das Château de Cordeillan renovierten und in ein Hotel mit Restaurant und Weinbaufachschule verwandelten. Das Team von Lynch-Bages erzeugt eine winzige Menge von zwei Hektar Anbaufläche.

ROT So dunkel und dicht, wie bei dem Einfluss aus Lynch-Bages zu erwarten. Rauchige Eiche und Tabak- und Veilchenaromen durchsetzen die schokoladige Cabernet-Frucht.

Cabernet Sauvignon 60 %, Merlot 30 %, Malbec 5 %, Petit Verdot 5 %

3–8 Jahre

CHÂTEAU CROIZET-BAGES

5ème Cru Classé

❷

Dieses auf dem Plateau von Bages gelegene Gut, das denselben Besitzer hat wie Château Rauzan-Gassies in Margaux, ist das klassische Beispiel eines »Château ohne Schloss«, ohne repräsentatives Gutsgebäude. Bislang waren die Weine, die 18 Monate in Holzfässern reifen, nicht unattraktiv, lassen aber Klasse vermissen und begeistern selten. Inzwischen werden die Weine allmählich besser.

ROT Angenehmer, mittelgewichtiger Wein von sauberem, fruchtigem Charakter, der nicht die dunkle Farbe der Pauillac-Weine aufweist.

Cabernet Sauvignon 37 %, Cabernet Franc 30 %, Merlot 30 %, Malbec und Petit Verdot 3 %

6–12 Jahre

Zweitwein *Enclos de Moncabon*

CHÂTEAU DUHART-MILON-ROTHSCHILD

4ème Cru Classé

★☆

Wiederum ein »Château ohne Schloss«. Duhart-Milon kam 1962 an die Lafite-Rothschilds. Vor 1962 erzeugte man hier fast ausschließlich Weine aus Petit-Verdot-Trauben. Da diese Rebsorte, die traditionell wegen ihrer Säure angebaut wird, spät reift, konnte man nur nach extrem heißen Sommern große Weine gewinnen. Interessanterweise gelang es Duhart-Milon im fast tropischen Sommer des Jahres 1947, einen Wein zu erzeugen, den viele als den besten jenes Jahrgangs ansehen. Später erweiterten die Rothschilds die an Château Lafite grenzenden Weinberge und pflanzten dort andere, für das Terroir geeignetere Rebsorten. 1994 trat Charles Chevalier auf den Plan, wodurch seit 1996 die Weine noch dazugewonnen haben. Der Wein reift 18 bis 24 Monate in Holzfässern, ein Drittel davon sind neue Eiche.

ROT Die Weine haben eine intensive Farbe, intensive Fruchttöne, samtige Eichenholznote, außergewöhnliche Ausgewogenheit und Finesse.

Cabernet Sauvignon 65 %, Merlot 30 %, Cabernet Franc 5 %

8–16 Jahre

Zweitwein *Moulin de Duhart*

CHÂTEAU LA FLEUR-MILON

Cru Bourgeois

La Fleur-Milon, ebenfalls ein »Château ohne Schloss«, macht Wein aus Trauben verschiedener Parzellen, die an berühmte Lagen wie Lafite, Mouton und Duhart-Milon grenzen.

ROT Zuverlässiger fester und ansprechender Wein, der aber nicht immer den berühmten Ursprüngen seiner Reben gerecht wird.

Cabernet Sauvignon 45 %, Cabernet Franc 20 %, Merlot 35 %

4–10 Jahre

CHÂTEAU FONBADET

★ V

Château Fonbadet wurde 1932 als Cru Bourgeois klassifiziert, 1978 aber nicht in die Liste des *Syndicat des Crus Bourgeois* des Médoc aufgenommen, obwohl seine Weine einigen der genannten überlegen sind. Viele Rebstöcke sind um die

achtzig Jahre alt. Der Wein wird zu 15 % in Fässern aus neuer Eiche ausgebaut. Ein besonders preiswürdiger Pauillac.

ROT Typischer Pauillac, fast undurchsichtig, mit intensivem Aroma Schwarzer Johannisbeeren, Tabak und Zedernholz; konzentrierte, würzige Frucht mit sahniger Eichenholznote und langem Abgang.

Cabernet Sauvignon 60 %, Cabernet Franc 15 %, Merlot 19 %, Malbec 4 %, Petit Verdot 2 %

6–15 Jahre

Zweitwein *Haut-Pauillac*

Weitere Weine *Château Tour du Roc Moulin*

CHÂTEAU GRAND-PUY-DUCASSE

5ème Cru Classé

★ V

Das Gut, das denselben Eigentümer hat wie Château Rayne-Vigneau in Sauternes, macht etwas unterbewer-

tete Weine aus Trauben von verschiedenen, über die halbe Gemeinde verstreuten Parzellen, die 15 bis 18 Monate in Holzfässern reifen. Einer der preiswürdigsten Crus Classés, die zur Zeit auf dem Markt sind.

ROT Ausgewogener, mittelgewichtiger bis körperreicher Wein, der relativ früh getrunken werden kann. Er hat den typischen Cassis-Charakter von Pauillac, ist aber geschmeidiger als üblich.

Cabernet Sauvignon 70 %, Merlot 25 %, Petit Verdot 5 %

5–10 Jahre

Zweitwein *Château Artigues-Arnaud*

CHÂTEAU GRAND-PUY-LACOSTE

5ème Cru Classé

★☆ V

Unter der Leitung von François-Xavier Borie eilt Château Grand-Puy-Lacoste von Erfolg zu Erfolg. Der Wein reift 18 bis 20 Monate in Holzfässern, davon ist ein Drittel neue Eiche.

ROT Farbkräftiger Wein mit komplexem Bukett von Schwarzer Johannisbeere, Gewürzen und Vanille, mit viel Frucht, großer Finesse und langem Abgang.

Cabernet Sauvignon 62 %, Merlot 37 %, Petit Verdot 1 %

10–20 Jahre

Zweitwein *Lacoste-Borie*

CHÂTEAU HAUT-BAGES-AVEROUS

☆ V

Eigentümer von Château Haut-Bages-Averous ist Jean-Michel Cazes, dem auch Château Lynch-Bages gehört. Das Gut wurde 1932 als Cru Bourgeois klassifiziert, 1978 aber nicht in die Liste des *Syndicat des Crus Bourgeois* aufgenommen, obwohl es einigen der dort genannten überlegen ist. Die Zweitweine von Château Lynch-Bages werden mit diesem Wein verschnitten.

ROT Mittelgewichtiger bis körperreicher Wein von sehr guter Qualität, dessen Markenzeichen Würze, Ausgewogenheit und feine Säure sind. In besonders guten Jahren, etwa 1982 bis 1986, 1990 sowie 1995 bis 1998, hat er eine attraktive Kräuter-Minze-Note.

Cabernet Sauvignon 75 %, Merlot 15 %, Cabernet Franc 10 %

5–12 Jahre

CHÂTEAU HAUT-BAGES-LIBÉRAL

5ème Cru Classé

★

Dieses dynamische Gut macht zur Zeit wahrhaft sensationelle Weine. Dem Besitzer gehören auch der Cru Bourgeois Château Chasse-Spleen in Moulis und das hervorragende nicht klassifizierte Château La Gurgue in Margaux. Die Weine reifen 18 bis 20 Monate in Holzfässern, davon sind bis zu 40 % neue Eiche. Den einzigartigen Jahrgang 1986 muss man probiert haben.

ROT Dunkle, körperreiche Weine mit Massen von konzentrierter, würziger Cassisfrucht, großer Tanninstruktur und runden Vanillenoten von der Eiche. Nahezu perfekt.

Cabernet Sauvignon 75 %, Merlot 20 %, Petit Verdot 5 %

10–20 Jahre

Zweitwein *Chapelle de Bayes*

CHÂTEAU HAUT-BATAILLEY

5ème Cru Classé

★

Als die Familie Borie Château Batail-

ley im Jahr 1942 erwarb, wurde es auf zwei Söhne übertragen. Haut-Batailley, der kleinere Teil des Guts, ging an den 1998 verstorbenen Jean-Eugène Borie, dem auch Château Grand-Puy-Lacoste und Château Ducru-Beaucaillou in St-Julien gehörten. Das Schloss und den größeren Teil des Guts erhielt der andere Sohn. Der Wein reift 20 Monate in Holzfässern, davon ist ein Drittel neue Eiche.

ROT Ein nicht zu körperreicher Wein von schöner Farbe, eleganter und finessereicher als Batailley, allerdings manchmal ohne dessen füllige Frucht.

Cabernet Sauvignon 65 %, Merlot 25 %, Cabernet Franc 10 %

7–15 Jahre

Zweitwein *Château La Tour l'Aspic*

CHÂTEAU LAFITE-ROTHSCHILD

1er Cru Classé

★★★

Das berühmte Château, dem auch eine kleine Parzelle in St-Estèphe gehört, wird seit 1994 von Charles Chevalier für Baron Eric von der französischen Linie der Rothschilds geführt. Da die St-Estèphe-Parzelle

seit einigen Jahrhunderten zu Lafite-Rothschild gehört, darf sie die Appellation Pauillac führen. Ein Stilwandel kam Mitte der 1970er Jahre; damals ging man dazu über, den Wein nicht mehr so lange in Eichenfässern reifen zu lassen. Durch Chevaliers Energie ist er oft einfach der beste unter den Premiers Crus Classés.

ROT Wenn auch nicht der größte unter den Premiers Crus, ist der Lafite doch ein Wein aus dem Lehrbuch: reiche, delikate und würzige Frucht, die sich ständig weiterentfaltet, gestützt durch sahnige Eichenholznoten und runde Tannine; ein Wein von unvergleichlicher Finesse.

Cabernet Sauvignon 70 %, Merlot 20 %, Cabernet Franc 10 %

25–50 Jahre

Zweitwein *Carruades de Lafite*

Weitere Weine *Moulin des Carruades*

CHÂTEAU LATOUR

1er Cru Classé

★★★

Als die Londoner Pearson Group 1964 auf Château Latour Edelstahltanks mit Kühlung einführte, warf man ihr in Frankreich vor, sie verwandele das Premier-Cru-Gut in eine Molkerei (dabei vergaß man, dass auf Haut-Brion bereits drei Jahre zuvor Edelstahltanks eingeführt worden waren). 1980 verkaufte man Château Latour an den französischen Industriellen François Pinault. Als neuen, jungen Leiter von Latour setzte Pinault den Absolventen einer der führenden Wirtschaftsinstitute Frankreichs Frédéric Engerer ein, der im Verein mit seinem noch jüngeren neuen Winzer Frédéric Ardouin die Arbeitsweisen in Weinberg und Kellerei völlig umkrempelte. Die Neuerungen versprechen ähnlich tief greifende Auswirkungen, wie sie zuvor Margaux erlebte. Und da Latour ohnehin bereits zu den

Spitzengütern zählt, wird man in Zukunft eventuell mit gewissen Klassifikationsproblemen rechnen müssen. Der Wein wird 20 bis 24 Monate ausschließlich in neuen Eichenfässern ausgebaut.

ROT Trotz der Nähe zu St-Julien ist der Château Latour ein archetypischer Pauillac. Seine tiefdunkle Farbe entspricht der immensen Statur und den höchst konzentrierten Aromen. Wenn Lafite das ultimative Beispiel für Finesse ist, zeigt Latour auf ideale Weise, wie mächtig ein Wein sein und doch große Eleganz bewahren kann.

Cabernet Sauvignon 80 %, Merlot 4 %, Cabernet Franc 15 %, Petit Verdot 1 %

30–60 Jahre

Zweitwein *Les Forts de Latour*
Weitere Weine *Pauillac de Latour*

CHÂTEAU LYNCH-BAGES

5ème Cru Classé

★★ⓥ

Château Lynch-Bages liegt am Rande des Plateaus von Bages und etwas außerhalb von Pauillac. Gelegentlich bezeichnet man den Wein von Jean-Michel Cazes als den »Mouton des kleinen Mannes«. Nun, das kann so schlecht nicht sein, denn ich würde, auch wenn ich reich wäre, den 5ème Cru von Château Lynch-Bages genauso oft trinken wie irgendeinen Premier Cru. Cazes investierte große Summen in neue Kelleranlagen, und dass er seit 1980 selbst in schlechten Jahren außergewöhnliche Erfolge erzielt, macht ihn zuverlässiger als einige 2ème-Cru-Erzeuger. Der Wein reift 12 bis 15 Monate in Holzfässern, davon sind 50 % neue Eiche.

ROT Verführerischer, dunkel-purpurroter, mit Frucht voll gepackter Wein von großer Klasse. Komplexes Bukett, üppiges, pflaumiges Aroma, geschmeidige Tanninstruktur und würziger Abgang mit Noten von Schwarzer Johannisbeere und Vanille.

Cabernet Sauvignon 75 %, Merlot 15 %, Cabernet Franc 10 %

8–30 Jahre

Zweitwein *Château Haut-Bages-Avérous* (auch geringe Mengen Weißwein)

CHÂTEAU LYNCH-MOUSSAS

5ème Cru Classé

?

Besitzer dieses vollständig renovierten Weinguts ist Emile Castéja vom Handelshaus Borie-Manoux. Die ständig besser werdenden Weine reifen 18 bis 20 Monate in Holzfässern, davon sind 25 % neue Eiche.

ROT Recht angenehme, gehaltvolle Weine auf dem Weg nach oben. Außergewöhnlich stilvoll ist der 1985er, super sind die Jahrgänge 1990, 1993 und 1995 bis 1998.

Cabernet Sauvignon 70 %, Merlot 30 %

4–8 Jahre

CHÂTEAU MOUTON-ROTHSCHILD

1er Cru Classé

★★★

Château Mouton-Rothschild ist der berühmte, weil einzige Fall, dass ein Weingut nach der Klassifizierung von 1855 neu eingestuft wurde. Im Jahr 1973 wurden die jahrzehntelangen Anstrengungen von Philippe de Rothschid durch die Erhebung zum Premier Cru gekrönt. Das hohe Ansehen, das der Cabernet Sauvignon heute genießt, verdankt er vermutlich Baron Rothschild, der seinen einzigartigen, von Cabernet Sauvignon geprägten Wein so glänzend vermarktete. Teil seiner Strategie, das Château in den Schlagzeilen zu halten, waren die Etiketten, deren Gestaltung – später für jeden neuen Jahrgang – er berühmten Künstlern übertrug. Der Wein wird 22 bis 24 Monate ausschließlich in neuen Eichenfässern ausgebaut.

ROT Im Grunde muss der Mouton-Rothschild mit den gleichen Attributen beschrieben werden wie der Latour. Die Farbe tendiert vielleicht mehr zu Purpur und das Aroma zu vegetabilen, sehr oft sogar minzigen Noten. Obwohl er ebenso langlebig ist wie der Château Latour, ist er bereits etwas früher trinkreif.

Cabernet Sauvignon 85 %, Cabernet Franc 10 %, Merlot 5 %

20–60 Jahre

Zweitwein *La Petit Mounton*
Weitere Weine *Aile d'Argent* (weiß)

CHÂTEAU PEDESCLAUX

5ème Cru Classé

Ein rarer Cru Classé, der auf zwei sehr guten Lagen produziert wird: Eine grenzt an Château Lynch-Bages, die andere liegt zwischen Mouton-Rothschild und Pontet-Canet. Der Wein wird zum großen Teil nach Belgien exportiert. Er reift 20 bis 22 Monate in Holzfässern, davon ist die Hälfte neue Eiche. Weine, die sich nicht für den *Grand Vin* eignen, werden im Verschnitt von Château Belle Rose, einem *Cru Bourgeois* desselben Besitzers, verwendet.

ROT Voller, fester, traditioneller Pauillac, der langsam reift und sich sehr lange hält.

Cabernet Sauvignon 70 %, Merlot 20 %, Cabernet Franc 5 %, Petit Verdot 5 %

15–40 Jahre

CHÂTEAU PICHON-LONGUEVILLE BARON

2ème Cru Classé

★★☆

Pichon-Baron, wie man meist sagt, das kleinere der beiden Pichon-Güter, brachte noch bis vor kurzem die weniger herausragenden Weine hervor. Und das, obwohl nach Meinung vieler Experten das Terroir von Pichon-Baron eigentlich besser ist als das des benachbarten Château Pichon-Comtesse. Ich habe bereits vor zehn Jahren vorgeschlagen, dass Mme de Lencquesaing, die Besitzerin von Château Pichon-Comtesse, dieses Gut erwerben sollte; vielleicht könnte sie mit ihrer glücklichen Hand aus dem besseren Weinberg das Beste herausholen. Ob sie selbst an solches dachte und auch das nötige Kleingeld gehabt hätte, spielt inzwischen keine Rolle mehr, denn die Versicherungsgruppe AXA kam ihr zuvor. Es gelang, aus den Weinen von Château Pichon-Baron unglaubliche Qualität zu zaubern. Eine etwas unangenehme Situation, denn Pichon-Baron übertrifft inzwischen sogar seinen eigenen sensationellen Lynch-Bages. Das beweist, wie zutreffend die Klassifizierung von 1855 immer noch ist, und bestätigt meine früher geäußerte Vermutung, dass Pichon-Baron eines Tages sein Potenzial voll entfalten würde. Der Wein reift 24 Monate in Holzfässern, davon ist ein Drittel neue Eiche.

ROT Kräftige, körperreiche Weine von intensiver Farbe und vielschichtiger, würziger, konzentrierter Schwarze-Johannisbeer-Frucht, die

durch geschmeidige Tannine und einen weichen, rauchigen Eichenholzton gestützt wird.

Cabernet Sauvignon 75 %, Merlot 24 %, Malbec 1 %

8–25 Jahre

Zweitwein *Les Tourelles de Longueville*

CHÂTEAU PICHON-LONGUEVILLE-COMTESSE-DE-LALANDE

2ème Cru Classé

★★☆

Ein Wein ist immer nur so gut wie die Trauben, aus denen er gekeltert wird. Auf Pichon-Comtesse (so die gängige Kurzbezeichnung) versucht die bewundernswerte Mme de Lencquesaing, Witwe eines hochdekorierten französischen Generals, alles aus dem Terroir zu holen – und hat stets Erfolg dabei. Der Wein reift 18 bis 20 Monate in Holzfässern, davon ist die Hälfte neue Eiche.

ROT Dieser verführerische, seidige, wunderbar ausgewogene Wein ist der Margaux von Pauillac. Selbst die bescheidenen Jahrgänge zeichnen sich durch große Finesse aus.

Cabernet Sauvignon 46 %, Merlot 34 %, Cabernet Franc 12 %, Petit Verdot 8 %

10–30 Jahre

Zweitwein *Réserve de la Comtesse*

CHÂTEAU PONTET-CANET

5ème Cru Classé

?

Château Pontet-Canet hat in den vergangenen Jahrzehnten an Ansehen verloren. Man hoffte, dass sich dies nach der Übernahme durch Guy Tesseron 1975 ändern würde. Ein Hoffnungsschimmer zeichnete sich erst mit dem 1985er ab. 1995 kam der Durchbruch, und 1998 war außergewöhnlich. Der Wein reift 18 bis 24 Monate in Holzfässern, davon ist ein Drittel neue Eiche.

ROT Die Weine sind seit Mitte der 1990er Jahre fruchtig und gefällig mit kräftiger Eichenholznote.

Cabernet Sauvignon 68 %, Merlot 20 %, Cabernet Franc 10 %, Malbec 2 %

6–12 Jahre

Zweitwein *Les Hauts de Pontet*

LA ROSE PAUILLAC

Ein recht guter Wein, der von der örtlichen Winzergenossenschaft erzeugt wird.

ROT Mittelgewichtiger Wein mit guter Frucht, ein typischer, wenn auch bescheidenerer Pauillac, der keineswegs mager wirkt.

Cabernet Sauvignon und Cabernet Franc 45 %, Merlot 40 %, Petit Verdot 15 %

5–10 Jahre

CHÂTEAU LA TOUR-PIBRAN

★ⓥ

La Tour-Pibran wurde 1932 als Cru Bourgeois klassifiziert, 1978 aber nicht in die Liste des *Syndicat des Crus Bourgeois* aufgenommen, obwohl seine Weine einigen der dort genannten überlegen sind.

ROT Voll gepackt mit Schwarze-Johannisbeeren-Aromen, zeigt dieser Wein die typische Pauillac-Struktur und einen kräftigen Abgang. Der exzellente 1985er ist fast ein »kleiner Mouton-Rothschild«.

Cabernet Sauvignon 75 %, Merlot 15 %, Cabernet Franc 10 %

6–16 Jahre

SAINT-JULIEN

St-Julien ist kleiner als die drei anderen klassischen Appellationen des Médoc, verfügt jedoch – relativ zur Gemeindefläche – über die meisten AOC-Weinberge und deutlich größere – und bekanntere – Betriebe als St-Estèphe, Pauillac und Margaux.

ZWAR GIBT ES IN DER GEMEINDE KEINEN EINZIGEN PREMIER CRU – im Übrigen auch keinen 5ème Cru –, doch sind einige St-Julien-Weine durchaus von Premier-Cru-Qualität. Ihren Erfolg verdankt die Gemeinde den zahlreichen Crus Classé – elf an der Zahl –, die inmitten der Klassifikation angesiedelt sind. Es wird behauptet, St-Julien biete von allen Médoc-Appellationen die gleichmäßigste Qualität.

Die typischen St-Juliens zeichnen sich durch lebhafte Farbe, elegante Frucht, Ausgewogenheit und große Finesse aus.

Überraschend ist vielleicht auch, dass sich in der Gemeinde eine 16 ha große Parzelle befindet, deren Weine die Herkunftsbezeichnung Pauillac AOC tragen dürfen; erstaunlich vor allem deshalb, weil die Weine dieser Appellationen eigentlich grundverschieden sind. Dies ist ein Beispiel für »Grauzonen«, die entstehen, wenn Gemeindegrenzen nicht mit den alten Grenzen der großen Weingüter identisch sind. Deshalb sollten wir, auch wenn sich mit der Zeit typische Unterschiede zwischen den Gemeinden entwickelt haben, nicht zu pedantisch sein. Denn historisch gesehen würde Château Latour, eines der berühmten Weingüter der Gemeinde Pauillac, zu St-Julien gehören. Wie, frage ich mich, würde man dann die Weine von St-Julien bewerten?

ST-JULIEN IN ZAHLEN

Appellationsbereich
Die AOC umfasst nur einen Teil der Gemeindefläche.

Gemeindefläche
1554 ha

AOC-Rebfläche
910 ha
58,5 % der Gemeindefläche

***Cru-Classé*-Lagen**
628 ha
40 % der Gemeindefläche,
69 % der AOC-Fläche

ANMERKUNG
Etwa 16 ha Rebfläche in St-Julien gehören der Pauillac AOC an.

GESCHMACKS- UND QUALITÄTSFAKTOREN

LAGE
St-Julien liegt im Zentrum des Médoc.

KLIMA
Wie im übrigen Médoc (*siehe* S. 66).

TOPOGRAFIE
St-Juliens Kiesflächen fallen beinahe unmerklich nach Osten zum Ort hin ab und entwässern in die Gironde.

BÖDEN
Nahe der Gironde besteht der Oberboden aus einer dünnen Kiesschicht. Weiter im Landesinneren nimmt die Größe der Kiesel ab, und sie mischen sich allmählich mit sandigem Löss. Der Unterboden besteht aus eisenhaltigem Ortstein, Mergel und Kies.

WEINBAU UND WEINBEREITUNG
Diese Appellation gilt nur für Rotwein. Die Trauben werden generell entrappt. Je nach Beschaffenheit des Jahrgangs wird auch etwas Presswein zugesetzt. Die Schalen werden in der Regel nach zwei bis drei Wochen vom Most getrennt, die Weine reifen im Durchschnitt 18 bis 22 Monate in Holzfässern.

HAUPTREBSORTEN
Cabernet Sauvignon, Cabernet Franc, Merlot

WEITERE REBSORTEN
Carmenère, Malbec, Petit Verdot

DIE CRUS CLASSÉS IN ZAHLEN

CRUS CLASSÉS der St-Julien AOC
11 Châteaux (18 % der Cru-Classé-Güter des Médoc) mit 628 ha Rebfläche (22 % der Cru-Classé-Fläche des Médoc, 64 % der Rebfläche der Appellation)

1er Cru
keiner

2èmes Crus
5 Châteaux (30 % der 2ème-Cru-Güter des Médoc) mit 318 ha Rebfläche (40 % der 2ème-Cru-Fläche des Médoc)

3èmes Crus
2 Châteaux (14 % der 3ème-Cru-Güter des Médoc) mit 69 ha Rebfläche (16 % der 3ème-Cru-Fläche des Médoc)

4èmes Crus
4 Châteaux (40 % der 4ème-Cru-Güter des Médoc) mit 241 ha Rebfläche (51 % der 4ème-Cru-Fläche des Médoc)

5ème Cru
keiner

ST-JULIEN-BEYCHEVELLE
Diese qualitativ vielleicht ausgeglichenste Appellation des Médoc hat zwei Zentren, die beiden Orte St-Julien-Beychevelle und das weiter südlich gelegene Beychevelle.

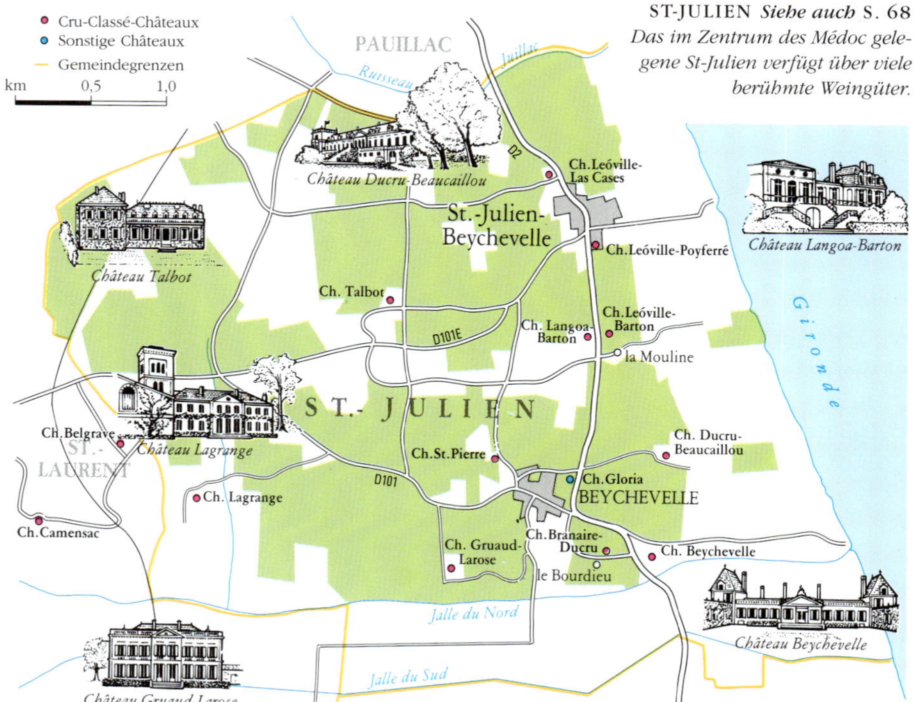

ST-JULIEN *Siehe auch* S. 68
Das im Zentrum des Médoc gelegene St-Julien verfügt über viele berühmte Weingüter.

DIE BEDEUTUNG DES TERROIRS

Die Klassifizierung der Bordeaux-Weine nach Crus beruht u. a. auf der Bedeutung des Terroirs. Der Begriff bedeutet wörtlich »Boden«, umfasst aber im Weinbau die gesamte Biosphäre des Rebstocks mit ihren Faktoren Boden, Landschaftsgestalt und Klima. Wie sehr diese Faktoren die Qualität der Weine beeinflussen, demonstrieren in St-Julien Château Talbot und Château Gruaud-Larose. Denn obwohl in unmittelbarer Nachbarschaft gelegen, sind die Weine dieser beiden Weingüter sehr verschieden. Früher spielte der menschliche Faktor bei diesen Unterschieden nie eine Rolle, da sie von demselben Cordier-Team erzeugt wurden, was im Übrigen auch noch für die meisten zurzeit erhältlichen Jahrgänge gilt.

CHÂTEAU TALBOT

KLASSIFIZIERUNG
4ème Cru

REBFLÄCHE
102 ha

LAGE
Plateau westlich von St-Julien

TOPOGRAFIE
Nach Südwesten geneigt

BODEN
Sand und mittelgroße Kiesel auf Kalkmergel und Ortstein. Die Geologie ist anders als auf Château Gruaud-Larose.

REBSORTEN
Cabernet Sauvignon (66 %), Merlot (24 %), Cabernet Franc (3 %), Petit Verdot (5 %), Malbec (2 %)

PFLANZDICHTE
7 500–10 000 Rebstöcke pro ha

ALTER DER REBSTÖCKE
40 Jahre

DURCHSCHNITTSERTRAG
45–50 hl pro ha

DURCHSCHNITTLICHE PRODUKTION NACH AUSSCHLUSS UNGEEIGNETER WEINE
ca. 600 000 Flaschen

WEINMACHER
Thierry Rustmann

GÄRUNG
In Edelstahltanks und Holzfässern, maximal 30 °C, natürliche Hefen

PRESSWEIN
6–8 %

AUSBAU
15–18 Monate im Holzfass

NEUE EICHE
40 %

FILTRATION
Schonende Filtration

SCHÖNUNGSMITTEL
Keine Schönung

ZWEITWEIN
Connétable Talbot (15–20 % der Produktion)

CHÂTEAU GRUAUD-LAROSE

KLASSIFIZIERUNG
2ème Cru

REBFLÄCHE
82 ha

LAGE
Plateau westlich von Beychevelle, etwas höher und näher am Fluss als Ch. Talbot

TOPOGRAFIE
Hügeliges, nach Südwesten geneigtes Gelände

BODEN
Tiefe Schicht mit großen Kieseln über Kalkmergel. Der Boden enthält mehr Ton und Ortstein als auf Ch. Talbot und muss deshalb durch Drainage entwässert werden.

REBSORTEN
Cabernet Sauvignon (57 %), Merlot (30 %), Cabernet Franc (7 %), Petit Verdot (4 %), Malbec (2 %)

PFLANZDICHTE
7500–10 000 Rebstöcke pro ha

ALTER DER REBSTÖCKE
40 Jahre

DURCHSCHNITTSERTRAG
45–54 hl pro ha

DURCHSCHNITTLICHE PRODUKTION NACH AUSSCHLUSS UNGEEIGNETER WEINE
ca. 500 000 Flaschen

WEINMACHER
Georges Pauli

GÄRUNG
In Holzfässern, 1995 installiert, maximal 30 °C, natürliche Hefen

PRESSWEIN
8–10 %

AUSBAU
16–18 Monate in Holzfässern

NEUE EICHE
ein Drittel

FILTRATION
Leichte Plattenfiltration

SCHÖNUNGSMITTEL
Eiweiß

ZWEITWEIN
Sarget de Gruaud-Larose (15–20 % der Produktion)

UNTERSCHIEDE ZWISCHEN DEN WEINEN

Die Anteile der Rebsorten weichen nur geringfügig voneinander ab, sodass sich dies kaum auf die Weine auswirken dürfte. Theoretisch müsste der Talbot aufgrund des höheren Cabernet-Sauvignon-Anteils fülliger sein, tatsächlich ist er aber durchweg leichter als der ausgesprochen körperreiche Gruaud-Larose. Obwohl beide Weingüter dieselbe Pflanzdichte haben und dieselben Erziehungs- und Schnittverfahren verwenden, ist der Durchschnittsertrag auf Château Talbot etwas höher. Nur bei so seltenen Vergleichsmöglichkeiten wie hier wird klar, welch entscheidende Rolle das Terroir spielt und welche Auswirkungen schon kleinste Abweichungen haben können. Bodenbeschaffenheit, Lage, Höhe und Landschaftsform beeinflussen den Stoffwechsel der Rebstöcke, wodurch die Trauben unterschiedlich dicke Schalen entwickeln und sich die Konzentration der Spurenelemente im Saft verändert. Der einzige, menschliche Eingriff ist die unterschiedliche Menge an zugesetztem Presswein. Doch auch hier setzt das Terroir dem Winzer Grenzen, denn je leichter ein Wein ist, desto weniger Presswein kann er aufnehmen.

ERZEUGER IN
SAINT-JULIEN

CHÂTEAU BEYCHEVELLE
4ème Cru Classé

★★

Mit seinen gepflegten, prächtigen Parks bietet Château Beychevelle ein herrliches Bild. Um das Schloss rankt sich aber auch eine der berühmtesten Legenden des Bordelais: Der Name soll sich von »baisser les voiles« – »Segel einholen« – herleiten. Denn der Sage nach verlangte der Duc d'Épernon, ein französischer Admiral, dem das Gut früher einmal gehörte, dass alle die Gironde passierenden Schiffe als Respektbezeugung die Segel ein Stück einholten. Diesen Gruß soll seine Gemahlin dann mit ihrem Taschentuch erwidert haben. Ich bevorzuge die andere Legende, dass die Matrosen ihre Hosen heruntergelassen und der herzoglichen Familie das Hinterteil entgegengestreckt haben, was die Herzogin entsetzte und die Kinder erfreute. Die Weine werden 20 Monate in Holzfässern ausgebaut, davon sind 40 % neue Eiche.

ROT Mittelgewichtige bis körperreiche Weine von schöner Farbe, runder Frucht und eleganter Eichen-Tannin-Struktur. Die großen Jahrgänge können recht schmalzig sein.

Cabernet Sauvignon 59 %, Merlot 30 %, Cabernet Franc 8 %, Petit Verdot 3 %

12–20 Jahre

Zweitwein ✓ *Réserve de l'Amiral*

Weitere Weine *Les Brulières de Beychevelle*

CHÂTEAU BRANAIRE-DUCRU
4ème Cru Classé

★Ⓥ

Die Weinberge von Château Branaire-Ducru liegen weiter landeinwärts als die von Beychevelle und Ducru-Beaucaillou, der Boden weist mehr Mergel und Ortstein auf. Der Wein ist deshalb voller, mitunter auch zupackend, dabei aber niemals hart und bemerkenswert zuverlässig. Er reift 18 Monate in Holzfässern, davon ist die Hälfte neue Eiche.

ROT Recht körper- und aromareicher Wein, der sich gegenüber anderen St-Julien-Weinen durch ein ausgeprägtes eigenes Bukett auszeichnet.

Cabernet Sauvignon 75 %, Merlot 20 %, Cabernet Franc 5 %

12–25 Jahre

Zweitwein *Duluc*

CHÂTEAU LA BRIDANE
Cru Bourgeois

Die heutigen Besitzer entstammen einer bereits seit dem 14. Jahrhundert hier ansässigen Winzerfamilie.

ROT Attraktive, fruchtige, mittelgewichtige Weine, die sich angenehm trinken.

Cabernet Sauvignon 55 %, Merlot 45 %

3–6 Jahre

CHÂTEAU DUCRU-BEAUCAILLOU
2ème Cru Classé

★★½

Das klassische St-Julien-Gut Ducru-Beaucaillou, einer der »Super-Seconds«, ist legendär für jene unnachahmliche Qualität, die seine Weine in guten wie in schlechten Jahren auszeichnet. Der Wein ist immer preiswerter als ein Premier Cru, was ihn fast zu einem Schnäppchen macht. Der Wein wird 20 Monate in Holzfässern ausgebaut, davon sind 50 % neue Eiche.

ROT Wunderbar ausgewogener Wein mit reicher Frucht, würziger Eichenholznote und großer Feinheit.

Cabernet Sauvignon 65 %, Merlot 25 %, Cabernet Franc 10 %

15–50 Jahre

Zweitwein *La Croix*

CHÂTEAU DU GLANA
Cru Bourgeois

Dem Eigentümer dieses Weinguts gehören auch Château Plantey in Pauillac und Château La Commanderie in St-Estèphe.

ROT Früher eher unprätentiös und mittelgewichtig, ist dieser Wein heute von großer Qualität und wird inzwischen in Eichenfässern ausgebaut, ca. 30 % neue Eiche.

Cabernet Sauvignon 68 %, Merlot 25 %, Petit Verdot 5 %, Cabernet Franc 2 %

10–15 Jahre

Zweitwein*Pavillon du Château Glana*

CHÂTEAU GLORIA

★

Über den Gloria ist man geteilter Meinung: Für die einen kann er es durchaus mit vielen Crus Classés aufnehmen, dem einen oder anderen sogar klar überlegen sein. Andere halten den Preis hingegen für unangemessen hoch, zumal der Wein seinen Ruf nur einer Hand voll Jahrgängen verdanke. Der hervorragende Jahrgang 1970 würde allerdings tatsächlich bei einer Blinddegustation der besten Crus Classés dieses Jahrgangs mithalten können. Der Wein wird 18 Monate in Holzfässern ausgebaut, davon sind 50 % neue Eiche.

ROT Körperreicher Wein mit sehr viel Frucht und von kräftiger, pflaumenvioletter Farbe, reicher, überströmender Charakter.

Cabernet Sauvignon 65 %, Merlot 25 %, Cabernet Franc 5 %, Petit Verdot 5 %

12–30 Jahre

Zweitwein *Château Peymartin*

Weitere Weine *Haut-Beychevelle-Gloria*

CHÂTEAU GRUAUD-LAROSE
2ème Cru Classé

★★Ⓥ

Dieses große Gut macht durchwegs große Weine, die eine wesentlich festere Struktur aufweisen als die meisten anderen St-Julien-Weine. Wer einmal den als mittelmäßig bewerteten 1980er Sarget de Gruaud-Larose verkostet hat, kann sich eine

Vorstellung vom zuverlässigen Potenzial des Guts machen.

ROT Körperreicher, vollmundiger, pflaumiger Wein mit reichlich Frucht. Die würzigen Schwarze-Johannisbeer-Aromen werden von runden Tanninen gestützt.

Cabernet Sauvignon 57 %, Merlot 30 %, Cabernet Franc 7 %, Petit Verdot 4 %, Malbec 2 %

10–40 Jahre

Zweitwein ✓ *Sarget de Gruaud-Larose*

CHÂTEAU HORTEVIE
Cru Bourgeois

★½Ⓥ

Auf diesem winzigen Weingut gibt es kein Schloss, die Weine werden auf Château Terrey-Gros-Caillou vinifiziert, das ebenfalls Henri Pradère gehört.

ROT Saftiger, seidenweicher, vollmundiger Wein von hervorragender Qualität und ausgezeichnetem Preis-Leistungs-Verhältnis, der es durchaus mit einem Cru Classé aufnehmen kann.

Cabernet Franc und Cabernet Sauvignon 70 %, Merlot 25 %, Petit Verdot 5 %

7–15 Jahre

CHÂTEAU DE LACOUFOURQUE

Dieses winzige Weingut mit 1,25 ha Rebfläche wird hier nicht wegen seiner guten Weine erwähnt, sondern weil es im Bordelais kein zweites gibt, das ausschließlich Cabernet Franc anbaut, und man sollte seine Existenz unterstützen.

ROT Da der Wein nur im Massengebinde als einfacher St-Julien verkauft wird, kann man seinen Charakter nicht allgemein gültig beschreiben.

Cabernet Franc 100 %

CHÂTEAU LAGRANGE
3ème Cru Classé

★★½Ⓥ

Vor knapp zwanzig Jahren setzten die neuen Eigentümer alles daran, den Lagrange zu einem der besten Weine von St-Julien zu machen. Und das könnte ihnen gelingen. Der berühmte Bordelaiser Önologe Professor Peynaud hat Château Lagrange einmal als ein »Traumgut« bezeichnet, ihm zufolge gibt es im ganzen Bordelais keine vergleichbaren Kelleranlagen. Hier ist, so Peynaud, jeder Tank ein eigenes Vinifikationslabor. Der Wein wird 20 Monate in Holzfässern ausgebaut, davon sind 30 % (bei kleineren Jahrgängen) bis 50 % (bei großen Jahrgängen) neue Eiche.

ROT Wunderbar ausgewogener, körperreicher Wein, mit würzig-fruchtigem Bukett und harmonischem Abgang.

Cabernet Sauvignon 66 %, Merlot 27 %, Cabernet Franc und Petit Verdot 7 %

8–25 Jahre

Zweitwein ✓ *Fiefs de Lagrange*

CHÂTEAU LALANDE-BORIE

Cru Bourgeois

★Ⓥ

Château Lalande-Borie gehört mit der Familie Borie denselben Eigentümern wie das berühmte Château

Ducru-Beaucaillou. Eine preiswerte Möglichkeit, Bekanntschaft mit den St-Julien-Weinen zu machen.

ROT Weine mit schöner Farbe und intensiven, runden Schwarze-Johannisbeer-Aromen vom Cabernet Sauvignon. Manche Jahrgänge sind fett und saftig, andere eher ätherisch und tanninbetont.

Cabernet Sauvignon 65 %, Merlot 25 %, Cabernet Franc 10 %

5–10 Jahre

CHÂTEAU LANGOA-BARTON

3ème Cru Classé

★Ⓥ

Dieses schöne Château trug bis 1821 den Namen Pontet-Langlois, als es mit Hugh Barton der Enkel des »französischen Tom« Barton erwarb, Gründer des Handelshauses Barton & Guestier; heute wird es von Anthony Barton geführt. Sowohl der Langoa-Barton als auch der Léoville-Barton werden hier noch immer auf traditionelle Weise hergestellt. Der Wein reift 24 Monate in Holzfässern, davon die Hälfte neue Eiche.

ROT Mittelprächtiger, zugänglicher Wein mit guter Frucht und Säure. Er ist leichter als der Léoville, gelegentlich ein wenig rustikal. Die jüngeren Jahrgänge scheinen allerdings an Eleganz und Finesse gewonnen zu haben.

Cabernet Sauvignon 70 %, Merlot 20 %, Cabernet Franc 8 %, Petit Verdot 2 %

10–25 Jahre

Zweitwein *Lady Langoa* (Verschnitt von Langoa-Barton und Léoville-Barton)

CHÂTEAU LÉOVILLE-BARTON

2ème Cru Classé

★★☆Ⓥ

Im Jahr 1826 wurde ein Viertel des Weinguts an Hugh Barton verkauft. Das Schloss blieb jedoch im Besitz von Léoville und heißt heute Château Léoville-Las Cases (*siehe* rechts). Der Wein von Château Léoville-Barton wird von Anthony Barton auf Château Langoa-Barton gemacht (*siehe* oben). Er reift 24 Monate in Holzfässern, davon ist mindestens ein Drittel neue Eiche. Léoville-Barton ist das bessere der beiden Barton-Güter, rangierte im Ansehen aber immer deutlich unter Château Léoville-Las Cases. Seit Ende der

80er Jahre leistet es jedoch Ebenbürtiges. Ein großes Château, das weiter auf dem Weg nach oben ist.

ROT Vorzügliche Weine von großer Finesse und Rasse, dunkler und körperreicher als Langoa-Barton. Mit der Reife entwickelt er eine angenehme Zedernholznote, die allmählich die Cassis- und Vanille-Töne des jungen Weins überdeckt.

Cabernet Sauvignon 70 %, Merlot 20 %, Cabernet Franc 8 %, Petit Verdot 2 %

15–30 Jahre

Zweitwein *Lady Langoa* (Verschnitt von Langoa-Barton und Léoville-Barton)

CHÂTEAU LÉOVILLE-LAS CASES

2ème Cru Classé

★★☆

Château Léoville-Las Cases ist nach dem Verkauf eines kleineren Teils des Besitzes aus dem ehemaligen Weingut Léoville entstanden. Das Etikett trägt zwar die Aufschrift »*Grand Vin* de Léoville du Marquis de Las Cases«, bekannt ist der Wein aber unter dem Namen Château Léoville-Las Cases. Léoville-Las Cases ist ein großer Wein, manche halten ihn sogar für den größten St-Julien-Wein; mit Sicherheit zählt er aber zu den Spitzen-2èmes-Crus. Der Clos du Marquis ist einer der besten Zweitweine und vielleicht der St-Julien mit dem besten Preis-Leistungs-Verhältnis. Léoville-Las Cases wird 18 Monate in Holzfässern ausgebaut, davon sind 50–80 % neue Eiche.

ROT Vielschichtiger, körperreicher, hervorragend alternder Wein von dunkler, pflaumenvioletter Farbe, intensivem Geschmack und außergewöhnlichem Bukett. Eine gelungene Kombination von Kraft und Finesse.

Cabernet Sauvignon 65 %, Merlot 19 %, Cabernet Franc 13 %, Petit Verdot 3 %

15–50 Jahre

Zweitwein *Clos du Marquis*

Weitere Weine *Pomaine de Bigarnon*

CHÂTEAU LÉOVILLE-POYFERRÉ

2ème Cru Classé

Château Léoville-Poyferré war ebenfalls einmal Teil des Weinguts Léoville. Es leidet etwas durch den Vergleich mit den beiden anderen Léoville-Gütern. Vergleicht man seine Weine jedoch mit allen klassifizierten St-Julien Kreszenzen, schneidet es sehr gut ab. Seit 1982 hatte es einige außerordentliche Erfolge; Tendenz: aufsteigend. Und weiter steigend, seit Mitte der 1990er Michel Rolland hier Regie führt. Der Wein reift 18 Monate in Holzfässern, davon ist ein Drittel neue Eiche.

ROT Der seit jeher tanninbetonte Wein zeichnet sich heute durch eine sehr viel vollere Frucht, dunklere Farbe und intensivere, mit Eiche unterlegte Aromen aus.

Cabernet Sauvignon 65 %, Merlot 30 %, Cabernet Franc 5 %

12–25 Jahre

Zweitwein *Château Moulin-Riche*

CHÂTEAU MOULIN-DE-LA-ROSE

Château Moulin-de-la-Rose liegt besonders günstig inmitten mehrerer *Crus Classés*. Der Wein wird in Edelstahltanks vergoren und reift 18 Monate in Holzfässern, davon sind 25 % neue Eiche.

ROT Ein attraktiv-aromatischer Wein, für einen kleineren St-Julien ungewöhnlich dicht und fest – der aber nach einigen Jahren Flaschenreifung runder wird.

Cabernet Sauvignon 65 %, Merlot 25 %, Petit Verdot 8 %, Cabernet Franc 2 %

6–12 Jahre

CHÂTEAU ST-PIERRE

4ème Cru Classé

★☆Ⓥ

Der Wein wird 18 bis 20 Monate in Holzfässern ausgebaut, davon ist die Hälfte neue Eiche.

ROT Der früher oft adstringierende und raue Wein hat sich zu einem runden, schmalzigen, fruchtigen Wein mit würziger Zedernholznote entwickelt.

Cabernet Sauvignon 70 %, Merlot 20 %, Cabernet Franc 10 %

8–25 Jahre

Zweitwein *Saint-Louis-le-Bosq*

Weitere Weine *Clos d'Uza*

CHÂTEAU TALBOT

4ème Cru Classé

★☆Ⓥ

Die Weine des Château Talbot und des Château Gruaud-Larose sind im Stil zwar durchaus vergleichbar, nicht aber in der Qualität. Dabei ist der Château Talbot – ein wirklich großer Wein – im Charakter den klassischen St-Julien-Weinen ähnlicher, kann es aber in Qualität und Beständigkeit nicht mit dem Château Gruaud-Larose (*siehe* S. 82 und 83)

aufnehmen. Der Wein wird 18 bis 20 Monate in Holzfässern – davon ist ein Drittel neue Eiche – ausgebaut.

ROT Attraktiver, mittelgewichtiger Wein mit eleganter Frucht, sanft strukturierten, reifen Eichentanninen, der eine beachtliche Finesse erlangen kann.

Cabernet Sauvignon 66 %, Merlot 24 %, Cabernet Franc 3 %, Petit Verdot 5 %, Malbec 2 %

8–30 Jahre

Zweitwein *Connétable Talbot*

Weitere Weine *Caillu blanc*

CHÂTEAU TERREY-GROS-CAILLOU

Cru Bourgeois

★☆Ⓥ

Dieses Spitzengut gehört Henri Pradère, der auch das Château Hortevie in Besitz hat.

ROT Mittelgewichtiger bis körperreicher Wein von schöner Farbe und reicher Frucht, der nicht selten einem guten Cru Classé ebenbürtig ist.

Cabernet Sauvignon 65 %, Merlot 30 %, Petit Verdot 5 %

5–12 Jahre

CHÂTEAU TEYNAC

Ⓥ

Château Teynac, das früher zum Cru-Classé-Gut St-Pierre gehörte, verfügt über gute Kies-Anbauflächen.

ROT Gut ausgewogene, würzige, mittelgewichtige bis körperreiche Weine mit fester Tanninstruktur.

Cabernet Sauvignon 65 %, Merlot 35 %

6–10 Jahre

MARGAUX

Margaux, eine der berühmtesten Bordeaux-Appellationen, liegt im Süden des Médoc. Sie sonnt sich in der Glorie des gleichnamigen Premier Cru, ist aber auch die flächenmäßig größte der vier klassischen Médoc-Appellationen – weist dabei allerdings die größten Qualitätsunterschiede auf.

WÄHREND DIE DREI ANDEREN großen Weinbaugemeinden des Médoc nahtlos ineinander übergehen, liegt Margaux separat im Süden. Seine Weingärten sind über fünf Orte – Labarde, Arsac, Cantenac, Margaux, Soussans – verstreut.

GESCHMACKS- UND QUALITÄTSFAKTOREN

LAGE
Margaux liegt im Zentrum des Médoc, etwa 30 km nordwestlich von Bordeaux. Zur Appellation gehören neben Margaux selbst die Orte Cantenac, Soussans, Arsac und Labarde.

KLIMA
Wie im übrigen Médoc (*siehe* S. 66).

TOPOGRAFIE
Ein weites, niedrig liegendes Plateau mit Margaux in der Mitte sowie einige kleinere versprengte Flächen, die nach Westen zum Wald hin abfallen.

BÖDEN
Flache Schicht von grobem Kies über einem mit Kalkstein vermischten Feinkies-Unterboden.

WEINBAU UND WEINBEREITUNG
Diese Appellation gilt nur für Rotwein. Die Trauben werden generell entrappt. Je nach Beschaffenheit des Jahrgangs werden im Schnitt 5 bis 10 % Presswein zugesetzt. Die Schalen werden in der Regel nach 15 bis 25 Tagen vom Most getrennt, der Wein reift im Durchschnitt 18 bis 24 Monate in Holzfässern.

HAUPTREBSORTEN
Cabernet Sauvignon, Cabernet Franc, Merlot

WEITERE REBSORTEN
Carmenère, Malbec, Petit Verdot

CHÂTEAU MARGAUX
So prachtvoll und berühmt wie die gefeierten Premier-Cru-Weinberge von Château Margaux ist auch das Schloss selbst.

Die berühmtesten Lagen sind in der Umgebung von Margaux – hier ist auch das Premier-Cru-Château gleichen Namens beheimatet – und Cantenac angesiedelt. Cantenac verfügt über eine etwas größere Rebfläche und nicht weniger als acht Crus Classés, darunter das Spitzengut Château Palmer, dessen Miteigentümer der verstorbene Peter Sichel war. Margaux und Pauillac sind die einzigen Gemeinden des Médoc mit Premiers Crus, doch nur Margaux hat Weingüter aller 5 Klassen. Schließlich sind hier mit 21 mehr Crus Classés zu finden als in jeder anderen Médoc-Appellation, darunter allein 10 3èmes Crus.

DIE CRUS CLASSÉS IN ZAHLEN

***Crus Classés* in der AOC Margaux**
21 Châteaux (35 % der Cru-Classé-Güter des Médoc) mit 854 ha Rebfläche (35 % der Cru-Classé-Fläche des Médoc, 64 % der Rebfläche der Appellation)

1er Cru
1 Weingut (25 % der 1er-Cru-Güter des Médoc) mit 86 ha Rebfläche, davon 77 ha bestockt.

2èmes Crus
5 Châteaux (36 % der 2ème-Cru-Güter des Médoc) mit 271 ha Rebfläche (34 % der 2ème-Cru-Fläche des Médoc)

3èmes Crus
10 Châteaux (72 % der 3ème-Cru-Güter des Médoc) mit 305 ha Rebfläche (72 % der 3ème-Cru-Fläche des Médoc)

4èmes Crus
3 Châteaux (30 % der 4ème-Cru-Güter des Médoc) mit 105 ha Rebfläche (22 % der 4ème-Cru-Fläche des Médoc)

5èmes Crus
2 Châteaux (11 % der 5ème-Cru-Güter des Médoc) mit 98 ha Rebfläche (13 % der 5ème-Cru-Fläche des Médoc)

MARGAUX ***Siehe auch*** **S. 68**
Das im Süden des Médoc für sich gelegene Margaux ist nicht nur die berühmteste der vier großen Weinbaugemeinden, es verfügt auch über die meisten Crus Classés.

MARGAUX IN ZAHLEN

Die Appellation umfasst Teile der Gemeinden Arsac, Cantenac, Labarde, Margaux und Soussans. Die Flächen verteilen sich folgendermaßen:

GEMEINDE	GEMEINDE-FLÄCHE	AOC REB-FLÄCHE	ANTEIL DER REBFLÄCHE GEMEINDEFLÄCHE	AOC-FLÄCHE
Arsac	3219 ha	203 ha	6 %	15 %
Cantenac	1417 ha	370 ha	26 %	28 %
Labarde	475 ha	106 ha	22 %	8 %
Margaux	843 ha	390 ha	46 %	29 %
Soussans	1558 ha	271 ha	17 %	20 %
GESAMT	**7512 ha**	**1340 ha**	**18 %**	**100 %**

Anteil der Rebfläche für *Crus Classés:* 854 ha
(11 % Anteil an der Gemeindefläche,
64 % an der AOC-Fläche)

EIN NEUER KELLER AUF CHÂTEAU MARGAUX
Das Ergebnis umfangreicher Investitionen seit Ende der 1970er Jahre: ein mit neuen Eichenfässern bestückter Weinkeller, der in neuem Glanz erstrahlt.

EIN WEIN DER SONDERKLASSE

Die wuchtigen Pauillac-Weine von Château Latour und Château Mouton-Rothschild sind ein Musterbeispiel für besonders kraftvolle, geschmacksintensive, sich aber zugleich durch eine bemerkenswerte Finesse auszeichnende Weine. Exquisite Margaux-Weine in ihrer besten Form sind der perfekte Beweis dafür, dass Nuancenreichtum nicht unbedingt mit besonders konzentrierten Aromen einhergehen muss. Das soll allerdings nicht heißen, dass nicht auch die Margaux-Weine eine gewisse Dichte aufweisen. Das beste Beispiel dafür ist der außerordentlich geschmacksintensive Château Margaux, Inbegriff aller Weine aus Margaux.

ABSTICH AUF CHÂTEAU MARGAUX
Der Wein wird regelmäßig auf seine Klarheit geprüft. Auf Château Margaux werden die Weine 18 bis 24 Monate in neuen Eichenfässern ausgebaut.

CHÂTEAU CANTENAC BROWN
Das 3ème-Cru-Château gehörte ursprünglich zu Château Boyd. Aufgrund von Streitigkeiten zwischen den Familien Boyd und Brown musste der Besitz aufgeteilt werden. So entstanden die beiden Güter Château Boyd-Cantenac und Château Cantenac Brown.

CHÂTEAU D'ANGLUDET
Château d'Angludet wurde von Bertrand d'Angludet erbaut. Das Gut, von 1960 bis 1998 im Besitz der Familie Sichel, verströmt bis hin zu den Schwänen, die majestätisch auf dem breiten Bach im Park gleiten, britisches Flair.

ERZEUGER IM MARGAUX

CHÂTEAU D'ANGLUDET

Cru Bourgeois

★☆

Besitzer ist die Familie Sichel, die auch Miteigentümer des Spitzenguts Château Palmer ist. Seit Ende der 80er Jahre hat sich die Qualität der Weine auf Cru-Classé-Niveau gesteigert. Es wird interessant sein zu sehen, was das kommende Jahrzehnt bringt. Der Wein reift 12 Monate in Holzfässern, davon ist bis zu einem Drittel neue Eiche.

ROT Mittelgewichtige bis körperreiche Weine mit lebhafter Farbe, herausragend in Frucht, Finesse und Abgang. Kurz: ein klassischer Margaux.

Cabernet Sauvignon 55 %, Merlot 35 %, Petit Verdot 10 %

10–20 Jahre

Zweitwein *La Ferme d'Angludet*

Weitere Weine *Clairet d'Angludet*

CHÂTEAU D'ARSAC

AOC Margaux ***Cru Bourgeois***

Seit einem Besitzerwechsel nahm die Rebfläche um 11 Hektar auf 102 Hektar zu, wovon 40 jetzt als Margaux klassifiziert sind. Die Weine werden 12 bis 18 Monate in Holzfässern ausgebaut; davon sind 20 % aus neuer Eiche.

ROT Tieffarbige, körperreiche Weine.

Cabernet Sauvignon 80 %, Merlot 15 %, Cabernet Franc 5 %

7–15 Jahre

Zweitwein *Château Ségur-d'Arsac*

Weitere Weine *Château Le Monteil-d'Arsac*

CHÂTEAU BEL-AIR MARQUIS D'ALIGRE

Ⓥ

Château Bel-Air Marquis d'Aligre wurde 1932 als Cru Bourgeois klassifiziert, 1978 aber nicht in die Liste des *Syndicat des Crus Bourgeois* des Médoc aufgenommen, obwohl seine Weine einigen der dort genannten überlegen sind. Der Weinberg hat einen kalkhaltigen Boden, es werden ausschließlich organische Dünger verwendet.

ROT Gut gemachte Weine mit schöner Farbe, eleganter Frucht und ausgeprägtem Charakter.

Merlot 35 %, Cabernet Sauvignon 30 %, Cabernet Franc 20 %, Petit Verdot 15 %

6–12 Jahre

Zweitwein *Château Bel-Air-Marquis-de-Pomereu*

CHÂTEAU BOYD-CANTENAC

3ème Cru Classé

Das Gut von Monsieur Guillemet erzeugt traditionelle Weine aus Trauben von alten Rebstöcken. Der Wein wird auf Château Pouget, seinem zweiten Besitz, gekeltert und reift 24 Monate in Holzfässern (davon sind 30 % aus neuer Eiche). Meines Erachtens könnte er durch mehr Merlot und den Verzicht auf Petit Verdot noch verbessert werden.

ROT Kräftiger, körperreicher Wein von schöner Farbe, der viele Jahre Flaschenreifung benötigt. Besonders erfolgreich war der sonst mittelmäßige 1980er, dessen Qualität auch spätere Jahrgänge (bis 1996) erreichten.

Cabernet Sauvignon 70 %, Merlot 20 %, Cabernet Franc 5 %, Petit Verdot 5 %

12–20 Jahre

CHÂTEAU BRANE-CANTENAC

2ème Cru Classé

★☆Ⓥ

Die makellos gepflegten Rebstöcke von Château Brane-Cantenac wachsen auf einem Plateau mit Kiesboden über einer Kalkschicht. Patron Lucien Lurton baut den Wein 18 Monate in Holzfässern aus – davon sind 25 bis 30 % neue Eiche.

ROT Elegante Weine mit verhaltenem rauchigem Aroma von neuer Eiche, köstlich reicher Frucht und größter Finesse, samtig und ausgewogen.

Cabernet Sauvignon 70 %, Cabernet Franc 15 %, Merlot 13 %, Petit Verdot 2 %

8–25 Jahre

Zweitwein *Le Baron de Brane*

Weitere Weine *Domaine de Fontarney, Château Notton*

CHÂTEAU CANTENAC BROWN

3ème Cru Classé

Trotz großer Investitionen vor einigen Jahren zeigten die Weine keine erkennbare Verbesserung. Sie reifen 18 Monate in Holzfässern, davon ist ein Drittel neue Eiche.

ROT Der Wein ähnelt von der Statur dem Brane-Cantenac, ist allerdings weniger samtig und rustikaler. Die 1980er und 1990er Jahrgänge zeichnen sich durch größere Finesse aus. Qualität und Konzentration nahmen 1989 und 1990 drastisch zu.

Cabernet Sauvignon 65 %, Merlot 25 %, Cabernet Franc 10 %

10–25 Jahre

Zweitwein *Château Canuet*

Weitere Weine *Lamartine*

CHÂTEAU CHARMANT

Château Charmant wurde 1932 nicht als Cru Bourgeois klassifiziert und auch 1978 nicht in die Liste des *Syndicat des Crus Bourgeois* des Médoc aufgenommen, verdient jedoch Anerkennung.

ROT Eleganter Wein mit viel Frucht und weichem Abgang, der sich jung besonders angenehm trinkt.

Cabernet Sauvignon 60 %, Merlot 35 %, Cabernet Franc 5 %

3–8 Jahre

CHÂTEAU DAUZAC

5ème Cru Classé

★

Die Qualität der Weine hat sich seit Mitte der 90er Jahre stetig verbessert. Der Wein reift 16 bis 18 Monate in Holzfässern, davon ein Drittel neue Eiche, und wird zusehends erheblich besser.

ROT Rubinrote, mittelgewichtige, runde Weine mit attraktiver Frucht, die sich angenehm trinken.

Cabernet Sauvignon 65 %, Merlot 25 %, Cabernet Franc 5 %, Petit Verdot 5 %

6–12 Jahre

Zweitwein *Labarde*

Weitere Weine *La Bastide Dauzac*

CHÂTEAU DESMIRAIL

3ème Cru Classé

☆

Seit es im Besitz der Familie Lurton ist, erlebt Desmirail einen Aufschwung. Geführt wird es von Denis Lurton. Der Wein reift 20 Monate in Holzfässern, davon sind 25 bis 50 % neue Eiche.

ROT Inzwischen gut gemachter, harmonischer Wein mit weicher Frucht sowie geschmeidigen Tanninen; gewinnt zunehmend an Finesse.

Cabernet Sauvignon 80 %, Merlot 10 %, Cabernet Franc 9 %, Petit Verdot 1 %

7–15 Jahre

CHÂTEAU DEYREM-VALENTIN

Château Deyrem-Valentin wurde 1932 als Cru Bourgeois klassifiziert, 1978 aber nicht in die Liste des *Syndicat des Crus Bourgeois* des Médoc aufgenommen, obwohl seine Weine einigen der dort genannten überlegen sind. Die Weinberge grenzen an die von Château Lascombes.

ROT Ehrlicher, mittelgewichtiger, fruchtiger Wein von gewisser Eleganz.

Cabernet Sauvignon 45 %, Merlot 45 %, Cabernet Franc 5 %, Petit Verdot 5 %

4–10 Jahre

CHÂTEAU DURFORT-VIVENS

2ème Cru Classé

★Ⓥ

Seit Mitte der 1990er Jahre kommt von Durfort-Vivens einer der besten Crus Classés des Margaux. Die Weine dieses Guts werden 18 bis 20 Monate in Holzfässern ausgebaut, davon sind bis zu einem Drittel neue Eiche.

ROT Tanninhaltiger als der Brane-Cantenac, aber mit weniger Frucht und Charme und lange ohne den luxuriösen Touch neuer Eiche. Der 1985er war besonders füllig und eindrucksvoll.

Cabernet Sauvignon 82 %, Cabernet Franc 10 %, Merlot 8 %

10–25 Jahre

Zweitwein *Second de Durfort*

Weiterer Wein *Domaine de Curé-Bourse*

CHÂTEAU FERRIÈRE

3ème Cru Classé

★Ⓥ

Unter der Führung von Château Lascombes hatten die Weine kaum mehr als zweitklassigen Status, aber Château Ferrière hat seit dem Kauf durch die Familie Villars sowohl an Bekanntheit als auch an Qualität hinzugewonnen.

ROT Schnell reifender, mittelgewichtiger Wein mit gefälliger Frucht.

Cabernet Sauvignon 75 %, Merlot 20 %, Petit Verdot 5 %

4–8 Jahre

Zweitwein *Les Remparts de Ferrière*

CHÂTEAU GISCOURS

3ème Cru Classé

★☆

Das in der Gemeinde Labarde gelegene Gut wurde 1952 von der Familie Tari erworben. Sie restaurierten nicht nur das Schloss und bestockten die Weinberge neu, sondern versuchten auch die Weine zu früherem Glanz zurückzuführen. Mit dem Holländer Albada fand man einen qualitätsbewussten Nachfolger als Eigentümer, dem sogar noch eine Verbesserung gelang. Der Wein reift 20 bis 34 Monate in Holzfässern; davon sind 50 % neue Eiche.

ROT Lebhafte Farbe, reiche Frucht und Finesse. Sein kraftvoller Charakter hält den Wein über viele Jahre bemerkenswert frisch.

Cabernet Sauvignon 75 %, Merlot 22 %, Cabernet Franc 2 %, Petit Verdot 1 %

8–30 Jahre

Zweitwein *La Sirène de Giscours*

Weitere Weine *Cantelaude*

CHÂTEAU LA GURGUE

Château La Gurgue wurde 1932 als Cru Bourgeois klassifiziert, 1978 aber nicht in die Liste des *Syndicat des Crus Bourgeois* des Médoc aufgenommen, obwohl seine Weine einigen der dort genannten überlegen sind. Dem Besitzer des in der Nähe von Château Margaux gelegenen qualitätsbewussten Guts gehören auch der Cru Classé Haut-Bages-Libéral und der Cru Bourgeois Chasse-Spleen.

ROT Weicher, eleganter Wein von mittlerer Statur mit attraktivem Aroma und einiger Finesse.

Cabernet Sauvignon 70 %, Merlot 25 %, Petit Verdot 5 %

4–12 Jahre

CHÂTEAU D'ISSAN

3ème Cru Classé

★★

Dieses prächtige Schloss aus dem 17. Jahrhundert gilt als das imposanteste des Médoc und gehört heute der Familie Cruse. Ebenso beeindruckend sind die bemerkenswerten Weine, besonders seit den 1990er Jahren. Der Wein reift 18 Monate in Holzfässern; davon sind bis zu einem Drittel neue Eiche.

ROT Man sagt: Ein wahrhaft prächtiger Wein. Üppiges, verführerisches Bukett, unglaublich reiche Frucht. Ein großer Wein von wunderbarer Feinheit.

Cabernet Sauvignon 85 %, Merlot 15 %

10–40 Jahre

Zweitwein *Blason d'Issan*

Weitere Weine *De Candel*

CHÂTEAU KIRWAN

3ème Cru Classé

★☆V

Château Kirwan, ein gut geführtes und immer besser werdendes Gut, gehört der Familie Schüler, beratend unterstützt von Michel Rolland. Der Wein wird 18 bis 24 Monate in Holzfässern ausgebaut, davon sind bis zu 50 % neue Eiche.

ROT Recht ordentlich gemachte, farbkräftige, körperreiche Weine, rund und konzentriert, die von Jahr zu Jahr großzügiger werden, reicher an Tannin und mehr neue Eiche schmecken lassen. Nur lassen sich ältere Jahrgänge mit diesen Prädikaten selten auftreiben. Viele Kritiker behaupten, dass Kirwan seine Klassifizierung bei einer Neuordnung nur schwer behaupten könne.

Cabernet Sauvignon 40 %, Merlot 30 %, Cabernet Franc 20 %, Petit Verdot 10 %

10–35 Jahre

Zweitwein *Les Charmes de Kirwan*

CHÂTEAU LABÉGORCE

★V

Château Labégorce wurde 1932 als Cru Bourgeois klassifiziert, 1978 aber nicht in die Liste des *Syndicat des Crus Bourgeois* des Médoc aufgenommen. Qualität und Preis sind ständig im Steigen begriffen, seit Hubert Perrodo, ein Wein liebender Öl-Magnat, 1989 das Gut übernommen hat. Der Wein reift 18 Monate in Holzfässern, davon sind bis zu einem Drittel neue Eiche.

ROT Farbstarker Wein mit guter Balance von Konzentration und Eleganz.

Cabernet Sauvignon 55 %, Merlot 40 %, Cabernet Franc 5 %

5–15 Jahre

CHÂTEAU LABÉGORCE-ZÉDÉ

★☆V

Labégorce-Zédé wurde 1932 als Cru Bourgeois klassifiziert, 1978 aber nicht in die Liste des *Syndicat des Crus Bourgeois* des Médoc aufgenommen; unter den nicht klassifizierten Margaux-Weinen ist er allerdings einer der besten.

ROT Feine, nuancenreiche Aromatik und ein langer Abgang geben dem Wein gegenüber Labégorce einen gewissen Vorsprung.

Cabernet Sauvignon 50 %, Merlot 35 %, Cabernet Franc 10 %, Petit Verdot 5 %

5–15 Jahre

Zweitwein *Château d'Amiral*

CHÂTEAU LASCOMBES

2ème Cru Classé

★★

Château Lascombes gehörte von 1951 bis 1971 Alexis Lichine, einer der markantesten Persönlichkeiten des Bordelais. Als er das Weingut an die Société Bass Charrington – eine der größten britischen Brauereien – verkaufte, ließ die Qualität merklich nach, um unter René Vanatelle merklich wieder anzusteigen. Vanatelle war es, der erkannte, dass nur 50 der 83 Hektar von Lascombes tatsächlich das Potenzial für einen *Second Cru* hatten. Daraufhin teilte er die Rebflächen und verkaufte die weniger wertvollen Bereiche an das Château Segonnes, was der Grund für den erkennbaren Qualitätssprung der 80er Jahre war. 1997, ein Jahr bevor er sich in den Ruhestand zurückzog und die Leitung an Bruno Lemoine übergab, der zuvor bei Montrose war, führte Vanatelle noch einen echten Zweitwein ein, den Chevalier des Lascombes, und hob damit das Profil des Gutes noch einmal an. Der Wein reift 14 bis 20 Monate in Holzfässern, davon ist ein Drittel neue Eiche.

ROT Kräftige, körperreiche, dichte Weine mit reifer Frucht, geschmeidigen Tanninen und schöner Zedernholznote.

Cabernet Sauvignon 55 %, Merlot 40 %, Petit Verdot 5 %

8–30 Jahre

Zweitwein *Chevalier Lascombes*

Weitere Weine *Château Segonnes, Gombaud, Rosé de Lascombes, Vin Sec Chevalier Lascombes*

CHÂTEAU MALESCOT ST-EXUPÉRY

3ème Cru Classé

★

Château Malescot St-Exupéry war bis 1955 in englischem Besitz, dann erwarb es Roger Zuger, der Bruder des Eigentümers von Château Marquis-d'Alesme-Becker. Der Wein reift hier 18 Monate in Holzfässern, davon sind 20 % neue Eiche.

ROT Seit 1996 sind die Weine reicher und komplexer.

Cabernet Sauvignon 50 %, Merlot 35 %, Cabernet Franc 10 %, Petit Verdot 5 %

8–25 Jahre

Zweitwein *Château de Loyac, La Dame de Malescot*

Weitere Weine *Balardin*

CHÂTEAU MARGAUX

1er Cru Classé

★★★V

Berühmtester und seit seiner glanzvollen Wiedergeburt im Jahr 1978 einer der weltweit größten Rotweine. Einige Weine erreichen zwar seine Qualität, übertroffen wurde er aber selten. 1977 erwarb André Mentzelopoulos das Gut für 72 Millionen Francs und investierte noch einmal die gleiche Summe. Nach seinem Tod wurde das »Kronjuwel« des Médoc von seiner Tochter Corinne weitergeführt. Sowohl der Château Margaux als auch der Zweitwein Pavillon Rouge werden in Eichenfässern vergoren und reifen 18 bis 24 Monate ausschließlich in neuer Eiche.

ROT Wenn man die Finesse eines Weines am Geruch erkennen könnte, dann wäre das umwerfende, nuancenreiche Bouquet des Château Margaux der Maßstab. Trotz seiner großen Tiefe ist er ausgesprochen weich, samtig und fein. Ein wunderbar reicher und konzentrierter Wein mit langem, elegantem und vielschichtigem Abgang, reifen Tanninen und herrlich weichen Eichenholzuntertönen. Perfektion, soweit sie überhaupt möglich ist.

Cabernet Sauvignon 75 %, Merlot 20 %, Cabernet Franc und Petit Verdot 5 %

15–50 Jahre

Zweitwein *Pavillon Rouge du Château Margaux*

Weitere Weine *Pavillon Blanc du Château Margaux*

CHÂTEAU MARQUIS D'ALESME-BECKER

3ème Cru Classé

Der Wein wird 12 Monate in Holzfässern ausgebaut, davon ist ein Sechstel neue Eiche.

ROT Die Weine sind für meinen Geschmack zu ernst und uncharmant, aber auch sie haben ihre Liebhaber. Sie sind zwar gut gemacht, man hätte jedoch strenger auslesen sollen. Das Terroir gäbe noch einiges mehr her.

Cabernet Sauvignon 40 %, Merlot 30 %, Cabernet Franc 20 %, Petit Verdot 10 %

8–20 Jahre

Zweitwein *Marquise d'Alesme*

CHÂTEAU MARQUIS-DE-TERME

4ème Cru Classé

Dieses einst prächtige, an Château Margaux grenzende Gut hatte vor allem für dichte, tanninreiche, geradlinige Weine einen Namen. Seit Ende der 70er Jahre verbesserte sich die Qualität zusehends, und seit 1983 ist sie ausgezeichnet. Der Wein reift 24 Monate in Holzfässern, davon ist ein Drittel neue Eiche.

ROT Der Wein scheint sich zu einem kräftigen, reifen Typ mit deutlichem, angenehmem Eichenton zu entwickeln. Jahrgang 1985 war die Wendemarke. Von da an ging es steil bergauf, und 1996 gelang der bisher größte Wurf.

Cabernet Sauvignon 60 %, Merlot 30 %, Petit Verdot 7 %, Cabernet Franc 7 %

10–25 Jahre

Zweitwein *Terme des Gondats*

CHÂTEAU MARSAC-SÉGUINEAU

Château Marsac-Séguineau wurde 1932 als Cru Bourgeois klassifiziert, 1978 aber nicht in die Liste des *Syndicat des Crus Bourgeois* des Médoc aufgenommen, obwohl seine Weine einigen der dort genannten überlegen sind. Einige Parzellen gehörten früher zu einem Cru Classé.

ROT Weiche, mittelgewichtige bis körperreiche Weine mit schönem Bukett.

Cabernet Sauvignon 65 %, Merlot 35 %

5–12 Jahre

Zweitwein *Château Gravières-de-Marsac*

CHÂTEAU MONBRISON

Cru Bourgeois

★ⓥ

Die Weinberge von Château Monbrison gehörten früher zum Cru-Classé-Château Desmirail. Jetzt gelang der Durchbruch, um mit echten Crus Classés in Konkurrenz zu treten.

ROT Der hervorragende, farbstarke Zweitwein besitzt eine herrlich saftige Frucht mit würziger Eichenholznote und gute Struktur durch geschmeidige Tannine.

Merlot 35 %, Cabernet Franc 30 %, Cabernet Sauvignon 30 %, Petit Verdot 5 %

8–15 Jahre

Zweitwein ✓ *Château Cordat*

CHÂTEAU MONTBRUN

Château Montbrun wurde 1932 als Cru Bourgeois klassifiziert, 1978 aber nicht in die Liste des *Syndicat des Crus Bourgeois* des Médoc aufgenommen, obwohl seine Weine einigen der dort genannten überlegen sind.

ROT Gut gemachte, mittelgewichtige bis körperreiche merlot-dominierte Weine, wunderbar reif und saftig.

Merlot 75 %, Cabernet Franc und Cabernet Sauvignon 25 %

5–12 Jahre

CHÂTEAU PALMER

3ème Cru Classé

★★☆

Nur der Nachbar Château Margaux übertrifft Palmer. Der Jahrgang 1961 erzielte auf Auktionen lange Jahre dieselben hohen Preise wie die Premiers Crus – heute ist er bereits ein wenig über dem Punkt. Allerdings könnte die Qualität dieses Weins, der auf höchster Stufe rangiert, beständiger sein. Sie ist in der Regel exzellent, aber nicht immer umwerfend; ist sie es, kann Palmer bei einer Blinddegustation ohne weiteres einem Premier Cru Paroli bieten. Ein wahrer Spitzen-Zweitwein ist Alto Ego, der sich vermutlich noch höhere Weihen erobern wird. Der Wein reift 18 bis 24 Monate in Holzfässern, davon ist ein Drittel neue Eiche.

ROT Dunkler, fast undurchsichtiger Wein mit Unmengen von Cassis-Frucht und überbordender, komplex-intensiver Struktur sahnig-würziger Aromen von Vanille und Zedernholz, die von schönen Tanninen gestützt wird.

Cabernet Sauvignon 50 %, Merlot 40 %, Cabernet Franc 7 %, Petit Verdot 3 %

12–35 Jahre

Zweitwein ✓ *Alto Ego, Réserve du Général*

CHÂTEAU PONTAC-LYNCH

★ⓥ

Château Pontac-Lynch wurde 1932 als Cru Bourgeois klassifiziert, 1978 aber nicht in die Liste des *Syndicat des Crus Bourgeois* des Médoc aufgenommen, obwohl seine Weine einigen der dort genannten überlegen sind. Die Weinberge befinden sich in guter Lage inmitten von *Cru-Classé*-Rebflächen.

ROT Tieffarbige, körperreiche Weine mit kräftigem Bukett und guter Struktur.

Cabernet Sauvignon und Merlot 47 %, Cabernet Franc 45 %, Petit Verdot 8 %

6–15 Jahre

Zweitwein *Château Pontac-Phénix*

CHÂTEAU POUGET

4ème Cru Classé

❓

Auch Château Pouget gehört Monsieur Guillemet, dem Besitzer von Château Boyd-Cantenac. Die Weine

beider Güter werden hier gekeltert und gelagert. Der Wein reift 22 bis 24 Monate in Holzfässern, davon ist ein Drittel neue Eiche.

ROT Körperreicher, konzentrierter, etwas arg rustikaler Wein von schöner Farbe und angenehmem, intensivem Aroma. Ein guter, aber kein großer Wein, der zuverlässiger sein könnte.

Cabernet Sauvignon 70 %, Merlot 17 %, Cabernet Franc 8 %, Petit Verdot 5 %

10–25 Jahre

Zweitwein *La Tour Hassac*

CHÂTEAU PRIEURÉ-LICHINE

4ème Cru Classé

★

Der Wein wird 19 Monate in Holzfässern ausgebaut, davon ist ein Drittel neue Eiche.

ROT Kräftige, pflaumige, körperreiche Weine mit guter Schwarze-Johannisbeer-Frucht, geschmeidigen Tanninen und feinen Vanille- und Eichenholztönen. Besonders gutes Preis-Leistungs-Verhältnis.

Cabernet Sauvignon 54 %, Merlot 39 %, Cabernet Franc 2 %, Petit Verdot 5 %

7–20 Jahre

Zweitwein *Château de Clairefont*

CHÂTEAU RAUZAN-GASSIES

2ème Cru Classé

☆

Bis zur Französischen Revolution bildete dieses Weingut mit Château Rauzan-Ségla eine Einheit. Um wieder zur früheren Qualität der Weine zurückzukehren, engagierte man in den 1980er Jahren den berühmten Önologen Professor Peynaud als Berater, dem jedoch kein Erfolg beschieden war, den nun Jean-Louis Camp, zuvor bei Loudenne, zu haben scheint. Der Wein reift 17 bis 20 Monate in Holzfässern, davon sind 20 % neue Eiche, wovon am Gaumen allerdings kaum etwas festzustellen ist.

ROT Körperreiche, tanninhaltige Weine, derb, rustikal und verschlossen. Zwar hatte der 1982er ein gewisse runde Frucht, der letzte Jahrgang, den ich wirklich genossen habe, war aber der 1961er; in jenem Jahr war es aber schwierig, keinen guten Wein zu machen. 1996 und vor allem 1998 könnte eine Wende zum Besseren bedeuten.

Cabernet Sauvignon 40 %, Merlot 39 %, Cabernet Franc 20 %, Petit Verdot 1 %

7–15 Jahre

CHÂTEAU RAUZAN-SÉGLA

2ème Cru Classé

★☆

Die Qualität dieses früher enttäuschenden Guts wurde in den 1980er Jahren zusehends besser, als der Eigentümer, der *Négociant* Eschenauer aus Bordeaux, erheblich investierte und man dazu überging, für den Grand Vin eine strengere Auslese zu treffen. 1994 wurde Château Rauzan-Ségla an Chanel verkauft. Der Wein zählt zu den Super-Seconds des Bordelais. Er reift 20 Monate in Holzfässern, davon sind 50 % neue Eiche.

ROT In guten Jahren besitzt der Rauzan-Ségla eine tiefe, dunkle Farbe, eine mächtige Tanninstruktur und entsprechend intensive Aromen. Die kleinen Jahrgänge sind immer noch relativ dunkel, aber saftiger und haben eine weichere Tanninstruktur. Trotz Chanel: Immer noch sehr preiswert.

Cabernet Sauvignon 65 %, Merlot 30 %, Cabernet Franc 5 %

15–30 Jahre

Zweitwein *Ségla*

Weitere Weine *Lamouroux*

CHÂTEAU SIRAN

★☆ⓥ

Château Siran wurde 1932 als Cru Bourgeois klassifiziert, 1978 aber nicht in die Liste des *Syndicat des Crus Bourgeois* des Médoc aufgenommen, obwohl seine Weine einigen der dort genannten überlegen sind. Der Wein wird 24 Monate in klimatisierten Kellern ausgebaut; ein Drittel der Fässer ist aus neuer Eiche.

ROT Stilvolle, aromatische Weine mit gutem Gewicht, samtig-würziger Frucht, schönem Abgang und unverkennbarer Klasse, einem *Cru Classé* ebenbürtig. Erhält – wie Mouton Rothschild – jedes Jahr ein von immer verschiedenen Künstlern entworfenes Etikett.

Cabernet Sauvignon 50 %, Merlot 25 %, Petit Verdot 15 %, Cabernet Franc 10 %

8–20 Jahre

Zweitwein *Château Bellegarde*

Weitere Weine *Château St-Jacques*

CHÂTEAU TAYAC

Cru Bourgeois

Der Wein reift 18 Monate in Holzfässern, davon ist ein Drittel neue Eiche.

ROT Feste, etwas rustikale, mittelgewichtige bis körperreiche Weine mit Charakter. Die kleineren Jahrgänge sind gelegentlich etwas derb.

Cabernet Sauvignon 65 %, Merlot 25 %, Cabernet Franc 5 %, Petit Verdot 5 %

6–12 Jahre

CHÂTEAU DU TERTRE

5ème Cru Classé

★☆

Die Weinberge von Château du Tertre sind besonders gut gelegen. Der Wein – er ist rar und unterbewertet – reift 24 Monate in Holzfässern, davon sind 25 % neue Eiche. 1998 wechselte der Besitzer.

ROT Wunderbar ausgewogener, mittelgewichtiger bis körperreicher Wein mit viel aromatischer Frucht und unverkennbarer Klasse. Das Veilchenaroma soll ein typisches Merkmal der Margaux-Weine sein, doch ist der Château du Tertre einer der wenigen, bei denen ich es auch tatsächlich erkenne.

Cabernet Sauvignon 85 %, Cabernet Franc 5 %, Merlot 10 %

8–25 Jahre

CHÂTEAU LA TOUR DE MONS

Cru Bourgeois

Der Wein reift 22 Monate in Holzfässern, davon sind 20 % neue Eiche. Er hat sich seit Ende der 80er Jahre enorm verbessert und ist einem Cru Classé durchaus ebenbürtig.

ROT So großzügig aromatisch wie immer, doch ohne die übermäßigen Tannine und Säure, die dem Wein früher schadeten.

Cabernet Sauvignon 45 %, Merlot 40 %, Cabernet Franc 10 %, Petit Verdot 5 %

10–30 Jahre

Zweitwein *Château Rucheterre*

CHÂTEAU DES TROIS-CHARDONS

☆ⓥ

Das Gut, das nach dem derzeitigen Besitzer, Monsieur Chardon, und seinen beiden Söhnen benannt ist, liefert kleinste Mengen eines hochklassigen Weins.

ROT Ungemein saubere, weiche, fruchtige und doch seriöse Weine von gewisser Finesse und deutlichem Margaux-Charakter.

Cabernet Sauvignon 50 %, Merlot 40 %, Cabernet Franc 10 %

6–15 Jahre

GRAVES, CÉRONS, SAUTERNES UND BARSAC

Die besten Graves-Rotweine werden in Pessac-Léognan produziert, gute Rot- und immer besser werdende Weißweine im Zentrum der Graves und im Süden die großen süßen Weine von Sauternes und Barsac. Der Schwerpunkt liegt bei den klassischen Rotweinen.

DIE SEIDENWEICHEN ROTWEINE der Region Graves sind seit dem Mittelalter berühmt; schon damals waren sie durch Gesetze geschützt, die jeden mit Strafe bedrohten, der sie mit anderen Bordeaux-Weinen verschnitt. Château Haut-Brion war der einzige Rotwein außerhalb des Médoc, der 1855 klassifiziert wurde; er war so gut, dass er den Premiers Grands Crus Latour, Lafite, Mouton (seit 1973) und Margaux gleichgestellt wurde. Unterhalb des Haut-Brion gibt es einige wenige große Weine, die qualitativ einem 2ème oder 3ème Cru entsprechen.

Es gibt zwar kaum Superstars in den Graves, aber dieser Mangel wird durch höhere Durchschnittsqualität und größere Beständigkeit ausgeglichen, zumindest bei den Rotweinen. Es gibt 43 Gemeinden in dieser Appellation. Mit Abstand die besten sind Léognan, Talence und Pessac; nach ihnen ragen Martillac und Portets heraus, gefolgt von Illats und Podensac. Die besten Weine kommen also aus dem Norden der Graves, und zwar noch aus dem Stadtgebiet von Bordeaux, was ein Problem ist: Das einst friedliche Weingebiet am linken Ufer der Garonne verschwindet langsam, aber unerbittlich. Je weiter sich die Stadt ausbreitet, desto mehr werden die Weinberge vom Betondschungel eingekesselt, und viele verschwinden einfach. Wie viele Bordeauxliebhaber, die im Flughafen Mérignac ankommen, denken über den Preis nach, den sie für diesen Fortschritt bezahlen? 1908 gab es 30 Weingüter in der Gemeinde Mérignac; heute gibt es nur noch eines, Château Pique-Caillou. Die zusammengewachsenen Gemeinden Cadaujac, Gradignan, Léognan, Martillac, Mérignac, Pessac, Talence und Villenave d'Ornon haben in dieser Zeit 214 Châteaux verloren.

DAS PROBLEM DER WEISSEN GRAVES-WEINE IST GELÖST

Jedenfalls beinahe. Während Qualität und Ruf der Rotweine immer schon gut etabliert waren, hatten die Weißweine der Graves ernsthafte Probleme mit ihrem Profil. Mitte der 1980er Jahre erreichte ihre Krise den Höhepunkt. Zwar gab es in den Graves hervorragende Weißweine, die meist aus den Gemeinden im Norden kamen, aber sie wurden mit den übelsten Exemplaren aus dem Süden in einen Topf geworfen. Es gab auch ein Identitätsproblem: Sollte man körperreiche, in Eichenfässern gereifte Verschnitte oder einen leichten, weichen Sauvignon Blanc erzeugen? Paradoxerwei-

GÄRTANKS VON CHÂTEAU HAUT-BRION
Dieses berühmte Château war eines der ersten, die Edelstahltanks einsetzten.

GRAVES, CÉRONS, SAUTERNES UND BARSAC *Siehe auch S. 59*
Das Weinbaugebiet, zu dem die Bereiche Graves, Cérons, Sauternes und Barsac gehören, bildet einen Streifen, der von Bordeaux aus parallel zur Garonne nach Südosten verläuft.

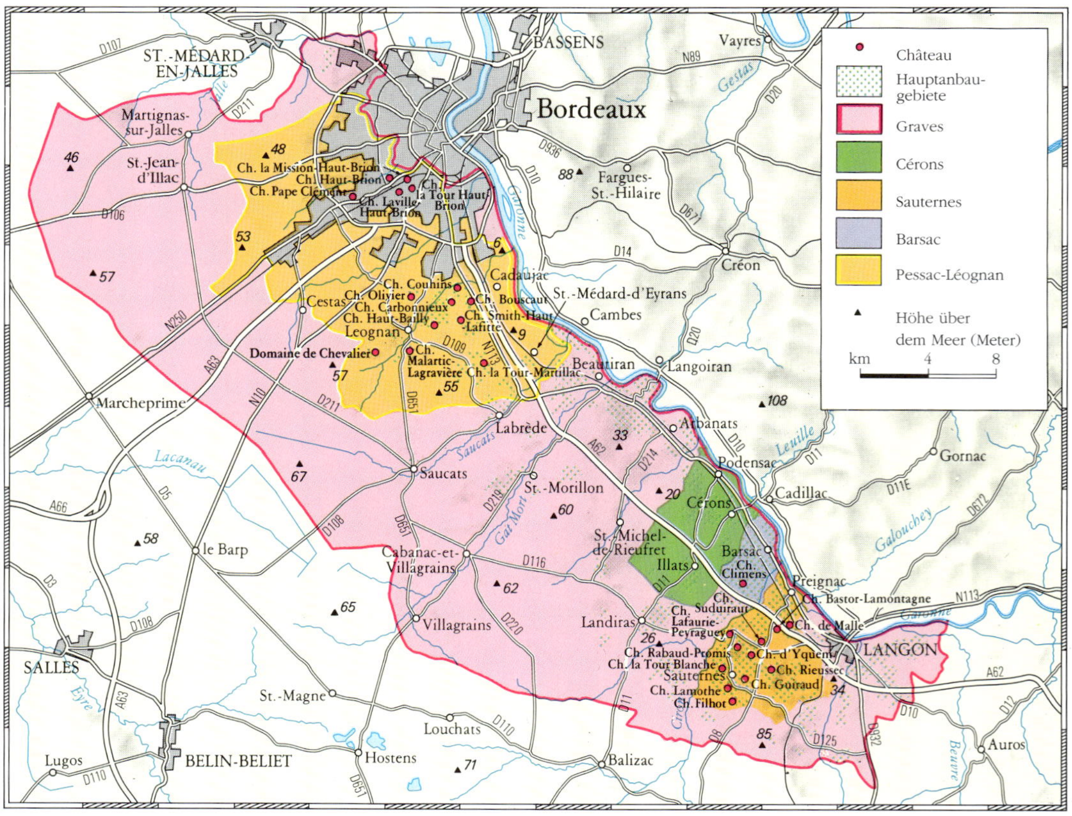

REBZEILEN AUF HAUT-BRION
Rosen am Ende einer jeden Reihe warnen vor Schädlingsbefall.

DIE KLASSIFIKATION DER GRAVES-WEINE

Das einzige Graves-Gut, das 1855 klassifiziert wurde, war Château Haut-Brion. Das *Syndicat* zum Schutz der Appellation Graves wollte seine eigene Klassifikation schaffen, was aber erst durch die Änderung des Gesetzes von 1921 im Jahre 1949 möglich wurde. Die Klassifikation wurde dann 1953 vorgenommen und bereits 1959 geändert.

Es wird für Rot- und Weißwein getrennt klassifiziert, aber ohne Rangfolge unter den Crus; alle dürfen das Prädikat *Cru Classé* tragen. Aus der folgenden Liste der klassifizierten Güter geht hervor, dass weniger als 19 % der 1900 ha Anbaufläche mit roten Trauben und weniger als 5 % der 1430 ha mit weißen Trauben sich für das Prädikat *Cru Classé* qualifiziert haben.

ROTWEINE	GEMEINDE	ANBAUFLÄCHE
Château Bouscaut	Cadaujac	50 ha
Château Carbonnieux	Léognan	45 ha
Domaine de Chevalier	Léognan	31 ha
Château de Fieuzal	Léognan	35 ha
Château Haut-Bailly	Léognan	28 ha
Château Haut-Brion	Pessac	40 ha
Château La Mission-Haut-Brion	Pessac	21 ha
Château Latour-Haut-Brion	Talence	5 ha
Château La Tour-Martillac	Martillac	32 ha
Château Malartic-Lagravière	Léognan	15 ha
Château Olivier	Léognan	30 ha
Château Pape-Clément	Pessac	30 ha
Château Smith-Haut-Lafite	Martillac	45 ha
GESAMTANBAUFLÄCHE		407 ha

WEISSWEINE	GEMEINDE	ANBAUFLÄCHE
Château Bouscaut	Cadaujac	20 ha
Château Carbonnieux	Léognan	45 ha
Domaine de Chevalier	Léognan	4 ha
Château Couhins-Lurton	Villenave	6 ha
Château Haut-Brion	Pessac	4 ha
Château La Tour-Martillac	Martillac	5 ha
Château Laville-Haut-Brion	Talence	4 ha
Château Malartic-Lagravière	Léognan	4 ha
Château Olivier	Léognan	14 ha
GESAMTANBAUFLÄCHE		106 ha

WEINBERGE VON CHÂTEAU D'YQUEM
Der winterliche Weinberg lässt den typischen kies- und sandhaltigen Lehmboden und das System von Drähten und Pfosten erkennen, das die Reben stützt. Im lehmigen Unterboden von Yquem wurden Ende des 19. Jahrhunderts 100 km Tonrohre verlegt, die eine gute Entwässerung sicherstellen.

se kamen die schwächsten Weine von einigen der besten Güter im Norden, hergestellt von Winzern, die entweder nicht wussten, wie sie ihren Laden auf Vordermann bringen sollten, oder denen es einfach egal war. Jedenfalls verkauften sie zu Lasten des schwindenden Renommees weiterhin müde, ausdruckslose, zu stark geschwefelte und oxidierte Weine.

Die offizielle Trennung des Nordens vom Süden war die Lösung, denn seit 1987, der Einführung der Pessac-Léognan AOC, sieht es um die Graves-Weine besser aus als je zuvor. Diese Appellation gilt sowohl für Weiß- wie für Rotweine aus den Gemeinden Cadaujac, Canéjan, Gradignan, Léognan, Martillac, Mérignac, Pessac, St-Médard-d'Eyrans, Talence und Villenave d'Ornon. Dies verlieh den Châteaux des Nordens das offizielle Gütesiegel, das sie anstrebten und auch verdienten. Trotzdem war der Anfang zäh. »Pessac-Léognan« ging nicht so leicht über die Zunge, und man machte sich Sorgen um seine Marktchancen. Man neigt heute immer noch dazu, »Graves« aufs Etikett zu schreiben und »Pessac-Léognan« als spezifischere Bezeichnung zu benutzen, als ob es eine höhere Appellation innerhalb der Graves sei – was es in der Praxis denn auch ist.

Sobald die Châteaux merkten, dass die ausländischen Märkte »Pessac-Léognan« als höhere Klassifizierung verstanden, verbreitete sich diese Appellation rasch. Ob aus freien Stücken oder durch den Gruppendruck, jedenfalls wandelten sich viele Erzeuger zu qualitätsbewussten Châteaux; was wiederum die Güter im Süden anspornte, ihre Weine zu verbessern.

CÉRONS

Dieses Gebiet innerhalb der Region Graves bildet die Brücke zwischen den trockenen Weißweinen der Graves und den süßen Weißweinen von Sauternes und Barsac. Die Châteaux von Cérons dürfen offiziell sowohl rote als auch weiße Graves-Weine herstel-

DIE FARBEN DES CHÂTEAU D'YQUEM
Verschiedende Jahrgänge des Château d'Yquem bis 1980. Die jüngeren Weine weisen ein ins Grünliche spielendes Gold auf, mit zunehmendem Alter wechseln sie über Altgold und Bernstein bis zu altem Mahagoni.

DER INNENHOF VON CHÂTEAU D'YQUEM
Ein riesiger steinerner Brunnen beherrscht den quadratischen Innenhof dieses schönen Château, dessen Bauteile aus dem 15. bis 17. Jahrhundert stammen.

len, den Graves Supérieur (der trocken sein kann, aber gewöhnlich süß ist) sowie natürlich den süßen Wein von Cérons – ein Wein, der sich seit fast 200 Jahren einer bescheidenen Reputation erfreut. In Wirklichkeit werden nur 20 % der Produktion dieses Gebiets als Cérons verkauft, da die Appellation sich über drei Gemeinden erstreckt, nämlich Illats, Podensac und Cérons selbst.

SAUTERNES UND BARSAC

Die Kluft zwischen den gewöhnlichen süßen Weißweinen und den großen Weinen von Sauternes und Barsac ist genauso groß wie die zwischen den süßen und den trockenen Weinen. Was diese Kluft bewirkt, wäre als »Komplexität« zu bezeichnen; was damit gemeint ist, können Sie feststellen, wenn Sie einen reifen Sauternes kosten. Die in Sauternes erzeugten Weine sind nicht nur die sinnlichsten der Welt, sondern auch die vielschichtigsten. Ich habe harte Männer erlebt, die entschieden ablehnten, etwas Süßeres als Zitronensaft zu trinken, und die weiche Knie bekamen, als sie den Duft eines Château Suduiraut in die Nase bekamen, und ich möchte den sturSten und fanatischsten Süßweingegner sehen, dem bei einem Glas Château d'Yquem 1967 nicht das Wasser im Mund zusammenläuft. Erstaunlicherweise gibt es andere Meinungen, aber für mich ist der Yquem mit Abstand der beste Wein der Appellationen Sauternes und Barsac. Der Kampf um den zweiten Platz wird ausgetragen zwischen der weichen, sinnlichen Art des Suduiraut und dem schweren, kraftvollen Charakter des Rieussec, wobei Climens, Nairac und die nicht klassifizierten Güter Gilette und de Fargues dicht folgen. Guiraud hat das Potenzial, zur absoluten Spitze aufzuschließen.

TRADITIONELLER PFERDEBESPANNTER PFLUG
Im Château d'Yquem werden Pferde eingesetzt, um den Boden zwischen den Reihen umzupflügen, und zwar nach der Ernte und im März.

CHÂTEAU DE FARGUES
Der ursprüngliche Sitz der Familie Lur-Saluces ist heute eine gespenstische Ruine. Die Familie zog 1785 bei der Vereinigung mit der Familie de Sauvage nach Yquem.

GESCHMACKS- UND QUALITÄTSFAKTOREN

LAGE
Am linken Ufer der Garonne zwischen Bordeaux und Langon.

KLIMA
Dem Klima des Médoc sehr ähnlich, teilweise jedoch wärmer und mit etwas mehr Regen. In Sauternes und Barsac ist es mild und feucht mit dem wichtigen Wechsel von Frühnebel und folgendem Sonnenschein im Herbst, den idealen Bedingungen für die Edelfäule.

TOPOGRAFIE
Im Nordteil der Region breitet sich Bordeaux aus. Südlich der Stadt, hinter Cadaujac, wird die Gegend ländlich. Die Graves sind etwas hügeliger als das Médoc und besitzen viele kleine Täler, deren Wasserläufe in die Garonne münden. Einige Weinberge sind sogar recht steil. Die Gemeinden Sauternes, Bommes und Fargues verfügen über hügeliges Gelände, Preignac und Barsac an den Ufern des Ciron, eines kleinen Nebenflusses der Garonne, haben flachere Hänge.

BÖDEN
In südöstlicher Richtung wird der kiesreiche Oberboden der Graves nach und nach erst sandiger, dann mischt er sich mit verwittertem Kalkstein und schließlich mit Lehm. Der Unterboden verändert sich ebenfalls; im Allgemeinen besteht er aus eisenhaltigem Ortstein, Kalkstein und Lehm, rein oder in Gemenge. Cérons hat einen steinigen Boden, hauptsächlich Feuerstein und Kies über Mergel; in Sauternes findet man rötlichen Kieslehm über einer Lehmschicht oder kieshaltigen Eisen-Ortstein, in Fargues Lehm und Kalkstein über einer Lehm-Kies-Schicht. Die Kieshänge von Bommes wechseln mit schweren Lehmböden ab, während es in der Ebene sandigen Lehm mit einem Unterboden aus rötlichem Lehm oder Kalkstein gibt. Im Südteil von Preignac besteht der Boden aus Sand, Kies und Lehm über einer Lehm-Kies-Schicht; wenn man sich Barsac nähert, wechselt er zu Schwemmboden über Sand, Lehm und Kalkstein. Die klassifizierten Crus von Barsac verfügen über einen Boden aus Lehm und Kalkstein. Sonst ist der Oberboden mit Sand und Kies vermischt.

WEINBAU UND WEINBEREITUNG
Einige Châteaux verwenden für ihren Rotwein eine gewisse Menge Presswein. Die Gärung dauert 8 bis 15 Tage, einige Güter lassen 15 bis 25 Tage zu. Der Ausbau in Holzfässern dauert meist 15 bis 18 Monate. Die süßen Weißweine aus Sauternes und Barsac werden aus überreifen, von Edelfäule befallenen Trauben gemacht, die in mehreren Lesegängen spät geerntet werden. Die Beeren werden normalerweise nicht entrappt. Der Traubensaft ist so zuckerhaltig, dass die Gärung nur schwierig in Gang zu setzen und zu kontrollieren ist; sie ist gewöhnlich nach 2 bis 8 Wochen abgeschlossen. Die Gärzeit hängt vom gewünschten Charakter des Weins ab. Viele der besten Weine reifen 1½ bis 3½ Jahre in Fässern.

HAUPTREBSORTEN
Cabernet Sauvignon, Cabernet Franc, Merlot, Sémillon, Sauvignon Blanc

WEITERE REBSORTEN
Malbec, Petit Verdot, Muscadelle

Die Edelfäule

Der Yquem mag der ultimative Süßwein sein, aber aus diesen zwei kleinen, im Umland von Bordeaux versteckten Gebieten kommen noch viele andere große Weine. Was ihnen ihr Markenzeichen verleiht, nämlich tiefschichtige Aromatik, ist eine Menge Fäule – die »Edelfäule«, die der Pilz *Botrytis cinerea* verursacht. Die niedrigen Hügel von Sauternes und in geringerem Ausmaß auch die von Barsac bieten mit ihrem warmen, feuchten Klima ein natürliches Treibhaus für den Botrytispilz, dessen Sporen in dieser Gegend heimisch sind. Sie ruhen im Boden und in der Rinde des Rebstocks, bis sie von geeigneten Umweltbedingungen aktiviert werden – abwechselnd Feuchtigkeit und Wärme (dem frühmorgendlichen Nebel folgt am Vormittag die Sonnenwärme). Die Sporen setzen sich in der Haut der Trauben fest und entwickeln dort den Pilz, der sich von der Flüssigkeit in der Beere ernährt. Er verbraucht fünf Sechstel der Säure und ein Drittel des Zuckergehalts der Weinbeeren, und der Wassergehalt nimmt um die Hälfte bis zu zwei Dritteln ab, wodurch der Saft zu einem klebrigen, zuckerreichen Sirup wird. Eine gesunde, reife Traube mit einem potenziellen Alkoholgehalt von 13 % verwandelt sich in eine eklig aussehende Substanz mit einem potenziellen Alkoholgehalt von 17,5 bis 26 %. Der Botrytispilz breitet sich im Weinberg nicht gleichmäßig aus, und die Ernte kann bis zu zehn Wochen dauern, da die Erntehelfer mehrere Lesen (*tries*) durchführen. Bei jedem *tri* werden nur die befallenen Trauben geerntet, und es muss sorgfältig darauf geachtet werden, dass an jeder Traube etwas Fäule zurückbleibt, damit sie sich weiter verbreiten kann. Je länger die Winzer auf diese wunderbare edle Fäule warten müssen, desto anfälliger werden die Reben für die verheerenden Auswirkungen von Frost, Schnee, Hagel und Regen, die eine ganze Ernte vernichten können.

Die Weinbergsarbeit in Sauternes und Barsac ist äußerst arbeitsintensiv. Der Ertrag ist sehr niedrig, offiziell maximal 25 hl pro ha; dies ist die Hälfte des Ertrags im Médoc, und in den besten Châteaux ist er noch erheblich niedriger, etwa 15 bis 20 hl pro ha. Bei Yquem ist er noch geringer; er entspricht dort angeblich einem Glas pro Rebstock. Darüber hinaus ist die Weinbereitung sehr diffizil, und der Ausbau guter Süßweine verlangt viel teures neues Eichenholz.

Typvarianten

Während der Gärung wird nicht der ganze Zucker verbraucht, auch wenn ein Wein mit 14 oder 15 % Alkohol entsteht. Der übrig bleibende unvergorene Zucker, oft zwischen 50 und 120 g pro l, gibt dem Wein seine natürliche Süße. Anders als bei den deutschen Pendants des Sauternes ist sein Alkoholgehalt für den Charakter ausschlaggebend. Dieser Alkoholgehalt verleiht ihm – in Harmonie mit Süße, Säure und Frucht – eine sinnliche Dichte, die einfach unerreichbar ist. Seine Komplexität ist jedoch nicht auf seine Konzentration zurückzuführen, obwohl zweifellos ein erhöhter Mineralgehalt spürbar ist. Komplexität wird geschaffen durch gewisse neue Elemente, die dem Traubensaft durch den Stoffwechsel des Botrytispilzes zugefügt werden – Glycerin, Gluconsäure, Zuckersäure, Dextrin, verschiedene oxidierende Enzyme und eventuell eine bisher nicht isolierte antibiotische Substanz, die Botryticin genannt wird. Es ist leicht einzusehen, dass die den unnachahmlichen Charakter eines botrytisierten Weines formenden Komponenten variieren können. Wenn man Weine aus verschiedenen *tries* desselben Châteaux probiert, variiert die Intensität des Botrytis-Charakters je nach dem Alter des Pilzes bei der Lese. Weine mit demselben Anteil edelfauler Trauben, die zu Anfang oder am Ende der Ernte gelesen wurden, sind bedeutend zurückhaltender als solche von Trauben, die dazwischen geerntet werden, wenn der Pilz am kräftigsten wuchert. Es überrascht nicht, dass Trauben mit jugendlicher *Botrytis cinerea* keinen ausgeprägten Charakter bewirken, wohl aber, dass dies auch für spät geerntete zutrifft. Viele glauben, dass die Wirkung des Pilzes umso stärker sei, je länger er sich entwickeln kann, aber das ist nicht richtig.

POURRITURE NOBLE ODER EDELFÄULE

Eine Sémillon-Traube, die für den ersten Lesegang reif ist. Einige Beeren sind noch nicht von dem Pilz befallen, andere sind befallen und verfärbt, jedoch noch nicht eingeschrumpft.

Aufwand und Ertrag – die Zukunft

Ein guter Sauternes ist der Wein mit der mühsamsten, kostspieligsten und frustrierendsten Produktionsweise der Welt – und was hat der Erzeuger davon? Sehr wenig, fürchte ich. Abgesehen vom Château d'Yquem – nicht nur der größte Sauternes, sondern vielleicht der größte Wein überhaupt – können die Weine der Region ihren wahren Wert nicht realisieren. Das ist nicht überraschend in einer Welt, in der der Trend zu leichten, trockenen Weintypen geht, und es kann für Sauternes-Liebhaber sogar vorteilhaft sein, denn es bedeutet, dass sie ihren Lieblingswein billiger bekommen. Langfristig gesehen ist dies jedoch keine Basis, und einige Eigentümer können es sich nicht mehr leisten, weiterzuarbeiten. Der Comte de Pontac ließ die Rebstöcke seines 2ème-Cru-Guts Château Myrat in Barsac roden, und selbst der optimistische Tom Heeter, einst mit der Besitzerin von Château Nairac verheiratet, sagte: »Man muss halb verrückt sein, um mit diesen Weinen seinen Lebensunterhalt verdienen zu wollen.« Ich habe das Gefühl, dass wir die sinnlichen Weine von Sauternes und Barsac nicht verdienen, wenn wir sie weiterhin so wenig beachten. Wenn die Erzeuger allerdings mehr Sinn fürs Geschäft hätten, könnten diese Weine buchstäblich flüssiges Gold sein.

Nur so geht's weiter

Die Güter von Sauternes und Barsac sollten auch rote und weiße Tischweine mit der Appellation Graves produzieren dürfen. Wenn dieses Recht dem anspruchslosen Cérons eingeräumt wird, warum nicht auch seinen ruhmreichen Nachbarn? Viele Châteaux erzeugen bereits rote und weiße Weine, aber sie werden unter der billigen Appellation Bordeaux verkauft. Tom Heeter hatte Recht, die Besitzer müssen halb verrückt sein, denn mit diesen alternativen Produkten versuchen sie die Kosten zu decken, die ihre edelfaulen Weine verursachen, anstatt damit ihr Einkommen zu erhöhen. Mit dem Anreiz einer »wertigeren« Appellation würden sich die Betriebe darauf konzentrieren, jedes Jahr hervorragende rote und weiße Weine zu erzeugen. Nur wenn die Bedingungen günstig sind, sollte man einen Teil der weißen Trauben an den Stöcken belassen und auf viel *Botrytis cinerea* hoffen. Statt in neue Eiche für mäßige Jahrgänge zu investieren, sollten die Châteaux ihre Fässer für Tischweine nutzen. Das Resultat wären winzige Mengen des sinnlichsten Weins der Welt, der vielleicht drei- oder viermal in zehn Jahren gemacht wird.

DIE HERKUNFTSBEZEICHNUNGEN IN
GRAVES, CÉRONS, SAUTERNES UND BARSAC

BARSAC AOC

Barsac ist eine der fünf Gemeinden, die die Appellation Sauternes verwenden dürfen. (Die anderen sind Preignac, Fargues, Bommes und Sauternes selbst). Einige einfache Weine, die in Massengebinden verkauft werden, mögen davon profitieren, die Gutsabfüllungen werden jedoch als Barsac verkauft. Der Wein muss überreife, edelfaule, in einzelnen Lesegängen geerntete Trauben enthalten.

WEISS Köstliche, sehr süße Weine, die dem Sauternes ähneln, aber etwas leichter, eine Idee trockener und weniger üppig sind. Wie beim Sauternes ist der 1983er einer der besten Weine des 20. Jahrhunderts.

Sémillon, Sauvignon Blanc, Muscadelle

6–25 Jahre für die meisten Weine, 15–60 Jahre für die großen

CÉRONS AOC

Preisgünstige Süßweine aus dem an Barsac angrenzenden Gebiet, die preiswertesten aus dem Bordelais. Sie müssen überreife, edelfaule, in einzelnen Lesegängen geerntete Trauben enthalten.

WEISS Leichter als der Barsac, aber oft genauso sinnlich; die besten dieser Weine sind ein Beweis wahrer Botrytis-Komplexität.

Sémillon, Sauvignon Blanc, Muscadelle

6–15 Jahre für die meisten Weine

GRAVES AOC

Zwei Drittel der Weine sind rot und von beständiger hoher Qualität bei vernünftigen Preisen.

ROT Ich bin mit der Vorstellung groß geworden, dass ein reifer Graves eine gewisse Erdigkeit zeigt. Die Erfahrung hat mich das Gegenteil gelehrt. Die größten Graves-Weine aus heißen Jahren können eine große Dichte haben, die sich mit dem rauchigen Charakter neuer Eiche verbindet und dem Wein Röst- und Tabakaromen mitteilt. Der Graves ist durch und durch sauber; seine Markenzeichen sind lebendige Frucht, klares Profil, seidige Struktur und ein Hauch Veilchen.

Cabernet Sauvignon, Cabernet Franc, Merlot
Weitere Rebsorten: Malbec, Petit Verdot

6–15 Jahre

WEISS Dies ist die enttäuschende Hälfte der Appellation: leichte bis körperreiche Weine vom reinen Sauvignon bis zum reinen Sémillon (mit allen Mischungsverhältnissen dazwischen, von nichts sagend bis pikant, ohne Eiche bis massiv in Eiche ausgebaut). Details liefern die Beschreibungen der Châteaux auf den folgenden Seiten. Diese Weine dürfen ab dem 1. Dezember nach der Ernte verkauft werden, ohne als primeur oder nouveau bezeichnet zu werden.

Sémillon, Sauvignon Blanc, Muscadelle

1–2 Jahre für bescheidene Weine, 8–20 Jahre für die besten

GRAVES SUPÉRIEUR AOC

Einige erstaunlich gute Quasi-Barsacs verbergen sich hinter dieser Appellation, die selten anzutreffen ist, dennoch mehr als ein Fünftel aller Graves-Weine umfasst.

WEISS Dieser Wein kann trocken sein, meistens aber ist er süß und dem Barsac ähnlich.

Sémillon, Sauvignon Blanc, Muscadelle

6–15 Jahre

PESSAC-LÉOGNAN AOC

Diese 1987 eingeführte Appellation gilt für die 10 besten Gemeinden der Graves AOC. Es ist daher kein Zufall, dass sie 55 der besten Weingüter enthält, einschließlich aller Crus Classés. Die technischen Anforderungen entsprechen denen für Graves, mit der Ausnahme, dass für Rotweine auch Carmenère verwendet werden darf. Die Weißweine müssen mindestens 25 % Sauvignon Blanc enthalten. Wenn Sie nicht sicher sind, welches Graves-Château Sie wählen sollen, denken Sie an diese Appellation und bezahlen Sie den etwas höheren Preis.

ROT Weiche, seidige Rotweine mit großer Eleganz und Veilchenduft, die weder Dichte noch einen langen Abgang vermissen lassen. Die meisten sind teilweise in neuen Eichenfässern gereift, was rauchige oder tabakartige Aromen beisteuert.

Cabernet Sauvignon, Cabernet Franc, Merlot, Malbec, Petit Verdot, Carmenère

6–10 Jahre

WEISS Die seriösen Weine sind heute durchgängig in Eiche ausgebaut und besitzen jede Menge Aroma, oft tropisch und fruchtig, und eine feste Säurestruktur. Sie dürfen ab dem 1. Dezember nach der Ernte verkauft werden, ohne als *primeur* oder *nouveau* bezeichnet zu werden.

Mindestens 25 % Sauvignon Blanc, dazu Sémillon und Muscadelle

Normalerweise 3–8 Jahre, bis 20 Jahre für die besten

SAUTERNES AOC

Die Gemeinden Bommes, Fargues und Sauternes produzieren mit sehr hügeligen Weinbergen den gehaltvollsten Dessertwein des Bordelais, das relativ ebene Gemeindegebiet von Preignac liefert Weine, die dem Barsac sehr ähnlich sind. Der Wein muss überreife, edelfaule, in einzelnen Lesegängen geerntete Trauben enthalten.

WEISS Goldene, intensive, mächtige und komplexe Weine, die mit Unmengen von reicher, reifer, schmalziger Frucht die Sinne herausfordern und schwindeln machen. Ananas, Pfirsich, Aprikose und Erdbeere sind nur einige der köstlichen Aromen; der weiche Vanillecharakter von neuer Eiche reift zu einer herrlichen, honigartigen, würzig-komplexen Üppigkeit. Vor allem sind diese Weine durch einen ausgeprägten Botrytiston gekennzeichnet.

Sémillon, Sauvignon Blanc, Muscadelle

10–30 Jahre für die meisten Weine, 20–70 Jahre für die großen

ERZEUGER IN
GRAVES UND CÉRONS

CHÂTEAU D'ARCHAMBEAU
Illats
★☆ V

Dieses hervorragende Weingut in Podensac, einer der Gemeinden von

Cérons, gehört Dr. Jean Dubourdieu, dem Neffen von Pierre Dubourdieu von Doisy-Daëne, einem 2ème Cru in Barsac. Er produziert einen duftenden, attraktiv aromatischen Rotwein von hervorragender Qualität, der sechs Monate im Fass liegt und die typische seidige Struktur eines Graves hat. Dieser köstlich frische, fruchtige weiße Graves ist besser als einige Cru-Classé-Châteaux. Der weiche, fruchtige Cérons Moelleux legt mehr Betonung auf das Parfum als auf Gewicht.

Zweitwein *Château Mondet*

CHÂTEAU LA BLANCHERIE
La Brède

Dieser frische und lebendige trockene weiße Graves ist kalt vergoren und hat viel saftig-fruchtiges Aroma, ausgeglichen durch reife Säure.

CHÂTEAU LA BLANCHERIE-PEYRAT
La Brède
★ V

Der Rotwein von La Blancherie wird unter diesem Namen verkauft. Ein mittel- bis vollmundiger Wein, in Fässern gereift, mit würzigem Bukett und reichem fruchtigem Aroma.

CHÂTEAU BOUSCAUT
Cadaujac
Cru Classé (rot und weiß)
★☆ (nur weiß)

Das Gut gehört Sophie und Louis Lurton. Der Rotwein reift 18 Monate in Holzfässern, die zu 25 % neue Eiche sind. Der Weißwein gärt bis zu 6 Monate in zu 100 % neuen Fässern.

ROT Bis in die 1980er Jahre war der Wein kräftig und fest mit viel Tannin und wenig Charme. Jüngere Jahrgänge sind zunehmend geschmeidiger, aber der Wein kämpft immer noch um seine Form. Der Zweitwein, Château Valoux, ist für seine Klasse wirklich ausgezeichnet.

Merlot 55 %, Cabernet Sauvignon 35 %, Cabernet Franc 5 %, Malbec 5 %

8–10 Jahre

Zweitwein *Château Valoux*

WEISS Dieser trockene, mittelschwere Weißwein hat ein exotisches, fruchtiges Aroma, unterstützt durch einen sanften Eichenton.

Sémillon 70 %, Sauvignon 30 %

5–10 Jahre

CHÂTEAU DE CALVIMONT
Cérons

Der Rotwein von Château de Cérons ist ein interessanter Graves aus reinem Cabernet Sauvignon. Dem Eigentümer, Jean Perromat, gehören außerdem noch die Châteaux Mayne-Binet, De Bessanes, Ferbos und Ferbos-Lalanette, alle in Cérons, und Prost in Barsac.

CHÂTEAU CARBONNIEUX

Léognan

***Cru Classé* (rot und weiß)**

★☆Ⓥ (nur weiß)

Das größte Weingut im Graves. Der Weißwein, der besser bekannte seiner zwei Sorten, ist in Edelstahl kalt vergoren und reift drei Monate in Fässern aus 100 % neuer Eiche.

ROT Ich habe offen gestanden nie viel von diesem Wein gehalten, bis zu dem wundervollen Jahrgang 1985, der mich mit weicher Eichennote, seidiger Fruchtstruktur und geschmeidigen Tanninen verführte.

Cabernet Sauvignon 55 %, Merlot 30 %, Cabernet Franc 10 %, Malbec und Petit Verdot 5 %

6–18 Jahre

WEISS Der einst feste und nicht begeisternde Wein fand in den frühen 90er Jahren zu sich selbst. Seitdem ist der Carbonnieux saftig und weich mit gut integriertem Aroma von neuer Eiche und reichlich Finesse.

Sauvignon 60 %, Sémillon 40 %

2–5 Jahre

Zweitwein *Château La Tour Léognan*

CHÂTEAU DE CARDAILLAN

Toulenne

★☆Ⓥ

Dieser 2ème-Cru-Sauternes in Preignac gehört dem Besitzer von Château De Malle. Das exzellente Gut produziert einen hervorragenden roten Graves mit üppigen Schwarze-Johannisbeer-Aromen, der sich schnell entfaltet und dennoch gut altert.

Cabernet Sauvignon 80 %, Merlot 20 %

CHÂTEAU LES CARMES-HAUT-BRION

Pessac

Von 1584 bis zur Französischen Revolution 1789 gehörte das Gut dem Karmeliterorden, daher der Name. Eine zuverlässige, weiche, von Merlot dominierte Variante seines berühmteren Nachbarn Haut-Brion. Immer alterungsfähig; Jahrgänge seit 1995 haben bewiesen, dass eine Qualitätsverbesserung möglich ist.

CHÂTEAU DE CÉRONS

Cérons

Dieses Château aus dem 17. Jahrhundert, das einen attraktiven, leichten süßen weißen Cérons produziert, gehört Jean Perromat, dem Besitzer von Mayne-Binet, De Bessanes, Ferbos, Ferbos-Lalanette, alle in Cérons, und von Prost in Barsac.

CHÂTEAU DE CHANTEGRIVE

Podensac

★Ⓥ

Man erzeugt eine beträchtliche Menge ausgezeichneten, weichen und fruchtigen roten Graves (Cabernet Sauvignon 50 %, Merlot 40 %, Cabernet Franc 10 %), der 6 Monate in Holzfässern und dann weitere 12 Monate in zu 20 % neuen Eichenfässern reift. Außerdem wird ein eleganter, aromatischer kaltvergorener, weißer Graves erzeugt, der nur aus der ersten Pressung besteht (Sémillon 60 %, Sauvignon 30 %, Muscadelle 10 %). Dem Eigentümer gehört auch Château d'Anice.

Zweitwein *Château Mayne-Lévêque*

Weitere Weine *Château Bon-Dieu des Vignes*

DOMAINE DE CHEVALIER

Léognan

***Cru Classé* (rot und weiß)**

★★☆Ⓥ

An diesem außergewöhnlichen Gut, einem der drei besten Graves nach Haut-Brion, habe ich mehr Freude als an allen anderen aus dieser AOC. Es produziert mit traditionellsten Methoden hervorragenden Rotwein und trockenen Weißwein. Die Rotweinvergärung bei einer Temperatur von bis zu 32 °C mag anderswo Probleme bereiten, aber bei der peinlichen Sorgfalt hier in diesem Weingut ist dieses Verfahren, mit dem ein Maximum an Tanninen und Farbstoffen extrahiert wird, nur von Vorteil. Der Rotwein reift bis zu 24 Monate in Fässern, davon sind 50 % neue Eiche. Der Weißwein gärt und reift 18 Monate in bis zu 25 % neuen Eichenfässern.

ROT Tiefrote, mittelschwere bis körperreiche Weine, sagenhaft üppige Frucht und Eichentöne mit intensiven Zedernholz- und Tabaknoten, dennoch subtil, verführerisch und voller Finesse. Weine von hoher Qualität, Langlebigkeit und Komplexität.

Cabernet Sauvignon 65 %, Merlot 30 %, Cabernet Franc 5 %

15–40 Jahre

WEISS Trockene, brillant klare, intensiv-aromatische Weine, sogar noch besser als die Rotweine, aber in frustrierend kleinen Mengen hergestellt. Üppig exotische Frucht, der Inbegriff von Finesse.

Sauvignon 70 %, Sémillon 30 %

8–20 Jahre

CHÂTEAU CHICANE

Toulenne

Eines der Châteaux, die nur Rotwein erzeugen. Es ist typisch für die große Anzahl von Weingütern der Gegend, die zuverlässige, ausgezeichnete einfache Graves erzeugen. Ein eleganter, mittelschwerer Rotwein mit einem Bukett von Veilchen und Unmengen sauberer, seidenweicher Frucht.

CHÂTEAU COUHINS

Villenave-d'Ornon

***Cru Classé* (nur weiß)**

Das Institut National de la Recherche Agronomique (INRA) und Lucien Lurton teilen sich dieses Gut. INRA stellt einen eigenen Wein her, der kalt vergoren ist und nicht in Holzfässern reift. Man macht auch einen roten Graves, der aber kein Cru Classé ist.

WEISS Saubere, frische, fruchtige trockene Weißweine, die gekonnt gemacht sind.

Sauvignon 50 %, Sémillon 50 %

2–4 Jahre

CHÂTEAU COUHINS-LURTON

Villenave-d'Ornon

***Cru Classé* (nur weiß)**

★☆Ⓥ

Die Hälfte des Couhin-Guts, die die besten Weine erzeugt, gehört André Lurton. Der Wein wird in zu 100 % neuen Eichenfässern vergoren und ausgebaut.

WEISS Köstliche trockene Weine, die die Vorzüge von Frische und Fruchtigkeit haben, dazu komplexe Eichennoten. Überraschend üppig für einen reinen Sauvignon.

Sauvignon 100 %

3–8 Jahre

Zweitwein *Château Cantebeau*

CHÂTEAU DE CRUZEAU

St-Médard-d'Eyrans

☆Ⓥ

Dieses Gut, das auf einem steilen Südhang mit Kiesboden liegt, gehört André Lurton, dem Besitzer von Château Couhins-Lurton mit dem weißen Graves Cru Classé der Spitzenklasse. Cruzeau produziert gut 200 000 Flaschen schweren roten Graves (Cabernet Sauvignon 60 %, Merlot 40 %), reif und samtig mit würzigen Zedernholznoten. Man macht auch ca. 60 000 Flaschen

weißen Graves von feiner Qualität (Sauvignon 90 %, Sémillon 10 %), der in 5 Jahren Reifung ein intensives Zitrusbukett entwickelt.

CHÂTEAU FERRANDE

Castres

Ein großes Gut, dessen Rotwein besser ist als sein Weißwein, wie das bei vielen im Graves der Fall ist. Der Rotwein (Cabernet Sauvignon 35 %, Merlot 35 %, Cabernet Franc 30 %) ist ein schokoladiger Graves von konstanter guter Qualität, der in zu 10 bis 15 % neuen Eichenfässern 15 bis 18 Monate reift. Der trockene weiße Graves (Sémillon 60 %, Sauvignon 35 %, Muscadelle 5 %) ist etwas weniger begeisternd.

CHÂTEAU DE FIEUZAL

Léognan

***Cru Classé* (nur rot)**

★★

Dieses Gut liegt auf dem höchsten und bestgelegenen Kieshang dieser Gemeinde. Weinberg und Château sind in tadellosem Zustand, was sich in der Eleganz seiner Weine widerspiegelt. De Fieuzal erzeugt auch einen runden, exotischen, trockenen Weißwein mit Eichennoten, der zwar kein Cru Classé, aber dennoch einer der besten weißen Graves ist.

ROT Ein tieffarbiger Wein, körperreich, üppig, elegant, mit der für den Graves typischen seidigen Struktur und großen Finesse.

Cabernet Sauvignon 60 %, Merlot 30 %, Malbec 5 %, Petit Verdot 5 %

12–30 Jahre

Zweitwein *L'Abeille de Fieuzal*

CLOS FLORIDÈNE

Pujols-sur-Ciron

★★Ⓥ

Im Besitz des Bordelaiser Weißweinrevolutionärs Denis Dubourdieu, der auf dem kleinen Gut einen sensationellen trockenen weißen Graves erzeugt (Sémillon 70 %, Sauvignon 30 %). Der rote Clos Floridène hat die außergewöhnliche Kombination (Cabernet Sauvignon 80 %, Merlot 20 %) von reicher Frucht und eleganter neuer Eiche; entspricht einem erstklassigen Cru Classé.

Zweitwein *Second de Floridène*

GRAND ENCLOS DU CHÂTEAU DE CÉRONS

Cérons

★☆Ⓥ

Dieses ganz von Mauern umgebene Gut war einst der größte Teil des Château de Cérons. Die hier erzeugten Weine – denen des Château de Cérons weit überlegen, wahrscheinlich die besten der Appellation – sind üppig und reich bei gutem Alterungspotenzial und einiger Komplexität. Der Besitzer stellt außerdem im nahe gelegenen Château Lamouroux trockene Weißweine her.

DOMAINE DE LA GRAVE

Portets

★Ⓥ

Dieses Gut gehörte Maestro Peter Vinding-Diers. Der gebürtige Däne lernte in Australien und war Weinmacher bei Rustenberg in Südafrika sowie bei den Bordelaiser Châteaux Loudenne und Rahoul. Er verkaufte 1998 dieses Gut und Château Landiras an das Ehepaar von Quikelberg. Die Weine der Domaine sind mehr für den mittelfristigen Verbrauch gedacht: ein sehr weicher, lebhaft fruchtiger, zugänglicher Rotwein und ein eleganter Weißwein mit der unvermeidbaren süßen Eichennote.

CHÂTEAU HAURA

Illats

Château Haura erzeugt Wein unter der Appellation Cérons. Er ist weniger beständig, als er sein sollte, kann aber ausgezeichnet sein, honigsüß und von großer Dichte. Das Wohngebäude des Guts trägt den Namen Château Hillot, und unter diesem Namen werden Rot- und trockene Weißweine verkauft, die von Reben auf angrenzenden Flächen stammen. Dem Besitzer gehört auch Château Tucau in Barsac.

CHÂTEAU HAUT-BAILLY

Léognan

Cru Classé (nur rot)

★★☆V

Der gepflegte Weinberg dieses Château liegt auf einem ausgezeichneten Kiesrücken am Ostrand von Léognan. Der rote Graves reift bis zu 20 Monaten in zu 50 % neuer Eiche. Es wird auch ein weißer Graves erzeugt, der jedoch kein Cru Classé ist.

ROT Die Qualität der Frucht und das neue Eichenholz machen sich sofort in der weichen, reifen Nase dieses mittelgewichtigen Weins bemerkbar. Er ist elegant und stilvoll. Einer der Stars der Region.

Cabernet Sauvignon 60 %, Merlot 30 %, Cabernet Franc 10 %

12–25 Jahre

Zweitwein *Le Pardre de Haut-Bailly*

CHÂTEAU HAUT-BRION

Pessac

Cru Classé (rot und weiß)

★★★

Samuel Pepys erwähnte dieses berühmte Château 1663 in seinem Tagebuch als »Ho Bryan«. Seit 1935, als es von dem Bankier Clarence Dillon gekauft wurde, ist es in amerikanischem Besitz; der Name der Gesellschaft: Domaine Clarence Dillon. Dillons Enkelin, die Duchesse de Mouchy, ist Präsidentin, Jean Delmas Technischer Direktor. Der Rotwein gärt in Edelstahl und reift 24 bis 27 Monate in Fässern aus 100 % neuer Eiche. Der Weißwein wird in 100 % neuen Eichenfässern vergoren und ausgebaut.

ROT Geschmeidiger, eleganter, mittelschwerer bis körperreicher Wein mit erstaunlich dichter Schokoladen-Veilchen-Aromatik. Für den Handel idealer Wein, der sich schnell entwickelt und anmutig altert.

Cabernet Sauvignon 55 %, Merlot 25 %, Cabernet Franc 20 %

10–40 Jahre

Zweitwein *Babans-Haut-Brion*

WEISS Keiner der ganz großen weißen Graves, aber auf Langlebigkeit angelegt. Ein köstlicher, eichenbetonter Wein, der von Zitrus- und anderen Fruchtnoten überströmt.

Sauvignon 50 %, Sémillon 50 %

5–20 Jahre

CHÂTEAU LANDIRAS

Landiras

Unter dem Ehepaar von Quikelberg, das das Gut seit 1998 besitzt, werden zu vier Fünftel weiße Weine von der Qualität eines *Cru Classé* produziert.

CHÂTEAU LARRIVET-HAUT-BRION

Léognan

★★

Das ursprünglich Château Canolle genannte Gut wurde irgendwann in Château Haut-Brion-Larrivet umgetauft. Larrivet ist ein kleiner Bach, der durch das Gut fließt, und Haut-Brion bedeutet »hoher Kies«, womit das Kiesplateau westlich von Léognan gemeint ist, auf dem dieser Weinberg liegt. Das Château Haut-

Brion strengte deswegen einen Prozess an, und seit 1941 tragen das Gut und seine Weine den Namen Château Larrivet-Haut-Brion. Der Rotwein (Cabernet Sauvignon 55 %, Merlot 45 %), der 18 Monate in zu 25 % neuem Eichenholz ausgebaut wird, hat das Niveau eines Cru Classé: ein farbkräftiger, körperreicher Graves mit würziger Zedernholznote und fester Tanninstruktur. Der Weißwein (Sauvignon Blanc 85 %, Sémillon 15 %) hat 1996 einen Qualitätssprung nach vorn getan.

CHÂTEAU LAVILLE-HAUT-BRION

Talence

Cru Classé (nur weiß)

★★

Seit 1983 gehört diese kleine Gut Clarence Dillon, dem amerikanischen Eigentümer von Château Haut-Brion. Der erstklassige Weißwein von La Mission wird im Fass vergoren und ausgebaut.

WEISS Bis 1982 körperreich, rund, eichenbetont und üppig, seitdem honigartiger, würziger und blumiger. Beide Charaktere sind wunderbar und komplex.

Sauvignon 60 %, Sémillon 40 %

6–20 Jahre

CHÂTEAU LA LOUVIÈRE

Léognan

★★V

Dieses Château, das zum Graves-Imperium von André Lurton gehört, hat seit 1985 mit der Qualität seines Rotweins fast eine Kehrtwendung gemacht. Die Reihe langweiliger, lahmer Jahrgänge wurde mit den herrlich tiefschichtigen, farbkräftigen Weinen der Jahre 1985 und 1986 beendet. Wahrhaft hervorragende, körperreiche, rote Graves, reich an würziger Schwarze-Johannisbeer-Frucht und Noten von neuer Eiche (Cabernet Sauvignon 70 %, Merlot 20 %, Cabernet Franc 10 %). Die Weißweine von La Louvière waren schon immer ausgezeichnet, aber auch hier gab es einen gigantischen qualitativen Sprung; sie sind heute aufregend und komplex, und sie

verdienen, unter den allerbesten Crus Classés zu rangieren.

Zweitwein *Château Coucheroy*

Weitere Weine *»L« de Louvière* (trocken, weiß), *Château Les Agunelles, Château Cantebau, Château Clos-du-Roy, Château Le Vieux-Moulin*

CHÂTEAU MAGENCE

St-Pierre-de-Mons

Ein gutes Weingut, das 60 000 Flaschen geschmeidigen, duftenden Rotwein (Cabernet Sauvignon 40 %, Cabernet Franc 30 %, Merlot 30 %) und 120 000 Flaschen eines attraktiven, aromatischen, kaltvergorenen trockenen weißen Graves (Sauvignon 64 %, Sémillon 36 %) produziert.

CHÂTEAU MALARTIC-LAGRAVIÈRE

Léognan

Cru Classé (rot und weiß)

★★

Der 20 ha große Weinberg liegt in einer geschlossenen Fläche um das Château. Ein unterschätztes Gut, das seit den 1980er Jahren immer bessere Qualität liefert. Der Rotwein gärt in Edelstahl bei niedriger Temperatur (16 °C) und reift 20 bis 22 Monate in zu einem Drittel neuen Eichenfässern. Der Weißwein wird heute 7 bis 8 Monate in zu 100 % neuen Eichenfässern ausgebaut.

ROT Körperreiche, granatrote Weine mit üppiger, süßer Eichennote, intensiven Aromen und geschmeidiger Tanninstruktur.

Cabernet Sauvignon 50 %, Cabernet Franc 25 %, Merlot 25 %

7–25 Jahre

WEISS Die jüngeren Jahrgänge dieses einst glanzlosen weißen Graves demonstrieren den Wert neuer Eiche. Honigsüße, reife und saftige Weine, die man leicht für reinen Sémillon halten kann.

Sauvignon 100 %

5–12 Jahre

CHÂTEAU MAYNE-BINET

Cérons

Dem Besitzer dieses Château gehören noch zahlreiche weitere, etwa de Cérons, de Bessanes, Ferbos und Ferbos-Lalanette in Cérons und Château Prost in Barsac. Auf Mayne-Binet produziert er einen guten, süßen weißen Cérons.

CHÂTEAU MILLET

Portets

★V (nur rot)

Das Château produziert roten Graves (Merlot 80 %, Cabernet Sauvignon und Cabernet Franc 20 %), aber er wird nur in den besten Jahren mit diesem Etikett verkauft. Ein tiefdunkler Wein im traditionellen Stil, mit dichten Aromen und konzentrierter, würziger Frucht; seine feste Tanninstruktur rundet sich in wenigen Jahren auf der Flasche. Es wird auch ein weißer Graves erzeugt, dem jedoch die Kraft und das Profil des Rotweins fehlt.

Weitere Weine *Château du Clos Renon*

CHÂTEAU LA MISSION-HAUT-BRION

Pessac

Cru Classé (nur rot)

★★☆

Unter dem Besitzer Henri Woltner erhob das Gut Anspruch auf den Thron der Graves-Weine. Kein Wunder, dass Clarence Dillon von Haut-Brion es sich sicherte, als sich 1983 die Gelegenheit zum Kauf bot. Dieser Rotwein reift 24 Monate in Holzfässern aus 50 % neuer Eiche.

ROT Trotz unterschiedlicher Vinifizierung ist der La Mission von Dillon nicht weniger überwältigend als der von Woltner. Beide Typen sind tiefer, dunkler und dichter, als sonst ein Graves sein kann. Immer sehr mächtige Weine, die lange Flaschenreifung verlangen, oft aber Finesse vermissen lassen.

Cabernet Sauvignon 60 %, Merlot 30 %, Cabernet Franc 10 %

15–45 Jahre

Zweitwein *La Chapelle de la Mission Haut-Brion*

CHÂTEAU OLIVIER

Léognan

Cru Classé (rot und weiß)

?

Es gab nie einen Zweifel am Terroir dieses Château, dessen Potenzial so groß ist wie das jedes anderen *Cru Classé* der Graves; dennoch war es bis 1990 der enttäuschendste Erzeuger der Appellation. Inzwischen hat es Fortschritte gemacht, und nun geht es sichtbar bergauf. Man sollte das Château jedenfalls im Auge behalten. Der Rotwein reift 18 Monate in Holzfässern, der Weißwein bis zu drei Monate in zu 100 % neuer Eiche.

ROT Die Frucht ist jetzt zugänglicher, und die einst aggressive Eichennote ist nun geschmeidiger und sahniger.

Cabernet Sauvignon 70 %, Merlot 30 %

WEISS Dieser Wein begann seine Karriere schon 1985, 1992 und 1994 war er hervorragend, 1995 sogar noch mehr. Er hat heute mehr Frische, echte Fruchtigkeit und soliden Charakter.

Sémillon 65 %, Sauvignon 30 %, Muscadelle 5 %

3–7 Jahre

CHÂTEAU PAPE-CLÉMENT

Pessac

Cru Classé **(nur rot)**

★★

Nach einer verheerenden Periode in den 1970er und frühen 1980er Jahren wurde Pape-Clément ab 1985/1986 dank einer strengeren Selektion für den *Grand Vin* und der Einführung eines Zweitweins besser. Einige Kritiker stufen diese beiden Jahrgänge hoch ein, und sie waren auch sehr gut, aber wenn ich das enorme Potenzial des Guts in Betracht ziehe, sagt mir mein Kopf, dass sie so besonders nicht waren, selbst wenn mein Herz es sich wünscht.

Das Trio 1988, 1989 und 1990 stellte sich als das Beste heraus, das dieses Château seit 1953 produziert hat; am höchsten Standard des Graves gemessen sind diese Jahrgänge jedoch immer noch nichts Besonderes. Allerdings schaffte es Pape-Clément selbst in den schlechteren Bordeaux-Jahrgängen der frühen 1990er Jahre, gute Weine zu erzeugen. Und mit den Jahrgängen 1995, 1998 und 1999 hat es wieder an den Ruf früherer glorreicher Jahre anknüpfen können. Der Rotwein reift 24 Monate in Holzfässern mit mindestens 50 % neuer Eiche. Man produziert auch eine kleine Menge weißen Graves aus gleichen Teilen Sémillon, Sauvignon und Muscadelle, der jedoch kein *Cru Classé* ist.

ROT Weine von mittlerem Körper, schöner tiefer Farbe und eigenem Profil, die große Finesse entwickeln.

Cabernet Sauvignon 67 %, Merlot 33 %

Zweitwein *Le Clémentin*

CHÂTEAU RAHOUL

Portets

Der Château Rahoul ist nicht ganz so aufregend, wie er in den 1980er Jahren war, als Maestro Peter Vinding-Diers hier zu Hause, wenn auch nie sein Besitzer war. Dennoch sind beide Weine, rot wie weiß, immer noch zuverlässige, in Eiche ausgebaute Graves, die ihren Preis wert sind.

Zweitwein *Château Constantin*

Weitere Weine *Petit Rahoul*

CHÂTEAU RESPIDE-MÉDEVILLE

Toulenne

★Ⓥ

Christian Médeville – der Mann, der für den aufgehenden Stern von Sauternes, Château Gilette, verantwortlich ist – produziert hier hervorragende Weine nach einer völlig anderen Philosophie. Rot- und Weißwein sind beides ausgezeichnete Beispiele für die Kombination moderner Vinifikationstechniken mit neuer Eiche. Der farbkräftige, früh zugängliche Rotwein besitzt füllige, reife Frucht, Würze und einen weichen Eichenton im Abgang. Der Weißwein ist ein runder, sahnig-vanillearomatischer Tropfen mit üppiger, weicher Frucht und viel Schmelz im Abgang.

CHÂTEAU DU ROCHEMORIN

Martillac

☆Ⓥ

Die Geschichte dieses ebenfalls André Lurton gehörenden Guts, ursprünglich La Roche Morine (Maurischer Felsen) genannt, reicht mindestens bis ins 8. Jahrhundert zurück, als Bordeaux vor den Mauren verteidigt wurde. Rochemorin macht einen schönen, eleganten,

fruchtigen roten Graves mit guter Balance und würzigem Abgang (Cabernet Sauvignon 60 %, Merlot 40 %). Rochemorin produziert auch einen sauberen trockenen weißen Graves.

CHÂTEAU DE ROQUETAILLADE-LA-GRANGE

Mazères

★☆Ⓥ (nur rot)

Ein sehr alter Besitz, der ca. 150 000 Flaschen eines attraktiven roten Graves mit schöner Farbe, üppigem Bukett und einer köstlich würzigen Cassis-Note produziert (40 % Merlot, 25 % Cabernet Sauvignon, 25 % Cabernet Franc, 5 % Malbec und 5 % Petit Verdot). Seine feste Tanninstruktur lässt ihn über 15 Jahre oder mehr sehr schön reifen. Der Weißwein aus 80 % Sémillon und 20 % Sauvignon ist weniger erfolgreich.

Zweitwein *Château de Carolle*

Weitere Weine *Château de Roquetaillade-le-Bernet*

CLOS SAINT-GEORGES

Illats

★Ⓥ

Dieses Gut erzeugt eine kleine Menge roten Graves, bekannt ist es jedoch für seinen funkelnden süßen Graves Supérieur, einen verblüffend üppigen und aromatischen Wein mit komplexem Botrytiston.

CHÂTEAU DU SEUIL

Cérons

☆Ⓥ

Ein rasch aufsteigendes Gut, das gute, elegante Rotweine und fruchtige, in Eiche gereifte Weißweine erzeugt, beide mit hervorragendem Preis-Leistungs-Verhältnis.

CHÂTEAU SMITH-HAUT-LAFITTE

Martillac

Cru Classé **(nur rot)**

★☆Ⓥ

50 ha gute Weinberge zusammen mit der Beratung von Michel Rolland für Rotwein und Christophe Ollivier für Weißwein ergeben einen Anstieg von Ruf und Qualität. Ein weißer Graves wird ebenfalls erzeugt, der jedoch nicht als Cru Classé eingestuft ist – was nicht einer gewissen Ironie entbehrt, da er inzwischen als einer der feinsten Weißweine des Pessac-Léognan gilt.

ROT Die Weine sind heute substanzieller mit weichen Eichentönen, zugänglicher Frucht und weichem Abgang.

Cabernet Sauvignon 69 %, Merlot 20 %, Cabernet Franc 11 %

8–20 Jahre

Zweitwein *Les Hauts-de-Smith-Haut-Lafitte*

CHÂTEAU LA TOUR-HAUT-BRION

Talence

Cru Classé **(nur rot)**

★★

Das Château ist dem Château La Mission-Haut-Brion benachbart. Bis 1980 war der Wein, der unter diesem Namen verkauft wurde, der Zweitwein von Château La Mission-Haut-Brion. Die Trauben beider Weinberge wurden zusammen verarbeitet und die Weine durch Selektion bestimmt. Nach dem Erwerb durch die Domaine Clarence Dillon 1983 wurden jedoch gut 4,5 ha Reben für den Château La Tour-Haut-Brion abgezweigt, und seit 1984 stammen alle Weine aus einer Lage. Ich bin zuversichtlich, dass dieses Château unter Dillon mindestens genauso erfolgreich sein wird wie zuvor. Der Wein war in jungen Jahren schon immer schwierig zu beurteilen, und genauso schwer ist vorauszusagen, wie sich seine Art unter dem neuen Management entwickeln wird. Ich beziehe mich mit meiner Beschreibung auf den besten Jahrgang, 1982, aber dies ist ein erstklassiger Wein, und man sollte alle Jahrgänge beobachten und verfolgen. Der Wein wird 24 Monate in zu 50 % neuen Eichenfässern ausgebaut.

ROT Ein extrem dunkler, körper- und tanninreicher Wein, voll gepackt mit schokoladiger Frucht, die mit rauchig-erdiger Bitterkeit von unentwickelten Extrakten unterlegt ist. Es wäre zu einfach, seine fast furchterregend attackierenden Aromen als Mangel an Balance und Finesse zu interpretieren; kluge Weingenießer warten 20 Jahre, bis sie urteilen.

Cabernet Sauvignon 60 %, Merlot 30 %, Cabernet Franc 10 %

20–40 Jahre

CHÂTEAU LA TOUR-MARTILLAC

Martillac

Cru Classé **(rot und weiß)**

★☆

Dieses Gut hat eine eigene Rinderherde, die den Dünger für diesen streng ökologisch produzierten Wein liefert. Der Rotwein hat im Fass nicht die Dichte der besten Graves und lässt es an Charme fehlen. Dies macht ihn zu einem unterbewerteten Wein. Er reift 18 bis 22 Monate in Fässern, zu einem Drittel aus neuer Eiche. Der Weißwein wird in Edelstahl vergoren und in zu 100 % neuen Eichenfässern ausgebaut.

ROT Keine mächtigen, großen Weine, die sofort Anklang finden, sondern elegante, finessige Gewächse. Jüngere Jahrgänge tendieren zu massiver, dicker Frucht, die sich in der Flasche jedoch zu üppigem, mit sahnigen Eichentönen unterlegtem Charakter wandelt.

Cabernet Sauvignon 60 %, Merlot 25 %, Cabernet Franc 6 %, Malbec 5 %, Petit Verdot 4 %

8–20 Jahre

Zweitwein *Château La Grave-Martillac*

WEISS Der überwältigende 1986er läutete eine Ära aufregender trockener Weißweine ein. Seine sehr frische, elegante Frucht wird durch komplexe Eichennoten sanft ausgeglichen.

Sémillon 55 %, Sauvignon 35 %, Muscadelle 3 %, verschiedene alte Rebsorten 7 %

4–8 Jahre

ERZEUGER IN SAUTERNES UND BARSAC

CHÂTEAU D'ARCHE

Sauternes

2ème Cru Classé

★Ⓥ

Dieses von 1530 stammende Weingut war als Cru de Bran-Eyre bekannt, bis es im 18. Jahrhundert vom Comte d'Arche gekauft wurde. Der Wein reift in zu 50 % neuen Eichenfässern.

WEISS Der erfolgreiche Château d'Arche ist ein elegant balancierter Wein, mehr in der Art eines Barsac als eines Sauternes. Er ist süß und üppig mit komplexen Botrytisnoten, was ihn oft einem Premier Cru gleichwertig macht, jedoch ist er weniger mächtig als die meisten Sauternes. Der Crème de Tête ist sogar noch besser.

Sémillon 80 %, Sauvignon 15 %, Muscadelle 5 %

8–15 Jahre

Zweitwein *Cru de Braneyre*

Weitere Weine *D'Arche-Lafaurie*

CHÂTEAU BASTOR-LAMONTAGNE

Preignac

☆Ⓥ

Ein großes Weingut, das als 2ème Cru eingestuft werden sollte. Der Wein reift bis zu 36 Monate in zu 15 % neuen Eichenfässern. Leichteren Jahrgängen, etwa 1980, 1982 und 1985, fehlt es etwas an Botrytis, sie sind jedoch mit einem attraktiven, weichen Zitruscharakter sehr erfolgreich. Große Jahrgänge wie 1983 besitzen alles: Die Weine sind voll, rund und elegant mit konzentriertem Botrytisaroma und von großer Klasse.

Zweitwein *Les Ramparts du Bastor*

CHÂTEAU BOUYOT

Barsac

★☆Ⓥ

Der junge Weinmacher Jammy Fonbeney macht auf diesem wenig bekannten Gut einige fantastische Weine, die Anerkennung verdienen. Sie haben die klassische Eleganz des Barsac, sind leicht im Körper, aber nicht im Geschmack, voller Ananas- und weicher Botrytisfrucht und haben einen langen Abgang.

CHÂTEAU BROUSTET

Barsac

2ème Cru Classé

★Ⓥ

Der Wein von Château Broustet reift 20 Monate in Eichenfässern, davon sind (seit 1986) 40 % neu.

WEISS Château Broustet kann ein herrlicher Wein sein mit einem Obstsalat-mit-Sahne-Charakter, eleganter Balance und würzigen Botrytisnoten.

Sémillon 63 %, Sauvignon 25 %, Muscadelle 12 %

8–25 Jahre

Zweitwein *Château de Ségur*

CHÂTEAU CAILLOU

Barsac

2ème Cru Classé

★☆Ⓥ

Dieses Gut hat seinen Namen von den *cailloux*, den Steinen, die beim Pflügen an die Oberfläche kommen. Ursprünglich wurden die *cailloux* zum Einfrieden des ganzen, 15 ha großen Weinbergs und für die Bettung des Tennisplatzes verwendet. Der Besitzer, Monsieur Bravo, hat aufgehört, sie dafür zu benutzen, wühlt sie aber immer noch aus dem Boden. Es ist keiner der bekannten 2èmes Crus, aber von beständig hoher Qualität und verdient seinen Status.

WEISS Ein voller, reifer und würzigsüßer Barsac mit konzentriertem Botrytisaroma, unterstrichen von einer feinen Eichennote. Nicht der fetteste Barsac, aber doch eher von schwerer als leichter Art.

Sémillon 90 %, Sauvignon 10 %

8–30 Jahre

Zweitwein *Petit-Mayne*

Weitere Weine *Cru du Clocher* (rot), *Château Caillou Sec* (trocken, weiß), *Rosé St-Vincent* (trocken, rosé)

CHÂTEAU DE LA CHARTREUSE

Preignac

★Ⓥ

Derselbe fantastische Wein wie der Château St-Amande, nur unter einem anderen exklusiven Etikett. *Siehe auch* Château Saint-Amande.

CHÂTEAU CLIMENS

Barsac

1er Cru Classé

★★☆

Besitzerin dieses 35-ha-Spitzen-Weinguts ist Bérénice Lurton, der u. a. auch die Cru Classés Brane-Cantenac und Durfort-Vivens in Margaux gehören. Auch dieses Gut zählt seit langem zur Spitze der Appellation. Der Wein reift 24 Monate in Eichenholzfässern (bis zu einem Drittel neu).

WEISS Der fetteste Barsac, dem hervorragende Säure und eine charakteristische Zitrusnote eine erstaunlich frische, pikante Balance verleihen. Unmengen von sahnigreifer Botrytisfrucht werden gestützt von schönen Zimt- und Vanillenoten vom Eichenholz.

Sémillon 98 %, Sauvignon 2 %

10–40 Jahre

Zweitwein *Les Cyprès de Climens*

CHÂTEAU CLOS HAUT-PEYRAGUEY

Bommes

1er Cru Classé

★★

Ursprünglich Teil von Château Lafaurie-Peyraguey und seit 1934 im Besitz der Familie Pauly. Auf Clos Haut-Peyragey wurde die Gärung gewöhnlich mit einer guten Dosis Schwefeldioxid gestoppt, und das Bukett des Weins war oft durch zu viel Schwefel beeinträchtigt. Dankenswerterweise ist das seit dem 1986er nicht mehr der Fall, auch profitieren die Weine seitdem von neuer Eiche. Sie reifen 18 Monate in bis zu 25 % neuem Eichenholz.

WEISS Der Wein protzt mit einem ausdrucksvollen Bukett, fülligen Aromen und komplexen Botrytis- und weichen Eichennoten. Sehr stilvoll.

Sémillon 83 %, Sauvignon 15 %, Muscadelle 2 %

8–25 Jahre

Zweitwein *Château Haut-Bommes*

CHÂTEAU COUTET

Barsac

1er Cru Classé

★★

Dieser Wein kommt im Urteil der Kritik gewöhnlich dicht hinter dem Climens, kann ihm aber hin und wieder gleichwertig sein. Die manchmal in kleinsten Mengen produzierte *Tête de cuvée*, Cuvée Madame, übertrifft ihn sogar. Er gärt und reift 24 Monate lang in zu 30–50 % neuen Eichenfässern. Der trockene weiße Vin Sec ist enttäuschend.

WEISS Der Wein verfügt über ein weiches Vanille- und Gewürzbukett, eine anfänglich zarte Fülle, die sich am Gaumen entwickelt, einen guten Botrytischarakter und eichenbetonte Frucht.

Sémillon 75 %, Sauvignon 23 %, Muscadelle 2 %

8–25 Jahre, 15–40 Jahre für *Cuvée Madame*

Weitere Weine *Cuvée Madame, Vin Sec du Château Coutet*

CHÂTEAU DOISY-DAËNE

Barsac

2ème Cru Classé

★★Ⓥ

Der Besitzer Pierre Dubourdieu vergärt diesen Wein kalt in Edelstahl, bis die gewünschte Balance von Alkohol und Süße erreicht ist. Dann reift er kurze Zeit in zu 100 % neuen Eichenfässern, wobei sehr wenig Schwefel eingesetzt wird. Das Ergebnis ist einem Premier Cru ebenbürtig.

WEISS Ein Wein von großer floraler Frische und Eleganz, mit herrlichem honigartigem Duft von köstlicher süßer Frucht, mit zartem Botrytischarakter, einem Hauch sahniger Eiche und perfekter Ausgewogenheit.

Sémillon 100 %

8–20 Jahre

Zweitwein *Château Cantegril*

Weitere Weine *Vin Sec de Doisy-Daëne*

CHÂTEAU DOISY-DUBROCA

Barsac

2ème Cru Classé

Dies ist der kleinste Teil des ursprünglichen Doisy-Besitzes. Der Wein – zuverlässig, aber nicht immer von derselben Klasse wie der Doisy-Daëne – reift 24 bis 30 Monate in zu 25 % neuen Eichenfässern.

Sémillon 90 %, Sauvignon 10 %

6–15 Jahre

Zweitwein *La Demoiselle de Doisy*

CHÂTEAU DOISY-VEDRINES

Barsac

2ème Cru Classé

★☆Ⓥ

Das ursprüngliche und größte der drei Doisy-Châteaux. Sein Besitzer ist Pierre Castéja, der Leiter des Bordeaux-Handelshauses Roger Joanne. Der Wein reift 18 Monate in zu einem Drittel neuen Eichenfässern.

WEISS Dieser Wein war bis 1983 etwas matt, seitdem nahm er gewaltig an Charakter zu: schwer, reif und eichenbetont mit einer konzentrierten Botrytisaromatik.

Sémillon 80 %, Sauvignon 20 %

8–25 Jahre

Weitere Weine *Château La Tour-Védrines*

CHÂTEAU DE FARGUES

Fargues

★★

Das Château de Fargues, heute eine unheimliche Ruine, war Sitz der Ahnen derer von Lur-Saluces. Die kleinen Mengen dieses Weins von höchster Qualität – viele Kritiker nennen ihn mit Premiers Crus in einem Atemzug – werden im Wesentlichen mit denselben mühsamen Methoden hergestellt wie der Yquem, einschließlich Gärung und Reifung in zu 100 % neuen Eichenfässern. Der Wein ist mächtig, ölig, überaus üppig, saftig und komplex mit schmalzigem Röstcharakter (Sémillon 80 %, Sauvignon 20 %), einem Cru Classé absolut gleichwertig.

CHÂTEAU FILHOT

Sauternes

2ème Cru Classé

☆

Das schöne Château Filhot wurde zwischen 1780 und 1850 erbaut. Dieses Gut verfügt über einen potenziell hervorragenden Weinberg, macht jedoch durchgängig langweilige Weine. In nahezu allen Bereichen müsste investiert werden: Der Anteil des Sémillon müsste vergrößert und die Anzahl der *tries* erhöht werden, der Wein müsste mehr edelfaule Trauben enthalten und sollte in Fässern, teils aus neuer Eiche, ausgebaut werden.

WEISS Bestenfalls gut gemacht, auf einfache Weise fruchtig und süß.

Sémillon 60 %, Sauvignon 37 %, Muscadelle 3 %

CHÂTEAU GILETTE

Preignac

★

Christian Médeville lehnt moderne Vermarktungsmethoden ab und lagert seinen kostbaren Nektar (Sémillon 94 %, Sauvignon 4 %, Muscadelle 2 %) lieber erstaunliche 20 Jahre lang unter anaeroben Bedingungen in kleinen Tanks, bevor er ihn auf Flaschen zieht und verkauft. Der Crème de Tête hat die Qualität eines Premier Cru: mächtiges Bukett, intensive Botrytisaromen von Lakritz, Pfirsich und Sahne, langer malziger Abgang. Der Crème de Tête verdient ★★, aber die regulären Abfüllungen (sofern man das für dieses Gut überhaupt so sagen kann) des Château Gilette beeindrucken bedeutend weniger.

CHÂTEAU GUIRAUD

Sauternes

1er Cru Classé

★★

Dieses Gut ist seit 1981, als es die kanadische Familie Narby in ziemlich verkommenem Zustand kaufte, im Aufwärtstrend. Der Wein war bereits 1983 – dem ersten echten Botrytisjahrgang unter Narbys Leitung – erfolgreich, aber das war mehr auf Selektion als auf anderes zurückzuführen – denn der Weinberg enthielt viel zu viel Sauvignon Blanc. Narby rodete erst viele Sauvignon-Reben und ersetzte sie durch Sémillon, rüstete dann die Kellerei völlig um und restaurierte das Gebäude. Nur Yquem liegt so hoch wie Guiraud, und da eine gute Entwässerung der Schlüssel zur Qualität der größten Weine von Sauternes ist, wo schwerer Lehmboden vorherrscht, ist das Potenzial dieses Weines wirklich hervorragend; und es wurde von Narby mit der Hilfe von Xavier Plantey, dem Ex-Manager von Château La Gaffelière, auch gekonnt genutzt. Der Wein reift 30 Monate in zu mindestens 50 % neuen Eichenfässern. Die ersten Jahrgänge des trockenen Vin Blanc »G« waren langweilig, spätere Jahrgänge deutlich besser.

WEISS Nach zwei trostlosen Jahrzehnten macht dieses Château seit dem 1983er Jahrgang große Sauternes, den ersten wirklichen botrytisierten Wein der Narbys. Guiraud ist jetzt vollgepackt mit Sémillon-Frucht und Botrytisaromen. Ein herrlich süßer Wein mit einer verschwenderischen Note neuer Eiche und beachtlicher Finesse.

Sémillon 70 %, Sauvignon 30 %

12–35 Jahre

Zweitwein *Le Dauphin*

Weitere Weine *Vin Blanc Sec »G«* (trocken, weiß)

CHÂTEAU HAUT-BOMMES

Bommes

Besitzer Jacques Pauly wohnt lieber hier als in seinem Premier-Cru-Château Clos Haut-Peyraguey. Für einen nichtklassifizierten Cru ist dieser Wein gelegentlich überragend; die jüngsten Investitionen sind ein gutes Zeichen für die Zukunft.

CHÂTEAU LES JUSTICES

Preignac

★Ⓥ

Im gleichen Besitz wie das Star-Château Gilette, aber diese Weine lässt Christian Médeville nur vier Jahre in Tanks reifen. Les Justices ist ein zuverlässiger, ausgezeichneter Wein mit hervorragendem Preis-Leistungs-Verhältnis, runder und fruchtiger als der Gilette und einem 2ème Cru ebenbürtig.

CHÂTEAU LAFAURIE-PEYRAGUEY

Bommes

1er Cru Classé

★★☆Ⓥ

Wie alle Cordier-Weine ist auch dieser bemerkenswert zuverlässig. Er reift 18 bis 20 Monate in bis zu 50 % neuen Eichenfässern.

WEISS Die Kombination von Botrytis und Eiche ruft Aromen von Ananas, Pfirsich und Sahne hervor. Der elegante Wein bleibt lange frisch und zeigt auch im Alter eine unglaublich helle Farbe.

Sémillon 98 %, Sauvignon 2 %

8–30 Jahre

CHÂTEAU LAMOTHE-DESPUJOLS

Sauternes

2ème Cru Classé

Das Lamothe-Gut wurde 1961 aufgeteilt. Der Jean Despujols gehörende Teil war bis 1985 die äußerst enttäuschende Hälfte, hat aber seit 1990 zu sich selbst gefunden.

WEISS Voller, üppiger und süßer als erwartet. Der ölige, körperreiche Wein verfügt über attraktive tropische Fruchtaromen.

Sémillon 70 %, Sauvignon 20 %, Muscadelle 10 %

CHÂTEAU LAMOTHE-GUIGNARD

Sauternes

2ème Cru Classé

☆Ⓥ

Die Guignards versuchen wirklich, etwas aus ihrem Teil des Lamothe-Guts zu machen, der bis 1981 Lamothe-Bergey genannt wurde. Der Wein wird 24 Monate in zu 20 % neuen Eichenfässern ausgebaut.

WEISS Würzige, konzentrierte Weine mit fülligem Körper und gutem Botrytischarakter.

Sémillon 85 %, Muscadelle 10 %, Sauvignon 5 %

7–20 Jahre

CHÂTEAU LIOT

Barsac

☆Ⓥ

Eleganter Wein mit leichtem, aber feinem Botrytischarakter und sahniger Vanille von neuer Eiche, einem 2ème Cru ebenbürtig. Der Besitzer, Jean-Nicole David macht auch den Château Saint-Jean, einen trockenen weißen Graves, und den Château Pinsas, einen fruchtigen roten Graves.

CHÂTEAU DE MALLE

Preignac

2ème Cru Classé

Hier werden ein trockener Weißwein unter der Bezeichnung Chevalier de Malle und roter Graves von benachbarten Weinbergen mit dem Etikett Château du Cardaillan erzeugt. Man brilliert nicht jedes Jahr (1989 und 1990 waren die besten Jahrgänge), doch hin und wieder mit ausgezeichneter Qualität.

WEISS Feste, sehr dichte Weine, die oft eher von *passerillage* als von Botrytis geprägt sind. Köstlich, reich und füllig.

Sémillon 75 %, Sauvignon 22 %, Muscadelle 3 %

7–20 Jahre

Zweitwein *Château St-Hélène*

Weitere Weine *Chevalier de Malle*

CHÂTEAU DU MAYNE

Barsac

Ⓥ

Dieses Gut verfügt über eine ganze Reihe alter Reben, die zu Konzentration und Gewicht dieser Weine beitragen, die fetter sind als durchschnittlicher Barsac. Besitzer ist die Familie Sanders vom ausgezeichneten Château Haut-Bailly in den Graves.

CHÂTEAU MÉNOTA

Barsac

Ⓥ

Dieses idyllische alte Anwesen mit historischen Türmen und Befestigungen exportierte schon im 16. Jahrhundert Wein nach England. Château de Ménota macht einen

trotz seines ungewöhnlich hohen Anteils von 60 % Sauvignon (Sémillon 40 %) sehr guten Barsac.

CHÂTEAU NAIRAC

Barsac

2ème Cru Classé

★☆

Tom Heeter begann damit, den Wein in bis zu 100 % neuen Eichenfässern zu vergären und auszubauen – Nevers-Eiche für den Vanilleton und Limousin-Eiche für das Rückgrat. Seine charmante Exfrau Nicole Tari – ihr Elternhaus ist Château Giscours – hat diese Formel mit großem Erfolg beibehalten. Heute kümmert sich Sohn Nicolas ebenso erfolgreich um Nairac und ist auf dem Weg zur Spitze.

WEISS Stoffige, eichenbetonte Weine, die lange reifen müssen, um ihre wahre Finesse zu zeigen. Bei ausreichender Flaschenreifung harmonisieren Tannine und Vanillearomen mit der Frucht, und der reiche Botrytischarakter tritt hervor.

Sémillon 90 %, Sauvignon 6 %, Muscadelle 4 %

8–25 Jahre

CHÂTEAU PERNAUD

Barsac

★Ⓥ

Dieses Gut war einst Teil von Sauvage d'Yquem und gehörte der Familie Lur-Saluces. Es wurde aufgegeben, als im späten 18. Jahrhundert der Echte Mehltau Bordeaux verwüstete. Das Gut wurde völlig neu bepflanzt bzw. restauriert und baut sich ein neues Renommee auf. Die etwas kräftigere Art eines Barsac (Sémillon 70 %, Sauvignon 25 %, Muscadelle 5 %) zeigt eine typische, elegante Balance und sollte auf jeden Fall im Auge behalten werden.

CHÂTEAU RABAUD-PROMIS

Bommes

1er Cru Classé

★☆

Die Weine dieses einst großartigen Guts waren früher furchtbar. Es war traurig, zusehen zu müssen, wie Weinberg, Château und Wein verkamen. Wie groß war die Freude, eine so dramatische Veränderung zu erleben! Sie begann mit dem 1983er, und heute sind die Weine etwas Besonderes.

WEISS Ein herrlich goldfarbener Wein mit vollem, öligem, reifem Botrytischarakter in der Nase und am Gaumen.

Sémillon 80 %, Sauvignon 18 %, Muscadelle 2 %

8–25 Jahre

CHÂTEAU RAYMOND-LAFON

Sauternes

Wie ich früher schrieb, ist es leicht zu verstehen, wenn sich Menschen von der Tatsache, dass ein Gut so nahe bei Yquem liegt, zu unbegründeten Lobeshymnen hinreißen lassen, besonders wenn Besitzer Pierre Meslier Regisseur auf Yquem war. Ich glaube – im Gegensatz zu vielen Kollegen –, dass der Lafon seit Mitte der 1980er Jahre überbewertet und überteuert ist, auch wenn sich die Dinge seit den Jahrgängen 1989 und 1990 sehr gebessert haben. Viele halten Lafon qualitätsmäßig für einen Premier Cru; ich glaube allerdings, dass er nur einem 2ème Cru entspricht. Nachdem er stilistisch gründlich bereinigt und aufgeputzt wurde, ist der Raymond-Lafon (Sémillon 80 %, Sauvignon 20 %) ein hübscher Sauternes, aber nicht den dreifachen Preis eines Rieussec oder den zweieinhalbfachen eines Climens wert.

CHÂTEAU RAYNE-VIGNEAU

Bommes

1er Cru Classé

★

Die Qualität des Rayne-Vigneau war bis 1985 in erschreckende Tiefen gestürzt, 1986, 1988 und 1990 sind die vielleicht besten Erzeugnisse seit Jahrzehnten. Heute reift der Wein 24 Monate in zu 50 % neuen Eichenfässern. Er enthält mehr Sémillon, als die Statistiken vermuten ließen, denn es werden 60 000 Flaschen trockener Sauvignon Blancs als »Rayne Sec« verkauft.

WEISS Château Rayne-Vigneau ist jetzt ein Wein von hoher Qualität, der neben seinem Botrytischarakter eine elegante pfirsichartige Reife aufweist.

Sémillon 65 %, Sauvignon 35 %

8–25 Jahre

Zweitwein *Clos l'Abeille*

Weitere Weine *Rayne Sec*

CHÂTEAU RIEUSSEC

Fargues

1er Cru Classé

★★½

Dieses ausgezeichnete Gut macht nach der Übernahme durch die Domaines Barons de Rothschild im Jahre 1984 noch besseren Wein. Nichts von dem hier erzeugten Sauvignon wird für den Château Rieussec verwendet (der geht in den »R«), sodass dieser aus 96 % Sémillon besteht. Er reift 30 Monate in zu 50 % neuer Eiche.

WEISS Einer der köperreichsten und üppigsten Sauternes mit intensiver Ananasfrucht und mächtigem Botrytis-Charakter. Experten streiten, ob nun der 1988er, 1989er oder 1990er das ultimative Erzeugnis darstellt.

Sémillon 75 %, Sauvignon 22 %, Muscadelle 3 %

12–35 Jahre

Zweitwein ✓ *Clos Labère, Mayne des Carmes*

Weitere Weine *»R« de Château Rieussec* (trocken, weiß)

CHÂTEAU DE ROLLAND

Barsac

Das Schlossgebäude wurde zu einem Hotel mit einem guten Restaurant umgebaut und hat einen anderen Besitzer. Der Weinberg von Château de Rolland gehört Jean und Pierre Guignard, die auch das ausgezeichnete Château de Roquetaillade-La-Grange in Mazères (Graves) besitzen. Die Weine (Sémillon 60 %, Sauvignon 20 %, Muscadelle 20 %) sind frisch und elegant bei besonderer Betonung der Frucht.

CHÂTEAU ROMER

Fargues

2ème Cru Classé

❷

Das ursprüngliche Romer-Gut wurde 1881 geteilt. Mit gerade 5 ha ist dies der kleinste Teil.

Sémillon 50 %, Sauvignon 40 %, Muscadelle 10 %

CHÂTEAU ROMER-DU-HAYOT

Fargues

2ème Cru Classé

Ⓥ

Monsieur André du Hayot besitzt diese 10 ha Reben auf einem schönen Lehm-Kies-Rücken, der einst Teil des ursprünglichen Romer-Guts war. Diese Weine sind rar, aber sehr preiswürdig.

WEISS Die Weine 1980 und 1983 waren von einer frischen, nicht zu süßen Fruchtsalat-mit-Sahne-Art, leichtem Botrytis-Charakter und eleganter Balance.

Sémillon 70 %, Sauvignon 25 %, Muscadelle 5 %

5–12 Jahre

CHÂTEAU ROUMIEU

Barsac

★Ⓥ

Dieses Gut, das an die Crus Classés Climens und Doisy-Vedrines grenzt, macht in bestimmten Jahren köstlich süße Weine von kräftigerer Art als normal (Sémillon 90 %, Sauvignon 10 %). Super der 1996er; er zählt zu den Besten seines Jahrgangs.

CHÂTEAU ROUMIEU-LACOSTE

Barsac

★Ⓥ

Ein Dubourdieu-Besitz, der zuverlässig sehr guten Barsac (Sémillon 80 %, Sauvignon 20 %) mit guter Botrytiskonzentration erzeugt.

CHÂTEAU SAINT-AMANDE

Preignac

★Ⓥ

Ein eleganter, stilvoller Wein (Sémillon 67 %, Sauvignon 33 %), in jungen Jahren sehr attraktiv, dennoch manchmal hervorragend langlebig und oft einem Cru Classé gleichkommend. Ein Teil wird als Château de la Charrteuse verkauft.

Zweitwein *Château la Chartreuse*

CHÂTEAU SIGALAS-RABAUD

Bommes

1er Cru Classé

★½

Größter Teil des ursprünglichen Rabaud-Anwesens. Nach der Verpflichtung von Cordier durch den Besitzer im Jahr 1995 zeigen sich bereits merkliche Verbesserungen.

WEISS Ein stilvoller, früh trinkbarer Wein mit einem eleganten Botrytis-Bukett und köstlich frischer Frucht am Gaumen.

Sémillon 85 %, Sauvignon 15 %

6–15 Jahre

CHÂTEAU SIMON

Barsac

Die Kombination moderner und traditioneller Verfahren ergibt einen zurückhaltend süßen Wein aus 70 % Sémillon und 30 % Sauvignon. Die meisten Sauternes und Barsacs reifen in Eichenholz aus Nevers oder dem Limousin; manchmal wird auch Allier-Eiche genommen; Château Simon baut den Wein zwei Jahre in Merrain-Eiche aus.

CHÂTEAU SUAU

Barsac

2ème Cru Classé

Der Weinberg gehört Roger Biarnès, der den Wein auf seinem Château Navarro in Cérons herstellt, weil das Schloss einem anderen Besitzer gehört. Diese Weine haben keinen besonders großen Namen, aber wenn man nach dem im sehr bescheidenen Jahr 1980 produzierten attraktiven Wein gehen kann, lohnt sich kritische Aufmerksamkeit.

WEISS Der 1980er ist ein attraktiver, frischer und fruchtig duftender Wein mit sanften Zitrus-Gewürz-Noten.

Sémillon 80 %, Sauvignon 10 %, Muscadelle 10 %

6–12 Jahre

CHÂTEAU SUDUIRAUT

Preignac

1er Cru Classé

★★½

Dieses prächtige Schloss aus dem 17. Jahrhundert mit seinem malerischen Park erinnert an die anmutige Schönheit seiner köstlichen Weine. Suduirauts ausgezeichneter 100 ha großer Weinberg grenzt an den von Yquem und ist für Edelfäule erfreulicherweise sehr empfänglich. Die Weine gingen in den 1980ern durch eine unbeständige Phase, haben sich aber unter dem aufmerksamen Auge der neuen Besitzer, der Versicherungsgruppe AXA, und ihrem Statthalter Jean-Michel Cazes deutlich verbessert. Sie werden in Holz vergoren und 24 Monate in zu mindestens einem Drittel neuen Eichenfässern ausgebaut.

WEISS Weich, saftig und großartig, ein intensiv süßer Wein von klassischer Struktur. Er ist schwer, reif und ölig, mit großzügigen Botrytisnoten, die von guter Flaschenalterung profitieren.

Sémillon 80 %, Sauvignon 20 %

8–35 Jahre

Zweitwein *Castelnau de Suiduirant*

CHÂTEAU LA TOUR BLANCHE

Sauternes

1er Cru Classé

★½

Im Jahr 1855, zu einer Zeit, als lediglich Yquem als überlegen galt, wurde dieses Gut mit an die Spitze der *Premiers Crus* gesetzt. Bis vor relativ kurzer Zeit konnte es aber die entsprechenden Erwartungen nicht erfüllen. Auch wenn nur wenige den Weingärten jemals das Potenzial eines ganz großen Gewächses abgesprochen hätten, blieben die Weine immer sehr unspektakulär. Dies erschien umso peinlicher, da das staatseigene Gut eine landwirtschaftliche und önologische Fachschule war, die anderen die Erzeugung des Sauternes lehren sollte. Diese betrübliche Situation begann sich aber Mitte der 1980er Jahre zu bessern, als das Château begann, den Sémillon-Anteil zu vergrößern, viel reifere Trauben zu ernten, im Weinberg und in den *Chais* strenger zu selektieren. Vergoren wird in Holz (manchmal bis zu 90 % in neuer Eiche, meist jedoch 25 %), und die Ergebinsse sind wunderbar: exzellente Weine gab es 1988, 1989, 1990 (der beste Jahrgang seit jeher), und von 1994 bis 1998 jedes Jahr.

WEISS Die Weine sind überaus üppig, fast fett, und strömen über vor mächtiger, reifer, saftiger Frucht und jeder Menge Botrytis-Charakter.

Sémillon 78 %, Sauvignon 19 %, Muscadelle 3 %

8–20 Jahre

Zweitwein *Mademoiselle de Saint-Marc*

CHÂTEAU D'YQUEM

Sauternes

1er Cru Supérieur

★★★

Dieses berühmteste aller Schlösser gehörte von 1152 bis 1453 der englischen Krone, dann ging es in die Hände von Karl VII., König von Frankreich, über. 1593 pachtete Jacques de Sauvage den königlichen Besitz, und 1711 kauften seine Nachkommen das Lehen Yquem. 1785 kam es in den Besitz der Familie Lur-Saluces.

Dieses Gut wurde von den folgenden Generationen mit leidenschaftlicher Sorgfalt geleitet, und 1999 erwarb die Gruppe LVMH (Besitzer des Champagnerhauses Moët & Chandon) die Aktienmehrheit. Die Tradition der *Tries* blieb in Yquem lebendig, als sie bei anderen edlen Châteaux längst vergessen war. Wie bei Pétrus sind die Lesehelfer eines der »Geheimnisse« von Yquem: Es sind alles Fachleute, die wissen, was zu schneiden ist und – fast noch wichtiger – was am Stock bleiben muss. Der Abstand zwischen den Lesegängen kann von drei Tagen bis zu mehreren Wochen variieren, und es ist nicht billig, 120 Helfer für mehrere Wochen der Untätigkeit unterzubringen und zu verpflegen.

Im Jahr 1972 bestand die Ernte aus 11 Lesegängen, die auf 71 Tage verteilt waren. Im selben Jahr wurde kein Wein als Château d'Yquem verkauft. Das soll nicht heißen, dass Yquems anspruchsvolle Aufmerksamkeit bei der Selektion sich in schwachen Jahrgängen nicht auszahlt. In guten Jahren werden dafür dank der genauen Auswahl im Weinberg 80 bis 90 % der Trauben verwendet. Die Weine reifen bis zu 42 Monaten in zu 100 % neuen Eichenfässern. Andere Terroirs in Sauternes und Barsac besitzen ein vergleichbares Potenzial, aber wie gewissenhaft ihre Besitzer auch vorgehen, keiner ist zu solchen Opfern bereit wie Yquem.

WEISS Dieser Wein repräsentiert das Höchstmaß an Fülle, Komplexität und Klasse. Kein anderer edelfauler Wein von vergleichbarem Körper und gleicher Dichte hat diese Finesse, Rasse und Balance. Zu seinen charakteristischen Aromen gehören Pfirsich, Ananas, Kokosnuss, Muskat und Zimt mit sahnigen Vanille-Karamell-Noten von neuer Eiche.

Sémillon 80 %, Sauvignon 20 %

20–60 Jahre

Weitere Weine *»Y« de Château d'Yquem* (trocken, weiß)

LIBOURNAIS UND FRONSADAIS

Das Libournais, ist ein Rotweinland. Dominiert von der Merlot-Rebe, erzeugt dieses Gebiet farbkräftige, seidig-samtige Weine, in St-Émilion und Pomerol von klassischer Qualität, in den »Appellationen, die diese beiden Orte umgeben« von bescheidenem Zuschnitt, jedoch ausgezeichnetem Gegenwert.

Mitte der 1950er Jahre waren viele Weine des Libournais rau, und sogar die besten AOC erfreuten sich nicht desselben guten Rufes wie heute. Die meisten Winzer glaubten, dass sie für ihr Terroir zu viel Cabernet Sauvignon und Malbec hatten, und entschieden sich für mehr Cabernet Franc. Einige votierten für die Einführung von Merlot, der nach den AOC-Statuten ebenfalls zugelassen war, da er ihren Weinen die Geschmeidigkeit geben würde, die sie sich wünschten. Selbst wenn sie sich über eine Strategie einig geworden wären, wäre es eine sehr langwierige und ebenso kostspielige Angelegenheit geworden, das *Encépagement* eines ganzen Anbaugebiets auszutauschen. 1956 wurden die Rebstöcke jedoch durch Frost zerstört. Da in den nächsten Jahren sehr geringe Erträge unvermeidlich waren, schnellten die Preise in die Höhe und machten es ihnen möglich, die gewaltigen Neuanpflanzungen durchzuführen, die sie sich vor der Krise nicht hätten leisten können: Merlot und Cabernet Franc, was einen völlig anderen Weintyp etablierte und den spektakulären Erfolg von St-Émilion und Pomerol vorbereitete.

DIE APPELLATIONEN IN DER UMGEBUNG VON ST-ÉMILION UND POMEROL

Die Weine von Lussac, der Montagne, von Parsac, Puisseguin, Sables und St-Georges wurden einst als St-Émilion verkauft, aber 1936 erhielten diese Außenbereiche ihre eigene AOC. Dies geschah, um das Image der großen St-Émilion-Châteaux zu schützen; aufgrund der traditionellen Verwendung des berühmten Namens wurde diesen Bereichen aber das Recht eingeräumt, den Namen St-Émilion ihrem eigenen hinzuzufügen. Das winzige Gebiet Sables wurde später von der St-Émilion AOC zurückgefordert, 1972 wurde die neue Appellation Montagne-St-Émilion ins Leben gerufen. Diese für ein großes Gebiet geltende Appellation konnte von den Winzern verwendet werden, die früher entweder die AOC Parsac-St-Émilion oder St-Georges-St-Émilion benutzten; Bestimmungen zur Montagne-Appellation von 1972 lösten diese beiden kleinen Appellationen aber nicht auf. 1993 wurde Parsac-St-Émilion dann doch aufgegeben, nachdem man feststellte, dass praktisch alle Erzeuger von Parsac-St-Émilion nicht diese AOC benutzten, sondern sich für Montagne-St-Émilion entschieden hatten. Doch in St-Georges-St-Émilion benutzen weiterhin viele Erzeuger die ursprüngliche Appellation, und es wäre nicht einfach gewesen, auch diese aufzulösen. Alle fünf St-Émilion-AOCs würden jedoch von einer Vereinigung profitieren, da sie unter denselben Bestimmungen Weine von ähnlicher Art produzieren.

WINDMÜHLEN IN DER MONTAGNE
Es wäre für die Vermarktung sinnvoll, die St-Émilion-»Satelliten« – Lussac-St-Émilion, Puisseguin-St-Émilion und St-Georges-St-Émilion – unter der Appellation Montagne-St-Émilion zusammenzufassen.

LIBOURNAIS
Siehe auch S. 59
Diese große Rotweingegend umfasst St-Émilion, Pomerol und deren »Satelliten«. Im Libournais dominiert die Merlot-Traube, deren köstliche Frucht den regionalen Stil wesentlich prägt.

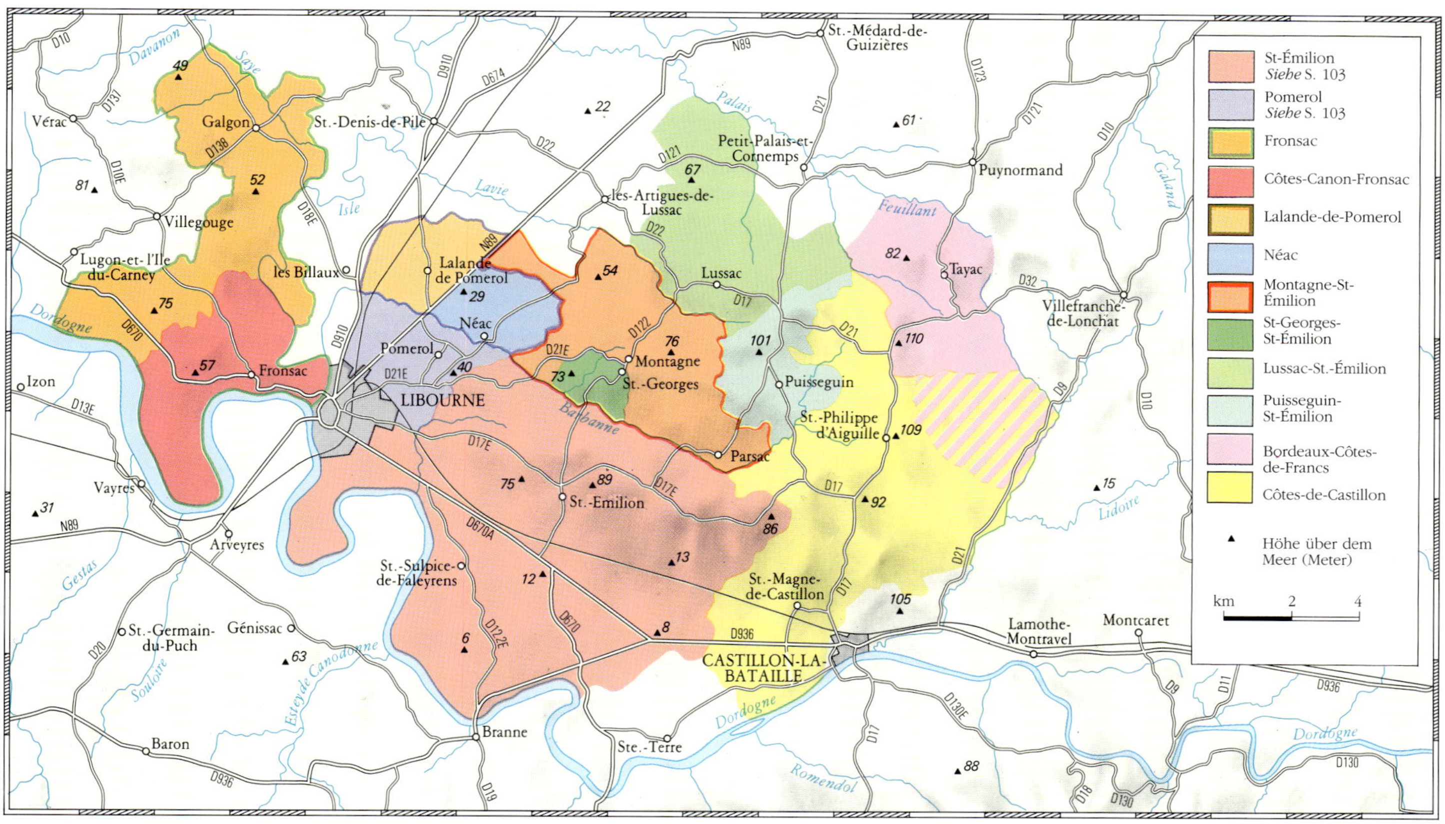

DIE APPELLATIONEN IM
LIBOURNAIS UND FRONSADAIS

BORDEAUX-CÔTES-DE-FRANCS AOC

Die Weinberge dieser vergessenen Weingegend grenzen an die von Puisseguin-St-Émilion und Lussac-St-Émilion. Sie haben einen sehr ähnlichen Lehm-Kalkstein-Boden über Kalk und Eisenortstein. Die Version Bordeaux Supérieur unterscheidet sich nur durch den höheren Alkoholgehalt.

ROT Im Wesentlichen robuste, rustikale, körperreiche Weine, die durch einen großen Anteil Merlot weicher werden.

Cabernet Franc, Cabernet Sauvignon, Malbec, Merlot

5–10 Jahre

WEISS Selten anzutreffende trockene, halbsüße und süße Weine; sauberer, fruchtiger Charakter.

Sauvignon Blanc, Sémillon, Muscadelle

5–10 Jahre

BORDEAUX-CÔTES-DE-FRANC LIQUOREUX AOC

Dieser Typ des Bordeaux-Cotes-de-Francs muss per Gesetz natürlich süß und aus überreifen Trauben mit mindestens 223 g Zucker pro l hergestellt sein. Die Weine müssen mindestens 11,5 % Alkohol und 27 g Restzucker pro l enthalten.

WEISS Üppige, wirklich likörartige Weine in geringen Mengen.

Sauvignon Blanc, Sémillon, Muscadelle

5–15 Jahre

BORDEAUX SUPÉRIEURE CÔTES-DE-FRANCS AOC

Siehe Bordeaux-Côtes-de-Francs AOC

CANON-FRONSAC AOC

Siehe Côtes-Canon-Fronsac AOC

CÔTES-CANON-FRONSAC AOC

Die AOC Fronsac und Côtes-Canon-Fronsac werden zweifellos die nächsten Weine sein, die von preisbewussten Bordeauxfreunden »entdeckt« werden. Die besten sind die Weine der Côtes-Canon-Fronsac AOC, manchmal auch als Canon-Fronsac AOC bezeichnet. Mit geringeren Erträgen und strengerer Auslese könnten sie vielleicht den Weinen von St-Émilion und Pomerol – mit Ausnahme der besten – Konkurrenz machen.

ROT Körperreiche, farbkräftige, lebhafte Weine mit intensiver Frucht, feinem Gewürzcharakter, viel Finesse und langem Abgang.

Cabernet Franc, Cabernet Sauvignon, Malbec, Merlot

5–15 Jahre

CÔTES-DE-CASTILLON AOC

Eine attraktive hügelige Gegend schiebt sich zwischen St-Émilion, die Dordogne und das gleichnamige Département. Ihre Weine werden seit langem für ihre Qualität, Zuverlässigkeit und Preiswürdigkeit geschätzt. Bis zum Jahr 1989 – in dem dieses Gebiet seine eigene AOC bekam – gab es die Versionen Bordeaux und Bordeaux Supérieur.

ROT Feste, köperreiche, farbkräftige Weine mit dichter Frucht und Finesse.

Cabernet Franc, Cabernet Sauvignon, Carmenère, Malbec, Merlot, Petit Verdot

5–15 Jahre

FRONSAC AOC

Unter dieser Regionalappellation versammeln sich die Gemeinden La Rivière, St-Germain-la-Rivière, St-Aignan, Saillans, St-Michel-de-Fronsac, Galgon und Fronsac.

ROT Körperreiche, farbkräftige Weine mit handfester Frucht und reichem Schokoladen-Charakter. Nicht ganz die Würze oder Finesse eines Côtes-Canon-Fronsac, aber hervorragendes Preis-Leistungs-Verhältnis.

Cabernet Franc, Cabernet Sauvignon, Malbec, Merlot

6–15 Jahre

LALANDE-DE-POMEROL AOC

Diese preisgünstige Appellation umfasst die Gemeinden Lalande-de-Pomerol und Néac. Die Weine sind recht gut, doch sind selbst die besten nur ein schwacher Abklatsch des klassischen Pomerol.

ROT Feste, fleischige Merlots mit viel Charakter, aber ohne die Struktur und Fülle eines Pomerol.

Cabernet Franc, Cabernet Sauvignon, Malbec, Merlot

7–20 Jahre

LUSSAC-ST-ÉMILION AOC

Die Appellation einer Gemeinde 9 km nordöstlich von St-Émilion.

ROT Diese Weine, die auf dem kleinen Kiesplateau im Westen der Gemeinde erzeugt werden, sind die leichtesten, haben aber am meisten Finesse. Die Weine von den kalten Lehmböden im Norden sind robust und erdig, während die von dem Lehm-Kalkstein-Boden im Südosten die beste Balance von Körper und Finesse aufweisen.

Cabernet, Cabernet Sauvignon, Carmenère, Malbec, Merlot

5–12 Jahre

MONTAGNE-ST-ÉMILION AOC

Diese Appellation schließt die Gemeinde St-Georges-St-Émilion ein, die heute Teil von Montagne-St-Émilion ist. Die AOC St-Georges-St-Émilion und Montagne-St-Émilion sind die besten Appellationen, die »St-Émilion« in ihrem Namen führen dürfen.

ROT Volle, üppige Weine mit intensiven Aromen, die gut reifen.

Cabernet Franc, Cabernet Sauvignon, Malbec, Merlot

5–15 Jahre

NÉAC AOC

Diese Appellation wurde nicht mehr benützt, seit es den Besitzern erlaubt war, die Appellation Lalande-de-Pomerol zu benutzen, und sie sollte offiziell aufgelöst werden. *Siehe auch* Lalande-de-Pomerol AOC.

POMEROL AOC

Die einfachen Weine von Pomerol erzielen höhere Preise als irgendeine andere Bordeaux-Appellation. Ein typischer Pomerol enthält um die 80 % Merlot.

ROT Man bezeichnet diese Weine oft als die samtig-rundesten unter den klassischen Weinen der Welt; sie haben aber auch die feste Tanninstruktur für eine erfolgreiche lange Reifung. Die besten Weine sind erstaunlich farbkräftig und besitzen viel würzige Eiche und große Finesse.

Cabernet Franc, Cabernet Sauvignon, Malbec, Merlot

5–10 Jahre (bescheidene Weine)
10–60 Jahre (große Weine)

PUISSEGUIN-ST-ÉMILION AOC

Diese Gemeinde besitzt Lehm-Kalkstein-Boden, ihre Weine tendieren mehr zum Rustikalen als die der Montagne-St-Émilion AOC.

ROT Üppige und robuste Weine mit kräftigem Aroma und viel Frucht und Farbe, aber es fehlt ihnen meist an Finesse.

Cabernet Franc, Cabernet Sauvignon, Carmenère, Malbec, Merlot

5–10 Jahre

ST-ÉMILION AOC

Diese Weine müssen mindestens 10,5 % Alkohol haben, in Jahren, in denen eine Chaptalisierung (Anreicherung des Traubensaftes mit Zucker, um den Alkoholgehalt zu erhöhen) erlaubt ist, dürfen sie 13 % nicht überschreiten.

ROT Auch bei den einfachsten St-Émilions sollte die runde, würzig-saftige Frucht des Merlot von der Festigkeit und Finesse des Cabernet Franc unterstützt werden. Den großen Châteaux gelingt das vortrefflich mit vollen, kräftigen Weinen mit Noten von Schokolade und Früchtekuchen.

Cabernet Franc, Cabernet Sauvignon, Carmenère, Malbec, Merlot

6–12 Jahre (bescheidene Weine)
12–50 Jahre (große Weine)

ST-GEORGES-ST-ÉMILION AOC

Zusammen mit der Montagne-St-Émilion AOC ist dies die beste Gemeindeappellation außerhalb von St-Emilion und Pomerol..

ROT Pflaumige, farbkräftige Wein mit saftiger, würziger Frucht und guter, stützender Tanninstruktur.

Cabernet Franc, Cabernet Sauvignon, Malbec, Merlot

5–15 Jahre

SAINT-ÉMILION

Die Römer waren die Ersten, die in St-Émilion Reben zogen, einem kleinen Gebiet, das nunmehr seit über achthundert Jahren seine Weine in alle Welt exportiert. In der ersten Hälfte des 20. Jahrhunderts geriet es in Vergessenheit, doch in den letzten vierzig Jahren stieg es wie der Phönix aus der Asche.

Das St-Émilion, das wir kennen, ist ein Phänomen der Nachkriegszeit, aber vieles erinnert an seine uralte Vergangenheit – angefangen beim berühmten Château Ausone, das nach dem römischen Dichter Ausonius benannt ist, bis hin zu dem auf einem Hügel gelegenen, befestigten St-Émilion selbst, das seit dem Mittelalter fast unverändert geblieben ist. Andererseits repräsentiert die *Union de Producteurs* die größte Genossenschaft einer Einzelappellation in Frankreich, das Beste, was moderne, technisch hoch entwickelte Weinherstellung zu bieten hat.

DIE ANZIEHUNGSKRAFT DER WEINE VON ST-ÉMILION

Für Menschen, die Rotwein zu hart oder zu bitter finden, ist der St-Émilion mit seiner Eleganz und Finesse einer der Weine, die den Übergang vom Weißwein zum Rotwein besonders leicht machen. Der Unterschied zwischen den St-Émilion-Weinen und denen seiner Satelliten ist wie der zwischen Seide und Satin, der Unterschied zwischen St-Émilion und Pomerol ist wie der zwischen Seide und Samt: Die Qualität ist ähnlich, aber nicht die Textur – aber wir sollten bei der Kategorisierung von so komplexen Dingen zurückhaltend sein. Man könnte zu Recht argumentieren, dass die *Graves* (kiesiges Gelände), die zwei der besten St-Émilions – Châteaux Cheval-Blanc und Figeac – hervorbringen, mehr mit Pomerol gemeinsam haben als mit dem Rest der Appellation.

EINE GROSSE PRODUKTION

Wenn Sie sich die Karte des ganzen Bordelais ansehen (S. 59), werden Sie erstaunt sein, wie klein diese Appellation mit ihren Hunderten Châteaux ist. Es ist überraschend, aber durchaus normal, dass die kleine Appellation St-Émilion mehr Wein produziert als alle berühmten Appellationen des Médoc – St-Estèphe, Pauillac, St-Julien und Margaux – zusammen.

CHÂTEAU FIGEAC
Zweifellos eine Klasse für sich innerhalb der Premiers Grands Crus Classés B; Château Figeac und sein engagierter Besitzer Thierry Manoncourt kämpfen schon lange darum, mit Ausone und Cheval Blanc gleichgestellt zu werden.

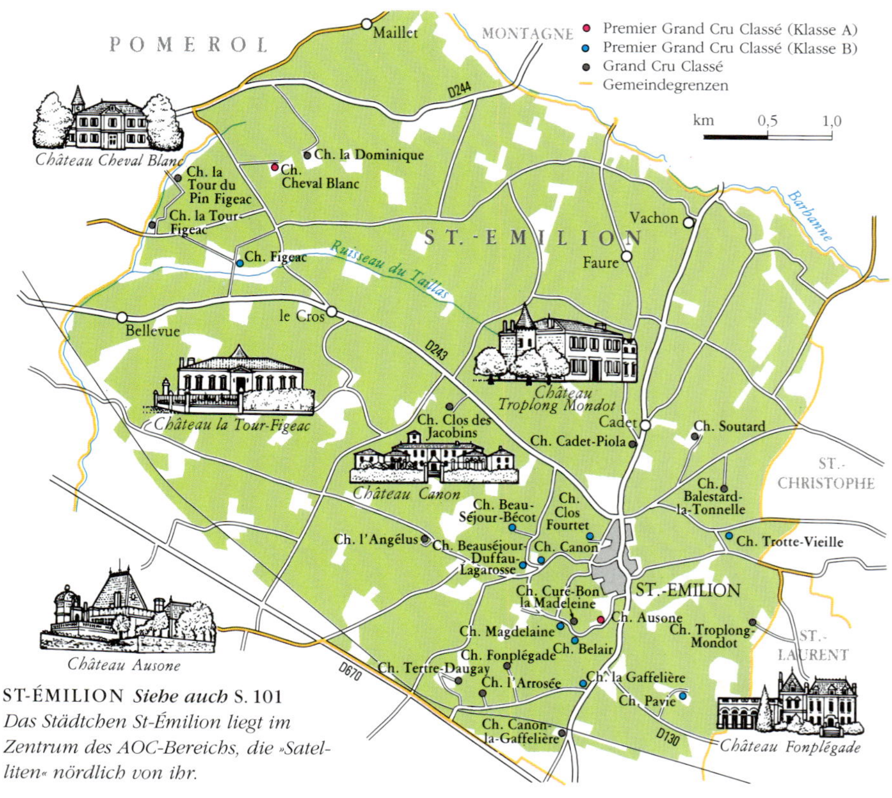

ST-ÉMILION *Siehe auch* S. 101
Das Städtchen St-Émilion liegt im Zentrum des AOC-Bereichs, die »Satelliten« nördlich von ihr.

CHÂTEAU AUSONE
Von dem auf einem Hügel gelegenen Schloss hat man einen herrlichen Blick über die Weinberge.

DIE KLASSIFIZIERUNG IN ST-ÉMILION

Die Weine von St-Émilion wurden erstmals 1958 klassifiziert, mit der Absicht, die Einstufung gemäß den Leistungen der Weingüter alle 10 Jahre zu revidieren. Es wurden 3 Grundkategorien eingerichtet: *Premier Grand Cru Classé, Grand Cru Classé* und *Grand Cru*. Von den 12 als *Premiers Grands Crus Classés* klassifizierten Châteaux wurden Ausone und Cheval-Blanc in eine höhere Unterklasse – Kategorie A – platziert. Der Rest wurde alphabetisch unter der Kategorie B – nicht nach der Qualität – aufgelistet, ebenso wie die 64 *Grands Crus Classés*. Die Klassifizierung wurde 1969, 1985 (sechs Jahre zu spät) und dann wieder 1996 überarbeitet, womit man wieder im geplanten Rhythmus war. Man achte auf die Unterscheidung zwischen *Grand Cru* (nicht klassifizierte Crus) und *Grand Cru Classé* (klassifizierte Crus), denn der Unterschied ist beträchtlich. Beim St-Émilion bedeutet *Grand Cru* nur, dass der Mindestalkoholgehalt 0,5 % über dem der einfachen Appellation St-Émilion vorgeschriebenen liegt und dass der Ertrag etwas geringer ist. Jeder Erzeuger kann den Titel *Grand Cru* beantragen, und Hunderte tun das auch. Es ist keine Klassifizierung, sondern lediglich eine Zusatzbezeichnung für die Appellation; eine Appellation St-Émilion Supérieur würde das genauer zum Ausdruck bringen, denn der Unterschied zwischen *Grand Cru* und *Grand Cru Classé* gleicht dem zwischen einfachem Bordeaux und Bordeaux Supérieur.

KLASSIFIZIERUNGEN DER JAHRE 1958, 1969, 1985 UND 1996
mit Angabe der Bodenarten

PREMIER GRAND CRU CLASSÉ Klasse A

1 **Château Ausone**
Boden: *Côte und Plateau von St-Émilion*
2 **Château Cheval Blanc**
Boden: *Graves und alte Sande*

PREMIER GRAND CRU CLASSÉ Klasse B

3 **Château l'Angélus** [7]
Boden: *Untere Hangteile, alte Sande*
4 **Château Beau-Séjour Bécot** [1, 7]
Boden: *Plateau von St-Émilion, Côte*
5 **Château Beauséjour (Duffau Lagarosse)**
Boden: *Côte*
6 **Château Belair**
Boden: *St-Émilion und Côte*
7 **Château Canon**
Boden: *St-Émilion und Côte*
8 **Château-Figeac**
Boden: *Graves und alte Sande*
9 **Clos Fourtet**
Boden: *Plateau von St-Émilion, alte Sande*
10 **Château la Gaffelière**
Boden: *Côte, untere Hangteile*
11 **Château Magdelaine**
Boden: *Plateau von St-Émilion, Côte, untere Hangteile*
12 **Château Pavie**
Boden: *Côte, Plateau von St-Émilion*
13 **Château Trottevieille**
Boden: *Plateau St-Émilion*

GRAND CRU CLASSÉ

14 **Château l'Arrosée**
Boden: *Côte*
15 **Château Baleau (heute Château Côte de Baleau)** [1, 3]
Boden: *Côte, alte Sande*
16 **Château Balestard la Tonnelle**
Boden: *Plateau von St-Émilion*
17 **Château Bellevue**
Boden: *Plateau von St-Émilion*
18 **Château Bergat**
Boden: *Côte, Plateau von St-Émilion*
19 **Château Berliquet** [2]
Boden: *Côte, untere Hangteile*
20 **Château Cadet-Bon** [1, 8]
Boden: *Plateau von St-Émilion, Côte*
21 **Château Cadet-Piola**
Boden: *Plateau von St-Émilion, Côte*
22 **Château Canon-la-Gaffelière**
Boden: *Untere Hangteile, sandiger Kies*
23 **Château Cap de Mourlin**
Boden: *Côte, alte Sande*
– **Château la Carte** [4]
Boden: *Plateau von St-Émilion, alte Sande*
– **Château Chapelle-Madeleine** [5]
Boden: *Côte, Plateau von St-Émilion*
24 **Château le Châtelet** [9]
Boden: *Côte, alte Sande*
25 **Château Chauvin**
Boden: *Alte Sande*
26 **Château Clos des Jacobins**
Boden: *Côte, alte Sande*
27 **Château la Clotte**
Boden: *Côte*
28 **Château La Clusière**
Boden: *Côte*
29 **Château Corbin**
Boden: *Alte Sande*
30 **Château Corbin Michotte**
Boden: *Alte Sande*
31 **Château La Couspaude** [1, 8]
Boden: *Plateau St-Émilion*
32 **Château Coutet** [1]
Boden: *Côte*
Château Le Couvent [6]
Boden: *St-Émilion*
33 **Couvent des Jacobins** [3]
Boden: *Alte Sande, untere Hangteile*
34 **Château Croque Michotte** [9]
Boden: *Alöte Sande, Graves*
35 **Château Curé Bon la Madeleine**
Boden: *Plateau von St-Émilion, Côte*
36 **Château Dassault** [3]
Boden: *Alte Sande*
37 **Château la Dominique**
Boden: *Alte Sande, Graves*
38 **Château Faurie de Souchard**
Boden: *Untere Hangteile*
39 **Château Fonplégade**
Boden: *Côte*
40 **Château Fonroque**
Boden: *Côte, alte Sande*
41 **Château Franc-Mayne**
Boden: *Côte*
42 **Château Grand Barrail Lamarzelle Figeac** [9]
Boden: *Alte Sande*
43 **Château Grand Corbin** [9]
Boden: *Alte Sande*
44 **Château Grand-Corbin-Despagne** [9]
Boden: *Alte Sande*
45 **Château Grand Mayne**
Boden: *Côte, alte Sande*
46 **Château Grandes Murailles** [1, 8]
Boden: *Côte, alte Sande*
47 **Château Grand-Pontet**
Boden: *Côte, alte Sande*
48 **Château Guadet St-Julien**
Boden: *Plateau von St-Émilion*
49 **Château Haut-Corbin**
Boden: *Alte Sande*
50 **Château Haut-Sarpe** [3]
Boden: *Plateau von St-Émilion und St-Christophe, Côte*
51 **Château Jean Faure** [1]
Boden: *Alte Sande*
52 **Château Laniote** [3]
Boden: *Alte Sande, untere Hangteile*
53 **Château Larcis Ducasse**
Boden: *Côte, untere Hangteile*
54 **Château Larmande**
Boden: *Alte Sande*
55 **Château Laroque** [8]
Boden: *Plateau von St-Émilion, Côte*
56 **Château Laroze**
Boden: *Alte Sande*
57 **Clos la Madeleine** [9]
Boden: *Plateau von St-Émilion, Côte*
58 **Château la Marzelle (heute: Château Lamarzelle)**
Boden: *Alte Sande, Graves*
59 **Château Matras** [3]
Boden: *Untere Hangteile*
60 **Château Mauvezin**
Boden: *Plateau von St-Émilion, Côte*
61 **Château Moulin du Cadet**
Boden: *Côte, alte Sande*
62 **Clos de l'Oratoire** [3]
Boden: *Untere Hangteile*
63 **Château Pavie Décesse**
Boden: *Plateau von St-Émilion, Côte*
64 **Château Pavie Macquin**
Boden: *Plateau von St-Émilion, Côte, sandiger Kies*
65 **Château Pavillon-Cadet** [9]
Boden: *Côte, alte Sande*
66 **Château Petit-Faurie-de-Soutard**
Boden: *Alte Sande, Côte*
67 **Château le Prieuré**
Boden: *Plateau von St-Émilion, Côte*
68 **Château Ripeau**
Boden: *Alte Sande*
69 **Château St-Georges (Côte Pavie)**
Boden: *Côte, untere Hangteile*
70 **Clos St-Martin**
Boden: *Côte, alte Sande*
71 **Château Sansonnet** [9]
Boden: *Plateau von St-Émilion*
72 **Château la Serre**
Boden: *Plateau von St-Émilion*
73 **Château Soutard**
Boden: *Plateau von St-Émilion, Côte*
74 **Château Tertre Daugay** [3]
Boden: *Plateau von St-Émilion, Côte*
75 **Château La Tour Figeac**
Boden: *Alte Sande, Graves*
76 **Château La Tour du Pin Figeac**
(Besitzer: Giraud-Belivier)
Boden: *Alte Sande, Graves*
77 **Château la Tour du Pin Figeac**
(Besitzer: Moueix)
Boden: *Alte Sande, Graves*
78 **Château Trimoulet**
Boden: *Alte Sande, Graves*
– **Château Trois-Moulins** [4]
Boden: *Plateau von St-Émilion, Côte*
79 **Château Troplong Mondot**
Boden: *Plateau von St-Émilion*
80 **Château Villemaurine**
Boden: *Plateau von St-Émilion*
81 **Château Yon-Figeac**
Boden: *Alte Sande*

Zu allen Bodenarten *siehe* Erläuterungen auf der rechten Seite.

Anmerkungen

1 Ein *Premier Grand Cru Classé* und sechs *Grands Crus Classés* wurden bei der Überarbeitung 1985 zurückgestuft.
2 Weder 1958 in der ersten Klassifizierung noch in der Revision 1969 berücksichtigt, 1985 aber als *Grand Cru Classé* eingestuft.
3 Nicht in der ersten Klassifizierung 1958 enthalten, aber 1969 als *Grand Cru Classé* eingestuft.
4 Diese zwei Güter wurden 1979 mit dem *Premier Grand Cru Classé* Château Beau-Séjour-Bécot zusammengelegt. Bis zum Jahrgang 1978 kann man Weine mit diesen Etiketten finden, und es ist möglich, dass sie einmal wieder auftauchen, weil die Erweiterung des Château Beau-Séjour-Bécot verantwortlich für seine Degradierung bei der Revision 1985 war.
5 Dieses Gut wurde 1970 mit dem *Premier Grand Cru Classé* Château Ausone zusammengelegt. Weine mit diesem Etikett kann man also nur bis zum Jahrgang 1969 finden.
6 Dieses Gut wechselte vor der Revision 1985 den Besitzer und hat sich nicht um Aufnahme bemüht; es wurde nicht zurückgestuft, sondern einfach übergangen.
7 1996 stiegen 2 Güter zum *Premier Grand Cru Classé* (B) auf.
8 1996 stiegen 4 Güter zum *Grand Cru Classé* auf.
9 1996 wurden 8 Güter zum *Grand Cru* zurückgestuft.

DIE FRAGE DER QUALITÄT

Die unterschiedliche Beschaffenheit der Böden von St-Émilion hat viele Versuche nach sich gezogen, Menge und Charakter der Weine mit dem Boden, von dem sie stammen, in Verbindung zu bringen. Ursprünglich wurden die Weine grob in zwei Kategorien eingeteilt, *Côtes* (»Hügelflanke«, »Abhang«) und *Graves* (»kiesiges Gelände«). Der Begriff Côtes sollte Weine mit mittlerem Körper bezeichnen, die sich schnell entwickeln, der Ausdruck Graves vollere, festere und kräftigere Weine, die länger brauchen, um zu reifen.

Diese Vereinfachung fand Anklang, ließ aber die vielen Weine außer Acht, die auf dem tiefgründigen Streifen Sand zwischen St-Émilion und Pomerol erzeugt werden, wie auch diejenigen von der Hochfläche (*Plateau*) mit einem schwereren Boden als die Côtes.

Sie unterschied auch nicht zwischen den erodierten Côtes und den tiefen Böden der unteren Hangteile (*Pied de Côte*). Am wichtigsten aber: Sie berücksichtigte nicht, dass viele Châteaux über mehrere Bodenarten verfügen (vgl. die Liste der Crus Classés auf der linken Seite) und dass noch verschiedene andere Faktoren des Terroirs in Betracht gezogen werden müssen – etwa die Entwässerung –, die Charakter und Qualität des Weines beeinflussen (*siehe* Kasten unten).

Die Karte unten verzeichnet die Lage der 81 klassifizierten Châteaux von St-Émilion, die in der Liste gegenüber genannt sind.

GESCHMACKS- UND QUALITÄTSFAKTOREN

LAGE
St-Émilion liegt 50 km östlich von Bordeaux am rechten Ufer der Dordogne.

KLIMA
Das Klima ist weniger maritim und kontinentaler als das des Médoc, mit größeren täglichen Temperaturschwankungen und etwas mehr Regen im Frühjahr, aber erheblich weniger im Sommer und Winter.

TOPOGRAFIE
St-Émilion liegt auf einem Plateau, die Reben wachsen in Höhen von 25–100 m. Die Weinberge sind ziemlich steil, besonders südlich der Stadt, wo sich zwei Hänge gegenüberliegen. Das Plateau geht nach Osten in Hügelkuppen über, nördlich und westlich der Stadt stehen die Reben auf flacherem Terrain.

BÖDEN
Der Boden von St-Émilion ist sehr komplex (*siehe* »Die Frage der Qualität«) und gehört zu einem Gebiet, das als »Graves von Pomerol und Figeac« bezeichnet wird.

WEINBAU UND WEINBEREITUNG
Ein Anteil Presswein, meist nur aus der ersten Pressung, wird von vielen Châteaux als unentbehrlich erachtet. Normalerweise lässt man den Wein 15 bis 21 Tage, manchmal auch bis zu vier Wochen auf der Maische. Einige Weine bleiben gerade 12 Monate im Holzfass, der Durchschnitt liegt bei 15 bis 22 Monaten.

HAUPTREBSORTEN
Cabernet Franc, Cabernet Sauvignon, Merlot

WEITERE REBSORTEN
Malbec, Carmenère

DIE BÖDEN VON ST-ÉMILION

Die Karte zeigt das Gebiet, in dem die als *Premier Grand Cru Classé* und *Grand Cru Classé* eingestuften Châteaux liegen. Die Nummerierung im Kartenausschnitt verweist auf die Châteaux in der Liste der Seite 104.

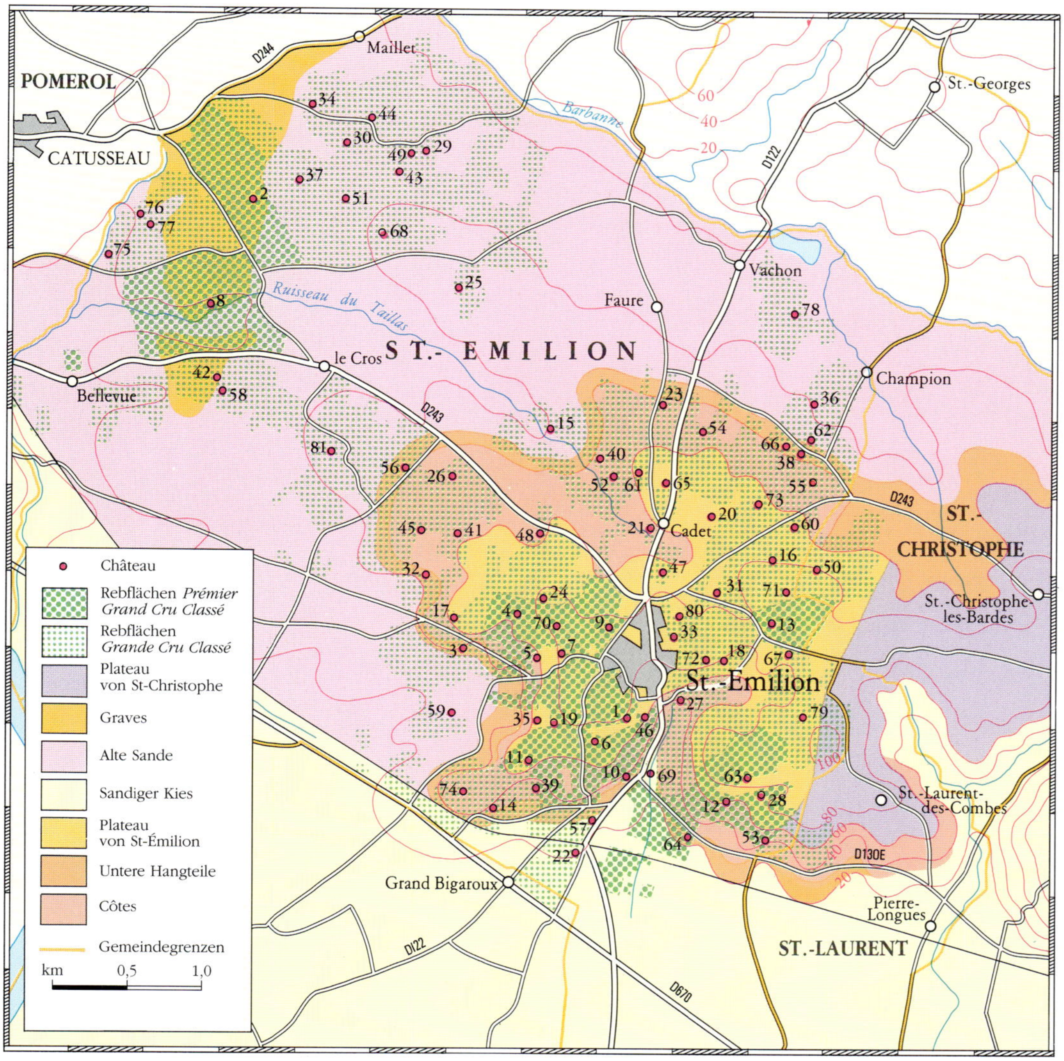

PLATEAU VON ST-CHRISTOPHE
Lehm-Kalkstein- und Lehm-Sand-Böden auf einem Unterboden aus Kalkstein und Terra rossa (ein roter, lehmartiger Boden).

GRAVES
Tiefer Kiesboden auf einem Unterboden aus grobem Sand; darunter liegt eine mächtige Schicht hartes, wasserundurchlässiges Sedimentgestein (Molasse). Der Kies ist dem des Médoc ähnlich.

ALTE SANDE
Eine dicke Schicht aus grobkörnigem Sand auf einem Unterboden aus Molasse, die sich hauptsächlich von St-Émilion nach Nordosten in Richtung Pomerol erstreckt. Zwar senkt sich dieses Gebiet ringsum leicht ab, und der Sand ist sehr durchlässig, doch die darunter befindliche Molasse ist wasserundurchlässig und breitet sich flach aus; das Wasser fließt nicht ab, wodurch die Rebwurzelsysteme gesättigt sind und der Säuregehalt des Bodens steigt.

SANDIGER KIES
Boden mit Sand und sandigem Kies auf Unterböden aus sandigem Kies, eisenhaltigem Kies und Eisenortstein.

PLATEAU VON ST-ÉMILION
Flacher Oberboden aus Lehm-Kalkstein und Lehm-Sand, Muschelschalen und Schlick über erodiertem Kalkstein.

UNTERE HANGTEILE
Die sanfter geneigten unteren Hangteile der Côtes (frz. *pied de côte*) haben einen tiefen rötlich-braunen, sandigen Lehmboden über einem Unterboden aus Sand.

CÔTES
Die mittleren und oberen Hangteile der Côtes besitzen einen flachen kalkhaltigen Lehm-Schlick-Ton-Boden mit einem hohen Anteil aktiven Kalks. Die Hangmitte ist ziemlich sandig, nach oben hin wird die obere Bodenschicht flacher. Der Untergrund ist vorwiegend Molasse, allerdings nicht eine wasserundurchlässige wie die unter den alten Sanden und den Graves, sondern eine verwitterte, wasserdurchlässige und -speichernde Molasse aus Kalk- oder Sandstein.

ERZEUGER IN SAINT-ÉMILION

CHÂTEAU ANGELUS

Premier Grand Cru Classé (B)

★★

Ein großes Gut mit einem einzigen Weinberg an den nach Süden gerichteten Côtes. Einst produzierte man Weine im alten Stil mit seinem Bauernhof-Goût, aber das hörte mit dem Jahrgang 1980 auf. Zwei Drittel des Weines reifen 14 bis 16 Monate in 100 % neuer Eiche. Ein aufsteigender Stern, der 1996 zum Premier Grand Cru Classé (B) befördert wurde.

ROT Ein weicher, seidiger, verführerischer Wein. Der Luxus neuen Eichenholzes wirkt sich positiv auf Qualität, Charakter und Alterungspotenzial aus.

Cabernet Franc 50 %, Merlot 45 %, Cabernet Sauvignon 5 %

7–20 Jahre

Zweitwein *Carillon de l'Angélus*

CHÂTEAU L'ARROSÉE

Grand Cru Classé

★☆V

Dieses Gut liegt auf den Côtes oberhalb der Genossenschaft. Durch strikte Selektion macht es zuverlässig Weine, die eine Klasse über vielen seiner Kategorie liegen.

ROT Mittelschwerer bis körperreicher Wein mit herrlich rubinroter Farbe, üppigem Bukett und weicher, kräftiger Frucht, die durch geschmeidige Eichentannine akzentuiert wird.

Merlot 50 %, Cabernet Sauvignon 35 %, Cabernet Franc 15 %

5–15 Jahre

Zweitwein *Les Coteaux du Château l'Arrosée*

CHÂTEAU AUSONE

Premier Grand Cru Classé (A)

★★★

Seitdem der begnadete Weinmacher Pascal Delbeck 1975 die Leitung im Château Ausone übernahm, hat dieses renommierte Gut Weine von unglaublicher Qualität erzeugt; es hat seinen Status als Superstar verdient. Infolge eines Konflikts zwischen den Eignern übernahm 1997 Alain Vauthier das Ruder, trennte sich von Delbeck und engagierte Michel Rolland als Berater. Die meist 40 bis 45 Jahre alten Reben stehen auf einem privilegierten Südosthang und bringen sehr konzentrierte Weine hervor, die 16 bis 22 Monate in zu 100 % neuen Eichenfässern reifen. Der Keller war immer schon ein Unsicherheitsfaktor, und eine der ersten Entscheidungen, die Vauthier traf, war ein Umlagern des Weins in einen trockeneren Keller während des Winters.

ROT Mächtige, farbkräftige Weine mit verschwenderischen Aromen und Funken sprühendem Bukett. Sie sind sehr körperreich, von kompakter Struktur und verfeinertem Charakter, mit Unmengen von würziger Cassis-Frucht und weichen Eichennoten. Der Inbegriff von Klasse, Komplexität und Finesse.

Cabernet Franc 50 %, Merlot 50 %

15–60 Jahre

CHÂTEAU BALESTARD LA TONNELLE

Grand Cru Classé

★

Das Etikett ziert ein Gedicht von François Villon aus dem 15. Jahrhundert, das den Namen dieses Château erwähnt. Ein Drittel der Weine reift bis zu 24 Monaten in zu 100 % neuer Eiche, ein Drittel in zwei Jahre alten Fässern, der Rest bleibt in Edelstahl, bis alle verschnitten und abgefüllt werden.

ROT Sanfte, reife Aromen strafen den unerschütterlich traditionellen Stil Lügen. Ein körperreicher Wein mit viel Extrakt, Tannin und Säure, die Zeit brauchen, um sanfter zu werden, aber er hat jede Menge Frucht und reift daher perfekt.

Merlot 65 %, Cabernet Franc 20 %, Cabernet Sauvignon 10 %, Malbec 5 %

10–30 Jahre

Zweitwein *Les Tournelles de Balestard*

CHÂTEAU BEAU-SÉJOUR-BÉCOT

Premier Grand Cru Classé (B)

★☆

Seit 1979 ist dieses Gut durch die Vereinigung mit den beiden Grands Crus Classés Château la Carte und Château Trois Moulins doppelt so groß geworden. Beau-Séjour-Bécot war der einzige Premier Grand Cru Classé, der bei der Revision der St-Émilion-Klassifizierung 1985 zurückgestuft wurde – nicht wegen nachlassender Qualität, sondern aufgrund der Flächen-Erweiterung. Doch wenn man dieses Kriterium allgemein anwenden würde, müsste man fast alle 1855 klassifizierten Bordeaux-Châteaux zurückstufen! Dass eine Expansion innerhalb angemessener Grenzen im Médoc erlaubt ist, in St-Émilion jedoch nicht, war zum Problem geworden, sodass diese Einschränkung aufgehoben wurde: 1996 stieg Beau-Séjour-Bécot wieder zum Premier Cru Classé (B) auf. Der Wein gärt in Edelstahl und wird 18 Monate in Holzfässern aus zu 90 % neuer Eiche ausgebaut.

ROT Der einst leichtgewichtige Wein ist heute füllig, kräftig und charaktervoll. Seine seidige Merlot-Frucht, die sich schnell entwickelt, wird gestützt von weichen Eichenholznoten von neuen Fässern.

Merlot 70 %, Cabernet Franc 15 %, Cabernet Sauvignon 15 %

7–25 Jahre

Zweitwein *La Tournelle des Moines*

CHÂTEAU BEAU-SÉJOUR

(Besitzer: Duffau-Lagarosse)

Premier Grand Cru Classé (B)

Diese selten anzutreffenden Weine waren eine ständige Enttäuschung für die Kritiker, bis man in den 1980er Jahren begann, dunklere, vollere Weine mit mehr Klasse zu produzieren.

ROT Kein mächtiger Wein, aber reich an Aroma, von tiefer Farbe und pflaumiger Frucht.

Merlot 50 %, Cabernet Franc 25 %, Cabernet Sauvignon 25 %

7–15 Jahre

Zweitwein *La Croix de Mazerat*

CHÂTEAU BELAIR

Premier Grand Cru Classé (B)

★★

Pascal Delbeck, der Weinmacher von Château Ausone, lebt hier und macht diesen Wein mit der gleichen Sorgfalt und Aufmerksamkeit wie den Ausone. Der Wein wird 16 bis 20 Monate in Holzfässern ausgebaut, bis zur Hälfte in neuer Eiche, der Rest in Fässern, die bereits auf Ausone für einen Jahrgang gebraucht wurden. Einer der allerbesten Premiers Grands Crus.

ROT Ein farbkräftiger, körperreicher Wein mit üppigem Aroma von Pflaumen, Schokolade, Schwarzkirschen und Cassis. Große Finesse, verführerische Art und funkelnde, komplexe, würzige Zedernholznoten.

Merlot 60 %, Cabernet Franc 40 %

10–50 Jahre

Zweitwein *Roc Blanquet*

CHÂTEAU BELLEVUE

Grand Cru Classé

⊗

Dieses kleine Gut hieß ursprünglich Fief-de-Bellevue und gehörte von 1642 bis 1938 der Familie Lacaze. Es liegt auf den Côtes und erzeugt einen Wein, den man außerhalb Frankreichs selten zu sehen bekommt.

ROT Ich habe nur den 1982er probiert – ein attraktiver fruchtiger Wein mit mittelgroßem Körper und elegantem Bukett. Er ist jedoch nicht besser als viele unklassifizierte St-Émilions.

Merlot 67 %, Cabernet Franc 16,5 %, Cabernet Sauvignon 16,5 %

5–10 Jahre

CHÂTEAU BERGAT

Grand Cru Classé

?

Dieses kleine Gut wird von Philippe Castéja von Château Trottevieille geführt. Selten anzutreffender Wein, ich habe ihn nie verkostet.

Merlot 50 %, Cabernet Franc 40 %, Cabernet Sauvignon 10 %

CHÂTEAU BERLIQUET

Grand Cru Classé

★

Bei der Klassifizierung 1985 das einzige Gut, das zum Grand Cru Classé hochgestuft wurde; hält der augenblickliche qualitative Aufwärtstrend unter der Beratung von Patrick Valette an, wird es schwierig sein, ihm bei der nächsten Klassifizierung den Status des Premier Grand Cru Classé zu verweigern. Der Wein wird unter Aufsicht der lokalen Genossenschaft erzeugt. Er gärt in Edelstahltanks und reift 18 Monate in zu 30 % neuen Eichenfässern.

ROT Tiefrote, dunkle, dichte Weine mit würziger Cassis-Frucht und kräftiger Vanillenote von der Eiche.

Merlot 70 %, Cabernet Franc und Cabernet Sauvignon 30 %

10–30 Jahre

CHÂTEAU CADET-BON

Grand Cru Classé

Dieses Weingut wurde bei der Revision 1985 vom Grand Cru Classé zurückgestuft; nach einigen Verbesserungen wurde es bei der Klassifizierung 1996 wieder in den Status eines Grand Cru Classé versetzt.

Merlot 60 %, Cabernet Franc 40 %

CHÂTEAU CADET-PIOLA

Grand Cru Classé

★

Mit Ausnahme der Jahrgänge 1980 und 1981, die sehr leicht waren, verfügen diese Weine normalerweise über große Dichte und eleganten Stil. Bis zu 50 % reifen sie in neuem Eichenholz.

ROT Körperreiche Weine mit intensiven Aromen, mächtige Prägung durch neue Eiche und kräftige Tannine.

Merlot 51 %, Cabernet Sauvignon 28 %, Cabernet Franc 18 %, Malbec 3 %

12–25 Jahre

Zweitwein *Chevalier de Malte*

CHÂTEAU CANON

Premier Grand Cru Classé (B)

★★V

Bevor das Weingut nach St-Émilion eingemeindet wurde, produzierte man einen Zweitwein mit dem Namen des Pfarrsprengels, zu dem es gehörte: St-Martin-de-Mazerat. Unter Eric Forner wurden hervorragende Weine erzeugt, und selbst nachdem er das Château 1996 verkauft hatte, hielt sich die hohe Qualität. Im Sommer 2000 erwarben die neuen Eigentümer, Chanel Inc., auch das Nachbargut Curé Bon la Madelaine mit der Zusage des INAO, dies ab dem Jahrgang 2000 Canon einverleiben zu dürfen. Also auf Wiedersehen Curé Bon!

Der Hauptwein gärt heute in Eichenfässern und wird 20 Monate in zu 50 % neuen Eichenfässern ausgebaut. Einer der besten Premiers Grands Crus Classés von St-Émilion.

ROT Weine von dunkelpurpurner Farbe und reichem Cassis-Bukett. Am Gaumen zeigen sie sich sehr üppig und sinnlich mit Massen von saftiger Merlot-Frucht und Gewürzen.

Merlot 55 %, Cabernet Franc 40 %, Cabernet Sauvignon 3 %, Malbec 2 %

8–50 Jahre

Zweitwein *Clos J. Kanon*

CHÂTEAU CANON-LA-GAFFELIÈRE

Grand Cru Classé

★½

Die Weine wurden bis 1997 in Edelstahltanks vergoren, als neue Holzfässer installiert wurden. Der Wein wird 18 Monate ausgebaut, zur Hälfte in neuer Eiche.

ROT In besten Jahrgängen ist der Wein opulent und konzentriert, dabei sehr geschmeidig mit relativ hohem Alkohol und Extrakt; diese Weine bereiten schon recht früh Trinkgenuss ohne Reue.

Merlot 65 %, Cabernet Franc 30 %, Cabernet Sauvignon 5 %

8–20 Jahre

Weitere Weine *Côte Mignon-la-Gaffelière*

CHÂTEAU CAP DE MOURLIN

Grand Cru Classé

Bis 1982 gab es zwei Versionen dieses Weins, eine mit dem Namen von Jacques Capdemourlin und eine mit dem von Jean Capdemourlin. Dieses Gut wird von Jacques geleitet. Der Wein reift 24 Monate in bis zu einem Drittel neuen Eichenfässern.

ROT Attraktive, gut gemachte, mittelkräftige Weine mit exquisiter frischer Frucht und weichem Abgang.

Merlot 60 %, Cabernet Franc 25 %, Cabernet Sauvignon 12 %, Malbec 3 %

6–15 Jahre

Zweitwein *Mayne d'Artagnan*

CHÂTEAU LA CARTE

Grand Cru Classé

Nach dem Jahr 1980 wurden die Rebflächen des Château La Carte dem Premier Grand Cru Classé (B) Château Beau-Séjour-Bécot hinzugefügt.

CHÂTEAU CHAPELLE-MADELEINE

***Grand Cru Classé* bis 1969**

Nach 1971 wurden die Rebflächen dieses Guts dem Premier Grand Cru Classé (B) Château Ausone hinzugefügt.

CHÂTEAU CHAUVIN

Grand Cru Classé

Der Wein dieses Guts reift 18 Monate in zu einem Drittel neuen Eichenfässern. Er ist schwer zu finden, aber seine Qualität macht ihn einer besseren Vermarktung wert.

ROT In guten Jahren hat der Chauvin exzellente Farbe, kräftiges Bukett, vollen Körper und eine handfeste, pflaumige Frucht.

Merlot 60 %, Cabernet Franc 30 %, Cabernet Sauvignon 10 %

4–10 Jahre

Zweitwein *Chauvin Variation*

CHÂTEAU CHEVAL BLANC

Premier Grand Cru Classé (A)

★★★

Dieser große Wein weist einen ungewöhnlich hohen Anteil Cabernet Franc auf, was auf die Zeit vor 1956 zurückzuführen ist. Für die meisten Weingüter des Libournais war es gut, auf einen dominierenden Anteil von Merlot umzusteigen, aber für Château Cheval Blanc war es noch besser, seinen Cabernet-Franc-Anteil von 60 % beizubehalten. 1998 wurde dieses Château von zwei Geschäftsleuten erworben, dem Belgier Albert Frère und dem Vorstandsvorsitzenden von LVMH, Bernard Arnault. Der Wein reift 20 Monate in zu 100 % neuen Eichenfässern.

ROT Großartig alternde Weine mit all der süßen, würzigen Fülle, die man von einem klassischen St-Émilion-Weingut mit Graves-Boden erwartet. Der 1947er etwa ist Legende, die Preise für eine solche Trouvaille gehen ins Astronomische.

Cabernet Franc 60 %, Merlot 37 %, Malbec 2 %, Cabernet Sauvignon 1 %

12–60 Jahre

Zweitwein *Le Petit Cheval*

CHÂTEAU CLOS DES JACOBINS

Grand Cru Classé

★

Clos des Jacobins beeindruckt sogar mit so genannten »schwachen« Jahrgängen.

ROT Üppige, schmalzige Weine, die mit Schokolade- und Schwarzkirscharomen prunken.

Merlot 85 %, Cabernet Franc 10 %, Cabernet Sauvignon 5 %

8–25 Jahre

CHÂTEAU LA CLOTTE

Grand Cru Classé

?

Dieses Gut hat denselben Besitzer wie das Restaurant Logis de la Cadène in St-Émilion, in dem sein Wein gut verkauft wird. Der Händler und Pétrus-Eigner Jean-Pierre Moueix nimmt drei Viertel der Ernte ab.

ROT Obwohl nicht so beständig wie andere Grands Crus Classés, kann man attraktive und elegante Weine mit sehr viel weicher, seidiger Frucht produzieren, die den Standard der Klasse erfüllen.

Merlot 70 %, Cabernet Franc 30 %

5–12 Jahre

CHÂTEAU LA CLUSIÈRE

Grand Cru Classé

?

Eine kleine Enklave innerhalb des Areals von Château Pavie mit demselben Besitzer wie Pavie und Pavie-Décesse. Der Wein gärt in Edelstahltanks und reift bis zu 24 Monaten in Holzfässern (zwei Jahre alte Fässer von Château Pavie).

ROT Der Wein hat eine gewisse Eleganz, aber es fehlt ihm an Finesse. Sein arroganter Stil missfällt mir. Ich muss fairerweise zugeben, dass diejenigen, die diesen Stil schätzen, La Clusière als solide und charaktervoll bezeichnen.

Merlot 70 %, Cabernet Franc 20 %, Cabernet Sauvignon 10 %

5–10 Jahre

CHÂTEAU CORBIN

Grand Cru Classé

?

Dieses Gut hat denselben Besitzer wie Château Grand Corbin – das ursprüngliche Corbin-Anwesen, das einmal dem »Schwarzen Prinzen« gehörte und heute auf 5 Güter aufgeteilt ist, die an Pomerol angrenzen. Der Wein wird in Edelstahl vergoren, ein Drittel der Produktion in neuen Eichenfässern ausgebaut.

ROT Farbkräftiger, körperreicher und köstlich üppiger Wein, der für einen Cru Classé etwas rustikal ist.

Merlot 67 %, Cabernet Franc und Cabernet Sauvignon 33 %

6–12 Jahre

Weitere Weine *La Tour Corbin, Château Corbin-Vieille-Tour*

CHÂTEAU CORBIN-MICHOTTE

Grand Cru Classé

★

Eines von fünf Corbin- und zwei Michotte-Gütern! Der Wein wird in Edelstahl vergoren, ein Teil wird in Eichenfässern ausgebaut, die zu einem Drittel neu sind.

ROT Ein dunkler, intensiv aromatischer, körperreicher Wein mit voller, saftiger Merlot-Frucht.

Merlot 65 %, Cabernet Franc 30 %, Cabernet Sauvignon 5 %

6–15 Jahre

Zweitwein *Les Abeilles*

CHÂTEAU CÔTE DE BALEAU

***Grand Cru Classé* bis 1985**

★

Dieses Gut wurde in der Revision 1985 ungerechtfertigterweise vom

Grand Cru Classé zurückgestuft. Côtes de Baleau hat denselben Besitzer wie Clos St-Martin und Château Grandes Murailles, das genauso unfair degradiert wurde. Dieser Wein reift in Holzfässern, von denen jährlich 25 % erneuert werden.

ROT Volle, körperreiche und harmonische Weine mit schöner, leicht schmalziger Frucht und attraktiver Vanillenote.

Merlot 70 %, Cabernet Sauvignon 20 %, Cabernet Franc 10 %

4–12 Jahre

Zweitwein *Des Roches Blanches*

CHÂTEAU LA COUSPAUDE

Grand Cru Classé

★

Das Gut wurde 1985 vom Grand Cru Classé zurückgestuft, aber 1996 wieder befördert. Der Wein reift in Holzfässern, bis zu 80 % in neuer Eiche.

ROT Dieser Wein hat nun viel offene, saftig von Merlot geprägte Frucht mit immer mehr Finesse.

Merlot 60 %, Cabernet Franc und Cabernet Sauvignon 40 %

3–7 Jahre

Zweitwein *Hubert*

CHÂTEAU COUTET

Grand Cru Classé bis 1985

❷

Dieses Gut wurde 1985 vom Grand Cru Classé zurückgestuft. Es hat bessere Weine gemacht als La Couspaude, leidet aber unter derselben Unbeständigkeit.

ROT Die meisten Jahrgänge sind von leichter, aber eleganter Art mit festen Tanninen.

Cabernet Franc 45 %, Merlot 45 %, Cabernet Sauvignon 5 %, Malbec 5 %

4–8 Jahre

CHÂTEAU LE COUVENT

Grand Cru Classé bis 1985

❷

Dieses Weingut wurde 1982 von Marne & Champagne erworben, das sich 1985 nicht um eine neue Klassifizierung bemüht hat; es wurde also nicht zurückgestuft, sondern übergangen. Der Wein reift 24 Monate in zu 100 % neuen Eichenfässern.

ROT Ich habe diesen Wein noch nicht so oft verkostet, wie ich es gewünscht hätte, aber die besten waren sehr schöne, farbkräftige Weine mit mittlerem bis kräftigem Körper, üppiger Merlot-Frucht und sahnig-würzigen Eichenholznoten.

Merlot 55 %, Cabernet Franc 25 %, Cabernet Sauvignon 20 %

6–15 Jahre

COUVENT DES JACOBINS

Grand Cru Classé

★

Dieses Gut hat auch junge Reben, dessen Most aber nicht in seinem Grand Vin, sondern im Zweitwein Château Beau Mayne verwendet wird. Ein Drittel der Produktion reift in neuen Eichenfässern.

ROT Die köstliche, seidig-verführerische Frucht in diesem zuverlässig gut gemachten, finessereichen und sehr gut lagerfähigen Wein ist sehr elegant und harmonisch.

Merlot 66 %, Cabernet Franc und Cabernet Sauvignon 33 %, Malbec 1 %

5–15 Jahre

Zweitwein *Château Beau Mayne*

CHÂTEAU CROQUE-MICHOTTE

Grand Cru Classé bis 1996

★

Das Gut verdient Grand-Cru-Classé-Status. Der Wein wird in Edelstahl vergoren und 18 bis 24 Monate lang in bis zu ein Drittel neuen Eichenfässern ausgebaut. Ich habe die jüngeren Jahrgänge nicht verkostet, aber nichts von einem Abwärtstrend in der Qualität gehört. Croque-Michotte wurde in der Klassifizierung 1996 zurückgestuft.

ROT Ein Wein von herrlicher, eleganter Art, randvoll mit saftiger, weicher und seidiger Merlotfruchtigkeit.

Merlot 80 %, Cabernet Franc und Cabernet Sauvignon 20 %

5–12 Jahre

CHÂTEAU CURÉ BON LA MADELEINE

Grand Cru Classé

★

Dieses Weingut, das von Premiers Grand Crus Classés wie Ausone, Belair und Canon umgeben ist, hatte eine hervorragende Leistungsbilanz; es ging aber im Sommer 2000 im Château Canon auf. Dennoch bleibt Château Curé Bon la Madeleine hier weiter aufgeführt, da seine Weine noch erhältlich sind und vielleicht zu Sammlerstücken werden könnten. Sie reiften 18 bis 24 Monate in Eichenfässern, von denen ein kleiner Teil neu war.

ROT Eleganter, schön profilierter Wein mit hervorragender Frucht, geschmeidiger Struktur und einiger Finesse.

Merlot 90 %, Cabernet Franc 5 %, Malbec 5 %

7–20 Jahre

CHÂTEAU DASSAULT

Grand Cru Classé

★☆

Dieses Weingut stieg 1969 bei der Revision der Klassifizierung von 1954 zum Grand Cru Classé auf. Es hat diese Einstufung mit seiner ausgezeichneten Leistungsbilanz mehr als verdient. Der Wein wird in Edelstahl vergoren, 12 Monate in Fässern ausgebaut, die zu einem Drittel aus neuer Eiche sind, und sechsmal abgezogen. Mit seinem zurückhaltenden, Lafite-ähnlichen Etikett wird die Selbstdarstellung von Dassault perfekt.

ROT Wunderbar elegante Weine mit perfekter Balance zwischen Frucht und Eichennoten, mit feiner Säure und geschmeidigen Tanninen.

Merlot 65 %, Cabernet Franc 20 %, Cabernet Sauvignon 15 %

8–25 Jahre

Zweitwein *Merissac*

CHÂTEAU LA DOMINIQUE

Grand Cru Classé

★☆Ⓥ

Dieses Gut, eines der besten Grands Crus Classés, liegt neben Château Cheval Blanc auf dem Graves-Boden im Nordwesten der Appellation St-Émilion. Der Wein wird in Edelstahltanks vergoren, in denen Gitter dafür sorgen, dass der *Marc* (Trester aus Kernen, Stielen und Schalen) während der Gärung nicht als Hut aufschwimmt. 24 Monate Ausbau in zu 50 % neuen Eichenfässern.

ROT Sehr zugängliche, ausdrucksstarke Weine, die rund und attraktiv sind, voll reifer, sahniger Frucht mit elegantem Eichenton.

Merlot 60 %, Cabernet Franc 15 %, Cabernet Sauvignon 15 %, Malbec 10 %

8–25 Jahre

Zweitwein *St-Paul de la Dominique*

CHÂTEAU FAURIE DE SOUCHARD

Grand Cru Classé

❷

Das Positivste, was ich 1988 sagen konnte, war, dass dieses Château nicht noch in letzter Minute einige gute Jahrgänge hervorzauberte, um die Reklassifizierung 1985 zu beeinflussen. Mit dem in Ansätzen attraktiven 1986er begann tatsächlich eine Qualitätsverbesserung.

ROT Immer noch ein mittelkräftiger Wein, aber seit 1986 mit zunehmend mehr Farbe und Konzentration. Noch kein komplexer Wein, aber durchaus zugänglich.

Merlot 65 %, Cabernet Franc 26 %, Cabernet Sauvignon 9 %

4–7 Jahre

Weitere Weine *Cadet-Peychez*

CHÂTEAU FIGEAC

Premier Grand Cru Classé (B)

★★★

Einige Kritiker behaupten, dass bei diesem großen Château der ungewöhnlich hohe Cabernet Sauvignon-Anteil falsch sei. Doch Besitzer Thierry Manoncourt widerlegt das: Er lagert auf Figeac in den letzten dreißig Jahren produzierte reinsortige Weine. Nach meiner Meinung spricht seine Grand-Vin-Cuvée für sich. Dieses Château mit seinen 40 ha Weinbergen auf Kiesboden gehört mit Ausone und seinem Graves-Nachbarn Cheval Blanc unbedingt zur St-Émilion-Elite. Der Wein reift 18 bis 20 Monate in zu 100 % neuen Eichenfässern.

ROT Hervorragend alternde, eindrucksvoll reife, mächtige, konzentrierte Weine von herrlicher Farbe, schönem Bukett, unglaublich sahnig-runder Frucht, großer Finesse und wunderbar würziger, komplexer Struktur.

Merlot 30 %, Cabernet Franc 35 %, Cabernet Sauvignon 35 %

12–50 Jahre

Zweitwein *La Grange Neuve*

CHÂTEAU FONPLÉGADE

Grand Cru Classé

Wie Château la Tour du Pin Figeac gehört dieses Weingut Armand Moueix, Cousin von Jean-Pierre Moueix von Château Pétrus etc. Der Wein reift 12 bis 15 Monate in Holzfässern, zu einem Drittel neue Eiche.

ROT Noch bis vor kurzem empfand ich die Weine als hart und grasig, aber das hat sich geändert; sie sind heute sehr sauber und attraktiv, sie platzen buchstäblich vor weichen, reifen, saftigen Himbeer- und Erdbeeraromen.

Merlot 60 %, Cabernet Franc 35 %, Cabernet Sauvignon 5 %

5–12 Jahre

Zweitwein *Clos Goudichaud*

CHÂTEAU FONROQUE

Grand Cru Classé

Dieses nordwestlich von St-Émilion versteckt gelegene Gut gehört dem Handelshaus J.-P. Moueix. Der Wein reift 24 Monate in Holzfässern.

ROT Ein farbkräftiger, gut gemachter Wein mit schönem pflaumigen Charakter, der sich stärker im Bukett und am Gaumen zeigt als im Abgang.

Merlot 70 %, Cabernet Franc 30 %

6–15 Jahre

FRANC-MAYNE

Grand Cru Classé

❓

Das Gut wurde 1996 von einem belgischen Konsortium unter der Leitung von Georgy Fourcroy erworben, der Michel Rolland als Berater engagierte.

ROT Farbkräftige Weine von fester und konzentrierter Art.

Merlot 72 %, Cabernet Franc 14 %, Cabernet Sauvignon 14 %,

6–12 Jahre

CLOS FOURTET

Premier Grand Cru Classé (B)

★Ⓥ

Dieses Gut zeigte unbeständige Leistung, verbesserte sich aber während der 1990er Jahre kontinuierlich. Die Weine reifen 12 bis 18 Monate in zu 70 % neuen Eichenfässern.

ROT Üppig bei mittlerem Körper und seidiger Merlot-Frucht erlangen sie Komplexität und Finesse.

Merlot 60 %, Cabernet Franc 20 %, Cabernet Sauvignon 20 %

6–12 Jahre

Zweitwein *Domaine de Martialis*

CHÂTEAU LA GAFFELIÈRE

Premier Grand Cru Classé (B)

★

Dieses Gut gehört dem Grafen Léo de Malet-Roquefort, der auch das sehr alte Grand-Cru-Classé-Gut Château Tertre Daugay besitzt. Nach einer Reihe aggressiver, dürftiger Jahrgänge macht Gaffelière seit Mitte der 1980er Jahre (seit 1996 unter dem gleichen Besitzer wie Château La Marzelle) zunehmend herausragende Weine. Der Wein reift in zu 100 % neuen Eichenfässern.

ROT Weine mit Extrakt und Tannin, heute auch mit viel mehr Finesse und schmalziger, gaumenschmeichelnder Fülle als früher.

Merlot 65 %, Cabernet Franc 20 %, Cabernet Sauvignon 15 %

12–35 Jahre

Zweitwein *Clos la Gaffelière*

Weitere Weine *Roquefort*

CHÂTEAU LA GOMERIE

Grand Cru

★★

Eigentümer sind Gérard und Dominique Bécot, die sich auf Beau-Séjour-Bécot einen Namen gemacht haben und diesen aus 100 % Merlot bestehenden und zu 100 % in neuer Eiche vinifizierten Wein, so scheint es, als Gegenangriff an die Adresse der Behörden erzeugen. Die ungerechtfertigte Herabstufung von Beau-Séjour-Bécot im Jahr 1985 (1996 wieder rückgängig gemacht) war ein grausamer Schlag für die Bécots, die kontinuierlich und beharrlich die Qualität ihres Weins verbessert hatten. Mit ihrem nicht-klassifizierten St-Emilion, für den sie einen höheren Preis als für den eigenen *Premier Grand Cru Classé* verlangen und auch bekommen, haben die Bécots gezeigt, dass eine Klassifizierung allein keine Bedeutung hat.

ROT Massenhaft volle, reife Merlot-Frucht bestimmt diesen Wein, trotz der 100 % neuer Eiche. Ein eindrucksvoller Wein, der die Hochachtung seiner Anhänger verdient.

Merlot 100 %

4–18 Jahre

CHÂTEAU GRAND CORBIN

***Grand Cru Classé* bis 1996**

❓

Dieses Gut teilt mit Château Corbin Geschichte und Besitzer. Es gehörte einst dem »Schwarzen Prinzen« und ist heute in der Hand von Alain Giraud. Die Herstellungstechnik dieser Güter ist unterschiedlich, da der Wein auf Grand Corbin nicht in Edelstahl-, sondern in Betontanks gärt und in zu 25 % neuen Eichenfässern ausgebaut wird. In der Klassifizierung wurde das Gut 1996 zurückgestuft.

ROT Diese Weine sind etwas heller als die von Château Corbin und haben auch weniger Fülle und Körper, aber sie sind gut gemacht und nicht ohne Reiz.

Merlot 60 %, Cabernet Franc 20 %, Cabernet Sauvignon 20 %

4–10 Jahre

CHÂTEAU GRAND-CORBIN-DESPAGNE

***Grand Cru Classé* bis 1996**

★

Dieser Teil des ursprünglichen Corbin-Besitzes wurde von der Familie Despagne erworben; daher der Name. Es wurde in der Klassifizierung 1996 zurückgestuft. Der Wein gärt in Edelstahltanks und reift bis zu 18 Monaten in (zum kleinen Teil neuen) Eichenfässern.

ROT Ein farbkräftiger Wein mit vollem, üppigem Körper, viel weicher Frucht und Eichennoten, unterstützt von geschmeidigem Tannin.

Merlot 90 %, Cabernet Franc 10 %

7–25 Jahre

Zweitwein *Reine-Blanche*

CHÂTEAU GRAND MAYNE

Grand Cru Classé

★Ⓥ

Dieses alte Château vergärt seine Weine in Edelstahltanks und lässt sie in Holzfässern aus 80 % neuer Eiche reifen.

ROT Ein fester, frischer und fruchtiger Wein, der bis zu den 1990er Jahren als recht unbeständig galt. Heute zeigt er viel mehr Fülle als in früheren Jahren.

Merlot 50 %, Cabernet Franc 40 %, Cabernet Sauvignon 10 %

4–10 Jahre

Zweitwein *Les Plantes du Mayne*

Weitere Weine *Cassevert, Château Beau Mazerat*

CHÂTEAU GRANDES MURAILLES

Grand Cru Classé

★

Dieses Gut wurde 1985 vom Grand Cru Classé zurückgestuft, nicht zu Recht, wie ich meine; dieser Wein ist besser und zuverlässiger als der vieler anderer Châteaux, die nicht zurückgestuft wurden. Allerdings wurde es 1996 wieder in seinen alten Status zurückversetzt. Es hat denselben Besitzer wie Clos St-Martin und Château Côte de Baleau, das ebenfalls unfairerweise zurückgestuft wurde. Der Wein wird in Edelstahltanks vergoren und reift 20 Monate in bis zu 25 % neuen Eichenfässern.

ROT Äußerst elegante, harmonische Weine mit gutem Extrakt und geschmeidiger Tanninstruktur, die rasch weich wird. Sie sind schon jung herrlich zu trinken, altern aber auch schön.

Merlot 60 %, Cabernet Franc 20 %, Cabernet Sauvignon 20 %

5–20 Jahre

CHÂTEAU GRAND-PONTET

Grand Cru Classé

★☆Ⓥ

Seit 1980 ist dieses Gut im selben Besitz wie Château Beau-Séjour-Bécot. Der Wein reift 12 bis 18 Monate in zu 50 % neuen Eichenfässern.

ROT Nach einer Reihe sehr langweiliger Jahrgänge produziert das Gut heute körperreiche Weine von sehr gutem Charakter. Sie sind rund und reif, reich an Frucht und Tannin mit köstlichen weichen Eichennoten.

Merlot 60 %, Cabernet Franc und Cabernet Sauvignon 40 %

6–15 Jahre

CHÂTEAU GUADET ST-JULIEN

Grand Cru Classé

☆

Die Weine des Guts sind zuverlässig und verdienen ihren Status. Sie werden 18 bis 20 Monate in bis zu einem Drittel neuen Eichenfässern ausgebaut.

ROT Die Weine zeigen den seidigen Charme des Merlot sehr früh und sind dann einige Jahre verschlossen, bis sie zu feinen, fülligen Tropfen ausrunden.

Merlot 75 %, Cabernet Franc und Cabernet Sauvignon 25 %

7–20 Jahre

CHÂTEAU HAUT-CORBIN

Grand Cru Classé

☆

Dieser Wein reift 20 Monate in Eichenfässern, davon sind bis zu 20 % neu. Eine Reihe guter Ernten in den 1990er Jahren.

Merlot 70 %, Cabernet Franc und Cabernet Sauvignon 30 %

Zweitwein *Vin d'Edouard*

CHÂTEAU HAUT-SARPE

Grand Cru Classé

★

Das Château ist zwar nicht eines der besten, verdient aber ganz sicherlich seinen Status. Der Wein reift 20 bis 22 Monate in bis zu 25 % neuem Eichenholz.

ROT Elegante, seidige, stilvolle Weine mit mittlerem Körper, die am besten jung getrunken werden.

Merlot 70 %, Cabernet Franc 30 %

4–8 Jahre

CHÂTEAU JEAN FAURE

***Grand Cru Classé* bis 1985**

Ich habe nach dem Jahrgang 1983 keinen jüngeren Wein dieses Guts verkostet. Der Wein wird 24 Monate in zu 25 % neuen Eichenfässern ausgebaut.

ROT Die Weine des Château Jean Faure verfügen über eine schöne Farbe und eine leichte, attraktive, geschmeidige Frucht.

Cabernet Franc 60 %, Merlot 30 %, Malbec 10 %

3–8 Jahre

CHÂTEAU LA MARZELLE

Grand Cru Classé

☆

Dieses Château konnte 1996 seine Klassifizierung aufrechterhalten, während das in gleichem Besitz befindliche Gut Grand Barrail Lamarzelle Figeac herabgestuft wurde. Der Vertrieb erfolgte durch Dourthe Kressmann.

ROT Gut entwickelte, fruchtige Weine mit großen Fortschritten während der 90er Jahre.

Cabernet franc 80 %, Merlot 20 %

3–7 Jahre

CHÂTEAU LANIOTE

Grand Cru Classé

?

Ein altes Weingut mit einer Höhle, die im 8. Jahrhundert dem hl. Aemilianus als Behausung gedient haben soll. Der Wein reift in zu 25 % neuen Eichenfässern.

ROT Ich habe die Weine dieses Château selten getestet; die verkosteten hatten einen leichten bis mittleren Körper und eine gewisse Eleganz.

Merlot 70 %, Cabernet Franc 20 %, Cabernet Sauvignon 10 %

6–12 Jahre

CHÂTEAU LARCIS-DUCASSE

Grand Cru Classé

Dieses Gut, dessen Weinberg unterhalb der Côte de Pavie liegt, baut seine Weine 24 Monate in Edelstahl und Holz aus.

ROT Volle und reiche Weine in den 1990er Jahren.

Merlot 65 %, Cabernet Franc und Cabernet Sauvignon 35 %

4–8 Jahre

CHÂTEAU LARMANDE

Grand Cru Classé

★½

Beständig einer der besten Grands Crus Classés in St-Émilion. Der Wein wird in Edelstahltanks vergoren und in zu 35 bis 50 % neuen Eichenfässern ausgebaut.

ROT Hervorragende Weine mit charakteristisch dichter Farbe und Frucht. Sie sind füllig und reif mit verschwenderischen weichen Cassis- und Vanillearomen, die sich zu Zedernholznoten entwickeln.

Merlot 65 %, Cabernet Franc 30 %, Cabernet Sauvignon 5 %

8–25 Jahre

Zweitwein *Le Cadet de Larmande*

Weitere Weine *Des Templiers*

CHÂTEAU LAROQUE

Grand Cru Classé

Das Gut, das 1996 zum *Grand Cru Classé* erhoben wurde, ist eines von dreien seiner Klasse, die nicht in der Gemeinde St-Émilion liegen.

ROT So weich und fruchtig, wie man es erwarten kann, mit gutem Tanninakzent und zunehmend durch Eiche geprägt.

Merlot 80 %, Cabernet Franc 15 %, Cabernet Sauvignon 5 %

4–16 Jahre

Zweitwein *Les Tours de Laroque*

CHÂTEAU LAROZE

Grand Cru Classé

★Ⓥ

Dieses Château aus dem 19. Jahrhundert wurde nach dem »charakteristischen Rosenduft«, den man in diesem Wein feststellt, Laroze genannt.

ROT Der Wein hat ein weiches, verführerisches Bukett. Ein unmittelbar ansprechender Wein mit gewisser Finesse, der mit Vergnügen schon früh zu trinken ist.

Merlot 50 %, Cabernet Franc 45 %, Cabernet Sauvignon 5 %

4–10 Jahre

CLOS LA MADELEINE

Grand Cru Classé bis 1996

Dieser winzige, 3 ha große Weinberg ist ausgezeichnet gelegen, hat aber sein Potenzial noch nicht realisiert. Er wurde in der Klassifizierung 1996 zurückgestuft.

ROT Dieser ehrliche, gut gemachte Wein ist attraktiv, geschmeidig und fruchtig.

Cabernet Franc 50 %, Merlot 50 %

5–10 Jahre

Weitere Weine *Magnan la Gaffelière*

CHÂTEAU MAGDELAINE

Premier Grand Cru Classé (B)

★★Ⓥ

Dieses Gut könnte man als Pétrus von St-Émilion ansehen, denn es ist das großartigste Château von Jean-Pierre Moueix in St-Émilion. Doch so gut das Terroir auch ist und sosehr sich Moueix bemüht, das Maximum an Qualität zu erzielen, liegt es auf der Hand, dass man den Standard von Pétrus nicht erreicht. Der Wein reift 18 Monate in zu einem Drittel neuen Eichenfässern.

ROT Hervorragend konzentrierte Weine, dennoch von großer Finesse und sogar einiger Delikatesse. Vielschichtige Aromatik wird von einem langen, eleganten und komplexen Abgang gekrönt.

Merlot 80 %, Cabernet Franc 20 %

10–35 Jahre

CHÂTEAU MATRAS

Grand Cru Classé

?

Der Wein reift 12 Monate in Tanks und dann 12 Monate in zu einem Drittel neuem Eichenholz. Guter 1990er.

Cabernet Franc 60 %, Merlot 30 %, Malbec 10 %

CHÂTEAU MAUVEZIN

Grand Cru Classé

?

Dieses Gut verdient seinen Status als Grand Cru Classé. Der Wein wird in neuem Eichenholz vergoren und ausgebaut.

ROT Im Allgemeinen aromatische, geschmeidige Weine mit feinen Eichennoten.

Cabernet Franc 50 %, Merlot 40 %, Cabernet Sauvignon 10 %

7–15 Jahre

CHÂTEAU MONBOUSQUET

Grand Cru

★½

Mit diesem Château machte der ehemalige Großmarktbesitzer Gérard Perse seine ersten Schritte als Winzer. Dabei gesteht er offen ein, dass er den Besitz wegen dessen Schönheit gekauft hat und nicht etwa aufgrund detaillierter weinbaulicher Analysen. Mit Unterstützung seines Beraters Michel Rolland hat Perse das Château auf ein fast unglaubliches Niveau geführt. Im Anschluss daran begann er, sich danach umzusehen, was in St-Emilion noch zu haben war und aus rein önologischen Gesichtspunkten auch den Kauf lohnen würde. Dabei stieß er auf Pavie-Décesse und Pavie, die er 1997 beziehungsweise 1998 erwarb. Sein Zuhause ist aber weiterhin Monbousquet.

ROT Diesen sinnlichen, samtigen und genussvollen Weinen fehlt weder Komplexität noch Finesse, doch sie trinken sich derart köstlich, dass man ihre tieferen Qualitäten leicht auch einmal übersehen kann.

Cabernet Sauvignon 10 %, Cabernet franc 40 %, Merlot 50 %

4–15 Jahre

CHÂTEAU MONDOTTE

Grand Cru

★★

Seit dem Jahrgang 1996 hat Stephan von Neippergs nicht-klassifizierter *Vin de Garde* an Qualität und Preis seinen hervorragenden Grand Cru Classé Château Canon-la-Gaffelière überholt. Geringe Mengen, 100 % Eiche und Preise sondergleichen.

ROT Erstaunliche Farbe, Dichte und Komplexität für einen Wein, der nicht im Geringsten schwer und dabei so herrlich leicht trinkbar ist.

Cabernet franc 10 %, Merlot 90 %

5–20 Jahre

CHÂTEAU MOULIN DU CADET

Grand Cru Classé

★

Dieses Château, das von dem Libourne-Handelshaus und Pétrus-Eigner J.-P. Moueix bewirtschaftet wird, ist zuverlässig einer der besten *Grands Crus* Classés. Der Wein reift 18 Monate in Fässern mit einem kleinen Anteil neuer Eiche.

ROT Die Weine von guter Farbe, schönem Bukett und herrlich duftender Merlot-Frucht zeigen eine ausgezeichnete Finesse und eine gewisse Komplexität. Sie sind weder füllig noch mächtig, aber was ihnen an Statur fehlt, gleichen sie durch Eleganz aus.

Merlot 85 %, Cabernet Franc 15 %

6–15 Jahre

CLOS DE L'ORATOIRE

Grand Cru Classé

½

Dieses Gut gehört Stephan von Neipperg, der sich wohl eine Gefolgschaft für diesen herrlichen Wein heranziehen wird. Der Wein reift in zu 25 % neuen Eichenfässern.

ROT Schöne, sehr aromatische Weine, die zu großer Dichte und Eleganz tendieren.

Merlot 75 %, Cabernet Franc 25 %

7–15 Jahre

CHÂTEAU PAVIE

Premier Grand Cru Classé (B)

★★½

Dieses Spitzen-Château wurde zusammen mit Pavie-Décesse und La Clusière 1998 von Gérard Perse erworben. Perse war einst Besitzer einer Großmarktkette, bis 1993 mit dem Kauf von Monbousquet die Liebe zum Wein sein Berufsleben zu bestimmen begann. Die Verbindungen zu den früheren Eigentümern von Pavie, der Familie Valette, stellt Michel Rolland sicher, der weiterhin als Berater tätig ist. Auch wenn in Pavie manche der besten St-Emilions der vergangenen Jahrzehnte entstanden sind, bleibt doch der große Gewinn für Rolland die Tatsache, dass

Perse ein kleines Vermögen in die Modernisierung der Kellerei gesteckt hat. Könnte es nun Pavie eines Tages mit Latour oder Margaux aufnehmen? Falls nicht, dann waren der 1998er und der 1999er, die beide zu Preisen eines Premier Cru gehandelt wurden, völlig überteuert.

ROT Große, elegante Weine, mit weicher Frucht vollgepackt und gestützt von erlesenen Noten neuer Eiche. Fabelhafte Dichte im 1998er und 1999er, ohne an Finesse zu verlieren.

Merlot 55 %, Cabernet 25 %, Cabernet Sauvignon 20 %

8–30 Jahre

CHÂTEAU PAVIE-DÉCESSE

Grand Cru Classé

Dieses Gut zählt zwar nicht zu den Top-*Grands-Crus-Classés,* doch ist es zuverlässig und verdient seinen Status.

ROT Diese Weine sind in Statur und Frucht viel leichter als Pavie, aber sie sind von eleganter, fruchtiger Art und gewisser Finesse.

Merlot 60 %, Cabernet Franc 25 %, Cabernet Sauvignon 15 %

6–12 Jahre

CHÂTEAU PAVIE-MACQUIN

Grand Cru Classé

☆

Dieses Gut ist nach Albert Macquin benannt, einem einheimischen Weinbauern, der Pionierarbeit geleistet hat, indem er europäische Sorten auf amerikanische Unterlagsreben pfropfte. Die Weine sind im Laufe der 1990er Jahre unter der Produktionsleitung von Nicolas Thienpont von Vieux Château Certan merklich besser geworden.

ROT Reicher, mit mehr Frucht und in den letzten Jahren mit neuer Eiche.

Merlot 75 %, Cabernet Franc und Cabernet Sauvignon 25 %

4–8 Jahre

CHÂTEAU PAVILLON-CADET

Grand Cru Classé bis 1996

?

Dem Wein dieses kleinen Guts begegnet man auf Exportmärkten nur selten. Er reift bis zu 24 Monaten in Holzfässern. Die Besitzer haben Pavillon-Cadet zur Klassifizierung 1996 nicht angemeldet, darum hat das Château Pavillon-Cadet seinen Status verloren.

ROT Ein farbkräftiger Wein mit großzügigem Bukett und kräftiger, schokoladiger Frucht – ein erfreulicher Wein, aber nicht wirklich von der Qualität eines Grand Cru Classé.

Cabernet Franc 50 %, Merlot 50 %

4–8 Jahre

CHÂTEAU PETIT-FAURIE-DE-SOUTARD

Grand Cru Classé

★☆

Dieses ausgezeichnete Weingut war früher Teil des benachbarten Château Soutard und wird heute von Jacques Capdemourlin geleitet, der auch Château Cap de Mourlin und Château Balestard la Tonnelle in Obhut hat. Die Hälfte der Produktion reift bis zu einem Jahr in Holzfässern.

ROT Der Wein zeigt ein sanftes, sahniges Bukett, am Gaumen dichte, weiche Merlot-Frucht und seidige Struktur und im trockenen Abgang Tannin. Bereits jung ein absolut köstlicher Wein, er gewinnt aber durch kürzere Flaschenreifung.

Merlot 60 %, Cabernet Franc 30 %, Cabernet Sauvignon 10 %

3–8 Jahre

CHÂTEAU LE PRIEURÉ

Grand Cru Classé

☆

Dieses Gut hat denselben Besitzer wie Château Vray Croix de Gay in Pomerol und Château Siaurac

in Lalande-de-Pomerol. Der auf Château le Prieuré produzierte Wein reift 18 bis 24 Monate in zu 25 % neuen Eichenfässern.

ROT Leichte Weine von einiger Eleganz, die man am besten jung und frisch genießen sollte.

Merlot 60 %, Cabernet Franc 30 %, Cabernet Sauvignon 10 %

4–8 Jahre

Zweitwein *L'Olivier*

CHÂTEAU RIPEAU

Grand Cru Classé

?

Dieses Gut liegt in der Nähe von Château Cheval Blanc im Nordwesten der Appellation, aber auf sandigem, nicht auf kiesigem Boden. 1976 wechselte es den Besitzer und wurde seitdem beträchtlich erweitert und erneuert. Die Leistung ist zwar unbeständig, aber man hat den Eindruck, dass in nicht allzu ferner Zukunft alles ins Lot kommt. Ein Teil der Produktion reift in Holz mit immer größer werdendem Anteil neuer Eiche.

ROT In erfolgreichen Jahren hat der Wein schönen aromatischen Charakter, süffige Frucht und sehr viel Eiche.

Merlot 60 %, Cabernet Franc 20 %, Cabernet Sauvignon 20 %

4–10 Jahre

CHÂTEAU ST-GEORGES (CÔTE PAVIE)

Grand Cru Classé

★

Die Weinberge dieses kleinen Guts (Besitzer Jacques Masson) liegen gut platziert an den Côtes südlich von St-Émilion zwischen Pavie und La Gaffelière. Der Wein des Château St-Georges gärt in Edelstahl und reift 24 Monate in Holzfässern.

ROT Ein köstlicher, mittelgewichtiger Wein mit fülliger, würzig-saftiger Merlotfrucht, von attraktiver, früh trinkbarer Art, der es aber nicht an Finesse mangelt.

Merlot 50 %, Cabernet Franc 25 %, Cabernet Sauvignon 25 %

4–8 Jahre

CLOS ST-MARTIN

Grand Cru Classé

★

Diese Weine werden auf Château Côte de Baleau gemacht, wie auch die von Château Grandes Murailles und der Côte de Baleau selbst. Von diesen drei Weinen hat nur Clos St-Martin bei der Reklassifizierung 1985 den *Grand-Cru-Classé*-Status behalten. Er reift in Holzfässern, die jedes Jahr zu 25 % erneuert werden.

ROT Lebhafte Farbe und reife Merlot-Frucht, seidige Struktur und eleganter Stil.

Merlot 75 %, Cabernet Franc 25 %

6–15 Jahre

CHÂTEAU SANSONNET

Grand Cru Classé bis 1996

?

Angeblich 1999 von François d'Aulan erworben, dem ehemaligen Eigentümer von Piper-Heidsieck und seitdem oberstem Drahtzieher hinter zahlreichen Geldgeschäften im Weinbereich. Der frühere Besitzer soll sich jedoch immer noch auf dem Gut befinden. Sollte d'Aulan ernsthaft das Château übernehmen, dann dürften einige Investitionen und auch Verbesserungen folgen. Ist es aber nur Teil einer seiner Transaktionen, wird man nicht viel erwarten können.

ROT Dem wenig zuverlässigen Wein fehlt es häufig an Konzentration, aber der 1982er, ein für dieses Jahr sehr leichter Wein, ist geschmeidig und attraktiv.

Merlot 60 %, Cabernet Franc 20 %, Cabernet Sauvignon 20 %

3–7 Jahre

CHÂTEAU LA SERRE

Grand Cru Classé

★Ⓥ

Ein weiteres Gut, das seine Qualität beträchtlich verbessert hat. Es liegt auf zwei Terrassen des Kalkplateaus von St-Émilion, zwischen denen das Schlossgebäude steht.

ROT Dieser Wein ist anfangs charmant und geht dann durch eine harte, verschlossene Periode, was an den Château Guadet St-Julien erinnert; sonst ist er jedoch sehr anders.

In jungen Jahren ein ziemlich runder, fülliger Wein, der von neuer Eiche völlig dominiert wird; mit der Zeit entfaltet sich die Frucht und formt einen köstlichen, eleganten Wein mit Finesse und Komplexität.

Merlot 80 %, Cabernet Franc 20 %

8–25 Jahre

Zweitwein *Menuts de la Serre*

CHÂTEAU SOUTARD

Grand Cru Classé

★☆Ⓥ

Das große, schöne Châteaugebäude wurde 1740 für die Familie Soutard als Sommersitz erbaut. Weinreben wachsen hier seit der Römerzeit. Der Wein von Soutard reift 18 Monate in Holzfässern, bis zu einem Drittel sind neue Eiche.

ROT Ein dunkler, muskulöser und körperreicher Wein, ein echter *Vin de Garde*, der lange reifen muss. Sehr konzentrierte Frucht, Tannine und Extrakte, langfristig entwickelt der Wein große Finesse und Komplexität.

Merlot 65 %, Cabernet Franc 30 %, Cabernet Sauvignon 5 %,

12–35 Jahre

Zweitwein *Clos de la Tonnelle*

CHÂTEAU TERTRE DAUGAY

Grand Cru Classé

★

Dieses Gut wurde 1978 von Graf Léo de Malet-Roquefort erworben, dem Besitzer des Premier Grand Cru

Classé Château la Gaffelière. Der Wein des Château Tertre Daugay ist ausgezeichnet und wird mit jedem Jahrgang besser. Er reift in Holzfässern, zu einem Drittel neue Eiche.

ROT Üppige, runde und fruchtige Weine mit großartigem Bukett, reifen Eichennoten und großer Finesse, die erstaunlich langlebig sind.

Merlot 60 %, Cabernet Franc 30 %, Cabernet Sauvignon 10 %

7–20 Jahre

Zweitwein *De Roquefort*

Weitere Weine *Moulin de Biguey*

CHÂTEAU TERTRE-RÔTEBŒUF

★★

François Mitjaviles hoch verehrter Wein beweist ein weiteres Mal, dass die einzige wirklich wichtige Klassifizierung durch den Konsumenten geschieht. Tertre-Rôtebœuf war schon vor Mondotte aberwitzig teuer; zwar haben die Preise keineswegs nachgelassen, aber in Frankreich bekommt man 4 oder 5 Flaschen davon für den Preis einer Flasche Mondotte.

ROT Groß, eichig, hoch konzentriert und hit-verdächtig: der Leonetti von St-Emilion!

Cabernet Franc 20 %, Merlot 80 %

5–20 Jahre

CHÂTEAU LA TOUR FIGEAC

Grand Cru Classé

★☆

Dieses Gut gehörte bis 1879 zur Domaine Figeac, bevor diese aufgeteilt wurde. Heute ist die deutsche Familie Rettenmayer Besitzer dieses 13-ha-Weinguts, das zu den besten Grands Crus Classés zählt. Der Wein reift 18 Monate in Holzfässern, zu einem Drittel neue Eiche. Ein Château mit großer Zukunft.

ROT Schmalzige, geschmeidige Weine mit verlockendem Bukett und jeder Menge voller, reifer Cassis-Frucht, sanft unterstützt von einem rauchig-sahnigen Eichenton.

Merlot 60 %, Cabernet Franc 40 %

4–8 Jahre

CHÂTEAU LA TOUR DU PIN FIGEAC

(Besitzer: Giraud-Bélivier)

Grand Cru Classé

❓

Dieses Gut wird von André Giraud betrieben, dem auch Château le Caillou in Pomerol gehört. Leider

haben mich diese Weine nie beeindruckt.

Merlot 75 %, Cabernet Franc 25 %

CHÂTEAU LA TOUR DU PIN FIGEAC

(Besitzer: Moueix)

Grand Cru Classé

★☆

Einer der besten *Grands Crus Classés*, der heute zum »Stall« von Armand Moueix gehört. Der Wein reift 12 bis 15 Monate in Holzfässern, zu einem Drittel neue Eiche.

ROT Die zuverlässigen, gut gemachten Weine zeigen immer eine schöne Balance zwischen würzig-saftiger Merlot-Frucht, weichem Eichenton und geschmeidigem Tannin.

Merlot 60 %, Cabernet Franc 30 %, Cabernet Sauvignon und Malbec 10 %

6–15 Jahre

CHÂTEAU TRIMOULET

Grand Cru

★

Ein altes Weingut mit Blick auf St-Georges-St-Émilion, das bei der letzten Revision zurückgestuft wurde. Die Weine reifen 12 Monate in zu 100 % neuen Eichenfässern.

ROT Farbkräftiger Wein mit zugänglichen, reifen und fruchtigen Aromen, viel weichen Eichennoten und geschmeidigem Tannin.

Merlot 60 %, Cabernet Franc 20 %, Cabernet Sauvignon 20 %

7–20 Jahre

CHÂTEAU TROIS MOULINS

Grand Cru Classé

Diese Weinberge sind seit 1979 Teil von Château Beau-Séjour-Bécot.

CHÂTEAU TROPLONG-MONDOT

Grand Cru Classé

★★

Dieses Gut gehört Claude Valette. Geleitet wird es von Claudes Tochter Christine. Die Hälfte der Produktion reift 18 Monate in 80 % neuen Eichenfässern.

ROT Seitdem im Jahr 1985 temperaturgeregelte Gärung und ein Zweitwein eingeführt wurden, glauben die meisten Kritiker, dass der Troplong-Mondot einem Premier Grand Cru Classé ebenbürtig sei. Die Qualität hatte sich zwar verbessert, dennoch hatte der Wein einen angestrengten Charakter, den ich nicht mochte. Für mich kam Troplong-Mondot erst mit den sensationellen Jahrgängen 1988, 1989, 1990, 1992 und 1996 in Fahrt.

Merlot 65 %, Cabernet Franc und Malbec 20 %, Cabernet Sauvignon 15 %

4–8 Jahre

Zweitwein *Mondot*

CHÂTEAU TROTTEVIEILLE

Premier Grand Cru Classé (B)

★☆

Dieses der Familie Castéja gehörende Gut hatte einst den Ruf, etwa alle fünf Jahre einen Starwein zu produzieren, dazwischen aber nur sehr mittelmäßige Qualitäten. Das hat sich seit 1985 geändert. Unter dem tüchtigen Philippe Castéja ist der Wein nicht nur sehr zuverlässig, sondern zählt zu den Stars von St-Émilion mit echter Premier-Grand-Cru-Classé-Qualität. Der Wein reift 18 Monate in bis zu 100 % neuen Eichenfässern.

ROT Die Qualität hat sich seit Mitte der 1980er Jahre dramatisch verbessert: sagenhaft üppige Merlot-Frucht mit Aromen neuer Eiche und der Power eines echten Premier Grand Cru Classé.

Merlot 50 %, Cabernet Franc 40 %, Cabernet Sauvignon 10 %

8–25 Jahre (nur gute Jahrgänge)

CHÂTEAU VALANDRAUD

Grand Cru

❓★★

Ein weiterer hervorragender und höchst populärer St-Emilion, was vielleicht als Zeichen der Zeit zu gelten hat. Doch andererseits zeigt sich dieses Gebiet eben auch besonders offen für jenes Phänomen, das einst als »Boutiqueweingut« bekannt war. Für einen Preis von 500 Francs ist dieser Wein geradezu ein Schnäppchen, das nur ein Sechstel des Mondotte kostet. Dabei ist Letzterer das Produkt von lediglich 100 % neuer Eiche, während sich der Valandraud durch 200 % auszeichnet! Denn der Wein kommt zunächst in neue Eiche, doch beim Abstich wird er nicht wieder in die gleichen Fässer gefüllt, sondern in wiederum neue Eichenfässer! Und das bei so viel Extrakt, dass mehr Farbe schlichtweg undenkbar ist. Der Anteil an Malbec ist für heutigen St-Emilion ungewöhnlich.

ROT Weine, die sogar Gary Figgins von Leonetti (Washington) als zu eichenbetont monieren würde! Eventuell wird aber in zwanzig Jahren mein eigenes Urteil über manche Jahrgänge ebenso anders ausfallen.

Cabernet franc 20 %, Merlot 75 %, Malbec 5 %

6–25 Jahre

CHÂTEAU VILLEMAURINE

Grand Cru Classé

Dieses Gut gehört Robert Giraud, dem Handelshaus, das auch etwa 20 *petits Châteaux* in verschiedenen Teilen des Bordelais besitzt. Der Wein reift 18 bis 24 Monate in zu 50 % neuen Eichenfässern.

ROT Körperreiche Weine mit exzellenter, würziger Merlot-Frucht, guter Eichenbasis und fester Struktur.

Merlot 70 %, Cabernet Sauvignon 30 %

8–25 Jahre

Weitere Weine *Maurinus, Beausoleil*

CHÂTEAU YON-FIGEAC

Grand Cru Classé

Ein wichtiges Weingut in der Nähe von Pomerol. Der Wein reift 18 Monate in 100 % neuer Eiche.

ROT Attraktiver, zugänglicher Wein.

Cabernet Franc und Cabernet Sauvignon 70 %, Merlot 30 %

5–15 Jahre

DAS BESTE VOM REST

Bei mehr als tausend Châteaux in diesem einen Gebiet ist es nicht möglich, jeden empfehlenswerten Wein zu beschreiben. Deswegen liste ich hier die »Besten vom Rest« auf, d. h. die Châteaux, die noch nicht erwähnt wurden, aber zuverlässig Weine erzeugen, die sich durch Qualität, Preiswürdigkeit oder beides hervorheben. Die Châteaux, die mit einem Stern versehen sind, produzieren manchmal Weine, die besser sind als viele Grands Crus Classés.

Château du Barry
Château Cheval Noir
★ Château la Commanderie
★ Château Destieux
Château de Ferrand
★ Château la Fleur
★ Château Fleur Cardinale
Château la Fleur Pourret
★ Château Fombrauge
Château Franc Bigoroux
Château Grand Champs
★ Château la Grave Figeac
★ Château Haut-Brisson
★ Château Haut-Plantey
Château Haut-Pontet
★ Haut-Quercus
Clos Labarde
Château Lapelletrie
★ Château Laroque
Château Magnan la Gaffelière
Château Martinet
Clos des Menuts
Château Patris
★ Château Pavillon Figeac
★ Château Petit-Figeac
Château Petit-Gravet
★ Château Petit Val
Château Peyreau
★ Château Pindefleurs
Château Puy Razac
Château Roc Blanquant
★ Château Rolland-Maillet
Château Tour St.-Christophe

POMEROL

Wunderbar samtige und sinnliche Rotweine werden in Pomerol gemacht. Doch wer durch diese ländliche Gegend mit ihren baufälligen Bauernhäusern und nur wenigen echten – und schon gar keinen prächtigen – Châteaux reist, wird sich fragen, wie eine so reizlose Gegend so großartige, teure Weine hervorbringen kann.

WACHSENDER WOHLSTAND hat die Güter von Pomerol in den letzten Jahren in die Lage versetzt, sich mehr als nur einen Spritzer neuer Farbe zu gönnen, aber eine Renovierung kann nur in den alten Stand versetzen, nicht etwas Neues schaffen, und so bleibt Pomerol im Wesentlichen eine etwas hinterwäldlerische Gegend. Sogar Château Pétrus – Pomerols Spitzengut, in den letzten zwanzig Jahren Erzeuger eines der teuersten Weine der Welt – wird durch ein schlichtes Bauernhaus repräsentiert. Sicher wäre der beste Architekt Frankreichs in die Provinz hinter Libourne beordert worden, um ein prächtiges Château als Monument dieses glorreichen Erfolgs zu bauen, wenn dieser ehrfürchtig verehrte Wein bereits bei den Parvenüs des ersten Kaiserreichs die heutige Reputation und den heutigen Preis erzielt hätte.

Es wurde nie versucht, die Weine von Pomerol offiziell zu klassifizieren, aber Château Pétrus ist allgemein als der führende Wein anerkannt, und da sein Preis Weine wie Mouton und Margaux zu Billigheimern macht, kann man ihm den einem *Premier Cru* entsprechenden Status nicht verweigern. Allerdings ist Le Pin vor kurzem erheblich teurer geworden als Pétrus und Lafleur: L'Evangile, La Fleur Pétrus, La Conseillante, Trotanoy und einige andere können alle mehr kosten als ein Premier Cru des Médoc, und viele sind noch teurer. Man kann es sich kaum vorstellen, aber Pomerol galt einst als minderwertige Unterappellation von St-Émilion. Pomerol wurde bereits 1900 selbstständig, doch wurde sogar Château Pétrus erst Mitte der 1960er Jahre zum begehrten Wein.

DIE WEINBERGE VON VIEUX CHÂTEAU CERTAN
Nach Château Pétrus ist dies eines der besten Weingüter von Pomerol. Ein historisches Schild markiert die Grenze seines Weinbergs.

GESCHMACKS- UND QUALITÄTSFAKTOREN

LAGE
Pomerol ist ein kleines ländliches Gebiet unmittelbar nordöstlich von Libourne und westlich von St-Émilion.

KLIMA
Entspricht dem Klima in St-Émilion (*siehe* S. 105).

TOPOGRAFIE
Die leichte Erhebung mit Château Pétrus und Château Vieux Certan in ihrer Mitte ist der äußerste Ausläufer der *Graves* (kiesiger Boden) von Pomerol-Figeac. Die Reben wachsen auf sanftwelligem Gelände, das auf 2 km Entfernung von 35 m auf 10 m über dem Meeresspiegel abfällt.

BÖDEN
Pomerols Boden ist westlich der Nationalstraße sandig; östlich von ihr geht er in den Sand-Kies-Boden der *Graves* von Pomerol-Figeac über, auf dem die besten Weingüter liegen. Der Unterboden besteht aus einem Eisenortstein, der als *Crasse de Fer* oder *Machefer* bezeichnet wird, mit Kies im Osten und Lehm im Zentrum und im Norden. Château Pétrus liegt genau im Zentrum der Pomerol-Figeac-Graves auf einer in diesem Bereich einzigartigen geologischen Formation, nämlich sandigem Lehm über Molasse (Sandstein).

WEINBAU UND WEINBEREITUNG
Einige Châteaux verwenden einen je nach Jahrgang unterschiedlichen Anteil *Vin de Presse.* Auf Pétrus wird der Presswein früher hinzugefügt als üblich, damit er mit dem Rest des Weins gemeinsam reifen kann; man nimmt an, dass dies Härte reduziert. Die Dauer des Schalenkontakts liegt meist zwischen 15 und 21 Tagen, kann aber auch nur 10 Tage oder ganze 4 Wochen betragen. Der Wein bleibt 18 bis 20 Monate im Fass.

HAUPTREBSORTEN
Cabernet Franc, Merlot

WEITERE REBSORTEN
Cabernet Sauvignon, Malbec

POMEROL *Siehe auch* S. 101
Die Landschaft um Pomerol breitet sich nordöstlich von Libourne aus. Keines der Châteaux ist architektonisch besonders imponierend; zu den attraktivsten gehören Château Nénin und Vieux Château Certan.

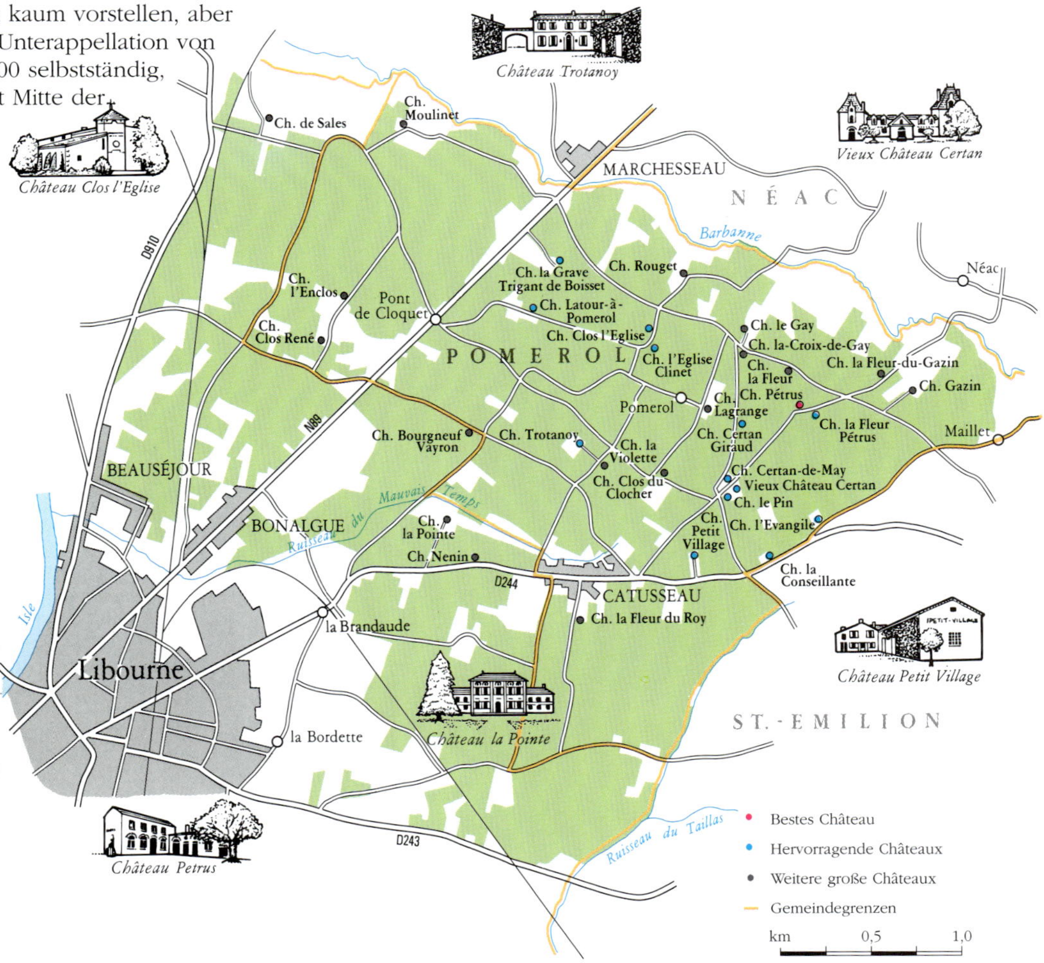

WAS MACHT PÉTRUS ZU EINEM DER TEUERSTEN WEINE DER WELT?

Im letzten Jahrzehnt haben sich die Bluechips der Weinwelt, die Premiers Crus, allgemein als sichere Geldanlage erwiesen. Der Auktionspreis einer Kiste (12 Flaschen) 1961er Margaux, Mouton, Latour oder Lafite ist um 125 bis 170 % auf 11 000 bis 19 000 Mark gestiegen, der legendäre 1967er Yquem um 125 % auf 11 000 Mark und der 1961er Romanée Conti sogar um 400 % auf 13 000 Mark.

Auch der 1961er Pétrus zeigte eine gute »Performance«, er stieg in den letzten zehn Jahren von etwa 24 000 Mark pro Kiste auf bis zu 80 000 Mark – eine Wertsteigerung von rund 330 %. Was macht den Pétrus so besonders? Es ist nicht das Wetter – die Nachbarweingüter erfreuen sich haargenau derselben klimatischen Bedingungen. Der wichtigste Faktor ist der Boden von Pétrus.

MERLOT
Von 11,5 ha Rebflächen sind kaum 4 % mit Cabernet Franc bestockt, und das meiste davon wird nicht für den *Grand Vin* verwendet, es sei denn die Trauben sind außergewöhnlich reif. Meist besteht der Pétrus zu 100 % aus Merlot.

FROST
Pomerol ist sehr frostanfällig, und das reduziert recht häufig den potenziellen Ertrag, wodurch Weine von großer Konzentration entstehen.

WINTERSCHNITT
Das berühmte Weinhandelshaus J.-P. Moueix, das Château Pétrus betreibt, lässt sich das Beschneiden der Rebstöcke nicht vom Frost abnehmen; man reduziert die Zahl der Knospen an jedem Weinstock auf acht. Zehn Knospen würden den Ertrag um 25 % steigern, aber der Wein würde seinen typischen Pétrus-Charakter verlieren.

SOMMERSCHNITT
Im Juli gesunde Trauben zu entfernen wäre für die meisten Winzer der reine Wahnsinn, aber sie produzieren auch keinen so teuren und konzentrierten Wein wie den Pétrus.

WEINLESE
Moueix hat für sein ganzes Libournais-Imperium eine spezialisierte Mannschaft von 180 Lesehelfern, die für Château Pétrus auf Abruf bereit steht. An dem Tag, an dem die Trauben ihre perfekte Reife erreicht haben und es nicht zu regnen droht, fällt das ganze Team in Pétrus ein. Man schneidet nur am Nachmittag, wenn der Tau, der den Wein verdünnen könnte, in der Sonne verdunstet ist. So werden die Trauben auch mit einer Temperatur gelesen, die für die Gärung günstig ist.

PRESSWEIN
Er wird nicht bei der *Assemblage* des *Grand Vin* zugefügt, sondern sofort mit dem Vorlaufmost vermischt. Christian Moueix ist der Meinung, dass er weich wird, wenn man ihn mit dem *Grand Vin* reifen lässt.

CHÂTEAU PÉTRUS
Der Star unter den Gütern von Pomerol.

BIOLOGISCHER SÄUREABBAU
Der biologische Säureabbau (malolaktische Gärung) stabilisiert den Wein.

NEUES EICHENHOLZ
Dieser Wein reift 18 bis 22 Monate in zu 100 % neuen Eichenfässern.

EIN BESONDERER BODEN
Alle diese Faktoren, die die Qualität bestimmen, können von jedem Nachbarchâteau kopiert werden, aber der Boden von Pétrus ist einzigartig. Es liegt im Zentrum des nach St-Émilion hinüberreichenden Kiesplateaus, der »Pomerol-Figeac-*Graves*«, das für die hohe Qualität der großen Pomerols verantwortlich ist. Im Gegensatz dazu verfügt Pétrus über einen Sand-Ton-Boden. Dieser ist jedoch kein gewöhnlicher Boden, sein Ton ähnelt auch nicht dem am Flussufer, der einen derberen Wein hervorbringt. Pétrus liegt auf der Erhebung einer Molasse-Schicht, die offen blieb, als sich in der Umgebung der Kies ablagerte. Wind und Wetter ausgesetzt, erodierte die Molasse, veränderte ihre chemische Zusammensetzung und ergab so einen sandigen Ton. Spätere Verwitterung schuf drei Hauptbodenarten: sandigen Lehm, sandig-lehmigen Ton und Ton. Diese Böden sind im Wesentlichen sauer und bringen daher Weine hervor, die wenig Säure haben.

LESEHELFER IN EINEM POMEROL-WEINBERG
Christian Moueix, Mehrheitseigner des Château Pétrus, zur Entscheidung, wann zu ernten ist: »Man muss die Dinge an dem Tag tun, an dem sie getan werden müssen.«

DIE LANDSCHAFT VON POMEROL
Das Pomerol ist flach und wirkt mit seinen kleinen Rebgärten wie eine gepflegte Parklandschaft. Die Weingüter erzeugen einige der großartigsten Weine von Bordeaux.

ERZEUGER IN POMEROL

CHÂTEAU BEAUREGARD

★½

Ein amerikanischer Architekt, der Pomerol nach dem Ersten Weltkrieg besuchte, baute auf Long Island im Staat New York eine Kopie von Beauregard und nannte sie »Mille Fleurs«. 1985, zwei Jahre vor dem Einstieg von Michel Rolland, veränderte sich die Qualität auf Beauregard dramatisch. Dieser ließ dem hervorragenden Jahrgang 1985 weitere folgen und war verantwortlich für die Wende, die das Château nahm. Der Wein reift 24 Monate in zu 60 % neuen Eichenfässern.

ROT Fester, eleganter und relativ fülliger Wein mit einer floralen, mit Zedernholz unterlegten Frucht.

Merlot 48 %, Cabernet Franc 44 %, Cabernet Sauvignon 6 %, Malbec 2 %

5–10 Jahre

Zweitwein *Le Benjamin de Beauregard*

CHÂTEAU BONALGUE

Dieses kleine Gut liegt nordwestlich von Libourne auf Kies und Sand. Der Wein wird in Holzfässern ausgebaut.

ROT Der mittelschwere bis körperreiche Wein war schon immer von beachtlicher Qualität mit attackierend-erfrischenden Fruchtaromen, geschmeidigen Tanninen und lebendigem Abgang.

Merlot 65 %, Cabernet Franc und Cabernet Sauvignon 30 %, Malbec 5 %

5–10 Jahre

Zweitwein *Burgrave*

CHÂTEAU LE BON PASTEUR

★

Besitzer dieses Weinguts ist Michel Rolland. Seine ständig besser werdenden Weine, aus vollreifem Traubengut und ganz dezent – wenn überhaupt – gefiltert, reifen 24 Monate in zu 35 % neuen Eichenfässern.

ROT Die farbkräftigen, körperreichen, komplexen Weine sind voll gepackt mit Aromen von Cassis, Pflaume und Schwarzkirsche.

Merlot 75 %, Cabernet Franc 25 %

8–25 Jahre

CHÂTEAU BOURGNEUF-VAYRON

Dieses 25 ha große Gut hat eine achtbare, wenn auch nicht aufregende Leistungsbilanz.

ROT Die Weine sind frisch und leicht, von rasch reifendem Typ mit weicher Frucht und einem leicht krautigen Abgang.

Merlot 85 %, Cabernet Franc 15 %

4–8 Jahre

CHÂTEAU LA CABANNE

★

Ein sehr guter Betrieb, der ständig bessere Weine erzeugt. Der Wein reift 18 Monate in zu einem Drittel neuen Eichenfässern.

ROT Weine mit mittlerem bis großem Körper und einer schönen, runden, schokoladigen Frucht.

Merlot 60 %, Cabernet Franc 30 %, Malbec 10 %

7–20 Jahre

Zweitwein *Domaine de Compostelle*

CHÂTEAU CERTAN DE MAY DE CERTAN

★★

Es ist nicht leicht, diesen Wein zu identifizieren, denn der Namensteil »De May de Certan« steht auf dem Etikett klein gedruckt, und man bezeichnet ihn meist als »Château Certan de May«. Er reift 24 Monate in zu 50 % neuen Eichenfässern.

ROT Ein fester, tanninbetonter Wein mit kraftvollem Bukett, das vor Frucht, Würze und Vanillenoten birst.

Merlot 65 %, Cabernet Franc 25 %, Cabernet Sauvignon und Malbec 10 %

15–35 Jahre

CHÂTEAU CLINET

★★

Dieser Wein, der in zu einem Drittel neuen Eichenfässern reift, hat in den letzten zehn Jahren eine Revolution durchgemacht. Meist war er für jeden eine Enttäuschung, der den typischen schmalzig-saftigen Stil des Pomerol suchte, und man machte dafür häufig den hohen Anteil Cabernet Sauvignon verantwortlich. Der Jahrgang 1985 war jedoch schon viel versprechend (eine Idee fülliger und saftiger), was zeigte, dass der fehlende Pomerolcharakter nicht allein auf die verwendeten Rebsorten zurückzuführen war. Dennoch wurde das Verhältnis der Rebsorten im Weinberg radikal geändert. Nach dem 1986er war von einer qualitativen Verbesserung die Rede, und mit den unglaublichen Jahrgängen 1989 und 1990 begann der Wein seinen Höhenflug.

ROT Château Clinet erzeugt heute einen außerordentlich ansprechenden, üppigen, runden Wein mit einer mächtigen, jedoch geschmeidigen Tanninstruktur, die mit dem Eichentannin weiche Noten von Kräutern und Menthol ergibt.

Merlot 75 %, Cabernet Sauvignon 15 %, Cabernet Franc 10 %

7–20 Jahre

CLOS DU CLOCHER

★½ V

Das Gut gehört dem Libournaiser Handelshaus Audy. Der Wein, der jeweils zu einem Drittel in neuen Eichenfässern, einjährigen Fässern und Tanks reift, ist einer der am meisten unterbewerteten Pomerols.

ROT Weine mit herrlich tiefer Farbe, attraktivem mittlerem bis vollem Körper und Unmengen molliger Frucht, die durch geschmeidige Struktur, faszinierende Vanillenoten und viel Finesse balanciert wird.

Merlot 80 %, Cabernet 20 %

8–20 Jahre

Zweitwein *Esprit de Clocher*

Weitere Weine *Château Monregard-Lacroix*

CHÂTEAU LA CONSEILLANTE

★★★½

Wenn Pétrus als »Megastar« gilt, dann ist dieses Weingut mindestens ein »Superstar«. Der Wein reift 20 bis 24 Monate in zu 50 % neuen Eichenfässern.

ROT Dieser Wein hat die Kraft und Dichte der größten Pomerols, aber seine Prioritäten sind unglaubliche Finesse und Komplexität.

Cabernet Franc 45 %, Merlot 45 %, Malbec 10 %

10–30 Jahre

CHÂTEAU LA CROIX

Der Wein dieses Guts reift 20 bis 24 Monate in Holzfässern.

ROT Attraktive Weine mit vollem Körper und einer schönen, würzigen Merlot-Frucht, trotzdem elegant und rasch reifend.

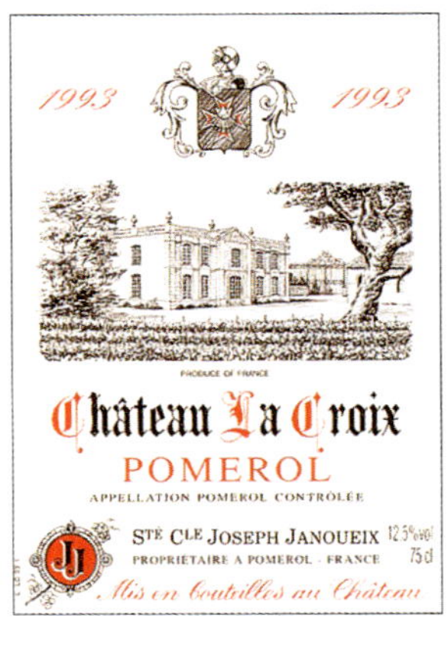

Merlot 60 %, Cabernet Sauvignon 20 %, Cabernet Franc 20 %

5–10 Jahre

Zweitwein *Le Gabachot*

CHÂTEAU LA CROIX DE GAY

Dieses Gut liegt nördlich von Pomerol auf Sand-Kies-Boden, der Wein reift 18 Monate in bis zu 30 % neuen Eichenfässern.

ROT Ein eher leichtgewichtiger, recht attraktiver und zugänglicher Wein.

Merlot 80 %, Cabernet Sauvignon 10 %, Cabernet Franc 10 %

4–8 Jahre

Weitere Weine *Château le Commandeur, Vieux-Château-Groupey*

CHÂTEAU DU DOMAINE DE L'ÉGLISE

Château du Domaine de l'Église ist das älteste Gut in Pomerol. Der Wein reift 18 bis 24 Monate in zu einem Drittel neuen Eichenfässern.

ROT Ein weiterer attraktiver, eleganter Wein, leichtgewichtig und mit verhaltener Frucht.

Merlot 90 %, Cabernet Franc 10 %

4-8 Jahre

CLOS L'ÉGLISE

★½

Achtung, es gibt mehrere »Église«-Weingüter in Pomerol. Der Wein von diesem reift 24 Monate im Holzfass mit einem kleinen Anteil neuer Eiche.

ROT Ein zuverlässig attraktiver Wein mit eleganter, würziger Merlot-Frucht und fester Struktur, manchmal dominiert vom Cabernet-Veilchenduft.

Merlot 55 %, Cabernet Sauvignon 25 %, Cabernet Franc 20 %

6–15 Jahre

Zweitwein *La Petite Église*

CHÂTEAU L'ÉGLISE-CLINET

★★

Der von Château l'Église-Clinet produzierte Wein reift bis zu 24 Monaten in zu 50 % neuen Eichenfässern und entwickelt sich rasch zu einem der aufregendsten Pomerols. Seit den 1990er Jahren im rasanten Qualitäts-Aufschwung.

ROT Farbkräftige Weine mit reichem, verführerischem Bukett und mächtiger Statur, übervoll mit würziger Schwarze-Johannisbeer-Frucht und sahnigem Vanilleton vom Eichenfass. Hervorragend alterungsfähig.

Merlot 80 %, Cabernet Franc 20 %

8–50 Jahre

CHÂTEAU L'ENCLOS

★ V

Das Gut liegt auf einem Ausläufer des Sand-Kies-Bodens der »besseren« Seite der N 89 im Westen von Pomerol. Der Wein reift 20 Monate im Holzfass mit einem kleinen Anteil neuer Eiche.

ROT Köstlich weiche, üppige und sinnliche Weine mit saftiger Frucht und Würze vom Merlot.

Merlot 80 %, Cabernet Franc 19 %, Malbec 1 %

7–15 Jahre

CHÂTEAU L'EVANGILE

★★☆

Ganz in der Nähe von zwei Pomerol-Superstars, Vieux Château Certan und Château la Conseillante, liegt dieses Gut, das exzellente Weine liefert. Sie reifen 15 Monate in zu 20 % neuen Eichenfässern.

ROT Dunkle, aber nicht schwere Weine, kräftig und randvoll mit Sommerfrüchten und Zedernholz.

Merlot 65 %, Cabernet Franc und Cabernet Sauvignon 35 %

8–20 Jahre

CHÂTEAU FEYTIT-CLINET

★

J.-P. Moueix ist zwar nicht Besitzer dieses Château, aber er macht hier den Wein und verkauft ihn exklusiv. Ein Teil der Weinstöcke ist über siebzig Jahre alt. Der Wein reift 18 bis 22 Monate in Holzfässern.

ROT Beständig elegante Weine voller saftiger Pflaumen- und Schwarzkirschenfrucht.

Merlot 80 %, Cabernet Franc 20 %

7–15 Jahre

CHÂTEAU LA FLEUR-PÉTRUS

★★

Château La Fleur-Petrús, Erzeuger eines der besten Pomerols, liegt ganz in der Nähe von Château Pétrus, aber auf einem Boden mit mehr Kies. Der Wein reift 18 bis 22 Monate in Holzfässern.

ROT Jüngere Jahrgänge sind zwar relativ mächtig und füllig, doch tendieren diese seidenweichen, geschmeidigen Weine im Wesentlichen zu Eleganz und Delikatesse.

Merlot 80 %, Cabernet Franc 20 %

6–20 Jahre

CHÂTEAU LE GAY

★Ⓥ

Ein weiteres Château, das der Libourne-*Négociant* J.-P. Moueix exklusiv vertritt. Der Wein reift 18 bis 22 Monate in Holzfässern.

ROT Der feste Wein von großer Statur ist voll gepackt mit dichter Frucht und Kaffee- und Karamellnoten vom Eichenfass. Hervorragend alterungsfähig.

Merlot 70 %, Cabernet Franc 30 %

10–40 Jahre

CHÂTEAU GAZIN

★☆Ⓥ

Die Leistungsbilanz dieses Château war bis zum fantastischen Jahrgang 1985 enttäuschend, seitdem ging es ständig aufwärts. Die maschinelle Ernte wurde aufgegeben, neue temperaturgeregelte Tanks und weitere qualitätsverbessernde Verfahren wurden eingeführt, nicht zuletzt der Zweitwein, der eine strenge Selektion der Trauben ermöglicht. Der Wein reift 18 Monate in Eichenfässern, die bis zu einem Drittel neu sind.

ROT Ein herrlich reifer und kräftiger Wein mit fleischiger Frucht. Er dürfte eine große Zukunft haben.

Merlot 80 %, Cabernet Franc 15 %, Cabernet Sauvignon 5 %

8–20 Jahre

Zweitwein *Hospitalet de Gazin*

CHÂTEAU LA GRAVE

☆

Dieses Gut gehört Christian Moueix und wird von J.-P. Moueix bewirtschaftet (Trigant de Boisset ist nicht mehr Bestandteil des Château-Namens). Der kiesige Weinberg ist ausgezeichnet gelegen. Der Wein reift in zu 25 % neuen Eichenfässern.

ROT Dieser geschmeidige, fruchtige Wein mit mittlerem Körper gewinnt an Finesse.

Merlot 95 %, Cabernet Franc 5 %

7–15 Jahre

CHÂTEAU HOSANNA

★☆Ⓥ

Bis 1956 hieß dieses Gut Château Certan-Marzelle. Es wurde 1999 von Jean-Paul Moueix erworben, der Christian Moueix als Leiter einsetzte. Praktisch gleich danach verkaufte man 4 ha weniger guter Lagen an Nénin und legte beim Jahrgang 1999 strenge Auswahlkriterien an. Beobachtenswert. Der Wein reift 24 Monate in zu 1 % neuen Eichenfässern.

ROT Seit 1999 werden diese runden, sinnlichen Weine dichter.

Merlot 67 %, Cabernet Franc und Cabernet Sauvignon 33 %

8–20 Jahre

Zweitwein *Clos du Roy*

Weitere Weine *Château Certan-Marzelle*

CHÂTEAU LAFLEUR

★★☆

Ein Weingut mit einem Qualitätspotenzial, das nur Château Pétrus nachsteht, aber früher sehr unbeständig war. Seit 1985 sind Qualität und Konzentration dieser Weine emporstrebend.

ROT Farbintensiver Wein mit kräftigem, pflaumig-portweinartigem Bukett, Cassis-Frucht in Mengen und Noten von Kaffee und Röstton.

Cabernet Franc 50 %, Merlot 50 %

10–25 Jahre

Zweitwein ✓ *Les Pensées de Lafleur*

CHÂTEAU LAFLEUR-GAZIN

☆

Dieses Gut wird seit 1976 für seine Besitzer von J.-P. Moueix betrieben. Der Wein reift 18 bis 22 Monate in Holzfässern.

ROT Gut gemachte Weine mit schönem Bukett, geschmeidiger Struktur und einiger Fülle und Dichte.

Merlot 70 %, Cabernet Franc 30 %

6–15 Jahre

CHÂTEAU LAGRANGE

★

Dieses Gut – das nicht mit seinem Namensvetter in St-Julien verwechselt werden darf – gehört dem Unternehmen J.-P. Moueix. Die Weine reifen 18 bis 22 Monate in Holzfässern mit einem kleinen Teil neuer Eiche.

ROT Die jüngeren Jahrgänge des körperreichen Weins waren sehr beeindruckend und von attraktiver, zugänglicher Art.

Merlot 90 %, Cabernet Franc 10 %

8–20 Jahre

CHÂTEAU LATOUR À POMEROL

★★

Château Latour à Pomerol gehört heute Madame Lily Lacoste (die auch ein Drittel von Château Pétrus besitzt), der letzten überlebenden Schwester von Madame Loubat. Der Wein reift in zu 25 % neuen Eichenfässern.

ROT Dunkle Weine von köstlicher, sinnlicher und samtiger Art. Sie verfügen über eine sehr dichte Frucht und sensationell komplexe Aromen. Sie werden mit Würde und Stil alt wie Methusalem.

Merlot 90 %, Cabernet Franc 10 %

12–35 Jahre

CHÂTEAU MAZEYRES

☆

Zwei Drittel des Weins werden in zu 30 % neuen Eichenfässern ausgebaut, ein Drittel reift in Tanks.

ROT Die eleganten Weine sind kräftig, reif und saftig mit seidiger Merlot-Frucht und feinen Eichennoten.

Merlot 70 %, Cabernet Franc 30 %

5–12 Jahre

CHÂTEAU MOULINET

☆Ⓥ

Dieses große Gut gehört Armand Moueix. Der Wein reift 18 Monate in Eichenfässern, davon ist ein Drittel neu.

ROT Rotweine von attraktiver Geschmeidigkeit, leichter, sahnig-runder Frucht und ebenso leichten Eichennoten.

Merlot 60 %, Cabernet Sauvignon 30 %, Cabernet Franc 10 %

5–10 Jahre

CHÂTEAU NÉNIN

⊗

Ein ansehnliches, bekanntes Gut, das zwischen Catussau und den Außenbezirken von Libourne liegt. Neuer Eigentümer ist inzwischen Jean-Hubert Delon. Der Wein hatte bisher eine enttäuschende Leistungsbilanz, aber unter dem Patronat der Delons gibt es deutliche Anzeichen für eine erhebliche Qualitätssteigerung.

ROT Die 1997er und 1998er waren bisher die besten, und nach dem Zukauf von 4 ha des ehemaligen Château Certan-Giraud könnten künftige Jahrgänge noch besser werden.

Merlot 70 %, Cabernet Franc 20 %, Cabernet Sauvignon 10 %

4–8 Jahre

Zweitwein *Château St-Roche*

CHÂTEAU PETIT-VILLAGE

★★

Das Gut grenzt an Vieux Château Certain und Château La Conseillante, ist also mit einem hervorragenden Terroir ausgestattet. Das Ergebnis ist ein Wein von Superstarqualität, sogar in schwachen Jahren. Petit-Village reift 18 Monate in Eichenfässern, von denen mindestens 50 % neu sind.

ROT Diese Weine scheinen alles zu haben: Fülle, Stoff, kräftige Farbe und schmalzige Frucht, getragen von einer festen Struktur runder, geschmeidiger Tannine. Sie sind klassisch, komplex und vollendet.

Merlot 80 %, Cabernet Franc 10 %, Cabernet Sauvignon 10 %

8–30 Jahre

CHÂTEAU PÉTRUS

★★★

Das Libournaiser Handelshaus J.-P. Moueix hat seit 1947 die technische Leitung dieses Guts inne. Bevor die frühere Besitzerin Madame Loubat 1961 starb, überschrieb sie ein Drittel von Pétrus Monsieur Moueix. Sie hatte keine Kinder, nur zwei Schwestern, mit denen sie sich nicht verstand; vorausschauend versetzte sie daher Moueix in die Lage, sicherstellen zu können, dass familiäre Unstimmigkeiten das Tagesgeschäft von Château Pétrus nicht schaden konnten. 1964 erwarb Moueix einen der zwei anderen Anteile und hat seitdem die Geschicke dieses weltberühmten Château in seiner Hand.

ROT Seine geringe Säure macht den Château Pétrus von Natur aus zu einem weichen Wein. In Kombination mit der Sinnlichkeit der Merlot-Traube entsteht ein superkonzentrierter Wein, der sonst zu hart wäre, um höchsten Genuss zu vermitteln.

Merlot 95 %, Cabernet Franc 5 %

20–60 Jahre

CHÂTEAU LE PIN

★★

Dieses nur 1 ha große Gut wurde 1979 von der Familie Thienpont erworben, der auch das benachbarte Vieux Château Certan gehört. Seit dem Jahrgang 1981 wird hier ganz bewusst versucht, Pétrus in Qualität und auch – wie man sich denken kann – im Preis zu überholen. Der Ertrag ist sehr gering; der Wein gärt in Edelstahl und reift 18 Monate in zu 100 % neuen Eichenfässern. Die Thienponts haben viel aufs Spiel gesetzt; bis heute hat sich dieses Abenteuer gelohnt – die Weine ihres Château le Pin fingen gut an und wurden einfach immer besser und besser.

ROT Diese mächtigen Weine verfügen über sensationelle Cassisaromen, die von dekadent üppigen Sahne-Karamell- und Kaffeenoten von getoasteter Eiche dominiert werden. Von Le Pin nicht überzeugte Weinfreunde bezweifeln,

dass sie die notwendige Dichte haben, die es mit der Eichennote aufnehmen kann; ich glaube, sehr wohl, und ich denke, dass ihr wundervoll sinnlicher Stil ihre wahre Größe und Struktur nur verbirgt. Aber es wird wohl noch lange Zeit dauern, bis wir die Antwort wirklich kennen.

Merlot 100 %

15–40 Jahre

CHÂTEAU PLINCE

★

Dieses Gut gehört der Familie Moreau, seine Weine werden vom Libourne-Handelshaus J.-P. Moueix verkauft. Er reift 6 Monate in Tanks und dann 18 Monate in zu 15 % neuen Eichenfässern.

ROT Diese Weine sind üppig und rund, sie strömen über vor saftigem Merlot-Aroma. Auch wenn man sie nicht als aristokratisch bezeichnen kann, sind sie doch einfach köstlich.

Merlot 75 %, Cabernet Franc 20 %, Cabernet Sauvignon 5 %

4–8 Jahre

CHÂTEAU LA POINTE

Bis 1985 haben diese leichten, matten Weine bei mir den Verdacht geweckt, dass dem Weinberg zu große Erträge abgefordert werden. Ich hatte gehofft, dass der 1985er sich als Wendepunkt für dieses wichtige Château herausstellen würde, aber das war vergeblich. Die Weine werden 18 bis 20 Monate in zu 25 % neuen Eichenfässern ausgebaut.

ROT Abgesehen von dem eleganten, stilvollen und zu einem vernünftigen Preis verkauften 1985er fehlt es den Weinen des Château la Pointe an allem, was einen Pomerol attraktiv und köstlich macht.

Merlot 80 %, Cabernet Franc 15 %, Malbec 5 %

5–12 Jahre

Zweitwein *La Ponte Riffat*

CLOS RENÉ

★

Dieses Gut liegt unmittelbar südwestlich von L'Enclos westlich der N 89. Der Wein reift 24 Monate in zu 15 % neuen Eichenfässern.

ROT Diese Weine zeigen ein großartiges, würziges Bukett von Schwarzen Johannisbeeren und am Gaumen viel herrlich pflaumige Frucht und große Finesse. Sie sind manchmal komplex und immer von ausgezeichneter Qualität.

Merlot 60 %, Cabernet Franc 30 %, Malbec 10 %

6–12 Jahre

Weitere Weine *Moulinet-Lasserre*

CHÂTEAU ROUGET

☆

Dieses Château ist eines der ältesten Güter in Pomerol; in der Ausgabe 1868 von *Cocks et Féret* wurde es als fünftbester Pomerol-Cru aufgeführt. Dem heutigen Besitzer gehört auch das Nachbargut Vieux Château des Templiers. Der Wein reift 24 Monate in Holzfässern.

ROT Ausgezeichnete Rotweine mit einem hervorragenden Bukett und eleganten Aromen. Füllig und schwer, mit guter Struktur und jeder Menge reifer Frucht, sind sie gereift am eindrucksvollsten.

Merlot 90 %, Cabernet Franc 10 %

10–25 Jahre

CHÂTEAU DE SALES

☆

Mit 48 ha das mit Abstand größte Weingut in der Appellation Pomerol. Es liegt ganz im Nordwesten des Gebiets. Trotz ungleichmäßiger Leistungen hat es bei vielen Gelegenheiten seine inneren Qualitäten demonstriert. Der Wein reift 18 Monate in zu 35 % neuem Eichenholz und sollte in der Zukunft beobachtet werden.

ROT In guten Jahren besitzen diese Weine ein intensives Bukett und zeigen am Gaumen dicht gepackte, köstlich saftige Aromen von reifem Steinobst wie Pflaumen, Schwarzkirschen und Aprikosen.

Merlot 70 %, Cabernet Franc 15 %, Cabernet Sauvignon 15 %

7–20 Jahre

Zweitwein *Château Chantalouette*

Weitere Weine *Château de Délias*

CHÂTEAU DU TAILHAS

Die Weine dieses Château reifen 18 Monate in zu 50 % neuen Eichenfässern.

ROT Zuverlässig attraktiv mit seidiger Merlot-Frucht und sahnigen Eichennoten.

Merlot 80 %, Cabernet Franc 10 %, Cabernet Sauvignon 10 %

5–12 Jahre

CHÂTEAU TAILLEFER

Dieses potenziell hervorragende Weingut ist in den Händen von Bernard Moueix. Die Weine werden 18 bis 22 Monate lang in zum kleinen Teil neuen Eichenfässern ausgebaut.

ROT Im besten Fall sind diese Weine attraktiv leicht und fruchtig, wobei ihr Potenzial erkennbar wird; oft sind sie einfach nur dünn.

Merlot 55 %, Cabernet Franc 30 %, Cabernet Sauvignon 15 %

4–8 Jahre

Zweitwein *Clos Toulifaut*

CHÂTEAU TROTANOY

★★☆

Der Wein, oft als bester nach Château Pétrus eingestuft, wird bis zu 24 Monaten in zu 50 % neuen Eichenfässern ausgebaut.

ROT Dieser tintenschwarze, schwere Wein hat ein kraftvolles Bukett und ein ausladendes Aroma, das von einer festen Tanninstruktur und komplexen Karamell-, und Gewürznoten von der Eiche gestützt wird.

Merlot 90 %, Cabernet Franc 10 %

15–35 Jahre

VIEUX CHÂTEAU CERTAN

★★☆

Dieser *Cru* galt einst als der beste in Pomerol. Es ist nicht so, dass seine Qualität nachgelassen hätte, sondern er bekam rasch Konkurrenz von einem neuen Stern – Pétrus – und andere Aspiranten auf den Thron in Pomerol. Dieser Wein reift 18 bis 24 Monate in bis zu 60 % neuen Eichenfässern.

ROT Ein attraktiver, körperreicher, granatroter Wein, dessen weiche, samtige Aromen von innen zu glühen scheinen. Er entfaltet große Finesse und eine komplexe Struktur.

Merlot 50 %, Cabernet Franc 25 %, Cabernet Sauvignon 20 %, Malbec 5 %

12–35 Jahre

Zweitwein *La Gravette de Certan*

CHÂTEAU LA VIOLETTE

☆

So wie Château Laroze in St-Émilion den Namen nach seinem Rosenaroma bekam, so wurde dieses Gut nach dem Veilchenaroma seines Weins benannt – so wird jedenfalls erzählt. Die Weinberge des Guts sind über die Gemeinde Catussau verstreut. Der Wein, der bis zu 24 Monaten in Holzfässern ausgebaut wird, zeigt schwankende Qualität, aber ich glaube an sein großes Potenzial.

ROT Ich habe den Wein nicht so oft verkostet, wie ich es gerne getan hätte, aber ich kann die guten Jahrgänge begeistert empfehlen: üppige, runde, überströmende Merlotfrucht.

Merlot 95 %, Cabernet Franc 5 %

5–15 Jahre

CHÂTEAU VRAY CROIX DE GAY

Ein kleines Château mit gutem Kiesboden, dem Château le Gay benachbart und im selben Besitz wie Château le Prieuré. Der Wein reift 18 Monate in Holzfässern.

ROT Der Wein ist im Allgemeinen füllig und rund mit Aromen von Schokolade und Schwarzkirschen; die besten Jahrgänge sind noch üppiger und eichenbetonter.

Merlot 80 %, Cabernet Franc 15 %, Cabernet Sauvignon 5 %

5–10 Jahre

WEITERE ERZEUGER

SAINT-EMILION, POMEROL UND FRONSADAIS

CHÂTEAU D'AIGUILHE

Bordeaux-Côtes-de-Castillon AOC

☆Ⓥ

1998 von Stephan von Neipperg erstanden, der das Anwesen restauriert hat. Beobachtenswert.

Zweitwein *Seigneurs d'Aiguihle*

CHÂTEAU DES ANNEREAUX

Lalande-de-Pomerol AOC

Attraktive, fruchtige, mittelschwere Weine von gewisser Eleganz.

CHÂTEAU BARRABAQUE

Côtes Canon-Fronsac AOC

★☆Ⓥ

Das Château liegt an der mittleren *Côte*, und der Wein aus 7 % Merlot ist seit den späten 1990er Jahren ausgezeichnet.

CHÂTEAU BEL-AIR

Puisseguin-St-Émilion AOC

Großzügige, fruchtige Weine, die früh genossen werden können.

CHÂTEAU DE BEL-AIR

Lalande-de-Pomerol AOC

★Ⓥ

Eines der besten Güter der Appellation, das über ausgezeichneten Sand-Kies-Boden verfügt.

CHÂTEAU BELAIR-MONTAIGUILLON

St-Georges-St-Émilion AOC

★Ⓥ

Zuverlässig üppig und köstlich fruchtig. Der beste Wein, gewonnen von alten Rebstöcken und gereift in Holzfässern, zum Teil in neuer Eiche, wird unter dem Etikett Belair St-Georges angeboten.

CHÂTEAU DE BELCIER

Bordeaux Côtes de Francs AOC, Bordeaux Supérieur Côtes de Francs AOC

Fruchtige Weine, die die Appellation Côtes de Castillon oder Côtes de Francs verwenden können.

CHÂTEAU CALON

Montagne-St-Émilion AOC, St-Georges-St-Émilion AOC

☆

Im selben Besitz wie der Grand Cru Classé Château Corbin-Michotte. Der hier erzeugte Wein ist von guter Qualität, von saftiger Art und mit viel Merlot-Charakter.

CHÂTEAU CANON

Côtes Canon-Fronsac AOC

★☆Ⓥ

Eines von mehreren Gütern im Fronsadais, die früher im Besitz des weiterhin als Leiter tätigen J. P. Moueix waren, es wurde im September 2000 an die Familie Carrefour verkauft und erzeugt aus 100 % Merlot den besten Wein der Appellation.

CHÂTEAU CANON DE BREM

Côtes Canon-Fronsac AOC

★Ⓥ

Château Canon de Brem ist nicht mehr im Besitz von J. P. Moueix, sondern wurde im September 2000 an die Familie Carrefour verkauft. Es produziert aromatische *Vins de Garde*, die farbintensiv und kraftvoll, komplex und würzig sind.

Zweitwein *Château Pichelèbre*

CHÂTEAU CANON MOUEIX

Côtes Canon-Fronsac AOC

★Ⓥ

Dieses im September 2000 an die Familie Carrefour verkaufte Gut trug bis 1985, als es J. P. Moueix erwarb, den Namen Château Pichelèbre. Auch unter den neuen Besitzern wird das Château weiterhin von Moueix geleitet; ob aber der Name erhalten bleibt, ist unsicher.

CHÂTEAU CAP DE MERLE

Lussac-St-Émilion AOC

Château Cap de Merle hat nach Weinguru Robert Parker den besten Lussac der Jahrgänge 1981 bis 1983 gemacht.

CHÂTEAU CARLES

Fronsac AOC

★Ⓥ

Der Hauptwein ist süffig und saftig, doch es ist der als *Château Haut Carles* ★☆ verkaufte Wein aus 95 % Merlot, der hier hervorsticht.

CHÂTEAU CASSAGNE-HAUT-CANON

Côtes Canon-Fronsac AOC

★Ⓥ

Dieses Château liefert üppig-füllige, schmalzige Weine, die an Früchtekuchen erinnern und in jungen Jahren besonders attraktiv sind.

CHÂTEAU DE CLOTTE

Bordeaux Côtes de Castillon AOC, Bordeaux Supérieur Côtes de Castillon AOC

Dieses Gut darf die Appellationen Côtes de Castillon und Côtes de Francs benutzen, verwendet aber nur erstere.

CHÂTEAU DU COURLAT

Lussac-St-Émilion AOC

Würzige, tanninbetonte Weine mit guten Fruchtaromen.

CHÂTEAU COUSTOLLE VINCENT

Côtes Canon-Fronsac AOC

Die aromatischen Weine von Château Coustolle Vincent werden in bis zu 2 % neuen Eichenfässern ausgebaut.

CHÂTEAU LA CROIX CANON

Côtes Canon-Fronsac AOC

☆Ⓥ

Ein weiterer ehemaliger Moueix-Besitz, der an die Familie Carrefour übergegangen ist, aber nach wie vor durch das bewährte Team geführt wird. Süffige, von Merlot dominierte Weine voller saftiger Frucht.

CHÂTEAU DALEM

Fronsac AOC

★☆Ⓥ

Diese weichen, samtigen Weine entwickeln sich schnell, bleiben dabei aber sehr frisch und gehören zu den besten ihrer Appellation.

CHÂTEAU DE LA DAUPHINE

Fronsac AOC

Dieses Château ist an die Familie Carrefour verkauft worden, wird aber weiterhin von der Mannschaft um J. P. Moueix geführt, die in 2 % neuen Eichenfässern frische, fruchtige Weine reifen lässt.

CHÂTEAU DURAND LAPLAIGNE

Puisseguin-St-Émilion AOC

★Ⓥ

Die Reben des ausgezeichneten Château Durand Laplaigne stehen auf Lehm-Kalkstein-Boden, die Trauben werden streng selektiert, vinifiziert wird nach modernen Methoden.

CHÂTEAU LA FLEUR DE BOUARD

Lalande-de-Pomerol AOC

★Ⓥ

Sehr gute Weine, die sich seit dem Erwerb des Gutes durch den Besitzer des Château l'Angelus 1998 noch weiter gesteigert haben.

Zweitwein *Château La Fleur St-Georges*

CHÂTEAU FONTENIL

Fronsac AOC

★☆Ⓥ

Dieser reiche, samtige Wein vom eigenen Gut des Michel Rolland besteht aus 9 % Merlot und zeigt sehr viel neue Eiche.

CHÂTEAU GRAND-BARIL

Montagne-St-Émilion AOC

Von der Landwirtschaftsschule in Libourne erzeugter attraktiver, fruchtiger Wein.

CHÂTEAU GRAND ORMEAU

Lalande-de-Pomerol AOC

★Ⓥ

Ein reicher und köstlich fruchtiger Wein, der in 5 % neuer Eiche reift. Für seine Appellation ist der Grand Ormeau besonders klassisch.

Zweitwein *Château d'Haurange*

CHÂTEAU GUIBEAU-LA FOURVIEILLE

Puisseguin-St-Emilion AOC

★☆Ⓥ

In dieses Gut ist viel investiert worden, und die Weine gelten inzwischen als die besten aus Puisseguin.

Zweitweine *Le Vieux Château Guibeau, Château La Fourvieille*

CHÂTEAU HAUT-CHAIGNEAU

Lalande-de-Pomerol AOC

★Ⓥ

Es lohnt sich, nach dem *Château Le Lee Sergue* ★☆ Ausschau zu halten, für den die besten Weine dieses Gutes ausgewählt werden und der in 8 % neuer Eiche heranreift.

CHÂTEAU HAUT-CHATAIN

Lalande-de-Pomerol AOC

★☆Ⓥ

Château Haut-Chatain erzeugt volle, körperreiche und saftige Weine mit ausgeprägten Vanilletönen von neuer Eiche.

CHÂTEAU LES HAUTS-CONSEILLANTS

Lalande-de-Pomerol AOC

Château les Hauts-Conseillants ist ein weiteres ausgezeichnetes Gut in Néac.

Weitere Weine *Château les Hauts-Tuileries* (Exportmarke)

CHÂTEAU HAUT-TUQUET

Bordeaux Côtes de Castillon AOC, Bordeaux Supérieur Côtes de Castillon AOC

Zuverlässig guter Wein.

CHÂTEAU JEANDEMAN

Fronsac AOC

Frischer, fruchtiger Wein mit gutem Aroma.

CHÂTEAU JUNAYME

Côtes Canon-Fronsac AOC

★Ⓥ

Sehr bekannte Weine mit Finesse.

CHÂTEAU DU GABY

Côtes Canon-Fronsac AOC

★Ⓥ

Attraktive, gut strukturierte Weine mit intensiven Aromen, die auf Langlebigkeit ausgelegt sind.

CHÂTEAU DES LAURETS

Puisseguin-St-Émilion AOC

Das größte Gut der Appellation.

Weitere Weine *Château la Rochett, Château Maison Rose*

CHÂTEAU DE LUSSAC

Lussac-St-Émilion AOC

Sehr harmonischer Wein, der früh genießbar ist.

CHÂTEAU DU LYONNAT

Lussac-St-Émilion AOC

Das größte Gut der Appellation.

Weitere Weine *La Rose Peruchon*

CHÂTEAU MAISON BLANCHE

Montagne-St-Émilion AOC

Attraktiver, zugänglicher Wein.

CHÂTEAU MAQUIN-ST-GEORGES

St-Georges-St-Émilion AOC

Dieser Wein ist zu 70 % aus Merlot.

Weitere Weine *Château Bellonne-St-Georges*

CHÂTEAU MAUSSE

Côtes Canon-Fronsac AOC

Weine mit feinem Duft und Geschmack.

CHÂTEAU MAYNE-VIEIL

Fronsac AOC

Sehr gefällige Weine mit würziger Merlotfrucht.

CHÂTEAU MAZERIS

Côtes Canon-Fronsac AOC

Diese Weine des Châteaus Mazeris der Appellation Côtes Canon-Fronsac verfügen über einen ungewöhnlich hohen Anteil Cabernet Sauvignon.

CHÂTEAU MILON

Lussac-St-Émilion AOC

★Ⓥ

Schöne, füllige, sehr aromatische Weine.

CHÂTEAU MONCETS

Lalande-de-Pomerol AOC

★Ⓥ

Dieses Néac-Gut erzeugt einen hervorragenden, kräftigen und eleganten Pomerol-Doppelgänger.

CHÂTEAU MOULIN HAUT-LAROQUE

Fronsac AOC

Sehr duftreiche und recht stoffige Weine mit viel Frucht und gutem Tannin.

CHÂTEAU MOULIN NEUF

Bordeaux Côtes de Castillon AOC, Bordeaux Supérieur Côtes de Castillon AOC

Süffiger, mittelschwerer Rotwein kommt von diesem Gut.

CHÂTEAU LA PAPETERIE

Montagne-St-Émilion AOC

Weine mit kräftigem Duft, am Gaumen zeigt sich viel Frucht.

CHÂTEAU DU PONT DE GUESTRES

Lalande-de-Pomerol AOC

★Ⓥ

Volle, runde, schmalzige Weine von guter Qualität.

CHÂTEAU DU PUY

Bordeaux Côtes de Francs AOC, Bordeaux Supérieur Côtes de Francs AOC

Die Rotweine dieses Guts sind rustikal und von offen fruchtiger Art.

CHÂTEAU PUYCARPIN

Bordeaux Côtes de Castillon AOC, Bordeaux Supérieur Côtes de Castillon AOC

Dieses Gut erzeugt einen gut gemachten Rotwein und ein wenig trockenen Weißwein.

CHÂTEAU PUYGUERAUD

Bordeaux Côtes de Francs AOC, Bordeaux Supérieur Côtes de Francs AOC

Weine mit attraktiver Aromatik, guter Farbe und geschmeidiger Frucht.

CHÂTEAU DE LA RIVIÈRE

Fronsac AOC

★☆Ⓥ

Großartige Weine, die auf Langlebigkeit angelegt sind, kräftig, tanninreich und fruchtig. Sie reifen in bis zu 40 % neuen Eichenfässern.

CHÂTEAU ROBIN

Bordeaux Côtes de Castillon AOC, Bordeaux Supérieur Côtes de Castillon AOC

☆Ⓥ

Die Rotweine von Château Robin wurden mehrfach prämiert.

CHÂTEAU ROCHER-BELLEVUE

Bordeaux Côtes de Castillon AOC, Bordeaux Supérieur Côtes de Castillon AOC

☆Ⓥ

Dieses Gut produziert einen guten St-Émilion-Typ, der regelmäßig ausgezeichnet wird.

Weitere Weine *La Palène, Coutet-St-Magne*

CHÂTEAU ROUDIER

Montagne-St-Émilion AOC

★☆Ⓥ

Qualitätvolle Weine mit kräftigen Aromen, schöner Balance und einem langen, geschmeidigen Abgang.

CHÂTEAU SIAURAC

Lalande-de-Pomerol AOC

Hervorragende, feste und fruchtige Weine.

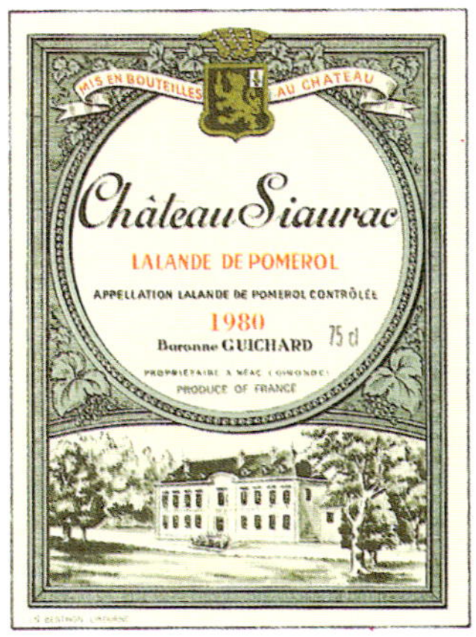

CHÂTEAU STE-COLOMBE

Bordeaux-Côtes-de-Castillon AOC

★Ⓥ

Gérard Perse und Alain Reynaud haben 1999 dieses Château erworben. Die Weine sind in der Tat viel versprechend.

CHÂTEAU ST-GEORGES

St-Georges-St-Émilion AOC

★☆Ⓥ

Wein von Superqualität und großer Finesse.

CHÂTEAU TARREYO

Bordeaux Côtes de Castillon AOC, Bordeaux Supérieur Côtes de Castillon AOC

»Tarreyo« ist gasconisch für »Steinhaufen«, entsprechend der Lage des Guts auf einem Kalksteinhügel.

CHÂTEAU THIBAUD-BELLEVILLE

Bordeaux Côtes de Castillon AOC, Bordeaux Supérieur Côtes de Castillon AOC

Mittelschwerer, fruchtiger Rotwein.

CHÂTEAU TOUMALIN

Côtes Canon-Fronsac AOC

Frischer, fruchtiger Wein von einem Gut, das denselben Besitzer hat wie Château La Pointe in Pomerol.

CHÂTEAU TOUR-DU-PAS-ST-GEORGES

St-Georges-St-Émilion AOC

☆Ⓥ

Ein exzellentes, preiswertes *Entrée* in die Welt der Premier-Cru-Rotweine.

CHÂTEAU DES TOURELLES

Lalande-de-Pomerol AOC

★Ⓥ

Château des Tourelles macht glänzende Weine mit Vanillenoten.

CHÂTEAU TOURNEFEUILLE

Lalande-de-Pomerol AOC

★☆Ⓥ

Der füllige, langlebige Wein von Château Tournefeuille ist der beste der Appellation.

CHÂTEAU DES TOURS

Montagne-St-Émilion AOC

☆Ⓥ

Château des Tours, im Besitz von Marne & Champagne, ist das größte Gut der Appellation. Der Wein ist groß, voll und fleischig, dennoch weich und zugänglich.

CHÂTEAU LA VALADE

Fronsac AOC

☆Ⓥ

Château la Valade erzeugt ausschließlich aus Merlot elegante, aromatische Weine mit seidiger Textur.

CHÂTEAU LA VIEILLE CURE

Fronsac AOC

Diese frischen, samtigen Weine mit ihrem herrlichen Aroma von Blumen und Sommerfrüchten stehen an der Spitze ihrer Appellation. Der 1998er ist hervorragend.

CHÂTEAU LA VILLARS

Fronsac AOC

★Ⓥ

Weiche, fette, saftige Weine von ausgezeichneter Qualität, zu einem Drittel in neuen Eichenfässern ausgebaut.

VIEUX-CHÂTEAU-ST-ANDRÉ

Montagne-St-Émilion AOC

★☆Ⓥ

Ein weicher, aufregender Wein voller Kirsch-, Vanille- und Gewürznoten, produziert von Besitzer Jean-Claude Berrouet, dem Önologen von Pétrus.

CHÂTEAU VRAY-CANON-BOYER

Côtes Canon-Fronsac AOC

Château Vray-Canon-Boyer produziert einen fruchtigen, mittelgewichtigen Wein, der schon früh zu genießen ist. Basis dafür sind die 90 % Merlot aus Trauben, die vom Südhang des »echten Canon-Hügels« kommen.

BOURG UND BLAYE

Die Produktion von Bourg und Blaye ist zu 95 % preiswerter Rotwein. Das winzige Bourg produziert mehr Wein als sein fünfmal so großer Nachbar Blaye; und die meisten Weine von Blaye kommen von einer Gruppe Châteaux, die nahe der Grenze zu Bourg liegen.

Wie man es von einem seit 400 000 Jahren besiedelten Gebiet erwartet, ist Bourg eine dicht zusammengewachsene Gemeinde. Noch nicht so lange ist es her, dass die Römer das benachbarte Blaye als *Castrum* nutzten, als Festung im Verteidigungssystem um Bordeaux. Einigen Quellen zufolge wurde dort bereits seit der Ankunft der Römer Wein angebaut. Die Reben gediehen hier also lange vor denen im Médoc auf der anderen Seite, der linken Seite der Gironde.

Bourg ist ein kleines, intensiv kultiviertes Gebiet mit hübschen hügeligen Weinbergen. In Blaye spielt der Weinbau eine weniger wichtige Rolle; dort sind andere Wirtschaftszweige bedeutend, etwa die Kaviarindustrie mit dem alten Fischerhafen als Stützpunkt. Die nach Süden ausgerichteten Weinberge von Blaye sind an der Grenze zu Bourg konzentriert und haben, trotz der gleich gearteten Landschaft, schon immer einen leichteren Wein produziert als die von Bourg. Die Straße D 18 scheint eine Barriere zu sein, hinter der das weniger intensiv genutzte Hinterland ein völlig anderes Bild zeigt und die weite Landschaft da und dort bewaldet ist.

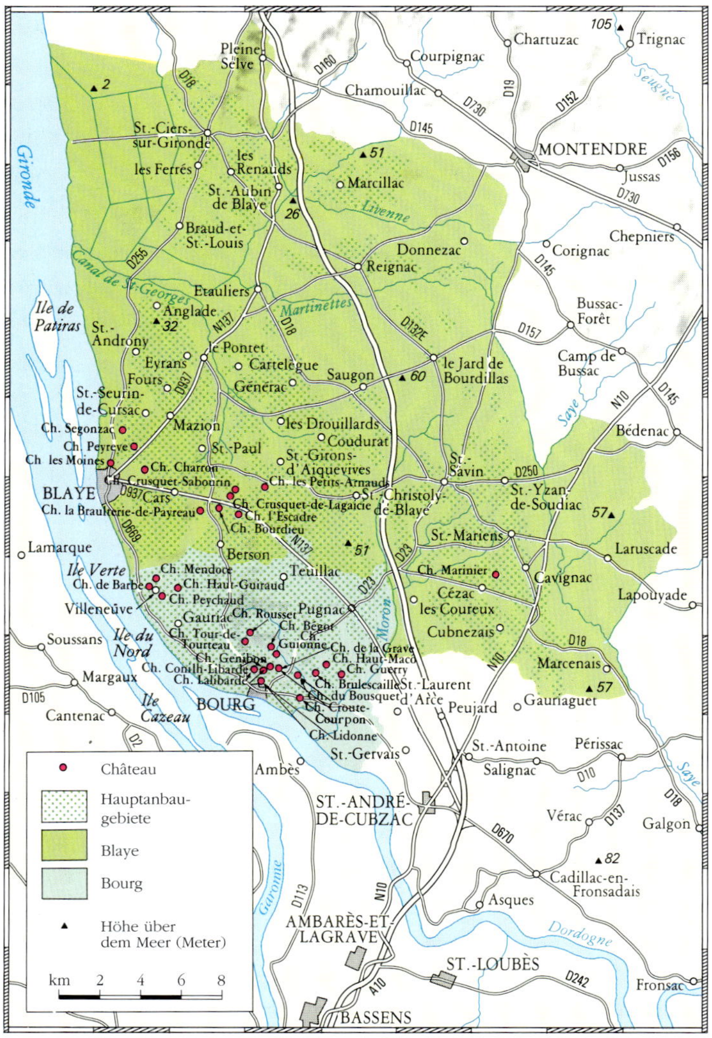

BOURG UND BLAYE *Siehe auch* S. 59
Die Lagen von Bourg und Blaye sind landeinwärts der Hafenorte konzentriert, die diesem Weinbaugebiet ihre Namen gegeben haben. Bourg hat die größere Dichte von Weingärten und erzeugt im Allgemeinen die besseren Weine.

GESCHMACKS- UND QUALITÄTSFAKTOREN

LAGE
Die Weingärten von Bourg breiten sich hinter der Stadt aus, die etwa zwanzig km nördlich von Bordeaux am Zusammenfluss von Dordogne und Garonne am rechten Ufer liegt. Blaye schließt sich nördlich an.

KLIMA
Diese beiden Gebiete sind vor den West- und Nordwestwinden weniger geschützt als das Médoc und bekommen mehr Niederschlag.

TOPOGRAFIE
Bourg ist sehr hügelig, seine Reben stehen bis zu 80 m ü. d. M. auf steilen Kalksteinhängen. Im Südteil von Blaye ist das Land ertragreich und ebenfalls hügelig. Seine steilen Hänge, eine Verlängerung derer von Bourg, blicken über die Gironde. Im Norden ist die Landschaft sanfter, die Hügel sind niedriger, und die Weinbauareale wechseln sich mit Marschlandschaft ab.

BÖDEN
In Bourg liegt der Oberboden aus Lehm und Kalk oder Lehm und Kies auf einem harten Kalksteinuntergrund; im Osten geht der Unterboden manchmal in Kies und Lehm über. Der Boden in Blaye ist auf den Hügeln an der Gironde Lehm oder Lehm und Kalkstein über einer harten Kalkschicht, nach Osten hin wird er immer sandiger.

WEINBAU UND WEINBEREITUNG
Es gibt hier viele Rebsorten, von denen einige viel zu minderwertig oder nicht zuverlässig genug sind, um zur Qualität dieser Weine – insbesondere Weißwein – beizutragen. Bourg erzeugt die besten Rotweine, Blaye die besten Weißweine, aber in beiden Appellationen wird nur wenig Weißwein produziert – Blaye hat 90 % Rotwein und Bourg über 99 %. Nur sehr wenige *petits châteaux* in beiden Gegenden können es sich leisten, mit Holzfässern zu arbeiten, und schon gar nicht mit neuen. Deswegen wird ein Großteil des Bourg-Weines von einer seiner fünf Kooperativen produziert.

HAUPTREBSORTEN
Cabernet Franc, Cabernet Sauvignon, Merlot, Sauvignon Blanc, Sémillon

WEITERE REBSORTEN
Malbec, Prolongeau, Cahors, Béguignol (Fer), Petit Verdot, Merlot Blanc, Folle Blanche, Colombard, Chenin Blanc, Muscadelle, Ugni Blanc

BLAYE
Blaye ist ein hübscher Fischerort. Im Vordergrund die Ruinen der alten Zitadelle, die einst vor den Seeräubern Schutz gewährte.

DAS POTENZIAL VON BOURG UND BLAYE

Den Römern erschienen diese nach Süden ausgerichteten, über die Gironde blickenden Hügel als der ideale Ort, um Wein anzubauen. Seit den Römern haben allerdings neue und andere Vorstellungen von einem klassischen Wein Bourg und Blaye zu einer rückständigen Gegend gemacht. Ich bin sicher, dass man das Potenzial dieses Weins eines Tages entdecken wird, wenn auch wahrscheinlich nicht in den nächsten zehn oder zwanzig Jahren, und auch erst dann, wenn die Welt auf Weine wie Canon-Fronsac im Libournais aufmerksam wird und ihn auf dem Niveau eines St-Émilion ansiedelt. Wenn Weinliebhaber bereit sind, höhere Preise für diese Weine zu bezahlen, werden die Winzer den Ertrag begrenzen, die Kellertechniken verbessern und sich mehr neues Eichenholz leisten können.

CHENIN BLANC IN BORDEAUX

Die an der Loire ruhmreiche (gelegentlich auch verrufene) Chenin Blanc ist in den Weißweinen von Bourg erlaubt, wenn auch auf maximal 10 % beschränkt. In den AOC Blayais und Côtes de Blaye (nicht Premières Côtes de Blaye) hat dieser Eindringling allerdings freie Bahn; zumindest hätte er sie, wenn ein Winzer einen reinen Chenin Blanc auf den Markt bringen wollte. Ich war nie ein Liebhaber der Chenin-Blanc-Weine von der Loire, ausgenommen aus jenen schönen Jahren, wenn es großartige *Moelleux*-Weine gibt und es sehr schwierig ist, keinen Zaubertrank herzustellen. Das Problem der Chenin an der Loire ist, dass sie wie Unkraut wächst, aber selten so viel Sonne bekommt, wie sie es bräuchte. Nimmt man noch die Neigung zu vieler Winzer zu übermäßigen Erträgen dazu, und diejenigen, die im Keller nicht klinisch sauber arbeiten, dann ist es klar, warum die Chenin-Weine von der Loire – besonders die trockenen – einen so schlechten Ruf haben. Andererseits haben in der Neuen Welt sogar billige Massenweine aus der Chenin Blanc herrlich runde, tropische Fruchtaromen. Natürlich nicht alle, denn auch die Neue Welt hat ihre guten, schlechten und schlimmen Weine, aber ich glaube, dass der längere, wärmere Sonnenschein in Bordeaux durchaus ausgezeichnete trockene Chenin-Weine produzieren könnte. Ein reiner Chenin Blanc aus Bordeaux wäre eine Neuheit.

WEINGÄRTEN AN DER DORDOGNE BEI BOURG

Die Römer, die diese nach Süden ausgerichteten Weinberge anlegten, hielten das Gebiet für den wesentlich besseren Rebenstandort als das jenseits des Zusammenflusses von Dordogne und Garonne. Allerdings konnten sie die Möglichkeiten des Médoc seinerzeit verständlicherweise nicht sehen.

CHÂTEAU SEGONZAC IN ST-GENÈS-DE-BLAYE

Diese sanft abfallenden Hügel nahe der Festung von Blaye gehören zu Château Segonzac, einem 1887 von Jean Dupuy gegründeten Weingut. Dupuy war Besitzer der Zeitung »Petit Parisiane«, damals die auflagenstärkste Zeitung der Welt.

DIE APPELLATIONEN IN BOURG UND BLAYE

Die Anzahl der Appellationen und ihre vielfältigen Details sind für den Verbraucher sehr verwirrend. In dem System sollte einmal aufgeräumt werden, denn es gibt keinen Grund, warum man nicht mit zwei AOCs – Côtes de Blaye und Côtes de Bourg – für alle hier erzeugten Weine auskommen sollte.

BLAYE AOC

Blaye oder Blayais ist eine große und mannigfaltige Appellation von schwankender Qualität.

ROT Nur wenige Güter bauen so obskure Rebsorten wie Prolongeau und Béguignol an. Deshalb nutzen viele die renommiert klingende Appellation Premières Côtes de Blaye, und kaum einer hält sich damit auf, seinen Wein unter dieser schlichten Appellation zu verkaufen.

Cabernet Sauvignon, Cabernet Franc, Merlot, Malbec, Prolongeau, Béguignol, Petit Verdot

3–7 Jahre

WEISS Seit 1997 dominiert Ugni blanc, und Merlot blanc sowie Folle blanche wurden ausgeschlossen. Der Reifegrad ist von 170 auf 153 g Zucker herabgesetzt und Höchstwerte von 4 g Restzucker und 12,5 % Alkohol sind im fertigen Wein festgelegt worden, was frischere, lebhaftere Weine hervorbringt. Diese Weine dürfen ab dem 1. Dezember nach der Ernte verkauft werden, ohne als *primeur* oder *nouveau* deklariert zu werden.

Ugni Blanc mit höchstens 10 % Folle Blanche, Colombard, Chenin Blanc, Sémillon, Sauvignon Blanc, Muscadelle

1–2 Jahre

BLAYAIS AOC

Siehe Blaye AOC

BOURG AOC

Diese auch Bourgeais genannte Appellation für Rot- und Weißweine kam außer Gebrauch, weil die Winzer lieber die Côtes de Bourg AOC verwenden, die denselben Bestimmungen unterliegt, aber sich leichter vermarkten lässt. *Siehe* Côtes de Bourg AOC.

BOURGEAIS AOC

Siehe Bourg AOC

CÔTES DE BLAYE AOC

Anders als die Appellationen Bourg, Côtes de Bourg und Blaye, die für Rot- und Weißweine gelten, ist Côtes de Blaye nur für Weißweine zulässig.

WEISS Es wird genauso viel weißer Côtes de Blaye produziert wie einfacher Blaye. Die Weine sind in Art und Qualität sehr ähnlich.

Merlot Blanc, Folle Blanche, Colombard, Chenin Blanc, Sémillon, Sauvignon Blanc, Muscadelle

1–2 Jahre

CÔTES DE BOURG AOC

Bourg hat nur ein Fünftel der Größe von Blaye und bringt trotzdem immer schon größere Mengen und – noch wichtiger – viel bessere Qualität hervor als Blaye.

ROT Ausgezeichnete, preiswerte farbkräftige Weine mit vollem, festem, fruchtigem Geschmack. Eine Reihe sind sogar elegant.

Cabernet Sauvignon, Cabernet Franc, Merlot, Malbec

3–10 Jahre

WEISS Es wird jedes Jahr nur eine sehr kleine Menge dieses leichten, trockenen Weins produziert. Er darf ab dem 1. Dezember nach der Ernte verkauft werden, ohne als *primeur* oder *nouveau* deklariert zu werden.

Sémillon, Sauvignon Blanc, Muscadelle, Merlot Blanc, Colombard, dazu maximal 10 % Chenin Blanc

1–2 Jahre

PREMIÈRES CÔTES DE BLAYE AOC

Diese Appellation gilt für dasselbe Gebiet wie Blaye und Côtes de Blaye, aber es werden nur klassische Traubensorten verwendet, und der Mindestalkoholgehalt ist höher. Das Gebiet hat ein sehr gutes Potenzial für Qualität.

ROT Ein oder zwei ausgezeichnete Weingüter setzen teilweise neues Eichenholz ein.

Cabernet Sauvignon, Cabernet Franc, Merlot, Malbec

4–10 Jahre

WEISS Trockene Weine mit leichtem Körper, die ein frisches, lebhaftes traubiges Aroma aufweisen können.

Sémillon, Sauvignon Blanc, Muscadelle

1–2 Jahre

ERZEUGER IN BOURG

CHÂTEAU DE BARBE

Villeneuve

Château de Barbe produziert beträchtliche Mengen von leichten, Merlot-dominierten, angenehm fruchtigen Rotweinen, die leicht zu trinken sind.

CHÂTEAU BÉGOT

Lansac

Dieses Gut produziert etwa 60 000 Flaschen eines angenehm fruchtigen Rotweins, den man am besten jung trinken sollte.

CHÂTEAU BRULESCAILLE

Tauriac

Verfügt über sehr gut gelegene Weinberge und erzeugt angenehme Weine für den frühen Verbrauch.

CHÂTEAU DU BOUSQUET

Bourg-sur-Gironde

★V

Dieses Château produziert etwa 500 000 Flaschen eines guten, sehr preiswerten Rotweins. Der in Edelstahl gärende und in Eichenfässern reifende Wein verfügt über ein gutes Bukett und weiche Struktur.

CHÂTEAU CONILH-LIBARDE

Bourg-sur-Gironde

Dieses kleine, über Bourg-sur-Gironde und den Fluss blickende Gut erzeugt weiche, fruchtige Rotweine

CHÂTEAU CROUTE-COURPON

Bourg-sur-Gironde

Ein kleineres Gut, das ehrliche, fruchtige Rotweine produziert.

CHÂTEAU EYQUEM

Bayon-sur-Gironde

Im Besitz der seriösen Winzerfamilie Bayle-Carreau, der auch einige andere Güter gehören (*siehe* Blaye). Der angenehm leichte Tischwein wird meist nicht wegen seiner Qualität gekauft; der Gag besteht darin, mit

dem Namen Yquem zu spielen und einen roten Eyquem zu kredenzen.

CHÂTEAU GÉNIBON

Bourg-sur-Gironde

Dieses kleine Gut produziert attraktive Weine, die Spaß machen und angenehm zu trinken sind.

CHÂTEAU GRAND-LAUNAY

Teuillac

★V

Dieses Gut wurde aus den Rebflächen dreier Weingüter gebildet: Domaine Haut-Launay, Château Launay und Domaine les Hermats.

Außer Rotwein wird auch eine kleine Menge Weißwein produziert. Der Starwein dieses Château ist eine hervorragende rote Reserve Cuvée mit dem Namen Château Lion Noir.

CHÂTEAU DE LA GRAVE

Bourg-sur-Gironde

Ein wichtiges Gut auf einem der höchsten Punkte von Bourg-sur-Gironde. Es liefert große Mengen leichten, fruchtigen, Malbec-geprägten Rotweins und eine sehr kleine Menge Weißwein.

CHÂTEAU GUERRY

Tauriac

★V

Über 120 000 Flaschen von wirklich gutem, in Holz gereiftem Rotwein werden auf diesem Château gemacht. Er verfügt über gute Struktur, Unmengen von Frucht und weiche, elegante Aromen.

CHÂTEAU GUIONNE

Lansac

Diese süffigen Weine besitzen eine attraktive Merlot-Frucht, guten saftigen Körper und einige Finesse. Es wird auch ein durchaus interessanter Weißwein mit Tiefe gemacht.

CHÂTEAU HAUT-GUIRAUD

St-Ciers-de-Canesse

★Ⓥ

Dieses nur Rotwein produzierende Gut erzeugt einen mittelschweren bis körperreichen, gut strukturierten Rotwein, der vor reifen Fruchtaromen überströmt. Es hat denselben Besitzer wie Château Castaing und Guiraud-Grimard in derselben Gemeinde.

CHÂTEAU HAUT-MACÔ

Tauriac

Dieser rustikale Wein ist voll von kräftiger Frucht und guter Säure. Den Besitzern gehört auch die Domaine de Lilotte in Bourg-sur-Gironde, wo sie attraktive, früh trinkbare Rotweine unter der Appellation Bordeaux Supérieur erzeugen.

Weitere Weine *Les Bascauds*

CHÂTEAU HAUT-ROUSSET

Bourg-sur-Gironde

Auf diesem relativ großen Gut werden etwa 150 000 Flaschen Rotwein für jeden Tag und 12 000 Flaschen Weißwein produziert. Der Rotwein von einem nahe gelegenen Weinberg wird als Château la Renardière verkauft.

CHÂTEAU DE LIDONNE

Bourg-sur-Gironde

★

Dieses sehr alte Gut macht einen Rotwein von ausgezeichneter Qualität, kraftvoll aromatisch und mit vollem Cabernet-Charakter. Sein Name erinnert an die Mönche, die im 15. Jahrhundert das Anwesen bewirtschafteten und Pilgern Übernachtung gewährten: »Lit-Donne«, »Gib Bett«.

CHÂTEAU MENDOCE

Villeneuve

★Ⓥ

Dieses Château mit seinen Türmchen verdient seinen guten Ruf: Es erzeugt einen üppigen Rotwein, der voll und weich ist und lange auf der Zunge verbleibt.

CHÂTEAU ROC DE CAMBES

Bourg-sur-Gironde

★☆

Für dieses Glanzstück aus der Hand von François Mitjavile, dem Eigentümer von Tertre-Rôtebœuf, muss man etwa fünfmal so viel bezahlen wie für jeden anderen Côtes de Bourg. Doch die 1995er und der 1996er waren ihr Geld wert.

CHÂTEAU PEYCHAUD

Teuillac

In demselben Besitz wie Château Peyredoulle und Château Le Peuy-Saincrit. Die fruchtigen Rotweine sind jung angenehm zu trinken. Es gibt hier auch etwas Weißwein.

CHÂTEAU ROUSSET

Samonac

☆Ⓥ

Ein guter Erzeuger mit Kiesflächen, die mittelkräftige, saftige, Merlot-dominierte Weine mit einiger Finesse liefern. Im Alter von zwei oder drei Jahren perfekt zu trinken.

CHÂTEAU SAUMAN

Villeneuve

Tadellose Weinberge liefern einen Rotwein guter Qualität für mittellange Reifung. Dem Besitzer gehört auch die Rotwein produzierende Domaine du Moulin de Mendoce in derselben Gemeinde.

CHÂTEAU TOUR-DE-TOURTEAU

Samonac

★Ⓥ

Dieses Gut war einst ein Teil von Château Rousset. Seine Weine sind jedoch entschieden größer und körperreicher als die von Rousset.

ERZEUGER IN
BLAYE

CHÂTEAU BARBÉ

Cars

☆Ⓥ

Dieses Château produziert gut gemachte, sehr fruchtige Rot- und Weißweine. Château Barbé ist eines von mehreren Gütern, die der Familie Bayle-Carreau gehören (*siehe auch* Bourg/Eyquem, La Carelle, Pardaillan).

CHÂTEAU BOURDIEU

Berson

Ein altes, renommiertes Gut, das Cabernet-dominierte Rotweine von sehr fester Struktur produziert, die Zeit haben, in Eichenfässern zu reifen. Vor 700 Jahren wurde dem Gut das Privileg gewährt, »clairet« zu verkaufen, eine Tradition, die es bis heute aufrechterhält, indem es Weine verschiedener Weinberge verschneidet und in Eichenfässern reifen lässt. Es produziert auch Weißweine von steigender Qualität.

CHÂTEAU LA CARELLE

St-Paul

Auf diesem Gut werden etwa 150 000 Flaschen eines angenehmen Rotweins und gerade mal 18 000 Flaschen Weißwein produziert. Dem Besitzer gehören auch Barbé und Pardaillan in Cars.

CHÂTEAU DE CASTETS

Plassac

Ein viel versprechendes Gut, das attraktive Rot- und Weißweine produziert, die man gut jung trinken kann.

CHÂTEAU CHARRON

St-Martin-Lacaussade

☆Ⓥ

Sehr attraktive, gut gemachte, saftig-üppige, von Merlot dominierte Rotweine, die in zum kleinen Teil neuen Eichenfässern reifen. Auch etwas Weißwein wird hergestellt.

CHÂTEAU CRUSQUET-DE-LAGARCIE

Cars

★☆Ⓥ

Ein unwahrscheinlich aufregender, üppiger Rotwein, farbkräftig, strahlend, mächtig, voller Frucht und Vanille- und Gewürznoten. Auch eine kleine Menge trockener Weißwein (Clos-des-Rudel) und noch weniger süßer Weißwein (Clos-Blanc de Lagarcie) werden gemacht. Die Châteaux Les-Princesses-de-Lagarcie und Touzignan in Cars sind im selben Besitz.

CHÂTEAU L'ESCADRE

Cars

☆

Diese eleganten, farbintensiven Rotweine sind voll und fruchtig. Man kann sie jung genießen, aber sie steigern sich mit dem Alter. Es wird auch eine kleine Menge fruchtigen Weißweins produziert.

Zweitweine *Chateau la Croix St-Pierre*

DOMAINE DU GRAND BARRAIL

Plassac

☆Ⓥ

Château Domaine du Grand Barrail macht einen qualitätsvollen Rotwein, der durch die Reinheit seiner Frucht besticht. Es wird auch etwas Weißwein produziert. Dem Eigentümer gehören auch Château Gardut-Haut-Cluzeau und Domaine du Cavalier in Cars.

CHÂTEAU DU GRAND PIERRE

Berson

★Ⓥ

Dieses Gut macht einen unglaublich preiswerten Rotwein von mittlerem bis kräftigem Körper und süßer reifer Frucht. Ein frischer, pikanter trockener Weißwein von angenehmer Qualität wird ebenfalls produziert.

CHÂTEAU HAUT BERTINERIE

Cubnezais

★☆Ⓥ

Beständige Klasse, seidige Frucht und schön integrierte Eiche machen die Weine zu den Stars der Region. Der trocken ausgebaute Sauvignon Blanc zählt zu den preiswertesten trockenen Weißweinen von Bordeaux.

CHÂTEAU DE HAUT SOCIONDO

Cars

Hier werden ca. 70 000 Flaschen angenehm leichter und fruchtiger Rot- und Weißweine produziert, die zu den Spitzen der Appellation zählen.

CHÂTEAU LES JONQUEYRES

St-Paul-de-Blaye

★☆Ⓥ

Dieses Château produziert saftige, von Merlot dominierte Rotweine mit sehr viel und gut integrierter Eiche, die erstaunlich gut altern.

CHÂTEAU LAMANCEAU

St-Androny

★Ⓥ

Auf diesem Gut wird ausschließlich Rotwein von hohem Niveau gemacht: farbkräftig und voll von saftig-würziger Merlot-Frucht.

CHÂTEAU MARINIER

Cézac

☆Ⓥ

Hier wird doppelt so viel Rotwein wie Weißwein erzeugt. Der Rotwein ist angenehm fruchtig, aber der Weiße ist bei weitem besser: weich, schön balanciert und elegant. Die Rotweine und Rosés werden auch unter der Appellation Bordeaux verkauft.

CHÂTEAU MENAUDAT

St-Androny

★Ⓥ

Äußerst attraktive, volle und fruchtige Rotweine.

CHÂTEAU LES MOINES

Blaye

Dieses Château macht nur einen leicht- bis mittelgewichtigen, frischen und fruchtigen Rotwein, der sehr gefällig ist.

CHÂTEAU PARDAILLAN

Cars

Gut gemachte, angenehme, fruchtige Rotweine, die man am besten jung trinkt.

CHÂTEAU LES PETITS ARNAUDS

Cars

☆Ⓥ

Attraktive, aromatische Rotweine, gefällig rund und fruchtig. Auch ein weißer Blaye und ein weißer Bordeaux Moelleux werden produziert.

CHÂTEAU PEYREDOULLE

Berson

Dieses Gut aus dem 15. Jahrhundert erzeugt hauptsächlich sehr ordentliche Rotweine, aber auch etwas Weißwein. Den Besitzern gehört auch Château Peychaud in der Gemeinde Teuillac und Château le Peuy-Saincrit (Bordeaux AOC).

CHÂTEAU PEYREYRE

St-Martin-Lacaussade

★Ⓥ

Dieses Château erzeugt gut strukturierte, aromareiche Rotweine mit Finesse. Es gibt auch einen Bordeaux Rosé.

CHÂTEAU SEGONZAC

St-Genès-de-Blaye

★Ⓥ

Die süffigen Rotweine sind leicht, gut gemacht, frisch, mit Biss und angenehmer Frucht.

ENTRE-DEUX-MERS

Entre-Deux-Mers, wörtlich »zwischen zwei Meeren«, liegt zwischen den beiden Flüssen Dordogne und Garonne. Es ist der größte Unterbereich des Bordelais mit preiswerten Weißweinen und immer mehr Rotweinen von ausgezeichneter Preis-Gegenwert-Relation, die die Appellationen Bordeaux, Bordeaux Supérieur oder – die renommierteste – Premières Côtes de Bordeaux verwenden können.

CHÂTEAU BONNET
Im Jahr 1898 wurde dieses Gut von Léonce Recapet erworben, der nach der Reblauskatastrophe an der Gironde um die Jahrhundertwende als einer der Ersten mit der Wiederbepflanzung begann. Sein Schwiegersohn François Lurton trat seine Nachfolge an, und nach ihm wurde 1956 sein Enkel André Lurton der neue Besitzer.

Der technische Fortschritt in der Weinherstellung zog im Entre-Deux-Mers früher und schneller ein als in jedem anderen Teil von Bordeaux. Schon in den 1950er, 1960er Jahren wurde hier der Weinbau revolutioniert, indem man sich von der traditionellen niedrigen Rebenerziehung, die in Bordeaux üblich war, verabschiedete und begann, die Reben nach der Kordon- oder Guyot-Methode hoch zu erziehen (*siehe* S. 25). Diesen neuen Weinbauverfahren folgte in den 70er Jahren die verbreitete Einführung der temperaturgesteuerten (kalten) Gärung. Man hatte nun frische, leichte und attraktiv trockene Weißweine, die auf vielen Châteaux erzeugt wurden, und die bedeutenden Exportmärkte stellten rasch fest, dass sie unter dem Namen Entre-Deux-Mers viel besser zu verkaufen waren denn als langweiliger Bordeaux Blanc. Umso besser, wenn der Wein darüber hinaus die individuelle Persönlichkeit eines *petit Château* zeigte.

HOHE REBENERZIEHUNG

Entre-Deux-Mers bot in den späten 1940ern und frühen 1950ern ein Bild des Jammers. Die Weine wurden in Großgebinden verkauft und gelangten als anonymer Bordeaux Blanc auf den Markt. Der Abstieg von Bordeaux ging hauptsächlich von hier aus. Die Nachkriegsgeneration der Winzer fand sich jedoch nicht damit ab. Zwar waren die Zeiten schwierig und der Wirtschaft ging es schlecht, aber die jungen, technisch denkenden *Vignerons* erkannten, dass der verdichtete, die Reben erstickende *Boulbènes*-Boden des Gebiets nicht mit den Methoden ihrer Väter bearbeitet werden konnte. Sie nahmen große finanzielle Risiken auf sich, um diesem Übel abzuhelfen. Sie rodeten jede zweite Rebenreihe, schufen so mehr Platz zwischen den Reihen und erzogen die Pflanzen in einem Hochstammsystem, wie es auch weiter südlich in Madiran und Jurançon angewendet wurde (übrigens auch in Österreich, wo es als Lenz-Moser-System entwickelt wurde). Dieses System

DIE KIRCHE VON LOUPIAC
Vor der Dorfkirche sind die Weinberge von Château Loupiac zu sehen, das am rechten Garonne-Ufer liegt.

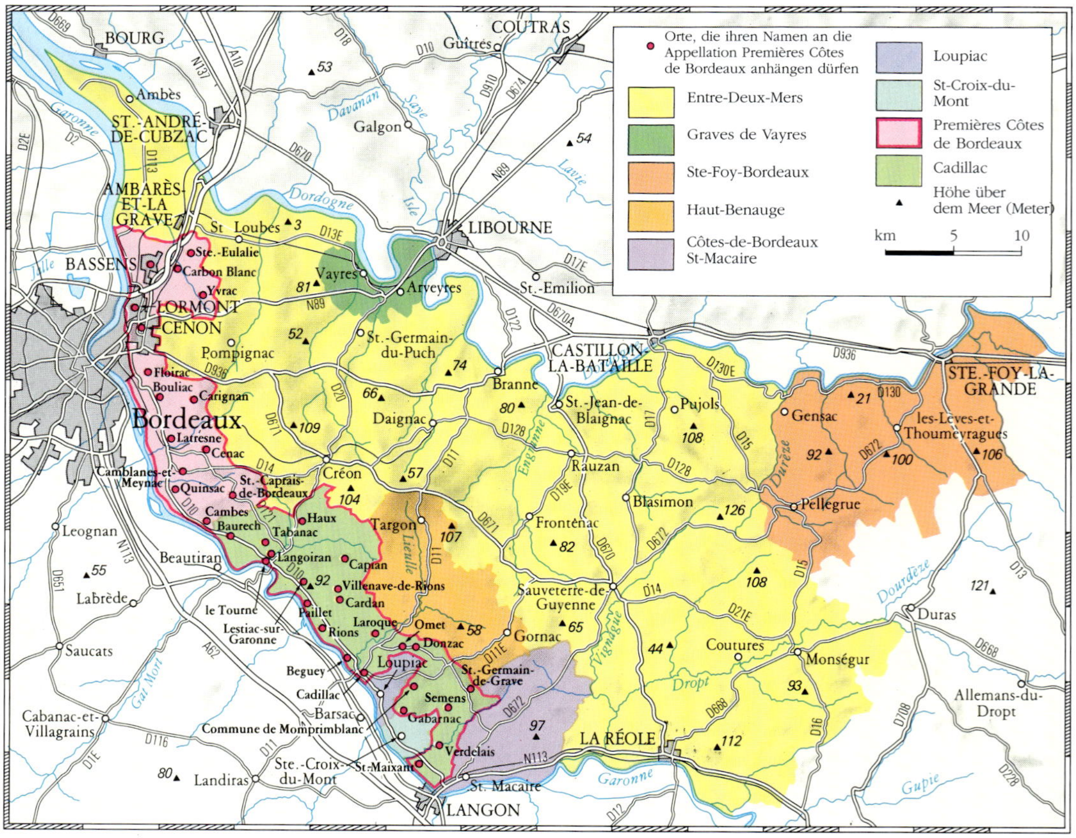

ENTRE-DEUX-MERS
Siehe auch **S. 59**
Die abwechslungsreiche Landschaft erstreckt sich im Dreieck zwischen Dordogne und Garonne östlich ihres Zusammenflusses. Die Premières Côtes bilden einen schmalen Streifen an der Südseite.

GESCHMACKS- UND QUALITÄTSFAKTOREN

LAGE
Das große Gebiet östlich von Bordeaux zwischen den Flüssen Garonne und Dordogne.

KLIMA
Dem Wind mehr ausgesetzt und feuchter als das Médoc. Die Areale in Flussnähe sind von Überschwemmungen bedroht.

TOPOGRAFIE
Eine ruhige, sehr hübsche Landschaft mit rebenbewachsenen Hügeln, Obstplantagen und Wiesen.

BÖDEN
Sehr unterschiedliche Böden: Schwemmland an den Flüssen bis Kies auf Hängen und Kuppen, Lehm und Kies oder Lehm und Kalkstein auf verschiedenen Plateaus. Im Westen des Gebiets überwiegt ein Boden, der *boulbènes* genannt wird; er ist extrem fein und sandig und neigt dazu, sich zu einer undurchdringlichen Schicht zu verdichten. Die Reben müssen auf spezielle Wurzelstöcke gepfropft werden, die auf einem solchen Boden gedeihen. Ein Großteil des Unterbodens ist Kalkstein, außerdem trifft man auf sandigen Lehm, Lehm-Kalkstein-Geröll, ein als Baumaterial genutztes Gestein (*aslar*) sowie einen Sandstein mit Kies- und Eiseneinlagerungen (*ribot*).

WEINBAU UND WEINBEREITUNG
Dieses Gebiet ist berühmt für das Guyot-System zur Erziehung der Reben. Später kam der Trend zur Sauvignon-Rebe und zur Kaltgärung in Edelstahltanks.

HAUPTREBSORTEN
Sémillon, Sauvignon Blanc, Muscadelle

WEITERE REBSORTEN
Merlot Blanc, Colombard, Mauzac, Ugni Blanc

machte es möglich, das Land mit Maschinen zu bearbeiten und den Boden aufzubrechen. Das vergrößerte Laubdach erhöhte die Fotosynthese, was wiederum den Reifungsprozess verbesserte.

GEZÜGELTE GÄRUNG DURCH KÜHLUNG

In den 1970er Jahren investierten die akademisch ausgebildeten Manager der finanzkräftigen Genossenschaften im Entre-Deux-Mers in temperaturgeregelte Edelstahltanks und ebneten den Weg für die Kaltgärung. Zuvor lagen die Gärtemperaturen oft über 28 °C, aber man fand bald heraus, dass umso mehr Aromakomponenten freigegeben werden, je niedriger die Temperatur ist. Man entdeckte, dass die Gärung selbst bei sehr niedrigen Temperaturen – wie 4 °C – möglich ist, allerdings ist das Risiko des Gärstopps bei so niedrigen Temperaturen größer. Es stellte sich bald heraus, dass die ideale Gärtemperatur irgendwo zwischen 10 °C und 18 °C liegt. Das erhöhte die Ausbeute von Alkohol und wichtigen Aroma- und Geschmackskomponenten. Außerdem reduzierte es den Verlust von Kohlendioxid und die Menge flüchtiger Säuren; man musste auch weniger Schwefeldioxid hinzufügen. Mitte der 1980er Jahre wurde bestätigt, dass die optimale Gärtemperatur bei 18 °C liegt. Die temperaturkontrollierte Gärführung ist mittlerweile Standard. Niedrige Temperaturen erzeugen Amylaromen, die in kleinen Mengen in Ordnung sind; doch je niedriger die Temperatur wird, desto mehr wird der Wein von Nagellackaromen beherrscht.

DIE APPELLATIONEN IN ENTRE-DEUX-MERS

BORDEAUX HAUT-BENAUGE AOC

Die Gegend oberhalb der Premières Côtes und gegenüber von Cérons entspricht der winzigen alten Grafschaft Benauge. Diese Appellation (im Gegensatz zu Entre-Deux-Mers Haut-Benauge) schreibt die drei klassischen Rebsorten vor, außerdem müssen die Trauben reifer sein (Mindestzuckergehalt 195 g pro l statt 170 g). Der Ertrag ist 10 % niedriger und der Mindestalkoholgehalt 1,5 % höher.

WEISS Es werden trockene, halbtrockene und süße Versionen dieses leichten, fruchtigen Weines produziert.

Sémillon, Sauvignon Blanc, Muscadelle

1–3 Jahre für trockene und halbtrockene Weine, 3–6 Jahre für süße Weine

CADILLAC AOC

Von den drei Süßweinbereichen am rechten Garonne-Ufer ist Cadillac der am wenigsten bekannte. Er umfasst 21 Gemeinden, von denen 16 den Bezirk von Cadillac bilden, aber es wird nur wenig Wein unter dieser Appellation produziert – gerade ein Fünftel der Produktion von Loupiac oder ein Zehntel der von St-Croix-du-Mont. Die Bestimmungen schreiben vor, dass die Weine aus botrytisierten, in *Tries* geernteten Trauben gemacht werden, aber davon merkt man bei diesen Weinen wenig. Sie haben im besten Fall den rosinierten Charakter der *Passerillage*. Das Terroir könnte viel bessere Weine hervorbringen, aber das wäre kostspielig, und diese Appellation erzielt leider nicht den Preis, der die benötigten Investitionen rechtfertigen würde.

WEISS Attraktive, honiggoldene Weine mit frischem, blumigem Duft und einem halbsüßen oder süßen fruchtigen Geschmack.

Sémillon, Sauvignon Blanc, Muscadelle

3–8 Jahre

CÔTES DE BORDEAUX-ST-MACAIRE AOC

Diese selten anzutreffenden Weine kommen aus einem Bereich östlich der Premières Côtes de Bordeaux. Für 2300 ha Weinberge darf diese Appellation benutzt werden, doch für kaum 30 ha wird sie beansprucht.

WEISS Mittelgewichtige halbtrockene und süße Weine, die fruchtig-attraktiv, dennoch bescheiden sind.

Sémillon, Sauvignon Blanc, Muscadelle

1–3 Jahre

ENTRE-DEUX-MERS AOC

Das größte Weinbaugebiet in der Region und nach dem einfachen Bordeaux Blanc die Appellation mit der größten Weißweinproduktion. Entre-Deux-Mers hat einen wachsenden guten Ruf für sehr preisgünstige Weine von hohem technischen Standard.

WEISS Frische, leichte trockene Weine, vorherrschend aus Sauvignon Blanc, mit schönem Bukett und Aroma. Sie dürfen ab dem 1. Dezember nach der Ernte verkauft werden, ohne als *primeur* oder *nouveau* deklariert zu werden.

Mindestens 70 % Sémillon, Sauvignon Blanc und Muscadelle, maximal 30 % Merlot Blanc, maximal insgesamt 10 % Colombard, Mauzac und Ugni Blanc

1–2 Jahre

ENTRE-DEUX-MERS HAUT-BENAUGE AOC

Diese Weine sind trockener als die der Appellation Bordeaux Haut-Benauge und dürfen aus mehr verschiedenen Traubensorten bestehen, auch wenn beide Appellationen dieselben 9 Gemeinden umfassen. Für die Weine gelten die weniger strengen Auflagen von Entre-Deux-Mers, folglich produziert diese AOC viermal so viel Wein wie Bordeaux Haut-Benauge. Entre-Deux-Mers Haut-Benauge liefert bisher nur trockene Weine mit Ausnahme des Jahres 1983, als die Ernte süße Weine problemlos möglich machte.

WEISS Trockene Weine, die den Entre-Deux-Mers sehr ähnlich sind.

Mindestens 70 % Sémillon, Sauvignon Blanc und Muscadelle, maximal 30 % Merlot Blanc, maximal insgesamt 10 % Colombard, Mauzac und Ugni Blanc

1–3 Jahre

GRAVES DE VAYRES AOC

Als Enklave auf Kiesboden am linken Ufer der Dordogne erzeugt diese Appellation eine beträchtliche Menge sehr preisgünstiger Rot- und Weißweine.

ROT Farbkräftige, aromatische, mittelschwere Weine mit saftig-würziger, von Merlot geprägter Frucht, körperreicher als alle anderen Entre-Deux-Mers.

Cabernet Sauvignon, Cabernet Franc, Carmenère, Merlot, Malbec, Petit Verdot

4–10 Jahre

WEISS Meist trockene und nicht ganz trockene, frische und fruchtige Weine, die man jung trinken sollte. Gelegentlich werden auch süße Weine gemacht. Die Weine dürfen ab dem 1. Dezember nach der Ernte verkauft werden, ohne dass sie als *primeur* oder *nouveau* deklariert werden müssen.

Sémillon, Sauvignon Blanc, Muscadelle, maximal 30 % Merlot Blanc

1–3 Jahre

LOUPIAC AOC

Die Appellation am rechten Garonne-Ufer gegenüber von Barsac ist mit Abstand die beste

Süßweinappellation im Entre-Deux-Mers, die Weine sind immer ihren Preis wert. Gemäß den Vorschriften muss Loupiac aus überreifen botrytisierten Trauben gemacht werden; im Gegensatz zum Cadillac weist er oft honigartige Aromen von der Edelfäule auf. Die besten Loupiac-Weine kommen von Weingärten mit Lehm-Kalkstein-Boden.

WEISS Köstliche mittelschwere bis körperreiche Weine, süß bis intensiv süß, honigartig und sehr aromatisch. Sie können sehr komplex sein, und in guten Jahren zeigen sie deutlichen Botrytrischarakter.

Sémillon, Sauvignon Blanc, Muscadelle

5–15 (in Ausnahmefällen 25) Jahre

PREMIÈRES CÔTES DE BORDEAUX AOC

Ein 60 km langer Streifen mit südwestlich ausgerichteten Hängen und 37 Gemeinden, auf die 170 ha Rebfläche verteilt sind. Die 37 Gemeinden dürfen ihren Namen an den der Appellation anhängen; es sind dies die Orte Bassens, Baurech, Béguey, Bouliac, Cadillac, Cambes, Camblanes, Capian, Carbon Blanc, Cardan, Carignan, Cenac, Cenon, Donzac, Floirac, Gabarnac, Haux, Langoiran, Laroque, Lestiac, Lormont, Monprimblanc, Omet, Paillet, Quinsac, Rions, Sémens, St-Caprais-de-Bordeaux, St-Germain-de-Graves, St-Maixant, Ste-Eulalie, Tabanac, Le Tourne, La Tresne, Verdelais, Villenave de Rions und Yvrac.

ROT Die besten Rotweine kommen aus den nördlichen Gemeinden. Diese farbkräftigen, weichen und fruchtigen Weine stehen eine Stufe über der einfachen Bordeaux AOC.

Cabernet Sauvignon, Cabernet Franc, Carmenère, Merlot, Malbec, Petit Verdot

4–8 Jahre

WEISS Seit der Ernte von 1981 sind unter dieser wenig aufregenden Appellation keine trockenen Weine mehr erlaubt. Sie müssen wenigstens etwas Süße haben, und die meisten sind tatsächlich halbsüß. Einfache, fruchtige Weine, meist gut gemacht, aber mit wenig Charakter.

Sémillon, Sauvignon Blanc, Muscadelle

3–7 Jahre

STE-CROIX-DU-MONT AOC

Diese zweitbeste Appellation für süße Weißweine liegt am rechten Garonne-Ufer und produziert regelmäßig mehr Wein als Barsac. Wie die Weine von Loupiac müssen diese mit überreifen botrytisierten Trauben gemacht werden. Sie haben weniger von der honigartigen Komplexität der Edelfäule als die Weine von Loupiac, aber dafür oft mehr Finesse.

WEISS Köstliche, ölige, honigsüße Weine, in Körper und Farbe leichter als die Weine von Loupiac. Wenn sie stark von Botrytis geprägt sind, sind ihre Preise mehr als gerechtfertigt.

Sémillon, Sauvignon Blanc, Muscadelle

5–15 (in Ausnahmefällen 25) Jahre

STE-FOY-BORDEAUX AOC

Bis vor relativ kurzer Zeit noch war Ste-Foy-Bordeaux in erster Linie für Weißweine bekannt, heute produziert es genauso viel Rot- wie Weißwein. Hier gibt es eine große Anzahl biologischer Winzer.

ROT Rubinrote, mittelschwere Weine von weicher, zugänglicher Art.

Cabernet Sauvignon, Cabernet Franc, Merlot, Malbec, Petit Verdot

3–7 Jahre

WEISS Weiche halbsüße Weine von nicht begeisternder Qualität und frische, saubere, früh trinkbare trockene Weißweine mit gutem Aroma. Diese Weine dürfen ab dem 1. Dezember nach der Ernte verkauft werden, ohne als *primeur* oder *nouveau* deklariert zu werden.

Sémillon, Sauvignon Blanc und Muscadelle, maximal insgesamt 10 % Merlot Blanc, Colombard, Mauzac und Ugni Blanc

1–3 Jahre

ERZEUGER IN
ENTRE-DEUX-MERS

CHÂTEAU ARNAUD-JOUAN
Cadillac
☆Ⓥ
Premières Côtes de Bordeaux AOC, Cadillac AOC

Dieses große, gut gelegene Weingut erzeugt interessante, attraktive Weine.

DOMAINE DU BARRAIL
Monprimblanc
☆Ⓥ
Premières Côtes de Bordeaux AOC, Cadillac AOC

Sowohl den roten Premières Côtes als auch den süßen weißen Cadillac des Guts sollte man im Auge behalten.

CHÂTEAU DE BEAUREGARD
Entre-Deux-Mers AOC, Bordeaux Haut-Benauge AOC

Gut gemachte Rot- und Weißweine. Der Rotwein hat eine gute Struktur, die von würzigem Merlot weicher gemacht wird.

CHÂTEAU BEL-AIR
Vayres
Graves de Vayres AOC

Die meisten der hier erzeugten Weine sind rot und farbkräftig, aromatisch und von Cabernet geprägt.

CHÂTEAU BIROT
Béguey
☆Ⓥ
Premières Côtes de Bordeaux AOC, Cadillac AOC

Dieses für süffige Weißweine bekannte Gut macht auch sehr harmonische Rotweine von einiger Finesse.

CHÂTEAU LA BLANQUERIE
Mérignas
Entre-Deux-Mers AOC

Ein trockener, von Sauvignon geprägter Weißwein mit herrlichem Abgang.

CHÂTEAU BONNET
Grézillac
Entre-Deux-Mers AOC
★☆

Dieses Spitzenleistungen bringende Château gehört André Lurton. Seine Weißweine sind klar, frisch und voller Charakter, die Rotweine weich, fruchtig und extrem erfolgreich (Bordeaux Supérieur).

Zweitwein *Le Colombey*

Weitere Weine *Tour-de-Bonnet, Château Gourmin, Château Peyraud*

CLOS BOURGELAT
Cérons
Cérons AOC
★☆Ⓥ

Diese botrytisierten Weine haben viel Aroma, Finesse und Komplexität.

CHÂTEAU BRÉTHOUS
Camblanes-et-Meynac
Premières Côtes de Bordeaux AOC, Cadillac AOC
★Ⓥ

Die Rotweine sind geradlinig und attraktiv, doch auch gut strukturiert, die Weißweine köstlich und süß.

CHÂTEAU CANET
Guillac
Entre-Deux-Mers AOC
★Ⓥ

Diese ausgezeichneten Weißweine sind frisch und sauber, von guter Frucht und eleganter Harmonie.

CHÂTEAU CAYLA
Rions
★Ⓥ
Premières Côtes de Bordeaux AOC

Elegante und zugängliche Rotweine mit einem Touch neuer Eiche.

CHÂTEAU DE CÉRONS
Cérons
Cérons AOC
★Ⓥ

Jean Perromat, dem auch Château d'Arche gehört, erzeugt zuverlässig hervorragende edelsüße Weißweine.

Weitere Weine *De Calvimont* (trocken, weiß)

DOMAINE DE CHASTELET
Quinsac
Premières Côtes de Bordeaux AOC, Cadillac AOC
★Ⓥ

Domaine produziert köstlichen, aber auch festen und komplexen Rotwein mit harmonischer Schwarze-Johannisbeer-Frucht und einem Hauch Vanille vom Eichenholz.

CHÂTEAU LA CLYDE
Tabanac
Premières Côtes de Bordeaux AOC, AOC Cadillac
★Ⓥ

Aromatische, farbkräftige rubinrote Weine von guter Würze und Frucht. Der Weißwein zeigt Finesse und Balance.

CHÂTEAU DU CROS
Loupiac
Loupiac AOC
★Ⓥ

Die schönen, öligen, köstlich süßen Weine dieses Château gehören zu den besten der Appellation.

CHÂTEAU DINTRANS
Ste-Eulalie
Premières Côtes de Bordeaux AO, Cadillac AOC

Dieses Château erzeugt attraktive, fruchtige Rotweine.

CHÂTEAU DE L'ESPLANADE
Capian
Premières Côtes de Bordeaux AOC

Die von Patrick und Sabine Bayle von Château Plaisance produzierten,

Merlot-geprägten Weine sind billiger und einfacher als die von Château Plaisance, dennoch sehr angenehm. Sie werden auch mit dem Etikett Château Florestan verkauft.

CHÂTEAU FAYAU

Cadillac
Premières Côtes de Bordeaux AOC, Cadillac AOC

Dieses Château produziert köstliche Süßweine, aber auch Rotweine und trockene Weißweine.

Weitere Weine *Clos des Capucins*

CHÂTEAU FLORESTAN

Siehe **Château de l'Esplanade**

CHÂTEAU FONGRAVE

Gornac
Entre-Deux-Mers AOC

Trockene Weißweine von frischem, pikantem Geschmack.

Zweitwein *Château de la Jablière Fongrave* (rot)

CHÂTEAU DE GORCE

Haux
Premières Côtes de Bordeaux AOC, Cadillac AOC

Dieses Château produziert fruchtige Rotweine und frische, blumige Weißweine.

CHÂTEAU GOUDICHAUD

Vayres
Graves de Vayres AOC

Dieses Gut erstreckt sich bis nach St-Germain-du-Puch im Entre-Deux-Mers hinein, wo es einige sehr respektable Weine produziert.

CHÂTEAU GOUMIN

Dardenac
Entre-Deux-Mers AOC

Ein weiteres erfolgreiches Château von André Lurton. Es produziert bis zu 120000 Flaschen eines angenehmen, weichen, fruchtigen Rotweins und 60000 Flaschen Weißwein, der etwas stoffiger ist als andere vergleichbare Lurton-Produkte.

GRAND ENCLOS DU CHÂTEAU DE CÉRONS

Cérons
Cérons AOC

In früherer Zeit war dieses Gut ein Teil von Château de Cérons, heute befindet es sich in anderem Besitz. Das ursprüngliche Anwesen des Marquis de Calvimont wurde durch die 1875 gebaute Straße von Bordeaux nach Spanien zweigeteilt. Der Marquis verkaufte es dann in drei Teilen, von denen einer Grand Enclos genannt und von der Familie Lataste erworben wurde; sie ist noch heute Eigentümer. Die Weißweine von Grand Enclos sind ebenso kräftig und ebenso komplex wie die von Château de Cérons (das so genannt wird, weil dort das Schloss des Marquis steht).

CHÂTEAU GRAND MONEIL

Salleboeuf
Entre-Deux-Mers AOC
★V

Jährlich produziert dieses Château kaum mehr als 12000 Flaschen Weißwein, aber über 400000 Flaschen weichen, süffigen Rotweins von ausgezeichneter Qualität.

CHÂTEAU DU GRAND-MOÜEYS

Capian
Premières Côtes de Bordeaux AOC
★V

Rotwein mit gutem Alterungspotenzial und ausgezeichnetem Preis-Leistungs-Verhältnis.

CHÂTEAU GRAVELINES

Sémens
Premières Côtes de Bordeaux AOC, Cadillac AOC
★V

Dieses große Gut produziert gleiche Mengen von ausgezeichnetem Rot- und Weißwein.

CHÂTEAU GROSSOMBRE

Branne
Entre-Deux-Mers AOC
★V

Die Tochter von André Lurton betreibt dieses Weingut, das runde, trotzdem elegante Weißweine und einen schön konzentrierten Rotwein produziert. Der Rotwein wird als Bordeaux Supérieur AOC verkauft und ist vermutlich eines der größten Schnäppchen von Bordeaux.

CHÂTEAU DU GUA

Ambarès-et-Lagrave
Premières Côtes de Bordeaux AOC, Cadillac AOC

In 8 ha großen Weingärten auf feinem Kies wird ein attraktiver, gut strukturierter Rotwein produziert.

CHÂTEAU HAUT-BRIGNON

Cénac
Premières Côtes de Bordeaux AOC, Cadillac AOC
✰

Seit den späten 1980er Jahren hat sich dieses Gut ständig verbessert. Es macht heute weichen, samtigen Rotwein, frischen trockenen Weißwein und einen der besseren Weine von Cadillac.

CHÂTEAU DE HAUX

Haux
Premières Côtes de Bordeaux AOC
✰V

Diese Rot- und Weißweine sind prachtvoll reif und trinkfertig, absolut frisch und sehr elegant. Unter dem Etikett Château Frère wird auch ein fantastischer, in Eichenholz gereifter Weißwein produziert. Wohl das Spitzenchâteau der Premières Côtes für Rot- und Weißwein.

CLOS JEAN

Loupiac
Loupiac AOC

Die Weine von Clos Jean entsprechen qualitativ denen von Château du Cros, sind jedoch differenzierter und ätherischer.

CHÂTEAU DU JUGE

Cadillac
Premières Côtes de Bordeaux AOC, Cadillac AOC

Auf Château du Juge werden beachtliche Rot- und Weißweine produziert, und in einigen Jahrgängen wird auch etwas Süßwein von hoher Qualität gemacht. Rot- wie Weißweine bieten für ihren Preis außerordentlich gute Qualität.

CHÂTEAU DU JUGE

Haux
Premières Côtes de Bordeaux AOC, Cadillac AOC

Die viel versprechenden Rotweine sind angenehm zu trinken und voller saftiger Fruchtaromen.

CHÂTEAU LABATUT

St-Maixant
Premières Côtes de Bordeaux AOC, Cadillac AOC

Aromatische Rotweine mit intensivem Geschmack, süße Weißweine von außergewöhnlicher Qualität und annehmbare trockene Weißweine.

CHÂTEAU LAFITTE

Camblanes-et-Meynac
Premières Côtes de Bordeaux AOC, Cadillac AOC

Dieser Wein hat natürlich nichts mit dem berühmten Premier Cru Lafite zu tun, ist aber ordentlich, gut strukturiert und reifungsfähig – ein billiger Weg, einen Château Lafitte auf den Tisch zu bekommen, auch wenn es nicht *der* Château Lafite ist.

CHÂTEAU LAFUE

Cadillac
Ste-Croix-du-Mont AOC
✰

Attraktive Süßweine, deren Charakter eher fruchtig ist als von Edelfäule geprägt. Fast ein Viertel der Produktion von Château Lafue ist Rotwein.

CHÂTEAU LAGROSSE

Tabanac
Premières Côtes de Bordeaux AOC, Cadillac AOC

Ein angenehmer Rotwein mit weicher Frucht und gefälligem Abgang.

CHÂTEAU LAGRANGE-HAMILTON

Rions
Premières Côtes de Bordeaux AOC

Dieses Gut wird von Hamilton Narby betrieben, der zuvor das Château Guiraud in Sauternes wieder aufbaute. Ich bin diesem Wein noch nicht begegnet, aber bei Nabys Energie ist einiges zu erwarten.

CHÂTEAU LAMOTHE

Haux
Premières Côtes de Bordeaux AOC, Cadillac AOC

In den letzten Jahren wurden hier einige außergewöhnlich gute Weine produziert. Es hat seinen Namen von »La Motte«, einem Felsvorsprung, der den Weinberg schützt.

CHÂTEAU LAROCHE BEL AIR

Baurech
Premières Côtes de Bordeaux AOC

Die einfachen Rotweine unter dem Label Château Laroche sind absolut köstlich, noch besser sind die in Eichenfässern gereiften Rotweine mit dem Etikett Laroche Bel Air.

CHÂTEAU LATOUR

Camblanes-et-Meynac
Premières Côtes de Bordeaux AOC, Cadillac AOC

Ein weiterer Rotwein für den täglichen Bedarf, der diesen renommierten Namen trägt.

CHÂTEAU LATOUR

St-Martin-du-Ouy
Entre-Deux-Mers AOC

Auf diesem alten, zum Teil aus dem 14. Jahrhundert stammenden Château werden jedes Jahr 120000 Flaschen eines attraktiven, sehr harmonischen, weichen roten Bordeaux Supérieur produziert. Die einwandfreien Weine werden oft prämiert und machen es ihren Anhängern möglich, sich jeden Tag für wenig Geld einen Château Latour leisten zu können.

CHÂTEAU LAUNAY

Soussac
Entre-Deux-Mers AOC

Dieses große Gut produziert an die 500000 Flaschen frischen trockenen

Weißwein und 180 000 Flaschen Rotwein mit dem Etikett Haut-Castanet.

Weitere Weine *Bradoire, Château Dubory, Château Haut-Courgeaux, Château La Vaillante*

CHÂTEAU LAURETTE

Cadillac
Ste-Croix-du-Mont AOC
☆

Dieses Gut ist in derselben Hand wie Château Lafue und arbeitet in der gleichen Art.

CHÂTEAU LOUBENS

Cadillac
Ste-Croix-du-Mont AOC
★

Dieses Château erzeugt üppige, kräftige, hervorragend balancierte weiße Süßweine. Trockene Weißweine werden als Fleur Blanc verkauft, auch etwas Rotwein wird hergestellt.

Weitere Weine *Fleur Blanc de Château Loubens*

CHÂTEAU LOUPIAC-GAUDIET

Loupiac
Loupiac AOC

Schöne, honigsüße Weine, die an kandierte Früchte erinnern.

CHÂTEAU LOUSTEAU-VIEIL

Cadillac
Ste-Croix-du-Mont AOC
★

Dieses Gut erzeugt intensiv aromatische süße Weine von hoher Qualität.

CHÂTEAU MACHORRE

St-Martin-de-Sescas
Côtes de Bordeaux-St-Macaire AOC
☆

Der attraktive, frische Geschmack dieses Süßweins – einer der besten Vertreter dieser Appellation – erinnert an Fruchtsalat. Auch respektable Rotweine und trockene Sauvignons werden produziert, die unter der Appellation Bordeaux verkauft werden.

CHÂTEAU DES MAILLES

Cadillac
Ste-Croix-du-Mont AOC

Es werden einige hervorragende süße Weißweine erzeugt, die aber gelegentlich enttäuschen können.

CHÂTEAU LA MAUBASTIT

Ste-Foy-de-Bordeaux AOC

Unter der Bordeaux-Appellation werden etwa 60 000 Flaschen Rotwein und 25 000 Flaschen Weißwein aus organischem Anbau verkauft.

CHÂTEAU MORLAN-TUILIÈRE

St-Pierre-de-Bat
Entre-Deux-Mers Haut-Benauge AOC, Bordeaux Haut-Benauge AOC

Eines der besten Weingüter des Bereichs. Produziert werden ein lebhafter, kristallklarer Entre-Deux-Mers Haut-Benauge, ein Bordeaux Supérieur Moelleux und ein recht körperreicher roter Bordeaux AOC.

CHÂTEAU MOULIN DE LAUNAY

Soussac
Entre-Deux-Mers AOC

Trotz der großen Produktion ist der trockene Weißwein knackig, fruchtig und von hohem Niveau. Es wird auch etwas Rotwein erzeugt.

Weitere Weine *Plessis, Château Tertre-de-Launay, Château de Tuilerie, Château La Vigerie*

CHÂTEAU MOULIN DE ROMAGE

Ste-Foy-de-Bordeaux AOC

Dieses Château macht Rot- und Weißwein aus biologischem Anbau.

DOMAINE DU NOBLE

Loupiac
Loupiac AOC

Dieses Gut erzeugt durchweg schöne botrytisierte Weine, die Süße und Kraft mit Eleganz und einem frischen, langen Abgang verbinden.

CHÂTEAU PETIT-PEY

St-André-du-Bois
Côtes de Bordeaux-St-Macaire AOC

Gute, süße weiße St-Macaire-Weine und angenehm weiche Rotweine unter der Bordeaux AOC.

CHÂTEAU PEYREBON

Grézillac
Entre-Deux-Mers AOC

Château Peyrebon erzeugt Rot- und Weißwein in fast gleichen Mengen. Der Weißwein ist sehr gut und aromatisch.

CHÂTEAU PEYRINES

Mourens
Entre-Deux-Mers Haut-Benauge AOC, Bordeaux Haut-Benauge AOC
★☆

Das Château verfügt über eine ausgezeichnete Südlage und liefert fruchtige Rot- und Weißweine.

CHÂTEAU DE PIC

Le Tourne
Premières Côtes de Bordeaux AOC

Der einfache Rotwein ist angenehm, sahnig-süß und fruchtig. Hervorragend ist die rote, in Eiche gereifte Cuvée Tradition.

CHÂTEAU PICHON-BELLEVUE

Vayres
Graves de Vayres AOC

Die Rotweine sind ungleichmäßig, die trockenen Weißweine.

CHÂTEAU PLAISANCE

Capian
Premières Côtes de Bordeaux AOC

Die Cuvée Tradition aus ungefiltertem, in Eiche gereiftem Wein verfügt über üppige, runde Frucht und rauchige Eichennoten.

Weitere Weine *De l'Esplanade, Château Florestin*

CHÂTEAU DE PLASSAN

Tabanac
Premières Côtes de Bordeaux AOC

Der einfache Rotwein hat viel Charakter und in guten Jahren auch Noten von Kirsche und Minze. Die füllige, komplexere Cuvée Spéciale ist ihren höheren Preis wert, besonders als Tischwein.

CHÂTEAU PONTETTE-BELLEGRAVE

Vayres
Graves de Vayres AOC

Sehr gute trockene Weißweine mit subtiler Aromatik.

CHÂTEAU PUY BARDENS

Cambes
Premières Côtes de Bordeaux AOC

Dieses Spitzenchâteau macht Rotweine mit süßer, runder, schmalziger Frucht und samtweichem Abgang.

CHÂTEAU LA RAME

Cadillac
Ste-Croix-du-Mont AOC

Einer der Topweine dieser Appellation. La Rame verfügt über viel Frucht mit Noten von Sahne und Honig.

CHÂTEAU REYNON-PEYRAT

Béguey
Premières Côtes de Bordeaux AOC

Dieses Gut produziert einen hervorragenden, in Eichenholz gereiften Premières-Côtes-Rotwein sowie zwei trockene Weißweine.

CHÂTEAU RICAUD

Loupiac
Loupiac AOC
☆

Die Weine von Château Ricaud gehören wieder zu den besten der Appellation Loupiac. Sie hatten unter dem Vorbesitzer einen beträchtlichen Niedergang erlebt, haben sich aber wieder erholt und bieten unter dem neuen Besitzer große Klasse.

CHÂTEAU DE LA SABLIÈRE-FONGRAVE

Gornac
Entre-Deux-Mers Haut-Benauge AOC, Bordeaux Haut-Benauge AOC

Der als Bordeaux Supérieur verkaufte Rotwein ist recht robust und braucht Zeit, um in der Flasche weicher zu werden. Ein sehr viel besserer trockener Weißwein wird unter der Appellation Entre-Deux-Mers verkauft.

CHÂTEAU TANESSE

Langoiran
Premières Côtes de Bordeaux AOC, Cadillac AOC

Dieses Gut der Cordier-Gruppe produziert einen ordentlichen Cabernet-dominierten Rotwein und einen trockenen Sauvignon von ausgezeichneter Qualität.

CHÂTEAU DES TASTES

Cadillac
Ste-Croix-du-Mont AOC
★Ⓥ

Der süße Weißwein ist wirklich aufregend: von luxuriöser Textur, mit sahnig-kräftigen Aromen und dem klassischen Charakter der Edelfäule.

CHÂTEAU TERFORT

Cadillac
Ste-Croix-du-Mont AOC
☆

Château Terfort produziert eine kleine Menge exzellenter süßer Weißweine.

CHÂTEAU THIEULEY

La Sauve
Entre-Deux-Mers AOC
☆

Château Thieuley gehört Professor Courselle, einem emeritierten Önologen aus dem Médoc. Sein trockener Weißwein vereint kräftige, aromatische Frucht und die feine Art des Sauvignon. Guter, seidiger Rotwein.

CHÂTEAU DE TOUTIGEAC

Targon
Entre-Deux-Mers Haut-Benauge AOC, Bordeaux Haut-Benauge AOC
☆Ⓥ

Château de Toutigeac ist ein bekanntes Gut, das vollen, kräftigen Rotwein für den frühen Genuss erzeugt.

DIE AUSWAHL DES AUTORS

Da so gut wie alle großen Bordeauxweine bei den Gutsbeschreibungen genannt werden, erschien es mir logisch, meine Wahl unter den hervorragendsten Zweitweinen und den Spitzenweinen, die nicht im Haupttext erwähnt werden, zu treffen.

ERZEUGER	WEIN	ART	BESCHREIBUNG	
Château de Fieuzal (*siehe* S. 95)	Château de Fieuzal Blanc	WEISS	Obwohl kein Cru Classé, ist dieser wundervoll exotische trockene Weißwein randvoll mit schweren, eichenbetonten Aromen tropischer Früchte, die ihn zum größten unklassifizierten weißen Bordeaux machen.	3-7 Jahre
Château Gruaud-Larose (*siehe* S. 83) Ⓥ	Sarget de Gruaud-Larose	ROT	Dieser Zweitwein wurde in den frühen 80er Jahren von Cordier aggressiv vermarktet. Manchmal unglaublich tief und dunkel, hat er jede Menge süße, reife Maulbeerfrucht, feine würzige Eichennoten und eine exzellente Tanninstruktur.	4-15 Jahre
Château Haut-Bailly (*siehe* S. 96) Ⓥ	Le Pardre de Haut-Bailly	ROT	Die Frucht in dieser Cuvée ist für einen Zweitwein außergewöhnlich rund und sinnlich. Verständlicherweise hat er nicht ganz die Finesse und so viel sahnige Eiche wie der Grand Vin.	4-10 Jahre
Château Haut-Brion (*siehe* S. 96)	Bahans-Haut-Brion	ROT	Dieser klassische Bordeaux wetteifert mit dem Clos du Marquis von Château Léoville-Las Cases um den zweiten Platz nach Les Forts de Latour, dem größten Bordeaux-Zweitwein. Bahans-Haut-Brion hat eine wunderschön strukturierte Frucht, die von Zedernholz- und Röstnoten gestützt wird.	5-15 Jahre
Château Lafite-Rothschild (*siehe* S. 79)	Carraudes de Lafite	ROT	Der früher Moulin des Carraudes genannte Zweitwein ist zuverlässig, voll sahniger, verfeinerter Frucht und bei seiner Premier-Cru-Herkunft ein echtes Schnäppchen.	4-12 Jahre
Château Lafleur (*siehe* S. 116)	Les Pensées de Lafleur	ROT	Dieser Wein kann ziemlich opak und ernst aussehen, dennoch ist er der sinnlichste, verführerischste und betörendste aller Zweitweine, wie es sich für seine illustre Herkunft gehört.	5-10 Jahre
Château Langoa-Barton und Château Léoville-Barton (*siehe* S. 84)	Lady Langoa	ROT	Ein sehr eleganter Wein, der aus den ausselektierten Weinen der Grands Vins Langoa-Barton und Léoville-Barton verschnitten wird. Er hat köstliche, schön profilierte Aromen reifer Sommerfrüchte, Veilchen-Vanille-Noten vom Eichenholz und jede Menge feiner Tannine im Abgang.	6-15 Jahre
Château Latour (*siehe* S. 79)	Les Forts de Latour	ROT	Ein vorbildlicher Pauillac mit tiefen Aromen. Les Forts de Latour ist voll mit dem Duft von Waldfrüchten, reich und kraftvoll am Gaumen, dennoch mit schön eingebundener sahnig-würziger Eiche absolut zugänglich. Er erreicht ohne weiteres einen 2ème Cru, der 1978er und der 1990er können es mit jedem Super-Zweitwein aufnehmen, und der 1982er – der bisher größte Jahrgang – landete bei Blindverkostungen von Premiers Crus dieses Jahres nie auf dem letzten Platz.	10-25 Jahre
Château Léoville-Las Cases (*siehe* S. 84) Ⓥ	Clos du Marquis	ROT	Unter den Bordeaux-Zweitweinen ist Clos du Marquis nach Les Fort de Latour der zweitbeste und dem Bahans-Haut-Brion ebenbürtig, auch wenn er in dessen besten Jahrgängen nicht ganz seine Finesse und Komplexität erreicht. Er ist aber in normalen Jahren besser, und in schlechten Jahren schlägt er ihn um Längen. Dicht und dunkel, hat er eine pflaumig-würzige Frucht und einen schönen Vanille-Eichenton.	5-15 Jahre
Château Margaux (*siehe* S. 88) Ⓥ	Pavillon Rouge du Château Margaux	ROT	Manche ziehen den Pavillon Blanc dem Pavillon Rouge vor, aber ersterer hat noch nicht einmal die Finesse eines mittelmäßigen Graves Blanc, während der weiche, verführerische Pavillon Rouge mehr als nur einen Hauch der großartigen blumigen Finesse und des süßen Parfüms des Grand Vin hat.	5-15 Jahre
Château Montrose (*siehe* S. 75)	La Dame de Montrose	ROT	Seltsamerweise ziehe ich diesen Wein manchmal dem Grand Vin vor. In großen Jahren wie 1990 hat er natürlich nicht dessen Klasse und Qualität.	5-12 Jahre
Château Palmer (*siehe* S. 89)	Réserve du Général	ROT	Die Réserve du Général hat nicht die Tiefe des Palmer und eher Blüten- als Cassisaromen, dennoch viel von der schönen Tanninstruktur und den weich-würzigen Zedernholznoten des Grand Vin.	5-15 Jahre
Château Pichon-Longueville-Comtesse-de-Lalande (*siehe* S. 80)	Réserve de la Comtesse	ROT	Mit großartigen, fast exotischen Aromen, wunderbar runder Frucht und seidigen Tanninen besitzt die Réserve de la Comtesse für einen Zweitwein außergewöhnliche Finesse und mindestens die Qualität eines 3ème Cru.	5-12 Jahre
Château Talbot (*siehe* S. 84) Ⓥ	Connétable Talbot	ROT	Talbots Zweitwein kann voller sein als der von Gruaud-Larose (umgekehrt wie beim Grand Vin). In der Tat kann der Connétable dunkel und massiv sein, und beide Zweitweine altern ausgezeichnet.	4-15 Jahre

BURGUND

Gemeinden mit Doppelnamen sind der Schlüssel zu den größten Weinen des Burgunds. Schon vor hundertfünfzig Jahren haben sich die Orte der Namen ihrer berühmtesten Lagen bemächtigt, um bescheidene Village-Weine auf dem Rücken der Grands Crus vermarkten zu können. Das Dorf Gevrey war 1848 jener Ort, der damit begann: Es vereinnahmte den Namen seines berühmten Weinbergs Chambertin und mutierte zu Gevrey-Chambertin. Zum Burgunderexperten wird man zwar nicht von heute auf morgen, doch an den burgundischen Weindörfern mit Doppelnamen erkennt man fast zwangsläufig einige der besten Weine des Burgunds.

VIRÉ IM MÂCONNAIS

Viré ist die am häufigsten gebrauchte Dorf-Appellation im Mâconnais, produziert aber zuverlässig gute Weine. Es gibt Bestrebungen, den Ort zusammen mit Clessé höher einzustufen.

BEI »BURGUND« denken viele Menschen sofort an die berühmten Weine der Côtes de Nuits und Côtes de Beaune, doch erstreckt sich Burgund von Chablis im Norden, unweit der Champagner-Rebflächen im Département Aube, bis hinunter nach Beaujolais im Département Rhône im Süden.

Nach wie vor werden in Burgund die weltweit besten Chardonnays und Pinots produziert, dazu die einzigen Gamays, die zum Klassiker geworden sind, doch wird dieser Ruf zunehmend durch die wachsende Zahl nichts sagender, zuweilen abscheulicher Weine ruiniert, die das Ansehen berühmter Namen missbrauchen.

Burgund (franz. Bourgogne) hat hinsichtlich Geschichte, Gastronomie und Wein viel zu bieten, aber im Gegensatz zum Bordelais mit seinen (in zweifacher Hinsicht) großen Gütern gehören die besten Weinberge in Burgund einer Unzahl von Kleinwinzern. Bis 1789 gehörten die meisten Weinberge in Burgund der Kirche; im Zuge der Revolution wurden sie säkularisiert. In Bordeaux waren einige große Weingüter zwar auch im Besitz des Adels, viele gehörten aber der Bourgeoisie, die aufgrund ihrer langjährigen Verbundenheit mit den Engländern papstfeindlich eingestellt war und deshalb von den größten Schrecken der Revolution verschont blieb. In Burgund wurden die großen Weinberge zudem durch das Erbrecht mit seiner Realteilung in noch kleinere Einheiten zerstückelt. So gibt es heute eine ganze Reihe von Crus oder Lagen, die sich im Besitz von bis zu 85 Winzern befinden.

DAS BURGUNDISCHE WEINETIKETT

GRAND VIN DE BOURGOGNE
Wörtlich »Großer Wein von Burgund«. Diese Bezeichnung hat jedoch keinerlei offizielle Bedeutung.

SÉLECTIONNÉ, ÉLEVÉ, MIS EN BOUTEILLE PAR
Dies bedeutet »ausgelesen, ausgebaut und abgefüllt von« einem Handelshaus (*Négociant*), d. h. nicht aus Trauben von eigenen Weinbergen hergestellt. Wenn der Wein auf dem Gut abgefüllt wurde, das die Trauben produzierte, lautet der Vermerk *Mis en bouteille au domaine*.

ERZEUGER
Handelt es sich um einen Händlerwein, enthält das Etikett keinen Hinweis auf *Propriétaire* (Eigentümer) oder *Domaine* (Weingut), es sei denn, der Wein stammt komplett aus einem firmeneigenen Gut (immer ein Pluspunkt). Dieser Wein kommt von Olivier Leflaire Frères, einem der besten Erzeuger in Burgund.

JAHRGANG
1987 ist ein unterbewerteter Jahrgang mit sehr ansprechenden, früh trinkbaren Weinen.

INHALT
750 ml (0,75 l) ist die Standard-Flaschengröße.

LAGE
Der Name des Premier-Cru-Weinbergs, aus dem dieser Wein stammt. Les Frémiets liegt am nordöstlichen Rand von Volnay, an der Grenze zu Pommard, und ist einer der weniger berühmten, dafür im Preis adäquaten *Premiers Crus*. Beachten Sie, dass eine auf dem Etikett angegebene Lage nur dann klassifiziert ist, wenn die Appellation die Bezeichnung *Premier Cru* (*1er Cru*) enthält. Nicht alle *Premiers Crus* sind ihren höheren Preis wert, und die meisten nicht klassifizierten Weinberge sind qualitativ noch weniger bedeutend. Manche Bezeichnungen beziehen sich gar nicht auf eine bestimmte Lage, sondern sind reine Fantasieschöpfungen für Villages-Verschnitte.

HERKUNFT
Prüfen Sie, ob ein Hinweis auf eine kontrollierte Herkunft gegeben wird (AOC, VDQS oder *Vin de Pays*). Dieser Wein trägt die *Appellation Volnay 1er Cru Contrôlée*, das heißt, er stammt aus dem Ort Volnay in den Côtes de Beaune, wo ausschließlich Rotweine produziert werden.

BURGUND ***Siehe auch*** **S. 55**
Die Straße von Dijon nach Lyon ist gespickt mit den klangvollen Namen der großen Gewächse Burgunds. Nordwestlich dieses burgundischen Kerngebiets sind die Appellationen des Département Yonne angesiedelt, zu denen Chablis gehört.

WEINBERGE IM BEAUJOLAIS
Die flügellose Windmühle wacht über die Gamay-Reben von Moulin-à-Vent. Dem hohen Mangangehalt des Granitbodens verdankt der Gamay dieser Region die außergewöhnliche Kraft und Langlebigkeit, die ihm den Ruf als »König des Beaujolais« eintrugen.

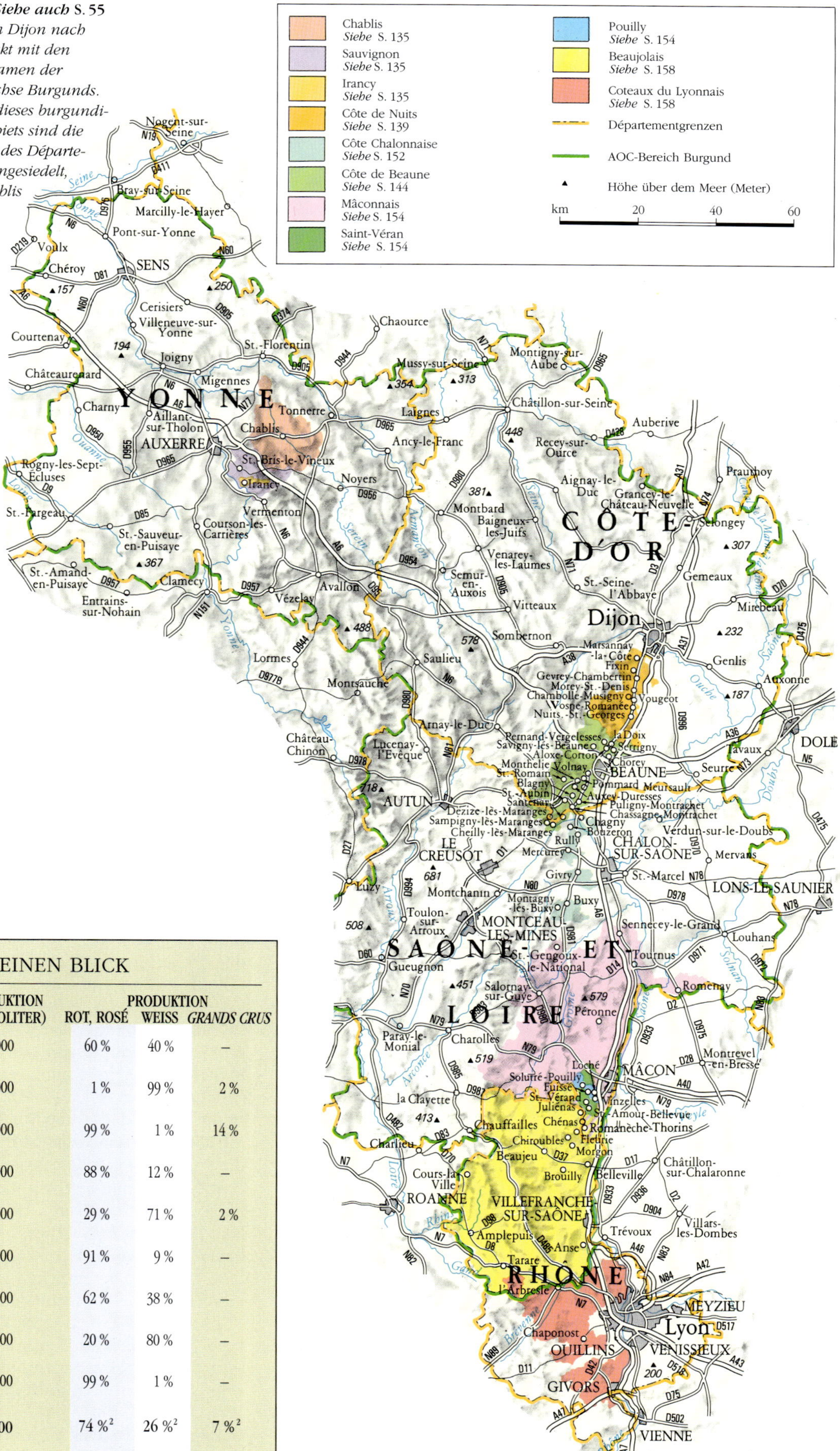

BURGUND AUF EINEN BLICK

BEREICH	ANTEIL AN DER GESAMTPRODUKTION	PRODUKTION (HEKTOLITER)	PRODUKTION ROT, ROSÉ	WEISS	GRANDS CRUS
Allgemeine AOC	14,8 %	420 000	60 %	40 %	–
Chablis[1]	8,0 %	230 000	1 %	99 %	2 %
Côte de Nuits	2,5 %	70 000	99 %	1 %	14 %
Hautes-Côtes de Nuits	0,7 %	20 000	88 %	12 %	–
Côte de Beaune	6,0 %	170 000	29 %	71 %	2 %
Hautes-Côtes de Beaune	0,6 %	18 000	91 %	9 %	–
Côte Chalonnaise	2,3 %	65 000	62 %	38 %	–
Mâconnais	12,3 %	350 000	20 %	80 %	–
Beaujolais	52,8 %	1 500 000	99 %	1 %	–
Gesamt	**100 %**	**2 843 000**	74 %[2]	26 %[2]	7 %[2]

[1] Einschließlich weiterer Yonne-Weine [2] Durchschnittliche Anteile

Direkte Folge dieser Gebietsaufteilung war eine Stärkung des Weinhandels. Bis Mitte des 18. Jahrhunderts existierten aufgrund der relativ schwierigen Bedingungen des Exports aus dem Binnenland nur wenige Handelshäuser. Doch mit besseren Transportmitteln und ohne den Widerstand adeliger Landbesitzer wuchs die Macht der Kaufmannschaft rapide. Dabei entstand ein Netz von Maklern und Händlern, die sich jeweils auf kleine Gebiete spezialisierten.

Je stärker die Gebietsaufteilung fortschritt, umso wichtiger war es, in der verwirrenden Situation den Überblick zu bewahren und ständig auf aktuellem Stand zu sein. Entsprechendes (und gut honoriertes) Ansehen genoss daher dieser Berufsstand. Der Erfolg des Händlers war von seinen Maklern abhängig, und der Handel insgesamt war ausschlaggebend für den Erfolg Burgunds am internationalen Markt und damit für das hohe Ansehen der Region.

DIE ROLLE DES HÄNDLERS

Noch in den frühen 1980er Jahren kamen Burgunder nahezu ausschließlich über *Négociants* in den Handel und wurden zudem nur selten auf dem Erzeugergut abgefüllt. Dann aber, konfrontiert mit dem Aufstieg der Domaine-Abfüllung von kleineren Gütern, mussten sich die meisten alteingesessenen Händler von Boisset schlucken lassen, der inzwischen zum größten Betrieb seiner Art aufgestiegen ist. Boisset könnte wohl auch in Zukunft durch die Vermarktung zahlloser verschiedener Marken überleben, vor allem im Supermarktsektor oder am unteren Ende des Restaurantmarktes, doch die kürzlich erfolgte Einstellung von Pascal Marchand weist auf eine andere Strategie hin. Marchand ist jener Franko-Kanadier, dessen Kelter-Künste in der zweiten Hälfte der 90er Jahre für den steilen Qualitätsanstieg im Domaine Comte Armand verantwortlich waren; und mit dessen Abwerbung hat Boisset seine Entschlossenheit gezeigt, sich unter die wenigen traditionellen *Négociants* einzureihen, die als erstklassig gelten können. Zurzeit gehören Bouchard Père, Drouhin, Louis Jadot und Leroy dazu, die nicht nur ihre eigenen Domaines vergrößert haben, sondern durch den vermehrten Ankauf von Trauben oder Most an Stelle von Wein inzwischen auch eine zunehmend bestimmende Rolle bei ihren Zulieferern spielen. Zu Zeiten vor der Herausbildung dieser neuen Strategie machte der Kauf von Trauben im Gegensatz zu Wein den entscheidenden Unterschied aus zwischen dem *Négociant* alten Stils und dem neuartigen Winzer-Händler-Mischbetrieb. Zu den besten der letzteren Sorte zählen Betriebe wie Jean-Marc Boillot, Michel Colin, Bernard Morey und Sauzet, die in der Regel deshalb Trauben einkaufen, weil sie ihr Angebot an reinsortigen Weinen aufstocken möchten, im Unterschied zum traditionellen Händler, der weiterhin fast jeden Gemeindewein Burgunds hervorbringt.

DER CORTON-BERG IN DER CÔTE DE BEAUNE
Die herrlichen Hänge unterhalb des Bois de Corton bringen die berühmtesten Rotweine der Côte de Beaune und winzige Mengen von weißem Corton-Charlemagne hervor, dem wohl größten burgundischen Weißwein.

JÜNGERE BURGUNDISCHE JAHRGÄNGE

2001–2003 An der Côte de Beaune verursachte Hagel 2001 große Schäden, der zu kühle September verhinderte ein Spitzenergebnis. Aber dennoch ein guter bis sehr guter Jahrgang: Den Rotweinen sollte man Zeit lassen, sie versprechen sich zu entwickeln. Die Weißweine zeigen mehr Biss als die 2000er. Im Jahr 2002 blieb den Winzern im Burgund großer Regen erspart, sie konnten gesunde Trauben lesen. Vor allem beim Rotwein ein herausragender Jahrgang. Ob aus dem Jahrhundertsommer 2003 ein Jahrhundertjahrgang entsteht, bleibt abzuwarten. Enorme Hitze verlangte den Winzern einiges Können bei der Vinifikation ab. Es könnten hervorragende Rotweine entstehen: tieffarben, generös und seidig in den Tanninen. Den ebenfalls sehr intensiven Weißweinen dürfte es wegen des geringen Säuregehalts an ihrer typischen Spritzigkeit mangeln.

2000 Ein gutes bis sehr gutes Jahr in Chablis und an der Côte de Nuits, wo mollige, jung zu trinkende Weine entstanden. An der Côte de Beaune und der Côte Chalonnaise faulten nach einem heftigen Sturm im September die Trauben, aber dort, wo die besten Erzeuger befallene Trauben entfernt und nur die gesunden verwendet haben, ist dennoch Freudvolles zu erwarten.

1999 Ein sehr guter Roter, obwohl durch etwas zu viel Regen an der Côte de Nuits die Qualität nicht so durchgängig ist wie anderswo. Den Weißen fehlt die Lebhaftigkeit, aber das höchste *Cru* der besten Güter ist reichhaltig.

1998 Ein durchwachsener Jahrgang, in dem aber die besten Domaine-Abfüllungen der Roten wie der Weißen sehr gut waren. Die besten 1998er erreichen nicht die besten 1999er, aber sie werden vermutlich schöner altern.

DIE GROSSE VIELFALT BURGUNDS

Chablis im Nordwesten Burgunds, das die knackigsten weißen Chardonnays der Welt liefert, liegt näher an der Champagne, zu der es einst gehörte, als zum Rest von Burgund. Fahren wir von der Champagne gut hundert km nach Südosten, gelangen wir zu den großen burgundischen Bereichen der Côte d'Or – erst zur Côte de Nuits, dann zur Côte de Beaune. Zwar gibt es in beiden Côtes ausgezeichnete Rot- und Weißweine, doch die großen roten Burgunder stammen überwiegend von der Côte de Nuits, die großen weißen dagegen von der Côte de Beaune. Die Côte Chalonnaise, die Region um Mercurey – vermutlich das am wenigsten bekannte, aber sicher »preiswürdigste« Anbaugebiet in Burgund –, bringt ähnliche Rot- und Weißweine hervor wie die Côte de Beaune, allerdings von weniger klassischem Format. Noch weicher sind die vorwiegend weißen Weine des Mâconnais, das von der Pouilly-Fuissé AOC dominiert wird (nicht zu verwechseln mit Pouilly-Fumé AOC an der Loire). Noch in Burgund, aber weit im Süden, liegt das Beaujolais. Obwohl es zum Département Rhône gehört, haben seine weichen, leichten, fruchtigen Rotweine sehr wenig mit dem Typ des körperreichen Rotweins zu tun, den wir automatisch mit dem Rhône-Tal verbinden. Ein Beaujolais kann köstlich sein, ist es meistens jedoch nicht. Der *Beaujolais Nouveau* war nie als ernst zu nehmender Wein gedacht, doch ist er heute nur noch ein Witz, und viel zu viele der guten *Crus* des Beaujolais sind schlichtweg überteuert. Aber auch das gehört zur Vielfalt von Burgund.

Große Pinots und Chardonnays

In der zweiten Auflage von Anthony Hansons Buch *Burgundy* las ich mit Erleichterung, dass er seine Meinung, großer Burgunder rieche nach Kuhstall, revidiert hatte. Schwach wahrnehmbare Feh-

ler können einen Wein durchaus komplexer, interessanter und genussreicher gestalten, doch sollten unterschwellig bleiben, schon gar bei einem Wein aus Pinot Noir, bei dem Reinheit von Frucht und Sortencharakter eine so wichtige Rolle spielen. Ebenso wie sich der einst gefeierte Odeur nach »verschwitztem Sattel« – eine Zeit lang als bodenspezifische Geruchskomponente des Shiraz aus dem Hunter Valley gehandelt – als Mangel erwies, erging es dem »*ça sent la merde*«. Hanson räumt heute ein: »Ich habe den Fall sicher zu sehr vereinfacht, als ich 1982 schrieb, großer Burgunder rieche nach Kuhstall. Nehme ich heute den Geruch von verfaulendem Gemüse oder Ausdünstungen von Tieren wahr, empfinde ich das heute meist als unerträglich.«
Während die kalifornischen Weinerzeuger von Santa Barbara, Carneros und Russian River die Suche nach dem Heiligen Gral der Winzer – gelungenem Pinot Noir – anführen und einzelne Güter in anderen Teilen Kaliforniens, in Oregon und Neuseeland ihnen nicht viel nachstehen, ist kaum jemand außerhalb Burgunds in der Lage, einen derart farbintensiven, körperreichen Pinot Noir zu machen, der dabei nichts von seiner Sortencharakteristik, Finesse und Eleganz einbüßt. Selbst in Burgund ist das nicht unbedingt einfach, und nur Trauben der allerbesten Crus bieten die Voraussetzungen dafür. Und doch ist dies ziemlich regelmäßig der Fall.

Chardonnay ist allgegenwärtig und wird vermutlich in allen Weinbauregionen der Welt kultiviert. Die australischen Versionen sind, selbst auf unterstem Niveau, beständig und gut trinkbar; teurere Chardonnays gibt es in Australien, aber ebenso wie in Neuseeland, Südafrika, Chile, Kalifornien, Oregon und vielen anderen Teilen der Welt. Daher vergisst man nur allzu leicht, wie anders ein großer weißer Burgunder ist. Wirklich guter weißer Burgunder ist eine Klasse für sich, und man muss die größten Grands Crus selbst probiert haben, um sich vorstellen zu können, wie unvergleichlich üppig, komplex und langlebig sie sind.

GRAND CRU VALMUR IN CHABLIS
In der Mitte der Grands Crus von Chablis liegt Valmur, zwischen Grenouilles und Vaudesir auf der einen und Les Clos auf der anderen Seite. Dem feinen Bukett und dem Aromareichtum seiner Weine verdankt dieser Weinberg sein großes Ansehen.

DIE ALLGEMEINEN APPELLATIONEN IM

BURGUND

BOURGOGNE AOC

Viele Autoren halten die Appellation Bourgogne für zu banal, um ihr größere Aufmerksamkeit zu widmen, ich halte sie jedoch für die aufschlussreichste in Burgund. Wenn ein Erzeuger Wert auf die Qualität seines Bourgogne legt, wie viel mehr Mühe muss er dann auf die hochrangigeren Weine verwenden! Und wenn ein delikater, süffiger Burgunder über einige Jahre hinweg auch noch an Qualität gewinnt, ist dies oft aufregender als eine gehobene Appellation, die allein schon aufgrund des berühmten Namens und des entsprechend hohen Preises gut altern sollte. Weine von hellem Rot oder dunklem Rosé können als Bourgogne Clairet AOC verkauft werden, aber der Typ ist aus der Mode gekommen.

ROT Für diesen Wein sind eine Reihe von Sorten zugelassen, doch der einzige Bourgogne, der die Suche lohnt, ist der reinsortige Pinot Noir. Viele Erzeuger nennen die verwendeten Trauben auf dem Etikett.

Pinot Noir, Pinot Gris, Pinot Liébault, dazu in der Region Yonne César, Tressot und Gamay (bei Zurückstufung aus einem der zehn Beaujolais-Crus)

2–5 Jahre

Bourgogne Rouge *Pascal Bouley • Château de Chamilly • J.-F. Coche-Dury • Domaine Joseph Drouhin • Louis Jadot • Domaine Henri Jayer • Domaine Michel Juillot • Labouré-Roi • Domaine Michel Lafarge • Louis Latour • Dominique Laurent • Olivier Leflaive • Domaine Hubert Lignier • Moillard • Domaine Denis Mortet • Domaine Parent • Domaine de la Pousse d'Or • Domaine Daniel Rion & Fils • Domaine Tollot-Beaut • Vallet Frères • A. & P. de Villaine • Cave Coopérative de Viré*

WEISS Unter dieser Appellation finden sich eine Menge langweiliger Weißweine. Wenn Sie keinen Zugang zu interessanteren Varianten wie J.-F. Coche-Dury oder Clos du Château du Meursault haben, ist es ratsamer, zu einem preiswerten Mâcon AOC zu greifen. Diese Weine dürfen vom dritten Donnerstag im November an als *primeur* oder *nouveau* verkauft werden.

Chardonnay, Pinot Blanc

1–4 Jahre

Bourgogne Blanc *Simon Bize & Fils • Jean-Marc Boillot • J.-F. Coche-Dury • Louis Jadot • Patrick Javillier • Domaine François Jobard • Labouré-Roi • Domaine Michel Lafarge • Domaine Leflaive • Olivier Leflaive • Domaine Lorenzon • Clos du Château du Meursault • Pierre Morey • Antonin Rodet • Domaine Tollot-Beaut • A. & P. de Villaine*

ROSÉ Die Weine dieser Appellation sind ganz akzeptabel, aber nichts Besonderes, im Grunde die am wenigsten aufregende Kategorie

Pinot Noir, Pinot Gris, Pinot Liébault, dazu in der Region Yonne César und Tressot

1–4 Jahre

Für weitere, regionalspezifischere allgemeine Appellationen *siehe unter* **Chablis** Bourgogne Chitry AOC, Bourgogne Coulange-la-Vineuse AOC, Bourgogne Epineuil AOC, Bourgogne Irancy AOC, Bourgogne Saint-Bris AOC, Bourgogne Saint-Jacques AOC, Bourgogne Côtes d'Auxerre AOC (S. 137) • **Côte de Nuits** und **Hautes-Côtes de Nuits** Bourgogne Hautes-Côtes de Nuits AOC, Bourgogne La Chapelle Notre-Dame AOC, Bourgogne Le Chapitre AOC, Bourgogne

Montrecul AOC (S. 140) • **Côte de Beaune** und **Hautes-Côtes de Beaune** Bourgogne Hautes-Côtes de Beaune AOC • **Côte Chalonnaise** Bourgogne Côte Chalonnaise AOC (S. 153)

BOURGOGNE-ALIGOTÉ AOC

Die besten Bourgogne-Aligoté-Weine kommen aus Bouzeron im Bereich von Mercurey, das seine eigene Appellation besitzt (*siehe* Bourgogne Aligoté Bouzeron AOC, S. 153). Mit Ausnahme der unten empfohlenen Weißweine kann man Aligoté gut mit Crème de Cassis, dem in der Region hergestellten Likör aus Schwarzen Johannisbeeren, zum Apéritif »Kir« verfeinern.

WEISS Trockene Weine, die meist dünn, säuerlich und nicht sehr angenehm sind; Steigerungen ins Negative sind möglich und immer häufiger. Gute Exemplare sind eine erfrischende Abwechslung von den in Burgund allgegenwärtigen Chardonnays. Bourgogne-Aligoté darf vom dritten Donnerstag im November des Erntejahres an als *primeur* oder *nouveau* verkauft werden.

Aligoté und maximal 15 % Chardonnay

1–4 Jahre

Domaine Boyer-Martenot • Marc Brocot • Domaine Chevrot • J.-F. Coche-Dury • Domaine du Corps de Garde • Domaine Naudin-Ferrand • Domaine François Jobard • Jacky Renard • Thévenot-le-Brun & Fils • A. & P. Villaine

BOURGOGNE GRAND-ORDINAIRE AOC

Das »Grand« mag ziemlich beeindruckend klingen, dabei lässt man jedoch leicht außer Acht, dass es sich auf das »Ordinaire« bezieht und nicht auf »Bourgogne«. Helle Rotweine oder dunkle Roséweine werden mitunter als Bourgogne Clairet Grand-Ordinaire AOC verkauft, allerdings ist dieser Typ aus der Mode.

ROT Meist minderwertige Weine aus Gamay, doch gibt es einige interessante, von Pinot Noir dominierte Varianten.

Pinot Noir und Gamay sowie in der Region Yonne César und Tressot

2–6 Jahre

WEISS Diese trockenen Weine sind noch trostloser als der übliche Bourgogne Blanc. Kaufen Sie stattdessen lieber Mâcon Blanc! Weine dieser Kategorie dürfen ab dem dritten Donnerstag im November nach der Ernte als *primeur* oder *nouveau* verkauft werden.

Chardonnay, Pinot Blanc, Aligoté, Melon de Bourgogne, dazu in der Region Yonne Sacy

1–4 Jahre

ROSÉ Die Coopérative der Hautes-Côtes erzeugt unter der Appellation einen trockenen, leichten, aber eleganten »Rosé d'Orches«.

Pinot Noir und Gamay, dazu in der Region Yonne César und Tressot

1–3 Jahre

J.-C. Boisset • Edmond Cornu & Fils

BOURGOGNE MOUSSEUX AOC

Seit Dezember 1985 ist diese Appellation beschränkt auf roten Burgunderschaumwein, sie ist auch die einzige für diesen Weintyp.

SCHAUMWEIN ROT Früher ein beliebtes Getränk, allerdings entspricht die Süße dieses Weins nicht mehr dem differenzierten Geschmack heutiger Verbraucher.

Pinot Noir und Gamay, dazu in der Region Yonne César und Tressot

Sofort

BOURGOGNE ORDINAIRE AOC

Siehe Bourgogne Grand-Ordinaire AOC

BOURGOGNE PASSETOUTGRAINS AOC

Der aus einer Mélange von Pinot Noir und Gamay hergestellte Passetoutgrains (auch Passe-Tout-Grains) ist der Nachkomme eines echten Landweins. Der Erzeuger füllte sein Fass mit allem, was sein Weinberg hergibt, und ließ es zusammen vergären. Passetoutgrains enthielt also früher viele verschiedene Traubensorten. Da Pinot Noir und Gamay die verbreitetsten Sorten sind, entwickelte sich der Wein von selbst zu einem Zwei-Sorten-Erzeugnis. Heute muss der Wein dieser Appellation zu mindestens einem Drittel aus Pinot Noir bestehen.

ROT Oft wurden Passetoutgrains zu früh getrunken, die besseren Versionen brauchen aber einige Jahre Flaschenreifung, um den aristokratischen Charakter des Pinot Noir freizugeben. Mit zunehmendem Anteil von Pinot Noir und dank moderner Vinifizierung bringen viele Erzeuger sanftere, weniger rustikale Passetoutgrains auf den Markt, die schon jung trinkbar sind. Sie bleiben aber eher bescheidene Weine.

Pinot Noir und maximal ein Drittel Gamay sowie maximal 15 % Chardonnay, Pinot Blanc und Pinot Gris

2–6 Jahre

ROSÉ Diese Version ist einen Versuch wert.

Maximal ein Drittel Gamay sowie Pinot Noir und Pinot Liébault

1–3 Jahre

Edmond Cornu & Fils • Domaine Michel Lafarge • Domaine Lejeune • Daniel Rion & Fils

CRÉMANT DE BOURGOGNE AOC

Diese Appellation wurde 1975 als Ersatz für Bourgogne Mousseux AOC geschaffen, die sich kein Qualitätsimage aufbauen konnten, weil die Bezeichnung »mousseux« genauso für die billigsten und scheußlichsten Massenschaumweine verwendet wurde. Bourgogne Mousseux steht heute nur noch für Rotweine. Die drei Zentren für Crémant de Bourgogne sind Yonne, die Region Mercurey und das Mâconnais. Es gibt bereits eine ganze Reihe aufregender Weine, und der Qualitätsstandard wird sicher weiter steigen, vor allem deshalb, weil immer mehr Erzeuger speziell für die Schaumweinproduktion kultivieren.

SCHAUMWEIN WEISS Trocken, aber rund, vom frischen und leichten Typ bis zum üppigen Typ.

Pinot Noir, Pinot Gris, Pinot Blanc, Chardonnay, Sacy, Aligoté, Melon de Bourgogne und maximal 20 % Gamay

3–7 Jahre

SCHAUMWEIN ROSÉ Bis jetzt kam der beste roséfarbene Crémant, der außerhalb der Champagne produziert wurde, aus dem Elsass. Aus Burgund kommen nun ebenfalls ansprechende Vertreter.

Pinot Noir, Pinot Gris, Pinot Blanc, Chardonnay, Sacy, Aligoté, Melon de Bourgogne und maximal 20 % Gamay

2–5 Jahre

Caves de Bailly • André Bonhomme • Paul Chollet • André Delorme • Roux Père • Caves de Viré

CHABLIS

Eine Insel von Reben und eine der beiden klassischen Weißweinregionen Burgunds, auch wenn dort Chardonnay unter Boden- und Klimaverhältnissen kultiviert wird, die eher jenen der Champagne entsprechen.

Wie die Champagne verdankt auch Chablis seinen Erfolg zum großen Teil dem kühlen und wechselhaften Klima des Nordens, in dem der Weinanbau ständig auf des Messers Schneide steht. Das ist Anlass zu stetiger Sorge, doch wenn die richtigen Umstände zusammenkommen, werden in Chablis einige der aufregendsten Chardonnays produziert.

DIE STILRICHTUNGEN DES CHABLIS

Traditionell wird der Chablis als klarer, heller Wein beschrieben, der am Glasrand eine grünliche Färbung zeigt. Er sei sehr geradlinig und selbstbewusst mit aggressivem, stahligem Charakter; er attackiere unmittelbar und besitze viel Säure, die einige Jahre zur Rundung brauche. Doch seitdem sich die Herstellung dieser Weine an beiden Enden der Qualitätsskala wesentlich verändert hat, trifft diese Charakterisierung nur noch selten zu.

Vor dreißig Jahren unterzog man kaum einen Chablis der malolaktischen Gärung. Die Weine enthielten von Natur aus viel Säure und waren in der Jugend oft hart, grün und mager, erreichten aber dafür im Alter mitunter unvergleichliche Finesse. Heute durchlau-

CHABLIS

Auf den Hügeln entlang des Serein, einem kleinen Nebenfluss der Yonne, gedeihen die Reben auf Südost- und Südwesthängen, die über Chablis ansteigen. Aus diesen Grand-Cru-*Weinbergen stammen die besten Weine des Bereichs.*

FOURCHAUME

Die nördlich von Chablis gelegene Lage Fourchaume ist einer der beiden Premiers Crus *mit Südwestausrichtung, der andere ist Montée de Tonnerre. Es ist wohl kein Zufall, dass diese beiden Weinberge immer unter den ersten 3 der 17* Premier-Cru-*Lagen rangieren.*

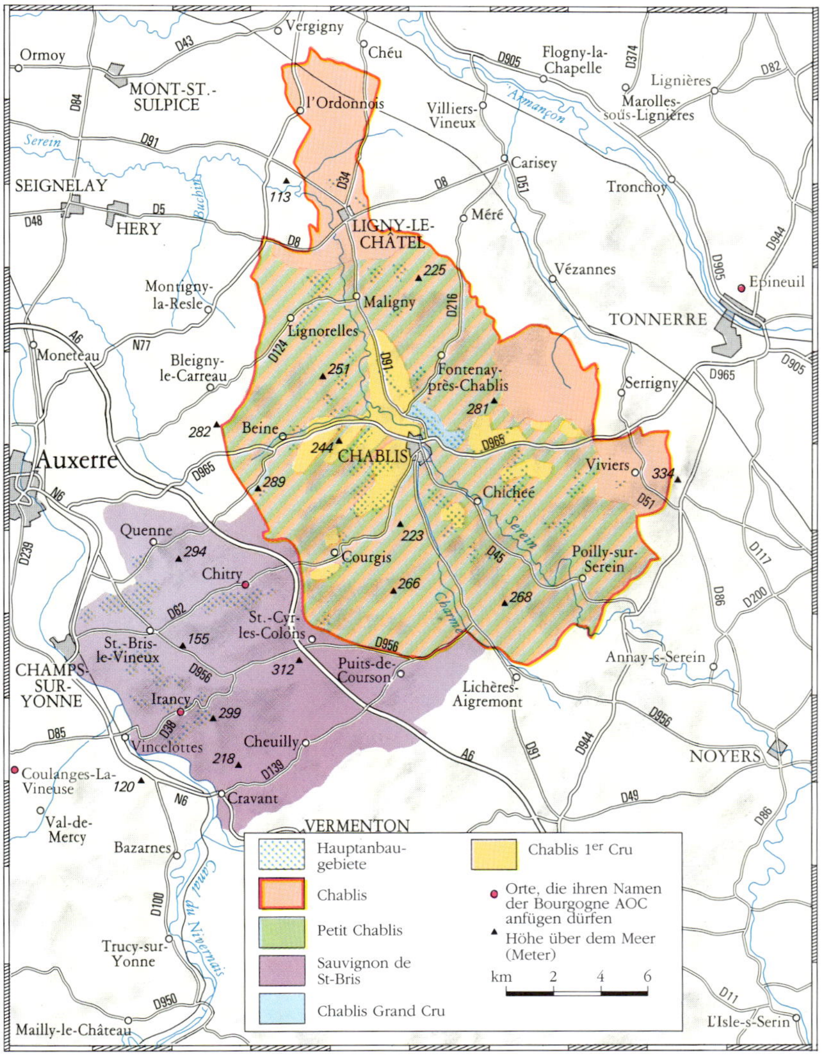

DER BEREICH CHABLIS

Die Stadt Chablis liegt – umgeben von Grand-Cru- *und* Premier-Cru-*Weinbergen – im Herzen des gleichnamigen Weinbaubereichs. Geografisch und klimatisch ist sie der Champagne näher als dem übrigen Burgund.*

GESCHMACKS- UND QUALITÄTSFAKTOREN

LAGE
Chablis liegt isoliert auf halbem Weg zwischen Beaune und Paris, 30 km von den südlichsten Weinbergen der Champagne, aber 100 km vom übrigen Burgund entfernt.

KLIMA
In der Region herrscht halbkontinentales Klima mit minimalem Einfluss des Atlantiks, was lange, kalte Winter, viel Regen im Frühjahr und recht heiße, sonnenreiche Sommer bedeutet. Die größten Gefahrenquellen sind Hagel und Spätfröste.

TOPOGRAFIE
Sämtliche Grands Crus liegen auf 150 bis 200 m Höhe in einem Streifen von Südwesthängen nördlich der Stadt Chablis. Abgesehen von den beiden Südwesthängen Fourchaume und Montée de Tonnerre befinden sich alle Premier-Cru-Lagen hingegen auf Südosthängen.

BÖDEN
Im Gebiet herrscht kalkhaltiger Lehmboden vor, von dem es zwei Haupttypen gibt. Kimmeridge und Portland, von denen angeblich nur der erste für klassischen Chablis geeignet ist; eine Theorie, die weder bewiesen noch plausibel ist – beide Arten stammen aus dem Oberen Jura. Merkbare Unterschiede lassen sich auf Lage, Mikroklima sowie unterschiedliche Sedimente zurückführen, die unter und zwischen den Kimmeridge- und Portland-Schichten liegen.

WEINBAU UND WEINBEREITUNG
Die Weinberge des Chablis expandierten rapide, vor allem die Basis-Appellationen und Premiers Crus haben sich seit 1970 flächenmäßig verdoppelt. Maschinelle Ernte hat selbst in den Grands Crus des Chablis Einzug gehalten, kleinere Winzer ernten allerdings noch von Hand. Der Großteil des Chablis wird in Edelstahltanks vergoren; Eichenfässer erleben gerade ein Comeback, obwohl zu viel neue Eiche der schlanken, strengen Intensität des hier gewonnenen Chardonnay entgegenwirkt.

HAUPTREBSORTEN
Chardonnay

WEITERE REBSORTEN
Pinot Noir, Pinot Blanc, Pinot Gris (Pinot Beurot), Pinot Liébault, Sauvignon Blanc, Gamay, César, Tressot, Sacy, Aligoté, Melon de Bourgogne

fen die meisten Chablis den biologischen Säureabbau und eine Kältestabilisierung, um Tartrat auszufällen (außer solchen, die in Barriques gären und reifen), wodurch der Wein zwangsläufig voller und runder wird.

Im obersten Marktsegment treffen zwei gegensätzliche Schulen aufeinander. Viele Weine werden in Edelstahltanks vergoren und früh abgefüllt, um einen sehr direkten, rassigen Typ zu erzielen. Andere werden wiederum in Holzfässern vergoren und geschult, wobei zunehmend neue Eiche Verwendung findet. Die Vergärung des Chablis im Edelstahl wird oft als traditionell bezeichnet, doch da diese Tanks erst in den 1960er Jahren eingeführt wurden, kann man nicht wirklich von Tradition sprechen. Weitaus länger im Gebrauch und damit traditioneller ist natürlich das Eichenfass. Eigentlich beziehen sich die Weinkritiker darauf, dass neue Eiche bei der Vinifikation des Chablis früher nicht zum Einsatz kam und der knackige, fruchtig-frische Charakter der im Edelstahl fermentierten Version näher an das »Original« herankommt. Der ursprünglichste Chablis ist somit jener, der »nicht mit neuer Eiche in Berührung kommt«, also in alten, genauer gesagt mehrmals gebrauchten Fässern oder Holzfässern ausgebaut wird.

Die Kluft zwischen Chablis »mit und ohne Eiche« wird auch dadurch größer, dass die schlanken, mineralischen Weine der Region sich zuweilen gegen die Effekte neuer Eiche zur Wehr setzen, während die fetteren, weicheren und verführerischen Weine der Côte d'Or sie mit offenen Armen aufnehmen. In Anbetracht der Tatsache, dass eine Reihe von Weintrinkern den Charakter der neuen Eiche durchaus schätzt, werden in der Folge auch Erzeuger hochwertiger, in Barriques ausgebauter Chablis erwähnt.

Bei Chablis gab es schon immer gewisse Schwankungen, die angesichts des wechselhaften Klimas nicht verwundern, aber die Freunde des Chablis hat das noch nie abgeschreckt. In den letzten zehn Jahren haben sich die Dinge allerdings zum Schlechteren gewendet, wofür man nicht immer dem Wetter die Schuld geben kann. Ursachen sind zu hohe Erträge, erzielt durch profitorientierte Erzeuger, und nachlässige Weinbereitung. Die besten, mit Sorgfalt produzierten Chablis – von der bescheidensten Appellation bis zum größten *Grand Cru* – können aber noch immer wahre Wonnen hervorrufen. Alles in allem sollte man beim Einkauf jedenfalls sehr kritisch vorgehen.

WEITERE WEINE AUS DER REGION YONNE

Abgesehen vom Chablis sind die beiden bekanntesten Weine der Region der rote Irancy und der weiße Sauvignon de Saint-Bris. Ersterer wird unter der AOC Bourgogne Irancy vermarktet, Letzterer ist ein VDQS aus der Sauvignon-Rebe, einer »Überläuferin« von der Loire.

Weitere für Yonne typische Trauben sind César und Tressot, beide rot, und die weiße Sacy. Sie alle dürfen für keine andere Appellation Burgunds verwendet werden als für Bourgogne AOC aus Yonne, doch selbst hier sind sie nicht sehr verbreitet. César ist die interessanteste von ihnen, wenn auch ziemlich rustikal; sie ist eine ertragsarme Rebe, die einen dicken, dunklen und sehr tanninhaltigen Wein ergibt, aber nicht ausgewogen genug ist, um sortenrein ausgebaut zu werden. Eine gute Version stammt von Simonnet-Febvre.

César gedeiht am besten in Irancy und kann bei sorgfältigem Verschnitt einen Pinot Noir durchaus aufwerten. Dafür genügen 5–10 % César, einige Winzer gehen bis 20 %, wobei die Gefahr besteht, dass dem leichtgewichtigen Pinot Noir der Region sämtliche Eleganz genommen wird. Die Tressot ergibt dünne, schwache Weine ohne jegliche Vorzüge, doch wegen ihrer Neutralität und der hohen Erträge bot sie sich als Ergänzung für César geradezu an. Die gelegentlich noch anzutreffenden Exemplare erinnern an dünnen, rauen Beaujolais.

Eine weitere Besonderheit der Region ist die Sacy, eine ertragreiche weiße Traube, die säuerliche, geschmacksneutrale Weine ergibt, die noch am besten für Crémant de Bourgogne geeignet sind; der größte Teil wird jedoch für die Sektproduktion nach Deutschland verkauft.

MASCHINELLE LESE AUF DER DOMAINE STE-CLAIRE IN PRÉHY
Maschinelle Ernte kann sich insbesondere bei Weißweinen qualitätsmindernd auswirken. Am ebesten vertretbar ist diese Methode noch bei den weniger bedeutsamen Weinbergen um Préhy.

DIE APPELLATIONEN IN CHABLIS

BOURGOGNE CHITRY AOC • BOURGOGNE COULANGES-LA-VINEUSE AOC • BOURGOGNE EPINEUIL AOC • BOURGOGNE IRANCY AOC • BOURGOGNE SAINT-BRIS

Diese Dörfer besitzen keine eigene Appellation, dürfen aber mit Ausnahme von Saint-Bris die Bezeichnung Bourgogne AOC um ihren Namen erweitern. Nur Chitry und Epineuil gelten für einen Ort, während zu Irancy auch die Weine von Cravant und Vincelottes gehören und Coulanges-la-Vineuse nicht weniger als sechs weitere Gemeinden einschließt: Charentenay, Escolives-Ste-Camille, Migé, Mouffy, Jussy und Val-de-Mercy. Irancy soll eigentlich der »berühmte« Rotwein des Chablis sein, ist aber bei weitem nicht so bekannt, obwohl er als einziger dieser Bourgogne-Appellationen auf Rotwein beschränkt ist. Mit Ausnahme von St-Bris und Irancy darf die Appellation für Rotwein, Weißwein und Rosé verwendet werden, wobei Chitry vor allem für Weißwein bekannt ist – und zwar in erster Linie für Chardonnay, aber auch für einen ganz passablen Aligoté (eigentlich Bourgogne Aligoté, doch gibt man sich dort nicht mit Spitzfindigkeiten ab). Epineuil und Coulanges-la-Vineuse sind hingegen vorwiegend Rotwein-Appellationen. Bourgogne St-Bris ist ein echter Sonderfall, da es diese Appellation offiziell überhaupt nicht gibt! (*Siehe auch* Sauvignon de St-Bris.) Ich erwähne sie dennoch, weil sie de facto existiert, ja allgegenwärtig ist. Mir sind schon viele Bourgogne-AOC-Weine begegnet, die den Namen Saint-Bris in derselben Weise und ebenso deutlich herausstellen wie die vier oben erwähnten Dörfer, darunter die Erzeugnisse von Robert Defrance, Domaine Félix, Domaine Patrice Fort, Ghislaine & Jean-Hugues Goisot, Serge & Arnaud Goisot, Domaine Jacky Renard, Domaine Sainte-Claire und Jean-Paul Tabit. Da das AOC-System entwickelt wurde, um regionalen Erzeugnissen Anerkennung zu verschaffen, werden auch die Behörden sicher eines Tages den Bourgogne Saint-Bris bemerken und ihn offiziell anerkennen.

ROT Die meisten Weine sind aus Pinot Noir mit einem Schuss César, klar und fruchtig; die besten können sehr körperreich und ausgeprägt aromatisch sein.

Pinot Noir, Pinot Liébault, Pinot Gris, César, Tressot

2–5 Jahre

WEISS In ihrer einfachsten Form nicht zu empfehlen, doch die Spitzenweine dieser Appellationen sind dem billigsten, trotzdem immer noch weitaus teureren Chablis überlegen. Reine Chardonnays, die aber in den seltensten Fällen wie Chablis schmecken; in der Regel sind sie weicher und geschmeidiger.

Chardonnay, Pinot Blanc

1–3 Jahre

ROSÉ Leicht, trocken und erfrischend– die besten Exemplare kommen aus Epineuil, aber auch Saint-Bris liefert gute Tropfen.

Pinot Noir, Pinot Gris, Pinot Liébault, César, Tressot

1–2 Jahre

Bourgogne Chitry *Joel & David Griffe* • **Bourgogne Coulanges-la-Vineuse** *Le Clos du Roi* • **Bourgogne Epineuil** *Dominique Grubier* • **Bourgogne Irancy** *Léon Bienvenu, Anita & Jean-Pierre Colinot (Palotte, Les Mazelots, Les Bessys, Côte de Moutier), Roger Delalogue, Domaine Félix Bourgogne* • **Bourgogne Saint-Bris** *Domaine Félix, Jacky Renard*

BOURGOGNE CÔTES D'AUXERRE AOC

Die Côtes d'Auxerre umfassen einige verstreute Parzellen in den Hügeln oberhalb von Augy, Auxerre-Vaux, Quenne, St-Bris-le-Vineux und in dem Teil von Vincelotte, der sich nicht für Irancy qualifiziert. Verwendet werden dieselben Rebsorten wie für die genannten Bourgogne-Appellationen, sodass sich die Weine nicht wesentlich von diesen unterscheiden.

Patrice Fort • Ghislaine & Jean-Hugues Goisot Domaine du Corps de Garde

BOURGOGNE CÔTE ST-JACQUES AOC

Die Côte St-Jacques liegt oberhalb von Joigny nordwestlich von Chablis und besitzt damit die nördlichsten Weinberge Burgunds. Hier dürfen seit 1975 Trauben für die allgemeine Bourgogne AOC produziert werden, doch wurden nur wenige Hektar bepflanzt. Der größte Winzer ist im Augenblick Alain Vignot, dessen Vater einer der Pioniere der Weinerzeugung in der Region war. Die örtliche Genossenschaft, die dort ebenfalls Weinberge besitzt, bearbeitet einen Großteil jener 90 ha, die als Côte St-Jacques eingestuft sind. Im Moment kann man hier nur mit Mühe einen leichten Weißwein produzieren, doch macht Vignot einen Vin Gris aus Pinot Noir und Pinot Gris, für den Joigny vor dem Reblausbefall berühmt war. Was man hier brauchen würde, ist die echte Auxerrois aus dem Elsass (eine gute Idee, da Auxerre nicht weit entfernt ist, auch wenn keinerlei Verbindung zu dieser Rebsorte besteht). Die Begründung wäre die gleiche wie im Elsass, wo umso mehr Auxerrois für die Herstellung des so genannten Pinot Blanc Verwendung findet, je weiter nördlich die Weinberge liegen. Für die Côte de Nuits wäre er zu fett und würzig, doch in Joigny könnte er etwas mehr Großzügigkeit in die Weine bringen.

CHABLIS AOC

Sorgfältige Selektion vorausgesetzt, kann ein Chablis ein unglaublich preiswerter, klassischer und klarer Chardonnay sein, vor allem in den guten Jahrgängen. Doch die Appellation umfasst ein recht großes Gebiet mit vielen Lagen, die keine guten Ergebnisse erzielen, sowie viel zu viele mittelmäßige Weingüter. Chablis muss aus den besten Lagen kommen, wo der Winzer den Ertrag beschränkt und der Kellermeister nur die besten Weine auswählt; Abkürzungen erlaubt diese Appellation nicht. Billiger Chablis selbst höherer Appellationen kann entsetzlich sein; daher ist es ratsam, lieber etwas mehr für eine Spitzencuvée des einfachen Chablis, wie La Chablisienne Vieilles Vignes, zu bezahlen, als sich zu einem *Premier Cru* mit einem Dumpingpreis verleiten zu lassen. *Siehe auch* Chablis Premier Cru AOC und Petit Chablis AOC.

WEISS Gute Versionen besitzen den unverwechselbaren Charakter des echten Chablis: trocken, sauber, grün, ausdrucksvoll und mit genügend Frucht, um den stahligen Eindruck aufzuwiegen.

Chardonnay

2–6 Jahre

Christian Adine • Domaine Baillard • Billaud-Simon • Jean-Marc Brocard • La Chablisienne (bes. Vieilles Vignes) • Domaine de Chantemerle • Jean Collet • Jean Defaix • René & Vincent Dauvissat • Jean-Paul Droin (bes. Vieilles Vignes) • Gérard Duplessis • William Fèvre Domaine de la Maladière • Domaine des Malandes (bes. Tour de Roi) • Jean-Pierre Grossot • Domaine Michel Laroche • Louis und Anne Moreau (bes. Domaines de Biéville und Cèdre Doré) • Sylvain Mosnier (Vieilles Vignes) • Gilbert Picq (bes. Vieilles Vignes) • François Raveneau

CHABLIS GRAND CRU AOC

Die sieben Grands Crus des Chablis liegen allesamt an einem Hang nördlich der Stadt Chablis: Blanchot, Bougros, Les Clos, Grenouilles, Les Preuses, Valmur und Vaudésir. Ein weiterer Weinberg, La Moutonne, wird nicht als Grand Cru geführt, besitzt aber die Erlaubnis, die geschützte Bezeichnung im Etikett zu führen, weil er aus Teilen anderer *Grands Crus* besteht. Im 18. Jahrhundert war La Moutonne ein *Climat* von 1 ha innerhalb der Lage Vaudésir, doch unter dem Besitzer Louis Long-Depaquit wurden seine Weine mit denen von drei weiteren *Grands Crus* verschnitten (Les Preuses, Les Clos und Valmur). Dieser Usus wurde 1950 beendet, als die Klassifizierung von La Moutonne als eigener *Grand Cru* in Aussicht gestellt wurde und Long-Depaquit einwilligte, seine Produktion auf das damalige Gebiet zu beschränken (eine 2,3 ha große Parzelle), das sich mit Vaudésir und Les Preuses überlappte. Die Einstufung fand aber nie statt, doch zählen die beiden *Grands Crus,* in denen sich La Moutonne befindet, zu den hervorragendsten schlechthin. Das erklärt die konstant superbe Qualität des Weines und rechtfertigt den halboffiziellen Status.

WEISS Die immer absolut trockenen Grands Crus sind die größten, körperreichsten und

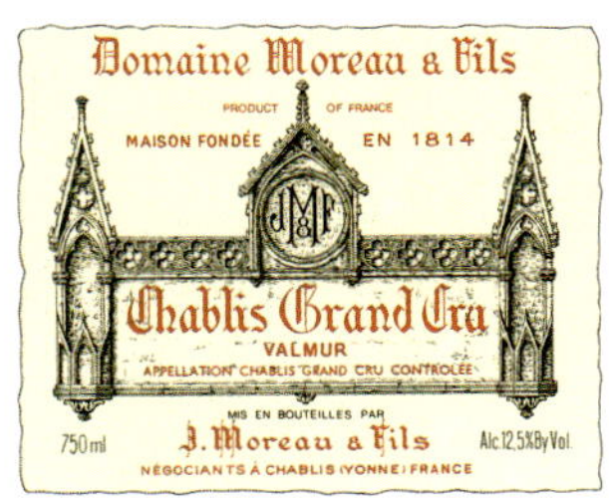

komplexesten Chablis. Viele sind geprägt, ja beherrscht von neuer Eiche. Der jeweilige Typ hängt davon ab, wie der Kellermeister seinen Wein keltert und ausbaut, doch sind im besten Fall folgende Charakteristika zu nennen: Blanchot weist ein blumiges Aroma auf und ist der feinste aller *Grands Crus*. Bougros ist der schnörkelloseste, er ist kraftvoll und sehr geschmacksintensiv. Les Clos ist ein körperreicher, delikater und komplexer Wein von mineralischer Finesse und schöner Balance. Grenouilles sollte sehr lang und angenehm, dabei aber elegant, rassig und aromatisch sein. Les Preuses bekommt am meisten Sonne und ist lebhaft, zuweilen sogar exotisch, für einen Chablis recht schmalzig, dennoch ausdrucksstark und komplex mit großer Finesse. Valmur besitzt ein feines Bukett, intensive Aromen und eine sanfte Struktur. Vaudésir ist geprägt von komplexem, intensivem Geschmack, großer Finesse und würzigen Noten. La Moutonne ist ein feiner, langer und wunderbar ausdrucksstarker Wein.

Chardonnay

6–20 Jahre

Blanchot *Domaine Michel Laroche, Jean-Marie Raveneau, Domaine Vocret* • **Bougros** *William Fèvre Domaine de la Maladière, Domaine Michel Laroche* • **Les Clos** *Billaud-Simon, Domaine Pascal Bouchard, René und Vincent Dauvissat, Jean-Paul Droin, Domaine Joseph Drouhin, Caves Duplessis, William Fèvre Domaine de la Maladière, Domaines de Malandes, Louis Michel, J. Moreau (Lage Clos des Hospices), Domaine Pinson, Jean-Marie Raveneau* • **Grenouilles** *La Chablisienne (Château Grenouilles), Louis Michel* • **La Moutonne** *Domaine Long-Depaquit* • **Les Preuses** *René & Vincent Dauvissat* • **Valmur** *Jean Collet, Jean-Paul Droin, Jean-Marie Raveneau* • **Vaudésir** *Domaine Billaud-Simon, Domaine Pascal Bouchard, William Fèvre, Louis Michel*

CHABLIS PREMIER CRU

Premiers Crus Les Beauregards, Beauroy, Berdiot, Chaume de Talvat, Côte de Jouan, Côte de Léchet, Côte de Vaubarousse, Fourchaume, Les Fourneaux, Montée de Tonnerre, Montmains, Mont de Milieu, Vaillons, Vaucoupin, Vau-de-Vey (Vaudevey), Vau Ligneau und Vosgros. Im Gegensatz zu den *Grands Crus* beschränken sich die 17 Premiers Crus des Chablis nicht auf die Stadt, sondern sind auf 15 Gemeinden im Umkreis verteilt. Entsprechende Unterschiede ergeben sich hinsichtlich Qualität und Eigenschaften. Der zuverlässig beste *Premier Cru,* und zwar bei allen Erzeugern und in allen Jahrgängen, ist ohne Zweifel Montée de Tonnerre. Eine seiner Lagen, Chapelot, wird von vielen als einem *Grand Cru* ebenbürtig betrachtet. Hinter Montée de Tonnerre rangieren Côte de Léchet, Les Forêts (eine Parzelle in Montmains), Fourchaume und Mont de Milieu als die besten *Premiers Crus.*

WEISS Trockene Weine in leichten bis relativ körperreichen Varianten, sie sollten aber besser und langlebiger sein als die einfache Appellation

Chablis, wenn auch nicht von der Konzentration eines *Grand Cru.*

Chardonnay

4–15 Jahre

Les Beauregards *Keine Empfehlung* • **Beauroy** *Sylvain Mosnier* • **Berdiot** *Keine Empfehlung* • **Chaume de Talvat** *Keine Empfehlung* • **Côte de Jouan** *Michel Cobois* • **Côte de Léchet** *Jean-Paul Droin, Jean Defaix, Sylvain Mosnier* • **Côte de Vaubarousse** *Keine Empfehlung* • **Fourchaume** *Billaud-Simon, La Chablisienne, Domaine de Chantemerle, Jean-Paul Droin, Jean Durup, Lamblin & Fils, Domaine Michel Laroche, Francine & Olivier Savary* • **Les Fourneaux** *Jean-Pierre Grossot, Louis & Anne Moreau* • **Montée de Tonnerre** *Domaine Billaud-Sion, Jean-Paul Droin (Vieilles Vignes), Caves Duplessis, William Fèvre, Louis Michel, Jean-Marie Raveneau (mit den Lagen Chapelot und Pied d'Aloue), Guy Robin* • **Montmains** *La Chablisienne, René & Vincent Dauvissat (Lage La Forest), Jean-Paul Droin, Caves Duplessis, Domaine des Malandes, Domaine des Marronniers, Louis Michel, Georges Pico, Domaine Pinson, Jean-Marie Raveneau (Lage Butteaux), Guy Robin (Lage Butteaux), Domaine Robert Vocoret (Lage La Fôret)* • **Mont de Milieu** *Domaine Barat, Billaud-Simon (bes. Veilles Vignes), Jean Collet, Jean-Pierre Grossot, Domaine de Meulière, Domaine Pinson* • **Vaillons** *Domaine Barat, Jean Defaix, René & Vincent Dauvissat, Billaud-Simon, R & V Dauvissat (Lage Séchet), Jean-Paul Droin, Gérard Duplessis, Domaine Michel Laroche, Michel, François Raveneau* • **Vaucoupin** *Jean-Pierre Grossot, Château de Viviers* • **Vau-de-Vey** *Jean Durup, Domaine Michel Laroche* • **Vau Ligneau** *Thierry Hamelin, Louis & Anne Moreau* • **Vosgros** *Gilbert Picq, Jean-Paul Droin*

PETIT CHABLIS AOC

Eine »abwertende« Appellation für eher minderwertige Böden und Lagen im Gebiet der Chablis AOC, mit Ausnahme der Gemeinden Ligny-le-Châtel, Viviers und Collan. Obwohl ich vier weitere zuverlässige Erzeuger entdeckt habe, sollte diese Appellation entweder zum VDQS zurückgestuft oder ganz abgeschafft werden. Gerüchten zufolge soll sie stufenweise abgebaut werden, aber Vorsicht: Damit ist nicht gemeint, dass die Rebstöcke gerodet werden, sondern dass in Zukunft einfach Chablis AOC produziert wird, wenn auch in der Qualität eines *petit Vin.*

WEISS Von der gelegentlichen angenehmen Überraschung abgesehen, sind die meisten Weine einfache, magere Weißweine mit leichtem bis mittlerem Körper. Die genannten Erzeuger liefern die meisten der angenehmen Überraschungen.

Chardonnay

2–3 Jahre

Jean-Marc Brocard • *Jean Durup* • *Vincent Gallois* • *Thierry Hamelin* • *Francine & Olivier Savary*

SAUVIGNON DE ST-BRIS VDQS

Der aus einem einzigen Dorf stammende Wein entspricht qualitativ den Sauvignon-Blanc-Weinen mit AOC-Status und ist um einiges besser als die meisten anderen AOC-Weine aus geringeren Rebsorten. Vor zehn Jahren hätte ich es noch nicht für möglich gehalten, dass Sauvignon de St-Bris jemals in den Rang einer AOC aufsteigen würde, denn meiner Ansicht nach würden die chauvinistischen Burgunder niemals zulassen, dass diese aufstrebende Rebsorte ihrem edlen Chardonnay den Rang streitig macht. Im Augenblick ist die Domaine du Corps de Garde von Ghislaine und Jean-Hugues Goisot unumstrittener Herrscher in der Appellation, doch wer weiß, wie sich das in der erweiterten Form entwickeln wird.

WEISS Aromen von Heu oder Kräutern, voller rauchiger Geschmack des Sauvignon und reintöniger, frischer, trockener Abgang. Die Cuvée Corps de Garde von Jean-Hugues Goisot ist wohl der beste und beständigste Wein dieser Appellation.

Sauvignon Blanc

2–5 Jahre

Jean-Marc Brocard • *Robert Defrance* • *Jean-Hugues Goisot*

VÉZELAY

Bisher existiert noch keine offizielle Appellation, doch nach den Gerüchten soll es bald so weit sein. Ich habe schon angenehmen Bourgogne Vézelay als Rotwein (Pinot Noir) wie auch als Weißwein (Chardonnay und Melon de Bourgogne) von Marc Meneau kennen gelernt. Die neue Appellation wird etwa 300 ha umfassen, die bisher nur zu einem Drittel bepflanzt sind. Die Reben gedeihen an steilen Hangpartien oberhalb von Vézelay, über der Frostgrenze, die in diesem Landesteil gefürchtet ist.

Marc Meneau

DIE GRANDS CRUS VON CHABLIS
Nördlich der Stadt Chablis, jenseits des Serein, steigen die hervorragendsten Weinberge der Region ruhig und majestätisch an.

CÔTE DE NUITS UND HAUTES-CÔTES DE NUITS

Die Côte de Nuits ist in erster Linie eine Rotweinregion; mit 22 der insgesamt 23 roten Grands Crus von Burgund ist sie das Pinot-Noir-Land schlechthin. In Musigny und Nuits-St-George (Clos de l'Arlot) werden außergewöhnliche Weißweine gemacht.

CÔTE D'OR (»GOLDENER HANG«) HEISST das Département, in dem sowohl die Côte de Nuits als auch die Côte de Beaune liegt. Festigkeit und Gewicht sind die beiden Begriffe, mit denen die hier erzeugten Weine zu charakterisieren sind, und je weiter nördlich die Weinberge liegen, umso mehr treffen diese Eigenschaften zu. Einige der klangvollsten Namen Burgunds reihen sich hier wie Perlen an einer Schnur – Namen, die bei den Weinhändlern die Kassen klingeln lassen. Aber Vorsicht, die berühmtesten Appellationen liefern auch einige der schlechtesten Weine Burgunds.

CLOS ARLOT
Die Domaine de l'Arlot ist seit 1987 im Besitz der dynamischen AXA-Gruppe und zählt zu den zuverlässigsten Qualitätserzeugern von Nuits-St-Georges. Sie macht einen Pinot Noir wie aus dem Lehrbuch und mit der Monopollage Clos Arlot winzige Mengen eines großartigen Weißweins.

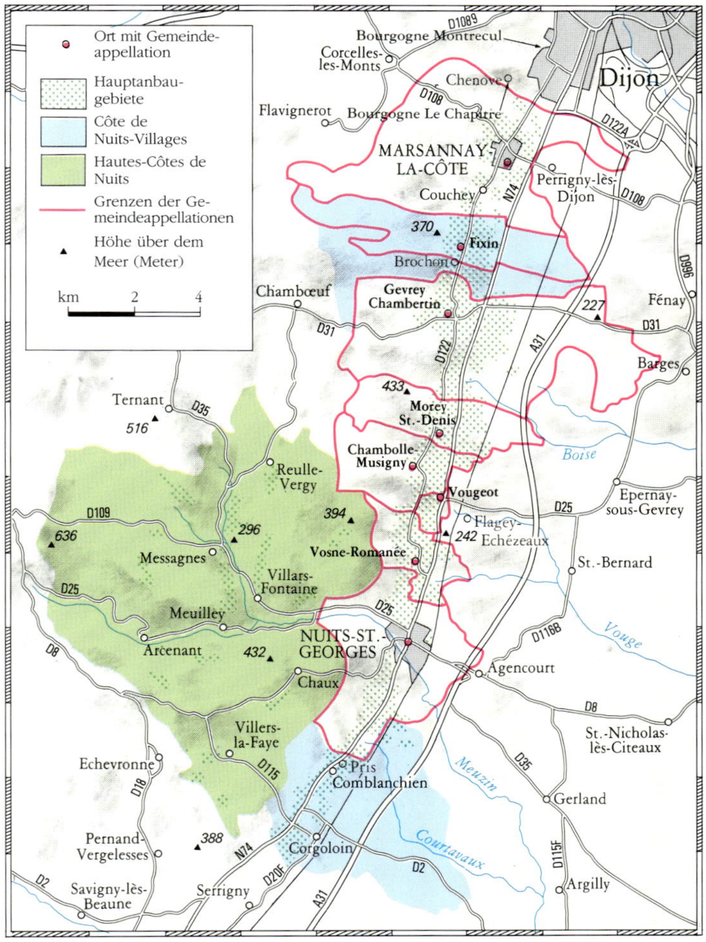

CÔTE DE NUITS UND HAUTES-CÔTES DE NUITS ***Siehe auch*** **S. 131**
Die besten Weinberge der Côte de Nuits bilden ein kompakteres Band als die der Côte de Beaune (siehe S. 144) und liefern festere Weine mit dichterer Frucht.

GESCHMACKS- UND QUALITÄTSFAKTOREN

LAGE
Die Côte de Nuits ist ein Band von Weinbergen, das sich von Dijon bis nördlich von Beaune erstreckt, im Südwesten schließen sich die Hautes-Côtes de Nuits an.

KLIMA
Halbkontinentales Klima mit geringem atlantischem Einfluss; das heißt lange, kalte Winter, Regen im Frühjahr und recht heiße, sonnige Sommer. Die größte Gefahr ist Hagel, starke Regenfälle verwässern den Wein nicht selten.

TOPOGRAFIE
Eine Reihe von wellenförmigen Osthängen, sodass manche Weinberge nach Nordosten, andere nach Südosten ausgerichtet sind. Die Reben wachsen in Höhen von 225 bis 350 m. Außer Gevrey-Chambertin und Prémeaux-Prissey liegt kaum ein Weinberg, der eine Villages- oder eine höhere Appellation führen darf, östlich der N 74.

BÖDEN
Der Unterboden besteht aus sandigem Kalkstein, der an manchen Stellen an die Oberfläche tritt, in höheren Lagen aber meist mit kreidehaltigem, mit Mergel und Ton vermischtem Geröll bedeckt ist, in den niedrigen Lagen mit nährstoffreichem Schwemmboden. In höheren Lagen findet sich manchmal roter Ton.

WEINBAU UND WEINBEREITUNG
Die Reben werden niedrig erzogen, damit sie von der Wärme profitieren, die der Boden nachts abstrahlt. Für Rotweine werden die Trauben so gut wie immer entrappt, der Most bleibt 8 bis 10 Tage auf den Beerenhäuten. Weißwein macht weniger als 3 % der Weinerzeugung aus, doch er ist meist von hoher Qualität und auf traditionelle Weise im Fass vergoren. Die besten Weine werden in Eiche ausgebaut.

HAUPTREBSORTEN
Pinot Noir, Chardonnay

WEITERE REBSORTEN
Pinot Gris (auch Pinot Beurot genannt), Pinot Liébault, Pinot Blanc, Aligoté, Melon de Bourgogne, Gamay

CONFRÉRIE DES CHEVALIERS DU TASTEVIN

Nach drei katastrophalen Ernten in den Jahren 1930 bis 1932 und vier Jahren wirtschaftlicher Depression nach dem Börsenkrach in der Wall Street 1929 gründeten Camille Rodier und Georges Faiveley die Confrérie des Chevaliers du Tastevin, die das Schicksal Burgunds wieder in eine bessere Zukunft lenken sollte. Dabei orientierten sie sich am Ordre de la Boisson, einer Bruderschaft, die unter Ludwig XIV. blühte und wieder verschwand. Man kreierte bunte mittelalterliche Gewänder, theatralische Rituale und vier Rangebenen: Chevalier, Commandeur, Commandeur-Major und Grand Officer. Der Name der Bruderschaft wurde von dem in Burgund gebräuchlichen *Tastevin* abgeleitet, einer aus Silber getriebenen Probierschale mit gekehltem Rand und runden Vertiefungen im Boden. Das Gefäß hat seinen Ursprung im 16. Jahrhundert und wird an einem rot-goldenen Band um den Hals getragen.

Die ersten Investituren fanden am 16. November 1934 in einem Keller in Nuits-St-Georges statt. Heute hat die Bruderschaft Tausende von Mitgliedern in zahlreichen Kapiteln. Im Château du Clos de Vougeot werden jedes Jahr um die zwanzig Bankette abgehalten.

DIE APPELLATIONEN DER CÔTE DE NUITS UND HAUTES-CÔTES DE NUITS

Jeder *Grand Cru* der Côte de Nuits besitzt seine eigene Appellation und wird daher im Folgenden für sich aufgeführt. Anders die *Premiers Crus,* die unter der Appellation der Gemeinde, in der der Weinberg liegt, genannt sind. *Premiers Crus,* die nahtlos an *Grand-Cru*-Weinberge anschließen, sind *kursiv* gedruckt; sie sind oft jenen überlegen, die sich nicht in unmittelbarer Nachbarschaft eines oder mehrerer *Grand Crus* befinden, und durchweg von höherer Qualität als jene, die an einen Village-Weinberg grenzen.

BONNES MARES AOC

Grand Cru

Bonnes Mares ist der größere von zwei *Grands Crus* in Chambolle-Musigny. Er umfasst 13,5 ha im Norden des Dorfes (Musigny, der andere *Grand Cru* im Ort, liegt im Süden); 1,5 ha liegen im Gebiet von Morey-St-Denis.

ROT Dieser Wein vereint einen wunderbar femininen Stil mit großer Geschmackstiefe zu einem üppig-sinnlichen Gesamteindruck, bleibt aber komplex und rund.

Pinot Noir, Pinot Gris, Pinot Liébault

12–25 Jahre

Bouchard Père & Fils • Joseph Drouhin • Domaine Dujac • Robert Groffier • Louis Jadot • J. F. Mugnier • Domaine Comte Georges de Vogüé • Domaine Georges Roumier

BOURGOGNE LA CHÂPITRE AOC • BOURGOGNE MONTRECUL *ODER* MONTRE-CUL ODER EN MONTRE-CUL AOC

Hier handelt es sich um zwei der drei *Lieux-dits* Burgunds, die 1993 ins Leben gerufen wurden. La Chapitre gehört zu Chenove zwischen Marsannay und Dijon, Montrecul liegt in Dijon. Laut Anthony Hanson (in seinem Buch *Burgundy*) erzielten die Weine aus Chenove früher höhere Preise als die aus Gevrey. Der berühmteste Weinberg in Chenove ist Clos du Roi, seit 1994 von Labouré-Roi bewirtschaftet. Clos de Chapitre ist Alleineigentum von Michel Pont in Savigny, aber die Appellation umfasst natürlich nicht nur diese eine Monopollage. Hanson weist auch darauf hin, dass Charles Quillardet, inzwischen zu Patriarche gehörig, einen Bourgogne Montrecul verkauft. Doch da eine AOC wohl kaum ausschließlich für einen einzigen Eigentümer geschaffen wurde, wird dieser Wein in absehbarer Zeit auch von anderen angeboten werden. Beide Appellationen dürfen Rotwein, Weißwein und Rosé produzieren, erlaubt sind dieselben Trauben wie für Bourgogne AOC (*siehe* S. 133).

BOURGOGNE HAUTES-CÔTES DE NUITS AOC

Diese Appellation, eine Quelle preiswerter Erzeugnisse, wurde seit den 1970er Jahren stark erweitert, die Qualität stieg ebenfalls deutlich. Sehr helle Rotweine bzw. dunkle Rosés dürfen als Bourgogne Clairet Hautes-Côtes de Nuits AOC verkauft werden, sind allerdings aus der Mode und daher selten anzutreffen.

ROT Weine mit mittlerem bis recht vollem Körper, guter Frucht und echtem Côte-de-Nuits-Charakter. Die Weine einiger Erzeuger zeigen feine Eichennuancen.

Pinot Noir, Pinot Liébault, Pinot Gris

4–10 Jahre

WEISS Trockener Weißwein macht nur 5 % der Produktion aus. Meist besitzt er eine recht gewichtige Frucht, aber wenig Finesse.

Chardonnay, Pinot Blanc

1–4 Jahre

ROSÉ Selten anzutreffen sind die trockenen, fruchtigen, köstlichen Weine mit gutem Körper.

Pinot Noir, Pinot Liébault, Pinot Gris

1–3 Jahre

Domaine Bertagna • J. C. Boisset • Domaine Yves Chaley • Guy Dufouleur • Michel Gros • Robert Jayer-Gilles • Domaine de Montmain • Domaine Naudin-Ferrand • Thévenot-le-Brun & Fils • Alain Verdet • Thierry Vigot-Battault

CHAMBERTIN AOC

Grand Cru

Einer der neun *Grands Crus* von Gevrey-Chambertin. Der Ruhm des Namens Chambertin ist so groß, dass alle Grands Crus von Gevrey-Chambertin ihn dem eigenen Namen anfügen, ein legales, aber ziemlich freches Verfahren. Clos de Bèze darf seine Weine gänzlich als Chambertin verkaufen.

ROT Chambertin ist immer körper- und extraktreich, nicht so mächtig wie Corton, dafür anmutig und feminin, mit lebendiger Farbe, fantastischem Aroma, makelloser Balance und üppiger, samtiger Textur.

Pinot Noir, Pinot Gris, Pinot Liébault

12–30 Jahre

Bouchard Père & Fils • Joseph Drouhin • Domaine Leroy • Domaine Henri Rebourseau • Domaine Armand Rousseau • Jean & Jean-Louis Trapet

CHAMBERTIN-CLOS DE BÈZE AOC

Grand Cru

Einer der neun *Grands Crus* von Gevrey-Chambertin. Wein von Clos de Bèze darf auch als Chambertin verkauft werden, also unter dem Namen eines benachbarten *Grand Cru;* Chambertin darf sich allerdings nicht Clos de Béze nennen.

ROT Genießt den Ruf, größere Finesse als Chambertin zu besitzen, dafür aber etwas weniger Körper. Sicher ist er ebenso großartig.

Pinot Noir, Pinot Gris, Pinot Liébault

12–30 Jahre

Bruno Clair • Joseph Drouhin • Drouhin-Laroze • Domaine Faiveley • Robert Groffier • Louis Jadot • Domaine Armand Rousseau

CHAMBOLLE-MUSIGNY AOC

Der Ort ist sehr günstig gelegen, ein geschlossener Block von Weinbergen schmiegt sich geschützt in eine Senke.

ROT Für eine reine Villages-Appellation besitzen viele dieser Weine mit mittlerem bis recht vollem Körper überraschend viel Finesse.

Pinot Noir, Pinot Gris, Pinot Liébault

8–15 Jahre

Ghislaine Barthold • J. F. Mugnier • Geantet Pansiot • Domaine Perrot-Minot • Daniel Rion • Domaine Georges Roumier • De Vogüé

CHAMBOLLE-MUSIGNY PREMIER CRU AOC

Premiers Crus *Les Amoureuses, Les Baudes,* Aux Beaux Bruns, *Les Borniques,* Les Carrières, Les Chabiots, Les Charmes, Les Châtelots, *La Combe d'Orveau,* Aux Combottes, Les Combottes, Les Cras, Derrière la Grange, Aux Echanges, Les Feusselottes, *Les Fuées,* Les Grands Murs, Les Groseilles, Les Gruenchers, Les Hauts Doix, *Les Lavrottes,* Les Noirots, Les Plantes, Les Sentiers

Herausragend ist Les Amoureuses, an zweiter Stelle folgt sehr respektabel Les Charmes.

ROT Die Besten haben ein verführerisches Bukett und delikate Aromen.

Pinot Noir, Pinot Gris, Pinot Liébault

10–20 Jahre

Domaine Amiot-Servelle • Domaine Ghislaine Barthod • Domaine J. Confuron-Cotetidot • R. Groffier • Domaine Joseph Drouhin • Domaine Moine Hudelot • Denis Mortet • Domaine Mugnier • Perrot-Minot • Domaine Georges Roumier • De Vogüé

CHAPELLE-CHAMBERTIN AOC

Grand Cru

Einer der neun *Grands Crus* von Gevrey-Chambertin. Er umfasst die beiden Lagen (*Climats*) En la Chapelle und Les Gémeaux.

ROT Zwar der leichteste unter den *Grands Crus,* aber von erlesenem Bukett und Geschmack.

Pinot Noir, Pinot Gris, Pinot Liébault

8–20 Jahre

Louis Jadot • Domaine Jean & Jean-Louis Trapet

CHARMES-CHAMBERTIN AOC

Grand Cru

Die größte *Grand Cru* in Gevrey-Chambertin; ein Teil des Weinbergs wird als »Mazoyères« bezeichnet; daher auch Mazoyères-Chambertin.

ROT Weiche, üppige Weine mit Aromen reifer Früchte und klarem Pinot-Charakter, allerdings fehlt manchen etwas Finesse.

Pinot Noir, Pinot Gris, Pinot Liébault

10–20 Jahre

Denis Bachelet • Confuron-Cotétidot • Domaine Joseph Drouhin • Domaine Claude Dugat • Bernard Dugat-Py • Géautet-Pansiot • Domaine Perrot-Minot • Domaine Joseph Roty • Christophe Roumier • Rousseau • Sérafin Père & Fils

CLOS DE BÈZE AOC

Alternative Appellation für Chambertin-Clos de Bèze. *Siehe* Chambertin Clos de Bèze AOC.

CLOS DES LAMBRAYS AOC

Grand Cru

Dieser Weinberg erhielt erst 1981 die Klassifizierung als einer der vier *Grands Crus* von Morey-

St-Denis, auch wenn der Vorbesitzer schon früher (illegal) »Grand Cru Classé« auf das Etikett schrieb.

ROT Der Weinberg wurde nach dem Besitzerwechsel neu bepflanzt und bringt heute feine, elegante Weine mit seidiger Frucht hervor. Sie verdienen die Empfehlung, besitzen aber nicht wirklich beste *Grand-Cru*-Qualität.

Pinot Noir, Pinot Gris, Pinot Liébault

10–20 Jahre

Domaine des Lambrays

CLOS DE LA ROCHE AOC

Grand Cru

Mit einer Fläche von fast 17 ha ist Clos de La Roche doppelt so groß wie die anderen *Grands Crus* in Morey-St-Denis.

ROT Ein farbkräftiger, körperreicher und ungemein geschmacksintensiver *Vin de Garde* mit seidiger Textur. Viele halten ihn für den Spitzen-*Grand-Cru* von Morey-St-Denis.

Pinot Noir, Pinot Gris, Pinot Liébault

10–20 Jahre

Domaine Dujac • Domaine Leroy • Domaine Hubert Lignier • Domaine Ponsot • Armand Rousseau

CLOS ST-DENIS AOC

Grand Cru

Der *Grand Cru,* dessen Namen der Ort Morey an seinen hängte, als er noch das beste Gewächs im Dorf war, eine Position, die inzwischen von Clos de la Roche und Clos de Tart angefochten wird.

ROT Starke, schöne und feste Weine mit reichen Lakritz- und Beerenaromen, die einige Zeit brauchen, um sich zu verbinden.

Pinot Noir, Pinot Gris, Pinot Liébault

10–25 Jahre

Philippe Charlopin • Domaine Dujac • Louis Jadot • Domaine Ponsot

CLOS DE TART AOC

Grand Cru

Einer der vier *Grands Crus* von Morey-St-Denis und ganz im Besitz des Handelshauses Mommessin. Neben Clos de Tart hat noch ein winziger Teil der *Grand-Cru*-Lage Bonnes Mares ein Anrecht auf diese Appellation.

ROT In dieser Monopollage entstehen Weine mit durchschlagendem Pinot-Aroma, dem Mommessin noch würzige Vanillenoten von zu 100 % neuer Eiche hinzufügt, sodass sie lange in der Flasche reifen müssen, um zu wirklicher Harmonie zu finden.

Pinot Noir, Pinot Gris, Pinot Liébault

15–30 Jahre

Mommessin

CLOS DE VOUGEOT AOC

Grand Cru

Der einzige *Grand Cru* von Vougeot, eine geschlossene, 50 ha große Rebfläche mit nicht weniger als 85 eingetragenen Besitzern. Diese gewaltige Zahl musste schon oft als Beispiel herhalten, um den Unterschied zwischen Burgund und Bordeaux zu veranschaulichen. Dort gehört ein Weinberg ganz einem einzigen Château, das den Wein Jahr für Jahr zu konstanter Qualität und Ausprägung verschneiden kann.

ROT Da die einzelnen Parzellen qualitativ von grandios bis mittelmäßig reichen und von verschiedenen Winzern mit unterschiedlichen Fähigkeiten bewirtschaftet werden, ist es praktisch unmöglich, einen »wahren« Charakter dieses *Cru* zu bestimmen. Die besten Versionen verfügen über Unmengen an seidiger Pinot-Frucht, sind elegant balanciert und tendieren eher zu Finesse als zu Körperreichtum.

Pinot Noir, Pinot Gris, Pinot Liébault

10–25 Jahre

Domaine Amiot-Servelle • Robert Amoux • Bouchard Père & Fils • J. J. Confuron • Domaine J. Confuron-Contetidot • Joseph Drouhin • Drouhin-Laroze • Domaine René Engel • Faiveley • Domaine Jean Grivot • Domaine Anne et François Gros • Michel Gros • Alfred Haegelyn • Alain Hudelot-Noëllat • Louis Jadot • Dominique Laurent • Domaine Leroy • Méo-Camuzet • Dr. Georges Mugneret • Domaine Prieuré-Roch • Daniel Rion & Fils • Jean Tardy • Domaine de Château la Tour

CLOS VOUGEOT AOC

***Siehe* Clos de Vougeot AOC**

CÔTE DE NUITS-VILLAGES AOC

Diese Appellation umfasst Weine aus einer oder mehreren der folgenden fünf Gemeinden: Fixin und Brochon im Norden sowie Comblanchien, Corgoloin und Prissy im Süden.

ROT Feste, fruchtige, charaktervolle Weine in der echten, klar strukturierten Art der Côte de Nuits.

Pinot Noir, Pinot Gris, Pinot Liébault

6–10 Jahre

WEISS Davon wird ausgesprochen wenig produziert – 1985 waren es 4 hl –, und ich bin bisher noch keinem begegnet.

Chardonnay, Pinot Blanc

Domaine de l'Arlot • Michel Esmonin • Domaine Naudin-Ferrand • Daniel Rion

ECHÉZEAUX AOC

Grand Cru

Mit 30 ha Fläche der größere der beiden *Grands Crus* in Flagey-Echézeaux. 84 Eigentümer teilen sich seine 11 *Climats.*

ROT Die besten zeichnen sich durch feines, duftiges Aroma aus, das mehr auf Eleganz als auf Kraft baut, doch zu viele Weine verdienen bestenfalls eine Villages-Appellation.

Pinot Noir, Pinot Gris, Pinot Liébault

10–20 Jahre

Domaine J. Confuron-Cotetidot • Joseph Drouhin • Domaine Dujac • Engel • Faiveley • Forey Père & Fils • Grivot • Louis Jadot • Robert Jayer-Gilles • Mongeard-Mugneret • Mugneret-Gibourg • Domaine de la Romanée-Conti • Emmanuel Rouget • Domaine Fabrice Vigot

FIXIN AOC

Fixin war einmal die Sommerresidenz der Herzöge von Burgund.

ROT Farbkräftige, oft feste, tanninreiche *Vins de Garde* von ausgezeichneter Qualität und bestem Gegenwert.

Pinot Noir, Pinot Gris, Pinot Liébault

6–12 Jahre

WEISS Körperreiche, trockene, konzentrierte Weine; nur selten anzutreffen, aber die Suche wert. Bruno Clair zeigt, was Pinot Blanc zu leisten vermag, wenn man den Ertrag begrenzt.

Chardonnay, Pinot Blanc

3–8 Jahre

Domaine Bart • Domaine Berthaut • Bruno Clair • Pierre Gelin • Philippe Joliet • Mongeard-Mugneret

FIXIN PREMIER CRU AOC

Premiers Crus Les Arvelets, Clos du Chapitre, Les Hervelets, Le Meix Bas, Clos Napoléon (Aux Cheusots), La Perrière, Queue de Hareng (im benachbarten Brochon), En Suchot, Le Village.

Die besten *Premiers Crus* sind La Perrière und Clos du Chapitre. Clos de la Perrière ist eine Monopollage im Besitz von Philippe Joliet und umfasst außer La Perrière noch En Souchot und Queue de Hareng.

ROT Herrlich tiefe Farbe, voller Körper, große Mengen Schwarze- und Rote-Johannisbeer-Frucht, gestützt durch straffe Tanninstruktur.

Pinot Noir, Pinot Gris, Pinot Liébault

10–20 Jahre

WEISS Ich habe bisher noch keinen gekostet, doch darf man annehmen, dass er mindestens an einen normalen Fixin Blanc heranreicht.

Domaine Berthaut • Pierre Gelin • Philippe Joliet • Mongeard-Mugneret

GEVREY-CHAMBERTIN AOC

Berühmt für den Grand Cru Chambertin, jedoch erzeugen die besten Winzer auch unter der Villages-Appellation hervorragende Weine. Einige Weinberge reichen in die Gemeinde Brochon.

ROT Farbstarke Weine, füllig, körperreich und elegant, mit seidiger Textur und sehr aromatischem Abgang, der eine klare Pinot-Noir-Frucht aufweist.

Pinot Noir, Pinot Gris, Pinot Liébault

7–15 Jahre

Denis Bachelet • Alain Burguet • Philippe Charlopin • Domaine Drouhin-Laroze • Bernard Dugat-Py • Domaine Dujac • Labouré-Roi • Denis Mortet • Geantet Pansiot

GEVREY-CHAMBERTIN PREMIER CRU AOC

Premiers Crus *Bel Air,* La Bossière, Les Cazetiers, Champeaux, *Champitennois (Petite Chapelle),*, Champonnet, Clos du Chapitre, *Cherbandes,* Au Closeau, Combe au Moine, *Aux Combottes, Les Corbeaux,* Craipillot, En Ergot, Etournelles (Estournelles), Fonteny, Les Goulots, Lavaut (Lavout St-Jacques), *La Perrière,* Petits Cazetiers, *Plantigone* (oder *Issarts*), Poissenot, *Clos Prieur-Haut* (*Clos Prieure*), La Romanée, Le Clos St-Jacques, Les Varoilles

ROT Diese Weine besitzen in der Regel mehr Farbe, Dichte und Finesse als die Villages-Weine, reichen aber nicht ganz an die Grands Crus heran, ausgenommen vielleicht Clos-St-Jacques.

Pinot Noir, Pinot Gris, Pinot Liébault

10–20 Jahre

Alain Burguet • Domaine Bruno Clair • Drouhin-Laroze • Domaine Claude Dugat • Bernard Dugat-Py • Domaine Dujac • Frédéric Esmonin • Michel Esmonin • Faiveley • Herezstyn • Luis Jadot • Denis Mortet • Geantet Pansiot • Domaine Josephe Roty • Domaine Armand Rousseau • Sérafin • Domaine Jean & Jean-Louis Trapet

GRANDS ECHÉZEAUX AOC

Grand Cru

Der kleinere, aber feinere der beiden *Grands Crus* in Flagey-Echézeaux. Das Areal ist nur durch die Ortsgrenze von den oberen Hangteilen des Clos de Vougeot getrennt.

ROT Feine, komplexe Weine mit seidigem Bukett, das häufig an Veilchen erinnert. Am Gaumen oft rund und körperreich, dabei ausgewogen durch die geschliffene Frucht.

Pinot Noir, Pinot Gris, Pinot Liébault

10–20 Jahre

Joseph Drouhin • Engel • Domaine François Lamarche • Domaine Méo-Camuzet • Mongeard-Mugneret • Domaine de la Romanée-Conti

LA GRANDE RUE AOC

Grand Cru

Der neueste Grand Cru in Vosne-Romanée. La Grande Rue wurde in der Reihe der Premiers Crus des Dorfes allgemein das größte Potenzial zugeschrieben. Obwohl die von Alleinbesitzer François Lamarche erzeugte Qualität milde ausgedrückt recht schwankend war, wurde der Wein 1992 höher gestuft. Das Terroir ist jedoch ohne Zweifel überragend für einen Premier Cru, und da Lamarche seit der Aufwertung Gutes leistet, ist es manchmal vielleicht besser, das Pferd von hinten aufzuzäumen.

ROT Wenn Lamarche alles gelingt, hat der farbkräftige Wein die tiefe, würzig-blumige Frucht von Schwarzkirschen.

Pinot Noir, Pinot Gris, Pinot Liébault

7–15 Jahre

Domaine Lamarche

GRIOTTES-CHAMBERTIN AOC

Grand Cru

Der kleinste der neun *Grands Crus* von Gevrey-Chambertin.

ROT Die besten Erzeuger liefern einen dunklen, delikaten Wein mit Unmengen an weicher Frucht und der samtigen Textur, wie man sie von einem Chambertin erwartet.

Pinot Noir, Pinot Gris, Pinot Liébault

10–20 Jahre

Domaine Joseph Drouhin • Domaine Claude Dugat • Frédéric Esmonin • Louis Jadot • Domaine Ponsot • Joseph Roty

LATRICÈRES-CHAMBERTIN AOC

Grand Cru

Einer der neun *Grands Crus* von Chevrey-Chambertin, oberhalb des *Climat* Mazoyères von Charmes-Chambertin gelegen. Ein kleiner Teil des benachbarten Premier Cru Aux Combottes darf diese AOC ebenfalls verwenden.

ROT Feste Struktur und eine gewisse Strenge schaffen eine Verbindung zwischen den beiden verschiedenen Ausprägungen dieses Weines (früh trinkbar und lang reifend). Machmal fehlt es an Frucht und Großzügigkeit, doch die Weine der genannten Spitzenerzeuger sind immer die besten.

Pinot Noir, Pinot Gris, Pinot Liébault

10–20 Jahre

Drouhin-Laroze • Faveley • Domaine Leroy • Domaine Ponsot • Domaine Jean & Jean-Louis Trapet

MAZIS-CHAMBERTIN AOC

Grand Cru

Einer der neun *Grands Crus* von Gevrey-Chambertin, auch als Mazy-Chambertin bezeichnet.

ROT Komplexe Weine von einer Statur, die nur von Chambertin und Clos de Bèze übertroffen wird. Sie besitzen eine schöne helle Farbe, überaus seidige Finesse und ein delikates, lang anhaltendes Aroma.

Pinot Noir, Pinot Gris, Pinot Liébault

10–20 Jahre

Auvenay • Frédéric Esmonin • Faiveley • Domaine Leroy • Domaine Bernard Maume • Joseph Roty • Armand Rousseau

MAZOYÈRE-CHAMBERTIN AOC

Alternative Bezeichnung für Charmes-Chambertin. *Siehe* Charmes-Chambertin AOC.

MOREY-ST-DENIS AOC

Das hervorragende kleine Weindorf wird gerne übersehen. Dass es zwischen den weltberühmten Orten Gevrey-Chambertin und Chambolle-Musigny liegt und Clos St-Denis inzwischen nicht mehr als Spitzen-Grand-Cru von Gevrey-Chambertin gilt, ist dem Bekanntheitsgrad des Orts kaum zuträglich.

ROT Die besten dieser Villages-Weine sind von lebendiger Farbe, ausdrucksvollem Bukett und weichem Geschmack mit viel Finesse. Ein Morey-St-Denis aus einem Gut wie Dujac kann die Qualität eines Spitzen-*Premier-Cru* haben.

Pinot Noir, Pinot Gris, Pinot Liébault

8–15 Jahre

WEISS Die Domaine Dujac produziert einen ausgezeichneten Morey-St-Denis Blanc, interessanter, wenn auch nicht so zuverlässig, ist jedoch der Monts Luisants Blanc aus der Domaine Ponsot. Monts Luisants ist zwar ein *Premier Cru*, doch gehört der obere Teil, aus dem dieser Wein stammt, zur Villages-Appellation (die Südostecke ist als Grand Cru eingestuft und wird als Clos de La Roche verkauft). Wenn der Monts Luisants Blanc gelingt, kann er ein ungemein frischer, trockener, buttrig-üppiger Wein sein, der schon mehrfach mit dem Meursault verglichen wurde.

Chardonnay

3–8 Jahre

Domaine Pierre Amiot • Philippe Charlopin • Domaine Dujac • Hubert Lignier • Michel Magnien • Domaine Perrot-Minot • Domaine Ponsot • Domaine Georges Roumier

MOREY-ST-DENIS PREMIER CRU AOC

Premiers Crus Clos Baulet, Les Blanchards, La Bussière, *Les Chaffots, Aux Charmes, Les Charrières,* Les Chenevery, Aux Cheseaux, Côte Rôtie, *Les Faconnières, Les Genavrières,* Les Gruenchers, *Les Millandes, Monts Luisants, Clos des Ormes,* La Riotte, *Les Ruchots,* Clos Sorbè, Les Sorbès, Le Village

ROT Diese Weine sollten Farbe, Bukett, Geschmack und Finesse eines exzellenten Villages-Wein haben, dazu aber mehr Terroir erkennen lassen. Die besten *Premiers Crus* sind Clos des Ormes, Clos Sorbè und Les Sorbès.

Pinot Noir, Pinot Gris, Pinot Liébault

10–20 Jahre

WEISS Der einzige weiße Morey-St-Denis, den ich kenne, stammt aus der oberen Region der Lage Monts Louisants der Domaine Ponsot (*siehe oben* Morey-St-Denis AOC). Soweit ich weiß, wird kein weiterer weißer Morey-St-Denis Premier Cru produziert.

Pierre Amiot • Domaine Dujac • Herezstyn • Hubert Lignier • Perrot-Minot • Georges Roumier

MUSIGNY AOC

Grand Cru

Musigny ist der kleinere der beiden *Grands Crus* in Chambolle-Musigny. Er erstreckt sich südlich des Dorfs über gut 10 ha in Richtung Bonnes Mares.

ROT Höchst elegante Weine mit beeindruckender Farbe und sanftem, verführerischem, würzigem Bukett. Die samtig-volle Frucht entfaltet sich ohne Ende und vermittelt eine ganze Reihe verschiedenster Geschmackserlebnisse.

Pinot Noir, Pinot Gris, Pinot Liébault

10–30 Jahre

WEISS Musigny Blanc ist ein seltener und teurer trockener Wein, der ausschließlich von der Domaine Comte Georges de Vogüé gemacht wird. Er verbindet die Stahligkeit eines Chablis mit der Üppigkeit eines Montrachet, erreicht aber nie ganz deren Qualität.

Chardonnay

8–20 Jahre

Joseph Drouhin • Louis Jadot • Domaine Leroy • Domaine Mugnier (Château de Chambolle-Musigny) • *Georges Roumier & Fils • Domaine Comte Georges de Vogüé*

NUITS AOC

***Siehe* Nuits-St-Georges AOC**

NUITS PREMIER CRU AOC

***Siehe* Nuits-St-Georges Premier Cru AOC**

NUITS-ST-GEORGES AOC

Besonders mit dem Namen dieser Stadt verbinden sich volle Aromen und kräftige Struktur, Eigenschaften, denen die Weine der Côte de Beaune mit Recht ihren Ruhm verdanken.

ROT Dunkle, volle und feste Weine, denen zuweilen aber die Eleganz und der Charakter eines Gevrey, Chambolle und Morey fehlen.

Pinot Noir, Pinot Gris, Pinot Liébault

7–15 Jahre

WEISS Diesen Wein habe ich noch nicht verkostet. *Siehe* Nuits-St-Georges Premier Cru (weiß).

Domaine de l'Arlot • R. Chevillon • J. Chauvenet • J. J. Confuron • Domaine J. Confuron-Cotetidot • Bertrand Marchard de Gramont • A. Michelot • Domaine Daniel Rion & Fils

NUITS-ST-GEORGES

Premier Cru AOC

Premier Crus Les Argillats, Les Argillières*, Clos Arlot*, Aux Boudots, Aux Bousselots, Les Cailles, Les Chaboeufs, Aux Chaignots, Chaine-Carteau (Chaines-Carteaux), Aux Champs Perdrix, Clos des Corvées*, Clos des Corvées Pagets*, Aux Cras, Les Crots, Les Damodes, Les Didiers*, Les Forêts* (Clos des Forêts St-Georges*), Les Grandes Vignes*, Château Gris, Les Hauts Pruliers, Clos de la Maréchale*, Aux Murgers, Aux Perdrix*, En la Perrière Noblet (En la Perrière Noblot), Les Perrières, Les Poirets, Les Poulettes, Les Procès, Les Pruliers, La Richemone, La Roncière, Rue de Chaux, Les St-Georges, Clos St-Marc (Aux Corvées), Les Terres Blanches, Aux Thorey, Les Vallerots, Lex Vaucrains, Aux Vignerondes

* In der Gemeinde Prémeaux-Prissey gelegen

ROT Diese Weine besitzen eine herrliche Farbe, ein würzig-volles Bukett und lebhafte Fruchtaromen, die schön mit Vanille unterlegt sein können.

Pinot Noir, Pinot Gris, Pinot Liébault

10–20 Jahre

WEISS La Perrière von Henri Gouges ist trocken, kraftvoll, beinahe fett, mit würzig-vollem Abgang. Die für diesen Wein verwendeten Reben stammen von einer Pinot-Noir-Mutation ab, an der sowohl rote als auch weiße Trauben wuchsen. Gouges nahm Mitte der 30er Jahre einen Trieb von einem Arm mit weißen Trauben, und so existieren heute knapp 0,5 ha Reben, die von Gouge gepflanzt wurden und die nie wieder blaue Trauben bildeten.

Chardonnay, Pinot Blanc

5–10 Jahre

Bertrand Ambroise • Domaine de l'Arlot • Bouchard Père et Fils • Jean Chauvenet • Robert Chevillon • J. J.Confuron • Jacky Confuron-Cotétidot • Dubois & Fils • Joseph Faiveley • Henri Gouges • Jean Grivot • Alain Hudelot-Noëllat • Louis Jadot • Robert Jayer-Gilles • LéchenautPhilippe & Vincent • Alain Michelot • Dr. Georges Mugneret • Gérard Mugneret • Gilles Remorquiet • Domaine DanielRion & Fils • Jean Tardy • Thomas-Moillard

RICHEBOURG AOC

Grand Cru

Einer der sechs *Grands Crus* im Herzen der Weinberge von Vosne-Romanée.

ROT Ein grandios körperreicher Wein mit himmlischem Bukett und einer Fülle samtig-sinnlicher Fruchtaromen.

Pinot Noir, Pinot Gris, Pinot Liébault

12–30 Jahre

Domaine Jean Grivot • Domaine Anne Gros • Alain Hudelot-Noëllat • Domaine Leroy • Domaine Méo-Camuzet • Domaine de la Romanée-Conti

LA ROMANÉE AOC

Grand Cru

Der Weinberg ist im Besitz der Domaine du Château de Vosne-Romanée, die wiederum der Familie Liger-Belair gehört. Der Wein wird jedoch von Bouchard Père & Fils ausgebaut, abgefüllt und vermarktet. Mit weniger als 1 ha Fläche ist er der kleinste *Grand Cru* in Vosne-Romanée.

ROT Ein voller, feiner und komplexer Wein, der vielleicht nicht die Sinnlichkeit eines Richebourg besitzt, aber ganz sicher die Klasse für hervorragende Reifung besitzt.

Pinot Noir, Pinot Gris, Pinot Liébault

12–30 Jahre

Domaine du Château de Vosne-Romanée

ROMANÉE-CONTI AOC

Grand Cru

Diese *Grand-Cru*-Lage in Vosne-Romanée umfasst keine 2 ha und gehört zur Gänze der berühmten Domaine de la Romanée-Conti.

ROT Beim teuersten Burgunder muss man die Messlatte immer etwas höher legen als beim Rest. Ich muss aber gestehen, dass ich immer wieder verblüfft bin über die unglaubliche Abfolge von Aromen, die sich schier endlos in diesem außergewöhnlich konzentrierten und äußerst komplexen Wein entfalten.

Pinot Noir, Pinot Gris, Pinot Liébault

15–35 Jahre

Domaine de la Romanée-Conti

ROMANÉE-ST-VIVANT AOC

Grand Cru

Der größte unter den sechs *Grands Crus* liegt an den unteren Hangteilen unmittelbar beim Dorf.

ROT Der leichteste der fabelhaften *Grands Crus* von Vosne-Romanée, doch was ihm an Kraft und Gewicht fehlt, macht er durch Finesse gut.

Pinot Noir, Pinot Gris, Pinot Liébault

10–25 Jahre

Robert Arnoux • Sylvain Cathiard • Domaine J. J. Confuron • Joseph Drouhin • Alain Hudelot-Noëllat • Leroy • Moillard • Domaine de la Romanée-Conti • Thomas-Moillard

RUCHOTTES-CHAMBERTIN AOC

Grand Cru

Der zweitkleinste unter den neun *Grands Crus* in Gevrey-Chambertin liegt oberhalb von Mazis-Chambertin und ist der letzte *Grand Cru*, bevor der Hangs nach Westen biegt (und nach Norden geneigt ist).

ROT Normalerweise einer der leichteren Chambertin-Doppelgänger, doch Spitzenerzeuger wie Roumier und Rousseau scheinen ihren herrlich großzügigen Weinen noch einen Sack voll Extras mitzugeben.

Pinot Noir, Pinot Gris, Pinot Liébault

8–20 Jahre

Frédéric Esmonin • Mugneret-Gibourg • Christophe Roumier • Domaine Armand Rousseau

LA TÂCHE AOC

Grand Cru

Diese exzellente Lage gehört zu den sechs *Grands Crus* in Vosne-Romanée und ist, ebenso wie der Grand Cru Romanée-Conti, im Besitz der weltberühmten Domaine de la Romanée-Conti.

ROT Dieser Wein ist zwar extrem körperreich und sehr vielschichtig, besitzt aber nicht ganz die Fülle eines Richebourg und die Komplexität eines Romanée-Conti. Dafür ist ihm die seidige Textur zu Eigen, wie man sie von den allerbesten Burgundern erwarten kann, und kein anderer Wein besitzt mehr Finesse.

Pinot Noir, Pinot Gris, Pinot Liébault

12–30 Jahre

Domaine de la Romanée-Conti

VOSNE-ROMANÉE AOC

Die südlichste der berühmten Gemeinden der Côte de Nuits mit dem großartigen Weinberg Romanée-Conti. Einige Rebflächen liegen im benachbarten Flagey-Echézeaux.

ROT Schlanke, elegante, mittelgewichtige Weine mit reinstem Pinot-Noir-Charakter und der seidigen Textur, die für die Weine dieses Ortes so typisch ist.

Pinot Noir, Pinot Gris, Pinot Liébault

10–15 Jahre

Robert Arnoux • Sylvain Cathiard • Bruno Clavelier • Jacky Confuron-Contédidot • Engel • Forey Père & Fils • Domaine Jean Grivot • Anne Gros • Michel Gros • Méo-Camuzet • Dr. Georges Mugneret • Domaine Mugneret-Gibourg • Emmanuel Rouget • Domaine Fabrice Vigot

VOSNE-ROMANÉE PREMIER CRU AOC

Premiers Crus *Les Beaux Monts*, Les Beaux Monts Bas*, Les Beaux Monts Hauts*, *Les Brûlées*, Les Chaumes, La Combe Brûlée, *La Croix Rameau*, *Cros-Parantoux*, *Les Gaudichots*, Les Hauts Beaux Monts, *Aux Malconsorts*, En Orveaux*, *Les Petits Monts*, Clos des Réas, *Aux Reignots*, *Les Rouges du Dessus**, *Les Suchots*

* In der Gemeinde Flagey-Echézeaux gelegen

ROT Farbkräftige Weine von schöner Aromatik, die oft an Veilchen und Brombeeren erinnert. Ihre seidige Textur und Eleganz am Gaumen sind reiner Ausdruck von Pinot Noir. Die besten *Premiers Crus* sind Les Brûlées, Cros-Parantoux, Les Petits Monts, Les Suchots und Les Beaumonts (ein Sammelbegriff für die diversen Beaux-Monts-Lagen).

Pinot Noir, Pinot Gris, Pinot Liébault

10–20 Jahre

Domaine de l'Arlot • Robert Arnoux • Sylvain Cathiard • Engel • Domaine Jean Grivot • Alain Hudelot-Noëllat • Henri Jayer • Domaine Lamarche • Leroy • Domaine Leroy • Domaine Méo-Cazumet • Gérard-Mugneret • Daniel Rio & Fils • Domaine Emmanuel Rouget

VOUGEOT AOC

Die bescheidenen Village-Weine von Vougeot sind relativ selten. Die Appellation ist nur 5 ha groß, weniger als ein Zehntel des Grand Cru Clos de Vougeot.

ROT Sehr harmonische Weine von schönem Aroma, die aufgrund ihrer Seltenheit überteuert sind. Ein *Premier Cru* oder ein gut gewählter Clos de Vougeot ist der bessere Kauf.

Pinot Noir, Pinot Gris, Pinot Liébault

8–20 Jahre

WEISS Weißwein gab es hier für mich nur theoretisch, bis ich auf einen Vougeot Blanc der Domaine Bertagna stieß.

Domaine Bertagna • Mongeard-Mugneret

VOUGEOT PREMIER CRU AOC

Premiers Crus *Les Crâs, Clos de la Perrière, Les Petits Vougeots, La Vigne Blanche*

Die *Premiers Crus* liegen zwischen Clos de Vougeot und Musigny, und sie sollten – nach dem Terroir zu urteilen – sehr viel bessere Weine liefern.

ROT Die empfohlenen Weine sind von schöner Farbe und mittlerem Körper, ihr attraktiver Geschmack besticht durch gute Balance und auch eine gewisse Finesse.

Pinot Noir, Pinot Gris, Pinot Liébault

10–20 Jahre

WEISS Ein sauberer, frischer, dennoch fülliger Wein von wechselhafter Qualität ist der Clos Blanc de Vougeot, den L'Héritier Guyot in der Premier-Cru-Lage La Vigne Blanche erzeugt.

Chardonnay, Pinot Blanc

4–10 Jahre

Domaine Bertagna • Domaine Lamarche

CÔTE DE BEAUNE UND HAUTES-CÔTES DE BEAUNE

Pinot Noir aus der Côte de Beaune ist berühmt für Geschmeidigkeit und Finesse – Merkmale, die nach Süden hin immer deutlicher hervortreten. Dennoch ist dies eigentlich ein klassisches Chardonnay-Gebiet, sind doch sieben der acht weißen Grands Crus Burgunds hier zu finden, wo die körperreichsten, langlebigsten, komplexesten und elegantesten Weißweine der Welt entstehen.

WEINBERGE DER CÔTE DE BEAUNE
Die Hänge der Côte de Beaune sind in der Regel sanfter geneigt als die der Côte de Nuits. In beiden Regionen werden Pinot Noir und Chardonnay kultiviert, doch hier ist eindeutig Chardonnay der König.

KOMMT MAN VON NUITS-ST-GEORGES in die Côte de Beaune, fällt hinsichtlich des Weinbaues als Erstes auf, dass hier alles großräumiger wirkt und die Böden diesseits und jenseits der N 74 sich noch deutlicher unterscheiden: in den minderwertigen Gebieten östlich der Straße tiefgründige, dunkle und nährstoffreiche Böden, an den klassischen Hängen westlich davon karge, mit Kies durchsetzte Schwemmböden.

Oft heißt es, die Hänge der Côte de Beaune seien flacher als die der Côte de Nuits, doch gibt es viele Areale, die nicht minder

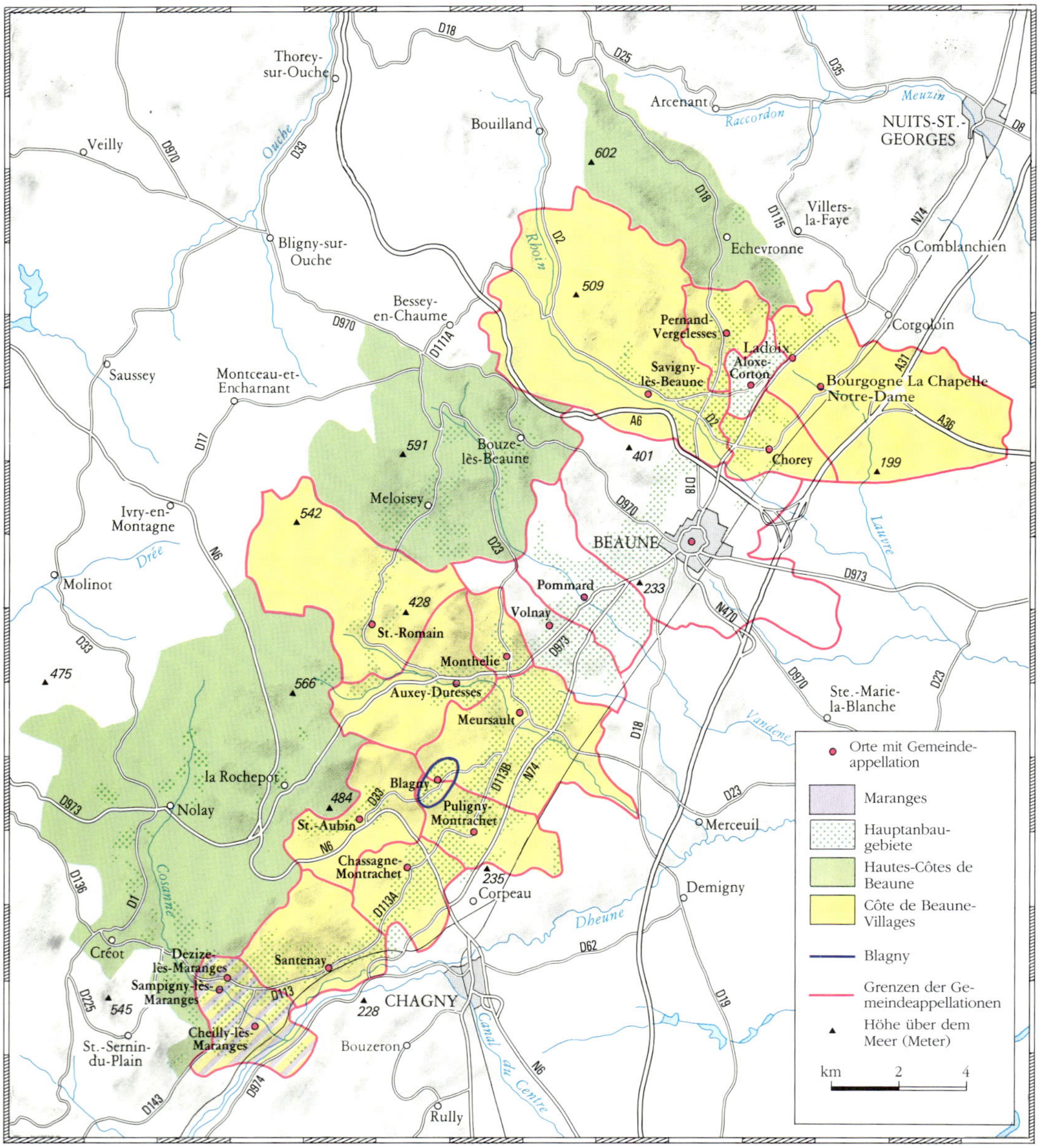

LADOIX-SERRIGNY
Ladoix-Serrigny liegt nordöstlich von Aloxe-Corton und wird zum Teil von dessen Appellationen abgedeckt; dazu gehören auch die Grands Crus Corton und Corton-Charlemagne.

CÔTE DE BEAUNE UND HAUTES-CÔTES DE BEAUNE
Siehe auch S. 131
Die Hügelkette der Côte d'Or verläuft parallel zur Trasse der Autoroute du Soleil. Die meisten Villages- und Hautes-Côtes-Appellationen liegen dicht beieinander zwischen Nuits-St-Georges im Norden und Chagny im Süden.

steil sind. Allerdings liegen die besten Weinberge der Côte de Beaune in der mäßig geneigten Hangmitte. Die steileren höheren Lagen erbringen gute, aber in der Regel keine hochrangigen Weine, mit Ausnahme derer von Aloxe-Corton, die aber ohnehin eher der Côte de Nuits als der Côte de Beaune zuzuordnen sind.

GESCHMACKS- UND QUALITÄTSFAKTOREN

LAGE
Die Côte de Beaune schließt an das Südende der Côte de Nuits an und erstreckt sich fast 30 km weit über Beaune bis nach Cheilly-lès-Maranges. Die Weinberge erfahren keine Unterbrechung, während die der Hautes-Côtes de Beaune im westlichen Hinterland durch die Côte-de-Beaune-Lagen von St-Romain zweigeteilt sind.

KLIMA
Das Klima ist hier etwas feuchter und gemäßigter als in der Côte de Nuits, die Trauben reifen in der Regel etwas früher. Auch hier ist Hagel eine Gefahr, mehr Sorgen bereiten jedoch Stürme und starke Regenfälle.

TOPOGRAFIE
Die Côte de Beaune besteht aus einer Serie nach Osten ausgerichteter, bis 2 km breiter Hänge, die wellenförmig verlaufen, sodass manche Weinberge nach Nordosten, andere nach Südosten gerichtet sind. Die Reben gedeihen in Höhen von 225 bis 380 m an etwas weniger steilen Hängen als in der Côte de Nuits. Südlich von Beaune erstreckt sich kein Weinberg mit Village- oder höherer Appellation in die flachen und fruchtbaren Böden jenseits der N 74.

BÖDEN
Kalkstein mit Einlagerungen von oolithischem Eisenstein mit feuersteinhaltigem Lehm und kalkigem Oberboden. Mergel-Oberboden findet sich um Chassagne und Puligny.

WEINBAU UND WEINBEREITUNG
Die Reben werden niedrig erzogen, damit sie von der Wärme profitieren, die der Boden nachts abstrahlt. Abweichend von dem in anderen Gebieten der Côte de Beaune üblichen System ist die Erziehungsform im Süden der Region ähnlich dem von Teilen der Champagne. Für Rotwein werden die Trauben so gut wie immer entrappt, der Most bleibt acht bis zehn Tage auf der Maische. Klassische Weine werden in Fässern vergoren, die besten Erzeugnisse, rot wie weiß, werden in Eiche ausgebaut. Da der Geschmack des Pinot Noir nur allzu leicht von der Eiche überlagert werden kann, verwendet man beim Ausbau meist weniger neue Eiche als bei Chardonnay.

HAUPTREBSORTEN
Pinot Noir, Chardonnay
WEITERE REBSORTEN
Pinot Gris (Pinot Beurot), Pinot Liébault, Pinot Blanc, Aligoté, Melon de Bourgogne, Gamay

DAS ETIKETT DER HOSPICES DE BEAUNE

Dieses charakteristische Etikett macht deutlich, dass der Wein aus Lagen der Hospices de Beaune stammt, einer karitativen Einrichtung, die sich seit 1443 um das Wohl der Kranken und Armen in Beaune bemüht. Nach einem halben Jahrtausend von Schenkungen und Erbschaften ist der Besitz inzwischen auf 62 ha Premier- und Grand-Cru-Lagen angewachsen. Seit 1859 werden diese Weine versteigert, und aufgrund der Publicity, die dieses alljährlich stattfindende Ereignis genießt, liegen die Zuschlagpreise in der Regel deutlich höher als ihr aktueller Wert. Nachdem die schwankende Qualität der Weine öfter kritisiert wurde, erbaute man hinter dem Hôtel-Dieu mit seinem berühmten Dach, einem großartigen Zeugnis flämischer Handwerkskunst, ein neues Fasslager. Nun werden sämtliche Weine in neuen Eichenfässern ausgebaut. Was bleibt, sind die Abweichungen, die aus der unterschiedlichen *Élévage* der einzelnen Fässer derselben Cuvée resultieren, denn nach der Auktion geht die Verantwortung auf den Käufer über. Am unproblematischsten ist noch die Frage, wie lange ein Handelshaus seinen Wein im Fass reifen lässt, während Unterschiede bei Lagertemperatur oder Luftfeuchtigkeit Alkohol- und Extraktgehalt eines Weines radikal verändern können. Auch ist zu bedenken, dass nicht alle Produzenten in der Kellerarbeit die gleiche Sorgfalt walten lassen.

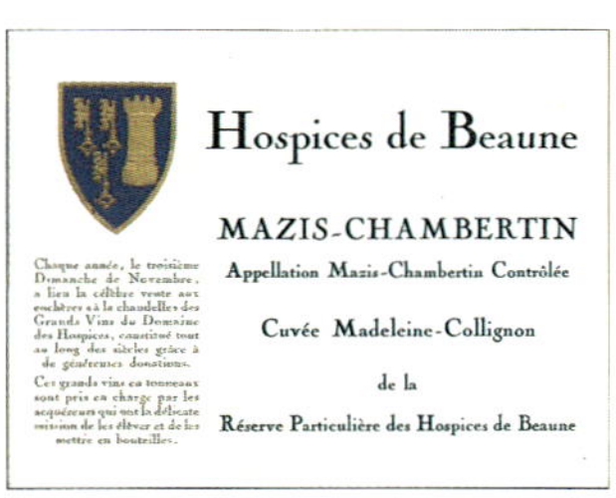

DIE CUVÉES DER HOSPICES DE BEAUNE

ROTWEINE

CUVÉE CLOS DES AVAUX
Beaune AOC
Nur Les Avaux

CUVÉE BILLARDET
Pommard AOC
Verschnitt aus Petits-Épenots, Les Noizons, Les Arvelets, Les Rugiens

CUVÉE BLONDEAU
Volnay AOC
Verschnitt aus Champans, Taille Pieds Roceret, En l'Ormeau

CUVÉE BOILLOT
Auxey-Duresses AOC
Nur Les Duresses

CUVÉE BRUNET
Beaune AOC
Verschnitt aus Les Teurons, Les Bressandes, Les Cents Vignes

CUVÉE SUZANNE CHAUDRON
Pommard AOC
Nur Pommard

CUVÉE MADELEINE COLLIGNON
Mazis-Chambertin AOC
Nur Mazis-Chambertin

CUVÉE RAYMOND CYROT
Pommard AOC
Verschnitt aus Pommard und Pommard Premier Cru

CUVÉE CYROT-CHAUDRON
Beaune AOC
Nur Beaune Les Montrevots

CUVÉE CYROT-CHAUDRON ET GEORGES KRITTER
Pommard AOC
Nur Clos de la Roche

CUVÉE DAMES DE LA CHARITÉ
Pommard AOC
Verschnitt aus Les Épenots, Les Rugiens, Les Noizons, La Refène, Les Combes Dessus

CUVÉE DAMES HOSPITALIÈRES
Beaune AOC
Verschnitt aus Les Bressandes, La Mignotte, Les Teurons

CUVÉE MAURICE DROUHIN
Beaune AOC
Verschnitt aus Les Avaux, Les Grèves, Les Boucherottes, Champs Pimont

CUVÉE CHARLOTTE DUMMAY
Corton AOC
Verschnitt aus Renardes, Les Bressandes, Clos du Roi

CUVÉE FORNERET
Savigny-lès-Beaune AOC
Verschnitt aus Les Vergelesses, Aux Gravains

CUVÉE FOUQUERAND
AOC Savigny-lès-Beaune
Verschnitt aus Basses Vergelesses, Les Talmettes, Aus Gravains, Aux Serpentières

CUVÉE GAUVAIN
Volnay AOC
Verschnitt aus Les Santenots, Les Pitures

CUVÉE ARTHUR GIRARD
Savigny-lès-Beaune AOC
Verschnitt aus Les Peuillets, Les Marconnets

CUVÉE GUIGONE DE SALINS
Beaune AOC
Verschnitt aus Les Bressandes, Les Seurey, Champs Pimont

CUVÉE HUGUES ET LOUIS BÉTAULT
Beaune AOC
Verschnitt aus Les Grèves, La Mignotte, Les Aigrots, Clos de Mouches

CUVÉE LEBELIN
Monthélie AOC
Nur Les Duresses

CUVÉE JEHAN DE MASSOL
Volnay-Santenots AOC
Verschnitt aus Les Santenots, Les Pitures

CUVÉE GÉNÉRAL MUTEAU
Volnay AOC
Verschnitt aus Volnay-le-Village, Carelle-sous-la-Chapelle, Cailleret Dessus Fremiet, Taille Pieds

CUVÉE DOCTEUR PESTE
Corton AOC
Verschnitt aus Les Bressandes, Chaumes Voirosses, Clos du Roi, Fiètre, Les Grèves

CUVÉE RAMEAU-LAMAROSSE
Pernand-Vergelesses AOC
Nur Les Basses Vergelesses

CUVÉE NICOLAS ROLIN
Beaune AOC
Verschnitt aus Les Cents Vignes, Les Grèves, En Genêt, Les Teurons, Les Bressandes

CUVÉE ROUSSEAU-DESLANDES
Beaune AOC
Verschnitt aus Les Cents Vignes, Les Montrevenots, La Mignotte

WEISSWEINE

CUVÉE DE BAHÈZRE DE LANLAY
Meursault-Charmes AOC
Verschnitt aus Les Charmes Dessus, Les Charmes Dessous

CUVÉE BAUDOT
Meursault-Genevrières AOC
Verschnitt aus Genevrières Dessus, Les Genevrières Dessous

CUVÉE PHILIPPE LE BON
Meursault-Genevrières AOC
Verschnitt aus Genevrières Dessus, Les Genevrières Dessous

CUVÉE PAUL CHANSON
Corton-Vergennes AOC
Nur Corton-Vergennes

CUVÉE DAMES DE FLANDRES
Bâtard-Montrachet AOC
Nur Bâtard-Montrachet

CUVÉE GOUREAU
Meursault AOC
Verschnitt aus Le Poruzot, Les Pitures, Les Cras

CUVÉE ALBERT-GRIVAULT
Meursault-Charmes AOC
Nur Les Charmes Dessus

CUVÉE JEHAN HUMBLOT
Meursault AOC
Verschnitt aus Le Poruzot, Grands Charrons

CUVÉE LOPPIN
Meursault AOC
Verschnitt aus Les Criots, Les Cras

CUVÉE FRANÇOIS POISARD
Pouilly-Fuissé AOC
Nur Pouilly-Fuissé

CUVÉE FRANÇOISE-DE-SALINS
Corton-Charlemagne AOC
Nur Corton-Charlemagne

DIE APPELLATIONEN DER

CÔTE DE BEAUNE UND HAUTES-CÔTES DE BEAUNE

Jeder *Grand Cru* der Côte de Beaune besitzt seine eigene Appellation und wird daher im Folgenden für sich aufgeführt. Anders die *Premiers Crus,* die unter der Appellation der Gemeinde, in der der Weinberg liegt, genannt sind. *Premiers Crus,* die unmittelbar an *Grand-Cru*-Weinberge anschließen, sind *kursiv* gedruckt; sie sind oft denen überlegen, die sich nicht in unmittelbarer Nachbarschaft eines oder mehrerer *Grand Crus* befinden, und durchweg von höherer Qualität als jene, die an einen Village-Weinberg grenzen.

ALOXE-CORTON AOC

Da die Rotweine 99 % der Produktion ausmachen, ist das Dorf eher der Côte de Nuits als der Côte de Beaune zuzuordnen.

ROT Dunkle, fest strukturierte Weine mit kompakter Frucht, die an die Rotweine der nördlichen Côte de Nuits erinnern und ein ausgezeichnetes Preis-Leistungs-Verhältnis bieten.

Pinot Noir, Pinot Gris, Pinot Liébault

10–20 Jahre

WEISS Aloxe-Corton Blanc wird nur in winzigen Mengen produziert. Daniel Senard macht einen schönen, buttrigen, körperreichen, sehr konzentrierten Pinot Gris (der zwar ein Weißwein ist, nach den Bestimmungen aber als Rotwein gilt!).

Chardonnay

4–8 Jahre

✓ *Edmond Cornu & Fils • Domaine P. Dubreuil-Fontaine • Follin-Arbelet • Domaine Maurice Martray • Domaine Comte Daniel Senard • Domaine Tollot-Beaut*

ALOXE-CORTON PREMIER CRU AOC

Premiers Crus *Les Chaillots, La Coutière*, Les Fournières, Les Guérets, La Maréchaude*, Clos des Maréchaudes* (beide Gemeinden), *Les Maréchaudes, Les Meix* (Clos du Chapitre), *Les Moutottes*, Les Paulands, Les Petites Lolières*, La Toppe au Vert*, Les Valozières, Les Vercots*

**Premier-Cru*-Weinberge von Aloxe-Corton in Ladoix-Serrigny

ROT Diese Weine können ein intensives Bukett und feste, würzige Fruchtaromen aufweisen. Die besten *Premiers Crus* sind Les Fournières, Les Valozières, Les Paulands und Les Maréchaudes.

Pinot Noir, Pinot Gris, Pinot Liébault

10–20 Jahre

WEISS Weißweine habe ich bisher noch nicht angetroffen.

✓ *Capitain-Gagnerot • Domaine Antonin Guyon • André Masson • Prince Florent de Mérode • Domaine Comte Daniel Senard*

AUXEY-DURESSES AOC

Ein schönes Dorf in einem idyllischen Tal hinter Monthélie und Meursault.

ROT Attraktive Weine, nicht sehr farbkräftig, aber weich und fruchtig und mit etwas Finesse.

Pinot Noir, Pinot Gris, Pinot Liébault

6–12 Jahre

WEISS Mit vollem, würzig-nussigem Aroma, einem bescheidenen Meursault nicht unähnlich.

Chardonnay, Pinot Blanc

3–7 Jahre

✓ *Robert Ampeau • Jean-Pierre Diconne • Alain Gras • Louis Jadot • Henri Latour • Domaine Leroy •* Verschiedene *Prunier* (alle) *• Dominique & Vincent Roy*

AUXEY-DURESSES-CÔTES DE BEAUNE AOC

Alternative Appellation ausschließlich für Rotweine. *Siehe* Auxey-Duresses AOC.

AUXEY-DURESSES PREMIER CRU AOC

Premiers Crus Bas des Duresses, Les Bréterins, La Chapelle, Climat du Val, Les Duresses, Les Écusseaux, Les Grands-Champs, Reugne

ROT Weiche Weine von schöner Farbe und guter Finesse. Die besten haben den feinen Rote-Johannisbeer-Charakter von Pinot und sahnige Noten von der Reifung in Eiche.

Pinot Noir, Pinot Gris, Pinot Liébault

7–15 Jahre

WEISS Weiche, elegante Weine in Meursault-Manier mit ausgezeichneter Preis-Gegenwert-Relation.

Chardonnay, Pinot Blanc

4–10 Jahre

✓ *Jean-Pierre Diconne • Michel Prunier • Domaine Vincent Prunier • René Thévenin*

BÂTARD-MONTRACHET AOC

Grand Cru

Dieser *Grand Cru* liegt unterhalb des Grand Cru

Le Montrachet und teilt sich auf die Gemeinden Montrachet und Puligny-Montrachet auf.

WEISS Körperreicher, sehr üppiger Wein mit Massen von nussigen Honig-und-Toast-Aromen. Einer der besten trockenen Weißweine der Welt.

Pinot Chardonnay (sic)

8–20 Jahre

✓ *Jean-Marc Boillot • Michel Morey-Coffinet • Jean-Noël Gagnard • Louis Latour • Domaine Leflaive • Pierre Morey • Michel Niellon • Domaine Paul Pernot • Domaine Ramonet • Antonin Rodet • Domaine Étienne Sauzet*

BEAUNE AOC

Die Stadt Beaune gibt ihren Namen Villages-Weinen und *Premiers Crus,* aber keinem *Grand Cru.*

ROT Die zart duftenden Weine sind sanft fruchtig, zuverlässig und preiswürdig.

Pinot Noir, Pinot Gris, Pinot Liébault

6–14 Jahre

WEISS Ein unkomplizierter trockener Chardonnay mit einem typischen weichen Abgang.

Chardonnay, Pinot Blanc

3–7 Jahre

✓ *Bouchard Père & Fils • Bertrand Darviot • François Germain* (Château de Chorey) *• Machard de Gramont • Louis Jadot • Tollot-Beaut*

BEAUNE PREMIER CRU AOC

Premiers Crus Les Aigrots, Aux Coucherias (Clos de la Féguine), Aux Cras, Clos des Avaux, Les Avaux, Le Bas des Teurons, Les Beaux Fougets, Belissand, Les Blanches Fleurs, Les Boucherottes, Les Bressandes, Les Cents Vignes, Champs Pimont, Les Chouacheux, L'Écu (Clos de l'Écu), Les Epenottes (Les Epenotes), Les Fèves, En Genêt, Les Grèves, Clos Landry (Clos Ste-Landry), Les Longes, Le Clos des Mouches, Le Clos de la Mousse, Les Marconnets, La Mignotte, Montée Rouge, Les Montrevenots, En l'Orme, Les Perrières, Pertuisots, Les Reversées, Clos du Roi, Les Seurey, Les Sizies, Clos Ste-Anne (Sur les Grèves), Les Teurons, Les Toussaints, Les Tu-

vilains, La Vigne de l'Enfant Jésus, Les Vignes Franches (Clos des Ursules).

ROT Mittelgewichtige Weine, die über eine wunderbar weiche Pinot-Frucht und viel Finesse verfügen.

Pinot Noir, Pinot Gris, Pinot Liébault

10–20 Jahre

WEISS Weine von schöner Eleganz, die mitunter das toastige Aroma körperreicherer Gewächse zeigen.

Chardonnay, Pinot Blanc

5–12 Jahre

✓ *Arnoux Père & Fils • Bouchard Père & Fils • Domaine Joseph Drouhin • François Germain* (Château de Chorey) *• Camille Giroud • Louis Jadot • Domaine Michel Lafarge • Bernard Morey • Albert Morot • Domaine Jacques Prieur • Domaine Tollot-Beaut*

BIENVENUES-BÂTARD-MONTRACHET AOC

Grand Cru

Einer der vier *Grands Crus* in Puligny-Montrachet.

WEISS Diese trockenen Weine sind nicht die üppigsten der Gemeinde, verfügen jedoch über große Finesse, makellose Balance und eine Portion des nussigen Honig-und-Toast-Aromas, das man von den Montrachets erwartet.

Chardonnay

8–20 Jahre

Domaine Louis Carillon & Fils • Domaine Leflaive • Domaine Paul Pernot • Domaine Ramonet • Étienne Sauzet

BLAGNY AOC

Appellation ausschließlich für Rotweine aus Blagny, einem kleinen Flecken, den sich die Gemeinden Meursault und Puligny-Montrachet teilen.

ROT Die körperreichen, vollmundigen, an Meursault erinnernden Rotweine sind unterbewertet.

Pinot Noir, Pinot Gris, Pinot Liébault

8–15 Jahre

Robert Ampeau • Domaine Matrot

BLAGNY-CÔTE DE BEAUNE AOC

Alternative Appellation für Blagny.
Siehe Blagny AOC.

BLAGNY PREMIER CRU AOC

Premiers Crus La Garenne (Sur la Garenne), HaLmeau de Blagny, Sous le Puits (in Puligny-

Montrachet), La Jeunelotte, La Pièce sous le Bois, Sous Blagny, Sous le Dos d'Ane (in Meursault).

ROT Körperreiche Weine mit mehr Biss als die der einfachen Blagny AOC.

Pinot Noir, Pinot Gris, Pinot Liébault

10–20 Jahre

Robert Ampeau • François Jobart • Domaine Leflaive • Domaine Matrot

BOURGOGNE LA CHAPELLE NOTRE-DAME AOC

Einer der drei 1993 ins Leben gerufenen *Lieux-dits* Burgunds. La Chapelle Notre-Dame liegt in Serrigny, das östlich an Ladoix anschließt. Nach denselben Regeln wie für die Bourgogne AOC (*siehe* S. 133) dürfen Rot-, Weiß- und Roséweine erzeugt werden. Domaine P. Dubreuil-Fontaine macht schon seit vielen Jahren einen Wein aus dem gleichnamigen *Lieu-dit*, der immer passabel, aber nichts Besonderes war, jedoch in der Flasche gewann. Leichten und frischen Roten erzeugen André und Jean-René Nudant.

BOURGOGNE HAUTES-CÔTES DE BEAUNE AOC

Diese Appellation ist umfassender und variantenreicher als die Hautes-Côtes de Nuits. Sehr

helle Rotweine bzw. dunkle Rosés dürfen als Bourgogne Clairet Hautes-Côtes de Beaune AOC verkauft werden, sind allerdings aus der Mode.

ROT Rubinrote Weine mit mittlerem Körper, dem Duft des Pinot und sahnig-fruchtigem Abgang.

Pinot Noir, Pinot Gris, Pinot Liébault

4–10 Jahre

WEISS Nicht häufig anzutreffen. Der sortenreine Pinot Beurot (Pinot Gris) von Guillemard-Dupont ist körperreich und ausdrucksstark. Die Rebsorte liefert gemäß den Vorschriften einen sehr blassen Weißwein, Rotwein oder Rosé!

Chardonnay, Pinot Blanc

1–4 Jahre

ROSÉ Angenehm trockene, fruchtige Weine, die recht rund sind und sanft im Abgang.

Pinot Noir, Pinot Gris, Pinot Liébault

1–3 Jahre

Domaine Jean Joliot & Fils • Didier Montchovet • Domaine Claude Nouveau • Domaine Naudin-Ferrand

CHARLEMAGNE AOC

Grand Cru

Der ausschließlich weiße *Grand Cru* von Aloxe-Corton liegt zum Teil in Pernand-Vergelesses und ist fast identisch mit dem Grand Cru Corton-Charlemagne.

CHASSAGNE-MONTRACHET AOC

Diese Villages-Weine genießen nicht das Ansehen jener von Puligny-Montrachet.

ROT Feste trockene Weine, die mehr Farbe ha-

ben und weniger weich sind als die meisten Rotweine der Côte de Beaune.

Pinot Noir, Pinot Gris, Pinot Liébault

10–20 Jahre

WEISS Ein erschwinglicher Einstieg in die Welt der großen Weine von Montrachet.

Chardonnay, Pinot Blanc

5–10 Jahre

Fontaine-Gagnard • Jean-Noël Gagnard • Marquis de Laguiche • Bernard Morey • Jean-Marc Morey • Domaine Ramonet

CHASSAGNE-MONTRACHET-CÔTE DE BEAUNE AOC

Alternative Appellation ausschließlich für Rotweine. *Siehe* Chassagne-Montrachet AOC.

CHASSAGNE-MONTRACHET PREMIER CRU AOC

Premiers Crus Abbaye de Morgeot, Les Baudines, *Blanchot Dessus*, Les Boirettes, Bois de Chassagne, Les Bondues, La Boudriotte, Les Brussonnes, En Cailleret, La Cardeuse, Champ Jendreau, Les Champs Gains, La Chapelle, Clos Chareau, Les Chaumées, Les Chaumes, Les Chenevottes, Les Combards, Les Commes, Ez Crets, Ez Crottes, *Dent de Chien*, Les Embrazées, Les Fairendes, Francemont, La Grande Borne, La Grande Montagne, Les Grandes Ruchottes, Les Grands Clos, Guerchère, Les Macherelles, *La Maltroie*, Les Morgeots, Les Murées, Les Pasquelles, Petangeret, Les Petites Fairendes, Les Petits Clos, Clos Pitois, Les Places, Les Rebichets, En Remilly, La Romanée, La Roquemaure, Clos St-Jean, Tête du Clos, Tonton Marcel, Les Vergers, *Vide Bourse*, Vigne Blanche, Vigne Derrière, En Virondot

ROT In diesen Weinen vereint sich das Gewicht der Côte de Nuits mit der Weichheit der Côte de Beaune.

Pinot Noir, Pinot Gris, Pinot Liébault

10–25 Jahre

WEISS Aromatische trockene Weine, aber ohne die Finesse der Crus des benachbarten Puligny.

Chardonnay, Pinot Blanc

6–15 Jahre

Marc Colin • Michel Colin-Deléger • Fontaine-Gagnard • Jean-Noël Gagnard • Jacques Gagnard-Delagrange • Henri Germain • Michel Niellon • Jean & Jean-Marc Pillot • Domaine Ramonet • Domaine Roux • Verget

CHEVALIER-MONTRACHET AOC

Grand Cru

Einer der vier *Grands Crus* von Puligny-Montrachet.

WEISS Schmalziger und körperreicher als Bienvenues-Bâtard-Montrachet, mit explosiverem Aroma als Bâtard-Montrachet.

Chardonnay

10–20 Jahre

Auvenay • Bouchard Père et Fils • Georges Déléger • Louis Jadot • Louis Latour • Domaine Leflaive • Michel Niellon

CHOREY-LÈS-BEAUNE AOC

Diese Satelliten-Appellation von Beaune liefert aufregende, unterbewertete Weine.

ROT Chorey grenzt zwar an Aloxe-Corton, hat aber den ganzen sanften, sinnlichen Charme, der für Beaune so typisch ist.

Pinot Noir, Pinot Gris, Pinot Liébault

7–15 Jahre

WEISS Weißweine machen nicht einmal 1 % der Produktion aus.

Arnoux Père & Fils • Domaine Germain (Château de Chorey). Domaine Maillard Père & Fils • Domaine Maurice Martray • Domaine Tollot-Beaut

CHOREY-LÈS-BEAUNE CÔTE DE BEAUNE AOC

Alternative Appellation ausschließlich für Rotweine. *Siehe* Chorey-lès-Beaune AOC.

CORTON AOC

Grand Cru

Corton ist einer der *Grands Crus* von Aloxe-Corton (er erstreckt sich noch auf die Gemarkungen Ladoix-Serrigny und Pernand-Vergelesses) und der einzige der Côte de Beaune, der rote und weiße Weine umfasst; insofern besteht eine Parallele zum Grand Cru Musigny in der Côte de Nuits. Folgende 20 *Climats* dürfen der Appellation Corton ihren Namen anfügen: Les Bressandes, Le Charlemagne, Les Chaumes, Les Chaumes et la Voierosse, Les Combes, Le Corton, Les Fiètres, Les Grèves, Les Languettes, Les Maréchaudes, Les Meix, Les Meix Lallemand, Les Paulands, Les Perrières, Les Pougets, Les Renardes, Le Rognet-Corton, Le Clos de Roi, Les Vergennes, La Vigne au Saint. So kann man also einen roten Corton-Charlemagne bekommen!

ROT In ihrer Jugend erscheinen diese Weine zuweilen schwer und sehr unzugänglich, doch in voller Reife entwickelt ein großer Corton schier überwältigende Finesse und Komplexität.

Pinot Noir, Pinot Gris, Pinot Liébault

12–30 Jahre

WEISS Wein mit mittlerem bis großem Körper und feinen, üppigen Aromen.

Chardonnay

10–25 Jahre

Arnoux Père & Fils • Bouchard Père & Fils • Domaine Delarche • Louis Jadot • Bonneau de Martray • Domaine Chandon de Briailles • Faiveley • Domaine Michel Juillot • Domaine Leroy • Prince Florent de Mérode • Domaine Jacques Prieur • Domaine Rapet Père & Fils • Domaine Comte Daniel Senard • Domaine Tollot-Beaut

CORTON-CHARLEMAGNE AOC

Grand Cru

Dieser berühmte *Grand Cru* von Aloxe-Corton erstreckt sich noch in die Gemeinden Ladoix-Serrigny und Pernand-Vergelesses.

WEISS Der prächtigste weiße Burgunder mit fabelhaft konzentrierten, buttrigen Fruchtaromen, verblüffend ausbalancierter Säure und köstlichen Noten von Vanille, Honig und Zimt.

Chardonnay

5–25 Jahre

Bonneau du Martray • J.-F. Coche-Dury • Joseph Drouhin • Domaine Antonin Guyon • Louis Jadot • Patrick Javillier • Michel Juillot • Maison Louis Latour • Olivier Leflaive • Domaine Rapet Pére & Fils • Remoissenet Père & Fils • Christophe Roumier

CÔTE DE BEAUNE AOC

Die Appellation Côte de Beaune ist auf die Weine weniger Lagen an der Montage de Beaune beschränkt, die sich über Beaune erhebt.

ROT Die feinen, eleganten Weine verfügen über reinste Pinot-Noir-Frucht und die typische sanfte Art der Weine aus Beaune.

Pinot Noir, Pinot Gris, Pinot Liébault

10–20 Jahre

WEISS Selten anzutreffender einfacher trockener Beaune.

Chardonnay, Pinot Blanc

3–8 Jahre

Lycée Agricole & Viticole de Beaune • Joseph Drouhin

CÔTE DE BEAUNE-VILLAGES AOC

Während die Côte de Nuits-Villages AOC in einer von Rotwein dominierten Region sowohl rote als auch weiße Weine umfasst, gilt die Côte de Beaune-Villages AOC in einem Gebiet, das die größten weißen Burgunder hervorbringt, ausschließlich für Rotweine!

ROT Hervorragend preiswürdige, fruchtige Weine in dem echten weichen Beaune-Stil.

Pinot Noir, Pinot Gris, Pinot Liébault

7–15 Jahre

Bernard Bachelet & Fils • Coron Père & Fils • Lequin Roussot

CRIOTS-BÂTARD-MONTRACHET AOC

Grand Cru

Der kleinste der drei *Grands Crus* in Chassagne-Montrachet.

WEISS Dieser Wein besitzt etwas vom Gewicht seiner großen Nachbarn und gefällige, runde Noten von Honigtoast. Er ist der blasseste und am intensivsten duftende Montrachet.

Pinot Chardonnay (sic)

8–20 Jahre

Joseph Belland • Blain-Gagnard

LADOIX AOC

Teile von Ladoix-Serrigny dürfen die AOC Aloxe-Corton Premier Cru oder die Grands-Crus-AOC Corton und Corton-Charlemagne verwenden. Alle anderen hier erzeugen Weine fallen unter die Ladoix AOC.

ROT Viele Weine sind rustikale Aloxe-Corton-Variationen, allerdings gibt es auch eine Reihe guter Erzeuger, die die kompakte Frucht und Struktur eines Nuits mit der Sanftheit eines Beaune vereinen.

Pinot Noir, Pinot Gris, Pinot Liébault

7–20 Jahre

WEISS Nur 5 % der Produktion sind Weißweine, die entsprechend schwer zu bekommen sind.

Chardonnay, Pinot Blanc

4–8 Jahre

Capitain-Gagnerot • Edmond Cornu & Fils • Domaine Maurice Martray • Prince Florent de Mérode

LADOIX-CÔTE DE BEAUNE AOC

Alternative Appellation ausschließlich für Rotweine. *Siehe* Ladoix AOC.

LADOIX PREMIER CRU AOC

Premiers Crus Basse Mourotte, Bois Roussot, Les Buis, Le Clou d'Orge, La Corvée, Les Gréchons, *Hautes Mourottes*, Les Joyeuses, La Micaude, En Naget, *Rognet et Corton*.

Diese Premiers-Crus-Weinberge wurden im Jahr 2000 von 14 auf 24 ha erweitert.

ROT Deutlich bessere und farbkräftigere Weine als in der einfachen Villages-Appellation.

Pinot Noir, Pinot Gris, Pinot Liébault

7–20 Jahre

WEISS Prince Florent de Mérode von der Domaine de Serrigny produziert den einzigen mir bekannten weißen Ladoix *Premier Cru*, nämlich Ladoix Hautes Mourottes Blanc.

Capitain-Gagnerot • Edmond Cornu & Fils • Prince Florent de Mérode • Domaine Naudin-Ferrand • Domaine André Nudant & Fils • Domaine G. & P. Ravaut

MARANGES AOC

Die Maranges AOC ersetzt seit 1989 die drei Appellationen Cheilly-lès Maranges, Dézize-lès-Maranges und Sampigny-lès-Maranges. Diese drei Orte teilen sich den Cru Maranges, der an einem exponierten Hang südwestlich von Santenay liegt. Die roten Weine kommen auch als Côte de Beaune AOC oder Côte de Beaune-Villages AOC in den Handel. Früher war die Produktion ungleichmäßig, der größte Teil (inklusive der Premiers Crus) wurde an Handelshäuser verkauft, die ihn zu Côte de Beaune-Villages verschnitten. Inzwischen beginnen zwei, drei engagierte Winzer dem Namen größere Bekanntheit zu verschaffen.

ROT Weine mit dem reinen Duft des Pinot, schöner Farbe und gutem Körper.

Pinot Noir, Pinot Gris, Pinot Liébault

2–7 Jahre

WEISS Soweit mir bekannt, in Dézize-lès-Maranges überhaupt nicht und in den beiden anderen Orten kaum produziert, obwohl zugelassen.

Domaine Fernand Chevrot • Jaffelin • René Martin • Edward Monnot • Claude Nouveau

MARANGES-CÔTE DE BEAUNE AOC

Alternative Appellation ausschließlich für Rotweine. *Siehe* Maranges AOC.

MARANGES PREMIER CRU AOC

Premiers Crus Clos de la Boutière, Le Croix Moines, Clos de la Fussière, La Fussière, Le Clos des Loyères, Le Clos des Rois, Les Clos Roussots

Einige dieser offiziell als *Premiers Crus* eingestuften *Climats* haben eine komplizierte Geschichte. Clos de la Boutière zum Beispiel war früher schlicht und einfach La Boutière, Les Clos Roussots gehörte zu einem *Premier Cru* namens Les Plantes de Marange, war jedoch nie selbst ein *Premier Cru*. Nach den Karten, die den Stand vor der Zusammenlegung dokumentieren, hießen die wichtigsten, als *Premier Cru* eingestuften Weinberge der Region ursprünglich Les Plantes de Marange, Maranges und En Maranges. Dass sie sich weniger ähnliche *Lieux-dits* zugelegt haben, ist zumindest aus Marketinggründen von Vorteil.

ROT Die besten besitzen kräftige Farbe, balancierte Frucht – oft von roten Beeren – und einen stoffigeren, längeren Abgang als die Weine der einfachen Maranges-Appellation.

Pinot Noir, Pinot Gris, Pinot Liébault

WEISS Nur selten anzutreffen.

Chardonnay, Pinot Blanc

Bernard Bachelet & Fils • Domaine Fernand Chevrot • Yvon & Chantal Contat-Grangé • Edward Monnot • Claude Nouveau

MEURSAULT AOC

Montrachet und Corton-Charlemagne sind zwar die bedeutenderen Weißweine der Côte de Beaune, Meursault ist aber wohl bekannter und sicher populärer.

ROT Wird oft als Kuriosität betrachtet, ist aber ein guter Wein aus eigenem Recht und von fester Art.

Pinot Noir, Pinot Gris, Pinot Liébault

8–20 Jahre

WEISS Selbst der einfachste Meursault sollte ein köstlicher, trockener Wein mit kräftigen Aromen und nussig-buttriger Charakteristik sein.

Chardonnay, Pinot Blanc

5–12 Jahre

Robert Ampeau • Bouchard Père & Fils • Boyer-Martenot • Alain Coche-Bizouard • J.-F. Coche-Dury • Drouhin • Jean-Philippe Fichet • Henri Germain • Domaine Albert Grivault • Patrick Javillier • François Jobard • Remy Jobart • Domaine des Comtes Lafon • Michelot (jeder Erzeuger mit »Michelot« im Namen, der in Meursault ansässig ist) • *François Mikulski • Pierre Morey • Domaine Guy Roulot*

MEURSAULT-BLAGNY PREMIER CRU AOC

Premiers Crus La Jeunelotte, La Pièce sous le Bois, Sous Blagny, Sous le Dos d'Âne

Eine alternative Appellation für weiße Meursault-Weine aus Lagen um Blagny. Andere Weine verwenden die Appellation Blagny Premier Cru. *Siehe* Meursault Premier Cru AOC.

MEURSAULT-CÔTE DE BEAUNE AOC

Alternative Appellation ausschließlich für rote Meursault-Weine. *Siehe* Meursault AOC.

MEURSAULT PREMIER CRU AOC

Premiers Crus Perrières, Les Bouchères, Les Caillerets, Les Charmes-Dessous, Les Charmes-Dessus, Les Chaumes de Narvaux, Les Chaumes des Perrières, Les Cras, Les Genevrières-Dessous, Les Genevrières-Dessus, Les Gouttes d'Or, La Jeunelotte, Clos des Perrières, Les Perrières-Dessous, Les Perrières-Dessus, La Pièce sous le Bois, Les Plures, Le Porusot, Les Porusot-Dessous, Le Porusot-Dessus, Clos des Richemont (Cras), Les Santenots Blancs, Les Santenots du Milieu, Sous Blagny, Sous le Dos d'Âne

ROT Eleganter und fester als einfache Villages-

Weine, brauchen jedoch genügend Zeit zur Abrundung.

Pinot Noir, Pinot Gris, Pinot Liébault

10–20 Jahre

WEISS Großer Meursault sollte immer rund und körperreich sein. Die unterschiedlich ausgeprägten nussig-buttrigen, gewürzartigen Chardonnay-Aromen werden vor angemessener Reife oft von Honig, Zimt- und Vanillenoten von neuer Eiche überlagert.

Chardonnay, Pinot Blanc

6–15 Jahre

Michel Bouzereau & Fils • J.-F. Coche-Dury • François Jobard • Domaine Leroy • Domaine des Comtes Lafon • Domaine Matrot • Domaine Michelot (jeder Erzeuger mit »Michelot« im Namen, der in Meursault ansässig ist) • *Pierre Morey • Domaine Jacques Prieur • Remoissenet Père & Fils • Domaine Guy Roulot*

MEURSAULT-SANTENOTS AOC

Eine alternative Appellation für Meursault Premier Cru aus einem bestimmten Teil der Appellation Volnay-Santenots. *Siehe* Volnay-Santenots AOC.

MONTLHÉLIE AOC

Die Weine aus Monthélie, vor allem die *Premiers Crus,* sind wohl die am meisten unterbewerteten Burgunder.

ROT Exzellente Weine mit lebhafter Farbe, ausdrucksvoller Frucht, fester Struktur und lang anhaltendem, seidigem Abgang.

Pinot Noir, Pinot Gris, Pinot Liébault

7–15 Jahre

WEISS Die Weißweinproduktion ist hier relativ klein.

Chardonnay, Pinot Blanc

3–7 Jahre

Eric Boigelot • Domaine Denis Boussey • Eric Boussey • J.-F. Coche-Dury • Paul Garandet • Domaine des Comtes Lafon • Domaine Monthélie-Douhairet • Annick Parent

MONTHÉLIE CÔTE DE BEAUNE AOC

Alternative Appellation ausschließlich für Rotweine. *Siehe* Monthélie AOC.

MONTHÉLIE PREMIER CRU AOC

Premiers Crus Le Cas Rougeot, Les Champs Fulliot, Les Duresses, La Château Gaillard, Le Clos Gauthey, Le Meix Bataille, Les Riottes, Sur la Velle, La Taupine, Les Vignes Rondes, Le Village de Monthélie

ROT Die *Premiers Crus* aus Monthélie sind schwer aufzutreiben, aber die Mühe lohnt sich.

Pinot Noir, Pinot Gris, Pinot Liébault

8–20 Jahre

WEISS Der einzige weiße *Premier Cru,* den ich bisher angetroffen habe, ist der zart duftende Champs-Fulliot Blanc von Paul Garaudet.

Eric Boigelot • Denis Boussey • Domaine Jehan Changarnier • Gérard Doreau • Paul Garaudet • Château de Monthélie • Annick Parent

MONTRACHET AOC

Grand Cru

Viele halten den Montrachet für den größten Weißwein der Welt, allerdings habe ich auch schon einmal gelesen, seine Aromen seien mitunter so intensiv, dass man sich fragt, ob er ein Genuss ist oder eine Semesterabschlussprüfung für den Gaumen. Er ist ganz sicher ein Genuss, doch ich weiß auch, was der Autor meint.

WEISS Voll ausgereift besitzt der Montrachet unter allen Weißweinen die größte Ausstrahlung und Ausdruckskraft. Die Aromen von Honig, Toast, Blumen, Nüssen, Sahne und Gewürzen sind einfach überwältigend.

Pinot Chardonnay (sic)

10–30 Jahre

Domaine Amiot-Bonfils • Bouchard Père & Fils • Marc Colin • Louis Jadot • Domaine Leflaive • Marquis de Laguiche (erzeugt und vertrieben von Joseph Drouhin) • *Pierre Morey • Domaine Jacques Prieur • Domaine Ramonet • Domaine de la Romanée-Conti*

LE MONTRACHET AOC

Siehe **Montrachet AOC**

PERNAND-VERGELESSES AOC

Der nördlich von Aloxe-Corton gelegene Ort ist die nördlichste Appellation der Côte de Beaune.

ROT Mit Ausnahme der unten genannten Weine sind die meisten rustikal und überbewertet, sie wären in einem Côte de Beaune-Villages eines Handelshauses besser aufgehoben.

Pinot Noir, Pinot Gris, Pinot Liébault

7–15 Jahre

WEISS Das Dorf ist berühmt für Aligoté, doch Winzer wie François Germain von der Domaine Jacques Germain erzeugen runde, herrlich ausgewogene Weine, die größere Anerkennung verdienen.

Chardonnay, Pinot Blanc

4–8 Jahre

Denis Père & Fils • Domaine P. Dubreuil-Fontaine • Domaine Jacques Germain • Olivier Leflaive

PERNAND-VERGELESSES CÔTE DE BEAUNE AOC

Alternative Appellation ausschließlich für Rotweine. *Siehe* Pernand-Vergelesses AOC.

PERNAND-VERGELESSES PREMIER CRU AOC

Premiers Crus En Caradeux, Creux de la Net, Les Fichots, Île des Vergelesses, Les Basses Vergelesses

ROT Es lohnt sich, diese Weine zu lagern, bis sich eine seidige Frucht entwickelt, die sich grazil um die Struktur des Weines legt und den *Premiers Crus* die Klasse verleiht, die den Villages-Weinen von Pernand fehlt.

Pinot Noir, Pinot Gris, Pinot Liébault

10–20 Jahre

WEISS Chanson Père & Fils in Beaune produziert einen zuverlässigen Wein mit mittlerem Körper, der trocken, aber dennoch mild ist.

Chardonnay, Pinot Blanc

4–8 Jahre

Domaine Delarche • Domaine P. Dubreuil-Fontaine • Roger Jaffelin • Maison Louis Latour • Domaine Rapet Père & Fils • Rollin Père & Fils

POMMARD AOC

Ein hochberühmter Ort, dessen Ruf dank einiger engagierter und talentierter Winzer wieder auflebt.

ROT Die »berühmten« dunklen, alkoholischen und dicken Weine aus Pommard gehören weitgehend der Vergangenheit an, an ihre Stelle traten aufregend elegante Weine hoher Qualität.

Pinot Noir, Pinot Gris, Pinot Liébault

8–16 Jahre

Robert Ampeau • Domaine Comte Armand • Billard-Gonnet • Jean-Marc Boillot • Bernard & Louis Glantenay • Domaine Leroy • Aleth Leroyer-Girardin • Hubert de Montille • Domaine Parent • Château Pommard

POMMARD PREMIER CRU AOC

Premiers Crus Les Arvelets, Les Bertins, Clos Blanc, Les Boucherottes, La Chanière, Les Chanlins-Bas, Les Chaponnières, Les Charmots, Les Combes-Dessus, Clos de la Commaraine, Les Croix Noires, Derrière St-Jean, Clos des Epeneaux, Les Fremiers, Les Grands Epenots, Les Jarolières, En Largillière (Les Argillières), Clos Micot, Les Petits Epenots, Les Pézerolles, La Platière, Les Poutures, Le Refène, Les Rugiens-Bas, Les Rugiens-Hauts, Les Saussilles, Clos de Verger, Village

ROT Die besten *Crus* kommen aus den verschiedenen *Climats* von Les Rugiens (tiefgründig und sinnlich) und Les Epenots (weich, duftend und üppig).

Pinot Noir, Pinot Gris, Pinot Liébault

10–20 Jahre

Domaine Comte Armand • Billard-Gonnet • Jean-Marc Boillot • Domaine de Courcel • Domaine Lejeune • Domaine Leroy • Aleth Leroyer-Girardin • Hubert de Montille • Pierre Morey • Domaine Parent • Domaine Pothier-Rieusset • Domaine de la Pousse d'Or

PULIGNY-MONTRACHET AOC

Eines von zwei Montrachet-Dörfern, aus denen einige der größten trockenen Weißweine der Welt kommen.

ROT Hier werden gute Weine gemacht, doch ist der Puligny-Montrachet Rouge aufgrund seiner Seltenheit sehr teuer.

Pinot Noir, Pinot Gris, Pinot Liébault

10–20 Jahre

WEISS Einfacher Puligny-Montrachet von einem Spitzenerzeuger ist ein hochrangiger Wein – körperreich, elegant, stahlig – und braucht einige Jahre, um seine nussige Honigtoast-Charakteristik zu entwickeln.

Chardonnay, Pinot Blanc

5–12 Jahre

Robert Ampeau • Jean-Marc Boillot • Domaine Louis Carillon & Fils • Domaine Leflaive • Olivier Leflaive • Étienne Sauzet

PULIGNY-MONTRACHET-CÔTE DE BEAUNE AOC

Alternative Appellation ausschließlich für Rotweine. *Siehe* Puligny-Montrachet AOC.

PULIGNY-MONTRACHET PREMIER CRU AOC

Premiers Crus *Le Cailleret* (Demoiselles), Les Chalumeaux, Champ Canet, Champ Gain, Au Chaniot, Clavaillon, Les Combettes, Ez Folatières, Les Folatières, La Garenne (Sur la Garenne), Clos de la Garenne, Hameau de Blagny, La Jaquelotte, Clos des Meix, Clos de la Mouchère (Les Perrières), Le Peux Bois, *Les Pucelles*, Les Referts, En la Richarde, Sous le Courthil, Sous le Puits, La Truffière

ROT Ich habe noch keinen angetroffen.

Pinot Noir, Pinot Gris, Pinot Liébault

WEISS Ein Premier Cru Puligny von einem Spitzenerzeuger wie Étienne Sauzet ist eine der intensivsten Geschmackserfahrungen, die man machen kann.

Chardonnay, Pinot Blanc

7–15 Jahre

Robert Ampeau • Jean Boillot • Jean-Marc Boillot • Michel Bouzereau & Fils • Domaine Louis Carillon & Fils • Domaine Leflaive • Domaine de Montille • Domaine Jacques Prieur • Étienne Sauzet

ST-AUBIN AOC

Dieser unterbewertete Ort ist Heimat vieler talentierter Kellermeister und eine exzellente Quelle für preiswürdige Weine.

ROT Köstliche reife, aber leichte, duftende und fruchtige Rotweine, die rasch einen Geschmack nach Walderdbeeren entwickeln.

Pinot Noir, Pinot Gris, Pinot Liébault

4–8 Jahre

WEISS Extrem preiswerte Weine, eine Art »Hautes-Côtes Montrachet«.

Chardonnay, Pinot Blanc

3–8 Jahre

Jean-Claude Bachelet • Denis & Françoise Clair • Domaine Clerget • Domaine Marc Colin • Hubert Lamy & Fils

ST-AUBIN-CÔTE DE BEAUNE AOC

Alternative Appellation ausschließlich für Rotweine. *Siehe* St-Aubin AOC.

ST-AUBIN PREMIER CRU AOC

Premiers Crus Le Bas de Gamay à l'Est, Bas de Vermarain à l'Est, Les Castets, Les Champlots, Es Champs, Le Charmois, La Chatenière, Les Combes au Sud, Les Cortons, En Créot, Derrière chez Edouard, Derrière la Tour, Echaille, Les Frionnes, Sur Gamay, Marinot, En Montceau, Les Murgers des Dents de Chien, Les Perrières, Les Petangerets, Les Puits, En la Ranché, En Remilly, Sous Roche Dumay, Sur le Sentier du Clou, Les Travers de Marinot, Vignes Moingeon, Le Village, En Vollon à l'Est.

Die besten *Premiers Crus* sind Les Frionne und Les Murgers des Dents de Chien, gefolgt von La Chatenière, Les Castets, En Remilly und Le Charmois.

ROT Sehr ansprechende Weine mit Erdbeeraroma und Vanilleton von der Eiche, die bereits jung wunderbar sind und im Alter besser werden.

Pinot Noir, Pinot Gris, Pinot Liébault

5–15 Jahre

WEISS Diese trockenen Weine sind häufig besser als die Villages-Weine von Puligny-Montrachet und immer weitaus günstiger.

Chardonnay, Pinot Blanc

4–10 Jahre

Jean-Claude Bachelet • Domaine Clerget • Domaine Marc Colin • Bernard Morey • Henri Prudhon et Fils • Gérard Thomas

ST-ROMAIN AOC

Das kleine Dorf liegt malerisch inmitten der Hügel oberhalb von Auxey-Duresses.

ROT Preiswerte, rustikale Rotweine mit mittlerem Körper und gutem, ausgeprägtem Aroma.

Pinot Noir, Pinot Gris, Pinot Liébault

4–8 Jahre

WEISS Frische, spritzige, trockene Weißweine mit leichtem bis mittlerem Körper in echter Chardonnay-Art.

Chardonnay, Pinot Blanc

3–7 Jahre

Joseph Drouhin • Alain Gras • Thévenin-Monthélie

ST-ROMAIN-CÔTE DE BEAUNE AOC

Alternative Appellation ausschließlich für Rotweine. *Siehe* St-Romain AOC.

SANTENAY AOC

Die südlichste Village-Appellation der Côte d'Or (nicht aber der Côte de Beaune) ist eine zuverlässige Quelle für preiswerten Burgunder.

ROT Frische, aufrichtige Weine mit klarer Pinot-Noir-Frucht und fester Struktur.

Pinot Noir, Pinot Gris, Pinot Liébault

7–15 Jahre

WEISS Weißweine machen nur 2 % der Produktion von Santenay aus, bei den Spitzenerzeugern kann man einige gute, preiswerte Exemplare finden.

Chardonnay, Pinot Blanc

4–8 Jahre

Bernard Bachelet & Fils • Roger Belland • Denis & Françoise Clair • Vincent Girardin • Alain Gras • Domaine Prieur-Brunet

SANTENAY-CÔTE DE BEAUNE AOC

Alternative Appellation ausschließlich für Rotweine. *Siehe* Santenay AOC.

SANTENAY PREMIER CRU AOC

Premiers Crus Beauregard, La Chainey, La Comme, Comme Dessus, Clos Faubard, Les Fourneaux, Grand Clos Rousseau, Les Gravières, La Maladière, Clos des Mouches, Passetemps, Petit Clos Rousseau, Clos de Tavannes

Die Besten sind Clos de Tavannes, Les Gravières, La Maladière und La Comme Dessus.

ROT Weine in reinster, klarer Pinot-Noir-Art, aber mit etwas mehr Terroir.

Pinot Noir, Pinot Gris, Pinot Liébault

6–15 Jahre

WEISS Selten anzutreffen.

Chardonnay, Pinot Blanc

5–10 Jahre

Roger Belland • Denis & Françoise Clair • Vincent Girardin • Alain Gras (auch als

René Gras-Boisson im Handel) • *Bernard Morey • Lucien Muzard & Fils • Domaine de la Pousse d'Or*

SAVIGNY AOC

Siehe Savigny-lès-Beaune AOC

SAVIGNY-CÔTE DE BEAUNE AOC

Alternative Appellation ausschließlich für Rotweine. *Siehe* Savigny-lès-Beaune AOC.

SAVIGNY-LÈS-BEAUNE AOC

Dieser Ort verfügt über eine Reihe begabter Weinmacher, die weit unterbewertete Weine erzeugen.

ROT Ansprechende, gefällige, geschmeidige Weine mit mittlerem Körer, die an den Stil von Beaune erinnern.

Pinot Noir, Pinot Gris, Pinot Liébault

7–15 Jahre

WEISS Hier werden einige sehr gute, trockene Weine mit konzentrierten Aromen, weicher Textur und einiger Finesse erzeugt, die jedoch nur schwer zu finden sind.

Chardonnay, Pinot Blanc

4–10 Jahre

Robert Ampeau • Simon Bize & Fils • Bouchard Père & Fils • Camus-Brochon • Maurice Giboulot • Girard-Vollot • Pierre Guillemot • Lucien Jacob • Louis Jadot • Domaine Parent • Jean-Marc Pavelot • Domaine du Prieuré • Rollin Père & Fils • Domaine Tollot-Beaut

SAVIGNY-LÈS-BEAUNE-CÔTE DE BEAUNE AOC

Alternative Appellation ausschließlich für Rotweine. *Siehe* Savigny-lès-Beaune AOC.

SAVIGNY-LÈS BEAUNE PREMIER CRU AOC

Premiers Crus Aux Clous, Aux Fourneaux, Aux Gravains, Aux Guettes, Aux Serpentières, Bas Marconnets, Basses Vergelesses, Clos la Bataillères (Aux Vergelesses, Les Vergelesses), Champ Chevrey, Les Charnières, Hauts Jarrons, Les Hauts Marconnets, Les Jarrons (La Dominode), Les Lavières, Les Narbantons, Petits Godeaux, Les Peuillets, Redrescut, Les Rouvrettes, Les Talmettes

ROT Weine mit sehr elegantem, weichem Pinot-Aroma, das an Erdbeeren, Kirschen und Veilchen erinnert; sie sind weitaus besser als einfache Villages-Weine. Die besten Lagen sind Les Lavières, La Dominode, Aux Vergelesses, Les Marconnets und Aux Guettes.

Pinot Noir, Pinot Gris, Pinot Liébault

7–20 Jahre

WEISS Aus der Domaine des Terregelesses kommt ein herrlich üppiger trockener Wein.

Chardonnay, Pinot Blanc

5–15 Jahre

Simon Bize & Fils • Bouchard Père & Fils • Camus-Brochon • Domaine Chandon de Briailles • Chanson Père & Fils • Domaine Bruno Clair • Domaine Maurice Ecard • Machard de Gramont • Louis Jadot • Domaine Leroy • Pavelot • Domaine Tollot-Beaut

SAVIGNY PREMIER CRU AOC

Siehe Savigny-lès-Beaune Premier Cru AOC

VOLNAY AOC

Das altertümliche Dorf kann es an Leistung und Qualität durchaus mit so großen Gewächsen wie Gevrey-Chambertin und Chambolle-Musigny aufnehmen, selbst wenn es keine *Grands Crus* aufweist. Volnay ist die südlichste Rotwein-Appellation der klassischen Côte d'Or und das einzige namhafte Weindorf, das höher liegt als seine Weinberge.

ROT Die Rotweine sind nicht billig, dafür fest, von schöner Farbe und mehr seidiger Finesse, als man von einer Villages-Appellation erwartet.

Pinot Noir, Pinot Gris, Pinot Liébault

6–15 Jahre

Marquis d'Angerville • Domaine Michel Lafarge • Domaine Régis Rossignol

VOLNAY PREMIER CRU AOC

Premiers Crus Les Angles, Les Aussy, La Barre, Bousse d'Or (Clos de la Bousse d'Or), Les Brouillards, En Cailleret, Les Cailleret Dessus (ein Teil heißt Clos des 60 Ouvrées), Carelles Dessous, Carelle sous la Chapelle, Clos de la Cave de Ducs, En Champans, Chanlin, En Chevret, Clos de la Chapelle, Clos des Chênes (Clos des Chânes), Clos de Ducs, Clos du Château des Ducs, Frémiets (Clos de la Rougeotte), La Gigotte, Les Grands Champs, Lassolle, Les Lurets, Les Mitans, En l'Ormeau, Pitures Dessus, Pointes d'Angles, Robardelle, Le Ronceret, Taille Pieds, En Verseuil (Clos du Verseuil), Le Village

ROT Keine *Grands Crus,* aber die seidig-weichen, duftigen *Premiers Crus* sind große Weine von überwältigender Finesse. Die besten sind Clos des Chênes, Taille Pieds, Bousse d'Or, Clos de Ducs, die verschiedenen *Climats* des Cailleret, Clos des 60 Ouvrées und En Champans.

Pinot Noir, Pinot Gris, Pinot Liébault

8–20 Jahre

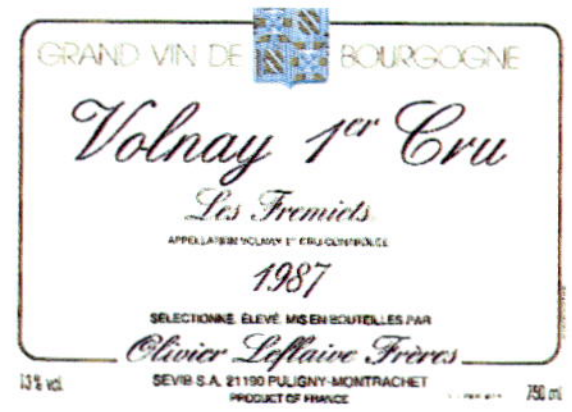

Marquis d'Angerville • Jean Boillot • Jean-Marc Boillot • Domaine Antonin Guyon • Louis Jadot • Domaine Michel Lafarge • Domaine des Comtes Lafon • Domaine de Montille • Domaine de la Pousse d'Or • Domaine Régis Rossignol

VOLNAY-SANTENOTS PREMIER CRU AOC

Diese verwirrende Appellation liegt in Meursault und nicht in Volnay, reicht aber bis an die Grenzen des Letzteren. Sie kann bis in das 19. Jahrhundert zurückverfolgt werden, als der *Lieux-dit* Les Santenots du Milieu in Meursault für seine Rotweine berühmt wurde. Weißweine dürfen nicht als Volnay-Santenots bezeichnet werden; sie müssen als Meursault oder können – falls sie aus den zwei Dritteln des Weinbergs stammen, die am weitesten von Volnay entfernt sind – als Meursault Premier Cru oder Meursault-Santenots deklariert werden. Das Recht auf die Appellation Volnay-Santenots wurde 1924 in Beaune gerichtlich geregelt.

ROT Die selten anzutreffenden Weine dieser Appellation ähneln in Farbe und gutem Körper dem Volnay, besitzen aber häufig nicht dessen seidige Eleganz.

Pinot Noir, Pinot Gris, Pinot Liébault

8–20 Jahre

Robert Ampeau • Domaine des Comtes Lafon • Leroy • Matrot • François Mikulski • Jacques Prieur • Prieur-Brunet

CORTON CLOS DES VERGENNES – EINE GRAND-CRU-LAGE
Der winzige Weinberg Corton Clos des Vergennes hat nur einen Besitzer; vermarktet werden seine Weine von Moillard-Grivot.

CÔTE CHALONNAISE

An der Côte Chalonnaise gibt es nur fünf Appellationen, davon zwei für Weißweine und drei für Rot- und Weißweine. Viele dieser Weine sind kaum bekannt, doch bieten alle Appellationen gute Qualität und ein noch besseres Preis-Leistungs-Verhältnis.

Die Côte Chalonnaise – oder Région de Mercurey, wie sie auch manchmal bezeichnet wird – war einmal der vergessene Teil Burgunds und galt als zu ernst und verschlossen, was sich aber als Vorteil erwies. Obwohl die aromatischen Rotweine und buttrigen Weißweine viel mit den Weinen der Côte de Beaune gemein haben, wurden sie von den Händlern lange Zeit als diesen nicht ebenbürtig betrachtet. Man hätte sie aber genauso gut – anstatt als der Côte de Beaune unterlegen – als dem Mâconnais überlegen einstufen können. Da sich der Handel aber in den letzten zehn Jahren weltweit auch für weniger bekannte Weine interessierte, errang die Region inzwischen einen guten Ruf als eine der zuverlässigsten Quellen Burgunds für Qualitätsweine.

Burgunder-Liebhaber können sich in der Côte Chalonnaise auf eine Garde exzellenter *Négociants* verlassen, darunter Chandesais, Delorme und Faiveley. In Buxy gibt es eine gute Genossenschaft und eine wachsende Zahl fähiger Winzer. Hier findet man sehr guten Crémant de Bourgogne und die einzige auf einen Ort beschränkte Appellation für die Rebsorte Aligoté.

GESCHMACKS- UND QUALITÄTSFAKTOREN

LAGE
Die drei Weinbauinseln liegen 350 km südlich von Paris und westlich von Châlon-sur-Saône, zwischen der Côte de Beaune im Norden und dem Mâconnais im Süden.

KLIMA
Etwas trockener als an der Côte d'Or. Die besten Hänge sind vor Frost und Hagel meist gut geschützt.

TOPOGRAFIE
Ein nicht zusammenhängendes Gebiet, in dem das große Plateau der Côte d'Or in eine vielteilige Kette kleinerer Hügel übergeht. Die Rebflächen, die weiter verstreut sind als an der Côte d'Or, finden sich auf den günstigsten Hängen in Höhen von 230 bis 320 m.

BÖDEN
Unterboden aus Kalkstein, Oberboden aus Lehm und Sand, der manchmal mit Eisenablagerungen angereichert ist. Bei Mercurey findet sich mit eisenhaltigem Mergel vermischter Oolith-Kalkstein.

WEINBAU UND WEINBEREITUNG
Die Weine werden ebenso hergestellt wie an der Côte de Beaune; die Methoden in Weinberg und Weinkeller weisen keine Besonderheiten auf (*siehe* S. 32–35).

HAUPTREBSORTEN
Pinot Noir, Chardonnay

WEITERE REBSORTEN
Pinot Gris (Pinot Beurot), Pinot Liébault, Pinot Blanc, Aligoté, Melon de Bourgogne, Gamay

CHÂTEAU RULLY
Rully besitzt die nördlichsten AOC-Weinberge der Côte Chalonnaise und erzeugt ausgezeichnete trockene Chardonnays sowie einige sehr angenehme Rotweine.

DAS CHANTE-FLÛTÉ-ETIKETT VON MERCUREY

Seit 1972 veranstaltet die Confrérie St-Vincent et des Disciples de la Chante Flûté de Mercurey jährliche Weinproben nach dem Vorbild der *Tastevinage* in der Côte de Nuits. Die Mercurey AOC ist für gute Weine bekannt, und diese Chante-Flûté-Weine gehören zum Besten, was die Côte Chalonnaise zu bieten hat.

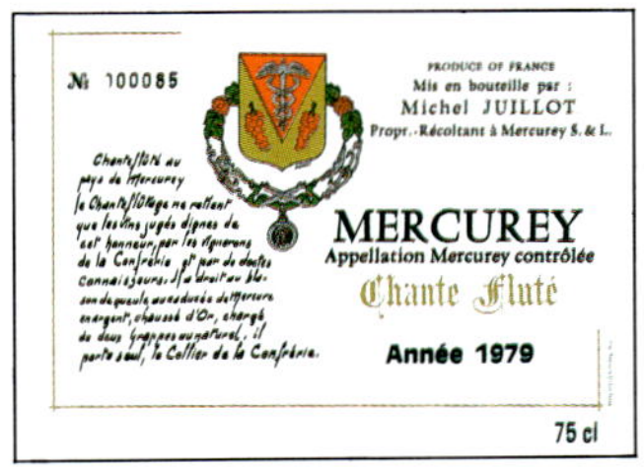

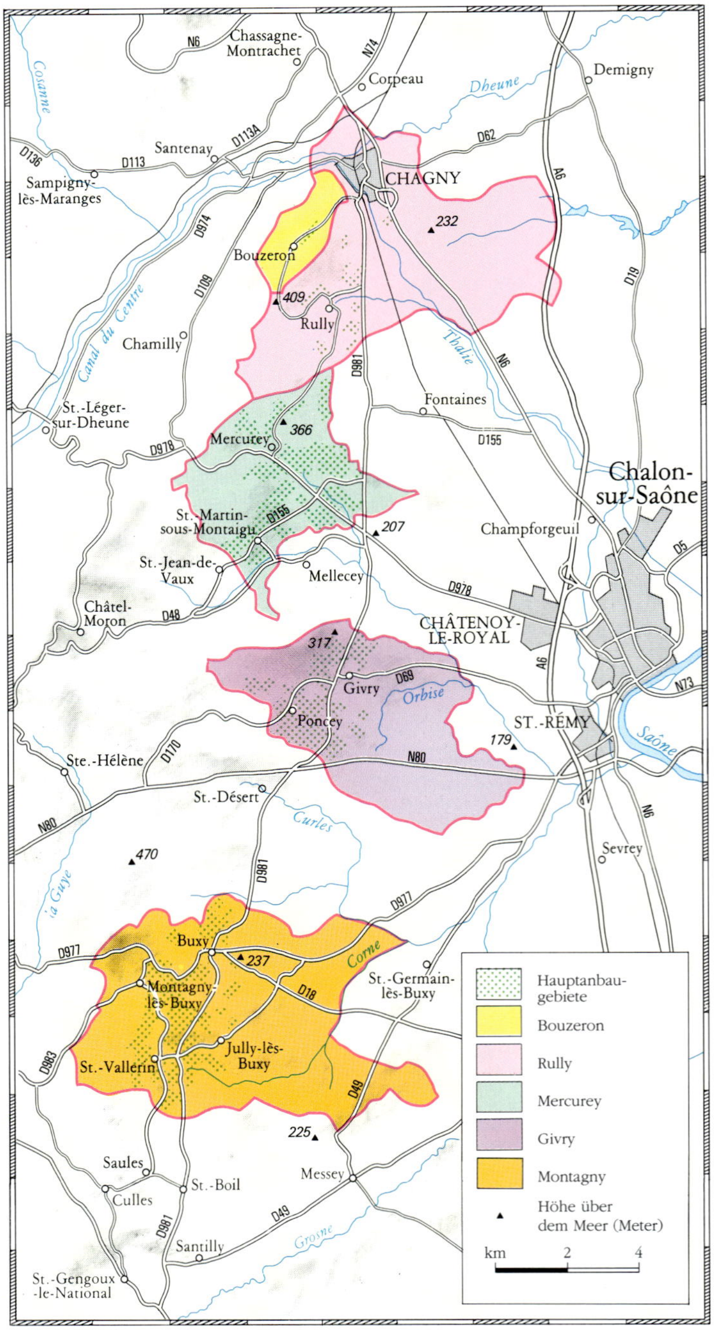

CÔTE CHALONNAISE *Siehe auch* S. 131
Wein wird in drei isolierten »Inseln« westlich von Chalon angebaut. Im Norden schließt die Côte de Beaune an, im Süden das Mâconnais.

DIE APPELLATIONEN DER CÔTE CHALONNAISE

BOURGOGNE ALIGOTÉ BOUZERON AOC

Bouzeron ist der einzige *Cru* mit eigener Appellation für Aligoté und wird bald in Bouzeron AOC umbenannt werden. Doch auch ohne die Erwähnung von Aligoté müssen die Weine zu 100 % aus dieser Traube gekeltert sein.

WEISS Ausgezeichnete und interessante trockene Weine: bei weitem der fülligste Aligoté. In Gewicht, Frucht und Würze ähnelt er eher einem Pinot Gris als einem Chardonnay.

Aligoté, dazu bis zu 15 % Chardonnay

2–6 Jahre

Ancien Domaine Carnot (Bouchard Père et Fils) • *Domaine Chanzy Frères* • *André Delorme* • *A. & P. de Villaine*

BOURGOGNE CÔTE CHALONNAISE AOC

Einfacher Bourgogne, der ausschließlich aus in der Region geernteten Trauben besteht, darf unter dieser Appellation verkauft werden.

René Bourgeon • *Caves de Buxy* • *Émile Chandesais* • *André Delorme* • *Michel Derain* • *Michel Goubard* • *Guy Narjoux*

GIVRY AOC

Die Weine aus diesem Dorf südlich von Mercurey werden meist ein bisschen unterbewertet.

ROT Leicht- bis mittelgewichtige Weine, geschmeidig und fruchtig mit ansprechenden Nuancen von Kirsche und roter Johannisbeere.

Pinot Noir, Pinot Gris, Pinot Liébault

5–12 Jahre

WEISS Nur 10 % der Givry-Produktion sind weiß – ein herrlich sauberer, trockener Chardonnay, der im Abgang attraktive, würzig-buttrige Noten aufweisen kann.

Chardonnay, Pinot Blanc

3–8 Jahre

René Bourgeon • *Chofflet-Vaudenaire* • *Michel Derain* • *Mme du Jardin* • *Domaine Joblot* • *Maison Louis Latour* • *François Lumpp* • *Parize & Fils* • *Jean-Paul Ragot* • *R. Remoissenet & Fils* • *Baron Thénard*

GIVRY PREMIER CRU AOC

Premiers Crus: Clos de la Barraude, Les Berges, Bois Chevaux, Bois Gauthier, Clos de Cellier aux Moines, Clos Charlé, Clos du Cras Long, Les Grandes Vignes, Grand Prétants, Clos Jus, Clos Marceaux, Marole, Petit Marole, Petit Prétants, Clos St-Paul, Clos St-Pierre, Clos Salomon, Clos de la Servoisine, Vaux, Clos du Vernoy, En Vignes Rouge, Le Vigron

ROT Die besten Versionen sind weiche, gehaltvolle und würzige Weine mit hinreißenden Nuancen von Kirsche und roter Johannisbeere.

Pinot Noir, Pinot Gris, Pinot Liébault

5–12 Jahre

WEISS Der saubere, trockene Chardonnay ähnelt dem Givry AOC und kann im Abgang angenehme, würzig-buttrige Aromen hervorbringen.

Chardonnay, Pinot Blanc

3–8 Jahre

René Bourgeon • *Chofflet-Vaudenaire* • *Michel Derain* • *Mme du Jardin* • *Domaine Joblot* • *Maison Louis Latour* • *François Lumpp* • *Parize & Fils* • *Jean-Paul Ragot* • *R. Remoissenet & Fils* • *Baron Thénard*

MERCUREY AOC

Die Weine aus Mercurey, einschließlich der *Premiers Crus,* machen zwei Drittel der Gesamtproduktion der Côte Chalonnaise aus.

ROT Mittelgewichtige Weine von schöner Farbe und feinem Sortencharakter, die ein gutes Preis-Leistungs-Verhältnis bieten.

Pinot Noir, Pinot Gris, Pinot Liébault

5–12 Jahre

WEISS Trockene Weine, in denen sich die Frische des Mâconnais mit den üppig-buttrigen Eigenschaften der Côte de Beaune vereinen.

Pinot Chardonnay (sic)

3–8 Jahre

Château de Chamilly • *Château de Chamirey* • *Émile Chandesais* • *Louis Desfontaine* • *Domaine Lorenzon* • *Antonin Rodet*

MERCUREY PREMIER CRU AOC

Premiers Crus: La Bondue, Les Byots, La Cailloute, Champs Martins, La Chassière, Le Clos, Clos des Barraults, Clos Château de Montaigu, Clos l'Evêque, Clos des Myglands, Clos du Roi, Clos Tonnerre, Clos Voyens (Les Voyens), Les Combins, Les Crêts, Les Croichots, Les Fourneaux (Clos des Fourneaux), Grand Clos Fortoul, Les Grands Voyens, Griffères, Le Levrière, Le Marcilly (Clos Marcilly), La Mission, Les Montaigus (Clos des Montaigus), Les Naugues, Les Petits Voyens, Les Ruelles, Sazenay, Les Vasées, Les Velley.

Die Anzahl der Premiers Crus hat sich von 5 auf 27 erhöht, das Anbaugebiet wurde von 15 auf 100 ha ausgeweitet.

ROT Diese Weine sollten den klaren Pinot-Charakter des einfachen Mercurey aufweisen, dazu mehr Tiefe und Finesse.

Pinot Noir, Pinot Gris, Pinot Liébault

5–15 Jahre

WEISS Weißer Mercurey ist mir bisher nur auf einfachem Villages-Niveau begegnet.

Brintet • *Émile Chandesais* • *Chartron et Trebuchet* • *Domaine Faiveley* • *Jeannine-Nastet* • *Domaine Émile Juillot* • *Michel Juillot* • *Domaine Lorenzon* • *Guy Narjoux* • *François Raquillet*

MONTAGNY AOC

Da alle Weinberge dieser Appellation Premier-Cru-Status besitzen, fallen nur solche Weine unter diese Villages-Appellation, die vor der Chaptalisation weniger als 11,5 % potenziellen Alkohol aufweisen.

WEISS Diese trockenen Weißweine sind eine preiswerte Variante eines weißen Mâcon.

Chardonnay

3–10 Jahre

Maurice Bertrand & François Juillot • *Caves de Buxy* • *Faiveley* • *Maison Louis Latour* • *Moillard* • *Antonin Rodet*

MONTAGNY PREMIER CRU AOC

Premiers Crus: Les Bassets, Les Beaux Champs, Les Bonnevaux, Les Bordes, Les Bouchots, Le Breuil, Les Burnins, Les Carlins, Les Champs-Toiseau, Les Charmelottes, Les Chandits, Les Chazelles, Clos Chaudron, Le Choux, Les Clouzeaux, Les Coères, Les Combes, La Condemine, Cornevent, La Corvée, Les Coudrettes, Les Craboulettes, Les Crets, Creux des Beaux Champs, L'Epaule, Les Garchères, Les Gouresses, La Grand Pièce, Les Jardins, Les Las, Les Males, Les Marais, Les Marocs, Les Monts Cuchots, Le Mont Laurent, La Mouillère, Moulin l'Echenaud, Les Pandars, Les Pasquiers, Les Pidans, Les Platières, Les Resses, Les St-Mortille, Les St-Ytages, Sous les Roches, Les Thilles, La Tillonne, Les Treuferes, Les Varignys, Le Vieux Château, Vignes Blanches, Vignes sur le Clou, Les Vignes Couland, Les Vignes Derrière, Les Vignes Dessous, La Vigne Devant, Vignes Longues, Vignes du Puits, Les Vignes St-Pierre, Les Vignes du Soleil.

Mit 60 durchwegs als Premier Cru eingestuften Weinbergen hat Montagny eine absolute Sonderstellung unter den Weinorten in Burgund inne.

WEISS Die delikaten trockenen Weine besitzen ein Chardonnay-Aroma, das eher der Côte de Beaune ähnelt als dem Mâconnais.

Chardonnay

4–12 Jahre

Stéphane Aladame • *Arnoux Père & Fils* • *Caves de Buxy* • *Château de Davenay* (weiß) • *Domaine Maurice Bertrand & François Juillot* • *Château de la Saule* • *Jean Vachet*

RULLY AOC

Die nördlichste Appellation der Côte Chalonnaise bringt Weine hervor, die denen der südlichen Côte de Beaune am nächsten kommen.

ROT Angenehm frische, fruchtige Weine mit leichtem bis mittlerem Körper und einiger Finesse; in der Jugend unkompliziert, aber mit gutem Entwicklungspotenzial.

Pinot Noir, Pinot Gris, Pinot Liébault

5–12 Jahre

WEISS Ernsthafte trockene Weine, die meist frischer sind als die weiter südlich in Montagny erzeugten; einige wenige können allerdings auch ziemlich fett geraten.

Chardonnay

3–8 Jahre

Émile Chandesais • *Domaine Chanzy Frères* • *André Delorme* • *Joseph Drouhin* • *Raymond Dureuil-Janthial* • *Domaine de Folie* • *Henri-Paul Jacqueson* • *Domaine de la Renard* • *Antonin Rodet* (Château de Rully)

RULLY PREMIER CRU AOC

Premiers Crus: Agneux, Bas de Vauvry, La Bressaude, Champ-Clou, Chapitre, Clos du Chaigne, Clos St-Jacques, Les Cloux, Ecloseaux, La Fosse, Grésigny, Margotey (Margoté), Marissou, Meix-Caillet, Mont-Palais, Moulesne (Molesme), Phillot, Les Pieres, Pillot, Préau, La Pucelle, Rabourssay (Rabourcé), Raclot, Le Renarde, Vauvry

ROT Gute, mittelgewichtige Weine mit Aromen von Sommerfrüchten und einer seidigen Textur.

Pinot Noir, Pinot Gris, Pinot Liébault

5–15 Jahre

WEISS Im Allgemeinen feine, füllige und körperreiche Weißweine, oft auch mit Finesse ausgestattet.

Chardonnay

4–12 Jahre

Domaine Belleville • *Jean-Claude Brelière* • *Michel Briday* • *Émile Chandesais* • *Chartron et Trebuchet* • *André Delorme* • *Domaine de Folie* • *Henri-Paul Jacqueson* • *Laborde-Juillot*

MÂCONNAIS

Das Mâconnais erzeugt dreimal so viel Weißwein wie das gesamte restliche Burgund. Es erreicht zwar nie ganz den hohen Qualitätsstandard der Côte d'Or, dafür liefert es den preiswürdigsten reinsortigen Chardonnay der Welt.

Das Mâconnais ist eine geschichtsträchtige Weinbauregion, die schon vor 1600 Jahren solches Ansehen genoss, dass der aus Bordeaux stammende römische Dichter Ausonius dessen Weine erwähnte. Heute bietet es sich an, das Gebiet in Verbindung mit dem Beaujolais zu nennen – in beiden Regionen ist (wie im restlichen Burgund) Chardonnay die dominierende weiße Traube und Gamay, im Gegensatz zu allen anderen Gebieten, die vorherrschende rote Rebsorte. Man kann das Mâconnais praktisch als Weißweinregion bezeichnen, während das Beaujolais fast ausschließlich Rotweine produziert.

Zwar ist das Mâconnais in erster Linie eine Weißweinregion, doch sind immerhin 25 % der gepflanzten Reben Gamay, weitere 7,5 % entfallen auf Pinot Noir. Gamay gedeiht auf den Kalkböden des Mâconnais allerdings nicht allzu gut, sodass diese Weine trotz moderner Weinbereitungsmethoden immer recht rustikal und kantig sein werden. Ich erinnere mich noch gut an eine Blindverkos-

GESCHMACKS- UND QUALITÄTSFAKTOREN

LAGE
Auf halbem Weg zwischen Lyon und Beaune gelegen, grenzen die Weinberge des Mâconnais im Norden an die Côte Chalonnaise und im Süden an das Beaujolais.

KLIMA
Das Klima entspricht weit gehend dem der Côte Chalonnaise, allerdings macht sich vom Süden her mediterraner Einfluss bemerkbar, der sich auch in gelegentlichen heftigen Winden zeigt.

TOPOGRAFIE
In den sanften, welligen Hügeln im Norden des Mâconnais setzt sich die Topografie der Côte Chalonnaise fort und geht allmählich in eine konturiertere Landschaft mit steileren Hängen über, die in südlicher Richtung im Grenzbereich zum Beaujolais noch deutlicher hervortritt.

BÖDEN
Über einem Kalkstein-Unterboden liegen Geröll und Schwemmland oder Lehm.

WEINBAU UND WEINBEREITUNG
Einige herausragende Weine (wie der Vieilles Vignes Château de Fuissé aus Pouilly-Fuissé) kommen mit kräftigem Eicheneinfluss gut zurecht, die meisten Weißweine werden jedoch in Edelstahl vergoren und früh auf Flaschen gefüllt, um so viel Frische wie möglich zu bewahren. Die Rotweine werden ganz oder teilweise mit Kohlensäuremaischung hergestellt.

HAUPTREBSORTEN
Chardonnay, Gamay

WEITERE REBSORTEN
Pinot Noir, Pinot Gris (Pinot Beurot), Pinot Liébault, Pinot Blanc, Aligoté, Melon de Bourgogne

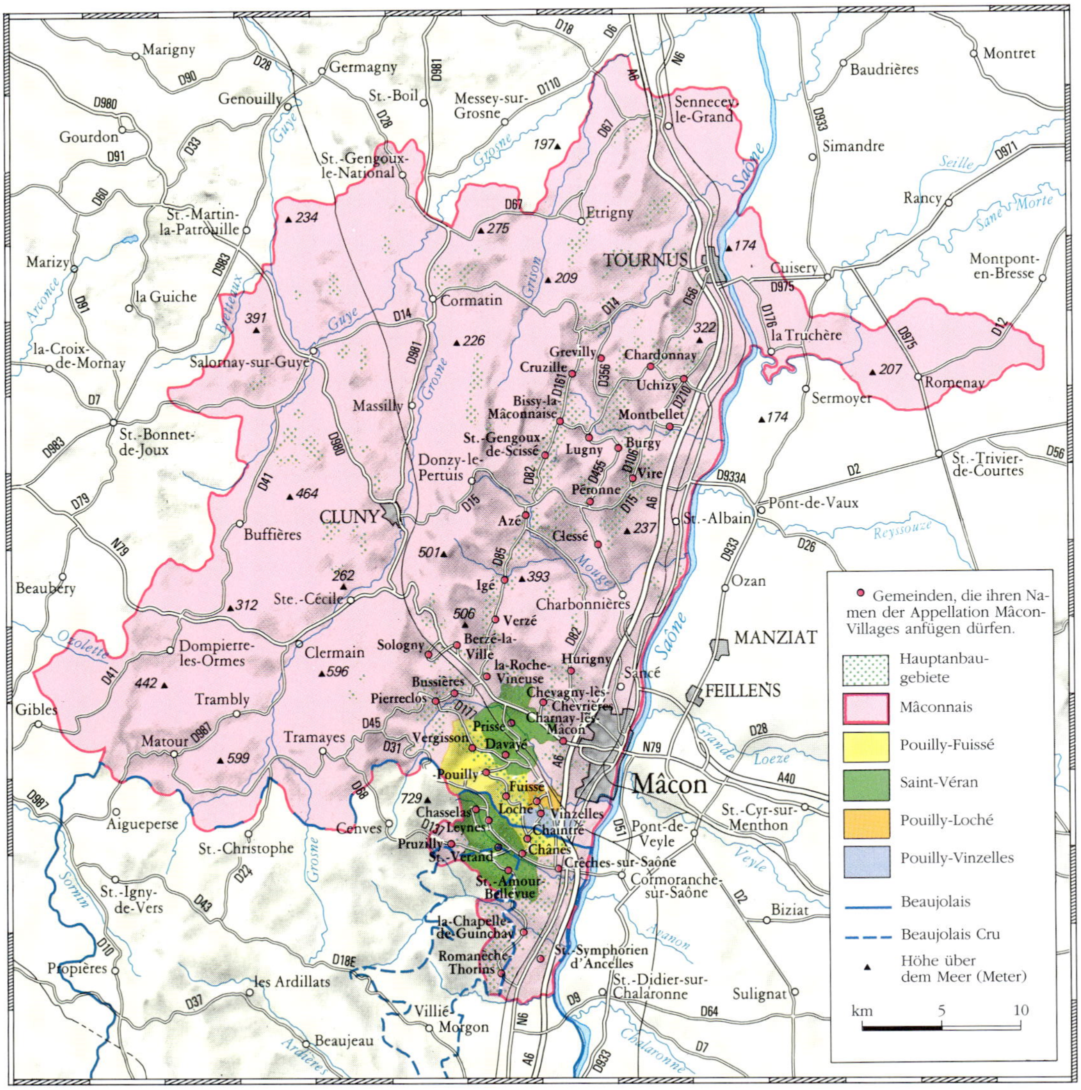

DER FELSEN VON SOLUTRÉ
Imposant erhebt sich der Felsblock von Solutré über die Weinberge des Orts. Solutré ist eines der 42 Dörfer der Appellation Mâcon-Villages und gehört zur Gemeinde Pouilly-Fuissé.

MÂCONNAIS
Siehe auch S. 131
Die berühmten Appellationen des Mâconnais liegen am Westufer der Saône konzentriert. Im Süden überschneiden sie sich mit dem Beaujolais, im Nordwesten erstrecken sie sich weit über die Stadt Mâcon hinaus.

tung, die ich als Redakteur des *Sunday Telegraph Good Wine Guide* veranstaltete. Die Testtrinker wussten lediglich, dass nur Weine aus der Gamay-Traube verkostet wurden und es sich demzufolge mit großer Wahrscheinlichkeit um Beaujolais handeln musste. Der britische *Master of Wine* Christopher Tatham vermerkte zu einem Wein lapidar: »Das Problem ist der Kalk!« Das bezog sich auf den einzigen Wein, der nicht aus dem Beaujolais stammte – einen Mâcon Rouge, also war tatsächlich Kalkstein das Problem. Eine so scharfe Beobachtung unter anonymen Bedingungen unterstreicht, wie wenig sich Gamay für das Mâconnais eignet.

Man kann zwar auch einen Mâcon Rouge ausschließlich aus Pinot Noir erzeugen, doch da der Markt davon ausgeht, diese Appellation sei reiner Gamay, besteht für die Winzer wenig Anreiz, die edlere Rebe zu pflanzen. Dabei ist sie bei weitem besser geeignet, auf den Kalkböden des Mâconnais Weine mit Finesse zu produzieren. Vielleicht wäre es an der Zeit, eine Mâcon-Rouge-Appellation für Pinot Noir einzuführen, oder die Erzeuger sollten die Rebsorte auf dem Etikett der bestehenden Appellation hervorheben.

BERZÉ-LE-CHÂTEL IM MÂCONNAIS
Die wehrhafte Burg Berzé-le-Châtel, der Sitz der Grafen von Mâcon, prunkt mit 13 mittelalterlichen Türmen.

DIE APPELLATIONEN IM MÂCONNAIS

MÂCON AOC

Die meisten Weine dieser für die gesamte Region bestehenden Appellation kommen aus dem Gebiet nördlich der Mâcon-Villages.

ROT Verbesserte Vinifikationstechniken haben diese vor allem aus Gamay gekelterten Weine vorangebracht, doch ist Gamay immer noch eine Sorte, die Kalkboden nicht schätzt.

Gamay, Pinot Noir, Pinot Gris

2–6 Jahre

WEISS Einfache Chardonnays: spritzig, geradlinig, schmackhaft und ausgesprochen preiswert. Ab dem dritten Donnerstag im November nach der Ernte dürfen sie als *primeur* oder *nouveau* verkauft werden.

Chardonnay, Pinot Blanc

1–4 Jahre

ROSÉ Leichtgewichtige Weine von ansprechendem hellen Himbeerrot und feinen Fruchtaromen; erfolgreicher als ihre roten »Brüder«. Ab dem dritten Donnerstag im November dürfen sie als *primeur* oder *nouveau* verkauft werden.

Gamay, Pinot Noir, Pinot Gris

1–3 Jahre

✓ *Bénas Frères* • *E. Brocard* (rot) • *Maison Desvignes* • *Domaine des Deux Roches* (Pierreclos Rouge, Chavigne Rouge) • *Maurice Gonon* (rot) • *Jean Thévenet* (Clessé Rouge Cuvée Botrytis) • *Henri Lafarge* (Braye Rouge) • *Domaine Sumaize-Michelin* (Les Bruyères Rouges)

MÂCON SUPÉRIEUR AOC

Für sämtliche »Supérieur«-Appellationen Frankreichs ist nur ein höherer Alkoholgehalt vorgeschrieben (in der Regel 1 Volumenprozent mehr als für die einfache Appellation), das macht aber noch nicht unbedingt einen besseren Wein daraus.

ROT Mit Ausnahme der wenigen empfohlenen Versionen sind diese Weine mit mittlerem Körper nichts Besonderes.

Gamay, Pinot Noir, Pinot Gris

3–8 Jahre

WEISS Auffallend ist, dass beinahe ein Viertel der ganzen Mâcon-Supérieur-Produktion weiß ist. Die Weine könnte man ebenso gut als schlichten Mâcon AOC verkaufen. Ab dem dritten Donnerstag im November nach der Ernte dürfen sie als *primeur* oder *nouveau* verkauft werden.

Chardonnay, Pinot Blanc

1–4 Jahre

ROSÉ Weine mit schöner Farbe und spritzigem, ansprechendem Fruchtaroma.

Gamay, Pinot Noir, Pinot Gris

1–2 Jahre

✓ *Collin & Bourisset* • *Henri Lafarge* • *Eugène Lebreton* • *Pierre Santé* • *Jean Signoret* • *Jean-Claude Thévenet*

MÂCON-SUPÉRIEUR (MIT ORTSNAMEN) AOC

Siehe Mâcon (mit Ortsnamen) AOC

MÂCON-VILLAGES AOC

Diese Appellation ausschließlich weißer Weine umfasst 42 Dörfer, von denen 8 auch zur Appellation Beaujolais-Villages gehören (*siehe* S. 160); von diesen dürfen 4 auch die St-Véran AOC

führen (*siehe* S. 157). Kommt der Wein nur aus einem Dorf, darf »Villages« durch dessen Namen ersetzt werden (Einzelheiten zu allen 42 Dörfern enthält die folgende Auflistung »Die 42 Mâcon-Villages«).

WEISS Hier finden sich einige der köstlichsten, süffigsten trockenen Chardonnays der Welt, die überdies unglaublich preiswert sind. Ab dem dritten Donnerstag im November nach der Ernte dürfen sie als *primeur* oder *nouveau* verkauft werden.

Chardonnay, Pinot Blanc

1–4 Jahre

✓ *André Bonhomme* • *Carpi-Gobet* (Château London) • *Domaine des Chazelles* • *Domaine Cordier* • *Domaine Corsin* • *Domaine des Deux Roches* • *Domaine des Granges* • *Domaine Guffens-Heynen* • *Domaine Jean Manciat* • *René Michel & Fils* • *Mommessin* • *Groupement de Producteurs de Prissé* • *Claudius Rongier* • *Cellier des Samsons*

DIE 42 MÂCON-VILLAGES

Die Mâcon-Villages AOC gilt für die Weißweine aus folgenden 42 Ortschaften:

MÂCON-AZÉ AOC

Die Genossenschaft des Orts ist für gute, zuverlässige und fleischige Weine bekannt.

✓ *Georges Blanc* (Domaine d'Azenay) • *Domaine des Grand Bruyères* • *Duvergey-Taboureau* (Domaine de la Garonne)

MÂCON-BERZÉ-LA-VILLE AOC

Diesen Weinen bin ich bisher noch nicht begegnet.

MÂCON-BISSY-LA-MÂCONNAISE AOC

Diesen Weinen bin ich bisher noch nicht begegnet.

MÂCON-BURGY AOC

Diesen Weinen bin ich bisher selten begegnet; die eleganten Exemplare der Domaine de Chervin zeugen von ihrem Potenzial.

✓ *Domaine de Chervin*

MÂCON-BUSIÈRES AOC

Diesen Weinen bin ich bisher nur selten begegnet.

✓ *Domaine du Terroir de Jocelyn*

MÂCON-CHAINTRE AOC

In Chaintre ist Georges Dubœufs älterer Bruder Roger ansässig. Da der Ort mit vier anderen die

Appellation Pouilly-Fuissé bildet, dürfen seine Weine zwei Appellationen führen.

✓ *Cave Coopérative de Chaintre • Roger Duboeuf • Domaines des Granges • Domaine Valette*

MÂCON-CHÂNES AOC

Dieser Ort gehört auch zu den Bereichen Beaujolais-Villages und St-Veran und darf somit unter drei Appellationen wählen.

MÂCON-LA CHAPELLE-DE-GUINCHAY AOC

Dieser Ort gehört zum Bereich Beaujolais-Villages und darf somit zwei Appellationen führen.

MÂCON-CHARDONNAY AOC

Diese Weine haben schon allein wegen ihres merkwürdigen Namens eine Anhängerschaft. Die Genossenschaft liefert jedenfalls gute Erzeugnisse.

✓ *Cave Coopérative de Chardonnay* (nur Cuvée du Millénaire, die von alten Reben kommt und als Château du Chardonnay (!) verkauft werden darf)

MÂCON-CHARNAY-LÈS-MÂCON AOC

Ausgezeichnete Weine, die östlich von Pouilly-Fuissé erzeugt werden.

✓ *E. Chevalier & Fils • Domaine Jean Manciat • Domaine Manciat-Poncet*

MÂCON-CHASSELAS AOC

Leider steht der Name Chasselas auch für eine Tafeltraube, die für eher geringe Weine bekannt ist. Die Erzeuger des Orts verkaufen ihre Weine meist als einfachen Mâcon oder als St-Véran.

MÂCON-CHEVAGNY-LÈS-CHEVRIÈRES AOC

Ordentliche Weine, aber selten zu finden.

✓ *Groupement de Producteurs de Prissé*

MÂCON-CLESSÉ AOC

Diese Appellation soll 2002 erlöschen. *Siehe* Viré-Clessé, S. 157.

✓ *Domaine Guillemot-Michel • René Michel • Gilbert Mornand • Claudius Rongier • Jean Signoret • Jean Thévenet* (Domaine de la Bongran, Domaine Émélian Gillet)

MÂCON-CRÈCHES-SUR-SAÔNE AOC

Diesen Weinen bin ich bisher noch nicht begegnet.

MÂCON-CRUZILLE AOC

Seltene Weine aus einem winzigen Flecken im äußersten Norden der Villages-Appellation.

✓ *Demessy* (Château de Messy) *• Guillot-Broux*

MÂCON-DAVAYÉ AOC

Hier werden einige exzellente Weine erzeugt, die allerdings meist als St-Véran AOC in den Handel gehen.

✓ *Domaine des Deux Roches • Lycée Viticole de Davayé*

MÂCON-FUISSÉ AOC

Eine der fünf Gemeinden der Pouilly-Fuissé AOC. Es mag unsinnig erscheinen, einen Wein lieber als Mâcon-Fuissé AOC anzubieten denn als Pouilly-Fuissé AOC, doch ich kenne vier lohnende Beispiele, die genau dies tun.

✓ *Domaine Cordier • Domaine Defussiacus • Le Moulin du Pont • Domaine la Soufrandise • Jean-Paul Thibert*

MÂCON-GRÉVILLY AOC

Mâcon-Grévilly im äußersten Norden der Villages-Appellation besitzt einen guten Ruf.

✓ *Guillot-Broux*

MÂCON-HURIGNY AOC

Diesen Weinen bin ich noch nicht begegnet.

MÂCON-IGÉ AOC

Diese Weine sind rar, aber renommiert.

✓ *Les Vignerons d'Igé*

MÂCON-LEYNES AOC

Diese Gemeinde gehört zu den Bereichen Beaujolais-Villages AOC und St-Véran AOC und kann damit unter drei Appellationen wählen.

✓ *André Depardon*

MÂCON-LOCHÉ AOC

Diese Gemeinde hat auch ein Anrecht auf die Pouilly-Loché AOC und Pouilly-Vinzelles AOC.

✓ *Caves des Crus Blancs • Château de Loché*

MÂCON-LUGNY AOC

Louis Latour hat viel zum guten Image dieser Weine beigetragen.

✓ *Louis Latour • Cave de Lugny • Domaine du Prieuré*

MÂCON-MILLY-LAMARTINE AOC

Diesen Weinen bin ich noch nicht begegnet.

MÂCON-MONTBELLET AOC

Selten anzutreffende Weine, die sich nach einigen Jahren auf der Flasche gut entwickeln.

✓ *Henry Goyard* (Domaine de Roally)

MÂCON-PÉRONNE AOC

Diese Weine machen in der Nase einen fülligeren und am Gaumen einen kräftigeren Eindruck als die meisten Villages, besitzen aber weniger Charme. Den Erzeugern zufolge brauchen sie etwas länger »zur Abrundung« als die meisten anderen Mâcons.

✓ *Maurice Josserand • Domaine des Légères • Cave de Lugny • Domaine du Mortier • Daniel Rousset*

MÂCON-PIERRECLOS AOC

Die Domaine Guffens-Heynen ist hier mit Abstand der beste Erzeuger.

✓ *Domaine Guffens-Heynen • Henri de Villamont*

MÂCON-PRISSÉ AOC

Die Gemeinde gehört auch zum Bereich St-Véran und kann somit zwischen zwei Appellationen wählen.

✓ *Groupement de Producteurs de Prissé • Domaine de Thibert Père et Fils*

MÂCON-PRUZILLY AOC

Dieses Dorf liegt im Bereich Beaujolais-Villages und kann daher zwischen zwei Appellationen wählen.

MÂCON-LA ROCHE VINEUSE AOC

Die unterbewerteten Weine von Mâcon-La Roche Vineuse wachsen an den West- und Südhängen nördlich von Pouilly-Fuissé. Olivier Merlin versteht es, ihr Potenzial bis aufs Letzte auszureizen.

✓ *Olivier Merlin • Groupement de Producteurs de Prissé*

MÂCON-ROMANÈCHE-THORINS AOC

Die Gemeinde Mâcon-Romanèche-Thorins zählt auch zum Bereich Beaujolais-Villages AOC und kann daher unter zwei Appellationen wählen. Die Produktion umfasst überwiegend Rotweine.

MÂCON-ST-AMOUR-BELLEVUE AOC

Die Gemeinde ist vor allem für ihren Beaujolais-Cru St-Amour bekannt, ist aber auch Teil der Appellationen Beaujolais-Village und St-Véran. Demnach können einige Weinberge unter vier Appellationen wählen, von denen diese wohl am wenigsten attraktiv ist.

MÂCON-ST-GENGOUX-DE-SCISSÉ AOC

Diesen Weinen bin ich noch nicht begegnet.

MÂCON-ST-SYMPHORIEN-D'ANCELLES AOC

Da Mâcon-St-Symphorien-d'Ancelles auch zum Bereich Beaujolais-Villages gehört, kann man aus zwei Appellationen wählen.

MÂCON-ST-VÉRAND AOC

Dieses Dorf zählt auch zu den Appellationen Beaujolais-Villages und St-Véran und kann daher unter drei Appellationen wählen.

MÂCON-SOLOGNY AOC

Mâcon-Sologny liegt unmittelbar nördlich der Pouilly-Fuissé AOC und erzeugt spritzige, knackige Weine mit vegetalen Aromen.

✓ *Ets Bertrand • Cave de Sologny*

MÂCON-SOLUTRÉ AOC

Eine von 5 Gemeinden der Appellation Pouilly-Fuissé, auch Teil des Bereichs St-Veran; daher kann man unter drei Appellationen wählen.

✓ *André Depardon • Jean-Michel & Béatrice Drouhin • Chantal & Dominique Vaupré*

MÂCON-UCHIZY AOC

Inzwischen sind die Weine aus diesem Ort, der an den Bereich Chardonnay grenzt, häufiger anzutreffen. In der Regel von guter, erfrischender Qualität.

✓ *Domaine Raphaël Sallet* (auch als R. & G. Sallet im Handel) *• Paul & Philebert Talmard*

MÂCON-VERGISSON AOC

Mâcon-Vergisson ist eine der fünf Gemeinden der Pouilly-Fuissé AOC. Die Weine des Ortes sind körperreicher als die meisten anderen und können einige Jahre in der Flasche reifen.

✓ *Daniel Barraut • Michel Forest*

MÂCON-VERZÉ AOC

Diesen Weinen bin ich bisher selten begegnet.

✓ *Domaine du Clos Gandin*

MÂCON-VINZELLES AOC

Der Ort ist auch für die Pouilly-Vinzelles AOC zugelassen und kann daher unter zwei Appellationen wählen.

✓ *Caves des Crus Blancs*

MÂCON-VIRÉ AOC

Diese Appellation soll 2002 erlöschen. *Siehe* Viré-Clessé, S. 157.

✓ *André Bonhomme • Jean-Noël Chaland • Domaine des Chazelles • Domaine Guillemot-Michel Henri Goyard* (Domaine de Rolly) *• Jean Thévenet* (Domaine de la Bongran, Domaine Émélian Gillet) *• Cave Coopérative de Viré*

MÂCON (MIT ORTSNAMEN) AOC

Diese Appellation unterscheidet sich von der erwähnten Mâcon-Villages AOC (an die ein Ortsname angehängt werden darf und die nur für Weißweine gilt) durch eine etwas abweichende Auswahl an Orten, deren Namen auf dem Etikett genannt werden müssen, und gilt ausschließlich für Rot- und Roséweine. Die Appellation wird von einer geringeren Zahl von Weinbauorten genutzt, vor allem Mâcon-Bissy, Mâcon-Braye, Mâcon-Davayé und Mâcon-Pierreclos.

ROT Manches lässt darauf schließen, dass einige Dörfer (genauer einzelne Winzer mit besonders guten Parzellen) ausgewogenere Weine erzeugen können, als man bisher von der Gamay-Traube in Mâcon erwartet hat.

Gamay, Pinot Noir, Pinot Gris

WEISS Diese Weine dürfen ab dem dritten Donnerstag im November nach der Ernte als *primeur* oder *nouveau* verkauft werden.

Chardonnay

1–4 Jahre

ROSÉ Roséweinen bin ich bisher noch nicht begegnet.

Gamay, Pinot Noir, Pinot Gris

✓ *Pierre Mahuet • Domaine du Prieuré • Jean-Claude Thévenet*

PINOT CHARDONNAY-MÂCON AOC

Alternative Appellation für weißen Mâcon. *Siehe* Mâcon AOC.

POUILLY-FUISSÉ AOC

Diesen reinsortigen Chardonnay darf man nicht mit dem Pouilly-Fumé verwechseln, einem Sauvignon Blanc der Loire. Die Appellation umfasst ein großes Gebiet mit erstklassigen Weinbergen, aber die Qualität schwankt beträchtlich.

WEISS Die trockenen Weine rangieren vom typischen Mâcon-Blanc-Charakter über etwas festere Versionen bis zu den kraftstrotzenden, eichenbetonten Exemplaren von Michel Forest und Château Fuissé Vieilles Vignes von Vincent. Diese beiden gelten allgemein als die besten Weine von Pouilly-Fuissé, sind jedoch in keiner Weise typisch für Mâcon, sondern orientieren sich eher an der Côte Chalonnaise, zuweilen sogar an der Côte de Beaune. Eingeschworene Fans des traditionellen, leichten und zarten Mâcon-Stils würden sie nie anrühren. Andererseits können Weine von Erzeugern wie Guffens-Heynen ebenso körperreich und intensiv sein wie jene von Forest oder Château Fuissé, obwohl sie auf Eiche gänzlich verzichten.

Chardonnay

3–8 Jahre

✓ *Auvigue* (auch unter Burrier Revel & Cie verkauft) • *Daniel Barraud • Domaine Cordier • Domaine Corsin • Jean-Michel & Béatrice Drouhin • Georges Dubœuf* (Fût du Chêne) • *Domaine J. A. Ferret • Michel Forest • Michel Galley-Golliard • Domaine Guffens-Heynen • Roger Lassarat • Domaine Manciat-Poncet • Olivier Merlin • Domaine René Perraton • Groupement de Producteurs de Prissé • Domaine Pascal Renaud • Domaine Robert-Denogent • Château des Rontets • Jacques & Nathalie Saumaize • Domaine Saumaize-Michelin • Domaine de la Soufrandise • Domaine Valette • Verget • Vincent & Fils* (Château de Fuissé Vieilles Vignes)

POUILLY-LOCHÉ AOC

Eine der beiden Satelliten-Appellationen von Pouilly-Fuissé.

WEISS Der Ort kann die Appellationen Mâcon-Loché, Pouilly-Loché und Pouilly-Vinzelles verwenden. Die trockenen Weine besitzen in allen Fällen Mâcon-Stil.

Chardonnay

1–4 Jahre

✓ *Caves des Crus Blancs • Domaine des Ducs • Gilles Noblet • Domaine René Perraton • Domaine Saumaize-Michelin • Domaine St-Philbert*

POUILLY-VINZELLES AOC

Eine der beiden Satelliten-Appellationen von Pouilly-Fuissé.

WEISS Auch diese Weine entsprechen eher dem Stil des Mâcon.

Chardonnay

1–4 Jahre

✓ *Caves des Crus Blancs • Domaine René Perraton • Jean-Jacques Martin • Jean-Paul Thibert • Château de Vinzelles*

ST-VÉRAN AOC

Diese Appellation überschneidet sich mit dem Mâconnais und dem Beaujolais und wird selbst von der Appellation Pouilly-Fuissé geteilt – zwei Dörfer liegen im Norden (Davayé, Prissé), fünf im Süden (Chânes, Chasselas, Leynes, St-Amour und St-Vérand). Ursprünglich nach St-Vérand benannt, strich man aus Rücksicht auf die Erzeuger in anderen Orten das »d« aus dem Namen. Man fürchtete nämlich, sie würden nicht hinter der neuen Appellation stehen, wenn ihre Weine sozusagen unter einem anderen Ortsnamen verkauft würden. Eingeführt wurde die Appellation 1971, um den Weißweinen des Beaujolais ein besseres Image zu verschaffen als unter der Appellation Beaujolais Blanc.

WEISS Frische, fruchtige trockene Chardonnays von ausgezeichneter Preis-Wert-Relation. Vincent, der Eigentümer von Château Fuissé, bereitet einen fantastisch üppigen Wein, der einem Pouilly-Fuissé viel näher kommt als einem Mâcon-Villages und Anklänge von Eiche und Honig aufweist.

Chardonnay

1-4 Jahre

✓ *Auvigne* (auch unter Burrier Revel & Cie verkauft) • *Domaine Corsin • Domaine des Deux Roches • Antoine Depagneux • Jean-Michel & Béatrice Drouhin • Dubœuf • Roger Lassarat • Domaine Jean Manciat • Jean-Jacques Martin • Olivier Merlin • Groupement de Producteurs de Prissé • Jacques & Nathalie Saumaize* (Vieilles Vignes) • *Domaine Saumaize-Michelin • Verget • Vincent & Fils*

VIRÉ-CLESSÉ AOC

Diese neue Appellation wurde im November 1998 ins Leben gerufen, in der Praxis jedoch zurückdatiert, um den 98er Jahrgang noch mit aufnehmen zu können. Sie entstand als Zusammenführung der Appellationen Mâcon-Viré und Mâcon-Clessé, wobei zugleich die Weine aus Viré-Clessé die Eigenständigkeit erhielten, unabhängig von den Mâcon-Villages. Der Viré war schon immer der bei weitem gängigste Mâcon-Village, andererseits aber auch der beständigste und immer einer der besten, während der Clessé am meisten Finesse zeigte. Mithin kann man auf die weitere Entwicklung dieser neuen Appellation gespannt sein. Wenn sie sich behaupten soll, dann müssten allerdings strengere Ertragsbegrenzungen eingeführt werden, wie im Falle der verschiedenen Pouilly-Appellationen.

Chardonnay

1–4 Jahre

✓ *Für alle unter Mâcon-Viré und Mâcon-Clessé empfohlenen Weine gilt hier unter der neuen Appellation Entsprechendes; wirklich herausragend sind: André Bonhomme • Domaine Philippe • Maison Rickaert • Cave Coopérative de Viré*

DAS VON WEINBERGEN UMGEBENE FUISSÉ

Rund um das Fuissé steigen die Weinberge wie ein Amphitheater an. Besiedelt ist die Gegend seit dem Neandertal-Zeitalter.

BEAUJOLAIS

Dieser riesige Bereich verdankt seinen Ruf dem einzigen Gamay-Wein mit Klassikerstatus – einem purpurfarbenen, frischen, leichten und süffigen Wein, der jedes Jahr nicht weniger als sechs von zehn in Burgund abgefüllten Flaschen stellt.

WEINLESE IN FLEURIE
Für die Kohlensäuremaischung dürfen die Gamay-Trauben nicht entrappt werden und müssen möglichst ungequetscht in den Keller gelangen.

Die besten Erzeuger der zehn *Crus* des Beaujolais liefern einen Gamay, der mit Recht als Klassiker gilt. Einfacher Beaujolais ist dagegen nicht mehr als ein spritziger, fruchtig-saftiger Wein. Nur erreichen leider die meisten Beaujolais nicht einmal diesen einfachen Standard, viele – darunter auch die schwächeren *Cru*-Weine – riechen nach Kaugummi oder Banane und schmecken nach Fruchtdrops. Im Handel nennt man sie »Lollipop«-Weine, und sie sind all jenen zu empfehlen, die mit wirklichem Wein nichts am Hut haben. Dass sich der meiste Beaujolais auf Fruchtbonbon-Niveau bewegt, hat nichts mit der Traubensorte zu tun, sondern mit den Verfahren im Weinkeller und dem schier unglaublichen Ausstoß. Der jährliche Ausstoß an Beaujolais ist zweieinhalb mal so groß wie die gesamte Weinproduktion im ganzen restlichen Burgund! Über die Hälfte davon kommt bereits wenige Wochen nach der Lese als *Beaujolais Nouveau* oder *Primeur* in den Handel. Dieser sowie eine große Menge Beaujolais, Beaujolais Supérieur und Beaujolais-Villages, ganz zu schweigen von miesem Cru Beaujolais, den es leider ebenfalls gibt, werden mit einer Variante der Kohlensäuremaischung (*siehe* S. 36) hergestellt, bei der genau die chemischen Verbindungen (Amylacetat und Ethylacetat) hervortreten, die Kaugummi, Bananen und Fruchtdrops ihr typisches Aroma verleihen. Außerdem entsteht dabei unter Umständen der stechende Geruch nach Nagellackentferner, der einigen der schlimmsten Beaujolais Nouveaux anhaftet (aber, das sei be-

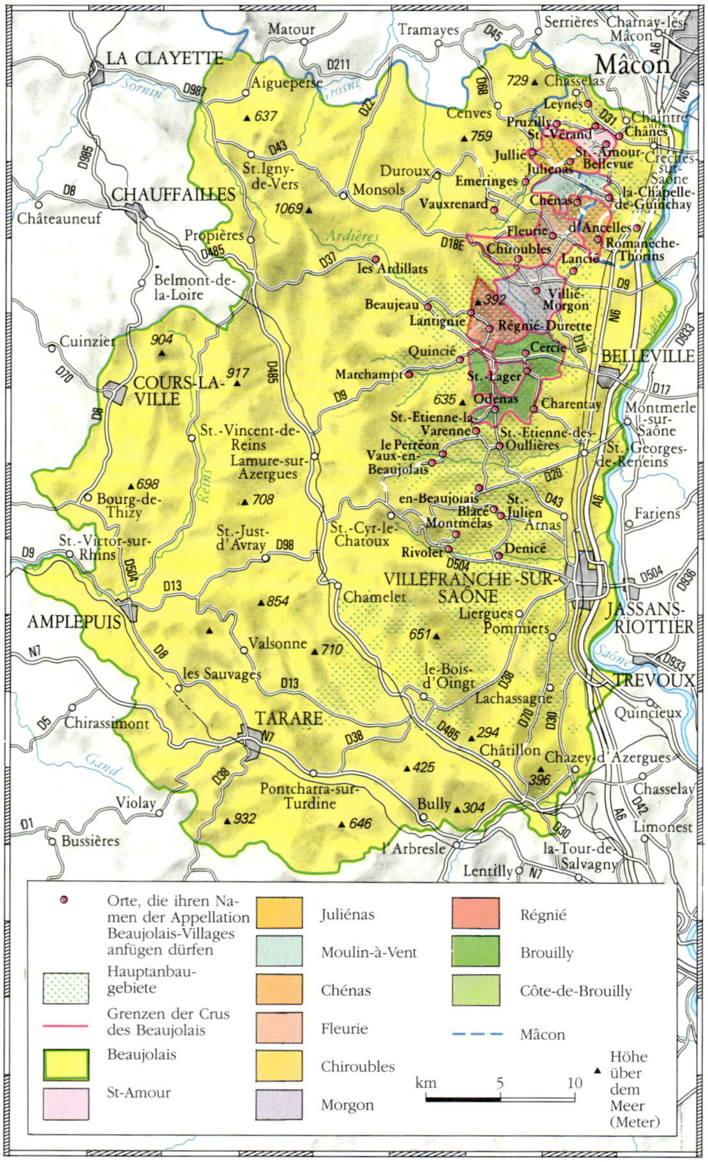

BEAUJOLAIS
Siehe auch S. 131
Das Beaujolais ist die südlichste Region Burgunds und ist fast ausschließlich mit Gamay bepflanzt, die sich auf Granitboden am besten entfaltet.

GESCHMACKS- UND QUALITÄTSFAKTOREN

LAGE
Beaujolais ist der südlichste Bezirk Burgunds und liegt im Département Rhône rund 400 km südöstlich von Paris.

KLIMA
Das vorwiegend sonnige Klima wird durch Einflüsse von Atlantik und Mittelmeer sowie durch kontinentale Einflüsse gestaltet. Die durchschnittlichen Niederschläge und Temperaturen sind ideal für den Weinbau; abrupte Wetterschwankungen gehen auf Mittelmeer-Hoch- und -Tiefdruckgebiete zurück.

TOPOGRAFIE
Eine sanfte Hügellandschaft, deren Hänge in alle Himmelsrichtungen von 150 bis 550 m Höhe mit Reben bepflanzt sind.

BÖDEN
Der Nordteil des Beaujolais, in dem die bekannten Crus und die Gemeinden der Beaujolais-Villages AOC liegen, ist für seinen Granitunterboden berühmt – der einzige Bodentyp, auf dem es die Gamay zu Höchstleistungen gebracht hat. Die Oberböden sind oft schieferig oder setzen sich aus zerfallenem Granit, Sand und Lehm zusammen. Im Südteil herrscht Kalkboden vor, was der Gamay-Rebe Probleme bereitet: Sie ergibt dort deutlich leichtere Weine, denen die Klasse der nördlichen Anbaugebiete abgeht.

WEINBAU UND WEINBEREITUNG
Die Reben werden im Gobelet-System erzogen (*siehe* S. 24) und bieten dadurch ein völlig anderes Bild als im übrigen Burgund. Die Trauben werden von Hand gelesen und mittels einer Kombination von Kohlensäuremaischung und normaler Gärung (*Macération semi-carbonique*) vergoren. Die Crus Beaujolais werden allerdings auf traditionellere Art erzeugt und bleiben länger auf der Maische (im Durchschnitt sieben Tage, beim Beaujolais Nouveau sind es hingegen nur zwei Tage), manche reifen sogar teilweise in neuer Eiche.

HAUPTREBSORTE
Gamay

WEITERE REBSORTEN
Chardonnay, Pinot Noir, Pinot Gris (Pinot Beurot), Pinot Liébault, Pinot Blanc, Aligoté, Melon de Bourgogne

WEINFÄSSER IN ST-AMOUR IM BEAUJOLAIS

Im Jahr 1936 wurden fünf Crus Beaujolais (Chénas, Chiroubles, Fleurie, Morgon und Moulin-à-Vent) klassifiziert, weitere drei (Brouilly, Côte de Brouilly und Juliénas) folgten 1938, als neunter erhielt St-Amour im Jahr 1946 den Cru-Status und Régnié 1988 als zehnter.

tont, keine schädlichen Wirkungen hat). Die selbst in Burgund verbreitete Antipathie gegen diese Art von Gamay macht Jean-Marie Guffens deutlich (zitiert von Anthony Hanson in seinem Buch *Burgundy*), der die für viele Beaujolais Nouveaux verwendete Gärmethode als »Kohlensäure-Masturbation« bezeichnet. Mit dem Beaujolais Nouveau werden enorme Profite erwirtschaftet, aber den Wein selbst sollte man nicht allzu ernst nehmen. Kein Erzeuger von Beaujolais Nouveau würde diesen als guten Wein bezeichnen. Ein derartiges Profil würde nur das sorgfältig aufgebaute Image eines jungen, unkomplizierten Weines zerstören, der auf Massenkonsum ausgerichtet ist. Beaujolais Nouveau sollte Spaß machen und hat seinen Teil dazu beigetragen, Wein generell populär zu machen, was ich ihm als Verdienst anrechne.

DIE GESCHICHTE VON »PISSE VIEILLE«

Der Name des Weinbergs »Pisse Vieille« in Brouilly verursacht immer wieder großes Amüsement, und man ist vielleicht enttäuscht, wenn man seine Geschichte nur auf Französisch abgedruckt findet. Sie lautet folgendermaßen:

Eines Tages ging eine alte Frau namens Mariette zur Beichte. Der Pfarrer, der neu im Dorf war, beherrschte den Dialekt noch nicht und wusste außerdem nicht, dass Mariette schwerhörig war. Als er ihr die Beichte abnahm, sagte er zu ihr: »Allez! Et ne péchez plus!« (»Geh hin und sündige nicht mehr!«). Mariette verstand aber »Allez! Et ne piché plus«, was im Dialekt so viel bedeutete wie »Geh hin und pinkle nicht mehr«. Als ergebene Katholikin handelte Mariette, wie ihr gesagt wurde. Als ihr Ehemann sie fragte, was für eine schreckliche Buße ihr denn auferlegt worden sei, weigerte sie sich, es ihm zu erzählen. Nach einigen Tagen ging der Mann zu dem neuen Pfarrer. Als er die Wahrheit erfuhr, eilte er nach Hause und rief, sobald er in Hörweite war, seiner Frau zu: »Pisse, vieille!« (»Geh pinkeln, Alte!«).

DIE APPELLATIONEN DES BEAUJOLAIS

BEAUJOLAIS AOC

Unter die einfache Appellation Beaujolais fällt die Hälfte des in der Region erzeugten Weins, wovon wiederum über die Hälfte als Beaujolais Primeur in den Handel kommt. Aufgrund ihrer mäßigen Qualität können diese Weine, ausgenommen die Crus Beaujolais, nicht über die Handelshäuser der Côte d'Or bezogen werden.

ROT Den fruchtigen Weinen haftet aufgrund der Herstellungsmethode meist der Geschmack von Fruchtdrops an. Die besten sind angenehm frisch und unkompliziert direkt und animieren zu großen Schlucken.

Gamay, Pinot Noir, Pinot Gris

1–3 Jahre

WEISS Trockene Weißweine machen nicht einmal 0,5 % der Gesamtproduktion dieser Appellation aus, doch die wenigen spezialisierten Erzeuger liefern ganz gute Tropfen. Der aromatische Beaujolais Blanc von Pierre Charmet erinnert an Pfirsiche.

Chardonnay, Aligoté

1–3 Jahre

ROSÉ Spritzig, angenehm und fruchtig.

Gamay, Pinot Noir, Pinot Gris

1–3 Jahre

✓ *Charles & Christine Brechard* • *Cave Beaujolais du Bois-d'Oingt* (rosé) • *Cave Coopérative Beaujolaise de St-Vérand* • *Blaise Carron* • *Pierre Carron* (weiß) • *Vignoble Charmet* • *Domaine Pierre-Marie Chermette* • *Pierre-Marie Chermette* • *Jean Garlon* • *Domaine des Granges* (weiß) • *Pierre Jomard* • *Domaine du Plateau de Bel-Air* • *Domaine des Terres Dorées*

BEAUJOLAIS NOUVEAU AOC

Siehe Beaujolais Primeur AOC

BEAUJOLAIS PRIMEUR AOC

Über die Hälfte aller Beaujolais kommt als *Vin de Primeur* in den Handel. Die intensive Kohlensäuremaischung macht es möglich, dass er in den Exportmärkten bereits ab dem dritten Donnerstag im November getrunken werden kann. Beaujolais Nouveau ist gleich bedeutend mit Beaujolais Primeur, Erstere ist häufiger auf den Exportetiketten anzutreffen, während letztere Bezeichnung auf dem französischen Markt gebräuchlicher ist. Beaujolais Nouveau ist als unkomplizierter Kneipenwein gedacht, aber das Vergnügen hört spätestens dann auf, wenn der Wein wie Nagellackentferner riecht und nach Kaugummi schmeckt. Aber was will man von einem Getränk, das ein paar Wochen vorher noch als Trauben an den Rebstöcken hing, schon Großes erwarten? Wer echten Beaujolais und tadellosen Gamay sucht, sollte sich an die bei den anderen Appellationen aufgeführten Weine halten.

BEAUJOLAIS SUPÉRIEUR AOC

Nur 1 % aller Beaujolais-Weine trägt diese Appellation. Man trifft nur selten auf einen Beaujolais Supérieur, der dem einfachen Beaujolais AOC in mehr als nur dem Alkoholgehalt überlegen wäre, denn diese Appellation besagt ja nichts weiter, als dass der Wein 1 % mehr Alkohol zu enthalten hat. Beaujolais Supérieur darf ab dem dritten Donnerstag im November als *primeur* oder *nouveau* verkauft werden.

ROT In keiner Hinsicht besser als Beaujolais AOC – für Partys kaufen Sie besser einfachen Beaujolais, zum genussvollen Trinken einen Cru Beaujolais.

Gamay, Pinot Noir, Pinot Gris

3–8 Jahre

WEISS Nur 5 % dieser kleinen Appellation sind weiße Weine, die zwar gut sein können, aber meist auch nicht besser sind als der einfache Zechwein Beaujolais Blanc.

Chardonnay, Aligoté

1–3 Jahre

ROSÉ Ich habe bisher noch keine Roséweine dieser Appellation angetroffen.

✓ *Cave Beaujolais du Bois-d'Oingt • Cave Coopérative Beaujolaise de St-Verand • Thierry Doat*

BEAUJOLAIS (MIT ORTSNAMEN) AOC

Insgesamt 38 Gemeinden können ihren Namen dieser Appellation anfügen, doch nur wenige machen davon Gebrauch. Denn zum einen erfüllen eine Reihe dieser Orte auch die Anforderungen für die höherwertige Cru-Beaujolais-Appellation (unten mit * gekennzeichnet) und bedienen sich selbstverständlich des berühmteren Namens, um ihre Weine zu vermarkten. Zum anderen besitzen acht dieser Dörfer das Recht auf die Mâcon-Villages AOC (mit M gekennzeichnet), und von diesen gehören wiederum vier der St-Véran AOC an (mit S-V gekennzeichnet; *siehe auch* S. 157), die sich mit dem Mâconnais und dem Beaujolais überschneidet. Einige Weinbauorte erzeugen mehr Weiß- als Rotwein. Ab dem dritten Donnerstag im November nach der Ernte dürfen sie als *primeur* oder *nouveau* verkauft werden.

Dies sind die Orte, die diese Appellation führen dürfen: Arbuisonnas, Les Ardillats, Beaujeu, Blacé Cercié (*), Chânes (M, S-V), La Chapelle-de-Guinchay (M, *), Charentay, Chénas, Chiroubles (*), Denicé, Durette, Emeringes (*), Fleurie (*), Jullié (*), Juliénas (*), Lancié, Lantignié, Leynes (M, S-V), Marchampt, Montmelas, Odenas, Le Perréon, Pruzilly (M, *), Quincié (*), Régnié (*), Rivolet, Romanèche-Thorins (M, *), St-Amour-Bellevue (M, S-V, *), St-Étienne-des Ouillères, St-Étienne-la Varenne (*), St-Julien, St-Lager, St-Symphorien-d'Ancelles (M), St-Vérand (M, S-V), Salles, Vaux, Vauxrenard, Villié-Morgon (*)

ROT Gute Exemplare sind üppig-aromatische Gamay-Weine, in der Qualität mit Beaujolais-Villages vergleichbar, allerdings mit ausgeprägterem Charakter.

Gamay, Pinot Noir, Pinot Gris

3–8 Jahre

WEISS Diesen Weinen bin ich bisher selten begegnet.

Chardonnay, Aligoté

1–3 Jahre

ROSÉ Diesen Weinen bin ich selten begegnet.

Gamay, Pinot Noir, Pinot Gris

1–3 Jahre

✓ *Jean Berend* (Le Perréon) • *Jean Berthelot* (Quincié) • *Domaine de Granite Bleu* (Perréon) • *Bruno Jambon* (Laitigne) • *Claude & Michelle Joubert* • *Bernard Nesmé* (Laitigne)

BAUJOLAIS-VILLAGES AOC

Die 38 Dörfer, die ihren Namen der Beaujolais AOC anfügen dürfen – *siehe* Beaujolais (mit Ortsnamen) AOC – sind auch für diese Appellation zugelassen. Vorgeschrieben ist sie, wenn es sich um einen Verschnitt aus Weinen zweier oder mehrerer Weinorte handelt.

ROT Gute Exemplare besitzen eine gute Farbe und reiche Gamay-Aromen. Außerdem sollten sie jene gehobenen Attribute aufweisen, die den Beaujolais Supérieurs zumeist abgehen.

Gamay, Pinot Noir, Pinot Gris

3–8 Jahre

WEISS Villages Blanc ist kaum zu finden, wird aber in etwas größerem Volumen erzeugt als Beaujolais Blanc. Diese Weine dürfen ab dem dritten Donnerstag im November als *primeur* oder *nouveau* verkauft werden.

Chardonnay, Aligoté

1–3 Jahre

ROSÉ Kaum zu finden; attraktiv ist jedoch der Wein der Cave Beaujolais du Bois-d'Oingt. Diese Weine dürfen ab dem dritten Donnerstag des Novembers als *primeur* oder *nouveau* verkauft werden.

Gamay, Pinot Noir, Pinot Gris

1–3 Jahre

✓ *Domaine Auccoeur Noël • Domaine Berrod • Cave Beaujolais du Bois-d'Oingt • Geny de Flammerécourt • Evelyne & Claude Geoffray • Château de Grand Vernay • Château des Jacques • Jacky Janodet • Méziat Père & Fils • Alain Passot • Jean-Charles Pivot • Gilles Roux • Château Thivin • Frédéric Trichard • La Maison des Vignerons*

BROUILLY AOC

Cru Beaujolais

Der größte und südlichste der zehn *Cru*-Orte und neben der Côte de Brouilly der einzige, der auch andere Reben als Gamay zulässt.

ROT Die meisten Brouillys sind ernst zu nehmende Weine, auch wenn sie nicht zu den besten Crus Beaujolais gehören. Sie sind nicht ganz so intensiv wie Côte de Brouilly, doch fruchtig, füllig und geschmeidig, wenn auch etwas erdig. Sie sollten körperreich und können relativ tanninbetont sein.

Gamay, Chardonnay, Aligoté, Melon de Bourgogne

2–7 Jahre (4–12 Jahre für *Vin de Garde* aus Spitzenjahrgängen)

✓ *Domaine des Coteaux de Vuril • Domaine H. & P. Dubost* (Vieilles Vignes) • *Henry Fessy* (Cuvée Pur Sang de Bel Air) • *André Large • Jean Lathuilière • Alain Marchaud • Château Thivin*

CHÉNAS AOC

Cru Beaujolais

Chénas, der kleinste Cru-Beaujolais-Ort, liegt an den Hängen oberhalb von Moulin-à-Vent. Wo heute Reben wachsen, standen früher Eichen; der Ortsname ist von *Chêne*, dem französischen Wort für Eiche, abgeleitet.

ROT Wenn auch der Chénas meist nicht die Kraft der Weine aus dem benachbarten Moulin-à-Vent erreicht, so ist er doch meist voll und großzügig. Weine von talentierten Erzeugern, wie Jean Benon oder von der Domaine Champagnon, sind verführerisch und kraftvoll; ersterer ist in Eiche ausgebaut, letzterer nicht.

Gamay

3–8 Jahre (5–15 Jahre für *Vin de Garde* aus Spitzenjahrgängen)

✓ *Jean Benon • Château de Chénas • Domaine des Ducs • Bernard Santé • Domaine Champagnon • Hubert Lapierre • Henri Lespinasse • Georges Trichard • Jacques Trichard*

CHIROUBLES AOC

Cru Beaujolais

Von den Terrassen von Chiroubles hoch in den Hügeln über der Beaujolais-Ebene kommt der am intensivsten duftende Cru Beaujolais.

ROT Weine mit schlankem Körper, intensivem Bukett und dem wunderbar feinen Aroma zerdrückter Trauben. Sie sind in der Jugend charmant, außerordentliche Exemplare können aber im Alter noch besser werden.

Gamay

1–8 Jahre (5–15 Jahre für Lagerweine aus Spitzenjahrgängen)

✓ *Domaine Émile Cheysson • Domaine André Métrat • Alain Passot • Domaine de la Source • La Maison des Vignerons*

CÔTE DE BROUILLY AOC

Cru Beaujolais

Gäbe es im Beaujolais *Grands Crus,* wäre die Côte de Brouilly ohne Zweifel als *Grand Cru* Brouilly klassifiziert (die Weinberge dieser Appellation umschließen praktisch jene der Côte de Brouilly AOC).

ROT Ein guter Côte de Brouilly ist voll, körperreich und aromatisch. Die Frucht sollte lebhaft und intensiv sein, ohne die Erdigkeit, die manchem Brouilly anhaftet.

Gamay, Pinot Noir, Pinot Gris

3–8 Jahre (5–15 Jahre für *Vin de Garde* aus Spitzenjahrgängen)

Château du Grand Vernay • *André Large* • *Château Thivin* (La Chapelle) • *Domaine de la Voûte des Crozes*

COTEAUX DU LYONNAIS AOC

Dieses Gebiet ist streng genommen kein Teil des Beaujolais, gehört aber zu seinem Einflussbereich und verwendet die klassischen Beaujolais-Sorten, weshalb es hier angeführt wird.

ROT Leichte Weine mit frischer Gamay-Frucht und von geschmeidiger Balance. Sie dürfen ab dem dritten Donnerstag im November als *primeur* oder nouveau verkauft werden.

Gamay

2–5 Jahre

WEISS Spritziger, trockener Chardonnay, etwas weicher als Mâcon und ohne das klare Profil eines guten Beaujolais Blanc. Diese Weine dürfen ab dem dritten Donnerstag im November nach der Lese als *primeur* oder *nouveau* verkauft werden.

Chardonnay, Aligoté

1–3 Jahre

ROSÉ Diesem Wein bin ich noch nicht begegnet.

Pierre Jomard • *Domaine de Petit Fromentin* • *Cave de Sain-Bel*

FLEURIE AOC

Cru Beaujolais

Fleurie mit seinem suggestiven Namen ist der teuerste *Cru,* und seine feinsten Repräsentanten sind der Inbegriff klassischen Beaujolais.

ROT Die Weine aus Fleurie entwickeln rasch ein frisches und blumiges Duftspiel. Sie sind nicht so leicht und filigran, wie manche Autoren behaupten; ihr unmittelbarer Charme täuscht leicht über die schöne Struktur und Tiefe hinweg, die sie über Jahre hinweg lebendig erhält.

Gamay

2–8 Jahre (4–16 Jahre für *Vin de Garde* aus Spitzenjahrgängen)

Hospice de Belleville • *Domaine Berrod* • *Château de Chénas* • *Domaine Pierre-Marie Chermette* (Les Garants) • *Jean-Paul Champagnon* • *Michel Chignard* • *L. J. Denojean-Burton* • *Guy Depardon* (Domaine de Point de Jour) • *Jean-Marc Despris* • *Georges Duboeuf* (Château des Déduits) • *Cave Coopérative de Fleurie* • *Château de Labourons* • *André Métrat* (La Roilette Vieilles Vignes) • *Méziat Père & Fils* • *Alain Passot* • *Clos de la Roilette*

JULIÉNAS AOC

Cru Beaujolais

Das in den Hügeln oberhalb von St-Amour gelegene Juliénas ist nach Julius Caesar benannt und war angeblich das erste Dorf im Beaujolais mit Weinreben. Juliénas ist vermutlich der am meisten unterbewertete Cru Beaujolais.

ROT Die würzige, kompakte Frucht eines jungen Juliénas entwickelt elegante, seidenweiche Züge, wenn er sich ausreichend lange in der Flasche entwickeln darf.

Gamay

3–8 Jahre (5–15 Jahre für *Vin de Garde* aus Spitzenjahrgängen)

Mme Ernest Aujas • *Jean Benon* • *François Condemine* • *J. M. Coquenlorge* • *Château de Juliénas* • *Henri Lespinasse*

MORGON AOC

Cru Beaujolais

So wie der Côte de Brouilly eine bessere, dichtere Version des Brouilly darstellt, so sind die Weine aus Mont du Py im Herzen von Morgon weitaus kraftvoller als jene von den umliegenden Weinbergen in der Gemeinde.

ROT Schwankend in Charakter und Qualität, doch die besten Morgons sind neben den Gamays aus Moulin-à-Vent die robustesten und substanzreichsten Beaujolais überhaupt; sie besitzen überdies viel Spiel und Rasse.

Gamay

4–9 Jahre (6–20 Jahre für *Vin de Garde* aus Spitzenjahrgängen)

Domaine Aucoeur Noë • *Domaine Jean-Marc Burgaud* • *Louis-Claude Desvignes* • *Georges Duboeuf* (Domaine Jean Descombes) • *Jean Foillard* • *Jacky Janodet* • *M. Lapierre* • *Méziat Père & Fils* • *Jacky Passot* • *Domaine Passot les Rampaux* • *Dominique Piron* • *Pierre Savoye* • *La Maison des Vignerons* • *Vincent & Fils*

MOULIN-À-VENT AOC

Cru Beaujolais

Aufgrund seiner Statur und Kraft sowie der geradezu sprichwörtlichen Langlebigkeit gilt der Moulin-à-Vent als König des Beaujolais. Der ungewöhnlich mächtige Charakter wird auf den hohen Mangangehalt des Bodens zurückgeführt, was jedoch einen genaueren Blick wert ist. Ob Mangan von der Weinrebe aufgenommen werden kann, hängt vom ph-Wert des Bodens ab, und in den sauren Granitböden des Beaujolais ist Mangan nur allzu leicht verfügbar. Die Reben brauchen für einen gesunden Stoffwechsel aber nur winzige Spuren von Mangan. Das übermäßige Vorhandensein dieses Minerals in Moulin-à-Vent kann man bereits als toxisch ansehen (für die Rebe, nicht den Konsumenten, wohlgemerkt!), da es Chlorose hervorrufen kann und mit Sicherheit den Stoffwechsel der Rebe beeinträchtigt.

ROT Die farbkräftigen Weine weisen intensive Frucht, exzellente Tanninstruktur und je nach Ausbau würzige bis gemäßigte Eichenaromen auf.

Gamay

4–9 Jahre (6–20 Jahre für Lagerweine aus Spitzenjahrgängen)

Domaine Berrod • *Domaine Bourisset* • *Domaine de Champ de Cour* • *Domaine Champagnon* • *Château de Chénas* • *Domaine Pierre-Marie Chermette* (Rochegrès) • *Domaine Despierre Père et Fils* • *Georges Dubœuf* • *Domaine Gay-Coperet* • *Château des Jacques* (Clos de la Roche, Clos du Grand Carquelain) • *Domaine Paul Janin* • *Jacky Janodet* • *Clos des Maréchaux* • *Le Clos du Moulin-à-Vent* • *Château du Moulin-à-Vent* • *Thorin* (Esprit)

RÉGNIÉ AOC

Cru Beaujolais

Die Winzer des Ortes behaupten, dass hier die ersten Reben im Beaujolais gepflanzt worden seien, doch nehmen dies auch die Winzer von Juliénas für sich in Anspruch. Régnié erhielt erst 1988 den Cru-Beaujolais-Status.

ROT Zwei unterschiedliche Typen von Rotweinen werden erzeugt: ein schlanker mit schönem Bukett und ein wesentlich fülligerer, fleischiger. Alle guten Versionen sind jedoch fruchtig und geschmeidig und verfügen über ein frisches, belebendes Aroma.

Gamay

2–7 Jahre (4–12 Jahre für *Vin de Garde* aus Spitzenjahrgängen)

René Desplace • *Georges Dubœuf* • *Méziat Père & Fils* • *Domaine Passot les Rampaux* • *Domaine de Ponchon* • *Joël Rochette* • *La Maison des Vignerons* • *Georges & Gilles Roux*

ST-AMOUR AOC

Cru Beaujolais

Der Name des nördlichsten der zehn *Crus* des Beaujolais, St-Amour, hat nichts mit Liebe zu tun, sondern geht auf St-Amateur zurück, einen römischen Soldaten, der zum Christentum konvertierte und an diesem Ort ein Kloster gründete. Hier wird übrigens auch Mâcon erzeugt (*siehe* S. 156).

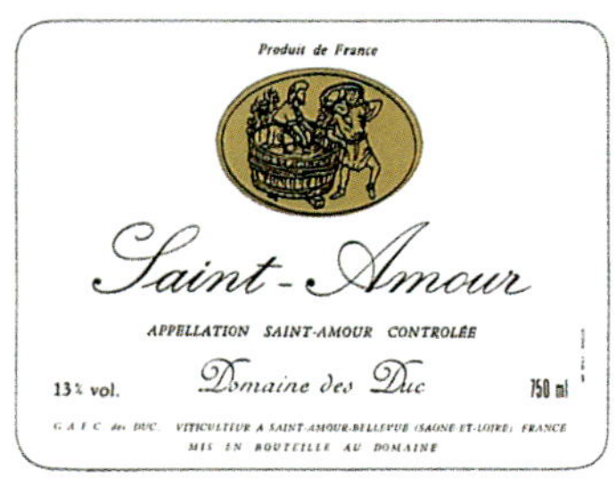

ROT Charmante Weine von schöner Farbe, verführerischem Bukett und intensiven Aromen. Sie sind weich und fruchtig, lohnen aber auch eine mittelfristige Lagerung.

Gamay

2–8 Jahre (4–12 Jahre für *Vin de Garde* aus Spitzenjahrgängen)

Domaine des Ducs • *Jean-Paul Ducoté* • *André Poitevin* • *Michel Tête* • *Georges Trichard*

DIE AUSWAHL DES AUTORS

Selbst wenn ich zwei- bis dreimal so viele Weine ausgewählt hätte, würden immer noch viele berühmte fehlen. Unter viel quälendem Hin und Her habe ich die Liste auf die folgende zusammengestrichen, wobei ich jene Weine ausgewählt habe, bei denen Preis und Wert in einem ausgewogenen Verhältnis stehen.

ERZEUGER	WEIN	ART	BESCHREIBUNG	
Bonneau du Martray	Corton-Charlemagne AOC, *Grand Cru* (*siehe* S. 148)	WEISS	Immer unter den großen Weißweinen Burgunds, selbst in schwächeren Jahrgängen. Der 1972er war Anfang der 90er Jahre noch frisch und aufregend. Das ist der Beweis für die besondere Qualität des Terroirs des Corton-Charlemagne. Ein typischer Jahrgang ist luxuriös üppig mit jeder Menge köstlich cremiger Frucht.	5–20 Jahre
La Chablisienne Ⓥ	Vieilles Vignes, Chablis AOC (*siehe* S. 137)	WEISS	Ein Chablis wie aus dem Lehrbuch – mit echter Tiefe und einzigartiger Intensität und damit den meisten *Premiers Crus* überlegen. Er ist ohne Zweifel der Chablis mit dem besten Preis-Leistungs-Verhältnis – Jahr für Jahr.	3–8 Jahre
Domaine Champagnon	Chénas AOC, *Cru Beaujolais* (*siehe* S. 160)	ROT	Dieser Wein verfügt über ein makelloses, frisch-blumiges Gamay-Aroma, Mengen saftiger Frucht und eine wunderbar tiefe purpurne Farbe – etwas für Liebhaber von seriösem Beaujolais, der nicht in Eiche reift.	3–8 Jahre
Clos du Château du Meursault Ⓥ	Bourgogne AOC, Blanc (*siehe* S. 133)	WEISS	Der Wein kommt von einer Einzellage, während der Château de Meursault ein Lagenverschnitt ist. In sehr guten Jahren ist der Château de Meursault besser, doch der Clos de Château ist zuverlässiger.	4–12 Jahre
J.-F. Coche-Dury Ⓥ	Bourgogne AOC, Blanc (*siehe* S. 133)	WEISS	Für Robert Parker ist Jean-François Coche-Dury der beste Weißweinerzeuger des Burgunds, ja sogar »einer der besten Weinmacher auf dem Planeten Erde«, und ich kann nicht widersprechen.	2–7 Jahre
J.-F. Coche-Dury	Corton-Charlemagne AOC *Grand Cru* (*siehe* S. 148)	WEISS	Vermutlich der konzentrierteste, herrlichste trockene Weißwein, der möglich ist. Ohne erfrischende Säure würde die Reichhaltigkeit dieses Weines fast erdrückend wirken. Der Weinberg ist sehr klein und der Coche-Dury rar und teuer.	5–25 Jahre
J.-F. Coche-Dury	Les Perrières, Meursault AOC (*siehe* S. 149)	WEISS	Ein mächtiger Weißer mit Unmengen üppiger, cremiger Frucht; der zurückhaltende Einsatz von neuer Eiche gibt dem Wein seine schöne zitronige Finesse.	3–15 Jahre
Jean Collet	Valmur, Chablis Grand Cru AOC (siehe S. 138) & Mont de Milieu, Chablis Premier Cru AOC (*siehe* S. 138)	WEISS	Die rauchig-cremigen Vanillearomen von kräftig getoasteter, neuer Eiche sind unverkennbar, dennoch fehlt ihnen nichts von dem Charakter der kühlen, stahligen Struktur oder der feinen mineralischen Intensität, die für echten Chablis typisch sind.	5–20 Jahre
René & Vincent Dauvissat	Les Preuses, Chablis Grand Cru AOC (*siehe* S. 138)	WEISS	Vincent Dauvissat empfiehlt sich für jene Weintrinker, die einen Hauch von rauchiger Eiche bevorzugen. Sein Les Clos ist von gleicher Qualität, Vaillons und La Forest (sic) folgen dichtauf.	5–15 Jahre
Domaine Guffens-Heynen	Vieilles Vignes, Mâcon-Pierreclos AOC (*siehe* S. 156)	WEISS	Für einen Mâcon-Villages besitzt dieser Wein eine außerordentlich stilvolle Frucht. Man muss sich entscheiden, ob man ihn jung, lebendig und pikant trinkt und dafür auf die sich später entwickelnde Komplexität verzichtet, oder ob man lieber wartet, bis seine konzentrierten Aromen voll erblüht sind, dafür aber ihre jugendliche Frische verloren haben.	2–7 Jahre
Domaine Guffens-Heynen Ⓥ	La Roche, Pouilly-Fuissé AOC (*siehe* S. 157)	WEISS	Intensiv reichhaltige Frucht mit großer mineralischer Finesse machen diesen Wein zum besten nicht im Eichenfass ausgebauten Pouilly-Fuissé.	2–7 Jahre
Patrick Javillier	Cuvée Oligocène, Bourgogne AOC, Blanc	WEISS	Ich halte es mit Clive Coates, der einmal schrieb: »Der beste Bourgogne Blanc auf dieser Welt?«	2–5 Jahre
Domaine Michel Juillot	Clos des Barraults, Mercurey Premier Cru AOC (*siehe* S. 153)	ROT	Die saftige Schwarzkirschfrucht des Clos des Barraults von Juillot demonstriert das herausragende Preis-Leistungs-Verhältnis, das ein Rotwein von der Côte Chalonnaise bieten kann. Dieser Wein verfügt über außergewöhnliche Finesse.	3–8 Jahre
Jacky Janodet	Moulin-à-Vent AOC, *Cru Beaujolais* (siehe S. 161)	ROT	Dieser Wein ist der Inbegriff eines Gamay aus alten Reben – der Stoff, aus dem Legenden sind.	4–12 Jahre
Domaine Joblot	Clos de la Servoisine, Givry Premier Cru (*siehe* S. 153)	ROT	Für Pinot Noir von der Côte Chalonnaise oft von ungewöhnlich dichter, purpurner Farbe, mit opulenter Frucht und cremig-würziger Vanillenote vom Eichenholz.	3–8 Jahre

ERZEUGER	WEIN	ART	BESCHREIBUNG	
Domaine des Comtes Lafon	Les Charmes, Les Genevrières, Les Perrières, Meursault Premiers Crus AOC (*siehe* S. 149)	WEISS	Drei der größten Meursaults überhaupt. Les Charmes ist der buttrigste und entwickelt sich in der Flasche relativ schnell, Les Genevrières ist der langlebigste, und Les Perrières besitzt am meisten Finesse.	6–20 Jahre
Louis Latour Ⓥ	Montagny AOC (*siehe* S. 153)	WEISS	Ich nehme an, dass sie diesen Wein in Massen verkaufen. Doch das macht ihn umso bewundernswerter, denn das Ergebnis ist immer erstklassig: dabei ist dies nicht einmal ein *Premier Cru*.	3–7 Jahre
Dominique Laurent Ⓥ	Bourgogne AOC, Premier (*siehe* S. 133)	ROT	Der preiswürdigste Burgunder. Er stammt von einem aufstrebenden kleinen *Négociant*, der mit bis zu 200 % neuer Eiche arbeitet (das heißt, dass der Wein von neuen Eichenfässern in wieder neue umgefüllt wird!).	4–7 Jahre
Dominique Laurent	Ruchottes-Chambertin AOC, *Grand Cru* (*siehe* S. 143)	ROT	Der teuerste Wein von Laurent ist von sehr tiefer Farbe und zeigt am Gaumen rote Früchte, Kirschen, Vanille und Zimt. Für jene, die beinahe überladene Eichenaromen in ihrem Wein schätzen, muss er der schiere Luxus sein.	5–15 Jahre
Domaine Leflaive	Les Pucelles, Puligny-Montrachet Premier Cru AOC (*siehe* S. 150)	WEISS	Wenn Geld kein Thema ist, kaufen Sie Bâtard-Montrachet oder Chevalier-Montrachet. Aber von allen *Premiers Crus* der Domaine Leflaive ist Les Pucelles derjenige, der in fast allen Jahrgängen beinahe ebenso gut wie diese ist.	5–8 Jahre
Domaine Leroy Ⓥ	Auxey-Duresses AOC (*siehe* S. 146)	ROT	Das großartigste Rotweingut der Côte d'Or, und dieser Wein ist am preiswertesten. Er ist ein wahrlich stilvoller Burgunder und bietet einen erschwinglichen Einblick in das außergewöhnliche Qualitätsniveau der Spitzenweine von Bize-Leroy.	5–10 Jahre
Domaine Leroy	Chambertin AOC, *Grand Cru* (*siehe* S. 140)	ROT	Der Chambertin ist der größte Wein im Programm der Domaine Leroy. Die besten Jahrgänge bleiben 10 bis 15 Jahre lang dicht, dunkel und undurchdringlich, bevor sie zu einem Potpourri roter und schwarzer Früchte mit Finesse und Komplexität aufblühen.	12–35 Jahre
Domaine Leroy	Richebourg AOC, *Grand Cru* (*siehe* S. 143)	ROT	Ich könnte mich nicht zwischen diesem Wein und dem Richebourg der Domaine de la Romanée-Conti entscheiden, doch komme ich gar nicht in die Verlegenheit, weil ich mir beide nicht leisten kann.	10–30 Jahre
Louis Michel	Vaudésir, Chablis Grand Cru AOC (*siehe* S. 138)	WEISS	Die nicht in Eiche ausgebauten Chablis von Louis Michel sind absolut direkt und extrem gebündelt – unter echten Liebhabern dieser Stilistik muss der Vaudésir als das beste, in seiner Aromatik natürlichste Beispiel gelten.	4–15 Jahre
Jean-Marie Raveneau	Les Clos, Chablis Grand Cru AOC (*siehe* S. 138)	WEISS	Ein perfektes Beispiel für klassischen Chablis. Er kommt aus dem besten *Grand Cru* und aus der Hand des unbestritten großartigsten Weinmachers des Gebiets. Er wird auf allertraditionellste Weise hergestellt, womit seine Lebendigkeit nicht durch Vanillenoten vom neuen Eichenfass verschleiert wird, dafür verfügt er über intensive Aromen und eine messerscharfe Säure. In der Flasche behält er sich seine Schärfe über viele Jahre, voll ausgereift ist er dann schier atemberaubend.	6–20 Jahre
Domaine de la Romanée-Conti	Richebourg AOC, *Grand Cru* (*siehe* S. 143)	ROT	Seit Ende der 80er Jahre sind alle Weine, die hier produziert wurden, Spitzenklasse. Mein Favorit ist der Richebourg, weil er – egal wie dunkel und komplex er auch sein mag – immer die seidigste Textur aufweist.	8–25 Jahre
Domaine de la Romanée-Conti	Romanée-Conti AOC, *Grand Cru* (*siehe* S. 143)	ROT	Dies ist einer der größten Rotweine der Welt und so gut, dass er den Namen gleich doppelt trägt: Romanée-Conti Romanée-Conti. Wie die Pinot Noir einen so opaken, komplexen Wein mit blitzblankem Sortencharakter liefern kann, ist ein Mysterium.	10–30 Jahre
Château de la Saule Ⓥ	Montagny Premier Cru *AOC* (siehe S. 153)	WEISS	Dieser Wein hat ein konzentriertes Aroma und eine reichhaltig-buttrige, mit Vanillenoten fest unterlegte Frucht.	4–8 Jahre
Jean Thévenet Ⓥ	Domaine de la Bongran, Mâcon-Clessé AOC (*siehe* S. 156)	WEISS	Thévenet erzeugt eine Reihe verschiedener *Cuvées* aus Mâcon-Clessé – von der »einfachen« Cuvée Tradition bis hin zu verschiedenen edelfaulen *Vins moelleux*.	2–7 Jahre
Domaine Tollot-Beaut Ⓥ	Bourgogne AOC, Rouge (*siehe* S. 133)	ROT	Einer der preiswürdigsten roten Burgunder. Er besitzt mehr Frucht und Körper, als man sich je träumen ließe.	3–8 Jahre
Domaine Tollot-Beaut Ⓥ	Chorey-lès-Beaune AOC (*siehe* S. 147)	ROT	Dieser rote Burgunder bietet das beste Preis-Leistungs-Verhältnis überhaupt.	3–8 Jahre
Vincent & Fils	Château de Fuissé Vieilles Vignes, Pouilly-Fuissé (*siehe* S. 157)	WEISS	Ein reichhaltiger, fester klassischer Chardonnay, dessen Struktur und unterschwellige Zitrusfrucht seine Herkunft aus dem Mâconnais Lügen strafen. Er spielt in einer höheren Klasse als fast jeder andere Mâcon-Wein.	2–5 Jahre

CHAMPAGNE

Wenn Sie sich guten Champagner leisten können und sich an seinen Geschmack und seine Qualität gewöhnt haben, gibt es kaum Gleichwertiges – und die besten Konkurrenten des Champagners sind fast genau so teuer wie das Original.

Kein Weinbaugebiet kann der Champagne ihren Anspruch streitig machen, die besten Schaumweine der Welt zu produzieren. Es gibt kein zweites Gebiet von klimatisch ähnlich schwieriger und zugleich geeigneter Lage für den Champagner. Nur mit Mühe gelangt er alljährlich zu optimaler Reife. Damit ein wirklich großer Schaumwein im Sinn des klassischen *brut* entsteht, müssen die Trauben zu einem ausgewogenen Verhältnis von Fülle, Extrakt und Säure gelangen, wozu nur eine sich lang hinausziehende Reifung verhilft. Diese Voraussetzung ist gegeben, wenn die Reife der Trauben auf Messers Schneide steht. Das Terroir der Champagne mit den niedrigen Temperaturen eines nördlichen Klimas und kreidehaltigen Böden erklärt die Einmaligkeit und Überlegenheit des Weins. Entdeckten Weinexperten heute ein solches Gebiet, würden sie es für den Weinbau sicher als ungeeignet erklären.

VEREISUNG

Wenn die Temperatur unter den Gefrierpunkt fällt, werden die Reben in vielen Weinbergen automatisch mit Wasser besprengt.

EIS GEGEN FROST

Die Reben werden vor der größten natürlichen Bedrohung in der Champagne, dem Frost, durch Vereisung geschützt. Das Wasser gefriert und hüllt die empfindlichen Knospen und Triebe in eine schützende Schicht aus Eis.

DIE FÜNF HAUPTANBAUBEREICHE

In der Champagne gibt es drei qualitativ und quantitativ bedeutende sowie zwei weiter ab liegende, kleinere Bereiche. Jeder produziert eine große Zahl von Grundweinen, die sich sowohl innerhalb eines Bereichs als auch von einem zum anderen deutlich unterscheiden. Durch den Verschnitt dieser Weine entstehen verschiedene Champagnerstile.

MONTAGNE DE REIMS

Die Weinberge im Nordteil der Montagne weisen nach Norden, die Trauben würden nicht reifen, wenn der Bergzug nicht frei stünde, sodass die kalte Nachtluft ins Tal abfließen und durch wärmere Luft ersetzt werden kann, die sich tagsüber über dem Berg aufbaut. Die Reben liefern dort im Allgemeinen kräftiger gefärbte, extraktreichere Trauben als in der südlichen Montagne, deren Weine meist intensiver, aromatischer und von größerer Finesse sind.
Hauptrebsorte Pinot Noir
Beste Gemeinden Ambonnay, Ay-Champagne, Bouzy, Verzenay, Verzy

CÔTE DES BLANCS

Fast nur weiße Chardonnay-Trauben werden angebaut. Ihre Weine sind die begehrtesten der gesamten Champagne. Sie sorgen für Finesse und Zartheit und reifen zu unvergleichlich intensivem Aroma.
Hauptrebsorte Chardonnay
Beste Gemeinden Cramant, Avize, Le Mesnil-sur-Oger

VALLÉE DE LA MARNE

Unkomplizierte, fruchtige und schnell reifende Weine mit einem extrem hohen Anteil an Pinot Meunier, die in den frostgefährdeten Tälern wegen ihrer späten Blüte und frühen Reife angebaut wird.
Hauptrebsorte Pinot Meunier
Beste Gemeinden Mareuil-sur-Ay (Pinot Noir), Dizy und Hautvillers (Pinot Noir, Pinot Meunier), Cumières, Leuvrigny und Ste-Gemme (Pinot Meunier)

AUBE

Runde, fruchtige Weine werden in diesem südlichsten Teil der Champagne hergestellt, der näher bei Chablis liegt als bei den klassischen Weinbergen um Reims und Épernay. Die Weine besitzen einen klareren Charakter und eine bessere Qualität als diejenigen aus dem Vallée de la Marne bei Château-Thierry.
Hauptrebsorte Pinot Noir
Beste Gemeinde Les Riceys

CÔTE DE SÉZANNE

Dieser aufstrebende Bereich beginnt etwa 15 km südwestlich der Côte des Blancs. Bevorzugt wird hier wie dort die Chardonnay-Rebe. Doch hier sind die Weine fruchtiger und weniger elegant als die der Côtes des Blancs, teilweise sogar exotisch mit einer Spur Moschus. Diese Weine sind ideal für Liebhaber von Schaumwein aus der Neuen Welt, die den klassischen Stil der Champagne weniger schätzen.
Hauptrebsorte Chardonnay
Beste Gemeinden Bethon, Villenauxe-la-Grande

EIN BESONDERER WEIN, KEIN WEINTYP

Champagner (frz. *Champagne*) ist kein Gattungsbegriff für Schaumwein, sondern ein geschützter Name für Schaumwein aus Trauben ausschließlich aus dem gesetzlich festgelegten Anbaugebiet im Norden Frankreichs. In Europa und in verschiedenen anderen Ländern der Welt sorgen strenge Vorschriften dafür, dass nur echter Champagner unter dieser Bezeichnung in den Handel kommt, doch nicht überall wird nach diesem Prinzip verfahren. Der eklatanteste Missbrauch findet in den USA statt; gleichwohl ist die Schuld nicht allein bei den Amerikanern zu suchen; die *Champenois* haben sich hartnäckig jedem Kompromiss verweigert, so ließen sie nicht einmal die Bezeichnung »Champagne Style« (nach Champagnerart) zu.
In der EU wurde 1994 jede Bezeichnung verboten, die außerhalb der Champagne an den Begriff Champagner erinnert, so auch die Bezeichnung der Herstellung als *Méthode champenoise.* Zwar stellt die Bezeichnung keine Qualitätsgarantie dar, doch sie hat sich als nützlich erwiesen, um die Spreu vom Weizen zu trennen: Die Qualität des Inhalts muss die Kosten der Flaschenvergärung rechtfertigen. Jetzt müssen die Kunden nach Umschreibungen wie *Méthode Traditionelle* oder *Classique,* Traditionelle Methode oder ähnlichem Ausschau halten. Selbst in Frankreich muss ein außerhalb der Champagne, aber nach deren Methode hergestellter Schaumwein anders heißen, nämlich Crémant. In Spanien heißt klassischer Schaumwein Cava, in Italien Talento.

CHAMPAGNE *Siehe auch* S. 55
Den Namen Champagner dürfen nur die in der festgelegten Region Champagne AOC – dem nördlichsten Weinbaugebiet Frankreichs – hergestellten Weine führen. In der EU ist dies durch Gesetz geregelt, sonst durch Abmachungen.

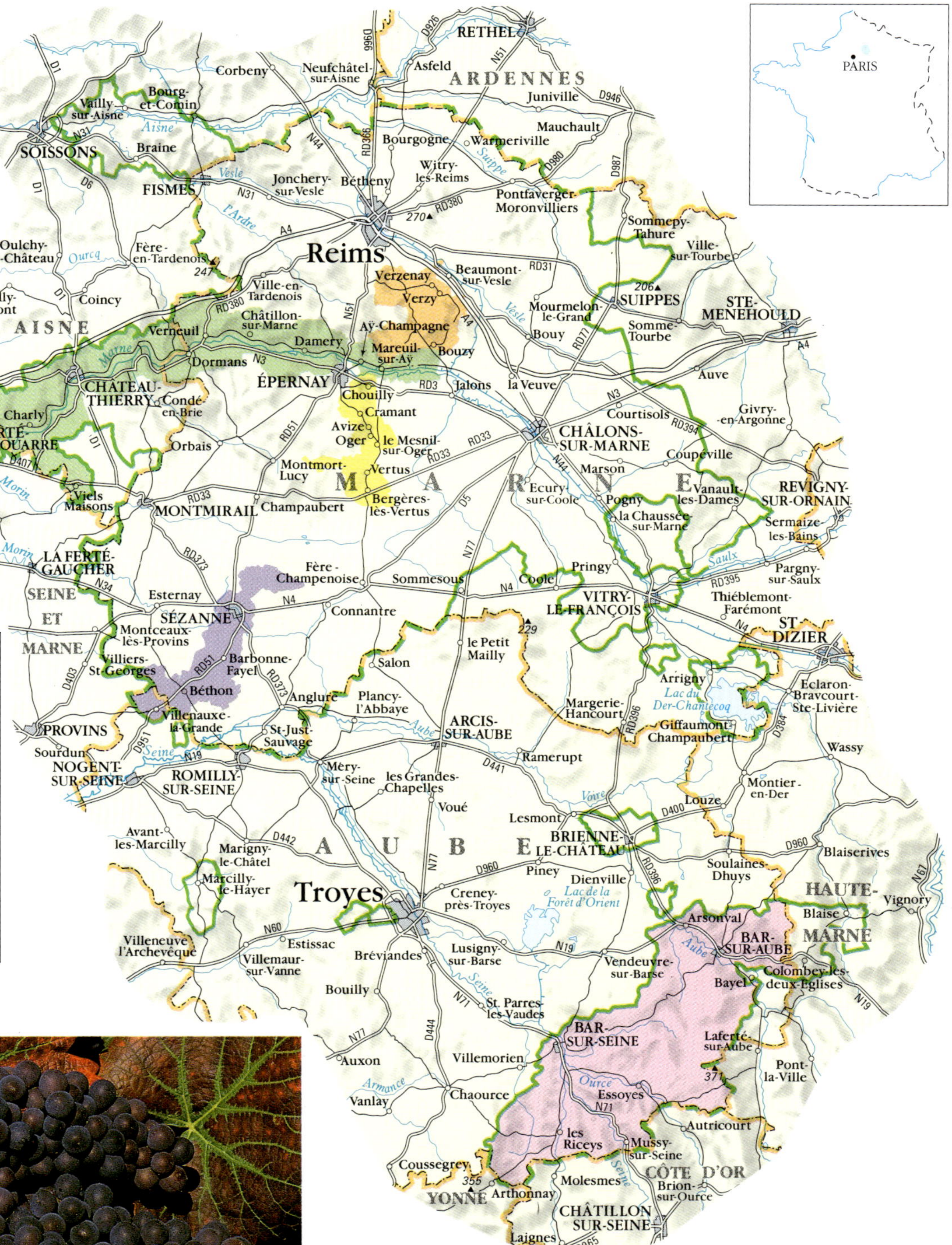

REIFE PINOT-NOIR-TRAUBEN IN VERZENAY
Obwohl Champagner fast nur weiß ist – selten rosé und nie rot –, stammt er zu fast drei Viertel von roten Trauben, entweder von der klassischen Pinot Noir oder Pinot Meunier.

DER KREIDEBODEN DER CHAMPAGNE
Der Unterboden ist aus einem vor 65 Millionen Jahren ausgetrockneten Meeresboden entstanden und gehört zu denselben Kreideschichten wie die Felsen von Dover. Er wurde durch die Ablagerung von Coccolithen gebildet, dem Skelett von Kalkalgen. Über 50 Milliarden solcher Skelette waren nötig, damit ein Kubikzentimeter reinweißer Kreidekalk entstand.

WIE CHAMPAGNER GEMACHT WIRD

Champagner darf aus einer oder mehreren von drei Rebsorten erzeugt werden: Chardonnay, Pinot Noir und Pinot Meunier. Weine aus diesen Rebsorten werden nach der Champagnermethode weiterverarbeitet, einem Verfahren, das im Folgenden erläutert wird. Im Wesentlichen bedeutet es, dass der stille Grundwein ein zweites Mal gärt, und zwar in der Flasche, in der er auch verkauft wird; das dabei entstehende Kohlendioxid bleibt in der Flasche und sorgt später für das Perlen und Schäumen.

DIE ERNTE

Die Weinlese findet in der Champagne normalerweise Mitte Oktober statt. Es kommt oft genug vor, dass ein viel versprechender Jahrgang noch während der Lese durch Regen dezimiert oder gar ruiniert wird. Indes sind Rückschläge dieser Art der Preis, den die *Champenois* dafür zahlen müssen, dass der Champagner zum großartigsten Schaumwein der ganzen Welt aufsteigen konnte.

DIE SELEKTION

In der Champagne werden die Trauben grundsätzlich von Hand gelesen, aber die früher üblichen flachen, *Osiers* genannten Kisten findet man kaum noch. Roederer und Bollinger sortieren ihre Trauben, wenn nötig. Die meisten Champagnerhäuser verzichten auf jede Form der Selektion. Da Fäule ein ständiges Problem ist, sollte gründliches Auslesen aber generell zur Auflage gemacht werden. Wenn für einen Châteauneuf-du-Pape im sonnigen Süden des Landes ein gewisser Prozentsatz von Trauben aussortiert werden muss, warum dann nicht im regnerischen Reims?

DIE PRESSUNG

Da über 70 % der Champagnertrauben rot sind, werden die Beeren nicht vom Stiel getrennt, denn das verzweigte Netzwerk von Stielen im Presskuchen lässt den Most leichter abfließen und vermeidet so seine Rotfärbung. Zumeist werden moderne hydraulische oder pneumatische Spindelpressen verwendet. Versuche haben allerdings ergeben, dass die schonendste Presse noch immer die herkömmliche Korbpresse ist, und inzwischen sind moderne computergesteuerte Ausführungen auf dem Markt.

TRADITIONELLES VERLESEN
Obwohl in der Champagne noch immer von Hand gelesen wird, verzichtet man meist auf systematische Selektion der Trauben.

VOM WEINBERG ZUR PRESSE
Die Trauben werden in Panniers de mannequin *– Weidenkörben oder Kunststoffbehältern – transportiert, damit sie nicht gequetscht werden.*

PRESSE IN DER CHAMPAGNE
Die Konstruktion der Korbpressen ist im Prinzip dieselbe wie im 17. Jahrhundert, als Dom Pérignon eine Reihe der heute in der Champagne praktizierten Methoden erfand.

TRADITIONELLE VERGÄRUNG
Nur noch wenige Erzeuger bevorzugen für die erste Gärung sauerstoffdurchlässige Holzfässer, weil sie eine zu große Aromafülle bewirken.

MODERNE VERGÄRUNG
Die Verwendung von Edelstahl ist inzwischen weit verbreitet und ergibt reintönige Champagner; das bedeutet aber nicht unbedingt leichtere und weniger komplexe Weine, wie der üppige, im Stahltank vergorene Veuve Clicquot mit seinen Biskuitaromen beweist.

Die erste Pressung heißt *Cuvée*, die zweite *Taille*, aber »erste« und »zweite« sind insofern unzutreffende Bezeichnungen, als mehrere Durchgänge – mit Umschichten des Presskuchens – erforderlich sind, um die genehmigte Mostmenge zu erzielen. Im traditionellen *Coquard* mit einem Fassungsvermögen von 4000 kg Trauben dürfen nur 2550 l Most gepresst werden, davon sind 2050 l *Cuvée* (für Spitzenqualitäten) und 500 l *Taille*. Qualitätsbewusste Kellereien verkaufen die *Taille* oft für unbekannte Marken weiter. Die vorgeschriebene Ausbeute gilt natürlich auch für moderne Pressen.

DIE ERSTE GÄRUNG

Die erste Gärung ergibt einen trockenen, stillen Grundwein, der sehr säurebetont ist, sonst aber ohne besonderen Charakter. Diese Geschmacksneutralität ist eine wichtige Voraussetzung für die vielfältigen, komplexen Auswirkungen der zweiten Gärung (und der Autolyse) auf das Aroma.

DER MALOLAKTISCHE SÄUREABBAU

Der Champagner macht normalerweise eine malolaktische Gärung durch. Dies ist ein biochemischer Prozess, bei dem harte Apfelsäure bakteriell in weiche Milchsäure umgewandelt wird. Im Fass vergorener Wein wird in der Regel ohne biologischen Säureabbau auf Flaschen gezogen, er lässt sich nämlich im Holzfass nur schwer herbeiführen und findet in der Flasche bei oder nach der zweiten alkoholischen Gärung nicht mehr statt. Ein Champagner, der diese malolaktische Umwandlung nicht durchgemacht hat, ist oft recht streng und wenig ansprechend, bevor er ausgereift ist. Solcher Champagner bleibt aber länger auf dem Höhepunkt.

ASSEMBLAGE – DIE KUNST DES VERSCHNITTS

In vielen Weinbaugebieten pflegt man Weine nicht zu verschneiden, sie werden sortenrein und nach Jahrgängen ausgebaut und abgefüllt. Im Gegensatz dazu ist der klassische Champagner ein Verschnitt von Weinen verschiedener Jahrgänge, zwei bis drei Rebsorten und vielen verschiedenen Lagen. Die Zusammenstellung zum »Markenstil« erfordert großes Geschick und viel Erfahrung. Wenn für einen Champagner ohne Jahrgang alljährlich bis zu 70 unterschiedliche Basisweine, von denen jeder Einzelne seinen Charakter von Jahr zu Jahr verändert, zu einer konstanten Cuvée im Stil des Hauses zusammengestellt werden, so ist das eine bemerkenswerte Leistung.

ASSEMBLAGE
Die Kunst, einen erstklassigen Champagner zusammenzustellen: Der Verkoster muss immer vorausdenken. Er muss abschätzen, wie sich der Wein mit jeder weiteren Zugabe, durch zweite Gärung und Reifung geschmacklich verändert.

Die *Assemblage* findet in den ersten Monaten des auf die Ernte folgenden Jahres statt. Im Wesentlichen geht es darum, die Eigenheiten von zwei oder drei der drei möglichen Rebsorten zu einem homogenen Wein zusammenzustellen. Chardonnay ist in seiner Jugend oft stahlig, verfügt aber über die größte Finesse und Langlebigkeit. Allerdings ist er deutlich flacher als der großartige Pinot Noir. Dieser verleiht dem Champagner Rückgrat, Körper und Fülle, und er ist entscheidend für seine Geschmacksausprägung verantwortlich. Pinot Meunier besitzt einen unmittelbar ansprechenden fruchtig-blumigen Charakter und ist die Sorte, die – bei gleich großen Anteilen jeder Traube – den Wein zunächst dominiert, besonders in der Nase.

RESERVE-WEINE

Reserve-Weine sind ganz im Wortsinn Weine, die in früheren Jahren zurückbehalten wurden. Für alle jahrgangslosen Champagner sind sie neben dem aktuellen Wein unerlässliche Basis. Sie dienen allerdings nicht in erster Linie dazu, einen bestimmten Hausstil zu erzeugen; diese Aufgabe hat der Verschnitt von Weinen aus verschiedenen Crus. Der Reserve-Wein ist vielmehr der *Dosage* vergleichbar, insoweit beide dafür sorgen, dass der Wein früher genussreif ist. Reserve-Weine steuern eine gewisse Fülle, Weichheit und Vielschichtigkeit bei, weshalb man allgemein annimmt: Je mehr Reserve-Wein, desto besser. Reserve-Weine können jedoch, wenn sie nicht auf der Hefe gelagert wurden, die Auswirkung der Autolyse verwässern, sodass es einen Punkt gibt, an dem potenzielle Finesse gegen vordergründige Komplexität eingetauscht wird. Die Menge des zugefügten Reserve-Weins variiert nach Erzeuger und Jahr (die Grundweine eines guten Jahres werden weniger »Hilfe« benötigen als noch so sorgfältig verschnittene Weine aus einem schlechten Jahr). Reserven werden auf verschiedene Weise angelegt: im Stahltank unter Bedingungen, die eine Veränderung verhindern, in Eichenfässern oder – wie bei Bollinger – in Magnumflaschen mit einer winzigen Menge Zucker und Hefe für eine kleine *Pétillance* zur Steigerung der Spritzigkeit.

DIE ZWEITE GÄRUNG

Merkmal der *Méthode champenoise* ist die zweite Gärung in der Flasche. Der verschnittene Wein wird zum letzten Mal abgezogen und erhält die Fülldosage (*Liqueur de tirage*). Dies ist ein Gemisch aus Wein, Zucker und Reinzuchthefe. Die Menge des Zuckers richtet sich danach, wie stark der Gasdruck später in der Flasche sein soll. 4 g Zucker pro Flasche ergeben 1 bar Druck. Meist strebt

CHAMPAGNERFLASCHEN SUR LATTES
Während der zweiten Gärung und vor dem Degorgieren werden die Champagnerflaschen traditionell im kühlsten Teil der Kellerei in Lattengestellen gestapelt.

man 6 bar an; mindestens 3,5 bar sind vorgeschrieben. Ausnahmsweise von der ersten Gärung vorhandener Restzucker wird natürlich berücksichtigt. Jetzt (zumeist im Mai) wird der Wein vorläufig verschlossen. Nahm man dazu früher Korken, die mit Metallspangen (*Agrafe*) gesichert waren, so benutzt man heute vorwiegend Kronenkorken, wie sie für Bierflaschen verwendet werden. Gegebenenfalls hält der Kronenkorken auch einen kleinen, fingerhutähnlichen Plastikbehälter (*Bidule*) fest, der das bei der Gärung entstehende Depot aufnimmt.

DIE REMUAGE

Die zweite Gärung dauert zehn Tage bis drei Monate. Danach werden die Flaschen lange Zeit in gleichmäßig temperierten Kellern zur Reifung eingelagert. Doch irgendwann kommt die Zeit, die »verbrauchte« Hefe aus der Flasche herauszuholen, ohne den Inhalt zum Beispiel durch einen Filter zu gießen. Dafür werden die Flaschen zum »Rütteln« (*Remuage*) in Rüttelpulte (*Pupitres*) gesteckt. Das sind stabile, dachförmig oben mit einem Scharnier verbundene Holzgestelle, die auf jeder Seite 60 Löcher aufweisen, und zwar so, dass die Flaschen in jeder Stellung zwischen waagerecht und senkrecht (mit dem Hals nach unten) festgehalten werden. *Remuage* oder »Rütteln« heißt das Verfahren, mit dem die Flaschen immer wieder ein Stück gedreht und allmählich steiler gestellt werden, damit sich das Sediment aus abgestorbener Hefe

HEFEDEPOT
Während der zweiten Gärung und der Lagerung setzt sich ein Hefesediment an der Flaschenwand ab. Durch das Rütteln rutscht es in den Flaschenhals.

DAS RÜTTELN

Nach der zweiten Gärung und der Reifung auf der Hefe werden die Flaschen waagerecht in das Rüttelpult gesteckt (1). Durch ruckartiges Drehen der Flasche in beide Richtungen löst sich das Depot von der Flasche, ohne dass es aufgewirbelt wird; dabei wird auch die Flasche immer mehr geneigt (2, 3), damit sich das Hefedepot im Flaschenhals sammelt. Schließlich sitzt es direkt auf dem Kronenkorken (4); es kann nun eingefroren und entfernt werden.

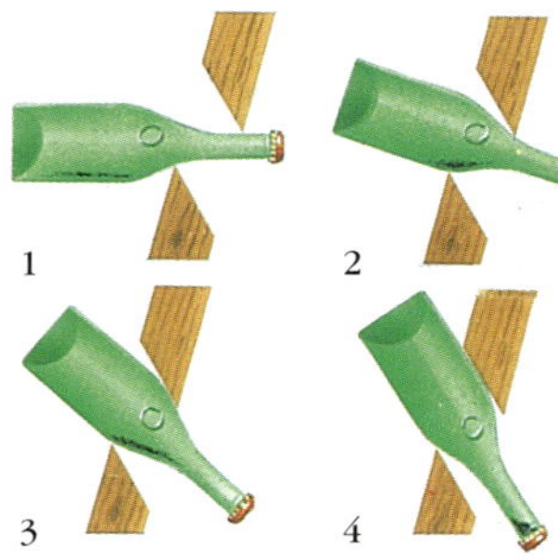

löst und im Flaschenhals absetzt. Von Hand dauert das etwa acht Wochen, doch viele Champagnerhäuser verwenden heute computergesteuerte Vorrichtungen (Gyropaletten), die über 500 Flaschen aufnehmen und die Aufgabe in acht Tagen erledigen.

DIE REIFUNG DES WEINS

Wenn die Hefe nach dem Rütteln vollständig im Flaschenhals angesammelt und der Champagner glanzklar ist, werden die Flaschen aus den Rüttelpulten genommen. Falls sie noch weiter lagern sollen, stellt man sie senkrecht mit dem Hals nach unten auf, bis das Hefedepot entfernt und die Flasche versandfertig gemacht wird. Die Mindestreifezeit für einen jahrgangslosen Champagner beträgt 15 Monate, vom 1. Januar des auf die Ernte folgenden Jahres an gerechnet; vor 1997 waren 12 Monate ausreichend. Tatsächlich aber reifen die Standardchampagner 18 bis 30 Monate. Jahrgangschampagner darf frühestens drei Jahre nach der Ernte verkauft werden, die meisten reifen ein paar Jahre länger. Die Qualität des Champagners steigt mit seiner Reife, weil das sich bildende Sediment abgestorbene Hefezellen enthält, die sich in einem als Autolyse bezeichneten Prozess durch die eigenen Enzyme abbauen. Dieser Vorgang trägt wesentlich zur Entwicklung des unnachahmlichen Champagnergeschmacks bei. Die optimale Dauer der Hefelagerung richtet sich vor allem nach der Qualität des Weins. Manche werden nach ein bis zwei Jahren nicht mehr besser, andere steigern sich über einen Zeitraum von bis zu zehn Jahren. Danach können sie frischer wirken als früh degorgierte Weine, da toast- und biskuitartige Aromen unterdrückt werden.

DEGORGIEREN VON HAND

In Champagnerhäusern mit kleiner Produktion wird das Depot immer noch von Hand entfernt. Dieser Vorgang heißt Degorgement à la volée, *was häufig als »Degorgieren im Flug« übersetzt wird; gemeint ist aber »mit einem Schlag, mit voller Kraft«. Das Hefedepot im Flaschenhals wird dabei nicht eingefroren, sondern die Flasche – nachdem der Kronenkorken entfernt wurde und die Hefe herausgeschossen ist – blitzschnell aufrecht gestellt.*

DAS DEGORGIEREN

Als Degorgieren bezeichnet man die Entfernung des Hefedepots, das sich normalerweise in dem Plastikgefäß sammelt. Heute wird das *Dégorgement à la glace* verwendet, wobei der Flaschenhals in ein Gefrierbad getaucht wird. Die Hefe im Plastikbehälter gefriert in wenigen Minuten, sodass die Flasche aufgerichtet werden kann, ohne dass sich das Depot wieder im Champagner verteilt. Der Kronenkorken wird maschinell entfernt, und der Plastikbehälter samt Inhalt schießt durch den in der Flasche herrschenden Druck hinaus. Nur wenig Wein geht verloren, da die Kälte den Flaschendruck reduziert; verlorener Champagner wird durch die Dosage ersetzt.

DER SÜSSEGRAD

Nach dem Degorgieren ist Champagner zuckerfrei. Bevor man die Flaschen verkorkt, wird zur Harmonisierung die so genannte Dosage (Versanddosage) – in Wein gelöster Zucker – hinzugegeben. Für die Zuckermenge hat die EU für alle Länder gleiche Stufen gesetzlich festgelegt. 98 % des Champagners gehören den ersten beiden Dosagestufen mit dem niedrigsten Zuckergehalt an.

Brut Nature
0–3 g Zucker pro Liter
Trockener geht's nicht!

Extra Brut, Extra herb
0–6 g Zucker pro Liter
Sehr trocken

Brut, Herb
0–15 g Zucker pro Liter
Sehr trocken bis trocken, jedoch nicht hart; die meisten Champagner haben 12–15 g pro Liter

Extra Sec, Extra Dry, Extra trocken
12–20 g Zucker pro Liter
Kaum vorkommende, trockene bis halbtrockene Zwischenstufe

Sec, Dry, Trocken
17–35 g Zucker pro Liter
Sehr selten bei Champagner, halbtrocken bis lieblich

Demi-Sec
35–50 g Zucker pro Liter
Recht süß, aber nicht so süß wie Dessertwein

Doux
über 50 g Zucker pro Liter
Sehr süß, nur bei Asti und Krimsekt

DIE DOSAGE

Vor dem endgültigen Verkorken werden die Flaschen wieder aufgefüllt. Die hinzugefügte Menge Wein heißt *Liqueur d'expédition*, »Versand-« oder »Fülldosage«, und enthält – nicht beim *Extra Brut* – etwas Zucker. Je jünger der Wein, desto mehr Zucker enthält die Dosage, um jugendliche Säure auszubalancieren. Ein hoher Säuregehalt ist wesentlich für einen guten Champagner, da sie ihn während der langen Flaschengärung und -reifung beim Hersteller und während der Lagerzeit beim Konsumenten frisch hält. Und noch einen Effekt hat die Säure: Sie vermittelt über viele Tausend winziger platzender Bläschen dem Gaumen das Aroma.

CHAMPAGNERKORKEN

1 Bei der Flaschengärung verwendeter Kronenkorken
2 Der Plastikbecher, in dem sich die Hefe bei der *Remuage* sammelt
3 Korken vor Gebrauch, zylindrisch geformt
4 Korken von einem jungen Champagner; der zylindrische Korken wurde in der Flasche zur Pilzform gepresst
5 Korken von einem reifen Champagner, mit der Zeit zu Zylinderform geschrumpft

DAS VERKORKEN

Der Champagnerkorken wird nur zur Hälfte in den Flaschenhals gepresst, dann wird ihm mit einem Schlag, der dem Korken seine Form verleiht, ein Metalldeckel aufgepresst. Ein Drahtkörbchen (Drahtagraffe) sichert schließlich den Korken. Die besten Cuvées bleiben wenigstens drei Monate liegen, bevor sie in den Handel kommen, damit der *Liqueur* sich verbinden kann.

REIFUNG NACH DEM DEGORGIEREN

Der Erzeuger hält den Champagner selten ausreichend lange zurück, als dass sich die Restaromen entwickeln könnten, die viele Champagnerliebhaber schätzen. Diese Aromen entwickeln sich nach dem Degorgieren. Sie sind aber auch in frisch degorgierten Champagnern zu finden, die besonders gut gereift sind.

DIE LAGENKLASSIFIZIERUNG IN DER CHAMPAGNE

Die Bewertung der Lagen in der Champagne wird für jede Gemeinde mit Hilfe eines als *Échelle des crus* bezeichneten Prozentsystems vorgenommen, das auch die Stufung der Traubenpreise festlegt. Es gibt 17 Orte mit der Höchstbewertung von 100 %, die *Grands Crus.* Die größten sind Chouilly (497 ha), Les Mesnil-sur-Oger (412), Verzenay (403) und Verzy (400). Die Weinberge mit 90 bis 99 %, die sich auf 44 Orte verteilen, sind *Premiers Crus.* Gegenwärtig ist 80 % die niedrigste Bewertung, ursprünglich begann die Skala bei 22,5 %. Zu Beginn enthielt die *Échelle des crus* ein großes Mittelfeld, das heute ganz fehlt. Infolge verschiedener Neubewertungen und politischer Einflussnahmen ist das Minimum allmählich von 22,5 auf 80 % gestiegen. Genau genommen ist das gegenwärtige System demnach eine 20-Punkte-Skala.

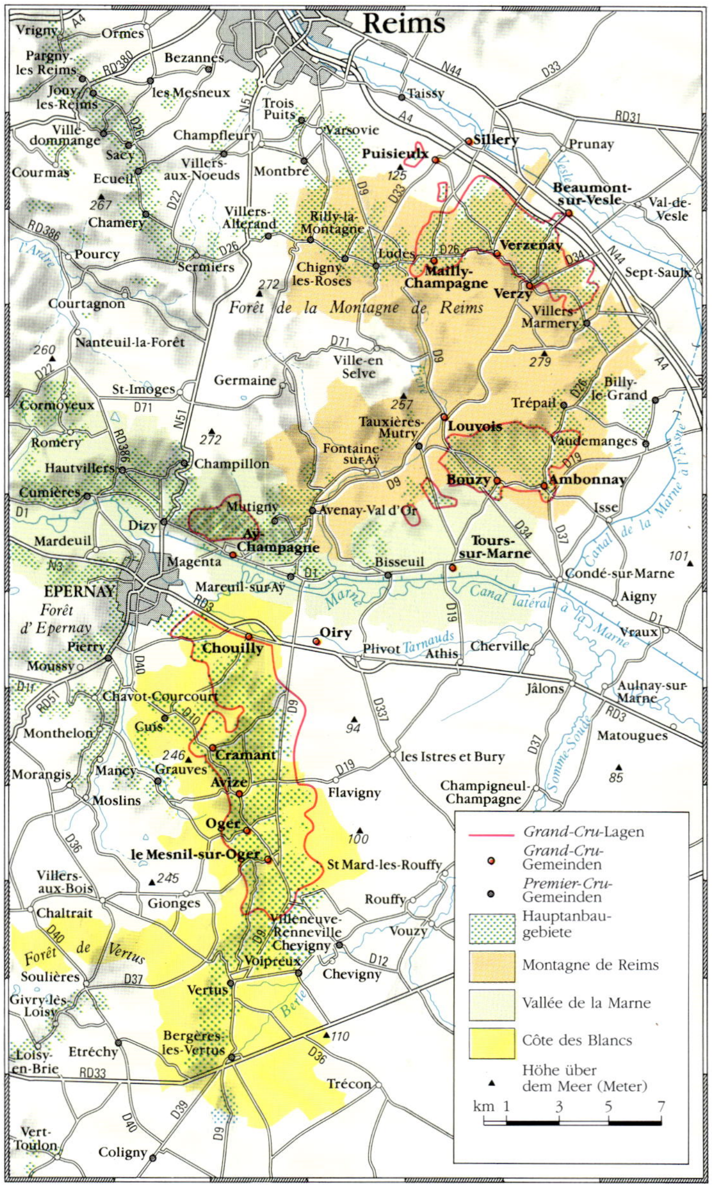

DIE GRAND-CRU- UND PREMIER-CRU-GEMEINDEN

Innerhalb der 3 wichtigen Bereiche um Épernay haben 17 Weingemeinden den Status Grand Cru und 40 den Status Premier Cru.

VILLEDOMMANGE IM HERBST

Die Premier-Cru-Lagen von Villedommange umgeben den in der Petite Montagne, wenige Kilometer südwestlich von Reims, gelegenen Ort. Hier wächst überwiegend Pinot Meunier; der Anteil des Pinot Noir (hier zu sehen) beträgt 30 %.

GESCHMACKS- UND QUALITÄTSFAKTOREN

LAGE
Die nördlichste Weinregion Frankreichs liegt etwa 150 km nordöstlich von Paris, von Belgien durch die bewaldeten Ardennen getrennt. Vier Fünftel des Gebiets liegen im Département Marne, der Rest verteilt sich auf Aube, Aisne, Seine-et-Marne und Haute-Marne.

KLIMA
Das nasskalte nördliche Klima ist stark vom Atlantik bestimmt, das heißt, die Sommer sind relativ kühl und die Witterung eher unbeständig. Die Lage am äußersten Rand des Weinbaugürtels schränkt die Vegetationszeit der Reben aufs Äußerste ein, wodurch Frost im Frühjahr und im Herbst zu einem großen Problem wird.

TOPOGRAFIE
Der Wein wächst auf den sanften Hügeln der Côte des Blancs auf ost- und südostwärts geneigten Hängen in 120 bis 200 m Höhe. Die Weinberge, die die Montagne de Reims umgeben, liegen etwa gleich hoch. Die besten Tallagen befinden sich geschützt am rechten Ufer der Marne.

BÖDEN
Der Unterboden in den Gebieten Côte des Blancs, Montagne de Reims, Marne und Côte de Sézanne besteht aus einer durchlässigen Kreideschicht, die bis zu 300 m mächtig ist. Darüber liegt eine Schicht aus Sand, Lignit, Lehm, Ton oder Kreidegeröll. Die reinweiße Kreide im Boden der Champagne ist wasserdurchlässig und speichert doch ausreichend Feuchtigkeit, um den Wein in trockenen Zeiten zu versorgen. Der hohe Anteil von aktivem Kalk im Boden begünstigt die Bildung von Säure, wenn die Trauben reifen.

WEINBAU UND WEINBEREITUNG
Eine mechanische Ernte ist nicht zulässig, der Großteil der Trauben wird noch immer im traditionellen *Pressoir coquard* (Korbpresse) gekeltert. Für die erste Gärung werden zunehmend rostfreie Stahltanks mit Temperatursteuerung verwendet; einige Champagnerhäuser und viele kleine Erzeuger vergären ihren Wein noch teilweise oder ganz in Holzfässern. Die zweite Gärung in der Verkaufsflasche macht den Wein zum Schaumwein.

HAUPTREBSORTEN
Chardonnay, Pinot Noir, Pinot Meunier

WEITERE REBSORTEN
Arbanne, Petit Meslier, Pinot Blanc

DIE »GROSSEN« MARKEN

Der Ruf oder der berühmte Name einer »große« Marke mag sich auf die Qualität ihrer Produkte, auf die ausgestoßene Menge oder auf beides gründen. In der Champagne gibt es eine Vereinigung, die seit 1964 als *Syndicat de Grandes Marques de Champagne* bekannt ist. Die 24 Mitglieder vereinigen auf sich 60 % des erzeugten Champagners, der von den knapp 260 anerkannten *Négociants-manipulants* verkauft wird. Die Mitglieder sind:

Ayala	Krug	Piper-Heidsieck
Billecart-Salmon	Lanson	Pol Roger
Bollinger	Laurent-Perrier	Pommery
Canard-Duchêne	Mercier	Roederer
Deutz	Moët & Chandon	Ruinart
Gosset	Mumm	Salon
Charles Heidsieck	Joseph Perrier	Taittinger
Heidsieck & Monopole	Perrier Jouët	Veuve Cliquot

CLOS DU MESNIL IN LE MESNIL-SUR-OGER
Das Clos *ist im Besitz des Hauses Krug. Der Blancs de Blancs ist neben dem Vieille Vignes Françaises von Bollinger der teuerste Champagner der Welt.*

JÜNGERE CHAMPAGNER-JAHRGÄNGE

2001–2003 Nachdem 2001 kein herausragendes Jahr war, wurde die folgende Saison äußerst spannend: Erst spät im Jahr 2002, doch noch rechtzeitig und reichhaltig schien die Sonne auf die Champagne. 2002 dürfte einen der besten Jahrgänge der letzten zehn Jahre hervorgebracht haben. Das Jahr 2003 hingegen lief für die Winzer der Champagne weniger glücklich. Starke Fröste im Frühling griffen die Reben bereits zu Beginn der Saison an und dämpften die Erwartungen. Später richteten Hagelunwetter schwere Schäden an.
2000 Eher ein Jahr für Jahrgangsverschnitte. Durch die richtige Auswahl lässt sich guter Champagner aber in beinahe jedem Jahr herstellen. Und manche Erzeuger halten 2000 immer noch für eine magische Zahl, sodass man mit einer gewissen Überbewertung rechnen muss.
1999 Die letzte Ernte der 90er Jahre brachte eine Reife in Jahrgangsqualität, aber die schlimmsten Aziditäts- und pH-Werte seit Jahrzehnten. Guter Champagner wird nur durch sorgfältigste Auswahl entstehen können.
1998 Auf dem Papier sind die 98er nicht ganz so gut wie die 97er. Man könnte sagen, sie sind für die 97er das, was die 93er im Vergleich zu den 92er waren. Um die Analogie fortzuführen: Obwohl die 97er im Allgemeinen etwas vorne liegen, ist mancher 98er dennoch eindrucksvoller, und so werden die besten Weine von 1997/1998 je nach Erzeuger schwanken.
1997 Kein herausragender Champagner-Jahrgang und mit Sicherheit in keiner Weise mit dem qualitätsvollen Vorgänger von 1996 zu vergleichen. Die Grundweine des Jahres 1997 waren jedoch denen von 1992, aus denen viele gute Jahrgangschampagner entstanden, ähnlich und sogar etwas überlegen. Wie 1992 werden die besten ein Produkt der richtigen Auswahl sein.

DAS ETIKETT EINES CHAMPAGNERS

R.D.
Ein Markenzeichen von Bollinger. Es bedeutet *Récemment Dégorgé*, d. h. dass der Wein, normalerweise ein reifer Jahrgang, erst unmittelbar vor dem Versand degorgiert wird und also frischer ist als die normal degorgierten Weine desselben Jahres.

VINTAGE
Bei einem Jahrgangschampagner müssen 100 % der Trauben aus dem angegebenen Jahr stammen.

DIE GEMEINDE
Ortsnamen verweisen auf die Herkunft des Champagners, oder sie nennen, wie in diesem Beispiel, den Ort, in dem das Haus ansässig ist.

DIE MARKE
Die *Marque* ist normalerweise der Name des Erzeugers, doch es kann sich auch um einen Markennamen handeln.

DER STIL
Die Angabe des Stils ist nicht vorgeschrieben. Fehlt sie, so kann man davon ausgehen, dass es sich um einen *Brut* ohne Jahrgang handelt, der fast sicher aus den drei Hauptsorten verschnitten ist.

KONTROLLNUMMER
Die Großbuchstaben vor der Kontrollnummer zeigen an, woher der Champagner stammt, z. B. NM: *Négociant-Manipulant* (Champagnerhaus), RM: *Récoltant-Manipulant* (Winzer, der selbst keltert), R: *Récoltant* (Winzer, der keltern lässt), ND: *Négociant Distributeur* (Händler), MA: *Marque Auxiliaire* (von einem Champagnerhaus im Auftrag eines Dritten hergestellt), CM: *Coopérative de Manipulation* (Winzergenossenschaft), SR: *Société de Récoltants* (Vereinigung unabhängiger Winzer).

DIE STILE IN DER CHAMPAGNE

BRUT OHNE JAHRGANG

Die Champagner ohne Jahrgangsangabe – etwa 80 % der verkauften Menge – sind mehr als jeder andere Wein auf die Kunst des Verschneidens angewiesen. Der Käufer schätzt es, wenn der Geschmack »seiner« Marke gleich bleibt. Zwar erwartet man in dieser Kategorie keine Spitzenprodukte, das Potenzial dazu aber ist vorhanden. Der Grundwein, dem Reservewein beigemischt werden kann, stammt immer aus der Ernte des vergangenen Jahres. Zumeist werden für die Zusammenstellungen 10 bis 15 % Reserven aus den vorangegangenen zwei oder drei Jahren verwendet. Bei manchen Erzeugern beträgt der Anteil bis zu 40 %, während andere wesentlich weniger Reserve, jedoch viel von älteren Jahrgängen verwenden. Viele Erzeuger besitzen keine Reserveweine; ihr Champagner ohne Jahrgangsangabe stammt zwar aus einem Jahr, wird aber nicht so deklariert und ist aber von geringerer Qualität als eine Jahrgangscuvée. Die meisten Winzergenossenschaften machen ihre Cuvées mit nur 5 % Reservewein aus dem Vorjahr, die Ergebnisse sind selten begeisternd.

✓ *Michel Arnould* • *Paul Bara* • *Beaumont des Crayères* • *Bertin & Fils* (Carte Or) • *Billecart-Salmon* • *H. Billiot* • *Bollinger* (Magnums) • *Th. Blondel* • *Raymond Boulard* • *Château de Boursault* • *Charles de Cazanove* (Brut Azure) • *Guy de Chassey* • *Chauvet* • *Gaston Chiquet* • *André Clouet* • *Hubert Dauvergne* • *Debas-Comin* • *Deutz* (Classic) • *Vve A. Devaux* • *Drappier* • *Gatinois* • *Michel Genet* • *Paul Gobillard* • *Philippe Gonet* • *Gosset* (Grande Réserve) • *Gosset-Brabant* • *Henri Goutorbe* • *Alfred Gratien* • *Jean Hanotin* (Grand Brut) • *Charles Heidsieck* • *Henriot* • *A. Jacquart* (Cuvée Spéciale) • *Jacquesson* • *Pierre Jamain* • *Lanson* • *Léon Launois* • *Launois Père* • *Laurent-Perrier* • *Etienne Lefevre* • *Lilbert Fils* • *Henri Mandois* • *Serge Mathieu* • *Jean Milan* • *Moët & Chandon* • *Jean Moutardier* (Sélection) • *Napoleon* (Carte Or) • *de Nauroy* • *Bruno Paillard* • *Palmer* • *Joseph Perrier* • *Perrier-Jouët* (Blason de France) • *Pertois-Moriset* • *Philipponnat* (Brut, Le Reflet) • *Pierron-Lèglise* • *Michel Pitbois* • *Ployez-Jacquemart* • *Renaudin* • *Louis Roederer* • *Ruinart* • *François Secondé* • *Jacques Sélosse* • *Taittinger* • *Veuve Clicquot* • *Vilmart & Cie* (Cuvée Cellier)

BRUT MIT JAHRGANG

Nicht mehr als 80 % des Ertrags eines Jahres dürfen als Jahrgangschampagner verkauft werden, sodass wenigstens 20 % auch der besten Jahrgänge für künftige Cuvées aufgehoben werden. Einige Häuser halten strikt daran fest, nur in herausragenden Jahren einen Jahrgangschampagner zu deklarieren; leider gilt das nicht für alle, weshalb es Jahrgangschampagner auch aus minder guten Jahren gibt wie 1980, 1987 und sogar 1984. Die meisten Genossenschaften und viele Winzer bringen fast alljährlich Jahrgangschampagner heraus, was natürlich möglich ist, letztlich aber das Produkt entwertet. Auch in großen Jahren ist ein Jahrgangschampagner eher das Ergebnis gut komponierter Grundweine als der Qualität des jeweiligen Jahres, und das verleiht diesen Weinen ihren besonderen Wert. Im Vergleich mit einem Champagner desselben Jahres ohne Jahrgangsangabe weist der Jahrgangschampagner einen stärker von der Autolyse geprägten Charakter mit einem Akazienbukett auf, weil ihm die Weichheit des Reserveweins fehlt. Wenn Sie die biskuit- und toastartigen Aromen aus der Flaschenreifung schätzen, sollten Sie Jahrgangschampagner einige Jahre liegen lassen.

✓ *Paul Bara* • *Herbert Beaufort* (Carte d'Or) • *Billecart-Salmon* • *Bollinger* • *Pierre Callot* • *Cattier* • *Claude Cazals* • *Chauvet* • *André Clouet* • *Paul Déthune* • *Deutz* • *Drappier* • *Egly-Ouriet* • *Gardet* • *Michel Genet* • *Paul Gobillard* • *Henri Goutorbe* • *Alfred Gratien* • *J. M. Gremillet* • *Charles Heidsieck* (ab 1989) • *Henriot* • *Krug* • *Lanson* • *Laurent-Perrier* • *Lilbert Fils* • *Henri Mandois* • *Mailly Grand Cru* • *Serge Mathieu* • *Moët & Chandon* • *Ph. Mouzon-Leroux* • *Napoleon* • *de Nauroy* • *Bruno Paillard* • *Palmer* • *Joseph Perrier* • *Perrier-Jouët* • *Michel Pithois* • *Ployez-Jacquemart* • *Pol Roger* • *Pommery* • *Louis Roederer* • *Taittinger* • *Ruinart* • *Patrick Soutiran* • *Sugot Feneuil* (Special Club) • *F. Vauversin* • *Veuve Clicquot* • *Vilmart & Cie* (Grand Cellier, Grand Cellier d'Or)

BLANC DE BLANCS

Ohne Jahrgang, mit Jahrgang, Prestige-Cuvée

Wörtlich heißt *Blanc de blancs* »weiß(er Wein) von weißen (Trauben)«. Man hat diesen pleonastischen Begriff eingeführt, weil Champagner meist bis zu drei Viertel aus roten und einem Viertel aus weißen Trauben gekeltert wird. Champagner, der nur aus weißen Trauben gewonnen wird, ist selten. In solchem Fall ausschließlich aus Chardonnay, der über das größte Reifungspotenzial verfügt. *Blancs de blancs* können aus jedem Gebiet der Champagne kommen, die besten stammen aus einem kleinen Teil der Côte des Blancs zwischen Cramant und Le Mesnil-sur-Oger. Zu früh getrunken, kann der klassische *Blanc de blancs* streng schmecken; es

scheint ihm an Frucht und Großzügigkeit zu fehlen, doch lässt man ihn richtig reifen, kann er wunderbar saftig werden. Die meisten *Blancs de blancs* sollten nach dem Kauf ein paar Jahre liegen, sodass sie ihr toastig-zitroniges Bukett und eine intensive, schön profilierte Frucht entwickeln können.

✓ **Ohne Jahrgang** *Boizel, de Castellane, Chauvet* (Carte Vert), *Delamotte, Pierre Gimonnet, Paul Goerg, Henriot, Larmandier-Bernier, R. & L. Legras, de Meric, Pierre Moncuit, Mumm* (Mumm de Cramant), *Bruno Paillard* (Réserve Privée), *Joseph Perrier, Pierre Peters* (Perlé de Mesnil), *Vilmart & Cie* • **Jahrgangschampagner** *Billecart-Salmon, Le Brun de Neuville, de Castellane* (Cuvée Royal), *Delamotte, Deutz, Robert Doyard, Drappier, Duval-Leroy, Pierre Gimmonet, Paul Goerg, J. M. Gremillet, Gruet & Fils, Jacquart* (Cuvée Mosaïque), *Jacquesson, Guy Larmandier, Pierre Moncuit, Philipponnat, Pol Roger, Alain Robert, Louis Roederer, Vazart-Coquart* (Grand Bouquet), *de Venoge* • **Prestige Cuvée** *Charles Heidsieck* (Cuvée de Milléniaires), *Krug* (Clos du Mesnil), *Larmandier-Bernier* (Spécial Club), *Pierre Moncuit* (Vieilles Vignes Nicole Moncuit), *Ruinart* (Dom Ruinart), *Salon »S«, Taittinger* (Comptes de Champagne)

BLANCS DE NOIRS

Ohne Jahrgang, mit Jahrgang, Prestige

Blanc de Noirs bedeutet, dass dieser (sehr seltene) Champagner vollständig aus roten Trauben hergestellt wird, also aus Pinot Noir, Pinot Meunier oder beiden zusammen. Berühmt und sehr teuer ist der Vieilles Vignes Françaises aus dem Hause Bollinger, ein einzigartiger Champagner ausschließlich aus Pinot-Noir-Trauben, die von zwei winzigen Lagen wurzelechter Reben (aus der Zeit vor der Reblauskatastrophe) stammen und zusammen nicht mehr als 3000 Flaschen hergeben – daher der saftige Preis. Außer Bollinger boten bisher nur wenige Erzeuger einen *Blanc de Noirs* an. Bollinger hat unbeabsichtigt zu der Vorstellung beigetragen, ein *Blanc de Noirs* müsse ein großer, voluminöser, muskulöser Champagner sein; meist unterscheidet er sich aber nur wenig von den Cuvées anderer Champagnerhäuser. Wenn Sie den *Blanc de Noirs* mit dem schwarzen Etikett von Serge Mathieu probieren, werden Sie einen eleganten Champagner entdecken, von dem Sie niemals vermutet hätten, dass er ausschließlich aus Pinot Noir, und dazu noch in Aube angebautem, gewonnen wurde.

✓ *Bollinger* (Vieilles Vignes Françaises)

EXTRA SEC, SEC, DEMI-SEC

Ohne Jahrgang, mit Jahrgang

Theoretisch ist *doux* der süßeste Champagnertyp, mit einem Restzuckergehalt von über 50 g pro Liter. Allerdings wird er nicht mehr produziert. Der letzte verkaufte *doux* war ein Roederer Carte Blanche, basierend auf dem Jahr 1983. Diese Cuvée ist heute ein *demi-sec*, während sie vor hundert Jahren unvorstellbare 180 g Zucker pro Liter enthielt. Das Verschwinden des *doux* hat dazu geführt, dass *demi-sec* die süßeste Champagnerkategorie wurde. Ein *demi-sec* darf zwischen 33 und 50 g Restzucker pro Liter aufweisen. Die meisten bleiben mit 35 g an der Untergrenze, wenige erreichen 45 g. Kann man diese Weine auch nicht trocken nennen, so sind sie doch nicht süß und weit entfernt von einem Top-Sauternes, der in großen Jahren auf durchschnittlich 150 bis 200 g Zucker pro Liter kommt. Ein *demi-sec* sitzt also zwischen den Stühlen, und da er überwiegend nicht für den anspruchsvollen Markt gemacht wird, kommen die *champenois* mit zunehmend minderwertigen

Weinen davon. Es gibt natürlich Ausnahmen, doch hat der *demi-sec* inzwischen einen so schlechten Ruf, dass wenige Erzeuger sich mit ihm abgeben.

✓ **Ohne Jahrgang** *Billecart-Salmon* (Demi-Sec Réserve), *Gatinois* (Demi-Sec), *Jacquart* (Onctueuse Cuvée Rosé Extra Dry), *Lanson* (Elfenbein-Etikett), *Moët & Chandon* (Nectar), *Philipponnat* (Sublime), *Pol Roger* (Demi-Sec), *Jacques Sélosse* (Cuvée Exquise Sec), *Veuve Clicquot* (Demi-Sec) • **Jahrgangschampagner** *Veuve Clicquot* (Rich)

ROSÉ

Ohne Jahrgang, mit Jahrgang, Prestige

Neben dem württembergischen Schillerwein und dem badischen Rotgold ist dies der einzige europäische Rosé, bei dem weißer Wein mit Rotwein vermischt werden darf; alle anderen Rosés, ob still oder schäumend, erhalten ihre hellrote Farbe dadurch, dass rote Trauben kurz auf den Häuten mazerieren und somit Farbstoffe extrahiert werden. Eine größere Menge Rosé-Champagner wird durch Verschneiden als durch Mazeration hergestellt; auch bei Blindverkostung ist der Unterschied nicht zu schmecken. Mit beiden Methoden lässt sich guter und schlechter Wein herstellen, der hellrot oder dunkelrot sein kann, von kräftigem oder von zartem Geschmack. Die

guten Rosé-Champagner haben attraktive Farbe, perfekte Klarheit und eine schneeweiße Schaumkrone (*belle Mousse*).

✓ **Ohne Jahrgang** *Beaumont des Crayères* (Privilége), *Billecart-Salmon, Th. Blondel, André Clouet, Hubert Dauvergne, Gatinois, René Geoffroy, Etienne Lefevre, Serge Mathieu, Moët & Chandon, de Nauroy, Joseph Perrier, Perrier-Jouët* (Blason de France, Belle Epoque), *Eric Rodez* • **Jahrgangschampagner** *Bollinger, Boizel, Vve A. Devaux* (Cuvée Distinction), *Jacquart* (Cuvée Mosaïque), *Moët & Chandon* • **Prestige Cuvée** *Billecart-Salmon* (Cuvée Elisabeth), *Gosset* (Grand Rosé), *Jacquesson* (Signature), *Krug, Laurent-Perrier* (Cuvée Grand Siècle Alexandra), *Moët & Chandon* (Dom Pérignon), *Perrier-Jouët* (Belle Epoque), *Pommery* (Cuvée Louise Pommery), *Pol Roger, Louis Roederer* (Cristal, normaler Jahrgangschampagner), *Ruinart* (Dom Ruinart), *Taittinger* (Comptes de Champagne), *Veuve Clicquot*

NON-DOSAGE

Der erste Champagner ohne *Dosage* war der Grand Vin Sans Sucre von Laurent-Perrier 1889. Offiziell als *Brut Extra* eingestuft, kamen diese Weine als *Brut Zéro, Brut Sauvage, Ultra Brut* oder *Sans Sucre* in den Handel; sie wurden Anfang der 1980er Jahre beliebt, als die Verbraucher nach leichteren, trockeneren Weinen fragten. Diesen Trend haben Weinkritiker verstärkt, deren privilegierte Stellung ihnen den Genuss wundervoller alter Jahrgänge direkt vom Hefesatz bescherte, die sie zu dem Schluss verleiteten, Champagner ohne Dosage seien denen mit Dosage von vornherein überlegen. Das stimmt nur, wenn sie von hervorragender Qualität sind, mindestens zehn Jahre reifen, bevor sie degorgiert werden, und weitere 12 bis 18 Monate Zeit haben, das toastige, in den Flaschen entstehende Aroma zu entwickeln. Nicht überlegen sind sie im handelsüblichen Alter, da sie dann nur streng, hart und unangenehm schmecken, weshalb die Mode nur von kurzer Dauer war.

✓ **Ohne Jahrgang** *de Bruyne, Mailly Cassiopee* • **Jahrgangschampagner** *Pommery* (Flacon d'Excellence Nature)

CUVÉE DE PRESTIGE

Ohne Jahrgang, mit Jahrgang

Eine *cuvée de prestige*, auch als *cuvée spécial* oder *deluxe* bezeichnet, sollte das Beste sein, was die Champagne zu bieten hat, unabhängig vom Preis. Dom Pérignon kam als erster Champagner dieser Art in den Handel, und zwar im Jahr 1936. Auf eine ältere Geschichte kann der Cristal von Roederer zurückblicken, der erstmals im Jahre 1876 produziert wurde, allerdings exklusiv für Zar Alexander II. In den regulären Handel kam der Cristal erst 1945.

Eine typische *Prestige Cuvée* wird ausschließlich von Trauben aus eigenem Anbau gemacht, und zwar von solchen aus den Grands Crus. Zumeist sind es Jahrgangschampagner, manchmal auf traditionelle Art hergestellt (in Holz vergoren, an Stelle des Kronenkorkens mit Korken und Metallklammer verschlossen, schließlich von Hand degorgiert). Immer lässt man die Luxuschampagner weit länger als normal altern, bevor man sie in Schmuckflaschen zu sehr hohen Preisen verkauft. Manche sind eindeutig überteuert, andere so sehr auf Weichheit getrimmt, dass ihnen alles Aufregende abhanden gekommen ist. Dennoch bleibt eine große Zahl außergewöhnlicher Champagner, die jede Mark wert sind.

✓ **Ohne Jahrgang** *Hubert Dauvergne* (Fine Fleur de Bouzy), *Paul Déthune* (Princesse des Thunes), *Krug* (Grande Cuvée), *Laurent-Perrier* (Grand Siècle La Cuvée), *de Meric* (Cathérine de Medici) • **Jahrgangschampagner** *Ayala* (Grande Cuvée), *Paul Bara* (Comtesse Marie de France), *Billecart-Salmon* (Cuvée N. F. Billecart), *de Castellane* (Cuvée Commodore, Cuvée Florens de Castellane), *Guy Charlemagne* (Millésimé), *Delamotte* (Nicolas Louis Delamotte), *Deutz* (Cuvée William Deutz), *Lanson* (Cuvée Noble), *Laurent-Perrier* (Grand Siècle Exceptionellement Millésimé), *Moët & Chandon* (Dom Pérignon), *Perrier-Jouöt* (Belle Epoque), *Piper-Heidsieck* (Rare), *Pol Roger* (Cuvée Sir Winston Churchill, Cuvée Réserve Spéciale PR), *Pommery* (Cuvée Louise Pommery), *de Venoge* (Cuvée des Princes), *Veuve Clicquot* (Grande Dame), *Vilmart* (Coeur de Cuvée)

LAGENCHAMPAGNER

Ohne Jahrgang, mit Jahrgang

Obwohl die Idee der Lagenschaumweine in der Champagne allmählich an Bedeutung gewinnt, bieten bisher nur wenige Champagnerhäuser diese Spezialität an, und kaum Winzer, die eigentlich die besten Voraussetzungen dafür hätten, die Vorteile des Weins, der sein Terroir reflektiert, zu nutzen.

✓ **Ohne Jahrgang** *Cattier* (Clos du Moulin) • **Jahrgangschampagner** *Drappier* (Grande Sendrée), *Krug* (Clos du Mesnil), *Philipponnat* (Clos des Goisses)

COTEAUX CHAMPENOIS AOC

Ohne Jahrgang, mit Jahrgang

Die stillen Weine der Champagne (rot, weiß und rosé) sind von weniger hoher Qualität, aber »champagnermäßig« teuer. Die Weiß- und Roséweine sind die uninteressantesten, mit moderner Technik könnten sie jedoch besser und ansprechender gemacht werden. Der rote Coteaux Champenois ist da schon attraktiver und die einzige Chance, roten Champagner – ohne Perlen – zu verkosten. Das bekannt unfreundliche Klima erlaubt allerdings selten eine für stillen Rotwein ausreichende Reife der Trauben mit tiefer Farbe. Lässt man aber zu lange auf den Beerenhäuten mazerieren, um mehr Farbe zu erzielen, treten nur die herben, unreifen Tannine hervor. Daher sind die meisten Rotweine leicht bis mittelschwer und reichen nicht entfernt an die Fruchtfülle eines guten einfachen Burgunders heran.

Die seltenen Ausnahmen allerdings überraschen mit tiefroter Farbe und vollem Körper. Diese Weine haben häufig einen rauchigen Touch und erinnern an Pinot Noir. Bouzy ist der berühmteste, doch einen guten Jahrgang gibt es selten mehr als einmal innerhalb von zehn Jahren, sodass andere Gewächse ebenso gut sein können. Die besten Roten eines erfolgreichen Jahres aus Ambonnay, Ay oder jeder anderen Gemeinde der Champagne können sich mit dem von Bouzy messen (er wird übrigens gerne zum »Färben« des Rosés genommen).

Wegen dieser Unwägbarkeiten sind allgemeine Empfehlungen für Coteaux Champenois nicht möglich. Allerdings haben praktisch alle renommierten Champagnerhäuser ein oder zwei Exemplare eines erstaunlichen Rotweins in ihren Magazinen, meist Bouzy aus einem bedeutenden Jahrgang, etwa 1929, 1947 oder 1959. Das ändert nichts daran, dass die heutigen Handelsabfüllungen sehr mittelmäßig geraten. Bollinger bildet eine Ausnahme mit einem im Barrique ausgebauten roten Ay der Lage La Côte aux Enfants; trotz gleich bleibender Anstrengungen fällt das Resultat unterschiedlich aus. Ebenso verdient der Cumières Rouge von Joseph Perrier Aufmerksamkeit. Als Anhaltspunkte nenne ich die Erzeuger, die mir am meisten zugesagt haben.

✓ *Paul Bara* (Bouzy) • *Edmond Barnault* (Bouzy) • *André Clouet* (Bouzy) • *Denois* (Cumières) • *Paul Déthune* (Ambonnay) • *Egly-Ouriet* (Bouzy) • *Gatinois* (Ay) • *René Geoffroy* (Cumières) • *Gosset-Brabant* (Ay) • *Patrick Soutiran* (Ambonnay)

ROSÉ DES RICEYS AOC

Diese Herkunftsbezeichnung gehört nicht zur Coteaux Champenois AOC. Es handelt sich um einen stillen Rosé aus Pinot Noir, der in der Gemeinde Les Riceys im Département Aube produziert wird. Der Wein sollte ein dunkles Rosé aufweisen und mittelschwer und aromatisch sein. Die besten erinnern an Schokolade, Kräuter, sogar Minze, und können ein intensiv fruchtiges Aroma mit langem, weichem Abgang haben. Die Produktion ist in den letzten Jahren stark gewachsen, und sogar Vranken, das allerkommerziellste Haus, hat einen im Angebot, allerdings von wechselnder Qualität. Der mit Abstand beste, den ich je gekostet habe, war ein 1971er von Horiot. Versuchen Sie Vve. A. Devaux, Gallimard und Morel, aber machen Sie sich auf Enttäuschungen gefasst.

ERZEUGER IN DER CHAMPAGNE

Abkürzungen

oJ Ohne Jahrgangsangabe
JC Jahrgangschampagner
PC Prestige Cuvée (*siehe* S. 172)
LC Lagenchampagner

Wird das »gesamte Sortiment« empfohlen, so ist damit nur Champagner gemeint, nicht auch Coteaux Champenois.

MICHEL ARNOULD

28 Rue de Mailly
51360 Verzenay

★

Arnould ist ein traditionsbewusster

Erzeuger, der sich auf reinen Verzenay-Champagner spezialisiert hat, einschließlich eines üppigen, aber hervorragend harmonischen *Blanc de Noirs* Grand Cru Brut Réserve.

✓ *Grand Cru Brut* • *Grand Cru Brut Réserve* (oJ)

AYALA & CO

Château d'Ay
51160 Ay-Champagne

☆Ⓥ

Seit Anfang der 90er Jahre produ-

ziert man hier wieder gefällige, preiswürdige Champagner.

✓ *Brut* (oJ) • *Brut* (JC) • *Grande Cuvée* (JC)

BEAUMONT DES CRAYÈRES

64 rue de la Liberté
Mardeuil 51318 Epernay

☆Ⓥ

Die 210 Mitglieder dieser Genossenschaft besitzen nur 80 Hektar größtenteils eher bescheidener Rebflächen, die aber wie Gärten gepflegt werden, ohne Maschinen oder chemische Behandlung. Der Winzer Jean-Paul Bertus erzeugt regelmäßig geschmackvollen Champagner mit leichter *dosage*.

✓ *Fleur de Rosé* (JC) • *Fleur de Prestige* (JC)

BILLECART-SALMON

40 Rue Carnot
Mareuil-sur-Ay

★★☆

Primus inter pares ist das kleine Familiengut Billecart-Salmon durch außergewöhnlich hohe Qualität. Der beneidenswerte Ruf des Hauses beruht auf dem delikaten Rosé-Champagner, der seit 1830 produziert wird und ein Fünftel der Produktion ausmacht. Die neue, herrlich delikate Cuvée Elisabeth Salmon Rosé führt diese Tradition perfekt fort. Inzwischen zählt aber das ganze Sortiment des Hauses zum Feinsten, was die Champagne zu bieten hat. Last but not least: ein beispielhaftes Preis-Leistungs-Verhältnis.

✓ *Gesamtes Sortiment*

TH. BLONDEL

Domaine des Monts Fournois
51500 Ludes

☆

Ein kleines Haus, das einen eleganten Champagner mit intensivem Duft, biskuitiger Art und ausgeprägter Frucht produziert.

✓ *Brut* (oJ) • *Rosé* (oJ)

BOIZEL

14 Rue de Bernon
51200 Epernay

☆Ⓥ

Der jahrgangslose Boizel tendierte hin und wieder zum Fruchtdropsaroma, doch seit 1995 ist seine Qualität konstant geblieben. *Blanc de Blancs*, Rosé und Prestige Cuvée waren schon immer herausragend.

✓ *Brut* (oJ) • *Rosé* (JC) • *Joyau de France* (PC)

BOLLINGER GM

Rue Jules Lobet
51160 Ay-Champagne

★★☆

Die jahrgangslose Spécial Cuvée mag streng erscheinen, doch sie ist nur ein extremes Beispiel für den klassisch schlanken Stil. Obwohl gut gealterte Reserven hinzugefügt werden, wird dieser Wein stets erst bei Bestellung frisch degorgiert (deutlich gemacht durch die geschützte Bezeichnung R. D. und das Datum der Enthefung). Er profitiert von zwei bis drei Jahren Lagerung, die ihn wunderbar weich macht. Magnums sind fruchtiger und schon beim Kauf zugänglicher. Bollinger gilt als Spezialist für Jahrgangschampagner par excellence.

✓ *Gesamtes Sortiment*

CHÂTEAU DE BOURSAULT

Boursault
51480 près Epernay

☆Ⓥ

Der jahrgangslose Château de Boursault hat seit 1995 wirkliche Finesse entwickelt, der Rosé bereitete schon immer Vergnügen. Die von Eigentümer Harald Fringhian hergestellten Champagner übertreffen die magere Einstufung als 84 %, wozu möglicherweise die Tatsache beiträgt, dass die Weinberge echte *Clos* sind, d. h. ein umschlossenes Stück Land.

✓ *Brut* (oJ) • *Rosé* (oJ)

CANARD DUCHÊNE GM

1 Rue Edmond Canard
Rilly-la-Montagne
51500 Ludes

☆Ⓥ

Seit 1978 im Besitz von Veuve Clicquot, hat sich die Qualität dieser preiswürdigen, angenehm zu trinkenden Champagner seit Mitte der 1990er Jahre verbessert.

✓ *Brut* (oJ) • *Rosé* (oJ) • *Charles VII Blanc de Noirs* (oJ)

DE CASTELLANE

57 Rue Verdun
51200 Epernay

★Ⓥ

De Castellane gehört zur Laurent-Perrier-Gruppe. Man findet hier einen unterbewerteten *Blanc de Blancs*, der genauso ausgezeichnet, reif und exotisch ist wie die etwas teureren Cuvée Commodore und Cuvée Florens de Castellane.

✓ *Chardonnay* (oJ) • *Cuvée Royale Chardonnay* (JC) • *Cuvée Commodore* (PC) • *Cuvée Florens de Castellane* (PC)

CATTIER

6 et 11 Rue Dom Pérignon
51500 Chigny-les-Roses

★☆Ⓥ

Ich habe den großen Lagenchampagner von Cattier, den Clos du Moulin, immer geschätzt. Von den übrigen Cuvées war ich allerdings weniger angetan; das änderte sich mit den drei umwerfenden Jahrgängen 1988, 1989 und 1990.

✓ *Brut* (JC) • *Clos du Moulin* (LC)

CHARLES DE CAZANOVE

1 Rue des Cotelles
51204 Epernay

☆Ⓥ

An der Qualität wurde intensiv gearbeitet. Thierry Lombard, dessen Familie das Unternehmen besitzt, hat sich vom Marie Stuart getrennt hat, einem Champagner, der viel besser sein könnte, tatsächlich aber nur Ressourcen verschwendete. Seit Mitte der 90er Jahre zeigen die Weine Eleganz und ein schönes blumiges Bukett von der autolytischen Reifung.

✓ *Brut Azure* (oJ)

CHANOINE

Avenue de Champagne
51100 Reims

☆

Dieses Unternehmen wurde 1730 gegründet (nur ein Jahr nach Ruinart, dem ältesten Champagnerhaus) und im Jahr 1991 von Philippe Baijot reaktiviert. Ich war von den ersten Cuvées nach dem Neubeginn sehr beeindruckt, doch ihre hervorragende Qualität blieb bislang unerreicht. Nicht die Grundweine und auch nicht der Jahrgangsverschnitt, sondern die jüngeren Tsarine *cuvées* sind es, die wohl viel Aufmerksamkeit erregen werden (und zwar nicht nur wegen der Flasche, die aus der gleichen Gussform wie die einer gewissen Marke aus Asti stammt!).

✓ *Tsarine* (oJ) • *Tsarine* (JC)

CHAUVET

41 Avenue de Champagne
51150 Tours-sur-Marne

★Ⓥ

Dieses kleine, qualitätsbewusste Haus liegt gegenüber von Laurent Perrier und gehört der herrlich exzentrischen Familie Paillard-Chauvet. Verwandtschaftliche Bande bestehen mit Pierre Paillard in Bouzy, Bruno Paillard in Reims und den Gossets in Ay. Mir hat immer der Blanc de blancs Carte Zarte Vert gut gefallen, eine hervorragende Cuvée nur von Grands Crus, und ich bewundere die Beständigkeit und Qualität des ganzen Sortiments seit Beginn der 90er Jahre.

✓ *Gesamtes Sortiment*

GASTON CHIQUET

890-912 Avenue du Général Leclerc
Dizy 51310 Epernay

★☆Ⓥ

Das Winzerpaar Antoine und Nicolas Chiquet sind Cousin und Cousine der *Négociants* Jean-Hervé und Laurent Chiquet aus Jacquesson, das ebenfalls zu Dizy gehört. Üppiger, samtiger Stil mit saftiger Frucht.

✓ *Gesamtes Sortiment*

ANDRÉ CLOUET

8 Rue Gambetta, Bouzy
51150 Tours-sur-Marne

★

André Clouet, ein kleiner, qualitätsbewusster Erzeuger, macht eine große Palette attraktiver, üppiger und schöner Champagner.

✓ *Gesamtes Sortiment*

DELAMOTTE PÈRE & FILS

1 Rue de la Brêche
51190 Le Mesnil-sur-Oger

★Ⓥ

Dieser Besitz zählt zur Gruppe Laurent-Perrier und liegt unmittelbar neben dem ebenfalls Laurent-Perrier gehörenden Haus Champagne Salon. Delamotte ist ein kleines, unterbewertetes Haus mit guter, preiswürdiger Qualität. Seit Ende des Ersten Weltkriegs gehörte es der Familie Nonancourt, den Eigentümern von Laurent-Perrier, bis Marie Louisee de Nonancourt, Schwester von Victor und Henri Lanson, es erwarb.

Brut (oJ) • *Blanc de Blancs* (oJ) • *Blanc de Blancs* (JC) • *Nicolas Louise Delamotte* (PC)

DELBECK

39 Rue du Général Sarrail
51100 Reims

❓

François d'Aulan hat diesen auffallend aufgemachten Champagner gestartet, nachdem er Piper-Heidsieck verkauft hatte. Im Jahr 1994 verkaufte d'Aulan das Gut jedoch an Bruno Paillard, der es seinerseits bis auf einen Anteil von 10 % an Pierre Martin, den Bürgermeister von Bouzy, veräußerte. Seit seiner Gründung standen demnach mindestens drei verschiedene Erzeuger hinter dem Namen Delbeck; doch mit 18 ha erstklassiger Weinberge aus dem Besitz von Martin in Bouzy darf man darauf hoffen, dass sich bald ein anspruchsvoller eigener Hausstil herausbildet. Olivier de la Giraudière, der von Laurent-Perrier kam und einen kleinen Anteil an Delbeck hält, besorgt den Verkauf.

PAUL DÉTHUNE

2 Rue du Moulin
51150 Ambonnay

✰Ⓥ

Als zuverlässiger Winzer verfügt Paul immer über gute Jahrgangs- und Roséweine; am renommiertesten ist sein Princesse des Thunes, eine luxuriös üppige, große, wundervoll sahnige Prestige Cuvée, zusammengestellt aus reifen Jahrgangsweinen.

Grand Cru Rosé (oJ) • *Millésimé* (JC) • *Princesse de Thunes* (PC)

DEUTZ

16 Rue Jeanson
51160 Ay-Champagne

★✰

Heutzutage in bestechender Form. Deutz besitzt auch Délas Frères an der Rhône, Château Vernous im Médoc und Maison Deutz in Kalifornien; in Neuseeland wird in Partnerschaft mit Montana ein Deutz Marlborough produziert.

Gesamtes Sortiment

VVE A. DEVAUX

Domaine de Villeneuve
10110 Bar-sur-Seine

★Ⓥ

Zwei Namen stehen hinter der erfolgreichsten Winzergenossenschaft der Champagne: Laurent Gillet und Claude Thibaut. Gillet trägt die Verantwortung und machte es sich zur Aufgabe, den Standard der Region Aube insgesamt zu heben; Thibaut, der talentierte Weinmacher, brachte seine in Yellowglen (Australien) und Iron Horse (Kalifornien) gesammelten Erfahrungen in diesen Champagner mit seiner sauberen, klar profilierten Frucht ein.

Grande Reserve Brut (oJ) • *Cuvée Rosée* (sic) (oJ) • *Blanc de Noirs* (oJ) • *Cuvée Distinction Rosé* (JC)

ROBERT DOYARD

61 Avenue de Bammental
51130 Vertus

✰

Maurice Doyard, der Vater von Robert Doyard, überzeugte 1941 zusammen mit Robert-Jean de Vogüé die Deutschen, das CIVC (Comité Interprofessionnel du Vin de Champagne) zu gründen, weil das Dritte Reich Wichtigeres zu tun habe als sich im Alltagsbetrieb der Champagnerbranche zu verheddern. Die *champenois* konnten auf diese Weise nicht nur ihre Geschäfte unter der Nase der Besatzer weiterführen, sondern riefen damit die effizienteste und mächtigste Organisation der französischen Weinindustrie ins Leben. Der jetzige Weinmacher ist der Enkel, Yannick Doyard.

Blanc de Blancs (JC) • *Œil de Perdrix Rosé* (JC)

DRAPPIER

Grande Rue
10 200 Urville
Kellerei in Reims:
11 Rue Godot
51100 Reims

★✰Ⓥ

Die Champagner von Drappier – aus den Weinbergen bei Bar-sur-Aube – sind herausragend in ihrer Beständigkeit, ultra-fruchtig und reifen rasch zu weicher, biskuitiger Komplexität. Musterbeispiel dafür, dass man auch aus 80-%-Lagen weitab vom Zentrum der Champagne ausgezeichnete Champagner machen kann.

Gesamtes Sortiment

DUVAL-LEROY

65 Avenue de Bammental
51130 Vertus

★✰Ⓥ

Der leichte, elegante Hausstil von Duval-Leroy bietet ein sehr gutes Preis-Leistungs-Verhältnis nicht zuletzt deshalb, weil bis zu 70 % des Jahresabsatzes von 5,5 Millionen Flaschen unter anderen Etiketten verkauft werden. Die selbst vermarkteten Weine sind hervorragend.

Gesamtes Sortiment

GARDET & CIE

13 Rue Georges Legros
51500 Chigny-Les-Roses

★Ⓥ

In diesem Haus war man immer auf die Langlebigkeit der Weine stolz; ich hingegen bevorzuge den neuesten Jahrgang, kaum dass er in den Verkauf kommt. Allerdings war der größte Gardet, den ich je verkostet habe, ein 1964er im Jahr 1995. Eine sehr willkommene Ergänzung im Sortiment ist der saftige neue Blanc de Blancs, dessen erster Jahrgang aus dem Jahr 1990 stammt.

Brut Spécial (oJ) • *Brut* (JC) • *Blanc de Blancs* (JC)

RENÉ GEOFFROY

150 Rue du Bois-des-Jots
Cumières, 51480 Damery

★

Die Geoffroys sind seit 1600 in Cumières als Winzer ansässig. Sie ernten ihre Trauben gewissenhaft in mehreren Gängen. Ihr Champagner, der keine malolaktische Säureumwandlung durchmacht und dessen Grundweine in Eichenfässern gereift sein könnten, ist von klassischem Stil, langlebig und zu beachtlicher Komplexität fähig.

Cuvée Sélectionnée Brut (oJ) • *Brut Rosé* (oJ)

PIERRE GIMONNET

1 Rue de la République
51530 Cuis

★✰

Die Weinberge dieses ausgezeichneten Winzers sind nur mit Chardonnay bestockt, demnach ist jeder Wein ein *Blanc de blancs,* was sehr selten vorkommt, selbst bei den Winzern der Côte des Blancs. Bei außergewöhnlich hoher Qualität sind die Preise sehr annehmbar.

Gesamtes Sortiment

PAUL GOBILLARD

Château de Pierry
Pierry, 51200 Epernay

✰

Der Champagner ist normalerweise ausgezeichnet und kraftvoll, dennoch spritzig und elegant.

Brut (oJ) • *Brut* (JC) • *Cuvée Régence* (PV)

PAUL GOERG

4 Place du Mont Chenil
51130 Vertus

✰

Diese kleine, aber erstklassige Kooperative macht sehr feine, elegante und zugleich kräftige und gehaltvolle Champagner.

Blanc de Blancs (oJ) • *Brut* (JC)

GOSSET GM

69 Rue Jules Blondeau
51160 Ay-Champagne

★★✰

Gosset, 1584 gegründet, ist das älteste Haus der Region für stille Weine. 1994, nach 400 Jahren in Familienbesitz, wurde das Haus verkauft. Das war traurig, aber doch nicht so schlimm, denn Gosset kam nicht in den Besitz einer der großen Gruppen, sondern wurde von der Familie Cointreau erworben und untersteht Béatrice Cointreau, einer temperamentvollen Dame, die frischen Wind in das Champagnergeschäft gebracht hat. Kellermeister und Önologe blieben dieselben, ebenso wie die Techniken der Weinbereitung. Nach meiner Einschätzung gehören der Grande Réserve, der Grand Millésimé und der Grand Millésimé Rosé konstant zu den besten Champagnern überhaupt.

Gesamtes Sortiment

HENRI GOUTORBE

11 Rue Jeanson
51160 Ay-Champagne

★✰Ⓥ

Mit 15 ha Weinbergen und einer halben Million Flaschen im Bestand ist dies einer der größeren Winzer. Henri Goutorbe macht einige runde, klassische und gut strukturierte Champagner, die sich sehr zufrieden stellend entwickeln.

Gesamtes Sortiment

ALFRED GRATIEN

30 Rue Maurice-Cerveaux
51201 Epernay

★✰Ⓥ

Dieses Haus gehört zu Gratien, Meyer, Seydoux & Cie, die auch eine Reihe von nach traditioneller Methode hergestellten Loire-Schaumweinen unter dem Namen Gratien & Meyer verkaufen. Alfred Gratien ist einer der auf herkömmlichste Weise hergestellten Champagner. Die alten Jahrgänge verfehlen nie ihre Wirkung, sind sie doch von hervorragender Qualität und über Jahrzehnte hinaus von bemerkenswerter Frische. Der jahrgangslose Typ ist herrlich frisch, seine reifen Reserveweine entfalten sich im Gaumen, sodass der Wein jung trinkbar ist, aber auch von längerer Reifung profitiert.

Gesamtes Sortiment

CHARLES HEIDSIECK GM

12 Allée du Vignoble
Murigny, 51061 Reims

★★Ⓥ

Charles Heidsieck gehört wie Piper-Heidsieck zur Rémy-Cointreau-Gruppe. Für die überragende Qualität von Charles Heidsieck steht Daniel Thibault, einer der größten Weinmacher der Champagne.

Gesamtes Sortiment

HEIDSIECK MONOPOLE & CO MONOPOLE GM

83 Rue Coquebert
51100 Reims

❓

Nicht verwechseln mit Charles Heidsieck oder Piper-Heidsieck! Diese Marke gehörte bis 1996 zu Mumm, dann wurde sie an Vranken verkauft. Gegründet wurde die Kellerei 1785 von dem Deutschen Florenz-Ludwig Heidsieck, doch drei Neffen, die das Geschäft übernahmen, dividierten sich auseinander. So gibt es heute drei eigenständige, aber gruppengebundene Kellereien mit »Heidsieck« im Namen.

HENRIOT

3 Place des Droits-de-l'Homme
51100 Reims

★

Mit Joseph Henriot an der Spitze ist dieses Champagnerhaus jetzt wieder in Familienbesitz und sehr darum bemüht, sich auf dem Exportmarkt zu behaupten. Ich bevorzuge die exportierten Weine, weil sie gut gereift sind und schöne Gebäckaromen mit eleganter Fülle verbinden.

✓ *Gesamtes Sortiment*

JACQUART
5 Rue Gosset
51066 Reims

★Ⓥ

Diese zur CRVC (Coopérative Régionale des Vins de Champagne) gehörende Genossenschaft hat sich zu einem Champagnerhaus gewandelt, indem sie ihre Mitglieder zu Aktionären machte. Die Qualität von Jacquart ist immer zumindest annehmbar, manche Jahrgänge, 1992 beispielsweise, sind hervorragend.

✓ *Cuvée Mosaïque Blanc de Blancs* (JC) • *Cuvée Mosaïque Rosé* (JC) • *Cuvée Ontueuse Rosé* (oJ)

JACQUESSON & FILS
68 Rue du Colonel Fabian
Dizy, 51310 Epernay

★★✩

Die Brüder Chiquet machen exquisi-

ten Champagner, der wundervoll präsentiert wird.

✓ *Gesamtes Sortiment*

PIERRE JAMAIN
Route de Chantemerle
51260 La Celle-sous-Chantemerle

★Ⓥ

Elisabeth Jamain produziert köstlichen Champagner aus einem der ersten Weinberge des Sézannais. Der aus Chardonnay gemachte jahrgangslose Brut mit seinen exotischen Fruchtaromen und der lebendigen Säure ist besonders geglückt.

✓ *Brut* (oJ)

ANDRÉ JARRY
Rue Principale
51260 Bethon

★Ⓥ

André Jarry macht ausgezeichneten Champagner, stilistisch zwischen dem klassischen des Département Marne und dem exotischeren des Sézannais, mit Vanille- und Pfirsich-Finale.

✓ *Cuvée Spécial* (oJ)

KRUG & CO GM
5 Rue Coquebert
51051 Reims

★★★

Bei Krug – Anfang 1999 von der Gruppe Moët-Hennessy übernommen – genießt Qualität höchste Priorität. Der Champagner des Hauses bleibt dem eigenen Stil treu, egal was es kostet oder was der Zeitgeschmack verlangt. Mit der Qualität können nur ganz wenige Champagnerhäuser konkurrieren, allerdings auch mit den oft astronomischen Preisen. Doch ist Krug jede Mark wert, die für seine Produkte gefordert werden. Natürlich können nicht alle Produzenten so denken, es wäre eine Katastrophe – Champagner muss erschwinglich bleiben. Wenn es aber wenigstens ein Haus tut, ist das nicht nur löblich, sondern für den Champagner insgesamt wichtig.

✓ *Gesamtes Sortiment*

LANSON PÈRE & FILS
12 Boulevard Lundy
51056 Reims

★✩❷

Dieses Haus wurde 1991 von Marne et Champagne erworben. Lanson hat stets exzellente, klassische, langsam reifende Jahrgangschampagner gemacht. Der Jahrgangsverschnitt mit dem schwarzen Etikett hat in den vergangenen zwei bis drei Jahren immens dazugewonnen.

✓ *Brut* (oJ) • *Brut* (JC) • *Noble Cuvée* (PC) • *Demi Sec (oJ)*

GUY LARMANDIER
30 Rue du Général Koenig
51130 Vertus

★

Guy und François Larmandier sind zu Recht für schön balancierte Weine von überraschender Tiefe und Finesse renommiert.

✓ *Blanc de Blancs Cramant* (oJ)

LARMANDIER-BERNIER
43 Rue du 28 Août
51130 Vertus

★

Diese *Blanc-de-blancs*-Champagner gehobener Qualität stammen von Pierre Larmandier, dem Präsidenten der Vereinigung junger Weinbauern der Champagne.

✓ *Gesamtes Sortiment*

LAURENT-PERRIER GM
Avenue de Champagne
51150 Tours-sur-Marne

★★Ⓥ

Einst Stammhaus eines Weinimperiums, wurden die Anwesen in Bur-

gund und Bordeaux verkauft, um sich finanziell wie in der Produktion auf die Güter in der Champagne konzentrieren zu können, die mit de Castellane, Delamotte, Lemoine und Salon ohnehin beträchtlich groß sind. Nach dem Rückzug des Patriarchen Bernard de Nonancourt aus dem Tagesgeschäft gehört das Gut immer noch zu Laurent-Perrier. Mit Alain Terrier hat Laurent-Perrier einen begnadeten Weinmacher, der ein Faible für runden Champagner von großer Finesse hat. Zur Legende wurde die Prestigemarke Grand Siècle, die ihren wertvollen Inhalt in einer historischen Flasche birgt.

✓ *Gesamtes Sortiment*

LECLERC BRIANT
67 Rue de la Chaude-Ruelle
51204 Epernay

Ⓥ

Pascal Leclerc verblüfft mit ausgefallenen Champagnern (und das noch mit hervorragendem Preis-Gegenwert-Verhältnis), zum Beispiel mit dem fast blutroten Rosé de Noirs Rubis. Doch wäre etwas mehr Beständigkeit wünschenswert. Zweifel kommen mir ebenfalls bei der Serie Les Authentiques. Das war ein großartiges Marketingkonzept, doch die Weine, die zunächst sehr erfreulich waren, entwickelten keinen unverkennbaren Terroir-Charakter. Der beste Wein des Sortiments ist die Cuvée Divine.

✓ *Divine* (PC)

LILBERT FILS
223 Rue du Moutier
51200 Cramant

★

Ein zuverlässiger Lieferant von gut strukturiertem *Blanc de blancs,* der Finesse zeigt und schön reift.

✓ *Gesamtes Sortiment*

MAILLY GRAND CRU
28 Rue de la Liberation
51500 Mailly-Champagne

★Ⓥ

Diese Genossenschaft besitzt großes Potenzial, aber manchen Champagnern fehlt die Zuverlässigkeit.

✓ *Cassiopee* (oJ) • *Cuvée des Echansons* (JC) • *L'Intemporelle* (JC) • *Cuvée du 60e Anniversaire* (JC)

HENRI MANDOIS
66 Rue du Général-de-Gaulle
51200 Pierry

✩Ⓥ

Der Hausstil von Henri Mandois neigt zu eleganten Champagnern mit lang anhaltender, attraktiver sahniger Frucht. Die meisten Cuvées erreichen ihren Höhepunkt nach fünf bis sechs Jahren und entfalten keine große Komplexität.

✓ *Gesamtes Sortiment*

MARNE & CHAMPAGNE
22 Rue Maurice-Cerveaux
Epernay

★Ⓥ

Dieser zweitgrößte Erzeuger der Champagne – und der größte ohne eigene Weinberge – ist relativ unbekannt. Alfred Rothschild war die gängigste und bekannteste Marke, wozu jetzt Bessarat de Bellefon und Lanson kamen. Den weitaus größten Teil des Umsatzes erzielen jedoch etwa zweihundert obskure Namen. Doch selbst hinter den unbekanntesten Etiketten verbirgt sich meist gediegene Qualität. Auch kaufen berühmte Kellereien hier gerne Reserveweine.

SERGE MATHIEU
Les Riceys
10340 Avirey-Lingey

★✩

Der kleine, makellos ausgerüstete Hersteller macht die elegantesten Champagner der Region Aube. Sie haben Profil, große Finesse und eine für so leichte, harmonische Weine bemerkenswerte Frucht.

✓ *Gesamtes Sortiment*

MERCIER GM
75 Avenue de Champagne
51200 Epernay

Ⓥ

Mercier, von Eugène Mercier im Jahr 1858 gegründet, war der ursprüngliche Besitzer der Marke Dom Pérignon, hat sie jedoch nie genutzt und in einer merkwürdigen Fügung 1930 an Moët & Chandon verkauft. Denen gefiel das Produkt so sehr, dass sie 40 Jahre später auch Mercier kauften. Mercier ist noch immer der meistverkaufte Champagner in Frankreich, wie sehr sich das Mutterhaus auch bemüht, Moët an die Spitze zu bringen. Im Export liegt allerdings Moët weit vorn.

✓ *Brut* (JC)

DE MERIC
17 Rue Gambetta
51160 Ay-Champagne

★

Das Angebot von de Meric, dessen Weine Christian Besserat macht, reicht vom einfachen, aber elegantfruchtigen *Brut* bis zum sublimen, ganz ungewöhnlichen Cathérine de Medicis, mit einer ganzen Reihe feiner Cuvées dazwischen.

✓ *Blanc de Blancs* (oJ) • *Rosé* (oJ) • *Cuvée Cathérine de Medicis* (PC)

MOËT & CHANDON
20 Avenue de Champagne
54120 Epernay

★✩

Moët, das bei weitem größte Champagnerhaus, gehört zum Luxuskonzern LVMH (Louis Vuitton Moët Hennessy), der auch die Champagnerhäuser Mercier, Ruinart, Pommery, Veuve Clicquot, Canard-Duchêne und seit Anfang 1999 auch Krug in Besitz hat. Der anfänglich weiche, gefällige Stil des Brut Impérial von Moët findet Beifall und schmeichelt jedem; im Vergleich schneidet er allerdings wegen seines neutralen Geschmacks weniger gut ab. Nach 12 Monaten Flaschenalterung verwandelt er sich dann in einen volleren, toastig-üppigen Champagner, der in jeder Verkostung bestehen kann. Zwischen dem zu Unrecht kritisierten jahrgangslosen Champagner und dem Dom Pérignon wurden die beiden Jahrgangschampagner Brut Impérial und Brut Impérial Rosé bisher ignoriert und unterbewertet. Diese beiden *Cuvées* bieten meist den besten Gegenwert für ihren Preis. Andererseits hat Moët vor kurzem gezeigt, dass man sich nicht auf seinen Lorbeeren ausruhen will: Neu im Sortiment sind ein hervorragender Rosé ohne Jahrgangsangabe, ein innovativer *Premier-Cru*-Verschnitt und ein sehr guter *Demi-sec* namens Nectar. Was kommt als Nächstes? Ein im Fass vergorener Super-Meunier *Cuvée*?

✓ *Brut Impérial* (oJ) • *Brut Impérial* (JC) • *Brut Impérial Rosé* (JC) • *Dom Pérignon* (PC) • *Dom Pérignon Rosée* (PC)

G. H. MUMM & CO

29 & 34 Rue du Champ-de-Mars
51053 Reims

✩

Mumm – zum Konzern Seagram gehörend – hat Ballast abgeworfen und bietet seit 1995 bessere Weine als zuvor. Hatten sie früher ihren authentischen Charakter eingebüßt, so sind sie jetzt wieder leicht, bukettreich und niemals zu trocken; sie werden mit jeder Lieferung sauberer, frischer und eleganter.

✓ *Cordon Rouge* (oJ) • *Mumm de Cramant* (oJ) • *Cordon Rouge* (JC)

GRAND CHAMPAGNE NAPOLÉON

2 Rue de Villiers-aux-Bois
Vertus

★

Das kleine, qualitätsbewusste Haus wird von Etienne Prieur geführt, sein Bruder Vincent baut den Wein im winzigen Keller aus. Der Carte Or ist reicher und reifer als der Carte Vert und besitzt komplexe Gebäckaromen. Die Prieurs bieten traditionell länger gelagerte Jahrgangschampagner an als die meisten Champagnerhäuser, sie kommen häufig zwei bis drei Jahre später als die anderen zum Verkauf.

✓ *Carte Or* (oJ)

BRUNO PAILLARD

Avenue du Champagne
51100 Reims

★✩ⓥ

Bruno Paillard ist der am schnellsten aufsteigende Stern am Champagnerhimmel. Eleganz genießt bei ihm Vorrang vor Körper oder Charakter, seine *Premier Cuvée* ist mehr als elegant und einer der beständigsten jahrgangslosen Champagner überhaupt.

✓ *Gesamtes Sortiment*

PALMER & CO

67 Rue Jacquart
51100 Reims

★ⓥ

Palmer gilt in der Champagne als eine der anspruchsvollsten und verlässlichsten Genossenschaften. Vor allem genießt die ausgezeichnete eigene Produktion hohes Ansehen, und da wiederum die reifen Jahrgangschampagner. Chefönologin ist Liliane Vignon, eine aus der kleinen, aber wachsenden Zahl talentierter Frauen in der Champagnerbranche.

✓ *Gesamtes Sortiment*

PANNIER

23 Rue Roger Catillon
02400 Château-Thierry

✩ⓥ

Seit geraumer Zeit schon produziert diese Genossenschaft gute Jahrgangschampagner, insbesondere den Prestige Cuvée Egérie de Pannier; der Standardwein Brut Tradition war dagegen immer recht vierschrötig. Das änderte sich mit dem auf dem Jahrgang 1990 basierenden Brut Tradition. Dass dies die beste *Cuvée* ist, die Pannier anzubieten hat, liegt zweifellos am Jahrgang; doch sie ist auch Zeichen für einen Zuwachs an Finesse, was auf noch bessere Qualität hoffen lässt.

✓ *Brut Tradition* (oJ) • *Brut Vintage* (JC)

JOSEPH PERRIER GM

69 Avenue de Paris
51005 Châlons-sur-Marne

★ⓥ

Dieses Haus wird weiterhin von Jean-Claude Fourmon geführt, auch wenn er nach einer sehr kurzen Beteiligung von Laurent-Perrier 51 % an seinen Cousin Alain Thienot verkauft hat. Der Stil seiner Champagner ist üppig und weich, doch der Unterschied von einer Cuvée oder einem Jahrgangschampagner zum anderen fällt ziemlich gravierend aus. Es ist empfehlenswert, die Weine etwa ein Jahr liegen zu lassen.

✓ *Cuvée Royale* (oJ) • *Cuvée Royale Rosé* (oJ) • *Cuvée Royale Blanc de Blancs* (oJ) • *Cuvée Royale* (JC) • *Cuvée Joséphine* (PC)

PERRIER-JOUËT

26/28 Avenue de Champagne
51200 Epernay

★✩

Der jährgangslose Standard-Brut dieser Spitzenmarke, die zu Seagram gehört, wurde von denselben malolaktischen Sauermilch-Aromen befallen wie die Schwestermarke Mumm. Obwohl das Verfahren aufgegeben wurde, lohnt es sich noch immer, den Aufpreis für die nächsthöhere Qualitätsstufe zu zahlen, den jahrgangslosen Blason de France Brut und Rosé. Der bekannteste Champagner des Hauses ist der vorzügliche Belle Époque, der in eine vom Jugendstilkünstler Gallé entworfene Flasche mit Anemonendekor gefüllt wird.

✓ *Blason de France Rosé* (oJ) • *Grand Brut* (oJ und JC) • *Belle Époque Brut* (PC) • *Belle Époque Rosé* (PC) • *Belle Époque Blanc de Blancs* (JC)

PHILIPPONNAT

13 Rue du Pont
Mareuil-sur-Ay
51160 Ay

★✩

Diesen Betrieb erstand die BCC-Gruppe 1997 von Marie-Brizard. Später gelang es dem Vorsitzenden von BCC, den in der Welt des Traubenhandels groß gewordenen, ausgekochten Geschäftsmann Charles Philipponnat dazu zu bringen, seine Stelle in der oberen Etage von Moët hinter sich zu lassen. Wenn der im März 2000 ausgegebene, herrlich reichhaltige und weiche, von Pinot geprägte Jahrgangsverschnitt einen Anhaltspunkt bietet, dann wird man noch mit dem Namen Philipponnat rechnen müssen. Der neue sublime *Demi-sec* ist exzellent, doch Philipponnats Kronjuwel bleibt der Clos des Goisses, der zweifellos einer der großartigsten Champagner überhaupt ist.

✓ *Gesamtes Sortiment*

PIPER-HEIDSIECK GM

51 Boulevard Henri Vasnier
51100 Reims

✩ⓥ

Nachdem er seine Wunder bei Charles Heidsieck vollbracht hatte, verbesserte Daniel Thibault bei Piper-Heidsieck die Qualität, ohne jedoch die Überlegenheit der Schwestermarke anzutasten. Das gelang ihm, indem er der *Assemblage* mehr Frucht gab, die er aus Reben von den warmen Weinbergen der Aube zieht, sodass der Wein ein weiches, fruchtiges Aroma erhält und sich am Gaumen sehr attraktiv entfaltet.

✓ *Brut Rosé* (oJ) • *Brut Millésimé* (JC)

PLOYEZ-JACQUEMART

Ludes
51500 Rilly-la-Montagne

★ⓥ

Der duftende, sahnig-zitronige jahrgangslose *Brut* aus diesem kleinen, qualitätsbewussten Haus ist so gut wie noch nie. Die Prestige Cuvée L. d'Harbonville, die immer ausgezeichnet war, hat mit dem Jahrgang 1989 einen neuerlichen Qualitätssprung gemacht, als sie in kleinen Eichenfässern ausgebaut und nicht der malolaktischen Gärung ausgesetzt wurde. Das machte sie noch saftiger und wohlschmeckender, wobei reichlich *Dosage* ihre lebhafte Säure ausbalanciert.

✓ *Gesamtes Sortiment*

POL ROGER & CO

1 Rue Henri Lelarge
51206 Epernay

★★✩ⓥ

Wenn ich einen Jahrgangschampagner zum Lagern aussuchen müsste, würde meine Wahl ohne Frage auf Pol Roger fallen. Diese Champagner halten einfach länger und bleiben frischer als die aus irgendeinem anderen Haus. Mein Urteil gründet sich auf die Verkostung einer langen Reihe von Jahrgängen, die bei vielen Häusern 100 Jahre und mehr zurückreicht.

✓ *Gesamtes Sortiment*

POMMERY GM

5 Place Général-Gouraud
51053 Reims

★★

Pommery ist seit 1995 von gleich bleibender Qualität, was nicht zuletzt auf die Philosophie des Konzerns LVMH zurückzuführen ist: Klasse trotz Masse. Keine geringe Leistung angesichts dieses leichten, eleganten Champagners mit der Schwindel erregenden Produktion von 7 Millionen Flaschen.

✓ *Gesamtes Sortiment*

R. RENAUDIN

Domaine des Conardins
51530 Moussy

✩

Renaudin ist ein Winzerchampagner von beständig hoher Qualität. Der Stil ist sehr ausdrucksvoll und elegant, vom Brut Réserve, der über klassische Struktur, schönes Reifungspotenzial und winzige Perlage verfügt, über den eleganten, sehr aromatischen Rosé zur Cuvée Réserve CD, die ihre verschwenderische Fülle aus vier Jahrgängen holt.

✓ *Brut Réserve* (oJ) • *Cuvée Réserve CD* (oJ) • *Rosé* (oJ)

ALAIN ROBERT

25 Avenue de la République
51190 Le Mesnil-sur-Oger

★☆

Die Weinberge von Alain Robert sind über die ganze Côte des Blancs verstreut, und alle seine Champagner sind von ausgezeichneter Qualität; den besten Ruf hat sein verschwenderisch präsentierter, wundervoll gemachter reiner Le Mesnil Chardonnay, dessen exquisite Finesse sich mit den Jahren entfaltet.

✓ *Mesnil Séduction* (JC) • *Mesnil Tradition* (JC) • *Mesnil Réserve* (JC)

LOUIS ROEDERER

21 Boulevard Lundy
51100 Reims

★★☆Ⓥ

Louis Roederer ist das profitabelste Haus der Champagne und ein Lehrbeispiel für alle, die den Erfolg nur nach der Anzahl der verkauften Flaschen bemessen. Der wahre Schlüssel zum Erfolg in der Champagne sind drei Dinge: ein untadeliger Ruf, der einen hohen Preis gewährleistet; ausreichend große, hoch bewertete Rebflächen, die für zuverlässige Qualität bürgen, bei einer Produktion, die groß genug ist, um damit Geld zu scheffeln; und die Selbstdisziplin, bei seinen Leisten zu bleiben. Jean-Claude Rouzaud weiß, dass er für die Qualität nicht mehr gerade stehen kann und das Flair der Exklusivität in Gefahr bringt, wenn er die Produktion wesentlich über die jetzigen 2,5 Millionen Flaschen hinaus steigert. Doch lässt er sein Kapital nicht ungenutzt, weshalb er lieber Deutz übernahm als die eigene Produktion zu steigern. Eines der wenigen Unternehmen, die trotz vieler Anstrengungen von keinem Multi kassiert wurden.

✓ *Gesamtes Sortiment*

RUINART GM

4 Rue de Crayère
51053 Reims

★★

Das 1729 von Nicolas Ruinart gegründete Haus ist der älteste Erzeuger von Schaumwein in der Champagne. Moët & Chandon, das dem Konzern LVHM angehört, übernahm das Unternehmen 1963, hat aber sein Image eines unabhängigen Champagners der Spitzenklasse erfolgreich bewahrt, und das trotz verdreifachter Produktion.

✓ *Gesamtes Sortiment*

SALON GM

51190 Le Mesnil-sur-Oger

★★★

Obwohl im Besitz von Laurent-Perrier, darf Salon noch immer als einer der exklusivsten Champagner gelten. Es wird nur eine Cuvée gemacht, und zwar ausschließlich als Jahrgangswein und nur aus Chardonnay der 100-%-Lagen von Le Mesnil-sur-Oger. Salon dürfte somit die einzige Kellerei der Welt sein, die nicht jedes Jahr einen Wein herausbringt. Der Champagner wird selten der malolaktischen Gärung unterzogen, er liegt häufig zehn Jahre oder länger auf der Hefe und verbessert seine Qualität über denselben Zeitraum nach dem Degorgieren. Zur Veranschaulichung: Als der 1985er auf den Markt kam, brachten andere Champagnerhäuser bereits ihre 1992er heraus.

✓ *Salon Cuvée »S«* (JC)

JACQUES SÉLOSSE

22 Rue Ernest Vallée
51190 Avize

★☆

Anselme Sélosse hat eine Marktnische gefunden für seine klassischen, im Holzfass vergorenen und nicht säurereduzierten Weine. Sie werden nicht nur vor, sondern auch nach dem Degorgieren einige Jahre gelagert, benötigen nur eine minimale *Dosage* und entfalten dennoch ihr Potenzial voll. Für meinen Geschmack viel zu viel Eiche.

✓ *Gesamtes Sortiment* (mit Einschränkungen)

TAITTINGER

9 Place Saint-Niçaise
51061 Reims

★★

Der jahrgangslose Champagner Brut Réserve verdankt seine Eleganz und Köstlichkeit dem hohen Anteil von Chardonnay. Die Comptes de Champagne Blanc de Blancs und Rosé gehören zu den großartigsten Champagnern; ich kann allerdings nicht nachvollziehen, warum die »Art Collection« mit ihrer von berühmten Künstlern wie Roy Lichtenstein, Hans Hartung, Victor Vasarely gestalteten kitschigen Aufmachung so viel Begeisterung auslöst. Kunstfreunde sind begierig, diese Collection komplett ihrer Sammlung einzuverleiben, und die schon astronomischen Preise steigen weiter. Mit Ausnahme der beiden ersten Jahrgänge (1978 und 1981) waren die Weine identisch mit den normalen Jahrgangscuvées, man zahlt also viel Geld für ein wenig Plastik.

✓ *Gesamtes Sortiment*

MARCEL & THIERRY TRIOLET

22 Rue des Pressoirs
51260 Bethon

Die Familie Triolet besitzt Weinberge in Bethon, Villenauxe-la-Grande und Montgenost. Sie produziert einige der besten Champagner im Sézannais, die reifer und traditioneller sind als üblich und weniger von dem für die Region typischen Aroma exotischer Früchte aufweisen.

✓ *Brut* (oJ)

UNION CHAMPAGNE

7 Rue Pasteur
51190 Avize

☆Ⓥ

Eine große Genossenschaft mit 1800 Winzern, die über 1200 ha bester Lagen vor allem in der Côte de Blanc verfügen. 10 Millionen Flaschen werden jährlich produziert. Die Hauptmenge verkauft man als Wein oder Most an andere Kellereien; 2,5 Millionen verkaufen die Mitglieder unter ihren Namen, 1,5 gehen als »gehobene« Champagnermarken De Saint Gall und Orpale zu den Genießern. In jüngerer Zeit ließ man den meisten Champagnern nach dem Degorgieren nicht ausreichend Zeit zum Reifen, mit einer Ausnahme: Der Prestigewein Cuvée Orpale ist immer perfekt ausgereift und von überraschender Finesse.

✓ *Cuvée Orpale* (PC)

DE VENOGE

30 Avenue de Champagne
51200 Épernay

☆Ⓥ

Die Cuvée des Princes ist trotz ihrer lächerlichen Flasche immer ein exzellenter Tropfen der Prestigeklasse. Der lange Fertigungsprozess für Champagner bedeutet, dass erst in fünf Jahren eine neue Flasche ins Regal käme, doch muss man sich nur an das Beispiel des Grande Dame von Veuve Clicquot erinnern, dessen Image sich über Nacht veränderte, um zu wissen, dass sich der Aufwand lohnt.

✓ *Blanc de Noirs* (JC) • *Brut* (JC) • *Cuvée des Princes* (PC)

GEORGES VESSELLE

20 rue des Postes
51150 Bouzy

☆

Bekannter als Jean Vesselle, aber nicht ganz so gut und weniger beständig; nach den Erzeugnissen seit 2000 zu urteilen, könnte aber bereits eine deutliche Qualitätssteigerung im Gange sein.

✓ *Brut* (oJ) • *Brut Rosé* (oJ) • *Brut Millésimé* (JC) • *Brut Juline* (JC)

JEAN VESSELLE

4 Rue Victor-Hugo
51150 Bouzy

☆

Delphine Vesselle ist ein qualitätsbewusster Winzer, dessen Champagner immer üppig und reif sind.

✓ *Gesamtes Sortiment*

VEUVE CLICQUOT-PONSARDIN

12 Rue du Temple
51054 Reims

★★☆

Qualität und Image sind für ein so großes Haus, das inzwischen zu LVMH gehört, überraschend luxuriös. Allerdings verhelfen körperreiche und charaktervolle Champagner, wie Clicquot sie produziert, eher zu Prestige als ein leichter Stil. Je delikater ein Wein strukturiert ist, desto deutlicher treten Schwächen zu Tage. Nun bürgt aber auch ein üppiger Champagnerstil nicht automatisch für Qualität. Während sich Fehler damit leichter kaschieren lassen, ist es schwieriger, Finesse zu erreichen, und das zeichnet das Haus Clicquot aus: Sein Champagner ist nicht nur füllig, sondern auch elegant. Das ist nicht nur auf die Auswahl der Trauben zurückzuführen, überwiegend Pinot aus der Montagne und vor allem aus Bouzy, sondern auch auf die natürliche Art der Weinbereitung, die auf Eingriffe möglichst verzichtet. Die Gärtemperatur ist nicht übertrieben niedrig bei Veuve Clicquot-Ponsardin, vor der *Assemblage* wird nicht gefiltert, nur vor der Abfüllung mit Reserveweinen, die auf der Hefe lagern, wird eine leichte Filtration durchgeführt.

✓ *Gesamtes Sortiment*

VILMART

4 Rue de la République
51500 Rilly-la-Montagne

★★☆

Im Jahr 1991 schrieb ich: »Vilmart ist der größte Champagnerwinzer, den ich kenne.« Das hätte mir leicht zum Verhängnis werden können, denn es gibt nun viele Erzeuger mit Champagnern, die mir so gut oder fast so gut gefallen wie Vilmart; doch zeigt keiner mit seinem ganzen Sortiment jahrein, jahraus ein solches Qualitätsniveau. Die besten *cuvées* haben inzwischen zu viel Eiche, aber Vilmart hat diese etwas schwerfällige Phase bereits durchgemacht und sich im Anschluss daran nur gesteigert. Es wird allerdings noch einige Zeit dauern, bis die Auswirkungen in trinkfertigen Weinen sichtbar werden.

✓ *Gesamtes Sortiment*

VRANKEN

42 Avenue de Champagne
Epernay

❓

Das Haus Vranken gehört dem Belgier Paul Vranken, dessen Ansichten über Qualität ich nicht teile, der aber zugegebenermaßen über großes Marketinggeschick verfügt. Zu seinen Marken zählen Charles Lafitte, René Lallement, Demoiselle, Vranken, Barancourt und Heidsieck Monopole. Er besitzt außerdem Niederlassungen in Portugal (Port: Quinta do Convento, Quinta do Paco und Sao Pedro) und in Spanien (Cava: Senora & Vranken).

DIE AUSWAHL DES AUTORS

Viele hochwertige Weine wurden bereits auf den vorangegangenen Seiten empfohlen. Da die Champagne aber mein erstes Spezialgebiet ist – das zweite ist das Elsass –, hatte ich mir vorgenommen, die 25 größten Champagner auszuwählen. Wie sehr ich mich jedoch bemühte, weniger als 27 wurden es nicht, und das ist noch ein bisschen gemogelt, da ich die Varianten einiger Cuvées zusammengefasst habe.

ERZEUGER	WEIN	ART	BESCHREIBUNG	
Billecart-Salmon (*siehe* S. 173)	Blanc de Blancs	WEISS	Diese Cuvée ist anscheinend von der Weinkritik unentdeckt geblieben. Wir haben hier den üppigen, köstlichen Typ eines *Blanc de blancs,* der sich sehr langsam entfaltet.	5–20 Jahre
Billecart-Salmon (*siehe* S. 173)	Brut	WEISS	Das Nonplusultra eines eleganten, dennoch saftigen jahrgangslosen Champagners. Reif und großzügig, trotzdem leicht und delikat ausbalanciert, mit einer Spur Vanille im Abgang.	Bis zu 2 Jahre
Bollinger (*siehe* S. 173)	Vieilles Vignes Françaises, Blanc de Noirs	WEISS	Keine klassische Cuvée, sondern ein Champagner ganz eigener Prägung von sagenhafter Qualität, ausschließlich aus Pinot Noir und zu einem Wahnsinnspreis verkauft.	10–30 Jahre
Cattier (*siehe* S. 173) Ⓥ	Clos du Moulin	WEISS	Schon lange weiß ich diesen Weinberg in der nördlichen Montagne zu schätzen mit seinen 15 000 bis 20 000 Flaschen – das ist weniger als 40 % seines potenziellen Ertrags. Der Clos du Moulin wird aus drei Jahrgängen zusammengestellt und muss nach dem Degorgieren altern, um seine wahre Klasse zu zeigen.	8–20 Jahre vom jüngsten der drei Jahrgänge an gerechnet
Pierre Gimonnet (*siehe* S. 174)	Premier Cru Chardonnay	WEISSER SCHAUMWEIN	Reinste Frucht, Konzentration und große Eleganz ergeben einen Chardonnay von erstaunlicher Finesse, der aber lediglich ein *Premier Cru* und kein *Grand Cru* ist.	5–20 Jahre
Charles Heidsieck (*siehe* S. 174) Ⓥ	Brut Réserve Mis en Cave	WEISS	Körperreicher, üppig-biskuitiger, weicher Charakter mit einer Spur Vanille. Dies ist der preiswürdigste seriöse jahrgangslose Champagner, den Sie finden können.	Bis zu 4 Jahre
Jacquesson & Fils (*siehe* S. 175) Ⓥ	Signature	WEISS UND ROSÉ	In einer unglaublichen Folge von Jahrgangsweinen seit 1975 hat der Signature Brut seine Verlässlichkeit für einen ausgewogenen, saftig-fruchtigen Champagner bewiesen. Äußerst verlockend, wenn er auf den Markt kommt, belohnt er eine Lagerung mit wunderbarer Komplexität.	6–15 Jahre
Jacquesson & Fils (*siehe* S. 175) Ⓥ	Blanc de Blancs	WEISS	Bis 1995 war diese *Cuvée* ohne Jahrgang einer der erfolgreichsten Champagner aus dem Haus Jacquesson. In jenem Jahr brachten die Brüder Chiquet mit der 1990er *Cuvée* einen Jahrgangschampagner mit sahnigem Chardonnayaroma heraus.	6–10 Jahre
Krug & Co. (*siehe* S. 175)	Clos du Mesnil, Blanc de Blancs	WEISS	Was kann ich anderes über den Wein sagen als: Können Sie ihn sich leisten? Clos du Mesnil ist halb so groß wie Clos du Moulin, doch bringt der Weinberg etwa die gleiche Menge eines kraftvolleren Weins hervor; das hängt mit der Fähigkeit der hohen Mauern zusammen, die Sonne zu speichern. Der Wein kann seinen Charakter über die Jahre mehrfach verändern.	10–100 Jahre
Krug & Co. (*siehe* S. 175)	Grande Cuvée	WEISS	Die Grande Cuvée enthält 35 bis 50 % Reserveweine aus 6 bis 10 verschiedenen Jahrgängen, liegt 5 bis 7 Jahre auf der Hefe und kostet ebenso viel wie der teuerste Prestige-Champagner. Kräftiges Aroma von Zitrone und Eiche, reiche, exotische Frucht.	Bis zu 15 Jahre
Krug & Co. (*siehe* S. 175.)	Vintage	WEISS	Ausnahmslos große Weine. Der wuchtig-aromatische, doch wunderbar harmonische Stil des Hauses ist legendär.	12–30 Jahre
Laurent-Perrier (*siehe* S. 175) Ⓥ	Grand Siècle	WEISS UND ROSÉ	Ich bevorzuge noch immer den ursprünglichen Grand Siècle »La Cuvée« von den beiden *Bruts;* zu etwas mehr als dem halben Preis des Exceptionellement Millésimé ist er eine erstaunlich günstige *Prestige Cuvée.* Mit klassischen Biskuitaromen, knackig frischer Frucht und einem Anklang an Veilchen reift dieser Wein ebenso gut wie der beste Jahrgangschampagner.	Bis zu 40 Jahre
Moët & Chandon (*siehe* S. 175)	Dom Pérignon	WEISS UND ROSÉ	Der *Brut* verfügt über unglaubliche Finesse und ist erstaunlich langlebig, doch die meisten Flaschen werden zu jung und viel zu kalt getrunken. Der in winzigen Mengen hergestellte Rosé beeindruckt mit einem üppigen Aroma roter Früchte.	10–30 Jahre
Bruno Paillard (*siehe* S. 176) Ⓥ	Premier Cuvée	WEISS	Ich habe lange gezögert, diesen relativ neuen Champagner in meine Auswahl aufzunehmen; doch wann immer ich mit einem Freund in einem Restaurant war, der einen leichten, eleganten Champagner bevorzugt, hat sich dieser als beste Wahl bestätigt.	Bis zu 3 Jahre

ERZEUGER	WEIN	ART	BESCHREIBUNG	🍾
Perrier-Jouët (*siehe* S. 176)	Belle Époque	WEISS UND ROSÉ	Perrier-Jouët ist zu danken, dass immer nur das allerbeste Material Verwendung findet. Der *Brut* ist immer sehr fest, wenn er zum Verkauf kommt, aber nach etwa zehn Jahren tritt der Chardonnay in der *Cuvée* mit rundem toastigem Aroma hervor.	8–25 Jahre
Philipponnat (*siehe* S. 176)	Clos des Goisses	WEISS	Ein weiterer meiner Favoriten. Clos des Goisses ist ein ganz besonderer Wein, der 10 bis 15 Jahre braucht, um sein Potenzial voll zu entfalten. Ein 6-ha-Weinberg, vom Steilhang bis zu sanfter Neigung, ermöglicht es Philipponnat, bei der Zusammenstellung dieses Lagenchampagners flexibel zu verfahren.	10–40 Jahre
Pol Roger & Co. (*siehe* S. 176) ⓥ	Brut Vintage	WEISS	Kein anderes Haus macht klassische Champagner, die sich langsamer oder noch schöner entwickeln als die von Pol Roger. Hier finden Sie die Jahrgänge 1928, 1921, 1919 und 1914, und alle sind in großartigem Zustand. Ich wette eine Kiste von Pol Rogers 1990er, dass die nächsten hundert Jahre Jahrgangschampagner ebenso gut sind wie die vergangenen.	7–50 Jahre (über 100 Jahre für außergewöhnliche Jahrgänge)
Pol Roger & Co. (*siehe* S. 176) ⓥ	Cuvée Sir Winston Churchill	WEISS	Dies ist die großartigste Prestige Cuvée der jüngeren Zeit. Der erste Jahrgang, 1975, war nur in Magnumflaschen erhältlich und kam 1984 auf den Markt. Am Anfang war er Nektar, und er wird weitere 30 Jahre oder länger herrlich reifen. Alle Jahrgänge offenbaren zunächst köstliche, blumige Frucht und entwickeln allmählich komplexe toastige Aromen von großer Finesse.	10–40 Jahre
Louis Roederer (*siehe* S. 177) ⓥ	Brut Premier	WEISS	Die berühmteste Marke des Hauses ist Cristal, doch wegen der geringen Produktion muss Brut Premier als Flaggschiff fungieren, und er verkörpert hervorragend den Stil des Hauses. Zwar beträgt der Anteil der Reserveweine nur 10-20 %, doch ihr Charakter und ihre Qualität sind ausschlaggebend. Sie werden in alten Fässern gelagert und geben dem Brut Premier sein sahniges Gebäckaroma.	Bis zu 4 Jahre
Louis Roederer (*siehe* S. 177) ⓥ	Cristal	WEISS UND ROSÉ	Anfänglich zeigen diese außergewöhnlichen *Cuvées* kaum bemerkenswerte Qualitäten, doch in den drei Jahren nach dem Degorgieren machen sie einen tief greifenden Wandlungsprozess durch. Cristal Rosé wird nur in winzigen Mengen von völlig reifen Pinot-Noir-Trauben gemacht. Alle Jahrgangschampagner Rosé und *Brut* mit Ausnahme von 1986 werden hier enthusiastisch empfohlen.	8–20 Jahre
Ruinart (*siehe* S. 177)	Dom Ruinart	WEISS UND ROSÉ	Der *Blanc de blancs* ist für seine überbordende Frucht bekannt, die nach acht Jahren Flaschenreifung füllige, rauchige Aromen entwickelt. Der Rosé ist von gleicher Qualität, hat aber das Aroma roter Sommerfrüchte. Wenn Sie wissen wollen, wie reiner Pinot Noir riecht, öffnen Sie eine zehn Jahre alte Flasche Dom Ruinart Rosé, obwohl er zu 80 % aus Chardonnay besteht!	8–12 Jahre
Salon (*siehe* S. 177)	Cuvée »S« Blanc de Blancs	WEISS	Salon ist als junger Wein leicht, aber mit dem Alter kommt ein intensives, sahnig-üppiges Aroma zum Vorschein. Ein reifer Jahrgang verfügt über eine Vielzahl von Geschmacksnuancen, u. a. von gerösteten Makronen, milden Paranüssen und Kaffee.	10–50 Jahre
Taittinger (*siehe* S. 177)	Comtes de Champagne	WEISS UND ROSÉ	Comtes de Champagne Blanc de Blancs ist ein eleganter Wein, aber wenn man ihm zehn oder mehr Jahre Zeit lässt, wird er zeigen, zu welcher Fülle erstklassiger Chardonnay-Champagner reifen kann. Demgegenüber ist der Comtes de Champagne Rosé in seiner Jugend vielleicht etwas zu kopflastig, erreicht jedoch immer vollendete Harmonie.	10–20 Jahre
Veuve Clicquot-Ponsardin (*siehe* S. 177)	La Grande Dame	WEISS	Der Unterschied zwischen La Grande Dame und dem gleichermaßen klassischen Vintage Reserve von Veuve Clicquot liegt häufig – wenn auch nicht immer – darin, dass La Grande Dame leichter, reifer, eleganter ausfällt, mit besonders reiner Frucht und größerer Finesse. Es soll bald eine Rosé-Version von La Grande Dame geben, und sie wird zu beachten sein, zumal sie aus dem Haus kommt, das diesen Typ erfunden hat.	8–40 Jahre
Veuve Clicquot-Ponsardin (*siehe* S. 177)	Vintage Reserve	WEISS UND ROSÉ	Voller als La Grande Dame und mit deutlicheren Toast- als Biskuitnoten, wird der »einfache« Jahrgangschampagner aus diesem Haus all jene erfreuen, die dem klassischen, Pinot-dominierten Champagnerstil den Vorzug geben. Die Version *Rich* hat den Qualitätsbegriff für süßere Champagner neu definiert, und der Rosé ist so klassisch, wie er nur sein kann.	8–40 Jahre (6–15 Jahre für Rosé)
Vilmart (*siehe* S. 177)	Coeur de Cuvée	WEISS	Vilmart hat sich nicht auf den Lorbeeren der großartigen Grand Cellier und Grand Cellier d'Or ausgeruht. Letzterer führte seine Klasse an, doch er wurde noch übertroffen von der Super-*Prestige-Cuvée* Coeur de Cuvée, dem »Herzen der Cuvée«.	5–30 Jahre (wahrscheinlich)
Vilmart (*siehe* S. 177)	Grand Cellier d'Or	WEISS	Ein über die Maßen reicher, biskuitiger Champagner von eindrucksvoller Nachhaltigkeit. Der »Krug des kleinen Mannes«.	5–20 Jahre

ELSASS

Das Elsass, französisch Alsace, ist das einzige klassische französische Weinbaugebiet, das seinen Ruf sortenreinen Weinen verdankt. Von dort kommen kräftige trockene Weißweine mit schön profilierter Frucht. Die Weine sind sowohl zum Essen als auch »solo« ein Genuss.

Eine faszinierende Mischung von französischen und deutschen Eigenschaften prägt diesen nordöstlichen Teil Frankreichs, der vom Rest des Landes durch die Vogesen und von Deutschland durch den mächtigen Rhein getrennt ist. Die bunte Kombination der Kulturen ist das Resultat von Kriegen und Grenzkonflikten, die diese alte Provinz seit 1648, als der Westfälische Frieden den Dreißigjährigen Krieg beendete, gebeutelt haben. Damals erhielt Frankreich die Souveränität über das Elsass, und königliche Edikte 1662, 1682 und 1687 boten jedem kostenloses Land an, der bereit war, zu seiner Leistungsfähigkeit beizutragen, weshalb Schweizer, Deutsche, Tiroler und Lothringer in das Gebiet strömten. Im Jahr 1871, nach dem Deutsch-Französischen Krieg, kam das Elsass wieder unter deutsche Herrschaft und verblieb dort bis zum Ende des Ersten Weltkriegs. Unter französischer Fahne begann man im Elsass die Verwaltung der Weinberge nach den Richtlinien des neuen AOC-Systems neu zu organisieren, aber noch bevor dieser Prozess abgeschlossen war, besetzte Deutschland 1940 auch diese Provinz. Erst als das Elsass nach dem Zweiten Weltkrieg zu Frankreich zurückkehrte, wurden die Bemühungen um den AOC-Status wieder aufgenommen, der 1962 Realität wurde.

Die Rebsorten sind eine Mischung deutscher, französischer und exotischer Trauben. Die deutschen Reben Riesling und Gewürztraminer (im Elsass ohne Umlaut geschrieben), der französische Pinot Gris (Grauburgunder) und der ausgesprochen exotische Muscat sind die vier wichtigsten. Die deutsche Sorte Sylvaner (hier mit y statt mit i

DER FIRMENSITZ VON HUGEL & FILS

Der kleine Weinladen, die Keller und die Büros des Weinhändlers Hugel & Fils werden durch ein typisches elsässisches Aushängeschild angezeigt.

JÜNGERE JAHRGÄNGE IM ELSASS

2001–2003 Ein herrlicher Altweibersommer brachte 2001 die Rettung für die Elsässer Weinbauern. Es gelangen gute, ausgeglichene Weine. Ideale Temperaturen im Juni 2002 brachten eine sehr homogene Blüte. Während der Reifeperiode allerdings hatten die Winzer mit wankelmütigem Wetter zu kämpfen. Durch Aussortieren sind dennoch schöne Weine entstanden, so die *Vendanges Tardives* und *Séléction de Grains Nobles.* 2003 war das Klima konstant heiß und trocken. Zwar brachte dies frühe Reife, der niedrige Säureanteil könnte aber bei den Weißweinen für einen Mangel an charakteristischer Leichtigkeit sorgen.
2000 Sorten für den Alltagsgenuss wie Sylvaner, Pinot Blanc und Auxerrois sind extrem fruchtig. Hervorragende *Vendanges Tardives,* vor allem bei Riesling und Gewürztraminer.
1999 Eine große Ernte leicht trinkbarer Weine mit großen *Vins de Gardes* von Gütern mit niedrigem Ertrag.
1998 Gute Qualität von früh geernteten aromatischen Sorten und exzellente *Sélections de Grains Nobles.* Riesling war ausgezeichnet, Pinot Gris am unbeständigsten.
1997 Dieser extrem reife Jahrgang war, vor allem beim Gewürztraminer, besser als 1996 und erzeugte klassische *Vendanges Tardives in* solchen Mengen, dass der Großteil der Standardabfüllungen dazuzählen kann. Vorsicht vor der Restsüße in vielen Standardweinen.

DAS ELSÄSSER WEINETIKETT

Rebsorte
Danach sollte man als Erstes schauen – in diesem Fall Gewürztraminer. Ein weiterer Name, zusätzlich zur Rebsorte, ist meist ein Markenname, kann aber auch auf die Gemeinde oder, wie hier, auf die Lage hinweisen. Mambourg ist ein Kalksteinhang, der über das Dorf Sigolsheim blickt. Wenn die Rebsorte nicht genannt ist, handelt es sich entweder um einen Crémant d'Alsace, also einen flaschenvergorenen Schaumwein, oder um einen Verschnitt mehrerer Rebsorten, der als Edelzwicker bezeichnet werden kann.

Grand Cru
Diese Bezeichnung gilt für 50 klassifizierte Weinberge, deren Weine das individuelle Terroir widerspiegeln. Sie ist jedoch keine Qualitätsgarantie. Es ist also ratsam, auf empfohlene Erzeuger zu achten.

Appellation
Alle Elsässer Weine werden unter der Appellation Alsace erzeugt, die auf dem Etikett erscheint. Wenn der Weinberg als *Grand Cru* klassifiziert wurde, wird diese Information der Appellation hinzugefügt.

Erzeuger und Jahrgang
Das Etikett nennt beides. Hier sind es der große Jahrgang 1985 und Ringenbach Moser, ein guter Winzer, dessen Weinberge über Sigolsheim und vier Dörfer um Sigolsheim verstreut sind. Das Kleingedruckte unten auf dem Etikett gibt an, dass der Wein auf dem Gut vom Erzeuger auf Flaschen gezogen wurde, und nennt dessen Adresse. Dies ist ebenso Vorschrift wie die Angabe der Füllmenge (und des Herkunftslandes, wenn der Wein exportiert wird).

Weitere Informationen über Art und Qualität des Weines:

Médaille d'Or
Die Medaillen von Colmar, Mâcon und Paris haben durch die wachsende Anzahl von »Gewinnern« an Wert verloren. Man findet zwar ausgezeichnete Weine mit dem Goldmedaillen-Aufkleber, aber diese sind heute so verbreitet, dass sie bedeutungslos geworden sind. Eine Medaille gibt es, nach der man Ausschau halten sollte: »Sigillé de Qualité« von der Confrérie St-Étienne.

Vendange Tardive
Üppige, kraftvolle Spätlese, die süß sein kann.

Sélection de Grains Nobles
Ein relativ seltener, intensiv süßer, dennoch bemerkenswert eleganter Wein aus botrytisierten Trauben.

Élevé en fûts
Ein Wein, der in Holzfässern reifte und Eichenaromen aufweisen sollte.

Sélection, Réserve, Spéciale Cuvée
Diese Bezeichnungen suggerieren bessere Weine, was auch oft zutrifft.

»PETITE VENISE« IN COLMAR
Diese bezaubernde Stadt rühmt sich vieler architektonischer Höhepunkte. Hier die malerische Partie am Lauch, die »Klein-Venedig« genannt wird.

geschrieben) ist auch in gewissem Ausmaß vertreten. Weitere französische Sorten sind Pinot Blanc, Auxerrois und Chasselas. Der Gewürztraminer ist zwar unbestritten eine deutsche Rebsorte (und man findet hervorragende Beispiele in Deutschland), aber nur im Elsass ist er so ausgeprägt würzig. Auch aromatischen Pinot Gris findet man nur im Elsass, woanders ergibt diese Traube recht neutrale Weine. Sogar Pinot Blanc hat im Elsass Charakter, was normalerweise nur durch Zugabe von üppig-würzigem Auxerrois erreicht wird.

Im Elsass wird nur wenig Rotwein gemacht, hauptsächlich für die Restaurants und Weinstuben. 90 % des im Elsass erzeugten Weines sind weiß. Traditionellerweise sind diese fruchtigen Weine trocken, einige Sorten – wie Gewürztraminer – wurden schon immer mit leichter Restsüße gemacht. Mit Einführung der *Vendange Tardive* (Spätlese) und der *Sélection de Grains Nobles* (Trockenbeerenauslese) haben die Winzer ihre Erträge reduziert, um einen höheren Zuckergehalt zu erzielen. Dies hatte den Effekt, dass selbst einfache *Cuvées* für einen echten trockenen Wein zu üppig wurden, weshalb sich die Tendenz zu weniger trockenen Weinen auch auf andere Rebsorten ausgedehnt hat.

PINOT GRIS AM ROTENBERG
Ein Blick über Turckheim von den steilen Hängen des Rotenbergs in Wintzenheim, wo die Domaine Humbrecht herrlich opulente Pinots Gris von mächtiger Aromafülle erzeugt.

GESCHMACKS- UND QUALITÄTSFAKTOREN

LAGE
Im Nordosten Frankreichs am Osthang der Vogesen, der zum Oberrheingraben abfällt.

KLIMA
Da sie vor den Einflüssen des Atlantiks durch die Vogesen geschützt sind, genießen diese Weinberge außergewöhnlich viel Sonnenschein bei wenig Niederschlägen. Die Regenwolken entladen sich auf der Westseite der Vogesen, wenn sie an der Bergkette aufsteigen.

TOPOGRAFIE
Die Weinberge liegen am Osthang der Vogesen in einer relativ großen Höhe von 180 bis 360 m in mitunter starker Hanglage und Steillage. Die besten Weinberge sind nach Süden oder Südosten ausgerichtet, aber es gibt auch viele gute Lagen mit Nord- und Nordostneigung. Oft werden die Reben auf oder an den Flanken von Bergvorsprüngen kultiviert, die besten Lagen sind aber immer von bewaldeten Berghöhen geschützt. In den 1970er Jahren wurde in den fruchtbaren Ebenen zu intensiv gepflanzt, was zu Problemen mit der Überproduktion geführt hat. Dennoch gibt es Weinberge in den Ebenen, die aufgrund des günstigen Bodens sehr gute Qualität liefern.

BÖDEN
Das Elsass hat von allen großen französischen Weinbaugebieten Frankreichs die komplexeste Geologie. Die drei grundlegenden morphologischen und strukturellen Teile sind: der Granit-Gneis-Kamm der Vogesen, Hügelland mit hellem Kalkstein und das feuchte Schwemmland in der Rheinebene. Die jeweiligen Böden sind: Schwemmboden und fruchtbarer Sand auf Granit, steiniger Lehmboden auf Schiefer, verschiedene fruchtbare Böden auf vulkanischen Sedimenten und magerer, leichter Sandboden auf Sandstein; trockener, steiniger und brauner basischer Boden auf Kalkstein, braune, sandige Kalkböden auf Sand- und Kalkstein, schwere fruchtbare Böden auf Lehm und Kalkstein, brauner basischer Boden auf Kalkmergel; sandiger Lehm und Kies auf Schwemmland, brauner entkalkter Löss und dunkle kalkhaltige Böden auf Löss.

WEINBAU UND WEINBEREITUNG
Die Reben werden an hohen Drahtrahmen erzogen, um sie vor dem Bodenfrost im Frühling zu schützen. Traditionell werden die Weine so lange vergoren wie möglich, aber viele sind nicht mehr so trocken, wie sie es einmal waren. Das liegt daran, dass die Winzer in den letzten zehn Jahren die Erträge verringert haben, um den für die neuen Weintypen Vendanges Tardive und Sélection de Grains Nobles vorgeschriebenen höheren Zuckergehalt zu erzielen.

HAUPTREBSORTEN
Gewürztraminer, Muscat Blanc à Petits Grains, Muscat Rosé à Petits Grains, Muscat Ottonel, Riesling

WEITERE REBSORTEN
Auxerrois, Chardonnay, Chasselas (Gutedel), Klevener (Savagnin Rosé), Pinot Blanc (Klevner), Pinot Gris, Pinot Noir, Sylvaner

VENDANGE TARDIVE UND SÉLECTION DE GRAINS NOBLES

»Vendange Tardive«, Weine aus spät gelesenen Trauben, wurden im Elsass schon immer von einer Hand voll qualitätsbewusster Winzer produziert, unter anderem von Hugel & Fils, die solche Weine unter der deutschen Bezeichnung »Auslese« und »Beerenauslese« vermarkteten. Da man aber frankophile Bezeichnungen verwenden wollte, bahnte diese Firma den Weg dafür, dass die Handelsbezeichnungen Vendange Tardive und Sélection de Grains Nobles offiziell genehmigt und auch kontrolliert wurden. Die gesetzliche Bestimmung wurde im März 1984 erlassen, und seit dem botrytisreichen Jahrgang 1989 werden diese Weintypen überall im Elsass hergestellt.

DIE WEINE LOTHRINGENS

Der Weinbau in diesem Landesteil geht bis in die Zeit der Römer zurück. Die alte Provinz Lothringen, die die heutigen Départements Meurthe-et-Moselle und Moselle umfasste, besaß etwa 30 000 ha Weinberge. Dieses Gebiet war mehr als zweimal so groß wie das benachbarte Elsass. Heute hat es gerade mal 70 ha, die fast ganz im Département Meurthe-et-Moselle liegen. Vom Weinbau im Département Moselle gibt es nur noch traurige Reste der einstigen Pracht; heute ist es auch nicht die *Route de Vin,* sondern die *Route de la Mirabelle,* die Touristen anzieht. Es scheint weniger riskant zu sein, Pflaumen zu kultivieren als Wein anzubauen. Aber für viele Menschen ist es noch viel einträglicher, in der Industriestadt Metz zu arbeiten.

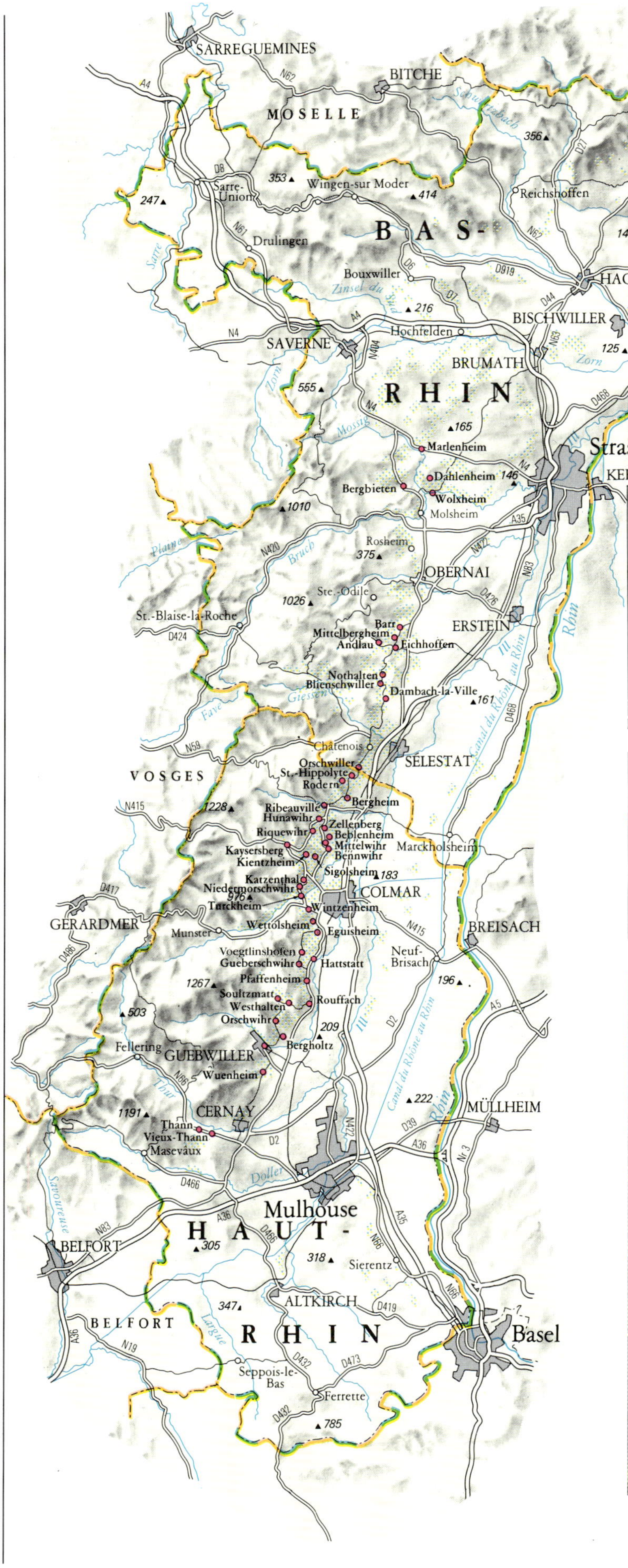

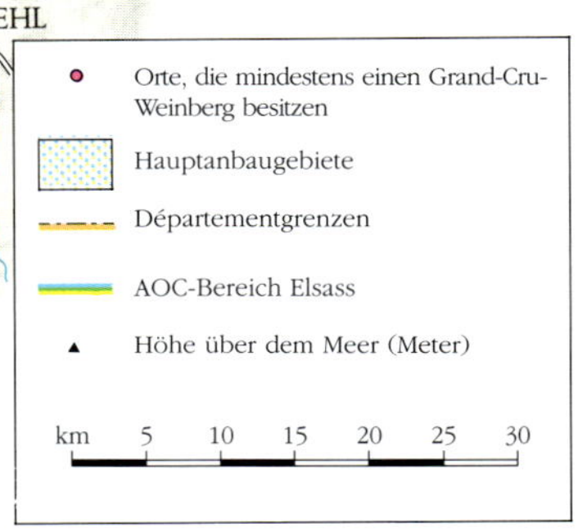

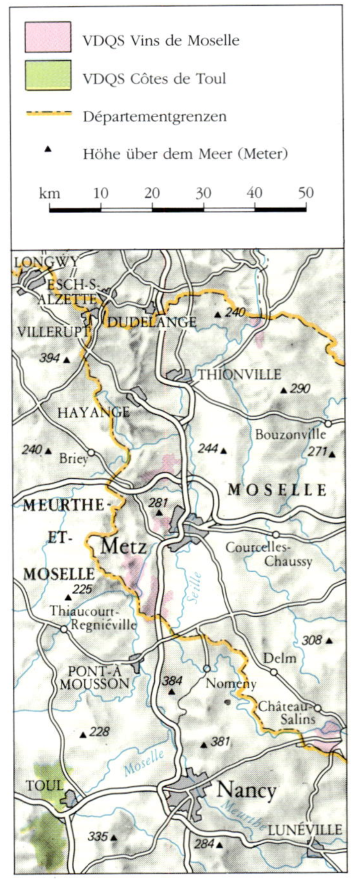

ELSASS *Siehe auch* S. 55

Die Appellation umfasst die Départements Bas-Rhin und Haut-Rhin (links). Außerhalb der Appellation gibt es im Nordwesten, in der ehemaligen Provinz Lothringen, zwei VDQS-Gebiete, Vin de Moselle und Côtes de Toul (oben).

DIE WEHRKIRCHE STE-HUNA IN HUNAWIHR

Hunawihr, einer der besten Weinorte im Elsass, ist besonders für die Lage Clos Ste-Hune bekannt, auf der Trimbach durchweg große Rieslinge erzeugt.

DIE GRANDS CRUS IM ELSASS

Die gesetzlichen Regelungen des *Grand Cru* wurden 1975 erlassen, aber erst 1983 erschien die erste Liste mit 25 *Grand-Cru*-Standorten. Drei Jahre später wurden weitere 23 hinzugefügt, und heute gibt es 50. Auch diese Zahl ist Gegenstand vieler Kontroversen, nicht zuletzt weil der berühmteste, wirklich große Elsässer Cru – Kaefferkopf in Ammerschwihr – ausgeschlossen ist. Die *Grand-Cru*-Appellationen werden zwar langfristig sowohl für das Elsass als auch für den Verbraucher von Vorteil sein; die Beschränkung des *Grand Cru* auf nur vier sortenreine Weine – Muscat, Riesling, Pinot Gris und Gewürztraminer – nimmt uns jedoch die Chance, Pinot Noir, Pinot Blanc, Sylvaner und Chasselas allerbester Qualität genießen zu können.

Auch wenn diese Weine nicht in derselben Liga spielen wie die »Großen Vier«, erscheint es doch völlig unsinnig, ihren Anbau für die Alsace Grand Cru AOC zu untersagen; der Markt diktiert den Winzern ohnehin, auf den hochwertigen Lagen die vier klassischen Rebsorten anzubauen, weil sie mit ihnen die höchsten Preise erzielen. Wenn aber ein Winzer auf seinem *Grand Cru* den bestmöglichen Wein aus einer der weniger lukrativen Rebsorten oder gar einen klassischen Verschnitt erzeugen möchte, warum sollen wir – die Käufer – daran gehindert werden zu erfahren, woher die Trauben kamen, nur weil das Gesetz die Weinbauern daran hindert, »Grand Cru« auf das Etikett zu schreiben? Diese Mängel sind mir seit der Veröffentlichung von *The Wines of Alsace* (aus dem Jahr 1993) bewusst, und daher war es besonders ermutigend, als ich 2000 aus verschiedenen zuverlässigen Quellen die Information bekam, dass die Grand-Cru-Appellation bald auch für andere Sorten als die so genannten Edeltrauben geöffnet wird. Den Anfang wird offenbar die Lage Zotzenberg machen (für Sylvaner), gefolgt von Steinklotz (für Pinot Noir) und Altenberg de Bergheim (für einen Verschnitt). Dabei wird es aber nicht bleiben, denn wenn Steinklotz für Pinot Noir zugelassen wird, dann wird Vorbourg nicht lange warten, und Altenberg de Bergheim wird sicher auch die Türe für den Kaefferkopf öffnen. Und so wird es im Schneeballsystem weitergehen, denn wenn Zotzenberg für Sylvaner, dann warum nicht auch Hengst für Chasselas? Es wird aber auch Befürchtungen geben, dass diese Weine den *Grand-Cru*-Status verwässern könnten, was durchaus möglich ist. Ein Unglück wäre das aber nicht, denn es ist der Markt, der den Status bestimmt, und nicht eine Verordnung. Ein guter Ruf will verdient sein und wird nicht per Dekret verliehen. Daran liegt es auch, dass der billigste Wein von Zind-Humbrecht teurer ist als mancher *Grand Cru*. Die Festlegung der elsässischen *Grand-Cru*-Lagen kam spät, verlief aber dennoch übereilt und ohne den Gedanken an eine zwischengeschaltete *Premier-Cru*-Appellation, und zudem war die Abgrenzung vieler Lagen nicht mehr als ein Witz. Der Markt hat aber bereits begonnen, die Spreu vom Weizen zu trennen, und das Gleiche wird mit klassifizierten Weinen aus weniger klassischen Sorten und Verschnitten geschehen.

ALTENBERG DE BERGBIETEN

Bergbieten

Ein außergewöhnlicher Cru, aber kein wirklich großer. Sein mit Gips durchsetzter Lehm-Mergel-Boden ist ideal für Gewürztraminer, dessen ausgeprägt blumiger Charakter sofort anspricht, der sich aber auch einige Jahre in der Flasche verbessern kann.

✓ *Frédéric Mochel*

ALTENBERG DE BERGHEIM

Bergheim

Dieser Altenberg war seit dem 12. Jahrhundert ein echter *Grand Cru*. Sein kalkhaltiger Lehm ist bestens für Gewürztraminer geeignet, der in jungen Jahren hart und streng ist, aber mit dem Alter an Tiefe und Bukett gewinnt. Dieser *Cru* wird für die Klassifikation von Weinen aus einem Verschnitt gelten.

✓ *Marcel Deiss • Domaine Spielmann*

ALTENBERG DE WOLXHEIM

Wolxheim

Man kann diese Lage mit kalkhaltigem Lehm nicht ernsthaft als einen der größten *Crus* des Elsass bezeichnen, auch wenn Napoleon ihn geschätzt und sein Riesling einen gewissen Ruf hat.

✓ *Charles Dischler • Muhlberger*

BRAND

Turckheim

Diesen Cru mit Granitboden kann man insofern brandneu nennen, da der ursprüngliche Brand eine winzige Lage von wenig mehr als 3 ha war. 1924 wurde er um weitere Lagen erweitert: Steinglitz, Kirchthal, Schneckenberg, Weingarten und Jebsal, von denen jede einzelne einen guten Ruf hat. Bis 1980 war er auf 30 ha angewachsen, heute ist er fast doppelt so groß. Die Qualität der Weine begeistert mich immer wieder – große Rieslinge, Pinots Gris und Gewürztraminer.

✓ *Albert Boxler • Domaines Dopff au Moulin • Jos. Meyer • Pierre Sparr und CV Turckheim • Domaine Zind Humbrecht*

BRUDERTHAL

Molsheim

Riesling und Gewürztraminer – anerkannt die besten Rebsorten – nehmen den größten Teil dieses *Cru* mit Kalk-Lehm-Boden ein. Ich habe guten, fruchtigen Riesling von Bernard Weber verkostet, der zwar elegant, aber nicht wirklich Spitzenklasse war. Riesling, Pinot Gris und Gewürztraminer der Domaine Neumeyer haben mich nicht beeindruckt.

EICHBERG

Eguisheim

Dieser *Cru* mit Kalk-Lehm-Boden hat die geringsten Niederschläge in Colmar und liefert sehr aromatische Weine von außergewöhnlicher Feinheit und großer Langlebigkeit. Berühmt für seinen Gewürztraminer, möglicherweise den schönsten im Elsass, kann der Eichberg ebenso hervorragend langlebige Rieslinge und Pinots Gris hervorbringen.

✓ *Charles Baur • Léon Beyer* (Cuvée des Comtes d'Eguisheim, zu 100 % Eichberg) *• Paul Ginglinger • Albert Hertz • Kuentz-Bas • André Scherer • Gèrard Schueller • Wolfberger*

ENGELBERG

Dahlenheim, Scharrachbergheim

Dieser *Grand Cru* – seine Weine sind sehr rar – bekommt besonders viel Sonnenschein und sollte damit eigentlich für Gewürztraminer und Riesling gut geeignet sein, aber kaum einer der Weine, die ich probiert habe, war etwas Besonderes.

✓ *Jean-Pierre Bechtold*

FLORIMONT

Ingersheim, Katzenthal

Auf den von der Sonne verwöhnten kalkhaltigen Lehmhängen dieses *Cru* wächst eine üppige mediterrane Flora – daher sein Name »Blumenberg« –, und sein ausgezeichnetes Mikroklima macht erstaunliche Rieslinge und Gewürztraminer möglich.

✓ *CV Ingersheim • Bruno Sorg*

FRANKSTEIN

Dambach-la-Ville

Dieser *Cru* auf warmem, gut entwässerndem Granitboden ist für köstlichen, rassigen Riesling und eleganten Gewürztraminer bestens geeignet. Hauller ist bei weitem der beste Erzeuger von Frankstein, und zwar sowohl für Riesling wie für Gewürztraminer. Sein ganzes Sortiment wird im Allgemeinen unterbewertet.

✓ *J. Hauller & Fils*

FROEHN

Zellenberg

Dieser *Cru* zieht sich um die südliche Hälfte des Berges, auf dem Zellenberg liegt. Der Mergel-Lehm-Boden eignet sich gut für Muscat, Gewürztraminer und Pinot Gris. Die Weine sind immer opulent und langlebig.

✓ *Jean Becker*

FURSTENTUM

Kientzheim und Sigolsheim

Dieser *Cru* glänzt mit seinem Riesling, wobei die Rebstöcke gut eingewurzelt sein müssen, um den kalkhaltigen Boden voll nützen zu können. Der Gewürztraminer kann fabelhaft sein – in einem eleganten, blumigeren, weniger würzigen Stil –, auch der Pinot Gris ist hervorragend.

✓ *Paul Blanck*

GEISBERG

Ribeauvillé

Der Geisberg ist schon seit 1308 als Rieslingareal par excellence belegt. Der kalkige, steiniglehmige Sandsteinboden liefert duftende, kraftvolle, lagerfähige Weine von großer Finesse. Trimbach hat hier Reben, deren Trauben einen guten Teil seiner Cuvée Frédéric Émile ausmachen.

✓ *Robert Faller • André Kientzler*

GLOECKELBERG

Rodern, St-Hippolyte

Dieser *Cru* auf Lehm- und Granitboden ist bekannt für seine leichten, eleganten und doch intensiven Weine: Gewürztraminer und Pinot Gris.

✓ *Charles Koehly • CV Ribeauvillé*

GOLDERT
Gueberschwihr

Der Goldert geht bis ins Jahr 750 zurück und ist schon seit 1728 auf Exportmärkten bekannt. Seinen Namen verdankt er der Farbe seiner Weine, von denen der goldene Gewürztraminer der berühmteste ist. Auch der Muscat gerät auf dem kalkigen Lehmboden hervorragend. Egal von welcher Rebsorte, die Weine sind kräftig, würzig und köstlich üppig.

Ernest Burn (Clos St-Imer) • *Marcel Hertzog* • *Fernand Lichtlé* • *CV Pfaffenheim* • *Louis Scher* • *Clément Week* • *Domaine Zind Humbrecht*

HATSCHBOURG
Hattstatt, Voegtlinshoffen

Der Gewürztraminer vom Kalkmergel dieser Südhanglage ist hervorragend, aber auch Pinot Gris und Riesling sind ausgezeichnet.

Joseph Cattin • *André Hartmann* • *Wolfberger*

HENGST
Wintzenheim

Der Hengst Gewürztraminer ist ein außergewöhnlicher, komplexer Wein. Er scheint die klassischen Qualitäten der Sorte mit den Aromen von Orangenschale und Rosenblättern, beides eher für Muscat charakteristisch, zu verbinden. Hengst ist eine vielseitige Lage; neben Gewürztraminer liefert sein Kalkmergelboden auch Muscat, Riesling und Pinot Gris von Topqualität.

Henri Ehrhart • *Jos. Meyer* • *Albert Mann* • *Wunsch & Mann* • *Domaine Zind Humbrecht*

KAEFFERKOPF
Ammerschwihr

Nicht als *Grand Cru* anerkannt, dennoch einer der größten Crus des Elsass und vielen offiziell gelisteten Lagen überlegen. Der Kaefferkopf wurde 1932 gesetzlich abgegrenzt, aber die Bürokraten lehnen es ab, ihn insgesamt anzuerkennen, weil er geologisch nicht einheitlich ist. Dabei gibt es *Grands Crus*, die noch weniger einheitlich sind. Im Widerspruch zum Ethos des AOC-Systems, ortsübliche Gepflogenheiten zu respektieren, lehnen es die Behörden auch ab, die Tradition von Kaefferkopf, Rebsorten zu verschneiden – gewöhnlich Riesling und Gewürztraminer –, anzuerkennen.

J. B. Adam • *Kuehn* • *Myer-Fonné* • *Martin Schaetzel* • *Pierre Sparr* • *François Wackenthaler*

KANZLERBERG
Bergheim

Obwohl dieser winzige *Cru* westlich an den Altenberg de Bergheim anschließt, sind die Weine von gipsdurchsetztem lehmigem Mergel ganz anders als die vom Altenberg, sodass diese beiden Lagen immer getrennt vinifiziert wurden. Die Weine sind gleichermaßen langlebig, aber die vom Kanzlerberg sind voller und schmalziger. Der Kanzlerberg hat sowohl für Riesling als auch für Gewürztraminer einen guten Ruf. Ihre kräftige Fülle kann in jungen Jahren mit den Sortenaromen ins Gehege kommen, sodass beide Weine lange Flaschenreifung brauchen.

Gustave Lorentz • *Domaine Spielmann*

KASTELBERG
Andlau

Als einer der ältesten Weinberge im Elsass wurde der Kastelberg bereits während der Römerzeit bepflanzt. Er liegt auf einem kleinen Hügel neben dem Wiebelsberg, dem anderen *Grand Cru* von Andlau. Sein steiles, schieferiges Terroir hat sich schon längst als ausgezeichnete Lage für rassige und feine Rieslinge ausgewiesen. Die jungen Weine sind sehr verschlossen und brauchen einige Jahre, um wunderbare Reifearomen zu entwickeln. Die Kastelberg-Weine bleiben 20 Jahre und länger jugendlich und zeigen auch in geringen Jahren echte *Grand-Cru*-Qualität.

André Durrmann • *Domaine Klipfel* • *Marc Kreydenweiss* • *Charles Moritz* • *Guy Wach*

KESSLER
Guebwiller

Von der Anlage her eher ein *Premier* als ein *Grand Cru* (die berühmten Lagen von Guebwiller sind Kitterlé und Wanne, von denen letztere nicht klassifiziert ist), aber der Mittelteil des Kessler hat den *Grand-Cru*-Status ganz sicher verdient. Hier wachsen die Reben gut geschützt in einer Senke und auf einer Südsüdost-Steillage, die in eine Hanglage übergeht. Kessler ist bekannt für seinen vollen, würzigen und weichen Gewürztraminer, aber sein Riesling kann noch weit besser sein.

Domaine Dirler-Cadé • *Domaines Schlumberger*

KIRCHBERG DE BARR
Barr

Die echten *Grands Crus* von Barr sind Gaensbroennel und Zisser, sie sind aber in die Kalkmergelflächen des Kirchbergs einbezogen worden, der für körperreiche, dennoch feine Weine mit exotisch würziger Frucht bekannt ist. Diese Charakteristik zeigen nicht nur Pinot Gris und Gewürztraminer, sondern auch der Riesling.

Klipfel • *Willm*

KIRCHBERG DE RIBEAUVILLÉ
Ribeauvillé

Einer der wenigen *Lieux-dits*, die seit Jahrhunderten dazu dienen, Elsässer Wein zu vermarkten. Der *Cru* ist berühmt für seinen Riesling, der typischerweise Biss hat, trocken ist, sich lange lagern lässt und mit dem Alter intensive Petrolnoten entwickelt. Kirchberg de Ribeauvillé liefert auch einen großen Muscat mit zurückhaltendem, jedoch sehr spezifischem Orangen-Moschus-Aroma, ausgezeichneter Säure und viel Finesse.

Robert Faller • *André Kientzler* • *Jean Sipp* • *Louis Sipp*

KITTERLÉ
Guebwiller

Von allen Sorten, die auf diesem Vulkan-Sandstein-Boden gedeihen, zeigt der knackige, petrolige Riesling die größte Finesse. Auch Gewürztraminer und Pinot Gris sind in ihrer angenehm kräftigen, geschmeidigen und rauchigen Art sehr gut.

Domaines Schlumberger

MAMBOURG
Sigolsheim

Dieser *Cru* ist seit 783, als er noch »Sigolttesberg« genannt wurde, urkundlich belegt. Mambourg ist ein Bergkamm aus Kalkstein mit einem Kalkmergel-Oberboden, der über 1 km weit in die Ebene vordringt (nördlich von Colmar oberhalb von Sigolsheim), weiter als jeder andere Vogesen-Ausläufer. Seine Weinberge gelten als die wärmsten im Elsass und liefern Weine, die kräftig, warm, weich und ölig sind. Sowohl der Gewürztraminer als auch der Pinot Gris zeigen große, rauchig-runde Würze.

Ringenbach-Moser • *Pierre Schillé & Fils* • *Pierre Sparr* • *André Thomas*

MANDELBERG
Mittelwihr, Beblenheim

Auf dem Mandelberg wachsen seit galloromischen Zeiten Weinreben, seit 1925 wird er als Appellation vermarktet. Sein Ruf gründet auf dem Riesling, allerdings wird heute mehr Gewürztraminer angebaut. Auch hochwertiger Pinot Gris und Muscat werden in dieser *Grand-Cru*-Appellation produziert.

Frédéric Mallo • *Jean-Paul Mauler* • *CV Ribeauvillé* • *Edgard Schaller*

MOENCHBERG

Andlau, Eichhoffen

Der Moenchberg gehörte bis 1097 dem Benediktinerorden und wurde dann von den Einwohnern von Eichhoffen übernommen. Mit seinem Kalkmergelboden, der ausgezeichneten Sonnenexposition und seinem sehr heißen, trockenen Kleinklima hat dieser *Cru* sich für festen, intensiv fruchtigen und rassigen Riesling einen Namen gemacht. Aber so hervorragend er auch ist, die besten Moenchbergweine, die ich probiert habe, waren Pinots Gris. Er sollte übrigens nicht mit dem ähnlich hervorragenden Grand Cru Muenchberg in Nothalten verwechselt werden.

✓ *Armand Gilg • Domaine André & Rémy Gresser • Marc Kreydenweiss • Charles Moritz • Marcel Schlosser • Guy Wach*

MUENCHBERG

Nothalten

Dieser sonnenverwöhnte Weinberg gehörte zur Abtei Baumgarten, deren Mönche im 12. Jahrhundert Weinbau betrieben. Er liegt im Schutz des Undersbergs, eines 900 m hohen Vogesenbergs. Den beeindruckenden Stil seiner Weine verdankt der Muenchberg zu einem Teil seinem besonderen Kleinklima, zum anderen dem einzigartigen kieshaltigen vulkanischen Sandsteinboden.

✓ *Willy Gisselbrecht • Gérard Landmann • André Ostertag*

OLLWILLER

Wuenheim

Ollwillers jährliche Niederschläge gehören zu den niedrigsten in Frankreich. Riesling und Gewürztraminer gedeihen auf seinem lehmig-sandigen Boden bestens – trotzdem ist er nicht einer der größten *Grands Crus*.

✓ *Château Ollwiller • CV Vieil Armand*

OSTERBERG

Ribeauvillé

Diese steinig-lehmige Lage grenzt an den Geisberg, einen anderen *Grand Cru* von Ribeauvillé, und liefert ebenso guten Riesling. Die Weine reifen sehr gut und entwickeln eine feine petrolige Nase. Auch Gewürztraminer und Pinot Gris sind erfolgreich.

✓ *André Kientzler • CV Ribeauvillé • Louis Sipp*

PFERSIGBERG *ODER* PFERSICHBERG *ODER* PFIRSIGBERG

Eguisheim, Wettolsheim

Der kalkige Sandsteinboden ist bekannt für vollen, aromareichen und langlebigen Gewürztraminer – aber auch Pinot Gris, Riesling und Muscat zeitigen gute Ergebnisse. Die Weine strotzen alle vor fruchtiger Säure und besitzen eine außergewöhnliche Aromenfülle.

✓ *Charles Baur • Léon Beyer* (Cuvée Particulière, zu 100 % Pfersigberg) *• Pierre Freudenreich • Alphonse Kuentz • Kuentz-Bas • André Scherer • Gérard Schueller • Bruno Sorg • Wolfberger*

PFINGSTBERG

Orschwihr

Alle vier *Grand-Cru*-Rebsorten gedeihen auf dem Kalkmergel- und lehmigen Sandsteinboden dieser Lage gut. Sie ergeben Weine mit typischem floralem Aroma und reicher, honigsüßer Frucht.

✓ *Lucien Albrecht • François Braun*

PRAELATENBERG

Kintzheim, Orschwiller

Der Praelatenberg dominiert die Nordseite des Dorfs Orschwiller, doch liegt fast der ganze *Cru* auf der Gemarkung des 1,5 km entfernten Kintzheim. Die Einheimischen meinen, dass alle vier Sorten hier perfekt gedeihen, aber nach meiner Erfahrung ist Pinot Gris am besten, gefolgt von Riesling und dann Gewürztraminer.

✓ *Jean Becker • Raymond Engel* (Domaine des Prelats) *• Domaine Siffert*

RANGEN

Thann, Vieux-Thann

Der Satiriker Sebastian Brant schrieb im 15. Jahrhundert über die wenig bekannten Reisen des Herkules durchs Elsass und verriet, dass der mythische Kraftprotz so viel Rangen getrunken habe, dass er einschlief. Als er wach wurde, habe er seine Keule hier vergessen: Im Wappen von Colmar ist sie zu sehen. Der Rangen ist so steil, dass man ihn nur in Terrassen bebauen kann. Sein Vulkanboden ist arm an organischen Stoffen, aber äußerst reich an Mineralien. Der dunkle Boden entwässert sehr gut und nimmt fast zu viel von der immensen Hitze auf, die sich in dieser Sonnenfalle entwickelt. Dies stellt für die Reben jedoch eine ständige Belastung dar, die den Weinen ihre berühmte Kraft und Pikanz gibt. Der Rangen liefert selbst in schwachen Jahren große Weine, was ihn in jeder Hinsicht zu einem echten *Grand Cru* macht.

✓ *Bruno Hertz • Martin Schaetzel • Domaine Schoffit • Domaine Zind Humbrecht*

ROSACKER

Hunawihr

Dieser *Cru* wurde im 15. Jahrhundert erstmals erwähnt und hat sich seitdem einen Namen für Riesling gemacht. Einer seiner Weine – Trimbachs Clos Ste-Hune – ist fast jedes Jahr mit Abstand der großartigste Riesling im Elsass. Hin und wieder haben auch andere Erzeuger einen außergewöhnlich guten Jahrgang, aber keiner kann dem Clos Ste-Hune dauerhaft Konkurrenz machen. Trimbach nennt auf seinen Etiketten den Rosacker nicht, weil die Familie – wie eine kleine Zahl anderer Erzeuger, die diesen Begriff vermeiden – glaubt, dass ein großer Teil des Rosackers nicht als *Grand Cru* klassifiziert gehörte (obwohl Trimbach in den 40er Jahren seinen Clos Ste-Hune als Grand Cru verkaufte). Der Kalkmergel-Lehm-Boden des Rosackers ist reich an Magnesium und bringt erstklassige Gewürztraminer und Rieslinge hervor.

✓ *Mader • Frédéric Mallo • Mittnacht-Klack • Slipp-Mack • Trimbach* (Clos Ste-Hune)

SAERING

Guebwiller

Dieser Weinberg ist seit 1250 urkundlich belegt und wird seit 1830 kommerziell genützt. Er liegt unterhalb von Kessler und Kitterlé, den anderen beiden *Grands Crus* von Guebwiller. Wie der Kessler ist dieser *Cru* mehr Premier als Grand (wenn auch besser als viele *Grands Crus*). Der blumige, fruchtige, elegante Riesling ist am besten, besonders in heißen Jahren, wenn er exoti-

sche Pfirsicharomen entwickelt; aber auch Muscat und Gewürztraminer können hervorragend sein.

✓ *Dirler • Eric Rominter • Domaines Schlumberger*

SCHLOSSBERG

Kientzheim, Kaysersberg

Die Produktion des Schlossbergs wurde 1928 durch einen Erlass beschränkt, und 1975 wurde er der erste Elsässer *Grand Cru*. Das Granit-Terroir scheint beiden Gemeinden gleichermaßen zu Eigen zu sein, dennoch gehören nicht einmal 0,5 ha zu Kaysersberg. Schlossberg ist am besten bei Riesling; der Gewürztraminer kann auch in nicht ganz perfekten Jahren sehr erfolgreich sein. Der Wein ist voller Eleganz und Finesse, egal ob er – wie Blanck – in der klassischen, dezenten Art oder, wie es für die Domaine Weinbach typisch ist, mit üppigerer Frucht produziert wird.

✓ *Paul Blanck • Albert Mann • Salzmann-Thomann • Pierre Sparr • Domaine Weinbach*

SCHOENENBOURG

Riquewihr

Dieser Weinberg ist seit je für große Rieslinge und Muscatweine bekannt. Die modernen Weine lassen den Riesling als führend erscheinen, während Pinot Gris und Muscat um den zweiten Platz wetteifern. Der gipsdurchsetzte Mergel-Sand-Boden des Schoenenbourg liefert sehr körperreiche, aromatische Weine auf einem Terroir, das das Potenzial für *Vendange Tardive* und *Sélection de Grains Nobles* hat.

✓ *Baumann & Fils • Marcel Deiss • Domaines Dopff au Moulin • Dopff & Iron • François Lehmann • Mittnacht-Klack • René Schmidt • Daniel Wiederhirn*

SOMMERBERG

Niedermorschwihr, Katzenthal

Der Ruhm dieses seit 1214 bekannten *Cru* war so groß, dass im 17. Jahrhundert eine strenge Begrenzung eingeführt wurde. In den Vorbergen von Trois-Épis gelegen, gilt sein Granitboden für alle vier klassischen Rebsorten als gleichermaßen geeignet. Trotzdem hebt sich der Riesling nach meiner Erfahrung von den anderen ab. Die Weine des Sommerbergs sind aromatisch und von eleganter, üppiger Frucht.

✓ *Albert Boxler • Domaine Aimé Stentz • CV Turckheim*

SONNENGLANZ

Beblenheim

Im Jahr 1935, zwei Jahre nachdem die Grenzen des Kaefferkopfs gerichtlich festgelegt worden waren, bekam der Sonnenglanz eine ähnliche Urkunde. Anders als beim Kaefferkopf nützten die Erzeuger diese Appellation nicht, bis 1952 die örtliche Genossenschaft gegründet wurde. Der Sonnenglanz ist nun wenigstens als *Grand Cru* anerkannt, der Kaefferkopf nicht. Einst berühmt für seinen Sylvaner, ist der kalkhaltige Lehmboden bestens geeignet für Gewürztraminer und Pinot Gris, beide sehr rund und von goldener Farbe.

Frédéric Berger • Bott-Geyl • Jean-Paul Hartweg • CV Ribeauvillé

SPIEGEL

Bergholtz, Guebwiller

Erst seit etwa fünfzig Jahren bekannt und keiner der großen *Grands Crus* des Elsass. Dennoch kann sein Sandstein-Mergel-Boden hervorragenden rassigen Riesling mit feinem Bukett und guten Gewürztraminer und Muscat hervorbringen.

Dirler • Domaine Loberger • Eugène Meyer • Wolfberger

SPOREN

Riquewihr

Sporen ist einer der wirklich großen *Grands Crus*. Sein steiniger Lehm-Mergel-Boden ergibt Weine von bemerkenswerter Finesse. Traditionell ist dieses Terroir berühmt für Gewürztraminer und Pinot Gris, die heute praktisch alle Parzellen besetzt haben, aber es war auch üblich, einen Mischsatz anzubauen und zu einem klassischen nicht sortenreinen Wein zu vinifizieren. Ein solcher ist der Sporen Gentil von Hugel & Fils, der dreißig Jahre und länger gelagert werden kann (und von völlig anderer Art ist als der Gentil des Guts, der nicht vom Sporen kommt und aus getrennt ausgebauten Weinen verschnitten wird).

Domaine Dopff au Moulin • Hugel & Fils • Roger Jung • Mittnacht-Klack • CV Ribeauvillé • Bernard Schwach

STEINERT

Pfaffenheim, Westhalten

Pinot Gris beherrscht diesen steinigen, kalkreichen *Cru*, auch wenn der Schneckenberg (heute ein Teil des Steinerts) immer schon für einen Pinot Blanc bekannt war, der eher wie ein Pinot Gris schmeckte. Die Genossenschaft von Pfaffenheim erzeugt immer noch einen Schneckenberg Pinot Blanc (kein *Grand Cru*) und einen fantastischen Pinot Gris. Der gute Ruf des Steinert für Pinot Blanc-und-Gris illustriert die außergewöhnliche Konzentration dieser Weine. Dem Gewürztraminer geht es auf den unteren Hangteilen am besten, der Riesling fühlt sich auf den höher gelegenen, sandigeren Parzellen wohler.

Pierre Frick • CV Pfaffenheim • Rieflé • François Runner

STEINGRUBLER

Wettolsheim

Dieser *Cru* mit Kalkmergel-Sandstein-Boden trägt keinen der großen Namen des Elsass, doch habe ich einige ausgezeichnete Steingrubler genossen, besonders Pinot Gris. Er kann sehr körperreich sein und dennoch große Finesse zeigen. Sicher ist Steingrubler einer der besseren von den weniger bekannten *Grands Crus* und könnte in der Zukunft zu den Arrivierten stoßen.

Barmès-Buecher • Robert Dietrich • Albert Mann • Wunsch & Mann (Collection Joseph Mann)

STEINKLOTZ

Marlenheim

Der Steinklotz, einer der ältesten Weinberge im Elsass, war im Jahr 589 Teil des Besitzes von Merowingerkönig Childebert II. Seit jeher hat Marlenheim einen guten Ruf für rote und rosé Pinots Noirs. Aber seitdem er das Banner des *Grand Cru* trägt, glaubt man, dass der Steinklotz für Pinot Gris, Riesling und Gewürztraminer gut geeignet ist. Die Winzer vor Ort sind aber fest entschlossen, ihren Pinot Noir anerkennen zu lassen, und werden für diese Weine den *Grand-Cru*-Status beantragen.

Romain Fritsch

VORBOURG

Rouffach, Westhalten

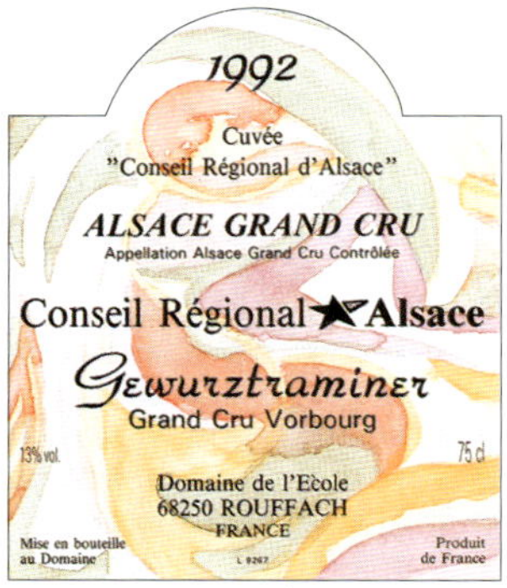

Alle vier Rebsorten erzielen auf diesem Kalk-Sandstein-Terroir gute Ergebnisse. Seine Weine sollen ein Bukett von Pfirsichen, Aprikosen, Minze und Haselnuss entwickeln. Nach meiner Erfahrung haben Riesling und Pinot Gris den größten Erfolg. Der Muscat braucht warme Jahrgänge, in denen seine Weine vor Aroma nur so explodieren. Der Gewürztraminer überzeugt nur in manchen Jahren.

Muré (Clos St-Landelin)

WIEBELSBERG

Andlau

Dieser Weinberg verfügt über gute Exposition, sein Kiesboden speichert Wärme und bietet guten Wasserabzug. Der Riesling ist erfolgreich und liefert Weine, die sehr schön und blumig sein können und eine feine, reife Pfirsichnote am Gaumen entwickeln.

Domaine André & Rémy Gresser • Jean-Pierre Klein • Marc Kreydenweiss • Marcel Schlosser

WINECK-SCHLOSSBERG

Katzenthal, Ammerschwihr

Die am Talschluss gelegenen Weinberge erfreuen sich eines geschützten Kleinklimas, das besonders für Riesling günstig ist, aber auch für den Gewürztraminer. Die Weine sind leicht und fein und duften intensiv.

Jean-Paul Ecklé • Klur-Stoecklé • Meyer-Fonné

WINZENBERG

Blienschwiller

Die Einheimischen behaupten, dass dieser Cru in alten Dokumenten aufgeführt sei und dass auf seinen Granitweinbergen Riesling und Gewürztraminer am besten gedeihen. Der Riesling, dem ich begegnete, war leicht und bezaubernd, aber nicht überragend. Der Gewürztraminer war entschieden besser, er hat ein schönes, frisches Aroma von feinwürzigem, komplexem Charakter.

Hubert Metz • François Meyer

ZINNKOEPFLÉ

Soultzmatt, Westhalten

Das heiße, trockene Kleinklima des Zinnkoepflé und der karge Kalk-Sandstein-Boden begründen seinen Ruf für starke, würzige und feurige Pinots Gris und Gewürztraminer. Der Riesling ist ein zarter und sehr unaufdringlicher Wein, aber das kann täuschen, denn er kann – wenn man ihn auf der Flasche lange reifen lässt – ebenso kraftvoll sein.

Seppi Landmann • Landmann-Ostholt • Schlegel-Boeglin

ZOTZENBERG

Mittelbergheim

Das Kalk-Lehm-Terroir wird seit Anfang des 20. Jahrhunderts als eigener *Lieu-dit* vermarktet. Es ist traditionell die beste Lage des Elsass für Sylvaner und soll der erste offiziell anerkannte *Grand Cru* für diese vermeintlich minderwertige Sorte werden. Gewürztraminer und Riesling beeindrucken mit sahnig-fülliger Frucht.

E. Boeckel • Bernard & Daniel Haegi • André Wittmann

RIQUEWIHR UND SEIN STADTBILD AUS DEM 17. JAHRHUNDERT

Riquewihr ist eines der hübschesten Dörfer im Elsass. Es konnte die Kommerzialisierung weitgehend vermeiden, die das nahe Ribeauvillé wirtschaftlich erfolgreicher, aber auch weniger gemütlich gemacht hat.

DIE APPELLATIONEN IN
ELSASS UND LOTHRINGEN

ALSACE AOC

Diese Appellation gilt für alle Weine des Elsass mit Ausnahme von Alsace Grand Cru und Crémant d'Alsace, doch werden 95 % der Weine unter ihrem Rebsortennamen verkauft. Dies sind: Pinot (auf dem Etikett kann auch Pinot Blanc, Clevner oder Klevner stehen), Pinot Gris, Pinot Noir, Riesling, Gewürztraminer, Muscat, Sylvaner, Chasselas (auf dem Etikett auch als Gutedel bezeichnet) und Auxerrois. Diese Praxis schafft »Rebsorten-AOC« unter dieser Dachappellation, die im Folgenden aufgeführt werden.

ALSACE GRAND CRU AOC

Gegenwärtig sind etwa 2,5 % der Gesamtproduktion der Alsace AOC *Grands Crus*. Da jeder Cru einen Wein von ganz eigenem Charakter ergibt, ist eine verallgemeinernde Beschreibung nicht möglich.

WEISS *Siehe Die Grands Crus aus dem Elsass*, S. 183

Muscat, Riesling, Gewürztraminer, Pinot Gris

ALSACE SÉLECTION DE GRAINS NOBLES AOC

Dies ist keine eigene AOC, sondern eine untergeordnete Bezeichnung, die an die allgemeine Appellation oder an die Appellation Alsace Grand Cru AOC angehängt wird. Die Herstellung wird streng kontrolliert, und die Vorschriften sind erheblich restriktiver als für jede andere AOC. Theoretisch werden die Trauben nach der *Vendange Tardive* (Spätlese) geerntet, aber in der Praxis wird in mehreren Lesegängen vor der besten Vendange Tardive gepflückt; diese wird dann aus dem gemacht, was nach einer weiteren Zeit der Reifung noch an den Rebstöcken hängt.

Diese raren, begehrten Weine werden aus von Botrytis befallenen Trauben gemacht. Im Gegensatz zu Sauternes ist das Elsass jedoch keine Hochburg der Edelfäule; sie tritt sehr unregelmäßig auf und in viel geringerer Häufigkeit. Darum werden nur geringe Mengen produziert und sehr teuer verkauft. Die Sauternais sind nicht nur vom hohen Zuckergehalt verblüfft (im Elsass ist es verboten, die Weine zu chaptalisieren, in Sauternes ist es fast Pflicht), sondern auch von der geringen Menge Schwefel, die eingesetzt wird. Dies veranschaulicht, warum die Sélection de Grains Nobles einer der weltweit größten Dessertweine geworden ist.

WEISS Diese Weine werden heute mit weniger Alkohol und höherem Zuckergehalt hergestellt als zu Beginn, was ihnen sogar noch mehr Finesse gibt. Während der Gewürztraminer fast zu leicht zu produzieren ist, hat der Pinot Gris ein ausgeglichenes Preis-Leistungs-Verhältnis. Muscats dieser Stufe werden nur sehr wenige produziert, und der Riesling Sélection de Grains Nobles ist eine Klasse für sich.

Gewürztraminer, Pinot Gris, Riesling, Muscat

5–30 Jahre

ALSACE VENDANGE TARDIVE AOC

Keine eigene AOC, sondern eine untergeordnete Bezeichnung, die an die allgemeine Appellation oder an die Appellation Alsace Grand Cru AOC angehängt wird. Die Herstellung wird kontrolliert, und die Vorschriften sind erheblich strenger als für jede andere AOC in Frankreich. Die Vendange Tardive ist in Qualität und Charakter weniger beständig als die Sélection de Grains Nobles. Der Grund dafür ist, dass einige Erzeuger zwar Trauben nehmen, die den vorgeschriebenen Mindestzuckergehalt haben, aber mit der restlichen Ernte geschnitten und nicht wirklich spät geerntet werden. Einer solchen Vendange Tardive fehlt der echte Spätlese-Charakter. Nur die komplexen Veränderungen in den Trauben, die bis November oder Dezember am Stock bleiben, können diesen Charakter hervorbringen. Wenn die Blätter zu fallen beginnen und der Saft sich zum Schutz des Wurzelsystems zurückzieht, beginnen die Beeren – die jetzt vom Stoffwechsel abgeschnitten sind – auszutrocknen. Die chemischen Verbindungen, die bei diesem Prozess (*Passerillage*) entstehen, werden von den jeweiligen Wetterverhältnissen beeinflusst. *Passerillé*-Trauben, die (was in der Regel der Fall ist) kältere Temperaturen erfahren haben, ergeben völlig andere Weine als die, die sich eines warmen Spätsommers erfreuen durften. Bis die Bestimmungen geändert werden und gesichert ist, dass die Vendange Tardive immer nach einem festgesetzten Datum geerntet wird, halten Sie sich an die empfohlenen Weine. Achten Sie auch auf ein Erntedatum auf dem Rückenetikett.

Ein weiterer Aspekt, der noch geregelt werden muss, ist der Restzuckergehalt des Weins, denn eine Vendange Tardive kann trocken sein, aber auch noch süßer als eine Sélection de Grains Nobles.

WEISS Ob trocken, halbtrocken oder süß, dieser recht körperreiche Wein sollte immer den ausgeprägten Charakter der *Passerillage* zeigen; er wird allerdings manchmal von Botrytis überlagert. Gewürztraminer ist die am häufigsten anzutreffende Rebsorte, aber nur bei den besten Erzeugnissen stimmt das Preis-Leistungs-Verhältnis. Pinot Gris und Riesling bieten ein ideales Verhältnis von Qualität, Preis und Verfügbarkeit. Aus Muscat wird ebenso selten eine Vendange Tardive wie eine Sélection de Grains Nobles gemacht, weil er überreif völlig nichtssagend wird.

Gewürztraminer, Pinot Gris, Riesling, Muscat

5–20 Jahre

AUXERROIS AOC

Theoretisch existiert diese Bezeichnung gar nicht, aber Auxerrois ist eine der Rebsorten, die für die Herstellung von Pinot zugelassen sind. Sie ergibt einen so deutlich anderen Wein, dass er oft ein eigenes Etikett bekommt. Diese Praxis greift um sich und wird offiziell toleriert.

WEISS Auxerrois ist üppiger als Pinot Blanc und hat einen buttrig-honigartigen, würzigen Charakter. Sein größtes Plus ist die natürliche Fülle und die unmittelbare Attraktivität. Da er wenig Säure hat, kann er leicht ausdruckslos und so moschusbetont werden, dass er fast fuchsig schmeckt. Ein wirklich guter Auxerrois kann aber dem Pinot Gris durchaus das Nachsehen geben.

Auxerrois

Bis zu 5 Jahren

Pierre Frick • *Rolly Gassmann* • *Jos. Meyer* • *André Kientzler* • *Marc Kreydenweiss* • *Julien Rieffel* (der Klevner Vieilles Vignes ist purer Auxerrois, trotz der Verwendung des Synonyms für Pinot Blanc) • *Bruno Sorg*

CHASSELAS AOC

Selten anzutreffen, erlebt jedoch bei einigen spezialisierten Erzeugern eine Renaissance.

WEISS Die besten Chasselas werden nicht als solche abgefüllt, sondern warten in Tanks darauf, zu einem anonymen Edelzwicker verschnitten zu werden. Sie haben weder Tiefe noch Komplexität, strotzen aber vor frischer, duftender Frucht und sind äußerst angenehm zu trinken. Die Frucht ist so fein, dass sie etwas aufgepeppt werden müsste, um den Abfüllschock zu überstehen. Es würde dem Wein wahrscheinlich gut tun, wenn man ihn auf der Hefe lagern ließe und sehr kalt abfüllen würde, sodass er etwas prickelnde Kohlensäure bewahren könnte.

Chasselas

Sofort

Paul Blanck • *Jos. Meyer* • *André Kientzler* • *Robert Schoffit*

KLASSISCHE VERSCHNITTE

Auch wenn das Elsass größten Wert auf sortenreine Weine legt, ist es durchaus zu Verschnitten allerbester Qualität fähig. Aber ihre Zahl ist gering und nimmt jedes Jahr weiter ab, weil nur wenige Verbraucher ihre echte Qualität erkennen. Es ist für die Erzeuger schwierig, potenziellen Käufern zu vermitteln, warum ihre Verschnitte teurer sind als normaler Edelzwicker. Klassische elsässische *Cuvées* (Mischsätze) sollte man nicht mit Edelzwicker in einen Topf werfen, genauso wenig wie man einen *Cru Classé* nicht mit einfachem Bordeaux gleichsetzen kann. Diese Kategorie ist für die Spitzencuvées der Region gedacht, die den Preis eines *Grand Cru* verdienen, auch wenn sie ihn nicht erzielen. Für den Edelzwicker-Verschnitt werden verschiedene Weine gemischt, und es besteht immer die Gefahr, dass man dabei auch unerwünschte Weine entsorgt. Ganz anders beim klassischen Verschnitt: Die verschiedenen Rebsorten kommen immer vom selben Weinberg und werden traditionell zusammen geerntet und vinifiziert.

WEISS Die meisten dieser Weine werden mit dem Alter besser, aber sie machen Phasen durch, in denen die eine oder andere Rebsorte dominiert. Das ist interessant zu beobachten und macht besser verständlich, warum man einen bestimmten Verschnitt vorzieht. Je nach den Mischungsverhältnissen hat Gewürztraminer üblicherweise in jungen Weinen das Übergewicht, danach dominiert der Pinot Gris und viele Jahre später der Riesling. Im Zustand der Überreife können auch andere Sorten hervortreten.

Chasselas, Sylvaner, Pinot Blanc, Pinot Gris, Pinot Noir, Auxerrois, Gewürztraminer, Muscat Blanc à Petits Grains, Muscat Rosé à Petits Grains, Muscat Ottonel, Riesling

Marc Kreydenweiss (Clos du Val d'Eléon: 70 % Riesling, 30 % Pinot Gris) • *CV Ribeauvillé* (Clos du Zahnacker: je ein Drittel Gewürztraminer, Pinot Gris und Riesling) • *Jean Sipp* (Clos du Schlossberg: 50 % Riesling, 20 % Gewürztraminer, 20 % Tokay-Pinot Gris, 10 % Muscat) • *Louis Sipp* (Côtes de Ribeauvillé: 40 % Pinot Blanc, 60 % Sylvaner, Riesling und Gewürztraminer)

CLEVNER AOC

Unter diesem Synonym wird der Pinot üblicherweise vermarktet. Manchmal auch Klevner geschrieben, was aber nicht mit Klevener verwechselt werden darf. *Siehe* Pinot AOC.

CÔTES DE TOUL VDQS

Diese Hänge, die in acht Gemeinden westlich von Toul im Département Meurthe-et-Moselle liegen, sind Teil der einst blühenden Weinberge von Lothringen.

ROT Pinot Noir ist am erfolgreichsten und wird meist sortenrein vermarktet. Für einen Wein, der aus so nördlichen Gefilden kommt, hat er eine überraschend gute Farbe und schöne Kirsch-Aromatik.

Pinot Meunier, Pinot Noir

1–4 Jahre

WEISS Weniger als 2 % dieses VDQS, gerade 76 hl, sind Weißweine. Auxerrois ist die beste Rebsorte, denn mit ihrer Fülle ist sie ideal für eine so nördliche Region mit kalkhaltigem Boden.

Aligoté, Aubin, Auxerrois

1–3 Jahre

ROSÉ Der größte Teil des Côtes de Toul ist Vin Gris, ein heller Rosé, der köstlich schmeckt, wenn er jung ist.

Gamay, Pinot Meunier, Pinot Noir, dazu maximal 15 % Aligoté, Aubin und Auxerrois

Sofort

Vincent Gorny • Michel & Marcel Laroppe • Lelièvre Frères • Yves Masson • Fernand Poirson • Société Vinicole du Toulouis • Michel Vosgien

CRÉMANT D'ALSACE AOC

Kleine Erzeuger wie Dirler haben schon 1880 Vin Mousseux d'Alsace gemacht, doch dauerte es bis 1900, dass Dopff au Moulin eine Schaumweinproduktion in kommerzieller Größenordnung etablierte, und bis 1976, dass eine AOC eingeführt wurde. Die Qualität ist gut und wird ständig besser.

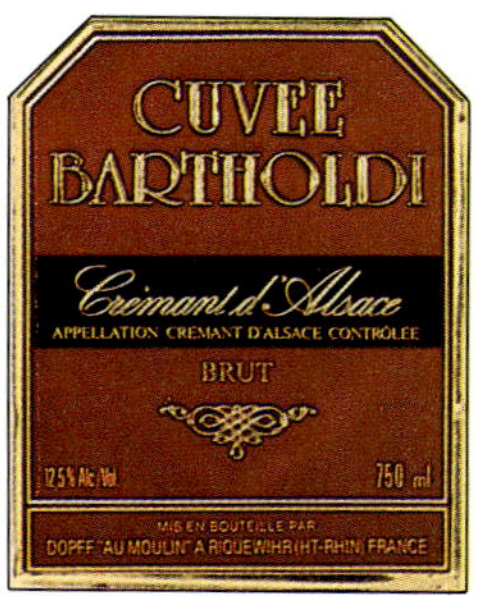

WEISS Der Pinot Blanc hat für seine Sorte eine perfekte Säure, kann jedoch ein Defizit an Fülle aufweisen. Nach intensivem Verkosten bin ich zu dem Schluss gekommen, dass der Pinot Gris die richtige Säure und Fülle hat.

Pinot Blanc, Pinot Gris, Pinot Noir, Auxerrois, Chardonnay, Riesling

5–8 Jahre

ROSÉ Diese herrlichen Weine können in Duft und Geschmack von schönerer Reinheit sein als viele Rosé-Champagner.

Pinot Noir

3–5 Jahre

Becker • Bestheim • Heimberger • Rieflé • Willm • Wolfberger

EDELZWICKER AOC

Diese Appellation – ihr Name bedeutet »edler Verschnitt« – ist Weinen aus zwei oder mehr anerkannten Rebsorten vorbehalten. Einst war sie wirklich edel; seit jedoch die AOC Zwicker abgeschafft wurde (die nie etwas Besonderes sein sollte), und da nie gesetzlich festgelegt worden war, welche Rebsorten als edel gelten, haben die Erzeuger ihre Verschnitte einfach in Edelzwicker umbenannt. Die Appellation wurde damit so sehr abgewertet, dass es viele Erzeuger vorziehen, ihre billigen AOC-Alsace-Weine unter einem Markennamen zu verkaufen, als sie mit dem verrufenen »Edelzwicker« zu bezeichnen.

WEISS Grundsätzlich trockene, leichte Weine mit sauberem Geschmack, die jung zu trinken sind. Die meisten Edelzwicker basieren auf Sylvaner oder Pinot Blanc. Bessere und etwas teurere Weine bekommen einen größeren Schuss Gewürztraminer, um den Verschnitt fülliger zu machen.

Chasselas, Sylvaner, Pinot Blanc, Pinot Gris, Pinot Noir, Auxerrois, Gewürztraminer, Muscat Blanc à Petits Grains, Muscat Rosé à Petits Grains, Muscat Ottonel, Riesling

Sofort

Rolly Gassmann • Domaines Schlumberger Cristal-Marée

GEWÜRZTRAMINER AOC

Kein anderes Weinbaugebiet der Welt bringt es fertig, Gewürztraminer von wirklich würzigem Charakter zu produzieren. Darum wohl probieren die meisten Weinfreunde diesen Elsässer Wein als Ersten. Seine üppige, plakative Art spricht immer unmittelbar an.

WEISS Die körperreichsten und fettesten Elsässer Weine. Klassische Vertreter dieser Rebsorte weisen jung ein Bananenaroma auf, eine wirklich würzige Pikanz entwickeln sie erst in der Flasche. Mit voller Reife beeindrucken sie mit üppigem Pfefferkuchen-Charakter.

Gewürztraminer

3–10 Jahre (20–30 Jahre für große Weine)

Barmès-Buecher • Charles Baur • Jean Becker • Léon Beyer • Paul Blanck • Bott-Geyl • Albert Boxler • Camille Braun • Marcel Deiss • Dirler • J. Hauller & Fils • Hugel & Fils • André Kientzler • Charles Koehly • Kuentz-Bas • Frédéric Mallo • Mittnacht-Klack • Muhlberger • Muré (Clos St-Landelin) *• Domaine Ostertag • Rolly Gassmann • Domaine Martin Schaetzel • Edgard Schaller • Gérard Schueller • Domaines Schlumberger • Jean Sipp • Bruno Sorg • Domaine Spielmann • F. E. Trimbach • Domaine Weinbach • Wolfberger • Domaine Zind Humbrecht*

Vendange Tardive *J. B. Adam • Léon Boesch • Joseph Cattin • René Fleith • Geschikt • Hugel & Fils • Roger Jung • André Kientzler • Kuentz-Bas • Domaine Ostertag • André Thomas • CV Turckheim • Domaine Weinbach • Domaine Zind Humbrecht*

Sélection de Grains Nobles *Paul Blanck • Léon Boesch • Albert Boxler • Dirler-Cadé • Rolly Gassmann • Hugel & Fils • Kuentz-Bas • Seppi Landmann • Albert Mann • Muré* (Close St-Landelin) *• Sick-Dreyer • Pierre Sparr • F. E. Trimbach • Domaine Weinbach • Domaine Zind Humbrecht*

GUTEDEL AOC

Unter diesem Synonym kann Chasselas vermarktet werden. *Siehe* Chasselas AOC.

KLEVENER DE HEILIGENSTEIN AOC

Dieser Wein ist aus drei Gründen im Elsass eine Besonderheit. Erstens wird er aus einer Rebsorte gemacht, die im südlich gelegenen Jura zu Hause und im Elsass nirgendwo sonst anzutreffen ist. Zweitens ist diese Appellation unter den berühmten Dorfappellationen die Einzige, die in den Vorschriften definiert wird. Drittens ist es die einzige Traube, die per Gesetz auf einen geografischen Bereich im Elsass, nämlich das Dorf Heiligenstein, begrenzt ist. Sie ist nicht mit Klevner zu verwechseln, wie die Pinot Blanc auch genannt wird.

WEISS Trocken, leicht; mit verhalten würzigem Aroma und feinem, fruchtigem Geschmack.

Savagnin Rosé (Roter Traminer)

2–4 Jahre

CV Andlau • Jean Hewang • Ch. Wantz

KLEVNER AOC

Siehe **Pinot Blanc AOC**

MUSCAT AOC

Einige Erzeuger glauben, dass die besten Muscatweine aus Muscat d'Alsace gemacht werden, wie sowohl weiße als auch rosafarbene Spielarten des kräftigen, vollen Muscat à Petits Grains genannt werden. Andere halten den leichteren, blumigeren Muscat Ottonel für den besten. Wahrscheinlich aber ist ein Verschnitt aus beiden vorzuziehen. Diese Weine sind in durchschnittlichen Jahren und eventuell noch in guten Jahren mit rassiger Säurestruktur besser als in wirklich großen Jahrgängen.

WEISS Trockene, aromatische Weine mit schönem blumigem Charakter, die oft an Orangenblüten erinnern und nach Pfirsichen schmecken. Ein Spitzenklasse-Muscat, der sein Terroir zum Ausdruck bringt, ist ein wirklich großer Wein.

Muscat Blanc à Petits Grains, Muscat Rosé à Petits Grains, Muscat Ottonel

Sofort

Becker • Ernest Burn (Clos St-Imer) *• Dirler • Rolly Gassmann • Paul Ginglinger • Roger Jung • André Kientzler • Marc Kreydenweiss • Kuehn • Kuentz-Bas • Frédéric Mochel • Muré* (Clos St-Landelin) *• Charles Schleret • Bruno Sorg • Domaine Spielmann • Domaine Weinbach • Daniel Wiederhirn • Domaine Zind Humbrecht*

Sélection de Grains Nobles *Jean Becker • Albert Mann* (Le Tri)

PINOT AOC

Nicht unbedingt ein reiner Pinot Blanc – er kann aus jeder Pinot-Sorte gemacht werden, einschließlich Auxerrois, die oft mit Pinot Blanc verwechselt wird, aber eine eigene Rebsorte ist. Die meisten Pinots sind ein Verschnitt aus Pinot Blanc und Auxerrois. Je nördlicher die Reben angebaut werden, desto höher ist der Auxerrois-Anteil, um den Pinot Blanc runder zu machen.

WEISS Einige Pinots haben wenig Profil, aber die lahmen Exemplare sind nicht mehr so häufig wie früher; runde, saftige *Cuvées* haben aus ihm einen verbreiteten Elsässer Wein gemacht.

Pinot Blanc, Auxerrois, Pinot Noir (weiß gekeltert), Pinot Gris

2–4 Jahre

J. B. Adam • Paul Blanck • Camille Braun • CV Cléebourg • Marcel Deiss • JosMeyer • Hugel & Fils • Koeberle-Kreyer • Charles Koehly • Albert Mann • CV Pfaffenheim • Rolly Gassmann • Domaine Spielmann • Domaine Zind Humbrecht

PINOT BLANC AOC

Diese Bezeichnung darf nur verwendet werden, wenn es sich um einen 100%igen Pinot Blanc handelt. *Siehe auch* Pinot AOC.

PINOT GRIS AOC

Wein der kräftigen Sorte Pinot Gris kommt heute üblicherweise unter dieser Bezeichnung in den Handel. Für mich der größte Elsässer Wein. Ein Spitzenriesling kann zwar viel feiner sein, aber diese Rebsorte ist so empfindlich, dass er im Allgemeinen nicht annähernd so beständig ist wie Pinot Gris.

WEISS Dieser körperreiche, nicht ganz trockene Weißwein besitzt eine dekadente Opulenz, meist aber auch eine hervorragende Säure, sodass der Gaumen der Fülle nie müde wird. Ein junger Pinot Gris kann nach Banane riechen oder schmecken, manchmal etwas rauchig sein mit wenig oder gar keiner Würze, entwickelt aber immer mehr seine rauchige Pikanz und eine toastig-sahnige Fülle. Zuletzt erreicht er große, komplexe honigartige Noten von Wal- und Paranüssen.

Pinot Gris

5–10 Jahre

Lucien Albrecht • Barmès-Buecher • Bott Frères • Albert Boxler • Maison Ernest Burn (Clos St-Imer) *• CV Cléebourg • Marcel Deiss • Robert Dietrich • Ehrhart • Pierre Frick • Hugel & Fils • André Kientzler • Charles Koehly • Marc Kreydenweiss • Kuentz-Bas • Seppi Landmann • Landmann-Ostholt • Frédéric Mallo • Albert Mann • Mittnacht-Klack • Muller-Koeberle • Muré* (Clos St-Landelin) *• Domaine Ostertag • CV Pfaffenheim • Edgar Schaller • Schleret • Domaines Schlumberger • Domaine Schoffit • Jean Sipp • Bruno Sorg • F. E. Trimbach • CV Turckheim • Domaine Weinbach • Maison Wiederhirn • Wolfberger • Bernhard Wurtz • W. Wurtz • Domaine Zind Humbrecht • Zimmermann*

Vendange Tardive *Lucien Albrecht • Joseph Cattin • Hugel & Fils • Marc Kreydenweiss • Kuentz-Bas • Domaine Ostertag • Vignobles Reinhart • Domaine Zind Humbrecht*

Sélection de Grains Nobles *J. B. Adam • Albert Boxler • Marcel Deiss • Hugel & Fils • Marc Kreydenweiss • Kuentz-Bas • Domaine Ostertag • F. E. Trimbach • Domaine Weinbach • Domaine Zind Humbrecht*

PINOT NOIR AOC

Es ist noch gar nicht so lange her, dass der Pinot Noir d'Alsace zumeist ein Rosé war, aber der Trend geht ganz klar zum echten Rotwein. Die elsässischen Erzeuger hatten eine harte Lehrzeit zu absolvieren; viele Weine besaßen zu viel Extrakt, schmeckten plump-karamellig, waren unelegant und oxidierten rasch. Heute beherrschen die Winzer die Techniken der Rotweinbereitung und den Umgang mit Eichenfässern.

ROT Ende der 1980er Jahre war der Rouge d'Alsace von Wolfberger, eine in Eiche gereifte *Cuvée,* der »echteste« Rotwein. Er ist zuverlässig geblieben, aber viele Erzeuger machen heute farbkräftige, echte Rotweine mit Eleganz und Finesse. Sie werden es mit einem burgundischen Pinot Noir mittlerer Qualität nie wirklich aufnehmen können, aber sie besitzen eine saubere Frucht und echt elsässischen Charakter.

Pinot Noir

2–6 Jahre (12 Jahre für große Cuvées)

ROSÉ Im besten Falle duftet und schmeckt dieser trockene leichte Wein köstlich nach Erdbeeren, Himbeeren oder Kirschen.

Pinot Noir

1–2 Jahre

Barmes-Buecher (Vieilles Vignes) *• Paul Blanck* (Furstentum) *• Marcel Deiss • Albert Hertz • Hugel & Fils • Muré* (Clos St-Landelin) *• CV Pfaffenheim • CV Turckheim • Wolfberger*

RIESLING AOC

Der Riesling reagiert äußerst sensibel auf Unterschiede in der Bodenbeschaffenheit: Lehmboden gibt ihm Fülle und Kraft, Granitboden gibt ihm ebenso Opulenz, aber mehr Finesse, Kalkstein fördert seine Eleganz, mindert aber die Fülle, vulkanischer Boden sorgt für einen mächtig aromatischen, würzigen Wein.

WEISS Junger Riesling kann feine Noten von Apfel, Fenchel, Zitrusfrüchten und Pfirsich haben,

aber auch so fest und herb sein, dass er nicht erahnen lässt, zu welch herrlichem Wein er sich entwickeln kann.

Riesling

4–20 Jahre

J. B. Adam • Barmès-Buecher • Léon Baur • Léon Beyer • Paul Blanck • Albert Boxler • François Braun • Marcel Deiss • Dirler • Pierre Freudenreich • Rolly Gassmann • Albert Hertz • Marc Kreydenweiss • Kuentz-Bas • Mader • Frédéric Mallo • Albert Mann • Frédéric Mochel • Muré (Clos St-Landelin) *• Martin Schaetzel • Edgard Schaller • Roland Schmitt • Domaines Schlumberger • Domaine Schoffit • Jean Sipp • Louis Sipp • Sipp-Mack • Bruno Sorg • Pierre Sparr • Domaine Spielmann • Bernard Schwach • F. E. Trimbach • Domaine Weinbach • Wunsch & Mann • Domaine Zind Humbrecht*

Vendange Tardive *Paul Blanck • Hugel & Fils • André Kientzler • Marc Kreydenweiss • Seppi Landmann • Domaine Ostertag • Schlegel-Boeglin • Domaine Weinbach • Domaine Zind Humbrecht*

Sélection de Grains Nobles *J. B. Adam • Albert Boxler • Marcel Deiss • Hugel & Fils • André Kientzler • Domaine Ostertag • F. E. Trimbach • Domaine Weinbach • Domaine Zind Humbrecht*

SYLVANER AOC

Hugh Johnson hat den Sylvaner einmal zutreffend als »Wein vom Fass« bezeichnet, und genau so sollte er auch serviert werden – direkt aus dem Edelstahltank mit der ganzen Frische und Pikanz der natürlichen Kohlensäure, die bei der Abfüllung unweigerlich verloren gehen. Genau wie dem Muscat tut ihm die Hitze großer Jahrgänge nicht gut, weshalb man ihn in geringeren Jahren kaufen sollte. Wenn die Elsässer Erzeuger jedes Jahr einen großen Sylvaner erzielen wollen, sollten sie sich an Angelo Puglisi von der neuseeländischen Ballandean Winery *(siehe* S. 543) ein Beispiel nehmen. Er imitiert die Vendange Tardive, indem er die Frucht tragenden Triebe nach der *Véraison* einschneidet, womit er die Trauben vom Stoffwechsel des Rebstocks trennt. Genau dies passiert, wenn bei Einbruch des Winters die Blätter fallen und der Pflanzensaft sich in die Wurzeln zurückzieht. Der auf diese Weise produzierte Wein ist in der Regel fabelhaft.

WEISS Der Elsässer Sylvaner ist weder so schmalzig wie ein pfälzischer noch so erdig-würzig wie ein fränkischer Silvaner – eigenartig für ein Weinbaugebiet, das sogar in einen Pinot Blanc Würze bringen kann. Der Sylvaner ist ein unprätentiöser, trockener, leichter bis mittelschwerer Wein, eher duftig als fruchtig. Normalerweise trinkt man ihn am besten jung, aber wie beim Muscat kann man auch bei ihm langlebige Exemplare finden.

Sylvaner

Sofort

Paul Blanck • Christian Dolder • Dopff au Moulin • Rolly Gassmann • J. Hauller • Domaine Martin Schaetzel • Domaine Schoffit • Domaine Weinbach • Domaine Zind Humbrecht

VIN D'ALSACE AOC

Eine andere Bezeichnung für Alsace AOC. *Siehe* dort.

VIN DE MOSELLE VDQS

ROT Die wenigen Exemplare, denen ich begegnete, waren nicht beeindruckend.

Mindestens 30 % Gamay, dazu Pinot Meunier und Pinot Noir

Sofort

WEISS Leichte, trockene Weine mit wenig Substanz.

Auxerrois, Pinot Blanc, Pinot Gris, Riesling, Gewürztraminer, maximal 30 % Sylvaner und – bis er durch andere Rebsorten ersetzt wird – maximal 20 % Elbling

Sofort

DIE AUSWAHL DES AUTORS

Da die meisten Weinfreunde selten anderen Weinen begegnen als preiswerten, von Genossenschaften produzierten Elsässer Weinen, die in Supermärkten oder Weinhandlungen zu haben sind, beschränke ich meine Auswahl auf die allergrößten Weine, die dieses Weinanbaugebiet hervorbringt.

ERZEUGER	WEIN	ART	BESCHREIBUNG	
Jean Becker	Muscat 1988 Froehn Grand Cru (*siehe* S. 183)	WEISS	Dieser Wein ist eine Klasse für sich, und im Elsass wurde bisher nichts erzeugt, was mit ihm zu vergleichen wäre. Philippe Becker pickte die voll botrytisierten Beeren einzeln mit einer Schneckengabel heraus und erzielte so fantastisch konzentrierte Botrytisaromen, die durch gewaltige 204 g Restzucker pro Liter intensiviert und durch eine ungewöhnlich hohe Säure ausbalanciert werden. Das hört sich mehr nach einem extrem guten elsässischen *Vin de Paille* als an nach einer Sélection de Grains Nobles. Wir können nur hoffen, dass er verrückt genug ist, so etwas eines Tages zu wiederholen.	5–15 Jahre
Paul Blanck	Riesling, Furstentum Grand Cru (*siehe* S. 183)	WEISS	Der gute Ruf dieses *Grand Cru* ruht einzig auf den Weinen von Paul Blanck. Wenn man einen Furstentum von Paul Blanck probiert hat, kennt man weitere fünfzig, so sehr strengt sich dieser Erzeuger an, um diesen *Cru* zu verstehen und sein Potenzial voll zu nutzen. Blancks Furstentum Riesling ist in der Tat sehr gut; jung ist er elegant und von floralem Charakter, mit dem Alter gewinnt er große, intensive Aromen und eine ebensolche Finesse.	4–12 Jahre
Albert Boxler	Riesling Sélection de Grains Nobles, Sommerberg Grand Cru (*siehe* S. 185)	WEISS	Ein sensationell üppiger Wein mit überwältigend intensiver, reifer Frucht und großer Finesse. Seine Qualität stellt ihn mit den großen Namen wie Zind Humbrecht etc. auf dieselbe Stufe.	5–20 Jahre
Maison Ernest Burn	Pinot Gris Goldert Grand Cru Clos St-Imer La Chapelle (*siehe* S. 184)	WEISS	Dieser Wein vereint auf erstaunliche Weise exotische Frucht, enorme sahnige Fülle und große Finesse.	5–12 Jahre
Marcel Deiss	Pinot Gris Sélection de Grains Nobles Quintessence (*siehe* S. 189)	WEISS	Ein fabelhaft fülliger Wein mit intensiver Süße. Er ist so ölig, dass der Gaumen verkleben würde, wäre da nicht die funkelnde Säure.	7–35 Jahre
Marcel Deiss	Pinot Noir Bergheim Burlenberg Vieilles Vignes (*siehe* S. 189)	ROT	Der überschäumende Jean-Michel Deiss produziert einen Pinot Noir von wahrer klassischer Größe, dessen Aromen so intensiv sind wie seine Farbe. Er ist schön strukturiert, zeigt kräftigen Sortencharakter und mächtige rauchig-toastige Noten.	5–12 Jahre
Marcel Deiss	Riesling Sélection de Grains Nobles Quintessence (*siehe* S. 189)	WEISS	Ist dieser herrlich likörige, superkonzentrierte Nektar der größte botrytisierte Riesling der Welt? Auf jeden Fall kann man das elektrisierende Zusammenspiel mächtiger, honigartiger Süße und messerscharfer Säure nur mit den allergrößten der legendären deutschen Eisweine oder Trockenbeerenauslesen vergleichen.	7–35 Jahre
Dopff au Moulin	Crémant d'Alsace Cuvée Bartholdi (*siehe* S. 188)	SCHAUMWEIN WEISS	Ein sehr eleganter Wein, der sich für eine stattliche Zahl von Jahren seine Jugendlichkeit erhält. Nach der Ernte braucht er etwa acht Jahre, um sein ganzes klassisches Potenzial zu entwickeln.	5–10 Jahre
Hugel & Fils	Pinot Gris Vendange Tardive (*siehe* S. 189)	WEISS	Dieser Pinot Gris wurde von den Meistern der Spätlese gemacht. Er ist immer mächtig und honigartig, und er hat eine süße, würzig-runde Frucht. Ein verführerisch komplexer Wein von großer Klasse und außergewöhnlicher Langlebigkeit.	7–35 Jahre
Hugel & Fils	Riesling Vendange Tardive (*siehe* S. 189)	WEISS	Weder Trimbach noch Weinbach oder Zind Humbrecht erzeugen einen Riesling Vendange Tardive wie Hugel. Diese Familie macht solche Weine schließlich auch länger als sonst jemand und hat noch einige Juwelen an Auslesen aus dem 19. Jahrhundert in ihren Kellern liegen. Dieser Wein wird nur in Ausnahmejahren gemacht. Er reift wunderbar über sechzig Jahre hinweg oder noch länger zu einem herrlichen honigwürzigen Wein.	10–60 Jahre
Hugel & Fils	Riesling, Sélection de Grains Nobles (*siehe* S. 189)	WEISS	Dieses berühmte alte Haus kann die größte Zahl von Spitzenjahrgängen dieses Weintyps aufweisen. Er ist unmittelbar nach der Abfüllung unglaublich angenehm zu trinken, aber es wäre jammerschade, ihn vor dem Aufblühen seiner Finesse im Alter von 15 bis 20 Jahren zu behelligen.	15–100 Jahre
Kuentz-Bas	Gewürztraminer Eichberg Grand Cru (*siehe* S. 189)	WEISS	Genauso köstlich, sinnlich und mächtig, wie ein guter Gewürztraminer sein sollte; aber eine solche Konzentration, eine solche Klasse und Finesse findet man bei dieser Rebsorte selten.	5–15 Jahre

ERZEUGER	WEIN	ART	BESCHREIBUNG	🍾
Kuentz-Bas	Gewürztraminer Vendange Tardive, Eichberg Grand Cru Caroline (*siehe* S. 183)	WEISS	Dieser großartige Wein strömt über vor saftiger, fruchtig-süßer Kraft und bemerkenswerter Finesse. Immer ein großer Wein, aber in den besten Jahren ist diese Vendange Tardive besser als manche Sélection de Grains Nobles. Sie ist ihren höheren Preis wert.	5-25 Jahre
Kuentz-Bas	Gewürztraminer Sélection de Grains Nobles, Pfersigberg Grand Cru Cuvée Jeremy (*siehe* S. 183)	WEISS	Ein fantastisch voller und üppiger Wein, der zu elegant ist, um dekadent zu sein. Intensive, doch fein fokussierte Frucht mit Anklängen an Gewürze und Blüten.	5-35 Jahre
Rolly Gassmann	Muscat Moenchreben, (*siehe* S. 188)	WEISS	Die überschwänglich exotische Frucht von Rosen und Orangenschalen wird durch einen Hauch von Restsüße sehr schön gestützt und betont. Ein Wein mit Restsüße, der rundum zufrieden macht.	1-4 Jahre
Bruno Sorg	Muscat, Pfersigberg Grand Cru (*siehe* S. 185)	WEISS	Das ist schlicht der beste Muscat des Elsass.	2-5 Jahre
F. E. Trimbach	Gewürztraminer Cuvée des Seigneurs de Ribeaupierre (*siehe* S. 188)	WEISS	Dieser Wein ist das krasse Gegenteil des sinnlichen Kuentz-Bas-Stils, diesem aber in Klasse und Qualität ebenbürtig – wenn man die Attacke der schockierend scharfen, würzigen Power eines Gewürztraminers liebt, der lange genug in der Flasche reifte.	10-20 Jahre
F. E. Trimbach	Gewürztraminer Sélection de Grains Nobles und Hors 1988 (*siehe* S. 188)	WEISS	Dieser Wein ist weniger üppig als der Gewürztraminer Sélection de Grains Nobles von Kuentz-Bas, hat aber mehr Struktur und einen ebenso fantastischen, honigartig konzentrierten Botrytis-Charakter. Der noch köstlichere Hors Choix ist noch eine Spur mächtiger.	10-40 Jahre
F. E.Trimbach	Riesling Clos Ste.-Hune (*siehe* S. 189)	WEISS	Was kann ich zu diesem Inbegriff eines Rieslings sagen? Er ist deutlich leichter als die Cuvée Frédéric Émile und braucht fast doppelt so lange, um sich in der Flasche zu entwickeln. Aber genau das ergibt die noch größere Finesse und erklärt vielleicht, warum er möglicherweise der größte trockene Riesling der Welt ist.	12-50 Jahre
F. E. Trimbach	Riesling Cuvée Frédéric Émile (*siehe* S. 189)	WEISS	Es sei jedem vergeben, der die Cuvée Frédéric Émile neben dem Clos Ste-Hune zum ersten Mal verkostet und sie für den besseren Wein hält. Er ist schwerer, bezaubert bereits in viel jüngerem Alter und reift zu einem unglaublich vollen, klassischen, honigwürzigen Riesling.	6-30 Jahre
Domaine Weinbach	Gewürztraminer Cuvée Laurence und Cuvée Théo (siehe S. 188)	WEISS	Diese beiden Weine sind üppig, elegant und saftig. Die Cuvée Laurence ist exotischer mit blumiger Würze und rauchigen, weichen Noten. Die Cuvée Théo dagegen ist von größerer, mächtigerer Statur und hat vielleicht einen Hauch mehr Klasse.	5-12 Jahre
Domaine Weinbach	Pinot Gris Sélection de Grains Nobles Quintessence (*siehe* S. 189)	WEISS	Ein dekadent üppiger, fabelhaft komplexer Wein, der intensive Rosinen- und Botrytisaromen im Übermaß besitzt. Er macht gelegentlich sogar dem Yquem Konkurrenz.	6-20 Jahre
Domaine Weinbach	Riesling, Schlossberg Grand Cru Cuvée Ste.-Cathérine (*siehe* S. 185)	WEISS	Dieser Wein verfügt über ein schönes blumiges Aroma, eine einfach hinreißende Frucht und erstaunliche Finesse. Er ist ganz einfach eine reine Freude, aber auch zu großer Komplexität fähig.	4-20 Jahre
Domaine Weinbach	Riesling Sélection de Grains Nobles Quintessence (*siehe* S. 189)	WEISS	Wer immer Madame Fallers »einfache« Sélection de Grains Nobles probiert hat, mag sich fragen, wie man die makellose Qualität ihres Weines noch verbessern kann. Dennoch hat der Quintessence seit seinem ersten Jahrgang 1989 eindrucksvoll gezeigt, dass er eine Klasse für sich ist.	5-30 Jahre
Domaine Zind Humbrecht	Gewürztraminer, Rangen Grand Cru Clos St.-Urbain (*siehe* S. 185) und Gewürztraminer Clos Windsbuhl	WEISS	Alle Gewürztraminer von Zind Humbrecht zeigen sensationelle, rauchig-buttrige, würzig-komplexe Aromen, aber diese beiden verfügen wohl über die größte Finesse.	5-15 Jahre
Domaine Zind Humbrecht	Gewürztraminer Sélection de Grains Nobles, Rangen Grand Cru Clos St.-Urbain (*siehe* S. 185)	WEISS	Dieser potenziell superwürzige Nektar ist wohl die ultimative Verbindung von mächtiger Botrytis-Süße und fester Struktur.	8-40 Jahre
Domaine Zind Humbrecht	Pinot Gris Rangen Grand Cru, Clos St.-Urbain, (*siehe* S. 185)	WEISS	Dieser mächtig strukturierte Wein besitzt so kraftvolle Aromen, dass selbst weniger gute Jahrgänge ein gutes Jahrzehnt brauchen, um in der Flasche auszurunden und die Komplexität und Finesse zu entwickeln, die seine saftige, kräftige und sahnige Würze andeuten.	8-15 Jahre
Domaine Zind Humbrecht	Pinot Gris Vendange Tardive Clos Windsbuhl (*siehe* S. 189),	WEISS	Selbst für eine Vendange Tardive, selbst für Zind Humbrecht ist dies ein sensationell üppiger, intensiv süßer und enorm konzentrierter Wein. Dank der festen Struktur und Säure verfügt die mächtige, sahnig-nussige Spätlese über große Finesse.	10-30 Jahre

LOIRE

Das Tal der Loire gleicht einem langen Band, an dessen Enden es knackig-frische Weißweine gibt, während vollere Weine aller Art am Mittellauf dominieren. Dies ist die Heimat des Sauvignon Blanc und weltweit das einzige Weinbaugebiet, das sich auf Cabernet Franc spezialisiert hat. In herausragenden Jahren werden hier prachtvolle Dessertweine erzeugt.

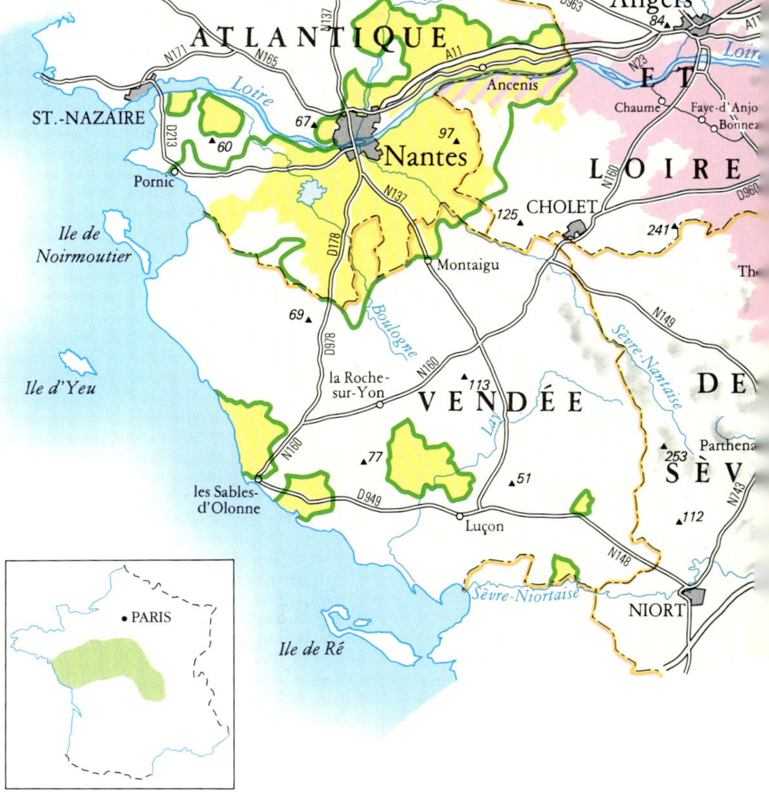

Die Loire ist mit Abstand der längste Fluss Frankreichs: Von ihrer Quelle in den Cevennen bis zum Atlantik durchquert sie auf über tausend Kilometer zwölf Départements. Die Verschiedenartigkeit der Böden, der Klimazonen und der Rebsorten entlang der Loire und ihrer Nebenflüsse findet in einer Vielzahl von Weinen ihren Niederschlag. Weine von trocken-herb bis honigsüß – aus vier Hauptanbaugebieten mit etwa 60 Appellationen – bilden die breite Palette des Loiretals.

DIE WICHTIGSTE REBSORTE DER LOIRE

Die Chenin Blanc eignet sich für ganz unterschiedliche Weintypen von trockenen über halbtrockenen und lieblichen bis zu moussierenden. Dies ist natürlich unterschiedlichen Ausbaumethoden zu verdanken, die den Winzern zum Teil von den Unwägbarkeiten des Wetters auferlegt werden. Chenin Blanc entwickelt reichlich natürliche Säure und, bei genügend Sonne, auch einen hohen Zuckergehalt. Das Weinbaugebiet Loire gehört zur nördlichen Klimazone, weshalb die Winzer mit Spätfrösten, kalten Winden und wechselhaften Sommern rechnen müssen. In einem sonnigen Jahr liefert diese zuckerreiche und zugleich pikante Traube einen äußerst gehaltvollen Tropfen, oft reicht es aber nur zu einem halbtrockenen oder trockenen Wein. Diese Typenvielfalt ist zugleich auch das Kernproblem der Loire: Mit einem unklaren Profil lässt sich kein Renommee aufbauen, ebenso wenig mit Überproduktion in vielen Gebieten.

Mit Ausnahme von Weinen wie den besten Savennières sind die trockenen Chenin-Blanc-Weine allzu oft dünn und herb, ja einfach sauer. Sie sind nicht dazu angetan, das Ansehen der Loire zu heben, aber – darin ähneln sie den Weinen der Champagne – sosehr sie als trockener Stillwein enttäuschen, so sehr triumphieren sie als Schaumwein. Es überrascht nicht, dass – als sich im 19. Jahrhundert die Champagnerproduktion rasch entwickelte – die Schaumweinindustrie auch in Saumur Fuß fasste. Heute weist die Loire nach der Champagne den größten Schaumweinmarkt auf.

Wer allerdings behauptet, Chenin Blanc tauge nur für Schaumwein, tut der Traube Unrecht. Zum einen passt sie nicht zum klassischen Brut-Stil des Schaumweins, da ihre Geschmackseigen-

JÜNGERE LOIRE-JAHRGÄNGE

2001–2003 Die Saison 2001 stand an der Loire unter keinen guten Vorzeichen. Ein warmer und übermäßig nasser Winter hinterließ vollgesogene Böden, in denen sich die Reben nur mühsam entwickelten. Bedächtige Winzer konnten durch späte Lese und strenge Selektion einiges retten, insgesamt umfasst der Jahrgang 2001 allerdings Weine sehr unterschiedlicher Qualität. Dafür geriet 2002 zu einem hervorragenden Jahr mit teils spektakulären, fruchtig-frischen Weißweinen mit guter Struktur. Güter mit niedrigen Erträgen konnten auch schöne Rotweine bereiten. Vorsicht bei Gamay-Trauben: Sie weisen teilweise einen Hauch von Fäulnis auf. Der Sommer 2003 brachte enorme Hitze und Trockenheit. Sehr früh konnten vollreife Trauben geerntet werden. So weisen die Weine des Jahrgangs 2003 einen sehr hohen Zuckergehalt bei niedrigen Säurewerten auf, sind intensiv in Farbe und Aroma.

2000 Ein problematisches Weinjahr mit heftigen Regenfällen und Kälte im Juli, was vielerorts Pilzbefall hervorrief. Die Ergebnisse der Lese sind entsprechend unterschiedlich. Die Roten haben eine unerwartet schöne Farbe und gehören zu den Gewinnern an der Loire. Sie lassen sich angenehm trinken, eignen sich aber nicht so sehr zum Lagern. Der Sauvignon vom Mittellauf der Loire ist herausragend. Mit schöner Frucht und angenehmer Säure ist der Muscadet ebenfalls gelungen; süße Weine hingegen hatten es schwer.

1999 Wie 2000 ebenfalls ein schwieriges Jahr. Einige überraschend gute, zuträgliche volle Rote wurden produziert (bes. Alphonse Mellot). Die Weißen besitzen angenehme Säure.

1998 Das erste der 3 schwierigen Weinjahre an der Loire mit demzufolge unterschiedlicher Qualität. Einige Kritiker schrieben dies dem nachlassenden Qualitätsbewusstsein der Winzer zu, doch lag es am äußerst schlechten Wetter jenes Jahres, das auf 3 ausgezeichnete Jahre folgte. Wie die Jahrgänge 1998, 1999 und 2000 zeigen werden, ist wie in schwachen Jahren auf die besten Erzeuger Verlass. Es sei daran erinnert, dass die besten Erzeuger 1998 attraktive Weißweine (Didier Dagueneau, Henri Bourgeois) und auch einige erstaunliche Rotweine (Vincent Pinard Sancerre Charouise) hervorgebracht haben.

DIE LOIRE BEI CHAMPTOCEAUX
Von der hoch über dem Fluss gelegenen Stadt hat man einen herrlichen Blick auf die umliegende Landschaft.

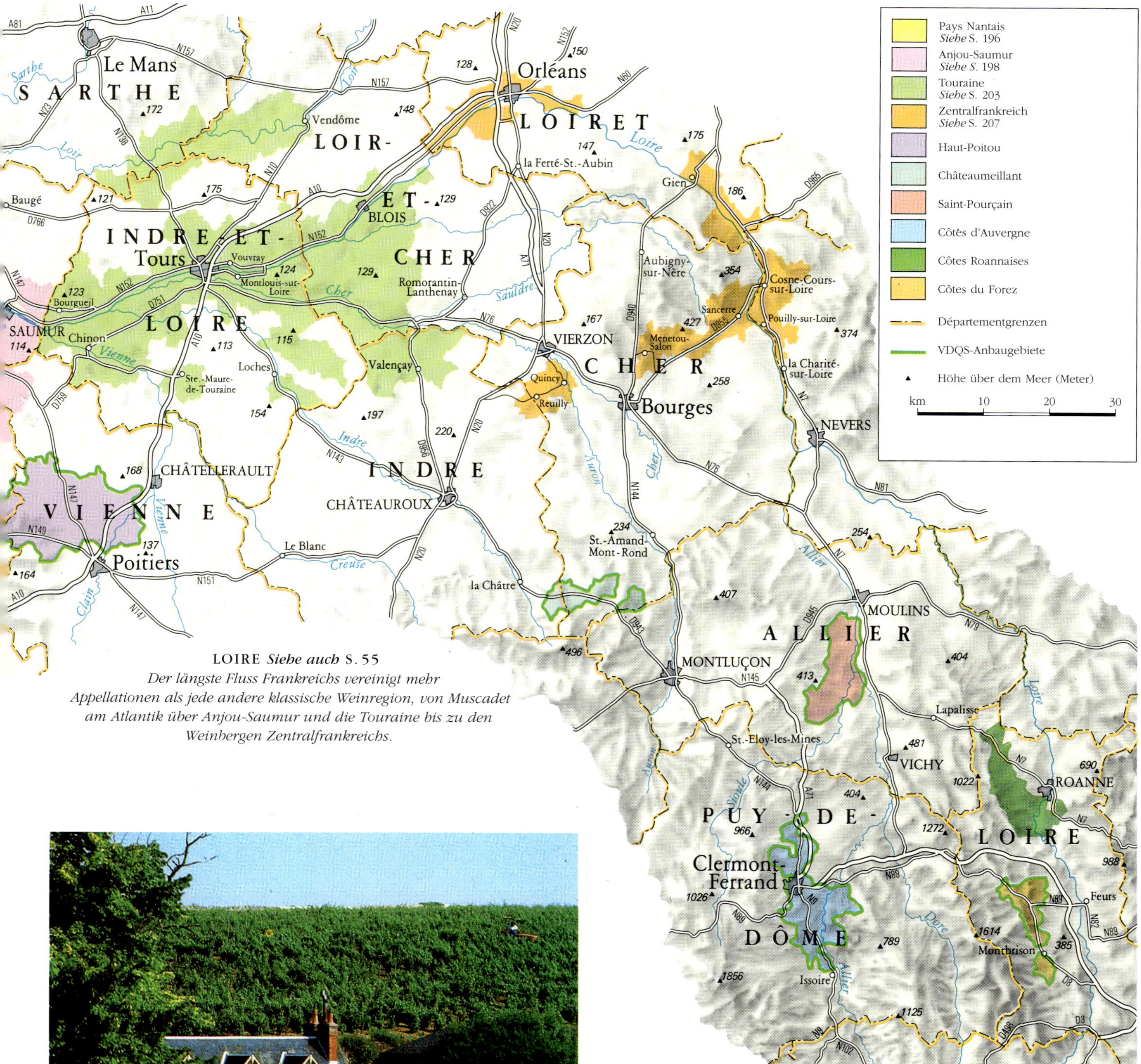

LOIRE *Siehe auch* S. 55
Der längste Fluss Frankreichs vereinigt mehr Appellationen als jede andere klassische Weinregion, von Muscadet am Atlantik über Anjou-Saumur und die Touraine bis zu den Weinbergen Zentralfrankreichs.

WEINBERG IN VOUVRAY
In sonnenreichen Jahren gewinnt man hier, östlich von Tours, vor allem langsam reifende süße Weine.

DIE LOIRE BEI SANCERRE
Über den Fluss erheben sich Sancerre und die Weinberge, die sich über mehrerer Gemeinden erstrecken.

schaften die subtilen Effekte der zweiten Gärung eher bekämpfen als fördern. Zum anderen sind es gerade diese Eigenschaften, die Chenin Blanc zu einer der weltweit besten Reben für edelfaule Weine werden lassen. Überhaupt ist es nicht der Rebe anzulasten, wenn sie – als Stillwein ausgebaut – eher enttäuscht, sondern den in Weinberg und Keller verwendeten, nicht adäquaten Methoden.
Chenin Blanc wird bevorzugt im Gebiet von Anjou-Saumur kultiviert; bedauerlicherweise wurde der Anbau in den letzten 25 Jahren auch auf ungeeignete Flächen ausgedehnt. Erzeuger, denen mehr am Geld als an ihrem guten Ruf liegt, machen sich leider die Neigung der Rebe zu großen Erträgen zu Nutze. Die Rebe sollte an sich kräftig beschnitten werden, doch den meisten Winzern fehlt der Mut dazu, und wenn das Wetter unsicher ist, beginnen eben diese als Erste mit der (verfrühten) Lese. Je höher der Ertrag, desto unreifer die früh geernteten Trauben; und je unreifer die Trauben, desto dünner das Weinchen.

Allerdings gibt es auch qualitätsbewusste Erzeuger an der Loire, die ihre Erträge begrenzen und die Trauben ausreifen lassen; sie kämpfen um jeden Tag der Reife, den sie riskieren können.

DIE LOIRE
Frankreichs längster Fluss entspringt in den Cevennen und wendet sich in einem weiten offenen Bogen dem Atlantik zu.

Spitzenerzeuger wie die Domaine Baumard und Moulin Touchais in den Coteaux du Layon, Foreau und Huet in Vouvray und Dominique Moyer in Montlouis liefern Chenin-Blanc-Weine, die den Gaumen durchaus verwöhnen.

VON DER QUELLE ZUR MÜNDUNG

Aus kaum nachvollziehbaren Gründen wird die Loire meist auf ihre vier Hauptanbaugebiete Pays Nantais, Anjou-Saumur, Touraine und Zentralfrankreich beschränkt. Einzelne Schriften berücksichtigen die abgelegenen Gebiete Fiefs Vendéens und Haut-Poitou, nur wenige erwähnen die Appellationen der oberen Loire; dennoch gehören die Weine der Côtes du Forez, Côtes Roannaises und Côtes d'Auvergne, von St-Pourcain und Châteaumeillant in gleicher Weise zur Familie der Loire-Weine. Obschon die bekanntesten Appellationen zur Elite gezählt werden könnten und sollten, tummeln sich dort so viele Nieten, dass eben diese Hauptanbaugebiete zum riskanten Terrain für den Weinliebhaber geworden sind. Die Erzeuger der weniger bekannten Bereiche an der oberen Loire haben hingegen in letzter Zeit ihr Können unter Beweis gestellt.

ALLGEMEINE UND WENIGER BEKANNTE APPELLATIONEN AN DER LOIRE

ANJOU-VILLAGES BRISSAC AOC

Brissac-Quince wurde 1998 aus der Appellation Anjou-Villages ausgegliedert. Diese neue AOC gilt für Weine rückwirkend bis 1996; sie umfasst weitere 9 Gemeinden.

✓ *Château de Brissac • Château la Varière*

CHÂTEAUMEILLANT VDQS

Es werden nur rote Reben angebaut, doch hatte der Weißwein der Gegend einen guten Ruf und ist nach den Statuten noch immer zugelassen.

ROT Die rubinroten Weine werden von Gamay dominiert. Sie sollten so jung wie möglich getrunken werden.

Gamay, Pinot Gris, Pinot Noir

6–12 Monate

ROSÉ Die besten Châteaumeillant-Weine: frisch und fruchtig bei delikater Balance.

Gamay, Pinot Gris, Pinot Noir

6–12 Monate

✓ *CV Châteaumeillant • Maurice Lanoix • Raffinat & Fils*

CÔTES ROANNAISES AOC

Rote und Rosé-Weine werden aus der regionalen Gamay-Variante Gamay Saint-Romain gekeltert. Der Wein wächst hauptsächlich am linken Ufer der Loire – etwa 40 km westlich des zu Burgund gehörenden Mâconnais – und zwar auf Süd- und Südwesthängen mit vulkanischen Böden. Bereits vor über zehn Jahren, 1988, habe ich gesagt, dass der damalige VDQS den AOC-Status verdiente – 1994 wurde er ihm schließlich zuerkannt.

ROT Trockene Weine von mittlerer bis kräftiger Statur; einige werden in einer Art Kohlensäuremaischung hergestellt, manche reifen kurze Zeit im Fass. Das Ergebnis variiert zwischen festen, klar profilierten Weinen und fruchtigen Beaujolais-ähnlichen Varianten, die früh genossen werden sollten.

Gamay

1–5 Jahre

ROSÉ Trockene, saubere Weine von mittlerem Körper, frisch und fruchtig.

Gamay

2–3 Jahre

✓ *Robert Chaucesse • Michel Montroussier • Domaine du Pavillon • Domaine de Perrier • Robert Plasse • Marcel Vial*

CÔTES D'AUVERGNE VDQS

Die Côtes d'Auvergne, die um Clermont-Ferrand am Nordrand des Zentralmassivs gruppiert sind, stellen das bei weitem abgelegenste der zur Region Loire zählenden Anbaugebiete dar.
Die Weine bestimmter Gemeinden sind besonders gut und dürfen zu Recht die folgenden kommunalen Appellationen führen:
Côtes d'Auvergne-Boudes (die Gemeinden Boudes, Chalus, St-Hérant); Côtes d'Auvergne-Chanturgues (die Gemeinden Clermont-Ferrand, Cézabat [teilweise]); Côtes d'Auvergne-Châteaugay (die Gemeinden Châteaugay, Cézabat [teilweise]); Côtes d'Auvergne-Corent (Corent, Les Martres-de-Veyre, La Sauvetat und Veyre-Monton); Côtes d'Auvergne-Madargues (die Gemeinden Riom).

ROT Die besten dieser trockenen, leichten und fruchtigen Weine tragen die Appellation Chanturgues. Die meisten werden aus Gamay erzeugt, die traditionell in dieser Gegend kultiviert wird. Der Stil ähnelt dem Beaujolais.

Gamay, Pinot Noir

1–2 Jahre

WEISS Diese trockenen, leichten Chardonnays wurden bisher übersehen; sie sind aber zugänglicher als die Chardonnays aus den klassischen Anbaugebieten der Loire und deshalb gewiss gut zu vermarkten.

Chardonnay

1–2 Jahre

ROSÉ Trockene, leichte Weine mit einem interessanten Kirsch-Aroma. Sie werden in Clermont-Ferrand produziert und tragen die Appellation Chanturgues.

Gamay, Pinot Noir

Innerhalb eines Jahres

✓ *Henri Bourcheix • Pradier • Gilles Persilier • Romeuf Raymond • Rougeyron*

CÔTES DU FOREZ VDQS

Dieser Wein wird im Département Loire westlich von Lyon produziert und ähnelt einem Beaujolais VDQS. Die Anstrengungen der Winzergenossenschaft und einiger qualitätsbewusster Winzer haben die Weine vorangebracht, doch könnten sie noch besser ausfallen.

ROT Trockene, leichte Weine mit einiger Frucht, die am besten jung und kühl getrunken werden.

Gamay

Sofort

ROSÉ Einfache, leichte, trockene Rosés, die sich als angenehme, unprätentiöse Picknick-Weine empfehlen.

Gamay

Sofort

Les Vignerons Foreziens • Paul Gammon • Verdier-Logel

CRÉMANT DE LOIRE AOC

Von allen Schaumweinen der Loire ist der Crémant de Loire vermutlich der am meisten unterbewertete. Er hat jedoch das größte Potenzial, da er aus allen möglichen Rebsorten von Anjou-

Saumur und aus der Touraine zusammengestellt werden darf.

SCHAUMWEIN WEISS Die gehobeneren *Cuvées* dieser trockenen bis halbtrockenen, leichten bis mittelschweren Weine bestehen meist aus Chenin Blanc mit einem guten Schuss Cabernet Franc und Chardonnay. Die besten Chardonnay-Klone müssen an der Loire erst noch heimisch gemacht werden, doch findet diese Sorte vielfach für Schaumweine Verwendung, während dies für den Pinot Noir noch nicht zutrifft.

Chenin Blanc, Cabernet Franc, Cabernet Sauvignon, Pineau d'Aunis, Pinot Noir, Chardonnay, Arbois, Grolleau Noir, Grolleau Gris

1–3 Jahre

SCHAUMWEIN ROSÉ Die besten dieser leichten bis mittelschweren Weine sind *brut* und enthalten üblicherweise viel Cabernet Franc und Grolleau Noir. Aus Cabernet Franc entstehen charaktervolle, oft kräftige Weine mit Himbeeraromen. Ein reiner Pinot-Noir-Crémant wäre sicher eine interessante Erfahrung.

Chenin Blanc, Cabernet Franc, Cabernet Sauvignon, Pineau d'Aunis, Pinot Noir, Chardonnay, Arbois, Grolleau Noir, Grolleau Gris

Die meisten sind nach dem Kauf am besten

Alain Arnault • Baumard-Cray • Gratien & Meyer • Château Langlois (Réserve Millésime) • *Michel Lateyron* (Perry de Malleyrand) • *Noël Pinot*

HAUT-POITOU VDQS

Nördlich von Poitiers und 50 km südwestlich von Tours werden Weine von bemerkenswerter Reputation hergestellt, obwohl das heiße, trockene Klima und das flache Land eher dem Ackerbau als dem Weinbau entgegenkommen. Dieser Erfolg ist eine Leistung der örtlichen *Cave coopérative*, die zum einen mit ihrer High-Tech-Ausrüstung in den späten 80er Jahren, als die übrigen Bereiche der Loire ihre schlimmste Phase durchmachten, beständig saubere Weine erzeugte und zum anderen geschickte Marketingstrategien einsetzte. Als jedoch auf der finanziellen Seite einiges schief ging, erstand Georges Duboeuf 40 % der Genossenschaft, die inzwischen als *Négociant* agiert.

ROT Ein Wein, den man im Auge behalten sollte. Wirklich gute Rotweine waren bislang rar und fast ausschließlich auf Cabernet beschränkt, doch zeichnet sich deutlich ein bevorstehender allgemeiner Durchbruch ab. Die Qualität der ganzen Appellation wird beträchtlich steigen, und einige aufregende sortenreine Rotweine tauchen bereits auf.

Pinot Noir, Gamay, Merlot, Malbec, Cabernet Franc, Cabernet Sauvignon, jeweils maximal 20 % Gamay de Chaudenay und Grolleau

1–3 Jahre

WEISS Trockene, leichte bis mittelschwere Sortenweine. Die Sauvignons sind weicher und blumiger als die aus nördlicheren Regionen, dennoch bewahren sie die Frische und Lebendigkeit, die für diese Rebsorte so wichtig ist.

Sauvignon Blanc, Chardonnay, Pinot Blanc, maximal 20 % Chenin Blanc

Innerhalb eines Jahres

ROSÉ Trockene, leichte bis mittelschwere Weine von frischer, fruchtiger Art. Die Winzergenossenschaft produziert einen leuchtend himbeerfarbigen Cabernet, der ein bisschen zu vordergründig ist, doch gibt es auch subtilere Varianten.

Pinot Noir, Gamay, Merlot, Malbec, Cabernet Franc, Cabernet Sauvignon, jeweils maximal 20 % Gamay de Chaudenay und Grolleau

1–3 Jahre

CV Haut-Poitou • Robert Champalou • Gérard Descoux • Jacques Morgreau • Domaine de Villemont

ROSÉ DE LOIRE AOC

Im Jahr 1974 vorgestellt wurde dieser trockene Rosé, der den internationalen Verkaufserfolg des Rosé d'Anjou ausnützen und gleichzeitig dem Trend zu trockenen Weinen entsprechen sollte. Das Ergebnis war jedoch sehr enttäuschend, obwohl die wenigen ernsthaften Erzeuger (Empfehlungen unten) nachwiesen, dass an der Loire sehr gute trockene Rosés erzielt werden können.

ROSÉ Trockener, leichter bis mittelschwerer Rosé von der Loire, der zu den attraktivsten seiner Art zählen könnte (und sollte). Einige Erzeuger bemühen sich, die meisten nicht. Dieser

Wein darf vom auf die Ernte folgenden 1. Dezember an, und zwar ohne den Vermerk *primeur* oder *nouveau*, verkauft werden.

Pineau d'Aunis, Pinot Noir, Gamay, Grolleau, mindestens 30 % Cabernet Franc und Cabernet Sauvignon

Sofort

Clos de l'Abbaye • Domaine d'Ambinois • Château de Breuil • Domaine Ogereau

SAINT-POURÇAIN VDQS

Saint-Pourçain, ein kaum bekannter VDQS-Bereich mit 500 Hektar Anbaufläche, hat eine lange und eindrucksvolle Geschichte, die auf die Phönizier und nicht wie sonst an der Loire auf die Römer zurückgeht. Saint-Pourçain umfasst 19 Gemeinden südlich von Moulins im Département Allier. Ehrgeizige Erzeuger lassen auf eine viel versprechende Zukunft für ihre Weine hoffen.

ROT Trockene, leichte bis mittelgewichtige Weine; sie variieren je nach dem Verhältnis der Rebsorten im Verschnitt von sehr leichten, Beaujolais-ähnlichen Produkten bis zu Imitationen eines Bourgogne Passetoutgrains.

Gamay, Pinot Noir, maximal 10 % Gamay Teinturier

1–2 Jahre

WEISS Trockene Weine von leichtem bis mittlerem Körper. Aus der Tressalier-Traube (die Sacy des Chablis) entsteht in Verbindung mit Chardonnay und Sauvignon ein frischer, toastiger, aromatischer Wein von einigen Meriten. Nur wenig ist über die Saint-Pierre-Doré bekannt, von der die Einheimischen sagen, dass sie einen »schmutzigen« Wein ergebe.

Maximal 50 % Tresallier und 10 % Saint-Pierre-Doré plus Aligoté, Chardonnay und Sauvignon Blanc

1–2 Jahre

ROSÉ Frische, trockene, leichte bis mittelschwere Weine mit dem Duft von Sommerfrüchten. Die Rosés der Gegend sind im Allgemeinen erfolgreicher als die Rotweine, doch sind beide erquickende Durstlöscher.

Gamay, Pinot Noir, maximal 10 % Gamay Teinturier

1–2 Jahre

Domaine de Bellevue • François Ray • Union des Vignerons de Saint-Pourçain

PAYS NANTAIS

Das Pays Nantais – die Weinbaugegend um Nantes – ist das Land des Muscadet. Sèvre-et-Maine liefert den Muscadet, die Côtes de Grandlieu weiter westlich haben ihre eigene Appellation bekommen, und die Coteaux de la Loire im Norden produzieren säurebetonte Weine.

SÜDÖSTLICH VON NANTES im Hinterland der Loire-Mündung liegen die Weinberge des Muscadet. Am besten sind die Weine aus dem Bereich Sèvre-et-Maine, das seinen Namen zwei Flüssen verdankt und viel hügeliger ist als das umliegende Land. Sèvre-et-Maine macht etwa ein Viertel des Herkunftsgebiets aus, liefert aber 85 % der gesamten Muscadet-Produktion. Nur in ungewöhnlich heißen oder trockenen Jahren können die Muscadet-Trauben der nördlich liegenden Coteaux de la Loire wegen ihres Säuregehaltes die des Sèvre-et-Maine übertreffen.

DIE MUSCADET-REBE UND IHRE WEINE

Es ist nicht bekannt, wann die Muscadet-Traube erstmals hier in dieser Gegend kultiviert wurde. Auf einer Tafel im Château de la Cassemichère ist zu lesen, dass Muscadet-Reben aus Burgund hier erstmals im Jahr 1740 angepflanzt wurden. Pierre Galet, der berühmte Rebenkundler, teilt uns aber mit, dass »nach dem schrecklichen Winter von 1709 Ludwig XIV. die Neubepflanzung der erfrorenen Weinberge des Loire-Atlantik-Gebiets mit Muscadet Blanc befahl«.

Der Wein aus der Muscadet-Traube ist neutral im Geschmack und besitzt kein bisschen Muskat-Aroma, wie es der Name vermuten lassen könnte. Er muss früh geerntet werden, damit die Säure erhalten bleibt; doch damit riskiert der Winzer, dass sein Wein zu wenig Frucht enthält. Wenn aber der Wein auf der Hefe (*sur Lie*) belassen wird, intensiviert das die Frucht, fügt eine hefige Geschmeidigkeit hinzu und vermittelt gleichzeitig eine gewisse Lebendigkeit und Frische.

NANTES
Der Charme der Altstadt kontrastiert mit der modernen Stadtlandschaft von Nantes, dem Tor zum Loire-Tal.

MUSCADET-REBEN
Im Herzen des Muscadet-Landes südöstlich von Nantes erhebt sich St-Fiacre-sur-Maine über den Weinbergen.

GESCHMACKS- UND QUALITÄTSFAKTOREN

LAGE
Das Pays Nantais liegt in Küstennähe am Unterlauf der Loire.

KLIMA
Mild und feucht, aber die Winter können rau sein, und im Frühjahr droht Frost. Die Sommer sind normalerweise sonnig und warm, bisweilen aber auch verregnet.

TOPOGRAFIE
Einige Weingärten liegen im ebenen Mündungsbereich der Loire südwestlich von Nantes. Sèvre-et-Maine und Coteaux de la Loire sind welliges Hügelland, dessen beste Lagen an Flussuferhängen zu finden sind. Manche der kleineren Täler sind für den Weinbau zu steil eingeschnitten, sodass die Rebflächen hier auf den Hügelkuppen liegen.

BÖDEN
Die besten Weinberge von Sèvre-et-Maine haben leichte und steinige Böden mit unterschiedlichem Anteil von Sand, Ton und Kies sowie Unterböden von Granit, Schiefer und Vulkangestein, die reich an Kalium und Magnesium sind. Die Coteaux de la Loire weisen mehr Schieferböden auf, während die Côtes de Grandlieu sowohl aus Schiefer als auch aus Granit bestehen; in der Basis-Appellation Muscadet sind Sand und Mergel vorherrschend. Die Böden entwässern gut, was für eine eher feuchte Gegend wichtig ist.

WEINBAU UND WEINBEREITUNG
Die frostharte und früh reifende Muscadet-Traube ist für das feuchte Klima des Pays Nantais gut geeignet. Sie wird bereits Mitte bis Ende September geerntet, damit ihre Säure erhalten bleibt. Der beste Muscadet-Wein wird bis zur Abfüllung auf der Hefe – *sur Lie* – belassen. Das verleiht ihm größere Geschmackstiefe und Fruchtigkeit, dazu ein schwaches Prickeln von der verbliebenen natürlichen Kohlensäure.

HAUPTREBSORTEN
Muscadet (Melon de Bourgogne), Folle Blanche

WEITERE REBSORTEN
Gamay, Gamay de Chaudenay, Gamay de Bouze, Négrette, Chardonnay, Cabernet Franc, Cabernet Sauvignon, Pinot Noir, Chenin Blanc, Groslot Gris

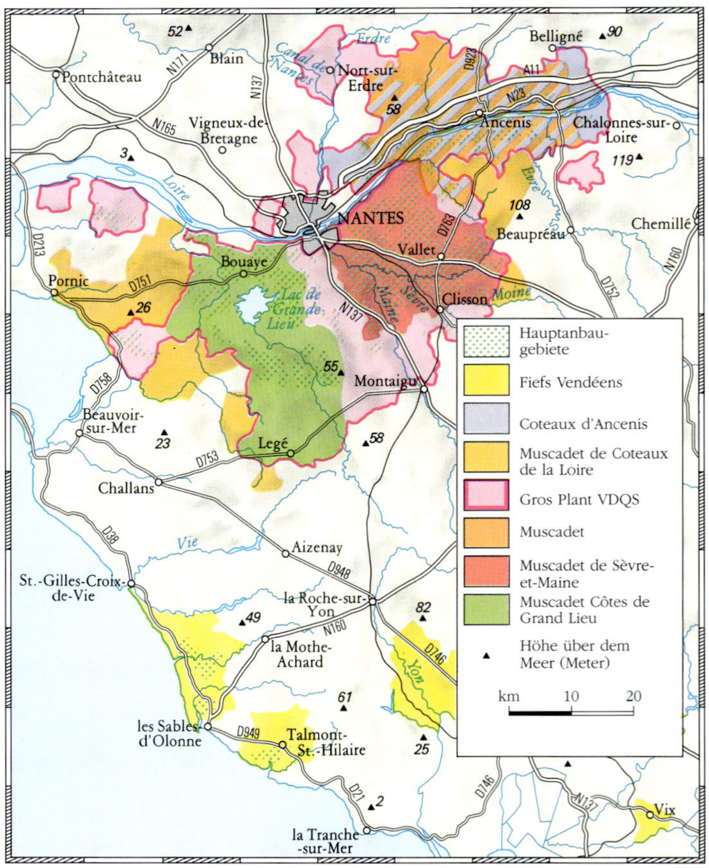

PAYS NANTAIS *Siehe auch* S. 192
Die besten Weine des Pays Nantais kommen aus den östlich bis nordöstlich von Nantes gelegenen Gebieten Sèvre-et-Maine und Côteaux de la Loire.

DIE APPELLATIONEN IM PAYS NANTAIS

CÔTEAUX D'ANCENIS VDQS

Die sortenreinen VDQS-Weine, die aus demselben Gebiet kommen wie Muscadet Coteaux de la Loire, sollten den AOC-Status erhalten.

ROT Die Weine aus Cabernet Franc und Cabernet Sauvignon besitzen leichten bis mittleren Körper. Erstaunlicherweise sind sie nicht so erfolgreich wie die saftigen Gamays, die nicht weniger als 80 % der Produktion dieser Appellation ausmachen.

Cabernet Sauvignon, Cabernet Franc, Gamay, maximal 5 % Gamay de Chaudenay und Gamay de Bouze

2 Jahre

WEISS Trockene bis halbtrockene leichte Weine. Der Pinot Gris, der auch als Malvoisie verkauft wird, gerät hier nicht so alkoholreich wie sein Elsässer Cousin und hat doch eine Fülle, die lange am Gaumen bleibt. Chenin Blanc, in dieser Gegend als Pineau de la Loire bezeichnet, überzeugt nur selten.

Chenin Blanc, Pinot Gris

12–18 Monate

ROSÉ Sehr trockene bis trockene, leichte bis mittelschwere Weine, manche davon sind frisch, fest und lebendig. Am beliebtesten ist die Gamay-Rebe.

Cabernet Sauvignon, Cabernet Franc, Gamay, maximal 5 % Gamay de Chaudenay und Gamay de Bouze

2 Jahre

✓ *Jacques Guindon*

FIEFS VENDÉENS VDQS

Bis 1984 ein *Vin de Pays* – nunmehr ein VDQS, der ständig besser wird und seinen Status wirklich verdient. Die Vorschriften für die zugelassenen Rebsorten sind kurios; sie legen das Verhältnis der im Weinberg zu pflanzenden Sorten fest, enthalten jedoch keine Angaben über den Anteil der Trauben im Wein! Damit sind sowohl Sortenweine als auch Verschnitte zulässig.

ROT Aus Vix und Mareuil-sur-Lay-Disais kommen die besten Weine; sie sind trocken, von mittlerem Körper und fest, aber nicht gerade langlebig. Sie können etwas grasig sein, was von der hier dominanten Cabernet Franc kommt.

Mindestens 50 % Gamay und Pinot Noir, dazu Cabernet Franc, Cabernet Sauvignon, Négrette und maximal 15 % Gamay de Chaudenay

Innerhalb von 18 Monaten

WEISS Sehr trockene bis trockene, leichte Weine von mäßiger Qualität mit Ausnahme jener aus Vix und Pissotte, weil die Chenin Blanc-Rebe in diesem nördlichen Küstengebiet selten ausreift. Wenn die anderen erlaubten Rebsorten in größerem Umfang angebaut würden, ließe sich die Qualität wohl verbessern.

Mindestens 50 % Chenin Blanc, dazu Sauvignon Blanc und Chardonnay. Maximal 20 % Melon de Bourgogne in den Gemeinden Vix und Pissotte und maximal 30 % Groslot Gris in der Küstenregion um Les Sables d'Olonne.

Sofort

ROSÉ Trockene, leichte bis mittelschwere Weine. Die besten – noch unterbewerteten – Weine kommen aus Vix und Mereuil-sur-Lay-Disay und sind weich und fein.

Mindestens 50 % Gamay und Pinot Noir, dazu Cabernet Franc, Cabernet Sauvignon, Négrette und maximal 15 % Gamay de Chaudenay. Maximal 30 % Groslot Gris in der Küstenregion um Les Sables d'Olonne.

Innerhalb von 18 Monaten

✓ *Philippe Orion* (Domaine de Barbinière) • *Philippe & Xavier Coirer*

GROS PLANT VDQS ODER GROS PLANT NANTAIS VDQS

Gros Plant ist ein regionales Synonym für die Folle Blanche, eine jener Traubensorten, aus denen Cognac hergestellt wird.

WEISS Gros Plant ist normalerweise so trocken, herb und frucht- wie körperarm, dass er die Geschmacksnerven auf eine harte Probe stellt. In 99 % aller Fälle, da ich mich der Tortur unterzog, hätte ich lieber Zitronensaft getrunken. Wenn allerdings der Ertrag begrenzt und der Wein *sur Lie* ausgebaut wird, kann er über die charakteristische Bissigkeit hinaus auch ausreichend Tiefe entwickeln.

Gros Plant

Normalerweise sofort

✓ *Domaine de Beauregard* • *Guy Bossard* • *Château de la Preuille* • *Clos Saint-Vincent des Rongères*

MUSCADET AOC

Diese »einfache« Appellation umfasst das gesamte Muscadet-Gebiet; die Weine mit dieser Bezeichnung machen etwa 10 % seiner Gesamtproduktion aus.

WEISS Sehr trockene, leichte Weine, die – mit wenigen Ausnahmen – allenfalls rassig, oft aber unharmonisch sind. Sie können als *primeur* oder *nouveau* ab dem dritten November-Donnerstag nach der Ernte verkauft werden.

Muscadet

Sofort

✓ *Domaine des Herbanges* • *Château de la Preuille*

MUSCADET DES COTEAUX DE LA LOIRE AOC

Die Coteaux de la Loire sind das nördlichste Weinbaugebiet an der ganzen französischen Westküste; weiter nördlich ist es fast unmöglich, ausreichend reife Trauben für die Weinproduktion zu erhalten.

WEISS Sehr trockener, leichter Wein von schwankender Qualität und mit eher wenig Frucht. In heißen Jahren kann er aber der ausgewogenste Muscadet werden.

Muscadet

Sofort

✓ *Château la Berrière »Clos Saint-Roch«* • *Domaine de la Garanderie* • *Jacques Guindon* • *Domaine des Herbauges* • *Château de la Roulière* • *Vignerons de la Noëlle*

MUSCADET CÔTES DE GRANDLIEU AOC ODER MUSCADET CÔTES DE GRAND LIEU AOC

Das erst 1994 ausgewiesene AOC-Gebiet westlich von Sèvre-et-Maine lieferte früher fast 75 % der einfachen Appellation Muscadet. Die Weine erzielen heute um einiges höhere Preise als früher, ohne dass dies generell gerechtfertigt erscheint.

WEISS Sehr trockene, leichte Weine schwankender Qualität.

Muscadet

Sofort

✓ *Domaine de la Chambaudière* • *Marquis de Goulaine* • *Domaine des Herbauges*

MUSCADET DE SÈVRE-ET-MAINE AOC

Kleines Anbaugebiet, aus dem die meisten klassischen Muscadets gehobener Qualität kommen. Etwa 45 % dieser Appellation wird *sur Lie* ausgebaut, das heißt, dass der Wein wenigstens einen Winter lang auf dem Hefesatz liegt, bevor er in Flaschen gefüllt wird.

WEISS Sehr trockene bis trockene, leichte Weine; die besseren zeigen Frucht, Säure und gewisse Eleganz. Auch wenn sie an einfache weiße Burgunder erinnern und außergewöhnliche Exemplare recht gut altern können, verbessern sie sich selten.

Muscadet

2 Jahre, einige halten 3 bis 4 Jahre

✓ *Domaine de Beauregard* • *Guy Bossard* (Domaine de l'Ecu) • *Château de Briacé* • *Domaine de la Chambaudière* • *Domaines Chéreau Carré* • *Château du Coing de Saint-Fiacre* (Grande Cuvée Saint Hilaire) • *Domaine Gadais* • *Marquis de Goulaine* (La Cuvée du Millénaire) • *Manoir la Grange* • *Domaine de l'Hyvernière* • *Leroux Frères* (Clos de Beauregard) • *Pierre Luneau* (Le d'Or) • *Château de la Preuille* • *Château de la Rogotière* • *Domaine Dominique & Vincent Richard* • *Domaine de la Roche* • *Clos Saint-Vincent des Rongères* • *Serge Saupin* (Cuvée des Lions) • *Sauvion* (Château du Cléray, Cuvée Cardinal Richard, Découverte) • *Domaine du Vieux Chai*

MUSCADET SUR LIE AOC

Bis vor kurzem gab es keine Kontrollen, und skrupellose Erzeuger nutzten die Bezeichnung *sur Lie*, um für normal gefilterte Weine höhere Preise zu erzielen. Seit 1994 darf der Begriff nur von einer der drei Unterappellationen (Coteaux du Loire, Côtes de Grandlieu und Sèvre-et-Maine) benutzt werden; für Weine der allgemeinen Muscadet AOC ist er unzulässig. Welche Logik dem zu Grunde liegt, bleibt unerfindlich, denn Gros Plant VDQS darf *sur Lie* verwenden und ist doch geringer einzustufen als die allgemeine Muscadet AOC. Je mäßiger der Wein ist, umso eher benötigt er den Hefekontakt zur Verstärkung. Demnach wäre es sicherlich vernünftiger, sorgfältiger zu kontrollieren. Gegenwärtig muss Muscadet *sur Lie* einen Winter lang auf dem Bodensatz liegen und darf nicht vor der dritten Woche des auf die Ernte folgenden März abgefüllt werden; ein zweiter Abfüllzeitraum erstreckt sich von Mitte Oktober bis Mitte November für körperreichere Weine. Der Wein muss unmittelbar von der Hefe abgefüllt werden, er darf nicht abgezogen oder sonst wie geklärt werden, aber es gibt keine Vorschrift über Art und Größe des Gefäßes, in dem er *sur Lie* gelagert wird. Einige Erzeuger machen sich für Holzfässer stark mit der einleuchtenden Begründung, dass der Effekt der Hefelagerung in Großbehältern verloren geht, zumindest sollten ab einer bestimmten Größe jedenfalls Vorrichtungen zum Aufrühren des Hefesatzes vorhanden sein.

ANJOU-SAUMUR

Das Anbaugebiet Anjou-Saumur ist quasi ein Mikrokosmos des ganzen Loire-Tals. Hier wird aus fast allen an der Loire kultivierten Trauben beinahe jeder vorstellbare Weintyp produziert – trocken und süß, rot, rosé und weiß, still und schäumend.

WEINBERGE IN DEN COTEAUX DU LAYON
In günstigen Lagen kann der Wein von Edelfäule befallen werden; die Gegend ist deshalb für ihre weißen Süßweine berühmt.

SAUMUR IST DAS ZENTRUM DES Schaumweins an der Loire. Im Sommer wimmelt es von Touristen, die die zahlreichen in den Tuffstein gehauenen Weinkeller besuchen. Das großartige weiße Schloss aus dem gleichen Gestein thront seit dem 14. Jahrhundert über der Stadt. Es gilt als eines der schönsten Loire-Schlösser und wird von der Confrérie des Chevaliers du Sacavins, einer von mehreren Weinbruderschaften des Anjou, für ihre Zeremonien und Festivitäten genutzt.

DIE WEINE DES ANJOU

Der bekannte Rosé hält noch immer einen Anteil von 45 % an der Weinproduktion des Anjou. Die Zahlen sind zwar rückläufig (in den 80er Jahren waren es 55 %), doch bleibt der Rosé der beliebteste Wein dieses Gebiets. Sein Ansehen ist allerdings gering, und tatsächlich ist er ein Verschnitt aus minderen Trauben.

Am besten gedeiht hier die Chenin Blanc, die für Weißwein verwendet und in der Gegend seit über tausend Jahren kultiviert wird. Sie hat vielerlei Namen, von Pineau de la Loire zu Franc-Blanc; der gebräuchlichste Name, Chenin Blanc, geht auf das Mont-Chenin des 15. Jahrhunderts in der Touraine zurück. Unter anderen Namen kann sie bis 845 zurückverfolgt werden, zur Abtei Glanfeuil südlich des Flusses im Anjou. Der pikante Geschmack der Chenin Blanc geht auf den hohen Gehalt an Weinsäure zurück, der dieser Traube eigen ist; in Verbindung mit dem Extraktreichtum ergibt dies den manchmal unerträglich harten, oft bitteren Charakter der trockenen bis halbtrockenen Weine. Es gibt nur wenige positive Ausnahmen, die meist auf die vier sonnenverwöhnten Südosthänge von Savennières beschränkt sind. Die Winzer des Anjou halten es eher mit der Tradition, sodass es verbreitete Praxis ist, mit der Lese so lange wie möglich zu warten. Damit erhöht sich freilich das Risiko von Regen; da man aber nach der

ANJOU-SAUMUR
Siehe auch S. 192
Mit den Schaumweinen von Saumur und einer Palette von Weinen aus der Umgebung von Angers erzeugt die Region Anjou-Saumur fast alles, was die Loire insgesamt zu bieten hat.

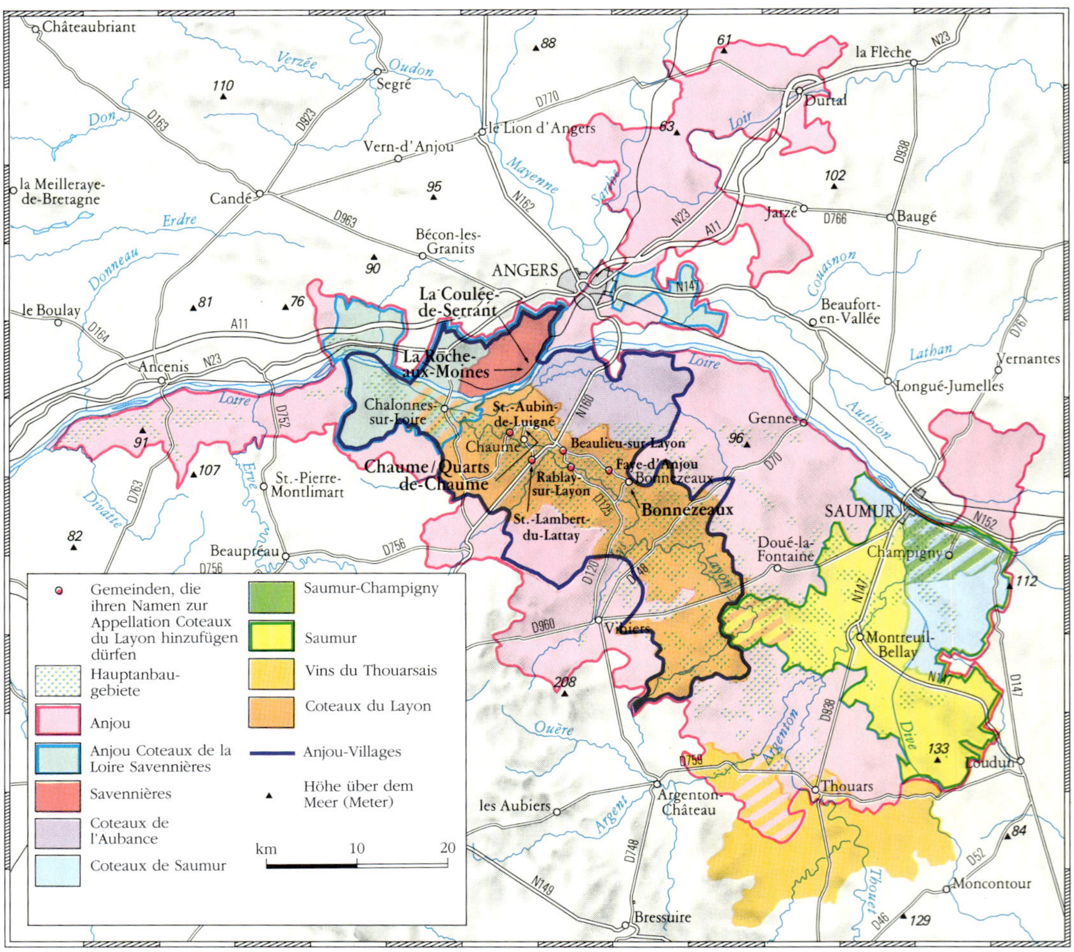

ABFÜLLUNG IN SAUMUR-CHAMPIGNY
Diese Appellation erzeugt aus Cabernet Franc einige der besten Rotweine der Loire.

SAUMUR AN DER LOIRE
Das aus dem 14. Jahrhundert stammende Schloss, eines der prächtigsten an der Loire, thront über der Stadt. Louis I., Herzog von Anjou, ließ es erbauen.

ehrwürdigen Tradition der *Tries* mehrere Male erntet, wobei man immer nur die reifsten und gesündesten Trauben liest, kann ein wunderbarer Wein entstehen. Das ist natürlich eine zeit- und arbeitsintensive Methode, doch der Aufwand lohnt sich, denn die einmalige Qualität der überreifen Trauben ergibt einen köstlichen, ungewöhnlich harmonischen Süßwein. Anders als die langweiligen trockenen Chenin-Blanc-Weine, die mit zunehmendem Alter nur schlechter werden, entwickeln diese Weine in der Reife wunderbar vielschichtige, honigartige Aromen.

DIE SCHAUMWEININDUSTRIE VON SAUMUR

Mit dem schnell wachsenden Champagnermarkt im 19. Jahrhundert begannen auch die Loirewinzer, die Methoden der Schaumweinherstellung zu kopieren, bot sich doch die Möglichkeit, den Überschuss an dünnem, herbem Chenin Blanc zu vermarkten, mit dem selbst qualitätsbewusste Erzeuger häufig zu kämpfen hatten. Saumur entwickelte sich so zum größten französischen Schaumweinzentrum außerhalb der Champagne. Die Chenin Blanc hat ja in vielen Abschnitten der Loire die perfekte Säure für einen Qualitätsschaumwein.

Liebhaber von »echtem« Champagner mit seinem typisch hefigen Charakter mögen das Bukett der Chenin-Blanc-Schaumweine zu süß und aromatisch finden und die Aromen zu dominant. Aber die Weine erfreuen sich großer Beliebtheit, und die Zugabe von Chardonnay und anderen neutralen Weinen kann sich sehr günstig auf das Endprodukt auswirken. Selbst hartnäckige Bewunderer von Champagner können dem Charme eines reinen Chenin-Blanc-Schaumweins aus dieser Gegend erliegen.

WEINKELLER IN TUFFSTEINGEWÖLBEN
Der Tuffstein prägt nicht nur die Architektur, er bietet auch hervorragende Lagerkeller für Schaumwein.

DIE ROTWEINE DES ANJOU

Im Anjou, besonders in den Gemeinden südlich von Saumur, erweist sich Cabernet Franc als die beste Rotweinsorte der Loire. Jenseits der benachbarten Touraine nimmt der Anbau von Cabernet Franc rapide ab. Die Loire ist die größte Weinbauregion Frankreichs, wartet aber nur mit drei klassischen Rotweinen auf: Saumur-Champigny, Bourgeuil und Chinon; hinzufügen könnte man heute Anjou-Villages. Die Tatsache, dass die meisten Weinberge, aus denen diese Rotweine kommen, in einem winzigen Teil der Region dicht gedrängt beieinander liegen, ist kein Zufall. Sie teilen sich ein homogenes Gebiet am Zusammenfluss von Vienne und Loire, den zwei Flüssen, die vor langer Zeit jene Kiesterrassen geformt haben, die gegenwärtig für den Anbau von Cabernet Franc geschätzt werden.

GESCHMACKS- UND QUALITÄTSFAKTOREN

LAGE
Der westliche Abschnitt der mittleren Loire, im Wesentlichen am linken Ufer gelegen.

KLIMA
Mildes, vom Atlantik beeinflusstes Klima mit wenig Niederschlägen, warmem Sommer und mildem Herbst. In Savennières bildet Frost ein Problem.

TOPOGRAFIE
Sanfte, wellige Hügel, die vor westlichen Winden Schutz bieten. Die besten Lagen sind die steinigen Südhänge von Savennières und die Steilufer um Layon.

BÖDEN
Im Westen und rund um Layon gibt es Schieferböden; der flache, dunkle Oberboden speichert die Wärme und verhilft den Trauben zur Reife. Einige kühlere Lehmböden ergeben schwerere Weine. Der Kalk-Tuff-Boden im Osten des Gebiets um Saumur lässt leichtere Weine wachsen, während Schiefer und Kies in Saumur-Champigny den Cabernet Franc begünstigen.

WEINBAU UND WEINBEREITUNG
Die Chenin Blanc ist eine sehr langsam reifende Traube, die häufig bis zum November am Weinstock belassen wird, insbesondere in den Coteaux du Layon. Die wärmende Herbstsonne auf den vom Tau feuchten überreifen Trauben kann vor allem in Bonnezeaux und Quarts-de-Chaume zur Bildung von Edelfäule führen. In guten Jahren liest man in mehreren Durchgängen (*Tries*) immer nur die reifsten bzw. von Edelfäule befallenen Trauben. Die meisten Weine werden im auf die Ernte folgenden Frühjahr abgefüllt, Weine aus überreifen Trauben benötigen jedoch mindestens drei Monate zur Vergärung und werden daher meist nicht vor dem Herbst des folgenden Jahres abgefüllt.

HAUPTREBSORTEN
Chenin Blanc, Cabernet Franc, Gamay, Grolleau

WEITERE REBSORTEN
Chardonnay, Sauvignon Blanc, Cabernet Sauvignon, Pineau d'Aunis, Malbec

DIE APPELLATIONEN IN
ANJOU-SAUMUR

ANJOU AOC

Das Gebiet Anjou umfasst die Weinberge von Saumur, demnach kann Saumur als Anjou verkauft werden, jedoch nicht umgekehrt. Die Roten sind bei weitem die besten Weine, die Weißen die schwächsten, und die Rosés sind noch immer die berühmtesten, auch wenn sie nicht mehr so beliebt sind. Weil der Begriff *mousseux* mit billigem Schaumwein assoziiert wird, heißen die offiziell als Anjou Mousseux geführten Weine im Verkauf häufig schlicht »Anjou«.

ROT Trockene Weine von mittlerem bis kräftigem Körper, die meist reinsortig aus Cabernet Franc oder mit einem Schuss Cabernet Sauvignon bereitet werden. Diese angenehmen Weine trinkt man am besten jung, aber auch einige in Eiche gereifte Weine von überraschender Komplexität sind anzutreffen.

Cabernet Franc, Cabernet Sauvignon, Pineau d'Aunis

1–3 Jahre

Domaine d'Ambinos • Domaine de Bablut • Domaine des Baumard • Bouvet-Ladubay • Godineau Père & Fils • Château d'Epiré (Clos de la Cerisaie) *• Château de Montguéret • Château des Rochettes • Domaine de Terrebrune*

WEISS Diese Weine reichen von trocken bis süß und von leicht bis voll, doch gibt es unter dieser Appellation viel zu viele beißend saure oder mäßige halbtrockene Chenin-Blanc-Weine. Einige Erzeuger verbessern ihren Wein dadurch, dass sie den zulässigen 20-%-Anteil von Chardonnay und Sauvignon voll ausschöpfen; Jacques Beaujeu und einige andere benutzen Eiche, um die scharfen Kanten der Chenin Blanc zu glätten, und die Domaine Ogereau baut sogar im Barrique aus. Diese Weine dürfen ab 1. Dezember nach der Ernte verkauft werden, ohne als *primeur* oder *nouveau* deklariert zu werden.

Mindestens 80 % Chenin Blanc und maximal 20 % Chardonnay und Sauvignon Blanc

Sofort

Jacques Beaujeu (Château la Varière) *• Domaine Philippe Delesvaux • Domaine Ogereau • Domaine Richou*

ROSÉ Rosé d'Anjou oder Anjou Rosé war einmal ein absoluter Renner, verkauft sich heute aber auf einem anspruchsvoller werdenden Markt weniger gut. Eigentlich ist nichts verkehrt an einem leicht süßen, rosafarbenen Wein, obwohl das für manche Kritiker schon ausreicht, um die Nase zu rümpfen. Ich selbst trinke lieber trockene Roséweine, doch schmeckt mir auch ein halbtrockener, wenn er sehr frisch und fruchtig ist. Die Crux mit vielen dieser leicht- bis mittelgewichtigen Rosés ist, dass sie im auf die Ernte folgenden Frühjahr köstlich sein können, dass aber eine erschreckend große Zahl in der Flasche rasch abbaut. Man sollte also Anjou Rosé nicht gleich kistenweise einkaufen. Diese Weine dürfen ab dem dritten Donnerstag im November verkauft werden, ohne als *primeur* oder *nouveau* deklariert werden zu müssen.

Überwiegend Grolleau mit unterschiedlichen Anteilen Cabernet Franc, Cabernet Sauvignon, Pineau d'Aunis, Gamay, Malbec

Sofort

ANJOU COTEAUX DE LA LOIRE AOC

Diese seltene Appellation nur für Weißwein liegt südwestlich von Angers. Die geringe Menge wird noch weiter schwinden, da die Weinberge mit Cabernet für den immer beliebter werdenden Anjou Rouge neu bestockt werden.

WEISS Trotz der gesetzlichen Festlegung von 1946 als traditionell süßer Wein wird er heute trocken bis halbtrocken ausgebaut. Dem Trend zu trockeneren Weinen stehen überholte Vorschriften entgegen, die den Alkoholgehalt zu hoch und die Erträge zu niedrig ansetzen.

Chenin Blanc

Innerhalb eines Jahres

Gilles Musset

ANJOU GAMAY AOC

Die Gamay-Traube darf in Anjou-AOC-Weinen nur verwendet werden, wenn ihr Name zu dem der Appellation hinzugesetzt wird.

ROT Trockene bis halbtrockene, leichte Weine ohne besonderen Charakter. Sie können ab dem dritten Donnerstag im November als *primeur* oder als *nouveau* verkauft werden.

Gamay

Sofort

Domaine de Bablut

ANJOU MOUSSEUX AOC

Dieser flaschenvergorene Wein ist weicher, aber weniger populär als sein Saumur-Pendant. Er kann sogar aus Weinbaugemeinden in Saumur stammen.

SCHAUMWEIN WEISS Diese trockenen bis süßen, leichten bis mittelschweren Weine bedürfen dringend einer Änderung der Vorschriften, um etwas Chardonnay im Verschnitt zuzulassen. Der schmelzige, neutrale Charakter des Chardonnay würde diesem Schaumwein einen klassischeren, etwas ernsthafteren Touch vermitteln.

Mindestens 60 % Chenin Blanc, dazu Cabernet Sauvignon, Cabernet Franc, Malbec, Gamay, Grolleau, Pineau d'Aunis

1–2 Jahre

SCHAUMWEIN ROSÉ Wenn Sie wissen wollen, wie ein schäumender Anjou Rosé schmeckt, versuchen Sie diesen leichten bis mittelschweren Wein (überwiegend *demi-sec*).

Cabernet Sauvignon, Cabernet Franc, Malbec, Gamay, Grolleau, Pineau d'Aunis

Sofort

ANJOU PÉTILLANT AOC

Eine wenig gebrauchte Appellation für leicht schäumende flaschenvergorene Weine, die mindestens neun Monate in der Flasche reifen und in die für Stillwein üblichen Flaschen gefüllt werden müssen.

PERLWEIN WEISS Trockene bis halbtrockene, leicht- bis mittelgewichtige Perlweine. In Anbetracht der schwankenden Qualität des Anjou Blanc wären manche Erzeuger gut beraten, wenn sie ihn als Schaumwein ausbauen und unter dieser Appellation verkaufen würden.

Mindestens 80 % Chenin Blanc, höchstens 20 % Chardonnay und Sauvignon Blanc

Sofort

PERLWEIN ROSÉ Trockene bis halbtrockene leichte Weine, die selten ihr Herkunftsgebiet verlassen. Sie werden als »Anjou Pétillant«, »Anjou Rosé Pétillant« oder »Rosé d'Anjou Pétillant« angeboten.

Grolleau, Cabernet Franc, Cabernet Sauvignon, Pineau d'Aunis, Gamay, Malbec

Sofort

ANJOU ROSÉ AOC

Siehe Anjou AOC

ANJOU-VILLAGES AOC

Die auf Rotwein beschränkte Appellation wurde 1986 eingerichtet, wird aber erst seit 1991 genützt. Sie sollte die Winzer ermutigen, interessante Rotweine an Stelle von gesichtslosen Weißweinen zu produzieren, und das bei beträchtlich höheren Erträgen. Es gab keinen Zweifel am Erfolg der Intention. Warum sollte auch jemand 45 hl Weißwein pro ha oder 40 hl Rotwein pro ha der Anjou AOC erzeugen, wenn er gleichzeitig den verlockender klingenden Anjou-Villages AOC mit 50 hl pro ha ernten kann? Das Angebot war so verführerisch, dass Erzeuger aus angrenzenden Gebieten die gleichen Bedingungen für sich reklamierten, und so wurde 1994 das Gebiet tatsächlich ausgeweitet. Wenn Sie sich an die renommierten Erzeuger halten, bekommen Sie unter dieser Appellation einige der besten Rotweine von der Loire.

ROT Die besten Weine sind von tiefdunkelroter Farbe und sahnig-weichem Himbeeraroma.

Cabernet Franc, Cabernet Sauvignon

2–6 Jahre

Domaine de Bablut • Château Pierre Bise • Brault Père & Fils (Domaine de Sainte Anne) *• Domaine Victor Lebreton • Domaine Ogereau • Château la Varière*

ANJOU-VILLAGES BRISSAC AOC

Dieses Dorf wurde 1998 aus der Appellation Anjou-Villages herausgenommen und für Weine ab 1996 zurückdatiert. Die neue Appellation umfasst das Gebiet von Brissac-Quince nebst neun umliegenden Gemeinden.

Château de Brissac • Château la Varière

BONNEZEAUX AOC

Unzweifelhaft einer der großen Süßweine Frankreichs. Er kommt von drei nach Süden ausgerichteten Uferhängen in der Gemeinde Thouarcé in den Coteaux du Layon. Die Trauben müssen in mehreren Gängen gelesen werden, sodass jeweils nur die reifsten, häufig von Edelfäule befallenen Beeren eingebracht werden, was über zwei Wochen dauern kann. Entsprechend hoch ist der Mindestzuckergehalt für Bonnezeaux, sogar höher als für Sauternes oder Barsac.

WEISS Intensiv süßer, voller Wein, körperreicher als der Quarts-de-Chaume, das zweite großartige Gewächs des Layon-Tals. Die Ananas- und Süßholzaromen der Jugend weichen mit zunehmender Reife wundervoll komplexen Honig-Vanille-Noten.

Chenin Blanc

20 Jahre und mehr

Domaine de la Croix des Loges • *Château de Fesles* • *Domaine Godineau* (Le Malbé) • *Domaine les Grandes Vignes* • *Domaine de Laffourcade* (Château Perray-Jouannet) • *Domaine de Terrebrune* (La Montagne) • *Château la Varière*

CABERNET D'ANJOU AOC

Zu dieser Appellation gehört auch Saumur, und es war ein Winzer namens Taveau aus Saumur, der 1905 den ersten Anjou Rosé aus Cabernet kelterte. Trotz des klassischen Cabernet und des höheren Alkoholgehalts ist der Wein nicht so viel besser als Anjou Rosé, wie er sein könnte, und die Massenproduktion zu niedrigem Preis hat seinem Ruf geschadet.

ROSÉ Gute Exemplare dieses halbtrockenen bis lieblichen, mittelschweren Weins zeigen sauberfruchtigen Charakter und Aromen von Himbeeren. Er darf ab dem dritten Donnerstag im November als *primeur* oder *nouveau* verkauft werden, ab dem 1. Dezember auch ohne diese Deklaration.

Cabernet Franc, Cabernet Sauvignon

Sofort

Domaine de Bablut • *Brault Père & Fils* (Domaine de Sainte Anne) • *Château de Breuil* • *Domaine Cady* • *Domaine des Maurières* • *Domaine du Petit Val*

CABERNET DE SAUMUR AOC

Alle Cabernet-de-Saumur-Weine dürfen auch die Appellation Cabernet d'Anjou verwenden; sind sie als Saumur gekennzeichnet, ist die Qualität zumeist besser.

ROSÉ Ein feiner, halbsüßer, leichter bis mittelschwerer Rosé mit ausgeprägtem Himbeeraroma. Diese Weine dürfen ab dem dritten Donnerstag im November nach der Ernte als *primeur* oder *nouveau* verkauft werden, ab dem 1. Dezember auch ohne diesen Hinweis.

Cabernet Franc, Cabernet Sauvignon

Sofort

Domaine du Val Brun

COTEAUX DE L'AUBANCE AOC

Alte Rebstöcke auf den Schieferhängen an der Aubance liefern die Weine dieser Appellation. Es dürfen nur voll ausgereifte und in *Tries* geerntete Trauben verwendet werden, eine arbeitsintensive und teure Methode; also produzieren die meisten Winzer Cabernet d'Anjou.

WEISS Einige Erzeuger bereiten noch diesen opulenten halbsüßen, mittelgewichtigen bis körperreichen Wein von außergewöhnlicher Qualität und großer Langlebigkeit.

Chenin Blanc

5–10 Jahre

Domaine de Bablut • *Domaine Victor Lebreton* • *Domaine Richou* • *Domaine des Rochelles* • *Château des Rochettes*

COTEAUX DU LAYON AOC

Diese Appellation, die sich im Nordwesten mit Anjou Coteaux de la Loire und im Südosten mit Saumur überschneidet, ist seit dem 4. Jahrhundert für süße Weißweine berühmt. In günstigen Lagen wird der Wein mitunter von Edelfäule befallen, immer aber müssen die Trauben sehr reif sein und *in tries* geerntet werden; dies bei einem Mindestalkoholgehalt von 12 % und maximal 30 Hektoliter per Hektar Ertrag. Wegen des relativ geringen Preises, den die Weine der Appellation erzielen, können sich nur die Spitzengüter das aufwändige Ernteverfahren leisten.

WEISS Grüngoldene bis goldgelbe süße Weine von weicher Textur, mittelgewichtig bis körperreich, überaus fruchtig und langlebig.

Chenin Blanc

5–15 Jahre

Domaine Pierre Aguilas • *Domaine Baumard* (Cuvée le Paon & Clos de Sainte Cathérine) • *Château Pierre Bise* • *J. L. Douet* (Château des Rochettes) • *Château de Fesles* (Château de la Roulerie) • *Jousset & Fils* (Carte d'Or, Logis de la Giraudiére) • *Domaine de Landreau* • *Moulin Touchais* • *Domaine Ogereau* (Cuvée Prestige) • *Domaine de la Pierre Saint Maurille* • *Domaine de Touche Noir* (früher Domaine de Millé)

COTEAUX DU LAYON-CHAUME AOC

Die nur für eine Gemeinde geltende Appellation unterscheidet sich kaum von den Coteaux du Layon, wenn auch der zulässige Maximalertrag mit 25 hl pro ha noch unter der mit 30 hl schon geringen Höchstmenge der Coteaux du Layon liegt.

WEISS Sehr schöne, ölig-süße Weine von mittlerem bis reichem Körper, die generell besser sind als die einfachen Weine der Coteaux du Layon.

Chenin Blanc

5–15 Jahre

Michel Blouin • *Domaine Cady* (Cuvée Anatole) • *Château de Fesles* (Château de la Roulerie) • *Château de la Guimonière* • *Clos de la Herse* • *Château Montbenault* • *Domaine du Petit Metris* • *Domaine Rochais* (Les Zariles) • *Domaine de la Soucherie*

COTEAUX DU LAYON-VILLAGES AOC

Seit langer Zeit stehen sechs Weinorte für die Crème de la crème der Coteaux-du-Layon-Weine; sie dürfen zu Recht ihren Namen der Appellation anfügen.

WEISS Süße, mittelgewichtige bis körperreiche Weine. Der »Club des Layon Villages« charakterisiert die Orte folgendermaßen: Beaulieu hat ein weiches, leichtes Aroma; Faye duftet nach Unterholz; Rablay ist kräftig und rund; Rochefort ist füllig, tanninreich und lagerfähig; St-Aubin hat ein delikates Aroma, das sich entwickelt; St-Lambert ist robust und doch abgerundet.

Chenin Blanc

5–15 Jahre

Beaulieu *Domaine d'Ambinois* (Clos des Mulonières), *Château Pierre Bise* (L'Anciaie) • **Faye** *Château de Fresne, Domaine Godineau* (Vieilles Vignes, Guy Tourtet) • **Rablay** *Domaine de la Bergerie, Domaine des Sablonettes* • **Rochefort** *Domaine des Haut Perras, Domaine de la Motte* • **St-Aubin** *Michel Blouin, Domaine Cady, Domaine Philippe Delesvaux, Domaine Jo Pithon* • **St-Lambert** *Domaine Ogereau, Domaine Jo Pithon*

COTEAUX DE SAUMUR AOC

Nachdem die Kennzeichnung *Méthode champenoise* 1985 für außerhalb der Champagne hergestellte Weine endlich für unzulässig erklärt worden war (*siehe* S. 164), gab es Bestrebungen, die Stillweine des Gebiets Saumur unter dieser Appellation zu vermarkten und den Saumur AOC ausschließlich als Schaumwein anzubieten – daraus ist aber anscheinend nichts geworden.

WEISS Recht seltene, halbtrockene, mittelschwere bis volle Weine mit reichem Aroma, die zu suchen sich lohnt.

Chenin Blanc

5–10 Jahre

Château de Brézé • *Domaine des Hautes-Vignes* • *Château de Hureau* • *Clos Rougeard* • *Domaine de Saint-Just*

QUARTS-DE-CHAUME AOC

Diese Weine wachsen auf dem Plateau oberhalb des Ort Chaume, der zur Gemeinde Rochefort-sur-Loire im Gebiet Coteaux du Layon gehört. Die Weinberge wurden einst vom Kloster Ronceray bewirtschaftet, der Eigentümer bezog ein Viertel der Ernte als Pacht.

WEISS Halbsüße bis süße Weine von mittlerem bis vollem Körper. Der Quarts-de-Chaume wird zwar in *Tries* geerntet und auf die gleiche Art vinifiziert wie der Bonnezeaux. Da er aus einem nördlicher gelegenen Anbaugebiet stammt, ist er jedoch meist entsprechend leichter und weist in der Regel auch etwas weniger Zuckergehalt auf.

Chenin Blanc

15 Jahre und mehr

Domaine des Baumard • *Château de Belle Rive* • *Domaine de Laffourcade* (Château de l'Echarderie, Château de Surronde, Cuvée Novembre) • *Domaine du Petit Metris* • *Château Pierre Bise*

ROSÉ D'ANJOU AOC

Siehe **Anjou AOC**

ROSÉ D'ANJOU PÉTILLANT AOC

Siehe **Anjou Pétillant AOC**

SAUMUR AOC

Saumur liegt innerhalb der Appellation Anjou und gilt zu Recht als Perle des Anjou. Saumur-Weine dürfen als Anjou verkauft werden, aber nicht jeder Anjou ist ein Saumur.
Die Roséweine – sofern sie nicht aus Cabernet gekeltert sind – müssen die Appellation Anjou Rosé verwenden. Wie bei der Appellation Anjou sind die Weißweine von schwankender Qualität, die Rotweine jedoch ausgezeichnet.

ROT Diese schönen, sehr trockenen bis trockenen Weine ähneln häufig den Rotweinen des Anjou; sie variieren von leicht und fruchtig bis dunkelrot und tanninreich.

Cabernet Franc, Cabernet Sauvignon, Pineau d'Aunis

1–10 Jahre je nach Art

Clos de l'Abbaye • *Bouvet-Ladubay* • *Domaine des Hautes Vignes* • *Langlois-Château* • *Château de Montreuil-Bellay* • *Cave des Vignerons* (Reserve) • *Domaine des Nerleux* • *Château de Passavent* • *Château de Targé*

WEISS Die sehr trockenen bis süßen Weine mit leichtem bis kräftigem Körper erinnern eher an Vouvray als an Anjou, was am Kalk- und Tuffsteinboden liegt. In geringen bis durchschnittlichen Jahren wird der Saumur durch schlanke Frucht, herben Geschmack und einen etwas metallisch anmutenden Abgang geprägt. Er kann ab dem 1. Dezember nach der Ernte verkauft werden, ohne als *primeur* oder *nouveau* deklariert werden zu müssen.

Mindestens 80 % Chenin Blanc, maximal 20 % Chardonnay und Sauvignon Blanc

Sofort

Cave des Vignerons • *Château de Hureau* • *Langlois-Château* (Vieilles Vignes) • *Château de Villeneuve*

SCHAUMWEIN WEISS Trotz des um ein Drittel höheren Hektarertrags ist ein sorgfältig ausgebauter Saumur seinem Anjou-Pendant in Qualität und Struktur klar überlegen, was dem Anteil an Chardonnay und dem Kalk-Tuffstein-Boden zu verdanken ist. Die meisten Weine werden im völlig trockenen *Brut*-Stil ausgebaut, doch ist die gesamte Palette zulässig und sind lieblichere Weine durchaus üblich. Die überwiegende Mehrheit der Weine hat einen herben, an Reineclauden erinnernden Geschmack und wenig Finesse, und sie entwickeln auch keine toast- oder biskuitartige Flaschenaromen. Die empfohlenen Weine verfügen über jene Eleganz, die den meisten Saumur-Weinen leider abgeht, und über eine weichere, eher neutrale Fruchtnote, die sich in der Flasche entwickelt. Nach kurzer Zeit altern diese Weine aber ziemlich rapid, statt sich weiter zu verfeinern. Eine große Ausnahme ist der sahnig-üppige, im Barrique ausgebaute Bouvet Trésor: Er ist nicht nur der beste Schaumwein von der Loire, sondern kann sich auch mit sehr gutem Champagner durchaus messen, wenn auch sein Stil ganz anders geartet ist.

Chenin Blanc, dazu maximal 20 % Chardonnay und Sauvignon Blanc, bis zu 60 % Cabernet Sauvignon, Cabernet Franc, Malbec, Gamay, Grolleau, Pineau d'Aunis und Pinot Noir

3–5 Jahre

Bouvet (Vintage Crémant Saumur) • *Cave Coopérative des Vignerons de Saumur* (Saumur Cuvée Spéciale)

SCHAUMWEIN ROSÉ Saumur Rosé kann aus mehreren Traubensorten gemacht werden, doch eine wachsende Zahl sind reinsortige Cabernet-Franc-Weine, die sich vermehrt sehr schön präsentieren. Das aggressive Potenzial dieser Traube kann allerdings einen umwerfenden, nach Himbeeren schmeckenden Schaumwein sehr schnell in ein grässliches Getränk verwandeln. Reinsortige Cabernet-Sauvignon-Rosés können auch sehr gut sein, sind aber viel weicher, weniger zugänglich und nicht so eindeutig von der Herkunft geprägt wie Cabernet-Franc-Cuvées.

Cabernet Sauvignon, Cabernet Franc, Malbec, Gamay, Pineau d'Aunis, Pinot Noir

Sofort

Jean Douet • *Domaine des Nerleux* • *De Neuville Saumur Brut* • *Noël Pinot*

SAUMUR-CHAMPIGNY AOC

Nach verbreiteter Ansicht produzieren die Lagen südöstlich von Saumur, welche den Ortsnamen Champigny der Appellation anfügen dürfen, den allerbesten Rotwein der Loire.

ROT Sehr trockene bis trockene, volle Weine von tiefdunkelroter Farbe und ausgeprägten Himbeeraromen, oft tanninreich, kraftvoll und langlebig.

Cabernet Franc, Cabernet Sauvignon, Pineau d'Aunis

5–10 Jahre

Domaine Filliatreau • *Château du Hureau* (Cuvée Lisagathe) • *René-Noël Legrand* • *Domaine des Roches Neuves* • *Clos Rougeard* • *Domaine de Saint-Just* • *Domaine du Val Brun* • *Château de Villeneuve*

SAUMUR D'ORIGINE AOC

Als die EU die Bezeichnung *Méthode champenoise* außerhalb der Champagne verbot, erfanden die Erzeuger diesen Begriff, um die Saumur-Schaumweine besser vermarkten zu können. *Siehe auch* Saumur AOC.

SAUMUR MOUSSEUX AOC

Die korrekte Bezeichnung für alle flaschenvergorenen schäumenden Saumur-Weiß- und Roséweine, doch die Erzeuger meiden den nach Billigware klingenden Begriff *mousseux* und verkaufen stattdessen die Weine schlicht als Appellation Saumur Contrôlée. Das Weingesetz sieht dergleichen nicht vor, doch ist diese Praxis so verbreitet, dass diese Weine in die allgemeine Appellation Saumur Eingang finden sollten, wenn schon nicht die von den Erzeugern zur besseren Vermarktung geschaffene Bezeichnung Saumur d'Origine offiziell anerkannt werden kann. Eine beträchtliche Menge von flaschenvergorenem roten Schaumwein wird ebenfalls erzeugt, er darf aber nicht als AOC firmieren. *Siehe auch* Saumur AOC.

SAUMUR PÉTILLANT AOC

Eine wenig gebrauchte Appellation für leicht schäumende, flaschenvergorene Weine, die mindestens neun Monate in der Flasche reifen und in normalen Stillweinflaschen (mit »gewöhnlichem« Korken) verkauft werden müssen.

PERLWEIN WEISS Diese trockenen bis halbtrockenen leichten und fruchtigen Weine sind den sehr guten Weinen der Appellation Montlouis Pétillant nicht unähnlich und verdienen, wieder entdeckt zu werden.

Mindestens 80 % Chenin Blanc, dazu maximal 20 % Chardonnay und Sauvignon Blanc

Sofort

SAVENNIÈRES AOC

Als diese kleine Weinbaugegend des Anbaugebiets Anjou-Coteaux de la Loire nur Süßweine produzierte, legten die Normen eine entsprechend geringe Erntemenge fest. Auf vier südostwärts gerichteten Hängen mit Vulkangestein konzentriert, wächst hier der großartigste trockene Chenin Blanc der Welt.

WEISS Sehr trockene bis trockene Weißweine mit intensiven mineralischen Aromen, die zu den langlebigsten der Welt zählen. Die meisten Autoren halten den Clos de la Coulée de Serrant von Nicolas Joly für den besten Savennières überhaupt; er ist sicher einer der beeindruckendsten Weine der Loire, doch meine ich, dass der Clos du Papillon von Baumard (nicht verwechseln mit Clos du Papillon anderer Erzeuger) regelmäßig noch mehr Eleganz und Finesse aufweist. Während der letzten 15 Jahre

haben einige Erzeuger den halbsüßen Weintyp wieder aufleben lassen, der hier in der ersten Hälfte des 20. Jahrhunderts verbreitet war.

Chenin Blanc

5–8 Jahre (10–15 Jahre für Clos de la Coulée de Serrant)

Domaine des Baumard (Clos du Papillon, Clos de St-Yves, Savennières) • *Le Domaine du Closel* (Clos du Papillon) • *Château d'Epiré* • *Nicolas Joly* (Clos de la Bergerie, Clos de la Coulée de Serrant, Roche-aux-Moines) • *Domaine de Laffourcade* (Clos la Royauté) • *Domaine Soulez* (Château de Chamboureau, Chevalier Buliard, Clos du Papillon, Le Rigourd, Roche-aux-Moines)

SAVENNIÈRES COULÉE DE SERRANT AOC

Eine der beiden für Einzellagen eingerichteten Savennières-Appellationen. Coulée de Serrant ist eine 7 ha große Monopollage im Besitz von Nicolas Joly vom Château de la Roche-aux-Moines und gilt als der beste trockene Weißwein der Loire. *Siehe auch* Savennières AOC.

SAVENNIÈRES ROCHE-AUX-MOINES AOC

Roche-aux-Moines, mit 17 ha die zweite und größere der beiden Savennières-Einzellagen, hat drei Besitzer: Nicolas Joly von Château de la Roche-aux-Moines, Pierre und Yves Soulez von Château de Chamboureau und Mme Laroche von der Domaine aux Moines. *Siehe auch* Savennières AOC.

VINS DU THOUARSAIS VDQS

Michel Gigon ist der einzige Erzeuger von Vin du Thouarsais, einem Wein, den früher über hundert Winzer bereiteten.

ROT Trockener, leichter bis mittelschwerer Wein, fruchtig, manchmal an Kirschen und anderes Steinobst erinnernd.

Cabernet Franc, Cabernet Sauvignon, Gamay

1–2 Jahre

WEISS Eine leichtere, aber wesentlich intensiver duftende Version des trockenen und halbsüßen Anjou Blanc.

Chenin Blanc, dazu bis 20 % Chardonnay

Sofort

ROSÉ Ein herrlicher trockener, leicht- bis mittelgewichtiger Picknick-Wein.

Sofort

Michel Gigon

TOURAINE

Diese Appellation bringt zahlreiche ordentliche Weine hervor, jedoch keine großen. Zu den beachtenswerten Ausnahmen gehören die Weine aus Vouvray und die weniger bekannten, aber ebenso hervorragenden Weine von Montlouis, Bourgueil und Chinon.

Das Weinanbaugebiet um Tours geht – wie auch die Stadt selbst – auf die Römerzeit zurück. Bereits im 6. Jahrhundert war Tours ein Wallfahrtsort, im 15. und 16. Jahrhundert war die Stadt berühmt für ihre Seidenproduktion. Schon vor tausend Jahren gedieh Cabernet Franc, von den Einheimischen als Breton bezeichnet, in den Weinbergen der Abtei von Bourgueil; vor fünfhundert Jahren erhielt die Chenin-Blanc-Traube, heute die vorherrschende Traube der Touraine, ihren Namen vom Mont Chenin im Süden.

DIE WEINREGIONEN DER TOURAINE

Den Saumur-Champigny vielleicht ausgenommen, kommen die besten Rotweine der Loire aus den Appellationen Chinon und Bourgueil, die einander westlich von Tours an den Ufern der Loire gegenüberliegen. Die Haupttrebsorte ist Cabernet Franc. Gute Jahrgänge, in Eiche gereift, sind komplex und einem St-Émilion durchaus vergleichbar, während die Alltagsweine das Aroma frisch gepflückter Erd- und Himbeeren haben und sehr jung und kühl getrunken werden sollten. Östlich von Tours liefern Vouvray und Montlouis in sonnigen Jahren reiche, süße und langlebige *Moelleux*-Weine aus überreifen Chenin-Blanc-Trauben.

Nördlich von Tours, in Jasnières, entstehen aus derselben Traubensorte ganz andersartige, trockene Weine. Jasnières ist eine ausschließlich weiße Unterappellation innerhalb des für Rot-, Weiß- und Roséwein eingerichteten AOC-Gebiets Coteaux du Loir. Das umfassendere VDQS-Gebiet Coteaux du Vendômois liegt gleichfalls an den Ufern des Loir und produziert wie Cheverny im Osten das ganze Spektrum verschiedener Stillweine, inklusive eines eigenwilligen trockenen Weißweins aus der wenig bekannten Romorantin-Traube. Der Sauvignon Blanc der Touraine ist eine unprätentiöse, wesentlich preiswertere Alternative zum Sancerre, während aus der fruchtigen Gamay gefällige Rot- und Roséweine entstehen. Weitere Rotweine werden aus Grolleau und Pineau d'Aunis bereitet. Die Chenin Blanc ist noch immer die bevorzugte Sorte, und wie in Anjou-Saumur ist es Tradition, in großen Jahren, wenn die Trauben sehr zuckerreich sind, süße Weine herzustellen; üblicher sind aber die leichteren, halbtrockenen Weine. Der Überschuss an nicht vollständig ausgereiften Trauben geht in die Schaumweinproduktion.

GESCHMACKS- UND QUALITÄTSFAKTOREN

LAGE
Der östliche Abschnitt der mittleren Loire.

KLIMA
Der Atlantik beeinflusst noch das Klima, aber weniger als in den Bereichen Nantes und Anjou-Saumur. Sie ist durch die Coteaux du Loir vor Nordwind geschützt und hat warme Sommer sowie geringe Niederschläge während der Lese.

TOPOGRAFIE
Ein attraktives Hügelland, flacher in der Umgebung von Tours, hügeliger im Hinterland. Der Wein wächst zumeist auf Südhängen in 40 bis 100 m Höhe über dem Meer.

BÖDEN
In der Umgebung von Vouvray und Montlouis Lehm- und Kalkböden auf Tuffstein. Tuff ist vulkanischen Ursprungs, reich an Mineralien und ein guter Wasserspeicher. Der poröse Stein wurde unterirdisch gebrochen, die entstandenen Kammern sind hervorragende kühle Weinkeller. In den unteren Lagen von Bourgueil und Chinon bringen Sand-Kies-Böden fruchtige, geschmeidige Weine hervor; die Weinberge an den Hängen (*coteaux*) mit Sand-Lehm-Böden produzieren kräftigere Weine.

WEINBAU UND WEINBEREITUNG
Die Weißweine gären bei zumeist niedrigen Temperaturen, bei trockenen Weinen mehrere Wochen und mehrere Monate bei süßen Weinen. Die Rotweine werden generell dem malolaktischen Säureabbau unterzogen. Einige Bourgueils und Chinons liegen bis zu 18 Monaten in Eichenfässern, bevor sie auf Flaschen gefüllt werden.

HAUPTREBSORTEN
Chenin Blanc, Cabernet Franc, Sauvignon Blanc, Grolleau

WEITERE REBSORTEN
Cabernet Sauvignon, Pinot Noir, Meslier, Gamay, Gamay Teinturier, Pineau d'Aunis, Romorantin, Arbois, Chardonnay, Malbec

TOURAINE *Siehe auch* S. 192
Die antike Stadt Tours ist von unterschiedlichen Appellationen umgeben, die eine Vielzahl von Weinen liefern.

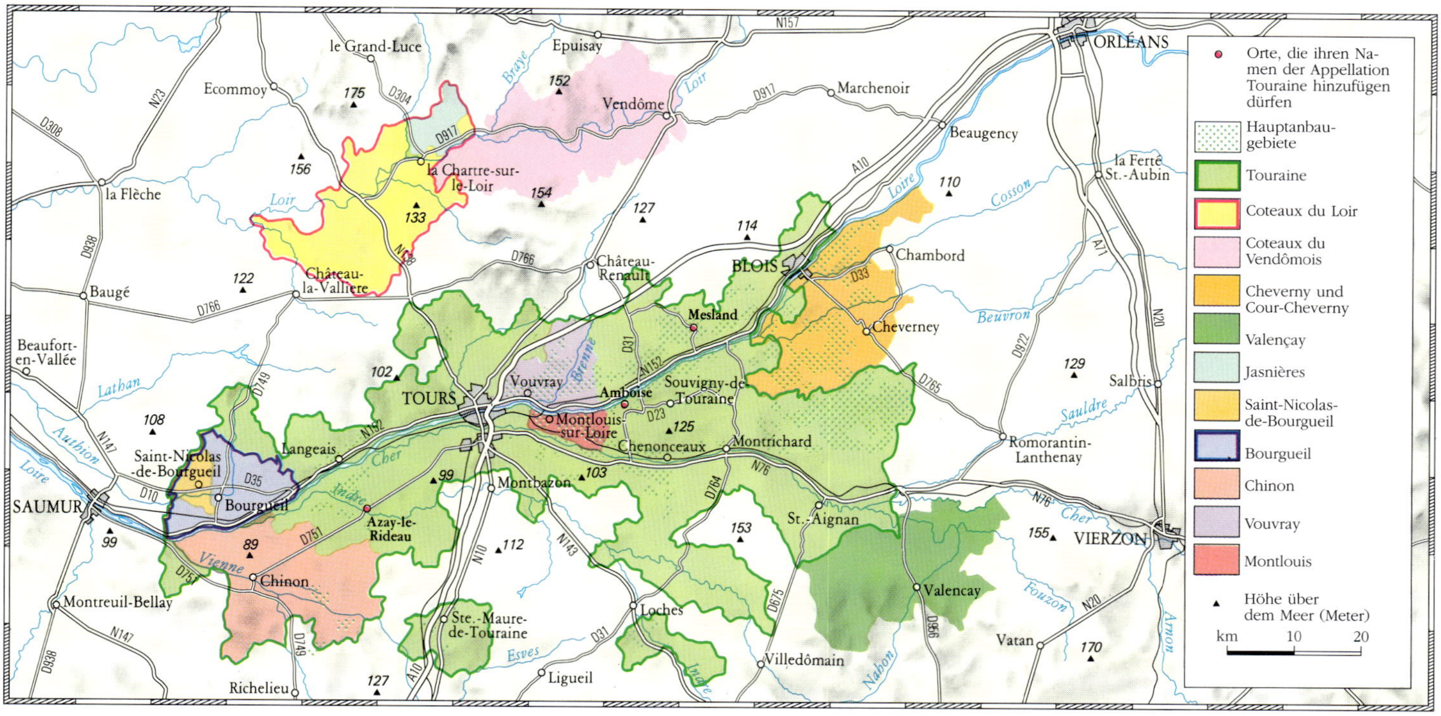

DIE APPELLATIONEN IN DER TOURAINE

BOURGUEIL AOC

Die meisten Reben wachsen auf den Sand-Kies-Böden der Flussufer (*Terrasses*). Die Weine sind betont fruchtig und in ihrer Jugend, wenn sie noch nicht älter als sechs Monate sind, köstlich zu trinken. Auf den Südhängen mit Lehm- und Tuffuntergrund (*Coteaux*) reifen die Trauben bis zu zehn Tage früher und ergeben fülligere, langlebigere Weine.

ROT Sehr trockene bis trockene, mittelschwere, lebendige Weine, voll weicher Fruchtaromen, häufig im Fass gereift. Sie sind bis zum Alter von sechs Monaten angenehme Zechweine; viele verschließen sich in der Flasche und brauchen Zeit, um geschmeidig zu werden. Die Weine von den *Terrasses* werden am besten jung getrunken, während die von den Hängen längere Reifung lohnen. Viele Weine sind zur besseren Balance verschnitten.

Cabernet Franc mit bis zu 10 % Cabernet Sauvignon

Innerhalb von 6 Monaten oder nach 6 Jahren

ROSÉ Sehr trockene bis trockene, leichte bis mittelschwere, sehr fruchtige Weine mit Aromen von Himbeeren und Brombeeren und guter Geschmackstiefe, die größere Aufmerksamkeit verdienen würden.

Cabernet Franc mit bis zu 10 % Cabernet Sauvignon

2–3 Jahre

Clos de l'Abbaye • Yannick Amirault • Domaine Breton • Domaine de la Chevalerie • Domaine Druet • Moïse Thierry Boucard • Max Cognard • Domaine Delaunay • Paul Gambier • Pierre Grégoire • Domaine des Mailloches

CHEVERNY AOC

Die Weine des Gebiets von Cheverny sind im Jahr 1993 vom VDQS zum AOC aufgestiegen. Die preiswerten frischen, fruchtigen Weine verdienen ihre Höherstufung und sollten bald bekannter werden. Cheverny wird üblicherweise sortenrein hergestellt. Am interessantesten ist der Romorantin mit einer eigenen AOC für die besten Weinberge rund um Cour-Cheverny. *Siehe auch* Cour-Cheverny AOC.

ROT Trockene Weine mit leichtem bis mittlerem Körper. Kleine Winzer erzeugen überwiegend reine Gamay-Weine von sehr annehmbarer Qualität, die durch die Zugabe von 10 % oder mehr Pinot Noir weicher würden. Gamay Teinturier de Chaudenay ist nicht mehr gestattet.

Zwischen 40 und 65 % Gamay, dazu Pinot Noir, Cabernet Franc, Malbec und bis zum Jahr 2000 Cabernet Sauvignon

1–2 Jahre

WEISS Trockene, leichte, bescheidene Weine mit schöner Blume, delikatem Geschmack und frischer Balance. Heute überwiegend Sauvignon Blanc, da Romorantin nicht verwendet werden darf und der Sauvignon-Anteil in diesen Weinen seit 1993 vorgeschrieben ist.

65–80 % Sauvignon Blanc, dazu Chardonnay, Chenin Blanc und Arbois

1–2 Jahre

ROSÉ Kleine Mengen eines angenehm trockenen, leichten, sehr zuverlässigen Weines; seitdem der AOC-Status zuerkannt wurde, dürfen Cabernet Franc, Cabernet Sauvignon und Malbec verwendet werden, was die produzierte Menge beträchtlich vergrößert hat.

Mindestens 50 % Gamay, dazu Cabernet Franc, Cabernet Sauvignon, Malbec, Pineau d'Aunis und Pinot Gris

1–2 Jahre

François Cazin • Jean-Michel Courtioux • Domaine de la Desoucherie • Domaine de la Gaudronnière • Domaine Sauger & Fils

CHINON AOC

Der beste Rotwein der Touraine kommt zweifellos aus Chinon und Bourgueil. Er wird aus Cabernet Franc erzeugt, der hier Breton heißt. Chinon-Weine sind normalerweise leichter und

delikater als jene aus Bourgueil; letztere haben wegen des Tuffgesteins mehr Tiefe und Aroma und reifen gut.

ROT Sehr trockene bis trockene, leichte bis mittelschwere Weine, die lebendig, weich und fein sind. Die meisten Winzer verwenden Eichenfässer zum Ausbau und produzieren Weine von guter Qualität.

Cabernet Franc mit bis zu 10 % Cabernet Sauvignon

WEISS Eine winzige Produktion von sauberen, trockenen, leicht- bis mittelgewichtigen Weinen, die für die Chenin-Blanc-Traube verblüffend aromatisch sind und einen faszinierenden Abgang haben.

Chenin Blanc

1–2 Jahre

ROSÉ Trockene, recht leichte, weiche und fruchtige Weine, die – wie die Bourgueil Rosés – angenehm zu trinken sind und eigentlich größere Bekanntheit verdienen.

Cabernet Franc mit bis zu 10 % Cabernet Sauvignon

2–3 Jahre

Philippe Alliet • Bernard Baudry • Logis de la Bouchardière • Domaine du Carroi Portier (Spelty) *• Couly-Dutheil • Château de la Grille • Charles Joguet*

COTEAUX DU LOIR AOC

Hier wurde im 19. Jahrhundert intensiv Weinbau betrieben, seitdem hat die Produktion abgenommen. Die nicht aufregenden Weine kommen vom Loir, einem Nebenfluss der Loire.

ROT Trockene Weine von mittlerer Statur, lebhaftem Charakter und in sonnigen Jahren gutem Extrakt.

Mindestens 30 % Pineau d'Aunis, dazu Gamay, Pinot Noir, Cabernet Franc und Cabernet Sauvignon

1–2 Jahre

WEISS Sehr trockene bis trockene, leichte Weine mit hohem Säuregehalt, der geradezu bissig wirken kann.

Chenin Blanc

So früh wie möglich

ROSÉ Trockene, recht leichte Weine, manche sind fruchtig und harmonisch.

Pineau d'Aunis, Cabernet Franc, Gamay, Malbec und bis zu 25 % Grolleau

Innerhalb eines Jahres

François Fresneau

COTEAU DU VENDÔMOIS VDQS

Das an beiden Ufern des Flusses Loir flussaufwärts von Jasnières gelegene Gebiet wird immer besser und liefert gut gemachte, schmackhafte und attraktive Weine.

ROT Trockene, recht leichte Weine voll weicher Fruchtaromen.

Mindestens 30% Pineau d'Aunis, dazu Gamay, Pinot Noir, Cabernet Franc und Sauvignon

1–2 Jahre

WEISS Trockene, ziemlich leichte Weine, die sehr aggressiv sein können, wenn sie nur aus Chenin Blanc bereitet sind. Winzer, die Chardonnay hinzugeben, erzielen jedenfalls ausgewogenere Weine.

Chenin Blanc mit bis zu 20 % Chardonnay

Innerhalb eines Jahres

ROSÉ Der frische, duftende Coteaux du Vendômois ist einer der attraktivsten trockenen Loire-Roséweine, aber wenig verbreitet.

Pineau d'Aunis, dazu maximal 30 % Gamay

1-2 Jahre

Claude & Gisèle Minier • CV de Villiers-sur-Loir

COUR-CHEVERNY AOC

Cheverny erhielt die Appellation ausschließlich für die rare Rebsorte Romorantin, als es im Jahr 1993 vom VDQS zur AOC aufgewertet wurde. Zugleich wurde das Recht zur Herstellung von Schaumwein widerrufen. Romorantin wird auf den besten Lagen um Cour-Cheverny angebaut. *Siehe auch* Cheverny AOC.

WEISS Trockene, leichte, unprätentiöse Weine mit schönem blumigen Bukett, feinem Geschmack und erfrischender Balance.

Romorantin

1–2 Jahre

François Cazin • Domaine de la Desoucherie

JASNIÈRES AOC

Dies ist der beste Abschnitt des Coteaux du Loir: Die hier produzierten Weine können in sehr warmen Jahren eine Fülle erreichen, die sie den Weinen von Savennières (*siehe* S. 202) ebenbürtig macht.

WEISS Trockene und süße Weine von mittlerem

Gewicht; in guten Jahren elegant und gut alterungsfähig, in schwachen Jahren wirken sie unreif.

Chenin Blanc

2–4 Jahre

Domaine de la Charrière • Aubert de Rycke

MONTLOUIS AOC

Wie in Vouvray gibt es auch im Bereich von Montlouis trockene, halbtrockene und süße Weine, je nach Jahr, und – wie bei dem berühmteren Nachbarn – sind die größten Montlouis-Weine die süßen botrytisierten Weine, die häufig als *Moelleux* verkauft werden. Die Weine sind den Vouvrays sehr ähnlich, doch wird Montlouis unterschätzt, während Vouvray überbewertet ist. Ich würde zum Beispiel Moyers 1959er und

1947er Montlouis mit den besten Jahrgängen von Château d'Yquem auf eine Stufe stellen.

WEISS Leicht- bis mittelgewichtige, trockene und süße Weine, die weicher und früher reif sind als die Weine von Vouvray, in guten Jahren jedoch ähnlichen Honigcharakter entwickeln können. Süße Montlouis-Weine reifen im Fass, die besten halbtrockenen werden meist in Edelstahl vergoren.

Chenin Blanc

1–3 Jahre für halbtrockene, bis zu 10 Jahre für süßere Weine

Berger Frères (Domaine des Liards) • *Domaine de Bodet • Thierry Chaput • Olivier Delétang • Domaine de la Milletière • Dominique Moyer • Jacky Petibon*

MONTLOUIS MOUSSEUX AOC

In weniger guten Jahren werden die Trauben für den flaschenvergorenen Montlouis-Schaumwein verwendet. Die halbtrockenen (*demi-sec*) Versionen des Montlouis Mousseux AOC sind in Frankreich sehr beliebt.

SCHAUMWEIN WEISS Leichte bis mittelschwere Weine in den Versionen *brut, sec, demi-sec* und *moelleux*. Die beiden letzten werden in besonders sonnigen Jahren gemacht.

Chenin Blanc

Sofort

Alain Joulin • Daniel Mosny

MONTLOUIS PÉTILLANT AOC

Der leicht schäumende Montlouis Pétillant ist einer der am besten gelungenen, jedoch selten anzutreffenden und unterbewerteten Perlweine Frankreichs.

PERLWEIN WEISS Leichte bis mittelgewichtige trockene und süße Weine. Sehr zuverlässige Qualität mit reichem Fruchtaroma, das durch ein feines *Mousseux* balanciert wird.

Chenin Blanc

Sofort

Claude Levasseur • Dominique Moyer

ST-NICOLAS-DE-BOURGUEIL AOC

Eine Gemeinde im Nordwesten des Bereichs Bourgueil mit eigener Appellation. Der Boden ist sandiger als sonst, die Weine sind leichter,

aber gewiss nicht von geringerer Qualität. Hier gedeihen einige der besten Rotweine der Loire.

ROT Sehr trockene bis trockene mittelgewichtige Weine; sie altern gut und sind von größerer Finesse als die Bourgueil-Weine.

Cabernet Franc mit maximal 10 % Cabernet Sauvignon

Nach 5–6 Jahren

ROSÉ Ein trockener, mittelschwerer Rosé mit fester, fruchtiger Aromatik wird hier in kleinen Mengen produziert.

Cabernet Franc mit maximal 10 % Cabernet Sauvignon

Sofort

Yannick Amirault • Max Cognard • Pascal Lorieux • Jean-Paul Malibeau • Clos des Quarterons

TOURAINE AOC

Eine Appellation mit großer Produktion von trockenen und halbtrockenen Schaumweinen, Süßweinen und der ganzen Palette von Stillwein aus der gesamten Touraine. Die meisten Weine

sind reinsortig; die Sorte wird auf dem Etikett genannt (*siehe auch* Touraine Mousseux AOC und Touraine Pétillant AOC).

ROT Trockene, leicht- bis mittelgewichtige, wenig interessante Weine, die dadurch nicht besser geworden sind, dass im Touraine Rouge seit 1994 die glanzlose Grolleau-Traube verwendet werden darf. Die Weine aus Gamay sind frisch und fruchtig, sie dürfen ab dem dritten Donnerstag im November als *primeur* oder *nouveau* verkauft werden.

Vor allem Gamay und Cabernet Franc, aber auch Cabernet Sauvignon, Malbec, Pinot Noir, Pinot Meunier, Pinot Gris und Pineau d'Aunis

Innerhalb von 3 Jahren

WEISS Sehr trockene bis trockene Weine von mittlerem Körper. Reine Sauvignons sind frisch, aromatisch und fruchtig; ein guter Touraine-Sauvignon kann besser sein als ein mittelmäßiger Sancerre. Seit 1994 ist Chardonnay für weißen Touraine nicht mehr zulässig. Ab dem 1. Dezember nach der Ernte darf der Wein ohne Kennzeichnung als *primeur* oder *nouveau* verkauft werden.

Meist reiner Sauvignon Blanc, außerdem auch Chenin Blanc, Arbois und maximal 20 % Chardonnay

1–2 Jahre

ROSÉ Trockene, leicht- bis mittelgewichtige Weine, wobei die aus Pineau d'Aunis bereiteten trockener und feiner sind als Anjou Rosé. Sie dürfen ab dem dritten Donnerstag im November nach der Ernte als *primeur* oder *nouveau* verkauft werden.

Cabernet Franc, Gamay, Grolleau und Pineau d'Aunis, dazu maximal 10 % Gamay Teinturier de Chaudenay oder Gamay de Bouze

1–2 Jahre

Château de Chenonceau • GAEC Louet-Arcourt • Henri Marionnet • Domaine Michaud • Domaine Octavie • Oisly et Thésée • Domaine Jacky Preys

TOURAINE-AMBOISE AOC

Aus Amboise und sieben Gemeinden in der Umgebung kommen einfache Weißweine und leichte Rot- und Roséweine. Der Wein wächst zu beiden Seiten der Loire in der Nachbarschaft von Vouvray und Montlouis, die sich einander gegenüberliegen.

ROT Trockene, leichte Weine, die zumeist nicht sortenrein sind; jene mit einem höheren Anteil von Malbec sind die besten.

Cabernet Franc, Cabernet Sauvignon, Malbec, Gamay

2–3 Jahre

WEISS Sehr trockene bis trockene, leichte und wenig ansprechende Chenin-Blanc-Weine; besser sind die Rosés.

Chenin Blanc

Sofort

ROSÉ Trockene, leichte, gut gemachte und verlockende Weine.

Cabernet Franc, Cabernet Sauvignon, Malbec, Gamay

Innerhalb eines Jahres

Florent Catroux • Domaine Dutertre • Xavier Frissant • Michel Lateyron • Robert Mesliand • François Pequin

TOURAINE AZAY-LE-RIDEAU AOC

Niveauvolle Weine aus acht Gemeinden am Indre, einem Nebenfluss der Loire.

WEISS Delikate, leichte Weine, üblicherweise trocken, aber auch *demi-sec.*

Chenin Blanc

1–2 Jahre

ROSÉ Attraktive, erfrischende trockene Weine, korallenrot und nach Erdbeeren duftend.

Malbec, Gamay

1–2 Jahre

Gallais Père & Fils • Domaine du Haut-Baigneux • James Page • Pibaleau Père & Fils

TOURAINE-MESLAND AOC

Weine aus den Weinbergen von Mesland und fünf umliegenden Orten am rechten Ufer der Loire. Die Rot- und Roséweine dieser Appellation sind sehr empfehlenswert.

ROT Trockene, mittelschwere bis volle Weine, die besten der Appellation; sie können ebenso gut sein wie Chinon und Bourgueil.

Cabernet Franc, Cabernet Sauvignon, Malbec, Gamay

1–3 Jahre

WEISS Trockene, leichte Weine mit hoher Säure, die nur in den besten und sonnigsten Jahren gebändigt werden kann.

Chenin Blanc

1–2 Jahre

ROSÉ Trockene, mittelschwere Weine mit mehr Tiefe und Charakter als jene aus Touraine-Amboise.

Cabernet Franc, Cabernet Sauvignon, Malbec, Gamay

1–3 Jahre

Château Gaillard

TOURAINE MOUSSEUX AOC

Flaschenvergorene Rot-, Weiß- und Roséweine mit sehr gutem Preis-Leistungs-Verhältnis. Die Trauben für Weißwein und Rosé kommen aus dem ganzen Touraine-AOC-Gebiet, die für roten Touraine Mousseux sind auf Bourgueil, St-Nicolas-de-Bourgueil und Chinon beschränkt.

SCHAUMWEIN ROT Trockene, leichte bis mittelschwere Weine, fruchtig und erfrischend.

Cabernet Franc

Beim Kauf

SCHAUMWEIN WEISS Leichte bis mittelgewichtige, trockene und süße Weine. Zuverlässige Qualität dank der ausgedehnten Anbauflächen und der dadurch möglichen flexiblen Handhabung des Verschnitts.

Vor allem Chenin Blanc, dazu Arbois, bis zu 20 % Chardonnay und zusammen maximal 30 % Cabernet, Pinot Noir, Pinot Gris, Pinot Meunier, Pineau d'Aunis, Malbec und Grolleau

Sofort

SCHAUMWEIN ROSÉ Leichte bis mittelgewichtige Weine, die als *brut* attraktiv sind, mit Restsüße aber leicht klebrig wirken.

Cabernet Franc, Malbec, Noble, Gamay, Grolleau

1–2 Jahre

Serge Bonnigal • Prince Poniatowski

TOURAINE PÉTILLANT AOC

Erfrischende, leicht schäumende Weiß- und Roséweine aus den gleichen Traubensorten wie Touraine Mousseux; kein Export.

PERLWEIN ROT Halbtrockene, leichte Weine, die nicht sehr populär sind.

Cabernet Franc

Sofort

PERLWEIN WEISS Gut gemachte, erfrischende, leichte Weine, trocken und süß.

Chenin Blanc, Arbois, Sauvignon Blanc und bis zu 20 % Chardonnay

Sofort

PERLWEIN ROSÉ Attraktive, leichte, süffige Weine; sowohl trocken als auch süß ausgebaut.

Cabernet Franc, Malbec, Noble, Gamay, Grolleau

Sofort

VALENÇAY VDQS

Die Weinberge am Cher im Südosten der Touraine liefern gut gemachte, attraktive Weine. Außerhalb Frankreichs kaum anzutreffen.

ROT Trockene, leichte, blumige Weine. Weine aus reinem Malbec – hier als Cot bezeichnet – sind sanft und charaktervoll.

Cabernet Franc, Cabernet Sauvignon, Malbec, Gamay, maximal 25 % Gaschon und Pineau d'Aunis, maximal 10 % Gamay de Chaudenay

1–2 Jahre

WEISS Einfache, trockene, leichte Weine, die durch Beigabe von Chardonnay oder Romorantin verbessert werden können.

Arbois, Chardonnay, Sauvignon Blanc, maximal 40 % Chenin Blanc und Romorantin

1–2 Jahre

ROSÉ Trockene bis halbtrockene, leichte Weine voll reifer Fruchtaromen, die vielen Loire-AOC-Rosés überlegen sind.

Cabernet Franc, Cabernet Sauvignon, Malbec, Gamay, maximal 25 % Gaschon und Pineau d'Aunis, höchstens 15 % Gamay Teinturier de Chaudenay

Sofort

Marc Carré, Domaine Champieux • Gerard Toyer

VOUVRAY AOC

Trockene, halbtrockene oder süße Weine, je nach Jahrgang und Ausbaumethode. Manche Winzer produzieren in sonnigen Jahren noch den klassischen Vouvray, einen Wein aus überreifen, edelfaulen Trauben. In kühleren Jahren sind die Weine naturgemäß trockener und säurehaltiger.

WEISS Die besten Exemplare des süßen Vouvray gehören zu den üppigsten Süßweinen der Loire. In guten Jahren weisen sie große Fülle, Komplexität und den honigartigen Geschmack der reifen Chenin-Blanc-Traube auf.

Chenin Blanc, dazu auch Arbois

Üblicherweise 2–3 Jahre, die süßen Weine können bis zu 50 Jahre halten!

Domaine des Aubuisières • Bourillon Dorleans • Gilles Champion • Clos Château Cherrie • Philippe Foreau (Clos Naudin) • *Régis Fortineau • Château Gaudrelle • Benoît Gautier • Lionel Gautier-Homme • Huet • Huet-l'Echsansonne • Daniel Jarry • Jean-Pierre Laisement • Prince Poniatowski* (Clos Baudouin)

VOUVRAY MOUSSEUX AOC

Diese Schaumweine werden zumeist aus überreifen Trauben gewonnen. In schlechten Jahren, wenn die Trauben nicht ausreifen, werden sie zu flaschenvergorenen Schaumweinen verarbeitet und mit Reserven verschnitten.

SCHAUMWEIN WEISS Mittelgewichtige bis körperreiche Weine, sowohl trocken als auch süß. Sie sind üppiger und weicher als Saumur-Schaumweine, besitzen jedoch mehr Säure als Montlouis-Schaumweine.

Chenin Blanc, Arbois

Ohne Jahrgang 2–3 Jahre, Jahrgangsweine brut und sec 3–5 Jahre, Jahrgangsweine demi-sec 5–7 Jahre

Marc Brédif • Jean-François Delaleu • Philippe Foreau • Huet • Huet-l'Echsansonne • Jean-Pierre Laisement • Prince Poniatowski • Viticulteurs de Vouvray (Tête de Cuvée)

VOUVRAY PÉTILLANT AOC

Elegante Version des Vouvray.

PERLWEIN WEISS Mittelschwere bis körperreiche Weine, trocken und süß. Jung zu trinken.

Chenin Blanc

Sofort

Gilles Champion • Régis Fortineau • Huet

ZENTRALFRANKREICH

Alle klassischen Weine aus den Anbaugebieten, die unter diesem Begriff vereint werden, sind trockene Variationen des Sauvignon Blanc, doch gibt es deutliche Unterschiede zwischen ihnen: Die dichten Aromen des Sancerre, die Eleganz eines guten Pouilly-Fumé, der blumig-frische Charakter des Menetou-Salon, der leichtere, aber ebenso gute Reuilly oder die Klarheit eines Quincy sind Variationen des gleichen Themas.

Das Zentrum Frankreichs ist zwar nicht mit dem Mittellauf der Loire gleichzusetzen, dieser Begriff gibt aber eine gute Vorstellung von der immensen Länge des Loire-Tales. Es ist daher nicht überraschend, dass die Weinberge von Sancerre recht nahe bei jenen von Chablis liegen; weniger bekannt ist, dass die Champagne näher ist als Tours. Und wer wollte am Geschmack erkennen, dass der Sancerre von so unterschiedlichen Weinen wie Hermitage und Muscadet geografisch gleich weit entfernt ist?

Die bekannteste Stadt in diesem Gebiet ist Orléans, berühmt geworden durch Jeanne d'Arc. Die zweite bedeutende Stadt ist Bourges, die einstige Hauptstadt der Grafschaft Berry mit ihrer berühmten Kathedrale; in ihrer Nähe liegen die Weinorte Reuilly, Quincy und Menetou-Salon. Nordwestlich von Bourges ist Romorantin zu finden, der Ort, nach dem eine der weniger bekannten Traubensorten der Loire benannt wurde.

DER SAUVIGNON BLANC DER REGION

Sauvignon Blanc ist für Zentralfrankreich, was Muscadet für das Pays Nantais bedeutet: Er ist der klassische Wein der Region und wie der Muscadet weiß und trocken, dennoch könnten diese beiden trockenen Weißweine in Stil und Geschmack kaum unterschiedlicher sein. Die besten Muscadets-sur-Lie weisen eine hefige Note auf, die mit dem von Chardonnay geprägten Charakter eines einfachen Mâcon verwechselt werden kann. Die Sauvignons aus Zentralfrankreich, ob aus Sancerre oder Pouilly – oder von weniger bekannten, aber deswegen nicht weniger guten Gemeinden der Umgebung von Bourges –, haben jedoch alle ein unverwechselbares, charakteristisches und verblüffendes Aroma. Ihre schneidende Pikanz, die sie der Sauvignon-Traube verdanken, ist einfach atemberaubend.

DER EINFLUSS BURGUNDS

Einst war dies ein Teil des Herzogtums Burgund, woraus sich der Anbau von Pinot Noir erklärt. Durch die Reblauskatastrophe schrumpfte die Anbaufläche beträchtlich, und bei der Neupflanzung wurde der Sauvignon-Blanc-Rebe der Vorzug gegeben, die bald die Weinberge dominierte. Vereinzelt gibt es heute noch Pinot Noir, der trotz seines feinen Stils nie aus dem Schatten des burgundischen Pinot hervortritt.

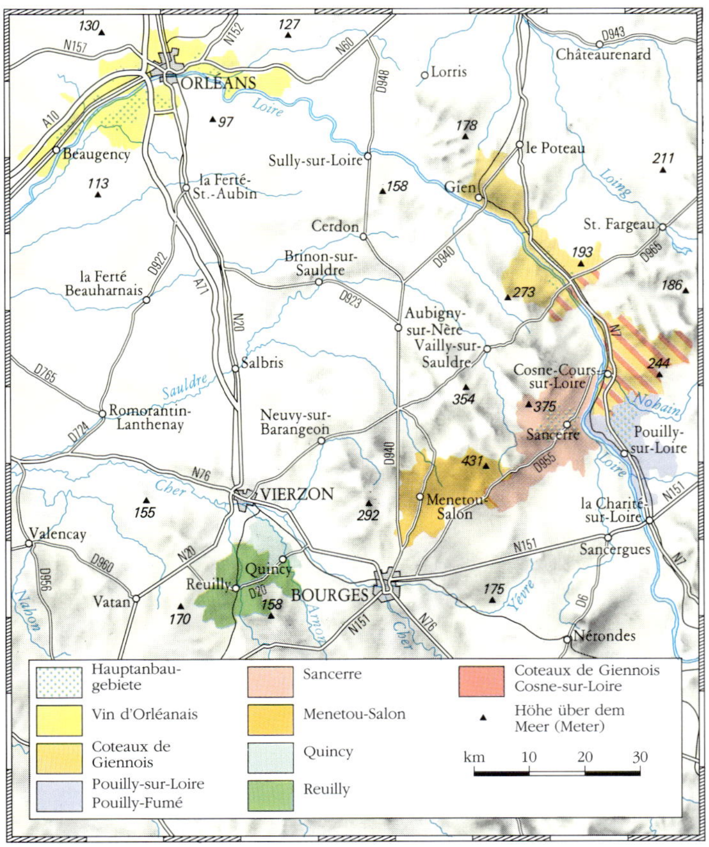

ZENTRALFRANKREICH *Siehe auch* S. 192
Die Weinberge Zentralfrankreichs – gleichzeitig die östlichsten an der Loire – sind für ihre Weine aus der Sauvignon Blanc-Rebe berühmt.

CHÂTEAU DU NOZET IN POUILLY-SUR-LOIRE
Dieses Schloss aus dem 19. Jahrhundert in Pouilly-sur-Loire ist der Familiensitz von Patrick de Ladoucette, Baron von Pouilly.

GESCHMACKS- UND QUALITÄTSFAKTOREN

LAGE
Die östlichsten Weinberge der Loire liegen in Zentralfrankreich, hauptsächlich in den Départements Cher, Nièvre und Indre.

KLIMA
Kontinentaler als am Unterlauf der Loire. Die Sommer sind kürzer und wärmer, die Winter länger und kälter. Frühjahrsfröste und Hagel sind besondere Risiken in Pouilly. In Qualität und Menge schwankende Ernten.

TOPOGRAFIE
Kreidehügel bilden eine ruhige, grüne Landschaft. Wein wächst auf den besten Lagen an Hängen und auf Plateaus. In Sancerre gedeiht er auf sonnigen, geschützten Steilhängen in 200 m Höhe.

BÖDEN
Überwiegend Lehm und Kalk, Kies und Feuerstein; Kalktuff und Kimmeridge.

WEINBAU UND WEINBEREITUNG
Einige Weinberge in Sancerre sind so steil, dass die Arbeiten nur von Hand zu verrichten sind. Die meisten Güter sind klein und verwenden die traditionellen Holzbottiche zur Vergärung, viele Winzer gehen jedoch zunehmend auf Stahltanks über, in denen sich die Gärtemperatur besser kontrollieren lässt.

HAUPTREBSORTEN
Sauvignon Blanc, Pinot Noir

WEITERE REBSORTEN
Chasselas, Pinot Blanc, Pinot Gris, Cabernet Franc, Chenin Blanc, Gamay

DIE APPELLATIONEN IN ZENTRALFRANKREICH

COTEAUX DU GIENNOIS VDQS

Um 1900, als das Weinbaugebiet vierzig-mal größer war als heute, wurde diese einst bekannte Appellation von etwa tausend Erzeugern benutzt. Diese Weine dürfen auch die Appellation Côtes de Gien verwenden.

ROT Trockene, leichte Rotweine, die manchmal kaum mehr Farbe haben als ein Rosé.

Gamay, Pinot Noir (seit 1992 ist jede Sorte auf 80 % begrenzt)

1–2 Jahre

WEISS Sehr bescheidene, uninteressante trockene, leichte Weine. Chenin Blanc darf nicht mehr verwendet werden.

Sauvignon Blanc

1–2 Jahre

ROSÉ Hell-lachsfarbene, leichte Weine, die ein zartes Aroma von Zitrusfrüchten aufweisen können.

Gamay, Pinot Noir (seit 1992 ist jede Sorte auf 80 % begrenzt)

1 Jahr

✓ *Domaine Balland-Chapuis • René Berthier • Paul Paulat & Fils • Station Viticole INRA*

COTEAUX DU GIENNOIS COSNE-SUR-LOIRE VDQS

Von den 16 Gemeinden in den Départements Nièvre und Loiret, in denen Coteaux du Giennois produziert wird, dürfen acht in Nièvre den Zusatz Cosne-sur-Loire führen. Für diese Weine ist auch die Appellation Côtes de Gien Cosne-sur-Loire zulässig.

ROT Rubinrote trockene Weine; oft aromatisch, aber selten mit entsprechendem Körper, teilweise sehr tanninhaltig.

Gamay, Pinot Noir (seit 1992 ist jede Sorte auf 80 % begrenzt)

1–2 Jahre

WEISS Trockene, mittelschwere Weißweine von eigenartigem Aroma, die auf der Flasche einen vollen, toastigen Geschmack entwickeln.

Sauvignon Blanc

ROSÉ Weiter im Norden entstehen diese hell-lachsfarbenen Weine, die etwas körperreicher sind als die Coteaux du Giennois, aber den gleichen Zitrusduft besitzen können.

Gamay, Pinot Noir (seit 1992 ist jede Sorte auf 80 % begrenzt)

1–4 Jahre

✓ *René Berthier • Paul Paulat & Fils • Station Viticole INRA*

MENETOU-SALON AOC

Zu dieser noch unterschätzten Appellation zählen Menetou-Salon selbst und neun Weinbauorte der näheren Umgebung.

ROT Trockene, leichte, frische und fruchtige Weine mit schönem Sortenaroma. Man trinkt sie am besten jung; einige, die in Eichenfässern ausgebaut wurden, reifen auch gut.

Pinot Noir

2–5 Jahre

WEISS Sehr trockene bis trockene Weine von eindeutigem Sauvignon-Charakter, die auch ein fruchtiges Bukett aufweisen können.

Sauvignon Blanc

1–2 Jahre

ROSÉ Hervorragend preiswürdige trockene, leichte und aromatische Weine mit markanter Fruchtnote.

Pinot Noir

Innerhalb eines Jahres

✓ *Chasiot • Georges Chavet & Fils* • Henry Pellé **

* Besonders für Rotwein und Rosé

POUILLY BLANC FUMÉ AOC

Siehe Pouilly-Fumé AOC

POUILLY-FUMÉ AOC

Dies war einmal der eleganteste Sauvignon Blanc der Welt, doch zu viele Weine durchschnittlicher oder sogar schwacher Qualität haben dem Ansehen dieser einst so großartigen Appellation nachhaltig geschadet. In Pouilly-sur-Loire und sechs umliegenden Gemeinden dürfen nur sortenreine Sauvignon-Weine den Zusatz »Fumé« im Namen führen.

WEISS Großer Pouilly-Fumé ist leider selten – diese Exemplare behalten selbst nach heißen Sommern delikaten Stachelbeercharakter und hohe Finesse.

Sauvignon Blanc

2–5 Jahre

✓ *Jean-Claude Châtelain • Didier Dragueneau*

POUILLY-SUR-LOIRE AOC

Dieser Wein kommt aus demselben Bereich wie Pouilly-Fumé, aber er wird aus der Chasselas gewonnen, wobei Sauvignon Blanc als Verschnittpartner erlaubt ist. Chasselas ist eine gute Tafeltraube, ergibt aber nur mittelmäßige Weine.

WEISS Trockene, leichte Weine, die meisten sind neutral, langweilig oder nachgerade schlecht.

Chasselas, Sauvignon Blanc

Sofort

✓ *Landrat-Guyollot*

QUINCY AOC

Die Weinberge am linken Ufer des Cher liegen auf einem Kiesplateau. Im Gegensatz zu den benachbarten Gebieten, die Rot-, Weiß- und Roséweine produzieren, wird in Quincy nur Weißwein aus Sauvignon Blanc erzeugt.

WEISS Sehr trockene bis trockene, recht körperreiche Weine, in denen der Sortencharakter des Sauvignon Blanc hervortritt. Ihre Reintönigkeit rundet den Geschmack und glättet den ruppigen Abgang, den man bei diesem Weintyp oft antrifft.

Sauvignon Blanc

1–2 Jahre

✓ *Domaine Mardon • Domaine Meunier • Domaine de Maison Blanche*

REUILLY AOC

Wegen des kalkreichen Bodens haben die Weine von Reuilly etwas mehr Säure als die des benachbarten Quincy.

ROT Trockene, mittelschwere Weine, die manchmal überraschend gut ausfallen. Sie schmecken häufig nach Erdbeeren oder Himbeeren.

Pinot Noir, Pinot Gris

2–5 Jahre

WEISS Sehr trockene bis trockene, mittelgewichtige Weine guter Qualität mit eher grasigem als an Stachelbeeren erinnerndem Aroma; ihr Abgang ist typischerweise trocken und streng.

Sauvignon Blanc

1–2 Jahre

ROSÉ Sehr trockene bis trockene leichte Weine aus Pinot Gris, das Etikett nennt lediglich Pinot.

Pinot Gris

2–5 Jahre

✓ *Jean-Michel Sorbe* (bes. Rotwein und Rosé)

SANCERRE AOC

Diese Appellation ist berühmt für ihre Weißweine, auch wenn ursprünglich die roten bekannter waren. In letzter Zeit haben die Rot- und Roséweine mehr Charakter entwickelt.

ROT Stärker als die Weißweine unterliegen die Rotweine gewissen Qualitätsschwankungen. Trockene, leichte bis mittelschwere Weine mit schönem floralen Duft und feinem Geschmack.

Pinot Noir

2–3 Jahre

WEISS Klassischer Sancerre ist trocken oder sehr trocken, hocharomatisch mit intensivem Geschmack, der an Stachelbeeren, Cassis, in großen Jahren sogar an Pfirsich erinnert. Bedauerlicherweise haben zu viele Winzer zu hohe Erträge, lassen die Trauben nicht ausreifen und erzeugen geradezu erbärmliche Weine.

Sauvignon Blanc

1–3 Jahre

ROSÉ Attraktive trockene, leichte Roséweine mit Noten von Erdbeeren und Himbeeren.

Pinot Noir

Innerhalb von 18 Monaten

✓ *Henry Bourgeois • Cotat Frères • Lucien Crochet* • André Dezat* • Domaine Gitton • Alphonse Mellot • Henry Natter • Vincent Pinard • Christian Thirot* (Domaine des Vieux Pruniers)

* Besonders für Rotwein und Rosé

VINS DE L'ORLÉANAIS VDQS

Diese Weine gibt es seit Jahrhunderten, heute wird indes nur ein Drittel des Appellationsgebiets genutzt.

ROT Trockene, mittelschwere, frische und fruchtige Weine; sie entwickeln bei kurzer Maischegärung eine weiche Textur. Sie werden üblicherweise sortenrein angeboten: Der Pinot ist von feiner Art, der Cabernet Franc fülliger.

Pinot Noir, Pinot Meunier, Cabernet Franc

1–2 Jahre

WEISS Sehr kleine Mengen interessanter Weine werden aus Chardonnay hergestellt, der hier Auvernat Blanc genannt wird. Sie sind trocken, mittelschwer und überraschend weich und fruchtig.

Chardonnay (Auvernat Blanc), Pinot Gris (Auvernat Gris)

1–2 Jahre

ROSÉ Die Spezialität ist ein als Meunier Gris bezeichneter trockener, leichter bis mittelschwerer Rosé, ein aromatischer *Vin gris* mit frischem, trockenem Abgang.

Pinot Noir, Pinot Meunier, Cabernet Franc

Innerhalb eines Jahres

✓ *Clos St-Fiacre • Vignerons de la Grand'Maison*

DIE AUSWAHL DES AUTORS

Anstatt die klassischen großen Süßweine zu nennen, deren Weltrang allgemein bekannt ist, konzentriere ich mich auf herausragende Weine der Typen, die mir problematisch erscheinen, nämlich Muscadet, trockener Chenin Blanc, Saumur-Schaumwein, Sancerre und Pouilly-Fumé. Ich möchte damit zeigen, dass bei allgemein sinkender Qualität immer noch einige sehr gute, zuverlässige Weine angeboten werden.

ERZEUGER	WEIN	ART	BESCHREIBUNG	
Bouvet	Trésor, Saumur AOC (*siehe* S. 202)	SCHAUMWEIN WEISS	Dieser Wein beweist, welche Höhenflüge möglich sind, wenn die Saumur-Winzer Qualität vor Quantität setzen. Er wird aus sehr reifen Trauben bereitet, in kleinen neuen Eichenfässern ausgebaut, dann drei Jahre auf der Hefe gelagert. So entsteht ein opulenter, reifer Schaumwein, ausgefallen und für einen Loire-Wein ungewöhnlich teuer. Aber er ist besser als mancher Champagner, für den man wesentlich tiefer in die Tasche greifen muss, und bietet damit ein unglaublich gutes Preis-Leistungs-Verhältnis.	Bis zu 3 Jahre ab dem Kauf
Domaine des Baumard	Clos du Papillon, Savennières AOC (*siehe* S. 202)	WEISS	Es ist eine Geschmacksfrage, ob Sie die unnachgiebig stahlige Intensität des Coulée de Serrant bevorzugen oder die kompromisslose Eleganz, Reinheit und Finesse des Clos du Papillon von Baumard. Ich gebe Baumard definitiv den Vorzug. Jean Baumard beweist bei Chenin Blanc ein magisches Händchen; seine Weine zeigen nie die geringste Spur von Unsauberkeit oder Unreife, die so viele andere Exemplare dieser Sorte beeinträchtigen. Ich hoffe, dass er das Geheimnis an seinen Sohn Florent weitergegeben hat, der ihm seit den späten Achtzigerjahren zur Seite steht, sodass wir uns weiterhin an diesem weichen trockenen Weißwein mit seinem »ultrafrischen« Melonenaroma erfreuen können.	3–7 Jahre
Cotat Frères	La Grande Côte Sancerre AOC (*siehe* S. 197)	WEISS	Dieser *Barrique*-vergorene, ungeklärte und unfiltrierte Sancerre wird in winzigen Mengen als reichhaltiger, hoch konzentrierter und herrlich ausgewogener Wein hergestellt, der entgegen des traditionellen Begriffs des Sauvignon Blanc eine Alterung fordert.	1–3 Jahre
Leroux Frères Ⓥ	Clos de Beauregard, Muscadet de Sèvre-et-Maine AOC (*siehe* S. 208)	WEISS	Üppige Pfirsichfrucht mit einer Spur Vanille und Edelfäule machen diesen Wein zu einem ganz und gar untypischen Muscadet, der als solcher kaum zu erkennen ist. Trotz seines eigenwilligen Charakters steht die Qualität außer Zweifel; sie beweist, dass auch im kühlen Klima des Nantais Weine mit Fülle und auf gleich bleibend hohem Niveau hervorzubringen sind.	1–5 Jahre
Château de Briacé Ⓥ	Tiré sur lie, Muscadet de Sèvre-et-Maine AOC (*siehe* S. 197)	WEISS	Ein sehr schön gemachter Wein mit außerordentlich frischen Aromen und köstlicher, eleganter, reintöniger Frucht, die ihm Struktur und Lebhaftigkeit verleiht und den Château de Briacé zuverlässig zum besten sortentypischen Muscadet von gleich bleibender Qualität macht.	1–2 Jahre
Jean-Claude Châtelain	Châtelain Prestige und Les Charmes Châtelain, Pouilly-Fumé AOC (*siehe* S. 208)	WEISS	Jean-Claude Châtelain erzeugt stets wunderschöne Weine. Der Châtelain Prestige verkörpert den Hausstil: weiche, delikate, trockene Frucht und eine leichte, elegante Balance, dennoch ausgesprochen reif und rund mit einer für seine Leichtigkeit überraschenden Länge. Les Charmes Châtelain indes hat mehr Substanz und ist voll gepackt mit einem unglaublich intensiven Geschmack nach reifen Früchten.	2–3 Jahre
Didier Dagueneau	Silex, Pouilly-Fumé AOC (*siehe* S. 208)	WEISS	Die aromatische Intensität erhält der Wein durch die Maischung vor der Gärung, die teilweise Vergärung im neuen Barrique fügt Weichheit, Fülle und Komplexität hinzu.	2–3 Jahre
Charles Joguet	Clos de la Dioterie Chinon AOC (*siehe* S. 204)	ROT	Dieser Wein schlägt mich stets in seinen Bann. Charles Joguet ist der größte Rotweinmacher an der Loire und Clos de la Dioterie sein bester Wein. Die alten Rebstöcke stehen seltsamerweise auf einem Nordhang; die Farbe des Weins ist ungewöhnlich dunkel und tief für einen nicht so massiven Wein, und seine Frucht ist üppiger und komplexer als die irgendeines anderen Loire-Rotweins.	6–10 Jahre
Christian Thirot	Domaine des Vieux Pruniers Sancerre AOC (*siehe* S. 208)	WEISS	Christian Thirot keltert stets einen wunderbar eleganten Sauvignon Blanc. Jeder zugängliche und reintönige Sancerre verdient Beachtung, aber an diesem ist der klassisch trockene Sancerre-Stil hervorzuheben.	2–3 Jahre
Domaine du Vieux Chai Ⓥ	Muscadet de Sèvre-et-Maine AOC (*siehe* S. 197)	WEISS	Ein weiterer Muscadet des Sèvre-et-Maine, der regelmäßig ein zartes Pfirsicharoma und eine für die Appellation untypisch weiche, runde Frucht entwickelt; ein charmanter Wein.	1–2 Jahre

RHÔNE

Berühmt für seine vollen, feurigen und reichhaltig-würzigen Rotweine, produziert das Rhône-Tal auch kleinere Mengen Rosé, etwas Weißwein und sogar einige Schaum- und Likörweine. Obwohl es also vor allem eine Rotweingegend ist, werden in verschiedenen Appellationen zunehmend exotische Weißweine von Weltklasse gemacht.

Die Appellation Côtes du Rhône erstreckt sich über 200 km entlang der Rhône von Vienne bis Avignon. Die Ufer dieses mächtigen Stroms werden in ihrer ganzen Länge von Reben gesäumt, beginnend mit den Walliser Weinbergen von Visp in der Schweiz, nur 50 km von der Quelle – dem Rhônegletscher – entfernt, bis zu den Vin-de-Pays-Weinbergen des Département Bouches-du-Rhône im Rhône-Delta nordwestlich von Marseille.

Nur ein winziges Weinbaugebiet im äußersten Norden der Region liegt im eigentlichen Département Rhône (die Bezeichnung ist etwas irreführend, denn aus diesem Gebiet stammen 70 % der Produktion Burgunds), welches mit der Weinbauregion La Vallée du Rhône nicht verwechselt werden darf. Ein Vergleich des Charakters von Rhôneweinen und Burgundern aus ein und demselben Département kann all diejenigen schnell zum Schweigen bringen, die politische und dem Weinbaugesetz entstammende Regionen gleichsetzen und dann leichtfertig von regionaltypischen Eigenschaften sprechen. Denn Welten liegen zwischen einem körperreichen, klassischen Condrieu und einem frischen, leichten Mâcon

DIE CÔTE BRUNE IN DER CÔTE RÔTIE (NÖRDLICHE RHÔNE)
In der Côte Brune, einem Teil der Côte Rôtie, zeugt das Rostbraun des Granit-Sand-Bodens vom Vorhandensein eisenhaltiger Verbindungen.

BEAUMES-DE-VENISE (SÜDLICHE RHÔNE)
Beaumes-de-Venise ist die Heimat eines der elegantesten und zuverlässigsten gespriteten Muscat-Weine der Welt. Von hier kommt aber auch ein weicher, pfeffriger Rotwein mit der Appellation Côtes du Rhône-Villages.

DER WEINBERG LA LANDONNE IN DER CÔTE RÔTIE
Lese von Syrah-Trauben an den steilen Hängen der Spitzenlage La Landonne oberhalb von Ampuis in der Côte Brune.

oder einem mächtigen, tintenschwarzen Côte Rôtie und einem süffigen, kirschfarbenen Beaujolais; dennoch kommen sie alle aus demselben Département und könnten daher fälschlicherweise als aus derselben Region stammend beschrieben werden.

EINE ZWEIGETEILTE REGION

Aus Sicht des Weinbaus teilt sich die Rhône in zwei Abschnitte, den von Syrah dominierten Norden und den von Grenache geprägten Süden. Allerdings verkomplizieren manche Weinfreunde die Sache, indem sie den südlichsten Abschnitt des Nordens abtrennen und ihn als mittlere Rhône bezeichnen. Norden und Süden unterscheiden sich nicht nur durch Boden- und Klimaverhältnisse, sondern auch in gesellschaftlicher, kultureller und gastronomischer Hinsicht.

JÜNGERE RHÔNE-JAHRGÄNGE

2001–2003 Durch rechtzeitige Ernte vor dem schlechten Herbstwetter konnte im Norden ein guter Jahrgang 2001 eingebracht werden mit frischfruchtigen Weinen. Auch an der südlichen Rhône verzeichnete man bei geringeren Erträgen als im Vorjahr einen guten Jahrgang mit dichten Rotweinen. Für 2001 besonders hervorzuheben: Séguret, Rasteau und Cairanne. Im Jahr 2002 verdarben Dauerregen an der nördlichen Rhône und starke Überschwemmungen im Süden die Ernte: Einige schöne Weißweine wie etwa Condrieu entstanden; unter den Roten kann Cornas gut sein. Ansonsten kaum akzeptable Ergebnisse. Ausgleichende Gerechtigkeit widerfuhr den Winzern an der Rhône mit dem Rekordsommer 2003: Nach der Katastrophe des Vorjahres brachte er ihnen vollreife Trauben. Ob der Jahrgang 2003 die hohen Erwartungen erfüllt, bleibt allerdings abzuwarten.
2000 Ein großartiges Jahr für Rote sowohl an der nördlichen wie der südlichen Rhône, in dem die Weine hervorragende Farbe, Frucht und Tanninstruktur zeigen. Die Weißen aber sind fett mit übertriebenem Fruchtaroma.
1999 Die milden, schön gefärbten Roten aus der nördlichen Rhône sind den Roten des Südens überlegen; wer aber die Trauben spät gelesen hat, konnte im Süden Weine erzeugen, die ihren nördlichen Vettern ebenbürtig sind.
1998 Einer der besten Jahrgänge in Châteauneuf-du-Pape seit Menschengedenken, der die guten bis sehr guten Roten von der nördlichen Rhône in den Schatten stellte.
1997 Wohlschmeckender Jahrgang.

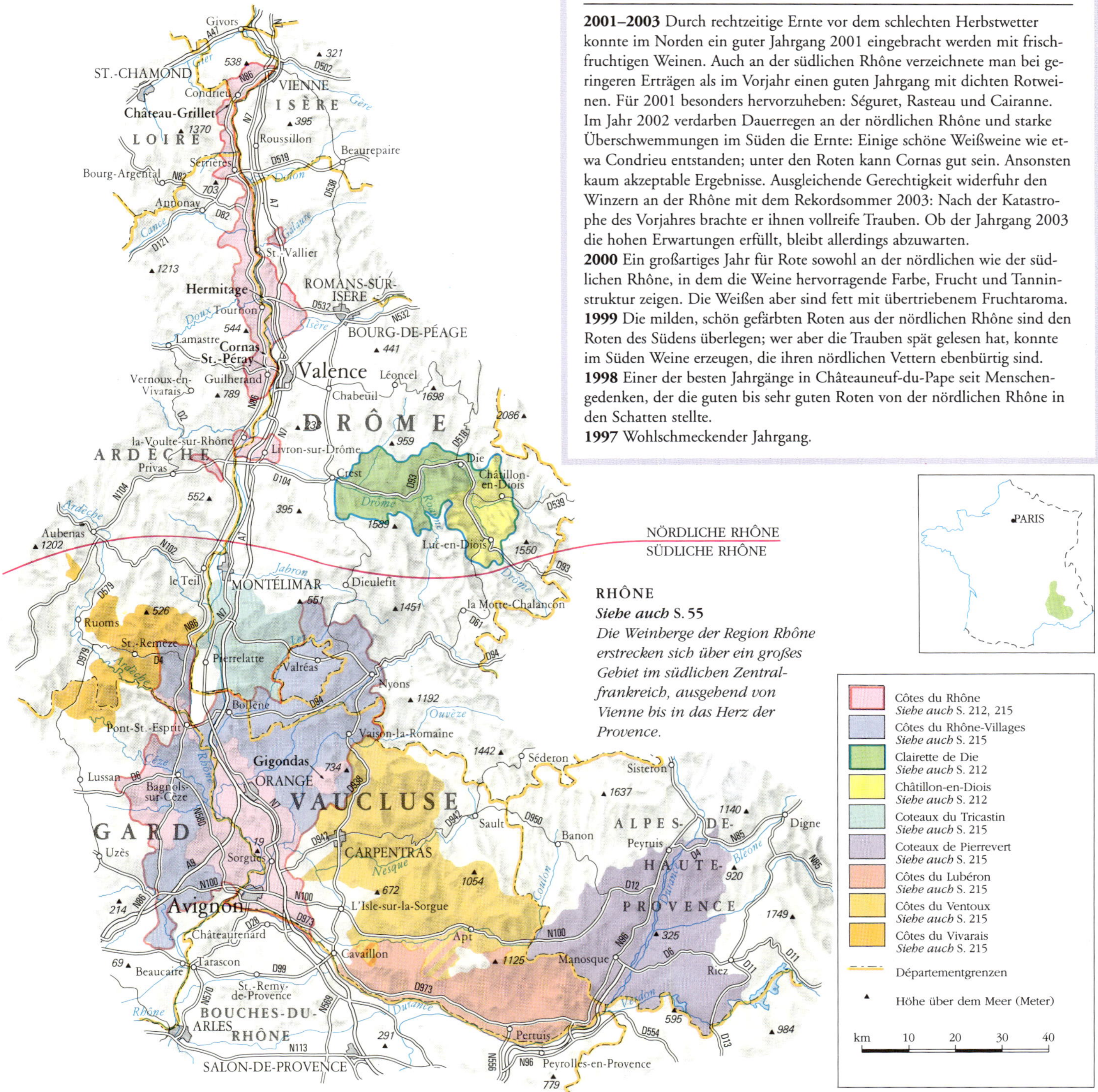

RHÔNE
Siehe auch S. 55
Die Weinberge der Region Rhône erstrecken sich über ein großes Gebiet im südlichen Zentralfrankreich, ausgehend von Vienne bis in das Herz der Provence.

NÖRDLICHE RHÔNE

An der nördlichen Rhône dominieren die tintenschwarzen Weine der Syrah, der einzig wirklich klassischen roten Sorte, die an der Rhône kultiviert wird. Daneben wird in kleinen Mengen Weißwein sowie Schaumwein produziert.

Die nördliche Rhône könnte das Tor zum Süden bilden, doch hat sie mehr gemeinsam mit ihrem nördlichen Nachbarn Burgund als mit dem restlichen Rhône-Gebiet. Trotzdem kann man ihre Weine nicht mit denen irgendeiner anderen Gegend vergleichen. Man könnte mit vollem Recht den Norden als eigenständige Region abtrennen und unter der Bezeichnung Rhône führen. Die südliche Rhône könnte dann zutreffender als hochwertige Verlängerung des Midi definiert werden.

DIE QUALITÄT DER NÖRDLICHEN RHÔNE

In qualitativer Hinsicht stehen die tintenschwarzen klassischen Weine vom Hermitage und von der Côte Rôtie neben den *Crus Classés* von Bordeaux, und Eliteweine wie der Hermitage von Chave und Jaboulet oder der Côte Rôtie von Guigal und Jasmin verdienen denselben Respekt wie die *Premiers Crus* von Latour, Mouton oder Lafite. Cornas ist sogar noch mächtiger und dunkler als Hermitage und Côte Rôtie, und so kann ein großer Jahrgang von Auguste Clape es durchaus mit den Spitzenreitern seiner berühmteren Nachbarn aufnehmen. Die schönen trockenen Weine von Condrieu und (potenziell) Château Grillet weisen einen einzigartigen Charakter auf, doch sind Weine dieser Art noch nicht so überraschend wie die weißen Schaumweine von St-Péray und Die. Letztere würden frankophile Genießer als eine hochwertigere Version des Asti bezeichnen.

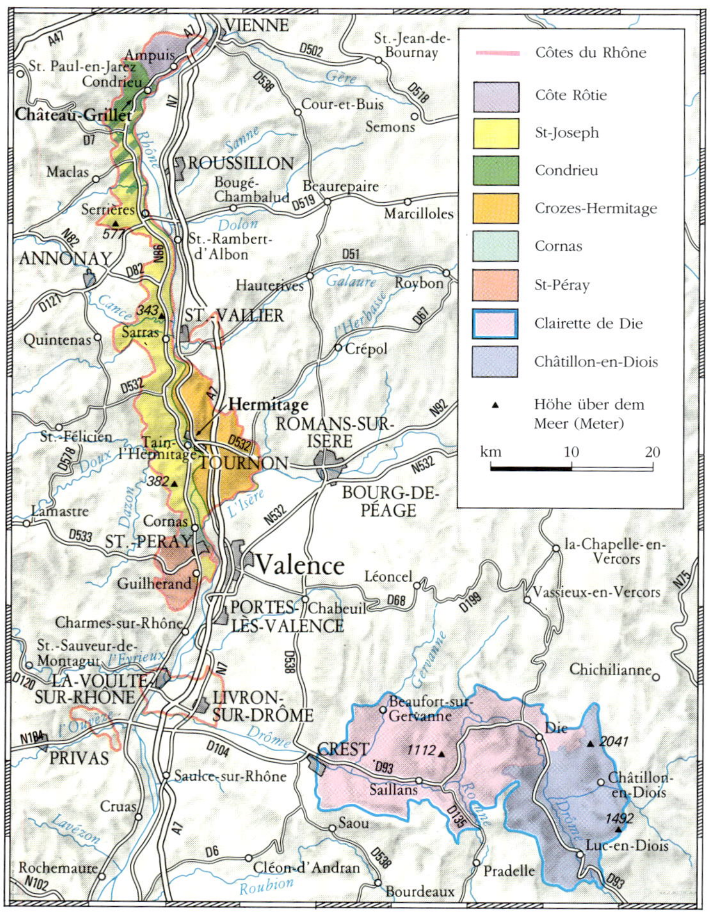

NÖRDLICHE RHÔNE
Siehe auch S. 211
Im Herzen der Region liegen die Städte Tain und Tournon links und rechts der Rhône genau gegenüber.

GESCHMACKS- UND QUALITÄTSFAKTOREN

LAGE
Der schmale Streifen von Weinbergen der nördlichen Rhône beginnt in Vienne unmittelbar südlich von Lyon und erstreckt sich bis Valence im Süden.

KLIMA
Der Einfluss des Mittelmeers macht sich in der nördlichen Rhône zwar schon deutlich bemerkbar, doch ist das Klima immer noch kontinental. Das macht sich in relativ warmen Sommern und kalten Wintern bemerkbar; das Klima weist also mehr Gemeinsamkeiten mit dem südlichen Burgund auf als mit der südlichen Rhône. Süden und Norden der Rhône teilen sich aber den Mistral, einen bitterkalten Wind, der mit Geschwindigkeiten bis zu 145 km/h einen Weinstock kahl fegen kann. Zum Schutz gegen ihn sind viele Weinberge mit Pappeln und Zypressen gesäumt. In feuchten Herbsten kann der Mistral aber auch einen willkommenen trocknenden Effekt haben.

TOPOGRAFIE
Die Landschaft mit ihren Kirsch-, Pfirsich-, Kastanien- und anderen Laubbäumen ist generell nicht so rau wie in der südlichen Rhône. Die Weinberge sind in viel steilere Hänge terrassiert als im Süden.

BÖDEN
Der im Allgemeinen leichte, trockene Boden der nördlichen Rhône besteht aus Granit und Schiefer. Genauer: In der Côte Rôtie haben wir Sand-Granit-Boden (kalkhaltigen Sandboden in der Côte Blonde und rötlichen, eisenhaltigen Sandboden in der Côte Brune); im Hermitage und in Condrieu Sand-Granit-Boden mit einer dünnen Oberschicht aus verwittertem Feuerstein, Kreide und Glimmer, dort als *Arzelle* bezeichnet; schwereren Boden mit Lehm-Einsprengseln in Crozes-Hermitage; Granitsand und etwas Lehm zwischen St-Joseph und St-Péray, wobei der Boden in südlicher Richtung steiniger wird, mit gelegentlichen Kalksteininseln; sowie Kalkstein und Lehm auf anstehendem Fels in der Gegend um Die.

WEINBAU UND WEINBEREITUNG
Im Gegensatz zur südlichen Rhône werden im Nordteil die meisten Weine ganz oder vorwiegend aus einer einzigen Rebsorte gekeltert, der Syrah, trotz der langen Liste gelegentlich verwendeter Sorten (*siehe* unten). Der Weinbau ist im Norden der Region sehr arbeitsintensiv, und wegen der hohen Kosten waren die Weinberge schon einmal von der Aufgabe bedroht. Seit dieser kritischen Zeit zahlt man zwar deutlich mehr für einen Côte Rôtie, aber es gibt ihn noch. Die Vinifikationsverfahren sind meist sehr traditionell. Reifen die Weine in Holz, findet weniger neue Eiche Verwendung als in Bordeaux oder Burgund, dafür kommen ab und zu Kastanienfässer zum Einsatz.

HAUPTREBSORTEN
Syrah, Viognier

WEITERE REBSORTEN
Aligoté, Bourboulenc, Calitor, Camarèse, Carignan, Chardonnay, Cinsault, Clairette, Counoise, Gamay, Grenache, Marsanne, Mauzac, Mourvèdre, Muscardin, Muscat Blanc à Petits Grains, Pascal Blanc, Picardan, Picpoul, Pinot Blanc, Pinot Noir, Roussanne, Terret Noir, Ugni Blanc, Vaccarèse

AMPUIS IM SCHNEE
Am Westufer der Rhône, 9 km südlich von Vienne, bieten die südöstlich ausgerichteten Hänge der Côte Rôtie ein eindrucksvolles Bild.

DIE APPELLATIONEN
NÖRDLICHE RHÔNE

CHÂTEAU GRILLET AOC

Château Grillet ist eine der zwei Appellationen Frankreichs, die für ein einziges Gut gelten, die zweite ist Romanée-Conti (man könnte eventuell auch noch Coulée-de-Serrant in Savennières an der Loire dazuzählen). Nach guten Weinen der 1970er und schlechteren der 80er Jahre, die das Potenzial des Terroirs nicht nutzten, folgte ein erfreulicher Aufschwung.

Angesichts des kontinuierlichen Aufstiegs von Condrieu, der Viognier-Weine in ganz Südfrankreich und später in allen Ecken der Weinwelt wie Pilze aus dem Boden schießen ließ, haben die Besitzer dieses Guts keine andere Wahl, als die Qualität einschneidend zu verbessern. Bald werden nämlich viel zu viele aufregende Condrieus auf dem Markt sein, als dass Château Grillets Anspruch auf einen *Grand-Cru*-Status Bestand haben könnte.

WEISS In den erfolgreichsten Jahrgängen ein blassgoldener Wein mit bezauberndem, blumig-fruchtigem Bukett, das zart nach Pfirsich und Limonenblüten duftet, feingliedrigem und zugleich lang anhaltendem Geschmack und elegantem, pfirsichartigem Abgang. Er hat das Potenzial zu großer Finesse und komplexem Charakter, sollte aber keineswegs so lange in der Flasche bleiben, wie manche behaupten.

Viognier

3–7 Jahre

CHÂTILLON-EN-DIOIS AOC

Dieser Wein erhielt 1974 den AOC-Status. Bis heute ist schwer nachzuvollziehen, warum er das verdienen sollte.

ROT Helle Farbe, leicht gewichtig, dünn in der Frucht, mit wenig erkennbarem Charakter.

Gamay, bis zu 25 % Syrah und Pinot Noir

WEISS Sortenreine Weine. Der leichte, frische, sanft-aromatische Aligoté ist ebenso gut wie der körperreichere, vollere und etwas kantige Chardonnay.

Aligoté, Chardonnay

ROSÉ Diese Weine sind mir bisher nicht begegnet.

Gamay und bis zu 25 % Syrah und Pinot Noir

UPVF du Diois

CLAIRETTE DE DIE AOC

Dieser trockene Schaumwein wurde nach dem Dezember 1998 zu Gunsten von Crémant de Die eingestellt – anscheinend ein typisches Beispiel gallischer Logik: Die Bezeichnung Clairette wird aus einer Appellation gestrichen, die zu 100 % aus Clairette-Trauben bestehen muss, bleibt aber in einer anderen (*siehe* unten) erhalten, die nicht eine einzige Traube dieser Sorte enthalten muss! *Siehe* Crémant de Die AOC.

CLAIRETTE DE DIE MÉTHODE DIOISE ANCESTRALE AOC

Früher als »Clairette de Die Tradition« im Handel. Der Wein kann Clairette enthalten, sie ist aber nicht die Hauptrebsorte. Das Besondere an diesem Wein ist, dass er nur einmal gärt, anders als Crémant de Die, der frühere Clairette de Die Mousseux und die meisten anderen Schaumweine, die zweimal gären.

Bei der *Méthode Dioise Ancestrale* wird der Most zunächst einer langen, kalten Teilvergärung im Tank unterzogen. Bei der Abfüllung muss er mindestens 55 g Restzucker pro Liter enthalten, und er bekommt keine Fülldosage. Die Gärung setzt sich in der Flasche fort, beim Degorgieren muss der Wein noch mindestens 35 g Restzucker pro Liter enthalten. Danach folgt die *Transvasage* (Filtern und Umfüllen in frische Flaschen), schließlich wird er ohne Zugabe von Dosage verkorkt.

SCHAUMWEIN WEISS Ein sehr frischer, herrlich fruchtiger, leicht moussierender Wein mit reifem, pfirsichartigem Geschmack. Der Süßegrad ist mindestens *demi-sec*.

Mindestens 75 % Muscat à Petits Grains (bis 1993 mindestens 50 %) und Clairette

Sofort

Archard-Vincent • Buffardel Frères • Clairdie • Caves Didier • Carod • Alain Poulet • UPVF du Diois • Domaine de Magord • Jean-Claude Raspail

CONDRIEU AOC

Die größte Weißwein-Appellation im ganzen Rhône-Tal hat mehr junge, aufstrebende Talente in den Reihen der Erzeuger als jede andere Weinregion der Welt. Zunächst ging der Trend zu süßen und halbsüßen Weinen, doch hat sich Condrieu schon vor einigen Jahrzehnten dem trockenen Stil zugewandt. Wenn es der Jahrgang erlaubt, werden spät gelesene, süßere Weine hergestellt, die großen Anteil daran haben, dass Condrieu nun wieder unbestritten zu den großen Weißweinen der Welt zählt.

WEISS Diese blassgoldenen Weine sind eigentlich trocken, können aber so exotisch duften, dass man beim Einatmen ihres himmlischen Buketts versucht ist, sie für süß zu halten. Der Duft ist fein, blumig und fruchtig mit betörenden, opulenten Noten von Weißdornblüte, Geißblatt, Veilchen, Rose, Pfirsich, Limone und Aprikose, in besonders üppigen Jahrgängen auch noch von einem Hauch Honig. Am Gaumen zeigt sich die Frucht immer sehr aromatisch und kann den Eindruck von Süße erwecken, auch wenn der Wein absolut trocken ist. Ein großer Condrieu verfügt über eine verführerische Balance von Üppigkeit, Frische und Finesse, die eine an Pfirsich und Aprikose erinnernde »kühle« Fruchtigkeit im eleganten Abgang hinterlässt. Lassen Sie sich nicht dazu verleiten, diese Weine einzulagern, schon gar nicht die weißen, denn ihre herausragendste Eigenschaft – Frische und Reintönigkeit der Frucht – kann im Lauf der Jahre nur verloren gehen.

Viognier

4–8 Jahre

Automnal du Condrieu • Clusel-Roch • Yves Cuilleron • Pierre Dumazet • Philippe Faury • Jean-Michel Gerin • E. Guigal • Antoine Montez • Didier Morion • André Perret • Philippe Pichon • Patrice Portet • Château du Rozay • Georges Vernay • François Villard

CORNAS AOC

Die sonnenverwöhnten Weinberge von Cornas liefern die preiswürdigsten Qualitätsrotweine der Rhône. Cornas muss man kaufen, sobald er auf den Markt kommt, da er immer viel zu jung verkauft wird und man dann, wenn er schließlich sein wahres Potenzial zu zeigen beginnt, keinen mehr bekommt.

ROT Tintenschwarze, körperreiche, geschmacksintensive reinsortige Syrah-Weine mit jeder Menge Schwarze-Johannisbeer- und Brombeer-Frucht, jedoch etwas weniger Finesse als ein großer Hermitage oder Côte-Rôtie.

Syrah

7–20 Jahre

Thierry Allemand • Guy de Barjac • René Bathazar • M. Chapoutier • Auguste Clape • Jean-Luc Colombo • Delas • Dumien-Serrette • Paul Jaboulet Aîné • Marcel Juge • Jacques Lémenicier • Jean Lionnet • Robert Michel • Tardieu-Laurent • Noël Verset • Alan Voge

COTEAUX DE DIE AOC

Diese Appellation wurde 1993 ins Leben gerufen, um überschüssige Clairette-Ernten aufzufangen, die bis dahin unter früheren Schaumwein-Appellationen verkauft wurden.

WEISS Im Grunde ist Coteaux de Die die Stillwein-Variante des Crémant de Die. Es ist leicht nachzuvollziehen, dass ein so nichts sagender Wein mit Perlen zum Leben erweckt werden muss, aber nur allzu wenigen gelingt der Übergang.

Clairette

Sofort

Jean-Claude Raspail

CÔTES DU RHÔNE AOC

Die Appellation gilt für die gesamte Region.

CÔTE RÔTIE AOC

Die Terrassen und niedrigen Mauern der »verbrannten« oder »gebratenen« Hänge von Côte Rôtie müssen händisch bearbeitet werden, dafür entsteht ein Wein allererster Güte, der mit dem Hermitage um die Spitze unter den weltbesten Syrahs wetteifert.

ROT Ein granatfarbener, körperreicher Wein mit Feuer und Kraft, der durch Zusatz von etwas Viognier duftiger wird. Das Ergebnis ist ein langlebiger und komplexer Wein mit Nuancen von Veilchen und Gewürzen sowie großer Finesse.

Syrah, dazu maximal 20 % Viognier

10–25 Jahre

Pierre Barge • Vignoble de Boisseyt • Bernard Burgaud • Clusel-Roch • Yves Cuilleron • Delas (Seigneur de Maugiron) *• Jean-Michel Gerin • E. Guigal • Paul Jaboulet Aîné • Joseph Jamet • Jasmin • René*

Rostaing • Tardieu-Laurent • Louis de Vallouit • Georges Vernay • Vidal-Fleury • François Villard

CRÉMANT DE DIE AOC

Der trockene Schaumwein wurde 1993 als Ersatz für die AOC Clairette de Die Mousseux eingeführt, die im Januar 1999 eingestellt wurde. Wie die alte Appellation Clairette de Die Mousseux muss Crémant de Die nach der *Méthode champenoise* hergestellt werden (vorgeschrieben ist die Verwendung von ausschließlich Clairette-Trauben).

SCHAUMWEIN WEISS Für eine sichere Beurteilung ist es noch zu früh, aber es sieht ganz so aus, als wäre Crémant de Die ebenso neutral und glanzlos wie Clairette de Die.

Clairette

1–3 Jahre

CROZES-ERMITAGE AOC

Siehe Crozes-Hermitage AOC

CROZES-HERMITAGE AOC

Crozes-Hermitage wird in einem relativ großen Gebiet um Tain produziert, daher ist die Qualität sehr inhomogen, doch ein guter Crozes-Hermitage ist immer ein hervorragender Kauf.

ROT Diese farbkräftigen, körperreichen Weine ähneln einem Hermitage, sind aber nicht ganz so intensiv und weisen ein gewisses rauchig-rustikales Himbeeraroma auf, das nur in den heißesten Jahrgängen zu Schwarzer Johannisbeere umschlägt. Die besten Vertreter zeigen aber überraschende Finesse und weisen ein fantastisches Preis-Leistungs-Verhältnis auf.

Syrah, dazu maximal 15 % Roussanne und Marsanne

6–12 Jahre, 8–20 Jahre für Spitzenweine und -jahrgänge

WEISS Die trockenen Weißweine gewinnen an Qualität und weisen zunehmend mehr Frische, Frucht und Säure auf.

Roussanne, Marsanne

1–3 Jahre

Albert Belle • M. Chapoutier (Les Meysonniers und Les Varonnières) *• Bernard Chave • Domaine du Colombier • Domaine Combier • Château de Curson • Domaine des Entrefaux • Alain Graillot • Paul Jaboulet Aîné* (Thalabert) *• Etienne Pochon • CV Tain-Hermitage • Louis de Vallouit*

ERMITAGE AOC

Siehe Hermitage AOC

HERMITAGE AOC

Einer der großen Rotweinklassiker Frankreichs. Er wird praktisch immer aus Syrah gemacht, obwohl etwas Roussanne und Marsanne erlaubt sind. Die Reben stehen in hervorragender Lage an einem Südhang oberhalb von Tain.

ROT Diese Weine besitzen eine sehr tiefe Farbe, ausgesprochen vollen Körper und eine herrlich pflaumige, würzige, seidige, an Veilchen und Schwarze Johannisbeere erinnernde Frucht. Ein wirklich großer Hermitage ist trotz des fast überladenen Geschmacks von unendlicher Finesse.

Syrah, dazu maximal 15 % Roussanne und Marsanne

12–30 Jahre

WEISS Große, körperreiche, trockene Weißweine mit einem vollen, runden Haselnuss- und Dörraprikosenaroma. Die Weine sind in den letzten Jahren besser geworden, sind aber im Grunde Kuriositäten.

Roussanne, Marsanne

6–12 Jahre

Albert Belle • M. Chapoutier** (Le Pavillon) *• Domaine Jean-Louis Chave* • Domaine du Colombier • Delas* (Marquise de la Tourette und Les Bassards) *• Jean-Louis Grippat • E. Guigal • Paul Jaboulet Aîné • Marc Sorrel • Tardieu-Laurent*

*Empfehlung für Weiß- und Rotweine

HERMITAGE VIN DE PAILLE AOC

1974 machte Gérard Chave den letzten *Vin de Paille* von Hermitage. Monsieur Chave sagte mir damals, dass er den Wein nur zu seinem eigenen Vergnügen produziert hat. In Anbetracht seines Erfolges war es wirklich kaum zu glauben, dass noch kein unternehmungsfreudiger Winzer diese Appellation genützt hat.

Inzwischen hat Chapoutier einige Jahrgänge eines Hermitage Vin de Paille auf kommerzieller Basis produziert – soweit das bei einem Wein dieser Art überhaupt möglich ist. Weitere Erzeuger sind u. a. Michel Ferraton, Jean-Louis Grippat, Guigal und sogar die örtliche Genossenschaft. Früher war aller Hermitage Blanc tatsächlich *Vin de Paille*, ein Weintyp, der dort mindestens seit 1760 bekannt ist (Marc Chapoutier trank den letzten Wein dieses Jahrgangs 1964, nach 204 Jahren!). Die traditionelle Methode zur Herstellung von *Vin de Paille* ist hier nicht so rigoros wie die, die vor relativ kurzer Zeit im Elsass wiederaufgenommen wurde (dort werden die Trauben auf Strohmatten getrocknet, bis sie über 90 % ihrer Flüssigkeit abgegeben haben, und dann gepresst): So wurde selbst der legendäre 1974er von Chave aus Trauben gemacht, die noch ein Drittel ihres Saftes enthielten. Dennoch sind einige der jüngeren Erzeugnisse nicht minder beeindruckend wie jene aus dem Elsass. Trotz jahrzehntelanger Lücken in der Produktion besitzt dieser Wein immer noch seine eigene AOC.

WEISS Einige *Vins de Paille* sind üppig und rosinig, während andere – die besten – eine knackige, lebendige Frische sowie intensive, floral-zitrusartige Aromen und einen gewaltigen, langanhaltenden, honigartigen Abgang aufweisen. Nach seinem ruhmreichen 1974er erzeugte Chave 1986 einen weiteren und seither noch einige. Sein *Vin de Paille* gilt als der größte und ist, wenn überhaupt, nur über Beziehungen aufzutreiben. In Handelsmengen wird noch am ehesten der *Vin de Paille* von Chapoutier erzeugt, aber auch das ist verschwindend wenig, weshalb der Wein selten zu finden und sehr teuer ist. Jean-Louis Grippat erzeugte 1985 und 1986 einen *Vin de Paille*, doch bin ich bisher noch nicht in den Genuss gekommen.

Roussanne, Marsanne

bis 30 Jahre

Chapoutier • Domaine Jean-Louis Chave • Jean-Louis Grippat • E. Guigal • CV Tain-Hermitage

L'ERMITAGE AOC

Siehe Hermitage AOC

L'HERMITAGE AOC

Siehe Hermitage AOC

ST-JOSEPH AOC

Unter dieser Appellation werden endlich einige wirklich aufregende Weine erzeugt. St-Joseph hat mittlerweile Cornas als Schatztruhe für Schnäppchenjäger abgelöst.

ROT Die besten Weine sind dunkel, mittelgewichtig bis körperreich, mit intensiven Brombeer- und Schwarze-Johannisbeer-Aromen und reichlich weicher Frucht. Mittelmäßiger St-Joseph hingegen ist wesentlich leichter und erinnert mit seiner Pfeffrigkeit eher an die südliche Rhône.

Syrah sowie bis zu 10 % Marsanne und Roussanne

3–8 Jahre

WEISS Im Idealfall saubere, reichhaltige trockene Weine mit Anklängen von Harz und Zitrusfrüchten.

Marsanne, Roussanne

1–3 Jahre

Domaine Jean-Louis Chave • Pierre Coursodon • Yves Cuilleron • Pierre Gaillard • Domaine Gonan • Bernard Gripa • Domaine Jean-Louis Grippat • Paul Jaboulet Aîné • CV de St-Désirat-Champagne • Troilat • Louis de Vallouit • Georges Vernay • François Villard

ST-PÉRAY AOC

Diese für Weißwein geltende Dorfappellation hinkt merkwürdigerweise hinter dem Rest der Region her.

WEISS Fest und fruchtig, für einen Wein aus dem Süden der Region gute Säure, doch leider fehlt es ihm zumeist an Charme. Selbst die besten, unten genannten Winzer haben Mühe, etwas Interessantes hervorzubringen.

Marsanne, Roussanne

1–3 Jahre

J.-F. Chaboud • Auguste Clape • Marcel Juge • Jean Lionnet • Alain Voge

ST-PÉRAY MOUSSEUX AOC

Dieser flaschenvergorene Schaumwein wird aus den falschen Trauben von den falschen Böden gemacht.

SCHAUMWEIN WEISS Ein überschätzter trockener Schaumwein mit grobem *Mousseux*.

Marsanne, Roussanne

SÜDLICHE RHÔNE

Auch wenn die weiche Wärme der Grenache in den meisten Weinen der südlichen Rhône zu finden ist, drehen sich die Weine keineswegs nur um eine Rebsorte. Bei bis zu 21 verschiedenen Sorten ist dies ein Paradies für Verschnitte, und folglich findet man hier ein entsprechend breites Spektrum an Weinstilen.

Im südlichen Rhône-Tal dominiert die Garrigue, über die stets eine süße, mit Gewürzdüften beladene Brise weht. Dieser Bereich ist sehr viel größer als die schmalen Côtes im Norden und liefert daher auch erheblich größere Mengen. Entfallen auf den Norden gerade 10 % der allgemeinen Appellation Côtes du Rhône, kommen aus dem südlichen Rhône-Tal Schwindel erregende 95 % aller Weine der Region.

Mindestens die Hälfte des südlichen Rhône-Tals befindet sich in einem Gebiet, das früher als Midi bezeichnet wurde und die Départements Aude, Hérault und Gard umfasste. Dies wird gern verschwiegen, wenn es um das Image der Rhôneweine geht, denn das Midi war berüchtigt für seine immense Produktion von *Vin ordinaire*. Die Rhône bildet die Ostgrenze des Midi, und die berühmten Appellationen Châteauneuf-du-Pape, Muscat de Beaumes-de-Venise und Gigondas weiter östlich gehören geografisch zur Provence. Doch werden in diesen Bereichen nicht die quasi-italienischen Rebsorten kultiviert, die in den Weinbergen der Provence vorherrschen, weshalb man sie sinnvoller als hochwertige Ausläufer des Midi versteht.

GESCHMACKS- UND QUALITÄTSFAKTOREN

LAGE
Die Südliche Rhône beginnt bei Viviers 50 km südlich von Valence und reicht im Süden bis Avignon.

KLIMA
Das Klima ist eindeutig mediterran, die Weinberge der Region sind weitaus häufiger plötzlichem Wetterumschwung und heftigen Winden ausgesetzt als die der nördlichen Rhône.

TOPOGRAFIE
Die Landschaft ist erkennbar mediterran, typisch sind Olivenhaine, Lavendelfelder und Garrigue zwischen steinig-felsigem Gelände.

BÖDEN
Die hier zahlreicher als an der nördlichen Rhône werdenden Kalksteinareale sind oft mit Lehm durchsetzt, und der Oberboden ist deutlich steiniger. Châteauneuf-du-Pape ist für seinen bräunlichen steindurchsetzten Boden bekannt. Steinige Mergelböden herrschen bei Gigondas vor, verwitterter grauer Sand bei Lirac, Tavel und Chusclan. Außerdem finden sich Kalksteinschotter, Lehm-Sand-, Stein-Lehm-, kalkhaltige Lehm- sowie Kiesböden.

WEINBAU UND WEINBEREITUNG
Die Reben werden traditionell schräg gegen die Hauptwindrichtung gepflanzt, sodass der Mistral sie während der Reifezeit aufrecht stellt. Im Süden dominieren die Verschnitte. Selbst Châteauneuf-du-Pape ist ein Verschnitt, in der Regel besteht er aus 4 oder 5 Rebsorten, erlaubt sind 13. Reinsortige Weine sind jedoch auf dem Vormarsch. Einige Güter arbeiten noch mit traditionellen Vinifikationsmethoden, häufiger aber sind moderne Techniken.

HAUPTREBSORTEN
Carignan, Cinsault, Grenache, Mourvèdre, Muscat Blanc à Petits Grains, Muscat Rosé à Petits Grains

WEITERE REBSORTEN
Aubun, Bourboulenc, Calitor, Camarèse, Clairette, Clairette Rosé, Counoise, Gamay, Grenache Blanc, Grenache Gris, Macabéo, Marsanne, Mauzac, Muscardin, Oeillade, Pascal Blanc, Picardan, Picpoul Blanc, Picpoul Noir, Pinot Blanc, Pinot Noir, Roussanne, Syrah, Terret Noir, Ugni Blanc, Vaccarèse, Vermentino (Rolle), Viognier

SÜDLICHE RHÔNE *Siehe auch* S. 211
Der große Südteil der Südlichen Rhône erstreckt sich weit in die Provence im Süden und bis zu den Alpen im Osten.

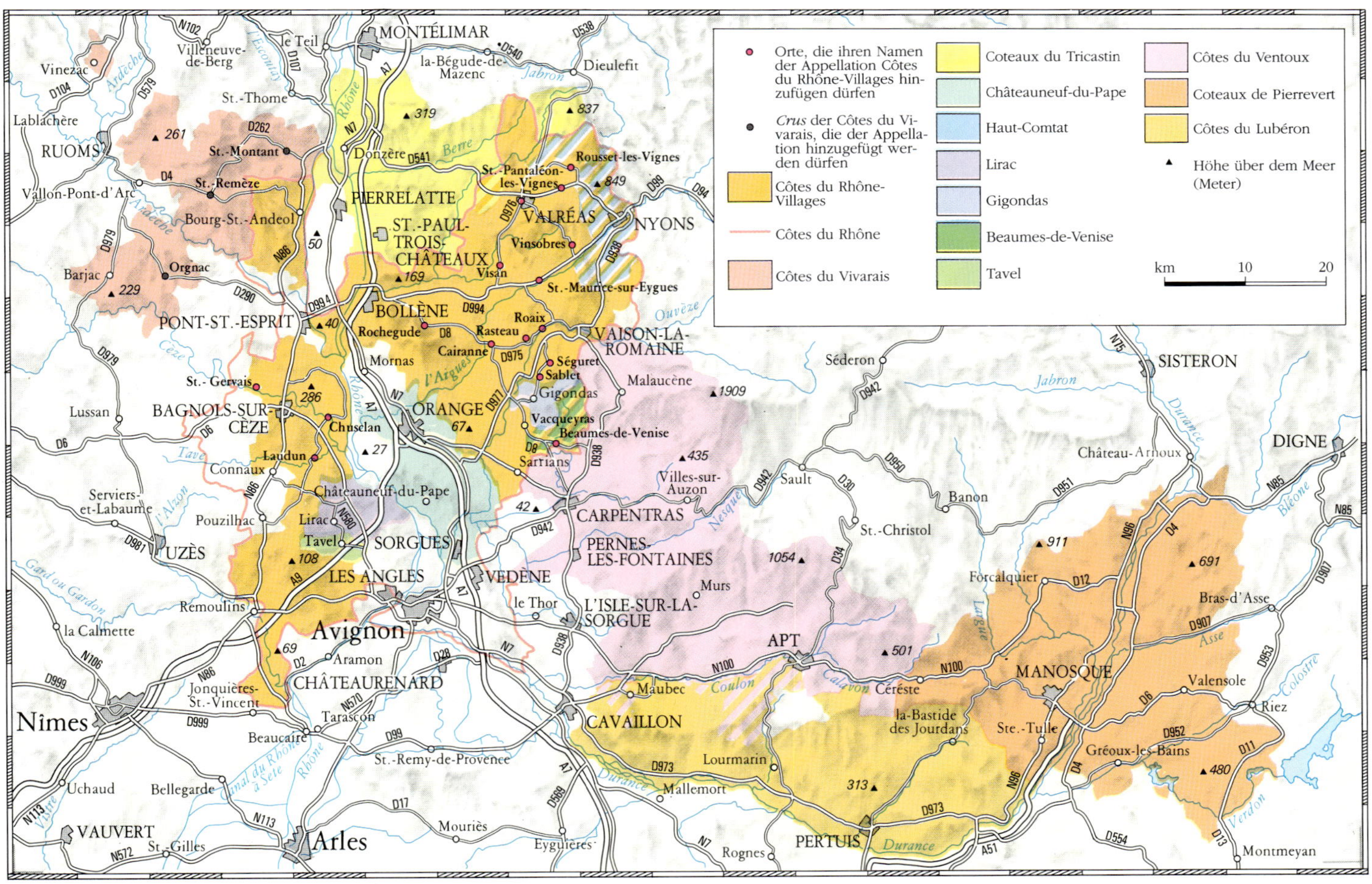

DIE APPELLATIONEN

SÜDLICHE RHÔNE

BRÉZÈME-CÔTES DU RHÔNE AOC

Eine regulatorische Kuriosität: Brézème gehört nicht zu jenen 17 Gemeinden der Côtes du Rhône Villages, die ihren Namen (ausschließlich) nach der Appellation anführen dürfen; auf Grund einer Ausnahmeregelung im AOC-Gesetz darf Brézème seinen Ortsnamen der allgemeinen Cotes-du-Rhône-Appellation voranstellen.

ROT Dieser reine Syrah-Wein wurde mit einem Crozes-Hermitage verglichen, doch einige *Cuvées* (etwa Grand Chêne und Eugène) reifen zum Teil in neuer Eiche.

Die ganze Palette der Côtes-du-Rhône-Sorten ist zugelassen, doch nur Syrah, Roussanne und Marsanne werden kultiviert.

Jean-Marie Lombard

CHÂTEAUNEUF-DU-PAPE AOC

Der Name Châteauneuf-du-Pape geht auf die Zeit der Gegenpäpste im 14. Jahrhundert zurück. Die Appellation ist berühmt für ihren überaus steinigen Boden, der die tagsüber gespeicherte Wärme in der Nacht abgibt. Größe, Art und Verteilung der Steine variieren ebenso sehr wie die Ausrichtung der Weinberge. Diese Unterschiede und die unzähligen Kombinationen aus den 13 zugelassenen Traubensorten erklären die Vielfalt an Stilen. Zu Beginn der 80er Jahre begannen einige Winzer die bis dahin akzeptierten Regeln in Sachen Sortenbestand und Vinifikation zu hinterfragen. Die Weinbereitung ist in Châteauneuf-du-Pape nach wie vor in Entwicklung begriffen. Der Rückgang der traditionell dominanten Grenache-Rebe wurde weiter beschleunigt, als mehr und mehr Winzer sich von der Qualität von Syrah und Mourvèdre überzeugen ließen. Cinsault und Terret Noir sind noch immer sehr geschätzt, Counoise ist wegen der vorteilhaften Kombination von Frucht und Festigkeit im Kommen. Die Verwendung neuer Eiche befindet sich im Versuchsstadium, doch scheint es bereits jetzt klar zu sein, dass sie sich eher für Weiß- als für Rotweine eignet.

Die Richtlinien der Appellation enthalten einen einzigartigen Sicherheitsmechanismus, der gewährleisten soll, dass nur voll ausgereifte und absolut gesunde Trauben Verwendung finden: mindestens 5 % der Trauben aus dem maximal zugelassenen Ertrag werden ausgesondert und dürfen nur für *Vin de Table* verwendet werden. Diese Auslese wird als *le râpé* bezeichnet.

ROT Aufgrund der unterschiedlichen Terroirs und der beinahe grenzenlosen Möglichkeiten des Verschnitts ist es unmöglich, einen typischen Châteauneuf-du-Pape zu beschreiben. Aber es gibt zwei grundlegende Kategorien – den traditionellen, vollen, dunklen, würzigen, langlebigen Stil einerseits und den modernen, zugänglichen Châteauneuf-du-Pape andererseits, der in seiner besten Form offen und freundlich ist und verlockende, saftig-marmeladige Frucht im Überfluss aufweist. Beide sind jedoch deutlich wärmer und würziger im Charakter als die Spitzenerzeugnisse von Hermitage und Côte Rôtie.

Grenache, Syrah, Mourvèdre, Picpoul, Terret Noir, Counoise, Muscardin, Vaccarèse, Picardan, Cinsault, Clairette, Roussanne, Bourboulenc

6–25 Jahre

WEISS Frühe Lese führt zu weniger Zucker und mehr Säure im Most, moderne Vinifikationsmethoden brachten niedrigere Temperaturen bei der Gärung, weshalb diese Weine nicht mehr so füllig sind wie früher. Sie können nach wie vor sehr üppig sein, jedoch mit opulenterer, exotischerer Frucht und einem frischeren, knackigeren Abgang. Als bester weißer Châteauneuf-du-Pape gilt allgemein Château du Beaucastel Vieilles Vignes.

Grenache, Syrah, Mourvèdre, Picpoul, Terret Noir, Counoise, Muscardin, Vaccarèse, Picardan, Cinsault, Clairette, Roussanne, Bourboulenc

1–3 Jahre (in Ausnahmefällen 4–6 Jahre)

Max Aubert • Lucien Barrot • Château de Beaucastel • Domaine de Beaurenard • Bousquet des Papes • Château Cabrières • Domaine les Cailloux • Réserve des Célestins • Gérard Charvin • Château Fortia • Château de la Gardine • Domaine de la Janasse • Domaine de Marcoux • Font de Michelle • Clos du Mont-Olivet • Château Mont-Redon* • Domaine de la Mordorée • Château la Nerthe* • Clos des Papes* • Clos Pignan • Château Rayas* • Tardieu-Laurent • Pierre Usseglio • Vieux Donjon • Domaine du Vieux Télégraphe* • Domaine de Villeneuve*

* Empfehlung für Weiß- und Rotweine

COTEAUX DE PIERREVERT AOC

Ende 1997 hat dieses Gebiet AOC-Status erhalten. Die Rebflächen umfassen etwa 450 ha und eignen sich am besten für die Produktion von Rosé.

ROT Langweilige, uninteressante Weine mit wenig Charakter.

Carignan, Cinsault, Grenache, Mourvèdre, Oeillade, Syrah, Terret Noir

2–5 Jahre

WEISS Unspektakuläre, leichte, trockene Weißweine mit mehr Körper als Frucht.

Clairette, Marsanne, Picpoul, Roussanne, Ugni Blanc

1–3 Jahre

ROSÉ Gelungene Weine mit bläulich-rosa Färbung und knackigem, leichtem, feinem Aroma.

Carignan, Cinsault, Grenache, Mourvèdre, Oeillade, Syrah, Terret Noir

1–3 Jahre

Domaine de la Blaque • Château de Rousset

COTEAUX DU TRICASTIN AOC

Tricastin wurde 1964 als VDQS ins Leben gerufen und erhielt 1973 AOC-Status. Allmählich wird ihm die verdiente Aufmerksamkeit zuteil – eine hervorragende Rotwein-Appellation.

ROT Sehr gute Weine, vor allem die farbkräftigen, pfeffrigen Syrahs sind nach einigen Jahren in der Flasche ein Genuss. Diese Weine dürfen ab dem dritten Donnerstag im November nach der Ernte als *primeur* oder *nouveau* verkauft werden.

Grenache, Cinsault, Mourvèdre, Syrah, Picpoul Noir, dazu maximal 20 % Carignan und insgesamt maximal 20 % Grenache Blanc, Clairette, Bourboulenc und Ugni Blanc

2–7 Jahre

WEISS 1988 konnte ich Tricastin Blanc noch nicht empfehlen. Inzwischen wurde das Spektrum der erlaubten Rebsorten um Roussanne, Marsanne und Viognier erweitert, und einige Erzeuger produzieren interessantere Weine mit mehr Körper und Frische.

Grenache Blanc, Clairette, Picpoul, Bourboulenc, dazu maximal (insgesamt) 30 % Ugni Blanc, Roussanne, Marsanne und Viognier

ROSÉ In bescheidenen Mengen produzierter, frischer, fruchtiger, trockener Rosé, der hin und wieder hervorragend ist. Diese Weine dürfen ab dem dritten Donnerstag im November nach der Ernte als *primeur* oder *nouveau* verkauft werden.

Grenache, Cinsault, Mourvèdre, Syrah, Picpoul Noir, dazu maximal 20 % Carignan und insgesamt 20 % Grenache Blanc, Clairette, Bourboulenc und Ugni Blanc

Sofort

CV Ardéchois • Le Cellier de Templiers • Domaine de Grangeneuve • Domaine Pierre Labeye • Domaine Saint-Luc • Domaine de la Tour d'Elyssas • Domaine du Vieux Micocoulier

CÔTES DU LUBÉRON AOC

Die Côtes du Lubéron erhielten im Februar 1988 den AOC-Status. Dies ist wohl vor allem dem Einsatz des Millionärs Jean-Louis Chancel zu verdanken. Seine 125 ha großen Weingärten bei Château Val-Joanis sind zwar noch sehr jung, lassen aber einiges erhoffen: Das Gut wurde daher bereits als »Kronjuwel des Lubéron« bezeichnet.

ROT Weine mit leuchtender Farbe, viel Frucht und Charakter, die mit jedem Jahrgang besser werden.

Ein Verschnitt aus zwei oder mehr Sorten, der insgesamt mindestens 60 % Grenache und Syrah enthalten muss (mindestens 10 % Syrah), maximal je 20 % Mourvèdre, Cinsault und Carignan, dazu (ob eine einzelne Sorte oder insgesamt) 10 % Counoise, Pinot Noir, Gamay und Picpoul

3–7 Jahre

WEISS Da weißer Lubéron noch keinen eigenen Stil entwickelt hat, scheinen so genaue Vorgaben über den Anteil der einzelnen Traubensorten bürokratischer Unsinn. Gegen Ende der 80er Jahre, als der Lubéron noch ein VDQS war, hatte man das Gefühl, er könne eine gewisse Qualität und eigenen Charakter entwickeln. Doch schon damals waren die Vorschriften über die Rebsorten unnötig kompliziert. Mit der Aufwertung zur AOC wurden die Bestimmungen noch verwirrender, und ich halte es für keinen Zufall, dass Lubéron Blanc seither überhaupt keine Linie mehr hat.

Ein Verschnitt aus zwei oder mehr Sorten, darunter Grenache Blanc, Clairette, Bourboulenc, Vermentino und maximal 50 % Ugni Blanc, dazu bis zu insgesamt 20 % Roussanne und/oder Marsanne.

1–3 Jahre

ROSÉ Weine mit attraktiver Farbe, frisch, fruchtig und weitaus hochwertiger als die meisten Rosés der Provence.

Ein Verschnitt aus zwei oder mehr Sorten, darunter mindestens insgesamt 60 % Grenache und Syrah (mindestens 10 % Syrah), maximal je 20 % Mourvèdre, Cinsault und Carignan, insgesamt 20 % Grenache Blanc, Clairette, Bourboulenc, Vermentino, Ugni Blanc, Roussanne und Marsanne sowie (ob einzeln oder insgesamt) 10 % Counoise, Pinot Noir, Gamay und Picpoul

Sofort

Château la Canorgue • Domaine de la Citadelle • Château de l'Isolette • Clos Mirabeau • Mas de Peyroulet • Tardieu-Laurent • Château Val-Joanis • La Vieille Ferme

CÔTES DU RHÔNE AOC

Allgemeine Appellation für die gesamte Rhône-Region (mit Ausnahme der anderen genannten Côtes, Côteaux und Costières), allerdings kommt der Großteil der Weine von der Südlichen Rhône. Es gibt ausgezeichnete Côtes du Rhônes, aber auch ausgesprochen grässliche. Qualität und Charakter variieren so sehr, dass eine allgemeine Beschreibung nicht möglich ist. Am erfolgreichsten sind die Rotweine, und die besten Rosés können teurere Rhône-Appellationen übertreffen. Die Weißweine haben sich in den letzten Jahren wesentlich verbessert (Vieux Manoir de Maransan steht an erster Stelle) und lassen noch mehr erhoffen.

ROT, WEISS, ROSÉ Rot- und Roséwein dürfen ab dem dritten Donnerstag im November nach der

Ernte als *primeur* oder *nouveau* verkauft werden, obwohl Rotwein nur offen als *Vin de café* angeboten werden kann. Rote, weiße und rosé Weine dürfen vom 1. Dezember an ohne die Kennzeichnung als *primeur* oder *nouveau* verkauft werden.

Rebsorten und Anteile sind für Rot, Weiß und Rosé gleich: Grenache, Clairette, Syrah, Mourvèdre, Picpoul, Terret Noir, Picardan, Cinsault, Roussanne, Marsanne, Bourboulenc, Viognier, maximal 30 % Carignan sowie maximal insgesamt 30 % Counoise, Muscardin, Vaccarèse, Pinot Blanc, Mauzac, Pascal Blanc, Ugni Blanc, Calitor, Gamay und Camarèse

2–8 Jahre (rot), 1–3 Jahre (weiß und rosé)

Domaine de Bel-Air • Coudoulet de Beaucastel • Domaine Brusset • Domaine Delubac • CV d'Estezargues • Château de Fonsalette • Domaine Gramenon • Château du Grand Moulas • E. Guigal • Paul Jaboulet Aîné • Jean Lionnet • Domaine de l'Oratoire St-Martin • Domaine Perrin • Domaine de la Réméjeanne • Domaine de Saint-Estève • Domaine la Soumade • Tardieu-Laurent

CÔTES DU RHÔNE-VILLAGES AOC

Gegenüber der allgemeinen AOC Côtes du Rhône haben diese Weine mehr Tiefe, Charakter und Qualität. Das Gebiet dieser Appellation liegt ausschließlich im Bereich der Südlichen Rhône. Kommen die Weine aus einer einzigen Gemeinde, darf der Name dieses Ortes angefügt werden. Ursprünglich bestand die Appellation aus den vier Orten Gigondas, Cairanne, Chusclan und Laudun. Gigondas fiel 1971 weg, weil es eine eigene AOC erhielt, dafür kamen immer wieder neue Orte hinzu, sodass heute 16 Gemeinden in dieser AOC sind.

ROT Überwiegend ausgezeichnete Weine.

Maximal 65 % Grenache, mindestens 25 % Syrah, Mourvèdre und Cinsault, dazu maximal (insgesamt) 10 % Clairette, Picpoul, Terret Noir, Picardan, Roussanne, Marsanne, Bourboulenc, Viognier, Carignan, Counoise, Muscardin, Vaccarèse, Pinot Blanc, Mauzac, Pascal Blanc, Ugni Blanc, Calitor, Gamay und Camarèse

3–10 Jahre

WEISS Die Qualität steigert sich allmählich – am besten ist Vieux Manoir du Frigoulas.

Mindestens 80 % Clairette, Roussanne und Bourboulenc, maximal 10 % Grenache Blanc, dazu maximal (insgesamt) 10 % Grenache, Syrah, Mourvèdre, Picpoul, Terret Noir, Picardan, Cinsault, Bourboulenc, Viognier, Carignan, Counoise, Muscardin, Vaccarèse, Pinot Blanc, Mauzac, Pascal Blanc, Ugni Blanc, Calitor, Gamay und Camarèse

1–3 Jahre

ROSÉ Diese Weine können sehr gut sein.

Maximal 60 % Grenache und 10 % Carignan, mindestens 10 % Camarèse und Cinsault, maximal (insgesamt) 10 % Clairette, Picpoul, Terret Noir, Picardan, Roussanne, Marsanne, Bourboulenc, Vaccarèse, Pinot Blanc, Mauzac, Pascal Blanc, Ugni Blanc, Calitor, Gamay, Syrah und Mourvèdre

1–3 Jahre

Domaine de Cabasse • Domaine le Clos des Cazaux • Domaine Delubac • Château la Gardine • Domaine St-Anne • CV St-Hilaire d'Ozilhan • Château Signac • La Vieille Ferme (La Réserve) • *Vieux Manoir du Frigoulas*

DIE GEMEINDEN DER APPELLATION CÔTES DU RHÔNE-VILLAGES

Diese auf eine Gemeinde beschränkten Unterappellationen dürfen den Ortsnamen an die Appellation Côtes du Rhône-Villages anhängen.

CÔTES DU RHÔNE BEAUMES-DE-VENISE AOC

Beaumes-de-Venise ist berühmt für seine köstlichen süßen Muscatweine, erzeugt aber auch angenehmen Rotwein mit einem ansprechenden, pfeffrig-himbeerigen Aroma sowie einen Rosé. Unter der allgemeinen AOC wird trockener Weißwein produziert.

Domaine les Goubert • Château Redortier

CÔTES DU RHÔNE CAIRANNE AOC

Nachdem Vacqueyras zur AOC aufgewertet wurde, nimmt Cairanne den Spitzenplatz unter den Gemeinden dieser Appellation ein. Eine ausgezeichnete Quelle für körperreiche, warme, würzige Rotweine, die sehr gut altern.

Domaine Denis & Daniel Alary • Domaine des Amadieu • Domaine de l'Ameillaud • Max Aubert • Domaine Brusset • Domaine des Buisseron • CV des Coteaux de Cairanne • Domaine du Grand-Jas • Domaine de l'Oratoire St-Martin • Domaine de la Présidente • Domaine Rabasse-Charavin • Domaine Marcel Richaud • Domaine des Travers

CÔTES DU RHÔNE CHUSCLAN AOC

Als eine der zwei Gemeindeappellationen, deren Weine aus mehreren Orten stammen dürfen, darf Chusclan auch aus Trauben gekeltert werden, die in Bagnols-sur-Cèze, Codolet, Orsan und St-Etienne-des-Sorts geerntet wurden. Diese Orte liegen unmittelbar nördlich der namhaften Rosé-Appellationen Lirac und Tavel und erzeugen ebenfalls exzellenten Rosé. Der Hauptanteil liegt jedoch bei guten, süffigen Rotweinen. Die unter der allgemeinen AOC produzierten Weißweine sind frisch, lebhaft und verlässlich.

Caves des Vignerons de Chusclan • Domaine du Lindas

CÔTES DU RHÔNE LAUDUN AOC

Der Wein von Laudun, einem der ursprünglichen Orte der Appellation, darf ebenfalls aus Trauben mehrerer Gemeinden gemacht werden (*siehe* Côtes du Rhône Chusclan); hier kommen St-Victor-La-Coste Costa und Tresques dazu. Neben wunderschönen, frischen und würzigen Rotweinen werden hier die besten Weißweine der Appellation Côtes du Rhône-Villages sowie eine kleine Menge erfreulichen Rosés erzeugt.

Cave des Quatre Chemins • Domaine Pélaquié • Domaine Rémy Estournel • Louis Rousseau & Fils • Château St-Maurice (Cuvée Vicomte)

CÔTES DU RHÔNE RASTEAU AOC

Dieser Ort ist vor allem für seinen süßen Rasteau Rancio (siehe Rasteau AOC und Rasteau Rancio AOC) bekannt, produziert aber beinahe viermal so viel trockenen Rot-, Weiß- und Roséwein. Am besten ist der Rotwein: tieffarben, voll und körperreich mit warmer Würze. Rasteau Rouge kann sich bis zehn Jahre verbessern.

Caves des Vignerons de Rasteau • Didier Charavin • Domaine de la Grangeneuve • Domaine des Girasols • Domaine la Soumade • Domaine des Coteaux des Travers • Francis Vache

CÔTES DU RHÔNE ROAIX AOC

Die Weinberge von Roaix grenzen an Séguret und liefern einen ähnlich dunklen Rotwein, der zur Abrundung zwei, drei Jahre in der Flasche braucht. In kleinen Mengen wird auch Rosé und Weißwein produziert.

Florimond Lambert • CV de Roaix-Séguret

CÔTES DU RHÔNE ROCHEGUDE AOC

Früher hatte nur der Rotwein aus Rochegude Anspruch auf die Appellation Côtes du Rhône-Villages, heute umfasst sie auch Weißwein und Rosé. Unter den Rotweinen habe ich bisher nur den der Genossenschaft gekostet: gute Qualität, schöne Farbe, weich und pflaumig.

Cave Coopérative Vinicole de Rochegude

CÔTES DU RHÔNE ROUSSET-LES-VIGNES AOC

Die benachbarten Orte Rousset-les-Vignes und St-Pantaléon-les-Vignes haben die nördlichsten Weinberge der Appellation. Die Weine fallen leicht aus, sind dennoch weich und süffig.

CÔTES DU RHÔNE SABLET AOC

Die weichen, fruchtigen und schnell reifenden Rot- und Roséweine sind von zuverlässiger Qualität und immer ihren Preis wert.

✓ *René Bernard • Domaine le Goubert • Domaine du Parandou • Domaine de Piaugier • Paul Roumanille • Château du Trignon • Domaine de Verquière*

CÔTES DU RHÔNE ST-GERVAIS AOC

Die Weinberge von St-Gervais liegen nicht an der Rhône, sondern am Nebenfluss Céze. Die Rotweine besitzen köstliche Tiefe und Frucht, die Weißweine sind frisch und aromatisch mit ausgezeichneter Balance.

✓ *Domaine le Baine • CC de St-Gervais • Domaine St-Anne*

CÔTES DU RHÔNE ST-MAURICE (-SUR-EYGUES) AOC

Leichte, gefällige Rot-, Weiß- und Roséweine. Die Produktion wird von der örtlichen Genossenschaft beherrscht.

✓ *CV des Coteaux St-Maurice • Domaine de Deurre*

CÔTES DU RHÔNE ST-PANTALÉON-LES-VIGNES AOC

Die benachbarten Orte St-Pantaléon-les-Vignes und Rousset-les-Vignes haben die nördlichsten Weinberge der Appellation. Im kühlsten Klima der Côtes du Rhône fallen die Weine leicht aus, sind dennoch weich und süffig. Die Produktion liegt in Händen der örtlichen Genossenschaft, die allerdings noch nichts Außergewöhnliches abgeliefert hat.

CÔTES DU RHÔNE SÉGURET AOC

Séguret erzeugt einen festen und fruchtigen Rotwein von leuchtender, tiefer Farbe. Daneben gibt es etwas Weiß- und Roséwein, die aber selten überdurchschnittlich sind.

✓ *Jean-Pierre Brotte • Domaine de Cabasse • Domaine Garancière • Domaine du Sommier*

CÔTES DU RHÔNE VALREAS AOC

Feine Rotweine mit viel Frucht sowie etwas Rosé und Weißwein.

✓ *Domaine de la Fuzière • Domaine des Grands Devers • La Val des Rois*

CÔTES DU RHÔNE VINSOBRES AOC

Hier produziert man zuverlässige, feste Rotweine guter Qualität sowie kleinere Mengen passablen Rosé und etwas Weißwein.

✓ *Domaine des Ausellons • Domaine du Coriançon • Hubert Valayer* (Domaine de Deurre) • *Denis Vinson* (Domaine de Moulin)

CÔTES DU RHÔNE VISAN AOC

Tieffarbige Rotweine von echtem *Vin-de-Garde*-Charakter sowie frische, süffige Weißweine und etwas Rosé.

✓ *Cave Coopérative Les Coteaux de Visan • Domaine de la Cantharide • Domaine de la Costechaude • Clos du Père Clément*

CÔTES DU VENTOUX AOC

Auf dem Kalkstein-Unterboden der Appellation Côtes du Ventoux gedeiht ein für die Rhône ungewöhnlich leichter Wein.

ROT Der frisch-fruchtige, gefällige Rote ist der beste Wein dieser AOC. Er darf ab dem dritten Donnerstag im November nach der Ernte als *primeur* oder *nouveau* verkauft werden.

Grenache, Syrah, Cinsault und Mourvèdre, maximal 30 % Carignan, maximal (insgesamt) 20 % Picpoul Noir, Counoise, Clairette, Bourboulenc, Grenache Blanc, Roussanne und bis 2014 Ugni Blanc, Picpoul Blanc und Pascal Blanc

2–5 Jahre

WEISS Der wenige Weißwein, der hier erzeugt wird, verdient kaum größeres Interesse. Er darf ab dem dritten Donnerstag im November nach der Ernte als *primeur* oder *nouveau* verkauft werden.

Clairette, Bourboulenc und insgesamt maximal 30 % Grenache Blanc, Roussanne sowie 2014 Ugni Blanc, Picpoul Blanc und Pascal Blanc

ROSÉ Der frische Charakter und die delikate Frucht dieser Weine sind an einem heißen, sonnigen Tag besonders angenehm. Sie dürfen ab dem dritten Donnerstag im November nach der Ernte als *primeur* oder *nouveau* verkauft werden.

Grenache, Syrah, Cinsault und Mourvèdre, maximal 30 % Carignan, maximal insgesamt 20 % Picpoul Noir, Counoise, Clairette, Bourboulenc, Grenache Blanc, Roussanne und bis 2014 Ugni Blanc, Picpoul Blanc und Pascal Blanc

Sofort

✓ *Domaine des Anges • Domaine de Fenouillet • CV des Coteaux du Mont Ventoux • Domaine St-Croix • Château Pesquié • Domaine St-Sauveur • Domaine de Tenon • La Vieille Ferme • Château du Vieux-Lazaret*

CÔTES DU VIVARAIS VDQS

Die Côtes des Vivarais blicken über die Rhône auf die Coteaux von Tricastin. Die besten Cru-Orte (Orgnac, St-Montant und St-Remèze) dürfen ihren Namen an die Appellation anhängen, die Weine aus Orgnac ragen deutlich heraus.

ROT Diese leichten, süffigen Weine sind mit Abstand die beste Weine des Gebiets.

Mindestens 90 % Syrah und Grenache (mindestens 40 % Syrah, mindestens 30 % Grenache), dazu Cinsault und Carignan. Seit 1995 sind Mourvèdre, Picpoul, Aubun und Carignan verboten.

1–3 Jahre

WEISS Bisher nichts sagende, enttäuschende Weine, doch mit den jüngsten Verbesserungen im Verschnitt wurde der Standard gehoben, sodass der Vivarais Blanc interessant werden könnte.

Die Weine müssen mindestens zwei der drei Sorten Clairette, Grenache und Marsanne enthalten (maximal 75 % von einer Sorte). Seit 1995 sind Bourboulenc, Macabéo, Mauzac, Picpoul und Ugni Blanc nicht mehr zugelassen.

1–3 Jahre

ROSÉ Die trockenen Weine von einem hübschen Pink verfügen über ein reifes, fruchtiges Aroma und sind in der Regel besser als die weißen.

Die Weine müssen mindestens zwei der drei Sorten Syrah, Grenache und Cinsault enthalten (maximal 80 % von einer Sorte). Seit 1995 sind Mourvèdre, Picpoul und Aubun nicht mehr zugelassen.

1–3 Jahre

✓ *Les Chais du Vivarais*

GIGONDAS AOC

Eine herausragende Appellation mit einigen der am meisten unterschätzten Weine des Rhône-Tals.

ROT Die besten Vertreter sind tief schwarzrot und von vollem, pflaumigem Aroma.

Maximal 80 % Grenache, mindestens 15 % Syrah und Mourvèdre, dazu maximal (insgesamt) 10 % Clairette, Picpoul, Terret Noir, Picardan, Cinsault, Roussanne, Marsanne, Bourboulenc, Viognier, Counoise, Muscardin, Vaccarèse, Pinot Blanc, Calitor, Gamay und Camarèse

7–20 Jahre

ROSÉ Trockene Weine von guter Qualität.

Maximal 80 % Grenache und bis zu (insgesamt) 25 % Clairette, Picpoul, Terret Noir, Picardan, Cinsault, Roussanne, Marsanne, Bourboulenc, Viognier, Counoise, Muscardin, Vaccarèse, Pinot Blanc, Mauzac, Pascal Blanc, Ugni Blanc, Calitor, Gamay und Camarèse

2–5 Jahre

✓ *Domaine Brusset • Domaine du Cayron • Domaine le Clos des Cazaux • Domaine de Font-Sane • Domaine les Goubert • Domaine de Grand Montmirail • Domaine de Longue-Toque • Château de Montmirail • L'Oustau Fauquet • Domaine les Pallières • Domaine du Pesquié • Domaine Raspail-Ay • Château Redortier • De Rocasère • Domaine de St-Gayan • Domaine Santa-Duc • Domaine la Soumade • Château du Trignon*

LIRAC AOC

Diese Appellation war früher eine Hochburg des Rosés, inzwischen steigt die Produktion von Rotwein gewaltig.

ROT In wirklich großen Jahrgängen können Syrah und Mourvèdre trotz der geringen Mengen, in denen sie verwendet werden, sehr dominant sein und einen pflaumigen Wein von seidig-pikanter Finesse ergeben.

Mindestens 40 % Grenache und 25 % (insgesamt) Syrah und Mourvèdre, bis zu 10 % Carignan und in beliebiger Menge Cinsault, die üblicherweise auf 20 % beschränkt war. Ich vermute, dass die Aufhebung der Begrenzung auf einen simplen Schreibfehler bei der Neuformulierung der Statuten 1992 zurückzuführen ist.

4–10 Jahre

WEISS Ein duftiger trockener Weißwein, dessen Spitze sich seit 1992 noch gesteigert hat, als

Marsanne, Roussanne und Viognier zugelassen wurden. Die billigsten Versionen sind dagegen schlechter geworden, da die zulässige Höchstmenge von Clairette verdoppelt wurde. Macabéo und Calitor sind nicht mehr erlaubt.

Maximal (je) 60 % Bourboulenc, Clairette und Grenache Blanc, dazu maximal je 25 % Ugni Blanc, Picpoul, Marsanne, Roussanne und Viognier (jedoch dürfen diese Sekundärsorten insgesamt nicht mehr als 30 % der *Cuvée* ausmachen).

1–3 Jahre

ROSÉ Trockene Rosés, die dank köstlicher Aromen von Sommerfrüchten mehr Frische besitzen als Tavel oder Provence. Die Produktion ist zu Gunsten von Rotwein rückläufig.

Mindestens 40 % Grenache und insgesamt 25 % Syrah und Mourvèdre, bis zu 10 % Carignan, ohne Einschränkung Cinsault (*siehe* oben Rotwein) und bis zu (insgesamt) 20 % Bourboulenc, Clairette, Grenache Blanc, Ugni Blanc, Picpoul, Marsanne, Roussanne und Viognier

1–3 Jahre

Château d'Aquéria • Château Boucarut • Château de Bouchassy • Domaine des Causses & St-Eymes • Domaine de Devoy • Domaine la Fermade • Domaine les Garrigues • Domaine Maby • Domaine de la Mordorée • Domaine de la Pelaquié • Domaine du Château St-Roche • Château de Ségriès • Domaine de la Tour de Lirac

MUSCAT DE BEAUMES-DE-VENISE AOC

Die Muscatweine aus Beaumes-de-Venise gehören zu den elegantesten gespriteten Muscats der Welt. Vor dem Zweiten Weltkrieg wurde sehr wenig produziert. 1945 wurde die AOC zugeteilt und der Wein als *Vin Doux Naturel* (VDN) kategorisiert. Wenn der gärende Most einen Alkoholgehalt von 5 % erreicht hat, wird reiner Weingeist zugesetzt (*Mutage*). Das Endprodukt muss mindestens 15 % Alkohol sowie 110 g Restzucker pro Liter enthalten. Die 1956 gegründete Coopérative des Vins & Muscats erzeugt beachtliche 90 % des Weins. Oft heißt es, dieser Wein werde ohne Jahrgangsangabe verkauft, doch kommen 10 % mit Jahrgangsbezeichnung in den Handel.

WEISS, ROSÉ Die Farbe variiert zwischen Blassgold (selten) und dem meist anzutreffenden hellen, golden getönten Apricot. Das aromatische Bukett erinnert mehr an Trockenblumen als an Früchte. Man muss damit rechnen, dass ein Muscat de Beaumes-de-Venise wenig Säure hat,

dennoch wirkt er überraschenderweise – trotz der intensiven Süße – nicht klebrig. Gerade dank dieser Eigenschaften gehört er aber auch zu den wenigen Weinen, die sich zu Eiscreme empfehlen.

Muscat Blanc à Petits Grains, Muscat Rosé à Petits Grains

1–2 Jahre

Domaine de Beaumalric • Domaine des Bernardins • CV Beaumes-de-Venise • Domaine de Coyeux • Domaine de Durban • Domaine de Fenouillet • Domaine de la Mordorée • Domaine de St-Sauveur

RASTEAU AOC

Die Appellation wurde Anfang der 1930er Jahre begründet und erhielt am 1. Januar 1944 den AOC-Status. Rasteau war die erste der beiden Appellationen für *Vin Doux Naturel* der Rhône. An Beliebtheit und Qualität bleibt sie aber hinter Muscat de Beaumes-de-Venise zurück.

ROT Ein üppiger, süßer, etwas derber Wein mit deutlichem Traubenaroma, sehr straff, aber mit schwerfällig-alkoholischem Charakter und kernigem Abgang, der an Aprikosenschalen erinnert.

Mindestens 90 % Grenache (Gris oder Blanc), bis zu insgesamt 10 % Clairette, Syrah, Mourvèdre, Picpoul, Terret Noir, Picardan, Cinsault, Roussanne, Marsanne, Bourboulenc, Viognier, Carignan, Counoise, Muscardin, Vaccarèse, Pinot Blanc, Mauzac, Pascal Blanc, Ugni Blanc, Calitor, Gamay und Camarèse

1–5 Jahre

WEISS, ROSÉ Dieser Wein kann je nach Herstellung und Alter weiß, bernsteinfarben oder rosé sein. Er hat nicht die Straffheit des Rotweins, dafür eine sanftere Süße.

Mindestens 90 % Grenache (Gris oder Blanc), bis zu insgesamt 10 % Clairette, Syrah, Mourvèdre, Picpoul, Terret Noir, Picardan, Cinsault, Roussanne, Bourboulenc, Viognier, Carignan, Counoise, Muscardin, Vaccarèse, Pinot Blanc, Mauzac, Pascal Blanc, Ugni Blanc, Calitor, Gamay und Camarèse

1–5 Jahre

Domaine de Char-à-Vin • Gourt de Mautens • Domaine de la Grangeneuve • Domaine la Soumade • Tardieu-Laurent • Francis Vache • Cave des Vignerons

RASTEAU RANCIO AOC

Diese Weine sind denen der Rasteau AOC sehr ähnlich, müssen aber »nach regionalem Brauch« in Eichenfässern gelagert werden. Das heißt oft, dass die Fässer mindestens zwei Jahre den Sonnenstrahlen ausgesetzt werden, wodurch der Wein seinen maderisierten Rancio-Charakter erhält.

TAVEL AOC

Tavel ist der berühmteste trockene Rosé Frankreichs, doch nur die besten Domaines werden dem Ruf gerecht. Damit er seine Frische erhält, darf der Tavel höchstens 13 % Alkohol enthalten.

ROSÉ Einige Weingüter vinifizieren noch immer mit den alten Methoden, was schlicht gesagt bedeutet, dass die Weine schon zu alt sind, wenn sie in den Handel kommen. Die Spitzenerzeuger

der Appellation liefern transparente Weine mit frisch duftender Aromatik und feiner Frucht, die sehr gute Speisenbegleiter sind.

Grenache (maximal 60 %), 15 % Cinsault, Clairette, Clairette Rosé, Picpoul, Calitor, Bourboulenc, Mourvèdre und Syrah sowie maximal 10 % Carignan

1–3 Jahre

Château d'Aquéria • Domaine la Forcadière • Domaine la Genestière • Prieuré de Montezargues • Domaine de la Mordorée • Château de Trinquevedel • Le Vieux Moulin de Tavel

VACQUEYRAS AOC

Vacqueyras gehörte ursprünglich zu den Gemeinden der Côtes du Rhône-Villages, die ihren Namen der Appellation hinzufügen durften, und erhielt 1990 den AOC-Status (ohne die Bezeichnung Côtes du Rhône oder Côtes du Rhône-Villages). Damit steht er heute theoretisch auf einer Stufe mit Gigondas.

ROT Die besten Versionen sind dunkel, körperreich und robust mit warmer, an schwarzen Pfeffer erinnernder Würze.

Mindestens 50 % Grenache, bis zu insgesamt 25 % (20 % ab 2000) Syrah, Mourvèdre und Cinsault und höchstens 10 % (ob eine einzelne Sorte oder insgesamt) Terret Noir, Counoise, Muscardin, Vaccarèse, Gamay und Camarèse

4–12 Jahre

WEISS Der am wenigsten erfolgreiche Wein der Appellation. Die meisten Vertreter sind entweder breit oder so sehr von modernen Vinifikationsmethoden geprägt, dass sie einfach nur frisch sind und irgendwoher kommen könnten.

Grenache Blanc, Clairette und Bourboulenc, dazu maximal insgesamt 50 % Marsanne, Roussanne und Viognier

2–3 Jahre

ROSÉ Diese Weine können schön, frisch und fruchtig sein.

Bis zu 60 % Grenache und maximal 15 % Mourvèdre oder Cinsault, dazu je Sorte oder insgesamt bis zu 15 % Terret Noir, Counoise, Muscardin, Vaccarèse, Gamay und Camarèse

2–3 Jahre

Domaine des Amouriers • Domaine les Clos des Cazaux • Domaine la Fourmone • Paul Jaboulet Aîné • Domaine de la Monardière • Domaine de Montuac • Château des Roques • Tardieu-Laurent • Château des Tours • Domaine de Verquière

DIE AUSWAHL DES AUTORS

Da die Rhône immer mehr als klassische Rotweinregion anerkannt und in einem Atemzug mit Bordeaux oder Burgund genannt wird, kann man nicht mehr so preiswert einkaufen wie früher. Meine Auswahl umfasst daher einige der wirklich großen Weine wie auch die überwältigendsten Schnäppchen, die noch zu finden sind.

ERZEUGER	WEIN	ART	BESCHREIBUNG	
Château de Beaucastel Ⓥ	Châteauneuf-du-Pape AOC (*siehe* S. 216)	ROT	Sehr alte Reben ergeben niedrige Erträge extrem konzentrierter Frucht, aus der dieser wunderbar tieffarbige Wein entsteht. Château de Beaucastel ist äußerst komplex: Köstlich saftig mit Unmengen dichter Aromen von schwarzem Pfeffer, pflaumig-reifen, würzigen Schwarzen Johannisbeeren und Brombeeren.	10–30 Jahre
Château de Beaucastel	Cuvée Jacques Perrin Châteauneuf-du-Pape AOC (*siehe* S. 216)	ROT	Es gab Zeiten, da viele den Château de Beaucastel zum besten Châteauneuf-du-Pape erhoben, und er war (neben dem Vieux Télégraphe) schon immer mein Favorit.	10–40 Jahre
Château de Beaucastel	Roussanne Vieilles Vignes Châteauneuf-du-Pape AOC (*siehe* S. 216)	WEISS	Eine winzige Ernte von 70 Jahre alten Reben ist das Geheimnis dieses fabelhaft körperreichen, exotischen, in Eiche ausgebauten trockenen Weißweins mit seiner vielschichtigen, üppigen Honigfrucht, makellosen Balance und großen Finesse.	5–7 Jahre
Jean-Luc Colombo	Les Ruchets Cornas AOC (*siehe* S. 213)	ROT	Es ist erstaunlich, wie ein derart tiefer, tintenschwarzer Wein so geschmeidig und geschliffen sein kann und dennoch einen immensen Tiefgang, Länge und Fruchtkonzentration von Brombeere, Himbeere und Cassis besitzt.	6–15 Jahre
Yves Cuilleron	Les Chaillets Condrieu AOC (*siehe* S. 213)	WEISS	Hervorragend gemachter, knackiger, strahlender, üppig fruchtiger Wein mit exotischen Aromen von Tropenfrüchten und Blumen.	2–4 Jahre
M. Chapoutier	Cuvée de l'Orée Hermitage AOC (*siehe* S. 214)	WEISS	Dieser ausgesprochen körperreiche Wein von 70 Jahre alten Rebstöcken besitzt eine botrytisähnliche Fülle, schöne Textur und komplexe Honig-Pfirsich-Frucht.	5–15 Jahre
Coudoulet de Beaucastel Ⓥ	Côtes du Rhône AOC (*siehe* S. 217)	ROT	Coudoulet ist wahrscheinlich der zuverlässigste unter den hochwertigen Côtes-du-Rhône-Weinen. Er verfügt über eine überwältigende Geschmackstiefe, reichhaltige, saftige Frucht und eine pfeffrige, pikante Frische, deren Finesse und Komplexität weit über die bescheidene Appellation hinausreichen können.	4–10 Jahre
Yves Cuilleron Ⓥ	Cuvée Prestige St-Joseph AOC (*siehe* S. 214)	ROT	Yves Cuilleron liefert beständig einen der besten Weine dieser insgesamt für ihr ausgezeichnetes Preis-Leistungs-Verhältnis bekannten Appellation und damit einen der preiswürdigsten Rhôneweine überhaupt. Er ist mächtig, dunkel und geschmeidig mit jeder Menge würziger Frucht von Brombeeren und Schwarzen Johannisbeeren.	5–12 Jahre
Delas	Seigneur de Maugiron Côte-Rotie AOC (*siehe* S. 213)	ROT	Wenn man in der Côte-Rôtie überhaupt preisgünstig einkaufen kann, dann mit diesem superfrischen, köstlichen Wein, der von eleganter Frucht Schwarzer Johannisbeeren schier überströmt.	5–12 Jahre
Delas	Chante-Perdrix Cornas AOC (*siehe* S. 213)	ROT	Dieser Wein ist etwas teurer als der Côte-Rôtie Seigneur de Maugiron, obwohl ein Cornas üblicherweise nur ein Fünftel eines Côte-Rôtie kostet. Hinsichtlich Qualität ist der exquisit duftende Chante-Perdrix diesem tatsächlich ebenbürtig.	5–12 Jahre
Delas	Les Bassards, Hermitage AOC (*siehe* S. 214)	ROT	Ein mächtiger, konzentrierter Hermitage, der erst seit 1991 erzeugt wird, sich aber mit seinem feinen, pfeffrigen, pikanten Aroma schwarzer Beerenfrüchte und dem langen, weichen, eleganten Abgang schnell als Klassiker etablierte.	5–20 Jahre
Domaine de Durban	Muscat de Beaumes-de-Venise AOC (*siehe* S. 219)	WEISS ANGEREICHERT	Unter all den feinen Muscats de Beaumes-de-Venise besitzt dieser wahrscheinlich das breiteste Spektrum an Muscat-Aromen, von floralen (Rosenblätter, Orangenblüten, Veilchen) über nussige und sahnige (Vanille und Kokosnuss) bis zu fruchtigen (Pfirsich und Orange).	sofort
Domaine Gramenon Ⓥ	Cuvée de Laurentides, Côtes du Rhône AOC (*siehe* S. 217)	ROT	Dieser fabelhaft reichhaltige, gewichtige Wein verfügt über eine kräftige Textur und Geschmeidigkeit von der Eiche und ist für einen derart preisgünstigen Côtes du Rhône bemerkenswert komplex – vielleicht das größte Schnäppchen an der Rhône.	3–8 Jahre
E. Guigal	La Doriane Condrieu AOC (*siehe* S. 213)	WEISS	Dieser Einzellagen-Condrieu wird in kleinsten Mengen erzeugt. Er wird in Barriques vergoren und verfügt über so lebhafte, leckere, intensive, von Blüten und Pfirsich geprägte Frucht, dass die Eiche sich nicht in den Vordergrund drängt, sondern nur ein sanfter, weicher Eindruck im langen Abgang entsteht.	2–5 Jahre

ERZEUGER	WEIN	ART	BESCHREIBUNG	🍾
E. Guigal	La Landonne Côte-Rôtie AOC (*siehe* S. 213)	ROT	La Landonne kommt ausschließlich von alten Syrahreben in der Côte Brune und ist daher wohl der potenziell größte unter den drei Einzellagen-Côte-Rôtie-Weinen von Guigal; obwohl manche Jahrgänge sehr opulent und geschmeidig sein können, sind sie zugleich auch dicht und kräftig.	10–30 Jahre
E. Guigal	La Mouline Côte-Rôtie AOC (*siehe* S. 213)	ROT	La Mouline stammt von relativ jungen Weinstöcken in der Côte Blonde und enthält etwa 10 % Viognier, wodurch er der geschmeidigste und exotischste Côte-Rôtie unter Guigals drei Lagenweinen ist. Das weiche Tannin im Abgang erinnert entfernt an Weine aus der Neuen Welt.	5–20 Jahre
E. Guigal	La Turque Côte-Rôtie AOC (*siehe* S. 213)	ROT	La Turque ist in der Riege der exquisiten, wenn auch horrend teuren Tropfen aus den drei Einzellagen von Guigal der rarste. Er ist irgendwo zwischen der Kraft und Struktur von La Landonne und der Üppigkeit von La Mouline angesiedelt, wobei einzelne Jahrgänge besonders exotisch ausfallen.	8–25 Jahre
Paul Jaboulet-Aîné ⓥ	Cornas AOC (*siehe* S. 213)	ROT	Ich kaufe diesen Wein regelmäßig, sobald er auf den Markt kommt, denn im achten Jahr, wenn die tiefe, dunkle, pfeffrige, würzige Frucht von Brombeeren voll entwickelt ist, ist er fast nicht mehr aufzutreiben. Und hat man das Glück, noch eine Flasche zu finden, kostet sie dreimal so viel – also immer wieder eine lohnende Anlage unter den Rhôneweinen.	8–20 Jahre
André Perret	Coteau de Chéry Condrieu AOC (*siehe* S. 213)	WEISS	Dieser im Eichenfass vergorene Einzellagen-Condrieu wird nur in kleinen Mengen produziert, und davon kommt wenig in den Handel. Der üppige, fleischige Weißwein wird im Barrique vergoren und liegt bis zu einem Jahr auf der Hefe *(sur Lie)*; die Frucht wirkt dadurch derart frisch und luftig, dass sie an den Biss in das saftige Fleisch eines perfekt reifen weißen Pfirsichs erinnert.	2–5 Jahre
Jean-Claude Raspail ⓥ	Clairette de Die Méthode Dioise Ancestrale AOC (*siehe* S. 213)	SCHAUMWEIN WEISS	Ausgestattet mit süßer, reifer Pfirsichfrucht, ist dies der frischeste, pikanteste und rassigste Clairette de Die, den man finden kann.	2–5 Jahre
Château Rayas	Châteauneuf-du-Pape AOC (*siehe* S. 216)	ROT	Viele halten diesen für den besten Châteauneuf-du-Pape. Sein einzigartiger Charakter ist auf die 100 % Grenache zurückzuführen, aus denen er gemacht wird, sowie auf die extrem gering tragenden, uralten Weinstöcke, die in großen Jahrgängen konzentrierte und dennoch hoch elegante Weine hervorbringen. Er verfügt über reife, würzige Beerenfrucht und eine außergewöhnliche, süße, kräuter- und zedernholzähnliche Komplexität.	10–30 Jahre
Marc Sorrel	Les Rocoules Hermitage AOC (*siehe* S. 214)	WEISS	Dieser große, körperreiche, burgunderähnliche Hermitage Blanc ist einer der wenigen weißen Rhôneweine von echter *Vin-de-Garde*-Manier. Seine herrlich reintönige Honig-Pfirsich-Frucht kann vielschichtige würzige, von Zitrusfrüchten, Honig und Mineralien geprägte Aromen entwickeln, ohne dabei seinen frischen, knackigen, brillanten Abgang zu verlieren.	5–10 Jahre
Domaine de la Soumade	Côtes du Rhône Rasteau AOC (*siehe* S. 217)	ROT	Eigentümer und Weinmacher André Romero produziert eine beeindruckende Bandbreite preiswerter Rasteau-*Cuvées,* die an dunkle Schokolade und Kirschen erinnern und über komplexe Aromen nach toastig-röstigen Kräutern verfügen. Damit zeigen sie, dass diese Gemeinde in Sachen Potenzial den berühmteren Appellationen der Rhône fast ebenbürtig ist.	5–8 Jahre
CV Tain-Hermitage ⓥ	Crozes-Hermitage AOC (*siehe* S. 214)	ROT	Der günstigste, beständigste Crozes-Hermitage – die leckeren, staubig-pfeffrigen Himbeeraromen der Weine von der örtlichen Genossenschaft sind kaum zu übertreffen und in großen Jahrgängen ein wahrlich sensationell preiswerter Kauf.	2–5 Jahre (5–10 Jahre bei Spitzenjahrgängen)
Domaine du Vieux Télégraphe	Châteauneuf-du-Pape AOC (*siehe* S. 216)	ROT	Die neue Generation hat sich offensichtlich vorgenommen, die Qualität des Vieux Télégraphe (neben Beaucastel mein Favorit unter den Châteauneuf-du-Papes) noch zu steigern. Die warme, sanfte, würzige Glut der Grenache ist immer durch die Pfeffer- und Cassisaromen von Syrah und Mourvèdre schön ausbalanciert, wodurch der Wein seine Finesse erhält.	10–30 Jahre
Vidal-Fleury	La Chatillonne Côte-Rôtie AOC (*siehe* S. 213)	ROT	Dieser Côte-Rôtie stammt aus einer Einzellage in der Côte Blonde. Es ist ein Wein von großer Eleganz und Ausgewogenheit, randvoll mit herrlich geschmeidigen, cremigen Aromen nach roten Früchten – dabei aber keineswegs übergewichtig – und schön abgerundet mit einem cremig-rauchigen, Eichenholz-betonten Abgang von großer Finesse.	8–12 Jahre
François Villard	Les Terrasses de Pilat Condrieu AOC (*siehe* S. 213)	WEISS	Ein schmalziger, fleischiger, im Fass vergorener Traum eines Weins von einem der jungen Senkrechtstarter in Condrieu.	4–6 Jahre

JURA UND SAVOYEN

Von den malerischen Weinbergen nahe den Französischen Alpen kommen in erster Linie Weißweine: Schaumweine sind eine Spezialität Savoyens, während sich der Jura der ungewöhnlichen süßen Vins de Paille und der langlebigen Vins Jaunes rühmt.

Im Jura dominiert das Städtchen Arbois und dort wiederum Henri Maire. Sein nicht gerade berühmter Schaumwein »Vin Fou« (»Verrückter Wein«) gehört keiner Appellation an und wird in diversen *Cuvées* unterschiedlicher Qualität angeboten. Trotz der nicht mit allzu großem Ernst betriebenen Produktion und Vermarktung des »Vin Fou« muss man ihm aber eines lassen: Er hat die Konsumenten auf den Jura und Savoyen mit ihren zahlreichen guten und individuellen Weinen aufmerksam gemacht. Dies hätten die hochwertigen *Vins de Paille* und *Vins Jaunes* aufgrund ihrer Seltenheit und des hohen Preises alleine nie vermocht.

Der sehr süße *Vin de Paille* (»Strohwein«) wurde so benannt, weil die Trauben nach der Lese auf Strohmatten getrocknet werden, bis ihr Saft die für einen Dessertwein erforderliche Konzentration erreicht hat. Der *Vin Jaune* (»Gelber Wein«) verdankt seine Bezeichnung der tiefen Färbung, die sich im Laufe einer sechsjährigen Reifezeit, in der nie aufgefüllt wird, bildet. Währenddessen oxidiert er unter einer dicken Florhefeschicht.

In der Region werden aber auch einige »normale« Weine produziert, oft sogar reinsortig, die aber selten begeistern. Berühmt ist der Jura aber auch als Heimat von Louis Pasteur (1822 bis 1895), der gewissermaßen die Önologie begründet hat. Im Auftrag von Napoleon III. untersuchte er die Veränderungen, die sich bei der Reifung des Weins abspielen. In seinem Geburtsort Arbois gibt es ein kleines Museum. Sein Weinberg am Ortsrand von Arbois ist heute übrigens im Besitz der Kellerei Henri Maire.

Die Weine Savoyens, der Region zwischen dem Genfer See und Grenoble, müssten an sich weitaus größeren Erfolg haben, als dies der Fall ist. Ich kann mir für diese Weine keine bessere Werbung vorstellen als die bekannten Wintersportorte Savoyens. Dass sie nicht in großem Stil exportiert werden, liegt wohl nur daran, dass sie den ausländischen Importeuren zu wenig vertraut sind.

DIE JAHRGÄNGE IM JURA UND IN SAVOYEN

Der Jahrgang 1995 ist zwar bei allen Weintypen herausragend, doch sind die Unterschiede zwischen den Jahrgängen hier nicht so gravierend wie in den meisten anderen französischen Weinbauregionen. Man kauft am besten den jüngsten Jahrgang und lagert ihn selbst, anstatt Flaschen zu erwerben, die schon einige Jahre irgendwo herumlagen.

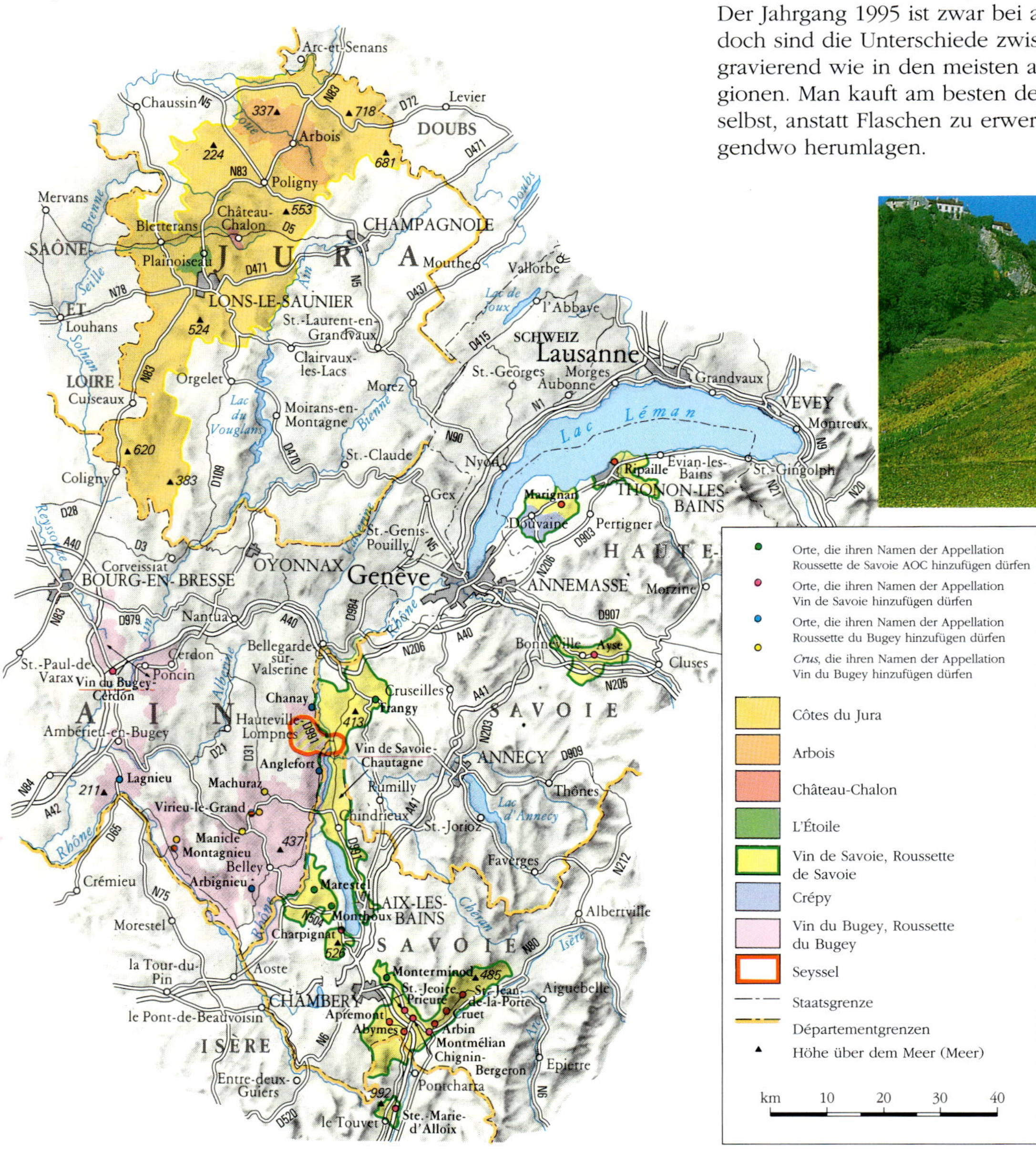

CHÂTEAU-CHALON

In dieser Gemeinde werden aus Savagnin die berühmtesten Vins Jaunes erzeugt, die den Namen ihrer satten honiggoldenen Farbe verdanken; sie schmecken am besten nach langer Reifung.

JURA UND SAVOYEN

***Siehe auch* S. 55**

Diese Region liegt östlich von Burgund, etwa auf der Höhe zwischen Beaune und der Südgrenze des Beaujolais.

GESCHMACKS- UND QUALITÄTSFAKTOREN

LAGE
Jura und Savoyen liegen östlich von Burgund parallel zur gebirgigen Ostgrenze Frankreichs.

KLIMA
Kontinentales Klima mit heißen Sommern und kalten Wintern. Aufgrund der unmittelbaren Nähe der Bergketten des Jura und Savoyens muss man mit plötzlichen Wetterumschwüngen rechnen. Der Genfer See und der Lac du Bourget üben einen mildernden Einfluss auf das Klima aus.

TOPOGRAFIE
Im Jura liegen die Weinberge an den unteren Hangteilen der Bergzüge, in Höhen zwischen 250 und 500 m. Die Weinberge Savoyens liegen etwas niedriger.

BÖDEN
Der Kalkboden des Jura ist in der Regel mit Ton vermischt, der Unterboden besteht aus verdichtetem Mergel. Bei Arbois und Château-Chalon finden sich über einer Schicht aus sandigem und kiesigem Mergel Kalkstein- und Mergelböden, bei Bugey und Seyssel Kalksteingeröll, kalkhaltiger Sand und feiner Sand mit Schwemmablagerungen.

WEINBAU UND WEINBEREITUNG
Der Jura ist für zwei Weine mit speziellen Herstellungsverfahren berühmt, den *Vin de Paille* und den *Vin Jaune*. Für *Vin de Paille* (Strohwein) werden zum Teil Weidengeflechte oder Drahtnetze verwendet, doch meist werden die Trauben in beheizten Hütten gebündelt zum Trocknen aufgehängt. Die geschrumpften, rosinenähnlichen Trauben ergeben schließlich einen bernsteinfarbenen süßen, langlebigen Wein. *Vin Jaune* wird ausschließlich aus der Savagnin-Rebe hergestellt und reift nach der alkoholischen Gärung sechs Jahre im Holzfass, wobei überhaupt nicht aufgefüllt wird. Ähnlich wie beim Sherry Fino entwickelt sich dabei eine Florhefe, die eine ganz bestimmte (hefige) Geschmackskomponente hervorruft.

REBSORTEN
Aligoté, Cabernet Franc, Cabernet Sauvignon, Chardonnay (Melon d'Arbois, Gamay Blanc), Chasselas, Chasselas Roux, Chasselas Vert, Etraire de la Dui, Frühroter Veltliner (Malvoisie Rosé, Veltliner Rosé), Gamay, Gringet (eng verwandt mit Savagnin), Jacquère, Joubertin, Marsanne, Molette, Mondeuse, Mondeuse Blanche, Persan, Pinot Blanc, Pinot Noir (Gros Noiren), Poulsard, Roussette, Roussette d'Ayze, Savagnin (Naturé), Serène, Trousseau, Verdesse

DIE APPELLATIONEN IM

JURA UND SAVOYEN

ARBOIS AOC

Die bekannteste Appellation des Jura, ihr Zentrum ist die Stadt Arbois.

ROT Die Weine aus Trousseau sind körperreich und derb, die Pinots leicht und rustikal.

Trousseau, Poulsard, Pinot Noir

2–8 Jahre

WEISS Die leichten, frischen Chardonnays sind angenehm. Savagnin tendiert zur Oxidation und eignet sich eher für den berühmten *Vin Jaune*.

Savagnin, Chardonnay, Pinot Blanc

1–3 Jahre

ROSÉ Berühmt sind die festen, charaktervollen Roséweine im Stil eines blassen *Vin Gris*.

Poulsard, Trousseau, Pinot Noir

1–3 Jahre

Lucien Aviet • *Maurice Chassot* • *Fruitière Vinicole d'Arbois* • *Jean-Pierre & Marie-France Ligier* • *Henri Maire* (Domaine de la Grange Grillard, Domaine du Sorbief) • *Jean-François Nevers* • *Pierre Overnay* • *Jacques Puffeney* • *Domaine Rolet* • *André & Mireille Tissot* • *Jacques Tissot*

ARBOIS MOUSSEUX AOC

Ein flaschenvergorener Schaumwein, der außerhalb von Arbois selten anzutreffen ist.

SCHAUMWEIN WEISS Frische, trockene Schaumweine; eigentlich zu höherer Qualität fähig.

Savagnin, Chardonnay, Pinot Blanc

1–3 Jahre

Domaine Foret • *Fruitière Vinicole d'Arbois* (Montboise)

ARBOIS VIN DE PAILLE AOC

Für diesen Wein werden die Trauben getrocknet, um konzentrierten Saft zu erhalten, dann folgen lange Gärung und bis zu vier Jahre Reife im Holzfass.

WEISS Sehr süße Weine mit altgoldenem Farbton, komplexem Bukett und reichem, nussigem Aroma.

Poulsard, Trousseau, Savagnin, Chardonnay

10–50 Jahre (und länger)

Fruitière Vinicole d'Arbois • *Jacques Foret* • *Domaine Rolet* • *André & Mireille Tissot*

ARBOIS PUPILLIN AOC

Die Appellation gilt nur für Arbois, und zwar für Rot-, Weiß- und Roséwein sowie für *Vin Jaune* und *Vin de Paille*. Die Vorschriften entsprechen jenen des Arbois AOC.

Désiré Petit & Fils • *Fruitière Vinicole de Pupillin* • *Henri Maire* (Domaine du Sorbief) • *Domaine de la Pinte* • *Pierre Overnoy* • *Daniel Overnoy-Crinquand*

ARBOIS VIN JAUNE AOC

Zu Stil und Herstellung *siehe* Château-Chalon.

Lucien Aviet • *Maurice Chassot* • *Fruitière Vinicole d'Arbois* • *Fruitière Vinicole de Pupillin* • *Domaine Michel Geneletti* • *Pierre Overnoy* • *Domaine de la Pinte* • *Jacques Puffeney* • *Domaine Rolet* • *André & Mireille Tissot* • *Jacques Tissot*

CHÂTEAU-CHALON AOC

Der *Vin Jaune* aus dem Jura besitzt einen unverwechselbaren Charakter, und jener aus der Gemeinde Château-Chalon ist sicher der berühmteste. Normalerweise reift er nach der Gärung sechs Jahre lang in versiegelten Fässern, ohne dass aufgefüllt wird. Während dieser Zeit entwickelt sich auf der Oberfläche eine Florhefeschicht. Die durch den Flor bewirkten Veränderungen rücken den von Acetaldehyd dominierten *Vin Jaune* in die Nähe des Sherry Fino. Da er aber nicht aufgespritet (mit Alkohol versetzt) und aus einer anderen Traubensorte gekeltert wird, besitzt er einen einzigartigen Charakter.

WEISS An *Vin Jaune* muss man sich gewöhnen, auf jeden Fall sollte er sehr alt getrunken werden. Die große Palette komplexer Nuancen im Bukett übertönt und verwandelt im Lauf der langen Reifung den sherryähnlichen Geruch. Am Gaumen ist er trocken.

Savagnin

10–100 Jahre

Domaine Berthet-Bondet • *Jean Bourdy* • *Daniel Chalanard* • *Domaine Jean Macle*

CÔTES DU JURA AOC

Einige der am weitesten verbreiteten Juraweine tragen diese allgemeine Appellation. Dank ihrer großen Ausdehnung steht sie in Konkurrenz zur engeren Herkunftsbezeichnung Arbois.

ROT In der Regel leicht und blass, mit eleganter Frucht und gewisser Finesse.

Poulsard, Trousseau, Pinot Noir

2–8 Jahre

WEISS Einfache trockene Weine, die ideal zur regionalen Spezialität Raclette passen.

Savagnin, Chardonnay

1–3 Jahre

ROSÉ Feine, duftende Weine nach Art eines *Vin Gris*.

Poulsard, Trousseau, Pinot Noir, Pinot Gris, Savagnin, Chardonnay

1–3 Jahre

Château d'Arlay • *Daniel & Pascal Chalanard* • *Domaine Grand Frères* • *Domaine Labet* • *Domaine Jean Macle* • *Domaine Morel-Thibaut* • *Domaine Rolet* • *Domaine des Roussots* • *Hélène & Jean-Marie Salaün* • *André & Mireille Tissot*

CÔTES DU JURA MOUSSEUX AOC

Wahrscheinlich die beste Schaumwein-Appellation im Jura.

SCHAUMWEIN WEISS Diese Weine besitzen ein anhaltendes *Mousseux* mit winzigen Bläschen, ausgezeichnete Balance, überraschende Finesse und großes Potenzial.

Savagnin, Chardonnay, Pinot Blanc

1–3 Jahre

Bernard Badoz • Hubert Clavelin • Gabriel Clerc • Château Gréa • Pierre Richard

CÔTES DU JURA VIN DE PAILLE AOC

Für diese Weine werden die Trauben getrocknet, um konzentrierten Saft zu erhalten, danach folgen eine lange Gärung und vierjährige Reife im Holzfass.

WEISS Sehr süße Weine, deren Farbe zwischen Altgold, Honiggold und Bernstein variiert. Sie verfügen über ein volles, charakteristisches Bukett, kräftigen, üppig-nussigen Geschmack und einen überraschenden Abgang, in dem Rosinen und Dörrobst in Erscheinung treten.

Poulsard, Trousseau, Savagnin, Chardonnay

10 bis 50 Jahre (und länger)

Château d'Arlay • Domaine Berthet-Bondet • Durand-Perron • Jacques Foret • Domaine Grand Frères • Désiré Petit & Fils • Pignier Père & Fils

CÔTES DU JURA VIN JAUNE AOC

Einzelheiten *siehe* Château-Chalon AOC.

Château d'Arlay • Xavier Reverchon

CRÉMANT DU JURA AOC

Die Appellation Crémant du Jura existiert seit Oktober 1995. Sie kann für jeden Wein verwendet werden, der den Bestimmungen für die Vin-Mousseux-AOCs der Côtes du Jura, von Arbois und L'Étoile entspricht, und gilt rückwirkend für die Jahrgänge ab 1991.

Marcel Cabelier • Jacques Tissot

CRÉPY AOC

Zum Après-Ski sehr beliebt.

WEISS Leichte, trockene und fruchtige Weine mit floralem Aroma und leichter Kohlensäure.

Chasselas Roux, Chasselas Vert

1–3 Jahre

Goy Frères • Fichard • Mercier & Fils • Georges Roussiaude

L'ÉTOILE AOC

Der Name geht auf die fossilen Seesterne zurück, die im Kalkstein der Region häufig zu finden sind.

WEISS Leichte, trockene Weine, in deren Aromen sich der Duft von Bergkräutern und Farnen wieder findet.

Chardonnay, Poulsard, Savagnin

1–3 Jahre

Domaine Michel Geneletti • Domaine de Montbourgeau

L'ÉTOILE MOUSSEUX AOC

Der nach der *Méthode Champenoise* hergestellte Wein hat nicht ganz das Niveau des Côtes du Jura Mousseux, jedoch größeres Potenzial als Arbois Mousseux.

SCHAUMWEIN WEISS Die Domaine de Montbourgeau liefert einen guten trockenen Schaumwein.

Chardonnay, Poulsard, Savagnin

1–3 Jahre

Château de l'Étoile • Domaine de Montbourgeau

L'ÉTOILE VIN JAUNE AOC

Siehe Château-Chalon AOC

Savagnin

10–100 Jahre

Château de l'Ètoile • Domaine Michel Geneletti • Jean Gros

MACVIN AOC *ODER* MACVIN DU JURA AOC

Für Macvin, einen *Vin de Liqueur,* wird dem Traubensaft Marc (Tresterschnaps) zugesetzt, um die Gärung zu verhindern.

ROT Typisches, eher flaches Likörwein-Bukett, süß und traubig.

Poulsard, Trousseau, Pinot Noir

Sofort oder gar nicht

WEISS Typisches, flaches Vin-de-Liqueur-Aroma, süß und traubig. Dieser Macvin neigt am stärksten zur Oxidation.

Chardonnay, Poulsard, Savagnin

Nie!

ROSÉ Typisches, flaches Likörwein-Aroma, süß und traubig.

Poulsard, Trousseau, Pinot Noir

Sofort oder gar nicht

Désiré Petit & Fils • Château de l'Étoile • Henri Maire

MOUSSEUX DU BUGEY AOC

Siehe Vin du Bugey Mousseux VDQS

MOUSSEUX DE SAVOIE AOC

Siehe Vin de Savoie Mousseux AOC

PÉTILLANT DU BUGEY VDQS

Siehe Vin du Bugey Pétillant VDQS

PÉTILLANT DE SAVOIE AOC

Siehe Vin de Savoie Pétillant AOC

ROUSSETTE DU BUGEY VDQS

Folgende Orte dürfen – bei extrem reduzierten Erträgen – ihren Namen der Appellation anfügen: Anglefort, Arbignieu, Chanay, Lagnieu, Montagnieu und Virieu-le-Grand.

WEISS Leichte, frische und nicht ganz trockene Weine mit wenig Anspruch.

Roussette, Chardonnay

1–3 Jahre

Jean Peillot

ROUSSETTE DE SAVOIE AOC

Folgende Orte dürfen ihren Namen der Appellation anfügen, falls der Wein ausschließlich aus Roussette gekeltert wird: Frangy, Marestel (oder Marestel-Altesse), Monterminod und Monthoux.

WEISS Trockener als Roussette de Bugey, mit feiner, pikanter Frucht.

Roussette, Mondeuse Blanche und bis zu 50 % Chardonnay

1–3 Jahre

Domaine Dupasquier • Michel Gisard

SEYSSEL AOC

Ein beliebter Après-Ski-Wein.

WEISS Aromatisch duftend, erfrischend, trocken.

Roussette

1–3 Jahre

Maison Mollex • Clos de la Péclette • Varichon & Clerc

SEYSSEL MOUSSEUX AOC

Varichon & Clerc leisteten beim Export von Seyssel Mousseux Pionierarbeit.

SCHAUMWEIN WEISS Die Privat Cuvée von Royal Seyssel ist mit ihrem eleganten Aroma die Messlatte für alle anderen Erzeuger.

Molette, Chasselas und mindestens 10 % Roussette

1–3 Jahre

Royal Seyssel

VIN DU BUGEY VDQS

Meist reinsortig. Folgende Orte dürfen ihren Namen an die Appellation anfügen: Virieu-le-Grand, Montagnieu, Manicle, Machuraz und Cerdon.

ROT Eine Palette frischer Weine, vom fruchtigen Pinot bis zur körperreichen Mondeuse.

Gamay, Pinot Noir, Poulsard, Mondeuse, dazu maximal insgesamt 20 % Chardonnay, Roussette, Aligoté, Mondeuse Blanche, Jacquère, Pinot Gris und Molette

2–8 Jahre

WEISS Nicht ganz trockene, frische und leichte Weine von zurückhaltender Frucht.

Chardonnay, Roussette, Aligoté, Mondeuse Blanche, Jacquère, Pinot Gris und Molette

1–3 Jahre

ROSÉ Leichte, erfrischende und trockene Weine.

Gamay, Pinot Noir, Poulsard, Mondeuse, dazu maximal insgesamt 20 % Chardonnay, Roussette, Aligoté, Mondeuse Blanche, Jacquère, Pinot Gris und Molette

1–3 Jahre

Cellier de Bel-Air • Caveau Bugiste • Eugène Monin

VIN DU BUGEY CERDON MOUSSEUX VDQS

Weiße, flaschenvergorene Schaumweine. Als einziger Ort darf Cerdon seinen Namen der VDQS Vin du Bugey Mousseux anfügen.

VIN DU BUGEY CERDON PÉTILLANT VDQS

Nur Cerdon darf seinen Namen an die VDQS Vin du Bugey für Pétillant-Weine anfügen. Diese müssen weiß sein und nach der *Méthode Rurale* erzeugt werden.

VIN DU BUGEY MOUSSEUX VDQS

Diese Weine sind vermutlich nach der *Méthode champenoise* hergestellt.

VIN DU BUGEY PÉTILLANT VDQS

Diese Weine werden vor allem in den Restaurants der Region ausgeschenkt.

PERLWEIN WEISS Nicht ganz trockene Weine mit lebhaftem *Mousseux*.

Chardonnay, Roussette, Aligoté, Mondeuse Blanche, Jacquère, Pinot Gris, Molette

1–3 Jahre

Caveau Bugiste

VIN JAUNE D'ARBOIS AOC

Siehe Arbois Vin Jaune AOC

VIN JAUNE DE L'ÉTOILE AOC

Siehe L'Étoile AOC

VIN DE PAILLE D'ARBOIS AOC

Siehe Arbois Vin de Paille AOC

VIN DE PAILLE DE L'ÉTOILE AOC

Siehe L'Étoile AOC

VIN DE SAVOIE AOC

Das Niveau dieser Standard-Appellation ist erfreulich hoch. Folgende Weinorte dürfen ihren Namen zu dem der Appellation setzen: Abymes, Apremont, Arbin, Ayze, Bergeron (nur weißer Roussanne), Charpignat, Chautagne, Chignin, Chignin-Bergeron (nur weißer Roussanne), Cruet, Marignan (nur weißer Chasselas), Montmélian, Ripaille (weißer Chasselas), St-Jean de la Porte, St-Jeoire Prieuré und Sainte-Marie d'Alloix.

ROT Verschnitte und reinsortige Weine, besser sind zumeist die Blends.

Gamay, Mondeuse, Pinot Noir, Persan und (im Département Savoie) Cabernet Franc, Cabernet Sauvignon, (im Département Isère) Etraire de la Dui, Serène und Joubertin, dazu insgesamt höchstens 20 % Aligoté, Roussette, Jacquère, Chardonnay, Mondeuse Blanche, Chasselas, Gringet, Roussette, Marsanne und Verdesse

2–8 Jahre

WEISS Diese trockenen Weine sind die besten der AOC, an der Spitze stehen Abymes, Apremont und Chignin. Alle sind fein, aromatisch und komplex.

Aligoté, Roussette, Jacquère, Chardonnay, Mondeuse Blanche, dazu (in den Départements Ain und Haute-Savoie) Chasselas, (im Département Haute-Savoie) Gringet, Roussette d'Ayze sowie (im Département Isère) Marsanne und Verdesse

1–3 Jahre

ROSÉ Attraktive, leichte und fruchtige, trockene bis leicht restsüße Rosés, die zum frühzeitigen Genuss bestimmt sind.

Gamay, Mondeuse, Pinot Noir, Persan und (im Département Savoie) Cabernet Franc, Cabernet Sauvignon, (im Département Isère) Etraire de la Dui, Serène und Joubertin sowie bis zu insgesamt 20 % Aligoté, Roussette, Jacquère, Chardonnay, Mondeuse Blanche, Chasselas, Gringet, Roussette, Marsanne und Verdesse

1–3 Jahre

Domaine Dupasquier • Michel Gisard • Claude Marandon • André & Michel Quénard • Charles Trosset • Château de la Violette

Die besten Einzellagenweine:

***Abymes** Vigneron Savoyard • **Apremont** Domaine Raymond Quénard • **Arbin** Louis Magnin, Charles Trosset • **Chignin** André & Michel Quénard, Domaine Raymond Quénard • **Chignin-Bergeron** Louis Magnin, André & Michel Quénard, Domaine Raymond Quénard • **Montmélian** Louis Magnin*

VIN DE SAVOIE AYZE PÉTILLANT *ODER* MOUSSEUX AOC

Sehr viel versprechende, flaschenvergorene Weine, die nur selten zu finden sind.

PERLWEIN WEISS Federleichte Weine von sauberem, sehr frischem Charakter.

Gringet, Roussette und bis zu 30 % Roussette d'Ayze

1–3 Jahre

Bernard Cailler • Michel Menetrey

VIN DE SAVOIE MOUSSEUX AOC

Diese flaschenvergorenen Weine sind sehr zuverlässig und noch unterbewertet. In Savoyen gibt es keine richtige Schaumweinindustrie, wenn auch das Potenzial dazu vorhanden wäre. Die Herstellung der moussierenden Weine hat in diesem Teil des östlichen Frankreich seit 1910 Tradition. Damals machten sich die beiden Winzer Varichon und Clerc gemeinsam ans Werk, um in Seyssel (*siehe* S. 224) einen Schaumwein zu produzieren. Dazu nahmen sie die Roussette, die von Natur aus einen leicht perlenden Wein ergibt, ähnlich wie die auf der anderen Seite des Genfer Sees aus Chasselas erzeugten Weine.

SCHAUMWEIN WEISS Trockene, delikat-fruchtige Weine von reichem Duft, feiner Säure und guter Balance.

Aligoté, Roussette, Jacquère, Chardonnay, Pinot Gris, Mondeuse Blanche, dazu Chasselas (in den Départements Ain und Haute-Savoie), Molette (in den Départements Haute-Savoie und Isère), Gringet und Roussette d'Ayze (im Département Haute-Savoie), Marsanne und Verdesse (im Département Isère)

1–2 Jahre

Cave Coopérative de Cruet

VIN DE SAVOIE PÉTILLANT AOC

Ein sehr zuverlässiger, flaschenvergorener Wein, der unterbewertet wird.

PERLWEIN WEISS Attraktiv, früh trinkreif mit sanfter, leichter *Mousse* und reichem Duft.

Aligoté, Roussette, Jacquère, Chardonnay, Pinot Gris, Mondeuse Blanche, dazu (in den Départements Ain und Haute-Savoie) Chasselas, Gringet, (im Département Haute-Savoie) Rousset d'Ayze, Marsanne sowie (im Département Isère) Verdesse

Innerhalb eines Jahres

Dominique Allion • Michel Menetrey • Perrier & Fils • Varichon & Clerc

DIE AUSWAHL DES AUTORS

Eine Reihe von Weinkritikern, vor allem französische, würden sicher auch Vins Jaunes in ihre Auswahl aufnehmen. Ich finde die Vins de Paille aber viel aufregender.

ERZEUGER	WEIN	ART	BESCHREIBUNG	
Château d'Arlay	Côtes du Jura Vin de Paille AOC (*siehe* S. 224)	WEISS	Der beständigste und klassischste *Vin de Paille* mit fester Struktur, üppigem, reichem Körper mit Rosinenaromen und charakteristischer nussiger Art.	10–50 Jahre
Jacques Foret	Arbois Vin de Paille AOC (*siehe* S. 223)	WEISS	Der sahnigste und fruchtigste *Vin de Paille* aus dem Jura.	10–50 Jahre
Pignier Père & Fils	Côtes du Jura Vin de Paille AOC (*siehe* S. 224)	WEISS	Ein herrlich süßer und sahniger, von Chardonnay dominierter *Vin de Paille*, der bis zu 24 Monaten in neuer Eiche reift.	10–50 Jahre
André & Mireille Tissot	Arbois Vin de Paille AOC (*siehe* S. 223)	WEISS	Die goldene Mitte zwischen klassischer, fester Nussigkeit und üppiger, sahniger Frucht.	10–50 Jahre

SÜDWESTFRANKREICH

Diese Region setzt sich aus vielen kleinen, verstreuten Weinbaugebieten zusammen, die eine beeindruckende Bandbreite guter Weine von ausgezeichnetem Gegenwert produzieren. Bemerkbar sind hier stilistische Einflüsse aus anderen Anbaugebieten.

Im Zentrum der Region liegt die Gascogne mit der berühmten Weinbrandregion Armagnac. Von hier aus machte d'Artagnan sich um das Jahr 1630 auf, als Musketier des Königs sein Glück zu suchen. Die schmalen Wege, auf denen seine Reise begann, führen noch immer einsam um bewaldete Hügel und über sprudelnde Bäche. Abgesehen von den leuchtend gelben Sonnenblumenfeldern hat sich seit Alexandre Dumas, der ein so lebendiges und farbiges Bild dieser Landschaft gezeichnet hat, erstaunlich wenig verändert; bis heute ist sie sehr dünn besiedelt. Der Puls schlägt selbst in den Städten langsam, mit Ausnahme der Rushhour, die um 5 Uhr nachmittags einsetzt und etwa zehn Minuten dauert, liegt der Hauptplatz den ganzen Tag über einsam und verlassen.

JÜNGERE JAHRGÄNGE IN SÜDWESTFRANKREICH

2001–2003 Heiße Sommermonate und ideale Verhältnisse in den Weinbergen waren 2001 für intensive Weine mit hohem Zucker- und Alkoholgehalt verantwortlich. Das Jahr 2002 hingegen verdarb den Winzern wie überall in Südfrankreich die Ernte mit Dauerregen und Überschwemmungen. Der schöne Herbst immerhin konnte einige Anbaugebiete mit später Lese – etwa Madiran oder Cahors – noch retten. Nach der sehr schlechten Saison 2002 liegen nun große Hoffnungen auf dem nachfolgenden Jahrgang. Der Jahrhundertsommer 2003 und hervorragende Bedingungen während der Ernte sollen exzellente Weine zur Folge haben.

2000 Gute Rote, vor allem aus Madiran. Exzellentes Jahr für süßeren Jurançon.

1999 Die gesamte Produktion äußerst wechselhaft.

1998 Niedrige Erträge führten zu hervorragenden Roten, die den 95ern den Rang streitig machen. Die Jurançon *Vendanges tardives* und *moelleux* sind dagegen mit den 97ern und 95ern vergleichbar.

SÜDWESTFRANKREICH *Siehe auch* S. 55
Diese vielfältige Region umfasst den ganzen Südwesten Frankreichs. Das Klima unterliegt vorwiegend dem Einfluss des Atlantiks, in manchen Gegenden wie Gaillac macht sich aber auch das Mittelmeer bemerkbar.

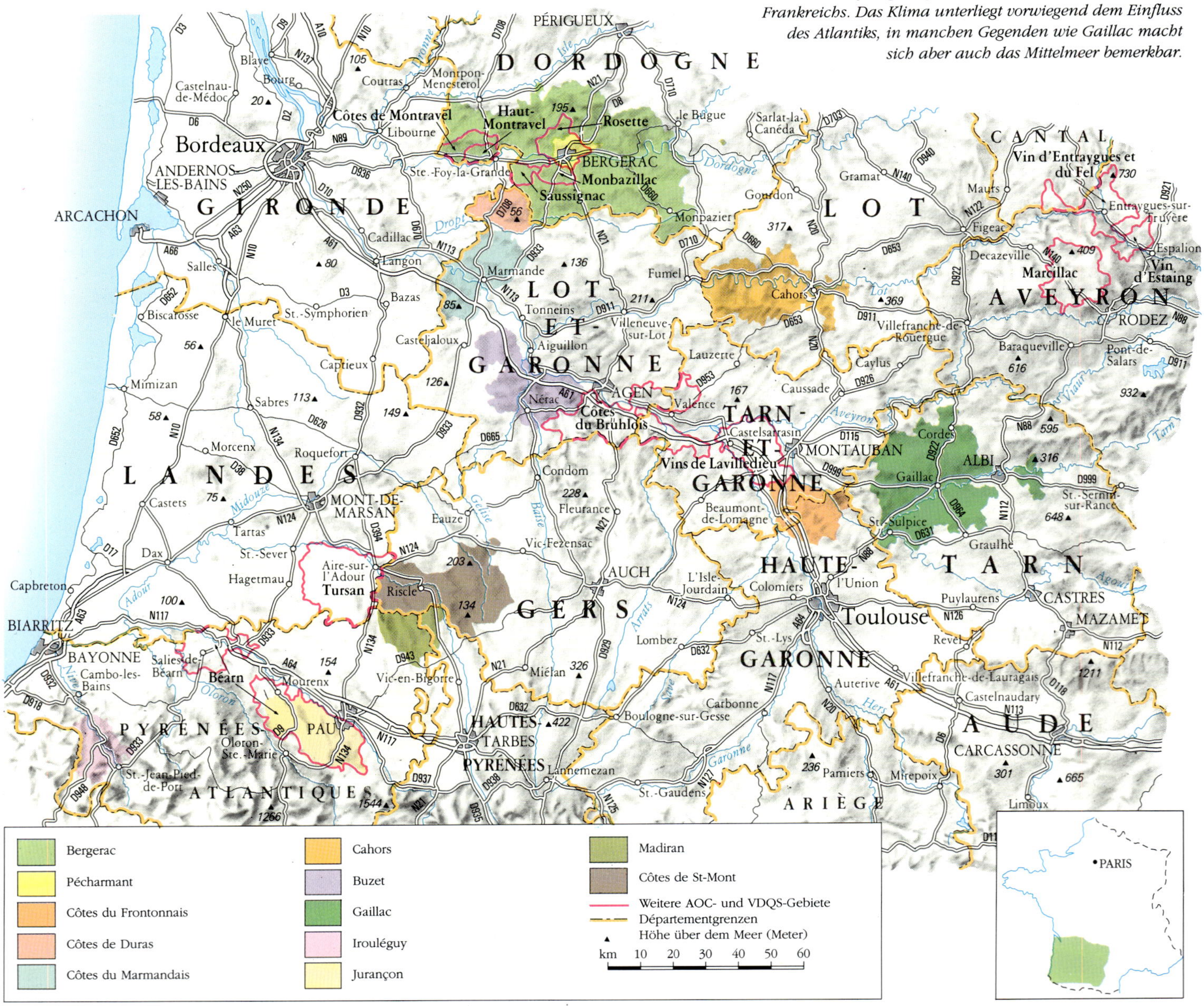

WEINBERGE IN DEN CÔTES DE BUZET
Dieser preiswerte Bordeaux-Satellit liegt nur etwa 15 km außerhalb des Département Gironde.

GESCHMACKS- UND QUALITÄTSFAKTOREN

LAGE
Der Südwestteil Frankreichs, eingerahmt von Bordeaux, dem Atlantik, den Pyrenäen und den mediterranen Weinbergen des Languedoc-Roussillon.

KLIMA
Das Klima wird vom Atlantik bestimmt, das heißt viel Nässe im Winter und Frühjahr, ein warmer Sommer und ein langer, sonniger Herbst. Die Weinberge von Cahors, Fronton und Gaillac sind mehr dem Einfluss des Mittelmeers ausgesetzt, also größerer Hitze und unbeständigerer Witterung.

TOPOGRAFIE
Die meisten Hänge sind von Osten bis Süden ausgerichtet und bieten so Schutz vor dem Atlantik. Die Landschaft ist abwechslungsreich: sanft gewelltes Hügelland und steile, terrassierte Hänge.

BÖDEN
Wie zu erwarten, finden sich in dieser Ansammlung von Weinbaugebieten eine ganze Reihe verschiedener Böden: sandiger, kalkhaltiger Lehm über einer Kiesschicht in den besten Weinbergen von Bergerac; sandige Böden in der Côte de Duras; kalkhaltige Böden und Schwemmland in den Côtes de Buzet und Côtes du Marmandais; Lehm-Kies-Gemisch und Kiesrücken über mergeligem Unterboden im hügeligen Cahors, Schwemmböden mit Quarzkieseln, Kalkstein und Kies auf kalkhaltigem Unterboden im Lot-Tal; Kalkstein, Lehm-Kalkstein-Gemisch und Kies bei Gaillac; sandige Böden in Madiran, Tursan und Irouléguy sowie steinige und sandige Böden im Jurançon.

WEINBAU UND WEINBEREITUNG
Die traditionellen Methoden in Weinberg und Keller sind in Bergerac, Buzet, im Marmandais und bis zu einem gewissen Grad in Cahors wenig anders als in Bordeaux. Andere Gebiete haben ihre ganz eigenen Verfahren: Béarn, Gaillac und Jurançon produzieren jede nur denkbare Art von Wein unter Anwendung verschiedenster Techniken, darunter der *Méthode rurale* (auch als *Méthode gaillaçoise* bezeichnet). Im Allgemeinen wird nach sehr modernen Verfahren vinifiziert, doch das baskische Irouléguy hält sich streng an die Tradition; nur die Einführung von Cabernet Sauvignon und Cabernet Franc führen auf neue Pfade.

REBSORTEN
Abouriou, Arrufiac, Baroque, Cabernet Franc, Cabernet Sauvignon, Camaralet, Castet, Chardonnay, Chenin Blanc, Cinsault, Clairette, Claret de Gers, Claverie, Colombard, Courbu Blanc, Courbu Noir, Cruchinet, Duras, Fer, Folle Blanche, Fuella, Gamay, Gros Manseng, Jurançon Noir, Lauzet, Len de l'El, Malbec (Cot), Manseng Noir, Mauzac, Mauzac Rosé, Mérille, Merlot, Milgranet, Mouyssaguès, Muscadelle, Negrette, Ondenc, Petit Manseng, Picpoul, Pinot Noir, Raffiat, Roussellou, Sauvignon Blanc, Sémillon, Syrah, Tannat, Ugni Blanc, Valdiguié

DIE VIELFALT DER APPELLATIONEN

Der Südwesten besitzt keinen Wein, der das Zeug zum echten Klassiker hätte, bietet dafür aber vermutlich ein besseres Preis-Leistungs-Verhältnis und mehr Gelegenheiten für Schnäppchen als jede andere Region Frankreichs. Von den üppigen, süßen Jurançon *Moelleux* und Monbazillac über die guten Weine von Bergerac, Buzet und aus dem Marmandais, die wieder belebten »schwarzen Weine« aus Cahors, den aufstrebenden Frontonnais und den tanninreichen Madiran bis hin zum sehr eigenwilligen Irouléguy aus dem Baskenland repräsentiert dieser Landstrich Frankreichs eine ungeheure Fundgrube für Weinkenner.

Dass die Appellationen des Südwestens zunächst unüberschaubar und verwirrend erscheinen – selbst innerhalb ein und desselben Gebiets gibt es offensichtlich unnötige Doppelgänger –, mag daran liegen, dass das Gebiet aus unterschiedlichen Weinbauzonen zusammengewürfelt ist und keine natürlich gewachsene Region darstellt. In Bergerac etwa sind die trockenen Weißweine leicht zu überblicken, da es nur zwei Appellationen gibt (Bergerac Sec, Montravel). Dafür gibt es drei Rotwein-Varianten (Bergerac, Côtes de Bergerac, Pécharmant) und eine Armada von süßen und halbsüßen Appellationen (Côtes de Bergerac Moelleux, Monbazillac, Côtes de Montravel, Haut-Montravel, Rosette, Saussignac). Wenn ein so kleines und untergeordnetes Gebiet wie Bergerac schon so viele verschiedene Appellationen besitzt, ist es kein Wunder, wenn eine so berühmte Region wie Bordeaux inzwischen über gut 50 Appellationen verfügt. Sicher wäre es einfacher, eine einzige Appellation Bergerac zu schaffen, an die bestimmte Orte ihren Namen anfügen dürfen. Und würde man in der ganzen Region so verfahren, könnten mehr Weine besser verkauft werden; sie wären nicht darauf beschränkt, ab und zu als Geheimtipp für preisbewusste Käufer genannt zu werden. Mit einem einheitlicheren Auftreten und unternehmungsfreudigen Weingütern, die in mehreren Appellationen tätig sind, könnte der Südwesten mindestens so viel Interesse wecken, wie es dem Languedoc-Roussillon gelungen ist.

DIE APPELLATIONEN IN
SÜDWESTFRANKREICH

BÉARN AOC

Diese bescheidene AOC verbreitet ihr Licht im Baskenland. Weine aus Bellocq, Lahontan, Orthez und Saliès dürfen die Appellation mit der Herkunftsbezeichnung Bellocq erweitern.

ROT Frische, leichte und fruchtige Weine mit guter Balance, aber wenig Tiefe.

Maximal 60 % Tannat, dazu Cabernet Franc, Cabernet Sauvignon, Fer, Manseng Noir und Courbu Noir

1–4 Jahre

WEISS Leichte, trockene und aromatische Weine.

Petit Manseng, Gros Manseng, Courbu Blanc, Lauzet, Camaralet, Raffiat, Sauvignon Blanc

1–2 Jahre

ROSÉ Einfache, fruchtige, trockene Roséweine mit frischem, blumigem Aroma.

Tannat, Cabernet Franc, Cabernet Sauvignon, Fer, Manseng Noir, Courbu Noir

1–2 Jahre

CV de Bellocq • *Domaine Bouscassé* (Château Montus) • *Clos Guirouilh*

BÉARN-BELLOCQ AOC

Siehe Béarn AOC

BERGERAC AOC

Die Weine aus Bergerac, das östlich an Bordeaux anschließt, werden manchmal als bescheidene Appellationen des berühmteren Nachbarn missverstanden. Dabei besitzt es einen mindestens ebenso alten Ruf, denn Bergerac wurde schon 1250 nach London verschifft. Nach dem Hundertjährigen Krieg (1339–1453), der mit der Schlacht von Castillon endete, kam der Handel zum Erliegen.

ROT Die besten zeigen ein schönes Rubinrot, feine Frucht und elegante Balance.

Cabernet Sauvignon, Cabernet Franc, Merlot, Malbec, Fer, Mérille

2–8 Jahre

WEISS Meist trockene Weine im Stil von Bordeaux, aber auch halbsüße Weine mit bis zu 54 g Restzucker pro Liter sind zugelassen. Bis 1993 mussten diese Weine als *Moelleux* gekennzeichnet werden, aber da dies nun nicht mehr Pflicht ist, kann man nicht erkennen, ob ein Wein süß ist oder nicht. Bergerac Blanc darf ab dem 1. Dezember nach der Ernte ohne Kennzeichnung als *primeur* oder *nouveau* verkauft werden.

Sémillon, Sauvignon Blanc, Muscadelle, Ondenc, Chenin Blanc und bis zu 25 % Ugni Blanc (wenn mindestens die gleiche Menge Sauvignon Blanc enthalten ist)

1–3 Jahre

ROSÉ Leichte, gefällige, attraktive trockene Weine. Sie dürfen ab dem 1. Dezember nach der Ernte ohne Kennzeichnung als *primeur* oder *nouveau* verkauft werden.

Cabernet Sauvingon, Cabernet Franc, Merlot, Malbec, Fer, Mérille

1–3 Jahre

Château Bellingard • *Château du Bloy* • *Château de la Colline* • *Domaine Constant* • *Domaine Grand Maison* • *Château de la Mallevieille* • *Château la Mayne* • *Château la Plante* • *Château le Raz* • *Domaine de Richard* • *Château Tour des Gendres* • *Clos d'Yvigne*

BERGERAC SEC AOC

Im Unterschied zu Bergerac Blanc müssen diese Weine trocken sein, sie dürfen höchstens 4 g Restzucker pro Liter enthalten.

WEISS Trockene Weine im Stil eines Bordeaux. Sie dürfen ab dem 1. Dezember nach der Ernte ohne Kennzeichnung als *primeur* oder *nouveau* verkauft werden.

Sémillon, Sauvignon Blanc, Muscadelle, Ondenc, Chenin Blanc und bis zu 25 % Ugni Blanc (wenn mindestens die gleiche Menge Sauvignon Blanc enthalten ist)

1–3 Jahre

Château Bellingard • *Clos la Croix Blanche* • *Château de la Colline* • *Domaine Constant* • *Château de la Mallevieille* • *Château le Raz* • *Château Richard* (Cuvée Spéciale) • *Château Tour des Gendres*

BUZET AOC

Dieser sehr preiswerte Bordeaux-Satellit liegt am nördlichen Rand der Region Armagnac und hieß früher Côtes de Buzet.

ROT Die besten Versionen sind immer sehr gut, sie besitzen beachtliche Finesse und Charme.

Merlot, Cabernet Sauvignon, Cabernet Franc, Malbec

3–10 Jahre (in Ausnahmefällen bis 15 Jahre)

WEISS Die trockenen Weißweine haben am wenigsten zu bieten. Sie dürfen ab dem 1. Dezember nach der Ernte ohne Kennzeichnung als *primeur* oder *nouveau* verkauft werden.

Sémillon, Sauvignon Blanc, Muscadelle

1–3 Jahre

ROSÉ Reife, fruchtige, trockene Roséweine. Sie dürfen ab dem 1. Dezember nach der Ernte ohne Kennzeichnung als *primeur* oder *nouveau* verkauft werden.

Merlot, Cabernet Sauvignon, Cabernet Franc, Malbec

1–4 Jahre

Vignerons de Buzet (bes. Château Baleste, Château de Gueyze, Château de Pardère und Baron d'Ardeuil) • *Château du Frandat* • *Le Lys* • *Château Pierron* • *Château Sauvagnères*

CAHORS AOC

Der einst berühmte »schwarze Wein« aus Cahors verdankte seinen Namen der Malbec, aus der vor der Reblauskatastrophe tintige Weine gewonnen wurden. Da diese Sorte jedoch nicht gut mit den frühesten amerikanischen Wurzelstöcken harmonierte, ging es mit Cahors bergab. Doch seitdem geeignete Wurzelstöcke gefunden wurden und Merlot und Tannat aufgenommen wurden, verschafft Cahors sich wieder Ansehen. Dank einer großen Zahl zuverlässiger Erzeuger gehört Cahors inzwischen zu den beständigsten Rotwein-Appellationen Frankreichs. Vieux Cahors muss mindestens drei Jahre in Eiche ausgebaut werden.

ROT Die meisten Cahors-Weine sind dunkel mit einem Farbstich Schwarzer Johannisbeeren. Sie besitzen viel Frucht und ein schönes, pflaumiges, bordeauxähnliches Aroma, seidige Textur und einen charakteristischen Veilchen-Abgang.

Mindestens 70 % Malbec und bis zu insgesamt 30 % Merlot und Tannat. Jurançon Noir ist seit 1996 nicht mehr erlaubt.

3–12 Jahre (in Ausnahmefällen 20 Jahre)

Château Bovila • *Château la Caminade* (La Commandery) • *Château de Cèdre* • *Domaine de la Coustarelle* • *Clos la Coutale* • *Côtes d'Olt* • *Clos de Gamot* • *Domaine de Gaudou* • *Château Gautoul* • *Domaine des Grauzils* • *Château Lagrézette* • *Château Lamartine* (bes. Cuvée Particulière) • *Domaine Pinneraie* • *Château Quattre* • *Domaine des Savarines* • *Château du Souleillou* (Cuvée Diane) • *Clos Triguedina* • *Château Vincens*

CÔTES DE BERGERAC AOC

Appelation nur für Rotweine. Unterschied zur Bergerac AOC: 1 % mehr Alkohol.

ROT Diese Weine sollten körperreicher sein und mehr Tiefe zeigen als ein Bergerac AOC.

Cabernet Sauvignon, Cabernet Franc, Merlot, Malbec, Fer, Mérille

3–10 Jahre

Château Belingard • *Château du Bloy* • *Château de la Colline* • *Château Court-les-Muts* • *Château le Mayne* • *Château Panniseau* • *Château la Plante* • *Château le Raz* • *Domaine de Siorac* • *Château Tour des Gendres* • *Clos d'Yvigne*

CÔTES DE DURAS AOC

Eine immer interessanter werdende Appellation.

ROT Leichte Weine im Bordeaux-Stil.

Cabernet Sauvignon, Cabernet Franc, Merlot, Malbec

2–3 Jahre

WEISS Saubere, frische trockene Weine, mit Ausnahme der als *Moelleux* gekennzeichneten, die mindestens 4 g Restzucker pro Liter aufweisen müssen. Die meisten guten *Moelleux,* wie Château Lafon, enthalten weitaus mehr Zucker und sind ausgesprochen süß. Außer dem *Moelleux* dürfen diese Weine ab dem 1. Dezember nach der Ernte ohne Kennzeichnung als *primeur* oder *nouveau* verkauft werden.

Sauvignon Blanc, Sémillon, Muscadelle, Mauzac, Chenin Blanc, Ondenc und bis zu 25 % Ugni Blanc (wenn mindestens die gleiche Menge Sauvignon Blanc enthalten ist)

1–3 Jahre

ROSÉ Knackige, fruchtige, feste und frische Roséweine mit attraktiver Farbe. Sie dürfen ab dem 1. Dezember nach der Ernte ohne Kennzeichnung als *primeur* oder *nouveau* verkauft werden.

Cabernet Sauvignon, Cabernet Franc, Merlot, Malbec

1–3 Jahre

Duc de Berticot • Clos du Cadaret • Domaine de Durand • Domaine de Ferrant • Château la Grave Bechade • Château Lafon • Domaine de Laulan • Château la Moulière • Château les Savignattes

CÔTES DE MONTRAVEL AOC

Die Appellation schreibt mindestens 8 und höchstens 54 g Zucker pro Liter vor. Die Rotweine werden als Bergerac AOC verkauft.

WEISS Diese schmalzig-fruchtigen Weine werden für gewöhnlich als *Moelleux* ausgebaut.

Sémillon, Sauvignon Blanc, Muscadelle

3–8 Jahre

Château du Bloy • Domaine de la Roche Marot • Château le Raz

CÔTES DE SAINT-MONT VDQS

Die Weinberge dieser Appellation liegen in der Region Armagnac nördlich von Madiran. Die Produktion wird von der örtlichen Genossenschaft dominiert.

ROT Weine von schöner Farbe, gutem Aroma und mittlerem Körper, einem leicht gewichtigen Madiran nicht unähnlich. Sie könnten tiefer, dunkler und ausdrucksvoller sein, wenn die Genossenschaft sich dazu durchringen könnte, die Erträge zu Gunsten höherer Qualität zu reduzieren.

Mindestens 70 % Tannat sowie Cabernet Sauvignon, Cabernet Franc, Merlot und Fer (letztere muss ein Drittel der anderen Traubensorten außer Tannat ausmachen)

2–5 Jahre

WEISS Fruchtige und trockene Weine.

Mindestens 50 % Arrufiac, Clairette und Courbu, dazu Gros Manseng und Petit Manseng

1–2 Jahre

ROSÉ Trocken und fruchtiges Aroma.

Mindestens 70 % Tannat sowie Cabernet Sauvignon, Cabernet Franc, Merlot und Fer (letztere muss ein Drittel der anderen Traubensorten außer Tannat ausmachen)

1–3 Jahre

Producteurs Plaimont

CÔTES DU BRULHOIS VDQS

Die Appellation wurde im November 1984 von Vin de Pays zu VDQS aufgewertet. Ihre Weinberge liegen entlang der Garonne unmittelbar westlich von Buzet.

ROT Passabel, aber nicht aufregend, ähnlich wie Bordeaux, aber rustikaler.

Cabernet Franc, Cabernet Sauvignon, Fer, Merlot, Malbec, Tannat

2–4 Jahre

ROSÉ Frische, gefällige Weine.

Cabernet Franc, Cabernet Sauvignon, Fer, Merlot, Malbec, Tannat

1–3 Jahre

Château Bastide • CV de Goulens-en-Brulhois

CÔTES DU FRONTONNAIS AOC

Von dieser westlich von Gaillac liegenden AOC wird man in Zukunft mehr hören. Die Gemeinden Fronton und Villaudric dürfen ihren Namen an die Appellation anfügen.

ROT Weine mit mittlerem bis vollem Körper, exzellenter Farbe und nach Veilchen duftender Frucht.

50–70 % Négrette, maximal insgesamt 25 % Malbec, Mérille, Fer, Syrah, Cabernet Franc und Cabernet Sauvignon, dazu maximal 15 % Gamay, Cinsault und Mauzac

2–8 Jahre

ROSÉ Plakativ fruchtige Weine.

50–70 % Négrette, maximal insgesamt 25 % Malbec, Mérille, Fer, Syrah, Cabernet Franc und Cabernet Sauvignon, dazu maximal 15 % Gamay, Cinsault und Mauzac

1–3 Jahre

Château Baudare • Château Bellevue la Forêt • Château Cabuzac • Château Flotis • Château le Roc

CÔTES DU FRONTONNAIS FRONTON AOC

Siehe Côtes du Frontonnais AOC

CÔTES DU FRONTONNAIS VILLAUDRIC AOC

Siehe Côtes du Frontonnais AOC

CÔTES DU MARMANDAIS AOC

Diese erfolgreiche Bordeaux-Imitation wurde 1990 vom VDQS zur AOC aufgewertet. An der Grenze zu Bordeaux auf beiden Seiten der Garonne gelegen: links die Côtes de Cocumont, rechts die Côtes de Beaupuy. In Frankreich sind diese Weine wenig bekannt, doch nach England werden sie schon seit dem 14. Jahrhundert verschifft.

ROT Frische, saubere und tadellos hergestellte Weine.

Maximal insgesamt 75 % Cabernet Franc, Cabernet Sauvignon und Merlot, dazu maximal insgesamt 50 % Abouriou, Malbec, Fer, Gamay und Syrah

2–5 Jahre

WEISS Die weichen, delikaten trockenen Weine dürfen ab dem 1. Dezember nach der Ernte ohne Kennzeichnung als *primeur* oder *nouveau* verkauft werden.

Mindestens 70 % Sauvignon Blanc, dazu Ugni Blanc und Sémillon

1–2 Jahre

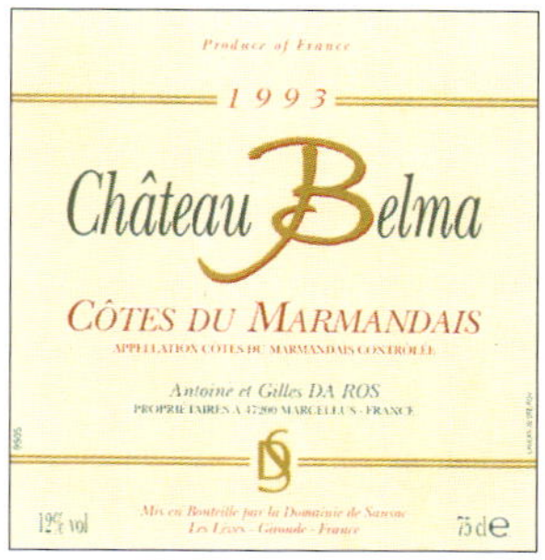

ROSÉ Reife und trockene Weine. Sie dürfen ab dem 1. Dezember nach der Ernte ohne Kennzeichnung als *primeur* oder *nouveau* verkauft werden.

Maximal insgesamt 75 % Cabernet Franc, Cabernet Sauvignon und Merlot sowie maximal 50 % Abouriou, Malbec, Fer, Gamay und Syrah

1–2 Jahre

Château de Beaulieu • CV de Beaupuy • CV de Cocumont

GAILLAC AOC

Diese Weinberge zählen zu den ältesten Frankreichs, setzen aber erst in letzter Zeit Zeichen. Um den regionalen Charakter hervorzuheben, geht man allgemein weg von den klassischen hin zu verschiedenen traditionellen Sorten. Die Appellationen Gaillac Liquoreux und Gaillac Moelleux sind nicht mehr zugelassen, die Weine werden aber noch unter der Appellation Gaillac Doux angeboten. Die Klassifizierung Gaillac Sec Perlé für leicht perlende Weine wurde abgeschafft (obwohl Gaillac Perlé immer noch gut zu laufen scheint), und die Schaumweine aus Gaillac werden nun nach ihrer Herstellungsmethode unterschieden (siehe Gaillac Mousseux Méthode Deuxième Fermentation AOC und Gaillac Mousseux Méthode Gaillaçoise AOC).

ROT Meist frische, weiche, leichte Weine aus Kohlensäuremaischung. Sie dürfen ab dem dritten Donnerstag im November nach der Ernte als *primeur* oder *nouveau* verkauft werden.

Mindestens 60 % Duras, Fer, Gamay und Syrah, dazu Cabernet Sauvignon, Cabernet Franc und Merlot. Ab dem Jahr 2000 ist Gamay nicht mehr zwingend vorgeschrieben, Duras und Fer müssen zu mindestens je 20 % enthalten sein.

1–3 Jahre

WEISS Trockene und frische Weine. Sie dürfen ab dem dritten Donnerstag im November nach der Ernte als *primeur* oder *nouveau* verkauft werden.

Mindestens 15 % Len de l'El oder Sauvignon Blanc (oder beide), dazu Mauzac, Mauzac ROSÉ, Muscadelle, Ondenc und Sémillon

Sofort

ROSÉ Süffige, leichte, frische und trockene Roséweine.

Mindestens 60 % Duras, Fer, Gamay und Syrah, dazu Cabernet Sauvignon, Cabernet Franc und Merlot. Ab dem Jahr 2000 ist Gamay nicht mehr zwingend vorgeschrieben, Duras und Fer müssen zu mindestens je 20 % enthalten sein.

1–2 Jahre

Domaine des Bouscaillous • Domaine Jean Cros • Domaine de Labarthe • CV de Labastide-de-Levis • Manoir de l'Emeille • Château Montels • Mas Pignou • Robert Plageoles (Domaine de Très-Cantous) *• Cave de Rabastens* (bes. Château de Branes und Château d'Escabe) *• René Rieux • Cave de Técou • Domaine des Terrisses*

GAILLAC DOUX AOC

Natursüße Weine, die mindestens 70 g Restzucker pro Liter enthalten müssen.

WEISS Süße bis sehr süße Weine mit dem Aroma reifer Pfirsiche.

Mindestens 15 % (je Sorte oder insgesamt) Len de l'El und Sauvignon Blanc, dazu Mauzac, Mauzac Rosé, Muscadelle, Ondenc und Sémillon

5–15 Jahre

Domaine des Bouscaillous • Domaine de Labarthe • Manoir de l'Emeille • Robert Plageoles (Domaine de Tres-Cantous) • *René Rieux • Domaine des Terrisses • Domaine de Vayssette*

GAILLAC MOUSSEUX MÉTHODE DEUXIÈME FERMENTATION AOC

Ein Schaumwein nach der *Méthode champenoise*. Die Bezeichnung *Mousseux* in dieser und anderen Schaumwein-Appellationen Gaillacs wird verschwinden.

WEISS Frische, duftende, fein perlende Weine.

Mindestens 15 % (je Sorte oder insgesamt) Len de l'El und Sauvignon Blanc, dazu Mauzac, Mauzac rosé, Muscadelle, Ondenc und Sémillon

1–3 Jahre

ROSÉ Attraktive, frische und fruchtige Weine.

Mindestens 60 % Duras, dazu Fer, Gamay, Syrah, Cabernet Sauvignon, Cabernet Franc und Merlot

1–2 Jahre

Manoir de l'Emeille • René Rieux

GAILLAC MOUSSEUX MÉTHODE GAILLAÇOISE AOC

Schaumweine, die nach der *Méthode rurale* hergestellt werden, das heißt, sie werden nur einmal vergoren, und es wird keine Fülldosage zugesetzt. Der Wein wird abgefüllt, bevor die Gärung abgeschlossen ist, und kein Versandlikör zugesetzt, die ganze Restsüße stammt also ausschließlich vom Zuckergehalt der Trauben. Neben *Brut* und *Demi-Sec* gibt es auch einen Doux, der allerdings strengeren Vorschriften unterliegt und eine eigene Appellation besitzt.

WEISS Sehr frische, bukettreiche, traubige Weine mit feinem *Mousseux*.

Mindestens 15 % (je Sorte oder insgesamt) Len de l'El und Sauvignon Blanc, dazu Mauzac, Mauzac rosé, Muscadelle, Ondenc und Sémillon

1–3 Jahre

ROSÉ Attraktive, spritzige und angenehm fruchtige Weine.

Mindestens 60 % Duras, dazu Fer, Gamay, Syrah, Cabernet Sauvignon, Cabernet Franc und Merlot

1–2 Jahre

Château Clarès • Domaine Clement Termes • Jean Cros • Robert Plageoles (Domaine de Tres-Cantous) • *René Rieux • Domaine des Terrisses*

GAILLAC MOUSSEUX MÉTHODE GAILLAÇOISE DOUX AOC

Nach der *Méthode rurale* (*siehe* oben) hergestellte Schaumweine aus reiferen Trauben (mindestens 11 % potenzieller Alkohol) als bei den anderen Gaillac-Schaumweinappellationen mit mindestens 45 g Restzucker pro Liter.

WEISS Nicht so exotisch wie Clairette de Die Méthode Dioise Ancestrale, aber ebenso delikat, süß und mit intensivem Traubengeschmack.

Mindestens 15 % (je Sorte oder insgesamt) Len de l'El und Sauvignon Blanc, dazu Mauzac, Mauzac Rosé, Muscadelle, Ondenc und Sémillon

1–3 Jahre

ROSÉ Ich habe bisher noch keinen Gaillac Doux Rosé angetroffen, aber wenn man vom Weißen ausgeht, dürfte er sicher interessant sein.

Mindestens 60 % Duras, dazu Fer, Gamay, Syrah, Cabernet Sauvignon, Cabernet Franc und Merlot

1–2 Jahre

Château Clarès • Domaine Clement Termes • Jean Cros • Robert Plageoles (Domaine de Tres-Cantous) • *René Rieux • Domaine des Terrisses*

GAILLAC PREMIÈRES CÔTES AOC

Trockene Weißweine aus elf Gemeinden. Die Trauben müssen reifer sein als für normalen Gaillac AOC. Mit Ausnahme des Süßegrads dieselben Vorgaben wie für Gaillac Doux.

Robert Plageoles (Domaine de Tres-Cantous)

HAUT-MONTRAVEL AOC

Mindestens 8 und höchstens 54 g Zucker pro Liter sind vorgeschrieben. Die hier produzierten Rotweine werden als Bergerac AOC verkauft.

WEISS Ölige, fruchtige *Moelleux*-Weine.

Sémillon, Sauvignon Blanc und Muscadelle

3–8 Jahre

Château Puy-Servain

IROULÉGUY AOC

Die örtliche Genossenschaft ist Haupterzeuger dieser baskischen Appellation, die einige der individuellsten Rotweine aus dem Südwesten Frankreichs liefert. Überraschenderweise wird mehr Rosé als Rotwein produziert.

ROT Tiefe, dunkle, tanninreiche Weine mit reichem, mildem Aroma und würzigem Abgang.

Tannat sowie mindestens insgesamt 50 % Cabernet Sauvignon und Cabernet Franc

4–10 Jahre

WEISS Bescheidene trockene Weine, die am wenigsten interessanten der Appellation.

Courbu, Manseng

ROSÉ Der lachsfarbene, sehr fruchtige trockene Rosé wird am besten jung und frisch getrunken.

Tannat sowie mindestens insgesamt 50 % Cabernet Sauvignon und Cabernet Franc

Sofort

Domaine Brana • Domaine Etxegaraya • Domaine Ilarria (Cuvée Bixintxo) • *CV d'Irouléguy* (bes. Domaine de Mignaberry)

JURANÇON AOC

Die süße Version dieses Weins aus den Westpyrenäen kam schon zur Taufe Heinrichs von Navarra im Jahr 1553 zum Einsatz und wird heute oft als *Vendange tardive* oder *moelleux* angeboten. Doch der Großteil der Produktion ist herb, trocken und rassig und wird unter der Bezeichnung Jurançon Sec verkauft (siehe unten).

WEISS Bukett und Aroma sind bei den besten Exemplaren fein, würzig und pikant, sie können Anflüge von Ananas und Pfirsichen sowie Zitronat und Zimt aufweisen.

Petit Manseng, Gros Manseng, Courbu, dazu maximal 15 % Camaralet und Lauzet

5–20 Jahre

Domaine Bellegarde • Domaine Brana • Domaine Bru-Baché • Domaine Cauhapé • Clos Guirouilh • Cru Lamouroux • Clos Lapeyre • Domaine Nigri • Clos Uroulat

JURANÇON SEC AOC

Für diesen Wein gelten dieselben Vorschriften wie für Jurançon AOC, allerdings darf er nicht so viel Restzucker enthalten und kann aus nicht ganz so reifen Trauben gekeltert werden. Er darf ab dem 1. Dezember nach der Ernte ohne Kennzeichnung als *primeur* oder *nouveau* verkauft werden. Am besten jung trinken.

WEISS Wenn man einem Wein auf der Welt die Tendenz zu Nervigkeit bescheinigen kann, ist das der Jurançon Sec. Vielen Exemplaren fehlt es an eigenem Charakter, der ihn von anderen trockenen Weißweinen abheben würde, und keiner besitzt die Komplexität und den Körperreichtum der Jurançon-Spätlesen. Die besten aber verfügen über intensive Grapefruit-Aromen.

Petit Manseng, Gros Manseng, Courbu, dazu maximal 15 % Camaralet und Lauzet

2–5 Jahre

Domaine Bellegarde • Domaine Bru-Baché • Domaine Cauhapé • Clos Guirouilh • Cru Lamouroux • Clos Lapeyre • Domaine Nigri • Clos Uroulat

MADIRAN AOC

Eine der eigenwilligsten und ausdrucksvollsten Appellationen im Südwesten Frankreichs, doch gibt es ebenso viele schlechte wie gute Vertreter. Viele Weingüter versuchen sich mit neuer Eiche, und der Trend geht zu mehr Cabernet Franc.

ROT Bei jungen Exemplaren dieser dunklen, körperreichen und fleischigen Weine muss man sich förmlich durch das Tannin hindurchkauen.

Mindestens 40 % Tannat sowie Cabernet Franc, Cabernet Sauvignon und Fer

5–15 Jahre

Château d'Aydie (einschl. Domaine Frédéric Laplace) • *Domaine Barréjat • Domaine Barthoumieu • Domaine de Bouscassé • Domaine Brana • Domaine Capmartin • Domaine Crampilh • Château Laffitte-Teston • Domaine de Lanestousse • Chapelle Lenclos • Château Montus • Primo Palatum • Château de Peyros • Domaine Sergent*

MARCILLAC AOC

Diese nur selten anzutreffenden Weine aus dem Nordosten des Bereichs wurden 1990 vom VDQS zur AOC aufgewertet, wobei man den regionalen Rebsorten Fer und Gamay mehr Gewicht gab. Jurançon Noir, Mouyssaguès und Valdiguié wurden eliminiert.

ROT In ihrer Jugend rau und rustikal, mit zunehmendem Alter aber weicher und mit dem typischen Aroma der Fer-Traube.

Mindestens 90 % Fer, dazu Cabernet Franc, Cabernet Sauvignon und Merlot

3–6 Jahre

ROSÉ Vollmundige, runde, attraktive Rosés, die individuelleren Charakter besitzen, seit der Mindestgehalt an Fer verdreifacht wurde.

Mindestens 90 % Fer, dazu Cabernet Franc, Cabernet Sauvignon und Merlot

1–3 Jahre

Domaine de Cros • Lacombe Père & Fils • CV du Vallon

MONBAZILLAC AOC

Eine exzellente Preis-Gegenwert-Relation bietet diese Appellation im Stil eines Sauternes aus dem Herzen von Bergerac. Der Weinbau lässt sich bis in das Jahr 1080 zurückverfolgen.

WEISS Sehr süße, körperreiche, hochwertige Weine.

Sémillon, Sauvignon Blanc, Muscadelle

7–20 Jahre

Château Belingard • Château la Borderie • Domaine de Bosredon • Château Fonmorgues • Domaine Grande Maison • Domaine de Pecoula • Château Treuil-de-Nailhac

MONTRAVEL AOC

Die größte der drei Montravel-Appellationen und die einzige trockene. Die hier erzeugten Rotweine werden als Bergerac AOC verkauft.

WEISS Trockene, knackige und aromatische Weine, in denen Sauvignon dominiert. Sie dürfen ab dem 1. Dezember nach der Ernte ohne Kennzeichnung als *primeur* oder *nouveau* verkauft werden.

Sémillon, Sauvignon Blanc, Muscadelle, Ondenc, Chenin Blanc, dazu maximal 25 % Ugni Blanc (wenn mindestens dieselbe Menge Sauvignon Blanc enthalten ist)

1–2 Jahre

Château du Bloy • Château le Mayne • Château le Raz • Domaine de la Roche-Marot

PACHERENC DU VIC-BILH AOC

Neue Eiche kommt in dieser ausschließlich Weißweinen vorbehaltenen Appellation immer mehr zum Einsatz. Sie umfasst dasselbe Gebiet wie Madiran.

WEISS Exotisches, blumiges Bukett, am Gaumen eine ganze Palette von Fruchtaromen. In drei Versionen angeboten: *sec* (nicht ganz trocken), *moelleux* (halbsüß) und *doux* (süß).

Arrufiac, Courbu, Gros Manseng, Petit Manseng, Sauvignon Blanc, Sémillon

3–7 Jahre

Château d'Aydie • Château Barrejat • Domaine Capmartin • La Chapelle Lenclos • Cave de Crouseilles • Domaine Frédéric Laplace • Château Laffitte-Teston • Domaine Sergent

PÉCHARMANT AOC

Die feinsten Rotweine aus Bergerac. Bis auf Saint-Sauveur liegen alle Gemeinden dieser Appellation innerhalb der Rosette AOC.

ROT Im Grunde dieselben Eigenschaften wie Bergerac, aber noch konzentrierter in Farbe, Aroma und Tannin.

Cabernet Franc, Cabernet Sauvignon, Merlot, Malbec

4–12 Jahre

Château Champarel • Domaine des Costes • Cave du Fleix (Domaine Brisseu-Belloc) • *Domaine du Grand-Jaure • Domaine du Haut-Pécharmant • Domaine de Puy Grave • Château du Tiregrand*

ROSETTE AOC

Die Rosette AOC ist eine selten anzutreffende Weißwein-Appellation. Vorgeschrieben für diese Weine ist ein Restzuckergehalt von 8 bis 54 g pro Liter. Die Rotweine dieses Gebiets werden als Bergerac AOC verkauft.

WEISS Château Puypezat verfügt über weiche, köstliche süße Aromen.

Sémillon, Sauvignon Blanc, Muscadelle

4–8 Jahre

Château Puypezat

SAUSSIGNAC AOC

Die Appellation gilt für süße Weine mit mindestens 18 g Restzucker pro Liter. Die Rotweine dieses Gebietes werden als Bergerac AOC angeboten.

WEISS Die besten Exemplare sind sehr körperreich, schmalzig und vollmundig.

Sémillon, Sauvignon Blanc, Muscadelle, Chenin Blanc

5–15 Jahre

Château Court-les-Muts • Château de Miaudoux • Domaine de Richard • Clos d'Yvigne

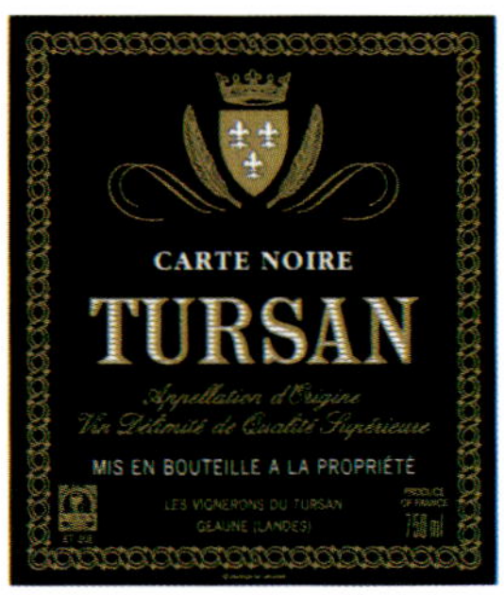

TURSAN VDQS

Die Roten basieren auf Tannat, die auch im benachbarten Madiran als Hauptrebsorte zum Einsatz kommt. Die Weißen bestehen vorwiegend aus Baroque, einer hier beheimateten Sorte.

ROT Je nach *Cuvée* körperreich und handfest oder von feinerem Charakter.

Tannat, dazu mindestens insgesamt 25 % Cabernet Franc, Cabernet Sauvignon und Fer

WEISS Die Genossenschaft produziert traditionell einen körperreichen Wein mit festem, etwas rustikalem Aroma, lässt sich aber zunehmend vom wachsenden Ansehen des Château de Bachen beeinflussen, der viel aromatischer und eleganter ist.

Baroque, dazu maximal insgesamt 10 % Sauvignon Blanc, Gros Manseng, Petit Manseng, Claverie, Cruchinet, Raffiat, Claret du Gers und Clairette

2–5 Jahre

ROSÉ Ein unprätentiöser Wein mit guter, saftiger Frucht.

Tannat, dazu mindestens insgesamt 25 % Cabernet Franc, Cabernet Sauvignon und Fer

1–3 Jahre

Château de Bachen • CV de Tursan

VINS DE LAVILLEDEDIEU VDQS

Dieser südlich von Cahors erzeugte VDQS ist praktisch eine Norderweiterung des Frontonnais. Die Reben gedeihen auf *Boulbènes*-Boden, der dem im Entre-Deux-Mers in Bordeaux ähnelt. Die Produktion wird von der örtlichen Genossenschaft dominiert, die Weine sind außerhalb der Region selten anzutreffen.

ROT Weine mit mittlerem Körper, schöner Farbe und frischem, fruchtigem Aroma.

Mindestens insgesamt 80 % Mauzac, Mérille, Cinsault, Fuella und Négrette (letztere muss mindestens 35 % ausmachen) sowie bis zu insgesamt 20 % Syrah, Gamay, Jurançon Noir, Picpoul, Milgranet und Fer

3–6 Jahre

WEISS Trockene, knackige, aromatische Weine.

Mauzac, Sauvignon Blanc, Sémillon, Muscadelle, Colombard, Ondenc, Folle Blanche

1–3 Jahre

Hugues de Verdalle

VINS D'ENTRAYGUES ET DU FEL VDQS

Dieses Gebiet im Nordosten der Region reicht in die Départements Aveyron und Cantal hinein. Die Weine werden nur in kleinen Mengen erzeugt, exportiert werden sie überhaupt nicht.

ROT Leichte, rustikale Weine, die man am besten an Ort und Stelle trinkt, weil sie lokales Ambiente brauchen.

Cabernet Franc, Cabernet Sauvignon, Fer, Gamay, Jurançon Noir, Merlot, Mouyssaguès, Négrette, Pinot Noir

1–2 Jahre

WEISS Leichte, trockene und knackige Weine für den unbeschwerten Konsum.

Chenin Blanc, Mauzac

Sofort

ROSÉ Leichte, frische und trockene Rosés.

Cabernet Franc, Cabernet Sauvignon, Fer, Gamay, Jurançon Noir, Merlot, Mouyssaguès, Négrette, Pinot Noir

1–2 Jahre

François Avallon

VINS D'ESTAING VDQS

Dieses Gebiet schließt südlich an die Appellation Vins d'Entraygues an, die Produktion ist noch geringer.

ROT Attraktive und fruchtige Weine mit leichtem Körper.

Fer, Gamay, Abouriou, Jurançon Noir, Merlot, Cabernet Franc, Cabernet Sauvignon, Mouyssaguès, Négrette, Pinot Noir, Duras und Castet

1–3 Jahre

WEISS Unprätentiöse trockene Weine mit frischem Aroma, von rustikaler und pikanter Art.

Chenin Blanc, Roussellou, Mauzac

1–2 Jahre

ROSÉ Angenehm trockene Roséweine, wohl die interessantesten Vertreter der Appellation.

Fer, Gamay, Abouriou, Jurançon Noir, Merlot, Cabernet Franc, Cabernet Sauvignon, Mouyssaguès, Négrette, Pinot Noir, Duras und Castet

Sofort

Le Viala

DIE AUSWAHL DES AUTORS

Im Südwesten Frankreichs gibt es eine solche Fülle verschiedenster Weintypen, dass die Auswahl von Lieblingsweinen zu einer Art Lotterie wird. Meine Entscheidung fiel schließlich zu Gunsten der dichten, konzentrierten Rotweine und der relativ unbekannten weißen Spätlesen aus.

ERZEUGER	WEIN	ART	BESCHREIBUNG	
Domaine Bouscassé Ⓥ	Château Montus Cuvée Prestige, Madiran AOC (*siehe* S. 230)	ROT	Ein fabelhaft tieffarbiger, in Eiche ausgebauter Wein mit mächtig konzentrierter, körperreicher, fest strukturierter Frucht. Auch wenn das Etikett beide Namen trägt, ist Château Montus ein eigenständiger Besitz von Bouscassé und reift in neuer Eiche, wohingegen der Madiran der Domaine Bouscassé in einjährigen Fässern ausgebaut wird.	5–12 Jahre
Domaine Bouscassé	Pacherenc du Vic-Bilh AOC Doux (*siehe* S. 231)	WEISS	Eine echte Spätlese aus der Domaine Bouscassé, dem Wohnsitz des Eigentümers und Weinmachers Alain Brumont, mit wirklich erstaunlicher, gezähmter Tiefe und üppig-komplexem, honigartigem Charakter.	3–20 Jahre
Domaine Brana Ⓥ	Irouléguy AOC (*siehe* S. 230)	ROT	Ein Irouléguy der Spitzenklasse. Er ist nicht so rau und kantig wie die meisten Weine der Appellation, aber ebenso dunkel und tief, mit geschmeidigeren Tanninen und markanter, eigenständiger, von Eiche geprägter Komplexität.	5–10 Jahre
Domaine Cauhapé	Noblesse du Petit Manseng, Jurançon Sec AOC (*siehe* S. 230)	WEISS	Während die meisten Erzeuger für Jurançon einen Verschnitt verschiedener Rebsorten wählen, sind die besten Weine von Henri Ramonteu, dem innovativsten Winzer der Appellation, oft reinsortig. Dieser hier wird aus Petit Manseng gekeltert, der hochwertigsten Jurançon-Sorte, die traditionell den süßesten und teuersten Weinen vorbehalten ist.	4–8 Jahre
Domaine Cauhapé	Noblesse du Petit Manseng, Jurançon AOC (*siehe* S. 230)	WEISS	In Jurançon heißt es: »Petit Manseng ist der König, Gros Manseng sein Lakai«, daher verwendet Henri Ramonteu diese beiden Sorten für seinen Noblesse. Der üppige, ölige Dessertwein strömt über mit reifer Pfirsichfrucht.	3–12 Jahre
Domaine Cauhapé	Quintessence du Petit Manseng, Jurançon AOC (*siehe* S. 230)	WEISS	Quintessence du Petit Manseng von der Domaine Cauhapé ist in der Riege der Jurançon-Spätlesen der körperreichste, üppigste und komplexeste.	5–20 Jahre
Château Gautoul Ⓥ	Cuvée Prestige, Cahors AOC (*siehe* S. 228)	ROT	Seit dem Verkauf an den berühmten Pariser Küchenchef Alain Senderens profitierte dieses Château von beachtlichen Investitionen und einer Philosophie, die in erster Linie Wert auf Qualität legt. Das Ergebnis ist dieser brillant ausbalancierte, intensiv aromatische und erstaunliche Finesse aufweisende Cahors.	4–10 Jahre
Château Laffitte-Teston Ⓥ	Vieilles Vignes, Madiran AOC (*siehe* S. 230)	ROT	Ein großer, körperreicher, farbkräftiger Rotwein, der allmählich komplexe, vielschichtige Aromen entwickelt, ergänzt durch einen langen, sehr reifen, fruchtigen Abgang.	5–10 Jahre
Château Laffitte-Teston Ⓥ	Erika Pacherenc du Vic-Bilh (*siehe* S. 231)	WEISS	Obwohl es sich bei diesem Wein um einen Verschnitt der eher sekundären Sorten für Pacherenc handelt (Arrufiac, Courbu und Gros Manseng), macht Jean-Marc Laffitte mittels geringer Erträge sowie Gärung und Reifung in neuer Eiche einen verführerisch körperreichen, fast süß wirkenden Weißwein mit Unmengen sahniger, exotischer Frucht.	5–10 Jahre
Château Laffitte-Teston Ⓥ	Pacherenc du Vic-Bilh Moelleux (*siehe* S. 231)	WEISS	Dieser üppige Verschnitt aus spät geernteten Petit-Manseng- und Petit-Courbu-Trauben wird in neuer Eiche ausgebaut. Er weist viel süße, eichenbetonte Frucht auf und ist sehr nachhaltig.	5–10 Jahre
Château de Peyros	Le Couvent, Madiran AOC (*siehe* S. 230)	ROT	Dieser erstklassige Madiran entsteht unter der Ägide des allgegenwärtigen Professors Peynaud. Er legt allergrößten Wert auf manuelle Lese in mehreren Gängen, längere Mazerierung als normal und Reifung in Eichenbarriques. Dies garantiert die tadellose Qualität dieses Verschnitts aus etwa gleichen Teilen Tannat und Cabernet Franc mit einem Schuss Cabernet Sauvignon.	5–12 Jahre
Robert Plageoles	Domaine de Très-Cantous Vin de Voile Gaillac AOC (*siehe* S. 229)	WEISS	Da die Plageoles schon seit einem halben Jahrhundert als Winzer in Gaillac wirken, ist es nicht verwunderlich, dass sie wissen, wie man Reben kultiviert oder einen Wein wie diese köstliche Spätlese erzeugt, die für außerordentlich lange Zeit in der Flasche erstaunlich rein und fruchtig bleibt.	10–20 Jahre
Clos Uroulat Ⓥ	Cuvée Marie, Jurançon Sec AOC (*siehe* S. 230)	WEISS	Diese Cuvée, die allenfalls noch von der Domaine Cauhapé in Jurançon übertroffen wird, verfügt über nachhaltige, sehr angenehme, pikante Frucht und überwältigende Finesse.	3–6 Jahre

LANGUEDOC-ROUSSILLON

In jüngerer Zeit kamen australische Weinmacher in diesen Teil Südfrankreichs, die nicht nur Weinberge anlegten und Kellereien erbauten, sondern auch Qualität und Preiswürdigkeit gewaltig verbesserten. Allerdings hatten die Franzosen begonnen, ihr Haus in Ordnung zu bringen, lange bevor die Australier auftauchten.

WEINBERGE BEI BAGES
Die an der Mittelmeerküste gelegenen Weinberge der Côtes du Roussillon um Perpignan gehören zu den heißesten Frankreichs.

SCHON ANFANG DER 1980ER JAHRE BEGANN das Languedoc-Roussillon sein Image für billiges, wenig erfreuliches Zeug abzubauen. Immer mehr Domaines füllten ihre Weine selbst ab. Ein Regierungsprogramm für *Vins de Pays* unterstützte die Ertragsreduktion und den Anbau klassischer Rebsorten; bereits in den späten 1970er Jahren entstand eine neue Generation von Weinerzeugern. Sie kombinierte moderne Technologie mit den besten traditionellen Verfahren, einschließlich des Ausbaus in neuen Eichenfässern, und in den frühen 80er Jahren wurden bereits viele aufregende neue Weine exportiert. Als andere Winzer merkten, dass ihre fortschrittlichen Nachbarn gewaltig steigende Preise erzielten, gingen auch sie von der Massenweinproduktion zu eigenen Abfüllungen über. Dieses Potenzial zog die Australier an. Die Franzosen haben den Stolz, den man heute im Languedoc-Roussillon antreffen kann, selbst neu begründet; sicher aber haben die Australier das Weinmachen in diesem südlichen Teil Frankreichs so dynamisch und zukunftsorientiert gemacht.

LANGUEDOC-ROUSSILLON
Siehe auch S. 55
Das größte Weinanbaugebiet Frankreichs, dessen Weinberge sich von der Camargue bis zur spanischen Grenze erstrecken.

GESCHMACKS- UND QUALITÄTSFAKTOREN

LAGE
Ein bogenförmiger Streifen am Mittelmeer (Golfe du Lion) zwischen der Rhône im Osten und den Pyrenäen im Südwesten.

KLIMA
Das mediterrane Klima ist gut für den Weinbau geeignet, auch wenn es gelegentlich heftige Stürme gibt, im Wesentlichen den kalten und ausdörrenden Mistral, der von den Gletschern der Alpen herunterweht, und den nassen und warmen *marin*, der vom Meer kommt und zur Erntezeit Fäule verursachen kann. In dieser bunten Sammlung von Weinbaugebieten sind viele unterschiedliche Kleinklimata zu verzeichnen.

TOPOGRAFIE
Das Languedoc-Roussillon ist bekannt für seine endlosen ebenen Rebflächen, die *Vin ordinaire* liefern; die besten Lagen sind aber die nach Süden bis Osten ausgerichteten Hänge und diejenigen, die von steilen Felswänden geschützt werden.

BÖDEN
Im Allgemeinen bestehen die Ebenen und Täler aus Schwemmland, während die Hänge Schiefer oder Kalkstein aufweisen. Die *Garrigues*, ehemalige Heidegebiete, verfügen über steinigen, kohlenstoffhaltigen Boden über zerklüftetem Kalkstein. Die spezifischen Bedingungen sind jedoch sehr unterschiedlich.

WEINBAU UND WEINBEREITUNG
Dies ist und bleibt das große Gebiet Frankreichs für *Vin ordinaire*. Hier ist alles mechanisiert, die Rebstöcke in den Ebenen werden wie Weizen oder Mais angebaut. Der Trend geht jedoch zu individuellen Weinbergslagen mit gutem Terroir, zum Anbau klassischer Rebsorten und zur Kombination verschiedener traditioneller Methoden mit modernen Techniken. In Limoux wird immer noch die alte *Méthode Rurale* verwendet (Blanquette Méthode Ancestrale AOC, *siehe* unten), aber die Mehrzahl der Weine werden nach der *Méthode Champenoise* hergestellt und unter der neuen Appellation Crémant verkauft.

REBSORTEN
Aspiran Noir, Aspiran Gris, Aubun (Counoise), Bourboulenc (auch als Malvoisie oder Tourbat bezeichnet), Cabernet Franc, Cabernet Sauvignon, Carignan, Carignan Blanc, Cinsault, Clairette, Duras, Fer, Grenache, Grenache Blanc, Grenache Gris, Lladoner Pelut, Listan Negra (die rote Version von Spaniens Palomino), Malbec, Macabéo, Marsanne, Merlot, Mourvèdre, Muscat d'Alexandrie, Muscat Blanc à Petits Grains, Muscat Doré de Frontignan, Muscat Rosé à Petits Grains, Négrette, Oeillade, Picpoul, Picpoul Noir, Roussanne, Syrah, Terret, Terret Noir, Ugni Blanc, Vermentino (Rolle)

DIE APPELLATIONEN IN LANGUEDOC-ROUSSILLON

Ein Wein, der als *Vin doux naturel* (VDN) bezeichnet wird, ist ein aufgespriteter Wein, der aus sehr reifen Trauben gemacht und mit reinem Weingeist angereichert wird, sobald er bei der Gärung 5 bis 6 % Alkoholgehalt erreicht hat; er behält die natürliche Süße der Traube. Um als *Rancio* bezeichnet zu werden, muss ein VDN »gemäß örtlichem Brauch« in Eichenfässern gelagert worden sein, was oft bedeutet, dass die Fässer zwei Jahre lang den Sonnenstrahlen ausgesetzt werden. Das verleiht dem Wein den besonderen Altersgeschmack, der im Roussillon hoch geschätzt wird.

BANYULS AOC

Die südlichste Appellation Frankreichs. Die Weinberge für diesen VDN liegen nur einen Steinwurf von der spanischen Grenze entfernt. Die Reben wachsen auf steil abfallenden Schieferhängen, wo der Mensch wie auch das Maultier kaum einen sicheren Stand finden. Mechanisierung ist damit kein Thema, die Erträge sind äußerst niedrig und der Reifegrad sehr hoch. Auf den Etiketten ist häufig *Rimage* zu lesen; dieses Wort kommt vom katalanischen *Rime* (Traube) und bedeutet Jahrgang.

ROT Der tiefste, dunkelste aller VDN. Ein kräftiger, süßer roter Banyuls (ohne zu lange Fassreifung) besitzt eine schokoladige Fruchtigkeit und ist Frankreichs größte Annäherung an Portugals große Douros. Es fehlt ihm zwar das Feuer eines großen Portweins, aber er hat seinen eigenen immensen Charme, und nach 15 bis 20 Jahren in der Flasche entwickelt ein großer Banyuls eine eigenartige, aber herrliche Komplexität, die irgendwo zwischen der portweinartigen, pflaumigen, an Dörrobst erinnernden Würze eines reifen Jahrgangsports und den Kaffee-Karamell-Nuss-Rosinen-Aromen eines feinen alten Tawny liegt.

10–40 Jahre

WEISS, ROSÉ, TAWNY Wie alle VDN, die rot, weiß oder rosé sein können, können sie auch mit der Zeit bernsteinfarben werden, besonders die Rancio-Weine.

Alle Weine: mindestens 50 % Grenache, plus Grenache Gris, Grenache Blanc, Macabéo, Tourbat, Muscat Blanc à Petits Grains, Muscat d'Alexandrie und insgesamt maximal 10 % Carignan, Cinsault und Syrah

10–20 Jahre

Domaine de la Casa Blanca • *Cellier des Templiers* • *CV L'Étoile* • *Château de Jau* • *Domaine du Mas Blanc* • *Clos de Paulille* • *Domaine de la Rectorie* • *Domaine de la Tour Vieille* • *Domaine du Tragnier* • *Vial Magnières*

BANYULS GRAND CRU AOC

Die Anforderungen sind dieselben wie für Banyuls AOC außer dem Mindestanteil von 75 % Grenache. Die Trauben müssen entrappt und mindestens fünf Tage mazeriert werden, der Wein muss mindestens 30 Monate lang in Eichenfässern reifen.

Cellier des Templiers • *Domaine du Tragnier* • *Vial Magnières*

BANYULS GRAND CRU RANCIO AOC

Siehe Banyuls Grand Cru AOC

BANYULS RANCIO AOC

Siehe Banyuls AOC

BLANQUETTE DE LIMOUX AOC

Der Limoux, ein für die sonnenreiche südliche Herkunft schon immer überraschend guter *Méthode-champenoise*-Schaumwein, hat sich in den letzten zehn Jahren sprunghaft verbessert und sich von einem etwas rustikalen zu einem eleganteren Sekt entwickelt, wenn auch nicht ganz zur Finesse des Crémant de Limoux. Mancher mag seinen Verlust an Individualität bedauern (noch mehr beim Crémant), und es ist bis zu einem gewissen Grad wirklich ein Verlust; aber der Limoux muss differenzierter werden, wenn er im internationalen Premium-Schaumweinmarkt konkurrenzfähig sein will. Aber ich will nicht übertreiben: Die Besten werden einen genügend eigenständigen Charakter behalten, um sich bei Blindverkostungen bemerkbar zu machen. Das wird durch den Anteil von Mauzac sichergestellt, der bisher beliebig war und auf mindestens 90 % angehoben wurde, als die Appellation Crémant eingeführt wurde.

SCHAUMWEIN Diese Weine hatten früher ein charakteristisches Aroma von frisch geschnittenem Gras, entwickeln heute aber schöne, blumigere Autolyse-Aromen.

Mindestens 90 % Mauzac, dazu Chardonnay und Chenin Blanc

1–3 Jahre (bis zu 12 Jahre bei Jahrgangsweinen)

Antech (Tête de Cuvée, Cuvée St-Laurent) • *Domaine de Froin* (Au Temps de Pépé) • *Robert* • *Sieur d'Arques* (Diaphane Blanc de Blancs)

BLANQUETTE MÉTHODE ANCESTRALE AOC

Er hieß früher Vin de Blanquette, wird aber immer noch nach der alten *Méthode rurale* hergestellt. Es war nicht der Blanquette de Limoux, sondern dieser Wein, der 1531 von den Mönchen der Abtei von St-Hilaire erfunden wurde.

WEISS Dieser Wein ist nicht so gut wie ein Blanquette de Limoux, aber er hat seine Meriten. Er sollte nicht nur im Handel sein (was er nicht ist), sondern die *Méthode rurale* sollte auch vervollkommnet werden, damit die *Prestige-Cuvées* dieses Weins zum Premium-Preis verkauft werden können. So könnte Limoux aus seiner historischen Bedeutung und dem guten Ruf seiner Weine Kapital schlagen.

Mauzac

Sieur d'Arques (Dame d'Arques)

CABARDÈS VDQS

Eine wenig bekannte Appellation nördlich von Carcassonne. Die Weine werden auch als Côtes du Cabardès et de l'Orbiel verkauft, aber da dieser Name schwer über die Zunge geht, wird diese kürzere Form benutzt.

ROT Die besten Weine haben eine elegante

Frucht und einen schlankeren, eher bordeauxähnlichen Charakter als die meisten der würzig-reifen südfranzösischen Rotweine.

Mindestens (insgesamt) 40 % Grenache, Syrah und Cinsault (Letztere maximal 20 %), dazu maximal insgesamt 60 % Cabernet Sauvignon, Cabernet Franc, Merlot, Malbec und Fer; bis zum Jahr 2000 sind maximal 30 % Carignan und Aubun erlaubt. Seit 1992 sind Mourvèdre, Négrette, Picpoul Noir und Terret Noir nicht mehr zugelassen.

3–8 Jahre

ROSÉ Diese Weine sind mir noch nicht begegnet.

2–3 Jahre

UC du Cabardès • Château du Pennautier • CV de Pézenas • Château Rivals

CLAIRETTE DE BELLEGARDE AOC

Im Vergleich mit den besten *Vins de Pays* verdient diese Appellation, die der bescheidenen, ausdruckslosen Clairette-Traube gewidmet ist, nicht einmal den VDQS-Status.

WEISS Die beiden genannten Güter repräsentieren die weiche, blumige, bescheidene Art, die diese nicht beeindruckenden trockenen Weine anstreben.

Clairette

Bis zum Ende des Erntejahres

Domaine de l'Amarine • Domaine St-Louis-la-Perdrix

CLAIRETTE DU LANGUEDOC AOC

Die Appellation umfasst drei Weintypen, den natürlichen, den angereicherten und den Rancio-Wein. Der Rancio muss mindestens drei Jahre in versiegelten Fässern lagern und kann natürlich und aufgespritet ausgebaut werden.

WEISS Der natürliche Wein ist voller und kräftiger als der Bellegarde, hat aber in der Rancio-Variante mehr Alkohol und weniger Süße. Der aufgespritete Wein ist fast trocken bis halbtrocken mit einer Rosinennote, die im Rancio stärker ist als im natürlichen Wein.

Clairette

1–3 Jahre für natürlich vergorene Weine, 8–20 Jahre für aufgespritete Weine und Rancio

Domaine d'Aubepierre • CV de Cabrières • Château de la Condamine-Bertrand

CLAIRETTE DU LANGUEDOC RANCIO AOC

Siehe **Clairette du Languedoc AOC**

COLLIOURE AOC

Eine wenig bekannte, aber aufregende Appellation für nicht aufgespritete Weine, die aus in Banyuls erzeugten und normal geernteten Trauben gemacht werden.

ROT Dunkle, kraftvolle Weine mit dichtem, konzentriertem Fruchtaroma und weichem, würzigem Abgang.

Mindestens (insgesamt) 60 % Grenache und Mourvèdre, dazu mindestens (insgesamt) 25 % Carignan, Cinsault und Syrah

ROSÉ Sie sind mir noch nicht begegnet.

Mindestens (insgesamt) 60 % Grenache und Mourvèdre, dazu mindestens (insgesamt) 25 % Carignan, Cinsault, Syrah und maximal 30 % Grenache Gris

3–15 Jahre

Domaine de Baillaury • Domaine du Mas Blanc • Château de Jau • Clos de Paulilles • Domaine de la Rectorie • Celliers des Templiers • Domaine de la Tour Vieille

CORBIÈRES AOC

Als diese Appellation im Dezember 1985 den AOC-Status bekam, wurde das Anbaugebiet auf die gegenwärtige Größe (23 000 ha) praktisch halbiert. Die Spitzenweingüter verwenden oft Kohlensäuremaischung und lassen den Wein etwa zwölf Monate in neuen Eichenfässern reifen. Das Ergebnis kann überwältigend sein. Das einzige Problem, das einem weiteren und größeren Erfolg im Wege steht, scheint die Schwierigkeit zu sein, einen charakteristischen Stil zu entwickeln, denn es gibt große Unterschiede zwi-

schen den einzelnen Terroirs dieser Appellation. Deswegen wurden inoffiziell elf Zonen gebildet, von denen einige oder alle eines Tages wahrscheinlich durch AOC-Gesetze geschützt werden: Boutenac (im Norden von Corbières, Mourvèdre gedeiht hier gut), Durban (zwischen den zwei hügeligen Hälften von Fitou ist diese Zone von mediterranen Einflüssen abgeschnitten), Fontfroide (erstreckt sich von der nördlichen Spitze von Durban bis zu den östlichen Vororten von Narbonne; mit sehr geringen Niederschlägen besonders gut für Mourvèdre geeignet), Lagrasse (geschützte Rebflächen im Tal auf Kalkstein, westlich von Boutenac), Lézignan (ein niedriges Kiesplateau im nördlichsten Teil von Corbières), Montagne d'Alaric (nördliche Zone westlich von Lézignan; gut entwässerte Kieshänge über Kalkstein), Quéribus (die südlichste Zone mit hoch gelegenen steinigen Hängen), St-Victor (im Herzen der Corbières), Serviès (der nordwestliche Rand, die feuchteste Zone mit Kalklehmböden, die besonders gut für Syrah geeignet sind), Sigean (der Küstenstreifen der Corbières; Syrah gedeiht am besten), Termenès (der Westrand zwischen Serviès und

Quéribus mit den am höchsten gelegenen Weinbergen der Appellation).

ROT Weine von ausgezeichneter Farbe, mit voller, würzig-fruchtiger Nase und sahnig-frischem Gaumen, oft mit einem Anflug von Kirschen, Himbeeren und Vanille.

Maximal (je nach Ort) 40–60 % Carignan, mindestens (je nach Ort) 25–35 % Grenache, Lladoner Pelut und Syrah, dazu Mourvèdre, Picpoul, Terret, maximal 20 % Cinsault; Macabéo und Bourboulenc sind zusammen auf einen Anteil beschränkt, der nicht größer als der der Carignan sein darf. Grenache Gris ist seit 1995 nicht mehr zugelassen.

2–5 Jahre (in Ausnahmefällen 3–8 Jahre)

WEISS Sanfte, fast klinisch saubere, trockene Weine, die in ihren letzten Jahrgängen mehr Aroma entwickelt haben. Château Meunier St-Louis ist vermutlich das beste Beispiel dafür. Aber viele Weine sollten ausdrucksvoller sein. Es gab einige erfolgreiche Experimente mit Gärung in Eichenfässern. Diese Weine dürfen ohne Kennzeichnung als *primeur* oder *nouveau* ab dem 1. Dezember nach der Ernte verkauft werden.

Mindestens 50 % Bourboulenc, Grenache Blanc und Macabéo, dazu Clairette, Muscat Blanc à Petits Grains, Picpoul, Terret, Marsanne, Roussanne und Vermentino

1–3 Jahre

ROSÉ Die besten dieser trockenen Weine haben eine attraktive Farbe und ein angenehmes, blumiges Aroma, sind aber nichts Besonderes.

Wie für Rotwein

1–3 Jahre

Château la Baronne • Château la Bastide • Château Caraguilhes • Château Cascadais • Château l'Étang des Colombes • Château Hélène (bes. Cuvée Ulysse) *• Château des Lanes • Château de Lastours • Château Meunier St-Louis • Val d'Orbieu • Château les Palais • Château St-Auriol • Château la Voulte-Gasparets* (Romain Pauc)

COSTIÈRES DE NÎMES AOC

Früher der VDQS Costières du Gard. Die Weine sind seit je unbeeindruckend, viele sind aber ganz sicher besser als die vielen banalen Weine sehr viel berühmterer Appellationen. So betrachtet haben die Costières de Nîmes 1986 ihre Beförderung zur AOC sehr wohl verdient. Seitdem haben sich jedoch die Rebsorten für die drei Weinsorten – rot, weiß und rosé – so radikal geändert, dass man sich fragt, warum man sich überhaupt mit einer Kontrolle abgibt.

ROT In der Regel einfache, leichte, fruchtige Weine, die besten sind rund, aromatisch und würzig.

Maximal je 40 % Carignan und Cinsault, mindestens 25 % Grenache und mindestens (insgesamt oder je) 20 % Mourvèdre und Syrah

2–3 Jahre (durchschnittliche Weine), 3–8 Jahre (bessere *Cuvées*)

WEISS Frische, weiche, aber nicht begeisternde Weine, die nach der Ernte ab dem 1. Dezember verkauft werden dürfen, ohne als *primeur* oder *nouveau* deklariert zu werden.

Clairette, Grenache Blanc, Bourboulenc, maximal 40 % Ugni Blanc, maximal 50 % (insgesamt) Marsanne, Roussanne, Macabéo und Rolle

1–2 Jahre

ROSÉ Preiswerte trockene Weine mit wunderbarer Farbe und reifer Frucht. Sie dürfen ohne Bezeichnung als *primeur* oder *nouveau* ab dem 1. Dezember nach der Ernte verkauft werden.

Maximal (je) 40 % Carignan und Cinsault, mindestens 25 % Grenache und (insgesamt oder je) 20 % Mourvèdre und Syrah, dazu bis zu (insgesamt) 10 % Clairette, Grenache Blanc, Bourboulenc , Ugni Blanc, Marsanne, Roussanne, Macabéo und Rolle

Innerhalb von 1–2 Jahren

Domaine de l'Amarine • Château Paul Blanc • Château de Campuget • Domaine le Grand Plaignol • Château Morgue du Grès • Tardieu-Laurent • Château Tuilerie

COTEAUX DU LANGUEDOC AOC

Diese Appellation ist aus Rebflächen in drei Départements zusammengesetzt, weshalb der Charakter der Weine sehr unterschiedlich ist; ihre Qualität ist jedoch bemerkenswert gleichmäßig. Nachdem sich der Rotwein zehn Jahre lang aufregend entwickelt hat, ist jetzt die Zeit für Weißwein angebrochen.

ROT Volle, ehrliche Rotweine, ausgezeichnet für den täglichen Genuss, die ab dem dritten Donnerstag im November nach der Ernte als *primeur* oder *nouveau* verkauft werden dürfen.

Mindestens (insgesamt) 40 % Grenache, Lladoner Pelut, Mourvèdre und Syrah, maximal (insgesamt) 40 % Carignan und Cinsault, dazu bis zu (insgesamt) 10 % Counoise, Grenache Gris, Terret Noir und Picpoul Noir

1–4 Jahre

WEISS Sie werden jeden Tag besser, diese herrlich frischen, aromatischen Weißweine, die von den jüngeren *Vignerons* der Appellation oft mit etwas Eiche und nicht selten von sehr alten Reben gemacht werden. Diese Weine dürfen ab dem 1. Dezember nach der Ernte ohne Bezeichnung als *primeur* oder *nouveau* verkauft werden.

Grenache Blanc, Clairette, Bourboulenc, Picpoul und bis zu 30 % Marsanne, Roussanne, Rolle, Macabéo, Terret Blanc, Carignan Blanc und Ugni Blanc

ROSÉ Trockene Weine mit schöner Frucht, viel erfreulicher als viele teure Rosés aus der Provence. Sie dürfen ab dem dritten Donnerstag im November nach der Ernte als *primeur* oder *nouveau* verkauft werden.

Counoise, Grenache Gris, Terret Noir, Picpoul Noir, Bourboulenc, Carignan Blanc, Clairette, Macabéo, Picpoul, Terret Blanc und Ugni Blanc

1–2 Jahre

Domaine de l'Aiguelière • Henri Arnal • Mas Cal Demoura • Domaine Christin (Cuvée Tradition) *• Domaine Guiraud-Boyer • Domaine de l'Hortus • Mas Jullien • Château de Lascaux • Château de la Négly • Val d'Orbieu • Domaine Peyre Rose • Prieuré St-Jean de Bébian • Château Puech-Haut • Domaine St-Martin de la Garrigue*

COTEAUX DU LANGUEDOC (MIT ORTSNAMEN) AOC

Wenn nicht anders vermerkt, erfüllen die Weine folgender Orte die Anforderungen der Coteaux du Languedoc AOC.

CABRIÈRES AOC

Eine Gemeinde auf den Schieferhängen in der Unterappellation Clairette du Languedoc. Die Produktion liegt vorwiegend in der Hand der örtlichen Genossenschaft. Man erzeugt überwiegend einen ausgezeichneten, festen und rassigen Roséwein, der mehr Cinsault enthält als andere Languedoc-Rosés. Auch etwas Rotwein wird produziert, am bekanntesten ist der *Vin vermeil*, so genannt wegen seiner lebhaften zinnoberroten Farbe.

CV de Cabrières • Domaine du Temple (bes. Cuvée Jacques de Molay)

COTEAUX DE LA MÉJANELLE AOC

Siehe La Méjanelle AOC

COTEAUX DE ST-CHRISTOL AOC

Siehe St-Christol AOC

COTEAUX DE VÉRARGUES AOC

Siehe Vérargues AOC

LA CLAPE AOC

Rot-, Weiß- und Roséweine von Weinbergen, die auf Kalkstein liegen und sich über fünf Gemeinden des Département Aude erstrecken; hier überschneiden sich die Appellationen Coteaux du Languedoc und Corbières. Der Weißwein – einer der beiden in der Appellation Coteaux du Languedoc zugelassenen – muss aus mindestens 60 % Bourboulenc gemacht werden. Er kann füllig und goldfarben oder fest sein und eine attraktive mediterrane Würze haben. La Clape Blanc ist teurer als der Rotwein, aber letzterer ist mit vollem, kräftigem Geschmack und alterungsfähiger Art auf jeden Fall der bessere. Der Roséwein ist erfrischend leicht und durchaus beachtenswert.

Château de Complazens • Château Moujan • Château Pech-Céleyran • Château Pech Redon • Domaine de la Rivière-le-Haut • Château de Ricardelle de la Clape • Château Rouquette-sur-Mer • Domaine de Terre Megre • Domaine de Vires

LA MÉJANELLE AOC

Diese Appellation (auch: Coteaux de la Méjanelle) umfasst vier Gemeinden.

ROT Rosé ist zugelassen, aber La Méjanelle erzeugt überwiegend Rotweine von alterungsfähigem Typ, dunkel, üppig und gut strukturiert. Château de Flaugergues ist zuverlässig Nummer eins.

Château de Flaugergues • Château St-Marcel d'Esvilliers

MONTPEYROUX AOC

Das Dorf liegt auf den Schieferhügeln bei St-Saturnin nördlich der Unterappellation Clairette du Languedoc. Mit Ausnahme der besten sind die Rot- und Roséweine fest und etwas rustikal, jedoch ehrlich und angenehm. Die hier empfohlenen Weine gehören zu den besten im Languedoc.

Domaine de l'Aiguelière • Domaine d'Aupilhac

PICPOUL-DE-PINET AOC

Sechs Gemeinden gehören zu dieser Weißwein-Appellation, die, wie ihr Name sagt, zu 100 % Picpoul verwenden muss. In Pinet wird ein lebendiger, junger Wein erzeugt, der schnell müde wird und darum so jung wie möglich getrunken werden muss. Gaujal ist zweifellos der beste.

Domaine d'Aupilhac • Domaine Gaujal (Cuvée Ludovic Gaujal) *• Domaine de la Grangette*

PIC-ST-LOUP AOC

Darunter fallen Rot- und Roséweine aus zwölf Gemeinden im Département Hérault und einer in Gard, alle in der Nähe des Pic St-Loup gelegen, einschließlich einiger sehr hoher Lagen, die zu den kühlsten Weinbergen in Südfrankreich gehören. Die zugelassenen Rebsorten fallen aus dem Rahmen; Rotweine müssen aus mindestens zwei der folgenden Rebsorten bestehen: Grenache, Mourvèdre und Syrah (kein vorgeschriebenes Minimum oder Maximum), dazu bis zu 10 % Carignan und Cinsault. Die Trauben für Rosé sind dieselben, allerdings ist Carignan ausgeschlossen, und Cinsault darf nur bis zu 30 % eingesetzt werden.

Mas Bruguière • Domaine de Cazeneuve • Clos Marie • Domaine de la Roque

QUATOURZE AOC

Die Weinberge mit Sandboden liegen unmittelbar südlich von Narbonne und überschneiden sich mit der Appellation Corbières. Die Weine – überwiegend rot und wenig rosé – sind eher hart und vierschrötig, die besten runden jedoch in einigen Jahren auf der Flasche aus und werden weicher.

Château Notre Dame

ST-CHRISTOL AOC

Der kalkhaltige Lehmboden von St-Christol AOC nördlich von Lunel produziert reife, würzige, harmonische Rot- und Roséweine, die auch als Coteaux de St-Christol AOC verkauft werden dürfen. Die örtliche Genossenschaft beherrscht die Produktion.

Domaine de la Coste • Gabriel Martin • CV de St-Christol

ST-DRÉZÉRY AOC

In dieser Dorfappellation nördlich von Montpellier sind Rot- und Roséweine zugelassen, aber mir sind nur Rotweine von sehr bescheidener Qualität begegnet.

ST-GEORGES-D'ORQUES AOC

Westlich von Montpellier erstreckt sich diese Appellation über fünf Gemeinden. Man erzeugt hauptsächlich Rotweine mit schöner Farbe, reichlich Frucht und für eine bescheidene Languedoc-Appellation nicht wenig Finesse.

Château de l'Engarran • CV de St-Georges-d'Orques

ST-SATURNIN AOC

Die nach dem ersten Bischof von Toulouse benannten Rot- und Roséweine kommen aus drei Gemeinden am Fuß der Cévennen westlich von Montpeyroux. Die Rotweine können eine tiefe Farbe und einen kräftigen Geschmack haben.

Die Produktion unterliegt hauptsächlich den beiden Genossenschaften von St-Félix-de-Lodez und St-Saturnin; die Erste hat sich auf einen angenehmen, leicht perlenden Rosé spezialisiert, letztere stellt einen *Vin d'une nuit* her.

✓ *CV St-Félix-de-Lodez • CV de St-Saturnin*

VÉRARGUES AOC

Vérargues produziert große Mengen ordentlicher Zechweine (rot und rosé) in neun Gemeinden, von denen vier die Appellation Muscat de Lunel bilden. Sie werden auch als Coteaux de Vérargues AOC verkauft.

✓ *Château du Grès-St-Paul*

CÔTES DU CABARDÈS ET DE L'ORBIEL VDQS

Siehe Cabardès VDQS

CÔTES DE LA MALEPÈRE VDQS

Mit der Genossenschaft von Razès und den Domaines Virginie (Domaine des Bruyère) und hervorragenden, preiswürdigen Weinen ist dies eine der am raschesten aufsteigenden Appellationen im Languedoc-Roussillon. Ich hoffe, dass das ein Anreiz für eine Flut von neuen Gutsweinen ist. Warum ist dies keine AOC?

ROT Farbkräftige Weine von mittlerem bis vollem Körper und eleganter, köstlich würziger Frucht.

Bis zu (je) 60 % Merlot, Malbec und Cinsault, dazu maximal (insgesamt) 30 % Cabernet Sauvignon, Cabernet Franc, Grenache, Lladoner Pelut und Syrah

3–7 Jahre

ROSÉ Attraktive trockene Weine, völlig anders als die Rotweine, was sie dem größeren Anteil der weicher machenden Grenache verdanken.

Cinsault, Grenache, Lladoner Pelut, dazu maximal (insgesamt) 30 % Merlot, Cabernet Sauvignon, Cabernet Franc und Syrah

1–3 Jahre

✓ *Domaine des Bruyère • CV de Malepère* (Château de Festes, Domaine de Foucauld) *• Domaine de Matibat • CV de Razès* (Château Beauséjour, Domaine de Cazes, Domaine de Fournery, Château de Montclar) *• Château de Routier*

CÔTES DE MILLAU VDQS

Im Jahr 1994 vom VdP-Status (Gorges et Côtes de Millau) zum VDQS befördert, muss diese Appellation noch erst einen charakteristischen Stil etablieren. Es gibt keinen Grund, warum sie das nicht schaffen sollte, aber mit 50 ha Rebfläche und einer dominierenden Genossenschaft (Aguessac) wird es nicht leicht sein.

ROT Spezialität ist ein *Vin primeur.*

Verschnitt aus mindestens zwei Rebsorten, mindestens 30 % Gamay und Syrah, dazu Fer, Duras und bis zu 20 % Cabernet Sauvignon

WEISS Nur sehr wenig wird gemacht, und mir ist keiner begegnet.

Chenin Blanc, Mauzac

ROSÉ Nur sehr wenig wird gemacht, und mir ist keiner begegnet.

Verschnitt von mindestens zwei Rebsorten, mindestens 50 % Gamay, dazu Syrah, Cabernet Sauvignon, Fer und Duras

CÔTES DU ROUSSILLON AOC

Die große Appellation südlich der Corbières hat lange vor dem Languedoc begonnen, den »Ruf«, den die Weine des Midi hatten, abzuschütteln. Zwar macht das Languedoc heute die meisten Schlagzeilen, doch hat das Roussillon immer noch hervorragende, üppige Weine von ausgezeichnetem Preis-Qualitäts-Verhältnis zu bieten.

ROT Die besten Weine haben eine großzügige südliche Frucht mit einem Hauch Vanille und Gewürzen. Sie dürfen ab dem dritten Donnerstag im November nach der Ernte als *primeur* oder *nouveau* verkauft werden.

Ein Verschnitt aus mindestens drei Rebsorten; zwei von ihnen dürfen 90 % des Gesamtvolumens nicht überschreiten. Seit 1996 müssen mindestens 20 % Syrah und Mourvèdre sein. Weiter zugelassen sind Carignan (maximal 60 %), Macabéo (maximal 10 %), Cinsault, Grenache, Lladoner Pelut.

3–8 Jahre

WEISS Die besten dieser blumigen Weine sind fett, es mangelt ihnen allzu oft an Säure. Sie dürfen ab dem dritten Donnerstag im November nach der Ernte als *primeur* oder *nouveau* verkauft werden.

Macabéo und Tourbat

1–2 Jahre

ROSÉ Frische, attraktive trockene Rosés, die ab dem dritten Donnerstag im November nach der Ernte als *primeur* oder *nouveau* verkauft werden dürfen.

Ein Verschnitt aus mindesten drei Rebsorten, zwei von ihnen dürfen 90 % des Gesamtvolumens nicht überschreiten. Seit 1996 müssen mindestens 20 % Syrah und Mourvèdre sein. Weiter zugelassen sind Carignan (maximal 60 %), Macabéo (maximal 10 %), Cinsault, Grenache, Lladoner Pelut.

1–2 Jahre

✓ *CV de Baïxas* (Dom Brial) *• Château de Canterrane • Domaine de la Casenove • CV Catalans* (bes. Château Cap de Fouste) *• Cazes Frères • Château Corneilla • Domaine Gauby • Château de Jau • Domaine Jaubert-Noury • Domaine du Mas Camo, Domaine du Mas Rous • Château Montner • Domaine Piquemal • Domaine de Rombeau • Domaine St-François • Domaine St-Luc • Domaine Sarda-Malet • Taïchat de Salvat*

CÔTES DU ROUSSILLON-VILLAGES AOC

Appellation für Rotwein aus 25 Orten am Fluss Agly und in dessen Einzugsbereich. Der beste Bereich der Côtes du Roussillon.

ROT Vom selben guten Gegenwert wie normaler Côtes de Roussillon; die besten Vertreter können sogar noch mehr Charakter und Finesse haben.

Wie bei Côtes du Roussillon Rouge, jedoch sind nur 15 % Syrah und Mourvèdre vorgeschrieben.

3–10 Jahre

✓ *SCA Aglya • CV de Baïxas* (Dom Brial) *• CV de Bélesta* (bes. Castel Riberbach Sélection Granite) *• Domaine de Casenove • CV Catalans • Cazes Frères • Domaine des Chênes • Mas Crémat • Clos des Fées • Domaine Força Real • Domaine Gardiés • Domaine Gauby • Domaine Piquemal • Domaine des Schistes • Maîtres Vignerons de Tautavel*

CÔTES DU ROUSSILLON-VILLAGES CARAMANY AOC

Dieser hervorragend preiswürdige Rotwein erfüllt die Anforderungen des Côtes du Roussillon-Villages, jedoch müssen mindestens 60 % (und der ganze Carignan-Anteil) mit Kohlensäuremaischung gemacht werden (diese seltsame Vorschrift hat ihren Ursprung darin, dass 1964 die örtliche Genossenschaft als Erste diese Technik in Frankreich angewandt hat).

ROT Schlicht und einfach – trotz der Kohlensäuremaischung – die fülligsten, kräftigsten und langlebigsten Weine des Roussillon, was beweist, wie vorteilhaft diese Methode sein kann, wenn damit die natürliche Frucht eines Weines hervorgehoben wird, anstatt sie mit Fruchtdropsaroma zu übertönen.

3–15 Jahre

✓ *CV Catalans*

CÔTES DU ROUSSILLON-VILLAGES LATOUR-DE-FRANCE AOC

Dieser Rotwein von gutem Gegenwert erfüllt die Anforderungen des Côtes du Roussillon-Villages. Früher wurde praktisch die ganze Produktion des Latour-de-France von der französischen Weinhandelsgruppe Nicolas vermarktet. Das war von großem Vorteil, als das Dorf seine eigene Appellation bekam, denn der freche Name war bereits im ganzen Land bekannt.

ROT In Farbe und Körper kräftige, sehr preiswerte Weine mit fruchtbetontem Geschmack.

3–15 Jahre

✓ *CV Latour-de-France*

CRÉMANT DE LIMOUX AOC

1989 wurde diese provisorische Schaumwein-AOC eingeführt, um den Erzeugern zu ermöglichen, sich den künftigen Namen ihrer Appellation auszusuchen: Blanquette de Limoux oder Crémant de Limoux. Ersterer basiert auf der

Mauzac-Traube, und mit Einführung der Appellation Crémant wurde ein 90-%-Anteil dieser hier beheimateten Rebsorte Pflicht. Im Gegensatz dazu hatte der neu geschaffene Crémant de Limoux ein vorgeschriebenes Minimum an Chardonnay und Chenin, jedoch zu einem niedrigeren Prozentsatz. Die Wahl ging also nicht allein um den Namen, sondern auch um Richtung und Stil des Weins. Bis zum Jahr 1993 hatte gerade ein Zwanzigstel des Limoux-Schaumweins die Crémant-Appellation angenommen. Die Gesetzgeber stehen vor dem Dilemma, dass für einen Wein zwei Namen verwendet werden. Doch beide Typen haben ihre Existenzberechtigung: Warum soll man die Wahl des Erzeugers auf einen Typ einschränken, geschweige denn die des Verbrauchers?

WEISS Chardonnay scheint die Basis dieses Weins zu werden, wobei genug Mauzac beibehalten wird, um einen individuellen Charakter sicherzustellen. Chenin wird zur Säureregulierung eingesetzt. Die Weine sind im Allgemeinen differenzierter als Blanquette de Limoux, und die besten haben eine Finesse, die für eher traditionelle Weine nicht erreichbar ist.

Mauzac und mindestens 30 % Chardonnay und Chenin Blanc (wobei keine von beiden die 20 % überschreiten darf)

Domaine de l'Aigle • *Aimery* • *Antech* (Carte Or Prestige) • *Les Vignobles Verges de martinolles* • *Robert* • *Sieur d'Arques* • *Héritiers Valent* (L'Evèche)

FAUGÈRES AOC

Faugères ist zwar ziemlich groß, aber kaum bekannt und wenig beachtet. Das liegt wahrscheinlich daran, dass sie früher für Eau-de-vie und aufgespriteten Muscat bekannt war, der Rotwein kam erst nach 1945. Faugères und das benachbarte St-Chinian haben zwar ähnliche Schieferhänge und verwenden in etwa die gleiche Palette von Rebsorten, erzeugen dennoch sehr verschiedene Weine.

ROT Rustikale Weine mit kräftiger Farbe und mächtigem, würzig-warmem Aroma von Cinsault und Carignan.

3–10 Jahre

ROSÉ Eine kleine Produktion reifer und fruchtiger, trockener Rosés. Sie dürfen ab dem 1. Dezember nach der Ernte verkauft werden, ohne als *primeur* oder *nouveau* deklariert zu werden.

Alle Weine: bis zu 30 % Carignan und Cinsault, dazu mindestens (insgesamt) 40 % Grenache, Lladoner Pelut, Mourvèdre und Syrah, wovon die ersten beiden Sorten mindestens 20 % und die anderen mindestens 15 % des Verschnitts bilden, wobei Mourvèdre mindestens 5 % ausmacht.

3–10 Jahre

Domaine Alquier • *Château des Estanilles* • *Château de Grézan* • *CV de Laurens* (Château de Laurens, Cuvée Valentin Duc) • *Château la Liquières* • *Domaine Ollier-Taillefer*

FITOU AOC

Als man es 1948 zur AOC machte, lag Fitou noch im Tiefschlaf. Anfang der 1980er Jahre machten Weinkäufer es zum schnellsten aufsteigenden Stern am Mittelmeerhimmel. Heute ist es wieder still in Fitou.

ROT Selbst die einfachsten Exemplare haben eine schöne Farbe und die würzige Wärme der Grenache, die die konzentrierte Frucht und das Tannin der Carignan zügelt und weich macht.

Carignan, Grenache und Lladoner Pelut müssen mindestens 90 % des Weins ausmachen (Carignan ist auf 75 % beschränkt), dazu 10 % Cinsault, Macabéo, Mourvèdre, Syrah und Terret Noir

3–6 Jahre (in Ausnahmefällen 4–10 Jahre)

Bertrand Bergé • *Caves du Mont-Tauch* • *Château de Nouvelles* • *Val d'Orbieu* • *Cave de Paziols* (Domaine de Cabrils) • *CV Pilote de Villeneuve-les-Corbières*

FRONTIGNAN AOC

Siehe Muscat de Frontignan AOC

GRAND ROUSSILLON AOC

Die größte Appellation, die die geringste Menge Wein produziert. Grand Roussillon umfasst 100 Gemeinden, erzeugt aber nur 30 hl VDN pro Jahr. Dies hat nichts mit niedrigen Erträgen oder einer strengen Auslese zu tun; die Appellation wird offensichtlich als eine Art *Sous-marque* benutzt, als Müllplatz für die von den guten VDN in ihrem Gebiet produzierten minderen Weine.

Muscat (à Petits Grains und d'Alexandrie), Grenache (Gris, Blanc und Noir), Macabéo, Tourbat, dazu (insgesamt) 10 % Carignan, Cinsault, Syrah und Listan

GRAND ROUSSILLON RANCIO AOC

Siehe Grand Roussillon AOC

LIMOUX AOC

Bis 1993 war Mauzac die einzige Traube, die für die stille Version des Blanquette de Limoux zugelassen war, neue Bestimmungen reduzierten ihren Anteil auf ein Minimum von 15 % und erlaubten den Zusatz von Chardonnay und Chenin Blanc. Zur selben Zeit wurde Limoux die erste französische AOC, die Fassgärung verlangte, und einige fantastische Erfolge sorgten für den beneidenswerten Ruf der Chardonnay-dominierten Weine dieser Appellation. Jetzt stellt sich nur noch die Frage: Wird Limoux mit Chenin Blanc einen ebensolchen Erfolg haben?

WEISS Soweit die Weine nur stille Versionen von Blanquette- oder Crémant-Verschnitten sind, bleiben sie langweilig und unelegant; die besten haben jedoch eine attraktiv nervige Art. Reine Chardonnays sind frisch wie ein Sorbet und zumindest pikant; die besten sind herrlich üppig mit saftiger, zitroniger Frucht und einer Säure, die das Wasser im Mund zusammenlaufen lässt.

Mindestens 15 % Mauzac, dazu Chardonnay und Chenin Blanc

Domaine de l'Aigle • *Sieur d'Arques* (Toques et Clochers)

MAURY AOC

Es gibt zwar eine lange Liste von Möglichem, aber meistens sind diese aufgespriteten Weine reine Grenache. Dies wird mit der allmählichen Anhebung des vorgeschriebenen Mindestanteils der Sorte anerkannt – vor zehn Jahren lag er noch bei 50 %.

ROT, WEISS, ROSÉ, TAWNY Die blassen, vielschichtigen Weine kombinieren pikante Beerenaromen mit einer nussig-rosinigen Üppigkeit.

Mindestens 70 % Grenache (75 % seit dem Jahr 2000), maximal 15 % Macabéo (10 % seit 2000), dazu Grenache Gris, Grenache Blanc, Muscat à Petits Grains, Muscat d'Alexandrie und Tourbat, außerdem maximal (insgesamt) 10 % Carignan, Cinsault, Syrah und Listan Negra

10–30 Jahre

Mas Amiel • *Domaine de la Coume du Roy* • *Cave Jean-Louis Lafage* • *Cave de Maury* • *Maurydoré*

MAURY RANCIO AOC

Siehe Maury AOC

MINERVOIS AOC

Das bergige Minervois liegt nördlich der Corbières, es grenzt im Osten an die Coteaux du Languedoc und hat das typische heiße und trockene Klima Südfrankreichs. Im Februar 1985 wurde es zur AOC erhoben. Wie die Corbières ist sie inoffiziell in Zonen eingeteilt, die eines Tages anerkannt werden können: L'Argent Double (zerklüftete Weinberge in felsigen Arealen im trockenen Zentrum des Minervois); La Clamoux (ein kühleres Gebiet im Westen mit etwas mehr Regen als im größten Teil des Minervois; Grenache und Syrah gedeihen hier gut, besonders in höheren Lagen); La Clause (raues Bergklima und steiniger Terra-rossa-Boden ergeben im Norden des Minervois recht rustikale *Vins de Garde*); Les Côtes Noires (hoch gelegene Weinberge in der Nordwestecke des Minervois mit rauem Bergklima, die besser für Weiß- als für Rotwein geeignet sind); Petit Causse (wenn sie genug Wasser bekommt, gedeiht Mourvèdre auf den glühend heißen, geschützten Kalksteinhängen im trockenen Zentrum des Minervois gut); Serres (sehr trockene, steinige Weinberge über einem Kalksteinuntergrund, überwiegend mit Carignan bepflanzt).

ROT Die am wenigsten guten Weine erfüllen kaum die Anforderungen an eine AOC. Einige der besten Domaines erzeugen auch *Vins de Pays*, die besser sind als der Minervois anderer Weingüter.

Maximal 40 % Carignan, mindestens insgesamt 60 % Grenache, Lladoner Pelut, Syrah und Mourvèdre (mindestens 10 % von den letzten beiden), dazu Cinsault, Picpoul Noir, Terret Noir und Aspiran Noir

1–5 Jahre

WEISS Weniger als 1 % der Minervois-Weine ist weiß. Ein einfacher, trockener, fruchtiger Wein, der heute kühler vergoren wird und frischer und aromatischer ist als früher üblich.

Grenache Blanc, Bourboulenc, Macabéo, Marsanne, Roussanne, Vermentino, dazu bis zu (insgesamt) 20 % Picpoul, Clairette, Terret Blanc und Muscat à Petits Grains (letztere maximal 10 %).

Innerhalb eines Jahres

ROSÉ Preiswerte Weine mit einer schönen Farbe und trockenem, fruchtigem Geschmack.

Wie bei Rotwein, dazu maximal 10 % Trauben weißer Rebsorten

Innerhalb eines Jahres

Château Bassanel • Château Donjon • Domaine Domergue • Château de Gourgazaud • Château Maris • Domaine de Mayranne • Château les Ollieux • Château les Palais • Domaine Piccinini • Domaine Ste-Eulalie • Domaine Tailhades Mayranne • Château Villerambert-Julien

MUSCAT DE FRONTIGNAN AOC

Es heißt, dass der Marquis von Lur-Saluces im Jahr 1700 Frontignan besuchte und hier die Idee hatte, auf Château d'Yquem süße Weine zu produzieren. Aber der Muscat de Frontignan ist schon lange kein botrytisierter Wein mehr, sondern ein angereicherter, entweder ein *Vin doux naturel* (VDN) oder ein *Vin de Liqueur* (VDL). Bei letzterem wird der Weingeist zum Traubensaft gegeben, bevor eine Gärung einsetzen kann. Wenn auf dem Etikett nicht zwischen beiden Sorten unterschieden wird, so trägt die grüne Steuermarke auf der Verschlusskappe die Buchstaben VDN oder VDL.

WEISS Die VDN sind köstliche goldfarbene, intensiv nach Rosinen schmeckende süße Weine mit einem honigartigen Abgang. Sie sind etwas öliger als ein Beaumes, besitzen aber häufig nicht deren Finesse. Die VDL sind süßer.

Muscat Doré de Frontignan

1–3 Jahre

Favier-Bel • CV du Muscat de Frontignan • Château de la Peyrade • Château de Stony

MUSCAT DE LUNEL AOC

Auf den Kalksteinterrassen nordöstlich von Montpellier wächst dieser unterbewertete VDN, der sich qualitativ dem Frontignan annähert.

WEISS, ROSÉ Diese Weine sind leichter als die von Frontignan, haben aber trotzdem herrliche Muscataromen von großer Delikatesse.

Muscat Blanc à Petits Grains, Muscat Rosé à Petits Grains

1–3 Jahre

Château du Grès St-Paul • Lacoste • CV du Muscat de Lunel

MUSCAT DE MIREVAL AOC

Eine selten anzutreffende VDN-Appellation.

WEISS Leichte, süße Weine, die harmonischer sein können und mehr Säure haben als die des benachbarten Frontignan. Mireval-Weine haben meist mehr Eleganz, doch fehlt ihnen gelegentlich die rosinige Üppigkeit.

Muscat Blanc à Petits Grains

1–3 Jahre

Domaine de la Capelle • Domaine du Mas Neuf • Domaine du Moulinas • Mas du Pigeonnier • CV Rabelais

MUSCAT DE RIVESALTES AOC

Diese Appellation sollte nicht mit den verschnittenen Rivesaltes-VDN verwechselt werden, die keinen Hinweis auf Muscat tragen.

WEISS, ROSÉ Kräftige, reife, nach Trauben und Rosinen schmeckende Weine von zuverlässiger Qualität.

Muscat Blanc à Petits Grains, Muscat d'Alexandrie

1–3 Jahre

CV de Baixas (Dom Brial) *• Bobé • Domaine Boudau • Cazes Frères • Château Corneilla • Domaine Força Real • Château de Jau • Domaine Mas Canclaux • Caves du Mont-Tauch • Château de Nouvelles • Vignerons de Rivesaltes* (Domaine Lacroix, Arnaud de Villeneuve) *• Domaine de Rozès • Domaine Sarda-Malet*

MUSCAT DE ST-JEAN-DE-MINERVOIS AOC

Diese kleine Unterappellation des Minervois produziert kleine Mengen *Vin doux naturel,* der früher sträflich unterbewertet wurde, sich aber inzwischen auf den Exportmärkten ausgezeichnet positionieren konnte.

WEISS, ROSÉ Goldene Weine mit ausgeglichener Süße und Aprikosenaroma.

Muscat Blanc à Petits Grains, Muscat rosé à Petits Grains

1–3 Jahre

Domaine de Barroubio • CV de St-Jean-de-Minervois • Domaine Simon

RIVESALTES AOC

Auf diese Appellation entfällt die Hälfte aller in Frankreich produzierten *Vins doux naturels.*

ROT Das warme Ziegelrot dieser Weine steht in Kontrast zu ihren adstringierend-süßen Schokolade-Kirschlikör-Aromen.

10–40 Jahre

WEISS, ROSÉ, TAWNY Da die rote Version nach langer Reifezeit in Holzfässern heller wird, verschmelzen alle Rivesaltes-Weine mit der Zeit schließlich zu dem einen Tawny-Typ. Die Weißweine haben natürlich keine Tannin-Adstrin-

genz, sie sind oxidativer und schmecken mehr nach Rosinen sowie nach Sukkade.

Alle Weine: Muscat Blanc à Petits Grains, Muscat d'Alexandrie, Grenache, Grenache Gris, Grenache Blanc, Macabéo, Tourbat, dazu maximal (insgesamt) 10 % Carignan, Cinsault, Syrah und Palomino

10–20 Jahre

CV de Baixas (Dom Brial) *• Domaine des Chênes • Domaine Força Real • Cazes Frères • Château Corneilla • Château de Jau • Domaine Piquemal • Domaine Sarda-Malet*

RIVESALTES RANCIO AOC

Siehe Rivesaltes AOC

ST-CHINIAN AOC

Die Appellation St-Chinian ist die größte Annäherung an den Bordeaux, die in Südfrankreich beheimatete Trauben je erreichten, und bietet hervorragenden Gegenwert. Dieselben Rebsorten ergeben auf den vergleichbaren Schieferhängen im benachbarten Faugères einen völlig anderen, viel rustikaleren Wein, dem es an der Finesse eines St-Chinian und erst recht eines Bordeaux fehlt.

ROT In Farbe und Körper relativ leichte Weine mit einer Eleganz, die ihre mediterrane Herkunft nicht erkennen lässt.

2–6 Jahre

ROSÉ Trockene, köstlich fruchtige Rosés mit attraktivem, intensivem Bukett und Geschmack. Sie dürfen ab dem 1. Dezember nach der Ernte ohne Hinweis auf *primeur* oder *nouveau* verkauft werden.

Alle Weine: mindestens (insgesamt) 50 % Grenache, Lladoner Pelut, Mourvèdre und Syrah, dazu maximal 40 % Carignan und 30 % Cinsault

1–3 Jahre

Clos Bagatelle • Mas Canet Valette • Château Cazal-Viel • Domaine des Jougla • Château Milhau-Lacugue • CV du Rieu-Berlou • CV de Roquebrun • Val d'Orbieu (Château St-Celse)

VIN DE FRONTIGNAN AOC

Siehe Muscat de Frontignan AOC

DIE AUSWAHL DES AUTORS

Die Unterschiede in Stil, Qualität und Preis sind im Languedoc-Roussillon so riesig, dass jede Auswahl verdoppelt werden könnte. Das Tempo der Veränderungen wird eher größer, und die Konkurrenz wird weiterhin groß sein. Trotzdem dürften die empfohlenen Weine ihre Spitzenposition behalten.

ERZEUGER	WEIN	ART	BESCHREIBUNG	🍾
Domaine de l'Aigle Ⓥ	Limoux AOC (*siehe* S. 238)	WEISS	Der kräftigste, sahnigste Limoux-Chardonnay auf dem Markt, seine herrlich reife Säure sorgt für ewige Frische.	2–5 Jahre
Domaine de l'Amarine Ⓥ	Cuvée des Bernis, Costières de Nîmes AOC (*siehe* S. 236)	ROT	Die unverschämt fette, reife Frucht dieser *Cuvée* mit ihrer attraktiven würzigen Eichennote macht sie schon in jungen Jahren gefährlich leicht zu trinken.	2–5 Jahre
Domaine des Bruyère Ⓥ	Côtes de Malepère VDQS (*siehe* S. 237)	ROT	Mit kräftiger, an Kokosnuss erinnernder Frucht, eingehüllt in geschmeidige Tannine und mit einem Hauch Minze im Abgang ist dies eines der größten Schnäppchen in Frankreich.	2–4 Jahre
L'Étoile	Grand Réserve, Banyuls AOC (*siehe* S. 234)	ROT	Ein köstlicher, gehaltvoller Wein der Süße von braunem Rohrzucker und einem weichen Karamell-Kaffee-Abgang.	15–30 Jahre
Cazes Frères Ⓥ	Muscat de Rivesaltes AOC (*siehe* S. 239)	WEISS	Ganz einfach der frischeste und köstlichste aller Muscatweine von Rivesaltes. Trinken Sie ihn so jung wie möglich.	Sofort
Château Hélène Ⓥ	Cuvée Ulysse, Corbières AOC (*siehe* S. 235)	ROT	Wenn Sie eine volle Portion Eiche bekommen wollen, dann ist dies der Wein für Sie. Er hat mehr als genug Frucht, um die geballte Ladung Eiche zu übertönen, und die elegante Tanninstruktur, die ihn zum Essen sehr anpassungsfähig macht.	5–8 Jahre
Domaine de l'Hortus Ⓥ	Classique Coteaux du Languedoc AOC (*siehe* S. 236)	ROT	Ein kräftiger, geschmeidiger Wein mit eleganter, harmonischer Tanninstruktur, schwerer, reifer Frucht und langem Abgang.	2–5 Jahre
Domaine du Mas Blanc	Vieilles Vignes Banyuls AOC (*siehe* S. 234)	ROT	Die Weine von Dr. André Parcé, dem berühmtesten Erzeuger in Banyuls, sind mit Abstand die teuersten der Gegend, mit ihrer unglaublichen Dichte und Komplexität aber den Preis wert.	15–30 Jahre
Domaine du Mas Blanc	Collioure AOC (*siehe* S. 235)	ROT	Dr. André Parcé erzeugt in Banyuls auch den teuersten Collioure. Dieser nicht aufgespritete Wein ist in Farbe, Struktur und Geschmack überaus mächtig und sollte mindestens ein Jahrzehnt gelagert werden.	5–20 Jahre
Mas Jullien	Depierre und Cailloutis Coteaux du Languedoc AOC (*siehe* S. 236)	ROT	Zwei der besten Coteaux du Languedoc, beide mit schöner tiefer Farbe und kräftigen, reifen Sommerfrüchtearomen. Der Depierre ist früh trinkreif, den Cailloutis sollte man länger aufbewahren.	3–5 Jahre
Mas Jullien Ⓥ	Les Cépages Obiliées Coteaux du Languedoc AOC (*siehe* S. 236)	WEISS	Ein trockener, aromatischer und exotischer Weißwein aus Trauben der Sorten Terret, Carignan Blanc und Grenache Blanc, die an uralten Rebstöcken bei sehr geringen Erträgen wachsen. Der Wein wurde in neuen Eichenfässern vergoren.	1–3 Jahre
Château Pech Redon Ⓥ	Coteaux du Languedoc La Clape AOC (*siehe* S. 236)	ROT	Die absolut köstliche Frucht ist mit einer Eichennote unterlegt, was Wellen von Himbeeraromen erzeugt. Ein für den Preis und seine Herkunft eleganter, stilvoller Wein.	3–6 Jahre
Domaine de Rozès Ⓥ	Muscat de Rivesaltes AOC (*siehe* S. 239)	WEISS	Dieser Wein hat ein erstaunlich frisches, überströmendes Muscataroma, gefolgt von köstlich üppiger, intensiv süßer Frucht.	Sofort
Domaine St-François Ⓥ	Côtes du Roussillon AOC (*siehe* S. 237)	ROT	Dieser elegante, mittelschwere bis körperreiche Rotwein hat Unmengen schöner, seidiger Schwarze-Johannisbeer-Frucht.	3–6 Jahre
Sieur d'Arques Ⓥ	Toques et Clochers, Autan und Haute-Vallée, Limoux AOC (*siehe* S. 238)	WEISS	Sogar die einfache Chardonnay-Cuvée hat eine herrliche, kräftige Frucht, die Einzellagenweine zeigen außergewöhnliche Finesse und Intensität. Besonders der Haute-Vallée ist den meisten *Premiers Crus* aus dem Burgund überlegen.	2–5 Jahre
Domaine de Terre Megre Ⓥ	Les Dolomies Coteaux du Languedoc La Clape AOC (*siehe* S. 236)	ROT	In guten Jahrgängen ein köstlicher Wein von der Art eines Bordeaux mit einer außergewöhnlich tiefen, eleganten Schwarze-Johannisbeer-Frucht. Für Weine dieser Art muss man in Bordeaux mindestens den doppelten Preis bezahlen.	3–6 Jahre
Château de la Tuilerie Ⓥ	Costières de Nîmes AOC (*siehe* S. 236)	ROSÉ	Dieser trockene Rosé ist voller frischer, appetitlicher Noten tropischer Früchte.	Sofort
Vignerons de Rivesaltes Ⓥ	Arnaud de Villeneuve Muscat de Rivesaltes (*siehe* S. 239)	WEISS	Ein schön gemachter Wein mit eleganten Moschusaromen, köstlich üppiger, reiner, saftiger Frucht und einer bezaubernden Balance.	Sofort

PROVENCE UND KORSIKA

Wenn ein Wein nicht gerne reist, dann ist es der Rosé der Provence. Wenn man die strahlende Sonne und die sorglose Atmosphäre in einer Flasche mit nach Hause nehmen könnte, würde auch der Wein hier viel besser schmecken.

DIE MEISTEN PROVENZALISCHEN ROSÉS kann man vergessen. Er kann ruhig in einer exotisch geformten Flasche auftreten, aber exotisch kann man ihren langweiligen, ausdruckslosen Inhalt nicht nennen. Seit mehr als 2600 Jahren wird hier Wein gemacht, und als die Römer im Jahre 125 v. Chr. hierherkamen, war er bereits so gut, dass sie ihn sofort nach Rom exportierten. Aber ehrlich: Glauben Sie, dass das ein Rosé war? Natürlich nicht. Der Rosé der Provence ist nämlich eine relativ neue Erscheinung.

Rosé macht über die Hälfte der provenzalischen Weinproduktion aus, auch wenn die Verkaufszahlen in den letzten Jahren zurückgegangen sind. Denn die einst exklusiven Urlaubsorte werden immer mehr einer kultivierten Mittelklasse zugänglich, die erkennt, wie langweilig diese Weine sind. Die Qualität wurde in den 80er Jahren besser, aber sie hat ihren Höchststand erreicht, und ohne Maßnahmen, den Säuregehalt der Weine zu erhöhen, werden auch moderne Kellertechniken diese Weine nicht von ihrer Ausdruckslosigkeit befreien; denn die ist das Erbe des sonnigen Südens.

DIE WAHREN KLASSIKER DER PROVENCE

Die meisten denken bei dem Wort Provence an die Strände von St-Tropez und die nach *Bouillabaisse* duftenden Seitenstraßen von Marseille. Aber man kann auch andere Erfahrungen in dieser von der Sonne verwöhnten Ecke Südfrankreichs machen. Die Weine der Provence haben zwar nicht den Klassikerstatus wie die Burgunder oder Bordeaux, aber die Rotweine, wie der herrliche Bandol, der geheimnis- und verheißungsvolle Bellet oder der zutreffend benannte Cassis, verfügen über eine Fülle würziger Aromen, die mehr als nur einen Hauch von Klasse haben. Die seriösen Erzeuger sind dabei, die albern geformten Flaschen auszurangieren; für sie entspricht die klassisch-schlichte Flasche eines Bordeaux oder Burgunders eher der Qualität ihrer Weine.

Die Spitzengüter an der Riviera erzeugen Rotweine von erheblich seriöserem Zuschnitt, als man von einer Weingegend erwartet, die eher für den Müßiggang als für ihre Arbeit bekannt ist. Die Erträge sind jedoch niedrig, und das Qualitätspotenzial kann sehr groß sein. Die kleinen AOCs Bandol, Bellet und Palette sind auf maximal 40 ha pro hl beschränkt, sehr bescheiden für ein Gebiet, das leicht mehr als die doppelte Menge erzeugen könnte. Selbst die umfassenden Appellationen Côtes de Provence und Coteaux d'Aix-en-Provence sind voll von herrlichen Weinbergen, die in der Lage sind, genau den aufregenden Rotwein zu produzieren, der sicherlich die Zukunft der Provence ist.

KORSIKA – DIE INSEL DER SCHÖNHEIT

Für Korsika bedeutete die Einführung von Frankreichs *Vin-de-pays*-System, dass ein Drittel der Weinberge gerodet und einer besseren Verwendung zugeführt wurde. Wenn dieses System beabsichtigte, die Winzer zu ermutigen, von den einfachsten Weinen

KORSISCHE WEINBERGE

Diese Weinberge der Domaine de Valrose in Borgo nahe der Ostküste sind typisch für die korsische Landschaft. Hinter den Ebenen an der Ostküste erheben sich majestätische Berge, und Palmen gedeihen hier gut.

GESCHMACKS- UND QUALITÄTSFAKTOREN

LAGE
Die Provence liegt im Südosten Frankreichs zwischen dem Rhônedelta und der italienischen Grenze. Korsika liegt 110 km südöstlich vor der Küste.

KLIMA
Der Winter ist mild, ebenso das Frühjahr, sie können aber sehr feucht sein. Der Sommer ist heiß und geht in einen langen, sonnigen Herbst über. Ein Rebstock braucht in der Vegetationszeit 1300 – besser 1500 Stunden Sonnenschein; in der Provence genießt er einen üppigen Durchschnitt von 3000 Stunden. Die Lage am Mittelmeer bringt aber auch große Wetterschwankungen mit sich. Der Regen verteilt sich auf eine begrenzte Anzahl von Tagen im Herbst und im Winter.

TOPOGRAFIE
Die Weinberge erstrecken sich von den Berghängen bis in die Ebenen.

BÖDEN
Die Geologie der Provence ist sehr komplex. Viele alte Böden haben sich chemisch verändert, zahlreiche neue Bodenarten entstanden. Die häufigsten Bestandteile sind Sand, roter Sandstein und Granit. Kalksteininseln bestimmen oft die Ausdehnung der besseren Terroirs. Das Département Var hat Berghänge mit Glimmerschiefer und kreidehaltigem Geröll, kreidehaltigem Kalktuff und Granit. Bei Bandol gibt es ausgezeichnete feuersteinhaltige Kalkböden und bei Bellet feuersteinhaltigen Puddingstein. Der Süden Korsikas besteht zum größten Teil aus Granit, der Norden verfügt über Schiefer und einige wenige Kalksteinareale, dazwischen sind sandige Böden zu finden.

WEINBAU UND WEINBEREITUNG
Die Reben wurden früher als *Gobelet* erzogen, heute meist an Drähten. Der jüngste Trend zum Cabernet Sauvignon ist zwar beendet, aber es gibt weiterhin ausgezeichnete Weine aus dieser Traube. Zurzeit ist es en vogue, eine provenzalische Identität aufzubauen und wo immer möglich auf einheimische Rebsorten zurückzugreifen. Die Gesetzgebung hat sich entsprechend gewandelt und unterstützt diese Entwicklung. Viele Rosés sind durch moderne Kaltgärung besser geworden; trotzdem sind die meisten immer noch müde und ausdruckslos.

REBSORTEN
Aragnan, Aramon, Aramon Gris, Barbarossa, Barbaroux, Barbaroux Rosé, Bourboulenc, Braquet, Brun-Fourcat, Cabernet Sauvignon, Calitor (Pecoui-touar) Carignan, Castets, Chardonnay, Cinsault (Plant d'Arles), Clairette, Clairette à Gros Grains, Clairette à Petits Grains, Clairette de Trans, Colombard, Counoise, Doucillon, Durif, Fuella, Grenache, Grenache Blanc, Marsanne, Mayorquin, Mourvèdre, Muscat d'Aubagne, Muscat Blanc à Petits Grains, Muscat de Die, Muscat de Frontignan, Muscat de Hambourg, Muscat de Marseille, Muscat Noir de Provence, Muscat Rosé à Petits Grains, Nielluccio, Panse Muscade, Pascal Blanc, Petit-brun, Picardan, Picpoul, Pignerol, Sauvignon Blanc, Sémillon, Sciacarello, Syrah, Téoulier (Manosquin), Terret Blanc, Terret Gris (Terret-bourret), Terret Noir, Terret Ramenée, Tibouren (Tibourenc), Ugni Blanc, Ugni rosé, Vermentino (Rolle).

PROVENCE UND KORSIKA
Siehe auch S. 55
Auch wenn ein Teil dieser Weinbaugebiete eine Insel ist und der andere auf dem französischen Festland liegt, so sind sie doch gleichermaßen von der Sonne durchglüht und unterliegen demselben launischen Wetter des Mittelmeers. Frost ist hier kaum zu verzeichnen.

aufwärts gute Qualität zu produzieren, dann war es wenigstens hier erfolgreich. Die Insel ist nicht mehr der kräftige Quell für den europäischen Weinsee. Die Tage, da Korsikas Weine nur zu Industriealkohol verarbeitet werden konnten, sind lange vorbei; aber es ist auch kein potenziell hervorragendes Weinbaugebiet. Gerade 15 % der Weinberge sind als AOC klassifiziert und erzeugen kaum mehr als 5 % der korsischen Weinproduktion. Auch wenn das eine faire und korrekte Einschätzung des Potenzials ist, sind sich die meisten Kritiker darin einig, dass es innerhalb der bescheidenen Grenzen der *Vin-de-pays*-Produktion viel mehr Domaines mit individuellem Charakter geben sollte. Über die Gründe für ihre geringe Zahl sind jedoch nur wenige zu reden bereit: Einschüchterung und Erpressung durch die ortsansässige »Mafia«, die mehr als nur ein mutiges Unterfangen abgewürgt hat.

JÜNGERE JAHRGÄNGE IN DER PROVENCE UND AUF KORSIKA

Die Ernten in der Provence und in Korsika sind sehr gleichmäßig, noch mehr als die an der südlichen Rhône, wo die Qualität zum großen Teil vom Erfolg der Grenache abhängt. Sogar wenn die Provence – wie 1985 – unter zu viel gutem Wetter leidet, gelingt es den besten Winzern immer noch, unglaublich gute Weine zu produzieren.

DIE APPELLATIONEN

PROVENCE UND KORSIKA

Die Erzeuger, die besonders für Rosé empfohlen werden, sind durch einen Stern gekennzeichnet.

AJACCIO AOC

Eine Appellation hauptsächlich für Rotweine von der Westküste Korsikas.

ROT Ein mittelschwerer Sciacarello-Wein mit einem schönen Bukett.

Mindestens (insgesamt) 60 % Barbarossa, Nielluccio, Vermentino und Sciacarello (Letzterer mindestens 40 %), dazu maximal (insgesamt) 40 % Grenache, Cinsault und Carignan (letztere maximal 15 %)

WEISS Angenehm trockene, fruchtige Weine. Die besten zeigen eine rezente Säure von der Ugni Blanc.

ROSÉ Trockene Rosés durchschnittlicher bis guter Qualität mit typisch südlicher Rundheit.

Wie bei Rotwein

Alle Weine: 1–3 Jahre

Clos d'Alzeto, Domaine Comte Peraldi

BANDOL AOC

Dieser provenzalische Rotwein ist ein echter *Vin de Garde* und verdient größere Anerkennung.

ROT Die besten Weine sind von tiefem, dunklem Purpur, sie besitzen ein intensives Bukett, Unmengen von pflaumig-würziger Mourvèdre-Frucht und im komplexen Nachhall Vanille, Cassis, Zimt, Veilchen und Kräuter.

Ein Verschnitt von mindestens zwei Sorten aus Mourvèdre (mindestens 50 %), Grenache und Cinsault, dazu maximal 15 % insgesamt oder je 10 % Syrah und Carignan

3–12 Jahre

WEISS Diese trockenen Weißweine sind heute frischer und duftreicher als früher, verglichen mit den Rotweinen jedoch nichts Besonderes

Mindestens (insgesamt) 60 % Bourboulenc, Clairette und Ugni Blanc, maximal 40 % Sauvignon Blanc

Innerhalb eines Jahres

ROSÉ Gut gemachte, attraktive Rosés mit schönem individuellem Charakter.

Wie bei Rotwein, jedoch kein Mindestanteil Mourvèdre

1–2 Jahre

Domaine Bastide Blanche • Domaines Bunan (Moulin des Costes, Château la Rouvière) *• Domaine du Cagueloup • Domaine de Frégate • Domaine Le Galantin • Château Jean-Pierre Gaussen • Domaine de l'Hermitage • Domaine de la Laidière • Domaine Lafran-Veyrolles* • Domaine de la Noblesse • Domaines Ott* (Château Romassan) *• Château de Pibarnon • Château Pradeaux • Domaine Ray Jane • Château Roche Redonne • Château la Rouvière • Château Ste-Anne* • Domaine des Salettes • Domaine la Suffrene • Domaine Tempier* • Domaine Terrebrune • Domaine de la Tour de Bon • Domaine Vannières**

LES BEAUX DE PROVENCE AOC

Diese ausgezeichneten Rot- und Roséweine wurden früher unter der Appellation Coteaux d'Aix-en-Provence Les Beaux verkauft. 1995 wurden sie mit ihrer eigenen AOC ausgezeichnet und die Anforderungen geändert.

ROT Farbintensiv, dunkel und kräftig mit sahnig-würzigen Noten von Kirschen und Pflaumen.

Grenache, Mourvèdre, Syrah, dazu maximal 40 % Cinsault, Counoise, Carignan und Cabernet Sauvignon

4–10 Jahre

ROSÉ Domaine de la Vallongue ist üppig und reif.

Cinsault, Grenache, Syrah, dazu maximal 40 % Counoise, Carignan, Cabernet Sauvignon und Mourvèdre

1–2 Jahre

*Mas de la Dame • Mas de Gourgonnier • Domaine Hauvette • Château Romanin • Mas Sainte-Berthe • Domaine de la Vallongue**

BELLET AOC

Diese winzige Appellation in der Provence wird durch alpine Winde gekühlt und produziert für

ihre südliche Lage außergewöhnlich duftreiche Weine.

ROT Weine mit schöner Farbe und Struktur sowie einem intensiven Bukett.

Braquet, Fuella, Cinsault, dazu maximal 40 % Mayorquin, Clairette, Bourboulenc, Chardonnay, Pignerol und Muscat à Petits Grains

4–10 Jahre

WEISS Schöne, feste und höchst aromatische trockene Weine von unglaublicher Klasse und Finesse.

Rolle, Ugni Blanc, Mayorquin, dazu bis zu 40 % Clairette, Bourboulenc, Chardonnay, Pignerol und Muscat à Petits Grains

3–7 Jahre

ROSÉ Herrliche, blumige trockene Roséweine, die außergewöhnlich frisch und zugänglich sind.

Braquet, Fuella, Cinsault, dazu maximal (insgesamt) 40 % Mayorquin, Clairette, Bourboulenc, Chardonnay, Pignerol und Muscat à Petits Grains

1–2 Jahre

Château de Bellet • Château de Crémant

CASSIS AOC

Eine ordentliche, aber überteuerte Appellation der Provence, die wenige Kilometer östlich von Marseille hinter einer schönen Felsenbucht liegt.

ROT Solide, farbkräftige Rotweine, die reifen können, aber dadurch meist nicht besser werden.

Grenache, Carignan, Mourvèdre, Cinsault, Barbaroux, dazu maximal (insgesamt) 10 % Terret Noir, Terret Gris, Terret Blanc, Terret Ramenée, Aramon und Aramon Gris

WEISS Trockene Weißweine mit interessantem, krautigem Bukett von Stechginster und Adlerfarn, sonst jedoch ausdruckslos und am Gaumen unausgeglichen. Dennoch produzieren Bagnol und Ste-Magdeleine für die südliche Lage ausgezeichnete, rassige Weißweine, Ferme Blanche kann fast genauso gut sein.

Ugni Blanc, Sauvignon Blanc, Doucillon, Clairette, Marsanne, Pascal Blanc

ROSÉ Angenehm frische, trockene Roséweine von mäßig interessanter Qualität.

Grenache, Carignan, Mourvèdre, Cinsault, Barbaroux, dazu maximal (insgesamt) 10 % Terret Noir, Terret Gris, Terret Blanc, Terret ramenée, Aramon und Aramon Gris

Alle Weine: 1–3 Jahre

Domaine du Bagnol • La Ferme Blanche • Clos Ste-Magdeleine

COTEAUX D'AIX-EN-PROVENCE AOC

Diese große Appellation hat viele schöne Weingüter, von denen einige neu bestockt und ausgerüstet wurden.

ROT Die besten sind tieffarbige *Vins de Garde* mit Unmengen von sahniger Cassis, würziger Vanille und Kirschen, die einige Komplexität entwickeln können.

Grenache und maximal 40 % Cinsault, Counoise, Mourvèdre, Syrah, Cabernet Sauvignon und Carignan (die beiden letzten maximal 30 %)

3–12 Jahre

WEISS Trockene, fruchtige Weißweine von moderater Qualität, die aber deutlich besser werden. Sie dürfen ab dem 1. Dezember nach der Ernte ohne Kennzeichnung als *primeur* oder *nouveau* verkauft werden.

Maximal (je) 70 % Bourboulenc, Clairette, Grenache Blanc, Vermentino, 40 % Ugni Blanc und maximal (je) 30 % Sauvignon Blanc und Sémillon

Sofort

ROSÉ Gute trockene Roséweine, die zwar leicht sind, aber voller köstlicher, frischer und reifer Frucht. Sie dürfen ab dem 1. Dezember nach der Ernte ohne Kennzeichnung als *primeur* oder *nouveau* verkauft werden.

Wie bei Rotwein, zusätzlich bis zu (insgesamt) 10 % Bourboulenc, Clairette, Grenache Blanc, Vermentino, Ugni Blanc, Sauvignon Blanc und Sémillon

1–2 Jahre

Château Barbelle • *Commanderie de la Bargemone* • *Château Bas* • *Château des Béates* (Béates) • *Château de Beaupré* • *Château de Calissanne* • *Château de Fonscolombe* • *Château Revelette* • *Château du Rimauresq* • *Château Revelette* • *Mas Sainte Berthe* • *Château St-Jean** • *Domaine de St-Julien Les Vignes* (Cuvée du Château) • *Domaine de Trévallon*

COTEAUX VAROIS AOC

Die 1985 vom *Vin de Pays* zum VDQS und 1993 zur AOC hochgestufte Appellation liegt im Zentrum der Provence und steht für angenehme Landweine.

ROT Die besten Weine sind farbkräftig, sehr fruchtig und von gewisser Finesse.

Mindestens (insgesamt) 80 % Mourvèdre, Syrah und Grenache, dazu maximal (insgesamt) 20 % Cinsault, Carignan und Cabernet Sauvignon. Tibouren ist nicht mehr zugelassen.

WEISS Im besten Fall weich und frisch.

Mindestens 30 % Vermentino, dazu Clairette, Grenache Blanc und maximal 30 % Sémillon und 25 % Ugni Blanc

ROSÉ Attraktive, gefällige trockene Rosés von besserem Gegenwert als manche der berühmteren, prätentiösen Weine der Provence.

Mindestens (insgesamt) 70 % Mourvèdre, Syrah und Grenache (von letzterer mindestens 40 %), dazu maximal (insgesamt) 20 % Cinsault, Carignan, Cabernet Sauvignon und Tibouren. Weiße Trauben sind seit 1993 nicht mehr erlaubt.

Alle Weine: 1–3 Jahre

Domaine des Chaberts (Cuvée Spéciale) • *Domaine du Deffends* • *Château la Galisse* • *Château Routas* • *Domaine de St-Jean*

CÔTES DE PROVENCE AOC

Diese AOC ist berühmt für ihre Rosés, aber es sind die Rotweine aus den Côtes de Provence, die echtes Potenzial haben, und sie scheinen mit guten Ernten, feinen Weingütern und talentierten Winzern gesegnet zu sein. Es werden hier auch mittelmäßige Weine gemacht, aber trinken Sie einfach nur die besten, und Sie werden selten enttäuscht sein. Der Hauptnachteil dieser umfassenden Appellation ist ihre Größe. Zu ihr gehören allerdings auch einige Gebiete mit besonderen Böden und Kleinklimaten; für sie wäre die Appellation Côtes de Provence-Villages die logische Konsequenz und für aufstrebende Winzer ein neues Ziel.

ROT Es gibt zu viele wunderbare Typen von Wein, als dass man verallgemeinern könnte. Die besten sind farbkräftig und strömen über von seidiger Syrah- und pflaumiger Mourvèdre-Frucht. Einige verfügen über große Finesse, andere sind eher tanninbetont und stoffig. Das typisch südliche, würzige Cassis-Aroma des Cabernet Sauvignon ist oft präsent, aber auch Cinsault, Grenache und Tibouren spielen eine wichtige Rolle.

Bis zu 40 % Carignan, dazu Cinsault, Grenache, Mourvèdre, Tibouren, maximal 30 % Syrah und insgesamt maximal 30 % Barbaroux Rosé, Cabernet Sauvignon, Calitor, Clairette, Sémillon, Ugni Blanc und Vermentino

3–10 Jahre

WEISS Bescheidene, aber besser werdende weiche, trockene duftende und aromatische Weine. Sie dürfen ab dem ersten Dezember nach der Ernte ohne Kennzeichnung als *primeur* oder *nouveau* verkauft werden.

Clairette, Sémillon, Ugni Blanc, Vermentino

1–2 Jahre

ROSÉ Die Sonne des Mittelmeers gehört zum Genuss dieser Weine, die zweifellos als Begleiter zum Essen gemacht werden, aber selbst die besten fallen gegenüber anderen Rosés bei Blindverkostungen ab. Sie dürfen nach der Ernte ab dem ersten Dezember ohne Kennzeichnung als *primeur* oder *nouveau* verkauft werden.

Maximal 40 % Carignan, dazu Cinsault, Grenache, Mourvèdre, Tibouren, maximal 30 % Syrah und maximal (insgesamt) 30 % Barbaroux Rosé, Cabernet Sauvignon, Calitor, Clairette, Sémillon, Ugni Blanc und Vermentino

1–2 Jahre

Domaine de l'Abbaye • *Château Barbeyrolles** • *Domaine la Bernarde* • *Château de Berne* • *Domaine de la Courtade* • *Château Coussin* • *Château d'Esclans* • *Domaines des Féraud* • *Château des Garcinières* • *Domaines Gavoty* • *Domaine de la Jeannette* • *Domaine de la Malherbe** • *Château Maravenne* • *Château Minuty* • *Commanderie de Peyrassol** • *Domaine des Planes* • *Domaine Rabiega* • *Château Réal Martin* • *Château Requier* (Tête de Cuvée*) • *Domaine Richeaume* • *Domaine de Rimauresq** • *Château Romassan* • *Domaine St-André de Figuière* • *Domaine de St-Baillon** • *Château de Selles** (auch Clos Mireille) • *Château de la Tour l'Évêque** • *Vignerons Presqu'Île St-Tropez* (Château de Pampelonne, Carte Noire)

MUSCAT DU CAP CORSE AOC

Noch Ende der 80er Jahre des vergangenen Jahrhunderts, nämlich 1988, war der einzig echte klassische Wein Korsikas, der saftig-süße Muscat vom Cap Corse, nicht anerkannt, geschweige denn mit dem verdienten AOC-Status ausgezeichnet. Es dauerte dann noch fünf Jahre, bis er in die Statuten aufgenommen wurde. Die Appellation Muscat du Cap Corse überschneidet sich mit der Appellation Vin de Corse – Vin de Coteaux du Cap Corse und fünf der sieben Gemeinden, die zur Patrimonio AOC gehören.

WEISS Die Weine von Clos Nicrosi (neben anderen) beweisen, dass Korsika einen der fantastischsten Muskatweine der Welt hervorbringen kann. Diese Weine sind so rein und luxuriös, bei wundervollen frischen Aromen, dass sie sich mit dem Alter kaum noch steigern können.

Sofort

Muscat Blanc à Petits Grains

Domaine de Catarelli • *Clos Nicrosi*

PALETTE AOC

Die lächerlich lange Liste von zugelassenen Rebsorten illustriert einen der schlimmsten Exzesse des AOC-Systems. Wozu sollen so viele verschiedene Rebsorten gut sein? Wenn man einmal beiseite lässt, dass auch minderwertige dabei sind, die eigentlich ausgeschlossen werden müssten, so ist es unausweichlich, dass aus dieser unendlichen Reihe erlaubter Mischungen von Rebsorten kein spezifischer Stil entwickelt werden kann. Warum hat man nicht einfach eine Appellation, die garantiert, dass der Palette aus Palette ist? Trotz dieser grotesken Verhältnisse ist der Palette einer der besten Weine der Provence. Er kann als *Grand Cru* der Appellation Coteaux d'Aix-en-Provence angesehen werden und zeichnet sich von den Weinbergen der Umgebung durch einen kalkhaltigen Boden aus. Drei Viertel der Appellation stellt ein einziges Weingut, das Château Simone.

ROT Zwar kein Knaller, aber ein hochwertiger Wein von guter Farbe und fester Struktur, der Finesse entwickeln kann.

Mindestens (insgesamt) 50 % Mourvèdre, Grenache und Cinsault, dazu Téoulier, Durif und Muscat (aller angebauten Sorten), Carignan, Syrah, Castets, Brun-Fourcat, Terret Gris, Petit-brun, Tibouren, Cabernet Sauvignon und maximal (insgesamt) 15 % Clairette (aller angebauten Sorten), Muscat (aller angebauten Sorten), Picardan, Ugni Blanc, Ugni Rosé, Grenache Blanc, Picpoul, Pascal, Aragnan, Colombard und Terret-bourret

7–20 Jahre

WEISS Ein fester, aber nerviger trockener Wein von angenehmem, eigenartigem Aroma.

Mindestens (insgesamt) 55 % Clairette (aller angebauten Sorten), dazu Picardan, Ugni Blanc, Ugni Rosé, Grenache Blanc, Muscat (aller angebauten Sorten), Picpoul, Pascal, Aragnan, Colombard und maximal 20 % Terret-bourret

Sofort

ROSÉ Ein gut gemachter, aber kein außergewöhnlicher Wein.

Mindestens (insgesamt) 50 % Mourvèdre, Grenache und Cinsault, dazu Téoulier, Durif und Muscat (aller angebauten Sorten), Carignan, Syrah, Castets, Brun-Fourcat, Terret Gris, Petit-brun, Tibouren, Cabernet Sauvignon, dazu maximal (insgesamt) 15 % Clairette (aller angebauten Sorten), Picardan, Ugni Blanc, Ugni Rosé, Grenache Blanc, Muscat (aller angebauten Sorten), Picpoul, Pascal, Aragnan, Colombard und Terret-bourret

1–3 Jahre

Château Crémade • *Château Simone*

PATRIMONIO AOC

Eine kleine Appellation im Norden von Korsika westlich von Bastia.

ROT Es werden hier einige schöne Rotweine von guter Farbe, Frucht und Körper erzeugt.

Mindestens 75 % Nielluccio (90 % ab dem Jahr 2000), dazu Grenache, Sciacarello und Vermentino

WEISS Leichte trockene Weine mit einem für Korsika bemerkenswerten duftreichen, blumigen Charakter.

Mindestens 90 % Vermentino (100 % ab dem Jahr 2000; bis dahin ist der Rest Ugni Blanc)

ROSÉ Preiswerte trockene, korallenrote Rosés mit elegantem Aroma.

Mindestens 75 % Nielluccio (90 % ab dem Jahr 2000), dazu Grenache, Sciacarello und Vermentino

Alle Weine: 1–3 Jahre

Antoine Arena • *Domaine de Catarelli* • *Domaine Gentile* • *Domaine Leccia* • *Clos Montemagni* • *Orenga de Gaffory* • *Domaine Aliso Rossi*

VIN DE BANDOL AOC

Siehe Bandol AOC

VIN DE BELLET AOC

Siehe Bellet AOC

VIN DE CORSE AOC

Die allgemeine Appellation Vin de Corse gilt für die ganze Insel.

ROT Ehrliche Weine mit viel Frucht, rund und sauber, von rustikalem Charme.

Mindestens 50 % Nielluccio, Sciacarello und Grenache Noir, dazu Cinsault, Mourvèdre, Barbarossa, Syrah und maximal (insgesamt) 20 % Carignan und Vermentino

WEISS Die Besten sind gut gemacht, sauber und frisch, wenn auch nicht von echter AOC-Qualität.

Mindestens 75 % Vermentino, dazu maximal 25 % Ugni Blanc

ROSÉ Attraktive trockene, fruchtige, sehr gefällige Weine.

Mindestens 50 % Nielluccio, Sciacarello und Grenache Noir, dazu Cinsault, Mourvèdre, Barbarossa, Syrah und maximal (insgesamt) 20 % Carignan und Vermentino

Alle Weine: 1–3 Jahre

✓ *Domaine Colombu • Domaine Fiumicicoli • Domaine Gentile • Clos Landry • Domaine Maestracci*

VIN DE CORSE CALVI AOC

Diese Unterappellation der Vin de Corse AOC liegt nördlich von Ajaccio.

✓ *Domaine Culombu • Domaine Maestracci • Clos Reginu*

VIN DE CORSE COTEAUX DU CAP CORSE AOC

Korsikas nördliche Halbinsel ist eine Unterappellation des Vin de Corse und schreibt dieselben Rebsorten vor, außer dass Codivarta zusammen mit Ugni Blanc verwendet werden darf.

✓ *Clos Nicrosi*

VIN DE CORSE FIGARI AOC

Eine Unterappellation der Vin de Corse AOC, zwischen Sartène und Porto Vecchio gelegen. Sie schreibt dieselben Rebsorten und Verfahren vor.

✓ *Poggio d'Oro • Domaine de Canella*

VIN DE CORSE PORTO VECCHIO AOC

Die Südostecke von Korsika um Porto Vecchio ist eine Unterappellation der Vin de Corse AOC und schreibt dieselben Rebsorten und Verfahren vor.

✓ *Domaine de Torraccia*

VIN DE CORSE SARTÈNE AOC

Die südlich von Ajaccio gelegene Unterappellation der Vin de Corse AOC verlangt dieselben Rebsorten und Verfahren.

✓ *Clos d'Alzeto* • Domaine de San Michelle • Domaine de Tizzano*

DIE AUSWAHL DES AUTORS

Abgesehen vom sagenhaften Muscat Cap Corse von Clos Nicrosi, dem immer appetitanregenden Rosé der Domaine de St-Baillon und dem kraftvollen Weißwein von Château Simone ist es unvermeidlich, dass ich mich bei meiner Auswahl auf den erfolgreichsten Weintyp der Region konzentriere: die glorreichen Rotweine.

ERZEUGER	WEIN	ART	BESCHREIBUNG	Trinkreife
Domaine du Deffends Ⓥ	Clos de la Truffière, Coteaux Varois AOC (*siehe* S. 244)	ROT	Dieser Einzellagenwein hat eine schönere Farbe und viel größere Intensität als andere Rotweine der Coteaux Varois.	3-6 Jahre
Orenga de Gaffory Ⓥ	Cuvée des Gouverneurs, Patrimonio AOC (*siehe* S. 244)	ROT	Einer der wenigen echten *Vins de Garde* aus Korsika. Seine würzige Frucht wird von sahniger Eiche gestützt.	3-6 Jahre
Château de Pibarnon	Bandol AOC (*siehe* S. 243)	ROT	Pibarnon ist immer einer der bemerkenswertesten roten Bandolweine. Die überreiche, samtige Frucht wird angenehm von weichen Tanninen unterstrichen. Verführerische, sahnige Eichennoten im Abgang.	4-12 Jahre
Château Pradeaux	Bandol AOC (*siehe* S. 243)	ROT	Ein tieffarbener Bandol mit mächtigem Bukett und außergewöhnlicher Langlebigkeit.	4-12 Jahre
Domaine Rabiega Ⓥ	Clos d'Ière Cuvée, Côtes de Provence AOC (*siehe* S. 244)	ROT	Dieser gut strukturierte Wein ist voll gepackt mit weichen Noten schwarzer Früchte. Seine sinnliche Art deutet auf mehr Syrah hin als die maximal erlaubten 30 %.	3-8 Jahre
Domaine de St-Baillon	Côtes de Provence AOC (*siehe* S. 244)	ROSÉ	Kein Rosé der Provence kann es an Zuverlässigkeit mit dem St-Baillon aufnehmen. Er hat eine angenehme reine Frucht mit guter Säure und verblüffender Frische.	Sofort
Château Simone	Palette AOC (*siehe* S. 244)	ROT	Dieser mächtig strukturierte, tanninreiche Rotwein ist nichts für schwache Herzen, aber er hat auch die notwendige Frucht, Aromatik und Länge. Zu großer Finesse und Komplexität fähig.	5-10 Jahre
Château Simone	Palette AOC (*siehe* S. 244)	WEISS	Dieser üppige, in Eichenfässern gereifte Wein hat einen langen und komplexen Abgang. Der beste trockene Weißwein der Provence und in jedem Fall ein *Grand Vin.*	2-5 Jahre
Domaine Tempier	Cuvée Tourtine, Bandol AOC (*siehe* S. 243)	ROT	Dieser tiefdunkle Wein hat das Aroma von reifen Beeren und Kräutern und eine geschmeidige Tanninstruktur. Er wächst ohne den Einsatz von Düngemitteln und Chemikalien auf einer der hervorragendsten Lagen von Bandol.	4-12 Jahre
Domaine de Torraccia	Cuvée Oriu, Vin de Corse Porto Vecchio AOC (*siehe* S. 245)	ROT	Noch ein seltener *Vin de Garde* aus Korsika. Dieser farbintensive Rotwein kommt aus dem Süden der Insel und hat wunderschöne, intensive Fruchtaromen mit leicht rauchigen Noten.	3-5 Jahre
Domaine de Trévallon	Coteaux d'Aix-en-Provence AOC (*siehe* S. 244)	ROT	Der hervorragendste Wein dieser Appellation. Domaine de Trévallon ist ein unglaublich guter, tiefdunkler Cabernet-Syrah-Verschnitt, der für seine Statur unglaublich elegant ist.	3-10 Jahre

VINS DE PAYS

Diese Weinkategorie umfasst einige der innovativsten und aufregendsten Weine, die heute in der Welt produziert werden, doch sind die meisten der 141 Vin-de-Pays-Kategorien überflüssig und verwirrend. Der Erfolg des Vin-de-Pays-Systems liegt eben nicht darin, noch mehr Appellationen zu schaffen, sondern die Winzer davon zu befreien; es soll den Talentierten den nötigen Freiraum geben, ein Renommee nach eigenen Vorstellungen aufzubauen.

Vins de Pays oder »Landweine« sollen angeblich anspruchslos sein, aber viele davon sind tatsächlich besser als AOC-Weine von durchschnittlicher Qualität, und die besten gehören zu den hochwertigsten Weinen, die Frankreich überhaupt hervorbringt. Darin bestand jedoch nie die Absicht; ein *Vin de Pays* sollte einfach ein süffiger Wein sein, der die Hauptmerkmale der besten Weine seiner Region in Ansätzen erkennen lässt. Er sollte rustikalen Charme versprühen und Trinkfreude bereiten – mehr nicht. Jedoch hat das – im Vergleich zum AOC-System – weniger restriktive *Vin-de-Pays*-System einige kreative Winzer dazu ermutigt, ihre Weine auf genau die Art zu produzieren, die ihrer Empfindung nach den Charakter ihres Terroirs am besten zum Ausdruck bringt. Auf diese Weise ist es ihnen gelungen, die Qualität der berühmteren Appellationen ihrer Gegend zu erreichen und gelegentlich auch zu übertreffen.

Als die ersten Schlagzeilen über diese aufregenden *Vins de Pays* in der internationalen Weinpresse auftauchten, lockte der Gedanke, sich von den Ketten der AOC-Bestimmungen zu befreien, eine neue Generation von Winzern an – einschließlich einiger Australier. Die Vorstellung, etwa in Teilen Burgunds Cabernet Sauvignon herstellen zu dürfen, war einfach unwiderstehlich; in der Folge »knackten« französische und ausländische Weinmacher das *Vin-de-Pays*-System und verwandelten es dadurch in etwas, was sich seine Schöpfer wohl nie vorgestellt hatten.

Dieser Erfolg weckte jedoch auch die Aufmerksamkeit von weniger qualitätsbewussten Erzeugern, die auf den Zug aufsprangen und heute den Markt mit Unmengen von unglaublich nichts sagenden *Vins de Pays* überschwemmen. Wenn das jedoch der Preis für die Revolution an der Basis der französischen Weinherrschaft ist, bin ich gerne bereit, ihn zu zahlen.

URSPRUNG DER VINS DE PAYS

Der Begriff *Vin de Pays* erschien erstmals in einem Erlass vom 8. Februar 1930. Das fragliche Gesetz bot lediglich die Möglichkeit, Weine unter Angabe ihres Herkunftskantons in den Handel zu bringen, immer unter der Voraussetzung, dass sie einen bestimmten Mindestalkoholgehalt erreichten; zum Beispiel »Vin de Pays de Canton X«. Diese Kantone waren also keine kontrollierten Appellationen, und es gab daher keine Möglichkeit, auch nur einen minimalen Qualitätsstandard vorzuschreiben. Deshalb waren die relativ kleinen Mengen dieser so genannten *Vins de Pays* oft nur das Produkt minderwertiger Hybridsorten. Erst 1973 wurde das Konzept des *Vin de Pays* als Klasse gehobener Tafelweine, die aus einem festgelegten Gebiet kamen und strengen Kontrollen unterlagen, offiziell etabliert. Bis 1976 waren insgesamt 75 *Vins de Pays* festgelegt, aber die Formulierung der Bestimmungen wurde erst 1979 abgeschlossen. Von 1981 bis 1982 wurde jeder einzelne *Vin de Pays* neu bestimmt, und 20 weitere wurden ins Leben gerufen. Heute gibt es 141. Die Zahl schwankt jedoch, weil manche Vins de Pays zum VDQS hochgestuft, neue geschaffen werden oder – wie kürzlich geschehen – einigen Départements das Recht entzogen wird, einen *Vin de Pays* zu produzieren.

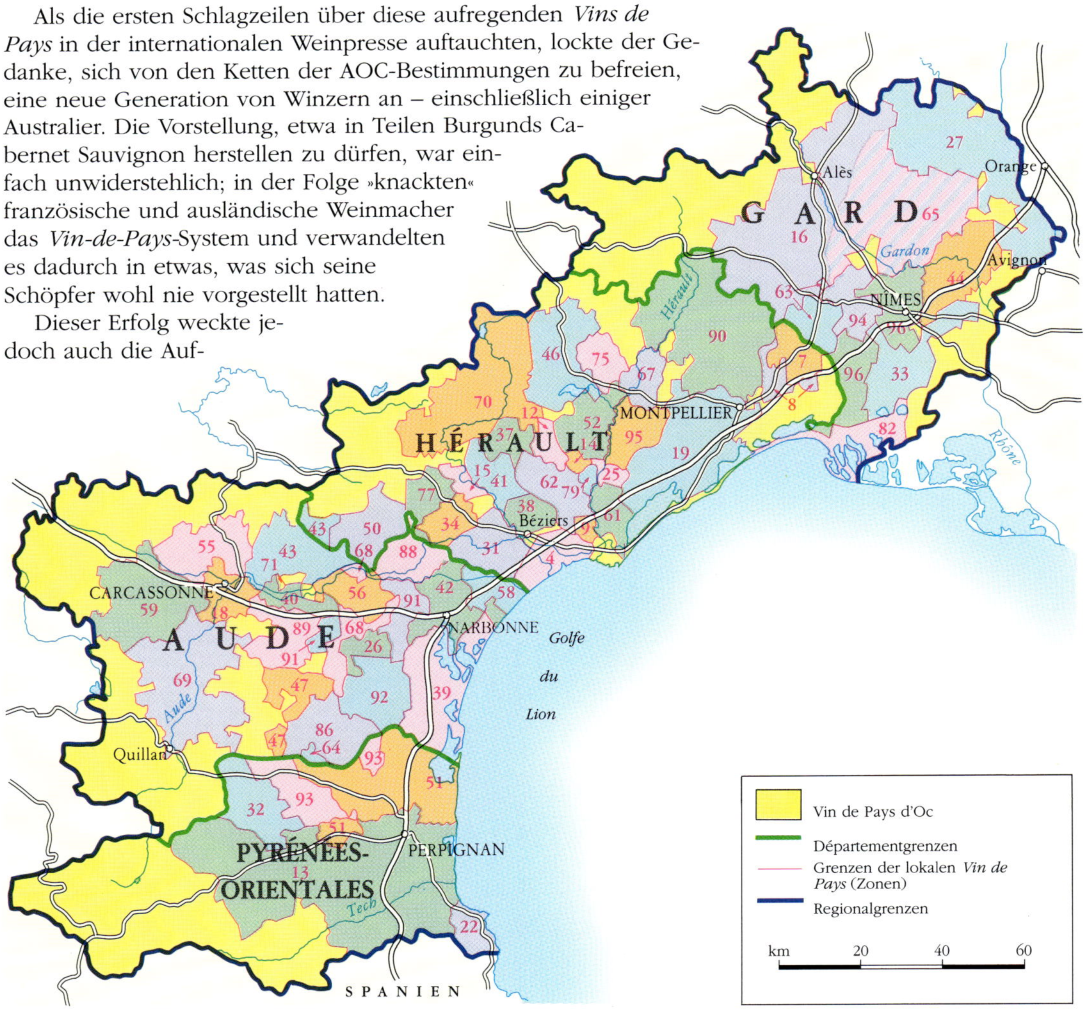

DOMAINE DE LA BAUME
Dieses Weingut gehört Hardy, einer der größten Weinfirmen Australiens. In der Überzeugung, dass die Franzosen die Idee der sortenreinen Weine nicht ausnützten und dass es eine Marktlücke für nach australischer Art erzeugte französische Weine gibt, erwarb Hardy die am Stadtrand von Béziers gelegene Domaine de la Baume gerade rechtzeitig vor der Ernte im Jahr 1990.

VIN DE PAYS: KARTE A
***Siehe auch* S. 247**
Das Languedoc-Roussillon hat die dichteste Ansammlung lokaler Vins de Pays. Dominiert wird es vom regionalen Vin de Pays d'Oc, dem bei weitem erfolgreichsten Vin de Pays.

Offiziell ist ein *Vin de Pays* ein *Vin de Table* aus einem bestimmten Gebiet, der Qualitätsanforderungen erfüllt, die denen für eine AOC oder einen VDQS ähnlich, jedoch weniger streng sind. 1989 erreichten die *Vins de Pays* selbstständigen Status. Bis dahin hatten alle die Zusatzbezeichnung *Vin de Table Français* oder *Vin de Table de France* tragen müssen. Von Zeit zu Zeit werden *Vins de Pays* zum VDQS hochgestuft, der wiederum eine Zwischenstation auf dem Weg zum AOC-Status geworden ist. Der letzte *Vin de Pays,* der befördert wurde, war 1994 der Gorgesl et Côtes de Millau, heute Côtes de Millau VDQS, und von einigen weiteren wird erwartet, dass sie ihm bald folgen werden.

Viele *Vins de Pays* werden reinsortig produziert. Die Anzahl der *Vins de Pays* aus Chardonnay oder Cabernet Sauvignon ist wahrhaft Schwindel erregend. Die französischen Behörden sind verzweifelt wegen der Auswirkung auf die berühmten Appellationen. Trotzdem haben sie in der Absicht, die Aufmerksamkeit von sortenreinen Weinen abzulenken, für den *Vin de Pays* 1996 das Konzept von zwei Rebsorten eingeführt (so wie in Australien Weine Cabernet-Merlot, Chardonnay-Sémillon usw. genannt werden). Aber ob nun sortenreine Weine ein Problem sind, und ob Weine aus zwei Sorten die Verwirrung beseitigen oder verdoppeln, bleibt abzuwarten.

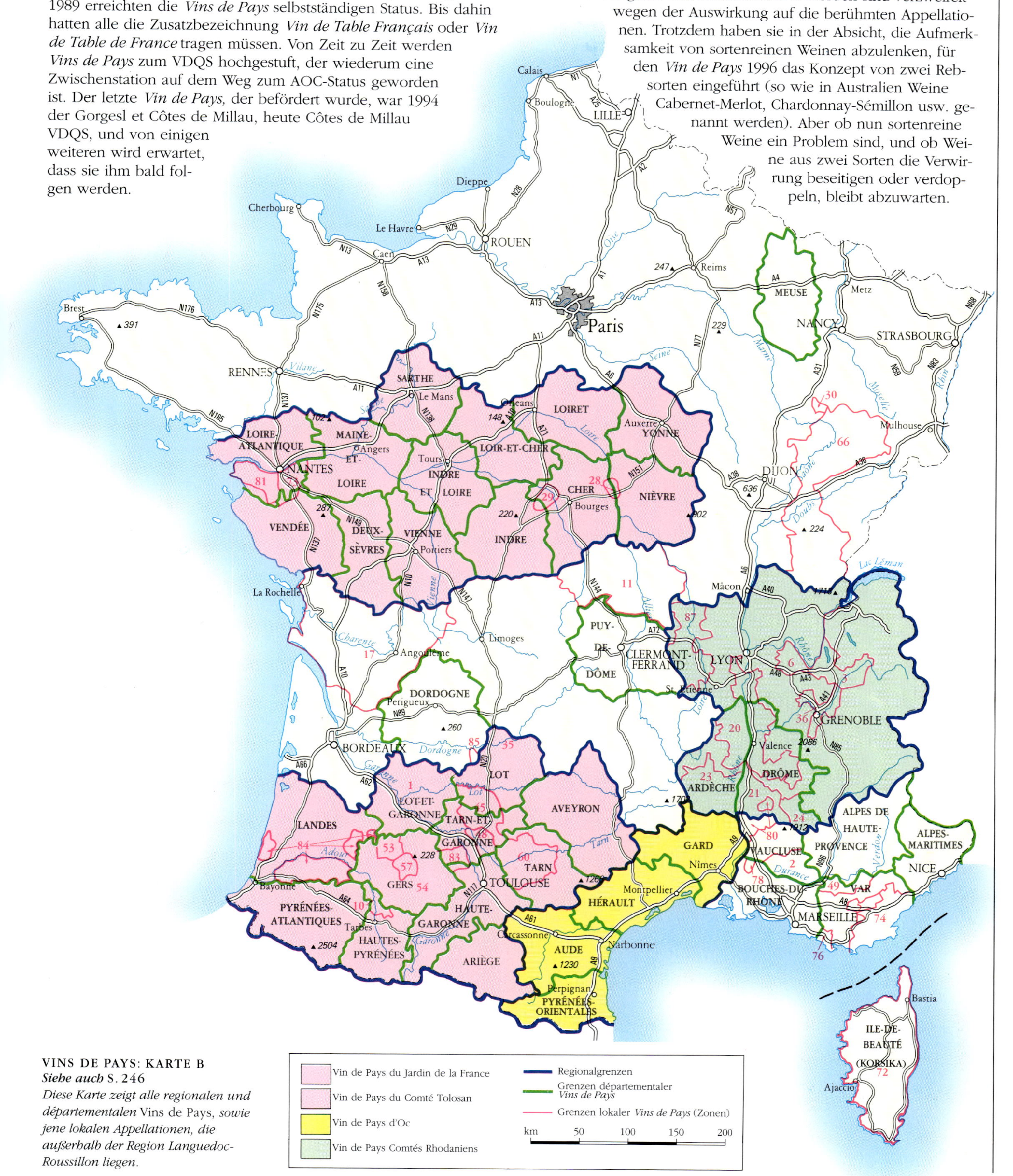

VINS DE PAYS: KARTE B
Siehe auch S. 246
Diese Karte zeigt alle regionalen und départementalen Vins de Pays, *sowie jene lokalen Appellationen, die außerhalb der Region Languedoc-Roussillon liegen.*

VINS DE PAYS AUF EINEN BLICK

INSGESAMT 141 VERSCHIEDENE VINS DE PAYS
Die Produktion stieg von praktisch null im Jahr 1973 auf heute 13,5 Millionen hl pro Jahr, die 25 % der gesamten französischen Weinproduktion darstellen.

DIE STILE DES VIN DE PAYS
Der Vin de Pays ist in drei Grundkategorien eingeteilt: regional, *départemental* und zonal (lokal). Obwohl keine offiziellen Unterscheidungen bezüglich Qualität existieren, ist es nicht unvernünftig anzunehmen, dass die lokalen *Vins de Pays* einen individuelleren Charakter zeigen als die *vins de pays départementaux* oder die umfassenden regionalen *Vins de Pays,* doch ist das nicht immer der Fall. Für den einen oder anderen Winzer in einer bestimmten lokalen Zone kann es leichter sein, seinen Wein unter einer größeren *Vin-de-Pays*-Gattung zu verkaufen. Das erklärt auch, warum in der riesigen Kategorie des Vin de Pays d'Oc so viele eigenständige Weine zu finden sind. Auch die geografische Größe eines *Vin de Pays* kann irreführend sein, denn viele Départements produzieren im Vergleich zu produktiven lokalen *Vins de Pays* wenig. An der Loire kümmern sich überhaupt wenige Erzeuger um die *départementalen* Bezeichnungen.

REGIONALE VINS DE PAYS (32 % DER VIN-DE-PAYS-PRODUKTION)
Es gibt vier dieser umfangreichen Appellationen: Jardin de la France, Comté Tolosan, Comtés Rhodaniens und Oc. Jede umfasst zwei oder mehr Départements. Im Jahr 1990 waren sie nur für 12 % der *Vin-de-Pays*-Produktion verantwortlich.

DÉPARTEMENTALE VINS DE PAYS (42 % DER VIN-DE-PAYS-PRODUKTION)
Sie decken ganze Départements ab. Offiziell sind 39 in Gebrauch, doch werden manche überflüssig werden, weil ihre Erzeuger sich für die besser geförderten regionalen Appellationen entscheiden, die oft leichter zu vermarkten sind. Theoretisch hat jedes Département in Frankreich Anspruch auf seinen *Vin de Pays*. Um aber eine Verwechslung mit den AOC-Weinen zu vermeiden, wurde 1995 den folgenden Départements ausdrücklich verboten, dieses Recht auszuüben: Marne und Aube (Champagne), Bas-Rhin und Haut-Rhin (Elsass), Côte-d'Or (Burgund), Rhône (das zwar das Beaujolais enthält, aber wahrscheinlich eher noch mit der Rhône AOC verwechselt werden kann), Jura, Savoie und Haut-Savoie.

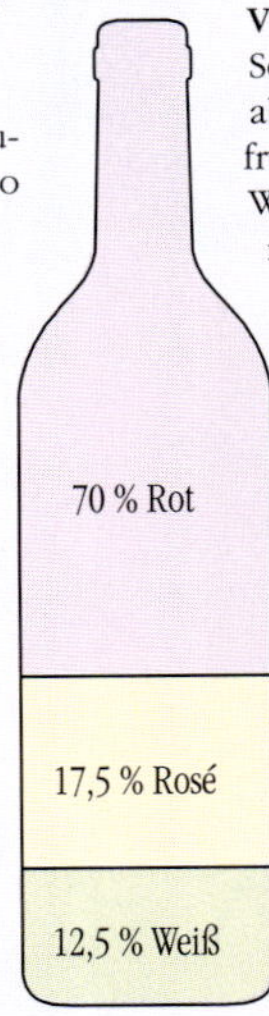

LOKALE VINS DE PAYS (26 % DER VIN-DE-PAYS-PRODUKTION)
Der lokale oder zonale *Vin de Pays* ist auf ein kleines Gebiet begrenzt, manchmal nur eine Gemeinde. Nicht weniger als 95 Bezeichnungen fallen unter diese Kategorie, von denen man viele nur selten antrifft.

VINS DE PAYS PRIMEUR
Seit 1990 dürfen alle *Vins de Pays* diese Weine produzieren, die nach der Ernte ab dem dritten Donnerstag im Oktober verkauft werden dürfen (wesentlich früher als der Beaujolais Nouveau). Die Bestimmungen erlauben, dass Rot- und Weißweine als *Vins primeurs* gemacht werden dürfen, eigenartigerweise aber nicht Roséweine. Jedoch sind auch viele Rotweine schon durch die Art ihrer Herstellung heller als einige Rosés, und so bleibt das ein umstrittener Punkt. Weißwein wird mit Kaltvergärung hergestellt, Rotwein nach einer von drei Methoden: Kohlensäuremaischung, modifizierte Kohlensäuremaischung und klassische kurze Maischung auf den Häuten. Die kalt vergorenen Weißweine und die Rotweine aus Kohlensäuremaischung werden von Amylaromen dominiert, dafür haben die klassisch vergorenen Weine selten genügend Frucht, Tiefe und Farbe. Die Weine aus modifizierter Kohlensäuremaischung können hingegen sehr erfolgreich die Fruchtigkeit eines Weines steigern, ohne sie in Amylaromen zu ersäufen.

Anmerkung *Vins de Pays* dürfen Ausdrücke wie *Mas* und *Domaine* benutzen, um das Weingut, das den Wein erzeugt hat, zu bezeichnen, aber aus unerklärlichen Gründen ist der Ausdruck *Château* streng verboten. Der Jahrgang und bis zu zwei Rebsorten dürfen auf dem Vorderetikett angegeben werden. Der Mindestalkoholgehalt ist für die nördlichen Appellationen auf 9 % festgelegt (über dem der meisten AOC dieser Gebiete) und für die Gebiete des Mittelmeers auf 10 %, der Höchstalkoholgehalt für alle *Vins de Pays* auf 15 %.

DIE FRANZÖSISCHEN VINS DE PAYS

AGENAIS

Lokaler *Vin de Pays*, Karte B Nr. 1

Diese Rot-, Weiß- und Roséweine werden aus klassischen Bordeaux-Sorten und einigen rustikalen regionalen Sorten, darunter Tannat und Fer, produziert. Obwohl mehr als drei Viertel des Ertrags rot sind, ist der bekannteste der überwiegend aus Abouriou gewonnene Rosé.

AIGUES

Lokaler *Vin de Pays*, Karte A Nr. 2

Dieser erst 1993 kreierte *Vin de Pays* entspricht geografisch ungefähr dem Coteaux du Lubéron und hat auch eine ähnliche Palette von Rebsorten.

ALLOBROGIE

Lokaler *Vin de Pays*, Karte B Nr. 3

Das *Vin de Pays* Gegenstück zum Vin de Savoie, es reicht allerdings über die Grenzen dieser AOC hinaus in Weideland, wo es nur noch sporadisch Weinberge gibt. Die Weine ähneln dem Vin de Savoie, sind aber vom Stil her etwas leichter und rustikaler. Fast 90 % der Produktion ist weiß und wird hauptsächlich aus Jacquère, Chardonnay und Chasselas gemacht, jedoch dürfen auch Altesse, Mondeuse Blanche, Roussanne und Molette verwendet werden. Der Rest der Produktion ist im Wesentlichen Rotwein aus Gamay, Mondeuse und Pinot Noir. Rosé ist zu weniger als 1 % vertreten.

ALPES DE HAUTE-PROVENCE

Départementaler *Vin de Pays*, Karte B

Die meisten dieser Weine kommen aus dem Tal der Durance im Osten des Département. Es werden hauptsächlich Rotweine aus Carignan, Grenache, Cinsault, Cabernet Sauvignon, Merlot und Syrah hergestellt. Rosé ist mit 15 % vertreten, Weißwein aus Ugni Blanc, Clairette, Chardonnay und Muscat mit 7 %.

✓ *Domaine de Régusse*

ALPES-MARITIMES

Départementaler *Vin de Pays*, Karte B

Etwa 70 % der Produktion sind Rotwein und 30 % Rosé. Sie werden aus Carignan, Cinsault, Grenache, Ugni Blanc und Rolle gemacht und kommen überwiegend aus den Gemeinden Carros, Mandelieu und Mougins. Es dürfen auch Weißweine produziert werden.

ARDAILHOU

Lokaler *Vin de Pays*, Karte A Nr. 4

Dieser Wein kommt von der Küste des Hérault westlich von Béziers. Die bescheidene Produktion dieses *Vin de Pays* besteht zu fast zwei Drittel aus Rotwein und zu einem Drittel aus Rosé, meist aus Cinsault (maximal 50 %), Carignan (maximal 40 %) und Grenache (mindestes 10 %). Es dürfen aber auch Syrah, Merlot und Cabernet Sauvignon verwendet werden. Es wird auch etwas Weißwein aus bis zu 20 Rebsorten gemacht.

ARDÈCHE

Départementaler *Vin de Pays*, Karte B

In begrenztem Umfang werden Rot- und Weißweine aus einer Palette von Rhône- und Bordeaux-Sorten gemacht.

ARGENS

Lokaler *Vin de Pays*, Karte A Nr. 5

Diese Kategorie umfasst einen Teil der Côtes de Provence. Fast die Hälfte der Weine sind Rosés, die in Stilistik und Klasse ähnlich dem Vin de Pays du Var sind. Die andere Hälfte besteht aus kräftigem, tanninbetontem und würzigem Rotwein aus Carignan, Cinsault, Syrah, Roussanne du Var, Mourvèdre und Cabernet Sauvignon. Es wird auch etwas Weißwein produziert.

AUDE

Départementaler *Vin de Pays*, Karte B

Hier wird eine riesige Menge an frischem, fruchtigem Wein erzeugt, der Hauptanteil davon Rotwein, dazu je 5 % Rosé und Weißwein. Mediterrane Rebsorten überwiegen.

✓ *Jacques Boyer • Producteurs du Mont Tauch* (Carignan/Syrah)

AVEYRON

Départementaler *Vin de Pays*, Karte B

Da die meisten in diesem zwischen Cahors und Hérault gelegenen Département produzierten Weine früher die Appellation Gorges et Côtes de

Millau (heute Côtes de Millau VDQS) benutzten, wird es interessant sein, wie viele *Vin-de-Pays*-Erzeuger diese Bezeichnung weiter verwenden oder lieber zur weiter gefassten Appellation Comté Tolosan greifen.

BALMES DAUPHINOISES

Lokaler *Vin de Pays*, Karte B Nr. 6

In der Appellation Balmes Dauphinoises nehmen trockene Weißweine aus Jacquère und Chardonnay 60 % der Produktion ein, den Rest bestreiten Rotweine aus Gamay und Pinot Noir. Es darf auch Roséwein produziert werden.

BÉNOVIE

Lokaler *Vin de Pays*, Karte A Nr. 7

Das Gebiet der Denomination liegt am östlichen Rand der Coteaux du Languedoc und reicht noch in das Gebiet des Muscat-de-Lunel hinein. Fast 80 % der Produktion sind ein leichter, fruchtiger Rotwein vorwiegend aus Carignan, Grenache, Cinsault und Syrah, obwohl auch Merlot und Cabernet Sauvignon erlaubt sind. Es wird auch eine stattliche Menge attraktiver Roséweine produziert, meistens nach der *Saignée*-Methode, sowie kleine Mengen an trockenem Weißwein mit Ugni Blanc als Hauptsorte.

BÉRANGE

Lokaler *Vin de Pays*, Karte A Nr. 8

Die Produktion in Bérange besteht zu 75 % aus Rot-, zu 20 % aus Rosé- und zu 5 % aus Weißwein. Die Palette von Rebsorten stimmt weit gehend mit jener der Coteaux-du-Languedoc und des benachbarten Bénovie überein.

BESSAN

Lokaler *Vin de Pays*, Karte A Nr. 9

Diese winzige »Ein-Gemeinden-Denomination« östlich von Béziers ist für ihren trockenen, aromatischen Rosé bekannt, der heute 65 % der Produktion ausmacht. Nur 10 % sind Rotwein, der Rest ein einfacher, auf Ugni Blanc basierender Weißwein.

BIGORRE

Lokaler *Vin de Pays*, Karte A Nr. 10

Hier wird überwiegend ein voller, reichhaltiger Rotwein im Stil eines Madiran erzeugt, dazu eine kleine Menge frischer, trockener Weißwein. Auch Rosé ist zugelassen.

BOUCHES-DU-RHÔNE

Départementaler *Vin de Pays*, Karte B

Dieses Gebiet gehört zu den größten *Vin-de-Pays*-Produzenten des Landes. Etwa 80 % sind Rotweine, die meisten kommen aus dem Gebiet der Coteaux d'Aix-en-Provence. Die Weine aus Carignan, Grenache, Cinsault, Cabernet Sauvignon, Merlot und Syrah sind warm, würzig und oft recht kraftvoll gebaut. Rosé macht nur 12 % der Menge aus, was ein annehmbarer Anteil für diesen Weinstil ist, der sich ja nicht – wie die AOC-Weine – auf den Zauber eines Namens verlassen kann (er hat nicht den Vorteil, »Provence« auf dem Etikett stehen zu haben). Die Qualität ist durchwegs viel besser als die der meisten AOC-Roséweine dieser Region. Es wird auch etwas Weißwein gemacht.

✓ *Mas de Rey • Domaine de l'Île St-Pierre • Château de Revelette • Domaine de Trévallon*

BOURBONNAIS

Lokaler *Vin de Pays*, Karte B Nr. 11

Ein rarer Wein aus einem Weißweingebiet im Loiretal.

CASSAN

Lokaler *Vin de Pays*, Karte A Nr. 12

Dieses Gebiet liegt in den Coteaux-du-Languedoc nördlich von Béziers und überschneidet sich mit der AOC Faugères. Körperreiche Rotweine aus Carignan, Cinsault, Grenache, Cabernet Sauvignon, Merlot und Syrah machen fast drei Viertel der Produktion aus. Der Rest sind zu etwa gleichen Teilen ein geschmackvoller Rosé und ein knackiger trockener Weißwein überwiegend aus Ugni Blanc, obwohl auch Clairette und Terret zugelassen sind.

CATALAN

Lokaler *Vin de Pays*, Karte A Nr. 13

Sehr erfolgreiche, farbkräftige, unkomplizierte, fruchtige Rotweine machen fast 70 % der Produktion aus. Sie werden überwiegend aus Grenache und Carignan gemacht, Mourvèdre, Merlot, Cabernet Sauvignon und Syrah sind im Kommen. Saubere, süffige trockene Rosés aus denselben Rebsorten machen 20 % der Produktion aus. Die restlichen 10 % sind trockener Weißwein aus Grenache Blanc, Macabéo, Chardonnay und ein bisschen Muscat. *Vins primeurs* sind eine Spezialität dieses produktionsstarken *Vin de Pays.*

✓ *Mas Amiel • Domaine Casenove • Domaine Cazes • Domaine Ferrer-Ribière • Château de Jau*

CAUX

Lokaler *Vin de Pays*, Karte Nr. 14

Dieses Gebiet nördlich von Béziers erzeugt gute, typische, trockene und fruchtige Rosés im Languedoc-Stil. Etwa 40 % des Ertrags sind Rotwein, auch etwas Weißwein wird gemacht.

✓ *Domaine de Sallets*

CESSENON

Lokaler *Vin de Pays*, Karte A Nr. 15

Diese Appellation erzeugt Rotweine im rustikalen Stil des St-Chinian und etwas Rosé.

CÉVENNES

Lokaler *Vin de Pays*, Karte A Nr. 16

Diese neue Appellation ist ein Zusammenschluss aus vier früheren *Vins de Pay.* Die meisten Weine sind rot, 15 % sind rosé, mit Rosé *saignée* als Spezialität. Sehr kleine Mengen an weißem Primeur werden ebenfalls produziert. Die meisten Weine zeigen ehrlichen, fruchtigen Languedoc-Charakter.

✓ *Domaine de Gournier*

CHARENTAIS

Lokaler *Vin de Pays*, Karte B Nr. 17

Die trockenen Weißweine sind wirklich gut, obwohl 50 % der verwendeten Trauben Ugni Blanc sind. Scheinbar ergibt diese bescheidene Rebsorte zusammen mit der Colombard leichte, aber sehr frische, knackige und feinwürzige Weine in der Charante, in der man nicht nur einen guten Cognac macht, sondern auch einen billigen, fröhlichen Zechwein.

CHER

Départementaler *Vin de Pays*, Karte B

Produziert werden überwiegend ein Touraine-ähnlicher Rotwein aus vorwiegend Gamay sowie eine kleine Menge trockener Rosé in der hellen Art des *Vin Gris.* Zusätzlich wird auch etwas trockener Weißwein aus Sauvignon Blanc gemacht, der einer rustikalen Version eines Sancerre oder eines Menetou-Salon von der Loire entspricht.

CITÉ DE CARCASSONNE

Lokaler *Vin de Pays*, Karte A Nr. 18

Über 90 % der Produktion der Cité de Carcassonne bestehen aus Rotwein, 5 % aus Rosé und kaum 1 % aus Weißwein.

✓ *Domaine Auzias*

COLLINES DE LA MOURE

Lokaler *Vin de Pays*, Karte A Nr. 19

Mehr als 80 % der Produktion sind einfacher Rotwein aus Carignan, Cinsault, Grenache, Syrah, Cabernet Sauvignon und Merlot, wobei die letzten beiden oft getrennt vinifiziert werden. Der leichte, trockene Rosé beansprucht 15 % der Menge, dazu kommt noch ein kleiner Anteil an Weißwein aus Ugni Blanc. Der großartigste Vertreter dieses *Vin de Pays* ist jedoch ein Weißwein: der köstliche, sehr süße Muscat von Hugh Ryman. Obwohl eher eine Spätlese als ein *Vin Doux Naturel,* dürfte es dennoch nicht überraschen, dass diese *Vin-de-Pays*-Denomination ungefähr den AOC Muscat de Mireval und Muscat de Frontignan entspricht.

✓ *Domaine de Terre Mégère • Domaine de Valmagne*

COLLINES RHODANIENNES

Lokaler *Vin de Pays*, Karte B Nr. 20

Ein großes *Vins-de-Pays*-Gebiet, das sich im Zentrum der Comtés Rhodaniens in fünf Départements erstreckt (Rhône, Isère, Drôme, Ardèche und Loire) und fast nur Rotwein aus Gamay, Syrah, Merlot und Pinot Noir erzeugt. Es werden nur winzige Mengen von Rosé- und Weißwein gemacht, wobei letzterer aus der interessanten Sortenpalette Chardonnay, Marsanne, Roussanne, Viognier, Jacquère, Aligoté und Clairette zusammengestellt werden kann. Mit dem Maß an Körper, Schmelz, aromatischer Komplexität und Säure, die ein guter Verschnitt dieser Rebsorten ergeben kann, besitzt der Collines Rhodaniennes Blanc mehr als genug Spielraum, um einen erstklassigen Ruf zu entwickeln. Es gibt hier auch etwas *Vin primeur.*

✓ *Domaine Etienne Pochon*

COMTÉ DE GRIGNAN

Lokaler *Vin de Pays*, Karte B Nr. 21

Praktisch die ganze Produktion ist Rotwein, der von Grenache dominiert wird, jedoch sind Syrah, Cinsault, Gamay, Carignan, Merlot und Cabernet Sauvignon ebenfalls zugelassen. Nur 1 % ist Rosé, und Weißwein gibt es eigentlich nicht.

COMTÉ TOLOSAN

Regionaler *Vin de Pays*, Karte B

Bescheidene Mengen von überwiegend Rotweinen, ein wenig Rosé und eine winzige Menge Weißwein.

✓ *Domaine de Baudare • Plaimont*

COMTÉS RHODANIENS

Regionaler *Vin de Pays*, Karte B

Die Comtés Rhodaniens wurden 1989 ins Leben gerufen. Sie erstrecken sich in acht Départements. Den Namen dürfen nur Weine tragen, die sich bereits für einen lokalen *Vin de Pays* qualifiziert haben.

CORRÈZE

Départementaler *Vin de Pays*, Karte A

Überwiegend Rotwein aus Cabernet Franc, Merlot und Gamay. Diese Weine werden im ganzen Département Corrèze produziert, doch haben die kalksteinhaltigen *Coteaux* von Branceilles traditionell immer die besten geliefert.

✓ *Sauret Père* (Mille et Une Pierre)

CÔTE VERMEILLE

Lokaler *Vin de Pays*, Karte A Nr. 22

Hauptsächlich rot und rosé, sind diese Weine das *Vin-de-Pays*-Gegenstück zum Collioure, der seinerseits das trockene Qualitätswein-Pendant zum *Vin doux naturel* aus Banyuls ist.

✓ *Domaine Vial Magnères*

COTEAUX DE L'ARDÈCHE

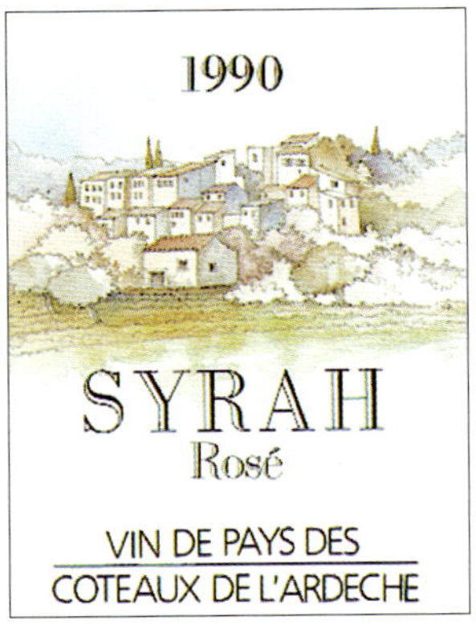

Ein großes Gebiet mit bedeutendem Weinausstoß, das besonders für seinen dunklen, würzigen Rotwein bekannt ist, der 80 % der Produktion ausmacht. Meist von Syrah dominiert, kann dieser Wein aber auch Cabernet Sauvignon, Carignan, Cinsault, Grenache, Gamay und Merlot enthalten. Der Chardonnay von Louis Latour setzte diesen *Vin de Pays* in den letzten zehn Jahren auf die Weinlandkarte, und während des nächsten Jahrzehnts wird der beeindruckende Pinot Noir dieser Firma die Coteaux de l'Ardèche zum Superstar machen. Gut 10 % der Gesamtproduktion entfallen auf Rosé, und knapp 10 % sind Weißwein, der aus Bourboulenc, Marsanne, Viognier, Roussanne, Sauvignon Blanc und Ugni Blanc hergestellt werden darf. Etwa 30 % aller Weine werden sortenrein in den Handel gebracht.

✓ *CV Ardèchois • Domaine du Colombier • La Cévenne Ardèchois • Louis Latour • Domaine de Vigier*

COTEAUX AUXOIS

Lokaler *Vin de Pays*

Dieser lokale *Vin de Pays* hat Ende 1996 die départementale Bezeichnung Côte d'Or ersetzt und umfasst acht Gemeinden im südwestlichen Teil des Département. Es wird fast ausschließlich Weißwein aus Chardonnay und Auxerrois erzeugt.

COTEAUX DES BARONNIES

Lokaler *Vin de Pays*, Karte B Nr. 24

Fast 90 % sind Rotwein und 10 % Rosé aus Cabernet Sauvignon, Cinsault, Syrah, Grenache, Pinot Noir, Gamay und Merlot. Weniger als 2 % sind Weißwein, wobei sortenreine zunehmen.

✓ *Domaine du Rieu Frais*

COTEAUX DE BESSILLES

Lokaler *Vin de Pays*, Karte A Nr. 25

Frische, leichte, rustikale Weine aus den Coteaux du Languedoc direkt nördlich von Pinet. Die Produktion besteht zu zwei Drittel aus Rotwein, einem Viertel aus Rosé, der Rest ist Weißwein.

✓ *Domaine St-Martin de la Garrigue*

COTEAUX DE LA CABRERISSE

Lokaler *Vin de Pays*, Karte A Nr. 26

Wie man es vom Herzstück der Corbières erwartet, überwiegt hier Rotwein. 10 % sind Roséwein und nur 3 % Weißwein, einschließlich einiger *Vins primeurs*. Ein breites Sortiment von Rebsorten ist zugelassen, besonders für Rotwein, der aus Carignan, Grenache, Cinsault, Syrah, Mourvèdre, Terret Noir, Cabernet Sauvignon, Cabernet Franc, Merlot und der Färbertraube Alicante Bouschet gemacht werden darf. Die weißen Trauben sind Terret, Grenache Blanc, Clairette, Ugni Blanc, und Macabéo.

COTEAUX DE CÈZE

Lokaler *Vin de Pays*, Karte A Nr. 27

Ein großes Gebiet mit bescheidener Produktion, die zu 80 % aus Rotwein und zu 20 % aus Rosé besteht. Der Weißweinanteil ist verschwindend klein.

COTEAUX CHARITOIS

Lokaler *Vin de Pays*, Karte B Nr. 28

Einfache Weißweine aus dem Loire-Tal.

✓ *Cave des Hauts de Seyr* (Le Montaillant)

COTEAUX DU CHER ET DE L'ARNON

Lokaler *Vin de Pays*, Karte B Nr. 29

Die Rotweine und der *Vin Gris* werden aus Gamay gemacht, der trockene Weißwein aus Sauvignon Blanc.

COTEAUX DE COIFFY

Lokaler *Vin de Pays*, Karte A Nr. 30

Ein relativ neuer und daher noch ungetesteter *Vin de Pays* aus dem hohen Norden zwischen Champagne und Elsass, in der Südostecke des Départements Haut-Marne.

COTEAUX D'ENSÉRUNE

Lokaler *Vin de Pays*, Karte A Nr. 31

Dieser *Vin de Pays* westlich von Béziers hat früher zu zwei Dritteln Rotwein und zu einem Drittel Rosé produziert. Heute beansprucht der aus dem typischen Sortenspektrum des Languedoc hergestellte Rotwein 90 % der Produktion. Es werden nur 10 % Rosé erzeugt und kaum Weißwein. Jeanjean erzeugt jedoch einen schönen, weichen, fruchtigen, trockenen Weißwein aus Ugni Blanc, Marsanne und Chardonnay.

✓ *Jeanjean*

COTEAUX DES FENOUILLÈDES

Lokaler *Vin de Pays*, Karte A Nr. 32

Geradlinige, fruchtige Weine kommen aus der hügeligen Nordwestecke des Roussillon. 85 % der Produktion sind rot, 12 % rosé, der Rest weiß.

COTEAUX FLAVIENS

Lokaler *Vin de Pays*, Karte A Nr. 33

Dieser *Vin de Pays* kommt von den Hügeln südlich von Nîmes in den Costières de Nîmes, die nach dem römischen Kaiser Flavius benannt wurden. Der volle, warmherzige Rotwein macht 85 % der Produktion aus, der Rest ist vor allem Rosé mit einem kleinen Anteil an Weißwein. Carignan, Grenache, Cinsault, Cabernet Sauvignon, Merlot und Syrah sind die hauptsächlich verwendeten Rebsorten.

COTEAUX DE FONTCAUDE

Lokaler *Vin de Pays*, Karte A Nr. 34

Dieses Gebiet überschneidet sich zum großen Teil mit Saint-Chinian im Ostteil der Coteaux du Languedoc. Fast 80 % sind leichte, frische, aber interessante Rotweine aus Carignan, Cinsault, Grenache, Cabernet Sauvignon und Syrah; Rosé und etwas Weißwein gibt es auch.

COTEAUX DE GLANES

Lokaler *Vin de Pays*, Karte B Nr. 35

Diese Denomination produziert hauptsächlich Rotweine, bei denen Gamay oder Merlot dominieren, dazu ein wenig Rosé.

COTEAUX DU GRÉSIVAUDAN

Lokaler *Vin de Pays*, Karte B Nr. 36

Rot- und Roséweine im Savoie-Stil aus Gamay, Pinot und Etraire de la Dui (eine lokale Rebsorte), bei den trockenen Weißweinen ist Jacquère die Hauptsorte.

COTEAUX DE LAURENS

Lokaler *Vin de Pays*, Karte A Nr. 37

Etwa 85 % dieser Weine sind rote *Vins-de-Pays*-Pendants zum Faugères, die überwiegend aus Carignan, Cinsault, Syrah und Grenache gemacht werden. Einige der besseren Weine enthalten zusätzlich Cabernet Sauvignon und Merlot. Nur wenig Rosé- und noch weniger Weißwein werden produziert.

✓ *Domaine de la Commanderie de St-Jean*

COTEAUX DU LIBRON

Lokaler *Vin de Pays*, Karte A Nr. 38

Dieses um Béziers liegende Gebiet produziert hauptsächlich Rotweine aus Carignan, Grenache, Cinsault, Cabernet Sauvignon, Merlot und Syrah. Etwa 12 % sind Rosés und weniger als 7 % Weißweine. Letztere werden hauptsächlich aus Ugni Blanc mit einem Hauch Terret und Clairette gemacht.

COTEAUX DU LITTORAL AUDOIS

Lokaler *Vin de Pays*, Karte A Nr. 39

Dieses Gebiet entspricht der inoffiziellen Zone Sigean innerhalb der Corbières AOC (*siehe* S. 235). Hier gedeiht Syrah am besten, und es überrascht nicht, dass er für viele dieser *Vins de Pays* verwendet wird. Nicht weniger als 98 % der Gesamtproduktion sind Rotwein. Weitere zugelassene rote Rebsorten sind Carignan, Grenache, Cinsault, Merlot und Cabernet Sauvignon. Außerdem werden winzige Mengen an Rosé und Weißwein gemacht, letzterer besteht hauptsächlich aus Grenache Blanc und Macabéo, kann aber auch Ugni Blanc, Terret und Clairette enthalten.

COTEAUX DE MIRAMONT

Lokaler *Vin de Pays*, Karte A Nr. 40

Rotweine aus einer typisch mediterranen Palette von Bordeaux- und Südliche-Rhône-Sorten beherrschen diese Denomination, die zwischen den Côtes de la Malepère und den Corbières liegt. Rosé und Weißwein machen weniger als 5 % der Produktion aus, einschließlich einiger *Vins primeurs*.

✓ *Foncalieu* (Domaine des Pins) • *Château Mansenoble*

COTEAUX DE MURVIEL

Lokaler *Vin de Pays*, Karte A Nr. 41

Gleich neben der Appellation St-Chinian gelegen, erzeugt dieser *Vin de Pays* einige sehr gute

Rotweine, die 85 % der Produktion ausmachen und aus Carignan, Cinsault, Grenache, Cabernet Sauvignon, Merlot und Syrah bestehen. Es gibt einige Rosés, aber nur sehr wenige Weißweine.

Domaine de Coujan • Domaine de Ravanès

COTEAUX DE NARBONNE

Lokaler *Vin de Pays*, Karte A Nr. 42

Vom Küstenstreifen des Corbières, dessen Weingärten sich hier mit jenen der Coteaux du Languedoc überschneiden, kommen vor allem weiche Rotweine; auf Weißwein und Rosé entfallen zusammen nur 4 % der Produktion.

Domaine Hospitalet

COTEAUX DE PEYRIAC

Lokale *Vin de Pays*, Karte A Nr. 43

Volle, rustikale Rotweine aus einheimischen Sorten, ergänzt durch Syrah, Cabernet und Merlot, machen über 80 % der Produktion dieses *Vin de Pays* im Herzen des Minervois aus. Der Rest entfällt vor allem auf Rosé, weniger als 1 % sind Weißweine.

COTEAUX DU PONT DU GARD

Lokaler *Vin de Pays*, Karte A Nr. 44

Der Pont du Gard ist ein überwältigend schöner römischer Aquädukt aus dem 1. Jahrhundert v. Chr. Die unterste Bogenreihe ist immer noch stabil genug, um nach 2000 Jahren den modernen Verkehr zu tragen, doch die Weine der Coteaux du Pont du Gard, überwiegend körperreiche, kraftvolle Rote, haben eine wesentlich kürzere Lebensspanne. Weiß- und Roséweine sowie *Vins primeurs* als Spezialität werden nur in kleinen Mengen produziert.

COTEAUX DU QUERCY

Lokaler *Vin de Pays*, Karte B Nr. 45

Hauptsächlich farbintensive, körperreiche, aber früh reifende Gamay- und Merlot-dominierte Rotweine aus einem Gebiet südlich von Cahors. Die Produktion umfasst gerade 5 % an weichen, unkomplizierten Roséweinen; Weißweine gibt es keine.

COTEAUX DU SALAGOU

Lokaler *Vin de Pays*, Karte A Nr. 46

Die Produktion ist zu 80 % Rotwein und zu 20 % Rosé aus dem typischen Sortenspektrum des Languedoc.

COTEAUX ET TERRASSES DE MONTAUBAN

Lokaler *Vin de Pays*, Karte B Nr. 48

Rot- und Roséweine aus dem Pays de la Garonne.

COTEAUX DU VERDON

Lokaler *Vin de Pays*, Karte B Nr. 49

Dieser *Vin de Pays* aus dem nördlichen Hinterland der Côtes de Provence und der Coteaux Varois wurde 1992 ins Leben gerufen. Es gibt keine Einschränkungen hinsichtlich der verwendeten Rebsorten.

CÔTES DU BRIAN

Lokaler *Vin de Pays*, Karte A Nr. 50

Ein Gebiet im Minervois, erzeugt die Côtes du Brian zu 90 % Rotweine, die meist aus Carignan bestehen, aber auch Grenache, Cinsault, Cabernet Sauvignon, Merlot und Syrah dürfen verwendet werden. Der Rest der Produktion sind vor allem Rosés sowie einige wenige Weißweine.

CÔTES CATALANES

Lokaler *Vin de Pays*, Karte A Nr. 51

Diese Appellation, die östlich der Coteaux des Fenouilledes im Gebiet der Côtes du Roussillon-Villages liegt, erzeugt überwiegend Rotweine aus der für den Süden typischen Mischung aus Bordeaux- und Rhône-Sorten. Etwa 10 % der Produktion sind Rosés und weitere 10 % Weißweine (Rhône-Sorten).

Domaine Cazes (auch als Le Canon de Maréchal verkauft)

CÔTES DU CÉRESSOU

Lokaler *Vin de Pays*, Karte A Nr. 52

Typische leichte und fruchtige Languedoc-Weine in recht großen Mengen; 60 % sind rot, 15 % weiß und 25 % rosé.

CÔTES DU CONDOMOIS

Lokaler *Vin de Pays*, Karte B Nr. 53

Die Produktion besteht zu 60 % aus von Tannat dominierten Rotweinen und zu 40 % aus Weißwein aus Colombard und Ugni Blanc. Auch etwas Rosé wird produziert.

CÔTES DE GASCOGNE

Lokaler *Vin de Pays*, Karte B Nr. 54

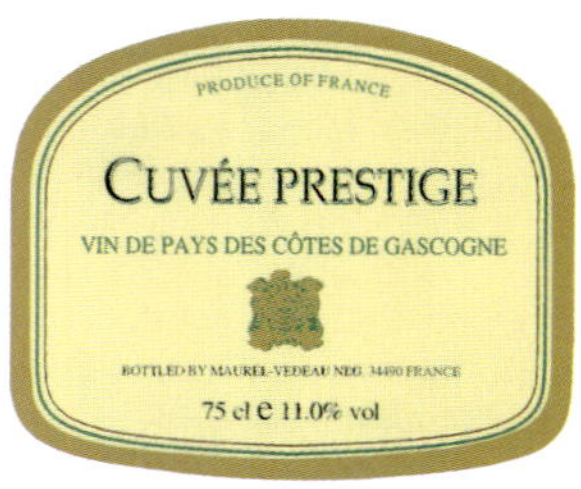

Diese köstlich pikanten trockenen Weißweine sind das nicht destillierte Produkt der Armagnac-Region. Die Weine aus der Colombard sind die leichtesten, die aus Ugni Blanc sind schmalziger und interessanter. In manchen Verschnitten verwendet man auch Manseng und Sauvignon Blanc, die sich vorteilhaft auf das Aroma auswirken. Knapp 20 % der Produktion sind Rotweine und kaum 1 % Rosé.

Patrick Azcué • La Coume de Peyre • Domaine de Papolle (auch Domaine de Barroque) • *Plaimont* (Colombelle) • *Domaine du Rey • Domaine de San de Guilhelm • Domaine du Tariquet*

CÔTES DE LASTOURS

Lokaler *Vin de Pays*, Karte A Nr. 55

Dieses Gebiet entspricht in etwa dem des Cabardès VDQS und liefert meist Rotweine aus ähnlichen Rebsorten. Gerade 4 % sind Rosé und 3 % Weißwein (Mauzac, Chenin, Chardonnay und Ugni Blanc). *Vins primeurs* sind eine lokale Spezialität.

Baron d'Ambres

CÔTES DU LÉZIGNAN

Lokaler *Vin de Pays*, Karte A, Nr. 56

Die frühere Coteaux du Lézignanais entspricht der nicht offiziellen Corbière AOC (*siehe* S. 235); die meisten Weine sind rot. Ein Anteil von mehr als 50 % Carignan ist nicht vorgeschrieben, aber die Hälfte davon muss per Kohlensäuremaischung hergestellt werden. Erlaubt sind weiterhin Cinsault, Grenache, Syrah, Cabernet Sauvignon, Cabernet Franc und Lladoner Pelut.

CÔTES DE MONTESTRUC

Lokaler *Vin de Pays*, Karte B Nr. 57

Produziert werden Rotweine aus Alicante Bouschet, den Cabernets, Malbec, Merlot und Jurançon Noir und Weißweine aus Colombard, Mauzac und Ugni Blanc.

CÔTES DE PÉRIGNAN

Lokaler *Vin de Pays*, Karte A Nr. 58

Dieses Gebiet liegt am Südrand der Coteaux du Languedoc direkt nördlich der AOC La Clape und schließt auch einige der nördlichsten Hänge

von La Clape ein. Fast 90 % sind Rotwein, der dem von La Clape ähnlich ist, vielleicht etwas rustikaler, und aus einer ähnlichen Palette von Rebsorten gemacht wird, wobei Grenache, Syrah und Cinsault dominieren. Der frische, trockene Rosé kann von guter Qualität und auch reich an Geschmack sein.

CÔTES DE PROUILLE

Lokaler *Vin de Pays*, Karte A Nr. 59

Die Rot-, Weiß- und Roséweine der Côtes de Prouille kommen aus dem Département Aude.

CÔTES DU TARN

Lokaler *Vin de Pays*, Karte B Nr. 60

Das *Vin-de-Pays*-Gegenstück zum Gaillac. Etwa 60 % der Produktion sind Rotwein, 30 % Weißwein, der Rest ist Rosé. Verwendet werden die Sorten aus Bordeaux und dem Südwesten sowie – einzigartig in Frankreich – die Portugais Bleu. Für seinen *Primeur* wird oft Gamay verwendet, der in Verbindung mit Syrah auch einen ansprechenden, delikaten Saignée-Rosé ergibt.

CÔTES DE THAU

Lokaler *Vin de Pays*, Karte A Nr. 61

Ein kleines, westlich von Béziers gelegenes Gebiet mit recht beachtlichem Ausstoß, der aus fast gleichen Anteilen Rot-, Rosé- und Weißwein aus allen herkömmlichen Rebsorten des Languedoc besteht. Bis zum Aufschwung des *Vin de Pays* wurden diese Weine zu Wermut verarbeitet.

CÔTES DE THONGUE

Lokaler *Vin de Pays*, Karte A Nr. 62

Diese Appellation südlich von Faugère produziert überwiegend Rotweine aus einer Palette von Rebsorten mit Grenache, Cinsault, Cabernet Sauvignon, Merlot, Syrah und Carignan.

Clos de l'Arjolle • *Domaine de la Condamine l'Evêque* (Syrah) • *Domaine Deshenrys* • *Domaine du Prieuré d'Amilhac* • *Prodis Boissons* (Domaine Coussergue) • *Domaine de la Serre*

CÔTES DU VIDOURLE

Lokaler *Vin de Pays*, Karte A Nr. 63

Eingekeilt zwischen den Coteaux du Languedoc und den Costières de Nîmes kommen aus diesem Gebiet zu über 80 % Rotweine aus Carignan, Grenache, Cinsault, Cabernet Sauvignon, Merlot, Cabernet Franc und Syrah, zu etwa 15 % Roséweine, Weißweine sind selten.

CUCUGNAN

Lokaler *Vin de Pays*, Karte A Nr. 64

Ein winziges Areal mitten in den Côtes du Roussillon-Villages, das im Wesentlichen Rotweine aus Rhône-Sorten produziert, unterstützt durch Cabernet Sauvignon und Merlot. Roséweine sind zugelassen, werden aber selten hergestellt. Durchschnittlich 1 % ist trockener Weißwein aus Mauzac, Chenin Blanc, Chardonnay und Ugni Blanc.

DEUX-SÈVRES

Départementaler *Vin de Pays*, Karte B

Diese einfachen, ehrlichen Weine kommen von den Weinbergen im Nantais, die den fruchtbarsten Boden haben (und damit für den Weinbau den schlechtesten).

Bouvet-Ladubay

DORDOGNE

Départementaler *Vin de Pays*, Karte B

Rot- und Weißweine im rustikalen Bergerac-Stil. Etwa 60 % der Produktion sind Weißweine. Ihre Bezeichnung soll in Vin de Pays du Périgord geändert werden.

DRÔME

Départementaler *Vin de Pays*, Karte B

Rot-, Weiß- und Roséweine aus den typischen Rebsorten der Rhône, verstärkt durch Gamay, Cabernet Sauvignon und Merlot. Über 90 % der Produktion sind Rotweine, die denen der Coteaux du Tricastin AOC sehr ähneln. Es wird auch eine kleine Menge anständigen Roséweins gemacht.

Sud-Est Appellations (Syrah)

DUCHÉ D'UZÈS

Lokaler *Vin de Pays,* Karte A Nr. 65

Theoretisch liegt dieses Gebiet in der Südhälfte des Vin de Pays des Cévennes, praktisch sind diese beiden *Vins de Pays* völlig identisch. Diese Tatsache wird durch einen Erlass von 1995 anerkannt, in dem der Duché d'Uzès 121 der 131 Gemeinden im Gebiet des Vin de Pays des Cévennes umfasst.

FRANCHE COMTÉ

Lokaler *Vin de Pays*, Karte A Nr. 66

Ein ausgedehntes Gebiet, das sich mit dem Jura und Savoyen überschneidet und frische, saubere, aber sonst unauffällige Rot- und Roséweine produziert. Nur der Weißwein aus Chardonnay, Pinot Gris und Pinot Blanc verdient Beachtung.

GARD

Départementaler *Vin de Pays*, Karte B

Eine große Produktion überwiegend von Rotweinen aus Carignan, Grenache, Cinsault, Cabernet Sauvignon, Merlot und Syrah.

Domaine Monpertuis • *Domaine le Pian*

GERS

Départementaler *Vin de Pays*, Karte B

Überwiegend Weißweine, die denen der Côtes de Gascogne ähneln.

Patrick Azcué

GIRONDE

Départementaler *Vin de Pays*, Karte B

Rot- und Weißweine aus separaten Lagen; nicht eingestuft zur Produktion von Bordeaux.

GORGES DE L'HÉRAULT

Lokaler *Vin de Pays*, Karte A Nr. 67

Die Weißweine bestehen aus Clairette, unterstützt von Ugni Blanc und Terret. Sie sind bekannter als die Rotweine, auch wenn diese über 80 % der Gesamtproduktion ausmachen.

La Grange des Pères

HAUTES-ALPES

Départementaler *Vin de Pays*, Karte B

In diesem Gebiet südlich von Savoyen wird nur sehr wenig Wein produziert.

HAUTE GARONNE

Départementaler *Vin de Pays*, Karte B

Robuste Rot- und Roséweine aus Jurançon Noir, Négrette und Tannat. Diese Reben wachsen zusammen mit kleinen Mengen Merlot, Cabernet und Syrah in alten Weinbergen südlich von Toulouse. Es gibt auch eine winzige Menge an Weißwein. Die Produktion ist insgesamt sehr niedrig, doch hat die Domaine de Ribonnet diesen Name auf die Weinlandkarte gesetzt; dieses Gut ist im Gebiet eine Klasse für sich.

Domaine de Ribonnet

HAUTE MARNE

Départementaler *Vin de Pays*

In der Nachbarschaft zur Aube (Champagne) und zur Côte d'Or (Burgund) ist es nicht verwunderlich, dass Le Muid Montsaugeonnais 1998 und 1999 recht ansprechenden Pinot Noir gemacht hat.

Le Muid Montsaugeonnais

HAUTERIVE

Lokaler *Vin de Pays*, Karte A Nr. 68

Dieser seit Dezember 1996 bestehende *Vin de Pays* in den Corbières umfasst die vier ehemaligen Denominationen Coteaux du Termenès, Côtes du Lezignan, Hauterive en Pays d'Aude und Val d'Orbieu.

Penfolds (Laperouse)

HAUTE-VALLÉE DE L'AUDE

Lokaler *Vin de Pays*, Karte A Nr. 69

Im Bereich von Limoux werden überwiegend trockene Weißweine aus Chardonnay, Chenin, Mauzac und Terret erzeugt. Ein Viertel der Produktion sind Rotweine.

Marc Ramires (Prieuré d'Antugnac)

HAUTE-VALLÉE DE L'ORB

Lokaler *Vin de Pays*, Karte A Nr. 70

Begrenzte Menge von überwiegend roten Weinen sowie etwas Rosé.

HAUTS DE BADENS

Lokaler *Vin de Pays*, Karte A Nr. 71

Rot- und Roséweine im rustikalen Stil des Minervois.

HÉRAULT

Départementaler *Vin de Pays*, Karte B

Rotweine machen 85 % der Produktion aus, Tendenz steigend. Die Auswahl an Rebsorten ist recht groß, aber die meisten Verschnitte verwenden Carignan, Cinsault, Grenache und Syrah, unterstützt durch kleine Anteile von Bordeaux-Sorten. Etwa 10 % sind Roséweine und 5 % Weißweine. Letztere werden aus Clairette, Macabéo, Grenache Blanc und Ugni Blanc gekeltert. Die schon jetzt riesige Produktion von über 1 Mio. hl wächst weiter, ebenso wie die Qualität – dank verbesserter Techniken im Weinbau und im Keller, wurde das, was einmal Kernregion der Mittelmäßigkeit des Midi war, verwandelt.

Der berühmteste Wein, der den Namen dieser bescheidensten aller *Vin-de-Pays*-Herkunftsbezeichnungen trägt, ist natürlich Mas de Daumas Gassac. Dieses nordwestlich von Montpellier in Aniane ansässige Weingut wird auch der »Lafite des Languedoc« genannt. Dabei dachten Aimé und Véronique Guibert, als sie es kauften, keineswegs an Wein. Das war allerdings vor dem Besuch von Professor Enjalbert, einem Bordelaiser Geologen und Buchautor. Er entdeckte, dass Daumas Gassac einen ausgezeichneten, sehr seltenen Boden aus ganze 20 m tiefem Vulkanstaub besitzt. Enjalbert prophezeite, dass dieser Boden einen Wein von Weltklasse hervorbrächte, wenn man ihn wie eine *Grand-Cru*-Lage kultivieren würde. Und genau das tat Aimé Guibert.

Domaine d'Aupilhac • *Domaine du Bosc* (auch als Vin de Pays d'Oc verkauft) • *Domaine Capion* (auch als Vin de Pays d'Oc verkauft) • *Domaine de la Fadèze* • *Mas de Daumas Gassac* (andere Vins de Pays werden als Terrasses de Landoc verkauft) • *Domaine de la Source* (Muscat) • *Domaine St-Martin* • *Domaine St-Martin-de-La-Garrigue*

ÎLE DE BEAUTÉ

Lokaler *Vin de Pays*, Karte B Nr. 72

Da nur 15 % der korsischen Weinproduktion aus AOC-Weinen bestehen, hat Korsikas einziger, allumfassender *Vin de Pays* (formal ist er jedoch kein départementaler VDP) einen enormen Einfluss auf das qualitative Image der Weine dieser Insel. Fast 60 % der Produktion sind Rotwein und 25 % Rosé, beide werden aus einem breiten Spektrum von Rebsorten gemacht. Viele dieser Rebsorten sind autochthon, obwohl manche davon mit gewissen italienischen Sorten verwandt sein könnten: Aleatico (rote, dem Muscat äh-

nelnde Rebsorte), Cabernet Sauvignon, Carignan, Cinsault, Grenache, Merlot, Syrah, Barbarossa, Nielluccio (die am häufigsten gepflanzte Traube auf der Insel soll mit Sangiovese verwandt sein), Sciacarello (erinnert an die Tibouren der Provence) und Pinot Noir. Man gibt sich viel Mühe, den korsischen Pinot Noir zu fördern, aber zurzeit scheint das in die Irre zu führen. Die besten haben ein anständiges Sortenaroma, aber es fehlt ihnen an Eleganz, und sie bringen am Gaumen nicht das, was wahren Pinot ausmacht. Vielleicht erzeugt eines Tages jemand einen guten korsischen Pinot Noir, aber diese Rebsorte verlangt viel mehr Sorgfalt und Aufmerksamkeit in Weinberg und Keller, als bei den Beispielen, die ich probiert habe, wahrzunehmen war.

✓ *Prodis Boissons* (Domaine Sette Piana Rosé) • *SICA UVAL* (Domaine de Lischetto Chardonnay)

INDRE

Départementaler *Vin de Pays*, Karte B

Unter dieser Appellation werden aus den traditionellen Rebsorten der Loire Rot-, Weiß- und Roséweine – einschließlich eines hellen Vin Gris – produziert.

INDRE-ET-LOIRE

Départementaler *Vin de Pays*, Karte B

Dieser *Vin de Pays* kommt von Weinbergen östlich von Tours. 80 % sind Rotweine überwiegend aus Gamay, obwohl Cabernet Franc und Grolleau auch verwendet werden.

JARDIN DE LA FRANCE

Regionaler *Vin de Pays*, Karte B

In 14 Départements, die fast das ganze Loiretal umfassen, werden Rot-, Weiß- und Roséweine produziert. Wenn man von den am häufigsten anzutreffenden Weinen ausgeht, sollte man meinen, dass der größte Teil der Riesenproduktion trockene Weißweine auf der Basis von Chenin Blanc oder Sauvignon Blanc sind, aber nach der Statistik sind 60 % Rotwein. Im Allgemeinen ist diese Appellation enttäuschend. Ihre leichten, sauren Chardonnays sind besonders deprimierend, aber der Cabernet Sauvignon von Pierre & Paul Freuchet ist für diese nördliche Lage überraschend weich und duftend.

✓ *Pierre & Paul Freuchet* • *Château de la Ragotière*

LANDES

Départementaler *Vin de Pays*, Karte B

Diese Appellation produziert Rot-, Weiß- und Roséweine. 80 % davon sind Rotweine, die aus den traditionellen Rebsorten des Sud-Ouest gemacht werden.

✓ *Domaine du Comte*

LOIRE-ATLANTIQUE

Départementaler *Vin de Pays*, Karte B

Die Rot- und Roséweine – einschließlich eines hellen *Vin Gris* – bestehen aus Gamay, Grolleau, Cabernet Franc und Arbouriou, während für die Weißweine hauptsächlich Folle Blanche und Melon de Bourgogne genommen werden. Es gibt einige interessante Ansätze mit Chardonnay.

LOIRET

Départementaler *Vin de Pays*, Karte B

Diese Appellation produziert aus Gamay eine kleine Menge Rot- und Roséweine sowie einen *Vin Gris*. Es wird auch ein weißer Sauvignon Blanc erzeugt.

LOIR-ET-CHER

Départementaler *Vin de Pays*, Karte B

Überwiegend um Blois und in der Gegend von Cheverny werden aus den traditionellen Loire-Rebsorten Rot-, Weiß- und Roséweine sowie ein *Vin Gris* gemacht. Fast die Hälfte der Produktion ist rot, der Rest hauptsächlich weiß mit einer winzigen Menge Rosé.

LOT

Départementaler *Vin de Pays*, Karte B

Die meisten Weine dieses Département sind rot und werden entweder unter der regionalen Denomination Comté Tolosan oder als Vin de Pays des Coteaux de Glanes verkauft.

LOT-ET-GARONNE

Départementaler *Vin de Pays*, Karte B

Diesen *Vin de Pays* findet man selten. Die überwiegend roten Weine werden meist als Vin de Pays du Comté Tolosan verkauft.

MAINE-ET-LOIRE

Départementaler *Vin de Pays*, Karte B

Die Produktion ist zu 85 % Rotwein, der Rest ist Weiß- und Roséwein. Die aus den traditionellen Loire-Rebsorten hergestellten Weine stammen aus dem Bezirk Anjou-Saumur. Es werden erhebliche Mengen erzeugt, die aber großenteils anonym verhökert werden.

MAURES

Lokaler *Vin de Pays*, Karte B Nr. 74

Dieser sehr produktive VDP umfasst den größten Teil der südlichen Côtes de Provence. Fast die Hälfte der Weine sind Rosés, die in Stilistik und Qualität den Vins de Pays du Var ähnlich sind. Der Rest ist körperreicher, warmer und würziger Rotwein sowie Weißwein, der aber nur 5 % der Gesamtproduktion ausmacht.

MEUSE

Départementaler *Vin de Pays*, Karte B

Hier produziert man Rot- und Roséweine einschließlich eines hellen *Vin gris* aus Pinot Noir und Gamay, aber auch etwas Weißwein aus Chardonnay, Aligoté und Auxerrois.

MONT BAUDILE

Lokaler *Vin de Pays*, Karte A Nr. 75

In den Ausläufern der Causses de Larzac wachsen für das Languedoc typische Rebsorten, aus denen überwiegend Rotweine gemacht werden. Rosé- und Weißweine sind nur zu 15 % vertreten, obwohl die frischen trockenen Weißweine auf dem Vormarsch sind.

✓ *Domaine d'Aupilhac*

MONT CAUME

Lokaler *Vin de Pays*, Karte B Nr. 76

Im Effekt der Vin de Pays von Bandol. In der Tat sind die Rotweine am besten, mit einigen wirklich herausragenden Produkten wie dem klassischen Cabernet Sauvignon von Bunan. Die für die Rotweine und Rosés (45 % der Gesamtproduktion) hauptsächlich verwendeten Rebsorten sind jedoch Carignan, Grenache, Cinsault, Syrah und Mourvèdre. Ein wenig Weißwein gibt es auch, aber der ist wenig interessant.

✓ *Bunan* (Cabernet Sauvignon)

MONTS DE LA GRAGE

Lokaler *Vin de Pays*, Karte A Nr. 77

Rot- und Roséweine von der geradlinigen Art des Languedoc, oft mit Syrah aufgefettet.

NIÈVRE

Départementaler *Vin de Pays*, Karte B

Das Herkunftsgebiet dieser Rot-, Weiß- und Roséweine ist auf Charité-sur-Loire, La Celle-sur-Nièvre und Tannay beschränkt.

OC

Regionaler *Vin de Pays*, Karte B

Diese riesige Appellation ist der erfolgreichste *Vin de Pays* überhaupt, sowohl kommerziell wie qualitativ. Sie verkauft sich schon aufgrund des einfachen Namens, den sogar Angelsachsen ohne Schwierigkeit aussprechen können, zudem umfasst sie die meisten der besten *Vins de Pays*. Das »Oc« im Namen dieses regionalen *Vin de Pays* kommt aus der südfranzösischen Sprache und heißt »ja«, was sonst in Frankreich »oui« ist; der Name des Landesteils, Languedoc, bedeutet somit »Sprache des Oc«.

Etwa 70 % der Produktion sind Rotweine, der Rest verteilt sich gleichmäßig auf Weiß- und Roséweine. Hier werden zwar die herrlichsten *Vins de Pays* produziert, doch ist der Ausstoß dieser Appellation so groß, dass Schwankungen in der Qualität unvermeidlich sind. Dass so viele gute Weine unter diesem Namen groß herauskamen, haben sie den so genannten *Cépages améliorateurs* zu verdanken, Rebsorten wie Cabernet Sauvignon, Merlot, Syrah, Chardonnay und Sauvignon Blanc. Sie gehören nicht zur Tradition dieser Region, tragen aber erheblich zur Qualität und Finesse der rustikaleren heimischen Rebsorten bei. Man erzeugt auch ausgezeichnete sortenreine Weine, wobei Viognier im Vormarsch ist und eine sehr preiswerte, saftig-fruchtige (manchmal auch cremige, eichenbetonte) Alternative zum Chardonnay darstellt. Aber mit Ausnahme der Domaine de Gourgazaud, Hugh Ryman und der Domaine Clovallon hat man bis jetzt noch keinen Wein mit dem hocharomatischen, pfirsichartigen Sortencharakter des Viognier geliefert. Die Suche nach einem Pinot Noir du Vin de Pays d'Oc ist noch unbefriedigender ausgefallen. Die besten sind immer noch die eichenbetonten Vertreter der Domaines Clovallon und Joseph de Bel Air sowie das nach Erdbeermilch schmeckende Gebräu der Domaine Virginie. Sie könnten Erfolg haben, aber sogar diese drei sind noch weit davon entfernt, und die Versuche anderer Winzer verfehlen die Erwartungen jedes Kenners der Rebsorte bei weitem.

✓ *Domaine d'Aigle* • *Domaine des Aspes* • *Domaine du Banes* (Chardonnay, Viognier) • *Domaine Borie la Vitarèle* • *Domaine du Bosc* (auch als Vin de Pays de l'Hérault verkauft) • *Domaine de Calvez* (Carignan) • *Domaine Capion* (auch als Vin de Pays de l'Hérault verkauft) • *Domaine de Cazal-Viel* • *Chais Cuxac* (Viognier) • *Chantovent* (Domaine du Roc Viognier) • *Domaine Clovallon* • *Domaine de la Condamine l'Évêque* • *Cuckoo Hill* (Chardonnay, Viognier) • *Serge Dubois* • *Fair Martina Vermentino* • *Foncalieu* (Domaine de Massia Cabernet/Syrah) • *Fortant* (die teuersten Weine sind die besten) • *Domaine de Gourgazaud* • *La Grange de Quatre Sous* • *BRL-Hardy* (Cuvée Australe, Philippe de Baudin, Domaine de la Baume, Domaine de Baumière) • *James Herrick* • *Château de Jau* • *Domaine Lalaurie* • *J. & F. Lurton* • *Domaine Mandeville* • *Domaine Maury* • *Gabriel Meffre* (Galet Vineyards) • *Montagne Noire* (Chardonnay) • *Domaine le Noble* • *Domaine Ormesson* • *Primo Palatum* • *Resplandy* • *Domaine St-François* (Sauvignon) • *Domaine St-Hilaire* • *Skalli* (Robert Skalli Merlot, Robert Skalli Cabernet Sauvignon) • *Domaine de Terre Mégère* • *Château le Thou* • *Val d'Orbieu* (bes. Cuvée Mythique) • *Le Vieux Mas* • (Sauvignon) • *Domaine Virginie* (auch als Domaine St-Pierre und Pierre de Passendale verkauft) • *Les Vins du Littoral Méditerranéen* (Gris)

PÉRIGORD

Lokaler *Vin de Pays*, Karte B

Dieser Name soll den départementalen Vin de Pays Dordogne ersetzen.

PETITE CRAU

Lokaler *Vin de Pays*, Karte B Nr. 78

Ein kleines *Vin-de-Pays*-Gebiet südlich von Avignon, dessen Produktion zu fast 80 % aus Rotwein und zu 20 % aus Roséwein (hauptsächlich aus Carignan, Grenache, Cinsault und Syrah) besteht. Die meisten Rosés werden nach der *Saignée*-Methode entweder zur Gänze oder überwiegend aus Cinsault gemacht. Nur unbedeutende Mengen Weißwein aus Ugni Blanc und Clairette.

PÉZENAS

Lokaler *Vin de Pays*, Karte A Nr. 79

Südlich der Cabrières AOC gelegen, produziert dieser nur ein Dorf umfassende *Vin de Pays* hauptsächlich Rotwein. Die zugelassenen Traubensorten sind typisch für das Languedoc. Sortenreine Weine sind im Kommen, besonders Merlot, Cabernet Sauvignon und Syrah.

PRINCIPAUTÉ D'ORANGE

Lokaler *Vin de Pays*, Karte B Nr. 80

Ein voller Rotwein vorwiegend aus Rhône-Rebsorten, die rund um Orange nördlich von Avignon wachsen, in einem Gebiet zwischen Châteauneuf-du-Pape und den Côtes du Rhône-Villages. Nur 4 % sind Rosés und kaum 1 % Weißweine.

✓ *Domaine la Soumade*

PUY-DE-DÔME

Départementaler *Vin de Pays*, Karte B

Unter dieser Appellation werden Rot-, Weiß- und Roséweine von einfacher, rustikaler Qualität gemacht. Ein *Puy* ist ein Vulkankrater, für die das Département Puy-de-Dôme, ein Teil der Auvergne, berühmt ist.

PYRÉNÉES-ATLANTIQUES

Départementaler *Vin de Pays*, Karte B

Unter dieser Appellation wird zu zwei Drittel Rotwein und zu einem Drittel Weißwein aus den traditionellen Rebsorten produziert.

PYRÉNÉES-ORIENTALES

Départementaler *Vin de Pays*, Karte B

Das südlichste französische Département grenzt an Spanien und Andorra. Viele *Vins de Pays* der Pyrénées-Orientales kommen aus demselben Gebiet wie die AOC Côtes du Roussillon und der Vin de Pays Catalan. Der größte Teil der Produktion sind volle, fruchtige Rotweine, 10 % sind Rosé und 5 % Weißwein.

SABLES DU GOLFE DU LION

Lokaler *Vin de Pays*, Karte A Nr. 82

Ein sehr aufstrebendes Gebiet an der Mittelmeerküste der Départements Gard, Hérault und Bouches du Rhône mit meist wurzelechten Rebstöcken, die auf einer bemerkenswerten, vom Meer umgebenen Sandbank wachsen. Die Produktion umfasst ungewöhnlicherweise zwei Drittel Rosé, von dem ein großer Teil heller *Vin Gris* ist, 30 % Rotwein und eine kleine Menge Weißwein.

✓ *Listel*

SAINT-MARIE-LA-BLANCHE

Lokaler *Vin de Pays*

Dieser lokale *Vin de Pays* umfasst sechs Gemeinden im Süden des Département Côte d'Or sowie die Gemeinde Géanges im Département Sâone-et-Loire. Produziert werden hauptsächlich Weißweine aus Chardonnay und Auxerrois sowie etwas Rotwein und wenig Rosé.

SAINT-SARDOS

Lokaler *Vin de Pays*, Karte B Nr. 83

Man produziert nur wenige, überwiegend rote Weine und etwas Rosé, beide aus dem typisch südwestlichen Rebsortenallerlei.

✓ *Domaine de Tucayne*

SARTHE

Départementaler *Vin de Pays*, Karte B

Rot-, Weiß- und Roséweine dürfen produziert werden, aber die Produktion ist verschwindend klein und beschränkt sich, soviel ich weiß, auf einen einzigen Erzeuger in Marçon.

TARN-ET-GARONNE

Départementaler *Vin de Pays*, Karte B

Die winzige Produktion dieser Appellation besteht zu 90 % aus Rotwein, etwas Rosé und sehr wenig Weißwein. Die meisten Reben wachsen westlich von Montauban in einem Gebiet, das auch die Bezeichnung Vin de Pays Saint-Sardos verwenden kann und sich mit einem Teil des VDQS Vins de Lavilledieu überschneidet. Die Rebsortenpalette entspricht der von Lavilledieu, enthält aber dazu noch Merlot, Cabernet und Tannat.

TERROIRS LANDAIS

Lokaler *Vin de Pays*, Karte B Nr. 84

Rot-, Weiß- und Roséweine aus vier separaten Gebieten in Aquitanien, von denen jedes seiner Namen an diese Bezeichnung anhängen darf: Les Sables de l'Océan (das romantisch klingende »Sand des Ozeans« bezieht sich auf die Sanddünen um Messanges, auf denen die Reben stehen), Les Coteaux de Chalosse (das größte Gebiet im Süden des Département um Dax und Murgon), Les Côtes de l'Adour (um Aire-sur-Adour und Geaune) und Les Sables Fauves (der »Wilde Sand« ist eine winzige Reben-Enklave westlich von Eauze). Die Rot- und Roséweine werden aus Tannat gemacht, unterstützt von Bordeaux-Rebsorten, während die Weißweine vorrangig aus Ugni Blanc sind, dazu Colombard, Gros Manseng und Baroque.

✓ *Domaine de Lacquy*

THÉZAC-PERRICARD

Lokaler *Vin de Pays*, Karte A Nr. 85

Ein kleiner *Vin de Pays,* der im Osten an die Coteaux du Quercy grenzt.

TORGAN

Lokaler *Vin de Pays*, Karte A Nr. 86

Da dies das Landwein-Pendant zur Fitou AOC ist, überrascht es nicht, dass 98 % seiner Weine rot sind. Sie werden auch aus einem sehr ähnlichen Sortiment von Rebsorten gemacht wie der Fitou, weitere zugelassene Sorten sind z. B. einige Bordeaux-Sorten und die Färberrebe Alicante Bouschet.

✓ *Producteurs du Mont Tauch* (Domaine du Gardie)

URFÉ

Lokaler *Vin de Pays*, Karte B Nr. 87

Überwiegend Rotweine in bescheidenen Mengen, Weiß- und Roséweine sind zugelassen.

VAL-DE-CESSE

Lokaler *Vin de Pays*, Karte A Nr. 88

Überwiegend Rotwein, 10 % Rosé und 5 % Weißwein aus den im Minervois heimischen Rebsorten.

VAL-DE-DAGNE

Lokaler *Vin de Pays*, Karte A Nr. 89

Dieses Gebiet überschneidet sich mit den Côtes de Malepère und produziert fast ausschließlich Rotwein. Zur Auswahl stehen Carignan, Grenache, Terret Noir, Merlot, Cabernet Sauvignon, Cabernet Franc und die Färberrebe Alicante Bouschet. Es wird nur sehr wenig Rosé und Weißwein gemacht.

VAL DE MONTFERRAND

Lokaler *Vin de Pays*, Karte A Nr. 90

Die Produktion besteht überwiegend aus Rotwein, 25 % sind Rosé und 15 % Weißwein. In den Garrigues am Fuß der Cévennen werden die üblichen Languedoc-Trauben kultiviert. Die lokalen Spezialitäten *Vin primeur* und *Vin d'une nuit* werden in relativ großen Mengen produziert.

VAL D'ORBIEU

Lokaler Vin de Pays, Karte A, Nr. 91

Dieser *Vin de Pays* kann aus zwei Corbière-Regionen stammen, nämlich aus Narbonne und Lézignan oder, westlich davon, aus Lagrasse. Meistens sind es Rotweine aus Carignan, Cinsault, Grenache, Terret Noir, Cabernet Sauvignon, Syrah und Mourvèdre. Etwas Rosé und etwas Weißer werden auch hergestellt; der *Vin primeur* ist allerdings die regionale Spezialität.

VALLÉE DU PARADIS

Lokaler *Vin de Pays*, Karte A Nr. 92

Aus diesem Gebiet, das sich mit den Corbières und Fitou überschneidet, kommt überwiegend Rotwein, gekeltert aus Carignan, Syrah, Grenache, Cinsault, Cabernet Sauvignon und Merlot. Es werden sehr wenig Weißwein (normalerweise als *Vin primeur*) und Rosé erzeugt.

Jeanjean

VALS D'AGLY

Lokaler *Vin de Pays*, Karte A Nr. 93

Dieser Bereich liegt im Gebiet der Côtes du Roussillon-Villages, zwischen den Côtes Catalanes und den Coteaux des Fenouilledes. Drei Viertel der Weine sind rot und werden aus der typischen mediterranen Mischung von Bordeaux- und Rhône-Sorten gemacht. Weiß- und Roséweine sind im Vormarsch, *Vin primeur* ist eine lokale Spezialität.

Domaine des Chênes

VAR

Départementaler *Vin de Pays*, Karte B

Einer der größten Produzenten von *Vins de Pays*. Da sich das Gebiet über den größten Teil der Côtes de Provence erstreckt, überrascht es nicht, dass in großen Mengen Rosé erzeugt wird, nicht weniger als 45 %! Die Weine werden gewöhnlich nach der *Saignée*-Methode gemacht und reichen vom sehr hellen *Vin-Gris*-Typ über orangefarbene bis zu fast kirschroten Weinen. Die Qualität schwankt ebenso. Die kraftvollen, vollen, würzigen Rotweine sind viel besser und von zuverlässigerer Qualität. Man verwendet oft Syrah, Mourvèdre und Cabernet Sauvignon, um die für den Rosé bevorzugten Rebsorten Grenache, Cinsault, Carignan und Roussanne du Var zu unterstützen. Die wenigen Weißweine machen nur 5 % der Produktion aus. Sie sind gewöhnlich nicht aufregend und werden aus Ugni Blanc, Clairette, Bourboulenc und Vermentino gemacht. Der Weißwein der Domaine Rabiega ist eine der Ausnahmen: Für den Körper sorgt Chardonnay, durch Viognier und Sauvignon Blanc gewinnt die Ugni-Blanc-Grundlage zusätzlich an Struktur und Facetten.

Domaine du Deffends • Domaine Rabiega • Château Vignelaure

VAUCLUSE

Départementaler *Vin de Pays*, Karte B

Drei Viertel der Produktion sind ein Rotwein, der dem einfachen Côtes du Rhone ähnlich ist. Der frische Rosé macht nur 10 % der Produktion aus, der Weißwein ist hier am wenigsten interessant.

Domaine de la Citadelle • Domaine de la Monardière

VAUNAGE

Lokaler *Vin de Pays*, Karte A Nr. 94

Leichte Rotweine im typischen Languedoc-Stil.

VENDÉE

Départementaler *Vin de Pays*, Karte B

Kleine Mengen von Rot-, Weiß- und Roséweinen, die im Stil dem Fiefs Vendéens ähneln.

VICOMTÉ D'AUMELAS

Lokaler *Vin de Pays*, Karte A Nr. 95

Dieser Bereich überschneidet sich mit Cabrières und produziert überwiegend Rotweine von einfacher, frischer und fruchtiger Art aus den traditionellen Rebsorten des Sud-Ouest. Etwas mehr als 10 % der Weine sind Rosés, und es wird auch eine winzige Menge trockener, frischer Weißweine produziert.

Domaine Puech

VIENNE

Départementaler *Vin de Pays*, Karte B

Diese Appellation im Haut-Poitou erzeugt Rot-, Weiß- und Roséweine.

Domaine Ampelidae

VISTRENQUE

Lokaler *Vin de Pays*, Karte A Nr. 96

Diese Appellation produziert in sehr kleinen Mengen Rot- und Roséweine, auch Weißweine sind zugelassen.

YONNE

Départementaler *Vin de Pays*, Karte B

Yonne ist eine reine Weißweinappellation mit geringer Produktion.

William Fèvre

DIE SCHLUCHT DER ARDÈCHE

Diese dramatisch anmutende Schlucht liegt im Herzen der Coteaux de l'Ardèche, einer Appellation, die sich rasch einen Namen für einen der fortschrittlichsten und qualitätsbewusstesten Vins de Pays gemacht hat, und zwar zuerst für Syrah, dann für Chardonnay und – wenn man nach Louis Latours Palette von fantastischen Weinen geht – auch für Pinot Noir.

DIE AUSWAHL DES AUTORS

Die einzige Schwierigkeit bei der Auswahl meiner Favoriten unter den Vins de Pays ist, dass sich diese aufregende Sparte derart schnell entwickelt und ständig neue Kandidaten auftauchen. Die folgende Auswahl bereitet mir zurzeit am meisten Freude.

ERZEUGER	WEIN	ART	BESCHREIBUNG	
Domaine Cazes	Muscat Vin de Pays de Catalan (*siehe* S. 249)	**WEISS**	Herrlich trocken und wunderschön aromatisch, besitzt dieser Wein eine elegante, an Orangenblüten und Pfirsich erinnernde Frucht.	**6–18 Monate**
Mas de Daumas Gassac	Vin de Pays de l'Hérault (*siehe* S. 252)	**ROT**	Eine Cabernet-dominierte *Cuvée* von Weltklasse, im echten Médoc-Stil gemacht, dennoch mit der warmen Würze des Mittelmeers. Ein Wein von großer Langlebigkeit, dessen erste Jahrgänge man als zu hart und gerbstoffreich kritisieren konnte, doch seit 1985 sind die Weine geschmeidiger geworden und können heute mit einem Spitzen-*Cru-Classé* aus Pauillac oder St-Estèphe verglichen werden.	**8–20 Jahre**
Mas de Daumas Gassac	Vin de Pays de l'Hérault (*siehe* S. 252)	**ROSÉ**	Der Rosé hat nicht die Klasse des Weißweins (und der seinerseits nicht die Klasse des Rotweins), aber dieser frische, trockene und sehr spritzige Rosé soll auch nichts anderes sein als ein unkomplizierter, süffiger Wein. Wenn ich auch nur wagen würde zu behaupten, dass er der Mateus für Leute mit Verstand ist, würde Aimé Guibert kein Wort mehr mit mir reden. Daher soll keiner behaupten, ich hätte derartiges auch nur angedeutet.	**Sofort**
Mas de Daumas Gassac	Vin de Pays de l'Hérault (*siehe* S. 252)	**WEISS**	Der Weißwein reicht nicht an den Roten heran, dafür ist dieser im Eichenfass gereifte trockene Wein wesentlich exotischer, sehr blumig, aromatisch, weich und verführerisch. Die meisten Jahrgänge sind ein Verschnitt aus Chardonnay, Viognier und Petit Manseng mit einem Schuss Muscat.	**1–3 Jahre**
BRL-Hardy	La Baume Cuvée Australe Vin de Pays d'Oc (*siehe* S. 254)	**ROT**	Die trockene Tanninstruktur verdeckt etwas von der Fülle und Tiefe dieses klassischen französischen Speisenbegleiters, der australischer Zauberei entstammt.	**2–6 Jahre**
James Herrick	Chardonnay und Réserve Chardonnay Vin de Pays d'Oc (*siehe* S. 254)	**WEISS**	Die reintönige, frische, makellose Frucht dieses Standardweins sticht selbst in Gesellschaft sehr viel teurerer Chardonnays heraus, die Réserve kann sogar dem Vergleich mit berühmten, doppelt so teuren Burgundern standhalten.	**1–2 Jahre**
James Herrick	Domaine la Motte Chardonnay Vin de Pays d'Oc (*siehe* S. 254)	**WEISS**	Dieser Wein ist wesentlich voller und üppiger als der einfache Chardonnay und zeigt noch mehr Finesse als der hervorragende Réserve Chardonnay.	**1–2 Jahre**
James Herrick	Cuvée Simone Vin de Pays d'Oc (*siehe* S. 254)	**ROT**	Welcher AOC-Wein bietet einen solch wunderschön-reichhaltigen Mund voll an schmatzender Frucht und Gerbstoff zu einem derart vernünftigen Preis? Ein Rotwein, der schon nach einem Jahr trinkreif ist und dann noch sechs Jahre lang immer besser wird, ist etwas ganz Besonderes (er widerspricht Coates »Gesetz der Reife«, *siehe* Glossar).	**1–6 Jahre**
Louis Latour	Pinot Noir Vin de Pays de Coteaux de l'Ardèche (*siehe* S. 250)	**ROT**	Dieser verblüffende Wein ist mit Abstand der großartigste Vin de Pays Pinot Noir, der je produziert wurde. Man könnte ihn sogar als den größten *Vin de Pays* bezeichnen, der je aus irgendeiner Rebsorte gemacht wurde, aber es ist weder möglich noch gerecht, Weine verschiedener Sorten und Stilistiken miteinander zu vergleichen, um dann den besten zu bestimmen. Auf jeden Fall ist dies der aufregendste *Vin de Pays*, den ich je probiert habe. Er ist so sanft und seidig, mit einer derart reintönigen Frucht und so viel Finesse, dass selbst wenige Bewohner von Burgund ihn nicht für einen Burgunder halten würden, und dazu noch für einen guten. Er ist für einen Vin de Pays nicht billig, aber besser als viele doppelt so teure Burgunder.	**2–5 Jahre**

ERZEUGER	WEIN	ART	BESCHREIBUNG	
Louis Latour	Chardonnay Vin de Pays de Coteaux de l'Ardèche (*siehe* S. 250)	WEISS	Die Wellen schlugen hoch, als das Haus Louis Latour 1979 begann, reinen Chardonnay als *Vin de Pays* zu verkaufen, wobei eine *Cuvée* in neuen Eichenbarriques ausgebaut war (damals unerhört für eine so gering geschätzte Herkunftsbezeichnung). Der Wein wurde unter dem Namen der Firma in einer dem Burgunder nicht unähnlichen Art präsentiert und aggressiv vermarktet. Die ersten *Cuvées* wurden von einigen als bahnbrechend begrüßt, aber ihre Eichennote war ehrlich gesagt viel zu stark. Sie fanden aber schon bald die passende Balance, und heute ist die Eiche im Grand Ardèche wunderschön eingebunden. Obwohl nicht billig, beschämt dieser reichhaltige Klasse-Chardonnay wesentlich teurere in Eiche ausgebaute Burgunder. Der einfache Ardèche mit seiner wunderschönen, klassischen Chardonnay-Frucht stellt dafür die meisten Mâcon-Villages in den Schatten.	18–30 Monate (Ardèche), 2–5 Jahre (Grand Ardèche)
Gabriel Meffre	Barrel Reserve Merlot Vin de Pays d'Oc (*siehe* S. 254)	ROT	Die Barrel Reserve ist eine Offenbarung, sehr geschmeidig und voll, und sogar die Nervigkeit der einfachen Cuvée kommt hier in ansprechender Form zur Geltung. Das macht ihn zu einem besseren Speisenbegleiter als den Barrel Reserve Syrah, obwohl es Geschmackssache ist, welcher der beiden der bessere Wein ist.	2–8 Jahre
Gabriel Meffre	Barrel Reserve Syrah Vin de Pays d'Oc (*siehe* S. 254)	ROT	Der einfache Syrah ist neben dem Chardonnay der Wein, der den Ruf der Galet Vineyards für ausdrucksstarke Weine mit großartigem Preis-Leistungs-Verhältnis mit begründete.	2–5 Jahre
Domaine de Papolle	Vin de Pays des Côtes de Gascogne (*siehe* S. 251)	WEISS	Der Erzeuger ist ein Engländer namens Peter Hawkins, der mit einer Französin verheiratet ist, seit 1970 in Frankreich lebt und 1981 die Domaine de Papolle im Bas-Armagnac gekauft hat. Er teilt seine Zeit auf zwischen seiner Ingenieurtätigkeit in Nordfrankreich und Herstellung sowie Verkauf von Wein und Armagnac im Südwesten. Seine Domaine Papolle und seine Domaine de Barroque liefern seit über einem Jahrzehnt gute, günstige trockene Weißweine aus bescheidenen Rebsorten. Gelegentlich aber übertreffen sich seine Weine selbst mit der frischesten, knackigsten Frucht und kitzeln den Gaumen mit ihrem intensiven, blumig-traubigen Aroma, das nach einem Jahr in der Flasche einen köstlich honigähnlichen Abgang entwickelt.	6–18 Monate
Domaine du Rey	Vin de Pays des Côtes de Gascogne (*siehe* S. 251)	WEISS	Wenn man einem Côtes de Gascogne etwas vorwerfen wollte, dann wäre es seine Vorhersagbarkeit: Er ist stets ein erfrischender, pikanter trockener Weißwein. Keiner jedoch könnte die sanfte und reife Frucht in diesem Wein deuten, der sich insgesamt als erstklassiger Côtes-de-Gascogne präsentiert.	1–3 Jahre
Terrasses de Landoc	Carignan Vin de Pays de l'Hérault (*siehe* S. 252)	WEISS	Ein Wein, der zeigt, wie gut die einfache, gering geschätzte Sorte Carignan sein kann und zusätzlich ein ausgezeichneter Speisenbegleiter. Er hat einen reichhaltigen, komplexen Charakter, der Schluck für Schluck deutlicher wird, und entfaltet faszinierende Aromen mit jedem Schwenken des Glases.	2–4 Jahre
Val d'Orbieu	Cuvée Mythique Vin de Pays d'Oc (*siehe* S. 254)	ROT ROT	Geistiger Vater dieses Weins ist Marc Dubernet, der brillante Önologe von Val d'Orbieu. Ich muss zugeben, dass Val d'Orbieu dank der Hochklassigkeit seines Weins und der gleichzeitigen Genialität seines Etiketts ein beträchtliches Maß an Mythos und Mystik um diesen Wein geschaffen hat. Seine Eichennoten gewinnen zwischen dem zweiten und dritten Jahr deutlich an Intensität, wenn der Wein beinahe übermächtige Kokosnussaromen ausströmt, die eher an amerikanische Eiche erinnern als an die auf dem Rückenetikett genannte Allier-Eiche. Bis zum Ausklang des dritten Jahres entwickelt der Wein eine sanfte, von geschmeidigen Tanninen unterstützte Fülle, die ihn als idealen Speisenbegleiter ausweist. Wann genau Sie diesen Wein bevorzugen, wird davon abhängen, wie sehr Sie auf Komplexität Wert legen und auf wie viel frische Frucht Sie dafür zu verzichten bereit sind. Die Frucht an sich (wenn auch nicht deren Frische) bleibt aber in jedem Fall für etliche Jahre ausreichend erhalten.	3–7 Jahre

Die WEINE *aus*

DEUTSCH-LAND

DER KLASSISCHE DEUTSCHE RIESLING IST UNVERGLEICHLICH. Kein anderer Wein bietet gleichzeitig so viel Finesse, reine Frucht, intensives Aroma und aufregende Säure wie ein guter Riesling. Die Weinautoren stimmen darin überein, dass deutsche Weine im Allgemeinen unterschätzt werden und dass ihr Ansehen nur über den Riesling zurückzugewinnen ist. Ebenso notwendig ist die Klassifizierung der besten Lagen des Landes, aber die Eigentümer sind den großen Abfüllern und Genossenschaften marktpolitisch unterlegen. In deren Interesse liegt es, den Exportmarkt mit billigen, halbtrockenen Weinen zu überfluten, die aus fast allen deutschen weißen Trauben hergestellt werden, nur nicht aus Riesling. Deswegen gilt Deutschland in der Zunft der Wein produzierenden Länder als anspruchsloser, schlichter Verwandter. Aber die großen Rieslinge gibt es, und so beklagenswert die augenblickliche Lage ist, der Kenner vermag gute deutsche Weine zu einem vernünftigen Preis zu finden.

DER RHEINGAU
Die Hallgarten-Kapelle liegt idyllisch zwischen den Weinbergen Schönhell und Würzgarten.

✧DEUTSCHLAND✧

Ziel der deutschen Weinproduzenten ist es, die charakteristische Frische der verwendeten Rebsorten einzufangen. Vom einfachsten bis zum besten deutschen Wein liegt das Geheimnis im harmonischen Spiel von Süße und Säure. Die besten deutschen Weine sind besser als je zuvor, aber die schlechtesten waren noch nie so schlecht. Das deutsche Weingesetz von 1994, das die Mängel des Gesetzes von 1971 beheben sollte, hat die Lage durchaus nicht verbessert.

Der deutsche Wein wird nach dem natürlichen Zuckergehalt seiner Trauben bewertet; je mehr Zucker, desto höher die Qualität. Demzufolge sind die besten deutschen Weine auch die süßesten. Zwar ist die Vorstellung, die Reife mit Qualität gleichsetzt, falsch und hat sich für das Ansehen Deutschlands als schädlich erwiesen, abwegig ist sie dennoch nicht: Man braucht reife Trauben, um guten Wein zu machen. Und in dem kühlen kontinentalen Klima Deutschlands sind es in der Regel nur die besten Lagen, in denen die Trauben zur vollen Reife gelangen. Aber das deutsche Ideal, konsequent zu Ende gedacht, impliziert unsinnigerweise, dass ein trockener Wein von Natur aus einem süßen unterlegen ist. Im Streben nach Süße wurde der Riesling allmählich zu Gunsten deutscher Neuzüchtungen wie Müller-Thurgau und Kerner vernachlässigt, weil sie schneller reifen und bei wesentlich höherem Zuckergehalt weit größere Erträge versprechen.

EINE RENAISSANCE DEUTSCHER WEINGÜTER?

Im 18. und 19. Jahrhundert waren deutsche Weine vom Rhein ebenso berühmt und teuer wie die Weine aus Bordeaux, als das deutsche System aristokratischer Weingüter sich mit den französischen Châteaux messen konnte. Heute, darin sind sich die Weinkritiker einig, müssen die besten deutschen Weingüter ihre frühere Position zurückerobern, wenn das Land seinen Ruf für Qualität wiedererlangen will. Zurzeit ist dies nicht möglich, da die Vielzahl der in einem Weingut produzierten Weine ein einheitliches Markenimage nicht zulässt, von Ansehen ganz zu schweigen.

In Bordeaux kann man beispielsweise von einem Stil, von der Qualität des Château Margeaux und des benachbarten Château Palmer sprechen. Was aber kann man von irgendeinem deutschen Spitzenerzeuger sagen, dessen Angebot von QbA über Kabinett, Spätlese, Auslese, Beerenauslese, Trockenbeerenauslese bis hin zum Eiswein reicht, und zwar für jede angebaute Traube? Früher einmal waren die besten deutschen Weingüter ebenso glanzvoll

DIE QUALITÄTSSTUFEN

Die Tabelle stellt eine vereinfachte Übersicht dar, da die Kategorien je nach Rebsorte und Bereich unterschiedlich sind. Genauere Angaben werden bei jeder Region gemacht (im Kasten »Klassifizierung und Erträge«).

QUALITÄTSSTUFE	MINIMUM ÖCHSLEGRAD	POTENZIELLER MINDESTALKOHOLGEHALT
Deutscher Tafelwein	44–50°	5,0–5,9 %
Landwein*	47–55°	5,6–6,7 %
Qualitätswein bestimmter Anbaugebiete (QbA)*	50–72°	5,9–9,4 %
Qualitätswein mit Prädikat (QmP):		
Kabinett	67–85°	8,6–11,4 %
Spätlese	76–95°	10,0–13,0 %
Auslese	83–105°	11,1–14,5 %
Beerenauslese	110–128°	15,3–18,1 %
Eiswein	110–128°	15,3–18,1 %
Trockenbeerenauslese (TBA)	150–154°	21,5–22,1 %

* Eine Chaptalisierung ist erlaubt und erforderlich, wenn der Wein unter 8,5 % potenziellem Alkohol bleibt.

SCHLOSS JOHANNISBERG

Das 1563 erbaute Schloss, das eher einem Landhaus ähnelt, erhebt sich über den Hängen des Rheingaus zwischen Winkel und Geisenheim.

DIE WEINBAUGEBIETE DEUTSCHLANDS

Die 4 großen Anbaugebiete für Deutschen Tafelwein gliedern sich in 8 Untergebiete, innerhalb derer man 13 Qualitätswein-Anbaugebiete und 19 Landwein-Bereiche unterscheidet (die 2 Qualitäts- und 2 Landwein-Bereiche im Osten Deutschland fallen aus der Kategorie Deutscher Tafelwein heraus). Die Anbaugebiete für Qualitätswein bestehen aus 39 Bereichen, die wiederum 160 Großlagen und 2632 Einzellagen umfassen.

DEUTSCHER TAFELWEIN: ANBAUBEREICHE	DEUTSCHER TAFELWEIN UNTERBEREICHE	LANDWEIN-BEREICHE	QUALITÄTSWEIN-ANBAUGEBIETE
Rhein-Mosel	Rhein	Ahrtaler Landwein	Ahr
		Starkenburger Landwein	Hessische Bergstraße
		Rheinburger Landwein	Mittelrhein
		Nahegauer Landwein	Nahe
		Altrheingauer Landwein	Rheingau
		Rheinischer Landwein	Rheinhessen
		Pfälzer Landwein	Pfalz
	Mosel	Landwein der Mosel	
	Saar	Saarländischer Landwein	Mosel – Saar – Ruwer
		Landwein der Ruwer	
Bayern	Main	Fränkischer Landwein	Franken
	Donau	Regensburger Landwein	
	Lindau	Bayerischer Bodensee-Landwein	
Neckar	–	Schwäbischer Landwein	Württemberg
Oberrhein	Römertor	Südbadischer Landwein	
	Burgengau	Unterbadischer Landwein	Baden
		Taubertäler Landwein	
		Mitteldeutscher Landwein	Saale-Unstrut
	Albrechtsburg	Sächsischer Landwein	Sachsen

wie die berühmtesten französischen Châteaux. Sie vermarkteten aber nicht Mengen von Prädikatswein, vielmehr gründeten sie ihren Ruf auf einen einzigen Gutswein, selbstverständlich ein reiner Riesling. Und egal wie oft der Weinberg bei den Lesegängen durchkämmt wurde, es wurde nur ein Wein erzeugt. So, als würde man heute all die verschiedenen Prädikatsweine zu einem einzigen Superwein verschmelzen. In der glanzvollen Zeit deutscher Weingüter wurden die Weine stärker vergoren und nicht – wie

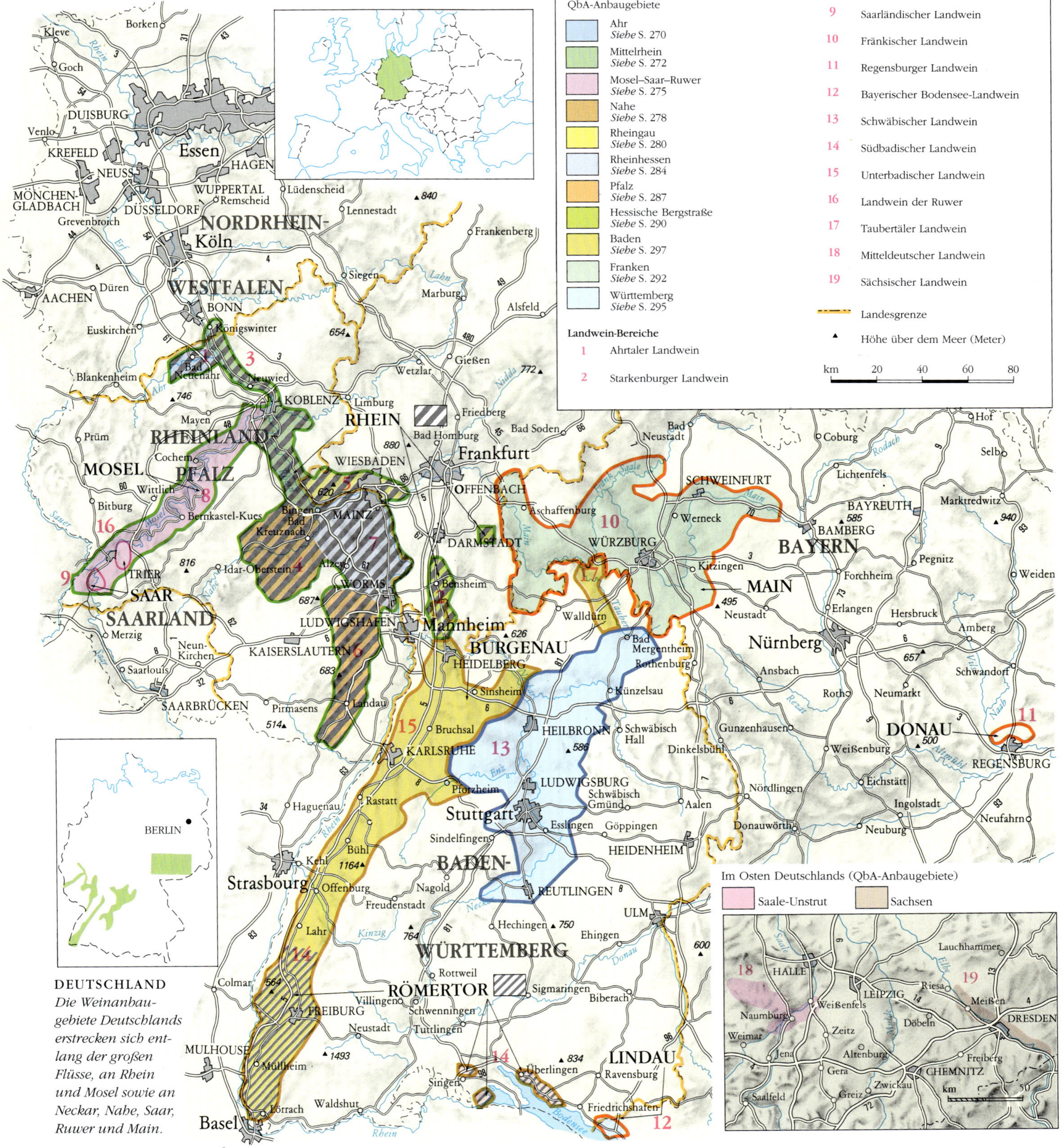

DEUTSCHLAND
Die Weinanbaugebiete Deutschlands erstrecken sich entlang der großen Flüsse, an Rhein und Mosel sowie an Neckar, Nahe, Saar, Ruwer und Main.

KLASSIFIZIERUNG UND ERTRÄGE

Deutschland ist bekannt für die Unterschiedlichkeit der Jahrgänge. Zur Sicherheit wird ein Großteil der Trauben früh geerntet, was ein Mindesteinkommen aus Deutschem Tafelwein und QbA-Weinen sichert. Aus den am Weinstock verbliebenen Trauben lässt sich durch spätere Lese ein Wein höherer Güte erzielen. Ob, wann und in welchem Grad diese Trauben reifen, ist der Hauptindikator für die Qualität eines Jahrgangs. Die Reife wird in Grad Öchsle (°Ö) gemessen; das Minimum für jeden QmP-Wein richtet sich nach Region und Rebsorte. Jedes Grad Öchsle entspricht 2 bis 2,5 g Zucker pro Liter. Der genaue Wert für den Zuckergehalt schwankt entsprechend dem gleichfalls vorhandenen nicht vergärbaren Extrakt. (Genaue Angaben zu den einzelnen Anbaubereichen sind den Tabellen im jeweiligen Abschnitt zu entnehmen.)

heute üblich – auf einem künstlich niedrigen Alkoholniveau gehalten, um die Süße zu bewahren. Und diese prachtvollen *Cuvées* waren nicht einfach üppiger als die heutigen Weine, sondern trockener, körper- und alkoholreicher. Es war diese Art Wein, die Deutschlands beste Weingüter auf der ganzen Welt berühmt gemacht hat, und nur wenn sie zu dieser Philosophie zurückkehren, werden sie ihren Ruf wiederherstellen können.

DAS DEUTSCHE WEINGESETZ VON 1971

Im Jahr 1971 wurde ein Weingesetz erlassen, das den EG-Normen Rechnung trug. Der Hauptzweck des Gesetzes war, die 30 000 Einzellagen auf 2600 zu reduzieren. Das Gesetz erlaubte, die Grenzen der ursprünglichen Einzellagen auf ein Gebiet von mindestens 5 ha auszudehnen. Die Lösung erschien zweckmäßig, ließ jedoch außer Acht, dass jedes Stück Land einen Ruf entwickelt hat, der es von benachbarten Lagen unterscheidet. Die gesetzliche Kodifizierung der erweiterten Weinberge unter den alten Namen erweckt beim Kunden den Eindruck, dass ein teurer Wein aus einer bestimmten, ihm vertrauten Lage stammt, obwohl er tatsächlich aus einem umliegenden Gebiet kommt, das durchschnittlich zehnmal so groß ist.

Dies war nichts anderes als legalisierter Betrug und nicht einmal das Ende bürokratischer Stümperei. Der Gesetzgeber schuf eine vollständig neue geografische Bezeichnung, die »Großlage«, die eine noch größere Täuschung darstellt. Eine Großlage ist ein riesiges Gebiet, das nicht einfach eine Reihe von Einzellagen umfasst, sondern zahlreiche Orte, zu denen jeweils eine Vielzahl von Einzellagen gehört. Im Durchschnitt besteht jede Großlage aus 17 »Einzellagen nach 1971« bzw. 197 »Einzellagen vor 1971«. Solche Weine sind oft verschnitten und von bescheidener Qualität. Dies wäre für sich genommen nicht einmal problematisch, wenn das Gesetz verlangen würde, dass der Begriff »Großlage« auf dem Etikett vor dem Namen der Einzellage erscheint, wie es für »Bereich« verlangt wird. Aber der Begriff »Großlage« muss nicht auf dem Etikett erscheinen, und zudem steht der Name der Großlage hinter dem Ortsnamen, ganz so wie der Name einer Einzellage. Der Verbraucher muss also annehmen, dass es sich bei dem Großlagenwein um einen Einzellagenwein handelt. Die Kriterien, die ursprünglich den Ruf Deutschlands als eines der großen Wein produzierenden Länder begründet haben – die überragende, maßstabsbildende Qualität des Rieslings, die berühmten Weinbauorte bzw. Weingüter und die legendäre Qualität der namentlich genannten Weinberge, der eigentlichen Einzellagen –, all dies war nach 1971 nicht mehr so klar erkennbar wie früher.

DAS WEINGESETZ VON 1994

Im Jahr 1994 hatte Deutschland Gelegenheit, im Zuge der Anpassung an die anderen EU-Staaten die Schwächen der Weingesetzgebung von 1971 auszubügeln. Wer um Qualität bemüht war, strebte mutig Reformen an, aber die großen privaten und genossenschaft-

DIE AP-NUMMER

Alle QbA- und QmP-Weine, einschließlich dem Deutschen Sekt bestimmter Anbaugebiete, tragen eine Amtliche Prüfnummer (AP-Nummer). Sie garantiert, dass der Wein verschiedenen Analysen und sensorischen Prüfungen unterzogen wurde; ebenso bürgt sie für die Herkunftsbezeichnung. Wenn ein Erzeuger eine AP-Nummer beantragt, werden versiegelte Proben des Weins sowohl vom Prüfamt als auch vom Erzeuger aufbewahrt. Sollte es zum Vorwurf eines Fehlers oder zu einem Betrugsverdacht kommen, so werden diese Proben mit den Produkten verglichen, die Anlass zu Beanstandungen gegeben haben. Dieses Verfahren erscheint narrensicher und ist tatsächlich strenger als die EU-Losnummer, die seit 1989 im Gebrauch ist; aber wie alle Systeme kann auch dieses missbraucht werden, es könnten fiktive AP-Nummern auf das Etikett gedruckt werden. Darauf allerdings stehen Freiheitsentzug, das Verbot, den Betrieb weiterzuführen, und eine beträchtliche Geldstrafe. Es kann nützlich sein, die AP-Nummer deuten zu können. Handelt es sich um einen QbA-Wein ohne Jahrgang, so gibt die Prüfnummer einen Hinweis darauf, wann der Wein abgefüllt wurde.

A. P. Nr. 3 529 042 10 92

1991
Weingut Grans-Fassian
Riesling Trocken
Qualitätswein

3 = Nummer des Prüfamts

529 = Gemeinde, in der der Wein abgefüllt wurde

042 = Registriernummer des Abfüllers

10 = Nummer des Antrags des Abfüllers

92 = Jahr der Antragstellung

Die Gemeinden und Abfüller zählen nach Tausenden, und ihre Identifizierung anhand der Registriernummern ist für den Verbraucher von geringem Aussagewert. Es sind die beiden letzten Zahlengruppen, die nützliche Informationen enthalten: Die 10 und die 92 geben Aufschluss darüber, dass es sich um den zehnten Antrag des Weinguts Grans-Fassian handelt, gestellt im Jahre 1992 (für den Riesling Trocken des Jahres 1991). Es muss neun frühere Lieferungen desselben Weines gegeben haben. Handelt es sich um einen Wein ohne Jahrgangsnennung, der möglichst jung getrunken werden sollte, kann der Zeitpunkt des Antrags wichtig sein.

ERTRÄGE DER JAHRGÄNGE 1992 BIS 1995

Die Erträge schwanken in Deutschland enorm, zwischen 15,4 Millionen hl im Jahr 1982 und 5,2 Millionen hl im Jahr 1985, ebenso variiert die Verteilung auf die unterschiedlichen Qualitätsstufen, wie folgende Tabelle zeigt.

QUALITÄTSSTUFE	1992	1993	1994	1995
Tafelwein, Landwein	2 %	–	2 %	1 %
Qualitätswein b. A.	50%	34 %	55 %	79 %
Kabinett	10 %	11 %	9 %	–
Spätlese	8 %	10 %	9 %	20 %
Auslese, Trockenbeerenauslese*	1 %	2 %	2 %	–
ERTRÄGE				
Millionen hl	13,4	9,7	10,3	8,4
Rebfläche in ha	102,995	103,450	103,727	103,727
hl pro ha	130,1	93,8	99,3	81,0

* Einschließlich Eiswein

DAS DEUTSCHE WEINETIKETT

MOSEL-SAAR-RUWER
Eines der 11 festgelegten Anbaugebiete. Das Anbaugebiet muss auf dem Etikett eines QbA- oder QmP-Weins genannt werden. Im Fall eines Landweins muss eine der 15 Regionen angegeben sein, ebenso wie die Bezeichnung »Deutscher Tafelwein«.

ZELLER MARIENBURGER
Der Wein kommt aus der Gemeinde Zell, die am Unterlauf der Mosel zwischen Reil und Bullay liegt. »Marienburger« ist der Name der Einzellage innerhalb der Gemeinde Zell.

QUALITÄTSWEIN MIT PRÄDIKAT (QMP)
Der Wein gehört zur höchsten Kategorie deutscher Weine und trägt eines der Prädikate von »Kabinett« bis »Trockenbeerenauslese«.

ERZEUGERABFÜLLUNG
Ursprünglich hieß das einmal, dass der Wein auf dem Gut abgefüllt wurde. Aber viele Winzergenossenschaften machten sich diesen Begriff zu Eigen, sodass er inzwischen lediglich »vom Erzeuger abgefüllt« bedeutet.

Ein Wein kann als »Gutsabfüllung« bezeichnet werden, wenn die Trauben im eigenen Weingut geerntet und verarbeitet wurden.

REBSORTE
Die Traube wird häufig auf deutschen Etiketten erwähnt. In unserem Beispiel handelt es sich um Riesling, und zwar um 100 % Riesling, obwohl laut Gesetz 85 % ausreichend wären. Wenn mehrere Rebsorten auf dem Etikett stehen, müssen sie in der quantitativen Rangfolge genannt werden; ein Riesling-Kerner enthält mehr Riesling als Kerner.

NAME UND ADRESSE
Name und Adresse des Erzeugers und Abfüllers müssen auf dem Etikett erscheinen. In diesem Beispiel wird deutlich gemacht, dass Kloster Machern sich im Besitz der Schneider'schen Weingüterverwaltung Kloster Machern befindet, Teil von Michael Schneider, einer kleinen, angesehenen Exportfirma mit Sitz in Zell an der Mosel.

JAHRGANG
Der Wein muss wenigstens zu 85 % aus dem angegebenen Jahrgang stammen.

PRÄDIKAT
Das Prädikat »Kabinett« am Schluss des Weinnamens gibt den Wein als leicht zu erkennen. Das Prädikat kann vor oder nach der Rebsorte stehen.

AMTLICHE PRÜFNUMMER
Die AP-Nummer, wie sie gemeinhin genannt wird, findet sich auf allen QbA- und QmP-Weinen. Jede zur Prüfung angemeldete Weinmenge hat eine andere Prüfnummer, und ihr Vorhandensein garantiert, dass der Wein die gesetzlichen Herkunfts- und Geschmacksprüfungen sowie Laboranalysen bestanden hat. (*Siehe* »Die AP-Nummer«, S. 262)

DEUTSCHES ERZEUGNIS, HERGESTELLT IN DEUTSCHLAND, PRODUCE (ODER PRODUCT) OF GERMANY
Dieser Hinweis muss auf jeder Flasche deutschem Wein stehen, der für den Export bestimmt ist. Es genügt auch das Kürzel »D«.

NAME DES WEINGUTS
Dieser Besitz gehörte früher einem auf das Jahr 1238 zurückgehenden Zisterzienserkloster.

INHALT
Die Mengenangabe ist für jede Qualitätsstufe verbindlich vorgeschrieben.

ALKOHOLGEHALT
Die Angabe ist vorgeschrieben.

Weitere Begriffe auf Weinetiketten

BEREICH
Führt der Wein eine Bereichsbezeichnung, so wird lediglich darauf hingewiesen, z. B. »Bereich Zell«.

GROSSLAGE
Eines der Hauptprobleme deutscher Weinbezeichnung. Eine Großlage ist normalerweise ein großes Gebiet, unter dessen Namen einfache Weine zum Verkauf gelangen; man kann sie jedoch nur schwer von der ähnlichen Angabe der relativ raren Einzellage unterscheiden.

ANGABEN ZUM ZUCKERGEHALT
Zulässig, aber nicht vorgeschrieben, nicht einmal bei Landwein, was merkwürdig ist, da dieser nur trocken oder halbtrocken produziert werden darf.
Trocken: Bis zu 4 g Restalkohol pro Liter; bis zu 9 g pro Liter sind zulässig, wenn der Säuregehalt höchstens 2 g pro Liter geringer ist.
Halbtrocken: Bis zu 18 g Restzucker pro Liter, wenn der Säuregehalt höchstens 10 g niedriger liegt.
Lieblich: Näher am französischen *moelleux* als an halbtrocken, darf dieser Wein bis zu 45 g Restzucker pro Liter enthalten.
Süß: Mit mehr als 45 g Restzucker pro Liter ein wahrhaft süßer Wein.
Rotwein, **Weißwein** oder **Rosé** der Qualitätsstufen Tafelwein und Landwein müssen als solche gekennzeichnet werden. Bei QbA-Weinen und Weinen höherer Qualitätsstufen ist dies nicht zwingend erforderlich, mit Ausnahme von Rosé, der auf dem Etikett von QbA-Weinen als solcher gekennzeichnet werden muss; für QmP-Weine ist dies freiwillig.

WEISSHERBST
Dies ist ein Rosé aus einer roten Rebsorte. Die Traube muss genannt werden. Die unterste Qualitätsstufe dieses ehedem aus faulen Trauben gemachten Weins ist die QbA.

SCHILLERWEIN
Dieser Wein, der in Württemberg hergestellt wird, ist ein Rosé, bei dem rote und weiße Rebsorten verschnitten werden.

BADISCH ROTGOLD
Eine Rosé-Spezialität aus dem Verschnitt von Ruländer und Spätburgunder. Dieser Wein muss mindestens ein QbA sein und darf nur in Baden hergestellt werden.

PERLWEIN
Preisgünstiger, wenig schäumender Wein, aus Stillwein durch Beigabe von Kohlensäure hergestellt; zumeist weiß, kann jedoch auch rot oder rosé sein.

SCHAUMWEIN
Ohne weitere Qualitätsbezeichnung ist dies der preisgünstigste Schaumwein, wahrscheinlich ein mit Kohlensäure versetzter Verschnitt aus Weinen verschiedener EU-Länder.

QUALITÄTSSCHAUMWEIN
Qualitätsschaumwein kann von jedem Mitgliedsland der EU hergestellt werden. Die Bezeichnung sollte das Herkunftsland des Weins enthalten. Nur **Deutscher Qualitätsschaumwein** kommt auch aus Deutschland.

DEUTSCHER SEKT, DEUTSCHER QUALITÄTSSCHAUMWEIN
Ein schäumender Wein, nach unterschiedlichen Verfahren (meist Tankgärung) aus zu 100 % deutschen Trauben hergestellt. Er kann aus maximal zwei Rebsorten gemacht werden und muss beim Verkauf zehn Monate alt sein.

DEUTSCHER QUALITÄTS-SCHAUMWEIN, DEUTSCHER SEKT BESTIMMTER ANBAUGEBIETE
Ein schäumender Wein, nach unterschiedlichen Verfahren (meist Tankgärung) aus zu 100 % deutschen Trauben aus einem bestimmten Anbaugebiet hergestellt; der Hinweis auf ein kleineres Gebiet ist zulässig, wenn mindestens 85 % der Trauben aus dieser Lage stammen.

FLASCHENGÄRUNG
In der Flasche, aber nicht notwendigerweise nach der *Méthode Champenoise* vergorener Sekt.

FLASCHENGÄRUNG NACH DEM TRADITIONELLEN VERFAHREN
Nach der *Méthode Champenoise* hergestellter Sekt, jedoch kaum mit ausgeprägtem Autolyse-Charakter.

FÜR DIABETIKER GEEIGNET
Der Wein muss trocken sein und darf pro Liter höchstens 1,5 g Schwefeldioxid (sonst 2,25 g pro Liter) sowie 12 % Alkohol enthalten.

SÜSSRESERVE

Süßreserve ist pasteurisierter Traubenmost, der 1 bis 2 % Alkohol haben kann oder alkoholfrei ist, wenn er gewonnen wird, bevor der Gärungsprozess einsetzt. Er trägt nicht nur zur traubigen Frische und Süffigkeit bei, für die deutsche Weine berühmt sind, sondern gibt dem Winzer ein bequemes, sozusagen in letzter Minute einsetzbares Mittel an die Hand, mit dem er die Balance eines Weins korrigieren kann. Die Herkunft der Süßreserve muss im Wesentlichen mit der des Weines übereinstimmen, in dem sie verwendet wird. Qualität oder Reifegrad dürfen dem Wein nicht nachstehen. Die verwendbare Menge ist nicht begrenzt, wird aber durch die Relation von Zucker und Alkohol indirekt bestimmt.

QUALITÄTS-STUFE	GRAMM ALKOHOL PRO GRAMM RESTZUCKER PRO LITER	AUSNAHMEN	
Tafelwein	3g	Franken rot	5g
Qualitätswein	3g	Franken rot	5g
		Franken weiß und rosé	3,5g
		Württemberg rot	4g
		Rheingau weiß	2,5g
Kabinett	keine Vorgaben	Franken rot	5g
		Franken weiß und rosé	3g

WEINGUT MAX FERD. RICHTER

Als Erzeuger großer Riesling-Weine, vor allem der Lage Juffer Sonnenuhr in Brauneberg (Mosel-Saar-Ruwer), ist Dr. Richter bekannt.

lichen Abfüller minderwertiger Weine waren zu mächtig, und so wurde das schlechte Weingesetz von 1971 durch das noch schlechtere von 1994 ersetzt. Man hätte die »Großlagen« aufgeben können und sollen, denn sie sind überflüssig und dienen dem Ruf der deutschen Weine nicht. Wenn ein so einfacher, aber radikaler Schritt nicht möglich war, hätte als vorläufige, jedoch ausreichende Maßnahme zur Abhilfe die Reform der Großlagen betrieben werden müssen, denn sie sind täuschend und irreführend. Man hätte nur zur Auflage machen müssen, dass der Begriff »Großlage« in gleicher Weise wie »Bereich« auf dem Etikett erscheint. Bis zu einer Einigung über die Reform oder Abschaffung der Großlagen gibt es wenig Hoffnung, dass man zu den ursprünglichen Namen und Grenzen der Einzellagen zurückkehrt, obwohl nur so die Chance besteht, dass der deutsche Wein dem französischen ebenbürtig wird. Nur eine hierarchische Klassifizierung der besten deutschen Weinlagen ebnet den Weg Deutschlands zurück in die Spitzengruppe der Wein produzierenden Länder. Es wäre jedoch sinnlos, auf dem gegenwärtigen Lügengewebe aufzubauen. Die Zahl der Einzellagen war im Jahr 1971 auf 2600 reduziert worden, weil, so hieß es damals, 30 000 eine unüberschaubare Zahl sei, eine gänzlich unbewiesene Behauptung. Es ist unerheblich, ob 30 000 oder 300 000 – es gibt so viele Einzellagen, wie zu bestimmen sind, und sie haben alle ein Recht auf Existenz. Nur die überragenden werden sich einen Namen machen; was sollte also verwirrend sein? Niemand hat je vorgeschlagen, alle 30 000 Einzellagen zu klassifizieren. Sollte man in Deutschland je eine offizielle Klassifizierung vornehmen, so wird sie vermutlich nicht mehr als die 250 besten Einzellagen umfassen, und von den oberen 10 % könnte man erwarten, dass sie eine den *Premiers Crus* von Bordeaux vergleichbare internationale Reputation erlangen

DEUTSCHER WEIN IM WANDEL DER ZEIT

Eine über hundertjährige Tradition schreibt uns vor, welcher Wein wann und wie zu trinken sei. Außerhalb Deutschlands sind es vor allem die Briten, die eine Vorliebe für Rhein- und Moselweine entwickelt haben. Das war schon immer so. Auch zwei Weltkriege konnten dieser Neigung nichts anhaben, und obwohl der Export zu Beginn der 1990er Jahre um 25 % zurückging, bleibt Großbritannien Deutschlands bester Kunde.

Die Briten, deren Geschmack einmal den Rest der Welt beeinflusste, tranken nur »Hock«. Damit waren ursprünglich die Weine aus Hochheim im Rheingau gemeint, aber bald bezog sich der Name auf alle weißen Rheinweine. Anders als der leichte, fruchtige Rheinwein, den wir heute kennen, galt die Liebe des 19. Jahrhunderts den reifen, schweren, goldenen Weinen. Tatsächlich haben die Rheinwein-Pokale einen braunen Stiel, der den

RÖMER

Von den Römern sind viele Spuren erhalten geblieben, nicht nur Gerätschaften, künstlerische Darstellungen oder Ortsnamen, sondern auch Fachbegriffe des Weinbaus: aus *vinitor* entwickelte sich Winzer, aus *celcatoirum* Kelter, aus *cortex* Kork, aus *mustum* Most oder aus *cellarium* Keller.

JÜNGERE DEUTSCHE JAHRGÄNGE

2001–2003 Während das Jahr 2001 mit seinem goldenen Oktober vor allem an der Mosel, aber auch in den anderen deutschen Weingegenden teilweise hervorragende, wunderbar ausgeglichene Weine hervorbrachte, gestaltete sich der Jahrgang 2002 etwas schwieriger. Trotz einer der verregnetsten Weinlesen konnte sich jedoch der Moselriesling sehr gut entwickeln. Ein guter, ausgewogener Jahrgang auch für Kabinett und Spätlesen im klassischen Stil sowie für die trockenen Weißweine. 2003 brachte den Jahrhundertsommer und den Winzern in Deutschland wenn auch einen unterdurchschnittlichen Ertrag so doch vollreife Trauben, aus denen sehr viel versprechende Weine mit allerdings niedrigem Säuregehalt gekeltert wurden, die trotz ihres jungen Stadiums bereits ein unverwechselbares Profil zeigen.

2000 Zu viel Regen im Juli und Oktober bedeutete, dass 2000 nicht das magische Jahr wurde, das sich viele erhofft hatten. Ein Jahrgang vorwiegend für Qualitätsweine mit relativ kleinen Mengen von Prädikatweinen. Mit Sicherheit ein Jahr für die klassischen Lagen von den führenden Gütern.

1999 Durch Regen im September waren schließlich diejenigen die Gewinner, die lieber spät als früh mit der Lese begannen und so 1999 zu einem sehr guten Jahrgang machten. Hoher Reifegrad bei Riesling und Spätburgunder. Schwerpunkt auf Kabinett und Spätlese, mit einigen Beerenauslesen und Trockenbeerenauslesen.

1998 Der Sommer war einfach zu heiß. Am besten waren die Pfalz und Baden; uneinheitliche Meldungen aus dem Mosel-Saar-Ruwer-Gebiet.

MOSEL-POKAL UND RHEINWEIN-POKAL

Der Trend zu leichteren jungen Weinen verhalf den Moselweinen zu steigender Beliebtheit, und es wurden spezielle Moselgläser mit grünem Stiel eingeführt. Der grüne Stiel betont eine frische jugendliche Färbung des Weins. (Übrigens ist Moselle der Name des Flusses in Frankreichs nördlichstem Weinbaugebiet, wo VDQS-Moselle-Weine produziert werden; sobald der Fluss die Grenze überquert, wird er zur Mosel.) Der braune oder gelbe Stiel des Rheinwein-Glases fand im 18. Jahrhundert Verwendung, als es Mode war, schwere Rheinweine zu trinken; die Farbe des Stiels sollte die honigfarbene Fülle und Reife des Weins unterstreichen.

Traditioneller Mosel-Pokal

Traditioneller Rheinwein-Pokal

gewünschten Gelbton des Alters verstärken sollte (*siehe* Kasten). In Christie's Auktion vom Mai 1777 fand sich ein »ausgezeichneter echter alter Hock« des Jahrgangs 1719, und ein anderes Londoner Haus bot im August 1792 einen 1726er »Hock Hocheim« an.

LIEBFRAUENMILCH – EIN IN DEUTSCHLAND FAST UNBEKANNTER WEIN

Mehr als ein Drittel aller deutschen Weinexporte wird als Liebfrauenmilch verkauft, ein billiges, in großen Mengen verschnittenes Produkt, von dem wenige Deutsche überhaupt gehört oder gar gekostet haben. Weniger als 0,01 % von den 1,1 Mio. hl, die pro Jahr in Deutschland hergestellt werden, wird in Deutschland selbst konsumiert, das meiste davon geht an ausländische Touristen. Tatsächlich wird Liebfrauenmilch praktisch ausschließlich von Nicht-Deutschen getrunken, und obwohl die junge Generation von Weintrinkern dieser Mode nicht mehr anhängt, ist der Wein noch immer ein Verkaufsschlager der großen britischen Handelsketten. Da die größten Märkte, Großbritannien und die USA, weiterhin riesige Mengen von Liebfrauenmilch verbrauchen, muss ich hier noch etwas dazu sagen.

Zahllose Theorien ranken sich um die Herkunft des Namens Liebfrauenmilch (oder Liebfraumilch), von denen die meisten darin übereinstimmen, dass sich der Name von der Lage eines kleinen, mittelmäßigen Weinbergs herleitet, der in Worms liegt und einmal Liebfrauenkirche hieß. Als Teil der Lage Liebfrauenstift-Kirchenstück gehört er heute zu der 1000 ha umfassenden Großlage Liebfrauenmorgen. Der Wein der Einzellage, auf den die Bezeichnung Liebfrauenmilch zurückgeht, hat nichts mit dem heutigen Großmengenverschnitt zu tun, noch gibt es eine Ähnlichkeit mit dem Wein von vor 100 Jahren. Trotzdem bleibt die Frage interessant, wie die frühen Liebfrauenmilch-Weine beschaffen waren, die dem heutigen Produkt den Namen, die weltweite Verbreitung und riesige Verkaufszahlen bescherten. Von der Wormser Handelskammer wurde dem Wein im Jahre 1910 offiziell ein unklarer Charakter bescheinigt. Es hieß, Liebfrauenmilch sei lediglich ein fantasievoller Name, dessen sich der Handel »zur Vermarktung von Rheinweinen guter Qualität« bediente. Die Nutzung des Namens

WEINLESE AN DER MOSEL
Die Kultivierung des Rieslings an den Weinhängen bedeutet intensives Bemühen an steilen Hanglagen mit lockerem Schiefer-Untergrund.

wurde in den folgenden 20 Jahren beständig ausgedehnt. Zwischen 1945 und dem Inkrafttreten des deutschen Weingesetzes von 1971 kam ein Drittel der Weine, die zu Liebfrauenmilch verschnitten wurden, aus anderen deutschen Regionen als vom Rhein.

Dies hätte spätestens dann ein Ende finden müssen, als Liebfrauenmilch im deutschen Weingesetz von 1971 den Status eines Qualitätsweins erhielt, da es festlegte, dass ein Qualitätswein aus einem bestimmten Anbaugebiet kommen muss. Allerdings wurde bestimmt, dass Liebfrauenmilch nur aus Trauben der Gebiete Rheinhessen, Pfalz, Rheingau und Nahe hergestellt werden darf. Zwar wurden Zweifel am Sinn des Gesetzes laut, dennoch wurde es von vielen Erzeugern buchstäblich genommen. Sie betrachteten Liebfrauenmilch als übergreifende Bezeichnung für Weine aus einer oder mehreren der genannten vier Anbaugebiete; heute müssen mindestens 85 % einer Liebfrauenmilch aus einem Anbaugebiet stammen, das auf dem Etikett genannt wird.

Es hat viele Versuche gegeben, Liebfrauenmilch als Tafelwein zu klassifizieren, was einen Verschnitt von Trauben aus den weit größeren Tafelweinregionen erlauben würde. Dies entspräche auch seiner Qualität, die per se weder gut noch schlecht ist, sondern anspruchslos und unbestimmt. Die Erzeuger von Liebfrauenmilch mochten aber die Idee der Klassifizierung als Tafelwein nicht, eine meiner Ansicht nach falsche Einstellung, nicht zuletzt weil sich die Liebfrauenmilch über den Namen verkauft. Obwohl nicht notwendigerweise von geringer Qualität, sind zu viele Weine dieses Namens schlichtweg schlecht, was überhaupt für viele billige deutsche Weine gilt. Im besten Fall sollte Liebfrauenmilch ein frisches, blumiges, traubig-süßes Bukett haben. Für viele ist er der Einstiegswein; es ist statistisch belegt, dass die große Mehrheit der Weinliebhaber ihre ersten »Gehversuche« mit diesem zugänglichen Wein macht; es gibt aber auch viele, die nie über Liebfrauenmilch hinauskommen. Das sind die Weintrinker, die eigentlich keinen Alkohol mögen, allenfalls

ZUCKERGEHALT VON SEKT

EINSTUFUNG	RESTZUCKER (GRAMM PRO LITER)
Extra Herb, *Extra Brut*	0–6
Herb, *Brut*	0–15
Extra Trocken, *Extra Dry*	12–20
Trocken*, *Dry*	17–35
Halbtrocken*, *Demi-Sec*	33–50
Süß, *Doux*	50 und darüber

* Nicht zu verwechseln mit den Grenzwerten für Stillwein (nicht mehr als 9 g pro Liter für Trocken und 18 g pro Liter für Halbtrocken)

BERNKASTEL-KUES, MOSEL-SAAR-RUWER
Blick auf den Bernkastel und den berühmten Doktor-Weinberg, wo einige der besten Weine Deutschlands angebaut werden.

seine Wirkung schätzen. Die wenigsten können den Tanninen, der Säure und dem prononciert trockenen Geschmack, der die meisten »richtigen« Weine auszeichnet, etwas abgewinnen. Warum sollten sie auch? Es ist nur eine Frage des Geschmacks.

WAS IST LIEBFRAUENMILCH?

Ironischerweise ist der am meisten kritisierte deutsche Wein der Einzige, der per Gesetz hinsichtlich Geschmack und Zuckergehalt definiert ist. Als Restzuckermenge ist ein Minimum von 18 g pro Liter festgesetzt, das entspricht dem zulässigen Maximum für Halbtrocken; tatsächlich weisen wenige so niedrige, eine Reihe aber doppelt so hohe Zuckerwerte auf. Die Erzeuger haben ihre Ansichten darüber, welche Süße richtig für den Markt ist, und stellen entsprechende Weine her. Viele Käufer bestehen auf einem bestimmten Verhältnis von Zucker zu Säure; die meisten Sorten enthalten 22 bis 35 g Zucker pro Liter, 27 bis 28 g Zucker pro Liter sind guter Durchschnitt. Liebfrauenmilch-Etiketten müssen heute eines der vier zulässigen Anbaugebiete aufführen; wenigstens 85 % des Weins muss aus dem genannten Gebiet stammen. Im Durchschnitt stammen mehr als 90 von 100 Flaschen Liebfrauenmilch aus Rheinhessen und der Pfalz, wenige von der Nahe und praktisch keine aus dem Rheingau. Jede der für deutsche QbA-Weine zulässigen Trauben können für die Herstellung von Liebfrauenmilch verwendet werden; die einzige Auflage besteht darin, dass mindestens 51 % der Verschnittsorten aus einer oder mehreren der folgenden Trauben bestehen müssen: Riesling, Silvaner, Müller-Thurgau und Kerner. Nach den derzeit gültigen Vorschriften sollte der Wein nach diesen Rebsorten schmecken, doch kenne ich keinen Experten, der den Verschnitt von vier so unterschiedlichen Trauben zu beschreiben oder zu unterscheiden vermöchte.

SEKT – DEUTSCHLANDS SCHAUMWEIN

Die deutsche Sekt- oder Schaumweinproduktion ist ein bedeutender Industriezweig; hier wird annähernd eine halbe Milliarde Flaschen pro Jahr hergestellt, mehr als doppelt so viel wie die größte Champagner-Ernte. Das Herstellungsverfahren ist fast ausschließlich die Tankgärung, und mehr als 85 % sind überhaupt kein Deutscher Sekt, sondern einfacher Sekt aus importierten Trauben. Trotz steigenden Exports in den vergangenen zehn Jahren entfallen auf ausländische Märkte nur 8 % des Verkaufs. Also produzieren die Deutschen hauptsächlich für den eigenen Bedarf; der milde, halbtrockene Sekt mit sehr unreifer Säure erfreut sich auf dem heimischen Markt merkwürdiger Beliebtheit, findet international jedoch wenig Anklang – schon gar nicht bei den Champagnertrinkern und nicht bei den Anhängern von Schampus aus der Neuen Welt.

Wenn Wein, was selten vorkommt, in der Flasche vergoren wird, findet er bei den Schaumweintrinkern außerhalb Deutschlands wenig Gefallen, da die Trauben zu aromatisch sind, um den typischen weichen Ton von Gebäck zu entwickeln. Doch hat sich in den letzten zehn Jahren bei einigen führenden Winzern eine löbliche Sektkultur entwickelt. Die nach der klassischen Flaschengärung ausgebauten Sekte etwa von Rudolf Fürst (Franken), von Othegraven (Saar) und von Bercher (Baden) können sich sogar mit gängigen Champagnersorten messen.

SCHLOSS VOLLRADS IM RHEINGAU
Die Reben des Schlossbergs erstrecken sich hinter Schloss Vollrads, einem berühmten alten Weingut mit bewegter Vergangenheit.

ERLÄUTERUNG ZU DEN ABSCHNITTEN »DIE HERKUNFTSBEZEICHNUNGEN«

Die Ausführungen zu den Herkunftsbezeichnungen jeden Anbaugebiets folgen einer Systematik. Jedes Anbaugebiet ist unterteilt in seine Bereiche, die kurz vorgestellt werden. Es folgen in alphabetischer Nennung die Großlagen innerhalb ihrer Bereiche. Die Großlagen werden anhand ihrer Bedeutung für den Weinbau dargestellt, und schließlich werden empfehlenswerte Weinorte, gute Einzellagen und empfehlenswerte Erzeuger genannt.

In Deutschland gehört eine Weinlage selten einem einzigen Weingut, wie das etwa in Bordeaux der Fall ist. Man muss also nicht nur die besten Weinlagen kennen, sondern auch wissen, wer dort den besten Wein macht. Deshalb empfehle ich Weingüter und Winzer für die besten Lagen. Der Begriff Weinort umfasst sowohl Gemeinden – vom kleinsten Dorf bis zur Großstadt – als auch Ortsteile, also zu einer größeren Gemeinde gehörige Dörfer oder Vororte. Die Bezeichnung »großlagenfrei« bezieht sich auf Weinorte und Einzellagen innerhalb eines Bereichs, die nicht zu einer seiner Großlagen gehören.

Wenn für eine Großlage keine hervorragenden Weinorte, Lagen, Weingüter oder Erzeuger genannt werden, so können dennoch durchaus renommierte Erzeuger hier Wein anbauen, aber der erzeugte Wein ist meist nicht von höchstem Standard.

Alle Weinbeschreibungen beziehen sich, wenn nicht anders ausgewiesen, auf Riesling.

Das folgende Muster entstammt dem Anbaugebiet Franken.

BEREICH .... BEREICH STEIGERWALD

GROSSLAGE .... GROSSLAGE SCHLOSSBERG

EMPFEHLENSWERTER WEINORT .... RÖDELSEE

GUTE EINZELLAGE(N) UND EMPFEHLENSWERTE(R) ERZEUGER .... ✓ **Lage** Küchenmeister **Erzeuger** Ernst Popp, Juliusspital Würzburg • **Lage** Schwanleite **Erzeuger** Johann Ruck

QUALITÄTSSTUFEN IN DEUTSCHLAND

Die Kategorien des deutschen Weins sind im Folgenden in aufsteigender Rangordnung genannt. Für jede Kategorie kann nur eine ganz allgemeine Beschreibung gegeben werden, da viel von der jeweiligen Rebsorte abhängt. Die Rebe kann die Farbe des Weins bestimmen, wenn auch etwa 90 % der Produktion weiß sind. Die meisten Rebsorten, die anzutreffen sind, werden im Verzeichnis der wichtigsten Rebsorten (S. 42) aufgeführt.

Das Herkunftsgebiet spielt für die Ausprägung des Weins einer bestimmten Rebe ebenfalls eine wesentliche Rolle. Der Winzer kann die Gaben der Natur steigern – oder alles verderben. Einzelheiten und Empfehlungen zu Lage, Sorte und Erzeuger finden sich in den Kapiteln zum jeweiligen Anbaugebiet.

WEIN

Diese Bezeichnung ohne den Vorsatz »Tafel-« kennzeichnet einen billigen Verschnitt aus Trauben, die außerhalb der EU angebaut wurden.

TAFELWEIN

Tafelwein darf aus verschiedenen EU-Ländern verschnitten oder in einem Mitgliedsland aus Trauben eines anderen EU-Lands hergestellt werden. Diese »Euroverschnitt« genannten Produkte sind mitunter so aufgemacht, dass sie wie deutsche Weine aussehen, aber der Wein, der sich hinter Frakturschrift und deutschen Bezeichnungen verbirgt, ist häufig ein Italiener oder ein Gemisch aus verschiedenen Ländern. Diese Praxis – heute weniger verbreitet als in der Vergangenheit – kommt einem Betrug gleich und steht im Widerspruch zu Artikel 43 der EU-Vorschrift 355/79. Wenn man sicher sein will, dass es sich um deutschen Tafelwein handelt, sollte man auf den entscheidenden Zusatz »Deutscher« achten. Diese Weine sind am besten in den Jahren, wenn die Weinkellereien riesige Mengen deutschen Weins von einfacher Qualität zu bewältigen haben, sodass sie die aus Italien kommenden Tankwagen zurückschicken und ihren eigenen Überschuss in die Euroverschnitt-Massenweine kippen. Die besten sind diejenigen mit einem Schuss frischer, blumiger Morio-Muskat-Süßreserve.

Sofort

DEUTSCHER TAFELWEIN

Der Anteil dieser untersten Qualitätsstufe deutschen Weins an der Gesamtproduktion betrug vor etwa zehn Jahren zwischen 3 und 5 %; wenn man den Landwein hinzurechnet, beläuft sich der Anteil heute lediglich auf 1 bis 2 %. Die Qualität der Weinproduktion am unteren Ende der Skala hat nicht zugenommen, die billigsten QbA-Weine fallen sogar schlechter aus.

Dieser Wein muss zu 100 % aus Deutschland kommen; sofern mindestens 75 % aus einem der Anbaugebiete für Tafelwein oder einem Untergebiet stammen, wie sie in der Karte auf S. 261 ausgewiesen sind, darf sein Name auf dem Etikett erscheinen. Vor der Einführung der Landwein-Verordnung war es erlaubt, den Namen eines Bereichs zu nennen, jetzt sind die Bezeichnungen der Anbaugebiete und Untergebiete die genauesten zulässigen geografischen Angaben.

Deutscher Tafelwein soll die typischen Merkmale seines Herkunftsgebiets besitzen; ein Rheinwein sollte demnach blumiger und weniger säurebetont schmecken als ein Moselwein. Tatsächlich aber bestehen diese Weine aus einem solchen Mischmasch verschiedener Trauben, zumeist Kreuzungen, dass ein halbtrockener Wein im »deutschen Stil« allenfalls auf etwas fruchtige Frische hoffen lässt.

Sofort

LANDWEIN

Landwein ist Deutscher Tafelwein aus einem bestimmten Anbaugebiet, beide Bezeichnungen müssen auf dem Etikett erscheinen. Eingeführt wurde die Kategorie im Jahr 1982 als Gegenstück zum französischen *Vin de Pays*, doch es gibt einen wesentlichen Unterschied. Die etwa 130 *Vins de Pays* sind eine Gruppe, die den VDQS- und sogar den AOC-Status anstreben und damit zu einer der interessantesten Weinkategorien der Welt geworden sind (*siehe* S. 246). Die deutsche Kategorie hat nichts Dynamisches. Sie besteht vielmehr aus 19 festgesetzten Gebieten ohne Aussicht auf Bedeutenderes als den Status von etwas aufgeputztem Tafelwein.

Bereits vor zehn Jahren habe ich darauf hingewiesen, dass Landwein dem *Vin de Pays* nicht ebenbürtig sein kann. Dennoch erschien seine Einführung nützlich, ja sogar notwendig, nämlich zur Verbesserung der Qualitätsstufen QbA und QmP. Durch die »Umleitung« der weniger wertvollen Weine höherer Qualitätsstufen hätten sich nicht nur diese Kategorien, sondern auch die der Landweine verbessern können. Es wäre fantastisch, wenn sich die größten Erzeuger dieser Kategorie angenommen hätten und im Streben nach generell besserer Qualität die Erträge begrenzt und mit dem Landwein 15 bis 20 % der deutschen Produktion abgeschöpft hätten. Die Behörden optierten jedoch für größere Erträge, sodass Landweine zusammen mit der Gruppe Deutscher Tafelwein lediglich 1 bis 2 % der Gesamternte ausmachen. Daher ist es um den Ruf des deutschen Weins nicht gut bestellt, obwohl Kritiker und Importeure unermüdlich für die gute Qualität des Rieslings werben.

Der Hauptunterschied zwischen Landwein und Deutschem Tafelwein besteht darin, dass Landwein trocken (max. 9 g Restzucker pro Liter) oder halbtrocken (max. 18 g pro Liter) hergestellt werden muss.

Sofort

QUALITÄTSWEIN BESTIMMTER ANBAUGEBIETE (QbA)

Der QbA-Wein ist ein Qualitätswein aus einem der 13 ausgewiesenen Anbaugebiete. Diese Weine werden zur Steigerung ihres Alkoholgehalts chaptalisiert und mit Süßreserve nachgesüßt. Das Minimum für den potenziellen Alkoholgehalt eines QbA-Weins ist lediglich 5,9 %. Der Alkoholgehalt wird also nicht als Selbstzweck gesteigert, er erhöht die Lagerfähigkeit des Weins. In diese Kategorie gehören die Liebfrauenmilch und der Großteil von Niersteiner Gutes Domtal, Piesporter Michelsberg und anderer Marken. Weine einer Großlage und eines Bereichs werden zumeist als QbA verkauft. Hierfür gibt es keine sachliche oder gesetzliche Begründung; unter Marketinggesichtspunkten ist es jedoch sinnvoll, dass die genauer bezeichneten Weine, wie Einzellagen oder Gutsabfüllungen, als QmP-Weine verkauft werden und somit höhere Preise erzielen. Ein QbA-Wein hat weniger Öchsle als ein Kabinett, doch als das kommerziellere Produkt ist er oft deutlich süßer.

1–3 Jahre (bis zu 10 Jahre für außergewöhnliche Weine)

QUALITÄTSWEIN MIT PRÄDIKAT (QmP)

Diese Qualitätsstufe wird entsprechend dem bestätigten oder erwarteten Reifegrad zuerkannt und umschließt die Bezeichnungen Kabinett, Spätlese, Auslese, Beerenauslese, Eiswein und Trockenbeerenauslese. Der Winzer musste früher seine Absicht, QmP-Wein herzustellen, der Behörde anzeigen. Heute entfällt diese Pflicht. Während ein QbA-Wein aus Trauben des gesamten Anbaugebiets verschnitten werden darf, muss ein QmP-Wein aus einem Bereich kommen. Ein QbA darf chaptalisiert werden, ein QmP nicht. Ein sehr angesehener Weingutbesitzer, der glaubt, bessere QmP-Weine machen zu können, wenn er chaptalisieren dürfte, wies darauf hin, dass die Franzosen ihre besten Weine chaptalisieren, die Deutschen dagegen nur ihre minderwertigen. Es ist allerdings erlaubt, Süßreserve hinzuzufügen, doch viele Winzer sagen, dass dies nicht der Tradition entspricht und dass man Süße am besten erreicht, wenn man die Gärung stoppt, bevor der natürliche Traubenzucker zu Alkohol vergoren ist (*siehe* auch die folgenden Stichwörter zu QmP-Weinen).

KABINETT QmP

Die Bezeichnung Kabinett war einmal Weinen vorbehalten, die wegen ihrer Ausnahmequalität gelagert wurden, so wie heute der Begriff Reserve verwendet wird. Die Bezeichnung taucht erstmals im frühen 18. Jahrhundert im Kloster Eberbach im Rheingau auf, und zwar als »Cabernedt« auf einer Rechnung des Eltviller Küfers Ferdinand Ritter an den Abt von Eberbach aus dem Jahr 1730. Sechs Jahre später bezieht sich eine andere Rechnung gleichfalls in Ritters Hand auf »Cabinet-Keller«. (Die Bedeutung von »Cabinet« als »Schatzkammer« ging bereits im Jahr 1547 ins Französische ein und findet sich in der deutschen Literatur im Jahr 1677 wieder.) Kabinett ist die erste Prädikatsstufe auf der Öchsle-Skala. Die Trauben müssen 67 bis 85° Öchsle aufweisen, das Minimum variiert je nach Rebsorte und geografischer Herkunft. Ohne Chaptalisierung heißt das, dass der Wein über einen potenziellen Mindestalkoholgehalt von 8,6 bis 11,4 % verfügt.

Obwohl er von reiferen und also süßeren Trauben als der QbA stammt, ist der Kabinett normalerweise etwas trockener. Manche Erzeuger lehnen es entschieden ab, den Wein mit Süßreserve aufzubessern. Das macht den Kabinett zum leichtesten und für manche zum reinsten deutschen Weintyp. In letzter Zeit hat sich allerdings ein Trend zu halb- oder ganz trockenen Spätlesen entwickelt. Spätlesen können mindestens 5 Jahre gelagert werden.

2–5 Jahre (bis zu 10 Jahre in Ausnahmefällen)

SPÄTLESE QmP

Der Begriff Spätlese meint, dass der Wein aus spät gelesenen Trauben gemacht ist. »Spät« ist allerdings in Relation zur vergleichsweise frühen Lese der Trauben in Deutschland zu sehen. Sowohl QbA- als auch Kabinett-Weine werden aus Trauben gemacht, die nicht voll ausgereift sind. Spätlese meint also die unterste Kategorie von deutschem Wein aus reifen Beeren. Die erreichten Öchslegrade von 76 bis 95° ergeben ein Mindestpotenzial von 10 bis 13 % Alkohol, was nicht eben von überreifen Beeren zeugt. Obwohl aus mäßig reifen Trauben gemacht, ist der Wein traditionell süß mit einer hervorragenden ausgleichenden Säure.

3–8 Jahre (in Ausnahmefällen bis zu 15 Jahre)

AUSLESE QmP

Dieser Prädikatswein wird aus Trauben gemacht, die man bei der Spätlese-Ernte hängen ließ, also aus wirklich spät gelesenen Trauben. Die Verordnungen verlangen, dass reife bis sehr reife, makellose ganze Trauben für diesen Wein ausgewählt werden. Das darf laut Weingesetz von 1994 maschinell geschehen, jedoch habe ich keinen qualitätsbewussten deutschen Winzer getroffen, der sich vorstellen kann, wie das zu bewerkstelligen sei. Die vorgeschriebenen Öchslegrade der Auslese betragen 83 bis 105°, der genaue Wert richtet sich nach Rebsorte und geografischer Herkunft. Ohne Chaptalisierung bedeutet das ein Mindestpotenzial von 11,1 bis 14,5 % Alkohol.

Dieser volle, süße Wein wird für gewöhnlich nur in guten Jahrgängen hergestellt. Er kann eine Spur Edelfäule (Botrytis) aufweisen, besonders dann, wenn er von einem Weingut stammt, das seine Weine eher bescheiden deklariert. Eine Auslese kann also an der Grenze zur Beerenauslese liegen, aber auch ohne Edelfäule kann eine Auslese sehr komplex sein. Man findet auch völlig trockene Auslesen, die als solche gekennzeichnet sind oder auch nicht, je nach Gusto des Winzers. Trockene Auslesen sind den Burgundern in Körper, Fülle und Alkohol vergleichbar.

5–20 Jahre

BEERENAUSLESE QmP

Ein sehr seltener Wein, der nur unter außergewöhnlichen Bedingungen aus überreifen, von Edelfäule befallenen Trauben hergestellt wird.

Die Weinverordnung schreibt vor, dass jede Beere geschrumpft sein muss und von Hand einzeln aus den Trauben zu lesen ist. Sie müssen 110 bis 128° Öchsle aufweisen, der genaue Wert hängt von der Rebsorte und der geografischen Herkunft ab. Ohne Chaptalisierung heißt das, dass der Wein mindestens einen potenziellen Alkoholgehalt von 15,3 bis 18,1 % aufweist, aber nur 5,5 % müssen tatsächlich Alkohol sein; für die Differenz ist der Restzucker verantwortlich.

Diese ausgesprochen süßen, körperreichen Weine sind von bemerkenswerter Komplexität und Eleganz. Ich persönlich bevorzuge die Beerenauslese vor der Trockenbeerenauslese; sie ist unbeschwerter zu genießen als die theoretisch überlegene Trockenbeerenauslese. Diese verlangt Konzentration und genaue Prüfung.

10–35 Jahre (bis zu 50 Jahre)

EISWEIN QmP

Bis 1982 wurde diese Qualifikation nur in Verbindung mit einem anderen Prädikat gebraucht. Früher gab es also Spätlese Eiswein, Auslese Eiswein und so fort; heute ist Eiswein eine eigene Qualitätsbezeichnung mit denselben Mindest-Öchslegraden wie Beerenauslese. Ein Eiswein entsteht unter ganz außergewöhnlichen Umständen: Bei Frost – es muss unter –7 °C kalt sein – gefrorene Weinbeeren werden gelesen, eiligst in die Kellerei geschafft und noch in diesem Zustand gekeltert. Tatsächlich ist nur das Wasser in den Beeren gefroren. Es bleibt zusammengepresst in der Presse zurück oder steigt als Eiskruste an die Oberfläche des Bottichs, wo es abgeschöpft wird. Was für die Gärung übrig bleibt, ist durch Frost konzentrierter Traubensaft, so üppig und dicht, dass Weine entstehen, die der Beeren- und Trockenbeerenauslese ebenbürtig, aber dennoch völlig anders sind. Die Eislese findet meist sehr spät statt, selten vor Dezember, häufig im Januar des folgenden Jahres (mit der Jahrgangsbezeichnung des vorangegangenen Jahres). Die Öchslegrade von Eiswein müssen mindestens so hoch sein wie die von Beerenauslese, ja sie können sogar an die Trockenbeerenauslese heranreichen. Auch die Qualität ist ebenbürtig, wenn auch von ganz anderem Charakter, im Wesentlichen aufgrund der deutlich höheren Säure, die dem Wein eine unvergleichliche Rasse und pikante Lebendigkeit verleiht. Der beste Eiswein besitzt eine von botrytisierten Weinen unerreichte Finesse, doch es bleibt abzuwarten, wie sich das deutsche Weingesetz von 1994 auf diese edlen Tropfen auswirkt. Bestrebungen, die Lese per Hand zur Auflage zu machen, was den Eiswein auf eine Stufe mit Auslese, Beeren- und Trockenbeerenauslese gestellt hätte, schlugen fehl. Die industriellen Abfüller verhinderten dies nicht nur; sie sorgten dafür, dass die maschinelle Lese zugelassen wurde.

0–50 Jahre

TROCKENBEERENAUSLESE QmP

Deutschlands legendäre Trockenbeerenauslese (TBA) wird aus Trauben gemacht, die am Stock von einem Pilz *(Botrytis cinerea)* befallen sind, der, falls er zu früh auftritt, die Ernte vernichten kann, im Herbst jedoch die sogenannte Edelfäule hervorruft. Die Beeren sind rosinenartig geschrumpft, werden einzeln ausgelesen und müssen 150 bis 154° Öchsle aufweisen. Der daraus gekelterte Wein muss einen potenziellen Alkoholgehalt von 21,5 bis 22,1 % erreichen, obwohl nur 5,5 % davon tatsächlich Alkohol sein müssen; der Rest ist Restzucker.

Zahlen sind jedoch wenig hilfreich, um den Unterschied zwischen einer Beerenauslese und einer TBA deutlich zu machen, der genauso groß ist wie der zwischen einem Kabinett und einer Beerenauslese. Als Erstes fällt der Farbunterschied ins Auge. Von Auslese zu Beerenauslese steigert sich der Farbton von einem hellen Gelb zu vollem Goldgelb. Die TBA-Färbung reicht von rosinenartigem, dunklem Beige über alle Braunschattierungen zu dunkler Jodfarbe mit deutlichen orangefarbenen Nuancen. Die fast dickflüssige, likörartige Beschaffenheit ist nur einer von vielen Gründen, warum man die TBA nur in kleinen Schlucken nippt. Ihre Intensität und Komplexität, ihr tiefgründiges Aroma und ihre Geschmacksnuancen lassen sich nicht beschreiben, nur erfahren. Der Wein verlangt konzentrierte Aufmerksamkeit und regt dazu an, über ihn zu sprechen. Eigentlich ist es kein Wein, den man einfach so genießt oder bei dem man sich entspannt.

12–50 Jahre

TROCKENE WEINE

Diese Weine dürfen nicht mehr als 4 g Restzucker pro Liter enthalten; bis zu 9 g pro Liter sind erlaubt, sofern der Säuregehalt nicht mehr als 2 g pro Liter geringer ist als der Restzuckergehalt. Das Interesse an trockenen Weinen ist seit den frühen 1990er Jahren gewachsen; sie stellen inzwischen erstaunliche 20 % aller in Deutschland produzierten Weine dar, aber die meisten sind dünn, schwach und enttäuschend. Es gibt allerdings auch fantastische trockene Weine, aber um wirklich gut zu sein, müssen sie von Trauben mit dem Reifegrad einer Spät- oder Auslese stammen. Nur dann gewinnen sie die Statur, die von den Konsumenten trockener Weine geschätzt wird. Einige Spezialisten für trockene Weine nehmen Trauben vom Reifegrad der

Auslese, ziehen es aber vor, ihren Wein als Deutschen Tafelwein anzubieten. Das befreit sie von vielen überflüssigen Auflagen, die mit Blick auf die Produktion von süßen und halbtrockenen Weinen gemacht wurden.

BARRIQUEWEINE

Lange kamen diese Weine nur als Deutscher Tafelwein in den Handel, weil der Eichengeschmack offiziell nicht als typisch für QbA und QmP galt. Es gibt roten und weißen trockenen Wein, die beide in neuen Eichenfässern vergoren und/oder ausgebaut werden. Keine Vorschrift untersagt das Verfahren für Rosé. Riesling kann hervorragend sein, wenn er im Fass vergoren wird und nur wenig im Barrique altert. Hauptsächlich kommen Weißburgunder, Grauburgunder und Spätburgunder für den Ausbau in Eiche in Frage (*siehe* unten zu Rotwein). Die ersten Barriqueweine wurden zwar schon in den späten 1970er Jahren in Baden gemacht, doch waren sie viele Jahre danach und auch Ende der 1980er und Anfang der 1990er Jahre noch kaum bekannt. Schlossgut Diel an der Nahe machte sich bald einen Namen als Barriquespezialist und hat diesen Ruf bis heute bewahrt. Ebenfalls einen Versuch wert ist Franz Keller (Schwarzer Adler) am Kaiserstuhl.

2–6 Jahre

ROTWEIN

Die meisten Rotweine in Deutschland sind Dornfelder, Lemberger und Spätburgunder, einige der besten werden im Barrique ausgebaut und als Deutscher Tafelwein angeboten. Das erlaubt dem Erzeuger große Freiheit in seinen Zielen. Dornfelder wird überwiegend in der Pfalz angebaut (800 ha), in Rheinhessen (600 ha) und in Württemberg (200 ha).

Es haben sich drei Grundvarianten herausgebildet: Im Barrique ausgebaut für den gehobenen Anspruch (versuchen Sie Thomas Siegrist in der Pfalz), für den leichten Genuss eine Art Beaujolais (Lingenfelder in der Pfalz oder Wilhelm Laubenstein in Rheinhessen) und schließlich ein süßer, traubiger Typ (bei Gustav Adolf Schmitt in Rheinhessen). Der Lemberger (auch Limberger) wird fast ausschließlich in Württemberg angebaut (800 ha), nahezu ausnahmslos im Beaujolais-Stil, dennoch sind manche Winzer überzeugt, dass er gut altern kann (Graf Adelmanns Brüssele ist der beste).

Spätburgunder ist die deutsche Bezeichnung für Pinot Noir; es ist die am weitesten verbreitete rote Traube im Land. In den letzten zehn Jahren ist es einigen Winzern gelungen, einige wundervolle, seidenweiche und farbkräftige Rotweine aus dieser Traube herzustellen. Die besten finden sich in Südbaden (Dr. Heger), in der Pfalz (Friedrich Becker, Lingenfelder) und an der Ahr (Meyer-Näkel).

2–6 Jahre

SCHAUMWEINE
SEKT

Die verbreitete Herstellungsmethode des namenlosen Schaumweins ist die Tankgärung, obwohl am Anfang der Schaumweinherstellung um 1820 Flaschengärung verwendet wurde. Heute ist Sekt ein Industrieprodukt, noch dazu überwiegend aus Trauben aus dem Ausland, normalerweise aus Italien oder aus dem Loire-Tal in Frankreich. Trotzdem durfte dieser Euromix bis 1986 als Deutscher Sekt angeboten werden. Das war möglich, weil Sekt als Herstellungsverfahren galt und – so die Argumentation – in Deutschland hergestellter Sekt Deutscher Sekt ist. Für die Masse der riesigen Sektproduktion wurden und werden noch immer importierte Trauben, Saft oder Wein verwendet, sodass ganz offensichtlich Geschäftsinteresse vor Logik ging. Die deutsche Weinindustrie selbst verhalf schließlich einer vernünftigen Regelung zum Durchbruch, als mit der EU-Vorschrift vom 1. September 1986 die Bezeichnung Deutscher Sekt mit dem übergeordneten EU-Weingesetz in Einklang gebracht wurde. Echter Deutscher Sekt ist nun in spürbar größerer Menge auf dem Markt, wenn auch der schlichte Sekt noch immer dominiert.

DEUTSCHER SEKT

Deutscher Sekt darf nur aus deutschen Trauben hergestellt werden. Die besten Ergebnisse werden mit Riesling erzielt, ohne dass Autolyse (der enzymatische Abbau der Hefe) das reine Sortenaroma verdecken kann, das Erzeuger wie Konsumenten in Deutschland ganz besonders schätzen. Versuchen Sie Max Ferd. Richter. Der beste Sekt, den ich je getrunken habe, war ein Bernkasteler Doctor von Wegeler-Deinhard, leider sehr selten und sehr teuer. *Siehe* auch weiter unten »Deutscher Qualitätsschaumwein bestimmter Anbaugebiete«.

3–8 Jahre

DEUTSCHER SEKT BESTIMMTER ANBAUGEBIETE (DEUTSCHER SEKT B. A.)

Siehe unten »Deutscher Qualitätsschaumwein bestimmter Anbaugebiete«.

DEUTSCHER QUALITÄTSSCHAUMWEIN BESTIMMTER ANBAUGEBIETE (DEUTSCHER QUALITÄTSSCHAUMWEIN B. A.)

Diese Bezeichnung trägt deutscher Sekt, der ausschließlich aus Trauben eines bestimmten Anbaugebiets oder einer kleineren geografischen Einheit, z. B. Bereich, Großlage oder Einzellage, gewonnen wurde, sofern 85 % der verwendeten Trauben diesem Gebiet entstammen. Eine andere Bezeichnung ist »Deutscher Sekt bestimmter Anbaugebiete«.

3–8 Jahre

BADISCHE WEINBERGE

Badens beste Weine gedeihen in gepflegten Weinbergen am erloschenen Vulkan Kaiserstuhl, ein perfektes Beispiel für die Flurbereinigung.

AHR

Rote Rebsorten wie Spätburgunder, Dornfelder und Portugieser stellen vier Fünftel der Ahrweine. Angesichts der nördlichen Lage mag überraschen, dass man hier überhaupt rote Sorten anbauen kann – die meist nach Süden ausgerichteten Weinhänge ermöglichen dies.

Spätburgunder und Portugieser gedeihen hier, weil die Ahr tief eingeschnitten ist, geschützt durch die Hohe Eifel, deren Hänge die Sonnenwärme im steinigen Schieferboden speichern. Zwar können so die roten Trauben reifen, aber sie entwickeln nicht viel Farbe. Die Ahr stand bis zur Wiedervereinigung flächenmäßig an vorletzter Stelle der deutschen Anbaugebiete, jetzt ist sie auf Platz 10 aufgerückt. Das Gebiet trägt seinen Namen nach dem Fluss, der weiter nördlich parallel zur unteren Mosel verläuft und südlich von Bonn in den Rhein mündet. Die Ahr ist eines der schönsten

KLASSIFIZIERUNG UND ERTRÄGE

MINDEST-ÖCHSLE	QUALITÄTSSTUFE	VERTEILUNG 1992	1993	1994	1995
44°	Deutscher Tafelwein	6 %	–	7 %	5 %
47°	Landwein				
50–60°	Qualitätswein b. A.	92 %	55 %	86 %	87 %
67–73°	Kabinett*	2 %	30 %	6 %	7 %
76–85°	Spätlese*	–	15 %	1 %	1 %
83–88°	Auslese*	–	–	–	–
110°	Beerenauslese				
110°	Eiswein				
150°	Trockenbeerenauslese				

* Die Mindest-Öchslegrade variieren entsprechend der Rebsorte; für Sorten mit geringerem natürlichem Zuckergehalt gelten niedrigere Werte.

ALTES WEINFASS IN MAYSCHOSS

Geschnitzte Trauben und Reben zieren ein altes Holzfass in Mayschoß westlich von Bad Neuenahr.

GESCHMACKS- UND QUALITÄTSFAKTOREN

LAGE
Am Unterlauf der Ahr, 10 km südlich von Bonn.

KLIMA
Trotz seiner nördlichen Lage besitzt das tief in die Berge der Eifel eingeschnittene, geschützte Ahr-Tal Temperaturen, die Weinanbau ermöglichen.

TOPOGRAFIE
Die Weinberge der Ahr erstrecken sich hauptsächlich an Hängen und an steilen, terrassierten Flussufern.

BÖDEN
Tiefer, reicher Lössboden am Unterlauf, steinige Basalt- und Schieferböden mit Tuff am Oberlauf.

WEINBAU UND WEINBEREITUNG
Drei Viertel der Weinberge werden von Nebenberufswinzern unter arbeitsintensiven Bedingungen bestellt. Mehr als die Hälfte der Ernte wird von wenigen Winzergenossenschaften verarbeitet. Rotwein stellt 80 % der Gesamtmenge. Früher wurden überwiegend süße und halbtrockene Weine hergestellt, heute geht der Trend zu trockenen Weinen. Spezialität ist ein sortenreiner Weißherbst, normalerweise Spätburgunder.

HAUPTREBSORTEN
Dornfelder, Portugieser, Riesling, Spätburgunder

WEITERE REBSORTEN
Domina, Kerner, Müller-Thurgau

AHR *Siehe auch* S. 261
Die Ahr passiert auf ihrem Weg durch das nach ihr benannte Anbaugebiet Weinorte mit Weltruhm wie Mayschoß und Walporzheim

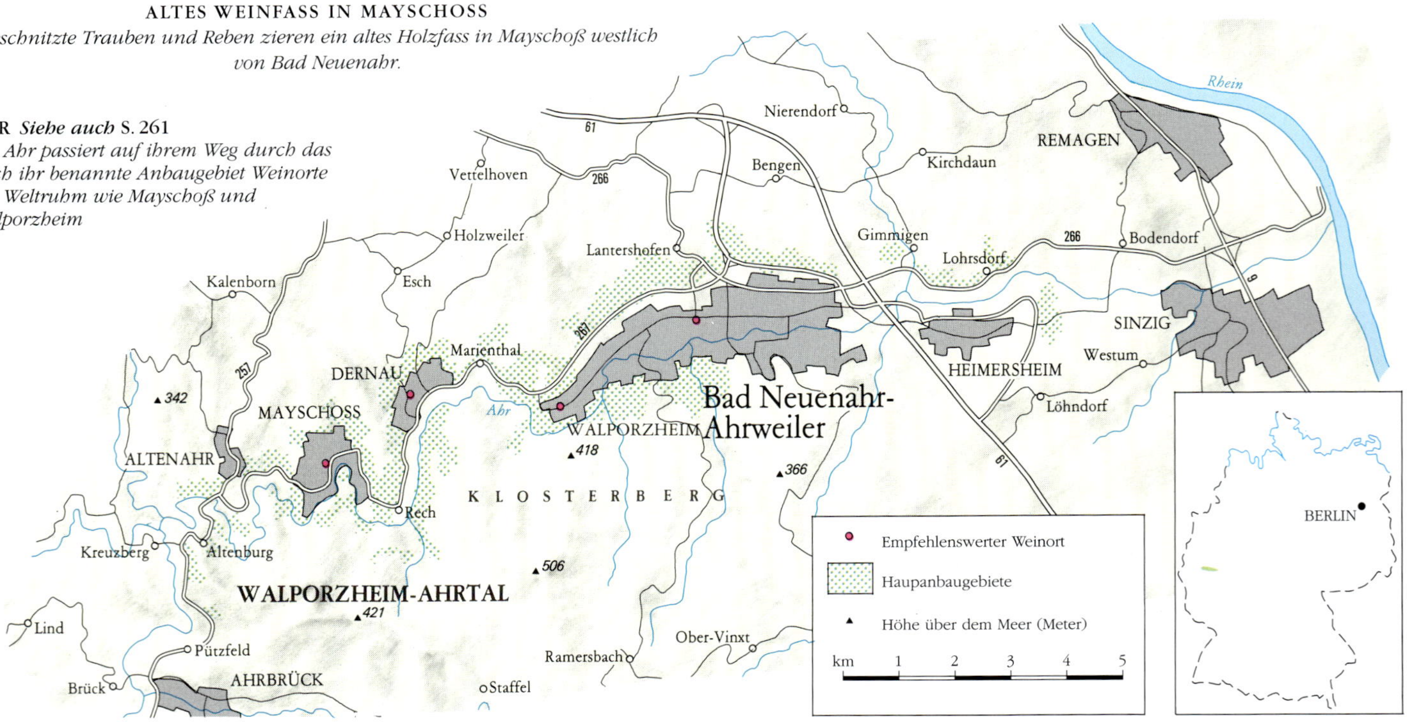

WEINLESE AN DER AHR

Auf den steilen Weinhängen in Marienthal werden die roten Rebsorten Spätburgunder und ein wenig Portugieser angebaut; insgesamt 80 % der Weine dieses Anbaugebiets sind rot.

DAS ANBAUGEBIET AUF EINEN BLICK

Rebfläche
632 ha

Durchschnittlicher Ertrag
74 hl pro ha

Rotwein 80 %

Weißwein 20 %

Rebsorten
52 % Spätburgunder, 18 % Portugieser, 30 % andere

Struktur
1 Bereich, 1 Großlage, 43 Einzellagen

Anmerkung: Die Weinberge der Ahr erstrecken sich über 11 Gemeinden, deren Namen auf dem Etikett erscheinen dürfen.

und heitersten Weintäler der ganzen Welt. Wer einmal dem Rotweinwanderweg gefolgt ist, wird das bestätigen. Dieser nahezu verkehrsfreie Weg windet sich entlang der durch die Eifelberge geschützten Steilufer durch Weinberge und Wälder.

RIESLING

Seit den späten 1980er Jahren sind die Ahr-Weinberge um 60 % gewachsen, jedoch ist die Anbaufläche für Riesling – die hochwertigste Rebe der Ahr – von über 100 ha auf unter 50 ha geschrumpft. Selbst in bescheideneren Lagen der Ahr ergibt Riesling so frische, rassige und aromatische Weine, dass sich mancher Kritiker fragte, welche Ergebnisse auf den wirklich guten Flächen zu erzielen wären. Zwar bestätigen eine Reihe von Winzern, dass ihre besten Weinberge für Riesling optimal wären, dennoch wächst der Anbau von Spätburgunder, den man hier vorzuziehen scheint.

DIE HERKUNFTSBEZEICHNUNGEN AN DER AHR

BEREICH WALPORZHEIM-AHRTAL

Es gibt nur diesen einen Bereich im Anbaugebiet Ahr. Walporzheim-Ahrtal stellt aus Spätburgunder- und Portugieser-Trauben überwiegend Rotweine von hell-rubinroter Farbe her. Auf den Schieferböden wachsen kräftige Weine, während die schweren Lössböden einen weicheren Charakter ergeben. In der Vergangenheit waren die Weine ziemlich süß, der Trend geht aber seit einigen Jahren zu trockenen Weinen. Der Weißherbst ist weich und fruchtig, der Riesling frisch und rassig.

Die Weinberge befinden sich am mittleren und unteren Lauf der Ahr auf einer Länge von etwa 25 Kilometern. Der Weinbau im Ahrtal geht auf die Römer zurück, und in Mayschoß wurde im Jahr 1868 die erste Winzergenossenschaft der Welt gegründet.

GROSSLAGE KLOSTERBERG

Die einzige Großlage des Bereichs trägt die Bezeichnung Klosterberg und ist identisch mit Walporzheim-Ahrtal. Die besten Einzellagen der Ahr bringen Spitzenqualitäten hervor.

ALTENAHR
✓ **Lage** *Eck* **Erzeuger** *Deutzerhof, Winzergenossenschaft Mayschloß-Altenahr*

BAD NEUENAHR
✓ **Lage** *Sonnenberg* **Erzeuger** *H. J. Kreuzberg, Burggarten*

DERNAU
✓ **Lage** *Pfarrwingert* **Erzeuger** *H. J. Kreuzberg, Meyer-Näkel* **Lage** *Schieferlay* **Erzeuger** *H. J. Kreuzberg, Meyer-Näkel*

RECH
✓ **Lage** *Herrenberg* **Erzeuger** *Jean Stodden*

WALPORZHEIM
✓ **Lage** *Gärkammer* **Erzeuger** *J. J. Adeneuer*
Rotwein-Verschnitte: Erzeuger *Deutzerhof* (Caspar C, Grand Duc Select), *Meyer-Näkel* (S), *Nelles (B 48, B 52), H. J. Kreuzberg* (Devon), *Winzergenossenschaft Mayschoß-Altenahr* (Ponsart), *J. J. Adeneuer* (No. 1)

MITTELRHEIN

Der Mittelrhein als Weinbaugebiet wird auch von Kennern leicht übersehen. Seit 1965 gingen fast 50 % der Anbaufläche auf den Steilhängen verloren. Hier wachsen einige der besten und am meisten unterbewerteten Weine Deutschlands.

Vom Mittelrhein breiteten sich die Kelten über Europa aus. Es überrascht nicht, dass die Region mit ihren weit in die Vergangenheit reichenden Wurzeln in die deutsche Sagenwelt eingegangen ist. So geschah es am Drachenfels nahe Königswinter, dass Siegfried den Drachen erschlug. Dort wird heute ein roter Spätburgunder namens Drachenblut hergestellt. Der Rhein, mit dem sich viele Sagen und Mythen verbinden, fließt an zahlreichen mittelalterlichen Burgen vorüber, vorbei an der Loreley, dem berühmten Felsen, auf dem der Sage nach eine Nixe durch betörenden Gesang die Schiffer ablenkte und so ihren Untergang herbeiführte.

SCHWINDENDE WEINBERGE, WACHSENDER TOURISMUS

Die Mühsal des Weinbaus in den Steillagen des Mittelrheins hat viele Arbeitskräfte veranlasst, den Weinbergen den Rücken zu kehren und in die Industriestädte abzuwandern. Die Zahl der Weinberge ging zurück. Aber die Region Mittelrhein ist bei weitem nicht verlassen; die Schönheit ihrer Landschaft hat sie zu einem der beliebtesten Touristenziele werden lassen. Diese Gegend, wo winzige Nebenflüsse die natürlichen Gegebenheiten für anspruchsvollen Weinbau in weit höherem Maße garantieren als der Rhein selbst, verspricht mit ihren Schieferböden Riesling von hoher Qualität. Es gibt einige ausgezeichnete Weingüter, die aufregende Weine von ausgeprägtem Sortencharakter, intensivem Aroma und großartiger Säure herstellen. Die Säure macht Auslesen und andere höhere QmP-Weine zu etwas ganz Besonderem.

MITTELRHEIN *Siehe auch* S. 261
Nördlich und südlich von Koblenz breiten sich die Weinberge auf steilen, felsigen Hängen aus, die bis dicht ans Ufer reichen.

DAS ANBAUGEBIET AUF EINEN BLICK

Rebfläche
662 ha

Durchschnittlicher Ertrag
78 hl pro ha

Rotwein 6 %

Weißwein 94 %

Rebsorten
75 % Riesling, 8 % Müller-Thurgau, 5 % Kerner, 12 % andere

Struktur
2 Bereiche 11 Großlagen, 111 Einzellagen

Anmerkung: Die Weinberge des Anbaugebiets Mittelrhein erstrecken sich über 59 Gemeinden, deren Namen auf dem Etikett erscheinen dürfen.

GESCHMACKS- UND QUALITÄTSFAKTOREN

LAGE
Das Gebiet erstreckt sich über 160 km zwischen Bonn und Bingen.

KLIMA
Die steilen Hänge schützen vor kalten Winden und sorgen zudem für eine optimale Ausnutzung der Sonneneinstrahlung. Der Fluss wirkt sich als Wärmereservoir mäßigend auf die Nacht- und Wintertemperaturen aus.

TOPOGRAFIE
Die Reben in den Steillagen profitieren am meisten von der Sonneneinstrahlung. Nördlich von Koblenz liegen die Weinberge am östlichen, südlich zumeist am westlichen Flussufer.

BÖDEN
Schiefer liegt auf einem Unterboden aus Lehm und einem Gemisch aus Kies und Sand. Es gibt auch geringe Ablagerungen von Löss und weiter nördlich einige Weinberge auf vulkanischem Gestein.

WEINBAU UND WEINBEREITUNG
Nahezu alle noch übrig gebliebenen Weinberge sind flurbereinigt: Die Parzellen liegen terrassiert an steilen Hängen. Bei hohem Riesling-Anteil ist der Ertrag im Vergleich zu anderen deutschen Weinbaugebieten gering, aber von durchweg guter Qualität. Etwa 80 % der Winzer wirtschaften im Nebenberuf; ein Viertel der Ernte wird von Genossenschaften nach gängigen Verfahren für Weißwein verarbeitet.

HAUPTREBSORTE
Riesling

WEITERE REBSORTEN
Bacchus, Kerner, Müller-Thurgau, Optima, Scheurebe, Silvaner

KLASSIFIZIERUNG UND ERTRÄGE

MINDEST-ÖCHSLE	QUALITÄTSSTUFE	VERTEILUNG 1992	1993	1994	1995
44°	Deutscher Tafelwein	29 %	–	1 %	7 %
47°	Landwein				
50–60°	Qualitätswein b. A.*	70 %	57 %	70 %	75 %
67–73°	Kabinett*	1 %	32 %	22 %	15 %
76–85°	Spätlese*	–	11 %	–	3 %
83–88°	Auslese*	–	–	7%	–
110°	Beerenauslese*				
110°	Eiswein*				
150°	Trockenbeerenauslese*				

* Die Mindest-Öchslegrade variieren entsprechend der Rebsorte; für Sorten mit geringerem natürlichem Zuckergehalt gelten niedrigere Werte.

WEINBERGE AM MITTELRHEIN
Die Weinberge dieses Anbaugebiets, die zu den steilsten in ganz Deutschland gehören, erfordern von den Winzern mühevolle Handarbeit.

DIE HERKUNFTSBEZEICHNUNGEN AM
MITTELRHEIN

BEREICH LORELEY

Dieser neue Bereich entstand durch die Zusammenlegung der beiden Bereiche Bacharach (ein sehr kleiner, aber intensiv bewirtschafteter Zipfel am südlichen Ende des Mittelrheins, am linken Rheinufer gelegen und nach der schönen alten Stadt Bacharach benannt) und dem Rheinburgengau, dem sehr großen Bereich nördlich des Rheingaus.

GROSSLAGE SCHLOSS REICHENSTEIN

In dieser Großlage gibt es keine herausragenden Weinorte, Lagen, Weingüter oder Erzeuger. Gleichwohl kommen aus Niederheimbach Weine guter Qualität, die Lage Froher Weingarten hat den besten Ruf.

GROSSLAGE SCHLOSS STAHLECK

In den nach Süden ausgerichteten Weinbergen der kleinen Rhein-Nebenflüsse sind die Bedingungen für Weinbau besser als auf den nach Osten gerichteten Hängen am großen Fluss. Ausgezeichnet allerdings sind die nach Süden und Osten geneigten Lagen Hahn und Posten in Bacharach.

BACHARACH

✓ **Lage** *Hahn* **Erzeuger** *Hahnenhof – Toni Jost* • **Lage** *Kloster Fürstental* **Erzeuger** *Dr. Rudolf Kauer* • **Lage** *Posten* **Erzeuger** *Fritz Bastian, Karl Heidrich*

GROSSLAGE BURG HAMMERSTEIN

Südlich von Königswinter am rechten Rheinufer beinahe bis Koblenz erstreckt sich diese landschaftlich reizvolle Großlage mit verstreuten Weinbergen; bei Hammerstein ist die einzige zusammenhängende Rieslingfläche zu finden.

GROSSLAGE BURG RHEINFELS

Eine Großlage von der Größe eines Dorfs am Westufer mit den besten Lagen in Werlau, einem Ortsteil von Sankt Goar, auf den nach Südosten ausgerichteten Hängen eines kleinen Nebenflusses.

GROSSLAGE GEDEONSECK

Eine hervorragende Großlage dank einer Flussbiegung, die für eine günstige Ost- und Südausrichtung der Weinberge sorgt; die besten findet man am Bopparder Hamm.

BOPPARD

✓ **Lage** *Feuerlay* **Erzeuger** *Bernhard Didinger, Toni Lorenz, Heinrich Müller, Adolf Weingart* • **Lage** *Mandelstein* **Erzeuger** *Heinrich Müller, August Perll, Walter Perll* • **Lage** *Ohlenberg* **Erzeuger** *Adolf Weingart, Heinrich Müller*

GROSSLAGE HERRENBERG

Der Südostrand dieser Großlage stößt an den Westrand des Rheingaus, aber alle Einzellagen befinden sich weiter nördlich zwischen Dörscheid und Kaub, von Bacharach am anderen Ufer flussabwärts.

KAUB

✓ **Lage** *Backofen* **Erzeuger** *Weingut Sonnenberg*

GROSSLAGE LAHNTAL

Es gibt keine herausragenden Weinorte, Lagen, Weingüter oder Winzer in dieser landschaftlich schönen Großlage abseits des Rheins. Der Weinbau ist seit Jahren rückläufig. Die Einzellage Hasenberg in Bad Ems hat einen gewissen Ruf.

GROSSLAGE LORELEYFELSEN

Einige sehr gute Riesling-Weinberge in dramatischer Landschaft mit dem berühmten Felsen.

GROSSLAGE MARKSBURG

Die Weinberge am Mittelrhein bei Koblenz mussten großenteils städtischer Besiedlung weichen. Der beste unter den noch verbliebenen befindet sich im Ortsteil Ehrenbreitstein. Die anderen dieser Großlage liegen nördlich und südlich der Stadt. Die Weine dieser Gegend sind denen vom Unterlauf der Mosel ähnlich.

GROSSLAGE SCHLOSS SCHÖNBURG

Die Reputation der Riesling-Weinberge in dieser Großlage beruht auf zwei Winzern.

ENGELHÖLL

✓ **Lage** *Bernstein* **Erzeuger** *Lanius-Knab*

OBERWESEL

✓ **Lage** *Römerkrug* **Erzeuger** *Goswin Lambrich,*

Josef Albert Lambrich • **Lage** *Sankt Martinsberg* **Erzeuger** *Goswin Lambrich, Josef Albert Lambrich*

SIEBENGEBIRGE

Einen Bereich mit einer Großlage bilden die Weinberge von Königswinter am Siebengebirge, bis zur Wiedervereinigung das nördlichste Weinbaugebiet der früheren Bundesrepublik.

GROSSLAGE PETERSBERG

Der Umfang dieser Großlage entspricht dem des Bereichs Siebengebirge. Es gibt keine herausragenden Weinorte, Lagen, Weingüter oder Winzer, wohl aber gute Weine vom Drachenfels in Königswinter.

MOSEL–SAAR–RUWER

Die großartigsten Rieslinge entlang der Mosel haben eine herausfordernde, zugleich aber angenehme Säure, die nur durch die genau bemessene Süße ausbalanciert wird. Die Rieslingtraube erreicht hier in heißen Sommern ihre Höchstform.

Wenn es eine Traube gibt, der die Bezeichnung »rassig« zukommt, dann ist es der Riesling, und wenn eine Region wegen ihrer Klasse hervorzuheben ist, dann das Gebiet Mosel-Saar-Ruwer. Hier verbindet der auf den steilsten Schieferhängen wachsende Riesling ausgeprägte Säure mit einer unwiderstehlichen Leichtigkeit und Eleganz. Aber ein schöner Mosel-Saar-Ruwer-Wein ist niemals dünn, denn diese Weine haben überraschend viel Extrakt, der in Verbindung mit der Säure dem Wein Körper und Geschmack verleiht.

Sogar in den heißesten Jahren bleiben die besten Auslesen und Beerenauslesen rassig, während die aus anderen Regionen dicklich und massiv erscheinen können. Selbst der einfachste Wein bewahrt in sonnigen Jahren eine Frische und Lebendigkeit, die dem Wein anderer und wärmerer Gebiete fehlen.

DER GUTE DOKTOR

Es gibt zahlreiche gute Weinlagen in dieser Gegend, aber keine ist so berühmt wie der legendäre Bernkasteler Doktor, aus dem einer der teuersten Weine Deutschlands stammt. Angeblich hat sich folgende Geschichte zugetragen: Beomund II., im 14. Jahrhundert Erzbischof von Trier, war so krank, dass ihm seine Ärzte nicht mehr helfen konnten. Ein Winzer von Bernkastel empfahl die stärkende Kraft des Weins aus seinem Weinberg. Beomund trank davon, genas auf wunderbare Weise von seiner Krankheit und erklärte, der Wein von Bernkastel sei der beste Doktor. In neuerer Zeit war der Bernkasteler Doktor Gegenstand gerichtlicher Auseinandersetzung. Der ursprüngliche Weinberg war 1,35 ha groß. Das deutsche Weingesetz von 1971 ließ Weinberge unterhalb von 5 ha nicht mehr zu. Der Doktor-Weinberg sollte gleich weit nach Westen (in die Einzellage Graben) wie nach Osten (in die Großlage Badstube) ausgedehnt werden. Damit erhielten 13 Erzeuger das Recht, Bernkasteler Doktor zu produzieren und zu verkaufen, wo vorher nur 3 Eigentümer sich in den echten Doktor teilten. Es überrascht nicht, dass die Besitzer der ursprünglichen Lage sich im Recht fühlten und vor Gericht gingen.

Der Fall zog sich in die Länge und wurde schließlich im Jahr 1984 nach eingehenden Untersuchungen des Terroirs dahingehend entschieden, dass es rechtens sei, den Doktor auf das gesamte Gebiet der Einzellage Graben und einen kleinen Teil der Badstube auszudehnen. Der so entstandene Weinberg umfasst 3,26 ha. Der Hauptgrund, warum der Doktor weiter nach Westen als nach

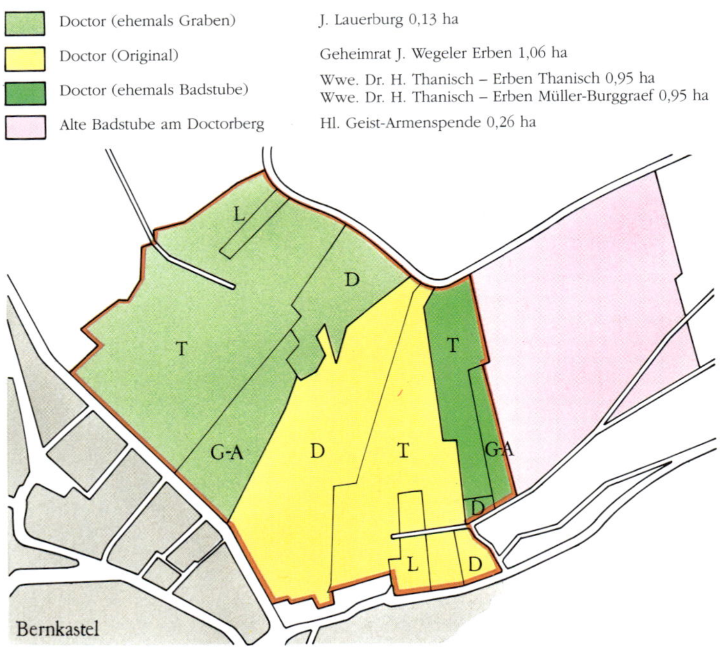

DER BERNKASTELER DOKTOR-WEINBERG HEUTE
Die rote Linie umschließt den ursprünglichen Weinberg (gelb) und die 1984 hinzu gekommenen Gebiete (grün). Das 1984 ausgeschlossene Areal ist rosa.

GESCHMACKS- UND QUALITÄTSFAKTOREN

LAGE
Das Anbaugebiet erstreckt sich entlang der Mosel von Koblenz nach Südwesten bis zur französischen Grenze. Es schließt die Weinberge zweier größerer Nebenflüsse ein, Saar und Ruwer, die von Süden kommend in die Mosel münden.

KLIMA
Mäßige Niederschläge und die rasche Erwärmung der steilen, schützenden Uferhänge sorgen für ideale Weinbaubedingungen und Trauben von hohem Säuregehalt, selbst wenn sie spät geerntet werden.

TOPOGRAFIE
Die Mosel hat mehr Schleifen und Biegungen als jeder andere deutsche Fluss, was für die unterschiedlichsten Expositionen sorgt. An den Steilufern wachsen die meisten Reben in Höhen zwischen 100 und 350 m.

BÖDEN
Die Böden reichen von Sandstein, Muschelkalk und rotem Mergel an der oberen Mosel bis zu Schiefer aus dem Devon am mittleren Flusslauf sowie Tonschiefer und grauem Steinboden am Unterlauf. Schwemmböden mit Sand und Kies finden sich in den unteren Bereichen des Flusses ebenfalls. Für Riesling ist Schiefer der klassische Boden; Elbling bevorzugt Kalkstein.

WEINBAU UND WEINBEREITUNG
Viele der besten deutschen Weine kommen von den höchsten und steilsten Lagen dieser Region, die sich überwiegend im oberen Teil der Flussläufe befinden. Die Weinbergsarbeit ist außerordentlich mühsam. In Verbindung mit längeren Wintern als im übrigen Deutschland erklärt dies die höheren Preise für gute Mosel-Saar-Ruwer-Weine. Durch den frühen Winterbeginn findet die Gärung bei niedrigen Temperaturen statt. Wird der Wein früh auf Flaschen gezogen, enthält er mehr Kohlensäure, was den frischen, stahligen Charakter der Riesling-Traube unterstreicht. Es gibt ungefähr 13750 Winzer mit winzigen Anbauflächen, etwa 60 % des Ertrags werden von Händlern vertrieben, Winzergenossenschaften verkaufen 15 %. Auf Winzer und Weingüter als Direktvermarkter entfallen 25 % bei steigenden Verkaufszahlen.

HAUPTREBSORTEN
Müller-Thurgau, Riesling

WEITERE REBSORTEN
Auxerrois, Bacchus, Elbling, Kerner, Optima, Ortega

BLICK VOM DOKTOR-WEINBERG AUF BERNKASTEL
Weine vom Bernkasteler Doktor zählen zu den teuersten und angesehensten in Deutschland. Bernkastel gehört zur Großlage Badstube.

KLASSIFIZIERUNG UND ERTRÄGE

MINDEST-ÖCHSLE	QUALITÄTSSTUFE	VERTEILUNG 1992	1993	1994	1995
44°	Deutscher Tafelwein	33 %	–	4 %	8 %
47°	Landwein				
50–60°	Qualitätswein b. A.*	66 %	63 %	72 %	86 %
67–73°	Kabinett*	1 %	27 %	18 %	5 %
76–85°	Spätlese*	–	8 %	6 %	1 %
83–88°	Auslese*	–	2 %	–	–
110°	Beerenauslese				
110°	Eiswein				
150°	Trockenbeerenauslese				

* Die Mindest-Öchslegrade variieren entsprechend der Rebsorte; für Sorten mit geringerem natürlichem Zuckergehalt gelten niedrigere Werte.

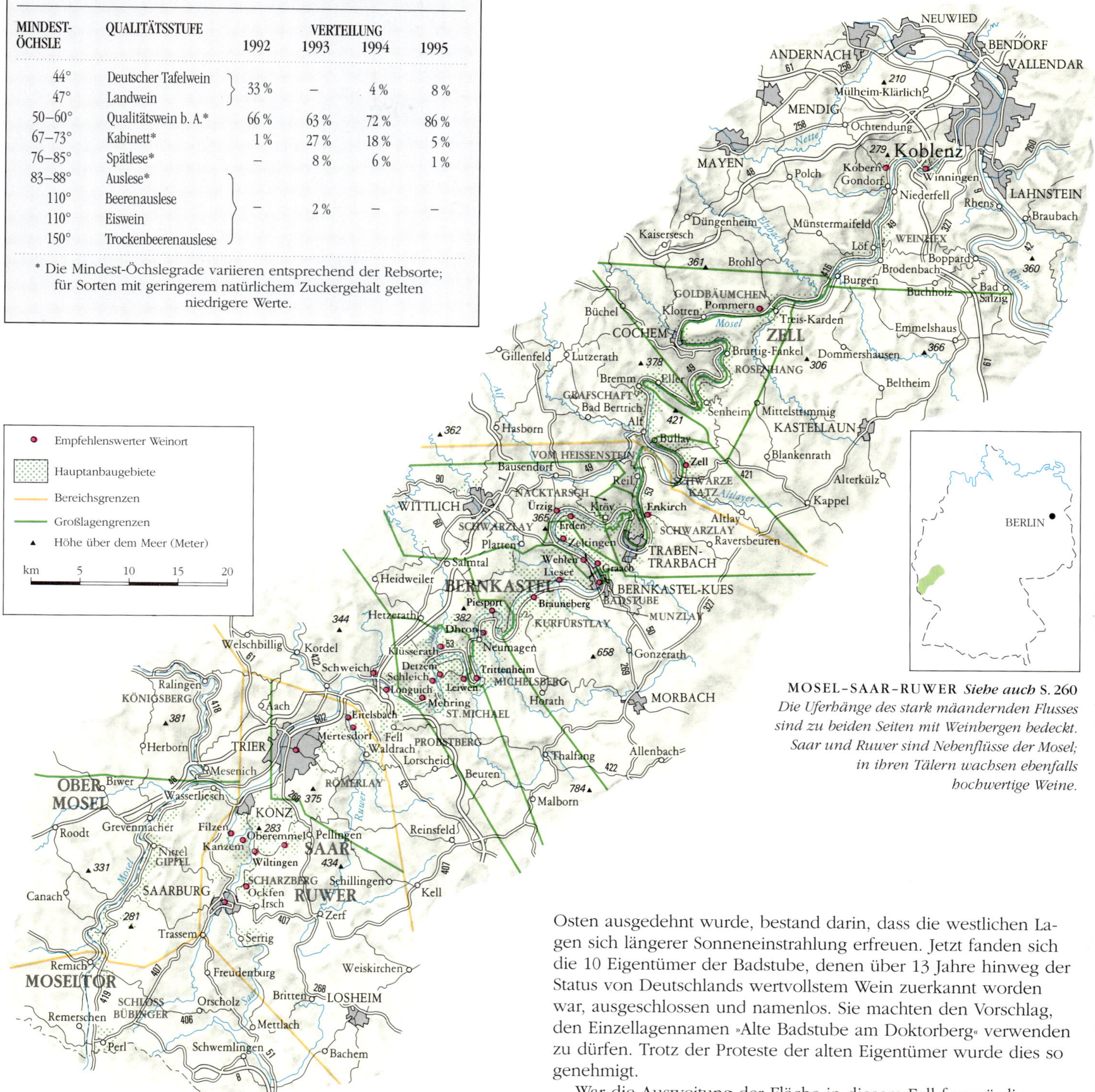

MOSEL–SAAR–RUWER *Siehe auch* S. 260
Die Uferhänge des stark mäandernden Flusses sind zu beiden Seiten mit Weinbergen bedeckt. Saar und Ruwer sind Nebenflüsse der Mosel; in ihren Tälern wachsen ebenfalls hochwertige Weine.

DAS ANBAUGEBIET AUF EINEN BLICK

Rebfläche
12 809 ha

Durchschnittlicher Ertrag
100 hl pro ha

Rotwein 1 %

Weißwein 99 %

Rebsorten
54 % Riesling, 22 % Müller-Thurgau, 9 % Elbling, 8 % Kerner, 7 % andere

Struktur
5 Bereiche, 19 Großlagen, 523 Einzellagen

Anmerkung: Die Weinberge des Anbaugebiets Mosel–Saar–Ruwer erstrecken sich über 192 Gemeinden, deren Namen auf dem Etikett erscheinen dürfen.

Osten ausgedehnt wurde, bestand darin, dass die westlichen Lagen sich längerer Sonneneinstrahlung erfreuen. Jetzt fanden sich die 10 Eigentümer der Badstube, denen über 13 Jahre hinweg der Status von Deutschlands wertvollstem Wein zuerkannt worden war, ausgeschlossen und namenlos. Sie machten den Vorschlag, den Einzellagennamen »Alte Badstube am Doktorberg« verwenden zu dürfen. Trotz der Proteste der alten Eigentümer wurde dies so genehmigt.

War die Ausweitung der Fläche in diesem Fall fragwürdig genug, so macht sie darüber hinaus den schieren Unsinn klar, für Einzellagen eine generelle Mindestgröße festzulegen. Dieses Beispiel offenbart eine der fundamentalen Schwachstellen des deutschen Weingesetzes von 1971 (*siehe auch* S. 260). Es wäre viel vernünftiger gewesen, das Gesetz dahingehend zu ändern, dass echte Weinbergsbezeichnungen in Kleindruck auf dem Etikett erscheinen dürfen, und ein Register der vielleicht 100 oder mehr (keinesfalls jedoch 2600) wirklichen Spitzenlagen anzulegen, die in auffallender Schriftgröße auf dem Etikett erscheinen und so zu Recht auf ihren Status verweisen dürfen. Wenn die besten deutschen Weine eine den besten Franzosen vergleichbare Reputation nutzen könnten, hätte Mosel-Saar-Ruwer vermutlich mehr *Grands Crus* zu bieten als jede andere Region, vielleicht mit Ausnahme des Rheingaus und vielleicht noch der Nahe.

DIE HERKUNFTSBEZEICHNUNGEN AN

MOSEL–SAAR–RUWER

BEREICH ZELL

Die Weine von der unteren Mosel sind wenig aufregend, aber es gibt einige gute Ausnahmen.

GROSSLAGE GOLDBÄUMCHEN

Es gibt wenige herausragende Weinorte, Lagen oder Winzer in dieser Großlage; aus Eller kommt jedoch ein guter Tropfen.

GROSSLAGE GRAFSCHAFT

Gute Weine kommen aus den Dörfern Alf und Bullay, überragend ist der Riesling aus Neef.

GROSSLAGE ROSENHANG

Die viel versprechende Großlage erstreckt sich am rechten Ufer der Mosel von der Großlage Schwarze Katz flussabwärts.

GROSSLAGE SCHWARZE KATZ

Der Weinort Zell hat einige gute, als Einzellagen ausgewiesene Weinberge, auf denen erlesener, aromatischer Riesling gedeiht. Bekannt aber ist Zell für seine Großlage mit dem berühmten Namen »Schwarze Katz«, der so entstanden sein soll: Im Jahr 1863 machten drei Weinhändler aus Aachen in einem Keller in Zell eine Weinprobe, konnten sich aber nicht zwischen den drei Fässern entscheiden. Als der Winzer eine zweite Probe aus einem der Weinfässer zapfen wollte, sprang seine schwarze Katze auf das Fass, machte einen Buckel und fauchte. Die Kaufleute dachten, dass die Katze vielleicht den besten Wein verteidigen wollte, und entschieden sich für dieses Fass. Von nun an kamen sie jedes Jahr, um den Wein zu kaufen, den sie Schwarze Katz nannten. Diese Geschichte machte die Runde und brachte andere Winzer auf die Idee, ihren besten Wein ebenfalls Schwarze Katz zu nennen. Seit jedoch Merl und Kaimt mit Zell zusammengelegt wurden, ist Schwarze Katz nur eine Großlage und häufig ein Verschnittwein.

MERL

Lage *Königslay-Terrassen* **Erzeuger** *Albert Kallfelz*

Großlagenweine: Erzeuger *Peter Thielen, Albert Kallfelz*

ZELL

Großlagenweine: Erzeuger *Peter Lehmen, Albert Kallfelz, Peter Thielen*

GROSSLAGE WEINHEX

Diese Großlage erstreckt sich auf beiden Ufern der Mosel bis zu den Vororten von Koblenz; sie schließt einige Steilhänge ein, die gänzlich mit Riesling bepflanzt sind.

GONDORF

Lage *Schlossberg* **Erzeuger** *Andreas Barth*

WINNINGEN

Lage Uhlen **Erzeuger** *Heymann-Löwenstein* • **Lage** *Brückstück* **Erzeuger** *Reinhard und Beate Knebel, Freiherr von Heddesdorf* • **Lage** *Röttgen* **Erzeuger** *Reinhard und Beate Knebel, Freiherr von Heddesdorf, Heymann-Löwenstein*

BEREICH BERNKASTEL

Das Gebiet umfasst den Mittellauf der Mosel mit ihren bekanntesten Weinorten und besten Lagen. Viel Wein, meist Müller-Turgau, wird unter dieser Herkunftsbezeichnung verkauft, leider lässt die Qualität oft zu wünschen übrig; oft von deutlichem blumigen Charakter.

GROSSLAGE BADSTUBE

Badstube muss die beste aller Großlagen in Deutschland sein, schließt sie doch die hervorragende und gewiss berühmteste aller Einzellagen, den Doktor, ebenso ein wie den ebenfalls sehr bekannten Lay, den großartigen Graben und sechs weitere gute Lagen. Die Qualität selbst der Überschussweine von diesen hervorragenden Weinbergen ist so hoch, dass es beinahe ausgeschlossen ist, einen schlechten Badstube zu finden. Besonders gut sind die Großlagenweine in schlechten Jahren, wenn nämlich die Doktor-Trauben die Stufe Kabinett nicht erreichen und den Massenprodukten der Großlage beigemischt werden.

BERNKASTEL

Lage *Doktor* **Erzeuger** *Wwe. Dr. H. Thanisch/Erben Thanisch, Wwe. Dr. H. Thanisch/Erben Müller-Burggraef, Reichsgraf*

von Kesselstatt, Geheimrat J. Wegeler • **Lage** *Graben* **Erzeuger** *Geheimrat J. Wegeler* • **Lage** *Lay* **Erzeuger** *Franz Dahm, Dr. Loosen, Dr. Pauly-Bergweiler, Geheimrat J. Wegeler*

GROSSLAGE VOM HEISSEN STEIN

In dieser ansonsten leidlichen Großlage gibt es einen Winzer, der herausragt.

PÜNDERICH

Lage *Marienberg* **Erzeuger** *Clemens Busch*

GROSSLAGE KURFÜRSTLAY

Das Gebiet umfasst die weniger guten Weine von Bernkastel und die besseren von Brauneberg. Die besten stammen von den sagenhaften Weinbergen des Juffer, einem Süd-Südost-Hang, der sich gegenüber Brauneberg erhebt. Der Wein zeichnet sich durch besondere Rasse bei außergewöhnlichem Körperreichtum aus. Mancher zieht ihn dem Doctor vor, ich sehe mich außer Stande zu wählen und genieße beide in ihrer Verschiedenheit.

BERNKASTEL

Lage *Johannisbrünnchen* **Erzeuger** *J. J. Prüm, Dr. Weins-Prüm*

BRAUNEBERG

Lage *Juffer* **Erzeuger** *Fritz Haag, Karp-Schreiber, Max Ferd. Richter, Reichsgraf von Kesselstatt* • **Lage** *Juffer Sonnenuhr* **Erzeuger** *Fritz Haag, Willi Haag, Karp-Schreiber, Max Ferd. Richter, Paulinshof*

KESTEN

Lage *Paulinshofberg* **Erzeuger** *Bastgen, Kees-Kieren, Paulinshof*

LIESER

Lage *Niederberg Helden* **Erzeuger** *Schloss Lieser*

GROSSLAGE MICHELSBERG

In Piesport, einem Ort in der Großlage Michelsberg, werden einige hervorragende Weine gemacht; der oft dünne, charakterarme Piesporter Michelsberg gehört aber nicht dazu. Er ist ein Großlagenwein, der meist nicht von steilen Schieferhängen wie Goldtröpfchen oder Domherr stammt, sondern von ertragreichem, flachem Schwemmland. Kein anspruchsvoller Winzer würde den Weinanbau auf solch fruchtbarem Boden in Betracht ziehen. Die hier produzierten minderwertigen Weine haben den guten Namen des Ortes so sehr in Verruf gebracht, dass der Wein im angelsächsischen Handel als »piss-pot« bezeichnet wurde. Die ausgezeichneten Weine von Trittenheim laufen nicht Gefahr, eine solche Schmach zu erdulden, auch Dhron soll nicht unerwähnt bleiben.

MINHEIM

Lage *Rosenberg* **Erzeuger** *Molitor-Rosenkreuz*

PIESPORT

Lage *Domherr* **Erzeuger** *Kurt Hain, Weller-Lehnert* • **Lage** *Goldtröpfchen* **Erzeuger** *Reinhold Haart, Lehnert-Veit, Weller-Lehnert, Reuscher-Haart, St.-Urbanshof*

TRITTENHEIM

Lage *Apotheke* **Erzeuger** *Ernst Clüsserath, Clüsserath-Eifel, Clüsserath-Weiler, Grans-*

Fassian, Josef Rosch, Laurentiushof Milz • **Lage** *Felsenkopf* **Erzeuger** *Laurentiushof Milz*

GROSSLAGE MÜNZLAY

Die drei Orte dieser Großlage haben ausgezeichnete Mosellagen und können sich einer beachtlichen Zahl großartiger Weingüter und Winzer rühmen.

GRAACH

Lage *Domprobst* **Erzeuger** *Kees-Kieren, Max Ferd. Richter, Willi Schaefer, Selbach-Oster, Dr. Weins-Prüm,* • **Lage** *Himmelreich* **Erzeuger** *Kees-Kieren, Markus Molitor, J. J. Prüm, S. A. Prüm*

WEHLEN

Lage *Sonnenuhr* **Erzeuger** *Heribert Kerpen, Dr. Loosen, J. J. Prüm, S. A. Prüm, Dr. Weins-Prüm*

ZELTINGEN

Lage *Sonnenuhr* **Erzeuger** *Leo Kappes, Markus Molitor (Wehlen), Selbach-Oster*

GROSSLAGE NACKTARSCH

Eher wegen ihres originellen Names denn wegen ihrer Qualität bekannte Großlage (althochdeutsch *nuck* = Fels, *arsch* = Hecke). Ein Winzer in Traben-Trarbach zeigt sich qualitätsbewusst.

KRÖV
Lage *Letterlay* **Erzeuger** *Martin Müllen*

GROSSLAGE PROBSTBERG

Es sind keine Weinorte, Weinberge oder Winzer hervorzuheben außer den Moselstädtchen Longuich und Schweich, die unterhalb der Ruwer-Mündung einander gegenüberliegen.

SCHWEICH
Lage *Annaberg* **Erzeuger** *Bernhard Eifel, Werner & Sohn*

GROSSLAGE SCHWARZLAY

Erden und Uerzig sind zwei der am meisten unterschätzten Weinorte an der Mittelmosel. Die spektakulären Weinberge scheinen sich der Schwerkraft trotzend am felsigen Untergrund festzuklammern. Hier reift ein reicher, rassiger Wein mit geschliffener Säure, umwerfender Intensität und makellosem Charakter.

ENKIRCH
Lage *Batterieberg* **Erzeuger** *Carl August Immich*

ERDEN
Lage *Treppchen* **Erzeuger** *J. J. Christoffel, Erben Stephan Ehlen, Dr. Loosen, Mönchhof – Robert Eymael, Dr. Weins-Prüm*

TRABEN
Lage *Würzgarten* **Erzeuger** *Rainer Knod*

ÜRZIG
Lage *Goldwingert* **Erzeuger** *Dr. Pauly-Bergweiler* • Lage *Prälat* **Erzeuger** *Dr. Loosen* • Lage *Würzgarten* **Erzeuger** *J. J. Christoffel, Dr. Loosen, Merkelbach*

GROSSLAGE ST. MICHAEL

Beliebte, meist aber überbewertete Weine kommen aus Klüsserath. Dagegen knüpfen die wundervollen Weine von Kirsten und Franz-Josef Regnery an die ruhmreiche Vergangenheit an. Detzem, Mehring und Schleich bieten gute Voraussetzungen, übertroffen werden sie jedoch von Leiwen. Hier ist es insbesondere die steile und sonnenreiche Lage Laurentiuslay, die sich jenseits des Flusses in ausgezeichneter Südwestlage erstreckt.

DETZEM
Lage *Würzgarten* **Erzeuger** *Walter Rauen*

KLÜSSERATH
Lage *Bruderschaft* **Erzeuger** *Kirsten, Franz-Josef Regnery*

KÖWERICH
Lage *Laurentiuslay* **Erzeuger** *Hoffmann-Simon (Piesport), Heinz Schmitt, Schweicher*

LEIWEN
Lage *Klostergarten* **Erzeuger** *Carl Loewen, Josef Rosch, Heinz Schmitt, St. Urbanshof, Bernhard Werner* • Lage *Laurentiuslay* **Erzeuger** *Grans-Fassian, Carl Loewen, Josef Rosch, St. Urbanshof, Stoffel*

MEHRING
Lage *Battenberg* **Erzeuger** *Winfried Reh*

SCHLEICH
Lage *Sonnenberg* **Erzeuger** *Winfried Reh*

BEREICH SAAR-RUWER

Zu diesem Bereich gehören zwei Großlagen mit den berühmtesten Nebenflüssen der Mosel, Saar und Ruwer. Man kann sich leicht merken, welche Großlage zu welchem Fluss gehört: Scharzberg zur Saar und Römerlay zur Ruwer.

GROSSLAGE RÖMERLAY

Die Großlage Römerlay umfasst die Weinberge der Ruwer sowie die alte Römerstadt Trier, dazu einige verstreute Lagen an der Mosel einschließlich eines Stücks auf dem linken Flussufer gegenüber von Trier. Die Ruwer ist zwar der kleinere der beiden Nebenflüsse, verfügt jedoch über einige außergewöhnlich gute Lagen in der Hand von begabten Winzern, die sehr aromatische, lebendige Weine liefern, rassig wie die Moselweine, nicht ganz so aggressiv wie die von der Saar. Der Qualitätsstandard ist hoch, und nur wenige Weine werden als Großlagenwein verkauft.

EITELSBACH
Lage *Karthäuserhofberg* **Erzeuger** *Karthäuserhof*

KASEL
Lage *Kehrnagel* **Erzeuger** *Karlsmühle, Winzergenossenschaft Kasel* • Lage *Nieschen* **Erzeuger** *Erben von Beulwitz, Reichsgraf von Kesselstatt, Karlsmühle*

LORENZHOF
Lage *Felsay* **Erzeuger** *Karlsmühle*

MERTESDORF
Lage *Herrenberg* **Erzeuger** *Morgen-Herres*

TRIER
Lage *Deutschherrenberg* **Erzeuger** *Peter Terges*

GROSSLAGE SCHARZBERG

Das Gebiet der Saar und kleine Teile der Mosel zwischen Konz und Trier gehören zu dieser Großlage. Die hier produzierten Weine sind sehr rassig, in der Jugend sind sie betont bissig und stahlig. Sie altern jedoch sehr harmonisch und entwickeln pikante Aromen. Unreife Saarweine können unangenehm dünn sein, hingegen sind Prädikatsweine vom Kabinett aufwärts fast ausnahmslos sehr erfreulich. Anders als Römerlay, die Großlage der Ruwer, wird diese Großlagenbezeichnung häufig benutzt.

AYL
Lage *Kupp* **Erzeuger** *Johann Peter Reinert*

FILZEN
Lage *Herrenberg* **Erzeuger** *Edmund Reverchon, Peter Lauer*

KANZEM
Lage *Altenberg* **Erzeuger** *von Othegraven*

OBEREMMEL
Lage *Karlsberg* **Erzeuger** *Reichsgraf von Kesselstatt* • Lage *Hütte* **Erzeuger** *von Hövel*

OCKFEN
Lage *Bockstein* **Erzeuger** *Jordan & Jordan, St. Urbanshof* (Leiwen)

SERRIG
Lage *Schloss Saarstein* **Erzeuger** *Schloss Saarstein* • Lage *Vogelsang* **Erzeuger** *Staatliche Weinbaudomäne* • Lage *Herrenberg* **Erzeuger** *Herrenberg – Bert Simon*

SAARBURG
Lage *Rausch* **Erzeuger** *Geltz-Zilliken, Dr. Heinz Wagner*

SCHARZHOFBERG
Lage *Scharzhofberger* **Erzeuger** *von Hövel, Jordan & Jordan, Reichsgraf von Kesselstatt, Egon Müller*

SCHODEN
Lage *Herrenberg* **Erzeuger** *Weinhof Herrenberg*

WILTINGEN
Lage *Klosterberg* **Erzeuger** *Johann Peter Reinert*

BEREICH OBERMOSEL

Im Bereich Obermosel liegen die ältesten Weinberge Deutschlands; bereits die Römer betrieben im 1. Jahrhundert n. Chr. hier Weinbau. Die Weinberge waren vorwiegend mit Elbling bestockt, die als die älteste Rebsorte Mitteleuropas gilt. Nach ihrer Verdrängung durch Riesling und Silvaner im 17. Jahrhundert wird sie heute nur noch hier an der oberen Mosel (in Deutschland fast ausschließlich), im benachbarten Luxemburg und in der Schweiz kultiviert. Aus ihr werden trockene frische Tischweine gekeltert und Grundweine für Sekt, wofür sie auch hauptsächlich verwendet werden.

GROSSLAGE KÖNIGSBERG

Keine herausragenden Weinorte, Lagen oder Winzer.

GROSSLAGE GIPFEL

Keine herausragenden Weinorte, Lagen oder Winzer. Respektabler Wein wird in Nittel gemacht.

BEREICH MOSELTOR

Im südlichsten Teil des Anbaugebiets Mosel–Saar–Ruwer verlässt die Moselle Frankreich und bildet nun als Mosel die deutsch-luxemburgische Grenze. Daher rührt der Name Moseltor für diesen Bereich.

GROSSLAGE SCHLOSS BÜBINGER

Der Bereich Moseltor besteht nur aus dieser Großlage. Die Weine (vorwiegend Elbling wie im Bereich Obermosel) dieser Gegend sind leicht und säurebetont und kaum von Bedeutung – außer für die Sekthersteller.

NAHE

Das sonnenreiche Mesoklima und vielgestaltige Bodentypen lassen im Anbaugebiet Nahe Weine entstehen, die mit der Eleganz eines Rheingauweins, dem Körper eines leichten Rheinhessen und der Säure eines Moselweins aufwarten können. Blumiges Bukett, intensives Aroma und weicher, sanfter Stil sind einzigartig.

Obwohl es Strassen und Villen aus der Römerzeit zuhauf gibt, kam der Weinanbau relativ spät an die Nahe. Die frühesten Zeugnisse datieren ins 8. Jahrhundert. Trotz Erweiterung der Anbauflächen in den Zeiten danach ist die Nahe bis heute erstaunlicherweise die am wenigsten bekannte Weinregion Deutschlands. Sie gehört zwar zu den kleineren Anbaugebieten, aber ihre Rebfläche umfasst immerhin etwa 4600 ha – sie ist somit zirka 1400 ha größer als diejenige des weitaus bekannteren Rheingaus. An den Weinen liegt der relativ niedrige Bekanntheitsgrad nicht, waren sie doch zu Zeiten, als dies noch erlaubt war, willkommene Verschnittpartner in der Pfalz – um die dortigen Weine spritziger zu machen – und an der Mosel – um den Moselweinen mehr Körper zu verleihen. Eigene Identität begann die Nahe erst in den 30er Jahren des 20. Jahrhunderts zu gewinnen, als sie erstmals offiziell als eigenständige Weinbauregion genannt wurde (zu Beginn jenes Jahrhunderts wurden Nahe-Weine sogar noch als »Rheinwein« verkauft). Ihre heutigen Grenzen erhielt das Gebiet mit dem Weingesetz von 1974. Die Tatsache, dass die Nahe ein kleines Anbaugebiet ist, ließe sich zum Marktvorteil wenden; dafür muss allerdings überwiegend Riesling angebaut und auf die Exklusivität der Weine abgestellt werden. Aus dieser Erkenntnis hat der Regionalverband »Prädikatsweingüter der Nahe« die einzig richtigen Schlüsse gezogen. Im Jahr 1997 wurde ein Riesling-Statut erlassen, das einer vorbildlichen Lagenklassifikation gleichkommt. Die Nahe-Prädikatsweingüter haben sich unter anderem freiwillig verpflichtet, nur noch Rieslinge aus den traditionellen Spitzenlagen der Nahe mit Lagenbezeichnung anzubieten. Sämtliche Rieslinge aus anderen Lagen werden nur noch mit Orts- oder Gutsbezeichnung vermarktet.

DAS ANBAUGEBIET AUF EINEN BLICK

Rebfläche
4665 ha

Durchschnittlicher Ertrag
80 hl pro ha

Rotwein 7 %

Weißwein 93 %

Rebsorten
27 % Riesling, 23 % Müller-Thurgau, 11 % Silvaner, 8 % Kerner, 31 % andere

Struktur
1 Bereich, 7 Großlagen, 328 Einzellagen

Anmerkung: Die Weinberge des Anbaugebiets erstrecken sich über 80 Gemeinden, deren Namen auf dem Etikett erscheinen dürfen.

KLASSIFIZIERUNG UND ERTRÄGE

MINDEST-ÖCHSLE	QUALITÄTSSTUFE	VERTEILUNG 1992	1993	1994	1995
44°	Deutscher Tafelwein	20 %	–	4 %	4 %
50°	Landwein				
57–60°	Qualitätswein b. A.*	76 %	57 %	80 %	88 %
70–73°	Kabinett*	3 %	27 %	14 %	8 %
78–82°	Spätlese*	1 %	13 %	2 %	–
85–92°	Auslese*	–	3 %	–	–
120°	Beerenauslese				
120°	Eiswein				
150°	Trockenbeerenauslese				

* Die Mindest-Öchslegrade variieren entsprechend der Rebsorte; für Sorten mit geringerem natürlichem Zuckergehalt gelten niedrigere Werte.

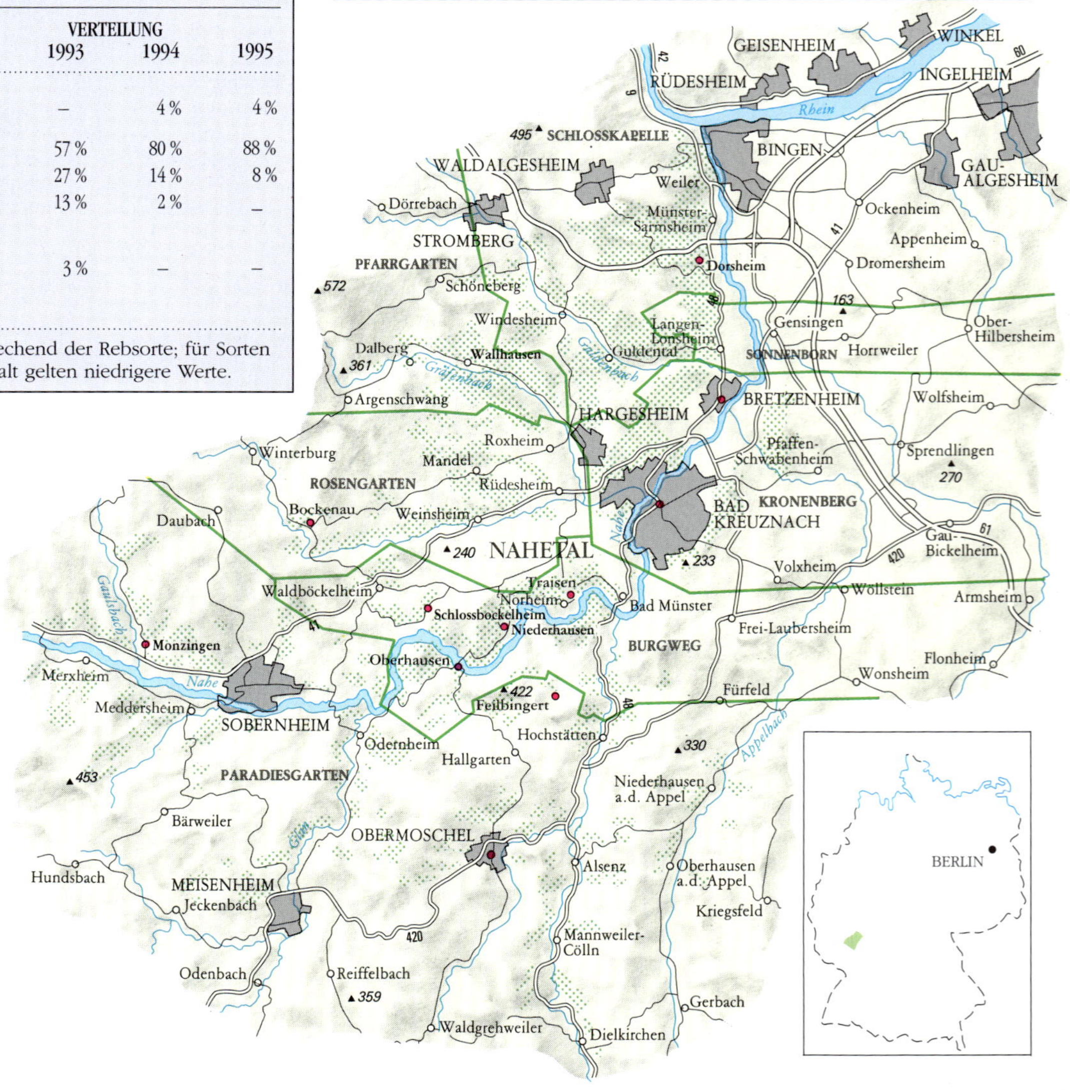

NAHE *Siehe auch* S. 261
Zwischen Rheinhessen und dem Mittelrhein liegt das Anbaugebiet Nahe. Der Fluss hat zahlreiche Nebenflüsse, die sich zwischen spektakulär überhängenden Felsen hindurchschlängeln.

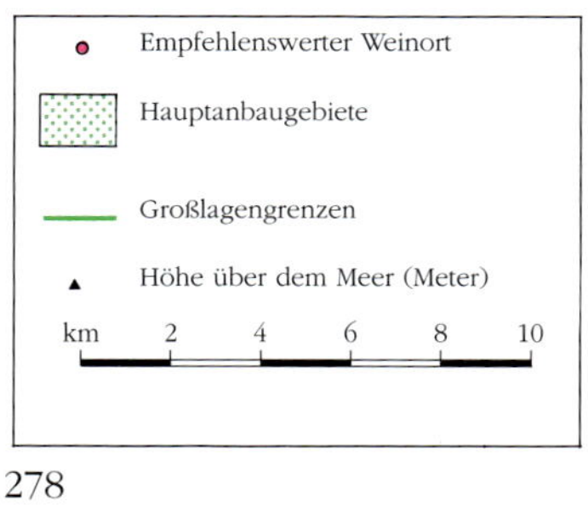

GESCHMACKS- UND QUALITÄTSFAKTOREN

LAGE
Das Anbaugebiet erstreckt sich zwischen Rheinhessen und dem Mittelrhein an der Nahe, die südöstlich parallel zur Mosel verläuft.

KLIMA
Gemäßigtes, sonniges Klima ohne Frost und mit oft geringen Niederschlägen. Die örtlichen Verhältnisse werden durch den Soonwald im Nordosten und Wärme speichernde Felsformationen im Osten günstig beeinflusst. In den geschützten, nach Süden ausgerichteten Weinbergen herrscht ein beinahe mediterranes Mesoklima.

TOPOGRAFIE
Weinberge sind sowohl auf sanften Hügeln wie an steilen Hängen an der Nahe und ihren Nebenflüssen zu finden. Die Reben wachsen in Höhen zwischen 100 und 300 m.

BÖDEN
Verschiedene Bodenarten: Quarz und Schiefer am Unterlauf, Porphyr (harter Fels mit geringem Kalkanteil), Melaphyr (harter Fels mit hohem Kalkanteil) und Buntsandstein am mittleren und oberen Flusslauf. In der Nähe von Bad Kreuznach findet man Ton, Sandstein, Löss und Lehm vor. Die besten Rieslinge wachsen dort auf Sandstein.

WEINBAU UND WEINBEREITUNG
Seit Mitte der 1960er Jahre hat der Anbau von Riesling und Silvaner um 20 bzw. 15 % abgenommen. Dennoch ist Riesling heute mit 27 % die meist gepflanzte Rebe an der Nahe. Die Veränderungen erklären sich aus dem steigenden Anbau von Kreuzungen wie Kerner, Scheurebe und Bacchus. Die Methoden der Vinifikation sind traditionell und gleichzeitig sehr effizient. Winzergenossenschaften verarbeiten mit moderner Technik lediglich 20 % der Ernte.
Beachtliche 40 % des gesamten Weins der Region werden von kleinen Erzeugern hergestellt und von ihnen auch zum großen Teil direkt vermarktet. Die übrigen 40 % fallen an die traditionellen Weinhandels- und Exporthäuser.

HAUPTREBSORTEN
Müller-Thurgau, Riesling, Silvaner

WEITERE REBSORTEN
Bacchus, Faberrebe, Kerner, Scheurebe, Ruländer, Weißburgunder

DIE HERKUNFTSBEZEICHNUNGEN AN DER

NAHE

BEREICH NAHETAL

Der Bereich ist identisch mit dem Anbaugebiet Nahe und ersetzt die früheren Bereiche Kreuznach (Untere Nahe) und Schlossböckelheim (Obere Nahe). Ein positives Zeichen setzten 1997 einige VDP-Nahe-Weingüter (Verband deutscher Prädikats- und Qualitätsweingüter) mit dem Riesling-Statut: Sie bieten Qualität deutlich über der gesetzlich verlangten.

GROSSLAGE BURGWEG

Nicht zu verwechseln mit den gleichnamigen Großlagen im Rheingau und in Franken. Der hier produzierte Riesling zählt zum Besten, was die Nahe zu bieten hat, die Schlossböckelheimer Kupfergrube gilt mit als beste Lage.

NIEDERHAUSEN
Lage *Hermannshöhle* **Erzeuger** *Hermann Dönnhoff* • **Lage** *Hermannsberg* **Erzeuger** *Staatsdomäne Niederhausen-Schlossböckelheim, Oskar Mathern* • **Lage** *Rosenberg* **Erzeuger** *Oskar Mathern*

NORHEIM
Lage *Dellchen* **Erzeuger** *Lötzbeyer, Oskar Mathern*

OBERHAUSEN
Lage *Brücke* **Erzeuger** *Hermann Dönnhoff*

SCHLOSSBÖCKELHEIM
Lage *Kupfergrube* **Erzeuger** *Staatsdomäne Niederhausen-Schlossböckelheim* • **Lage** *Felsenberg* **Erzeuger** *Hans Crusius*

TRAISEN
Lage *Bastei* **Erzeuger** *Staatsdomäne Niederhausen-Schlossböckelheim* • **Lage** *Rotenfels* **Erzeuger** *Hans Crusius*

GROSSLAGE KRONENBERG

Die herausragenden Weine, allesamt Riesling, tragen die Namen der Einzellagen. Charakteristisch ist ihre fantastische Mischung aus blumigem Aroma und weicher, dennoch rassiger Säure.

BAD KREUZNACH
Lage *Krötenpfuhl* **Erzeuger** *Paul Anheuser* • **Lage** *Narrenkappe* **Erzeuger** *Paul Anheuser*

BRETZENHEIM
Lage *Pastorei* **Erzeuger** *K. Schmidt*

GROSSLAGE PFARRGARTEN

Die Großlage Pfarrgarten bei Bad Kreuznach ist verhältnismäßig klein und intensiv bebaut. Die Weine von Wallhausen, nordwestlich von Bad Kreuznach gelegen, sind die besten.

DALBERG
Lage *Schlossberg* **Erzeuger** *Prinz zu Salm*

WALLHAUSEN
Lage *Johannisberg* **Erzeuger** *Prinz zu Salm* • **Lage** *Schloss Wallhausen* **Erzeuger** *Prinz zu Salm*

GROSSLAGE PARADIESGARTEN

Diese Großlage umfasst weit verstreut liegende Weinberge von extrem unterschiedlicher Qualität. Mit Ausnahme von Oberndorf kommen alle sehr guten Weine aus dem östlichen Zipfel der Nahe. Die wenig bekannten Weine dieser Gegend bieten einen exzellenten Gegenwert.

FEILBINGERT
Lage *Königsgarten* **Erzeuger** *Adolf Lötzbeyer*

MONZINGEN
Lage *Halenberg* **Erzeuger** *Emrich-Schönleber*

OBERNDORF
Großlagenweine *Alisencia* **Erzeuger** *Hahnmühle*

GROSSLAGE ROSENGARTEN

Der echte, berühmte Rüdesheimer Rosengarten ist ein großartiger Rheingau-Riesling von einer Einzellage mit dem Namen Rosengarten. Die von der Nahe stammende Version ist ein ehrlicher Wein, allerdings ohne besondere Qualitäten, ein bescheidener Großlagenwein, oft ein Verschnitt von Müller-Thurgau und Silvaner.

BOCKENAU
Lage *Stromberg* **Erzeuger** *Schäfer-Fröhlich*

ROXHEIM
Lage *Berg* **Erzeuger** *Prinz zu Salm*

GROSSLAGE SCHLOSSKAPELLE

Aus Münster-Sarmsheim und Dorsheim in dieser Großlage kommen attraktive Weine von hoher Qualität und sehr gutem Preis-Leistungs-Verhältnis. Die vollen, reichen Rieslinge und daneben Grau- und Weißburgunder sind einwandfrei.

DORSHEIM
Lage *Pittermännchen* **Erzeuger** *Joh. Bapt. Schäfer* • **Lage** *Goldloch* **Erzeuger** *Schlossgut Diel*

MÜNSTER-SARMSHEIM
Lage *Dautenpflänzer* **Erzeuger** *Göttelmann, Kruger-Rumpf* • **Lage** *Rheinberg* **Erzeuger** *Göttelmann* • **Lage** *Pittersberg* **Erzeuger** *Kruger-Rumpf* • **Großlagenwein:** **Erzeuger** *Kruger-Rumpf*

GROSSLAGE SONNENBORN

Die Großlage Sonnenborn besteht aus einer Gemeinde. In Langenlonsheim produzieren einige Winzer recht interessante und ansprechende Weine.

LANGENLOSHEIM
Lage *Lauerweg* **Erzeuger** *Wilhelm Sitzius* • **Lage** *Löhrer Berg* **Erzeuger** *Wilhelm Sitzius, Tesch* • **Lage** *Steinchen* • **Erzeuger** *Bürgermeister Willi Schweinhardt Nachf.*

RHEINGAU

Der Riesling, die absolute Krönung deutschen Weins, ist mehr als irgendwo sonst in und um Johannisberg im Rheingau zu Hause. Nur hier bringt die Rieslingtraube diese üppigen, saftig-reifen Weine hervor mit ihrem charakteristischen samtenen Pfirsicharoma.

In vielen Ländern der Welt dient die Bezeichnung »Johannisberg Riesling« zur Unterscheidung der echten Rieslingtraube von den vielen falschen und minderwertigen Sorten, die sich ebenfalls Riesling nennen. Es besteht kein Zweifel, dass die Rieslingtraube auf diesem einen sonnenverwöhnten Hang mit Namen Johannisberg zu einzigartiger Fülle heranreift.

Selbst als QbA hinterlässt der gelassene, selbstbewusste Typ eines guten Rheingauweins einen weichen, eleganten Wohlgeschmack von Pfirsichen im Mund. Der Wein nimmt allmählich einen jugendfrischen, honigartigen Charakter an, der jedoch nichts mit Edelfäule, Überreife oder Flaschenalterung zu tun hat.

WEINANBAU IM RHEINGAU
Über 80 % der Reben sind Riesling, und an diesen Hängen entwickelt der Wein sein traditionelles Pfirsicharoma.

KLASSIFIZIERUNG UND ERTRÄGE

MINDEST-ÖCHSLE	QUALITÄTSSTUFE	VERTEILUNG 1992	1993	1994	1995
44°	Deutscher Tafelwein	20 %	–	3 %	2 %
53°	Landwein				
57–60°	Qualitätswein b. A.*	79 %	40 %	72 %	89 %
73–80°	Kabinett*	1 %	53 %	21 %	8 %
85–95°	Spätlese*	–	6 %	4 %	1 %
55–105°	Auslese *	–	1 %	–	–
125°	Beerenauslese				
125°	Eiswein				
150°	Trockenbeerenauslese				

* Die Mindest-Öchslegrade variieren entsprechend der Rebsorte; für Sorten mit geringerem natürlichem Zuckergehalt gelten niedrigere Werte.

DAS ANBAUGEBIET AUF EINEN BLICK

Rebfläche
3288 ha

Durchschnittlicher Ertrag
64 hl pro ha

Rotwein 10 %

Weißwein 90 %

Rebsorten
81 % Riesling, 9 % Spätburgunder, 4 % Müller-Thurgau, 6 % andere

Struktur
1 Bereich
10 Großlagen
118 Einzellagen

Anmerkung: Das Anbaugebiet Rheingau erstreckt sich über 28 Gemeinden, deren Namen auf dem Etikett erscheinen dürfen.

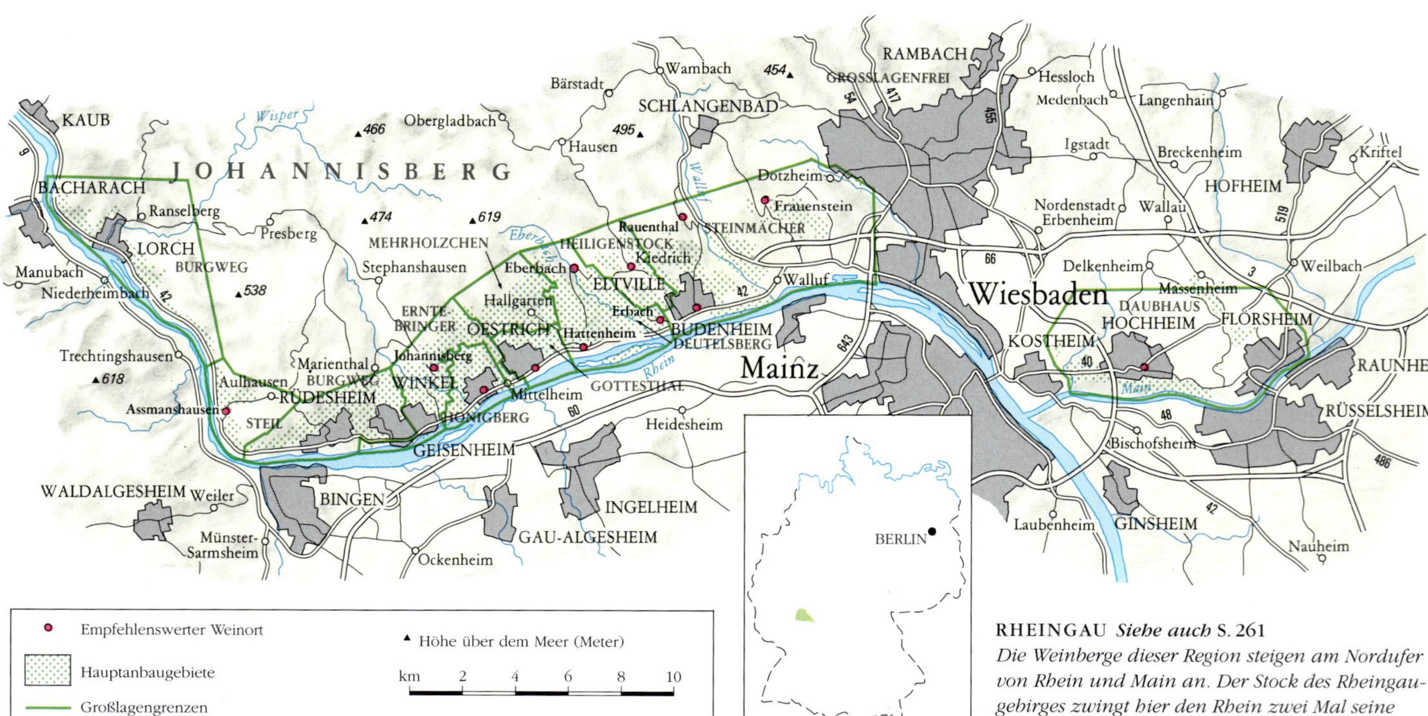

RHEINGAU *Siehe auch* S. 261
Die Weinberge dieser Region steigen am Nordufer von Rhein und Main an. Der Stock des Rheingaugebirges zwingt hier den Rhein zwei Mal seine Richtung zu wechseln.

DIE CHARTA RHEINGAU

Während die neuen trockenen Weine Deutschlands große Begeisterung hervorriefen, wurden sich mehrere Spitzenerzeuger des Rheingaus der schlechten Qualität der für den Export bestimmten Massenverschnitte bewusst. Da die Top-Weingüter schon immer eher trockene Weine produziert hatten, fürchteten sie um ihren guten Ruf, wenn weiterhin minderwertiger Wein mit der Kennzeichnung »trocken« produziert würde, und man schloss sich zu einem Schutzbündnis zusammen. Im Jahre 1984 wurde die Vereinigung der Charta-Weingüter gegründet, um »den klassischen Typ des Rheingauer Rieslings zu fördern, die Qualität der Rheingauer Weine anzuheben und sie unverwechselbar gegenüber anderen Anbaugebieten zu machen«. Obwohl die Durchsetzung dieser Idee auf die aktive Unterstützung nahezu aller Spitzenerzeuger angewiesen war, gebührt dem unermüdlichen Bernhard Breuer als treibender Kraft der Charta-Vereinigung besondere Erwähnung. Unter seiner Führung wurde die Charta zum Gegenentwurf offizieller Kontrollsysteme, indem sie auf höchstmögliche Qualität zielt, anstatt sich mit dem kleinsten gemeinsamen Nenner zu begnügen. Waren die zunächst festgelegten Regeln schon ungewöhnlich streng, so hielt das Breuer nicht davon ab, die Schraube alle paar Jahre mit noch rigideren Vorschriften weiter anzuziehen. Im Jahr 1999 wurde die Charta mit dem Rheingauer Verband der Prädikatsweingüter (VDP) vereint.

TROCKENE WEINE

Einer von fünf deutschen Weinen trägt die Kennzeichnung »trocken«, aber viele sind dünn und flach. Die von vornherein reiferen Trauben der zur Charta des Rheingaus zählenden Güter ergeben üppigeren, volleren Wein, der sich für den trockenen Ausbau anbietet. Doch seit den frühen 1990er Jahren gibt es in großer Zahl trockene Weine auch aus anderen Anbaugebieten. Sie sind mittlerweile ausgewogen und von einer Eleganz, die in den späten 80er Jahren nicht einmal die besten aufwiesen. Edelfaule Trauben verleihen der Spätlese und der Auslese eine kraftvolle Vielschichtigkeit, wie man sie von anderen Weinen nicht kennt. In der Jugend sind sie sehr schön zugänglich, doch nur selten werden sie nach der ersten Blüte noch besser.

SCHLOSS VOLLRADS
Dieses in der Weinwelt berühmte Schloss wurde um das Jahr 1300 von den Grafen Greiffenclau erbaut.

DIE REGELN DER CHARTA

Ich habe viele Charta-Weine verkostet, und ich bin überzeugt, dass sie anderen Rheingau-Weinen wirklich überlegen sind. Allerdings unterliegen nur die trocken ausgebauten Weine den Regeln der Charta; die großartigen süßen Rheingau-Weine von der Auslese aufwärts sind noch von ihnen ausgenommen. Einen Charta-Wein erkennt man an der für den Rheingau typischen hohen, schlanken braunen Schlegelflasche und an dem stilisierten romanischen Doppelbogen, der die weiße Kapsel, das Etikett und das Rückenetikett ziert. Über die Zuerkennung des Gütesiegels entscheidet eine Blindverkostung, bei der »normale« Weine ähnlicher Herkunft und Kategorie zum Vergleich herangezogen werden. Die zur Prüfung und Probe eingereichten Weine müssen den Vergleichsweinen in allen vorgegebenen Kriterien überlegen sein. Die Weine, die für die Charta geprüft werden sollen, und die normalen Vergleichsweine müssen das Prüfprotokoll für die Amtliche Prüfnummer, (die AP-Nummer, *siehe* S. 262) vorweisen. Das Testergebnis wird bei der Vereinigung der Charta-Weingüter hinterlegt und kann bei einem Betrugsvorwurf herangezogen werden.

Charta-Weine werden vor und nach der Flaschenabfüllung organoleptisch, d. h. nach Geschmack, Geruch und Aussehen, geprüft. Eine weitere Prüfung stellt fest, ob der bei der ersten Prüfung vorgestellte Wein unverändert abgefüllt wurde.

Winzer, die sich für ihre Weine um das Charta-Siegel bemühen, müssen über die amtlichen Analysedokumente verfügen, und ihre zur Prüfung präsentierten Weine müssen darüber hinaus den von der Charta-Vereinigung festgesetzten Kriterien genügen.

Weine, die sich um das Charta-Siegel bewerben, müssen zu 100 % eigenes Erzeugnis, zu 100 % Riesling und typisch für Riesling, Jahrgang und Lage sein. QbA und Kabinett müssen mindestens 8 ‰ (Promille), Spätlese mindestens 7,5 ‰ Säuren haben; die Restsüße darf maximal 3 g pro l über dem Säuregehalt liegen.

Die Ersten Gewächse, die Weine aus der ursprünglichen und authentischen Lage, müssen darüber hinaus folgende Forderungen erfüllen:

Es dürfen nur Trauben von Flächen verwendet werden, die von der Charta klassifiziert wurden.

Der Höchstertrag darf 50 hl pro ha nicht übersteigen.

Die Lese der Trauben muss selektiv per Hand erfolgen.

Der Gesamtalkoholgehalt muss mindestens 12 % betragen.

Eine besondere Qualitätsbezeichnung (zum Beispiel QmP) erfolgt nicht.

Charta-Flasche

Kapsel

Rückenetikett

KAPSEL UND RÜCKENETIKETT
Alle Weine, die die Prüfung durch die Charta absolviert haben, tragen auf der Kapsel und auf dem Rückenetikett das Gütesiegel, den romanischen Doppelbogen (Biforium).

CHARTA-FLASCHE
Ursprünglich waren alle Flaschen, wie hier zu sehen, mit dem Charta-Logo als Relief hergestellt. Die Produktionskosten benachteiligten kleinere Erzeuger, sodass die zusätzliche Kennzeichnung nunmehr optional ist.

DIE LAGE BERG SCHLOSSBERG IN RÜDESHEIM
Die nach Süden geneigten Hänge der Lage Berg Schlossberg erfreuen sich einer perfekten Sonnenexposition.

GESCHMACKS- UND QUALITÄTSFAKTOREN

LAGE
Der Rheingau ist ein zusammenhängendes Gebiet, das am Nordufer von Rhein und Main zwischen Bingen und Mainz liegt.

KLIMA
Die ausgleichende Wirkung der Flüsse schützt die Reben vor Kälte. Darüber hinaus werden sie durch die Taunusberge abgeschirmt. Die Sonnenscheindauer liegt während der Wachstumsperiode über dem Durchschnitt.

TOPOGRAFIE
Der Wein wächst in Höhen zwischen 100 und 300 m auf überwiegend nach Süden ausgerichteten Hängen.

BÖDEN
Der beste Riesling wächst in den höheren Lagen auf Quarzit und verwittertem Schiefergestein, während in den unteren Lagen Lehm, Löss, Ton und sandige Kiesböden vollere und robustere Weine hervorbringen. Der blaue Phyllit bei Assmannshausen gilt traditionell als besonders günstig für Spätburgunder.

WEINBAU UND WEINBEREITUNG
Es gibt um die 500 unabhängige Weingüter und etwa 2600 private Winzer. Viele von ihnen produzieren und vermarkten ihren Wein selbst. Riesling stellt etwa 80 % der angebauten Reben. Traditionell werden die Weine – mit Ausnahme ausgesprochen süßer Varianten – trockener ausgebaut als anderswo. Assmannshausen ist berühmt für seinen Rotwein, der zu den besten Deutschlands zählt.

HAUPTREBSORTE
Riesling

WEITERE REBSORTEN
Ehrenfelser, Kerner, Müller-Thurgau, Silvaner, Spätburgunder

VON DER CHARTA KLASSIFIZIERTE LAGEN

Achten Sie auf Charta-Einzellagenweine, die am unteren Rand des Vorderetiketts ein schwarzes Band mit drei romanischen Biforien aufweisen. Dies zeigt an, dass der Wein nicht aus den inflationär gebrauchten Einzellagen der amtlichen Klassifizierung stammt, sondern ein so genanntes »Erstes Gewächs« aus der ursprünglichen, authentischen Lage ist. Diese Weine müssen denselben Anforderungen genügen wie oben beschrieben (d. h. trocken und ohne Prädikat). Es werden aber auch neue Regeln erarbeitet, die für edelfaule Weine und trockene Spätburgunder gelten sollen. Geplant ist auch eine Aufnahme klassisch fruchtiger Spätlesen in die Kriterienliste. Der Unterschied zwischen der Größe der offiziellen und der originalen Einzellagen kann beträchtlich sein (*siehe* Tabelle).

WEINORT	EINZELLAGE	GRÖSSE (IN HEKTAR) amtlich	Charta	ERWEITERUNG 1971
Lorch	Lorch	28,1	12,3	128 %
Lorch	Lorch	56,9	17,9	218 %
Lorch	Lorch	14,5	7,5	93 %
Assmannshausen	Assmannshausen	43,4	20,0	117 %
Rüdesheim	Rüdesheim	25,5	23,2	10 %
Rüdesheim	Rüdesheim	26,7	16,2	65 %
Rüdesheim	Rüdesheim	36,2	32,3	12 %
Geisenheim	Geisenheim	44,4	5,6	693 %
Geisenheim	Geisenheim	26,8	9,0	198 %
Geisenheim	Geisenheim	57,6	14,3	303 %
Geisenheim	Geisenheim	32,6	3,6	806 %
Johannisberg	Johannisberg	21,9	16,6	32 %
Johannisberg	Johannisberg	2,0	2,0	0 %
Johannisberg	Johannisberg	20,9	6,2	237 %
Johannisberg	Johannisberg	6,5	6,5	0 %
Winkel	Winkel	31,2	26,0	20 %
Winkel	Winkel	103,8	19,9	421 %
Winkel	Winkel	37,7	15,0	151 %
Mittelrhein	Mittelrhein	44,8	6,7	569 %
Oestrich	Oestrich	130,6	35,8	265 %
Oestrich	Oestrich	137,9	38,4	259 %
Hattenheim	Hattenheim	14,1	10,5	34 %
Hattenheim	Hattenheim	8,1	8,1	0 %
Hattenheim	Hattenheim	6,6	6,6	0 %
Hattenheim	Hattenheim	10,8	10,8	0 %
Hattenheim	Hattenheim	16,9	9,7	74 %
Hattenheim	Hattenheim	36,7	26,9	36 %
Hallgarten	Hallgarten	52,1	18,9	176 %
Erbach	Erbach	5,2	5,2	0 %
Erbach	Erbach	28,6	8,6	228 %
Erbach	Erbach	15,1	13,7	10 %
Erbach	Erbach	17,1	5,8	195 %

WEINORT	EINZELLAGE	GRÖSSE (IN HEKTAR) amtlich	Charta	ERWEITERUNG 1971
Erbach	Erbach	28,1	12,3	128 %
Kiedrich	Kiedrich	56,9	17,9	218 %
Kiedrich	Kiedrich	14,5	7,5	93 %
Eltville	Eltville	43,4	20,0	117 %
Rauenthal	Rauenthal	25,5	23,2	10 %
Rauenthal	Rauenthal	26,7	16,2	65 %
Rauenthal	Rauenthal	36,2	32,3	12 %
Rauenthal	Rauenthal	44,4	5,6	693 %
Rauenthal	Rauenthal	26,8	9,0	198 %
Martinsthal	Martinsthal	57,6	14,3	303 %
Martinsthal	Martinsthal	32,6	3,6	806 %
Walluf	Walluf	21,9	16,6	32 %
Wiesbaden	Wiesbaden	2,0	2,0	0 %
Hochheim	Hochheim	20,9	6,2	237 %
Hochheim	Hochheim	6,5	6,5	0 %
Hochheim	Hochheim	31,2	26,0	20 %
Hochheim	Hochheim	103,8	19,9	421 %

DIE HERKUNFTSBEZEICHNUNGEN IM

RHEINGAU

BEREICH JOHANNISBERG

Dieser Bereich umfasst den gesamten Rheingau. Mit seiner Bezeichnung wird der Name der berühmten Gemeinde Johannisberg mit dem gleichnamigen Schloss zum Nutzen weniger guter Weine vermarktet. Manche Erzeuger sind dazu übergegangen, die Großlage auf dem Etikett anzugeben (ohne das Wort »Großlage« zu benutzen); das bedeutet, dass der Wein aus einer bestimmten, möglicherweise besseren Lage kommt.

GROSSLAGE BURGWEG

Dies ist die westlichste Großlage. Ein Riesling mit dieser Bezeichnung kann sehr gut sein, aber einem Vergleich mit den großartigen Einzellagen innerhalb der Großlage wird er nicht standhalten. Einzellagenweine werden von renommierten Weingütern und von kleinen Winzern gemacht.

LORCH

Lage *Bodental-Steinberg* **Erzeuger** *Graf von Kanitz* • **Lage** *Kapellenberg* **Erzeuger** *Graf von Kanitz*

GEISENHEIM

Lage *Mäuerchen* **Erzeuger** *Prinz von Hessen* • **Lage** *Rothenberg* **Erzeuger** *Dr. Wegeler Erben*

RÜDESHEIM

Lage *Berg Rottland* **Erzeuger** *Georg Breuer, Johannishof Eser, Josef Leitz, Dr. Heinrich Nägeler* • **Lage** *Berg Schlossberg* **Erzeuger** *Georg Breuer, August Kessler, Josef Leitz, Kloster Eberbach* • **Lage** *Bischofsberg* **Erzeuger** *Georg Breuer, Schloss Schönborn* • **Lage** *Klosterberg* **Erzeuger** *Josef Leitz*

GROSSLAGE DAUBHAUS

Die besten Weine dieser Großlage, der östlichsten des Bereichs, gedeihen auf einer winzigen, abgelegenen, aber ausgezeichneten Rebfläche in Hochheim. Die Weine sind fest und voll, erreichen aber nicht ganz die Eleganz der Spitzengewächse aus dem Rheingau.

HOCHHEIM

Lage *Domdechaney* **Erzeuger** *Domdechant Werner'sches Weingut* • **Lage** *Kirchenstück* **Erzeuger** *Domdechant Werner'sches Weingut* • **Lage** *Hölle* **Erzeuger** *Franz Künstler, W. J. Schäfer*

WICKER

Lage *Mönchsgewann* **Erzeuger** *Joachim Flick*

GROSSLAGE DEUTELSBERG

Diese Großlage umfasst die sehr guten Weinberge von Erbach wie auch die unterschätzten Weinberge von Hattenheim mit ihren kräftigen, langlebigen Weinen. Außerdem gehören das berühmte Kloster Eberbach, das die Geschichte des Weinbaus in dieser Region geprägt hat, und die Insel Mariannenau dazu, auf der in kleinen Mengen Chardonnay angebaut wird.

HATTENHEIM

Lage *Pfaffenberg* **Erzeuger** *Domäne Schloss Schönborn* • **Lage** *Steinberg* **Erzeuger** *Staatsweingüter Kloster Eberbach* • **Lage** *Wisselbrunnen* **Erzeuger** *Freiherr zu Knyphausen, Hans Lang, Schloss Reinhartshausen, Hans Barth*

Großlagenweine: Erzeuger *Hans Barth*

GROSSLAGE ERNTEBRINGER

Der am weitesten verbreitete Rheingau-Großlagenwein ist auch der beste, wenn auch nicht mit den Einzellagen vergleichbar, insbesondere mit dem legendären Schloss Johannisberg und dem unterschätzten Johannisberger Klaus.

GEISENHEIM

Lage *Kläuserweg* **Erzeuger** *Prinz von Hessen*

JOHANNISBERG

Lage *Goldatzel* **Erzeuger** *Johannishof Eser* • **Lage** *Schloss Johannisberg* **Monopol-Erzeuger** *Domäne Schloss Johannisberg* • **Lage** *Klaus* **Erzeuger** *Prinz von Hessen, Johannishof Eser*

GROSSLAGE GOTTESTHAL

Zwischen den beiden Großlagen Deutelsberg und Honigberg liegt die Großlage Gottesthal mit vergleichsweise enttäuschenden Weinen. Allerdings gibt es einige ausgezeichnete langlebige Rieslinge.

OESTRICH

Lage *Lenchen* **Erzeuger** *J. Wegeler Erben, Peter Jakob Kühn* • **Lage** *Doosberg* **Erzeuger** *Josef Spreitz, Peter Jakob Kühn*

Großlagenweine: Erzeuger *Peter Jakob Kühn, Schloss Vollrads*

GROSSLAGE HEILIGENSTOCK

Das beste Erzeugnis dieser kleinen Großlage ist der fabelhafte Pfirsich-und-Honig-Riesling von Kiedrich. Selbst der Großlagenwein kann sehr gut sein.

KIEDRICH

Lage Gräfenberg **Erzeuger** Robert Weil

GROSSLAGE HONIGBERG

Diese Weine bieten alles, was man sich von den Spitzenerzeugnissen des Rheingaus erhoffen darf: Vitalität, Finesse und Eleganz mit delikater Pfirsich-Honig-Frucht.

ELTVILLE-ERBACH

Lage *Hohenrain* **Erzeuger** *Jakob Jung* • **Lage** *Marcobrunn* **Erzeuger** *Schloss Schönborn, Staatsweingut Kloster Eberbach* • **Lage** *Michelmark* **Erzeuger** *Jakob Jung* • **Lage** *Steinmorgen* **Erzeuger** *Jakob Jung*

WINKEL

Lage *Hasensprung* **Erzeuger** *Fritz Allendorf, Prinz von Hessen* • **Lage** *Jesuitengarten* **Erzeuger** *Fritz Allendorf, Breuer, Prinz von Hessen, J. Wegeler Erben*

GROSSLAGE MEHRHÖLZCHEN

Die Großlage Mehrhölzchen liegt auf höheren und steileren Hängen als der übrige Rheingau. Die Rebflächen sind fast ausschließlich mit Riesling bepflanzt, und der Wein ist fett, fast schwer. Seine volle Frucht zeigt bemerkenswert würzige Aromen.

HALLGARTEN

Lage *Jungfer* **Erzeuger** *Prinz*

GROSSLAGE STEIL

Die winzige Großlage Steil teilt die Großlage Burgweg. Berühmt ist Steil durch die Rotweine von Assmannshausen, gelegen am Rheindurchbruch. Die Weine sind weich und fein und zeigen reinen Sortencharakter, aber sie besitzen oft weder den Körper noch das Tannin, die man vom Rotwein erwartet, egal aus welchen Trauben oder aus welchem Landstrich. Die meisten Weinberge der Großlage sind steile Südwesthänge; der Höllenberg, der bekanntermaßen mit die besten Weine liefert, liegt an einem winzigen Nebenfluss auf einem Südhang.

ASSMANNSHAUSEN

Lage *Höllenberg* **Erzeuger** *August Kesseler, Staatsweingüter Assmannshausen, Robert König, Weingut Krone*

GROSSLAGE STEINMÄCHER

Die Weinberge dieser Großlage sind weniger intensiv bestockt als die Hauptanbauflächen des Rheingaus. Das bedeutet aber keineswegs, dass die hier produzierten Weine weniger eindrucksvoll wären.

RAUENTHAL

Lage *Baiken* **Erzeuger** *Staatsweingüter Kloster Eberbach, Freiherr Langwerth von Simmern* • **Lage** *Walkenberg* **Erzeuger** *J. B. Becker, Toni Jost – Hahnenhof* (Bacharach)

RHEINHESSEN

Rheinhessen ist die am intensivsten bewirtschaftete Qualitätsweinregion Deutschlands. Die bunte Palette der Böden und Rebsorten lässt kein pauschales Bild der hier produzierten Weine zu. Die Weine der Region sind überwiegend einfache, wenig anspruchsvolle Gewächse vom milden Silvaner bis zum aromatischen Müller-Thurgau. Man trifft, speziell an der Rheinfront, jedoch auch auf wirklich gute Rieslinge.

Rheinhessen ist aufs innigste mit der Liebfrauenmilch verknüpft. Das liegt zum einen daran, dass eine von zwei Flaschen hier produziert wird; zum anderen hat die Geschichte der Liebfrauenmilch hier ihren Ursprung, nämlich im berühmten Liebfrauenstift-Kirchenstück in Worms; und schließlich fabrizieren Sichel und Co. die vermutlich berühmteste Liebfrauenmilch in Alzey. Mit einem ähnlichen Stigma muss Nierstein leben, denn mit dem Namen verbinden sich bei Weinkennern unweigerlich die Billigweine mit den Herkunftsbezeichnungen Bereich Nierstein und Niersteiner Gutes Domtal, die den Markt überschwemmen und den Ruf ausgezeichneter Niersteiner Einzellagen schädigen.

GESCHMACKS- UND QUALITÄTSFAKTOREN

LAGE
Dieser Anbaubereich liegt im Dreieck zwischen den Städten Bingen, Mainz und Worms südlich des großen Rheinbogens.

KLIMA
Rheinhessen erfreut sich eines gemäßigten Klimas. Im Norden bietet der Taunus Schutz vor kalten Winden, im Osten der Odenwald. Die Weinberge in der Nähe des Rheins sind durch die Rheinterrasse geschützt.

TOPOGRAPHIE
Der Wein wächst an der Rheinterrasse in Höhen von 100 bis 200 m auf Ost- und Südosthängen. Im Hinterland, so beispielsweise im Alzeyer Hügelland, finden sich Weinberge in unterschiedlichsten Höhen und mit allen möglichen Ausrichtungen.

BÖDEN
Hauptsächlich Löss, der bei zwischeneiszeitlichen Sandstürmen abgelagert wurde, aber auch Kalk, sandiger Mergel, Quarzit, Porphyr und Tonschlick. Riesling-Winzer bevorzugen schwerere Mergelböden.

WEINBAU UND WEINBEREITUNG
Ein Großteil der Ernte stammt von riesigen Rebflächen und wird für billige Massenverschnitte verwendet. Das andere Extrem sind kleine Mengen sehr guter Weine von angesehenen Weingütern.

HAUPTREBSORTEN
Müller-Thurgau, Silvaner

WEITERE REBSORTEN
Bacchus, Faberrebe, Huxelrebe, Kerner, Morio-Muskat, Portugieser, Riesling, Scheurebe

DIE RHEINTERRASSE

Trotz der großen Menge belangloser Weine gibt es doch viele angesehene Winzer und Weingüter in diesem Anbaugebiet. Wenn Sie Qualität zu angemessenem Preis suchen, halten Sie Ausschau nach dem Etikett »Rheinterrasse«.

Neun an den Uferhängen des Flusses gelegene Weinorte haben sich zu der Vereinigung »Rhein-Terrasse« zusammengeschlossen. Es handelt sich um folgende Gemeinden und ihre Großlagen: Bodenheim in der Großlage St. Alban, Nackenheim in der Großlage Gutes

DIE RHEINTERRASSE IN NIERSTEIN
Nierstein ist einer der neun Weinorte an der Rheinterrasse, die ordentlichen Wein zu guten Preisen bieten. Eine Besonderheit der Gegend sind neue Rebsorten.

RHEINHESSEN *Siehe auch* S. 261
Eines der größten Weinbaugebiete Deutschlands, abwechslungsreich und vielgestaltig mit einer ganzen Reihe von Rebsorten.

Domtal; Nierstein teilt sich in die Großlagen Gutes Domtal, Spiegelberg, Rehbach und Auflangen; Oppenheim gehört zu den Großlagen Güldenmorgen und Krötenbrunnen; Dienheim zählt ebenfalls zu Krötenbrunnen; Guntersblum und Ludwigshöhe sind beide zum Teil Großlage Krötenbrunnen, zum Teil Vogelsgarten; schließlich Alsheim und Mettenheim in der Großlage Rheinblick.

DAS ALZEYER HÜGELLAND IM FRÜHLING
Gau-Heppenheim, 4 km nördlich von Alzey, in der riesigen Großlage Petersberg ist die Heimat der Liebfrauenmilch, ein Wein dessen Exportanteil 50 % ausmacht.

KLASSIFIZIERUNG UND ERTRÄGE

MINDEST-ÖCHSLE	QUALITÄTSSTUFE	VERTEILUNG 1992	1993	1994	1995
44°	Deutscher Tafelwein	10 %	–	1 %	4 %
53°	Landwein				
60–62°	Qualitätswein b. A.*	82 %	38 %	75 %	80 %
73–76°	Kabinett*	5 %	28 %	19 %	15 %
85–90°	Spätlese*	3 %	29 %	5 %	1 %
92–100°	Auslese*	–	5 %	–	–
125°	Beerenauslese				
125°	Eiswein				
150°	Trockenbeerenauslese				

* Die Mindest-Öchslegrade variieren entsprechend der Rebsorte; für Sorten mit geringerem natürlichem Zuckergehalt gelten niedrigere Werte.

DAS ANBAUGEBIET AUF EINEN BLICK

Rebfläche
26372 ha

Durchschnittlicher Ertrag
90 hl pro ha

Rotwein 11 %

Weißwein 89 %

Rebsorten
23 % Müller-Thurgau, 13 % Silvaner, 9 % Riesling, 9 % Kerner, 8 % Scheurebe, 7 % Bacchus, 31 % andere

Struktur
3 Bereiche
24 Großlagen
434 Einzellagen

Anmerkung: Die Weinberge des Anbaugebiets Rheinhessen erstrecken sich über 167 Gemeinden, deren Namen auf dem Etikett erscheinen dürfen.

DIE HERKUNFTSBEZEICHNUNGEN IN

RHEINHESSEN

BEREICH BINGEN

Im Westen an das Anbaugebiet Nahe grenzend, im Norden durch den Rhein vom Rheingau getrennt, ist der Bereich Bingen der kleinste der drei rheinhessischen Bereiche und im Hinblick auf Quantität und Qualität seiner Weine am wenigsten bedeutend.

GROSSLAGE ABTEY

Keine herausragenden Weinorte, Lagen oder Erzeuger; gute Qualität kommt aus St. Johann.

GROSSLAGE ADELBERG

In dem kleinen Ort Wörrstadt findet man einige preislich attraktive Weine, aber bezüglich Qualität gibt es in der Großlage Adelberg weder besonders herausragende Lagen noch Winzer.

GROSSLAGE KAISERPFALZ

Die Großlage Kaiserpfalz wird vorwiegend aus dem Tal am Unterlauf der Selz gebildet, eines Rhein-Nebenflusses zwischen Bingen und Mainz. Die Weinberge sind nach Osten und nach Westen ausgerichtet. Hier werden aus Portugieser und Spätburgunder die vielversprechendsten Rotweine der Region hergestellt. Ingelheim ist einer der Orte, die beanspruchen, Geburtsort Karls des Großen zu sein.

INGELHEIM-GROSS-WINTERNHEIM
✓ **Großlagenweine: Erzeuger** *Lunkenheimer-Lager*

JUGENHEIM
✓ **Lage** *St. Georgenberg* **Erzeuger** *Rainer Schick*

GROSSLAGE KURFÜRSTENSTÜCK

In Gau-Bickelheim ist die riesige zentrale Winzergenossenschaft Rheinhessens zu Hause; aber die besseren Weine kommen bisher von guten Erzeugern und aus der ausgezeichneten Staatsdomäne mit ihrer Einzellage Kapelle.

GROSSLAGE RHEINGRAFENSTEIN

Nicht alles, was den Namen Liebfrau trägt, ist Mittelmaß, wie die Weine vom Brühler Hof beweisen.

VOLXHEIM
✓ **Lage** *Liebfrau* **Erzeuger** *Brühler Hof*

GROSSLAGE SANKT ROCHUSKAPELLE

Bingen wird häufig eher dem Anbaugebiet Nahe als Rheinhessen zugerechnet. Tatsächlich aber gehören 14 der 18 Einzellagen zu dieser rheinhessischen Großlage, der besten im Bereich Bingen.

BINGEN-RÜDESHEIM
✓ **Lage** *Scharlachberg* **Erzeuger** *Villa Sachsen*

BEREICH NIERSTEIN

Obwohl dies ein berühmter Bereich mit großartigen Lagen und hervorragenden Erzeugern ist, gehören doch viele Weine dieser Herkunftsbezeichnung zu den einfacheren aus deutschen Landen. Weinliebhaber halten sich an bekannte Einzellagen und meiden die Großlagenweine völlig.

GROSSLAGE AUFLANGEN

Die beste von drei Großlagen in Nierstein und Umgebung (die beiden anderen Großlagen sind Rehbach und Spiegelberg). Die Weinberge erstrecken sich von der Mitte des Orts nach Westen und schließen die Süd- und Südosthänge eines winzigen Rhein-Nebenflusses ein, der durch Schwabsburg und nach Nordosten zum direkt am Rhein gelegenen Kranzberg fließt.

NIERSTEIN
✓ **Lage** *Kranzberg* **Erzeuger** *Reichert* • **Lage** *Heiligenbaum* **Erzeuger** *Seebrich* • **Lage** *Ölberg* **Erzeuger** *Heyl zu Herrnsheim, St. Antony, Seebrich, Senfter, Gunderloch, Staatliche Weinbaudomäne, J. Strub* • **Lage** *Orbel* **Erzeuger** *Georg Albrecht Schneider, J. Strub*

GROSSLAGE DOMHERR

Diese Großlage, deren Weinberge früher im Besitz der Kirche waren, verfügt über gute Lagen auf steilen Hängen, jedoch wenige herausragende Erzeuger. Hedesheimer Hof ist dabei, einen Ruf für den Stadecker Lenchen aufzubauen, doch ist dies ein großer und buntscheckiger Weinberg, an dem sich bisher nur wenige andere Erzeuger mehr oder weniger erfolgreich versucht haben.

STADECKEN
✓ **Lage** *Lenchen* **Erzeuger** *Hedesheimer Hof*

GROSSLAGE GÜLDENMORGEN

Güldenmorgen gehörte als ausgezeichnete Einzellage zu Oppenheim. Die heutige Großlage erstreckt sich über drei Gemeinden, und vom früheren Qualitätsanspruch ist nicht viel übrig geblieben, einzelne Weinberge ausgenommen. Die Weinberge des Orts Uelversheim, der in der Großlage Krötenbrunnen liegt, ragen im Osten in die Großlage Güldenmorgen hinein.

OPPENHEIM

Lage *Sackträger* **Erzeuger** *Kühling-Gillot*

GROSSLAGE GUTES DOMTAL

Diese Großlage ist ein ausgedehntes Gebiet im Hinterland des Rheins westlich der besseren Großlagen von Nierstein. Zwar umfasst sie 15 Gemeinden, hauptsächlich wird jedoch unter dem Namen Gutes Domtal (manchmal auch Domthal) verkauft, und zwar weit überwiegend minderwertige Ware, im Gegensatz zum wohlklingenden Namen, und sehr zum Schaden für die wirklich guten Niersteiner Weine.
Am bekanntesten ist Dexheim für seinen Doktor, so benannt nach dem großen Bernkasteler Doktor. Aber weder Dexheim im Allgemeinen noch der Doktor im Besonderen rechtfertigen die Aufmerksamkeit.

WEINOLSHEIM

Lage *Kehr* **Erzeuger** *Erich Manz*

GROSSLAGE KRÖTENBRUNNEN

Hierzu zählen jene Oppenheimer Weinberge, die nicht zur Großlage Güldenmorgen gehören, und die weitläufigen Weinberge von Guntersblum.

LUDWIGSHÖHE

Großlagenweine: Erzeuger *Dr. Becker*

GROSSLAGE PETERSBERG

Diese Großlage liegt südlich der Großlage Gutes Domtal, zwischen den Bereichen Bingen und Wonnegau. Trotz ihrer Größe hat die Großlage Petersberg kaum interessante Einzellagen oder Erzeuger zu bieten.

FRAMERSHEIM

Lage *Kreuzweg* **Erzeuger** *Dr. Hinkel*

GROSSLAGE REHBACH

Rehbach ist eine der besten Großlagen Rheinhessens. Der lange, schmale Streifen besteht aus steilen Weinterrassen, die sich über das Rheinufer nördlich von Nierstein erheben. Die hier gemachten Rieslinge sind aromatisch und intensiv, doch auch angenehm weich mit sehr rassigem Finale.

NIERSTEIN

Lage *Hipping* **Erzeuger** *Georg Albrecht Schneider, St. Antony, Heinrich Braun, Franz Karl Schmitt* • **Lage** *Pettenthal* **Erzeuger** *Heyl zu Herrnsheim, St. Antony, Gunderloch, Heinrich Braun, Julianenhof, Gehring*

GROSSLAGE RHEINBLICK

In diesem Gebiet werden überdurchschnittliche Großlagenweine hergestellt; außerdem gibt es einige wenige gute Lagenweine.

ALSHEIM

Lage *Frühmesse* **Erzeuger** *H. L. Menger (Eich), Weingut Rappenhof*

GROSSLAGE ST. ALBAN

Der größte Teil dieser unterbewerteten Großlage zwischen Mainz und Nierstein gehörte früher dem Kloster St. Alban, dessen Namen sie trägt. Die Einzellagenweine zeichnen sich durch angenehmen Charakter und ein gutes Preis-Leistungs-Verhältnis aus.

BODENHEIM

Lage *Burgweg* **Erzeuger** *Kühling-Gillot, Martinshof Acker*

GROSSLAGE SPIEGELBERG

Die Weinberge dieser größten der drei Großlagen in Nierstein und seiner Umgebung umschließen im Norden, Westen und Süden die Großlage Auflangen; der bekannte Ort Nierstein selbst hat Anteil sowohl an der Großlage Auflangen als auch am südlichen Teil der Großlage Spielberg. (Die dritte Großlage in Niersteins Umgebung ist Rehbach.) Ignorieren Sie die verbreiteten milden, nichts sagenden Großlagenweine, suchen Sie nach Tropfen von den guten Einzellagen zwischen Nierstein und Oppenheim.

NACKENHEIM

Lage *Rothenberg* **Erzeuger** *Gunderloch*

NIERSTEIN

Lage *Findling* **Erzeuger** *Niersteiner Winzergenossenschaft, Winzergenossenschaft Rheinfront* • **Lage** *Hölle* **Erzeuger** *J. und H. A. Strub* • **Lage** *Rosenberg* **Erzeuger** *Gehring*

GROSSLAGE VOGELSGÄRTEN

Zwar ist dies keine der besseren Weinregionen Rheinhessens, doch produziert das Weingut Ohnacker gute, runde, mitunter kraftvolle Weine, die zu suchen sich lohnt.

BEREICH WONNEGAU

Zu diesem am wenigsten bekannten der drei rheinhessischen Bereiche gehört die weltberühmte (jedoch nicht hochklassige) Einzellage Liebfrauenstift. Ihr gebührt der zweifelhafte Ruhm, Namenspatron der allseits bekannten Liebfrauenmilch zu sein.

GROSSLAGE BERGKLOSTER

Einige sehr gute Großlagenweine kommen aus Flomborn und Westhofen.

DINTESHEIM

Großlagenweine: Erzeuger Rauh

FLOMBORN

Lage *Goldberg* **Erzeuger** *Michel-Pfannebecker*

WESTHOFEN

Lage *Morstein* **Erzeuger** *Wittmann* • **Lage** *Steingrube* **Erzeuger** *Wittmann*

GROSSLAGE BURG RODENSTEIN

Die meisten Weine dieses Anbaugebiets werden unter dem Namen der Großlage verkauft. Sie sind meist von überdurchschnittlicher Qualität, wenn auch nicht so gut wie die besten Weine aus Einzellagen.

DALSHEIM

Lage *Hubacker* **Erzeuger** *Klaus und Hedwig Keller* • **Lage** *Sauloch* **Erzeuger** *Göhring, Klaus und Hedwig Keller* • **Lage** *Steig* **Erzeuger** *Klaus und Hedwig Keller*
Rotweinverschnitt: Erzeuger *Klaus und Hedwig Keller*

NIEDERFLÖRSHEIM

Lage *Frauenberg* **Erzeuger** *Göhring, Scherner-Kleinhanns* • **Lage** *Goldberg* **Erzeuger** *Göhring*

GROSSLAGE DOMBLICK

Es gibt hier nur wenige herausragende Erzeuger; gute Weine kommen aus Hohen-Sülzen. Die Großlage steht für meist gute Qualität.

MONSHEIM

Lage *Silberberg* **Erzeuger** *Keller (Flörsheim-Dalsheim)*

GROSSLAGE GOTTESHILFE

Ein winziges Gebiet nördlich von Worms, zu dem der hervorragende Weinort Bechtheim gehört.

BECHTHEIM

Großlagenweine: Erzeuger *Göhring, Scherner-Kleinhans*

GROSSLAGE LIEBFRAUENMORGEN

Die Großlage mit dem vertraut klingenden Namen schließt den berühmten Weingarten Liebfrauenstift-Kirchenstück in Worms ein, Ursprung des Namens Liebfrauenmilch.

GROSSLAGE PILGERPFAD

Die Großlage erstreckt sich zwischen Bechtheim und der umfangreichen Großlage Petersberg im Bereich Nierstein.

BECHTHEIM

Lage *Hasensprung* **Erzeuger** *Meiser*

MONZERNHEIM

Großlagenweine: Erzeuger *Weedenbornhof*

GROSSLAGE SYBILLENSTEIN

Es gibt keine herausragenden Weinorte, Lagen oder Erzeuger in dieser Großlage. Alzey mit seiner Lage Kapellenberg genießt einen Ruf für Qualitätswein. Hier war auch der Firmensitz von Sichel & Co., Produzent von Liebfrauenmilch Marke »Blue Nun«, produziert für den britischen und amerikanischen Markt.

ALZEY

Großlagenweine: Erzeuger *Gysler, Schlossmühlenhof*

PFALZ

Deutschlands aufsteigender Stern, die Pfalz (oder Rheinpfalz, wie sie bis vor einigen Jahren hieß), war schon immer fähig, Weine auf Weltniveau zu machen, doch erst jetzt tut man dies in großem Maßstab. Die besten Erzeuger liefern üppige, kraftvolle, würzige Weine, die eher an das Elsass erinnern als an dessen rechtsrheinischen Nachbarn Baden.

Im Weinmuseum zu Speyer in der Pfalz finden sich seltene Zeugnisse frühen Weinbaus auf deutschem Boden. Eine Glasamphore enthält unter einer dicken Schicht von Harz und Öl echten, goldenen, 1600 Jahre alten Wein, der von den Römern hergestellt wurde. Bis zum 12. Jahrhundert hatte der Bischof von Speyer die besten Weingärten der Pfalz in Besitz genommen, und sie blieben der Kirche erhalten, bis Napoleon sie beschlagnahmte. Nachdem der korsische Eroberer die Gegend etwas widerstrebend verlassen hatte, veränderten sich die gesellschaftlichen und wirtschaftlichen Verhältnisse in der Pfalz grundlegend und unwiderruflich. Mit der Neustrukturierung entwickelte sich eine weit weniger monopolistische Form des Landeigentums.

DIE PFALZ HEUTE

Die Pfalz erstreckt sich mit sonnenverwöhnten Weinbergen entlang der Haardt (des östlichen Rands des Pfälzer Walds) über 80 km in nord-südlicher Richtung. Ungefähr 25 000 Kleinwinzer bestellen im Durchschnitt weniger als 1 ha Rebfläche. Viele gehen einer Arbeit in der Stadt nach; für den Weinberg bleibt dann nur am Wochenende und nach Feierabend Zeit. Die meisten verkaufen ihre Trauben an Winzergenossenschaften, die etwa 25 % der riesigen Menge Pfälzer Weins produzieren. Es gibt allerdings auch eine große Gruppe von Weingütern, die beträchtlich größere Rebflächen bewirtschaften als der

PFALZ *Siehe auch* S. 261
Vor über 2000 Jahren haben die Römer hier einen Palast erbaut, eine »Pfalz«; das deutsche Wort leitet sich vom lateinischen »palatium« ab.

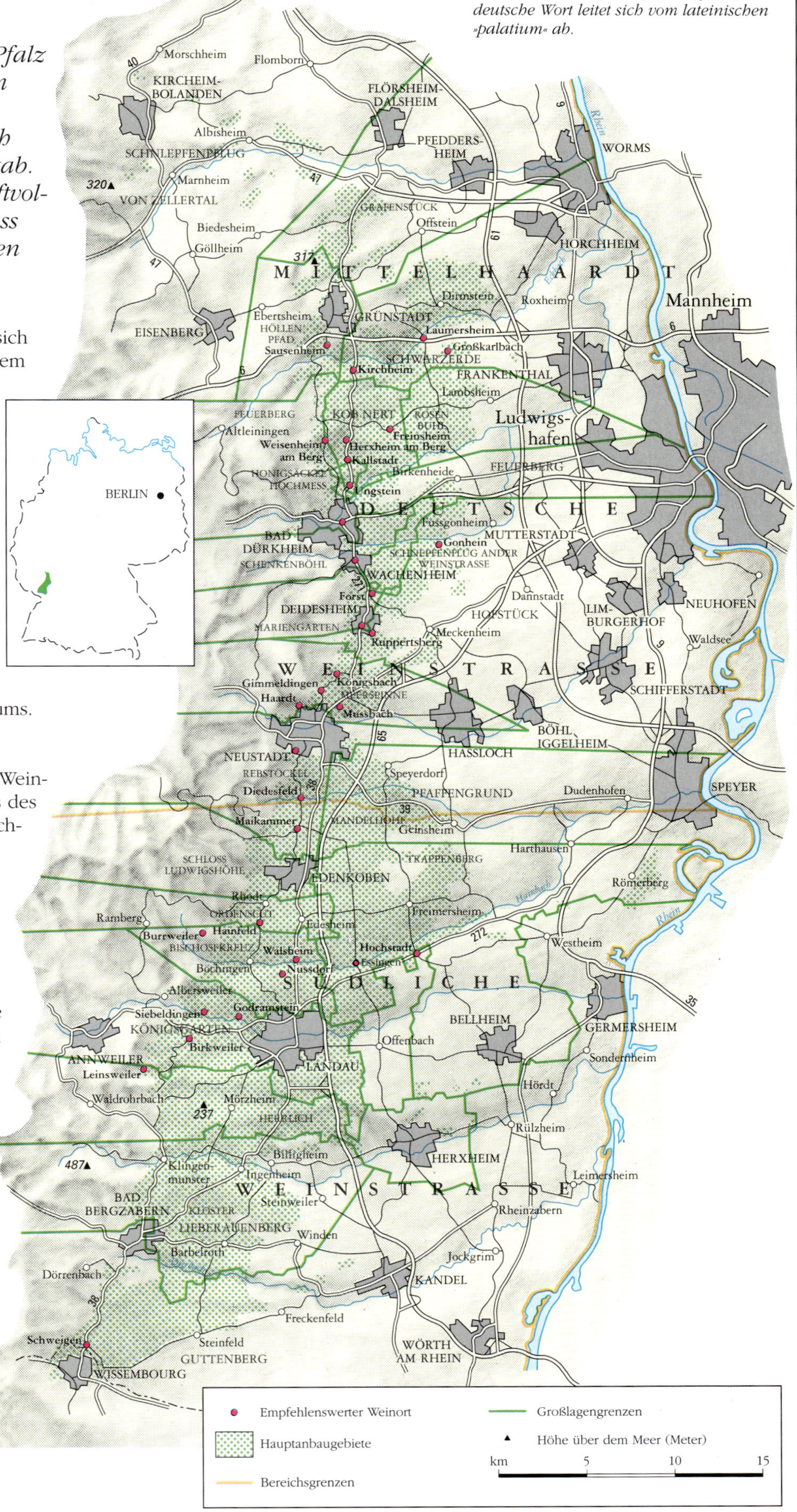

DAS ANBAUGEBIET AUF EINEN BLICK

Rebfläche
23 804 ha

Durchschnittlicher Ertrag
98 hl pro ha

Rotwein 18 %

Weißwein 82 %

Rebsorten
21 % Müller-Thurgau, 21 % Riesling, 11 % Kerner, 10 % Portugieser, 7 % Silvaner, 5 % Scheurebe, 4 % Dornfelder, 21 % andere

Struktur
2 Bereiche, 26 Großlagen, 335 Einzellagen

Anmerkung: Die Weinberge der Pfalz erstrecken sich über 170 Gemeinden, deren Namen auf dem Etikett erscheinen dürfen.

durchschnittliche Weinbauer. Die große Zahl unterschiedlicher Erzeuger, Traubensorten, Bodenarten und Kleinklimate verbindet sich zu einer Vielzahl von Weintypen. Es werden eine wachsende Zahl ausdrucksstarker sortenreiner Weine erzeugt. Diese Region liefert mehr Wein als jede andere in Deutschland, und sie verdankt ihre Spitzenstellung den privaten Weingütern.

KLASSIFIZIERUNG UND ERTRÄGE

MINDEST-ÖCHSLE	QUALITÄTSSTUFE	VERTEILUNG 1992	1993	1994	1995
44° 50–53°	Deutscher Tafelwein Landwein	30 %	–	12 %	12 %
60–62°	Qualitätswein b. A.*	60 %	47 %	78 %	78 %
73–76°	Kabinett*	10 %	32 %	8 %	8 %
85–90°	Spätlese*	–	17 %	2 %	2 %
92–100° 120° 120° 150°	Auslese* Beerenauslese Eiswein Trockenbeerenauslese	–	4 %	–	–

* Die Mindest-Öchslegrade variieren entsprechend der Rebsorte; für Sorten mit geringerem natürlichem Zuckergehalt gelten niedrigere Werte.

GESCHMACKS- UND QUALITÄTSFAKTOREN

LAGE
Das zweitgrößte deutsche Anbaugebiet erstreckt sich über 80 km von Rheinhessen bis zum Elsass; im Osten wird es durch den Rhein begrenzt, im Westen durch die Haardt.

KLIMA
Die Pfalz ist die sonnigste und trockenste Weinbauregion Deutschlands. Die schützenden Berge der Haardt und der Donnersberg im Norden begünstigen das freundliche Klima.

TOPOGRAFIE
Die Rebflächen liegen überwiegend in der Ebene oder auf sanft ansteigenden Hügeln in Höhen zwischen 100 und 250 m.

BÖDEN
Eine große Palette verschiedener Böden, von Lehm und verwittertem Sandstein bis zu zahlreichen Inseln von Kalkstein, Granit, Porphyr und tonhaltigem Schiefer.

WEINBAU UND WEINBEREITUNG
Die Pfalz produziert mehr Wein als jedes andere Anbaugebiet Deutschlands. Die führenden Weingüter bauen verhältnismäßig viel Riesling an, und ihre Weine genügen höchsten Ansprüchen. Hervorzuheben sind Gewürztraminer und Muskateller, die trocken ausgebaut ganz ausgezeichnet sind. Auch Weiß- und Grauburgunder gehören zum Repertoire.

HAUPTREBSORTEN
Kerner, Müller-Thurgau, Riesling

WEITERE REBSORTEN
Bacchus, Gewürztraminer, Huxelrebe, Morio-Muskat, Muskateller, Portugieser, Ruländer, Scheurebe, Silvaner

DIE HERKUNFTSBEZEICHNUNGEN IN DER

PFALZ

Eine Besonderheit der Pfalz besteht darin, dass jeder Großlagenname mit einem festgelegten Ortsnamen verbunden wird. Der Name des Orts wird im Folgenden unmittelbar unter der Großlage genannt.

BEREICH MITTELHAARDT - DEUTSCHE WEINSTRASSE

Die Qualität der Weine aus diesem Bereich ist hoch, einige können sich mit Einzellagen messen.

GROSSLAGE FEUERBERG

Bad Dürkheim

Eine vielseitige Großlage, die eine breite Palette voller, aromatischer Weine hervorbringt, von Gewürztraminern bis zu samtweichen Spätburgundern.

BAD DÜRKHEIM
✓ **Großlagenweine: Erzeuger** *Weigut Vier Jahreszeiten Egon Schmitt*

Weißweinverschnitt: Erzeuger *Egon Schmitt* (Thur, Duca XI)

GROSSLAGE GRAFENSTÜCK

Bockenheim an der Weinstraße

Ein Erzeuger in dieser Großlage glänzt inzwischen vor allen anderen mit einem hervorragenden Spätburgunder.

KINDENHEIM
✓ **Großlagenweine: Erzeuger** *Ludi Neiss*

GROSSLAGE HOCHMESS

Bad Dürkheim

Eine kleine, aber hervorragende Großlage mit den besten Weingärten Bad Dürkheims. Die beiden Großlagen Feuerberg, nördlich und östlich von Bad Dürkheim, und Schenkenböhl, südlich von Bad Dürkheim, stehen gleichfalls für gute Weine. Kennzeichnend für die Weine ist eine perfekte Harmonie zwischen Geschmacksfülle und blumigem Duft.

BAD DÜRKHEIM
✓ **Lage** *Hochbenn* **Erzeuger** *Kurt Darting, Weingut Vier Jahreszeiten* • **Lage** *Spielberg* **Erzeuger** *Kurt Darting, Fitz-Ritter, Karl Schaefer*

Großlagenweine *Weingut Vier Jahreszeiten*

GROSSLAGE HOFSTÜCK

Deidesheim

Die Großlage Hofstück produziert harmonische, noble, elegante Weine. Ihre herausragende Qualität beruht großenteils auf den günstigen Bodenverhältnissen.

DEIDESHEIM
✓ **Lage** *Nonnenstück* **Erzeuger** *Bürklin-Wolf, Reichsrat Buhl*

GÖNNHEIM
✓ **Lage** *Sonnenberg* **Erzeuger** *Rainer Eymann*

RUPPERTSBERG
✓ **Lage** *Gaisböhl* **Erzeuger** *Bürklin-Wolf* • **Lage** *Nussbien* **Erzeuger** *A. Christmann* • **Lage** *Reiterpfad* **Erzeuger** *Bassermann-Jordan, von Buhl, A. Christmann, Dr. Deinhard*

GROSSLAGE HÖLLENPFAD

Grünstadt

In dieser Großlage gedeihen Weine, die sich durch ihre attraktiven Aromen und ihren bemerkenswerten Körper auszeichnen. Höllenpfad liegt im nördlichen Teil der Pfalz.

SAUSENHEIM
✓ **Großlagenweine: Erzeuger** *Fluch-Gaul*

GROSSLAGE HONIGSÄCKEL

Ungstein

Eine kleine Großlage mit unterschiedlichen Böden, auf denen besonders die Scheurebe körperreiche, intensive Weine hervorbringt. Sie liegt am Beginn der klassischen Mittelhaardt.

UNGSTEIN
✓ **Lage** *Herrenberg* **Erzeuger** *Fuhrmann-Eymael, Fitz-Ritter*

GROSSLAGE KOBNERT

Kallstadt

Vor dem Weingesetz von 1971 eine Einzellage, heute eine sehr gute Großlage mit talentierten Erzeugern wie Bernd Philippi vom Weingut Koehler-Ruprecht. In der Umgebung von Kallstadt – der Name des Ortes deutet schon darauf hin – stehen die Reben auf Kalk, ein überaus heißer Boden, der in guten Jahren wuchtige Weine gedeihen lässt.

KALLSTADT
✓ **Lage** *Saumagen* **Erzeuger** *Koehler-Ruprecht* • **Lage** *Steinacker* **Erzeuger** *Koehler-Ruprecht*

HERXHEIM AM BERG
✓ **Großlagenweine: Erzeuger** Petri

GROSSLAGE MARIENGARTEN

Forst an der Weinstraße

Nirgendwo sonst in der Pfalz gibt es Riesling von solcher Finesse und Intensität. Hier finden sich die besten Erzeuger der Pfalz, denen sogar Großlagenweine zu etwas Besonderem geraten.

DEIDESHEIM
Lage *Kieselberg* Erzeuger *Wegeler-Deinhard* • Lage *Grainhübel* Erzeuger *Geheimer Rat Dr. von Basermann-Jordan, Josef Biffar, J. F. Kimich* • Lage *Herrgottsacker* Erzeuger *Josef Biffar* • Lage *Hohenmorgen* Erzeuger *Bassermann-Jordan, Bürklin-Wolf, A. Christmann* • Lage *Maushöhle* Erzeuger *Josef Biffar*
Großlagenweine: Erzeuger *J. F. Kimich*

FORST
Lage *Freundstück* Erzeuger *Georg Mosbacher* • Lage *Ungeheuer* Erzeuger *Bassermann-Jordan, von Buhl, Lucashof, Georg Mosbacher, Eugen Müller* • Lage *Jesuitengarten* Erzeuger *Bassermann-Jordan, von Buhl, Weingut Vier Jahreszeiten* • Lage *Kirchenstück* Erzeuger *Eugen Müller* • Lage *Pechstein* Erzeuger *Bassermann-Jordan, von Buhl, Bürklin-Wolf, Lucashof, J. L. Wolf*

WACHENHEIM
Lage *Gerümpel* Erzeuger *Dr. Bürklin-Wolf, Karl Schaefer* • Lage *Goldbächel* Erzeuger *Josef Biffar* • Lage *Rechbächel* Erzeuger *Dr. Bürklin-Wolf*

GROSSLAGE MEERSPINNE

Neustadt-Gimmeldingen

Die vom Klima verwöhnten Weinberge liegen an den geschützten Hängen der Haardt; hier gedeihen einige der besten Pfälzer Weine.

GIMMELDINGEN
Lage *Mandelgarten* Erzeuger *von Buhl, A. Christmann, Müller-Catoir* • Lage *Schlössel* Erzeuger *A. Christmann, Müller-Catoir*

HAARDT
Lage *Bürgergarten* Erzeuger *Müller-Catoir* • Lage *Herrenletten* Erzeuger *Müller-Catoir, Weegmüller* • Lage *Mandelring* Erzeuger *Müller-Catoir, Weegmüller* • Lage *Herzog* Erzeuger *Herbert Müller Erben*

KÖNIGSBACH
Lage *Idig* Erzeuger *von Buhl, Christmann*

MUSSBACH
Lage *Eselshaut* Erzeuger *Müller-Catoir*

NEUSTADT
Lage *Mönchgarten* Erzeuger *Müller-Catoir*

GROSSLAGE PFAFFENGRUND

Neustadt-Diedesfeld

Dies ist keine außergewöhnliche Großlage, doch es gibt mehrere Einzellagen, die sehr gute Weine bringen.

DUTTWEILER
Lage *Kreuzberg* Erzeuger *Bergdolt*

GROSSLAGE REBSTÖCKEL

Neustadt-Diedesfeld

Keine herausragenden Weinorte, Lagen oder Erzeuger; gute Weine kommen aus Neustadt-Diedesfeld.

GROSSLAGE ROSENBÜHL

Freinsheim

Leichte, attraktive Zechweine, die aber selten die Klasse der Spitzenweine erreichen. Aus der Portugieser-Traube werden hier akzeptable Rotweine erzeugt.

FREINSHEIM
Lage *Goldberg* Erzeuger *Kassner-Simon, Lingenfelder*

GROSSLAGE SCHENKENBÖHL

Wachenheim an der Weinstraße

Die dritte Großlage, die Anteil an Bad Dürkheimer Weinbergen hat; gleichwertig mit Feuerberg, bei weitem am besten ist jedoch Hochmess.

WACHENHEIM
Lage *Fuchsmantel* Erzeuger *Karl Schaefer*

GROSSLAGE SCHNEPFENFLUG AN DER WEINSTRASSE

Forst an der Weinstraße

Außer für einen kleinen Teil der Forster Weinberge (der Rest gehört zur Großlage Mariengarten) gibt es hier nur wenige nennenswerte Erzeuger.

FORST
Lage *Stift* Erzeuger *Heinrich Spindler*

GROSSLAGE SCHNEPFENFLUG VOM ZELLER TAL

Zell

Guter Wein kommt aus Zell; ansonsten gibt es keine herausragenden Weinorte, Lagen oder Erzeuger.

GROSSLAGE SCHWARZERDE

Kirchheim an der Weinstraße

Mittelmäßige Silvaner sind hier Standard; einige gute Erzeuger in wenig bekannten Orten liefern Qualität zu vernünftigem Preis.

DIRMSTEIN
Lage *Mandelpfad* Erzeuger *Knipser Johannishof*

GROSSKARLBACH
Lagen *Burgweg, Osterberg* Erzeuger *Knipser Johannishof*
Großlagenweine: Erzeuger *Lingenfelder*

LAUMERSHEIM
Lagen *Kapellenberg, Kirschgarten, Mandelberg* Erzeuger *Knipser Johannishof*
Rotweinverschnitt: Erzeuger *Philipp Kuhn* (Luitmar)

BEREICH SÜDLICHE WEINSTRASSE

Die Südliche Weinstraße, der weniger bedeutende der beiden Pfälzer Bereiche, wird von gefälligen, neutralen Müller-Thurgau-Weinen beherrscht. Jüngere Winzer machen ordentlichen Riesling, Genossenschaften stellen Sortenweine verschiedener Trauben her, die zumindest sauber und korrekt sind.

GROSSLAGE BISCHOFSKREUZ

Walsheim

Die meisten Weine sind einwandfrei, wenn auch nicht eben aufregend. Die drei unten genannten Einzellagen liefern mit fähigen Winzern außerordentliche Weine.

BÖCHINGEN
Lage *Rosenkranz* Erzeuger *Theo Minges* (Flemlingen)

BURRWEILER
Lage *Schlossgarten* Erzeuger *Herbert Messmer*

NUSSDORF
Großlagenweine: Erzeuger *Lorentz*

WALSHEIM
Lage *Silberberg* Erzeuger *Karl Pfaffmann*

GROSSLAGE GUTTENBERG

Schweigen

Beck produziert ausgezeichnete, ausdrucksvolle Rieslinge, die jedoch rar sind.

Die Großlage kann mit einer Besonderheit aufwarten: Der Schweigener Sonnenberg über Wissembourg liegt bereits im Elsass, deutsche Winzer genießen hier uralte Rechte.

SCHWEIGEN
Lage *Sonnenberg* Erzeuger *Friedrich Becker, Bernhart, Bruno Grimm, Scheu*
Rotweinverschnitt: Erzeuger *Friedrich Becker* (P. N.)

GROSSLAGE HERRLICH

Eschbach

Zu QmP-Weinen ohne weiteres fähiges Gebiet. Die Auslesen sind nichts Besonderes; sie kommen auch in den Export und können überraschend günstig sein.

LEINSWEILER
Großlagenweine: Erzeuger *Thomas Siegrist*

GROSSLAGE KLOSTER LIEBFRAUENBERG

Bad Bergzabern

Keine herausragenden Weinorte, Lagen oder nennenswerte Erzeuger in der Großlage Kloster Liebfrauenberg. Bad Bergzabern selbst hat allerdings gute Weine.

GROSSLAGE KÖNIGSGARTEN

Godramstein

Diese Großlage besteht aus drei Weinorten mit mehreren fähigen Erzeugern.

ALBERSWEILER
Lage *Latt* Erzeuger *Ökonomierat Rebholz*

BIRKWEILER
Lage *Kastanienbusch* Erzeuger *Ökonomierat Rebholz, Dr. Wehrheim* • Lage *Mandelberg* Erzeuger *Scholler, Dr. Wehrheim*

GODRAMSTEIN
Lage *Münzberg* Erzeuger *Weingut Münzberg Lothar Kessler, Ökonomierat Rebholz*

SIEBELDINGEN
Lage *Im Sonnenschein* Erzeuger *Ökonomierat Rebholz, Wilhelmshof*
Rotweinverschnitt: Erzeuger *Ökonomierat Rebholz* (R)

GROSSLAGE MANDELHÖHE

Maikammer

Die besten Weingüter dieser Großlage machen angenehme, attraktive Rieslinge.

MAIKAMMER
Lage *Kapellenberg* Erzeuger *August Ziegler* • Lage *Mandelberg* Erzeuger *Bergdolt*

GROSSLAGE ORDENSGUT

Edesheim

In der Großlage Ordensgut ist man dabei, die Qualität der Weine zu verbessern. Einige Erzeuger glänzen mit ersten Erfolgen.

HAINFELD
Lage *Letten* Erzeuger *Gerhard Klein* •
Großlagenweine: Erzeuger *Koch, Möller*

GROSSLAGE SCHLOSS LUDWIGSHÖHE

Edenkoben

Keine herausragenden Weinorte, Lagen oder Erzeugerin der Großlage Schloss Ludwigshöhe; der Ort St. Martin hat gute Weine.

GROSSLAGE TRAPPENBERG

Hochstadt

Außer dem Rossberg in Essingen gibt es nur wenige hervorragende Weinberge in dieser Großlage. Hochstadt bietet einige gute Weine.

ESSINGEN
Großlagenweine: Erzeuger *Weingut Frey*

HESSISCHE BERGSTRASSE

Die Hessische Bergstraße ist der nördlichste Teil des badischen Weinlands und war bis zur Wiedervereinigung Deutschlands das kleinste und am wenigsten bekannte Anbaugebiet für Qualitätswein. Die fruchtigen Weine sind durch eine erdige Säure charakterisiert.

Das Gebiet entspricht dem nördlichen Abschnitt der alten römischen *via strata montana,* also »Bergstraße«. Die alte Handelsstraße führte von Darmstadt nach Wiesloch südlich von Heidelberg. Die Römer brachten den Weinanbau in diese Region, doch ohne die Klöster, die das Mittelalter hindurch die Weingärten bestellten, erhielten und ausweiteten, wäre die Kunst der Weinbereitung lange ausgestorben.

Die Weinberge der Hessischen Bergstraße liegen verstreut zwischen Obstgärten in einem Streifen entlang dem Westrand des Odenwalds. Im Frühjahr verströmen die durch die Berge geschützten Obstbäume ihren Blütenduft. Den bewaldeten Bergen des Odenwalds ist es auch zu verdanken, dass die Weinberge von Bensheim sich der höchsten mittleren Jahrestemperatur ganz Deutschlands erfreuen können. Ungewöhnlich hoch sind die Temperaturen natürlich in Relation zu Deutschlands kontinentalem Klima; und so besitzen die hier produzierten Weine eine knackige

HAMBACH BEI HEPPENHEIM
Weinberglandschaft in Hambach an der Hessischen Bergstraße, wo Weinanbau auf kleinen Flächen betrieben wird.

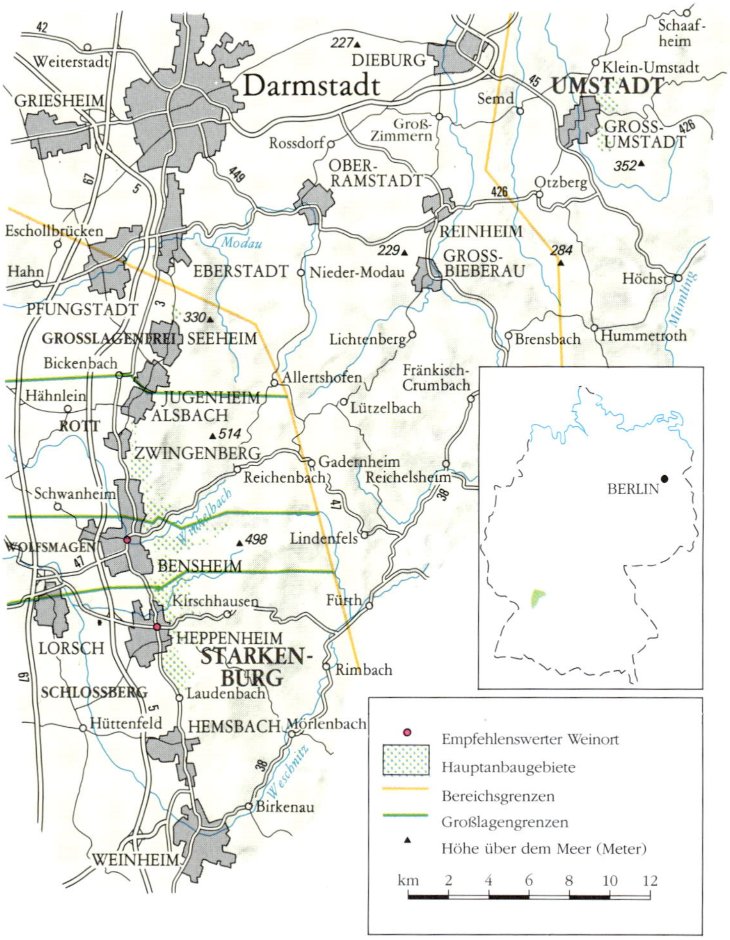

HESSISCHE BERGSTRASSE *Siehe auch* S. 261
Dieses Gebiet wird wegen des dort früher als anderswo einsetzenden Frühlings gerne auch die »Riviera Deutschlands« genannt.

KLASSIFIZIERUNG UND ERTRÄGE

MINDEST-ÖCHSLE	QUALITÄTSSTUFE	VERTEILUNG 1992	1993	1994	1995
44°	Deutscher Tafelwein	15 %	–	2 %	3 %
53°	Landwein				
57–66°	Qualitätswein b. A.*	83 %	30 %	71 %	86 %
73–80°	Kabinett*	2 %	55 %	25 %	11 %
85–95°	Spätlese*	–	15 %	2 %	–
95–105°	Auslese*	–	–	–	–
125°	Beerenauslese				
125°	Eiswein				
150°	Trockenbeerenauslese				

* Die Mindest-Öchslegrade variieren entsprechend der Rebsorte; für Sorten mit geringerem natürlichem Zuckergehalt gelten niedrigere Werte.

Säure, doch verströmen die besten Rieslinge – ein Indiz für reife Trauben – deutliche Pfirsicharomen. An der Hessischen Bergstraße wird verhältnismäßig viel Riesling angebaut, besonders im Bereich Starkenburg, wo die besten Weine wachsen.

Die Reben, die hier auf recht üppigen Böden wachsen, ergeben sehr fruchtige Weine mit der typischen, leicht wiedererkennbaren erdigen Säure. Der Stil ist körperreicher als der der meisten Rheinhessen-Weine und erinnert an einen etwas rustikalen Rheingau-Wein. Der Müller-Thurgau gehört nicht zu Deutschlands Spitze, kann aber schön duften; dem Silvaner fehlt es an dem ausgeprägten Charakter, der in Franken zu finden ist; der Gewürztraminer kann einen schönen, zurückhaltenden Charakter aufweisen.

Der Weinbau wird von über 1000 selbstständigen Winzern meist im Nebenerwerb betrieben, die am Wochenende im Weinberg arbeiten; im Durchschnitt beträgt die Rebfläche kaum mehr als 0,3 ha. Dies erklärt teilweise die Anonymität der Weine, an der sich nichts ändern wird, bis sich ein paar große, qualitätsbewusste Weingüter etabliert haben. Die Staatliche Weinbaudomäne in Bensheim ist der überragende Betrieb des Gebiets.

GRONAU, HESSISCHE BERGSTRASSE

Blick über die nach Süden geneigten Weinberge von Hemsburg auf Gronau, einen Ortsteil von Bensheim.

GESCHMACKS- UND QUALITÄTSFAKTOREN

LAGE
Zwischen Darmstadt und Heppenheim am Westrand des Odenwalds, mit dem Rhein im Westen und dem Main im Norden.

KLIMA
Die Weinberge an den Südhängen der Täler profitieren von der hohen mittleren Jahrestemperatur von über 9 °C.
Mit jährlichen Niederschlägen von 755 mm ergibt dies ideale Bedingungen. Bensheim gilt als wärmster Ort Deutschlands.

TOPOGRAFIE
Im Bereich Umstadt sind Süd- und Westhänge die besten Weingärten, im Bereich Starkenburg Süd- und Osthänge. Das Gelände ist durch Hügel geprägt, weniger durch steile Flussufer.

BÖDEN
Der Großteil des Bodens besteht aus leichtem, fein strukturiertem Löss und Basalt.

WEINBAU UND WEINBEREITUNG
Nicht große Flächen, wie sie bei einer Flurbereinigung entstehen, bestimmen das Bild, sondern zwischen Obstgärten verstreute Weinberge. Der Wein, den die Winzer erzeugen, wird zu über 80 % in Genossenschaften verwertet.

HAUPTREBSORTEN
Müller-Thurgau, Riesling

WEITERE REBSORTEN
Ehrenfelser, Kerner, Ruländer, Scheurebe, Silvaner, Gewürztraminer

DAS ANBAUGEBIET AUF EINEN BLICK

Rebfläche
469 ha

Durchschnittlicher Ertrag
72 hl pro ha

Rotwein 4 %

Weißwein 96 %

Rebsorten
56 % Riesling, 15 % Müller-Thurgau, 29 % andere

Struktur
2 Bereiche
3 Großlagen
24 Einzellagen

Anmerkung: Die Weinberge der Hessischen Bergstraße erstrecken sich über 10 Gemeinden, deren Namen auf dem Etikett erscheinen dürfen.

DIE HERKUNFTSBEZEICHNUNGEN

HESSISCHE BERGSTRASSE

BEREICH STARKENBURG

Dieser Bereich ist der größere und der bessere des Anbaugebiets. Nach Süden werden die Rebflächen geschlossener. Riesling ist die am meisten angepflanzte Rebsorte.

GROSSLAGE ROTT

Die größte der drei Großlagen im Bereich Starkenburg schließt den nördlichen Teil von Bensheim ein, einem von zwei sehr guten Weinorten der Region. Die besten Weine kommen von den Südhängen des Herrenwingerts.

GROSSLAGE SCHLOSSBERG

Drei Ortschaften südlich von Bensheim gehören zu dieser Großlage, u. a. Heppenheim, das mit Bensheim rivalisiert. Besonders der Steinkopf, eine steile Südwestlage, speichert die Sonne und lässt Weine von einzigartigem Pfirsicharoma reifen.

HEPPENHEIM
✓ **Lage** *Centgericht* **Erzeuger** *Bergsträßer Winzer EG, Staatsweingut Bergstraße* **Lage** *Stemmler* **Erzeuger** *Staatsweingut Bergstraße*

GROSSLAGE WOLFSMAGEN

Hierzu zählt der südliche Teil von Bensheim mit den Ortsteilen Zell und Gronau. Am besten ist der Südhang der Kalkgasse.

BENSHEIM
✓ **Lage** *Kalkgasse* **Erzeuger** *Staatsweingut Bergstraße* • **Lage** *Kirchberg* **Erzeuger** *Weingut der Stadt Bensheim*

BEREICH UMSTADT

Es gibt keine bemerkenswerten Weinorte, Weinberge oder Großlagen in diesem Bereich, der nördlich von Darmstadt liegt (und auch Odenwälder Weininsel genannt wird); die sechs Einzellagen sind großlagenfrei. Müller-Thurgau, Ruländer und Silvaner dominieren.

WEINBERG IN ZELL

Ein Weinberg der Lage Streichling in Zell bei Bensheim.

FRANKEN

Klassischer fränkischer Silvaner ist ausgesprochen trocken und besitzt ein erdiges oder rauchiges Aroma. Traditionell wird er im Bocksbeutel abgefüllt. Leider haben Müller-Thurgau und andere Rebsorten den für die Region typischen Silvaner fast verdrängt.

Die Rebfläche in Franken ist fast doppelt so groß wie die im Rheingau, doch verteilen sich die Weinberge über eine viel größere Fläche und wechseln mit Feldern und Wäldern ab. Franken ist auch für sein Bier berühmt, und manche sagen, eine Halbe fränkisches Bier mache mehr Freude als ein Glas Würzburger Stein, Frankens berühmtester Wein. Nur die besseren Weingüter produzieren auch für den Export; ihr Wein ist ziemlich teuer, besonders

DER WEINKELLER DER WÜRZBURGER RESIDENZ
Der prachtvolle Weinkeller unter der barocken Würzburger Residenz gehört zum seit 1803 Staatlichen Hofkeller.

KLASSIFIZIERUNG UND ERTRÄGE

MINDEST-ÖCHSLE	QUALITÄTSSTUFE	VERTEILUNG 1992	1993	1994	1995
44°	Deutscher Tafelwein	13 %	–	5 %	–
50°	Landwein				
60°	Qualitätswein b. A.*	85 %	27 %	70 %	94 %
76–80°	Kabinett*	2 %	59 %	20 %	5 %
85–90°	Spätlese*	–	11 %	5 %	1 %
100°	Auslese*	–	3 %	–	–
125°	Beerenauslese				
125°	Eiswein				
150°	Trockenbeerenauslese				

* Die Mindest-Öchslegrade variieren entsprechend der Rebsorte; für Sorten mit geringerem natürlichem Zuckergehalt gelten niedrigere Werte.

DAS ANBAUGEBIET AUF EINEN BLICK

Rebfläche
6078 ha

Durchschnittlicher Ertrag
85 hl pro ha

Rotwein 5 %

Weißwein 95 %

Rebsorten
46 % Müller-Thurgau, 20 % Silvaner, 11 % Bacchus, 23 % andere

Struktur
3 Bereiche, 17 Großlagen, 171 Einzellagen

Anmerkung: Die Weinberge Frankens erstrecken sich über 125 Gemeinden, deren Namen auf dem Etikett erscheinen dürfen.

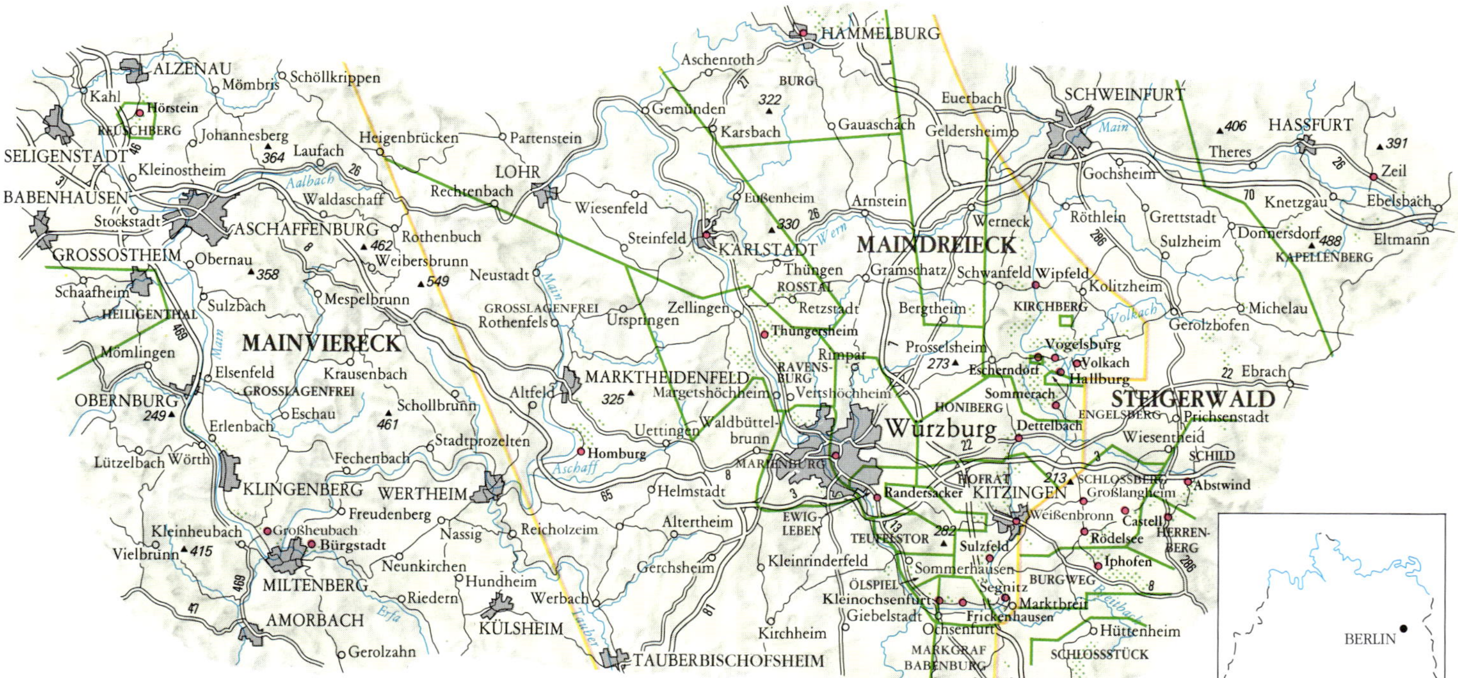

- Empfehlenswerter Weinort
- Hauptanbaugebiete
- Bereichsgrenzen
- Großlagengrenzen
- ▲ Höhe über dem Meer (Meter)
- km 5 10 15 20 25

FRANKEN *Siehe auch* S. 261
Dieses Anbaugebiet liegt im Herzen Deutschlands. Würzburg, das Weinbauzentrum Frankens, verfügt über viele hervorragende Kunstdenkmäler.

GESCHMACKS- UND QUALITÄTSFAKTOREN

LAGE
Mainviereck und -dreieck bestimmen im Wesentlichen die Lage.

KLIMA
Mehr als in anderen deutschen Weinregionen herrscht hier ein kontinentales Klima mit trockenen, warmen Sommern und kalten Wintern. Strenge Fröste bedrohen die Erträge.

TOPOGRAFIE
Viele Weinberge liegen auf den nach Süden ausgerichteten Uferhängen des Mains und seiner Nebenflüsse sowie in geschützten Lagen des Steigerwalds.

BÖDEN
Die drei Bereiche Frankens besitzen unterschiedliche Böden: im Mainviereck überwiegend verwitterter Buntsandstein, im Maindreieck Muschelkalk mit Ton und Löss, im Steigerwald verwitterter roter Mergel.

WEINBAU UND WEINBEREITUNG
Über die Hälfte der Rebflächen wurde nach 1954 angelegt. Der klassische Silvaner nimmt inzwischen weit weniger Fläche ein als der Müller-Thurgau. Die Weine sind trockener als die meisten in Deutschland. Die 6000 Erzeuger sorgen für mannigfaltige Stile, jedoch kommt über die Hälfte des Weins aus Winzergenossenschaften.

HAUPTREBSORTEN
Müller-Thurgau, Silvaner

WEITERE REBSORTEN
Bacchus, Kerner, Ortega, Perle, Riesling, Scheurebe, Traminer

dann, wenn er im traditionellen Bocksbeutel abgefüllt ist.
Der Silvaner aus Franken ist vollmundig und hat einen erdigen Biss, manchmal auch rauchige Noten, was ihn weit interessanter macht als die meisten seiner Art.
Mein bevorzugter Frankenwein ist dennoch der Riesling. Er gerät in sonnigen Jahren zu einem geradezu hochklassigen Wein. Rieslaner (Riesling x Silvaner), Bacchus und Kerner ergeben allesamt gute Weine, besonders als QmP, doch eine höhere Stufe als Auslese gibt es selten.

IN DER WÜRZBURGER RESIDENZ
Die Würzburger Residenz mit ihrem großartigen barocken Treppenhaus mit freitragendem Gewölbe und glanzvollem Deckengemälde von Giambattista Tiepolo.

DIE HERKUNFTSBEZEICHNUNGEN IN
FRANKEN

In Franken können manche Großlagennamen nur mit festgelegten Ortsnamen gebraucht werden. Der Name des Orts wird im Folgenden unter der Bezeichnung der jeweiligen Großlage genannt.

BEREICH STEIGERWALD

Nirgendwo sonst ist der erdige Charakter der Frankenweine stärker ausgeprägt als im Bereich Steigerwald, wo schwere Böden für körperreiche Weine sorgen.

GROSSLAGE BURGWEG

Zu dieser Großlage (eine gleichnamige gibt es sowohl an der Nahe als auch im Rheingau) gehört Iphofen, einer der besten Weinorte Frankens.

IPHOFEN
✓ **Lage** *Julius-Echter-Berg* **Erzeuger** *Johann Ruck, Hans Wirsching, Juliusspital Würzburg* • **Lage** *Kalb* **Erzeuger** *Hans Wirsching* • **Lage** *Kronsberg* **Erzeuger** *Hans Wirsching*

GROSSLAGE HERRENBERG

Es gibt Südhänge in dieser Großlage; die außergewöhnlichsten Weine kommen allerdings von den nach Nordwesten geneigten Lagen von Castell, wo im 17. Jahrhundert zum ersten Mal in Deutschland Silvaner gepflanzt wurde.

CASTELL
✓ **Lage** *Kugelspiel* **Erzeuger** *Castell'sche Domäne* • **Lage** *Schlossberg* **Erzeuger** *Fürstlich Castellsches Domänenamt*

GROSSLAGE KAPELLENBERG

Keine herausragenden Weinorte, Lagen oder Erzeuger; eine Anzahl guter Weine kommt aus Zeil.

GROSSLAGE SCHILD

Keine herausragenden Weinorte, Lagen oder Erzeuger; gute Weine werden in Abtswind hergestellt.

GROSSLAGE SCHLOSSBERG

Unterbewertete Großlage mit ausgezeichneten, geschützten Weinbergen.

RÖDELSEE
✓ **Lage** *Küchenmeister* **Erzeuger** *Ernst Popp, Juliusspital Würzburg* • **Lage** *Schwanleite* **Erzeuger** *Johann Ruck*

GROSSLAGE SCHLOSSSTÜCK

Keine herausragenden Weinorte, Lagen oder Erzeuger; gute Weine kommen aus Ippesheim.

BEREICH MAINDREIECK

Die meisten Weinberge liegen in der Umgebung von Würzburg. Trauben, die auf Muschelkalk wachsen, können hervorragende Weine abgeben.

GROSSLAGENFREI

Viele Weinberge in diesem Bereich sind großlagenfrei (Einzellagen, die keiner Großlage angehören).

GROSSLAGE BURG

Hammelburg

Robuste, erdige Silvaner und etwas leichtere, duftende Müller-Thurgau sind die Hauptattraktionen der Großlage.

GROSSLAGE ENGELSBERG

Eine neue Großlage, Gott sei's geklagt! Sie umfasst Teile zweier Einzellagen, die früher zur Großlage Kirchberg gehörten, die Sommeracher Weinberge Katzenkopf und Rosenberg.

GROSSLAGE EWIG LEBEN

In dieser Großlage sind die meisten guten Weinberge Frankens vereint. Sie erfreut sich eines besonders günstigen Kleinklimas, das Weine von seltener Harmonie ermöglicht. Rieslinge aus dieser Gegend besitzen einen natürlichen Charme, zu dem sich ein Pfirsichbukett gesellt.

RANDERSACKER

✓ **Lage** *Sonnenstuhl*
Erzeuger *Schmitt's Kinder*
• **Lage** *Pfülben*
Erzeuger *Josef Störrlein, Winzergenossenschaft Randersacker Hofrat*

GROSSLAGE HOFRAT

Kitzingen

Eine der wenigen großen Großlagen Frankens mit wenigen guten Einzellagen, mit Ausnahme der Weinberge an der leichten Flussbiegung nördlich und südlich von Sulzfeld.

SEGNITZ

✓ **Lage** *Pfaffenstein* **Erzeuger** *Kreeglinger*

SULZFELD

✓ **Lage** *Cyriakusberg* **Erzeuger** *Zehnthof Theo Luckert*

GROSSLAGE HONIGBERG

In der Großlage Honigberg keine herausragenden Weinorte, Lagen oder Erzeuger; einige gute Weine kommen aus Dettelbach zwischen Würzburg und Steigerwald.

GROSSLAGE KIRCHBERG

Volkach

Diese Großlage beherbergt einige der besten Lagen Frankens. Die empfohlenen Erzeuger bieten herrlich fruchtige oder würzige Rieslinge an.

ESCHERNDORF

✓ **Lage** *Lump* **Erzeuger** *Weingut am Lump, Horst Sauer, Egon Schäffer*

NORDHEIM

✓ **Lage** *Vögelein*
Erzeuger *Waldemar Braun, Helmut Christ, Glaser-Himmelstoß*

GROSSLAGE MARIENBERG

Diese Großlage wurde für die früher großlagenfreien Weinberge nördlich und westlich von Würzburg geschaffen. In Würzburg liegt der berühmte Weinberg Würzburger Stein, von dem Goethes Lieblingswein stammte.

DORFPROZELTEN

✓ **Lage** *Predigtstuhl* **Erzeuger** *Staatlicher Hofkeller Würzburg*

WÜRZBURG

✓ **Lage** *Stein*
Erzeuger *Staatlicher Hofkeller Würzburg, Bürgerspital Würzburg,*

Juliusspital Würzburg
• **Lage** *Pfaffenberg*
Erzeuger *Bürgerspital Würzburg*
• **Lage** *Abtsleite*
Erzeuger *Juliusspital Würzburg, Bürgerspital Würzburg*

GROSSLAGE MARKGRAF BABENBERG

In der Großlage Markgraf Babenberg keine herausragenden Weinorte, Lagen oder Erzeuger; einige sehr gute Weine kommen aus Frickenhausen am Main bei Ochsenfurt.

GROSSLAGE ÖLSPIEL

Die Hauptattraktion dieser Großlage ist ein sehr guter Streifen südwestlich ausgerichteter Weinberge am rechten Mainufer südöstlich von Würzburg. Schloss Sommerhausen hat sich zum führenden Erzeuger entwickelt.

SOMMERHAUSEN

✓ **Lage** *Steinbach* **Erzeuger** *Ernst Gebhardt, Schloss Sommerhausen* • **Lage** *Reifenstein*
Erzeuger *Schloss Sommerhausen*

GROSSLAGE RAVENSBURG

Thüngersheim

Die Großlage Ravensburg liegt flussabwärts der besten Weinlagen Frankens. Es gibt ausgezeichnete Weine von den steilen West-, Südwest- und Südhängen in Thüngersheim, das nur wenige Kilometer nordwestlich von Würzburg liegt.

GROSSLAGE ROSSTAL

Karlstadt

Ein Erzeuger, der in dieser ansonsten glanzlosen Großlage Vielversprechendes zeigt, ist das Weingut am Stein in Stetten.

STETTEN

✓ **Lage** *Stein* **Erzeuger** *Weingut am Stein*

GROSSLAGE TEUFELSTOR

Die Großlage Teufelstor – sie liegt nordöstlich von Würzburg – schließt sich an Ewig Leben an, die hier produzierten Weine sind jedoch nicht von deren Qualität.

EIBELSTADT

✓ **Lage** *Kapellenberg* **Erzeuger** *Schloss Sommerhausen*

BEREICH MAINVIERECK

Die Großlagen des Mainvierecks sind die kleinsten der fränkischen Lagen; sie liegen am weitesten westlich. Die hier produzierten Weine sind oft bescheiden.

GROSSLAGE HEILIGENTHAL

Diese Großlage umfasst einen einzigen Ort, Großostheim südlich Aschaffenburg, mit zwei Einzellagen; die meisten Weinberge sind großlagenfrei.

GROSSLAGE REUSCHBERG

Diese Großlage umfasst einen Ort, Hörstein, östlich von Offenbach, und zwei Einzellagen; die meisten Weinberge der Gegend sind großlagenfrei.

GROSSLAGENFREI

Die meisten Weinberge im Mainviereck sind großlagenfrei. Außer den folgenden Empfehlungen gibt es nur wenige herausragende Weinorte oder Lagen und nur wenige bemerkenswerte Erzeuger. Die Rotweine aus Klingenberg und Miltenberg sind jedoch sehr ordentlich.

BÜRGSTADT

✓ **Lage** *Centgrafenberg*
Erzeuger *Rudolf Fürst*

KREUZWERTHEIM

✓ **Lage** *Kaffelstein*
Erzeuger *Staatlicher Hofkeller Würzburg*

WÜRTTEMBERG

Württemberg ist als Weinregion nicht überall bekannt, hauptsächlich weil der hier angebaute leichte Rotwein und der als Schillerwein bezeichnete Rosé außerhalb der Region nicht gefragt sind.

WÜRTTEMBERG *Siehe auch* S. 261
Die Weinberge der Region liegen an den steilen Hängen des Neckars und seiner Nebenflüsse, hauptsächlich im Umland von Stuttgart und Heilbronn.

WÜRTTEMBERG IST DEUTSCHLANDS ROTWEINLAND. Doch der hier erzeugte Rotwein entspricht oft nicht dem, was man sich außerhalb Deutschlands unter einem Rotwein vorstellt.

Die roten Sorten nehmen mehr als die Hälfte der Rebfläche Württembergs ein. Die Hälfte davon ist Trollinger, eine Traube, aus der ein leichter, frischer, fruchtiger Wein gemacht wird ohne den Körper, das Tannin oder die übrigen Charakteristika eines »echten« Rotweins. Die gehaltvollsten Trollinger werden zwischen Heilbronn und Winnenden, nordöstlich von Stuttgart, produziert. Aber auch sie sind mit den Rotweinen des benachbarten Badens nicht zu vergleichen.

Roter Lemberger wird in Württemberg geschätzt, doch bis in jüngste Zeit waren dies zumeist ausdruckslose, geschmacksneutrale Weine. Einige Erzeuger versuchen, mehr aus dieser Rebsorte zu machen; ihre Bemühungen werden die Rotweinwelt aber wohl kaum beeindrucken.

Der Rosé Württembergs, der Schillerwein, ist eine regionale Spezialität und hat normalerweise kaum mehr Charakter als die Rotweine. Das gilt auch für die Rotweine aus anderen Rebsorten, die hier verschiedentlich angebaut werden (Schwarzriesling).

WEISSWEINE

Weiße Württemberger sind oft von schlichter Qualität, aber es gibt Ausnahmen – so zum Beispiel einen robusten, hocharomatischen Riesling mit deutlicher Säure. Die anderen weißen Rebsorten der Gegend ergeben gewöhnliche Zechweine, es sei denn, sie werden als eine der höheren QmP-Stufen gelesen. Eine verdient, besonders erwähnt zu werden: Kerner, die Kreuzung aus Trollinger mit Riesling, wurde im württembergischen Weinsberg in der Weinbauschule kreiert und nach dem dort ansässigen Arzt und Dichter des 19. Jahrhunderts, Justinus Kerner, benannt.

DAS ANBAUGEBIET AUF EINEN BLICK

Rebfläche
11 204 ha

Durchschnittlicher Ertrag
96 hl pro ha

Rotwein 56 %

Weißwein 44 %

Rebsorten
24 % Riesling, 22 % Trollinger, 16 % Schwarzriesling, 8 % Kerner, 8 % Lemberger, 22 % andere

Struktur
6 Bereiche
17 Großlagen
206 Einzellagen

Anmerkung: Die Weinberge Württembergs erstrecken sich über 230 Gemeinden, deren Namen auf dem Etikett erscheinen dürfen.

KLASSIFIZIERUNG UND ERTRÄGE

MINDEST-ÖCHSLE	QUALITÄTSSTUFE	VERTEILUNG 1992	1	1994	1995
40°	Deutscher Tafelwein	8 %	–	4 %	1 %
50°	Landwein		63 %		
57–63°	Qualitätswein b. A.*	90 %	25 %	92 %	93 %
72–78°	Kabinett*	2 %	11 %	3 %	6 %
85–88°	Spätlese*	–		1 %	–
95°	Auslese*	–	1 %	–	–
124°	Beerenauslese				
124°	Eiswein				
150°	Trockenbeerenauslese				

* Die Mindest-Öchslegrade variieren entsprechend der Rebsorte; für Sorten mit geringerem natürlichem Zuckergehalt gelten niedrigere Werte.

GESCHMACKS- UND QUALITÄTSFAKTOREN

LAGE
Die württembergischen Weinlande liegen im Südwesten Deutschlands. Sie reichen vom Taubertal bis zur Schwäbischen Alb, eine »Exklave« findet sich am Bodensee.

KLIMA
Im Westen durch den Schwarzwald und im Süden durch die Schwäbische Alb geschützt, erfreut sich diese Region warmer Vegetationsperioden.

TOPOGRAFIE
Die Weinberge sind zu beiden Seiten des Neckars weit verstreut.

BÖDEN
Es dominieren roter Mergel, Ton, Löss und Lehm, mit Inseln von Muschelkalk im Neckartal. Die Oberböden sind tiefgründig und gut entwässert, was kräftigen Wein mit fester Säure begünstigt.

WEINBAU UND WEINBEREITUNG
Die meisten der über 16500 Erzeuger pflegen ihre winzigen Parzellen am Feierabend und liefern die Trauben an Genossenschaften. Obwohl rote Trauben über die Hälfte der Rebflächen ausmachen, ist der erzeugte Wein zu 70 % weiß (viele rote Trauben werden also weiß gekeltert).

HAUPTREBSORTEN
Schwarzriesling, Müller-Thurgau, Riesling, Trollinger

WEITERE REBSORTEN
Kerner, Lemberger, Portugieser, Ruländer, Silvaner, Spätburgunder

DIE HERKUNFTSBEZEICHNUNGEN IN WÜRTTEMBERG

BEREICH REMSTAL-STUTTGART

Mit 1600 ha der zweitgrößte Bereich.

GROSSLAGE HOHENNEUFFEN

Keine herausragenden Weinorte, Lagen oder Erzeuger; gute Weine kommen aus Metzingen.

GROSSLAGE KOPF

In dieser einst nur wenig begeisternden Großlage wurden inzwischen manche Verbesserungen erreicht.

✓ **Großlagenweine: Erzeuger** *Jürgen Ellwanger, Albrecht Schwegler*

GROSSLAGE SONNENBÜHL

Keine herausragenden Weinorte, Lagen oder Erzeuger.

GROSSLAGE WARTBÜHL

Die Weine dieser Großlage sind denen der nicht bemerkenswerten Nachbarlagen Kopf und Sonnenbühl weit überlegen. Da die Unterschiede in Topografie, Boden und Klima gering sind, beruht die Qualität auf den Trauben, alle weiß mit hohem Anteil Riesling.

STETTEN
✓ **Lage** *Mönchberg* **Erzeuger** *Karl Haidle* • **Lage** *Pulvermächer* **Erzeuger** *Karl Haidle*

GROSSLAGE WEINSTEIGE

Seit Jahren erzeugt in dieser Großlage die Winzergenossenschaft von Untertürkheim konstant gute Weine.

UNTERTÜRKHEIM
✓ **Lage** *Herzogenberg* **Erzeuger** *Wöhrwag* •
✓ **Großlagenweine Erzeuger**: *Winzergenossenschaft Untertürkheim*

BEREICH WÜRTTEMBERGISCHES UNTERLAND

Dieser Bereich in der Umgebung von Heilbronn umfasst neun Großlagen.

GROSSLAGE HEUCHELBERG

Einige der besten Rieslinge Württembergs wachsen auf dem fruchtbaren Kalkboden westlich von Heilbronn.

DÜRRENZIMMERN
✓ **Lage** *Mönchsberg* **Erzeuger** *Winzergenossenschaft Dürrenzimmern*

SCHWAIGERN
✓ **Lage** *Ruthe* **Erzeuger** *Graf von Neipperg*

NEIPPERG
✓ **Lage** *Schlossberg* **Erzeuger** *Graf von Neipperg*

GROSSLAGE KIRCHENWEINBERG

Zumeist rote Trauben, überwiegend Schwarzriesling.

LAUFFEN
✓ **Lage** *Katzenbeißer* **Erzeuger** *Winzergenossenschaft Lauffen*

GROSSLAGE LINDELBERG

Ein kleines Gebiet östlich von Heilbronn, wo sich in Barriques gereifter roter Lemberger einen Namen macht, der dem Riesling besser anstünde.

Großlagenweine: Erzeuger *Fürst zu Hohenlohe-Öhringen*

GROSSLAGE SALZBERG

Die zwischen Heilbronn und Lindelberg liegenden Weinberge liefern sehr schöne Rieslinge.

GROSSLAGE SCHALKSTEIN

Die Lage Käsberg ist die beste in dieser Großlage. Hier reift ein voller, dunkler Rotwein.

GROSSLAGE SCHOZACHTAL

Überwiegend weiße Weine, darunter sehr guter Riesling, aber auch einige hoffnungsvolle barriquegereifte Lemberger und Spätburgunder.

GROSSLAGE STAUFENBERG

Diese Großlage umfasst Heilbronn mit seinen Ortsteilen und einige benachbarte Weindörfer.

HEILBRONN
✓ **Großlagenweine: Erzeuger** *Drautz-Able*

WEINSBERG
✓ **Großlagenweine: Erzeuger** *Staatsweingut Weinsberg*

GROSSLAGE STROMBERG

Hier wachsen vorwiegend rote Trauben.

BÖNNIGHEIM
✓ **Lage** *Sonnenberg* **Erzeuger** *Ernst Dautel* **Herausragender Rotweinverschnitt:** *Ernst Dautel* (Kreation)

GROSSLAGE WUNNENSTEIN

Seit vielen Jahren glänzt nun schon Graf Adelmann wie ein Stern in diesem Gebiet, das ansonsten als weinbauliches Hinterland gelten müsste.

KLEINBOTTWAR
✓ **Lage** *Süßmund* **Erzeuger** *Graf Adelmann*

KLEINBOTTWAR
✓ **Lage** Süßmund **Erzeuger** *Graf Adelmann, Schloss Schaubeck*

BEREICH KOCHER–JAGST–TAUBER

Obwohl auf Weißweine spezialisiert, sind sie selten von besonderer Güte.

GROSSLAGE KOCHERBERG

Keine herausragenden Weinorte, Lagen oder Erzeuger; gute Weine bietet die Ortschaft Criesbach.

GROSSLAGE TAUBERBERG

An der Tauber werden einige guten Riesling-, Traminer- und Muskatweine gemacht.

BEREICH OBERER NECKAR

Ein winziger Bereich ohne herausragende Lagen.

BEREICH WÜRTTEMBERGISCHER BODENSEE

Ein Bereich am Bodensee mit einer Einzellage.

BEREICH BAYERISCHER BODENSEE

Zu diesem Bereich gehört eine Großlage mit vier Einzellagen. Die klimatischen Bedingungen sind für Riesling nicht ausreichend; die kleine Produktion besteht hauptsächlich aus Müller-Thurgau, Spätburgunder und Spätburgunder Weißherbst.

GROSSLAGE LINDAUER SEEGARTEN

Obwohl nicht weit von der badischen Großlage Sonnenufer entfernt und politisch zu Bayern gehörig, zählt das deutsche Weingesetz diesen Vorposten des Weinbaus zu Württemberg.

BADEN

Das südlichste deutsche Weinanbaugebiet vereint Rebflächen, die früher einmal zum Großherzogtum Baden gehörten, und solche, die erst 1803 zu Baden kamen.

DER NÖRDLICHSTE ABSCHNITT BADENS liegt etwa auf derselben geografischen Breite wie die Mosel und liegt zwischen den Weinbaugebieten der Pfalz und Württembergs. Das Südende des langgestreckten Streifens bei Lörrach ist davon fast 300 km weit entfernt. Den Südteil Badens zwischen Rastatt und Lörrach begleitet auf der anderen Seite des Oberrheins das Elsass. Zum Weinland Baden gehören noch Flächen am westlichen Bodensee, während die südlichsten Rebflächen Deutschlands – die Großlage Lindauer Seegarten – zu Württemberg gezählt werden.

Die Vielfalt geografischer, geologischer und klimatischer Gegebenheiten sorgt für eine Fülle unterschiedlicher Weine, vom milden Silvaner über leichten, süffigen Gutedel zum körperreichen Ruländer, vom attraktiven rosafarbenen Weißherbst, einer badischen Spezialität, bis zu einigen der besten deutschen Rotweine. Badische Weine sind – will man eine pauschale Charakterisierung versuchen – samtig-weich, warm und harmonisch abgerundet.

KLASSIFIZIERUNG UND ERTRÄGE

MINDEST-ÖCHSLE	QUALITÄTSSTUFE	VERTEILUNG 1992	1993	1994	1995
50–55°	Deutscher Tafelwein	10 %	–	6 %	1 %
55°	Landwein			90 %	
60–72°	Qualitätswein b. A.*	85 %	61 %	3 %	73 %
76–85°	Kabinett*	4 %	29 %	1 %	25 %
86–92°	Spätlese*	1 %	9 %		1 %
100–105°	Auslese*				
128°	Beerenauslese	–	1 %	–	–
128°	Eiswein				
154°	Trockenbeerenauslese				

* Die Mindest-Öchslegrade variieren entsprechend der Rebsorte; für Sorten mit geringerem natürlichem Zuckergehalt gelten niedrigere Werte.

DAS ANBAUGEBIET AUF EINEN BLICK

Rebfläche
16 371 ha

Durchschnittlicher Ertrag
68 hl pro ha

Rotwein 28 %

Weißwein 72 %

Rebsorten
33 % Müller-Thurgau, 27 % Spätburgunder, 9 % Grauburgunder, 8 % Gutedel, 8 % Riesling, 15 % andere

Struktur
8 Bereiche, 16 Großlagen, 306 Einzellagen

Anmerkung: Die Weinberge Badens erstrecken sich über 315 Gemeinden, deren Namen auf dem Etikett erscheinen dürfen.

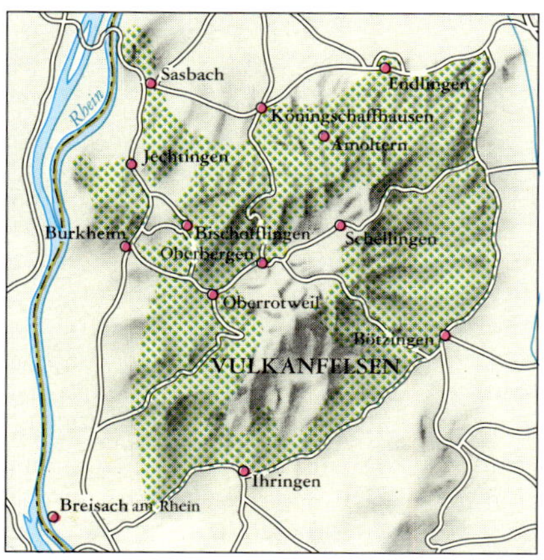

BADEN *Siehe auch* S. 261
Im südlichen Teil dieses riesigen Weinanbaugebiets erstrecken sich die Rebflächen in einem schmalen Streifen entlang dem Schwarzwald. Der Kartenausschnitt rechts außen zeigt den nördlichsten Teil von Baden, den Bereich Tauberfranken. Oben ist die Großlage Vulkanfelsen vergrößert dargestellt, um die empfehlenswerten Weinorte dieses erstklassigen Weingebiets am Kaiserstuhl in Breisgau zu zeigen.

WEINBERGE IN MEERSBURG

Der Weinberg Rieschen in Meersburg am Nordufer des Bodensees, überragt von der Verwaltung des Staatsweinguts (links) und dem ehemaligen Priesterseminar.

Baden gilt als eine der jüngsten Weinregionen Deutschlands, doch war um 1800 die Ausdehnung mit mehr als 27000 ha Rebland am größten, fast doppelt so viel wie heute. Ironischerweise ging es mit der Annexion des wohlhabenden und als Weinland florierenden Elsass im Jahre 1871 – nach dem Deutsch-Französischen Krieg – mit der badischen Weinwirtschaft rapide bergab. Auch die Gründung des ersten badischen Winzervereins im Jahr 1882 durch den Pfarrer und Weinbauern Heinrich Hansjakob in Hagnau konnte den Niedergang nicht stoppen. Selbst nach der Rückkehr des Elsass zu Frankreich im Jahr 1918 ging die badische Weinproduktion weiter zurück, hauptsächlich wegen fehlender Investitionen. Zusätzlichen Schaden richtete in den 1920er Jahren das Erbrecht an, das die badischen Weinberge in immer kleinere Einheiten aufsplitterte. Um das Jahr 1950 war die badische Weinwirtschaft mit nur noch 5862 ha auf ihrem niedrigsten Flächenbestand angelangt.

Aufwärts ging es erst wieder mit der Gründung der Zentralkellerei Kaiserstuhler Winzergenossenschaften im Jahr 1952, die zwei Jahre später in der Zentralkellerei Badischer Winzergenossenschaften (ZBW) aufging. Die ZBW baute in Breisach eine 70 Millionen Mark teure Weinkellerei, die zur Steigerung der Qualität in der gesamten Region beitrug. Gleichzeitig begann die ZBW mit einer aggressiven Vermarktung beim heimischen Konsumenten. Baden wuchs zur drittgrößten deutschen Weinregion an, doch außerhalb der Grenzen waren badische Weine fast unbekannt, bis die ZBW in den frühen 1980er Jahren sich ernsthaft um den Export bemühte. Leider wurde Baden sozusagen Opfer des eigenen Erfolgs. Die riesige ZBW hat für ihre Weine einen so deutlichen Stil geprägt, dass badischer Wein lange Zeit als zwar solide, aber eher einfach und ausdrucksarm galt. Die Wahrheit ist jedoch, dass trotz dieser einförmigen Masse der ZBW-Weine (und damit der badischen Weine) sowohl die ZBW als auch unabhängige Erzeuger eine Fülle anderer, individueller Weine machen, die jedoch die Orte ihrer Entstehung nur selten verlassen. Zum Nutzen aller sollten die Marketingerfahrungen der ZBW jetzt die Bemühungen der relativ wenigen hochtalentierten Winzer unterstützen und sie als unabhängige Weingüter durchsetzen. Bezeichnenderweise wurde die Zentralkellerei Badischer Winzergenossenschaften vor einigen Jahren in »Badischer Winzerkeller« umbenannt.

MEERSBURG AM BODENSEE

Die zu Baden zählende Großlage Sonnenufer in der Umgebung von Meersburg gehört zu den südlichsten Weinlagen Deutschlands.

GESCHMACKS- UND QUALITÄTSFAKTOREN

LAGE
Als langgestrecktestes Anbaugebiet reicht Baden über etwa 300 km von Heidelberg im Norden über die Badische Bergstraße bis an den Bodensee mit einigen der südlichsten deutschen Weinlagen.

KLIMA
Im Vergleich zum übrigen Deutschland herrscht ein besonders, sonniges, warmes Klima; zum Teil ist das dem Schutz der Berge von Schwarzwald und auch des Odenwalds zu danken.

TOPOGRAFIE
Die meisten Weingärten liegen auf ebenem oder leicht hügeligem Terrain. Einige sind höher an den Berghängen angelegt und deshalb weniger frostgefährdet als diejenigen in der Ebene.

BÖDEN
Badens Böden sind ertragreich und vielfältig: vom Wärme speichernden Kiesboden am Bodensee über Kalkstein, Ton, Mergel, Lehm, Granit und Keuper, einem sandigen Mergel, in Kraichgau und Taubergrund. In einem Teil des Anbaugebiets bildet vulkanischer Fels den Unterboden.

WEINBAU UND WEINBEREITUNG
Die verhältnismäßig flachen und fruchtbaren Böden der Region sind gut mechanisch zu bearbeiten. Die große Zahl traditioneller Weintypen, die die geografische Ausdehnung und die Verschiedenartigkeit der Böden hervorgebracht haben, werden von den mild-fruchtigen Massen-QbA-Weinen in den Hintergund gedrängt. 54 Winzergenossenschaften zeichnen für über 90 % der badischen Weinproduktion verantwortlich; doch es gibt auch eine Reihe von Spitzenerzeugern unter den 26000 Weinbauern der Region. Eine Besonderheit Badens ist Badisch Rotgold, ein weicher, zart-fruchtiger Roséwein, der aus Ruländer- und Spätburgunder-Most gemacht wird.

HAUPTREBSORTEN
Müller-Thurgau, Ruländer, Spätburgunder

WEITERE REBSORTEN
Gutedel, Kerner, Nobling, Riesling, Silvaner, Traminer, Weißburgunder

DIE HERKUNFTSBEZEICHNUNGEN IN

BADEN

BEREICH TAUBERFRANKEN

Der nördlichste Teil des badischen Weingebiets liegt zwischen Franken und Württemberg. Die Weine ähneln denen der Nachbarregionen. Die knackig trockenen, aromatischen, leicht erdigen Müller-Thurgau- und Silvanerweine sind mehr mit den Frankenweinen verwandt als mit den Württembergern. Dieser Teil des Bereichs darf als eines von zwei Gebieten außerhalb Frankens seinen Wein in den berühmten Bocksbeutel füllen.

GROSSLAGE TAUBERKLINGE

In Königshofen wie auch in den Weinorten Beckstein, Königheim und Tauberbischofsheim wird guter Wein hergestellt.

KÖNIGSHOFEN

Lage *Turmberg* **Erzeuger** *Winzergenossenschaft Beckstein*

REICHHOLZHEIM

Lage *First* **Erzeuger** *Konrad Schlör*

BEREICH BADISCHE BERGSTRASSE-KRAICHGAU

Zu diesem Bereich gehören vier Großlagen, zwei an der Badischen Bergstraße nördlich und südlich von Heidelberg und zwei im Kraichgau, einem ausgedehnten, aber zersplitterten Anbaugebiet weiter südlich von Heidelberg. Nur eine Großlage im Kraichgau, der Stiftsberg, verfügt über einige Reputation. Die Hälfte der Rebfläche ist mit Müller-Thurgau bestockt, Lieferant von zumeist simplen, biederen Weinen. Die besten Ergebnisse werden hier mit Ruländer oder Riesling erzielt.

GROSSLAGE HOHENBERG

Keine herausragenden Weinorte, Lagen oder Erzeuger in der Großlage Hohenberg; guter Wein wird in Weingarten gemacht.

GROSSLAGE MANNABERG

Diese Großlage südöstlich von Mannheim schließt die alte Universitätsstadt Heidelberg mit einigen sehr guten Weinbergen an den Steilufern des Neckars ein.

HEIDELBERG

Lage *Herrenberg* **Erzeuger** *Seeger*
Herausragender Rotwein-Verschnitt: Erzeuger *Seeger* (R)

WIESLOCH

Lage *Spitzenberg* **Erzeuger** *Winzerkeller Wiesloch*

GROSSLAGE RITTERSBERG

Keine herausragenden Weinorte, Lagen oder Erzeuger; gute Weine kommen aus Leutershausen, Lützelsachsen, Schriesheim und Weinheim.

GROSSLAGE STIFTSBERG

Die Großlage Stiftsberg, die erfolgreichste des Bereichs, liegt im Kraichgau südlich von Heidelberg. Fast die Hälfte der Rebhänge weisen eine Neigung von 20 % und mehr auf. Die intensivere Sonneneinstrahlung begünstigt den außerordentlich fruchtigen Charakter der Ruländertraube als auch den durchaus rassigen Charakter des Rieslings.

MICHELFELD

Lage *Himmelberg* **Erzeuger** *Reichsgraf und Marquis zu Hoensbroech*

SULZFELD

Großlagenweine: Erzeuger *Hagenbucher, Burg Ravensburg*

TIEFENBACH

Herausragender Rotweinverschnitt: Erzeuger *Albert Heitlinger* (Master Etage)

BEREICH ORTENAU

Geschützt durch den Schwarzwald, bringen die beiden Großlagen in diesem Bereich einige der besten badischen Weine hervor. Sie zeichnen sich durch einen vollen, fruchtigen und oft sehr würzigen Charakter aus. Der Riesling, der hier Klingelberger heißt, ist eine hochklassige, kräftig-würzige Variante der rassigen Rebsorte. Müller-Thurgau gelangt zu besonderer Fülle, Badisch Rotgold ist ein erfolgreicher Verschnitt von Ruländer und Spätburgunder. Gewürztraminer wird hier häufig Clevner genannt.

GROSSLAGE FÜRSTENECK

Diese Großlage wartet mit einigen der besten Weingüter Badens auf. Das Traubensortiment ist größer als sonst in Baden, die Palette der Weine, darunter auch Riesling, reicht von fest und würzig bis zart und delikat: wuchtiger Gewürztraminer, einer der besten deutschen Müller-Thurgaus und hervorragender Gutedel. Die Weine werden zunehmend trocken ausgebaut, wenn auch einige Weingüter berühmt sind für ihre süßen, spät gelesenen Erzeugnisse.

BERGHAUPTEN

Lage *Schützenberg* **Erzeuger** *Freiherr von und zu Frankenstein*

DURBACH

Lage *Schloss Grohl* **Erzeuger** *Gräflich Wolff Metternich'sches Weingut* • **Lage** *Schlossberg* **Erzeuger** *Gräflich Wolff Metternich'sches Weingut* • **Lage** *Plauelrain* **Erzeuger** *Andreas Laible, Gräflich Wolff Metternich'sches Weingut* • **Lage** *Kochberg* **Erzeuger** *Heinrich Männle*

ORTENBERG

Großlagenweine: Erzeuger *Schloss Ortenberg*

GROSSLAGE SCHLOSS RODECK

Schloss Neuweier ist die unangefochtene Nummer 1 in dieser Großlage, in der auch einige beachtenswerte Genossenschaften beheimatet sind. Früher stand man hier mit Spätburgunder in Barriques an der Spitze des Fortschritts, musste diese Stellung aber in der Zwischenzeit an Erzeuger in anderen Regionen abgeben.

NEUWEIER

Lage *Mauerberg* **Erzeuger** *Schloss Neuweier* • **Lage** *Schlossberg* **Erzeuger** *Schloss Neuweier*

BEREICH BREISGAU

Merkwürdigerweise ist die alte Stadt Breisach nicht Teil des Bereichs, der ihren Namen trägt; vielmehr liegt sie in dem südlich anschließenden Bereich Kaiserstuhl (bis 1990 Kaiserstuhl-Tuniberg). Die Weine aus dem Bereich Breisgau lassen sich nicht mit denen vom Kaiserstuhl vergleichen, obwohl auch sie attraktiv und süffig sein können. Es gibt beispielsweise einen milden, fruchtigen, nicht ganz trockenen Müller-Thurgau, einen runden, saftigen Ruländer und den beliebten Spätburgunder Weißherbst.

GROSSLAGE BURG LICHTENECK

Außer den Weinen des genannten Erzeugers sind die aus Altdorf zu empfehlen.

KENZINGEN-HECKLINGEN

Lage *Schlossberg* **Erzeuger** *Bernhard Huber*

GROSSLAGE BURG ZÄHRINGEN

Keine herausragenden Weinorte, Lagen oder Erzeuger; gute Weine kommen aus Glottertal.

GROSSLAGE SCHUTTER-LINDENBERG

Keine herausragenden Weinorte, Lagen oder Erzeuger; gute Weine kommen aus Friesenheim.

BEREICH KAISERSTUHL

Früher gehörte dieser Bereich zu Kaiserstuhl-Tuniberg. Der erloschene Vulkan Kaiserstuhl dominiert das Gelände und ist mit seinen makellosen Rebflächen auch ein Ergebnis der bereits schon seit den 1950er Jahren in Deutschland durchgeführten Flurbereinigung, die auch vor den Weinbergen am Kaiserstuhl nicht Halt machte. Berechtigte Interessen der ökonomisch vertretbaren Bewirtschaftung standen dem Verlust der landwirtschaftlichen Vielfalt gegenüber, die mithalf, die regionalen Kleinklimate zu begünstigen. Dennoch sind hier, im wärmsten und trockensten Bereich ganz Deutschlands, verschiedene Kleinklimate anzutreffen, die manche durch den Berg geschützten Lagen zusätzlich begünstigen. Einige der besten badischen Weine kommen von hiesigen Einzellagen. Der Großteil des hier produzierten Weins wird jedoch unter dem Bereichsnamen verkauft, normalerweise unter Nennung der Rebsorte und des Bereichs. Müller-Thurgau dominiert; den guten Ruf des Gebiets begründen allerdings der volle weiße Ruländer und der selbstbewusste Spätburgunder Weißherbst. Auch einige sehr schöne, üppige Spätburgunder tragen zur Reputation des Bereichs bei.

GROSSLAGE VULKANFELSEN

Vulkanfelsen ist die größere und erfolgreichere der beiden Großlagen, die zu dem früheren Bereich Kaiserstuhl-Tuniberg gehörten. Wie der Name vermuten lässt, umfasst sie die sehr guten, hoch gelegenen Weinberge am Kaiserstuhl. Vor allen anderen verleiht der intensive, feurige Ruländer dem dortigen Weinbau Glanz.

ACHKARREN
✓ **Lage** *Schlossberg* **Erzeuger** *Winzergenossenschaft Achkarren, Dr. Heger, Reiner Probst*

BISCHOFFINGEN
✓ **Lage** *Steinbuck* **Erzeuger** *Winzergenossenschaft Bischoffingen* • **Lage** *Engelberg* **Erzeuger** *Abril* **Herausragender Rotwein-Verschnitt: Erzeuger** *Johner* (S. J.)

BREISACH AM RHEIN
✓ **Lage** *Eckartsberg* **Erzeuger** *Kageneck*

BURKHEIM
✓ **Lage** *Feuerberg* **Erzeuger** *Bercher* • **Lage** *Schlossgarten* **Erzeuger** *Bercher, Winzergenossenschaft Berkheim*

ENDINGEN
✓ **Lage** *Engelsberg* **Erzeuger** *L. Bastian, Reinhold und Cornelia Schneider, Knab*

JECHTINGEN
✓ **Lage** *Eichert* **Erzeuger** *Bercher* • **Lage** *Hochberg* **Erzeuger** *Winzergenossenschaft Jechtingen*

IHRINGEN
✓ **Lage** *Winklerberg* **Erzeuger** *Dr. Heger, Winzergenossenschaft Ihringen, Stigler, Gebr. Müller*

KÖNIGSCHAFFHAUSEN
✓ **Lage** *Hasenberg* **Erzeuger** *Brecher* • **Lage** *Steingrüble* **Erzeuger** *Winzergenossenschaft Königschaffhausen*

OBERBERGEN
✓ **Lage** *Bassgeige* **Erzeuger** *Winzergenossenschaft Oberbergen*
Herausragender Rotweinverschnitt: Erzeuger *Franz Keller Schwarzer Adler*

OBERROTWEIL
✓ **Lage** *Eichberg* **Erzeuger** *Freiherr von Gleichenstein, Winzergenossenschaft Oberrotweil, Salwey*

SASBACH
✓ **Lage** *Lützelberg* **Erzeuger** *Winzergenossenschaft Sasbach* • **Lage** *Scheibenbuck* **Erzeuger** Winzergenossenschaft Sasbach • **Lage** Rote Halde **Erzeuger** Winzergenossenschaft Sasbach

SCHELINGEN
✓ **Lage** Kirchberg **Erzeuger** Th. Schätzle

BEREICH TUNIBERG

Die steilen Westhänge am Tuniberg, die für den Weinbau genutzt werden, erreichen weder quantitativ noch qualitativ den fabelhaften Ruf des Kaiserstuhls.

GROSSLAGE ATTILAFELSEN

In dieser Großlage, die den kleineren Teil des Tunibergs umfasst, weiß das Gut Gretzmeier in Merdingen die Voraussetzungen zur Erzeugung guter Weine auf diesen Vulkanböden zu nutzen.

MERDINGEN
✓ **Großlagenweine: Erzeuger** *Gretzmeier*

BEREICH MARKGRÄFLERLAND

Der zweite bedeutende Bereich Badens. Hauptsorte und Spezialität im Markgräflerland ist der Gutedel, ein leichter trockener Wein, der von einer gewissen Spritzigkeit profitiert und jung am attraktivsten ist. Nobling, eine Kreuzung von Gutedel und Silvaner, erfreut sich wachsender Beliebtheit; sie ergibt einen charaktervolleren Wein als der leichte Müller-Thurgau, der sich aber durchaus sehen lassen kann. Gute Noten erhalten ebenfalls der runde, erfolgreiche Spätburgunder und der Gewürztraminer.

GROSSLAGE BURG NEUENFELS

Der größte Teil der Weinberge in dieser Großlage liegt auf Steilhängen. Hier wachsen einige der besten Gutedelweine Deutschlands.

BRITZINGEN
✓ **Lage** *Rosenberg* **Erzeuger** *Winzergenossenschaft Britzingen*

LAUFEN
✓ **Großlagenweine: Erzeuger** *Schlumberger*

MAUCHEN
✓ **Lage** *Sonnenstück* **Erzeuger** *Erste Markgräfler Winzergenossenschaft*
Großlagenweine: Erzeuger *Lämmlin-Schindler*

SCHLIENGEN
✓ **Großlagenweine: Erzeuger** *Lämmlin-Schindler*

GROSSLAGE LORETTOBERG

Keine herausragenden Weinorte, Lagen oder Erzeuger; gute Weine kommen aus Ebringen südwestlich von Freiburg im Breisgau.

GROSSLAGE VOGTEI RÖTTELN

Die meisten Weine kommen unter der Großlagenbezeichnung in den Handel, doch gibt es auch hervorragende Lagen, die bekannt sind für ihren Gutedel und in geringerem Ausmaß auch für Spätburgunder.

BEREICH BODENSEE

Am Bodensee sind die Weine nicht großartig, aber mindestens akzeptabel. Die Auswahl reicht von fruchtigen, lebendigen Müller-Thurgaus bis zu Rotwein und Weißherbst aus der Spätburgundertraube.

GROSSLAGE SONNENUFER

Die steilen Weinhänge, die in Meersburg direkt vom Bodensee ansteigen, sind gewiss sehr eindrucksvoll, doch den eindeutig besseren Wein liefert der weiter landeinwärts liegende Fohrenberg. Der Winzerverein Meersburg, die erste staatliche Domäne in Deutschland (seit dem Jahr 1802), leistet seit langem gute und zuverlässige Arbeit.

MEERSBURG
✓ **Lage** *Sängerhalde* **Erzeuger** *Aufricht*

DURBACH IN DER ORTENAU
Ein Gespann mit Anhänger und einem Behälter voller Trauben auf dem Weg zur Weinkellerei. In der Ferne zeichnen sich die Berge des Schwarzwalds ab.

SAALE-UNSTRUT UND SACHSEN

Die beiden östlichen Außenposten des deutschen Weinbaus sind zugleich die nördlichsten. Obwohl Weinberge und Kellereitechnik erneuert werden, kommt dem Wein hier – jedenfalls bisher – allenfalls der Stellenwert einer Touristenattraktion zu.

Paradoxerweise hat diese Beschränkung wahrscheinlich dafür gesorgt, dass die Saale-Unstrut-Weine überlebt haben, denn mit den riesigen Mengen billiger Massenware, die die Winzergenossenschaften in den übrigen, intensiv bewirtschafteten Weinbaugebieten Deutschlands auf den Markt werfen, können sie nicht konkurrieren. Andererseits hat die Tourismusbranche Meißen und Dresden als lukrative Besucherziele ausgemacht, also müssen die Weine schon einen gewissen Standard aufweisen, sollen sie verwöhntere Gaumen zufrieden stellen als zu Zeiten der DDR-Mangelwirtschaft. Ich baue darauf, dass lokale Winzer und Investoren aus dem Westen dies erkennen und mit effizienten, aber nicht übertriebenen Produktionsmethoden das begrenzte Potenzial für möglichst attraktive Weine nützen. Mit Ausnahme von Köppelberg in Pforten (Saale-Unstrut) und Heinrichsburg in Diesbar-Seußlitz (Sachsen) dürften nur wenige Einzellagen das Niveau klassischer QbA-Gebiete im übrigen Deutschland erreichen.

ZUKUNFTSAUSSICHTEN

Zur Zeit der Wiedervereinigung 1989 war Müller-Thurgau die in den heruntergekommenen Weinbergen der DDR am weitesten verbreitete Rebsorte. Wiewohl noch immer an erster Stelle, müssen ihre Tage doch als gezählt gel-

GESCHMACKS- UND QUALITÄTSFAKTOREN

LAGE
Saale-Unstrut, das nördlichste Weinbaugebiet Deutschlands, ist etwa gleich weit von Berlin und Franken entfernt. Die Weinberge des Anbaugebiets Sachsen liegen in der Umgebung von Meißen und Dresden.

KLIMA
Trotz nördlicher Breite sorgt das Kontinentalklima für hohe Temperaturen im Sommer, doch die Winter sind lang und kalt. Die Wachstumsperiode ist kurz und gegenüber anderen Gebieten Deutschlands trocken. Frühjahrs- und Herbstfröste sind eine besondere Gefahr, sie können die Ernte um 20–70 % im Saale-Unstrut-Gebiet und um 90 % in Sachsen verringern.

TOPOGRAFIE
Der Wein wächst auf Süd- und Südosthängen. Die Terrassen haben in der Zeit der DDR sehr gelitten, und es wird noch dauern, bis sie wieder in Stand gesetzt sind.

BÖDEN
Kalkstein und winzige Flächen Sandstein in Saale-Unstrut, Lehm und Löss auf Granit oder Vulkangestein in Sachsen.

WEINBAU UND WEINBEREITUNG
Die Schwierigkeiten, mit denen der Weinbau zu kämpfen hat, liegen in der Frostgefahr, im noch immer schlechten Zustand der Terrassen, in den zahlreichen toten Rebstöcken und den überholten Produktionsmethoden. Dennoch wäre es schade, wenn die alten Rebbestände durch ertragreiche und weniger empfindliche, aber ausdrucksärmere Sorten ersetzt würden.

HAUPTREBSORTEN
Müller-Thurgau, Silvaner

WEITERE REBSORTEN
Bacchus, Dornfelder, Elbling, Gewürztraminer, Grauer Burgunder, Gutedel, Kerner, Morio-Muskat, Portugieser, Weißburgunder

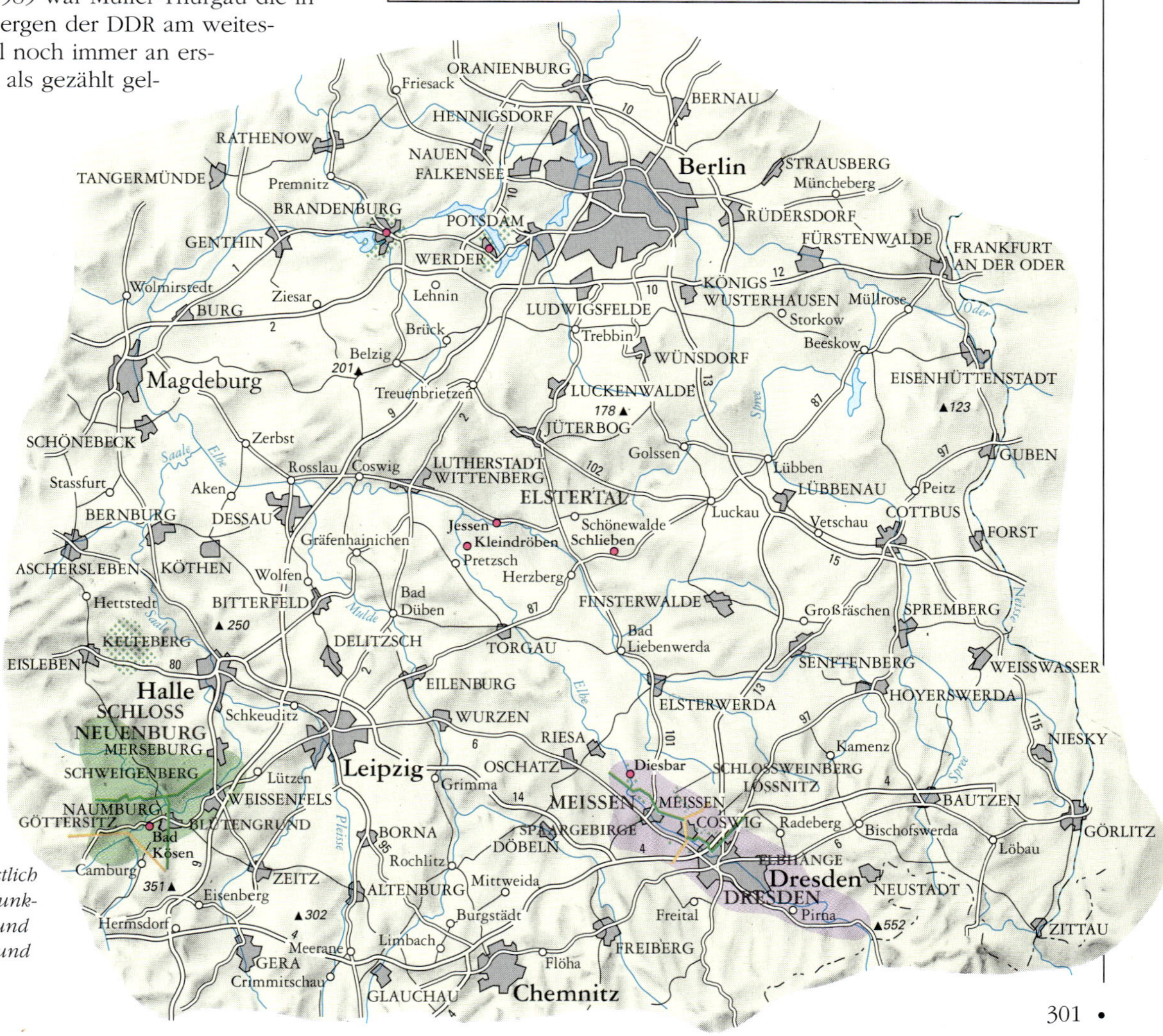

Saale-Unstrut
Sachsen
Bereichsgrenzen
Großlagengrenzen
▲ Höhe über dem Meer (Meter)
● Empfehlenswerter Weinort
km 5 10 15 20 25

SAALE-UNSTRUT UND SACHSEN
Siebe auch S. 261
Fast 900 ha Rebfläche umfassen diese östlich gelegenen Weinbaugebiete. Die Schwerpunkte liegen am Zusammenfluss von Saale und Unstrut bei Naumburg und bei Meißen und Dresden.

DAS ANBAUGEBIET AUF EINEN BLICK

Rebfläche
880 ha

Durchschnittlicher Ertrag
50 hl pro ha

Rotwein 6 %

Weißwein 94 %

Rebsorten
37 % Müller-Thurgau, 16 % Silvaner, 7 % Weißburgunder, 40 % andere

Struktur
5 Bereiche, 8 Großlagen, 36 Einzellagen

Anmerkung: Die Weinberge des Anbaugebiets erstrecken sich über 63 Gemeinden, deren Namen auf dem Etikett erscheinen dürfen.

WEINBERGE AN DER ELBE
Die meisten Weinberge in Sachsen liegen auf den Uferterrassen über der Elbe zwischen Dresden und Meißen.

ten. Zwar stellt die deutsche Spitzensorte Riesling bisher nur 5 % der Rebstöcke, doch wird sich der Anteil erhöhen. Das Gebiet eignet sich allerdings besser für den vollen, runden und betont erdigen Silvaner und überraschenderweise – trotz der Frostgefahr in einer so nördlichen Lage – auch für Rotweinsorten. Das kontinentale Klima an Saale und Unstrut und besonders in Sachsen bringt sehr heiße Sommer und lässt Rotweinsorten nicht nur möglich, sondern sogar vorteilhafter erscheinen. Gegenwärtig wird Portugieser wegen seines ausgeprägten Himbeeraromas und Dornfelder wegen seiner Farbe bevorzugt. Trollinger, die im Rotweingebiet Württemberg dominierende Rebsorte, wird sicher getestet werden, am wahrscheinlichsten wird sich jedoch Spätburgunder (Pinot Noir) als geeignet erweisen.

DIE HERKUNFTSBEZEICHNUNGEN

SAALE-UNSTRUT UND SACHSEN

ANBAUGEBIET SAALE-UNSTRUT

Der Weinbau in dieser Gegend hat eine fast 1000 Jahre alte Tradition, doch benötigte die DDR keine 50 Jahre, um die einst bekannten Namen aus dem Gedächtnis der Weintrinker zu tilgen. Die Region umfasst zwei Bereiche; Müller-Thurgau ist mit 35 % Anteil die wichtigste Traube, der Anteil roter Sorten beträgt etwa 10 %.

BEREICH SCHLOSS NEUENBURG

Schloss Neuenburg ist der bei weitem größere der beiden Bereiche und umfasst mit Ausnahme eines winzigen Teils im Süden das gesamte Saale-Unstrut-Anbaugebiet plus eine Exklave westlich von Halle.

GROSSLAGE BLÜTENGRUND

In dieser Großlage gibt es keine herausragenden Weinorte, Lagen oder Erzeuger.

GROSSLAGE GÖTTERSITZ

Es ist noch zu früh, etwas über die Qualität dieser Großlage zu sagen. Seit der Wiedervereinigung waren die Weine von Pforten die einzigen von annehmbarer und gleichmäßiger Qualität.

PFORTEN
✓ **Lage** *Köppelberg* **Erzeuger** *Weingut Lützkendorf*

NAUMBURG
✓ **Lage** *Steinmeister* **Erzeuger** *Gussek*

GROSSLAGE KELTERBERG

Keine herausragenden Weinorte, Lagen oder Erzeuger.

GROSSLAGE SCHWEIGENBERG

Ein Erzeuger tut sich in zwei Orten dieser früher glanzlosen Großlage hervor.

KARSDORF
✓ **Lage** *Hohe Gräte* **Erzeuger** *Weingut Lützkendorf*

BEREICH THÜRINGEN

Der südlichste Teil des Bereichs Saale-Unstrut hat keine Großlagen, nur zwei Einzellagen, eine in Großheringen, die andere in Bad Sulza (jeweils südwestlich von Naumburg).

BEREICHSFREI UND GROSSLAGENFREI MARK BRANDENBURG

Zur Mark Brandenburg gehören die Weinberge um Werder (westlich von Berlin), die jedoch bisher nicht mit herausragenden Weinen in Erscheinung getreten sind.

ANBAUGEBIET SACHSEN

Zu diesem Anbaugebiet gehören die Städte Dresden und Meißen. Der Wein wächst an den Elbufern. Die Frostgefahr ist hier noch größer als im Bereich Saale-Unstrut. Dem Riesling kommt hier eine etwas größere Bedeutung zu (13 % gegenüber 5 % in Saale-Unstrut). Der Anteil roter Trauben ist verschwindend gering.

BEREICH MEISSEN

Meißen, im nördlichen Teil des Anbaugebiets gelegen, wird stets mehr für sein Porzellan als für seinen Wein bekannt sein. Allerdings hatte diese Gegend zu Beginn des 19. Jahrhunderts eine gewisse Reputation für ihren Wein. Wir können nur abwarten, ob das Potenzial ausreicht, diesen Ruf zurückzugewinnen.

GROSSLAGE SPAARGEBIRGE

In dieser Großlage gibt es keine herausragenden Weinorte, Lagen oder Erzeuger.

GROSSLAGE SCHLOSSWEINBERG

Aus diesem Gebiet nördlich von Meißen kommt der beste Wein von Südhängen in einer Elbebiegung bei Diesbar-Seußlitz.

SEUSSLITZ
✓ **Lage** *Heinrichsburg* **Erzeuger** *Schloss Proschwitz*

BEREICH DRESDEN

Nahezu die gesamte südöstliche Hälfte des Anbaugebiets Sachsen mit der Landeshauptstadt Dresden gehört zu diesem Bereich.

GROSSLAGE LÖSSNITZ

Es gibt weder herausragende Weinberge oder Lagen noch empfehlenswerte Erzeuger in dieser Großlage.

GROSSLAGE ELBHÄNGE

Es gibt weder herausragende Weinorte oder Lagen noch empfehlenswerte Erzeuger in dieser Großlage.

BEREICH ELSTERTAL

Zu diesem Bereich gehören drei Orte in der Umgebung der Schwarzen Elster, auf halbem Weg zwischen Dresden und Berlin. Es gibt verhältnismäßig wenig Weinbau, und bisher hat sich keiner der Orte besonders hervorgetan.

DIE AUSWAHL DES AUTORS

Die deutschen Kategorien Beerenauslese, Trockenbeerenauslese und Eiswein sind großartige Weine, aber sie sind auch Ausnahmeerscheinungen; ich habe sie bei meiner Auswahl unberücksichtigt gelassen und mich auf die besten Kabinett-Weine für jedes QbA-Anbaugebiet in Deutschland konzentriert. Außerdem habe ich einige gute trockene Weine in die Auswahl aufgenommen.

ERZEUGER	WEIN	ART	BESCHREIBUNG	
Weingut Bercher	Burkheim, Weißer Burgunder, Trocken, Auslese (*siehe* S. 300, Großlage Vulkanfelsen)	WEISS	Dieser Wein ist einer der besten Pinots Blancs auf der ganzen Welt. Große Komplexität, aber mit seiner tropischen Frucht köstlich.	2-5 Jahre
Georg Breuer	Rüdesheim, Berg Schlossberg, Riesling (*siehe* S. 283, Großlage Burgweg)	WEISS	Obwohl als Qualitätswein verkauft, hat Breuers Berg Schlossberg Riesling das Niveau einer Spätlese und ist, wie alle Charta-Weine, trocken ausgebaut. Er hat ein ausgeprägtes Aprikosenaroma, das rasch einen klassisch petroligen Charakter annimmt, altert aber sehr angenehm.	3-10 Jahre
Weingut Ernst Dautel	Lemberger »S«, Deutscher Tafelwein, Neckar (*siehe* S. 296, Großlage Stromberg)	ROT	Ein Lemberger-Tafelwein mag als Traube und als Qualitätsstufe bescheiden anmuten, doch er repräsentiert Württemberg gut. Man sollte von dieser Traube einen unkomplizierten, jung zu trinkenden Wein erwarten, und da kommt Ernst Dautel zum Zug. Er hat sich mit dieser Rebsorte einen Namen gemacht, der er eine Reifung im Barrique gönnt.	3-5 Jahre
Weingut Göttelmann	Münsterer Rheinberg, Riesling, Kabinett (*siehe* S. 279, Großlage Schlosskapelle)	WEISS	Dieser Wein stammt vom unteren Teil der Lage Rheinberg. Göttelmann glänzt mit seiner Riesling Spätlese, macht aber auch den besten Kabinett an der Nahe. Dieser Wein hat die charakteristische Blumigkeit der Nahe, seine Frucht ist aber so reif und intensiv, dass ein an den Rheingau erinnerndes Pfirsichkernaroma hineinspielt.	2-8 Jahre
Dr. Heger	Ihringer Winklerberg, Spätburgunder, Spätlese, Trocken (*siehe* S. 300, Großlage Vulkanfelsen)	ROT	Spätburgunder (Pinot Noir) ist Deutschlands einzige sehr gute rote Rebsorte. Aus der kleinen Zahl erstklassiger Weine dieser Traube war dieser seidenweiche, tiefrote Wein wiederholt einer der besten, mit einem herrlichen Aroma von Schwarzkirschen, Erdbeeren und Himbeeren, mit deutlichen Tanninen unterlegt und einer Spur Rauch, Vanille und Eiche im Abgang.	3-6 Jahre
Juliusspital	Würzburger Stein, Silvaner, Spätlese, Trocken (*siehe* S. 294, Großlage Marienberg)	WEISS	Ich habe diesen umwerfenden Wein als besten Repräsentanten eines klassisch fränkischen Silvaners gewählt. Sein wundervoll reifes Ananasaroma, seine erfrischende Säure und die intensive Frucht erheben ihn über andere, typisch erdige Vertreter.	2-4 Jahre
Weingut Keller	Dalsheimer Steig, Weißer Burgunder, Auslese, Trocken, (*siehe* S. 286, Großlage Burg Rodenstein)	WEISS	Ein äußerst sinnlicher Wein, angereichert mit likörartiger Frucht und wundervoller Edelfäule-Üppigkeit, ohne dass er im Geringsten schwer wird.	2-5 Jahre
Staatsweingut Bergstraße	Heppenheimer Centgericht, Grauer Burgunder, Spätlese, Trocken (*siehe* S. 291, Großlage Schlossberg)	WEISS	Diesem Wein fehlt die Würze des Elsässer Pinot Gris, was für alle deutschen Weine dieser Rebsorte gilt, aber er ist das beste Beispiel der deutschen Art mit duftigerer, pikanterer Frucht und einem leichten, die Frische steigernden Prickeln im Abgang.	2-4 Jahre
Staatsweingut Bergstraße	Heppenheimer Centgericht, Riesling, Spätlese, Trocken (*siehe* S. 291, Großlage Schlossberg)	WEISS	Die sehr intensive, überaus köstliche und sehr zugängliche pfirsichartige Frucht macht diesen Wein zum besten Riesling der Hessischen Bergstraße.	2-7 Jahre
Weingut Josef Albert Lambrich	Oberweseler Römerkrug, Riesling, Auslese, Trocken (*siehe* S. 273, Großlage Schloss Schönburg)	WEISS	Die außerordentlich üppige, reine Botrytis-Frucht, die Lambrich regelmäßig in diesen Wein packt, lässt es als Sünde erscheinen, ihn vor seinem zehnten Jahr anzurühren, aber er ist schon unmittelbar nach der Abfüllung unwiderstehlich.	5-15 Jahre
Weingut Lanius-Knab	Engelhöller Goldemund, Riesling, Kabinett (*siehe* S. 273, Großlage Schloss Schönburg)	WEISS	Die geschliffene Säure und die intensive Frucht lassen diesen Weißwein in den meisten Jahren als besten Riesling vom Mittelrhein herausragen.	2-10 Jahre
Dr. Loosen	Erdener Treppchen, Riesling, Kabinett (*siehe* S. 277, Großlage Schwarzlay)	WEISS	Ich habe mich für Loosens Erdener Treppchen als besten Mosel Riesling Kabinett entschieden, weil er zuverlässig in jungen Jahren mit einer klaren, pikanten Apfelfrucht bezaubert und sich auf der Flasche zu einem klassischen Riesling entwickelt.	3-12 Jahre
Weingut Schmitt's Kinder	Randersackerer Pfülben, Riesling, Kabinett (*siehe* S. 294, Großlage Ewig Leben)	WEISS	Schmitt's Kinder liefert regelmäßig den besten fränkischen Riesling Kabinett von seiner Lage Pfülben. Der Extrakt ist so intensiv, dass der Wein in der Jugend bitter schmeckt; bei ausreichender Alterung entwickelt er ein sattes, ausgeprägtes Aroma, das mit keinem anderen deutschen Riesling vergleichbar ist.	7-15 Jahre

Die WEINE *aus*

ÖSTERREICH *und der* SCHWEIZ

WEIN UND GEMÜTLICHKEIT GEHEN IN ÖSTERREICH eine durchaus angenehme Verbindung ein, und dies nicht nur in den Kellergassen in den Weindörfern, sondern auch bei den Heurigen in Wien, denn Österreichs Hauptstadt ist weltweit die einzige Millionenstadt in deren Grenzen nennenswerter Weinbau gepflegt wird. Das neue österreichische Qualitätssystem wird die Herkunft der Weine stärker hervorheben. Ist der Grüne Veltliner der bekannteste österreichische Wein, so ist der Chasselas sicherlich der bekannteste aus der Schweiz. Trotzdem einige ausgezeichnete Weine produziert werden, konnten sich Schweizer Weine außerhalb des Landes kaum etablieren.

AN DER SCHILCHERWEINSTRASSE IN DER STEIERMARK
Mehrere Weinstraßen durchziehen die Steiermark, das Weinbaugebiet im Südosten Österreichs. Der Schilcher, ein Rosé-Wein aus der Rebsorte Blauer Wildbacher, ist hier eine regionale Spezialität.

ÖSTERREICH

Österreich hat sich in puncto Wein im letzten Jahrzehnt – wobei der Glykolskandal 1985 sich als Initialzündung auswirkte – auch international eine neue und einzigartige Identität aufgebaut.

IN DEN SPÄTEN 1970ER JAHREN stieg die österreichische Weinproduktion im selben Maße, wie der heimische Konsum sank, was zum größten Weinsee außerhalb der EU führte. Die Weinindustrie Österreichs war vorwiegend auf den Export nach Deutschland ausgerichtet, traditionell der einzige bedeutende Abnehmer. Nach mehreren Rekordernten in Deutschland und Österreich gingen die Verkäufe nach Deutschland zurück, während sich die österreichische Überproduktion fortsetzte. Rückblickend kann der »Frostschutzmittelskandal« von 1985 als Gottesgeschenk für den österreichi-

DER AUSBRUCH – EINE ERINNERUNG AN DIE ÖSTERREICHISCH-UNGARISCHE MONARCHIE

Die Entstehung des Ausbruchs geht zurück auf die Jahre der Donaumonarchie, als die Burgenländer Winzer mit Privilegien ausgestattet waren. Mit einem Mostgewicht von mindestens 27 °KMW (Klosterneuburger Mostwaage; entspricht 138 Grad Öchsle) ist der Ausbruch ein Prädikatswein, der zwischen einer Beerenauslese und einer Trockenbeerenauslese angesiedelt ist. Der Wein wird ausschließlich aus überreifen, edelfaulen und eingetrockneten Beeren erzeugt. Der Trockenbeeren-Maische wird dazu frisch gekelterter oder auch bereits gärender Traubensaft oder auch Wein (höherer Qualität) beigemischt mit dem gewünschten Effekt, dass der kristalline Zucker, der in den Beeren enthalten ist, besser ausgelöst beziehungsweise »ausgebrochen« wird (Mostauslaugung). Der Ausbruch wird am Westufer des Neusiedler Sees und dort vor allem im Weinort Rust gekeltert. Den echten Ausbruch kennzeichnet ein intensiv an Rosinen erinnerndes Aroma.

Weinbauregion Niederösterreich
- Wachau
- Kamptal
- Weinviertel
- Donauland-Carnuntum
- Thermenregion

Weinbauregion Wien
- Wien

Weinbauregion Burgenland
- Neusiedler See
- Neusiedler See-Hügelland
- Mittelburgenland
- Südburgenland

Weinbauregion Steiermark
- Weststeiermark
- Südoststeiermark
- Südsteiermark

- Hauptanbaugebiete
- Wichtige Weinbauorte
- Staats- und Ländergrenzen
- Höhe über dem Meer (Meter)

km 10 20 30 40 50

ÖSTERREICH
Niederösterreich, das nördlich und südlich von Wien liegt, und das Burgenland südöstlich von Wien sind in Qualität und Quantität die bedeutendsten Weinbaugebiete des Landes.

schen Wein gelten, mit dem Ergebnis, dass Österreich heute die am strengsten kontrollierte Weinindustrie der Welt besitzt.

DER FROSTSCHUTZMITTELSKANDAL

Im Jahre 1985 wurde bekannt, dass eine kleine Zahl der 40 000 österreichischen Weinerzeuger ihre Weine mit Diethylenglykol versetzte, allerdings nicht, um sie zu süßen, wie alle Welt glaubte – Diethylenglykol süßt nämlich nicht –, sondern um gepanschte (mit Wasser gestreckte) Weine analysefest zu machen. Die Medien in aller Welt behaupteten, österreichische Weine seien mit Frostschutzmittel vergiftet worden. Man verwendete jedoch kein Frostschutzmittel (dies wäre Ethylenglykol gewesen), sondern Diethylenglykol, dessen Toxizität nicht genau erforscht ist, jedenfalls aber weitaus weniger giftig ist als Alkohol, noch dazu bei einer Relation ca. 80 g Alkohol zu maximal 3 g Diethylenglykol pro Liter Wein.

DIE AKTUELLE SITUATION

Dass Österreich einige der großartigsten botrytisierten Weine der Welt herstellt, wussten Liebhaber immer schon. In den letzten Jahren erzeugte Österreich hochwertigen Cabernet Sauvignon und Chardonnay, und auch der St. Laurent, eine einheimische Sorte, erwies sich als verblüffend gut. Man sollte sich verstärkt der Vermarktung des großartigen Rieslings widmen und den herausragenden Grünen Veltliner auf den Exportmärkten etablieren.

ÖSTERREICH IM VERGLEICH MIT DEUTSCHLAND

Die Weingesetze beider Länder bestimmen die Qualitätsstufen nach dem Reifegrad der Trauben, der anhand der Zuckermenge im Traubenmost gemessen wird. Wie in Deutschland reicht die Palette der Weine vom Tafelwein bis zur Trockenbeerenauslese. Die Übersicht zeigt, dass die österreichischen Weine höheren Mindestansprüchen gerecht werden müssen. Wichtiger jedoch ist, dass diese Mindestwerte für jede Kategorie fest vorgegeben sind und so einem bestimmten Stil entsprechen. Dadurch weiß der Konsument, was er zu erwarten hat. Die deutschen Mindestwerte schwanken hingegen je nach Traubensorte und Ursprungsregion. So muss man in Deutschland erst die Erfahrung machen, dass eine Mosel-Auslese nicht süßer schmeckt als eine Spätlese einer anderen Region. Zudem ist Süßreserve für keinen Prädikatswein zulässig, während sie in Deutschland für Kabinett verwendet werden darf.

MINDESTÖCHSLEGRADE

QUALITÄTSKATEGORIE	ÖSTERREICH	DEUTSCHLAND
Tafelwein	[illegible]	44–50°
Landwein	[illegible]	47–55°
Qualitätswein	73°	50–72°
Kabinett	84°	67–85°
Spätlese	94°	76–95°
Auslese	105°	83–105°
Beerenauslese	127°	110–128°
Eiswein	127°	110–128°
Ausbruch	138°	–
Trockenbeerenauslese	156°	150–154°

DIE LAGE STEINER HUND IN DER WACHAU

Eine Luftaufnahme der Terrassen in der Ried Steiner Hund, die zu den steilsten in Österreich gehören. Hier entsteht einer der großartigsten Rieslinge des Landes.

DIE WACHAU

Österreich besitzt überaus malerische Landschaften, wie zum Beispiel der Blick über die Donau auf den berühmten Weinort Dürnstein zeigt.

GESCHMACKS- UND QUALITÄTSFAKTOREN

LAGE
Die Weinbaugebiete liegen im Osten des Landes, nördlich und südlich von Wien, entlang der Grenzen zu Tschechien, Ungarn und Slowenien. Vorarlberg im äußersten Westen verfügt über 15 ha Rebfläche, so viel wie Liechtenstein.

KLIMA
Warmes, trockenes Kontinentalklima mit jährlichen Niederschlägen zwischen 570 und 770 mm. Die heißeste und trockenste Region ist das Burgenland, wo in warmen Herbsten der vom Neusiedler See aufsteigende Nebel die Bildung von *Botrytis cinerea* fördert, die von den Weinerzeugern geliebte Edelfäule.

TOPOGRAFIE
Reben werden auf unterschiedlichsten Geländetypen kultiviert, von den Ebenen des Donautals bis oft in Terrassen angelegten steilen Uferhängen, vom burgenländischen Hügelland bis zu den Steillagen der Steiermark.

BÖDEN
Die Böden variieren von steinigen Schiefer-, Kalk- und Kiesböden (gelegentlich auch Lehm) im Norden über vorwiegend sandige Böden am Ufer des Neusiedler Sees im Burgenland bis zu hauptsächlich Mergel und Lehm und vulkanischen Böden in der Steiermark.

WEINBAU UND WEINBEREITUNG
Die österreichischen Methoden gleichen denen in Deutschland, außer dass die Verwendung von Süßreserve hier fast völlig verpönt ist. Allerdings verwendet man neben modernen Techniken im Vergleich zu Deutschland häufiger traditionelle Verfahren; andererseits ist man mit der Beherrschung des Barriqueausbaus wesentlich weiter. Auf über 85 % der Weinanbaufläche wird das Lenz-Moser-System verwendet, das eine mechanische Lese ermöglicht und die Kosten senkt. Besonders auf steilen Hängen und für süße Weine wird in mehreren Gängen gelesen.

REBSORTEN
Blauburger, Blauer Burgunder (Pinot Noir), Blauer Portugieser, Blauer Wildbacher, Blaufränkisch, Bouvier, Cabernet Franc, Cabernet Sauvignon, Chardonnay (Morillon), Frühroter Veltliner (Malvasia), Furmint, Goldburger, Grüner Veltliner, Merlot, Müller-Thurgau (Rivaner), Muskateller, Muskat-Ottonel, Neuburger, Roter Veltliner, Rotgipfler, Ruländer (Pinot Gris), Sauvignon Blanc, Scheurebe (Sämling 88), St. Laurent, Silvaner, Traminer (Gewürztraminer), Trollinger, Riesling, Weißburgunder (Pinot Blanc), Welschriesling, Zierfandler, Zweigelt

DIE WEINSTILE IN ÖSTERREICH

BLAUBURGER

ROT Eine Kreuzung aus Blauem Portugieser und Blaufränkisch, die einen kräftig gefärbten Rotwein mit wenig Charakter hervorbringt, der sich in der Flasche jedoch steigert. Ursprünglich eine Deckrotweinzüchtung.

1–3 Jahre

Schützenhof • *Willi Opitz*

BLAUER PORTUGIESER

ROT Diese einst häufigste Rotweinsorte ist noch in Niederösterreich verbreitet, vorwiegend im Pulkau-Tal, in Retz und in der Thermenregion, wo sie einen leichten Rotwein mit mildem Aroma und zarten Veilchennoten ergibt.

1–2 Jahre

Johann Gisperg • *H. V. Reinisch*

BLAUER WILDBACHER

ROT, ROSÉ Diese Sorte, aus der man den Schilcher der (West-)Steiermark gewinnt, bringt traditionell einen überaus säurebetonten Wein mit zartrosa Färbung hervor.

1–2 Jahre

Domäne Müller • *Reiterer*

BLAUFRÄNKISCH

ROT Diese Sorte ist in den Regionen Neusiedlersee-Hügelland und Mittelburgenland sehr beliebt, wo man aus ihr einen herben, fruchtigen Wein mit gutem Tannin und dezenter Kirsch- und Gewürznote herstellt. Die besten Exemplare sind schmalzig und reifen einige Zeit in Eiche.

2–4 Jahre

Feiler-Artinger • *Gesellmann* • *Igler* • *H. und M. Krutzler*

BOUVIER

WEISS Eine früh reifende Tafeltraube mit geringer Säure, die häufig für hochwertige Prädikatsweine verwendet wird.

1–3 Jahre (Qualitätswein)
2–8 Jahre (Prädikatswein)

Willi Opitz

CABERNET SAUVIGNON

ROT Bis 1982 besaß Schlumberger in Bad Vöslau als einziger Erzeuger einen kommerziell genutzten Weinberg mit Cabernet Sauvignon, dann konnte Lenz Moser mit einer Sondergenehmigung 2,5 ha in Mailberg bestocken. Heute scheint fast jedes Weingut Cabernet Sauvignon anzubauen.

5–8 Jahre

Moser (Siegendorf Prestige) • *Igler* • *Gesellmann*

CHARDONNAY

WEISS Diese auch Feinburgunder genannte Traubensorte wird seit Jahrzehnten in der Steiermark gezogen, wo sie den Namen Morillon trägt. Seit Anfang der 90er Jahre stieg der Anbau dieser Sorte, aus der ausgezeichnete, üppige Weine erzeugt werden, rasch an.

2–5 Jahre

Bründlmayer (Kabinett) • *Juris-Stiegelmar* (Classico) • *H. V. Reinisch* • *Andreas Schafler* • *Schellmann* • *Tement*

FRÜHROTER VELTLINER

WEISS Dieser auch als Malvasia bezeichnete trockene Wein ist eine eher milde Spezialität.

1–2 Jahre

Leth

FURMINT

WEISS Diese v. a. in Rust im Burgenland angebaute ungarische Sorte ergibt einen trockenen, runden Wein mit mittelschwerem bis vollem Körper und angenehmer Apfelfrucht.

3–5 Jahre

Schröck • *Wenzel*

GEWÜRZTRAMINER (TRAMINER)

WEISS Gewürztraminer heißt gelegentlich Gelber Traminer, Traminer gelegentlich Roter Traminer. Die Weine variieren von leicht und blumig bis zu intensiv aromatisch, trocken oder in verschiedensten Süßegraden. Die Trockenbeerenauslesen zählen zu den vollsten, üppigsten und pikantesten.

3–6 Jahre

Reinhold Polz • *Andreas Schaefler*

GOLDBURGER

WEISS Eine hochreifende Neuzüchtung aus Welschriesling und Orangetraube, deren Anbau Gott sei Dank abnimmt.

1–3 Jahre

GRÜNER VELTLINER

WEISS Das Donautal bringt die großartigsten Grünen Veltliner hervor, deren Geschmacksspektrum von frisch gemahlenem Pfeffer bis zu grandioser burgundischer Aromenvielfalt reicht. Er ist das Gegenteil des langweiligen *Vin ordinaire,* wie er in praktisch allen anderen Regionen aus dieser Traube hergestellt wird.

1–25 Jahre

Bründlmayer (Langenloiser Berg Vogelsang Kabinett, Ried Lamm Spätlese trocken) • *Freie Weingärtner Wachau* (Weißenkirchner Achleiten Smaragd) • *Graf Hardegg* (Dreikreuzen Kabinett, Maximilian Kabinett) • *Hirtzberger* (Rotes Tor Smaragd, Spitzer Honifogl) • *Moser* (Knights of Malta) • *Mantlerhof* (bes. ältere Jahrgänge) • *Metternich-Sandor* (Princess) • *Prager* • *Wieninger* (Ried Herrenholz)

JUBILÄUMSREBE

WEISS Neuzüchtung aus Blauem Portugieser und Blaufränkisch ohne Bedeutung.

MERLOT

ROT In geringen Mengen in Krems, Mailberg und Furth in Niederösterreich, verstreut auch im Burgenland angepflanzt. Diese bis vor kurzem zu wenig beachtete Sorte besitzt in Österreich großes Potenzial, sie ergibt Rotweine mit einer milden, würzig-saftigen Frucht.

3–5 Jahre

Hofkellerei Stiftung Fürst Liechtenstein (Herrenbaumgärtner Spätlese)

MÜLLER-THURGAU

WEISS Diese heute auch als Rivaner bezeichnete Sorte nimmt in Österreich den zweiten Rang in der Weinproduktion ein. Die besten reinen Müller-Thurgaus Österreichs besitzen einen feinen, würzigen Charakter und sind der durchschnittlichen deutschen Version überlegen.

1–2 Jahre

Hirtzberger • *Schützenhof*

MUSKATELLER

WEISS Der Muskateller, der eine Renaissance erlebt, ergibt einige der edelsten Prädikatsweine des Burgenlands und bringt auch in der Steiermark hervorragende Weine hervor.

1–3 Jahre (Qualitätswein)
2–15 Jahre (Prädikatswein)

Leth • *Platzer* • *Wenzel*

MUSKAT-OTTONEL

WEISS Muskat-Ottonel ist weniger pikant und weicher als Muskateller, sein Aroma spricht jedoch unmittelbar an. Grandiose Hochprädikate.

2–4 Jahre

Willi Opitz

NEUBURGER

WEISS Eine österreichische Sorte, die besonders gut auf Kalkböden gedeiht und in allen Süßekategorien einen Wein mit vollem Körper und typischer Nussnote hervorbringt.

2–4 Jahre (Qualitätswein)
3–8 Jahre (Prädikatswein)

Alphart • *H. V. Reinisch*

PINOT BLANC

WEISS Weißer Burgunder oder Pinot Blanc, auch als Klevner bezeichnet, ergibt als trocken ausgebaute Spätlese die vielleicht besten Weine der Sorte weltweit. Besonders gut auch im hohen Prädikatsbereich.

2–10 Jahre (Qualitätswein)
3–15 Jahre (Prädikatswein)

Skoff (Kabinett)

PINOT GRIS

WEISS Der Pinot Gris, in Österreich als Grauer Burgunder und häufig auch als Ruländer bezeichnet, gilt als vollere, würzigere Version des Pinot Blanc und weist eine typische üppige, nussige Note auf.

2–4 Jahre (Qualitätswein)
3–8 Jahre (Prädikatswein)

Tement

PINOT NOIR

Die in Österreich Blauer Burgunder, Blauer Spätburgunder oder Blauburgunder genannten

Weine dieser Rebe sind oft enttäuschend; aber es gibt auch herausragende Winzer

1–3 Jahre

Bründlmayer • *Johann Gipsberg* • *Juris-Stiegelmar* • *H. V. Reinisch*

RIESLING

WEISS Gute Rieslinge aus dem Raum Wachau – Krems – Langenlois sind in der Welt einzigartig: füllig, körperreich, dennoch mit feinster Rieslingfrucht in Verbindung mit profundem mineralischem Charakter.

2–6 Jahre (Qualitätswein)
4–15 Jahre (Prädikatswein)

Bründlmayer (Spätlese) • *Freie Weingärtner Wachau* (Weißenkirchner Achleiten Federspiel und Smaragd) • *Hirtzberger* (Spitzer Steinterrassen Federspiel) • *Hofkellerei des Fürsten von Liechtenstein* (Spätlese) • *Thiery-Weber* (Kremser Sandgrube)

ROTER VELTLINER

WEISS Ein erstaunlich profunder Wein mit ebenso erstaunlicher Reifungsfähigkeit und feiner Mandelwürzigkeit im Alter.

1–3 Jahre

ROTGIPFLER

WEISS Robuste, würzige, körperreiche Weine, die dem Zierfandler nicht unähnlich sind. Die Sorte wird meist zu trockenen Weinen verarbeitet, doch ist der halbtrockene bis edelsüße Rotgipfler aus Gumpoldskirchen wohl der berühmteste Vertreter der Sorte.

3–7 Jahre

Hoffer • *Kurz* • *Schellmann*

ST. LAURENT

ROT Diese möglicherweise mit Pinot Noir verwandte Sorte bringt meist einen leichten, angenehm trinkbaren Wein mit mildem Aroma hervor. Seit 1990 erzeugen Weingüter wie Stiegelmar, Umathum oder Gesellmann schöne samtige Weine, die in Qualität und Stil an Pinot erinnern.

1–3 Jahre

Gesellmann • *Stiegelmar-Juris* • *Umathum*

SAUVIGNON BLANC

WEISS Aus dieser früher als Muskat-Silvaner bezeichneten Sorte werden in der Steiermark hoch geschätzte trockene Weine hergestellt, die auch in höheren Prädikatskategorien ausgezeichnet sein können.

2–4 Jahre (Qualitätswein)
4–10 Jahre (Prädikatswein)

Kollwentz • *Polz* • *Skoff* • *Tement*

SCHEUREBE

WEISS Diese Weine sind im trockenen Qualitätsweinbereich nicht sehr angenehm, entwickeln aber im Prädikatsbereich einen wundervoll aromatischen Charakter. Alois Kracher ist der Großmeister.

2–4 Jahre

Gesellmann (Eiswein) • *Kracher* • *Opitz*

SILVANER

WEISS Silvaner wird in Österreich selten angepflanzt.

1–2 Jahre

Jurtschitsch

TRAMINER (GEWÜRZTRAMINER)

WEISS Traminer heißt gelegentlich Roter Traminer, Gewürztraminer Gelber Traminer. Die Weine variieren von leicht und blumig bis zu intensiv aromatisch, trocken oder in verschiedensten Süßegraden. Die Trockenbeerenauslesen zählen zu den vollsten, üppigsten und pikantesten.

3–6 Jahre

Reinhold Polz • *Andreas Schaefler*

WELSCHRIESLING

WEISS Die in Österreich dritthäufigste Sorte ergibt ziemlich gewöhnliche trockene Alltagsweine und den besten Sektgrundwein. Als Hochprädikatswein ganz hervorragend.

1–3 Jahre (Qualitätswein)
2–15 Jahre (Prädikatswein)

Bründlmayer • *Opitz* • *Platzer* • *Tement*

ZIERFANDLER

WEISS Diese auch Spätrot genannte Sorte ergibt körperreiche, aromatische trockene Weine von trocken bis superb edelsüß.

2–6 Jahre

Hoffer • *Kurz* • *Schellmann*

ZWEIGELT

ROT Die ertragreiche Zweigelt, auch Blauer Zweigelt oder Rotburger genannt, ergibt milde, einfache Rotweine; in letzter Zeit beweisen jedoch immer mehr Winzer, dass die Sorte zu wesentlich Höherem berufen ist und einen idealen Verschnittpartner für Cabernet und Blaufränkisch darstellt.

1–3 Jahre

Johann Gipsberg • *Glatzer* (Dornenvogel) • *Romer* (Schweizerreid)

WEITERE WEINSTLE

ROTE VERSCHNITTE

Die besten roten Verschnittweine, die meist in neuen Eichenfässern ausgebaut werden, bekommen Rückgrat durch Cabernet Sauvignon und milde Frucht durch Blaufränkisch, St. Laurent oder auch Zweigelt.

2–8 Jahre

Gesellmann (Opus Eximium) • *Igler* (Cuvée Vulcano) • *Pöckl* (Admiral) • *H. V. Reinisch* (Cabernet-Merlot) • *Schlossweingut Malteser Ritterorden* (Cabernet Sauvignon-Merlot) • *Umathum* (Ried Hallebühl Cuvée Rot)

WEISSE VERSCHNITTE

Preiswerte kommerzielle Weißweinverschnitte finden sich in Österreich häufig, gute Zeugnisse der Verschneidekunst sind hingegen dünn gesät – kein Wunder, liegt bei Weißweinen der Schwerpunkt doch eindeutig beim sortenreinen Ausbau. Franz Mayer macht eine faszinierende *Cuvée* aus Grünem Veltliner, Müller-Thurgau, Riesling, Silvaner und Zierfandler. Die Pannobile-Gruppe in Gols lässt ebenfalls aufhorchen. Alois Kracher ist ein *Cuvée*-Genie im edelsüßen Bereich.

Franz Mayer (Grinzinger Reisenberg)

FLASCHENVERGORENER SCHAUMWEIN

Der bekannteste österreichische Schaumwein ist der in Wien hergestellte Schlumberger. Leider ist er nur selten herausragend. Ein kleiner Winzer in der Süd-Oststeiermark erzeugt den besten österreichischen Schaumwein, den ich je verkostet habe.

Platzer (Pinot Cuvée)

DIE HERKUNFTSBEZEICHNUNGEN IN ÖSTERREICH

BURGENLAND

Das östlichste Weinbaugebiet des Landes ist gleichzeitig das wärmste. Es produziert reife bis überreife Trauben, die Jahr für Jahr eine beträchtliche Menge an Prädikatsweinen garantieren. Mit einem Rotweinanteil von etwa 75 % zählen Mittel- und Südburgenland zu den bedeutendsten Rotweinregionen Österreichs.

NEUSIEDLERSEE

Diese Weinberge ebenso wie die der Region Neusiedlersee-Hügelland befinden sich im Einflussbereich des Neusiedler Sees, einer riesigen, kaum 2 m tiefen Wasserfläche. Sein Mesoklima bringt mehr botrytisierte Trauben hervor als jede andere Weingegend der Welt. Auch große Rotweine wachsen hier.

Gemeinden *Apetlon* • *Frauenkirchen* • *Illmitz* • *Mönchhof* • *Podersdorf*
Erzeuger *Juris-Stiegelmar* • *Kracher* • *Opitz* • *Pöckl* • *Umathum*

NEUSIEDLERSEE-HÜGELLAND

Siehe Neusiedlersee

Gemeinden *Donnerskirchen* • *Rust*
Erzeuger *Feiler-Artinger* • *Kollwentz (Römerhof)* • *Ladislaus* • *Wenzel*

MITTELBURGENLAND

Das Mittelburgenland gehörte ursprünglich zur Region Rust-Neusiedlersee, obwohl es durch das ungarische Weinbaugebiet Sopron vom Neusiedler See getrennt ist. 80 % der Produktion sind rot mit etwas Zweigelt.

Gemeinden *Deutschkreutz* • *Horitschon* • *Neckenmarkt* • *Lutzmannsburg*
Erzeuger *Gesellmann* • *Igler*

SÜDBURGENLAND

Die Rotweine, vorwiegend aus Blaufränkisch, werden immer interessanter. Einige überraschend feine Prädikatsweine aus Welschriesling.

Gemeinden *Deutsch Schützen* • *Eisenberg* • *Rechnitz*
Erzeuger *Körper-Faulhammer Schützenhof* • *Krutzler*

KÄRNTEN

Weinbau in Kärnten – einst in der Römerzeit ausgiebig betrieben – gibt es heute nur mehr auf Hobbywinzerniveau. Es gibt keinen kommerziellen Betrieb.

NIEDERÖSTERREICH

Diese bedeutendste Region Österreichs für trockene Weine ist für ihren pfeffrigen Grünen Veltliner und den eleganten Riesling berühmt. Die besten Rieslinge sind jung leicht und ätherisch, nach einigen Jahren in der Flasche gewinnen sie eine Fülle und edle, rassige Ausgewogenheit, die an die herausragendsten deutschen Rieslinge herankommt. Der interessanteste Typ ist Smaragd, das Äquivalent der trockenen Spätlese (immer weniger Winzer verwenden die Bezeichnung und lassen es mit der Bezeichnung »Qualitätswein« bewenden). In heißen oder botrytisreichen Jahren werden auch höhere Prädikate erzeugt, von der Auslese bis zur Trockenbeerenauslese.

WACHAU

Die Wachau zählt mit Kamptal und Kremstal zu den herausragendsten Weinbaugebieten Niederösterreichs. Hier werden hervorragende Weine gekeltert, Grüner Veltliner und Riesling als die beiden mit Abstand bedeutendsten und besten.

Gemeinden *Spitz* • *Joching* • *Weißenkirchen* • *Dürnstein* • *Loiben*
Erzeuger *Freie Weingärtner Wachau* • *Hirtzberger* • *Prager*

KREMSTAL

Krems ist eine Stadt mit jahrtausendalter Tradition, auch beim Wein. Erstklassige (und noch recht preiswerte) Weine mit Schwerpunkt Riesling und Veltliner.

Gemeinden *Krems* • *Gedersdorf* • *Rohrendorf*
Erzeuger *Aigner* • *Hagen* • *Malat* • *Mantlerhof* • *Mayr* • *Metternich-Sándor* • *Sepp Moser* • *Nigl* • *Salomon Undhof* • *Stadtgut Krems* • *Thiery-Weber* • *Ewald Walzer*

KAMPTAL

Abgesehen von der Wachau werden hier die besten Rieslinge erzeugt.

Gemeinden *Langenlois* • *Strass*
Erzeuger *Bründlmayer* • *Dolle* • *Hiedler* • *Sonnhof Jurtschitsch* • *Schloss Gobelsburg*

TRAISENTAL

Das jünste Weinbaugebiet entstand auf eigenen Wunsch durch Abspaltung vom Kremstal. Ob die Vermarktung dadurch verbessert werden kann, wird die Zukunft zeigen. Ein herausragendes Weingut: Ludwig Neumayer in Inzersdorf an der Traisen.

DONAULAND

Im westlichen Bereich, am Wagram entlang, erzeugen junge Winzer immer bessere Weine. Im Osten des Gebiets, vor den Toren Wiens, steht in Klosterneuburg die älteste Weinbaufachschule der Welt.

Gemeinden *Fels* • *Gösing* • *Kirchberg/W.* • *Klosterneuburg*
Erzeuger *Fritsch* • *Fritz* • *Leth* • *Söllner-Litana* • *Wimmer-Czerny* • *Zimmermann*

WEINVIERTEL

Dieses große Gebiet umfasst die beiden ehemaligen Weinbaugebiete Retz (nördlich von Kamptal und Donauland) und Falkenstein nördlich von Wien. Beide erstrecken sich nach Norden bis an die tschechische Grenze. Neben einigen Rotweinen werden vorwiegend Weißweine erzeugt. Nur wenige besitzen wirklich Klasse,

doch sind sie im Allgemeinen gut gemacht, angenehm zu trinken und sehr preiswürdig. Der beste Winzer ist Roman Pfaffl am Bisamberg vor den Toren Wiens.

Gemeinden *Falkenstein* • *Mailberg* • *Poysdorf* • *Retz*
Erzeuger *Hofkellerei Fürst Liechtenstein* • *Lenz Moser/Malteser Ritterorden*

CARNUNTUM

Carnuntum ist für den Weinbau historisch bedeutend, er reicht bis in römische Zeiten zurück. Die Weine sind meist gut und preiswert, Spitzenklasse gibt es erst seit kurzem.

Gemeinde *Göttlesbrunn*
Erzeuger *Glatzer* • *Pitnauer* • *Gerhard Markowitsch*

THERMENREGION

Eine der wärmsten Regionen Österreichs mit Rot- und Weißweinen aus Blauem Portugieser und Neuburger. Zierfandler und Rotgipfler sind Spezialitäten aus Gumpoldskirchen, jedoch erreichen auch Chardonnay, Riesling und Traminer bemerkenswerte Qualität.

Gemeinden *Bad Vöslau* • *Gumpoldskirchen* • *Traiskirchen*
Erzeuger *Alphart* • *Gipsberg* • *Hoffer* • *Reinisch* • *Schafler* • *Schellmann*

OBERÖSTERREICH

Hartnäckig hält sich die Legende, irgendwo in Oberösterreich versteckten sich 30 bis 35 ha Rebfläche. Hiermit sei sie aufgeklärt: Das Stift Kremsmünster bewirtschaftet über 30 ha, allerdings in Krems (Kremstal), Deutschkreutz (Mittelburgenland) und Röschitz (Weinviertel). Für die amtliche Statistik hat das Stift jedoch seinen Sitz in Oberösterreich, wodurch dieses Bundesland zum Weinbauland wird.

STEIERMARK

Diese im Südosten Österreichs gelegene Region bekommt viel Niederschläge, aber auch außergewöhnlich viel Sonnenschein und Wärme. Produziert werden Rot- und sehr trockene Weißweine; es gibt einige außergewöhnliche Weine und einige interessante lokale Spezialitäten. Die berühmteste ist der Schilcher. Der aus der Blauen Wildbacher hergestellte Wein erhält seine rosa Färbung durch eine kurze Mazeration auf den Traubenschalen.

SÜDOSTSTEIERMARK

Müller-Thurgau und Welschriesling sind in der Südoststeiermark überraschend erfolgreich, auch der Gewürztraminer zählt zu den ausdrucksvollsten Österreichs.

Gemeinden *Feldbach* • *Kaibing* • *Kapfenstein* • *Klöch* • *Straden* • *Tieschen*
Erzeuger *Breitenberger* • *Hutter* • *Schloss Kapfenstein* • *Neumeister* • *Platzer* • *Stürgkh*

SÜDSTEIERMARK

Die besten Weine besitzen den typischen fruchtigen Säuregehalt der Steiermark, der mit den delikaten, reinen Fruchtaromen eine außergewöhnliche Finesse ergibt, vor allem bei Sauvignon, Morillon (Chardonnay), Pinot Gris und (vereinzelt) Riesling.

Gemeinden *Gamlitz* • *Leibnitz* • *Leutschach*
Erzeuger *Muster* • *Polz* • *Skoff* • *Tement*

WESTSTEIERMARK

Der Zwiebelschilcher – aus Wildbacher gekeltert, der auf den Hängen oberhalb von Stainz wächst – verdankt seinen Namen der zwiebelschalenartigen Färbung.

Gemeinden *Deutschlandsberg* • *Stainz* • *Wies*
Erzeuger *E. & M. Müller*

WIEN

Bis Madrid vor kurzem seine alte Appellation wiederbelebte (die allerdings Weinberge außerhalb der Stadt selbst betrifft), war Wien die einzige Hauptstadt Europas mit eigener Appellation. Die meisten Weine werden in den zahlreichen als Heuriger oder Buschenschank bezeichneten Weinlokalen offen als Heuriger ausgeschenkt und sind noch kein Jahr alt. Der Anteil von Sortenweinen aus klassischen Trauben steigt jedoch.

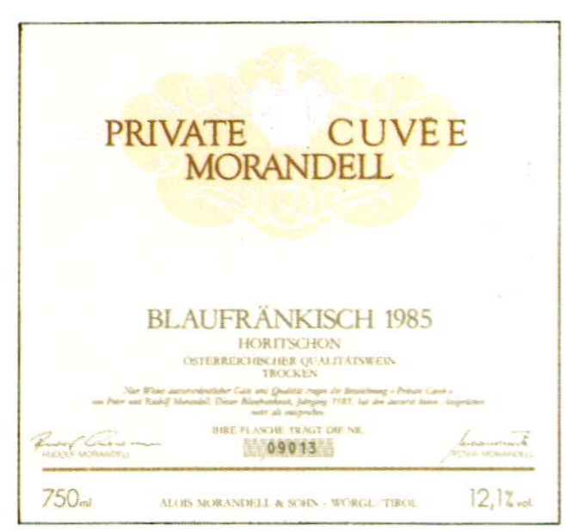

Erzeuger *Franz Mayer* • *Reinprecht* • *Wieninger*

TIROL

Selbst in Nordtirol, das eher als Wintersportgebiet bekannt ist, gibt es kommerzielle Winzer: Karl Reinhardt mit seinem Zirler Weinhof, der sogar neue Rebsorten auspflanzt, und Romed Isser, der hauptsächlich in Stahl ausgebauten Rotwein macht.

VORARLBERG

Auch in Vorarlberg, ganz im Westen Österreichs, wird Wein angebaut. Die Rebfläche umfasst etwa 15 ha, die sich zwischen Bregenz am Bodensee und Frastanz bei Feldkirch verteilen. Der hier erzeugte Wein ist vor allem in guten Jahren recht interessant, Chardonnay und Spätburgunder liefern die besten Ergebnisse.

SCHWEIZ

Schweizer Weine können ebenso frisch und rein sein wie die Luft der Alpen. Viele Traubensorten werden hier kultiviert, die Chasselas ist die bekannteste. In Frankreich gilt sie als Tafeltraube, die Schweizer verarbeiten sie jedoch zu einem leichten, trockenen, spritzigen und delikaten Wein, der nicht nur zum Käsefondue ein hervorragender Begleiter ist.

WEINBERGE IN SCHAFFHAUSEN
Der Weinberg unter dem Munot in der Mitte der Stadt ist einer der besten in diesem Kanton.

DIE CHASSELAS-TRAUBE FINDET SICH unter der Bezeichnung Dorin im Kanton Waadt, als Perlan im Kanton Genf und, am bekanntesten, als Fendant im Kanton Wallis. Zwar sind über 40 % der Weinanbaufläche mit Chasselas bestockt, doch ist nahezu die Hälfte der Schweizer Weinproduktion Rotwein. So entfallen 27 % auf Pinot Noir, 14 % auf Gamay und 6 % auf Merlot. (Diese bislang wenig bedeutende Sorte nimmt rasch zu.) Damit verbleiben für alle übrigen Sorten kaum 13 % der Anbaufläche.

Im letzten Jahrzehnt ist die Qualität der Weine zweifellos gestiegen, aber der Ertrag lag im Allgemeinen zu hoch (durchschnittlich 80 hl pro ha, in einigen Kantonen bis zu 120 hl pro ha), als dass sich die Schweiz international einen Namen als Qualitätsweinland hätte machen können.

Winzer, die ihre Erträge niedrig halten, erzeugen herrliche Weine. Ihre Zahl ist aber zu gering, um den Ruf des gesamten Landes zu ändern. Der Kurs des Schweizer Frankens und die hohen Lebenshaltungskosten machen die Weine des Landes – insbesondere die herausragenden – für den internationalen Markt zu teuer. Da die Schweizer doppelt so viel Wein trinken, wie sie selbst herstellen, und hohe Preise gewöhnt sind, besteht weder Notwendigkeit noch Anreiz, Weine mit einem besseren Preis-Leistungs-Verhältnis zu entwickeln. Davon abgesehen besitzt die Schweiz köstliche Rotweine, die von Jahr zu Jahr an samtiger Tiefe gewinnen.

DIE SCHWEIZ
Die Schweiz teilt sich in drei große Sprachbereiche: die französische, die deutsche und die italienische Schweiz. Einige der Wein erzeugenden Kantone überschreiten diese Sprachgrenzen und besitzen alternative Namen. Die meisten Weingüter sind an den Seen und Flüssen des Landes angesiedelt.

GESCHMACKS- UND QUALITÄTSFAKTOREN

LAGE
Die Schweiz grenzt an den Süden Deutschlands, den Norden Italiens und den mittleren Osten Frankreichs.

KLIMA
Kontinentales Bergklima herrscht vor. Wichtige lokale Einflüsse stellen die Höhenlage, die Seen und der Schutz durch die Bergketten dar. Der als Föhn bekannte warme Fallwind erhöht die Temperatur in einigen Tälern. Die Niederschlagsmenge ist relativ gering, einige Gebiete, wie das im Süden gelegene Wallis, sind sehr trocken. Spätfröste sind für nahezu alle Weinbaugebiete eine Bedrohung.

TOPOGRAFIE
Wein wird in Flusstälern, an Seeufern und an steilen Hängen in den Alpen gezogen, die durchschnittlich 750 m hoch liegen und südlich von Visp sogar 1200 m erreichen. Damit zählen die Schweizer Weinberge zu den höchst gelegenen Europas. Die besten Lagen sind Südhänge mit maximaler Sonneneinstrahlung und so großer Neigung, dass keine hohen Erträge erzielt werden.

BÖDEN
Vorwiegend Gletschermoränen (Schotter) und verwitterter Schiefer, häufig mit Kalkstein über einer Sedimentschicht aus Kalk, Lehm und Sand. Der im Kanton Waadt gelegene Ort Dézaley ist für seinen Puddingstein bekannt, das Chablais besitzt Kalk und Mergel, und Ollon und Bex profitieren von Gipsablagerungen.

WEINBAU UND WEINBEREITUNG
An steilen Hängen müssen Terrassen angelegt werden, und in Trockengebieten wie dem Wallis muss bewässert werden. Die Bewirtschaftung der Weinberge ist oft sehr arbeitsintensiv, mit Ausnahme einiger sanfter Hänge rund um den Genfer See, die eine maschinelle Bearbeitung ermöglichen. Bei sorgfältiger Vinifizierung wird bemerkenswert viel Wein produziert. In den letzten drei Jahrzehnten stieg die Produktion von Rotwein in diesem von Weißwein beherrschten Land.

REBSORTEN
Aligoté, Amigne, Ancellotta, Bacchus, Bonarda, Bondola, Cabernet Franc, Cabernet Sauvignon, Chardonnay, Charmont, Chasselas (Dorin, Fendant, Gutedel, Perlan), Chenin Blanc, Completer, Cornalin (Landroter), Diolinoir, Doral, Elbling (Räuschling), Freisa, Freisamer (Freiburger), Gamaret, Gamay, Gewürztraminer (Païen), Gouais (Gwäss), Himbertscha, Humagne Blanc, Humagne Rouge, Kerner, Lafnetscha (vermutlich mit Completer identisch), Malbec, Marsanne (Ermitage), Merlot, Müller-Thurgau, Muscat à Petits Grains, Petite Arvine, Pinot Blanc, Pinot Gris (Malvoisie, Ruländer), Pinot Noir (Blauburgunder, Clevner), Rèze, Riesling, Sauvignon Blanc, Seibel (Plantet), Sémillon, Seyval Blanc, Sylvaner (Silvaner), Syrah, Traminer (Heida, Païen, Savagnin).

DIE HERKUNFTSBEZEICHNUNGEN IN DER SCHWEIZ

Innerhalb des eidgenössischen Appellationssystems besitzt jeder Kanton das Recht auf eine eigene Appellation, und jede Weinbaugemeinde innerhalb eines Kantons kann ihre eigene Appellation eintragen lassen. Genf nahm als erster Kanton dieses Recht 1988 in Anspruch, 1991 folgte das Wallis, 1993 Neuchâtel und 1995 Waadt. Neben diesen Gemeindeappellationen darf jeder Kanton Bezirks- und Typappellationen einrichten. Die Zahl dieser Bezeichnungen wächst ständig.

FRANZÖSISCHE SCHWEIZ

Kantone Fribourg (Freiburg), Genf, Jura, Neuchâtel (Neuenburg), Valais (Wallis), Vaud (Waadt)
Bereichsbezeichnungen Vully (zum Teil in Fribourg und in Neuchâtel); Arve-et-Lac, Arve-et-Rhône, Mandement (Genf); Bonvillars, Chablais, La Côte, Côtes de l'Orbe, Lavaux (Waadt)
Typbezeichnungen Oeil de Perdrix (Genf, Neuchâtel, Wallis, Waadt); Perlan (Genf); Amigne, Arvine, Cornalin, Dôle, Dôle Blanche, Ermitage, Fendant, Goron, Heidawein, Höllenwein, Pinot Noir, Vin de Païen, Vin du Glacier (Wallis); Dorin, Salvagnin (Waadt)

Die französische Schweiz umfasst 16 % der Landesfläche, beherbergt jedoch über 80 % aller Weingüter. Zwei Drittel des hier hergestellten Weins entfallen auf Weißwein, wovon wiederum 90 % Chasselas sind, während Pinot Noir und Gamay zusammen etwa 99 % der Rotweinsorten stellen. Das Wallis ist die älteste, berühmteste und produktivste Weinbauregion der Schweiz. Die Weinberge erstrecken sich entlang der Rhône über einhundert km weit vom Genfer See bis nach Brig in der deutschsprachigen Schweiz, ein Drittel der gesamten Weinmenge des Landes wird hier produziert, und selbst die bescheidensten Dorfweine sind mindestens so gut wie die besten Appellationen anderer Kantone. Auf das Waadtland entfällt etwa ein Viertel der Schweizer Weingüter, damit nimmt es den zweiten Rang im Weinbau des Landes ein.

✓ **Gemeinden** *Auvernier* • *Cortaillod* (Neuchâtel); *Salgesch* • *St-Léonard* • *Vétroz* (Wallis); *Calamin* • *Dézaley* (Waadt)
Erzeuger *Château de Vaumarcus* • *André Ruedin* (Neuchâtel) • *Charles Bonvin* • *Caves de Riondaz* • *Château Lichten* • *Domaine du Mont d'Or* • *Charles Favre* • *Maurice Gay* • *Alphonse Orsat* • *Louis Vuignier* (Wallis); *Henri Badoux* • *Château d'Allaman* • *Château Maison Blanche* • *Château de Vinzel* • *Clos de la George* • *Hammel* • *Domaine de la Lance* • *Domaine du Martheray* • *Domaine de Riencourt* • *Robert Isoz* • *Gérard Pinget* • *Rouvinez* • *J. & P. Testuz* (Waadt)

DEUTSCHE SCHWEIZ

Kantone Aargau, Basel, Bern, Graubünden (teilweise), St. Gallen, Schwyz, Schaffhausen, Thurgau
Bereichsbezeichnungen Bielersee, Oberland (Bern); Bündner Herrschaft (Graubünden); Oberland, Rheintal (St. Gallen); Klettgau (Schaffhausen); Thurtal, Untersee (Thurgau); Flaachtal, Limmattal, Rafzerfelder, Unterland, Weinland (Zürich)
Typbezeichnungen Clevner

Als bei weitem größte kulturelle Einheit umfasst die deutsche Schweiz (Ostschweiz) nahezu zwei Drittel des Landes, sie besitzt jedoch nur ein Sechstel der Weinanbaufläche. Der Kanton Aargau ist für seine Rotweine bekannt, daneben werden nicht vollständig trockene, leichte Weißweine mit angenehmem Duft und niedrigem Alkoholgehalt hergestellt. Basel produziert ausschließlich Weißwein. Aus dem Kanton Bern stammen einige eher dünne Rotweine minderer Qualität, der Großteil entfällt jedoch auf weiße Sorten, aus denen lebhafte Weine mit erfrischender Säure und angenehmem Bukett gewonnen werden. Die Weinberge Graubündens liegen am Alpenrhein. Aus dem dank dem Föhn gut reifenden Pinot Noir der Bündner Herrschaft werden körperreiche, farbkräftige Weine erzeugt. Die ebenfalls am Alpenrhein gelegenen Rebflächen des Kantons St. Gallen liefern vorwiegend Rotwein.

Der Südteil Graubündens gehört bereits zur italienischen Schweiz, auf Italienisch heißt der Kanton Grigione. Die Rebstöcke von Schaffhausen wachsen in der Nähe des berühmten Rheinfalls. Der Thurgau war die Heimat des Dr. Hermann Müller (1850-1927), dem die Züchtung der weißen Rebsorte Müller-Thurgau zugesprochen wird (er nannte sich selbst Müller-Thurgau). Ihren Namen erhielt sie erst bei ihrer Einführung 1913 in Deutschland. Diese Sorte findet sich hier auch, doch über 50 % aller Rebstöcke sind Pinot Noir, aus dem sich gute, fruchtige Weine herstellen lassen.

Zürich ist der bedeutendste Kanton der Deutschschweiz. Hier werden einige der teuersten, gleichzeitig unbedeutendsten Weine des Landes produziert. Auf geschützten Hängen mit guter Sonnenexposition erbringt Pinot Noir jedoch attraktive, aromatische Weine.

✓ **Gemeinden** *Brestenberger* • *Goldwand* • *Netteler* (Aargau); *Schafis* (Bern); *Fläsch* • *Maienfeld* • *Jenins* • *Malans* (Graubünden); *Leutschen* (Schwyz); *Hallau* • *Schaffhausen* (Schaffhausen)
Erzeuger *Donatsch* (Graubünden) *Adelheid von Randenburg* • *Graf von Spiegelberg* • *Hans Schlatter* (Schaffhausen)

ITALIENISCHE SCHWEIZ

Kantone Ticino (Tessin), Grisons (Graubünden; teilweise)
Bereichsbezeichnungen Misox (Graubünden); Sopraceneri, Sottoceneri (Tessin)
Typbezeichnungen Bondola, Merlot del Ticino, Nostrano

Die italienische Schweiz besteht aus dem Kanton Tessin (Ticino) und dem südlichen Graubünden. Über 80 % der Weinbaufläche sind mit Merlot bepflanzt. Der Merlot aus dem Tessin ist zuverlässig einer der besten Schweizer Weine. Die im Vergleich zu den anderen Kantonen geringeren Lohnkosten machen den Merlot aus dem Tessin zudem zu einem der preiswertesten unter den edlen Schweizer Weinen.

✓ **Gemeinden** *Misox* (Graubünden)
Erzeuger *Figli fu Alberto Daldini, Tamborini, Valsangiacomo* (Ticino)

DIE WEINSTILE IN DER SCHWEIZ

AMIGNE
Wallis

WEISS Diese alte Rebsorte des Wallis ergibt einen vollen, rustikalen trockenen Weißwein.

1–2 Jahre

ARVINE
Wallis

WEISS Eine weitere alte Rebsorte aus dem Wallis, die einen noch runderen trockenen Weißwein mit unverwechselbarer Grapefruitnote und guter Säure ergibt. Die Petite Arvine (zu unterscheiden von der schwächeren Grosse Arvine) eignet sich ausgezeichnet für Spätlesen.

1–3 Jahre

BLAUBURGUNDER
Ostschweiz

ROT In der deutschen Schweiz wird der Pinot Noir so bezeichnet. Samtige Weine mit kräftiger Farbe kommen aus der Bündner Herrschaft.

2–7 Jahre

BONDOLA
Tessin

ROT Die einheimische Sorte ergibt einen rustikalen reinsortigen Rotwein. Am besten ist sie im Nostrano, für den sie mit Bonarda, Freisa und anderen lokalen Sorten verschnitten wird.

BONVILLARS
Waadt

WEISS Der Bonvillars, der aus Chasselas aus den Gemeinden der Côte de l'Orbe und des Vully am Neuenburger See gemacht wird, ist leichter, delikater und lebhafter als die aus dieser Sorte im Süden der Waadt hergestellten Weine.

1–2 Jahre

CHABLAIS
Waadt

WEISS Der Chablais, aus Chasselas der Gemeinden Aigle, Bex, Ollon, Villeneuve und Yvorne gemacht, ist der raffinierteste Wein seiner Sorte im Waadtland und weist eine gewisse mineralische Komplexität auf.

1–2 Jahre

CHASSELAS

WEISS Die im Wallis als Fendant, in der Waadt als Dorin und in Genf als Perlan bekannte wichtigste Traubensorte der Schweiz besitzt ein angenehmes Aroma und häufig eine charmante *Pétillance*. Auf leichten, sandigen Böden entwickelt sie eine Zitronenblütennote. Je nachdem, ob sie auf Kalk, Feuerstein, Gips, Mergel, Schiefer oder anderen Böden wächst, zeigt sie unterschiedliche Aromen. Auch wenn sich relativ volle, langlebige Weine finden lassen, ist ein Chasselas in jugendlicher Frische am besten.

1–3 Jahre

CLEVNER
Ostschweiz

ROT Ein weiterer in der deutschen Schweiz verwendeter Begriff für Pinot Noir. *Siehe* Blauburgunder.

COMPLETER
Graubünden

WEISS Der Completer ist eine seltene alte Traubensorte, aus der ein faszinierender üppiger Wein im Auslese-Stil gemacht wird.

3–7 Jahre

CORNALIN
Wallis

ROT Die in der Schweiz beheimatete Sorte ergibt dunkle, kräftige Rotweine mit reichem Aroma und würziger Komplexität.

3–10 Jahre

LA CÔTE
Waadt

WEISS In den Weinbaugemeinden Aubonne, Begnins, Bursinel, Coteau de Vincy, Féchy, Luins, Mont-sur-Rolle, Morges, Nyon, Perroy und Vinzel wird aus Chasselas der La Côte hergestellt, der ein im Waadtland einzigartiges blumiges Aroma besitzt.

1–2 Jahre

CÔTE DE L'ORBE
Waadt

ROT Leichte, frische und fruchtige Rotweine.

1–2 Jahre

DÔLE
Wallis

ROT Dieser leichte Rotwein besteht aus mindestens 50 % Pinot Noir und bis zu 50 % Gamay. Das Schweizer Pendant zum burgundischen Passetoutgrains.

3–7 Jahre

DÔLE BLANCHE
Wallis

WEISS Die *Blanc-de-Noirs*-Version ist überaus beliebt, hat jedoch keine eigene Appellation.

1–3 Jahre

DORIN
Waadt

WEISS Ein leichter, frischer, angenehm zu trinkender Wein aus Chasselas.

9–18 Monate

ERMITAGE
Wallis

WEISS Im Wallis verwendete Bezeichnung für die alte Rhônesorte Marsanne. Sie ergibt delikate, mitunter sehr feine trockene Weißweine, die einige Liebhaber gerne länger reifen lassen, als ich empfehlen würde.

1–4 Jahre

FENDANT
Wallis

WEISS Dieser stoffige Chasselas kann ein an Feuerstein und Zitronenblüten erinnerndes Aroma entwickeln.

GAMAY
Wallis, Waadt

ROT Aus dieser Beaujolais-Traube werden sortenreine Rotweine ohne besondere Note hergestellt. Im Verschnitt mit Pinot Noir kann sie jedoch erfolgreich sein.

1–3 Jahre

GAMAY DE GENÈVE
Genf

ROT Leichte, frische, angenehme Weine mit sanfter Frucht und zarter Färbung.

1–2 Jahre

GORON
Wallis

ROT Klassifiziert unterhalb des Dôle (Pinot Noir und Gamay), der aus Trauben gewonnen wurde, die den Mindestreifegrad nicht erreichten; nun offiziell anerkannt.

1–2 Jahre

HEIDAWEIN *ODER* HEIDA
Wallis

WEISS Ein aus Traminertrauben hergestellter frischer, leicht aromatischer, trockener bis lieblicher Wein.

1–2 Jahre

HERMITAGE
Siehe **Ermitage**

HUMAGNE BLANC

WEISS Humagne Blanc hat ein an grüne Bohnen oder Paprika erinnerndes Aroma, am Gaumen zeigt er Noten exotischer Früchte und im Abgang einen Hauch Bitterkeit.

HUMAGNE ROUGE

Wallis

ROT Die aus dem italienischen Aosta-Tal stammende und seit langem im Wallis heimische Sorte bringt große, fleischige, rustikale Rotweine hervor, die ausgezeichnet zu Wildgeflügel passen.

JOHANNISBERG

Wallis

WEISS So wird im Wallis der Silvaner offiziell bezeichnet. Meist saftige, würzige Weine mit einem leicht süßen Charakter.

1–3 Jahre

LAVAUX

Waadt

WEISS Der Lavaux, aus Chasselas der Gemeinden Calamin, Chardonne, Dézaley, Epesses, Lutry, Saint-Saphorin, Vevey, Montreux und Villette gemacht, ist der weichste und rundeste Wein der Sorte im Waadtland.

1–2 Jahre

MALVOISIE

Wallis

Dieses Synonym für Pinot Gris wird zur Bezeichnung von süßen Weinen verwendet.

2–5 Jahre

MERLOT DEL TICINO

Tessin

ROT Über 80 % aller in der italienischen Schweiz gepflanzten Rebstöcke sind Merlot. Aus ihr werden Rotweine mit einer Bandbreite von jungen Weinen mit leichtem Körper bis zu volleren mit tiefer Färbung und einem angenehmen Sortenduft hergestellt, die oft in Barriques ausgebaut werden. Das VITI-Gütesiegel auf einer Flasche Merlot del Ticino galt als Garant für höchste Qualität, heute verweist es lediglich darauf, dass der Wein vor seiner Abfüllung ein Jahr lang im Fass reifte.

2–4 Jahre (leichtere Sorten)
3–10 Jahre (Barriqueweine)

MÜLLER-THURGAU

Ostschweiz

WEISS Diese überaus ertragreiche Kreuzung aus (angeblich) Riesling und Silvaner wurde 1882 von dem aus dem Thurgau stammenden Weinwissenschaftler Dr. Hermann Müller geschaffen. Dass diese Traube in der Schweiz als »Riesling-Sylvaner« bezeichnet wird, anstatt mit dem Namen, der ihren Quasi-Schweizer Ursprung ehrt, ist auch deswegen eine Ironie, da heute Zweifel über ihre Herkunft herrschen. Möglicherweise ist sie eine Kreuzung von Riesling und Chasselas oder stammt aus einer Selbstbefruchtung von Riesling (*siehe* S. 44). Der aus dieser Sorte im Thurgau hergestellte milde, traubige Wein ist hier um nichts aufregender als anderswo. In Aargau werden jedoch relativ edle Weine dieser Art erzeugt.

1–2 Jahre

MUSCAT

Wallis

WEISS Muscat à Petits Grains (Gelber Muskateller) wird traditionell im Wallis in kleinen Mengen erzeugt. Sie ergibt Weine mit leichtem Körper und dem unverwechselbaren blumigen Sortenaroma.

1–2 Jahre

NEUCHÂTEL (NEUENBURG)

Neuchâtel

ROT Dieser milde, geschmeidige Pinot Noir besitzt eine elegante Frucht, aber nicht das Gewicht, die Farbe und Struktur der im Wallis gekelterten Weine.

Weiß Ein leichter, delikater, spritziger Wein aus Chasselas.

2–4 Jahre (rot), 1–2 Jahre (weiß)

NOSTRANO

Tessin

ROT Dieser preiswerte Verschnitt von der Qualität eines *Vin ordinaire* wurde früher aus Trauben hergestellt, die unter dem Standard der Appellation blieben. Die Qualität ist heute wesentlich besser, und er hat heute eine eigene offizielle Klassifikation.

2–4 Jahre

ŒIL DE PERDRIX

Genf, Neuchâtel, Wallis, Waadt

ROSÉ Œil de Perdrix (Rebhuhnauge) bezeichnet einen hellen, trockenen Rosé, der aus dem Vorlaufmost von Pinot Noir hergestellt wird. Diese Version ist mild und fruchtig.

1–3 Jahre

PERLAN

Genf

WEISS Diese blumigen, spritzigen Chasselas-Weine müssen den Namen des Kantons Genf oder eines der folgenden Orte anführen: L'Allondon, Bardonnex, Dardagny, Jussy, Lully, Peissy, Russin, Satigny.

9–18 Monate

PETITE ARVINE

Siehe Arvine

PINOT NOIR

Wallis

ROT In einem Land, das den Burgunder hoch schätzt, verwundert es nicht, dass einige der herausragendsten Weine des Landes aus Pinot Noir gemacht werden. Sie besitzen eine tiefe samtige Farbe, eine weiche Kirschfrucht und einen Hauch von Eiche.

3–6 Jahre (manchmal bis zu 10 Jahre)

PINOT NOIR

ROT Pinot-Noir-Weine ohne Appellation werden insbesondere im Waadtland hergestellt. Doch selbst die besten kommen in Farbe und Intensität nicht an die Wallis-Appellation heran.

2–4 Jahre

RÄUSCHLING

Ostschweiz

WEISS Diese seltene Rebsorte ist am Verschwinden; sie findet sich nur noch an den Ufern des Zürichsees, wo man sie wegen ihres frischen Dufts und der feinen Säure schätzt.

9–18 Monate

RIESLING

Wallis

WEISS Der Riesling weist weder die Qualität noch die Intensität des deutschen oder österreichischen Weins auf. Dies verwundert, da die steilen und heißen Hänge an der Rhône im Wallis mit den größten Lagen der Mosel oder der Wachau vergleichbar sein sollten.

2–4 Jahre (botrytisierte Weine bis 20 Jahre)

SALVAGNIN

Waadt

WEISS Dieser leichte, geschmeidige Verschnitt aus Pinot Noir und Gamay ist das Waadtländer Gegenstück zum berühmteren Dôle.

1–3 Jahre

SÜSSDRUCK

Ostschweiz

ROSÉ Ein milder, frischer und trockener Rosé, der aus dem Vorlaufmost von Pinot Noir hergestellt wird.

1–2 Jahre

SYRAH

Wallis

ROT Diese Traube ist in den heißen Hängen der nördlichen Côtes du Rhône beheimatet. Der Wein zeichnet sich durch sein pfeffriges Aroma dunkler Früchte aus.

3–10 Jahre

VIN DE PAÏEN

Wallis

WEISS Frischer, leicht aromatischer trockener Weißwein aus Traminer.

1–3 Jahre

VIN DU GLACIER

Wallis

Obwohl das Schweizer Gegenstück zum deutschen Eiswein häufig oxidierte Aromen ausbildet, finden sich begeisterte Anhänger.

2–5 Jahre

DIE AUSWAHL DES AUTORS

Österreich ist in dieser Auswahl unter anderem vertreten mit einem Rotwein-Spitzenerzeuger, einem der besten Erzeuger von botrytisierten Weinen in der ganzen Welt und einer bemerkenswerten Winzergenossenschaft. Ob Schweizer Weine zu den modernen Standards aufschließen werden, muss sich erst noch erweisen.

ERZEUGER	WEIN	ART	BESCHREIBUNG	🍾
ÖSTERREICH				
Weingut Bründelmayer (*siehe* S. 310)	Grüner Veltliner Alte Reben	WEISS	Von etwa vierzigjährigen Rebstöcken stammt dieser wunderbar bernsteinfarbene Veltliner mit einem feinen Duft nach Rosinen. Eine mächtige Struktur, die Finesse im Bukett und der lange Abgang machen ihn zum wahren Genuss.	1-25 Jahre
Freie Weingärtner Wachau (*siehe* S. 310)	Grüner Veltliner Smaragd	WEISS	Eine der besten Winzergenossenschaften Europas, wenn nicht der ganzen Welt, erzeugt diesen Veltliner, wobei der Zusatz Smaragd die höchste Qualitätsstufe der trockenen Weine der Wachau bezeichnet. Der kräftige und würzige 1998er ist vielleicht der beste Veltliner der Genossenschaft; der 1997er steht ihm allerdings kaum nach.	1-25 Jahre
Weingut Gesellmann (*siehe* S. 310)	Opus Eximium und Cabernet Sauvignon	ROT	Zweifellos der beste Allround-Winzer für Rotweine Österreichs. Der Opus Eximium ist mit Aroma voll gepackt, der Cabernet Sauvignon ebenso gehaltvoll und dennoch äußerst zugänglich.	5-8 Jahre
Willi Opitz (*siehe* S. 310)	Gesamtes Sortiment	ROT, WEISS	Willi Opitz macht winzige Mengen fabelhafter Weine von jedem Typ, den er ausprobiert. Bei botrytisierten Weinen ist er jedoch unbestritten der Meister – nicht nur in Österreich, sondern weltweit. Er produziert üppige Beerenauslesen und Trockenbeerenauslesen aus einer breiten Palette von Rebsorten. Doch selbst wer Willi Opitz' Erzeugnisse kennt, sollte sich erst an seinem Stuhl festbinden, ehe er den Weißen Schilfmandl verkostet, eine Art turbogeladener *Vin de Paille.*	2-20 Jahre
Weingut Prager (*siehe* S. 310)	Riesling Smaragd	ROT	Pragers herausragender Riesling Smaragd Weißenkirchen, Wachstum Bodenstein, von 1999 gibt einen herrlichen Blütenduft frei. Am Gaumen entwickelt er einen intensives und frisches Zitrusaroma. Den Genuss krönen die ausgezeichnete Balance und ein schier unendlicher Abgang.	10 Jahre
SCHWEIZ				
Louis Bovard	Dézaley Medinette	WEISS	Was an Potenzial in der Chasselas-Traube steckt, zeigt der Dézalay Medinette von Louis Bovard. Mit seinem cremigen Aroma nach Akazienhonig könnte er den modernen trockenen Schweizer Weinen wieder zu Profil verhelfen.	1-3 Jahre

Die WEINE *aus*

ITALIEN

ITALIENS WEINE BESITZEN EIN GROSSES POTENZIAL, aber es fehlt ihnen das klare Profil. Das Gesamtbild des Weinbaus ist konfus, obwohl es eigentlich »geordnet« vielfältig sein könnte. In Italien gedeihen Reben so gut, dass sie nach einem mediterranen Regenguss in jedem Winkel zu sprießen scheinen. Darüber hinaus sind hier mehr interessante heimische Rebsorten zu finden als in jedem anderen Wein produzierenden Land der Erde, Frankreich inbegriffen. Doch gibt es in Italien keine wirklich großartige Region, sondern ein Mosaik von Weinregionen. Die italienischen Weine lassen sich auf der Landkarte nicht so eindeutig einordnen wie zum Beispiel die französischen; Rebsorten und Weintypen sind nicht nur in den Regionen bunt gestreut, sondern überschreiten deren Grenzen, was das ohnehin komplizierte Bild noch unschärfer macht. Dennoch: Italien produziert – wie Frankreich – ein Viertel des Weins der Welt. Wenn Italien klare und eindeutig identifizierbare regionale Weintypen entwickeln könnte, bekäme Frankreich einen echten Rivalen, über den es sich Gedanken machen müsste.

WEINBERGE OBERHALB FUMANE IM VENETO
Das Städtchen Fumane liegt in einem der fünf Täler, die das historische Kerngebiet des Valpolicella Classico bilden.

✧ITALIEN✧

Es ist so: Ein Viertel der Weinproduktion der Welt kommt aus Italien. Nach einer 4000 Jahre langen Geschichte hat sich die italienische Weinlandschaft jedoch während der letzten 30 Jahre permanent verändert, und das neue Jahrhundert lässt weitere Umwälzungen erwarten.

Der enorme Weinausstoss Italiens hat so manchem kritischen Weintrinker einen irreführenden Eindruck vom Qualitätsstandard des Landes vermittelt. Italien hat das Potenzial für viele gute Weine, und sie werden auch gemacht. Doch sind sie von so vielen gewöhnlichen Produkten umgeben, dass sie nur durch Zufall zu entdecken sind. Frankreich produziert wie Italien riesige Mengen Wein, darunter auch viel Ausschuss, doch selbst relativ Uneingeweihte schütteln die Namen großer französischer Weine aus dem Ärmel. Frankreich schaffte es, dass man die minderwertigen Weine vergaß, während Italien dies nicht gelang. Dies ist sehr bedauerlich, denn Italien ist mit vielen unterschiedlichen Terroirs und einer Menge interessanter heimischer Traubensorten hervorragend ausgestattet. Das grundlegende Problem ist die fehlende klare Identität: In Italien wachsen Reben fast an jeder Ecke des Landes, während Frankreich etwa auf ein halbes Dutzend bedeutende Regionen beschränkt ist, die alle über ihren eigenen Ruf und ihren wiedererkennbaren Stil verfügen.

Würde man Anbaugebiete zu Regionen zusammenfassen, wenn z. B. die gesamte Weinregion Toskana einfach »Chianti« hieße, könnte man eine Hierarchie von Appellationen einrichten, in der die besten Chiantis (ob Brunello, Carmignano, Vino Nobile oder Chianti Classico) an der Spitze stünden. Mit einem derart klaren, verständlichen System könnte nicht nur der Konsument genau einschätzen, wo der Wein herkommt, auch wären Kritiker dem einfachen Chianti gegenüber ebenso nachsichtig wie dem einfachen Bordeaux. Hätten die Franzosen der untersten und umfassendsten Appellation, der AC Bordeaux, den höchsten Rang verliehen, wie es die Italiener mit der Chianti DOCG (Denominazione di Origine Controllata e Garantita) getan haben, würden diese Weine ebenso als gewöhnlich verdammt werden. Wäre Chianti die niedrigste Herkunftsbezeichnung (DOC, Denominazione di Origine Controllata), würde man einfache Weine erwarten und als notwendiges Produkt der Selektion willkommen heißen, durch die die wahrhaft großen Weine der Region ihren Spitzenstandard erzielen und erhalten.

MONTALCINO

Die von der Sonne der Toskana verwöhnten Hügel um Montalcino sind Heimat des berühmten Brunello. Dieser tanninreiche Rotwein benötigt mindestens zehn Jahre der Reifung.

ITALIENS GESETZ DER MITTELMÄSSIGKEIT

Das italienische DOC-Gesetz, das 1963 erlassen wurde, litt unter dem grundsätzlichen Mangel, dass es keine beschränkte Zahl von leicht identifizierbaren Regionen mit einem vereinheitlichenden Namen und Weintyp festlegte. Es förderte auch eine Steigerung der Produktion, indem es die ertragreichsten Rebsorten anerkannte und die ertragreichsten Gebiete rund um die berühmten Appellationen in die Klassifikation aufnahm. Die späten 1950er und frühen 1960er Jahre waren entscheidend für die Entwicklung des Weinbaus in Europa, und das herrschende DOC-System in Italien forcierte den Weggang der großen Abfüller aus den hügeligen Classico-Bereichen mit ihren geringen Erträgen, die bessere Weine liefern als die ertragreichen Ebenen, aber aufwändiger und kostenintensiver bewirtschaftet werden müssen. Von diesem Zeitpunkt an stand die italienische Weinindustrie zunehmend im Zeichen der Massenproduktion.

Zuerst ignorierte Italien – aus Respekt für Senator Paolo Deana, den Vater der DOC-Idee – die ausländische Kritik an der neuen Weinpolitik. Doch in den frühen 1980er Jahren waren die angesehensten Namen so entwertet, dass die besten Weine Italiens als Tafelwein *(Vino da Tavola, VdT)* verkauft wurden, was das DOC-System vollends der Lächerlichkeit preisgab. Im folgenden Jahrzehnt versuchten eine Reihe von Landwirtschaftsministern die italienische Weingesetzgebung zu reformieren, waren jedoch machtlos gegen die Lobby der industriellen Abfüller. Als Landwirtschaftsminister Giovanni Goria seine Absicht erklärte, sogar noch einschnei-

ITALIEN

Wie man von einem geografisch und kulturell so vielgestaltigen Land erwarten kann, produziert Italien eine große Zahl unterschiedlicher Weine. Auch die Inseln Sizilien und Sardinien verfügen über eine aufstrebende Weinwirtschaft.

JÜNGERE JAHRGÄNGE IN ITALIEN

2001–2003 Drei Jahre, in denen die Winzer mit den unterschiedlichsten klimatischen Bedingungen zu kämpfen hatten. 2001 war mit einem heißen August, einem kühlen September und warmem, feuchtem Wetter während der Lese ein sehr wechselhaftes Jahr. Ähnlich unregelmäßig ist auch die Qualität des Jahrgangs 2001 ausgefallen. Hochklassig sind neben einigen hervorragenden toskanischen Weinen vor allem Nebbiolo und Barbera. Im darauf folgenden Jahr war es dann zu kühl, starke Regenfälle im Herbst sorgten für Verwässerung und Fäulnis, in einigen Regionen vernichtete schwerer Hagel die Ernten. So brachte der Jahrgang 2002 nur wenige ordentliche Weine. Der Jahrhundertsommer 2003 machte den Weinbauern hingegen mit übermäßiger Hitze und Trockenheit zu schaffen. Die Folge: generell hervorragende Qualität, aber ein ähnlich geringer Ertrag wie im Vorjahr. Man wird hohe Preise für Italiener Jahrgang 2003 zu entrichten haben.

2000 Die Trauben reiften in ganz Italien relativ schnell, vor allem aber im Piemont, wo die Lese sehr früh stattfand. Dann aber kam der Regen, und es gab insgesamt einen durchwachsenen Jahrgang, bei dem nur diejenigen, die früh mit der Lese begonnen hatten, wirklich guten Barolo erhielten. Die Lese in Franciacorta war noch früher, und man hofft auf einen hervorragenden Jahrgang. Die Toskana hatte Probleme mit Überreife, trotzdem wurde mancher gute, körperreiche Chianti gekeltert.

1999 Mit einzelnen Ausnahmen kamen die Weine dieses Jahres qualitativ nicht an die 1998er heran. Barolo allgemein erfolgreicher als Chianti.

1998 wahrhaft erstklassiger Barolo, speziell von den führenden Erzeugern. Ebenfalls sehr guter Chianti, auch wenn die Roten aus der Toskana generell vom übermächtigen Barolo knapp geschlagen wurden.

1997 Ein hervorragendes Jahr und in der Toskana mit herrlichem Chianti und Brunello extrem erfolgreich. Exzellente Weißweine aus dem Veneto.

dendere Reformen durchführen zu wollen als seine Vorgänger, nahmen das wenige ernst. Keiner hätte auch nur eine Lira auf seinen Erfolg gewettet.

GIOVANNI GORIAS GESETZ

Doch im Februar 1992 trat Gesetz 164, das heute nur als »Goria-Gesetz« bezeichnet wird, in Kraft. Große Aufmerksamkeit galt zunächst der Einführung einer neuen Qualitätsstufe, der *Indicazione Geografica Tipica* (IGT). Als Äquivalent zum französischen *Vin de Pays* sollte die IGT zwischen die DOC-Weine und die *Vini da Tavola* treten, die nach dem Goria-Gesetz keine genauere Herkunftsangabe als »Italien« tragen durften. Jeder IGT-Wein sollte aus einer offiziell anerkannten Produktionszone kommen, ohne spezifischere Eigenschaften zu nennen (als Produkt einer Subzone, eines Orts, Guts oder Weinbergs). Gesetz 164 reservierte alle solche Angaben für DOC- und DOCG-Weine.

In den ersten Monaten der Euphorie sagte man voraus, dass es 150 bis 200 solcher IGT mit einer Gesamtproduktion von 12 Mio. hl Wein geben würde, was eine Steigerung der gesamten italienischen Produktion um 40 % und eine Zunahme des Anteils an der Weltproduktion um 10 Prozentpunkte bedeutet hätte. Doch fast fünf Jahre lang wurde kein einziger Wein für den IGT-Status angemeldet. Ohne das Recht, den Ursprung des Weins genau anzugeben, aber mit fast ähnlich hohen Anforderungen wie an eine DOC, sahen die Erzeuger keinen Grund sich anzustrengen, wenn sie einfach einen *Vino da tavola* oder gleich einen DOC-Wein machen konnten. Deshalb galt die Hauptabsicht des bahnbrechenden Goria-Gesetzes als fehlgeschlagen. Mit der Ernte 1996 begannen dann die Anmeldungen zu strömen, und heute gibt es nicht weniger als 126 anerkannte IGT-Weine.

NEUES ANSEHEN FÜR DIE DOC?

Konnte das Goria-Gesetz die im Kern verfehlten DOC/DOCG-Bestimmungen korrigieren? Ja und nein. Nein, weil Italiens Weine ihr Potenzial so lange nicht realisieren können, wie sie nicht – wie in Frankreich – in einem halben Dutzend Großregionen mit einem erkennbaren Stil zusammengefasst sind. Goria versuchte nicht einmal, dieses Problem anzugehen. Darüber hinaus werden Italiens Weine so lange nicht das internationale Ansehen bekommen, das sie verdienen, bis die klassifizierten Herkunftsbereiche auf die traditionellen Hügellagen der Classico-Zonen reduziert sind. Auch hier tat Goria nichts. Wenn diese offenen Probleme für eine Renaissance des guten italienischen Weins auch entscheidend sind, so konnte das Goria-Gesetz den Ruf der DOC/ DOCG doch signifikant verbessern: Es bereitete den Weg für eine Wiedereingliederung der besten *Vini da Tavola,* die in den finsteren Jahren der DOC das Banner des italienischen Spitzenweins hochhielten, in das DOC/DOCG-System.

Bis zur Verabschiedung des Goria-Gesetzes wurde vielen Weinen der DOC-Status verweigert, da die Produktionsvorschriften fremde Rebsorten und nichttraditionelle Vinifikationsmethoden, die die allerbesten *Vini da Tavola* einsetzten, nicht berücksichtigten. Giovanni Goria war vernünftig genug zu erkennen, dass ein System, das die besten Weine des Landes nicht anerkannte, Unsinn war. Also erleichterte er solchen »Ausreißern« den Zugang zu bestehenden DOC; alternativ eröffnete er – sollte ein *Consorzio* (Weinbauverband) auf der Einhaltung traditioneller Standards bestehen – den neuen Klassikern die Möglichkeit, ihre eigene DOC zu erhalten, und sei es nur für einen einzigen Wein.

Um den DOC-Status zu erhalten, muss ein Wein eine mindestens fünfjährige Produktionsgeschichte aufweisen, nach weiteren fünf Jahren kann er sich um die DOCG bewerben, wenn er sich »einen Ruf und kommerzielle Bedeutung im In- und Ausland erworben« hat.

DAS UNKLARE PROFIL DER DOC

Das Unvermögen des italienischen Weinbaus, ein klares Bild zu entwickeln, wird teilweise durch die vielen verschiedenen Weintypen verursacht, die unter einer DOC produziert werden können. Ein Appellationssystem sollte mit seinen Bestimmungen einen wiedererkennbaren Stil (und, so ist zu hoffen, auch ein bestimmtes Qualitätsniveau) definieren und schützen, oder es sollte einfach die Herkunft eines Weins garantieren, auch wenn es sich um einen Verschnitt von Weinen aus verschiedenen Regionen handelt. Das Letzte, was ein Regelwerk tun sollte, ist, genaueste Anteile von Rebsorten in einem Verschnitt und detaillierte geografische Grenzen festzulegen und es dann offen zu lassen, ob der Wein trocken, halbtrocken oder süß sein kann, ob er ein *passito, frizzante* oder ein *spumante* (Dessert-, Perl- oder Schaumwein) sein soll. All dies nährt nur das unklare Image, mit dem der italienische Wein seit langem belastet ist.

RIONERO IN DER BASILIKATA
Ein Bauernhaus aus dem 17. Jahrhundert auf dem Gut Conca d'Oro in Vulture, wo die Brüder D'Angelo einen großen Aglianico del Vulture produzieren.

ALLES WAS SCHÄUMT

Kein Land hat so viele Schaumweinappellationen wie Italien; der Zusatz »kann ein *spumante* sein« verunziert über 100 DOC-Statuten, auch die von einigen der größten Rotweine. Doch trotz dieser Möglichkeiten besaß Italien keine eigene Appellation für trockenen Schaumwein, bis 1995 Franciacorta, die erste und bisher einzige Appellation mit obligatorischer Flaschengärung, den DOCG-Status erhielt. Der Rest von Italiens kaum bekannter Sektproduktion verwendet die Tankgärung *(Cuve close),* die ideale Methode für süßen Schaumwein wie Asti, aber die schlechteste für einen trockenen, der nach internationaler Anerkennung strebt. Und zwar nicht deshalb, weil die Tankgärung per se eine schlechte Methode wäre, in der Theorie kann sie einen genauso guten Schaumwein erzielen wie die Flaschengärung; in der Praxis ist dem aber nicht so. Es ist ein Massenweinverfahren, für das die billigsten Grundweine verwendet werden. Niemand würde einen Spitzengrundwein im Drucktank verarbeiten oder ihn gar zwei oder drei Jahre darin lassen; und wenn, dann bräuchte man technische Vorrichtungen, um den Hefesatz aufzurühren. Andererseits nimmt niemand die Mühen und Kosten auf sich, billige Grundweine per Flaschengärung zu verarbeiten. Sie kann Qualität nicht garantieren, aber sie weist die richtige Richtung; deshalb wäre es verfehlt, einen trockenen DOC-Schaumwein auf eine andere Art herzustellen. Erst wenn alle tankvergorenen Weine aus dem DOC-Regelwerk ausgeschlossen sind, erst dann wird italienischer Schaumwein ernst genommen werden, könnten die Anstrengungen Franciacortas, eine klassische *Brut*-Appellation zu etablieren, belohnt werden.

DAS ITALIENISCHE WEINETIKETT

NAME DES WEINS
Viele italienische Weine sind nach einem Ort oder einer Gegend benannt, wie Barolo, Chianti oder Soave; andere Namen nennen die Rebsorte und die Gegend, in der sie wächst, z. B. Barbera d'Alba (Barbera aus Alba). Eine dritte Gruppe hat ihre eigenen »Geschichten«; die Weine von Montalcino etwa sind seit langem für ihre hohe Qualität berühmt, daher die Bezeichnung »Vino Nobile di Montepulciano«, was »adliger Wein von Montepulciano« bedeutet.

JAHRGANG
Vor oder hinter der Jahrgangsziffer steht häufig *Annata* (Jahrgang) oder *Vendemmia* (Ernte). Mindestens 85 % des Weins müssen aus der genannten Ernte stammen.

ERZEUGER ODER ABFÜLLER
In diesem Beispiel ist der Erzeuger Paola Silvestri Barioffi, deren Gut Le Casalte einen großen Vino Nobile di Montepulciano macht.

INHALT
Alle ganzen Flaschen müssen heute 0,75 l enthalten. Das »e« signalisiert, dass die Flaschen den EG-Normvorschriften entsprechen.

QUALITÄTSSTUFE
Denominazione di Origine Controllata
Es gibt gegenwärtig über 250 DOCs, und da einige bis zu zwölf verschiedene Weine umfassen, existieren de facto über 600 DOC-Bezeichnungen. Eine steigende Zahl der großen Weine Italiens gehört dieser Stufe an, leider aber auch eine ganze Menge der bescheidensten.

Andere Qualitätsstufen sind (wie hier) *Denominazione di Origine Controllata e Garantita* (DOCG), die höchste Kategorie, und *Vino da Tavola* (VdT), die sowohl den größten Teil der einfachsten als auch eine Reihe ganz großer Weine umfassen.

GUTSABFÜLLUNG
Vermerke wie *Imbottigliato all'origine/Messo in bottiglia nell'origine* bedeuten, dass der Wein vom Erzeuger abgefüllt wurde.

PRODOTTO IN ITALIA (IN ITALIEN HERGESTELLT)
Das Ursprungsland muss nur bei für den Export bestimmten Weinen genannt werden.

ALKOHOLGEHALT
Ausgedrückt in Volumenprozent.

Weitere zugelassene Angaben zu Art und Qualität des Weins

ABBOCCATO Halbtrocken

AMABILE
Lieblich, süßer als Abboccato

AMARO Bitter oder sehr trocken

ASCIUTTO Völlig trocken

AUSLESE
In Südtirol verwendeter, mit dem deutschen identischer Begriff

AZIENDA (AZ.), AZIENDA AGRICOLA, AZIENDA AGRARIA
Landwirtschaftliches Gut

AZIENDA VITIVINICOLA Weingut

BIANCO Weiß

CANTINA SOCIALE, CANTINA COOPERATIVA
Winzergenossenschaft, Genossenschaftskellerei

CASCINA
Norditalienische Bezeichnung für Bauernhof oder Gut

CERASUOLO
Kirschrot, Bezeichnung für Rosés mit lebhafter Färbung

CHIARETTO
Sehr heller Rotwein oder Rosé

CLASSICO
Bester Teil einer DOC-Zone

CONSORZIO
Erzeugervereinigung, die den Wein ihrer Zone überwacht und vermarktet; sie stellt meist strengere Anforderungen als das DOC-Gesetz.

DOLCE Sehr süß

FERMENTAZIONE NATURALE
Durch natürliche zweite Gärung im Tank oder in der Flasche hergestellter Schaumwein

FIORE
Vorlaufmost (wörtlich »Blume«). Die Verwendung eines nicht abgepressten Mostes deutet auf höhere Qualität hin.

FRIZZANTE
Perlend, Perlwein (frz. *Pétillant*)

FRIZZANTINO Leicht perlend

LIQUOROSO
Meist süßer, gespriteter Wein

LOCALITÀ, RONCO, VIGNETO
Einzellage, Lagenwein

METODO CLASSICO
Ital. Bezeichnung für die Champagnermethode

PASSITO
Alkoholreicher, oft süßer Wein aus teilgetrockneten Trauben

PASTOSO Halbsüß

RAMATO
Kupferfarbener Wein aus Pinot Grigio, der kurz auf den Schalen gärte

RECIOTO
Passito-Wein aus dem Veneto

RIPASSO
Wein, der auf den ungepressten Beerenhäuten aus der Amarone-Erzeugung noch einmal gärt

RISERVA, RISERVA SPECIALE
DOC-Weine, die eine festgelegte höhere Anzahl von Jahren reiften (Riserva Speciale ist älter)

ROSATO Rosé

ROSSO Rot, Rotwein

SECCO Trocken

SEMI-SECCO Halbtrocken

SPUMANTE Schäumend, Schaumwein

STRAVECCHIO
Sehr alter, nach DOC-Bestimmungen gereifter Wein

SUPERIORE
DOC-Wein mit höherem Alkoholgehalt und/oder höherer Qualität. Der Begriff wurde durch das »Goria-Gesetz« abgeschafft, ist aber noch anzutreffen.

TALENTO
Handelsmarke für einen nach der Champagnermethode hergestellten Schaumwein

UVAGGIO
Verschnitt aus verschiedenen Rebsorten

VECCHIO Alt

VIN SANTO, VINO SANTO
Traditionell süßer, manchmal trockener Weißwein aus teilgetrockneten Trauben, der jahrelang in Fässern reift

VINO NOVELLO
Das italienischen Pendant zum *Beaujolais nouveau*

VINO DA PASTO
Tischwein, einfacher Wein

WESTLICHES OBERITALIEN

Zu diesem Teil Italiens gehören die berühmte Region Piemont, außerdem die Lombardei, Ligurien und das Aosta-Tal. Die Weine aus der Po-Ebene und dem Piemont sind meist fülliger und runder als die aus dem bergigen nördlichen Oberitalien.

Wenige Landesteile sind topografisch so vielfältig wie das westliche Oberitalien, von den Hochalpen des Aosta-Tals über die Schwemmlandebene des Po bis zum Apennin Liguriens. Sehr unterschiedlich sind auch die beiden bekanntesten Weine, der mächtige, dunkle und gerbstoffreiche Barolo und der leichte, wasserhelle, schäumende und traubig-süße Asti.

PIEMONT (PIEMONTE)

Im Piemont herrschen zwei rote Rebsorten (Nebbiolo und Barbera) und eine weiße Traube (Moscato) vor. Die Nebbiolo ergibt den herrlich üppigen, rauchigen Barolo und den eleganten, eher femininen, manchmal jedoch ebenso kraftvollen Barbaresco. Die Barbera-Rebe, die vor allem um Alba und Asti gute Ergebnisse liefert, ist wesentlich ertragreicher, ihr Wein ist aber fast ebenso gut; bei weicheren Tanninen verfügt er über mindestens gleich viel Säure.

DURCHSCHNITTLICHE PRODUKTION PRO JAHR

REGION	DOC-PRODUKTION	GESAMTPRODUKTION
Piemont	1 Mio. hl (133 Mio. Flaschen)	4 Mio. hl (553 Mio. Flaschen)
Lombardei	400 000 hl (53 Mio. Flaschen)	2 Mio. hl (266 Mio. Flaschen)
Ligurien	7000 hl (0,93 Mio. Flaschen)	400 000 hl (53 Mio. Flaschen)
Aosta-Tal	500 hl (66 000 Flaschen)	30 000 hl (40 Mio. Flaschen)

Anteil an der italienischen Produktion: Piemont 5,2 %, Lombardei 2,6 %, Ligurien 0,52 %, Aosta-Tal 0,04 %.

Der weiße Asti aus der Moscato-Traube ist Italiens populärster guter Wein. Ob als Still-, Perl- (*frizzantino*) oder Schaumwein (*spumante*), er ist leicht und süß und besitzt einen verführerisch traubigen Charakter. Die Schaumweinversion Asti heißt nicht mehr Asti Spumante, da dieses Adjektiv – wie das französische *»mousseux«* – einen abwertenden Beigeschmack hat, während der Asti ohne Zweifel einer der besten Dessertschaumweine der Welt ist.

LOMBARDEI (LOMBARDIA)

Die Lombardei umfasst einen Teil der Po-Ebene, etwa zwischen

WESTLICHES OBERITALIEN *Siehe auch* S. 319
Die Lage am Fuß der Alpen gibt der weithin hügeligen Region eine warme Vegetationsperiode und einen langen Herbst. Die besten Weine kommen aus dem Piemont, das für die spätreifende Nebbiolo-Traube besonders gut geeignet ist.

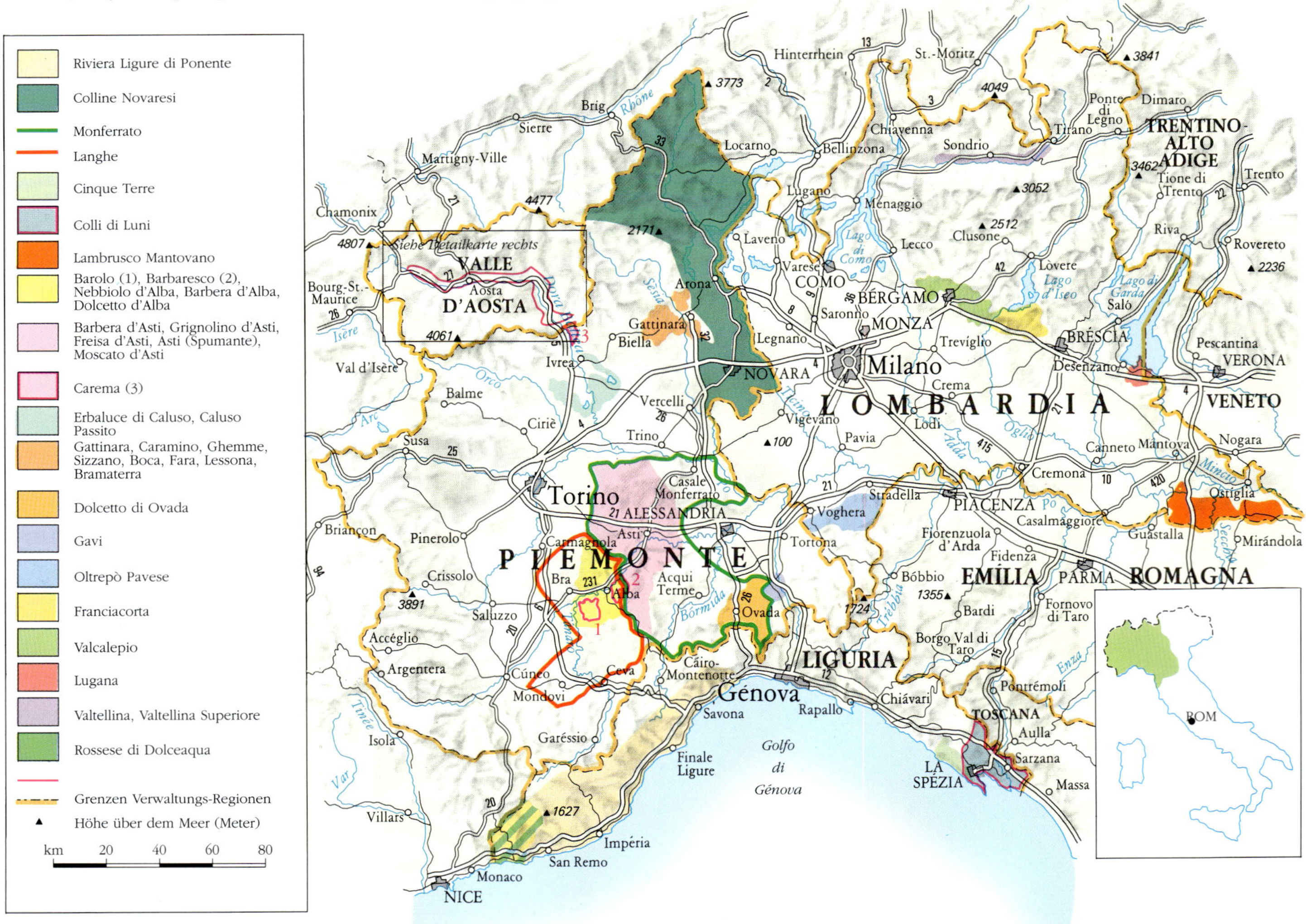

GESCHMACKS- UND QUALITÄTSFAKTOREN

LAGE
Im Norden und Westen vom Alpenbogen umspannt und im Süden an der Küste des Ligurischen Meers liegend, umfasst das westliche Oberitalien die Provinzen Piemont, Lombardei und Ligurien sowie das autonome Aosta-Tal (Valle d'Aosta).

KLIMA
Strenge Winter mit häufigen Inversionslagen, die die Täler in Nebel tauchen. Sehr warme Sommer, in denen Hagel die Trauben schädigen kann. Ein langer Herbst lässt die späte Sorte Nebbiolo sehr schön ausreifen.

TOPOGRAFIE
Die Region besteht aus Gebirge, hügeligem Vorland (»Piemont« heißt »am Fuß der Berge«) und der Ebene des längsten italienischen Flusses, des Po. Reben werden überwiegend in Hanglagen mit guter Drainage und Sonnenexposition kultiviert. In klassischen Zonen wie Barolo ist jeder Südhang mit Reben bedeckt, in der Lombardei senken sich die Rebflächen in die fruchtbare Schwemmlandebene des Po ab.

BÖDEN
In der großen Palette von Böden dominiert Kalkmergel, der mit Sand und Ton vermischt sein oder abwechseln kann.

WEINBAU UND WEINBEREITUNG
Die großen Weine der Region litten in der Vergangenheit von der langen Fasslagerung, da viele Erzeuger erst zum Verkauf abfüllten. Dies trocknete die Frucht aus und ließ den Wein oxidieren. Zwar gibt es noch keinen Konsens über die besten Ausbaubehälter, doch werden viele Weine zum optimalen Zeitpunkt abgefüllt. Die Anwendung der Tankgärung für die süßen Schaumweine von Asti wird sehr erfolgreich praktiziert, die Weine sind international gefragt. Einige Spumante-Häuser machen mit Flaschengärung hochwertigen trockenen Schaumwein aus Burgundersorten und Chardonnay.

HAUPTREBSORTEN
Barbera, Moscato (Muscat), Nebbiolo (Chiavennasca)

WEITERE REBSORTEN
Arneis, Blanc de Morgex, Bonarda, Brachetto, Brugnola, Cabernet Franc, Cabernet Sauvignon, Casalese, Chardonnay, Cortese, Croatina (Bonarda in der Lombardei, nicht zu verwechseln mit der echten Bonarda des Piemont), Dolcetto (Ormeasco in Ligurien), Erbaluce, Favorita, Freisa, Fumin, Gamay, Grenache, Grignolino, Gropello, Incrocio Terzi (Barbera mit Cabernet Franc), Lambrusco, Malvasia, Marzemino, Mayolet, Merlot, Neyret, Petit Rouge (Oriou), Petite Arvine, Pigato, Pignola Valtellina, Pinot Bianco (Pinot Blanc), Pinot Grigio (Pinot Gris, Malvoisie, nicht aber Malvasia), Pinot Nero (Pinot Noir), Premetta, Riesling Italico (Welschriesling), Riesling Renano (Riesling), Rossese, Rossola, Ruché, Schiava Gentile (Kleinvernatsch), Syrah, Timorasso, Tocai Friulano, Trebbiano (Buzzetto), Ughetta, Uva Rara, Vermentino, Vespolina, Vien de Nus

AN PERGELN GEZOGENE REBEN
Diese Nebbiolorebe ist an Pergeln gezogen, einem pergolaähnlichem Gerüst, hier in der Umgebung von Carema im Piemont.

der Sesia und dem Minico, und erstreckt sich im Norden über den Lago Maggiore und den Gardasee bis in die Zentralalpen hinein. Zu ihren besten Weinen gehören die fleischigen Rotweine und die klassischen *Brut*-Schaumweine von Franciacorta (seit kurzem DOCG) ebenso wie der rote Sassella der Valtellina. Gegenüber Barolo und Barbaresco aus dem Piemont sind sie wenig bekannt und bieten ein gutes Preis-Leistungs-Verhältnis.

LIGURIEN (LIGURIA)

Ligurien am Golf von Grenna, eine der kleinsten Verwaltungs-Regionen Italiens, ist eher durch die Riviera und die hinter ihr aufragenden Seealpen bekannt als für seinen Wein. Der bekannteste ist hier der helle, trockene Cinque Terre, der nach den fünf Orten benannt ist, die sich mit ihren unglaublich steilen terrassierten Weinbergen an der Küste reihen. Interessant sind außerdem der weiche, würzige Rossese di Dolceaqua und der lebhaft leuchtende Rosé von Albenga aus der Riviera Ligure di Ponente DOC. Die Colli di Luni liegen schon fast in der Toskana (ein Teil der DOC ist tatsächlich toskanisch), und so überrascht es nicht, hier ordentlichen Sangiovese zu finden. Die meisten ligurischen Weine gehören allerdings zur Kategorie der angenehmen Urlaubsbegleiter, und eine Reihe der besten potenziellen Lagen wurden gerodet, um die Konsumenten beherbergen zu können.

AOSTA-TAL

Wenn Ligurien schon eine marginale Weinbauregion ist, dann ist das Aosta-Tal als Weingegend fast nicht existent. Hoch in den Alpen gelegen, ist der einzige leichte natürliche Zugang das Piemont entlang des Dora Baltea. Als kleinste und gebirgigste Weinregion Italiens verfügt das Aosta-Tal über pittoreske, hoch gelegene Rebflächen und einige erfreuliche Weine, insbesondere Chambave, Nus und Torrette, 3 der 20 Weine der Valle d'Aosta DOC. Die meisten sind aber auch hier anspruchslose, gefällige Touristenweine.

DAS AOSTA-TAL – AUSSCHNITT (UNTEN) AUS DER KARTE LINKS
Kalte und schneereiche Winter und warme Sommer mit kalten Nächten im Aosta-Tal (Valle d'Aosta) ergeben interessante Weine.

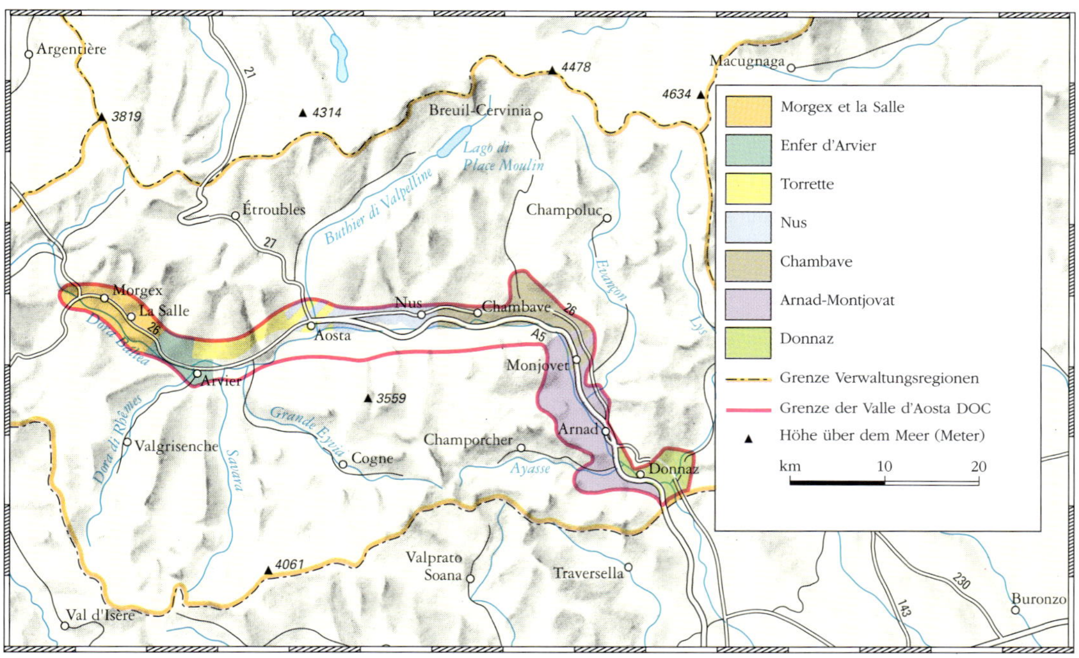

DIE HERKUNFTSBEZEICHNUNGEN

WESTLICHES OBERITALIEN

KLASSISCHE TROCKENE SCHAUMWEINE

Alle Weine werden nach der *Méthode Champenoise* gemacht.

⊶ Sofort

✓ **Lombardei** *Bellavista Cuvée Brut • Bellavista Gran Cuvée pas Operé • Berlucchi Brut Cuvée Impériale • Berlucchi Brut Cuvée Impériale Millesimato • Berlucchi Brut Cuvée Impériale Max Rosé • Ca' del Bosco Franciacorta Pinot Brut • Ca' del Bosco Franciacorta Pas Dosé • Ca' del Bosco Franciacorta Crémant Brut • Doria Pinot Brut • Mirabelle Franciacorta Pinot Brut • Villa Mazzucchelli Brut • Villa Mazzucchelli Pas Dosé*

Piemont *Stefano Barbero • Luigi Bosca Brut Nature • Contratto Brut • Bruno Giacosa • Fontanafredda • Coppo Brut Riserva*

ALBENGA DOC

Ligurien

Der charaktervolle trockene Rosé, der bekannteste in Ligurien, gehört jetzt zur Riviera di Ponente DOC (*siehe* dort).

ARENGO

Piemont

Ein weicher, leichter, fruchtiger Barbera ohne DOC von einigen Erzeugern in Asti.

ARNAD-MONTJOVET DOC

Aosta-Tal

Die für Rotwein bestimmte Subappellation der Valle d'Aosta DOC gilt für Weine auf Nebbiolo-Basis mit bis zu 30 % Dolcetto, Freisa, Neyret, Pinot Noir und Vien de Nus. *Siehe* Valle d'Aosta DOC.

ARNEIS DI ROERO DOC

Piemont

Weine aus der alten weißen Sorte Arneis, die in den Hügeln nördlich von Alba wächst. Der hohe Preis und der Ruf der Weine beförderten diesen trockenen *Vino da Tavola* schließlich zur DOC. Die besten sind erstaunlich körperreich und aromatisch, doch weich und fein balanciert mit einer Spur spritziger Kohlensäure. Es werden auch halbtrockene Varianten gemacht, der Bric Turpin von Deltetto hat einen neuen Trend zu köstlich süßen Weinen geschaffen.

⊶ 3–5 Jahre

✓ *Ceretto* (Blangé) • *Castello di Neive • Carlo Deltetto • Bruno Giacosa • Vietti*

ASTI DOCG

Piemont

Früher als Asti Spumante verkauft. Das »Spumante« ließ man weg, weil es, wie das »Sekt« in Deutschland, von billigen Produkten diskreditiert worden war. Als Asti hat er heute vollen DOCG-Status, den die besten Exemplare auch verdienen; es gibt aber auch eine Reihe, die es nicht tun. Der beste Schaumwein Italiens – und einer der besten in der Welt – wird mittels Tankgärung produziert, die für aromatische, süße Schaumweine viel besser geeignet ist als die Flaschengärung. Die Trauben kommen aus 52 Gemeinden in den Provinzen Asti, Cuneo und Alessandria.

Asti hat ein feines *Mousseux* mit kleinen Blasen, ein frisches, traubiges Aroma von leckerer Süße und eine leichte, doch üppige, blumige Frucht, die an Pfirsiche erinnert. Asti sollte so jung wie möglich getrunken werden, da einer der Hauptbestandteile des Moscato-Aromas das Geraniol ist, das jung wunderbar duftet, mit dem Alter aber einen stechenden Geraniengeruch entwickelt.

Die Cuvée Camillo Gancia von Gancia ist der beste Asti, den ich je getrunken habe (leider wird sie nicht mehr produziert). *Siehe auch* Moscato d'Asti DOCG.

⊶ Sofort

✓ *Barbero* (Conte di Cavour) • *Walter Barbero* (Acini Dolce) • *Batasiolo • Bersano • Capetta • Villa Carlotta • Cerutti* (Cesare) • *Conte di Cavour • Giuseppe Contratto • Romano Dogliotti* (La Selvatica) • *Fontanafredda* (Millesimato) • *Marenco • de Miranda • Mondoro • Perlino • Sperone • Tosti • Cantina Sociale Vallebelbo*

BARBACARLO

Lombardei

Ein trockener roter Frizzante für lange Lagerung, der früher zur Oltrepò Pavese DOC gehörte. Lino Maga besitzt heute exklusive Rechte an dem Namen, der Wein wurde zu VdT zurückgestuft.

BARBARESCO DOCG

Piemont

Der Barbaresco ist im Allgemeinen femininer und eleganter als Barolo, er ist geschmeidiger und besitzt mit seiner weicheren Frucht mehr Charme; bei einigen Produzenten nimmt er aber auch den kraftvollen Stil des Barolo an. Die Weine aus der Nebbiolo, einer der großartigen einheimischen Trauben Italiens, müssen mindestens zwei Jahre reifen, eines davon in Eichen- oder Kastanienfässern.

⊶ 5–20 Jahre

✓ *Produttori di Barbaresco • Ceretto • Pio Cesare • Fratelli Cigliuti • Giuseppe Cortese • Angelo Gaja • Bruno Giacosa • Piero Busso • Cantina del Glicine • Marchese di Gresy • Moccagatta • Castello di Neive • Alfredo Prunotto • Bruno Rocca • Scarpa*

BARBERA

Piemont

Zwar kann dieser Wein bei hoher Säure rustikal und unelegant sein, wenn er auf nicht geeignetem Terroir wächst, doch gibt es erstaunliche, im Barrique ausgebaute *Vini da Tavola* von Erzeugern, die sich nicht von den DOC-Regeln einengen lassen wollen.

✓ *Braida* (Brico dell'Uccellone) • *Castello di Neive* (Rocca del Mattarello)

BARBERA D'ALBA DOC

Piemont

Barbera ist die am weitesten verbreitete Sorte des Piemont, weshalb sie kein sehr gutes Image hat. Zu Unrecht, denn sie ist eine der großen italienischen Reben, und die besten Barberas aus Alba sind wunderbar körperreich und aromatisch; sie können Barolo und Barbaresco qualitativ durchaus Paroli bieten. Die Produktion von Barbera d'Alba ist sehr gering, oft nur marginal, verglichen mit der des Barbera d'Asti.

⊶ 5–12 Jahre

✓ *Marziano Abbona • Pio Cesare • Fratelli Cigliuti • Clerico • Aldo Conterno • Giacomo Conterno • Conterno Fantino • Matteo Correggia • Damonte • Franco Fiorina • Angelo Gaja • Gepin • Elio Grasso • Manzone • Giuseppe Mascarello • Prunotto • Renato Ratti • Bruno Rocca • Varja • Vietti • Roberto Voerzio*

BARBERA D'ALBA COLLINE NICESI DOC

Piemont

Mit geringen Erträgen soll diese geplante Subzone von Barbera d'Alba den DOCG-Status für einen Teil oder für alle Weine erreichen, die bisher der Barbera d'Alba DOC angehören.

BARBERA D'ASTI DOC

Piemont

Dem Barbera d'Alba ähnlich, doch weicher; die einfachen Qualitäten sind noch schlichter, doch es gibt auch profunde Einzellagenweine.

3-8 Jahre

Marchesi Alfieri • *Cascina la Barbatella* • *Bava* (Stradivario, Arbest) • *Alfiero Boffa* • *Braida* (Bricco della Bigotta) • *Cascina Castelet* (Passum) • *Chiarlo* (Valle del Sole) • *Coppo* • *Cossetti* (Cascina Salomone) • *Neirano* (Le Croci) • *Antica Casa Vinicola Scarpa* • *La Spinetta-Rivetti* • *Villa Giada* • *Zonin* (Castello del Poggio)

BARBERA DEL MONFERRATO DOC

Piemont

Die meisten Weine wirken wie einfachere Versionen des Barbera d'Asti. Auch halbtrocken und *frizzante*.

CS di Castagnole Monferrato (Barbera Vivace)

BAROLO DOCG

Piemont

Barolo ist unzweifelhaft die bedeutendste italienische Appellation, ihre besten Weine sind der höchste Ausdruck des Nebbiolo. Alle guten Weinberge sind in einem kleinen Gebiet meist sanfter, manchmal auch steiler Hänge inmitten der hügeligen Langhe zu finden. Der Boden besteht vorwiegend aus Kalkmergel, im Nordwesten ist er reich an Magnesium und Mangan, im Südosten an Eisen. Dieser kleine Unterschied ist der Grund dafür, dass die Weine aus dem Nordwesten eleganter, die aus dem Südosten körperreicher sind.

Der wichtigste Qualitätsfaktor ist jedoch der Mensch, besonders hinsichtlich des Trends in den letzten zehn Jahren, die besten Weine zu identifizieren und unter dem Namen der Lage zu vermarkten. Ein Lagenname garantiert zwar noch nicht per se Qualität, aber ein Spitzenbarolo wird heute kaum mehr verschnitten. Mit dem »Goria-Gesetz« sollte die Qualität weiter steigen, da es deutlich geringere Erträge für Weine vorschreibt, die den Einzellagenstatus beanspruchen.

Großer Barolo ist etwas Unvergleichliches, aber es gibt auch armseliges Zeug, wenn auch weniger häufig als gegen Ende der 1980er Jahre. Damals tauchte ein neuer, fruchtbetonter Barolo-Typ auf, was die Winzerschaft der Region zunächst spaltete: Die Modernisten machten fruchtige, reife Weine mit geschmeidigeren Tanninen vom Ausbau in neuen Eichen-Barriques, die Traditionalisten produzierten weiterhin dicke, gerbstoffreiche und ausgetrocknete Weine.

Die Traditionalisten füllten aber nicht aus Prinzip spät ab, sondern dann, wenn Bestellungen vorlagen. Daher waren bestimmte Lieferungen desselben Jahrgangs mehr ausgetrocknet als andere. Es gibt noch eine große Zahl Erzeuger, die sich als Traditionalisten betrachten, aber das heißt nur, dass sie Barriques und neue Eichenfässer ablehnen. Die meisten füllen heute ihren Barolo dann ab, wenn es der Wein verlangt, und das heißt früher. Man begann auch, später zu ernten, und senkte die Erträge noch vor dem »Goria-Gesetz« von 1992. Heute sind sowohl die modernen wie die traditionellen Barolos hervorragend.

Der moderne Stil ist früher trinkreif und weicher als der alte, was durch die Vanillenoten von neuer Eiche unterstützt wird. Der traditionelle ist jedoch deutlich komplexer und zeigt Aromen von Tabak, Teer und Rauch. Die besten Exemplare beider Typen sind aber gleichermaßen farbintensiv und mit Frucht vollgepackt. Alle Barolos sind sehr muskulös, auch die eleganteren, frühzeitig trinkbaren, und alle besitzen eine für derart mächtige Weine erstaunliche Finesse.

8–25 Jahre

Marziano Abbona • *Accomasso* • *Abbazia dell'Annunziata* • *Elio Altare* • *Azelia* • *Fratelli Barale* • *Giacomo Borgogno* • *Bricco Rocche* • *Fratelli Brovia* • *Giuseppe Cappellano* • *Cavallotto* • *Ceretto* • *Clerico* • *Aldo Conterno* • *Giacomo Conterno* • *Conterno-Fantino* • *Corino* • *Franco Fiorina* • *Angelo Gaja* • *Bruno Giacosa* • *Manzone* • *Marcarini* • *Bartolo Mascarello* • *Giuseppe Mascarello* • *Fratelli Oddero* • *Alfredo Prunotto* • *Renato Ratti* • *Giuseppe Rinaldi* • *Luciano Sandrone* • *Antica Casa Vinicola Scarpa* • *Vietti* • *Roberto Voerzio*

BAROLO CHINATO DOC

Piemont

Der traditionsreiche mit Chinin aromatisierte Barolo hat seine eigene DOCG. Das ist, als würde man den Aperitif *17 Lillet* aus Bordeaux als *Cru Classé* einstufen.

BLANC DE COSSAN

Aosta-Tal

Das Institut Agricole Régional macht aus Grenache-Trauben, die in Cossan bei Aosta wachsen, frische, herbe Blancs de Noirs.

BOCA DOC

Piemont

Würzige Nebbiolos mit mittlerem bis vollem Körper. Die schwer zu findenden, ihren Preis werten Weine werden schon seit römischen Zeiten gemacht.

3–6 Jahre

Antonio Vallana • *Podere ai Valloni*

BOTTICINO DOC

Lombardei

Köperreiche Rotweine auf Barbera-Basis, mit hohem Alkoholgehalt und leichter Tanninstruktur.

3–5 Jahre

Miro Bonetti • *Benedetto Tognazzi*

BRACHETTO

Piemont

Süßer roter Brachetto ohne DOC, der oft von Asti-Erzeugern gemacht wird.

Batasiolo

BRACHETTO D'ACQUI DOC

Piemont

Süße rote Frizzanti und Spumanti mit traubigem Muscat-Aroma.

BRAMATERRA DOC

Piemont

Preiswerte, körperreiche Rotweine hauptsächlich aus Nebbiolo mit Anteilen von Bonarda, Croatina und Vespolina.

3–6 Jahre

Luigi Perazzi • *Fabrizio Sella*

BUTTAFUOCO DOC

Siehe Oltrepò Pavese DOC

CABERNET FRANC

Lombardei

Diese Traube hat in der Lombardei eine viel längere Tradition als Cabernet Sauvignon, der heute im Zentrum der Aufmerksamkeit steht. Vor allem in Verschnitten verwendet.

CABERNET-MERLOT

Lombardei

Der klassische Bordeaux-Mix ist noch relativ neu in der Lombardei, zeigt aber schon hervorragendes Potenzial.

Bellavista (Solesine) • *Ca' del Bosco* (Maurizio Zanella)

CABERNET SAUVIGNON

Piemont

Ist im Piemont mit hervorragenden, preiswürdigen Vini da Tavola stark im Kommen.

Angelo Gaja (Darmagi)

CALUSO PASSITO DOC

Duftende, körperreiche süße Weißweine aus teilgetrockneten Erbaluce-Trauben.

3–5 Jahre

Vittorio Boratto

CAPRIANO DEL COLLE DOC

Lombardei

Rarer Rotwein aus Sangiovese, der mit Marzemino, Barbera und Merlot verschnitten wird, sowie herbe Weißweine aus Trebbiano.

CAREMA DOC

Piemont

Weiche Nebbiolos mit mittlerem Körper von Berghängen nahe der Grenze zum Aosta-Tal. Gute und zuverlässige Weine, jedoch selten aufregend.

2–5 Jahre

Luigi Ferrando

CASALESE

Piemont

Eine lokale Sorte für leichte, feine trockene Weißweine mit charakteristisch bitterem Abgang (DOC und VdT).

CELLATICA DOC

Lombardei

Dieser aromatische Rotwein wird seit 400 Jahren in den Hügeln oberhalb von Brescia gemacht. Zugelassene Sorten sind Barbera, Marzemino, Schiava Gentile (Kleinvernatsch) und Incrocio Terzi.

2–6 Jahre

Barbi

CHAMBAVE DOC

Aosta-Tal

Eine Subappellation der Valle d'Aosta DOC für frische Rotweine mit attraktivem Duft, aus Petit Rouge mit bis zu 40 % Dolcetto, Gamay und Pinot Noir. Sie gilt auch für zwei Weißweine aus der Moscato, einen süßen, alterungsfähigen im Passito-Stil sowie einen sehr bukettreichen, trockenen bis halbtrockenen für baldigen Verbrauch. *Siehe auch* Valle d'Aosta DOC.

2–3 Jahre (Rotwein, Passito), sofort (Weißwein)

La Crotta di Vegneron • *Ezio Voyat*

CHARDONNAY

Lombardei, Piemont, Aosta-Tal

Der Chardonnay der Lombardei endet meist als flaschenvergorener Schaumwein, ein großer Teil als Wein ohne Herkunftsbezeichnung, der Rest als Franciacorta bzw. Oltrepò Pavese DOC. Daneben gibt es eine wachsende Zahl exzellenter, im Barrique ausgebauter sortenreiner VdT mit oft verblüffend fülliger und energischer Art.

Im Piemont sind reine VdT-Chardonnays sehr häufig; die Qualität schwankt zwar, gute Exemplare sind aber stoffig und üppig, dennoch klassisch strukturiert, und gehören zur Spitze in Italien. Viele haben oder werden in den nächsten Jahren DOC-Status erhalten.

Im Aosta-Tal ist Chardonnay, obwohl in den DOC-Bestimmungen anerkannt, selten anzutreffen; einige im Barrique gereifte Exemplare haben das Potenzial der Traube im Aosta-Tal nachgewiesen.

Lombardei *Bellavista • Ca' del Bosco • Cascina La Pertica • Tenuta Castello • Tronconero*

Piemont *Angelo Gaja • Pio Cesare*

CINQUE TERRE DOC

Ligurien

Spektakuläre Weinberge unmittelbar an der Küste liefern gute, aber nicht wirklich überragende, feinfruchtige trockene Weißweine und den bemerkenswerten Sciacchetrà, einen mittelsüßen Passito-Wein.

1–3 Jahre

Forlini Cappellini

COLLI DI LUNI DOC

Ligurien

Aus dem äußersten Osten Liguriens, teils sogar schon aus der Toskana kommen Rotweine auf Sangiovese-Basis und Weißweine aus Vermentino.

2–5 Jahre (rot), 1–2 Jahre (weiß)

La Colombiera

COLLI MORENICI MONTOVANI DEL GARDA DOC

Lombardei

Reben gibt es am Gardasee seit der Antike, heute ist ihr Anbau kaum mehr bedeutend. Aus einem Mix verschiedener Sorten werden leichte, trockene Weiß-, Rot- und Roséweine gemacht.

COLLINE NOVARESI DOC

Piemont

Eine neue DOC für Rot- und Weißweine aus der Provinz Novara nordwestlich von Mailand. Der trockene Weißwein wird nur aus Erbaluce gemacht, der Rotwein ist eine *Cuvée* aus mindestens 40 % Uva Rara und 30 % Nebbiolo, dazu kommen bis zu 30 % Vespolina und Croatina.

COLLI TORTONESI DOC

Piemont

Robuste, recht rustikale und körperreiche Barberas und frische, trockene, eher leichte (manchmal moussierende) Weißweine aus Cortese.

CORTESE DELL'ALTO MONFERRATO DOC

Piemont

Trocken-frische Weine (still, *frizzante* und *spumante*), die häufig herber ausfallen, als man es von Cortese-Weinen erwartet.

CORTESE DI GAVI DOC

Siehe Gavi DOC

DIANO D'ALBA DOC

Siehe Dolcetto di Diano d'Alba DOC

DOLCETTO

Piemont

Dolcetto (ohne DOC) kann mit weicher, voller, leicht zugänglicher Frucht sehr guten Gegenwert bieten.

Clerico • Corino • Marchesi di Gresy • Marcarini • Luciano Sandrone

DOLCETTO D'ACQUI DOC

Piemont

Dolcetto ist eine weiche Traubensorte mit wenig Säure, aus der traditionell freundliche, tiefpurpurne Weine vom Beaujolais-Typ gemacht werden, die jung am besten sind.

1–3 Jahre

Viticoltori dell'Acquese • Villa Banficut

DOLCETTO D'ALBA DOC

Piemont

Geschmeidige, weiche, saftige Weine, die jung getrunken werden sollten, wenn ihre Frucht frisch ist.

1–3 Jahre

Elio Altare • Azelia • Batasiolo • Fratelli Brovia • Ceretto • Pio Cesare • Fratelli Cigliuti • Aldo Conterno • Cascina Drago • Franco Fiorina • Elio Grasso • Bartolo Mascarello • Pira • Roberto Voerzio

DOLCETTO D'ASTI DOC

Piemont

Leichtere Weine als Dolcetto d'Alba.

DOLCETTO DELLE LANGHE MONREGALESI DOC

Piemont

Selten anzutreffende Weine, in winzigen Mengen von einer Hand voll Winzer produziert. Bekannt für außergewöhnlich feinen Duft.

DOLCETTO DI DIANO D'ALBA DOC

Piemont

Diano, auf einem Hügel südlich von Alba gelegen, macht etwas fülligere, traubigere Weine als die anderen Dolcetto-Gebiete.

3–5 Jahre

Alario • Casavecchia • Colué • Fontanafredda • Giuseppe Mascarello • Cantina della Porta Rossa • Mario Savigliano • Veglio & Figlio

DOLCETTO DI DOGLIANI DOC

Piemont

Früher war der Dolcetto aus Dogliani frischfruchtig und jung zu trinken, heute wird er für längere Lagerung gemacht. Die besten entwickeln in einigen Jahren Flaschenreifung ein wunderbares, finessereiches Bukett.

Chionetti • Luigi Einaudi • Angelo Gaja • Pira • Roberto Voerzio

DOLCETTO DI OVADA DOC

Piemont

Der fülligste, festeste Dolcetto.

3–6 Jahre (sehr gute bis 10 Jahre)

Cascina Scarsi Olivi

DOLCETTO-NEBBIOLO

Piemont

Mit der Unterstützung durch körperreichen, festen Nebbiolo bleibt das weiche, üppige Aroma beträchtliche Zeit frisch.

Cascina Drago (Bricco del Drago, bes. Vigna del Mace)

DONNAZ (DONNAS) DOC

Aosta-Tal

Früher eine eigene DOC, jetzt Subappellation der Valle d'Aosta DOC. Donnaz produziert weiche, gut balancierte Rotweine auf Nebbiolo-Basis mit angenehmem, leicht bitterem Abgang. *Siehe auch* Valle d'Aosta DOC.

ENFER D'ARVIER

Aosta-Tal

Früher eine eigene DOC, jetzt Subappellation der Valle d'Aosta DOC. Einfacher Wein mit mittlerem Körper, hauptsächlich aus Petit Rouge, außerdem können Dolcetto, Gamay, Neyret, Pinot Noir und Vien de Nus verwendet werden. *Siehe auch* Valle d'Aosta DOC.

ERBALUCE DI CALUSO DOC *ODER* CALUSO DOC

Piemont

Frische, trockene, leichte Weißweine aus der Erbaluce, einer wenig markanten Traube. Die *Passito*-Version ist sehr viel interessanter, vermutlich ist sie die Ursache, dass Erbaluce (wenn auch lokal begrenzt) überbewertet wird.

Siehe auch Caluso Passito DOC.

1–3 Jahre

Luigi Ferrando

FARA DOC

Piemont

Aus der Hand von Erzeugern wie Dessilani erweist sich der Fara DOC als unterschätzter, sehr erfreulicher Wein auf Nebbiolo-Basis mit viel Frucht und würziger, duftreicher Art.

Luigi Dessilani (Caramino)

FAVORITA

Piemont

Dieser Abkömmling des Vermentino war einst eine beliebte Tafeltraube, heute ergibt Favorita trockene, knackige weiße VdT und seit 1995 den Langhe Favorita DOC. Die besten sortenreinen Exemplare zeigen ein delikates florales Aroma und eine erfrischende Säure.

FLÉTRI

Aosta-Tal

In dieser zweisprachigen Gegend kann das französische Wort »flétri«, das »welk« bedeutet, anstatt des italienischen »passito« gebraucht werden.

FRANCIACORTA DOCG

Lombardei

Die weißen und rosé Schaumweine aus Franciacorta, die nach Champagnermethode hergestellt werden und 25 Monate auf der Hefe reifen (Riserva 37 Monate), wurden im September 1995 zur DOC erhoben. Sie hatten ihr Potenzial für feine *Brut*-Schaumweine mit Biskuitnoten sowie etwas rundere Roséweine schon vor der Mitte der 1980er Jahre gezeigt. Diese Weine verdienen nicht nur ihre prestigeträchtige Klassifikation, sie sind auch ein Lehrbuchbeispiel für den Rest der italienischen Weinindustrie, aus zwei ganz unterschiedlichen Gründen. Zum einen konnten die Stillweine, darunter einige exzellente körperreiche Rotweine, ihren früheren DOC-Status erhalten (*siehe* Terre di Franciacorta DOC) und eine der angesehensten Appellationen des Landes werden. Gleichzeitig hat die Anhebung nur der Schaumweine zur DOCG das Image der neuen Einstufung verbessert, während die Heraufstufung der ganzen DOC sie entwertet hätte. Nicht alle Regionen verfügen über eine sehr gelegen kommende Superkategorie wie Franciacorta, aber sie könnten zum Beispiel das Produktionsgebiet auf die ursprüngliche *Classico*-Zone beschränken und die Erträge limitieren. Auf diese Weise hätte man für ein Gebiet eine DOC und eine DOCG, was das »G« beim Konsumenten zu einem Garantiemerkmal für besonders hohe Qualität machen würde (etwa wie ein *Grand Cru*). Der zweite Grund ist, dass der Franciacorta der erste italienische Schaumwein ist, der obligatorisch flaschenvergoren ist, und damit der einzige italienische trockene Schaumwein, der vom Rest der Welt Respekt fordern kann. Stillwein *siehe* Terre di Franciacorta DOC.

2–5 Jahre

Banfi • Bellavista • Fratelli Berlucchi • Bersi Serlini • Ca del'Bosco • Bredasole • Castelfaglia • Tenuta Castellino • Casteveder • Cavalleri • Cola • Ricci Curbastro • Faccoli • Lantieri de Paratico • Majolini • La Montina • Barone Pizzini • Lo Sparviere • Villa

FREISA

Piemont

Die Freisa ist eine dunkle Traube mit erfrischender Säure, die rubinrote, früh trinkbare Weine mit typischen Himbeer- und Rosen-Aromen ergibt. Weine ohne DOC überwiegen, besonders um Alba, wo die Sorte besonders gute Ergebnisse zeitigt, trotz der mangelnden offiziellen Anerkennung.

FREISA D'ASTI DOC

Piemont

Dieser seit Jahrhunderten bekannte und von König Vittorio Emanuele geschätzte Freisa gilt als der ursprüngliche und berühmteste. Den fruchtigen Rotwein gibt es trocken und lieblich, auch als Frizzante und Spumante.

FREISA DI CHIERI DOC

Piemont

Südlich von Turin werden Weine erzeugt, die dem Freisa d'Asti ähneln.

FUMIN

Aosta-Tal

Man weiß wenig über diese Traube, die meist mit anderen Sorten verschnitten wird. Es werden auch einige robuste sortenreine Weine als VdT oder Valle d'Aosta DOC gemacht.

GABIANO DOC

Piemont

Die fülligen roten Barberas von Castello di Gabiano ließen für die DOC hoffen, doch der Aufstieg blieb aus, und so sind diese Weine selten anzutreffen.

GAMAY

Aosta-Tal

Leicht, verhalten erdige Gamays ohne DOC.

GAMAY-PINOT NERO

Aosta-Tal

Leicht und fruchtig im Stil des Passetoutgrains.

GATTINARA DOC

Piemont

Gattinara, der rechts der Sesia im nördlichen Piemont aus Nebbiolo und bis zu 10 % Bonarda gemacht wird, kann ein guter, wenn auch nicht großer Wein sein, besonders seit man nach der Beförderung zur DOCG die Probleme mit der Überproduktion im Griff hat. Jung verfügen die Weine – verglichen mit Barbaresco oder Barolo – über eine grobe, rustikale Art, die besten aber entwickeln gereift eine schöne, seidige Textur und eleganten Veilchenduft. Gattinara erwarb sich den DOC- und dann den DOCG-Status fast allein durch die Anstrengungen von Mario Antoniolo, dessen Weine seit je zu den größten der Gegend zählen. Andere Winzer folgten, doch sie sind zu wenige und zu zögerlich, um Gattinara den Ruf einer Weltklasse-Appellation zu verschaffen.

6–15 Jahre

Mario Antoniolo • Le Colline • Travaglini

GAVI DOC *ODER* CORTESE DI GAVI DOC

Piemont

Qualität und Charakter dieser modischen Weißweine sind sehr ungleichmäßig, im Gegensatz zu den durchweg hohen Preisen. Günstigstenfalls sind sie weich strukturiert und trocken mit leichtem *frizzantino* in der Jugend; nach einigen Jahren in der Flasche entwickeln sie honigartig-üppige Aromen. Vielen wird durch Gärung bei zu niedrigen Temperaturen jeder Charakter ausgetrieben, und einige werden sogar als *frizzante* abgefüllt.

2–3 Jahre

Nicola Bergaglio • Chiarlo (Fior di Rovere) *• Carlo Deltetto • La Scolca*

GHEMME DOC

Piemont

Ghemme liegt gegenüber von Gattinara jenseits des Sesia und wird meist als die schwächere der beiden Appellationen angesehen, obwohl man dort den Ertrag nicht auf die Spitze treibt und im Allgemeinen zuverlässiger arbeitet. Zwar erreichen die auf Nebbiolo basierenden Ghemme-Weine nicht das Format von Antoniolos Gattinara, aber sie haben meist ebenso viel Körper, Aroma und Farbe wie die Gattinaras allgemein bei feinerem Bukett und eleganterer Frucht. Außer Nebbiolo können auch Vespolina und Bonarda verwendet werden.

4–15 Jahre

Antichi Vigneti di Cantalupo • Le Colline • Luigi Dessilani

GRIGNOLINO D'ASTI DOC

Piemont

Rotweine mit geringem Tanningehalt und leicht bitterem Abgang.

GRIGNOLINO DEL MONFERRATO CASALESE DOC

Piemont

Leichte, frische Rotweine, um Casale Monferrato aus Grignolino und etwas Freisa gewonnen.

GRUMELLO DOC

Siehe Valtellina Superiore DOC

INFERNO DOC

Siehe Valtellina Superiore DOC

LAMBRUSCO MANTOVANO DOC

Lombardei

Nicht aller Lambrusco kommt aus der Emilia-Romagna, dieser wird gerade noch innerhalb der Lombardei in der Ebene um Mantua produziert. Der rote, trockene oder süße *Frizzante*, früher VdT, entwickelt einen rosafarbenen Schaum.

Sofort

CS di Quistello

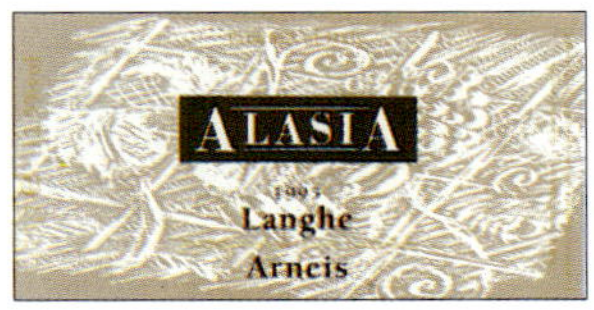

LANGHE DOC

Piemont

Diese Appellation überschneidet sich mit den DOC Barbaresco, Barolo, Nebbiolo d'Alba, Dolcetto d'Alba und Barbera d'Alba. Aus sechs Rebsorten – Dolcetto, Freisa und Nebbiolo (rot), Arneis, Favorita und Chardonnay (weiß) – können bei sorgfältiger Selektion ganz hervorragende Weine entstehen.

Chionetti • Aldo Conterno • Giuseppe Mascarello

LESSONA DOC

Piemont

Diese Rotweine können einen schönen Duft, üppige Frucht und eine gewisse Eleganz entfalten.

LOAZZOLO DOC

Piemont

Dieser Moscato-*Passito* aus dem Ort Loazzolo südlich von Canelli reift zwei Jahre, davon sechs Monate im Barrique, zu einem goldenen, köstlich aromatischen und exotischen Süßwein. Er kann altern, ist aber jung am besten.

2–4 Jahre

Borgo Maragliano • Borgo Sambui • Bricchi Mej • Giancarlo Scaglione

LUGANA DOC

Lombardei

Geschmeidige, leichte trockene Weißweine mit delikatem, fruchtigem Duft aus Trebbiano, der am Südufer des Gardasees wächst (wobei das Gebiet noch ins Veneto hineinreicht).

1–2 Jahre

Ca' dei Frati • Visconti

MALVASIA
Lombardei

In vielen Fällen ist mit Malvasia, Malvoisie und Pinot Gris dieselbe Rebsorte gemeint, doch die Malvasia der Lombardei (Frühroter Veltliner) ist die echte Malvasia, die auch mit der Malvoisie des Aosta-Tals nichts gemein hat. Aus ihr werden rote und weiße Weine gemacht, stille und schäumende, trockene und süße, die überraschenderweise körperreich oder leicht, aromatisch oder neutral sein können.

La Muiraghina

MALVASIA DI CASORZO D'ASTI DOC
Piemont

Zurückhaltend aromatische, liebliche Rot- und Roséweine, auch Spumanti.

1–2 Jahre

Bricco Mondalino

MALVASIA DI CASTELNUOVO DON BOSCO DOC
Piemont

Attraktive, fein-aromatische liebliche bis süße Rot- und Roséweine, still und leicht perlend.

1–2 Jahre

Bava

MALVOISIE
Aosta-Tal

Die Malvoisie des Aosta-Tals ist nichts anderes als Pinot Gris (Grigio). Aus ihr werden trockene, liebliche und *Passito*-Weine gemacht, die in DOC- und VdT-Versionen weich und leicht bitter sind.

MONFERRATO DOC
Piemont

Diese DOC wurde 1995 für rote, weiße und rosé *(ciaret, chiaretto)* Weine aus Dolcetto, Casalese und Freisa eingerichtet. Das große Gebiet überschneidet sich mit dem Anbaugebiet Asti.

MORGEX ET LA SALLE DOC
Aosta-Tal

Morgex et la Salla ist eine Subappellation der Valle d'Aosta DOC. Die Weinberge der zwei Gemeinden reichen bis auf 1300 m Höhe, was sie mit zu den höchstgelegenen in Europa macht. Die meisten Rebflächen liegen 900 bis 1000 m hoch; auch das ist bemerkenswert, denn theoretisch reifen Trauben im Aosta-Tal nur bis 800 m Höhe. Doch hier tun sie es, und sie liefern einen guten, trockenen weißen *Frizzantino* sowie *Spumanti* in den Dosage-Versionen *Brut, Extra Brut* und *Demi-Sec*.
Siehe auch Valle d'Aosta DOC.

1-3 Jahre

Alberto Vevey

MOSCATO
Lombardei, Piemont

Guter Moscato ohne DOC wird in der Lombardei gemacht, der Moscato di Sanzo ist ohne Zweifel der beste. Im Piemont gibt es Moscato ohne DOC in großen Mengen und zahlreichen Varianten; eine frische, trockene Version, die das Elsass herausfordert, wird von Alasia hergestellt, einem Gemeinschaftsunternehmen des Weinberaters Martin Shaw und der Araldica, einer Gebietswinzergenossenschaft.

Lombardei *Celinate Ronchello • Il Cipresso • La Cornasella*

Piemont *Alasia* (bes. Muscaté Sec)

MOSCATO D'ASTI DOCG
Piemont

Weine mit ähnlichem Geschmack wie Asti, jedoch mit 3 Atmosphären Mindest-Flaschendruck anstatt 5. Es gibt stille, leicht perlende und schäumende Versionen. Produkte mit deutlicher *Perlage* werden ohne Dosage noch während der ersten Gärung abgefüllt, im Gegensatz zum normalen Asti, der im Tank vergoren wird. Moscato d'Asti hat im Allgemeinen auch weniger Alkohol (5,5 bis 8 % gegenüber 7,5 bis 9 %) und ist beinahe immer viel süßer. Wenn etwas an diesem himmlischen Nektar zu kritisieren ist, dann der unselige Trend zu kräftiger schäumenden Versionen, sodass es oft kaum einen Unterschied zwischen einem modernen Moscato d'Asti und einem Asti gibt. Einen wirklich stillen Moscato findet man heute kaum mehr. Selbst unter diesen Umständen ist dies der vorzuziehende Asti DOC. Da nur 3 Millionen Flaschen gemacht werden, ist er teurer als der Asti mit 85 Millionen Flaschen; die besten Exemplare, wie La Caliera von Borgo Maragliano, sind ausgezeichnet und bilden eine Klasse für sich.

Sofort

Araldica • Castello Banfi • Alfiero Boffa • Borgo Maragliano • Redento Dogliotti • Gatti • Marchese di Gresy • Villa Lanata • Luciana Rivella • La Spinetta-Rivetti

NEBBIOLO
Piemont

Die meisten *Vini da Tavola* aus dieser Traube sind einfache Rotweine, da die besten Nebbiolo-Lagen inzwischen berühmte DOCG-Gebiete sind. Ausnehmend gute Exemplare kommen jedoch in großen Jahren von den besten Barolo- und Barbaresco-Erzeugern. Viele einstige Nebbiolo-*Vini-da-Tavola* wurden inzwischen zu Langhe DOC umgewidmet.

Elio Altare • Clerico (Arté) • *Corino • Cascina Drago • I Paglieri* (Opera Prima)

NEBBIOLO-BARBERA
Piemont

Ein verblüffend erfolgreicher Verschnitt-VdT, der sich im Barrique äußerst wohl fühlt und köstliche, elegante Rotweine ergibt, deren runde, saftige Frucht von weichen Tanninen und einem Touch getoasteter Eiche strukturiert wird. Einige Weine, z. B. der Monprà von Conterno Fantino, enthalten mehr Barbera als Nebbiolo.
Siehe auch Petit Rouge.

Giacomo Aschieri (Bric Milieu) • *Chiarlo* (Barilot) • *Valentino Migliorini* (Bricco Manzoni) • *Conterno Fantino* (Monprà) • *Vietti* (Fioretto) • *Roberto Voerzio* (Vignaserra) • *Oriou* (Valle d'Aosta)

NEBBIOLO D'ALBA DOC
Piemont

Reine Nebbiolo-Weine kommen aus dem Gebiet nördlich von Alba. Die meisten sind füllig, fruchtig und sehr gut. Auch süße und perlende Versionen sind zugelassen.

4–10 Jahre

Ascheri • Tenuta Carretta • Ceretto • Pio Cesare • Aldo Conterno • Giacomo Conterno • Franco Fiorina • Angelo Gaja • Bruno Giacosa • Giuseppe Mascarello • Vietti

NUS DOC
Aosta-Tal

Eine Subappellation der Valle d'Aosta DOC. In Nus macht man interessanten Rotwein aus Vien de Nus, Petit Rouge und Pinot Noir. Aus Malvoisie de Nus (Pinot Grigio) entstehen weiße trockene und *Passito*-Weine.

2–4 Jahre

La Crotta di Vegneron

OLTREPÒ PAVESE DOC
Lombardei

Das Oltrepò Pavese umfasst 42 Gemeinden südlich des Po. Ein großer Teil der Produktion wird nicht unter der DOC verkauft, sondern geht an Piemonteser Kellereien, die ihn im Drucktank oder mit klassischer Flaschengärung zu *Spumante* (ohne DOC) verarbeiten. Es gab früher drei Unterbereiche, jedoch wurde inzwischen Barbacarlo als exklusive Marke von Lino Maga

geschützt, der ihn als VdT einstufen ließ. Die verbleibenden Subappellationen sind Oltrepò Pavese Buttafuoco, ein trockener oder lieblicher, kräftig roter *Frizzante,* und Oltrepò Pavese Sangue di Giuda, ein süßer, weicher roter *Spumante.* Beide sind beschränkt auf Weinberge um die Orte Broni, Canetto Pavese, Castana, Cigognola, Montescano, Pietra di Giorgi und Stradella. Neben weißen, roten und rosé Verschnitten erlaubt das DOC-Statut acht Sortenweine: Barbera, Bonarda (aus Croatina) und Pinot Noir (still und Spumante) für Rotwein, Cortese, Moscato (still, Spumante und Liquoroso), Pinot Grigio und Riesling (der leider bis zu 100 % aus Welschriesling gemacht werden darf) für Weißwein.

1–3 Jahre (weiß, rosé, Schaumwein)
2–5 Jahre (rot)

Giacomo Agnes • Angelo Ballabio • Bianchina Alberici • Doria (Pinot Nero) • *Lino Maga* (*siehe auch* Barbacarlo) • *Monsupello • Piccolo Bacco dei Quaroni • Tronconero* (Bonarda) • *Zonin* (Moscato Spumante)

ORMEASCO
Ligurien

Die ligurische Variante des Dolcetto, die angenehm zugängliche und weich-fruchtige Rotweine ergibt.

PETIT ROUGE
Aosta-Tal

Tiefgründige, dunkle und intensiv duftende Rotweine, mit DOC und als VdT, macht man aus dieser gering tragenden lokalen Rebsorte. In der Familie der Petit Rouge gibt es viele Varianten; sie können alle auf die Oriou-Traube zurückverfolgt werden, die möglicherweise künftig sortenrein verwendet werden wird. Seit Anfang der 1990er Jahre versucht man den Namen der Traube in »Oriou« zu ändern, da man das »Petit« als abwertend empfindet; es bezieht sich allerdings auf die Beerengröße, nicht auf die Qualität des Weins. Nicht umsonst haben die meisten klassischen Rebsorten kleine Beeren, eine positiv zu bewertende Eigenschaft.

PIEMONTE DOC

Piemont

Die 1995 etablierte DOC umfasst alle anderen DOC-Bereiche im Piemont. Mit Ausnahme des Piemonte Moscato und des Piemonte Moscato Passito, die zu 100 % aus Moscato gekeltert sein müssen, sind mindestens 85 % der genannten Traubensorte gefordert. Als rote Sortenweine zugelassen sind Barbera, Bonarda, Brachetto, Dolcetto und Pinot Nero, für Weißweine (außer Moscato) Cortese, Pinot Bianco und Pinot Grigio. Die Einrichtung dieser regionalen DOC erklärt wohl, dass im Piemont keine IGT-Weine angemeldet wurden und wahrscheinlich auch nie werden.

PINOT NERO

Lombardei

Der in Oberitalien angebaute Pinot Noir (Spätburgunder) wandert meist in klassische *Brut Spumanti*. Stillweine laufen unter der Oltrepò Pavese DOC (hervorragend ist Doria), außerdem sind einige Weine ohne DOC zu finden. Die unten Genannten sind im Barrique ausgebaut und ganz hervorragend.

Ca' del Bosco • Tenuta Mazzolino

PREMETTA

Aosta-Tal

Leicht tanninbetonte, leuchtend kirschrote Weine (mit DOC oder als VdT) ergibt die lokale Sorte Premetta.

RIVIERA DEL GARDA BRESCIANO DOC *ODER* GARDA BRESCIANO DOC

Lombardei

Vom Westufer des Gardasees kommen leichte, fruchtige, im Abgang etwas bittere Rotweine, die nicht interessanter sind als die Masse des Valpolicella von der anderen Seite des Sees und meist aus Gropello, Sangiovese, Marzemino und Barbera verschnitten werden. Die reinsortigen Weine aus Gropello sind im Allgemeinen besser. Weißweine können aus »Riesling« gemacht sein, d. h. aus echtem Riesling (Riesling Renano) oder aus Welschriesling (Riesling Italico). Da bis zu 20 % lokale Sorten beigemischt werden dürfen, ist der Garda Bresciano Bianco bisher nicht auf Interesse gestoßen. Am erfolgreichsten ist der Chiaretto (Rosé), der aus denselben Sorten gemacht wird wie der Rosso, aber viel weicher und zugänglicher ist.

Sofort

Costaripa

RIVIERA LIGURE DI PONENTE DOC

Ligurien

Vier *Vini da Tavola* wurden zu dieser DOC neu gruppiert, die den Westteil Liguriens umfasst. Dies sind Ormeasco (kirschrote Weine mit der saftigen Himbeerfrucht des Dolcetto), Pigato (aromatische, etwas frühreife Rotweine), Rossese (charaktervolle Rotweine mit schönem Duft) und Vermentino (körperreiche Weißweine von ausgeprägtem Charakter).

ROERO DOC

Piemont

Diese Denominazione di Origine Controllata gilt für leichtgewichtige, zugängliche und preisgünstige Nebbiolo-Rotweine und hoch angesehene und teure Arneis-Weißweine von den Hügeln Roeros nördlich von Alba.

1–2 Jahre

Carlo Deltetto

ROSSESE DI DOLCEACQUA DOC *ODER* DOLCEACQUA DOC

Ligurien

Leichte, zugängliche Rotweine mit köstlicher Rosen-Johannisbeer-Frucht, weicher Textur und würzig-aromatischem Abgang kommen aus der Rossese di Dolceaqua DOC.

1–4 Jahre

Giobatta Cane • Lupi • Antonio Perrino

RUBINO DI CANTAVENNA DOC

Piemont

Körperreicher Rotwein aus Barbera, Grignolino und manchmal auch Freisa, hergestellt von einer Genossenschaft mit dem Namen Rubino, die für die Einrichtung dieser DOC verantwortlich ist; sie konnte aber keine weiteren Erzeuger für sich interessieren.

RUCHÉ

Piemont

Die Ruché ist eine mysteriöse Rebsorte unbekannten Ursprungs, die leichte, rubinrote Weine mit einer besonderen aromatischen Note ergibt; mit reduzierten Erträgen lassen sich aus dieser Rebe viel dunklere, gewichtigere und mächtigere Weine erzielen.

Scarpa

RUCHÉ DI CASTAGNOLE MONFERRATO DOC

Piemont

Die in den Weinbergen über Castagnole Monferrato wachsenden Ruché-Reben liefern einen aromatischen Rotwein, der wie Nebbiolo reift. Bis zu 10 % Barbera und Brachetto dürfen zugesetzt werden.

3–5 Jahre

Piero Bruno • Ruché del Parroco

SAN COLOMBANO AL LAMBRO DOC *ODER* SAN COLOMBANO DOC

Lombardei

Robuster, körperreicher, etwas rustikaler Rotwein aus Croatina, Barbera und Uva Rara. San Colombano ist die einzige DOC in der Provinz Mailand.

2–5 Jahre

Carlo Pietrasanta

SAN MARTINO DELLA BATTAGLIA DOC

Lombardei

Trockener, aromatischer Weißwein mit blumigem Bukett und etwas bitterem Nachhall sowie ein süßer Liquoroso, beide aus Tocai Friulano.

SANGUE DI GIUDA DOC

Siehe Oltrepò Pavese DOC

SASSELLA DOC

Siehe Valtellina Superiore DOC

SAUVIGNON BLANC

Piemont

Sauvignon ist in der Region fast unbekannt, obwohl Böden und Klima geeignet erscheinen. Der barrique-gereifte reinsortige Sauvignon Alteni di Brassica von Angelo Gaja macht das Potenzial deutlich.

Angelo Gaja (Alteni di Brassica)

SIZZANO DOC

Piemont

Gute, körperreiche Rotweine aus Nebbiolo (40 bis 60 %) sowie Vespolina, Bonarda oder Uva Rara, von Trauben, die auf einer Terrasse an der Sesia südlich von Ghemme wachsen.

SPANNA

Piemont

Unter dem Namen Spanna, wie die Nebbiolo hier heißt, werden die einfachsten Weine aus dieser Rebsorte vermarktet. Gut gemacht können sie aber einfache Barolos und Barbarescos übertreffen.

SYRAH

Aosta-Tal

Das Institut Agricole Régional macht seit Ende der 1980er Jahre sehr interessante Barriqueweine aus dieser Traubensorte.

TERRE DI FRANCIACORTA DOC

Lombardei

Seit 1967 zur ursprünglichen Franciacorta DOC gehörend, wurden die Stillweine 1995 in Terre di Franciacorta umbenannt, als der Name Franciacorta für die neue DOCG reserviert wurde. Die Rotweine aus Cabernet Franc und Cabernet Sauvignon (zugesetzt werden dürfen auch etwas Barbera, Nebbiolo und Merlot), die an den Berghängen am Iseo-See nordöstlich von Mailand wachsen, sind von mittlerem bis gutem Körper, kräftiger Farbe und einer gewissen Finesse, sie besitzen ein üppiges Bukett und eine kräftige Frucht. Die trockenen Weißweine, hauptsächlich Chardonnay (erlaubt ist auch ein kleiner Anteil Pinot Bianco) sind sehr viel besser geworden.

3–8 Jahre (rot), 1–3 Jahre (weiß)

Enrico Gatti • Longhi-de Carli • Ragnoli

TIMORASSO

Piemont

Die Timorasso, die einigen als die nächste Mode-Weißweintraube gilt, wird bisher für *Vini da Tavola* und vor allem Grappa verwendet. Walter Massa im oberen Val Curone war der Erste, der einen reinsortigen Wein machte, und zwar zunächst unfreiwillig. Die Grappa-Erzeugerin Antonella Bocchino, die in Dokumenten des 19. Jahrhunderts auf die Timorasso gestoßen war, fand auf Massas Gut noch eine Fläche mit dieser als ausgestorben geltenden Rebsorte. Da sie nur daran interessiert war, aus den Trestern einen Grappa zu machen, blieb Massa der Wein – und es zeigte sich, dass er mehr war als nur eine Kuriosität. Massa versorgte andere Güter mit Reisern, und heute machen einige Winzer Timorasso, eine Sorte, die einen ähnlichen Erfolg haben könnte wie Gavi und Arneis.

TORRETTE DOC

Aosta-Tal

Eine Subappellation der regionalen Valle d'Aosta DOC für farbkräftige Rotweine mit schönem Bukett und gutem Körper aus Petit Rouge und bis zu 30 % Dolcetto, Fumin, Gamay, Mayolet, Pinot Noir, Premetta und Vien de Nus. *Siehe auch* Valle d'Aosta DOC.

Elio Cassol • Grosjean

VALCALEPIO DOC

Lombardei

Eine aufsteigende Appellation für aroma- und farbkräftige Rotweine aus einem Verschnitt Merlot und Cabernet Sauvignon sowie leichte, feine trockene Weißweine aus Pinot Bianco und Pinot Grigio.

1–3 Jahre (weiß), 3–7 Jahre (rot)

Tenuta Castello

VALLE D'AOSTA DOC *ODER* VALLÉE D'AOSTE DOC

Aosta-Tal

Eine regionale DOC, die 20 verschiedene Weine umfasst. Sie enthält auch die zwei früheren DOC der Region, Donnaz und Enfer d'Arvier, die heute zwei der sieben Subappellationen darstellen (außerdem Arnad-Montjovet, Chambave, Morgex et La Salle, Nus und Torrette; *siehe unter* diesen Stichwörtern). Die Einrichtung der Valle d'Aosta DOC hat die zuvor winzige Produktion recht bescheidener Weine kräftig angekurbelt. Außer weißen, roten und rosé Verschnitten sind folgende reinsortigen Weine zugelassen: Fumin, Gamay, Nebbiolo, Petit Rouge, Pinot Noir und Premetta (rot), Chardonnay, Müller-Thurgau, Petite Arvine und Pinot Gris (weiß). Es gibt auch einen Bianco di Pinot Nero (weißgekelterter Spätburgunder), der auch als »Blanc de Noir de Pinot Noir« bezeichnet wird; im zweisprachigen Aosta-Tal tragen alle Weine italienische und französische Namen.

1–3 Jahre

Grosjean • La Crotta di Vegneron

VALGELLA DOC

Siehe Valtellina Superiore DOC

VALTELLINA DOC

Lombardei

Diese Appellation umfasst 19 Gemeinden im hoch gelegenen, tief eingeschnittenen Adda-Tal um Sondrio in der nördlichen Lombardei, wo die Trauben in einem schmalen Streifen von Südhängen entlang des Flusses wachsen. Die meisten Produkte sind mittelkräftige Rotweine von schlichtem, doch angenehmem Charakter. Die Valtellina gilt bei Kritikern als stark überbewertet, und die einfache Appellation ist es auch; praktisch alle guten Weine sind als Valtellina Superiore klassifiziert.

VALTELLINA SUPERIORE DOC

Lombardei

Die besten Weine der Valtellina, die 12 % Alkohol besitzen müssen (statt 11 % bei einfachem Valtellina), kommen aus vier Unterbereichen: Grumello (der leichteste), Inferno (aus dem felsigsten, heißesten Teil des Tals), Sassella (der beste) und Valgella (der mengenmäßig wichtigste, aber am wenigsten interessante). Außer Nebbiolo dürfen bis zu 5 % Pinot Nero, Merlot, Rossola, Brugnola und Pignola Valtellina verwendet werden. Der üppige Körper der besten Exemplare wird durch Eleganz gezähmt, sie sind tieffarben und können in einigen Jahren auf der Flasche eine exquisite Finesse entwickeln. Der aus spät gelesenen, rosinierten Trauben gemachte *Sforzato* oder *Sfursat* (was »erzwungen« heißt) ist eine Passito-Version und ist ein hoch konzentrierter Rotwein mit mindestens 14,5 % Alkohol (probieren Sie den von Nino Negri), ein Pendant zum Amarone.

5–15 Jahre

Enologica Valtellinese • Sandro Fay • Fondazione Fojanini • Nino Negri • Conti Sertoli-Salis • Fratelli Triacca

VIEN DE NUS

Aosta-Tal

Eine der Petit Rouge – die im ganzen Aosta-Tal weithin angepflanzt ist – sehr ähnliche Traube, die nur in den Weinbergen in der Umgebung von Nus zu finden ist.

VIN DE CONSEIL

Aosta-Tal

Ein bukettreicher trockener Weißwein aus Petite Arvine, den das Institut Agricole Régional dieses kleinsten italienischen Bereichs macht.

NEUE IGT-WEINE

Bis Ende 1998 wurden folgende IGT-Bezeichnungen zugelassen. Es bleibt abzuwarten, wie sich Stil, Qualität und Zuverlässigkeit entwickeln.

Ligurien *Colline Savonesi • Val Polcevera*

Lombardei *Alto Mincio • Benaco Bresciano • Bergamasca • Collina del Milanese • Quistello • Montenetto di Brescia • Provincia di Mantova • Provincia di Pavia • Quistello • Ronchi di Brescia • Sabbioneta • Sebino • Terrazze Retiche di Sondrio*

Piemont keine

Aosta-Tal keine

FRÜHLING BEI MORGEX IM AOSTA-TAL

Diese Reben, die in 1000 m Höhe wachsen, widerlegen die Ansicht, dass Trauben im Aosta-Tal nur bis in 800 m Höhe reif werden.

ÖSTLICHES OBERITALIEN

Frische, herzhafte Säure und prägnanter Sortencharakter kennzeichnen die Weine der oberitalienischen Regionen Trentino-Südtirol (Trentino-Alto Adige), Friuli-Venezia Giulia und Venetien. Doch meiden Sie die Massenprodukte, die so sauber sind, dass ihnen jede Frucht fehlt.

DIESES GEBIET ZWISCHEN VINSCHGAU UND GARDASEE im Westen und den Julischen Alpen im Osten ist viel gebirgiger als das westliche Oberitalien (mit Ausnahme des Aosta-Tals); über die Hälfte wird von den Dolomiten sowie den Karnischen Alpen im Norden und ihren steil abfallenden Vorbergen eingenommen. Einige der besten Weine wachsen in den üppig grünen Rebbergen von Südtirol. Ein Großteil wird exportiert; meist handelt es sich um die wenig aufregenden Massenweine aus Soave und Valpolicella. An anderen Orten findet man viel mehr Abwechslung und besseren Gegenwert, außer französischen und deutschen Reben werden

WEINBERGE VON TRAMIN IN SÜDTIROL
Das Südtiroler Städtchen Tramin (ital. Termeno), zwischen Bozen und Trient gelegen, ist vermutlich die Heimat des Gewürztraminers (Traminer Aromatico). Die hier verwendete Spielart ist jedoch sehr viel zurückhaltender als die elsässische Variante, sie lässt fast alle Würze vermissen.

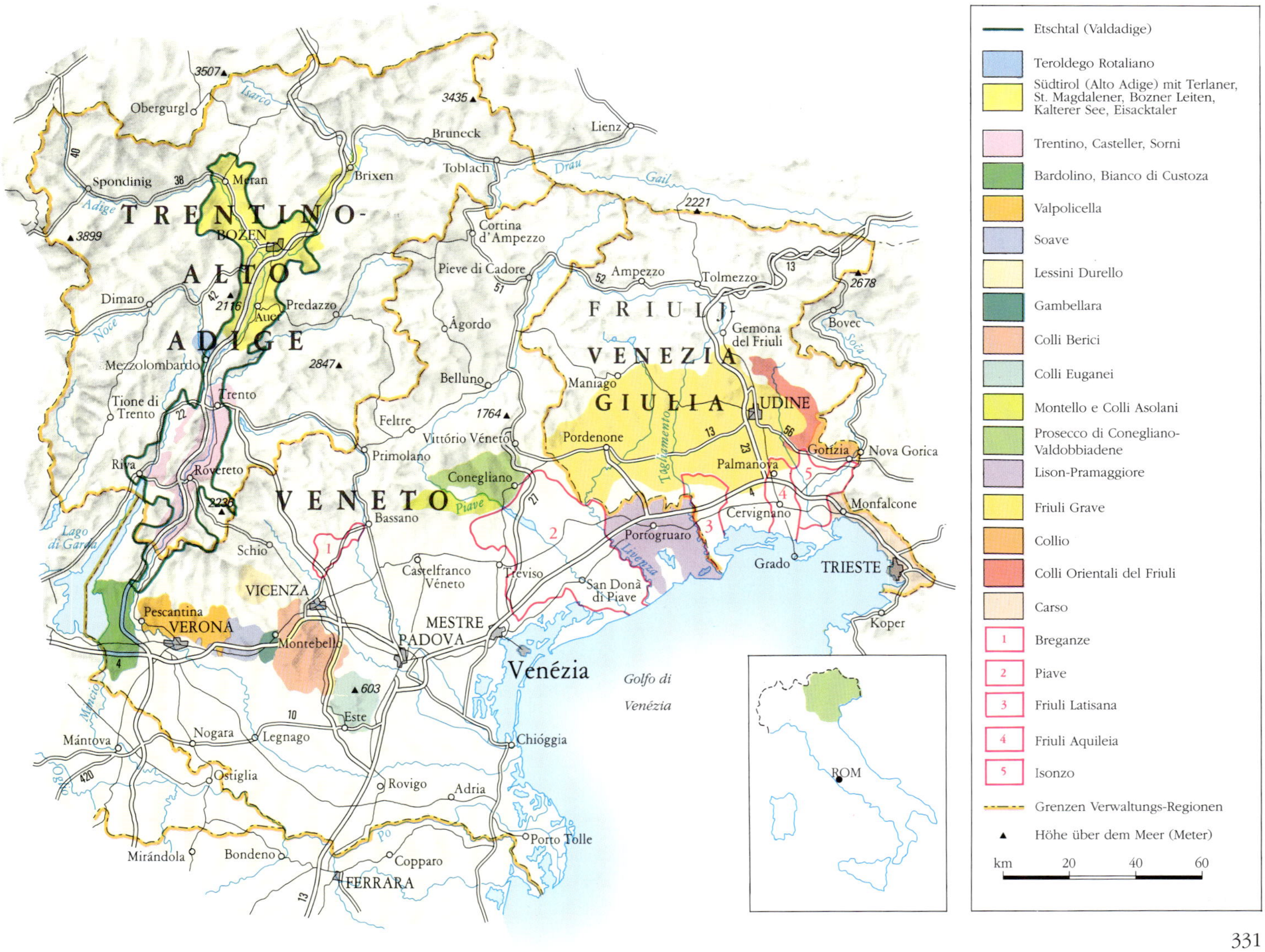

ÖSTLICHES OBERITALIEN *Siehe auch* S. 319
Die Gebirge und Bergstöcke dieser Region bieten eine ganze Palette unterschiedlicher Lagen, in denen heimische und eingeführte Rebsorten gedeihen. Die bemerkenswertesten Weine kommen von den hoch gelegenen Weinbergen Südtirols, den Bergen Friauls und aus der Umgebung von Vicenza im Veneto.

DURCHSCHNITTLICHE PRODUKTION PRO JAHR

REGION	DOC-PRODUKTION	GESAMTPRODUKTION
Venetien	1,5 Mio. hl (200 Mio. Flaschen)	10 Mio. hl (1333 Mio. Flaschen)
Trentino-Südtirol	700 000 hl (93 Mio. Flaschen)	1,5 Mio. hl (200 Mio. Flaschen)
Friaul-Julisch-Venetien	420 000 hl (56 Mio. Flaschen)	1,6 Mio. hl (213 Mio. Flaschen)

Anteil an der italienischen Produktion: Venetien 13 %, Trentino-Südtirol 2 %, Friaul-Julisch-Venetien 1,5 %.

WEINBERG AM GARDASEE

Reifende Trauben zieren die Weinstöcke in der Umgebung von Bardolino am östlichen Ufer des Gardasees, die für ihre hellen und leichten Rotweine bekannt ist.

interessante autochthone Sorten kultiviert; engagierte Erzeuger stellen weiterhin Versuche an. In der Art der Weine ist der Einfluss von Österreich im Norden und Slowenien im Osten zu spüren.

TRENTINO-SÜDTIROL (TRENTINO-ALTO ADIGE)

Dieses Gebiet, Südtirol (Alto Adige) und das Trentino, zählt zu den spektakulärsten Gebirgsregionen der Alpen. Es besteht aus zwei autonomen Provinzen, dem deutschsprachigen Südtirol (Provinz Bozen) im Norden und dem italienischsprachigen Trento (Trient) im Süden. In Südtirol tragen die Weine häufig deutsche Namen und die Bezeichnung QbA (Qualitätswein bestimmter Anbaugebiete). Die einfache Appellation Südtiroler QbA (Alto Adige DOC), die ein Drittel der gesamten DOC-Produktion ausmacht, ist bemerkenswert gut. Daneben kommen aus den hoch gelegenen und kühlen Lagen zahlreiche Spitzenweine.

VENETIEN

Das Veneto reicht im Süden vom Po und mit einer schmalen Zunge bis zur österreichischen Grenze, im Westen vom Gardasee an den Golf von Venedig im Osten. Der Wein wächst meist auf den Schwemmlandebenen im südlichen Teil. Einst berühmt, heute berüchtigt für Soave und Valpolicella, ist das Veneto auch ein aufregendes Revier für einige der Bordeaux-Verschnitte Italiens. In letzter Zeit gibt es Anzeichen dafür, dass auch die genannten missbrauchten Namen ein wenig von ihrer alten Reputation wiedergewinnen.

FRIAUL-JULISCH-VENETIEN

Die von Gebirgen geprägte Region Friuli–Venezia Giulia im äußersten Nordosten Oberitaliens kultiviert viele nichtitalienischen Rebsorten, seitdem die Reblaus im 19. Jahrhundert die Weinberge verwüstete. Die immer schon für Neuerungen aufgeschlossenen Friauler nützten die Gelegenheit, ihre Rebflächen mit diversen guten ausländischen Sorten zu bestocken, zunächst mit Merlot, der 1880 von Senator Pecile und Conte Savorgnan in die Region gebracht wurde. Im Verlauf von über hundert Jahren hat die Region konstant gezeigt, dass gute Rebsorten und relativ niedrige Erträge die Qualität geradezu dramatisch steigern können.

Das Friaul ist Heimat einiger der besten Weine Italiens, darunter komplexer Cabernet-Verschnitte. Der Montsclapade von Girolamo Dorigo, der beste aus einer Gruppe von Ausnahmeweinen, ist ein typisch friaulischer Verschnitt aus den beiden Cabernets und Merlot. Einige recht unkonventionelle *Cuvées* sind ebenfalls zu finden; die ungewöhnlichste ist der »multinationale« Ronco dei Roseti des Weinguts Le Vigne di Zamò, das die vier Bordeaux-Sorten mit dem deutschen Lemberger, dem italienischen Refosco und dem Tazzelenghe unbekannter Herkunft kombiniert. Ein weiterer Wein dieses Weinguts, der Ronco dell Acacie, ist ein seltenes Meisterstück der neuen italienischen Schule der weißen »Super-VdTs«, einer Kategorie trockener Weine, die sehr teuer sind, aber meist sehr enttäuschend.

Die meisten guten Weine kommen aus den Colli Orientali del Friuli, einer der beiden hügeligen Regionen des Friaul. Diese liegt nahe der slowenischen Grenze und liefert viele interessante Sortenweine, die eine Suche lohnen – mit Ausnahme des Picolit, eines weit überbewerteten und horrend überteuerten lieblichsüßen Weins. Der Picolit aus den Colli Orientali del Friuli ist der Einzige in Italien mit DOC-Status, jedoch keinen Deut besser als die Vertreter aus anderen Gegenden.

GESCHMACKS- UND QUALITÄTSFAKTOREN

LAGE
Im Viereck zwischen Dolomiten, Julischen Alpen, Golf von Venedig und Gardasee.

KLIMA
Ähnlich wie im westlichen Oberitalien sind die Sommer heiß und die Winter kalt und streng; Hagelschlag kann zu einem größeren Problem führen. Der Witterungsverlauf ist von Jahr zu Jahr sehr unterschiedlich, sodass der Jahrgang (insbesondere bei Rotwein) sehr wichtig ist.

TOPOGRAFIE
Rebflächen finden sich in den unterschiedlichsten Landschaften, von den steilen Berghängen in Südtirol bis zu den Schwemmlandebenen in Venetien und Friaul–Julisch–Venetien. Die besten Lagen finden sich in hügeligem Gelände.

BÖDEN
Der größte Teil der Rebflächen liegt auf Gletschermoränen, einem Gemisch von Sand, Kies und Sediment aus den Eiszeiten, überwiegend Ton und sandiger Ton; die besten Böden sind mergelig und reich an Calcium. Die leichten, steinigen Böden in Südtirol werden von der Witterung ausgelaugt, sodass jedes Jahr gedüngt werden muss.

WEINBAU UND WEINBEREITUNG
Das östliche Oberitalien war im Land führend bei der Einführung moderner Vinifikationstechniken und bei den Versuchen mit fremden Rebsorten. Hier setzte man zuerst die Gärung bei niedrigen Temperaturen ein, wobei die Weine zunächst so sauber gerieten, dass sie keinen natürlichen Charakter mehr besaßen. Man experimentiert damit, die Aromen durch den Einsatz neuer Eichenfässer zu intensivieren.

REBSORTEN
Blauer Portugieser (Portoghese), Cabernet Franc, Cabernet Sauvignon, Chardonnay, Cortese (Bianca Fernanda), Corvina (Corvinone, Cruina), Durello, Franconia (Limberger), Garganega, Gewürztraminer, Incrocio Manzoni 215 (Prosecco mit Cabernet Sauvignon), Incrocio Manzoni 6013 (Riesling mit Pinot Blanc), Kerner, Lagrein, Lambrusco a Foglia Frastagliata, Malbec, Malvasia, Marzemino, Merlot, Molinara (Rossara, Rosanella), Moscato (Muscat), Nosiola, Petit Verdot, Picolit, Pinella (Pinello), Pinot Bianco (Pinot Blanc), Pinot Grigio (Pinot Gris), Pinot Nero (Pinot Noir), Prosecco (Serpina, Serprino), Raboso (Friulano), Refosco dal Peduncolo Rosso (Mondeuse), Refosco del Carso (Terrano), Ribolla, Riesling Renano, Riesling Italico, Rossola (Veltliner), Sauvignon Blanc, Schiava (Vernatsch), Schiopettino, Tazzelenghe (Tacelenghe), Teroldego, Tocai Friulano (Sauvignonasse), Tocai Italico, Trebbiano (Ugni Blanc), Verduzzo, Vespaiolo.

DIE HERKUNFTSBEZEICHNUNGEN

ÖSTLICHES OBERITALIEN

DIE BESTEN BRUT-SCHAUMWEINE

Sie kommen ausnahmslos aus der Region Südtirol-Trentino und werden nach der *Méthode Champenoise* hergestellt.

Equipe 5 Brut Riserva • Equipe 5 Brut Rosé • Ferrari Brut • Ferrari Brut de Brut • Ferrari Brut Rosé • Ferrari Nature • Ferrari Riserva Giulio Ferrari • Methius Brut • Spagnolli Brut • Vivaldi Brut • Vivaldi Extra Brut

ALTO ADIGE DOC *ODER* SÜDTIROLER DOC

Trentino-Südtirol

Diese umfassende, einfache Appellation umfasst ganz Südtirol (Alto Adige), d. h. die Nordhälfte der Valdadige DOC. Sie ist hinsichtlich ihrer Qualität bemerkenswert einheitlich, bedenkt man, dass sie über ein Drittel der Gesamtproduktion der Region bestreitet. Im Fall von italienisch-deutschen Doppelbezeichnungen werden die italienischen Bezeichnungen im Folgenden in Klammern genannt.

Die DOC verzeichnet sieben reinsortige Rotweine. Unter dem Namen Cabernet – womit Cabernet Sauvignon oder Cabernet Franc oder beide gemeint sind – findet man simple, aber erfreuliche Alltagsweine bis zu recht körperreichen, farbkräftigen, runden Weinen, die in 5 bis 10 Jahren auf der Flasche weich, warm und würzig werden. Lagrein Dunkel (Lagrein Scuro) wird aus der unterschätzten autochthonen Traube gemacht und kann einen schönen, ausgeprägten Charakter aufweisen. Merlot kann schlicht und fruchtig sein oder aber mit würzigem Paprikaaroma und seidiger Textur größere Höhen erreichen. Spätburgunder (Pinot Nero) ist in puncto Reifung eine diffizile Traube, gut sind die Weine von Mazzon, eine Spezialität der Gegend (genannt Mazzoner). Vernatsch (Schiava), die ein Fünftel der DOC-Produktion erbringt, liefert den populärsten Zechwein. Grauvernatsch (Schiava Grigia) kam kürzlich in die DOC-Liste, ebenso zwei rote Verschnitte, Cabernet-Lagrein und Cabernet-Merlot.

Von reinsortigen Weißweinen gibt es nicht weniger als zehn. Chardonnay reicht von leicht und neutral bis delikat fruchtig, sogar *Frizzante-* und *Spumate*-Versionen sind zu finden. Die körperreichen Exemplare zeigen die deutliche Identität ihrer Sorte, lassen aber das Gewicht und das Aroma selbst eines einfachen Burgunders vermissen. Goldmuskateller (Moscato Giallo) wird zu köstlichen Dessertweinen verarbeitet. Weißburgunder (Pinot Bianco), die am weitesten verbreitete weiße Rebe, ergibt den Großteil der guten Weißweine Südtirols. Ruländer (Pinot Grigio) könnte so erfolgreich sein wie Pinot Bianco, wird aber nicht in den besten Lagen kultiviert. Welschriesling (Riesling Italico) ist qualitativ wie quantitativ unbedeutend. Riesling (Riesling Renano), delikat, fein und attraktiv schon auf dem einfachsten Niveau, kann in guten Jahren exzellent werden. Müller-Thurgau ist hier selten, was schade ist, denn er gewinnt hier eine lebhafte Würze. Sauvignon war zu Beginn der 1980er Jahre noch selten, doch mit seiner Ausbreitung wurde er auch hier zunehmend angepflanzt; der frische, trockene reine Sauvignon ist heute einer der erfolgreichsten Weine Südtirols. Silvaner ist für den baldigen Verbrauch in jugendlicher Frische gedacht. Gewürztraminer (Traminer Aromatico) ist wesentlich neutraler als die klassische Elsässer Version, auch wenn – wie manche behaupten – die Rebsorte aus Tramin stammt. Wenn man die mächtige Würze der Elsässer einmal vergisst, könnten das feine Aroma und das zurückhaltende Bukett des Südtiroler Gewürztraminers einen eigenen Charme aufweisen.

Nur drei sortenreine Roséweine (*Rosato*) sind zugelassen: Lagrein Kretzer (Lagrein Rosato), ein weicher, runder Typ mit präsenter Frucht; Merlot Kretzer, ein relativ neues Produkt mit ungewöhnlichem, vegetalem Aroma (Gras, grüne Paprika), und Blauburgunder Kretzer (Pinot Nero Rosato), der als Rosé erfolgreicher ist denn als Rotwein.

Rosenmuskateller (Moscato Rosa) ist ein prächtiger, tief rosafarbener bis scharlachroter, halbtrockener bis süßer Wein mit außergewöhnlich hoher Säure, intensivem Blumenduft und übermächtigem Muskataroma.

Für Schaumwein aus Pinot Bianco und/oder Chardonnay (reinsortig oder verschnitten, mit bis zu 30 % Pinot Grigio oder Pinot Nero) gibt es eine DOC, wobei Tank- und Flaschengärung erlaubt sind.

Fünf DOC wurden 1994 als Unterbereiche in der Südtiroler DOC (DOC Alto Adige) vereint. Bozner Leiten (Colli di Bolzano) DOC gilt für weiche, fruchtige Vernatsch-Weine vom linken Ufer der Etsch und beiden Ufern des Eisack bei Bozen. Meraner Hügel (Meranese di Collina oder Meranese) DOC umfasst die Hänge um Meran, wo die Vernatsch (Schiava) einen leichten Rotwein mit delikatem Duft ergibt (er darf sich Burggräfler nennen, wenn er aus den Teilen des Meraner Lands kommt, die früher zur Grafschaft Tirol gehörten). Die Sankt Magdalener (Santa Maddalena) DOC liegt im Herzen der Bozner Leiten, wo der Vernatsch ebenso weich und fruchtig ist, aber mehr Körper und eine geschmeidigere Textur hat (wenige italienische Quellen erwähnen noch, dass Mussolini diesen Wein für einen der größten Italiens hielt). Die Terlaner (Terlano) DOC, die sich teilweise mit der Kalterer See (Lago di Caldaro) DOC rechts der Etsch überschneidet und sich von Bozen 16 km nordwestlich sowie 24 km südlich erstreckt, gilt für Weißweine, einen Verschnitt sowie sieben sortenreine (die auch zu *Spumante* verarbeitet werden dürfen): Weißburgunder (Pinot Bianco), Chardonnay, Müller-Thurgau, Rheinriesling (Riesling Renano), Welschriesling (Riesling Italico) und Silvaner. Die Eisacktaler (Valle Isarco) DOC erstreckt sich zu beiden Seiten der Eisack nach Norden bis Brixen (Bressanone); die Reben wachsen hier hoch am Berg und werden niedrig erzogen, um die Bodenwärme zu nutzen. Sechs sortenreine Weißweine werden gemacht: Kerner, Müller-Thurgau, Ruländer (Pinot Grigio), Sylvaner, Gewürztraminer (Traminer Aromatico) sowie Veltliner. Die Eisacktaler DOC umfasst auch eine rote *Cuvée* mit Namen Klausner Leitacher aus den Orten Klausen, Barbian, Feldthurns und Villanders, die mindestens 60 % Vernatsch und bis zu 40 % Portugieser und Lagrein enthält. Die Eisacktaler Weine, die um Brixen und Vahrn erzeugt werden, dürfen sich auch »Brixner« oder »di Bressanone« bezeichnen.

2–10 Jahre (rot, rosé), 2–5 Jahre (weiß), 1–3 Jahre (Schaumwein)

Eisacktaler Kellereigenossenschaft • Mazo Foradori • Anton Gojer • Giorgio Grai • Kellereigenossenschaft Gries • Franz Haas • Josef Hofstätter • Kettmeir • Alois Lageder • Klosterkellerei Muri Gries • Stiftskellerei Neustift • Josef Niedermayr • Heinrich Rottensteiner • San Michele (Sanct Valentin) *• Santa Margherita • Schloss Rametz • Schloss Salegg-Kuenburg • Schloss Schwanburg • Tiefenbrunner • Wilhelm Walch • Baron Georg von Widmann Peter Zemmer*

AMARONE DELLA VALPOLICELLA *ODER* RECIOTO DELLA VALPOLICELLA AMARONE DOC

Siehe Valpolicella DOC

AQUILEIA DOC

Siehe Friuli Aquileia DOC

BARDOLINO DOC

Venetien

Die Bardolino DOC am Südostufer des Gardasees produziert trockene Rot- und Roséweine *(Chiaretto),* gelegentlich auch Perlwein. Die Rotweine aus Corvina, Molinara und Negra könnten sehr interessant sein, leider ziehen es die meisten Erzeuger vor, milde, leichte Weine zu machen.

1–3 Jahre

Guerrieri-Rizzardi

BIANCO DI CUSTOZA DOC

Venetien

Im Prinzip wie die Weißweine von Bardolino (auch *Spumante*), aus Trebbiano, Garganega, Tocai Friulano, Cortese und Malvasia gemacht. Sie sind im Allgemeinen leicht und duftig mit einem etwas bitteren Nachhall, gelegentlich werden sie zu *Spumante* verarbeitet. Einige Kritiker vergleichen sie mit dem Soave.

BOZNER LEITEN DOC *ODER* COLLI DI BOLZANO DOC

Siehe Alto Adige DOC

BREGANZE DOC

Venetien

Eines der (verborgenen) Glanzstücke Italiens, dank dem herausragenden Erzeuger Maculan. Der Rotwein basiert auf Merlot, mit gelegentlichen Anteilen von Pinot Nero, Freisa, Marzemino, Gropello Gentile, Cabernet Franc und Cabernet Sauvignon. Der würzig-frische trockene Weißwein wird aus Tocai Friulano mit Zusätzen von Pinot Bianco, Pinot Grigio, Welschriesling und Vespaiolo hergestellt Meist werden die Weine jedoch reinsortig ausgebaut, wobei zwei Rote (Cabernet und Pinot Nero) sowie drei Weiße (Pinot Bianco, Pinot Grigio und Vespaiolo) vorgesehen sind.

2–5 Jahre (rot), 1–2 Jahre (weiß)

Bartolomeo di Breganze • *Maculan*

CABERNET FRANC

Venetien

Die meisten Cabernets sind DOC-Weine, doch es lohnt sich, auch solche ohne DOC zu wählen; sie sind meist im Barrique ausgebaut und von reifer, nicht zu grasiger Frucht.

Quintarelli (Alerzo)

CABERNET-MERLOT

Trentino-Südtirol, Venetien

Es gibt in der Region DOC-Cabernets in derart großer Anzahl, dass wenige Erzeuger sich mit *Vini da Tavola* abgeben. Und von diesen ist der höllisch teure San Leonardo der absolut beste. Im Veneto sind bis auf eine Ausnahme Cabernet-Verschnitte nicht so häufig, wie man annehmen möchte.

Trentino-Südtirol *Tenuta San Leonardo* (Vallagrina)

Venetien *Conte Loredan-Gasparini* (Venegazzù della Casa, Venegazzù Capo di Stato)

CABERNET SAUVIGNON

Venetien

Cabernet Sauvignon ist im Veneto weniger verbreitet als Cabernet Franc; wirklich gute sortenreine Weine sind selten. Cabernet Sauvignons von Anselmi und Le Vigne di San Pietro können vorzüglich sein.

3–6 Jahre

Anselmi (Realda) • *Le Vigne di San Pietro* (Refolà)

CALDARO DOC *ODER* LAGO DI CALDARO DOC *ODER* KALTERER SEE DOC

Trentino-Südtirol

Da diese DOC sich mit dem Kern des Bereichs Terlan überschneidet, könnte sie ebenso eine Subzone der Südtiroler DOC sein wie Terlan und weitere einstige DOC-Gebiete, die von der Südtiroler DOC absorbiert wurden. Die zugänglichen Rotweine aus Vernatsch mit möglichem Zusatz von Lagrein und Spätburgunder (Pinot Nero) sind meist weich und fruchtig mit einer Mandelnote.

CARSO DOC

Friaul-Julisch-Venetien

Carso Terrano, der mindestens 85 % Terrano (auch als Refosco del Carso bezeichnet) enthalten muss, ist ein tiefgründiger, fülliger und farbkräftiger Rotwein, der manchmal sogar fett wirkt. Carso Malvasia ist ein leicht würziger, runder trockener Weißwein.

1–3 Jahre

Edi Kante

CASTELLER DOC

Trentino-Südtirol

Ein schmaler Streifen hügeliger Weinberge, der praktisch mit der Trentino DOC identisch ist. Aus Vernatsch, Merlot und Lambrusco a Foglia Frastagliata werden trockene und halbtrockene Rot- und Roséweine für den Alltag gemacht.

CHARDONNAY DOC

Vor einem Jahrzehnt gab es im östlichen Oberitalien nur zwei DOC für reinen Chardonnay: Alto Adige und Grave del Friuli. Heute ist sie eine der meist verbreiteten Sorten, doch die hoch preisigen Premiumweine ohne DOC aus dieser Sorte sind immer noch die besten.

Azienda Agricola Inama (Campo dei Tovi) • *Jermann* (Where The Dreams Have No End)

COLLI BERICI DOC

Venetien

Außer für einen weißen Schaumwein auf Garganega-Basis gilt diese DOC für drei reinsortige Rotweine (Merlot, Tocai Rosso, Cabernet) und fünf Weißweine (Garganega, Tocai Bianco, Pinot Bianco, Sauvignon, Chardonnay). Der Cabernet kann üppig und vegetal mit schokoladiger Frucht sein, der Merlot – aus den richtigen Händen – rund und saftig; der ausgefallene rote Tocai ist interessant, der Chardonnay ist ordentlich. Die anderen Weine aus diesem Gebiet südlich von Vicenza sind kaum bemerkenswert.

2–5 Jahre (rot), 1–2 Jahre (weiß)

Castello di Belvedere • Villa dal Ferro

COLLI DI BOLZANO DOC *ODER* BOZNER LEITEN DOC

Siehe Alto Adige DOC

COLLI EUGANEI DOC

Venetien

In diesem Bereich, der sich südöstlich an die Colli Berici anschließt, werden körperreiche, weiche, trockene und liebliche rote Verschnitte (aus Merlot mit Cabernet Franc, Cabernet Sauvignon, Barbera und Raboso) sowie vier reinsortige Rotweine (Cabernet, Cabernet Franc, Cabernet Sauvignon und Merlot) gekeltert. Die trockenen oder halbtrockenen Weißweine sind *Cuvées* (aus Prosecco, Garganega und Tocai Friulano mit möglichem Zusatz von Chardonnay, Pinot Bianco, Pinella und Welschriesling) und reinsortige Weine: Chardonnay, Fior d'Arancio (aus Moscato Giallo, als süßer *Frizzantino, Spumante* oder *Liquoroso*), Moscato (süßer *Frizzantino* und *Spumante*), Pinella (Pinello), Pinot Bianco, Serprino (trocken oder süß, als Stillwein oder schäumend) und Tocai Italico.

2–5 Jahre (rot), 1–2 Jahre (weiß)

Villa Sceriman • *Vignalta*

COLLI ORIENTALI DEL FRIULI DOC

Friaul-Julisch-Venetien

Diese DOC ist größer als das benachbarte Collio und war zunächst angesehener, doch haben sie beide ihr exzellentes Potenzial unter Beweis gestellt. Neben dem einfachen *Rosato*-Verschnitt gibt es sieben reinsortige Rotweine (Cabernet, Cabernet Franc, Cabernet Sauvignon, Merlot, Pinot Nero, Refosco und Schiopettino) und zwölf Weißweine: Chardonnay, Malvasia, Picolit, Pinot Bianco, Pinot Grigio, Ramandolo (ein süßer Verduzzo), Ribolla, Riesling Renano (echter Riesling), Sauvignon, Tocai Friulano, Traminer Aromatico (Gewürztraminer) und Verduzzo Friulano. Die Weißweine sind vorzüglich; der berühmteste jedoch, der Picolit, wird überbewertet und überbezahlt; einst war er der Einzige mit eigener DOC in Italien, und er hätte somit einen Ruf zu verteidigen.

3–8 Jahre (rot), 1–3 Jahre (weiß)

Abbazia di Rosazzo • *Borgo del Tiglio* • *Girolamo Dorigo* • *Livio Felluga* • *Dorino Livon* • *Ronco del Gnemiz* • *Torre Rosazza* • *Volpe Pasini*

COLLIO DOC *ODER* COLLIO GORIZIANO DOC

Friaul-Julisch-Venetien

Collio, wie die hügelige Gegend bei Gorizia an der slowenischen Grenze heißt, macht eine große Palette hauptsächlich weißer Weine; die DOC umfasst 19 Namen und ist mit einigen Spitzenerzeugern klar auf dem Weg zur DOCG. Außer weißen *Cuvées* (meist aus Ribolla, Malvasia und Tocai Friulano), die leicht perlen können, und roten Verschnitten (Merlot, Cabernet Sauvignon und Cabernet Franc, dazu Pinot Nero und noch eine oder zwei Sorten) gibt es fünf rote Sortenweine (Cabernet, Cabernet Franc, Cabernet Sauvignon, Merlot und Pinot Nero) sowie zwölf weiße: Chardonnay, Malvasia, Müller-Thurgau, Picolit, Pinot Bianco, Pinot Grigio, Riesling Italico, Riesling Renano, Tocai Friulano, Ribolla, Sauvignon und Traminer Aromatico.

1–4 Jahre (rot), 1–3 Jahre (rot)

Borgo Conventi (Sauvignon) • *Borgo del Tiglio* • *Livio Felluga* • *Marco Felluga* • *Gradnik* • *Gravner* • *Jermann* • *Dorino Livon* • *Puiatti* • *Ca' Ronesca* • *Mario Schiopetto*

CORVINA

Venetien

Corvina ist unzweifelhaft die beste Traube des Veneto. Sie spielt in Bardolino und Valpolicella die Hauptrolle, insbesondere in den Recioto- und *Amarone*-Versionen des letzteren. Es gibt auch einige Spitzen-*Vini-da-Tavola*.

Allegrini (Pelara, La Poja)

EISACKTALER DOC *ODER* COLLE ISARCO DOC

Trentino-Südtirol

***Siehe* Alto Adige DOC**

ETSCHTALER DOC

***Siehe* Valdadige DOC**

FRANCONIA

Friaul-Julisch-Venetien

Die Franconia-Traube heißt in Österreich Blaufränkisch und in Deutschland Lemberger oder Limberger. Der Wein ist hier noch voller und dunkler, verfügt aber über dieselben leichten, fruchtigen Aromen.

FRIULI AQUILEIA DOC

Friaul-Julisch-Venetien

Die früher einfach als Aquileia bezeichnete DOC ist sehr vielseitig. Sie umfasst vier rote Sortenweine (Merlot, Cabernet, Cabernet Franc, Refosco) und acht weiße (Chardonnay, Tocai Friulano, Pinot Bianco, Pinot Grigio, Riesling Renano, Sauvignon, Traminer und Verduzzo Friulano), dazu kommen ein einfacher Rosé mit mindestens 70 % Merlot plus Cabernet Franc, Cabernet Sauvignon und Refosco sowie ein *Spumante* aus Chardonnay. Alle sind meist leicht mit gut ausgewogener Frische, wobei einige Produzenten in guten Jahren ausgezeichnete Qualitäten liefern.

1–4 Jahre (rot), 1–3 Jahre (weiß, rosé und *Spumante*)

Zonin (Tenuta Ca' Bolani)

FRIULI GRAVE DOC

Friaul-Julisch-Venetien

Die sehr große, früher Grave del Friuli genannte DOC, die sich zu beiden Seiten des Tagliamento zwischen Sacile im Westen und Cividale del Friuli im Osten ausbreitet, bestreitet über die Hälfte der regionalen Gesamtproduktion. Ihr Programm ist sehr buntscheckig zusammengesetzt, wird aber rasch besser, und eine Reihe guter Erzeuger macht regelmäßig feine Weine. Außer den einfachen roten und weißen Verschnitten gibt es sechs sortenreine Rotweine (Cabernet, Cabernet Franc, Cabernet Sauvignon, Merlot, Refosco und Pinot Nero) und acht Weißweine (Chardonnay, Pinot Bianco, Pinot Grigio, Riesling Renano, Sauvignon, Tocai Friulano, Traminer Aromatico und Verduzzo Friulano). Zu erwähnen sind auch Schaumweine aus Chardonnay und Verduzzo sowie ein einfacher *Spumante*-Verschnitt.

1–4 Jahre (rot), 1–3 Jahre (weiß, rosé und Schaumwein)

Borgo Magredo • *Pighin* • *Vigneti Le Monde* • *Vigneti Pittaro*

FRIULI LATISANA DOC *ODER* LATISANA DOC

Friaul-Julisch-Venetien

Dieser Bereich erstreckt sich vom Zentrum des Friuli Grave zur Adria bei Lignano Sabbiadoro. Außer einem Rosé aus Bordeaux-Sorten und *Spumante* aus Chardonnay sowie diversen Pinots werden fünf rote Sortenweine (Merlot, Cabernet Sauvignon, Franconia, Pinot Nero und Refosco) und neun weiße hergestellt (Chardonnay, Malvasia, Pinot Bianco, Pinot Grigio, Riesling Renano, Sauvignon, Tocai Friulano, Traminer Aromatico und Verduzzo Friulano). Chardonnay, Malvasia und Pinot Nero werden auch zu *Frizzante* verarbeitet.

GAMBELLARA DOC

Venetien

Die Gambellara DOC produziert duftende trockene, manchmal auch halbtrockene Weißweine und fruchtigen, lieblichen weißen Recioto (als Stillwein, *Frizzante* oder *Spumante*), außerdem einen geschmeidigen, süßen *Vin Santo*.

2–5 Jahre

La Biancara

GARGANEGA

Venetien

Die Hauptrebe für den Soave tendiert zu großen Erträgen, die meisten Garganega-Weine sind gefällig bis nichts sagend. Talentierte Erzeuger machen aber auch fabelhaft üppige, dennoch fein ausgewogene trockene Weißweine.

GRAVE DEL FRIULI DOC

Friaul-Julisch-Venetien

***Siehe* Friuli-Grave DOC**

ISONZO DOC *ODER* INSONZO DEL FRIULI DOC

Friaul-Julisch-Venetien

Ein kleines Gebiet südlich des Collio, das sehr gute und noch besser werdende Weine macht, einfache weiße und rote Verschnitte, dazu vier sortenreine rote (Cabernet, Merlot, Franconia und Refosco), zehn weiße Sortenweine (Chardonnay, Malvasia, Pinot Bianco, Pinot Grigio, Riesling Italico, Riesling Renano, Sauvignon, Tocai Friulano, Traminer Aromatico und Verduzzo Friulano) und einen *Spumante* aus Pinot-Sorten.

1–4 Jahre (rot), 1–3 Jahre (weiß)

Borgo Conventi • *Gallo* (Vie di Romans)

KALTERER SEE DOC *ODER* KALTERER DOC

Trentino-Südtirol

***Siehe* Caldaro DOC**

LAGREIN

Eine alte Südtiroler Rebsorte, die schon Plinius d. Ä. unter dem Namen Lageos kannte. Obwohl es sicher nicht die großartigste Rebe der Region ist, liefert sie einen der eigenständigsten und ausdrucksvollsten Weine Südtirols mit reichhaltiger, stoffiger, jugendlich frischer Frucht und relativ hoher Säure, der in einigen Jahren Flaschenreifung eine seidige Finesse entwickelt. Der Lagrein Kretzer (Lagrein Rosato; rosé) sollte jung getrunken werden.

LATISANA DOC

Friaul-Julisch-Venetien

***Siehe* Friuli-Latisana DOC**

LESSINI DURELLO DOC

Venetien

Aus dem Gebiet nördlich von Soave kommen trockene Weißweine aus Durello mit möglichem Zusatz von Garganega, Trebbiano, Pinot Bianco, Pinot Nero und Chardonnay (als Stillwein, *Frizzantino* und *Spumante*).

Marcato

LISON-PRAMAGGIORE DOC

Venetien, Friaul-Julisch-Venetien

Diese DOC ganz im Osten des Veneto, im Hinterland von Caorle, reicht noch bis ins Friaul hinein und vereinte zunächst drei DOC (Cabernet di Pramaggiore, Merlot di Pramaggiore, Tocai di Lison) unter einem Dach, wurde seitdem aber ausgeweitet und umfasst nun sieben reinsortige Weißweine (Chardonnay, Pinot Bianco, Pinot Grigio, Riesling Italico, Sauvignon, Tocai Italico und Verduzzo) sowie fünf Rotweine (Cabernet, Cabernet Franc, Cabernet Sauvignon, Merlot und Refosco del Peduncolo Rosso). Cabernet und Merlot sind mit ihrem füllig-schokoladigen Stil immer noch die besten Weine.

3–8 Jahre (rot), 1–3 Jahre (weiß)

Santa Margherita • *Russola* • *Tenuta Sant'Anna* • *Villa Castalda* (Cabernet Franc)

LUGANA DOC

Venetien

***Siehe* Westliches Oberitalien, Lugana DOC**

MARZEMINO

Trentino-Südtirol

Vermutlich brachten die Römer diese Rebsorte aus Pannonien nach Italien. Im 18. Jahrhundert war ihr Wein so berühmt, dass Lorenzo da Ponte ihn in seiner und Mozarts Oper *Don Giovanni* bei der Verführung Zerlinas einsetzte. Marzemino ergibt einen aromatischen, früh trinkfertigen Rotwein als DOC (Trentino) und als *Vino da Tavola*.

MERANER HÜGEL DOC *ODER* MERANESE DOC *ODER* MERANESE DI COLLINA DOC

Trentino-Südtirol

***Siehe* Alto Adige DOC**

MERLOT

Friaul-Julisch-Venetien

Eine im Nordosten Italiens – wo sie seit beinahe zweihundert Jahren angebaut wird – sehr verbreitete Traubensorte. Es gibt viel zu viele profillose Exemplare, Spitzenerzeuger erreichen aber mit Ertragsbeschränkung und Selektion Dichte und hohe Qualität. Merlot wird in praktisch allen DOC von Friaul-Julisch-Venetien sortenrein verarbeitet, doch nur die Colli Orientali verfügen über eine besondere Reputation für Merlot. Collio ist weniger zuverlässig, aber auch hier gibt es einige runde, saftige Beispiele.

Borgo del Tiglio (Rosso della Centa)

MONTELLO E COLLI ASOLANI DOC

Venetien

Der Großteil der Weinberge am Fuß des Monte Grappa liefert Trauben für zwei sortenreine Rotweine (Merlot, Cabernet), vier weiße Sortenweine (Prosecco, Chardonnay, Pinot Bianco und Pinot Grigio) und drei *Spumanti* (Chardonnay,

Pinot Bianco und Prosecco). Rotweine ohne Sortenbezeichnung sind meist aus Cabernet und Merlot verschnitten.

1–3 Jahre

Fernando Berta • Abbazia di Nervesa

NOSIOLA

Trentino-Südtirol

Wohl die am wenigsten bekannte Traube des Trentino, da sie hauptsächlich für Vin Santo verwendet wird. Obwohl sie in der Cuvée mit aromatischeren Sorten (etwa im Sorni DOC) am besten ist, werden auch trockene sortenreine Weine aus ihr gemacht, und sie macht sich sogar mit hoch preisigen *Vini da Tavola* einen Namen.

Pravis (Le Frate)

PIAVE DOC *ODER* VINI DEL PIAVE DOC

Venetien

Aus dem großen Bereich zwischen Treviso-Mestre und Lison-Pramaggiore kommen fünf Rotweine (Merlot, Cabernet, Cabernet Sauvignon, Pinot Nero und Raboso) und fünf weiße Sortenweine (Chardonnay, Tocai Italico, Pinot Bianco, Pinot Grigio und Verduzzo). Besonders gut können Cabernet und Raboso sein.

1–3 Jahre

Rechsteiner

PICOLIT DOC

Friaul-Julisch-Venetien

***Siehe* Colli Orientali del Friuli DOC**

PROSECCO

Venetien

Zwar ist Prosecco eine der ältesten Trauben des Veneto, doch hat sie ihren Ursprung im gleichnamigen Ort im Carso-Gebiet im Friaul. Yuppies lieben den weichen Schampus, doch die große Masse ist langweiliges Zeug. Es bedürfte schon einer Qualitätsrevolution, um mich von der Eignung der Traube für trockene Schaumweine zu überzeugen.

PROSECCO DI CONEGLIANO-VALDOBBIADENE DOC

Venetien

Trockene und halbtrockene weiße Schaumweine von passabler Qualität; die meisten haben jedoch eine grobe Perlage und ein langweiliges Aroma. Auch Stillweine werden gemacht.

Sofort

Adriano Adami (Vigneto Giardino) • *Fratelli Bartolin Spumante* • *Carpenè Malvolti*

RABOSO

Venetien

Die heimische Raboso-Traube liefert seit langem Rotweine mit sehr gutem Gegenwert, die voll von sonniger Frucht sind und in zwei bis drei Jahren Flaschenreife gewinnen. Es gibt zwei Varianten, die in bestimmten Gebieten dominieren: Raboso del Piave, die oft sortenrein verwendet wird, und die ertragreichere Raboso Veronese, die nicht den Körper und das eigenständige Profil aufweist und daher als Verschnittpartner gebraucht wird. Die meisten Weine werden als VdT verkauft, DOC-Weine kommen aus dem Piave.

RECIOTO BIANCO DI CAMPOCHIESA

Venetien

Süße, duftende, goldfarbene Weißweine ohne DOC aus teilgetrockneten Trauben.

RECIOTO DELLA VALPOLICELLA, RECIOTO DELLA VALPOLICELLA AMARONE DOC

***Siehe* Valpolicella DOC**

RECIOTO DI SOAVE DOC

Venetien

Süßer Soave aus *Passito-Trauben*, sowohl als *Liquoroso* (Dessertwein) wie als *Spumante*. Die meisten sind zu oxidativ ausgebaut; ausgezeichnet sind Weine von Pieropan und Anselmi – so rein wie frisch gefallener Schnee.

Anselmi (I Capitelli) • *Pieropan* (Le Colombare Vendemmia Tardiva)

REFOSCO

Friaul-Julisch-Venetien

Die Refosco dal Peduncolo Rosso, mit rotem Stiel, wie sie vollständig heißt (die Spielart im Bereich Carso wird als Refosco Nostrano oder Terrano bezeichnet), ist identisch mit der Mondeuse, die v. a. im französischen Savoyen angebaut wird. Sie ergibt tieffarbige Rotweine mit weicher, saftiger Frucht und wenig Säure, die etwas eindimensional sein können. Die besten Vertreter kommen aus den Colli Orientali und Friuli Grave.

SANKT MAGDALENER DOC *ODER* SANTA MADDALENA DOC

***Siehe* Alto Adige DOC**

SCHIAVA *ODER* VERNATSCH

Trentino-Südtirol

In Südtirol mit 60 % des Rebenbestandes die meistgepflanzte Traubensorte. In Tirol, wo sie vermutlich herkommt (ihr deutscher Name Trollinger verweist darauf), wird sie Vernatsch genannt. Man kennt vier Unterarten: Schiava Grossa, Schiava Gentile, Schiava Grigia und Schiava Meranese. Die Weine sind im Allgemeinen von mittlerem Gewicht mit mandelartigem Aroma und leicht bitterem Abgang.

SCHIOPETTINO

Friaul-Julisch-Venetien

Die alte friaulische Rebsorte Schiopettino galt als praktisch ausgestorben, bis sie plötzlich in den 1980er Jahren in Mode kam. Sie ergibt schön runde und reife Rotweine mit feinwürzigem Bukett und üppigen Aromen, die im Alter Finesse gewinnen.

Ronchi di Cialla • Ronco del Gnemiz • Giuseppe Toti

SOAVE DOC

Venetien

Ein Großteil des Soave ist das Ergebnis zu großer Erträge und daher dünn und säurebetont; Toperzeuger jedoch machen aus Garganega und Trebbiano – in der hügeligen *Classico*-Zone und mit reduzierten Erträgen – äußerst erfreuliche Weine. Einige Erzeuger, wie Stefano Inama von der Azienda Agricola Inama, sind sehr viel versprechend. *Siehe auch* Recioto di Soave DOC.

1–4 Jahre

Anselmi (Capitel Foscarino, Capitel Croce) • *Bolla* (Castellaro, Vigneti di Froscà) • *Leonildo Pieropan* (Vigneto Calvarino, Vigneto La Rocca) • *Fratelli Tedeschi* (Monte Tenda)

SORNI DOC

Trentino-Südtirol

Diese winzige DOC liegt südlich von Mezzolombardo an der Mündung des Avisio in die Etsch. Weiche Weine auf Schiava-Basis werden oft durch Zugabe von Teroldego und Lagrein verbessert. Das feine, frische Aroma der Nosiola-Weine wird üblicherweise mit einem guten Schluck Müller-Thurgau, Silvaner und Pinot Bianco angereichert.

2–3 Jahre (rot), bis 18 Monate (weiß)

Maso Poli

SÜDTIROLER DOC

***Siehe* Alto Adige DOC**

TACELENGHE *ODER* TAZZELENGHE

Friaul-Julisch-Venetien

Diese Rebsorte bezieht ihren Namen aus dem lokalen Dialektausdruck *Tazzalingua*, was »Zungenschneider« bedeutet und auf den säure- und tanningeprägten Charakter des Weins verweist. Nach 5 oder 6 Jahren in der Flasche wird er jedoch weicher und runder.

TERLANER DOC *ODER* TERLANO DOC

***Siehe* Südtiroler DOC**

TEROLDEGO

Trentino-Südtirol

Teroldego, eine ertragreiche autochthone Traube mit dicker, bläulicher Haut, ergibt farbkräftige Rotweine mit charakteristischem Geschmack und einer stoffigen, tanninbetonten Üppigkeit, die mit dem Alter zu seidiger Finesse und Veilchenduft reifen. In der Vergangenheit als Verschnittpartner verwendet, werden heute zunehmend sortenreine Weine gemacht, die auch als hoch preisiger *Vino da Tavola* auf den Markt kommen.

Foradori (Granato)

TEROLDEGO ROTALIANO DOC

Trentino-Südtirol

Körperreiche Rotweine aus der Teroldego-Traube, hergestellt im Bereich Rotaliano, wo sie heimisch sein soll. Es gibt auch einen fülligeren, dichteren Superiore und einen attraktiven Rosé.

1–4 Jahre

Foradori (Vigneto Morei) • *Conti Martini*

TERRANO

Siehe **Refosco**

TREBBIANO

Venetien

Der Trebbiano von Soave und Lugana gilt dem Trebbiano der Toskana als überlegen, jedoch wird in beiden DOC-Bereichen viel Ausschuss produziert. Entscheidend ist der Erzeuger.

TRENTINO DOC

Trentino-Südtirol

Diese Appellation umfasst die Südhälfte der Valdadige DOC; ihre Weine sind im Allgemeinen weicher und weniger rassig als die des

nördlich gelegenen Südtirols. Auch hier gibt es eine verwirrende Zahl von Sortenweinen. Wenn keine Rebsorte genannt ist, handelt es sich bei Weißwein meist um Verschnitte aus Chardonnay und Pinot Bianco, bei Rotwein um Cabernet-Merlot. Man zählt sieben rote Sortenweine (Cabernet, Cabernet Franc, Cabernet Sauvignon, Lagrein, Marzemino, Merlot und Pinot Nero) sowie neun weiße (Chardonnay, Moscato Giallo, Müller-Thurgau, Nosiola, Pinot Bianco, Pinot Grigio, Riesling Italico, Riesling Reneno, Traminer Aromatico). Außerdem macht man aus Nosiola eine Art *Vin Santo,* während alle Pinots (Bianco, Grigio und Nero) auch zu *Spumante* verarbeitet werden. Der hell-scharlachrote Moscato Rosa (Rosenmuskateller) ist köstlich süß; wie Moscato Giallo (Goldmuskateller) kann er im Liquoroso-Stil vinifiziert sein.

Barone de Cles • *CaVit* • *LaVis* • *Longariva* • *Madonna della Vittoria* • *Conti Martini* • *Pojer & Sandri* • *Giovanni Poli* • *Tenuta San Leonardo* • *Armando Simoncelli* • *de Tarczal* • *Vallarom* • *Roberto Zeni*

VALDADIGE DOC *ODER* ETSCHTALER DOC

Trentino-Südtirol, Venetien

Das riesige DOC-Gebiet umfasst sowohl die Südtiroler DOC als auch die Trentino DOC

mit einer Myriade von Subappellationen, die sogar noch in das Veneto reichen. Nur wenige Erzeuger verwenden diese DOC, die als die niedrigste Qualitätsstufe der Region gilt. Wenn die IGT des »Doria-Gesetzes« wirklich funktionieren würden, wäre Valdadige aufgrund seiner Größe und Lage ein idealer Kandidat; die Erzeuger könnten dann ihre guten Weine als Alto Adige, Trentino oder was auch immer vermarkten und den Rest als anspruchslosen Valdadige-Landwein. Da das Gebiet aber schon eine DOC ist, wagt niemand, es zur IGT zurückzustufen, mit dem Effekt, dass kaum jemand diese DOC benutzt. Die tatsächlich existierenden Weine dieser DOC haben als solche einen schlechten Ruf, während sie als IGT ehrbare, preiswürdige Einstiegsweine für die guten Gewächse wären.

VALLE ISARCO *ODER* EISACKTALER DOC

Siehe **Alto Adige DOC**

VALPANTENA DOC

Venetien

Eine Subappellation von Valpolicella mit normalem Rosso sowie Recioto, Amarone und *Spumante.*

VALPOLICELLA DOC

Venetien

Noch vor einiger Zeit habe ich Robert Parker, dem amerikanischen Weinautor zugestimmt, der die Masse des Valpolicella als »geschmacksfreien Industrieabfall« bezeichnete; doch in den letzten zehn Jahren hat die moderne Technik viel verändert. Während der Großteil der Produktion noch neutrale Industrieware ist, sind nur wenige wirklich ungenießbar. Aus 80 % Corvina mit möglichem Zusatz von Rossignola, Negrara, Trentina, Barbera und Sangiovese gemacht, ist Valpolicella meist ein einfacher, hellroter und leichtgewichtiger Rotwein mit verhaltenem, ausdruckslosem Aroma, das an Kirschen erinnert, und einem trockenen, leicht bitteren Finale. Doch die Zahl der guten Weine mit saftiger, runder Kirschfrucht steigt, auch wenn sie noch weit in der Minderzahl ist und nur eine Hand voll Erzeuger (*siehe* unten) wirklich gute Weine mit der Valpolicella DOC macht.

Der Recioto della Valpolicella ist ein tieffarbiger, bittersüßer, dennoch sehr geschmeidiger Portwein-ähnlicher Wein aus teilgetrockneten

(*passito*) Trauben, auch als *Spumante. Amarone* ist die trockene oder fast trockene Spielart des *Recioto* mit noch mächtigeren und schokoladig-würzigeren Portweinaromen und einem charakteristisch bitteren Abgang. Die Frucht der *Amarone*-Weine hat einen ganz eigenartigen Zug, den der Weinautor Oz Clarke einmal sehr treffend als »verletzte Verdrießlichkeit« bezeichnete. Ihr oxidativer Charakter ist für Liebhaber klarer, präziser und gut profilierter Aromen nicht attraktiv, doch ihre Komplexität ist unbestreitbar, und sie reifen ganz wunderbar. Quintarelli ist der herausragende Erzeuger, dicht gefolgt von Allegrini.

Die meisten sofort, 2–5 Jahre für die folgenden Empfehlungen

Valpolicella *Allegrini* (La Grola) • *Bolla* (Vigneti di Jago) • *Guerrieri-Rizzardi* (Villa Rizzardi Poiega) • *Quintarelli* • *La Ragose* • *Serègo Alighieri* • *Fratelli Tedeschi* (Capitel delle Lucchine, Capitel dei Nicalò) • *Tommasi* (Vigneto del Campo Rafael)

Recioto della Valpolicella *Allegrini* (Gardane) • *Massi* (Mazzanella) • *Quintarelli* • *Serègo Alighieri* (Casel dei Ronchi) • *Fratelli Tedeschi* (Capitel Monte Fontana)

Recioto della Valpolicella Amarone *Allegrini* (Fieramonte) • *Bertani* • *Tomasso Massi* (Mazzone) • *Fratelli Pasqua* (Vigneti Casterna) • *Quintarelli* • *Serègo Alighieri* (Vaio Armoron) • *Fratelli Tedeschi* (Fabriseria, Capitel Monte Olmi) • *Tommasi*

VALPOLICELLA RIPASSO

Venetien

Ripasso-Weine (von ital. *ripassare,* »überarbeiten, noch einmal durchgehen«) haben im Veneto eine lange Tradition. Guter junger Valpolicella wird in die Tanks oder Fässer gefüllt, die noch die nicht gepressten Schalen aus der *Recioto*-Herstellung enthalten. Die in diesem Bodensatz vorhandenen Hefen setzen in dem jungen Wein eine zweite Gärung in Gang, die den Alkoholgehalt erhöht und einen gewissen *Recioto*-Charakter vermittelt. Solche Weine dürfen normalerweise die Valpolicella DOC nicht tragen, sie werden unter Markennamen als *Vini da Tavola* verkauft. Einige Valpolicellas werden mit diesem Verfahren »aufgeladen«, ohne dass dies auf dem Etikett erwähnt wird.

6–15 Jahre

Allegrini (Palazzo alla Torre) • *Boscaini* (Le Cane) • *Fratelli Tedeschi* (Capitel San Rocco) • *Masi* (Campo Fiorin)

VERNATSCH

Trentino-Südtirol

Siehe **Schiava**

VINI DEL PIAVE DOC

Venetien

Siehe **Piave DOC**

WILDBACHER

Venetien

Diese Rebsorte ist aus der Weststeiermark bekannt, wo sie Blauer Wildbacher heißt und den Schilcher liefert. Im Veneto wird sie wegen ihres prägnanten Aromas und der hohen Säure meist als *Cuvée*partner verwendet, gelegentlich auch für sortenreine Weine ohne DOC.

Le Case Bianche

NEUE IGT-WEINE

Bis Ende 1998 wurden folgende IGT-Bezeichnungen zugelassen. Es bleibt abzuwarten, wie sich Stil, Qualität und Zuverlässigkeit entwickeln.

Friaul-Julisch-Venetien *Alto Livenza* • *Delle Venezie* • *Venezia Giulia*

Trentino-Südtirol *Atesino* • *Delle Venezie* • *Mitterberg* • *Vallagarina* • *Vigneti delle Dolomiti/Weinberg Dolomiten*

Venetien *Alto Livenza* • *Colli Trevigiani* • *Conselvano* • *Delle Venezie* • *Marca Trevigiana* • *Provincia di Verona/Veronese* • *Vallagarina* • *Veneto* • *Veneto Orientale* • *Vigneti delle Dolomiti/Weinberg Dolomiten*

WESTLICHES MITTELITALIEN

Das Herz Italiens ist auch Ursprung der bedeutendsten Qualitätsweinexporte des Landes, die von den weltberühmten Sangiovese-Rotweinen aus dem vielgestaltigen Hügelland der Toskana zwischen Florenz und der Maremma, zwischen Elba und Apennin dominiert werden.

TOSKANA

Die Toskana ist nicht nur ein traditionelles Weinland, sondern auch Brennpunkt des Experimentierens. Ihr mächtiger Vino Nobile di Montepulciano war Italiens erster DOCG-Wein, es folgten Brunello di Montalcino, Chianti, Carmignano, Vino Nobile di Montepulciano und Vernaccia di San Gimignano. Nicht alle der großen Weine tragen so berühmte Herkunftsbezeichnungen, was die toskanischen Erzeuger selbst als Problem erkannten; einerseits suchten sie nach der idealen DOCG-Lösung für das Chianti-Gebiet, andererseits investierte man in hochklassige Weine, die nicht von den DOC-Bestimmungen eingeschränkt wurden. Es war die kompromisslose Qualität der so genannten »Supertoskaner«, die eine Welle teurer Spitzenklasse-*Vini-da-Tavola* in ganz Italien auslöste.

Mit der DOCG Chianti hatte man leider weniger Erfolg. Man sah zwei vernünftige, innovative Möglichkeiten: entweder die DOCG auf die Classico-Zone und einige separate Gebiete wie Teile von Rufina und die Colli Fiorentini zu beschränken, in denen traditionell der Großteil der Spitzenweine gemacht wird, und den Rest als Chianti DOC zu vermarkten; oder den DOCG-Status für die besten 10 % zu verleihen, ohne Rücksicht auf die Herkunft der Weine. Beides hätte Chianti zum Erfolg gemacht. Doch die größten Chianti-Produzenten haben mehr Macht als die besten, und so wurde der DOCG-Status dem ganzen Gebiet und allen Chiantis zuerkannt, ohne Herkunft oder Qualität zu berücksichtigen.

Die Trebbiano Toscano, ein lokaler Klon der weit verbreiteten Sorte, ist in der Tat von recht hoher Qualität und kann sehr charmante Weine ergeben, aber sie ist keine Spitzensorte. Die Toskana hat gegenwärtig keine weiße Entsprechung zur roten Sangiovese-Traube. Vielleicht könnte Vermentino die weiße Toskana-Traube der Zukunft sein; gegenwärtig ist diese sardische Sorte auf die Küstenregionen beschränkt. Es wäre Zeit, einer alten, fast ausgestorbenen toskanischen Sorte zu kommerziellem Erfolg zu verhelfen, wie man es im Piemont mit Arneis machte und vermutlich bald mit Timorasso versuchen wird.

WESTLICHES MITTELITALIEN *Siehe auch* S. 319
Die Hügel dieses Anbaugebiets stellen hervorragende Reblagen dar, sie mäßigen die Sommerhitze und bieten ein großes Spektrum von Kleinklimaten, die für die klassischen französischen Rebsorten ebenso geeignet sind wie für die heimischen.

GESCHMACKS- UND QUALITÄTSFAKTOREN

LAGE
Am Tyrrhenischen Meer zwischen Apennin und Maremma.

KLIMA
Lange, recht trockene Sommer. Hitze und Mangel an Niederschlägen können während der Vegetationsperiode zum Problem werden.

TOPOGRAFIE
Die Rebflächen liegen meist auf Hügelflanken mit guter Drainage und Sonnenexposition. Die Höhe wird gezielt zum Ausgleich der Hitze eingesetzt; rote Rebsorten werden bis 550 m Höhe, weiße Sorten bis 700 m Höhe gepflanzt. Je höher die Lage, desto länger dauert die Reifung und desto höher ist der Säuregehalt der Trauben.

BÖDEN
Sehr unterschiedliche und komplex zusammengesetzte Böden, wobei Kies, Kalkstein und Ton dominieren. In der Toskana weisen viele der besten Lagen einen steinig-schieferigen Mergelboden auf, der als *Galestro* bekannt ist.

WEINBAU UND WEINBEREITUNG
Nach vielen Experimenten mit klassischen französischen Sorten, insbesondere in der Toskana, versucht man heute das Potenzial der heimischen Sorten voll zu entwickeln. Es gibt eine Reihe überwältigender auf Cabernet basierender Supertoskaner, und es wird sie weiterhin geben. Die Spitzenerzeuger sind aber auf der Suche nach Klonen, Terroirs und Techniken, um die Frucht und die Zugänglichkeit der eigenen Rebsorten zu steigern.
Eine Spezialität mit großer Tradition ist der *Vin Santo*, der aus Trauben gemacht wird, die auf Strohmatten unter dem Dach der Bauernhäuser trocknen und einschrumpfen. Er reift bis zu zehn Jahre lang, oft in einer Art Solera-System.

HAUPTREBSORTEN
Sangiovese (Brunello, Morellino, Prugnolo, Sangioveto, Tignolo, Uva Canina), Malvasia, Trebbiano (Procanico)

WEITERE REBSORTEN
Abbuoto, Aglianico, Albana (Greco, aber nicht Grechetto), Albarola, Aleatico, Barbera, Belline, Bombino, Cabernet Franc, Cabernet Sauvignon, Canaiolo (Drupeggio in Umbrien), Carignan (Uva di Spagna), Cesanese, Chardonnay, Ciliegiolo, Colorino, Gamay, Grechetto (Greco Bianco di Perugia, Pulciano), Inzolia (Ansonica), Mammolo, Merlot, Montepulciano, Moscadelletto, Moscadello (Moscato), Nero Buono di Cori, Pinot Bianco (Pinot Blanc), Pinot Grigio (Pinot Gris), Roussanne, Sagrantino, Sauvignon Blanc, Sémillon, Syrah, Verdello, Vermentino, Vernaccia, Riesling Italico (Welschriesling)

TRADITION UND INNOVATION
Diese sanfte Landschaft scheint sich seit Jahrhunderten nicht verändert zu haben; doch bei aller Tradition experimentiert man intensiv mit verschiedenen Rebsorten und dem Ausbau im Barrique.

DIE GEBURT DER SUPERTOSKANER

Vor zehn Jahren stellten die damals relativ neuen, im Barrique gereiften Supertoskaner den Großteil des toskanischen Spitzenweins. Ihre Geschichte begann 1948, als Mario Incisa della Rocchetta zum ersten Mal den heute berühmten Sassicaia machte, wobei er Cabernet-Sauvignon-Reben verwendete, die angeblich vom Château Lafite-Rothschild stammten. Das war ein ungeschminkter Versuch, aus der größten Rebsorte von Bordeaux einen italienischen Spitzenwein zu produzieren, Jahrzehnte bevor die Idee in der Weinwelt Allgemeingut war. Er war so erfolgreich, dass Piero Antinori 1975 einen neuen Rotwein auf Sangiovese-Basis mit 20 % Cabernet Sauvignon kreierte, den Tignanello, sozusagen als Kompromiss zwischen Bordeaux und der Toskana. Zwar hatte Frescobaldi in

ROM UND UMGEBUNG *Siehe auch* gegenüberliegende Seite
Die Flut neuer Appellationen in der Umgebung der Ewigen Stadt sind ein Zeichen für das Entgleisen der Weingesetzgebung: Die Weine des Landes brauchen ein einheitlicheres Auftreten und nicht weitere Ausdifferenzierung.

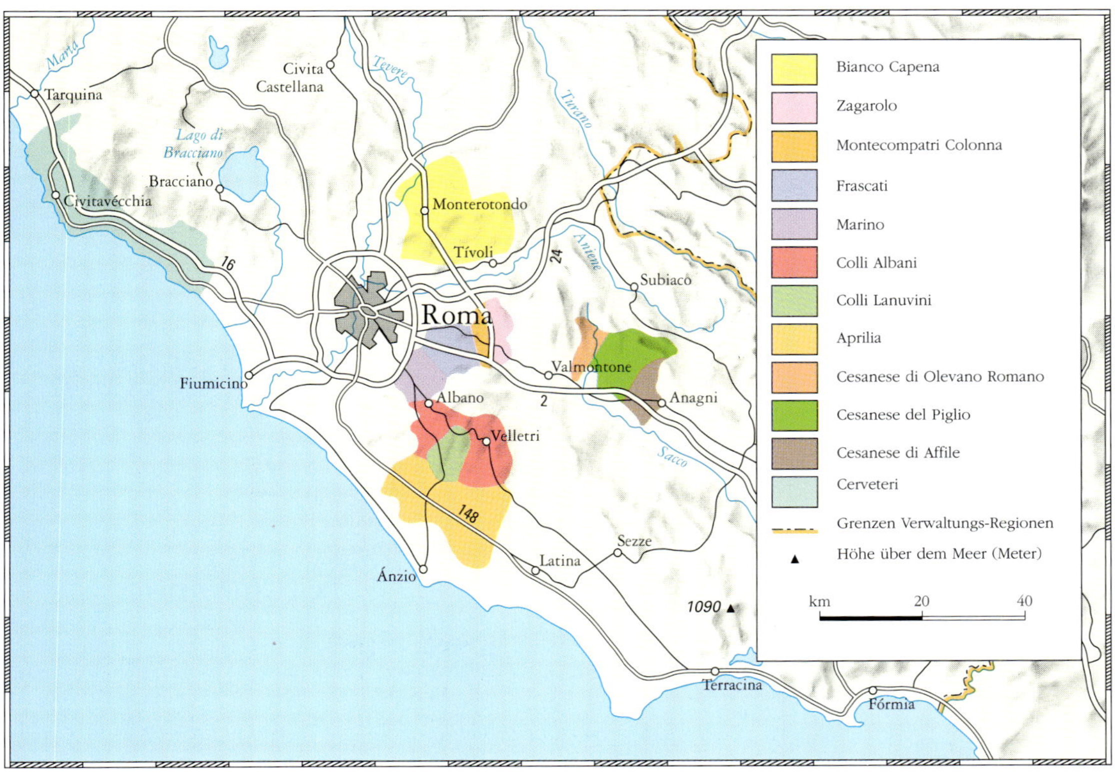

VERNACCIA-REBEN IM HERBST
Diese Sorte wächst ausschließlich in der Umgebung des mittelalterlichen San Gimignano, dessen beindruckende Geschlechtertürme im Hintergrund zu sehen sind. Aus der Hand guter Erzeuger ist der weiße Vernaccia ein köstlich frischer, fruchtig-trockener Wein.

DURCHSCHNITTLICHE PRODUKTION PRO JAHR		
REGION	**DOC-PRODUKTION**	**GESAMTPRODUKTION**
Toskana	1 Mio. hl (132 Mio. Flaschen)	4 Mio. hl (176 Mio. Flaschen)
Latium	540 000 hl (72 Mio. Flaschen)	6 Mio. hl (828 Mio. Flaschen)
Umbrien	165 000 hl (24 Mio. Flaschen)	1,7 Mio. hl (216 Mio.Flaschen)

Anteil an der italienischen Produktion: Latium 7,8 %; Toskana 5,2 %; Umbrien 2,2 %.

seinem Chianti Nipozzano über ein Jahrhundert lang Cabernet Sauvignon verwendet, zwar wuchs dieser seit dem 18. Jahrhundert im Bereich Carmignano, doch hatte niemand verstanden, welche Harmonie zwischen den beiden Sorten möglich war, bis der Tignanello erschien. Der Verschnitt kam der natürlichen Balance von Cabernet und Merlot nahe, nur dass der Cabernet dem Sangiovese mehr Gewicht gab und das Aroma verbesserte. So löste der Tignanello eine Welle der neuen Super-*Vini-da-Tavola* aus. Mit wachsender Zahl wurden sie zu einem beunruhigenden Phänomen, denn man wurde gewahr, dass nur wenige der großen Weine der Toskana die DOC-Bestimmungen erfüllten. Zur selben Zeit aber arbeiteten die Weinmacher, die für diese französisch beeinflussten Supertoskaner verantwortlich zeichneten, auch hart daran, den Sangiovese auf eigene Beine zu stellen. Mit intensiver Suche nach geeigneten Klonen und Lagen, durch Ertragsbeschränkung, verbesserte Weinbau- und Vinifizierungstechniken entstand eine neue Klasse der Supertoskaner, zunächst Sangiovese-dominierte Verschnitte, dann reine Sangiovese-Weine. Nachdem das »Goria-Gesetz« die Türen für Italiens größte *Vini da Tavola* wieder geöffnet hat, nutzen viele, die ihr Heil außerhalb der DOC-Bestimmungen gesucht haben, ihre Erfahrung, um den Sangiovese neu zu formen und den großen alten Namen – Chianti, Brunello di Montalcino, Vino Nobile di Montepulciano – auch ohne die Hilfe fremder Sorten ihren Glanz wiederzugeben.

UMBRIEN (UMBRIA)

Orvieto ist gleichzeitig der bekannteste und der am radikalsten vergessene Wein Umbriens. Mit dem Frascati und dem Soave ist er der meistgebrauchte und meistmissbrauchte Name in den italienischen Restaurants der Welt. Die wirklich guten Exemplare und die winzigen Mengen des aufregenden *Muffato* (einer herrlich süßen botrytisierten Version) sind in der Minderzahl. Einer der zu Recht berühmten Namen Umbriens ist der Rubesco Torgiano von Lungarotti, dessen Ruf zur Einrichtung der Torgiano DOC führte und später zum DOCG-Status für den Torgiano Riserva. Lungarotti ist auch bei den neuen exzellenten Weinen Umbriens führend.

LATIUM (LAZIO)

Latium, eine der größten Weinregionen Italiens, kann sich des Verkaufsschlagers Frascati (des italienischen Pendants zur Liebfrauenmilch) rühmen, und der bekannte Est! Est!! Est!!! ist wahrscheinlich der nichts sagendste Touristenwein überhaupt. In dieser Region, aus der der Falerner herstammt, der klassische Wein der Antike, sind nur zwei wirklich gute Weine zu finden, der Fiorano Rosso von Boncompagni Ludovisi und der Torre Ercolana aus der Cantina Colacicchi, beides fortschrittliche Cabernet-Merlot-Verschnitte.

DIE HERKUNFTSBEZEICHNUNGEN

WESTLICHES MITTELITALIEN

KLASSISCHE TROCKENE SCHAUMWEINE

Die besten Brut-Schaumweine der Toskana werden nach der Champagnermethode hergestellt.

✓ *Antinori • Brut di Capezzana • Falchini Brut • Villa Banfi Brut*

ALEATICO

Toskana

In geringen Mengen gemachte süße Rotweine.

ALEATICO DI GRADOLI DOC

Latium

Süße, manchmal aufgespritete *Liquoroso*-Weine ohne das Renommee der Aleatico di Puglia DOC.

APRILIA DOC

Latium

Zwei rote Sortenweine, Merlot und Sangiovese, sowie ein nicht begeisternder weißer Trebbiano. Das dünne Aroma lässt darauf schließen, dass viel zu hohe Erträge zugelassen sind.

ASSISI

Umbrien

Aus Assisi kommen weiche, angenehme Rotweine und frische, zugängliche Weißweine.

✓ *Sasso Rosso • Fratelli Sportoletti • Tili*

BARCO REALE DI CARMIGNANO DOC

Toskana

Nachdem Carmignano eine DOCG geworden war, hat man diese Appellation für unkomplizierte Rotweine aus Sangiovese mit einem Schuss Cabernet eingerichtet. Die neue DOC sollte als Instrument für die Selektion dienen, um die Qualität der höheren DOCG zu steigern und zu erhalten. *Siehe auch* Carmignano DOC und Carmignano DOCG.

BIANCO CAPENA DOC

Latium

Ein großes DOC-Gebiet nordöstlich von Rom, aus dem bescheidener trockener und halbtrockener Weißwein auf Trebbiano-Basis kommt.

BIANCO DELL'EMPOLESE DOC

Toskana

Ein überschätzter, überteuerter und wenig begeisternder trockener Trebbiano aus den Hügeln von Empoli westlich von Florenz. Auch süßer und trockener *Vin Santo*.

BIANCO DELLA VALDINIEVOLE DOC

Toskana

Leichte, leicht perlende Weißweine und weicher *Vin Santo*, hauptsächlich aus Trebbiano.

BIANCO DI PITIGLIANO DOC

Toskana

Diese DOC liefert feine, erfrischende, zugängliche Weißweine auf Trebbiano-Basis, die mit dem möglichen Zusatz von Malvasia, Grechetto, Verdello, Chardonnay, Sauvignon, Pinot Bianco oder Riesling Italico (Welschriesling) noch besser werden. *Auch Spumante* ist zugelassen.

1–2 Jahre

✓ *La Stellata*

BIANCO PISANO DI SAN TORPÈ DOC

Toskana

Hier macht man aus Trebbiano trockene Weißweine sowie trockenen und lieblichen *Vin Santo*.

BIANCO VERGINE DELLA VALDICHIANA DOC

Toskana

Nicht ganz trockene Trebbiano-Weißweine mit einem bitteren Nachhall. Die guten besitzen ein delikates blumiges Bukett.

1–2 Jahre

✓ *Poliziano*

BOLGHERI DOC

Toskana

Ehemals gefällige, aber nur selten aufregende trockene Weißweine und leicht duftender Rosato aus Sangiovese. Rotwein war ausgeschlossen, obwohl hier der Sassicaia gemacht wurde, einer der größten Weine Italiens. Heute sind Rotweine zugelassen, der Sassicaia hat seine eigene Sub-

DOC, hinzugekommen sind außerdem zwei weiße Sortenweine (Sauvignon, Vermentino) und ein rosé *Vin Santo,* der Occhio di Pernice. Der Sassicaia wird sicher bald zur DOCG befördert, und er wird eine wesentlich gestärkte, bekanntere Bolgheri DOC zurücklassen, in der hoffentlich eine Anzahl weiterer neuer Weine diesen Erfolg zu wiederholen versuchen. Zu beachten sind der neue Vermentino von Piero Antinori, der der erste große toskanische Weißwein aus einer heimischen Traube zu werden verspricht, und die etablierten Supertoskaner wie der Ornellaia von Lodovico Antinori.

1–3 Jahre (weiß), 3–7 Jahre (Rotwein), 8–25 Jahre (Sassicaia, *Vin Santo*)

Antinori (Guado al Tasso) • *Le Macchiola* (Paleo) • *Tenuta San Guido* (bes. Sassicaia)

BRUNELLO DI MONTALCINO DOCG

Toskana

Einer der angesehensten Weine Italiens, gewonnen aus der Brunello, wie die Sangiovese in Montalcino genannt wird. Viele der weniger bekannten Erzeuger liefern sehr traditionelle Weine. Die grundlegende Idee ist, die Weine mit rauen Tanninen so voll zu packen, dass sie mindestens 20 Jahre liegen müssen. Wenn es runde Tannine aus den Schalen sind und außerdem genug Frucht vorhanden ist, kann dies eine Formel für Weine von musterhafter Statur sein. Doch sehr viele Brunellos werden aus nicht entrappten Trauben gemacht, die zu lange auf der Maische gären, sodass selbst teuerste Weine nie ausrunden und trinkreif werden. Die Weine der unten genannten Erzeuger brauchen mindestens zehn Jahre der Reifung, aber sie sind voll gepackt mit Frucht, die sich zu vielschichtigen, üppigen, komplexen, rauchig-würzigen, pflaumigen Aromen entwickelt.

10–25 Jahre

Altesino • *Tenuta di Argiano* • *Villa Banfi* (bes. Poggio all'Oro) • *Fattoria dei Barbi* (Vigna del Fiore) • *Campogiovanni* • *Tenuta Caparzo* • *Casanova* • *Case Basse* • *Castelgiocondo* • *Col d'Orcia* • *Conti Costanti* • *Frescobaldi* • *Lisini* • *Pertimali* • *Poggio-Attico Tenuta* • *Il Poggione* • *Talenti* • *Val di Suga*

CABERNET-MERLOT

Cabernet-Merlot ist der klassische Bordeaux-Verschnitt, der hervorragend für die Toskana geeignet ist.

Toskana *Villa di Capezzana* (Ghiaie della Furba) • *Tenuta dell'Ornellaia* (Ornellaia)

Latium *Cantina Colacicchi* (Torre Ercolana) • *Fiorano Rosso* • *Colle Picchioni* (Vigna del Vassello)

CABERNET SAUVIGNON

Toskana

Für toskanisches Terroir und Klima ideal geeignet.

Villa Banfi (Tavernelle) • *Villa Cafaggio* (Cortaccio) • *Frescobaldi* (Mormoreto) • *Isole e Olena* • *Monsanto* (Nemo) • *Fattoria di Nozzole* (Il Pareto) • *Poliziano* (Le Stanze) • *Castello di Querceto* (Cignale)

CABERNET-SANGIOVESE-VERSCHNITTE

Toskana

Die meisten enthalten 80 % Cabernet Sauvignon und 20 % Sangiovese, die Antithese zur steigenden Zahl von Sangiovese-Verschnitten.

Antinori (Solaia) • *Tenuta di Bossi* (Mazzaferrata) • *Castellare di Castellina* (Coniale di Castellare) • *Castello di Gabbiano* (R e R) • *Lungarotti* (San Giorgio) • *Tenuta dell'Ornellaia* (Le Volte) • *Castello di Querceto* (Il Querciolaio) • *Castello dei Rampolla* (Sammarco) • *Rocca delle Macìe* (Roccato)

CANAIOLO

Toskana

Eine autochthone toskanische Traube, die weiche, verführerisch fruchtige Weine erbringt.

CANDIA DEI COLLI APUANI DOC

Toskana

Delikate, fein-aromatische trockene oder halbtrockene Weißweine aus Vermentino- und Albarola-Trauben, die in den Hügeln der Provinz Massa Carrara wachsen.

CARMIGNANO DOC

Toskana

Seit Carmignano den DOCG-Status hat, wird diese Appellation für Rosato, *Vin Santo* und Rosé *Vin Santo* (Occhio di Pernice genannt) genützt, die vor der Heraufstufung nicht zugelassen waren. Die herabgestuften Rotweine können jetzt als Barco Reale di Carmignano verkauft werden.

CARMIGNANO DOCG

Toskana

Nur traditioneller roter Carmignano aus dieser winzigen Appellation westlich von Florenz kann den DOCG-Status beanspruchen. Andere Weine sind entweder als Carmignano DOC oder Barco Reale di Carmignano DOC eingestuft. Der DOCG-Wein wird aus 45 bis 65 % Sangiovese, 10 bis 20 % Canaiolo Nero, 6 bis 10 % Cabernet Sauvignon, 10 bis 20 % Trebbiano, Canaiolo Bianco oder Malvasia, und bis zu 5 % Mammolo oder Colorino gemacht. Das Resultat ähnelt einem mittelschweren Chianti, hat jedoch weniger Säure, was mit dem Anteil Cabernet eine schokoladige Finesse ergibt. *Siehe auch* Carmignano DOC und Barco Reale di Carmignano DOC.

4–10 Jahre

Fattoria di Ambra • *Artimino* • *Fattoria di Bacchereto* • *Contini Bonacossi* (Villa di Capezzana, Villa di Trefiano) • *Il Poggiolo*

CASTELLI ROMANI

Latium

Selten aufregende trockene und liebliche Weine (weiß, rot und rosé).

CERVETERI DOC

Latium

Von der Küste nordwestlich von Rom kommen rustikale Sangiovese-Rotweine sowie trockene und halbtrockene Weißweine aus Trebbiano und Malvasia von ordentlicher Qualität.

CESANESE

Latium

Diese dunkle einheimische Rebsorte liefert mittelschwere Rotweine ohne bemerkenswerte Qualitäten, von trocken bis süß, von still bis schäumend.

CESANESE DEL PIGLIO DOC *ODER* PIGLIO DOC

Latium

Die DOC umfasst eine große Palette (alle Abstufungen von staubtrocken bis süß und von Stillwein bis *Spumante*) insgesamt einfacher Rotweine aus Cesanese-Trauben von den Hügeln südöstlich von Rom.

CESANESE DI AFFILE DOC *ODER* AFFILE DOC

Latium

DOC mit demselben Programm wie die benachbarte Cesanese del Piglio DOC.

CESANESE DI OLEVANO ROMANO DOC *ODER* OLEVANO ROMANO DOC

Latium

Viel kleiner als die beiden anderen Cesanese-DOC-Gebiete, jedoch mit demselben Programm.

CHARDONNAY

Toskana, Umbrien

Die große, überall anzutreffende Chardonnay wurde zuerst von der Pomino DOC in der Toskana offiziell abgesegnet, doch die besten Beispiele sind immer noch *Vini da Tavola.* In Umbrien wird zwar wenig Chardonnay erzeugt, aber sein Potenzial ist dort sehr gut, ob als Sortenwein wie von Lungarotti oder im Verschnitt mit Grechetto, wie im Fall von Antinoris Castello della Sala.

Toskana *Castello di Ama* (Colline di Ama) • *Villa Banfi* (Fontanelle) • *Caparzo* (Le Grance) • *Felsina Berardenga* (I Sistri) • *Isole e Olena* • *Ruffino* (Cabreo Vigneto La Pietra, Libaio)

Umbrien *Antinori Castello della Sala* (Cervaro della Sala) • *Lungarotti* (Vigna I Palazzi)

CHIANTI DOCG

Toskana

Mit der Ernennung des Chianti zur DOCG wur-

den zwar die Maximalerträge verringert, der Anteil weißer Sorten reduziert und bis zu 10 % Cabernet Sauvignon zugelassen, jedoch wurde die DOCG dem ganzen Produktionsgebiet zuerkannt, wodurch man die Chance verpasste, sie zum echten Qualitätsmerkmal zu machen. Der meiste Chianti ist immer noch Ausschuss, wenn auch in saubererer, hygienischerer Form als früher. Der beste einfache Chianti ist voll von Kirsch-und-Himbeer-Frucht und pflaumigem Aroma, was ihn zum erfreulichen Zechwein macht; aber er ist nicht das, was das Ziel einer DOCG sein sollte. Nur die Spitzenweine des Chiantigebiets verdienen die DOCG, sie werden üblicherweise als Classico verkauft (wie die hügelige Kernzone genannt wird); auch Rufina (aus einem kleinen Gebiet nordöstlich von Florenz; nicht verwechseln mit der Marke Ruffino) und die Colli Fiorentini, die Rufina mit der Classico-Zone verbindet – also beide außerhalb des Classico gelegen –, machen ebenbürtige Qualitäten. Ihr Maximalertrag ist niedriger als der der restlichen Chianti-Appellationen, der niedrigste ist beim Classico vorgeschrieben.

Was die Großabfüller auch immer tun, um den Ruf des Chianti zu schwächen, vergessen Sie nicht, dass die besten Gewächse aus diesem Gebiet zu den größten Weinen der Welt gehören. Rufina und Colli Fiorentini sind jedoch nur zwei der sechs Bereiche, die im Gebiet des Chianti Putto zusammengefasst werden, welches das Chianti Classico umgibt. Die anderen sind Colli Senesi (der größte mit den verschiedenartigsten und unzuverlässigsten Weinen, sodass wenige Erzeuger diesen Namen verwenden; von hier kommen aber auch Brunello di Montalcino und Vino Nobile di Montepulciano), Colli Pisani (der leichteste), Colli Aretini (jugendlich lebhaft) und Montalbano (eigentlich der Zweitwein von Carmignano; wohl aber der dritte, da es schon zwei Carmignanos gibt).

Wenn es gelingt, die Bestimmungen für die Appellation Chianti zu korrigieren, könnte sie ein Flaggschiff für Italien werden, wie es Bordeaux für Frankreich ist. Achten Sie auf das Halsetikett des *Consorzio* mit dem schwarzen Hahn, dem *Gallo Nero*. Das Zeichen ist nicht zuverlässig (einige gute Erzeuger gehören nicht dem *Consorzio* an, gewisse Mitglieder wiederum lassen Qualität vermissen), aber immerhin eine gute Peilmarke.

Jeder Chianti muss mindestens 75 % Sangiovese enthalten, zugesetzt werden dürfen maximal 10 % Canaiolo, 10 % Trebbiano und/oder Malvasia (Classico: bis 6 %) und 10 % Cabernet oder eine andere zugelassene rote Sorte (Classico: bis 15 %). Seit 1995 kann der Chianti zu 100 % aus Sangiovese bestehen (zuvor max. 90 %), eine gute Möglichkeit für engagierte Winzer, dieser schwierigen Sorte wieder zu ihrem Recht zu verhelfen. Mit der Zulassung von 10 % (Chianti) bzw. 15 % (Chianti Classico) Cabernet oder »sonstiger« roter Trauben ist diese DOC jetzt offen für viele der sog. Supertoskaner, was der Reputation dieser einst großen Appellation nur zuträglich sein kann.

3–5 Jahre (preiswerter Alltagswein),
4–8 Jahre (mittlere Qualität),
6–20 Jahre (Spitzen-Classico)

Antinori (Peppoli) • *Badia a Coltibuono* • *Castellare di Castellina* • *Castellini Villa* • *Castello di Ama* • *Castello di Brolio* • *Castello di Cacchiano* • *Castello di Querceto* • *Castello dei Rampolla* • *Castello di San Paolo in Rosso* • *Castello di Volpaia* • *Felsina Berardenga* • *Fontodi* • *Isole e Olena* • *Tenuta di Lilliano* • *Monsanto* (Il Poggio) • *Podere Il Palazzino* • *Poggerino* • *Riecine* • *San Felice* • *San Giusto* • *Terrabianca* • *Uggiano* • *Vecchie Terre di Montefili*

COLLI MONTALBANI DOC

Latium

Weicher, fruchtiger, trockener bis lieblicher Weißwein, auch Spumante.

COLLI ALTOTIBERINI DOC

Umbrien

Eine interessante DOC in den Hügeln am oberen Tiber mit trockenen Weißweinen aus Trebbiano und Malvasia sowie festen Rotweinen aus Sangiovese und Merlot. Am beliebtesten ist der duftende, frische Rosé aus denselben roten Trauben.

COLLI AMERINI DOC

Umbrien

Trockener Weißwein aus Trebbiano, erlaubt ist der Zusatz von Grechetto, Verdello, Garganega und Malvasia; Rot- und Roséweine werden aus Sangiovese mit möglichem Zusatz von Montepulciano, Ciliegiolo, Canaiolo, Merlot und Barbera gemacht. Daneben gibt es einen trockenen reinsortigen Malvasia.

COLLI DELL'ETRURIA CENTRALE DOC

Toskana

Es war eine gute Idee, eine Alternativappellation für kleinere Weine aus dem Chiantigebiet zu konstituieren und so die DOCG durch Selektion zu stärken. Aber der Name geht einem schwer von der Zunge, und man ist geneigt, dies den Erzeugern als Absicht unterzuschieben, die diese DOC nicht benützen und stattdessen so viel Chianti wie möglich unters Volk bringen wollen. Der Rotwein kann auch als *vermiglio* (»zinnoberrot«) bezeichnet werden, was im Chiantigebiet Tradition hat; auch ein *Vin Santo* wird hergestellt.

COLLI DEL TRASIMENO DOC

Umbrien

Die Weißweine sind eher gewöhnlich, die Rotweine – deren Sangiovese-Kanten durch Gamay, Ciliegiolo, Malvasia und Trebbiano geglättet werden – sind interessanter.

2–5 Jahre

Lamborghini (La Fiorita)

COLLI DI LUNI DOC

Toskana

Siehe Westliches Oberitalien, Colli di Luni DOC

COLLI LANUVINI DOC

Latium

Geschmeidige trockene und halbtrockene Weißweine.

COLLINE LUCCHESI DOC

DOC für leichte, weiche, chiantiähnliche Rotweine und neutrale Weißweine auf Trebbiano-Basis.

COLLI MARTANI DOC

Umbrien

Großes, aber aufstrebendes DOC-Gebiet, zu dem die Montefalco DOC gehört, mit vier Sortenweinen: Sangiovese, Trebbiano, Grechetto und Grechetto di Todi (auf diese Gemeinde beschränkte Appellation).

COLLI PERUGINI DOC

Umbrien

Trockene, zurückhaltend fruchtige Weißweine auf Trebbiano-Basis, körperreiche Rotweine und frische Rosés meist aus Sangiovese. Zum Gebiet gehören sechs Gemeinden in der Provinz Perugia und eine in der Provinz Terni.

CORI DOC

Latium

Selten begeisternde trockene bis süße Weißweine und weiche, harmonische Rotweine.

ELBA DOC

Toskana

Die Palette der Weine von der Ferieninsel umfasst jetzt zehn Typen: Weißwein vornehmlich aus Trebbiano, Rotwein aus Sangiovese (auch Riserva), *Rosato; Ansonica* (aus der gleichnamigen Traube, die auf Sizilien Inzolia heißt), *Ansonica Passito, Aleatico, Vin Santo* (trocken und süß), *Vin Santo Occhio di Pernice* und weißer *Spumante*. Zielgruppe sind jedoch meist die Touristen.

Nur vor Ort

Acquabona

EST! EST!! EST!!! DI MONTEFIASCONE DOC

Latium

Das Erinnerungswürdigste an diesem trockenen oder halbtrockenen Weißwein, der um den Lago di Bolsena (westlich von Orvieto) aus Trebbiano und Malvasia gemacht wird, ist sein Name. Der Fama nach geht er auf das 12. Jahrhundert zurück, als ein dicker deutscher Bischof, Johann Fugger, zur Krönung von Heinrich V. nach Rom fuhr. Um immer Ordentliches zu trinken zu haben, schickte er seinen Majordomus voraus, der die Kneipen am Weg inspizieren und die guten mit einem »Est!« (so viel wie »Ja!«) markieren sollte. Den Wein von Montefiascone mochte er derart, dass er »Est! Est!! Est!!!« hinkritzelte. Fugger schien derselben Meinung gewesen zu sein, denn er ließ Rom Rom sein und blieb an dem Ort, bis er starb. Es gibt dort ein Grabmal, das seinen Namen trägt, aber ob der Bischof darin ruht, ist nicht bekannt. Was den Wein heute angeht, so hat ihn Hugh Johnson zutreffend als gewöhnlichen Weißwein beschrieben, der sich nur über seinen eigentümlichen Namen verkauft.

FALERNO *ODER* FALERNUM

Latium

Falernum, der Falerner, war der berühmte Wein der römischen Antike. Seine moderne Ausgabe ist üblicherweise ein dunkler, rustikaler Wein aus Aglianico-Trauben. Der beste ist der Villa Matilda Riserva mit Aromafülle und guter Balance. Auch trockener Weißwein wird gemacht.

FRASCATI DOC

Latium

Früher war der Frascati, der aus Trebbiano und Malvasia gemacht wird, meist flach oder oxidiert. Mit neuen Vinifikationstechniken ist er durchgängig frisch und sauber, wenn auch viele Exemplare immer noch ein unbestimmtes, an Fruchtdrops erinnerndes Aroma haben. Die wenigen Ausnahmen, die im Prinzip von denselben Spitzenerzeugern kommen wie vor zehn Jahren, zeichnen sich durch eine bemerkenswerte Geschmacksfülle und ihren frisch-pikanten Stil aus. Neben den vorherrschenden trockenen gibt es auch liebliche, süße und schäumende Versionen.

1–2 Jahre

Colli di Catone (bes. Colle Gaio; auf anderen Etiketten auch Villa Catone, Villa Porziana) • *Fontana Candida* (Vigneti Santa Teresa) • Villa Simone

GALESTRO

Toskana

Dieser ultrasaubere, leichte und zurückhaltend fruchtige Weißwein wird von einem *Consorzio* von Chianti-Erzeugern nach gemeinsamen Standards produziert. Soll bald DOC-Status erhalten.

GRECHETTO *ODER* GRECO

Umbrien, Toskana

Frische, saubere trockene und süße Weißweine mit gefälligem, floralem Bukett, die angenehm zu trinken, jedoch selten bemerkenswert sind. Ausnahme ist der in Eiche gereifte Marrano von Bigi. Aus der toskanischen Maremma, dem Küstenstreifen südlich von Livorno, kommen gut gemachte, leichte trockene Rot-, Rosé- und Weißweine (auch *Frizzanti*) mit IGT.

MARINO DOC

Latium

Ein typischer, leichter, wenig bemerkenswerter Verschnitt aus Trebbiano und Malvasia (trocken, halbtrocken, *Spumante*). Paola de Mauros wunderbar üppiger Colle Picchione Oro besitzt ungewöhnliche Karamellnoten aufgrund des hohen Anteils Malvasia, der Mazeration auf den Beerenschalen vor der Gärung und der Reifung in Barriques.

1–4 Jahre

Colle Picchioni (Oro)

MERLOT

Toskana

In der Toskana werden nur zwei klassische Merlots gemacht, der Masseto, der in manchen Jahrgängen mit dem Château Pétrus gleichzieht, und der Vigna l'Apparita von Castello di Ama. Der Masseto ist zwar einer der teuersten italienischen Weine, gegenüber dem Pétrus erscheint er hingegen fast als Schnäppchen.

Villa Banfi (Mandrielle) • *Tenuta dell'Ornellaia* (Masseto)

MONTECARLO DOC

Toskana

Aus dem Gebiet zwischen Carmignano und der Küste kommen seit einiger Zeit interessante Weißweine. Sie basieren zwar auf der neutralen Trebbiano, mit Hilfe von 30 bis 40 % anderer Trauben (Roussanne, Sémillon, Pinot Grigio, Pinot Bianco, Sauvignon Blanc, Vermentino) können die Erzeuger aber ihren eigenen Stil prägen, von leicht bis körperreich und füllig, mit oder ohne Barriquereifung. Rotweine werden aus Sangiovese, Canaiolo, Ciliegiolo, Colorino, Syrah, Malvasia, Cabernet Franc, Cabernet Sauvignon und Merlot gemacht. Zugelassen sind auch weißer und ein roséfarbener *Vin Santo* (Occhio di Pernice).

4–10 Jahre

Fattoria del Buonamico • *Carmignani* • *Fattoria Michi* • *Vigna del Greppo*

MONTECOMPATRI COLONNA DOC

Latium

Diese trockenen oder halbtrockenen Weißweine aus Malvasia und Trebbiano werden östlich von Frascati gemacht und können beide oder nur einen der Namensbestandteile verwenden.

MONTEFALCO DOC

Umbrien

Der Unterschied zwischen diesen einfachen Rot- und Weißweinen und dem charaktervollen Sagrantino von Montefalco ist signifikant.

MONTEFALCO SAGRANTINO DOCG

Umbrien

Dieser eigenständige Rotwein wurde 1992 zur DOCG befördert und von der einfachen Montefalco DOC abgetrennt. Trockene sowie süße *Passito*-Versionen werden ausschließlich aus der Sagrantino gemacht, die auf den besten Hügellagen südwestlich von Perugia kultiviert wird. Der *Passito* ist ein authentischer Wein der Gegend, der bis ins 15. Jahrhundert zurückgeht; der interessanteste und beste Wein ist aber der trockene Tischwein mit seinen Noten reifer, frisch gepflückter Brombeeren.

3–12 Jahre

Fratelli Adanti • *Antonelli* • *Villa Antico* • *Arnaldo Caprai*

MONTEREGIO DI MASSA MARITTIMA DOC

Toskana

Aus der Monteregio di Massa Maritima DOC im Nordteil der Provinz Grosseto kommen Rot-, Weiß- und Roséweine, Novello und *Vin Santo*, außerdem trockener sortenreiner Vermentino und ein Rosé-*Passito* (namens Occhio di Pernice).

MONTESCUDAIO DOC

Toskana

Trockener Weißwein auf Trebbiano-Basis, weicher, leicht fruchtiger Sangiovese-Rotwein sowie *Vin Santo* kommen aus dem Tal der Cecina.

1–3 Jahre

Poggio Gagliardo • *Sorbaiano*

MORELLINO DI SCANSANO DOC

Toskana

Diese DOC produziert einige gute, an Brunello erinnernde Rotweine aus 100 % Sangiovese, die mit aromatischer, reifer Frucht voll gepackt sind und hervorragend altern.

4–8 Jahre

Erik Banti • *Motta* • *Fattoria Le Pupille*

MOSCADELLO DI MONTALCINO DOC

Toskana

Aromatischer süßer Muscat im traditionellen Stil, der lange vor dem Brunello berühmt war. Erlaubt sind auch gespritete Weine und süße *Frizzanti*.

Sofort

Villa Banfi (Vendemmia Tardiva) • *Col d'Orcia* • *Tenuta Il Poggione*

MOSCATO

Toskana

Es gibt in der Toskana nur eine DOC für Moscato, Moscadello di Montalcino. Es werden auch einige feinsüße Rosé-VdT aus der Sorte Moscato Rosa (Rosenmuskateller) gemacht, exquisite Tropfen, die die Suche wert sind.

Sofort

Castello di Farnatella (Rosa Rosae)

ORVIETO DOC

Umbrien, Latium

Von hauptsächlich in Umbrien liegenden Rebflächen kommt dieser beliebte Weißwein auf Trebbiano-Basis. Im Allgemeinen ist der trockene bis halbtrockene Orvieto immer noch enttäuschend; hervorragend ist der Vigneto Torricella von Bigi, und die Zahl der nach Ähnlichem strebenden Weine wächst. Die besten *Abbocato*-Versionen (halbtrocken) enthalten einen kleinen Teil edelfauler Trauben. Die vollständig edelfaule Version (*Muffato*) ist selten zu finden, bietet aber eine fabelhafte Kombination von Eleganz, Dichte und jugendlichem Überschwang.

Sofort

Castello della Sala-Antinori (Campogrande) • *Barberani* (Castagnolo) • *Bigi* (Torricella) • *Vitivinicola Colli Orvietani* • *Decugnano dei Barbi* • *Palazzone* (Terre Vineate) • *Tenuta Le Vellette*

PARRINA DOC

Toskana

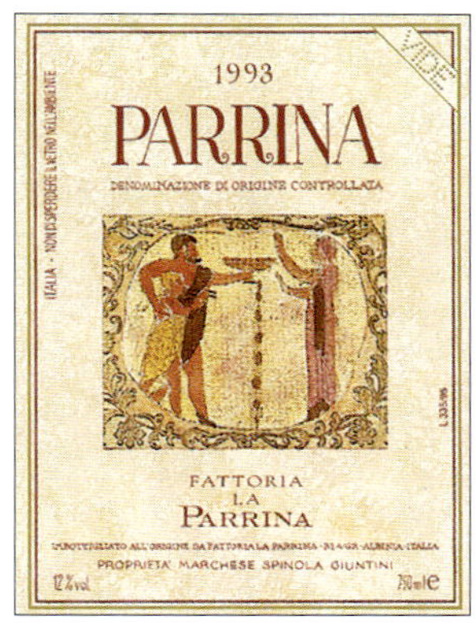

Die trockenen Weißweine von Parrina sind wenig interessant. Die auf Sangiovese basierenden Rotweine waren früher meist leicht und gefällig, wurden jedoch in letzter Zeit dunkler und körperreicher und wirken oft wie ein eichenbetonter Chianti mit einem Touch süße Vanille im Finale.

3–7 Jahre

Franca Spinola

POMINO DOC

Toskana

Dieser Wein wurde bereits im Jahr 1716 geschützt, und ein Einzellagen-Chianti mit dem Namen Pomino wurde von den Marchesi dei Frescobaldi vermarktet, lange bevor Pomino 1983 eine eigene DOC wurde. Der Weißwein besteht aus Pinot Bianco, Chardonnay und Trebbiano, während der Benefizio zu 100 % Chardonnay ist. Der Rotwein wird aus Sangiovese, Canaiolo, Merlot, Cabernet Franc und Cabernet Sauvignon verschnitten.

1–3 Jahre (weiße Verschnitte),
3–7 Jahre (rot, Il Benefizio)

Frescobaldi • *Fattoria Petrognano*

ROSATO DELLA LEGA

Toskana

Trockene Roséweine, die von den Mitgliedern des *Consorzio* Chianti Classico hergestellt werden.

ROSSO DELLA LEGA

Toskana

Vernünftige Rotweine für den Alltag, hergestellt von den Mitgliedern des *Consorzio* Chianti Classico.

ROSSO DI MONTALCINO DOC

Toskana

Eine DOC für einfacheren oder herabgestuften Brunello di Montalcino oder für Weine von jungen Reben. Trotz der Tendenz zu tieferen, dunkleren und dichteren Weinen ist ein Rosso di Montalcino im Allgemeinen bereits in der Jugend wesentlich zugänglicher als ein Brunello, was einige Konsumenten begrüßen dürften.

5–15 Jahre

Altesino • *Castelgiocondo* • *Conti Costanti* • *Lisini* • *Tenuta Il Poggione* • *Val di Suga*

ROSSO DI MONTEPULCIANO DOC

Toskana

Diese DOC ist wie beim Rosso di Montalcino das Zweitetikett für die so genannten einfacheren Weine des Vino Nobile di Montepulciano und ebenso bereits früher zugänglich.

5–15 Jahre

Avignonesi • *Bindella* • *Podere Boscarelli* • *Le Casalte* • *Contucci* • *Fattoria del Cerro* • *Dei* • *Poliziano* • *Redi* • *Tenute Trerose* • *Tenuta Valdipiatta* • *Vecchia Cantina*

SAGRANTINO

Umbrien

Sagrantino ist eine weitere einheimische Traube Italiens, die ausgestorben schien, aber eine Renaissance erlebte. Traditionell macht man trockene Rotweine sowie süße *Passito*-Versionen. Manche glauben, der Name leite sich von *Sagra* (Fest) her, und der Wein sei für Festtage bestimmt gewesen.

SANGIOVESE

Toskana, Umbrien

Noch vor zehn Jahren glaubte niemand, dass Sangiovese »solo« Erfolg haben könnte, doch war dies nur eine Frage der Ertragsbeschränkung und des geeigneten Terroirs. Mit vernünftiger, nicht übertriebener Barriquereifung und Abfüllung zum richtigen Zeitpunkt, um die Frucht zu bewahren, kann Sangiovese ein runder, köstlicher und erfreulich »vollständiger« Wein sein und eine komplexe, würzige Zedern-und-Eichenholz-Note aufweisen. Sangiovese ist auch in Umbrien verbreitet, herausragende Weine sind jedoch selten.

Toskana *Altesino* (Palazzo Altesi) • *Avignonesi* (I Grifi) • *Badia a Coltibuono* (Sangioveto) • *Castello di Cacchiano* (RF, Rocca di Montegrossi) • *Villa Cafaggio* (San Martino, Solataia Basilica) • *Podere Capaccia* (Querciagrande) • *Felsina Berardenga* (Fontalloro) • *Fontodi* (Flaccianello della Pieve) • *Isole e Olena* (Cepparello) • *Castello di Monsanto* (Bianchi Vigneti di Scanni) • *Podere Il Palazzino* (Grosso Senese) • *Poliziano* (Elegia) • *Castello di Querceto* (La Corte) • *Ruffino* (Cabreo Il Borgo) • *Guicciardini Strozzi* (Sodole) • *Terrabianca* (Campaccio, Piano del Cipresso) • *Montevertine* (Le Pergole Torte)

Umbrien Lungarotti

SANGIOVESE-CABERNET

Toskana

Cabernet Sauvignon wurde urspünglich mit Sangiovese verschnitten, um die klassische Struktur fruchtiger und zugänglicher zu machen.

Altesino (Alte d'Altesi) • *Antinori* (Tignanello) • *Caparzo* (Ca' del Pazzo) • *Monsanto* (Tinscvil) • *Querciabella* (Camartina) • *Castello di Volpaia* (Balifico)

SANGIOVESE MIT ANDEREN ITALIENISCHEN SORTEN

Toskana

Castellare di Castellina (I Sodi di San Niccolò) • *Ricasoli-Firidolfi* (Geremia) • *Monte Vertine* (Il Sodaccio)

SAUVIGNON

Toskana

Die Sauvignon scheint sich in der Toskana nicht wirklich zu Hause zu fühlen, was man nicht glauben will, wenn man sich den bemerkenswerten Erfolg des Poggio alle Gazze der Tenuta dell'Ornellaia vor Augen hält.

Tenuta dell'Ornellaia (Poggio alle Gazze)

SYRAH

Toskana

Die klassische Rhône-Traube zeigt in der Toskana enormes Potenzial und erzielt ebenso enorme Preise.

Fontodi (Case Via) • *Isole e Olena* (L'Eremo)

TORGIANO DOC

Umbrien

Diese DOC beruht auf dem Renommee eines einzigen Erzeugers, Lungarotti (*siehe auch* Torgiano Riserva DOCG). Sie umfasst einfache Rot- und Roséweine (aus Sangiovese, Canaiolo, Trebbiano, Ciliegiolo und Montepulciano) sowie Weißweine (aus Trebbiano, Grechetto, Malvasia und Verdello); außerdem werden Schaumwein (aus Pinot Nero und Chardonnay) und fünf sortenreine Weine gemacht: Chardonnay, Pinot Grigio, Riesling Italico, Cabernet Sauvignon und Pinot Nero.

3–8 Jahre (rot), 1–5 Jahre (weiß, rosé)

Lungarotti

TORGIANO RISERVA DOCG

Umbrien

Der Riserva, der beste Rosso von Lungarotti, kann als Beispiel dafür gelten, wie alle Beförderungen zur DOCG gehandhabt werden sollten.

4–20 Jahre

Lungarotti

VAL D'ARBIA DOC

Toskana

Der große Bereich südlich der Chianti-Classico-Zone liefert einen trockenen, fruchtigen Trebbiano-Verschnitt mit Malvasia und Chardonnay. Aus vor der Vergärung teilgetrockneten Trauben macht man trockenen, halbtrockenen und süßen *Vin Santo*.

VAL DI CORNIA DOC

Toskana

Val di Cornia, ein großes Gebiet mit verstreuten Weinbergen in den Hügeln östlich von Piombino und südlich von Bolgheri, macht selten anzutreffende trockene Weißweine auf Trebbiano-Basis und Rot- bzw. Roséweine aus Sangiovese. Subappellationen sind Campiglia Marittima, Suvereto, Piombino, San Vincenzo.

VELLETRI DOC

Latium

Die Velletri DOC im Bereich der Castelli Romani erzeugt ziemlich banale trockene und halbtrockene Weißweine und weiche Rotweine.

VERNACCIA DI SAN GIMIGNANO DOCG

Toskana

Dieser trockene Weißwein bekam als Erster die DOC, mithin war auch die DOCG unausweichlich, trotz seines wenig ausgeprägten Profils. Die besten Exemplare sind köstlich frisch und voll lebhafter Frucht, doch nicht eigentlich des DOCG-Status würdig, wenn er einen Weltklassewein signalisieren soll.

1–3 Jahre

Falchini • *Panizzi* • *Teruzzi & Puthod*

VIGNANELLO DOC

Latium

Eine neue, noch unerprobte DOC für rote, rosé und weiße Verschnitte, außerdem reinen Grechetto als Still- und Schaumwein.

VIN SANTO

Toskana, Umbrien

Rote und weiße *Passito*-Weine von trocken bis vollsüß.

VINO NOBILE DI MONTEPULCIANO DOCG

Toskana

In Montepulciano wird dieser Wein aus 60 bis 80 % Prugnolo Gentile, einer Spielart der Sangiovese, sowie Canaiolo und anderen (auch bis 10 % weißen) Trauben gemacht. Die meisten Weine waren überschätzt und überteuert, und ein Teil ist es immer noch, doch wächst die Zahl der Erzeuger, die der DOCG-Einstufung gerecht werden. Wirklich gute Exemplare ähneln einem feinen Chianti Classico Riserva, besitzen jedoch einen überschwänglicheren Charakter und eine großzügige, reife Kirsch- und-Pflaumen-Frucht.

6–25 Jahre

Avignonesi • *Bindella* • *Podere Boscarelli* • *Le Casalte* • *Contucci* • *Fattoria del Cerro* • *Poliziano* • *Tenuta Trerose*

ZAGAROLO DOC

Latium

Winzige Produktion von trockenen bis halbtrockenen Weißweinen aus Trebbiano und Malvasia, die östlich von Frascati in einem Gebiet wachsen, das vor 500 Jahren für seinen Wein berühmter war als heute.

NEUE IGT-WEINE

Bis Ende 1998 wurden folgende IGT-Weine anerkannt. Es bleibt abzuwarten, wie sich Stil, Qualität und Zuverlässigkeit entwickeln.

Latium *Circeo* • *Civitella d'Agliano* • *Colli Cimini* • *Frusinate/del Frusinate* • *Lazio* • *Nettuno*

Toskana *Alta Valle della Greve* • *Colli della Toscana Centrale* • *Maremma Toscana* • *Orcia* • *Toscana/Toscano* • *Val di Magra*

Umbrien *Allerona* • *Bettona* • *Cannara* • *Lago di Corbara* • *Narni* • *Spello* • *Umbria*

ÖSTLICHES MITTELITALIEN

Dieses Gebiet umfasst die Regionen Emilia-Romagna, die Marken, die Abruzzen und Molise. Der hochwertigste Wein kommt aus den Marken und den Abruzzen, der bekannteste aber ist das Bonbonwasser aus der Emilia-Romagna, der Lambrusco.

WENN DIESES GEBIET, DAS SICH FAST ÜBER DIE ganze Nordhälfte Italiens bis zum Piemont erstreckt, geografisch unter dem Begriff »östliches Mittelitalien« kaum zu erfasssen zu sein scheint, so verhält sich dies topografisch gesehen anders: Fast jeder Hektar Land liegt östlich des Apennin auf einem Gelände, das zunächst hügelig ist und sich zu den Schwemmlandebenen an der Adria hin absenkt.

EMILIA-ROMAGNA

Die Emilia-Romagna ist gegen Westen durch den Apennin geschützt, in dem sieben große und viele kleine Flüsse entspringen. Der fruchtbare Boden ermöglicht Traubenernten im Überfluss, wobei Lambrusco, Trebbiano und Albana die produktivsten Sorten sind (letztere ergibt rustikale Weine, die – Gott weiß warum – zur ersten Weißwein-DOCG erhoben wurden). Dennoch bringt die Emilia-Romagna einige wirklich hervorragende *Vini da Tavola* hervor, wie den Vigna del Dosso der Fattoria Paradiso, einen Rotwein aus der Sorte Barbarossa, und vor allem den eleganten Sangiovese-Cabernet-Verschnitt Marzeno di Marzeno von der Fattoria Zerbina.

GESCHMACKS- UND QUALITÄTSFAKTOREN

LAGE
Das Gebiet erstreckt sich von Molise entlang dem Adriatischen Meer bis zur Emilia-Romagna.

KLIMA
Das Mittelmeer bringt warme und trockene Sommer, die nach Süden hin immer heißer werden, und kühle Winter. In den Hügelregionen variieren die Kleinklimate mit der Höhe und der Ausrichtung der Weinberge.

TOPOGRAFIE
Die besten Lagen sind regelmäßig auf gut entwässerten tief gelegenen Hängen zu finden. Indes sind Reben auf allen möglichen Geländetypen angepflanzt, vor allem in den fruchtbaren Ebenen am Po in der Emilia-Romagna.

BÖDEN
Der Boden ist meist Schwemmland, da und dort stehen Granit und Kalkstein an.

WEINBAU UND WEINBEREITUNG
Die Techniken in Weinbau und Weinbereitung sind sehr vielfältig. Von hier kommen große Mengen von Massenverschnitten; andererseits versuchen einige Erzeuger, die besten Traditionen zu wahren und mit modernen Methoden zu verbessern.

REBSORTEN
Aglianico, Albana (Biancame, Bianchello, Greco di Ancona, Passerina), Ancellotta, Barbarossa, Barbera, Beverdino, Bombino Bianco (Pagadebit), Cabernet Franc, Cabernet Sauvignon, Chardonnay, Ciliegiolo, Croatina (Bonarda), Fortana (Fruttana, Uva d'Oro), Incrocio Bruni 54 (Verdicchio x Sauvignon), Lacrima (Gaglioppo, Galloppo), Lambrusco, Maceratino, Malvasia, Merlot, Montepulciano, Montuni (Montù, Bianchino), Moscato, Ortrugo (Altra Uva), Pecorino, Perricone (Pignoletto), Pinot Bianco, Pinot Grigio, Pinot Nero, Refosco da Peduncolo Rosso (Cagnina, Mondeuse), Refosco Nostrano (Terrano), Riesling Italico, Sangiovese, Sauvignon (Spergola), Toscana, Trebbiano (Campolese, Albanella, Ugni Blanc), Verdea, Verdicchio, Vernaccia Nera

ÖSTLICHES MITTELITALIEN ***Siehe auch*** **S. 319**
Die westliche Grenze der Region wird vom Apennin gebildet, der östliche Teil Mittelitaliens ist von den Apennin-Vorbergen und den Küstenebenen geprägt.

ABRUZZEN (ABRUZZO)

Das hügelige Land, das über eine Vielzahl verschiedener Böden und Kleinklimate verfügt, sollte zu einer ganzen Reihe guter Weine fähig sein. Doch bieten die Abruzzen nur einen, den Montepulciano d'Abruzzo (der in bescheidener Qualität in deutschen Kneipen gern einfach als Montepulciano verkauft wird, wohl auf die Verwechslung mit dem toskanischen Montepulciano bauend). Die Winzer sind hier konservativ, nur wenige Erzeuger experimentieren mit verschiedenen Rebsorten.

MARKEN (MARCHE)

Beim Erfolg der Weine aus den Marken spielte der Tourismus eine Rolle. Das Gebiet besitzt eine herrliche Küstenlandschaft, wo die Urlauber ihren Durst mit heimischem Weißwein löschen, dem trockenen Verdicchio. Aber man kann weitaus bessere Weine finden, und zwar in den DOC-Bereichen Rosso di Conerò und Rosso Piceno, auch einige Exemplare Sangiovese dei Colli Pesaresi und exzellente *Vini da Tavola,* zum Beispiel Rosso di Corinaldo und Tristo di Montesecco.

MOLISE

Die arme Region mit hoher Arbeitslosigkeit und schlecht ausgestatteter Weinindustrie war bis 1963 mit den Abruzzen zusammengefasst, ihre erste DOC erhielt sie erst 1983.

DURCHSCHNITTLICHE PRODUKTION PRO JAHR

REGION	DOC-PRODUKTION	GESAMTPRODUKTION
Emilia-Romagna	600 000 hl (80 Mio. Flaschen)	11 Mio. hl (1460 Mio. Flaschen)
Molise	450 000 hl (60 Mio. Flaschen)	550 000 hl (72 Mio. Flaschen)
Marken	275 000 hl (36 Mio. Flaschen)	2,5 Mio. hl (320 Mio. Flaschen)
Abruzzi	250 000 hl (32 Mio. Flaschen)	4,5 Mio. hl (600 Mio. Flaschen)

Anteil an der italienischen Produktion:
Emilia-Romagna 14 %; Abruzzi 6 %;
Marken 3 %; Molise 0,7 %.

DIE HERKUNFTSBEZEICHNUNGEN

ÖSTLICHES MITTELITALIEN

ALBANA

Emilia-Romagna

Theoretisch müsste dies Italiens beste Weißweintraube sein, denn der Albana di Romagna bekam als erster Wein die DOCG. Tatsächlich ergibt diese ertragreiche Rebe ziemlich rustikale, fast gewöhnliche Weine. Verbesserungen hat die Ertragsbeschränkung gebracht.

ALBANA DI ROMAGNA DOCG

Diese geradlinigen, aromatischen Weine gibt es trocken bis lieblich, still, als Schaumwein und als süßer *Passito.* Der *Passito* aus teilgetrockneten Trauben verkörpert genau den Stil, den Ruf und die Qualität, die 1987 mit der ersten DOCG-Einstufung eines Weißweins honoriert wurde. In jeder Hinsicht war die Ernennung des Albana di Romagna ein politischer Schwindel. Das war von den Meistern des politischen Schwindels nicht anders zu erwarten, aber es war unglaublich dumm, nachdem schon die Chianti DOCG ein politisches Possenspiel gewesen war. Es war, als hätten die Franzosen eine Super-AOC eingerichtet und dann den Muscadet zum ersten Elitewein gemacht. Das Positive daran ist: Die Erzeuger von Albana di Romagna bezogen so viel Prügel, dass sie sich sehr anstrengten, ihren Stoff zu verbessern, sodass die Weine für einen weißen DOC überdurchschnittlich gut sind.

Nur vor Ort

Fattoria Paradiso

ANCELLOTTA

Emilia-Romagna

Diese Sorte wird verwendet, um die Farbe des Lambrusco zu verbessern.

BARBAROSSA

Emilia-Romagna

Diese Rebsorte ist nur in der Emilia-Romagna anzutreffen und ergibt einen der besten Rotweine der Region.

Fattoria Paradiso (Vigna del Dosso)

BERTINORO DOC

***Siehe* Pagadebit di Romagna DOC**

BIANCHELLO DEL METAURO DOC

Marken

Feine trockene Weißweine auf Bianchello-Basis (eventuell mit etwas Malvasia) aus dem unteren Metauro-Tal.

BIANCO DI SCANDIANO DOC

Emilia-Romagna

Körperreiche trockene und halbtrockene Weißweine, auch *Frizzantino* und *Spumante.*

BIFERNO DOC

Molise

Geschmeidige, leicht tanninbetonte Rot- und fruchtige Roséweine aus den Sorten Montepulciano, Trebbiano und Aglianico; außerdem trockene, feinaromatische Weißweine aus Trebbiano, Bombino und Malvasia.

BOSCO ELICEO DOC

Emilia-Romagna

Der große Küstenbereich liegt getrennt von den Hauptanbauflächen der Emilia-Romagna im Nordosten der Region. Aus der rätselhaften Sorte Fortana (auch Uva d'Oro genannt), die ich sonst nirgendwo angetroffen habe, wird ein rustikaler, traubiger Sortenwein gemacht. Der *Frizzante* Bosco Eliceo Fortana hat einen leicht bitteren Biss von den Tanninen und ähnelt einem Lambrusco. Es gibt auch einen weißen Verschnitt (Trebbiano, Sauvignon und Malvasia) und zwei sortenreine Weine, einen Merlot und einen Sauvignon, die alle auch als *Frizzantino* auftauchen.

CAGNINA DI ROMAGNA DOC

Emilia-Romagna

Tanninbetonte, dennoch milde und fruchtige Rotweine mit ausgleichender hoher Säure.

COLLI BOLOGNESI DOC

Emilia-Romagna

Die auch als Colli Bolognesi dei Castelli Medioevali oder Colli Bolognesi di Monte San Pietro bezeichnete Appellation gilt für einen einfachen Weißwein aus Albana und Trebbiano, drei rote Sortenweine (Barbera, Cabernet Sauvignon und Merlot) sowie fünf weiße sortenreine Weine (Riesling Italico, Sauvignon – der beste; manchmal *Frizzantino* –, Pinot Bianco, Pignoletto und Chardonnay). Die drei letzteren gibt es still, perlend und schäumend.

1–3 Jahre

Terre Rosse

COLLI MACERATESI DOC

Marken

Der riesige Bereich produziert einen trockenen weißen Verschnitt, der einst auf Trebbiano basierte, heute aber mindestens 80 % Maceratino enthalten muss; dazu kommen Verdicchio, Malvasia und – wenn möglich – Chardonnay.

COLLI DI PARMA DOC

Emilia-Romagna

Solide, leicht perlende Rotweine und zwei weiße Sortenweine, Malvasia und Sauvignon, in allen Varianten von trocken bis süß, von Stillwein bis *Spumante.*

COLLI PESARESI DOC

Marken

Ursprünglich eine DOC für Sangiovese, umfasst sie heute vier verschiedene Weine; die Sangiovese-Verschnitte sind indes immer noch die besten mit Klasse und Finesse. Focara, ein weiterer Rotwein, kann bis zu 15 % Pinot Nero enthalten, zeigt aber auch Sangiovese-Charakter. Auf Trebbiano-Basis werden ein einfacher Weißwein und der ihm ähnliche Roncaglia gemacht.

3–8 Jahre

Constantini (La Torraccia) • *Tattà* • *Umani Conchi* • *Vallone* • *Villa Pigna*

COLLI PIACENTINI DOC

In den Hügeln von Piacenza machte der Schwiegervater Julius Caesars einen Wein, der aus einem großen, *Gutturnium* genannten Gefäß getrunken wurde. Dies ist der Ursprung des Gutturnio, des berühmtesten Weins der DOC, der aus Barbera und Bonarda gemischt wird und meist ein trockener Stillwein ist; es gibt auch halbtrockene und *Frizzante*-Versionen. An weißen Verschnitten sind der aromatische Monterosso Val d'Arda (Malvasia, Moscato, Trebbiano und Ortrugo, eventuell plus Beverdino und Sauvignon) und der etwas zurückhaltendere Val

Nure zu nennen (Malvasia, Moscato, Trebbiano und Ortrugo). Beide gibt es trocken und süß, still und schäumend. Ebenso variantenreich sind die sortenreinen Weine (weiß: Trebbiano Val Trebba, Malvasia, Ortrugo, Chardonnay, Pinot Grigio und Sauvignon – die letzteren drei müssen trocken sein; rot: Barbera, Cabernet Sauvignon und Pinot Nero).

FALERIO DEI COLLI ASCOLANI DOC

Marken

Trockene, zurückhaltend duftende Weißweine aus Trebbiano, Passerina, Verdicchio Malvasia, Pinot Bianco und Pecorino.

1–3 Jahre

Cocci Grifoni (Vigenti San Basso)

FOCARA DOC

Siehe Colli Pesaresi DOC

GUTTURNIO *ODER* GUTTURNIO DEI COLLI PIACENTINI DOC

Siehe Colli Piacentini DOC

LACRIMA DI MORRO D'ALBA DOC

Marken

Dieser weiche, mittelschwere Rotwein hat weder mit dem Lacrima Christi (*siehe* Süditalien) noch mit Alba im Piemont etwas zu tun, sondern entsteht in und um Morro d'Alba (Provinz Ancona) aus der rätselhaften Lacrima-Traube. Montepulciano und Verdicchio können zugesetzt werden. Der Wein kommt anscheinend nur aus einer Gemeinde, in Wahrheit ist dies die größte DOC in den Marken.

LAMBRUSCO

Emilia-Romagna

Der meiste Lambrusco – und zwar fast aller, der exportiert wird – hat keine DOC, v. a. weil man Schraubverschlüsse verwendet, die bei DOC-Weinen verboten sind. Lambrusco ohne DOC ist nicht interessant, und der DOC-Lambrusco ist es nur manchmal: ein lieblicher, kirschroter und nach Kirschen schmeckender, moussierender Wein mit wenig Alkohol (bei DOC-Weinen etwas mehr). Der Exportwein ist meist süß. Auch weiße und rosa Varianten gibt es; das *Mousseux* reicht von leicht perlend bis fast schäumend. Von den vielen Untervarietäten liefern Grasparossa, Salamino und Sorbara die interessantesten Weine, außerdem werden Foglia Frastagliata, Maestri, Marani, Monterrico und Viadanese kultiviert.

LAMBRUSCO DI SORBARA DOC

Emilia-Romagna

Meist trockener, manchmal halbtrockener roter oder rosé *Frizzantino* mit mittlerem Körper und mehr Gewicht und Aroma als normaler Lambrusco.

LAMBRUSCO GRASPAROSSA DI CASTELVETRO DOC

Emilia-Romagna

Trockener oder halbtrockener, roter oder rosé *Frizzantino,* besser als Lambrusco ohne DOC, aber nicht so gut wie Lambrusco di Sorbara.

LAMBRUSCO REGGIANO DOC

Emilia-Romagna

Die leichstesten DOC-Lambruscos, trocken oder halbtrocken, rot oder rosé.

LAMBRUSCO SALAMINO DI SANTA CROCE DOC

Emilia-Romagna

Die trockenen oder halbsüßen, weichen roten oder Rosé-Perlweine sind die aromatischsten Lambruscos und erreichen gelegentlich die Qualität des Lambrusco di Sorbara.

MONTEPULCIANO D'ABRUZZO DOC

Abruzzen

Der einzige gute Wein aus den Abruzzen mit zwei Varianten. Beide werden aus Montepulciano mit bis zu 15 % Sangiovese gemacht und sind kräftig gefärbt; der eine ist weich und üppig, der andere fester und tanninbetonter. Der Cerasuolo ist ein leichter, hell kirschroter Wein mit frischer Frucht, aber selten aufregend.

4–8 oder 8–20 Jahre (rot), 1–3 Jahre (rosé)

Illuminati • *Emidio Pepe* • *Tenuta del Priore* • *CS di Tollo* (Collo Secco) • *Valentini*

MONTEROSSO VAL D'ARDA DOC

Siehe Colli Piacentini DOC

MONTUNI DEL RENO DOC

Emilia-Romagna

Weißweine von trocken bis süß, von still bis schäumend, mit leicht bitterem Abgang.

PAGADEBIT DI ROMAGNA DOC

Emilia-Romagna

Weißwein, trocken bis halbtrocken und still bis *frizzante*, aus der Bombino Bianco, die hier »Pagadebit« (»Zahl die Schulden«) heißt. Die DOC gilt auch für einen Wein aus einer Einzelgemeinde, den Bertinoro, der dem Pagadebit gleicht, aber besser sein kann.

PENTRO *ODER* PENTRODI ISERNIA DOC

Molise

Weicher, leicht tanninbetonter Rotwein und trockener, fruchtiger Rosé aus Montepulciano und Sangiovese, frische Weißweine aus Trebbiano und Bombino.

PIGNOLETTO

Emilia-Romagna

Gilt als weitläufiger Verwandter des Rieslings.

RONCAGLIA DOC

Siehe Colli Pesaresi DOC

ROSSO CONERO DOC

Marken

Gute, körperreiche Weine auf Montepulciano-Basis, die durch Barriquereifung gewinnen.

6–15 Jahre

Garofoli (Agontano) • *Marchetti* • *Mecvini* • *Umani Ronchi* (San Lorenzo)

ROSSO PICENO DOC

Marken

Dieser exzellente Wein wird aus Sangiovese und Montepulciano, mit erlaubten Zusätzen von Trebbiano und Passerina, gemacht; die besten Exemplare – oft barriquegereift – sind fest bei weicher Frucht.

4–10 Jahre

Cocci Grifoni • *Villamagna* • *Villa Pigna* • *Umani Ronchi*

SANGIOVESE-CABERNET

Emilia-Romagna

Dieser Verschnitt ist in der Region selten.

Fattoria Zerbina (Marzeno di Marzeno)

SANGIOVESE DI ROMAGNA DOC

Diese massiven Rotweine sind nur von hervorragenden Lagen sehr gut.

3–7 Jahre

Fattoria Paradiso (Vigneti delle Lepri)

TREBBIANO D'ABRUZZO DOC

Abruzzen

Üblicherweise neutrale, mittelmäßige, trockene Weißweine, können aber auch sehr feinen Duft und samtige Textur haben.

1–3 Jahre

Emidio Pepe • *Tenuta del Priore* • *Valentini*

TREBBIANO DI ROMAGNA DOC

Emilia-Romagna

Neutrale trockene Weißweine, auch *Spumante* (trocken bis süß).

VAL NURE *ODER* VAL NURE DEI COLLI PIACENTINI DOC

Siehe Colli Piacentini DOC

VERDICCHIO DEI CASTELLI DI JESI DOC

Marken

Ein populärer, schlanker und frischer Weißwein mit zurückhaltendem Duft und leichtem Mandelton. Auch als *Frizzante* und *Spumante.*

1–4 Jahre

Brunori • *Bucci* • *Colonnara* • *Fazi Battaglia* (Le Moie) • *Garofoli* • *Mancinelli* • *Monte Schiavo* • *Umani Ronchi* • *Fratelli Zaccagnini*

VERDICCHIO DI MATELICA DOC

Marken

Diese Weine, die im Zentrum des Verdicchio-Gebiets gemacht werden, sind etwas gehaltvoller, aber meist nicht interessanter als der Castelli di Jesi.

1–4 Jahre

Fratelli Bisci • *La Monacesa*

VERNACCIA DI SERRAPETRONA DOC

Marken

Halbtrockene bis süße rote Spumanti aus Vernaccia mit möglicher Zugabe von Sangiovese, Montepulciano und Ciliegiolo.

NEUE IGT-WEINE

Bis Ende 1998 wurden folgende IGT-Weine anerkannt. Es bleibt abzuwarten, wie sich Stil, Qualität und Zuverlässigkeit entwickeln.

Abruzzen *Alto Tirino* • *Colli Aprutini* • *Colli del Sangro* • *Colline Frentane* • *Colline Pescaresi* • *Colline Teatine* • *Del Vastese oder Histonium* • *Terre di Chieti* • *Valle Peligna*

Emilia-Romagna *Bianco di Castelfranco Emilia* • *Emilia oder Dell'Emilia* • *Forlì* • *Fortana del Taro* • *Modena oder Provincia di Modena* • *Ravenna* • *Rubicone* • *Sillaro oder Bianco del Sillaro* • *Terre di Veleja* • *Val Tidone*

Marken *Marche*

Molise *Osco oder Terre degli Osci* • *Rotae*

SÜDITALIEN, SIZILIEN, SARDINIEN

Mit heißem Klima, hügeligem Terrain und vulkanischen Böden ist Süditalien ein altes und ertragreiches Weingebiet. Überproduktion ist immer noch ein Problem, doch begannen gut gemachte Weine vor einem Jahrzehnt mit dem Image von südlichem Süßzeug aufzuräumen; ganze Scharen freier Weinmacher (»flying winemakers«) haben seitdem bemerkenswerte Weine aus heimischen Rebsorten kreiert.

Die Weinberge Süditaliens, die bis ans blaue Meer reichen, bekommen sehr wenig Feuchtigkeit und schmoren in nie nachlassender Sonnenglut. Dies ist der Grund für tieffarbige Weine mit starken Aromen und hohem Alkoholgehalt. Diese schweren Weine, die den modernen Geschmack nicht treffen und fast unverkäuflich sind, werden immer noch in Mengen produziert, doch ändert die Region allmählich ihren Kurs. Die kleine, wachsende Produktion sauberer, eleganterer und expressiver Weine könnte zu einer neuen Identität verhelfen, die die Tür zu anspruchsvollen internationalen Märkten aufstößt. Dazu tragen ausländisches Kapital und das Know-how freier Önologen bei; das größte Hindernis, vereinzelte Erfolge auf eine breitere Basis zu stellen, ist die Armut, die den Mezzogiorno seit langem im Griff hat.

KAMPANIEN (CAMPANIA)

Der bekannteste Wein der Campania felix, wie die Römer die Region nannten, ist der Lacryma Christi (Träne Christi), die beste Qualität bietet jedoch der wenig bekannte Taurasi DOC, der aus der oft unterschätzten Aglianico gemacht wird. Falerno di Massico ist ein aufsteigender Aglianico-DOC. Neben den Weinen einzelner Erzeuger wie Mastroberardino und Antica Masseria Venditti gibt es allerdings kaum Interessantes.

APULIEN (PUGLIA)

Die außerordentlich fruchtbaren Ebenen machen Apulien zu einer der größten Weinbauregionen Italiens – doch bis in die 1970er Jahre waren die Weine nur gut genug für Massenverschnitte und die Wermutproduktion. Die meisten Erzeuger kämpfen darum, dieses schlechte Image loszuwerden, und bewirken eine radikale Umwandlung ihrer Branche. Natürlich wird noch eine große Zahl ordinärer Weine produziert, doch haben einige Ände-

SÜDITALIEN ***Siehe auch*** **S. 319**
Süditalien produziert riesige Mengen Wein. Guter Wein kommt aus Apulien; sonst ist die Qualität – abgesehen vom Aglianico aus der Basilikata und Kalabrien – sehr ungleichmäßig.

KÜSTE VON AMALFI
Auf den typischen terrassierten Felsen wachsen Reben und Zitrusbäume.

rungen die Situation schon verbessert. Bewässerungsmaßnahmen, die Anpflanzung gering tragender, hochwertiger Rebsorten (einschließlich vieler klassischer Franzosen) und die Abkehr von der Buscherziehung (*Alberello*) zu Gunsten moderner Drahtrahmensysteme haben zu neuen Weinen geführt, die Aufmerksamkeit verdienen, und traditionellen Sorten neue Aussichten eröffnet. Die wichtigsten Rebsorten sind heute Primitivo, die am frühesten reifende Traube Italiens, die mit dem kalifornischen Zinfandel identisch ist, und Uva di Troia, die ihren Namen nicht von der gleichnamigen Stadt in der nordapulischen Provinz Foggia ableitet, sondern vom antiken Troja, wo angeblich ihr Ursprung liegt. Sie kam mit den ersten Griechen ins Land, die um Tarent siedelten.

DURCHSCHNITTLICHE PRODUKTION PRO JAHR

REGION	DOC-PRODUKTION	GESAMTPRODUKTION
Sizilien	270 000 hl (36 Mio. Flaschen)	10 Mio. hl (1330 Mio. Flaschen)
Sardinien	260 000 hl (34,6 Mio. Flaschen)	2,5 Mio. hl (340 Mio. Flaschen)
Apulien	198 000 hl (26,4 Mio. Flaschen)	11 Mio. hl (1466 Mio. Flaschen)
Kalabrien	33 000 hl (4,4 Mio. Flaschen)	1,2 Mio. hl (160 Mio. Flaschen)
Kampanien	12 500 hl (1,66 Mio. Flaschen)	2,5 Mio. hl (340 Mio. Flaschen)
Basilikata	63 000 hl (8,4 Mio. Flaschen)	0,42 Mio. hl (56 Mio. Flaschen)

Anteil an der italienischen Produktion: Apulien 14 %; Sizilien 13 %; Kampanien 3,3 %; Sardinien 3,3 %; Kalabrien 1,6 %; Basilikata 0,6 %

BASILIKATA (BASILICATA)

Die Basilikata ist eine Region mit dramatischer Landschaft, die von dem erloschenen Vulkan Monte Vulture bei Potenza dominiert wird. Industrie gibt es hier kaum (sie erbringt weniger als 1 % des Sozialprodukts), und das gebirgige Terrain macht die Mechanisierung der Landwirtschaft fast unmöglich. Ohne Kapital für Investitionen und mit über 60 % Arbeitslosigkeit hat die Basilikata weder die Mittel noch einen Anreiz für eine Modernisierung der Weinindustrie. Folglich ist – mit Ausnahme von erstklassigem, aber eigenartigem Aglianico del Vulture (die einzige DOC der Basilikata), einem wunderbaren Aglianico ohne DOC (Canneto von Fratelli d'Angelo) und köstlichem Moscato und Malvasia von Fratelli d'Angelo und Paternoster – die Qualitätsweinszene der Basilikata so ausgedörrt wie die Landschaft, obwohl sie eine fette Weide für freie Önologen sein könnte.

SIZILIEN, SARDINIEN ***Siehe auch*** S. 319
Sizilien und Sardinien werden meist zu Süditalien gerechnet, da sie sich auf denselben Breitengraden befinden. Unsere Karten zeigen viele neue Appellationen einschließlich der umstrittenen DOCG-Zone Vermentino di Gallura im Norden Sardiniens.

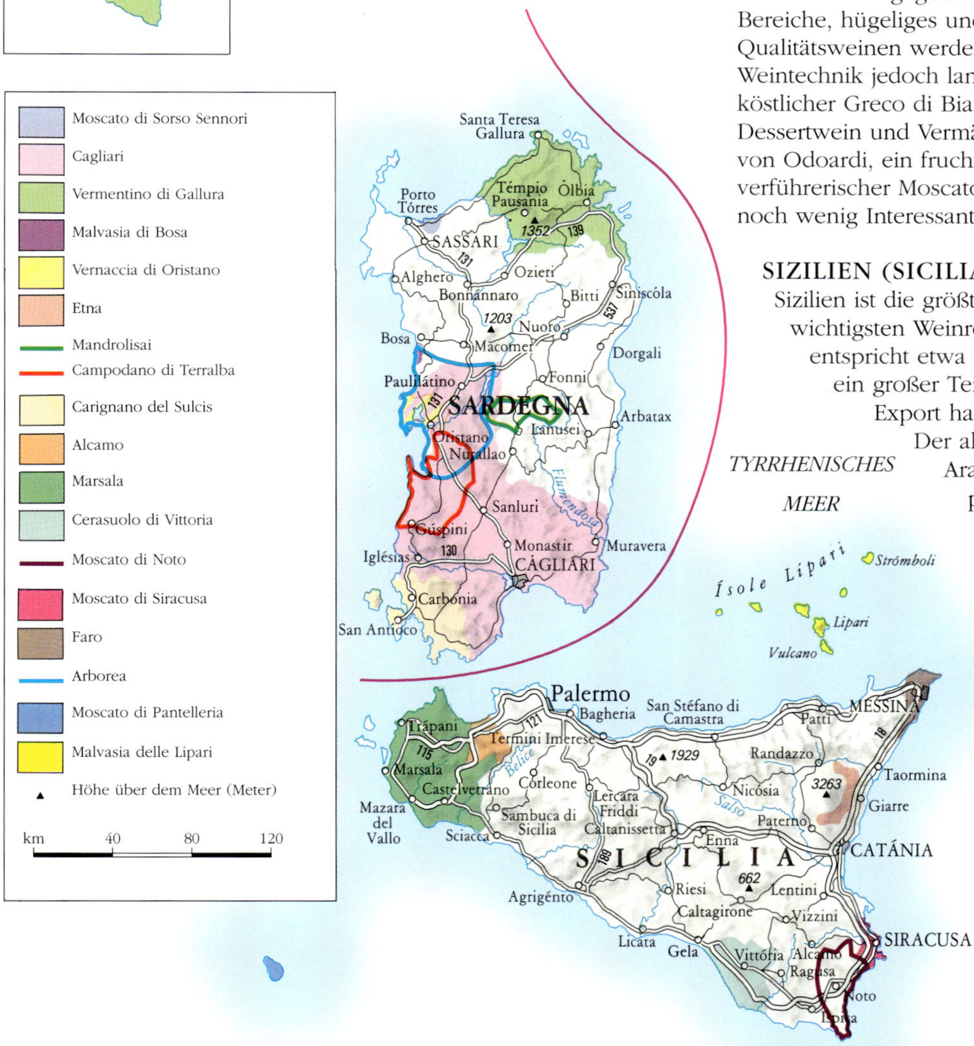

KALABRIEN (CALABRIA)

Der Rückgang der Weinproduktion Kalabriens seit den 1960er Jahren war qualitativ von Vorteil. Ein Großteil ungeeigneter Lagen ist inzwischen aufgegeben worden, und die zehn existierenden DOC-Bereiche, hügeliges und bergiges Terrain, könnten zur Quelle von Qualitätsweinen werden. Gegenwärtig geht der Wandel in der Weintechnik jedoch langsam voran, und mit wenigen Ausnahmen – köstlicher Greco di Bianco von Umberto Ceratti, ein Weltklasse-Dessertwein und Vermächtnis der Vergangenheit; Vigna Vecchia von Odoardi, ein fruchtiger Rotwein aus der Gaglioppo-Traube; verführerischer Moscato-VdT von Guido Lojelo – hat die Region noch wenig Interessantes zu bieten.

SIZILIEN (SICILIA)

Sizilien ist die größte Insel im Mittelmeer und qualitativ eine der wichtigsten Weinregionen Italiens. Die jährliche Produktion entspricht etwa der des Veneto oder der Emilia-Romagna; ein großer Teil wird auf der Insel selbst konsumiert, im Export hat die Marke Corvo größere Bedeutung.

Der alte Hafen Marsah-el-Allah, der unter den Arabern erbaut wurde, gab dem einst populären klassischen Wein Siziliens, dem Marsala, seinen Namen. Ähnliche Produkte sind bis zu den Römern zurückzuverfolgen, die Wein kochten, um ihn süßer zu machen. Der Marsala wurde 1773 von John Woodhouse aus Liverpool erfunden und nach England exportiert, wo er rasch beliebt wurde; Admiral Nelson ließ seine Mittelmeerflotte mit Marsala versorgen. In der Mitte des 19. Jahrhunderts lag der Marsala von der Art her zwischen Madeira und Sherry. Der traditionsreiche aufgespritete Wein passt nicht so recht in den modernen Geschmack, obwohl man die aromatisierten Versionen reduziert und sich auf den leichteren, trockenen *Vergine*-Stil verlegt. Ebenso klassisch, aber rarer ist der herrlich süße Moscato Passito von der Insel Pantelleria, die näher an Tunesien liegt als an Sizilien.

DER MONTE POLLINO IN KALABRIEN

Der kleine Bergzug bei Frascineto gibt einem fruchtigen Chiaretto aus Gaglioppo, Greco Nero, Malvasia und Guarnaccia seinen Namen.

SARDINIEN (SARDEGNA)

Sardinien, die zweitgrößte Mittelmeerinsel, macht alle Arten von Wein. Die Modernisierung der Weinindustrie, die seit Ende der 1970er Jahre im Gang ist, hat sich am meisten auf die Weißweine ausgewirkt. Auch wenn es keine »großen« Gewächse gibt, so sind die Weine doch im Allgemeinen gut gemacht und angenehm zu trinken. Eine kleine Zahl von Spitzenweingütern produziert unter den DOC Carignano de Sulcis und Cagliari interessante Weine, ausgezeichnete Malvasia-*Vini-da-Tavola* kommen von Gian Vittorio Naitana. Vermentino di Gallura war eine weitere attraktive DOC, doch ihre Beförderung zur DOCG war der absurdeste Missbrauch dieser Appellation seit dem Albana di Romagna. Die Gallura besitzt ein großartiges Potenzial für Spitzenweine, aber für Rot- und nicht für Weißwein. Ihr hügeliges Gelände reduziert bei dunklen Rebsorten auf natürliche Weise die Erträge, und es könnte intensiv aromatische, alterungsfähige Tropfen aus interessanten einheimischen Sorten wie Cannonau – eine lokale Variante der Grenache – hervorbringen.

GESCHMACKS- UND QUALITÄTSFAKTOREN

LAGE
Das Gebiet umfasst den südlichen Teil des Festlands mit Apulien, Kampanien, der Basilikata und Kalabrien sowie die Inseln Sizilien, Lipari und Pantelleria sowie Sardinien.

KLIMA
Der Süden ist die heißeste und trockenste Region Italiens. Die Küstengebiete und die Inseln werden von den Meereswinden gekühlt.

TOPOGRAFIE
Der größte Teil des Gebiets ist bergig oder hügelig, aber auch auf den flachen Hängen und in den Ebenen Apuliens wird Wein angebaut. Die besten Lagen finden sich durchgängig auf nach Norden ausgerichteten, höhergelegenen Hängen, wodurch die Reben weniger Sonne erhalten; auch wirkt die Höhe mäßigend mit dem Effekt längerer Vegetationszeiten.

BÖDEN
Vorherrschend vulkanisches Gestein und Granit mit einigen Vorkommen von Lehm und Kreide.

WEINBAU UND WEINBEREITUNG
Süditalien ist zusammen mit dem französischen Midi die Hauptquelle des europäischen Weinsees. Mit besseren Rebsorten lässt sich jedoch auf hoch gelegenen Arealen auch Wein von Qualität und Charakter machen, der Aufmerksamkeit verdient. Freie Weinmacher haben besonders dazu beigetragen, das Potenzial aufzuzeigen.

REBSORTEN
Aglianico, Albana (*syn.* Greco, jedoch nicht Grechetto), Aleatico, Alicante Bouschet, Asprinio (*syn.* Asprino, Olivese, Ragusano, Uva Asprina), Barbera, Bianco d'Alessano, Biancolella (*syn.* Ianculillo, Petit Blanche, Teneddu), Bombino, Bombino Nero, Cabernet Franc, Calabrese (*syn.* Nero d'Avola, Niura d'Avola), Cannonau (*syn.* Grenache, Cannonadu, Canonau), Carignano (Carignan, Uva di Spagna), Carricante, Cataratto, Chardonnay, Cinsault (*syn.* Ottavianello), Coda del Volpe *syn.* Caprettone, Coda di Pecora, Pallagrello Bianco), Damaschino, Falanghina, Fiano, Forastera, Francavidda (*syn.* Francavilla), Gaglioppo (*syn.* Arvino, Gaioppo, Lacrima Nera, Magliocco, Mantonico Nero), Garganega (*syn.* Grecanico), Girò, Grechetto, Greco Nero, Grillo, Guarnaccia (*syn.* Cannamelu, Uarnaccia), Impigno, Incrocio Manzoni 6013 (*syn.* Riesling x Pinot Blanc), Inzolia (*syn.* Ansolia, Ansonica, Nzolia), Malbec, Malvasia, Malvasia Nera, Mantonico, Marsigliana, Monastrell (*syn.* Bovale, Muristrellu), Monica (*syn.* Monaca, Niedda, Pacali, Passale, Tintilla), Montepulciano, Moscato (*syn.* Muscat), Nasco (*syn.* Nusco), Negroamaro, Nerello (*syn.* Frappato), Nocera, Notardomenico, Nuragus (*syn.* Abbondosa, Axina de Margiai, Axina de Poporus, Meragus, Nuragus Trebbiana), Pampanuto (*syn.* Pampanino), Perricone (*syn.* Pignatello), Piedirosso (*syn.* Palombina Nera, Pedepalumbo, Per'e Palumme), Pinot Bianco, Pinot Grigio, Pinot Nero, Primitivo (*syn.* Zagarese, Zinfandel), Sangiovese, Sauvignon, Sciascinoso (*syn.* Olivella), Susumaniello, Torbato, Trebbiano (*syn.* Ugni Blanc), Uva di Troia, Verdeca, Vermentino, Vernaccia, Zibibbo (*syn.* Muscat d'Alexandrie)

DIE HERKUNFTSBEZEICHNUNGEN

SÜDITALIEN, SIZILIEN, SARDINIEN

AGLIANICO

Basilikata

Diese Traube, die von vielen mit der Barbera verglichen wird, ist seit römischen Zeiten angesehen, als man aus ihr den Falerner machte. Einer der beiden guten Aglianico-Weine Italiens ist der Aglianico del Vulture aus der Basilikata, der andere der Taurasi aus der Campania. Die Fratelli d'Angelo, der beste Erzeuger, machen auch am meisten Aglianico ohne DOC.

6–20 Jahre

Fratelli d'Angelo (Canneto)

AGLIANICO DEL TABURNO DOC

Siehe Taburno DOC

AGLIANICO DEL VULTURE DOC

Basilikata

Die einzige DOC der Basilikata umfasst die Hänge des alten Vulkans Monte Vulture und die Hügel der Umgebung, die als die besten Aglianico-Lagen gelten. Der stattliche, jedoch harmonische Wein mit warmer Farbe, großzügiger Schokoladen-Kirsch-Frucht und fester Tanninstruktur kann in der Jugend etwas ungehobelt sein, altert aber zu wirklich seidiger Finesse. Er gilt bei vielen als der beste Aglianico und wird sicher DOCG-Status erhalten. Trägt er die Be-

zeichnung *vecchio* (alt), ist er mindestens drei Jahre gereift, als *riserva* mindestens fünf Jahre, davon jeweils zwei Jahre im Holzfass. Aglianico del Vulture wird auch halbtrocken und als *Spumante* hergestellt.

6–20 Jahre

Fratelli d'Angelo • *Paternoster*

ALCAMO DOC *ODER* BIANCO D'ALCAMO DOC

Trockene, überraschend frische Weißweine mit zartem Duft, aus Cataratto mit maximal 20 % Grecanico, Damaschino oder Trebbiano. Leider werden auf dem fruchtbaren Boden oft zu hohe Erträge erzielt, um Weine von Qualität und Charakter zu produzieren.

Rapitalà

ALEATICO DI PUGLIA DOC

Apulien

Der in kleinen Mengen in der ganzen Region hergestellte Wein wird selten exportiert. Opulente, aromatische Weine mit vollen, geschmeidigwarmen, exotischen Aromen in Versionen von halbsüß (*dolce naturale*, nicht aufgespritet) bis sehr süß (*liquoroso* oder *liquoroso dolce*, aufgespritet). Ein *Riserva* muss mindestens drei Jahre reifen, beim *Liquoroso* vom Zeitpunkt des Gärungsstopps gerechnet, sonst von der Ernte an.

Sofort

Francesco Candido

ALEZIO DOC

Apulien

Rot- und *Rosato*-Weine aus Negroamaro, außerdem können bis 20 % Sangiovese, Montepulciano und Malvasia Nera verwendet werden. Der Rotwein ist alkoholisch, leicht tanninbetont und nicht sehr interessant, der trockene Rosé kann weich und wunderbar aromatisch sein.

Sofort (Rosé)

Michele Calò (Mjère)

ARBOREA DOC

Sardinien

Roter Sangiovese, Sangiovese-Rosato und trockener bis lieblicher weißer Trebbiano.

ASPRINIO

Basilikata

Die wurzelecht kultivierte Sorte ergibt einen grünen, oft armseligen Weißwein, trocken und *frizzante*.

ASPRINIO DI AVERSA DOC

Kampanien

Ein Pendant zum portugiesischen *Vinho Verde:* frischer, knackiger Weißwein aus Asprinio-Trauben. Meist still oder leicht schäumend, daneben auch als *Spumante*.

BIANCOLELLA

Kampanien

Fast nur auf Ischia hergestellt. D'Ambra füllt hier einen Sortenwein ab.

BRINDISI DOC

Apulien

Geschmeidige Rotweine und leichte, fruchtige trockene Rosés, beide aus mindestens 70 % Negroamaro, sonst dürfen Montepulciano, Malvasia Nera, Sangiovese und Susumaniello verwendet werden.

3–6 Jahre

Cosima Taurino (Patriglione)

CABERNET-VERSCHNITTE

Kalabrien

Von den wenigen auf Cabernet basierenden Weinen sind Gravello und Montevetrano hervorzuheben.

Silvio Imparato (Montevetrano) • *Librandi* (Gravello)

CACC'E MMITTE DI LUCERA DOC

Apulien

Der Name dieses körperreichen roten Verschnitts aus bis zu sieben Traubensorten bedeutet so viel wie »Runter damit!« (*cacc'e* heißt »trink«, *mmitte* »schütte«), was den einfachen, angenehmen Wein gut charakterisiert.

CAGLIARI DOC

Sardinien

Vier reinsortige Weine werden gemacht: Malvasia, ein weicher, schön duftender Rotwein (trocken, süß und *Liquroso*); Moscato, ein üppiger Süßwein, der auch aufgespritet sein kann; Nasco, ein elegant duftender, delikater Weißwein (trocken, süß und *Liquoroso*); Nuragus, ein in großen Mengen produzierter Weißwein (trocken, halbtrocken, *frizzante*).

1–2 Jahre

Meloni

CAMPIDANO DI TERRALBA *ODER* TERRALBA DOC

Sardinien

Weicher, dennoch fülliger Rotwein aus der Monastrell, die hier Bovale genannt wird.

CAMPI FLEGREI DOC

Kampanien

Zwei Verschnitte: Rotwein aus Piedirosso, Aglianico und Sciascinoso, Weißwein aus Falanghina, Biancolella und Coda di Volpe; außerdem ein reinsortiger Piedirosso (trocken sowie trockener bis süßer *Passito*) und ein weißer Falanghina (auch *Spumante*).

CANNONAU DI SARDEGNA

Sardinien

Eine DOC mit unterschiedlichen Qualitäten. Cannonau (international als Grenache bekannt) ist da und dort hervorragend (trockene, halbtrockene und süße Rot- und Roséweine, auch *Liquoroso*).

CAPRI DOC

Kampanien

Gefällige trockene Weißweine, die selten die Insel verlassen. Boden und Klima Capris würden einen viel besseren Wein erwarten lassen; doch da Land rar und teuer ist, holen die Erzeuger viel zu viel aus ihren Weinbergen heraus.

CARIGNANO DEL SULCIS DOC

Sardinien

Viel versprechende Rot- und Roséweine aus der Carignan, bis zu 15 % dürfen Monica, Pascale und Alicante sein.

1–4 Jahre

CS di Santadi (Riserva Rocca Rubia, Terre Brune)

CASTEL DEL MONTE DOC

Apulien

Der bekannteste Wein der Region ist nach dem berühmten, um 1240 erbauten Jagdschloss des Staufer-Königs und Kaisers Friedrich II. benannt (Apulien, erlebte unter den Staufern seit 1189 eine Blütezeit). Mit Ausnahme des roten *Riserva* »Il Falcone« von Rivera sind die Weine allerdings weniger erhaben, als ihr Name erwarten lässt. Außer dem einfachen Rot- und Roséwein aus Uva di Troia und Aglianico sowie Weißwein aus Pampanuto und Chardonnay sind zwei rote (Pinot Nero, Aglianico), vier weiße (Chardonnay, Pinot Bianco, Bianco da Pinot Nero, Sauvignon) und ein *Rosato*-Sortenwein (Aglianico) zu nennen.

2–6 Jahre (rot; 8–20 Jahre für Falcone)

Rivera (bes. Il Falcone, Terre al Monte)

CASTEL SAN LORENZO DOC

Kampanien

Relativ neue DOC mit sieben Gemeinden in der Provinz Salerno für Rotwein und *Rosato* aus Barbera und Sangiovese, Weißwein aus Trebbiano und Malvasia, einen roten (Barbera) und einen weißen Sortenwein (Moscato, Stillwein und *Spumante*).

CERASUOLO DI VITTORIA DOC

Sizilien

Kirschrote Weine aus Nerello- und Calabrese-Trauben kommen aus der Südostecke Siziliens.

CERDESE

Sizilien

Bei Cerda in der Nähe von Palermo werden Rosso, *Rosato* und Bianco gemacht.

CILENTO DOC

Kampanien

In den steinigen Weinbergen von Cilento haben die Reben zu kämpfen. Gemacht werden Rotwein und *Rosato* aus Aglianico, Piedirosso und Barbera sowie ein Weißwein aus Fiano, Trebbiano, Greco und Malvasia. Ein sortenreiner Aglianico muss sich erst noch beweisen.

CIRÒ DOC

Kalabrien

Starke, alkoholische Rot- und Roséweine auf Gaglioppo-Basis sowie Weißweine aus der Greco, die sich zu sehr auf den in alten Zeiten klangvollen Namen Cirò verlassen.

CONTESSA ENTELLINA DOC

Sizilien

Diese neue DOC deckt die Weinberge des Orts Contessa Entellina in der Provinz Palermo ab. Man produziert einen köstlichen trockenen Weißweinverschnitt aus Inzolia, Cataratto, Garganega, Chardonnay, Sauvignon Blanc und Müller-Thurgau sowie drei weiße Sortenweine aus Chardonnay, Grecanico (Garganega) und Sauvignon.

COPERTINO DOC

Apulien

Die DOC ist nach der Stadt Copertino benannt, umfasst aber auch fünf weitere Gemeinden, die ebenfalls Weine als Copertino DOC anbieten. Aus mindestens 70 % Negroamaro und Malvasia Nera, Montepulciano und Sangiovese werden weiche, runde Rotweine und duftende Rosati gemacht.

2–5 Jahre

Cantina Sociale di Copertino (Riserva), *Tenuta Monaci* (Riserva)

CORVO

Sizilien

Die Handelsmarke der Firma Duca di Salaparuta für rote und weiße, auch schäumende und aufgespritete (Stravecchio di Sicilia) Weine. Corvo ist keine DOC, dennoch der wohl bekannteste Wein aus Sizilien. Der fruchtige, weiche Rotwein ist bei weitem der erfolgreichste und zuverlässigste im Programm.

CREMOVO ZABAIONE VINO AROMATIZZATO DOC

Siehe Marsala DOC

DONNICI DOC

Kalabrien

Kirschrote, fruchtige Rotweine und Rosés (Chiaretto) aus Grecanico- und Gaglioppo-Trauben, die in der Provinz Cosenza wachsen. Am besten jung zu trinken.

ELORO DOC

Sizilien

Diese DOC in den Provinzen Ragusa und Siracusa produziert Rotwein und Rosé aus Calabrese, Frappato und Pignatello; wenn der Verschnitt mindestens 80 % Calabrese enthält, wird er Pachino genannt. Dieselben Rebsorten werden auch separat vinifiziert, wobei der Calabrese unter seinem lokalen Namen Nero d'Avola verkauft wird.

ETNA DOC

Sizilien

Nach Homer ist dies der Wein, mit dem Odysseus den Kyklopen Polyphemos außer Gefecht setzte. Es gibt drei Haupttypen, einen fülligen Rotwein, einen fruchtigen Rosé (beide aus Nerello) und einen weichen, neutralen Weißwein aus Carricante und Cataratto mit bis zu 15 % Trebbiano.

FALERNO DEL MASSICO DOC

Kampanien

Diese DOC erinnert an den Falerner, den im alten Rom so beliebten Wein, der im Nordwesten Kampaniens und in Latium gemacht wurde. Der farbkräftige, körperreiche und ländlich-robuste Rotwein besteht aus Aglianico und Piedirosso (mit maximal 40 % Primitivo und Barbera). Der runde, fruchtige trockene Weißwein ist indes reiner Falanghina. Auch ein reiner Primitivo wird produziert.

3–7 Jahre (rot), sofort (weiß und Rosé)

Villa Matilde • *Michele Moio* (Primitivo)

FARO DOC

Sizilien

Rubinrote, mittelschwere, jedoch kräftig aromatische Weine aus Nerello- und Nocera-Trauben, die bei Messina wachsen. Auch bis 15 % Gaglioppo, Calabrese und Sangiovese dürfen verwendet werden.

2–5 Jahre

Bagni

FIANO DI AVELLINO DOC

Kampanien

Der Vignadora von Mastroberardino ist der beste Wein aus dieser ungewöhnlichen, überdurchschnittlichen Weißwein-DOC im hügeligen Umland von Avellino (mindestens 85 % Fiano-Trauben).

1–3 Jahre

Mastroberardino

GIOIA DEL COLLE DOC

Apulien

Die große DOC in der Provinz Bari umfasst rote und rosé Verschnitte (Primitivo, Montepulciano, Sangiovese, Negroamaro und Malvasia Nera) und einen Weißwein (Trebbiano mit bis zu 50 % anderen Sorten), außerdem zwei Sortenweine, einen lieblichen Primitivo und einen sehr süßen Aleatico (auch gespritet).

GIRO DI CAGLIARI DOC

Sardinien

Weine, alkoholische Rotweine (süß und trocken) sowie trockene und süße gespritete Weine.

GRAGNANO DOC

Siehe Penisola Sorrentina DOC

GRAVINA DOC

Apulien

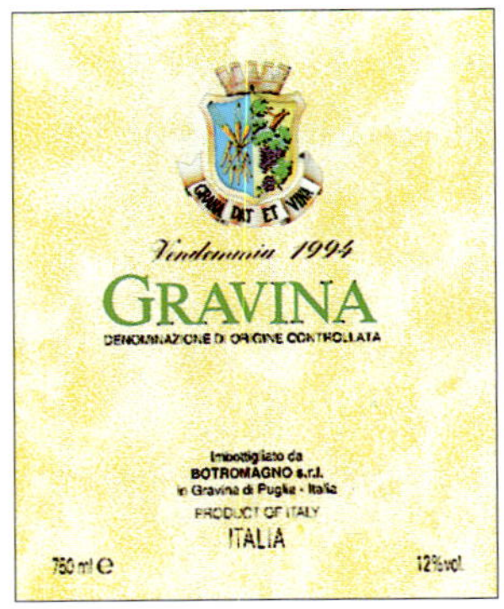

Trockene und liebliche weiße Verschnitte (still oder *Spumante*) aus Malvasia, Greco und Bianco d'Alessano sowie bis zu 10 % Bombino, Trebbiano und Verdeca.

GRECO DI BIANCO DOC

Kalabrien

An der Spitze Kalabriens, um den Ort Bianco, wird aus Grechetto (hier Greco Bianco genannt) dieser Wein gemacht. Mit Ausnahme des herausragenden Produkts von Umberto Ceratti ist der Greco di Bianco ein einfacher *Passito*. Ceratti erntet bereits eingeschrumpfte Trauben und blanchiert sie unmittelbar nach der Lese in kochendem Wasser, um durch diese Schnellpasteurisierung die Notwendigkeit des Schwefelns zu reduzieren oder ganz auszuschalten. Sein starker, wunderbar süßer und weicher Tropfen hat ein lebhaftes Bukett, eine überströmende Frucht und ein samtenes Finale.

3–5 Jahre

Umberto Ceratti

GRECO DI TUFO DOC

Kampanien

Delikate und weiche trockene Weißweine (auch *Spumanti*) aus der echten Greco-Traube, die nördlich von Avellino kultiviert wird.

Sofort

Mastroberardino (Vignadangelo)

GUARDIA SANFRAMONDI *ODER* GUARDIOLO DOC

Kampanien

Die in den Hügeln von Benevento situierte DOC umfasst einen weißen Verschnitt (Malvasia und Falanghina plus max. 30 % Diverses) und auf Sangiovese basierenden Rotwein und Rosé. Außerdem gibt es einen weißen (Falanghina) und einen roten Sortenwein (Aglianico).

ISCHIA DOC

Kampanien

Gefälliger, mittelschwerer Rotwein (Guarnaccia und Piedirosso, dazu 20 % Diverses), zurückhaltend aromatischer trockener Weißwein (Forastera und Biancolella; auch als *Spumante*), außerdem zwei weiße Sortenweine (Biancolella und Forestera) und ein roter (Piedirosso; trocken und als *Passito*).

2–4 Jahre (rot), sofort (weiß, rosé)

D'Ambra

LAMEZIA DOC

Kalabrien

Ursprünglich enthielt die DOC nur einen hellen, angenehm fruchtigen, sonst unauffälligen roten Verschnitt (Nerello, Gaglioppo, Greco Nero, Marsigliana); nach der Ausweitung gibt es auch einen weißen Verschnitt (Grechetto, Trebbiano und Malvasia) sowie einen sortenreinen Greco, wie die Grechetto hier genannt wird. Der helle Rotwein wurde durch »richtigen« Rotwein und Rosé ersetzt.

LETTERE DOC

Siehe Penisola Sorrentina DOC

LEVERANO DOC

Apulien

Alkoholreiche Rotweine und frische, fruchtige *Rosati* (Negroamaro, ergänzt durch Sangiovese, Montepulciano und Malvasia Nera) sowie weiche trockene Weißweine (Malvasia plus Bombino und Trebbiano). Herausragend ist der rote Vigna del Saraceno von Conti Zecca.

3–7 Jahre (rot)

Conti Zecca (Vigna del Saraceno)

LIZZANO DOC

Apulien

Auf der Basis von Negroamaro, der durch Montepulciano, Sangiovese, Bombino Nero, Pinot Nero und Malvasia Nera unterstützt wird, macht man Rot- und Roséwein als Stillwein und *Frizzante,* den Rosé auch als *Spumante*. Der weiße Verschnitt besteht aus Trebbiano und Chardonnay (mit möglicher Beigabe von Malvasia, Sauvignon und Bianco d'Alessano), auch ihn gibt es von still bis voll schäumend. Geradlinige trockene Stillweine sind die sortenreinen Negroamaro, Malvasia Nera (rot) und Negroamaro Rosato.

LOCOROTONDO DOC

Apulien

Frische, verhalten fruchtige trockene Weißweine von zunehmender Qualität aus Verdeca und Bianco d'Alessano mit möglichem Zusatz von Fiano, Malvasia und Bombino (Still- und Schaumwein).

Sofort

CS di Locorotondo

MALVASIA

Basilikata, Sardinien

Diese Traube spielt bei den *Vini da Tavola* nach dem Moscato eine wichtige zweite Rolle. Die Weine sind meist süß, manchmal *frizzante.* Auf Sardinien sind die Weine meist gespritet und besitzen DOC-Status; der Malvasia della Planargia, von vielen als der beste der Insel betrachtet, ist aber immer noch ein VdT.

Basilikata *Fratelli d'Angelo • Paternoster*

Sardinien *Gian Vittorio Naitana* (Vigna Giagonìa, Vigna Murapiscados)

MALVASIA DELLE LIPARI DOC

Liparische Inseln

Süße, aromatische *Passito*-Weißweine.

2–5 Jahre

Antonino Caravaglio • Carlo Hauner

MALVASIA DI BOSA DOC

Sardinien

Üppige süße und trockene Weißweine und trockene bis süße Liquorosi. Im Allgemeinen körperreicher als Malvasia di Cagliari.

MALVASIA DI CAGLIARI DOC

Süße und trockene Weißweine und trockene bis süße *Liquorosi,* die leichter, aber auch feiner, eleganter und meist trockener sind als Malvasia di Bosa.

MALVASIA NERA

Apulien

Malvasia mit dunklen Schalen ist im Gebiet Salento verbreitet, wo sie traditionell die Negroamaro begleitet. Auch sortenreine Weine werden gemacht (sowohl *Vini da Tavola* als auch DOC), von lebhafter Farbe, zurückhaltend aromatischer Frucht und trockenem, aber samtweichem Abgang.

MANDROLISAI DOC

Sizilien

Rot- und Roséweine mit bitterem Nachhall, verschnitten aus Bovale (Monastrell), Cannonau (Grenache) und Monica.

MARSALA DOC

Sizilien

Als preisgünstigen Ersatz für Portwein und Sherry »erfand« der Engländer John Woodhouse 1773 den Marsala. Als bekanntester Wein Siziliens und einer der bekanntesten Dessertweine ist er in die Geschichte eingegangen. Der Name ist arabisch und von Marsah-al-Allah abgeleitet, dem alten Hafen von Marsala. Verwendet werden Grillo (die ursprüngliche Marsala-Traube, die immer noch als beste gilt), Catarratto, Pignatello, Garganega, Calabrese, Damaschino, Nerello und Inzolia. Marsala wird – mit Ausnahme der *Vergine*- und der *Solera*-Versionen – durch Beigabe von Weingeist (*Sifone*) aufgespritet und gegebenenfalls mit lokal produziertem Traubensaftkonzentrat (*Mosto cotto*) gesüßt. Er kann trocken (*secco*), halbtrocken (*semi-secco*) und süß (*dolce*) sein; weiter wird er nach der Farbe unterschieden, gold (*oro*), bernsteinfarben (*ambra*) und rot (*rubino*); schließlich gibt es ihn in fünf Alterungstypen: *Fine, Superiore, Superiore Riserva, Vergine* bzw. *Solera* und *Vergine Stravecchio.* Marsala Fine, die niedrigste Kategorie, reift ein Jahr (Holz ist nicht vorgeschrieben) und hat mindestens 17 Vol.-% Alkohol. Wie es der Italienexperte David Gleave ausdrückte: »Marsala Fine ist meist alles andere als fein, eine billige und ziemlich niederträchtige Karikatur des Namens.« Marsala Superiore altert mindestens zwei Jahre in Holz (als Riserva vier Jahre) und hat mindestens 18 % Alkohol. Marsala Vergine gibt es ausschließlich trocken bis sehr trocken, d. h. eine Zugabe von Traubensaftkonzentrat ist nicht erlaubt, ebensowenig die von Alkohol; er reift mindestens fünf Jahre in Holzfässern (Riserva und Stravecchio zehn Jahre) und muss mindestens 18 % Alkohol haben. Einige traditionelle Abkürzungen sind noch auf den Etiketten zu finden: IP (Italy Particular: Marsala Fine), LP (London Particular: Marsala Superiore), SOM (Superior Old Marsala: Marsala Superiore), GB (Garibaldi Dolce: Marsala Superiore). Aromatisierter Marsala wird als *Cremovo* (wahnsinnig süß, mit 80 % Marsala, Eigelb und mindestens 200 g Zucker pro Liter) oder *Preparato con l'impiego di Vino Marsala* (Zubereitungen mit mindestens 60 % Marsala) verkauft, außerdem ist er als Gebräu aller Art anzutreffen, mit Schokoladen-, Bananen-, Orangenaroma usw. Außer einigen alten Flaschen Vergine oder Solera lässt mich der meiste Marsala kalt, die guten Erzeuger sind allgemein bekannt.

Sofort

De Bartoli • Florio • Carlo Pellegrino

MARTINA DOC *ODER* MARTINA FRANCA DOC

Apulien

Trockene Weißweine, still und schäumend, die denen von Locorotondo sehr ähnlich sind.

MATINO DOC

Apulien

Robuste, leicht weinige trockene *Rosati* aus Negroamaro mit möglichem Zusatz von Malvasia Nera.

MELISSA DOC

Kalabrien

Körperreiche Rotweine (aus Gaglioppo, Greco Nero, Grechetto, Trebbiano und Malvasia) und frische trockene Weißweine (aus Grechetto, Trebbiano und Malvasia).

MENFI

Sizilien

Ordentliche rote und weiße *Vini da Tavola* werden in und um Menfi an der westlichen Südküste der Insel gemacht.

METAPONTUM

Basilikata

Rote und weiße *Vini da Tavola* werden an der Küste der Basilikata zu beiden Seiten des Flusses Basento gemacht.

MONICA DI CAGLIARI DOC

Siehe Sardegna DOC

MONICA DI SARDEGNA DOC

Siehe Sardegna DOC

MOSCATO

Basilikata, Kalabrien

In der Basilikata, am Monte Vulture, machen zwei Spitzenerzeuger süßen *Spumante* (VdT) aus der Moscato. Sie wächst auch in ganz Kalabrien, wo man sie aber überwiegend für Passito verwendet.

✓ **Basilikata** *Fratelli d'Angelo* • *Paternoster*
Kalabrien *Guido Lojelo*

MOSCATO DI CAGLIARI DOC

Siehe Cagliari DOC

MOSCATO DI NOTO DOC

Sizilien

Halbtrockene und süße Moscato-Weine als Stillwein, *Spumante* und aufgespritet.

MOSCATO DI PANTELLERIA DOC

Pantelleria

Auf Pantelleria, das südwestlich von Sizilien nahe an Tunesien liegt, wird sehr guter Moscato gemacht, halbtrocken bis süß als Stillwein, *Spumante* und aufgespritet.

✓ *De Bartoli* (Passito Bukkuram) • *Florio* (Morsi di Luce) • *Gioia-Casano* • *Salvatore Murana* • *Nuova Agricoltura* • *Rallo*

MOSCATO DI SARDEGNA DOC

Siehe Sardegna DOC

MOSCATO DI SIRACUSA DOC

Sizilien

Süße, weiche Weißweine aus halbrosinierten Trauben.

MOSCATO DI SORSO SENNORI DOC

Sardinien

Süßer, dichter Moscato und aromatischer *Liquoroso,* beide körperreicher als Moscato di Cagliari oder Moscato di Sardegna.

MOSCATO DI TRANI DOC

Apulien

Winzige Mengen eines ultraweichen, sinnlichen weißen Moscato, der auch aufgespritet sein kann. Von hoher Qualität und Charakter.

NARDO DOC

Apulien

Robuste, schwere Rotweine und delikate, kirschrote Rosati aus Negroamaro, zugesetzt werden können Malvasia Nera und Montepulciano.

NASCO DI CAGLIARI DOC

Siehe Cagliari DOC

NEGROAMARO

Apulien

Die Negroamaro ist eine sehr ertragreiche Traube und ergibt dunkle, gelegentlich bittere Rotweine, die meist als Fassware zum Verschnitt verkauft werden, aber allmählich auch eine eigene Reputation gewinnen. Unter der Alezio DOC wird ein feiner Rosé gemacht. Die Rotweine sind – wenn nicht sehr sorgfältig vinifiziert – häufig zu intensiv, alkoholisch, rau und bitter. Der barriquegereifte Vigna Spano von Calò und der Graticcia, ein *Passito* von Vallone (beides VdT), sind positive Ausnahmen.

✓ *Michele Calò* (Vigna Spano) • *Vallone* (Graticcia)

NEGROAMARO-MALVASIA NERO

Apulien

Der traditionelle rote Verschnitt des Salento.

✓ *Cosima Taurino* (Notarpanaro)

NURAGUS DI CAGLIARI DOC

Siehe Cagliari DOC

ORTA NOVA DOC

Apulien

Körperreiche Rot- und Roséweine auf Sangiovese-Basis aus den Orten Orta Nova und Ordona in der Provinz Foggia.

OSTUNI DOC

Apulien

Ein feiner trockener Weißwein aus Impigno und Francavidda sowie leichtgewichtige Rotweine aus Ottavianello, wie die Cinsaut hier genannt wird, mit Zusätzen von Negroamaro, Notardomenico, Malvasia Nera und Susumaniello.

OTTAVIANELLO DOC

Siehe Ostuni DOC

PELLARO

Kalabrien

Südlich von Reggio di Calabria, direkt an der Spitze des Stiefels, wird kraftvoller *Chiaretto* auf Alicante-Basis gemacht.

PENISOLA SORRENTINA DOC

Kampanien

Eine relativ junge DOC für die Weine von der Halbinsel von Sorrent. Man produziert Rotwein (aus Piedirosso mit möglicher Beigabe von Sciascinoso, Aglianico und weiteren nichtaromatischen Trauben; auch als purpurroten *Frizzante*) und einen Weißwein (aus Falanghina mit Zusätzen von Biancolella, Greco und anderen nichtaromatischen Sorten). Wenn Subzonen auf dem Etikett genannt werden (Sorrento für Weißund stillen Rotwein, Gragnano oder Lettere für roten *Frizzante*), muss der Wein höheren Anforderungen genügen, u. a. aus besonders reifen Trauben gemacht sein.

PIEDIROSSO

Kampanien

Eine alte Sorte, die schon bei Plinius erwähnt wird. Piedirosso wird meist mit edleren Sorten verschnitten; auf Ischia, wo die Rebe Per'e Palummo heißt, macht D'Ambra einen Sortenwein. Piedirosso ist auch auf Capri heimisch.

POLLINO DOC

Kalabrien

Voller, fruchtiger *Chiaretto* aus Gaglioppo, Greco Nero, Malvasia und Guarnaccia.

PRIMITIVO

Apulien

Die Primitivo ist, wie genetische Analysen 1999 ergeben haben, mit der kalifornischen Zinfandel identisch, erbringt aber bei weitem nicht den Charakter und die Qualität der Zinfandel-Weine.

PRIMITIVO DI MANDURIA DOC

Apulien

Trockene bis liebliche, körperreiche Rotweine, auch gespritet mit oder ohne Restsüße. Bevor ich den 1993er Jahrgang von Giordano im Jahr 1996 verkostete, hatte ich noch keinen Primitivo von Klasse gefunden.

3–10 Jahre (Giordano ab 1993)

✓ *Giordano* • *Vinicola Savese*

ROSSO BARLETTA DOC

Apulien

Rubinrote Alltagsweine von mittlerem Körper werden aus Uva di Troia (mit möglichem Zusatz von Montepulciano, Sangiovese und etwas Malbec) gemacht. Der meiste Rosso Barletta wird lokal und sehr jung konsumiert.

ROSSO CANOSA DOC

Apulien

Weinige, leicht tanninbetonte Rotweine aus der Uva di Troia, Montepulciano und Sangiovese können zugesetzt werden.

ROSSO DI CERIGNOLA DOC

Apulien

Rustikale Rotweine aus Negroamaro und Uva di Troia mit möglicher Beigabe von Sangiovese, Barbera, Montepulciano, Malbec und Trebbiano.

SALICE SALENTINO DOC

Apulien

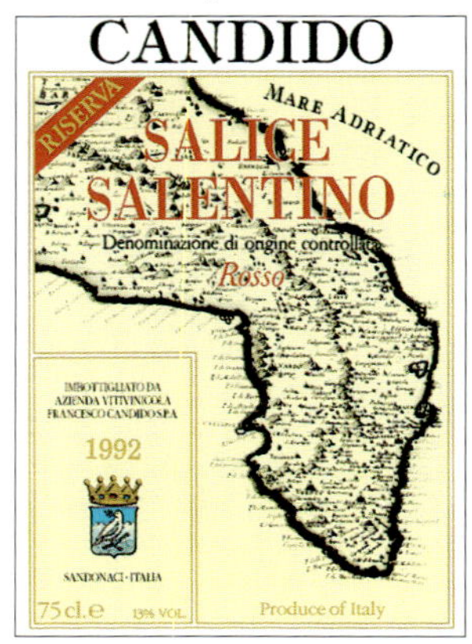

Diese DOC umfasst körperreiche Rot- und weiche, alkoholische Roséweine aus Negroamaro (evtl. mit Malvasia Nera) sowie seit kurzem zwei trockene Weißweine, Chardonnay (auch *Frizzante*) und Pinot Bianco (auch *Spumante*), dazu einen süßen roten Aleatico (auch gespritet). Am besten sind aber immer noch die Negroamaros.

3–7 Jahre

✓ *Francesco Candido* • *Leone De Castris* • *Cosimo Taurino* • *Vallone*

SAN SEVERO DOC

Apulien

Trockene, weiche Rot- und Roséweine aus Montepulciano und Sangiovese, und frische Weißweine aus Bombino und Trebbiano mit Zugabe von Malvasia und Verdeca.

SANT'AGATA DEI GOTI DOC

Kampanien

Relative junge DOC für Rot-, Rosé- und Weißweine, alle aus Aglianico und Piedirosso, zwei rote Sortenweine von denselben Reben und zwei weiße Sortenweine (Greco und Falanghina). Letzterer wird auch als *Passito* hergestellt.

SANT'ANNA DI ISOLA CAPO RIZZUTO DOC

Kalabrien

Von den Hügeln bei Crotone am Ionischen Meer kommen weinige Rot- und Roséweine aus Gaglioppo, Greco Nero und Guarnaccia.

SAN VITO DI LUZZI DOC

Kalabrien

Eine neue DOC für Rot- und Roséweine (Gaglioppo und Malvasia, mögliche Beigabe von Greco Nero und Sangiovese) sowie trockene Weißweine (Malvasia, Grechetto und Trebbiano), die in und um Luzzi in der Provinz Cosenza gemacht werden.

SARDEGNA DOC

Sardinien

Diese DOC gilt für Weine von der ganzen Insel, in der Praxis jedoch aus den traditionellen Anbaugebieten. Die Moscato-Reben dürfen nicht höher als 450 m über dem Meer wachsen. Der Moscato di Sardegna ist süß und überraschend fein; üblicherweise ist er ein Stillwein, aber auch *Spumante* wird gemacht. Die DOC-Subzonen Tempio Pausania, Tempio und Gallura sind für Schaumweine aus der Gallura reserviert. Monica di Sardegna ist ein schön duftender Rotwein, trocken und süß, still und perlend; anders als Monica di Cagliari wird er nie gespritet. Vermentino di Sardegna ist ein leichter, sauberer, wenig aufregender trockener Weißwein, dem das Aroma zu oft durch gekühlte Gärung ausgetrieben wird.

SAVUTO DOC

Kalabrien

Frische, fruchtige Rot- und Roséweine der Provinz Catanzaro aus Gaglioppo, Greco Nero, Nerello, Sangiovese, Malvasia und Pecorino.

1–3 Jahre

✓ *Odoardi* (Vigna Vecchia)

SCAVIGNA DOC

Kalabrien

Rot- und Roséwein (Gaglioppo, Nerello und Aglianico) sowie fruchtiger trockener Weißwein (Trebbiano, Chardonnay, Grechetto und Malvasia) aus den Gemeinden Nocera Terinese und Falerna (Provinz Catanzaro).

Sicilia Rosso IGT

✓ *Abbazia Sant'Anastasia* (Passomaggio)

SOLOPACA DOC

Kampanien

Weiche Rotweine und *Rosati* (aus Sangiovese und Aglianico, möglich ist die Zugabe von Piedirosso, Sciascinoso und bis zu 30 % dies und jenes), Weißweine (Trebbiano, Falanghina, Malvasia und Coda di Volpe), ein roter reiner Aglianico und ein reiner Falanghina (Stillwein oder *Spumante*). Der Solopaca kommt aus dem zwischen den Bergmassiven Taburno und Sannio verlaufenden Calore-Tal.

1–4 Jahre

✓ *Antica Masseria Venditti*

SORRENTO DOC

Siehe Penisola Sorrentina DOC

SQUINZANO DOC

Apulien

Körperreiche Rotweine und fein duftende *Rosati* aus Negroamaro mit Sangiovese- und Malvasia-Nera-Trauben, aus Squinzano und Umgebung.

2–4 Jahre (rot), sofort (rosé)

✓ *Villa Valletta*

TABURNO DOCG

Diese DOC, die ursprünglich Aglianico del Taburno hieß, befindet sich noch im Aufbau. Zu ihr gehören rote (Sangiovese, Aglianico) und weiße Weine (Trebbiano, Falanghina und max. 30 % Diverses), ein Spumante (Coda di Volpe und Falanghina, dazu 40 % verschiedene weitere Sorten) sowie drei weiße Sortenweine (Falanghina, Greco, Coda di Volpe) und ein weißer Piedirosso.

TAURASI DOCG

Kampanien

Diese seit 1993 bestehende DOCG gilt für Rotweine aus Trauben von Aglianico (plus insgesamt max. 15 % Barbera, Piedirosso und Sangiovese), die in Taurasi und 16 Gemeinden der Umgebung wachsen. Mit dem massiveren Aglianico del Vulture aus der Basilikata ist dies einer der besten Weine aus der unterschätzten Rebsorte und wie jener gut alterungsfähig. Hervorragend der *Riserva* von Mastroberardino.

5–10 Jahre (manche bis 20 Jahre)

✓ *Mastroberardino • Giovanni Struzziero*

TERRALBA DOC

Siehe Campidano di Terralba DOC

VERMENTINO DI GALLURA DOCG

Sardinien

Dies ist trotz gekühlter Gärung der beste sardinische Vermentino; die bergige Gallura sorgt für intensive Aromen, die schwer kleinzukriegen sind. Der Wein wurde 1997 zur DOCG erhoben, er könnte aber viel besser und dazu billiger zu produzieren sein, wenn man ihn bei etwas höheren Temperaturen gären ließe.

1–2 Jahre

✓ *Tenuta di Capichera • CS di Gallura • CS del Vermentino*

VERMENTINO DI SARDEGNA DOC

Siehe Sardegna DOC

VERNACCIA DI ORISTANO DOC

Sardinien

Diese DOC produziert trockene, leicht bittere Weißweine, die einem Sherry ähneln, außerdem süße und trockene *Liquorosi*.

Sofort

✓ *Contini*

VESUVIO DOC

Kampanien

Ausschließlich von den Hängen des berühmten Vulkans kommen ein trockener Weißwein (Coda di Volpe und Verdeca, dazu Falanghina und Greco) und ein Rosé (Piedirosso und Sciascinoso, fakultativ mit Aglianico). Die als Lacryma (oder Lacrima) Christi del Vesuvio bezeichneten Weißweine sind trocken, manchmal gibt es auch *Spumante* und süßen Likörwein.

NEUE IGT-WEINE

Bis Ende 1998 wurden folgende IGT-Weine anerkannt. Es bleibt abzuwarten, wie sich Stil, Qualität und Zuverlässigkeit entwickeln.

Kampanien *Beneventano • Colli di Salerno • Dugenta • Epomeo • Irpinia • Paestum • Pompeiano • Roccamonfina • Terre del Volturno*

Apulien *Daunia • Murgia • Puglia • Salento • Tarantino • Valle d'Itria*

Basilikata *Basilicata*

Kalabrien *Arghillà • Calabria • Condoleo • Costa Viola • Esaro • Lipuda • Locride • Palizzi • Pellaro • Scilla • Valdamato • Val di Neto • Valle del Crati*

Sizilien *Camarro • Colli Ericini • Delia Nivolelli • Fontanarossa di Cerda • Salemi • Salina • Sciacca • Sicilia • Valle Belice*

Sardinien *Barbagia • Colli del Limbara • Isola dei Nuraghi • Marmilla • Nurra • Ogliastra • Parteolla • Planargia • Provincia di Nuoro • Romangia • Sibiola • Tharros • Trexenta • Valle del Tirso • Valle di Porto Pino*

DIE EBENE VON MARSALA AUF SIZILIEN

In den heißen, trockenen Ebenen Westsiziliens wachsen die Reben auf einem ertragsarmen, Sciari *genannten Boden. Sie liefern den besten Marsala. Weiter östlich ist der Boden fruchtbarer und die Qualität niedriger.*

DIE AUSWAHL DES AUTORS

Ich könnte die Liste leicht mit hervorragendem Barolo füllen oder auch fast ganz mit Weinen von Aldo Conterno. Um auch einige der besten italienischen Vini da Tavola und aufregende, jedoch weniger bekannte DOC nennen zu können, kann ich also nur ein wenig an der Oberfläche der großen Appellationen kratzen.

ERZEUGER	WEIN	ART	BESCHREIBUNG	
Elio Altare	Barolo DOCG (*siehe* S. 325)	ROT	Altares »einfacher« Barolo ist mit seiner sahnig-üppigen Frucht und dem fabelhaften toastigen Finale von neuer Eiche zuverlässig besser als so mancher Einzellagen-Barolo anderer Spitzenerzeuger.	4-12 Jahre
Elio Altare	Vigna Arborina Langhe DOC (*siehe* S. 328, Nebbiolo)	ROT	Reiner Nebbiolo, im Barrique gereift, schwarz wie Tinte, massive Frucht: das heißt große, komplexe Anlagen.	4-12 Jahre
Altesino	Brunello di Montalcino DOC (*siehe* S. 341)	ROT	Groß in jeder Hinsicht, von der Intensität der Aromen bis zur festen Tanninstruktur. Mit der Reife wird er weicher und entwickelt eine herrliche, warme Zedernholz-Komplexität.	8-20 Jahre
Altesino	Palazzo Altesi VdT Toskana (*siehe* S. 344, Sangiovese)	ROT	Sensationeller Einzellagen-Sangiovese mit Röstnoten von Eiche, die die kräftige, feste und würzige Sortenfrucht weicher machen.	6-15 Jahre
Anselmi	I Capitelli Recioto di Soave DOC (*siehe* S. 336)	WEISS	Wunderbar süßer Wein von edelfaulen Trauben mit herrlicher Goldfarbe und überströmendem Bukett von Honig, Blüten und Nüssen, mit unglaublich üppigem, komplexem, honigwürzigem Gaumen und einem sahnigen, eichenbetonten Abgang.	3-10 Jahre
Anselmi	Capitel Foscarino Soave Classico DOC (*siehe* S. 336)	WEISS	Wenn der klassische Soave so geschmeckt hat, ist es kein Wunder, dass die Appellation so berühmt wurde. Zu Roberto Anselmis »Tricks« gehören niedrige Erträge durch hohe Pflanzdichte und Behangausdünnung.	2-4 Jahre
Anselmi	Capitel Croce Soave Classico DOC (*siehe* S. 336)	WEISS	Dieser runde, reife Soave schmeckt mit seinen Vanillearomen von neuer Eiche etwas exotisch, ist aber so frisch, wie er sein muss. Auch wenn ich nicht gern sähe, wenn aller Soave so gemacht würde, ist so couragierte Weinbereitung zu unterstützen.	2-4 Jahre
Antinori	Solaia VdT Toskana (*siehe* S. 341, Cabernet Sauvignovese)	ROT	Der Solaia ist mit 80 % Cabernet Sauvignon und 20 % Sangiovese »kalifornischer« als der Tignanello. Präsent und opulent, steht seine wunderbar süße, manchmal marmeladige Frucht schön vor den rauchigen Vanillenoten vom Eichenfass.	7-20 Jahre
Antinori	Tignanello VdT Toskana (*siehe* S. 344, Sangiovese-Cabernet)	ROT	Der klassische Sangiovese-Cabernet-Verschnitt, üppig und elegant, mit opulenter Note von neuer Eiche und einem definitiven Toskana-Charakter.	8-20 Jahre
Avignonesi	Vino Nobile di Montepulciano DOCG (*siehe* S. 344)	ROT	Der eleganteste und zuverlässigste Vino Nobile. Seine filigrane Balance kontrastiert mit der Fülle seiner Frucht, und nur intensivste Aromen ergeben ein derart langes Finale. Große Finesse.	2-12 Jahre
Braida	Bricco della Figotta, Barbera d'Asti DOC (*siehe* S. 325)	ROT	Mächtig konzentrierte Barbera-Aromen, unterstützt von leichten, weichen Tanninen und balanciert von einer köstlichen süßen Note von neuer Eiche.	4-10 Jahre
Ca' del Bosco	Maurizio Zanella Lombardei (*siehe* S. 325, Cabernet-Merlot)	ROT	Einer der bisher besten Bordeaux-Verschnitte in Italien, großer Körper mit viel neuer Eiche und auffälliger Eleganz. Delikat saftig wird er durch den Zusatz einer geringen Menge Wein aus Kohlensäuremaischung.	3-10 Jahre
Aldo Conterno	Barolo DOCG aus Einzellagen (*siehe* S. 325)	ROT	Aldo Conterno ist der bedeutendste Hersteller von Einzellagen-Barolo. Der Vigna Cicala Bussia ist der verführerischste mit sehr zugänglicher, dennoch langlebiger präsenter Frucht. Vigna Colonnello ist ein mega-konzentrierter Koloss, der viele Jahre Flaschenreifung braucht, was er mit großer Finesse und umwerfender Komplexität lohnt. Granbussia ist fast genauso mächtig und komplex, zeigt seine Eleganz aber früher. Alle werden in winzigen Mengen gemacht und zu horrenden Preisen verkauft.	8-25 Jahre (10-30 Jahre für Vigna Colonnello)
Cascina Drago	Bricco del Drago, Vigna Le Mace VdT Piemont (*siehe* S. 314, Dolcetto-Nebbiolo)	ROT	Der normale Bricco del Drago ist ein köstlicher barrique-gereifter Dolcetto-Nebbiolo-Verschnitt, doch dieser Einzellagen-wein ist noch fleischiger, überströmend vor Sommerfrüchten, saftig-süßen Schwarzkirschen und warmer, reifer Eiche.	4-12 Jahre

ERZEUGER	WEIN	ART	BESCHREIBUNG	
Felsina Berardenga	Fontalloro VdT Toskana (*siehe* S. 344, Sangiovese)	ROT	Wenige reine Sangioveses sind so gehaltvoll und zugänglich wie dieser VdT von einer Einzellage. Unmengen von süßer marmeladiger Frucht und runder neuer Eiche.	4–10 Jahre
Felsina Berardenga	Rancia Riserva Chianti Classico DOCG (*siehe* S. 342)	ROT	Das Gut ist berühmt für große Chianti-Classico-Weine. Die reifsten Trauben gehen in diesen Einzellagen-Chianti, den intensivsten, dichtesten und gerbstoffreichsten von Felsina. Nach geduldiger Flaschenreifung enthüllt der Rancia eine wunderbar reife, dichte Frucht.	7–20 Jahre
Angelo Gaja	Sori San Lorenzo Barbaresco DOCG (*siehe* S. 324)	ROT	Angelo Gaja ist zweifellos der größte Barbaresco-Erzeuger, und wer glaubt, Barbaresco könne mit Barolo nicht konkurrieren, sollte Gajas mächtig proportionierten Sori Tilden kosten. Der Sori San Lorenzo ist jedoch der elegantere, mit herrlich üppigen, sahnigen Aromen, unterlegt mit weichen Tanninen und rauchigen Noten von neuer Eiche.	10–25 Jahre
Giordano	Primitivo di Manduria DOC (*siehe* S. 354)	ROT	Der Jahrgang 1993 war der erste große Primitivo, den ich kostete. Die Primitivo ist identisch mit der Zinfandel, erbrachte aber bisher nie die Qualität und den Charakter wie die besten Kalifornier. Der Primitivo di Manduria von Giordano ist ein großer, eichenbetonter Wein, der den besten Westküsten-Zinfandel hinter sich lässt; an Gewicht, Klasse und Komplexität übertrifft er einen großen Barolo.	3–8 Jahre
Isole e Olena	L'Eremo VdT Toskana (*siehe* S. 344, Syrah)	ROT	In der Mitte der 1990er Jahre gab es einige reine Syrah-Weine aus Italien auf dem Markt. Dieser von Isole e Olena war der erste, und er ist hinsichtlich Qualität, Finesse und prägnantem Sortencharakter immer noch unerreicht.	5–15 Jahre
Jermann	Where Dreams Have No End VdT Friaul-Venezien Giulia (*siehe* S. 334)	WEISS	Silvio Jermanns erstes und einziges Zugeständnis an die Nachfrage nach Barriqueausbau. Dieser teure Wein mit dem fantasievollen Namen ist einer der besten Chardonnays Italiens.	3–8 Jahre
Maculan	Prato di Canzio Breganze DOC (*siehe* S. 334)	WEISS	Diese sinnliche *Cuvée* von Tocai Friulano, Pinot Bianco und Riesling ist einer der hervorragendsten Weißweine aus der Breganze DOC. Sein großzügiges, fantastisch pikantes Aroma ist Resultat einer messerscharfen Balance von reifer Frucht und frischer Säure mit einer Spur Gewürze und einem Hauch süßer Eiche.	2–5 Jahre
Tenuta dell'Ornellaia	Masseto VdT Bolgheri, Toskana (*siehe* S. 343)	ROT	Die winzigen Mengen dieses Einzellagen-Merlots werden dreimal so teuer verkauft wie der Ornellaia (s. unten). Tiefpurpurne, opake Weine mit mächtiger Statur und intensiv würzigen, mit Eiche unterlegten Schwarze-Johannisbeer-Aromen.	5–20 Jahre
Tenuta dell'Ornellaia	Ornellaia VdT Bolgheri, Toskana (*siehe* S. 341, Cabernet-Merlot)	ROT	Der von Lodovico Antinori produzierte Wein weist eine deutliche Familienähnlichkeit mit dem Solaia von seinem Bruder Piero auf, doch er ist klarer fokussiert und zeigt seine opulente Frucht früher. Ornellaia ist ein Cabernet-Merlot, Solaia dagegen ein Cabernet-Sangiovese; beide repräsentieren das Höchste, wonach italienische Weinmacherkunst streben kann.	5–20 Jahre
Pertimali	Brunello di Montalcino DOC (*siehe* S. 341)	ROT	Der Inbegriff des Brunello di Montalcino, voll gepackt mit Schwarze-Johannisbeer-, Brombeer- und Schwarzkirscharomen; superkonzentriert und vielschichtig mit weicher Tanninstruktur und runden Röstnoten vom Eichenfass. Große Komplexität und Eleganz.	8–20 Jahre
Poggerino	Chianti Classico DOCG (*siehe* S. 342)	ROT	Der junge Piero Lanza ist *der* Aufsteiger am Chianti-Himmel, seine Weine sind die fruchtbetontesten der ganzen Zone.	4–8 Jahre
Rivera	Il Falcone Castel del Monte DOC (*siehe* S. 351)	ROT	Einer der besten Weine Apuliens, körperreich, tieffarbig und aromatisch; in einigen Jahren Flaschenreifung entwickelt er ein sehr feines, intensives Bukett.	8–20 Jahre
Tenuta San Guido	Sassicaia Bolgheri DOC (*siehe* S. 341)	ROT	Der Urahn der Supertoskaner und Pionier des italienischen Cabernet Sauvignon erhielt den DOC-Status 1994 und ist wohl der erste der ehemaligen VdTs, der zur DOCG aufsteigt. Der Weltklassewein entwickelt sich in ausgedehnter Flaschenreifung weg von seinem Sortencharakter hin zu großer toskanischer Identität.	8–25 Jahre

Die WEINE *aus*

SPANIEN *und* PORTUGAL

SPANIEN ENTWICKELT SICH WEITERHIN GROSSARTIG. Es liefert mehr interessante Weine und höhere Qualität, als die optimistischsten Beobachter zu hoffen wagten. Die allermeisten Rebflächen sind nicht ohne Potenzial, sonst wäre die spanische Weinrevolution der letzten zwanzig Jahre nicht möglich gewesen. In Teilen von Rioja, Katalonien und Ribera del Duero sind Terroirs von Weltklasse zu finden. Von den heimischen Trauben ist die Tempranillo Spaniens große Sorte. Die Zahl der wirklich guten spanischen Weine wächst ständig, wobei die am unteren Ende der Skala auf ihre Weise ebenso begeistern wie die hochklassigen. Vor zwanzig Jahren waren die meisten spanischen Weine oxidiert oder überschwefelt, doch das ist Vergangenheit. Noch nie hat eine etablierte, traditionsreiche Weinnation ihre Situation so rasch und gründlich positiv verändert wie Spanien. Portugal scheint das spanische Phänomen wiederholen zu wollen und stellt seinen Ruf, der bisher auf den großen Portweinen beruhte, auf eine breitere Basis.

HERBST IN LAROCO, VALDEORRAS
Bevor Rías Baixas auf der Szene erschien, war Valdeorras der viel versprechendste Weißweinbereich Galiciens.

✧SPANIEN✧

In den 1970er Jahren war der Ruf der spanischen Weine so schlecht, dass Italien im Vergleich dazu eine Insel der Seligen war. Seit Ende der 1980er jedoch müssen die Spanier als Konkurrenz von Italien und Frankreich ernst genommen werden.

Dass Spanien die Qualität seiner Weine so schnell verbessern konnte, ist in seinen Anstrengungen begründet, aus dem Massenweinmarkt herauszukommen. Man stellte den Verkauf von Massenwein nicht gänzlich ein, sondern verhinderte, dass er weiter den Export dominierte. In den 1970er Jahren war der größte Teil des exportierten spanischen Weins so schlecht, dass seine Stellung auf dem Weltmarkt im selben Maße bröckelte, wie sich die Kultur des Weintrinkens in den USA, Großbritannien und anderen lukrativen Exportmärkten entwickelte.

SIEGEL DER CONSEJOS REGULADORES

Jeder DO- und DOCa-Wein trägt ein individuelles Siegel, das irgendwo auf dem Etikett erscheint und die Authentizität garantiert.

DAS SPANISCHE WEINETIKETT

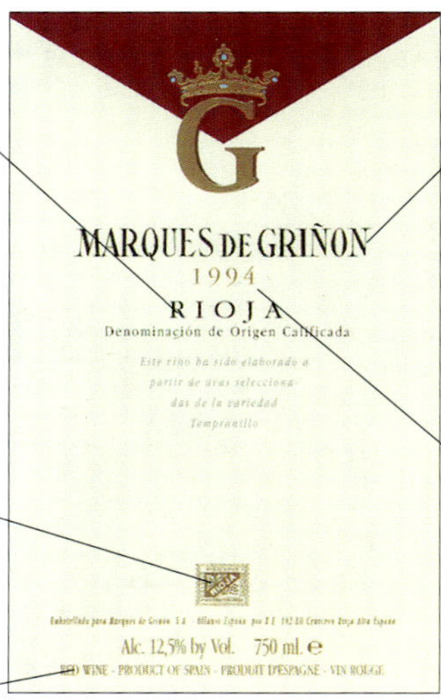

Appellation
Prüfen Sie zuerst, wo der Wein herkommt, denn dies gibt Hinweise auf Qualität und Typ. Dieser kommt aus Rioja, und die Zeile darunter enthüllt, dass dies eine *Denominación de Origen Calificada* ist, die höchste Stufe der offiziellen Klassifikation. Bisher hat nur Rioja diesen Status erlangt. Meist wird auf dem Etikett *Denominación de Origen* (»Herkunftsbezeichnung«, Weinbaugebiet mit kontrollierter Qualität), *Vino de la Tierra* (wörtlich »Landwein«, entspricht dem französischen VDQS) oder *Vino Comarcal* (»lokaler Wein«, entspricht dem *Vin de Pays*) stehen.

Siegel des Consejo Regulador
Das Siegel des jeweiligen *Consejo Regulador* (Kontrollkomitee), das die Herkunft des Weins bestätigt, ist auf dem Etikett oder der Kapsel zu finden.

Name
Das kann ein Markenname, der Name des Weinbergs oder der Bodega sein. Die folgenden Bezeichnungen auf ausführlichen Etiketten verraten, wer wie am Wein beteiligt war: *anejado por* (ausgebaut durch), *Bodega* (Weinkeller, meist als Teil des Erzeugernamens gebraucht), *criado por* (ausgebaut durch), *criado y embotellado por* (ausgebaut und abgefüllt durch), *elaborado por* (hergestellt durch), *embotellado por* (abgefüllt durch), *Viña* oder *Viñedo* (Weinberg, oft lediglich als Teil eines Markennamens gebraucht und nicht als Bezeichnung einer Lage).

Jahrgang
Seitdem Spanien 1986 der Europäischen Gemeinschaft (heute Europäische Union) beitrat, muss jeder Wein, der einen Jahrgang (*Cosecha*) nennt, zu 85 % aus diesem Jahr stammen.

Weinstile
Bezeichnungen für die Art des Weins sind: *Blanco* (Weißwein), *Cava* (DO-Schaumwein, nach traditioneller Methode hergestellt), *Clarete* (sehr heller Rotwein; heute meist als *Tintillo* bezeichnet), *Cosechero* (Jahrgangswein, gewöhnlich ein vom Winzer erzeugter *Vino de Mesa*), *Espumoso* (Schaumwein jeder Art), *Generoso* (gespriteter oder Dessertwein), *Nuevo* (frisch-fruchtiger Stil, entsprechend dem französischen Nouveau), *Tintillo* (hellroter Wein), *viejo* (»alt«, kein gesetzlich kontrollierter Begriff), *Vino de Aguja* (leicht schäumender Wein, *Pétillant*), *Vino de Mesa* (»Tafelwein«, d. h. einfacher, billiger Wein) und *Vino de Pasto* (»Wein fürs Essen«, ebensfalls billiger, einfacher, oft leichter Wein).

Süssegrad
Der Süßegrad eines Weißweins wird auf spanischen Etiketten häufig genannt, etwas, was auch dem französischen Wein gut tun würde: *brut* (sehr trocken bis trocken; meist bei Schaumwein verwendet), *seco* (trocken), *semi-seco* (halbtrocken), *semiduke* (lieblich), *dulce* (süß). Gibt es keine Angabe auf dem Etikett, ist der Wein normalerweise trocken.

Weitere Informationen über Art und Qualität
Die nationale spanische Gesetzgebung sieht eine Qualitätseinstufung vor, die sich nach der Mindestdauer der Fass- und Flaschenreifung richtet. Die einzelnen DO-Regionen können darüber hinausgehende Anforderungen vorschreiben.

Sin crianza, Vino joven
Nicht oder nur kurze Zeit in Holz ausgebauter Wein, umfasst alle kühl vergorenen, früh abgefüllten Weine und die meisten Rosés, aber auch einfache Rotweine sowie einige hochwertige, modern vinifizierte und kurze Zeit – kürzer als für *Crianza* verlangt – in neuen Barriques gelagerte Rebensäfte.

Crianza Corta
Ein neuer (inoffizieller) Ausdruck, der für Weine benutzt wird, die kürzere Zeit im Fass gelagert werden, als für die Angabe einer Fasslagerung minimal vorgeschrieben ist. Gleich bedeutend mit *sin crianza*.

Con crianza oder Crianza
Mindestens sechs Monate im Fass gereift, außer in Rioja, Navarra und Ribera del Duero, wo es zwölf sind. Es gibt noch andere teils merkwürdige, aber weniger bedeutende Ausnahmen.

Reserva
Die besten Weine eines guten Jahrgangs werden als *Reserva* verkauft. Sie müssen mindestens drei Jahre (Rotwein) bzw. zwei Jahre (Rosé, Weißwein) reifen, davon mindestens ein Jahr (Rotwein) bzw. sechs Monate (Rosé, Weißwein) in Holz. In Rioja, der besten Region, werden nur 7% der Weine als *Reserva* verkauft.

Gran Reserva
Der Begriff wird meist für Weine aus den besten Jahrgängen gebraucht, die einen noch längeren Ausbau erfahren. Rotweine verbringen mindestens zwei Jahre in Eiche und drei in der Flasche, Weißweine und Rosés müssen vier Jahre reifen, davon mindestens sechs Monate in Eiche.

Doble Pasta
Kein gesetzlich definierter Begriff. Bezeichnung für Rotweine, die mit doppelt so viel Beerenhäuten pro Menge Most mazeriert werden als normal (*siehe* S. 36). Sie besitzen eine intensive dunkle Farbe und werden für sich abgefüllt oder zum Verschnitt verwendet.

SPANIEN *Siehe auch Kanarische Inseln,* S. 362
Lange Zeit war der Süden für seinen Sherry bekannt. In den letzten zwanzig Jahren waren erstaunliche Fortschritte bei stillen und schäumenden Tischweinen zu verzeichnen.

Rioja und Navarra (*Siehe auch* S. 369)
Katalonien
Jerez
Cava
Ribera del Duero *Siehe auch* S. 378
La Mancha
Valdepeñas
Valencia
Montilla
Bullas
Vinos de Madrid
Campo de Borja
Chacolí de Bizkaia
Andere DO-Bereiche
Provinzgrenzen
Höhe über dem Meer (Meter)
km 50 100 150 200

Sicher hat sich nicht die ganze spanische Weinindustrie getroffen und vereinbart, Maßnahmen zu ergreifen, aber es muss in der ganzen Branche den Willen gegeben haben, die Qualität zu verbessern, denn der Wandel vollzog sich überaus rasch. Spanien holte gegenüber den anderen großen Weinländern Europas gewaltig auf und ist heute eine der besten europäischen Quellen für hervorragend preiswürdigen Wein.

ANTIKE URSPRÜNGE

Die ersten Reben wurden um 1100 v. Chr. bei Cádiz wahrscheinlich von den Phönizern gepflanzt. Allen Berichten zufolge waren die frühesten Weine süß und schwer, Vorläufer des heutigen Sherry. Von Anfang des 8. bis Ende des 15. Jahrhunderts war Spanien unter maurischer Herrschaft, und der Weinbau genoss keine Priorität. Was nicht heißt, dass die islamischen Mauren keinen Wein tranken; Al-Motamid, der letzte maurische König von Sevilla, mochte Wein so sehr, dass er sich öffentlich über Abstinenzler lustig machte. Die Araber liebten die Traube auch als Frucht und ihren frischen Saft. Doch unter der theoretisch alkoholfeindlichen Herrschaft stagnierte der Weinbau; so entwickelte sich die Vielfalt der Weinregionen und Weinarten erst ab etwa 1490, nur dreißig Jahre bevor die Spanier die ersten Reben in Nord- und Südamerika pflanzten. Teile der Alten und der Neuen Welt liegen hinsichtlich des Weinbaus altersmäßig näher beieinander, als diese Begriffe suggerieren.

DIE BESTEN WEINE SPANIENS

Der Vega Sicilia aus Ribera del Duero war Jahrzehnte lang Spaniens teuerster Wein, sodass viele ihn auch für den besten halten. Andere können nun mit gleichem Recht die Stellung der zugleich teuersten wie größten Weine Spaniens für sich beanspruchen (denkbare Aspiranten wären Clos l'Ermita, Dominio de Pingus und Cirsión), und viele weitere sind qualitativ gleichrangig, wenn auch bei weniger exorbitanten Preisen, einschließlich Pesquera, Rioja (Contino, Barón de Ley, Muga Prado Enea, Murrieta Castillo Ygay Gran Riserva), Penedés (Torres und Jean Léon) und sogar nicht klassifizierter Weine wie Marqués de Griñón.

DAS SPANISCHE SYSTEM DER HERKUNFTSBEZEICHNUNGEN
Das System der *Denominación de Origen* (DO) entspricht der französischen *Appellation d'Origine Contrôlée* (AOC) und der italienischen *Denominazione di Origine Controllata.* Die einzige höhere spanische Kategorie ist *Denominación de Origen Calificada* (DOCa); ihr gehört seit 1981 als bisher einzige Region Rioja an, eine Reihe anderer sind gute Anwärter auf diesen Status: Ribera del Duero, Navarra, Penedès und Cava. Es gibt allerdings auch hervorragende Weine ohne DO wie den Cabernet Sauvignon von Marqués de Griñon, die man nicht ignorieren sollte. Weitere Top-Weine außerhalb der DO-Gebiete sind die kastilischen Tafelweine von Manuel Manzaneque oder Weine von Mauro und der Abadía Retuerta, die beide östlich von Valladolid produziert werden.

JÜNGERE SPANISCHE JAHRGÄNGE

2001–2003 Aprilfröste brachten 2001 in Ribera del Duero und Penedès Ertragsminderung. Das restliche Jahr gestaltete sich dann aber wie im Winzer-Bilderbuch. So sind Weine mit teilweise überragender Qualität entstanden. 2002 hingegen ergaben furchtbares Sommer- und Spätsommerwetter Weine meist unterdurchschnittlicher Qualität. Einige Anbaugebiete jedoch hatten Glück: Nördliche Navarra des Jahrgangs 2002 sind ausgezeichnet und ein schöner September verhalf dem Penedès im letzten Moment zu guter Qualität. Die extreme Hitze des folgenden Sommers forderte auch erfahrene Winzer. Trotzdem sprechen die Spanier optimistisch über den Jahrgang 2003.

2000 Nach guter Blüte und sehr gutem Wachstum öffnete sich der Himmel just zur richtigen Zeit für die Ernte. In ganz Spanien wird dies kaum ein besonderer Jahrgang werden, und die Traubenpreise fielen in den Keller, sodass die Weine zumindest nicht teuer sein dürften!

1999 Gut, aber nicht außergewöhnlich in Rioja, wo die Winzer den schlimmsten Frost seit sechzig Jahren erlebten, der allerdings nur relativ wenig Schaden anrichtete. Vorverkostungen fielen auch gut aus.

TRADITION GEGEN MODERNE

Traditionell ließ man die Weine lange in meist schon sehr alten Eichenfässern. Die jüngere Generation produzierte zunächst also Weine, die so frisch, sauber und von Eiche so wenig berührt waren wie nur möglich. Wenn nun die alten Rotweine ausgetrocknet waren und die Weißweine oxidiert, so war der neue Stil so übertrieben aseptisch, dass er eigentlich keinen Fortschritt darstellte. Der Trend geht nun zu fruchtigeren Weinen und vorsichtigem Einsatz von Eiche. Man verwendet in größerem Maß neue Fässer, aber bei kürzeren Lagerzeiten. Manche *Bodegas* schwenken auf französische Eiche um, während traditionell nur amerikanische Eiche üblich war. Die Gärung findet heute meist in modernen Stahltanks statt.

DIE BERGSTADT LAGUARDIA
Vor dem majestätischen Hintergrund der Sierra de Cantabria erhebt sich Laguardia mit einigen der besten Lagen der Rioja Alavesa.

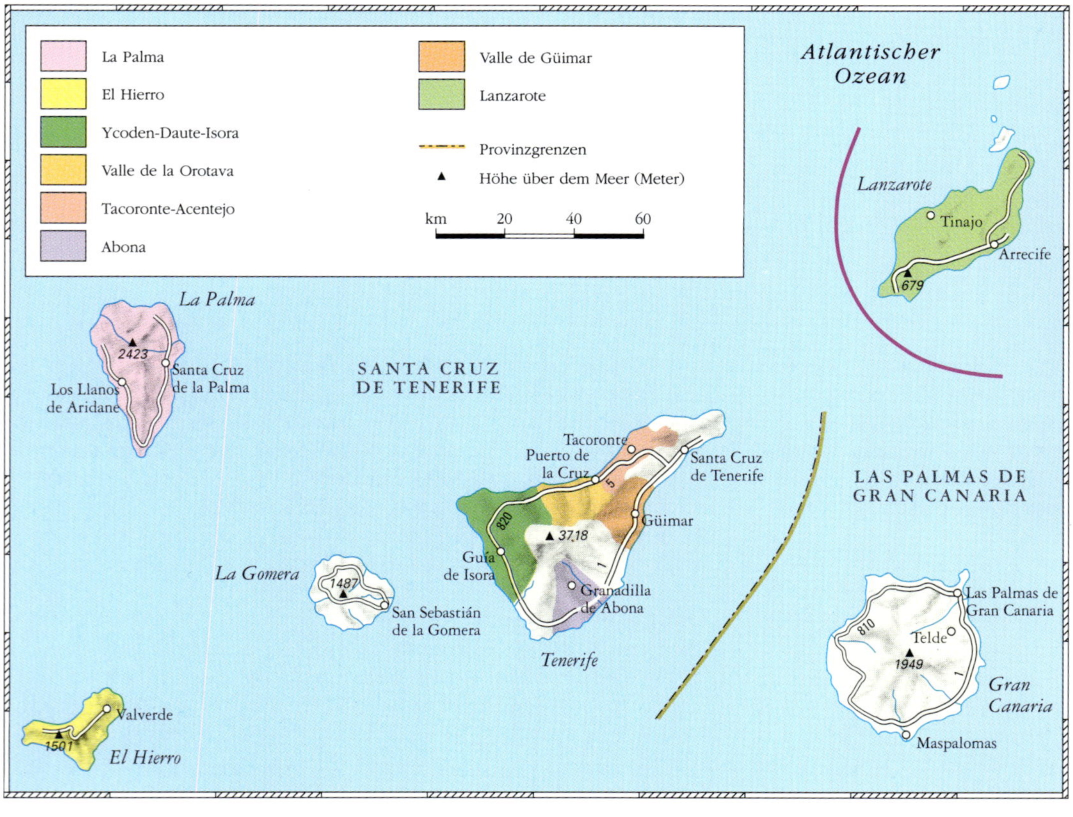

SHERRYPROBE MIT DER *VENENCIA*
Die Entwicklung eines Fasses Sherry ist für die Bestimmung seines endgültigen Stils ausschlaggebend.

DIE KANARISCHEN INSELN
»Canary Sack« war schon zu Shakespeares Zeiten berühmt, die erste Appellation wurde aber erst 1992 etabliert.

HERKUNFTSBEZEICHNUNGEN UNTERHALB DER DENOMINACIÓN DE ORIGEN

Eine verwirrende Besonderheit der spanischen Weinbestimmungen ist die Zweistufigkeit der Landwein-Kategorie: *Vino de la Tierra* und *Vino Comarcal. Vino de la Tierra* (VdlT) bedeutet wörtlich »Landwein«, doch entspricht er eher dem französischen *Vin Délimité de Qualité Supérieure* (VDQS) als dem *Vin de Pays*, denn die Weine dieser Kategorie sind Anwärter auf die *Denominación de Origen. Vino Comarcal* (VC) ist eine geringere Appellation, die dem *Vin de Pays* nahe kommt.

ABANILLA VDLT
Murcía Diese ebene, trockene Gegend ist mit Rebflächen gesprenkelt, deren Weine traditionell mit anderen Weinen der Region Murcía verschnitten werden.

ALJARAFE VC
Andalusien Praktisch eine Fortsetzung der Condado de Huelva DO, für gespritete Weine.

ALTO JILOCA VC
Aragón Die dunklen, körperreichen Weine – meist aus Garnacha und Macabéo – wurden früher mit denen von Daroca unter der Bezeichnung Alto Jiloca-Daroca verkauft.

ANOIA VC
Katalonien Meist weiche, neutrale Rosés aus der Sorte Sumoll. Die Weißweine gehen en gros an die Cava-Hersteller in Penedès.

BAJO ARAGÓN VDLT
Aragón Guter *Rosado*, jedoch meist *Tinto* oder *Blanco* aus roten bzw. weißen Garnacha-Trauben. Daneben wachsen in diesem großen Gebiet relativ viel Macabéo, Mazuelo und Cabernet Sauvignon. Für anderes als raue, dunkle Garnacha-*Tintos* muss erst noch ein Ruf erworben werden.

BAJO EBRO-MONSTIA VC
Katalonien In dieser Gegend, in der Rebflächen durch Getreideäcker ersetzt werden, ist die Meseguera, lokal als Exquitxagos bezeichnet, die meistgepflanzte Rebe.

BENIARRÉS VC
Valencia Bei Alicante werden robuste, alkoholische Rotweine und süße Moscatels erzeugt.

BENAVENTE VC
Castilla y León Die Region war einst für einen Rosé-Perlwein bekannt, muss aber ihrem alten Ruf erst wieder gerecht werden.

BETANZOS VC
Galicien In geringen Mengen werden hier aus Alicante, Mencia und Albariño, die am Fluss Mandeo wachsen, frische, leichte Weine im *Vinho-Verde*-Stil gemacht.

CÁDIZ VDLT
Andalusien Leichte weiße Tafelweine aus Jerez, von Barbadillo auf den Markt gebracht; frisch, aber nicht aufregend.

CAMPO DE CARTAGENA VDLT
Murcía Überwiegend oxidierte Weißweine und einige rustikale Rotweine; die Qualität wird gegenwärtig besser.

CAÑAMERO VDLT
Dies ist heute eine der sechs Unterregionen der DO Ribera del Guadiana. Es gibt jedoch Erzeuger, die sich geweigert haben, der DO beizutreten, und weiterhin ihre Weine als Cañamero VdlT etikettieren.

CASTILLA VDLT
Castilla-La Mancha Dieser VdlT wurde 1999 ins Leben gerufen, nachdem »abtrünnige« Winzer in Castilla-La Mancha unter der Führung von Carlos Falcó entsprechenden Druck ausgeübt hatten. Es ist eine Klassifikation nach Art des *Vin de Pays*, die den Erzeugern erlaubt, bei minimaler Regulierung in einem umfangreichen Gebiet den Wein zu machen, den sie wollen. Eventuell eine gute Einrichtung.

CEBREROS VDLT
Castilla y León Eine gute Quelle für preiswerte, fruchtige Weine aus den Sorten Garnacha Blanca und Albillo.

CONCE DE TREMP VC
Katalonien Das einst berühmte Weingebiet am Fuß der Pyrenäen besitzt ein wärmeres Kleinklima als die Umgebung und könnte einige interessante Weine produzieren, aber es gibt heute sehr wenige Rebflächen.

CONTRAVIESA-ALPUJARA VDLT
Andalusien Robuste aufgespritete Weine aus Granada, die früher als Costa-Albondón bezeichnet wurden.

DAROCA VC
Aragón Die Weine, die aus Garnacha und Macabéo gemacht werden, wurden früher mit denen von Alto Jiloca als Alto Jiloca-Daroca verkauft.

FERMOSELLE-ARRIBES DEL DUERO VDLT
Castilla y León Ein sehr großes, aber schrumpfendes Weinbaugebiet. Eine der weniger bedeutenden Rebsorten, die Juan García, könnte sich als die interessanteste erweisen. Soll zur DO Arribes del Duero werden.

GALVEZ VDLT
Castilla – La Mancha In diesem großen Gebiet südwestlich von Toledo werden Tempranillo und Garnacha kultiviert.

GRAN CANARIA – EL MONTE VDLT
Kanarische Inseln Weine aus Negra-Común-Trauben, die auf Gran Canaria wachsen; kürzlich zum DO-Status unter der Appellation Monte Letiscal erhoben.

GRANDES PAGOS DE CASTILLA
Castilla-La Mancha & Castilla-León Eine private Bezeichnung, deren Name wörtlich Große Domänen Kastiliens bedeutet. Sie wird verwendet von einer wichtigen Gruppe von Erzeugern in beiden Teilen Kastiliens. Die Weine, die sie unter dieser Standarte machen werden, könnten nach DO, VdlT oder ohne Einschränkungen gekeltert werden, aber die gemeinsame Bezeichnung wird an erster Stelle stehen. Zu den Gründungsmitgliedern zählen Mariano García, früher von Vega Sicilia, sowie verschiedene Würdenträger der örtlichen Behörden, der Weinautor Victor de la Serna und andere. Präsident ist – aufgepasst! – Carlos Falcó.

LA GOMERA VDLT
Kanarische Inseln Weine aus Trauben der Sorten Blanca Forastera und Palomino, die an besonders steilen Hängen auf sehr schmalen Terrassen wachsen. Montoro, El Palmar und Tagaluche de Hermigua sind die bekanntesten Gebiete.

LA RIBERA DEL ARLANZA VC
Castilla y León Ein im Abstieg begriffenes Weinbauareal, doch die hoch gelegenen Rebflächen mit Tempranillo besitzen Potenzial.

LA SIERRA DE SALAMANCA VC
Castilla y León Ein viel versprechendes Gebiet, jedoch sind 70 % seiner flachgründigen Granitterrassen mit der ertragreichen, minderwertigen portugiesischen Sorte Rufete bestockt.

LAUJAR VC
Andalusien In dieser eher für Tafeltrauben geeigneten Region werden meist Roséweine gemacht.

LOPERA VC
Andalusien Nicht aufgespritete Weine aus der Pedro Ximénez, die en gros verkauft werden.

LOS PALACIOS VC
Andalusien Produziert werden *Mistela* (ein Mix aus Traubensüßmost und Alkohol, entspricht dem französischen *Mistelle*) aus der Sorte Mollar sowie leichte, magere Weißweine aus der Sorte Airén.

MANCHUELA VDLT
Castilla – La Mancha Hier handelt es sich um die schwächeren Weine aus den DO-Bereichen Jumilla, La Mancha und Utiel-Requena. Inzwischen eine DO.

MANTANEGRA VDLT
Extremadura Die große Region erzeugt recht langweilige Weißweine, aber interessante Rotweine auf Tempranillo-Basis.

MONTANCHEZ VDLT
Extremadura Eine Region von beträchtlicher Größe in der Provinz Cáceres, die mit einer Reihe verschiedener Sorten rustikale Rotweine und Weißweine macht.

MUNIESA VC
Aragón Hier wird meist Garnacha kultiviert, die dunkle, feste Weine liefert.

PLA I LLEVANT DE MALLORCA VDLT
Balearische Inseln Mallorca scheint dem Ruf von Binissalem nacheifern zu wollen, der allerdings selbst nur auf die Insel beschränkt ist. Inzwischen eine DO.

RIBEIRO DO ULLA VC
Galicien Albarello (oder Albarella) ist hier wohl die beste Traubensorte.

RIBEIRA ALTA DEL GUADIANA VDLT
Extremadura Sowohl einheimische wie internationale Traubensorten sind hier viel versprechend.

RIBERA BAJA DEL GUADIANA VDLT
Extremadura Das Gebiet hat mehr – Trauben, Boden und Klima – mit Tierra de Barros gemeinsam als die benachbarte Ribera Alta.

POZOHONDO VDLT
Castilla – La Mancha Die Rotweine aus der Monastrell und die Weißweine aus der Airén müssen sich erst noch einen Ruf erwerben.

SAN MATEO VC
Valencia Keine Reputation, noch nie angetroffen. Es gibt keine Verbindung mit dem San-Mateo-Fest in Rioja.

SIERRA DE ALCARAZ VDLT
Castilla–La Mancha Keine Reputation, noch nie angetroffen, aber nach neuester Information beginnt dieses Gebiet allmählich mehr Format zu zeigen – hauptsächlich dank Manuel Manzaneque – und könnte bald ein Kandidat für den DO-Status werden.

TIERRA DE BARROS VDLT
Extremadura Bodegas Inviosa demonstriert das Potenzial der Region für preiswerte, fruchtige Rotweine.

TIERRA DEL VINO DE ZAMORA VDLT
Castilla y León Das traditionelle Weinbaugebiet zwischen Toro und Zamora ist vor allem für Tempranillo-Rotweine bekannt.

VALLE DEL MIÑO VDLT
Galicien Bevor die besten Lagen der Gegend den DO-Status erhielten und viele zum VdlT zurückgestuft wurden, verkaufte man die Weine als Ribeira del Sil.

VALDEVIMBRE-LOS OTEROS VDLT
Castilla y León Von allen VdlT von Castilla y León ist dieser der zukunftsträchtigste. Fels-Lehm-Terrassen an beiden Ufern des Elsa sind mit Prieto Picudo bepflanzt, die Tempranillo-ähnliche Weine ergibt, doch ohne deren Farbe. Sie werden traditionell und vorteilhaft mit Garnacha und der unterbewerteten Mancía verschnitten.

VALDEJALÓN VDLT
Aragón Seine Geschichte entspricht etwa der des Calatayud, er hat aber nicht dessen Potential. Vielleicht bald eine DO.

VILLAVICIOSA VC
Andalusien Weine von bescheidenem Ruf aus Córdoba.

DIE HERKUNFTSBEZEICHNUNGEN IN

SPANIEN

Die Region oder Provinz, in der der Herkunftsbereich liegt, wird nach der Überschrift genannt. DO ist die Abkürzung für *Denominación de Origen*.

ABONA DO

Kanarische Inseln

Diese DO wurde 1996 für Weißweine von Reben eingerichtet, die im Süden Teneriffas wachsen – auf Terrassen, die sie sich mit Kartoffeln teilen. Früher wurden die Weine unter den Bezeichnungen Granadilla, San Miguel und Vilaflor verkauft.

Listán (Palomino), Malvasía

ALELLA DO

Katalonien

Eine winzige DO nördlich von Barcelona überwiegend für Weißwein. Hier wachsen die Reben seit langer Zeit auf windgezausten Granithügeln; der Stadtentwicklung wich die DO 1989 in die kühleren Täler der aus Kalk bestehenden Katalanischen Kordillere aus. Die Rotweine von

Alella haben mittleren Körper und weiche, fruchtige Aromen. Weiß- und Roséweine sind sehr hell, frisch und fein mit guter Säure, wenn sie von nördlich ausgerichteten Hängen kommen.

Chardonnay, Chenin Blanc, Garnacha, Garnacha Blanca, Garnacha Peluda, Macabéo, Pansá Rosada, Parellada, Tempranillo (Ull de Llebre), Xarel-lo (Pansá Blanca)

1–5 Jahre (rot), 1–2 Jahre (weiß, rosé), 1–4 Jahre (süß)

Alta Alella Chardonnay • *Alellasol* • *Marfil* • *Bodegas Parxet* (Marqués de Alella)

ALICANTE DO

Valencia

Auf der Halbinsel Deja und in den Hügeln hinter Alicante wachsen in mildem Klima Reben für Rot-, Weiß- und Roséweine. Die Rotweine sind farbstark, bei Verwendung der *Doble pasta* oder der tiefdunklen Sorte Garnacha Tintorera tintenschwarz und adstringierend. Es tauchen auch leichtere, fruchtigere Typen auf, insbesondere bei Rosé- und Weißweinen. Die gespriteten Muscatweine sind leicht, süß und recht erfrischend. Ein lokal beliebter Dessertwein aus Monastrell im Stil eines Tawny Port, der Fondillón, wird oft viele Jahre im Fass gelagert und kann großartig sein.

Airén, Bobal, Garnacha Blanca, Garnacha Tinta, Meseguera (Merseguera), Moscatel Romano, Monastrell (Mourvèdre), Pinot Negro, Tempranillo, Viura (Macabéo)

6–12 Jahre (rot)

Hijo de Luís García Poveda (Costa Blanca)

ALMANSA DO

Castilla - La Mancha

Diese DO für Rot- und Roséwein liegt nördlich von Jumilla und Yecla zwischen der zentralen Hochebene La Mancha mit dem Tiefland von Valencia. Körperreiche und intensiv gefärbte

Rotweine, die, wenn gut geraten, weich und fruchtig sind. Gute *Rosados* sind frisch und sauber.

Airén, Garnacha, Meseguera (Merseguera), Monastrell, Tempranillo (Cencibel)

3–10 Jahre (rot), 1–3 Jahre (rosé)

Alfonso Abellan • *Bodegas Carrion* • *Bodegas Piqueras*

AMPURDÁN – COSTA BRAVA DO

Katalonien

Diese DO liegt ganz im Osten am Fuß der Pyrenäen und nahe an Frankreich. Der Großteil der Produktion ist Rosé für den Durst der Touristen; wesentlich besser sind die kräftig kirschroten Rotweine mit mittlerem bis gutem Körper und frischem, pflaumigem Aroma. Die fruchtigen, trockenen oder milden Weißweine sind hell mit grünlichen Reflexen; es gibt auch Perlwein-Versionen.

Cariñena (Carignan), Garnacha (Grenache), Garnacha Blanca (Grenache Blanc), Viura (Macabéo)

2–5 Jahre (rot), 9–18 Monate (weiß, rosé)

Cavas de Ampurdán • *Convinosa* • *Oliveda*

BIERZO DO

Castilla y León

Bierzo, eines der interessanten jüngeren DO-Gebiete, liefert Rot-, Rosé- und Weißwein; hervorragend der jugendliche Rotwein aus 70 % Mencía, einer unterschätzten Traube, die attraktive aromatische Weine ergibt.

Doña Blanca, Garnacha, Godello, Malvasía, Mencía, Palomino

1–4 Jahre (rot), 9–18 Monate (weiß, rosé)

Bodegas CA del Bierzo • *Bodegas Palacio de Arganza* (Weine ohne DO) • *Pérez Caramés* • *Casa Valdaiga*

BINISSALEM DO

Balearische Inseln

Die DO verdankt ihre Existenz fast nur einem Mann, José Ferrer. Mindestens zwei weitere Erzeuger des bekanntesten Weins von Mallorca sollten Sie testen, wenn Sie dort sind, auch wenn keiner vorschlagen würde, eine Kiste ihres Weins mit nach Hause zu schleppen. Die Weiß- und Roséweine sind einfach, die Roten etwas seriöser mit gewissem Gewicht.

Mindestens 50% Manto Negro (Rotwein) bzw. 70% Moll (Prensal Blanco) für Weißwein, dazu Chardonnay, Cabernet Sauvignon, Callet, Monastrell, Parellada, Tempranillo, Viura

Sofort

José L. Ferrer • *Jaume Mesquida* • *Bodegas Miguel Oliver*

BULLAS DO

Murcía

In dieser großen Region südlich von Jumilla sind die Böden so arm, dass außer Wein nur Oliven- und Mandelbäume überleben. Die jugendlichen Rotweine, meist aus Monastrell gemacht, scheinen das beste Potenzial zu haben; auch Weißwein und Rosé sind zugelassen. Bullas ist eine relativ neue DO, die sich noch bewähren muss.

Airén, Garnacha, Monastrell, Tempranillo (Cencibel)

CALATAYUD DO

Aragón

Ein Flickenteppich von Weinbergen, meist mit Garnacha, streiten auf magerem, ledergelbem, steinigem Boden mit Obstbäumen um ihre ärmliche Existenz. Der steigende Anteil Tempranillo und temperaturgesteuerte Stahlgärtanks werden das Potenzial verbessern, doch die besten Weine sind immer noch einfache, frische Rosés.

Cariñena (Mazuelo), Garnacha, Garnacha Blanca, Juan Ibañez (Miguel de Arco), Malvasía, Moscatel Romano, Monastrell, Tempranillo, Viura

Sofort

CA del Campo San Isidro (Viña Alarba) • *CA de Maluenda* (Marqués de Aragón)

CAMPO DE BORJA DO

Aragón

Der Name ist von dem mächtigen italienischen Clan der Borgia abgeleitet, der auf der Höhe seiner Macht im späten 15. Jahrhundert hier das Sagen hatte. Die Weißweine sind frisch, aber etwas blässlich, die Rot- und Roséweine füllig und robust, ab und zu alkoholisch, aber sie werden besser. Ihr Charakter wird manchmal mit dem einstigen Charakter Navarras verglichen, und auch Campo de Borja experimentiert mit Cabernet Sauvignon, wie es Navarra einst tat. Ein Weinbaugebiet, auf das man achten sollte.

Cabernet Sauvignon, Garnacha, Garnacha Blanca, Mazuelo, Moscatel Romano, Tempranillo, Viura

3–8 Jahre (rot), 9–15 Monate (weiß, rosé)

Bodegas Bordeje • *Agrícola de Borja* • *CA del Campo Union* • *Agraria del Santo Cristo* • *CA del Campo San Juan Bautista*

CARIÑENA DO

Aragón

Die geringen Niederschläge resultierten hier traditionell in hohem Alkoholgehalt, doch moderne Weinbereitungstechniken ergeben heute frischere, leichtere und fruchtig-aromatischere Weine. Am besten sind die Rotweine. Auch werden einige leicht mazerisierte *Rancio*-Weine gemacht.

Cabernet Sauvignon, Cariñena, Garnacha, Garnacha Blanca, Juan Ibañez, Moscatel Romano, Monastrell (Mourvèdre), Parellada, Tempranillo, Viura

1–5 Jahre (rot), 9–18 Monate (weiß, rosé)

CA de Borja • *CA de San Valero*

CAVA DO

Siehe Penedès: Cava S. 375

CHACOLÍ *ODER* TXAKOLINA DO

Kantabrien

Diese Appellation besteht aus zwei Teilen, Chacolí de Guetaria (Getariako Txakolina) und Chacolí de Vizcaya (Bizkaiko Txakolina). Die zweiten Namen sind baskisch, und im Baskenland haben sie natürlich den Vorrang. Es wird meist trockener und leicht schäumender Weißwein gemacht, daneben etwas Rotwein. Wie es für viele Weine im Nordosten der Iberischen Halbinsel charakteristisch ist, haben sie wenig Alkohol und viel Säure.

Hondarribi Beltza, Hondarribi Zuri

Txomin Etxaniz

CIGALES DO

Castilla y León

Seit ihrer Einrichtung im Jahr 1991 hat sich die DO durch frisch-fruchtige, leichte Rotweine und Rosés einen Namen gemacht.

Albillo, Garnacha, Palomino, Tempranillo (Tinto del País), Verdejo, Viura

CA de Cigales (Escogido del Año, Viña Torondos) • *Frutos Villa* (Conde Ansurez, Viña Calderona, Viña Cansina, Viña Morejona)

CONCA DE BARBERA DO

Katalonien

Die einst unbekannte DO für Rot-, Rosé- und Weißwein aus dem hügeligen Hinterland von Penedès ist einer der interessantesten Bereiche Spaniens. Chardonnay ist hier hervorragend, ob früh gelesen und leicht, wie ihn Ryman macht, oder ernster, rund und komplex, wie es Torres demonstriert. Merlot ist der Senkrechtstarter beim Rotwein, doch auch die Trepat könnte bei frischem, gefälligem Rotwein und Rosé für einige Überraschungen sorgen.

Cabernet Sauvignon, Garnacha (Grenache), Merlot, Parellada, Tempranillo (Ull de Llebre), Trepat, Viura (Macabéo)

1–5 Jahre

Torres (Milmanda Chardonnay)

CONDADO DE HUELVA DO

Andalusien

Die süßen Dessertweine dieses Bereichs zwischen dem Sherry-Gebiet des südwestlichen Spanien und der portugiesischen Algarve waren einst renommiert; sie wurden schon von Chaucer in seinen *Canterbury Tales* erwähnt. Aber als der Sherry berühmt wurde, endeten sie als Material für den Massenverschnitt. Von den gespriteten Weinen gibt es zwei Typen, *pálido* (jung, blaßgelb, trocken und ernst, mit 14 bis 17% Alkohol) und *viejo* (dem Oloroso ähnlich, im *Solera*-System gereift, mahagonifarben, trocken und süß bei mäßiger Oxidation, 15 bis 23% Alkohol). Leichte trockene Weine sind ein noch neues und noch nicht weit verbreitetes Phänomen; sie werden lokal konsumiert.

Garrido Fino, Palomino (Listán), Zalema

Sofort

COSTERS DEL SEGRE DO

Katalonien

Eine Spitzenappellation in der Provinz Lérida mit vier Unterbereichen von unterschiedlichem weinbautechnischem Charakter: Les Garrigues und Valls de Riu Corb (vorherrschend Weißwein), Artesa (fast ausschließlich dunkle Sorten) und Raimat, das von ausländischen Sorten dominiert wird. Begründet wurde die Region vom Codorníu-Konzern, dessen innovatives Gut Raimat – das qualitativ wie quantitativ beherrschende – schon als Klassiker gilt.

Cabernet Sauvignon, Cariñena (Carignan, Mazuelo), Chardonnay, Garnacha (Grenache), Garnacha Blanca (Grenache Blanc), Merlot, Monastrell (Mourvèdre), Parellada, Pinot Negro, Trepat, Tempranillo (Gotim Bru, Ull de Llebre), Viura (Macabéo), Xarel-lo

2–6 Jahre (rot), 1–4 Jahre (weiß)

Raïmat • *Castell del Remei*

DO MONTERREI DO

Galicien

Dieser Bereich bekam Anfang der 1980er Jahre eine provisorische DO, die aber widerrufen wurde, als zu wenige Erzeuger irgendwelche Anstalten machten, ihre Güter zu modernisieren. Ende der 1980er Jahre waren einige Verbesserungen zu verzeichnen, und heute hat der Bereich die voll gültige DO, aber es ist noch zu früh an der Zeit für eine sichere Beurteilung etwaiger Fortschritte.

Alicante, Doña Blanca, Gran Negro, Mencía, Mouratón, Palomino (Jerez), Verdello (Godello)

EL HIERRO DO

Kanarische Inseln

Die DO wurde 1996 für El Hierro eingerichtet, die kleinste und westlichste Insel des Archipels; ihre Genossenschaft ist allerdings die fortschrittlichste der Kanaren. Bevor die Weine DO-Status erhielten, wurden sie unter den Namen Frontera und Valverde verkauft. Die besten Areale sind Valle del Golfo, El Pinar und Echedo.

u. a. Listán (Palomino), Malvasía, Moscatel, Negramoll (die beste Sorte für rot und rosé), Pedro Ximénez, Verdello, Verijadiego (beste Sorte für Weißwein)

JEREZ DO *ODER* JEREZ-XÉRÈS-SHERRY DO

Siehe Jerez: Sherry, S. 380

JUMILLA DO

Murcía

Die hoch gelegenen Weinberge von Jumilla wurden nie von der Reblaus heimgesucht, und 90 % der Reben sind wurzelecht. Fast alle hier produzierten Weine sind rot und waren bis vor kurzem einfach strukturiert, außer wenn sie mit *Pasta doble* gemacht wurden, was dicke und höchst farbkräftige Weine ergibt, die in Spanien und im Ausland zum Verschnitt sehr begehrt sind. Das beste Potenzial hat die Sortenappellation Jumilla Monastrell; ihre Weine sind sehr geschmeidig, fruchtig-aromatisch und alterungswürdig. Mit früherer Lese und temperaturgesteuerter Gärung macht man heute leichtere, gefällige Rotweine, die am besten jung zu trinken sind, sowie weiche Weiß- und Roséweine.

Airén, Cabernet Sauvignon, Garnacha Tinta, Garnacha Tintorera, Meseguera, Monastrell (Mourvèdre), Pedro Ximénez, Tempranillo (Cencibel)

1–3 Jahre (rot), bis 6 Jahre für *Doble pasta*, 9–15 Monate (weiß, rosé)

Bodegas Bleda (Castillo Jumilla) • *Bodegas Señorío del Condestable* • *Jumilla Union Vitivinícola* (Cerrillares, Incunable)

LANZAROTE DO

Kanarische Inseln

Diese DO wurde 1995 für die Insel La Palma eingerichtet. In Fuencaliente im Süden der Insel wurde der zur Zeit Shakespeares berühmte »Canary Sack« (Sack: damalige Bezeichnung für Spanische Weine oder Sherry) hergestellt, und die für ihn verwendete Traube, die Malavia, wächst immer noch hier, zwischen rauchenden Vulkanen in kraterähnlichen Vertiefungen, wie sie von Lanzarote bekannt sind. Eine Kuriosität ist der in Pinienfässern gereifte »Tea Wine«, der im Norden der Insel gemacht wird, doch er ist nur etwas für die glühendsten Retsina-Fans.

u. a. Bujariego (beste Sorte für Weißwein), Gual, Listán (Palomino), Malvasía, Negramoll (beste Sorte für Rotwein)

LA PALMA

Kanarische Inseln

Für die nordwestliche der Kanarischen Inseln, La Palma, wurde 1995 diese Appellation eingerichtet. Zu Shakespeares Zeiten wurde in Fuencaliente im Süden der Insel der berühmte Canary Sack produziert. Die Rebe, aus der er gekeltert wurde, die Malvasia, gedeiht heute noch hier am Fuße von vier Vulkanen in einer Landschaft, die jener auf Lanzarote vergleichbar ist. Im Norden der Insel gibt es eine in Kiefer alternde Wunderlichkeit namens Vino del Tea, wobei Tea nicht für das englische Wort Tee steht, sondern eine hier heimische Kiefernart bezeichnet. Diesen Wein werden wohl nur die hartnäckigsten Retsina-Freunde suchen.

MÁLAGA DO

Andalusien

Von den ganz im Süden Spaniens am Mittelmeer liegenden Weingärten Málagas kommt ein in aller Welt bekannter, traditionsreicher Süßwein. Er reift meistens im *Solera*-System mit bis zu sechs Stufen (*siehe* Jerez: Sherry, S. 380) und wird wie Sherry mit einer Reihe von färbenden und süßenden Konzentraten verschnitten, die aus Traubensaft gemacht werden, wie *Arrope*, *Vino de Color*, *Vino Tierno* und *Vino Maestro*. Die Farbe des fertigen Weins kann von Gold über Bernsteinfarben bis Rot und Braun reichen, je nach Typ, Alter, Reifungsmethode, Süßegrad und Traubensorte. Nach der Reblauszeit verloren Málaga-Weine erheblich an Reputation, es gibt nur noch kleine Anbauflächen und wenige Erzeuger.

Málaga gibt es in verschiedenen Sorten, und die Anerkennung der kleinen DO leidet etwas darunter, dass Produktionstypen und Vorschriften wenig bekannt sind. *Dulce Color* ist ein dunkler, mittelschwerer Wein, der mit *Arrope* gesüßt wurde. *Lágrima* wird ausschließlich aus Vorlaufmost gemacht und ist der köstlichste Málaga. *Moscatel* ist ein üppig süßer, rosinenaromatischer Wein mit mittlerem bis vollem Körper, ähnlich der Jerez-Version, nur noch verführerischer. *Old Solera* hat von allen Málagas am meisten Finesse, Tiefe und Länge, sein Charakter ist eher komplex als rund und süß. Auch er ist mittelschwer bis füllig, immer noch süß, jedoch trocken im Abgang. *Oscuro* ist ein dunkler und süßer Wein, der mit *arrope* gesüßt und mit *Vino de Color* gefärbt wurde. *Pajarette* (*Paxarete*) ist dunkler und weniger süß, dafür alkoholischer als anderer Málaga. *Pedro Ximénez* ist ein weicher, süßer, wunderbar überströmender Wein aus nur dieser Rebsorte, der der Jerez-Version ähnelt. *Seco* schließlich ist ein blasser, trockener, pikanter Wein mit typischem Sahne-Haselnuss-Charakter.

Airén, Doradilla, Moscatel, Pedro Ximénez

Sofort (hält sich mehrere Jahre, wird jedoch nicht besser)

Larios • *Pérez Texeira* • *Scholtz Hermanos*

LA MANCHA DO

Castilla – La Mancha

Auch wenn das Weinland von Don Quixote mit gut 40% der spanischen Produktion einen gewaltigen Ausstoß hat, ist die Qualität hier seit Anfang der 1980er Jahre ungeheuer gestiegen. Viele Erzeuger ernten heute viel früher und lassen bei niedrigen (manchmal zu niedrigen) Temperaturen gären, wodurch man frische, leichtere, aromatischere Weine erhält. Dominierend ist bis heute die Airén-Traube, eine weiße, neutrale Sorte, die klassisch (oxidativ) oder modern (kühl vergoren) ausgebaut wird. Sie ist weltweit die am meisten angebaute Rebsorte, obwohl sie hauptsächlich in der Mancha steht – so groß ist dieses Anbaugebiet, das von riesigen Genossenschaften beherrscht wird. Die besten Weine der Mancha kommen aus Valdepeñas, aber in der ganzen Region steigt die Anzahl der Güter, die sehr gute und fruchtige Weine erzeugen. Airén aus der Mancha liefert den größten Teil des Grundweins für Brandy de Jerez. Neuerdings gibt es auch interessante Rotweine.

Airén, Cabernet Sauvignon, Garnacha (Grenache), Merlot, Moravia, Pardina (Pardilla, Pardillo), Tempranillo (Cencibel), Viura (Macabéo)

1–4 Jahre (rot), 9–15 Monate (weiß, rosé)

Bodegas Ayuso (Estola Gran Reserva) • *Vinícola de Castilla* (Castillo de Alhambra, Señorío de Guadianeja) • *Jesús Diaz e Hijos* • *Bodegas C. Españolas* (Fuente del Ritmo) • *Bodegas Hermanos Morales* (Gran Créacion) • *CA del Campo Nuestra Señora de Manjavacas* (Zagarrón) • *CA del Campo Nuestra Padre Jesús de Perdon* (Casa la Teja, Lazarillo, Yuntero) • *Bodegas Piqueras* (Castillo de Almansa, Marius Gran Reserva) • *Rama Corta* • *Rodriguez y Berger* (Viña Santa Elena) • *Julián Santos* • *Bodega Torres Filoso* (Arboles de Castollejo)

MANZANILLA DO

Siehe Jerez: Sherry, S. 383

MÉNTRIDA DO

Castilla – La Mancha

Körperreiche, raue Rotweine und alkoholischer Rosé, billig und lokal konsumiert.

Garnacha, Tempranillo (Cencibel, Tinto Madrid)

MONDÉJAR DO

Seit 1997 besteht die kleine DO östlich von Madrid. Körperreiche Weine aus der Tempranillo, die bisher wenig Reputation besitzen.

Cabernet Sauvignon, Macabéo, Malvar, Tempranillo, Torrontés

MONTILLA-MORILES DO

Andalusien

Ein sherryähnlicher, theoretisch nicht aufgespriteter Aperitifwein aus dem heißesten und trockensten Teil der Provinz Córdoba, deren hellgraue, kalkhaltige Böden überwiegend mit Pedro Ximénez bestockt sind. Montilla ist traditionell ein durchgegorener, völlig trockener Wein mit einem natürlichen Alkoholgehalt von bis zu 15 %, der nicht aufgespritet zu werden braucht; weil es der Markt verlangt, wird jedoch die ganze Palette süßer, gestoppter Weine hergestellt. Drei Kategorien: *Generosos* (aufgespriteter Fino, Amontillado, Oloroso und prächtiger PX), nicht aufgespritete traditionelle Weine (Cream, halbtrocken und trocken mit 14,5 Vol.-%) sowie *Jóvenes Afrutados* (entsetzlich).

Baladí, Lairén (Airén), Moscatel, Pedro Ximénez, Torrontés

Lange haltbar, jedoch nach dem Öffnen zu trinken

Marqués de la Sierra • *Alvear* • *Bodegas Mora Chacon* • *Gracia Hermanos* • *Perez Berquero* • *Rodriguez Chiachio*

NAVARRA DO

Siehe Navarra, S. 369

PENEDÈS DO

Siehe Penedès: Cava S.375

PLA DE BAGES DO

Katalonien

1995 gegründete DO im Hinterland von Barcelona, bisher nur 500 ha groß, mit durchaus beachtlichem Potenzial.

Cabernet Sauvignon, Chardonnay, Garnacha, Macabéo, Merlot, Parellada, Picapoll, Tempranillo

Masies d'Avinyo

PRIORATO DO

Siehe Priorato, S. 378

RÍAS BAIXAS DO

Galicien

Der rasch aufsteigende Stern am DO-Himmel umfasst theoretisch Rot-, Weiß- und Roséweine. Praktische Bedeutung haben aber nur die fein duftenden, lebendigen Weißweine, die zu mindestens 70 % aus Albariño bestehen müssen. Sie können echte Tiefe und Frucht besitzen, dazu kommt eine frische, muntere Säure. Die guten Exemplare habe ich immer sehr hoch geschätzt, aber ich frage mich, ob sie den immer noch steigenden Preis verdienen. Doch sie sind wunderbare Begleiter zum Essen, was für mich sogar den teuersten Rías Baixas preiswürdig macht.

Albariño, Brancellao, Caiño Blanco, Caiño Tinto, Espadeiro, Loureira Blanca, Loureira Tinta, Mencía, Sousón, Torrontés, Treixadura

1–3 Jahre

Albariño do Salnes • *Pazo de barrantes* • *Bodegas Cardallal* • *Lagar de Cervera* • *Bodegas de Paladio de Feiñanes* • *Granxa Fillaboa* • *Morgadio-Agromiño* • *Bodegas de Vilariño Cambados* (Martín Códax, Organistrum) • *Santiago Ruíz*

RIBEIRA SACRA

Galicien

Die meistverwendete Sorte ist hier Palomino, doch auf den steilen, terrassierten Rebhängen von Ribeira Sacra ist Albariño viel aufregender, und Mencía ist für Rotweine viel versprechend.

Albariño, Brancellao, Caiño, Doña Blanca, Espadeiro, Ferrón, Garnacha, Godello, Loureira, Loureira Tinta, Malvasía, Mencía, Merenzao, Mouratou, Negrada, Palomino, Sousón, Torrontés

1–3 Jahre

Adegas Moure (Albariño Abadia da Cova)

RIBEIRO DO

Galicien

Aufgrund des vom Atlantik geprägten Klimas im Nordwesteck Spaniens ähneln die Rot- und Weißweine von Ribeiro dem portugiesischen *Vinho Verde;* sie sind jedoch etwas fruchtiger und aromatischer.

Albariño, Albillo, Brancellao, Caiño, Ferrón, Garnacha (Alicante), Godello, Lado, Palomino (Jerez), Loureira, Mencía, Sousón, Tempranillo, Torrontés, Treixadura, Viura

9–18 Monate

Bodegas Alanis • *Bodegas Arsenio Paz* • *Bodegas Rivera* • *CA del Ribeiro*

RIBERA DEL DUERO DO

Siehe Ribera del Duero, S. 378

RIOJA DOC

Siehe Rioja, S. 369

RUEDA DO

Castilla y León

Dieser kleinere Bezirk, flussabwärts von Ribera del Duero gelegen, ist vor allem für knackig-frische trockene Weißweine bekannt, die meist aus Verdejo gemacht werden; doch die traditionellen Weine sind gespritet, im *Fino-* (Palido Rueda) und im *Rancio*-Typ (Dorado Rueda), beide sind noch zu finden. Es gibt auch einen flaschenvergorenen Schaumwein, Rueda Espumoso.

Palomino, Sauvignon Blanc, Verdejo, Viura

1–2 Jahre

Alvarez y Diez • *Belondrade y Lurton* • *Agricola Castellana* • *Marqués de Griñón* • *Marqués de Riscal*

SHERRY DO *ODER* JEREZ-XÉRÈS-SHERRY DO

Siehe Jerez: Sherry, S. 380

SOMONTANO DO

Aragón

Somontano, das am Fuß der Zentralpyrenäen liegt, hat alles, um eine bedeutende Weinregionzu werden. Chardonnay ist die beste Sorte für seriöse, barriquegereifte Weißweine, auf der Rotweinseite zeigen Tempranillo und Cabernet Sauvignon ein hervorragendes Potenzial für intensiven Duft und lebhafte, runde Frucht.

Alcañón, Cabernet Sauvignon, Chardonnay, Garnacha (Grenache), Garnacha Blanca (Grenache Blanc), Gewürztraminer, Merlot, Moristel (nicht Monstrell!), Parreleta (nicht Parellada!), Pinot negro, Tempranillo, Viura (Macabéo)

2–5 Jahre (rot), 1–3 Jahre (weiß)

Aragonesa (Merlot/Cabernet Sauvignon Reserva) • *Viñas del Vero* • *Enate* • *Lalanne* • *Bodegas Pirineos* (Montesierra, Señorío de Lazán)

TACORONTE-ACENTEJO DO

Kanarische Inseln

Gegründet 1992 und damit die älteste DO der Kanarischen Inseln; bisher auch die beste, aber es ist noch abzuwarten, wie sich die anderen entwickeln.

u. a. Bujariego, Blanca Forastera, Castellano, Gual, Listán negro, Malvasía, Marmajuelo, Moscatel, Negra Común, Negramoll, Pedro Ximénez, Tintillo, Torrontés, Verdello

Bodegas Monje • *Viña Norte*

TARRAGONA DO

Katalonien

Die größte DO in Katalonien, doch ihr Potenzial ist – verglichen mit dem benachbarten Penedès – in weiten Teilen mittelmäßig, auch wenn die australischen Weinmacher Nick Butler und Mark Nairn auf dem Gut Pedro Rovira ruhig und permanent die Qualität verbessern. Die besten Erzeugnisse, rot, weiß und rosé, sind alle frisch und fruchtbetont. Auch der lokale gespritete Wein, der Tarragona Classico, ist einen Versuch wert. Seit einigen Jahren zeigen wenigstens zwei Erzeuger, dass es noch zu erschließende hervorragende Lagen gibt: Die Kellerei Capcanés und die Genossenschaft von Falset östlich des Priorato erzeugen schon jetzt Weine, die guten Prioratos nahe kommen.

Cabernet Sauvignon, Cariñena (Carignan), Chardonnay, Garnacha (Grenache), Garnacha Blanca (Grenache Blanc), Mazuela, Merlot, Moscatel Alejandria, Parellada, Tempranillo (Ull de Llebre), Viura (Macabéo), Xarel-lo

1–5 Jahre (rot), 1–2 Jahre (weiß, rosé)

CA de Valls • *José Lopez Beltrán* (Don Beltrán) • *Pedro Masana* (Weine ohne DO) • *De Müller* (Moscatel Seco, Parxete) • *Pedro Rovira*

TERRA ALTA DO

Katalonien

Die sich langsam verbessernde DO liegt im Süden der Provinz in den Bergen. Man macht hier gute Rot- und Weißweine für den Alltag. Meiden sollte man den lokalen gespriteten *Mistela.*

Cabernet Sauvignon, Cariñena (Carignan, Mazuelo), Garnacha (Grenache), Garnacha Blanca (Grenache Blanc), Merlot, Moscatel, Parellada, Tempranillo, Viura (Macabéo)

1–2 Jahre

CA Gandesa • *CA La Hermandad* • *Pedro Rovira* (Alta Mar, Viña d'Irto)

TORO DO

Castilla y León

Einst sagte ich dem Leiter der lokalen Genossenschaft, dass ich schon einige schlampige Kooperativen gesehen hätte, dass seine aber die bei weitem dreckigste sei. Zwar gab es auch damals einige gute Erzeuger, die sich vom Rest abhoben, aber seitdem ist hier alles beträchtlich besser geworden. Die Rotweine aus der Hauptrebsorte Tinta de Toro, einem Tempranillo-Klon, sind weniger tanninreich und schon jung viel zugänglicher, dennoch körperreich und zur Lagerung geeignet. Die führenden Bodegas, Fariña und Vega Sauco, kommen bereits einigen der besseren Bodegas in Ribera del Duero nahe.

Garnacha, Malvasía, Tempranillo (Tinta de Toro), *Verdejo Blanco*

2–8 Jahre (rot), 1–3 Jahre (weiß)

Bodegas Fariña (bes. Gran Colegiata) • *Bodegas Frutos Villar*

TXAKOLINA DO

Siehe Chacolí DO

UTIEL-REQUENA DO

Valencia

Dieser große und bedeutende, überwiegend Rotwein erzeugende Bereich liegt ganz im Westen der Provinz Valencia. Früher waren Grundweine für die Destillation sowie *Doble-pasta*-Verschnittweine das Hauptprodukt, heute werden weichere, gefälligere Weine gemacht, meist von großen Kellereien aus Valencia. Aber die Region hat gutes Potenzial, wie Torre Oría zeigt. Der Pfälzer Biowinzer Heiner Sauer startete 1998 ein ambitioniertes Projekt.

Bobal, Cabernet Sauvignon, Chardonnay, Garnacha Tinta, Merlot, Meseguera (Merseguera), Planta Nova (Tardana), Tempranillo, Viura (Macabéo)
2–5 Jahre (rot), 9–18 Monate (rosé)
Augusto Egli (Casa Lo Alto)

VALDEORRAS DO

Galicien

Bis Rías Baixas auf der Szene erschien, war dies der Shooting-Star Galiciens. Die terrassierten Schieferhänge am Fluss Sil und das vom Atlantik geprägte, nördlich-feuchte Klima liefern Weine, die nie alkoholreich waren – was auf die meisten Spanier damals zutraf –, erfrischende Säure macht einen Teil ihres Charmes aus. Die guten Kellereien sind inzwischen modernisiert und besser als je zuvor, insbesondere bei den Weißweinen aus Godello.

Garnacha, Godello, Gran Negro, Lado, Maria Ardoña, Mencía, Merenzao, Palomino, Valenciana (Doña Blanca)
1–4 Jahre (rot), 1 Jahr (weiß, rosé)
Bodegas Godeval • *Bodegas Jesus Nazareno* • *Joaquín Rebolledo*

VALDEPEÑAS DO

Castilla - La Mancha

Valdepeñas war lange Zeit der einzige Bereich der Provinz Castilla - La Mancha, in dem man sich um hochwertigen Wein bemühte. Trotz der sengenden Hitze (das Klima wird mit »neun Monate Winter, drei Monate Hölle« beschrieben) und der Apathie allzu vieler Erzeuger macht dort eine kleine Zahl von Kellereien gute, sehr preiswürdige Weine. Der fruchtbare, steinige rote Boden verfügt über eine Wasser speichernde Kalksteinschicht, die den Mangel an Niederschlägen ausgleicht. Die besten Rotweine, nur aus Tempranillo, sind mittelschwer bis voll und besitzen wunderbar üppige, dennoch balancierte Aromen, wenn auch wenig Säure; der Einfluss

neuer Eiche nimmt zu. Der Rosé kann weich und fruchtig sein. Doch um attraktive Weißweine zu machen, müssten die Weinberge komplett neu bestockt werden; aber auch so gibt es keinen Grund, warum sie nicht frisch sein sollten.

Airén, Cabernet Sauvignon, Garnacha, Macabéo, Merlot, Moravía, Pardilla, Tempranillo (Cencibel)
2–6 Jahre (rot), 9–18 Monate (rosé)
Miguel Calatayud • *Bodegas J. A. Megía* • *Bodegas Los Llanos* • *Bodegas Luis Megia* (Marqués de Gastañaga) • *Bodegas Felix Solis* (Viña Albali Reserva) • *Casa de la Viña* (Vega de Moriz)

VALENCIA DO

Valencia

Der Bereich war früher bekannt für minderwertige, schwere, alkoholische Tafelweine (*Vino de Mesa*). Moderne Kellereien produzieren heute viel leichtere Weine, die zumindest frisch und gefällig sind. Aus der Monastrell werden einige gute, weiche, mittelschwere Rotweine gemacht, die manchmal in Eiche reifen. Der köstliche, rosinenartig süße Moscatel ist zuverlässig und sehr preiswürdig; bei Blindverkostungen behauptet er sich gut gegen einen doppelt so teuren Muscat de Beaumes de Venise aus dem südlichen Rhône-Tal.

Forcayat, Garnacha Tinta, Garnacha Tintorera, Malvasía (Riojana), Meseguera (Merseguera), Monastrell (Mourvèdre), Moscatel, Pedro Ximénez, Planta Nova, Tempranillo, Tortosí, Verdil, Viura (Macabéo)
1–4 Jahre (rot), 9–18 Monate (weiß, rosé), sofort (Moscatel)
CA de Villar • *Vicente Gandía* • *Augusto Egli* (bes. der preiswürdige Moscatel) • *Bodegas Schenk* (Cavas Murviedro) • *Bodegas Tierra Hernández*

VALLE DE GÜÍMAR DO

Kanarische Inseln

Diese DO wurde 1996 für Weine von der Ostseite Teneriffas eingerichtet. Die Weinberge grenzen hier an bebaute Felder, die bewässert werden und so die Reben mitversorgen. Vor der Verleihung des DO-Status wurden diese Weine nicht einmal lokal verkauft, sondern von den Bauern selbst konsumiert.

Guál, Listán (Palomino), Listán Negro, Malvasía, Negramoll, Vijariego

VALLE DE LA OROTAVA DO

Kanarische Inseln

Diese 1996 eingerichtete DO umfasst Weine, die im üppig grünen Norden der Insel wachsen, zwischen den Bereichen Tacoronte-Acentejo und Ycoden-Daute-Isora. Früher wurden die Weine als *Vino de la Tierra* (»Landwein«) La Orotava und Los Realos verkauft.

Meist Listán (Palomino) und Listán Negro

VINOS DE MADRID

Madrid

Als Casanova in Madrid Zuflucht suchte, wuchs die Hauptstadt sehr rasch auf Kosten der umgebenden Weinberge. Casanova war von den Weinen begeistert, was aber vielleicht mehr mit ihrer zunehmenden Knappheit zu tun hatte als mit ihrer Qualität. Als die Bezeichnung Vinos de Madrid 1990 wiederauflebte, wurden die Grenzen weit über das längst zugebaute Areal des 18. Jahrhunderts ausgeweitet. Allerdings muss man ein noch größerer Fan dieser Weine sein als Casanova, um zu jubeln. Es gibt jedoch ein paar Ausnahmen von der Regel, und Jesús Diaz e Hijos ist selbst nach anspruchsvollen Maßstäben sehr gut.

Airén, Albillo, Cabernet Sauvignon, Garnacha Tinta, Macabéo, Malvar, Merlot, Tempranillo (Tinto Fino), Torrontés
Sofort (2–3 Jahre für die genannten Weine)
Bodegas Francisco Figuero • Jesús Díaz e Hijos

YCODEN-DAUTE-ISORA DO

Kanarische Inseln

Die DO wurde 1995 für die Weine von Reben eingerichtet, die in der Nordwestecke von Teneriffa auf häufig bewässerten Terrassen wachsen. Zuvor wurden die Weine unter der Bezeichnung *Vino de Tierra* Icod de Los Vinos verkauft, ein Name, der an längst verblassten Ruhm erinnert. Nach der Schlacht von Trafalgar waren die Kanaren ein bevorzugter Stützpunkt für die Royal Navy, und die leicht orangefarbenen Weißweine waren bei allen Rängen beliebt.

Meist Listán (Palomino) und Listán Negro

YECLA DO

Murcía

Man sollte annehmen, dass auf dem steinigen Kalkboden zwischen Alicante und Jumilla gute Weine zu erzeugen seien; außer einigen ordentlichen Weinen war aber lange nichts Besonderes zu finden. Die Rotweine waren entweder tintenschwarze *Doble-pasta*-Erzeugnisse oder kirschrot mit annehmbarer Frucht und Schwere. Seit die Bodega Castaño der Region neue Impulse gibt, änderte sich viel zum Besseren. Rote und roséfarbene Weine aus der Zone Campo Arriba im Norden des DO-Gebiets können diesen Namen zusätzlich verwenden. Sie werden zu 100% aus Monastrell gemacht, bei Erträgen, die halb so hoch sind wie sonst in Yecla erlaubt.

Cabernet Sauvignon, Garnacha Tinta, Garnacha Tintorera, Merlot, Meseguera (Merseguera), Monastrell (Mourvèdre), Tempranillo, Verdil, Viura
2–5 Jahre (rot, 3–6 Jahre für Yecla Campo Arriba), 1–2 Jahre (weiß, rosé)
Bodegas Castaño (Pozuelo, Las Gruesas) • *Ochoa Palao* (Cuvée Prestige)

YECLA CAMPO ARRIBA DO

Siehe Yecla DO

XÉRÈS DO *ODER* JEREZ-XÉRÈS-SHERRY DO

Siehe Jerez: Sherry, S. 380

RIOJA UND NAVARRA

Als bisher einziger Wein Spaniens wurde der Rioja in den höchsten Rang der Klassifizierung eingestuft: Er erhielt den Status einer DOCa und unterstreicht somit die Stellung der Rioja als größte Weinbauregion des Landes. Das benachbarte Navarra, das früher als die beste Quelle des Landes für den Rosado angesehen wurde, baut sich langsam einen Ruf mit anderen Stilen auf. Weinberge und Kellereien wurden dazu saniert.

Eine kurze Fahrt führt von schäbigen Vororten der Industriestadt Bilbao in die dramatische Schönheit des Berglands mit seinen architektonischen Schätzen aus dem 12. Jahrhundert, den isoliert auf Kuppen erbauten *Pueblos,* seinen freundlichen Bewohnern mit reicher Tradition und herzhafter Küche.

RIOJA

Rioja war immer ein eichenbetonter Wein, und alle Versuche, ihn von Eiche zu befreien, schlugen lange Zeit fehl. Eiche ist die Basis des Ruhms für den ersten und größten Rotweinerfolg Spaniens. Einige Autoren halten Rioja-Weine für heutige Gourmets für zu eichenbetont – was stimmen mag. Doch erst Weine aus den 1990er Jahren, vor allem die des grandiosen Jahrgangs 1994, haben bewiesen, dass es in der Rioja auch einen anderen Weg gibt, große Weine zu erzeugen.

Die Franzosen zählten zu den Ersten, die diesen Wein mit seinen unmissverständlichen süßen Vanillenoten lobten. Schon im 18. Jahrhundert hatten einige aufgeklärte *Riojanos* hinüber nach Frankreich geschaut, insbesondere nach Bordeaux, um ihr Weinwissen zu verbessern. Die folgenden Veränderungen waren geringfügig im Vergleich zu denen der 1840er und 1860er Jahre, als Mehltau bzw. Reblaus die französischen Weinberge zerstörten. Eine Anzahl von Winzern – meist aus dem Bordelais, aber auch aus Burgund – gaben die Hoffnung auf, ihre Rebflächen wiederbeleben zu können, und ließen sich in Rioja nieder. Ihre Methoden revolutionierten die Qualität und den Stil des Rioja geradezu, während *Négociants* aus Bordeaux – verzweifelt nach neuen Weinquellen suchend – umgehend lukrative Handelsbeziehungen aufbauten.

Die Anfänge

Wein wird in Rioja spätestens seit dem 2. Jahrhundert v. Chr. gemacht, als die Römer diese Gegend unterwarfen. Im Jahr 1560 war sie so angesehen, dass man die Verwendung von Trauben

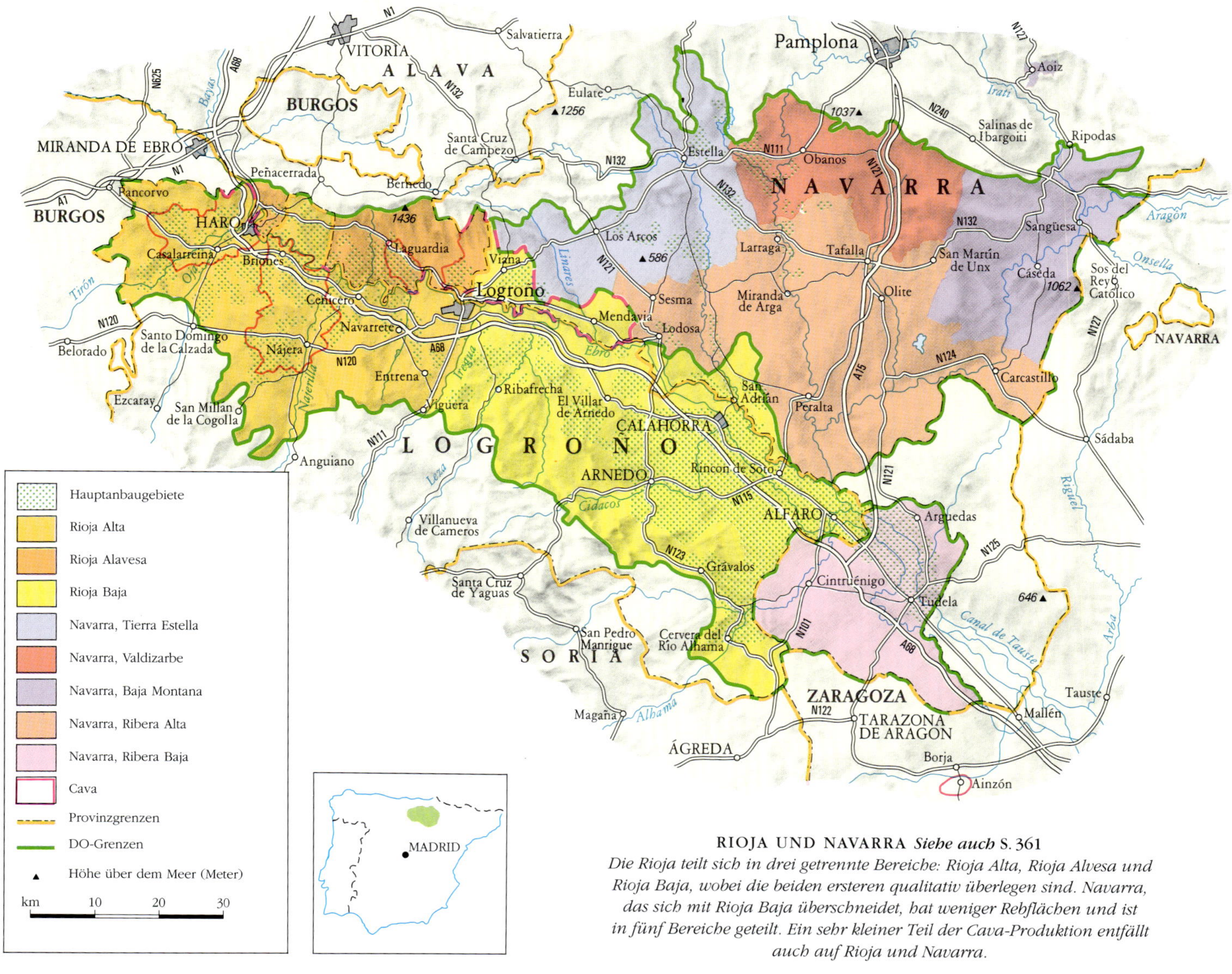

RIOJA UND NAVARRA *Siehe auch* S. 361

Die Rioja teilt sich in drei getrennte Bereiche: Rioja Alta, Rioja Alvesa und Rioja Baja, wobei die beiden ersteren qualitativ überlegen sind. Navarra, das sich mit Rioja Baja überschneidet, hat weniger Rebflächen und ist in fünf Bereiche geteilt. Ein sehr kleiner Teil der Cava-Produktion entfällt auch auf Rioja und Navarra.

aus anderen Regionen untersagte. Die Echtheit der Weine wurde durch ein Brandsiegel auf den *Pellejos* (Ziegenhäute), in denen sie transportiert wurden, garantiert. Die Holzfässer, die im 18. Jahrhundert aufkamen, waren fünfmal so groß wie die heutigen, und erst 1860 wurden auf dem Gut des Marqués de Riscal die ersten Barriques aus Bordeaux eingesetzt (einige Hinweise deuten darauf hin, dass Manuel Quintano um 1800 der Erste war). Besonderen Einfluss hatte der Franzose Jean Pineau, der die örtlichen Erzeuger in französischen Methoden unterrichtete; 1868, als sein Vertrag ausgelaufen war, verpflichtete ihn Don Camilo Hurtado de Amezaga, Marqués de Riscal, der die Weine des Médoc bewunderte und selbst 15 Jahre in Bordeaux gelebt hatte. Don Camilo hatte 1863 Cabernet Sauvignon angepflanzt und wollte seine neue Bodega gemäß den Verfahren der fortschrittlichsten Châteaux im Médoc geführt wissen.

DIE KLASSISCHEN BEREICHE DER RIOJA

Die Weinberge der Rioja breiten sich entlang des Ebro zwischen Haro und Alfaro und in seinem Hinterland aus, dazu an vielen Ebro-Zuflüssen, von denen der Oja dieser Region seinen Namen gab. Rioja-Weine sind meist rot und werden aus Trauben – vor allem Tempranillo und Garnacha – verschnitten, die aus allen drei Bereichen (Rioja Alta, Rioja Alavesa, Rioja Baja) stammen. Ein Großteil der guten Weine wird jedoch nur in einem Bereich erzeugt, und in den letzten Jahren gibt es immer mehr Weine aus besonders guten Einzellagen.

Rioja Alta

Logroño und Haro, die Hauptorte der Rioja, liegen beide in Rioja Alta. Logroño ist für spanische Verhältnisse eine große Stadt, doch das viel kleinere Haro im Westen des Bereichs, ein ummauertes, auf einer Hügelkuppe liegendes Städtchen, ist viel älter, hübscher und traditioneller. Das Bahnhofsviertel mit seinen vielen *Bodegas* ist berühmt. Die Weine aus Rioja Alta haben am meisten Frucht und Stoff, sie können auch samtig-weich sein. Bodegas Muga macht sehr schöne Exemplare des Rioja Alta, ebenso die Compañía Vinícola del Norte de España (CVNE) mit ihrer Linie »Imperial« oder La Rioja Alta mit ihren großartigen »904« und »890«.

Rioja Alavesa

Rioja Alavesa ist ein kleiner Bereich der Rioja Alta, der zur Provinz Alava gehört. Er hat ein ähnliches Klima, seine Weine sind die elegantesten Riojas, wesentlich frucht- und säurebetonter als die der Alta und der Baja Rioja. Nach Jahren intensiven Experimentierens legte Pedro Domecq dort einen 400 ha großen Weinberg an, wobei er die Rebstöcke an Drahtspalieren anstatt in der traditionellen Buschform erzog. Neben Bodegas Domecq oder der Cooperative Labastida, die hauptsächlich reine Alavesa-Weine machen, sind einige Einzellagenweine wie Remelluri oder El Pisón beispielhaft.

Rioja Baja

Rioja Baja ist eine semiaride, vom Mittelmeer beeinflusste Landschaft, heißer, sonnenreicher und trockener als Alta und Alavesa, mit 380 bis 430 mm Niederschlägen im Jahr, die bis Alfaro im Süden auf 250 mm absinken. Etwa 20 % der Rebstöcke stehen in Navarra und können diese DO verwenden. Die Weine sind tieffarbig und sehr alkoholreich (bis 18 %), lassen aber Säure, Aroma und Finesse vermissen; sie werden als Verschnittwein verwendet.

Navarra

Die politische Region Navarra umfasst auch einen Teil der Rioja Baja. Navarra kann – obwohl das Gebiet nicht in derselben Liga spielt wie Rioja oder Ribera del Duero – einige sehr schöne, ungewöhnlich preiswürdige Weine produzieren. Die Verkaufserfolge der letzten Jahre haben den Niedergang in den Weinbergen gestoppt und zu einer Reihe ehrgeiziger Versuche mit ausländischen Sorten wie Merlot geführt, während zuvor experimentelle Sorten wie Cabernet Sauvignon sich fest etablierten. Nach Ansicht der Estación de Viticultura y Enología de Navarra (EVENA), der fortschrittlichsten Weinforschungsinstitution Spaniens, sind diese Bordeaux-Sorten für Klima und Boden Navarras ideal geeignet.

Eine rosige Vergangenheit

Navarra war einst Synonym für *Rosado,* und dieser Weintyp macht immer noch fast die Hälfte der Produktion aus. Was das Renommee der Region wirklich einschränkt, ist die mittelmäßige Garnacha-Traube (frz. Grenache), die guten Rosé ergibt, aber für Rotwein – außer in Verschnitten – selten Hervorragendes leistet. Mit Garnacha sind in Navarra 46 % der rund 12 700 ha Weinberge bestockt, was heißt, dass die Region für einen Aufstieg über den *Rosado* hinaus noch nicht vollständig gerüstet ist. Die Tempranillo – unzweifelhaft die beste spanische Rotweinsorte –, auf der Riojas Erfolg gründet, hat in Navarra einen Anteil von 26 %. Doch ist diese Ziffer schon mehr als doppelt so hoch wie vor zehn Jahren, und da Tempranillo 60 % und Cabernet Sauvignon 20 % aller neu gepflanzten Reben ausmachen, ist von Navarra in der nächsten Dekade ein gewaltiger Qualitätsschub zu erwarten.
Nach Javier Ochoa, dem ehemaligen Chefönologen der EVENA, sollte der perfekte Navarra-Verschnitt in die Richtung von 50 % Tempranillo, 30 % Garnacha und 20 % Cabernet Sauvignon gehen.

REBSORTEN IN DER RIOJA

Zwar ist in letzter Zeit ein Trend zu sortenreinen Weinen – *Tinto* aus Tempranillo und *Blanco* aus Viura – zu verzeichnen, doch ist der Großteil des Rioja verschnitten. Charakter und Qualität eines Rioja hängen in großem Maß vom Stil des Erzeugers ab. Neben dem Ausgleich der Stärken und Schwächen verschiedener Terroirs versucht man, die Eigenschaften der verschiedenen Rebsorten harmonisch zu kombinieren. In Rioja sind sieben Sorten zugelassen: Tempranillo, Garnacha, Graciano, Mazuelo, Viura, Malvasía und die wenig verwendete Garnacha Blanca.

EIN TYPISCHER ROTER RIOJA-VERSCHNITT

Tempranillo 70 % für Bukett, Säure und Eignung für längeren Ausbau. Sie reift zwei Wochen vor der Garnacha (*temprano* bedeutet »früh«) und heißt in Spanien auch Cencibel, Tinto Fino und Ull de Llebre. Tempranillo enthält wenig oxidierende Enzyme, sodass die Weine äußerst langlebig sind.

Garnacha 15 % für Körper und Alkohol; zu viel davon können einen Wein grob machen. Dies ist die Grenache von der Rhône, die auch Lladoner und Aragonés genannt wird. Die wichtigste Traube für Rioja Baja, wo sie Weine mit 16 % Alkohol ergibt.

Graciano 7,5 % für Frische, Duft und Aroma. Eine Sorte mit der ungewöhnlichen Eigenschaft dünner, aber fester, dunkler Schalen.

Mazuelo 7,5 % für Farbe, Tannine und gute Alterungseigenschaften. Die Carignan Südfrankreichs heißt hier auch Cariñena.

Zu den genannten Sorten können noch weiße Trauben treten, z. B. 10 bis 15 % Viura, doch schwindet diese Tradition. Cabernet Sauvignon ist in der Rioja nicht zugelassen, eine Ausnahme gibt es jedoch für Bodegas, die diese Sorte seit langem verwenden (wie Marqués de Riscal, das 15 bis 60% einsetzt) oder damit experimentieren. Eine große Zahl von Gütern hat Versuchspflanzungen, doch ist die Sorte für die meisten Riojas noch ohne Bedeutung.

EIN TYPISCHER WEISSER RIOJA-VERSCHNITT

Viura 95 % für Frische und Duft. Diese Traube besitzt eine ordentliche Säure und Resistenz gegen Oxidation. Sie ist in Spanien auch als Macabéo und Alcañón bekannt und eine der drei Hauptsorten für Cava.

Malvasía 5 % für Körper, Duft, Säure und Komplexität. Auch als Rojal Blanco und Subirat bezeichnet. Die Traube ist in reifem Zustand rot gefleckt, sodass rasch abgepresst werden muss, um den Saft nicht zu färben.

Die meisten Weißweine sind rein aus Viura, manche enthalten bis zu 50 % Malvasia. Einige *Bodegas* setzen kleine Mengen Garnacha Blanca zu (besonders in schwachen Jahren), um den Alkoholgehalt zu erhöhen; doch dies geht auf Kosten von Frische und Aroma.

Doch ich habe den Verdacht, dass dies von der großen Menge Garnacha diktiert ist, die es nach Beendigung der Neupflanzungen noch geben wird.

DIE BEREICHE IN NAVARRA

Baja Montana

Im Osten Navarras, in den Montana-Vorbergen, liegt der höchste und feuchteste Bereich mit 15 % Anteil an der Gesamtfläche. Die Ernte beginnt hier wesentlich später als im Süden der Region, weshalb die früh reifende Tempranillo überdurchschnittlich bedeutend ist. Die großen Niederschlagsmengen bewirken einen um 50 bis 100 % höheren Ertrag als in den vier anderen Bereichen. Von hier kommen sehr gute, frisch-fruchtige, aromatische Rosés.

Ribera Alta

Einer der beiden Hauptbereiche von Navarra. Aus der Ribera Alta kommen einige der besten Weine der Region. Die Rosés sind weich und aromatisch, die Rotweine geschmeidig und fruchtig; doch mit 40% Anteil an den gepflanzten Reben für Viura ist hier Weißwein das Thema, der trocken, frisch und rund ist.

DER BEREICH ESTELLA IN NAVARRA
Das malerische Dorf Maneru liegt in der Nähe von Estella, südwestlich von Pamplona. Tempranillo ist die Hauptrebsorte in diesem Bereich.

Ribera Baja

Der andere bedeutende Bereich Navarras mit 30 % der Gesamtfläche. Die Fortsetzung der Rioja Baja nach Südosten ist sehr heiß und trocken. Man macht hauptsächlich Rotwein aus Garnacha, der charakteristisch tieffarben, robust und füllig ist. Muscat à Petits Grains hat 3 % Anteil an der Anbaufläche und liefert einen süßen Dessertwein.

Tierra Estella

In puncto Weinbau vergleichbar mit Baja Montana, hinsichtlich Klima mit dem östlich anschließenden Valdizarbe. Dieser Bereich mit 15 % der Gesamtfläche, der nach Süden hin trockener wird, liefert gefällige, fruchtige Rotweine und Rosés aus Tempranillo, die hier weit überwiegt. Garnacha tritt zurück, da ihre Weine zur Oxidation neigen. Auch einige frische Weißweine aus Viura sind zu finden.

Valdizarbe

Der kleinste Bereich Navarras besitzt ein etwas trockeneres Klima als Baja Montana und ist eine ausgezeichnete Quelle für preiswerte Rot- und Roséweine. Leider tendieren einige zur Oxidation.

GESCHMACKS- UND QUALITÄTSFAKTOREN

LAGE
Rioja und Navarra liegen im Norden Spaniens, im Nordosten durch die Pyrenäen, im Südwesten durch die Sierra de la Demanda begrenzt. Rioja folgt dem Oberlauf des Ebro.

KLIMA
Das Kantabrische Gebirge – nicht sehr hoch, aber sehr beeindruckend – ist ein Schlüssel zur Qualität von Rioja. Es schützt die Region vor den verheerenden Stürmen, die vom Golf von Biskaya heranbrausen, und hält den Einfluss von Atlantik und Mittelmeer in dynamischem Gleichgewicht. Ersterer ist am stärksten in Navarra, letzterer in Rioja Baja. Die Temperaturen steigen, und die Niederschlagsmengen sinken, je näher man dem Mittelmeer kommt. Die Pyrenäen bieten Schutz nach Norden, doch sind die Winter, besonders in Navarra, kalt und neblig. Rioja kann unter Hagel und dem heißen Wind *solano* leiden.

TOPOGRAFIE
Die Weinberge sind sehr unterschiedlich gelegen, am höchsten in den Pyrenäen-Vorbergen von Navarra, am tiefsten in den Ebenen von Rioja Baja im Südosten. Die besten Lagen sind im zentralen Hügelland von Rioja Alta und Alavesa konzentriert.

BÖDEN
Der gemeinsame Nenner der unterschiedlichen Böden ist der Kalkstein. In Navarra enthält er zwischen 25 und 45 % aktiven Kalk, nahe dem Ebro liegt er unter einer Schicht angeschwemmtem Schlick, in trockenen Gebieten unter einem Oberboden aus verwittertem Kalk- und Sandstein. Kalkstein mit Sandstein oder kalkhaltiger Ton und schieferige Ablagerungen dominieren Rioja Alavesa und Alta, in Rioja Baja liegen eisenhaltiger Ton und Lehm bzw. Schlick über Kalkstein.

WEINBAU UND WEINBEREITUNG
Die meisten Weine sind aus mindestens drei Traubensorten verschnitten, die aus verschiedenen Bereichen der Appellation kommen. Sehr wenige Weine sind reinsortig bzw. Einzelguts- oder gar -lagenweine. Das traditionelle Weinbereitungsverfahren, das noch für den *Vino nuevo* verwendet wird, ist eine einfache Form der Kohlensäuremaischung in offenen Bottichen; nach einigen Tagen der intrazellulären Gärung werden die Weinbeeren mit den Füßen zerquetscht. Das ähnelt dem Verfahren beim Beaujolais, doch ist das Resultat viel rauer, mit dunkelvioletter Farbe und viel unreifen Tanninen.
Der meiste Wein wird normal verarbeitet, altert aber länger als andere kommerzielle Weine. Trotz des Trends zu kürzerer Lagerung im Eichenfass und längerer Flaschenreifung beruht der Charakter des Rioja wesentlich auf Eiche, und für seine Zukunft ist es wichtig, dass es so bleibt.

HAUPTREBSORTEN
Tempranillo, Viura (Macabéo)

WEITERE REBSORTEN
Cabernet Sauvignon, Cariñena (Mazuelo, Carignan), Chardonnay, Cinsault, Garnacha (Grenache), Garnacha Blanca (Grenache Blanc), Graciano, Malvasia, Monastrell (Mourvèdre), Moscatel (Muscat)

RIOJA AUF EINEN BLICK

ANGEPFLANZTE REBSORTEN (IN HEKTAR)

ROTE SORTEN	RIOJA ALTA	RIOJA ALAVESA	RIOJA BAJA	GESAMT
Tempranillo	15100	9300	8050	32450
Garnacha	2060	171	7070	9301
Cariñena	514	93	1261	1868
Graciano	96	81	264	441
andere	4	-	158	162
Versuche	28	50	100	178
GESAMT	17802	9695	16903	44400

WEISSE SORTEN	RIOJA ALTA	RIOJA ALAVESA	RIOJA BAJA	GESAMT
Viura	4421	1413	1654	7488
Malvasia	70	30	18	118
Garnacha Blanca	28	-	17	45
andere	145	12	40	197
Versuche	4	3	8	15
GESAMT	4667	1459	1736	7863
ROT U. WEISS GESAMT	22469	11054	18639	52264

WEINPRODUKTION (IN HEKTOLITER, ANTEILE GERUNDET)

	RIOJA ALTA		RIOJA ALAVESA		RIOJA BAJA		GESAMT	
rot	836000	74 %	572000	92 %	339000	80 %	1747000	80 %
weiss	150000	13 %	33000	5 %	18000	5 %	201000	10 %
rosé	144000	13 %	19000	3 %	65000	15 %	228000	10 %
GESAMT	1130000	100 %	624000	100 %	422000	100 %	2176000	100 %

ERZEUGER IN

RIOJA UND NAVARRA

Wenn nicht anders vermerkt, gelten alle Empfehlungen für Rotwein. Rotweine sind meist im dritten Jahr trinkreif, die Spitzen*cuvées* können gut bis zu zehn Jahre gelagert werden; Ausnahmeweine gewinnen in einer mehrere Jahrzehnte langen Reifung. Weißweine und Rosés sind frisch am besten und sollten sofort getrunken werden.

AGE

Rioja

***Siehe auch* Campo Viejo und Marqués del Puerto**

Die einfache Qualität ist nicht begeisternd, doch die Spitzenweine sind sehr gut und preiswert. Weinnamen: Agessimo, Azpilicueta Martínez, Credencial, Don Ernesto, Marqués del Romeral (traditioneller Stil, am besten), Siglo (moderner Stil).

✓ *Reserva • Gran Reserva*

ALAVESAS

Rioja

Dieses Gut macht traditionelle *Reserva-* und *Gran-Reserva-*Weine von überraschender Qualität und Eleganz. Etiketten: u. a. Solar de Samaniego (Erstwein), Castillo de Bodala (Zweitwein).

AMÉZOLA DE LA MORA

★

Rioja

Aus diesem Gut hatte ich einige interessante Weine verkostet.

✓ *Viña Amézola • Señorío de Amézola*

ARAEX

Rioja

Unter Araex verkauft eine Gruppe von neun *Bodegas* Rioja unter folgenden Etiketten: Bodegas Don Balbino, Bodegas Luís Cañas (einige exzellente *Reservas,* die mit der Reifung in der Flasche – zehn Jahre oder länger – noch gewinnen), Viña Diezmo, Bodegas Larchago (füllige Frucht), Viña Lur, Bodegas Heredad de Baroje (voll gepackt mit Frucht, feste Struktur), Bodegas Muriel, Solagüen und Valserano.

✓ *Reserva • Gran Reserva*

BARÓN DE LEY

★★☆Ⓥ

Rioja

***Siehe auch* El Coto**

Ein Einzelguts-Rioja, den Barón de Ley hauptsächlich in französischer Eiche ausbaut. Recht geschliffene und eingängige Weine, sehr gekonnt vinifiziert.

✓ *Gesamtes Programm*

BARÓN DE OÑA

★☆

Rioja

***Siehe auch* La Rioja Alta**

Die kleine Bodega in Paganos wurde Ende der 1980er Jahre gegründet und 1995 an La Rioja Alta verkauft, lange bevor ihre exzellenten Weine in Spanien bekannt wurden, geschweige denn im Ausland. Mit Hightech und Edelstahl im Keller und 100 % Ausbau in neuer französischer Eiche ist dies ein Name für die Zukunft.

✓ *Gesamtes Programm*

BERBERANA

☆Ⓥ

Rioja

Die einfachen Qualitäten des Riesenbetriebes können enttäuschen, doch ihre *Reservas* und *Gran Reservas* sind gut bis sehr gut, füllig und schmalzig, manchmal sogar fett, mit weicher, eichenbetonter Frucht. Auch ältere Jahrgänge sind ein guter Gegenwert. Etiketten: Preferido (*Joven*-Typ), Carta de Plata (jugendlich), Carta de Oro (fülliger), Berberana Reserva und Gran Reserva (die besten).

✓ *Reserva • Gran Reserva • Tempranillo • Dragon Tempranillo*

BERCEO

Rioja

Berceo unterhält ein kleines Areal Weinberge und macht gewöhnliche Grundweine, jedoch gute *Reservas* und *Gran Reservas.* Berceo in Haro im Rioja Alta und Bodegas Luís Gerpegui Muga in San Adrían, wo sich die Rioja Baja mit Navarra überlappt, gehören demselben Besitzer.

✓ *Gonzalo de Berceo Gran Reserva*

BERONIA

Rioja

Feste, eichenbetonte Rotweine und frische Weißweine; im Besitz von Gonzalez Byass.

✓ *Reserva • Gran Reserva*

BILBAINAS

Rioja

☆

Mit großen Rebflächen macht Bilbainas traditionellen Rioja. Seit dem Verkauf an den Cava-Riesen Codorníu wurde endlich mit den notwendigen Modernisierungen begonnen. Hohe Ansprüche werden jedenfalls von dem modernen Spitzenwein La Vicalanda gehalten. Etiketten: Viña Pomal (tief und dunkel, viel Eiche und Pflaumenfrucht), Viña Zaco (noch »holziger«), Vendimia Especial (hervorragende ältere Jahrgänge), Royal Carlton (ein *Cava* aus Rioja).

✓ *Reserva • Gran Reserva • La Vicalanda Reserva*

RAMÓN BILBAO

☆

Rioja

Vom kleinen Weinberg mit kleiner Produktion und zugekauften Trauben stellt Ramón Bilbao seinen besten Wein, Viña Turzaballa, her. Sein Verschnitt entält 9 % Tempranillo, der genügend Zeit in Eichenfässern ruhen kann und ab dem sechsten Jahr in der Flasche noch gewinnt.

✓ *Viña Turzaballa Dran Reserva*

CAMPILLO

★Ⓥ

Rioja

***Siehe auch* Faustino Martínez**

Der von vielen als neuer Rioja gefeierte Campillo begann vor einigen Jahren als Zweitetikett für Faustino Martínez. Bereits Ende der 1980er Jahre war ein Campillo oft besser als der Hauptwein. Und zwar deshalb, weil diese Weine die neuen Fässer für den Faustino »anbrauchen« sollten, mit dem Effekt, dass sie den Starwein oft hinter sich ließen. Immerhin hatte Faustino die Nase dafür, aus dem Irrtum Kapital zu schlagen und unter dem Namen Camillo eine neue Bodega zu gründen. Sie produziert ausschließlich reine Tempranilloweine von weicher Eleganz.

✓ *Gesamtes Programm*

CAMPO VIEJO

☆Ⓥ

Rioja

***Siehe auch* AGE und Marqués del Puerto**

Ein großer Erzeuger mit bedeutendem Rebbesitz unter demselben Eigner wie Bodegas AGE und Marqués del Puerto. Campo Viejo ist zu Recht renommiert für gute, äußerst preiswürdige Weine. Seine besseren *Tintos* sind körperreich bei schmalziger, reifer Frucht und viel Vanille. Etiketten: Albor (*Joven*-Typ), Viña Alcorta (eichengereifte Sortenweine), San Asensio (Frucht im Überfluss), Marqués de Villamagna (für lange Flaschenreifung, eher elegant als mächtig).

✓ *Reserva • Gran Reserva • Marqués de Villamagna Gran Reserva*

CASTILLO DE MONJARDIN

★

Navarra

Eine viel versprechende neue Bodega mit großem Anteil Tempranillo und französischen Sorten. Sie produziert frische, sahnig-üppige Rot- und Weißweine, beide mit und ohne Eiche; sehr gut sind die Chardonnays. Ein Gut mit aufregendem Potenzial.

✓ *Chardonnay • Tinto Crianza*

JULIÁN CHIVITE

Navarra

Weiche, geschmeidige, eichenbetonte Weine mit reichen, sahnigen Kokosnuss-Aromen. Die Spitzenweine Colección 125 haben Format, auch beim weißen Chardonnay.

✓ *Colección 125 • Gran Feudo*

CONTINO

★★☆

Rioja

Contino, im Besitz der CVNE und einer Erzeugergruppe, deren Rebflächen die Trauben für diesen Einzellagen-Rioja liefern, war nicht der erste derartige Wein, sein großer Erfolg ermutigte aber weitere kleine Bodegas zur Nachahmung. Er löste auch das Interesse an französischer Eiche aus (gegen die gewohnte amerikanische). Die frühen 80er Jahrgänge – besonders 1982 – waren grandios.

✓ *Contino Rioja Reserva*

CORRÁL

Rioja

Die herkömmlich, aber immer besser arbeitende Bodega betreibt einen kleinen Weinberg. Die Lage Don Jácobo ist sehr bekannt; ihr bei weitem bester Wein ist der unterbewertete Corral Gran Reserva.

✓ *Corral Gran Reserva*

COSECHEROS ALAVESES

☆Ⓥ

Rioja

Ein Grund dafür, dass diese Genossenschaft zu den besten in Rioja zählt, ist ihre geringe Größe, sodass man sie kaum als Genossenschaft bezeichnen mag. Der andere Grund sind die exzellenten Lagen rund um Laguardia in der Rioja Alavesa. Der Charakter dieser Weine ist immer strahlend und fruchtbetont in sehr modernem Stil.

✓ *Artadi* (inkl. Blanco) *• Pagos Viejos • El Pisón*

EL COTO

☆

Rioja

***Siehe auch* Barón de Ley**

Elegante Weine, an denen viel gearbeitet wird, insbesondere Coto de Imaz und ein Barón de Ley.

✓ *El Coto • Coto de Imaz Reserva*

COMPAÑÍA VINÍCOLA DEL NORTE DE ESPAÑA (CVNE)

☆

***Siehe auch* Contino**

Die Compañía Vinícola del Norte de España – besser als CVNE bekannt –

zählte zu den konservativ-traditionellen Rioja-Erzeugern mit legendären Jahrgängen, die leicht 30 Jahre und älter werden konnten. Die letzten Jahrgänge (nach der Renovierung der Anlagen) zeigen deutlich, dass CVNE zur alten Qualität zurückgefunden hat (die ohne Zweifel drei Sterne verdient). Interessant ist der reinsortige Graciano. Etiketten: Imperial (finessereich), Viña Real (pflaumiger, üppiger) und Monopole (der beste, frischeste und sahnigste Blanco).

Gran Reserva Imperial Gran Reserva Monte Real • Graciano • Monopole*

DOMECQ

Rioja

Das berühmte Sherryhaus verfügt nicht nur über die größte Rebfläche in Rioja, es hat seine Weinberge auch sorgfältig zu einem einzigen Areal zusammengefügt; Weinberge größerer Güter sind sonst über die ganze Region verstreut. Die ursprüngliche Idee war, auf diese Weise unter dem Etikett »Domaine Domecq« einen Einzellagen-Rioja verkaufen zu können. Dies sollte das gewünschte Prestige aufbauen, während die bescheidenere Marke Marqués de Arienzo mit großen Mengen aus eigenen und zugekauften Trauben gesunden Umsatz bringen sollte. Wenn der Domaine Domecq signifikant besser gewesen wäre, hätte das Konzept Erfolg gehabt; doch dem war nicht so. Inzwischen ist der Marqués de Arienzo das Flaggschiff dieser *Bodega*, die neue preiswerte Schiene heißt Viña Eguia. Der Stil des Hauses bleibt eher elegant und leicht. Halten Sie sich an den *Gran Reserva*.

Gran Reserva

FAUSTINO MARTÍNEZ

★

Rioja

Wenn man sie genügend altern lässt (5 Jahre schaden nicht), können der Faustino *Reserva* und *Gran Reserva* eine außerordentliche Finesse entwickeln. Die traditionell arbeitende, 25 000 Barriques große *Bodega* in Familienbesitz erzeugt hochwertige Weine und gehört zweifellos zu den Klassikern der Region. Die Weine sind immer von ausgesuchter Güte und für einen Toperzeuger ausgesprochen preiswert.

Faustino V (Reserva) • Faustino I (Gran Reserva)

FRANCO ESPAÑOLAS

Rioja

Aus dem traditionsreichen Haus kommt heute Standardqualität. Etiketten: Viña Soldedad *(Blanco)*, Bordón (jung, fruchtig) und Royal (leichtgewichtig).

GUELBENZU

½

Navarra

Der Guelbenzu ist ein hinreißender Verschnitt aus Cabernet, Merlot und Tempranillo; der Anteil der Bordeaux-Trauben steigt mit dem Rang der Weine. Evo, der Spitzenwein, reift in 10 % neuer französischer Eiche. Jardín stammt von dreißig bis vierzig Jahre alten Garnacha-Stöcken. Man wird auf die Bodega Guelbenzu sicherlich auch künftig weiter achten müssen.

Jardín • Guelbenzu • Evo

GURPEGUI

Rioja

Die Lagen Viñadrián, Dominio de la Plana und eine Bodega befinden sich in San Adrián in der Rioja Baja, die zweite Bodega, Berceo, in der Rioja Baja.

IRACHE

Navarra

Die traditionsreiche, modernisierte Kellerei macht unprätentiöse, fruchtige Weine.

Viña Irache • Gran Irache

LAGUNILLA

Rioja

Lagunilla ist in Ordnung und verlässlich, aber selten aufregend, obwohl die Weine ausschließlich aus der Tempranillo gekeltert werden und der Viña Herminia in Spanien einen guten Ruf hat. Am besten hält man sich an ältere Jahrgänge und *Gran Reservas*.

LAN

Rioja

Lan bedeutete einst Qualität, machte aber Anfang der 1990er Jahre eine unzuverlässige Phase durch. Außer Lan umfasst das Programm Lander (ältere Jahrgänge, länger in Eiche gereift) und Viña Lanciano (noch reifer und mehr Eiche).

MAGAÑA

★

Navarra

Juan Magaña ist für Sortenweine bekannt, insbesondere exzellenten Merlot. Der beste Wein ist der Merlot Reserva mit perfekt eingebundenem Holzaroma.

Dignus • Merlot

MARQUÉS DE CÁCERES

★

Union Viti-Vinícola de Logroño

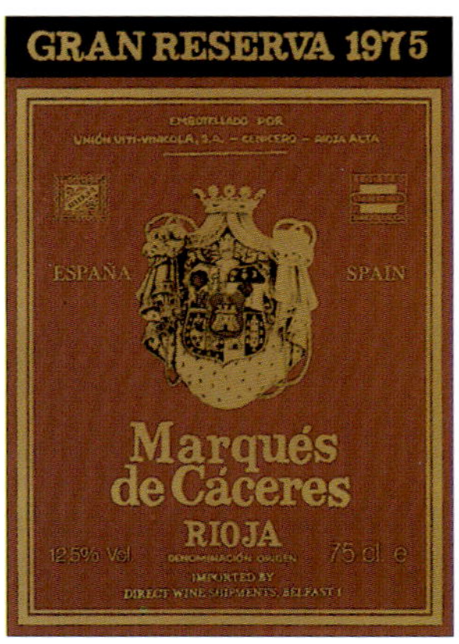

Cáceres wird oft als Beispiel für die neue Art des Weinmachens in Rioja zitiert. Auf jeden Fall benutzten die Froners mit ihren Bordeaux-Erfahrungen erstmals mehr neue Eichenfässer und erzeugten die ersten fruchtbetonten Weißweine und *Rosados*. Die von Flaschenreifung profitierenden Roten sind leichter und weniger fruchtdominiert als andere moderne Riojas. Antea ist ein ausgezeichneter barriquegereifter Weißwein.

Antea • Reserva • Gran Reserva

MARQUÉS DE GRIÑON

★½ Ⓥ

Rioja

Marqués de Griñon, das vielleicht für seine herausragenden Weine ohne DO aus der Gegend südlich von Madrid bekannter ist, macht zusammen mit Berberana seit 1990 sehr gute moderne Riojas.

Ganzes Programm

MARQUÉS DEL PUERTO

Rioja

***Siehe auch* AGE und Campo Viejo**

In diesem Gut (früher Lopez Agos) produziert man elegante Riojas mit reifer Frucht und guter Säure.

Reserva

MARQUÉS DE MURRIETA

★★½

Rioja

Dieses legendäre Gut, das mit Pazo de Barrantes (*siehe* Rías Baixas DO, S. 366) im Besitz von Dominos de Creixell ist, steht für große, traditionelle Riojas mit feiner Säure sowie seinen beißend oxidativen *Blanco* Reserva. Den kann man kaum kritisieren, auch wenn er manchmal wie in neuer Eiche gekochter Zitronentee schmeckt; denn er gilt als Inbegriff für diesen Stil. Die Weißweine sind heute fruchtiger als zuvor, insbesondere der neue frische Einzellagenwein Misela de Murrieta. Wirklich hervorragend sind jedoch die Rotweine. Eine bemerkenswerte Reihe alter Jahrgänge sind noch zu erwerben, namentlich der verehrungswürdige Castillo Ygay.

Misela • Ygay Etiqueta Blanca • Ygay Reserva • Castillo Ygay

MARQUÉS DE RISCAL

★★½

Rioja

Das große, traditionsreiche Gut machte einige Schwankungen durch, ist jedoch wieder in guter Verfassung. Weine, die immer zu den drei besten Riojas zählten, hatten seit den 1960er Jahren einen muffigen Charakter angenommen. Hurtado de Amexaga war davon nicht überzeugt, aber er war selbstkritisch genug zuzugestehen, dass Riscal einen »Hausgeschmack« entwickelt haben könnte, ohne dass es jemand bemerkt hatte. Jedes einzelne der 20 000 Fässer wurde geprüft, und 2000 wurden umgehend aus dem Verkehr gezogen, wobei etwa 600 000 Flaschen in die Kanalisation liefen. Weitere 2000 Grenzfälle wurden für den Ersatz im folgenden Jahr markiert, weiterhin sollten in einem Zeitraum von zehn Jahren alle 20 000 Fässer ersetzt werden. Dieses Großreinemachen betraf schon den Jahrgang 1986, und der 1988er war von einer Reinheit, die man seit den 60er Jahren nicht mehr gesehen hatte. Für 1989 und 1990 ist der Unterschied noch offensichtlicher, was auf sehr gute Weine und den wachsenden Anteil neuer Eiche zurückgeht. Mit einem so rapiden Schwenk – wobei keine Kosten gescheut wurden – zeigte Hurtado de Amexaga sein unbedingtes Engagement, Riscal einen Rang unter den besten Riojas zurückzuerobern.

Reserva • Gran Reserva • Barón de Chirel

MARTINEZ BUJANDA

★

Rioja

Diese moderne Hightech-Kellerei macht zuverlässig reintönige, frische *Blancos* und sehr gute, feste, fruchtbepackte *Tintos*. Die Bujandas sind umtriebig und experimentierfreudig, seit langem gibt es hier neben einem Cabernet-Sauvignon einen reinsortigen Garnacha sowie mit Finca Valpiedra einen großartigen Einzellagenwein. Sehr gut die Weißweine und *Rosados*.

Conde de Valdemar • Finca Valpiedra • Vendimia Selecionada

DOMINIO DI MONTALVO

½

Rioja

Ein fassgereifter Wein, ausschließlich aus Viura Blanco.

Dominio de Montalvo Viura

MONTECILLO

★

Rioja

Montecillo gehört der Sherryfirma Osborne; man deckt die ganze Palette ab, von fruchtigen *Crianza*-Rotweinen über muntere *Blancos* zu mächtigen roten *Gran Reservas*.

Viña Cumbrero (Blanco) • *Reserva Viña Monty • Gran Reserva*

MUGA
★★☆
Rioja

Die *Rosados* sind angenehm, wirkliche Spitzenklasse sind die Rotweine, besonders Prado Enea. Die einfachen Muga *Crianzas* sind heute viel jünger und frischer, können aber zu ähnlicher Eleganz und verführerischer Seidigkeit reifen, wie sie der Prado Enea besitzt.

Prado Enea • Torre Muga

MURUA
★
Rioja

Diese kleine Kellerei produziert einzig Rioja-Alta-Tempranillo von einiger Finesse.

Reserva • Gran reserva

MUERZA
?
Rioja

Die günstigsten Roten, die hier gemacht werden, sind leicht und pfeffrig, könnten von überall stammen und beeinträchtigen die Reputation der *Bodega*. Sie produziert auch relativ preisgünstige, kräftige *Reservas* und *Gran Reservas* mit Eichennote.

NEKEAS
★★
Navarra

Nekeas, die erstaunlichste Entdeckung des International Wine Challenge 1996, ließ einige der größten Chardonnays aus Burgund sowie der Neuen Welt hinter sich und gewann die begehrte Chardonnay-Trophy. Er wird von Francisco San Martin gemacht, einem früheren Landwirtschaftsminister, der seine Reben offensichtlich kennt.

Gesamtes Programm

OCHOA
?
Navarra

Diese sehr bekannte Bodega des früheren Chefönologen der EVENA (*siehe* S. 370 f.) hat viel Aufbauarbeit in Navarra geleistet. Nach einer Schwächephase gibt es jetzt wieder sehr gute Weine.

Tinto Gran Reserva, Tempranillo

OLARRA
?
Rioja

Der ultramoderne Hightech-Betrieb machte über das ganze Programm hinweg gute Riojas, doch Mitte der 1980er Jahre wurden sie auf Menge ausgelegt, unzuverlässig und dann definitiv schlecht. Verbesserungen waren um 1995 mit dem Jahrgang 1990 festzustellen – ich drücke Olarra die Daumen. Zu den Labels gehört La Cathedral.

Linien Añares und Cerro Añon

PALACIO
★☆
Rioja

Eine alte Bodega, die seit Anfang der 1990er Jahre Spitzenklasse ist. In französischer und amerikanischer Eiche macht man Weine wie den reinen Tempranillo Cosme Palacio y Hermanos – einen traditionellen Rioja, stets der Star im Programm – und den Milfores mit überschwänglich köstlicher, saftiger Frucht, die ihn zu einem der besten *Joven*-Weine macht.

Cosme Palacio y Hermanos • Glorioso • Milfores

PALACIO DE LA VEGA
☆
Navarra

Alicia Eyaralar, Spaniens talentierteste Weinmacherin, produziert ausschließlich aus eigenen Trauben wunderschön verpackte, elegante Weine voll Frucht und Finesse.

Cabernet Sauvignon (Reserva)

FEDERICO PATERNINA
★
Rioja

Diese Weine sind im Allgemeinen leicht, bringen aber mit der Supermarktqualität Banda Azul – dem bekanntesten Etikett – einen recht anständigen Wein zu kleinem Preis auf die Flasche. Ab dem *Reserva* ist wirklich Stoffigkeit zu finden; der *Gran Reserva* (Conde de los Andes) erreicht oft echte Brillanz.

Viña Vial (Reserva) • Conde de los Andes

PIEDEMONTE
★
Navarra

Eine steil aufsteigende Bodega, die exzellenten Cabernet Sauvignon mit seidiger Textur und würziger Finesse macht.

Oligitum Cabernet Sauvignon

PRINCIPE DE VIANA
☆Ⓥ
Navarra

Die Bodega, zu der heute auch Bodegas Canalsa gehört, hieß früher Agronavarra Cenal, und Principe de Viana war ihr Premiumwein; heute nennt sich der Hightech-Betrieb nach ihm. Die Weine sind heute Schnäppchen. Principe de Viana hat nicht die Finesse der besten Navarras, aber diese Weine sind wesentlich billiger und besitzen gute Frucht und Kokosnuss-Aromen. Etiketten: Agramont, Campo Nuevo.

Cabernet Sauvignon • Chardonnay

REMÉLLURI
La Granja Nuestra Señora de Remélluri
★★

Diese zuverlässig hochwertigen Einzellagen-Riojas aus Labastida de Alava zeigen exquisite Balance, Eleganz, Finesse, reife Frucht; von Eiche geprägt ist der lange, sahnig-vanillige Abgang.

Labastida de Alava

LA RIOJA ALTA
★★
Rioja

Der Viña Alberdi Crianza ist eine gute Einführung in diese Weine; doch richtig los geht es mit den bemerkenswert vielschichtigen, eleganten *Reservas* Viña Arana und Viña Ardanza; umso erstaunlicher, wenn man bedenkt, dass diese über die Hälfte der Produktion ausmachen. Der Gran Reserva 904 ist ein außerordentlich dichter und stilvoller Wein, die Gran Reservas 890 gehören zum Besten, was es in Spanien gibt.

Baron de Oña • Viña Alberdi • Viña Ardanza (Reserva) *• Gran Reserva 904 • Gran Reserva 890*

RIOJANAS
★☆

Das Renommee der traditionsreichen *Bodega* gründet auf ihren sehr traditionell ausgebauten Rotweinen aus 200 ha eigenen Weinbergen. Die *Reservas* und *Gran Reservas* sind Klassiker; besonders üppig der eichenbetonte Viña Albina und der dunkle, pflaumige und etwas tanninbetontere Monte Real mit seinem vanillewürzigen Abgang. Gute traditionelle Weißweine.

Canchales (Vino Nuevo) *• Viña Albina* (Reserva) *• Monte Real* (Gran Reserva)

RIOJA SANTIAGO
Rioja

Erinnerungen an exzellente 1950er Jahrgänge, die ich in den 70er Jahren verkostete, verblassen schnell vor dem akzeptablen, aber kaum bemerkenswerten Standard heute. Weiteres Etikett: Vizconde de Ayala.

Gran Condal (Reserva, Gran Reserva)

DE SARRÍA
☆
Navarra

Das große, etablierte Gut mit inzwischen modernisierter Kellerei macht saubere, fruchtige Weine von zunehmender Qualität, trotz des Todes von Francisco Morriones, dem für die Reputation der *Bodega* verantwortlichen Önologen. Etiketten: Viña del Portillo, Viña Ecoyen, Viña del Perdón.

Gran Vino del Señorio de Sarría • Viña del Perdón • Viña Ecoyen • Blanco Seco • Rosado

CARLOS SERRES
Rioja

Charles (»Carlos«) Serres gründete die Bodega 1869, ein Jahr, nachdem sein Kompagnon, der Franzose Jean Pineau, zu den Bodegas Marqués de Riscal gewechselt war. Nach der Tradition des Hauses werden eher leichte Weine gepflegt, doch haben der Reserva und der Gan Reserva oft elegante Fülle.

Carlomagno (Reserva) *• Carlos Serres* (Gran Reserva)

SIERRA CANTABRIA
★
Rioja

Die Bodega unterhält große Weinberge und produziert angenehm zu trinkende Rioja-Weine mit üppiger Frucht, die oft von intensivem Kirschton beherrscht wird. Weitere Marken erscheinen unter dem Etikett Bodegas Eguran

Codice • Reserva

VIÑA IJALBA
★
Rioja

Eine der jüngsten, kleinsten und vielleicht interessantesten *Bodegas* in Rioja. Man macht verblüffende, recht modern ausgebaute Weine in seltsamen Flaschen, darunter einen reinen Graciano.

Ijalba (Graciano) *• Solferino* (Tempranillo)

VIÑA SALCEDA
★
Rioja

Frische Zechweine von einfachem *Crianza*-Standard und mächtige, ernsthafte *Gran Reservas*.

Gran Reserva

VIÑA TONDONIA
López de Heredia Viña Tondonia
★☆

Von der sehr traditionellen *Bodega* Muga ein Stück bergauf, am Bahnhof Haro, liegt Tondonia, eine so altmodische Firma, dass Muga dagegen ultramodern aussieht. Dicke Spinnweben im Probierraum bis zur fast religiösen Handlung, den Flaschenhals in Wachs zu tauchen, als ob man Portwein machen würde, vertiefen diesen Eindruck. Der Stil des Hauses ist traditionell, etwas gezehrt und eichenbetont. Die Weine altern hervorragend. Tondonia ist der beste Wein, Bosconia der fetteste und Cubillo der jugendlichste. Es gibt großartige, traditionelle weiße Reservas.

Viña Bosconia • Viña Cubillo • Viña Tondonia (incl. Blanco)

VINÍCOLA DE LABASTIDA
☆
Rioja

Wohl die beste Genossenschaft in Rioja. Sie erzeugt Alavesa-Weine aus 100 % Tempranillo. Spitze: ein Solagüen Gran Reserva, der zu den feinsten Alavesa-Weinen gehört.

Montebuena • Solagüen (Gran Reserva)

VINÍCOLA DE NAVARRA
Ⓥ
Navarra

Die Weine sind in Farbe und Aroma kräftig, manchmal leicht portweinähnlich, aber immer von gutem Preis-Leistungs-Verhältnis. Vinicola Navarra gehört zum wuchernden Imperium Bodegas y Bebidas (u. a. Bodegas AGE, Campo Viejo).

Las Campanas • Castillo de Tiebas (Reserva)

PENEDÉS: CAVA

Die weltweite Popularität des Cava – wie der spanische flaschenvergorene DO-Schaumwein heißt – und der Erfolg des Weingenies Miguel Torres haben Penedés zur berühmtesten Region Kataloniens gemacht und ihren Weinen den Zugang zu den Exportmärkten erschlossen.

Vor der Reblaus, die Penedés 1876 heimsuchte, waren hier zu 80 % rote Sorten gepflanzt. Nachdem man zu amerikanischen Unterlagsreben übergegangen war, pfropfte man vorzugsweise weiße Rebsorten, um die wachsende Beliebtheit von Weißwein zu berücksichtigen. Dies waren in der Regel Xarel-lo, Macabéo und Parellada. Im Weinberg sind die importierten Sorten leicht zu erkennen, da sie an Drahtspalieren gezogen werden, die traditionellen spanischen Sorten hingegen als Bäumchen.

Heute sind neben dem *Cava* vor allem die Weißweine des Penedés in Spanien populär. In den vergangenen zehn Jahren verbreiterte sich jedoch auch das Angebot an guten Roten.

DIE BEREICHE VON PENEDÉS

Bajo (oder Baix) Penedés

Dieser Bereich umfasst das Küstengebiet und ist der wärmste. Das Gelände liegt tief und ist eben; die Reben wachsen auf Kalkstein, Ton und Sandboden. Man macht hier zunehmend körperreichere Weine wie den Sangre de Toro von Torres. Verwendet werden die Sorten Monastrell, Malvasia, Garnacha, Cariñena und weitere, außer Xarel-lo meist rote Sorten.

Medio (oder Mitja) Penedés

Der Mittelteil des Penedés ist hügeliges Land in gut 200 m Höhe westlich von Barcelona; die Böden sind meist Kalk und Ton. Das Klima ist kühler als im Bajo Penedés, die meisten Teile entsprechen den Regionen II und III im kalifornischen Temperatursummensystem (S. 448). Dies ist im Wesentlichen *Cava*-Land, hier entstehen aber auch die besten neuen Weißweine, einschließlich der Linie Corona von Torres. Verwendet werden meist die Sorten Xarel-lo und Macabéo (Viura); hier gedeihen auch Tempranillo, Cabernet Sauvignon, Merlot und Monastrell sehr gut.

Alta (oder Alt) Penedés

Dieser Bereich des Penedés liegt am weitesten von der Küste entfernt in Höhen zwischen 500 und 800 m, das Klima ist damit auch das kühlste in Penedés; es entspricht den Klimaklassen I und II. Das bedeutet, dass Cabernet Sauvignon hier nicht mehr reif wird und fast aller Wein weiß ist; allerdings wächst in San Marti der Pinot Noir für den Verschnitt Mas Borras von Torres. Die meisten Alta-Penedés-Weine sind frisch und vom kühl vergorenen Typ; sie können bei guter Säure bemerkenswert feine Aromen aufweisen. Die verwendeten Traubensorten sind fast ausschließlich weiß, meist Parellada, dazu Riesling, Gewürztraminer und Muscat.

CAVA: DER SCHAUMWEIN SPANIENS

Den ersten spanischen Schaumwein machte Antoni Gali Comas irgendwann vor 1851, dem Jahr, in dem er ihn bei einem Wettbewerb in Madrid einreichte. Seine Bemühungen führte er jedoch nicht fort, und so setzte den nächsten Meilenstein der Labordirek-

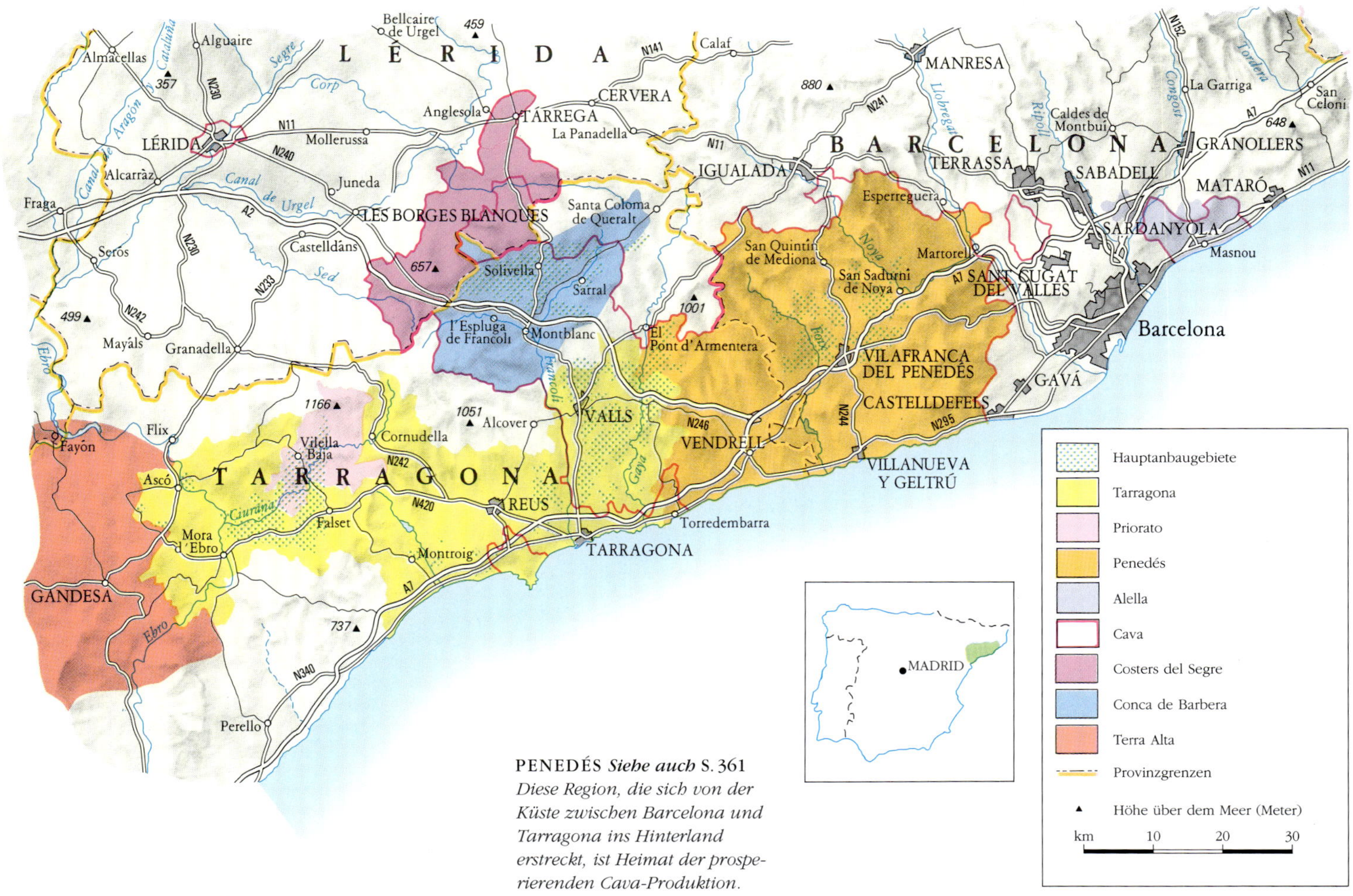

PENEDÉS *Siehe auch* S. 361
Diese Region, die sich von der Küste zwischen Barcelona und Tarragona ins Hinterland erstreckt, ist Heimat der prosperierenden Cava-Produktion.

GESCHMACKS- UND QUALITÄTSFAKTOREN

LAGE
Penedés liegt im Nordosten Spaniens westlich von Barcelona. Es gehört mit den Bereichen Alella, Tarragona, Priorato und Terra Alta zu Katalonien.

KLIMA
Mildes Mittelmeerklima herrscht in Penedés, das landeinwärts und in westlicher Richtung kontinentalere Züge annimmt (heiße Sommer, kalte Winter). Im selben Maß werden die Probleme mit Nebel im Nordosten allmählich von der Frostgefahr im Südwesten abgelöst. In den hoch gelegenen Weinbergen von Alta Penedés werden weiße und aromatische Sorten angebaut, die von den niedrigeren Temperaturen profitieren.

TOPOGRAFIE
Reben wachsen auf aller Art Gelände, von den Ebenen des Campo de Tarragona über das 400 m hoch gelegene Plateau der Terra Alta bis zum Penedés Superior, das 800 m Höhe erreicht. Pro 100 m Höhe fällt der Temperaturdurchschnitt um 1 °C.

BÖDEN
Die Böden sind im Bereich sehr unterschiedlich: Granit in Alella; Kalkmergel, Ton, Kreide und Sand in Penedés; eine Mischung von Kalkstein und Kreide mit Granit und Schwemmböden in Tarragona. Im Priorato besteht der Boden aus rötlichem Schiefer mit hohem Siliziumgehalt (*Licorella*).

WEINBAU UND WEINBEREITUNG
Katalonien ist ein Treibhaus für Experimente. Ultramoderne Weinbereitungstechniken werden von *Cava*-Firmen wie Codorníu und Qualitätsweinspezialisten wie Torres getestet. Die in Weinberg und Keller verwendeten Methoden sind, von Ausnahmen abgesehen, in ganz Katalonien recht modern. Penedés ist bekannt für den Cava, den spanischen Schaumwein, hergestellt in Flaschengärung nach der *Méthode champenoise*. Außerdem werden fruchtige Weißweine erzeugt sowie einige großartige Rotweine. Berühmter Winzer des Penedés und Galionsfigur des spanischen Weinbaus ist Miguel Torres.

HAUPTREBSORTEN
Cabernet Sauvignon, Cariñena (Mazuelo, Carignan), Garnacha (Ladoner, Aragonés), Macabéo (Viura), Monastrell (Alcayata, Mourvèdre), Parellada, Tempranillo (Ull de Llebre), Xarel-lo (Pansá Blanca)

WEITERE REBSORTEN
Cabernet Franc, Chardonnay, Chenin Blanc, Garnacha Tinta, Gewürztraminer, Merlot, Muscat d'Alsace, Pinot Noir, Riesling, Samsó, Sauvignon Blanc, Subirat-Parent (Malvasía Riojana)

tor des Landwirtschaftlichen Instituts im katalonischen Sant Isidre, Luis Justo i Villanueva. Villanueva war es, unter dessen Leitung die ersten kommerziellen Erzeuger spanischen Schaumweins sich die *Méthode champenoise* aneigneten. Im Jahr 1872 präsentierten dann drei ehemalige Schüler Villanuevas, Domenec Soberano, Francesc Gil und Augusti Vilaret, ihre Schaumweine auf einem Wettbewerb in Barcelona. Alle drei hatten klassische, in Katalonien gezogene Champagner-Trauben verwendet; Soberano und Gil erhielten beide eine Goldmedaille, während Vilaret, der für die *Dosage* seines Weins Himbeerlikör verwendet hatte, eine Bronzemedaille gewann. Vilarets Firma, Caves Mont-Ferrant, ist das einzige dieser drei Pionierunternehmen, das bis heute überlebt hat.

Dieser Hergang der Ereignisse ist in geschichtlichen Quellen dokumentiert und widerlegt damit die Behauptung des Hauses Codorníu, es habe 1872 den ersten Schaumwein Spaniens hergestellt. In Wirklichkeit hat Codorníu erstmals 1879 Schaumweine auf den Markt gebracht, und es dauerte noch bis 1893, ehe die Produktion auf 10 000 Flaschen angestiegen war, eine Menge, die von den drei Vorreiterfirmen bereits in den 1870ern erreicht wurde. Einigkeit scheint jedoch darüber zu herrschen, dass José Raventós i Fatjó von Codorníu der Erste war, der flaschenvergorenen Schaumwein aus Parellada, Macabéo und Xarel-lo erzeugte, und dass diese Sorten die Grundweine der gesamten Cava-Industrie wurden.

Die Cava-Produktion wird von zwei Unternehmen beherrscht, Codorníu und Freixenet. Letztere widersetzt sich seit je heftig der Invasion ausländischer Traubensorten in den Cava-Weinbergen; ihr Argument: Die Einführung nichtspanischer Sorten könnte den spanischen Charakter des Cava unterminieren. Jedenfalls ist Cava die einzige einigermaßen bedeutende Appellation für trockenen Schaumwein außerhalb Frankreichs, und natürlich hat Spanien seine eigenen Rebsorten. International geschätzte Sorten wie der inzwischen zugelassene Chardonnay verändern die Identität des Weins. Doch hat Codorníu gezeigt, dass der Verschnitt mit Chardonnay den Cava auf eine Art fülliger machen kann, wie es den traditionellen Sorten (Macabéo, Paralleda, Xarel-lo) nicht gelingt.

Bei einem Diner von Cava-Exporteuren 1991 hatte Manuel Duran, der Generaldirektor von Freixenet, zugestanden, dass man noch nicht definitiv wisse, ob die spanischen Sorten für einen Schaumwein ideal geeignet seien; da wurde er aufgefordert, es doch einmal mit roten spanischen Sorten zu versuchen. Die Traditionalisten des Cava betrachteten immer dunkle Trauben im weißen Schaumwein als Sakrileg. Duran nahm den Fehdehandschuh auf und machte eine *Cuvée* aus Monastrell und Xarel-lo. Die erste war zu flach, die zweite, 1997, war schon viel besser; in Katalonien ist man mit der Handhabung dunkler Sorten für weiße Weine noch nicht vertraut, und sicher wird dieser Cava noch besser werden. Vor Freixenet war Codorníu das einzige Haus, das rote Trauben für Cava testete und einen der köstlichsten spanischen Schaumweine mit Pinot Noir herstellte.

Ob es nun Monastrell, Garnacha, Trepat oder eine andere spanische Sorte ist, ich bin überzeugt, dass der Cava von der Verwendung einheimischer dunkler Sorten profitieren wird. Dann wird auch Codorníu sie sicher verwenden, so wie jede weiße Sorte, die sich als günstig erweist, um dem Cava Substanz zu geben.

PENEDÉS UND DER CAVA
Viele Cava-Hersteller setzen manuell oder vom Computer gesteuerte Girasols (Gyropaletten) ein, die die Remuage maschinell für ganze Paletten erledigen. Traditionsbewusste Häuser wie das Familienunternehmen Juvé y Camps verwenden aber weiterhin die alten Rüttelpulte.

ERZEUGER IN PENEDÉS

Hier sind nur Weine der Cava DO und der Penedés DO aufgeführt. Zu Weinen aus anderen katalanischen DO *siehe:* »Die Herkunftsbezeichnungen in Spanien« (S. 364) und »Priorato« (S. 378).
Rotweine aus Penedés sind im Allgemeinen im dritten Jahr trinkreif, die Spitzencuvées können gut zehn Jahre und länger gelagert werden. Weißweine und Rosés sowie Cava sind frisch am besten und sollten sofort getrunken werden.

ALBET I NOYA

☆

Das erst 1981 gegründete Familiengut Josep Albet i Noya wurde rasch ein angesehener Erzeuger von frischem, lebhaftem Cava und gutem weißem Penedés, heute werden auch spektakuläre Rotweine gemacht.

✓ *Cava* (Vintage) • *Blanc Novell* • *Cabernet Sauvignon* • *Tempranillo*

MASÍA BACH

☆

Die Kellerei im Besitz von Codorníu war eher für süßlichen, in Eiche gereiften Extrísimo bekannt als für die Rotweine, die meist nur weich und akzeptabel waren, bis man zur Sache kam und 1985 den umwerfenden, schlicht so benannten Masía Bach herausbrachte.

✓ *Masía Bach* (Reserva) • *Viña Extrísima* (Reserva)

RENÉ BARBIER FILL

★☆

Nicht die alteingesessene Firma René Barbier, die Freixenet gehört, sondern das relativ junge Unternehmen aus Gratallops im Priorato, René Barbier fill (d. h. Sohn).

✓ *Priorato* (Clos Mogador)

CAN RÁFOLS DELS CAUS

★

Carlos Esteban, ein aufstrebender und kommender Erzeuger, macht exzellenten Cabernet Franc, Cabernet Sauvignon und Merlot (Caus Lubis) und den ausgezeichneten Gran Caus. Weiteres Etikett: Petit Caus.

✓ *Gran Caus*

CASTELL DE VILARNAU

★

Dieser Erzeuger ist nicht so zuverlässig, wie er sein könnte; sein Cava war aber meist recht rund und komplex, selbst vor der allgemeinen Verbesserung der Branche Mitte der 1990er Jahre.

✓ *Cava* (Vintage)

CASTELLBLANCH

☆V

Die große Firma Castellblanch, im Besitz von Freixenet, stellt ordentlichen Cava her.

✓ *Cava* (Brut Zero)

CAVAS HILL

★

Ein traditionsreiches Familiengut mit eleganten Cavas und einigen sehr guten Stillweinen.

✓ *Cava* (Reserva Oro Brut) • *Blanc Cru* • *Gran Civet* • *Gran Toc*

CODORNÍU

★

Eines der beiden großen, fortschrittlichen Cava-Unternehmen. Seine Produktion und die mehrstöckigen Kelleranlagen lassen das Champagnerhaus Moët & Chandon als Zwerg erscheinen. Codorníu begann die Kontroverse um ausländische Rebsorten mit der Einführung von Chardonnay, zunächst via Raimat Cava in Costers del Segre, dann im eigenen Programm. Wenn er vom richtigen Terroir kommt, gibt der Chardonnay zusätzliche Qualität, Tiefe und Finesse, doch es gibt eine Opposition gegen nichttraditionelle Sorten, die um die Erhaltung des spanischen Charakters des Cava fürchtet.

✓ *Cava* (Anna de Codorníu Chardonnay, Jaume de Cordonin, Brut Rosé)

CONDE DE CARALT

☆

Ein zuverlässiger Cava von einem der Freixenet-Unternehmen.

✓ *Cava* (Brut)

COVIDES

☆

Diese Genossenschaft stellt einen überraschend fülligen Cava her.

✓ *Cava* (Duc de Foix Brut, Duc de Foix Vintage, Xenius)

FREIXENET

★

Das größte und wahrscheinlich bekannteste Cava-Unternehmen. Weitere Freixenet-Firmen sind Castellblanch, Conde de Caralt, Paul Cheneau und Segura Viudas (meist ausgezeichnete Cavas).

✓ *Cava* (Brut Nature, Carta Nevada)

GRAMONA

★

Kleines Familienunternehmen mit ausgezeichneter Reputation für hochwertige Cavas. Tres Lustros gehört immer zu den besten der Region.

✓ *Imperial III Lustros* • *Celler Battle*

JUVÉ Y CAMPS

Angesehenes, traditionsreiches Familiengut mit schlanken, sehr klaren Cavas, die in Spanien immer noch als Top-Produkte gelten. Gute Stillweine der Eremita D'Espiells.

JEAN LEÓN

★☆

Nach dem Tod von Jean León in Besitz von Torres übergegangen, der den robusten, mächtigen Stil des Hauses weiter pflegt.

✓ *Cabernet Sauvignon* • *Chardonnay*

MARQUÉS DE MONISTROL

☆

Das kompetente Cava-Unternehmen im Besitz von Martini & Rossi macht auch guten roten Penedés Reserva und frischen, jugendlichen Merlot.

✓ *Cava* • *Penedés Reserva* • *Merlot*

CAVAS MASCARÓ

☆

Das kleine, unmittelbar nach dem 2. Weltkrieg gegründete Familienunternehmen ist renommiert für seinen Weinbrand Don Narciso, macht jedoch auch unterschätzte Weine und gute, moderne Cavas.

✓ *Cava* (Brut) • *Anima Cabernet Sauvignon*

MAS RABASSA

☆

Mas Rabassa stellt frische und köstliche Weine im neuen Stil her

✓ *Xarello* • *Macabéo*

MESTRES

☆

Als kleines traditionelles Familienunternehmen stellt Mestres zahlreiche Weine mit angenehmer Säure her.

✓ *Cava* • *Clos Nostre Senyor* • *Mas-Via*

MONT MARÇAL

☆

Gut gemachter Cava und saubere Stillweine von einem Familiengut.

✓ *Cava* (Nature, Chardonnay)

PARXET

★

Unter demselben Besitzer wie Marqués de Alella macht Parxet elegante Schaumweine und Weißweine. Die rosa angehauchte Cuvée Dessert ist süßer als ein *Demi-Sec* und sollte einige Jahre reifen. Man hat hier keine Scheu, riskante Dinge zu tun.

✓ *Cava* (Brut Nature, Brut Reserva)

CELLARS PUIG I ROCA

Aufregende Gutsweine kommen vom ehemaligen Torres-Troubleshooter Josep Puig, vor allem ein kräftiger Chardonnay mit explosiver Frucht. Der unternehmungsfreudige Puig macht sogar einen reinsortigen Cabernet-Sauvignon-Essig, der in Kastanienfässern reift.

✓ *Augustus* (Cabernet Sauvignon, Cabernet Sauvignon Rosado, Chardonnay, Merlot)

RAIMAT

★☆V

Zu Codorníu gehört das im Bereich Conca de Barberá gelegene Gut Raimat. Außer dem ersten spanischen reinsortigen Schaumwein aus Chardonnay wird mit innovativer Technik ein hervorragendes Programm aus klassischen und französischen Traubensorten (Pinot Negro, Tempranillo, Cabernet Sauvignon, Merlot) gemacht, seit 1990 auch großartige Lagenweine mit Cabernet Sauvignon (Abadía, Vallcorba)

✓ *Cava* (Chardonnay) • *Gran Brut* (Abadia, Tempranillo, Cabernet Sauvignon, Merlot)

RAVENTOS I BLANC

☆

Josep Maria, das schwarze Schaf der Familie Codorníu, verließ das Unternehmen, um sein eigenes Cava-Haus zu gründen, und macht lebhafte *Cuvées* von ausgezeichneter Qualität.

✓ *Cava* (Brut)

SEGURA VIUDAS

★V

Die besten Cavas aus der riesigen Freixenet-Gruppe scheinen besonders gehaltvoll und alterungsfähig zu sein.

✓ *Cava* (Aira, Heredad, Vintage Brut)

JAUME SERRA

☆

Hier produziert man mit Unterstützung des chilenischen Weinmachers Ignacio Recabarren guten Cava und noch bessere stille Penedés-Weine in modernem, fruchtbetontem Stil.

✓ *Cava* (Cristalino) • *Viña de Mar*

TORRES

★★

Mit Torres verbindet man französische Rebsorten und kleine Auflagen von Weltklasseweinen, dennoch ist dies mit 900 ha Rebfläche und über 16 Millionen verkauften Flaschen pro Jahr eine der größten Familien-Weinfirmen Spaniens. Der Sangre de Toro, der fast ein Viertel der Gesamtproduktion ausmacht, ist ein herzhafter Rotwein von bemerkenswerter Qualität.

✓ *Gesamtes Programm*

PRIORATO

Das kleine Weinbaugebiet bei Tarragona kannte kaum jemand außerhalb Spaniens, bis die Weinliebhaber Ende der 1980er Jahre von den ezellenten Rotweinen aus dem Priorato hörten.

MITTLERWEILE WERDEN HIER langlebige Rotweine von großartigem Charakter erzeugt, die zu den besten und teuersten ganz Spaniens zählen – und das in einem Anbaugebiet, das nur knapp ein Dutzend Dörfer umfasst. Der Aufstieg begann, als sich vor gut zwanzig Jahren einige junge Spitzenwinzer im Priorato niederließen, die teilweise heruntergekommenen Rebhänge aufarbeiteten, die Garnacha- und Cariñena-Stöcke wieder kultivierten und mit Cabernet Sauvignon, Merlot und Syrah ergänzten. Zur damals von René Barbier, Carlos Pastrana und José Luis Pérez gegründeten Genossenschaft stießen Alvaro Palacios und Daphne Glorian hinzu; die ersten Lagenweine konnten 1989 angeboten werden. Heute betreibt jeder seine eigene Kellerei, und ihre Weine gehören zu den gesuchtesten nicht nur in Spanien. Weitere Winzer sind bis Ende der 1990er Jahre hinzugekommen.

Das Können der Erzeuger paarte sich mit dem besonderen Terroir zu jener Reputation, die der Priorato heute genießt. Das Anbaugebiet ist von stark ansteigenden Bergzügen umschlossen, die eine teilweise steile Lage der Rebgärten oder Terrassenwirtschaft bedingen. Die Temperatur beträgt im Hochsommer tagsüber oft bis zu 40 °Celsius, um dann nachts auf 12 bis 10 °Celsius abzusinken. Die Hitze des Tages lässt die Beeren gut ausreifen, die Kühle der Nacht bringt Aroma und elegante Säure. Die Niederschläge bleiben unter 400 mm pro Jahr. Der Boden besteht vorwiegend aus Schiefer *(Licorella)*, der den Wurzeln einiges abverlangt, um aus der Tiefe Wasser zu holen; doch die Reben, so sagt man dort, könnten das Wasser auch aus Stein saugen. So entstehen Weine von gewaltiger Dichte und Tiefe, von üppiger Frucht und den in Spanien wohl einmaligen mineralischen Noten. Der Priorato hat das Potenzial, um zum Superstar in Spanien aufzusteigen.

ERZEUGER IM PRIORATO

Wenn nicht anders vermerkt, gelten alle Empfehlungen für Rotwein, der normalerweise im fünften Jahr trinkreif sein sollte. Die Spitzen*cuvées* können gut fünfzehn Jahre und länger gelagert werden.

ALVARO PALACIOS

★★★

Alvaro Palacios stammt aus einer Winzerfamilie in der Rioja, hat in Bordeaux studiert und auf Château Petrus und im Napa Valley gearbeitet, bevor er sich im Priorato niederließ. Sein Rotwein L'Eremita von der gleichnamigen Lage mit uralten Garnacha-Reben wurde in kürzester Zeit ein international gesuchter Kultwein und einer der drei teuersten Rotweine Spaniens. Selbst sein Zweitwein Finca Dofi erzielt noch dreistellige DM-Preise.

✓ *L'Eremita • Finca Dofi • Les Terasses*

CELLERS VILELLA DE LA CARTOIXA

★★

Der viel versprechende Nachwuchsstar Antoni Alcover erntet nur Lesegut aus bestimmten Lagen für seinen Fra Fulcó. Die aus Garnacha bestehende Selección wird aus Trauben ausgewählter Stöcke gekeltert.

✓ *Fra Fulcó*

CELLERS SCALA DEI

★

Diese *Bodega* hat über Jahrzehnte fast alleine die überregionale Reputation des Gebiets gepflegt, allerdings mit dem alten, schweren und oxidativen Priorato-Typ; heute hat sie auch moderne Weine.

✓ *Cartoixa • Negre • Gran Reserva*

COSTERS DEL SIURANA

★★

Carlos Pastranas Clos de l'Obac war der erste moderne Priorato-Rotwein und gehört zu den Kultweinen dieser Region. Er wird aus alten Garnacha-Reben und neu angepflanztem Cabernet Sauvignon gewonnen.

✓ *Clos de l'Obac • Dolc de l'Obac*

MÁS IGNEUS

★

Priorato-Newcomer Albet i Noya, Erzeuger von ökologischen Weinen im Penedés, hat Weinberge und Kellereigebäude der Genossenschaft Poboleda gepachtet. Bei den beiden roten Topweinen FA 112 und FA 204 sowie dem weißen FA 104 steht FA für »French Allier«. Basis der eleganten und saftigen Rotweine sind stets Garnacha und Cariñena.

✓ *Mas Igneus FA 112*

MAS MARTINET

★★★

Der auslandserfahrene Weinberater José Luis Pérez hat 1992 ein eigenes Gut gegründet. Im Gegensatz zu seinen Kollegen setzt er auf vorsichtige Bewässerung, um Reifestockungen zu vermeiden. In seinen 10 ha neu angelegten Weinbergen stehen neben Garnacha auch Merlot, Cabernet Sauvignon und Syrah. Sein Clos Martinet gehört zu den Stars des Priorato. Ein Weinmonument hat Peréz mit Lesegut der Genossenschaft in Porrera geschaffen: Vall Llach Mas Martinet heißt dieser von seinem eigenen Gut getrennte Erzeugername, der Wein Cims de Porrera.

✓ *Clos Martinet • Cims de Porrera*

RENÉ BARBIER

★★☆

René Barbier vom Clan der vormaligen Besitzer der bekannten Kellerei im Penedés ließ sich schon 1980 im Priorato nieder. Er ist geistiger Vater der neuen Priorato-Weine. Auf 18 ha Weinbergen produziert Barbier 18000 Flaschen seines einzigen Weins, des großartigen »Clos Mogador«.

✓ *Clos Mogador*

VINÍCOLA DEL PRIORAT

☆

Die vor einigen Jahren aus mehreren Genossenschaften entstandene, modern eingerichtete Kooperative kauft Trauben vieler Kleinerzeuger und produziert einen Großteil der im Priorato abgefüllten Weine. Die Rotweine bestehen hauptsächlich aus Cariñena und Garnacha.

✓ *Onix*

RIBERA DEL DUERO

Zusammen mit dem Priorato ist die Ribera del Duero die aufstrebende Weinregion Spaniens. Erzeugt werden Spitzenweine, und die Rioja sieht sich einem Konkurrenten gegenüber.

Seit den 1980er Jahren erlebt das Anbaugebiet beiderseits des Duero (in Portugal Douro) einen Aufschwung, der sich auch in der enorm gestiegenen Anzahl der Bodegas niederschlägt, wobei sich die Qualität der Neugründungen durchaus mit derjenigen der angestammten Erzeuger messen kann. Begründer des Ruhms sind die Bodegas Vega Sicilia und Presquera. Kaum eine europäische Region kann heute von sich sagen, derart viele Spitzenerzeuger in ihren Reihen zu haben.

Die Hauptrebsorte im Duero-Tal ist die Tempranillo, die dort Tinta del País oder Tinto Fino genannt wird. Sie ergibt dunkle, mächtige und langlebige Weine von großer Finesse. In kleinen Mengen wird auch Cabernet Sauvignon, Merlot und Malbec als Verschnittpartner angebaut.

Heiße, kurze trockene Sommer und kalte, lange Winter erlauben keine reichen Erträge. Dazu kommen große Schwankungen der Temperatur zwischen Tag und Nacht. Mit dem kalkhaltigen Boden findet die Tempranillo auf alten Reben auch beste Voraussetzungen für große Weine.

Die Ribera del Duero DO gilt nur für Rotweine; sie müssen zu mindestens 70 % aus Tempranilla bestehen (erlaubt sind ansonsten Cabernet Sauvignon, Merlot und Mazuelo; von Garnacha und Albillo höchstens 5 %). Wein der Qualitätsstufen *Crianza* und *Reserva* muss mindestens ein Jahr im kleinen Eichenfass reifen, die *Gran Reserva* mindestens 2 Jahre. Üblicherweise lagert der Wein in amerikanischer Eiche; Vorkämpfer neigen zu französischer Eiche. Der *Joven,* der Wein der ersten Qualitätsstufe, ist ein Jahrgangswein, der meist im Jahr nach der Ernte getrunken wird; einige davon lagern sogar kurze Zeit im Holz, manchmal überdies in neuen Barriquefässern.

ERZEUGER IN DER RIBERA DEL DUERO

Wenn nicht anders vermerkt, gelten alle Empfehlungen für Rotwein. Die Rotweine sind im Allgemeinen nach der Freigabe trinkbar, *Crianzas* sind aber erst nach etwa fünf Jahren auf dem Höhepunkt. Die Spitzen*cuvées* können gut zwanzig Jahre und länger gelagert werden. Rosés sind frisch am besten und sollten sofort getrunken werden.

ALEJANDRO FERNÁNDEZ (PESQUERA)

★★★

Robert Parker hatte schon 1975 seinen ersten Wein abgefüllt, einen noch heute interessanten, typisch-kräftigen Pesquera. Fernández' Mindestqualität ist *Crianza,* seine besten *Gran Reservas* nennt er in außergewöhnlichen Jahren Janus. Pesqueraweine gehören immer zu den allerbesten der Region und Spaniens. Ihre Besonderheit: gewaltige Frucht und fester Körper, die lange Lagerung in neuen Holzfässern vertragen, gepaart mit einer feinen Struktur, die vielen Geschmacksnuancen Raum lässt.

✓ *Gesamtes Programm*

ALIÓN

★★

Die Neugründung der Eigentümer von Vega Sicilia pflegt – ganz im Gegensatz zur berühmten Schwesterbodega – einen modernen, internationalen Stil mit relativ kurzer Ausbauzeit in neuen französischen Barriques.

✓ *Gesamtes Programm*

BALBÁS

★

Gut gemachte, recht zugängliche Weine, von viel Frucht und Harmonie geprägt. Die Qualität erreicht nicht die der besten Häuser, ist aber immer zuverlässig.

✓ *Crianza, Tradición*

CONDADO DE HAZA

★★

Die Neugründung von Alejandro Fernández hat von Anfang an mit guten und erstaunlich preiswerten Qualitäten überzeugt. Hier gibt es auch Weine unterhalb der *Crianza*-Schwelle mit 4 bis 6 Monaten Barriquelagerung. Topwein ist der Alenza.

✓ *Gesamtes Programm*

DEHESA DE LOS CANÓNIGOS

★½

In manchen Jahrgängen gehören die traditionell ausgebauten *Reservas* zu den besten des Gebietes. Leider ist die Qualität etwas unregelmäßig.

✓ *Reserva*

DOMINIO DE PINGUS

★★★

Peter Sisseck, Betriebsleiter der Hacienda Monasterio, will mit diesem eigenen Wein aus uralten Tempranillo-Reben das Potenzial der Region beweisen. Er verrät weder, wo der Weinberg liegt, noch wo er den Wein ausbaut. Jährlich gibt es 6000 Flaschen, die ein Vermögen kosten. Die bisher existierenden drei Jahrgänge gehören zum Besten, was in der Welt des Rotweins zu bekommen ist.

EMILIO MORO

★★

Die Winzerfamilie Moro begann 1989 mit eigener Abfüllung. Es scheint, dass sich die Weine von Jahr zu Jahr verbessern. Die Weine aus 100 % Tinta del País sind in klassischem Stil vorwiegend in amerikanischer Eiche ausgebaut und unbändig fruchtig. Sie haben enorme Substanz und können gut reifen. Die einfacheren Weine fallen deutlich ab.

✓ *Crianza, Reserva*

HACIENDA MONASTERIO

★★½

Um die *Bodega* liegen 70 ha Weinberge, zwei Drittel davon Tempranillo-Klone, der Rest Cabernet Sauvignon, Merlot und Malbec. Peter Sisseck zählt zu den Progressiven der Region. Er verwendet einen sehr hohen Anteil neuer Fässer nur aus französischer Eiche und sucht nach eigenem Bekunden einen »Ribera-Wein im Stil eines Bordeaux«. Monasterio-Weine entstehen aus extrem reifen Trauben, sind schmelzig-fruchtig, dicht, alkoholstark und beeindrucken durch Harmonie, gepaart mit schierer Kraft.

✓ *Gesamtes Programm*

HERMANOS CUADRADO

★★

Das kleine Gut der Familie Cuadrado brachte 1994 den ersten eigenen Wein auf die Flasche und erntete sofort Lobeshymnen. Der Stil ist modern und gekonnt elegant. Die Weine bestehen aus 75 % Tinta del País, 15 % Merlot und 10 % Cabernet Sauvignon.

✓ *Crianza Finca Villacreces*

ISMAEL ARROYO

★★½

Die in amerikanischer Eiche reifenden *Reserva-* und *Gran-Reserva-*Weine der Marke Val Sotillo gehören zum Besten, was diese Region zu bieten hat. Nach traditionell langer Lagerung in kleinen, nicht zu neuen Fässern sind sie sowohl fruchtig wie tiefgründig, doch insgesamt harmonisch und weich.

✓ *Crianza, Reserva, Gran Reserva*

MATARROMERA

★

Die 1994 gegründete *Bodega* ist mit ihrem *Semi-Crianza* bekannt geworden, der stets fruchtig und auf eingängige Weise gehaltvoll ist. Auch die übrigen Weine zeigen angenehme Kirsch-und-Brombeer-Frucht und überzeugende Harmonie, jedoch nicht die Tiefe und Struktur der ganz großen Ribera-Weine.

✓ *Joven*

PAGO DE CARRAOVEJAS

★½

Der eigenwillige Weinmacher Tomas Postigo hat 1991 seinen ersten Wein vorgestellt, einen *Semi-Crianza,* der gleich zum Shooting-Star in Spanien wurde. Sein Stil ist extrem fruchtbetont – darauf ist die gesamte Kellertechnik eingestellt – und weist einen maximalen Anteil von Cabernet Sauvignon auf (30 %), was in schlechteren Jahren zu etwas krautigen Aromen führen kann, in guten jedoch zu feiner Struktur und Finesse.

✓ *Joven • Crianza*

PEÑALBA LÓPEZ

★★

Im Fasskeller lagern heute 5000 Barriques, die teilweise in der eigenen Küferei hergestellt werden. Pablo Peñalba López verwendet mehr und mehr französische Eiche. Seine Weine gefallen durch die Verbindung von kräftigem Körper mit eleganter Struktur und feiner Säure.

✓ *Reserva Torre Albeniz • Crianza Torremilanos • Gran Reserva*

PÉREZ PASCUAS

★½

Die *Bodega* der drei Pascuas-Brüder gehört zu den international bekanntesten Betrieben dieser Region. Die Weine – alle mindestens *Crianza* – bestehen in der Regel aus 95 % Tempranillo, mit einer Abrundung durch Cabernet Sauvignon und Merlot. Sie besitzen eine für die Region ungewöhnliche Säure und geschliffene Rundheit.

✓ *Crianza Viña Pedrosa*

REYES

★★

Der erste Wein aus Teófilo Reyes' kleinen Kellerei – Jahrgang 1994 – gehörte sofort zu den besten spanischen Weinen des Jahres. 1995 und 1996 sind ebenfalls ausgezeichnet, erreichten jedoch diese Qualität nicht mehr.

VALDUERO

★½

Seit 1984 hat sich die Qualität stetig verbessert. Traditionelle, recht elegante Ribera-Weine, vor allem bei Reserva und Gran Reserva mit viel Tiefgang. Guter Rosado.

✓ *Crianza • Reserva Primium • Gran Reserva*

VALTRAVIESO

★★

Mit seinem ersten Wein, dem 94er Crianza, landete Alejandro Bolado gleich einen großen Wurf. Der *Reserva* aus dem gleichen Jahr ist ein großer Wein. Allerdings sind ihm mittlerweile auch ein oder zwei Weine weniger gelungen. Sein Stil: geballte Kraft, reife Trauben plus gekonnter Holzeinsatz, der zu erstaunlicher Finesse führt.

✓ *Gesamtes Programm*

VEGA SICILIA

★★★

Die Trauben stammen heute aus eigenen 180 ha Weinbergen, in denen 80 % Tinta del País, außerdem Cabernet Sauvignon, Merlot und Malbec wachsen. Der Spitzenwein Unico (in Jahren normaler Qualität etwa ein Drittel der Ernte) liegt jahrelang in verschiedenen Holzfässern und kommt frühestens zehn Jahre nach der Ernte auf den Markt. Die unnachahmliche Aromenfülle, Tiefgründigkeit und Finessereichtum bei gleichzeitig mächtigem Körper machen ihn zusammen mit seiner großen Haltbarkeit zu einem der ganz großen Weine der Welt. Ein Zweitwein namens Valbuena kommt fünf Jahre nach der Ernte auf den Markt, die Reserva Especial ohne Jahrgang nur hin und wieder als Sonderabfüllung.

✓ *Gesamtes Programm*

JEREZ: SHERRY

Am 1. Januar 1996 wurde dem Sherry der exklusive Gebrauch seines Namens in Europa wieder zurückgegeben, nachdem er jahrzehntelang unter der Verwendung für so genannten »Sherry« anderer Länder gelitten hatte. Beim Beitritt Spaniens zur EU 1986 hatten Großbritannien und Irland noch ihr Veto gegen den Schutz des Namens eingelegt.

Die Europäische Gemeinschaft brauchte zehn Jahre, um die Bestimmungen, die den Missbrauch des Namens Sherry gestatteten, aufzuheben. Sherry, auch Jerez oder Xérèz, darf jetzt nur noch für die berühmten aufgespriteten Weine gebraucht werden, die um Cádiz und Jerez de la Frontera im äußersten Südwesten Spaniens hergestellt werden. Aufgrund der Torheit der Sherry-Industrie, mit billigen, minderwertigen Nachahmungen zu konkurrieren, gerieten die Jerez-Weinberge durch Überproduktion in massive Probleme. Dem begegnete man Anfang der 1990er Jahre mit der Rodung zweitrangiger Rebflächen, wodurch sich die Anbaufläche von 17 500 ha auf heute 10 600 ha verringerte.

DIE ANFÄNGE IN DER ANTIKE

Die Wurzeln des Sherrys reichen drei Jahrtausende zurück zu den Phöniziern, die um 1100 v. Chr. Gadir (heute Cádiz) gründeten. Sie verließen den Ort aber bald wieder wegen des heißen, heulenden Windes *Levante*, der die Menschen verrückt machen soll, und gründeten weiter im Land die Stadt Xera, die von Historikern mit dem heutigen Xérès oder Jerez identifiziert wird. Die Phönizier führten wohl auch den Weinbau ein, und wenn nicht sie, dann sicher die Griechen, die ihr *hepsema* (wörtlich »Gekochtes«) mitbrachten, den Vorläufer der *Arropes* und *Vinos de color*, die den heutigen Cream Sherrys Süße, Substanz und Farbe verleihen.

GESCHMACKS- UND QUALITÄTSFAKTOREN

LAGE
Die Anbauflächen liegen in der Provinz Cádiz rund um Jerez de la Frontera im Südwesten Spaniens.

KLIMA
Die heißeste Region in Spanien. Das Klima ist mediterran, im Westen werden die Einflüsse des Atlantiks stärker, landeinwärts, um Montilla-Moriles, ist das Klima kontinentaler. Der vom Atlantik kommende *Poniente* sorgt für das Wachstum der Florhefe.

TOPOGRAFIE
Die Geländeformen reichen von den Küstenebenen, die den Manzanilla liefern, über die welligen, bis 100 m hoch liegenden Sherry-Rebflächen zu den sanften Hügeln von Montilla-Moriles und dem Antequera-Plateau von Málaga in gut 500 m Höhe.

BÖDEN
In Jerez vorherrschend ist der tiefe kalkreiche Albariza-Boden, der Feuchtigkeit aufnimmt und speichert. Seine leuchtend weiße Farbe reflektiert Sonnenstrahlung auf die Reben. Auch Sand- und Tonböden werden für den Weinbau genützt, sie ergeben aber nur zweitklassigen Sherry. Der ähnlich helle Boden östlich von Jerez ist keine Albariza, sondern ein schieferiger Kalkmergel.

WEINBAU UND WEINBEREITUNG
Die Weinbereitung ist der Schlüssel zu dem großen gespriteten Wein, für den die Gegend berühmt ist. Entwicklung der Florhefe und Oxidation durch nicht ganz gefüllte Fässer sind wichtige Faktoren, ebenso das *Solera*-System, das über Jahre hinweg ein konstantes Produkt ermöglicht. Je größer die *Solera*, desto effizienter ist sie, da mehr Fässer beteiligt sind. Montilla wird wie Sherry vinifiziert, jedoch weniger häufig gespritet, da er von Natur aus alkoholreicher ist.

REBSORTEN
Palomino, Pedro Ximénez, Moscatel (Muscat d'Alexandrie)

JEREZ DE LA FRONTERA
Palomino-Reben auf leuchtend weißem Albariza-Boden, hier auf Montigillo, dem hervorragenden, 120 ha großen Gut von Emilio Lustau nördlich von Jerez.

Im Mittelalter brachten die Mauren den *Alembic* nach Spanien, einen einfachen Destillierapparat, mit dem man den überschüssigen Wein zu Weingeist verarbeiten konnte – und den setzte man mit *Arrope* und *Vino de Color* den neuen Weinen zu, was den ersten rohen, aber echten Sherry ergab. Der Ruf dieser Weine breitete sich im Abendland aus, unterstützt durch englische Händler, die bereits Ende des 13. Jahrhunderts in Andalusien Niederlassungen gründeten. Nachdem Heinrich VIII. mit Rom gebrochen hatte, waren die Engländer in Spanien ständig von der Inquisition bedroht. Die englischen Händler waren jedoch harte Individualisten und überlebten, auch nachdem Francis Drake 1587 die spanische Armada in der Bucht von Cádiz in Flammen gesetzt hatte und 2900 Fässer Sherry mitnahm. Man kennt die Größe der Fässer nicht, aber man schätzt die Gesamtmenge auf etwa 1,5 Millionen Liter, für jene Zeit eine unglaubliche Menge von einem einzigen Wein. Die wurde jedoch von der englischen Bevölkerung, die während des Kriegs auf ihr normales Quantum spanischen Weins hatte verzichten müssen, rasch verkonsumiert. Seitdem blieb England der größte Markt für Sherry.

DIE EINZIGARTIGKEIT DES SHERRYS

Die Kombination von Boden und Klima, mit denen Jerez de la Frontera ausgestattet ist, macht die Gegend hervorragend geeignet für die Produktion des Sherrys, eines Weintyps, der in vielen Ländern der Erde nachgeahmt wird, außerhalb Spaniens aber nie erfolgreich war. Sherry ähnelt der Champagne in seinem Potenzial, einen bestimmten Weintyp zu erzeugen, der allen anderen von vornherein überlegen ist. Die Parallele geht noch weiter: Sherry und Champagner werden aus neutralen, unharmonischen Grundweinen gewonnen, die als Getränk sehr unerfreulich sind, bevor sie in einem komplizierten Prozess zu hochwertigen, ausbalancierten, vollendeten neuen Produkten werden.

Der berühmte Albariza-*Boden*

Der Boden von Jerez, der aufgrund seiner blendend weißen Farbe *Albariza* heißt, ist keine Kreide, sondern ein weicher Kalkmergel, der während der Trias als Sediment aus Diatomeen entstand. Die *Albariza* wird in einer Tiefe von 1 m gelb und nach 5 m bläulich; sie ist bröckelig und in feuchtem Zustand äußerst wasseraufnahmefähig, in trockenem Zustand jedoch sehr hart. Dies ist das Geheimnis für ihren Erfolg im Weinbau. Jerez ist ein Gebiet mit glühender Hitze und Dürre im Sommer; an 70 Regentagen im Jahr fallen etwa 650 mm Niederschläge. Die *Albariza* nimmt den Regen auf wie ein Schwamm, und wenn die Dürre wiederkommt, erhärtet die Oberfläche zu einer feuchtigkeitsundurchlässigen Kruste. Unter dieser Schutzschicht bleiben die Winter- und Frühjahrsniederschläge den Reben erhalten, deren Wurzeln bis zu 4 m tief reichen. Die *Albariza* stellt den Rebstöcken gerade so viel Wasser zur Verfügung, dass sie sich noch anstrengen müssen und nicht zu ertragreich werden. Der hohe Gehalt an aktivem Kalk lässt Trauben mit höherer Säure reifen, als sonst in einem so heißen Klima die Norm ist. Diese Säure verhindert unerwünschte Oxidation vor dem Aufspriten.

Die Winde Levante *und* Poniente

Der heiße, trockene *Levante* ist einer der beiden vorherrschenden Winde in Jerez de la Frontera. Er kommt von Osten und wirkt auf die Trauben während der kritischen Reifephase wie eine Kombination aus Heißluftgebläse und Vakuumkocher. Resultat ist eine völlig andere Bildung von Fruchtzucker, Säuren und Aldehyden, was einen Wein mit ungewöhnlicher Balance ergibt. Der andere Wind ist der feuchte *Poniente*, der vom Atlantik kommt. Er ist ebenfalls äußerst wichtig, denn er fördert das Wachstum verschiedener Arten von *Saccharomyces*, von Hefen, die den poetisch so genannten *Flor* auf der Weinoberfläche bilden (*siehe* S. 382), ohne den es keinen *Fino* gäbe.

OSBORNE
PUERTO DE SANTA MARIA
Die Solara Bajamar der Firma Osborne wurde 1772 erbaut.

DIE KLASSISCHEN REBSORTEN DES SHERRY

Der britische Sherry-Experte Julian Jeffs glaubt, dass einst über 100 Sorten für den Sherry verwendet wurden; im Jahr 1868 listete Diego Parad y Barreto 42 auf, die in Gebrauch waren. Heute sind nur 3 Sorten zugelassen: Palomino, Pedro Ximénez und Moscatel Fino. Die Palomino gilt als die klassische Sherry-Traube, und viele Sherrys sind tatsächlich zu 100 % Palomino. Für den Export können sie allerdings mit Pedro Ximénez gesüßt werden, der Hauptsorte der Nachbarregion Montilla-Moriles, des einzigen ernst zu nehmenden Konkurrenten mit ähnlichen Weinen und ähnlichen Qualitäten.

WIE GROSSER SHERRY ENTSTEHT

Die Ernte

Noch vor zwanzig Jahren begann man traditionell die Ernte in der ersten Septemberwoche. Nach der Lese ließ man Palomino-Trauben 12 bis 24 Stunden in der Sonne liegen, Pedro Ximénez und Moscatel für 10 bis 21 Tage. Ältere Stöcke wurden vor den jungen abgeerntet, und Pedro Ximénez und Moscatel wurden zuerst gelesen, denn sie brauchten längere Zeit in der Sonne. Nachts wurden die Trauben zum Schutz vor Tau mit Matten aus Espartogras abgedeckt. Die Sonnentrocknung, der *Soleo*, sollte den Zuckergehalt erhöhen und den Gehalt an Apfelsäure und Tannin verringern. Heute wenden ihn noch einige Erzeuger an, die meisten ernten aber in der zweiten Septemberwoche und übergehen den *Soleo* (außer bei Pedro Ximénez und Moscatel, die für die süßen Sherrys verwendet werden). Man setzt sie aber nicht mehr so lange der Sonne aus wie früher.

DIE SHERRY-REGION
Siehe auch S. 361
Die bedeutendste Wein produzierende Gegend Südspaniens ist die Sherry-Region in Andalusien in der Umgebung der Städte Jerez de la Frontera, Sanlúcar de Barrameda und El Puerto de Santa Maria.

DIE ENTWICKLUNG DES SHERRYS NACH DER GÄRUNG

Die großen *Bodegas* machen aus dem Flor gern ein Geheimnis. Angeblich haben sie keine Ahnung, ob er sich in einem bestimmten Fass entwickeln wird oder nicht. Es gibt dafür sogar eine gewisse Berechtigung; ein Fass mag eine fabelhafte Florschicht haben (sie sieht aus wie schmutziger Seifenschaum), das nächste daneben nicht. Jedes Fass mit guten Anzeichen für einen starken Flor wird ganz sicher als *Fino* enden, Fässer mit keinem oder schwächerem Flor werden für andere Sherrystile verwendet. Es gibt keine Garantie, wie sich der Wein entwickeln wird; aber man weiß, dass bestimmte Zonen für die Herstellung eines bestimmten Typs sehr zuverlässig sind.

ZONE	STIL	ZONE	STIL
Añina	*Fino*	Madroñales	*Moscatel, süß*
Balbaina	*Fino*	Miraflores	*Fino, Manzanilla*
Carrascal	*Oloroso*	Rota	*Moscatel, süß*
Chipiona	*Moscatel, süß*	Sanlúcar	*Fino, Manzanilla*
Los Tercios	*Fino*	Tehigo	*Farbweine*
Macharnundo	*Amontillado*	Torrebreba	*Manzanilla*

Gips

Bevor die Trauben gepresst werden, werden sie entrappt. Dann wird eine kleine Menge Gips zugegeben, um Tartrat in Kristallform auszufällen. Dieses traditionelle Verfahren könnte sich entwickelt haben, als die Erzeuger entdeckten, dass mit *Albariza* bestäubte Trauben besseren Wein ergaben als saubere. Die *Albariza* enthält sehr viel Calciumcarbonat, das im Prinzip dieselbe Wirkung hat.

Die Pressung

Früher stampften in jedem offenen Bottich (*Lagar*) vier Arbeiter (*Pisadores*) die Trauben, nicht barfuß, sondern mit Rindslederstiefeln, deren Sohlen Nägel trugen, sodass die Stiele zwischen den Nägeln unversehrt blieben. Jeder Arbeiter ging bei einer typischen Schicht von Mitternacht bis Mittag 58 km auf der Stelle. Heute werden automatische Horizontal- und pneumatische Pressen verwendet.

Die Gärung

Manche Sherry-Häuser lassen ihren Wein noch in kleinen Eichenfässern gären, die zu 90 % gefüllt werden. Nach 12 Stunden beginnt die Gärung, die 36 bis 50 Stunden bei 25 bis 30 °C anhält; dann sind 99 % des verfügbaren Zuckers in Alkohol umgewandelt. Nach 40 bis 50 Tagen ist der Vorgang abgeschlossen. Moderne Methoden verwenden oft Edelstahltanks; die damit erzielten Weine haben meist 1 % Alkohol mehr, da in den Fässern ein Teil absorbiert wird und verdampft.

DER MAGISCHE FLOR

Für die Mehrzahl der Sherrytrinker ist ein *Fino* der Sherrytyp schlechthin. Ob ein Sherry ein Fino wird oder nicht, hängt von einem natürlichen Phänomen ab, das Flor genannt wird (von *Flor*, Blume). Dabei bilden *Saccharomyces*-Hefepilze, die zu der natürlichen Mikroflora der Palomino-Traube gehören, einen grauweißen Film, der auf dem Wein schwimmt. Die Pilze finden sich mit einer gewissen Wahrscheinlichkeit in jedem Fass Sherry oder Manzanilla, ob sie aber einen Flor entwickeln, hängt von ihrer Wuchskraft und den biochemischen Umgebungsbedingungen ab. Der Flor nimmt den noch vorhandenen Zucker auf, verringert die Glyzerine und die flüchtigen Säuren und hebt den Gehalt an Estern und Aldehyden kräftig an. Zum Gedeihen braucht der Flor

- einen Alkoholgehalt von 13,5 bis 17,5 %. Das Optimum sind 15,3 %; bei diesem Alkoholgehalt werden die Essig produzierenden Essigbakterien (*Acetobacter*) abgetötet.
- eine Temperatur von 15 bis 30 °C
- einen Schwefeldioxidgehalt von unter 0,018 %
- einen Gerbstoffgehalt von unter 0,01 %
- die fast völlige Abwesenheit von vergärbarem Zucker.

DIE BEWERTUNG DER FÄSSER

Aufgabe des Kellermeisters ist es, in jedes Fass zu riechen und auf jedem mit Kreide festzuhalten, wie es sich seiner Meinung nach entwickeln wird (*siehe* Kasten unten). In diesem Stadium werden geringerwertige Weine (solche mit wenig oder keinem Flor) auf 18 % Alkoholgehalt aufgespritet, um alle Florhefen abzutöten, womit der Stil des Weins endgültig festgelegt und der Sherry vor Essigbildung geschützt ist. Der Flor selbst wirkt als Schutz vor Essigbakterien, ist aber selbst bedroht, bis der Alkoholgehalt auf 15,3 % (die Norm für *Fino*) oder mehr gestiegen ist. Für das Aufspriten wird eine als *Mitad y mitad*, *Miteado* oder *Combinado* bezeichnete 1:1-Mischung von Weingeist und Traubensaft verwendet; einige Erzeuger ziehen reifen Sherry dem Traubensaft vor.

Weitere Fassbewertungen

Die Weine werden vor der Anreicherung oft abgezogen. Zwei Wochen später werden sie einer genaueren Klassifikation unterworfen. In einem Zeitraum von neun Monaten wird keine Anreicherung oder sonstige Behandlung vorgenommen; danach werden die Weine zwei Jahre lang regelmäßig geprüft, um ihren endgültigen Typ zu bestimmen.

DIE BEWERTUNG DER FÄSSER

KREIDE-MARKIERUNG	CHARAKTER DES WEINS	VORAUSSICHTL. SHERRY-STIL	WEITERES VERFAHREN
	ERSTE BEWERTUNG		
/ *una raya*	leicht und gut	*Fino, Amontillado*	bis zu 15,5 % aufspriten
/' *raya y punto*	ertwas weniger aussichtsreich	offen	bis zu 15,5 % aufspriten
// *dos rayas*	weniger aussichtsreich	*Oloroso*	bis zu 18 % aufspriten
/// *tres rayas*	rau oder säuerlich	–	wird destilliert
ve *vinagre*	Essignote	–	rasch entfernen, Infektionsgefahr
	ZWEITE BEWERTUNG		
Y *palma*	Wein mit Floransatz	mit Flor	–
/ *raya*	recht voll	ohne Flor	–
// *dos rayas*	tendiert zu Rauheit	ohne Flor	–
# gridiron	in keiner Hinsicht gut	ohne Flor	–
	WEITERE EINSTUFUNG		
Y *palma*	leicht und fein	*Fino*	–
⚹ *palma cortada*	voller als *Fino*	*Fino-Amontillado* oder *Amontillado*	–
+ *palo cortado*	kein Flor, jedoch hervorragend, körperreich und fein	*Palo Cortado*	–
/ *una raya*	relativ dunkel und voll, ohne Ansatz von Flor	*Oloroso* von mittlerer Qualität	–
// *dos rayas*	dunkel und voll, aber rauer	*Oloroso* niedriger Qualität, für meist gesüßte Sherry-Verschnitte	–
✓ *pata de gallina*	Ein *raya* mit dem echten Duft eines feinen Oloroso	*Oloroso* von Spitzenqualität, alterungsfähig und trocken auszubauen	–

Das Solera-System

Ist einmal der Stil des Sherrys festgelegt, werden die Weine in ein System des fortlaufenden Verschnitts eingespeist, die sog. *Soleras.* Eine Solera besteht aus einer Menge von Fässern, die in mehrere gleich große Gruppen aufgeteilt ist. Die älteste Gruppe oder Stufe ist die *Solera* im engeren Sinn; die jüngeren Gruppen heißen *Criadera* (Kindergarten). In einer Sherry-*Solera* gibt es bis zu 7 *Criaderas,* beim Manzanilla bis zu 14. Bis zu 33 % einer *Solera* dürfen zum Verschnitt bzw. zur Abfüllung entnommen werden, einige Häuser entnehmen bei ihren sehr hochwertigen alten *Soleras* nur ein Fünftel. Was der ältesten Stufe entnommen wird, wird aus der ersten *Criadera* ersetzt, diese wird aus der zweiten Criadera aufgefüllt und so weiter. Die letzte *Criadera* wird mit *Añada* aufgefüllt, dem neuen Wein; das ist entsprechend klassifizierter Sherry, der schon – je nach Stil – bis zu 36 Monate alt sein kann.

DIE ENTWICKLUNG DER SHERRYS

Dieses Schema zeigt den Weg, den ein Sherry nimmt, um zu einem der bekannten Stile zu werden.

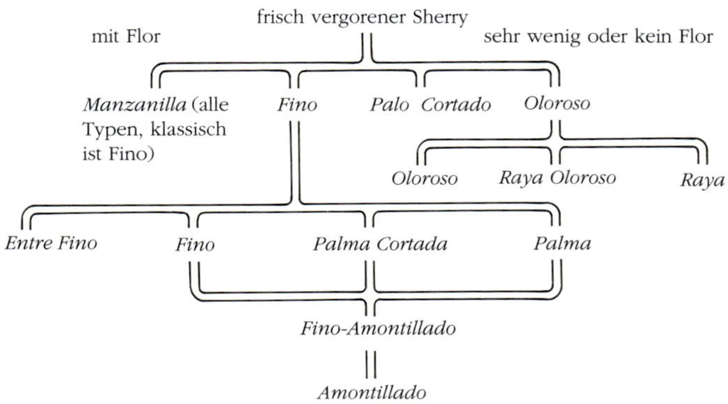

SÜSS- UND FÄRBEKONZENTRATE

Das traditionellste und wichtigste (jedoch allmählich zugunsten billigerer Verfahren zurücktretende) Konzentrat, mit dem Sherry gesüßt wird, wird aus überreifen, in der Sonne getrockneten Trauben der Sorte Pedro Ximénez (kurz PX) hergestellt. Durch den *Soleo* steigt der Zuckergehalt der PX von ca. 23 % auf 43 bis 54 %. Die Trauben werden gepresst, und der Saft wird sofort mit Weingeist vermischt (Stumm-Machen, *Mutage*). Dies ergibt eine Mixtur mit etwa 9 % Alkohol und 430 g Zucker pro Liter. Man lässt sie fest verschlossen vier Monate ruhen; in dieser Zeit läuft eine leichte Gärung ab, die den Alkoholgehalt um einen Prozentpunkt erhöht und den Zuckeranteil etwas reduziert. Dann wird noch einmal stummgemacht, was den Alkohol auf 13 % und den Zuckergehalt auf 380g pro l bringt. Weitere Süßkonzentrate sind:

MOSCATEL
Verfahren wie bei PX, doch ist das Resultat nicht ebenso üppig. Unter DO-Bestimmungen ist die Verwendung, die immer weniger verbreitet war als die von PX, nicht gestattet.

DULCE PASA
Verfahren wie bei PX, verwendet wird aber Palomino, die bis zu 50 % Zuckerkonzentration vor der *Mutage* ergibt. Die Verwendung nimmt zu. *Dulce pasa* darf nicht mit *Dulce racimo* oder *Dulce apagado* verwechselt werden, Süßkonzentraten, die früher aus anderen Regionen bezogen wurden und heute verboten sind.

DULCE DE ALMIBAR, DULCE BLANCO
Eine Kombination von Fruktose und Glukose, die man mit *Fino* vermischt und reifen lässt. Wird zum Süßen von hellen Sherrys verwendet.

SANCOCHO
Ein dunkler, süßer und klebriger alkoholfreier Sirup, den man durch Einkochen bei geringer Hitze auf ein Fünftel des Ausgangsvolumens gewinnt. Zur Herstellung des *Vino de Color* (Färbewein) verwendet.

ARROPE
Ein dunkler, süßer und klebriger alkoholfreier Sirup, den man durch Einkochen bei geringer Hitze auf ein Fünftel des Ausgangsvolumens reduziert. Zur Herstellung des *Vino de Color* (Färbewein) verwendet.

COLOR DE MACETILLA
Der beste *Vino de Color,* gewonnen durch Mischung von zwei Teilen *Arrope* oder *Sancocho* mit einem Teil Traubensaft. Dies löst eine heftige Gärung aus, die einen Wein mit 9 % Alkohol und 235 g pro l Zucker ergibt. Hochwertige Sorten reifen im *Solera*-Verfahren.

COLOR REMENDADO
Ein billiger, häufig gebrauchter *Vino de Color,* gewonnen durch Mischung von *Arrope* oder *Sancocho* mit einfachem Wein.

DIE STILE DES SHERRY

Ein Sherry kann sich natürlich weiterentwickeln. Ein *Fino* kann also, ohne stärkeres Aufspriten, zu einem *Oloroso* werden. (Ein »natürlicher« *Oloroso* kann also auch mit Flor entstehen, während die starke Anreicherung, mit der man normalerweise einen *Fino* zu einem *Oloroso* macht, die Entwicklung des Flors verhindert.) Ein *Palo Cortado* entsteht entweder aus einem *Amontillado* oder einem *Oloroso.* Ein echter alter Fino kann, zu allgemeiner Überraschung, zu einem *Oloroso* werden.

MANZANILLA

Die Seewinde im Gebiet Sanlúcar de Barrameda bewirken ein weniger heißes, ausgeglicheneres und feuchteres Klima als das in Jerez, was zusammen mit der traditionell größeren Ullage (freier Raum über dem Wein) in den Fässern die Entwicklung des dicksten und weißesten Flors in der Region gestattet. Daher ist *Fino* der klassische Stil des Manzanilla, aber es gibt auch Fino-*Amontillado (Pasada* genannt) und *Amontillado.* Auch *Olorosos* und Zwischentypen werden produziert, jedoch als Sherry verkauft, auch wenn es reine Manzanillas sind.

MANZANILLA FINA *ODER* FINO

Manzanilla, der in Sanlúcar de Barrameda hergestellte Sherry, ist ein relativ moderner, früh gelesener *Fino.* Von anderem *Fino* unterscheidet er sich durch geringere Anreicherung und durch das komplexere *Solera*-System. Ein echter Manzanilla *Fina* ist hell, leicht, trocken und fein mit einer deutlichen Flor-Nase, am Gaumen zeigt er ein leicht bitteres, manchmal sogar leicht »salziges« Aroma. Manzanillas sind meist aus 100 % Palomino und haben 15,5 bis 17 % Alkohol. Weiteres *siehe unter* »Fino«.

✓ *Barbadillo* (Eva) • *Diez-Mérito* (Don Zoilo) • *Duff Gordon* (Cabrera)

MANZANILLA PASADA

Wenn ein Manzanilla reif wird, verliert er seinen Flor und entwickelt mehr Alkohol. Dieses Gegenstück zum *Fino-Amontillado* wird in Sanlúcar de Barrameda als *Pasada* bezeichnet. Die *Pasadas* sind immer zu 100% Palomino und haben bis zu 20,5 % Alkohol.

✓ *Barbadillo* (Solear) • *Delgado Zuleta* (Amontillado Fino, La Goya) • *Hidalgo* (Pasada)

MANZANILLA AMONTILLADO

Voller als ein *Pasada,* aber leichter und intensiver duftend als ein *Amontillado* aus Jerez. Dieser Stil ist seltener als die beiden zuvor Genannten, kann aber hervorragend sein.

✓ *Barbadillo* (Principe)

PUERTO

Ein Sherry vom Manzanilla-Typ aus El Puerto de Santa Maria, wo der Wind fast so legendär ist wie in Sanlúcar de Barrameda.

✓ *Burdon* (Puerto Fino Superior Dry) • *Osborne* (Coquinera Amontillado)

FINO

Ein *Fino* ist leicht, trocken und delikat; seine Flor-Nase sollte jedes Acetaldehyd überspielen. Er wird immer aus 100 % Palomino gemacht und hat zwischen 15,5 und 17 % Alkohol. Ein *Palma* ist die höchste Qualität des *Fino*-Sherrys, und er kann noch abgestuft werden: *Dos palmas, Tres palmas, Cuatro palmas.* Ein *Palma Cortada* ist ein *Fino,* der mehr Körper entwickelt hat und sich mit einem sehr trockenen, doch weichen, mandeligen Aroma dem *Amontillado* nähert. Ein *Entre Fino* hat wenig Positives aufzuweisen.

Wenige *Finos* erhalten ihren Charakter, wenn sie im Fass altern, weshalb echter Old *Fino* Sherry selten ist. Die Art eines *Fino* lernt man am besten direkt vom Fass kennen, wenn er lebhaft und frisch ist; sobald er abgefüllt ist, wird er rasch müde, und in der geöffneten Flasche baut er noch schneller ab. Bis die Erzeuger einmal das Abfülldatum auf der Flasche angeben müssen (wahrscheinlich bald), ist es am besten, einen *Fino* erst dann zu kaufen, wenn man ihn trinken will, und die Flasche zügig zu leeren.

✓ *Tomás Abad* • *Domecq* (La Ina) • *Gonzalez Byass* (Tio Pepe) • *La Riva* (Tres Palmas) • *Williams & Humbert* (Pando)

PALE DRY

Synonym für *Fino*.

PALE CREAM

Ein gesüßter *Fino,* meist von geringerer Qualität; praktisch nur im Export von Bedeutung.

AMONTILLADO

Mit dem Alter entwickelt ein *Fino* im Fass eine Bernsteinfarbe und wird zum *Fino-Amontillado,* nach mindestens acht Jahren ein *Amontillado.* Ein echter *Amontillado* ist völlig trocken und hat zwischen 16 und 18 % Alkohol; für den Export wird er häufig gesüßt. *Amontillado* heißt »im Stil von Montilla«, man bezeichnete damit einen Sherry, der dem vom Montilla ähnlich war

(damals Teil der Region Jerez; *siehe* S. 380). Skurrilerweise durften Erzeuger von Montilla den Begriff *Amontillado* nicht benützen; somit konnte ein Sherry im Montilla-Stil gemacht werden, ein Montilla nicht! In Zeiten der EU wurde das Gesetz jedoch geändert, und nun liefern Montilla-Erzeuger wieder Montilla amontillada aus.

✓ *Domecq* (Botaina) • *Gonzalez Byass* (Duque) • *Sandeman* (Bone Dry Old Amontillado) • *Valdespino* (Coliseo, Don Tomás) • *Wisdom & Warter* (Very Rare Solera Muy Viejo)

MILK

Ein gesüßter Amontillado, meist von geringerer Qualität.

OLOROSO

Oloroso bedeutet duftend. Ein wirklich trockener, üppiger und zu großer Komplexität gereifter *Oloroso* ist für mich der finessereichste und begeisterndste Wein aus Jerez. Seinen Charakter verdankt er großenteils der kräftigen Anreicherung und dem großzügigen Glyzeringehalt, den er ohne Flor entwickelt. Der Alkoholgehalt liegt zwischen 18 und 20 %. Es werden auch hochwertige süße *Olorosos* im Dessertweinstil hergestellt.

✓ **Trocken** *Barbadillo* (Oloroso Seco) • *Diez-Mérito* (Victoria Regina) • *Domecq* (Río Viejo) • *Gonzalez Byass* (Alfonso, Apostles) • *Hidalgo* (Oloroso Seco) • *Lustau* (Don Nuno, Emperatríz Eugenia, Principe Rio, Tonel) • *Osborne* (Bailén, Alonso de Sabio) • *Diego Romero* (Jerezana) • *Sandeman* (Dry Old Oloroso) • *Valdespino* (Don Gonzalo)

Dessertwein *Gonzalez Byass* (Máthusalem) • *Sandeman* (Royal Corregedor) • *Valdespino* (Solera 1842)

BROWN

Dieser gesüßte Oloroso ist meist, aber nicht immer, von geringerer Qualität als Oloroso.

✓ *Williams & Humbert* (Walnut Brown)

CREAM *ODER* DARK CREAM

Ein Oloroso, der meist mit Pedro Ximénez gesüßt ist. Die Qualität reicht von kommerziell bis erstklassig.

✓ *Diego Romero* (Jerezana) • *Lustau* (Premium Solera, Vendimia)

EAST INDIA

Nach einigen Quellen datiert dieser üppige, süße, madeiraähnliche Sherry ins Jahr 1617 zurück. Das Verfahren, Sherry per Schiff in den Fernen Osten und wieder zurück zu bringen, verschwand im 19. Jahrhundert mit dem Bau der Dampfschiffe; zur Erinnerung schickten 1958 die Eigentümer der Ben Line und der in Edinburgh ansässige Weinhändler Alastair Campbell ein Oxhoft (ein 240-l-Fass) mit Valdespino Oloroso auf die 32 000-km-Rundreise nach Ostasien. Den Typ gibt es immer noch, aber wie beim Madeira wird er heute im Keller erzeugt.

PALO CORTADO

Diesen Wein kann man nicht gezielt herstellen, ja nicht einmal durch geeignete Bedingungen unterstützen (eine Palo-Cortado-Solera ist sehr schwierig zu unterhalten); nur ein einziger *Butt* (600-l-Fass) unter tausend wird zu wahrem Palo Cortado. Ein natürlich trockener Wein, der irgendwo zwischen Amontillado (in der Nase) und Oloroso (am Gaumen) liegt; aber das ist nur eine dürftige Beschreibung der überwältigenden Fülle, nussigen Komplexität und fantastischen Finesse, die man selbst erleben muss.

Außer völlig trockenen Palo Cortados werden auch süßere als Dessertwein hergestellt, die wunderbar sein können. Wie Palma wird auch Palo Cortado eingestuft: *Dos cortados, Tres cortados, Cuatro cortados.*

✓ **Trocken** *Domecq* (Sibarita) • *Hidalgo* (Jerez) • *Lustau* (Peninsula) • *Rosario Fantante* (Dos Cortados) • *Sandeman* (Dry Old) • *Valdespino* (Cardenal) • *Williams & Humbert* (Dos Cortados)

Dessertwein *Osborne* (Abocado Solera) • *Sandeman* (Royal Ambrosante) • *Wisdom & Warter* (Tizón)

MOSCATEL

Die seltenen Exemplare dieses Weins können reichhaltige, rosinensüße Köstlichkeiten sein.

✓ *Lustau* (Las Cruzes, Solera Reserva Emelin)

PEDRO XIMÉNEZ

Diese Traubensorte wird in erster Linie zum Süßen verwendet, doch hin und wieder gibt es kleine Abfüllungen von sehr altem und unglaublich mächtigem, dunklem und tiefgründigem Wein mit einem Übermaß komplexer, köstlicher Mokka- und Muskataromen. Diese Weine werden in Qualität, Gewicht und Intensität (jedoch nicht in der Art) nur von den ältesten und rarsten australischen Liqueur Muscats erreicht.

✓ *Gonzalez-Byass* (Noe) • *Lustau* (Murillo, San Emilio) • *Sanchez Romate* (Superior) • *Valdespino* (Solera Superior) • *Wisdom & Warter* (Viale Viejisimo)

ALMACENISTAS *ODER* BODEGAS DE ALMACENADO

Kein Sherry-Stil, sondern eine Einrichtung, die unter Sherry-Fans immer mehr Interesse findet. Ein *Almacenista* hält unverschnittene Sherrys 30 Jahre und länger auf Lager, nach denen unter den großen Bodegas für die Verbesserung ihrer kommerziellen Linien große Nachfrage herrscht. Lustau – bis in die 1950er Jahre selbst eine Almacenista und heute zur Caballero-Gruppe gehörend – hat dieses Konzept als erste Firma kommerziell genutzt und bietet die reinsten Sherrys an, die für den Konsumenten erreichbar sind (und ließ den Begriff als Handelsmarke schützen). Alle Typen von Sherry und Manzanilla sind in Almacenista-Version zu finden und – fast per definitionem – immer von außerordentlicher Qualität. Bruchzahlen auf dem Etikett (wie 1/8, 1/17, 1/40) bezeichnen die Zahl der Fässer in einem *Solera*-System, aus dem der Wein stammt; je kleiner die Ziffer unter dem Bruchstrich, desto rarer und folglich teurer ist der Wein.

✓ *Lustau*

✧PORTUGAL✧

Nachdem es dort lange außer den angereicherten Weinen Port und Madeira kaum etwas Interessantes gab, haben die portugiesischen Weinmacher das ausgezeichnete Potenzial ihres Terroirs und der heimischen Traubensorten erkannt und ihr Land zu einem Treibhaus der Innovation gemacht.

Die Tatsache, dass sich Bruno Prats, ehemaliger Besitzer und Kellermeister des Château Cos d'Estournel, und die durch Portwein zu Ruhm gekommene Symington-Familie zusammengetan haben, um in Douro hochwertigen Rotwein zu erzeugen, wird die Krönung der portugiesischen Reputation für Qualitätswein bedeuten. Dieses Bekenntnis zum Spitzenpotenzial der Weinindustrie Portugals kommt kurz nach der Rotweinrevolution, die sich Mitte der 1990er Jahre zu manifestieren begann.

Der Dão war immer der Typ von Weinen, die wir von Portugal gewöhnt waren: ausgetrocknete Rotweine ohne Frucht und flache, schwere, oxidierte Weißweine. 1995 kamen dann köstlich fruchtige, angenehme Rotweine und frische, knackige Weißweine auf den Markt, und wie in einer echten Revolution begann der Wandel auf der untersten Ebene, bei Weinen wie Alta Mesa und Ramada aus der Estremadura. Damals waren sie – und sind es noch – einige der billigsten Weine überhaupt. Sie hatten sich schon mit sauberer, gefälliger Art aus der belanglosen Weinlandschaft abgesetzt, doch mit den Jahrgängen 1994 und 1995 hatten sie plötzlich doppelt so viel Frucht, was sie höchst zugänglich und attraktiv machte und ihnen internationale Beachtung verschaffte.

WEINBERGE IN SETÚBAL
Aus Muscat d'Alexandrie wird hier ein geschätzter gespriteter Wein gemacht, der seine eigene Denominação de Origem Controlada hat.

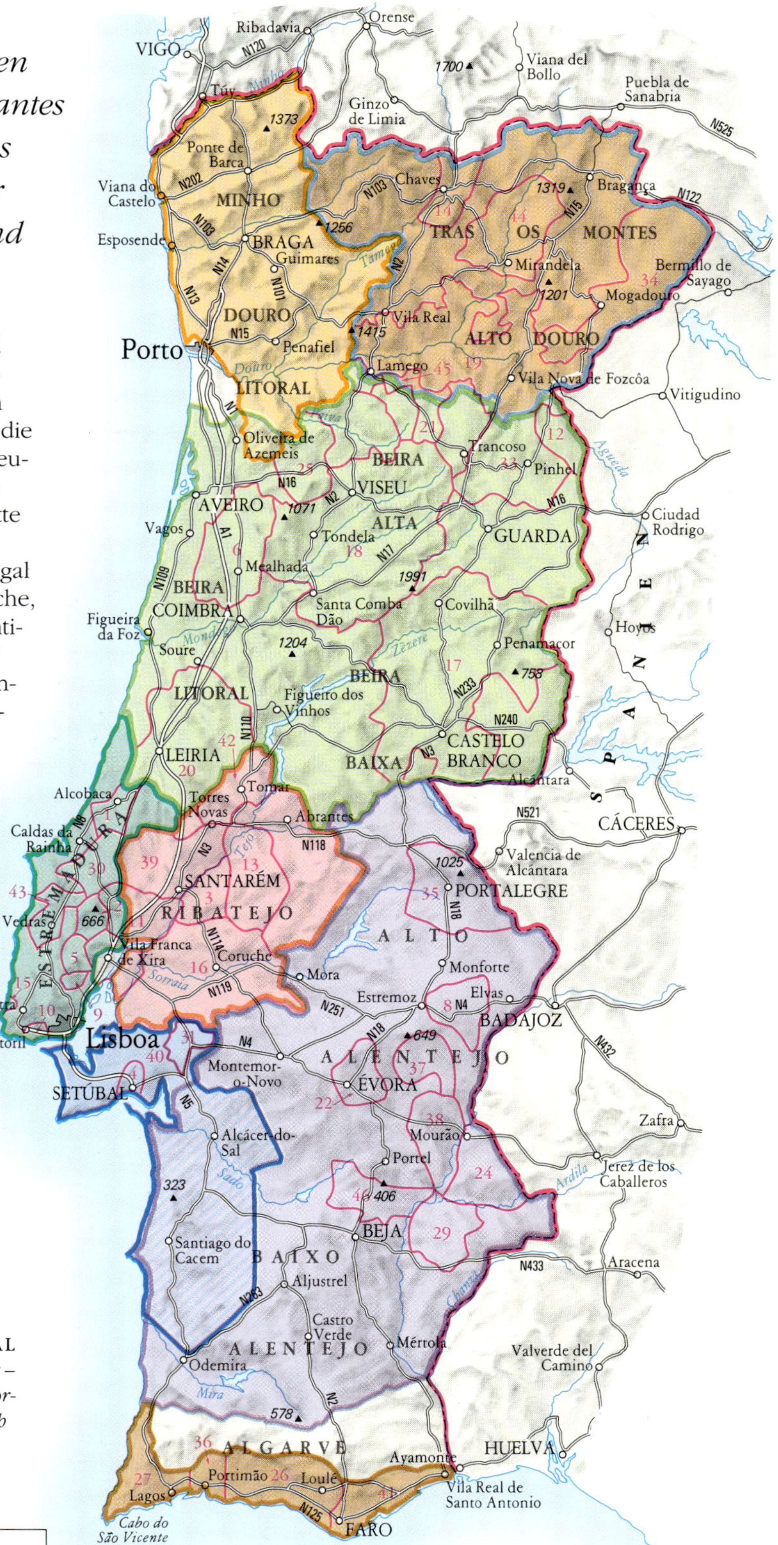

PORTUGAL
Die berühmtesten Weine des Landes – Port und Vinho Verde – werden im Norden hergestellt, ebenso die sich rasch und stark verbessernden Bairrada und Dão.

Wichtige Weinbauregionen

- Alentejo
- Algarve
- Beiras
- Estremadura
- Ribatejo
- Rios de Minho
- Trás-os-Montes
- Terras do Sado
- Herkunftsbezeichnungen (*siehe* S. 387 ff.)
- Staatsgrenzen
- ▲ Höhe über dem Meer (Meter)

km 20 40 60 80 100

JÜNGERE PORTUGIESISCHE JAHRGÄNGE

2001–2003 Die drei Jahre verliefen für die portugiesischen Weinbauern ähnlich wie im großen Nachbarland Spanien. 2001 konnte eine große Ernte eingefahren werden. Bei gewissenhafter Auslese sind sehr gute Weine entstanden. 2002 hingegen kann wegen des sehr ungünstigen Wetters als insgesamt schwieriger Jahrgang gelten. Im Süden Portugals waren die Verhältnisse wenigstens während der Lese besser als im verregneten Norden. Mit Zuversicht kann man auf den Jahrgang 2003 blicken: Der europäische Jahrhundertsommer bescherte auch den Portugiesen vollreife Trauben exzellenter Qualität. Und während etwa Frankreich, Deutschland oder Italien infolge der Trockenheit deutlich geringere Erträge einfuhren, konnte Portugal seine Produktion 2003 sogar um etwa zehn Prozent steigern.

2000 Eine kleine Ernte von sehr guter Qualität in fast ganz Portugal. Angesichts der in Douro erzeugten hochwertigen Roten dürfte höchstwahrscheinlich in einigen Portweinhäusern ein Jahrgangswein entstehen.

1999 Diesen Jahrgang wird man wohl als jenen in Erinnerung behalten, in dem der erste rote Douro von Bruno Prats auf den Markt kam (nur 2 000 Kisten, hauptsächlich aus Touriga Nacional von alten Reben und Tinta Francisca).

1998 Guter Dão, sehr guter Roter aus Douro und hervorragend für ausgewählte Einzelguts-Portweine.

Der Weg aufwärts durch die Qualitätsstufen aufgrund der gewaltigen Zunahme der Fruchtigkeit hat jedoch erst vor kurzem begonnen. Zum Teil deswegen, weil seriösere Weine länger brauchen, um den Markt zu erreichen; als wir bereits die 1994er, 1995er aus der Estremadura und andere wenig bekannte Vinhos Regionais wie Alentejo und Terras do Sado genießen konnten, kamen die 1991er und 1992er aus Dão und Bairrada erst in die Regale. Einige Erzeuger, wie Duque de Viseu in Dão, hatten ihre Lage schon Anfang der 1990er Jahre bereinigt, die meisten jedoch nicht, und wir mussten erst noch den schrecklichen 1993er hinter uns bringen, bevor die berühmten Regionen zeigen konnten, was im Gange war, und Weine wie Alta Mesa und Ramada rasch überholt wurden.

Ein weiterer Grund für die Verzögerung bei den guten Weinen ist, dass die Erzeuger noch bis vor kurzem Weine zukaufen mussten; es klingt erstaunlich, aber es war tatsächlich verboten, Trauben zu kaufen. Die meisten für den Massenmarkt arbeitenden Weinbauern wissen kaum, wie man Reben kultiviert, noch weniger wie man Wein macht. Die Möglichkeit, Trauben zu kaufen, ermöglicht heute Firmen wie Sogrape eine viel bessere Kontrolle der Qualität ihres Produkts. Wenn die Weinbauern lernen, ihre Reben ordentlich zu behandeln, könnten die Qualitätsweinbereiche Portugals zu Superstars werden.

DAS PORTUGIESISCHE WEINETIKETT

WEINTYP
Eine Reihe von Begriffen gibt es für den Typ des Weins. Das *branco* in unserem Beispiel heißt weiß. Weitere Begriffe: *adamado*: süß; *Aperitivo*: Aperitif; *Bruto* (aus dem Französischen übernommen): sehr trockener Schaumwein; *clarete*: Bordeaux-Stil; *Claro*: »neuer« Wein, Nouveau; *doce*: süß; *Espumante*: alle Typen Schaumwein; *Generoso*: alkoholreicher und meist süßer Aperitif oder Dessertwein; *Licoroso*: aufgespriteter Wein; *Maduro*: wörtlich reif, im Fass ausgebauter Wein (für viele portugiesische Konsumenten ist *Maduro* der ausgetrocknete, oxidierte Wein, den sie lieben); *Quinado*: mit Chinin versetzter Wein; *Rosado*: Rosé; *séco*: trocken; *tinto*: rot.

DER NAME DES GUTS
Begriffe wie *Casa*, *Palacio* und *Solar* in einem Weinnamen können auch einen Lagenwein anzeigen. Dieser Wein wurde auf dem Gut Quinta de Saes hergestellt, und der Vermerk *Produzido e engarrafado* (häufiger nur *Engarrafado*) bestätigt die Gutsabfüllung. In Portugal hat man erst jetzt die Bedeutung der Gutsabfüllung für den Weltmarkt realisiert; viele Weinbauern sind noch nicht dafür gerüstet, Wein selbst auszubauen und abzufüllen. *Vinha* bedeutet Weinberg; *Adega*, eigentlich Keller, ist häufig Bestandteil des Erzeugernamens (Firma, Genossenschaft), ähnlich wie der Begriff *bodega* in Spanien.

HINWEIS ZUM ERZEUGER UND ZUR STÄTTE DER ABFÜLLUNG
Engarrafado na heißt »abgefüllt durch/in«, dahinter steht der Name des Abfüllers, hier Quinta de Saes. *Produzido e engarrafado* bedeutet, dass der Wein auf dem Gut erzeugt und abgefüllt wurde, ein nützlicher, jedoch selten gebrauchter Hinweis. *Quinta* (Gut) als Teil eines Weinnamens sollte anzeigen, dass der Wein zur Gänze aus einem Gut stammt; wie der französische Begriff *Château* wird er entgegen den EU-Bestimmungen salopp gebraucht, ist aber zu 95 % zuverlässig (stellt jedoch keine Garantie für gehobene Qualität dar).

DENOMINAÇÃO DE ORIGEM CONTROLADA (DOC)
Dieser Vermerk zeigt an, dass der Wein aus einem geschützten Herkunftsbereich stammt, er ist Qualitätswein im Sinne der EU – entsprechend der AOC in Frankreich und der DOC in Italien. Unser Beispiel ist ein *Vinho Verde* aus der Umgebung von Seia im Bereich Dão. Die nächstniedrigere Stufe ist *Indicação de Proveniência Regulamentada* (IPR), aus der in den letzten Jahren viele Weine zur DOC aufgestiegen sind. Darunter liegt die Stufe *Vinho Regional* (VR), entsprechend dem französischen *Vin de Pays*.

Weitere wichtige Begriffe

CARVALHO Eiche.
Eichenfässer werden zum Ausbau der Weine verwendet.

CASTA Rebsorte.
Bei *Vinhos Verdes* wird häufig die Rebsorte genannt. Die meistverwendeten sind Alvarinho, Avesso, Azal, Loureiro, Pederña und Trajadura. *Casta Predominante* ist die vorherrschende Sorte in einem Verschnitt.

COLHEITA Jahrgang.
Danach folgt die Jahreszahl.

ESCOLHA Selektion, Auswahl.

GARRAFA Flasche.

GARRAFEIRA Abfüllung.
Dieser Begriff darf nur für Weine verwendet werden, deren Alkoholgehalt 0,5 Prozent über dem Minimum liegt. Rotweine müssen drei Jahre gelagert sein, davon ein Jahr in der Flasche, Weißweine ein Jahr, davon sechs Monate in der Flasche. Der Wein kann aus einem Herkunftsbereich kommen oder aus mehreren verschnitten sein, ist aber meist die beste Qualität eines Erzeugers.

RESERVA
Darf ausschließlich für einen Jahrgang »von herausragender Qualität« verwendet werden. Weitere Bedingungen wie Garrafeira.

VELHO
Wörtlich: alt. In der Vergangenheit war die Verwendung dieses Begriffs nicht geregelt, heute muss ein solcher Wein mindestens drei (rot) bzw. zwei Jahre (weiß) alt sein.

VINHO DE MESA
Entspricht dem französischen *Vin de Table*. Wenn das Etikett keine DOC oder Garrafeira nennt, ist der Wein ein einfacher, billiger Verschnitt.

DIE HERKUNFTSBEZEICHNUNGEN IN PORTUGAL

DOC *Denominação de Origem Controlada*, die portugiesische Entsprechung zur französischen AOC, zur spanischen DO usw.

IPR *Indicação de Proveniência Regulamentada*, entspricht etwa einem französischen VDQS. Vorstufe zur DOC.

VR *Vinho Regional*, entspricht dem französischen *Vin de Pays*.

Der Verweis »Karte Nr. …« bezieht sich auf die Karte S. 385.

ALCOBAÇA IPR

Karte Nr. 3

Vor allem Weißweine kommen von den Hügeln um die alte Stadt Alcobaça mit dem berühmten Kloster. Hohe Erträge ergeben leichte Weißweine und dünne Rotweine, die deutlich weniger Alkohol haben als die benachbarter Gebiete.

Für alle Weine: Arinto, Baga, Fernão Pires, Malvasia, Periquita, Tamarez, Trincadeira, Vital

ALENTEJO VR

Die Ebenen des Alto und des Baixo Alentejo erstrecken sich über fast ganz Südportugal. Die dünn besiedelte Region mit großen Gütern und weitverstreuten Weinbergen ist für ihren Kork bekannter als für Wein, auch wenn von hier einige ganz hervorragende Weine aus einheimischen und internationalen Trauben kommen.

Abundante, Alfrocheiro Preto, Alicante Bouschet, Antão Vaz, Arinto, Cabernet Sauvignon, Carignan, Chardonnay, Diagalves, Fernão Pires, Grand Noir, Manteudo, Moreto, Palomino (Perrum), Periquita, Rabo de Ovelha, Tempranillo (Aragonez), Trincadeira

1–3 Jahre (moderner Stil), 2–5 Jahre (andere)

Apostolo • *Cortes de Cima* • *Esporão* (weiteres Etikett: Monte Velha) • *J. P. Vinhos* (Quinta da Anfora) • *Herdade de Mouchão* • *José de Sousa* • *Pêra Manca* • *AC de Reguengos* • *Quinta do Carmo* • *Sogrape* (Vinha do Monte) • *João Portugal Ramos* • *Tapada do Chaves*

ALENQUER IPR

Karte Nr. 2

Die Weinberge an den Hängen um Alenquer liegen sehr günstig, die Trauben reifen leicht und ergeben füllige, reife Rotweine mit pfeffrig-würzigen Aromen und weiche, gefällige, sahnig-trockene Weißweine.

Arinto, Camarate (evtl. identisch mit Castelão Nacional), Fernão Pires, Jampal, Mortágua, Periquita, Preto Martinho, Tinta Miúda (Graciano), Vital

1–3 Jahre (moderner Stil), 2–5 Jahre (andere)

Quinta de Abrigada • *Quinta de Plantos* • *Quinta do Carneiro*

ALGARVE VR

Die Qualität begeistert nicht, die Zurückstufung des Algarve zum Vinho Regional diente nur zur Ablenkung von der Anhebung der Teilbereiche Lagos, Portimão, Lagoa und Tavira zur DOC. Lagoa besitzt einen alten Ruf für gespriteten Weißwein, nicht überraschend bei der Nähe zu Jerez. Heute wird in der Algarve nichts von Interesse produziert.

Arinto, Bastardo, Diagalves, Moreto, Negra Mole, Periquita, Perrum, Rabo de Ovelha, Tamarez de Algarve (evtl. identisch mit Roupeiro)

ALMEIRIM IPR

Karte Nr. 3

Ein aufsteigender Bereich in der Region Ribatejo, der rasch als Quelle für preiswerte, fruchtige Rot- und Weißweine bekannt wurde. Sie heißen vor Ort *Lezíria* und werden als *Vinho de Mesa* verkauft. Die Terrassen am linken Ufer des Tejo bringen bessere Qualität als die Ebenen.

Arinto, Baga (Poeirinha), Castelão Nacional, Fernão Pires, Periquita, Rabo de Ovelha, Talia (Ugni Blanc), Tinta Amarela (Trincadeira Preta), Trincadeira das Pratas (Tamarez d'Azeitão), Vital

6–18 Monate

AC de Almeirim (inkl. der Etiketten Falcoaria und Quinta das Verandas)

ARRABIDA IPR

Karte Nr. 4

Dieser Bereich auf der Halbinsel Setúbal besitzt gut entwässerten Kalkboden und großes Potenzial, besonders für Rotwein; ob er als Appellation Erfolg hat, wo die viel größere, vielfältige Terras do Sado VR so gut ist, bleibt abzuwarten.

Alfrocheiro, Arinto, Cabernet Sauvignon, Chardonnay, Gewürztraminer, Periquita (Castelão Francês), Fernão Pires, Moscatel de Setúbal (Muscat d'Alexandrie), Rabo de Olvelha, Riesling, Roupeiro

José Maria Fonseca • *João Pirez*

ARRUDA IPR

Karte Nr. 5

Von den intensiv bepflanzten Hängen in der Umgebung von Arruda in der Estremadura kommen einige sehr preiswerte, dennoch verlässliche, fruchtige Rotweine.

Camarate (evtl. identisch mit Castelão Nacional), Fernão Pires, Jampal, Tinta Miúda (Graciano), Trincadeira, Vital

1–3 Jahre (moderner Stil), 2–5 Jahre (andere)

AC de Arruda

BAIRRADA DOC

Karte Nr. 6

Aus diesem Bereich kommt einer der beiden bedeutendsten Rotweine Portugals, mit gutem Tannin und schöner Paprika-Cassis-Frucht. Die Weißweine stehen erst am Anfang der Entwicklung. Der Nobilis von Sogrape, der mit seiner Frische und tiefen Frucht ins Zentrum trifft, ist ein Beispiel für den sich rasch etablierenden Rosé von Bairrada.

Baga, Borrada das Moscas (Bical), Castelão Francês, Fernão Pires (Maria Gomes), Rabo de Ovelha, Tinta Pinheira

3–12 Jahre (rot), 1–3 Jahre (weiß, rosé)

José Maria da Fonseca • *Gonçalves Faria* (Reserva) • *Luis Pato* (bes. Quinta do Ribeirinho Vinhos Velhas) • *Quinta de Pedralvites* • *Casa de Saima* • *Caves São João* • *Sogrape* (Reserva, Nobilis Rosé) • *Terra Franca Tinto*

BEIRAS VR

Die nordportugiesische Region umfasst die drei Landschaften Beira Alta, Beira Baixa und Beira Litoral mit den DOC Dão und Bairrada sowie den IPR Castelo Rodrigo, Cove de Beira, Lafoes, Lamego, Pinhel, Varosa, Encostas da Nave und den Großteil von Encostas da Aire. Es gibt fast alle Arten von Wein in sehr unterschiedlicher Qualität.

Arinto, Baga, Borrado das Moscas (Bical), Camarate, Cerceal, Esgana-cão, Fernão Pires, Jaen, Malvasia, Marufo, Monvedro, Periquita, Rabo de Ovelha, Rufete, Tinta Amarela (Trincadeira Preta), Touriga Nacional, Verdelho, Vital

1–3 Jahre (moderner Stil), 2–5 Jahre (andere)

Bright Brothers (Baga) • *Buçaco* • *Conde de Santar* (Reserva) • *Entre Serras* • *João Pato* • *Quinta de Foz de Arouce*

BISCOITOS IPR

Karte Nr. 7

Angereicherter Wein von der Azoreninsel Terceira.

Arinto, Terrantez, Verdelho

BORBA DOC

Karte Nr. 8

Der erste Bereich der Region Alentejo, der sich außerhalb von Portugal Renommee schuf, besonders für preiswerte saftige Rotweine.

Aragonez, Moreto, Periquita, Perrum, Rabo de Ovelha, Roupeiro, Tamarez, Trincadeira

1–3 Jahre

AC de Borba

BUCELAS DOC

Karte Nr 9

Die Rebsorte Arinto gedeiht auf dem Lehmboden dieses kleinen Bereichs besonders gut, doch mit veralteten Methoden im Keller versäumt man, das Potenzial für große Weißweine zu realisieren. Temperaturgesteuerte Gärung, frühe Abfüllung und ein Hauch neuer Eiche würden die DOC zu einem internationalen Star machen, stattdessen sind viele Weine ausgetrocknet und übersäuert. Vor diesem Hintergrund wird der Quinta da Romeira empfohlen, auch wenn er hinter den Möglichkeiten zurückbleibt.

Arinto, Esgana-cão

Sofort

Quinta da Romeira (Prova Régia)

CARCAVELOS DOC

Karte Nr. 10

Das älteste Gut des Bereichs, Quinta do Barão, stellte die Produktion 1991 ein, die relativ junge Quinta dos Pesos strengt sich an, das Interesse an Carcavelos wieder zu beleben. Dies ist ein topasfarbener, nicht ganz trockener gespriteter Wein mit nussigem Aroma, feinem Mandelduft und samtiger Textur. Es werden weiße und rote Rebsorten verwendet.

Arinto, Boal, Galego Dourado, Negra Mole, Trincadeira, Torneiro

5–20 Jahre

Quinta dos Pesos

CARTAXO IPR

Karte Nr. 11

Der ebene, fruchtbare Bereich in den Regionen Estremadura und Ribatejo liefert gute, fruchtige, preiswürdige Rot- und Weißweine.

Arinto, Castelão Nacional, Fernão Pires, Periquita, Preto Martinho, Tinta Amarela (Trincadeira Preta), Trincadeira das Pratas (Tamarez d'Azeitão), Talia (Ugni Blanc), Vital

1–3 Jahre

Almeida

CASTELO RODRIGO IPR

Karte Nr. 12

Die vollen, würzigen Rotweine, die aus dem an der Grenze zu Spanien gelegenen Gebiet südlich des Douro in der Region Bairas kommen, zeigen vorzügliche Anlagen, müssen sich international aber noch durchsetzen.

Arinto, Assario Branco (Arinto do Dão), Bastardo, Codo, Fonte-Cal, Marufo, Rufete, Touriga Nacional

1–3 Jahre (moderner Stil), 2–5 Jahre (andere)

Quinta do Cardo

CHAMUSCA IPR

Karte Nr. 13

Diese Appellation im Nordosten der Region Ribatejo produziert ähnliche, jedoch nicht ganz so gute Weine wie das benachbarte Almeirim.

Arinto, Castelão Nacional, Fernão Pires, Periquita, Talia (Ugni Blanc), Tinta Amarela (Trincadeira Preta), Trincadeira das Pratas (Tamarez d'Azeitão), Vital

CHAVES IPR

Karte Nr. 14

Vom Oberlauf des Tâmega im VR-Bereich Trás-os-Montes kommen ähnliche, jedoch etwas leichtere Weine als aus der Douro DOC.

Bastardo, Boal, Côdega (evtl. identisch mit Roupeiro), Gouveio, Malvasia Fina, Tinta Carvalha, Tinta Amarela

COLARES DOC

Karte Nr. 15

Dieser winzige Bereich ist bekannt für seine wurzelechten Ramisco-Reben, die in den Sanddünen von Sintra in Gräben wachsen, was sie nicht nur vor den scharfen salzigen Winden vom Atlantik schützt, sondern auch vor der gefürchteten Reblaus. Es ist ein mühsam erzeugter Wein mit Tradition, aber er sollte nicht so antiquiert vinifiziert werden, wenn er heutige Konsumenten ansprechen soll. Die Rotweine sind körperreich, aber zum Mundverziehen tanninreich, und sie entwickeln erst nach langer Reife, wenn keine Frucht mehr übrig ist, ein weiches Finale. Mit Trauben, die zur optimalen Tanninreife und nicht zur Fruchtreife gelesen werden, und sorgfältigerer Vinifikation könnte Colares Weltklasse sein. Die trockenen Weißweine im traditionellen Maduro-Stil sind nicht zu empfehlen.

Arinto, Jampal, Galego Dourado, Malvasia, Ramisco

15–30 Jahre (rot)

Antonio Bernardino Paulo da Silva (Chitas)

CORUCHE IPR

Karte Nr. 16

Diese Appellation umfasst die sandigen, bewässerten Ebenen in der Südhälfte der Region Ribatejo; sie muss sich erst noch einen Namen machen.

Fernão Pires, Periquita, Preto Martinho, Talia (Ugni Blanc), Tinta Amarela (Trincadeira Preta), Trincadeira das Pratas (Tamarez d'Azeitão), Vital

COVA DE BEIRA IPR

Karte Nr. 17

Cova de Beira, in der Beira Baixa südöstlich des DOC-Bereichs Dão gelegen, ist der größte IPR-Bereich Portugals. Wie in der ganzen Region Beiras werden alle Arten von Wein in unterschiedlicher Qualität gemacht. Am bekanntesten sind die leichtgewichtigen Rotweine.

Arinto, Assario Branco (Arinto do Dão), Jaen, Marufo, Periquita, Pérola, Rabo de Ovelha, Rufete, Tinta Amarela

DÃO DOC

Karte Nr. 18

Schon seit zwanzig Jahren heißt es, dass die Dão-Weine jetzt mehr Frucht und weniger Tannine hätten, doch erst in den letzten fünf Jahren ist dies auch im Glas festzustellen. Sie besitzen genügend Frucht, um viel früher trinkbar zu sein als altmodische Dãos; eine gewisse Struktur und trocken-würzige Finesse machen dennoch ihre portugiesische Herkunft deutlich. Die besten Weißweine sind sauber und frisch, aber nichts wirklich Besonderes; der Branco von der Quinta de Saes ist jedoch überraschend gut, besonders als Tischwein.

Alfrocheiro Preto, Assario Branco (Arinto do Dão), Bercelo, Bastardo, Borrado das Moscas, Cercial, Encruzado, Jaen, Tinta Pinheira, Tinta Roriz (Tempranillo), Touriga Nacional, Verdelho

3–8 Jahre (rot), 1–3 Jahre (weiß)

Campos da Silva Oliveira • *Casa da Insua* • *Duque de Viseu* • *José Maria da Fonseca* (Garrafeira P) • *Fonte do Ouro* • *Roques*

DOURO DOC

Karte Nr. 19

Das für den Portwein berühmte Douro-Tal liefert in der Tat ebenso viel Tischwein wie gespriteten Wein. Da die Schieferböden für die guten Ports reserviert sind, wird Tischwein meist auf dem anderen Bodentyp der Region, Granit, erzeugt. Ich wundere mich immer noch, dass man die Syrah, die sich auf dem heißen Granit der nördlichen Rhône wohl fühlt, hier noch nicht getestet hat (im Alentejo hat man das gemacht, obwohl es für die Sorte weniger geeignet ist). Das Tischweinpotenzial wird durch den Barca Velha dokumentiert, den teuersten Tischwein Portugals, der von Ferreira auf der Quinta do Vale de Meão hergestellt wird. Der Zweitwein, Reserva Especial, ist oft genauso gut, wenn nicht besser. In den letzten fünfzehn Jahren kamen mehr und mehr rote Spitzenweine dazu, Grande Escolha von der Quinta do Côtto oder Redoma von Niepoort, um nur zwei zu nennen. Ist es ein Zufall, dass jenseits der Grenze – wo der Douro Duero heißt – einer der teuersten Weine Spaniens, der Vega Sicilia, gemacht wird? Diese Tischweine, die gar nichts vom Portwein an sich haben, reichen vom leichteren Bordeaux-Typ bis zum vollen, runden Burgunder-Stil. Neue Eiche ist *de rigueur* für diese Topweine.

Bastardo, Donzelinho Branco, Gouveio, Malvasia Fina, Rabigato (wahrscheinlich nicht identisch mit Rabo de Ovelha, die ebenfalls als Rabigato bezeichnet wird), Mourisco Tinto, Tinta Amarela, Tinta Barroca, Tinta Cão, Tinta Roriz (Tempranillo), Touriga Nacional, Touriga Francesa, Viosinho

2–10 Jahre (rot; Barca Velha bis 25 Jahre), 1–4 Jahre (weiß)

Bright Brothers • *Ferreira* (Barca Velha, Reserva Special) • *Niepoort* (Redoma, bes. Quinta da Gaivosa) • *Quinta do Côtto* (Grande Escolha) • *Quinta do Crasto* • *Niepoort* (Redoma) • *Quinta de Passodouro* • *Quinta de la Rosa* • *Quinta do Vale de Raposa* • *Ramos-Pinto* (Duas Quintas) • *Sogrape* (Reserva) • *Vale do Bomfim* (Reserva)

ENCOSTAS DA AIRE IPR

Karte Nr. 20

Die Kalkhügel dieser Appellation, die zu den Regionen Estremadura und Beiras gehört, könnten exzellente Weine liefern, doch bisher sind sie leicht und recht ausgetrocknet.

Arinto, Baga, Fernão Pires, Periquita, Tamarez, Tinta Amarela (Trincadeira Preta), Vital

ENCOSTAS DA NAVE IPR

Karte Nr. 21

Der kleine Bereich Encostas da Nave im Norden der Region Beira Alta liefert recht körperreiche Weine, die denjenigen aus dem nördlich anschließenden Douro ähneln, sich aber noch etablieren müssen.

Folgosão, Gouveio, Malvasia Fina, Mourisco Tinto, Tinta Barroca, Touriga Francesa, Touriga Nacional

ESTREMEDURA VR

Die Estremadura erstreckt sich von Lissabon nach Norden bis zur Region Beira Litoral und schließt die DOC Bucelas, Carcavelos und Colares ein, dazu die IPR Alenquer, Arruda, Obidos, Torres Vedras und zum Teil Encostas da Aire (teils Beiras) und Cartaxo (teils Ribatejo).

Hinsichtlich der produzierten Menge die größte Weinbauregion Portugals (Beiras und Alentejo sind flächenmäßig größer) und daher als Quelle billiger, uninteressanter Weine verschrien; sie sind in der Tat preisgünstig, aber erfreuliche und keineswegs uninteressante Zechweine. Einige Quintas machen seriöse Weine, die ebenfalls äußerst preiswert sind.

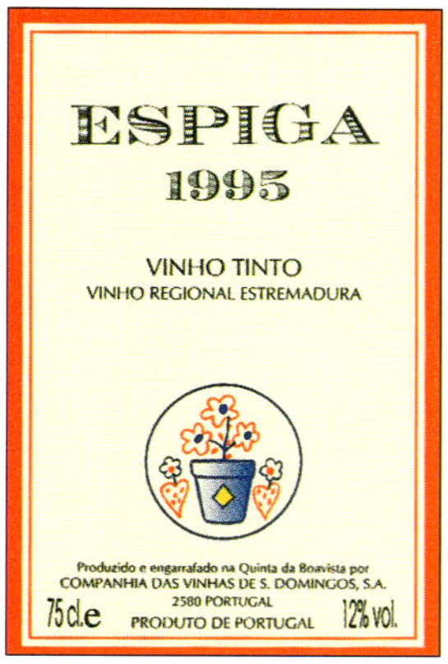

Alfrocheiro Preto, Antão Vaz, Arinto, Baga, Bastardo, Borrado das Moscas (Bical), Cabernet Sauvignon, Camarate (evtl. identisch mit Castelão Nacional), Chardonnay, Esgana-cão, Fernão Pires, Jampal, Malvasia, Moreto, Periquita, Rabo de Ovelha, Ramisco, Talia (Ugni Blanc), Tamarez, Tinta Amarela (Trincadeira Preta), Tinta Miúda (Graciano), Trincadeira das Pratas (Tamarez d'Azeitão), Vital

2–4 Jahre (rot, 4–8 Jahre für gute Weine), 1–3 Jahre (weiß)

AC do Arruda (ausgewählte Cuvées) • *AC de São Mamede da Ventosa* • *AC do Torres Vedras* (ausgewählte Cuvées) • *Espiga* • *Quinta da Folgorosa* • *Quinta de Pancas* • *Palha-Canas*

EVORA IPR

Karte Nr. 22

Dieser Bereich im Alentejo wird eine der aufregendsten Appellationen Portugals, besonders für körperreiche, samtig-üppige Rotweine.

Aragonez, Arinto, Periquita, Rabo de Ovelha, Roupeiro, Tamarez, Tinta Caida, Trincadeira

2–5 Jahre

Heredad de Cartuxa • *Pêra Manca* (Branco)

GRACIOSA IPR

Karte Nr. 23

Leichte Tafelweine, die auf der Azoreninsel Graciosa hergestellt werden.

Arinto, Fernão Pires, Terrantez, Verdelho

GRANJA AMARELEJA IPR

Karte Nr. 24

Ein raues Klima und Schieferböden ergeben in diesem Bereich der Region Alentejo kraftvoll-würzige Rotweine, die sich noch im Export etablieren müssen.

Manteudo, Moreto, Periquita, Rabo de Ovelha, Roupeiro, Trincadeira

LAFÕES IPR

Karte Nr. 25

Leichte, säurebetonte Rot- und Weißweine aus einem kleinen Bereich in der Region Beira Alta zwischen Douro und Dão.

Amaral, Arinto, Cerceal, Jaen

LAGOA DOC

Karte Nr. 26

Die Appellation in der Algarve, die früher nur für uninteressante gespritete Weißweine bekannt war, hat den DOC-Status zu Unrecht.

Crato Branco, Negra Mole, Periquita

LAGOS DOC

Karte Nr. 28

Auch diese Weine von der Algarve verdienen den DOC-Status nicht.

Boal Branco, Negra Mole, Periquita

MADEIRA DOC

Siehe **Madeira, S. 397 f.**

MOURA IPR

Karte Nr. 29

In diesem heißen Teil des Alentejo verzögern kühle Böden aus rotem Lehm die Reifung der Trauben, was den üppigen, runden Weinen eine gewisse Finesse vermittelt. Die Appellation lässt Großes erwarten, muss sich aber noch etablieren.

Alfrocheiro, Antão Vaz, Fernão Pires, Moreto, Periquita, Rabo de Ovelha, Roupeiro, Trincadeira

OBIDOS IPR

Karte Nr. 30

Die Weißweine von hier werden traditionell destilliert, die festen Rotweine mit Zedern-Eichen-Ton könnten besser werden.

Arinto, Bastardo, Camarate (evtl. identisch mit Castelão Nacional), Fernão Pires, Periquita, Rabo de Ovelha, Tinta Miúda, Vital

PALMELA IPR

Karte Nr. 31

Dieser Bereich wurde durch die nicht ganz trockenen weißen João-Pires-Weine aus früh gelesenen Muscattrauben bekannt, gut sind aber auch die körperreichen Rotweine. Der interessante, mächtige João Pires von Fonseca verwendet nun wie andere die einfache Terras do Sado VR (*siehe* dort), sodass hier trotz der ausgezeichneten Weine keine Empfehlungen gegeben werden.

Alfrocheiro, Arinto, Fernão Pires, Moscatel de Setúbal (Muscat d'Alexandrie), Periquita, Rabo de Ovelha, Tamarez, Tinta Amarela (Espadeiro; nicht identisch mit der Espadeiro des Vinho Verde)

PICO IPR

Karte Nr. 32

Gespritete Weine von der Azoreninsel Pico.

Arinto, Terrantez, Verdelho

PINHEL IPR

Karte Nr. 33

Aus diesem Bereich in der Region Beira Alta kommen trockene, füllige, erdige Weißweine, die meist an Schaumweinproduzenten verkauft werden.

Arinto, Assario Branco (Arinto do Dão), Bastardo, Codo, Fonte-cal, Marufo, Rufete, Touriga Nacional

PLANALTO MIRANDÊS IPR

Karte Nr. 34

Aus der Region Trás-os-Montes im äußersten Nordosten Portugals kommen körperreiche Rotweine und schwere Weißweine.

Bastardo, Gouveio, Malvasia Fina, Mourisco Tinto, Rabo de Ovelha (Rabigato), Tinta Amarela, Touriga Francesa, Touriga Nacional, Viosinho

PORT DOC

Siehe **Die Stile des Portweins, S. 394**

PORTALEGRE DOC

Karte Nr. 35

Kraftvoll-würzige, dennoch elegante Rotweine und recht schwere, alkoholische Weißweine aus der Region Alentejo nahe der spanischen Grenze.

Aragonez, Arinto, Assario, Fernão Pires, Galego, Grand Noir, Manteudo, Periquita, Roupeiro, Trincadeira

PORTIMÃO DOC

Karte Nr. 36

Diese Weine von der Algarve haben den DOC-Status zu Unrecht.

Crato Branco, Negra Mole, Periquita

REDONDO DOC

Der Bereich in der fortschrittlichen Region Alentejo ist gut für überschwängliche, plakativ-fruchtige Rotweine, wie sie überall in Portugal aus dem Boden schießen.

Aragonez, Fernão Pires, Manteudo, Moreto, Periquita, Rabo de Ovelha, Roupeiro, Tamarez, Trincadeira

REGUENGOS DOC

Karte Nr. 38

Reguengos ist eine aufsteigende DOC im Alentejo, die bereits unkomplizierte und auch gute ernsthafte Rotweine liefert, dazu immer besser werdende Weißweine. Man sollte sie im Auge behalten.

Aragonez, Manteudo, Moreto, Periquita, Perrum, Rabo de Ovelha, Roupeiro, Trincadeira

1–3 Jahre (moderner Stil), 2–5 Jahre (andere)

AC de Reguengos (Tinto) • *J. P. Vinhos* (Quinta da Anfora)

RIBATEJO VR

Diese große Region, die sich nordöstlich von Lissabon zwischen Estremadura und Alentejo erstreckt, umfasst die IPR Almeirim, Cartaxo (zum Teil), Chamusca, Coruche, Santarém, Tomar und Valada do Ribatejo. Ein gemäßigtes Klima und fruchtbare Schwemmböden am Tejo ermöglichen große Ernten und machen Ribatejo zum zweitgrößten Weinproduzenten Portugals. Bei Ertragsbeschränkungen sind sehr gute Weine möglich, wie die von Peter Bright und der Familie Fuiza.

Arinto, Cabernet Sauvignon, Camarate (evtl. identisch mit Castelão Nacional), Carignan, Chardonnay, Esgana-cão, Fernão Pires, Jampal, Malvasia Fina, Malvasia Rei (evtl. identisch mit Palomino), Merlot, Periquita, Pinot Noir, Rabo de Ovelha, Sauvignon, Syrah, Talia (Ugni Blanc), Tamarez, Tinta Amarela (Trincadeira Preta), Tinta Miúda, Touriga Nacional, Trincadeira das Pratas (Tamarez d'Azeitão), Vital

1–5 Jahre (rot), 1–3 Jahre (weiß)

Bright Brothers • *Falua* • *Fuiza* • *Quinta do Lagoalva* • *Terra de Lobos*

RIOS DO MINHO VR

Eine Art *Vin-de-Pays*-Appellation für *Vinho Verde*, allerdings sind auch Tafelweine aus ausländischen Sorten zugelassen. Meist leichtgewichtig.

Alvarinho, Arinto (Paderna), Avesso, Azal Branco, Azal Tinto, Batoca, Borracal, Brancelho (Alvarelho), Cabernet Sauvignon, Chardonnay, Espadeiro, Loureiro, Merlot, Padreiro de Basto, Pedral, Rabo de Ovelha, Riesling, Trajadura, Vinhão (evtl. identisch mit Sousão)

SANTARÉM IPR

Karte Nr. 39

Die neue Appellation für die Umgebung des Hauptorts des Ribatejo sollte sich im Laufe weniger Jahre ihren Platz schaffen.

Arinto, Castelão Nacional, Fernão Pires, Periquita, Preto Martinho, Rabo de Ovelha, Talia (Ugni Blanc), Tinta Amarela (Trincadeira Preta), Trincadeira das Pratas (Tamarez d'Azeitão), Vital

SETÚBAL DOC

Moscatel de Setúbal

Karte Nr. 40

Dieser Typ eines gespriteten Muscats soll von José-Maria da Fonseca geschaffen worden sein, der alteingesessenen Firma, die heute noch fast das Monopol auf diesen Wein hat. Es gibt verschiedene in Holz gereifte Sorten (5- bis 6-jähriger besitzt Frische und das sortentypische Trauben-Aprikosen-Aroma, 20- bis 25-jähriger ist dunkel und viel komplexer, sein Aroma weist Facetten von Nüssen, Karamell, Rosinen und Aprikosen auf). Am besten ist ein Jahrgangs-Setúbal.

Moscatel de Setúbal (Muscat d'Alexandrie), Moscatel do Douro, Moscatel Roxo; dazu bis zu 30 % Arinto (Paderna), Boais, Diaglaves, Fernão Pires, Malvasia, Olho de Lebre, Rabo de Ovelha, Roupeiro, Talia, Tamarez, Vital

Viele Jahre haltbar, jedoch nach dem Öffnen zu trinken

J. M. Fonseca

TAVIRA DOC

Karte Nr. 41

Diese Weine von der Algarve haben den DOC-Status zu Unrecht.

Crato Branco, Negra Mole, Periquita

TERRAS DO SADO VR

Vielleicht die cleverste Appellation Portugals. Terras do Sado umfasst die Halbinsel Setúbal im Norden und ein großes Gebiet südlich der Mündung des Sado. Von Setúbal kam eine ganze Anzahl innovativer Weine, die jedoch durch die Ausbreitung von Lissabon bedroht sind. Bei Verwendung der Bezeichnung Terras do Sado VR können Weine aus einem großen Gebiet verwendet werden. João Pires, Periquita, Quinta de Camarate und Quinta da Bacalhôa von Fonseca haben alle diese bescheidene Bezeichnung, was sich auf ihre Preise in keiner Weise auswirkt. Das macht Terras do Sado zur attraktiven Appellation für weitere neue Weine.

ROT Mindestens 50 % Aragonez, Cabernet Sauvignon, Merlot, Moscatel Roxo, Periquita (Castelão Francês), Tinta Amarela (Trincadeira Preta), Touriga Nacional; bis zu 5 % Alfrocheiro Preto, Alicante Bouschet, Bastardo, Carignan, Grand Noir, Monvedro, Moreto, Tinta Miúda

WEISS Mindestens 50 % Arinto, Chardonnay, Fernão Pires, Malvasia Fina, Moscatel de Setúbal (Moscato de Setúbal), Roupeiro; bis zu 50 % Antão Vaz, Esgana-cão, Sauvignon, Rabo de Ovelha, Talia (Ugni Blanc), Trincadeira das Pratas (Tamarez d'Azeitão)

1–3 Jahre (moderner Stil),
2–5 Jahre (andere)

J. M. Fonseca (João Pires, Periquita, Quinta de Camarate Tinto) • *J. P. Vinhos* (Quinta da Bacalhôa, Cova da Ursa)

TOMAR IPR

Karte Nr. 42

Rot- und Weißweine von den Kalkhängen am rechten Tejo-Ufer in der Region Ribatejo.

Arinto, Baga, Castelão Nacional, Fernão Pires, Malvasia, Periquita, Rabo de Ovelha, Talia (Ugni Blanc)

TORRES VEDRAS IPR

Karte Nr. 43

Ursprünglich nur »Torres« genannt, bis Miguel Torres protestierte. Die ertragreichen Weinberge der Estremadura versorgen traditionell die großen Erzeuger mit Massenwein für Marken-*Vinho-de-Mesa*.

Arinto, Camarate (evtl. identisch mit Castelão Nacional), Fernão Pires, Jampal, Mortágua, Periquita, Rabo de Ovelha, Seara Nova, Tinta Miúda (Graciano), Vital

TRÁS-OS-MONTES IPR

Die Region Trás-os-Montes liegt im Nordosten Portugals und umfasst die IPR Chaves, Valpaços und Planalto-Mirandês. Die Weine rangieren von leichtgewichtigeren Exemplaren aus höheren Lagen bis körperreichen, alkoholischen aus dem Süden. Mengenmäßig am bedeutendsten ist halbtrockener, leicht schäumender Rosé.

Bastardo, Cabernet Franc, Cabernet Sauvignon, Chardonnay, Donzelinho, Gewürztraminer, Gouveio, Malvasia Fina, Merlot, Mourisco Tinto, Pinot Noir, Rabo de Ovelha (Rabigato), Sauvignon Blanc, Sémillon, Tinta Amarela, Tinta Barroca, Tinta Cão, Tinta Roriz (Tempranillo), Touriga Francesa, Touriga Nacional, Viosinho

1–3 Jahre (moderner Stil),
2–5 Jahre (andere)

Casal de Valle Pradinhos • *Quintas dos Bons Ares*

VALPAÇOS IPR

Karte Nr. 44

Feste Rotweine und leicht moussierende Rosés vom Oberlauf des Tua, eines Douro-Nebenflusses, in der Region Trás-os-Montes.

Bastardo, Boal, Côdega (evtl. identisch mit Roupeiro), Cornifesto, Fernão Pires, Gouveio, Malvasia Fina, Mourisco Tinto, Rabo de Ovelha (Rabigato), Tinta Amarela, Tinta Carvalha, Tinta Roriz (Tempranillo), Touriga Francesa, Touriga Nacional

VAROSA IPR

Karte Nr. 45

Dieser Bereich, der zum größten Teil zur Region Beira Alta gehört, muss wie Pinhel noch zeigen, dass er mehr ist als eine Quelle von Grundwein für die Schaumweinindustrie.

Alvarelhão, Arinto, Borrado das Moscas, Cercial, Chardonnay, Fernão Pires, Folgosão, Gouveio, Malvasia Fina, Pinot Blanc, Pinot Noir, Tinta Barroca, Tinta Roriz (Tempranillo), Touriga Francesa, Touriga Nacional

VIDIGUEIRA DOC

Karte Nr. 46

Vidigueira, der Bereich nördlich von Beja in der Region Alentejo, ist nach einer seiner Städte benannt, deren Name wiederum von *Videira* für »Wein« kommt. Was Indiz ist für die lange Tradition des Weinbaus auf den dortigen Vulkanböden.

Alfrocheiro, Antão Vaz, Manteudo, Moreto, Periquita, Perrum, Rabo de Ovelha, Roupeiro, Trincadeira

VINHO VERDE DOC

Im Norden Portugals, in Minho und Douro Litoral, wachsen die Reben auf Bäumen, an Telefonmasten und Zäunen – an allem, was sie vom Boden wegbringt. Auf diese Weise können die Kleinerzeuger – über 60 000 von ihnen gibt es im Douro – Kohl, Mais und Bohnen anpflanzen, von denen die Familien leben, und dennoch Trauben an große Kellereien liefern oder selbst zu Wein für Touristen verarbeiten. Echter *Vinho Verde* (es gibt übrigens weißen und roten!) ist scharf und manchmal leicht moussierend, aber immer völlig trocken – entweder fein oder rau, je nach Traubensorte. Die besten sind Alvarinho (die Albariño Galiciens) und Lourceiro. Erstere, eine gering tragende Sorte, ist im Nordteil des Minho zwischen dem Lima-Tal und Spanien zu Hause und liefert die substanziellsten *Vinhos Verdes* mit einem Alkoholgehalt von 12,5 %, normal sind 9,5 bis 10 %. Palácio da Brejoeira ist der Maßstab für diese Sorte und gilt als Klasse für sich. Die Loureiro erbringt größere Ernten und aromatische Weine. Für roten *Vinho Verde* ist Vinhão die beste Traube, gefolgt von Azal Tinto und Espadeiro; gute Beispiele dieser tiefpurpurnen Weine sind herzhaft pfeffrig, auch wenn man sie flott die Kehle hinunterschäumen lässt.

Alvarinho, Arinto (Paderna), Avesso, Azal, Azal Tinto, Brancelho (Alvarelho), Borracal, Espadeiro, Loureiro, Perdal, Trajadura, Vinhão (evtl. identisch mit Sousão)

Sofort (max. 9 bis 18 Monate)

Rote Einzel-Quintas *Caso do Valle* • *Ponte de Lima*

Weiße Einzel-Quintas *Casa de Sezim* • *Morgadio de Torre* • *Palacio da Brejoeira* • *Ponte de Lima* • *Quinta de Azevedo* • *Quinta de Franqueira* • *Quinta da Tamariz* • *Solar de Bouças*

Weiße Markenverschnitte *Cepa Velha* (Alvarinho) • *Chello* • *Gazela* • *Grinalda*

DOURO: PORTWEIN

Benachbarte Bereiche könnten keine unterschiedlicheren Weine produzieren als den dunklen, üppigen, süßen, warmen gespriteten Portwein des Douro-Tals und den leichten, wasserhellen, beißend-trockenen, moussierenden Vinho Verde der Region Minho.

»Er sollte im Magen zu spüren sein wie flüssiges Feuer …, er sollte brennen wie entzündetes Schießpulver …, er sollte tintenschwarz sein …, er sollte süß sein wie brasilianischer Zucker und aromatisch wie indische Gewürze.« Solches schrieben 1754 Agenten für die Association of Port Wine Shippers, derart lebendige Darstellungen bleiben treffende Beschreibungen für den großen Dessertwein, wie wir ihn auch heute kennen.

DER URSPRUNG DES PORTWEINS

Es ist schwer vorzustellen, wie ein so wunderbar wärmendes Wintergetränk in einem Land entwickelt werden konnte, das so heiß und sonnig ist wie Portugal. Nach populärer Ansicht waren es auch nicht die Portugiesen, sondern die Briten; doch dies ist nicht richtig: Wir haben den Portugiesen dafür zu danken, dass sie den klassischsten der gespriteten Weine ersannen, die Briten machten lediglich aus dieser Idee ein Geschäft.

Zwei Engländer wurden 1678 von einem Liverpooler Weinhändler nach Viana do Castello nördlich von Oporto geschickt, damit sie das Handwerk erlernten. Als sie zum Zeitvertreib den Douro hinauffuhren, wurden sie vom Abt von Lamego fürstlich bewirtet. Seinen Wein fanden sie »höchst angenehm, recht süß und wunderbar weich«, und sie fragten den Abt, was ihn denn so anders mache als alles, was sie auf ihrer Reise kennen lernten. Er gestand, ihn mit Branntwein aufgegossen zu haben. Die Engländer waren vom Ergebnis so angetan, dass sie den ganzen Vorrat aufkauften und nach Hause sandten.

DIE ENTSTEHUNG DES PORTWEINHANDELS

Das ehrwürdige Haus C. N. Kopke & Co. hatte schon vierzig Jahre mit Douro-Weinen Handel getrieben, als die geschilderte Begegnung stattfand. Acht Jahre bevor sie auf den Abt trafen, baute ein anderer Engländer, John Clark, eine Firma auf, die als Warre & Co. bekannt wurde. 1678 wurde Croft & Co. gegründet, 1680 Quarles Harris und 1692 Taylor. Als im Methuen-Vertrag 1703 der Austausch von englischen Textilien gegen portugiesischen Wein vereinbart wurde, hatten sich schon viele britische Firmen in Oporto niedergelassen. Andere Nationen – die Niederlande, Deutschland, Frankreich – folgten und gründeten ebenfalls Firmen, aber die Briten monopolisierten praktisch den Handel, wobei sie ihre Macht häufig missbrauchten. 1755 legte der Marqués de Pombal – der fünf Jahre zuvor fast diktatorische Macht über Portugal erlangt hatte – ihren Aktivitäten Fesseln an: Die Vorrechte, derer sich die britischen Händler unter zwei schon hundert Jahre alten Abkommen erfreuten, wurden eingeschränkt. Er gründete auch die Royal Oporto Wine Company und stattete sie mit Privilegien aus, die die

WEINLESE BEI AMARANTE IM SÜDLICHEN MINHO
Hier braucht man Leitern, um die an Pergolen wachsenden Trauben zu erreichen.

DOURO UND MINHO *Siehe auch* S. 385
Aus diesen Bereichen im Norden kommen zwei berühmte Weine, der Port und der Vinho Verde. Der Fluss Douro spielt seit je eine entscheidende Rolle im Portweingeschäft.

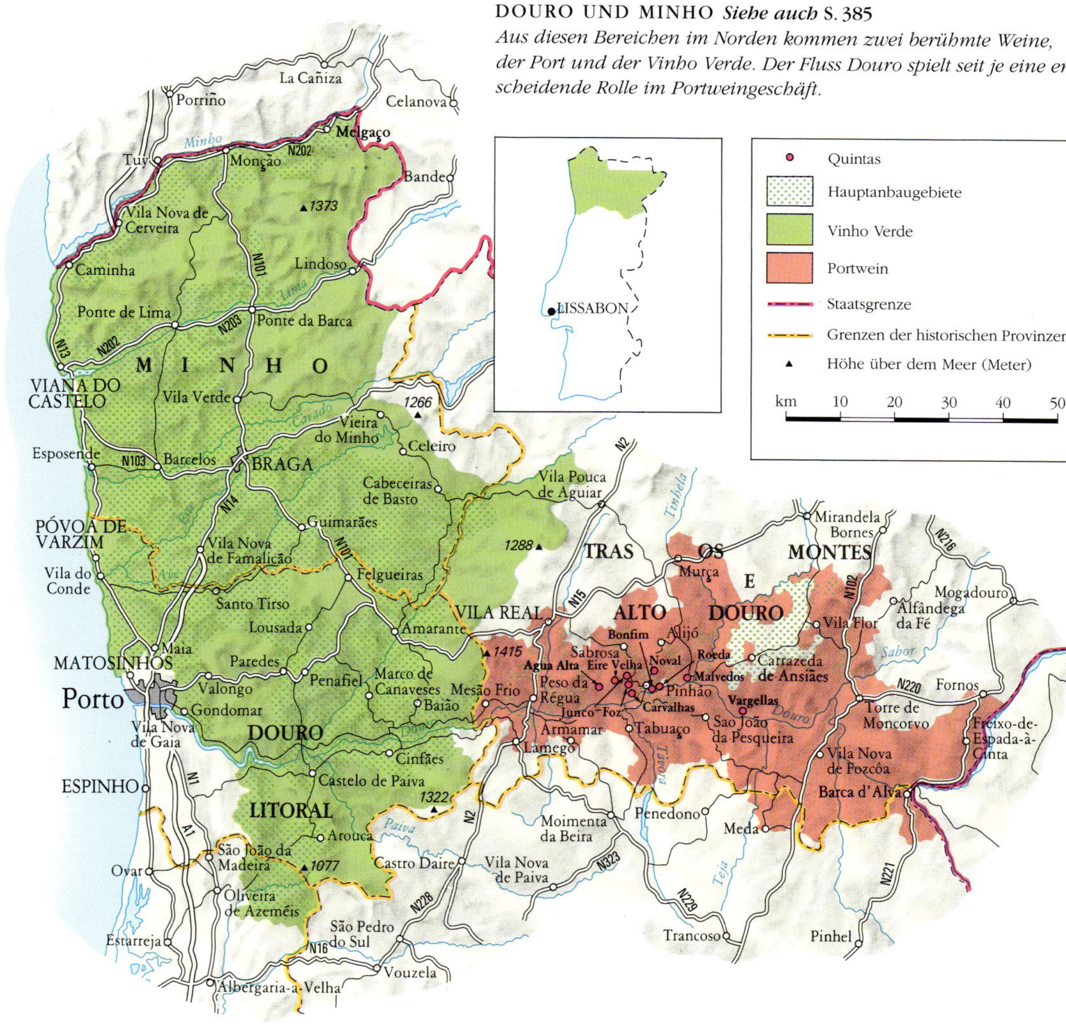

DIE PORTWEIN-REBSORTEN

Für die Herstellung von Portwein sind 48 Rebsorten zugelassen. Dies erklärt schon weit gehend die großen Unterschiede der Weine in Charakter und Qualität.

SEHR GUTE ROTE SORTEN
Bastardo, Donzelinho Tinto, Mourisco, Tinta Roriz (Tempranillo), Tinta Cão, Touriga Francesa, Touriga Nacional

GUTE ROTE SORTEN
Cornifesto, Malvasia Preta, Mourisco de Semente, Periquita, Rufete, Samarinho, Sousão, Tinta Amarela, Tinta de Barca, Tinta Barroca, Tinta Carvalha, Touriga Brasileira

MITTELMÄSSIGE ROTE SORTEN
Alvarelhão, Avesso, Casculho, Casteal, Coucieira, Moreto, Tinta Bairrada, Tinto Martins

SEHR GUTE WEISSE SORTEN
Donzelinho, Esgana-cão, Folgosão, Gouveio (Verdelho), Malvasia Fina, Malvasia Rei, Rabigato, Viosinho

GUTE WEISSE SORTEN
Arinto, Boal, Cercial, Côdega, Malvasia Corada, Moscatel Galego

MITTELMÄSSIGE WEISSE SORTEN
Branco Sem Nome, Fernão Pires, Malvasia Parda, Pederña, Praça, Touriga Branca

DIE BESTEN PORTWEIN-REBSORTEN
Diese sechs Sorten werden gegenwärtig von den Weingütern und Portweinhäusern als die besten betrachtet.

Touriga Nacional
Fast einhellig als die beste Portweintraube eingeschätzt. Die winzigen Beeren ergeben einen pechschwarzen Wein mit intensivem Geschmack, hohem Extrakt und viel Tannin. Die Rebe liebt heißes Klima, bestäubt aber schlecht und ist nicht ertragreich. Durch Klonierung versucht man den Ertrag um 15 % und den Zuckergehalt um 10 % zu steigern; der bisher erfolgreichste Klon ist R 110.

Tinta Cão
Diese Sorte, die dem Verschnitt Finesse und Komplexität gibt, gedeiht in kühlem Klima und muss für eine gute Ernte an Drahtrahmen gezogen werden. Da sie mit alten Erziehungsmethoden ertragsarm ist, ist sie bei den Erzeugern nicht sehr beliebt; ihr Überleben wird von der Bereitschaft der Portweinfirmen abhängen, sie auf ihren großen Gütern zu kultivieren.

Tinta Roriz
Diese Sorte, die auch einfach Roriz genannt wird, gehört nicht zur Tinta-Familie; es handelt sich um die bekannte spanische Tempranillo, das Rückgrat des Rioja und des Ribera del Duero. In Douro liebt sie die Hitze und gedeiht am besten in der ersten Reihe auf den Terrassen an Süd- bis Westhängen. Die dunklen Beeren haben dicke Schalen, viel Zucker und wenig Säure; in den Verschnitt bringen sie Farbe, Tannin und Opulenz. Manche ziehen sie der Touriga Nacional vor.

Tinta Barroca
Der Wein von dieser Traube reift schnell und wird daher gern für jung zu trinkende Porttypen verwendet, aber auch zum Verschnitt mit zu tanninreichen, zu eigenwilligen Weinen. Wie Tinta Cão bevorzugt sie ein kühleres Klima und damit Nordhänge.

Touriga Francesa
Nach Ansicht von Bruce Guimaraens von Fonseca und Taylor ist diese hochwertige Sorte dafür geeignet, die Lücke zwischen den Sorten zu schließen, die ein heißes oder kühles Klima brauchen. Sie liefert im Verschnitt Frucht und Aroma. Nicht mit der ähnlich benannten Tinta Francisca verwechseln.

Tinta Amarela
Diese sehr dunkle und ertragreiche Sorte wird in den letzten Jahren zunehmend verwendet. Sie ist für Graufäule empfindlich und benötigt daher heiße, trockene Bedingungen.

Briten als ihre angestammten Rechte betrachteten. Das brachte sie natürlich auf, doch trotz ihrer Proteste führte Pombal weitere unpopuläre Reformen durch; er schränkte die Produktion auf die besten Weinberge ein, und er verbot Holunder zum Färben des Weines und die Düngung mit Mist, was den Ertrag verringerte, aber die Qualität deutlich erhöhte.

Die Portweinherstellung war damals noch nicht perfektioniert. Fünfzig Jahre nach der Begegnung mit dem Abt von Lamego war das Aufspriten mit Weinbrand Allgemeingut, doch es war nicht klar, dass Zeitpunkt und Mengenverhältnis eine wichtige Rolle spielten. Der Wein des Abtes war ja deswegen so gut, weil er den Weinbrand während der Gärung und nicht danach zusetzte; das Abstoppen der Gärung hatte die attraktive Süße des Weins bewahrt.

GESCHMACKS- UND QUALITÄTSFAKTOREN

LAGE
Portwein wird im oberen Douro-Tal in Nordportugal erzeugt, Subzonen sind Cima Corgo, Baixo Corgo und Douro Superior.

KLIMA
Trockene, heiße Sommer und milde, feuchte Winter; weiter talaufwärts wird das Klima koninentaler, mit sehr heißen Sommern, relativ viel Regen (520 mm) und sehr kalten Wintern.

TOPOGRAFIE
Meist bergiges Land mit z. T. sehr steilen Hängen.

BÖDEN
Ein Flickenteppich von harten, sonnendurchglühten Schiefer- und Granitböden. Die besten Ports gewinnt man auf dem Schiefer, der am Oberlauf dominiert. Die Reben für die Tischweine des Douro sind meist auf die Granitböden verwiesen.

WEINBAU UND WEINBEREITUNG
Am Douro sind Terrassen sehr weit verbreitet, um die Flächen bestmöglich zu nutzen. Der Trend geht zu größeren Terrassen, um eine mechanische Bearbeitung zu ermöglichen. Weniger steile Weinberge werden heute mit vertikalen Reihen bepflanzt. Steile Terrassenhänge sind sehr arbeitsaufwändig, und bei dem harten Boden muss häufig gesprengt werden, um Terrassen anzulegen. Portweine werden meistens am Douro vergoren und gespritet, in Vila Nova de Gaia verschnitten und abgefüllt.

REBSORTEN
Siehe Kasten linke Spalte: Die Portwein-Rebsorten.

Noch nach mehreren Jahrhunderten wird der Portweinhandel von Briten dominiert. Es gibt einen deutlichen stilistischen Unterschied zwischen den britischen und den portugiesischen Portweinproduzenten. Die Briten bevorzugen eher mächtige, dunkle, süße, fruchtige Weine und haben die Vintage Ports zu ihrer Domäne gemacht, während die Portugiesen Wert auf leichte, elegante, weiche Weine legen, deren beste exquisit gereifte Tawnys sind. Früher deklarierten die Portugiesen deswegen selten einen Jahrgang, und wenn, dann waren die Weine so viel leichter, dass die Importländer sie als minderwertig ablehnten. Vielleicht waren einige nicht gut, aber insgesamt waren sie einfach anders. Heute müssen die portugiesischen Häuser, wenn sie auf den Märkten der Welt überleben wollen, ebenso viele Jahrgangsports abfüllen wie die Briten. Beim Vergleich von Vintage Port und den leichteren Tawnys sollte man vielleicht den üppigen Stil des Ersteren besser als »mitteleuropäisch« bezeichnen anstatt als »britisch«, denn er wird auch von niederländischen, deutschen und französischen Importeuren bevorzugt.

WIE PORTWEIN GEMACHT WIRD

Bis vor relativ kurzer Zeit wurden auf den Weingütern die Pressung der Trauben und die Weinbereitung auf ziemlich einfache Weise durchgeführt. Zum verbreiteten Bild vom Portwein gehört, dass die Trauben von Arbeitern mit den Füßen zerquetscht wer-

DER HISTORISCHE *BARCO RABELO*
Diese flachen Boote, die vom Schiff der Wikinger abgeleitet sein sollen, brachten die Pipes *mit Portwein vom oberen Douro nach Vila Nova de Gaia.*

DIE EINSTUFUNG DER QUINTAS

Eine Quinta ist ein Weingut, aber auch ein Weinberg. Das Douro-Tal umfasst 243 000 ha, von denen 33 000 ha mit Reben bestockt sind. Diese Fläche teilt sich in ca. 80 000 individuelle Weinberge, die im Besitz von über 29 600 Erzeugern sind. Jeder Weinberg wird nach bestimmten Kategorien in einem Punktsystem bewertet. Je höher die Einstufung, desto mehr wird für die Trauben bezahlt und desto mehr darf produziert werden.

KATEGORIE	MINIMUM	MAXIMUM
Lage	–50	+600
Topografie	–1000	250
Höhe (niedriger ist bessser)	(–900)	(+150)
Hangneigung (steiler ist besser)	(–100)	(+100)
Boden	–350	+100
Schiefer	–	(+100)
Granit	(–350)	–
Verschiedenartig	(–150)	–
Kleinklima	0	160
Rebsorten (offizielle Einstufung)	–300	+150
Alter der Reben (alt ist besser)	0	+60
Pflanzdichte (niedrig ist besser)	–50	+50
Ertrag (gering ist besser)	–900	+120
Zustand der Weinberge	–500	+100
GESAMT	–3150	+1490

Güteklassen: A 1200 Punkte und mehr, **B** 1001 bis 1199 Punkte, **C** 801 bis 1000 Punkte, **D** 601 bis 800 Punkte, **E** 400 bis 600 Punkte, **F** 399 Punkte und weniger

KLASSE A
Aciprestes (Royal Oporto), *Atayde* (Cockburn), *Bomfim* (Dow), *Bom Retiro* (Ramos-Pinto), *Carvalhas* (Royal Oporto), *Carvalheira* (Cálem & Filho), *Boa Vista* (Offley Forrester), *Corte* (privat, bewirtschaftet durch Delaforce), *Corval* (Royal Oporto), *Cruzeiro St. Antonio* (Guimaraens), *Cavadinha* (Warre), *Eira Velha* (privat, bewirtschaftet durch Cockburn), *Ervamoira* (Ramos-Pinto), *Fontela* (Cockburn), *Fonte Santa* (Kopke), *Foz* (Cálem & Filho), *La Rosa* (privat), *Lobata* (Barros Almeida), *Madalena* (Warre), *Malvedos* (Graham), *Mesquita* (Barros Almeida), *Monte Bravo* (privat, bewirtschaftet durch Dow), *Nova* (privat, bewirtschaftet durch Warre), *Panascal* (Guimaraens), *Passo Douro* (Sandeman), *Sagrado* (Cálem & Filho), *Santo António* (Cálem & Filho), *Sibio* (Royal Oporto), *St. Luiz* (Kopke), *Terra Feita* (Taylor), *Tua* (Cockburn), *Vale de Mendiz* (Sandeman), *Vale Dona Maria* (Smith Woodhouse), *Vargellas* (Taylor), *Vedial* (Cálem & Filho), *Zimbro* (privat, bewirtschaftet durch Dow)

KLASSE A UND B
Aradas (Noval), *Avidagos* (Da Silva), *Casa Nova* (Borges & Irmão), *Ferra Dosa* (Borges & Irmão), *Hortos* (Borges & Irmão), *Junco* (Borges & Irmão), *Leda* (Ferreira), *Marco* (Noval), *Meão* (Familie Ferreira), *Noval* (Noval), *Porto* (Ferreira), *Roeda* (Croft), *Seixo* (Ferreira), *Silho* (Borges & Irmão), *Silval* (Noval), *Soalheira* (Borges & Irmão), *Urqueiras* (Noval), *Velho Roncão* (Poças), *Vesuvio* (Familie Symington)

KLASSE B
Carvoeira (Barros Almeida), *Dona Matilde* (Barros Almeida), *Laranjeira* (Sandeman), *San Domingos* (Ramos-Pinto), *Urtiga* (Ramos-Pinto)

KLASSE B UND C
Sta Barbara (Poças)

KLASSE C
Porrais (Familie Ferreira), *Quartas* (Poças), *Valado* (Familie Ferreira)

KLASSEN C UND D
Sidro (Royal Oporto)

KLASSEN C, D UND E
Granja (Royal Oporto)

KLASSE D
Casal (Sandeman), *Confradeiro (Sandeman)*

KLASSE NICHT MITGETEILT
Agua Alta (Churchill), *Alegria* (Santos), *Cachão* (Messias), *Côtto* (Champalimaud), *Crasto* (privat), *Fojo* (privat), *Forte* (Delaforce), *Infantado* (privat), *Rosa* (privat), *Val de Figueria* (Cálem & Filho), *Vau* (Sandeman)

den. Heute wird dieses Verfahren nur noch selten angewendet; einige große Häuser präsentieren ihre *lagares* – lange, flache Steintröge, in denen die Trauben zerquetscht werden – den staunenden Touristen. Viele Häuser setzen Autovinifikationstanks ein, ziemlich altmodische Apparaturen, die den Gasdruck des Kohlendioxids, das bei der Gärung entsteht, dazu benutzen, den Most über den Tresterhut zu pumpen. Man will damit möglichst viel Farbstoffe aus den Schalen lösen, da bei der Anreicherung so viel davon verloren geht.

Gärung und Anreicherung

Die erste Phase der Gärung ist kaum anders als sonst wo, außer dass die Temperaturen dabei häufig 32 °C erreichen. Auf den Port hat das keine negativen Auswirkungen, wahrscheinlich ist es für den schokoladigen Charakter und den hohen pH-Wert verantwortlich. Bei einem Alkoholgehalt von 6 bis 8 % wird der Wein aufgespritet, anders als beim Sherry, bei dem die Gärung ihren natürlichen Ablauf vollenden darf. Der Port erhält seine Süße von unvergorenem Zucker, während süße Sherrys völlig trockene Weine sind, die nachträglich mit einer Art Sirup gesüßt werden. Der Zeitpunkt der Alkoholzugabe wird nach dem Zuckergehalt bestimmt, nicht nach dem Alkoholgehalt; wenn der gärende Most nur noch etwa 90 g Zucker pro Liter enthält, liegt der Alkoholgehalt bei 6 bis 8 %, was von der Substanz des Traubensaftes abhängt, von Traubensorte, Anbaugebiet und Jahrgang.

Was zum Abstoppen der Gärung – dem Aufspriten – verwendet wird, ist kein »Weinbrand« im üblichen Sinn. Es ist ein farb- und geschmackloser, aus Trauben hergestellter Weingeist mit 77 % Alkohol, der in Portugal *Aguardente* genannt wird. Er trägt nur Alkohol bei, keinen Geruch oder Geschmack. *Aguardente* wird aus Weinen aus Südportugal gemacht oder aus Überschusswein vom Douro selbst, oft auch importiert. Preis und Menge wurden bis 1992 jedem Erzeuger streng vorgeschrieben. Im Durchschnitt werden zu 440 l Wein 110 l Weingeist zugesetzt, was 550 l ergibt, den Inhalt eines *Pipe* vom Douro, des Fasses, das für die Verschiffung des Weins hinunter nach Vila Nova de Gaia verwendet wurde. Ein trockenerer Port gärt etwas länger und benötigt weniger als 100 l *Aguardente*, während ein besonders süßer Port (*Geropiga*) mit 135 l stumm gemacht wird. Wenn das Mengenverhältnis gut bestimmt wurde, wird der Alkohol, mit dem die Gärung gestoppt wurde, zuletzt mit der Frucht und der natürlichen Süße des Weins harmonieren. Unser Begriff von Balance zwischen Alkohol, Frucht und Süße ist natürlich von unseren Vorlieben und Gewohnheiten abhängig. Tief im Douro wird ein Weinbauer für den Port, den er selbst konsumiert, sehr viel mehr Alkohol verwenden als für den Exportwein. Im Allgemeinen bevorzugen britische Exporteure größere Frucht und weniger Alkohol, doch würden britische und portugiesische Exporteure gleichermaßen den Port eines Douro-Bauern in Relation zu seinem Körper für zu alkoholisch einschätzen.

Reifung und Verschnitt

Bis 1986 mussten alle Portweine in Vila Nova de Gaia, am linken Douro-Ufer gegenüber von Oporto, reifen und abgefüllt werden. Bei etwa 75 km Distanz zwischen Erzeugungs- und Abfüllort entspräche das der Forderung, allen Champagner in Le Havre auszubauen, zu verschneiden und zu degorgieren. Das Gesetz von 1756, das Vila Nova de Gaia privilegierte, war offensichtlich von und für die großen Exporteure gemacht und hinderte im Effekt kleine Erzeuger, ihre Produkte auszuführen, da sie sich Anlagen in Vila Nova nicht leisten konnten. Ende des 18. Jahrhunderts hatten sich die meisten berühmten Portweinnamen bereits etabliert, und das restriktive Gesetz erlaubte ihnen, den Status quo zu erhalten, insbesondere im lukrativen Exportgeschäft. Das hat sich grundlegend geändert; zwar werden die meisten Portweine noch immer in den Niederlassungen der großen Firmen, den *Lodges*, gemacht, doch nehmen viele neue Ports ihren Weg auf den Markt direkt von den privaten *Quintas* am Douro aus.

DIE STILE DES

PORTWEIN

Außer dem weißen Portwein gibt es zwei Grundstile, von denen alle weiteren abgeleitet sind, Ruby und Tawny. Rubys reifen kurz im Fass und lange in der Flasche, Tawnys im Fass.

RUBY

Nach Preis und Qualität aufsteigend geordnet sind dies Ruby (mit Fine Old Ruby, Reserva usw.), Vintage Character, Late-Bottled Vintage, Crusted, Single-Quinta und Vintage. Alle Rubys, außer den ganz billigen, gewinnen in der Flasche; viele entwickeln ein Depot, was ein Dekantieren nötig macht.

RUBY PORT

Die billigsten roten Portweine sind Rubys, die weniger als ein Jahr (viele gar nicht) im Fass waren. Sie werden gleich nach der Abfüllung verkauft und verbessern sich nicht mehr. Preiswerte Rubys haben ein simples, pfeffrig-traubiges Aroma, das auch feurig sein kann. Gute Qualitäten werden aus verschiedenen Jahrgängen verschnitten und bleiben bis vier Jahre im Fass; sie sind harmonischer, sollten aber immer noch die fruchtige Würze und Wärme eines jungen Ruby haben.

Sofort

Cockburn (Special Reserve) • *Fonseca* (Bin 27) • *Graham* (Six Grapes) • *Quinta de la Rosa* (Finest Reserve) • *Warre* (Warrior)

VINTAGE CHARACTER PORT

Ein irreführender Begriff, denn diese Weine werden aus verschiedenen Jahrgängen verschnitten und reifen bis zu vier Jahre im Fass. Sie können gut sein, ihr Charakter ist aber der eines Fine Old Ruby.

Sofort

Cálem • *Churchill* • *Ferreira* • *Royal Oporto* (The Navigator's) • *Sandeman* (Signature)

CRUSTED PORT *ODER* CRUSTING PORT

Der beste jahrgangslose Ruby ist ein Verschnitt hochwertiger Weine aus zwei oder mehr Jahrgängen und reift bis zu vier Jahre im Fass sowie idealerweise mindestens drei Jahre in der Flasche. Der Name bezieht sich auf das Depot, das er wie ein Vintage entwickelt. Er wird trinkreif verkauft und muss dekantiert werden. Crusted Port sollte sich nach dem Kauf im Keller akklimatisieren, wobei sich weiteres Depot absetzt und er in den langsamen Prozess der Reifung übergeht.

1–10 Jahre

Churchill • *Martinez* • *Smith Woodhouse*

LATE-BOTTLED VINTAGE PORT (LBV)

Ein reiner Vintage Port aus einem guten, aber nicht unbedingt großen Jahr. LBV werden im Allgemeinen in kleineren, nicht deklarierten Jahren gemacht, die früher trinkreife Weine liefern. Diese weniger teure Kategorie reift vier bis sechs Jahre im Fass und ist beim Verkauf trinkfertig, sie entwickelt sich aber noch weitere fünf bis sechs Jahre auf der Flasche.

5–10 Jahre

Burmester • *Churchill* • *Graham* • *Quinta de la Rosa* • *Ramos-Pinto* • *Smith Woodhouse* • *Warre*

SINGLE-QUINTA PORT

Dieser aus nur einem Gut stammende Wein kann ein klassischer Vintage Port aus einem etablierten Portweinhaus sein oder eine besondere Abfüllung aus einem nichtdeklarierten Jahrgang. Die meisten Single-Quintas sind trinkreif wie ein LBV, weil sie nach der Abfüllung noch gelagert werden. Viele Single-Quintas und LBV sind gleich alt, wobei erstere länger nach der Abfüllung reifen, letztere länger vor der Abfüllung.

8–25 Jahre

Cálem (Quinta do Foz) • *Champalimaud* (Quinta do Côtto) • *Churchill* (Quinta de Agua Alta) • *Dow* (Quinta do Bomfim) • *Ferreira* (Quinta do Seixo) • *Fonseca* (Quinta do Panascal) • *Graham* (Quinta dos Mavedos) • *Niepoort* (Quinta do Passadouro) • *Quinta de la Rosa* • *Quinta de Vesuvio* • *Quinta do Noval* • *Quinta do Sagrado* • *Ramos-Pinto* (Quinta da Urtiga) • *Taylor* (Quinta de Vargellas) • *Warre* (Quinta da Cavadinha)

VINTAGE PORT

Eine Vintage Port muss nach gesetzlicher Vorschrift innerhalb von zwei Jahren abgefüllt werden. Die Flaschenreifung ist reduktiv (im Gegensatz zur oxidierenden Fassreifung), wodurch der Wein eine Fruchtigkeit bewahrt, die in einem Fine Old Tawny nicht zu finden ist. Ein reifer, guter Vintage Port ist mit seinem berauschenden Bukett und seinen schweren Aromen eine außergewöhnliche Geschmackserfahrung. Traube und Weingeist sind vollendet integriert, im Mund explodiert der Wein fast mit seinem warmen, würzigen Geschmack. Ein warmes Gefühl scheint dem Wein in der Kehle zu folgen, eher ein Nachglühen als ein Nachgeschmack.

12–30 Jahre (je nach Erzeuger)

Churchill • *Champalimaud* (Quinta do Côtto) • *Ferreira* • *Fonseca* • *Fonseca Guimaraens* • *Gould Campbell* • *Niepoort* • *Quinta do Noval* (bes. Nacional) • *Taylor*

TAWNY

Nach Preis und Qualität aufsteigend geordnet sind dies Tawny (mit Fine Old Tawny), Aged Tawny (10, 20, 30 und über 40 Jahre alt), Single-Quinta Tawny und Vintage-Dated Tawny (Colheita). Die Weine der letzteren drei Kategorien sind in Preis und Qualität vergleichbar.

TAWNY PORT

Einfache Tawnys sind häufig aus roten und weißen Ports verschnitten. Fachmännisch gemacht, können sie sehr gut sein, auch sehr erfahrene Verkoster sind dann unsicher, ob sie echten Tawny oder verschnittenen vor sich haben. Im Allgemeinen ist es sinnvoll, mehr auszugeben, um ein echtes, lang gereiftes Produkt zu bekommen. Sehr gute Tawnys sind meist acht Jahre gereift, was aber selten vermerkt ist.

Sofort

Delaforce (His Eminence's Choice) • *Dow* (Boardroom) • *Warre* (Nimrod)

AGED TAWNY PORT

Diese 10, 20, 30 und über 40 Jahre alten Tawnys werden traditionell als Fine Old Tawnys (FOT) bezeichnet, aber wie bei Fine Old Ruby gibt es keine gesetzlichen Anforderungen. Unter regelmäßigem Abziehen 10, 20 oder mehr Jahre gelagert, verlieren sie ihre rote Farbe, werden hell bernsteinfarben (eben *tawny*) und entwickeln kein Depot mehr, dafür eine weiche Textur, ein sinnlich-rundes, nussiges Aroma und einen komplexen Abgang, der an frisch gemahlenen Kaffee, Karamell, Schokolade, Rosinen, Muskatnuss und Zimt erinnern kann. Die Altersangaben sind nur ein Anhaltspunkt; theoretisch kann ein *20-Year-Old Tawny* (port. *20 Anos*) ein Jahr alt sein, wenn er das Instituto do Vinho do Porto täuschen konnte. Aber die meisten Verschnitte sind tatsächlich etwa so alt wie vermerkt. Portweinexperten halten den 20-jährigen für den idealen Tawny, aber 30- und 40-jährige sind noch nicht über dem Höhepunkt, nur ähneln sie mehr einem Likör als einem Portwein.

Sofort

10-Year-Old *Cálem* • *Churchill* • *Cockburn* • *Croft* • *Dow* • *Ferreira* (Quinta do Porto) • *Fonseca* • *Graham* • *Niepoort* • *Offley* (Baron Forrester) • *Ramos-Pinto* • *Robertson* (Pyramid) • *Smith Woodhouse* • *Taylor* • *Warre* (Sir William)

20-Year-Old *Barros Almeida* • *Burmester* • *Cálem* • *Cockburn* • *Croft* (Director's Reserve) • *Dow* • *Ferreira* (Duque de Bragança) • *Fonseca* • *Graham* • *Niepoort* • *Noval* • *Offley* (Baron Forrester) • *Robertson* (Privateer Reserve) • *Sandeman* (Imperial) • *Taylor*

30-Year-Old *Cálem* • *Croft* • *Dow* • *Fonseca* • *Niepoort* • *Ramos-Pinto*

Over 40 Years Old *Cálem* • *Fonseca* • *Graham* • *Noval* • *Taylor*

SINGLE-QUINTA TAWNY PORT

Die meisten Gutsportweine sind Ruby oder Vintage, daneben gibt es auch einige Tawnys, entweder mit Alters- oder mit Vintage-Angabe.

Sofort

10-Year-Old *Quinta do Sagrado* • *Ramos-Pinto* (Quinta da Ervamoira)

20-Year-Old *Ramos-Pinto* (Quinta da Bom Retiro)

Vintage *Borges & Irmão* (Quinta do Junco)

VINTAGE TAWNY *ODER* COLHEITA PORT

Diese oft wunderbaren und preiswürdigen Weine kommen aus einem Jahrgang und müssen mindestens 7 und können 20 bis 50 Jahre im Fass verbracht haben. Man darf sie nicht mit den vollen, fruchtigeren Vintage Ports verwechseln. Auf dem Etikett muss vermerkt sein, wann der Wein abgefüllt wurde, oder ein Begriff wie *Matured in Wood* vorhanden sein. Vintage Ports sind manchmal nur als *Vintage* bezeichnet, Vintage Tawnys als *Colheita*. Weitere Hinweise sind *Reserve*, *Reserva* oder *Bottled in* (mit Jahreszahl).

Sofort

Barros Almeida • *Burmester* • *Cálem* • *Offley* (Baron Forrester) • *Niepoort* • *Noval*

WEISSER PORTWEIN

Trockener weißer Port schmeckt oft wie ein kraftloser Sherry, aber es gibt auch interessante süße wie der sahnig-runde, köstliche Superior White von Ferreira. Vollsüßer weißer Port wird oft als *Lagrima* bezeichnet. Der reine Moscatel von Niepoort kann eine gute Alternative zu einem Moscatel de Setúbal sein.

ERZEUGER IM
DOURO

Die Angabe eines Trinkzeitpunkts bezieht sich auf den optimalen Genuss von Vintage Port und erscheint nur, wenn dieser Typ empfohlen wird. Wenn das gesamte Sortiment empfohlen wird, gilt dies – wenn nicht anders angegeben – für alle Weine außer den einfachsten Rubys, Tawnys und weißen Ports.

BARROS
Barros Almeida

★☆Ⓥ

Manuel de Barros begann bei Almeida & Co. als Bürolehrling und besaß zuletzt nicht nur diese Firma, sondern baute ein ganzes Portweinimperium auf; er und seine Nachkommen übernahmen die Douro Wine Shippers and Growers, Feist, Feuerheerd, Hutcheson, Kopke, Santos Junior und Viera de Sousa. Nur Kopke und Barros Almeida behielten eine gewisse Selbstständigkeit, die anderen sind kaum mehr als Handelsmarken.

✓ *20-Year-Old Tawny • Vintage-Dated Tawny • Colheitas*

BORGES & IRMÃO

⊗

Das 1884 gegründete, in portugiesischem Besitz befindliche Haus ist bekannt für den Soalheira 10-Year-Old Tawny und den Roncão 20-Year-Old Tawny.

BURMESTER

★Ⓥ

Burmester, ein unterschätztes Haus ist am besten bei seinen Tawnys, macht aber auch guten Vintage.

✓ *Late-Bottled Vintage • 20-Year-Old Tawny • Colheitas*

CÁLEM

★

Cálem macht zuverlässig eleganten Tawny, Single-Quinta und Vintage Port.

⊶ 15–20 Jahre

✓ *10-, 20-, 30- und 40-Year-Old Tawny • Vintage Character • Quinta de Foz • Vintage*

CHAMPALIMAUD
Quinta do Côtto

★☆

Zwar kann Miguel Montez Champalimaud die Geschichte seiner Familie im Weingeschäft bis ins 13. Jahrhundert zurückverfolgen, aber seinen ersten Port machte er erst 1982 – den ersten Single-Quinta Port, den es je gab, was ihn zum spektakulärsten Aufsteiger unter den neuen privaten Portweinerzeugern machte.

⊶ 12–25 Jahre

✓ *Quinta do Côtto*

CHURCHILL

★☆

Gegründet 1981 von Johnny Graham, Mitglied der Portweinfamilie Graham, und benannt nach dessen Frau Caroline, geb. Churchill. Die erste Neugründung eines Port-Exporteurs der jüngsten Zeit stieg rasch zur Spitze auf.

⊶ 12–15 Jahre

✓ *Gesamtes Sortiment*

COCKBURN

★★

Cockburns Bestseller Special Reserve und Fine Old Ruby werden in gigantischen Mengen produziert, sind aber – wie die Vintage Ports – ausnehmend gut und zuverlässig. *Siehe auch* Martinez.

⊶ 15–30 Jahre

✓ *Gesamtes Sortiment*

CROFT

☆

Eines der ältesten Portweinhäuser. Sein eleganter Stil passt am besten zu den Fine Old Tawnys, die eher einen portugiesischen als einen britischen Eigentümer vermuten lassen. In fast allen Jahren gehören die Vintage Ports zu den leichtesten überhaupt. *Siehe auch* Morgan.

✓ *10-, 20- und 30-Year-Old Tawny • Quinta da Roeda*

CRUZ

⊗

Die schwache Qualität von Cruz sagt eine Menge über die Vorlieben des durchschnittlichen Franzosen hinsichtlich des größten gespriteten Weins der Welt. Frankreich schluckt zurzeit fast die Hälfte des gesamten exportierten Portweins, und diese Marke ist Marktführer. Man könnte es den Franzosen nachsehen, wenn sie damit kochen würden, aber sie trinken das Zeug tatsächlich.

DELAFORCE

☆

Das Haus ist zwar seit 1968 in Besitz von IDV (Grand Met) und daher eine Schwesterfirma von Croft und Morgan, arbeitet aber weit gehend selbstständig; David Delaforce, die fünfte Generation, schaut jeden Tag nach dem Rechten. Der Stil von Delaforce geht deutlich zur leichten Seite, besonders gut realisiert im His Eminence's Choice, einem exquisiten alten Tawny mit ausgewogener Opulenz und anhaltend intensivem Duft.

✓ *His Eminence's Choice Superb Old Tawny*

DOURO WINE SHIPPERS AND GROWERS
Siehe Barros

DOW'S
Silva & Cosens

★★

Die Marke heißt Dow's, die Firma jedoch Silva & Cosens. Sie wurde 1862 gegründet, und 1877 wurde sie mit dem seit 1798 bestehenden Port-Exportunternehmen Dow & Co. vereint. Dow's ist heute eine der vielen Marken der Familie Symington, liefert jedoch zuverlässig einen der ganz großen Vintage Ports. *Siehe auch* Gould Campbell, Graham, Quarles Harris, Smith Woodhouse, Warre.

⊶ 18–35 Jahre

✓ *Gesamtes Sortiment*

FEIST
Siehe Barros

FERREIRA

★★

Das 1761 gegründete Haus war bis 1988 in Familienbesitz, dann wurde es von Sogrape übernommen, dem größten portugiesischen Handelshaus. Ferreira, selbst die führende Marke, erlangte seinen Ruf erst Mitte des 19. Jahrhunderts unter der äußerst erfolgreichen Leitung durch Dona Antonia Adelaide Ferreira. Denkt man an die portugiesischen Wurzeln, verwundert es nicht, dass Ferreiras Glanzstück ein elegant-großzügiger Tawny ist. Ebenso verlässlich ist sein Vintage Port. Er ist charakteristisch leicht, weich und rund, altert aber auch sehr schön.

⊶ 12–30 Jahre

✓ *Gesamtes Sortiment*

FONSECA
Fonseca Guimaraens

★★☆

Das Haus hieß zunächst Fonseca, Monteiro & Co. und änderte seinen Namen, als es 1822 von Manuel Pedro Guimaraens gekauft wurde. Es ist seit 1948 Teil von Taylor, Fladgate & Yeatman, arbeitet aber völlig unabhängig, mit eigenen Quintas und Vertragslieferanten. Fonseca war immer das Spitzenetikett, aber auch der Zweitwein, Fonseca Guimaraens, beschämt viele Portweinerzeuger.

✓ *Vintage, Fonseca Guimaraens, Quinta do Panascal*

FEUERHEERD
Siehe Barros

GOULD CAMPBELL

★

Obwohl eine der preiswerten Marken der Symington-Gruppe, macht das um 1797 gegründete Haus Gould Campbell gute, manchmal verblüffend gute Vintage Ports. *Siehe auch* Dow's, Graham, Smith Woodhouse, Quarles Harris, Warre.

GRAHAM
W. & J. Graham & Co.

★★☆

Graham wurde als ein Textilhandelsunternehmen gegründet; in den Portweinhandel ging man 1826, als man Wein als Bezahlung einer Schuld akzeptierte. Später wurde Smith Woodhouse übernommen, und beide kamen 1970 zum Symington-Imperium. Der Vintage Port war es, der den Ruhm von Graham begründete, aber das gesamte Sortiment ist von derselben Qualität. *Siehe auch* Dow's, Gould Campbell, Quarles Harris, Smith Woodhouse, Warre.

⊶ 18–40 Jahre

✓ *Gesamtes Sortiment, inkl. des einfachen Six Grapes Ruby*

GUIMARAENS
Siehe Fonseca

HUTCHESON
Siehe Barros

KOPKE
Siehe Barros

MARTINEZ
Martinez Gassiot

★☆Ⓥ

Martinez wurde 1797 von dem Spanier Sebastian González Martinez gegründet und kam Anfang der 1960er Jahre zu Cockburn. Die etwas unterschätzte Firma produziert kleine Mengen von hochwertigem Vintage und Crusted, sie liefert auch einen außerordentlich guten Port unter eigenem Namen. *Siehe auch* Cockburn.

⊶ 12–20 Jahre

✓ *Gesamtes Sortiment*

MORGAN

☆Ⓥ

Morgan, eines der ältesten Portweinhäuser, wurde 1952 von Croft (heute zu IDV gehörend) aufgekauft und liefert runden Port. Es gewinnt rasch einen Ruf als exzellente Quelle für preiswürdigen Port unter eigenem Etikett, insbesondere 10-Year-Old Tawny. *Siehe auch* Croft.

✓ *Tawny*

NIEPOORT

★½

Die kleine niederländische Firma ist bekannt für elegant-opulente Tawnys, besonders für Colheitas, macht aber auch guten, unterschätzten Vintage Port und einen der besten Rotweine vom Douro, den Redoma.

12–25 Jahre

✓ *Gesamtes Sortiment*

NOVAL

Quinta do Noval

★½

(*Nacional* ★★★)

Das 1813 von Antonio José da Silva gegründete portugiesische Haus wurde über vier Generationen von

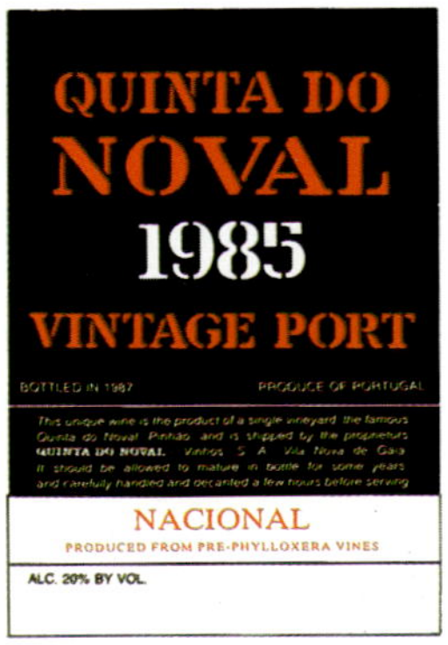

der niederländischen Familie van Zeller kontrolliert und dann von der französischen Versicherungsgruppe AXA (*siehe* S. 60) gekauft. Das Unternehmen wird offiziell als Quinta do Noval bezeichnet, bringt aber seine meisten Produkte unter der Marke Noval heraus, der Name der Quinta bleibt den Ports vorbehalten, die tatsächlich auf dem eigenen Gut erzeugt werden.

15–35 Jahre (25–70 Jahre für Nacional)

✓ *Vintage • Nacional • 20- und 40-Year-Old Tawny*

OFFLEY

Offley Forrester

★½

Die 1737 gegründete Firma gehörte einst dem berühmten Baron Forrester, heute gehört sie Sogrape. Offley macht exzellente Colheitas, elegante Vintage Ports und einen tieffarbigen Single-Quinta (Boa Vista).

12–25 Jahre

✓ *Vintage • Boa Vista • Colheita • 10- und 20-Year-Old Tawny*

POÇAS

Poças Junior

Das 1918 gegründete Unternehmen begann wie viele portugiesische Häuser erst relativ spät (nach 1960) mit der Deklaration von Vintage Ports, es ist in erster Linie für Tawnys und Colheitas bekannt. Zweitetiketten sind Lopes, Pousada und Seguro.

QUARLES HARRIS

Eine der kleinsten Marken; sie gehört zur progressiven Symington-Gruppe. *Siehe auch* Dow's, Gould Campbell, Graham, Smith Woodhouse, Warre.

QUINTA DE LA ROSA

★

Eine viel versprechende neue *Quinta,* die selbst abfüllt. Achten Sie auf den neuen 10-Year-Old Tawny.

8–25 Jahre

✓ *Finest Reserve • Late-Bottled Vintage • Vintage*

QUINTA DO CÔTTO

Siehe **Champalimaud**

QUINTA DO INFANTADO

❷

Die Vintage Ports dieser selbst abfüllenden Quinta sind eher leicht gewichtig, doch der 1991 Late-Bottled Vintage ist ein echtes Juwel. Es könnte sich lohnen, die künftigen Produkte des unabhängigen Erzeugers zu beachten.

QUINTA DO NOVAL

Siehe **Noval**

QUINTA DO VESUVIO

Dieses 400 ha große, früher zu Fonseca gehörende Gut war nach seiner Gründung im 19. Jahrhundert eines der bedeutendsten am Douro. Seit 1989 im Besitz der Symington-Gruppe, die seinen Vintage Port als herausragend präsentiert; wie herausragend er ist, bleibt abzuwarten.

12–30 Jahre

✓ *Vintage*

RAMOS-PINTO

★½

Bis 1990 in Familienbesitz, wurde die Firma vom Champagnerhaus Louis Roederer gekauft. Ramos-Pinto macht seit je hervorragende Tawnys, insbesondere die Single-Quinta 10- und 20-Year-Old Tawnys und Colheitas, doch wenn man nach dem 1994 gehen kann, ist der Vintage Port das künftige Glanzstück.

12–25 Jahre

✓ *Late-Bottled Vintage • Single-Quinta* (Quinta da Ervamoira 10-Year-Old, Quinta do Bom Retiro 20-Year-Old Tawny) • *Colheitas • Vintage 1994*

REBELLO VALENTE

Siehe **Robertson Brothers & Co.**

ROBERTSON BROTHERS & CO.

★

Die kleine, 1881 gegründete Portweinfirma gehört heute zu Sandeman (also zu Seagram). Am bekanntesten ist sie für Tawny und sehr traditionelle Vintage Ports unter dem Etikett Rebello Valente.

12–25 Jahre

✓ *10- und 20-Year-Old Tawnys • Vintage • LBV*

ROYAL OPORTO

Real Companhia Velha

Eines der größten und der historisch bedeutendsten Unternehmen, 1756 vom Marqués de Pombal gegründet. Eine gute Quelle von preiswertem Tawny und Vintage Character, weniger von Vintage Port.

✓ *Vintage Character* (The Navigator's)

ROZES

❷

Zum Branchengiganten Moët-Hennessy gehörend, hat Rozes außerhalb des französischen Markts erst noch einen Ruf zu erwerben. Doch mit dem »fliegenden Weindoktor« Richard Geoffroy von Moët & Chandon ist alles möglich.

SANDEMAN

½

Sandeman wurde 1790 gegründet, übernahm 1881 Robertson und Rebello Valente, später Diez und Offley (heute bei Sogrape), und gehört heute selbst zu Seagram. Die Qualität des Vintage Port ist variabel und selten begeisternd, zuverlässig sind jedoch die Tawnys, besonders der Imperial 20-Year-Old. Sandeman produziert auch Sherry und Madeira.

✓ *20-Year-Old Tawny* (Imperial) • *Vintage Character* (Signature)

SANTOS JUNIOR

Siehe **Barros**

SILVA & COSENS

Siehe **Dow's**

C. DA SILVA

Das kleine niederländische Haus macht preiswerte Ports; die Tawnys können manchmal Schnäppchen sein.

SMITH WOODHOUSE

★½ⓥ

Vor allem auf den Exportmärkten schätzt man die Produkte dieses Hauses (im Besitz von Symington) wegen der wohlfeilen Qualität des gesamten Programms. Von hier kommen auch einige der allergrößten Vintage Ports. *Siehe auch* Dow's, Gould Campbell, Graham, Quarles Harris, Warre.

12–25 Jahre

✓ *Gesamtes Sortiment*

SYMINGTON-GRUPPE

Die Symingtons sind eine der berühmtesten und erfolgreichsten Familien im Portweingeschäft. Ihr gehören sechs Marken, aber keine nennt den Namen der Familie. *Siehe* Dow's, Gould Campbell, Graham, Quarles Harris, Smith Woodhouse, Warre.

TAYLOR'S

Taylor, Fladgate & Yeatman

★★★

Die 1692 von Job Bearsley gegründete Firma änderte nicht weniger als 21 mal ihren Namen, bevor sie den heutigen annahm, der sich von mehreren Teilhabern herleitet: Joseph Taylor 1816, John Fladgate 1837 und Morgan Yeatman 1844. Zu Zeiten hieß sie Webb, Campbell, Gray & Cano; Joseph Cano war der einzige Amerikaner, der je als Teilhaber eines Portweinhauses zugelassen wurde. 1744 kaufte Taylor als erster Exporteur ein Gut am Douro; die berühmteste Erwerbung (1890) war die Quinta de Vargellas, ein hoch geschätztes Gut, das zu jedem Vintage Port von Taylor Herz und Seele beisteuert.

20–40 Jahre

✓ *Gesamtes Sortiment*

VIERA DE SOUSA

Siehe **Barros**

WARRE

★★½

Nur die deutsche Gründung Kopke kann sich rühmen, älter als das 1670 gegründete Haus Warre zu sein, das allerdings erst ab 1729 so hieß, als William Warre in das Geschäft eingestiegen war. Heute gehört es der unternehmungsfreudigen Familie Symington und liefert mit Graham die dunkelsten, konzentriertesten Vintage Ports nach denen von Taylor. *Siehe auch* Dow's, Gould Campbell, Graham, Quarles Harris, Smith Woodhouse.

18–35 Jahre

✓ *Gesamtes Sortiment*

WEISE & KROHN

Weise & Krohn wurde 1865 von zwei Norwegern deutscher Abstammung gegründet, Theodor Weise und Dankert Krohn. Seit den 1930er Jahren im Besitz der portugiesischen Familie Carneiro, macht es wenig bemerkenswerte Vintage Ports; am bekanntesten ist es für die Tawnys.

✓ *Colheitas*

MADEIRA

Die Insel Madeira gibt ihren Namen dem einzigen Wein in der Welt, der erhitzt wird! Dieser angereicherte Wein wird erwärmt, um den Effekt der Seereisen alter Zeiten nachzuahmen, auf denen der Wein bei tropischen Temperaturen einen speziellen Reifungsprozess durchmachte.

Prinz Heinrich der Seefahrer sandte Kapitän João Gonçalves im 15. Jahrhundert auf die Suche nach neuen Ländern. Dieser trug den Beinamen »Zarco«, »der Schieler«, nachdem er im Kampf gegen die Mauren verwundet worden war. Ein merkwürdiger Ehrentitel für jemanden, zu dessen Job es gehörte, nach Dingen am Horizont Ausschau zu halten, besonders da jeder Seemann noch fürchtete, am Rand der Welt in den Abgrund zu stürzen; aber er war auf den Titel stolz und nahm ihn in seinen Namen auf. Trotz seiner Sehbehinderung führte er sein Schiff nicht nur sicher, er entdeckte auch neues Land. 1418 fand er Madeira, als er auf der Suche nach Guinea war. Zarco nahm auf dem Meer eine Wolke wahr, die seinen Verdacht erregte, da sie trotz seines Schielens immer am selben Platz blieb. Eines Tages wollte er wissen, was es damit auf sich hat, fuhr in die Wolke hinein und stieß auf die Insel. Sie war völlig mit dichtem Wald bedeckt, und die Wolke war nichts anderes als die Feuchtigkeit, die in der warmen Morgensonne aufstieg und wieder kondensierte. Der Wald war undurchdringlich (*Madeira* bedeutet »Insel des Waldes«), weshalb Zarco Flächen durch Feuer roden wollte. Er entfachte also Brände, setzte sich hin und wartete. Nach allen Berichten musste er lange warten, denn die Feuer wüteten sieben Jahre und vernichteten alle Vegetation, was jedoch den porösen Vulkanboden mit Kaliumcarbonat anreicherte und ihn für den Weinbau besonders geeignet machte.

KÜSTENLANDSCHAFT AUF MADEIRA
Terrassierte Rebflächen klammern sich an die Berghänge Madeiras. Ein Netz von kleinen Kanälen sorgt für die künstliche Bewässerung.

URSPRUNG UND ZUKUNFT DES MADEIRA

Zur Versorgung mit Nahrungsmitteln und Wasser wurde Madeira bald zur regelmaßigen Station für alle Schiffe, die nach Osten fuhren. Sie nahmen oft Madeirawein in Fässern mit, um ihn im Fernen Osten oder in Australien zu verkaufen. Auf der sechsmonatigen Fahrt durch die Tropen wurde der Wein immer wieder auf gut 45 °C erwärmt und wieder abgekühlt, was ihm einen besonderen Charakter gab. Die Winzer von Madeira hatten davon keine Ahnung, bis einmal eine unverkaufte Partie zurückgebracht wurde. Seitdem wurden besondere Heizeinrichtungen entwickelt, so genannte *Estufas*, um den Prozess des *Estufagem* (Erwärmen und Abkühlen) zu simulieren. Billige Weine werden in großen Betonbehältern mittels Heizschlangen erwärmt, hochwertige Weine lagern in Fässern in beheizten Räumen; Letzteres ist wesentlich schonender und dauert länger. Alle Madeiras machen vor dem *Estufagem* eine normale Gärung durch; trockene Weine werden vor dem *Estufagem* aufgespritet, süße danach. Vom Höhepunkt der Verkaufszahlen im 19. Jahrhundert, als Russland der größte Abnehmer war und ein Großherzog allein jährlich über 6000 hl bezog, ist Madeira derzeit weit entfernt. Viel zu viel Madeira ist billig, aus der bescheidenen Sorte Tinta Negra Mole gemacht und wird in Mengen nach Frankreich, Deutschland und Belgien verschifft, wo er verständlicherweise als Kochwein dient. Wenn der Madeira überleben will, muss er vollständig renoviert werden: Qualität durch neu zu pflanzende klassische Rebsorten, eine neue Generation unabhängiger Erzeuger, Verbannung von Massenweinen und Erneuerung des Vintage Madeira. Den Madeira im oberen Marktbereich zu etablieren, ist nicht nur zur Wiedergewinnung des Rufs notwendig, es ist auch logisch: Der Weinbau ist an den steilen Hängen so arbeitsintensiv, dass es Unsinn ist, billigen Wein zu machen.

MADEIRA *Siehe auch* S. 385
Madeira, das etwa 750 km von Nordafrika entfernt im Atlantik liegt, ist bekannt für seinen »gekochten« Wein. Viele Weinfirmen haben ihre Produktionsstätten in der Hauptstadt Funchal.

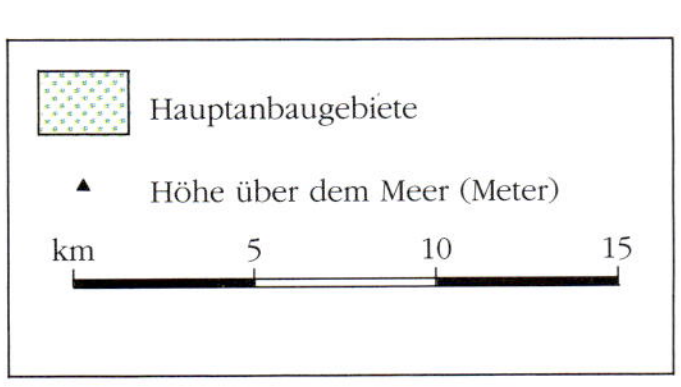

DIE STILE DES MADEIRA

Traditionell gibt es vier Typen von Madeira, die nach den Rebsorten Sercial, Verdelho, Bual und Malmsey benannt sind. Im 20. Jahrhundert wurde des ein Großteil mit einem hohen Anteil Tinta Negra Mole (bzw. ihrer Variante Complexa) oder amerikanischer Hybriden verschnitten. Seit 1979 sind Hybriden nicht mehr erlaubt, und seit 1993 dürfen Weine mit Tinta Negra Mole nur mit allgemeinen Begriffen für Süßegrade bezeichnet werden, nämlich *seco* (*dry*, trocken), *meio seco* (*medium dry*, halbtrocken), *meio doce* (*medium sweet*, halbsüß) und *doce* (*sweet*, süß), ergänzt durch Beschreibungen wie *pale* (hell), *dark* (dunkel) usw. Ein Sortenwein muss mindestens zu 85 % aus der genannten Rebsorte gemacht sein.

Ein Madeira ist trinkfertig, wenn er in den Verkauf kommt. Guter Madeira hält sich praktisch unbegrenzt, weshalb keine Angaben zum optimalen Verbrauchszeitpunkt gemacht werden.

FINEST *ODER* 3-YEAR-OLD MADEIRA

Zu dieser niedrigsten Kategorie gehört jeder Madeira ohne Altersangabe. Er wird vor allem aus Tinta Negra Mole und aus etwas Moscatel gemacht. Drei Jahre sind zu wenig für einen ordentlichen Wein, sich zu einem echten Madeira zu entwickeln. Das meiste wird in Massengebinden exportiert und ist nicht zu empfehlen.

RESERVE *ODER* 5-YEAR-OLD MADEIRA

Das Mindestalter, für das die edlen Sorten (Sercial, Verdelho, Bual, Malvasia/Malmsey, Bastardo, Terrantez) verwendet werden dürfen; weshalb man bei fehlender Sortenangabe sicher sein kann, dass der Wein ganz oder überwiegend aus Tinta Negra Mole ist. Einst waren fünf Jahre noch viel zu wenig für klassischen Madeira, aber dieser Typ ist heute sehr viel besser, und es lassen sich eine Reihe guter, sehr preiswürdiger Sortenweine finden.

✓ *Barbeito* (Malmsey) • *Blandy's* (Sercial, Bual, Malmsey) • *Cossart* (Sercial)

SPECIAL RESERVE *ODER* 10-YEAR-OLD MADEIRA

Hier beginnt der seriöse Madeira. Selbst Weine ohne Sortenbezeichnung sind zu beachten, da die Erzeuger nur bei hochwertigen Weinen aus der Tinta Negra Mole eine so lange Reifung riskieren.

✓ *Blandy's* (Sercial, Malmsey) • *Cossart* (Verdelho, Malmsey) • *Henriques & Henriques* (Sercial, Malmsey) • *Power Drury* (Malmsey) • *Rutherford & Miles* (Bual, Malmsey)

EXTRA RESERVE *ODER* OVER 15-YEAR-OLD MADEIRA

Dieser selten anzutreffende Typ ist bedeutend opulenter und komplexer als 10 Jahre alter Madeira. Der Hinweis »15 Years« fehlt bei einigen viel älteren Weinen.

✓ *Barbeito* (25-Year-Old Bual) • *Cossart* (15-Year-Old Malmsey, Very Old Duo Centenary Celebration Bual, Very Old Duo Centenary Celebration Sercial)

SOLERA MADEIRA

Zwar enthält eine alte *Solera* kaum mehr als ein paar Moleküle aus dem Jahr, in dem sie aufgelegt wurde und das stolz auf dem Etikett prangt, doch sind wirklich gute, echte Madeira *Soleras* (es gibt immer wieder Fälschungen) weich, sinnlich und köstlich.

✓ *Blandy's Solera 1863 Malmsey • Blandy's Solera 1880 Verdelho • Cossart Solera 1845 Bual*

VINTAGE MADEIRA

Einst trugen alle Madeiras einen Jahrgang, heute ist dies unüblich, da die meisten verschnitten sind oder aus *Soleras* stammen. Gegenwärtig muss ein Vintage Madeira mindestens zwanzig Jahre im Fass verbringen; wenn Madeira wieder prosperieren will, muss dieses überholte Verfahren aufgegeben und ein dem Vintage Port vergleichbares System verwendet werden. Das soll nicht heißen, dass ein Vintage Madeira nicht zwanzig Jahre im Fass reifen kann, sondern nur, dass es nicht vorgeschrieben wird. Die Konsumenten auf der ganzen Welt halten Jahrgangsweine für die besseren, und es spielt keine Rolle, dass dies manchmal nicht zutrifft: Wenn Madeira seinen Platz wiedererlangen will, müssen die Erzeuger die Aufmerksamkeit auf den Vintage lenken, und die Welt wird nicht zwanzig Jahre darauf warten! Madeira muss also seine Vintages früher auf den Markt bringen und die Aufgabe, die Weine reifen zu lassen, dem Konsumenten aufbürden.

SERCIAL

Dies sind die hellsten, leichtesten und trockensten Madeiras; mit dem Alter entwickeln sie ein opulentes, dennoch frisches, würziges Aroma mit der säuerlich-scharfen pikanten Art von Zitrusfrüchten. Der Restzuckergehalt darf 18 bis 65 g pro l betragen; ein Wein mit dem Minimalgehalt schmeckt – bei einem Alkoholgehalt von 17 % und einem derart intensiven Aroma – knüppeltrocken, und selbst 40 g pro l können als trocken erscheinen.

✓ *Siehe oben Altersstufen-Madeiras*

VERDELHO

Moderne Exemplare dieses Typs können so hell sein wie Sercial, doch ergibt die Verdelho (auf der Insel wachsen weiße und rote Varianten) traditionell einen goldenen Madeira, dessen Farbe mit dem Alter dunkler wird. Er wird immer halbtrocken bis halbsüß hergestellt, was ihm mehr Körper gibt als dem Sercial und ihn weicher und reifer erscheinen lassen kann, als er ist. Seine typische Adstringenz zeigt sich aber auf jeden Fall im Abgang. 49 bis 78 g Restzucker pro Liter sind zugelassen.

✓ *Siehe oben Altersstufen-Madeiras*

BUAL

Der Bual, der deutlich dunkler und süßer ist als die beiden vorangehenden Typen, ist bei Blindverkostungen (das Wort passt hier nicht ganz) an seiner khakifarbenen Oberfläche im Glas zu erkennen. Er verfügt über eine sanfte, weiche, deutlich schmalzige Frucht, die mit einer verschmort-rauchigen Note unterlegt ist. Der zugelassene Restzuckergehalt ist 78 bis 96 g pro l.

✓ *Siehe oben Altersstufen-Madeiras*

MALMSEY

Aus weißen und roten Varianten der Malvasia gemacht, die in den niedrigsten und wärmsten Regionen der Insel wachsen, ist der Malmsey für mich der ultimative Madeira. Er ist der üppigste, süßeste und am meisten honigartige aller Madeira-Typen. Der potenziell komplexeste und langlebigste Madeira reift zu fantastisch geschmeidigen, üppigen Kaffee-Karamell-Aromen, die im Mund schier endlos anhalten. Der zugelassene Restzuckergehalt ist 96 bis 135 g pro l.

✓ *Siehe oben Altersstufen-Madeiras*

TERRANTEZ

Diese weiße Sorte ist schon fast ausgestorben, doch ist der intensiv duftende, mächtig aromatische und pikant-süße Madeira so begehrt, dass alte Jahrgänge bei Auktionen Spitzenpreise erzielen. Wenn die jungen Wilden Madeira erreichen, ist dies eine Rebsorte für die Zukunft.

BASTARDO

Eine weitere Rarität aus Madeiras glänzender Vergangenheit. Es ist unklar, ob diese dunkle Sorte mit der gleichnamigen Douro-Traube in Beziehung steht, keine Unklarheit herrscht über ihr großes Potenzial, das sie zu einem weiteren *Golden Oldie* macht, dessen Revival überfällig ist.

MOSCATEL

Madeira machte seit je einige interessante Muskatweine, heute sind nur noch wenige zu verkosten. Da überall auf der Welt so viele hervorragende gespritete Muskateller gemacht werden, sollte der Moscatel auf Madeira nur für den Verschnitt verwendet werden.

RAINWATER

Im Prinzip eine hellere, weichere Version eines Medium Dry Verdelho, aber da die Sorte nie genannt wird, wäre es eine Verschwendung dieser guten klassischen Traube, »Regenwasser« aus ihr zu machen. Rainwater ist also meist eine helle, milde Variante der Tinta Negra Mole, die ein Verdelho sein will. Für die Entstehung des merkwürdigen Namens gibt es zwei Theorien. Eine besagt, dass der Wein mit Reben gemacht wurde, die auf nicht bewässerbaren Hängen wuchsen, sodass man vom Regen abhängig war. Die andere behauptet, dass eine Partie Wein, die für Boston bestimmt war, durch unglückliche Umstände mit Regenwasser verdünnt wurde. Der Exporteur hoffte, dass es schon niemand merken würde, und war schockiert, als die Amerikaner mehr davon haben wollten.

DIE AUSWAHL DES AUTORS

Mein Ziel war, repräsentative Beispiele für traditionelle und neue Weine aus den besten Appellationen Spaniens zu nennen, aber es waren zu viele für eine sinnvolle Auswahl. Also zog ich blind zwanzig Namen, was die vielleicht etwas erratische Zusammenstellung erklärt. Die Auswahl für Portugal ist unausweichlich von Vintage Ports dominiert.

ERZEUGER	WEIN	ART	BESCHREIBUNG	
SPANIEN				
Albet i Noya (*siehe* S. 377) Ⓥ	Tempranillo, Penedés DO	ROT	Ein mächtiger, öliger, samtweicher Tempranillo, dennoch für den Genuss in jungen Jahren gemacht, solange er seine frische Frucht besitzt.	2-5 Jahre
Barón de Ley (*siehe* S. 372) Ⓥ	Reserva, Rioja DOC	ROT	Ein geschmeidiger, stilvoller Wein mit großer Finesse und eleganten Aromen, die sich im Mund endlos entfalten. Barón de Ley ist ein Einzelgutswein aus einer noch jungen *Bodega*, die nur französische Eiche verwendet, keine amerikanische.	5-15 Jahre
Bodegas Muga (*siehe* S. 374)	Prado Enea Gran Reserva, Rioja DOC	ROT	Ein köstlich üppiger Rotwein in geschmeidigem burgundischem Stil, mit Aromen aus Kirschen und Sommerfrüchten, unterlegt mit einer schönen rauchigen Komplexität.	7-20 Jahre
Bodegas Palacio (*siehe* S. 374)	Cosme Palacio y Hermanos, Rioja DOC	ROT	Von großzügiger Fülle und delikater Fruchtigkeit, gleichzeitig elegant und mächtig. Einer der am schönsten balancierten Tempranillos überhaupt.	5-10 Jahre
Costers del Siurana	Clos de l'Obac, Priorato DO (*siehe* S. 366)	ROT	Dieser Priorato der neuen Generation hat alle die herrlichen Aromen des klassischen Bordeaux und Châteauneuf-du-Pape, eingehüllt in feste französische Eiche mit einem Hauch spanischer Würze.	5-20 Jahre
Contino (*siehe* S. 372)	Reserva, Rioja DOC	ROT	Ein Gutswein aus der Rioja Alavesa mit herrlicher dunkelpurpurner Farbe, üppigem Bukett, samtig-runden Schwarze-Johannisbeer-Brombeer-Aromen und sinnlicher Vanille im Abgang.	5-15 Jahre
Dominio de Pingus	Ribera del Duero DO (*siehe* S. 367)	ROT	Groß und schwarz mit mächtiger marmeladiger Frucht und einer für einen Rotwein brillanten Säure, gestützt von wunderbar geschmeidigen Tanninen und einer toastigen Eichennote.	2-8 Jahre
Enate Ⓥ	Tempranillo-Cabernet Sauvignon, Somontano DO (*siehe* S. 367)	ROT	Trotz des höheren Anteils Tempranillo dominiert der Cabernet Sauvignon in der *Cuvée*. Ein kräftig strukturierter, eleganter Wein, ein guter Begleiter zum Essen.	3-8 Jahre
Emilio Lustau Ⓥ	Premium Solera Cream Sherry (*siehe* S. 384)	GESPRITET	Abgesehen von der relativ zurückhaltenden Süße hat dieser Sherry ein reiches Bukett und Aroma, das eher einem teuren alten *Oloroso* entspricht als einem kommerziellen Cream Sherry.	Jederzeit
Emilio Lustau Ⓥ	Old East India Sherry (*siehe* S. 384)	GESPRITET	Ein rarer, fabelhaft opulenter und köstlich süßer Sherry, der in einem ähnlichen Verfahren hergestellt wird wie Madeira. Wenn Sie je wissen wollten, wie ein in Jerez gemachter Bual oder Malmsey schmecken könnte, versuchen Sie diesen außergewöhnlichen, sinnlichen Wein.	Jederzeit
Marqués de Griñon (*siehe* S. 373) Ⓥ	Dominio de Valdepusa, Cabernet Sauvignon (ohne DO)	ROT	Dieser starkfarbige Wein verfügt über Unmengen köstlich saftiger Brombeerfrucht, unterstrichen durch sahnig-süße Vanillenoten. Erst 1986 wurde Marqués de Griñon über Nacht zum Erfolg, nicht zuletzt deshalb, weil die Trauben aus Malpica de Tajo südwestlich von Madrid kommen, also aus einer Wüste in puncto Qualitätswein.	4-12 Jahre
Marqués de Griñon (*siehe* S. 373) Ⓥ	Dominio de Valdepusa Syrah (ohne DO)	ROT	Ein dunkler, opaker Wein mit höchst verführerischen, würzigen und runden Aromen von Schwarzen Johannisbeeren und Blaubeeren, strukturiert von rauchigen Vanillenoten vom Eichenfass.	4-12 Jahre
Marqués de Murrieta (*siehe* S. 373)	Castillo Ygay Gran Reserva, Rioja DOC	ROT	Als ich dies schrieb, riskierte Murrieta, den Mythos um die ehrwürdigen Jahrgänge des Castillo Ygay zu zerstören, indem es Weine herausbrachte, die kaum über 20 Jahre alt waren. Dies sollte alt genug sein in unseren Zeiten, doch vor knapp 15 Jahren, 1988, war 1942 der damals aktuell verfügbare Jahrgang! Der 1942er ist für mich der Maßstab für Castillo Ygay mit einer grandios reifen, weichen Frucht, unendlicher Länge und Geschmeidigkeit, die nur mit 40 Jahren im Eichenfass zu erreichen sind (auch wenn ab und zu mit jüngerem Wein aufgefüllt und aufgefrischt wird, was völlig legal ist, solange die nachgefüllte Menge 15 % des Gesamtvolumens nicht überschreitet).	20-50 Jahre

ERZEUGER	WEIN	ART	BESCHREIBUNG	
Pazo de Barrantes	Albariño, Rías Baixas DO (*siehe* S. 366)	WEISS	Ein wunderschönes Exemplar eines Albariño mit eleganter Pfirsichfrucht und hinreißender Säure.	1-3 Jahre
Diego Romero ⓥ	Solera Jerezana, Rich Cream Sherry (*siehe* S. 384)	GESPRITET	Die Briten sind vom Cream Sherry besessen, was für den allgemein zu süßen Stil verantwortlich ist. Dieser ist jedoch eine Klasse für sich: vielschichtig und von köstlicher Süße, mächtig und weich, voll gepackt mit Aromen.	Jederzeit
Scholtz Hermanos	Solera 1885, Malaga DO (*siehe* S. 366)	GESPRITET	Dieser Wein von Scoltz Hermanos besitzt ein fülliges Muskateller-Bukett, ausladende Toffee-Aromen und einen sahnig-schokoladigen Abgang.	Sofort
Torres (*siehe* S. 377)	Gran Coronas Mas la Plana, Penedés DO	ROT	Seit 1978 gibt es den berühmten Gutswein Gran Coronas Etiqueta Negra von Torres, ein purer Cabernet Sauvignon und seit dem Jahrgang 1994 wieder einer der größten Rotweine Spaniens. Unglaublich üppige Frucht, herrlich eingebundene Eiche und ein wunderbar weiches Finale.	5-20 Jahre
Vega Sicilia	Reserva Especial, Ribera del Duero DO (*siehe* S. 367)	ROT	Alle Weine von Vega Sicilia sind hauptsächlich aus Tempranillo und Cabernet Sauvignon, dazu kommen Malbec, Merlot und Albillo. Dies ist eine *Cuvée* alter Unico-Jahrgänge, die immer bemerkenswert jugendlich schmeckt, wie eine supersanfte Version des Unico selbst. Obwohl sie eine lange Lebensdauer verspricht, habe ich sie nie länger als zwei bis drei Jahre liegen lassen, aus Furcht, die einzelnen Jahrgangskomponenten könnten sich unterschiedlich entwickeln und nie wieder die wunderbare Harmonie erreichen, der der Verschnitt besitzt, wenn er auf den Markt kommt.	Wenige Jahre nach dem Kauf
Vega Sicilia	Unico, Ribera del Duero DO (*siehe* S. 367)	ROT	Ein großer Jahrgang des Unico ist einer der seltenen Fälle, wo sich fantastische Eleganz wie durch ein Wunder mit tiefer Farbe, mächtigem Körper und großer Komplexität vereint. Mit jugendlichen zwölf Jahren verfügt er über eine dichte Frucht, die an Schwarze Johannisbeeren und Schwarzkirschen erinnert, und würzig-süße Eichennoten. Im Verlauf von Jahrzehnten werden die lebhaften Aromen weicher und nehmen Toast-, sogar Rösttöne an, am Gaumen und im Abgang zeigt er komplexe Aromen von Tabak, Gewürzen und Kaffee.	12-45 Jahre
Vega Sicilia	Valbuena, Ribera del Duero DO (*siehe* S. 367)	ROT	Dies ist der Zweitwein von Vega Sicilia, der in zwei Abfüllungen auf den Markt gebracht zu werden pflegte: eine nach drei Jahren Fassreifung, die andere nach fünf Jahren. Seit der Gründung von Alión gibt es nur noch eine Abfüllung. Bei vielen Jahrgängen ziehe ich das lebhafte Wesen des Valbuena dem unsicheren Potenzial des Unico vor, und zu der Zeit, als ich dies schrieb, erzielte der Valbuena 1975 denselben Preis wie der Unico 1975.	8-30 Jahre
PORTUGAL				
Churchill's (*siehe* S. 395)	Vintage Port	GESPRITET	Churchill ist ein noch junger Erzeuger, der sich rasch einen Ruf für dunklen Vintage Port mit intensivem Aroma, würziger Süße und klassischer Tanninstruktur erworben hat.	12-25 Jahre
Cockburn's (*siehe* S. 395)	Vintage Port	GESPRITET	Cockburn lieferte in den letzten Jahren einige bemerkenswerte Vintage Ports. Dieser besitzt eine besonders schöne Farbe, feine Frucht, seidige Textur und komplexe Schokoladenaromen.	15-30 Jahre
Cossart	Very Old Duo Centenary Celebration, Over 15-Years-Old, Madeira DOC (*siehe* S. 398)	GESPRITET	Mit Weinen, die zwischen 15 und 60 Jahre in Holz reifen, erhält der Sercial eine elegante üppige Art, die man bei Madeiras auf der trockenen Seite des Spektrums selten findet, und der Bual ist so fabelhaft opulent, dass er wie ein wunderbar reifer Vintage Malmsey schmeckt.	Jederzeit
Dow's (*siehe* S. 395)	Vintage Port	GESPRITET	Typischerweise mächtig, dunkel und traditionell, ist dies einer der besten Vintage Ports. Dow's ist ein konzentrierter Wein mit tiefschichtiger, würziger Schokoladenfrucht und einem komplexen, tanninbetonten und etwas trockeneren Charakter als üblich.	18-35 Jahre
Duque de Viseu ⓥ	Dão DOC (*siehe* S. 388)	ROT	Weich und dunkel, von fülligem Körper, köstlichem Aroma und feiner Würze. Dieser Wein besitzt die Qualitäten, zu denen – wie wir wussten – die Weinberge von Dão fähig sind.	4-8 Jahre
Espiga ⓥ	Estremadura VR (*siehe* S. 389)	ROT	Espiga wird von José Neiva gemacht, einem der talentiertesten Önologen Portugals, und besitzt eine herrlich runde, mit sahniger Eichennote unterlegte Frucht. Ein eleganter Wein, solo oder zum Essen, dazu unglaublich preiswert.	2-5 Jahre

ERZEUGER	WEIN	ART	BESCHREIBUNG	
Ferreira (*siehe* S. 395)	Duque de Bragança 20-Years-Old Port	GESPRITET	Einer der elegantesten Tawnys, die zu haben sind. Der Duque de Bragança hat die klassische Geschmeidigkeit und komplexen Kaffee-Karamell-Aromen, die sich in langer Fassreifung entwickeln.	Jederzeit
Ferreirinha	Barca Velha, Douro DOC (*siehe* S. 388)	ROT	Portugals Antwort auf den Vega Sicilia, mit dem Unterschied, dass der Barca Velha eine optimale Zeit in der Flasche reift anstatt zu lange im Fass, was dem Portugiesen mehr seidige Finesse gibt. Allerdings ist er fast ebenso absurd teuer wie der berühmte Spanier.	6-20 Jahre
Fonseca (*siehe* S. 395) Ⓥ	Vintage Port	GESPRITET	Der Vintage Port von Fonseca ist von derselben Machart wie der von Taylor, jedoch nicht so massiv, dafür süßer und zugänglicher. Delikat runde, reife Aromen und sinnliche, komplexe Noten von Rosinen und Schokolade machen den klassischen Vintage Fonseca zu einem der besten.	15-30 Jahre
J. M. da Fonseca	20-Year-Old Setúbal DOC (*siehe* S. 390)	GESPRITET	Dieser dunkel-mahagonifarbene Moscatel bewahrt einen gewissen traubigen Charakter, bestimmend sind jedoch sahnige Karamellaromen und komplexe Rosinen-Gewürz-Noten.	Jederzeit
Graham's (*siehe* S. 395)	Vintage Port	GESPRITET	Graham gehört seit 1970 zur Symington-Gruppe, was seine Reputation für mächtige, dunkle, wunderbar süße und langlebige Vintage Ports nicht verringert hat.	18-40 Jahre
Palacio da Brejoeira	Vinho Verde DOC (*siehe* S. 390)	WEISS	Normalerweise sollten *Vinhos Verdes* so früh getrunken werden wie möglich, doch dieser ist der *Premier Grand Cru* des Minho, fülliger als die anderen mit kaum wahrnehmbarem *Mousseux,* und gewinnt durch eine kurze Flaschenreifung.	1-2 Jahre
Palha-Canas	Estremadura VR (*siehe* S. 389)	ROT	Ebenfalls aus der Hand von José Neiva stammend, jedoch weicher als der Espiga (siehe S. 400). Trotz deutlicher Eiche wunderbar geschmeidig, vielschichtige Kaffee-Karamell-Aromatik, große Finesse.	2-5 Jahre
J. M. da Fonseca Ⓥ	João Pires, Pires, Terras do Sado VR (*siehe* S. 390)	WEISS	Früher kamen die früh gelesenen Moscatel-Trauben für den herrlich fruchtigen Weißwein aus Palmela, einer Subzone von Terras do Sado. João Pires ist eher halbtrocken als trocken, doch dies ist das Schöne an diesem Wein: Der Restzucker macht ihn saftig-rund, exotisch und opulent.	Sofort
J. M. Fonseca Ⓥ	Quinta da Bacalhôa, Terras do Sado VR (*siehe* S. 390)	ROT	Die *Quinta* gehört dem Amerikaner Tom Scoville, und dieser wahrhaft internationale Wein wird gemacht von dem Australier Peter Bright und vertrieben durch die portugiesische Firma J. P. Vinhos. Die größten Meriten hat sich der Amerikaner verdient, der – seiner Zeit voraus – schon Mitte der 1970er Jahre einen nach Norden ausgerichteten Kalksteinhang mit Cabernet Sauvignon und Merlot bepflanzte. Der Wein verfügt über eine große Schwarze-Johannisbeer-Frucht und weiche Tannine, gestützt durch würzig-sahnige Noten von neuer Eiche.	3-15 Jahre
Quinta do Côtto Ⓥ	Douro DOC (*siehe* S. 388)	ROT	Dieser samtig-füllige Wein mit seiner sinnlichen Frucht wird aus den allerbesten Trauben von Champalimaud gemacht, aus dem Rest entsteht Vintage Port. Alle anderen *Quintas* in Douro verwenden ihre besten Trauben für Vintage Port – das dürfte erklären, warum dieser Wein immer überwältigend ist.	12-25 Jahre
Quinta do Noval (*siehe* S. 396)	Nacional Vintage Port	GESPRITET	Schon der normale Vintage Port des Guts ist hervorragend. Sein berühmtester Wein ist nicht einfach ein Single-Quinta Vintage Port, sondern einer aus einer einzigen Lage mit 5000 wurzelechten Rebstöcken. Ihr Ertrag ist äußerst niedrig, ihr Wein ist der am intensivsten gefärbte Vintage Port von allen. Nacional ist ein kraftvoll strukturierter, ungeheuer tiefschichtiger Wein, der äußerst langsam reift, ein Aromariese, der lakritz- und sirupartig zäh erscheint, dennoch über feurige Würze und bemerkenswerte Finesse und Eleganz verfügt.	25-70 Jahre
Taylor's (*siehe* S. 396)	Vintage Port	GESPRITET	Außer dem Nacional der Quinta do Noval ist dies der dunkelste und massivste Vintage Port und der mit den höchsten Preisen auf Auktionen.	20-40 Jahre
Warre's (*siehe* S. 396)	Vintage Port	GESPRITET	Dieser große, schwarze, feste Vintage Port gehört regelmäßig zu den besten überhaupt. Was für ein Kontrast zu den herrlich eleganten Tawny Ports von Warre!	18-35 Jahre

Die WEINE *aus*

SÜDOST-EUROPA *der* LEVANTE *und dem übrigen* EUROPA

Ein Teil dieses Kapitels gilt dem Osten Europas mit Bulgarien, Ungarn und Rumänien. Hier finden sich bereits angenehme, preiswerte Weine mit großem Potenzial, das sich jedoch erst voll entfalten wird, sobald sich die Region von fünfzig Jahren kommunistischer Herrschaft erholt hat. Dann reisen wir in den Südosten Europas, nach Griechenland, dem Ursprungsland des Weinbaus, und in die Levante, also die Länder am östlichen Mittelmeer. Und im übrigen Europa? Der Leser mag verwundert sein, dass es in Großbritannien nicht weniger als 500 Weingüter gibt, aber wie steht es mit den Niederlanden und Dänemark? Die Rebflächen dort sind nicht gerade groß, aber es gibt sie. Und wenn sie auch als Kuriositäten zu werten sind, liegen die hier beschriebenen Anbauflächen nicht unter Glas, sondern sind den Elementen frei ausgesetzt.

18 000-Liter-Fässer in der bulgarischen Kellerei Suhindol
Suhindol brachte Mitte der 1970er Jahre den bulgarischen Weinbau mit preiswertem, aber zuverlässigem Cabernet Sauvignon in Schwung.

✧SÜDOSTEUROPA✧

Die Weinberge Südosteuropas verteilen sich vom tschechischen Böhmen bis an die Ufer des Kaspischen Meeres. In diesen weiten Ländern sind alle möglichen Weinarten, alle nur denkbaren Weinbau- und Vinifizierungstechniken zu finden, von einfachsten Methoden bis zum High Tech.

Da in Osteuropa vieles immer noch im Umbruch ist, ist es schon schwierig, Staatsgrenzen eindeutig festzulegen; um wie viel mehr, die Situation des Weinbaus in vielen Ländern richtig einzuschätzen. Ich fürchte, diese Region steht vor keiner so glänzenden und sicheren Zukunft, wie einige Beobachter vorhersagen. Trotz der optimistischen Einschätzung der osteuropäischen Weinwelt wird ihr riesiges Potenzial voraussichtlich noch lange Zeit nicht voll genützt werden. Wenn man davon ausgeht, dass die östlichen deutschen Bundesländer selbst mit Unterstützung durch die westlichen Bundesländer in Höhe von 180 Milliarden Mark jährlich mindestens 20 Jahre benötigen werden, um den westlichen Standard zu erreichen, wie lange werden dann das restliche Osteuropa, Russland und die Staaten der ehemaligen UdSSR für diese Entwicklung benötigen?

Abgesehen von einigen Maschinen da und dort, die die Weinmacher aus der Neuen Welt mitbrachten, und einigen Vorzeigeweingütern (vorwiegend in Bulgarien und Ungarn) ist die Weinindustrie Osteuropas in vielen Ländern in so schlechtem Zustand, dass sie am besten zum Altmaterial gegeben und neu aufgebaut wird. Die Weinberge müssen mit geeigneten Wurzelunterlagen und Klonen bepflanzt werden. Dann dauert der Transport der Trauben viel zu lange, und er erfolgt üblicherweise in großen, verrosteten Containern anstatt in kleinen Plastikkisten. So geht ein großer Teil des Potenzials der geernteten Trauben verloren, und die Qualität sinkt schon direkt nach der Lese beträchtlich. Bestehende Weingüter neu auszustatten grenzt an Geldverschwendung. Osteuropa und seine Weine müssen im richtigen Rahmen betrachtet werden. Wenn Sie einen der vielen hochwertigen Weine von mitunter außergewöhnlicher Qualität genießen, sollten Sie sich nicht zu der Annahme verleiten lassen, dass Osteuropa das neue Australien sein wird. Die benötigten Investitionen sind beträchtlich, und Wein steht nicht gerade ganz oben auf der Prioritätenliste.

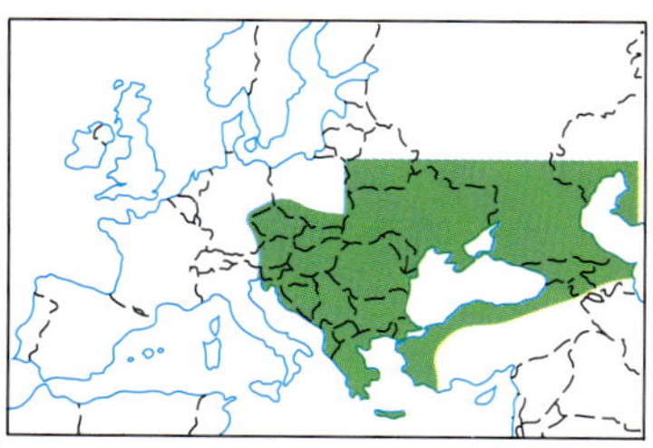

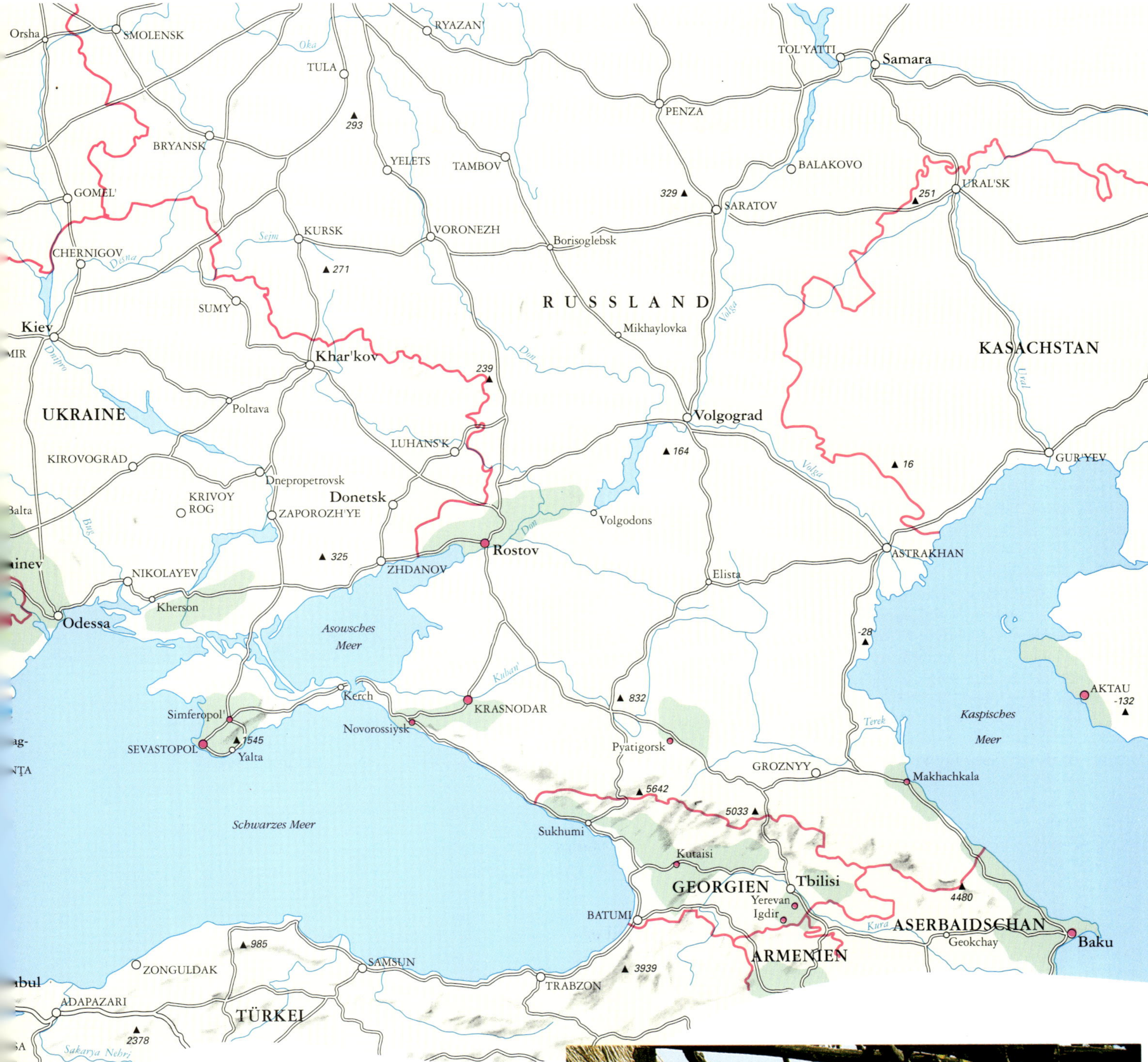

SÜDOSTEUROPA

Wer hätte gedacht, dass nur wenige Wochen nach dem Fall der Berliner Mauer der Wind der Freiheit durch jedes Land des Ostblocks wehen würde? Genau dies geschah, und es zog eine nie da gewesene Veränderung der Landkarte Südosteuropas nach sich. Während die Grenzen und Zukunftsaussichten einiger Länder noch viele Jahre ungewiss bleiben werden, erschien es sinnvoll, die jungen Nationen in einem Kapitel zu vereinen. Griechenland schließen wir aus geografischen Gründen seinen Nachbarländern an.

RUMÄNISCHE WEINGÄRTEN

Die von hinfälligen Pergolen gestützten Reben und die alten strohgedeckten Gebäude lassen den Zustand erkennen, in dem der Großteil der Landwirtschaft Rumäniens in nahezu mittelalterlichem Zustand verharrt.

BULGARIEN

Als einst zuverlässigstes Weinland Osteuropas kam Bulgarien schon ab 1975 mit seinem preisgünstigen Cabernet Sauvignon in Mode. Heute ist es nicht mehr diese sichere Quelle für billigen, aber guten Wein, und sein Ruf droht verloren zu gehen. Mit der Privatisierung entstanden große neue Weingüter, die ihre Weine nicht mehr zu Verschnitten von gleichmäßiger Qualität verarbeiten; die besten Weine verfügen denn auch über individuellen Charakter.

In Bulgarien werden schon seit über 3000 Jahren Reben kultiviert. Während der islamischen Herrschaft der Türken zwischen 1396 und 1878 kam der Weinbau jedoch zum Stillstand. Nach 1918 wurde er wieder ernsthaft aufgenommen, und erst in den 1970er Jahren ging man wirklich daran, Wein zu exportieren. In der Mitte der 1970er Jahre stellte Cabernet Sauvignon die beliebteste Traubensorte dar. Die Wirtschaftskrise, die damals die meisten westlichen Länder erfasste, ließ die Weintrinker nach preisgünstigeren Alternativen zu Bordeaux Ausschau halten.

WEINEXPORT

Der Cabernet Sauvingon aus der Region Suhindol war in den 1970er Jahren nicht nur außergewöhnlich preiswert, sondern überdies hervorragend gemacht. Er verfügte über gute Farbe, kräftigen Körper, weiche Frucht und ein reiches, an Cassis erinnerndes Sortenaroma; im Abgang zeigte er leichte Holznoten. Angespornt durch den Erfolg des Cabernet Sauvignon, entwickelte sich Bulgarien rasch zum viertgrößten Weinexporteur der Welt. Staatliche Subventionen garantierten attraktive Preise. Viele Jahre lang war bulgarischer Wein für seine gleich bleibend hohe Qualität und seinen günstigen Preis bekannt. In der Mitte der 80er Jahre fielen jedoch zahlreiche Weinberge Gorbatschows Alkoholpolitik zum Opfer. Dies war nur der erste Faktor, der sich schädlich auf die Qualität des Weins auswirkte. Paradoxerweise war die Demokratie der zweite Faktor. Denn sie leitete die Privatisierung ein, wodurch viele große, ehemals staatliche Weinkellereien ihre besten Quellen für hochwertige Trauben verloren. So ergab sich ein gemischtes Bild. Während einige Weinkellereien vollständig privatisiert wurden, blieben die meisten als lokale Winzergenossenschaften erhalten. Daneben brachten viele private Winzer ihre Produkte (heute Trauben, in Zukunft sicher reinsortige Weine) erstmals selbst auf den Markt. 1991 wurde Domaine Boyar als erstes privates Weinunternehmen Bulgariens seit 1947 gegründet. Durch seine Geschäftsverbindungen zu den zehn besten Weinkellereien des Landes, Domaine Sakar Lubimetzm, LKV Targovischte, Lovico Suhindol, Menada Stara Zagora, Vinex Preslav, Vincom Burgas, Vinex Slaviantzi, Vinis Iambol, Vinprom Pomorie und Vinzavod Assenovgrad, ist es anderen Firmen um einen Schritt voraus.

DIE WEINKELLEREI SLIVEN

Riesige Edelstahltanks in der Weinkellerei Sliven (Region Südbalkan). Hier wird einer der preisgünstigsten Merlots der Welt hergestellt.

BLICK ÜBER MELNIK

Mit Reben bestandene Hügel umgeben die im Südwesten des Landes gelegene Stadt Melnik. Im Hintergrund das Pirin-Gebirge.

Außerdem findet man in Bulgarien viele andere gute Hersteller, und wenn heute auch viele minderwertige Weine auf dem Markt sind und mit Eiche noch sehr unbeholfen umgegangen wird, verzeichnet man große Fortschritte. Mit der Einführung von jungen, im Tank ausgebauten Cabernets und Merlots für eine britische Supermarktkette bewies man, welchen Genuss diese Weine bieten können, wenn sie abgefüllt werden, bevor die wundervoll frische Frucht im Fass verloren geht. All denen, die eine kräftige Eichennote schätzen, sind die hervorragenden Reserve-Weine zu empfehlen. Auch die Weißweinerzeugung verzeichnet eine schwunghafte Entwicklung dank der australischen Winzer. Bulgarien blickt also durchaus einer hellen Zukunft entgegen.

DIE HERKUNFTSBEZEICHNUNGEN IN BULGARIEN

Bulgarische Weine teilen sich in zwei Kategorien: Weine mit geografischer Ursprungsbezeichnung (GUB), die den Namen von Teilregionen, Bereichen oder Gemeinden tragen, und *Controliran*-Weine. Letztere, die höchste Kategorie, werden aus auf dem Etikett genannten Rebsorten bestimmter Bereiche hergestellt.

NORDREGION (DUNAVSKA RAUNINA)

GUB-Regionen *Pleven, Vidin* (mit den Teilregionen Dunavski, Mizia, Novoseleski, Rabishki, Vidinski)
GUB-Bereiche *Aleksandrovo, Bjala, Bjala Cerkva, Bjala Slatina, Dimca, Dve Mogili, Dolni Dâbnik, Elena, Kamen, Komarevo, Krivodol, Levski, Lom, Magura, Mihajlovgrad, Nikopol, Orahovo, Polski Trâmbes, Resen, Rupci, Sevlievo, Strakika, Trojan, Varbovka, Vraca*
Controliran-Weine *Lyaskovetz, Lositza, Novo Selo, Pavlikeni, Russe, Suhindol, Svichtov*

Diese Region umfasst 35 % der bulgarischen Weinbaufläche und zwei Teilregionen. Der Ruf von Suhindol gründet sich auf den bulgarischen Bestseller Cabernet Sauvignon, daneben sind zwei weitere Weine dieses Bereichs zu verkosten: der Gamza mit seiner Trauben-Eichen-Note, ein Controliran-Wein, und der interessante, weiche Merlot-Gamza-Verschnitt, der trotz seiner ebenbürtigen Qualität lediglich eine GUB trägt. Der überaus üppige Cabernet Sauvignon aus der Region Svichtov würde sich besser eignen, geringeren Cabernets aufzuhelfen. Russe (auch Rousse oder Ruse geschrieben) stellt sagenhaft fruchtige, so genannte »Unvatted«-Rotweine (nicht im Fass ausgebaut) her, und unter dem australischen Weinmacher Kym Milne produziert Lyaskovetz heute angenehme, preisgünstige Weißweinverschnitte. Russe macht auch einen unglaublich billigen, süffigen Sauvignon Blanc mit der Bezeichnung Début Fumé.

Cabernet Sauvignon, Chardonnay, Gamza, Gamay, Muskat-Ottonel, Pinot Noir, Roter Misket, Rkatsiteli, Sauvignon Blanc, Traminer, Vrachanski Misket

SÜDREGION (THRAKIISKA NIZINA)

GUB-Regionen *Chirpan oder Cirpan, Dolinata na Maritza, Haskovo, Iambol, Pazardzik, Plovdiv, Stara Zagora, Strandja*
GUB-Gemeinden *Blatec, Brestovica, Brezovo, Dalboki, Elhovo, Gavrilovo, Granit, Kalugerovo, Korten, Liubimec, Nova Zagora, Perustica, Septemvri, Sivacevo, Svoboda, Vetren, Vinogradec, Zlatovrah*
Controliran-Weine *Assenovgrad, Brestnik, Oriachovitza, Sakar, Stambolovo*

Diese Region umfasst 22 % der bulgarischen Weinbaufläche und acht regionale GUB. Assenovgrad ist zu Recht für den dunklen, trockenen, pflaumig-würzigen Mavrud berühmt, der mehr als zehn Jahre gut reifen kann. Plovdiv erzeugt ebenso wie Stara Zagora einen guten, kräftigen Cabernet Sauvignon mit Cassis-Note. Aus Oriachovitza im Bereich Stara Zagora stammt zudem ein hervorragender Controliran-Cabernet-Sauvignon-Merlot und eine Cabernet-Sauvignon-Reserve mit großer Klasse. Die Strandja-Region bringt einen Sakar-Cabernet hervor, der sich als einer der ersten einen Namen auf dem Exportmarkt machte, obwohl eigentlich der Merlot dieser Region Controliran-Status besitzt. Östlich von Stara Zagora liegt Iambol, das eine überaus reiche Cabernet-Sauvignon-Reserve herstellt. Im äußersten Südosten der Region Elhovo produziert man in großen Mengen einen bedeutend billigeren Cabernet mit vordergründigem Kokosnussaroma, der preisbewussten Liebhabern von Eiche zusagen sollte. Ein weiterer Rotwein mit Kokosnuss-Eichen-Aroma ist der Stambolovo Merlot.

Aligoté, Cabernet Sauvignon, Dimiat, Gamay, Mavrud, Merlot, Pamid, Pinot Noir, Roter Misket, Sauvignon Blanc

OSTREGION (TSCHERNOMORSKI RAION)

GUB-Regionen *Burgas, Razgrad, Targovischte, Tolbuhin*
GUB-Gemeinden *Ajtos, Bjala, Dragoevo, Euxinograd, Kabelskovo, Kavarna, Kamen Brjag, Kubrat, Medovetz, Pliska, Pomorie, Popovo, Preslav, Prosenik, Provadija, Sabla/Shabla, Silistra, Turaken, Zarev Dol*
Controliran-Weine *Jujen Briag, Khan Krum, Kralevo, Novi Pazar, Varna*

Diese Region umfasst 30 % der bulgarischen Weinbaufläche und vier regionale GUB. Der Schumen-Bereich war stets für seine Weißweine und besonders die von Khan Krum bekannt, die erst jüngst durch die Unterstützung australischer Weinmacher internationalen Standard erreichten. Andere berühmte Schumen-Chardonnays kommen aus Novi Pazar und Preslav. In Preslav werden heute auch süffige Chardonnay-Sauvignon-Verschnitte hergestellt. Khan Krum ist zudem für seinen frischen, pikanten Riesling und Dimiat bekannt. Der Rosé von Jujen Briag ist ein nicht ganz trockener blasser Cabernet Sauvignon aus Burgas, einem unterschätzten Bereich, der zahlreiche günstige, aber überaus angenehme Landweine hervorbringt.

Aligoté, Bolgar, Cabernet Sauvignon, Chardonnay, Dimiat, Gewürztraminer (Traminer), Pamid, Rkatsiteli, Roter Misket, Riesling (Rheinriesling), Sauvignon Blanc, Tamianka, Ugni Blanc, Varneski Misket, Welschriesling (Riesling Italico)

SÜDWESTREGION (JOLIANKA NA STRUMA)

GUB-Regionen *Blagoevgrad, Kjustendil, Molina Dolina, Petric*
GUB-Gemeinden *Bobosevo, Damjanica, Melnik, Sandanski*
Controliran-Weine *Harsovo*

Diese Region umfasst 6 % der bulgarischen Weinbaufläche und vier regionale geografische Ursprungsbezeichnungen. Der berühmteste Wein ist der Melnik, der aus der Sorte Shiroka Melnishka Loza (häufig einfach Melnik genannt) gemacht wird. Der Wein ist im Allgemeinen kräftig gefärbt, üppig und warm und kann mild oder tanninhaltig ausfallen. Der Damjanitza Melnik ist sehr geschmeidig.

Cabernet Sauvignon, Chardonnay, Melnik (Shiroka Melnishka Loza), Tamianka

REGION SÜDBALKAN (PODBALKANSKI RAION)

GUB-Region *Sliven*
GUB-Gemeinden *Banja, Cernica, Hissar, Karnobat, Kasanlak, Pâderevo, Straldza*
Controliran-Weine *Karlovo, Rozova Dolina (Rosental), Slaviantzi, Sungurlare*

Diese Region umfasst 7 % der bulgarischen Weinbaufläche und eine regionale geografische Ursprungsbezeichnung (GBU). Der Rozova Domina Misket wird im Bereich Karlovo und der Sungurlare Misket in Slaviantzi hergestellt. Beides sind hellgoldene, moschusartige Weine mit floralem Bukett. In Sliven wird einer der preiswertesten Merlotverschnitte der Welt erzeugt. Der süffige Wein erhält durch Pinot Noir eine elegante Note.

Chardonnay, Roter Misket, Riesling, Ugni Blanc

ROTATIONSFERMENTER
Der Direktor der Weinkellerei Sliven diskutiert die Leistung der neuen rotierenden Gärbehälter.

UNGARN

Noch vor zehn Jahren war ich der Meinung, dass Ungarn dem Weintrinker außer Tokajer wenig zu bieten hätte. Gleichzeitig verwies ich auf das beträchtliche Potenzial des Landes, das sich bei den in ungarischen Versuchslabors hergestellten Weinen (trotz der Probleme bei der Vinifizierung kleiner Mengen) deutlich zeigte. Seit 1993 erleben wir, wie das Potenzial allmählich in der Praxis ausgeschöpft wird.

ALS UNGARN 1989 ZUR DEMOKRATIE überging, besaß das Land anderen Ostblockstaaten gegenüber den großen Vorteil, dass es bereits unter der kommunistischen Herrschaft mit einer gemischten Wirtschaftsform experimentiert hatte. Die Privatisierung verursachte dadurch weniger Probleme, und ausländische Investoren waren leichter zu gewinnen.

INVESTITIONEN IN TOKAJI

Die erste Region, der Investitionen zuflossen, war Tokaji. Das ist verständlich, da dieser großartige süße Wein als einziger klassischer Wein Osteuropas einen echten historischen Ruf besitzt. Der Run auf diese Region war so groß, dass die Regierung ausländischen Besitz auf maximal 10 % der Rebflächen beschränkte. Hugh Johnson und der in Australien ausgebildete anglo-dänische Weinmacher Peter Vinding-Diers erwarben die Royal Tokaji Wine Company in Mád und 63 ha Weinbaufläche. Interessanterweise waren diese Weinberge nie in Staatseigentum gewesen (sämtliche anderen Investoren mussten ihre Weinberge von dem staatlichen Weinunternehmen Borkombinat kaufen). Nahezu 60 % dieses Besitzes sind klassifiziert (mit einer bis 1700 zurückreichenden Tradition), so etwa die drei ersten Gewächse (Nyulaszó, Szent Tamas, Bécsek) und das zweite Gewächs, Birsalmas. Diesem dynamischen Duo folgten zahlreiche andere, vorwiegend französische Winzer und ein spanisches Unternehmen (Vega Sicilia). Der Versicherungskonzern AXA (*siehe* S. 60), der bedeutendste französische Investor, erwarb unter Leitung des herausragenden Jean-Michel Cazes 130 ha Anbaufläche und errichtete die brandneue Weinkellerei Disnókö. Die anderen französischen Investoren, ebenfalls Versicherungsgesellschaften, sind GMF (75 % des ehemals königlichen Guts Hétszölö, mit Kellerei und 36 ha neu bepflanzten Weinbergen) und GAN Audy (Mehrheitsbeteiligung an zwei Rebflächen mit 140 ha auf Château Megyer und Pajzos).

Gemeinsames Ziel der Investoren ist, die Herstellungsmethoden für den Tokajer zu ändern. Das Gerücht, dass die französischen Unternehmen in Ungarn Sauternes herstellen wollen, verletzte den Lokalstolz, und einige Kritiker fragten, ob »der Tokajer nicht das Recht hätte, ein oxidativer Wein wie der Tawny Port zu bleiben«. Tokajer wird jedoch bewusst oxidativ gemacht. Zum Vergleich könnte man nur Sherry und *Vin Jaune* heranziehen, die ebenfalls absichtlich in nur teilweise gefüllten Fässern oxidativ ausgebaut werden, wohingegen der Tawny Port in vollen Fässern reift und durch die Poren des Holzes eine langsame Oxidation erfährt. Sherry und *Vin Jaune* (*siehe* S. 381 und 223) werden in teilweise gefüllten Fässern ausgebaut, damit die *Ullage* die Ausbildung von Florhefe fördert, die für den besonderen Charakter dieser Weine verantwortlich ist. Im Herstellungsprozess des Tokajer findet sich keine derartige Rechtfertigung, dieser Wein oxidiert nur unter dem Einfluss der Florhefe.

Ich bin ein begeisterter Anhänger des Tokajers neuen Stils, der prachtvoll üppige Aromen und eine unverfälschte Botrytis-Komplexität aufweist, und danke Gott für die von Johnson, Vinding-Diers, Cazes et al. ausgelöste Revolution. Vielleicht können sie ihre Aufmerksamkeit auch dem Egri Bikavér (Erlauer Stierblut) zuwenden, einem keineswegs klassischen oder auch nur guten Wein; aber sein Ruf geht bis ins Jahr 1552 zurück, und ihn wirklich genießbar zu machen, würde dem ungarischen Wein neue Anziehungskraft verleihen.

PRÜFUNG VON TOKAJER

Gyula Borsos ist zweiter Kellermeister im Gut Tolcsva, wo ich ich reine Eszencia mit einem Zuckergehalt von 640 g pro l verkostete. Nach 13 Jahren gärte der Wein noch, besaß aber einen Alkoholgehalt von unter 2 %.

TOKAJI ESZENCIA

Der berühmteste Tokajer ist die Tokaji Eszencia. Die russischen Zaren schätzten dieses Elixier so hoch, dass sie eine eigene Kosakenabteilung unterhielten, deren einzige Aufgabe darin bestand, das wertvolle Getränk von Ungarn in die herrschaftlichen Weinkeller von St. Petersburg zu eskortieren. Bis zum Zweiten Weltkrieg lagerten bei Fukier, dem alten Warschauer Weinhandelsunternehmen, 328 Flaschen Tokajer aus dem Jahr 1606. Meines Wissens tauchte keine einzige dieser Flaschen nach 1945 bei einer Versteigerung auf. Was heute als Tokaji Aszú und Tokaji Aszú Eszencia verkauft wird, weist nicht mehr denselben Charakter auf, ist aber auch weiterhin ein großer Wein.

Die traditionelle Tokajerbereitung

Wie alle großen Süßweine verdankt der Tokajer Qualität und Charakter halbrosinierten, extrem süßen Trauben (der Sorten Furmint oder Hárslevelü), die von *Botrytis cinerea* – der Edelfäule – befallen wurden. Die als Aszú (gesprochen »osu«) bezeichneten geschrumpften Trauben werden sechs bis acht Tage in hölzernen

Butten, den so genannten *Puttonyok*, gelagert (*puttonyos* ist das Adjektiv – »buttig« – und wird nur in Verbindung mit einer Zahl gebraucht). Während dieser Zeit sammelt sich am Boden des Gefäßes ein hoch konzentrierter Saft, die reine »Essenz«. Eine Butte fasst 25 kg Aszú-Trauben, aus denen nur 0,2 l reine *Eszencia* gewonnen werden. Nach Abzug der Essenz werden die Aszú-Trauben zu einer breiförmigen Masse geknetet und zu einem *Gönc* (140-l-Fass) mit trockenem Grundwein hinzugefügt. Dieser Grundwein wird aus einem Verschnitt nicht botrytisierter Furmint- und Hárslevelü-Trauben hergestellt. (Weine mit der Bezeichnung Muskotály Aszú enthalten 100 % Muskateller-Trauben.) Das *Gönc* wird nicht ganz gefüllt, sodass ein Luftraum den oxidativen Charakter des Tokajers betont. Die Süße des Weins hängt von der Zahl der *Puttonyok* ab, die dem Grundwein zugefügt werden. Heute enthält eine Tokaji Aszú Eszencia etwa acht *Puttonyok*.

Die aus den *Puttonyok* abgezogene reine Essenz kommt dem legendären Getränk der Vergangenheit am nächsten und wird weiterhin zur Süßung hergestellt. Aufgrund ihres hohen Zuckergehalts benötigt die Essenz zur Gärung einen eigenen Hefestamm. Und auch dann vergehen mitunter Jahrzehnte, ehe sie 5 oder 6 % Alkohol erreicht. Ich hatte das Glück, in der staatlichen Weinkellerei in Tolcsva reine Essenz verkosten zu dürfen. Der bereits seit 13 Jahren gärende Traubensaft hatte kaum 2 % Alkohol gebildet. Mit 640 g Restzucker pro Liter floss er wie Öl durch die Kehle und hinterließ ein unglaubliches Bukett, das an den Duft von Rosen erinnerte, die am Morgen aufblühen. Nur die 38 g Säure pro Liter verhinderten, dass die intensiv süße, reine, traubige Essenz den Eindruck von Sirup machten.

Neben den Aszú-Weinen wird in Tokaj aus denselben Sorten Furmint und Hárslevelü der Szamorodni in den Versionen trocken (száraz) und süß (édes) hergestellt, jedoch selten aus botrytisierten Trauben. Die sortenreinen Tokaji Furmint, Tokaji Hárslevelü und Tokaji Muskotályos werden ebenfalls als *száraz* und *édes* auf Flaschen gezogen.

STIERBLUT UND WEITERE WEINE

Tokajer ist nicht der einzige ungarische Wein, der von ausländischem Know-how profitiert. Das Land zog eine Vielzahl bedeutender fliegender Weinmacher an, die ihren Beitrag zur Qualitätssteigerung ungarischer Weine leisteten.

Auf halbem Weg zwischen Budapest und Tokaji liegt Éger (Erlau), eine für die Legende vom Egri Bikavér, dem »Erlauer Stierblut«, berühmte Region. Die Legende geht auf das Jahr 1552 zurück, als die von István Dobó und seinen Magyaren entschlossen verteidigte Burg Éger von der zahlenmäßig überlegenen türkischen Armee unter Ali Pascha belagert wurde. Man erzählt sich, dass die Magyaren während der Schlacht beträchtliche Mengen des lokalen Weins tranken. Als die Türken die vom Rotwein durchtränkten Bärte ihrer wütenden Gegner sahen, flüchteten sie in panischer Angst, da sie glaubten, die Magyaren bezögen ihre Kraft aus dem Blut von Stieren. Der Égri Bikavér, ein traditionell robuster Rotwein auf Kadarka-Basis, war nie besonders anspruchsvoll, besaß aber eine kräftige Struktur und feurigen Geschmack.

Seit Beginn der 1980er Jahre waren Qualität und Charakter des Stierbluts sehr ungleichmäßig. Ungarn wird sich erst dann einen Namen für seine Weine erwerben, wenn die Zuverlässigkeit und die bescheidene Qualität seines zweitberühmtesten Weins wieder hergestellt ist. Egri Leányka (Erlauer Mädchentraube) ist ein goldfarbener, mittelsüßer Wein aus derselben Region.

Westlich von Eger liegt Mátraalja, wo in Gyöngyös aus Chardonnay der erste wirklich ausgezeichnete ungarische Wein hergestellt wurde. Dessen Qualität stieg bis 1995 und legte dann mit einer herrlichen Ananasfrucht noch einmal zu. Der frische, blumige, mittelsüße Muskateller aus Kiskunhalas hob sich früher als Einziger von der Vielzahl langweiliger trockener Olaszrizling-Weine (Welschriesling) der ungarischen Tiefebene ab. Heute stellt Kiskörös gute, frische und muntere Weißweinverschnitte her, die mit ihrer unprätentiösen, an Sorbet erinnernden Frucht gefallen. Azar-Neszmély ist eine aufstrebende Region, die sich mit hervorragenden und beschämend preisgünstigen Weißweinen einen guten Ruf erwirbt. Mit australischem Einfluss stellt die Weinkellerei Neszmély einen köstlichen Pinot Gris mit echter Würze her. Die südlich von Azar-Neszmély gelegene Region Mór erzeugt einen Gewürztraminer, der in der Flasche Gewürzaromen entwickelt, und einen überaus fruchtigen, spritzigen Chardonnay, der dem Gewürztraminer ähnelt und ebenso billig ist.

Das Potenzial des Plattensees kam bis zu Beginn der 1990er Jahre nie voll zur Geltung. Dann begann Kym Milne in der Weinkellerei Balatonboglár mit der Produktion eines extrem üppigen, in Eiche ausgebauten Chardonnay namens Chapel Hill. In Pécs werden halbsüßer Olaszrizling durchschnittlicher Qualität und vollmundiger, recht starker Nagyburgundi (Blauburgunder) hergestellt. Die besten Weine stammen aus Villány und umfassen den dunklen, würzigen Kadarka und den sich stark steigernden, wenn auch noch unbeständigen Cabernet Sauvignon. Einige Winzer binden ihre Rebstöcke noch an einen Pfahl anstatt an Drähte, was den Arbeitsaufwand auf das Vierfache erhöht und den Ertrag von 50 hl auf 15 bis 20 hl pro ha verringert. Es wird interessant sein zu verfolgen, wie private Winzer aus diesen Trauben eigene Einzellagenweine herstellen und vermarkten.

Sopron ist eine potenziell gute Weinregion im Westen Ungarns, in der früher den leichten Rotweinen aus der Kékfrankos-Traube zu viel Aufmerksamkeit gewidmet wurde, bis vor einigen Jahren aus Cabernet Sauvignon und Cabernet Franc einige attraktive Verschnitte mit Himbeeraromen entstanden.

BLICK VOM BADACSONY

Von den Weinbergen an den Hängen des erloschenen Vulkans Badacsony bietet sich ein herrlicher Blick über den Plattensee. In der Nähe liegt die Kellerei Balatonboglár, wo Kym Milne einige ausgezeichnete Weine erzeugte.

RUMÄNIEN

Rumänien besitzt zumindest ebenso viel Potenzial wie jedes andere osteuropäische Weinland und erwarb sich in den letzten Jahren mit seinen Pinot-Noir-Weinen einen guten Ruf. Cabernet Sauvignon und Merlot sind ebenfalls bemerkenswerte Rotweine und unter den Weißweinen der Gewürztraminer .

DAS GRÖSSTE PROBLEM IST DIE mangelnde Zuverlässigkeit. Der Pinot Noir kann äußerst elegant sein, häufiger ist er jedoch rustikal und mitunter geradezu primitiv. Der Aufsehen erregende Gewürztraminer des Jahrgangs 1993 aus Siebenbürgen, der mit dem Etikett Posta Romana auf den Markt kam, hätte es mit vielen Elsässern aufnehmen können. 1994 wurde jedoch überhaupt kein Gewürztraminer hergestellt, und die Ernte 1995 erbrachte einen mittelsüßen, neutralen Wein mit der Qualität eines *Vin de table.*

NEUE WEINBERGE IN DEALUL MARE
Ein Weinberg im Bereich Dealul Mare in der Region Mutenia ist ausgesteckt und wartet nun auf neue Rebstöcke.

DIE HERKUNFTSBEZEICHNUNGEN IN RUMÄNIEN

BANAT

Weinbaubereiche *Minis, Recas-Tirol, Termia*

Die sandige Ebene des Termia-Bereichs ist für große Mengen sehr angenehmer Weißweine berühmt, während das Hügelland von Minis auf steinigen Terrassen ausgezeichnete, preisgünstige Rotweine aus Cardarca, Pinot Noir, Cabernet und Merlot hervorbringt. Auf den Berghängen von Recas-Tirol wird Valea Lunga hergestellt, ein gefälliger, leichtgewichtiger Rotwein.

Cabernet Sauvignon, Feteasca Regala, Cardarca, Merlot, Mustoasa, Pinot Noir, Riesling

DOBROGEA

Weinbaubereiche *Murfatlar, Saricia-Niculitel*

Murfatlar ist der bedeutendste und älteste Weinbaubereich in der Dobrudscha mit wohl organisierten Weinbergen auf den Hügeln an der Schwarzmeerküste. Hier gibt es auch eine Versuchsstation, die zahlreiche klassische westliche Rebsorten einführt. Mit überalterten, oxidierten und zu schweren Weinen verließ sich die Region früher auf ihren einstigen Ruhm; heute werden sauber, ausgewogene Weine erzeugt. Die feine, elegante Gewürztraminer Spätlese ist ein gutes Beispiel.

Cabernet Sauvignon, Chardonnay, Gewürztraminer, Muskat-Ottonel, Pinot Gris, Pinot Noir, Riesling

MOLDAU

Weinbaubereiche *Cotnari, Dealurile-Moldovei, Odobesti* (Unterbereiche: Catchiest, Nicoresti), *Tecuci-Galati*

Die Weinberge von Odobesti, die die Industriestadt Focsani umgeben, bringen große Mengen gewöhnlichen Rot- und Weißweins hervor. Ausnahmen: Cotesti erwarb sich einen guten Ruf mit Pinot Noir und Merlot, während Nicoresti für starkfarbigen, würzigen Rotwein aus der Babeaska-Traube bekannt ist. Die berühmtesten Weinberge Rumäniens und seit dem 15. Jahrhundert bekannt sind die von Cotnari. Hier wird ein dem Tokajer ähnlicher, jedoch nicht so komplexer Dessertwein mit reichem Bukett erzeugt. Die Bucium-Hügel von Visan und Doi Peri überragen die Stadt Iasi, ihr kühles Klima spiegelt sich in der frischen, vegetalen Note der Cabernet-Sauvignon-Weine wider.

Babeaska, Cabernet Sauvignon, Feteasca Alba, Feteasca Neagra, Grasa, Merlot, Pinot Noir, Welschriesling

MUTENIA

Weinbaubereich *Dealul Mare* (Unterbereich: Pietroasele)

Nördlich von Bukarest, am Fuß der Südosthänge der Karpaten, erstreckt sich Dealul Mare, das für Pinot Noir, Cabernet Sauvignon und Merlot bekannt ist. Ein kleines Kalkgebiet in diesem Bereich besitzt ein besonderes Kleinklima, das sich ausgezeichnet für süße Weißweine mit fein ausgewogener Säure eignet. Hier liegen auch die Weinberge von Pietroasele. Die heimische, mit dem Muskat verwandte Tamîoasa- oder »Frankincense«-Traube liefert üppig süße, goldfarbene Weine mit besonderer Ausdruckskraft. Zu den bemerkenswertesten rumänischen Weinen, die ich verkostete, zählt eine botrytisierte Rosé-Beerenauslese aus der sonst langweiligen Feteasca Neagra.

Babeasca Neagra, Cabernet Sauvignon, Feteasca Neagra, Feteasca Regala, Galbena, Merlot, Pinot Gris, Pinot Noir, Riesling, Tamîoasa

OLTENIA

Weinbaubereiche *Arges-Stefănesti, Ragasani, Drobeta-Turnu, Severin, Segarcea*

In der Gemeinde Simburesti im Bereich Ragasani werden die besten Rotweine der Region gemacht. Diese Region ist für einen vollen, trockenen Rotwein aus der Feteasca Neagra ebenso bekannt wie für Cabernet Sauvignon. Interessante süße Weine finden sich am Westufer des Flusses Olt. Die nahe dem Fluss Arges liegenden Weinberge von Arges-Stefánesti erzeugen vorwiegend Weißweine. Im Segarcea-Bereich werden Rotweine hergestellt; der Pinot Noir ist gut, wenn auch nicht so bekannt wie der Cabernet Sauvignon.

Cabernet Sauvignon, Feteasca Neagra, Feteasca Regala, Muskat-Ottonel, Pinot Noir, Riesling, Sauvignon, Tamîoasa

SIEBENBÜRGEN

Weinbaubereiche *Alba Iulia-Aiud, Bistrita-asaud, Tirnave*

Siebenbürgen (Transilvania) ist wohl die aufregendste Weinbauregion Rumäniens. Durch frische Frucht und ausgezeichnete Säure lassen sich diese Weißweine zwischen Elsass und Südtirol einordnen. Die steilen Weinberge am Tirnava erbringen Weißweine guter Qualität, die in Stil und Delikatesse an deutsche Weine erinnern. Was nicht verwundert, da deutsche Siedler in Siebenbürgen viele ihrer eigenen Rebsorten einführten. Die heimische Feteasca-Traube ist ebenfalls erfolgreich.

Feteasca Alba, Feteasca Regala, Muskat-Ottonel, Pinot Gris, Riesling, Sauvignon Blanc, Traminer, Welschriesling

GRIECHENLAND

Endlich hat Griechenland begriffen, dass es hinter nahezu jedes andere Wein erzeugende Land der Welt zurückgefallen ist. Mit dem Bewusstseinswandel tauchten neue Erzeuger auf, die reintönige, aufregende, feine und fruchtige Weine mit individuellem Charakter erzeugen.

Dies sind selbstverständlich gute Nachrichten. Doch wenn früher Freunde in Griechenland Urlaub machen wollten, war es einfach, ihnen zu raten, was sie trinken sollten: »Wenn auf dem Etikett weder Boutaris noch Tsantalis oder Carras steht, lasst den Wein stehen«, hätte ich empfohlen. »Und wenn ihr einen Retsina bekommt, schüttet ihn als Reinigungsmittel mit Kiefernduft in die Toilette.« Die erstgenannten Weine sind zwar nach wie vor trinkbar, aber es gibt heute eine Reihe neuer kleiner, feiner Kellereien, die Ihre Aufmerksamkeit verdienen, und selbst die Winzergenossenschaften, die ehemaligen Geißeln der griechischen Weinindustrie, produzieren nun reine, genießbare Weine. Retsina hingegen eignet sich immer noch besser als Desinfektionsmittel.

DER WEIN IN DER ANTIKE

Zwischen dem 13. und dem 11. Jahrhundert v. Chr., lange bevor in den Weinregionen unserer heutigen Welt auch nur ein einziger Rebstock gepflanzt war, erlebte der griechische Weinbau eine Blüte. Neben Weizen und Oliven war der Wein von fundamentaler Bedeutung für die Wirtschaft. Die klassischen Weine des antiken Griechenlands waren in ihrer Zeit wirklich große Weine, die von Autoren wie Hippokrates, Homer, Plato, Plinius, Vergil und vielen anderen in ihren Schriften erwähnt wurden. Diese Quellen belegen, wie hoch der Weinbau zu dieser Zeit bereits entwickelt war. Die Rebstöcke waren in parallelen Reihen angeordnet, wie dies auch heute der Fall ist. Man achtete auf den richtigen Abstand zwischen den Stöcken und verwendete mindestens sechs verschiedene Schnitt- und Erziehungsmethoden, die je nach Traubensorte, Bodentyp und Windstärke gewählt wurden.

Die Griechen führten den Wein in Unteritalien und Südfrankreich bereits im 6. Jahrhundert v. Chr. ein. Sie gaben ihr Weinwissen an die Römer weiter, die es in Frankreich, Deutschland und anderen Teilen ihres Imperiums verbreiteten.

Wein war eine Säule der griechischen Zivilisation. Mit dem Untergang des antiken Griechenlands verschwanden auch seine berühmten Weine, und heute stellt der Wein nur 2 % des griechischen Bruttosozialprodukts.

DER GRIECHISCHE WEIN HEUTE

Obwohl die Qualität der griechischen Weine in den letzten anderthalb Jahrzehnten beträchtlich gestiegen ist, verzeichnen die Exporte kaum einen Aufschwung. Der Konsum in Griechenland ging wie in anderen europäischen Ländern stark zurück, da sich junge Weingenießer weigern, die oxidierten Produkte zu trinken, die sich ihre Väter nach wie vor mit Genuss durch die Kehle laufen lassen. Stattdessen trinken sie weniger, aber hochwertigeren Wein. Unter diesen Umständen überlebte die griechische Weinindustrie den Zustrom neuer Erzeuger nur dadurch, dass die Produktion in den letzten Jahren um ein Drittel zurückgeschraubt und mit Hilfe von EU-Subventionen Weingärten gerodet wurden (Griechenland war 1981 der Europäischen Union beigetreten).

Der Schiffsmagnat und Multimillionär John Carras errichtete die erste Qualitätskellerei mit dem Ziel, den besten Wein Griechenlands herzustellen. Zu dieser Zeit kein übertriebener Ehrgeiz, aber er war auch überzeugt, dass der griechische Weinbau seinen einstigen Ruhm zurückgewinnen könnte. So errichtete er eine Weinkellerei in der unmittelbaren Nähe seines luxuriösen Ferienkomplexes Porto Carras auf Sithonia, der mittleren der drei Halbinseln der Chalkidike. Beraten von Professor Émile Peynaud, umgab Carras die Weinkellerei mit 350 ha Weinbergen und pflanzte auf dem hügeligen Gelände große Mengen verschiedener Bordeaux-Sorten. Wenn Peynaud meinte, dass einige der Hügel die falsche Ausrichtung oder Form aufwiesen, ließ Carras das Problem mit Bulldozern lösen. Die erste Lese war 1972, doch der griechische Kellermeister machte Fehler und wurde entlassen; Peynaud goss den Großteil des Weins fort. Die wenigen Fässer, die er zurückbehielt, wurden mit dem nächsten Jahrgang gemischt, der von Evangelos Gerovassiliou gemacht wurde, einem Schüler Peynauds an der Universität Bordeaux.

Château Carras wurde zur Legende, und Gerovassiliou ist noch immer für die Weinbereitung verantwortlich. Er richtete auch eine eigene kleine Kellerei ein, in der er in bescheidenerem Umfang ebenso exzellente Weine erzeugt. Ein weiterer Newcomer war Nikolaos Kosmetatos aus Kefalonia, der sich als einer der ersten Griechen fragte, warum seine Landsleute so gerne oxidierte Weine tranken. Vermutlich ist es darauf zurückzuführen, dass sein erster Wein, Gentilini, geradezu klinisch rein ausfiel; mit der Zeit entwickelte er sich jedoch zu einem der feinsten, spritzigsten Weine des Landes. Übertriebene Reinheit war auch das Problem von Jannis Kalligas, dessen weißer Spitzenwein Château Calliga (Ktima Calliga) heute substanzieller ist als zu Beginn der 1990er Jahre und durch einen Hauch Kohlensäure Schwung erhielt. In den letzten Jahren tauchten zahlreiche kleine Weinkellereien mit außerge-

WEINBERGE DER NEUEN ZEIT

Weinlese auf der Domaine Carras, die auf den Hügeln von Sithonia, der mittleren der drei Halbinseln der Chalkidike, angelegt wurden.

wöhnlichem Talent auf. Einige sind seit längerem bekannt, andere wurden erst kürzlich gegründet.

RETSINA – FLUCH ODER SEGEN?

Retsina ist ein üblicherweise weißer Wein, dem während der Gärung Kiefernharz zugefügt wird. Dieses Verfahren stammt aus der Antike, als Wein in Krügen und Amphoren gelagert wurde. Da diese nicht luftdicht abgeschlossen waren, verlor der Wein rasch an Qualität. Im Lauf der Zeit lernten die Menschen, die Krüge mit einer Mischung aus Gips und Harz abzudichten, sodass der Wein sich länger hielt. Die größere Haltbarkeit wurde der keimtötenden Wirkung des Harzes zugeschrieben, dessen Aroma rasch auf den Wein überging. Diese Annahme war falsch, doch in Ermangelung von Pasteurs Entdeckungen (die noch etwa 25 Jahrhunderte auf sich warten ließen) wurde sie durch die Tatsache gestützt, dass ein stärker geharzter Wein weniger leicht verdarb. Sehr bald fügte man das Harz dem Wein direkt bei. Der einzige Unterschied zwischen dem modernen und dem antiken Retsina besteht darin, dass das Harz heute schon während der Gärung beigemengt wird. Der beste Retsina soll aus den drei Regionen Attika, Euböa und Böotien stammen und das beste Harz aus der in Attika wachsenden Aleppokiefer.

Ganz streng genommen ist Retsina kein Weintyp. Er wäre es, wenn seine Harznote auf den Ausbau in Kiefernfässern zurückzuführen wäre. Die Tatsache, dass das Harz beigefügt wird, macht ihn zu einem aromatisierten Wein wie Wermut. Früher hatte ich noch über die Möglichkeit gewitzelt, Wein in Kiefernfässern reifen zu lassen, aber inzwischen stieß ich auf der Kanareninsel La Palma auf einen so genannten »Tea Wine«, der tatsächlich in Kiefer ausgebaut wird. Warum sollte dies auf den Kanarischen Inseln möglich sein, aber nicht in Griechenland?

DOMAINE CARRAS
Ein Blick von den Weinbergen der Domaine Carras über die blaue Ägäis zum Dorf Marmaras. Das Weingut gehört zu dem luxuriösen Urlaubs- und Sportkomplex Porto Carras.

DIE HERKUNFTSBEZEICHNUNGEN IN

GRIECHENLAND

AO = Appellation of Origin
TA = Traditional Appellation

AGIORITIKOS

Makedonien

Diese ausgezeichneten Weine stammen von einem 120 ha großen Weinberg auf dem Berg Athos, der östlichsten Halbinsel der Chalkidike. Die von dem Kloster Panteleimonos gepachteten Weinberge werden von russischen Mönchen unter der Leitung des Chefönologen von Tsantalis bewirtschaftet. Der beste Wein ist ein körperreicher trockener Rotwein aus Cabernet Sauvignon und Limnio. Daneben werden ein trockener und halbtrockener Weißwein gemacht, beide frisch, rein und fruchtig, sowie ein schöner trockener Rosé.

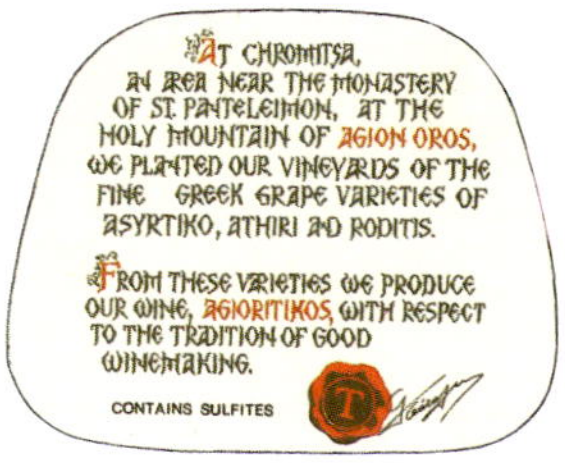

Assyrtiko, Athiri, Cabernet Sauvignon, Limnio, Roditis, Sauvignon Blanc u.a.

3–8 Jahre (rot), 1–2 Jahre (weiß, rosé)

Tsantalis

AMYNTEON AO

Makedonien

Die nördlichste griechische Appellation (auch Amindeo geschrieben), in der Rebstöcke bis in 650 m Höhe gedeihen und die Trauben selten überreif werden. Die Winzergenossenschaft stellt ein seltsames rotes Gebräu her, einige Juwelen zeigen jedoch das Potenzial dieser Region.

Xynomavro

ANCHIALOS AO

Thessalien

Trockener mittelgewichtiger Weißwein aus der Region Nea Anchialos am Pagasäischen Golf. Der von der Winzergenossenschaft Demetra erzeugte Wein ist sauber, aber nicht aufregend.

Savatiano, Roditis, Sykiotis

ARCHANES AO

Kreta

Ich konnte zwar den Tafelwein Armanti der Winzergenossenschaft verkosten, doch nicht diesen roten Appellationswein, der offensichtlich in alten Eichenfässern ausgebaut wird.

Kotsifali, Mandilaria

CÔTES DE MELITON AO

Makedonien

Diese Appellation umfasst die Rot-, Weiß- und Roséweine von Sithonia, der mittleren der drei Halbinseln der Chalkidike. Sie besitzen beständig hohe Qualität und stammen von dem ausgezeichneten Weingut Porto Carras, dessen Gründer der verstorbene John Carras war. Das Projekt wurde von Professor Peynaud und seinem Schüler Evangelos Gerovassiliou begleitet. Die nach modernen Methoden hergestellten Weine sind im Allgemeinen leicht und sollten am besten jung getrunken werden. Ausnahme ist das Spitzenprodukt Château Carras, ein dunkler Rotwein mit reichem Bukett und vollem Körper, ein echter *Vin de Garde*.

Assyrtiko, Athiri, Cabernet Franc, Cabernet Sauvignon, Cinsault, Grenache, Limnio, Petite Sirah, Roditis, Sauvignon Blanc, Savatiano, Ugni Blanc, Xynomavro

1–2 Jahre (Château Carras: 5–8 Jahre für kleinere, 10–20 Jahre für bessere Jahrgänge)

Domaine Carras (Château Carras, Château Carras Cabernet Sauvignon, Limnio, Melisanthi)

DAPHNES AO

Kreta

Diese trockenen und süßen roten Likörweine der Daphnes AO konnte ich nicht verkosten.

Liatiko

GOUMENISSA AO

Makedonien

Ein leichter Rotwein aus dem nordöstlich von Naoussa gelegenen Bereich Goumenissa. Meist mit guter Frucht und einer gewissen Eleganz, die besten bekommen durch eine kurze Fassreifung ein recht fleischiges Aroma.

Xynomavro, Negoska

3–8 Jahre

Aidarinis • *Boutaris*

KANTZA AO

Mittelgriechenland

Dieser trockene Weißwein aus Attika ist ein Retsina ohne Kiefernharz. Der Einzige, den ich verkostete, kam vom Weingut Cambas, er war sauber, aber nichts Besonderes.

Savatiano

LEMNOS *ODER* LIMNOS AO

Ägäis

Ein milder, blumiger, trockener Weißwein von der Insel Lemnos mit attraktivem Muskatcharakter. Die Version der Winzergenossenschaft ist immer gut gemacht.

Limnio

Sofort

AC Lemnos

LESBOS

Ägäis

Die Weine der Insel Lesbos werden vor Ort getrunken und gelangen nicht in den Export.

MANTINIA AO

Peloponnes

Trockener Weißwein von den Berghängen rund um die antiken Ruinen von Mantinea im Zentrum der Peloponnes. Die Rebstöcke wachsen in 650 m Höhe und ergeben sehr frische, junge Weine mit angenehm lebhafter Frucht.

Moschofilero

Sofort

Antonopoulou • *Tselepos*

MAVRODAPHNE AUS KEPHALONIA AO

Ionische Inseln

Ich habe diesen süßen roten Likörwein nicht verkostet, er soll dem Mavrodaphne von Patras ähneln.

Mavrodaphne

MAVRODAPHNE VON PATRAS AO

Peloponnes

Ein üppiger, süßer roter Likörwein von der Peloponnes mit samtweichem, eichenbetontem Abgang. Er wird häufig mit einem Recioto della Valpolicella verglichen, doch ziehe ich einen guten Mavrodaphne vor. Dieser Wein ist jung und fruchtig ebenso mit Genuss zu trinken wie gereift, trotz seines oxidativen, an Rosinen erinnernden Sherryaromas.

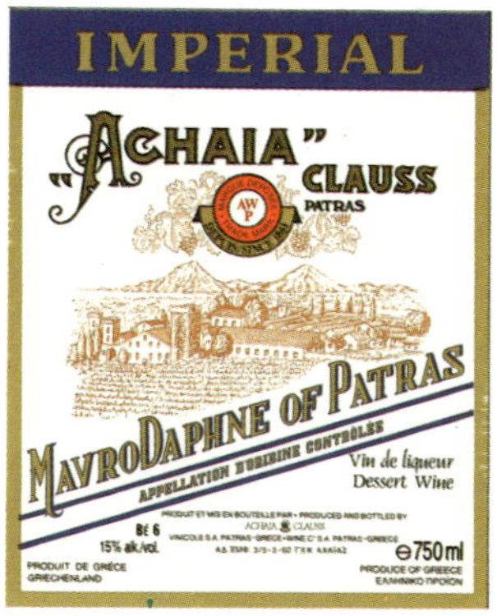

Mavrodaphne

1–20 Jahre

Achaia Clauss (Collector Series)

MUSCAT VON KEPHALONIA AO

Ionische Inseln

Einer der weniger bekannten süßen Likörweine aus Muscat. Ich verkostete ihn einmal und fand ihn annehmbar, doch kann ich nichts über seine Zuverlässigkeit sagen.

Muscat Blanc à Petits Grains

MUSCAT VON LEMNOS AO

Ein hervorragender Likörwein aus Muskateller-Trauben, üppiger und süßer als der aus Patras, jedoch nicht von der Klasse eines Muscat von Samos.

Muscat d'Alexandrie

Sofort

AC Lemnos

MUSCAT AUS PATRAS AO

Peloponnes

Ein attraktiver, goldfarbener, süßer Likörwein, der mit seinem typischen Rosinenaroma besonders köstlich sein kann. Aus Patras stammt der größte Teil des Export-Muscat.

Muscat Blanc à Petits Grains

Sofort

AC Patras Moschato

MUSCAT VON RHODOS AO

Dodekanes

Ein hochwertiger süßer Muscat-Likörwein mit goldener Färbung, der mit einem Muscat aus Patras zu vergleichen ist.

Muscat Blanc à Petits Grains, Trani Muscat

Sofort

CAIR

MUSCAT VON SAMOS AO

Ägäis

Einer der großartigen Süßweine der Welt. Die Produkte der Winzergenossenschaft – Samos *Grand Cru,* Samos Nektar und Samos Anthemis – zeichnen sich durch zunehmende Komplexität, perfekte Ausgewogenheit und reiche, geschmeidige Art aus. Man macht auch einen herrlich trockenen, frischen Samena ohne Appellation, der kristallklar ist und ein köstliches Orangenblütenaroma verströmt.

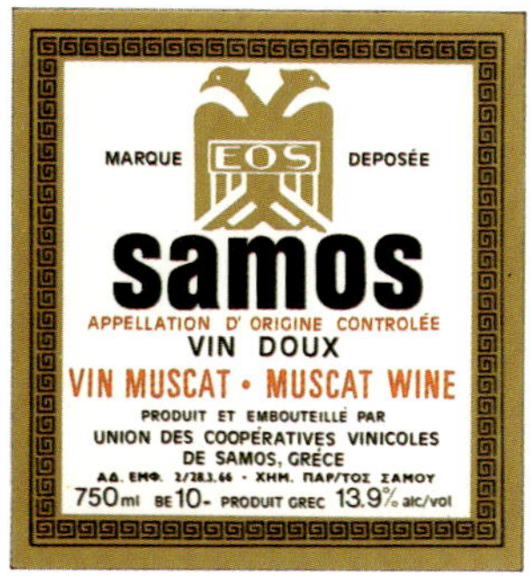

Muscat Blanc à Petits Grains

Sofort

Cambas • *AC Samos*

MUSCAT RION AUS PATRAS AO

Peloponnes

Nach allem, was man hört, gleicht dieser Wein dem Muscat aus Patras. Ich habe ihn niemals verkostet oder auch nur gesehen.

Muscat Blanc à Petits Grains

NAOUSSA AO

Makedonien

Diese meist zuverlässigen Weine wachsen westlich von Thessaloniki an den Südosthängen des Vermio-Massivs. Ich kann diesen Wein empfehlen: Angesichts der Newcomer Castanioti und Chrysochoou wage ich zu behaupten, dass jeder Naoussa einen Versuch wert ist. Die Winzer dort sind stolz auf ihren Wein, was anderswo nicht immer der Fall ist. Ein guter Naoussa ist tieffarben, körperreich und aromatisch mit viel würziger Frucht und langem Abgang.

Xynomavro

4–15 Jahre

Boutaris • *Castanioti* • *Chrysochoou* • *Château Pegasus* • *Tsantalis*

NEMEA AO
Peloponnes

Eine recht zuverlässige Appellation mit ähnlich stolzen Winzern wie Naoussa. Die Agiorgitiko-Traube wächst im Bereich Korinth in 250 bis 800 m Höhe und liefert einen dunklen, vollen, würzigen Rotwein, der leicht unter ausgetrockneter oder mangelnder Frucht leiden kann. Der seit 2500 Jahren hergestellte Wein wird in der Region »Heraklesblut« genannt, in Erinnerung an die Verwundung, die Herakles erlitt, als er den Löwen von Nemea tötete.

Agiorgitiko

5–20 Jahre

Boutaris • *Kourtakis* • *Papaioannou* • *Semeli*

PAROS AO
Kykladen

Diesen tiefroten, leicht gewichtigen Wein aus der Mandilaria-Traube verkostete ich nur ein einziges Mal. Meine Aufzeichnungen berichten von einem seltsamen, schwer zu beschreibenden Geschmack. Außerdem macht man einen körperreichen trockenen Weißwein aus der Monemvassia-Traube.

Mandilaria, Monemvassia

PATRAS AO
Peloponnes

Ein leichter trockener Weißwein aus dem hügeligen Hinterland von Patras auf der Peloponnes. Ich habe nur das Erzeugnis der Winzergenossenschaft verkostet, das mir langweilig und lasch erschien. Sie kann jedoch auch gute Qualität herstellen, wie ihre erstklassigen Mavrodaphne und Muscat bezeugen.

Roditis

PEZA AO
Kreta

Nach den Weinen der Winzergenossenschaft zu urteilen, würde es dem trockenen weißen Regalo gut tun, wenn man auf die malolaktische Gärung verzichtete, und dem roten Mantiko, wenn man ihn wesentlich jünger abfüllen und verkaufen würde; beiden Sorten fehlt es an Frische und Lebendigkeit.

Kotsifali, Mandilaria, Vilana

RAPSANI AO
Thessalien

Ich durchquerte diese Weinregion in der Nähe des Olymps, hatte aber keine Gelegenheit, die Weine zu verkosten. Die Rebstöcke stehen auf flachem, wenig begeisterndem Gelände.

Xynomavro, Krassato, Stavroto

RETSINA TA
Mittelgriechenland

Retsina ist nahezu ausnahmslos Weißwein (es gibt auch Rosé) mit 85 % Savatiano im Verschnitt. Er kann aus verschiedenen Gegenden gemischt werden oder einen begrenzten, dann meist besseren Ursprung aufweisen. In jedem Fall trägt Retsina als einziger Wein die »Traditionelle Appellation«. Diese von der EU ausschließlich Griechenland gestattete Bezeichnung erkennt die antike Methode an, Wein zu harzen.

Der Grad der Harzbeimengung reicht von relativ leicht bis stark und die Qualität des Kiefernharzes selbst von mäßig bis ausgezeichnet. Trotz seines Aromas, das sich in den Vordergrund drängt, kann das Kiefernharz einen müden, trägen, oxidierten oder schlichtweg schlechten Wein nicht verbergen. Ich mag Retsina nicht, muss jedoch zugestehen, dass ein feines Kiefernharzaroma erfrischend sein kann und der aromatisierte Wein sich ausgezeichnet als Gegengewicht zu ölreichem griechischem Essen eignet.

Roditis, Savatiano

So jung und frisch wie möglich

Appellationen *Attika* • *Euböa* (Evia) • *Böotien* (Viota) • *Theben* (Thiva)

Marken *Boutaris* • *Thives*

RHODOS AO
Dodekanes

Von der Winzergenossenschaft CAIR verkostete ich einen langweiligen, öligen trockenen Weißwein mit der Bezeichnung Ilios, einen starken, aber rauen trockenen und süßen Schaumwein und einen ausgewogenen, süßen roten Muscat mit Namen Amandia. Auf dieser Touristeninsel werden noch andere Weine hergestellt, die ich jedoch nicht probiert habe.

Amorgiano, Athiri

Sofort

CAIR

ROBOLA VON KEPHALONIA AO
Ionische Inseln

Ein trockener Weißwein, der frisch und blumig sein kann, mit nahezu rassigem Bukett und pikantem, zitronig-fruchtigem Geschmack.

Robola

1–2 Jahre

SANTA MAVRA
Ionische Inseln

Ein tieffarbiger, körperreicher Rotwein, der auf der Insel Lefkas bis zu 800 m hoch auf Terrassen wächst und lokal beliebt ist.

Vertzami

SANTORINI AO
Kykladen

Dieser trockene, körperreiche Weißwein kann bis zu 17 % Alkohol und einen hohen Säuregrad erreichen. Er ist interessant und ziemlich ungewöhnlich, jedoch meiner Ansicht nach nicht besonders angenehm. Außerdem wird ein süßer *Vin de Paille* unter dem Namen Santorini Liaston Visanto erzeugt.

Assyrtiko, Aidani

2–5 Jahre

Boutaris, Sigalas (Oia)

SITIA AO
Kreta

Dunkle, robuste, trockene Rotweine und süße rote Likörweine.

Liatiko

VERDEA
Ionische Inseln

Ein herber, oft oxidierter trockener Weißwein, der auf Zakynthos hergestellt wird und dort wegen seines feinen Buketts beliebt ist.

Pavlos, Skiadopoulo

ZITSA AO
Epirus

Trockener und halbtrockener, leicht spritziger, sauberer Weißwein mit delikater Frucht von Reben, die bis 600 m hoch rund um Zitsa nordwestlich von Ioannina wachsen. Der Großteil der Produktion wird von der Winzergenossenschaft von Ioannina verarbeitet und ist zu empfehlen.

Debina

Sofort

AC Ioannina

WEITERE WEINE OHNE APPELLATION

Einige der besten Weine des Landes gehören keiner Appellation an, weil das System bestimmte Sorten bzw. Verschnitte für bestimmte Orte nicht zulässt.

ROT *Achaia Clauss* (Château Clauss) • *Antonopoulou* (Kaberne Nea Dris) • *Boutaris* (Grande Reserve) • *Calligas* (Nostos) • *Gerovassiliou* (Ktima) • *Hatzimichali* (Cava, Merlot) • *Château Lazaridi* (Maghiko Vouno) • *Mercouri* • *Semeli* (Vin de Table, ohne Jahrgang), *Château Semeli* • *Skouras* (Megas Oinos) • *Strofilia* • *Thebes* (Saviatano, nur bestimmte Jahrgänge) • *Tsantalis* (Rapsani)

WEISS *Antonopoulou* (Adoli Ghis) • *Calligas* (Château Calligas) • *Chrysochoou* (Prekniariko) • *Cosmetatos* (Fumé, Gentilini) • *Gerovassiliou* (Fumé, Ktima) • *Château Lazaridi* (Maghiko Vouno) • *Château Matsa* • *Oenoforos* (Asprolithi) • *Papaioannou* (Chardonnay) • *AC Samos* (Samena, muss sehr frisch sein) • *Vatis* (Château Vatis)

TROCKENER ROSÉ *Emery* (Grande Rosé) • *Oenoforos* (Espiritis)

GESPRITETER WEIN *Cosmetatos* (Amano) • *Montofli* (Vin de Liqueur)

HERKUNFTSBEZEICHNUNGEN
ÜBRIGE SÜDOSTEUROPÄISCHE LÄNDER

TSCHECHISCHE REPUBLIK

Tschechien ist für sein Bier berühmter als für seinen Wein; sein Weinexport ist vernachlässigbar gering. Mähren ist in puncto Weinbau bedeutender als Böhmen.

MÄHREN

In Mähren liegt der Großteil der tschechischen Weingüter, die wichtigsten Produktionsgebiete sind Hustopece-Hodonin (Auspitz) an der March und Znojmo-Mikulov (Znaim-Nikolsburg) an der Thaya. Die bedeutendsten Traubensorten sind Blauer Portugieser, Grüner Veltliner, Müller-Thurgau, Pinot Blanc, Pinot Gris, Pinot Noir, St. Laurent, Sauvignon Blanc und Traminer. Man versteht sich ausgezeichnet auf aromatisch frische, leichte, elegante Weißweine. In Pavlovice wird ein guter Cabernet Sauvignon erzeugt, in den Städten Mikulov und Bzenec produziert man Schaumweine.

BÖHMEN

Auf diese nordöstlich von Prag gelegene Region entfallen weniger als 4 % der tschechischen Weingüter. Die Traubensorten sind hier Blaufränkisch, Neuburger, Pinot Blanč, Pinot Noir, Blauer Portugieser, Rynski Silván (Silvaner) und Welschriesling. Die meisten Weinberge liegen rund um Melnik und Velke Zernoseky an den Ufern von Eger (Ohre) und Elbe (Labe). Die Weine weisen eine Verwandtschaft mit deutschen Weinen auf, sind aber auf dem Exportmarkt kaum vertreten.

SLOWAKISCHE REPUBLIK

Dieses Land ist zwar kleiner als die Tschechische Republik, besitzt aber mehr als doppelt so viel Rebfläche. Die meisten Weine werden in den Kleinen Karpaten und im Bezirk Nitra produziert. Die Rebsorten sind hier Ezerjó, Grüner Veltliner, Leányka, Müller-Thurgau, Muskat-Ottonel, Rulandské (Ruländer), Rynski Rizling (Riesling), Silvaner, Traminer und Welschriesling. Seit 1825 werden in Sered Schaumweine hergestellt, die unter der Marke »Hubert« auf den Markt gelangen, aber keine hohe Qualität aufweisen. Weitere Weinbaubereiche sind Ostslowakei, Hlohovec-Trnava, Modry Kamen und Skalica-Záhorie. Die im slowakischen Teil des Tokajerlandes erzeugten Weine sollen den berühmten ungarischen gleichen.

SLOWENIEN

Der bei weitem reichste Teil des ehemaligen Jugoslawiens erzielt ein Pro-Kopf-Einkommen, das an jenes von Österreich herankommt. Da ein großer Teil des Landes bis nach dem Zweiten Weltkrieg unter italienischer Herrschaft stand, besaß Slowenien stets enge Beziehungen zum Westen. Slowenien unterteilt sich in das Landesinnere und die Küstenregion.

DAS LANDESINNERE SLOWENIENS (KONTINENTALNA SLOVENIJA)

Zwischen Österreich, Ungarn und Kroatien eingeklemmt, liegen die beiden sich in kleinere Regionen aufteilenden Weinbaubereiche Podravina (Haloze, Lutomer-Ororske, Marburg, Prekmurje, Radgona-Kapela, Slovenske) und Posavina (Belakrajina, Bizeljsko-Sremic, Dolenjska, Smarje-Virstajn). Hier kultiviert man Cabernet Sauvignon, Sipon, Traminer, Pinot Blanc, Riesling, Sauvignon Blanc und Welschriesling. Dieses Gebiet brachte stets die besten Weißweine Jugoslawiens hervor. Sie wachsen auf steilen Hängen, die auf derselben geografischen Breite liegen wie Zentralfrankreich. Die bei weitem berühmtesten Weine stammen aus Lutomer. Zu ihnen zählen Gewürztraminer, Sauvignon Blanc und Cabernet Sauvignon.

DIE KÜSTENREGION SLOWENIENS (PRIMORSKA SLOVENIJA)

In der Nähe der italienischen Grenze liegen die vier Weinbaubereiche Brda, Karst, Koper und Vipava. Hier herrscht mildes Mittelmeerklima mit Ausnahme der Gebiete um Vipara und Briski Okolis, die im Einflussbereich eines gemäßigten Alpenklimas liegen. Kultiviert werden hier Barbera, Cabernet Franc, Cabernet Sauvignon, Chardonnay, Merlot, Picolit, Pinot Blanc, Pinot Gris, Rebula, Sauvignon Blanc, Teran (Refosco), Tocai Friulano und Zelen (Rotgipfler). Der lokal beliebteste Wein ist der Rotwein Kraski Teran.

KROATIEN

Vor Beginn des Kriegs zählte Kroatien mit Slowenien zu den blühendsten Staaten Jugoslawiens. Heute ist die Lage relativ stabil, sofern man den Begriff Stabilität überhaupt auf den Balkan anwenden kann. In den heftigen Kämpfen wurden viele Weingüter zerstört, doch die Regionen und Bereiche bestehen weiterhin. So wie die Bevölkerung zu ihrem normalen Leben zurückzukehren versucht, bestockt man an einigen Orten die Weinberge neu.

DAS LANDESINNERE KROATIENS

Das Landesinnere ist in sieben Weinbaubereiche unterteilt: Bilogora-Drava, Kupa, Moslavina, Plesivica, Prigorje, Slavonski und Zagorje-Medimurje. Die in einer sanft hügeligen Landschaft terrassenförmig angelegten Weinberge bringen vor allem Traminer, Muskat-Ottonel, Pinot Blanc, Pinot Noir, Riesling, Sauvignon Blanc, Silvaner und Grasevina (Welschriesling) hervor. Der Kutjevacka Grasevina ist ein hell strohfarbener Wein aus Kutjevo mit fruchtigem Aroma. Die besten von den interessanten Traminern stammen von den Hängen um Baranja.

DIE KÜSTENREGION KROATIENS

Diese Region unterteilt sich in die vier Weinbaubereiche Istrien, Hravatsko Primorje, Kvarner und Dalmatien. Kultiviert werden die verschiedensten Sorten, wie Babic, Bogdanusa, Debit-Grk, Dobricic, Malvazija, Merlot, Teran, Trebjac, Vranac, Vugava und Zlahtina. Die besten Weine der Region werden aus der roten Traube Plavac Mali hergestellt; der bekannteste Wein ist der Dingac von der Halbinsel Peljesac, ein körperreicher dunkler Rotwein und der erste, der im alten Jugoslawien eine geschützte Herkunftsbezeichnung erhielt. Zu den anderen aus der Plavac Mali hergestellten Weinen zählen Postup aus Peljesac, Faros von der Insel Hvar und Bolski Plavac von der Insel Brac. Der älteste und meistverbreitete Wein der Halbinsel Istrien ist der Motovunski Teran, ein leichter Rotwein.

BOSNIEN-HERZEGOWINA

Vor Ausbruch des Kriegs gab es im Süden Weinberge, wo das Klima und der felsige Boden die beiden einheimischen Sorten Zilavka (weiß) und Blatina (rot) gedeihen ließen. Samotok war ein Rosé aus Vorlaufmost. In Zeiten wie diesen möchte ich nicht einmal den Versuch unternehmen, die bosnischen Weingüter zu erforschen. Ich hoffe jedoch, dass eines Tages wieder Frieden herrschen wird.

JUGOSLAWIEN

Bei ihrem fehlgeschlagenen Versuch, die Selbstständigkeit Sloweniens und Kroatiens zu verhindern, schlug die Bundesarmee keine einzige Schlacht auf heimischem Boden. Aus diesem Grund blieben die serbischen Weinberge unversehrt.

SERBIEN

Diese Region besteht aus fünf Weinbaubreichen: Sumadija-Velika Morava, Nisava-Juzna Morava, Pocerina-Podgora, Timok und Zapadna Morava. Die Rebsorten umfassen Cabernet Sauvignon, Gamay, Pinot Noir, Plemenka, Plovdina, Prokupac, Riesling und Smederevka. Serbien ist die bei weitem größte Weinbauregion des ehemaligen Jugoslawiens und Sumadija-Velika Morava ihr größter Bereich. Den besten Ruf genießen in Serbien die Weinberge um Zupa. Aus der führenden Traubensorte Prokupac wird Zupska Ruzica hergestellt, ein trockener, leichter Rosé. Eindrucksvoll ist der Cabernet Sauvignon aus Oplenac, auch macht man hier einen Verschnitt aus Pinot Noir und Gamay. Der Smederevka soll aus Smederevo stammen, wo 90 % der Anbaufläche auf diese Traubensorte entfällt, die fruchtige, halbsüße Weißweine ergibt.

KOSOVO

Diese Region unterteilt sich in die beiden Weinbaubereiche Severni und Juzni; kultiviert wurden (vor dem Krieg) Cabernet Franc, Gamay, Pinot Noir und Riesling. Die Weinberge des Kosovo sind noch weniger bedeutend als die der Herzegowina vor dem Bürgerkrieg. Der Amselfelder (Kosovsko Vino) war das Ergebnis einer

SÜDLICHES ARMENIEN
In den Ebenen am Ararat sind buschförmig gezogene Rebstöcke in weiten Abständen gepflanzt.

Zusammenarbeit zwischen jugoslawischen Erzeugern und deutschen Händlern. Die Weine sind überwiegend rot und werden trocken und halbsüß hergestellt. Auf trockenen Weißwein und Rosé entfallen jeweils 10 %.

VOJVODINA

Im Norden Serbiens und an der Grenze zu Kroatien, Ungarn und Rumänien liegt die Vojvodina, die sich in vier Weinbaubereiche unterteilt: Banat, Srem, Subotica und Pescara. Gepflanzt sind hier Ezerjó, Traminer, Kadarka, Merlot, Riesling, Sauvignon Blanc, Sémillon und Welschriesling (Grasevina, Kreaca). Obwohl der Welschriesling Grasevinahere oder Kreaca genannt wird, wird der Wein als Banatski Rizling verkauft. Der Traminer bietet eine interessantere Alternative, der milde, fruchtige Merlot ist seinen Preis wert.

MONTENEGRO

Der Weinbau ist hier nahezu ebenso unbedeutend, wie er im Kosovo war. In den drei Weinbaubereichen Crna Gora, Titograd und Primorje werden vorwiegend Kratosija, Krstac, Merlot und Vranac kultiviert. Die bekanntesten Weinberge dieser Region liegen in Crna Gora auf terrassierten Südhängen am Ufer des Shkoder-Sees. Im 19. Jahrhundert wurde dieser als Crmnicko Crno bezeichnete Wein aus Vranac- und Kratosija-Trauben hergestellt und war überaus kostspielig. Heute wird er ausschließlich aus Vranac-Trauben erzeugt, ist als Crnogorski Vranac bekannt und weit preiswerter. Der Merlot kann gut sein.

MAZEDONIEN

Nach der Abspaltung Sloweniens und Kroatiens im Jahr 1991 wurde Mazedonien 1993 international anerkannt. In den drei Weinbaubereichen Povadarje, Plina-Osogovo und Pelagonija-Polog werden die Sorten Grenache, Kadarka, Kratosija, Plovdina, Prokupac, Temjanika und Vranac gezogen. Die Reblaus, die die europäischen Weinberge gegen Ende des 19. Jahrhunderts verwüstete, erreichte Mazedonien erst 1912. Der beliebteste Wein ist der Kratosija, ein dunkler, körperreicher Rotwein aus den heimischen Sorten Vranac und Kratosija; Aroma und Geschmack sind unverkennbar. Man füllt ihn erst im zweiten Jahr ab, wenn sich sein Bukett voll entfaltet hat. Kratosija sollte am besten jung getrunken werden. Prokupac und Kadarka ergeben interessante Rotweine, Belan einen neutralen weißen Grenache und Temjanika einen aromatischen Weißwein.

ALBANIEN

Bereits vor der römischen Herrschaft wurde in Albanien Wein erzeugt. Die kommunistische Diktatur zwang dem Land viele Jahre lang den Atheismus auf, dennoch blieb der Islam weit verbreitet und der Alkoholkonsum gering. Ohne Exportmöglichkeit war die Weinindustrie Albaniens über vierzig Jahre lang stark eingeschränkt. Die Demokratie eröffnete internationale Märkte, und die Regierung ist nun um westliches Fachwissen bemüht. Somit könnte sich der Weinbau Albaniens weiterentwickeln. Am bekanntesten ist die Genossenschaft Roter Stern in Durrës, die vor allem Welschriesling, Mavrud und Cabernet Franc macht.

UKRAINE

Da der Weinbau ein Fünftel der nationalen Landwirtschaft ausmacht, kommt ihm eine wichtige Rolle bei der Erschließung ausländischer Märkte zu. Diese sollen den Handel mit Russland ersetzen, von dem das Land nach wie vor abhängig ist. Die staatliche Weinindustrie erzeugt vorwiegend stille Weißweine, auf der Krim werden auch rote und weiße Schaumweine und Dessertweine als lokale Spezialität produziert. Die Halbinsel Krim schließt das Asowsche Meer gegen das Schwarze Meer ab. Der nach ihr benannte »Krim-Sekt« wird nach der traditionellen Methode aus Chardonnay, Pinot Noir, Riesling, Aligoté und Cabernet hergestellt und ist in fünf Sorten von *brut* bis süß sowie als halbsüße rote Version erhältlich. Die Weine sind im Allgemeinen derb, und auch die traditionelle Beifügung von Weinbrand bringt kaum Verbesserung. Dennoch sind der trockene und halbtrockene rote Schaumwein auf den Exportmärkten weit verbreitet und verkaufen sich durch den Reiz des Neuen. Der »Rubin«, ein Verschnitt aus Saperavi, Matrassa, Aleatika, Cabernet und Malbec, ist ein robuster, rustikaler Rotwein mit vollem Körper, der in verschiedenen Ländern verbreitet ist. In der nordöstlich der Krim gelegenen Region Nikolajew-Cherson und in der nahe der Grenze zu Moldawien gelegenen Region Odessa werden verschiedene weiße Schaum- und Dessertweine erzeugt. Zu den bekanntesten lokalen Weinen zählen trockene Weißweine wie Perlina Stepu, Tropjanda Zakarpatja und Oksamit Ukrainij.

Dass diese Region nicht nur gute, sondern großartige und außergewöhnlich langlebige Weine hervorbringen kann, ist unzweifelhaft. 1990 brachte David Molyneux-Berry einige hervorragende Weine zur Versteigerung bei Sotheby's in London. Sie stammten aus der berühmten Kellerei Massandra, die Ende des 19. Jahrhunderts am Stadtrand von Jalta für den russischen Zarenhof angelegt wurde. Es war eigentlich keine Kellerei, sondern ein zentrales Lager für ein Netz von 25 in den Hügeln der Krimskije Gory verstreuten Weingütern. Da diese sich in den Weinbergen befanden, mussten die Trauben nicht transportiert werden, und jedes Gramm ihres Qualitätspotenzials blieb erhalten. Selbst für heutige Maßstäbe wäre dies ein großes Unternehmen.

Die vor der Versteigerung zu verkostenden Weine waren schlichtweg sensationell. Die aufgespriteten Weine wurden als Massandra-Sammlung bekannt, und ich will sie keineswegs herabsetzen, wenn ich darauf verweise, dass ihr Erzeuger bewusst klassische Sorten wie Madeira, Port und andere zum Vorbild nahm (auch bei den Namen). Wie könnte man auch einen Wein von 1932 im Stil eines weißen Portweins herabsetzen, der mit nahezu 60 Jahren mehr Klasse, Duft und Finesse besitzt als alles, was jemals in Oporto erzeugt wurde? Der 1940er enttäuschte durch ein spiritusartiges Aroma, aber ich würde einen echten weißen Port nicht fünf Jahre lagern, geschweige denn 50. Dennoch blies er den 1932er vom Gaumen. Der 1929er Muskat hatte ebenso viel Toffee und exotische Früchte im Aroma wie die besten australischen Muscats; seine Ausgewogenheit ortete ihn jedoch unzweifelhaft in der nördlichen Hemisphäre. Die besten Massandra-Weine, die ich an diesem Tag verkostete, waren »Madeiras« von 1937 und 1922 (Nr. 31). Obwohl ich derartige Weine gerne wieder sehen würde (aufgespritete Weine werden nach wie vor erzeugt, jedoch nicht in vergleichbarer Qualität), sollte keineswegs die gesamte Krim auf die Produktion klassischer aufgespriteter Weine umgestellt werden. Es steht allerdings fest, dass in Teilen der Ukraine mit geeigneten Reben und fachkundiger Verarbeitung großartige Weine erzeugt werden können.

MOLDAWIEN

Dieses Land von der Größe Belgiens ist die »Verlängerung« der rumänischen Region Moldau, mit der es einst eine Einheit bildete. Die meisten Weinberge müssen neu bestockt werden, der Schnitt sollte rigoroser sein, und die Trauben sollten nicht in großen Containern transportiert werden. Mit dem Bau von Presshäusern direkt im Weinbaugebiet sollte die Oxidation verringert werden. Selbst die besten und modernsten Weinkellereien sind nicht mehr reparabel und müssten niedergerissen werden. Ich besuchte Moldawien nur ein einziges Mal, 1993, wenige Monate nachdem der Bürgerkrieg hatte vermieden werden können. Damals halbierte man die Korken, um Geld zu sparen. Dies illustriert den Umfang der benötigten Investitionen. Dass das Geld aufgetrieben und aufgewendet werden sollte, steht außer Zweifel. Selbst unter diesen primitiven Umständen war es möglich, einige feine Weine herzustellen. Zwei fliegende Weinmacher, erst Hugh Ryman und dann Jacques Lurton, sorgten da und dort für eine Verbesserung der Lage.

Das Land besitzt sechs bedeutende Weinbaubereiche: Pucari, Balti, Ialoveni, Stauceni, Hincesti, Romanesti und Cricova.

Pucari liegt 160 km südlich der Hauptstadt im Herzen des Rotweinlandes. Negru de Pucari ist ein dunkler Rotweinverschnitt Cabernet Sauvignon und Saperavi mit fester Struktur, Purpuruiu de Pucari ein milder Pinot-Merlot-Verschnitt und Rosu de Pucari ein dunkler Rosé aus Cabernet Sauvignon, Merlot und Malbec. Früher gab es im Norden weit mehr Weinberge als heute, doch diese wurden unter Gorbatschow gerodet. Nun befinden sich die meisten rund um Balti, überwiegend sind Aligoté, Rkatsiteli und Sémillon gepflanzt. Die Weinberge von Ialoveni liegen in der Nähe der Hauptstadt. Hier werden Aligoté, Riesling und Sauvignon Blanc für die Erzeugung von moldawischem Sherry kultiviert. Im nahe gelegenen Stauceni befindet sich eine der größten Weinkellereien Moldawiens, deren Weinberge von den Schülern der lokalen Weinbauschule bewirtschaftet werden. Die im Süden liegende Stadt Hincesti dürfte westlichen Weinliebhabern eher bekannt sein, da hier mit westli-

KRASNODAR IN RUSSLAND
Rebstöcke in den Weinbergen des Bereichs Krasnodar am Schwarzen Meer.

cher Hilfe der Kirkwood Chardonnay entsteht. Die Weinberge für den Romanesti sind 50 km weiter nördlich zu finden. Romanesti verdankt seinen Namen dem aus der Dynastie Romanow stammenden Zar Alexander I., der mit der Errichtung seiner eigenen Weinkellerei in dieser Region die moldawische Weinindustrie begründete. Weiter finden sich hier Aligoté, Cabernet Sauvignon, Malbec, Merlot, Pinot Noir und Rkatsiteli. Das beste Ergebnis liefern jedoch die Bordeaux-Sorten. Auf halbem Weg zwischen Kishinew (Chisinau) und Romanesti liegt Cricova, wo in einer bemerkenswerten unterirdischen Stadt nicht bemerkenswerte und oft fehlerhafte Schaumweine hergestellt werden. Ihr Eingang besteht aus einem massiven, in den Felsen eingelassenen Stahltor, das auch die größten Lkws passieren können. 80 m tief ist die Stadt aus dem Stein gehauen; ihre Größe entspricht 25 Dörfern, und ihr Straßennetz – mit Ampeln und Verkehrszeichen vollständig ausgestattet – ist 65 km lang. Außer den Straßen gibt es 120 km lange Galerien, deren Lagerkapazität fast der der gesamten Champagne entspricht. Ich fragte mich, warum diese Fabrik mit einer feudalen Empfangshalle und einem Speisesaal ausgestattet war, wie ich sie sonst nirgends in Osteuropa gesehen habe, und warum die Anlage einen Weinkeller mit unschätzbaren alten Jahrgängen von Mouton-Rothschild, Latour, Romanée-Conti und so weiter besaß. Kein Zweifel: Dies war der Ort, wo das Politbüro bei einem Atomangriff Zuflucht gesucht hätte.

DIE REGION VAIK IN ARMENIEN

Der Großteil der an Drahtrahmen gezogenen Trauben in der armenischen Bergregion Vaik wird zur Herstellung von aufgespriteten Süßweinen verwendet.

RUSSLAND

Das Klima erschwert den Weinbau in Russland beträchtlich, da die Temperatur im Winter oft auf minus 30 °C absinkt und die Rebstöcke in vielen Regionen mit Erde bedeckt werden müssen, damit sie die bitterkalten Monate überdauern. Die Sommer sind sehr heiß und trocken, und ohne den mildernden Einfluss des Schwarzen und des Kaspischen Meeres wäre der Weinbau vermutlich unmöglich. In Russland gibt es fünf Weinbaubereiche: Tschetschenien, Dagestan, Krasnodar, Rostow und Stawropol mit den Traubensorten Aligoté, Cabernet, Muskateller, Pinot Gris, Pinot Noir, Plechistik, Pukhljakowskij, Riesling, Rkatsiteli, Silvaner, Tsimlianskij.

Russland konzentriert sich im Norden und Westen auf Weiß- und Schaumwein und im Süden und Osten auf Rotwein. Mitte der 50er Jahre entwickelte man die »russische Durchlaufmethode«, ein Verfahren zur billigen, einfachen und raschen Erzeugung von Schaumwein durch eine natürliche zweite Gärung.

Die bedeutendsten Weinberge Krasnodars liegen an den nach Südwesten ausgerichteten Küstenhängen über dem Schwarzen Meer. Abrau ist für trockenen Riesling, Cabernet und Durso-Schaumwein bekannt. In der weiter nördlich an der Küste gelegenen Stadt Anapa wird ebenfalls Riesling produziert, während Aligoté in der Küstenstadt Gelendzhik die lokale Spezialität darstellt. Östlich von Krasnodar und nördlich des Kaukasus ist Stawropol berühmt für trockenen Riesling und Silvaner und die Muskateller-Praskovejski-Dessertweine. Die würzige »Bergblume« ist ebenfalls ein Dessertwein. Das am Zusammenfluss von Don und Kan gelegene Rostow ist für seine reichen Dessertweine mit der Bezeichnung »Rubin vom Don« bekannt. Die Plechistik-Traube gibt dem Tsimlianskij Rückgrat und wird zur Herstellung angenehmer, trockener Rotweine verwendet.

Von den nach Osten weisenden Hängen des Kaukasus blicken die Weinberge der Republik Dagestan auf das Kaspische Meer. Dieses mit roten Traubensorten bepflanzte Gebiet ist für körperreiche, füllige trockene Rotweine berühmt. Die besten stammen aus Derbent im Süden.

Tschetschenien ist eine weitere Republik mit Weinbergen auf dem Kaukasus. Die sind jedoch im Landesinneren südöstlich von Stawropol zu finden. In dieser Region werden vorwiegend Weine im Portwein-Stil erzeugt.

GEORGIEN

Noch immer bedrohen Abspaltungstendenzen den Frieden in Georgien, einer der ältesten Weinbautraditionen der Welt. Mit seinen zahlreichen Tälern mit günstigem Kleinklima sollte das Land an der Spitze der osteuropäischen Weinszene stehen, doch selbst ohne interne Zwistigkeiten scheint Georgien nicht in der Lage, sein Potenzial zu realisieren, geschweige denn, es erfolgreich zu vermarkten. Angeblich werden etwa tausend verschiedene Rebsorten in Georgien gezogen, zu den wichtigsten zählen Saperavi, Tsinandali, Gurdzhaani, Tsolikouri, Chinuri, Murkhranuli und Tasitska.

ARMENIEN

Als Armenien 1991 seine Unabhängigkeit von der Sowjetunion erklärte, kämpfte es noch mit den Folgen des Erdbebens im Jahr 1988. Dadurch kamen die gesamte Industrie und auch der Weinbau Armeniens zum Erliegen. Der Bürgerkrieg im benachbarten Georgien und ethnische Konflikte innerhalb der eigenen Grenzen machten den im Aufbau befindlichen freien Handel mit der Außenwelt nahezu unmöglich.

Zu den in dieser Bergrepublik wachsenden Rebsorten zählen Chilar, Muscadine, Muskateller, Sersial, Verdelho und Voskeat, aus denen ein kräftiger roter Tafelwein und starke Dessertweine erzeugt werden. Die Weinkellereien der Region Etschmiadsin produzieren gute, starke Weine im Stil von Madeira, Port und Sherry aus den Rebsorten Chilar, Sersial, Vardeljo und Voskeat, weiße und hellrote Muscadine-Trauben werden für Dessertweine verwendet. Die besten weißen Tischweine stammen aus Etschmiadsin, als beste Rotweine gelten die aus Norashen.

ASERBAIDSCHAN

Aserbaidschan ist der am schwächsten entwickelte der drei unabhängigen transkaukasischen Staaten, obwohl das Land weniger unter inneren und äußeren Konflikten zu leiden hatte als Armenien und Georgien. Der große islamische Bevölkerungsanteil (87 % im Vergleich zu 11 % in Georgien und fast null in Armenien) beschränkte den Ausbau der Weinindustrie.

Östlich von Armenien erstreckt sich zwischen Kirowabad und Akstafa das größte Weinanbaugebiet Aserbaidschans. Angebaut werden die einheimischen Sorten Bayan Shirei, Tavkveri und andere. Die bekanntesten Tischweine Aserbaidschans sind der trockene weiße Sadilly und der milde, würzige rote Matrassa. Akstafa und Alabashly sind stark alkoholhaltige aufgespritete Weine im Portwein-Stil. Zu den verschiedenen lokal geschätzten Dessertweinen zählen Mil, Shamakhy, Kjurdamir und Kara-Chanakh.

KASACHSTAN

Als zweitgrößter der 15 ehemaligen Sowjetstaaten könnte Kasachstan mit seinen reichen natürlichen Ressourcen einer glänzenden Zukunft entgegenblicken, wären nicht 6 Millionen Einwohner – mehr als ein Drittel der Bevölkerung – Russen, die früher hoch geschätzt waren, heute aber mit Verachtung behandelt werden. Wenn es dem Land gelingt, dieses Problem in den Griff zu bekommen, besitzt es alle Möglichkeiten, eine viel versprechende Weinindustrie aufzubauen. Die größte Konzentration der Weinberge befindet sich im äußersten Osten; Rebstöcke wachsen auch am Kaspischen Meer.

LEVANTE

Die Levante, die Region am östlichen Mittelmeer, ist, was guten Wein angeht, fast eine Wüste. An herausragenden Weinkellereien sind nur Château Musar und Château Kefraya im Libanon und in Israel die Golan Heights Winery zu nennen.

UM 4000 V. CHR. WURDE IN MESOPOTAMIEN – das ungefähr dem heutigen Irak entspricht – erstmals Wein angepflanzt. In jüngeren Zeiten wurde und wird der Großteil der Weinberge der Levante für die Produktion von Tafeltrauben, Sultaninen und Rosinen genützt. Der Erfolg von Serge Hochar auf Château Musar im Libanon hat jedoch unsere Vorstellungen vom Weinpotenzial bestimmter Teile der Levante grundlegend geändert.

TÜRKEI

Weinbaubereiche *Thrakien-Marmara, Ankara, Mittelmeerküste, Schwarzmeerküste, Zentralanatolien, Südliches Zentralanatolien*
Dieses Land besitzt die fünftgrößte Weinbaufläche der Welt. Da die Bevölkerung jedoch überwiegend islamisch ist, produzieren die meisten Rebstöcke Tafeltrauben, Sultaninen oder Rosinen. Die in der Türkei erzeugten Weine sind im Allgemeinen schlapp und zu alkoholisch, zu stark geschwefelt und oxidiert. Zu den bekanntesten zählen Trakya (trockener weißer Sémillon aus Thrakien), Trakya Kirmisi (ein roter Verschnitt aus heimischen Trauben, Thrakien) und das Duo Hosbag (roter Gamay aus Thrakien) und Buzbag (Rotwein aus heimischen Trauben aus Südostanatolien). Sie sind zwar lokal beliebt, dennoch sollte man sie meiden. Der beste türkische Wein ist der Villa Doluca, ein gut gemachter, sauberer, schön ausgewogener roter Gamay.

ZYPERN

Weinbaubereiche *Marathasa Afames, Pitsilia, Maheras, Troodos, Messaria*
Auf dieser schönen Insel wird seit mindestens viertausend Jahren Wein hergestellt. Der berühmteste ist der Commandaria, der zu den ältesten Weinen der Welt zählt und bis in das Jahr 1191 zurückzuverfolgen ist, als der englische König Richard Löwenherz während der Kreuzzüge die Insel einnahm. Der Commandaria ist

LEVANTE
Von den Ländern der Levante, der Länder um das östliche Mittelmeer, kann sich nur der Libanon eines hervorragenden Weins rühmen.

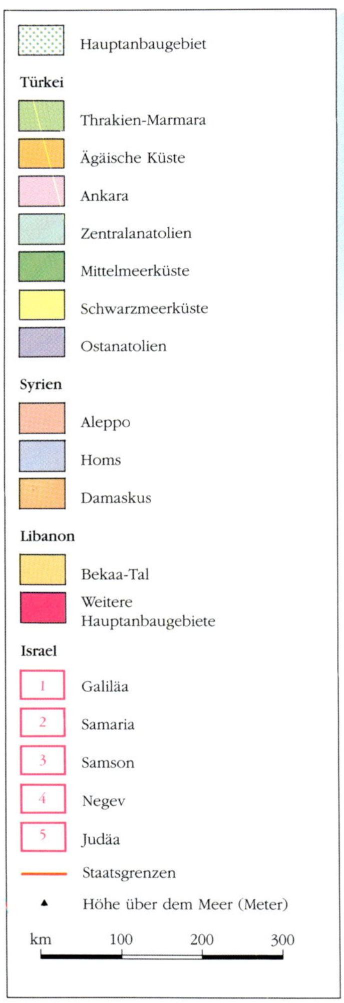

ZYPRIOTISCHE WEINBERGE

Eines der prosperierenden Weinbaugebiete der Insel liegt in den Ausläufern des Troodos-Gebirges.

ein nach dem *Solera*-Verfahren (*siehe* S. 383) gereifter süßer Dessertwein aus roten und weißen Trauben, die nach der Lese 10 bis 15 Tage in der Sonne trocknen, wodurch sich der Traubenzucker konzentriert. Früher besaß er eine üppige Fülle und ein feines Röstaroma, doch an den heute produzierten Weinen ist nichts Außergewöhnliches.

In den letzten Jahren haben frühe Lese, gekühlte Edelstahltanks und verschiedene moderne Vinifizierungsmethoden die zypriotische Weinproduktion revolutioniert; heute findet man viel leichtere, reinere und frischere Weine vor. Nur wenige Weine begeistern tatsächlich; KEO, die größte und fortschrittlichste Weinkellerei der Insel, stellt einige her, die wirklich ein Genuss sind: Domaine d'Achera (leichter, trockener Rotwein), Bellapais (prickelnder, fruchtiger halbsüßer Weißwein), Thisbe (milder, mittelsüßer, fruchtiger Weißwein), Heritage (in Eiche ausgebauter Rotwein), Othello (kräftiger Rotwein), Rosella (frischer, trockener Rosé).

SYRIEN

Weinbaubereiche *Aleppo, Homs, Damaskus*

Die Weinbaufläche Syriens umfasst etwa 90 000 ha und produziert vorwiegend Tafeltrauben, Sultaninen und Rosinen. Da die Bevölkerung zu 90 % islamisch ist, werden jährlich kaum mehr als 8000 hl Wein gemacht. Vermutlich begründeten die im Zweiten Weltkrieg hier stationierten französischen Truppen die Weinindustrie, da sie – als Franzosen – Wein haben wollten. Alle genannten Weinbaubereiche liegen an Berghängen.

LIBANON

Weinbaubereich *Bekaa-Tal*

Der führende libanesische Winzer Serge Hochar von Château Musar vollbrachte im Bekaa-Tal ein kleines Wunder. Wie er so fröhlich sein kann, während sich seine Weinberge gegen syrische Panzer, israelische Jets und verschiedenste Milizen behaupten müssen, ist bemerkenswert.

Der Wein wird aus Cabernet Sauvignon, Cinsault und Syrah hergestellt, die im kühlen Klima einer Höhe von 1000 m an Hängen mit Kies auf Kalksteinuntergrund wachsen. Diese Rebstöcke genießen nicht weniger als dreihundert Sonnentage pro Jahr, und die Lesezeit ist niederschlagsfrei. Gelegentlich ähnelt der Wein einem Bordeaux, was Hochar besonders freut, da er in Bordeaux ausgebildet wurde. Häufiger ist jedoch eine deutliche verschmorte Note zu spüren, die an die guten, altmodischen Südrhôneweine erinnert, als man sich noch nicht scheute, sie mit ein wenig Wein aus Algerien oder Marokko zu verschneiden. Damit möchte ich den Wein keineswegs herabsetzen. Er ist ein *Vin de Garde*, und einige Jahrgänge weisen eine bemerkenswerte Finesse auf. Der große Erfolg in dieser ungewöhnlichen Lage ruft Krittler auf den Plan, die behaupten, dass der Wein heute nicht mehr so Aufsehen erregend ist wie einst. Manche bezweifeln sogar, dass er in seinen Weinbergen überhaupt Cabernet Sauvignon hat. Meiner Ansicht nach besitzt der Wein heute dieselbe hohe Qualität und liegt stilistisch zwischen Bordeaux und Rhône.

Der zweite interessante libanesische Wein stammt von Château Kefraya und heißt einfach Domaine de Kefraya. Der von Cabernet dominierte Rotwein gefällt durch seine üppigen Qualitäten. Sowohl Musar als auch Kefraya stellen Weißweine her, die mir trotz der Verbesserungen, die sie in jüngster Zeit erfuhren, nicht sonderlich zusagen.

In Ksara befindet sich eine von Jesuiten betriebene Weinkellerei, die saubere, aber uninteressante Weine erzeugt.

ISRAEL

Weinbaubereiche *Galiläa, Samaria, Samson, Judäa, Negev*

Heute besitzt Israel fünf Weinbaubereiche, und Weine, die den Namen einer dieser Appellationen tragen, müssen mindestens zu 85 % aus dieser stammen. Galiläa bildet mit den Golanhöhen die führende Weinregion des Landes. Samaria hat die größte Ausdehnung, Samson ist die am häufigsten verwendete Ursprungsbezeichnung. Die Hügel Judäas stellen Israels jüngste Weinregion dar, und im Negev wird noch experimentiert.

Erst 1987 kamen die ersten reinsortigen, ausdrucksstarken Weine auf den Markt, insbesondere Gamla Cabernet Sauvignon und Yarden Sauvignon Blanc. Sie kamen aus der Hand von Önologen, die an der University of California in Davis ausgebildet waren und Trauben von den Höhen des Golan verwendeten, wo die Temperatur selbst im Hochsommer selten über 25 °C ansteigt. Beide Weine besitzen lebhafte Fruchtaromen und werden von Jahr zu Jahr besser. Die Golan Heights Winery stellt außerdem einen flaschenvergorenen Schaumwein, einen Sauvignon Blanc und einen ausgezeichneten Merlot her. Eine Kostprobe wert sind auch die Weine von Barkan, der jüngsten Weinkellerei Israels. Weitere Kellereien sind Askalon (ein Familienunternehmen, das gute Rotweine produziert, auch Segal oder Carmel Zion genannt), Baron (ein alteingesessener Familienbetrieb mit einigen ausgezeichneten Weißweinen), Carmel (eine große Winzergenossenschaft und Israels älteste Weinkellerei), Efrat (etablierter Hersteller beliebter, preiswerter Weine) und Eliaz (ebenfalls für preiswerte Weine geschätzt).

JORDANIEN

Weinbaubereich *Ammân-Zarqua*

Die Anbauflächen dieses einst blühenden Traubenlands schrumpften rasch auf kaum 3000 ha. Von ihnen wird nur ein geringer Anteil für die Weinproduktion herangezogen, die sich auf durchschnittlich 6000 hl pro Jahr beläuft. Die Jordanier sind keine Weintrinker. Sie bevorzugen den Arrak, einen mit Anis gewürzten Schnaps, der im östlichen Mittelmeerraum allgegenwärtig ist.

ÄGYPTEN

Weinbaubereich *Abu Hummus*

Wenn Sie in das Nil-Delta reisen, rät man Ihnen, Eiswürfel abzulehnen. Dies lässt sich auch auf den faulig schmeckenden ägyptischen Wein anwenden, den man unter allen Umständen meiden sollte. In Ägypten sind etwa 20 000 ha mit Rebstöcken bepflanzt, die pro Jahr etwa 15 000 hl Wein liefern.

REBSORTEN DER LEVANTE

Zu den verbreitetsten Rebsorten der Levante zählen neben der Mavro, auf die 75 % der zypriotischen Rebstöcke entfallen, Aramon, Cabernet Franc, Cabernet Sauvignon, Carignan, Chardonnay, Chasselas, Cinsault, Clairette, Gamay, Grenache, Muscat (verschiedene Sorten), Obaideh (möglicherweise identisch mit Chardonnay), Palomino, Pinot Noir, Riesling, Sémillon, Syrah und Ugni Blanc.

WEITERE WEIN ERZEUGENDE LÄNDER IN EUROPA

Ich habe in diese Enzyklopädie alle europäischen Länder aufgenommen, die auch nur die geringste Menge Wein herstellen. Ich kannte zwar belgische, niederländische und Liechtensteiner Weine, die Weine Dänemarks aber waren für mich tatsächlich eine Neuentdeckung.

AN DER MOSEL IN LUXEMBURG
Weinberge über dem Städtchen Ehnen bei Wormeldange, im Herzen von Luxemburgs lang gestreckter schmaler Weinbauregion.

BELGIEN

Der Weinbau Belgiens reicht bis in die römische Zeit zurück. Heute werden über 100 ha von mehr als einhundert Winzern bewirtschaftet, die vorwiegend Müller-Thurgau, Auxerrois, Pinot Blanc, Pinot Gris, Pinot Noir und eine Anzahl Kreuzungen vorwiegend deutschen Ursprungs verwenden. Der überwiegende Teil der Weinberge liegt im Süden, nordöstlich von Charleroi in der Provinz Hainault, in den Tälern des Demer in Brabant, der Meuse in Liège und der Semois in Luxembourg (der belgischen Provinz, nicht dem Land). Belgische Weine sind leicht, insbesondere wenn sie aus Pinot Noir hergestellt sind, der in diesen Breiten zu kämpfen hat, aber im Allgemeinen frisch und in guten Jahren recht fruchtig ist. Abgesehen von Hagelander in Aarschot in Brabant sind die meisten Winzer außerhalb ihrer unmittelbaren Umgebung nicht bekannt.

DÄNEMARK

Auch wenn es in Dänemark keine kommerziellen Weingüter gibt, war ich überrascht zu entdecken, dass Trauben nicht nur so weit nördlich gedeihen, sondern dass tatsächlich ein Dänischer Winzerverband mit 35 Mitgliedern existiert. Die hier kultivierten Kreuzungen und Hybriden entsprechen denen in englischen Weinbergen. Dänische Winzer sind so begierig, ihr Wissen zu erweitern, dass sie 1995 eine Rundreise durch englische Weingüter unternahmen und 1996 die Aufnahme in die United Kingdom Viticultural Association beantragten.

GROSSBRITANNIEN UND IRLAND

Großbritannien liegt an der nördlichen Grenze der für den Weinbau geeigneten Klimazone. Der warme Golfstrom macht das Klima jedoch milder, sodass Trauben reifen können. Doch wird der englische Weinbau auch in Zukunft eine kleine Branche bleiben, was nicht auf einen Mangel an ernsthaften und erfolgreichen Winzern zurückzuführen ist, sondern darauf, dass er sich erst in jüngster Vergangenheit entwickelte und Großbritannien eine dicht besiedelte Insel ist. Der Großteil der immerhin etwa fünfhundert britischen Weingüter liegt in England und Wales südlich einer Linie von Birmingham zum Wash.

Hohe Wüchsigkeit kann im britischen Weinbau ein Problem darstellen. Wenn die Nährstofflösung an der Frucht vorbeigeht und ein übergroßes Blattwachstum auslöst, sind kleine Trauben, verzögerte Reifung und krautige Aromen das Ergebnis. Der Einsatz wachstumsfördernder Wurzelunterlagen verschlimmert die Lage weiter. Es bleibt zu hoffen, dass durch den Einfluss der Neuen Welt weniger starkwüchsige Unterlagsreben eingeführt werden. Obwohl sich das britische Klima für den Anbau roter Trauben besonders schlecht eignet, ist die Produktion von Rot- und Roséweinen seit Anfang der 1990er Jahre stark gestiegen. Flaschenvergorener Schaumwein ist jedoch eindeutig das aufstrebende englische Weinprodukt.

In dem für Stout und Whiskey besser geeigneten Irand gibt es tatsächlich auch zwei Weingüter mit einem ha (gegründet 1972) bzw. mit mittlerweile 5 ha Anbaufläche (1985), beide mit Reichensteiner bestockt.

LIECHTENSTEIN

Dieses zwischen Österreich und der Schweiz gelegene winzige Fürstentum besitzt eine Fläche von 160 km² und 15 ha Weinberge. Sie sind hauptsächlich mit Pinot Noir und Chardonnay bestockt und größtenteils Eigentum der Hofkellerei Fürsten von Liechtenstein. Die Weine sind leicht, frisch und gut gemacht.

LUXEMBURG

Die Weinberge Luxemburgs liegen an den Kalksteinhängen entlang der Mosel, die die Grenze zu Deutschland bildet. Die 1400 ha Rebstöcke verteilen sich über 42 km von Schengen im Süden bis nach Wasserbillig im Norden. In dieser Region gibt es über siebenhundert Winzer, die Produktion wird jedoch von Vinsmoselle beherrscht, der Vertriebsorganisation der fünf Winzergenossenschaften Greiveldange, Remerschen, Stadtbredimus, Wellenstein und Wormeldange, die mehr als 70 % des Luxemburger Weins verarbeiten. Die restlichen knapp 30 % verteilen sich auf etwa fünfzig unabhängige Erzeuger einschließlich eines Dutzends *Négociants*.

Nahezu 50 % der in Luxemburg gepflanzten Rebstöcke sind Müller-Thurgau, eine milde und fruchtige Sorte, die als Rivaner verkauft wird. Der hier seit der Römerzeit kultivierte Elbling stellt die zweitwichtigste Sorte dar, doch die Nachfrage nach diesem frischen, trockenen Wein sinkt allmählich. Als drittbedeutendste Sorte ist Auxerrois zu nennen, die sich steigender Beliebtheit erfreut und etwa 10 % der Rebstöcke stellt. Der hiesige Auxerrois kann sich zwar quantitativ wie qualitativ nicht mit dem aus dem Elsass vergleichen, dennoch ist er ein überraschend gehaltvoller Wein und auf jeden Fall einen Versuch wert. Die Rieslingproduktion ist rückläufig, obwohl die besten Weine aus den wärmsten Jahren eine fabelhafte Finesse aufweisen, sofern sie lange genug in der Flasche reifen. Pinot Blanc findet sich glücklicherweise nur selten, da er zur Oberflächlichkeit neigt. Seine Hersteller wären gut beraten, wenn sie nach dem Vorbild des Elsass ihren Pinot Blanc mit Auxerrois verschneiden würden. Der Luxemburger Pinot Gris ist mild und geschmeidig, besitzt aber nur einen Hauch jener Würze, die diese Traube zu einer der Perlen des Elsass macht. Weiter erzeugt man eine geringe Menge sehr leichten Pinot Noir. Schaumwein, sowohl im Tank als auch in der Flasche vergoren, ist überaus beliebt; Bernard Massard in Grevenmacher ist die bekannteste Exportmarke. Insgesamt sind die Erträge (durchschnittlich 130 bis 150 hl pro ha) zu hoch und die Kontrollen zu nachlässig. Zudem besteht nur eine einzige Appellation, Moselle Luxembourgeois, die für alle Weine ungeachtet ihrer Ursprungsgemeinde, ihrer Traubensorte oder ihres Stils gilt. Das offizielle Klassifizierungssystem, das von der untersten Stufe *Marque National* theoretisch der Qualität nach über *Vin Classé* und *Premier Cru* zum *Grand Premier Cru* aufsteigt, ist nach meiner Ansicht kein zuverlässiger Maßstab. Da es zudem keine *Premier-Cru-* oder *Grand-Cru-*Weinberge im eigentlichen Sinn gibt, widerspricht dieses System dem Ethos der Weinordnung der EU. Immerhin ist ein *cru* eine Lage und keine Punktezahl im Notizheft eines Juroren. Solange dieses Appellationssystem seine Schwächen nicht überwunden hat, rate ich, nach dem Logo *Domaines et Traditions* Ausschau zu halten, das von einer privaten Organisation zuerkannt wird und nicht nur höhere Anforderungen stellt als die Appellation (aber auch sie könnten strenger sein), sondern auch den Unterschied der Weine beachtet, die aus derselben Sorte gemacht sind, aber von unterschiedlichem Terroir stammen.

MALTA

Die kleine Mittelmeerinsel Malta besitzt nahezu eintausend ha Weinbaufläche und eine Weintradition, die bis zu den Phöniziern zurückreicht. Um der Nachfrage der Touristen zu entsprechen, wird ein Großteil der hier produzierten Weine unglücklicherweise mit Importweinen verschnitten. Einige Winzer stellen aber echte maltesische Weine her, und Antinori baut gegenwärtig ein neues Unternehmen auf.

NIEDERLANDE

Zwar liegen die Niederlande nördlich von Belgien und erscheinen als Anbaugebiet für Reben noch weniger geeignet, doch wachsen die meisten Weinstöcke des Landes östlich von Maastricht und somit südlicher als die belgischen Reben in Brabant. Insgesamt besitzen die Niederlande vermutlich nicht mehr als zehn ha Rebfläche. Damit bleiben sie sogar hinter Liechtenstein zurück. Der Weinbau reicht bis in das 14. Jahrhundert zurück, starb zu Beginn des 19. Jahrhunderts völlig aus und feierte erst in den späten 1960er Jahren seine Wiederauferstehung. Zu den in den Niederlanden gepflanzten Rebsorten zählen Riesling, Müller-Thurgau, Auxerrois und die unvermeidlichen deutschen Kreuzungen.

DIE AUSWAHL DES AUTORS

Meine Wahl für Großbritannien entfällt auf seinen einzigen Weltklassewein, den Nyetimber. Die Selektion für Ungarn beschränkt sich auf Weißwein, sollte aber in naher Zukunft auch einige exzellente Rotweine umfassen. Der Libanon ist ebenfalls in meiner Zusammenfassung zu finden.

ERZEUGER	WEIN	ART	BESCHREIBUNG	🍾
GROSSBRITANIEN **Nyetimber** (*siehe* S. 392)	Premiere Cuvée Chardonnay Brut	SCHAUMWEIN WEISS	Dieser Wein hat die Klasse eines guten Champagners. Er entwickelt sich vor und nach dem Degorgieren langsam, was Zeichen für einen klassischen Schaumwein ist, und bildet eine wunderbare sahnige Biskuitnote und Komplexität aus. Dieses Urteil basiert auf dem ersten Jahrgang des Nyetimber von 1992, ich habe jedoch auch die nachfolgenden Weine verkostet und war überrascht, den Chardonnay-Pinot-Verschnitt von 1993 noch besser zu finden, mit großen Hoffnungen für 1994 und 1995 (insbesondere Chardonnay 1995).	5–10 Jahre
BULGARIEN **Domaine Boyar** (*siehe* S. 406)	Vintage Blend Chardonnay-Sauvignon Blanc	WEISS	Schöner Chardonnay mit Eichennote, aufgefrischt mit einem Schuss knackigem Sauvignon, der eindeutig auf australische Weinzauberei verweist.	1–2 Jahre
UNGARN **Weinkellerei Balaton Boglár** (*siehe* S. 409) **V**	Chapel Hill Barrique Aged Chardonnay	WEISS	Hergestellt von dem australischen Weinmacher Kym Milne, der für diesen in Eiche ausgebauten Chardonnay die besten Weine wählt. Er ist so aromatisch und befriedigend, dass jede Speise nur von seinem Genuss ablenkt.	Sofort
Weingut Gyöngyös **V** (*siehe* S. 409)	Chardonnay, Mátraalja	WEISS	Dieser Chardonnay ist nicht so mächtig wie der von Kym Milne, aber fruchtbetonter, und besitzt eine delikate Ananasfrische.	Sofort
Royal Tokaji Company (*siehe* S. 408)	Tokaji Aszú 5 Puttonyos	WEISS	Dieser pure, saubere, wundervoll fokussierte botrytisierte Wein ist derzeit der beste Tokajer. Aber halten Sie in Zukunft Ausschau nach dem 6 *Puttonyos* und der *Eszencia*.	5–25 Jahre
LIBANON **Serge Hochar** (*siehe* S. 419)	Château Musar	ROT	Dieser körperreiche Cabernet-Verschnitt kann etwas zu starke Schmoraromen aufweisen. Aber die besten Jahrgänge reifen wundervoll mit zunehmendem Alter.	5–25 Jahre

Die WEINE *aus*

NORD- *und* SÜD- AFRIKA

AUF DIESEM KONTINENT TREFFEN ALTE UND Neue Welt aufeinander, wenn auch durch Tausende Kilometer voneinander getrennt. In den ehemaligen französischen Kolonien Algerien, Marokko und Tunesien sind keine interessanten, geschweige denn aufregenden Weine zu finden, doch das Potenzial ist vorhanden. So ist es nur eine Frage der Zeit, bis ein Schwarm fliegender Weinmacher es zur Entfaltung bringt. Unerwartetes gibt es in Kenia mit einem einmaligen Weingut am Lake Naivasha im schönen Rift Valley und in Zimbabwe, das die Voraussetzungen für Erfolg im Export besitzt; seine Weine werden vielleicht schon in nächster Zeit den Weg in die Regale der Supermärkte finden. Der Spitzenreiter in Afrika ist selbstverständlich der südafrikanische Wein, dessen Exporte sich seit dem Ende der Apartheid im Aufwind befinden.

DAS FRANSCHHOEK VALLEY IN DER SÜDAFRIKANISCHEN REGION PAARL
Die Weinberge auf dieser Luftaufnahme liegen höher und steigen steiler an als sonst in Paarl und eignen sich ausgezeichnet für Rotwein.

✧NORDAFRIKA✧

Die Weinindustrie in Algerien, Marokko und Tunesien sowie die dort verwendeten Appellationssysteme basieren auf den von der französischen Kolonialmacht hinterlassenen Strukturen. Heute unterstützen die Regierungen dieser Länder die Weiterentwicklung der Weinindustrie, doch trotz gewisser Fortschritte gibt es keine großen Weine. Sie können jedoch recht gut sein, vor allem die marokkanischen Rotweine und tunesischen Muscats.

BERBERFRAUEN IN EINEM TUNESISCHEN WEINBERG
Die besten und zuverlässigsten AOC-Weine in Tunesien sind Muscatweine. Rosé war unmittelbar nach dem Zweiten Weltkrieg für kurze Zeit in Mode.

ALGERIEN

Weinbaubereiche des Département Oran *Coteaux de Mascara, Coteaux de Tlemcen, Monts du Tessalah, Mostaganem, Mostaganem-Kenenda, Oued-Imbert*
Weinbaubereiche des Département Algier *Aïn-Bessem-Bouïra, Coteaux du Zaccar, Haut-Dahra, Médéa*
Im Jahr 1830 wurde Algerien als erstes nordafrikanisches Land von Frankreich als Kolonie okkupiert, was dem Weinbau gegenüber anderen nordafrikanischen Ländern einen Vorsprung gab. Algerien beherrschte den nordafrikanischen Weinbau immer schon im Hinblick auf Quantität, aber auch Qualität. Der Untergang der Weinindustrie des Landes nach der Unabhängigkeit im Jahr 1962 zeigte deutlich, dass die sarkastischen Behauptungen, algerische Weine würden zur Aufbesserung von Burgunder verwendet, der Wahrheit entsprachen. Paradoxerweise profitierten sowohl die algerischen als auch die burgundischen Weine von ihrem Verschnitt. Man besserte ja nicht die besten Burgunder mit starkem algerischem Rotwein auf, sondern die armseligsten, dünnsten und unattraktivsten. Dadurch ging ihnen zwar der Burgundercharakter verloren, sie waren dem ursprünglichen Wein jedoch weit überlegen.

NORDAFRIKA
Marokko, Algerien und Tunesien sind Weinländer. Die meisten Weinberge liegen im Bereich der Küste.

Seit der Unabhängigkeit sind die algerischen Weinberge nahezu um 50 % geschrumpft, und die nicht mit französischen Weinen verschnittenen Rotweine sind nicht besser geworden. Die Weiß- und Roséweine hingegen weisen eine beträchtliche Qualitätssteigerung auf und werden von Jahr zu Jahr frischer. Von den wenigen empfehlenswerten Rotweinen stammen die besten aus den Coteaux de Mascara, die einen rustikalen Typ repräsentieren.

MAROKKO

Weinbaubereiche *Meknès-Fez, Rabat-Casablanca, Oujda-Berkane, Marrakesch*

Während der Römerzeit wurde hier Wein hergestellt, doch nach einer mehr als eintausend Jahre andauernden islamischen Herrschaft war der Weinbau ausgestorben. 1912 gelangte der Großteil Marokkos unter französische bzw. spanische Oberhoheit (mit einer internationalen Zone um Tanger) und wandelte sich erneut zu einem Weinbauland. Als Marokko 1956 unabhängig wurde, führte die neue Regierung ein Qualitätskontrollsystem nach dem Vorbild der französischen AOC (Appellation d'Origine Contrôlée) ein und verstaatlichte die Weinindustrie im Jahr 1973. Nur wenige Weine tragen die offizielle *Appellation d'Origine Garantie*. Einige als *Vin gris* verkaufte blasse Roséweine können gekühlt angenehm sein, doch die besten Weine sind rot. Die beiden erfolgreichsten stammen von Les Trois Domaines und werden zumeist als Tarik und Chante Bled exportiert. Sie werden im Bereich Meknès-Fez aus Carignan-, Cinsault- und Grenache-Trauben hergestellt. Tarik ist von kräftigerer Statur, Chante Bled geschmeidiger. Der Großteil der marokkanischen Weine wird zu überhöhten Preisen auf dem heimischen Markt an Touristen verkauft, die nicht bereit sind, für die kräftig besteuerten Importweine noch übertriebenere Preise zu bezahlen. Die schlechten Lagerbedingungen verderben jedoch zwangsläufig beide Weine.

KHEMIS MILIANA IN ALGERIEN
Sanft gewellte Weinberge südlich von Chercell im Bereich Coteaux du Zaccar, der im Osten an den Bereich Haut-Dahra grenzt.

ALTE MUSCAT-REBSTÖCKE
Weinberge in Bizerte im Bereich Bizerte-Mateur-Tébourba an der Nordspitze Tunesiens.

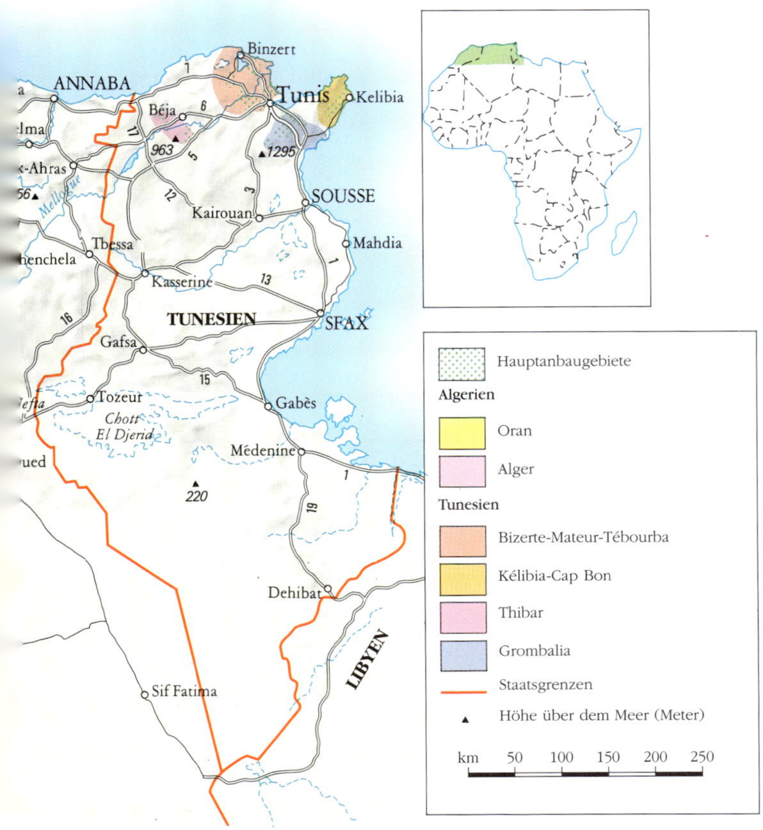

TUNESIEN

Weinbaubereiche *Grombalia, Bizerte-Mateur-Tébourba, Kélibia-Cap Bon, Thibar*

Im Gebiet um Karthago stellte man bereits zur Zeit der Punier die ersten Weine her. Unter islamischer Herrschaft war der Weinbau für tausend Jahre verboten. Nach der französischen Kolonisierung im Jahr 1881 nahm man den Weinbau wieder auf, und mit der Unabhängigkeit Tunesiens wurde 1955 das Fundament für eine aufstrebende Weinindustrie gelegt. Zu jener Zeit hatte man bereits die beiden allgemeinen Appellationen *Vin Supérieur de Tunisie* für Tafelweine und *Appellation Contrôlée Vin Muscat de Tunisie* für Likörwein etabliert. Da diese Bezeichnungen aber keinerlei Kontrollen zum Schutz des Ursprungs vorsahen, führte die Regierung 1957 ein Klassifikationssystem mit vier Stufen ein: *Vins de Consommation Courante, Vins Supérieurs, Vins de Qualité Supérieure* und *Appellation d'Origine Contrôlée*. Die besten tunesischen Weine werden aus der Muscat-Traube hergestellt und reichen von üppigem, süßem und dickflüssigem Vin de Muscat Grappe de Tunisie bis zu frischen, delikaten trockenen Muscatweinen wie Muscat de Kelibia. Daneben gibt es eine kleine Anzahl guter Rotweine, z. B. Château Feriani, Domaine Karim und Royal Tardi.

✧SÜDAFRIKA✧

Die Qualität südafrikanischer Weine blühte auf, seitdem das Land zum Regenbogenstaat wurde. Mit dem Schritt zu einer multirassischen Demokratie eröffnete sich Südafrika den Weltmarkt, der ständig nach Neuem Ausschau hält. Die erzielten Einnahmen werden aber auch dringend für die Produktion hochwertigerer Weine benötigt.

Bessere Qualität bedeutet zunächst strengere Selektion und gegebenenfalls massive Investitionen in neue Eichenfässer. Ein steigender Anteil der Erträge aus dem wachsenden Export Südafrikas fließt jedoch in Programme zur Verbesserung der Rebsorten. Die erste Phase betrifft die Klonauswahl und die Verbesserung der Unterlagsreben, während in der zweiten Phase die Eignung verschiedener Klone und Unterlagen für bestimmte Terroirs analysiert wird. Dieses Vorhaben ist so ehrgeizig, dass es vermutlich nie zum Abschluss gelangen wird. Nach der langen Periode internationaler Isolation war es jedoch entscheidend, den Weinbau des Landes wieder zu beleben. Die Maßnahmen zur Rebsortenverbesserung zeigen bereits erste Erfolge mit Weinen von ausgeprägterem Sortencharakter und größerer Komplexität. Dies bringt Südafrika in der Weinbauforschung an die vorderste Stelle.

DIE ANFÄNGE

Praktisch alle Weingüter Südafrikas liegen in einem 160 km weiten Bogen mit Kapstadt in der Mitte. Die ersten Rebstöcke wurden 1655 gepflanzt, und die daraus gewonnenen Weine waren, nach allen Berichten, nicht sonderlich gut. Simon van der Stel, der 1679 ins Land kam, beschwerte sich über die »abscheuliche Sauerkeit« der Weine. Er versuchte, dem Problem abzuhelfen, indem er Constantia gründete, das berühmteste Weingut in der Geschichte des Landes (seitdem wurde es in die drei Besitzungen Groot Constantia, Klein Constantia und Buitenverwachting aufgeteilt).

DAS SÜDFRIKANISCHE WEINETIKETT

Jahrgang
In Südafrika muss ein Jahrgangswein mindestens 75 % Wein aus dem genannten Jahr enthalten (85 % bei Exportwein).

Night harvested: Nachtlese
Werden Trauben nachts gelesen, wenn es kühl ist, ergeben sie einen frischeren, aromatischeren und lebhafteren Wein als bei normaler Lese.

Alkoholgehalt
Seit 1992 muss auf den Etiketten aller südafrikanischen Weine der Alkoholgehalt in Vol.-% mit einer Genauigkeit von einem halben Prozent angegeben werden.

Weinstil
Der Afrikaans-Begriff »semi-soet« ist als »halbsüß« zu übersetzen.

Wyn van Oorsprong: Hinweis auf den Ursprung
Der Ursprungsbereich hier ist Tulbagh. Nach dem südafrikanischen Gesetz müssen 100 % des Weins aus der angegebenen Appellation stammen.

Menge
Die Mengenangabe ist vorgeschrieben. Eine Flasche enthält in der Regel 0,75 l.

Hinweis auf die Stätte der Abfüllung
Das Kleingedruckte am unteren Rand des Etiketts enthüllt, dass der Wein nicht auf dem Weingut, sondern in der Großkellerei Gilbey in Stellenbosch abgefüllt wurde. Dies ist also ein Gutswein, der nicht auf dem Weingut abgefüllt wurde.

Weitere Begriffe auf südafrikanischen Weinetiketten
Zwar ist eine wachsende Zahl südafrikanischer Weinetiketten englisch oder englisch und afrikaans beschriftet, doch seien hier auch die afrikaansen Bezeichnungen genannt (für den Fall, dass man auf solche Flaschen stößt).

Cultivar
Kurzform für *»cultivated variety«* (kultivierte Sorte), entspricht »Rebsorte«.

Edel laat-oes
Noble Late Harvest, d. h. Spätlese aus botrytisierten Trauben. Der Wein muss einen Mindestrestzuckergehalt von 50 g pro l haben.

Edelkeur
Noble Rot, Edelfäule.

Fortified Wine, Liqueur Wine
Ein aufgespriteter Wein oder Likörwein muss mindestens 16,5 Vol.-% Alkoholgehalt haben, aber nicht mehr als 22 Vol.-%. Zu dieser Kategorie gehören Portwein und Sherry sowie typisch südafrikanische Weine wie Jerepigo (oder: Jerepiko).

Gebottel in …
Abgefüllt in …

Geproduser en Gebottel in …
Hergestellt und abgefüllt in …

Geproduser en Gebottel in die Republiek van Sud-Africa
Hergestellt und abgefüllt in der Republik Südafrika.

Gekweek en gemaak op …
Gewachsen und verarbeitet in … (d. h. an einem anderen Ort abgefüllt)

Gekweek, gemaak en gebottel op …
Gewachsen, verarbeitet und abgefüllt in … (d. h. Gutsabfüllung)

Jerepigo oder Jerepiko
Ein sehr süßer Likörwein mit mindestens 160 g Restzucker pro Liter. Jerepigo Muscadel ist überaus beliebt.

Koöperatiewe, Koöperative, Koöperasie, Koöperatief
Genossenschaft.

Landgoedwyn
Gutswein.

Laat-oes
Late Harvest, Spätlese. Diese Sorte muss mindestens 10 % Alkohol und 10 bis 30 g Restzucker pro Liter aufweisen.

Méthode Cap Classique
Begriff zur Kennzeichnung eines flaschenvergorenen Schaumweins.

Moskonfyt
Konzentrierter Traubensaft.

Oesjaar
Jahrgang.

Spesiale laat-oes
Special Late Harvest, Spezialspätlese. Dieser Begriff bedeutet, dass normalerweise (nicht unbedingt) botrytisierte Trauben verwendet wurden. Der Wein muss einen natürlichen Mindestalkoholgehalt von 10 Vol.-% und einen Restzuckergehalt von 20 bis 50 g pro l haben.

Stein
Ein halbtrockener Wein, meist auf Chenin-Basis.

SÜDAFRIKA

Die Kapregion, in der der größte Teil der südafrikanischen Weine hergestellt wird, besitzt ein ideales Weinbauklima. In einigen Bereichen kann die Hitze zu Problemen führen, und Bewässerung kann entscheidend sein. Die meisten der hervorragenden Rebflächen liegen in der Küstenregion (Coastal Region) und in der Region Breede-Tal (Breede River Valley).

THELEMA MOUNTAIN VINEYARDS
Diese gepflegten Weinberge am Simonsberg in Stellenbosch gehören zu Thelema Mountain, einem der jüngsten und aufregendsten Weingüter Südafrikas.

Drei Jahrhunderte Weinbau

Das Eintreffen der französischen Hugenotten mit ihrem umfangreichen Wissen in Weinbau und Kellerarbeit verbesserte die Qualität der Kapweine beträchtlich, sodass man sie bereits zu Beginn des 17. Jahrhunderts hoch schätzte. Als das französische Revolutionsheer 1806 in Holland einmarschierte, besetzten die Engländer das Kap. Vom französischen Wein abgeschnitten, begannen sie, südafrikanische Weine in jeden Winkel ihres Imperiums zu exportieren, und vergrößerten damit deren Ruhm. 1859 wurden allein nach Großbritannien 45 000 hl Kapwein verschifft. In England schlossen jedoch Cobden (der »Apostel des freien Marktes«) und Gladstone heimlich einen Handelsvertrag mit Frankreich, der sich auf den Kapweinhandel verheerend auswirkte. 1860 fiel der Export auf 22 000 hl und im Jahr darauf auf 5700 hl; 1865 betrug er nur noch 4200 hl.

Schwere Zeiten für südafrikanischen Wein

Trotz des Rückschlags im Weinhandel gab man die Produktion nicht auf. Der große Zustrom von Einwanderern, die durch die Entdeckung von Gold und Diamanten gegen Ende des 19. Jahrhunderts angelockt wurden, bewirkte in Erwartung eines stark steigenden Bedarfs die rasche Ausweitung der Weinbaufläche.

JÜNGERE SÜDAFRIKANISCHE JAHRGÄNGE

Sehr große Unterschiede zwischen den Jahrgängen sind in der Küstenregion und in Overberg zu verzeichnen, in sehr warmen Bereichen sind sie weniger stark ausgeprägt. Seit dem Jahrgang 1994 steigt die Qualität ungeachtet der Jahrgangsbedingungen, da viele Weinberge mit neuen und besser reifenden Klonen bestockt wurden. Nur wenige Weiße altern gut, man verlässt sich am besten auf den Erzeuger und kauft den neuesten Jahrgang.

2001–2003 Ein trockener Winter und der sehr heiße Sommer reduzierten 2001 zwar den Ertrag, dafür konnten sich konzentrierte Früchte mit hohem Zuckergehalt entwickeln. Überdies gab es kaum Probleme mit Krankheiten. Die Folge: exzellente Rote, mit massiver Frucht und Kraft; sie besitzen ein sehr gutes Alterungspotenzial. Außerdem Weißweine mit großen Aromen, aber auch hohem Alkoholgehalt, unter ihnen herausragend: Sauvignon blanc. Unbeständiges Wetter verwandelte die südafrikanischen Weinberge 2002 in Brutstätten für Fäulnis, Botrytis und Mehltau. Große Ernteeinbußen und eine gemischte Qualität der Weine waren die Folge. Dennoch: gute, fruchtige Rote, vereinzelt hervorragende Sauvignons blancs. 2003 brachte dann einen nahezu idealen Vegetationsverlauf. So stimmen Erntemenge und hervorragende Qualität äußerst zuversichtlich: Man darf gespannt sein, wie sich die einzelnen Weine entwickeln werden.

2000 Das dritte extrem heiße und trockene Weinjahr in Folge, in dem jene, deren Wasserspeicher nicht ausgetrocknet waren, gute, aber alkoholische Weine erzeugten.

1999 Heiß und trocken, sehr gute Qualität, aber groß und alkoholisch.

1998 Heiß und trocken, sehr gute Qualität, aber groß und alkoholisch.

GESCHMACKS- UND QUALITÄTSFAKTOREN

LAGE
Südafrika liegt an der Südspitze des afrikanischen Kontinents.

KLIMA
Das Klima ist im Allgemeinen mild und mediterran geprägt. Die Küstenregionen erhalten höhere Niederschläge und sind im Frühling und Herbst kühler als das Landesinnere. An den Küsten weht ein von dem aus der Antarktis kommenden Benguela-Strom abgekühlter, eisiger Wind. Der kühlste Bereich ist Constantia, der, zusammen mit Stellenbosch, im unteren Bereich der Region III eingestuft ist (Klimaregionen analog zu Kalifornien; *siehe* S. 448). Klein Karoo, Tulbagh, Olifantsrivier und Teile von Paarl (Dal Josaphat) zählen zu den heißesten Gebieten und sind zwischen Region IV und Region V einzuordnen.

TOPOGRAFIE
Die meisten Rebstöcke sind auf flachen oder leicht hügeligen Talböden gepflanzt. In jüngster Zeit werden auch zunehmend höher gelegene Hänge kultiviert. Klein Constantia, Thelema Mountain, Bellingham und Boschendal haben Weinberge in überaus steilem Gelände.

BÖDEN
Die Böden reichen in der Küstenebene von Kies bis zu schwerem Lehm aus Sandstein, Schiefer und Granit. In Klein Karoo und anderen Flusstälern gibt es tiefe sandige Schwemmböden und kalkreiche Rotschieferböden.

WEINBAU UND WEINBEREITUNG
Entgegen allgemeiner Ansicht gelingt es den Kaptrauben mitunter nicht, auszureifen. Selbstverständlich gibt es viele heiße Gebiete, in denen die Reben unter Hitzestress leiden und die Trauben rasch überreif werden können. In Robertson, Worcester und Vredendal benötigt man häufig künstliche Bewässerung. Hier hängt der Erfolg der Ernte von der Verfügbarkeit des Wassers ab. In Regionen, in denen die Hitze eine Bedrohung darstellt, wird nachts bei Flutlicht gelesen. Südafrika besitzt mit zu großen Weinbauflächen, Rebsorten geringer Qualität, schlechten Klonen und hohen Erträgen eine von Überproduktion geprägte Geschichte (*siehe* KWV International S. 435). Heute bemüht sich das Land um eine rasche Verbesserung der Weinberge. Auch die Erträge wurden reduziert, um den Anforderungen des Exportmarkts zu entsprechen. Bis in die frühen 1990er Jahre kam die Kultivierung höher gelegener kühler Hänge nur langsam voran, heute hat sich der Wandel sehr beschleunigt.

HAUPTREBSORTEN
Cabernet Sauvignon, Chardonnay, Chenin Blanc (Steen), Cinsault, Colombard, Crouchen (Cape Riesling), Merlot, Muscat d'Alexandrie (Hanepoot), Pinotage, Riesling (Rheinriesling, Weißriesling), Sauvignon Blanc, Shiraz (Syrah)

WEITERE REBSORTEN
Alicante Bouschet, Auxerrois, Barbarossa, Barbera, Bastardo, Bourboulenc, Bukettraube, Cabernet Franc, Carignan, Chenel (Chenin Blanc x Trebbiano), Clairette Blanche, Cornichon, Cornifesto, Emerald Riesling, False Pedro, Ferdinand de Lesseps, Fernão Pires, Flame Tokai (Vlamkleur Tokai), Folle Blanche, Gamay, Gewürztraminer, Grenache (Rooi Grenache), Hárslevelü, Malbec, Morio-Muscat, Muscadelle, Muscat de Hambourg, Muskat-Ottonel, Palomino, Pedro Ximénez, Petit Verdot, Pinot Gris, Pinot Noir, Sémillon (Greengrape), Souzão, Tinta Amarela, (Malvasia Rey), Tinta Barroca, Tinta Francisca, Tinta Roriz, Ugni Blanc, Zinfandel

Doch der schnelle Reichtum dieser Neuankömmlinge entfachte den Burenkrieg, und der Absatz sank sowohl im Land als auch in Übersee. Dennoch wurde der unverkäufliche Wein weiterhin hergestellt.

Im Jahr 1905 regte die Regierung in Kapstadt die Bildung von Winzergenossenschaften an, doch unternahm man nichts, um die Produktion zu verringern oder die Nachfrage zu steigern. Mit Unterstützung durch die Regierung wurde schließlich 1918 die Koöperatiewe Wynbouers Vereniging (KWV) gegründet, deren Entscheidung, die Hälfte der Jahresweinproduktion zu Branntwein zu verarbeiten, augenblicklich die Qualität der Kapweine erheblich verbesserte. Die kluge Politik, den Rest des Überschusses zu exportierbaren Erzeugnissen zu verschneiden, bewirkte nicht weniger als die Rettung der südafrikanischen Weinindustrie.

NEUE ANBAUREGIONEN, BESSERE WEINE

Stellenbosch und Paarl werden traditionell als die hervorragendsten Weinbaubereiche des Landes angesehen. Mit der Gründung von Hamilton Russells Spitzenweingut in Hermanus gilt die im Südosten von Overberg gelegene Walker Bay nun bei vielen als ebenso gut. Während sich bisher in Hermanus nur zwei Weingüter niedergelassen haben, entwickelte sich Elgin, die Apfel-Hauptstadt der Kapregion, zu einer erstaunlich guten Weingegend. Wie man im US-Staat Washington rasch begriff, folgen hochwertige Trauben den Apfelerzeugern. Der ausgezeichnete Sauvignon Blanc von Neil Ellis macht Elgin zu einer weiteren Perle in Overberg. 1985 bzw. 1986 wurden die Weingüter Buitenverwachting und Klein Constantia gegründet, was die Phase der Forschung und Entwicklung in Südafrikas Weinlanden vervollständigte. Zuvor nur als Herkunftsort eines historischen Weins bekannt, zählt Constantia heute zu den aufregendsten Weißweingebieten des Landes. Abseits der etablierten Weinregionen bildet Mosselbaai im äußersten Osten der Kapregion eine überaus potente Weingegend, die große Hoffnung auf aromatische Weißweine wie Riesling und Sauvignon Blanc macht. Einige erwarten dort sogar mit Pinot Noir Erfolge.

Im Jahr 1995 gestattete man den südafrikanischen Weingütern erstmals, Trauben aus anderen Gebieten anzukaufen. Diese sollten nicht mit eigenen Trauben verschnitten werden, sondern mit Einzellagenweinen von anderen Orten die Produktpalette erweitern. Anstatt etwa unter großen Mühen in einer Rotweingegend Sauvignon Blanc zu kultivieren (weil der Konsument diese Sorte wünscht), kann ein Weingut heute diese Traube von einem geeigneteren Terroir beziehen, seine eigenen Sauvignon-Flächen roden und mit günstigeren Sorten neu bepflanzen. Dies sollte zu einer Aufteilung der Sorten auf Anbaugebiete führen, in denen sie am besten gedeihen – eine Entwicklung, die eine zweite Phase des Programms zur Rebsortenverbesserung darstellt und sich positiv auf die Zukunft der südafrikanischen Weine auswirken sollte.

DIE HERKUNFTSBEZEICHNUNGEN IN SÜDAFRIKA

Weinbezirke bilden den kleinsten Typ einer Ursprungsbezeichnung (Wine of Origin, WO). Eine oder mehrere WO-Bezirke können zu einem größeren WO-Bereich gehören und ein oder mehrere WO-Bereiche zu einer WO-Region.

ANDALUSIA WO

Obwohl dieser Bezirk als eigenständiger Weinbaubereich betrachtet wird, zählt er aufgrund seiner Lage 80 km nördlich von Kimberley aus praktischen Gründen zur Region Orange River. Aufgrund der durch künstliche Bewässerung übergroßen Erträge galt Andalusia einst ausschließlich als Quelle für Massenweine. Die Winzergenossenschaft Vaalharts stellt jedoch einige preiswerte, gefällige Flaschenweine her.

BENEDE ORANJE WO

Die Ein-Bezirks-Appellation erstreckt sich in der Nähe von Augrabies etwa 10 km weit entlang des Oranje-Flusses.

BOBERG WO

Weinbaubereiche *Paarl WO, Tulbagh WO*

Diese regionale WO ist auf gespritete Weine beschränkt, die in den Paarl und Tulbagh hergestellt werden.

BREEDE RIVER VALLEY WO

Weinbaubereiche *Robertson WO, Swellendam WO, Worcester WO*

Die Weingüter dieser östlich der Drakenstein-Berge gelegenen Region sind von künstlicher Bewässerung abhängig und bringen vorwiegend Weißweine und gespritete Weine hervor. Dewetshot ist vielleicht die bekannteste Weinkellerei.

CEDARBERG WO

In diesem entlegenen Gebiet südöstlich der Region Olifantsrivier macht die Winzergenossenschaft Cedarberg Kelders eine Palette von Weinen mit gutem Preis-Leistungs-Verhältnis, darunter einen ausgezeichneten Cabernet Sauvignon.

COASTAL REGION WO

Weinbaubereiche

Paarl WO, Stellenbosch WO, Swartland WO, Tulbagh WO

Die am häufigsten anzutreffende Appellation umfasst außer den vier genannten Bereichen die außerhalb liegenden Bezirke Constantia WO und Durbanville WO. Die Weinberge von Constantia liegen an den aus verwittertem rotem Granit bestehenden Hängen des Constantia Mountain südlich von Kapstadt. Die Region grenzt an zwei Seiten ans Meer und genießt ein mildes mediterranes Klima; mit bis zu 1200 mm Niederschlag jährlich ist sie jedoch sehr feucht. Durbanville liegt am Fuß der Tygerberg-Hügel. Hier gibt es nur halb so viel Niederschläge wie in Constantia, doch besitzen die tiefen, verwitterten roten Granitböden eine ausgezeichnete Speicherfähigkeit. Die Rebstöcke werden von den Meerwinden von der Table Bay her gekühlt und getrocknet.

DOUGLAS WO

Dieser Bereich südwestlich von Kimberley erhielt 1981 seine eigene Ursprungsbezeichnung, de facto ist er aber eine Erweiterung der Orange River WO. Die Genossenschaft Douglas ist für exzellenten Dessertwein aus Muscat d'Alexandrie bekannt.

KLEIN KAROO WO

Weinbezirke *Montagu WO, Tradouw WO*

Diese Appellation erstreckt sich als langer, schmaler Streifen von Montagu im Westen bis de Rust im Osten. Damit sie das heiße, trockene Klima überleben, müssen die Rebstöcke künstlich bewässert werden. Der berühmte rote Schieferboden von Karoo und die tiefen Schwemmböden der Flüsse sind überaus fruchtbar und eignen sich hervorragend für Jerepigo, Muscadelle und andere Dessertweine, für die die Region bekannt ist. Das Weingut Boplass in Klein Karoo stellt einen den besten »Portweine« Südafrikas her. Die Krans ist ein weiterer Spezialist für gespritete Weine. Der Großteil der Produktion dieses Bezirks wird von Genossenschaften verarbeitet.

MOSSEL BAY

Mossel Bay ist kein WO-Gebiet, doch gilt die Gegend als künftige Quelle von hochwertigem Riesling, Sauvignon Blanc und möglicherweise Pinot Noir.

OLIFANTS RIVER *ODER* OLIFANTSRIVIER WO

Weinbezirke *Koekenaap WO, Lutzville-Vallei WO, Spruitdrift WO, Vredendal WO*
Dieser lange, schmale Bereich besitzt Sandsteinböden und kalkhaltige Schwemmböden. Das Klima ist heiß und trocken, die jährliche Niederschlagsmenge beträgt gerade 260 mm und nimmt zur Küste hin weiter ab. Die hier geernteten Trauben werden nicht in Weingütern, sondern einem halben Dutzend Genossenschaften verarbeitet. Die Weinkellerei Vredendal ist die größte und macht einige wirklich gute Tropfen.

ORANJERIVIER *ODER* ORANGE RIVER WO

Weinbezirke *keine*
Diese auch als Lower Orange River bekannte nördlichste Weinbauregion ist von den Weinbauflächen des übrigen Landes völlig getrennt. Das Klima ist heiß und trocken, künstliche Bewässerung ist unumgänglich, und die fruchtbaren Böden erbringen hohe Erträge. Hier werden keine Gutsweine hergestellt, Winzergenossenschaften verarbeiten die gesamte Traubenernte.

OVERBERG WO

Weinbezirke *Elgin WO, Walker Bay WO*
Die Overberg WO, die die Caledon WO ersetzte, ist ein großes, nur sporadisch mit Wein bebautes Gebiet südöstlich von Paarl und Stellenbosch. Vor fünfzehn Jahren gab es in diesem überaus zukunftsträchtigen Bereich lediglich das Weingut Hamilton Russell Vineyards in Walker Bay. Walker Bay und Elgin sind heute zwei der »heißesten« Punkte in der Weinlandschaft Südafrikas – wobei mit »heiß« natürlich kühl gemeint ist. Zu den neuen Kellereien, die hier nach Hamilton Russell Vineyards entstanden sind, zählen HRV, Bouchard Finlayson, Whalehaven, Cape Bay, Goedvertrouw, Newton Johnson, Bartho Eksteen und Beaumont, während in Elgin nun Paul Cluver und Thandi residieren.

PAARL WO

Weinbezirke *Franschhoek WO, Wellington WO*
Dieser Bereich umfasst das fruchtbare Berg River Valley und die Weinberge um die Städte Franschhoek, Wellington und Paarl. Die Reben wachsen vorwiegend auf drei Bodentypen: Granit im Bereich Paarl, Tafelberg-Sandstein entlang dem Berg River und Malmesbury-Schiefer im Norden. Es herrscht mediterranes Klima mit feuchten Wintern und trockenen, heißen Sommern und einer durchschnittlichen Jahresniederschlagsmenge von 650 mm, die nach Nordwesten hin absinkt. Zwar gedeihen in dieser Gegend gewöhnlich Weißweine, doch nun mehr und mehr Rotweine, da sich einige hoch liegende Weinberge ausgezeichnet für hochwertige Rotweine eignen.

PICKETBERG *ODER* PIQUETBERG WO

Weinbezirke *keine*
Mit hohen Temperaturen und geringen Niederschlägen (an einigen Orten nur 175 mm) eignet sich das Land nicht gerade für den Weinbau, beginnt jedoch interessante Ergebnisse zu liefern.

ROBERTSON WO

Weinbezirke *Agterkliphoogte WO, Boesmansrivier WO, Bonnievale WO* (überschneidet sich mit dem Bereich Swellendam)*, Le Chasseur WO, Eilandia WO, Klaasvoogds WO, McGregor WO, Riverside WO, Vinkrivier WO*
Dieser Bereich grenzt im Süden an das Riversonderend-Gebirge und im Norden an die Langeberg-Kette. Böden, Klima und Topografie ähneln größtenteils denen von Karoo, sind jedoch etwas gemäßigter.

STELLENBOSCH WO

Weinbezirke *Helderberg WO, Jonkershoek WO, Simonsberg-Stellenbosch WO*
Dieser Bereich liegt zwischen der False Bay im Süden und Paarl im Norden, wo die besten Weingüter Südafrikas konzentriert sind. Drei Bodentypen herrschen vor: Granitböden im Osten (gelten als die besten für Rotwein), Tafelberg-Sandstein im Westen (bevorzugt für Weißweine) und Schwemmböden in der Umgebung des Eerste River. Mit warmen, trockenen Sommern, kühlen, feuchten Wintern und durchschnittlichen Jahresniederschlägen von 500 mm ist künstliche Bewässerung nur in Ausnahmefällen im Hochsommer erforderlich. Helderberg ist zurzeit der heiße Tipp.

SWARTLAND WO

Weinbezirke *Groenekloof WO, Riebeekberg WO*
Diese WO löste den WO-Bereich Malmesbury ab. Ein Großteil der weiten Fläche von Swartland ist landwirtschaftlich nutzbar, der Weinbau konzentriert sich auf den südlichen Teil um Darling, Malmesbury und Riebeek. Die Böden bestehen aus Tafelberg-Sandstein und Malmesbury-Schiefer. Mit etwa 240 mm ist der Niederschlag gering, wodurch künstliche Bewässerung im Allgemeinen notwendig ist. Einige Weinberge kommen überraschenderweise ohne aus.

SWELLENDAM WO

Weinbezirke *Bonnievale WO* (überschneidet sich mit dem Bereich Robertson)*, Buffeljags WO*
Die Mitglieder eines halben Dutzends meist durchschnittlicher Genossenschaften stellen vorwiegend Massenwein her. Hin und wieder findet sich jedoch eine hervorragende Weinkellerei.

TULBAGH WO

Weinbezirke *keine*
Dieser Bereich liegt nördlich von Paarl und östlich von Swartland. Wolseley, das sich mitten in diesem Bereich befindet, gehört weinbaumäßig zur Region Breede River. Die Weinberge des Tulbagh-Beckens sind von hohen Bergen umgeben und gedeihen auf sandigen Schieferböden. Das Klima ist heiß und relativ trocken. Mit etwa 350 mm Niederschlag jährlich muss künstlich bewässert werden.

WORCESTER WO

Weinbezirke *Nuy WO, Goudini WO, Slanghoek WO, Scherpenheuvel WO, Aan-de-Doorns WO*
Der westlich von Klein Karoo und östlich von Paarl gelegene WO-Bereich Worcester konzentriert sich auf das Einzugsgebiet des Breede River. Die Böden sind entweder Tafelberg-Sandstein oder fruchtbarer roter Schiefer von Klein Karoo. Das heiße Klima wird im Westen durch starke Niederschläge gemildert, während der Osten wenig Regen erhält. In Worcester gibt es einige gute Weingüter, wie das ausgezeichnete Bergsig, doch sind die leistungsstarken Genossenschaften, die außergewöhnlich gute Weißweine und aufgespritete Weine herstellen, die wahren Stars.

DIE WEINSTILE IN SÜDAFRIKA

CABERNET FRANC

Wie alle sich entwickelnden Weinländer der Neuen Welt schenkt auch Südafrika dieser Traubensorte wenig Beachtung. In anderen Ländern entdeckt man zunehmend Cabernet Franc für bemerkenswerte Sortenweine, und wenn das Gut Warwick als Beispiel gelten darf, könnte sich der Anbau auch hier lohnen.

✓ *Avontuur • Bellingham* (Spitz) *• Cordoba* (Crescendo) *• KWV* (Cathedral Cellar) *• Warwick Estate*

CABERNET SAUVIGNON

Hier wird ein fester, selbstbewusster Typ hergestellt, der Trend geht jedoch zu plakativeren Weinen mit reifer, saftiger Cassis-Frucht und komplexen Zedernholz-Vanille-Aromen vom Eichenfass. New-Wave-Weine sind jung ein Genuss, einige entwickeln sich auch gut in der Flasche. Cabernet-Verschnitte zählen zu den besten Rotweinen Südafrikas. Als weitere Bestandteile finden sich meist Cabernet Franc, Merlot und Malbec, oder, wie im Fall des Boschendal Lanoy, ein Schuss Shiraz (Verschnitte auf Shiraz-Basis werden weiter unten behandelt).

⊷ 3–7 Jahre (moderner Stil), 5–10 Jahre (traditioneller Stil, außergewöhnlicher Wein im modernen Stil)

✓ *Alto • Agusta • Ashwood • Backsberg • Bellingham • Beyerskloof • Boekenhoutskloof • Le Bonheur • Buitenverwachting • KWV* (Cathedral Cellar Stellenbosch, • Cathedral Cellar Paarl) *• Clos Malverne • Cordoba • De Trafford • Delheim • Diemersdal • Douglas Green • Eikendal • Fairview • Genesis • Graham Beck* (Coastal) *• Grangehurst • Hartenberg • Kanonkop • Laibach • Le Riche • Meerlust • Morgenhof • Nederburg* (Auction) *• Neil Ellis Stellenbosch • Plaisir de Merle. Rustenberg* (Stellenbosch Peter Barlow) *• Saxenburg* (Private Collection) *• Simonsig • Thelema • Vergelegen • Warwick*

Cabernet-Verschnitte *Alto Rouge • Backsberg* (Klein Babylonstoren) *• Beyerskloof • Bouwland • Buitenverwachting* (Christine) *• Camberley • Clos Malverne • De Trafford • Diemersdal* (Private Collection) *• Eikendal* (Classique) *• Fairview • Glen Carlou* (Grande Classique) *• Graham Beck • Grangehurst • Groot Constantia* (Gouverneur's Reserve) *• Hazendal • Jordan* (Chameleon) *• Kanonkop* (Paul Sauer) *• Klein Gustrouw • KWV* (Cathedral Cellar Triptych) *• Laibach • La Motte* (Millennium) *• Le Bonheur* (Prima) *• Le Riche • Meerlust* (Rubicon) *• Meinert • Mulderbosch* (Faithful Hound) *• Nederburg*

Edelrood • *Neil Ellis* (Inglewood) • *Overgaauw* (Tria Corda) • *Rupert & de Rothschild* (Baron Edmond de Rothschild) • *Simonsig* (Tiara) • *Spice Route* • *Veenwouden* (Classic) • *Vergelegen* (Mill Race Red) • *Vergelegen* (Reserve) • *Vergenoegd* (Reserve) • *Villiera* (Cru Munro) • *Vriesenhof* (Kallista) • *Warwick* (Trilogy) • *Welgemeend* (Douelle) • *Weltevrede* • *Yonder Hill* (iNanda)

CHARDONNAY

Dieser Sorte gelang der größte Qualitätssprung, aber sie war so langweilig, dass sie nur besser werden konnte. Als neue Eiche erstmals in großer Menge erhältlich wurde, gingen viele Weinerzeuger zu weit und stellten schwere Chardonnays mit übertriebener Eichennote her. Die Weine litten auch unter dem mangelhaften Ausgangsmaterial, doch die Situation besserte sich durch Auswahl der Klone und des geeigneten Terroirs. Die besten Chardonnays »mit Eiche« werden oft im Fass vergoren, anstatt nur in Eiche ausgebaut, und besitzen gerade einen Hauch sahniger Eiche. Daneben finden sich weniger raffinierte, doch nicht minder schmackhafte Weine mit köstlichem Kokosnuss-Eichenton. Die herausragendsten eichenfreien Versionen, wie der De Wetshof Grey Label, sind überaus rein, fein ausgewogen und lassen ihren heißen Ursprungsort nicht erkennen.

1–3 Jahre (ohne Eiche), 1–5 Jahre (in Eiche)

✓ *L'Avenir* • *Avontuur* (Reserve) • *Backsberg* • *Bellingham* • *Boschendal* • *Bouchard Finlayson* (Kaaimansgat • Missionvale) • *Brampton* • *Buitenverwachting* • *Constantia Uitsig* • *De Wetshof* (Bataleur, D'Honneur, Finesse, Sur Lie, Limestone Hills) • *Dieu Donné* • *Durbanville Hills* • *Fairview* • *Fort Simon* • *Glen Carlou* • *Glen Carlou* (Reserve) • *Graham Beck Lonehill* • *Hamilton Russell* • *Jordan* • *Kanu* • *Klein Constantia* • *Longridge* • *Louisvale* • *Mont Rochelle* (Oak matured) • *Neil Ellis Elgin* • *Rustenberg* (Five Soldiers) • *Thelema* (Ed's Reserve) • *Vergelegen* (Reserve) • *Warwick*

CHENIN BLANC

Nahezu ein Drittel der südafrikanischen Weinberge ist mit dieser Sorte bestockt, die auch als Steen bezeichnet wird. Sie ergibt meist preiswerte, muntere, nicht ganz trockene, aber auch gute, intensivere, knochentrockene Weine, die manchmal im Fass vergoren sind. Da diese Sorte in der Kapregion bessere Ergebnisse erzielt als in ihrer Heimat an der Loire, frage ich mich, warum hier keine botrytisierte Version existiert. Das einem großen Vouvray Moelleux Ähnlichste, was Südafrika zu bieten hat, ist der köstliche Noble Late Harvest 1990, der von der Genossenschaft Perdeberg in Paarl ausschließlich aus Chenin Blanc hergestellt wurde.

Sofort

✓ *Beaumont* • *Boschendal* • *De Trafford* • *Fairview* • *Ken Forrester-Scholtzenhof* • *Kanu* • *Kleine Zalze* • *Morgenhof* • *Mulderbosch* • *Simonsvlei* • *Spice Route* • *Swartland* • *Verdun* • *Villiera* (Bush Vines)

CINSAULT

Diese mittelmäßige Rhônesorte erbringt in Südafrika meist leichte, knochige, dünne Rotweine. Eine Ausnahme ist Vergenoegd, Eikendal stellt einen Cinsault-Verschnitt guter Qualität her.

Sofort (Eikendal Classique 3–7 Jahre)

✓ *Landskroon* • *Swartland*

COLOMBARD

Diese Sorte ergibt einen preiswerten, sehr frischen, blumigen Weißwein, trocken oder häufiger lieblich. Die besten sind angenehm mit ihrem Bukett tropischer Früchte und dem lebendigen Abgang.

Sofort

✓ *Bon Courage* • *Overhex*

GAMAY

Diese Rotweine ähneln dem leichten Cinsault, haben aber eine überschwänglichere Frucht. Sie sind nicht großartig, aber preiswert und, jung getrunken, erfreulicher als Beaujolais Nouveau.

Sofort

✓ *Fairview* • *Kleine Zalze* • *Verdun*

MALBEC

Diese Sorte, die selten rein vinifiziert wird, hat eine ähnliche Geschichte wie der Cabernet Franc (*siehe* S. 430). Von Backsberg kommt jedoch ein erstaunliches Produkt, das hoffentlich auch andere Weingüter anregt, Malbec – der Traube des schwarzen Cahors – eine Chance zu geben.

3–7 Jahre

✓ *Backsberg* • *Fairview*

MERLOT

Die Winzer vom Kap treten in die Fußstapfen ihrer kalifornischen Kollegen. Sie begannen wie diese mit reinem Cabernet Sauvignon, wechselten dann zu reinen Merlots und Merlot-dominierten Verschnitten. Tannine beeinträchtigen oft den Kap-Merlot; die besten verfügen über nachhaltige Aromen, die dem milden Charakter widersprechen, der zwischen dem einfachen fruchtigen Eindruck beispielsweise eines Veenwouden-Merlot und der klassischen Milde eines Du Plessis Havana Hills liegen kann.

2–5 Jahre

✓ *Boschendal* • *Constantia Uitsig* • *De Trafford* • *Delheim* • *Fairview* • *Fort Simon* • *Graceland* • *Jordan* • *Jordan Cobbler's Hill* • *KWV* (Cathedral Cellar) • *Laibach* • *Longridge* • *Meerlust* • *Morgenhof* • *Plaisir de Merle* • *Du Plessis* (Havana Hills) • *Rust en Vrede* • *Savanha Sejana* • *Saxenburg* (Private Collection) • *Spice Route* • *Steenberg* • *Thelema* • *Veenwouden* • *Vergelegen*

MUSKAT

Unter der Sonne am Kap bekommt seine superkonzentrierte, unverfälschte Frucht eine viel verführerischere Qualität.

Sofort

✓ *Nederburg* (Eminence) • *Thelema* (Muscat de Frontignan) • *Weltevrede* (Muscat de Hambourg)

PINOT NOIR

Südafrika wird mit dieser empfindlichen Sorte wohl kaum Burgund, Kalifornien, Oregon oder Neuseeland herausfordern. Einige talentierte Winzer machten jedoch einige elegante Ausnahmen.

2–5 Jahre

✓ *Bouchard Finlayson* (Galpin Peak, Tête de Cuvée) • *Glen Carlou* • *Hamilton Russell Vineyards* (Ashbourne) • *Klein Constantia* • *Meerlust* • *Paul Cluver* • *Thandi*

PINOTAGE

Diese Traube ist für Südafrika, was Zinfandel für Kalifornien und Shiraz für Australien sind oder zumindest sein sollten. Leider besitzt sie nicht einmal die Hälfte des Potenzials der beiden anderen Sorten, und die Winzer rätseln, wie man sie zu vinifizieren hat. Pinotage ist eine Kreuzung aus Cinsault und Pinot Noir, die traditionell zu einem kräftigen, verschmorten, erdigen Gebräu mit flüchtigen Aromen vergoren wurde, bis jüngste Versuche einen Beaujolais Nouveau mit Kaugummi- und Eichenaromen ergaben. Die besten Weine liegen zwischen der traditionellen und der modernen Version; die Kohlensäuremaischung wird gerade so weit getrieben, dass die cremige, üppige Frucht hervortritt, ohne Kaugummigeschmack zu entwickeln, gestützt durch kernige Tannine. In guten Jahrgängen können die besten Weine sensationell sein (Kanonkop, Grangehurst).

Sofort

✓ *L'Avenir* • *Avontuur* • *Beaumont* • *Bellingham Spitz* • *Beyerskloof* • *Bouwland* • *Clos Malverne* (Basket pressed) • *Darling Cellars* • *Diemersdal* • *Fairview* • *Graham Beck* (Coastal) • *Grangehurst* • *Hidden Valley* • *Kaapzicht* • *Kanonkop* • *Landskroon* • *Lanzerac* • *Longridge* • *Mooiplaas* • *Neil Ellis Swansong* • *Simonsig Red Hill* • *Spice Route* (Reserve) • *Southern Right* • *Swartland* • *Thelema* • *Warwick*

RHEINRIESLING

Wenn Riesling nicht als Spätlese oder botrytisiert verarbeitet wird, zeigt er in Südafrika nicht die elegante Frucht und Säure, die ich von ihm erwarte. Allerdings bin ich bei Riesling aus der Neuen Welt fast immer unzufrieden. Da sich andere weit mehr an diesen Weinen erfreuen als ich, fällt meine Beurteilung möglicherweise etwas zu streng aus. Am außergewöhnlichen Stil und an der Qualität der aufgeführten Weine gibt es jedoch keinen Zweifel.

✓ *Buitenverwachting* • *De Wetshof* • *Groot Constantia* • *Jordan* • *Klein Constantia* • *Nederburg* • *Paul Cluver* • *Rhebokskloof* • *Simonsig* • *Slanghoek* • *Thelema* • *Villiera* • *Weltevrede*

RUBY CABERNET

Diese unterschätzte Traubensorte kann eine delikate, an saftige reife Tomaten und Blutorangen erinnernde Frucht ergeben. Es bleibt zu hoffen, dass auch andere Vredendal nachahmen oder dessen Qualität gar noch steigern.

✓ *Long Mountain* • *Longridge* • *Capelands* • *McGregor*

SAUVIGNON BLANC

Ungeachtet der zahlreichen Empfehlungen unten ist dies nicht die erfolgreichste Sorte des Landes. Der Erfolg ist größer als die natürliche Qualität, die Sauvignon in Südafrika besitzt. Die Industrie scheint entschlossen, jede nur mögliche Methode anzuwenden, um dieser Traube Herr zu werden. Als Ergebnis finden sich zahlreiche hervorragende Produkte, zu denen ich mir meinen Weg jedoch durch ein Meer von Minderwertigem trinken musste. Die Weine derer, die sich zu sehr bemühen, sind übermäßig krautig, und die anderer, die auf den fahrenden Zug aufspringen, schlichtweg langweilig. Der Großteil wird nie einem durchschnittlichen Sauvignon Blanc aus Neuseeland gleichkommen. Wenn es allerdings eine südafrikanische Antwort auf Marlborough gibt, dann heißt sie Elgin. Anzumerken ist, dass »Fumé Blanc« oder »Blanc Fumé« einen fassvergorenen oder in Eiche ausgebauten Sauvignon Blanc bezeichnet. Le Bonheur bildet hier die einzige Ausnahme und ehrt die ursprüngliche französische Bedeutung des Begriffs, die lediglich ein Synonym für die Traubensorte darstellt.

⊱ Sofort

✓ *L'Avenir* • *Bellingham* • *Bloemendal* • *Bon Courage* • *Boschendal* • *Brampton* • *Buitenverwachting* • *Cape Point Vineyards* • *Constantia Uitsig* • *Darling Cellars* • *Durbanville Hills* • *Excelsior* • *Fairview* • *Fort Simon* • *Graham Beck* (Coastal) • *Groote Post* • *Jordan* • *Ken Forrester-Scholtzenhof* • *Klein Constantia* • *McGregor* • *Mulderbosch* • *Neil Ellis Groenekloof* • *Paul Cluver* • *Robertson* (Wide River Retreat) • *Rustenberg* • *Simunye* • *Southern Right* • *Spice Route* • *Spier* (IV Spears) • *Springfield* (Life from Stone) • *Steenberg* • *Steenberg Reserve* • *Swartland* • *Vergelegen* • *Vergelegen* (Schaapenberg) • *Villiera* (Bush Vine) • *Welmoed*

SÉMILLON

Sémillon besitzt in Südafrika großes Potenzial. Aus ihm lassen sich stoffige, dennoch raffinierte Weine herstellen, denen talentierte Winzer eine angenehme hefige Komplexität verleihen können. Die Zahl der Empfehlungen ist dürftig, da nur wenige Hersteller die Möglichkeiten dieser Sorte ernst nehmen.

⊱ 18 Monate bis 5 Jahre

✓ *Boekenhoutskloof* • *Boschendal* • *Constantia Uitsig* • *Eikehof* • *Fairview* • *Stellenzicht*

SHIRAZ

Shiraz (oder Syrah, wie die meisten Kap-Erzeuger sie nennen) ist wesentlich weniger verbreitet als in Australien. Die hiesigen Spitzenprodukte machen es australischem Shiraz nicht leicht, wenn sie auch einen zurückhaltenderen Stil aufweisen, der einem opulenten französischen Syrah näher kommt. Diese gilt inzwischen weithin als die beste Rotweinsorte Südafrikas.

⊱ 2–8 Jahre

✓ *Allesverloren* • *Bellingham* • *Boekenhoutskloof* • *Boplaas* • *Boschendal* • *Darling Cellars* • *De Meye* • *De Trafford* • *Delheim* • *Diemersdal* • *Fairview* (Cyril Back) • *Genesis* • *Gilga* • *Graham Beck* (Coastal) • *Graham Beck* (The Ridge) • *J. P. Bredell* • *Kaapzicht* • *Klein Constantia* • *Kleine Zalze* • *KWV* (Cathedral Cellar, Perold) • *Longridge* • *Neil Ellis* (Reserve) • *Rust en Vrede* • *Saxenburg* (Private Collection) • *Simonsig* (Merindol) • *Slaley* • *Spice Route* (Reserve) • *Stellenzicht* • *Vera Cruz* • *Vergelegen* • *Zandvliet Kalkveld*

STEEN

Südafrikanisches Synonym für Chenin Blanc.

STEIN

Nicht verwechseln mit Steen! Dies ist ein kommerzieller, nicht ganz trockener, milder Weißweinverschnitt. Er kann Chenin enthalten – was wahrscheinlich ist; es gibt dafür jedoch keine Garantie.

TINTA BARROCA

Diese portugiesische Portweinsorte wird meist in Verschnitten verwendet, denen sie eine interessante Note gibt.

⊱ 2–5 Jahre

✓ *Allesverloren* • *Rust en Vrede*

ZINFANDEL

Kaliforniens Traubensorte erweist sich hier als ebenso vielseitig. Ihr Geheimnis liegt im richtigen Terroir (Berghänge), im Schnitt (Buschform), im geringen Ertrag und vor allem in der sorgfältigen Lese (um Un- und Überreife zu verhindern).

⊱ 2–7 Jahre

✓ *Blaauwklippen* • *Fairview* • *Hartenberg*

WEITERE WEINSTILE

CAP CLASSIQUE

Der südafrikanische Begriff für Flaschengärung (traditionelle Methode). Der hiesige Schaumwein ist weniger aufregend als in den meisten anderen Ländern der Neuen Welt. Dies ist vermutlich auf die lange Lehrzeit zurückzuführen, die diese Weine erfordern. Die meisten sind fruchtige Bitzelwässer, nur die unten empfohlenen versprechen Ernsthafteres.

⊱ Sofort

✓ *Boschendal* (Vintage Brut) • *Graham Beck* (Blanc de Blancs, Chardonnay-Pinot Noir, Pinotage) • *Cabrière* (Pierre Jourdan) • *J. C. Le Roux* (Chardonnay, Pinot Noir) • *Morgenhof* • *Pongracz* • *Simonsig* (ausgewählte Jahrgänge des Kaapse Vonkel wie z. B. 1992) • *Villiera* (Munro, Tradition)

KLASSISCHE WEISSE VERSCHNITTE

Diese Kategorie umfasst Weine aus zu zahlreichen Traubenkombinationen, als dass alle angeführt werden könnten. So enthält Fairview gleich große Anteile von Sémillon und fassvergorenem Chardonnay plus 20 % weißgekeltertem Pinot Noir. Boschendals Premier Cuvée, trotz seines Namens kein Schaumwein, besteht zu 90 % aus weißgekeltertem Pinot Noir, der durch Chardonnay mit einem Hauch Eiche Schwung erhält. Inglewood ist ein Sauvignon-Chenin-Verschnitt, dem mitunter ein Schuss Chardonnay zugefügt wird, der aber kein Holz sieht.

✓ *Buitenverwachting* (Buiten Blanc) • *Cabrière* (Chardonnay-Pinot Noir) • *Eersterivier* (Chardonnay-Sauvignon Blanc) • *Neil Ellis* (Inglewood Blanc de Blancs) • *Fairview* • *Hamilton Russell* (Chardonnay-Sauvignon-Blanc) • *Jordan* (Chameleon) • *Morgenhof* (Blanc de M) • *Nederburg* (Prelude) • *Stellenzicht* (Sauvignon-Blanc-Sémillon)

SPÄTLESEN UND BOTRYTISIERTE WEINE

Von diesem Typ existieren zahlreiche Kategorien. *Late Harvest* (Spätlese) muss 10 bis 30 g Restzucker pro Liter enthalten; *Special Late Harvest* (Spezialspätlese) 20 bis 50 g pro l und meist, wenn auch nicht notwendig, einige botrytisierte Trauben; *Noble Late Harvest* (Botrytisierte Spätlese) aus botrytisierten Trauben enthält mindestens 50 g Restzucker. Unter den weiteren süßen, nicht aufgespriteten und nicht botrytisierten Weinen finden sich so köstliche Kuriositäten wie Vin de Constance von Klein Constantia und Vin d'Or von Boschendal. Alle diese Sorten sind schon verführerisch, sobald sie auf den Markt gelangen, gewinnen aber mit der Zeit an Komplexität.

⊱ Sofort und bis zu 20 Jahre bei Spätlese; möglicherweise über 50 Jahre bei schwereren Exemplaren

✓ *Avontuur* • *Bon Courage* • *De Wetshof* (Edeloes) • *Klein Constantia Sauvignon Blanc* • *Lievland* • *Morgenhof* • *Nederburg* (Edelkeur) • *Neethlingshof* • *Stellenzicht* • *Vergelegen*

Andere nicht aufgespritete Dessertweine
Boschendal (Vin d'Or) • *De Wetshof* (Mine d'Or) • *De Trafford* (Vin de Paille) • *Fairview* (Vin de Paille) • *Klein Constantia* (Vin de Constance)

PORTWEINTYP

Echter Portwein wird nur im Douro-Tal in Nordportugal hergestellt, aufgespritete Weine im Portweinstil erzeugt man jedoch auf der ganzen Welt, und Südafrika hat sich bei diesem Typ als besonders talentiert erwiesen.

⊱ Schon beim Kauf gut, steigern sich noch mehr als 25 Jahre lang

✓ *Allesverloren* • *Axehill* • *Bredell* (Cape Vintage) • *Boplaas* (Cape Vintage) • *Die Krans* (Cape Vintage) • *Glen Carlou* • *KWV* (Tawny, mit Jahrgangsangabe) • *Landskroon* • *Morgenhof* • *Overgaauw* • *Rustenberg*

AUFGESPRITETE DESSERTWEINE

Weitere ausgezeichnete aufgespritete Weine sind roter und weißer Muscadel, der oft als Hanepoot bezeichnet wird, wenn er aus Muscat d'Alexandrie hergestellt wird. Jerepigo (Jerepiko) ist das südafrikanische Gegenstück zu *Vin de Liqueur*, bei dem vor Beginn der Gärung Weingeist zugefügt wird (im Gegensatz zu *Vin doux naturel*, bei dem der Weingeist während der Gärung zugegeben wird, wenn der Wein 5 bis 8 % Alkohol erreicht hat). Die Farbe roter Weine reicht von hellem Kirschrot bis Orangegold und wird im Alter heller, während weiße mit dem Alter dunkler werden (alte Jahrgänge beider Arten sind möglicherweise nicht mehr zu unterscheiden, wenn sie goldbraun geworden sind).

✓ **ROT** *Nuy* (Red Muscadel) • *Rooiberg* (Rooi Jerepiko, Red Muscadel) • *Slanghoek* (Soet Hanepoot) • *Du Toitskloof* (Hanepoot Jerepigo) • *Weltevrede* (Oupa se Wyn)
WEISS *Badsberg* (Hanepoot) • *Bon Courage* (Muscadel) • *Die Krans* (Jerepigo) • *Goudin* (Soet Hanepoot) • *Nuy* (White Muscadel) • *Robertson* (Muscadel) • *Simonsvlei* (White Muscadel) • *Weltevrede* (White Muscadel)

ERZEUGER IN SÜDAFRIKA

THE AFRICA COLLECTION
Siehe Longridge Winery

AGUSTA
Franschhoek
★☆

Eine der neuesten und besten Kellereien in Franschhoek.

✓ *Cabernet, Chardonnay*

ALLESVERLOREN ESTATE
Swartland
☆

Einer der größten Portweinerzeuger der Kapregion. Eigentümer Fanie Malan stellt auch sehr guten Shiraz und Tinta Barroca her.

✓ *Portwein* • *Shiraz* • *Tinta Barroca*

ALTO ESTATE
Stellenbosch
☆

Große, muskulöse Weine, die 10 oder 15 Jahre reifen sollten.

✓ *Alto Rouge* • *Cabernet Sauvignon*

ALTYDGEDACHT ESTATE
Durbanville
☆

Dieses Gut gehört John und Oliver Parker, die das Weinmachen in Kalifornien und Neuseeland gelernt haben. Barbera und Tintoretto (ein Barbera-Shiraz-Verschnitt) sind die interessantesten Weine.

✓ *Barbera*

ASTONVALE
Siehe Zandvliet

L'AVENIR
Stellenbosch
★

Nachdem François Naudé 1992 hier Kellermeister wurde, gelangte dieses Gut schlagartig zu Ruhm. Der Stil ist samtig, reichhaltig und zugänglich und dabei in einigen Weinen nicht ohne Komplexität.

AVONTUUR
Stellenbosch
Ⓥ

Diese Kellerei war es, die der Welt den rosafarbenen Chardonnay schenkte! Seitdem Lizelle Gerber hier ist, hat sich der Stil stark verbessert.

✓ *Cabernet* (Reserve) • *Chardonnay* (Le Chardon) • *Merlot* (Reserve) • *Pinotage*

BACKSBERG ESTATE
Paarl
★★

Dieses Weingut, das Michael Back gehört, stellt einige der zuverlässigsten und elegantesten Weine Südafrikas her, die Fülle, Finesse und Komplexität verbinden.

✓ *Cabernet Sauvignon* • *Klein Babylonstoren* (Cabernet-Verschnitt) • *Malbec* • *Merlot* • *Pinotage*

BAY VIEW
Siehe Longridge Winery

GRAHAM BECK WINERY
Robertson
★☆Ⓥ

Graham Beck, dem auch Graham Beck Coastal gehört, erzeugt unter der Marke Madeba preiswerte Weine. Der Kellermeister Pieter Ferreira ist einer der führenden Schaumweinerzeuger Südafrikas, und sein schäumender *Pinotage* hat für einige Aufregung gesorgt. Zwar stellt dieser nicht unbedingt die Antwort vom Kap auf den schäumenden australischen Shiraz dar, aber trotzdem ist er interessanter als viele stille *Pinotages*.

✓ *Cap Classique* (Blanc de Blancs) • *Chardonnay* (Lone Hill)

BELLINGHAM
Paarl
★☆Ⓥ

Unter der Leitung von Graham Beck von der Graham Beck Winery wandelte sich Bellingham von einer ordentlichen kommerziellen Marke, die überall einkaufte, wo der Preis stimmte, zu einem Sortiment hochwertiger Weine von eigenen Lagen, die nur wenig teurer und dafür noch preiswürdiger sind.

✓ *Cabernet Franc* • *Chardonnay* • *Sauvignon Blanc* • *Shiraz*

BERGKELDER

Bergkelder ist heute für Ausbau, Abfüllung und Vermarktung der Weine von 7 Mitgliedsweingütern verantwortlich. Einige dieser Güter sind in Privatbesitz und andere in Gemeinschaftsbesitz: Allesverloren, Jacobsdal, Meerlust, La Motte, L'Ormarins, Rietvallei und Theuniskraal. Eigene Weine vermarktet Bergkelder unter den Marken Fleur du Cap und Stellenryck.

BLAAUWKLIPPEN
Stellenbosch
★☆

Als Pionier des Ausbaus in neuer Eiche zählt Blaauwklippen zu den ersten großen Innovatoren der Kapregion. Hier wird einer der wenigen Zinfandels Südafrikas erzeugt.

✓ *Zinfadel* (bes. Reserve)

BLOEMENDAL
Durbanville
★

Diese aufstrebende Kellerei hat sich mit ihrem klassischen Cabernet Sauvignon und einem viel versprechenden Sekt aus Chardonnay einen Namen gemacht.

✓ *Cabernet Sauvignon* • *Cap Classique* (Brut)

BOEKENHOUTSKLOOF
Franschhoek
★☆

Ein weiterer rasant aufsteigender neuer Stern am Weinhimmel Südafrikas. Zusätzliche Marke Porcupine Ridge.

✓ *Cabernet* • *Shiraz* • *Sémillon*

BOLAND WINE CELLAR
Paarl
☆Ⓥ

Diese ehemalige Genossenschaft befindet sich nun in privaten Händen und macht vollblumigen Cabernet und Chardonnay. Preisgünstige Weine werden in Flaschen mit Schraubverschluss unter dem Etikett Bon Vino angeboten.

✓ *Cabernet Sauvignon* • *Chardonnay*

BON COURAGE
Robertson
☆

André Bruwer war 1985 und 1986 Champion Estate Winemaker. Seit sein Sohn Jacques 1995 den Betrieb übernahm, ist die Qualität weiter gestiegen. Der Cap Classique ist viel versprechend.

✓ *Gewürztraminer Special Late Harvest* • *White Muscadel*

LE BONHEUR ESTATE
Stellenbosch
★☆

Dieses Weingut verweist mit der Bezeichnung »Sauvignon Blanc« als Einziges in Südafrika auf die Traubensorte, wie es der französischen Bedeutung entspricht. Der Sauvignon Blanc gilt weithin als der beste eichenfreie der Kapregion; der Cabernet Sauvignon ist ebenso elegant, aber weit komplexer.

✓ *Cabernet Sauvignon* • *Sauvignon Blanc*

BOPLAAS ESTATE
Klein Karoo
☆

Der Vintage Port Reserve hebt sich nicht nur von dem breiten Sortiment annehmbarer kommerzieller Produkte ab, sondern überragt fast jeden anderen südafrikanischen Portwein.

✓ *Vintage Reserve Port*

BOSCHENDAL ESTATE
Paarl
★

Dieser Erzeuger ist als Pionier der Flaschengärung am Kap berühmt. Daneben macht Boschendal Estate eine breite Palette stiller Weine,

von denen viele, besonders die Rotweine, aufregender sind als die Schaumweine.

✓ *Cap Classique* (Boschendal Brut) • *Chardonnay* • *Lanoy* • *Vin d'Or* (Dessertwein)

BOUCHARD-FINLAYSON
Overberg
★★

Dieses junge, kleine Unternehmen wurde vom Weinmacher von Hamilton Russell, Peter Finlayson, und einem Partner gegründet; ihnen schloss sich Paul Bouchard aus dem Burgund an. 2001 ging die Mehrheitsbeteiligung jedoch über auf Bea und Stanley Tollman. Bouchard bleibt Teilhaber und Finlayson ist weiterhin Kellermeister. Finlayson ist ein freundlicher Riese, und so sind auch seine Weine. Still und leise entwickeln sie im Mund eine bemerkenswerte Eleganz und Geschmackstiefe.
Produziert werden etwa 12 000 Kisten; die Hälfte der verarbeiteten Trauben stammt von eigenen Reben. Die Ergänzung liefern – wie es heißt – andere »teilnehmende Produzenten« mit ihren Weinen, darunter der vorzügliche Kaaimansgat-Chardonnay, Chardonnay Sans Barriques (vom selben Ursprung wie Kaaimansgat, aber ohne französische Eiche; vor dem Abfüllen ruht der Wein 8 Monate auf seinem Bodensatz) und Blanc de Mer (ursprünglich Pinot Blanc, doch seit

der 1999er Lese erstmals auch Sauvignon Blanc mit einem 10-%-Anteil; die weiteren sind Kerner, Riesling, Chardonnay und Gewürztraminer).

✓ *Chardonnay* • *Pinot Noir* • *Sauvignon Blanc*

BRAMPTON
Siehe Rustenberg

BREDELL WINES
Stellenbosch

Dieser Portweinspezialist hat sich rasch einen Namen gemacht.

✓ *Portwein* (Vintage, Vintage Character, Vintage Reserve)

BUITENVERWACHTING
Constantia

★★

Einst Teil des historischen Weinguts Constantia. Seinen ersten Jahrgang lieferte das Gut 1985, und die Ernte von 1988 war bereits viel versprechend. Während der 1990er Jahre war praktisch jeder hergestellte Weintyp hervorragend.

✓ *Buiten Blanc* (klassischer weißer Verschnitt) • *Buitenkeur* (Merlot-Verschnitt) • *Chardonnay* • *Christine* (Cabernet-Verschnitt) • *Noblesse* (Riesling-Dessertwein) • *Rheinriesling* • *Sauvignon Blanc*

CABRIÈRE ESTATE
Paarl

★½

Dieses Gut gehört Achim von Arnim, dem einstigen Weinmacher von Boschendal. So überrascht es nicht, dass er seinen guten Ruf durch die Spezialisierung auf gute flaschenvergorene Schaumweine ausbaute. Nun beabsichtigt er offensichtlich, einen der wirklich großen südafrikanischen stillen Rotweine aus Pinot Noir zu perfektionieren.

✓ *Cap Classique* (Pierre Jourdan Blanc de Blancs) • *Haute Cabrière Pinot Noir*

CAPE LANDS
Siehe Longridge Winery

CATHEDRAL CELLAR
Siehe KWV International

CHATEAU LIBERTAS
Kein Wein eines individuellen Erzeugers, sondern ein auf Cabernet basierender Verschnitt aus Trauben verschiedenen Ursprungs. Sein Ruf litt in den 1970er Jahren, als Cabernet Sauvignon in Mode kam und das Angebot an dieser Sorte knapp wurde; der Wein gewann jedoch Ende der 1980er Jahre seine kräftige Statur zurück.

CLARIDGE WINES
Paarl

★½Ⓥ

Diese kleine Kellerei stellt preiswerte, elegante, manchmal komplexe Weine aus Burgundersorten und einen guten roten Verschnitt her.

✓ *Chardonnay* • *Pinot Noir* • *Wellington* (Cabernet-Verschnitt)

CLOS MALVERNE
Stellenbosch

★

Ein relativ junges Unternehmen, das für seine dunklen, kraftvollen, sich langsam entwickelnden Weine bekannt ist.

✓ *Cabernet Sauvignon* • *Pinotage* (Reserve) • *Cabernet Sauvignon/Pinotage*

PAUL CLUVER
Overberg

½

Pionierweine aus den Weinbergen von Elgin.

✓ *Chardonnay* • *Weißer Riesling*

CONSTANTIA UITSIG
Constantia

★

Eigentümer sind Dave und Marlene McCay, und der Constantia Uitsig ist einer der üppigeren Merlots Südafrikas.

✓ *Chardonnay* • *Merlot* • *Sauvignon Blanc* • *Sémillon*

CORDOBA
Stellenbosch

★★½

Von diesen hoch gelegenen Weingärten kommen einige der besten Roten Südafrikas mit viel Länge und Finesse.

✓ *Cabernet Franc* (Crescendo) • *Cabernet Sauvignon*

CULEMBORG WINES
Paarl

Saubere, gefällige Weine für Preisbewusste.

DARLING CELLARS
Darling

★Ⓥ

In dieser ehemaligen Genossenschaft erzeugt Abe Beukes zugängliche Weine, die unbedingt ihr Geld wert sind.

✓ *Pinotage* • *Sauvignon Blanc* • *Shiraz*

DELAIRE
Stellenbosch

★½

Dieses Weingut erzeugt nach wie vor zuverlässige Bordeaux-Verschnitte und einen blitzenden edelfaulen Riesling.

✓ *Barrique* (Merlot-Verschnitt) • *Chardonnay* • *Noble Late Harvest* (Rheinriesling)

DELHEIM WINES
Stellenbosch-Simonsberg

Ⓥ

Immer seinen Preis wert, die Qualität war bis vor kurzem eher gut als ausgezeichnet und eher beständig als hervorragend. In den vergangenen Jahren hat Delheim aber eine dramatische Qualitätsverbesserung gezeigt.

✓ *Grand Reserve* (Cabernet-Verschnitt) • *Noble Late Harvest* (Edelspatz) • *Special Late Harvest*

DIEU DONNE VINEYARD
Paarl

★

Dieses Weingut erlangte mit stoffigem, komplexem Chardonnay und körperreichem, samtigem Cabernet rasch Berühmtheit. Auch der Merlot ist viel versprechend.

✓ *Cabernet Sauvignon* • *Chardonnay*

DUC DE BERRY
Siehe Eikendal Vineyards

EIKEHOF
Paarl

★½

Hier erzeugt man körperreiche, fruchtige Weine, die sich in der Flasche weiter steigern.

✓ *Cabernet Sauvignon* • *Chardonnay* • *Sémillon*

EIKENDAL VINEYARDS
Stellenbosch

½

Dieser in Schweizer Eigentum stehende Erzeuger ist am Exportmarkt für herausragenden Chardonnay wohl bekannt. Seine Rotweine sind allerdings besser, man macht sogar einen hochwertigen Cinsault-Verschnitt.

✓ *Cabernet Sauvignon* • *Classique* (Cabernet-Verschnitt) • *Chardonnay* • *Eikendal Rouge* • *Merlot*

NEIL ELLIS WINES
Stellenbosch

★½

Der erste und führende Weinmacher und -händler bewies verblüffende Fähigkeiten damit, Trauben aus den besten Weinbauregionen aufzuspüren und zu einigen der elegantesten Weine Südafrikas zu verarbeiten. Neil Ellis gehört nun definitiv zur Spitze am Kap. Das preiswerte Programmsegment trägt den Namen Inglewood.

✓ *Cabernet Sauvignon* • *Cabernet Sauvignon-Merlot* • *Chardonnay* • *Elgin Sauvignon Blanc* • *Groenkloof Sauvignon Blanc* • *Inglewood Blanc de Blancs* (klassischer weißer Verschnitt)

FAIRVIEW ESTATE
Paarl

★★Ⓥ

Charles Back produziert eine breite und ständig erweiterte Palette an Weinen; die geringsten sind gut und die besten sensationell.

✓ *Cabernet Sauvignon* • *Chardonnay* • *Charles Gerard* (Sauvignon Blanc-Sémillon) • *Fairview* (rote und weiße Verschnitte) • *Merlot* • *Pinotage* • *Shiraz-Merlot* • *Shiraz Reserve*

FLEUR DU CAP
Stellenbosch

★Ⓥ

Hergestellt und vermarktet von Bergkelder in Stellenbosch, hat sich Fleur du Cap mit einem hohen Standard für ein kommerzielles Sortiment etabliert. Einige Jahrgänge der empfohlenen Weine können fast spektakulär sein.

✓ *Cabernet Sauvignon* • *Chardonnay* • *Merlot* • *Shiraz*

GLEN CARLOU
Paarl

★★

Dieses junge, erfolgreiche Unternehmen wird von David Finlayson geführt, der in Bordeaux und Australien Erfahrungen im Weinbau gesammelt hat.

✓ *Chardonnay* (bes. Reserve) • *Grande Classique* (Cabernet-Verschnitt) • *Les Trois* (Cabernet-Verschnitt) • *Portwein*

GOEDE HOOP ESTATE
Stellenbosch

½

Dieses Gut erweitert nun sein Sortiment.

✓ *Cabernet Sauvignon* • *Vintage Rouge* (Shiraz-Verschnitt)

GOUDINI
Worcester

★Ⓥ

Eine rasch aufsteigende Winzergenossenschaft.

✓ *Soet Hanepoot*

GRANGEHURST
Stellenbosch

★★

Als einer der neuen Weinmacher, der seine Trauben von verschiedenen anderen Weinbauern bezieht, ist Grangehurst nach wie vor ein Kleinunternehmen, das jedoch bereits begeisternde Weine mit hohem Reifungspotenzial herstellt.

✓ *Cabernet-Merlot* • *Pinotage*

GROOT CONSTANTIA ESTATE
Constantia

★½

Dieses staatliche Weingut wird heute mit großer Leidenschaft und großem Können geführt.

✓ *Chardonnay* • *Gouverneur's Reserve* (Cabernet-Verschnitt) • *Noble Late Harvest* • *Pinotage* • *Shiraz* • *Weißer Riesling*

HAMILTON RUSSELL VINEYARDS
Overberg
★★

Dieses von Tim Hamilton Russell

gegründete Weingut war einst das südlichste Afrikas. Heute gibt es so weit im Süden viele, und ein weiteres Stück südwärts sogar noch einige mehr. Er scheute weder Kosten noch Mühen, um es zu einem der feinsten am Kap zu machen. Weinmacher Peter Finlayson trug dazu bei, dass dieser Traum Wirklichkeit wurde (er gründete seine eigene Kellerei gleich nebenan). Das Gut wird heute von Hamilton Russells Sohn Anthony geführt, dessen neuer Weinmacher Kevin Grant die Tradition herausragender burgundischer Sortenweine weiterführt.

✓ *Chardonnay* (bes. Ashbourne) • *Chardonnay-Sauvignon Blanc* • *Pinot Noir* (bes. Ashbourne) • *Sauvignon Blanc*

HARTENBERG ESTATE
Stellenbosch
★☆

Diese Kellerei, die früher Montagne hieß, wurde beim Verkauf an Gilbeys umbenannt. Sie wechselte nochmals den Besitzer, wurde vollständig renoviert und bringt heute einige sensationelle Weine hervor.

✓ *Cabernet Sauvignon-Shiraz* • *Chardonnay* • *Shiraz* • *Weißer Riesling* • *Zinfandel*

INGLEWOOD
***Siehe* Neil Ellis**

JORDAN VINEYARDS
Stellenbosch
★☆

Dieses Weingut erzeugt erst seit 1993 Weine unter eigenem Namen, erwarb sich aber rasch einen Ruf für aromatische, lebhafte Weißweine. Inzwischen mit an der Spitze am Kap, besonders beim Merlot.

✓ *Chardonnay* • *Sauvignon Blanc* • *Merlot*

KAAPZICHT
Stellenbosch
★V

Unter Einsatz von nur wenig Schwefel gelingt Danie Steytler eine hervorragend gelungene Kombination von Qualität und angemessenem Preis.

✓ *Pinotage* • *Shiraz*

KANONKOP ESTATE
Stellenbosch
★★

Kellermeister Beyers Truter gilt allgemein als einer der größten Repräsentanten der Rotweine von Stellenbosch.

✓ *Cabernet Sauvignon* • *Paul Sauer* (Cabernet-Verschnitt) • *Pinotage* (bes. Auction Reserve)

KEN FORRESTER-SCHOLTZENHOF
Stellenbosch
★

Der Scholtzenhof geht auf das Jahr 1689 zurück und hieß seinerzeit noch Zandberg. Bereits 1692 hatte man etwa 12 000 Rebstöcke gepflanzt, aber der erste Wein in neuerer Zeit entstand 1994, als die Eigentümer Ken und Teresa Forrester eine kleine Menge Sauvignon-Blanc-Trauben pressten und einen Blanc Fumé kelterten.

✓ *Chenin Blanc* • *Sauvignon Blanc*

KLEINE ZALZE
Stellenbosch
★

Dieser Besitz gehörte früher Gilbeys und wurde 1996 von Jan Malan erworben. Seitdem ist er zu einem Begriff geworden, und sein Ruf wird rasant immer besser.

✓ *Chenin Blanc* • *Gamay* • *Shiraz*

DIE KRANS ESTATE
Klein Karoo
☆V

Spezialist für aufgespritete Weine.

✓ *Vintage Reserve Port* • *White Jerepigo*

KWV INTERNATIONAL
Paarl
☆V

Bis 1995 kontrollierte die Großgenossenschaft Koöperatiewe Wynbouers Vereniging, die mehr als 70 lokale und regionale Winzergenossenschaften umfasst, die gesamte südafrikanische Weinindustrie. Inzwischen ging sie in private Hände über und besitzt denselben Status wie andere Weinerzeuger in der Kapregion, wenn auch keine andere Genossenschaft und kein anderes Unternehmen auch nur annähernd ihre Größe aufweist. Dieser Zustand muss für die Weinindustrie beunruhigender sein als der vorige, da es der KWV bis 1995 offiziell verboten war, ihre auf dem Exportmarkt wohl bekannten Produkte in Südafrika selbst zu verkaufen. 2001 stand die KWV kurz davor, auf dem heimischen Markt zu verkaufen. Neben der Marke KWV selbst verkauft sie Weine unterschiedlicher Qualität unter einer Vielzahl von Namen. Zu den bedeutendsten zählen: Bon Esperance (preiswert, sauber), Cape Country (billig, gefällig, fruchtig) und Cathedral Cellar (eine neue Top-Linie). *Siehe auch* Laborie Estate.

✓ *Cathedral Cellar* (Cabernet, Pinotage, Triptych) • *KWV* (Full Tawny Port, Limited Release Portwein, Noble Late Harvest, Pinotage-Shiraz, Vintage Port)

LABORIE ESTATE
★

Das Flaggschiff der KWV wird nun auf dem 1995 und 1996 neu ausgestatteten Gut hergestellt, ausgebaut und abgefüllt. Granite Creek, die Zweitmarke, wird mit zugekauften Trauben ergänzt.

✓ *Chardonnay* • *Sauvignon Blanc*

LAIBACH
Stellenbosch
★

Laibach, der neue Besitzer legte einen neuen Keller an und füllte seine Weine erstmals 1997 ab.

✓ *Cabernet Sauvignon* • *Cabernet Blend* • *Merlot*

LANDSKROON ESTATE
Paarl
☆V

Ein sehr großes Weingut mit gering tragenden, buschförmig erzogenen Rebstöcken, die volle, weiche, geschmeidige Weine liefern.

✓ *Cabernet Sauvignon* • *Port* • *Shiraz*

LANZERAC
Stellenbosch
★

Nicht zu verwechseln ist dieses Gut des Eigners Christo Wiese mit der gleichnamigen Marke, lange Zeit im Sortiment der Stellenbosch Wine Farmers. Eine 1997 geschlossene Vereinbarung erlaubt es nun beiden, den Namen Lanzerac zu benutzen. Somit konnte Christo Wiese seine eigene kleine Kellerei einrichten und noch im selben Jahr die Produktion aufnehmen.

✓ *Pinotage*

LIEVLAND
Stellenbosch
?

Das Gut zählt zu den klassischen Erzeugern am Kap. Die neuen Besitzverhältnisse waren bei meinem letzten Besuch noch nicht geklärt.

✓ *Cabernet Sauvignon* • *DBV* (Cabernet-Verschnitt) • *Noble Late Harvest* • *Shiraz* • *Weißer Riesling*

JEAN DE JONG
***Siehe* Boschendal Estate**

LONG MOUNTAIN
Stellenbosch

Ein viel versprechendes neues Sortiment, von Pernod-Ricard unter der Leitung von Robin Day produziert, dem Mann, der Jacob's Creek der Gruppe Orlando (Australien) zum Erfolg machte.

✓ *Chenin Blanc*

LONGRIDGE WINERY
Stellenbosch

Dieser Weinmacher-*Négociant* zeigt Talent für annehmbaren Schampus und verschiedene Sortenweine. Außer Longridge heißen die Labels Bay View, Cape Lands und The Africa Collection. Longridge gehört jetzt zum australischen Weingiganten Winecorp, der auch Savanha, Capelands, Bayview und Spier besitzt.

✓ *Chardonnay* • *Merlot* • *Pinotage* • *Ruby Cabernet* • *Shiraz*

LOUISVALE
Stellenbosch
★

Louisvale bietet ein solides Sortiment gut gemachter Weine, ist jedoch am meisten für seinen großen, hefebetonten Chardonnay bekannt.

✓ *Chardonnay* • *Cabernet-Verschnitt* (Dominique)

MEERLUST ESTATE
Stellenbosch
★★

Eines der zuverlässigsten Weingüter der Kapregion. Besitzer ist Hannes Myburgh, dem der überaus talentierte Weinmacher Giorgio Dalla Cia zur Seite steht. Der Cabernet Sauvignon von Meerlust war einer der ersten eleganten, fruchtigen Weine, die sich in Südafrika einen klassischen Ruf erwarben (der zweifellos gute Wein gilt heute als einer der am wenigsten aufregenden des Guts). Ihm folgten zwei Pionierweine, Merlot und ein Cabernet-Merlot namens Rubicon. Auch der Pinot Noir des Guts war ein Original und erbrachte trotz des heißen Klimas ausgezeichnete Jahrgänge. Die neueste Schöpfung, ein Chardonnay, ist kein »neuer Südafrikaner«, aber Meerlusts erster Weißwein, ein mächtiger, üppiger und reifer Tropfen mit reichlich Röstaromen.

✓ *Chardonnay* • *Merlot* • *Pinot Noir* • *Rubicon* (Cabernet Blanc)

MIDDELVLEI ESTATE
Stellenbosch
★

Dieses Weingut erwarb sich mit *Pinotage* einen Namen, macht aber seit 1981 einen großartigen Cabernet Sauvignon. Nach einem perfekten *Pinotage* im neuen Stil stellt das Gut nun auch einen wundervoll reichen, eleganten Chardonnay her.

✓ *Cabernet Sauvignon* • *Chardonnay* • *Pinotage* • *Shiraz*

MÔRESON-MATIN DU SOLEIL
Stellenbosch
☆

Dieses 1985 von Richard Friedmann gekaufte Gut erwarb sich anfangs hohes Ansehen für seine Weißweine, aber in den letzten

Jahren waren die Roten am eindrucksvollsten.

Cabernet Sauvignon

MORGENHOF

Stellenbosch

★☆

Dieses historische Weingut wird von französischen Einwanderern mit Verbindungen in die Champagne und Cognac betrieben, die es mit einigen stilvollen Weinen rasch wieder erstklassig machten.

Cabernet-Verschnitt (Premiere Selection) • *Cabernet Sauvignon* • *Chardonnay* • *Merlot* • *Sauvignon Blanc*

LA MOTTE ESTATE

Paarl

★★

Das Weingut gehört der Tochter von Anton Rupert, dem zweitreichsten Mann Südafrikas, die Weine macht der Weinzauberer Jacques Borman. Im Vergleich zu anderen Gütern hat La Motte nur ein kleines Sortiment, doch ist jeder Wein ein Erfolg. Teil eines Unternehmens names Historic Wines Oude Meester.

Cabernet Sauvignon • *Chardonnay* • *Merlot* • *Millennium* (Cabernet-Verschnitt) • *Sauvignon Blanc* • *Shiraz*

MULDERBOSCH VINEYARDS

Stellenbosch

★★

Diese Spitzenweine von erstklassig gelegenen Hängen werden auf das sorgfältigste verarbeitet.

Chardonnay • *Faithful Hound* (Cabernet-Verschnitt) • *Sauvignon Blanc* • *Steben op Hout* (Chenin Blanc)

MURATIE ESTATE

Stellenbosch

❓

Bruno Lorenzen, neuer Kellermeister aus dem Burgund, will die Traditionen dieses historischen Weinguts pflegen.

Ansela (Cabernet-Verschnitt) • *Cabernet Sauvignon* • *Portwein*

NEDERBURG WINES

★Ⓥ

Diese Weine werden von der Kellerei Stellenbosch Farmers' Winery (SFW) hergestellt und vermarktet. Ähnlich wie Fleur du Cap von Bergkelder überrascht die zuverlässige Qualität des kommerziellen Sortiments. Einige der empfohlenen Weine können geradezu herausragend sein.

Cabernet Sauvignon (bes. Private Bin) • *Chardonnay* (bes. Private Bin) • *Muscat de Frontignan* (Eminence) • *Noble Late Harvest* (bes. Edelkeur, Sauvignon Blanc, Private Bin Weisser Riesling) • *Prelude* (klassischer weißer Verschnitt) • *Shiraz* (Private Bin)

NEETHLINGSHOF ESTATE

Stellenbosch

★☆

Nach der Vergrößerung der Weinberge und der Keller unter einem neuen Eigentümer seit 1985 mehrte Neethlingshof seinen Ruhm als ausgezeichnetes Weingut.

Cabernet Sauvignon • *Chardonnay* • *Lord Neethlingshof Reserve* (Cabernet-Verschnitt) • *Noble Late Harvest* • *Weisser Riesling*

NUY COOPERATIVE

Worcester

★Ⓥ

Einige halten Nuy für die beste Genossenschaft Südafrikas. Aber es gibt einige, die um diesen Titel wetteifern, und der Sieger steht nicht fest. Nuy macht zweifellos einen der besten Colombards des Landes, und sein saftiger Muscadel kann sich mit den besten Gutsweinen messen.

Colombard • *Red Muscadel* • *White Muscadel*

L'ORMARINS ESTATE

Paarl

★☆

Auch nach über 15 Jahren ist die jungenhafte Begeisterung Toni Ruperts für den Weinbau ungebrochen. Teil eines Unternehmens names Historic Wines Oude Meester.

Cabernet Sauvignon • *Chardonnay* • *Optima* (Cabernet-Verschnitt) • *Shiraz*

OVERGAAUW ESTATE

Stellenbosch

★

Dieses technisch exzellent ausgestattete Unternehmen macht interessante Weine mit sehr wenig Schwefeldioxid. Besitzer Braam van Velden ist bereits seit einem Vierteljahrhundert als Weinpionier tätig.

Chardonney • *Merlot* • *Sylvaner* • *Tria Corda* (Cabernet-Verschnitt) • *Vintage Port*

PERDEBERG CO-OPERATIVE

Paarl

☆Ⓥ

Diese Winzergenossenschaft erwarb sich mit Chenin Blanc eine seriöse Reputation in einem Land, in dem man das Potenzial dieser hochwertigen Traube erst langsam entdeckt.

Chenin Blanc • *Noble Late Harvest*

PLAISIR DE MERLE

Stellenbosch

★★

Bis 1993 bildeten die Trauben dieses Guts das Herzstück vieler Nederburg-Weine. Dann brachte Eigentümer und Weinmacher Niel Bester mit Hilfe von Berater Paul Pontallier von Château Margaux ein Sortiment von Gutsweinen auf den Weg, die der Renommierdomäne von SFW würdig sind.

Cabernet Sauvignon • *Chardonnay* • *Merlot* • *Sauvignon Blanc*

PONGRÁCZ

Stellenbosch

★

Dieser von J. C. Le Roux, einer Tochter der Distillers Corporation, nach traditioneller Methode hergestellte Schaumwein war als einer der ersten erfolgreich und ist nach wie vor einer der besten.

Cap Classique (Pongrácz)

PORCUPINE RIDGE

Siehe Boekenhoutskloof

RHEBOKSLOOF ESTATE

Paarl

❓

Dieses junge Unternehmen, das 1989 seinen ersten Jahrgang herausbrachte, hat sein Potenzial noch nicht entfaltet. Mit dem Eigentümerwechsel 1995 und einem anderen Weinmacher könnte sich ein Aufschwung abzeichnen.

LE RICHE

Stellenbosch

★

Kleines, viel versprechendes Weingut mit polierten Roten.

Cabernet • *Caber*

RIETVALLEI ESTATE

Robertson

Man hat sich auf einen vielfach prämierten, süßen, aufgespriteten roten Muscadel spezialisiert.

Rietvallei Rooi Muskadel

ROBERTSON WINERY

Robertson

☆Ⓥ

Diese Weinbaugenossenschaft stellt ein breites Sortiment preiswürdiger Sortenweine und einige wirklich ausgezeichnete Dessertweine her.

Muscadel • *Special Late Harvest* (Rheingold)

ROOIBERG CO-OPERATIVE

Robertson

★Ⓥ

Die vielfach prämierte Winzergenossenschaft genießt Ruhm für ihre aufgespriteten Weine.

Jerepiko (Rooi) • *Red Muscadel*

J. C. LE ROUX

★

Diese Marke von Bergkelder wurde ursprünglich ausschließlich für Schaumweine verwendet, inzwischen enthält das Sortiment auch mehrere Stillweine.

Cap Classique (Pinot Noir)

RUSTENBERG ESTATE

Stellenbosch

★★

Rustenberg galt einst als der absolute Spitzenwein Südafrikas, bis in den frühen 1990ern die Qualität deutlich nachließ; mit dem Jahrgang 1996 ging es aber wieder aufwärts, und inzwischen ist er besser als je zuvor. Die Kellerei wird heute von Simon Barlow geleitet, der komplett neue Anlagen installieren ließ und alles getan hat, um den tadellosen Ruf von Rustenberg zu erhalten.

Cabernet Sauvignon (Peter Barlow) • *Chardonnay* (Five Soldiers) • *Merlot-Cabernet* • *Port* • *Rustenberg Gold* • *Sauvignon Blanc*

RUST EN VREDE

Stellenbosch

★

Jannie Engelbrecht macht ausschließlich Weine, die er selbst gerne trinkt – körperreiche, dichte, ausgewogene Rotweine, die er erst dann verkauft, wenn sie trinkreif sind.

Cabernet Sauvignon • *Estate Wine* (Cabernet-Shiraz-Verschnitt) • *Merlot* • *Shiraz* • *Tinta Barroca*

SABLE VIEW

Stellenbosch

Hier erzeugt die SFW ein kommerzielles Sortiment in Standard-Exportqualität.

SAXENBURG

Stellenbosch

★

Mit Schweizer Besitzern ist diese Weinkellerei ein aufgehender Stern mit tiefschichtigen Weinen.

Cabernet Sauvignon • *Chardonnay* • *Merlot* (Private Collection) • *Pinotage* (Private Collection) • *Shiraz* (Private Collection)

SEIDELBERG

Paarl

☆

Viele interessante Weine, doch keiner ist so sensationell wie der Muscadel von 80 Jahre alten Rebstöcken. Früher unter dem Namen de Leuwen Jagt tätig.

Muscadel

SIMONSIG ESTATE

Stellenbosch

☆

Diese überaus produktive Weinkellerei erzeugt ein Sortiment zwischen sensationellen und banalen Weinen.

Chardonnay • *Pinotage* (bes. Auction Reserve) • *Sauvignon Blanc* • *Shiraz*

SIMONSVLEI WINERY

Paarl

☆Ⓥ

Diese ehemalige Winzergenossenschaft ist seit vierzig Jahren für gute Weine zu bemerkenswert niedrigen Preisen berühmt.

Cabernet Sauvignon • *Shiraz* • *White Muscadelle*

SPICE ROUTE

Malmesbury

★☆

Spice Route glänzt mit typischerweise tiefen, dunklen sowie reichhaltigen und würzigen Rotweinen mit Massen von schwarzer Frucht. Der Flagship Syrah zählt – unabhängig von der verwendeten Sortenbezeichnung – zu dem Besten aus Südafrika, das ich gekostet habe.

✓ *Cabernet Blend* • *Merlot, Pinotage* • *Sauvignon Blanc* • *Shiraz* (Flagship Syrah)

STEENBERG

Constantia

☆

Kleine Mengen von hinreißend frischem Sauvignon Blanc machten diese Weinkellerei 1995 zu Constantias neuem aufsteigenden Stern.

✓ *Sauvignon Blanc*

STELLENBOSCH VINEYARDS

Stellenbosch

☆Ⓥ

Die Genossenschaften Eersterivier Vineyards und Helderberg haben sich nun mit Bottelary, Koelenhof

und Welmoed zusammengeschlossen.

✓ *Chardonnay-Sauvignon Blanc* • *Cabernet Sauvignon*

STELLENBOSCH FARMERS' WINERY (SFW)

Siehe **Stellenbosch Wine Farmers**

STELLENBOSCH WINE FARMERS

★

Auch als Stellenbosch Farmers' Winery (SFW) bekannt, erzeugt diese große Gruppe verschiedene Marken wie Grand Mousseux, Lanzerac, Chateau Libertas, Lieberstein, Sable View und Zonnenbloem, aber am besten bekannt ist sie für ihr Nederburg-Sortiment und natürlich für ihr Aushängeschild, das Gut Plaisir de Merle.

STELLENRYCK COLLECTION

Durbanville

★Ⓥ

Eine hochwertige Palette individuell vinifizierter Weine, die von Bergkelder – quasi eine gehobene Fleur-du-Cap-Linie – als Stellenryck Collection vermarktet wird.

✓ *Cabernet Sauvignon* • *Chardonnay* • *Sauvignon Blanc*

STELLENZICHT

Stellenbosch

★★

Unter demselben Eigentümer wie Neethlingshof erzeugt Stellenzicht auf Berglagen einige der besten Neuheiten in der südafrikanischen Qualitätsweinszene.

✓ *Cabernet Sauvignon* • *Grand Vin Blanc* (klassischer weißer Verschnitt, auch unter dem Namen Collage) • *Noble Late Harvest* • *Sémillon* • *Shiraz* • *Stellenzicht* (Cabernet-Verschnitt)

SWARTLAND WINE CELLAR

Swartland

★Ⓥ

Die Qualität ist für extrem heiße Anbauflächen außergewöhnlich hoch, was auf technisch hervorragender Verarbeitung der Trauben und Vinifizierung beruht, vor allem aber auf buschförmig gezogenen Rebstöcken, die größtenteils nicht bewässert werden.

✓ *Chenin Blanc* (bes. Steen) • *Colombard* • *Sauvignon Blanc*

THELEMA MOUNTAIN VINEYARDS

Stellenbosch

Thelema Mountain, einer der aufregendsten aufstrebenden Jungstars, macht sensationell körperreiche und komplexe Weine.

✓ *Cabernet Sauvignon* • *Cabernet Sauvignon-Merlot* • *Chardonnay* • *Merlot* • *Muscat de Frontignan* • *Cabernet Reserve* • *Rheinriesling* • *Sauvignon Blanc*

THEUNISKRAAL ESTATE

Tulbagh

Dieses Gut hat sich auf Weißwein spezialisiert.

DU TOITSKLOOF COOPERATIVE

Worcester

Ⓥ

Diese Winzergenossenschaft blickt auf eine lange Tradition prämierter Tischweine zurück und erzeugt nun erstklassige Dessertweine.

✓ *Hanepoot Jerepigo* • *Special Late Harvest*

DE TRAFFORD

Stellenbosch

★

Diese neue, winzige feine Kellerei ist bereits für einen hervorragend gemachten Cabernet berühmt; man ist gespannt auf das Kommende wie einen seriösen, im Barrique vergorenen Chenin Blanc.

✓ *Cabernet Sauvignon*

TWEE JONGEZELLEN ESTATE

Tulbagh

?

Nicky Krone war früher der unangefochtene Meister im Verschneiden südafrikanischer Schaumweine und erzeugte einen klassischen Jahrgangsschaumwein mit Namen Krone Borealis, der nach zwei oder drei Jahren Alterung eine hervorragende biskuitartige Finesse annahm. Es gab Zeiten, da war der Krone Borealis der einzige lohnenswerte Cap Classique auf dem Markt. 1999 aber erntete Krone aufgrund seiner beinahe fanatisch umweltfreundlichen Anbaumethoden nahezu keine Trauben. Wer sich an den 1990er und 1993er erinnert, oder diese gar besitzt, wird wie ich Nicky jeden Erfolg wünschen im Bemühen, wieder nach oben zu kommen.

UITERWYK

Stellenbosch

Hier wird ein interessanter *Pinotage* erzeugt.

UITKYK ESTATE

Stellenbosch

☆

Das Weingut Uitkyk ist berühmt für seinen kräftigen Carlonet, früher ein Verschnitt, heute ausschließlich aus Cabernet Sauvignon hergestellt.

✓ *Carlonet*

VAN LOVEREN

Robertson

☆Ⓥ

Was hier am ehesten nach großem Wein aussieht, sind ein hervorragender Chardonnay, ein milder, geschmeidiger Verschnitt (River Red) und ein eleganter, süßer und saftiger Gewürztraminer Special Late Harvest. Van Loveren, dem mehr an innovativer Weinerzeugung und mäßigen Preisen liegt, bietet breiten Käuferkreisen einen kräftigen Blanc de Noirs Red Muscadel, der ein wundervolles, leicht süßes Muscataroma, eine runde Honig-Pfirsich-Frucht und am Gaumen Rosen zeigt. Wäre der Anjou Rosé nur halb so gut, würde er sich immer noch verkaufen!

✓ *Blanc de Noir* (Red Muscadel, Shiraz) • *Chardonnay, Special Late Harvest* (Gewürztraminer) • *River Red*

VEENWOUDEN

Paarl

★

Diese Boutiqueweinkellerei wurde kürzlich von Deon van der Walt, dem bekanntesten Tenor Südafrikas, gegründet. Als Berater stehen ihm Giorgio Dalla Cia von Meerlust und Michel Rolland von Le Bon Pasteur in Pomerol (Bordeaux) zur Seite.

✓ *Merlot* • *Veenwouden* (Cabernet-Merlot-Verschnitt)

VERGELEGEN

Stellenbosch

★☆

Dieses makellos restaurierte historische Weingut macht komplexe Weine von Spitzenqualität. Seitdem der Keller von André van Rensburg geleitet wird, ist dieses Gut nun zu einem der führenden Erzeuger aufgestiegen.

✓ *Merlot* • *Sauvignon Blanc*

VERGENOEGD ESTATE

Stellenbosch

★Ⓥ

Das Flaggschiff dieses seit sechs Generationen im Familienbesitz befindlichen Guts ist eine Reserve im Bordeaux-Stil.

✓ *Cabernet* (Reserve) • *Cinsault* • *Merlot* • *Port*

VILLIERA ESTATE

Paarl

★☆

Villiera Estate ist ein fest etablierter Erzeuger in der Kapregion.

✓ *Blue Ridge Rouge* (Shiraz-Verschnitt) • *Cap Classique* (Grande Cuvée • Tradition Reserve) • *Cru Monro* (Cabernet-Verschnitt) • *Merlot* • *Sauvignon Blanc* (Bush Vine)

VLOTTENBURG CO-OPERATIVE

Stellenbosch

★Ⓥ

Diese oft prämierte Winzergenossenschaft bietet eine breite Palette einfacher, fruchtiger Weine mit ausgezeichnetem Preis-Leistungs-Verhältnis.

✓ *Cabernet Sauvignon* • *Chardonnay* • *Merlot* • *Reserve* (Shiraz-Verschnitt) • *Riesling* • *Special Late Harvest*

VREDENDAL WINERY

Olifantsrivier

☆Ⓥ

Vredendal, früher Olifantsrivier Koop Wynkelder, ist heute die größte Winzergenossenschaft des Landes, die jährlich mehr Trauben verarbeitet, als ganz Neuseeland produziert. Sie stellt einen der besten der nach Blutorange schmeckenden Ruby Cabernets Südafrikas her.

✓ *Ruby Cabernet*

VRIESENHOF

Stellenbosch

★

Dieses kleine Weingut wird von Jan Boland Coetzee betrieben. Die Weine werden auch unter den Namen Paradyskloof und Talana Hill verkauft.

✓ *Chardonnay* • *Kallista* (Cabernet-Verschnitt) • *Krestel* (Merlot-Verschnitt) • *Merlot*

WARWICK ESTATE

Stellenbosch

★☆

Mit gehaltvollen, komplexen Weinen ist Warwick eine der jüngsten, kleinsten und aufregendsten Kellereien in der Weinszene am Kap.

✓ *Cabernet Franc • Merlot • Pinotage* (Traditional Bush Vine) • *Trilogy* (Cabernet-Verschnitt)

WATERFORD
Stellenbosch

★

Erfolg versprechendes neues Weingut.

✓ *Shiraz*

WELGEMEEND ESTATE
Paarl

☆

Dieser kleine Spezialist für Qualitätsrotwein zeigt eine beneidenswerte Beständigkeit.

✓ *Amadé • Douelle • Estate Wine*

WELTEVREDE ESTATE
Robertson

★

Weltevrede bedeutet »sehr zufrieden«, zu meiner großen Freude eine nach wie vor zutreffende Beschreibung.

✓ *Chardonnay • Muscat de Hambourg • Privé du Bois* (klassischer weißer Verschnitt) • *Red Muscadel* (Oupa se Wyn) • *Special Late Harvest* (Therona) • *White Muscadel*

DE WET COOPERATIVE
Breede River

Nicht zu verwechseln mit dem Weingut De Wetshof, dessen Weine, um die Verwirrung weiter zu steigern, von Danie de Wet hergestellt werden. Das breite Sortiment umfasst Kuriositäten wie einen reinen Fernão-Pires-Wein.

DE WETSHOF ESTATE
Robertson

★☆

Wie Danie de Wet so exquisite Weine wie seinen Chardonnay Bateleur herstellen kann, wo man auf den Steinen in seinen Weinbergen Eier braten könnte, ist ein Rätsel. Solche Rätsel sind Teil einer ewigen Faszination, die der Wein auf echte Enthusiasten ausübt.

✓ *Rhine Riesling • Chardonnay • Sauvignon Blanc • Edeloes* (edelfaul)

YONDER HILL
Stellenbosch

★

Die junge Boutiqueweinkellerei erzeugt wundervolle Weine aus den hoch gelegenen Weinbergen am Helderberg.

✓ *iNanda* (Cabernet-Verschnitt) • *Merlot*

ZANDVLIET ESTATE
Robertson

☆

Zandvliet ist berühmt für seinen Shiraz, die Zweitmarke ist Astonvale.

✓ *Shiraz*

ZEVENWACHT
Stellenbosch

Während der 1980er Jahre wurde Zevenwacht rasch größer, als frische und aromatische, jedoch nicht unbedingt aufregende Weine gemacht wurden. Ausnahmen sind der Sauvignon Blanc und der 1994er Pinot Noir.

✓ *Sauvignon Blanc*

ZONNEBLOEM WINES

★Ⓥ

Mit Zonnebloems besten Weinen erhält man einen außerordentlich guten Gegenwert fürs Geld.

✓ *Cabernet Sauvignon • Chardonnay • Chenin Blanc* (Blanc de Blancs) • *Laureat* (Cabernet-Verschnitt) • *Merlot • Pinotage • Sauvignon Blanc • Shiraz*

WEITERE WEINE AUS AFRIKA

KENIA

Ich war verblüfft, als ich von den ersten jemals in Kenia hergestellten Weinen erfuhr. Nachdem ich Gelegenheit hatte, diese Weinberge zu besichtigen, bin ich beeindruckt – nicht von einer großartigen Qualität oder von der Schönheit der Weinberge, sondern von der Tatsache, dass so nahe am Äquator überhaupt saubere, trinkbare Weine erzeugt werden können. Die Reben gedeihen auf vulkanischen Böden am Ufer des Lake Naivasha, 1900 m über dem Meer im Rift-Tal, dem Blumengarten Afrikas, dessen Blüten in die ganze Welt geflogen werden. Hier kann man alles anbauen und sogar zweimal im Jahr ernten. Und gewiss wachsen hier auch Reben, wie John und Elli D'Olier beweisen, seit sie 1982 die ersten Reiser aus Kalifornien mitbrachten.

John ist Kenianer hugenottischer Abstammung, sein Vater kam im Ersten Weltkrieg von Irland nach Ostafrika. Ellis Heimat ist Kalifornien. Das Ehepaar D'Olier brachte 1986 seinen ersten Wein aus Trauben heraus, nachdem es mit seinem Papayawein (ein traditionelles, starkes, dickes und öliges kenianisches Produkt, das Weinliebhaber vermutlich nicht begeistert) 1985 in Lissabon eine Silbermedaille gewonnen hatte. In einem am Äquator liegenden Land Reben zu ziehen, gilt als Vabanquespiel, eine weit verbreitete Annahme, die durch die D'Oliers und ihre Weine vom Lake Naivasha relativiert wird. Diese Weine sind nichts Besonderes, aber sie sind sauber und gut gemacht, sie wirken nicht verschmort und weisen auch sonst keine negativen Merkmale eines heißen Klimas auf.

Dass man unter dem Äquator keinen Wein machen kann, gründet auf der Vorstellung, dass die Rebstöcke hier zum Schaden der Frucht zu übermäßigem Blattwuchs neigen. Der Naivasha-See beweist, dass sich auch am Äquator Orte finden, die für Weinbau geeignet sind. Die kühlen Nächte ergeben einen erstaunlich hohen Säuregehalt. Die größte Einschränkung für den Weinbau in äquatorialen Ländern ist das Fehlen einer Weinindustrie, weshalb es schwierig ist, die geeignete Ausrüstung und Technik zu erwerben. Auch wenn man Weine sauber vinifiziert, so müssen sie unter sehr ungünstigen Bedingungen über weite Strecken zur Abfüllung in der nächstgelegenen großen Stadt transportiert werden. Das Personal der Abfüllanlage lässt häufig die notwendige Erfahrung vermissen. Zudem sind die Lagermöglichkeiten so schlecht, dass auch die importierten Weine unter dem Klima leiden.

Angesichts all dieser Nachteile überrascht es, dass der Lake Naivasha trinkbar ist. Der Colombard Sur Lie ist sogar frisch, leicht, freundlich und prickelt ein wenig, und dem frischen, angenehm munteren Sauvignon Blanc fehlt nur ein wenig Sortencharakter. Enttäuscht hat lediglich ein derber Rotwein aus der Carnelia-Traube. Der Cabernet Sauvignon erschien mir hingegen angenehm, beeindruckt war ich von einem flaschenvergorenen Sekt Jahrgang 1992.

ZIMBABWE

In den letzten Jahren hat sich vieles in der Weinindustrie Zimbabwes verändert. Man hat die Weinberge geringer Qualität gerodet, Tropfbewässerung installiert, die gekühlte Gärung eingeführt und international ausgebildete Weinmacher verpflichtet.

Die Weinindustrie wurde erst seit Mitte der 1960er Jahre aufgebaut, und noch heute geht praktisch der gesamte Export in die afrikanischen Nachbarländer. Dies könnte sich in naher Zukunft ändern. Bekannte Namen wie Philips und Monis wurden der Weinkellerei Mukuyu eingegliedert; Marken wie Flame Lily, die auf den Exportmärkten wie Großbritannien kurz aufgetaucht waren, sind ebenfalls auf der Strecke geblieben. Zu den in Zimbabwe gedeihenden Traubensorten zählen: Bukettraube, Cabernet Sauvignon, Cinsault, Clairette Blanche, Colombard, Chenin Blanc (auch Steen genannt), Crouchen Blanc (auch Kapriesling genannt), Gewürztraminer, Merlot, Pinotage, Pinot Noir, Riesling, Ruby Cabernet, Sauvignon Blanc und Seneca.

Heute gibt es in Zimbabwe nur zwei Weinerzeuger, African Distillers (Stapleford Wines) und Mukuyu. Die 180 ha großen Weinbauflächen der African Distillers liegen nördlich von Harare bei Bulawayo, Odzi und Gweru. In Gweru befindet sich auch die große Kellerei des Unternehmens. Die Trauben werden mit solchen von privaten Weinbauern ergänzt, die insgesamt etwa 40 % der Gesamtproduktion von 6,6 Millionen Flaschen pro Jahr liefern. Einfache Weine werden unter der Marke Green Valley verkauft, die hochwertigeren unter der Marke Private Cellar.

Die Weinkellerei Monis arbeitet heute unter dem Namen Mukuyu, was ursprünglich das Prestigeweingut von Monis war. Kellerei und 100 ha Weinberge des heute im Besitz der Cairns Holding befindlichen Unternehmens liegen südlich des Orts Marondera, 100 km östlich von Harare. Die Jahresproduktion von 2 Millionen Flaschen stammt zur Gänze aus dem eigenen Weingut. Die einfachen Weine tragen das Etikett New Vineyard, etwas besser ist die Marke Symphony mit fruchtigen, angenehmen Weinen (besonders Rotweinen). Die Linie Meadows umfasst einen interessanten trockenen Weißwein (L'Étoile) aus mehreren Traubensorten, darunter Gewürztraminer und Riesling. Sortenweine (Sauvignon Blanc, Pinot Noir und Merlot) werden unter den Marken Select und Mukuyu verkauft, zur letzteren gehört auch ein interessanter Brut-de-Brut-Schaumwein, der nach der traditionellen Methode hergestellt wird.

Dieses fernab gelegene Weinland benötigt mehr Erzeuger, bevor es auf internationalen Märkten mitmischen kann. Mit klassischen Traubensorten und temperaturgesteuerter Gärung könnten seine Weine schon bald in den Supermärkten Einzug halten.

DIE AUSWAHL DES AUTORS

Die Auswahl ist eindeutig von Südafrika beherrscht. Dies birgt ein Problem, da sich die Erzeuger des Landes noch immer auf die Wünsche des Weltmarkts einzustellen versuchen und daher viele Weintypen noch provisorisch sind.

ERZEUGER	WEIN	ART	BESCHREIBUNG	
Backsberg (*siehe* S. 433)	Cabernet Sauvignon	ROT	Der Cabernet Sauvignon meines bevorzugten südafrikanischen Rotweinerzeugers steht an der Spitze des Sortiments. Alle Rotweine von Backsberg sind großartig, der Cabernet Sauvignon besitzt die größte Klasse und Finesse.	4–12 Jahre
Graham Beck Winery (*siehe* S. 433) Ⓥ	Chardonnay Blanc de Blancs Brut, Cap Classique	SCHAUMWEIN WEISS	Graham Becks Blanc de Blancs ist zurzeit mit seinem sahnigen, malolaktisch geprägten Charakter Südafrikas erlesenster Schaumwein. Ein Hauch Gebäck- und Röstaroma rundet die korrekt frische Frucht ab.	1–2 Jahre
Buitenverwachting (*siehe* S. 434)	Cabernet Sauvignon	ROT	Dieser tiefe, dunkle Wein mit seiner mächtigen, würzigen Schwarze-Johannisbeer-Frucht wird durch angenehm strukturierte, samtige Tannine unterstützt.	5–10 Jahre
Fairview Estate (*siehe* S. 434) Ⓥ	Shiraz Reserve	ROT	Der Schritt von gewöhnlichem Shiraz zu Shiraz Reserve ist gewaltig. Dieser Wein besitzt die ganze üppige Fülle und Komplexität reifer Frucht, die auf der einfacheren Stufe kaum angedeutet werden.	4–7 Jahre
Glen Carlou (*siehe* S. 434)	Chardonnay Reserve	WEISS	Groß, gehaltvoll und umwerfend. Dieser eichenbetonte Chardonnay ist nicht aufgeblasen, sondern einfach voller Aroma und ein Riesengenuss.	1–4 Jahre
Hamilton Russell Vineyards (*siehe* S. 435)	Chardonnay	WEISS	Sahnige Chardonnay-Frucht durchdringt den üppigen Charakter trotz der großen Komplexität der Zitrus- und Röstaromen.	2–5 Jahre
Hamilton Russell Vineyards (*siehe* S. 435)	Pinot Noir	ROT	Mit großartiger Sortenintensität, gut strukturierter Erdbeer-Johannisbeer-Frucht und kernigen Tanninen bleibt der Hamilton - Russell Pinot Noir an der Spitze.	3–7 Jahre
Kanonkop Estate (*siehe* S. 435)	Paul Sauer	ROT	Der milde, üppige Cabernet-Merlot-Verschnitt besitzt jugendliche Komplexität und weiche Röst- und Eichen-Aromen.	3–8 Jahre
Kanonkop Estate (*siehe* S. 435)	Pinotage	ROT	Wer den Supermarkt-Pinotage von Beyers Truter, den er unter seinem eigenen Namen und nicht unter dem von Kanonkop herausbringt, gerne trinkt, wird begeistert sein von dieser reichen, reiferen und weit üppigeren Version.	4–8 Jahre
Klein Constantia (*siehe* S. 435)	Vin de Constance	WEISS	Andere Weine des Guts Klein Constantia sind ohne Zweifel besser, dennoch ist der Vin de Constance einer der besten südafrikanischen Dessertweine. Da er zudem eine Nachbildung des berühmtesten historischen Weins der Kapregion darstellt, wäre es unvorstellbar, ihn nicht in meine Auswahl aufzunehmen. Der durch Jane Austen, Alexandre Dumas und Henry Longfellow berühmt gewordene Constantia wurde auch von Bismarck und Napoleon geschätzt. Wie der ursprüngliche Constantia ist auch Vin de Constance eine delikate süße Spätlese, die weder aufgespritet wird noch botrytisierte Trauben enthält.	bis 20 Jahre
Lievland (*siehe* S. 435)	DVB	ROT	Ein trotz deutlicher Eichennote eleganter Cabernet-Merlot-Verschnitt mit reichem Vanillearoma und würziger Cassis-Frucht. Entwickelt mit der Reife noch mehr Finesse.	3–12 Jahre
Meerlust (*siehe* S. 435)	Merlot	ROT	Es war eine schwierige Entscheidung zwischen dem Cabernet Sauvignon – dessen Jahrgang 1975 der erste südafrikanische Wein klassischer Qualität war, den ich verkostete –, dem erstmals 1980 erzeugten Rubicon und dem Merlot, der erst 1988 erschien. Letzterer gewann, weil er riesigen Spaß macht und derzeit bestens in Form ist.	3–6 Jahre
Thelema Mountain (*siehe* S. 437)	Reserve Cabernet	ROT	Ein durchschlagender Stoff! Obwohl mächtig nicht immer ausgezeichnet bedeutet, trifft dies hier eindeutig zu.	5–15 Jahre
De Wetshof Estate (*siehe* S. 438)	Grey Label Chardonnay	WEISS	Wie Danie de Wet einen so delikaten Chardonnay aus Trauben herstellen kann, die in den glühend heißen Ebenen von Robertson gedeihen, ist kaum zu begreifen, doch dieser Wein ist ein reiner Genuss.	1–3 Jahre

Die WEINE *aus*

NORD- *und* SÜD- AMERIKA

DIE BERÜHMTESTEN WEINREGIONEN AMERIKAS – Kalifornien, Washington, Oregon und Chile – liegen im Hinterland der Westküste. Die östlichen Küstengebiete sind im Allgemeinen zu feucht und im Winter zu kalt. Kalifornien erzeugt als Spitzenreiter große Mengen an Wein, darunter einige der erlesensten Cabernets, Merlots, Zinfandels und Chardonnays der Welt. Washington und Oregon bringen mindestens ebenso interessante Weine hervor, aufgrund der geringeren Produktion finden ihre Qualität und Vielfalt jedoch weniger Beachtung. Die qualitativ wie quantitativ rasch wachsende kanadische Weinindustrie in Ontario und British Columbia sollte ebenfalls nicht vergessen werden. In Südamerika dominiert Chile, während einige Erzeuger in Argentinien gegenwärtig zeigen, dass sich ihre Weine mit denen Chiles messen können, wenn Quantität durch Qualität ersetzt wird.

BLÜHENDER SENF IN CARNEROS IM NAPA VALLEY, KALIFORNIEN
Die Senfpflanze dient als Lebensraum für natürliche Feinde von Rebschädlingen und verhindert die Verdunstung der Bodenfeuchtigkeit.

✧VEREINIGTE STAATEN✧

Wer von nordamerikanischem Wein spricht, kann sich nicht auf Kalifornien beschränken, denn es ist nur einer von 40 Weinbau treibenden Staaten der USA. In Nordamerika wird außerdem in Kanada sowie in Mexiko Wein produziert.

MT. PLEASANT VINEYARDS
Diese Weinberge in Augusta im Staat Missouri waren die erste Anerkannte Weinbauregion Amerikas (AVA).

NUR EIN JAHR NACH DER EROBERUNG Mexikos 1520 pflanzten die Spanier Rebstöcke und nahmen damit die Erzeugung der ersten Weine Nordamerikas in Angriff. Als der französische Forscher Jacques Cartier 14 Jahre später den St.-Lorenz-Strom hinaufsegelte, entdeckte er eine große, von wilden Rebstöcken überwucherte Insel und gab ihr den Namen Île de Bacchus. Später benannte er sie in Île d'Orléans um, ein kalkulierter Schachzug, denn der Sohn von König Franz I. von Frankreich war Herzog von Orléans. Die Jesuiten, die etwa um 1564 den Spuren von Cartiers Forschungsreisen folgten, dürften die ersten Winzer des späteren Kanadas gewesen sein. Die ersten Weine der heutigen Vereinigten Staaten entstanden in Florida. Zwischen 1562 und 1564 machten französische Hugenotten in der Nähe des späteren Jacksonville Wein aus der autochthonen Scuppernong-Traube.

EINHEIMISCHE TRAUBENSORTEN NORDAMERIKAS

Alle klassischen Traubensorten gehören der Spezies *Vitis vinifera* an. Die einheimischen Sorten Nordamerikas zählen hingegen zu einer Reihe verschiedener anderer Spezies (*siehe* S. 20). Wohin sich die ersten Siedler auch wandten, stießen sie stets auf große Mengen einheimischer Reben, die sie für die Erzeugung ihrer ersten Weine verwendeten. Die Siedler Australiens waren hingegen gezwungen, auf wertvolle Schiffsladungen klassischer europäischer Rebstöcke zu warten, ehe sie ihre ersten Weinberge bepflanzen konnten. Obwohl im 19. Jahrhundert verschiedene europäische Sorten über den Atlantik gebracht wurden, erzeugte man weiterhin nahezu alle nordamerikanischen Weine, mit Ausnahme einiger kalifornischer, bis in relativ junge Vergangenheit aus den einheimischen Sorten.

Die am weitesten verbreitete nordamerikanische Spezies *Vitis labrusca* besitzt ein unverwechselbares Aroma. So ist es sehr verwunderlich, dass die Weinpioniere ihre Heimatländer nicht bestürmten, angenehmere Sorten zu schicken. Der als »fuchsig« *(foxy)* beschriebene exotische Geschmack der *Labrusca* verklebt den Rachen und wird von Europäern und den Antipoden im Allgemeinen nicht geschätzt.

JEKEL VINEYARDS IN KALIFORNIEN
Ein Bewässerungsrohr begleitet die Rebstockreihen in einem trockenen Teil von Monterey County.

DIE PROHIBITION IN DEN VEREINIGTEN STAATEN

Vor der totalen Prohibition zwischen 1920 und 1933 wurden in den USA bereits 1816 die ersten »Trockenlegungsgesetze« verabschiedet, und als erster Staat war Maine 1846 vollständig alkoholfrei. Als 1920 der 18. Zusatz zur Verfassung in Kraft trat, der »die Herstellung, den Verkauf und den Transport berauschender Getränke« untersagte, waren schon mehr als 30 Staaten »trocken«.

Die Prohibition führte zu einem Chaos. Sie entzog der Regierung legitime Einkünfte und bescherte Schwarzbrennern ein Vermögen. Die Zahl illegaler Destillieranlagen vergrößerte sich rascher, als die Behörden sie aufspüren und demontieren konnten. Illegale Kneipen gehörten zum Lebensstil der Städte. Den Beamten fiel es oft nicht nur leichter, vor dem Geschehen die Augen zu schließen, sondern die Bundesregierung selbst erachtete es als nützlich, ihr eigenes illegales Lokal in New York zu eröffnen! Viele Weinberge wurden gerodet. Die trotzdem geernteten Trauben wurden getrocknet und gepresst und als »Traubenziegel« (»grape bricks«) verkauft. Ihnen gab man eine Hefekapsel und genaue Anweisungen bei, wie der Ziegel in etwa 4 l Wasser aufzulösen sei, warnte jedoch davor, die Hefe beizufügen, denn dadurch würde eine Gärung in Gang gesetzt. Diese würde den Traubensaft in Wein verwandeln, und »das wäre illegal«, wie der Text mahnend erklärte. Zur Mitte des 19. Jahrhunderts hatte sich die kalifornische Weinindustrie schon einen so bedeutenden Namen gemacht, dass große französische Weinbaugebiete wie die Champagne Syndikate bildeten, um sich vor dem bedrohlichen kalifornischen Potenzial zu schützen. Die 13 Jahre andauernde Prohibition fiel jedoch mit einer entscheidenden Phase in der Entwicklung des Weins zusammen und warf die kalifornische Weinindustrie um hundert Jahre zurück, während sich andere Weinregionen eben von den Auswirkungen der Reblaus (*siehe* S. 448) erholten, mit neuem Schwung ihren ehemaligen Ruhm wieder herstellten und Zukunftsmärkte erschlossen.

In Amerika gab es 1920 praktisch keine Weinindustrie mehr. Auf die Prohibition folgten eine der größten Wirtschaftskrisen der

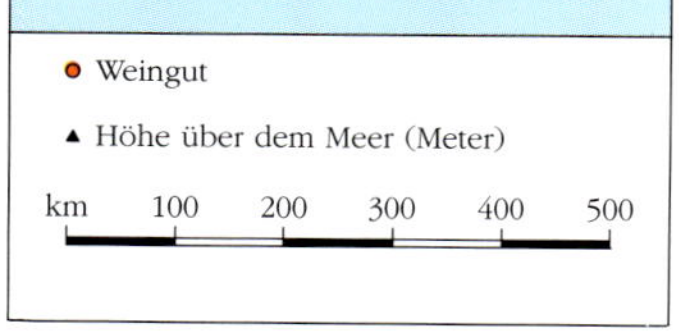

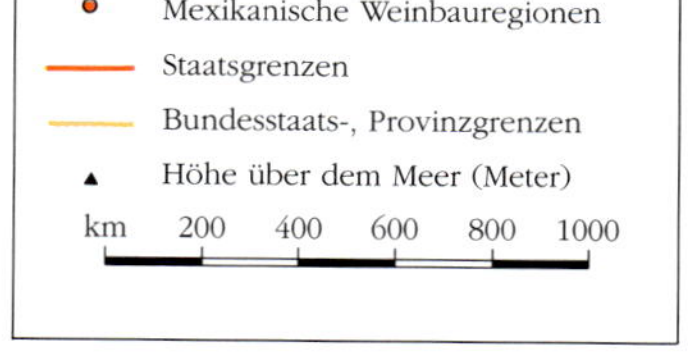

NORDAMERIKA

Auf dem gesamten nordamerikanischen Kontinent – von Kanada über die Vereinigten Staaten bis Mexiko – wird Wein hergestellt, aus einheimischen Sorten ebenso wie aus Vinifera-Arten. Je nach Klima arbeiten die Winzer unter äußerst unterschiedlichen Bedingungen.

WEINBERGE IM NORDEN DES STAATS NEW YORK

Die Rebzeilen bilden ein smaragdgrünes Patchwork auf den sanften Hügeln in der Nähe von Hammondsport. In der Ferne ist der Keuka-See zu erkennen, einer der Finger Lakes, die ein gemäßigtes Klima erzeugen.

Geschichte sowie der Zweite Weltkrieg, der eine weitere Generation hoffnungsvoller junger Leute hinwegraffte. Daher überrascht es nicht, dass die Weinindustrie der Vereinigten Staaten Ende der 40er Jahre völlig veraltet war. Sie hatte den Kontakt zur europäischen Entwicklung verloren und verharrte bei der Erzeugung von grauenvollen *Labrusca*-Weinen, dem bevorzugten Stoff der Weintrinker vor der Prohibition. Kalifornien stellte im Vergleich zu den Ostküstenstaaten wenig *Labrusca*-Weine her, seine Winzer blieben jedoch ebenfalls bei einem altmodischen Stil und beschränkten sich auf schwere, süße aufgespritete Weine. Die Tatsache, dass kalifornischer Wein heute mit den besten europäischen Sorten mithalten kann und der Staat eine gesunde, rasch wachsende und auf dem Exportmarkt konkurrenzfähige Industrie besitzt, beweist, dass die Vereinigten Staaten immer noch ein Land grenzenloser Möglichkeiten sind.

DAS APPELLATIONSSYSTEM DER USA

Die alte Generation von Appellationen in den Vereinigten Staaten basierte auf politischen Einheiten wie Countys und Staaten. Mitte der 1970er Jahre befasste sich das zum Finanzministerium gehörige Bureau of Alcohol, Tobacco and Firearms (BATF, Amt für Alkohol, Tabak und Feuerwaffen) mit dem Konzept spezifischer kontrollierter Herkunftsbereiche, das auf geografischen und klimatischen Verhältnissen beruhte. Im September 1978 veröffentlichte es seine ersten Gesetze und Vorschriften zur Einführung von »Anerkannten Weinbauregionen« (Approved Viticultural Areas, AVA) als Ergänzung des alten Systems.

Alle Staaten, von Hawaii bis Alaska, ebenso deren Countys, sind dem Gesetz nach als eigene Ursprungsregionen anerkannt. Darüber wurde eine Reihe weiterer Appellationen geschaffen:

American oder United States (Amerikanische oder Vereinigte Staaten): Diese Appellation gilt für Verschnitt- oder Sortenweine aus den gesamten Vereinigten Staaten einschließlich des District of Columbia und des Commonwealth of Puerto Rico. Auf dem Etikett dieser Weine darf wie bei den französischen *Vins de Table* kein Jahrgang genannt werden, eine meiner Ansicht nach unvernünftige Maßnahme. Dies ist die einzige zulässige Appellation für Weine, die in Großgebinden exportiert werden.

Multi-State Appellation (Mehrstaatenappellation): Mit dieser Appellation werden Weine aus zwei oder drei aneinander angrenzenden Staaten bezeichnet. Der aus jedem Staat stammende Anteil muss auf dem Etikett klar erkennbar sein.

State Appellation (Staatsappellation): Jeder aus einem Bundesstaat stammende Wein darf diese Appellation führen, sofern mindestens 75 % der Trauben aus dem angegebenen Staat stammen. Somit kann ein Erzeugnis mit der Appellation Kalifornien bis zu 25 % Wein aus einem oder mehreren anderen Staaten enthalten. Dasselbe Prinzip gilt für die Appellationen der Countys.

Multi-County Appellation (Mehrbezirksappellation): Diese Bezeichnung wird bei Wein aus zwei oder drei benachbarten Countys (Verwaltungsbezirken) verwendet. Der aus jedem Bezirk stammende Anteil muss auf dem Etikett klar erkennbar sein.

County Appellation (Bezirksappellation): Ein Wein aus einem Verwaltungsbezirk innerhalb eines Staates darf diese Appellation führen, sofern zumindest 75 % der Trauben aus dem angegebenen Bezirk stammen.

Im Rahmen dieser Appellationen gilt der Begriff »Staat« auch für den District of Columbia und das Commonwealth of Puerto Rico.

DIE APPROVED VITICULTURAL AREA (AVA)

Im AVA-System finden sich keine Vorschriften über Sorten, Reberziehungsmethoden, zulässige Erträge oder die erzeugten Weintypen, was sich überaus positiv auf die AVA auswirkt. Einige haben eine Vorliebe für bestimmte Traubensorten entwickelt und produzieren einen erkennbaren Stil, viele jedoch tun dies nicht und werden es auch niemals tun. Aber gibt es tatsächlich einen Grund, warum sie es sollten? Verschiedene amerikanische Kritiker lehnen die AVA ab, dennoch sind sie das gesunde Ergebnis der unternehmerischen Freiheit in der Neuen Welt. Einige behaupten, das BATF besäße kein ausreichendes Fachwissen über Wein, und einige AVA seien Erfindungen, die ausschließlich dazu dienten, dass mehr Erzeuger Verschnittweine aus verschiedenen Appellationen alten Stils als Gutsabfüllung vermarkten können. Was tut dies zur Sache? Der Konsument möchte doch nur sichergehen, dass ein Wein, der als Erzeugnis einer bestimmten AVA gekennzeichnet ist, tatsächlich aus dieser Region stammt und dass diese Appellation wirklich existiert. Die drakonischen Maßnahmen, die europäischen Weinverordnungen Nachdruck verleihen sollen, erweisen sich als überaus unzuverlässig, dazu müssen die Weine gegen die Konkurrenz preiswürdigerer Produkte aus der Neuen Welt ankämpfen. Vielleicht würden ja auch die französischen Weine von einem größeren *Laissez-faire-System* profitieren, das von Menschen verwaltet wird, die nichts von Wein verstehen?

WARNHINWEISE AUF WEINETIKETTEN

Folgende regierungsoffizielle Warnungen müssen auf jeder in den Vereinigten Staaten verkauften Flasche Wein zu lesen sein: 1. Dem Gesundheitsminister zufolge sollen »Frauen während der Schwangerschaft aufgrund der Gefahr von möglicher Schädigung des Ungeborenen keine alkoholischen Getränke zu sich nehmen«. 2. »Der Konsum alkoholischer Getränke beeinträchtigt Ihre Fähigkeit, Auto zu fahren oder eine Maschine zu bedienen, und kann zu gesundheitlichen Problemen führen.« Meiner Ansicht nach sind diese Warnungen irreführend, sie enthalten Halbwahrheiten und unhaltbare Behauptungen.

Die erste Warnung, die erklärt, dass »Frauen während der Schwangerschaft aufgrund der Gefahr von möglicher Schädigung des Ungeborenen keine alkoholischen Getränke zu sich nehmen sollen«, entspricht insofern der Wahrheit, als Alkoholikerinnen Kinder gebären können, die an einem »vorgeburtlichen Alkoholsyndrom« leiden. Der erste Teil der zweiten Warnung bleibt unwidersprochen, da der »Konsum von alkoholischen Getränken« tatsächlich »die Fähigkeit beeinträchtigt, Auto zu fahren oder eine Maschine zu bedienen«. Der zweite Teil – dass Alkohol zu gesundheitlichen Problemen führen kann – ist jedoch grob irreführend, da das Wort »kann« nicht näher erläutert wird. Die Regierung der Vereinigten Staaten war gezwungen, dieses Wort zu benutzen, da nur der übermäßige Alkoholkonsum eine Gefahr für die Gesundheit darstellt, während der mäßige Genuss für die Gesundheit sogar förderlich ist. Untersuchungen und Studien auf der ganzen Welt, von denen viele von den angesehensten Instituten der Vereinigten Staaten durchgeführt wurden, ergaben, dass mäßige Trinker im Vergleich zu Nichttrinkern und schweren Trinkern

- mehr Intelligenz bei der Bewältigung kognitiver Aufgaben beweisen (*National Academy of Science, Journal of the American Geriatric Society, Journal of the American Medical Association.*
- weniger anfällig sind für Stress, Bluthochdruck, Herzinfarkt (um 55 % geringer bei einem Konsum von drei Gläsern Wein täglich), Gehirnthrombose (das Risiko der häufigsten Form von Schlaganfall halbiert sich für mäßige Trinker), chronischen Gelenkrheumatismus, Altersdiabetes (nicht von Insulin abhängig), Leukoaraiosis (steht in Beziehung zu mentaler Dysfunktion, Dementia vascularis, der Alzheimerkrankheit und Gefäßerkrankungen im Gehirn), postmenopausaler Osteoporose (aufgrund gesteigerter Knochendichte) und Gallensteinen (17 % weniger bei 2 Gläsern Wein pro Tag, 33 % geringer bei 2 bis 4 Gläsern Wein pro Tag und 42 % geringer bei mehr als 4 Gläsern Wein pro Tag)
- stärkere Abwehrkraft gegenüber in Lebensmitteln enthaltenen Bakterien besitzen, wie Salmonellen, Escherichia coli und Shigella (wirksamer als Wismutsalicylat, das den aktiven Bestandteil in Medikamenten gegen Reisediarrhöe bildet) sowie eine um 85 % höhere Widerstandskraft gegen eine der fünf häufigsten Erkältungsviren (dies überraschte die Wissenschaftler, da man mäßige Trinker bislang für besonders anfällig hielt), und
- zwei bis fünf Jahre länger leben als Nichttrinker.

Übermäßiger Alkoholkonsum ist nicht gut für Sie, der mäßige Genuss bietet jedoch zahlreiche gesundheitliche Vorteile. Deshalb sollte die US-Regierung nicht den gegenteiligen Eindruck zu erwecken versuchen. Nach objektiver Würdigung aller verfügbaren Informationen könnte die Regierung nur einen solchen Rat geben: »Bei mäßigem Genuss ist der Inhalt dieser Flasche Ihnen und insbesondere Ihrem Herzen zuträglich und kann Ihr Leben um bis zu fünf Jahre verlängern.« (Diese Formulierung wurde von Kathryn McWhirter in der britischen Zeitung *The Independent on Sunday* vorgeschlagen.)

Besonders verblüfft mich jedoch die Tatsache, dass die Weinindustrie eines prozessbesessenen Landes nicht bereit ist, für sich selbst einzutreten. Warum verpflichtet sie nicht die besten Rechtsanwälte des Landes und verklagt das Gesundheitsministerium, das BATF und die US-Regierung auf 50 Milliarden Dollar Schadenersatz? Meinen Informationen zufolge könnte das Gesundheitsministerium die Behauptung von möglichen Schäden für das Ungeborene vor Gericht nicht beweisen.

DAS AMERIKANISCHE WEINETIKETT

WEINGUT
Das Gesetz schreibt vor, dass der Name und die Adresse des Erzeugers auf dem Etikett angegeben sein müssen. Letztere befindet sich hier am rechten Rand des Etiketts. Das Weingut Bainbridge Island liegt einige Kilometer westlich von Seattle.

JAHRGANG
Mindestens 95 % des Weins müssen aus dem genannten Jahrgang stammen. Bis zu Beginn der 1970er Jahre schrieb das BATF 100 % vor. Insbesondere die Erzeuger hochwertiger, in kleinen Eichenfässern ausgebauter Weine sprachen sich jedoch für einen begrenzten Anteil aus einem anderen Jahrgang aus, um eine Auffüllung zu ermöglichen.

REBSORTE
Der Wein muss mindestens zu 75 % aus der genannten Sorte gemacht sein (in Oregon zu 90 %). Obwohl man im Elsass bereits in den 1920er Jahren die Bedeutung der Sortenbezeichnung erkannte, wurde sie erst durch die breite Anwendung dieses Konzepts in den kalifornischen Weingütern zu einem internationalen Marketingphänomen.

ALKOHOLGEHALT
Die Angabe ist gesetzlich vorgeschrieben.

WARNHINWEISE
Das Bundesgesetz schreibt Warnungen vor möglichen Gesundheitsschäden vor (*siehe* oben); die nachgewiesenen gesundheitlichen Vorteile dürfen jedoch nicht angeführt werden.

HERKUNFTSBEZEICHNUNG
Den ersten Blick wirft man immer auf die Appellationsbezeichnung. Leider schreibt das Gesetz nicht vor, dass eine anerkannte Herkunftsbezeichnung nicht von dem Vermerk »AVA« oder »Approved Viticultural Area« begleitet sein muss. Woher soll der Konsument dann aber wissen, ob – wie in diesem Beispiel – Puget Sound eine offizielle Bezeichnung ist? Weiter wäre es vernünftig, wenn Bezirksappellationen von dem Hinweis »County Appellation« (und dem Staat, in dem sich der Bezirk befindet) begleitet würden. Für den Exportmarkt wäre es zudem günstig, gegebenenfalls den Begriff »State Appellation« hinzuzufügen.

Weitere Angaben, die auf dem Etikett gemacht werden dürfen

TABLE WINE, LIGHT WINE
(Tafelwein, Leichter Wein)
Ein Wein mit weniger als 14 Vol.-% Alkohol.

NATURAL WINE
(Natürlicher Wein)
Ein Wein darf als »natürlich« bezeichnet werden, wenn er nicht mit Weinbrand oder Alkohol aufgespritet wurde.

DESSERT WINE
(Dessertwein)
Ein Wein mit mindestens 14 Vol.-% und maximal 24 Vol.-% Alkohol. Als »Sherry« gekennzeichnete Weine müssen mindestens 17 Vol.-% Alkohol besitzen, Weine mit der Bezeichnung »angelica«, »madeira«, »muscatel« oder »port« mindestens 18 Vol.-%. Jeder der genannten Weintypen mit einem Alkoholgehalt zwischen 14 und 18 % (oder 17 % bei »Sherry«) muss das Adjektiv *»light«* (leicht) vorangestellt bekommen, wie »*light* sherry« oder »*light* madeira«.

FLASCHENINHALT
Der Flascheninhalt muss an einer beliebigen Stelle auf der Flasche genannt werden.

SPARKLING WINE
(Schaumwein)
Dieser Begriff darf für nach verschiedenen Verfahren hergestellte Schaumweine verwendet werden. Wenn das Etikett keine weiteren Hinweise bietet, sollte der Konsument das Schlimmste annehmen (mit Kohlensäure versetzt oder Tankgärung). Das Etikett kann aber auch folgende Angaben enthalten:

CHAMPAGNE
Ein Schaumwein, der durch zweite Gärung in einem »Glasbehälter mit einem Fassungsvermögen von weniger als einer Gallone« erzeugt wurde.

BOTTLE FERMENTED
Als »flaschenvergoren« können Weine bezeichnet werden, die nach der traditionellen Methode hergestellt wurden; üblicherweise bedeutet dies aber, dass der Wein nach der zweiten Gärung unter Druck dekantiert, gefiltert und erneut in Flaschen abgefüllt wurde.

FERMENTED IN THIS BOTTLE
Der Vermerk »In dieser Flasche vergoren« ist eine einfache und clevere Art, einen Wein zu kennzeichnen, der nach der Champagnermethode hergestellt wurde.

CRACKLING WINE
Für den »Perlwein« gilt dasselbe wie für *Champagne*, dieser Wein schäumt jedoch weniger. Auch als *Pétillant, Frizzante* oder *Crémant* bezeichnet.

CRACKLING WINE – BULK METHOD
Dieser Perlwein wurde im Tankgärungsverfahren erzeugt.

CARBONATED WINE
Stillweine erhalten ähnlich wie Limonade durch Zugabe von Kohlendioxid aus Gasflaschen ihre Perlen.

Anmerkung: Informationen zu mexikanischen Etiketten finden Sie auf S. 503

DIE APPROVED VITICULTURAL AREAS DER USA

Die Zahl der »Anerkannten Weinbauregionen« beträgt derzeit 128 und wird weiter steigen.

Alexander Valley Kalifornien
Zugelassen am 23. November 1984

Altus Arkansas
Zugelassen am 29. Juni 1984

Anderson Valley Kalifornien
Zugelassen am 19. September 1983

Arkansas Mountain Arkansas
Zugelassen am 27. Oktober 1986

Arroyo Grande Valley Kalifornien
Zugelassen am 5. Februar 1990

Arroyo Seco Kalifornien
Zugelassen am 16. Mai 1983

Atlas Peak Kalifornien
Zugelassen am 23. Januar 1992

Augusta Missouri
Zugelassen am 20. Juni 1980

Bell Mountain Texas
Zugelassen am 10. November 1986

Ben Lomond Mountain Kalifornien
Zugelassen am 8. Januar 1988

Benmore Valley Kalifornien
Zugelassen am 18. Oktober 1991

California Shenandoah Valley Kalifornien
Zugelassen am 27. Januar 1983

Carmel Valley Kalifornien
Zugelassen am 15. Januar 1983

Catoctin Maryland
Zugelassen am 14. November 1983

Cayuga Lake New York
Zugelassen am 25. März 1988

Central Delaware Valley Pennsylvania und New Jersey
Zugelassen am 18. April 1984

Chalk Hill Kalifornien
Zugelassen am 21. November 1983

Chalone Kalifornien
Zugelassen am 14. Juli 1982

Cienega Valley Kalifornien
Zugelassen am 20. September 1982

Clarksburg Kalifornien
Zugelassen am 22. Februar 1984

Clear Lake Kalifornien
Zugelassen am 7. Juni 1984

Cole Ranch Kalifornien
Zugelassen am 16. März 1983

Columbia Valley Oregon und Washington
Zugelassen am 13. Dezember 1984

Cucamonga Valley Kalifornien
Zugelassen am 31. März 1995

Cumberland Valley Maryland und Pennsylvania
Zugelassen am 26. August 1985

Dry Creek Valley Kalifornien
Zugelassen am 6. September 1983

Dunnigan Hills Kalifornien
Zugelassen am 13. Mai 1993

Edna Valley Kalifornien
Zugelassen am 11. Juni 1982

El Dorado Kalifornien
Zugelassen am 14. November 1983

Escondido Valley Texas
Zugelassen am 15. Mai 1992

Fennville Michigan
Zugelassen am 19. Oktober 1981

Fiddletown Kalifornien
Zugelassen am 3. November 1983

Finger Lakes New York
Zugelassen am 1. Oktober 1982

Fredericksburg Texas
Zugelassen am 22. Dezember 1988

Grand River Valley Ohio
Zugelassen am 21. November 1983

Grand Valley Colorado
Zugelassen am 25. November 1991

Guenoc Valley Kalifornien
Zugelassen am 21. Dezember 1981

Hames Valley Kalifornien
Zugelassen am 27. März 1994

Herman Missouri
Zugelassen am 10. September 1983

Howell Mountain Kalifornien
Zugelassen am 30. Januar 1984

Hudson River Region New York
Zugelassen am 6. Juli 1982

Isle St. George Ohio
Zugelassen am 20. September 1982

Kanawha River Valley West Virginia
Zugelassen am 8. Mai 1986

Knights Valley Kalifornien
Zugelassen am 21. November 1983

Lake Eric New York, Pennsylvania und Ohio
Zugelassen am 21. November 1983

Lake Michigan Shore Michigan
Zugelassen am 14. November 1983

Lake Wisconsin Wisconsin
Zugelassen am 5. Januar 1994

Lancaster Valley Pennsylvania
Zugelassen am 11. Juni 1982

Leelanau Peninsula Michigan
Zugelassen am 29. April 1982

Lime Kiln Valley Kalifornien
Zugelassen am 6. Juli 1982

Linganore Maryland
Zugelassen am 19. September 1983

Livermore Valley Kalifornien
Zugelassen am 1. Oktober 1982

Lodi Kalifornien
Zugelassen am 7. März 1986

Loramie Creek Ohio
Zugelassen am 27. Dezember 1982

Los Carneros Kalifornien
Zugelassen am 19. September 1983

Madera Kalifornien
Zugelassen am 7. Januar 1985

Malibu-Newton Canyon Kalifornien
Zugelassen am 13. Juni 1996

Martha's Vineyard Massachusetts
Zugelassen am 4. Februar 1985

McDowell Valley Kalifornien
Zugelassen am 4. Januar 1982

Mendocino Kalifornien
Zugelassen am 16. Juli 1984

Merritt Island Kalifornien
Zugelassen am 16. Juni 1983

Mesilla Valley New Mexico und Texas
Zugelassen am 18. März 1985

Middle Rio Grande Valley New Mexico
Zugelassen am 2. Februar 1988

Mimbres Valley New Mexico
Zugelassen am 23. Dezember 1985

Mississippi Delta Louisiana, Mississippi und Tennessee
Zugelassen am 1. Oktober 1984

Monterey Kalifornien
Zugelassen am 16. Juli 1984

Monticello Virginia
Zugelassen am 22. Februar 1984

Mt. Harlan Kalifornien
Zugelassen am 29. November 1990

Mt. Veeder Kalifornien
Zugelassen am 22. März 1990

Napa Valley Kalifornien
Zugelassen am 27. Februar 1981

Northern Neck – George Washington Birthplace Virginia
Zugelassen am 21. Mai 1987

Northern Sonoma Kalifornien
Zugelassen am 17. Juni 1985

North Fork of Long Island New York
Zugelassen am 10. November 1986

North Fork of Roanoke Virginia
Zugelassen am 16. Mai 1983

North Yuba Kalifornien
Zugelassen am 30. August 1985

Oakville Kalifornien
Zugelassen am 2. Juli 1993

Ohio River Valley Indiana, Ohio, West Virginia und Kentucky
Zugelassen am 7. Oktober 1983

Old Mission Peninsula Michigan
Zugelassen am 8. Juli 1987

Ozark Highlands Missouri
Zugelassen am 30. September 1987

Ozark Mountain Arkansas, Missouri und Oklahoma
Zugelassen am 1. August 1986

Pacheco Pass Kalifornien
Zugelassen am 11. April 1984

Paicines Kalifornien
Zugelassen am 15. September 1982

Paso Robles Kalifornien
Zugelassen am 3. November 1983

Potter Valley Kalifornien
Zugelassen am 14. November 1983

Puget Sound Washington
Zugelassen am 4. Oktober 1995

Redwood Valley Kalifornien
Zugelassen am 23. Dezember 1996

Rocky Knob Virginia
Zugelassen am 11. Februar 1983

Rogue Valley Oregon
Zugelassen am 22. Februar 1992

Russian River Valley Kalifornien
Zugelassen am 21. November 1983

Rutherford Kalifornien
Zugelassen am 2. Juli 1993

San Benito Kalifornien
Zugelassen am 4. November 1983

San Lucas Kalifornien
Zugelassen am 2. März 1987

San Pasqual Valley Kalifornien
Zugelassen am 16. September 1981

San Ysidro District Kalifornien
Zugelassen am 5. Juni 1990

Santa Clara Valley Kalifornien
Zugelassen am 28. März 1989

Santa Cruz Mountains Kalifornien
Zugelassen am 4. Januar 1982

Santa Maria Valley Kalifornien
Zugelassen am 4. September 1981

Santa Ynez Valley Kalifornien
Zugelassen am 16. Mai 1983

Shenandoah Valley Virginia und West Virginia
Zugelassen am 27. Januar 1983

Sierra Foothills Kalifornien
Zugelassen am 18. Dezember 1987

Solano Country Green Valley Kalifornien
Zugelassen am 28. Januar 1983

Sonoita Arizona
Zugelassen am 26. November 1984

Sonoma Coast Kalifornien
Zugelassen am 13. Juli 1987

Sonoma County Green Valley Kalifornien
Zugelassen am 21. Dezember 1983

Sonoma Mountain Kalifornien
Zugelassen am 22. Februar 1985

Sonoma Valley Kalifornien
Zugelassen am 4. Januar 1982

Southeastern New England Connecticut, Rhode Island und Massachusetts
Zugelassen am 27. April 1984

Spring Mountain District Kalifornien
Zugelassen am 13. Mai 1993

St. Helena Kalifornien
Zugelassen am 11. September 1995

Stags Leap District Kalifornien
Zugelassen am 27. Januar 1989

Suisun Valley Kalifornien
Zugelassen am 27. Dezember 1982

Temecula Kalifornien
Zugelassen am 23. November 1984

Texas High Plains Texas
Zugelassen am 2. März 1992

Texas Hill Country Texas
Zugelassen am 29. November 1991

The Hamptons Long Island New York
Zugelassen am 17. Juni 1985

Umpqua Valley Oregon
Zugelassen am 30. April 1984

Virginia's Eastern Shore Virginia
Zugelassen am 2. Januar 1991

Walla Walla Valley Washington und Oregon
Zugelassen am 7. März 1984

Warren Hills New Jersey
Zugelassen am 8. August 1988

Western Connecticut Highlands Connecticut
Zugelassen am 9. Februar 1988

Wild Horse Valley Kalifornien
Zugelassen am 30. November 1988

Willamette Valley Oregon
Zugelassen am 3. Januar 1984

Willow Creek Kalifornien
Zugelassen am 9. September 1983

Yakima Valley Washington
Zugelassen am 4. Mai 1983

York Mountain Kalifornien
Zugelassen am 23. September 1983

KALIFORNIEN

Amerikas Golden State war immer schon Heimat klassischer Traubensorten, und seit Beginn der 1980er Jahre, als viele Winzer den alten, massiven Stil zu Gunsten einer besseren Balance zwischen Kraft und Finesse aufgaben, erzeugt Kalifornien Weltklasseweine in großer Zahl.

Kalifornien wurde 1769 von den Spaniern besiedelt und gehörte bis 1848 zu Mexiko, wurde dann an die Vereinigten Staaten abgetreten und erhielt 1850 den Status eines Bundesstaats. Der erste kalifornische Wein wurde 1782 von den Patern Pablo de Mugártegui und Gregorio Amurrió in San Juan Capistrano gekeltert. Man gewann ihn aus den Trauben jener Rebstöcke, die Don José Camacho auf der San Antonio, die am 16. Mai 1778 in San Diego festmachte, nach Kalifornien gebracht hatte. Das erste kommerzielle Weingut Kaliforniens wurde jedoch erst 1833 von dem aus Bordeaux stammenden Jean-Louis Vignes gegründet. Er importierte als Erster Rebstöcke aus Europa und exportierte auch 1840 den ersten kalifornischen Wein.

DER ERSTAUNLICHE MR. HARASZTHY

Acht Jahre bevor Mexiko Kalifornien an die Vereinigten Staaten abtrat, ließ sich ein aus Ungarn stammender politischer Flüchtling namens Agoston Haraszthy de Mokesa in Wisconsin nieder. Dieser schillernde, extravagante Unternehmer im Stil eines Barnum oder Charles Heidsieck gründete unter anderem in Wisconsin eine Stadt, die er bescheidenerweise Haraszthy nannte (später wurde sie in Sauk City umgetauft), betrieb ein Dampfschiff auf dem Mississippi und kultivierte den ersten Weinberg Wisconsins – dies alles innerhalb von nur zwei Jahren nach seiner Ankunft in einem fremden Land.

Im Jahr 1849 übersiedelte Haraszthy nach San Diego, was sein Partner zur Veruntreuung des gesamten Firmenvermögens nutzte. Haraszthy war ruiniert, bewirtschaftete aber schon 6 Monate später eine 65 ha große Obst- und Gemüsefarm, erwarb eine Metzgerei und einen Mietstall, leitete ein Busunternehmen, gründete eine Baufirma, wurde zum ersten Sheriff in San Diego gewählt und zum Richter ernannt. Darüber hinaus begann er Stecklinge verschiedener europäischer Rebsorten einzuführen.

Die Buena Vista Winery

Nachdem Haraszthy nicht weniger als 165 verschiedene Rebsorten aus Europa importiert hatte, kaufte er 1857 in der Nähe der Stadt Sonoma 230 ha Land in einer als Valley of the Moon bezeichneten Gegend. Hier errichtete er sein Weingut Buena Vista und grub

REBFLÄCHEN IM NAPA VALLEY
Das Napa Valley ist die bekannteste Weinbauregion Kaliforniens, seine Weine erfreuen sich größter Nachfrage. Die ersten Rebstöcke wurden 1838 gepflanzt, heute erstrecken sich riesige Weinbauflächen mit einer verwirrenden Traubenvielfalt über das Tal.

sechs Keller in die Sandsteinhügel. Mit diesem ersten bedeutenden Weingut Nordkaliforniens gewann er verschiedene Preise und erregte sowohl mit seinen Weinbergen als auch mit seinen Weinen große Aufmerksamkeit. Das Unternehmen erlangte solche Berühmtheit, dass der Gouverneur von Kalifornien Haraszthy 1861 beauftragte, Europa zu bereisen und Bericht über dessen Weinbau zu erstatten. Seine Reise führte Haraszthy in jedes Weinbaugebiet Frankreichs, Deutschlands, Italiens, Spaniens und der Schweiz. Er sprach mit Tausenden von Winzern, machte Aufzeichnungen, vertiefte sich in ausländische Literatur und sammelte auf diese Weise eine ganze Bibliothek an Referenzwerken an. Als er mit Schwindel erregenden 100 000 Stecklingen von 300 unterschiedlichen Rebsorten in die Vereinigten Staaten zurückkehrte, berief sich der Senat auf Geldmangel und weigerte sich, seine Reisekosten in Höhe von 12 000 Dollar zu bezahlen, obwohl allein die Stecklinge das Dreifache dieser Summe wert waren. Haraszthy erhielt niemals Ersatz für seine Mühen, und viele seiner Stecklinge, von denen er erwartet hatte, dass sie unter den Weinerzeugern des Staates verteilt würden, verrotteten einfach.

Dennoch war der Unternehmer nicht zu stoppen: Innerhalb von sieben Jahren erweiterte er Buena Vista auf 2430 ha und beeinflusste die Entwicklung des kalifornischen Weinbaus, indem er die Aufmerksamkeit vom Süden des Staates auf den Norden lenkte.

JÜNGERE KALIFORNISCHE JAHRGÄNGE

2001–2003 Aprilfröste richteten 2001 einigen Schaden an. Dann aber blieb es heiß und trocken bis in den Herbst hinein. Der Jahrgang 2001 hat hervorragende Qualität. Die Saison 2002 begann nicht ideal: ein langer Winter, Frostschäden bei der verspäteten Blüte, Perioden mit Regen und Kühle, erst spät rettete heißes und trockenes Klima die Ernte: durchschnittliche Erträge, allgemein aber hohe Qualität. Der Jahrgang 2003 hingegen verspricht eine außergewöhnliche Güte. Während eines langen Reifeprozesses und gleichmäßiger Traubenentwicklung konnte sich eine enorme Fruchtkonzentration aufbauen. Die Quantität wird allerdings unter der des Vorjahres bleiben.
2000 Kälte und Regen verzögerten die Lese spät reifender Sorten wie Cabernet Sauvignon. Dadurch kam es zur längsten Erntesaison seit Gedenken.
1999 Durch die kühle Witterung im Frühling und Sommer begann die Lese zwar später, brachte aber ein exzellentes Ergebnis in ganz Kalifornien für alle Sorten, wobei Cabernet Sauvignon die Nase vorn hatte.

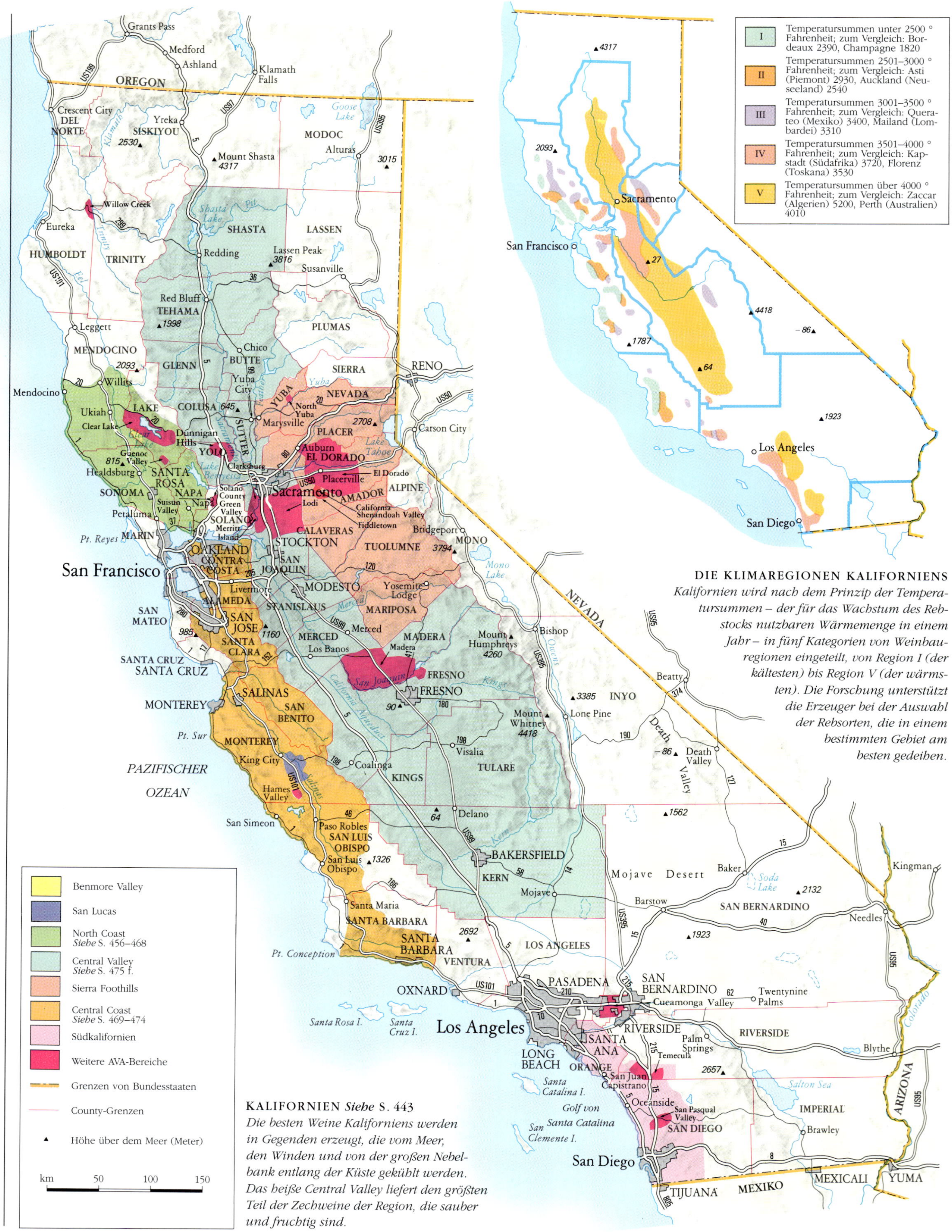

DIE KLIMAREGIONEN KALIFORNIENS

Kalifornien wird nach dem Prinzip der Temperatursummen – der für das Wachstum des Rebstocks nutzbaren Wärmemenge in einem Jahr – in fünf Kategorien von Weinbauregionen eingeteilt, von Region I (der kältesten) bis Region V (der wärmsten). Die Forschung unterstützt die Erzeuger bei der Auswahl der Rebsorten, die in einem bestimmten Gebiet am besten gedeihen.

KALIFORNIEN *Siehe* S. 443

Die besten Weine Kaliforniens werden in Gegenden erzeugt, die vom Meer, den Winden und von der großen Nebelbank entlang der Küste gekühlt werden. Das heiße Central Valley liefert den größten Teil der Zechweine der Region, die sauber und fruchtig sind.

BLÜHENDER SENF IM NAPA VALLEY
Der im Frühjahr leuchtend gelb blühende Teppich von Senfpflanzen wird als Gründünger zur Versorgung der Rebstöcke mit Nährstoffen untergepflügt.

Auf dem Höhepunkt seines Ruhmes besaß das Weingut Buena Vista Büros in San Francisco, Philadelphia, Chicago, New York und London. Der Erfolg war jedoch nur oberflächlich, denn 1864 wurde es als »das größte und unprofitabelste Weingut der Welt« bezeichnet. Haraszthy erlitt zahlreiche Verluste an der Börse, und eine neue Steuer auf Branntwein verringerte zusätzlich seine Einkünfte. Schließlich zerstörte ein Feuer einen Teil seiner Lagerbestände, und die Bank kündigte ihm den Kredit. Dies war selbst für Agoston Haraszthy de Mokesa mehr als genug. Er verließ Kalifornien und siedelte sich in Nicaragua an, wo er sich einen Regierungsauftrag zur Herstellung von Rum aus Zucker verschaffte.

Bis zuletzt eine rätselhafte Persönlichkeit, verschwand Haraszthy 1869 endgültig. Angeblich ist er bei der Durchquerung eines von Krokodilen verseuchten Flusses auf seiner Plantage ertrunken.

EINE GLORREICHE WIEDERKEHR?

Da die Reblaus *Phylloxera vastatrix*, ein wurzelfressendes Insekt, das die Weinberge Europas zerstörte, aus den Vereinigten Staaten kam und nur matt gesetzt werden konnte, indem man die Reben auf reblausresistente amerikanische Spezies aufpfropfte, entstand der weit verbreitete Glaube, dass die kalifornischen Weinberge vor ihr immun seien. Nichts könnte der Wahrheit ferner liegen. Die Heimat der Reblaus war östlich der Rocky Mountains, wo die heimischen Spezies wie *Vitis berlandieri* und *V. riparia* über einen langen Zeitraum hinweg eine natürliche Resistenz gegen sie entwickelten. Als europäische *Vinifera*-Reben in Kalifornien eingeführt wurden, folgte die Reblaus den Wagenzügen über die Rocky Mountains oder reiste auf den Stecklingen mit, und die *Vinifera*-Sorten erwiesen sich in Kalifornien als ebenso anfällig wie an jedem anderen Ort.

Die Reblaus wurde erstmals 1873 in Sonoma festgestellt. Zum selben Zeitpunkt gelangte ein anderes amerikanisches Insekt namens *Tyroglyphus* nach Frankreich. Der Gedanke, diesen für Rebstöcke unschädlichen, aber für die Reblaus tödlichen Feind in von Rebläusen befallenen Weinbergen auszusetzen, ließ sich nicht verwirklichen. Im Gegensatz zur Reblaus sagte das europäische Klima diesem Insekt nicht zu.

In Kalifornien wirkte sich die Reblaus verheerend aus. 1891 besaß Napa stolze 7200 ha Rebstöcke, die sich bis zur Jahrhundertwende auf 1200 ha verringerten. Unter der Aufsicht von Professor Hilgard, Dekan der Abteilung für Weinbau und Önologie an der University of California in Davis, bedienten sich die kalifornischen Erzeuger im Kampf gegen die Seuche schließlich der europäischen Methode und pfropften die *Vinifera*-Reben auf reblausresistente Sorten auf. Ironischerweise erkannten die kalifornischen Winzer erst nach einiger Zeit, dass diese Wunderrebstöcke ursprünglich aus dem Osten der Vereinigten Staaten stammten. Sie hatten sie aus Frankreich importiert. Erst die Hälfte aller Weinbauflächen war erfolgreich gepfropft worden, als die Weinindustrie von einer weiteren, sogar noch schlimmeren Plage heimgesucht wurde – der Prohibition.

Gegen Ende der 1940er Jahre hatte man an der University of California in Davis eines der beeindruckendsten Teams an Weinbau- und Önologieexperten der Welt versammelt. Unter der Leitung von legendären Persönlichkeiten wie M. A. Amerine, H. P. Olmo und A. J. Winkler trug die Universität entscheidend zur heutigen Stärke der kalifornischen Weinindustrie bei. Nebenbei begingen sie jedoch mehrere Fehler, etwa dass sie großen Erträgen und der technischen Korrektheit des Weins zu viel Bedeutung gaben. Als größter Fehler stellte sich die Empfehlung der Wurzelunterlage AxR1 heraus.

Trotz verschiedener Warnungen aus Europa vor der Reblausanfälligkeit der AxR (die zwar bekannt war, aber von zahlreichen Lehrbüchern beiseite geschoben wurde) empfahl die UC Davis diese Unterlage aufgrund ihrer ertragssteigernden Eigenschaft für fruchtbare Talböden wie im Napa Valley. Winkler u. a. begründeten dies in ihrem Werk *General Viticulture* (University of California Press, 2. Aufl. 1974) so: »Dies ist ein Fall, in dem die Wahl der Unterlage nicht ausschließlich auf ihre Widerstandsfähigkeit gegen die Reblaus gegründet werden kann.«

Diese Worte kehrten in den 80er Jahren wie ein Spuk in die Fakultät nach Davis zurück, als die auf AxR basierenden Reben langsam, aber sicher zu Grunde gingen und die Reblaus als Übeltäter entlarvt wurde. Als Folge werden drei Viertel aller Rebstöcke in Kalifornien ersetzt werden müssen. Für viele Weingüter wird diese Katastrophe den finanziellen Ruin bedeuten, doch für die kalifornische Weinindustrie insgesamt wird sie sich als Segen herausstellen. So werden nicht nur unerwünschte Sorten durch ausgewählte Klone hochwertiger Sorten ersetzt, sondern auch auf ertragsärmere Unterlagen gepfropft und in größerer Dichte gepflanzt. Ich frage mich jedoch, ob irgend jemand auf die glänzende Idee aus dem 19. Jahrhundert gekommen ist, die Weinberge absichtlich mit *Tyroglyphus*, dem Erzfeind der Reblaus, zu infizieren. In Frankreich verhinderte lediglich das Klima den Erfolg, aber vielleicht bevorzugt *Tyroglyphus* den Sonnenschein Kaliforniens?

Eine Lehrzeit

Mit dem üppigen Sonnenschein in Kalifornien und dem, was vielen Europäern als typisch amerikanische Sehnsucht nach Größe erscheint, ließ es sich vermutlich nicht vermeiden, dass sich in den 1950er und Anfang der 60er Jahren schwere, tintenschwarze, sehr tanninreiche Cabernet-Sauvignon-Bomben in den Regalen breit machten. Ende der 60er Jahre zogen High Tech und die Verwendung von 100 % neuer Eiche in die Keller ein. Damit konzentrierte man sich stärker auf klaren Stil und größere Fruchtigkeit, die harten Tannine wurden durch weiche ersetzt, beides willkommene Entwicklungen. Die Mitte der 70er Jahre stand im Zeichen des unaufhaltsamen Aufstiegs des Chardonnays, der jedoch aufdringlich schwer und zu eichenbetont war. Dem Ruf nach mehr Finesse folgend, ging man in den kraftlosen Jahrgängen 1982 und 1983 aber zu weit, als man kümmerliche, übermäßig säurereiche und beißende Weine machte. Verschiedene Winzer versuchten vergeblich, die in diesem sonnigen Staat natürliche Üppigkeit zu opfern, um Weine im europäischen Stil zu kreieren, die sich langsamer entwickeln und länger lagern können (einige verfolgen diese unsinnige Idee noch heute). Der wirklich großartige Jahrgang 1985, der beste seit 1974, war dann der Wendepunkt für die kalifornische Weinindustrie. Praktisch jedes Weingut erzielte gute Ergebnisse. Seitdem beweisen alle, die nach Eleganz streben, ohne den natürlichen Charakter ihrer Weine aufzugeben, auf angenehme Weise, dass der anfängliche Ruf nach Finesse keine Torheit war. Wie überall zeigte sich auch in Kalifornien, dass das Geheimnis eines erlesenen Weins in seiner Ausgewogenheit liegt. Und eine perfekte Harmonie lässt sich ausschließlich im Weinberg erzielen und nicht im Keller.

Langlebigkeit

Nachdem die meisten kalifornischen Erzeuger ihre Richtung gefunden haben, hält sie lediglich das Problem der Lagertemperatur davon ab, das Potenzial ihrer Weine voll zu entfalten (abgesehen von den Jahrgangsschwankungen und gelegentlichem Übereifer). Klimatisierung ist in Kalifornien unerlässlich. Doch nur wenige scheinen zu erkennen, dass bei der dortigen Standardtemperatur von 14 °C im Keller guter Weißwein nach zwei oder drei Jahren umschlägt und sich selbst die Lebensdauer hochwertiger Rotweine halbiert. Die Temperatur um einige Grade abzusenken kann äußerst kostspielig sein. Es ist aber kein Wunder, dass die Winzer der Champagne, die selbst ihre billigsten Produkte vor dem Verkauf jahrelang reifen lassen, sie bei einer Temperatur von 10 bis 11 °C lagern. Sobald man in den kalifornischen Weinkellern eine Temperatur von maximal 12 °C beibehält, wird sich die überschnelle Reifung dieser Weine als Mythos herausstellen.

DIE REBSORTEN KALIFORNIENS

Die Weinanbaufläche Kaliforniens verringerte sich von 1985 bis 1995 um etwa 4 000 ha. Dies verdeckt jedoch die Tatsache, dass die Weinindustrie aufgrund des Reblausbefalls (*siehe* S. 449) ein umfassendes Programm zur Neupflanzung in Angriff genommen hat, das sich weit in dieses Jahrhundert hineinziehen wird. Der Anteil der zur Weinerzeugung verwendeten Trauben erhöhte sich bis 1995 sogar um 4598 ha, obwohl große Flächen gerodet werden mussten; dafür sank der Anteil der Rosinen- und Tafeltrauben. Die Fläche, die mit Unterlagsreben bepflanzt ist, stieg sogar um über 70 %. Die Rebflächen setzten sich im Jahr 1995 folgendermaßen zusammen:

REBENART	HEKTAR
Weintrauben	143 431
Rosinentrauben	112 177
Tafeltrauben	34 617
Unterlagen	646
GESAMT	290 871

Es zeigt sich ein starker Trend von vorwiegend roten Sorten 1975 zu einer nahezu ausgeglichenen Aufteilung 1995. In den 80er Jahren, als die Nachfrage nach Chardonnay ihren Höhepunkt erreichte und viele Bürger der USA leichtere Weine für gesünder hielten, betrug der Anteil der weißen Trauben sogar 57 %. Ob das Pendel aufgrund des so genannten »französischen Paradoxons«, das in der Fernsehsendung *60 Minutes* des amerikanischen Senders CBS ausführlich besprochen wurde, in die andere Richtung schwang, oder lediglich eine durch die Neubepflanzung der von der Reblaus heimgesuchten Weinberge hervorgerufene Anomalie darstellt, ist noch nicht zu beurteilen.

TRAUBENFARBE	1975 HEKTAR	1975 ANTEIL	1995 HEKTAR	1995 ANTEIL
Rot	52 886	62 %	72 737	51 %
Weiß	31 880	38 %	70 694	49 %
GESAMT	84 766	100 %	143 431	100 %

DIE ZEHN WICHTIGSTEN ROTEN REBSORTEN KALIFORNIENS

Zwischen 1985 und 1995 fand bei den roten Rebsorten eine Schwerpunktbildung statt, sodass heute 60 % der Anbaufläche mit den drei häufigsten Sorten bestockt sind gegenüber 40 % ein Jahrzehnt davor. Zinfandel und Cabernet Sauvignon festigten ihre Positionen als Nummer 1 und 2, während Merlot aus dem Nichts an die dritte Stelle der beliebtesten Rotweinsorten aufstieg. Im Folgenden die Anteile an der Gesamtanbaufläche (gerundet; die Rangordnung im Jahr 1985 ist in Klammern angegeben).

REBSORTE	1985		1995
1 Zinfandel	17 %	(1)	24 %
2 Cabernet Sauvignon	15 %	(2)	21 %
3 Merlot	2 %	(11)	14 %
4 Grenache	10 %	(4)	6 %
5 Barbera	10 %	(5)	6 %
6 Rubired	5 %	(6)	6 %
7 Pinot Noir	5 %	(7)	5 %
8 Carignan	11 %	(3)	5 %
9 Ruby Cabernet	7 %	(6)	4 %
10 Petite Sirah	3 %	(9)	1 %
Andere Sorten	15 %	–	9 %
GESAMT	100 %		100 %

Alle Prozentangaben sind gerundet. Die Rangfolge 1985 ist in Klammern hinter den Prozentwerten dieses Jahres vermerkt. Alicante Bouschet nahm 1985 den 10. Rang ein. Die für 1995 nicht angeführten Sorten Emerald Riesling, Palomino und Pinot Blanc belegten 1985 den 8., 9. und 11. Platz.

DIE ZEHN WICHTIGSTEN WEISSEN TRAUBENSORTEN KALIFORNIENS

Die Häufigkeit der weißen Rebsorten war immer stärker polarisiert als die der roten. 1975 nahmen die drei häufigsten Sorten über 70 % der Gesamtanbaufläche ein. Ihr Anteil weitete sich, vorwiegend aufgrund der massenweisen Neupflanzung von Chardonnay, heute Nummer eins, bis 1995 auf 80 % aus.

[1] Einschließlich Muscat d'Alexandrie, Muscat Blanc und Orange Muscat.
[2] »Echter« Riesling (in den USA Johannisberg Riesling).

REBSORTE	1985		1995
1 Chardonnay	14 %	(3)	41 %
2 Colombard	38 %	(1)	26 %
3 Chenin Blanc	21 %	(2)	13 %
4 Sauvignon Blanc	8 %	(4)	7 %
5 Muscat [1]	1 %	(13)	4 %
6 Riesling [2]	5 %	(5)	2 %
7 Malvasia	1 %	(12)	2 %
8 Burger	1 %	(10)	1 %
9 Gewürztraminer	2 %	(6)	1 %
10 Sémillon	2 %	(7)	1 %
Andere Sorten	7 %	–	2 %
GESAMT	100 %		100 %

DIE WEINSTILE IN KALIFORNIEN

ALICANTE BOUSCHET

Diese Sorte war während der Prohibition besonders beliebt, da Panscher den Wein dank seiner kräftigen Färbung mit Wasser und Zucker strecken konnten. Die Anbaufläche dieser Teinturier-Traube ist inzwischen in Kalifornien auf etwa 2 % der roten Sorten zurückgegangen. Vor einigen Jahren durfte man den Alicante Bouschet von Angelo Papagni nicht übergehen, heute wird die Sorte kaum noch rein ausgebaut.

5–8 Jahre

Coturri (Ubaldi Vineyard) • *Il Podere dell'Olivos* • *Topolos*

AUFGESPRITETE WEINE

Den kalifornischen Sherry kann man vergessen, im Gegensatz zu den ausgezeichneten Muskatweinen und Portweinversionen.

Jederzeit (in der Flasche lange haltbar)

Ficklin (NV, Vintage) • *Il Podere dell'Olivos* (Pronto) • *Quady* (bes. Electra und Essencia Muscat) • *Trentadue* (Merlot Port)

BARBERA

Diese italienische Traube wird vorwiegend im Central Valley kultiviert. Aufgrund der hohen Säure eignet sie sich hervorragend zum Verschnitt. In Qualitätsweinregionen wie Sonoma und Mendocino wird sie in wesentlich geringerem Umfang angebaut, über 30 Weingüter erzeugen reinsortige Weine.

3–6 Jahre (herausragende Weine bis 10 Jahre)

Bonny Doon • *Eberle* • *Robert Mondavi* • *Pellegrini* • *Il Podere dell'Olivos* • *Preston*

BORDEAUX-VERSCHNITTE ROT

Unter dem Strich meine ich, dass Verschnitte im Bordeauxstil in Kalifornien erfolgreicher sind als reine Cabernet Sauvignons. Allerdings lassen sich kalifornische Weintrinker kaum davon überzeugen, für derartige Weine denselben oder gar einen höheren Preis zu zahlen. Aus diesem Grund errichtete man die *Meritage Association* (s. u. Meritage), doch nicht alle Weingüter sind Mitglied dieser Vereinigung, einige der größten Bordeauxverschnitte verzichten auf diese Bezeichnung.

3–5 Jahre (preiswerte Weine), 5–12 Jahre (Spitzenerzeuger), 8–25 Jahre oder mehr (herausragende Weine)

Beringer (Alluvium) • *Buena Vista* (L'Année) • *Cain Cellars* (Cain Five) • *Carmenet* (Sonoma Estate Red) • *Clos Pegase* (Hommage) • *Cosentino* (The Poet Meritage) • *Dalla Valle* (Maya) • *Dehlinger* • *Dominus* (ab 1990) • *Ferrari-Carano* (Reserve Red) • *Flora Springs* (Trilogy) • *Franciscan Vineyards* (Oakville Estate Magnificent Meritage) • *Geyser Peak* (Reserve) • *Guenoc* (Langtree Meritage) • *Havens (Bouriquot)* • *Kendall-Jackson* (Cardinale Meritage) • *Laurel Glen* (Terra Rossa) • *Merryvale* (Profile) • *Peter Michael* (Les Pavots) • *Moraga* (Bel Air) • *Newton* (Claret) • *Niebaum-Coppola* (Rubicon) • *Opus One* • *Pahlmeyer* (Caldwell Vineyard) • *Joseph Phelps* (Insignia) • *Rancho Sisquoc* (Cellar Select) • *Ravenswood* (Pickberry) • *Stag's Leap Wine Cellars* (Cask 23) • *Stonestreet* (Legacy) • *Viader* • *White Rock* (Claret)

BORDEAUX-VERSCHNITTE WEISS

Sauvignon und Sémillon ergeben eine ausgezeichnete Kombination, wobei nach traditioneller Ansicht der Sauvignon Aroma, Säure und Frische liefert, während der Sémillon dem Wein Körper, Gewicht, Fülle und Komplexität verleiht. In vielen Weinbauregionen der Neuen Welt einschließlich Kalifornien ist der Sauvignon jedoch zu sanft und neutral, als dass dieses Rezept Erfolg haben könnte. Wesentlich besser wäre es, wenn der Sauvignon die Rolle des Sémillon übernähme: Ein kleiner Anteil von dieser Traube, früh genug gelesen, könnte eine grasig-vegetale Note beisteuern, wie es sonst der Sauvignon tut. Der Effekt ist derselbe, das Verfahren jedoch umgekehrt.

2–4 Jahre

Beringer (Alluvium) • *Hidden Cellars* (Alchemy) • *Merryvale* (Vignette) • *Ojai* (Cuvée Spéciale Sainte Hélène) • *Rabbit Ridge* (Mystique) • *Simi* (Sendal)

BOTRYTISIERTE WEINE UND SPÄTLESEN

Einige der opulentesten botrytisierten Weine und Spätlesen der Welt werden in Kalifornien erzeugt, wo der Sonnenschein dem Riesling eine wundervolle reife Pfirsichnote, dem Chenin und dem Muskat die Frische tropischer Früchte verleiht. Darüber hinaus stellt man hier einige ausgezeichnete Eisweine her (*siehe* S. 471), wie jenen des unbezähmbaren Randall Graham vom Weingut Bonny Doon, der offen gesteht, die Trauben vor dem Pressen in den Gefrierschrank zu schieben!

Sofort (in der Flasche lange haltbar)

Arrowood (Preston Ranch Late Harvest White Riesling) • *Bonny Doon* • *Far Niente* (Dolce) • *Château St. Jean* (Special Late Harvest Johannisberg Riesling) • *Freemark Abbey* (Edelwein Gold Late Harvest Johannisberg Riesling) • *Robert Pecota* (Moscato di Andrea) • *Joseph Phelps* (Muscat Vin du Mistral) • *Renaissance* (Riesling, Sauvignon Blanc) • *St. Francis* (Muscat Canelli Late Harvest) • *Swanson* (Late Harvest Sémillon)

CABERNET FRANC

Die Anbaufläche dieser Bordeauxsorte in Kalifornien verdreifachte sich zwischen 1983 und 1988. Damals verwendete man sie vorwiegend, um ausgewogenere Cabernet-Sauvignon-Verschnitte zu erzielen. Die einzigen Sortenweine, die man gelegentlich fand, waren Roséweine von der North Coast. Seitdem hat sich die Anbaufläche von Cabernet Franc verdoppelt, und sortenreine Weine werden bald Alltag sein. Die besten kalifornischen Cabernet-Franc-Weine sollen einen Duft und eine Finesse besitzen, die der Art der besten Lagen von St-Émilion ähnelt.

1–4 Jahre

Dehlinger • *The Gainey Vineyard* (Limited Selection) • *Ironstone* • *Konocti* • *Longoria* • *Madrona* • *Niebaum-Coppola* • *Rancho Sisquoc* • *Sebastiani* • *Vita Nova*

CABERNET SAUVIGNON

Auf diese Traube entfallen 15 % der Rotweinflächen Kaliforniens. Obwohl Chardonnay zwangsläufig alle Aufmerksamkeit auf sich zog, als der Trend zu trockenen Weißweinen ging, erweist sich Cabernet Sauvignon nach wie vor als beste Sorte Kaliforniens. In kühlen Regionen können Cabernet Sauvignons eine vegetale, an Paprika oder grüne Bohnen erinnernde Note annehmen, in den meisten anderen Gegenden verbinden sie im Allgemeinen einen herrlich runden Cassis-Charakter mit samtiger Textur und einem Veilchen- oder Minze-Nachhall. Eiche wird heute wohl überlegt eingesetzt, und einige der aufregendsten Cabernet-Weine haben wie in Bordeaux Merlot und Cabernet Franc in der *Cuvée*. *Siehe* Bordeaux-Verschnitte rot und Meritage.

3–5 Jahre (preiswerte Weine), 5–12 Jahre (Spitzenerzeuger), 8–25 Jahre oder mehr (herausragende Weine)

Araujo (Eisel Vineyards) • *Arrowood* (Reserve Speciale) • *Caymus* (bes. Special Selection) • *Château Souverain* (Library Reserve, Winemaker's Reserve) • *Château Woltner* (bes. Titus Vineyard) • *B. R. Cohn* (Olive Hill) • *Clos du Val* (Reserve) • *Dalla Valle* • *Dehlinger* • *Diamond Creek* (Red Rock Terrace, Lake Vineyard, Gravelly Meadow, Volcanic Hill) • *Duckhorn* • *Dunn* • *Eberle* • *Elyse* (Morisoli Vineyard) • *Etude* • *Gary*

Farrell (Lad's Vineyard) • *Far Niente* • *Flora Springs* (Reserve) • *Forman* • *Foxen Vineyard* • *Freemark Abbey* (Bosché, Sycamore Vineyards) • *Geyser Peak* (Reserve) • *Girard* (bes. Reserve) • *Gundlach-Bundschu* (Rhinefarm Vineyard) • *The Hess Collection* (bes. Reserve) • *Jordan* • *La Jota* • *Kenwood* (Jack London Vineyard) • *Kunde* (Reserve) • *Laurel Glen* • *Long Vineyards* • *Robert Mondavi* (Oakville, Reserve) • *Monticello* (Corley Reserve) • *Mount Eden* (Old Vine Reserve) • *Newton* • *Niebaum-Coppola* • *Joseph Phelps* (Backus, Eisele) • *Pine Ridge* (Andrus Reserve, Stags Leap District) • *Rochioli* (Reserve) • *St. Francis* (Reserve) • *Seavey* • *Sequoia Grove* • *Shafer* (Hillside Select) • *Signorello* (Founder's Reserve) • *Silverado Vineyards* (Limited Reserve) • *Silver Oak* (Alexander Valley) • *Simi* (Reserve) • *Spottswoode* • *Staglin* • *Stag's Leap Wine Cellars* (Fay Vineyard, S.L.V.) • *Stonestreet* • *Swanson* • *Philip Togni* • *Whitehall Lane* (Morisoli Vineyard) • *ZD*

CARIGNAN

Die Carignan liefert hohe Erträge farbkräftiger, rauer, tanninhaltiger Weine mit strengem Aroma und eignet sich sowohl in Kalifornien als auch in ihrer Heimat Südfrankreich, wo sie im Châteauneuf-du-Pape als eine von 13 Sorten zugelassen ist, ausgezeichnet für den Verschnitt. In der kalifornischen Coastal Region besitzt sie einen weniger harten Charakter und wird von einigen Kellereien reinsortig ausgebaut.

3–6 Jahre (herausragende Weine bis 10 Jahre)

La Jota (Little J) • *Pellegrini* • *Trentadue*

CHARBONO

Diese Sorte ist identisch mit der Corbeau, einer nahezu ausgestorbenen französischen Traube, die auch als Charbonneau bezeichnet wird. Sie bringt einen Wein mit einer lebhaften Kirschfrucht und einer pikanten reifen Säure hervor, der an Barbera erinnert. So kennzeichnete Inglenook, das als erstes Gut einen Sortenwein aus dieser Traube erzeugte, seinen Wein als Barbera, bis ihn Dr. Winkler von der UC Davis als Charbono identifizierte.

2–4 Jahre

Duxoup

CHARDONNAY

Chardonnay liegt weiterhin im Trend. Die weite Verbreitung von Chardonnay ändert nichts an der Tatsache, dass er zu den großartigsten Sorten der Welt zählt und immer zählen wird. Kalifornien brachte auch in einer Zeit ausgezeichnete Chardonnays hervor, in der massive Bomben Mode waren, die geradezu nach Eiche stanken und oft viel zu fett und plump waren. Heute ist Finesse das Zauberwort. Die Erzeuger feiner kalifornischer Chardonnays stehen vor dem Problem, die amerikanische Öffentlichkeit davon überzeugen zu müssen, dass Chardonnay nicht gleich bedeutend ist mit Eiche. Kultivierte, viel gereiste Weinliebhaber haben dieses Problem nicht. So mancher amerikanische Konsument glaubt jedoch nicht, dass er tatsächlich Chardonnay trinkt, wenn er einen großartigen weißen Burgunder verkostet, der nie auch nur einen Span neuer Eiche gesehen hat.

2–8 Jahre (herausragende Weine mehr als 15 Jahre)

Arrowood (Cuvée Michel Berthod) • *Au Bon Climat* • *Belvedere* (bes. Preferred Stock) • *Byron* (Reserve) • *Chalone* • *Clos du Bois* (bes. Calcaire und Flintwood) • *Château Souverain* (Allan Vineyard, Rochioli Vineyard, Sangiacomo Vineyard) • *Clos du Val* (Carneros) • *Conn Valley* • *Crichton Hall* • *Dehlinger* (Montrachet Cuvée) • *Durney* • *Flora Springs* (Barrel Fermented) • *Forman* • *Foxen Vineyard* • *Franciscan Vineyards*

(Oakville Estate) • *Freemark Abbey* (Carpy Ranch) • *The Gainey Vineyard* (Limited Selection) • *Girard* (Reserve) • *Hanzell* • *Hartford Court* (Arrendell Vineyard) • *The Hess Collection* (Mount Veeder) • *Kendall-Jackson* (Camelot) • *Kistler* (bes. Lagenweine) • *Kunde* (Kinneybrook, Wildwood) • *Longoria* • *Long Vineyards* • *Marcassin* • *Martinelli* • *Merryvale* • *Peter Michael* • *Robert Mondavi* (Reserve) • *Mount Eden* (Santa Cruz) • *Newton* • *Niebaum-Coppola* • *Pahlmeyer* • *Joseph Phelps* (Ovation) • *Rabbit Ridge* • *Rochioli* (bes. Reserve, Allen Vineyard, South River Vineyard) • *St. Francis* (Reserve) • *Salmon Creek* (Bad Dog Ranch) • *Sanford* (bes. Barrel Select Sanford & Benedict) • *Santa Barbara Winery* (Lafond Vineyard) • *Shafer* (bes. Red Shoulder Ranch) • *Signorello* (Founder's Reserve) • *Silverado Vineyards* (Limited Reserve) • *Sonoma-Cutrer* (Les Pierres) • *Sonoma-Loeb* (Private Reserve) • *Stag's Leap Wine Cellars* (bes. Reserve) • *Steele* (bes. Lolonis Vineyard, Du Pratt Vineyard, Sangiacomo Vineyard) • *Stony Hill* • *Trefethen* (Library Selection) • *Swanson* • *Robert Talbott* (bes. Diamond T) • *White Rock* • *Williams-Selyem* (Allen Vineyard) • *ZD*

CHENIN BLANC

Diese Traube aus dem Loire-Tal ist durch Weine wie den süßen, üppigen Vouvray und den sehr trockenen, beißenden Savennières berühmt geworden. In Kalifornien belegt sie mehr als ein Fünftel der Anbaufläche für weiße Trauben, und obwohl der Trend zu ausgewogenerer Säure die Qualität der Weine steigerte, ist sie hier weniger erfolgreich als in Frankreich. Da ich mich nur für die großartigsten Chenin Blancs begeistern kann, fällt es mir schwer, für den kalifornischen Chenin Blanc insgesamt Sympathie aufzubringen. Ich wundere mich über die zahlreichen Bücher, in denen Clarksburg als einzige Gegend genannt wird, die einen regional identifizierbaren Chenin Blanc erzeugt. Einen Wein aus einer AVA des Central Valley zu finden ist ein schwieriges Unterfangen. Die mittlerweile nicht mehr existierende Kellerei R. & J. Cook war der produktivste Hersteller von Weinen der Clarksburg-Appellation, brachte jedoch einen besseren Petite Sirah hervor. Da die Appellation nicht auf dem Etikett angeführt wird, müssen wir uns auf das Wort des Erzeugers verlassen, dass ein Teil des Chenin tatsächlich aus Clarksburg stammt. Dieser Wein weist keine Besonderheiten auf, er ist einfach nur frisch und gut trinkbar. Hacienda ist ein weiterer vielbeworbener Chenin, der ebenfalls keine AVA nennt. Meiner Ansicht nach wird der beste Chenin im Napa Valley erzeugt. Die empfohlenen Weine sind alle trocken oder fast trocken. Zu den süßen Varianten *siehe* Botrytisierte Weine und Spätlesen.

1–4 Jahre

Alexander Valley Vineyards • *Chalone* • *Chappellet* • *Foxen Vineyard* (Barrel Fermented) • *Girard* • *Hacienda* • *Husch Vineyards* • *Robert Mondavi* • *Pine Ridge* • *Simi* • *Stearn's Wharf* (La Presta Vineyard)

CINSAULT

Bis sich in Kalifornien Weine im Rhône-Stil durchsetzten, war diese Sorte vorwiegend als Black Malvoisie bekannt. Die geringen Bestände werden nur selten gut genutzt, doch erregt Frick mit seinen 30 Jahre alten Cinsault-Reben im Dry Creek Valley in Sonoma regelmäßig Aufsehen.

2–5 Jahre

Frick

COLOMBARD

Auf diese Sorte entfallen in Kalifornien 38 % der Anbaufläche für weiße Sorten. Der Wein erwies sich stets als überdurchschnittlich gut, sein wahres Potenzial erkannte man jedoch erst mit der Einführung der Kaltgärung. Colombard ist sortenrein kein großer Wein, kann jedoch – jung und frisch getrunken – als wenig anspruchsvoller, absolut köstlicher Tropfen eine hervorragende Preis-Gegenwert-Relation bieten.

Sofort

Carmenet • *Parducci*

FUMÉ BLANC

Der Begriff Fumé Blanc, in Frankreich Synonym für Sauvignon Blanc, hat in der Neuen Welt eine eigenständige Bedeutung erlangt. Hier bezeichnet man damit im Allgemeinen einen im Barrique ausgebauten Sauvignon Blanc, der eine subtile bis kräftige Eichennote besitzt. *Siehe auch* Sauvignon Blanc.

1–3 Jahre

Benzinger • *Château St. Jean* (La Petite Étoile) • *Chimney Rock* • *Dry Creek* • *Ferrari-Carano* (bes. Reserve) • *Grgich Hills Cellars* • *Kendall-Jackson* • *Robert Mondavi* (Reserve, Tokalon Estate) • *Murphy-Goode* (Reserve, Reserve Il la Deuce) • *Preston* (Cuvée de Fumé) • *Ivan Tamas*

GAMAY

Diese auch als Napa-Gamay bezeichnete Sorte ist ein echter Gamay *à jus blanc* mit dem Ruhm (oder der Verrufenheit) des Beaujolais. In vielen Teilen Kaliforniens ergibt sie leicht trinkbare, fruchtige, manchmal brillante Weine. Zwar reicht der kalifornische Gamay nicht an die besten *Crus* des Beaujolais heran, doch ist der Qualitätsstandard hier bedeutend höher.

1–3 Jahre

Duxoup • *J. Lohr* (Wildflower) • *Robert Pecota*

GAMAY BEAUJOLAIS

Diese Sorte wurde vor vielen Jahren als Pinot-Noir-Klon identifiziert, weshalb man ihr jede Beziehung zum echten Gamay abspricht. Dennoch könnte eine Verbindung bestehen, da viele Ampelographen annehmen, dass der Gamay selbst ursprünglich von einem alten Klon des Pinot Noir abstammt. Der Name Gamay Beaujolais wurde 1993 vom BATF verboten, ist aber dennoch immer wieder anzutreffen. Warum jemand einen Pinot Noir als Gamay verkaufen will, übersteigt jedoch meine Fantasie.

1–3 Jahre

Beringer

GEWÜRZTRAMINER

Gewürztraminer ist in Kalifornien als Sortenwein nicht weit verbreitet, zählt aber zu den am häufigsten überbewerteten Sorten des Landes. Der Rummel um den kalifornischen Gewürztraminer ist mir unverständlich. Nicht nur dass vielen dieser Weine das Sortentypische fehlt, das ich von jeder klassischen Traube erwarte, sondern die Erzeuger versuchen auch, diese von Natur aus säurearme Traube möglichst sauer auszubauen. Die einzige Methode, ihr die von ihren Liebhabern erwartete echte pikante Würze zu geben, besteht in einer Maischestandzeit vor der Gärung. Der Gewürzcharakter ist nicht sofort nach der Abfüllung spürbar, sondern zeigt sich erst nach einer Reifung in der Flasche. Die bei der

Mazeration aus den Schalen aufgenommenen Phenole sind für die Ausgewogenheit und Länge von Weinen mit geringem Säuregrad überaus wichtig und vermitteln den Eindruck, als würde das Aroma am Gaumen »eingebrannt«. Zudem werden die Weine auf diese Weise überraschend langlebig. Unglücklicherweise vermeiden praktisch alle Winzer Kaliforniens Phenole im Weißwein, als wären sie die Pest. Mein Standpunkt ist keineswegs europäisch voreingenommen; ich zitiere Robert Parker: »Jeder, der je einen feinen französischen Gewürztraminer kostete, muss entsetzt sein über das, was in Kalifornien unter diesem Namen verkauft wird.«

1–3 Jahre

Bouchaine • *Lazy Creek* • *Navarro*

GRENACHE

Der Anbau dieser Sorte ging in den letzten Jahren zurück, dennoch entfallen in Kalifornien nach wie vor 10 % der Rotweinflächen auf sie. Grenache wird dort traditionell zu mitteltrockenen Roséweinen und Dessertweinen im Stil eines Tawny Port verarbeitet, daneben tauchten jedoch einige wirklich köstliche Sortenweine von hoher Qualität auf.

1–3 Jahre

Bonny Doon (Clos de Gilroy) • *Forman* (La Grande Roche)

JOHANNISBERG RIESLING

Auf den »echten« Riesling, der auch als White Riesling bezeichnet wird, entfallen über 5 % der kalifornischen Anbaufläche für weiße Sorten. Abgesehen von vereinzelten, sensationellen pikant-trockenen Ausnahmen werden diese Weine meist in einem leicht süßen, kommerziellen Stil hergestellt, dem jede sortentypische Intensität genommen ist. Das Angebot reicht von gut und zurückhaltend über lebhaft und saftig bis zu einer klassischen Petroleumnote (für letztere gilt das Gut Renaissance als Maßstab). Zu den süßen Varianten *siehe auch* Botrytisierte Weine und Spätlesen.

1–3 Jahre

Alexander Valley Vineyards • *Bonny Doon* (Pacific Rim) • *Château Montelena* (Potter Valley) • *Firestone* • *Greenwood Ridge* • *Navarro* • *Fess Parker* • *Rancho Sisquoc* • *Renaissance*

MALBEC

Diese Traube hat in Kalifornien niemals wirklich Fuß gefasst, auch wenn einige Kellereien gute Sortenweine machen. Wo sie nicht vollständig ignoriert wird, gilt sie – hier wie in Bordeaux – nur als Verschnittpartner. Vielleicht sollten sich die kalifornischen Winzer bei dieser Sorte stärker an den schwarzen Cahors-Weinen des 19. Jahrhunderts als an Bordeaux orientieren. Wurzelechte oder auf ertragsarme Unterlagen gepfropfte Reben können einen ausgezeichneten, farbstarken Rotwein mit milder, mundfüllender Frucht ergeben. In warmen Klimabereichen und vor allem auf kiesigen und mergelhaltigen Lehmböden entwickeln die Weine große Individualität und Komplexität.

2–5 Jahre

Arrowood • *Benzinger* • *Clos du Bois* (L'Étranger)

MERITAGE

Der Begriff Meritage, der sich aus »merit« (Verdienst) und »heritage« (Erbe) zusammensetzt, wurde als Markenzeichen für anspruchsvolle Bordeauxverschnitte erdacht und registriert. Als einzige Bedingung für die Verwendung dieses Markennamens muss die Weinkellerei eingetragenes Mitglied der Meritage Association sein. Allgemein geht man davon aus, dass derartige Verschnittweine zwei oder mehr der folgenden Sorten beinhalten können: Cabernet Sauvignon, Cabernet Franc, Merlot, Malbec und Petit Verdot für Rotweine, Sauvignon Blanc, Sémillon und Muscadelle für Weißweine. Obwohl keineswegs die genialste unter den amerikanischen Marketingideen, wird der Begriff von einer Vielzahl von Weinkellereien und Restaurants verwendet, die diese Weine häufig gesondert aufführen. Die herausragendsten Beispiele und die vielen erstklassigen Verschnitte, die nicht unter dem Namen Meritage verkauft werden, sind unter dem Stichwort Bordeaux-Verschnitte (rot und weiß; *siehe* S. 451) genannt.

MERLOT

Es war schon immer offenkundig, dass der Merlot alle notwendigen Eigenschaften besitzt, um in Kalifornien zu einem der beliebtesten und gefragtesten Sortenweine zu werden, und genau das wurde er zu Beginn der 90er Jahre. Seine üppige Frucht und samtige Textur sind geradezu maßgeschneidert für den Sunshine State. Allerdings dürfen auch angeblich reinsortige Weine bis zu 15 % Cabernet Sauvignon enthalten, der ihnen mehr Struktur gibt.

3–8 Jahre

Beaucanon • *Bellerose* • *Beringer* (Bancroft Vineyard) • *Château St. Jean* • *Château Souverain* • *Cain Cellars* • *Clos du Val* • *Clos Pegase* • *Duckhorn* (Three Palms) • *Gary Farrell* (Lad's Vineyard) • *Ferrari-Carano* • *Franciscan Vineyards* (Oakville Estate) • *Havens* • *Lewis Cellars* (Oakville Ranch) • *Matanzas Creek* • *Newton* • *Pahlmeyer* • *Pine Ridge* (Carneros) • *St. Francis* (Reserve) • *Seavey* • *Shafer* • *Whitehall Lane* (Summer's Ranch)

MOURVÈDRE

Aus dieser auch Mataro bezeichneten Sorte lassen sich dunkle, samtweiche, milde Weine gewinnen, die mit Syrah vergleichbar sind, aber nicht deren Üppigkeit und Dichte besitzen. In Kalifornien nimmt sie häufig einen an Himbeermarmelade erinnernden Geschmack an, was sie für preiswerte Weine und für Verschnitte gut geeignet macht. Daneben tauchen aber auch immer häufiger aufregende Sortenweine auf.

2–5 Jahre

Bonny Doon (Old Telegram) • *Cline Cellars* (bes. Reserve) • *Edmunds St. John* • *Jade Mountain* • *Ridge* (Mataro) • *Sean Thackrey* (Taurus) • *Trentadue* (Old Patch)

MUSCAT BLANC

Siehe Muscat Canelli

MUSCAT CANELLI

Diese auch unter den Namen Muscat de Frontignan, Muscat Blanc und Moscato Canelli bekannte Traube erweist sich in Kalifornien als überaus erfolgreich. Aus ihr werden einige köstliche, nach Blüten duftende Weine in halbtrockenen bis sehr süßen Varianten hergestellt. Zu den süßen Spielarten *siehe* Botrytisierte Weine und Spätlesen.

Sofort

Eberle

ORANGE MUSCAT

Außer dem aufgespriteten Wein des Weinguts Quady kenne ich lediglich einen reinen Orange Muscat in Kalifornien, den Moscato di Fior von Mosby, der einen überzeugenden trockenen Stil aufweist.

1–3 Jahre

Mosby (Moscato di Fior)

PETITE SIRAH

Die Beliebtheit dieser unterschätzten Traube sank geradezu grotesk ab, nachdem man sie als bescheidene französische Durif identifiziert hatte, obwohl viele Güter regelmäßig hervorragende Weine aus ihr herstellten. Heute glaubt man, dass sie nicht mit der Durif, sondern mit der Syrah identisch ist. Auch wenn es ironisch klingen mag, ich bin glücklich, dass die Anhängerschar der Petite Sirah rapide wuchs, noch ehe sich diese neue Theorie verbreitete. Dennoch zählt Petite Sirah nach wie vor zu den am meisten unterbewerteten Sorten Kaliforniens.

4–8 Jahre

Christopher Creek • *Concannon* • *Field Stone* • *Foppiano* (Reserve) • *Hop Kiln* • *La Jota* (Howell Mountain) • *Marrietta Cellars* • *Ridge* (York Creek) • *Stag's Leap Wine Cellars* • *Stags' Leap Winery* • *Sean Thackrey* (Sirius) • *Turley Cellars*

PINOT BLANC

Wenn Pinot Blanc sorgfältig kultiviert und im Fass vergoren wird, ist er von einem Chardonnay praktisch nicht zu unterscheiden. Dies gilt insbesondere für die Produkte von Napa, Monterey und Sonoma. Obwohl einige ernst zu nehmende Winzer ausgezeichnete Sortenweine aus Pinot Blanc machen, wird das Potenzial dieser Sorte in Kalifornien viel zu wenig genutzt.

1–3 Jahre

Arrowood (Saralee's Vineyard) • *Benzinger* • *Byron* • *Chalone* • *Etude* • *Frick* • *Mirassou* (Harvest Reserve) • *Murphy-Goode* (Barrel Fermented) • *Steele* (Santa Barbara) • *Wild Horse Winery*

PINOT GRIS

Selbst in seiner Bestform erreicht der kalifornische Pinot Gris niemals die würzige Leichtigkeit, für die der Elsässer berühmt ist. Er ist eher ein hochwertiger Pinot Grigio mit einer reiferen, reineren Frucht – einige Weine werden auch tatsächlich als Pinot Grigio verkauft.

Sofort

Edmunds St. John • *Elliston* • *Etude* • *Sterling*

PINOT MEUNIER

Die Müllerrebe, die gelegentlich zur Kräftigung von Schaumwein-*Cuvées* verwendet wird, ergibt unauffällige, milde, fruchtige Rotweine, wird aber nur selten reinsortig verarbeitet.

1–3 Jahre

Boony Doon • *Domaine Chandon* (nur im Restaurant der Kellerei erhältlich) • *Etude*

PINOT NOIR

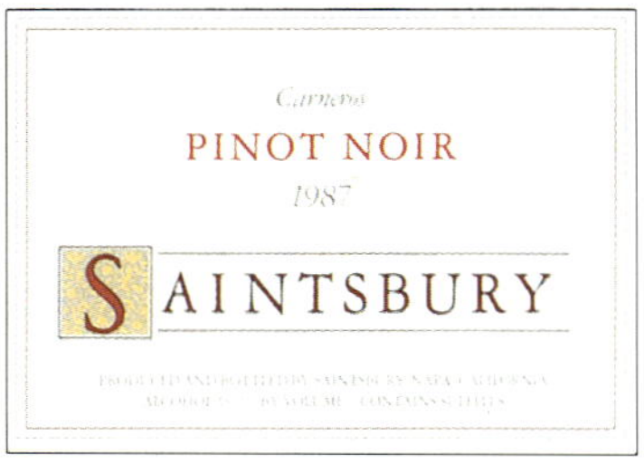

Über alle Erwartungen gut hat sich diese berühmte Burgundertraube in Teilen Kaliforniens eingebürgert, etwa im Russian River Valley in Sonoma, in Carneros an der Grenze zwischen Sonoma und Napa und im Santa Ynez Valley in Santa Barbara. In Santa Barbara besitzt sie meiner Ansicht nach das größte Potenzial. Auch wenn in anderen Regionen sehr gute Pinots Noirs hergestellt werden, so stammen die meisten Erzeuger doch aus diesem südlichen Bereich. San Benito, Monterrey und Arroyo Grande zählen ebenfalls zu den viel versprechenden Gebieten.

2–5 Jahre

Acacia (Carneros) • *Au Bon Climat* • *Babcock* • *Calera* • *Carneros Creek* (Signature) • *Chalone* • *Château St. Jean* (Durell Vineyard) • *Conn Valley* (Valhalla Vineyard) • *Dehlinger* (bes. Goldridge Vineyard und Octagon Vineyard) • *Etude* • *Gary Farrell* (bes. Howard Allen Vineyard) • *The Gainey Vineyard* (bes. Sanford & Benedict) • *Hanzell* • *Hartford Court* (Arrendell Vineyard) • *Hartley & Ostini* (The Hitching Post) • *Kent Rasmussen* (Carneros) • *Kistler* (bes. Lagenweine) • *Longoria* • *Marcassin* • *Martinelli* • *Robert Mondavi* (bes. Reserve) • *Morgan* (bes. Reserve) • *Rochioli* (bes. East Block, Little Hill Block, Three Corner Vineyard, West Block) • *Sanford* (bes. Barrel Select Sanford & Benedict) • *Santa Barbara Winery* (Reserve) • *Steele* (Sangiacomo Vineyard) • *Marimar Torres* • *Lane Tanner* (Sanford & Benedict Vineyard) • *Williams-Selyem* (bes. Allen Vineyard, Rochioli Vineyard).

RHÔNE-VERSCHNITTE ROT

In den späten 1980er Jahren, als Randall Graham vom Weingut Bonny Doon noch ein Pionier der Rhône-Sorten war, lösten diese Verschnittweine eine Kultwelle aus. Während der verschrobene Graham nach wie vor außergewöhnlich köstliche Weine herstellt, produzieren andere ebenso gute Tropfen, jedoch in einem ernsthafteren, oft übertrieben bemühten Stil. Die meisten roten Verschnittweine im Rhône-Stil enthalten zwei oder mehr (meist drei) der folgenden Sorten: Carignane, Mourvèdre, Grenache, Petite Sirah, Syrah.

3–7 Jahre

Bonny Doon (Cigare Volant) • *Cline Cellars* (Côte d'Oakly) • *Edmunds St. John* (Les Côtes Sauvage) • *Jade Mountain* (Côtes du Soleil, Le Provençale) • *Joseph Phelps* (Le Mistral) • *R. H. Phillips* (Alliance) • *Preston* (Faux Castel, Sirah-Syrah) • *Quivira* (Dry Creek Cuvée) • *Qupé* (Los Olivos) • *Rabbit Ridge (Allure)* • *Zaca Mesa* (Cuvée Z)

RHÔNE-VERSCHNITTE WEISS

Die Verschnitte aus weißen Rhône-Sorten liegen in der Beliebtheit nicht weit hinter den roten zurück und holen rasch auf. Sie enthalten meist zwei oder drei der Sorten Marsanne, Roussanne und Viognier.

1–4 Jahre

Bonny Doon (Le Sophiste), *Jade Mountain* (Marsanne et Viognier)

ROSÉ ODER BLANC DE NOIRS

Diese gut gemachten, bescheidenen Roséweine zählen zu den am wenigsten beachteten in Kalifornien, können jedoch sehr köstlich sein. Die empfohlenen Weine sind entweder trocken oder halbtrocken.

Sofort

Bonny Doon (Pinot Meunier, Vin Gris de Cigare) • *Heitz* (Grignolino) • *Joseph Phelps* (Vin du Mistral Grenache Rosé) • *Sanford* (Pinot Noir Vin Gris) • *Simi* (Rosé of Cabernet Sauvignon)

SANGIOVESE

Der Anbau dieser Sorte hat sich seit Ende der 80er Jahre verzwanzigfacht. Das ist vor allem den zahlreichen Winzern und Weinmachern italienischer Abstammung zu danken. Ihr Erfolg wird von der Lage abhängen; wo die Rebe nur mit Mühe wächst, ist eine Verringerung der Erträge durch arbeitsintensive Behangausdünnung überflüssig.

3–7 Jahre (herausragende Weine 15 Jahre oder mehr)

Adelaida Cellars • *Atlas Peak* • *Beringer* (Knights Valley) • *Coturri* (Jessandre Vineyard) • *Flora Springs* • *Saddleback* • *Staglin* (Stagliano) • *Swanson* • *Trentadue* • *Viansa*

SAUVIGNON BLANC

Diese Sorte wird auch als Fumé Blanc bezeichnet, ein Begriff, der auf in Eiche ausgebauten Wein übertragen wurde (*siehe* Fumé Blanc). Viele als Sauvignon Blanc etikettierte Weine sind jedoch ebenfalls in Eiche ausgebaut, aber es wäre zu verwirrend, sie unter Fumé Blanc aufzuführen. Ein purer kalifornischer Sauvignon Blanc sollte frisch sein, einen lebendigen, fruchtigen Sortencharakter besitzen und von reichlich reifer Säure akzentuiert werden. Der kalifornische Sauvignon Blanc kämpft jedoch mit einem Identitätsproblem, da er zumeist mild und neutral oder regelrecht langweilig ist. Selbst der beste Sauvignon Blanc aus Kalifornien, Neuseeland, Frankreich oder sonst woher ist so oberflächlich attraktiv, dass er in der Flasche schnell müde wird. Einige halten sich vielleicht ein paar Jahre, steigern sich jedoch nur selten, es sei denn, Sie gehören zu den Freunden jener bei der Flaschenreifung entstehenden Aromen, die an Spargel und Dosenerbsen erinnern.

Sofort

Adler Fels • *Babcock* (bes. 11 Oaks Ranch) • *Byron* (Reserve) • *Cain Cellars* (Musqué) • *Cakebread* • *Caymus* • *Clos du Bois* • *Cronin* • *Duckhorn* • *Flora Springs* (Soliloquy) • *The Gainey Vineyard* (Limited Selection) • *Hidden Cellars* • *Husch Vineyards* • *Kendall-Jackson* (Grand Reserve) • *Kunde* (Magnolia Lane) • *Matanzas Creek* • *Peter Michael* (L'Après-Midi) • *Ojai* • *Parducci* • *Robert Pecota* • *Robert Pepi* • *Quivira* • *Rancho Sisquoc* • *Renaissance* • *Rochioli* (Reserve) • *Sanford* • *Santa Barbara Winery* (Reserve Musqué) • *Signorello* (Barrel Fermented) • *Spottswoode* • *Stonestreet* (Alexander Mountain) • *Strong* (Charlotte's Home Vineyard) • *Swanson* • *Trefethen* (White Riesling)

SCHAUMWEINE (FLASCHENGÄRUNG)

Kalifornien war für seinen billigen Schaumwein berüchtigt, bis Schramsberg und Domaine Chandon in den 1970er Jahren die Richtung wiesen. Durch vertikale Verkostungen war 1991 festzustellen, dass einige Güter mit Weinen, die sie nur vier Jahre zuvor erzeugt hatten, bereits in die Spitzenklasse vorstießen. Insbesondere Roederer war und ist eine Klasse für sich, und zahlreiche andere Erzeuger verbesserten Stil und Finesse ihrer Weine so dramatisch, dass die Qualität der kalifornischen Schaumweine bis 1995 auf das Vierfache stieg.

2–5 Jahre (in sehr seltenen Fällen bis 10 Jahre)

S. Anderson (Vintage Brut, Vintage Rosé) • *Codorníu Napa* (NV Brut, Vintage Carneros Cuvée) • *Domaine Carneros* • *Domaine Chandon* (Reserve, Rosé Brut) • *Gloria Ferrer* (NV Brut) • *Handley* (Vintage Blanc de Blancs, Vintage Brut, Vintage Rosé) • *Robert Hunter* (Vintage Brut de Noirs) • *Iron Horse* (Vintage Brut, Vintage Blanc de Blancs, Vintage Rosé) • *Jordan* (»J«) • *Mumm* (NV Sparkling Pinot Noir, Vintage DVX, Vintage Blanc de Blancs, Vintage Blanc de Noirs – für den Export als Rosé etikettiert –, Vintage Winery Lake) • *Piper Sonoma* (Blanc de Noirs, NV Brut, Tête de Cuvée) • *Roederer Estate* (im Export: Quartet; NV Brut, NV Rosé, L'Ermitage) • *Scharffenberger* (Blanc de Blancs, NV) • *Schramsberg* (Blanc de Blancs, Reserve, J. Schram) • *Thornton* (Vintage Blanc de Noirs Brut Reserve)

SÉMILLON

Diese auch als Chevrier bezeichnete Traube stand lange in der Gunst der kalifornischen Erzeuger, anscheinend aber nicht der Verbraucher. Aus ihr lassen sich ausgezeichnete, in Eiche vergorene trockene Weine machen, die allmählich die ihnen gebührende Wertschätzung erhalten. *Siehe auch* Botrytisierte Weine und Spätlesen.

1–5 Jahre

Kalin • *Kendall-Jackson* (Vintner's Reserve) • *Signorello* (Barrel Fermented) • *Vita Nova* (Reservatum)

SYLVANER

In Kalifornien wird diese Sorte auch als Franken Riesling, Monterey Riesling oder Sonoma Riesling bezeichnet. Der Wein, der in keiner Weise einem echten Riesling gleicht, ist häufig nicht ganz trocken und im Geschmack nichts sagend. Eine Ausnahme bilden die Produkte von Rancho Sisquoc in Santa Barbara, wo die außergewöhnlich alten, ertragsarmen Rebstöcke tiefschichtige Weine hervorbringen.

Sofort

Rancho Sisquoc

SYMPHONY

Die Anbaufläche dieser Kreuzung aus Muscat d'Alexandrie und Grenache Gris wuchs Mitte der 1990er Jahre stark. Ihre Weine sind meist halbtrocken und besitzen ein unverwechselbares blumig-traubiges Muskataroma.

SYRAH

Diese klassische Rhône-Traube veranschaulicht den raschen Wandel in Kalifornien. Ende der 1980er Jahre äußerte ich meine Verwunderung, dass Syrah nicht intensiver gepflanzt wurde. Seit damals stieg die Anbaufläche von 45 ha auf 539 ha und wird sich vermutlich noch einmal verdoppeln. Der kalifornische Syrah zeichnet sich durch eine Sinnlichkeit aus, die ihn vom französischen Syrah oder australischen Shiraz deutlich unterscheidet. Auf dem Höhepunkt der Reife besitzen jedoch alle drei Versionen eine samtige Cassis-Frucht und eine feine, rauchig-würzige Komplexität. Die angeführten hervorragenden Syrahs beweisen, dass diese Traube in verschiedenen kalifornischen Regionen erfolgreich kultiviert werden kann, wärmere Gegenden Santa Barbaras jedoch das größte Potentail für sie besitzen.

3–10 Jahre

Araujo (Eisel Vineyards), *Arrowood* (Saralee's Vineyard) • *Beringer* • *Bonny Doon* • *Cambria* (Tepusquet Vineyard) • *Christopher Creek* • *Dehlinger* • *Duxoup* • *Edmunds St. John* (bes. Durell Vineyard) • *Ferrari-Carano* • *Havens* • *Ironstone* (Shiraz) • *Jade Mountain* • *Kendall-Jackson* (Durell Vineyard) • *Kunde* • *Joseph Phelps* (Vin de Mistral) • *Ojai* • *Fess Parker* • *Qupé* • *Swanson* • *Sean Thackrey* (Orion) • *Zaca Mesa* (Zaca Vineyard)

TOCAI FRIULANO

In Nord- und Südamerika wird diese Sorte auch Sauvignonasse genannt. Tocai Friulano ist eine langweilige Sorte, die praktisch alle chilenischen Weinkellereien früher oder später in Weinen verwendeten, die als Sauvignon Blanc verkauft wurden.

Robert Mondavi • *Wild Horse Winery*

VIOGNIER

Diese großartige weiße Traube von der Rhône wurde in Kalifornien erstmals 1985 von Phelps gepflanzt. 1988 trugen die Stöcke noch nicht einmal Früchte. Zu den bis dahin bestehenden 4,5 ha hatte man eben weitere 5,7 ha mit dieser Sorte bestockt. Heute ist die Anbaufläche nahezu 200 ha groß, und die Zahl der Rebstöcke verdoppelt sich alle 15 Monate. Während die Reben in Kalifornien ausgezeichnet gedeihen, erzielen die Weine selten einen klaren Charakter. Dasselbe könnte man natürlich auch von Château Grillet und Condrieu behaupten, und da es jenseits des Atlantiks gelang, diese Hürde zu überwinden, gibt es keinen Grund, warum nicht auch den kalifornischen Winzern Erfolg beschieden sein sollte. Jedoch irritiert mich, dass die notorisch schwierige Viognier-Traube im sonnigen Kalifornien so gut gedeiht. Nicht nur, dass es hier keinerlei Probleme mit der Fruchtbildung zu geben scheint, die Erträge sind sogar nach den Maßstäben der gierigsten französischen Winzer außerordentlich hoch. Dies lässt mich an der Echtheit der in Kalifornien als Viognier verkauften Rebstöcke zweifeln, oder, wenn sie tatsächlich echt sind, fragen, was man während der acht Jahre, die die UC Davis brauchte, um einen Virus zu entfernen, aus dem Viognier-Pfropfreis noch beseitigte. Oder ist es möglich, dass nur kränkelnde Reben den besten Viognier-Weinen ihre Klasse verleihen?

beim Kauf

Arrowood (Saralee's Vineyard) • *Beringer* (bes. Hudson Ranch) • *Calera* • *Edmunds St. John* • *Kendall-Jackson* (Grand Reserve) • *Kunde* • *La Jota* • *Ojai* (Roll Ranch) • *Joseph Phelps*

ZINFANDEL

Diese einst als einzige einheimische *Vitis-vinifera*-Sorte Amerikas geltende Traube wurde durch den Isozym-»Fingerabdruck« (eine Methode zur Bestimmung des einzigartigen Musters in der Molekülstruktur der Enzyme bestimmter Sorten) als die Primitivo-Traube Süditaliens identifiziert. Möglicherweise stehen wir vor einer neuen Wende in dieser Geschichte, da die frühesten Nachweise der Primitivo in Italien aus dem späten 19. Jahrhundert datieren, während Zinfandel im Rebschulkatalog von William Prince auf Long Island bereits 1830 erscheint. Zudem bezeichneten italienische Züchter ihren Primitivo häufig als ausländische Sorte.

In Abhängigkeit von der Vinifizierungsmethode lassen sich aus Zinfandel viele verschiedene Weintypen gewinnen. Die Vielfalt der Typen ergibt sich aus der Tatsache, dass es praktisch unmöglich ist, Zinfandel zu einem Zeitpunkt zu lesen, zu dem alle Beeren denselben Reifegrad aufweisen. Wenn die meisten Beeren einer Traube ihre optimale Reife haben, sind noch stets einige grün. Wartet man, bis auch diese reif sind, verwandeln sich die Beeren in den Traubenschultern rasch in Rosinen. Diese Schwierigkeiten lassen sich durch verschiedene arbeitsintensive Methoden überwinden, bringen jedoch große Verluste und verursachen hohe Kosten, weshalb ein erlesener Zinfandel niemals billig ist. Ein großartiger Zinfandel ist so üppig und farbstark, wie er nur in Kalifornien werden kann, und besitzt eine reife, pfeffrig-würzige Frucht mit intensiven, komplexen Lakritz- und Schokolade-Aromen. Jung zeichnet sich Zinfandel durch seine mundfüllende, klassische Beerenfrucht aus, die zu Schwarzkirsche oder einer marmeladigen Art übergehen kann. Diese Traube ist die einzige Sorte, die nach dem Kokosnussaroma amerikanischer Eiche verlangt. Sie steigert sich häufig noch, wenn sie mit Petite Sirah verschnitten wird, die ihr den nötigen Rückhalt verleiht. Zinfandel ist ein Wein, der eine gewisse Flaschenreifung benötigt, um die spezifische Würze von Trockenfrüchten zu entwickeln, zählt jedoch nicht zu den langlebigsten kalifornischen Weinen. Ohne eine ausreichende Flaschenreifung verfügt er lediglich über viel Eiche und Beerenfrüchte, hat aber nicht die gewünschte Komplexität.

2–5 Jahre (gute, preiswerte Weine),
5–15 Jahre (teurere, anspruchsvollere Weine)

Adelaida Cellars • *Cakebread* (Howell Mountain) • *Cline Cellars* (bes. Big Break, Bridgehead Vineyard und Reserve) • *Clos du Val* (Stags Leap District) • *De Loach* (bes. O.F.S.) • *Dry Creek Vineyard* (Ol Vines) • *Eberle* • *Elyse* (Howell Mountain) • *Edmeades* (bes. Zeni Vineyard) • *Edmunds St. John* • *Gary Farrell* • *Franciscan Vineyards* (Oakville Estate) • *Ferrari-Carano* • *Fritz Cellars* (80 Year Old Vines) • *Green and Red* (Mill Vineyard) • *Gundlach-Bundschu* (Rhinefarm Vineyard) • *Hartford Court* (Hartford Vineyard) • *Hartley & Ostini* (The Hitching Post) • *Heitz* • *Hidden Cellars* (bes. Pacini Vineyard) • *Hop Kiln* (Primitivo) • *Kendall-Jackson* (Ciapusci Vineyard, Dupratt Vineyard, Proprietor's Grand Reserve) • *Kunde* (Century Vines) • *Lava Cap* • *Martinelli* • *Robert Mondavi* • *Mosby* (Primitivo) • *Murphy-Goode* • *Nalle* • *Quivira* • *Rafanelli* • *Ravenswood* (bes. Old Hill Vineyard) • *Rabitt Ridge* • *Ridge* (Dusi Ranch, Lytton Springs, Pagain Ranch, Paso Robles) • *Rosenblum* • *St. Francis* (Old Vines) • *Steele* (Catfish Vineyard) • *Storybook Mountain* (Eastern Exposure) • *Joseph Swan* (Stellwagen Vineyard, Zeigler Vineyard) • *Whaler* (Flagship) • *Williams-Selyem* (Leo Martinelli Vineyard)

WEITERE KLASSISCHE ROTE VERSCHNITTE

Der Begriff »klassisch« bezeichnet hier einen Wein, der verschnitten wurde, um seine Qualität zu steigern, und nicht, um seinen Preis zu senken. Da Verschnittweine im Bordeaux- und Rhône-Stil gesondert behandelt werden, bestehen die hier empfohlenen Weine aus verschiedenen Kombinationen anderer Sorten, die alle ungeachtet ihres Preises über ein gewisses individuelles Profil verfügen. Möglicherweise enthält eine zukünftige Ausgabe ein eigenes Stichwort für Verschnittweine im italienischen Stil, insbesondere für kalifornische »Super-Toskaner«, doch gibt es davon noch nicht so viele, dass es jetzt schon gerechtfertigt wäre.

Atlas Peak Consenso (Cabernet-Sangiovese) • *Elyse Nero Misto* (Petite Sirah-Zinfandel) • *Ferrari-Carano* (Siena) • *Jade Mountain* • *Les Jumeaux* (Cabernet-Mourvèdre) • *Marietta Cellars Old Vine Red Lot 18* (Petite Sirah-Cabernet-Zinfandel-Carignane) • *Robert Pepi Due Baci* (Cabernet-Sangiovese) • *R. H. Phillips* (Night Harvest Cuvée Rouge) • *Ridge Vineyards Geyserville* (Zinfandel-Carignane-Petite Sirah) • *Shafer Firebreak* (Sangiovese-Cabernet) • *Viansa Thalia* (Cabernet-Sangiovese)

WEITERE KLASSISCHE WEISSE VERSCHNITTE

Zur Definition des Begriffs klassisch *siehe oben* Rote Verschnitte

1–3 Jahre

Benzinger White Burgundy Imagery Series (Chardonnay-Pinot Blanc-Meunier) • *Caymus Conundrum* (Chardonnay-Muscat-Sémillon-Sauvignon-Viognier) • *Geyser Peak Semchard* (Sémillon-Chardonnay)

MENDOCINO COUNTY

Mendocino ist das nördlichste Weinbaugebiet in Kalifornien. Das Gebiet, dessen beste Weinberge im Süden liegen, wurde seit der Gründung von Roederer Estate zum Schlagwort für erstklassigen kalifornischen Schaumwein. Die unterschiedlichen Mesoklimate gestatten auch die Erzeugung von ausgezeichnetem Zinfandel und verschiedenen aromatischen Sorten.

ANFANG DER 1980ER JAHRE INVESTIERTE DAS Champagnerhaus Louis Roederer etwa 15 Millionen Dollar in ein 200 ha großes Weingut im Anderson Valley, wo das Klima wesentlich kühler ist als in der Umgebung. Der nach Champagnerart hergestellte und auf Weinen von 1986 basierende jahrgangslose (*non-vintage,* NV) Schaumwein war nichts Besonderes und wurde auch nach einigen Jahren nicht besser. Die Version des Jahres 1987 war jedoch der beste Schaumwein, der je außerhalb der Champagne erzeugt wurde – und man hat dieses Qualitätsniveau seitdem beibehalten. Die Unterschiedlichkeit des Terroirs in den Schaumweingebieten von Mendocino resultiert in faszinierenden stilistischen Varianten. So stellt Scharffenberger, der Nachbar von Roederer, einen Wein her, der sich von denen von Roederer kaum mehr abheben könnte. Während ein Roederer rund und gut strukturiert ist und sich stilistisch eindeutig an der Champagne orientiert, zeichnet sich ein Scharffenberger durch Leichtigkeit, Eleganz und eine reintönige Frucht aus, die von Jahr zu Jahr an Finesse gewinnt. Neben dem Einfluss des Terroirs gibt es dafür viele Gründe – auch den alten Joker im Spiel, den Menschen –; vor allem aber bedeutet dies, dass die Entwicklung der kalifornischen Schaumweinindustrie erst am Anfang steht. So stehen die Chancen gut, dass in zwanzig Jahren die besten Areale Kaliforniens bekannt sind und intensiv genützt werden, sodass eine Reihe von Erzeugern von benachbarten Rebflächen unterschiedliche Weine gewinnen werden.

Da einige Teile von Mendocino für den klassischen Weinbau zu heiß sind, neigte man in der Vergangenheit dazu, ertragreiche Sorten für billige Verschnitte zu pflanzen. Das County verfügt jedoch über unterschiedliche Mesoklimate; einige Gegenden sind vom Meer beeinflusst und gehören den kühlen Klimaregionen I und II an (*siehe* S. 448). Dem trug man mit einer umfangreichen Anpflanzung erstklassiger Sorten in den 1970er Jahren Rechnung, und die Zahl der Weingüter wuchs von 16 im Jahr 1981 über 29 im Jahr 1985 auf 41 im Jahr 1995.

GESCHMACKS- UND QUALITÄTSFAKTOREN

LAGE
160 km nordwestlich von San Francisco.

KLIMA
Die Bergketten, die den Oberlauf des Russian River und den Navarro River begleiten, erreichen eine Höhe von 1070 m und bilden eine natürliche Barriere, die für das berühmte Übergangsklima von Mendocino verantwortlich ist. Es ist insofern außergewöhnlich, dass für längere oder kürzere Zeiten der Einfluss der Küste oder der des Binnenlands wirksam ist. Im Allgemeinen sind die Winter relativ mild und die Sommer nicht zu heiß, mit vielen warmen, trockenen Tagen und kühlen Nächten während der Vegetationszeit. Das Ukiah Valley besitzt die kürzeste und wärmste Vegetationszeit nördlich von San Francisco.

TOPOGRAFIE
Vorwiegend ebene Talböden oder sanfte, niedrige Hänge mit Höhen zwischen 70 m und 450 m, mitunter auch bis 490 m ansteigend. Hänge sind meist nach Osten gerichtet, nur südlich von Ukiah nach Westen.

BÖDEN
Tiefe Schwemmböden unterschiedlicher Zusammensetzung in den Flussebenen, kiesige Lehmböden in Teilen des Russian River und dünne Schotterlagen auf den umliegenden Hügeln.

WEINBAU
Die durchschnittliche Vegetationszeit beträgt 268 Tage gegenüber 308 Tagen in Sonoma (die Blüte erfolgt dort 10 Tage früher) und 223 Tagen in Lake County.

HAUPTREBSORTEN
Cabernet Sauvignon, Carignan, Chardonnay, Chenin Blanc, Colombard, Sauvignon Blanc, Zinfandel

WEITERE REBSORTEN
Barbera, Burger, Cabernet Franc, Charbono, Frühburgunder (Early Burgundy), Flora, Folle Blanche, Gamay, Gamay Beaujolais, Gewürztraminer, Grenache, Grey Riesling (Trousseau), Green Hungarian, Malvasia Bianca, Merlot, Muscat Blanc, Palomino, Petite Sirah, Pinot Blanc, Pinot Noir, Ruby Cabernet, Sauvignon Vert, Sémillon, Sylvaner, Syrah, White Riesling/Johannisberg Riesling (Riesling)

WEINLAND MENDOCINO
Diese für Mendocino charakteristischen ebenen Rebflächen gehören Parducci Wine Cellars, einem großen Unternehmen mit einem breiten Sortiment sehr ordentlicher Weine.

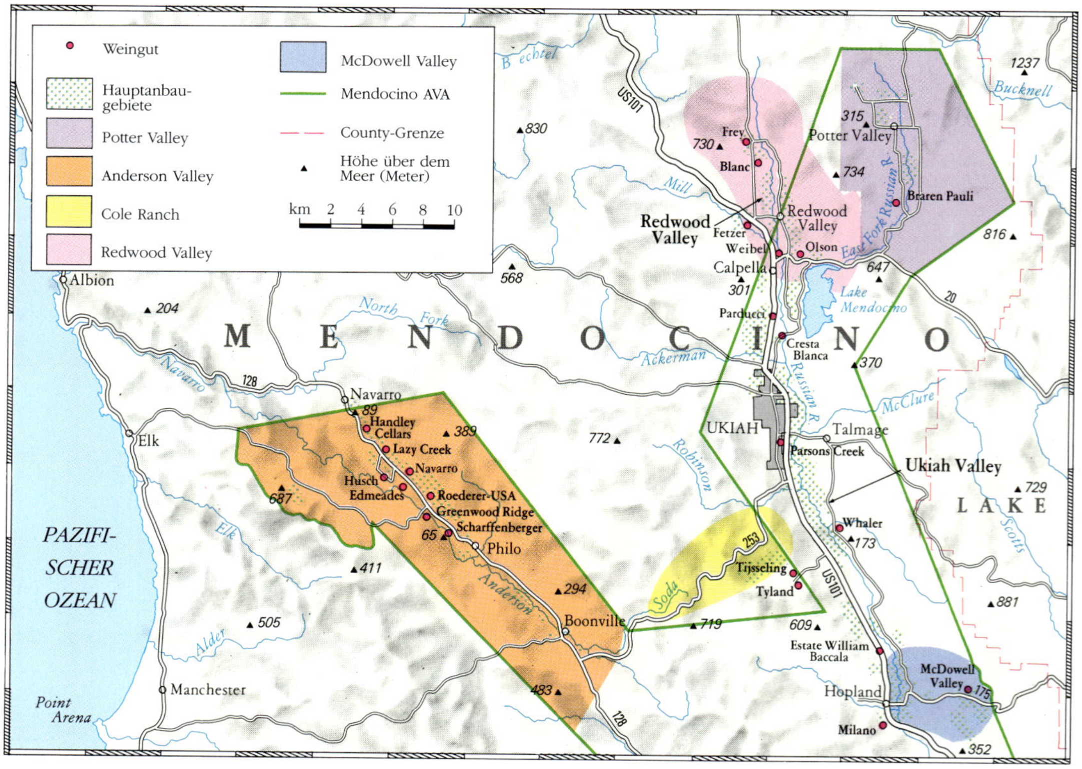

MENDOCINO COUNTY
Siehe auch **S. 448**
Die nördliche Lage bedingt nicht zwangsläufig ein raues Klima. Das Binnenland wird durch Berge geschützt, das Anderson Valley ist jedoch tatsächlich recht kühl.

DIE HERKUNFTSBEZEICHNUNGEN IM MENDOCINO COUNTY

ANDERSON VALLEY AVA

Dieses 23 300 ha große Gebiet besitzt nur 240 ha Rebflächen. Das von der Küste beeinflusste Kleinklima des Tals ist kühler als das in den übrigen Regionen Mendocinos herrschende Übergangsklima. Die mehr als 20 unterschiedlichen Schwemmböden bieten jene Vielfalt, die Weinkellereien wie Roederer Estate und Scharffenberger benötigen, um eine Palette unterschiedlicher Grundweine herzustellen, die Bausteine für gute Schaumweine. Das Anderson Valley dürfte sich auch für aromatische Sorten wie Gewürztraminer und Pinot Gris eignen.

COLE RANCH AVA

Dieser in einem kleinen, engen Tal gelegene Bereich umfasst lediglich 25 ha Cabernet Sauvignon, Chardonnay und Riesling, alle im Besitz der Familie Cole. Die Böden reichen von tiefem, kiesigem Lehm bis zu flachen Kies-Schlick-Schichten.

MCDOWELL VALLEY AVA

Das McDowell Valley profitiert vom Schutz der umliegenden Berge. Sämtliche Weinbauflächen liegen auf kieshaltigem Lehm in einer Höhe von etwa 300 m. Die angrenzenden Böden sind für Rebstöcke ungeeignet. Das Mesoklima versorgt schon mit Wärme, wenn andere Regionen Mendocinos von Frühlingsfrösten heimgesucht werden. Während der Vegetationszeit liegt die Temperatur jedoch etwas niedriger.

MENDOCINO AVA

Diese Appellation darf nur für Weine aus Trauben verwendet werden, die im südlichen Drittel des County gedeihen. Sie umfasst vier kleinere AVA sowie weitere Weinbauflächen.

MENDOCINO COUNTY AO

Diese Appellation, die keine AVA ist (AO bedeutet *appellation of origin*), gilt für Weine aus dem gesamten County Mendocino.

POTTER VALLEY AVA

Diese Appellation umfasst eine Fläche von 11 310 ha nordwestlich des Clear Lake, von der ca. 4 450 ha für den Weinbau genutzt werden. Die Rebstöcke wachsen im Schutz der umgebenden Hügel auf dem Talboden.

REDWOOD VALLEY AVA

Hier wurden die ersten Rebstöcke des Mendocino County gepflanzt. Das Gebiet ist seit seiner Besiedlung in den 1850er Jahren als Redwood Valley bekannt, umfasst 90 km² und zurzeit etwa 930 ha Weinbaufläche. Die Trauben reifen hier später als in der heißeren und trockeneren Region Ukiah, wodurch sie mehr Säure, intensivere Färbung und kräftigere Tannine erhalten.

ERZEUGER IM MENDOCINO COUNTY

EDMEADES VINEYARDS

Philo

☆

Dieses kleine Gut erzeugt hochwertige Sortenweine. Vor allem der Zinfandel ist ausgezeichnet.

✓ *Zinfandel* (bes. Zeni Vineyard)

FETZER VINEYARDS

Redwood Valley

★V

Fetzer, das zum Spirituosenunternehmen Brown-Forman in Kentucky (Jack Daniels, Southern Comfort u. a.) gehört, ist für das außergewöhnlich gute Preis-Leistungs-Verhältnis seiner Weine berühmt. Die fassgereifte Pinot-Noir-Selektion kann mit einer üppigen Erdbeernote überaus köstlich sein (wie 1993), ist jedoch nicht beständig.

✓ *Chardonnay* (Sundial) • *Petite Sirah* (Special Reserve) • *Zinfandel*

GREENWOOD RIDGE VINEYARDS

Philo

Allan Green machte sich zunächst (Anfang der 1980er Jahre einen Namen mit Riesling, der nach wie vor zu seinen besten Weinen zählt, kauft heute jedoch auch Trauben zu und bietet nun eine breite Palette an Sortenweinen. Sein Sonoma Zinfandel hat bereits Berühmtheit erlangt.

✓ *White Riesling*

HANDLEY

Philo

★

Der hervorragende, unterbewertete Spezialist für flaschenvergorene Schaumweine erzeugt einen milden, zitronigen Jahrgangs-Blanc-de-Blancs, einen frischen Jahrgangs-*Brut* mit üppiger, sahniger Vanillenote und einen blassen, exotischen Jahrgangs-Rosé.

✓ *Vintage Blanc de Blancs* • *Vintage Brut* • *Vintage Rosé*

HIDDEN CELLARS

Ukiah

★

Ein Gemeinschaftsunternehmen von professionellen Winzern und einer Hand voll Weinbauern auf der ältesten Ranch im Ukiah Valley.

✓ *Alchemy* (Weißwein im Bordeaux-Stil) • *Sauvignon Blanc* • *Zinfandel* (bes. Pacini Vineyard)

HUSCH VINEYARDS

Philo

☆V

Das von Tony Husch gegründete Weingut wurde 1979 an Hugo Oswald, den heutigen Eigentümer und Erzeuger, verkauft. Zu seinem Besitz gehören auch große Anbauflächen im Anderson und im Ukiah Valley. Die einfachen weißen Sortenweine verdienen stets besondere Beachtung.

✓ *Chenin Blanc* • *Sauvignon Blanc*

LAZY CREEK VINEYARD

Philo

☆

Der hier erzeugte Gewürztraminer gilt als einer der besten Kaliforniens und zählt zu den Lieblingsweinen von Michel Salgues vom nahe gelegenen Roederer Estate. Er ist gut und trockener als die meisten, besitzt aber nicht genug phenolische Würze und könnte offensichtlich noch bedeutend besser werden.

✓ *Gewürztraminer* • *Pinot Noir*

NAVARRO VINEYARDS

Philo

☆

Dieses Weingut erzeugt einen der besten Gewürztraminer Kaliforniens, der jedoch noch mehr Potenzial hat. Für einen Weißweinspezialisten macht Navarro zudem einen ausgezeichneten Pinot Noir.

✓ *Gewürztraminer* • *Late Harvest Gewürztraminer* • *Pinot Noir* • *Sauvignon Blanc*

PARDUCCI WINE CELLARS

Ukiah

☆V

Parducci ist mit über 142 ha Anbaufläche ein großes Gut. Es wurde 1918 in Sonoma gegründet und siedelte 1931 nach Ukiah über, wo man in Erwartung des Endes der Prohibition eine neue Kellerei errichtete. Die Weine sind sauber und fruchtig und besitzen für ihren Preis eine ausgezeichnete Aromentiefe.

✓ *French Colombard* • *Sauvignon Blanc* • *Petite Sirah* • *Zinfandel*

ROEDERER ESTATE

Philo

★★☆

Die zweite Produktion (basierend auf dem Jahrgang 1987) des im Eigentum von Louis Roederer stehenden Weinguts war der erste außerhalb der Champagne hergestellte Schaumwein, der sich mit einem Champagner guter Qualität messen konnte. Seitdem hat Weinmacher Michel Salgues den hohen Standard seiner sich eindeutig an der Champagne orientierenden Weine beibehalten. Als einzige Kritik könnte man vorbringen, dass sie mitunter ohne eine ausreichende Reifung nach dem Degorgieren verkauft werden. Die Importeure begegnen diesem Problem, indem sie den Wein einige Zeit lagern. In den USA schmeckt ein Roederer Estate aufgrund seiner Jugend oft noch grün. Ich verstehe die Schwierigkeiten angesichts des überaus komplizierten und trägen amerikanischen Vertriebsnetzes, aber dies ist wahrscheinlich der einzige kalifornische Schaumwein, der definitiv eine gewisse Reifezeit benötigt: ein Jahr nach dem Degorgieren, um trinkreif zu werden, zwei Jahre, um seine Klasse und Qualität zu enthüllen, und drei Jahre, um seine weichen Biskuitnoten in voller Pracht zu entfalten. Im Gegensatz zu diesem Wein erzielt man bei den meisten kalifornischen Schaumweinen mit einer verlängerten Flaschenreifung nicht nur keine Steigerung, sondern riskiert nach einem bis zwei Jahren sogar, dass der Wein abbaut.

✓ *NV Brut* • *NV Rosé* • *L'Ermitage*

SCHARFFENBERGER CELLARS

Ukiah

★☆

Seit Beginn der 1990er Jahre haben die Weine von Scharffenberger – besonders der Blanc de Blancs – beträchtlich an Eleganz und Finesse gewonnen. In neun bis zwölf Monaten Lagerung gewinnt ein Scharffenberger NV gewaltig an Qualität.

✓ *Blanc de Blancs* • *NV*

WHALER VINEYARDS

Ukiah

❷

Whaler ist eine kleine Qualitätsweinkellerei, die sich auf dunklen, würzigen Zinfandel verlegt hat.

✓ *Zinfandel* (Flagship)

SONOMA COUNTY

Sechs fruchtbare Täler bilden als Sonoma County die produktivste Weinbauregion Kaliforniens. Hier werden zu gleichen Teilen Rot- und Weißweine erzeugt, deren Reputation und Qualität sich rasch denen des Napa County annähern.

AUFGRUND DER GRÖSSE SEINER PRODUKTION betrachtete man das Sonoma County bis in die späten 1960er Jahre lediglich als Quelle für Verschnittweine. Zugegeben, ihre Qualität lag über der der Weine aus dem Central Valley, doch dienten sie nur als Aufputschmittel für anonyme Massenweine. 1969 erwarb Russell Green, ein ehemaliger Ölmagnat und Eigentümer eines sich rasch vergrößernden Weinguts im Alexander Valley, die 1876 gegründete Kellerei Simi, die sich zu dieser Zeit auf dem absteigenden Ast befand. Green setzte viele seiner ehrgeizigen Pläne für Simi um, war jedoch aufgrund der sprunghaft steigenden Kosten gezwungen, die Kellerei 1973 zu verkaufen. In diesen vier Jahren hatte er mit einem neuen Typ hochwertiger Sortenweine aus Sonoma dem Gut wieder das Ansehen verschafft, das es vor der Prohibition genossen hatte. Seine Leistung regte andere Winzer des Countys an, die Qualität ihrer Weine ebenfalls zu steigern. So bewirkten Greens Anstrengungen nicht nur, dass die in Sonoma ansässigen Weingüter ihre Produktion neu gestalteten, was zu einer Fülle interessanter Weine führte; die Region zog auch neues Blut an. 1985 zählte das County beachtliche 93 Weingüter, in den letzten zehn Jahren stieg ihre Zahl auf Schwindel erregende 160.

GESCHMACKS- UND QUALITÄTSFAKTOREN

LAGE
Nördlich von San Francisco zwischen Napa County und Pazifik.

KLIMA
Die klimatischen Verhältnisse reichen von warm (Region III, *siehe* S. 448) im Norden des Bezirks bis zu kühl (Region I) im Süden, vorwiegend aufgrund der vom Meer hereinströmenden Winde.

TOPOGRAFIE
Das Sonoma Valley entwässert in die Bucht von San Francisco, der Russian River fließt direkt in den Pazifik. Die Reben wachsen in etwa 120 m Höhe auf ebenem oder sanft hügeligem Gelände.

BÖDEN
Die Böden sind sehr unterschiedlich, sie reichen von wenig fruchtbaren Lehmen im Sonoma Valley und der Region von Santa Rosa über sehr fruchtbare Schwemmböden im Russian River Valley, Kalk in Cazadera und Kiesboden im Dry Creek Valley bis zu vulkanischen Böden im Niederschlagsbereich der Asche des Mount St. Helens.

WEINBAU UND WEINBEREITUNG
Die Herstellung von Massenweinen ist im Russian River Valley nach wie vor bedeutend. Kleine Weingüter, mit hochwertigen Sortenweinen, sind im Vormarsch.

HAUPTREBSORTEN
Cabernet Sauvignon, Chardonnay, Chenin Blanc, Colombard, Gewürztraminer, Merlot, Petite Sirah, Pinot Noir, Pinot Blanc, Sauvignon Blanc, White Riesling (Riesling), Zinfandel

WEITERE REBSORTEN
Aleatico, Alicante Bouschet, Barbera, Cabernet Franc, Carignan, Chasselas Doré, Folle Blanche, Gamay, Gamay Beaujolais, Grenache, Malbec, Malvasia, Muscat Blanc, Palomino, Pinot St. George, Ruby Cabernet, Sauvignon Vert, Sémillon, Sylvaner, Syrah

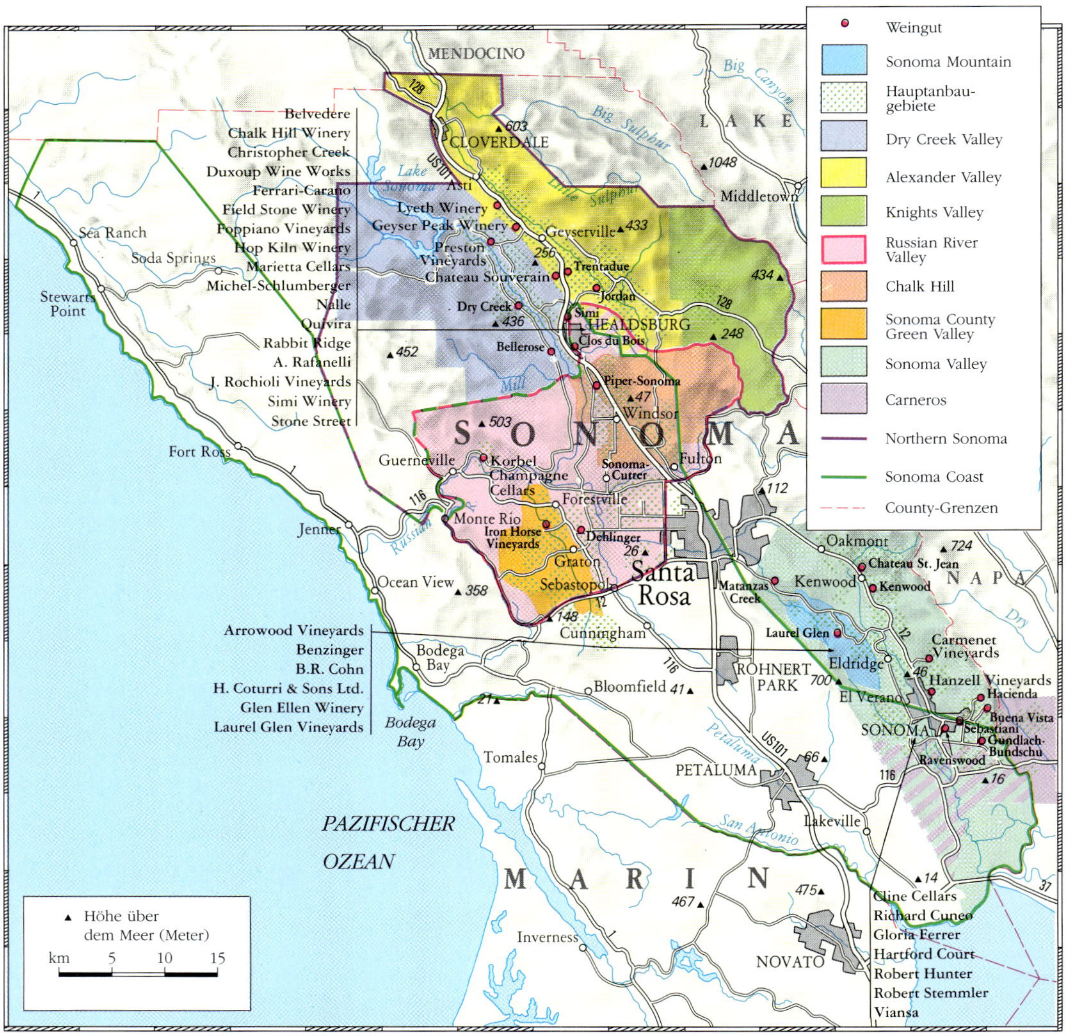

DRY CREEK VALLEY
Der Dry Creek fließt in einem feuchten, fruchtbaren Tal mit einem in der Region einzigartigen Kiesboden, der für die Anerkennung als AVA ausschlaggebend war.

SONOMA COUNTY
***Siehe auch* S. 448**
Sonoma, eine der bedeutendsten Weinregionen Kaliforniens, besitzt ein vielfältiges Klima und unterschiedliche Böden, die ein breites Spektrum von Weinen hervorbringen. Der Name der Gegend leitet sich von dem Wort der hier ansässigen Wintun-Indianer für »Nase« ab.

DIE HERKUNFTSBEZEICHNUNGEN IM SONOMA COUNTY

ALEXANDER VALLEY AVA

Diese im Nordosten des Countys gelegene Appellation reicht vom Russian River bis zu den Ausläufern der Mayacamas Mountains. 1986 wurden seine Grenzen neu festgelegt, sodass sie sich mit der Russian River AVA überschneiden, und 1990 wurden sie um die Gauer Ranch von Sir Peter Michael und das Gut Chestnut Springs von Ellis Alden auf den Hügeln östlich von Geyserville erweitert. Cabernet Sauvignon und Merlot eignen sich ideal für diese Region, in der aber auch sehr guter Nebbiolo, Sangiovese und Chardonnay erzeugt werden.

CHALK HILL AVA

Diese Appellation umfasst 85 km² und 650 ha Weinbaufläche, verteilt über Höhen von 60 bis 400 m. Die weiße Färbung der Erde kommt nicht von Kalk, sondern von vulkanischer Asche mit einem hohen Quarzitgehalt. Die im Verlauf vieler Jahrhunderte vom Mount St. Helens ausgestoßene Asche bildet mit sandigen Lehmen und Schlick einen nicht besonders fruchtbaren Boden. In diesem von einem Wärmegürtel geschützten Gebiet kann bereits im September gelesen werden, während die Lese in den umliegenden Regionen erst im Oktober erfolgt.

DRY CREEK VALLEY AVA

Diese Appellation schließt, durch den Russian River getrennt, an das Alexander Valley an. Das Klima ist im Allgemeinen feuchter und wärmer als in den umgebenden Gebieten und ermöglicht eine längere Wachstumsperiode als im südlich gelegenen Bereich Russian River. Unterschiedlichste Sorten, von Sauvignon Blanc bis Zinfandel, gedeihen hier ausgezeichnet.

KNIGHTS VALLEY AVA

Knights Valley umfasst ein Gebiet von etwa 140 km² mit 400 ha Anbaufläche. Auf mäßig fruchtbaren steinigen bzw. kiesigen Böden wachsen die Rebstöcke in größerer Höhe als in den angrenzenden AVA, was für Cabernet ideale Bedingungen ergibt.

LOS CARNEROS AVA

Die Appellation Los Carneros, oder einfach Carneros, umfasst eine sanfte Hügellandschaft zwischen den Countys Sonoma und Napa. Die kühle Meeresbrise aus der im Süden gelegenen San Pablo Bay schafft in dem ehemaligen Schafweideland hervorragende klimatische Bedingungen für den Weinbau, insbesondere für Chardonnay, Pinot Noir und Schaumwein.

NORTHERN SONOMA AVA

Die große Appellation Northern Sonoma enthält die sechs AVA Alexander Valley, Chalk Hill, Dry Creek Valley, Knights Valley, Russian River Valley und Sonoma County Green Valley. Im Süden wird sie durch die Stadt Santa Rosa von der Appellation Sonoma Valley getrennt.

RUSSIAN RIVER VALLEY AVA

Der Name Russian River tauchte erst gegen 1970 auf den Etiketten auf, obwohl die Weinbautradition bis ins 19. Jahrhundert zurückreicht. Die morgendlichen Küstennebel bewirken eine kühlere Wachstumsperiode als in den angrenzenden Regionen, sodass sich das Russian River Valley ausgezeichnet für den Pinot Noir eignet, der zu den besten Kaliforniens zählt.

SONOMA COAST AVA

Im Westen grenzt dieser 1940 km² große, langgestreckte Bereich an den Pazifik. Aufgrund des Nebels, der die in Sichtweite des Pazifiks liegende Bergkette der Coast Ranges ständig einhüllt, ist die Region bedeutend kühler als benachbarte Gebiete.

SONOMA COUNTY GREEN VALLEY AVA

Ursprünglich sollte diese Region innerhalb der Russian River Valley Approved Viticultural Area schlicht Green Valley AVA heißen. Um eine Verwechslung mit der Appellation Green Valley des Solano County zu vermeiden, entschied man sich, »Sonoma County« voranzusetzen. Das Klima zählt zu den kühlsten im Russian River Valley, die Böden bestehen vorwiegend aus feinem sandigem Lehm, der sich hervorragend für Schaumwein eignet.

SONOMA MOUNTAIN AVA

Diese kleine Appellation liegt innerhalb der Sonoma Valley AVA. Sonoma Mountain besitzt ein gemäßigteres Klima als die angrenzenden Gebiete, da kühle Luft und Nebel von den steilen Bergflanken zu den darunter liegenden Hängen geleitet werden.

SONOMA VALLEY AVA

Im Jahr 1825 wurden hier von der Mission San Francisco de Sonoma die ersten Trauben gepflanzt. Die Niederschläge sind geringer als in anderen Teilen des Countys, und Nebel dringt nur sehr selten in die Sonoma Mountains. Es ist ein Rotweingebiet und insbesondere für Cabernet Sauvignon und Zinfandel geeignet.

ERZEUGER IM SONOMA COUNTY

ADLER FELS WINERY

Santa Rosa

Eigentümer David Coleman wurde vom Weinbazillus infiziert, als er die Etiketten für Château St. Jean entwarf. Das Weingut steht auf einer Anhöhe, die »Adlernest« heißt.

✓ *Chardonnay* (Coleman Reserve) • *Sauvignon Blanc*

ARROWOOD VINEYARDS

Glen Ellen

★Ⓥ

Richard Arrowood, ehemals Weinmacher von Château St. Jean, produziert hier höchst stilvolle Weine, deren Qualität von Jahr zu Jahr besser wird. Das Zweitlabel Domaine de Grand Archer repräsentiert ein gutes Preis-Leistungs-Verhältnis.

✓ *Cabernet Sauvignon* (Reserve Speciale) • *Chardonnay* (Cuvée) *Michel Berthod* • *Malbec* • *Merlot* • *Pinot Blanc* (Saralee's Vineyard) • *Syrah* (Saralee's Vineyard) • *Viognier* (Saralee's Vineyard) • *White Riesling* (Preston Ranch Late Harvest)

BELLEROSE VINEYARD

Healdsburg

Üppige, charaktervolle Weine von ökologisch bewirtschafteten Weinbergen im Dry Creek Valley.

✓ *Cuvée Bellerose* (Rotwein im Bordeaux-Stil) • *Merlot*

BELVEDERE

Healdsburg

Bill Hambrechts bester und beständigster Wein ist der Chardonnay.

✓ *Chardonnay* (bes. Preferred Stock)

BENZINGER

Glen Ellen

★⯪Ⓥ

Mit dem Verkauf der Labels Glen Ellen und MG Vallejo an Heublein trennte sich Benzinger von seinem Ruf als Produzent von Weinen für Pfennigfuchser und bietet heute gute Qualität zu moderatem Preis.

✓ *Fumé Blanc* • *Imagery Series* (Malbec, Viognier, White Burgundy) • *Pinot Blanc*

BRYANT FAMILY VINEYARD

Napa

❓

Diese relativ junge Boutiquekellerei soll einen meisterhaften Cabernet Sauvignon machen.

BUENA VISTA WINERY

Sonoma

⯪

Das ehemalige Gut von A. Haraszthy (s. S. 447) ist heute in deutschem Besitz. Es produzierte schon immer gute, aber bis Anfang der 90er Jahre nicht wirklich herausragende Weine.

✓ *Cabernet Sauvignon* (Private Reserve) • *Chardonnay* • *L'Année* (Rotwein im Bordeaux-Stil)

CARMENET VINEYARD

Sonoma

★

Carmenet bietet eine breite Palette ausgezeichneter Weine. Der auf Cabernet basierende Dynamite ist am Gaumen leider nicht so explosiv, wie sein Name vermuten lässt.

✓ *Chardonnay (Sangiacomo Vineyard)* • *Colombard (Old Vines)* • *Sonoma Estate Red (Bordeaux-Stil)*

CHALK HILL WINERY

Healdsburg

★

Dieses ausgezeichnete Gut produzierte zuvor Trauben, seit 1981 – mit der Erzeugung und dem Verkauf eigener Weine – nennt es sich Chalk Hill Winery.

✓ *Cabernet Sauvignon* • *Chardonnay* (Reserve) • *Pinot Blanc* (bes. Reserve)

CHÂTEAU ST. JEAN

Kenwood

★

Noch bevor die japanische Suntory-Gruppe dieses angesehene Gut an Beringer verkaufte, änderte sich der Stil seiner Weine von vordergründiger Opulenz zu Eleganz. Die Qualität blieb erhalten, doch sind einige amerikanische Kritiker mit dem Wandel nicht zufrieden.

✓ *Cabernet Sauvignon* (Alexander Valley Reserve, Belle Terre Vineyard) • *Chardonnay* (Robert Young Vineyard) • *Cinq Cépages* (Rotwein im Bordeaux-Stil) • *Fumé Blanc* (La Petite Étoile) • *Johannisberg Riesling* (Special Late-Harvest) • *Merlot* (Reserve) • *Pinot Noir* (Durell Vineyard)

CHÂTEAU SOUVERAIN

Geyserville

☆❷

Dieses Château produzierte immer große Mengen billiger, aber ordentlicher Weine, die bis vor kurzem nur selten aufregend waren. Heute zeigt Château Souverain volle Leistung, insbesondere mit hervorragendem Chardonnay.

✓ *Cabernet Sauvignon* (Library Reserve, Winemakers Reserve) • *Chardonnay* (Allan Vineyard, Rochioli Vineyard, Sangiacomo Vineyard) • *Merlot*

CHÂTEAU WOLTNER

Angwin

Wie kommt es, dass jeder Bordeaux-Winzer, der sich in Kalifornien niederlässt, Chardonnay machen muss? Der Stil ist eindeutig burgundisch, betont die Struktur stärker als das Gewicht und zeigt eine blumige Finesse und eine gewisse mineralische Komplexität.

✓ *Chardonnay* (bes. Titus Vineyard)

CHRISTOPHER CREEK

Healdsburg

★☆

Das ehemals als Sotoyme Winery bekannte Gut wurde von dem Engländer John Mitchell übernommen, der einen herrlich tiefen, runden, rauchigen Petite Sirah und einen noch besseren weichen, eleganten Syrah erzeugt.

✓ *Petite Sirah* • *Syrah*

CLINE CELLARS

Sonoma

★☆

Ausgezeichnete Weine im Rhône-Stil, vom marmeladigen Côtes d'Oakly bis zum seriösen, eichenbetonten Mourvèdre. Ruhm errang sich Cline jedoch mit dem hervorragenden Sortiment durch und durch amerikanischer Volldampf-Zinfandels.

✓ *Côtes d'Oakly* (Rotwein im Rhône-Stil) • *Mourvèdre* • *Zinfandel* (bes. Big Break, Bridgehead Vineyard, Reserve)

CLOS DU BOIS

Healdsburg

★☆

Dank der talentierten Winzerin Margaret Davenport erzeugt Clos du Bois seit 1990 mit seiner riesigen Anbaufläche (405 ha) häufig prämierte körperreiche, gut strukturierte Weine.

✓ *Cabernet Sauvignon* • *Chardonnay* (bes. Calcaire, Flintwood) • *Malbec* (L'Étranger) • *Marlstone* (Rotwein im Bordeaux-Stil) • *Sauvignon Blanc*

B. R. COHN

Glen Ellen

☆❷

Mitunter müssen Sie bei diesen Weinen die Eichenholzspäne ausspucken, dennoch ist ihre Qualität nicht zu leugnen. Der Enthusiasmus der Erzeuger verdient Bewunderung.

✓ *Cabernet Sauvignon* (Olive Hill) • *Chardonnay* • *Merlot* (Silver Label)

H. COTURRI & SONS LTD

Glen Ellen

★❷

Ein breites Sortiment manchmal ausgezeichneter Sortenweine. Wie bei vielen biologischen Weinerzeugern schwankt die Qualität zwischen rustikal und hervorragend. Gute Exemplare der empfohlenen Weine können – genossen, sobald sie zu haben sind – geradezu umwerfend sein.

✓ *Alicante Bouschet* (Ubaldi Vineyard) • *Cabernet Sauvignon* (Remick Ridge Vineyard) • *Sangiovese* (Jessandre Vineyard)

RICHARD CUNEO

Sonoma

☆❷

Die unter dem Etikett Sebastiani verkaufte Cuvée de Chardonnay besitzt eine überraschend gute Struktur und oft eine schöne, komplexe Biskuitnote.

✓ *Cuvée de Chardonnay*

DEHLINGER WINERY

Sebastopol

★★

Tom Dehlinger ist für seinen finessereichen, eleganten Pinot Noir renommiert. Lassen Sie sich aber nicht abhalten, auch andere Sortenweine und insbesondere den Chardonnay Montrachet Cuvée mit seinem frechen Etikett zu verkosten.

✓ *Cabernet Franc* • *Cabernet-Merlot* (Rotwein im Bordeaux-Stil) • *Cabernet Sauvignon* • *Chardonnay* (Montrachet Cuvée) • *Pinot Noir* (bes. Goldridge Vineyard und Octagon Vineyard) • *Syrah*

DE LOACH VINEYARDS

Santa Rosa

★☆

Dieses Gut ist für seine üppigen, buttrigen Chardonnays berühmt, seine Zinfandels sind jedoch weit interessanter. Sie zählen wohl zu den geschmeidigsten, die Sie finden können: elegante Weine mit überströmender, köstlich würziger Frucht und nahtlos eingebundener Eiche.

✓ *Chardonnay* • *Zinfandel* (bes. O.F.S. und Papera Vineyard)

DRY CREEK VINEYARD

Healdsburg

★

David Stares Fumé Blanc und sein Chardonnay sind hoch angesehen, und seit Anfang der 1990er Jahre macht er einen mächtigen, üppig-würzigen Zinfandel.

✓ *Chardonnay* • *Fumé Blanc* • *Zinfandel* (Old Vines)

DUXOUP WINE WORKS

Healdsburg

★

Bei meinem ersten Besuch auf Duxoup verfuhr ich mich und kam zwei Stunden zu spät. Doch Andy Cutter winkte ab: »Keine Sorge, als Ihre Kollegen Robert Joseph und Charles Metcalfe das Weingut besuchten, kamen sie zwei Tage zu spät.« Ich bin glücklich, sagen zu können, dass die Weine dieselbe Gelassenheit aufweisen.

✓ *Charbono* • *Gamay* • *Syrah*

GARY FARRELL

Forestville

★☆

Die Qualität dieser intensiven Weine steigt seit Beginn der 90er Jahre.

✓ *Cabernet Sauvignon* (Ladi's Vineyard) • *Chardonnay* • (Howard Allen Vineyard) • *Merlot* (Ladi's Vineyard) • *Pinot Noir* (bes. Howard Allen Vineyard) • *Zinfandel*

FERRARI-CARANO

Healdsburg

★☆

Don und Rhonda Carano verkauften Casino und Hotel in Reno und erwarben 1981 Weinberge in Sonoma. Ihre Weine im italienischen Stil waren immer ausgezeichnet.

✓ *Fumé Blanc* (bes. Reserve) • *Merlot* • *Reserve Red* (Rotwein im Bordeaux-Stil) • *Siena* (klassischer Rotweinverschnitt) • *Syrah* • *Zinfandel*

FIELD STONE WINERY

Healdsburg

☆❷

Dieses unterbewertete Weingut erzeugt frische, fruchtige Weine.

✓ *Cabernet Sauvignon* • *Petite Sirah*

FISHER VINEYARDS

Santa Rosa

★☆

Mit zwei Hanglagen in den Mayacamas Mountains und Rebflächen in der Ebene des Napa Valley macht Fred Fisher immer schon hochwertige Weine, vor allem Cabernet Sauvignon.

✓ *Cabernet Sauvignon* (Coach Insignia, Lamb Vineyard, Wedding Vineyard) • *Chardonnay* (Whitney's Vineyard) • *Merlot* (RCF Vineyard)

FOPPIANO VINEYARDS

Healdsburg

☆

Nach einer Zeit der Unbeständigkeit produziert dieses Familienunternehmen wieder aromareiche Sortenweine. Zweitlabel: Riverside Vineyard.

✓ *Petite Sirah* (Reserve)

FRITZ CELLARS

Cloverdale

★

Dieses Gut ist für Chardonnay und Sauvignon bekannt, Begeisterung ruft der intensive, außergewöhnlich langlebige Zinfandel hervor.

✓ *Zinfandel* (80 Year Old Vines)

GEYSER PEAK WINERY

Geyserville

★❷

Penfolds besaß zwischen 1989 und 1992 genau 50 % an diesem Gut, dann wurde die Familie Trione erneut Alleineigentümer. Der australische Weinmacher Daryl Groom blieb der aufstrebenden Kellerei treu und macht zuverlässig Weine guter Qualität.

✓ *Cabernet Sauvignon* (Reserve) • *Reserve* (Rotwein im Bordeaux-Stil) • *Semchard* (klassischer Weißweinverschnitt) • *Shiraz* • *Soft Johannisberg Riesling*

GLEN ELLEN WINERY

Glen Ellen

❷

Glen Ellen war lange im Eigentum von Benzinger, wurde dann an Heublein verkauft (ein Getränkeunternehmen). Heute finden sich diese Weine in den untersten Preisklassen, bieten allerdings hin und wieder ordentliche Qualität.

GLORIA FERRER

Sonoma

☆

Gloria Ferrer stellte einen annehmbaren, wenn auch wenig aufregenden jahrgangslosen (NV) Brut her, bewies aber Qualität mit hervorragenden Jahrgangsschaumweinen wie dem 1985er Carneros Cuvée. Der NV Brut belegt nun gemeinsam mit Codorníu den zweiten Platz in der kalifornischen Rangordnung trinkfertiger Schaumweine. (Piper Sonoma steht an erster Stelle.)

✓ *NV Brut*

GUNDLACH-BUNDSCHU WINERY

Sonoma

★

Hochwertige Cabernets und Zinfandels erzeugt die fünfte Generation nach dem Gründer Jacob Gundlach. Auch andere Sortenweine des Guts sind viel versprechend.

✓ *Cabernet Sauvignon* (Rhinefarm Vineyard) • *Zinfandel* (Rhinefarm Vineyard)

HACIENDA WINERY

Sonoma

Dieses Unternehmen, das einen Teil der ursprünglichen Weinberge von Haraszthys Buena Vista umfasst, wurde 1993 an die Bronco Wine Company verkauft, zu der auch Forest Glen, Grand Cru, Laurier, Napa Creek und Rutherford Vintners gehören. *Siehe auch* Laurier.

✓ *Chardonnay* (Claire de Lune) • *Dry Chenin Blanc*

HANZELL VINEYARDS

Sonoma

James Zellerbach, der Gründer des kleinen Guts Hanzell, revolutionierte im Jahr 1957 die kalifornische Weinindustrie, indem er Chardonnay in importierten burgundischen Barriques ausbaute.

✓ *Chardonnay* • *Pinot Noir*

HARTFORD COURT

Sonoma

★✩

Hartford Court gehört zur Gruppe »Artisans & Estates« von Kendall-Jackson und erzeugt äußerst eleganten Pinot Noir und Chardonnay sowie einen gewichtigen Zinfandel mit kräftiger Eichennote, der Aufmerksamkeit verdient.

✓ *Chardonnay* (Arrendell Vineyard) • *Pinot Noir* (Arrendell Vineyard) • *Zinfandel* (Hartford Vineyard)

HOP KILN WINERY

Healdsburg

★✩

Die 1905 errichtete, inzwischen zum Nationaldenkmal erklärte Hopfendarre beherbergt heute das Weingut Hop Kiln. Seine besten Weine sind die üppigen, fruchtigen, farbkräftigen Roten.

✓ *Petite Sirah* • *Zinfandel* (Primitivo)

ROBERT HUNTER

Sonoma

✩

Es war Robert Hunters Freund Dan Duckhorn, der den Vorschlag machte, den Pinot Noir des Guts zu Schaumwein zu verarbeiten.

✓ *Vintage Brut de Noirs*

IRON HORSE VINEYARDS

Sebastopol

★✩

Der einst einzige Eisenbahnhaltepunkt in Sonoma Green Valley gab dem Weingut seinen Namen und stand auch beim Zweitlabel Tin Pony Pate. Meiner Ansicht nach eignet sich die Fruchtstruktur der Weine von Iron Horse ausgezeichnet für die Flaschengärung. Die Weine können jedoch noch hart sein, wenn sie in den Handel kommen, und ähneln darin denen von Roederer Estate. Zufällig war das Jahr 1987 auch für Iron Horse ein Wendepunkt. Der Jahrgangs-*Blanc-de-Blancs* dieses Jahres besaß mehr Finesse als alle früheren *Cuvées*, und die seitdem hergestellten Jahrgangsweine zählen zu den komplexesten *Blancs de Blancs*, die Kalifornien je hervorbrachte. Die Schaumweine von Iron Horse sollten nach dem Kauf mindestens 18 Monate lagern, mit Ausnahme des kräftig erdbeerroten, lebhaft fruchtigen und überaus erfrischenden Jahrgangs-Rosé, den Sie so rasch wie nur irgend möglich trinken sollten. Beachten Sie die neue *Prestige Cuvée*, ein Joint Venture mit dem Champagnerhaus Laurent-Perrier.

✓ *Cabernet* (Rotwein im Bordeaux-Stil) • *Chardonnay* (Cuvée Joy) • *Sparkling* (Vintage Brut, Vintage Blanc de Blancs, Vintage Rosé)

JORDAN

Healdsburg

★✩

Der üppige, komplexe Cabernet Sauvignon zählte immer schon zu den größten Weinen dieses Guts, steht jedoch heute im Schatten des Schaumweins »J«. Dessen erste Ausgaben hatten einen leichten Terpentinton, was im Jahrgang 1990 ausgemerzt werden konnte. Als Schaumwein von Weltklasse etablierte er sich dann mit dem unglaublich eleganten Jahrgang 1991. Heute gehört auch Piper Sonoma zu Jordan.

✓ *Cabernet Sauvignon* • *Sparkling* (»J«)

KENWOOD VINEYARDS

Kenwood

★

Konzentrierte, herzhaft attackierende Weine kommen von diesem Gut.

✓ *Cabernet Sauvignon* (Jack London Vineyard) • *Merlot* (Jack London Vineyard) • *Sauvignon Blanc* • *Zinfandel* (Jack London, Mazzoni)

KISTLER VINEYARDS

Trenton

★✩

Mark Bixler und Steve Kistler machen herausragende Lagen-Chardonnays und nun auch meisterhafte Pinots.

✓ *Chardonnay* (bes. Lagenweine) • *Pinot Noir* (bes. Lagenweine)

KORBEL CHAMPAGNE CELLARS

Guerneville

Kaliforniens führender Spezialist für Schaumwein in Alltagsqualität.

KUNDE ESTATE

Kenwood

★✩

Das Kunde Estate wurde von einer Gruppe etablierter Sonoma-Weinbauern gegründet, die 1990 mit dem Verkauf ihrer Weine begannen und bei Kritikern wie Konsumenten rasch großes Ansehen gewannen.

✓ *Cabernet Sauvignon* (Reserve), *Chardonnay* (Kinneybrook, Wildwood) • *Sauvignon Blanc* (Magnolia Lane) • *Viognier* • *Zinfandel* (Century Vines)

LANDMARK VINEYARDS

Windsor

Dieses Gut macht heute einen weit komplexeren, üppigeren, schmalzigen Chardonnay als je zuvor. Daneben erringt es sich mit seinem Pinot Noir wachsendes Ansehen.

✓ *Chardonnay* (bes. Reserve) • *Pinot Noir*

LAUREL GLEN VINEYARD

Glen Ellen

★✩

Laurel Glen besitzt eine solide Reputation für opulenten Cabernet Sauvignon. Counterpoint und Terra Rossa sind preiswerte Linien; erstere mit jung trinkbaren Gutsweinen bescheidenerer Qualität, die zweite mit körperreicheren, komplexeren Weinen aus zugekauften Trauben.

✓ *Cabernet Sauvignon* • *Terra Rossa* (Rotweinverschnitte im Bordeaux-Stil)

LAURIER

Forestville

Die ehemalige Domaine Laurier mit der bescheidenen Anbaufläche von 12 ha ist heute eine Marke der Bronco Wine Company, zu der auch Forest Glen, Grand Cru, Hacienda, Napa Creek und Rutherford Vintners gehören. Offenbar arbeitet man gegenwärtig hart an Chardonnay und Pinot Noir, die ich jedoch in letzter Zeit nicht verkostete. *Siehe auch* Hacienda Winery.

LYETH WINERY

Geyserville

In den 1980er Jahren machte das damals junge Gut aufregende Weine. Nachdem der Eigentümer 1988 bei einem Flugzeugabsturz ums Leben kam, wurde es an das burgundische Handelshaus Boisset verkauft. Christophe ist die Zweitmarke.

✓ *Lyeth* (Rot- und Weißwein im Bordeaux-Stil)

MARIETTA CELLARS

Healdsburg

★

Eigentümer und Weinmacher Chris Bilbro gründete sein Gut 1980, nachdem er seinen Anteil an der Bandeira Winery verkauft hatte. Einen Namen machte er sich mit üppigem Merlot und anderen Weinen mit sehr gutem Preis-Leistungs-Verhältnis.

✓ *Cabernet Sauvignon* • *Merlot* • *Old Vine Red Lot 18* (klassischer Rotweinverschnitt) • *Petite Sirah* • *Zinfandel* (Cuvée Angeli)

MARTINELLI VINEYARDS

Fulton

★

Die Familie Martinelli wandte sich Anfang der 1990er Jahre der Weinerzeugung zu und stellt unter der talentierten Önologin Helen Turley köstliche, elegante Weine her.

✓ *Chardonnay* • *Pinot Noir* • *Zinfandel*

MATANZAS CREEK WINERY

Santa Rosa

★

Schöne, elegante Weine mit Balance zwischen Frucht und Säure.

✓ *Chardonnay* • *Merlot* • *Sauvignon Blanc*

PETER MICHAEL WINERY

Calistoga

★✩

Der Engländer Sir Peter Michael errang rasch Ansehen als Spitzenerzeuger eleganter kalifornischer Weine. Ohne Kosten zu sparen, ergänzte er die traditionellen Methoden durch Techniken der Neuen Welt. Klimatisierung ist in Kalifornien unerlässlich, diese Kellerei ist jedoch auch mit computergesteuerten Dampfdüsen ausgerüstet, um durch hohe Luftfeuchtigkeit die Verdunstung aus den neuen Eichenfässern so gut wie auszuschalten. Peter Michaels Weine weisen eine gute Balance auf, die sie den besten französischen Weinen vergleichbar macht. So sind sie angenehme Begleiter zum Essen, die im Glas Finesse entwickeln.

✓ *Chardonnay* (eleganter Typ: Clos du Ciel, Monplaisier; kraftvoller Typ: Cuvée Indigènie, Cuvée Pointe Rouge) • *Les Pavots* (Rotwein im Bordeaux-Stil) • *L'Après-Midi* (Sauvignon Blanc)

MICHEL-SCHLUMBERGER

Healdsburg

Dieses Unternehmen, das unter seinem früheren Eigentümer Domaine Michel hieß, arbeitet nun mit der Elsässer Familie Schlumberger zusammen.

NALLE

Healdsburg

★✩

Doug Nalle begann 1984 mit der Produktion von Zinfandel unter eigenem Label. Er besitzt keine Weinberge, kauft jedoch nur Trauben von ertragsarmen Hanglagen und macht daraus diesen Maßstäbe setzenden, mächtigen, aber immer feiner werdenden Zinfandel.

✓ *Zinfandel*

PELLEGRINI FAMILY VINEYARDS

South San Francisco

★

Dieses Gut produziert einen delikaten, lebhaften Barbera und einen ausgezeichneten Carignane mit frischer, eichenbetonter Frucht.

PIPER SONOMA

Windsor

?

Piper-Heidsieck, das in Reims ansässige große Champagnerhaus, gründete mit Sonoma Vineyards dieses Unternehmen und führte es als Alleineigentümer bis 1997, als Jordan die Anlagen, aber nicht die Marke, übernahm. Die Weine der frühen 1980er Jahre besaßen einen etwas seltsamen, geradezu harzigen Geschmack, wurden jedoch zu Ende des Jahrzehnts viel besser und zeigen seit Anfang der 90er Jahre eine angenehme pikante Frische. Piper Sonoma macht zurzeit den besten trinkreifen jahrgangslosen Brut in Kalifornien. Die Marke Piper-Sonoma wird weiterhin in den Jordan gehörenden Anlagen hergestellt; ob die Qualität weiterhin erhalten bleibt, ist noch abzuwarten.

✓ *Blanc de Noirs* • *NV Brut* • *Tête de Cuvée*

PRESTON VINEYARDS

Healdsburg

★

Die Weinberge sind mit einem erstaunlichen und erfolgreichen Sortenmix bestockt und können hochwertige Weine erbringen.

✓ *Barbera* • *Cuvée de Fumé* • *Faux Castel* (Rotwein im Rhône-Stil) • *Sirah-Syrah* • *Zinfandel*

QUIVIRA
Healdsburg
★

Dieses 1981 von Henry und Holly Wendt gegründete Gut wurde nach einem legendären amerikanischen Königreich benannt, das die ersten Siedler 200 Jahre vergeblich suchten und diesen Teil Nordkaliforniens schließlich so nannten, ehe er den Namen Sonoma erhielt. Keineswegs überraschend gelang es Doug Nalle mit Zinfandel, die innovative Kellerei in der Weinlandschaft bekannt zu machen; er ist nach wie vor der Spitzenwein von Quivira, auch wenn Wendt einige andere höchst aromatische Sortenweine erzeugt und sich 1992 den kalifornischen Rhône-Pionieren anschloss.

✓ *Dry Creek Cuvée* (Rotwein im Rhône-Stil) • *Sauvignon Blanc* • *Zinfandel*

RABBIT RIDGE
Healdsburg
★V

Teilhaber an diesem Gut ist Erich Russell, der 1988 Chefönologe bei Belvedere wurde. Es bietet eine verblüffende Vielfalt preiswerter, herrlich fruchtiger Weine. Clairveaux und Meadow Glen sind die Zweitlabels.

✓ *Allure* (Rotwein im Rhône-Stil) • *Chardonnay* • *Mystique* (Weißwein im Bordeaux-Stil) • *Zinfandel*

A. RAFANELLI
Healdsburg
★

Von dem 1987 verstorbenen Americo Rafanelli sagte man, dass er Weine machte »wie in den guten alten Tagen«. Nun, er wäre wohl stolz auf die Bomben, die sein Sohn David auf der kleinen, nicht bewässerten Hanglage produziert.

✓ *Zinfandel*

RAVENSWOOD
Sonoma
★★

Joel Peterson ist der unbestrittene Meister des Monster-Zinfandels. Einige Weinbauern erzielen auf kleinen Hanglagen so geringe Erträge, dass die aus diesen Trauben hergestellten Weine zu intensiv sind, um unverschnitten genossen zu werden. Deshalb sind selbst die Zinfandelverschnitte von Ravenswood geradezu sensationell.

✓ *Cabernet Sauvignon* (Gregory) • *Chardonnay* (Sangiacomo) • *Merlot* (Sangiacomo) • *Pickberry* (Rotwein im Bordeaux-Stil) • *Zinfandel* (bes. Old Hill)

J. ROCHIOLI VINEYARDS
Healdsburg
★☆

Die Familie Rochioli kultiviert auf diesem Gut seit den 1930er Jahren Reben, doch erst 1984 wurde die Kellerei errichtet. Im Jahr darauf brachte man den ersten Wein auf den Markt. Heute bietet Rochioli ein Sortiment angenehmer Gutsweine.

✓ *Cabernet Sauvignon* (Reserve) • *Chardonnay* (bes. Reserve, Allen Vineyard, South River Vineyard) • *Pinot Noir* (bes. East Block, Little Hill Block, Three Corner Vineyard, West Block) • *Sauvignon Blanc* (Reserve)

ST. FRANCIS VINEYARD
Kenwood
★☆V

Diese nur durch eine Straße von Château St. Jean getrennte, unterbewertete Kellerei gehört Joseph Martin und Lloyd Canton und erzeugt einige erstklassige, immer äußerst aromatische und selten teure Weine.

✓ *Cabernet Sauvignon* (Reserve) • *Chardonnay* (Reserve) • *Merlot* (Reserve) • *Muscat Canelli* (Late Harvest) • *Zinfandel* (Old Vines)

SEBASTIANI
Sonoma
?V

Die Weine von Sebastiani sind preisgünstig, doch die Qualität ist schwankend, sodass die Empfehlungen mit Vorbehalten gegeben werden. Weitere Marken dieses Unternehmens sind Pepperwood Grove, Talus, August Sebastiani, Vendange und Richard Cuneo. *Siehe auch* Richard Cuneo.

✓ *Cabernet Franc* (Sebastiani-Label) • *Cabernet Sauvignon* • *Gewürztraminer* • *Muscat* • *Zinfandel*

SIMI WINERY
Healdsburg
★

Simi macht immer bessere Weine in einem hinreißenden, kraftvoll-reifen, zu 110 % kalifornischen Stil, die erstaunlicherweise dennoch nie Eleganz vermissen lassen.

✓ *Cabernet Sauvignon* (Reserve) • *Chardonnay* • *Chenin Blanc* • *Rosé* (Cabernet Sauvignon) • *Sendal* (Weißwein im Bordeaux-Stil)

SONOMA-CUTRER VINEYARDS
Windsor
★

Man macht hier drei hochwertige Chardonnays in völlig unterschiedlichen Stilrichtungen, von denen sich Les Pierres zuverlässig als der beste beweist.

✓ *Chardonnay* (Les Pierres)

SONOMA-LOEB
Geyserville
☆

Dieses Weingut gehört dem ehemaligen amerikanischen Botschafter in Dänemark, John Loeb, der hier seit Beginn der 1970er Jahre Trauben produziert. Die ersten Weine unter eigenem Label verkaufte er jedoch erst 1988.

✓ *Chardonnay* (Private Reserve)

ROBERT STEMMLER
Sonoma

Robert Stemmler erzeugte früher in seiner eigenen Kellerei ein Sortiment von Weinen. Der Bestseller, der Pinot Noir, ist heute der einzige Wein, der unter dieser Marke verkauft wird. Der Name wurde von Buena Vista erworben, das die Weine nun produziert und vermarktet.

✓ *Pinot Noir*

STONESTREET
Healdsburg
★☆

Das zur Gruppe »Artisans & Estates« von Kendall-Jackson gehörende Gut stellt guten Chardonnay, brillanten Sauvignon und prachtvoll üppigen Cabernet und Merlot her. Hervorragend ist ihr eleganter Legacy-Verschnitt.

✓ *Cabernet Sauvignon* • *Legacy* (Rotwein im Bordeaux-Stil) • *Merlot* • *Sauvignon Blanc* (Alexander Mountain)

RODNEY STRONG VINEYARDS
Windsor
☆?

Rodney Strong produziert runde Cabernet Sauvignons und einen milden Chardonnay, denen es aber an Beständigkeit fehlt. Bester Wein ist heute ein frischer, angenehm zu trinkender Sauvignon.

✓ *Sauvignon Blanc* (Charlotte's Home Vineyard)

JOSEPH SWAN VINEYARDS
Forestville

Dieses Weingut wird vom Schwiegersohn des verstorbenen Rod Berglund geleitet, der dessen Suche nach dem ultimativen Zinfandel fortsetzt.

✓ *Zinfandel* (Stellwagen Vineyard, Zeigler Vineyard)

TOPOLOS RUSSIAN RIVER VINEYARDS
North Forestville
?

Dank seiner guten Weinberge rund um die Kellerei und am Sonoma Mountain gelingt es Topolos gelegentlich, inmitten eines erschreckend unberechenbaren Sortiments von Weinen ein Juwel hervorzubringen.

✓ *Alicante Bouschet* • *Petite Sirah* (Rossi Ranch)

MARIMAR TORRES VINEYARDS
Sebastopol
★

Miguel Torres hat den Weinberg seiner Schwester mit Chardonnay und Pinot Noir bestockt und einen halben Hektar versuchsweise mit Parellada. Der Weinberg ist viermal so dicht bepflanzt wie im kalifornischen Durchschnitt; durch die Konkurrenz zwischen den Stöcken sinkt der Ertrag pro Stock, während der Hektarertrag gleich bleibt und die Qualität steigt. Der Chardonnay ist gut, die besten Ergebnisse zeigt die hohe Pflanzdichte jedoch beim Pinot Noir, der sich durch geschmeidige Frucht, Finesse und eine Lagerfähigkeit auszeichnet, die man in Kalifornien selten findet.

✓ *Chardonnay* • *Pinot Noir*

TRENTADUE WINERY
Geyserville
☆V

Die Trentadue Winery erzeugt eine charaktervolle Palette preiswerter Sortenweine, die nur selten, wenn überhaupt, gefiltert werden.

✓ *Carignane* • *Merlot Port* • *Old Patch* (Rotwein im Rhône-Stil) • *Petite Sirah* • *Sangiovese*

VIANSA
Sonoma
☆

Der Name dieses prachtvollen Guts im toskanischen Stil ist von »Vicky and Sam« Sebastiani abgeleitet. Das Unternehmen wurde im Jahr 1990 gegründet.

✓ *Sangiovese* • *Thalia* (klassischer Rotweinverschnitt)

WILLIAMS-SELYEM
Fulton
★

Diese Kellerei wurde 1981 von Burt Williams und Ed Selyem gegründet, die sich seitdem mit kleinen Mengen begehrter, wundervoll ausgewogener und eleganter Weine einen Namen machten.

✓ *Chardonnay* (Allen Vineyard) • *Pinot Noir* (bes. Allen Vineyard, Rochioli Vineyard) • *Zinfandel* (Leo Martinelli Vineyard)

NAPA COUNTY

Das Napa County ist das Herz und die Seele der kalifornischen Weinindustrie. Hier finden sich die meisten Weinberge des Staats und mehr Weingüter als in jedem anderen County, hier wird die größte Zahl und die größte Vielfalt von Spitzenweinen auf dem nordamerikanischen Kontinent produziert.

ES IST KAUM ZU GLAUBEN, DASS NAPA 13 Jahre später als Sonoma mit Reben bestockt wurde. 1838 erwarb George Yount, ein Trapper aus North Carolina, einige Mission-Rebstöcke aus dem Weinberg des Generals Mariano Vallejo in Sonoma und pflanzte sie vor seiner Blockhütte drei Kilometer nördlich des heutigen Yountville. Er wollte nur etwas Wein für den eigenen Bedarf machen und ahnte natürlich nicht, dass eines Tages das gesamte Napa Valley mit einem üppigen grünen Teppich von Rebstöcken bedeckt sein würde. Nach sechs Jahren machte Yount etwa 900 Liter Wein im Jahr.

WEINBERGE IN NAPA COUNTY
In der berühmtesten kalifornischen Weinbauregion wachsen die Rebstöcke vorwiegend auf dem fruchtbaren Talboden. Immer mehr Weinberge werden jedoch an den bewaldeten Talhängen angelegt, wo die ersten Siedler Wein pflanzten.

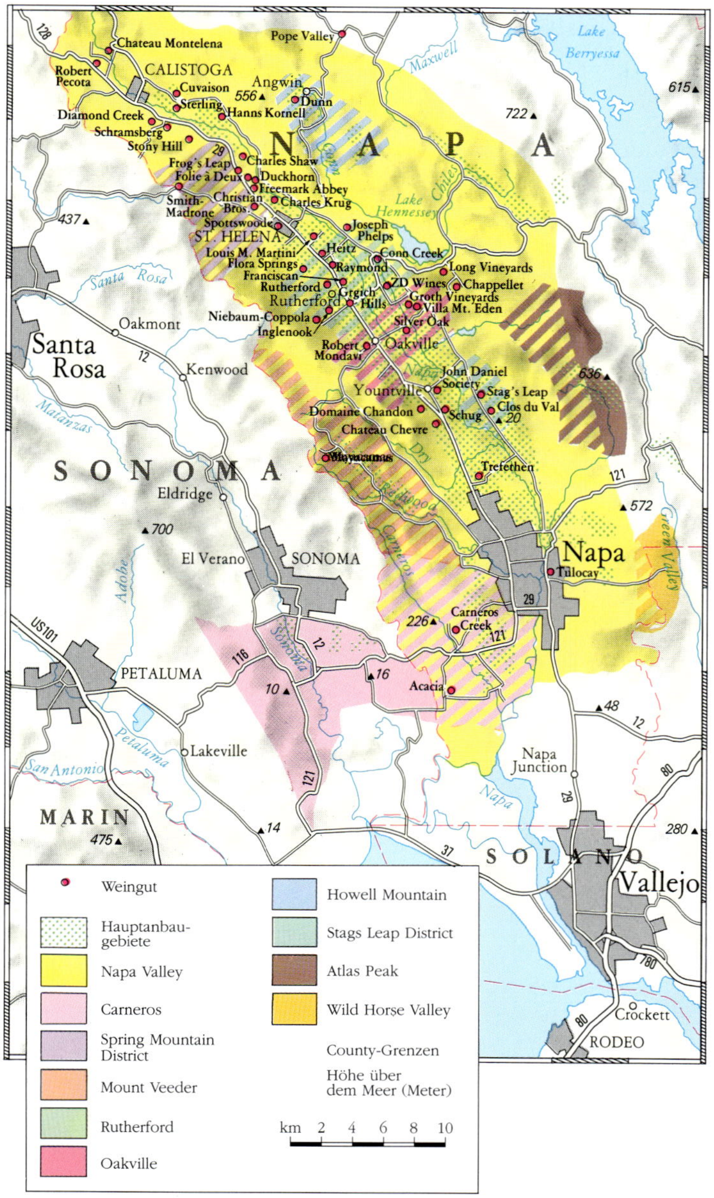

NAPA COUNTY *Siehe auch* S. 448
Die intensiv bewirtschafteten Rebflächen dieses berühmten kalifornischen Countys nehmen einen langen, schmalen Landstreifen ein, der ungefähr parallell zu denen des Sonoma County verläuft.

Zu Ende des Jahrzehnts war eine Reihe weiterer Weinberge angelegt worden, und 1859 erwarb Samuel Brannan, ein Millionär und ehemaliger Mormone, 8 km² fruchtbaren Talbodens und pflanzte Stecklinge verschiedener europäischer Sorten, die er auf seinen Überseereisen gesammelt hatte. Nur zwanzig Jahre später hatten sich die Weinberge des Countys auf 7300 ha ausgedehnt, was der Hälfte der gegenwärtig kultivierten Fläche entspricht und dem Doppelten der Weinbaufläche von Mendocino.

Heute ist das Napa Valley als Weinbaugebiet auf der ganzen Welt hoch angesehen. Napa-Weine, vor allem Chardonnay und Cabernet Sauvignon, zählen zu den begehrtesten und teuersten des amerikanischen Kontinents, was sich zumindest in absehbarer Zukunft auch nicht ändern wird.

GESCHMACKS- UND QUALITÄTSFAKTOREN

LAGE
Von der San Pablo Bay erstreckt sich Napa County gut 50 km in nordwestlicher Richtung bis zu den Ausläufern des Mount St. Helens. Im Westen wird es durch das Sonoma Valley und im Osten durch den Lake Berryessa begrenzt.

KLIMA
Das Klima reicht von kühl (Region I, *siehe* S. 448) nahe der Bucht im oft nebligen Bereich Carneros bis warm (Region III) im nördlichen Teil des Napa Valley und im Pope Valley.

TOPOGRAFIE
Die Rebstöcke stehen vorwiegend auf dem Talboden, einige auch an den Hängen. Die ebene Talsohle steigt von kaum 5 m über dem Meer in Napa auf 70 m um St. Helena auf halbem Wege bis 122 m in Calistoga im Norden an. Die bewaldeten Hänge im Westen bieten nachmittags Schatten, der die mäßigende Wirkung der Höhe verstärkt und das Gedeihen von weißen Trauben begünstigt, während sich die östlichen Hänge besser für rote Sorten eignen.

BÖDEN
Fruchtbarer Ton und Lehm im Süden der Region, kieshaltiger Lehm mit besserer Entwässerung und geringerer Fruchtbarkeit im Norden.

WEINBAU UND WEINBEREITUNG
Die breite Palette von Weingütern reicht von wenigen Großfirmen, die neueste Hightech-Methoden verwenden, bis zu einer wachsenden Zahl kleiner Boutiquekellereien. Letztere greifen bei ihrer begrenzten Produktion auf traditionelle Methoden zurück, setzen aber auch moderne Techniken überlegt ein. Die großartigen Weine des Tals begründeten den weltweiten Ruhm.

HAUPTREBSORTEN
Cabernet Sauvignon, Chardonnay, Chenin Blanc, Merlot, Pinot Noir, Sauvignon Blanc, White Riesling (Riesling), Zinfandel

WEITERE REBSORTEN
Aleatico, Alicante Bouschet, Barbera, Black Malvoisie, Burger, Cabernet Franc, Carignan, Frühburgunder, Colombard, Flora, Folle Blanche, Gamay, Gamay Beaujolais, Gewürztraminer, Gray Riesling, Green Hungarian, Grenache, Malbec, Malvasia Bianca, Mataro, Mission, Muscat Blanc, Palomino, Petite Sirah, Pinot Blanc, Pinot St. George, Ruby Cabernet, Sauvignon Vert, Sémillon, Sylvaner, Syrah

DIE HERKUNFTSBEZEICHNUNGEN IM

NAPA COUNTY

ATLAS PEAK AVA

Die Atlas Peak AVA umfasst 4600 ha auf dem und um den Atlas Peak Mountain. Hier stehen mehr als ein Viertel aller kalifornischen Sangiovese-Rebstöcke.

CARNEROS AVA

Diese auch als Los Carneros bezeichnete AVA überschneidet sich mit den Countys Napa und Sonoma. *Siehe auch* Los Carneros und Sonoma.

HOWELL MOUNTAIN AVA

Der relativ flache Gipfelbereich des Howell Mountain ist eine Sub-AVA im Napa Valley und erstreckt sich über 57 km², von denen etwa 81 ha in Höhen von 420 m bis 890 m für den Weinbau genutzt werden. Die ersten Rebstöcke wurden hier 1880 gepflanzt. Hervorragend für Cabernet Sauvignon geeignet, bringt diese Region jedoch auch erstklassigen Zinfandel und Chardonnay hervor.

MOUNT VEEDER AVA

Die Hänge an der Ostflanke der Mayacamas Mountains sind nach dem Vulkan Mount Veeder benannt, der das Gebiet dominiert. Dieser hügeligen Gegend wandten sich Erzeuger zu, die dem fruchtbaren Talboden des Napa Valley entfliehen wollten. Die kühle Brise von der San Pablo Bay und gelegentliche Nebel vom Meer mäßigen das Klima, während Inversionslagen Frost verhindern. Chardonnay und Cabernet Sauvignon herrschen hier vor, wobei letzterer ein außergewöhnlich kräftiges Sortenaroma aufweist und sich deutlich von den runden Cabernets vom Talboden unterscheidet.

NAPA COUNTY AO

Diese Appellation gilt für Weine aus Trauben des gesamten Countys.

NAPA VALLEY AVA

Diese Appellation umfasst das ganze County mit Ausnahme des Gebiets rund um den Putah Creek und den Lake Berryessa. Der 40 km lange und zwischen 12 und 16 km breite Bereich liegt im Schutz zweier paralleler Bergketten. Der Großteil der Weinberge dehnt sich in der ebenen Talsohle in einem durchgehenden Band von Napa bis Calistoga aus. In jüngster Zeit werden jedoch allmählich auch die Hänge kultiviert.

OAKVILLE AVA

Wenn sich Rutherford durch die größte Konzentration berühmter Cabernet-Sauvignon-Flächen auszeichnet, ragt das benachbarte, ebenfalls im Zentrum des Napa County gelegene Oakville durch seine Sortenvielfalt heraus. Hier werden großartiger Cabernet Sauvignon, Merlot und Chardonnay hergestellt, selbst der Sauvignon Blanc kann außergewöhnlich sein.

RUTHERFORD AVA

Einer der berühmtesten Namen in Napa und dennoch einer der letzten, die den AVA-Status erwarben, da viele Erzeuger fürchteten, eine Teilung des Napa Valley in kleinere und möglicherweise angesehenere Unterappellationen könnte den Ruf von Napa selbst schwächen. Zu Rutherford gehören über dreißig Weingüter, darunter einige der berühmtesten in Kalifornien und viele der hervorragendsten Cabernet-Sauvignon-Flächen des Napa County.

ST. HELENA AVA

Die jüngste AVA, eingerichtet als Teil des Versuchs, das Napa Valley nach dem Vorbild des Médoc in Gemeindeappellationen aufzuteilen. St. Helena liegt direkt nördlich von Rutherford.

SPRING MOUNTAIN DISTRICT AVA

Da der ursprünglich vorgeschlagene Name Spring Mountain bereits als Marke existierte, wurde die AVA in Spring Mountain District umbenannt. Sie liegt innerhalb der Napa Valley AVA westlich von St. Helena an den Ostflanken der Mayacamas Mountains und umfasst 3480 ha, von denen etwa 800 ha mit Reben bepflanzt sind.

STAGS LEAP DISTRICT AVA

Verwirrenderweise wird »Stags Leap« auf drei unterschiedliche Arten geschrieben: mit Apostroph *vor* dem »s« bei den berühmten Stag's Leap Wine Cellars, mit Apostroph *nach* dem »s« bei der weniger bekannten Stags' Leap Winery und *ohne* Apostroph beim Namen der AVA. Stag's Leap Wine Cellars wurden über Nacht berühmt, als ihr Cabernet Sauvignon bei einer Blindverkostung in Paris hervorragende Bordeaux-Weine übertrumpfte. Der Stags Leap District wetteifert mit Rutherford um den besten Cabernet Sauvignon aus dem Napa Valley, erzeugt aber auch guten Petite Sirah, exzellenten Merlot und sensationelle Rotweinverschnitte im Bordeaux-Stil.

WILD HORSE VALLEY AVA

Diese an das Napa Valley angrenzende AVA überschreitet die County-Grenze und liegt zum größeren Teil in Solano.

ERZEUGER IM

NAPA COUNTY

ABREU

Napa

❓

Ich habe diese Cabernet Sauvignons nicht selbst verkostet, doch Robert Parker äußert sich mit zunehmender Begeisterung über die Jahrgänge 1993, 1994 und 1995, denen er vorläufig 94 bis 96 von 100 Punkten verlieh. Ein solch unglaubliches Lob aus anerkanntem Munde darf hier nicht ignoriert werden.

ACACIA WINERY

Napa

★½

Dieser Spezialist für burgundische Sorten macht einen guten Chardonnay mit einem Hauch Gewürze und einen angenehmen Pinot Noir voller Kirsch- und Vanillearomen.

✓ *Chardonnay* (Marina Vineyard) • *Pinot Noir* (Carneros)

STANLEY ANDERSON VINEYARD

Napa

★

Ein kleines Weingut, das Chardonnay und Cabernet aus dem Stags Leap District herstellt. Darüber hinaus bringt es einige beeindruckende echte flaschenvergorene Schaumweine hervor.

✓ *Cabernet Sauvignon* (Richard Chambers Vineyard) • *Sparkling* (Vintage Brut, Vintage Rosé)

ARAUJO ESTATE

Calistoga

★

Bart und Daphne Araujo besitzen das sehr angesehene Weingut Eisele, das einen herausragenden Cabernet erzeugt.

✓ *Cabernet Sauvignon* (Eisele Vineyard) • *Syrah* (Eisele Vineyard)

ATLAS PEAK

Atlas Peak

★

Dieses aufregende Weingut hat die Finanzkraft der Gruppe Allied-Hiram Walker (zu dem auch Clos du Bois und William Hill gehören) und das Know-how des Champagnerhauses Bollinger und des berühmten Chiantihauses Antinori hinter sich.

✓ *Consenso* • *Sangiovese*

BARNETT VINEYARDS

St. Helena

★½

Diese delikaten Cabernet Sauvignons besitzen viel Eleganz.

✓ *Cabernet Sauvignon*

BEAUCANON

St. Helena

Der gut strukturierte Merlot ist das beste Produkt. Daneben werden auch Kuriositäten wie ein 1990er Chardonnay Late Harvest erzeugt.

✓ *Merlot*

BEAULIEU VINEYARD

Rutherford

Dieses Gut war unter dem legendären André Tchelistcheff das Zentrum der Innovation in Kalifornien.

✓ *Cabernet Sauvignon* (Georges de Latour)

BERINGER VINEYARDS

St. Helena

★★

Obwohl alle Produkte von Beringer zu den besten Kaliforniens zählen, bekommen Sie einen besseren Gegenwert für Ihr Geld, wenn Sie die teureren *Cuvées* und Lagenweine kaufen. Ihre Qualität stieg seit Beginn der 1990er Jahre beständig.

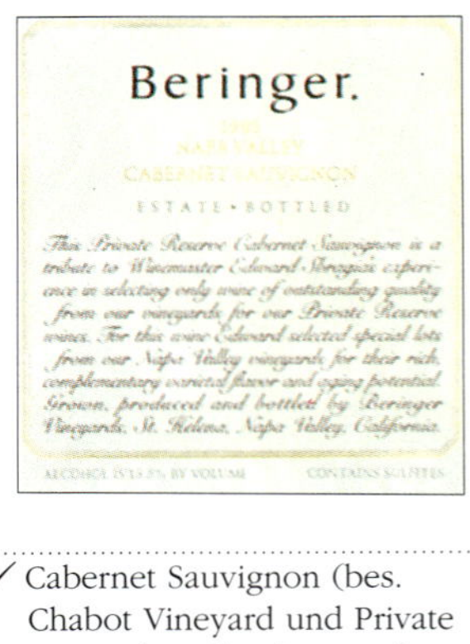

✓ Cabernet Sauvignon (bes. Chabot Vineyard und Private Reserve) • Chardonnay (bes. Private Reserve und Sbragia Select) • Gamay Beaujolais • Alluvium (Rot- und Weißwein) • Merlot (Bancroft Vineyard) • Sangiovese (Knights Valley) • Syrah • Viognier (bes. Hudson Ranch)

BIALÉ VINEYARDS
Napa
?

Ein Freund machte mich auf einer meiner Reisen durch das Napa Valley auf diesen erstaunlichen Wein aufmerksam (mächtig, üppig und herrlich reif), der von sechzig Jahre alten Rebstöcken kommt.

✓ *Zinfandel* (Aldo's Vineyard)

BOUCHAINE VINEYARDS
Napa
★

Der Pinot Noir und der Chardonnay von Bouchaine, denen die wenigsten amerikanischen Kritiker Beachtung schenken, sind vielleicht für den amerikanischen Markt zu leicht und elegant, werden jedoch aufgrund ihrer Reinheit und Finesse von europäischen Gaumen hoch geschätzt.

✓ *Pinot Noir*

BUEHLER VINEYARDS INC.
St. Helena
?

Dieses Weingut erzeugt wieder einen Cabernet Sauvignon, der an seine einst legendäre Größe und Qualität erinnert.

✓ *Cabernet Sauvignon*

BURGESS CELLARS
St. Helena
★

Eigentümer Tom Burgess und Weinmacher Bill Sorenson produzieren körperreiche, eichenbetonte Weine von hoher Qualität.

✓ *Chardonnay* (Triere Vineyard) • *Zinfandel*

CAIN CELLARS
St. Helena
★

Gut gemachte, interessante und innovative Weine.

✓ *Cain Five* (Rotwein im Bordeaux-Stil) • *Merlot* • *Sauvignon Musqué*

CAKEBREAD CELLARS
Rutherford

Bruce Cakebread ist für seinen erlesenen, würzigen Zinfandel berühmt, macht jedoch auch delikaten Sauvignon Blanc.

✓ *Sauvignon Blanc* • *Zinfandel* (Howell Mountain)

CARNEROS CREEK WINERY
Napa
★

Carneros Creek produziert heute wieder einige herrliche Weine.

✓ *Pinot Noir* (Signature)

CAYMUS VINEYARDS
Rutherford
★★

Dieses hochklassige Gut macht ein sensationelles Sortiment von Cabernet Sauvignon. Die Zweitmarke heißt Liberty School.

✓ *Cabernet Sauvignon* (bes. Special Selection) • *Conundrum* (klassischer weißer Verschnitt) • *Sauvignon Blanc*

CHAPPELLET VINEYARDS
St. Helena
★

Chappellet ist ein ausgezeichnetes Gut mit einer Palette sehr gut gemachter Weine von großer Finesse.

✓ *Cabernet Sauvignon* • *Chardonnay* • *Chenin Blanc* • *Johannisberg Riesling* • *Merlot*

CHÂTEAU MONTELENA WINERY
Calistoga
★

Der Stil dieses kleinen, angesehenen Guts veränderte sich im Lauf der Jahre, die Qualität blieb jedoch stets hoch, besonders bei Cabernet.

✓ *Cabernet Sauvignon* • *Chardonnay* • *Johannisberg Riesling* (Potter Valley) • *Zinfandel*

CHÂTEAU POTELLE
Mount Veeder
☆

Dieses Gut wurde 1985 von einem Ehepaar aus Bordeaux gegründet, das ironischerweise für seinen sich langsam entwickelnden Chardonnay bekannt ist.

✓ *Cabernet Sauvignon* • *Chardonnay* • *Zinfandel*

CHIMNEY ROCK
Napa
☆

Anfang der 80er Jahre erwarb Hack Wilson, ehemals Direktor bei Pepsi und den Rheingold Breweries, den alten Golfclub Chimney Rock, ließ neun Löcher planieren und pflanzte einen Weinberg an.

✓ *Elevage* (Rotwein im Bordeaux-Stil) • *Fumé Blanc*

CLOS DU VAL
Napa
★☆

John Goelet ist der Besitzer und Bernard Portret der Manager und Weinmacher des Guts.

✓ *Cabernet Sauvignon* (Reserve) • *Chardonnay* (Carneros) • *Merlot* • *Zinfandel* (Stags Leap District)

CLOS PEGASE
Calistoga
★

Angenehme, zurückhaltende Eichennoten ergeben zusammen mit üppiger Frucht Weine von Eleganz.

✓ *Cabernet Sauvignon* • *Chardonnay* • *Hommage* (Rotwein im Bordeaux-Stil) • *Merlot*

CODORNÍU NAPA
Napa
☆

Das Gut des spanischen Cava-Giganten Codorníu, das sich mit seinem bunkerartigen Vorsprung in einem Hang in Carneros versteckt, erzeugt nach einem etwas schwachen Start heute Schaumweine von bewundernswerter Qualität.

✓ *NV Brut* • *Vintage Carneros Cuvée*

COLGIN-SCHRADER CELLARS
Napa
?

Ich habe die Weine dieses Newcomers nicht verkostet; man hört jedoch, dass der Cabernet Sauvignon aus der Lage Herb Lamb auf dem Howell Mountain zu den großartigsten Napa-Weinen zählen soll.

CONN CREEK WINERY
St. Helena

Dieses Gut ist im Besitz von Stimson Lane, ebenso wie Château Ste. Michelle, Columbia Crest und Villa Mount Eden. Conn Creek ist für geschmeidigen, fruchtigen Cabernet Sauvignon berühmt.

✓ *Cabernet Sauvignon* • *Triomphe* (Rotwein im Bordeaux-Stil)

CONN VALLEY
St. Helena
★☆

Diese beeindruckende Kellerei produziert seit ihrer Gründung im Jahr 1988 eine Reihe spektakulärer Weine.

✓ *Cabernet Sauvignon* • *Chardonnay* • *Pinot Noir* (Valhalla Vineyard)

CORISON
St. Helena
★☆

Nach zehn Jahren als Weinmacherin bei Chappellet machte sich Cathy Corison selbstständig, ein Schritt, den sie nie bereut hat. Sie kauft kleine Mengen der besten Trauben des Napa Valley und produziert aus ihnen üppige, geschmeidige Cabernet-Weine von überraschender Langlebigkeit.

✓ *Cabernet Sauvignon*

COSENTINO
Yountville
☆

Mitch Cosentino erzeugt umwerfende Weine, an denen abwechselnd überbordende Frucht und Eiche begeistern. Alle Weine verdienen es, einmal verkostet zu werden.

✓ *The Poet Meritage* (Rotwein im Bordeaux-Stil) • *The Zin*

CRICHTON HALL
Rutherford
☆

Dieses in britischem Besitz stehende Gut ist für seinen frischen, hefigtoastigen Chardonnay bekannt. Daneben stellt es einen guten Merlot und einen seriösen, alterungsfähigen Pinot Noir her.

✓ *Chardonnay* • *Merlot* • *Pinot Noir*

CUVAISON
Calistoga

Cuvaison produziert bessere Rot- als Weißweine.

✓ *Merlot*

DALLA VALLE
Oakville
★☆

Neben einem großartigen Cabernet erzeugt Dalla Valle einen wahrlich heroischen Verschnitt auf Cabernet-Basis.

✓ *Cabernet Sauvignon* • *Maya*

DIAMOND CREEK VINEYARDS
Calistoga
★☆

Diese kleine Kellerei hat sich auf fantastisch langlebigen Cabernet Sauvignon spezialisiert.

✓ *Cabernet Sauvignon* (Red Rock Terrace, Lake Vineyard, Gravelly Meadow, Volcanic Hill)

DOMAINE CARNEROS
Napa
★

Die erste Lese erfolgte 1987, und die ersten Weine zählten zu den schlechtesten, die ein französisches Unternehmen jemals auf den Markt brachte. Heute zählen sie zu den besten.

✓ *Vintage Blanc de Blancs* • *Vintage Brut*

DOMAINE CHANDON
Yountville
★

Mit dem Gütesiegel von Moët & Chandon brachte das erste französische Schaumweinunternehmen in Kalifornien eine ganze Industrie auf den Weg, die bis dahin nur von Schramsberg vertreten wurde. Die Exportmarke ist Shadow Creek.

✓ *Reserve* • *Rosé Brut*

DOMINUS
Yountville
★☆

Mit vereinten Kräften kreierten Christian Moueix von Château Pétrus und die Töchter von John Daniel den Dominus, einen mächtigen Verschnittwein im Bordeaux-Stil vom historischen Weinberg Napanook. Die besten Jahrgänge beginnen mit 1990.

✓ *Dominus*

DUCKHORN VINEYARDS
St. Helena
★☆

Diese exzellenten, üppigen, tanninbetonten Weine haben schon Kultstatus.

✓ *Cabernet Sauvignon* • *Merlot* (Three Palms) • *Sauvignon Blanc*

DUNN VINEYARDS
Angwin
★☆

Randy Dunn erzeugt in seinem Gut auf dem Howell Mountain eine kleine Menge erstklassigen Cabernet Sauvignon.

✓ *Cabernet Sauvignon*

DUNNEWOOD
St. Helena

Dieses Großunternehmen verkauft reinsortige Alltagsweine, die etwas teurer sind als die des Schwesterguts Almadén.

ELYSE
Napa

★☆

Als ich diese Weine zum ersten Mal bei der jährlichen Vorstellung kalifornischer Weine bei Bibendum in London verkostete, war ich von der Fülle ihrer Frucht und ihrem expressiven Stil überwältigt.

Cabernet Sauvignon (Morisoli Vineyard) • *Nero Misto* (klassischer Rotweinverschnitt) • *Zinfandel* (Howell Mountain)

ETUDE
Oakville

★

Diese Kellerei gehört Tony Soter, einem der besten Weinberater des Napa County, der auch für Araujo, Dalla Valle, Moraga, Niebaum-Coppola, Spottswoode u. a. tätig ist. Aus gekauften Trauben macht er wundervoll ausgewogene, üppige, elegante Weine.

Cabernet Sauvignon • *Pinot Blanc* • *Pinot Gris* • *Pinot Meunier* • *Pinot Noir*

FAR NIENTE

Eine wieder belebte Kellerei aus der Zeit vor der Prohibition, die in den 1980er Jahren mit einem sehr guten Chardonnay berühmt wurde; er wirkt jedoch manchmal etwas aufgeblasen. Der Cabernet Sauvignon ist beständiger und eleganter.

Cabernet Sauvignon • *Dolce*

FLORA SPRINGS
St. Helena

★

Diese Kellerei erzeugt den aufregenden Trilogy (Verschnitt aus Merlot und zwei Cabernets) und den Soliloquy, einen im Fass vergorenen und *sur Lie* ausgebauten Sauvignon Blanc.

Cabernet Sauvignon (Reserve) • *Chardonnay* (Barrel Fermented) • *Sangiovese* • *Soliloquy* (Sauvignon Blanc) • *Trilogy* (Rotwein im Bordeaux-Stil)

FORMAN VINEYARDS
St. Helena

Nach seiner Tätigkeit bei Sterling baute Rick Forman 1983 dieses kleine Gut auf. Er ist für klassische und dennoch opulente Weine aus seinem eigenen Weinberg bekannt.

Cabernet Sauvignon • *Chardonnay* • *Grenache* (La Grande Roche)

FRANCISCAN VINEYARDS
Rutherford

★☆

Seit Mitte der 1980er Jahre ein zuverlässiger Erzeuger geschmeidiger, stilvoller Weine von exzellenter Qualität. Weitere Labels sind Estancia (ein schmalziger, blumiger, preiswürdiger Chardonnay, ein anspruchsloser Cabernet und ein Meritage), Mount Veeder (ein intensiver, sehr eichenbetonter Chardonnay und ein Cabernet) und Pinnacles (ein leichter, angenehm zu trinkender Pinot Noir und ein guter Chardonnay mit Röstnoten).

Oakville Estate (Chardonnay, Magnificent Meritage, Merlot, Zinfandel)

FREEMARK ABBEY
St. Helena

★

Wenn in den USA auch nicht mehr so beliebt wie einst, so sind die Weine von Freemark Abbey doch makellos proportioniert.

Cabernet Sauvignon (Bosché, Sycamore Vineyards) • *Chardonnay* (Carpy Ranch) • *Edelwein Gold* (Late Harvest Johannisberg Riesling)

FROG'S LEAP WINERY
St. Helena

★

Weinmacher Larry Turley begründete das Ansehen dieser biologisch erzeugten Weine von großartiger Finesse.

Cabernet Sauvignon • *Chardonnay* • *Sauvignon Blanc* • *Zinfandel*

GIRARD WINERY
Oakville

★☆

Erstklassige, geschmeidige und elegante Chardonnays und Cabernets. Die einst aufdringliche Eichennote fügt sich heute nahtlos ein. Girards Chenin Blanc zählt zu den besten in Kalifornien.

Cabernet Sauvignon (bes. Reserve) • *Chardonnay* (Reserve) • *Dry Chenin Blanc*

GRACE FAMILY VINEYARDS
St. Helena

★★

Dieses Unternehmen stellt kleinste Mengen eines gewaltigen, dunklen und horrend teuren Cabernet Sauvignon her, der sich durch wundervoll vielschichtige Frucht, Eichen- und Bodenaromen auszeichnet.

Cabernet Sauvignon

GREEN AND RED VINEYARD
St. Helena

Dieses im Chiles Valley südöstlich des Howell Mountain gelegene Weingut erzeugt einen wohl strukturierten Zinfandel, der Flaschenreifung benötigt.

Zinfandel (Mill Vineyard)

GRGICH HILLS CELLAR
Rutherford

★

Mike Grgich, ehemaliger Weinmacher von Château Montalena, besitzt und führt diese Kellerei, die hochwertige, intensive, üppige und äußerst lebhafte Weine erzeugt.

Cabernet Sauvignon • *Chardonnay* • *Fumé Blanc* • *Johannisberg Riesling*

GROTH VINEYARDS
Oakville

❓

Auch wenn seine Weine nicht mehr so beständig sind wie früher, erzeugt Groth weiterhin einige der besten Cabernets in Kalifornien.

Cabernet Sauvignon (Reserve)

HARLAN ESTATE
Napa

❓

Ich habe die Weine dieses Guts nicht verkostet, man sagt jedoch, dass einige Jahrgänge dieses roten Bordeaux-Verschnitts zu den großartigsten Weinen des Napa County zählen.

HAVENS WINE CELLARS
Napa

★☆

Seit Mike Havens 1984 begann, erwarb er sich mit seinem wunderbar üppigen Merlot Reserve einen beneidenswerten Ruhm. Sein Syrah ist eine Klasse für sich, sein Bouriquot ist ein meisterhafter roter Bordeaux-Verschnitt.

Bouriquot (Rotwein im Bordeaux-Stil) • *Merlot* (bes. Reserve) • *Syrah*

HEITZ WINE CELLARS
St. Helena

❓

Ich wüsste gerne, wie viel der berühmten Eukalyptusnote der Heitz-Weine aus Martha's Vineyard auf in Eichenfässern vorhandenes Trichloranisol zurückzuführen ist. Vielleicht gar nichts, denn mich erinnert der Geruch des Weins mitunter stärker an Trichlorphenol als an TCA.

Grignolino Rosé

THE HESS COLLECTION
Napa

★

Der in der Schweiz geborene Kunstsammler David Hess erzeugt Weine, die konsumiert und nicht gesammelt werden sollten, obwohl sie sehr alterungsfähig sind. Zu beachten ist, dass Hess Select die Zweitmarke ist und keine *Premium-Cuvée*.

Cabernet Sauvignon (bes. Reserve) • *Chardonnay* (Mount Veeder)

WILLIAM HILL WINERY
Napa

★

Diese Kellerei wird von der talentierten Weinmacherin Jill Davies geleitet, die hier bereits Wunder gewirkt hat, nachdem sie das Weingut Buena Vista in Sonoma wieder belebt hatte.

Merlot • *Sauvignon*

INGLENOOK VINEYARDS
Rutherford

Das von Gustave Niebaum im Jahr 1879 gegründete Inglenook stieg unter seinem Großneffen John Daniels zu einem der besten Weingüter Kaliforniens auf. Heute gehören Kellerei und Weinberge zu Niebaum-Coppola. Die Marke Inglenook wurde zunächst von Heublein und erst jüngst von Canandaigua erworben und bietet ein breites Sortiment erschwinglicher Weine.

JADE MOUNTAIN
Angwin

Die Eichennote in den hochwertigen Weinen im Rhône-Stil kann manchmal zu aufdringlich sein.

Côtes du Soleil (Rotwein im Rhône-Stil) • *Les Jumeaux* (Cabernet-Mourvèdre) • *Marsanne et Viognier* • *Mourvèdre* • *Le Provençale* (Rotwein im Rhône-Stil) • *Syrah*

LA JOTA
Angwin

★☆

La Jota ist für verschwenderisch aromatischen Cabernet Sauvignon berühmt, entwickelt aber auch einen ausgezeichneten Ruf für reinsortige Rhône-Weine.

Cabernet Sauvignon • *Carignane* (Little J) • *Petite Sirah* (Howell Mountain) • *Viognier*

ROBERT KEENAN WINERY
St. Helena

★

Das am Hang des Spring Mountain gelegene Gut erzeugt einen bewundernswert zurückhaltenden Cabernet Sauvignon und Merlot.

Cabernet Sauvignon • *Merlot*

KENT RASMUSSEN
Napa

★☆

Eine gute Quelle für Pinot aus Carneros in seiner üppigsten Form.

Pinot Noir (Carneros)

CHARLES KRUG
St. Helena

Die 1943 von der Familie Mondavi erworbene und von Peter Mondavis geführte Kellerei war für ihren Cabernet bekannt. Der Großteil der Produktion sind heute jedoch einfache Weine, die unter der Zweitmarke C. K. Mondavi verkauft werden.

LEWIS CELLARS
Oakville

❓

Von einem Freund erhielt ich eine Flasche mit einem Merlot dieses Guts, der wie die kalifornische Version eines Spitzen-Pomerol schmeckte. Mein Wissen über das Unternehmen beschränkt sich jedoch auf die Angaben auf dem Etikett.

Merlot (Oakville Ranch)

LONG VINEYARDS
St. Helena
★☆

Long Vineyards genießt hohes Ansehen für seine geschmeidigen, eleganten Gutsweine.

✓ *Cabernet Sauvignon* • *Chardonnay*

MARCASSIN
Calistoga
★☆

Dieses kleine Unternehmen gehört Helen Turley, die zu den gefragtesten Beraterinnen Kaliforniens zählt. Marcassin produziert überaus stilvolle Weine.

✓ *Chardonnay* • *Pinot Noir*

MARKHAM VINEYARDS
St. Helena
★Ⓥ

Das seit 1988 in japanischem Eigentum stehende Gut erzeugt seit 1993 Weine mit intensiverer Frucht. Markham ist renommiert für Merlot und Cabernet aus den Weinbergen von Calistoga, Yountville und Oakville im Napa Valley. Beachten Sie auch die hochwertigen Weißweine.

✓ *Cabernet Sauvignon* • *Merlot*

LOUIS M. MARTINI
St. Helena
❓

Der Ruhm dieser Weinkellerei beruht ausschließlich auf ihrem Lagen-Cabernet-Sauvignon Monte Rosso.

✓ *Cabernet Sauvignon* (Monte Rosso)

MAYACAMAS VINEYARDS
Napa

Diese angesehene kleine Kellerei ist für ihren tanninhaltigen, langlebigen Cabernet bekannt, weit besser und zugänglicher ist jedoch der Chardonnay.

✓ *Chardonnay*

MERRYVALE VINEYARDS
St. Helena
★

Elegante, stilvolle Weine, insbesondere die Bordeaux-Verschnitte sind zu beachten.

✓ *Chardonnay* (Silhouette) • *Profile* (Rotwein im Bordeaux-Stil) • *Vignette* (Weißwein im Bordeaux-Stil)

ROBERT MONDAVI
Oakville
★☆

Selbst die bescheidensten Weine von Robert Mondavi aus Napa übertreffen die Erzeugnisse der neuen Mondavi-Marke Woodbridge, die jedoch eine gute und preiswerte Einführung in den kalifornischen Wein darstellt.

✓ *Barbera* • *Cabernet Sauvignon* (Napa Reserve, Oakville) • *Chardonnay* (Napa Reserve) • *Chenin Blanc* • *Fumé Blanc* (Reserve, Tokalon Estate) • *Johannisberg Riesling* • *Malvasia Bianco* • *Moscato d'Oro* • *Pinot Noir* (bes. Reserve) • *Tocai Friulano* • *Zinfandel*

MONTICELLO CELLARS
Napa
☆

Einst waren die Weißweine besser als die Rotweine, heute ist der Cabernet Sauvignon der aufregendste Wein des Guts.

✓ *Cabernet Sauvignon* (Corley Reserve)

MUMM NAPA VALLEY
Rutherford
★☆Ⓥ

Dieses tadellos geführte Schaumweinunternehmen steht unter der Obhut von Greg Fowler, der 7 Jahre als Weinmacher bei Schramsberg wirkte. Bei diesem Pinot-Noir-Sekt, der sich durch fantastische kirschrote Farbe, Erdbeeraromen und eine intensiv duftende Pinot-Frucht auszeichnet, ließ Fowler seinem Talent freien Lauf.

✓ *NV Sparkling Pinot Noir* • *Vintage DVX* • *Vintage Blanc de Blancs* • *Vintage Blanc de Noirs* (als Rosé exportiert) • *Vintage Winery Lake*

MURPHY-GOODE
Geyserville

Die Spitzenweine sind samt und sonders körperreiche, eichenbetonte Bomben.

✓ *Chardonnay* (J. & K. Murphy Vineyard) • *Fumé Blanc* (Reserve, Reserve II la Deuce) • *Pinot Blanc* (Barrel Fermented) • *Zinfandel*

NEWTON VINEYARDS
St. Helena
★☆

Dieses ausgezeichnete Gut erzeugt erfolgreiche Weine mit makellos eingebundener Eiche, seidig-geschmeidiger Frucht und einer sanften Tanninstruktur.

✓ *Cabernet Sauvignon* • *Chardonnay* • *Claret* • *Merlot*

NIEBAUM-COPPOLA
Rutherford
★☆

Diese Kellerei wird finanziell von Regisseur Francis Ford Coppola getragen, der Gustave Niebaums Besitz erwarb und damit den für die legendären Inglenook-Cabernet-Sauvignons verantwortlichen Weinberg. Seit 1978 erzeugt dieses Gut einen Bordeaux-Rotwein namens Rubicon, den größten Naturburschen unter den Napa-Weinen; Steve Beresini ließ den Trauben freien Lauf. Diese Hände-weg-Methode ergab einen Wein, der sich von selbst einem Médoc annäherte. In den frühen 1990er Jahren verpflichtete man den Kellermeister Scott McLeod und den Berater Tony Soter von Etude, die eine Wende zu einem technisch aufwändigeren, in neuer Eiche ausgebauten Stil bewirkten, der die kostspieligen, auf Cabernet basierenden Napa-Weine kennzeichnet. Dieser nach wie vor großartige Wein erzielt vermutlich einen höheren Preis, aber es ist bedauerlich, dass nun auch der letzte große naturwüchsige Wein von Napa verschwunden ist.

✓ *Rubicon* • *Chardonnay* • *Cabernet Franc*

OPUS ONE
Oakville
★☆

Robert Mondavi und der inzwischen verstorbene Baron Philippe de Rothschild brachten mit Opus One das erste Bordeaux-Kalifornien-Gemeinschaftsunternehmen auf den Weg. Die Qualität dieses Cabernet-Merlot-Verschnitts lässt keine Zweifel aufkommen, ebenso wenig der Preis.

✓ *Opus One*

PAHLMEYER
Napa

Zu Reichtum gekommene amerikanische Unternehmer und Manager kaufen sich gerne ein kleines, feines Weingut. Dieses wurde 1985 von dem Rechtsanwalt Jason Pahlmeyer gegründet, der Randy Dunn als Winzer verpflichtete. Heute ist Helen Turley Kellermeisterin.

✓ *Caldwell Vineyard* (Rotwein im Bordeaux-Stil) • *Chardonnay* • *Merlot*

PATZ AND HALL
Napa
☆

Dieses Gut hat sich auf einen Chardonnay spezialisiert, der durch das Aufrühren des Hefesatzes exotische Fülle gewinnt.

✓ *Chardonnay*

ROBERT PECOTA WINERY
Calistoga
★Ⓥ

Diese Kellerei macht hinreißende Weißweine und bietet nun auch einen exzellenten Cabernet.

✓ *Cabernet Sauvignon* (Kara's Vineyard) • *Chardonnay* • *Gamay* • *Muscato di Andrea* (Spätlese) • *Sauvignon Blanc*

ROBERT PEPI WINERY
Oakville
★

Nach wie vor exzellenter Sauvignon Blanc. Die Kellerei baut sich nun einen Ruf auf für interessante Verschnitte.

✓ *Colline di Sassi und Du Baci* (klassische rote Verschnitte) • Sauvignon Blanc

JOSEPH PHELPS VINEYARDS
St. Helena
★☆

Das renommierte Gut hatte schon immer ein breites Sortiment erstklassiger Weine, in letzter Zeit wurde es um die aufregende Linie »Mistral« mit Weinen im Rhône-Stil erweitert. Insignia bleibt jedoch das großartigste Produkt.

✓ *Cabernet Sauvignon* (Backus, Eisele) • *Chardonnay* (Ovation) • *Grenache Rosé* (Vin du Mistral) • *Insignia* (Rotwein im Bordeaux-Stil) • *Le Mistral* (Rotwein im Rhône-Stil) • *Muscat* (Vin du Mistral) • *Syrah* (Vin du Mistral) • *Viognier*

PINE RIDGE WINERY
Napa

Interessante Weine von aufregender Qualität zu Mittelklassepreisen.

✓ *Cabernet Sauvignon* (Andrus Reserve, Stags Leap District) • *Chenin Blanc* • *Merlot* (Carneros)

PLUMPJACK
Napa

Dieses neue Unternehmen gehört der Familie Getty. Seine Weine habe ich nicht verkostet, da sie erst Ende 1997 auf den Markt kamen.

RAYMOND VINEYARD AND CELLAR
St. Helena

Die Familie Raymond besitzt heute einen japanischen Partner, bleibt aber ihrem Ruf für fruchtigen Chardonnay und eleganten Cabernet treu.

✓ *Cabernet Sauvignon* • *Chardonnay*

RUTHERFORD HILL WINERY
Rutherford

Rutherford erzeugt eine Palette guter, bukettreicher Weine.

✓ *Cabernet Sauvignon* (XVS) • *Chardonnay* (XVS)

SADDLEBACK
Oakville

Nils Venge, der früher im Weingut Groth tätig war, ist schlechthin der Meister des massiven, altmodischen Zinfandels im Portwein-Stil.

✓ *Sangiovese* • *Zinfandel*

ST. CLEMENT VINEYARDS
St. Helena
❓

Diese Kellerei in japanischem Besitz lässt Anzeichen für einen Aufschwung erkennen. Zurzeit ist der Cabernet Sauvignon ihr bester Wein.

✓ *Cabernet Sauvignon*

SAINTSBURY
Napa
★☆

David Graves und Dick Ward erzeugen in dieser immer beeindruckenderen Kellerei einen wunderbar fleischigen, saftigen Pinot Noir.

✓ *Pinot Noir* (bes. Reserve)

SCHRAMSBERG VINEYARDS
Calistoga
★

Von dieser angesehenen Kellerei ging 1965 die Entwicklung der modernen kalifornischen Schaumweinindustrie aus. Bis zur Gründung von Domaine Chandon acht Jahre später blieb sie der einzige Produzent seriöser flaschenvergorener Schaumweine in den USA. Die ersten Kellermeister von Codorníu, Franciscan, Kristone, Mumm Napa Valley und Piper-Sonoma waren alle für Schramsberg tätig – ein Hinweis darauf, wie sehr die Eigentümer Jack und Jamie Davies die Entwicklung anderer kalifornischer Erzeuger beeinflussten.

✓ *Blanc de Blancs* (lange Flaschengärung) • *Reserve* • *J. Schram*

SCREAMING EAGLE
Oakville
❓

Obwohl dieses Weingut nur kleinste Mengen Cabernet Sauvignon erzeugt, verursacht es in Napa großes Aufsehen.

SEAVEY
St. Helena
★

Hier werden geringe Mengen sehr schöner Weine von ausgezeichneter Qualität hergestellt.

✓ *Cabernet Sauvignon* • *Merlot*

SEQUOIA GROVE
Napa
★

Sei 1978 produzieren die Brüder Jim und Steve Allen einen großartigen Cabernet und liefern heute auch einen feinen Chardonnay aus Carneros.

✓ *Cabernet Sauvignon* • *Chardonnay*

SHAFER VINEYARDS
Napa
★☆

Der Cabernet Sauvignon Hillside Select ist eindeutig der beste Wein dieser Kellerei. Man macht aber auch eleganten Merlot und Chardonnay und den wunderbar geschmeidigen Firebreak, eine Art kalifornischen Edeltoskaner.

✓ *Cabernet Sauvignon* (Hillside Select) • *Chardonnay* (bes. Red Shoulder Ranch) • *Firebreak* (klassischer roter Verschnitt) • *Merlot*

SIGNORELLO VINEYARDS
Napa
★☆

Ray Signorello brachte vor kurzem eine verblüffende Palette fruchtiger, dennoch komplexer Weine auf den Markt.

✓ *Cabernet Sauvignon* (Founder's Reserve) • *Chardonnay* (Founder's Reserve) • *Sauvignon Blanc* (Barrel Fermented) • *Sémillon* (Barrel Fermented)

SILVERADO VINEYARDS
Napa
★

Silverado gehört der Witwe von Walt Disney, hat jedoch niemals Mickymaus-Weine gemacht.

✓ *Cabernet Sauvignon* (Limited Reserve) • *Chardonnay* (Limited Reserve)

SILVER OAK CELLARS
Oakville
★

Silver Oak beschränkt sich auf Cabernet Sauvignon, mit dem man drei *Cuvées* erzeugt: Napa Valley, Bonny's Vineyard (ebenfalls Napa Valley AVA) und Alexander Valley. Ich bevorzuge letzteren, da er die verhaltenste Eiche und die größte Finesse besitzt. Liebhaber mächtiger, eichenbetonter Cabernets werden jedoch alle drei genießen.

✓ *Cabernet Sauvignon* (Alexander Valley)

ROBERT SINSKEY VINEYARDS
Napa
★☆

Hier macht man einen aromatischen Pinot, eleganten Carneros Claret, üppigen Merlot und einen Chardonnay, der eine Lagerung lohnt.

✓ *Carneros Claret* (Rotwein im Bordeaux-Stil) • *Chardonnay* • *Merlot* (Los Carneros) • *Pinot Noir*

SMITH-MADRONE
St. Helena
★

Diese Weinkellerei besitzt einen etwa 16 ha großen, hoch gelegenen Weinberg, der eine kleine Palette hochwertiger Weine liefert.

✓ *Johannisberg-Riesling*

SPOTTSWOODE
St. Helena
★★

Auf einer Terrasse in den Mayacamas Mountains erzeugt der Önologe Tony Soter geringe Mengen eines kraftvollen, zugleich eleganten Weins.

✓ *Cabernet Sauvignon* • *Sauvignon Blanc*

SPRING MOUNTAIN VINEYARDS
St. Helena
☆

Weine, die lagern müssen und Finesse entwickeln.

✓ *Cabernet Sauvignon*

STAGLIN
Napa
★☆

Die Kellerei produziert einen üppigen, schön ausgewogenen Cabernet von großer Finesse und einen unfassbar üppigen, doch seidig-geschmeidigen Sangiovese.

✓ *Cabernet Sauvignon* • *Sangiovese* (Stagliano)

STAG'S LEAP WINE CELLARS
Napa
★★

Der Chardonnay dieses legendären Cabernet-Sauvignon-Erzeugers sollte nicht unbeachtet bleiben. Die Zweitmarke heißt Hawk Crest.

✓ *Cabernet Sauvignon* (Fay Vineyard, S. L. V.) • *Cask 23* (Rotwein im Bordeaux-Stil) • *Chardonnay* (bes. Reserve)

STAGS' LEAP WINERY
Napa
☆

Bekannt für einen der besten Petite Sirahs Kaliforniens.

✓ *Petite Sirah*

STERLING VINEYARDS
Calistoga
★

Nach erstaunlich hoher Qualität Mitte der 1970er Jahre sank das Niveau von Sterling nach der Übernahme durch Coca-Cola im Jahr 1978, mit dem Verkauf an Seagrams 1983 nahm es jedoch einen anhaltenden Aufschwung.

✓ *Cabernet Sauvignon* (Diamond Mountain Ranch) • *Malvasia* (Collection Series) • *Merlot* (Three Palms) • *Pinot Grigio* (Collection Series) • *Pinot Noir* (Winery Lake)

STONE HILL VINEYARD
St. Helena
★

Die Chardonnays dieses Weinguts zählen nach wie vor zur Weltklasse; sie sind heute fleischiger.

✓ *Chardonnay*

STORYBOOK MOUNTAIN VINEYARDS
Calistoga
☆

Dieses Gut wurde 1880 von Adam und Jacob Grimm gegründet. Sein heutiger Besitzer Jerry Seps widmete den 15 ha großen Weinberg dem Zinfandel.

✓ *Zinfandel* (Eastern Exposure)

SUTTER HOME WINERY
St. Helena

Der überwiegende Teil der umfangreichen Produktion dieser Weinkellerei entfällt auf verschiedene Zinfandels.

✓ *Zinfandel* (Reserve)

SWANSON
Rutherford
★

Clarke Swansons Produkte sind überaus geschmeidig und stilvoll und verweisen eindeutig auf Bordeaux und die Toskana, was zweifellos auf Weinmacher Marco Capelli zurückzuführen ist, der in beiden Regionen Erfahrung sammelte, ehe er 1986 in die Dienste von Swanson trat.

✓ *Cabernet Sauvignon* • *Chardonnay* • *Sangiovese* • *Sémillon* (Late Harvest) • *Syrah*

PHILIP TOGNI VINEYARD
St. Helena
★

Philip Togni errang sich hohes Ansehen bei den Kellereien Chalone, Chappellet, Cuvaison, Mayacamas und Chimney Rock, ehe er sein eigenes Weingut gründete.

✓ *Cabernet Sauvignon*

TREFETHEN VINEYARDS
Napa
☆

Diese Kellerei verbindet hohe Qualität und Beständigkeit mit einem guten Preis-Leistungs-Verhältnis.

✓ *Chardonnay* (Library Selection) • *White Riesling*

TURLEY CELLARS
Napa
★☆

Der Debütjahrgang dieses aufregenden Unternehmens der Geschwister und talentierten Weinmacher Larry und Helen Turley, 1993, war sofort ein durchschlagender Erfolg.

✓ *Petite Syrah* • *Zinfandel*

VIADER
St. Helena
★

Kleine Mengen eines farbkräftigen, konzentrierten Rotweins im Bordeaux-Stil.

✓ *Viader*

VICHON WINERY
Oakville
☆

Vichon setzt sich aus den Namen der einstigen Besitzer Vierra, Brucher und Watson zusammen, die die Kellerei 1985 an Mondavi verkauft haben.

✓ *Chevignon* (weiß, im Bordeaux-Stil)

VILLA MT. EDEN WINERY
Oakville
★Ⓥ

Die Kellerei, die zu Stimson Lane gehört (Château Ste. Michelle, Columbia Crest und Conn Creek), erwarb in den 1980er Jahren hohes Ansehen, verlor jedoch etwas von ihrem Glanz, als sie zu einem breiteren Sortiment überging.

✓ *Cabernet Sauvignon* (Signature) • *Chardonnay* (Grand Reserve) • *Pinot Blanc* (Grand Reserve)

WHITEHALL LANE WINERY
St. Helena
★

Das Gut wurde 1979 gegründet, 1988 an ein japanisches Unternehmen verkauft und 1993 von dem Weinhändler Tom Leonardi aus San Francisco erworben. Trotz der wechselnden Eigentümer erzeugt Whitehall Lane zuverlässig interessante Weine.

✓ *Cabernet Sauvignon* (Morisoli Vineyard) • *Merlot* (Summer's Ranch)

WHITE ROCK
Napa
★

Dieses 100 Jahre alte Gut wurde in den späten 70er Jahren neu angelegt und ist heute vor allem für seinen auf Cabernet basierenden Verschnitt Claret bekannt.

✓ *Chardonnay* • *Claret* (Rotwein im Bordeaux-Stil)

ZD WINES
Napa
☆❓

Diese Kellerei (der Name spricht sich »si di« aus) machte früher Cabernet Sauvignon von schwankender Qualität, heute ist er sehr zuverlässig und macht dem Chardonnay die Position als bester Sortenwein der Kellerei streitig.

✓ *Cabernet Sauvignon* • *Chardonnay*

NORTH CENTRAL COAST

Während im Norden der Central Coast anfangs nur einige Großunternehmen große Mengen billiger Weine erzeugten, kann sich die Region heute einer großen Zahl erstklassiger Weingüter rühmen.

Der Weinbau in der Region North Central Coast reicht bis 1830 zurück. Damals waren praktisch alle Weinberge in und rund um das Santa Clara County zu finden. Dieser Zustand erhielt sich bis Anfang der 1960er Jahre, als die Ausweitung der Stadt San Jose die Weinbranche zwang, sich neue Anbauflächen zu suchen. Zum Glück wurde damals eine Untersuchung der University of California veröffentlicht, die auf der Grundlage der Temperatursummen (*siehe* S. 448) im Süden, vor allem in Monterey, kühle Regionen auswies, die für Spitzenweine geeignet sein sollten.

DER UMZUG NACH MONTEREY

Im Jahr 1957 erwarben die beiden Unternehmen Mirassou und Paul Masson als Erste im Salinas Valley 530 ha Land. Im Bemühen, es so rasch wie möglich zu bestocken, nutzte man auch zu kühle oder den heftigen Küstenwinden zu sehr ausgesetzte Flächen. Verantwortlich für derartiges Missgeschick waren nicht die Temperatursummenkarten, sondern die Weinerzeuger, die sich nicht vorstellen konnten, dass es auch in Kalifornien Gegenden gibt, in denen Trauben nicht reifen.

Im Oktober 1966 wurde zu Ehren der beiden Autoren der Klimaklassen-Studie ein Essen gegeben, bei dem man einen Toast »auf den weltweit ersten Qualitätsweinbereich, der als unmittelbares Ergebnis wissenschaftlicher Temperaturforschung errichtet wurde«, ausbrachte. Dieser Jubel, der damals als verfrüht erscheinen konnte, wurde durch den Aufstieg des Weinbaus in Monterey untermauert. Vor allem Bill Jekel begründete den internationalen Ruhm des Qualitätspotenzials dieser Region. Sein Name wurde später jedoch von exzellenten Weingütern wie Bonny Doon, David Bruce, Calera, Chalone, Edmunds St. John, Frick, Morgan, Mount Eden, Ridge, Rosenblum und Tamas in den Schatten gestellt.

GESCHMACKS- UND QUALITÄTSFAKTOREN

LAGE
Der Nordabschnitt der Zentralküste erstreckt sich von der Bucht von San Francisco bis Monterey.

KLIMA
Im Allgemeinen warm (Region III, *siehe* S. 448) mit kühleren Gegenden (Region I) in den Santa Cruz Mountains und im Nordteil des Salinas Valley. Die geringen Niederschläge im Süden machen intensive Bewässerung nötig. Daneben gibt es regionale Kleinklimate mit höheren Niederschlagsmengen.

TOPOGRAFIE
Reben werden auf den ebenen bis hügeligen Flächen verschiedener Täler kultiviert. Ausnahmen sind die steilen Hänge der Santa Cruz Mountains und der Hochebene des Pinnacles-Massivs oberhalb der Stadt Soledad.

BÖDEN
Im Livermore Valley stößt man auf eine breite Palette von kiesigen Lehmen, die oft sehr steinig und kalkhaltig sind. In Santa Clara dominieren Ton und kiesige Lehme, in San Benito sandige und kiesige Lehme auf Granit oder Kalk und in Monterey kiesige, gut entwässernde Böden mit geringer Fruchtbarkeit.

WEINBAU UND WEINBEREITUNG
Einige große Unternehmen erzeugen mit Hightech-Methoden riesige Mengen billiger Weine, daneben wächst die Anzahl kleiner, qualitätsbewusster Kellereien, von denen einige inzwischen zu Recht berühmt sind.

REBSORTEN
Barbera, Cabernet Sauvignon, Carignan, Chardonnay, Chenin Blanc, Colombard, Gamay, Gewürztraminer, Grenache, Grey Riesling, Mourvèdre, Muscat, Pinot Blanc, Pinot Gris, Pinot Noir, Petite Sirah, Riesling, Sauvignon Blanc, Sémillon, Syrah, Trebbiano, Viognier, Zinfandel

JEKEL VINEYARDS
Eichenfässer warten in einer der Pionierkellereien des Bereichs North Central Coast auf die Befüllung. Die Weinberge dehnen sich in der Ebene des Salinas Valley aus. Intensive Bewässerung hat diese heiße, trockene Region eher zu einem Synonym für knackiges Gemüse als für Weine gemacht; die neuen Pionierkellereien haben sich in den Hügeln angesiedelt.

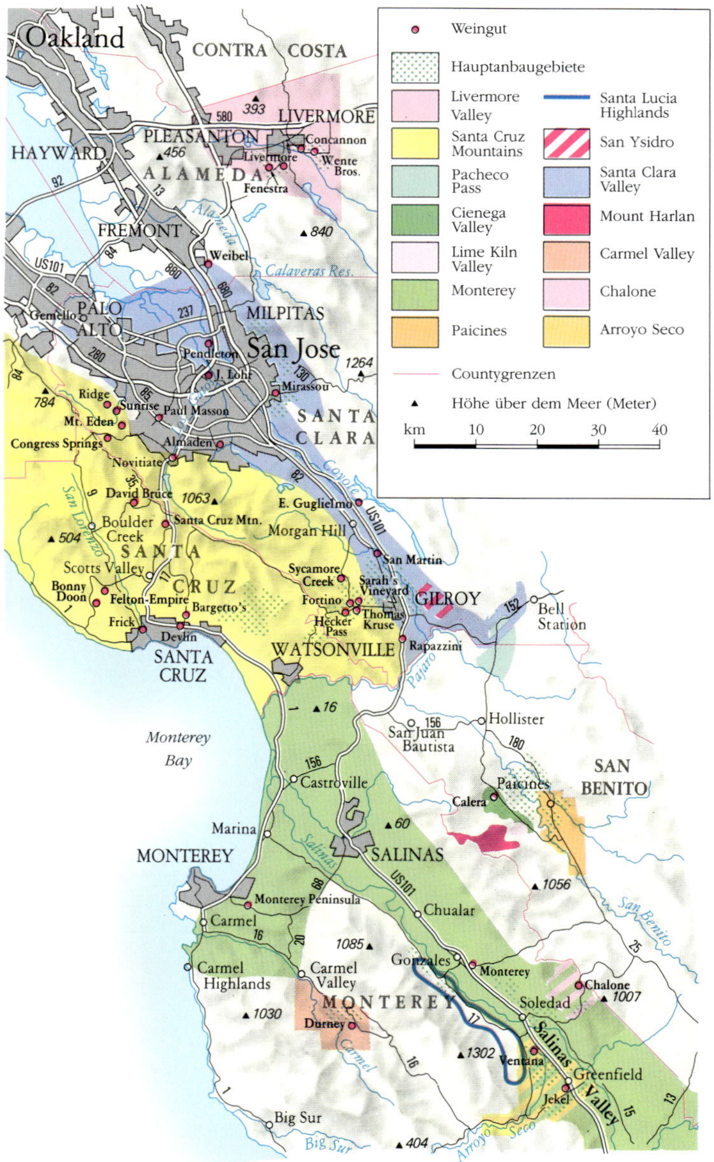

NORTH CENTRAL COAST *Siehe auch* S. 448
Bis in die späten 1950er Jahre waren die meisten Weingüter im Santa Clara County angesiedelt. Dieser Bezirk stellt das Zentrum der North Central Coast dar, seine Bedeutung nimmt langsam ab, während Monterey und Santa Cruz rasch wachsen.

DIE HERKUNFTSBEZEICHNUNGEN AN DER
NORTH CENTRAL COAST

ALAMEDA COUNTY AO

Diese Appellation gilt für Trauben aus dem gesamten Alameda County.

ARROYO SECO AVA

Monterey County

Diese Appellation erstreckt sich über ein dreieckiges, 73 km² großes, geneigtes Gebiet am Arroyo Seco Creek, einem Nebenfluss des Salinas River. Ihre Weinberge sind frostfrei und gut entwässert. Der vorherrschende Boden ist sandiger Lehm mit geringem Kalkgehalt.

BEN LOMOND MOUNTAIN AVA

Santa Cruz County

Diese AVA umfasst 155 km² im Gebiet des Ben Lomond Mountain nordwestlich von Santa Cruz, 28 ha werden für den Weinbau genutzt.

CARMEL VALLEY AVA

Monterey County

Diese Appellation umfasst 78 km² im Bereich des Carmel River und des Cachagua Creek. Ein besonderes Mesoklima erzeugen die Hochlage des Tals und die schützende Tularcitos Ridge im Nordosten, die die vom Meer aufsteigenden Nebel abhält und für mehr Sonnenschein sorgt als in diesem County üblich.

CHALONE AVA

Monterey County

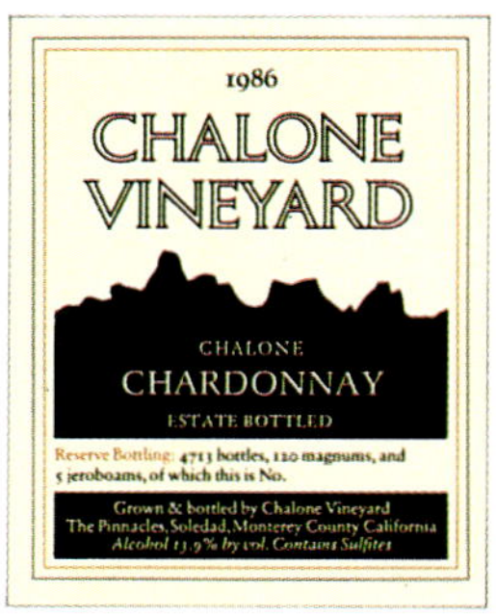

Diese AVA erstreckt sich auf 35 km² terrassenförmiges, 500 m hoch gelegenes Land zwischen dem North Chalone Peak und dem South Chalone Peak und besitzt Vulkan- und Granitböden mit hohem Kalkgehalt. Die sommerlichen Spitzentemperaturen im Carmel Valley liegen über denen des Salinas Valley. Da es zudem nicht von den Meeresnebeln betroffen ist, genießt es mehr Sonnentage. Die Höhenlage dieser Amercan Vicitultural Area mit nur einem Erzeuger (Chalone Vineyards, einzigartig an den Höhen der Gabilan Mountains gelegen) sorgt für ein hervorragendes Potenzial für weiße Traubensorten, vor allem Chardonnay, Chenin Blanc und Pinot Blanc.

CIENEGA VALLEY AVA

San Benito County

Das Cienega Valley liegt am Fuß der Bergkette der Gabilan (oder Gavilan) Mountains. Der Pescadero Creek wird zur Bewässerung herangezogen, um die Niederschläge der Region zu ergänzen. Der Boden über einer Schicht von verwittertem Granit ist lehmig und gut entwässert.

CONTRA COSTA COUNTY AO

Diese Appellation gilt für die im County Contra Costa wachsenden Trauben.

HAMES VALLEY AVA

Monterey County

Die neue AVA innerhalb der Monterey AVA liegt im Süden des Countys, 5 km westlich von Bradley und 11 km nördlich des Lake Nacimiento. Es wird bereits auf über 250 ha Wein angebaut.

LIME KILN VALLEY AVA

San Benito County

Das zum Cienega Valley gehörige Lime Kiln Valley besitzt ein deutlich anderes Klima als dieses, mit einer Jahresniederschlagsmenge zwischen 410 mm am östlichen Talrand und 1020 mm im bergigen Westen. Seine Böden bestehen aus sandigen und kiesigen Lehmen auf einer Kalkunterlage und enthalten viel Magnesium.

LIVERMORE VALLEY AVA

Alameda County

Das Livermore Valley ist eines der Täler an der Küste rund um San Francisco. In dieser Appellation herrscht ein gemäßigtes Klima mit kühlen Meereswinden, Morgennebeln und nur gelegentlichen Frühjahrsfrösten. Praktisch die gesamte Jahresniederschlagsmenge von 380 mm fällt im Winter und zu Beginn des Frühjahrs. Der South Bay Aqueduct ermöglicht die nötige künstliche Berieselung.

MONTEREY AVA

Monterey County

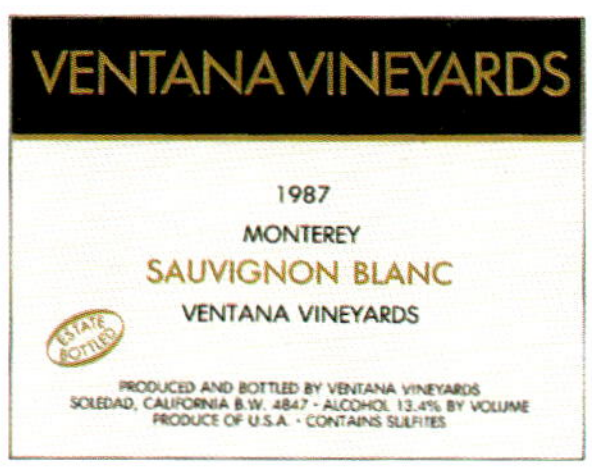

Diese AVA im Bereich der Monterey Bay und des Salinas Valley besitzt sand- und kieshaltige Lehm-Schwemmböden, die sich von den Böden des umliegenden Lands unterscheiden. Ihr Klima ist mit kaum 250 mm jährlichen Niederschlägen besonders trocken. Die Bergketten der Santa Lucia, Gabilan und Diablo Mountains speisen jedoch in ausreichendem Maß Wasser führende Bodenschichten, die die künstliche Bewässerung der Weinberge sicherstellen.

MOUNTEREY COUNTY AO

Appellation für Trauben aus dem gesamten County Monterey.

MOUNT HARLAN AVA

San Benito County

Wie Chalone ist auch Mt. Harlan im Grunde eine AVA für eine einzige Kellerei (Calera). Sie liegt auf einer der seltenen Kalkstein-Einlagerungen derselben San Benito Range, jedoch am anderen Ende und an der entgegengesetzten Flanke. Da die Mount Harlan AVA 670 m hoch liegt – höher als Chalone –, konnte das Weingut Calera mit Pinot Noir Ansehen erringen. Die Weinberge von Chalone wurden jedoch 30 Jahre früher bepflanzt, was seine Führung begründet.

PACHECO PASS AVA

Santa Clara County, San Benito County

Diese Region unterscheidet sich durch das Terrain von den Nachbarn. Das kleine Tal hebt sich mit seiner ebenen bis sanft hügeligen Topografie deutlich von den zerklüfteten Hügeln der im Osten und Westen gelegenen Diablo-Bergkette ab. Das Klima ist gemäßigter und feuchter als im südlich angrenzenden Hollister-Becken.

PAICINES AVA

San Benito County

Hier sind die Tage warm und die Nächte kühl. Die Jahresniederschlagsmenge liegt zwischen 300 und 380 mm. Diese AVA wird nicht mehr benutzt, seitdem die Kellerei Almadén, die diese Appellation einst vorgeschlagen hatte, nach Santa Clara übersiedelte.

SAN BENITO AVA

San Benito County

Diese AVA, die man nicht mit der San Benito County AO verwechseln darf, umfasst die kleineren AVA Paicines, Cienega Valley und Lime Kiln Valley.

SAN BENITO COUNTY AO

Appellation für Trauben aus dem County.

SAN LUCAS AVA

Monterey County

Diese AVA umfasst einen 16 km langen Abschnitt des Salinas Valley zwischen King City und San Ardo im Süden des Monterey County. Hier herrschen alluviale Lehme vor.

SAN MATEO COUNTY AO

Appellation für Trauben aus dem County.

SAN YSIDRO AVA

Santa Clara County

Die San Ysidro AVA gilt für eine kleine Enklave von Weinbergen im Südosten der AVA Santa Clara. San Ysidro liegt zwischen zwei Bergen, die die vom Pajaro River aufsteigenden kühlen Meereswinde kanalisieren, und ist vor allem für Chardonnay berühmt.

SANTA CLARA COUNTY AO

Appellation für Trauben aus dem County.

SANTA CLARA VALLEY AVA

Santa Clara County

Diese AVA, die sich über das ganze Gemeindegebiet von San Jose im Norden und das bekannte Silicon Valley im Süden erstreckt, kann als eines der am stärksten überbauten Herkunftsgebiete der Welt gelten. Da die gesamte Weinindustrie im Süden angesiedelt ist, könnte man doch den Bereich verkleinern und gleich Silicon Valley nennen.

SANTA CRUZ MOUNTAINS AVA

Santa Clara County

Der Name Santa Cruz Mountains ist erstmals 1838 dokumentiert. Im Westen wird die Appellation von ozeanischen Winden und Meeresnebeln beeinflusst, während sich im Osten die Bucht von San Francisco mäßigend auswirkt. Die von den Bergen strömende kühle Luft zwingt die wärmeren Luftmassen aufzusteigen, wodurch sich die Wachstumsperiode auf volle 300 Tage verlängert. Die Böden bestehen aus für die Region typischem Schiefer.

ERZEUGER AN DER
NORTH CENTRAL COAST

ALMADÉN VINEYARDS
Santa Clara County

Almadén ist heute Teil der Gruppe Canandaigua, die auch Inglenook, Dunnewood und Cooks besitzt. Das 1852 gegründete Almadén ist die älteste, ununterbrochen produzierte Weinmarke der USA. Heute macht man hier ein breites Sortiment von Sortenweinen und Verschnitten.

BONNY DOON VINEYARD
Santa Cruz County

★★

Einer der hellsten, bizarrsten und innovativsten Sterne am Weinhimmel, dessen Weine sich durch Genialität, Finesse und Stil auszeichnen. Der exzentrische Winzer Randall Grahm hatte sich auf Rhône-Sorten verlegt, ging dann zu italienischen über, er erzeugt einen überragenden Pinot Noir, produziert mit Hilfe der Gefrierkammer Eiswein und machte einmal sogar einen *Vin de Paille*. Diese einmalige Weinkellerei wird schon bald nach Livermore übersiedeln.

✓ *Barbera* • *Cigare Volant* (Rotwein im Rhône-Stil) • *Clos de Gilroy* (Grenache) • *Muscat Canelli Vin de Glacier* • *Old Telegram* (Mourvèdre) • *Syrah* • *Vin Gris de Cigare Rosé*

DAVID BRUCE
Santa Cruz County

Einige mögen sich nach den Zeiten zurücksehnen, in denen David Bruce einen wirklich dichten Chardonnay produzierte. Für ihn wie für Kalifornien im Allgemeinen war es vermutlich notwendig, durch diese Phase zu gehen, doch im Zuge seines Lernprozesses wurden auch seine Weine gezähmt, und so zählt heute der Pinot Noir zu seinen besten Erzeugnissen.

✓ *Pinot Noir*

CALERA WINE COMPANY
San Benito County

★★

Einer der bedeutendsten Pinoniere Kaliforniens bei der Suche nach dem perfekten Pinot Noir. Seinem Potenzial nach ist der von Calera wohl der beste, das Streben nach Eleganz kann ihm jedoch eine gewisse »Nettigkeit« verleihen.

✓ *Pinot Noir* (bes. Jensen und Selleck) • *Viognier*

CEDAR MOUNTAIN
Alameda County

Die ersten Jahrgänge dieser 1990 errichteten Boutiqueweinkellerei sind viel versprechend.

✓ *Cabernet Sauvignon*

CHALONE VINEYARD
Monterey County

★★

Dieses 63 ha große Weingut verfügt über eine eigene AVA und erzeugt erstaunlich erfolgreich eine Palette erlesener, komplexer Weine von exquisiter Art.

✓ *Chardonnay* • *Chenin Blanc* • *Pinot Blanc* • *Pinot Noir*

CONCANNON VINEYARD
Alameda County

★☆

Die Familie Concannon gründete das Gut 1883 und verkaufte es im Jahr 1962. Deinhard übernahm es 1988 und verkaufte es 1992 an eine Teilhaberschaft unter der Leitung der Familie Wente. Trotzdem erzeugt Concannon weiterhin einen der köstlichsten Petite Sirahs Kaliforniens. Der Grund dafür liegt in den Anfangstagen des Guts, denn die Rebstöcke sind fast 80 Jahre alt.

✓ *Petite Sirah* (bes. Reserve)

CRONIN VINEYARDS
San Mateo County

★

Cronin ist für Volldampf-Chardonnay mit deutlichem Toastaroma berühmt, macht jedoch auch einen ausgezeichneten Sauvignon Blanc.

✓ *Chardonnay* • *Sauvignon Blanc*

DURNEY VINEYARDS
Carmel Valley

★☆

Das Gut befindet sich seit dem Tod von Bill Durney in neuen Händen, stellt aber weiterhin einen »heroischen« dunklen, üppigen Cabernet Sauvignon mit intensiven Aromen her und neuerdings auch einen wunderbar langlebigen Chardonnay.

✓ *Cabernet Sauvignon* • *Chardonnay*

EDMUNDS ST. JOHN
Alameda County

★☆

Steven Edmunds und Cornelia St. John gründeten dieses interessante Gut 1985 in den ehemaligen East Bay Wine Works und machen hier einige der schönsten, harmonischsten Weine Kaliforniens.

✓ *Mourvèdre* • *Pinot Grigio* • *Syrah* • *Viognier*

FRICK WINERY
Santa Cruz County

★

Ein steil aufsteigender Spezialist für Weine im Rhône-Stil, der bei der Vinifikation seiner Weine möglichst wenig eingreift.

✓ *Cinsault* • *Petite Sirah*

ELLISTON VINEYARDS
Alameda County

☆Ⓥ

Dieses 1983 von dem Lehrerehepaar Ramon und Amy Awtrey gegründete Weingut erzeugte immer schon einen annehmbaren Pinot Gris, der in den letzten Jahren eine unprätentiös delikate Frucht entwickelte.

✓ *Pinot Gris* (Sunol Valley)

JEKEL VINEYARD
Monterey County

Diese einst für ihr faszinierendes Rieslingsortiment berühmte Kellerei ist nicht mehr das, was sie war.

J. LOHR
Santa Clara County

Hier wird ein fruchtiger Gamay erzeugt, der sich durch eine elegante, aromatische Art und viel erfrischende Säure auszeichnet.

✓ *Gamay* (Wildflower)

PAUL MASSON VINEYARDS
Monterey County

Dieses von einem Burgunder gegründete Gut weist eine der großen Erfolgsstorys Kaliforniens in Sachen Alltagswein auf. Heute gehört es zu Canandaigua und hat sich auf billige Sortenweine verlegt, die auch unter der Marke Taylor verkauft werden.

MIRASSOU VINEYARDS
Santa Clara County

Das für seine Massenweine bekannte Unternehmen erzeugt nach wie vor einen der besten Pinots Blancs Kaliforniens.

✓ *Pinot Blanc* (Harvest Reserve)

MONTEREY PENINSULA WINERY
Monterey County

Auch hier lohnt sich stets ein Blick auf diesen Zinfandel.

✓ *Zinfandel*

MORGAN WINERY
Monterey County

★

Hier wird der wohl am meisten unterbewertete und gleichzeitig lagerungswürdigste Pinot Noir Kaliforniens hergestellt. Daneben produziert man einen guten Chardonnay. Der frische, würzige Sauvignon Blanc steigert sich zunehmend.

✓ *Chardonnay* • *Pinot Noir* (bes. Reserve) • *Sauvignon Blanc*

MOUNT EDEN VINEYARDS
Santa Clara County

★

Dieser Betrieb erzeugt nur drei Sortenweine erlesener Qualität. Der Chardonnay ist der beste Wein, doch der tiefgründige, dunkle, schokoladige Cabernet folgt dichtauf.

✓ *Cabernet Sauvignon* (Old Vine Reserve) • *Chardonnay* (Santa Cruz)

MURRIETA'S WELL
Alameda County

Das Gut wird von Phil Wente geführt, dessen Weine zurückhaltender, aber hochwertiger sind als die seines berühmteren Bruders Eric.

✓ *Vendemia* (klassischer Rotweinverschnitt) • *Zinfandel*

RIDGE VINEYARDS
Santa Clara County

★★

Wer je an der großen Alterungsfähigkeit kalifornischer Weine zweifelte, sollte diese Köstlichkeiten probieren, die zwischen 10 und 20 Jahre in der Flasche benötigen, ehe sie sich erschließen. Während ich früher alle Weine mit Ausnahme des Paso Robles empfahl, zählt eben dieser heute zu den besten Beispielen eines Ridge-Zinfandel.

✓ *Cabernet Sauvignon* (Monte Bello) • *Chardonnay* (Howell Mountain, Santa Cruz Mountains) • *Geyserville* (Rotweinverschnitt) • *Mataro* (Evangelo) • *Petite Sirah* (York Creek) • *Zinfandel* (Dusi Ranch, Lytton Springs, Pagain Ranch, Paso Robles)

ROSENBLUM CELLARS
Alameda County

Mit nicht weniger als fünf verschiedenen Zinfandel-*Cuvées* begründete Rosenblum einen Ruf als echter Spezialist, den er mit einer Reihe von Lagenweinen weiter steigert.

✓ *Zinfandel*

ROBERT TALBOTT VINEYARDS
Monterey County

Dieses Weingut wird vom Sohn des verstorbenen Gründers geführt. Die Familie Talbott ist international bekannt für ihre in Monterey ansässige Krawattenproduktion (Talbott Tie Company).

✓ *Chardonnay* (insbesondere Diamond T)

IVAN TAMAS
Alameda County

☆Ⓥ

Aufstrebende ehemalige *Négociants* machen hier angenehm zu trinkende und preiswerte, aber wirklich interessante Weine. Jeder, der aus Trebbiano einen köstlichen Wein herstellen kann, verdient Erfolg.

✓ *Fumé Blanc* • *Trebbiano*

WENTE BROS.
Alameda County

Ⓥ

Die Weine des vor über einem Jahrhundert gegründeten Guts bewegen sich zwischen vordergründig fruchtig und echt langweilig. Sie sind in jedem Fall nicht teuer, einige bieten ein gutes Preis-Leistungs-Verhältnis. Das Unternehmen besitzt auch das Weingut Concannon.

✓ *Sauvignon Blanc* (Livermore Valley)

SOUTH CENTRAL COAST

Der Südteil der Central Coast, eine aufstrebende Weinbauregion, wurde rasch zu einem der weltweit besten Reviere für Pinot Noir außerhalb Burgunds. Ebenso aufregend ist der Chardonnay, und die Weine aus italienischen Sorten könnten in Zukunft zu den beliebtesten gehören.

In Paso Robles wurden gegen Ende des 18. Jahrhunderts Rebstöcke gepflanzt, das Santa Ynez Valley im Santa Barbara County besaß vor der Prohibition eine blühende Weinindustrie, und selbst Santa Barbara war einst von Weinbergen durchsetzt. In den frühen 1960er Jahren fand sich in beiden Countys jedoch praktisch kein einziger Rebstock mehr. Erst der Erfolg der 1972 gegründeten Weingüter Estrella in Paso Robles und Firestone im Santa Ynez Valley brachte eine neue Weinbauindustrie auf den Weg.

Warum Santa Barbara unter allen Regionen der südlichen Zentralküste plötzlich zum Mekka der Pinot-Noir-Spezialisten wurde, ist schwierig zu enträtseln. In den späten 80er Jahren schien Kalifornien kaum der geeignete Herausforderer Burgunds im Wettstreit um den Heiligen Gral der Weinerzeugung zu sein. Oregon und Neuseeland schienen die besseren Karten zu haben, doch sie erwiesen sich als zu klein und unbeständig. Selbst wer auf Kalifornien wettete, hätte nicht auf das weit im Süden, in unmittelbarer Nähe von Los Angeles, gelegene Santa Barbara gesetzt. Carneros oder Russian River hatten offensichtlich bessere Chancen. Das Fundament für das plötzliche Auftauchen wundervoller Pinots Noirs aus Santa Barbara wurde 1972 ohne weitergehende Absichten gelegt, als das Land relativ preisgünstig war und diese Sorte für die Schaumweinindustrie im Norden des Staats gepflanzt wurde. Wann genau die Winzer das Potenzial dieser Traube für Stillweine erkannten, ist nicht mehr bestimmbar. Heute kommen die besten, reinsten und beständigsten Pinot-Noir-Weine Kaliforniens aus diesem Tal.

Das Santa Ynez Valley liefert den besten Pinot im Santa Barbara County, die Anbaufläche, auf der er seine volle Qualität entfaltet, ist jedoch begrenzt: 14 km vom Meer entfernt ist das Tal noch zu kühl, als dass Trauben reifen könnten; in 26 km Entfernung ist es für Pinot Noir ideal; mit jeden weiteren 1,5 km Abstand vom Meer nimmt der potenzielle Alkoholgehalt der Trauben um ein Prozent zu; 32 km von der Küste entfernt beginnt dann das Land des Cabernet. Der beste Pinot-Noir-Weinberg im Santa Ynez Valley ist Sanford & Benedict. Der beste Weinberg in dem ebenfalls für Pinot Noir geeigneten Santa Maria Valley ist Bien Nacido.

GESCHMACKS- UND QUALITÄTSFAKTOREN

LAGE
Diese Weinbauregion erstreckt sich von Monterey entlang der Küste südwärts und umfasst die Countys San Luis Obispo und Santa Barbara.

KLIMA
Im Allgemeinen warm (Region III, *siehe* S. 448). Eine Ausnahme bilden die Gebiete in Meeresnähe und vor allem um Santa Maria in der Mitte der Region, die zu den Regionen I und II zählen, da von der Küste regelmaßig große Nebelbänke bis dorthin ziehen. Die jährliche Niederschlagsmenge reicht von 250 mm bis 1140 mm.

TOPOGRAFIE
Die meisten Rebstöcke stehen auf den Hügeln von San Luis Obispo und auf nach Süden ausgerichteten Terrassen im Santa Barbara County. Die Höhen reichen von 35 bis 180 m im Edna Valley über 180 bis 300 m in Paso Robles bis zu 460 m auf dem York Mountain.

BÖDEN
Überwiegend sandige oder tonige Lehmböden. Der Boden kann auch stärker basisch sein, etwa als kieshaltiger Kalkboden in den Ausläufern der Santa Lucia Mountains.

WEINBAU UND WEINBEREITUNG
Mitte der 1980er Jahre begann man in den kühlen Regionen mit den in den frühen 70er Jahren für die Schaumweinindustrie gepflanzten Burgundersorten zu experimentieren. Bald schon erzeugte man eine stattliche Zahl Pinots Noirs von Weltklasse. Der Ruhm des Gebiets beruht vor allem auf dieser Sorte. Anbau und Vinifikation werden jedoch nach wie vor weiterentwickelt. So bedient man sich meist offener Gärbehälter, in denen der Schalenhut immer wieder untergestoßen wird. Einige Erzeuger geben der Maische 15 bis 30 % ganze Trauben zu, die meisten lehnen diese Methode jedoch ab. Auf eine kalte Mazeration folgt die Gärung mit natürlichen Hefen bei recht hohen Temperaturen. Nach sanftem Abpressen wird der Wein in Barriques, zu 25 bis 50 % neue Eiche, ausgebaut. Man verwendet ausschließlich französische Eiche und bevorzugt im Allgemeinen eine starke Toastung.

REBSORTEN
Barbera, Cabernet Franc, Cabernet Sauvignon, Chenin Blanc, Gewürztraminer, Malvasia, Muscat, Pinot Blanc, Pinot Noir, Riesling, Sangiovese, Sauvignon Blanc, Sémillon, Sylvaner, Syrah, Tocai Friuliano, Zinfandel

SOUTH CENTRAL COAST *Siehe auch* S. 448
Die aus den Countys San Luis Obispo und Santa Barbara bestehende Region ist für erstklassigen Pinot Noir renommiert.

DIE HERKUNFTSBEZEICHNUNGEN AN DER
SOUTH CENTRAL COAST

ARROYO GRANDE VALLEY AVA
San Luis Obispo County

Der Bereich ist 173 km² groß, liegt etwa 20 km südöstlich der Stadt San Luis Obispo und gehört aufgrund seiner Meeresnähe und der häufigen, vom Ozean aufsteigenden Morgen- und Abendnebel zu den Klimaregionen I und II (*siehe* S. 448). Die Rebstöcke wachsen in Höhen zwischen 90 und 300 m und damit weit höher als in der benachbarten Edna Valley AVA, sie erhalten auch etwas mehr Niederschlag. Sowohl sanfte als auch steile Hänge sind bestockt, die Böden reichen von gut entwässerndem sandigem bis mergeligem Lehm. Da die Nachttemperaturen um 17 °C niedriger liegen als die Tagestemperaturen, wird auch bei vollreifen Trauben ein relativ hoher Säuregehalt erzielt. Die Region eignet sich ausgezeichnet für Schaumweine. Das Weingut Au Bon Climat erzielt mit Chardonnay und Pinot Noir sensationelle Erfolge, obwohl es einen befremdlich chaotischen Eindruck macht und kaum das Potenzial zu solchen Weinen zu haben scheint.

EDNA VALLEY AVA
San Luis Obispo County

Dieses lang gestreckte Tal südlich von Paso Robles wird im Nordosten von den Santa Lucia Mountains, im Südwesten von der San Luis Range und im Südosten von einem niedrigen Hügelland begrenzt. Im Nordwesten vereint sich das Edna Valley mit dem Los Osos Valley und bildet einen weiten Trichter, der die Meeresluft aus der Morro Bay ansaugt. Diese Meeresluft fließt ungehindert in das Tal, wird von den umliegenden Bergen und Hügeln festgehalten und sorgt so für ein gemäßigtes Sommerklima, das sich stark von dem der angrenzenden Gebiete unterscheidet. Die Rebstöcke ziehen sich vom Talboden bis auf 120 m Höhe in den Santa Lucia Mountains. Die Böden bestehen vorwiegend aus sandigem Lehm, tonigem Lehm und Ton.

PASO ROBLES AVA
San Luis Obispo County

Diese Region erhielt ihren Namen im 18. Jahrhundert, als Reisende das Land auf ihrem Weg von der Mission San Miguel zur Mission San Luis Obispo passierten. Sie zählt zu den ältesten Weinbaugebieten Kaliforniens; bereits um das Jahr 1797 wurden auf den sanften Hügeln und im Tal Trauben gelesen. Da weder Küstenwinde noch Meeresnebel in das Tal eindringen, weist es im Vergleich zu den westlich und östlich gelegenen Anbauflächen um 500 bis 1000 °Fahrenheit höhere Temperatursummen auf. Diese Tatsache wirkt sich natürlich stark auf die Reifung der Trauben aus und macht Paso Robles zu einem Rotweinland, vor allem für Zinfandel und Rhône-Sorten.

SAN LUIS OBISPO AO

Appellation für Trauben aus dem County.

SANTA BARBARA AO

Appellation für Trauben aus dem County.

SANTA MARIA VALLEY AVA
Santa Barbara County

Die durch das trichterförmige Tal aufsteigenden Pazifikwinde bewirken kühlere Sommer und Winter und wärmere Herbste als in den angrenzenden Gebieten. Das Land steigt von 60 auf 240 m an, wobei sich die meisten Weinberge auf Höhen um 90 m konzentrieren. Der Boden besteht aus sandigem und tonigem Lehm und wird nicht durch Salze ungünstig beeinflusst. Damit eignet sich das Land hervorragend für Pinot Noir. Der in der Tepesquet Bench gelegene Weinberg Bien Nacido (zu dem viele Winzer Zugang haben) ist weit und breit der beste. Der Rummel um Bien Nacido in den 90er Jahren erinnert an die Aufregung um den Weinberg Sanford & Benedict im Santa Ynez Valley ein Jahrzehnt zuvor. Das Santa Maria Valley bringt auch erstklassige Chardonnays hervor und sogar einen der besten Syrahs Kaliforniens.

SANTA YNEZ VALLEY AVA
Santa Barbara County

Das Santa Ynez Valley wird im Norden und Süden von Bergen begrenzt, im Osten vom Lake Cachuma und im Westen von einer Reihe niedriger Hügel. Die geringe Entfernung vom Meer bewirkt ein gemäßigtes Klima mit Nebeln und niedrigeren Temperaturen. Die Santa Rita Hills verhindern jedoch das Eindringen der kalten Ozeanwinde, wodurch der Mittelteil und der Osten des Tals kein allzu kühles Küstenklima besitzen (Temperatursumme 2680 °Fahrenheit), während das nur 3 km außerhalb der westlichen Appellationsgrenze gelegene Lompoc gerade 1970 ° Fahrenheit aufweist. Die Weinberge liegen in Höhen zwischen 60 und 120 m auf den Ausläufern der San Rafael Mountains auf vorwiegend gut entwässerndem Sandboden, Mergel, Ton und schiefrigem Lehm. Der beste Pinot Noir von Santa Barbara stammt von dem Weinberg Sanford & Benedict im Westen, zu dem mehrere Winzer Zugang haben. Nur einige Kilometer weiter talaufwärts beginnt das Land von Cabernet und Zinfandel. Im Santa Ynez Valley gedeiht zudem ein erstklassiger Chardonnay.

TEMPLETON
San Luis Obispo County

Templeton liegt innerhalb von Paso Robles und ist keine eigene AVA. Da verschiedene Quellen, einschließlich der offiziellen Publikationen des kalifornischen Wine Institute, Templeton als Appellation bezeichnen, nenne ich die Region hier, um auf diesen Irrtum hinzuweisen.

YORK MOUNTAIN AVA
San Luis Obispo County

Diese kleine Appellation liegt nur 11 km vom Meer entfernt auf 450 m Höhe in den Santa Lucia Mountains nahe der Westgrenze des Gebiets Paso Robles. Als Region der Klimazone I (*siehe* S. 448) mit 1140 mm jährlichen Niederschlägen setzt sie sich deutlich von den wärmeren und trockeneren umliegenden Gegenden ab.

ERZEUGER AN DER
SOUTH CENTRAL COAST

ADELAIDA CELLARS

Diese von Bill Munch geleitete Weinkellerei, deren beste Weine zunächst Chardonnays waren, zeichnet sich heute durch kräftige, körperreiche und herrlich fruchtige Sangiovese und Zinfandel aus.

✓ *Sangiovese* • *Zinfandel*

AU BON CLIMAT
Santa Barbara County

★★☆

Meine erste Bekanntschaft mit einem von Jim Clendenens Weinen verdanke ich dem britischen Weinhändler Jasper Morris, der mir ein Glas unter die Nase hielt und fragte: »Was ist das?« Ich roch, verkostete und erklärte, dass er wie ein reifer Villages-Burgunder von der südlichen Côte de Beaune aus einem gu-

ten, wenn auch nicht großen Jahr schmecke. Ich erklärte Jasper, dass ich sein Manöver als Trick erkannt hatte, aber warum sollte ich so tun als ob: Hätte er mir diesen Wein als Santenay serviert, hätte ich keinen Verdacht geschöpft. Tatsächlich handelte es sich um einen 30 Monate alten Pinot Noir von Au Bon Climat. Ich kaufte eine Kiste.

✓ *Chardonnay* (bes. Sanford & Benedict) • *Pinot Noir* (bes. Sanford & Benedict wegen seiner Finesse und Rosemary's Vineyard aus Arroyo Grande wegen seiner reifen, fetteren Art)

BABCOCK VINEYARDS
Santa Barbara County

★☆

Die besten Weine des Gutes sind der üppig-süße Pinot Noir und ein saftiger eichenbetonter Sauvignon Blanc. Ein aufregender Pinot Noir aus Santa Ynez namens Casa Cassara stammt von dieser neuen Hügellage Babcocks.

✓ Pinot Noir • Sauvignon Blanc (bes. Eleven Oaks Ranch)

BYRON
Santa Barbara County

★☆

Dieses Weingut der Familie Mondavi, wird aber nach wie vor von Gründer Byron Ken Brown geleitet, dessen Weißweine noch besser sind als sein Pinot Noir.

✓ *Chardonnay* • *Pinot Blanc* • *Pinot Noir* (Reserve) • *Sauvignon Blanc* (Reserve)

CAMBRIA
Santa Barbara County

★☆

Das zu Kendall-Jackson gehörende Weingut Cambria ist mit Pinot Noir und Syrah erfolgreich, zwei Sorten, die völlig unterschiedliche Klimate benötigen. Das verdeutlicht die Vielfalt des Terroirs im Santa Maria Valley.

✓ *Chardonnay* (bes. Katherine's Vineyard) • *Pinot Noir* • *Syrah* (Tepusquet Vineyard)

CHIMÈRE

Santa Barbara County

★☆❓

Chimère ist ein kleiner Erzeuger ausgezeichneter burgundischer Sortenweine. Soviel ich gehört habe, produziert Gary Mosby auch einen interessanten Nebbiolo.

✓ *Chardonnay* (Santa Barbara) • *Pinot Noir* (Edna Valley)

EBERLE WINERY

San Luis Obispo County

★☆

Wenn Sie einen massiv gebauten Zinfandel suchen, brauchen Sie nicht weiter zu suchen. Ausgewogener ist jedoch der Cabernet; der Barbera ist ein unbekannter Held.

✓ *Barbera* • *Cabernet Sauvignon* • *Muscat Canelli* • *Zinfandel*

EDNA VALLEY VINEYARD

San Luis Obispo County

★☆

Dieses Weingut macht einen herrlich üppigen Chardonnay mit Röstnoten und einen sehr guten Pinot Noir.

✓ *Chardonnay* • *Pinot Noir*

FESS PARKER WINERY

Santa Barbara County

☆

Wenn Ihre Kindheit nicht in den 1950er Jahren lag, wird Ihnen der Name Fess Parker vermutlich nicht viel sagen, doch für mich ist er gleichbedeutend mit Davy Crockett. Daher amüsierte es mich, eine rundliche amerikanische Dame, die doppelt so alt war wie ich, vor dieser nach wie vor beeindruckenden Gestalt in Ohnmacht fallen zu sehen. Zu allem Unglück fand sie sämtliche Weine einschließlich des ausgezeichneten halbtrockenen Rieslings zu trocken.

✓ *Johannisberg Riesling* • *Syrah*

FIRESTONE VINEYARD

Santa Barbara County

☆

Eine überaus gewissenhafte Kellerei, die erlesene Weine erzeugt. Trotz

mancher Ausfälle sind sie im Allgemeinen körperreich und rund, mitunter sogar großartig.

✓ Cabernet Sauvignon • Johannisberg Riesling

FOXEN VINEYARD

Santa Barbara County

☆

Ich bin vom Pinot Noir dieses Guts nicht so begeistert wie manch anderer, hege jedoch größten Respekt für alles, was noch hier produziert wird.

✓ *Cabernet Sauvignon* • *Chardonnay* • *Chenin Blanc* (Barrel Fermented)

THE GAINEY VINEYARD

Santa Barbara County

★☆

Vor einem Jahrzehnt war das beste Produkt von Weinmacher Rick Longoria ein süßer Riesling, heute produziert er einen der besten Pinots von Santa Barbara.

✓ *Cabernet Franc* (Limited Selection) • *Chardonnay* (Limited Selection) • *Pinot Noir* (bes. Sanford & Benedict) • *Sauvignon Blanc* (Limited Selection)

HARTLEY OSTINI

Santa Barbara County

★☆

Frank Ostini ist der zurückhaltende, freundliche Eigentümer und Chefkoch des Restaurants Hitching Post in Buellton, der Barbecuespezialitäten vom Feinsten serviert. Daneben macht Hartley gerne Wein, und zwar in einer Ecke von Jim Clendenens Gut Au Bon Climat.

✓ *The Hitching Post Pinot Noir* (bes. Bien Nacido und Sanford & Benedict) • *The Hitching Post Zinfandel*

KRISTONE

Santa Barbara County

★☆❓

Der Versuch von Kendall-Jackson, Prestige-Schaumweine herzustellen, führte 1996 mit der Freigabe eines Blanc de Blancs und eines Blanc de Noirs Jahrgang 1991 zu ersten Resultaten. Dieser von »Mad Harry« Harold Osborne (dem ersten Kellermeister von Schramsberg in den 60er Jahren) hergestellte erste Blanc de Blancs war bei weitem zu fett und plump und wurde von einem schweren Eichen-Röstaroma dominiert. Der Blanc de Noirs hingegen war wundervoll gemacht und besaß eine üppige, gut ausgewogene Frucht. Mad Harry hält daran fest, reife Trauben zu ernten, anstatt etwas früher zu lesen, wenn der Säuregehalt richtig ist. Wie er betont, kann man zwar die Säure hervorheben, aber einem Wein aus unreifen Trauben keine Frucht und Fülle verleihen.

LONGORIA

Santa Barbara County

★☆

Bescheiden zeigte mir Rick Longoria nur einen Wein von seinem eigenen Weinberg, als ich das Gut Gainey besuchte, wo er als Kellermeister tätig ist. Erst später erfuhr ich, dass er eine Palette unterschiedlichster Weine erzeugte, wenn auch in sehr kleinen Mengen.

✓ *Cabernet Franc* • *Chardonnay* • *Pinot Noir*

IL PODERE DELL'OLIVOS

Santa Barbara County

★☆

Il Podere dell'Olivos stellt in der Kellerei Au Bon Climat einen der erlesensten Barberas Kaliforniens mit einer wundervollen Säure her.

✓ *Barbera* • *Pronto* (aufgespriteter Aleatico)

MAISON DEUTZ

San Luis Obispo County

Als Joint Venture zwischen Champagne Deutz und Beringer wurde Maison Deutz 1985 gegründet, und seitdem warte ich darauf, dass es richtig rauskommt. Christian Rogunenant verfügt über großes Können, das eines Tages sicher den Erfolg bringen wird.

MOSBY WINERY

Santa Barbara County

Bill und Jeri Mosby leiten dieses interessante, manchmal provozierende Unternehmen, das sich auf Weine im italienischen Stil spezialisiert hat.

✓ *Moscato di Fior* • *Primitivo*

QUPÉ

Santa Barbara County

★☆❓

Das Gut im Besitz von Bob Lindquist ist auf Rhôneweine spezialisiert. Der Marsanne weckt nicht unbedingt meine Begeisterung.

✓ *Syrah* (Bien Nacido) • *Los Olivos* (Rotwein im Rhône-Stil)

RANCHO SISQUOC

Santa Barbara County

★

Diese lebhaft fruchtigen Weine stammen aus einem der ersten Weingüter von Santa Barbara. Rancho Sisquoc erstreckt sich auf 80 ha der 14 500 ha großen Flood Ranch.

✓ *Cabernet Franc* • *Cellar Select* (Rotwein im Bordeaux-Stil) • *Chardonnay* • *Sylvaner* • *Sauvignon Blanc*

SANFORD WINERY

Santa Barbara County

★★☆

Der Barrel Select Sanford & Benedict von Richard Sanford zählt traditionell zu den besten Pinots Noirs Kaliforniens. Der Jahrgang 1994 ist vermutlich das großartigste Produkt aus dieser Traube, das ich je außerhalb von Burgund getrunken habe.

✓ Chardonnay (bes. Barrel Select Sanford & Benedict) • Pinot Noir (bes. Barrel Select Sanford & Benedict) • Sauvignon Blanc

SANTA BARBARA WINERY

Santa Barbara County

★☆Ⓥ

Die älteste Weinkellerei von Santa Barbara datiert aus den frühen 1960er Jahren, verlegte sich jedoch erst ein Jahrzehnt später auf die Erzeugung hochwertiger Weine. Heute ist sie eine rasch besser werdende Quelle für preiswürdige Weine, vor allem aus Burgundersorten.

✓ *Chardonnay* (Lafond Vineyard) • *Pinot Noir* (Reserve) • *Sauvignon Blanc* (Reserve Musqué) • *Zinfandel* (Beaujour)

LANE TANNER

Santa Barbara County

★☆

Lane Tanner gründete diese kleine Kellerei im Jahr 1989 und macht seitdem einen herrlich tiefen, reifen und reintönigen Pinot Noir.

✓ *Pinot Noir* (Sanford & Benedict Vineyard)

VITA NOVA

Santa Barbara County

★Ⓥ

Das Jointventure von Jim Clendenen von Au Bon Climat und Bob Lindquist von Qupé legt besonderen Wert auf Eleganz und vermeidet übertriebene, massige Frucht.

✓ *Cabernet Franc* • *Chardonnay* • *Sémillon* (Reservatum)

WILD HORSE

San Luis Obispo County

☆

Dieses Weingut wurde 1982 von Ken Volk gegründet, der mit wundervollen Weinen aus verschiedenen wenig bekannten Sorten Ansehen errang. So zählt sein Tocai Friuliano vermutlich zu den großartigsten Weinen aus dieser ansonsten wenig beachteten Traube.

✓ *Malvasia* (Barrel Fermented) • *Pinot Blanc* • *Tocai Friulana*

ZACA MESA WINERY

Santa Barbara County

Hochwertige und preiswürdige

Chardonnays und Pinots Noirs werden derzeit (nach einem schwierigen Start) von interessanteren Weinen im Rhône-Stil übertroffen.

✓ *Cuvée Z* (Rotwein im Rhône-Stil) • *Syrah* (Zaca Vineyard)

CENTRAL VALLEY

Die berühmten Weinbaugebiete Kaliforniens, die auch das größte Qualitätspotenzial besitzen, sind die Küstenregionen. Hinsichtlich Quantität sind sie jedoch dem Central Valley weit unterlegen, aus dem drei Viertel aller kalifornischen Weine stammen. Und davon kommt die Hälfte aus dem Großunternehmen Gallo.

WENN ICH MIR FÜR DEN ABSCHNITT ÜBER KALIFORNIEN in dieser Enzyklopädie etwas vorgenommen habe, dann dies, das Central Valley etwas genauer zu beleuchten, das von vielen Autoren als Produzent einfacher Massenweine abgetan wird. Wenn drei von vier Flaschen kalifornischen Weins aus dieser Quelle stammen, gebührt dann dem Central Valley nicht mehr Aufmerksamkeit? Ich wollte wissen, ob sich eine Region oder ein Wein besonders auszeichnet und aus welchem Grund.

Warum bestehen bestimmte AVA wie Clarksburg, Merritt Island und Lodi, wenn sie keine Bedeutung besitzen? Clarksburg soll guten Chenin Blanc hervorbringen, und Lodi hat einen noch besseren, älteren Ruf, was Zinfandel betrifft. Wenn dies berechtigt ist, warum werden dann preis- und qualitätsbewusste europäische Märkte nicht von diesen Weinen überflutet? Vielleicht gibt es ja in diesem Tal der Großerzeuger eine Anzahl kleiner Weinkellereien, die einen für ihren Preis sensationellen Wein produzieren, aber nicht über das Geld oder die Marketingmacht verfügen, sich bemerkbar zu machen.

Ich bat einen dort ansässigen Fachmann, eine Verkostung der besten AVA-Weine des Central Valley zu organisieren. Ich nahm an, dass über hundert Weine zusammenkämen, doch er konnte gerade 36 zusammentragen, zum Teil alte Jahrgänge von nicht mehr existierenden Kellereien. Nachdem alle Weine ausgeschlossen waren, die vermutlich vollständig oder vorwiegend aus Trauben des Central Valley hergestellt worden waren, dies aber nicht auf dem Etikett anführten und auch ansonsten nicht interessant erschienen, blieben lediglich 8 lieferbare Weine übrig, die ihren Ursprung stolz auswiesen. Möglicherweise erhöht sich die Zahl, dennoch zeigte sich deutlich, dass im Central Valley keine Unmengen von Weinen mit eigenständigem Profil auf ihre Entdeckung warten. Ich verkostete einige annehmbare Chenins aus Clarksburg, konnte jedoch nichts Bemerkenswertes feststellen. Zudem waren die besten nur vermutlich aus Clarksburg, denn sie gaben keine AVA an.

DIE KELLEREI FRANZIA IN RIPON BEI MODESTO
Unternehmen wie Franzia, die eher einer Ölraffinerie gleichen als einer Kellerei, haben die Kunst der industriellen Weinbereitung perfektioniert.

Bogle Vineyards in Merritt Island im Herzen von Clarksburg erwies sich als einer der wenigen Erfolg versprechenden unabhängigen Produzenten im Central Valley. Was den Zinfandel aus Lodi angeht, so waren die wenigen Exemplare, die die AVA führen, mächtig und altmodisch, schmeckten maderisiert und stanken mitunter faulig.

Obwohl ich keine herausragenden Weine fand, sagt mir meine Erfahrung, dass die AVA des Central Valley nur deshalb irrelevant sind, weil die größten Weinfabriken des Staats (vor allem Gallo, aber auch Mondavi in Woodbridge im Zentrum von Lodi) sie ignorieren. Wenn diese einige außergewöhnliche Weine auswählen würden, die den Namen der AVA präsentieren, vielleicht würde dann der Konsument das Central Valley nicht mehr ablehnen.

GESCHMACKS- UND QUALITÄTSFAKTOREN

LAGE
Die Weinbaufläche erstreckt sich von Redding im Norden bis Bakersfield im Süden zwischen den Coastal Ranges im Westen und der Sierra Nevada im Osten.

KLIMA
Im Tal herrscht ein weitgehend homogenes Klima, das von Norden (Klimaregion IV, *siehe* S. 448) nach Süden (Region V) wärmer wird. Der Bereich um Lodi bildet die einzige Ausnahme, er wird von der Meeresluft gekühlt, die den Sacramento River hinaufzieht.

TOPOGRAFIE
Die Rebstöcke stehen auf dem ebenen Talboden, der durch ein Netz von Kanälen unterteilt und bewässert wird.

BÖDEN
Sehr fruchtbarer sandiger Lehm beherrscht das Tal in seiner ganzen Länge und Breite.

WEINBAU UND WEINBEREITUNG
Mit neuester Technik werden in einem praktisch ununterbrochenen Gär- und Abfüllprozess riesige Mengen von zuverlässigen Massenweinen erzeugt. Etwas hochwertigeren Zinfandel stellt man in der Umgebung von Lodi her.

REBSORTEN
Barbera, Cabernet Sauvignon, Carnelian, Carignan, Chenin Blanc, Colombard, Grenache, Merlot, Mourvèdre, Muscat, Petite Sirah, Ruby Cabernet, Sauvignon Blanc, Sémillon, Zinfandel

CABERNET-SAUVIGNON-TRAUBEN VOR DER VERGÄRUNG
Trotz der gewaltigen Produktion sind im Central Valley auch erstklassige Weine möglich.

DIE HERKUNFTSBEZEICHNUNGEN IM CENTRAL VALLEY

CLARKSBURG AVA

Sacramento County

Der ausgedehnte Bereich Clarksburg südlich von Sacramento, der auch die Merritt Island AVA umfasst, wird von den frischen Winden gekühlt, die von der Suisun Bay heraufziehen. Die durchschnittliche Jahresniederschlagsmenge von 410 mm übersteigt diejenige der südlich und westlich angrenzenden Gebiete, liegt jedoch unter der der Gegenden im Norden und Osten. Das Gebiet ist von Flussläufen und Bewässerungskanälen mit einer Länge von über 1600 km durchzogen.

DUNNIGAN HILLS AVA

Yolo County

Diese neue AVA liegt nordwestlich von Sacramento in den sanften Hängen der Dunnigan Hills. Ein Großteil der 445 ha Rebflächen gehört R. H. Phillips, einer fortschrittlichen Weinkellerei.

LODI AVA

Sacramento County, San Joaquin County

Das Gelände umfasst Schwemmkegel, überschwemmungsgefährdete Ebenen und Terrassen, die über und unter den Dämmen liegen.

MADERA AVA

Madera County, Fresno County

Die Madera AVA darf nicht mit Madera County verwechselt werden. Sie umfasst Teile des Madera County und des Fresno County mit über 14 500 ha Weinbaufläche. Darüber hinaus werden auf beträchtlichen Flächen Rosinen und Tafeltrauben erzeugt.

MERRITT ISLAND AVA

San Joaquin County

Diese Insel wird im Westen und Norden vom Elk Slough, im Süden vom Sutter Slough und im Osten vom Sacramento River eingeschlossen. Das Klima wird durch die kühlen südwestlichen Winde gemäßigt, die über die Carquinez Strait bei Concord heraufziehen. Die Temperaturen liegen dadurch deutlich unter denen des nur 10 km nördlich liegenden Sacramento. Der Boden besteht vorwiegend aus sandigem Lehm, im Westen findet sich ein tonhaltiger Boden, im Süden nur mäßig fruchtbarer Torfboden.

NORTH YUBA AVA

Yuba County

North Yuba liegt nördlich des Yuba River in den Mittel- und Hochlagen der westlichen Ausläufer der Sierra Nevada. Diese Region bleibt verschont vom Herbstfrost und dem Schnee der höheren Teile der Sierra Nevada als auch von der Hitze, der Feuchtigkeit und dem Nebel in den Niederungen des Sacramento Valley. Somit herrscht hier ein im Vergleich zur übrigen AVA gemäßigtes Klima.

ERZEUGER IM CENTRAL VALLEY

BOGLE VINEYARDS

Sacramento County

Chris Smith, ehemals zweiter Weinmacher bei Kendall-Jackson in Lake County, verbessert die Qualität dieser Kellerei, die auf Merritt Island große Rebflächen besitzt.

✓ *Merlot* • *Petite Sirah*

FICKLIN VINEYARDS

Madera County

☆

Ficklin ist der führende »Portwein«-Spezialist Kaliforniens. Die Rebflächen sind mit echten Douro-Sorten wie Touriga Nacional, Tinta Cão und etwas Souzão bestockt, der in Portugal für Dão verwendet wird.

✓ *Nonvintage Port* • *Vintage Port*

FRANZIA WINERY

San Joaquin County

Franzia erzeugt große Mengen billiger, oft simpel-fruchtiger Weine. Die besseren Sortenweine wie Cabernet Sauvignon können sehr süß ausfallen. Eine weitere Marke ist Tribuno.

E. & J. GALLO WINERY

Stanislaus County

Mit einem Ausstoß, der dem Anderthalbfachen der ganzen Produktion Australiens entspricht, ist Gallo der größte Weinhersteller der Welt. Am Volumen gemessen müsste Gallo in diesem Buch mindestens 45 Seiten einnehmen.

Das Unternehmen Gallo als nervös gegenüber Weinjournalisten zu bezeichnen, ist eine Untertreibung. Man gewährte mir erst 1993 Zutritt zu den riesigen Produktionsanlagen in Modesto. Ein Journalist hat kein Problem, das exklusive Gut in Sonoma zu besuchen, den Stolz und die Freude des Unternehmens; aber warum jemand die Massenfertigung besichtigen möchte, ist den Betreibern der Kellerei unverständlich. Die Antwort ist einfach: Jedem Fachmann erscheint es als önologisches Wunder, wie man derartig gigantische Mengen produzieren und gleichzeitig eine trinkbare Qualität erzielen kann.

Aus der Luft erinnert die Anlage in Modesto an eine Ölraffinerie, doch am Boden sieht man schon beim Betreten des Geländes Pfauen über den gepflegten Rasen wandeln und in der marmorverkleideten Eingangshalle einen Wasserfall, der sich inmitten von tropischer Vegetation in ein großes Becken mit unterseebootgroßen Karpfen stürzt. Ich kann nicht begreifen, warum Gallo diese Pracht nur widerstrebend zeigt.

Neben großen Mengen von billigem Zeug macht Gallo auch preiswerte, dennoch angenehme Sortenweine. Die Massenware gelangt unter verschiedenen Marken (Tott's André, Bartles & James, Carlo Rossi etc.) in den Verkauf und umfasst Erfrischungsgetränke, süße Weine aus der einheimischen Traube Concord mit ihrem fuchsigen Aroma und viele einfachste Weine unter schamlos anmaßenden Namen wie Burgund, Chablis, Rhine etc. (so genannte *Generics*), während die Sortenweine den Namen Gallo tragen (der jahrgangslose Cabernet Sauvignon ist ein echtes Schnäppchen). Einige Generics wie Hearty Burgundy und Chablis Blanc überschreiten die Trennlinie zur Kategorie der trinkbaren (mitunter erstaunlich angenehmen) Weine, und die besseren Generics werden unter dem Namen Gallo vermarktet. Zwischen einem Gallo Hearty Burgundy oder Chablis Blanc und einem Carlo Rossi Burgundy oder Chablis besteht ein gewaltiger Unterschied.

Die Brüder Ernest und Julio Gallo mussten als ums Überleben kämpfende Winzer nach Beendigung der Prohibition Geld leihen, um eine Traubenmühle kaufen zu können. Mit ihrer Markenpolitik bauten sie ein Unternehmen auf, das zum mächtigsten Weinerzeuger der Welt wurde. Der kommerzielle Erfolg genügte den Brüdern nicht, sie wollten als Produzenten einiger der besten Weine Kaliforniens anerkannt werden. Dafür versetzten sie im wahrsten Sinne des Wortes Berge, um ihr Spitzenweingut in Sonoma zu schaffen.

Doch sollte Ernest Gallo (Julio starb 1993 bei einem Autounfall) mit seinem Werk nicht zufrieden sein, denn Gallo Sonoma mit viel Geld einzurichten war keine wirkliche Leistung. Wenn er tatsächlich nach Anerkennung durch eine kritische Öffentlichkeit strebt, wüsste ich eine echte Herausforderung für ihn. Er sollte den Weinmachern in Modesto für zwei Dinge freie Hand lassen: zum einen kleine Mengen außergewöhnlicher Weine abzufüllen und zum anderen eigene Projekte zu verfolgen.

Ich habe nie zu denen gehört, die Großkellereien allein aufgrund ihrer Größe ablehnen. Je größer sie sind, desto wahrscheinlicher stoßen sie auf eine herausragende Partie Trauben oder einen exzellenten Wein. Die Entscheidung, diese kleinen Juwele entweder in Massenverschnitten zu verschwenden oder sie aber gebührend herauszustellen, trennt die guten Großkellereien von den schlechten.

Dass Gallo eine Armee hoch qualifizierter Önologen besitzt, steht außer Frage. Ebenso verständlich ist es, dass die kreativen Geister ihr Talent auch realisieren wollen. Würde Gallo seinen Winzern gestatten, eigene Projekte zu verfolgen (etwa mit den Weinfarmern in Lodi zusammenzuarbeiten, um den besten dort möglichen Zinfandel zu erzeugen), hätten sie einen Grund zu bleiben. Mit diesen beiden Strategien könnte Gallo mit kleinen Mengen wirklich guter Weine in kürzester Zeit selbst die hartnäckigsten Kritiker umstimmen. So könnte man das Beste zu Tage fördern, was man von den Weinbergen des Central Valley erwarten kann, die Daseinsberechtigung bestehender AVA nachweisen und weitere potenziell erfolgreiche Anbauflächen ausfindig machen. Dies wäre ein angemessenes Verhalten für ein Unternehmen, das mehr als jedes andere vom Central Valley profitiert, und ein Vermächtnis, das den Namen Gallo unsterblich werden ließe.

R. H. PHILLIPS

Sacramento County

★☆Ⓥ

Diese makellose, versteckt in den Dunnigan Hills liegende Kellerei auf der Diamond G Ranch ist einen Besuch wert. Sie macht überaus hochwertige Weine, die sich geradezu sündhaft angenehm trinken lassen.

✓ *Alliance* (Rotwein im Rhône-Stil) • *Diamond G* (Sémillon-Sauvignon) • *Mourvèdre* (EXP) • *Night Harvest Cuvée Rouge*

QUADY WINERY

Madera County

★

Quady ist ein eigenwilliger Spezialist für gespritete Weine.

✓ *Fortified Muscat* (Electra, Elysium, Essensia) • *Portwein* (Starboard)

WEITERE HERKUNFTSBEZEICHNUNGEN IN
KALIFORNIEN

Dieser Abschnitt fasst die Weinregionen Kaliforniens zusammen, die bisher nicht behandelt wurden. Alle genannten AVA sind in der Karte von Kalifornien verzeichnet (S. 448).

SIERRA FOOTHILLS

In der Mitte des 19. Jahrhunderts lag dieser Teil Kaliforniens mit seinen prachtvollen Landschaften im Goldrausch. Seit den 1970er Jahren eröffnete eine ganze Reihe neuer Weingüter, vorwiegend edle Einmannbetriebe. Die Sierra Foothills sind ein Qualitätsweingebiet, das eindeutig nicht dem Central Valley zuzuordnen ist. Sie ziehen unerschrockene Spezialisten an, die sich nicht damit zufrieden geben, den fruchtbaren Talboden zu bestellen, und die Herausforderung suchen, begrenzte Mengen von ausdrucksvollen Weinen in einer der wenigen Gegenden Kaliforniens herzustellen, in der der Weinbau aufgrund der Höhe nicht immer möglich ist. Im 19. Jahrhundert war Zinfandel der König dieser hoch gelegenen Weinberge, und in den 1980er Jahren knüpfte er an diesen Erfolg an. Sauvignon Blanc und Riesling nahmen den Wettkampf rasch auf, Barbera wie auch Cabernet Sauvignon und Merlot sind ihnen auf den Fersen.

CALIFORNIA SHENANDOAH VALLEY AVA

Amador County

Das berühmte Shenandoah Valley – das wie diese AVA im Jahr 1983 anerkannt wurde – liegt selbstverständlich in Virginia. Die kalifornische Shenandoah Valley AVA im Zentrum der Sierra Foothills erhielt ihren Namen von Siedlern aus Virginia, die in den Zeiten des Goldrauschs nach Kalifornien auswanderten. Die ersten Reben wurden 1881 gepflanzt, als die Goldgräber nicht mehr fündig wurden und sich dem Weinbau zuwandten. Der Boden entwässert gut, ist mäßig tief und besteht vorwiegend aus groben sandigen Lehmen aus verwittertem Granit über schwerem, oft tonigem Lehm.

EL DORADO AVA

El Dorado County

Der Boden besteht vor allem aus zerfallenem Granit, mit Ausnahme des östlich von Placerville gelegenen Apple Hill, wo ein alter Lavastrom ansteht (*siehe* Lava Cap Winery). Apple Hill ist eines der beiden Hauptanbaugebiete und, wie der Name erkennen lässt, mit Obstgärten bedeckt. Obstplantagen gehen in den USA unvermeidlich Weinkulturen voran; die Reben gedeihen dort besonders gut, wo schon Apfelbäume gut geraten waren. Das zweite Hauptanbaugebiet liegt im Südosten der AVA zwischen Quitingdale und Fairplay. Weiter östlich ist nicht nur das Klima zu kalt für den Weinbau, auch die Grizzlybären werden zu einer echten Plage.

FIDDLETOWN AVA

Amador County

Die Weinberge von Fiddletown liegen in den östlichen Sierra Foothills in Amador County. Diese AVA unterscheidet sich vom benachbarten kalifornischen Shenandoah Valley durch die größere Höhe, die niedrigeren Nachttemperaturen und die ergiebigeren Niederschläge. Die Reben gedeihen ohne künstliche Bewässerung, die Böden bestehen aus tiefem, mäßig gut entwässerndem sandigem Lehm.

NORDKALIFORNIEN

SEIAD VALLEY

Siskiyou County

Die nur 20 km südlich der Grenze zu Oregon gelegene Seiad Valley AVA umfasst 877 ha, von denen nur etwas mehr als 1 ha bestockt ist.

WILLOW CREEK AVA

Humboldt County

Diese Region wird vorwiegend von zwei großen klimatischen Kräften beeinflusst: dem Pazifik und dem warmen, 160 km östlich gelegenen Sacramento Valley. Sie verursachen östliche Winde, die dem Willow Creek im Sommer kühle Temperaturen und im Winter nur vereinzelt Frost bescheren. Das im Osten an Willow Creek anschließende Gebiet hat im Winter niedrigere Temperaturen und höhere im Sommer.

SÜDKALIFORNIEN

CUCAMONGA VALLEY AVA

Los Angeles County, San Bernardino County

Das gut 70 km von Los Angeles entfernt gelegene Cucamonga Valley erstreckt sich über mehr als 40 500 ha und wurde um 1840 mit Mission-Reben bestockt. Trotz der Prohibition erreichten die Weinberge in den 1950er Jahren ihren Höhepunkt, als über 14 000 ha mit Reben bedeckt waren. Als das Zentrum des Weinbaus in Kalifornien nordwärts wanderte, verloren die hiesigen Weinberge an Bedeutung, doch arbeiten heute noch 5 Weingüter mit 800 ha Anbaufläche.

MALIBU-NEWTON CANYON AVA

Los Angeles County

Eine aus einem einzigen Weinberg bestehende Appellation an den Südhängen der Santa Monica Mountains.

SAN PASQUAL AVA

San Diego County

Dieses an der Wasserscheide des Santa Ysabel gelegene Tal wird von Zuströmen des San Die-

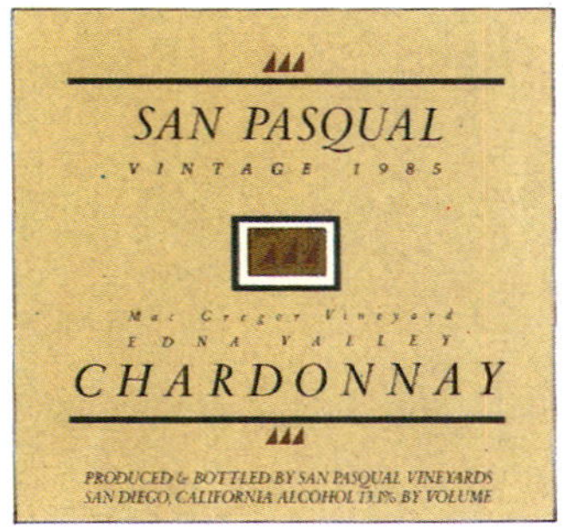

quito River bewässert und ist klimatisch stark von der nahen Küste beeinflusst. Die Temperaturen im Sommer sind warm, aber nur selten heiß, vor allem nachts kühlen Meereswinde die Region ab. Die umliegenden Gegenden besitzen sehr unterschiedliche Klimate, von tropisch über wüstenartig bis zu Gebirgsklima.

TEMECULA AVA

Riverside County

Temecula liegt im südkalifornischen Riverside County und schließt Murrieta und Rancho California ein. Die durch die Taleinschnitte De Luz Creek und Santa Margerita eindringenden Meereswinde kühlen die Region ab und schaffen ein gemäßigtes Klima. Am häufigsten gepflanzt sind Sauvignon Blanc und Chardonnay. Chenin Blanc und Cabernet Sauvignon erweisen sich als wenig erfolgreich.

LAKE, MARIN UND SOLANO COUNTY

Die einzigen weiteren erwähnenswerten Regionen sind die in der North Coast AVA liegenden Gebiete Lake County, Marin County und Solano County. Von ihnen genießt nur Lake County echtes Ansehen.

BENMORE VALLEY AVA

Lake County

In dieser von den 1000 m hoch ansteigenden Mayacamas Mountains umgebenen AVA gibt es 50 ha Rebstöcke, aber keine einzige Kellerei.

CLEAR LAKE AVA

Lake County

Der Wasserkörper des zwischen den Mayacamas Mountains und dem Mendocino National Forest gelegenen Clear Lake mäßigt das Klima dieser AVA. Die Region eignet sich ausgezeichnet für Chardonnay und Sauvignon Blanc, daneben wird auch guter Cabernet Sauvignon erzeugt.

GUENOC VALLEY AVA

Lake County

Diese Appellation, Teil der North Coast AVA, liegt südlich des McCreary Lake und östlich des Detert Reservoir. Das Tal besitzt ein weniger gemäßigtes Klima mit geringeren Niederschlägen und weniger Nebel als das nahe gelegene Middletown.

SOLANO COUNTY GREEN VALLEY AVA

Solano County

Das Green Valley liegt zwischen dem Napa Valley im Westen und dem Suisun Valley im Osten. Der Boden ist ein tonhaltiger Lehm, das Klima wird von kühlen, feuchten Winden bestimmt, die vom Frühling bis in den Herbst nahezu ständig vom Pazifik und von der San Francisco Bay landeinwärts wehen.

SUISUN VALLEY AVA

Solano County

Die Suisun Valley AVA, die an das Green Valley angrenzt und nur einen Steinwurf vom Central Valley entfernt ist, genießt dieselben kühlen, feuchten Winde von Frühling bis Herbst wie diese beiden Gegenden. Die Böden bestehen aus verschiedenen Arten von Ton, Mergel und sandigem Lehm.

WEITERE ERZEUGER IN

KALIFORNIEN

SIERRA FOOTHILLS

AMADOR FOOTHILL WINERY

Amador County

Die Weine dieses Guts, das über eine kleine Rebfläche im Shenandoah Valley verfügt, werden von Eigentümer Ben Zeitman gemacht.

✓ *Zinfandel*

BOEGER WINERY

El Dorado County

☆

Boeger hat sich als Erzeuger unterschätzter guter Weine etabliert, die Zeit brauchen, um sich in der Flasche zu entwickeln, und europäische Gaumen wohl stärker ansprechen als kalifornische.

✓ *Barbera* • *Cabernet Sauvignon* • *Merlot* • *Zinfandel*

IRONSTONE

Calaveras County

★

Die 1994 von John Kautz im Goldrauschland gegründete Kellerei hat bereits ihr Potenzial für geschmeidigen, köstlichen Cabernet Franc und einen üppigen, eichenbetonten Syrah (wie in Australien als Shiraz bezeichnet) bewiesen.

✓ *Cabernet Franc* • *Shiraz*

KARLY WINES

Amador County

★

Das oft unterbewertete Gut erzeugt hochwertige, mit Aroma voll gepackte Weine von erstaunlicher Finesse.

✓ *Sauvignon Blanc* • *Zinfandel*

LAVA CAP

Placerville

☆Ⓥ

Zu wenig beachtete, preisgünstige Sortenweine wachsen auf vulkanischen Böden auf dem Apple Hill in der El Dorado AVA.

✓ *Zinfandel*

MADRONA VINEYARDS

El Dorado County

Dieses Gut wurde 1980 hoch in den Sierra Foothills von dem Ingenieur Richard Bush errichtet.

✓ *Cabernet Franc* • *Quintet Reserve* (Rotwein im Bordeaux-Stil)

MONTEVIÑA

Amador County

Das für seinen Zinfandel bekannte Monteviña hofft, mit italienischen Sorten, die es im Shenandoah Valley anpflanzt, einen Trend auszulösen.

✓ *Zinfandel*

RENAISSANCE

Yuba County

★

Das Weingut Renaissance wurde von der Fellowship of Friends gegründet, einer autarken Gemeinschaft Gleichgesinnter, die sich den bildenden Künsten widmen. Die guten Weine werden von Diana Werner in einem intelligent angelegten, kreisförmigen Gebäude hergestellt.

✓ *Sauvignon Blanc* (Dry, Late Harvest) • *Riesling* (Dry, Late Harvest)

SHENANDOAH VINEYARDS

Amador County

❓

Die Familie Sobon erzeugte auf diesem Weingut in den 80er Jahren kraftvolle Weine, die Produktion des folgenden Jahrzehnts war jedoch unbeständig.

✓ *Zinfandel* (Sobon Vineyard)

SÜDKALIFORNIEN

SOUTHERN CALIFORNIA

Die Region Südkalifornien, in der der erste Weinberg des Staates gepflanzt wurde, besitzt heute eine kleinere Anbaufläche als die Sierra Foothills. Seit 1977 ist eine Renaissance zu verzeichnen, vor allem im Riverside County und in geringerem Ausmaß im San Diego County.

CALLAWAY VINEYARD AND WINERY

Riverside County

☆

Diese Kellerei war eine der ersten, die bewiesen, dass Teile Südkaliforniens ausgezeichnete Kleinklimate für die Erzeugung hochwertiger Trauben besitzen.

✓ *Chardonnay* (Calla-Lees) • *Fumé Blanc* • *Chenin Blanc*

MORAGA

Los Angeles County

★

Vom Standpunkt des Weinbaus betrachtet ist dieser kleine Canyon in Sandstein und Kalk eine ausgezeichnete Wahl. Er besitzt ein besonderes Kleinklima mit 610 mm Niederschlag pro Jahr im Vergleich zu 380 mm in nächster Umgebung, und die Weine sind nach allen Maßstäben einfach köstlich. Der Großteil der Produktion von Tom Jones ist ein weicher, farbkräftiger Rotweinverschnitt im Bordeaux-Stil mit nahtlos eingebundener Eichennote und einer schön strukturierten Frucht, die sich im Mund herrlich entfaltet. Zudem erzeugt er eine kleine Menge eines frischen, weichen Sauvignon Blanc mit delikater Fülle. Ich würde ihm empfehlen, es auch mit Viognier zu versuchen.

✓ Moraga (Bel Air) • Sauvignon Blanc

LEEWARD WINERY

Ventura County

Dieser holzbetonte, üppige, einladende Chardonnay erfreut sich seit langem großer Beliebtheit.

✓ *Chardonnay*

THE OJAI VINEYARD

Ventura County

★

Adam Tolmach, einst Mitinhaber von Au Bon Climat, gründete zusammen mit Helen Hardenbergh dieses Boutiqueweingut. Der stilvolle, rauchige Syrah mit Schwarze-Johannisbeer-Aroma ist exzellent, daneben sollte man aber den Sauvignon Blanc und vor allem die Cuvée Spéciale Sainte Hélène Reserve nicht übersehen.

✓ *Cuvée Spéciale Sainte Hélène* (Weißwein im Bordeauxstil) • *Sauvignon Blanc* • *Syrah* • *Viognier*

THORNTON

San Diego County

John Culbertson erzeugt seit Anfang der 1980er Jahre Schaumwein. Doch erst kürzlich konnte mich der fruchtige, dennoch elegante Blanc de Noirs Brut Reserve beeindrucken.

✓ *Vintage Blanc de Noirs Brut Reserve*

LAKE, MARIN UND SOLANO COUNTY

GUENOC WINERY

Lake County

☆Ⓥ

Dieses Gut war einst im Besitz von Lillie Langtry (einer Geliebten von Edward VII., als er noch Prinz von Wales war), und ihr Bild ziert heute noch einen dieser überaus preiswürdigen Weine.

✓ *Chabernet Sauvignon* • *Chardonnay* • *Langtree* (roter Meritage) • *Zinfandel*

KONOCTI WINERY

Lake County

Ⓥ

Als Kooperative von 18 lokalen Weinfarmern, die von 3 Investoren gestützt wird, erwarb sich Konocti einen großartigen Ruf für preisgünstige, angenehm zu trinkende Weine.

✓ *Cabernet Franc* • *Chardonnay* • *Fumé Blanc*

KALIN CELLARS

Marin County

Der Mikrobiologe Terry Leigthon verwendet nur ein Minimum an Technik, um überaus hochwertige Weine zu machen, die sich durch Fülle, Finesse und Komplexität auszeichnen.

✓ *Chardonnay* (bes. Cuvée Chianti, Cuvée LD, Cuvée W) • *Pinot Noir* • *Sauvignon Blanc* • *Sémillon* (Livermore Valley)

KENDALL-JACKSON

Lake County

★★Ⓥ

Bereits nach 4 Jahren ihres Bestehens genoss die Marke Kendall-Jackson Anfang der 1990er Jahre eine weit reichende Reputation. Der Erfolg gründete sich auf das außerordentlich gute Preis-Leistungs-Verhältnis der Weine. Mindestens genauso bemerkenswert ist der Aufbau einer Vielzahl von Kellereien unter dem Patronat von Artisans & Estate, darunter Cambria, La Crema, Edmeades, Hartford Court, Kristone, Lakewood oder Stonestreet.

✓ *Cabernet Sauvignon* (Grand Reserve) • *Cardinale Meritage* Bordeaux-Stil, rot) • *Chardonnay* (Camelot) • *Sauvignon Blanc* (Grand Reserve) • *Sémillon* (Vintner's reserve) • *Syrah* (Durell Vineyard) • *Viognier* (Grang Reserve) • *Zinfandel* (Ciapusci Vineyard, Dupratt Vineyard, Proprieter's Grand Reserve)

STEELE

Lake County

★★

Dies ist das persönliche Label von Jed Steele, einem ehemaligen Weinmacher von Kendall-Jackson und angesehenen Önologen. Der Debütjahrgang 1991 zog mit überströmenden Aromen und brillanter Eleganz sofort die Aufmerksamkeit auf sich. Die Zweitmarke heißt Shooting Star.

✓ *Chardonnay* (bes. Lolonis Vineyard, Du Pratt Vineyard, Sangiacomo Vineyard) • *Pinot Blanc* (Santa Barbara) • *Pinot Noir* (Sangiacomo Vineyard) • *Zinfandel* (Catfish Vineyard)

SEAN THACKREY AND COMPANY

Marin County

★

Die Liebe des Kunsthändlers Sean Thackrey aus San Francisco zu Burgund ließ ihn 1980 dieses Weingut gründen und sich – selbstverständlich – als Gestalter eines Pinot Noir versuchen. Seine ersten Weine, die erst Ende der 80er Jahre auf den Markt kamen, erregten rasch Aufmerksamkeit – jedoch nicht für den eleganten Pinot, sondern für die mächtigen, dicken, mit Aroma bepackten Weine aus Rhône-Sorten.

✓ *Mourvèdre* (Taurus) • *Petite Sirah* (Sirius) • *Syrah* (Orion)

PAZIFISCHER NORDWESTEN

Die meisten Weinliebhaber haben gewiss vom Pinot Noir aus Oregon gehört; dass jedoch auch im Staat Washington Reben kultiviert werden, dürfte viele überraschen. Und nicht nur dies, die Anbaufläche Washingtons ist viermal so groß wie die von Oregon und die Produktion doppelt so groß!

IM GEGENSATZ ZU OREGON VERKÖRPERN DIE WEINE Washingtons keinen besonderen Typ. Vermutlich ist deshalb der Staat bei Weintrinkern so wenig bekannt. Dies wird sich schon bald ändern, denn die Erzeuger Washingtons haben nach einer Phase, in der sie zwischen Schaumwein und aromatischen Weißweinen schwankten, erkannt, dass sich ihre Region ausgezeichnet für Rotwein eignet und vor allem für Merlot ein Mekka darstellt.

WASHINGTON STATE

Im Jahr 1775 erhoben die Spanier Anspruch auf den heute als Washington bekannten Landstrich. 17 Jahre später forderte Robert Gray, der Kapitän des ersten amerikanischen Schiffs, das den Erdball umsegelte, die Region für Amerika. Und einen Monat, bevor Gray eintraf, beanspruchte George Vancouver das Land für die Briten. Dessen ungeachtet blieb es bis 1819 in spanischer Hand; tatsächlich wurde es jedoch von den Amerikanern kontrolliert, die den Pelzhandel beherrschten. 1889 wurde Washington als 42. Staat der Union eingegliedert.

Der Anfänge des Weinbaus

Die ersten Rebstöcke wurden um 1825 in Fort Vancouver am Columbia River von Händlern gepflanzt, die für die Hudson's Bay Company arbeiteten. Ob aus den Trauben Wein erzeugt wurde, ist nicht bekannt. In den 1860er Jahren errichtete man in Walla Walla die erste Weinkellerei des Staates, und 1871 pflanzte man die ersten *Vinifera*-Reben in Yakima. Eine echte kommerzielle Weinproduktion entstand jedoch erst nach der Prohibition im New Deal, als durch das Bewässerungsprojekt Columbia River die wüstenartige Gegend in ein landwirtschaftliches Paradies umgewandelt wurde.

PAZIFISCHER NORDWESTEN
***Siehe auch* S. 443**
Der mehrere Tausend Quadratkilometer große Pazifische Nordwesten verfügt über eine Vielzahl weit verstreuter Weinbaugebiete. Der Ozean bildet seine westliche Begrenzung von Nordkalifornien im Süden bis zur kanadischen Grenze im Norden. Das Meer mäßigt das Klima, hat aber in Idaho im Binnenland kaum mehr Einfluss.

- Weingut
- Hauptanbauflächen
- Puget Sound
- Rogue Valley
- Columbia Valley
- Yakima Valley
- Walla Walla Valley
- Willamette Valley
- Umpqua Valley
- Staatsgrenze
- Grenzen von Bundesstaaten
- ▲ Höhe über dem Meer (Meter)

km 50 100 150

Die Weinindustrie Washingtons wuchs rasch, 1937 waren nicht weniger als 42 Kellereien in Betrieb. Die Weinberge waren wie im übrigen Nordamerika meist mit *Labrusca*-Sorten bestockt.

Neben der Produktion von Grundweinen für die entsetzlichen »Kalte-Ente«-Verschnitte kanadischer Kellereien (*siehe* S. 498) erzeugte man billige, süße und oft aufgespritete Weine aus Concord, Island Belle und anderen widerlich fuchsigen *Labrusca*-Sorten.

JÜNGERE JAHRGÄNGE IM PAZIFISCHEN NORDWESTEN

2000 Washington und Oregon können hoffen, sowohl in Menge als auch in Qualität eine Rekordernte eingefahren zu haben. Zum ersten Mal haben in Washingtons Weinbergen die Anbauflächen der roten Trauben diejenigen der weißen überflügelt.

1999 In Washington die besten Roten seit jeher. In Oregon sehr guter Pinot Noir; zu vergleichen mit dem 1998er, jedoch zugänglicher.

1998 In Washington die besten Roten seit dem Jahr 1994. In Oregon sehr guter Pinot Noir mit einem recht guten Potenzial zur Reife, die in der Flasche noch besser zur Entfaltung kommt.

1997 Exzellente Rote in Washington, vielleicht eine Spur besser als die 1996er. Der Pinot Noir in Oregon war jedoch das dritte Mal hintereinander weniger begeisternd.

1996 Jenes Jahr war das erste von vier äußerst erfolgreichen Rotweinlesen in Washington, während man den Pinot Noir in Oregon vergessen kann.

1995 Das Jahr war für den Pinot Noir von Oregon eine Katastrophe, und auch die anderen Weine dieses Jahrgangs bieten keine Qualität.

GESCHMACKS- UND QUALITÄTSFAKTOREN

LAGE
Diese Weinbauregionen verteilen sich auf die drei Staaten Washington, Oregon und Idaho.

KLIMA
Die Temperaturen werden in Washington und Oregon von den Westwinden des Pazifiks gemäßigt. Oregon ist der kühlste Staat und Washington der feuchteste. Mit Ausnahme von Puget Sound sind die Anbauflächen Washingtons jedoch wärmer und weit trockener als die von Oregon, sie erfreuen sich üppigen Sonnenscheins (durchschnittlich 17 Stunden pro Tag im Juni) und frischer, kühler Nächte während der entscheidenden Reifungszeit.

TOPOGRAFIE
Die Reben werden in Tälern kultiviert, und zwar auf dem Talboden wie auf den unteren Hangbereichen. In Oregon wird das hügelige Hinterland der Küste genützt.

BÖDEN
Die tiefen, fruchtbaren Böden bestehen aus leichten schlickigen, sandigen oder tonhaltigen Lehmen über einem vulkanischen Unterboden, in Oregon weisen sie oft einen höheren Tonanteil auf.

WEINBAU UND WEINBEREITUNG
Die Rebstöcke Washingtons sind wurzelecht. In weiten Bereichen bedient man sich künstlicher Bewässerung, wobei die ältesten Rebstöcke vor dem Winter kein Wasser mehr erhalten, sodass sie vor Einsetzen der Kälte in den Ruhezustand wechseln. Verschiedenen Untersuchungen zufolge sind die Weinbauregionen Washingtons größtenteils reblausfrei. Einige Weinfarmer behaupten jedoch, dass die Reblaus in den resistenten Concord-Reben verbreitet zu finden sei, doch aus unerfindlichen Gründen greift sie die auf demselben Boden gedeihenden *Vinifera*-Stöcke der benachbarten Weinberge nicht an. Allgemein ist man der Ansicht, dass auch die Rebstöcke in Washington gepfropft werden sollten; in Bereichen mit so kalten Wintern ist dies jedoch sehr problematisch.

Oregon befasst sich auch mit der Wahl geeigneter Klone und Wurzelunterlagen. Angesichts des Erfolgs von Domaine Drouhin, den man der hohen Pflanzdichte zuschreibt, konzentriert sich die Diskussion auf die Frage, ob man allgemein diesen Weg einschlagen sollte. Mehr als 50 % des Pinot Noir von Oregon werden mit einer Dichte von unter 2000 Stöcken pro ha gepflanzt, 30 % mit 2000 bis 3000 Stöcken pro ha. Einige wenige Güter erhöhten die Dichte auf 3000 bis 4500 Stöcke pro ha, stellten aber keinen Fortschritt fest. Die Vorzüge einer dichten Pflanzung eröffnen sich jedoch erst bei über 4500 Stöcken pro ha, und die Weinberge von Drouhin sind sogar mit 7450 Reben pro ha bestockt.

REBSORTEN
Cabernet Sauvignon, Chardonnay, Chenin Blanc, Gamay, Gewürztraminer, Merlot, Muskat-Ottonel, Pinot Gris, Pinot Noir, Riesling, Sauvignon Blanc, Sémillon, Zinfandel

Die *Vitis vinifera* (*siehe* S. 20) hatte bereits Fuß gefasst. So erzeugte William Bridgman in seiner Upland Winery in Yakima schon 1934 Muskat-, Riesling- und Sémillon-Weine. Doch erst 1951 erfolgte die erste kommerzielle Pflanzung von *Vinifera*-Rebstöcken nach der Prohibition. Das Beispiel fand jedoch keine Nachahmer. Ende der 1950er Jahre führte die Washington State University unter Leitung von Dr. Walter Clore Versuche mit *Vinifera*-Sorten durch. Clores Begeisterung für diese Trauben brachte ihm den Spitznamen »Grandpa Grape« ein und ermutigte das Unternehmen American Wine Growers (heute Château Ste.-Michelle) in den frühen 60er Jahren, die *Vinifera*-Lawine mit der ersten von einer Reihe beträchtlicher Pflanzungen ins Rollen zu bringen. 1978 waren in Washington bereits 1000 ha mit *Vinifera*-Arten bestockt. Heute bedecken sie eine Fläche von 5900 ha, auf der 85 Betriebe etwa 35 Millionen Flaschen Wein erzeugen, was Washington zum zweitgrößten Produzenten von Qualitätswein in den USA macht.

Jüngste Entwicklungen

Als ich bei meinen ersten Recherchen den Staat Washington besuchte, war der von Alex Golitzen erzeugte Quilceda Creek der einzige Rotwein von zuverlässig hoher Qualität, den ich aufspüren konnte. Er wurde in geringsten Mengen mit einer altersschwachen Ausrüstung hergestellt, die er im hinteren Teil seiner Garage verstaute. Golitzen besaß bereits damals einen beneidenswerten Ruf, jedoch konnte er auf den Vorteil zurückgreifen, Neffe des legendären Weinmachers und Weinberaters André Tchelistcheff zu sein.

Seit dieser Zeit hat sich einiges geändert, denn heute darf man Washington zu Recht als echte Rotweinregion bezeichnen, obwohl immer noch nahezu 60 % der kultivierten Traubensorten weiß sind. Noch vor wenigen Jahren betrug der Anteil der Weißweinproduktion Washingtons 70 %. Die Qualität der nur selten aufregenden Weißweine hob sich ungünstig von den Rotweinen ab, von denen viele Weltklasse sein können; dies führte zu einer steigenden Produktion von Merlot, Cabernet Sauvignon, Cabernet Franc und Syrah.

Heute keltern in Washington viele Betriebe Rotweine von hoher Qualität, die sich mit Quilceda Creek messen können. Die bedeutendste rote Sorte nach Merlot ist Cabernet Sauvignon. In weit geringerem Ausmaß wird auch Cabernet Franc gepflanzt, dessen Anbaufläche sich in jüngster Vergangenheit aber verdoppelte. Daneben besteht großes Interesse für andere Trauben, die in der Neuen Welt in Mode gekommen sind, wie Nebbiolo und Syrah.

KÜNSTLICHE BEWÄSSERUNG IN WASHINGTON
Zwar ist der Staat für sein feuchtes Klima berüchtigt, doch sind einige trockene Gebiete im Osten, von künstlicher Bewässerung abhängig.

WASHINGTON VERSUS OREGON

Der Vergleich zwischen diesen benachbarten Staaten erschließt die Gründe für die Unterschiedlichkeit ihrer Weine.

	WASHINGTON	OREGON
Weinbaufläche insgesamt	14 200 ha	3050 ha
Vinifera-Sorten	5900 ha	3035 ha
Rote Rebsorten	41 %	49 %
Weiße Rebsorten	59 %	51 %
Rebsortenverteilung	24 % Chardonnay	39 % Pinot Noir
	21 % Merlot	20 % Chardonnay
	16 % Cabernet Sauvignon	14 % Pinot Gris
	31 % andere	27 % andere

- 99 % der Weinberge Washingtons liegen an der heißen, wüstenartig trockenen Ostseite der Cascades, während alle Weinberge Oregons an der kühleren Westseite der Cascades liegen, auf der Niederschläge zum Problem werden können.
- In Washington wird künstlich bewässert, in Oregon nicht.
- Oregon: Meeres-Klima. Washington: Kontinentales Klima
- Nur die kräftigsten Sorten überdauern die kalten Winter Washingtons, die für gepfropfte Rebstöcke den Untergang bedeuten können.
- Es ist die außergewöhnlich große Sonnenscheindauer in Washington (2021 Stunden gegenüber 1660 Stunden in Oregon), nicht die Wärme (1240 °Celsius Temperatursumme gegenüber 1179 in Oregon), die im Staat Washington ausreichend Photosynthese erlaubt, sodass Cabernet und andere dickschalige Sorten reifen, die in Oregon zu kämpfen haben.
- Washington: keine Pilzkrankheiten. Oregon: Problem mit Traubenfäule.

OREGON

In Oregon wurden die ersten *Vinifera*-Rebstöcke bereits 1854 im Rogue River Valley gepflanzt. Diese und andere *Vinifera*-Weinberge wurden zur Zeit der Prohibition noch bewirtschaftet. Jedoch stützte sich wie in Washington die Weinindustrie bis in die 1970er Jahre fast vollständig auf *Labrusca*-Trauben der Sorte Concord.

Über Nacht berühmt wurde Oregon dann durch die Teilnahme von Letts Pinot Noir des Jahrgangs 1975 an einer von Robert Drouhin 1979 durchgeführten Blindverkostung. Drouhins Chambolle-Musigny 1959 siegte, doch Letts The Eyrie Vineyard 1975 Pinot Noir belegte den zweiten Platz vor Drouhins berühmtem 1961er Clos-de-Bèze und zahlreichen anderen angesehenen Burgundern. Seit diesem bedeutsamen Tag sind viele Kritiker der Ansicht, dass es nur eine Frage der Zeit ist, bis sich die Pinots Noirs aus Oregon mit denen aus Burgund messen können.

Mitte der 80er Jahre schien der Durchbruch unmittelbar bevorzustehen, und die Weinindustrie von Oregon – die jede Gelegenheit nützte, um ihre Bekanntheit zu steigern – veranstaltete in McMinnville die Weltjahreskonferenz für Pinot Noir, wobei Oregon sich auch als Pinot-Land präsentieren konnte. Doch ein Jahrzehnt später drängeln sich Weine aus Oregon noch keineswegs auf den Exportmärkten. Was ist schief gegangen? Die Frage ist aber nicht, warum Oregon die frühen Erwartungen nicht erfüllte, sondern ob der Staat über die für einen wirtschaftlichen Erfolg nötige Weinbaufläche verfügt und stabile Qualität erzielen kann.

Warum Oregon mit Pinot Noir noch auf dem Weg ist

Oregon besitzt weniger als 1200 ha Pinot Noir, die auf dem von Burgund (26 000 ha) beherrschten Markt kaum einen Eindruck hinterlassen. Zudem werden 70 % aller Oregon-Weine auf dem heimischen Markt verkauft, sodass für die übrigen Staaten der USA und den Rest der Wein trinkenden Welt gerade die auf 360 ha Anbaufläche gewonnene Menge Wein übrig bleibt. Dies entspricht nicht einmal den Weinbergen von Fixin in der Côte de Nuits, und selbst Burgund könnte mit dem Ertrag eines einzigen Dorfes kein internationales Ansehen erringen. Zu Beginn der 80er Jahre, als die Welt erstmals von David Letts Pinot Noir hörte, herrschten noch groteskere Zustände, denn kaum 120 ha Fläche waren mit dieser Sorte bestockt, und die dort erzeugten Weine wurden ausschließlich in der Region konsumiert. Angesichts einer derart geringen Produktion hatte man das Marketingpotenzial Oregons bei weitem zu hoch eingeschätzt. Selbst heute hat der Staat keine Chance für einen weltweiten kommerziellen Erfolg. Da sich aber die Anbaufläche von Pinot Noir innerhalb von 15 Jahren verzehnfacht hat, sollte Oregon bei gleich bleibendem Wachstum und zunehmender Beständigkeit im Jahr 2010 seine Bestimmung erfüllen können.

NEWBERG IN OREGON
Junge Pinot-Noir-Rebstöcke in Newberg in den Dundee Hills, in denen einige der besten Weingüter Oregons beheimatet sind.

IDAHO

Die hoch gelegenen Weinberge des kleinsten Wein erzeugenden Staats im Nordwesten finden sich am Snake River westlich von Boise. Die extremen Temperaturunterschiede zwischen Tag und Nacht sorgen für Weine mit ungewöhnlich hohem Säure- und Alkoholgehalt. Ste. Chapelle ist zwar eine der größten Weinkellereien des ganzen Nordwestens, doch verharrt die Weinindustrie Idahos im Embryonalstadium und hat kaum Konkurrenz für Ste. Chapelle hervorgebracht.

OREGONS WEITERE REBSORTEN

Auch wenn dem Pinot Noir aus Oregon der Sprung an die Weltspitze gelingt, darf man daraus nicht gleich folgern, dass dies die beste Traubensorte des Staates ist. Selbst im Willamette Valley, in dem die besten Pinots Noirs von Oregon erzeugt werden, besitzt Chardonnay ein zumindest ebenso großes Potenzial, weshalb in Zukunft einige sensationelle Chardonnays aus dieser Region zu erwarten sind. Weitere Weißweine sind früh gelesener Muskat, vermutlich der am meisten unterschätzte Wein des Staates, und Pinot Gris, vielleicht der heißeste Tipp für die Zukunft. Die einfachste Möglichkeit, die breite Palette der verschiedenen Sorten, Weinregionen, Kellereien und Jahrgänge Oregons zu erforschen, ist ein Besuch des Oregon Tasting Cellar in der Lawrence Gallery in McMinnville.

DIE HERKUNFTSBEZEICHNUNGEN

PAZIFISCHER NORDWESTEN

COLUMBIA VALLEY AVA

Oregon, Washington

Columbia Valley ist die größte Appellation Washingtons. Sie umfasst die beiden AVA Yakima Valley und Walla Walla Valley und damit nicht weniger als 99 % der *Vinifera*-Rebstöcke des Staats. Mit etwa 46 500 km² hat sie ungefähr die anderthalbfache Fläche Belgiens. Sie besteht aus einem weiten, baumlosen Becken mit den drei Flüssen Columbia River, Yakima River und Snake River. Sie durchschneiden das zwischen 300 und 600 m hoch gelegene große, semiaride (wüstenähnliche) Plateau in zahlreichen dramatischen Schluchten, vor allem südlich ihres Zusammenflusses. Hier hat der Columbia River eine der lebendigsten und faszinierendsten Landschaften Amerikas geschaffen.

Das Columbia Valley besitzt verschiedene Mesoklimate, die vorwiegend Temperatursummen von 1240 bis 1440 ° Fahrenheit aufweisen und damit den Regionen I und II der kalifornischen Klimaklassifikation entsprechen (*siehe* S. 448). Dank der nördlichen Breite und dem wolkenlosen Klima genießt das Columbia Valley im Hochsommer durchschnittlich pro Tag 2 Sonnenstunden mehr als das südlicher gelegene Napa Valley. Erstaunlicherweise gibt es pro Jahr mehr als 300 wolkenlose Tage, und obwohl Washington der regenreichste Staat der USA ist, registriert man im Columbia Valley maximal 380 mm Niederschlag im Jahr.

Neben den beiden Unterappellationen Yakima und Walla Walla, die später behandelt werden, liegen innerhalb der Columbia Valley AVA weitere anerkannte Weinbaugebiete. Das zweifellos aufregendste ist Canoe Ridge, das viele aufgrund der im Walla Walla Valley ansässigen Kellerei Canoe Ridge dieser Region zurechnen, tatsächlich liegt es jedoch 80 km weiter westlich in der Nähe von Paterson. Die Rebstöcke wachsen am rechten Ufer des Columbia River, wo man sich Hoffnungen auf Merlot, Cabernet und Chardonnay von Weltklasse macht. Allerdings sind diese Weinberge Winden von einer Stärke von mehr als 40 km pro Stunde ausgesetzt; Forschungen in jüngster Zeit haben ergeben, dass Rebstöcke bei diesen Windgeschwindigkeiten vorübergehend den Stoffwechsel stilllegen, was den Reifungsprozess behindert. Weitere erwähnenswerte Regionen in der riesigen Columbia Valley AVA sind Northern Columbia Valley (eine praktische Dachappellation für eine Reihe unterschiedlichster Weinregionen wie Saddle Mountain, Wahluke Slope, Royal Slope und Skookumchuck Creek, wo die Landschaft häufig atemberaubend ist, der Wein aber nur selten) und Snake River (zwischen dem Red Mountain – *siehe* Yakima – und dem Walla Walla Valley auf den Hügeln zu beiden Seiten des Unterlaufes des Snake River, nur wenige Kilometer östlich von Pasco, mit ausgezeichneten Bedingungen für Cabernet und Merlot).

IDAHO AO

Dies ist keine AVA, jedoch hat nach Bezeichnungsvorschriften der USA Idaho wie jeder andere Staat das Recht, eine eigene Ursprungsbezeichnung (AO, *Appellation of Origin*) zu führen. Da sich die Weine dieses Staates durch unverwechselbare Qualität und Stil auszeichnen, überrascht es, dass noch keine AVA für Idaho beantragt wurde. Die charakteristisch intensive Frucht und die lebhaften Aromen dieser Weine werden durch eine hohe Säure gesteigert.

PUGET SOUND AVA

Washington

Seattle besitzt den Ruf, eine der feuchtesten Städte der Welt zu sein (»In Seattle werden die Menschen nicht braun, sie rosten«, behaupten die Kalifornier), und Niederschläge schränkten zunächst die verwendbaren Rebsorten stark ein. Die Bainbridge Island Winery besitzt die dem Stadtzentrum von Seattle nächstgelegenen Weinberge. Dort gedeihen Müller-Thurgau und Siegerrebe. Weiter im Süden auf dem Festland baut Johnson Creek Müller-Thurgau an. Bainbridge Island war das erste Unternehmen in Puget Sound, das Pinot Noir pflanzte.

Diese AVA stellt ein klimatisches Paradoxon dar, da sie bedeutend trockener ist als Burgund und sonniger als Bordeaux, dennoch kühler als die Loire. Das Becken, das von Flüssen entwässert wird, die in den Sound fließen, ist von einer eiszeitlichen Moräne geprägt, wie sie an keinem anderen Ort im Pazifischen Nordwesten zu finden ist (der Staat verfügt sonst über gleichartige Böden). Die Jahresniederschlagsmenge in Puget Sound schwankt zwischen 430 und 1140 mm, wodurch viele Gegenden weit feuchter sind als Burgund, selbst wenn der Durchschnitt ein trockeneres Klima vermuten lässt. Anerkannte Weinbauareale innerhalb von Puget Sound sind Mount Baker und Lopez Island.

ROGUE VALLEY AVA

Oregon

Oregons südlichste und wärmste Weinregion ist von Kalifornien keine 50 km entfernt. Mit unterschiedlichen Höhenlagen, Ausrichtungen und Böden von Lehm über Ton bis zu verwittertem Granit standen die Züchter vor der schwierigen Entscheidung, welche Traubensorten sie pflanzen sollten. Keineswegs überraschend erweist sich Chardonnay als beständigste, ihr folgen Cabernet Sauvignon und Pinot Noir, was die allgemeine Unentschlossenheit veranschaulicht. Trotz der Höhenlage ist die Rogue Valley AVA die einzige Region in Oregon, in der Bordeaux-Sorten regelmäßig reif werden.

UMPQUA VALLEY AVA

Oregon

Die großen Unterschiede in Höhe, Ausrichtung und anderen topografischen Faktoren führten zu einem wesentlich breiteren Sortenspektrum als in anderen Gegenden. Hier sind so unterschiedliche Trauben wie Riesling und Cabernet ebenso beliebt wie Pinot Noir und Chardonnay.

WALLA WALLA VALLEY AVA

Washington, Oregon

Mit unter 0,5 % der Weinbaufläche des Staates erscheint Walla Walla zu unbedeutend, um eine eigene AVA zu rechtfertigen. Mit einer Jahresniederschlagsmenge von 500 mm, mehr als das Doppelte wie im übrigen Columbia Valley, ist Walla Walla eine echte Weinbauregion mit dem Potenzial, ohne Bewässerung hervorragende Weine zu erzeugen. Mit jedem Kilometer, den man sich von Walla Walla nach Westen zu den Blue Mountains bewegt, gewinnt man weitere 16 mm Regen.

Das einzige Problem aus der Sicht des Weinbaus besteht darin, dass es die Weizenfarmer in Walla Walla so leicht haben, dass Rebstöcke kaum Fuß fassen können. Wenn man tatsächlich den Weizenanbau aufgibt, geht man zu Alfalfa über, nicht zu Wein. Eine Alfalfa-Farmerin, Janet Rindal, hat den mutigen Schritt zu Rebstöcken gewagt, und ihre Kellerei Waterbrook verbucht außerordentliche Erfolge. Einige Außenseiter kaufen Trauben aus Walla Walla, wie das Weingut Mountain Dome, das ein Drittel seines Chardonnay und nahezu all seinen Pinot Noir aus dem Weinberg Whisky Creek bezieht. Trotz seiner AVA produziert Walla Walla bisher kaum eigene Weine. Dies soll sich in Zukunft ändern. Inzwischen hält eine kleine Zahl von Erzeugern den Ruf von Walla Walla hoch, deren außergewöhnlich gute Weine weitgehend aus Trauben gemacht werden, die außerhalb der Region gekauft werden.

WILLAMETTE VALLEY AVA

Oregon

Das Willamette Valley ist für Pinot Noir berühmt, obwohl seine Geschichte erst 1970 begann, als David Lett in den Red Hills von Dundee The Eyrie Vineyard gründete. Nachdem Letts Pinot Noir 1975 den Clos-de-Bèze 1961 von Drouhin in Verlegenheit brachte und Drouhin ernstlich den Gedanken fasste, in Oregon eine Kellerei zu gründen, überrascht es nicht, dass der burgundische Winzer die Red Hills als Standort wählte. Die Eola Hills, die denselben vulkanischen Boden aufweisen wie die Hügel von Dundee und durch die Countys Yamhill und Polk verlaufen, stellen eine weitere aufstrebende Region innerhalb des Willamette Valley dar.

YAKIMA VALLEY AVA

Washington

Das Yakima Valley, eine der beiden Unterappellationen des Columbia Valley, verfügt über die größte Konzentration an Kellereien sowie über 40 % der Weinberge von Washington. Es stellt in jeder Hinsicht die Heimat und das historische Zentrum der Washingtoner Weinindustrie dar. Die meisten Weinberge liegen auf den südöstlich ausgerichteten Hängen der Rattlesnake Hills, vor allem im Mittelteil des Tals zwischen Sunnyside und Prosser, und mischen sich mit den Apfel-, Kirsch- und Pfirsichplantagen, die zwischen den beiden alten Bewässerungskanälen Roza und Sunnyside angelegt sind. Der Roza-Kanal verläuft etwas höher an den Hängen und wird von versprengten Weinbergen, vor Wind schützenden Bäumen und Obstgärten begleitet, die sich mit ihrem üppigen Grün scharf vom kahlen Gelb und Ocker der Halbwüste abheben. So symbolisiert Yakima den landwirtschaftlichen Erfolg, den die zur Jahrhundertwende verwirklichten Bewässerungsprojekte dem Osten Washingtons brachten. Echten Wohlstand brachte jedoch erst das große Bewässerungsprojekt Columbia River im New Deal; hier wächst nun alles, von Kartoffeln, Erbsen, Linsen und Hopfen über Äpfel, Birnen, Pflaumen, Aprikosen und Kirschen bis zu Himbeeren, Minze und Spargel. Die Obstbauern ließen sich als Erste nieder und wählten die besten Reblagen (Apfelbäume und Rebstöcke schätzen die gleiche Umgebung). In den letzten Jahren drangen Weinberge langsam in die besten Apfelplantagen vor. Auch alte Kirschplantagen erwiesen sich als günstig für Rebstöcke. Ehemalige Apfelplantagen sind ihnen jedoch überlegen, und am besten sind Anbauflächen von Red Delicious geeignet, da diese Sorte Wärme bevorzugt und frostanfällig ist.

Weitere anerkannte Weinbauareale innerhalb der Yakima Valley AVA sind Red Mountain, Red Willon und Cold Creek. Red Mountain liegt direkt nordöstlich von Benton City, wo der Wilde Westen am wildesten ist und an den australischen Outback erinnert. Trotzdem bildet der Cabernet Sauvignon aus Red Mountain einen Bestandteil prämierter Weine wie Quilceda Creek und Woodward Canyon, was das Entwicklungspotenzial der Region signalisiert. Red Willow befindet sich 24 km südwestlich von Yakima auf der Ahtanum Ridge, dem Bergrücken auf der anderen Seite des Tals. Die steile Westflanke verfügt kaum über eine Bodenkrume, da sie von den über den Kamm wehenden Winden weggeblasen wurde. Hier entstehen kleine, dickschalige Beeren, während der flachere Ostabhang mit seinen tieferen Böden größere Beeren und mildere, weniger tanninhaltige Weine hervorbringt. Mike Sauer, der 1973 Red Willow bestockte, schätzt, dass die Unterschiedlichkeit der Böden in der Ostflanke und die unterschiedlichen Luftbewegungen zu acht deutlich verschiedenen Kleinklimaten führen. Red Willow ist die Quelle des besten Cabernet Sauvignon der Columbia Winery, ihres erstklassigen Syrah und ihres Milestone Merlot. Und zumindest ein Gut wagt in Red Willow einen Versuch mit Nebbiolo. Cold Creek ist fast die trockenste, heißeste Region des ganzen Staats, und man beginnt dort am frühesten mit der Lese. Wenn die Weinberge rund um Prosser in herbstliche Farben getaucht sind, stehen auf der anderen Seite der niedrigen Rattlesnake Hills die Rebstöcke von Cold Ridge noch in vollem Grün. Cold Creek verfügt über die längste Wachstumsperiode im Staat Washington; hier beginnt nicht nur die Lese am frühesten, hier endet sie auch am spätesten. Der Name verweist auf die bitterkalten Winter, die zu den härtesten im Staat zählen. Der zunächst für seinen Chardonnay bekannte Weinberg Cold Creek hat sich zu einer zuverlässigen Quelle für die meisten hochwertigen Sortenweine von Château Ste. Michelle entwickelt.

ERZEUGER

PAZIFISCHER NORDWESTEN

IDAHO

INDIAN CREEK
Kuna

Bill Stowe, der Eigentümer von Indian Creek, ist ein Pinot-Noir-Fanatiker, der in einem Rieslingland gestrandet ist. Er erzielt mit beiden Sorten recht gute Ergebnisse.

✓ *Pinot Noir* • *White Riesling*

PINTLER CELLAR
Nampa

Die Familie Pintler bestockte 1982 einen nach Süden ausgerichteten Weinberg auf ihrer großen Ranch im Snake River Valley westlich von Boise. Wein verkaufte man jedoch erst 1988.

✓ *Chardonnay*

ROSE CREEK VINEYARDS
Hagerman

Jamie Martin, der früher im Gut Ste. Chapelle tätig war, erzeugt einige sehr anerkennenswerte Weine aus Trauben, die er in Idaho und Washington kauft.

✓ *Johannisberg Riesling* (Idaho)

STE. CHAPELLE
Caldwella

★

Diese größte und älteste Weinkellerei Idahos – die viertgrößte im ganzen Nordwesten – wurde 1976 gegründet und nach der gotischen Ste-Chapelle in Paris benannt. Sie setzt hohe Maßstäbe.

✓ *Blanc de Noirs Brut* • *Riesling* • *Chardonnay* • *Syrah* (Reserve)

OREGON

ADAMS VINEYARD
Portland

☆

Carol und Peter Adams erwarben sich rasch Anerkennung mit ihren schön ausgewogenen Sortenweinen im Burgunder-Stil.

✓ *Chardonnay* (bes. Reserve) • *Pinot Noir*

ADELSHEIM VINEYARD
Newberg

★★

Durchweg erlesene Weine und ein überaus erfolgreicher Pinot Noir, die zu den besten in Oregon zählen.

✓ *Chardonnay* • *Pinot Gris* • *Merlot* (Layne Vineyards Grant's Pass) • *Pinot Noir* (bes. Elizabeth's Reserve, Seven Springs Vineyard) • *Sauvignon Blanc*

ARCHERY SUMMIT
Dundee

★☆

Der kalifornische Newcomer Gary Andrus hatte ein glänzendes Debüt mit einem hinreißend Pinot Noir.

✓ *Pinot Noir*

AMITY VINEYARDS
Amity

☆

Der berühmte Pinot Noir dieses Guts kann eine gute Struktur aufweisen und langlebiger sein als der seiner Nachbarn. Der *Reserve* fehlt es mitunter an der Frucht, um das Tannin auszubalancieren.

✓ *Gamay Noir* • *Pinot Gris* • *Pinot Noir*

ARGYLE WINERY
Dundee

★

Dieses Jointventure von Cal Knudson, Brian Croser (von Petaluma in Australien) und Allen Holstein, dem Leiter der Domaine Drouhin, gilt als großartige Quelle für Riesling und den besten Schaumwein Oregons. Mitunter gelingt ein ausgezeichneter Chardonnay, und auch der einst grässliche Pinot Noir hat überwältigende Fortschritte gemacht.

✓ *Argyle Brut Vintage* (seit 1989) • *Pinot Noir* (seit 1994) • *Riesling* (Dry)

AUTUMN WIND VINEYARD
Newberg

★☆

Dieses kleine Gut in den Dundee Hills, von Tom und Wendy Kreutner geführt, erzeugt einen wundervoll ausgewogenen Pinot Noir mit reicher Frucht und großer Finesse.

✓ *Chardonnay* • *Pinot Noir*

BEAUX FRÈRES
Dundee

★☆

Der Weinautor Robert Parker besitzt einen Anteil an diesem Weingut, das von Partner Mike Etzel geleitet wird. Etwa 6000 Stöcke sind pro ha gepflanzt, nur Domaine Drouhin pflanzt noch dichter.

✓ *Pinot Noir*

BENTON-LANE
Sunnymount Ranch

☆Ⓥ

Ein Gemeinschaftsunternehmen von Stephen Girard von der Girard Winery und Carl Doumani von den Stag's Leap Wine Cellars, die beide eher für Cabernet und Petite Sirah bekannt sind für als für Pinot Noir, diese Traube jedoch lieben und von ihrem großen Potenzial in Oregon überzeugt sind. Folgerichtig erwarben sie Mitte der 80er Jahre eine 800 ha große Ranch und bestockten 30 ha mit Pinot.

✓ *Pinot Noir*

BETHEL HEIGHTS VINEYARD
Salem

★★Ⓥ

Der einfache Pinot Noir (nicht der billigere First Release) von Bethel Heights, einer der besten Kellereien des Staats, ist oft ebenso gut wie die Lagenabfüllungen und mitunter sogar ausgewogener. Somit ist er nicht nur einer der hochwertigsten Pinots Noirs von Oregon, sondern auch einer der preiswertesten.

✓ *Chardonnay* • *Pinot Noir*

BRICK HOUSE VINEYARD
Newburg

☆

Trauben aus biologischem Anbau ergeben Weine für die Liebhaber großer, extraktreicher, in stark getoasteter Eiche ausgebauter Pinots Noirs.

✓ *Pinot Noir*

BRIDGEVIEW
Cave Junction

☆Ⓥ

Diese Kellerei ist im Illinois Valley ansässig. Ihr Chardonnay profitiert von einer relativ hohen Pflanzdichte (4450 Stöcke pro ha).

✓ *Chardonnay* • *Pinot Noir* (seit 1994)

BROADLEY VINEYARDS
Monroe

★Ⓥ

Dank seines besonders warmen Kleinklimas produziert dieses Gut einen der kräftigsten Pinots Noirs von Oregon.

✓ *Pinot Noir*

CALLAHAN RIDGE

Roseburg

✯

Dieses Weingut im Umpqua Valley ist fähig, Rieslinge von Weltklasse zu erzeugen.

✓ *White Riesling*

CAMERON WINERY

Dundee

✯ⓥ

Eine unterbewertete Kellerei mit Weinen von gutem, angenehm zu trinkendem, wenn auch mitunter bizarrem Stil.

✓ Chardonnay (Reserve) • Pinot Blanc • Pinot Noir

CHÂTEAU BENOIT

Carlton

✯

Ein buntes Sortiment, das auch einen Schaumwein enthält, dessen Bemühungen um Qualität nicht immer von Erfolg gekrönt sind.

✓ *Sauvignon Blanc*

CHÂTEAU LORANE

Lorane

Eine breite Palette von Sortenweinen, darunter einen erfrischenden Weißwein aus Muscadet, der unter Melon verkauft wird.

✓ *Melon*

CHEHALAM

Newburg

Ein rasch aufsteigendes Unternehmen.

✓ *Pinot Gris* (Ridgecrest Estate) • *Pinot Noir*

COOPER MOUNTAIN

Beaverton

✯

Hier macht man einen hochwertigen, fassvergorenen Chardonnay aus Trauben, die an den Hängen eines erloschenen Vulkans über dem Tualatin Valley gedeihen.

✓ *Chardonnay* • *Pinot Gris*

CRISTOM

Salem

✯

Ein aufstrebender neuer Erzeuger, dessen Pinot Noir fetter und reichhaltiger ist als die meisten anderen.

✓ *Chardonnay* (Barrel Fermented) • *Pinot Noir*

DAVIDSON

Tenmile

❓

Der Pinot Noir, der nicht immer so ausgewogen ist, wie er sein sollte, kann in manchen Jahrgängen echten Genuss bereiten.

DOMAINE DROUHIN

Dundee

★★

Seit der Pinot Noir 1975 von Weinmacher David Lett an einer von Joseph Drouhin organisierten Blindverkostung teilnahm, ist dieser von den Entwicklungsmöglichkeiten Oregons überzeugt. Der Chambolle-Musigny 1959 von Drouhin siegte, Zweiter wurde jedoch Letts Wein, der Drouhins Clos-de-Bèze 1961 und viele andere Burgunder aus dem Feld schlug. Als Domaine Drouhin 1988 den ersten Jahrgang freigab, fragten sich die Nachbarn und die Weinkritik, wie der Wein von Anbeginn mehr Farbe, Fülle und Komplexität besitzen konnte als jeder andere Pinot Noir aus Oregon und gleichzeitig Sortencharakter und Finesse der Traube bewahrt. Drouhin hatte seine Rebstöcke dreieinhalbmal dichter gepflanzt als in Oregon üblich. Die Theorie, dass eine höhere Rebstockdichte zu einer besseren Qualität führt, galt in der internationalen Weinszene rasch als Grund für Drouhins Erfolg. Die ortsansässigen Kollegen wussten jedoch, dass der Wein nicht eine einzige Traube aus seinem eigenen Weinberg enthielt, der damals noch zu jung war. Alles hing von Drouhins Behandlung der Trauben ab – eine Ironie angesichts der Tatsache, dass Joseph Drouhin 1988 mit der Weinproduktion aus zugekauften Trauben begann, um praktische Erfahrung mit Früchten aus Oregon zu sammeln, ehe er sich der Erzeugung eigener Weine widmete.

Der Jahrgang 1989 war eine Offenbarung und der von 1990 nahezu ebenso gut. Doch der sensationelle 1991er war so viel besser, dass viele annahmen, den ersten 100-prozentigen Gutswein vor sich zu haben. Wiederum stammte aber nur ein Drittel der Trauben aus Drouhins eigenen Weinbergen. Das verursachte bei einigen Kritikern heiße Debatten, weshalb hier die Quellen für die übrigen Trauben genannt seien: zu etwa gleichen Anteilen von Bethel Heights, Canary Hill, Durant, Knudsen, Hyland und Seven Springs. Der Jahrgang 1991 besitzt Struktur, Gewicht und intensive Farbe und zeigt bis zum letzten Tropfen die üppige Frucht reinen Pinot Noirs. Ich war überzeugt, dass der Pinot Noir aus Oregon nicht mehr zu steigern wäre, bis ich den Jahrgang 1992 verkostete, der mir die Sprache verschlug.

✓ *Pinot Noir*

DOMAINE SERENE

Carlton

✯

Nach dem ausgezeichneten Debütjahrgang 1992 folgte eine unzuverlässige Periode, heute zeigt sich wieder Beständigkeit.

✓ *Pinot Noir*

EDGEFIELD

Troutdale

Dieses außergewöhnliche Gut erzeugt einige volle, fruchtige Weine.

✓ *Pinot Gris*

ELK COVE VINEYARDS

Gaston

✯

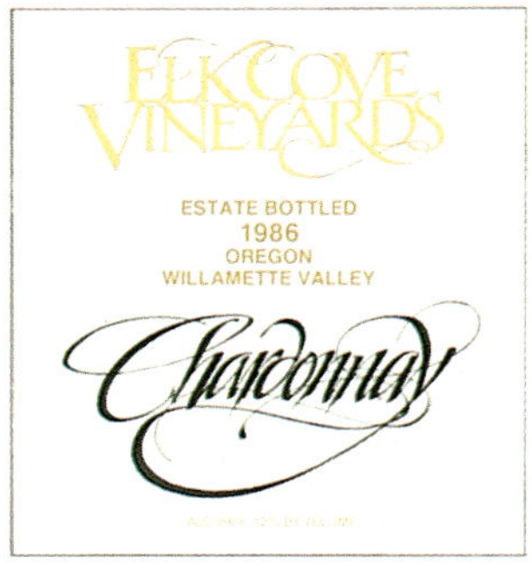

Zugänglicher Pinot Noir mit schönem Sortencharakter; die Qualität ist jedoch schwankend.

✓ *Chardonnay* • *Pinot Gris* • *Pinot Noir* • *Riesling* (Late Harvest)

ERATH WINERY

Dundee

★

Diese Kellerei, die ehemals Knudsen Erath hieß, zählt zu den besten Quellen Oregons für Pinot Noir. Der Charakter der Jahrgänge schwankt von kräftig und tanninreich bis mild, weich und üppig. Dick Erath begann 1994, Chardonnay in hoher Dichte zu pflanzen.

✓ *Chardonnay* • *Pinot Gris* • *Pinot Noir*

EVESHAM WOOD

Salem

★✯

Evesham Wood ist eine kleine, expandierende Weinkellerei und gilt als einer der aufstrebenden Stars des Staates Oregon.

✓ *Pinot Gris* • *Pinot Noir* (bes. Cuvée J, Seven Springs Vineyard)

THE EYRIE VINEYARDS

McMinnville

★✯

Oregons Pinot-Noir-Pionier David Lett macht auch einen hervorragenden Pinot Gris, der am besten jung getrunken werden sollte.

✓ *Chardonnay* • *Muscat Ottonel* • *Pinot Gris* • *Pinot Noir* (Reserve)

FIRESTEED

Seattle

★ⓥ

Dieser milde, delikate, angenehm zu trinkende Wein bietet für seinen Preis hohe Qualität. Der in Washington ansässige *Négociant* Howard Rossbach bezieht die Trauben für ihn aus Oregon. Er gründete Firesteed, um den Bedarf seiner Mutter Eleanor zu decken, deren Trinkfestigkeit einst der *Vogue* einen Artikel wert war. Firesteed ist heute eine eigenständige Marke.

✓ *Pinot Noir*

FLYNN VINEYARDS

Rickreall

Wayne Flynns flaschenvergorene Schaumweine haben sich seit dem Jahrgang 1988 deutlich verbessert.

FORIS

Cave Junction

✯

Angeblich der beste Gewürztraminer Oregons, die anderen Sortenweine sind jedoch wesentlich besser.

✓ *Cabernet Sauvignon* • *Chardonnay* • *Merlot* • *Pinot Gris*

GIRARDET WINE CELLARS

Roseburg

Der in der Schweiz geborene Philippe Girardet liebt seine Hybriden, hätte es jedoch nicht nötig, im Klima des Umpqua Valley Seyval Blanc und Maréchal Foch zu ziehen, da sein Pinot Noir viel besser ist.

✓ *Gewürztraminer* (Late Harvest) • *Pinot Noir*

HENRY ESTATE

Umpqua

✯ⓥ

Henry zählt nicht zu den beständigsten Erzeugern, kann jedoch einen der köstlichsten Pinots Noirs Oregons liefern.

✓ *Chardonnay* (Barrel Fermented) • *Pinot Noir* • *Riesling* (Select Clusters)

REX HILL VINEYARDS

Newberg

★★

Rex Hill stellt einen guten Chardonnay und Riesling her, ist jedoch vor allem für sein Sortiment feiner, eleganter Pinots Noirs bekannt, die zuverlässig zu den besten in Oregon gehören.

✓ *Chardonnay* • *Pinot Noir* • *Riesling*

HILL CREST

Roseburg

✯

Der Oregon-Pionier Richard Sommer gilt als einer der besten Gewürztraminer-Erzeuger des Staates, sein Pinot Noir ist jedoch um Klassen besser. Der hochwertigste Wein des Guts ist allerdings der Riesling.

✓ *Riesling*

HINMAN VINEYARDS

Eugene

✯

Neben einem der besseren Gewürztraminer des Staats produziert Hinman delikate, fruchtige Weine und einen Pinot Noir mit schöner Balance zwischen Frucht und Tannin.

✓ *Early Muscat* • *Pinot Gris* • *Pinot Noir* • *Riesling*

HOOD RIVER VINEYARDS

Hood River

Ein rosinenschwerer Zinfandel.

KING ESTATE

Eugene

✯

Riesige und weiterhin wachsende Rebflächen umgeben die auf einem Hügel gelegene Hightech-Kellerei, die mit einer Produktionskapazität von 2,5 Millionen Flaschen Oregon zu einer festen Größe auf der Weinlandkarte machen könnte.

✓ *Chardonnay* • *Pinot Gris*

LANGE
Dundee
★

Der Kalifornier Don Lange arbeitete für verschiedene Weinkellereien in Santa Barbara, ehe er sich in den Red Hills niederließ.

✓ *Pinot Gris* • *Pinot Noir*

LAUREL RIDGE
Forest Grove

Am besten für seinen Schaumwein bekannt.

MARQUAM HILL VINEYARDS
Mollala

Ein geschmeidiger Pinot Noir aus dem Willamette Valley von Weinbergen, die an einem See am Fuß der Cascades liegen.

✓ *Pinot Noir*

MONTINORE VINEYARDS
Forest Grove
❓

Die Qualität von Montinore enttäuschte bisher. Das Unternehmen ist nach den Maßstäben Oregons jedoch sehr groß, sodass es sicher jemand eines Tages auf den rechten Pfad führen wird.

OAK KNOLL WINERY
Hillsboro

Diese Kellerei macht einen der besten Pinot Noirs von Oregon, ich ziehe jedoch den Riesling vor.

✓ *Riesling*

PANTHER CREEK
McMinnville
★★

Neben einem vorzüglichen Pinot Noir, der zu den besten in Oregon zählt, stellt diese kleine Kellerei einen köstlichen Weißwein aus Muscadet her, der unter dem Synonym Melon verkauft wird.

✓ *Melon* • *Pinot Noir*

PONZI VINEYARDS
Beaverton
★★

Ponzi produziert einen Oregon-Pinot-Noir der Spitzenklasse, doch auch seine anderen prachtvoll gemachten Weine verdienen Aufmerksamkeit.

✓ *Chardonnay* • *Pinot Gris* • *Pinot Noir* • *Dry White Riesling*

RAINSONG
Cheshire
★Ⓥ

Diese einstigen Oregon Cellars erzeugen einen vorzüglichen, sahnigsüßen Pinot Noir.

✓ *Pinot Noir*

REDHAWK VINEYARD
Salem
★

Der stolze Gewinner des von der Zeitschrift *Decanter* verliehenen »Preises für das hässlichste Etikett« besitzt ein verblüffendes Talent für Bordeaux-Sorten.

✓ *Cabernet Franc* • *Pinot Noir* • *Sauvignon Blanc* (Safari Vineyard)

ST. INNOCENT
Salem
★★

Diese Lagenweine aus gekauften Trauben, die in den Eola Hills produziert werden, zählen zu den großartigsten Pinots Noirs von Oregon.

✓ *Pinot Noir* (bes. Freedom Hill)

SECRET HOUSE VINEYARDS
Veneta

Zwar wird diese Kellerei für ihren Chardonnay geschätzt, doch waren die hefig schmeckenden Weine für mich bisher ordentlich, aber keineswegs etwas Besonderes. Der Pinot Noir erscheint mitunter besser.

SEVEN HILLS
Milton-Freewater
✫

Ein enttäuschender Riesling, aber gut strukturierte Rotweine aus dem in Washington gelegenen Teil der Walla Walla AVA.

✓ *Cabernet Sauvignon* • *Merlot*

SILVAN RIDGE
Hinman Vineyards
Eugene
✫

Der unzuverlässige Pinot Noir schwankt zwischen bizarr und brillant. Der Early Muscat hingegen besitzt immer eine prachtvolle Pfirsichnote. Gelegentlich finden sich außergewöhnliche Spätlesen.

✓ *Chardonnay* (Unfiltered) • *Early Muscat* (auch Perlwein) • *Early Muscat-Huxelrebe* (Ultra Late Harvest) • *Riesling* (Botrytized Cluster Select)

SOKOL BLOSSER WINERY
Dundee
★✫

Köstliche, verführerische Pinots Noirs, die früh getrunken werden sollten und regelmäßig zu den besten Oregons zählen.

✓ *Chardonnay* • *Pinot Noir*

SPRINGHILL CELLARS
Albany
✫

Eine zuverlässige Quelle für Riesling und herausragenden Eiswein.

✓ *Gewürztraminer Icewine* • *Riesling*

TORII MOR
Dundee
★

Ein aufstrebender Erzeuger eines saftigen Pinot Noir mit angenehmem Eichenton.

✓ *Pinot Noir* (bes. Reserve)

TUALATIN VINEYARDS
Forest Grove
★

Ein mächtiger Chardonnay und ein eleganter Pinot Noir.

✓ *Chardonnay* • *Pinot Noir*

TYEE WINE CELLARS
Corvallis

Einheimische Weinfreunde schätzen den Gewürztraminer von Tyee, was ich aber nicht teilen kann.

VALLEY VIEW VINEYARD
Jacksonville
★

Einer der wenigen zuverlässigen Erzeuger von Cabernet in Oregon.

✓ *Chardonnay* (Anna Maria) • *Cabernet Sauvignon* (Anna Maria) • *Reserve* (Anna Maria) • *Sauvignon Blanc* (Anna Maria)

VERITAS VINEYARD
Newberg
✫

Veritas produziert Weine mit schönem Sortencharakter und angenehmer Struktur.

✓ *Pinot Noir*

WEISINGER'S
Ashland

Die meisten Weine, die ich verkostete, waren zu leicht und nicht beeindruckend. Dies betrifft sowohl den Pinot Noir als auch einen italienischen Verschnitt namens Mescolare. Der dunkle, dichte Cabernet Sauvignon 1989 beweist jedoch das vorhandene Potenzial.

WILLAMETTE VALLEY VINEYARDS
Turner

Dieses Weingut wurde jüngst mit dem Kapital von über 4000 Aktionären errichtet. Der Chardonnay ist ausgezeichnet, bei anderen Sorten muss Willamette Valley erst noch den Weg finden.

KEN WRIGHT CELLARS
McMinnville
★★

Dieses hervorragende neue Gut wurde von dem ehemaligen Eigentümer der Kellerei Panther Creek gegründet und erwarb sich mit einem eleganten Pinot Noir Ansehen, der unter Lagenbezeichnungen in den Handel gelangt.

✓ *Chardonnay* (Celio Vineyard) • *Pinot Noir* (bes. Abbey Heights Whistling Ridge, Carter Vineyard)

WASHINGTON

ANDREW WILL
Vachon

Andrew Will ist keine reale Person; Eigentümer Chris und Annie Camarda haben den Namen aus den Vornamen ihres Neffen Andrew und ihres Sohns Will zusammengesetzt.

✓ *Cabernet Sauvignon* • *Merlot* (bes. Ciel du Cheval, Pepper Bridge, »R«)

ARBOR CREST
Spokane
★

Arbor Crest war ehemals auf Kirschwein spezialisiert. Es gehört den Brüdern Mielke, Farmern in der dritten Generation, die sich auf Weißwein verlegt haben und oft den besten Sauvignon Blanc im Nordwesten der USA erzeugen.

✓ *Cabernet Sauvignon* • *Sauvignon Blanc* (bes. Bacchus Vineyard) • *Riesling* (Late Harvest)

BAINBRIDGE ISLAND WINERY
Bainbridge Island
❓

Früher zogen die Eigentümer Gerard

und Jo Ann Bentryn ausschließlich deutsche Kreuzungen, in den frühen 90er Jahren pflanzten sie jedoch auch Pinot Noir.

BARNARD GRIFFIN
Kennewick
★

Deborah Barnard und Rob Griffin gelangten mit Merlot und Chardonnay zu Erfolg, seit den frühen 90er Jahren haben sie auch einige großartige Cabernets gemacht.

✓ *Cabernet-Merlot* • *Cabernet Sauvignon* • *Chardonnay* (Reserve) • *Fumé Blanc* (Barrel Select) • *Merlot* (Reserve)

BLUE MOUNTAIN CELLARS
Walla Walla
❓

An diesem neuen Unternehmen ist Garry Figgins Bruder Rusty beteiligt. Er will offenbar der Kellerei Leonetti keine Konkurrenz machen, da alle Weine aus Rhône-Sorten gemacht werden, zunächst aus Grenache und Syrah, möglicherweise auch aus Viognier.

BOOKWALTER
Pasco
✫

Jerry Bookwalter schloss 1962 sein Studium an der UC Davis ab, gründete jedoch erst 1983 ein eigenes Unternehmen, nachdem er zwanzig Jahre auf Sagemoor Farms und anderen Gütern in Washington und Oregon Erfahrung gesammelt hatte.

✓ *Cabernet Sauvignon* (Columbia Valley)

W. B. BRIDGMAN
Sunnyside
✫

Ich weiß wenig über die Kellerei, doch jüngst tauchten einige vorzügliche Rotweine unter diesem Markennamen auf.

✓ *Cabernet Franc* • *Merlot*

CANOE RIDGE
Walla Walla
★✫

Das Gut, das zur kalifornischen Gruppe Chalone gehört, benützte für die Produktion seiner Weine zunächst die Einrichtungen von Woodward Canyon und Hyatt, ehe es 100 km östlich seiner Canoe-Ridge-Weinberge die Kellerei errichtete.

✓ *Chardonnay* • *Merlot*

CHÂTEAU STE. MICHELLE
Woodinville
☆

In den 1970er Jahren versprachen die Schaumweine von Château Ste. Michelle hohe Qualität, doch seitdem enttäuschten sie immer wieder. Nun strengt man sich an, das ursprüngliche Potenzial für diesen Weinstil wieder zu beleben. Vorläufig jedoch liegt die Stärke von Château Ste. Michel in seinen Sortenweinen, wobei die Lage Cold Creek die zuverlässigste Quelle darstellt.

✓ *Cabernet Franc* (Cold Creek) • *Cabernet Sauvignon* (Cold Creek, Horse Heaven) • *Chardonnay* (Cold Creek) • *Chateau Reserve* (Rotwein im Bordeaux-Stil) • *Merlot* (Cold Creek)

CHINOOK
Prosser
☆

Der kalifornische Weinbauer Clay Mackey und seine Frau Kay Simon errichteten 1993 diese Boutiquekellerei. Ursprünglich für ihre Weißweine berühmt, zeichnet sich Chinook heute durch Rotweine aus.

✓ *Cabernet Sauvignon* • *Sémillon* • *Merlot*

COLUMBIA CREST
Paterson
★Ⓥ

Dieses zu Stimson Lane gehörende Gut ist eine beeindruckende Anlage, die auf große Touristenströme eingerichtet ist; sie liegt jedoch weitab vom Schuss und wird diesbezüglich ihr Potenzial nie ausschöpfen können. Da der Tourismus nicht nur Gewinn bringt, sondern auch den Ruf einer Weinregion steigert, erscheint es merkwürdig, dass Stimson Lane seinen Wein-Märchenpalast nicht im Yakima Valley baute, das über die größte Konzentration von Kellereien und fast über die Hälfte aller Weinberge des Staats verfügt.

✓ *Merlot* • *Reserve* • *Sémillon-Sauvignon*

COLUMBIA WINERY
Bellevue
★★

Die Weine dieser ehemals als Associated Vintners bekannten Kellerei werden von *Master of Wine* David Lake gemacht, der zweifellos zu den zwei, drei besten Rotweinproduzenten Washingtons zählt.

✓ *Cabernet Sauvignon* (David Lake) • *Chardonnay* • *Merlot* (Milestone, Red Willow Vineyard) • *Syrah* (Red Willow Vineyard)

COVEY RUN
Zillah
☆

Diese Kellerei wurde von einigen Weinfarmern des Yakima Valley gegründet, die ihre Produkte zunächst unter der Marke Quail Run verkauften. Schon bald kamen sie mit Quail Ridge in Kalifornien in Konflikt und änderten den Namen in Covey Run.

✓ *Cabernet Sauvignon* (Columbia Valley, Yakima Valley) • *Chardonnay*

DE LILLE CELLARS
Woodinville
★

Der D2 war bis in die frühen 90er Jahre ein reiner Merlot, dann wurde er ein Verschnitt aus Cabernet Sauvignon, Merlot und Cabernet Franc.

✓ *Cabernet Sauvignon* (Chaleur Estate, Harrison) • *D2* (Rotwein im Bordeaux-Stil) • *Sauvignon Blanc* (Chaleur Estate)

GORDON BROTHERS
Pasco
☆

Jeff und Bill Gordon erzeugten nach anfänglichen Schwierigkeiten einige ausgezeichnete Weine und ernten nun die Früchte ihrer Mühen.

✓ *Cabernet Sauvignon* • *Chardonnay* (Reserve) • *Merlot*

HEDGES CELLARS
Benton City
★★Ⓥ

Tom Hedges besitzt die erstaunliche Gabe, erstklassige Rotweine im Bordeaux-Stil zu erzeugen, die köstlich und angenehm zu trinken sind, aber auch eine bewundernswerte Komplexität und Finesse aufweisen – und dies schon ein Jahr nach der Ernte. Ich habe noch nie einen Hedges-Wein verkostet, den ich nicht auch gerne getrunken hätte.

✓ *Cabernet-Merlot* • *Fumé Chardonnay* • *Red Mountain Reserve*

THE HOGUE CELLARS
Prosser
★

Ein großes und doch als Familienbetrieb arbeitendes Weingut. Die Qualität liegt vor allem bei Weißweinen hoch, aber auch die Rotweine steigern sich rasch.

✓ *Cabernet Sauvignon* (Reserve, Yakima Valley) • *Chardonnay* • *Fumé Blanc* • *Merlot* (Reserve) • *Sémillon*

HYATT VINEYARDS
Zillah
★

Keyland Hyatt erbaute seine eigene Kellerei mit der Absicht, das Problem des Traubenüberschusses seiner Weinberge zu lösen, was ihm meisterlich gelang.

✓ *Cabernet Sauvignon* (Reserve) • *Merlot* (Reserve)

KIONA VINEYARDS
Benton City
★

Die aride Umgebung dieses üppigen Weinbergs macht deutlich, wie sich eine Wüstenlandschaft durch künstliche Bewässerung verwandeln kann. Kiona ist das bedeutendste Weingut auf dem Red Mountain, und wenn es auch mit eigenen Weinen nicht immer ins Schwarze trifft, zeigen dieselben Trauben in den Weinen von Woodward Canyon ihr Potenzial; sie bilden auch einen der drei Bestandteile des Quilceda Creek.

✓ *Cabernet Sauvignon* • *Gewürztraminer* (Late Harvest) • *Lemberger*

LATAH CREEK
Spokane

Man macht vorwiegend Weißweine, aber auch einen ausgezeichneten Cabernet Sauvignon (wie 1990).

✓ Cabernet Sauvignon

L'ÉCOLE
Lowden
★☆

Marty Clubb erwarb sich mit seinen Weinen, die in einem alten Schulgebäude hergestellt werden, großes Ansehen. L'École No. 41, wie der Name vollständig lautet, wurde für ihren Sémillon berühmt. Dieser ist zwar sehr gut, aber Martys Rotweine bilden doch noch eine Klasse für sich.

✓ *Sémillon* • *Merlot* • *Cabernet Sauvignon*

LEONETTI CELLAR
Walla Walla
★★

Garry Figgins ist den Kritiken Robert Parkers zufolge ein Rotweinspezialist mit enthusiastischer Anhängerschaft, in die sich auch der große Meister selbst einreiht. Die von Leonetti Cellar produzierten Weine stehen unter einem Glücksstern, seitdem der Cabernet Sauvignon 1990 als einziger Wein Washingtons von der Zeitschrift *Wine Spectator* strahlende 100 Punkte erhielt. Die Qualität ist nahezu immer sensationell, jedoch mögen die Weine für einige zu eichenbetont sein.

✓ *Cabernet Sauvignon* • *Merlot* • *Select*

MOUNTAIN DOME
Spokane
★

Mountain Dome hat das Zeug dazu, einer der besten Schaumweine der USA zu werden. Nach einem unsicheren Jahrgang bekamen diese Weine mit dem Jahrgang 1990 und vor allem 1991 ein klares Profil. Etwas weniger Eiche und etwas mehr Säure würden ihnen jedoch gut tun. Meiner Ansicht nach ist man mit der Absicht, sehr früh einen klassischen Stil zu entwickeln, etwas übers Ziel hinausgeschossen.

✓ *Brut Vintage*

PRESTON WINE CELLARS
Pasco
☆

Bill Preston verwandelte seinen Ruhesitz in den 70er Jahren in eine Kellerei, damals die größte private des Pazifischen Nordwestens. Die Qualität kann hier sehr hoch sein, aber es mangelt noch an Beständigkeit.

✓ *Cabernet Sauvignon* • *Platinum Red*

QUILCEDA CREEK
Seattle
★★

Washingtons erster wirklich großartiger Rotwein zählt noch heute zur Elite. Er wird auf Quilceda Creek von Alex Golitzen und seinem Sohn in kleinsten Mengen erzeugt.

✓ *Cabernet Sauvignon*

STATON HILLS
Wapato
★☆Ⓥ

Diese Kellerei begann mit Neuheiten wie einem Riesling Rosé (mit einem Schuss Rotwein) und produziert heute einige der preiswürdigsten Weine Washingtons, im Fall des Merlot auch einen der besten.

✓ *Fumé Blanc* • *Merlot* • *Pinot Noir*

PAUL THOMAS
Bellevue
★☆Ⓥ

Diese Weinkellerei wurde bisher unterschätzt, da sie früher ausschließlich Fruchtweine erzeugte (und weiterhin erzeugt); viele nahmen ihre Traubenweine nicht ernst. Wahrscheinlich nicht trotz, sondern aufgrund seiner meisterlichen Kenntnisse in der Kunst der Fruchtweinproduktion kann Paul Thomas heute Traubenweine mit überaus lebhaften Fruchtaromen herstellen.

✓ *Cabernet-Merlot* • *Chardonnay* • *Sauvignon Blanc*

WALLA WALLA VINTNERS
Walla Walla
❓

Ein neueres Unternehmen mit eigenen Kelleranlagen. Da ich die ersten Jahrgänge noch nicht verkostet habe, ist eine Einschätzung noch nicht möglich. Man sollte aber den Cabernet Franc, den Cabernet Sauvignon und den Merlot im Auge behalten.

WASHINGTON HILLS
Sunnyside
★★

Washington Hills erzeugt seit 1990 vor allem unter der Marke Apex absolut erstklassige Weine, die diese Kellerei in die Elite der Washingtoner Produzenten einreihen.

✓ *Cabernet Sauvignon* (Apex) • *Chardonnay* (Apex) • *Merlot* (Apex) • *Riesling*

WOODWARD CANYON WINERY
Lowden

Diese Weinkellerei im Walla Walla County hat sich seit ihrer Gründung im Jahr 1981 kaum einen Fehler geleistet.

✓ *Cabernet Sauvignon* (bes. Canoe Ridge) • *Chardonnay* (Reserve, Roza Berg Vineyard) • *Merlot*

ATLANTISCHER NORDOSTEN

Das einzige Handikap für diese Region sind die harten Winter. Sie machen den Anbau klassischer Traubensorten nicht unmöglich, sind jedoch Gift für die Pfropfstellen und bestimmen daher, wo gepfropfte Rebstöcke gepflanzt werden können.

Seitdem man transgene Reben produzieren kann, fehlen dem Atlantischen Nordosten nur noch zwei Gene, um sein Potenzial ausschöpfen zu können: das Gen, das *Vitis amurensis* gegen die sibirischen Winter immun macht, und jenes, das die einheimischen amerikanischen Rebstöcke gegen die Reblaus schützt. Da diese Gene die Weinwelt revolutionieren würden, werden Wissenschaftler von Baltimore bis Bordeaux versuchen, sie zu isolieren. Nur zehn Jahre nach ihrer Entdeckung könnte Virginia berühmter sein als das Napa Valley.

DIE ÄLTESTE WEININDUSTRIE AMERIKAS

Seit Mitte des 17. Jahrhunderts, als man auf Manhattan und Long Island die ersten Reben pflanzte, werden im amerikanischen Nordosten Weine erzeugt. Der Schwerpunkt liegt seit damals jedoch auf den *Labrusca*-Sorten mit ihrem notorisch fuchsigen Geschmack. Die ersten *Vinifera*-Rebstöcke wurden erst 1957 ausgepflanzt; die Entwicklung, die zu diesem bedeutenden Punkt im Bemühen des Atlantischen Nordostens nach Qualität führte, nahm aber schon 1934 ihren Anfang. Unmittelbar nach dem Ende der Prohibition reiste Edwin Underhill, der Direktor von Gold Seal Vineyards, in die Champagne und überredete Charles Fournier, den Kellermeister von Veuve Clicquot, mit ihm in die USA zu kommen. Fournier waren jedoch die in den Weinbergen der Finger Lakes im Staat New York gepflanzten *Labrusca*-Sorten viel zu aromatisch. Nachdem die ansässigen Erzeuger ihn überzeugt hatten, dass *Vinifera*-

LONG ISLAND IM STAAT NEW YORK
Diese Rebstockreihen sind in weitem Abstand gepflanzt, um die Bearbeitung mit Maschinen zu ermöglichen. Ein weiter Weg wurde seit der Mitte des 17. Jahrhunderts zurückgelegt, als Long Island als eine der ersten Gegenden im Atlantischen Nordosten mit Rebstöcken bepflanzt wurde.

ATLANTISCHER NORDOSTEN *Siehe* S. 443
New York, der bedeutendste Staat des Atlantischen Nordostens, trägt viel zum rasch wachsenden Ansehen der Region für Vinifera*-Weine bei. Im neuen Jahrhundert könnten Virginia und Maryland diese Vorherrschaft stürzen.*

MASCHINELLE LESE
In den Weinbergen der Taylor Wine Company werden die Trauben maschinell gelesen. Die in Hammondsport ansässige Kellerei zählt zu den erfolgreichsten des Staates New York.

GESCHMACKS- UND QUALITÄTSFAKTOREN

LAGE
Eine zusammengewürfelte Gruppe von Staaten zwischen den Großen Seen und dem Atlantischen Ozean.

KLIMA
Es gibt strenge Winter, doch haben die großen Binnengewässer wie die Finger Lakes einen mäßigenden Einfluss und schaffen Kleinklimate, die den Anbau von *Vinifera*-Sorten ermöglichen.

TOPOGRAFIE
Viele Weinberge liegen an den flachen Ufern verschiedener Seen und an den unteren Hängen der sie umgebenden Bergketten.

BÖDEN
New York: verschiedene Schieferarten und Kalkstein in der Region Hudson River. Virginia: Lehm und Kies am Rocky Knob, Kalk- und Sandstein in North Fork of Roanoke. Michigan: eiszeitliches Geröll in Fennville. Ohio: flache Schwemmböden über verwittertem Kalkstein auf Isle St. George. Pennsylvania: tiefe Kalkböden im Lancaster Valley.

WEINBAU UND WEINBEREITUNG
In vielen Regionen überstehen *Vinifera*-Reben trotz vorteilhafter Kleinklimate die strengen Winter nur, wenn sie vor dem Kälteeinbruch mit Erde bedeckt werden. Schaumweine sind die Spezialität des Staats New York und vor allem der Finger Lakes. Dank sorgfältigster Arbeit im Weinberg, dem Einsatz neuester Spritzmittel und modernster Weinbereitungstechnik steigen Zahl und Ansehen der erzeugten *Vinifera*-Weine.

REBSORTEN
Einheimische *Labrusca*-Trauben wie Concord, Catawba, Delaware und Ives herrschen vor. Die Bedeutung der französisch-amerikanischen Hybriden wie Vidal Blanc, Seyval Blanc, Chelois, Baco Noir, Maréchal Foch und Aurore steigt, ebenso die der noch wenig verbreiteten *Vinifera*-Sorten wie Chardonnay, Riesling, Cabernet Sauvignon und Gewürztraminer.

Rebstöcke die strengen Winter nicht überleben würden, begann er mit der Kultivierung von Hybriden (Kreuzungen zwischen französischen und amerikanischen Sorten). Diese wurden zunächst per Schiff aus Frankreich importiert und später von Philip Wagner in seinem Weingut Boordy in Maryland gezogen.

Im Jahr 1953 hörte Fournier von einem aus der Ukraine stammenden Weinbaufachmann namens Konstantin Frank, der 1951 in die USA gekommen war und bemängelt hatte, dass die Weinindustrie keine europäischen *Vinifera*-Stöcke pflanze. Später bewarb er sich um eine Anstellung im Weinbauforschungszentrum des Staates New York in Geneva. Er erzählte seinen künftigen Arbeitgebern von den Weinbauforschungen, die er in Odessa betrieben hatte, seinen Erfahrungen mit der Organisation von Weinkolchosen in der Ukraine, seiner Lehrtätigkeit an einem landwirtschaftlichen Institut und seiner Arbeit auf österreichischen und bayerischen Weingütern. Als man entgegnete, dass die Winter für europäische Rebstöcke zu kalt seien, erklärte er dies für absurd. Fournier, der zwei Jahre später von Franks Behauptungen hörte, stellte ihn ein; er wollte wissen, ob seine Theorie stimmte. Franks Ansichten fanden sich vor allem durch den großen Frost im Februar 1957 bestätigt. Während viele der widerstandsfähigen *Labrusca*-Rebstöcke nicht eine einzige Traube trugen, waren nur weniger als 10 % der Knospen von Franks Riesling- und Chardonnay-Stöcken geschädigt, und sie erbrachten eine besonders große Ernte reifer Trauben.

In den 80er Jahren stand Frank noch immer in Konflikt mit dem Weinbauzentrum. Trotz seines Erfolgs hatten die *Vinifera*-Sorten im Staat New York keine Verbreitung gefunden. Frank führte dies auf die »Genevians« zurück, die an ihrer Ansicht festhielten, dass *Vinifera*-Stöcke für jeden gewöhnlichen Weinerzeuger, der nicht über besondere Fachkenntnisse verfügte, zu riskant wären. Franks Kommentar: »Den armen italienischen und russischen Bauern mit ihren Schaufeln gelingt das, was die amerikanischen Farmer mit ihrer ganzen Maschinerie nicht zu Stande bringen.«

DIE HERKUNFTSBEZEICHNUNGEN

ATLANTISCHER NORDOSTEN

CATOCTIN AVA

Maryland

Das westlich der Stadt Frederick gelegene Gebiet besitzt ein spezifisches Terroir, das bereits vor der Einrichtung der AVA bestens bekannt war; es entspricht etwa der »Maryland Land Resource Area«, die der US Soil Conservation Service auf Bodentypen, Klimate, Wasserversorgung, Landnutzung und topografische Gegebenheiten untersucht hat.

CAYUGA LAKE AVA

New York

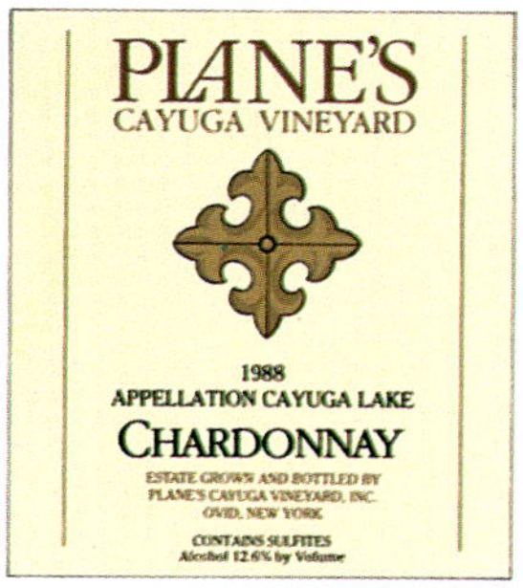

Dieses Gebiet umfasst die Ufer des Lake Cayuga, wodurch es gleichzeitig Teil der Finger Lake AVA ist. Der Boden besteht vorwiegend aus Schiefer, die Wachstumsperiode ist durchschnittlich um einen Monat länger als in den meisten Teilen des Bereichs der Finger Lakes.

CENTRAL DELAWARE VALLEY AVA

Pennsylvania, New Jersey

Diese Appellation umfasst 388 km², von denen nur ein geringer Teil mit Reben bepflanzt ist. Der Delaware River bewirkt ein gemäßigtes Klima.

CUMBERLAND VALLEY AVA

Maryland, Pennsylvania

Das 120 km lange Cumberland Valley liegt zwischen den South Mountains und den Allegheny Mountains. Der Weinbau in dieser nahezu 3100 km² großen AVA beschränkt sich auf kleine Flächen, wo Böden, Entwässerung, Niederschläge und die Sicherheit vor vernichtenden winterlichen Temperaturen ihn zulassen. Die Weinberge finden sich auf hoch liegenden Terrassen am Nordufer des Potomac, auf den Hügeln und Kämmen rund um das Talbecken und im Hochland der South Mountains.

FENNVILLE AVA

Michigan

Der Michigan-See mildert das Klima dieser Region und bewirkt etwas höhere Winter- und niedrigere Sommertemperaturen als in 50 km Entfernung. Fennville erstreckt sich über 310 km² und erzeugt seit über einem Jahrhundert verschiedene Früchte, auch Trauben für die Weinerzeugung. Der Boden besteht vorwiegend aus eiszeitlichen Schottern.

FINGER LAKES AVA

New York

Der Name ist von den elf Seen abgeleitet, die wie Finger nebeneinander südlich des Ontario-Sees liegen. Die Binnengewässer mäßigen das Klima, und die Topografie des umliegenden Landes bewirkt eine »Luftdrainage«, die im Winter und Sommer Temperaturextreme mildert.

GRAND RIVER VALLEY AVA

Ohio

In dieser innerhalb der Lake Erie AVA gelegenen Region schützt der See die Reben vor Frostschäden und bewirkt eine längere Wachstumsperiode als im Hinterland. Das Flusstal bewirkt eine erhöhte Luftzirkulation, die der Gegend ein eigenes Kleinklima verleiht, das eine gesonderte Appellation innerhalb der Lake Erie AVA rechtfertigt.

HUDSON RIVER REGION AVA

New York

Diese AVA umfasst das ganze Gebiet der Countys Columbia, Dutchess und Putnam, die östlichen Teile der Countys Ulster und Sullivan, den Großteil von Orange County und die nördlichen Teile der Countys Rockland und Westchester. Es ist als »Taconische Provinz« bekannt, eine geologisch äußerst komplexe Region mit Böden aus verschiedenen Schieferarten und Kalkstein, die in der Eiszeit abgelagert wurden.

ISLE ST. GEORGE AVA

Ohio

Auf der nördlichsten der Bass-Inseln gedeihen bereits seit 1853 Rebstöcke; heute bedecken sie mehr als die Hälfte der Insel. Aufgrund des Erie-Sees herrschen hier im Frühling und Sommer kühlere und im Winter wärmere Temperaturen als in den Weinbergen im Binnenland von Ohio. Mit 206 frostfreien Tagen pro Jahr übertrifft die Insel alle anderen Regionen Ohios. Die dünne Schwemmbodenschicht über verwittertem Kalkstein eignet sich hervorragend für den Weinbau.

KANAWAH RIVER VALLEY AVA

West Virginia

Diese Region umfasst 2600 km², besitzt aber nur 6 ha Rebstöcke und eine Kellerei.

LAKE ERIE AVA

New York, Pennsylvania, Ohio

Die Appellation Erie-See erstreckt sich über drei Staaten und umfasst auch die beiden AVA Isle St. George und Grand River Valley. Ihr Klima wird durch den Erie-See gemildert, der den Weinbau hier erst möglich macht.

LAKE MICHIGAN SHORE AVA

Michigan

Diese im Südwesten Michigans gelegene AVA bildet eine geografische und klimatische Einheit, sie schließt aber auch kleinere, spezifische Terroirs wie Fennville mit seiner eigenen AVA ein.

LANCASTER VALLEY AVA

Pennsylvania

Die Rebstöcke gedeihen auf einem praktisch ebenen Talboden in durchschnittlich 120 m Höhe. Die tiefen Böden aus verwittertem Kalkstein entwässern gut und speichern dennoch Feuchtigkeit, sie sind überaus ertragreich und heben sich stark von jenen der umliegenden Hügel und Hochländer ab.

LEELANAU PENINSULA AVA

Michigan

Der Michigan-See verzögert die Entwicklung der Reben bis über die gefährlichste Frostperiode im Frühjahr hinaus und verhindert im Herbst plötzliche Temperaturstürze. Die Halbinsel liegt am Westufer des Michigan-Sees nordwestlich von Traverse City.

LINGANORE AVA

Maryland

Linganore, das erste Weinbaugebiet Marylands, liegt östlich von Frederick. Es ist im Allgemeinen wärmer und feuchter als die Regionen im Osten und etwas kühler und trockener als jene im Westen.

LORAMIE CREEK AVA

Ohio

Diese kleine AVA umfasst lediglich 1460 ha im Shelby County im westlichen Zentral-Ohio. Aufgrund der schlechten Entwässerung der Böden müssen die Rebstöcke auf Hängen und Bergkämmen gepflanzt werden, damit sie keine nassen Füße bekommen.

MARTHA'S VINEYARD AVA

Massachusetts

Diese AVA umfasst eine Insel vor Massachusetts. Innerhalb der AVA liegt ein Areal namens Chappaquiddick, das durch eine Sandbank mit Martha's Vineyard verbunden ist. Die Meereswinde verzögern den Frühlingsbeginn, bewirken einen kühleren Herbst und dehnen die Vegetationszeit auf durchschnittlich 210 Tage aus, gegenüber 180 Tagen auf dem Festland.

MONTICELLO AVA

Virginia

Monticello ist als Wohnsitz von Thomas Jefferson bekannt, der hier Reben pflanzte. Der größte Teil der besten Erzeuger Virginias findet sich in dieser AVA.

NORTHERN NECK GEORGE WASHINGTON BIRTHPLACE AVA

Virginia

Diese AVA liegt auf einer 160 km langen Halbinsel zwischen dem Potomac und dem Rappahannock River. Die Rebstöcke gedeihen auf den sandigen Tonböden der Hänge und auf den Schwemmböden der Flusstäler. Das günstige Klima mit ausgezeichneter Ventilation ist den umgebenden Wasserflächen zu verdanken.

NORTH FORK OF LONG ISLAND AVA

New York

Zwar muss das Klima dieser AVA als feuchtes Kontinentalklima eingestuft werden, doch wirkt sich das umliegende Meer mäßigend aus, sodass diese Region ein wesentlich milderes Klima hat als viele Gegenden auf demselben Breitengrad im Landesinneren. Die Wachstumsperiode ist um etwa ein bis drei Wochen länger als an der Südspitze der Insel, die vorwiegend sandigen Böden enthalten weniger Mergel und Lehm und sind etwas fruchtbarer.

NORTH FORK OF ROANOKE AVA

Virginia

Dieses Tal wird durch Berge im Westen und Osten vor heftigen Niederschlägen während der Vegetationsperiode bewahrt. Die Reben stehen auf Kalk-Sandstein-Böden.

OHIO RIVER VALLEY AVA

Indiana, Ohio, West Virginia, Kentucky

Eine riesige AVA. Ohio war bis 1859 der führende Wein erzeugende Staat der USA. Während des Bürgerkriegs verbreiteten sich Schwarzfäule und echter Mehltau und zerstörten nahezu alle Weinberge.

OLD MISSION PENINSULA AVA

Michigan

Diese AVA ist an drei Seiten von der Grand Traverse Bay umgeben. Das Wasser und die warmen südwestlichen Winde erzeugen ein einzigartiges Klima, das den Anbau von *Vinifera*-Reben ermöglicht.

ROCKY KNOB AVA

Virginia

Die in den Blue Ridge Mountains gelegene AVA hat einen kälteren Frühling als die umliegenden Regionen. Dadurch blühen die Reben später, sodass sie durch die Kälteeinbrüche im Frühjahr nicht geschädigt werden. Aufgrund des späteren Fruchtansatzes verlängert sich die Wachstumsperiode um eine Woche. Lehmiger Mergel und Kiesböden sorgen für eine gute Entwässerung.

SHENANDOAH VALLEY AVA

Virginia, West Virginia

Diese AVA umfasst das zwischen den Blue Ridge Mountains und den Allegheny Mountains gelegene Shenandoah Valley und erstreckt sich in südlicher Richtung über das Tal hinaus fast bis Roanoke.

SOUTHEASTERN NEW ENGLAND AVA

Connecticut, Rhode Island, Massachusetts

Diese Region besitzt ein für New England gemäßigtes Klima, das durch die Nähe zu verschiedenen Küstengewässern verursacht wird.

THE HAMPTONS, LONG ISLAND AVA

New York

Das Gebiet The Hamptons wird seit dreihundert Jahren landwirtschaftlich genutzt. Es liegt im Suffolk County, angrenzend an North Fork of Long Island, und wird im Norden vom Peconic River und der Peconic Bay begrenzt. Gardiners Island gehört ebenfalls zu dieser AVA.

VIRGINIA'S EASTERN SHORE AVA

Virginia

Diese AVA liegt in den Countys Accomack und Northampton auf der über 120 km langen Halbinsel Delmarva, die im Osten vom Atlantik und im Westen von der Chesapeake-Bucht umgeben ist. Der klimatische Einfluss dieser beiden großen Gewässer verhindert extreme Wintertemperaturen, verzögert jedoch die Reifung, was in der Erntezeit zu Problemen führen kann.

WARREN HILLS AVA

New Jersey

Weine, die in der Osthälfte der Central Delaware Valley AVA erzeugt werden (unter der fünf schmale Täler vereint sind), können diese Sub-AVA verwenden. Die engen Täler bieten zahlreiche Hügellagen mit guter Ausrichtung und verstärken die Winde, wodurch sich Frost- und Fäulegefahr verringern.

WESTERN CONNECTICUT HIGHLANDS AVA

Connecticut

Das große Gebiet umfasst ein Hügelland und die Western Connecticut Highlands.

ERZEUGER

ATLANTISCHER NORDOSTEN

CONNECTICUT

CHAMARD

Clinton

☆

Eine moderne Weinkellerei, nur 3 km vom Long Island Sound entfernt.

✓ *Chardonnay* (Estate Reserve)

STONINGTON VINEYARDS

Stonington

Dieses kleine Gut wurde 1986 errichtet und erzeugt Weine aus Hybriden und *Vinifera*-Reben.

✓ *Chardonnay* (Estate)

Von den weiteren neun Weinkellereien Connecticuts machen die folgenden einige interessante Weine: **Crosswood Vineyard** (Johannisberg Riesling), **Haight Vineyards** (Chardonnay, Riesling), **Hamlet Hill Vineyards** (Seyval Blanc), **Hopkins Vineyards** (Ravat Blanc).

INDIANA

CHÂTEAU THOMAS WINERY

Indianapolis

★

Dr. Charles Thomas legt auf den Wein, den er trinkt, und auf seine Sammlung erlesener europäischer Weine so viel Wert, dass er sich weigert, hier Reben zu pflanzen oder Trauben zu kaufen. Wenn diese Weine etwas Besonderes sind, dann deshalb, weil er ausschließlich aus den besten Regionen des Napa Valley Trauben bezieht.

✓ *Chardonnay* • *Cabernet Sauvignon* • *Merlot*

OLIVER WINE COMPANY

Bloomington

☆

Leider gediehen die Reben aufgrund der klimatischen Bedingungen nicht, doch stellen Bill und Mary Oliver Wein aus Trauben her, die sie in Kalifornien, Washington und New York kaufen.

✓ *Merlot* • *Sauvignon Blanc*

MARYLAND

BASIGNANI

Sparks

★

Dieses kleine Gut macht einen vorzüglichen Cabernet Sauvignon, auch der Merlot zieht durch Qualität Aufmerksamkeit auf sich.

✓ *Cabernet Sauvignon* • *Lorenzino* (Rotwein im Bordeaux-Stil) • *Merlot*

BOORDY VINEYARDS

Hydes

Dieses Weingut führte Hybridsorten ein, ein Wendepunkt in der Weinbaugeschichte der USA.

BYRD VINEYARDS

Myersville

❷

Dieser *Vinifera*-Pionier hat bislang einige prämierte Weine hergestellt.

CATOCTIN VINEYARDS

Brookeville

☆✪

An diesem Jointventure ist Bob Lyon beteiligt, der seine Ausbildung in Kalifornien erhielt.

✓ *Cabernet Sauvignon* (Reserve) • *Chardonnay* (Oak Fermented) • *Johannisberg Riesling*

ELK RUN VINEYARD

Mount Airy

☆

Eigentümer und Weinmacher Fred Wilson sammelte bei dem legendären Dr. Konstantin Frank (*siehe* S. 488) Erfahrung.

✓ *Cabernet Sauvignon* • *Chardonnay*

MONTBRAY WINE CELLARS

Westminster

Montbray machte 1974 den ersten Riesling-Eiswein der USA.

✓ *Chardonnay* • *Johannisberg Riesling* • *Seyval Blanc*

MASSACHUSETTS

CHICAMA VINEYARDS

West Tisbury

Die älteste Weinkellerei Massachusetts war auch die Erste, die auf Martha's Vineyard *Vinifera*-Rebstöcke pflanzte.

WESTPORT RIVERS

Westport

☆

Bob und Carol Russell wandelten 1986 eine Rübenfarm aus dem 17. Jahrhundert in das größte Weingut Neuenglands um.

✓ *Chardonnay*

MICHIGAN

BOSKYDEL VINEYARD

Lake Leelanau

Das erste Gut, das auf der Halbinsel Leelanau gegründet wurde.

CHÂTEAU GRAND TRAVERS

Traverse City

Das Weingut pflanzte als Erstes im Staat Michigan ausschließlich *Vinifera*-Stöcke.

✓ *Chardonnay* (Sur Lie) • *Johannisberg Riesling* (Botrytized Select Harvest, Dry Icewine, Late Harvest)

FENN VALLEY VINEYARDS

Fennville

Dieser 1973 gegründete Betrieb war der erste, der seine Weine unter der Fennville AVA auf den Markt brachte. Pinot Noir und Pinot Gris sollte man im Auge behalten.

✓ *Johannisberg Riesling*

MADRON LAKE HILLS

Buchanan

Das nur mit *Vinifera*-Sorten bestockte Weingut ist vor allem für Riesling bekannt. Der Pinot Noir wird stetig besser, und auch andere Sorten wie

Pinot Gris und Barbera erscheinen viel versprechend.

✓ *Pinot Noir* (Estate) • *White Riesling* (Estate Selected Late Harvest)

ST. JULIAN WINE COMPANY

Paw Paw

Diese ursprünglich kanadische und von einem Italiener 1921 gegründete Kellerei übersiedelte nach Detroit und wurde amerikanisch. Am heutigen Standort wurde sie zur St. Julien Wine Company. Ihre Schaumweine genießen hohes Ansehen, doch die Hybriden, wie Chambourcin, Chancellor und Vignoles, erbringen bereits bessere Ergebnisse.

TABOR HILL BRONTE WINES

Hartford

Dieses Unternehmen wurde in Detroit als Bronte Winery gegründet und brachte als Erstes den berüchtigten Schaumwein »Cold Duck« (*siehe* auch Kanada, Andrés Wines) auf den Markt, ein mit Kohlensäure versetztes Gebräu aus der Concord-Traube, das sich in den 1960er Jahren außergewöhnlicher Beliebtheit erfreute. Bei solch schmachvoller Vergangenheit verwundert es nicht, dass die Kellerei an einen anderen Ort übersiedelte und eine neue Identität annahm.

Von den übrigen 14 Betrieben Michigans könnte es sich lohnen, **Mawby Vineyards** im Auge zu behalten; folgende haben hin und wieder schon beachtenswerte Weine geliefert: **Leelanau Wine Cellars** (Chardonnay), **Lemon Creek Winery** (Riesling-Vidal-Verschnitt), **Lakeside Vineyard** (Chardonnay, Johannisberg-Riesling) und **Tabor Hill Vineyards** (Chardonnay; nicht verwechseln mit Tabor Hill Bronte Wines).

NEW JERSEY

ALBA VINEYARD

Milford

Dieses Weingut erzeugt gelegentlich einen guten Chardonnay, seine besten Produkte sind jedoch die üppigen, süßen, pflaumigen Weine im Portwein-Stil.

✓ *Vintage Port*

TOMASELLO

Hammonton

☆

Diese unmittelbar nach Aufhebung der Prohibition gegründete Kellerei besitzt fünfzig Jahre Erfahrung in der Erzeugung ansehnlicher Schaumweine.

✓ *Sparkling Wine* (Blanc de Noirs)

UNIONVILLE VINEYARDS

Ringoes

☆

Einer der jüngsten und rasch aufstrebenden Erzeuger New Jerseys.

✓ *Riesling*

Von den 16 weiteren Betrieben in New Jersey erzeugt die **Gross Highland Winery** einige interessante Vidal-Blanc-Weine.

NEW YORK

BEDELL

Cutchogue

★

Die erste Lese 1985 dieser auf Long Island ansässigen Kellerei wurde durch den Hurrikan Gloria vernichtet, die folgenden Jahrgänge haben sich als gut erwiesen.

✓ *Merlot* (Reserve)

BENMARL WINE COMPANY LTD

Marlboro

Eines der erfolgreichsten Weingüter des Staats. »Benmarl« ist das gälische Wort für den Schiefer-Mergel-Boden der Weinberge. Trotz der hier kultivierten *Vinifera*-Sorten zieht man den Seyval Blanc vor.

BIDWELL VINEYARDS

Cutchogue

Ein beständig guter Riesling.

✓ *White Riesling*

BRIDGEHAMPTON

Bridgehampton

★☆

Die Weine des schnell aufsteigenden Sterns von Long Island besitzen intensive Frucht und gute Struktur.

✓ *Chardonnay* • *Meritage* (Rotwein im Bordeaux-Stil) • *Merlot* • *Riesling* • *Sauvignon Blanc*

BROTHERHOOD WINERY

Washingtonville

Das älteste ununterbrochen betriebene Weingut der USA wurde von einem Schuhmacher namens Jean Jacques gegründet, der seine Erzeugnisse zunächst an die First Presbyterian Church verkaufte. Die Weine gehörten lange Zeit der alten Schule an, besitzen aber heute einen frischen, knackigen Charakter.

✓ *Marriage* (Rotwein im Bordeaux-Stil) • *Riesling*

CANANDAIGUA WINE COMPANY

Canandaigua

Das aus der Sprache der Seneca stammende Wort *canandaigua* bedeutet »erwählter Ort«. Selbst in den späten 1980er Jahren produzierte das Unternehmen große Mengen Wein und wird heute in puncto Größe nur von Gallo übertroffen. Zur Kellerei, die heute auch hochwertige Sortenweine herstellt, gehören im Atlantischen Nordosten die Labels Richards, J. Roget und Virginia Dare, in Kalifornien Almadén Vineyards, Cooks, Dunnewood, Inglenook, Paul Masson und Taylors.

CASA LARGA VINEYARDS

Fairport

Der gebürtige Italiener Andrew Coloruotolo kultivierte vorwiegend Hybridreben, bis er Dr. Konstantin Frank kennen lernte. Heute bestehen seine Weinberge zu über 90 % aus *Vinifera*-Rebstöcken.

✓ *Chardonnay* • *Johannisberg Riesling*

CHÂTEAU FRANK

Hammondsport

Willy Frank betreibt diese Weinkellerei nur einen Steinwurf von jenem Ort entfernt, wo sein Vater einst die Dr. Konstantin Frank's Vinifera Wine Cellars gründete.

CLINTON VINEYARDS

Clinton Corners

Diese Kellerei erzeugt einen der besten Seyval Blancs des Staates.

GLENORA WINE CELLARS

Dundee

★

Die nach dem nahe gelegenen Glenora-Wasserfall benannte Kellerei stellt frische, elegante Weine her.

✓ *Chardonnay* • *Johann Blanc* • *Sparkling Wine* (Vintage Blanc de Blancs)

GOLD SEAL

Hammondsport

Dieses alte Unternehmen, das ursprünglich Imperial Winery hieß, gelangte mit seinem »New York Champagner« zu Ruhm. Die Qualität des Schaumweins gründete sich auf eine hundertjährige Champagner-Erfahrung in Gestalt von Charles le Breton von Louis Roederer, Jules Crance von Moët & Chandon, Charles Fournier von Veuve Clicquot und Guy Davaux von Marne & Champagne, die alle bei Gold Seal tätig waren. Unter diesen Fachleuten zeichnete sich besonders Fournier aus, dessen Name im süffigen Schampus des Unternehmens weiterlebt.

✓ *Charles Fournier Blanc de Noir*

GREAT WESTERN WINERY

Hammondsport

Die historische Weinkellerei Great Western ist heute ein Tochterunternehmen der Taylor Wine Company. Ihre Weine sind jedoch weniger innovativ, mit Ausnahme der gelegentlich guten *Vinifera*-Weine.

GRISTINA

Cutchogue

Dieses 1984 gegründete Weingut der North Fork zeigte bereits Anfang der 1990er Jahre gute Ansätze.

✓ *Chardonnay* • *Merlot*

HARGRAVE VINEYARDS

Cutchogue

★

Alex und Louisa Hargrave gründeten im Jahr 1973 auf einer ehemaligen Kartoffelfarm das erste Weingut auf Long Island.

✓ *Cabernet Sauvignon* • *Pinot Noir* (Le Noiren) • *Sauvignon Blanc*

HERON HILL VINEYARDS

Hammondsport

Der Name »Heron Hill« entsprang der Fantasie des Werbetexters Peter Johnstone, den die Finger Lakes bei einem Besuch im Jahr 1968 so fesselten, dass er blieb. Er gründete mit Mehrheitspartner John Ingle das Unternehmen, dachte sich 1977 den Namen Heron Hill aus und ist seitdem der Weinmacher.

✓ *Chardonnay* (Little Heron, Otter Spring) • *Johannisberg Riesling* (Ingle Vineyard) • *Seyval Blanc*

KNAPP VINEYARDS

Romulus

☆

Dieses Weingut macht seit je Weine aus *Vinifera*-Sorten und Hybriden. Sein Seyval Blanc ist einer der besten des Staates.

✓ *Cabernet Sauvignon* • *Chardonnay*

LAMOREAUX LANDING

Lodi

★

Der jüngste, aufstrebende Star der Finger Lakes wurde erst 1991 gegründet und stellte schon 1994 seine Produkte auf dem Exportmarkt vor.

✓ *Chardonnay* • *Riesling* (Dry)

LENZ

Peconic

★

In ihrem Restaurant entwickelten Patricia und Peter Lenz ihre Leidenschaft für Wein, was zur Gründung dieses Guts auf einer Kartoffelfarm führte.

✓ *Chardonnay*

MILLBROOK

Der Star der Region Hudson River.

✓ *Cabernet Franc* • *Chardonnay* (Proprietor's Special Reserve)

PALMER

Aquebogue

★☆

1983 wandelte man eine Kartoffel- und-Kürbis-Farm in ein Weingut um, errichtete drei Jahre später ein Kellereigebäude und machte schon bald Aufsehen erregende Weine. Insbesondere die Rotweine besitzen bedeutend mehr Fülle als die anderer Erzeuger in New York.

✓ *Cabernet Franc* • *Chardonnay* • *Merlot*

PAUMANOK VINEYARDS

Aquebogue

☆

Ein weiterer aufsteigender Stern auf Long Island.

✓ *Merlot* • *Riesling*

PELLEGRINI VINEYARDS

Cutchogue

★☆

Die in jüngerer Zeit gegründete Weinkellerei zählt zu den viel versprechendsten Erzeugern von North Fork auf Long Island.

✓ *Cabernet Sauvignon* • *Chardonnay* • *Merlot*

PINDAR VINEYARDS

Peconic

★

Dr. Herodotus Damianos wandelte eine Kartoffelfarm auf Long Island in ein Weingut um, errichtete 1982 die Kellerei und benannte sie nach dem griechischen Lyriker. Sie zählt zu den größten und auch besten Erzeugern von Long Island.

✓ *Sparkling Wine* (Premier Cuvée) • *Chardonnay* • *Merlot* • *Mythology* (Rotwein im Bordeaux-Stil)

DR. FRANK'S VINIFERA WINE CELLARS

Hammondsport

✫

Ein faszinierendes Sortiment an *Vinifera*-Weinen. Vor allem der Dessertwein Sereksia verdient Beachtung.

✓ *Johannisberg Riesling* (Dry, Semi-Dry) • *Sereksia*

WAGNER VINEYARDS

Route 414 • Lodi

★

Erzeugt zuverlässige, qualitätvolle Weine.

✓ *Chardonnay* (Barrel Fermented) • *Ravat* (Icewine) • *Riesling* (Dry, Icewine) • *Seyval Blanc* (Barrel Fermented)

HERMANN J. WEIMER VINEYARD

Dundee

✫

Neben seiner Tätigkeit für einen Hybriden-Liebhaber stellte Weimer auf seinem eigenen Weinberg einige herausragende *Vinifera*-Weine her.

✓ *Chardonnay* • *Johannisberg Riesling*

Von den übrigen 75 Betrieben im Staat New York haben die folgenden schon interessante Weine gemacht: **Cascade Mountain** (Seyval Blanc, Vignoles Late Harvest), **Peconic Bay Vineyards** (Cabernet Sauvignon, Chardonnay, Merlot), **Plane's Cayuga Vineyard** (Chancellor, Chardonnay), **West Park Wine Cellars** (Chardonnay), **Windsor Vineyards** (Chardonnay), **Woodbury Vineyards** (Chardonnay, Johannisberg Riesling, Seyval Blanc).

OHIO

CHALET DEBONNÉ

Madison

Dieses kleine Gut wurde 1971 von Tony Debevec errichtet, dessen Großvater Anton Debevec als Erster 1917 in der Region Grand River am Südufer des Erie-Sees Reben pflanzte. Vidal Blanc ist hier der beständigste Wein.

FIRELANDS WINERY

Sandusky

✫

Dieser Betrieb ist auf dem Areal des 1880 angelegten Weinguts Mantey ansässig und zieht pro Jahr 40 000 Besucher an.

✓ *Chardonnay* (Barrel Select)

MARKKO VINEYARD

Ridge Road, Conneaut

Dieses Weingut gehört Arnulf Esterer, dem ersten Winzer, der nach Konstantin Frank in Ohio *Vinifera*-Reben pflanzte.

✓ *Cabernet Sauvignon* • *Chardonnay*

Von den übrigen 46 Betrieben in Ohio machen die folgenden gelegentlich sehr gute Weine: **Grand River Wine** (Seyval Blanc), **Harpersfield Vineyard** (Geneva), **Klingshirn Winery** (Cabernet Sauvignon), **Valley Vineyards** (Vidal Blanc).

PENNSYLVANIA

ALLEGRO VINEYARDS

Brogue

✫

John Crouch ist ein gut eingeführter Erzeuger von Cabernet und zurzeit mit Cadenza in Hochform.

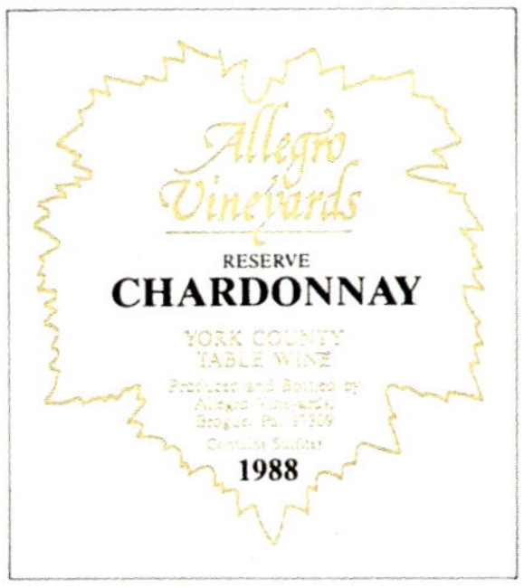

✓ Cabernet Sauvignon • Cadenza (Rotwein im Bordeaux-Stil)

CHADDSFORD WINERY

Chaddsford

★

Vor zehn Jahren war es noch zu früh für eine Beurteilung. In der Zwischenzeit machten die Besitzer Eric und Lee Miller Chaddsford jedoch zu einem der aufstrebenden Stars des Atlantischen Nordostens.

✓ *Chardonnay* (Philip Roth Vineyard) • *Pinot Grigio*

Von den übrigen 60 Betrieben in Pennsylvania erzeugt **Naylor Wine Cellars** gelegentlich interessante Weine (Chambourcin, Riesling).

RHODE ISLAND

SAKONNET VINEYARDS

Little Compton

✫

Die erste Kellerei auf Rhode Island, die nach der Prohibition den Betrieb aufnahm.

✓ *Chardonnay*

VIRGINIA

BARBOURSVILLE VINEYARDS

Barboursville

✫

Das Anwesen von James Barbour, einst Gouverneur von Virginia, ist heute im Besitz des Unternehmens Zonin aus dem italienischen Piemont.

✓ *Malvasia* (Reserve)

CHÂTEAU MORISETTE

Rocky Mount

Eine 1982 gegründete, relativ gut eingeführte Weinkellerei, die sich in letzter Zeit im Aufschwung befindet.

✓ *White Riesling*

HORTON

Charlottesville

★✫

Dennis Horton macht als Virginias einziger Rhône-Pionier ausgezeichnete Weine. Da seine Weinberge erst 1989 und 1990 bestockt wurden, steht das Beste noch aus.

✓ *Côtes d'Orange* • *Marsanne* • *Viognier*

INGLESIDE PLANTATION

Oak Grove

Ingleside erzeugte in den frühen 1980er Jahren den ersten Schaumwein Virginias. Chardonnay und Cabernet Sauvignon erweisen sich jedoch als weit interessanter.

MEREDYTH VINEYARDS

Middleburg

Als Archie Smith 1972 dieses Gut gründete, war er der erste Traubenproduzent in der jüngeren Geschichte Virginias. Da man ihm von klassischen *Vinifera*-Sorten abriet, vergingen einige Jahre, ehe er Weine von echter Qualität erzeugte. Heute ist er vor allem für Chardonnay bekannt.

MONTDOMAINE

Charlottesville

✫

Das Gut begann vor kurzem sein Potenzial umzusetzen.

✓ *Chardonnay* (Monticello Reserve)

NAKED MOUNTAIN

Markham

Ein sich steigernder Betrieb, der für Chardonnay berühmt ist.

OASIS VINEYARD

Hume

★

Als Dirgham Salahi 1975 seinen Weinberg bestockte, riet man ihm, wie allen anderen, von *Vinifera*-Sorten ab. Die lokalen Erzeuger hielten ihn für verrückt, weil er nicht nur den Rat in den Wind schlug, sondern sogar ausschließlich auf klassische Sorten setzte. Der Erfolg gab ihm Recht, und er zählt zu den beständigsten Produzenten des Staates.

✓ *Chardonnay* • *Extra Dry Virginia Champagne*

PIEDMONT VINEYARDS AND WINERY INC

Middleburg

★✫

Als Elizabeth Furness 1973 *Vinifera*-Trauben pflanzte, warnte sie niemand, da man annahm, dass jemand, der verrückt genug war, mit 75 Jahren eine neue Karriere zu beginnen, ohnehin nicht auf einen Rat hören würde. Mrs. Furness erwies sich als eine der besten Erzeugerinnen Virginias und genoss ihre neue Aufgabe bis zu ihrem Tod im Jahr 1986. Seitdem führt ihre Tochter Elizabeth Worrel ihre Arbeit in bewundernswerter Weise weiter.

✓ *Chardonnay, Sémillon-Sauvignon*

PRINCE MICHAEL

Culpeper

✫

Das Weingut im Eigentum des französischen Industriellen Jean Leducq ist das größte Virginias. Prince Michael ergänzt seine Produktion mit Trauben aus den eigenen Weinbergen in Napa.

✓ *Cabernet Sauvignon* • *Chardonnay* • *Le Ducq* (Rotwein im Bordeaux-Stil)

RAPIDAN RIVER

Leon

✫

Jean Leducq ist auch Eigentümer dieses Weinguts.

✓ *Riesling*

TARARA

Leesburg

✫

Dieses 16 ha große, 1989 gegründete Weingut errang mit seinem üppigen, buttrigen Chardonnay rasch Ansehen.

✓ *Chardonnay* (Barrel Fermented)

WILLIAMSBURG WINERY

Williamsburg

❓

Dieses bereits 1984 gegründete Unternehmen begann erst mit dem Jahrgang 1990 sein Potenzial zu realisieren.

✓ *Chardonnay* (Act 12, John Adlum)

Von den etwa vierzig übrigen Erzeugern Virginias haben die folgenden gute Ansätze gezeigt: **Autumn Hill** (Chardonnay, Riesling), **Burnley Vineyards** (Cabernet Sauvignon, Chardonnay, Riesling), **Linden Vineyards** (Cabernet, Chardonnay, Riesling-Vidal), **Misty Mountain Vineyards** (Chardonnay), **Oakencroft** (Seyval Blanc, Vidal Blanc), **Shenandoah Vineyards** (Chambourcin, Seyval Blanc) und **Simeon Vineyards** (Vin Gris de Pinot Noir).

WEST VIRGINIA

Von den 9 Produzenten Westvirginias zeigen **West-Whitehill** und **Pliska** das größte Potenzial. Pliska bietet Arbeitsplätze für geistig behinderte Erwachsene, ihre Weine werden in der amerikanischen Botschaft in Paris serviert.

WEITERE STAATEN

Zu den weiteren Weinbau treibenden Staaten im Atlantischen Nordosten zählen Maine (**Bartlett Maine Estate** in Gouldsboro und **Downeast Country Wines** in Trenton), New Hampshire (**The New Hampshire Winery** in Laconia) und Vermont (**Joseph Cerniglia Winery** in Proctorsville und **North River Winery** in Jacksonville).

WEITERE WEINBAUREGIONEN
VEREINIGTE STAATEN

ALABAMA

Die ersten kommerziell genutzten Rebstöcke wurden hier um 1830 gepflanzt, und bis zur Prohibition besaß der Staat eine blühende Weinindustrie. Die Hälfte seiner Countys blieben jedoch bis 1975 »trocken«, und erst 1978 wurde die Gründung von Weingütern gesetzlich zugelassen. Von den 4 Weingütern Alabamas bewies bisher einzig Braswell echtes Potenzial.

ARIZONA

Bisher wurden in bewässerten Wüstengebieten Arizonas lange Zeit Tafeltrauben gezogen. In jüngster Zeit pflanzte man in Sonoita – der einzigen AVA des Staates, in der nur die Höhenlage zwischen 1200 und 1500 m den Weinbau ermöglicht – auch klassische Sorten.

SONOITA AVA

Diese AVA wird von den Santa Rita, Huachuca und Whetstone Mountains eingeschlossen. Geografisch gesehen handelt es sich um ein Hochlandbecken und nicht um ein Tal, da es Ursprung von drei Einzugsgebieten ist: das des Sonoita Creek im Süden, des Cienega Creek im Norden und des Babocamari River im Osten. Die Weinbauern sind überzeugt, dass ihr Terra-rossa-Boden das Potenzial dieser Region bestimmt.

ARKANSAS

Nach der Prohibition schossen in Arkansas mehr als einhundert Weingüter aus dem Boden, von denen aufgrund mangelhafter Fachkenntnisse gerade ein halbes Dutzend überlebte. Das potenzielle Niveau dieser Kellereien ist hoch, jedoch erzeugt nur eine von den sieben des Staats interessante Weine.

ALTUS AVA

Dieses Plateau liegt zwischen dem Tiefland des Arkansas River und den schützenden Gipfeln der Boston Mountains.

ARKANSAS MOUNTAIN AVA

Diese AVA umfasst ein riesiges Gebiet in den Bergen von Arkansas. Die Arkansas Mountains mildern die Wintertemperaturen und bieten Schutz vor heftigen Nordwinden und plötzlichen Temperatureinbrüchen. In der AVA Arkansas Mountain werden klassische europäische Rebsorten kultiviert, während sie in dem im Süden direkt anschließenden Gebiet aufgrund der Pierceschen Krankheit nicht überleben können. Die Piercesche Krankheit ist eine bakterielle Infektion, die in warmen Klimaten grassiert und vor allem *Vitis-vinifera*-Reben befällt.

OZARK MOUNTAIN AVA

Die AVA Ozark Mountain erstreckt sich mit hügeliger bis bergiger Landschaft auf die Staaten Missouri und Oklahoma. Die Böden sind steinig, gut entwässert und enthalten Lehm aus tiefgründig verwittertem Vulkangestein.

COLORADO

Die Wachstumsperiode ist in weiten Bereichen Colorados zu kurz für den Weinbau. Die Zahl der Betriebe stieg jedoch von 2 vor einem Jahrzehnt auf heute 15, weitere sind geplant. Chardonnay und Merlot zählen hier zu den populärsten *Vinifera*-Sorten.

GRAND VALLEY AVA

Grand Valley umfasst die drei Gebiete Orchard Mesa, Redlands und Vinelands.

FLORIDA

Nicht überraschend erzeugt man in den Zitrushainen dieses subtropischen Staats Orangenwein. Dieses Getränk mag einigen seltsam erscheinen, ist jedoch den Weinen aus der heimischen Muscadine überlegen, der einzigen Sorte, die sowohl die Feuchtigkeit als auch die Piercesche Krankheit übersteht. Von den vier Erzeugern Floridas ist Lafayette der erfolgreichste.

GEORGIA

Der Geschmack der vorwiegend aus der einheimischen Muscadine-Traube hergestellten Weine ist gewöhnungsbedürftig. Damit erklärt sich, warum heute nur acht Betriebe aktiv sind. Abgesehen von einem besser werdenden Chardonnay von Château Elan in Braselton finden sich hier kaum interessante Weine.

HAWAII

Nur Alaska scheint für den Weinbau weniger geeignet. Dennoch gibt es hier seit 1814 Reben.

ILLINOIS

Bis 1980 wurde die Bedeutung von Illinois im Weinbau durch die riesige Produktion der David Morgan Corporation (mittlerweile nach New York übergesiedelt ist) über Gebühr betont.

IOWA

Ein Großteil der Weinberge Iowas wurde 1980 durch das Pestizid 2,4-D zerstört, das auf benachbarten Getreidefeldern eingesetzt wurde. Die meisten von Iowas 11 Kellereien machen Wein aus gekauften Trauben. Lediglich die Private Stock Winery besitzt eigene Weinberge.

KANSAS

Es bestehen nur 3 Weinkellereien, Balkan Winery in Girard, Fields of Fair in Paxico und Ludwigshof Winery in Eskridge.

KENTUCKY

Der überwiegende Teil des Staats blieb auch nach der Prohibition trocken. Meines Wissens ist Premium Brand der einzige Erzeuger.

LOUISIANA

Das Klima Louisianas ist für alle Rebsorten mit Ausnahme der Scuppernong ungeeignet. Daher wurden Trauben für die Weinerzeugung importiert und andere Früchte, vor allem Orangen, zu Wein verarbeitet. Heute gibt es nur 2 Kellereien, Church Point und Les Orangers Louisianais.

MINNESOTA

Um die strengen Winter Minnesotas zu überleben, müssen die Rebstöcke einen halben bis über einen Meter hoch mit Erde bedeckt werden, weshalb nur Hybriden verwendet werden. Von dem halben Dutzend Kellereien experimentiert das Weingut Alexis Bailly als Einziges mit *Vinifera*-Sorten.

MISSISSIPPI

Die Entwicklung hier ist sehr ähnlich wie die in Kentucky. Die hohen, restriktiven Steuern wurden 1984 reduziert, als das Mississippi-Delta als AVA anerkannt wurde.

MISSISSIPPI DELTA AVA

Eine fruchtbare Schwemmebene mit Lösshügeln, die entlang der gesamten Ostseite des Deltas unvermutet 30 m hoch aufragen.

MISSOURI

In geringem Umfang wird Weinbau betrieben, der sich auf Hybridreben und vor allem auf die Cynthiana-Traube (*Labrusca* x *Aestivalis*) für Rotweine stützt.

AUGUSTA AVA

Der Weinbau in Augusta, der ersten AVA in den USA, reicht bis in das Jahr 1860 zurück. Die geografischen Bedingungen liefern ein Kleinklima, das Augusta von den umliegenden Gebieten unterscheidet.

HERMANN AVA

Die Böden sorgen durch gute Entwässerung und Speicherfähigkeit für eine ausgezeichnete Wurzelentwicklung.

OZARK HIGHLANDS AVA

Diese in der größeren AVA Ozark Mountain liegende Weinbauregion genießt ein frostfreies Klima mit relativ kühlem Frühling und Herbst.

MONTANA

Obwohl die Vegetationsperiode in Montana für den Weinbau zu kurz ist, erbrachten in den 1970er Jahren Reben bei Missoula in 3 aufeinander folgenden Jahren Erträge. Mission Mountain in Drayton ist meines Wissens die einzige überlebende Kellerei.

NEVADA

Die Wachstumsperiode ist theoretisch für den Weinbau zu kurz, dennoch existiert in diesem Staat einen Erzeugerbetrieb.

NEW MEXICO

Nur Floridas Weinindustrie ist älter als die von New Mexico, die bis in den Anfang des 17. Jahrhunderts zurückreicht. Die Zukunft sieht bescheiden aus, obwohl es zwanzig Erzeugerbetriebe gibt. Zwei von ihnen sind im Besitz französischer Champagnerhäuser.

MESILLA VALLEY AVA

Diese Appellation beginnt in New Mexico und folgt dem Rio Grande durch das Mesilla Valley bis El Paso in Texas. Die tiefen Schwemmböden besitzen eine gute Entwässerung.

MIDDLE RIO GRANDE VALLEY AVA

Dieses schmale Tal erstreckt sich von Albuquerque entlang des Rio Grande bis nach San Antonio. Die franziskanischen Missionen pflanzten hier im 17. Jahrhundert Rebstöcke, und Wein wurde bis zur Prohibition gemacht. In den Höhen zwischen 1450 und 1600 m ist das Klima von geringen Niederschlägen und heißen Sommern gekennzeichnet.

MIMBRES VALLEY AVA

Sie umfasst den Teil des Mimbres River von Mimbres im Norden bis Columbus im Süden.

NORTH CAROLINA

In North Carolina wurden bislang keine AVA eingerichtet oder geplant. Das heiße Klima bedingt, dass die meisten Weine aus der robusten einheimischen Scuppernong-Rebe gewonnen werden, die mit ihren großen, kirschähnlichen Trauben einen ungewöhnlichen Wein ergibt. So machte »Captain« Paul Garrett zur Jahrhundertwende seinen berüchtigten Bestseller-Wein Virginia Dare aus Scuppernong-Trauben von North Carolina, die er aus einer Reihe von Gütern an der Ostküste bezog. Nach der Prohibition kreierte er die erste gesungene Werbung für Wein, und der Virginia Dare wurde erneut der meistverkaufte Wein des Landes. Da Scuppernong-Trauben trotz erfolgreicher Bemühungen, Weinbauern in den Südstaaten zum Anbau dieser Sorte zu bewegen, nur begrenzt zur Verfügung standen, musste er sie mit kalifornischem Wein verschneiden; infolgedessen verlor Virginia Dare seinen unverwechselbaren (und für heutige Gaumen nicht sonderlich attraktiven) Charakter, und die Verkaufszahlen sanken. Heute gibt es in North Carolina 9 Kellereien. Für jede Sorte außer Scuppernong ist die Region allerdings nach wie vor ein feindliches Territorium.

OKLAHOMA

Prohibitiv hohe Lizenzgebühren machen den Staat für den Weinbau unbedeutend, obwohl die Weinkellerei Pete Schwarz seit den 1970er Jahren mit gekauften Trauben gegen die Bürokratie ankämpft und Cimmarron Cellars seit 1983 einen Weinberg mit Maréchal-Foch-Reben besitzt. Die neuen Betriebe Oklahomas bieten keine außergewöhnliche Qualität, was unter diesen Umständen verständlich ist.

SOUTH CAROLINA

Die Weinerzeugung begann hier im Jahr 1764. Nach der Prohibition erholte sich die Weinindustrie jedoch nicht mehr, sodass die 5 Kellereien kaum Interessantes hervorbringen.

TENNESSEE

Dieser Staat besitzt noch einige »trockene« Countys, jedoch hat der Staat kürzlich die Errichtung von Weingütern (heute 14) bedeutend erleichtert. Die gepflanzten *Vinifera*-Reben halten den strengen Wintern meist nicht stand, sodass die meisten Erzeuger Trauben innerhalb und außerhalb der Staatsgrenzen kaufen (*Vinifera*-Trauben, Hybriden und heimische Sorten wie Scuppernong); dies verrät die umfassendste Appellation United States.

TEXAS

Der Aufschwung des texanischen Weins begann Mitte der 1950er Jahre, als Robert Reed, Professor für Weinbau an der Technischen Universität von Texas, einige Setzlinge mit nach Hause nahm. Er pflanzte sie in seinen Garten und war erstaunt über ihr gutes Wachstum. Reed und sein Kollege Clinton McPherson legten einen experimentellen Weinberg mit 75 Sorten an, was 1975 zur Gründung der Kellerei Llano Estacado führte. 1987 investierte Cordier, das berühmte Handelshaus in Bordeaux, in ein 405 ha großes Weingut namens Ste-Geneviève. Mit heute 26 Kellereien hat Texas das Potenzial, das sich vor gut zehn Jahren andeutete, zu einer ersten Blüte gebracht.

BELL MOUNTAIN AVA

Im County Gillespie nördlich von Fredericksburg (einer weiteren Sub-AVA der Texas Hill Country AVA) gelegen, gilt diese Appellation für einen einzigen Erzeuger mit 22 ha Rebfläche auf den Süd- und Südwesthängen des Bell Mountain. Mehr als ein Drittel der Rebstöcke sind Cabernet Sauvignon, der sich bisher für diese Region als bedeutend besser geeignet erwies als Pinot Noir, Sémillon, Riesling und Chardonnay, die ebenfalls hier kultiviert werden. Bell Mountain ist trockener als das Pedernales Valley im Süden und das Llano Valley im Norden und aufgrund der größeren Höhe und der beständigen Winde auch kühler. Die Böden bestehen aus sandigem Lehm über einem leichten, sandig-tonhaltigen Untergrund.

ESCONDIDO VALLEY AVA

Auf Antrag von Cordier wurde die Escondido Valley AVA im County Pecos für die Kellerei Ste. Geneviève eingerichtet. Das Escondido Valley ist ein hoch gelegenes Tal, das im Norden und Süden von Hochplateaus begrenzt wird und in dem die Rebstöcke auf Höhen um 800 m gedeihen.

FREDERICKSBURG AVA

Der vollständige Name dieser AVA lautet Fredericksburg in the Texas Hill Country, wird jedoch meist abgekürzt, um Verwechslungen mit der großen Texas Hill Country AVA zu vermeiden. Bei der Gründung gab es im Appellationsgebiet, das vor allem für seine Pfirsiche bekannt ist, 8 Weingüter. Da die Pfirsichbäume ähnlich empfindlich auf Boden und Klima reagieren wie *Vinifera*-Reben, experimentierten einige Pfirsichfarmer auch mit Trauben und wechselten schließlich in die kommerzielle Weinproduktion. Der Boden besteht aus sandigem Lehm über einem mineralreichen rötlichen Ton.

TEXAS HIGH PLAINS AVA

Diese riesige Appellation im Nordwesten von Texas erstreckt sich über 32 400 km² und umfasst 24 Countys mit 800 ha Rebfläche. Die Böden bestehen im Norden üblicherweise aus braunen tonigen Lehmen und im Süden aus feinem sandigem Lehm.

TEXAS HILL COUNTRY AVA

Die gigantische Appellation besteht aus den östlichen zwei Dritteln des Edwards Plateau und schließt zwei kleinere AVA (Bell Mountain und Fredericksburg), 40 Weinberge und zehn Weingüter ein. Der Großteil der Hügellagen besteht aus Kalkstein, Sandstein oder Granit, während sich in den Tälern sandige und tonige Lehme mit unterschiedlichem Kalkgehalt finden.

UTAH

Trotz des Einflusses der mächtigen, in Salt Lake City ansässigen Kirche der Mormonen besitzt dieser Staat eine Weinbaugeschichte, deren Ursprung interessanterweise mit dem Eintreffen der vorgeblich enthaltsamen Heiligen der Letzten Tage zusammenfällt. Brigham Young, der 1847 die Mormonen nach Utah führte, ließ Weinberge anpflanzen und einen Keller errichten. Er trug einem seiner Anhänger, einem erfahrenen deutschen Winzer, auf, so viel Wein wie möglich zu erzeugen, und obwohl er den Mormonen gestattete, bei der Kommunion Wein zu trinken (was heute nicht mehr erlaubt ist), ordnete er an, den Großteil der Produktion zu verkaufen. Die Mormonen von Dixie, die das Weingut betrieben, folgten dem nicht, sondern behielten den besten Wein für sich selbst. Die Weinerzeugung erreichte gegen Ende des 19. Jahrhunderts ihren Höhepunkt, doch nach dem Verdikt der Kirche über den Alkohol sank ihre Bedeutung. Während der Prohibition starb die Weinindustrie gänzlich aus. Heute gibt es 2 Kellereien.

WISCONSIN

Dieser Staat ist eher für seine Kirsch-, Apfel- und andere so genannte »Weine« bekannt als für Wein aus Trauben.

LAKE WISCONSIN

Der Wisconsin-See und der Wisconsin-Fluss mäßigen das Klima und bewirken Wintertemperaturen, die um einige Grade über denen der umliegenden Gebiete liegen.

WEITERE ERZEUGER

VEREINIGTE STAATEN

ARIZONA

CALLAGHAN VINEYARDS

Sonoita

Beeindruckende Weine. Beachten Sie die künftigen Jahrgänge von Rhône- und italienischen Sorten.

✓ *Cabernet Sauvignon* (Caitlin's Selection) • *Dos Cabezas* (Petite-Sirah-Zinfandel-Verschnitt)

ARKANSAS

WIEDERKEHR WINE CELLARS

Altus

Dies ist die älteste der sieben Kellereien von Arkansas und mit einer Produktion von jährlich ca. 800 000 Flaschen auch die erfolgreichste.

✓ *Altus Spumante* • *Johannisberg Riesling*

COLORADO

PLUM CREEK CELLARS

Palisade

★

Dass sich die Weinindustrie von Colorado im Anfangsstadium befindet, wird daran deutlich, dass diese kleine Kellerei mit 25 000 Flaschen die größte des Staates darstellt.

✓ Chardonnay (Redstone) • Merlot • Riesling

HAWAII

TEDESCHI VINEYARDS

Maui

An den Vulkanhängen der Insel Maui wachsen Carnelian-Reben, mit denen Still- und Schaumweine erzeugt werden. Der Blanc de Noirs ist der erste flaschenvergorene Wein. Ich besuchte diese Kellerei zweimal, beide Male waren die Weine rau und nicht begeisternd. Der angenehme Rose Ranch Cuvée (Rosé) wirkte weniger ambitioniert und war dadurch erfolgreicher. Soweit mir bekannt ist, wurde er nach 1990 nicht mehr hergestellt. Tedeschi produziert zudem Stillweine wie Maui Nouveau, Maui Blush Plantation Red (reiner Carnelian) und Ulupalakua Red (Carnelian-Verschnitt). Den Betreibern erscheint es jedoch weniger riskant und bedeutend einträglicher, als Touristengag einen Maui Blanc aus Ananas herzustellen, der – offen gesagt – das beste Produkt ist. Da der Anbau anderer Trauben geplant ist, könnte die Qualität steigen. Da es praktisch keinen Winter gibt, erwägt Tedeschi, zwei Ernten pro Jahr einzubringen.

✓ *Rose Ranch Cuvée*

VOLCANO WINERY

Hawaii

Der Tierarzt McKinney bepflanzte diesen Weinberg 1987 zwischen zwei überaus aktiven Vulkanen als Vorbereitung auf seine Pensionierung im Jahr 1992. Durch die häufigen Vulkanausbrüche sind die Reben ständig saurem Regen ausgesetzt, der in Jahren wie 1993 den Ertrag auf die Hälfte reduziert. McKinney probierte über zwanzig verschiedene Sorten aus, kultiviert aber nur noch eine, die Symphony, »das Chardonnay-Ähnlichste, das auf der Großen Insel gedeiht«. Vielleicht hat er damit Recht, doch kann man sich kaum einen größeren Unterschied vorstellen als den zwischen Chardonnay und der muskatähnlichen Symphony. Ihr frischer, aromatischer und etwas exotischer Charakter passt aber vermutlich besser zur hawaiianischen Küche als jede andere Traubensorte. McKinney erzeugt zudem Fruchtweine und mischt gern Saft verschiedener Früchte auf dieselbe Art, wie man es mit verschiedenen Traubensorten macht, um unterschiedliche Weine zu erhalten. Darüber hinaus experimentiert er gern, und er entdeckte, dass die kirschrote Schale der Kaffeebohne (das Gut liegt in der berühmten Kaffeeregion Kona) vergoren werden kann, sodass wir möglicherweise schon bald Kaffeewein verkosten dürfen!

ILLINOIS

ALTO VINEYARDS

Alto Pass

Der emeritierte Universitätsprofessor Guy Renzaglia pflanzte neben Hybriden auch Chardonnay und Riesling, doch die *Vinifera*-Reben überlebten nicht.

✓ *Chambourcin • Vidal Blanc*

LYNFRED WINERY

Roselle

Fred Koehler macht neben sehr erfolgreichen Fruchtweinen ein breites Sortiment an Traubenweinen aus gekauften Trauben (zum Teil aus dem fernen Kalifornien).

✓ *Fred's Red*

MISSISSIPPI

CLAIRBORNE VINEYARDS

Indianola

Dieses Weingut stellt frischen Seyval Blanc und Sauvignon Blanc her.

Im Staat Mississippi gibt es mindestens noch 3 Weingüter: Almarla in Matherville, Old South Winery in Natchez und Rushing Winery in Merigold.

MISSOURI

MOUNT PLEASANT VINEYARDS

Augusta

✯

Diese im 19. Jahrhundert gegründete Kellerei wurde von Lucien Dressel 1967 reaktiviert. Auf seinen Antrag wurde Augusta 1980 als erste AVA der USA anerkannt. Heute ist er für Jahrgangsport und reintönigen Seyval Blanc und Vidal Blanc am bekanntesten, er produziert daneben aber überraschend guten Rayon d'Or und Cynthiana. Man versucht es mit einem Chardonnay (Les Copains Vineyard) und einem Rotwein im Bordeaux-Stil (Private Reserve), man macht auch manchmal Eiswein und verblüffte 1993 mit einer wundervollen botrytisierten Beerenauslese.

STONE HILL WINERY

Hermann

Mit seiner Gründung im Jahr 1847 ist Stone Hill das älteste Gut Missouris. Seine Keller wurden während der Prohibition zur Champignonzucht verwendet und 1965 von Jim und Betty Held reaktiviert, die kurzzeitig mit *Vinifera*-Sorten flirteten, aber schon bald aufgaben. Heute stellen sie zahlreiche Catawba- und Concord-Weine her. Zu den besten zählen der rote Norton und ein fassvergorener Seyval Blanc.

Zu den weiteren nennenswerten Kellereien Missouris gehören **Hermannoff** (Norton, Vidal Blanc) und **Montelle** (Cynthiana, Coyote Crossing Vineyard).

NEW MEXICO

ANDERSON VALLEY VINEYARDS

Albuquerque

Dieses Weingut wurde 1984 von dem Mutter-Sohn-Team Patty und Kris Anderson errichtet, die von Beginn an ordentlichen Chardonnay und Chenin Blanc erzeugten. Im heutigen breiten Sortiment ragt besonders der Cabernet Sauvignon heraus.

DOMAIN CHEURLIN

Truth or Consequences

✯

Dieses Gut wurde 1981 von Jacques Cheurlin gegründet, dessen Familie im Département Aube Champagner erzeugt. Seine Weine sind frisch und knackig.

✓ *New Mexico Brut*

GRUET

Albuquerque

★

Die Familie Gruet besitzt auch im Sézannais in der Champagne ein Unternehmen. Einige dieser Weine präsentierten eine außergewöhnliche Säure.

✓ *NV Brut • Vintage Blanc de Blancs*

In den weiteren 17 Weinkellereien von New Mexico habe ich kaum Interessantes entdeckt.

NORTH CAROLINA

BILTMORE ESTATE WINERY

Asheville

✯

Der Enkel von George Washington Vanderbilt, der auf diesem 3 200 ha großen Anwesen die größte Villa des Landes errichtete (mit 250 Zimmern), pflanzte hier 1979 klassische französische Rebstöcke. In den Blue Ridge Mountains ist es auf 1400 m Höhe kühl genug für klassische *Vinifera*-Sorten, manchmal ist es sogar so kalt, dass die Trauben nicht reif werden. Daher sollte man darauf achten, ob die Herkunftsbezeichnung auf dem Etikett die USA nennt, was darauf verweist, dass die Trauben aus Kalifornien eingeführt wurden. Allerdings gewinnen sie meiner Meinung nach dadurch nur.

✓ *Chardonnay* (Barrel Fermented)

TEXAS

BELL MOUNTAIN

Fredericksburg

Der eichenbetonte Cabernet Sauvignon von Robert Oberhellman hat bereits verschiedene lokale Auszeichnungen gewonnen.

CAP ROCK

Lubbock

★

Die einstigen Teysha Cellars tragen seit dem Eigentümerwechsel 1992 den Namen Cap Rock. Da Tony Soter, der Eigentümer von Étude im Napa Valley, hier als Berater tätig ist, sollte man dieses Gut im Auge behalten. Der Rosé Royale ist schon sehr angenehm.

✓ *Cabernet* (Reserve, Royale) • *Chenin Blanc • Sauvignon Blanc*

FALL CREEK VINEYARDS

Austin

✯

Dieses Gut ist nach dem Wasserfall benannt, der von einer Klippe in Ed Aulers Ranch in den Lake Buchanan stürzt. Da auf Fall Creek lange Zeit Rinder gezüchtet wurden, sind die Böden gut gedüngt. Die Weine sind überaus fruchtig und angenehm zu trinken.

✓ *Cabernet Sauvignon • Chardonnay* (Grande Reserve) • *Sauvignon Blanc*

LLANO ESTACADO WINERY

Lubbock

✯

Llano Estacado ist die erste texanische Kellerei der jüngeren Geschichte. Sie bringt vor allem frische, lebhafte Weißweine hervor, aber auch die Rotweine steigern ihre Qualität.

✓ *Chardonnay • Chenin Blanc • Sauvignon Blanc*

MESSINA HOF WINE CELLARS

Bryan

✯

Paul Bonnarrigos Familie stammt aus dem italienischen Messina, während seine Frau Merril deutsche Vorfahren aus dem fränkischen Hof besitzt – so kam der Name der Kellerei zu Stande. Vor allem die Weißweine zeichnen sich durch Qualität aus.

✓ *Chenin Blanc • Johannisberg Riesling • Sauvignon Blanc*

PHEASANT RIDGE WINERY

Lubbock

✯

Robert Cox von Pheasant Ridge erzeugt einen der wenigen guten Rotweine des Staates.

✓ *Cabernet Sauvignon* (Lubbock Reserve)

STE. GENEVIÈVE

Fort Stockton

✯

Von Cordier übernommen. Der überwiegende Teil der Produktion wird als Massenwein verkauft.

✓ *Cabernet Sauvignon* (Grand Reserve) • *Sauvignon Blanc*

SLAUGHTER LEFTWICH

Austin

Dieses 20 ha große Gut gehört der seit sechs Generationen in Texas ansässigen Familie Slaughter-Leftwich. Die Produktion umfasst etwa 130 000 Flaschen vorwiegend weißen Weins, daneben werden auch Cabernet und eine geringe Menge Rosé erzeugt.

✓ *Chardonnay • Sauvignon Blanc*

UTAH

ARCHES VINEYARD

Spanish Fork

Der aufsteigende Stern unter den Erzeugern Utahs.

✓ *Riesling*

WISCONSIN

WOLLERSHEIM WINERY

Prairie du Sac

Die Wollersheim Winery wurde 1858 von der Familie Kehl aus Nierstein gegründet und 1972 von Robert und Joann Wollersheim reaktiviert. Aus den hier kultivierten Hybriden und *Vinifera*-Sorten werden ein interessanter Domaine du Sac (Rotweinverschnitt) und ein trockener Riesling erzeugt.

Von den übrigen 12 Weinkellereien Wisconsins stellt **Cedar Creek** annehmbare Weine aus gekauften Trauben her.

✧ KANADA ✧

Noch vor gut zehn Jahren glaubte ich, dass sich die kanadische Weinindustrie an einem Wendepunkt befand. Tatsächlich dachte ich aber nur an Ontario, das damals eben mit der Kultivierung von Vinifera-Sorten begann und nahezu keine Rotweine aus edlen Traubensorten besaß. British Columbia war damals noch nicht relevant.

In Kanada wird mindestens seit 1860 kommerziell Wein erzeugt. Die ersten einhundert Jahre bevorzugten kanadische Gaumen die süßen Weine, die aus den heimischen *Labrusca*-Trauben gewonnen wurden, obwohl das in Vineland ansässige Horticultural Research Centre of Ontario (Gartenbau-Forschungsanstalt) bereits 1913 mit der Entwicklung von Hybriden begonnen hatte.

ONTARIO

Wenn Sie irgend jemandenfragen – ob Europäer oder Kanadier –, an welcher Stelle Sie auf Europa treffen, wenn Sie mit dem Finger auf dem Breitengrad von Ontario um den Globus fahren, werden die meisten auf Skandinavien tippen. Einige vermuten Holland oder Belgien, doch kaum jemand weiß, dass man in der Toskana landet. Nur die schneereichen, kalten Winter hindern Niagara Peninsula daran, die bedeutendste Weinbauregion der Provinz, zu einem zweiten Kalifornien zu werden.

Bei einer Party Mitte der 1990er Jahre servierte ich einen Cabernet Sauvignon von Château des Charmes und einen Pinot Noir von Inniskillin. Ich tat dies, da nur die wenigsten wissen, dass in Kanada überhaupt Reben kul-

DAS QUALITÄTSSIEGEL VQA

Während die meisten gesetzlich regulierten Klassifikationen auf Mittelmäßigkeit schließen lassen, trieb das selbst kontrollierte Siegel der Vintner's Quality Alliance (VQA) die kanadischen Erzeuger zu immer höheren Maßstäben. Das VQA-Siegel garantiert

- bei Provinzappellationen wie Ontario die Verwendung von 100 % in Kanada erzeugten Trauben, ein Minimum von 85 % aus der genannten Provinz und einen Mindestreifegrad.
- bei spezifischen Appellationen (*siehe* Karten unten und rechts) wie Okanagan Valley 100 % Trauben aus der genannten Provinz, ein Minimum von 85 % aus der genannten Region und die ausschließliche Verwendung von *Vinifera*-Sorten oder bevorzugten Hybriden mit einem Mindestreifegrad.
- bei Erzeugerabfüllungen, dass 100 % der Trauben aus Weinbergen stammen, die im Besitz oder unter Aufsicht der Weinkellerei stehen.
- bei Weinen, deren Weinberg genannt ist, dass 100 % der Trauben aus diesem Weinberg stammen.

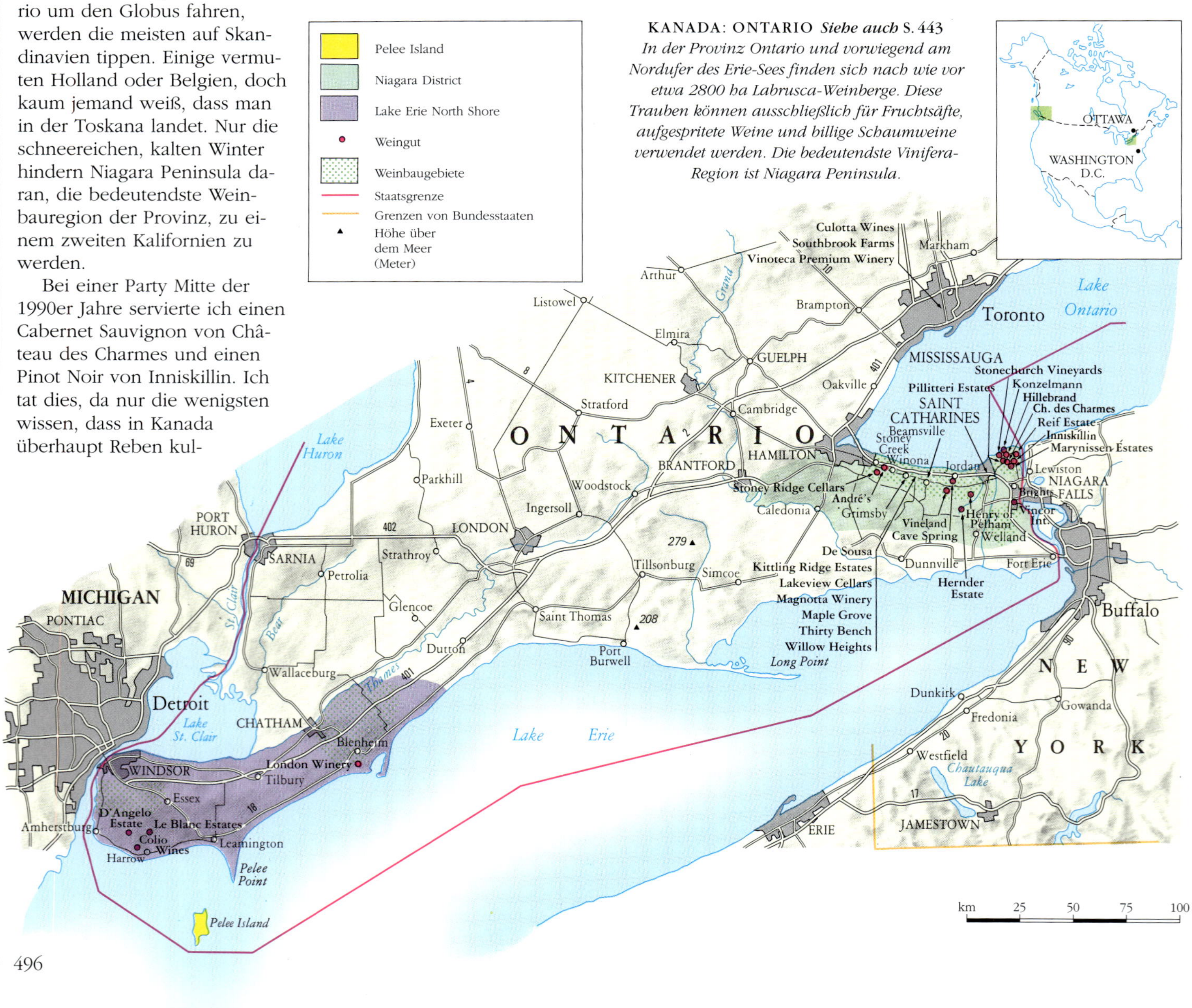

KANADA: ONTARIO *Siehe auch* S. 443
In der Provinz Ontario und vorwiegend am Nordufer des Erie-Sees finden sich nach wie vor etwa 2800 ha Labrusca-Weinberge. Diese Trauben können ausschließlich für Fruchtsäfte, aufgespritete Weine und billige Schaumweine verwendet werden. Die bedeutendste Vinifera-Region ist Niagara Peninsula.

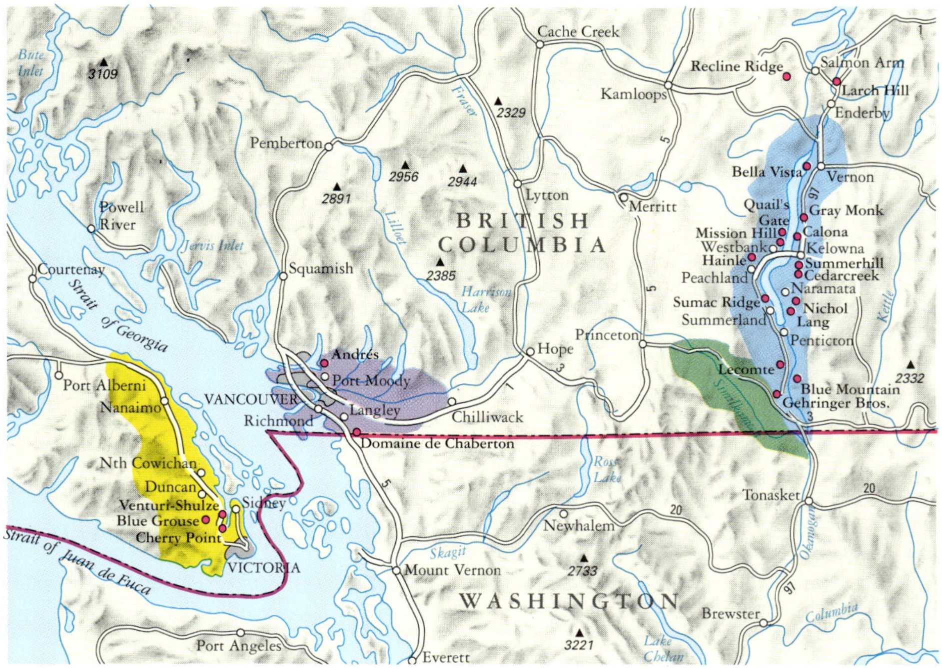

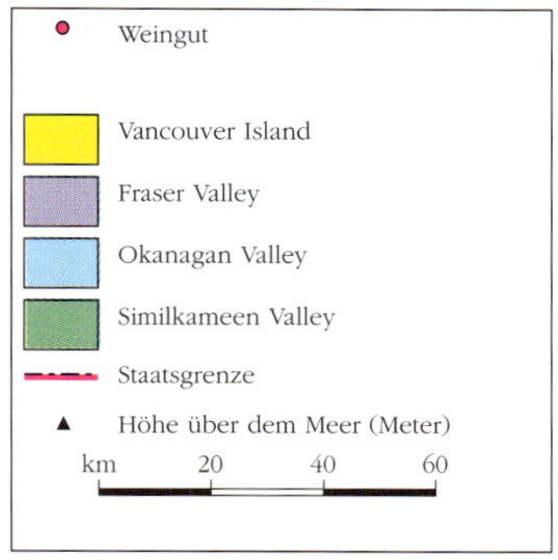

KANADA:
BRITISH COLUMBIA *Siehe auch* S. 443
British Columbia schließt rasch zu Ontario, Kanadas bedeutendster Weinregion, auf. Als die NAFTA (Nordamerikanische Freihandelszone) den billigen kalifornischen Weinen den Zugang zu den kanadischen Märkten eröffnete, mussten beide Regionen die Qualität ihrer Weinberge verbessern, um zu überleben. British Columbia besaß den Vorteil, nur über kleine Weinbauflächen und wenige Labrusca-Reben zu verfügen, sodass diese Provinz sehr rasch nahezu alle Hybriden durch Vinifera-Sorten ersetzen konnte.

GESCHMACKS- UND QUALITÄTSFAKTOREN

LAGE
Die bedeutendsten Weinbaugebiete sind die Niagara Peninsula im Osten Ontarios sowie das 3200 km westlich davon gelegene Okanagan Valley in British Columbia.

KLIMA
85 % aller Rebstöcke gedeihen in Ontario auf dem Breitengrad der französischen Provence oder der Toskana. In Ontario bewahren der mäßigende Einfluss des Erie- und Ontario-Sees, die Windbarriere des Niagara Escarpment und die von den Seen verursachte Luftzirkulation die Rebstöcke vor Winterstürmen und Frostschäden. Das Okanagan Valley in British Columbia liegt auf nördlicherer Breite, zwischen dem 49. und 50. Breitengrad, was etwa der Champagne oder dem Rheingau entspricht. Mit nur 150 mm Niederschlag im Süden ist die Region praktisch eine Wüste. Im Sommer sind die Tagestemperaturen brutal hoch, was eine rasche Traubenzuckerbildung fördert, während die kalten Nächte einen hohen Säuregehalt in den Trauben zur Folge haben. Der eiszeitliche Okanagan-See wirkt sich mäßigend aus, doch setzt der Winter abrupt ein, und die Reifung der Trauben endet Mitte Oktober.

TOPOGRAFIE
Sowohl in Ontario als auch in British Columbia wachsen die Reben vorwiegend an den Hängen entlang der Seen. Die Anbauflächen Ontarios liegen im Schutz des Niagara Escarpment, die besseren Traubensorten nehmen die steilen, nach Norden ausgerichteten Hänge ein.

BÖDEN
In Ontario ist eine breite Palette von sandigem Lehm bis zu Kies, Sand und Ton zu finden. Im Zentrum des Okanagan Valley in British Columbia finden sich am Westufer sandiger Lehm und Ton, am Ostufer steiniger bis sandiger Ton, im Süden felsige, kiesige Böden und im Norden bedeutend leichtere Sandböden.

WEINBAU UND WEINBEREITUNG
Der Süden des Rotwein erzeugenden Okanagan Valley erlebt gegenwärtig die intensivsten Anpflanzungen in Kanada, aber auch die Anbauflächen von Niagara Peninsula wachsen weiterhin stark. Für kanadische Begriffe ist die Weinindustrie von Ontario bereits voll ausgebildet, während sich die in British Columbia geradezu hektisch entwickelt. Der technische Standard ist hoch, aber wie in jedem jungen Weinbaugebiet verändern sich die Methoden und Praktiken mit zunehmender Erfahrung der Erzeuger ständig, mit Ausnahme der Eisweinproduktion.

REBSORTEN
Agawam, Alden, Aligoté, Aurore, Auxerrois, Baco Noir, Buffalo, Cabernet Franc, Cabernet Sauvignon, Canada Muscat, Catawba, Chambourcin, Chancellor, Chardonnay, Chasselas, Chelois, Chenin Blanc, Commandant, Concord, De Chaunac, Delaware, Dutchess, Elvira, Fredonia, Gamay, Gewürztraminer, Johannisberg Riesling, Kerner, Léon Millot, Maréchal Foch, Merlot, New York Muscat, Niagara, Okanagan Riesling, Patricia, Petite Sirah, Pinot Blanc, Pinot Gris, Pinot Noir, President, Rosette, Rougeon, Seyval Blanc, Siegfriedrebe, Seyve-Villard, Van Buren, Vee Blanc, Veeport, Ventura, Verdelet, Vidal Blanc, Villard Noir, Vincent, Zinfandel

tiviert werden, geschweige denn klassische Sorten; niemand kann sich vorstellen, dass dieses Land tatsächlich Rotweine erzeugt. Bei meinem ersten Besuch in Niagara fand ich nur 3 Rotweine aus *Vinifera*-Trauben. Bei einem Besuch in jüngerer Zeit reihte man nicht weniger als 70 Rotweine vor mir auf.

Das Flaggschiff von Niagara ist der Eiswein. Alljährlich kalte Winter garantieren, dass diese Region immer der weltweit größte Erzeuger dieses Weintyps sein wird (Deutschland produziert gelegentlich mehr, doch die Erträge schwanken). Unter den Tischweinen zeichnet sich der Riesling von Niagara Peninsula aus, auch Auxerrois und Gewürztraminer sind viel versprechend. Der Pinot Noir ist im Fass häufig verführerisch, kippt aber oft in der Flasche; man mag das noch als »Lehrgeld« betrachten. Ontarios beste rote Sorten sind Merlot und Cabernet Franc.

BRITISH COLUMBIA

Wie in Ontario reicht auch hier der Weinbau bis etwa 1860 zurück. Aufgrund des ungünstigeren Klimas blieb jedoch die Branche immer klein und war – bis vor kurzem – weniger risikofreudig. Die Pflanzung von *Labrusca*-Sorten in großem Umfang begann erst um 1930, während Ontario bereits Ende des 19. Jahrhunderts 2000 ha dieser Reben besaß. Ontario begann schon 1913 mit der Anpflanzung von Hybriden, während British Columbia sie erst seit den 50er und 60er Jahren kultiviert. Die ersten *Vinifera*-Reben wurden 1974 gepflanzt, und sie gewannen in der Weinproduktion erst 1989 an Bedeutung, als zwei Drittel der ganzen Weinbaufläche, die mit *Labrusca*-Sorten und den am wenigsten beliebten Hybridsorten bestockt waren, gerodet wurden.

Zum ersten Mal besuchte ich 1993 British Columbia. Damals gab es nur 7 Rotweine aus klassischen Sorten, während eine Unzahl aus Hybriden hergestellt wurde. Nachdem Ontario mit einem raschen Wechsel von Hybriden zu *Vinifera*-Reben bewies, wie schnell sich der Rang dieser Provinz in der internationalen Weinlandschaft verbessern konnte, bewerkstelligten die Erzeuger von British Columbia dieselbe Umstellung in noch kürzerer Zeit.

Mein erster Eindruck war, dass die Produzenten von British Columbia – neben den herausragenden Weinen der in Ontario ansässigen Betriebe Inniskillin (Klose Vineyard), Reif Estate und Stoney Ridge (Bebenek Vineyard, Puddicombe Vineyard) – heute einen zuverlässigeren Chardonnay erzeugen als ihre westlichen Vettern. Allerdings sind die für die Provinz wirklich geeigneten Sorten Pinot Blanc und Auxerrois. Der Riesling erweist sich hier als so viel versprechend wie in Ontario, und der Gewürztraminer ist noch besser. Die einheimischen Weinfreunde lieben ihren Ehrenfelser; ich habe einige angenehme Beispiele verkostet, aber im Allgemeinen ergibt diese Traube einen langweiligen Wein, der außerhalb von British Columbia absolut bedeutungslos bleiben wird. Bei den Rotweinen probierte ich einen guten Merlot von Sumac Ridge. Die besseren Rotweine stammten jedoch von Hybriden wie Chelois und Chancellor. Ich verkostete zudem einen Pinot Noir aus der Region Blue Mountain, der zwar nicht sortentypisch, jedoch höchst erstaunlich war – ein gewaltiger, dunkler und unendlich tiefer Wein von eigenständigem Charakter.

WEINPRODUKTION IN ONTARIO UND BRITISH COLUMBIA

TYP	ONTARIO	BRITISH COLUMBIA
Vinifera-Reben	1400 ha, 14,4 Millionen Flaschen	1000 ha, 10,8 Millionen Flaschen
Hybriden	1920 ha, 18 Millionen Flaschen	160 ha, 2,4 Millionen Flaschen
Gesamt	3320 ha, 32,4 Millionen Flaschen	1160 ha, 13,2 Millionen Flaschen
VQA-Bereiche	3	4
Rotwein	40 %	20 %
Weißwein	60 %	80 %
Export	2 %	5 %

DIE HERKUNFTSBEZEICHNUNGEN IN KANADA

FRASER VALLEY VQA

British Columbia

6 kleine Güter bewirtschaften die Weinberge, die eine Autostunde von Victoria entfernt sind.

LAKE ERIE NORTH SHORE VQA

Ontario

Diese Region im Südwesten von Ontario am Ufer des Erie-Sees, des flachsten und wärmsten der fünf Großen Seen, genießt die meisten Sonnenstunden Kanadas, und die Trauben werden um Wochen früher gelesen als in anderen Gebieten. Auf *Vinifera*-Reben entfallen nur 2 % der Anbaufläche.

NIAGARA PENINSULA VQA

Ontario

Auf der am Südufer des Ontario-Sees gelegenen Halbinsel Niagara ist die vom See verursachte Luftströmung am stärksten, weshalb sie sich ausgezeichnet für den Weinbau eignet. Sie umfasst 97 % der Anbaufläche von Ontario. Die meisten Rebstöcke gedeihen in 90 m Höhe über dem Meer auf leicht geneigtem Gelände zwischen dem Fuß des Niagara Escarpment und dem See. Das Escarpment ragt 180 m hoch auf und bildet mehrere Terrassen, für die man sich zunehmend interessiert, besonders im Raum Beamsville.

OKANAGAN VALLEY VQA

British Columbia

Das größte, älteste und bedeutendste Weinbaugebiet in British Columbia erstreckt sich über 160 km und umfasst etwa 970 ha Rebland (über 96 % der Anbaufläche der Provinz). Französische und deutsche Sorten werden im Norden gepflanzt, die Aktivität konzentriert sich jedoch auf die rasch wachsenden Weinberge im Süden, die mit klassischen Rotweinsorten bestockt sind.

PELEE ISLAND VQA

Ontario

Hier wurde 1866 die erste kommerzielle Kellerei Kanadas errichtet. Die Insel liegt im Erie-See 24 km vom Festland entfernt, und ihre 200 ha Rebstöcke liegen noch etwas näher am Äquator als Rom. Die Lese beginnt Ende August, und selbst die Spätlese ist Mitte Oktober bereits abgeschlossen.

SIMILKAMEEN VALLEY VQA

British Columbia

Vom Südwestrand des Okanagan Valley gelangt man durch die Berge in das hoch gelegene wüstenartige Weideland des Similkameen Valley. Hier führt Crowsnest eine kleine Zahl von Pionier-Kellereien an, deren Rebfläche nur etwas über 2 % der Weinberge der Provinz ausmacht, dennoch die zweitgrößte Appellation in British Columbia darstellt.

VANCOUVER ISLAND VQA

British Columbia

Das feuchte, windige Klima dieser jüngsten Weinbauregion der Provinz erscheint für die Traubenproduktion nicht besonders gut geeignet, dennoch übersiedelte Divino von einem der besten Weingüter im Okanagan Valley hierher. Vancouver Island ist an der Zahl der Betriebe gemessen das zweitwichtigste Anbaugebiet in British Columbia und wird in puncto Anbaufläche bald das Similkameen Valley vom zweiten Rang verdrängen.

ERZEUGER IN KANADA

BRITISH COLUMBIA

ALDERLEA VINEYARD

Duncan

Ein neueres Unternehmen auf Vancouver Island. Roger Dosman baut Auxerrois, Pinot Gris und Pinot Noir an.

ANDRÉS WINES

Das Original ist die »Kalte Ente«: Weißwein mit Zitronensaft versetzt und mit Sekt aufgegossen. Wem das schon nicht schmeckt, dem muss die Version von Andrés noch übler vorkommen, dennoch eroberte sie Nordamerika im Sturm. Als *Vinifera*-Weine Kanada eine Weinindustrie bescherten, auf die es stolz sein konnte, war selbst Andrés gezwungen, Qualitätssortenweine zu verkaufen. Andrés erkannte jedoch, dass die künftigen kritischen Käufer klassischer Weine wohl kaum die Produkte eines Unternehmens erwerben würden, das mit dem »Baby Duck« identifiziert wurde. Daher schuf man die Marke Peller Estates (nach Andrew Peller, dem Gründer von Andrés), die man nur für *Vinifera*-Weine mit VQA-Siegel verwendet. »Baby Duck« wird nach wie vor verkauft – es gibt heute sogar noch mehr des Baby-Zeugs wie »Baby Duck White« und sogar »Baby Champagne«.

BELLA VISTA

Vernon

Diese Kellerei ist bekannt für ihren Hybridenwein Maréchal Foch und *Vinifera*-Hybrid-Verschnitte wie Château Select, außerdem erzeugt man Auxerrois. Vermutlich den größten Ruhm genießen allerdings die Murder-Mystery-Nächte, die die Firma veranstaltet.

BLUE GROUSE

Duncan

Diese im Cowichan Valley auf Vancouver Island gelegene, von Hans Kiltz geführt Kellerei ist für ihren Pinot Blanc bekannt.

BLUE MOUNTAIN

Okanagan Falls

★

Ian Mavetys Weingut hat seit 1992 einen weiten Weg zurückgelegt. Damals brachte es als Debütjahrgang 1991 einen langweiligen, nach Karamell schmeckenden Pinot Gris heraus, der heute zu den besten in British Columbia zählt. Unter der Leitung von Raphael Brisbois (früher bei Omar Khayyam in Indien und bei Iron Horse in Kalifornien) entwickeln sich vor allem die Schaumweine viel versprechend. Daneben erzeugt die Kellerei einen interessanten Pinot Noir.

✓ *Pinot Blanc* • *Pinot Gris* • *Schaumwein* (Vintage Brut, Vintage Reserve)

CALONA

Kelowna

★

Calona erzeugt seit 1932 Wein. Der halbsüße Schloss Laderheim im deutschen Stil wurde 1981 in Kanada zum Bestseller und hat sich seitdem verbessert.

✓ *Merlot* (Cedar Creek) • *Sémillon* (Private Reserve)

CARRIAGE HOUSE
Oliver

Carriage House ist für seinen Kerner bekannt, erzeugt jedoch auch Pinot Blanc und hat 1997 Chardonnay, Merlot und Pinot Noir in sein Sortiment aufgenommen.

CEDAR CREEK
Kelowna

☆

Ich verkostete hier einige interessante Proben aus dem Tank, doch mit Ausnahme der süßen Weine (Spätlese, Eiswein etc.) kippen die Weißweine in der Flasche recht schnell.

✓ *Chancellor* • *Ehrenfelser* (Late Harvest) • *Merlot Reserve* • *Optima* (Select Late Harvest) • *Riesling* (Icewine)

CHÂTEAU WOLFF
Nanaimo

Harry von Wolffs Kellerei auf Vancouver Island wurde 1996 mit der Lese von Chardonnay und Pinot Noir eröffnet.

CHERRY POINT
Cobble Hill

Wayne und Helena Ulrich ziehen auf dem feuchten und windigen Vancouver Island mit heroischem Eifer *Vinifera*-Sorten. Ihr Ehrgeiz ist ein voller, üppiger Pinot Noir, doch frische, »schmackige« Auxerrois und Pinot Blanc erscheinen realistischer, mit Ortega und Müller-Thurgau als Sicherheit.

CROWNSNEST VINEYARDS
Keremeos

Seit ihrer ersten Ernte im Jahr 1994 erwarben sich Andrea und Hugh McDonnald Ansehen mit ihrem beständigen Riesling und haben nun mit der Produktion verschiedener Rotweine begonnen.

✓ *Riesling*

DIVINO WINERY
Cobble Hill

Diese ehemals im Okanagan Valley ansässige Kellerei ist nach Vancouver Island übersiedelt, wo Joe und Barbara Busnardo 8 ha Rebstöcke anpflanzten.

DOMAINE DE CHABERTON
Langley

Claude Violet erwarb seine Erfahrungen im Weinbau in Frankreich und in der Schweiz und kultivierte als Erster im Fraser Valley Reben.

DOMAINE COMBRET
Osoyoos

Das Gut ist bekannt für Chardonnay und Cabernet Franc, erzeugt aber auch Riesling und Gamay.

✓ *Chardonnay*

GEHRINGER BROTHERS
Oliver

Gordon und Walter Gehringer machen viele interessante Weine, aber keiner ist eigenartiger als der rote, rosinensüße Chancellor-Eiswein.

✓ *Ehrenfelser* • *Pinot Gris* • *Riesling* (Dry)

GRAY MONK CELLARS
Okanagan Centre

★V

Gray Monk erwarb sich mit Gewürztraminer Ansehen. Der im Broderson Vineyard kultivierte deutsche Klon zählt zu den würzigsten in British Columbia.

✓ *Gewürztraminer* (Broderson Vineyard, Rotberger) • *Pinot Blanc* • *Pinot Auxerrois*

HAINLE
Peachland

★

Ich kann Tilman Hainle seine Begeisterung nicht übel nehmen. Denn obwohl er fast immer übertreibt, erzeugt er wundervolle, aufregende Weine, nur um im darauf folgenden Jahr dieselbe *Cuvée* völlig zu verderben. Der ernsthafte Riesling mit Petrolcharakter ist zurzeit der beste.

✓ *Icewine* (Riesling) • *Kerner* (Fischer Vineyard) • *Pinot Gris* (Elizabeth's Vineyard) • *Riesling* (Dry Estate)

HAWTHORNE MOUNTAIN VINEYARDS
Okanagan Falls

☆

Diese Kellerei gehört Albert und Dixie Le Comte, die klugerweise Eric von Krosig als Winzermeister einstellten. Das Unternehmen hieß ursprünglich LeComte und erzeugt nach wie vor unter dieser Marke Weine, seit 1996 stellt man jedoch die Ortsbezeichnung Hawthorne Mountain in den Vordergrund.

✓ *Pinot Noir* • *Riesling*

HESTER CREEK
Oliver

Dieses Gut wurde auf dem Gelände der ehemaligen Kellerei Divino eingerichtet (die heute auf Vancouver Island angesiedelt ist) und brachte 1996 die erste Ernte ein.

HILLSIDE
Penticton

☆

Als russische Truppen 1968 in der Tschechoslowakei einmarschierten, floh Vera Klokocka aus ihrer Heimat. Sie baut seit Mitte der 70er Jahre Reben an und macht seit 1990 einige wundervoll süffige Weine.

✓ *Pinot Auxerrois* • *Riesling*

HOUSE OF ROSE
Kelowna

Vern Rose stellt eine bunte Palette an Weinen her, vom Rose Rosé bis zu einer Chardonnay-Spätlese.

INNISKILLIN OKANAGAN
Oliver

★

Ontarios führender Weinpublizist Don Ziraldo begann 1994, als sein eigener Betrieb zu Vincor kam, mit der Erzeugung von Weinen. Er besaß keine eigenen Kelleranlagen, bis Inniskillin 1996 die des Weinguts Okanagan erwarb. Der Mitbegründer von Inniskillin und Weinmacher Karl Kaiser überwacht die Produktion, während seine ehemalige Assistentin in Ontario, Christine Lerous, die tägliche Arbeit kontrolliert.

✓ *Chenin Blanc* (Icewine) • *Merlot* (Inkameep Vineyard) • *Pinot Blanc*

JACKSON-TRIGGS
Oliver

☆

Vincors neue erstklassige Weinmarke erwirbt sich einen Ruf für Eleganz.

✓ *Riesling* (Dry Proprietor's Reserve, Eiswein)

KETTLE VALLEY
Naramata

Die Eigentümer Bob Fergusen und Tim Watts erzeugten zunächst Pinot Noir, Chardonnay und Cabernet-Merlot, brachten 1995 neuartige Eisweine aus Chardonnay und Pinot Noir auf den Markt und verwendeten den Pinot Noir im Jahr 1996 für einen flaschenvergorenen Blanc-de-Noirs-Schaumwein.

LAKE BREEZE VINEYARDS
Naramata

Beachten Sie den Ehrenfelser-Eiswein 1996 aus dieser Weinkellerei.

LANG VINEYARDS
Naramata

Der Eigentümer Günther Lang verließ 1980 Deutschland und gründete dieses Gut.

✓ *Icewine* (Riesling)

LARCH HILL WINERY
Enderby

Larch Hill zählt zu den nördlichsten Weingütern im Okanagan Valley. 1995 wurde zum ersten Mal geerntet, 1997 kamen die ersten Weine in den Verkauf.

MISSION HILL VINEYARDS
Westbank

★

Seit der Neuseeländer John Simes 1992 als Weinmacher in das Unternehmen eintrat, errang es mehr als nur seinen gerechten Anteil an internationalen Auszeichnungen.

✓ *Chardonnay* (Barrel Select) • *Chardonnay-Sémillon* • *Dune* (Portweinstil) • *Merlot-Cabernet* (Grand Reseve) • *Pinot Blanc*

NICHOL VINEYARD
Naramata

Alex und Kathleen Nichol gründeten im Okanagan Valley diese sehr rasch aufsteigende Weinkellerei.

✓ *Ehrenfelser* (Select Late Harvest) • *Pinot Noir*

PARADISE RANCH
Naramata

Dieses Dr. Jeff Harries gehörende Weingut erzeugt seit einigen Jahren Trauben, die dazugehörigen Kelleranlagen wurden 1997 gebaut.

PELLER ESTATES
Port Moody

★

Dies ist die Qualitätsmarke von Andrés, die ausschließlich VQA-Weinen vorbehalten ist. Der Trius-Eiswein ist aus drei Traubensorten aus zwei Regionen gemacht.

✓ *Chardonnay* • *Ehrenfelser* (Late Harvest) • *Icewine* (Ehrenfelser, Trinity) • *Merlot* (Showcase) • *Pinot Blanc* (bes. Showcase)

PINOT REACH CELLARS
Kelowna

Ungeachtet ihres Namens erzeugt dieses Gut auch Riesling, Bacchus und Optima. Die Sparte Pinot umfasst Pinot Blanc, den heute als eigene Sorte betrachteten Meunier und Pinot Noir.

POPULAR GROVE
Penticton

Ian und Gitta Sutherland ernteten 1995 erstmals Cabernet und Merlot und 1997 Chardonnay.

PRPICH VINEYARDS
Okanagan Falls

Dieser alte Weinbaubetrieb stellte Mitte der 90er Jahre die ersten eigenen Weine her. Sie kamen 1997 auf den Markt.

QUAIL'S GATE
Kelowna

★

Die Familie Stewart legte ihre Weinberge in den 1960er Jahren an. Die Weine blieben bis in die frühen 90er Jahre unzuverlässig, bis der australische Weinmacher Jeff Martin Qualität in das Gut brachte.

✓ *Cabernet Sauvignon* (Limited Release) • *Chardonnay* (Limited Release) • *Optima* (Late Harvest Botrytis Affected) • *Pinot Noir* (bes. Family Reserve) • *Riesling* (Icewine, Late Harvest)

ST. HUBERTUS
Kelowna

Aufgrund der unzuverlässigen Weinbereitung umfasst das Sortiment dieser Kellerei einen merkwürdig riechenden, nahezu fuchsig schmeckenden Pinot Blanc (1991) und verschiedene trockene Rieslinge, die von langweilig bis zu frisch und anregend sein können.

✓ *Icewine* (Riesling)

SLAMAKA CELLARS
Lakeview Heights

Dieses kleine Weingut gewinnt rasch an Ansehen.

SUMAC RIDGE
Summerland

★

Dieses Gut gehört Bob Wareham, wird aber weiterhin großenteils von Harry McWatters, einem seiner ehemaligen Partner, geleitet. Harrys Private Reserve Gewürztraminer zählt zu den besten Beispielen dieser Sorte außerhalb des Elsass. Nach einem enttäuschenden Start verspricht auch sein flaschenvergorener Schaumwein einiges.

✓ *Cabernet Franc* • *Chardonnay* (Private Reserve) • *Chenin Blanc* • *Gewürztraminer* • *Merlot* • *Pinot Blanc* • *Red Meritage* • *Riesling*

SUMMERHILL ESTATE
Kelowna
★

Ob die Cheopspyramide auf dem Anwesen tatsächlich Pyramidenkraft bündelt, bleibt offen. Fest steht jedoch, dass uns ohne die exzentrische Persönlichkeit des Eigentümers Stephen Cipes der weltweit einzige pyramidengereifte »Champagner« vorenthalten bliebe. Lokale Weinfreunde schätzen auch seinen Gewürztraminer, seine beständigste Sorte ist jedoch der Pinot Blanc.

Chardonnay • *Ehrenfelser* (Reserve) • *Icewine* (Pinot Noir, Riesling) • *Johannisberg Riesling* (Estate) • *Pinot Blanc* • *Riesling* (Late Harvest) • *Schaumwein* (Pinot Noir brut, Icewine Dosage)

TINHORN CREEK
Oliver

Sandra Oldfield hat sich seit ihrem Debütjahrgang 1994 einen guten Namen erworben, vor allem mit ihren Rotweinen.

Icewine (Kerner-Riesling) • *Pinot Noir*

VENTURI-SCHULZE
Cobble Hill

Giordano Venturi und Marilyn Schulze-Venturi von Vancouver Island sind bestens bekannt für ihre Pinots Blancs und ihren Balsamessig.

VIGNETI ZANATTA
Duncan

Loretta Zanatta wird für ihren Pinot Blanc geschätzt, den sie in ihrem Familiengut im Cowichan Valley auf Vancouver Island macht.

VINCOR
Oliver

Dieses Weingut ist Kanadas größter Erzeuger und Eigentümer der Kellerei Inniskillin. Es verkauft seine Weine unter den Marken Jackson-Triggs und Sawmill Creek.

WILD GOOSE VINEYARDS
Okanagan Falls

Der in Ostdeutschland geborene Adolf Kruger und seine Familie gehören zu den ersten Erzeugern, die in dieser Region ein Weingut errichteten. Es hat heute einen guten Ruf für Rotweine, vor allem für Maréchal Foch und auch für Merlot.

NOVA SCOTIA

Angesichts der kurzen, kühlen Vegetationsperiode und der strengen Winter ist der Weinbau hier eher ein Akt des Glaubens als ein Ergebnis harter Arbeit. Es gibt nahezu vierzig Weinbauern, aber nur 3 Kellereien. Die meisten Weinberge liegen im Annapolis Valley an der Nordwestküste und sind vorwiegend mit Hybriden wie Seyval Blanc, New York Muscat, Maréchal Foch und einer russischen *Amurensis*-Sorte namens Michurinez bestockt. Grand Pré, die erste kommerzielle Kellerei, wurde von dem Weinpionier Roger Dial gegründet und gehört heute Jim Landry und Karen Avery, die den bereits gepflanzten Sorten Chardonnay hinzufügten. Das Weingut Jost hielt einst den Rekord für Kanadas teuersten Eiswein, während Sainte Family mit Erfolg Auxerrois, Chardonnay und Riesling kultiviert. Weine mit der Herkunftsbezeichnung Nova Scotia werden, wie noch einfachere kanadische Generics, tendenziell aus bis zu 100 % »importierten« Trauben hergestellt. Es ist schwierig, wirklich in der Provinz erzeugte Weine zu identifizieren.

ONTARIO

ANDRÉS WINES
Winona

Dieses Unternehmen stellt Weine der Marke Peller Estates mit den Herkunftsbezeichnungen Ontario und Niagara Peninsula her.

CAVE SPRING
Jordan
★☆

Leonard Penachetti gründete 1986 dieses große, ehrgeizige Unternehmen. Er will Cave Spring zu einer der besten Kellereien Ontarios machen. Die Weinberge liegen westlich von St. Catharines auf der Beamsville Bench, die sich ausgezeichnet für aromatische *Vinifera*-Sorten eignet.

Chardonnay (Bench Reserve) • *Chardonnay Musqué* • *Icewine* (Riesling) • *Riesling* (Botrytis Affected, Dry, Indian Summer)

CHÂTEAU DES CHARMES
St. Davids
★☆

Die von Paul Bosc gegründete Kellerei steht heute unter der Leitung seines Sohnes, der einen annehmbaren Schaumwein herstellt. Château des Charmes zeichnet sich vor allem durch seine verschiedenen Rotweine aus.

Cabernet Sauvignon • *Chardonnay* (Estate Bottled, St. Davids Bench) • *Icewine* (Riesling) • *Merlot* (Paul Bosc Estate) • *Schaumwein* (Brut)

COLIO WINES
Harrow
☆

Colio wurde von einer Gruppe italienischer Geschäftsleute gegründet, die italienische Weine aus ihrer Partnerstadt Udine in Friaul importieren wollten. Es stellte sich aber als einfacher heraus, ein Gut zu gründen und selbst Wein zu machen.

Cabernet Franc • *Pinot Gris* • *Riesling* (Lake Erie North Shore) • *Vidal*

CULOTTA WINES
Oakville

Dieser Betrieb erzeugt Weine aus Hybriden und *Vinifera*-Sorten.

D'ANGELO ESTATE WINERY
Amherstburg

Sal D'Angelo kultiviert seit 1984 Hybriden und erzeugt seit 1990 Wein, unter anderem aus verschiedenen *Vinifera*-Trauben.

DE SOUSA
Beamsville

1987 eröffnete John de Sousa als erster in Portugal geborener Winzer eine kanadische Weinkellerei.

HENRY OF PELHAM
St. Catharines
★☆

1988 von der Familie Speck gegründet, die seit 1974 in der Region Weinbau betrieb. Nach unbeständigem Anfang hat sich der Standard auf hohem Niveau stabilisiert. Liebhaber von Hybridenweinen sollten den Baco Noir probieren, der zu den besten der Welt zählt.

Baco Noir • *Cabernet-Merlot* • *Chardonnay* • *Icewine* (Riesling) • *Merlot* • *Riesling*

HERNDER ESTATE WINES
St. Catharines

Die Familie Hernder produziert seit 1967 Trauben und wandte sich 1991 der Weinproduktion zu. Ray Cornell ist hier als Weinmacher tätig.

HILLEBRAND
Niagara-on-the-Lake
★

Diese Kellerei hieß ursprünglich Newark (der alte Name von Niagara-on-the-Lake) und wurde mit ihrem Verkauf an Scholl & Hillebrand aus Rüdesheim im Jahr 1983 umbenannt.

Cabernet-Merlot (Barrel Fermented Collector's Choice) • *Chardonnay* (Trius) • *Icewine* • *Schaumwein* (Mounier Brut) • *Trius* (Glenlake Vineyard, klassischer Rotweinverschnitt)

INNISKILLIN
Niagara-on-the-Lake
★☆

Dieses Weingut wurde von dem Agronomen und bedeutendsten Weinautor Kanadas, Don Ziraldo, und dem Winzer und hoch geschätzten Önologen Karl Kaiser gegründet. Die symbiotische Beziehung zwischen dem extrovertierten Ziraldo und dem introvertierten Kaiser ist maßgeblich dafür verantwortlich, dass die kanadische Weinindustrie aus ihrer Rückständigkeit zur heutigen Position auf der internationalen Bühne gelangte.

Auxerrois • *Cabernet Franc* • *Cabernet-Franc-Merlot* • *Cabernet Sauvignon* (Klose Vineyard) • *Chardonnay* (Reserve, Klose Vineyard, Seegar Vineyard) • *Gamay* • *Icewine* (Vidal) • *Maréchal Foch* • *Pinot Noir* • *Riesling* (Reserve) • *Vidal*

KITTLING RIDGE ESTATES
Grimsby

Dieses Unternehmen erzeugt sowohl Weine als auch Spirituosen.

KONZELMANN
Niagara-on-the-Lake
★☆

Dieses Weingut wurde 1984 von Herbert Konzelmann gegründet, der das Vertikalspalier in den kanadischen Weinbergen einführte. Mit einem der bescheidensten und begabtesten Weinmacher Ontarios beweist Herberts Vineyard ein außergewöhnliches Potenzial für Gewürztraminer. Diese Weine sind jedes Jahr innerhalb kürzester Zeit verkauft. Meine einzige Kritik gilt dem Etikett.

Chardonnay (seit 1992) • *Gewürztraminer* • *Icewine* (Gewürztraminer, Vidal) • *Pinot Blanc* • *Riesling* • *Riesling-Traminer* (Select Late Harvest) • *Vidal* (Late Harvest)

LAKEVIEW CELLARS
Vineland

Der mit vielen Preisen bedachte Amateurwinzer Eddy Gurinskas erwarb 1986 auf der Beamsville Bench einen Weinberg und macht seit 1991 kommerziell Wein.

LEBLANC ESTATE WINERY
Harrow

Der Familienbetrieb erzeugt vorwiegend aromatische Weißweine.

LONDON WINERY
London

Das Unternehmen wurde 1925 von den Brüdern Knowles von den Bahamas gegründet, die während der Prohibition Wein für medizinische Zwecke produzierten und klugerweise einen Vorrat an Weinen anlegten, um auf die zu erwartende Aufhebung der Prohibition vorbereitet zu sein.

MAGNOTTA WINERY

Mississauga

Diese Kellerei, die auf der Beamsville Bench Weinberge besitzt, macht einige interessante Chardonnays und Eisweine. Was die Schaumweine betrifft, die ich nur einmal verkostete, bin ich ratlos. Der Brut glich einem Sherry mit Blasen, der Blanc de Blancs einem in Eiche ausgebauten Sherry mit Blasen. Dennoch gibt es einige große Produkte.

✓ *Chardonnay* (Lenko Vineyards) • *Icewine* (Vidal)

MAPLE GROVE

Beamsville

Unter der Leitung von Weinmacher Giovanni Follegot (dem die Kellerei Vinoteca gehört) legt dieses erst 1994 gegründete Unternehmen das Schwergewicht auf Rotweine.

MARYNISSEN ESTATES

Niagara-on-the-Lake

★

Diese kleine *»farmgate winery«*, wie hier ein kleines Weingut genannt wird, das ab Hof verkaufen darf, wurde 1990 von John Marynissen gegründet, der auf der Niagara Peninsula bereits länger *Vinifera*-Reben anbaut als die meisten Erzeuger (1978 pflanzte er seine ersten Cabernet-Rebstöcke). Er war als Winzer von Beginn an in seinem Element.

✓ *Cabernet Sauvignon* • *Chardonnay* • *Merlot* • *Pinot Noir*

PELEE ISLAND

Kingsville, Pelee Island

☆

Mit der Fähre erreicht man diese Insel im Erie-See in einer Stunde. Sie ist eine der VQA-Regionen von Ontario und Standort der südlichsten Weinberge Kanadas. Mit der längsten Wachstumssaison und dem wärmsten Klima des Landes verwundert es nicht, dass Vin Villa als erster

kommerzieller Betrieb Kanadas hier bereits 1860 errichtet wurde.

✓ *Riesling* • *Cabernet Franc* • *Chardonnay* (Premium Select)

PILLITTERI ESTATES WINERY

Niagara-on-the-Lake

Die Familie Pillitteri erzeugt auf der Niagara Peninsula seit fünfzig Jahren Trauben.

REIF ESTATE WINERY

★☆

Klaus Reif, dessen Gut als eines der besten Niagaras gilt, macht – nur einen Steinwurf von Inniskillin entfernt – ausschließlich Gutsweine, die oft eine Barriquenote besitzen und immer sehr elegant sind.

✓ *Cabernet Sauvignon* (ungefiltert) • *Chardonnay* • *Riesling*

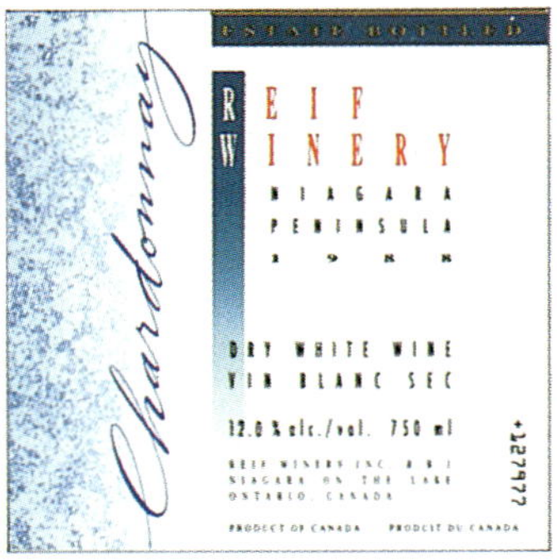

SOUTHBROOK FARMS

Vaughan

Dieses Unternehmen wurde erst 1991 mit der Beratung durch Brian Croser (von Petaluma in Australien) errichtet, der auch im selben Jahr den Debütwein machte. Die Trauben kamen vom Weingut Reif, und Klaus Reif war zunächst auch der Weinmacher. Obwohl verschiedene Sortenweine internationale Preise errangen, war ich von ihnen (bisher) weniger beeindruckt als von dem köstlichen Framboise, der sich durch sein berauschendes, konzentriertes Himbeeraroma auszeichnet.

✓ *Cabernet Franc* • *Chardonnay* • *Framboise*

STONECHURCH VINEYARDS

Niagara-on-the-Lake

☆

Die Familie von Rick Hunse erntete in dieser Region schon mehr als zwanzig Jahre lang Trauben, ehe sie Stonechurch gründete und 1990 mit der Produktion eigener Weine begann. Nach einem unsicheren Beginn bringt es heute einige hübsche Weine hervor.

✓ *Cabernet Sauvignon* • *Eiswein* (Riesling)

STONEY RIDGE CELLARS

Winona

★☆

Diese erst 1990 gegründete Weinkellerei hat sich schon als eine der herausragenden in der Provinz Ontario etabliert.

✓ *Cabernet Franc* • *Chardonnay* (Bebenek Vineyard, Eastmann Vineyard, Puddicombe Vineyard) • *Eiswein* (Vidal) • *Merlot* (Lenko Vineyards) • *Riesling* (Late Harvest)

THIRTY BENCH

Beamsville

Von diesem kleinen Betrieb habe ich viel Gutes gehört. Zudem verwendet er hübsche, schlichte Etiketten.

VINCOR

Niagara Falls

Dieses Unternehmen, ehemals Brights-Cartier, stellt Weine der Marke Jackson-Triggs mit der Herkunftsbezeichnung Niagara Peninsula her.

VINELAND ESTATES

Vineland

☆

Diese Weinkellerei gehörte früher Hermann Weiss, dessen Familie an der Mosel das Gut St. Urban besitzt, heute John Howard und dem in British Columbia ausgebildeten Weinmacher Allan Schmidt, dessen Vater einer der ursprünglichen Partner auf Sumac Ridge war.

✓ *Icewine* (Vidal) • *Riesling* (Late Harvest, Reserve, St. Urban Vineyards, Semi Dry)

VINOTECA

Woodbridge

Das von Giovanni und Rosanne Follegot 1989 gegründete Weingut erhielt als Erstes in der Metropolitan Area Toronto eine Konzession; die Weinberge befinden sich jedoch auf der Niagara-Halbinsel.

WILLOW HEIGHTS

Beamsville

Eigentümer und Weinmacher Speranzini ist einer der neuen Winzer von Niagara, die überzeugt sind, dass jeder Wein, der hier produziert wird, von den erstklassigen Lagen der Halbinsel stammen muss.

QUEBEC

Wer sich schon über Weine aus Nova Scotia wundert, muss Rebflächen in der Provinz Quebec für ein Fantasiegebilde oder einen Trick halten, um Weine aus zu 100 % »importierten« Trauben zu verkaufen. Doch es gibt tatsächlich Weinberge. Hier erzeugten die Jesuiten, die Jacques Cartiers Spuren folgten, bereits um 1564 die ersten Weine Kanadas. Man hat den Eindruck, als würden die Nachfahren der französischen Einwanderer auch dann noch versuchen, Wein anzubauen, wenn Quebec sich am Nordpol befände. Es liegt ihnen im Blut. Wein zu machen ist für Franzosen weniger eine Frage der Ehre als eine Lebensweise, was die Existenz der nahezu zwanzig Weinkellereien erklärt. Keine ist groß, als bedeutendste ist **L'Orpailleur** zu nennen. Nennenswert sind außerdem **Dietrich-Joos, Domaines des Côtes d'Ardoise, La Vitacée** und **Vignoble Le Cep d'Argent**. Der Rebenbestand ist eine Mischung von Hybriden und *Vinifera*-Sorten. Die Provinz Quebec steht im Begriff, sich der VQA anzuschließen, was die Qualitätsstandards sicher heben wird.

INNISKILLIN IM SCHNEE

Inniskillin erzeugte 1984 seinen ersten Eiswein, doch erst 1986 hatte man die Technik so weit perfektioniert, dass der Wein international Aufmerksamkeit erregte, was durch eine Goldmedaille dokumentiert wurde.

✧MEXIKO✧

Das größte Hindernis für Mexikos Erfolg als Weinbauregion ist nicht das heiße Klima oder der Import billiger amerikanischer Weine, sondern die Tatsache, dass die Bevölkerung kaum Wein trinkt.

Die Spanier brachten den Wein nach Mexiko, dem ältesten Wein erzeugenden Land auf dem amerikanischen Kontinent. 1521, nur ein Jahr nach ihrer Invasion in Mexiko, pflanzten die Konquistadoren Rebstöcke und kelterten bald die ersten Weine Nordamerikas.

Im Jahr 1524 verfügte Hernán Cortés, der Gouverneur von Neuspanien (Mexiko), dass jeder spanische Siedler, der Land und Indianer als Zwangsarbeiter erhalten hatte, über einen Zeitraum von fünf Jahren »für einhundert Indianer jährlich eintausend Rebstöcke« pflanzen sollte. 1595 war das Land in Bezug auf Wein fast autark, und der Import spanischer Weine nahm so stark ab, dass die Erzeuger im Mutterland Philipp II. drängten, die Bestockung weiterer Weinberge in der Neuen Welt zu verbieten.

DER ECHTE TEQUILA SUNRISE

Als die Spanier auf den seltsamen, milchig weißen Kaktuswein der Azteken namens *Pulque* stießen, waren sie wenig beeindruckt. Um dieses beliebte einheimische Produkt ebenfalls zu nutzen, versuchten sie es zu destillieren. Das gewonnene kristallklare, farblose alkoholische Getränk war wesentlich mehr nach ihrem Geschmack und wurde nach der Kaktusart *Agave tequilana,* aus der es hergestellt wurde, Tequila benannt. Heute ist Tequila eines der bedeutendsten Exportgüter Mexikos, und nach wie vor werden große Mengen *Pulque* erzeugt und konsumiert.

DER MODERNE MEXIKANISCHE WEINBAU

Mexiko besitzt eine Weinbaufläche von 50 000 ha, von der knapp 40 % zur Produktion von Tafeltrauben und Rosinen verwendet werden; vom erzeugten Wein wird ein großer Teil zu Weinbrand destilliert. Auf diese Weise nützt man von dem durchschnittlichen Jahresertrag von 650 000 t Trauben weniger als die Hälfte zur Weinherstellung, was etwa 2,4 Millionen hl (320 Millionen Flaschen) entspricht.

Noch vor einiger Zeit schmeckten die besten mexikanischen Weine kaum besser als *Pulque.* Vor gut zehn Jahren hatten ausländische Investitionen und die Nachfrage von den Touristen nach hochwertigeren Produkten bereits eine bedeutende Qualitätssteigerung bewirkt. Unglücklicherweise musste die Hälfte der mexikanischen Weinkellereien aufgrund der geringen Verkäufe auf dem heimischen Markt schließen, trotz des vorhandenen Potenzials. Die meisten Mexikaner trinken Bier oder *Pulque,* aber keinen Wein. Der Weinkonsum pro Kopf beträgt weniger als ein Dreißigstel des amerikanischen Verbrauchs. Die Weinindustrie der Vereinigten Staaten verdankt ihr Bestehen lediglich dem gewaltigen Umfang der Gesamtwirtschaft sowie der Größe und dem Reichtum ihres Mittelstandes. Die Mittelklasse Mexikos hingegen kann keine heimische Weinindustrie erhalten, und mit der Errichtung der Nordamerikanischen Freihandelszone (NAFTA) wurden ihre Ausgaben

DIE WEINKELLEREI PEDRO DOMECQ

Dieses Unternehmen erzeugt in seiner modernen Kellerei mit temperaturgesteuerten Gärtanks aus Edelstahl eine Vielzahl an Rot-, Weiß- und Roséweinen.

WEINBAUFLÄCHEN IN MEXIKO

BUNDESSTAAT	HEKTAR
Sonora	18 200
Baja California Norte	7 500
Aguascalientes	6 500
Zacatecas	5 800
Coahuila	4 300
Chihuahua	3 500
Querétaro	2 500
Durango	1 700
GESAMT	50 000

GESCHMACKS- UND QUALITÄTSFAKTOREN

LAGE
In acht Bundesstaaten werden Trauben geerntet, von Baja California im Norden bis San Juan del Río im Süden.

KLIMA
Die Hälfte Mexikos liegt südlich des Wendekreises des Krebses, doch auf dem hoch gelegenen Zentralplateau, in dem die meisten Weinberge zu finden sind, mäßigt die Höhe die Temperaturen, und die Rebflächen werden vom nahen Meer gekühlt. Zu den größten Problemen zählen die extreme Schwankung zwischen den Tages- und Nachttemperaturen und der Mangel oder das Übermaß an Niederschlägen. In den Trockengebieten mangelt es häufig an Quellen für künstliche Bewässerung, in den feuchten Bereichen leiden die Trauben unter zu viel Regen während der Wachstumsperiode.

TOPOGRAFIE
In den Staaten Aguascalientes, Querétaro und Zacatecas gedeihen die Rebstöcke auf Hochebenen und an den Hängen kleiner Täler in einer Höhe von 1600 bis fast 2100 m (im Staat Zacatecas). In Baja California besiedeln sie Täler und Wüstenareale auf wesentlich geringeren Höhen zwischen 100 und 340 m.

BÖDEN
Die Böden der Hänge und Täler sind im Allgemeinen flach und wenig fruchtbar, während die auf den Plateaus unterschiedliche Tiefe und Fruchtbarkeit aufweisen. In Baja California reichen die Böden von nährstoffarmen alkalischen Sanden in Mexicali bis zu einer dünnen vulkanischen Schicht, die mit Kies, Sand und Kalkstein vermischt ist und eine ausgezeichnete Entwässerung bietet. In Sonora ähneln die Böden um Caborca denen von Mexicali, während die Schwemmböden von Hermosillo einen hohen Schlickanteil besitzen. Die Hochebene von Zacatecas weist vorwiegend Vulkan- und Schlick-Ton-Böden auf. In Aguascalientes sind die flachen Böden der Täler und Ebenen von einer dünnen Kalksteinschicht bedeckt. Der tiefe, kalkhaltige, sandig-tonige Vulkanboden von Querétaro entwässert gut und ist leicht alkalisch, während der sandige Schwemmboden von La Laguna stark alkalisch ist.

WEINBAU UND WEINBEREITUNG
In den Trockengebieten wie Baja California und Zacatecas ist künstliche Bewässerung weit verbreitet. Die meisten Kellereien sind relativ neu und verfügen über gut ausgebildete Önologen.

REBSORTEN
Barbera, Bola Dulce, Cabernet Sauvignon, Cardinal, Carignan, Chenin Blanc, Colombard, Grenache, Malaga, Malbec, Merlot, Mission, Muscat, Nebbiolo, Palomino, Perlette, Petite Sirah, Rosa del Perú, Ruby Cabernet, Sauvignon Blanc, Trebbiano, Valdepeñas, Zinfandel

BAJA CALIFORNIA IN MEXIKO
Petite-Sirah-Rebstöcke schmoren in der heißen Mittagssonne von Baja California. Im Hintergrund sind die Ausläufer der Sierra San Pedro Mártir zu erkennen.

durch den steigenden Zustrom billiger Weine aus den USA umgeleitet. Dies könnte paradoxerweise der Silberstreif am Horizont sein, denn da die Kellereien Mexikos mit den Preisen der amerikanischen Massenweine nicht konkurrieren können, müssen sie sich, um zu überleben, auf Qualität verlegen. Somit werden sich die Anbauflächen verringern, bis in einem Jahrzehnt nur die besten Areale mit geeigneten Klonen bestockt sind und das Potenzial Mexikos schließlich Realität wird.

DAS MEXIKANISCHE WEINETIKETT

Viele Begriffe auf mexikanischen Etiketten stimmen mit denen auf spanischen Etiketten überein oder ähneln diesen (*siehe* »Das spanische Weinetikett«, S. 360). Hier einige häufig verwendete Begriffe:

Vino tinto	Rotwein	*Espumoso*	Schaumwein
Vino blanco	Weißwein	*Seco, Extra Seco*	Trocken, Extra-Trocken
Variedad	Rebsorte	*Vino de Mesa*	Tafelwein
Contenido neto	Nettoinhalt	*Bodega*	Weingut
Cosechas Seleccionadas	Spezialcuvée	*Hecho en Mexico*	Erzeugt in Mexiko
Viña	Weinberg		

ERZEUGER IN
MEXIKO

BODEGAS DE SANTO TOMÁS
Ensenada

Dieses Gut wurde von einem italienischen Goldgräber in der Nähe der Ruinen der Mission Santo Tomás gegründet und 1920 an General Rodríguez verkauft. Rodríguez stieg zum Präsidenten von Mexiko auf, und die Kellerei ging in das Eigentum von Esteban Ferro über. Später wurde sie an Santo Tomás, an Pedro Domecq und schließlich an den in Mexiko-Stadt ansässigen Importeur Elias Pando verkauft.

✓ *Cabernet Sauvignon*

CASA MADERO
Monterey

Die zweitälteste Kellerei auf dem amerikanischen Kontinent verfügt über eine Anbaufläche von 400 ha und verkauft ihre Weine unter den Marken San Lorenzo und Varietales Madero. Der fliegende Weinmacher John Worontschak erzeugt hier saubere, angenehm zu trinkende Weine für Marks & Spencer, und es ist zu hoffen, dass Casa Madero diese Erfahrungen nützt.

✓ *Cabernet Sauvignon/Merlot* • *San Lorenzo* (roter Tafelwein)

CAVAS DE SAN JUAN
Cuauhtémoc

✫

Das auf über 1500 m Höhe liegende Weingut Cavas de San Juan besitzt etwa 250 ha Weinberge und verkauft seine Weine unter der Marke Hidalgo.

L. A. CETTO
Tijuana

✫

Ich habe die Anlagen dieser Weinkellerei in Mexiko-Stadt besucht, als der Großteil der Produktion noch unter der Marke Domecq verkauft wurde und die Cetto-Weine international unbekannt waren. Schon damals versprach ihre Qualität mehr als die anderer Produzenten. Die Weine stammen aus dem relativ kühlen Santo-Tomás-Tal in Baja California. Cettos runder Petite Sirah ist am zuverlässigsten.

✓ *Cabernet Sauvignon* • *Nebbiolo* • *Petite Sirah* • *Zinfandel*

CASA PEDRO DOMECQ
Mexiko-Stadt

✫

Der herausragendste Wein, der in Baja California erzeugte Château Domecq, ist immer noch einer der besten Cabernet Sauvignons Mexikos.

✓ *Château Domecq*

CAVAS DE ALTIPLANO
Zacatecas

Diese Kellerei ist in der höchst gelegenen Weinbauregion Mexikos angesiedelt, auf einer Höhe von 2000 m.

MARQUÉS DE AGUAYO
Parra

Marqués de Aguayo wurde 1593 gegründet und ist somit das älteste Weingut des ganzen amerikanischen Kontinents. Heute produziert es nur noch Weinbrand.

MONTE XANIC
Ensenada

★✫

Der wie »schanik« ausgesprochene Name stammt aus der Sprache der Cora-Indianer und bedeutet »erste Blüte nach dem Regen«. Eine zutreffende Bezeichnung für diese prosperierende, beste Kellerei Mexikos.

✓ *Cabernet Sauvignon* • *Cabernet-Merlot* • *Chardonnay*

PRODUCTOS DE UVA
Tlanepantla

❓

Als ich in Mexiko vor Jahren den Riesling dieses Unternehmens genoss, war er der hellste, frischeste Weißwein des Landes.

✓ *Riesling*

SALVA VIVA
San Juan del Río

★

Freixenets Schaumweinunternehmen erzeugt einen feinen, leichten und frischen Schaumwein, der schon 1988 so manchen echten spanischen Cava übertraf.

✓ *Brut*

Von den übrigen mexikanischen Kellereien können u. a. die folgenden interessante Weine erzeugen: **Bodegas San Antonio**, **Cavas de Valmar**, **Casa Martell** und **Vergel**.

✧SÜDAMERIKA✧

Die Spanier führten den Weinbau auf dem amerikanischen Kontinent ein: zunächst im Jahr 1521 in Mexiko, dann in Südamerika im Zug der Eroberung durch die Konquistadoren. Unter den zahlreichen Weinregionen ragt Chile durch seine Qualität hervor, Argentinien durch Quantität und Qualität; Brasilien und Uruguay zeigen teilweise ein gutes Potenzial.

DIE SÜDAMERIKANISCHEN WEININDUSTRIEN sind untrennbar mit der Expansionspolitik Spaniens im 16. Jahrhundert verbunden, auch wenn die Konquistadoren nicht in erster Linie auf die Verbreitung des Weinbaus aus waren; ihre Aufgabe war es, für Ferdinand von Spanien das Gold Südamerikas zusammenzuraffen. Als die Indianer mit den farbigen Glasperlen als Tauschmittel für ihre Schätze nicht mehr zufrieden waren, nahmen sich die Eroberer mit brutalen Methoden, was ihnen gefiel. Die Eingeborenen gossen daraufhin gefangenen Soldaten flüssiges Gold in die Kehle, was zweifellos den spanischen Durst nach dem wertvollen Metall stillte, gleichzeitig war es eine Antwort auf die christlichen Missionare, die sie gezwungen hatten, Wein als Teil der Kommunion zu trinken. In jüngerer Zeit hemmt die traditionelle Gewohnheit, Bier zu trinken, die Entwicklung der südamerikanischen Weine insgesamt. Dieses Phänomen beeinträchtigt sogar die beiden großen Wein erzeugenden Länder Chile und Argentinien. Brasilien könnte den Weg weisen, da die jüngere Generation von Bier zu Wein übergeht und dieses Land eines der wenigen der Welt ist, in denen der Weinkonsum gegenwärtig ansteigt.

LESE IN RIO GRANDE (BRASILIEN)
Brasiliens größte Weinbauregion ist Rio Grande do Sul. Sie erstreckt sich entlang des Atlantiks nach Süden bis an die Grenze zu Uruguay.

SÜDAMERIKA
Die klimatischen Bedingungen und unwirtliches Gelände schließen weite Landstriche Südamerikas von der Weinproduktion aus. Der Kontinent ist jedoch so groß, dass die meisten Staaten einige Weinberge besitzen. Chile und Argentinien zählen zu den führenden Erzeugern.

- Argentinien *Siehe* S. 508
- Chile *Siehe* S. 508
- Ica-Tal, Peru
- Moquegua-Tal, Peru
- La Paz, Bolivien
- Tarija, Bolivien
- Villa Rica, Paraguay
- São Paulo, Brasilien
- Santa Caterina, Brasilien
- Rio Grande do Sul, Brasilien
- Salto, Uruguay
- Montevideo, Uruguay
- Rivera, Uruguay
- Staatsgrenzen
- ▲ Höhe über dem Meer (Meter)
- km 400 800 1200

DIE WEINBERGE VON SAN PEDRO IN MOLINA (CHILE)
Ein Teil der größten chilenischen Anbaufläche in Molina in der Region Curicó 200 km südlich von Santiago. In der Ferne sind die Anden zu erkennen.

WEINBAUFLÄCHE UND ERTRAG DER SÜDAMERIKANISCHEN STAATEN

STAAT	HEKTAR	HEKTOLITER	FLASCHEN
ARGENTINIEN	207 000	18 200 000	2424 Mio.
CHILE	114 000	3 600 000	480 Mio.
BRASILIEN	60 000	3 000 000	396 Mio.
URUGUAY	11 000	710 000	94,8 Mio.
PERU	10 000	80 000	10,8 Mio
BOLIVIEN	4 000	20 000	2,64 Mio.
KOLUMBIEN	1 500		nicht bekannt
VENEZUELA	1 000		nicht bekannt
ECUADOR	250		nicht bekannt
PARAGUAY	unbedeutend		nicht bekannt

DAS GESETZ, DAS ES NIEMALS GAB

Im Jahr 1993 fragte ich Yves Bénard, den Direktor von Moët & Chandon, wie die Champagnerhersteller Gerichtsprozesse gegen die Verwendung des Namens Champagner oder *Champaña* auf einem außerhalb der Champagne erzeugten Schaumwein rechtfertigen könnten, da Moët selbst über 30 Jahre lang südamerikanischen Schaumwein als *Champaña* verkaufte. Bénard erklärte, dass das Unternehmen versucht hätte, die Bezeichnung *Champaña* verbieten zu lassen, die Gesetze des jeweiligen Landes jedoch die Verwendung dieses Begriffs vorschreiben. Stellt sich die Frage, warum ein Champagnerhaus in einem Land ein Unternehmen gründet, das seine eigene Appellation untergräbt. Meine Frage stützte sich jedoch auf die Aussage von Trevor Bell, dem Geschäftsführer von Piper-Heidsieck, dass solche Gesetze überhaupt nicht bestünden. Ich erklärte Bénard, dass Bell als Erzeuger von argentinischem Schaumwein für Piper wissen sollte, wovon er sprach, und dass unmöglich beide Recht haben könnten.

Bénard beharrte auf seiner Behauptung: »So lautet das Gesetz. Das weiß ich, da jedes Mal, wenn das Comité Interprofessionnel du Vin de Champagne einen Fall vor Gericht bringt, dies von der Gegenseite vorgebracht wird und ich das Vorgehen meiner Gesellschaft begründen muss.«

Ich bat Bénard, mir den Gesetzestext, auf den er sich berief, zukommen zu lassen. Er bot mir eine Übersetzung an, die als Beweis vor einem kanadischen Gericht verwendet worden war. Ich bestand jedoch auf einer Version des Gesetzes in spanischer Sprache für Argentinien und in Portugiesisch für Brasilien. Die Texte wurden mir gerne zugesagt, erreichten mich jedoch nie. Schließlich erhielt ich einen Brief vom 25. Juni 1993, in dem es hieß: »Das Gesetz fordert, dass Schaumwein in diesem Land als Champagner, *Champaña*, *Vino espumoso* oder *Vino espumante* bezeichnet werden muss. Da in Argentinien die Bezeichnungen *Vino espumoso* und *Vino espumante* den Wert eines Weins in den Augen der Konsumenten herabsetzen, werden diese Begriffe niemals verwendet.« Genau dieses Argument bringen Schaumweinerzeuger auf der ganzen Welt vor, wenn sie von Champagnerhäusern vor Gericht gebracht werden.

Auch vom brasilianischen Gesetz traf nie eine Kopie ein. Moët versicherte mir, dass die Produktion mit 2,4 Millionen Flaschen zu gering sei, um ein Problem darzustellen. Als jedoch die Champagnererzeuger Thorncroft wegen weniger als 36 000 Flaschen alkoholfreien Holunderblüten-Champagners vor Gericht zitierten, behaupteten sie, dass es sich um die Spitze eines Eisbergs handle! Die Überzeugung, dass Schaumwein in Argentinien und Brasilien aufgrund eines Gesetzes als *Champagne* oder *Champaña* bezeichnet werden muss, hat sich zerschlagen. Heute steht eindeutig fest, dass die betreffenden Champagnerhäuser nicht verpflichtet waren, den Begriff *Champaña* zu verwenden.

DIE KLEINEN WEINBAULÄNDER IN SÜDAMERIKA

BOLIVIEN

Angeblich wurden in diesem Land bereits um 1560 die ersten Rebstöcke gepflanzt. Heute finden sich Weinberge auf Höhen zwischen 1600 und 2400 m auf dem Altiplano um La Paz im Norden und um Tarija im Süden. Der Boden ist alluvial und das Klima tropisch; Fäule verursachende Feuchtigkeit ist ein ebenso großes Problem wie die Reblaus. Paradoxerweise müssen die meisten Rebstöcke künstlich bewässert werden. Muscat ist hier die wichtigste Sorte, und über die Hälfte des erzeugten Weins wird zu dem Weinbrand Pisco destilliert. Erstaunlich guten, recht modernen Cabernet-Sauvignon erzeugt die Kellerei La Concepción. Gewachsen auf 2600 m Höhe, dürfte es sicher der »höchste« Cabernet der Welt sein.

BRASILIEN

Einigen Quellen zufolge begann der brasilianische Weinbau unter den Portugiesen in São Paulo um 1532. Eine bedeutende Weinerzeugung setzte jedoch erst 1815 ein, als der portugiesische Prinzregent Brasilien denselben Status verlieh wie Portugal (Rio de Janeiro war schon seit 1807 Hauptstadt von Portugal und Sitz der vor Napoleon geflohenen Regierung). Da Brasilien nicht von importierten Weinen abhängen sollte, förderte man die Entwicklung der eigenen Weinberge. Nach der Unabhängigkeit des Landes 1822 wurden heimische Weine zu einer Notwendigkeit.

Die bei weitem bedeutendste Weinbauregion ist im südlichsten Staat Rio Grande do Sul an der Grenze zu Uruguay zu finden. Im Bezirk Palomas liegt Santana do Livramento, die neueste und viel versprechendste Weingegend Brasiliens. Hier gibt es in der *Campanha gaúcha* Weinberge mit über 20 *Vinifera*-Sorten, während im übrigen Land 8 von 10 Rebstöcken den *Labrusca*-Sorten angehören. Die Qualität der Weine leidet erheblich unter dem vielen Regen, der häufig zur Erntezeit fällt. Schaumwein, für den früh geerntete Trauben verwendet werden, ist deshalb die größte Hoffnung des Landes.

KOLUMBIEN

Die spanische Eroberung Kolumbiens begann 1525, als Rodrigo de Bastidas Santa Marta gründete. Reben pflanzte man vermutlich ab 1559, dem Jahr, in dem die *Audiencia*, der spanische Hof von Santa Fé de Bogotá, als Teil des Vizekönigreichs von Peru eingesetzt wurde. Aufgrund der guten Zugänglichkeit vom Meer hing Kolumbien stärker von spanischen Importweinen ab als andere Kolonien an der Westküste, sodass der heimische Weinbau nie zum Blühen kam. Die ersten echten kommerziellen Weingüter wurden erst in den 1920er Jahren gegründet. Die Industrie blieb klein, bis 1984 der Weinimport aus allen nicht südamerikanischen Ländern verboten wurde, wodurch die Produktion augenblicklich anstieg. Der Großteil der Weinberge konzentriert sich in den

Regionen Cauce-Tal, Sierra Nevada de Santa Marta und Ocaña, wo jede nur vorstellbare Tafeltraube angebaut wird. Viele Kellereien verwenden Tafeltrauben zur Weinerzeugung, die verbreitetste Rebe ist jedoch die *Labrusca*-Sorte Isabella, während auf Barbera, Cabernet Sauvignon, Chadonnay, Müller-Thurgau, Muscat, Pinot Noir, Pedro Ximénez, Riesling und Sylvaner nur ein geringer Teil der Rebstöcke entfällt. Viele Weine werden ausschließlich oder teilweise aus anderen Früchten gemacht, teilweise aus Säften und Konzentraten, die aus verschiedenen Ländern importiert werden.

ECUADOR

Der Weinbau in Ecuador begann vermutlich nach 1534, als Sebastián de Belalcázar die Stadt Villa de San Francisco de Quito gegründet hatte und die Spanier eine Kolonie großer Landgüter errichteten. Früher wurden die meisten Weinberge entlang der Küste angelegt, um den Vorteil der Meereswinde zu nutzen. Heute findet sich die größte Weinbaufläche in den hoch gelegenen Gebirgsprovinzen, wo auch der frühere rheinhessische Weinbaupräsident Jäger tätig ist. Im Vergleich zum Kaffee, dem berühmtesten Getränk des Landes, ist die Weinproduktion vernachlässigbar gering.

PARAGUAY

Seit etwa 1537, als die erste Siedlung in Asunción errichtet wurde, kultiviert man im subtropischen Klima Paraguays Rebstöcke. Ungeachtet ihrer langen Geschichte ist die Weinproduktion heute weniger bedeutend als die von Palmherzen oder Fleischextrakt.

PERU

Als eines der ältesten Wein erzeugenden Länder Südamerikas besitzt Peru mindestens seit 1563 Weinberge, als Francesco de Carabantes im Ica-Tal Rebstöcke pflanzte. Viele Quellen behaupten jedoch, dass der berühmte Konquistador und Gründer von Lima, Francisco Pizarro, bereits 1531 einen Weinberg bestockte. Auch heute noch finden sich die meisten peruanischen Weinberge in der Provinz Ica, einer von Wüste umgebenen fruchtbaren Oase, wo aufgrund der Hitze und des semiariden Klimas künstliche Bewässerung erforderlich ist. Der Tagestemperaturunterschied dank der kühlen Nächte sollte sich in frischen, lebhaften Weinen auswirken. Die bisherigen Erzeugnisse werden dem Potenzial jedoch nicht gerecht.

URUGAY

Seit dem Beginn der kommerziellen Produktion um das Jahr 1870 stieg die Weinerzeugung kräftig an. Die Idee eines urugayischen Weins mag Europäern seltsam erscheinen, nicht jedoch den Urugayern, die lange nichts für den Export übrig ließen. Die Weinberge liegen auf den sanften Hügeln vulkanischen Ursprungs rund um Montevideo, Canalones, San José, Florida, Soriano, Paysandú und am Río de la Plata. Die Sommer sind warm und die Niederschläge mehr als ausreichend. Als weitverbreitetste Sorte wird Harriague gepflanzt, die Tannat Südwestfrankreichs.

VENEZUELA

Den spanischen Jesuiten von Cumana, der ältesten Kolonialsiedlung Südamerikas, wird die Gründung des venezolanischen Weinbaus zugeschrieben. Die meisten Rebstöcke sind Hybriden, es finden sich jedoch auch einige *Vinifera*-Sorten.

ERZEUGER IN SÜDAMERIKA

BRASILIEN

AURORA

Bento Gonçalves

Diese Genossenschaft hat etwa 1500 Mitglieder, die ein Drittel der brasilianischen Weinbaufläche besitzen und 95 % des Weinexports bestreiten. Zu den bekanntesten Marken zählen Conde Foucolde, Clos de Nobles und die im Eigentum von Canandaigua stehende Marke Marcus James (die sich in den USA phänomenal verkauft). Der fliegende Weinmacher John Worontschak erzeugt hier für britische Supermarktketten verschiedene Weine. Eine der erfolgreichsten Kellereien Brasiliens.

CASA MOËT & CHANDON

Rio Grande do Sul

★

Das berühmte Champagnerhaus erzeugt Still- und Schaumweine, die gut sein können. Sie werden auf dem brasilianischen Markt schamlos als *Champaña* verkauft.

✓ *M. Chandon* (Diamantina)

CASTEL PUJOLS

Santana do Livramento

Dieser bekannte uruguayische Erzeuger stellt auch in Brasilien Wein her.

DREHER

São Paulo

Das Unternehmen hieß früher Heublein do Brasil und verkauft heute seine Weine unter verschiedenen Marken wie Bratage, Castel Chatelet, Castelet, Lejon und Marjolet.

FORESTIER

Rio Grande do Sul

★

Dieser zu Seagram gehörende Betrieb ist im Gegensatz zu Palomas (s. u.) eine Boutiqueweinkellerei, die zur Zeit die besten Weine Brasiliens erzeugt.

✓ *Cabernet Sauvignon*

DE-LANTIER

Garibaldi

Diese große, moderne Weinkellerei, die einige der besseren Weine Brasiliens herstellt, gehört Martini & Rossi. Die sortenreinen Spitzenweine des Programms gelangen unter der Marke Baron De-Lantier auf den Markt, die preisgünstigen Weine werden unter der Marke Château Duvalier und die flaschenvergorenen Schaumweine unter De-Greville verkauft.

PALOMAS

Santana do Livramento

Diese 1974 gegründete Kellerei mit ihrer üppigen Anbaufläche von 1200 ha, die ausschließlich mit klassischen *Vinifera*-Rebstöcken bepflanzt ist, stellt Brasiliens ehrgeizigstes Weinunternehmen dar. Es sollte die Weinindustrie des Landes auf den Weg der Qualität bringen, doch selbst als seine Weine zu den besten Brasiliens zählten, waren sie langweilig; heute erzeugen andere Güter wesentlich attraktivere Weine. Als Seagram 1989 Palomas übernahm, erwartete niemand, dass der neue Eigentümer für frischen Wind sorgen würde. Doch das Potenzial ist immer noch vorhanden, und Seagram (zu dem auch Forestier, eine der führenden Kellereien des Landes, gehört) hat die Mittel, es zu nützen.

VINICOLA RIOGRANDENSE

Caxias do Sul

Dieses seit den 1930er Jahren auf *Vinifera*-Sorten spezialisierte Unternehmen verkauft den Großteil seiner Weine unter der Marke Granja União.

KOLUMBIEN

Die bedeutendsten Weinkellereien sind: Bodegas Andaluzas, Vinicola Andiña, Bodegas Añejas, Vinerias del Castillo, Cinzano, Viños de la Corte, Divinos, Pedro Domecq Colombia, Grajales, Inverca, Martini & Rossi, David & Eduardo Puyana, Viña Ramariz, Rojas, Bodegas Sevillanas und Bodegas Venecianas.

PERU

TACAMA

Ica

Der einzige große Erzeuger des Landes. Von seinen Exportweinen ist nur der Malbec nach internationalen Maßstäben annehmbar. Die anderen Rotweine sind kurz oder bitter, die Weißweine frisch, aber uninteressant, und die Schaumweine auf unangenehme Weise attackierend. Peynaud und Ribereau-Gayon, die berühmten Weinprofessoren aus Bordeaux, waren hier ebenso als Berater tätig wie der fliegende Weinmacher John Worontschak, der für britische Supermärkte einige angenehme Weine (Malbec und Chenin) erzeugt.

✓ *Malbec*

Weitere nennenswerte peruanische Kellereien sind **Ocucaje** und **Vista Alegre**.

URUGUAY

CASTILLO VIEJO

San José

Die Kellerei Castillo Viejo macht frische, knackige Weißweine und pikante, fruchtige Rotweine aus Trauben von einem Privatgut 100 km nordwestlich von Montevideo. Der fliegende Winzer John Worontschak produziert hier Weine für die britische Supermarktkette Tesco.

✓ *Chardonnay-Sauvignon • Tannat-Merlot*

ESTABLECIMENTO JUANICO

Canelones

★

Diese private Kellerei erzeugt mit Unterstützung des fliegenden Weinmachers Peter Bright unter der Marke Don Pascual Weine von internationalem Standard.

✓ *Chardonnay • Chardonnay-Viognier • Merlot • Merlot-Tannat*

IRURTIA

Cerro Carmelo

Mit 300 ha *Vinifera*-Trauben das größte Weingut des Landes.

✓ *Pinot Blanc* (Novello) • *Tannat*

H. STAGNARI

Canelones

★

Ein überraschend guter Gewürztraminer und ein ordentlicher, geschmackreicher Merlot.

✓ *Gewürztraminer*

VINOS FINOS JUAN CARRAU

Cerro Chapeau

Diese Kellerei besitzt im Nordosten der Region Rivera eigene Weinberge. Klima und Böden eignen sich dort überaus gut für *Vinifera*-Trauben. Der Großteil der Weine ist jedoch lediglich trinkbar.

✓ *Museo 1752*

VENEZUELA

Von den etwa 12 Weinkellereien Venezuelas erscheint Bodegas Pomar am interessantesten.

✧CHILE UND ARGENTINIEN✧

Wenn Chile das Aushängeschild der südamerikanischen Weinbauländer darstellt, dann ist Argentinien ihr unergründliches Fass. Kellereien wie Catena und Weinert haben jedoch bewiesen, dass Argentinien mit der Qualität Chiles Schritt halten kann, wenn die Erzeuger ihre Erträge verringern.

CHILE

Chile besitzt nur ein Problem: Der Großteil seiner Weinberge befindet sich am falschen Platz. In einem so lang gestreckten Land ist es natürlich, dass sich die Bevölkerung in der Nähe der Hauptstadt Santiago konzentriert und in der Umgebung ihre Weinberge anlegt, vor allem wenn das Schmelzwasser aus den nahe gelegenen Anden eine unerschöpfliche Bewässerungsquelle bildet.

Als sich Chile zur besten Weinregion Südamerikas entwickelte, gab es kaum einen Anreiz, geeignetere Weinbauflächen in den unbewohnten, schwer zugänglichen Teilen des Landes zu suchen. Neue Gebiete, wie das für Weißweine hochinteressante Casablanca-Tal, bilden lediglich den Rand der besten Weingegend des Landes, der Region Secano, eines schmalen Hügelstreifens entlang der Küste. Hier mildern kühle Meeresbrisen die heiße Mittagssonne, und ausreichend Niederschläge machen eine künstliche Bewässerung überflüssig – sofern die Erzeuger sich mit geringeren Erträgen zufrieden geben. Das Casablanca-Tal liegt am nördlichen Ende dieser zukünftigen Weinregion, deren potenteste Teile sich im Süden bis nach Concepción erstrecken. Paradoxerweise sind es hier die einfachen Bauern, die Reben kultivieren. Sie können sich keine künstliche Bewässerung leisten (weshalb die Region den Namen Secano trägt, was so viel wie »nicht bewässert« bedeutet) und pflanzen País-Reben für ihren eigenen Bedarf, doch mit einer Kettensäge und Edelreisern könnte man diese Weinberge von einem Tag auf den anderen modernisieren, während man neue mit den richtigen Sorten anlegt und – ganz wichtig – Straßen baut, die diese vergessenen Gebiete mit dem Panamerican Highway verbinden.

CABERNET SAUVIGNON IN CHILE
Dieser wurzelechte Cabernet-Sauvignon-Rebstock im Maipo-Tal ist über einhundert Jahre alt.

GESCHMACKS- UND QUALITÄTSFAKTOREN

LAGE
In Chile werden Reben in einem 1300 km langen Gebiet parallel zur Pazifikküste angebaut. Die größte Konzentration findet sich südlich von Santiago. In Argentinien wachsen Reben vorwiegend in den Provinzen Mendoza und San Juan östlich der Andenausläufer.

KLIMA
Die bedeutendste Weinbauregion Chiles in der Umgebung von Santiago ist mit jährlichen Niederschlägen von 380 mm trocken, frei von Frühjahrsfrösten und erfreut sich eines klaren, sonnigen Himmels. Aufgrund der Nähe zu den schneebedeckten Anden sinken die Temperaturen nachts beträchtlich ab – vor allem am Fuß des Gebirges –, was sich im hohen Säuregehalt der Trauben auswirkt. Neuere Gegenden wie das Casablanca-Tal eignen sich vor allem für Weißweine. Im Süden gelegene Regionen, etwa Bío-Bío, die ausreichend Regen erhalten und nicht bewässert werden müssen, rücken stärker ins Blickfeld. Der intensiv kultivierte argentinische Distrikt Mendoza hat ein kontinental-semiarides Klima. Der Jahresniederschlag von 200 bis 250 mm liegt unter dem von Chile, doch verteilt er sich glücklicherweise über die sommerliche Vegetationszeit. Die Temperaturen betragen in der Nacht etwa 10 °C und steigen tagsüber auf 40 °C an. Hervorragende kühlere Lagen zwischen Luján und Tupungato werden erschlossen.

TOPOGRAFIE
In beiden Ländern wachsen die meisten Rebstöcke in flachen Küstenebenen oder Talböden, die sich bis zu den Ausläufern der Anden erstrecken. In Chile finden sich unbewässerte Weinberge auf den Hügeln des Zentraltals, in den übrigen Teilen des Landes ist Bewässerung weit verbreitet. In Argentinien werden für den Weinbau vorgesehene Hügelflanken flacher gestaltet, um das vorhandene Wasser besser nützen zu können.

BÖDEN
Die Rebstöcke gedeihen in diesen Ländern auf einer ganzen Reihe verschiedener Böden. Die tieferen Kalkböden in Teilen von Chile bilden einen Grund für die im Allgemeinen höhere Qualität der Weine dieses Landes, berühmt ist Chile jedoch für das völlige Fehlen der Reblaus. In Argentinien reicht die Bodenbeschaffenheit von sandig bis tonig, wobei tiefe, lockere alluviale und äolische Böden vorherrschen.

WEINBAU UND WEINBEREITUNG
Während einige Kellereien in Chile schon früh traditionelle Methoden und oft auch australische und kalifornische Technologie verwendeten, stützt sich Argentinien vorwiegend auf die Massenproduktion, für die man allerdings wenig Zukunft sieht; seit einigen Jahren steigen viele Kellereien auf bessere Qualität um, kleine Topbetriebe entstehen. Für hochwertige klassische Sortenweine greift man auch in Argentinien auf traditionelle Techniken zurück. Nach der Krise Chiles hielten um 1980 moderne Geräte, Edelstahltanks und verbesserte Technik in vielen Kellereien Einzug. Miguel Torres baute als Erster eine moderne Bodega und erzeugt frische, fruchtbetonte Weine. Ihm folgten zahlreiche Qualitätserzeuger, die Gärung bei niedrigen Temperaturen und andere moderne Verfahren verwenden.

REBSORTEN
Barbera, Bonarda, Cabernet Franc, Cabernet Sauvignon, Carmenère, Cereza, Chardonnay, Chenin Blanc, Criolla, Ferral, Grenache, Grignolino, Johannisberg Riesling, Lambrusco, Malbec, Malvasia, Merlot, Muscat, Nebbiolo, País, Palomino, Pedro Ximénez, Petit Verdot, Pinot Blanc, Pinot Gris, Pinot Noir, Refosco, Renano, Sangioveto, Sauvignon Blanc, Sémillon, Sylvaner, Syrah, Tempranillo, Torrontes, Ugni Blanc

Von Rot- zu Weißwein

Als Chile in den 1980er Jahren seine Exporte steigerte, zeigte es sich, dass neben einigen wirklich hochwertigen und preisgünstigen Rotweinen die Weißweine viel zu wünschen übrig ließen. Ende der 70er Jahre hatte sich die Qualität chilenischer Weine durch die Einführung temperaturgesteuerter Edelstahltanks beträchtlich verbessert. In der ersten Hälfte der 80er Jahre verbannte man das Holz der *Raule*, einer einheimischen Buchensorte, aus der Vinifikation. Es hatte den Weinen eine Note verliehen, an die sich die Chilenen gewöhnt hatten, die auf den internationalen Märkten jedoch als unangenehm empfunden wurde.

Durch die Verwendung von neuen, meist aus Frankreich stammenden Eichenfässern zeigte sich beim Chardonnay des Jahrgangs 1989 ein Qualitätssprung, der weithin zu der Annahme führte, dass Chile endlich das Geheimnis einer erfolgreichen Weißweinproduktion gelüftet habe. Bald schon stellte sich heraus, dass selbst die besten Erzeuger ihren trostlosen Sauvignon Blanc nicht verbessern konnten. Wie kam das?

Ein Sauvignon, der nicht existiert

Als ich die Erzeuger darauf ansprach, gestanden die meisten, dass praktisch aller als Sauvignon Blanc verkaufte Wein in Wirklichkeit Sauvignonasse war. Sauvignonasse bedeutet »sauvignon-ähnlich«, doch steht die Sorte in keiner Beziehung zu Sauvignon und besitzt auch nicht dessen Charakter. Wann immer ich nach den Anbauflächen von Sauvignon fragte, vermengten die chilenischen Erzeuger die Daten für Sauvignon mit Sauvignonasse und Sémillon. Nach meinen Berechnungen mussten demnach mindestens 12500 ha mit Sauvignonasse, maximal 2000 ha mit Sauvignon Blanc und zwischen 2500 und 4000 ha mit Sémillon bestockt sein. Waren diese Angaben korrekt, enthielt praktisch jeder bis Beginn der 90er Jahre als Sauvignon Blanc verkaufte Wein durchschnittlich weniger als 12% Sauvignon Blanc. Später erkannte ich, dass auch diese Zahl wesentlich zu hoch angesetzt war. So verwundert es nicht, dass der chilenische Sauvignon Blanc wenig Sortencharakter besitzt.

Unglücklich mit den übermittelten Zahlen, kehrte ich mit dem Vorsatz nach Chile zurück, Sauvignon Blanc in den Weinbergen zu lokalisieren und identifizieren. Meinen ersten Hinweis auf den tatsächlichen Stand der Dinge erhielt ich bei meinem Besuch auf dem Weingut von Miguel Torres in Curicó.

Nachdem wir uns über die ampelographischen Punkte geeinigt hatten, versuchte Miguel Torres sie anhand der Reben vor uns aufzuzeigen – nur waren sie nicht zu finden. Wie sich herausstellte, besaß er nicht einen einzigen reinrassigen Sauvignon-Blanc-Rebstock. Wir gelangten zu dem Schluss, dass er eine veränderte Form von Sauvignon Blanc gepflanzt hatte, die vermutlich mit Sémillon gekreuzt war. Der einzige Ort, an dem ich tatsächlich auf einen echten Sauvignon Blanc stieß, war Viña Canepa, das einzige Weingut, dessen Wein zu dieser Zeit tatsächlich nach Sauvignon schmeckte.

Nachdem ich die Nichtexistenz des Sauvignon Blanc in einem Artikel mit dem Titel »Chiles mutierter Held« (»Chile's Mutant Hero«, *Wine & Spirit International,* Juli 1991) bekannt gemacht hatte, be-

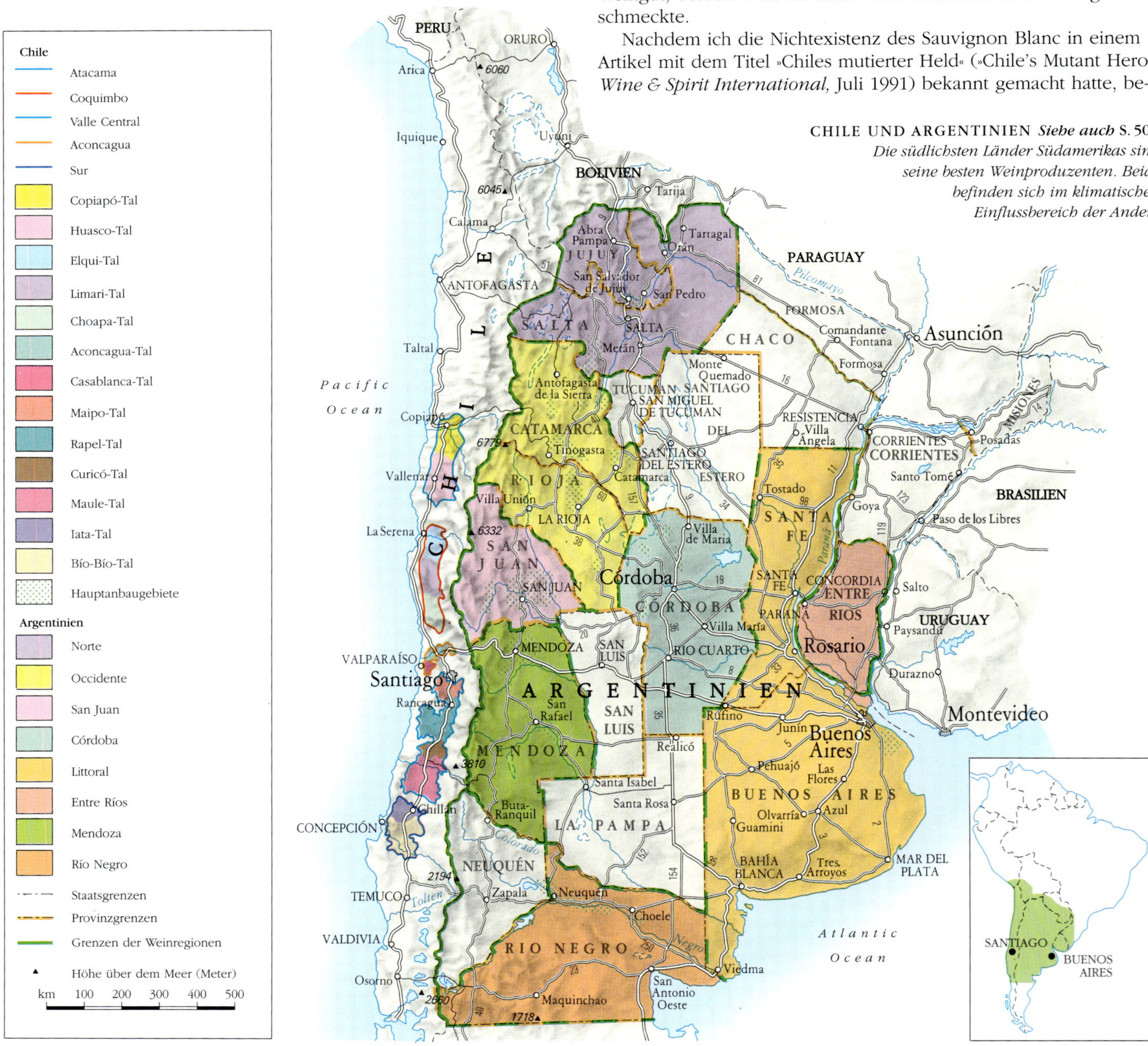

CHILE UND ARGENTINIEN *Siehe auch S. 504*
Die südlichsten Länder Südamerikas sind seine besten Weinproduzenten. Beide befinden sich im klimatischen Einflussbereich der Anden.

auftragten zahlreiche chilenische Güter französische Fachleute, ihre Weinberge sorgfältig zu durchkämmen – sie gelangten zum selben Schluss. Seit damals wurden große Rebflächen auf echten Sauvignon Blanc umgepfropft. In der Zwischenzeit versuchten die meisten Kellereien, ihrem Sauvignonasse einen Sauvignon-ähnlicheren Stil zu verleihen, indem sie früh ernteten – zu früh (anstatt die Lese in mehreren Durchgängen durchzuführen, wie man es in Neuseeland tut). Die unreifen Trauben ergaben entsetzlich grüne, minderwertige Weine. Während viele derartige Erzeugnisse weiterhin existieren, macht Chile – in dem Maß, wie die umgepfropften Reben produktiv werden – zunehmend wesentlich bessere Sauvignons Blancs.

ARGENTINIEN

Das fünftgrößte Weinland der Welt könnte sich zu einer führenden Kraft im oberen Qualitätsbereich entwickeln, wenn es seine exzessiven Erträge einschränken würde. Während Chile seine Position als bedeutendster Qualitätsweinproduzent Südamerikas durch eine spürbare Ertragsverringerung in den letzten zehn Jahren ausbaute, ging Argentinien noch geraume Zeit den entgegengesetzten Weg; noch heute gibt es wenig Erzeuger, die mit niedrigen Erträgen arbeiten. Auf den ersten Blick scheint es, als hätte Argentinien in derselben Zeit seine Produktion um etwa 10 % reduziert, in Wirklichkeit wurde jedoch ein Drittel der Weinberge gerodet, sodass der Ertrag tatsächlich von 66 auf 88 hl pro ha gestiegen ist.

Die geringen Niederschläge machen die argentinischen Weinberge von künstlicher Bewässerung abhängig. Die ist jedoch preiswert, und es ist reichlich Wasser vorhanden, sodass die Weinbauern nur den Hahn aufdrehen müssen, um mehr Reben zu kultivieren und mehr Wein zu erzeugen. Dies machte bei nahezu allen Erzeugern die Leidenschaft für Qualität zunichte.
Einige wenige Kellereien wie Catena (mit seinen besten Weinen) und Weinert weigerten sich entschlossen, diesen Weg zu gehen, und geben uns neben einigen neueren, kleineren Erzeugern wie La Anita und Fabre-Montmayou eine Ahnung von der Qualität, zu der Argentinien im Stande ist. Ihrem Beispiel muss die ganze Industrie folgen, wenn sie ihre Weine international verkaufen will. Denn *Vin ordinaire* ist überall im Überfluss vorhanden, und was die modernen Konsumenten wirklich begeistert, sind erstklassige Weine zu günstigen (aber nicht notwendigerweise niedrigen) Preisen. Argentinien befindet sich in der ausgezeichneten Position, diese Nachfrage stillen zu können, sobald sich seine Erzeuger dieser Tatsache bewusst werden. Dann hätten die chilenischen Weinproduzenten Grund zur Sorge.

DIE HERKUNFTSBEZEICHNUNGEN IN CHILE UND ARGENTINIEN

CHILE

ACONCAGUA

Weinbaubereiche Aconcagua-Tal, Casablanca-Tal
Das Aconcagua-Tal ist vorwiegend wegen Errazuriz bekannt, der einzigen großen Kellerei in der Region, und erzeugt vor allem Cabernet Sauvignon, Cabernet Franc, Merlot und seit kurzem versuchsweise auch Shiraz (beachten Sie die australische Terminologie). Das kühlere Casablanca-Tal ist der jüngste Bereich mit internationaler Anerkennung und renommiert für die Frische und Fruchtigkeit seiner Weine, insbesondere Chardonnay und Sauvignon Blanc. Aber auch Pinot Noir und andere rote Sorten zeigen aufregendes Potenzial.

ATACAMA

Weinbaubereiche Copiapó-Tal, Huasco-Tal
Die Küstenkordillere geht hier ohne ein zwischengeschaltetes Tal in die Anden über. Aufgrund der fast fehlenden Niederschläge ist der Weinbau ausschließlich mit künstlicher Bewässerung möglich. In Jahren, in denen es tatsächlich regnet, erwachen Pflanzen und Insekten zum Leben, und eine der trockensten Wüsten der Welt explodiert in vielfarbiger Blütenpracht. Die Weinberge liefern hier größtenteils Tafeltrauben.

VALLE CENTRAL

Weinbaubereiche Curicó-Tal, Maipo-Tal, Maule-Tal, Rapel-Tal
Unterbereiche Curicó-Tal: Lontue-Tal, Tenue-Tal; Maule-Tal: Del-Claro-Tal, Locomilla-Tal, Tutaven-Tal; Rapel-Tal: Cachapoal-Tal, Colchagua-Tal
Das älteste und zentrale Weinbaugebiet, das Längs- oder Zentraltal (*Valle longitudinal* oder *central*), enthält vier Weinbaubereiche mit sieben Unterbereichen. Das Maipo-Tal um Santiago ist nach wie vor der Bereich mit dem intensivsten Weinbau des Landes und daher die bekannteste Appellation. Es gehört zu den wärmsten, wenn auch nicht den besten Weinbaubereichen Chiles, liefert jedoch zuverlässig gute Weine, vor allem Cabernet Sauvignon. Etwa 150 km südlich von Santiago liegen die Täler Rapel und Colchagua mit so bekannten Kellereien wie Los Vascos und Santa Rita. Das Curicó-Tal, 200 km südlich von Santiago, ist Heimat führender Marken wie Caliterra, Montes, Torres und Valdivieso. Curicó ist hauptsächlich für Chardonnay bekannt, erzeugt aber auch guten Cabernet Sauvignon, Merlot und Pinot Noir. Der südlichste Bereich ist das Maule-Tal, das drei Unterbereiche umfasst und sich im Allgemeinen besser für Rot- als für Weißweine eignet; für den heimischen Konsum werden große Mengen País-Trauben produziert. Die großen Kellereien verarbeiten normalerweise Trauben aus allen chilenischen Regionen.

COQUIMBO

Weinbaubereiche Elqui-Tal, Limari-Tal, Choapa-Tal
Wie in Atacama bildet die Küstenkordillere eine Vorstufe zu den Anden. Hier ist Weinbau ohne künstliche Bewässerung möglich. Das Elqui-Tal ist auch als »magisches Tal« bekannt, da es am Südende der spektakulären »blühenden Wüste« liegt. Die Rebstöcke werden in allen drei Tälern in separaten Blöcken angeordnet, nicht als durchgehende Fläche wie weiter im Süden. Die alkoholreichen und säurearmen Weine werden größtenteils zur Herstellung des Weinbrands Pisco verwendet. Viña Francisco de Aguire ist der einzige exportierende Erzeuger (Marken: Palo Alto, Piedras Altas, Tierra Arena und Tierras Altas).

SUR (SÜDREGION)

Weinbaubereiche: Itata-Tal, Bío-Bío-Tal
Die País-Traube ist die in dieser Region am häufigsten kultivierte Sorte. Abgesehen von Kuriositäten wie einem Gewürztraminer von Concha y Toro ist diese Gegend bisher nicht für die Qualität ihrer Weine bekannt.

ARGENTINIEN

CATAMARCA

Diese Region besitzt nur wenige Weinbauflächen, die erzeugten Trauben werden größtenteils für Weinbrand verwendet.

LA RIOJA

Im Gegensatz zum originalen spanischen Gegenstück ist diese Region glühend heiß und liefert Weine mit viel Alkohol und wenig Säure, die nur zu oft in der Flasche oxidieren.

MENDOZA

Die größte Weinbauregion Argentiniens erbringt mehr als zwei Drittel der gesamten Produktion. Die zwei wichtigen Untergebiete, Medoza und San Raffael, liegen etwa 400 km auseinander. Massenträger wie Cereza, Bonarda oder die weiße Torrontés überwiegen noch, doch der Anteil hochwertiger Sorten steigt, wobei Malbec die bedeutendste und zugleich charakteristischste Traube ist, Cabernet Sauvignon die beste. Außerdem findet man Merlot, Tempranillo, Pinot Noir und Syrah. Weißweinsorten sind Chardonnay, Chenin Blanc, Muscat und etwas Sauvignon Blanc.

RÍO NEGRO

Diese Region kann hervorragende Trauben liefern, wenn es keine Frost- und Hagelschäden gibt, die leider allzu häufig sind.

SALTA

Die Qualität ist manchmal erstaunlich, etwa bei der sonst einfachen Torrontes-Traube, die hier gewürztraminerähnliche, dichte Weine erbringen kann. Auch der Cabernet Sauvignon gedeiht hervorragend, wie Etchart beweist.

SAN JUAN

Ein großer Teil der süßen, säurearmen Trauben aus dieser heißen Gegend wird zu Traubensaftkonzentrat verarbeitet und exportiert.

ERZEUGER IN
CHILE UND ARGENTINIEN

CHILE

AGRÍCOLA DOÑA JAVIERA
El Monte

Dieser kleine Erzeuger im küstennahen Teil des Maipo-Tals stellt saubere, frische, zugängliche Weine her. Sie kommen unter der Marke Arlequin auf den Markt, bisher hat sich der Merlot als bestes Produkt erwiesen.

DOMAINE PAUL BRUNO
Quebrada de Macul

Nach enttäuschendem Beginn zeigt dieser teure Cabernet aus einem vor wenigen Jahren bepflanzten Weinberg im Maipo-Tal die Qualität, die seine Schöpfer Bruno Prats, Paul Pontallier und Felipe de Solminihac vor Augen hatten.

CALITERRA
Curicó

★

Dieses Weingut wurde von Errazuriz und Franciscan Vineyards aus Kalifornien gegründet. Als sich der kalifornische Partner zurückzog, wurden die Weine unzuverlässig (der Sauvignon Blanc war besonders schrecklich), und Caliterra wurde fast zum Zweitwein von Errazuriz. Mit Robert Mondavi als neuem Partner will man den Spitzenwein Seña von Caliterra als chilenisches Gegenstück zu Mondavis Opus One aufbauen.

✓ *Cabernet Sauvignon* (Reserve) • *Chardonnay*

CANEPA
Santiago

★☆Ⓥ

Diese Hightech-Kellerei erzeugt elegante Weine mit perfektem, sauberem Profil, großer, klarer Frucht und herausragender Finesse. Einfache Weine mit hervorragendem Preis-Leistungs-Verhältnis werden unter den Marken Montenuevo, Petroa und Rowan Brook verkauft.

✓ *Cabernet Sauvignon* (bes. Magnificum) • *Chardonnay* (Rancagua) • *Merlot* • *Sauvignon Blanc* • *Zinfandel*

CARMEN
Alto Jahuel

★☆

Dieses 1850 gegründete Gut ist das älteste Label Chiles. Heute zur selben Gruppe gehörend wie Santa Rita, besitzt Carmen eine nagelneue Kellerei, die von Alvaro Espinoza, einem der besten Weinmacher Chiles, geleitet wird.

✓ *Cabernet Sauvignon* • *Grand Vidure* • *Merlot* (bes. Reserve) • *Petite Sirah* • *Sémillon* (Oak Aged)

CARTA VIEJA
Villa Allegre

Ⓥ

Dieses kleine Gut wird von der Familie Del Pedregal betrieben, der diese Weinberge seit dem Jahr 1825 gehören. Die Familie macht zunehmend bessere, ihren Preis werte Weine.

✓ *Cabernet Sauvignon* (Antigua Selection)

CASA LAPOSTOLLE
Las Condes

★☆

Ein französisch-chilenisches Jointventure zwischen der Familie Marnier-Lapostolle vom berühmten Haus Grand Marnier und der Familie Rabat, die seit den 1920er Jahren im Weingeschäft ist. Michel Rolland von Château Le Bon Pasteur berät als Weinmacher und erzeugt einen der besten Merlots von Chile.

✓ *Merlot* (bes. Selection, Cuvée Alexandre) • *Sauvignon Blanc*

CHÂTEAU LOS BOLDOS
Requinoa

★☆Ⓥ

Dieses Weingut wurde vom neuen Eigentümer, der Familie Massenez aus dem Elsass – die *Eaux de Vie* destilliert –, revitalisiert. Ihre preiswürdigen Weine zeichnen sich durch Fülle, Finesse und Komplexität aus.

✓ *Cabernet Sauvignon* • *Chardonnay* • *Merlot*

CONCHA Y TORO
Santiago

★★

Größter und einer der besten Erzeuger des Landes. Sein früherer talentierter Weinmacher Pablo Morandé erkannte als Erster das Potenzial von Casablanca. Die manchmal umwerfend üppigen Weine sind teils lebhaft fruchtig, teil komplex und längerer Lagerung würdig. Besondere Beachtung verdient der Cabernet Sauvignon Don Melchor. Sehr preiswürdige Weine werden in der zu Concha y Toro gehörigen Kellerei Santa Emiliana hergestellt (Marken Andes Peak, Palmeras Estate und Walnut Crest). Concha y Toro ist auch Eigentümer der Marke Cono Sur, die in der firmeneigenen Kellerei Tocornal erzeugt wird.

✓ *Cabernet Sauvignon* (bes. Don Melchor, Marques de Casa Concha, Palmeras Estate) • *Chardonnay* (bes. Amelia, Casillero del Diablo, Cordillera Estate) • *Merlot* (bes. Casillero del Diablo, Marques de Casa Concha, Trio) • *Sauvignon Blanc* (Casablanca)

CONO SUR
Chimbarongo

★☆Ⓥ

Produziert werden die Weine von Viña Tocornal (im Besitz von Concha y Toro), das der Kalifornier Ed Flaherty ins Leben gerufen hatte. Schon mit seinem El-Liso-Tempranillo hatte er sich in Spanien einen Namen gemacht. Nun ist er in Errazuriz, und unter seiner Leitung gewinnt Cono Sur an Qualität und brachte einige Weine in wirklich exzellentem Preis-Leistungs-Verhältnis (Etikett: Isla Negra). Die Supermarkt-Roten (Etikett: Tocornal) sind günstig, weich und fruchtig mit seidiger Eichennote. Cono Sur ist und bleibt Spitzenklasse.

✓ *Cabernet Sauvignon* • *Chardonnay* (Reserve) • *Isla Negra* (Chardonnay, rot) • *Pinot Noir* (Barrel Select, Casablanca Valley)

COOPERATIVA AGRÍCOLA VITIVINÍCOLA DE CURICÓ
Curicó

☆Ⓥ

Diese Genossenschaft existiert seit 1939 und verzeichnet in jüngster Zeit dank der Beratung durch den fliegenden Weinmacher Peter Bright große Verbesserungen. Die Weine werden unter der Marke Viños Los Robles verkauft.

✓ *Chardonnay* • *Sauvignon-Sémillon*

COOPERATIVA AGRÍCOLA VITIVINÍCOLA DE TALCA
Talca

Diese Weinkellerei erzeugt preiswerte, aromatische Weißweine.

COUSIÑO MACUL
Santiago

☆

Chiles einst beste Weinkellerei wurde von anderen Erzeugern überholt, die nicht den Luxus genossen, sich auf einen etablierten Export stützen zu können, und unbedingt einen Fuß in die Tür setzen wollten. Sie nahmen konstruktive Kritik aus den internationalen Märkten auf und schneiderten ihre Weine bereitwillig nach dem Geschmack ihrer Kunden. Cousiño Macul hat seine Qualitätsmaßstäbe nicht gesenkt, wirkte jedoch gemessen am Standard Chiles eine Zeit lang veraltet.

✓ *Cabernet Sauvignon* (Antigua Reserva) • *Merlot* (Limited Release)

DISCOVER WINE (MONTES)
Curicó

★

Aurelio Montes ist der geistige Vater dieses Guts, das zunächst Weine mit übermächtigem Eichenton hervorbrachte, die nur bei den echten Eichenfans ankamen. Heute geht man von amerikanischer Eiche zu einem zurückhaltenden Einsatz französischer Eiche über. Daneben erzeugt Montes einige köstlich fruchtige, nicht in Holz vinifizierte Weine.

✓ *Cabernet Sauvignon* • *Malbec* • *Merlot*

DOMAINE ORIENTAL
Talca

Auf diesem 150 Jahre alten Gut pflanzte Rodolfo Donoso französische Rebstöcke, die ersten im Maule-Tal. Die Weinberge blieben bis 1989 Eigentum der Familie Donoso, die andere Kellereien belieferte, dann wurde das Unternehmen von Weinliebhabern aus Französisch-Polynesien erworben.

ECHEVERRIA
Molina

★

Dieses kleine Familienunternehmen belieferte lange Zeit Kellereien mit Trauben. Seit 1992 erzeugt es Weine unter eigener Marke und zählt heute zu den aufsteigenden Stars in Chile.

✓ *Cabernet Sauvignon* (Family Reserva) • *Chardonnay* (bes. Reserva) • *Sauvignon Blanc*

ERRAZURIZ
Santiago

★☆Ⓥ

Dieses alte Gut im Maule-Tal, das einst Errazuriz-Panquehue hieß, hatte sich unter dem Neuseeländer Brian Bicknell rasch verbessert, was sich unter dem talentierten Kalifornier Ed Flaharty fortsetzen sollte. Errazuriz und Robert Mondavi sind Partner bei Caliterra.

✓ *Chardonnay* • *Merlot* • *Cabernet Sauvignon*

LA FORTUNA
Lontue

☆

Diese Kellerei, die seit über fünfzig Jahren der Familie Güell gehört, befasst sich erst seit Mitte der 90er Jahre ernsthaft mit dem eigenen Ausbau von Weinen. Der Chardonnay ist seit Jahren hervorragend, ebenso der Malbec (eine der ersten sortenreinen Abfüllungen in Chile).

✓ *Malbec* (Lontue Valley)

LA PALMA
Cachapoal

★☆Ⓥ

Die Marke des 500 ha großen Weinguts Viña la Rosa. Mit neuen, 6 Millionen Dollar teuren Kelleranlagen und Ignacio Recabarren als Berater war der Erfolg garantiert.

✓ *Cabernet Sauvignon* • *Chardonnay* • *Merlot*

LAS CASAS DEL TOQUI
Rancagua

☆

Dieses Gut ist ein Gemeinschaftsunternehmen von Château Larose-Trintaudon aus dem Bordelais und der Familie Granella.

✓ *Cabernet Sauvignon* (Prestige Reserve) • *Chardonnay* (Grande Reserve)

LUIS FELIPE
Colchagua

★★Ⓥ

Hier macht man einen sensationell preiswürdigen Cabernet Sauvignon und einen köstlich runden, an tropische Früchte erinnernden Chardonnay.

✓ *Cabernet Sauvignon* (bes. Reserva) • *Chardonnay*

MONTGRAS
Colchagua

★

Eine aufstrebendes neues Gut mit

250 ha Anbaufläche. Montgras sollte man im Auge behalten.

✓ *Cabernet Sauvignon* (Reserva) • *Merlot* (Reserva)

PETROA
Siebe Canepa

PORTAL DEL ALTO
Requinoa

☆

Diese seit 1970 dem spanischen Önologieprofessor Alejandro Hernández gehörende Weinkellerei erzeugt elegante traditionelle Rotweine.

✓ *Cabernet Sauvignon* • *Chardonnay* • *Merlot*

SAN PEDRO
Molina

☆ Ⓥ

Die Weine von San Pedro, einem der chilenischen Weinriesen und Vorreiter im Export, machten eine unzuverlässige Periode durch, aus der sie dank teurer, ultramoderner Kelleranlagen und der Beratung durch Weinmacher Jacques Lurton besser als je zuvor hervorgingen. Preiswerte Labels sind Gato Blanco und Gato Negro. Auch Santa Helena ist eine Exportmarke.

✓ *Chardonnay* (Castillo de Molina Reserva)

SANTA CAROLINA
Santiago

☆ Ⓥ

Die frischen, knackigen, fruchtigen Weißweine dieses Kellereiriesen bieten hier das beste Preis-Leistungs-Verhältnis. Besonders der preisgünstige weiße Verschnitt auf Sauvignon-Basis ist oft besser als der reine Sauvignon Blanc. Die Rotweine sind jedoch eindeutig die besten Weine des Unternehmens. Santa Carolina ist auch Eigentümer von Viña Casablanca.

✓ *Merlot* • *Sauvignon Blanc* (Reserve)

SANTA INÉS
Isla de Maipo

Diese kleine, qualitätsbewusste Weinkellerei gehört der Familie De Martino.

✓ *Carmenère*

SANTA MÓNICA
Rancagua

☆

Eigentümer und Weinmacher Emilio de Solminihac erzeugt Weine von rundem, fruchtigem Stil.

✓ *Sauvignon Blanc*

SANTA RITA
Santiago

★

Diese Weine dieser selbst bei einfachen Qualitäten sehr guten riesigen Kellerei sind heute schmalziger und runder als je zuvor. Das Sortiment »120« – benannt nach Bernardo O'Higgins, dem Befreier von Chile, der sich mit 120 Mann nach der Schlacht von Rancagua im Jahr 1810 in dieser Kellerei verbarg – war immer zuverlässig. Santa Rita ist auch Eigentümer der Kellerei Carmen.

✓ *Cabernet Sauvignon* (120, Casa Real) • *Sauvignon Blanc* (Casa Real) • *Merlot* (Medalla Real, Casablanca, Reserve)

SERGIO TAVERSO
Colchagua

★

Der gebürtige Chilene Taverso ist in den USA, wo er dreißig Jahre lang als Weinmacher und Gutsbesitzer in Kalifornien wirkte, bekannter als in seinem Heimatland. Mit seinen immer eleganter werdenden Weinen, die auch unter der Marke La Parra verkauft werden, gelangte er auf dem Exportmarkt rasch zu Ansehen.

✓ *Cabernet Sauvignon* • *Chardonnay* • *Merlot*

TARAPACA
Santiago

❓

Diese kleine Kellerei erzeugte gutsabgefüllte Weine bis zu ihrem Verkauf an die Fosforos Holding Company, die 30 Millionen Dollar in das Unternehmen investierte. Eine hypermoderne Kellerei entstand. Die ersten 440 ha neu bestockter Weinberge wurden zwischen 1995 und 1997 in die Produktion aufgenommen. Die Weine sind seitdem erheblich moderner geworden.

TERRA ANDINA
Camino

Dieses Jointventure von Pernod Ricard und Viña José ist ein Projekt mit dem widersprüchlichen Ziel, Weine aus verschiedenen Regionen Chiles zu Produkten mit Terroircharakter zu verschneiden. Dennoch verspricht es großen Erfolg.

TERRA NOBLE
Talca

★

Beraten durch Henri Marionnet, einen der besten Weinmacher der Touraine, kreierte Terra Noble sehr guten Merlot und Sauvignon Blanc.

✓ *Merlot* • *Sauvignon Blanc*

TORREÓN DE PAREDES
Rengo

☆

Dieses leistungsstarke Familienunternehmen liegt 100 km südlich von Santiago im Chachapoal-Tal (innerhalb des Rapel-Tals). Es verwendet moderne Edelstahltanks und ausschließlich französische Eiche.

✓ *Cabernet Sauvignon* • *Merlot*

MIGUEL TORRES
Curicó

★☆ Ⓥ

Spaniens innovativster Weinmacher veränderte die Vorstellungen vom Potenzial des Weißweins in diesem Land schon in den 1980er Jahren. Seine mächtigen, aus sehr reifen Trauben erzeugten Rotweine werden häufig missverstanden, vor allem in Chile selbst, wo ihr lange Reifung erfordernder Charakter von unmittelbar zugänglichen, vordergründigen Produkten in den Hintergrund geschwemmt wird.

✓ *Cabernet Sauvignon* (Bella Terra, Santa Digna) • *Chardonnay* (Cordillera) • *Riesling-Gewürztraminer* (Don Miguel)

UNDURRAGA
Santiago

❓

Undurraga exportierte als erste chilenische Kellerei Weine in die USA. Lange Zeit veraltet, brachte ab 1995 ein 1,5 Millionen Dollar teures Modernisierungs- und Neupflanzprogramm den willkommenen Wandel. Die neuen Weine sind eine andere Welt.

VALDIVIESO
Santiago

★☆ Ⓥ

Das ursprünglich Champagne Alberto Valdivieso benannte Unternehmen erzeugt nach wie vor große Mengen einfachen Schaumweins, hat sich jedoch auch erfolgreich an die Produktion sortenreiner, im Fass vergorener Weine gewagt. Loco, ein Verschnitt aus verschiedenen Traubensorten und mehreren Jahrgängen, ist Valdiviesos Spitzenrotwein. Um die einzelnen Partien zu unterscheiden (und Weinliebhabern die Möglichkeit zu bieten, die Weine zu verfolgen), werden sie nummeriert. Ich habe nur Caballo Loco Number One verkostet, aber aufgrund seiner meisterlichen Qualität zögere ich keinen Augenblick, ihn als einen der hervorragendsten Weine Südamerikas einzustufen. Günstigere Weine werden unter der Marke Casa verkauft.

✓ *Caballo Loco* • *Cabernet Franc* • *Merlot* • *Pinot Noir*

VILLARD
Casablanca

★

Dem Franzosen Thierry Villard gelingen seit Jahren mit die besten Chardonnays von Chile. Neuerdings zeigt er auch bei Pinot Noir Ehrgeiz.

✓ *Chardonnay* • *Merlot*

VIÑA BALDUZZI
San Javier

☆ Ⓥ

Dieses kleine Familienweingut erzeugt frische, elegante Weine mit kräftiger Frucht. Die Familie Balduzzi stammt aus dem Piemont und kam um 1900 nach Chile, begann jedoch erst im Jahr 1987 mit dem Export ihrer Produkte.

✓ *Cabernet Sauvignon* • *Chardonnay*

VIÑA BISQUERTT
Lihueimo

Ⓥ

Der Familienbetrieb mit ausgedehnten, gut gelegenen Weinbergen im Colchagua-Tal begann Anfang der 1990er Jahre, seine Weine selbst abzufüllen, und entwickelt sich rasch zu einem guten Erzeuger weicher, gefälliger, preiswerter und dennoch charaktervoller Weine.

✓ *Cabernet Sauvignon* (Reserve) • *Sauvignon Blanc*

VIÑA CASABLANCA
★★ Ⓥ

Das zu Santa Carolina gehörende Unternehmen wird von Ignacio Recabarren betrieben, einem der profiliertesten Önologen Chiles, der in der spanischen Region Penedés beim Jaume Serra Cava mitwirkt, im Weingut Viña La Rosa im Rapel-Tal als Berater tätig ist und vor kurzem seinen ersten eigenen Spitzenwein herausbrachte. Viña Casablanca machte den ersten Sauvignon Blanc Chiles, der tatsächlich nach Stachelbeeren schmeckte, 1996 gelang Recabarren sogar ein ausgezeichneter, würziger Gewürztraminer, 1997 ein großartiger Merlot aus Casablanca.

✓ *Cabernet Sauvignon* • *Chardonnay* • *Gewürztraminer* (Santa Isabella) • *Sauvignon Blanc* (Santa Isabel)

VIÑA FRANCISCO DE AGUIRE
Limari

❓

Dieses ultramoderne Unternehmen ist 450 km nördlich von Santiago im Pisco-Gebiet angesiedelt und erzeugt auf steilen, mineralreichen, mit Tropfbewässerung ausgestatteten Terrassen erstklassige Sortenweine. Verkauft werden sie unter den Marken Palo Alto, Piedras Altas, Tierra Arena und Tierras Altas.

VIÑA GRACIA
Totihue

❓

Die insgesamt 360 ha Anbaufläche dieser neuen Kellerei verteilen sich über 500 km zwischen dem Aconcagua-Tal nördlich von Santiago und dem Bío-Bío-Tal im Süden.

VIÑA LOS VASCOS
Santiago

★

Die baskische Familie Ezyguirre erwarb den Besitz im Jahr 1755 und war an der Junta beteiligt, die 1810 die Macht in Chile übernahm. Los Vascos war bis 1850 mit der einheimischen País-Traube bestockt, danach ersetzte man sie durch Reben aus Bordeaux und Burgund. 1988 ging die Familie Ezyguirre eine Partnerschaft mit Lafite-Rothschild ein und stieg später ganz aus. Gilbert Rokvam erzeugt hier vor allem guten, zugänglichen Cabernet Sauvignon.

VIÑA SEGU OLLÉ

Linares

Dieses Familienweingut besitzt 200 ha Rebfläche im Maule-Tal, die Weine werden unter den Marken Caliboro, Doña Consuelo und La Sierra verkauft.

VIÑA PORTA

Chachapoal

Ⓥ

Diese guten, preiswerten Weine werden unter der Marke Casa Porta verkauft. Die früher eigenständige Kellerei gehört jetzt zu Viña Gracia.

ARGENTINIEN

BIANCHI

Mendoza

Diese Kellerei produziert gute Durchschnittsware bei Stillwein, aber erstaunlich guten Schaumwein.

CATENA

Junín

★★

Nicolas Catena, Argentiniens großer Visionär in Sachen Wein, macht mit Unterstützung seines kalifornischen Önologen Paul Hobbs, der vor seinem Wechsel nach Argentinien am Aufbau der Kellerei Opus One beteiligt war, ausgezeichnete Weine. Catena ist nach argentinischem Standard in der obersten Preiskategorie angesiedelt, Alta Catena ist ein allen Ansprüchen genügender Premiumwein. Gute Weine mit ganz hervorragendem Preis-Leistungs-Verhältnis werden unter den Marken Alamos Ridge, Bodegas Esmeralda und Libertad verkauft. Catena ist auch Eigentümer von Bodegas La Rural.

✓ *Alta Catena* • *Cabernet Sauvignon* (Agrelo Vineyard) • *Chardonnay* (Agrelo Vineyard) • *Malbec* (Agrelo Vineyard)

CHANDON

Mendoza

Diese seit langem etablierte Filiale von Moët & Chandon erzeugt vorwiegend Schaumweine, die unter den Marken M. Chandon und Baron B. schamlos als *Champaña* verkauft werden. Attraktiver ist eine wachsende Menge guter, sich steigernder Stillweine, die für den Exportmarkt produziert werden. Neben den teuer verkauften, aber schwachen Marken wie Comte de Valmont gibt es seit etwa 1995 sehr gute Sortenweine.

✓ *Castel Chandon* (Rotweinverschnitt) • *Chardonnay* (Renaud Poirier)

ETCHART

Cafayate

★Ⓥ

Der überaus frische, lebhafte trockene Cafayate Torrontes mit seinem zarten Muskataroma ist ein Maßstab für diese spezielle argentinische Sorte. Der Cabernet Sauvignon ist hier jedoch zweifellos der beste Wein. Etchart gehört heute zu Pernod Ricard.

✓ *Cabernet Sauvignon* • *Chardonnay* (Cafayate) • *Malbec* • *Torrontes* (Cafayate)

FINCA FLICHMAN

Mendoza

☆

Nach beträchtlichen Investitionen in Edelstahltanks und neue Barriques aus französischer Eiche steigerte sich sowohl die Qualität als auch die Quantität. Zudem verlagerte sich der Schwerpunkt auf südländische Traubensorten wie Barbera, Sangiovese und Tempranillo, die teils mit in der Region beliebten Sorten wie Malbec, Cabernet und Merlot verschnitten werden.

✓ *Cabernet Sauvignon* (Caballero de la Cepa) • *Sangiovese-Malbec* • *Syrah*

GOYENECHEA

San Rafael

Die Weine schmecken altmodisch, dennoch können sie große Klasse haben, sogar die erstaunlich frischen weißen.

HUMBERTO CANALE

Rio Negro

☆

Interessante, immer besser werdende Sortenweine von einigen der südlichsten Weinberge der Welt.

✓ *Malbec* • *Pinot Noir*

LA AGRÍCOLA SA

Chuquisaca

☆Ⓥ

Moderne Kellerei mit stark verbesserten Weinen, denen nur noch ein Quäntchen Traubenreife fehlt.

✓ *Mission Peak* (Argentinian Red, Argentinian White) • *Santa Juliana* (Torrontes)

LA RURAL

Mendoza

☆

Unter dem neuen Eigentümer Catena besserte sich die Qualität der ehemals schweren, oxidierten Weine beträchtlich.

✓ *Chardonnay* • *Malbec* • *Merlot*

LOPEZ

Mendoza

☆

Dieses ehrwürdige Familienunternehmen erzeugt traditionelle, spanisch anmutende Weine, die besten unter der Marke Château Montchenot (in Deutschland: Don Federico).

LUIGI BOSCA

Luján de Cuyo

☆

Ein Protagonist der Qualitätsweinregion Luján. Immer gute, alterungsfähige Rotweine aus Cabernet Sauvignon und Syrah, sehr guter Chardonnay und Malbec.

✓ *Cabernet Sauvignon* • *Chardonnay* • *Malbec* • *Syrah*

LURTON

Buenos Aires

☆

Die Lurtons aus dem Bordeaux kamen als fliegende Weinmacher nach Chile und waren von dem Potenzial so angetan, dass sie mit Nicolas Catena ihre erste Kellerei einrichteten und sich hier niederließen.

✓ *Tempranillo-Malbec*

NACARI

La Rioja

Diese kleine Genossenschaft hat sich auf Torrontes-Weine spezialisiert.

NAVARRO CORREAS

Maipú

☆

Traditionsreiche und angesehene Kellerei, wie so viele neuerdings in ausländischem Besitz und mit veränderten, weniger traditionell-oxidativem Stil.

✓ *Malbec* • *Syrah*

NORTON

Luján de Cuyo

☆

Erst als der österreichische Unternehmer Gernot Langes-Swarowski im Jahr 1989 diese schon 1895 gegründete Kellerei erwarb, entwickelten die Weine ihr wahres Potenzial. Der Malbec zählt zu den besten Argentiniens, doch sind alle Rebsorten der mit erheblichen Mitteln modernisierten Kellerei inzwischen gelungen.

✓ *Cabernet-Merlot* • *Merlot*

ORFILA

St. Martin

Die besten Weine werden unter der Marke Cautivo verkauft. Es ist eine nette Ironie der Weinwelt, dass Orfila in Frankreich Schaumwein erzeugt, der nach Argentinien exportiert und dort als *Champaña* verkauft wird.

✓ *Cabernet*

PEÑAFLOR

Buenos Aires

☆Ⓥ

In den vergangenen Jahren hat sich die Qualität dank der fliegenden Weinmacher Peter Bright und John Worontschak außerordentlich verbessert. Der Country Red ist ein günstiger und erfreulicher Verschnitt-Wein. Weitere Etiketten: Andean Vineyards, Fond de Cave, Parral, Tio Quinto, Trapiche (*siehe auch* dort).

✓ *Cabernet-Malbec* • *Chenin-Chardonnay* • *Torrontes* • *Tempranillo*

PIPER

Buenos Aires

Als der Engländer Trevor Bell die Leitung von Charles Heidsieck und Piper-Heidsieck in Frankreich innehatte, stellte er alle Champagnerhäuser – einschließlich seines eigenen – bloß, die behaupteten, durch das argentinische Gesetz zur Verwendung des Worts *Champaña* auf ihren argentinischen Schaumweinen gezwungen zu sein. Ihm erschien dies scheinheilig, und er verkündete, dass Piper mit dieser Gewohnheit brechen würde.

SAN TELMO

Maipú

★

Diese Kellerei im kalifornischen Stil besitzt 230 ha Weinbaufläche und liefert zuverlässig aromatische, fruchtige Weine sehr guter Qualität. Neuerdings in ausländischem Besitz.

✓ *Cabernet Sauvignon* • *Chardonnay* • *Chenin Blanc* • *Malbec* • *Merlot*

SANTA ANA

Guaymallen

☆Ⓥ

Die chilenische Kellerei Santa Carolina erwarb 1996 eine Mehrheitsbeteiligung an dem sehr großen Betrieb. Die Weine werden u. a. unter der Marke Casa de Campo verkauft, der Schwerpunkt liegt jedoch auf den unter eigenem Label verkauften Weinen. Die Schaumweine tragen die Marke Villeneuve.

✓ *Merlot-Malbec* • *Syrah*

SUTER

San Rafael

Eine von Schweizer Auswanderern gegründete, noch sehr traditionelle Kellerei durchschnittlicher Qualität, die von Seagram vermarktet wird.

TOSO

San José

☆Ⓥ

Diese alteingesessene Kellerei erzeugt einen zuverlässigen, überdurchschnittlichen Cabernet.

✓ *Cabernet Sauvignon*

TRAPICHE

Buenos Aires

☆Ⓥ

Trapiche, das zu Peñaflor gehört, dem größten Weinzeuger Südamerikas, hat sich mit einem breiten Sortiment frischer Weine Ansehen erworben. Michel Rolland von Château Le Bon Pasteur ist hier als Berater tätig.

✓ *Cabernet-Malbec* (Medalla) • *Malbec* (Oak Cask Reserve)

VISTALBA-MONTMAYOU

Mendoza

☆

Dieser Senkrechtstarter in französischem Besitz macht neben bewährten Weinen wie Cabernet und Malbec interessante Rotweine aus Barbera und Syrah in erstaunlich moderner Qualität.

✓ *Cabernet Sauvignon* • *Malbec* • *Syrah*

WEINERT

Luyon de Cuyo

★★

Dieses bereits 1890 gegründete Gut stieg erst unter der Führung des jetzigen Eigentümers, des gebürtigen Brasilianers Bernardo Weinert zu einem der beiden besten Erzeuger Argentiniens auf. Er modernisierte den Betrieb 1975 und verringerte bald darauf als erster argentinischer Produzent die Erträge, um bessere Qualität zu erzielen. Bei 850 ha Weinbergen ging er damit ein großes Risiko ein.

✓ *Cabernet Sauvignon* • *Cavas de Weinert* (Malbec-Merlot) • *Malbec*

DIE AUSWAHL DES AUTORS

Allein mit großartigen Cabernet- und Chardonnay-Weinen aus Kalifornien hätte ich Seiten füllen können. Ich beschränke mich aber auf ein bis zwei Maßstab setzende Beispiele für die bedeutendsten oder zukunftsträchtigsten Weine aus Kalifornien und dem Pazifischen Nordwesten. British-Columbia und Ontario besitzen ebenfalls Weine, die in diese Liste aufgenommen werden müssen. Chile ist unbestritten Südamerikas Nummer 1, die besten Kellereien Argentiniens können aber nicht übergangen werden.

ERZEUGER	WEIN	ART	BESCHREIBUNG	
KALIFORNIEN				
Au Bon Climat (*siehe* S. 473)	Sanford & Benedict Rosemary's Vineyard	ROT	Diese beiden Weine werden von Jim Clendenen, einem Pinot-Noir-Weinmacher von Weltklasse, hergestellt. Sie verfügen über eine wunderbare Klarheit der Frucht und Sortenaroma. Sanford & Benedict zeigt mehr Finesse, Rosemary's Vineyard einen offeneren, runderen, fetteren Stil.	2–5 Jahre
Beringer Vineyards (*siehe* S. 464)	Alluvium	WEISS	Dieser exotische Sauvignon-Sémillon-Verschnitt zeigt, dass kalifornische Weine nicht unbedingt Sortenweine sein müssen, um Erfolg zu haben. Die Frucht ist leicht süß und exquisit rein, frisch und sahnig mit einem köstlichen Hauch Röstaroma von neuer Eiche. Alluvium sollte für sich genossen werden.	2–4 Jahre
Bonny Doon Vineyard (*siehe* S. 471)	Cigare Volant	ROT	Als einer der ersten Rhône-Pioniere musste Bonny Doon in dieser Auswahl erscheinen. Nur war zwischen Old Telegram (ein Wortspiel auf Vieux Télégraphe) und Cigare Volant zu entscheiden. Letzterer siegte aufgrund des üppigen Stils und seiner runden, angenehmeren Frucht. Cigare Volant (Fliegende Zigarre) ist ein Verschnitt im Châteauneuf-Stil und hat seinen Namen zu Ehren der seltsamen, im Jahr 1954 tatsächlich erlassenen Verfügung, die »fliegenden Untertassen« und »fliegenden Zigarren« eine Landung in Châteauneuf-du-Pape untersagt.	3–8 Jahre
De Loach Vineyards (*siehe* S. 460)	O. F. S. Zinfandel	ROT	Keine Zusammenfassung kalifornischer Weine wäre komplett ohne Zinfandel, und De Loach O. F. S. (Our Finest Selection) ist meine Wahl für alle, die Finesse suchen anstatt mächtige Statur (siehe unten Ravenswood). Dieser reiche, geschmeidige Zinfandel mit eleganter Art strömt über vor köstlich würziger Frucht. Wenn Sie einen üppigen Zinfandel mit einem Hauch Eiche einem Wein vorziehen, der aus Stapeln von Tannin zusammengezimmert ist, haben Sie ihn gefunden.	3–8 Jahre
Ironstone Vineyards (*siehe* S. 461)	Cabernet Franc	ROT	Dieser prachtvoll üppige, fruchtige Rotwein ist seidig und geschmeidig, aber nicht so weich, dass er seinen Sortencharakter verliert. Ein wundervoll ausdrucksstarker Wein aus Cabernet Franc, einer Sorte, die in Kalifornien zum Aufstieg ansetzt.	2–4 Jahre
Kistler Vineyards (*siehe* S. 461)	Lagen-Chardonnays	WEISS	Aus der verwirrend großen Zahl großartiger kalifornischer Chardonnays wähle ich Kistler, da das Gut eine Reihe erstklassiger Lagen-Chardonnays herstellt, wie Camp Meeting Ridge, Durell »Sandhill«, Dutton Ranch, Kistler, McCrae und Vine Hill Road. Die Entscheidung zwischen diesen Weinen ist schwierig, da selbst die »schwächsten« zur Spitzenklasse kalifornischer Chardonnays gehören. Zwar zeigen sich bei einer Vergleichsverkostung deutliche Unterschiede, doch besitzen alle eine mächtige, üppig-sahnige Frucht, deren elegante tropische Art die Säure und die komplexen Aromen vom Säureabbau und vom Eichenfass schön ausbalanciert. Einige lassen diese Weine reifen, aber obwohl sie sich dafür ausgezeichnet eignen, genieße ich sie am liebsten in ihrer lebhaften Jugendlichkeit.	2–7 Jahre
Peter Michael Winery (*siehe* S. 461)	Les Pavots	ROT	Meine Wahl des aufregendsten Rotweins im Bordeaux-Stil muss auf Sir Peter Michaels Les Pavots fallen. Alle Produkte dieser Kellerei tragen französische Namen, ein deutlicher Hinweis auf Peter Michaels Neigung zum französischen anstatt zum kalifornischen Stil. Les Pavots bedeutet Mohnblumen, der Wein ist jedoch für ein bedeutend längeres Leben gedacht, als der rasch verblühende Mohn annehmen ließe. Dieser aus etwa 70 % Cabernet Sauvignon sowie Cabernet Franc und Merlot hergestellte Les Pavots bietet eine klassische Struktur mit festen, aber reifen Tanninen, die seine tiefe, vielschichtige Frucht stützen. Die Eichennote ist eindeutig, aber keineswegs so harsch wie in den meisten Napa-Weinen und verleiht Les Pavots eine rauchig-würzige Komplexität, die in der Jugend des Weins vorteilhaft ist, bevor sich das Bukett in längerer Flaschenreifung entwickelt und den Geschmack bestimmt.	4–20 Jahre

ERZEUGER	WEIN	ART	BESCHREIBUNG	🍾
Joseph Phelps Vineyards (*siehe* S. 467)	Vin de Mistral Muscat	WEISS	Aufgespritete Muskatweine gibt es in der Welt viele, doch diese Muskat-Spätlese ist eine Rarität. Dieser erfrischende Dessertwein mit lebhaftem Aroma und exotisch saftiger, fein ausgewogener Pfirsichfrucht ist ein wundervolles Beispiel dafür, wie eine Muskat-Spätlese sein sollte. Er steht für einen der Weintypen, mit denen sich Kalifornien auszeichnet, die jedoch allmählich an Bedeutung verlieren. Es bleibt zu hoffen, dass mit Unternehmen wie Phelps, das diesen Typ mit der aufregenden Linie Vin de Mistral fördert, auch die nächste Generation sich von diesen überaus köstlichen Weinen verführen lassen kann.	beim Kauf
Qupé (*siehe* S. 474)	Ben Nacido Syrah	ROT	Kalifornien besitzt eine Vielzahl mächtiger Syrah-Weine. Werden sie jedoch zugänglicher vinifiziert, neigen sie zu einer marmeladigen Art, die bei preiswerten, nicht aber bei erstklassigen Sortenweinen angenehm ist. Der Ben Nacido Syrah von Qupé ist sehr schön und rund, erhält meine Stimme jedoch für seine Eleganz und Finesse. Ein Spitzen-Syrah mit wunderbar geschmeidiger Textur und geradezu delikater Frucht.	3–6 Jahre
Ravenswood (*siehe* S. 462)	Old Hill Zinfandel	ROT	Nach dem mächtigsten erstklassigen Zinfandel müssen Sie nicht weiter suchen. Old Hill von Ravenswood ist der allerkonzentrierteste.	10–20 Jahre
Ridge Vineyards (*siehe* S. 471)	York Creek Petite Sirah	ROT	Obwohl vielleicht ein großer Teil der kalifornischen Petite-Sirah-Reben Klone des klassischen Syrah sind, musste ich einen in meine Auswahl aufnehmen. Als Maßstab für Petite Sirah weiß ich keinen besseren als diesen überaus massiven, dunklen, tanninreichen Wein mit seiner unglaublichen Langlebigkeit.	5–15 Jahre
Roederer Estate (*siehe* S. 457)	Brut	SCHAUM-WEIN WEISS	Dieser auf verschiedenen Exportmärkten unter der Marke Quartet verkaufte, gutsabgefüllte Schaumwein wird im kalifornischen Anderson Valley gemacht, 240 km nördlich von San Francisco. Die erste Ausgabe war ein jahrgangsloser Verschnitt auf der Basis des Jahrgangs 1986 und nichts Besonderes. Die zweite *Cuvée* auf der Grundlage des Jahrgangs 1987 war jedoch verblüffend. Man hätte meinen können, Weinmacher Michel Salgues habe die 160 Jahre Champagner-Erfahrung von Louis Roederer in die 12 Monate zwischen den beiden Jahrgängen gepresst. Ein Roederer Estate benötigt mindestens 2 bis 3 Jahre in der Flasche, während die meisten Schaumweine aus der Neuen Welt am besten gleich nach dem Kauf getrunken werden, da sie nach einigen Jahren zu dick und plump werden. Dieser Wein kann bei seiner Freigabe grün wirken, entwickelt aber in genügend langer Reifung eine klassische, sahnige Gebäcknote.	2–6 Jahre
Sanford Winery (*siehe* S. 474)	Barrel Select Sanford & Benedict	ROT	Ich werde mich nicht dafür entschuldigen, dass ich zwei kalifornische Pinots Noirs (siehe Au Bon Climat, S. 513) aus Santa Barbara in meine Auswahl aufnehme. Denn dies ist der aufregendste Ort für diese Sorte außerhalb von Burgund, und Richard Sanfords wundervoll ausgewogener, üppig fruchtiger und doch klassisch strukturierter Barrel Select Sanford & Benedict zählt zuverlässig zu den besten Pinots Noirs aus Kalifornien.	2–7 Jahre
Shafer Vineyards (*siehe* S. 468)	Hillside Select Cabernet Sauvignon	ROT	Die Entscheidung, welcher Cabernet Sauvignon Kalifornien vertreten soll, erwies sich als ebenso schwierig wie beim Chardonnay. Wenn Sie die lange Liste von Empfehlungen auf den Seiten 451 f. betrachten, wissen Sie, was ich meine. Schließlich legte ich mich auf Shafer fest, da sein geschmeidiger, runder Charakter mit der wundervoll eingebundenen Eiche als Inbegriff des kalifornischen Stils dienen kann. Der Hillside Select zeichnet sich durch eine dichte, dunkle Frucht aus und reift zu großer Eleganz.	4–20 Jahre
PAZIFISCHER NORDWESTEN				
Bethel Heights (*siehe* S. 483) V	Pinot Noir	ROT	Der Pinot Noir von Bethel Heights, einer der zuverlässigsten aus Oregon, ist geschmeidig und gefällig mit seinen Aromen von roten Johannisbeeren, Kirschen und Erdbeeren, die von der Vanille vom Eichenfass gestützt werden.	2–5 Jahre
Domaine Drouhin (*siehe* S. 484)	Pinot Noir	ROT	Dies ist nicht der tiefste oder dunkelste Pinot Noir aus Oregon, aber gewiss der tiefste und dunkelste mit der reinsten Sortenfrucht. Seit seiner Einführung im Jahr 1989 war er nahezu jedes Jahr der großartigste Pinot Noir Oregons.	3–10 Jahre
Hedges Cellars (*siehe* S. 486) V	Cabernet Merlot	ROT	Wie alle Weine von Tom Hedges ist auch dieser bereits bei seiner Abfüllung köstlich, üppig und sahnig. Sein Genuss ist der schiere Hedonismus.	Sofort
Leonetti Cellar (*siehe* S. 486)	Cabernet Sauvignon	ROT	Washington ist Rotweinland, und dies ist der mächtigste, üppigste und eichenbetonteste Rotwein im ganzen Staat. Weiche Komplexität dominiert bei höchst aromatischem Extraktreichtum.	3-15 Jahre

ERZEUGER	WEIN	ART	BESCHREIBUNG	
Quilceda Creek (*siehe* S. 486)	Cabernet Sauvignon	ROT	Alex Golitzen, der große alte Meister der Rotweinproduktion Washingtons, bringt noch immer (heute mit Hilfe seines Sohns) einen Cabernet Sauvignon der Weltklasse hervor. Quilceda ist ein tiefer, dunkler, schwerer Cabernet, der mit seiner Tanninstruktur eher an die großen Weine des Médoc erinnert.	8-20 Jahre
KANADA				
Cave Springs (*siehe* S. 500)	Chardonnay	WEISS	Cave Springs erzeugt zwei interessante Chardonnay-*Cuvées,* einen aus Chardonnay Musqué mit feiner blumiger Muskatnote, und den Chardonnay Bench Reserve, einen schönen, fülligen Wein mit Unmengen an Frucht und eleganter Eichen-Toast-Note.	2-4 Jahre
Hainle (*siehe* S. 499)	Riesling	WEISS	Tilman Hainle zählt vielleicht nicht zu den beständigsten Erzeugern Kanadas, aber sein Wagemut macht ihn zu einem der aufregendsten, sodass seine Weine selten langweilig sind. In Höchstform besitzt der Dry Estate Riesling nach der Flaschenreifung an Honig und Petroleum erinnernde Aromen, und der intensiv süße, höchst konzentrierte, nach Ananas duftende Eiswein ist so ölig, wie ein Riesling nur sein kann.	3-5 Jahre (Dry Estate) 2-20 Jahre (Eiswein)
Henry of Pelham (*siehe* S. 500)	Baco Noir	ROT	Diesen Wein wähle ich für alle, die immer schon wissen wollten, wie ein erstklassiger Hybridenwein schmeckt. Er ist überaus reich und fruchtig mit schönem Eichenton und passt mit seiner Struktur gut zum Essen.	3-7 Jahre
Inniskillin (*siehe* S. 500)	Vidal Icewine	WEISS	Inniskillin brachte den kanadischen Eiswein auf den Weg zu internationalem Ruhm. Vidal Icewine ist immer ein intensiv süßer, reicher, rassiger Dessertwein mit einer pikanten Säure, die das mächtige süße Aroma im Abgang balanciert.	2-20 Jahre
Konzelmann (*siehe* S. 500)	Gewürztraminer	WEISS	Einer der pikant-würzigsten Gewürztraminer, die außerhalb des Elsass produziert werden. Von diesem begehrten Wein werden sehr geringe Mengen gemacht.	1-5 Jahre
Stoney Ridge Cellars (*siehe* S. 501)	Cabernet Franc	ROT	Ein herrlich ausgewogener, köstlicher, weicher Rotwein, der vor milder, üppiger Frucht überströmt. Der Jahrgang 1991 war einer der besten reinen Cabernets Francs der Welt.	2-5 Jahre
Sumac Ridge (*siehe* S. 499)	Gewürztraminer Private Reserve	WEISS	Die Intensität des echten Gewürztraminer-Aromas ist seit 1992 jedes Jahr eine wunderbare Überraschung.	3-5 Jahre
CHILE				
Canepa (*siehe* S. 510) Ⓥ	Cabernet Sauvignon	ROT	Dieser mächtige, dunkle, aromareiche Rotwein mit deutlichem Eichenton ist voll gepackt mit einer appetitlichen, sehr komplexen, an Johannisbeere und Süßholz erinnernden Frucht.	3-10 Jahre
Concha y Toro (*siehe* S. 510)	Casillero del Diablo, Chardonnay	WEISS	Traditionell lagert Concha y Toro seine besten Weine im »Keller des Teufels«, der ihnen den Namen gibt. Concha y Toro verbreitete das Gerücht, im Keller hause der Teufel, um Diebe abzuschrecken. Casillero del Diablo ist tatsächlich ein verteufelt guter Chardonnay – reichhaltig, frisch und pikant.	2-5 Jahre
Cono Sur (*siehe* S. 510) Ⓥ	Cabernet Sauvignon	ROT	Ein üppiger, samtiger Rotwein mit einer Fülle würzig-pflaumiger Frucht und rundem Abgang. Er ist schon sehr angenehm, wenn er auf den Markt kommt, steigert sich aber in ein bis zwei Jahren auf der Flasche.	2-5 Jahre
Errazuriz (*siehe* S. 510) Ⓥ	Merlot	ROT	Die erste chilenische Weinkellerei, die einen reinen Merlot auf den Markt bringt. Errazuriz entschied sich klugerweise für einen Wein, der schon im ersten Jahrgang von ausgesuchter Güte war.	sofort
Viña Casablanca (*siehe* S. 511)	Sauvignon Blanc	WEISS	Wie ein Sauvignon Blanc so wundervoll saftig und üppig sein kann und dennoch seinen elektrisierenden Sortencharakter und seine Säure behält, bleibt ein Geheimnis, das Viña Casablanca aber sicher beherrscht.	1-2 Jahre
ARGENTINIEN				
Catena (*siehe* S. 512)	Malbec	ROT	Wenn Malbec der großartigste Rotwein Argentiniens ist, dann erzeugt Catena den besten. Beide kommen vermutlich dem berühmten »schwarzen Wein« von Cahors näher als alles, was heute in dieser französischen Region produziert wird. Dieser dunkle Wein ist weder tintig noch rustikal, seine üppige, aromatische Frucht verbindet sich mit blumigem Veilchenduft und sahnigem Eichenton.	3-8 Jahre
Weinert (*siehe* S. 512)	Cavas de Weinert	ROT	Catena und Weinert sind die herausragenden Erzeuger Argentiniens, und Cavas de Weinert ist die beste *Cuvée* dieser Kellerei. Der tiefe, dunkle Rotwein verfügt über eine gereifte, zedernwürzige Frucht und sahnig-weiche Kaffee-Eichen-Aromen.	5-10 Jahre

Die WEINE *aus*

AUSTRALIEN, NEUSEE-LAND *und* ASIEN

WIR NEIGEN DAZU, AUSTRALIEN ALS DAS ÄLTERE, traditionsreichere Weinland zu betrachten und Neuseeland als Phänomen der jüngsten Vergangenheit. In Wirklichkeit trennen nur dreißig Jahre die Anfänge des Weinbaus in diesen Ländern. Die Weinindustrie Australiens geht auf das Jahr 1788 zurück, Neuseeland begann 1819. Die größere Vielfalt und die riesige Produktion der australischen Weinindustrie verstärken das falsche Bild. Weltweites Ansehen genießen beide Länder jedoch erst seit einigen Jahrzehnten. Australien ist am bekanntesten für zuverlässigen Chardonnay und sahnig-weichen, zedernholzwürzigen Shiraz (Syrah), Neuseeland eroberte sich seinen Platz in der Weinwelt mit seinem frischen, knackigen Sauvignon Blanc. In Asien ist gegenwärtig eine kräftige Entwicklung der Weinwirtschaft zu verzeichnen.

HILL OF GRACE IM EDEN VALLEY
Dieser alte Weinberg wurde um 1860 bestockt. Im Hintergrund ist die Kirche von Gnadenberg zu sehen, nach der dieser Weinberg benannt wurde.

✧AUSTRALIEN✧

Australische Weine erfreuen sich seit 1985 bei britischen Konsumenten großer Beliebtheit. Noch ein weiteres Jahrzehnt verging, ehe sie auch in Deutschland populär wurden. Heute gehen die Verkäufe in nahezu allen wichtigen Märkten steil aufwärts.

Wie können die Australier einen zuverlässigen, unverwechselbaren, gefälligen Weintyp entwickeln, den man sogar in Weinen erkennt, die von Australiern in anderen Ländern hergestellt werden? Die Antwort liegt in den Kelleranlagen. Australische Winzer haben ihre Technik so sehr verfeinert, dass Jahr für Jahr viele von ihnen als *Flying Winemaker* (»fliegende Weinmacher«, ein von ihnen erfundener Titel) in der Welt herumreisen. Diese Technik reicht von grundlegenden Dingen wie absolute Reinlichkeit bis zum Verschnitt von Trauben verschiedener Regionen. (Die Appellation South-Eastern Australia umfasst zum Beispiel 95 % der Weinanbaufläche des Landes.) Zu den weiteren Methoden zählen Temperatursteuerung, die genaue Einstellung der Säure auf Spezialhefen und der kurze Ausbau in viel Eiche. Insbesondere die Hefen dürften vor allem Weißweinen wie Chardonnay ihren besonderen australischen Charakter verleihen.

Das sind selbstverständlich Vereinfachungen, die vorwiegend für die Masse australischer Weine gelten, die mit relativ hohen Erträgen und maschineller Lese erzeugt werden. Sie treffen nicht auf die inzwischen große Anzahl teurerer und sehr individueller Weine zu, in denen ein bestimmtes Terroir zum Ausdruck kommt. Es gibt zwar 1200 Kellereien in Australien, aber 80 % der Produktion entfallen auf vier Unternehmen (BRL Hardy, Beringer-Blass, Orlando und Southcorp). Ihr Produktionsvolumen ist allerdings unbedeutend im Vergleich mit der amerikanischen Weinkellerei Gallo, die das Anderthalbfache der gesamten Weinmenge Australiens erzeugt.

DIE ENTWICKLUNG DER WEINWIRTSCHAFT

Der erste australische Weinberg wurde 1788 in Farm Cove in New South Wales (Neusüdwales) bestockt, nicht mit Reben aus Frankreich, sondern aus Rio de Janeiro und vom Kap der Guten Hoffnung. Arthur Phillip, der erste Gouverneur des Landes, hatte sie auf seinem Weg nach Sydney mit seinem Flaggschiff HMS Sirius

AUSTRALIEN
In allen Bundesstaaten wird Wein erzeugt, der Großteil der Weingüter befindet sich jedoch im Südosten des Landes in einem halbkreisförmigen Band von Adelaide in South Australia bis Sydney in New South Wales.

mitgenommen. Auf den fruchtbaren Böden von Farm Cove und in dem feuchten Klima wuchsen die Reben hervorragend, aber die Trauben verfaulten regelmäßig. Phillip blieb hartnäckig und legte einen Weinberg im Garten der Gouverneursresidenz in Parramatta nördlich von Sydney an. Boden und Klima schienen für die Entwicklung der Rebstöcke besser geeignet, und der Erfolg dieser Unternehmung ermutigte Phillip, um technische Unterstützung zu ersuchen. England reagierte mit der Entsendung dreier französischer Kriegsgefangener, denen in der Annahme, dass alle Franzosen Kenntnisse im Weinbau besäßen, für einen dreijährigen Dienst in New South Wales die Freiheit versprochen wurde. Diese Annahme erwies sich als falsch. Einer versagte so sehr, dass er nach England zurückgebracht wurde. Die beiden anderen konnten nur Cidre herstellen, verwendeten aber Pfirsiche an Stelle von Äpfeln!

CORIOLE VINEYARDS IN McLAREN VALE
McLaren Vale kämpft gegenwärtig um den Ruf Coonawarras als beste Weinregion in South Australia, einem Staat, der 60 % des australischen Weins produziert.

DAS AUSTRALISCHE WEINETIKETT

Die Etiketten Australiens zählen zu den einfachsten und verständlichsten weltweit. Sie dokumentieren klar die grundlegenden Einzelheiten des Weins wie Art, Erzeuger und Herkunft. Zusätzliche Angaben (oft auf Rückenetiketten) informieren über Details der Ernte, Vinifizierung, Ausbau und Geschmack. Viele der ehemals gängigen Grundbegriffe Australiens (wie Burgunder, Hermitage, Champagner, Port, Spätlese usw.) wurden 1994 im Zuge eines Handelsabkommens mit der Europäischen Union abgeschafft, um australische Exporte in die EU nicht zu behindern. Beschlossen wurde vor einiger Zeit ein neues Appellationsschema. Fast alle australischen Weinetiketten sind so aufgebaut wie dieses.

UNWOODED
Nicht in Holz ausgebaut. Die Abkehr von in Holz ausgebauten Weinen ließ *Unwooded* bei vielen Konsumenten zu einem gesuchten Begriff werden. *Wood Matured* (mit Holz gereift) kann sowohl Ausbau im Holzfass als auch die Verwendung von Eichenholzspänen bedeuten. Ein Hinweis auf die Verwendung von Eichenfässern (*Barrel fermented*) wirkt sich in einem erheblich höheren Preis aus.

MARKE ODER ERZEUGERNAME
Die Bezeichnung Chapel Hill steht hier für das Unternehmen Chapel Hill Wines Pty. Ltd., dessen Name und Adresse am unteren Rand des Etiketts angegeben werden.

JAHRGANG
Mindestens 85 % des Weines stammen aus dem auf dem Etikett angeführten Jahrgang, hier 1994.

REBSORTE
Die meisten großen australischen Weine sind Sortenweine aus klassischen Rebsorten. Daher werden Sie auf dem Etikett Namen wie Cabernet Sauvignon, Chardonnay, Sémillon und Shiraz antreffen. Man findet auch einige unbekannte Sortenbezeichnungen, die meist Synonyme für bekannte Sorten sind.

Werden auf einem Etikett zwei oder mehr Sorten angeführt, so erscheinen sie in der Reihenfolge ihres Anteils.

HERKUNFT
Die Australier sind in der Angabe des Urspungs ihrer Weine offen und direkt. Hier ist der Bundesstaat South Australia genannt. Sollten Ihnen Regionen und Distrikte auf dem Etikett unbekannt sein, hilft der Name eines der fünf Staaten auf dem Festland oder von Tasmanien, der irgendwo auf der Flasche ausgewiesen ist, den Suchbereich einzuengen. Viele Weine nennen wie dieser nur dann einen Bundesstaat als Ursprung, wenn Wein aus verschiedenen Regionen verschnitten wurde.

ALKOHOLGEHALT
In Volumenprozent angegeben. Eine Information über den Alkoholgehalt ist vor allem bei Ländern bedeutend, in denen die Trauben in glühender Hitze reifen (nicht alle australischen Weinregionen sind jedoch extrem heiß), da er einen Hinweis auf die Art des Weins gibt; je höher der Alkoholgehalt, desto mächtiger der Wein. Ein hoher Alkoholgehalt verweist ausnahmslos auf einen traditionell hergestellten Wein.

ADRESSE
Die Angabe einer bestimmten Region in der Adresse bedeutet nicht, dass der Wein aus dieser kommt, wenn die ausgewiesene Appellation größer ist. Es ist nicht vorgeschrieben, dass die verwendeten Trauben aus dem Gebiet stammen müssen, in der die Weinkellerei ansässig ist.

INHALT
Die Standardflasche enthält 0,75 l (750 ml).

PRODUCT OF AUSTRALIA
Alle Exportweine tragen diesen Hinweis oder *Produce of Australia*.

Weitere Informationen auf australischen Weinetiketten:
BIN NUMBER, CODE, PRIVATE BIN, RESERVE BIN
Diese Begriffe kennzeichnen eine qualitative Selektion innerhalb eines Sortiments, etwa eine besondere *Cuvée* oder Reserve-Qualität, sind jedoch nicht gesetzlich reguliert.

SHOW, SHOW RESERVE
Diese Bezeichnungen werden ausschließlich auf (in Australien) prämierten Weinen genannt. Australische Weinwettbewerbe sind ein erstklassiger Hinweis auf große Weine, nicht nur wegen ihrer überaus professionellen Durchführung und der geringen Zahl von Preisträgern, sondern weil diese Auszeichnungen nur bei Weinen, die im Idealfall aus demselben Behälter und sogar demselben Fass stammten wie der prämierte Wein, verwendet werden dürfen. Man will damit verhindern, dass ein Erzeuger für eine Tête de cuvée Medaillen sammelt und sie dann zu einer größeren Menge weniger wertvoller Weine mit demselben Namen verschneidet.

AUSTRALIENS GEOGRAPHICAL INDICATIONS (GI)

Australiens neues Appellationssystem, im Jahr 2001 eingeführt, legt Grenzen fest und sonst nichts. Dankenswerterweise versucht es, weder die zu pflanzenden Rebsorten und deren Schnitt oder Erziehungsmethode zu bestimmen, noch die Erträge zu begrenzen oder Alkoholgehalt und Stil der Weine vorzuschreiben. Anlass für die Neueinteilung der Anbaugebiete in *Geographical Indications* (GI) war der Wunsch nach einer Stärkung des *Label Integrity Program*, das die auf dem Etikett anzugebenden Herkunftsbezeichnungen festlegt. Dieses Angabensystem stellt die einfachste, vernünftigste und zugleich am wenigsten despotische Form der Herkunftsbezeichnung dar, die je erfunden wurde: Wenn die Etikettaufschrift Coonawarra Cabernet Sauvignon lautet, dann muss der Wein aus Cabernet-Sauvignon-Trauben bestehen, die in Coonawarra gezogen wurden. Cabernet Sauvignon ist Cabernet Sauvignon, aber wo genau beginnt und endet Coonawarra? Und hier kommen die neuen australischen GI ins Spiel.

Die Festlegung dieser GI war kein leichtes Unterfangen, weshalb hier Coonawarra als Beispiel dienen soll. Das zurzeit als GI Coonawarra anerkannte Gebiet hat eine Fläche von etwa 230 Quadratkilometern. Es gibt aber viele Winzer, deren Weingärten nur knapp außerhalb dessen Grenzen liegen und die sich fragen, warum sie nicht mit dazugezählt wurden. Bei den guten Preisen, die der Name Coonawarra erzielt, ist dies auch nicht weiter überraschend. Sobald aber die Fläche erweitert würde, käme die nächste Gruppe von Gütern mit dem gleichen Wunsch, und so würde der Bereich immer weiterwachsen. Im Augenblick stehen mehr als 45 Einsprüche zur Entscheidung an. Manche von ihnen sind sicherlich durchaus gerechtfertigt, wenn aber alle Erfolg hätten, dann würde sich Coonawarra auf über 1200 Quadratkilometer aufblähen.

Das System umfasst zurzeit folgende Gliederung: eine Super-Zone mit mehreren Staaten (Territories), 8 GI mit den jeweiligen Staaten, 27 Zonen innerhalb der Staaten. Innerhalb der Zonen gibt es 61 Unterregionen, von denen manche bis zu zu 31 Unterregionen umfassen. Die Einrichtung von mindestes fünfzig weiteren Unterregionen ist in Vorbereitung, was aber kein Anlass zur Sorge sein sollte – die Gesamtanzahl wird wesentlich leichter zu bewältigen sein als die ursprünglich beantragten 650 Namen, und nicht zu vergessen, es handelt sich dabei um einen Kontinent von der Größe Nordamerikas.

South Eastern Australia (diese Super-Zone umfasst ganz New South Wales, Victoria und Tasmania sowie Teile von Queensland und South Australia)

NEW SOUTH WALES: Big Rivers: Lachlan Valley, Murray Darling, Perricoota, Riverina, Swan Hill; **Central Ranges**: Cowra, Mudgee, Orange; **Hunter Valley**: Hunter (Allandale, Belford, Broke Fordwich, Dalwood, Pokolbin, Rothbury); **Northern Rivers**: Hastings River; **Northern Slopes**; **South Coast**: Shoalhaven, Sydney; **Southern New South Wales**: Canberra District, Gundagai, Hilltops, Tumbarumba; **Western Plains**

QUEENSLAND: Granite Belt, South Burnett

SOUTH AUSTRALIA: Adelaide; Barossa: Barossa Valley, Eden Valley (High Eden, Springton); **Far North; Fleurieu**: Currency Creek, Kangaroo Island, Langhorne Creek, McLaren Vale (Clarendon); **Limestone Coast**: Bordertown, Coonawarra, Mount Benson, Padthaway, Wrattonbully; **Lower Murray**; Riverland; **Mount Lofty Ranges**: Adelaide Hills (Gumeracha, Lenswood, Piccadilly Valley), Clare Valley (Auburn, Clare, Hill River, Polish Hill River, Sevenhill, Watervale); **The Peninsulas**

VICTORIA: Central Victoria: Bendigo, Central Victorian Mountain Country, Goulburn Valley (Nagambie Lakes), Heathcote; **Gippsland**; **North East Victoria**: Alpine Valleys (Beechworth, Kiewa River Valley), Glenrowan, King Valley (Myrrhee, Whitlands), Rutherglen (Wahgunyah); **North West Victoria**: Murray Darling, Swan Hill; **Port Phillip**: Geelong, Macedon Ranges, Mornington Peninsula, Sunbury, Yarra Valley; **Western Victoria**: Grampians (Great Western), Henty, Pyrenees

WESTERN AUSTRALIA: Central Western Australia; Eastern Plains, Inland & North of Western Australia; Greater Perth: Perth Hills, Swan District (Swan Valley); **South West Australia**: Blackwood Valley, Geographe, Great Southern (Albany, Denmark, Frankland River, Mount Barker, Porongurup), Manjimup, Margaret River, Pemberton, Warren Valley; **West Australian South East Coastal**

TASMANIA

NORTHERN TERRITORY

AUSTRALIAN CAPITAL TERRITORY

JÜNGERE AUSTRALISCHE JAHRGÄNGE

2001–2003 Die sengende Hitze des Jahres 2001 machte den Reben zu schaffen. Am besten wurden die Weingüter im Süden damit fertig, hier hatte ein regenreicher Winter die Böden mit viel Feuchtigkeit versorgt. Ansonsten sehr unterschiedliche Qualität, glänzen konnten die Weine des Great Southern und der Semillon aus dem Hunter Valley. Die Saison 2002 verlief sehr unterschiedlich. Von hoher Qualität ist der Jahrgang 2002 aus den Bundesstaaten Viktoria und Südaustralien. Kühles Wetter brachte hier allerdings nur einen geringen Ertrag. Aus Westaustralien ist der Swan District mit einem sehr guten Jahrgang hervorzuheben, in New South Wales bleibt nur Riverina überragend. Der Jahrgang 2003 liegt quantitativ wie qualitativ unter dem Vorjahresniveau, erreicht aber noch immer eine überdurchschnittliche Qualität. Während die Weißweinsorten in den größeren Regionen durch starken Februarregen Risse an den Trauben zeigten, profitierten die Rotweintrauben mit ihrer dickeren Schale von der Reifephase nach dem großen Regen.
2000 Ein schwieriges Jahr, sowohl in Bezug auf Menge als auch Qualität, wobei Südaustralien am schlimmsten betroffen war. Erfreuliche Ausnahmen sind Hunter Valley, das südliche Victoria, Tasmanien und Margaret River.
1999 Eine weitere Rekordernte, aber qualitativ uneinheitlich. Die Roten vertrugen den trockenen, heißen Sommer (der lediglich die Fortsetzung einer lang anhaltenden Dürre war) besser als die Weißen. Ausgezeichnete Rote erzeugte man in Margaret River, den Grampians und im nördlichen Tasmanien.
1998 Ein hervorragendes Rotweinjahr für Südaustralien, trotz einer weiteren immensen Produktionssteigerung. Victoria, Tasmanien und Hunter waren ebenfalls vorzüglich. Lediglich Margaret River lag abseits.

Aus diesen dilettantischen Anfängen entwickelte sich eine der bedeutendsten Weinindustrien der Neuzeit. Zunächst wurde der australische Weinhandel vom britischen Empire und später vom Commonwealth monopolisiert und auf die eigenen Bedürfnisse zugeschnitten. Folglich erwarb sich Australien Ansehen für billige aufgespritete Weine, nicht weil man keine anderen Weine machen konnte, sondern weil Großbritannien billige aufgespritete Weine wünschte. Unglücklicherweise fanden auch die Australier Gefallen an diesen Weinen. Australien erzeugte (und produziert weiterhin) einige der besten Dessertweine der Welt (aus edelfaulen Trauben und vor allem als angereicherte Versionen), aber die Weine waren – auch zu einer Zeit, da die übrige Welt leichte und elegante Weine bevorzugte – schwer, übertrieben süß und dick. Daneben erzeugte man kleine Mengen wirklich guter Tischweine, doch die meisten der bis in die 60er Jahre exportierten Produkte wiesen ungeachtet der Traubensorte oder Ursprungsregion einen bemerkenswert gleichförmigen Stil auf.

DIE RENAISSANCE DES AUSTRALISCHEN WEINS

In den letzten vierzig Jahren verbesserte sich die Technik der australischen Weinproduktion rasant, wodurch die Qualität ihrer Weine ebenso dramatisch stieg. Bessere Technik führt nicht zwangsläufig zu größerer Qualität; man muss nicht nur die Handhabung der Geräte beherrschen, sondern auch das Potenzial der Trauben und der Bodenbedingungen kennen und von der Leidenschaft angetrieben werden, bessere, ausdrucksstärkere Weine zu machen. Technik kann grundlegende Charakteristika eines Weins auch »glattbügeln«, was die Australier jedoch nicht zuließen. Sobald sich die Erzeuger des Landes entschlossen hatten, am internationalen Wettbewerb um den besten Wein teilzunehmen, war der Fortschritt so zügig, dass die australischen Weine sich an der Spitze der Qualitätsleiter etablierten, noch ehe ausländische Produzenten erkannten, dass sie Konkurrenz bekommen hatten. Bis in die frühen 1980er Jahre wurden 99 % aller australischen Weine im Land konsumiert. Als die Produktion drastisch anstieg, mussten sich die Hersteller auf den Export konzentrieren, der sich bis Ende der 80er Jahre verzehnfachte. Heute umfasst er fast 50 % der australischen Produktion. Aber auch diese eindrucksvollen Zahlen können Australiens Erfolg nur unzulänglich widerspiegeln, wurden doch außerdem die Rebflächen erweitert, stieg die Produktion an, und vervierfachte sich der Export innerhalb der vergangenen 4 Jahre.

NEW SOUTH WALES

Vom gewichtigen Shiraz aus dem Hunter Valley bis zu den aufstrebenden Weinen aus Regionen wie Orange oder Hilltops – australische Weine weisen heute eine höhere Qualität und Stilvielfalt auf als je zuvor.

WEINBERGE IN MUDGEE
Für die Region untypisch sind diese Weinberge in der Ebene anstatt an den Westhängen der Great Dividing Range angelegt.

IM ZEITALTER SAUBERER, LEBHAFTER UND reintöniger Weine ist es nur schwer vorstellbar, dass das Hunter Valley einst seinen Ruhm vor allem einem schweren, massigen, roten Shiraz verdankte, der einen starken, an Wild, Schweiß und Leder gemahnenden Geruch verströmte und erdig, fast schlammig schmeckte, einem Wein, der mehr gekaut als getrunken werden musste. Diese Weine brauchten oft bis zu dreißig Jahre, um zu seidiger Eleganz zu reifen. Sein eigentümliches Aroma, das man auch mit einem »verschwitzten Sattel« verglichen hat, rührt angeblich vom vulkanischen Basaltboden des Hunter Valley; jedoch ergibt dieselbe Kombination von Shiraz und Basalt in anderen Gegenden einen reinen pfeffrigen Shiraz ohne die geringste Spur von »schweißigem Sattel«. Inzwischen hat man erkannt, dass die überhöhte Zugabe von Schwefel, der die Auswirkungen der Hitze in Weinberg und Kellerei bekämpfen sollte, unangenehme Merkaptane freisetzte, und ein Großteil der Shirazweine im Hunter Valley wurde durch betont reduktiven Ausbau mit temperaturkontrollierter Gärung dem erfolgreichen fruchtbetonten Mainstream angepasst.

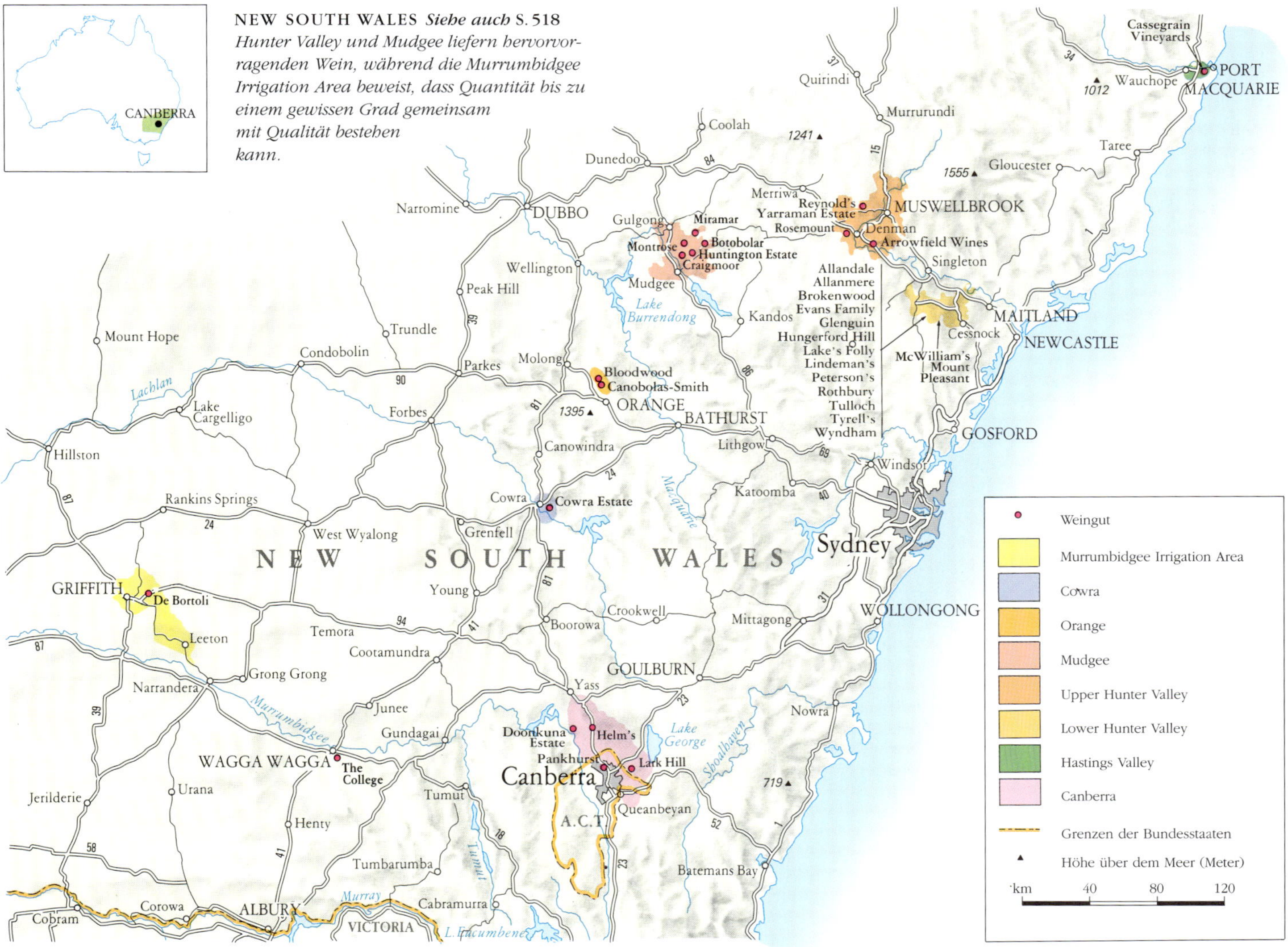

NEW SOUTH WALES *Siehe auch* S. 518
Hunter Valley und Mudgee liefern hervorvorragenden Wein, während die Murrumbidgee Irrigation Area beweist, dass Quantität bis zu einem gewissen Grad gemeinsam mit Qualität bestehen kann.

GESCHMACKS- UND QUALITÄTSFAKTOREN

LAGE
Der südliche Teil der Ostküste Australiens zwischen Victoria und Queensland.

KLIMA
Die Temperaturen während der Vegetationszeit ähneln jenen des Languedoc. Bewölkung kann die Hitze im Hunter Valley mildern, doch die Niederschläge fördern häufig die Fäule. Mudgee, Orange und Cowra haben ein relativ sonniges Klima und einen späteren Beginn der Wachstumsperiode, Murrumbidgee ist wärmer und trockener.

TOPOGRAFIE
Die Reben wachsen im Allgemeinen auf niedrig gelegenen Ebenen und sanfthügeligem Gelände, aber auch an steileren Hängen – bis in 500 m Höhe – wie am Rand der Brokenback Range im Lower Hunter Valley. Die Westhänge der Great Dividing Range sind bis in 800 m Höhe bepflanzt.

BÖDEN
Die Böden variieren in allen Unterbereichen zwischen sandigen und tonigen Lehmen unterschiedlicher Fruchtbarkeit. Andere Bodentypen wie rotbrauner vulkanischer Lehm sind in der Lower-Hunter-Region vereinzelt anzutreffen, in den Talsohlen fruchtbarer, gut entwässernder alluvialer Sand und Schlick.

WEINBAU UND WEINBEREITUNG
Im ganzen Staat setzt man Bewässerung ein, besonders in der hauptsächlich Massenwein produzierenden, im Binnenland liegenden Region Murrumbidgee. Die Sortenvielfalt steigt, und die Trauben werden heute einige Tage früher gelesen, um einen lebhafteren Wein zu erzielen. Die temperaturgesteuerte Gärung in Edelstahltanks wird allgemein angewendet, aber auch neue Eiche setzt man mit Bedacht ein.

REBSORTEN
Cabernet Sauvignon, Chardonnay, Clairette, Colombard, Crouchen, Doradillo, Frontignan, Grenache, Marsanne, Mourvedre, Muscat Gordo Blanco, Palomino, Pedro Ximénez, Pinot Noir, Riesling, Sauvignon Blanc, Sémillon, Shiraz, Muscadelle, Gewürztraminer, Trebbiano, Verdelho

BEWÄSSERUNGSKANAL BEI DER DE BORTOLI WINERY
Mit einem Netz von Bewässerungskanälen können im Bereich Riverina Kellereien wie De Bortoli große Mengen an schlichten, gefälligen Weinen erzeugen.

HERKUNFTSBEZEICHNUNGEN IN NEW SOUTH WALES

BIG RIVERS

Diese Zone besteht aus den Regionen Lachlan Valley, Murray Darling, Perricoota, Riverina und Swan Hill.

CENTRAL RANGES

Zone mit den Regionen Cowra, Mudgee und Orange.

CANBERRA

Australian Capital Territory

Canberra gehört eigentlich nicht zu New South Wales. Da die Region jedoch von diesem Staat eingeschlossen wird und ihre 18 Kellereien kein eigenes Kapitel rechtfertigen, wird sie hier aufgenommen. Früher wurden die Weine aus dem hoch gelegenen Territorium von der übrigen australischen Weinwirtschaft ignoriert. Die Region liegt 40 km nördlich der Stadt Canberra und drängt sich um die kleine Siedlung Murrumbateman. Es ist jedoch eine weit verbreitete Fehlannahme, dass Canberra für den Weinbau zu kühl wäre. Die Sommer sind warm und trocken, und die neue Generation von Erzeugern hat die Unerlässlichkeit künstlicher Bewässerung erkannt. Der einzige Grund für Canberras Ruf der Unbeständigkeit liegt im sehr unterschiedlichen Wissen und Können der Winzer, was bei einer so geringen Zahl natürlich auffällt. Die bevorstehende Niederlassung von BRL Hardy mit einer modernen neuen Kellerei wird in dieser Hinsicht helfen. Bis zum Jahr 2000 hatte jedoch eine wesentliche Qualitätssteigerung bei den kleineren Erzeugern von Canberra bereits eingesetzt, vor allem bei dem französisch anmutenden Shiraz und den schwungvollen Rieslingen.

COWRA

Diese kleine, aber wachsende Weinbauregion wird auch als Central West bezeichnet und liegt im Hinterland von Sydney nördlich von Canberra.

FORBES-COWRA

So werden manchmal Rebflächen bezeichnet, die innerhalb des Dreiecks Forbes–Cowra–Wellington liegen.

HASTINGS VALLEY

Das Hastings Valley in Port Macquarie ist ein kleines, aber wachsendes Weinbaugebiet, in dem bereits 1860 Reben gepflanzt wurden. Die Produktion wurde um 1930 eingestellt und erst 1980 von John Cassegrain wieder aufgenommen.

HUNTER

Unterregionen: Allandale, Belford, Broke Fordwich, Dalwood, Pokolbin, Rothbury

Die Herkunftsbezeichnung Hunter klingt so, als ob sie das Hunter Valley mit einschließen würde, und nicht umgekehrt. Doch während Hunter theoretisch das Hunter Valley mit umfasst, sind diese beiden Gebiete in der Praxis identisch! – Hunter vereinigt die Bereiche, die landläufig als Lower und Upper Hunter Valley bekannt sind.

HUNTER VALLEY

Diese Zone umfasst die Region Hunter.

LOWER HUNTER VALLEY

Dies ist das »echte« Hunter Valley, dessen Weinberge um 1820 von Pionieren wie William Kelman von Kirkton und George Wyndham von Dalwood bestockt wurden, 130 Jahre vor der Erschließung des Upper Hunter Valley. Lange Zeit war die Region für ihre üppigen Sémillons berühmt, die traditionell und fälschlicherweise als

Hunter Riesling bezeichnet wurden, und für ihren ungestümen Shiraz, wie der Syrah der Côte Rôtie und von Hermitage hier heißt. Das Lower Hunter Valley besitzt eigentlich kein ideales Klima für den Weinbau, es ist zu heiß und zu feucht. Die nachts von der Brokenback Range strömende Luft kühlt jedoch die Rebstöcke und verhindert einen zu raschen Abbau der Säure in der reifenden Traube. Nach einer Periode zögernden Wachstums in den 1980ern hat das Hunter Valley inzwischen eine ähnliche Verstärkung erfahren wie das Barossa Valley. 1990 gab es hier 45 Kellereien, heute sind es über einhundert mit einem Dutzend weiterer im Aufbau.

MUDGEE

Mit seiner seit 1856 ununterbrochenen Weinbautradition ist dies der älteste Bereich diesseits des Great Dividing Range. Mudgee erzeugt reichhaltige, saftige Rotweine, vor allem aus Shiraz und Cabernet Sauvignon.

MURRUMBIDGEE IRRIGATION AREA (MIA)

Das Wasser des Murrumbidgee-Flusses wird gestaut und durch Pumpanlagen in dem auch als Griffith-Leeton Riverina bezeichneten Bezirk verteilt, ebenso wie der Murray River das Riverland in Südaustralien mit Wasser versorgt. Auf dem zuvor unfruchtbaren Land kultiviert man heute Reis und zahlreiche Früchte wie Trauben, aus denen über ein Zehntel der australischen Weine erzeugt werden. Und dies sind nicht nur Billigprodukte, sondern auch einige der besten botrytisierten Weine Australiens.

NORTHERN RIVERS

Diese Zone umfasst den nördlichen Küstenstreifen von New South Wales sowie die GI Hastings Valley.

NORTHERN SLOPES

Beinahe so karg wie die Western Plains liegt dieser Bereich eingezwängt zwischen eben jener Zone und dem GI Northern Rivers.

ORANGE

Wenn Sie diese Stadt erreichen, fällt Ihr Blick zuerst auf eine riesige Plakattafel: »Welcome to Orange«. Das Plakat ziert jedoch ein Apfel! Das ist schon richtig, denn Orange ist für seine Äpfel und erst seit neuerer Zeit auch für seine Trauben bekannt. Wie überall in der Neuen Welt, sind die am besten für den Weinbau geeigneten Gebiete jene, die ursprünglich für ihre Obstplantagen berühmt waren. Die Reben wachsen auf einer Höhe von 600 bis 900 m an den Hängen eines erloschenen Vulkans namens Mount Canobolas, der zum Great Dividing Range gehört. Bei meinem ersten Besuch in dieser Gegend in den späten 1980er Jahren war der einzige Wein hier der Bloodwood von einem winzigen Weinberg, der Stephen Doyle, einem Dozenten am Orange Agricultural College, gehörte. Heute gibt es 15 Güter, die ihre Weine selbst vermarkten, und diese Zahl wird vermutlich weiter steigen, sobald das Orange Agricultural College die auf dem eigenen Gelände geplante Kellerei errichtet hat, in der im Auftrag von Weinbergbesitzern Weine gekeltert werden sollen. Wie die meisten bekannten Regionen hat sich Orange weit über seine ursprünglichen Anbaubereiche ausgeweitet; die jüngsten und zugleich wichtigsten Pflanzungen findet man inzwischen in Little Boomey, nordöstlich von Molong.

SOUTHERN NEW SOUTH WALES

Diese Zone besteht aus den GI-Regionen Canberra District, Gundagai, Hilltops und Tumbarumba.

RIVERINA

Siehe Murrumbidgee Irrigation Area.

UPPER HUNTER VALLEY

Das Upper Hunter Valley wurde in den 1960er Jahren von Penfolds erschlossen und errang sich einen Spitzenplatz auf der Weinlandkarte vor allem durch die sensationelle Leistung von Rosemount Estate, dem bei weitem größten Erzeuger des Bezirks. Rosemounts Show Reserve Chardonnay nahm mit seinen süß-runden Vanillenoten zu Beginn der 80er Jahre den Exportmarkt im Sturm. Später setzte das Gut neue Maßstäbe mit dem hoch konzentrierten, komplexen Chardonnay aus der Lage Roxburgh und dem Balmoral Shiraz. Dieser Bezirk ist ebenso heiß wie das Lower Hunter Valley und besitzt eine ähnliche Vegetationszeit, aufgrund des trockeneren Klimas müssen die Weinberge bewässert werden. Mit künstlicher Bewässerung jedoch, fruchtbaren Schwemmböden und hohen Erträgen – wobei die beiden letzteren Faktoren nicht unbedingt Qualität erwarten lassen – macht man hier einige ausgezeichnete Weine.

WESTERN PLAINS

Was den Weinbau betrifft, ist diese Zone heute praktisch noch Wildnis, sie umfasst aber mehr als ein Drittel des gesamten Staates, ausgehend von der nordwestlichen Ecke von New South Wales.

ERZEUGER IN

NEW SOUTH WALES

ALLANDALE

Lower Hunter Valley

★☆ⓥ

Erfreulich gute Qualität. Auch Verwendung von Trauben aus Mudgee und Hilltops.

✓ *Chardonnay* • *Riesling* • *Sémillon*

ARROWFIELD WINES

Upper Hunter Valley

☆ⓥ

Dieses Gut datiert ins Jahr 1824 zurück, als Gouverneur Macquarie das Land einem George Bowman übertrug, der die riesigen Areale seines Anwesens nach Variationen seines Familiennamens benannte – daher Arrowfield. Heute ist das Gut in japanischem Besitz. Verkauft wird unter den Marken Arrowfield, Simon Whitlam und Wollombi Brook.

✓ *Chardonnay* (Reserve) • *Sémillon*

BLOODWOOD

Orange

★☆ⓥ

Stephen Doyle, der Orange-Pionier und Eigentümer von Bloodwood, macht seine Weine auf dem Gut Reynolds Yarraman im Upper Hunter Valley.

✓ *Cabernet* • *Merlot*

BOTOBOLAR VINEYARD

Mudgee

☆ⓥ

Diese interessanten und hochwertigen Weine aus biologischem Anbau kommen vom höchstgelegenen Weinberg in Mudgee. Botobolar macht gern Kurioses, z. B. lässt man einen zwei Jahre alten Shiraz auf den Schalen frischer Shiraz-Trauben noch einmal gären!

✓ *Marsanne* • *Rhine Riesling* • *St. Gilbert* (Shiraz-Cabernet-Verschnitt) • *Shiraz*

BRANGAYNE OF ORANGE

Orange

★☆ⓥ

Don und Pamela Hoskins erzeugen von ihren 25 ha Rebfläche höchst stilvolle Weine.

✓ *Chardonnay* • *Cabernet-Shiraz-Merlot* (The Tristan)

BRINDABELLA HILLS

Canberra

★

Der Eigentümer Dr. Roger Harris erzeugt einige der elegantesten Weine Canberras.

✓ *Chardonnay* • *Cabernet Sauvignon* • *Shiraz*

BROKENWOOD

Lower Hunter Valley

★★

Dieses Gut macht unter der Marke Cricket Pitch gute Verschnitte, aber wirklich vorzügliche Weine werden nur in den gering tragenden Weinbergen Graveyard und Rayner erzeugt.

✓ *Cabernet Sauvignon* (Graveyard Vineyard) • *Sauvignon Blanc/Sémillon* (Cricket Pitch) • *Sémillon* • *Shiraz* (Graveyard Vineyard • Rayner Vineyard)

CANOBOLAS-SMITH

Orange

★☆

Die intensiven, komplexen Weine dieses 1986 von Murray Smith gegründeten Guts sind für mich eine köstliche Neuentdeckung. Sie liefern einen weiteren Beweis für die großartigen Entwicklungsmöglichkeiten von Orange.

✓ *Alchemy* (klassischer Rotweinverschnitt) • *Chardonnay*

CASSEGRAIN VINEYARDS

Port Macquarie

★

Familie Cassegrain gründete ihre Kellerei bereits 1980, dennoch macht sie nicht zuletzt aufgrund der Meereswinde und der heftigen Regenfälle nach wie vor den Eindruck eines Vorpostens. Viele halten das maritime Klima für zu extrem. Neben Enttäuschungen gibt es hier jedoch auch einige aufregende Weine.

✓ *Chambourcin* • *Chardonnay* • *Fromenteau-Chardonnay* • *Merlot* • *Sémillon* • *Shiraz*

CHATEAU PATO

Lower Hunter Valley

★☆

Von diesem winzigen Gut stammt einer der besten Shiraz des Hunter Valley.

✓ *Shiraz*

COWRA ESTATE

Cowra

★ⓥ

Im Besitz des südafrikanischen Geschäftsmannes John Geber, der völlig verrückt nach Cricket ist und daher seine neue Reihe Classic Bat nennt, nach *bat* für Cricketschläger.

✓ *Cabernet-Merlot* (Classic Bat) • *Chardonnay* (Classic Bat) • *Pinot Noir* (Classic Bat)

DE BORTOLI WINES

Murrumbidgee Irrigation Area

★☆ⓥ

De Bortoli erzeugt eine große Menge schlichter Weine, die unter verschiedenen Marken verkauft werden, kann aber auch erstklassige Tropfen – vor allem edelfaule Weine – in großen Mengen produzieren. Im Yarra Valley und im King Valley macht De Bortoli einige fantastische Weine.

✓ *Cabernet-Merlot* (Yarra Valley) • *Chardonnay* (Vat 7, Windy Peak, Yarra Valley) • *Liqueur Muscat* (10 Year Old) • *Sémillon* (Noble One) • *Shiraz* (Yarra Valley)

DOONKUNA ESTATE

Canberra

★

Doonkuna Estate, eine der zuverlässigsten Kellereien Canberras, wurde von Sir Brian Murray gegründet. Heute ist sie im Besitz und unter der Leitung von Barry und Maureen Moran.

Cabernet Sauvignon • *Chardonnay* • *Shiraz*

EVANS FAMILY
Lower Hunter Valley

★☆

Len Evans bringt erstklassige, alterungsfähige Chardonnays hervor, aber auch Pinot Noir und Gamay.

Chardonnay

ANDREW HARRIS
Mudgee

★★

Eines der am schnellsten aufsteigenden Güter in Mudgee.

Cabernet-Shiraz (The Vision)

HELMS
Canberra

★

Der unbezähmbare Ken Helms brachte fast alle seine Kollegen in Aufruhr, als er einen Artikel veröffentlichte, in dem er die gut belegte Auffassung vertrat, dass die Reblaus in gut bewässerten Regionen keine Schäden verursache.

Cabernet-Merlot • *Riesling*

HUNGERFORD HILL VINEYARDS
Lower Hunter Valley

Ⓥ

Hungerford Hill erzeugt seit je Verschnittweine (einen Wein aus Hunter Valley mit einem aus dem 1100 km entfernten Coonawarra zu verschneiden, ist zu vergleichen mit einem Rioja, der mit einem Wein aus der Ungarischen Tiefebene gemischt wird), ist nach dem Verkauf jedoch kaum mehr als eine Marke von Southcorp. Das Gut wird mit Trauben aus Hilltops, Cowra, Gundagai und Tumbarumba versorgt, alle an der Westseite des Great Dividing Range gelegen. Die Resultate sind nach wie vor gut.

Shiraz

HUNTINGTON ESTATE
Mudgee

★☆Ⓥ

Bob Roberts stieg als diplomierter Jurist in das Unternehmen ein und erlernte das Weinmachen in einem britischen Fernkurs. Das ist vielleicht nicht das beste Erfolgsrezept, aber seine sauberen, fleischigen Weine, die sich durch Ausgewogenheit und Eleganz auszeichnen, stellen regelmäßig Erzeugnisse hoch qualifizierter Fachleute in den Schatten.

Cabernet Sauvignon • *Sémillon*

KYEEMA ESTATE
Canberra

★

Weine, abonniert auf Auszeichnungen.

LAKE'S FOLLY
Lower Hunter Valley

★★

Gegründet von dem aus Sydney stammenden Arzt Max Lake, der keinerlei Erfahrung in der Weinherstellung hatte, daher der Name (etwa: Lakes Narrenwein). Lake führte aber die Verwendung neuer Eiche in der Region ein und erzeugte stets kraftvolle, lebendige und stilvolle Weine. Inzwischen an einen Ortsansässigen aus Perth für 8 Millionen australische Dollar verkauft, aber Lakes' Sohn Stephen, der in den vergangenen zehn Jahren als Kellermeister fungierte, bleibt etwa ein weiteres Jahr als Berater tätig.

Cabernet Sauvignon • *Chardonnay*

LARK HILL
Canberra

★☆

Das höchstgelegene Weingut im Bezirk Canberra machte Mitte der 90er Jahre mit bemerkenswertem Pinot Noir im europäischen Stil auf sich aufmerksam.

Cabernet-Merlot • *Pinot Noir* • *Riesling*

LINDEMAN'S WINES
Lower Hunter Valley

★★Ⓥ

Diese große Kellerei ist heute Teil von Southcorp und erzeugt Weine aus nahezu allen Regionen. Das Hunter Valley ist jedoch ihre historische Heimat. Das Sortiment reicht von preiswerten Weinen bis zu großer Qualität. Die Weine aus Padthaway in Südaustralien sind die beeindruckendsten, auch einige alte Jahrgänge des Hunter Rieslings (Sémillon, *siehe* Lower Hunter Valley, S. 522) sind fantastisch.

Cabernet-Merlot (Padthaway) • *Chardonnay* (Classic Release, Coonawarra, Padthaway) • *Pyrus* (klassischer Bordeaux-Stil) • *Riesling* (Nursery Vineyard Coonawarra, Padthaway Botrytis) • *Sémillon* (Classic Release) • *Shiraz* (Bin 50, Nyrang) • *Shiraz-Cabernet* (Limestone Ridge), *Verdelhao* (sic; Padthaway)

MCWILLIAM'S MOUNT PLEASANT
Upper Hunter Valley

★★Ⓥ

Die Filiale von McWilliams im Hunter Valley, deren umfangreiches Produktionsnetz auch Kellereien in Brand's in Coonawarra, Lillydale im Yarra Valley, Barwang in der Region Hilltop sowie Hanwood/Yenda in Riverina umfasst. Die Weine sind preiswert, der flaschengereifte Sémillon Mount Pleasant Elizabeth ist eines der besten Beispiele Australiens für diesen einzigartigen Weintyp und zudem eines der größten »Schnäppchen« des Landes.

Chardonnay • *Sémillon* (Elizabeth) • *Schaumwein* (Brut)

MARGAN FAMILY
Lower Hunter Valley

★

Zwar gibt es die Weingärten hier seit 1989, aber die Kellerei ist nagelneu und die Qualität hervorragend.

Chardonnay • *Shiraz*

MIRAMAR WINES
Mudgee

★☆Ⓥ

Erlesene Weine mit der Fülle und der reichen Aromatik eines echten Mudgee.

Cabernet Sauvignon • *Chardonnay* • *Sémillon*

MONTROSE WINES
Mudgee

★

Dieses zur Orlando-Gruppe gehörende Gut erzeugt hochwertige Weine.

Aleatico (Reserve Classico) • *Cabernet-Merlot* • *Chardonnay* • *Poet's Corner* (klassischer Weißweinverschnitt) • *Sauternes*

PANKHURST
Canberra

★

Seit der Errichtung des Guts 1986 erwarben sich Allan und Christine Pankhurst einen Ruf für den besten Pinot Noir im Bezirk Canberra. Der Cabernet Sauvignon kann ebenfalls gut sein.

Pinot Noir

PETERSONS
Lower Hunter Valley

★

Nach einer schwierigen Phase zu Beginn der 90er Jahre fand Petersons wieder zu seiner Form zurück.

Chardonnay • *Semillion* • *Shiraz* (Back Block)

REYNOLDS YARRAMAN ESTATE
Upper Hunter Valley

★☆Ⓥ

Das ehedem zu Wybong gehörende Gut ist nun Eigentum von Jon Reynolds, dem früheren Winzermacher von Houghton. Seine Weinberge liegen in der rasch aufsteigenden Region Orange.

Cabernet-Merlot • *Chardonnay*

ROSEMOUNT ESTATE
Denman

★★Ⓥ

Höchstes Fachwissen in der Weinerzeugung und eine aggressive Exportpolitik machten Rosemount weltweit zu einem der führenden Weingüter. Der Wagemut und die Neugier der unermüdlichen Eigentümer Philip Shaw und Chris Hancock sorgten dafür, dass es seinen Platz auch behielt. Im Februar 2001 erfolgte der Zusammenschluss mit Southcorp.

Cabernet Sauvignon (bes. Coonawarra Show Reserve, Kirri Billi) • *Chardonnay* (bes. Orange, Roxburgh, Show Reserve) • *Merlot* (Kirri Billi) • *Sémillon* (Wood Matured) • *Shiraz* (McClaren Vale) • *Syrah* (Balmoral)

ROTHBURY ESTATE
Lower Hunter Valley

★★Ⓥ

Dieses einst Len Evans gehörende Weingut war später lange Zeit eine Aktiengesellschaft, die unter seiner Leitung trotz der steigenden Produktion und des Erwerbs weiterer Kellereien (Bailey's, St. Huberts, Saltram) eine außergewöhnlich hohe Qualität beibehielt. Evans verließ 1996 das Unternehmen, als es von Mildara-Blass übernommen wurde.

Chardonnay (Barrel Fermented, Cowra) • *Sémillon* (Reserve) • *Shiraz* (bes. Reserve)

SOUTHCORP
Millers Point

Southcorp wurde 1994 nach dem Verkauf von Lindeman an Penfolds errichtet und anschließend von Seppelt übernommen. Zusätzlich zu diesen drei berühmten Marken umfasst diese große Unternehmensgruppe folgende Marken: Leo Buring, Coldstream Hills, Devil's Lair, Great Western, Hungerford Hill, Kaiser Stuhl, Killawarra, Matthew Lang, Minchinbury, Queen Adelaide, Rouge Homme, Ryecroft, Seaview, Tollana, Tulloch, Woodley, Wynns, Wynvale und die alkoholreduzierte Marke Loxton sowie Laperouse in Frankreich. Im Februar 2001 erfolgte der Zusammenschluss mit Rosemount.

TRENTHAM ESTATE
Murray River

★☆Ⓥ

Vor allem die Rotweine bieten eine wundervolle Qualität, großartige Beständigkeit und einen sensationellen Gegenwert.

Merlot • *Shiraz*

TULLOCH
Lower Hunter Valley

Einst eine der traditionsreichsten Kellereien im Hunter Valley, ist Tulloch heute kaum mehr als eine Marke von Southcorp. Die Qualität ist im Allgemeinen gut, gelegentlich findet sich ein echter Spitzenwein.

TYRRELL'S VINEYARDS
Lower Hunter Valley

★★

Diese alteingesessene Kellerei ist noch immer in Familienbesitz. Einige Kritiker behaupten zwar, Tyrells Chardonnay Vat 47 sei nicht mehr so herausragend wie in den 70er und 80er Jahren – dies ist jedoch nicht auf eine Qualitätsminderung zurückzuführen, sondern darauf, dass Australien heute zahlreiche großartige Chardonnays erzeugt. Die besten Weine dieser Kellerei sind so kompromisslos aromatisch und komplex wie immer.

Cabernet-Merlot (Old Winery) • *Chardonnay* (Vat 47) • *Sémillon* (Vat 1) • *Shiraz* (Old Winery, Vat 9)

WYNDHAM ESTATE WINES
Lower Hunter Valley

Ⓥ

Seit 1990 Teil der in französischem Besitz stehenden Orlando-Gruppe, ist Wyndham eine hervorragende Quelle von Weinen mit gutem Preis-Leistungs-Verhältnis.

Chardonnay (Bin 222, Oak Cask)

VICTORIA UND TASMANIA

In Tasmania, einer der jüngsten Weinregionen Australiens, steigt die Qualität der Weine ebenso kontinuierlich wie in Victoria, einer der ältesten Regionen. Victoria war früher wohl am bekanntesten für intensiv süße, üppige Liqueur Muscat und Tokay, die beiden Staaten machen jedoch weit mehr unterschiedliche Weine als jeder andere des Kontinents.

PIPERS BROOK VINEYARD IN TASMANIA
Die weltbekannte Kellerei Pipers Brook beherrscht Tasmania, die erfolgreichste Weinregion Australiens.

Die Weine dieser beiden Staaten reichen von farbkräftigem Cabernet Sauvignon mit seinem Cassisaroma bis zu überraschend edlem Pinot Noir, von leichten, köstlich aromatischen Weißweinen bis zu mächtigen, eichenbetonten und doch schön strukturierten Chardonnays und Sémillons. Gleichzeitig gewinnen in beiden Weinbaugebieten Schaumweine rasch an Ansehen.

VICTORIA

John Batman gründete Melbourne im Jahr 1834, und bereits vier Jahre später bepflanzte der Geistliche William Ryrie im Yarra Valley den ersten Weinberg, an einem Ort, der als Yering bekannt wurde. Die bedeutenden Ereignisse in der Weinbaugeschichte des

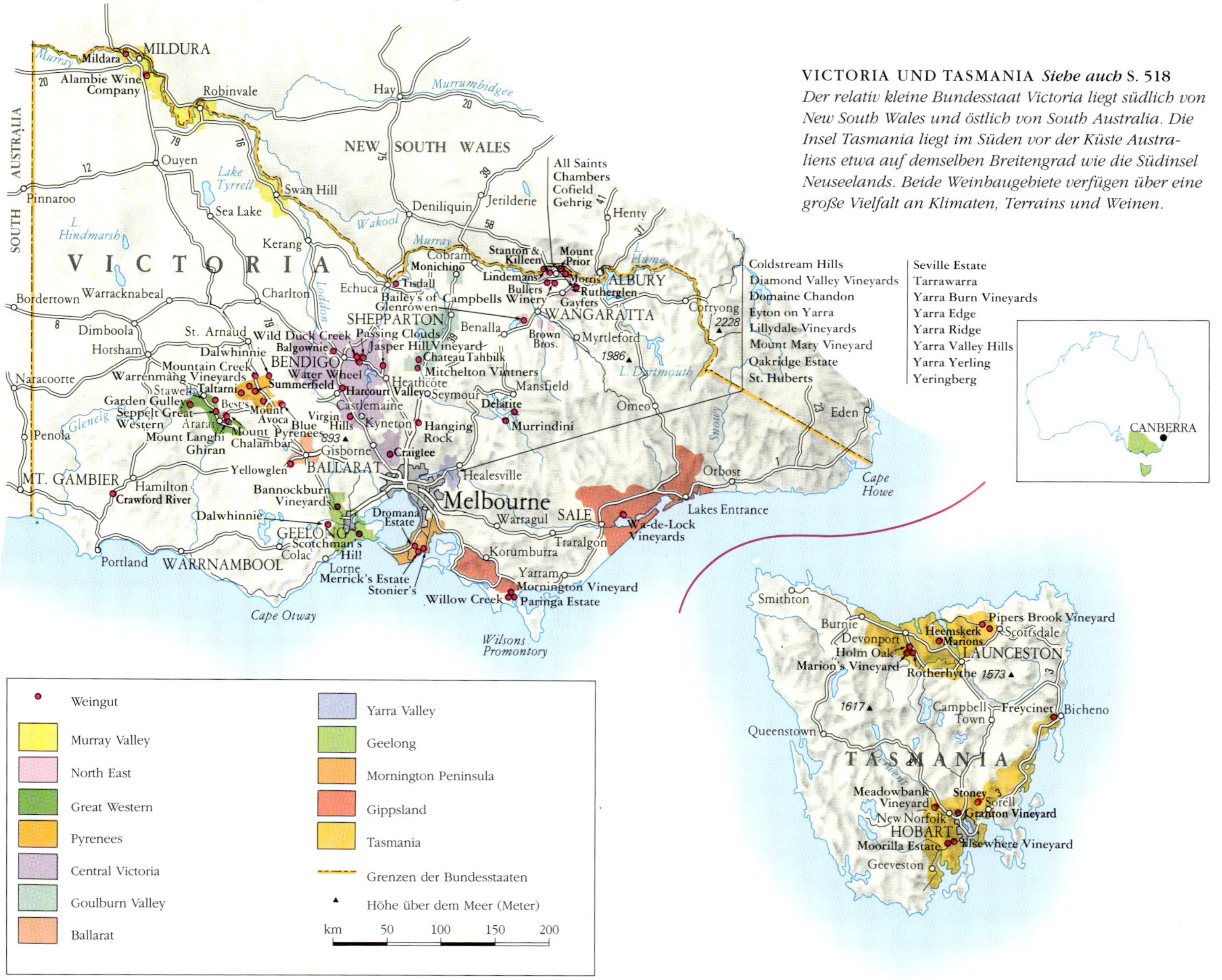

VICTORIA UND TASMANIA *Siehe auch* S. 518
Der relativ kleine Bundesstaat Victoria liegt südlich von New South Wales und östlich von South Australia. Die Insel Tasmania liegt im Süden vor der Küste Australiens etwa auf demselben Breitengrad wie die Südinsel Neuseelands. Beide Weinbaugebiete verfügen über eine große Vielfalt an Klimaten, Terrains und Weinen.

CHÂTEAU TAHBILK IN GOULBURN VALLEY

Diese bekannte Kellerei Victorias produziert eine gewaltige Menge traditionell vinifizierter Weine.

Staates begannen mit der Bestellung des gebürtigen Schweizers Charles La Trobe zum Kommandanten von Melbourne im Jahr 1839 und gipfelten 1842 in der Ankunft von elf Schweizer *Vignerons* aus seinem Heimatkanton Neuenburg. Sie ließen sich im Bezirk Geelong nieder und pflanzten rund um ihre Häuser Rebstöcke, womit sie den Grundstein zur Weinindustrie von Victoria legten. 1854 kam schließlich Hubert de Castella – ebenfalls aus der Schweiz – nach Victoria, und mit ihm erlebte die Region ihre erste goldene Ära, auf deren Höhepunkt sie gegen Ende des 19. Jahrhunderts die Hälfte der australischen Weinproduktion stellte.

TASMANIA

Die ersten Rebstöcke wurden bereits 1823 auf der Prospect Farm nördlich von Hobart von Bartholomew Broughton gepflanzt, einem außergewöhnlichen Strafgefangenen, der begnadigt worden war und schließlich zu beträchtlichem Vermögen gelangte. 1827 fühlte sich die *Colonial Times* aufgrund der Qualität seiner Weine veranlasst, sie mit denen von Gregory Blaxland zu vergleichen, dessen in der Nähe von Sydney gelegenes Weingut Parramatta River bereits die ersten prämierten und exportierten Weine Australiens hervorgebracht hatte. Der britische Strafvollzug in den Kolonien war jedoch so grausam, dass er auch von Broughtons Lebenszeit seinen Tribut forderte. Seine erfolgreiche Eingabe um Begnadigung lässt vermuten, dass er weniger lange litt als die meisten Strafgefangenen, doch genügte es, um ihm den Luxus der Freiheit zu verkürzen: Er starb 1828 im Alter von nur 32 Jahren. Captain Charles Swanston erwarb Broughtons Anwesen, und 1865 zählte man nicht weniger als 45 Rebsorten an den verschiedenen Orten der Insel. Gegen Ende dieses Jahrzehnts verschwanden allerdings praktisch alle Weinberge. Mit Ausnahme eines kurzzeitigen Wiederauflebens um 1880 besaß Tasmanien keine Weinindustrie, bis der Franzose Jean Miguet in den 1950er Jahren eine Renaissance des Weinbaus einleitete. Miguet war kein Winzer, er war nach Tasmania gekommen, um am Bau eines Wasserkraftwerks mitzuarbeiten. Sein neues Zuhause in La Provence nördlich von Launceston erinnerte ihn jedoch an seine Heimat Hochsavoyen, und da die Bäume Schutz vor den Meereswinden boten, nahm er an, dass Trauben hier gedeihen könnten. 1956 pflanzte er Rebstöcke, die so erfolgreich wuchsen, dass sich ein weiterer Europäer, Claudio Alcorso, ermutigt sah, 1958 einen Weinberg in der Region Derwent River zu bestocken. Alcorso und seinem Weingut Moorilla geht es bis heute gut, während gesundheitliche Probleme Miguet nach fünfzehn Jahren zwangen, sein Weingut zu verlassen und nach Frankreich zurückzukehren, wo er 1974 an Leukämie starb. Auch dreißig Jahre später ist die Weinindustrie Tasmaniens klein, die Qualität jedoch hoch. In dem deutlich kühleren Klima der Insel produzieren die führenden drei Betriebe einige der duftreichsten und aromatischsten Weißweine Australiens sowie einige der besten flaschenvergorenen Schaumweine. Beim Rotwein hat Pinot Noir die größten Chancen.

DIE GREAT DIVIDING RANGE IN VICTORIA

Die Rebstöcke gedeihen auf dem weiten Hochland Victorias, dem südwestlichen Ende der ostaustralischen Great Dividing Range, die bis zu 300 km breit ist.

GESCHMACKS- UND QUALITÄTSFAKTOREN

LAGE
Victoria, der kleinste Bundesstaat des Festlands, liegt im äußersten Südosten Australiens. Die Insel Tasmania befindet sich 160 km südlich vor der Küste Victorias.

KLIMA
Die Klimate sind sehr unterschiedlich, vom heißen, kontinental geprägten Nordwesten Victorias um Mildura über gemäßigtes Küstenklima im Yarra Valley bis zum relativ kühlen Tasmanien.

TOPOGRAFIE
Als Rebflächen dienen die verschiedensten Geländetypen, von den ebenen oder hügeligen Talböden, auf denen vorwiegend große Mengen einfacher Weine erzeugt werden, bis zu steileren Hängen in Höhen von 500 m und darüber, die erstklassige Weine liefern.

BÖDEN
Die Böden sind sehr unterschiedlich: roter Lehm im Nordosten von Victoria, der aufgespritete Weine hervorbringt; sandige Schwemmböden im Murray Basin (vorwiegend Massenweine); mit Quarz und Schiefer gemischter Kiesboden auf einem Ton-Unterboden in der erstklassigen Weinregion Pyrenees; schließlich fruchtbare, schlecht entwässernde Böden in Geelong und Ton von Tasmania.

WEINBAU UND WEINBEREITUNG
Victoria wurde als einziger Staat Australiens von der Reblaus völlig verwüstet (1875–1881). Deshalb sind sämtliche Reben – im Gegensatz zum Nachbarstaat South Australia – auf amerikanische Unterlagen gepfropft. In Victoria bedient man sich hochstehender Vinifikationsstechniken. Der Nordosten stellt traditionell Dessertweine her, doch suchen seit den 1970er Jahren die Erzeuger auch hier, wie in anderen Teilen Australiens, Regionen mit kühlem Klima, um den Sektor der erstklassigen Sortenweine auszuweiten. Die berühmten flaschenvergorenen Schaumweine aus der Region Great Western in Victoria hatten es im Vergleich zu neuen aufstrebenden Schaumweinregionen wie dem französisch beeinflussten Bezirk Bendigo schwieriger. Auch Tasmania hat sich der Schaumweinerzeugung zugewandt. Sein kühles Klima führte zum Anbau einer großen Vielfalt klassischer Rebsorten. Die kleinen neuen Kellereien, die nach ihrem eigenen Stil suchen, verwenden dabei immer wieder andere Weinbau- und Vinifikationstechniken.

REBSORTEN
Cabernet Franc, Cabernet Sauvignon, Chardonnay, Chasselas, Chenin Blanc, Cinsault, Dolcetto, Folle Blanche, Frontignan, Gewürztraminer, Malbec, Marsanne, Mataro, Merlot, Müller-Thurgau, Muscat d'Alexandrie, Pinot Meunier, Pinot Noir, Rhine Riesling, Rubired, Sauvignon, Shiraz, Sémillon, Tokay, Traminer, Troia

HERKUNFTSBEZEICHNUNGEN IN
VICTORIA UND TASMANIA

ALPINE VALLEYS
Unterregionen: Beechworth, Kiewa River Valley

Die Weine dieser neuen GI südlich von Rutherglen müssen sich erst noch entfalten.

AVOCA
Siehe Pyrenees.

BALLARAT
Dieser Bezirk liegt in Central Victoria, etwa 120 km nordwestlich von Melbourne. Zu Ballarat gehören Weinberge auf einer Höhe von 430 m in Scarsdale, Creswick und Ballan. Durch sein gegenüber Bendigo kühleres Klima könnte sich Ballarat zu einer der besten Schaumweinregionen Australiens entwickeln.

BENDIGO
Der nördlich von Ballarat und etwa 160 km nordwestlich von Melbourne gelegene Teil der Region Central Victoria besitzt ein trockenes Klima, dennoch werden nur wenige Rebstöcke bewässert. Die anderen müssen ihre Wurzeln tief in den Wasser speichernden Unterboden bohren, um überleben zu können. Der Weinbau begann in diesem Goldgräberland mit dem Goldrausch um 1850. Die Hauptanbauareale sind Baynton, Big Hill, Bridgewater, Heathcote, Harcourt, Kingower, Maiden Gully, Mandurang und Mount Ida. Das zunächst für seine nach Menthol und Eukalyptus schmeckenden Rotweine berühmte Gebiet eignet sich mit seinem Boden aus rotem Ton, Quarz und eisenhaltigem Ortstein ausgezeichnet für einen erlesenen Shiraz, aber auch Cabernet Sauvignon und Chardonnay erreichen hohe Qualität. Wie Domaine Chandon (auf dem Exportmarkt unter dem Namen Green Point) bewies, hat auch erstklassiger Schaumwein eine große Zukunft.

CENTRAL VICTORIA
Früher zusammenfassende Bezeichnung für Ballarat, Bendigo und Macedon; *siehe* jeweils dort.

COASTAL VICTORIA
Siehe Gippsland

CORIO BAY
Siehe Geelong

DRUMBORG
Siehe Henty

GEELONG
Die Weinberge dieses Bezirks breiten sich südwestlich von Melbourne fächerförmig in das Hinterland der Corio Bay aus. Geelong wurde Mitte des 19. Jahrhunderts von Schweizer Einwanderern erschlossen und 1966, etwas früher als andere wiederentdeckte Gebiete Australiens, reaktiviert, als Sefton seinen Weinberg Idyll bepflanzte. Die Kombination von kühlem Klima und vulkanischem Boden ergibt Weine mit guter Säure und deutlichem Sortencharakter. Bannockburn und Scotchman's Hill sind die besten Erzeuger.

GIPPSLAND
Dieses abgelegene Gebiet besteht aus East Gippsland und South Gippsland, mitunter einfach Gippsland genannt. Es erlebte einen neuen Aufschwung, als Dacre Stubbs in den 1970er Jahren den Weinberg Lulgra bestockte. Abgesehen von einem gelegentlich ausgezeichneten Cabernet Sauvignon, Pinot Noir oder Chardonnay aus zwei, drei kleinen Kellereien hat diese Region wenig zu bieten.

GLENROWAN
Dieser Bezirk, ein Teil der Region North East, ist außerhalb Australiens vermutlich unter der Bezeichnung Milawa besser bekannt. Die Firma Brown Brothers zieht diesen Namen vor und setzt ihn auf ihre Exportweine, die meisten Erzeuger bedienen sich jedoch des Namens Glenrowan. Es ist eine klassische Dessertweinregion, daneben stellen einige Güter wie Koombahla und Meadow Creek funkelnde Cabernet Sauvignons mit reichen Cassisaromen und andere erstklassige Sortenweine her.

GOULBURN VALLEY
Unterregion: Nagambi Lakes

Jahrelang galt das ausgezeichnete Château Tahbilk in diesem 120 km nördlich von Melbourne gelegenen traditionsreichen Weinbezirk als einziger Exponent hochwertigen Weins. Heute zieht eine Reihe neuer Kellereien die Aufmerksamkeit auf sich. Cabernet Sauvignon ist hier der beste Wein, sei es sortenrein oder traditionell im Verschnitt mit Shiraz; Chardonnay und Riesling können fantastisch sein. Mitchelton macht einen ausgezeichneten, in Holz ausgebauten Marsanne.

GRAMPIANS
Der alte und berühmte Schaumwein-Bezirk Great Western wurde unter dem neuen australischen GI-System in Grampians umbenannt, wird aber weiterhin als Herkunftsbezeichnung für eine Unterregion verwendet. Die gesamte Region Grampians stößt auf wachsendes Interesse, was auch die zunehmende Anzahl neuer Unternehmen zeigt. Auch wenn das Gebiet vor allem für seinen Schaumwein bekannt ist, sollte der neue Name Grampians nicht dazu führen, dass der beste Reinsortige der Region, der Shiraz, vorschnellen Einschätzungen ausgesetzt wird, nur weil er aus einer letztlich auf Schäumendes spezialisierten Gegend kommt. Auch Cabernet Sauvignon, Chardonnay und Riesling können hervorragend sein. Die Top-Kellereien sind Best's, Mount Langhi Ghiran und Seppelt.

GREAT WESTERN
Siehe Grampians

HENTY
Früher war diese abgelegene Region als Drumborg und auch als Far South West bekannt und hat nun als neue GI Henty möglicherweise ein Identitätsproblem. Nach wie vor bekannt aber ist Seppelts Filiale in Drumborg, die in den 1960er Jahren eröffnet wurde, als das Unternehmen nach neuen Quellen für seine gestiegene Schaumwein-Produktion Ausschau hielt: Die Trauben aus Drumborg waren bereits in manch einem »Aussie fizz« willkommener Bestandteil. Der Boden ist vulkanischen Ursprungs und das Klima so kühl, dass einige Sorten nicht reifen. Daher überrascht es, dass Cabernet Sauvignon und Merlot dort so gut gedeihen; Riesling und Pinot Noir bieten ebenfalls gute Qualität. In neuerer Zeit wurden mehrere Kellereien gegründet.

KING VALLEY
Unterregionen: Myrrhee, Whitlands

Bis 1989 waren die Brown-Brüder die Exklusivkäufer der Trauben im King Valley, doch heute kommt die Ernte beinahe allerorts auf den Markt, und neue Kellereien sind hier auch entstanden, sodass King Valley nun ein ausgewachsenes GI darstellt. Chardonnay, Riesling und Cabernet sind die wichtigsten Sorten, aber Nebbiolo, Sangiovese und Barolo haben am meisten Potenzial bewiesen. Schaumwein wird ebenso erzeugt.

MACEDON
Macedon, ein aufstrebender Bezirk nördlich von Melbourne, umfasst in der Region Central Victoria 90 ha Anbaufläche in und um Mount Macedon, Sunbury, Romsey, Lancefield und Kyneton. Böden und Geländeformen sind in dieser durchweg kühleren und bergigen Region sehr unterschiedlich, und die starken Winde bilden den einzigen gemeinsamen Klimafaktor. Bislang erweisen sich Cabernet Sauvignon, Chardonnay und Rhine Riesling als erfolgreichste Traubensorten und Craiglee Vineyards und Virgin Hills als beste Kellereien.

MILAWA
Dieser Name gilt nun als die letzte Stütze des King Valley.

MORNINGTON PENINSULA
Nach einem frühen, aber erfolglosen Start in den 1950er Jahren haben eine Reihe von Erzeugern - mittlerweile sind es über vierzig – auf dieser Halbinsel an der Port Phillip Bay südlich von Melbourne mehrere Weinberge angelegt. Wenn die Rebflächen vor den starken Winden geschützt werden können, die von der Bucht über die Halbinsel peitschen, könnte Mornington Peninsula mit seinem kühlen maritimen Klima großes Potenzial für erstklassige Weine haben.

MURRAY DARLING
Diese regionale GI überlappt sich mit den beiden kleineren GI North West Victoria und Big Rivers (in Neusüdwales). Ihren Namen hat sie vom Murray River, einem der beiden großen „Weinflüsse" Australiens. Flussaufwärts liegt Rutherglen, flussabwärts Riverland. Die Region am Murray River vereint mehrere vorwiegend künstlich bewässerte Weinbaubezirke am Mittellauf. In den späten 1990er Jahren gab es einen steilen Zuwachs neuer Pflanzungen, was eine umfangreiche Verlagerung von Weiß- zu Rotweinen mit sich brachte und zu mancherlei eindrucksvollen und, offen gesagt, unerwarteten Ergebnissen führte.

PYRENEES
Die früher als Bezirk Avoca bekannten Weinberge um Mount Avoca, Redbank und Moonambel werden heute als Pyrenees bezeichnet. Der alte Name wird sicher noch einige Zeit verwendet werden, die ansässigen Erzeuger entschieden

sich jedoch für die nahe gelegene Bergkette der Pyrenees als einprägsamen Marketingbegriff für ihre Weine. Die bisher als Rotweinland geltende Gegend erzeugt Weine mit einem unverkennbaren, attraktiven Minzaroma. Es gab eine Zeit in den frühen 1990ern, in der man glaubte, dass Weißwein und sogar Schaumwein der Region die besten Perspektiven bieten würden, doch inzwischen haben sich die ursprünglichen Annahmen als richtig erwiesen. Shiraz, Cabernet Sauvignon und Merlot sind die herausragenden Weine, mit Chardonnay und eventuell Pinot Noir auf der nachfolgenden Qualitätsstufe.

RUTHERGLEN

Unterregion: Wahgunyah

Rutherglen, zu dem man häufig den Bezirk Milawa/Glenrowan zählt, war immer schon das Herz der Region North East und die Seele der Weinindustrie Victorias. Um dieses Zentrum drehen sich alle Weinbauaktivitäten des Staates, hier drängen sich eine ganze Reihe von Kellereien und Weinbergen auf beiden Seiten des Murray Valley Highway zwischen Lake Mulwala und Albury am linken Ufer des Murray River. Das rechte Ufer wird ebenfalls für den Weinbau genutzt, gehört jedoch zu New South Wales. Meist werden die beiden Ufer als Einheit gesehen und sollten in einem künftigen Appellationssystem auch als solche anerkannt werden. In Rutherglen entwickelt sich eine aufregende Szene für leichte Weine, innovative Erzeuger nutzen die kühleren Regionen des Bezirks. Chardonnay und Sémillon sind rein, frisch und lebhaft, der Gewürztraminer zeigt gute Qualität, und Durif, Carignan, Shiraz und Cabernet Sauvignon besitzen ein viel versprechendes Potenzial. Rutherglen bleibt jedoch Australiens führende Dessertweinregion, deren Muscats und Tokays nirgendwo ihresgleichen finden.

SUNRAYSIA

Früher eine Unterregion von Murray River (*siehe auch* Murray Darling), umfasste sie die Bezirke Mildura, Robinvale, Merbein, Irymple und Karadoc.

TASMANIA

Die Insel Tasmania besitzt das kühlste Klima Australiens. Die ersten Rebstöcke wurden 1823 von Bartholomew Broughton auf der Prospect Farm in der Nähe von Hobart gepflanzt. Der Weinbau war jedoch auf dem bis 1853 so genannten Van-Diemens-Land nicht von langer Dauer. Erst nach 1950 wurde die Weinindustrie allmählich wieder aufgebaut. Internationale Anerkennung kam in Sicht, als in den späten 80er Jahren das Champagnerhaus Louis Roederer in Heemskerk investierte und den erstklassigen Schaumwein Jansz herstellte. Roederer zog sich jedoch 1994 zurück, mit dem Argument, dass die Trauben nicht reif werden. Heemskerk wurde von Dr. Andrew Pirie von Pipers Brook erworben, der größten und besten Kellerei in Tasmania. Pirie behielt die Weinberge, verkaufte aber die Marke Jansz an Yalumba, und seitdem hat sich sein eigener Schaumwein, der nach ihm selbst benannte Pirie, zu einem der besten der Welt entwickelt. Der Rang des tasmanischen Schaumweins ist endgültig etabliert, aber daneben erzeugt dieser Inselstaat auch einige intensiv aromatische Chardonnay, Riesling und Pinot Noir. Daneben finden sich auch gute Cabernet Sauvignon.

YARRA VALLEY

Die auf grauen und roten Lehmböden neu angelegten Weinberge profitieren nicht nur von den anreichernden Nachwirkungen der früheren Schafhaltung, sondern auch von einem der kühlsten Klimate in Australien. Die Wachstumsperiode ist lang, die Erträge sind gering. In den Händen talentierter Weinmacher resultieren diese Faktoren in ausgezeichnetem Chardonnay und Cabernet Sauvignon, in wenig, aber knackigem Riesling und aufregendem Pinot Noir. Natürlich sind Shiraz und Merlot ebenso dazuzurechnen, und dank der Domaine Chandon, Yarrabank und Devaux Yering Station ist dies ohne Zweifel eine Schaumwein-Region.

ERZEUGER IN

VICTORIA UND TASMANIA

ALAMBIE WINE COMPANY

Mildura

☆

Die Weine dieser Kellerei werden unter den Etiketten Castle Crossing, Milburn Park und Salisbury Estate verkauft.

✓ *Chardonnay* (Show Reserve) • *Schaumwein* (Milburn Park Brut)

ALL SAINTS

Rutherglen

★☆(V)

Nach der Übernahme durch Brown Brothers 1992 zu einem wichtigen Label für dessen aufgespritete Weine geworden.

✓ *Madeira* (Show Reserve) • *Port* (Vintage, Old Tawny) • *Sherry* (Show Reserve Amontillado) • *Schaumwein* (Cabernet Sauvignon) • *Tokay* (Show Reserve)

BAILEYS OF GLENROWAN

Glenrowan

★★

Baileys gehört heute zur Rothbury-Gruppe, erzeugt jedoch nach wie vor reiche, sensationelle Dessertweine.

✓ *Liqueur Muscat* (Founder, Winemaker's Selection) • *Shiraz* (1920s Block) • *Liqueur Tokay* (Winemaker's Selection)

BALGOWNIE

Bendigo

(?)

Nach einer unzuverlässigen Periode in den frühen 1990er Jahren scheint sich das heute zu Mildara-Blass gehörige, einst für seine Cabernets hoch angesehene Gut zumindest bei Rotweinen wieder zu erholen. Die Weißweine enttäuschen.

✓ *Cabernet Sauvignon* (Estate) • *Shiraz* (Estate Hermitage)

BANNOCKBURN VINEYARDS

Geelong

★☆(V)

Die Erfahrungen, die der Weinmacher Gary Farr auf der Domaine Dujac in Burgund sammelte, zeigen sich in der Finesse dieser Weine, die in Europa vermutlich mehr geschätzt werden als in Australien.

✓ *Cabernet-Merlot* • *Chardonnay* • *Pinot Noir* • *Shiraz*

BERINGER BLASS

Albert Park

Diese Gruppe, einer der großen vier australischen Erzeuger, produziert Weine unter den Marken Benjamin Port, Black Opal, Eaglehawk, Flanagan's Run, Andrew Garrett, Jamiesons Run, Krondorf, Mildara Coonawarra, Tisdall, Pepperjack, Wolf Blass und Yellowglen.

BEST'S WINES

Great Western

★(V)

Dieses breite Sortiment enthält einige Juwelen wie den verblüffenden Shiraz und den wunderbaren, würzig-frischen, nach Limone duftenden Riesling.

✓ *Shiraz* (Bin 0) • *Riesling*

BLACKJACK VINEYARD

Bendigo

☆(V)

Dieses Weingut wurde nach einem amerikanischen Seemann benannt, der Mitte des 19. Jahrhunderts vom Goldfieber erfasst wurde und an Land ging.

✓ *Shiraz*

BLUE PYRENEES

Avoca

☆

Der französische Winzer Vincent Gere baute seine Schaumweine bis zum Jahrgang 1990 relativ süß aus, danach entwickelten sie einen klassischeren Stil. Kellermeister ist nun Kim Hart, und der Schwerpunkt der Produktion unter der Marke Blue Pyrenees verlagert sich in Richtung Stillwein.

✓ *Schaumwein* (Vintage Reserve)

BROWN BROTHERS

Milawa

★☆(V)

Die Größe dieses Familienunternehmens täuscht, bis Sie die Mikrovinifizierungsanlagen von Brown Brothers besuchen, die umfangreicher und besser ausgestattet sind als 70 % aller Kellereien, die ich kenne. Das größte Problem bei der Mikrovinifizierung besteht darin, dass bestimmte Prozesse bei der Gärung eine Mindestgröße des Behälters, Temperaturkontrolle und andere Faktoren bedingen. Dies ist der Grund, warum Hobbywinzer selten ein gediegenes Produkt erzielen und warum die meisten in Versuchsanlagen hergestellten Weine lahm und langweilig sind,

auch wenn die Experimente zu interessanten kommerziellen Entwicklungen führen. Bei Brown Brothers gleichen die Mikrovinifizierungstanks jedoch einer Batterie von Boutiquekellereien, weshalb die Experimentalweine ebenso perfekt sind wie ein in kommerziellem Maßstab produzierter Wein, weshalb das Unternehmen zu den innovativsten Erzeugern Australiens zählt. Die Whitland-Weinberge sind kühl, ihre Weine schlank und frisch. Der Weinberg King Valley liegt in wärmerem Klima, was sich großartig auf die Rotweine und sogar den Riesling auswirkt, der so schmalzig wird, dass er auch bei Chardonnay-Trinkern ein Erfolg ist. Die Verschnitte bieten häufig die höchste Qualität. Brown Brothers ist auch Eigentümer der Kellerei All Saints.

✓ *Babera* • *Cabernet Sauvignon* (bes. Classic Vintage Release) • *Chardonnay* (Family Reserve) • *Dolcetto* • *Liqueur Muscat* • *Liqueur Tokay* (Very Old) • *Muscat* (Blanc, Late Harvest, Orange) • *Nebbiolo* • *Port* (Very Old, Vintage) • *Riesling* (King Valley, Noble, Whitland) • *Shiraz* •

BULLER
Rutherglen
★

Vergessen Sie die Tischweine, nehmen Sie einen der wundervoll altmodischen aufgespriteten Weine.

✓ *Liqueur Muscat* (Museum Release) • *Liqueur Tokay* (Museum Release)

CAMPBELLS WINERY
Rutherglen
★★

Dieser herausragende Spezialist für angereicherte Weine hat sein Sortiment sehr erfolgreich mit Sortenweinen erweitert.

✓ *Cabernet Merlot* • *Chardonnay* (Bobbie Burns) • *Durif* (The Barkly) • *Liqueur Muscat* (bes. Merchant Price) • *Liqueur Tokay* (bes. Isabella) • *Pedro Ximénez* • *Sémillon* (Limited Release) • *Shiraz* (Bobbie Burns)

CHAMBERS
Rutherglen
★★

Bill Chambers zählt seit je zu den großartigsten Erzeugern aufgespriteter Weine.

✓ *Liqueur Muscat* (bes. Old) • *Liqueur Tokay* (bes. Old)

CHÂTEAU TAHBILK
Goulburn Valley
★☆Ⓥ

Die älteste Weinkellerei Victorias erzeugt überaus traditionelle Weine, die sich in der Flasche steigern.

✓ *Cabernet Sauvignon* • *Marsanne* • *Shiraz*

COFIELD
Rutherglen
★

Cofield ist auf hochwertigen roten Schaumwein in kleinen Mengen spezialisiert.

✓ *Schaumwein* (Shiraz) • *Muscat* • *Shiraz*

COLDSTREAM HILLS
Yarra Valley
★★

James Halliday, der Doyen der australischen Weinautoren, hat das Gut zwar an Southcorp verkauft, führt jedoch die Geschäfte weiter. Neben seinem berühmten wundervollen Pinot Noir und klassischen Chardonnay erzeugt James Halliday einige überwältigende Weine unter seinem eigenen Namen. Sein Geheimnis liegt im Streben nach Eleganz, Feinheit und Länge anstatt nach Gewicht oder Kraft.

✓ *Cabernet-Merlot* • *Cabernet Sauvignon* (James Halliday) • *Chardonnay* • *Pinot Noir*

CRAIGLEE
Macedon
☆

Diese berühmte viergeschossige, aus blauem Stein erbaute Kellerei aus dem 19. Jahrhundert wurde 1976 von Pat Carmody reaktiviert.

✓ *Shiraz*

CRAIGOW
Tasmania
☆

Hier macht Barry Edwards, ein Chirurg aus Hobart, Weine von aufregender Qualität.

✓ *Pinot Noir*

CRAWFORD RIVER
Western District
★★

Dieses Gut wurde 1982 von John Thomson gegründet, der sich rasch Ansehen mit seinem Riesling (vor allem edelfaul gelesenem) erwarb; sein Cabernet ist genauso zuverlässig.

✓ *Cabernet Sauvignon*

DALWHINNIE
Pyrenees
★★

Die an Taltarni grenzenden Weinberge liefern regelmäßig reiche, gut strukturierte Weine von großer Intensität.

✓ *Cabernet Sauvignon* • *Chardonnay* • *Shiraz*

DELATITE WINERY
Central Victorian High Country
☆Ⓥ

Das einsam in der Great Dividing Ridge gelegene Gut stellt einige Weine mit ausgezeichnetem Preis-Leistungs-Verhältnis her, die sich durch üppig-pikante Frucht auszeichnen.

✓ *Chardonnay* • *Pinot Noir* • *Riesling*

DIAMOND VALLEY VINEYARDS
Yarra Valley
★☆

David Lance ist für großartigen Pinot Noir berühmt, doch auch seine übrigen Weine sollten nicht übersehen werden.

✓ *Chardonnay* • *Pinot Noir* • *Sémillon-Sauvignon*

DOMAINE CHANDON
Yarra Valley
★☆Ⓥ

Die australische Niederlassung von Moët & Chandon wurde lange nach der kalifornischen Filiale gegründet, überholte sie jedoch qualitativ in kurzer Zeit. Die Anerkennung dafür gebührt Dr. Tony Jordan (mittlerweile bei Wirra Wirra); er gibt aber zu bedenken, dass er mit seinen über den Kontinent verstreuten Quellen aus einer breiteren Palette hochwertiger Grundweine wählen kann. Exportiert werden die Weine unter der Marke Green Point.

✓ *Schaumwein* (Blanc de Blancs, Vintage Brut)

DROMANA ESTATE
Mornington Peninsula
★Ⓥ

Gary Crittenden erzeugt immer besser werdende Weine. Unter der Marke Schinus werden Weine aus zugekauften Trauben vermarktet.

✓ *Chardonnay* (Dromana) • *Dolcetto* (Schinus) • *Nebbiolo* (Schinus) • *Riesling* (Schinus) • *Sauvignon Blanc* (Schinus)

ELSEWHERE VINEYARD
Tasmania
☆

Der einzigartige Pinot Noir aus dem Huon Valley gewann bei der Tasmanian Wine Show eine Goldmedaille.

✓ *Pinot Noir*

EYTON ON YARRA
Yarra Valley
★☆

Matt Aldridges aufstrebende Yarra-Valley-Weine sind so köstlich, elegant und stilvoll, wie Sie es von dieser zeitgemäßen Weinregion erwarten.

✓ *Cabernet-Merlot* • *Chardonnay* • *Merlot* • *Schaumwein* (Pinot Chardonnay)

FREYCINET
Tasmania
★☆

Geoff Bull macht einen für das kühle Klima Tasmaniens überraschend großen und schönen Cabernet Sauvignon; aber seine ausgezeichnet konzipierten, üppigen Chardonnay und Pinot Noir übertreffen ihn in Qualität und Eleganz.

✓ *Cabernet Sauvignon* • *Chardonnay* • *Pinot Noir*

GARDEN GULLEY
Great Western
★

Der ehemals für Seppelt tätige Winzer Brian Fletcher leitet diese kleine Genossenschaftskellerei, die meisterliche Schaumweine herausbringt.

✓ *Schaumweine* (Sparkling Burgundy)

GIACONDA
Wangaretta
★☆

Diese wundervoll gemachten Weine erfreuen sich großer Beliebtheit.

✓ *Chardonnay* • *Pinot Noir*

GEHRIG
Rutherglen
★

Das Brian und Bernard Gehrig gehörende Weingut zählt zu den ältesten Victorias. Es war früher für seine aufgespriteten Weine berühmt, heute ist ein eleganter Shiraz-Tischwein das beständigste Produkt.

✓ *Shiraz*

HANGING ROCK
Macedon
★

Die größte Kellerei der Region Macedon hat sich auf flaschenvergorene Schaumweine spezialisiert.

✓ *Schaumweine* (Brut)

HOLM OAK
Tasmania
★

Rotweinspezialist Nick Butler, der auch als fliegender Weinmacher tätig ist, erzeugt einen der besten Cabernet Sauvignons Tasmaniens.

✓ *Cabernet Sauvignon*

JANSZ
Tasmania
?

Jansz gehört nun Samuel Smith & Sons, die mit Pipers Brook einen langfristigen Vertrag geschlossen haben, um von den Heemskerk-Weinbergen Trauben kaufen zu können. Geoff Linton besorgte den 1998er Jahrgang, Tony Davis ist Kellermeister; er brachte eine jahrgangslose Jansz Cuvée.

✓ *Schaumwein*

JASPER HILL VINEYARD
Bendigo
★

Das Gut ist vor allem für seinen üppigen, muskulösen, komplexen Shiraz bekannt.

✓ *Shiraz* (Georgia's Paddock) • *Shiraz-Cabernet Franc* (Emily's Paddock)

KARA KARA
St. Arnaud
★Ⓥ

Obwohl dieses Weingut bereits 1977 errichtet wurde, habe ich es erst kürzlich entdeckt. Kara Kara macht dem Vernehmen nach aus Sauvignon Blanc ausgezeichnete Sortenweine und Verschnitte.

✓ *Sauvignon Blanc* • *Sauvignon-Sémillon* (Fumé Blanc)

LILLYDALE VINEYARDS

Yarra Valley

★Ⓥ

Das zu McWilliams gehörende Lillydale erzeugt einen stoffigen und eleganten Chardonnay, der für das Yarra Valley sehr großen Gegenwert bietet. Über den Gewürztraminer habe ich Gutes gehört, aber wenn es um Gewürztraminer geht, bin ich bei meinen Kollegen in der neuen Welt argwöhnisch. Ich werde mich selbst überzeugen.

✓ *Chardonnay*

MARION'S VINEYARD

Tasmanien

★

Mark und Marion Semmens gründeten die Kellerei in einer abgelege-

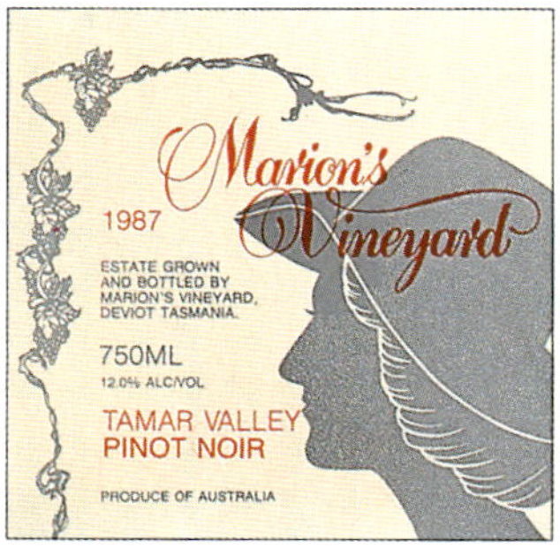

nen Region Tasmaniens, von der man über das idyllische Tamar Valley blickt.

✓ *Cabernet Sauvignon*

MEADOWBANK VINEYARD

Tasmanien

★

Klassischer, nach Kirschen duftender Pinot Noir.

✓ *Chardonnay • Pinot Noir*

MERRICS ESTATE

Mornington Peninsula

Ein immer aufregender Shiraz!

✓ *Shiraz • Cabernet Sauvignon*

MILBURN PARK

Siehe **Alambie Wine Company**

MITCHELTON VINTNERS

Goulburn Valley

★½Ⓥ

Innovative Verschnittweine im Rhône-Stil steigern den Ruhm von Mitchelton (jetzt im Besitz von Petaluma) als eine der besten preiswürdigen Marken Australiens. Jetzt braucht es nur noch einige teure Spitzenweine, damit das Gut durchschlagenden Erfolg hat.

✓ *Marsanne* (Reserve) • *Marsanne-Viognier-Roussanne* (III) • *Merlot* (Chinaman's Ridge) •

Shiraz-Mourvèdre-Grenache (III)

MOORILLA ESTATE

Tasmania

★½

Nach 30 Jahren gab es in dieser Pionierkellerei einige Eigentümerwechsel, doch sie erzeugt weiterhin einen fantastischen Chardonnay und einen fröhlich stimmenden Riesling. Alain Rousseau als neuer Kellermeister hat die Qualität sogar noch gesteigert.

✓ *Chardonnay • Riesling* (auch edelfaul)

MORRIS WINES

Rutherglen

★★Ⓥ

Mick Morris ist eine der großen Figuren im australischen Weingeschäft, und seine Liqueur Muscats und Tokays zählen zu den großartigsten Weinen ihres Typs (für einige sind sie sogar die allerbesten). Morris Wines ist heute Eigentum von Orlando.

✓ *Liqueur Muscat* (bes. Show Blend, Very Old) • *Liqueur To-*

kay (bes. Cellar Door, Old Premium, Show Blend)

MOUNTAIN CREEK

Pyrenees

Auf Mountain Creek ist man zu extraktreichem, reifem und exotischem Sauvignon fähig.

✓ *Sauvignon Blanc*

MOUNT AVOCA VINEYARD

Avoca

½

Das Vater-Sohn-Team John und Matthew Barry erzeugt einige lebhaft fruchtige Weine, tut jedoch mitunter bei Sauvignon Blanc zu viel des Guten.

✓ *Cabernet Sauvignon • Sauvignon Blanc • Shiraz*

MOUNT LANGHI GHIRAN

Great Western

★Ⓥ

Dieses Gut stellt außerordentlich reichhaltige, extrem reife und mächtige Rotweine her, besonders Shiraz.

✓ *Merlot • Shiraz*

MOUNT MARY VINEYARD

Yarra Valley

★

Hier werden herausragende Rotweine in geringen Mengen produziert, die zu Recht Kultstatus haben.

✓ *Pinot Noir • Cabernet* (Rotwein im Bordeaux-Stil)

MOUNT PRIOR VINEYARD

Rutherglen

Das 1860 gegründete und 1974 reaktivierte Gut bringt ausgezeichnete Weißweine hervor.

✓ *Chardonnay • Liqueur Muscat*

MURRINDINI

Murrindini

★½Ⓥ

Eigentümer und Weinmacher Hugh Cuthbertson erzeugt mit einem kleinen Weinberg zwischen dem Yarra Valley und den Strathbogie Ranges außergewöhnlich zuverlässige und hochwertige Weine.

✓ *Cabernet* (Rotwein im Bordeaux-Stil) • *Chardonnay*

OAKRIDGE ESTATE

Yarra Valley

½

Es ist lange her, seit ich den zu Recht berühmten Cabernet Sauvignon verkostete, aber am besten ist der Merlot.

✓ *Chardonnay • Merlot*

PARINGA ESTATE

Mornington Peninsula

★½

Das 1985 von Linday McCall gegründete Gut zählt zu den aufgehenden Sternen der Mornington Peninsula.

✓ *Pinot Noir • Shiraz*

PASSING CLOUDS

Bendigo

★Ⓥ

Ich gab das Rauchen auf, nachdem mich mein Vater dabei ertappte – ich war 14. Der Name dieser Kellerei ruft in mir die Erinnerung an Zigaretten der Marke Passing Cloud herauf, die ich nur wegen der attraktiven Packung kaufte. So hat es mir viel Vergnügen gemacht zu entdecken, dass diese Kellerei einen großartigen Shiraz-Cabernet erzeugt.

✓ *Shiraz-Cabernet*

PIPERS BROOK VINEYARD

Tasmania

★½Ⓥ

Diese Kellerei macht weiterhin köstliche, elegante Weine von beträchtlicher Finesse und Qualität. Die Weine der Zweitmarke Ninth Island werden teurer verkauft als einige erste Etiketten anderer Häuser.

✓ *Pinot Noir • Chardonnay • Riesling • Sauvignon Blanc*

ROTHERHYTHE

Tasmania

?

Ein Erzeuger mit schwankender Qualität. Seine Weine – und Cabernet Sauvignon – können aber ausgesprochen gut sein.

ST. HUBERTS

Yarra Valley

½Ⓥ

Man setzt heute nicht mehr die Glanzpunkte wie früher, produziert dafür aber gleichmäßig gute Qualität. Eigentümer ist Beringer Brass.

✓ *Cabernet Sauvignon • Chardonnay*

SCOTCHMAN'S HILL

Geelong

★Ⓥ

David und Vivienne Browne haben sich auf Weine im Burgunderstil spezialisiert. Das Gut, das hoch über der Halbinsel Bellarine liegt, profitiert von den kühlen Meereswinden.

✓ *Chardonnay • Pinot Noir*

SEPPELT GREAT WESTERN

Great Western

★½Ⓥ

Seppelt, das zur riesigen Southcorp-Gruppe gehört, hat einen fachmännisch gemachten billigen Limonen-und-Lavendel-Sekt, hochwertige und preiswürdige *Cuvées,* eine teure, anspruchsvolle Salinger *Cuvée* sowie einen der großartigsten, draufgängerischsten, brillantesten »Burgunder«-Schaumweine Australiens im Programm. Auf der unteren und der mittleren Ebene hat die Schwestermarke Seaview die Nase vorn. Beide erzeugen auch unterbewertete Stillweine und verdienen ihren Starruhm.

✓ *Cabernet Sauvignon* (Dorrien) • *Chardonnay* (Partalunga) • *Pinot Noir* (Sunday Creek) • *Shiraz* (Chalambar) • *Riesling* • *Schaumwein* (Chardonnay Blanc de Blancs, Pinot Rosé, Premier Cuvée sowie bes. Salinger, Shiraz, Show Reserve Burgundy)

SEVILLE ESTATE

Yarra Valley

★½

Seville kam mit kleinsten Auflagen eines einzigartigen botrytisierten Rieslings zu Ansehen; heute konzentriert es sich auf besser vermarktbare erstklassige Sortenweine. Im Besitz von Brokenwood

✓ *Chardonnay • Pinot Noir • Shiraz*

SORRENBERG

Beechworth

☆

Eigentümer und Weinmacher Barry Morey produziert auf seinem östlich von Milawa gelegenen Gut erst seit 1989 Wein und hatte rasch Erfolg.

✓ *Cabernet Sauvignon • Chardonnay • Sauvignon-Sémillon*

STANTON & KILLEEN

Rutherglen

★☆Ⓥ

Die Winzerfamilie in der sechsten Generation erzeugt Weine von bestem Ruf: Körperreiche Rotweine und frische fruchtige Tafelweine.

✓ *Cabernet-Sauvignon* (Moodemere) • *Liqueur Muscat* • *Liqueur Tokay* • *Port* (Old Tawny) • *Shiraz* (Moodemere)

STONIER'S

Mornington Peninsula

★☆

Glücklicherweise nahm das Gut Ende der 80er Jahre den neuen Namen an, nachdem es ständig Verwechslungen zwischen den beiden Kellereien Merricks gab. Das mehrheitlich zu Petaluma gehörende Unternehmen produziert unter Weinmacher Tod Dexter weiterhin vorzügliche Weine.

✓ *Cabernet Sauvignon • Chardonnay • Pinot Noir*

SUMMERFIELD

Pyrenees

★☆Ⓥ

Hier werden einige der besten Rotweine der Pyrenees erzeugt.

✓ *Cabernet Sauvignon • Shiraz*

TALTARNI VINEYARDS

Pyrenees

★☆

Taltarnis Weine sind immer extraktreich, aber so schlank, dass sie unbedingt in der Flasche reifen müssen. Mitunter schaffen sie es trotzdem nicht, doch wenn, zählen sie zu den besten Weinen Australiens. Das Wort *taltarni* stammt aus der Sprache der Aborigines und bedeutet »rote Erde«. Der Boden besteht hier aus einem eisen- und siliziumhaltigen Ton mit roter Färbung.

✓ *Cabernet Sauvignon • Merlot • Sauvignon Blanc* (Fumé Blanc) • *Shiraz*

TARRAWARRA

Yarra Valley

★★Ⓥ

Die wunderbar körperreichen und komplexen Weine dieses Burgunderspezialisten sind weder billig noch übertrieben teuer, in jedem Fall aber rar. Auch die Zweitmarke Tunnel Hill ist ausgezeichnet.

✓ *Chardonnay • Pinot Noir*

VIRGIN HILLS VINEYARDS

Macedon

★★

Diese »Ein-Wein-Kellerei« wurde von dem in Ungarn geborenen Melbourner Restaurantbesitzer Tom Lazar gegründet und gehört heute Marcel Gilbert. Sie ist in Australien vermutlich einzigartig. Die Flasche trug nicht den geringsten Hinweis auf eine oder mehrere Sorten; tatsächlich bestand er aus etwa 75 % Cabernet Sauvignon, außerdem Syrah und einer kleinen Menge Merlot und Malbec. Lazar erlernte den Weinbau nicht einmal mit Hilfe eines Fernkurses, sondern las ein Buch, bepflanzte einen Weinberg und machte Wein. Nach seinem Rückzug aufs Altenteil übernahm Mark Sheppard die Weinerzeugung. Auch er folgte Lazars Methoden, und der Wein zählte nach wie vor zu den besten des Landes. Sheppard ging weg, um bei Vincorp anzufangen, kam jedoch zurück, als Vincorp 1998 Virgin Hill erwarb. Damals machte Vincorp klar, dass die »Ein-Wein-Kellerei« in eine Marke verwandelt werden sollte. Vincorp ging aber in Konkurs, und so ist die Zukunft von Virgin Hill im Augenblick unklar.

✓ *Virgin Hills*

WA-DE-LOCK VINEYARDS

Gippsland

★☆Ⓥ

Seit der Einrichtung dieses Weinguts im Jahr 1989 schritt der Eigentümer und Winzer Graeme Little von minderwertigen Weinen zur Produktion einiger sehr klassereicher Erzeugnisse voran.

✓ *Cabernet-Merlot • Pinot Noir*

WARRENMANG VINEYARD

Pyrenees

★Ⓥ

Der Grand Pyrenees nennt die Bestandteile des Verschnitts auf dem Etikett nicht – er enthält Merlot, Cabernet Franc und Shiraz.

✓ *Chardonnay • Grand Pyrenees* (klassischer Rotweinverschnitt) • *Shiraz • Cabernet Sauvignon*

WATER WHEEL

Bendigo

★Ⓥ

Peter Cumming, der das Gut 1972 gründete, macht als Eigentümer und Winzer gute Weine zu überaus maßvollen Preisen.

✓ *Cabernet Sauvignon • Chardonnay*

WILD DUCK CREEK

Bendigo

★Ⓥ

Wild Duck Creek wurde 1980 von David und Diana Anderson gegründet. Ihre üppigen und dennoch eleganten Rotweine kamen rasch zu Ansehen.

✓ *Cabernet* (Alan's) • *Shiraz* (Springflat)

WILLOW CREEK

Mornington Peninsula

★

Dieses erst 1988 gegründete Weingut ist in einem historischen Gebäude mit prachtvoller Umgebung untergebracht.

✓ *Cabernet Sauvignon • Chardonnay* (Tulum)

YARRABANK

★☆

Gemeinsame Eigentümer dieses Unternehmens sind Yering Station und Champagne Devaux, und sie erzeugen Schaumweine, die wesentlich länger altern können als die meisten anderen australischen Schaumweine.

YARRA BURN VINEYARDS

Yarra Junction

?

Das Sortiment dieses jetzt zu BRL Hardy gehörenden Unternehmens wird umstrukturiert, weshalb eine Beurteilung zur Zeit nicht möglich ist.

YARRA EDGE

Yarra Valley

★Ⓥ

Dieses Weingut wurde 1982 gegründet, Weine mit dem Etikett Yarra Edge kamen aber erst ab dem Jahrgang 1990 in den Verkauf. Inzwischen an Yering Station verpachtet, wo die Weine gemacht werden.

✓ *Cabernet-Weine*

YARRA RIDGE

Yarra Valley

☆

Beringer-Blass besitzt einen Mehrheitsanteil an diesem 1982 gegründeten Unternehmen, welches aber weiterhin elegante Rotweine von fester, dennoch zugänglicher Art erzeugt.

✓ *Cabernet Sauvignon • Shiraz*

YARRA VALLEY HILLS

Yarra Valley

★☆Ⓥ

Terry Hill, der Eigentümer und Weinmacher des erst 1993 gegründeten Guts, lieferte bereits einige wirklich gute, relativ preisgünstige Weine.

✓ *Pinot Noir • Riesling*

YARRA YARRA

Yarra Valley

★★

Doppelter Name, aber auch doppelt so gut geworden!

✓ *Cabernet Blend* (Cabernets) • *Cabernet Sauvignon* (Reserve)

YARRA YERING

Yarra Valley

★☆

Die erste einer Reihe von Kellereien mit dem Namensbestandteil »Yarra« wurde 1969 von dem für das Tal verdienstvollen Bailey Carrodus gegründet. Seine Rotweinverschnitte genießen einen legendären Ruf.

✓ *Chardonnay • Dry Red No. 1* (Cabernet-Verschnitt) • *Dry Red No. 2* (Shiraz-Verschnitt) • *Pinot Noir*

YELLOWGLEN VINEYARDS

Ballarat

★☆Ⓥ

Das von dem Australier Ian Home und dem aus der Champagne stammenden Dominique Landragin gegründete Gut gehört heute zu Beringer Blass. Die Weine zeigten schon vor fünfzehn Jahren großes Potenzial und haben sich seitdem, vor allem seit Beginn der 90er Jahre, gewaltig verbessert.

✓ *Schaumwein* (Crémant, Pinot-Chardonnay, Vintage Brut, Vintage Victoria, »y« Chardonnay Pinot Noir Premium)

YERINGBERG

Yarra Valley

★★

Die älteste Kellerei im Yarra Valley wurde 1862 von Baron Guillaume de Pury errichtet. 1969 nahm sein gleichnamiger Enkel den Betrieb wieder auf und erzeugt seitdem zuverlassig gute, teils außergewöhnlich schöne Weine.

✓ *Dry Red* (Rotwein im Bordeaux-Stil) • *Pinot Noir • Marsanne*

SOUTH AUSTRALIA

Mit einem Anteil von fast 50 % an der Produktion ist Südaustralien die ertragsstärkste Weinregion. Zwar liefert es auch den größten Teil der Billigweine, doch das verweist diesen Bundesstaat nicht auf die unterste Stufe des Marktes: Hier werden auch einige der besten und teuersten Weine des Kontinents gemacht.

REMUAGE BEI BAROSSA VALLEY ESTATE
Riesige Gyropaletten lassen den Maßstab der Kellerei im Barossa Valley erkennen, die zu Southcorp gehört.

DIE ANFÄNGE DIESES RIESIGEN REBLANDES gehen auf Barton Hack zurück, der 1837 in Launceston, einem nördlichen Stadtbezirk, die ersten Rebstöcke pflanzte; im folgenden Jahr tat es ihm ein gewisser George Stevenson gleich. Hacks Rebstöcke wurden 1840 gerodet, um der Ausweitung der Siedlung Platz zu machen. Eine bis heute anhaltende Entwicklung nahm ihren Anfang; praktisch alle im Stadtbereich von Adelaide gelegenen Weinberge wurden seitdem im Namen des betonierten Fortschritts vernichtet. Zurück blieb nur ein Teil von Penfolds historischem Weinberg Magill. Die Vielfalt der Erzeugnisse des Staates reicht vom Grange, dem großartigsten und teuersten Wein Australiens, bis zu den billigsten und unbedeutendsten Alltagsweinen.

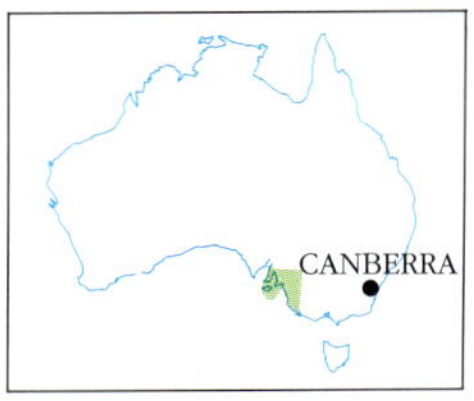

SOUTH AUSTRALIA
Siehe auch S. 518
Der Staat erstreckt sich entlang der Ostseite der Großen Australischen Bucht. Der Einfluss des maritimen Klimas nimmt im Hinterland rasch ab.

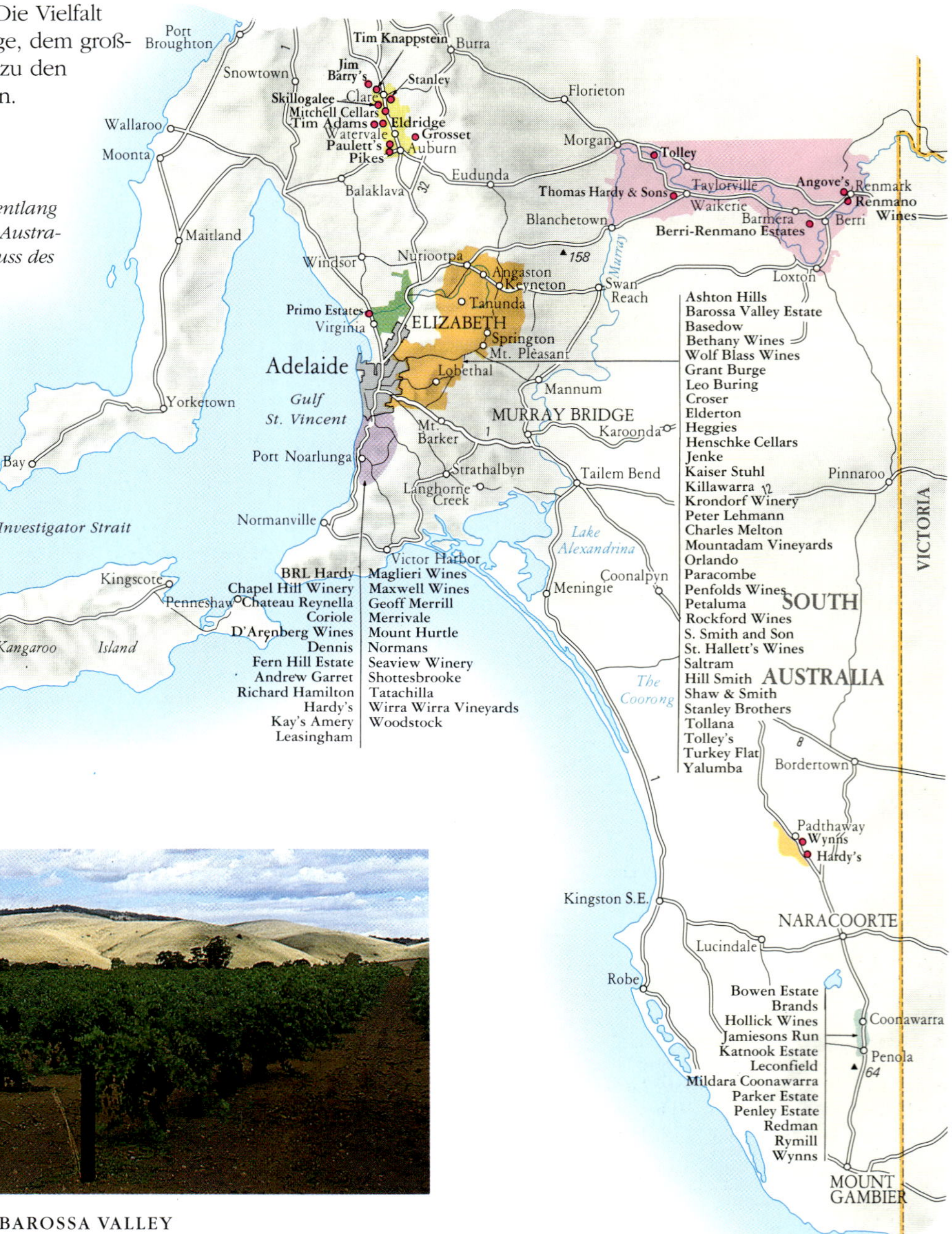

STEINGARTEN IM BAROSSA VALLEY
In großem Abstand gepflanzte Rebstöcke in Orlandos Weingut Steingarten vor der Kulisse der Hügelkette der Eastern Barossa Ranges.

GESCHMACKS- UND QUALITÄTSFAKTOREN

LAGE
Der Bundesstaat liegt im mittleren Süden des Kontinents.

KLIMA
Das Klima ist sehr unterschiedlich: sehr heißes Kontinentalklima in der vorwiegend Billigwein erzeugenden Region Riverland; weniger extreme Bedingungen im immer noch heißen und trockenen Barossa Valley; kühleres, trockenes Klima in Coonawarra. Die Meereswinde reduzieren die Feuchtigkeit in den Ebenen um Adelaide, das wie das ganze Gebiet nur wenig Niederschläge erhält.

TOPOGRAFIE
Die Trauben gedeihen auf unterschiedlichstem Gelände, von der Küstenebene um Adelaide und flachem Binnenland im Bezirk Riverland zu verschiedenartigen Anbauflächen im Barossa Valley, in dem die Weinberge sich vom Talboden in 250 m Höhe bis in 600 m Höhe an den Hängen von Pewsey Vale Vineyard hinaufziehen.

BÖDEN
Die Böden variieren beträchtlich: sandiger Lehm und rote Erde *(Terra rossa)* über einem Kalk-Mergel-Untergrund in Adelaide und im Bezirk Riverland (hier litt man einige Zeit unter überhöhtem Salzgehalt); verschiedenartige Sand-, Lehm- und Tonböden über rotbraunem Lehm und Ton im Barossa Valley; flacher Boden aus verwittertem Kalkstein, der durch organische und mineralische Bestandteile rot gefärbt ist, über tiefem Kalksteinuntergrund im Bereich Coonawarra.

WEINBAU UND WEINBEREITUNG
Hier gibt es ebenfalls große Unterschiede, von der Massenproduktion bei den großen modernen Kellereien, die riesige Mengen sauberer, gut gemachter, preiswerter Weine ausstoßen, aus Trauben, die von den ertragreichen, bewässerten Weinbergen von Riverland stammen, bis zu den kleinen Spitzengütern, die mit gering tragenden Reben erstklassige, in Eiche ausgebaute Sortenweine herstellen, etwa in Coonawarra, im Barossa Valley und in den aufstrebenden Bezirken Padthaway und Keppoch, wo einige der größten Weine Australiens herkommen.

REBSORTEN
Cabernet Sauvignon, Chardonnay, Crouchen, Doradillo, Frontignan, Grenache, Malbec, Mataro, Merlot, Muscat d´Alexandrie, Palomino, Pedro Ximénez, Pinot Noir, Rhine Riesling, Sémillon, Shiraz, Sauvignon Blanc, Gewürztraminer, Ugni Blanc

ERNTE IM BAROSSA VALLEY
Viele Erzeuger von sortenreinen Topweinen in Südaustralien haben meist auch Besitz im Barossa Valley, der bedeutendsten Weinbauregion des Staates.

HERKUNFTSBEZEICHNUNGEN IN
SOUTH AUSTRALIA

ADELAIDE
Eine Zone, die aus den GI Adelaide Metropolitan Area und Adelaide Plains besteht.

ADELAIDE HILLS
Unterregionen: Gumeracha, Lenswood, Piccadilly
Die Region liegt oberhalb von Adelaide, den Adelaide Plains und McLaren Vale. Zusammen mit Clare Valley ist sie Bestandteil der größeren GI Mount Lofty Ranges. Die auf 450 m Höhe liegenden Weinberge weisen in Böden und Topografie unterschiedliche Terroirs auf.

Zu den klassischen Erzeugnissen zählen hier Chardonnay, Riesling, Pinot Noir und flaschenvergorene Schaumweine. Cabernet Franc und Merlot scheinen besser zu gedeihen als Cabernet Sauvignon.

ADELAIDE METROPOLITAN AREA
Diese Region wurde in solchem Ausmaß zugebaut, dass nur wenige Rebstöcke übrig blieben. Sie gehören Penfolds legendärem Weinberg Magill, der einst die Grundlage für Penfolds überragenden Grange Hermitage bildete. Ausschließlich aus Magill-Traube hergestellte Weine werden heute unter dem Etikett The Magill Estate verkauft.

ADELAIDE PLAINS
Die Adelaide Plains gehören, wie manche meinen, zu den am wenigsten attraktiven, aber dennoch am meisten besuchten Regionen Australiens. Sie sind außerdem platt wie ein Bügelbrett und sengend heiß im Sommer. Dennoch: Die beste Kellerei dort, Primo Estate, macht außerordentlich gute Weine.

BAROSSA
Eine Zone bestehend aus den Regionen Barossa Valley und Eden Valley.

BAROSSA VALLEY
Dieser Bezirk, der zur Region Barossa-Eden und Adelaide Hills gehört, ist das älteste und bedeutendste Gebiet in South Australia für erstklassige Sortenweine. In dem heißen, trockenen Klima stehen die Reben vorwiegend auf ebenem Land in einer Höhe zwischen 240 und 300 m und liefern kräftig strukturierte Rotweine im besten traditionellen australischen Stil. Früher war das Barossa Valley überwiegend eine Weißweinregion, in der der von deutschen Einwanderern eingeführte Riesling die größte Rolle spielte. Doch seit Ende der 90er Jahre überwiegen die roten Sorten. Der Charakter der Weißweine reicht von körperreich bis fein und delikat. Reben in 550 m hoch gelegenen Weinbergen mit beträchtlich kühlerem Klima liefern lebhaft-frische, knackige Weine.

CLARE VALLEY
Clare Valley ist der nördlichste Weinbaubezirk in Südaustralien, das Klima ist entsprechend heiß und trocken. Dennoch werden viele Weinberge nicht bewässert, was in niedrigen Erträgen und intensiv aromatischen, sehr körperreichen, häufig geradezu stämmigen Weinen resultiert. Die bedeutendste Sorte des Tales ist der Riesling, aus dem stark terroirbetonte Weine gemacht werden; die edelfaulen Versionen sind fein, üppig und einschmeichelnd. Weitere gute Weine sind Cabernet Sauvignon (oft mit Malbec oder Shiraz verschnitten), Sémillon und Shiraz.

COONAWARRA
Dieser berühmte Bezirk, der südlichste in Südaustralien, hat seinen Namen aus der Sprache der Aborigines und bedeutet »wildes Geißblatt«. Die Rebstöcke stehen auf Terra rossa, eisenoxidhaltiger roter Erde, über einem Kalksteinuntergrund mit hohem Grundwasserspiegel. Dies ergibt zusammen mit dem einzigartigen Klima – die Region weist die niedrigste Temperatursumme des australischen Festlands auf: 1205 °C gegenüber 1280 °C in Beaune – einige der besten Cabernet-Sauvignon-Weine Australiens. In dem missverstandenen Streben, die Weine an anspruchsvollere Märkte anzupassen, neigen einige große Unternehmen zu einer verfrühten Lese, wodurch die Weine zu leicht werden.

EDEN VALLEY
Unterregionen: High Eden, Springton
Als Teil der Zone Mount Loft Ranges mit der Region Adelaide Hills hat das Eden Valley steinigere, säurehaltigere Böden als das benachbarte Barossa

Valley, und dazu ein wesentlich feuchteres Klima. Die Dominanz von Henschke mag zwar die Vermutung nahe legen, das Eden Valley sei ein Shiraz-Bereich von Weltklasse, aber der Grund dafür ist in erster Linie ein einziger Weinberg, der Hill of Grace, und die dort wachsenden 130 Jahre alten Shiraz-Reben. Das Eden Valley ist am besten bekannt vor allem für Riesling, und das zu Recht.

FAR NORTH

Alles nördlich einer gedachten Linie, die von Anxious Bay aus westwärts verläuft.

FLEURIEU

Diese Zone liegt auf der Halbinsel, die sich in Richtung Kangaroo Island ins Meer erstreckt, und umfasst die Regionen Currency Creek, Kangaroo Island, Langhorne Creek und McClaren Vale.

LANGHORNE CREEK

Dieses einst kleine traditionsreiche Gebiet südöstlich von Adelaide am Bremer River hat sich seit 1995 rasch vergrößert, als Orlando damit begann, von dort Trauben für riesige Marken wie Jacob's Creek zu beziehen. Der Bezirk ist nach Alfred Langhorne benannt, einem Viehtreiber aus New South Wales, der 1841 hierher kam. Der spärliche Niederschlag von 350 mm bedeutet, dass künstlich bewässert werden muss. Langhorne Creek ist für muskulöse Rotweine und Dessertweine bekannt.

LIMESTONE COAST

Diese Zone umfasst die Regionen Bordertown, Coonawarra, Mount Benson, Padthaway und Wrattonbully.

LOWER MURRAY

Eine Zone, die die Region Riverland umfasst.

MCLAREN VALE

Subregion: Clarendon

Die sanft gewellten Weinberge und Obstplantagen des McLaren Vale beginnen südlich von Adelaide und erstrecken sich bis südlich von Morphett Vale. Mit ansehnlichen 560 mm Niederschlag und einer komplexen Palette von Böden (Sand, sandiger Lehm, Kalkstein, roter Ton und verschiedene fruchtbare Schwemmböden) ergeben sich große Möglichkeiten für ein breites Sortiment hochwertiger Weine verschiedener Sorten. Daher gibt es im McLaren Vale ständig Veränderungen, viele neue Talente kommen, es werden aber auch Kellereien geschlossen oder verkauft. Das Gebiet bringt mächtige, hochwertige Rotweine aus Shiraz und Cabernet Sauvignon (oft im Verschnitt mit Merlot) hervor, außerdem frische, lebhafte Weißweine aus Chardonnay, Sémillon und Sauvignon Blanc sowie einige gute Dessertweine.

MOUNT LOFTY RANGES

Diese neu eingeführte GI umfasst als Zone die Regionen Adelaide Hills und Clare Valley.

PADTHAWAY

Der Bezirk ist auch unter dem Namen Keppoch bekannt. Die Entwicklung dieses Gebiets ging nahezu ausschließlich von den großen Unternehmen aus (Hardys hatte hier die größte Kellerei Australiens eingerichtet), die dabei ihre Marketingmöglichkeiten einsetzten. Wenn kleinere Betriebe nicht daran gehindert werden, in dieser Gegend Land zu kaufen, sollte dies allen zugute kommen. Der Erfolg kleinerer Weingüter sollte den Großunternehmen willkommen sein, da er auf das Qualitätspotenzial des Bezirks aufmerksam macht.

POLISH HILL RIVER

Diese Appellation wird von einigen Weingütern und Kellereien in der Region Clare Valley verwendet.

RIVERLAND

Die Weinbaugebiete am Murray River in Victoria erstrecken sich bis nach Riverland in Südaustralien, dem Gegenstück zu den künstlich bewässerten Gebieten Riverina in New South Wales und Mildura in Victoria. Es werden große Mengen Billigwein erzeugt, doch findet sich kaum ein schlechter darunter. Cabernet Sauvignon, Cabernet Sauvignon-Malbec, Chardonnay und Rhine Riesling sind erfolgreich, daneben gibt es einige relativ preiswerte Weine.

SPRINGTON

Springton, Teil der Eden Valley GI liegt südlich des Tals und am Rand der Adelaide Hills. Einige rechnen diesen Bezirk zu den Adelaide Hills. Die Qualität der Weine ist gut, wobei Shiraz herausragt.

WATERVALE

Die südliche kleinere Hälfte des Clare Valley ist vor allem für guten Shiraz und Cabernet Sauvignon bekannt, sowohl sortenrein wie verschnitten.

ERZEUGER IN

SOUTH AUSTRALIA

TIM ADAMS

Clare Valley

★☆Ⓥ

Tim Adams' sensationeller Sémillon mit seinem reintönigen Limonen-Aroma ist vermutlich das großartigste Beispiel eines trinkfertigen Weins hoher Qualität aus dieser Trauben in Australien.

✓ *Sémillon* • *Shiraz* (Aberfeldy) • *The Fergus* (klassischer Rotweinverschnitt)

ANGOVE'S

Riverland

★Ⓥ

Die *Cuvées* dieser alteingesessenen Kellerei zeichnet ein hervorragendes Preis-Leistungsverhältnis aus.

✓ *Cabernet Sauvignon* (Sarnia Farm) • *Chardonnay* (Classic Reserve) • *Colombard* • *Riesling* • *Shiraz-Cabernet* (Butterfly Ridge)

ASHTON HILLS

Adelaide Hills

★☆Ⓥ

Seit der Gründung der Kellerei Anfang der 90er Jahre hat Eigentümer-

Weinmacher Stephen George seinen Stil im Lauf der Jahre blank poliert. Seine Weißweine sind immer sehr frisch, insbesondere sein chablisähnlicher Chardonnay.

✓ *Cabernet-Merlot* • *Chardonnay* • *Pinot Noir* • *Riesling* • *Schaumweine* (Salmon Brut)

BAROSSA VALLEY ESTATE

Barossa Valley

☆

Das zu BRL Hardy gehörende Gut Barossa Valley erzeugt einen der größten, eichenbetontesten Shiraz-Schaumweine des Landes, der von gering tragenden Barossa-Weinbergen von Elmor Roehr und Elmore Schulz kommt (E & E).

✓ *Shiraz* (Black Pepper) • *Schaumweine* (E & E Sparkling Shiraz, Killawarra Vintage Brut)

JIM BARRY'S WINES

Clare Valley

★★Ⓥ

Dieses Anwesen wird von Jim Barrys Söhnen Mark und Peter betrieben. Ihr bester Shiraz, The Amagh, zählt zu den großartigsten Weinen Australiens – und damit zu den rarsten und teuersten. Der nur ein Drittel des Preises kostende und fast so gute McRae Wood Shiraz ist da der günstigere Kauf. Fast alle anderen Weine von Jim Barry sind sehr preisgünstig.

✓ *Chardonnay* (bes. Personal Selection) • *Port* (Old Walnut Tawny, Sentimental Bloke) • *Riesling* (Watervale) • *Shiraz* (bes. The Amagh, McRae Wood)

BASEDOW WINES

Barossa Valley

★Ⓥ

Diese traditionsreiche Kellerei macht hervorragend preiswürdige moderne Weine.

✓ *Cabernet Sauvignon* • *Sémillon* • *Shiraz Chardonnay*

BERRI-RENMANO ESTATE

Riverland

☆Ⓥ

Diese große Kellerei gehört heute zu BRL Hardy, liefert jedoch weiterhin preisgünstige Massenweine unter der Marke Berri Estates und für zahlreiche Eigenmarken. Hochwertigere, nur wenig teurere Weine mit noch besserem Preis-Leistungs-Verhältnis werden als Renmano verkauft.

✓ *Cabernet Sauvignon* • *Port*

BETHANY WINES

Barossa Valley

☆Ⓥ

Bethany erzeugt große, stoffige und oft unglaublich marmeladige Rotweine.

✓ *Cabernet-Merlot* • *Grenache* (Pressings) • *Riesling* (Late Harvest Cut, Steinbruch)

WOLF BLASS WINES

Barossa Valley

☆

Die von dem deutschstämmigen Wolf(gang) Blass gegründete Firma gehört heute zu Beringer Blass, produziert jedoch weiterhin ein breites Sortiment, das aggressiv vermarktet wird. Die Weinqualitäten sind durch Farben gekennzeichnet, was gut funktioniert. Man sollte sich an das Black Label halten, das gelbe ist eher billig als erfreulich.

✓ *Cabernet Sauvignon-Shiraz* (Black Label, Grey Label) • *Riesling* (Gold Label) • *Shiraz* (Brown Label)

BOWEN ESTATE
Coonawarra

★☆V

Doug Bowen, Eigentümer von Bowen Estate, macht einige wirklich außergewöhnliche Weine.

✓ *Cabernet Sauvignon* • *Cabernet Sauvignon-Merlot-Cabernet Franc* • *Chardonnay* • *Shiraz*

BRANDS
Coonawarra

Seitdem McWilliams Brands übernahm, bereitet mir nur noch der Cabernet Sauvignon den Genuss, den einst die meisten dieser Weine verschafften, obwohl sie immer noch von Jim Brand erzeugt werden.

✓ *Cabernet Sauvignon* (Laira)

BRL HARDY
McLaren Vale

Als einer der vier größten Weinerzeuger Australiens umfasst BRL Hardy die Unternehmen Berrie Estate, Reynell, Hardys, Houghton, Leasingham, Moondah Brook, Renmano und Stanley sowie in Frankreich Chais Baumière und Philippe de Baudin.

GRANT BURGE
Barossa Valley

★★V

Eigentümer-Weinmacher Grant Burge gründete das Gut 1988 und erwarb sich rasch Ansehen für die Geschmacksfülle, Qualität und Beständigkeit seiner Weine.

✓ *Cabernet-Mataro* (Oakland) • *Chardonnay* • *Merlot* • *Riesling* • *Sémillon* (Old Vine) • *Sémillon-Shiraz* (Oakland) • *Shiraz* (Old Vine, bes. Meshach) • *Shiraz-Cabernet* (Oakland)

LEO BURING

★V

Orlando übernahm die Kellerei von Leo Buring, die heute den Namen Richmond Grove trägt, und Southcorp kaufte den Namen. Unter den zahlreichen Marken von Southcorp wahrte Leo Buring seine Identität und erzeugt weiterhin gute preiswerte Weine.

✓ *Cabernet Sauvignon* (DR 150) • *Riesling* (Eden Valley, Watervale)

CHAPEL HILL WINERY
McLaren Vale

★

Dieses Chapel Hill steht in keiner Beziehung zu den von Australiern in Ungarn produzierten Weinen desselben Namens; sein Name beruht auf der säkularisierten, auf einem Hügel gelegenen Kapelle, die als Kellerei dient.

✓ *Cabernet Sauvignon* • *Chardonnay* • *Shiraz*

CORIOLE
McLaren Vale

★☆V

Ein unterbewerteter Erzeuger ungezügelter Rotweine, u. a. des besten Sangiovese der Neuen Welt.

✓ *Cabernet Sauvignon* • *Cabernet-Shiraz* (Redstone) • *Chardonnay* • *Chenin Blanc* • *Mary Kathleen* (Rotwein im Bordeaux-Stil) • *Sangiovese* • *Shiraz*

CROSER
Siehe **Petaluma**

D'ARENBERG WINES
McLaren Vale

☆

Noch enormere Fülle. Grandioser Shiraz, unglaublicher Grenache.

✓ *Chardonnay* • *Grenache* • *Shiraz*

DENNIS
McLaren Vale

Ich habe diese Weine nicht verkostet, aber aus vertrauenswürdiger Quelle Großartiges über den Cabernet Sauvignon und Shiraz gehört.

ELDERTON
Barossa Valley

★★V

Elderton hat sich seit Beginn der 90er Jahre durch seinen beeindruckenden Cabernet Sauvignon fast zum Superstar entwickelt.

✓ *Cabernet Sauvignon* • *Cabernet-Shiraz-Merlot* • *Merlot* • *Shiraz* (bes. Command) • *Schaumweine* (Pinot Pressings)

ELDRIDGE
Clare Valley

★V

Tim Adams wirkt als Berater in dieser aufstrebenden Weinkellerei.

✓ *Cabernet Sauvignon* • *Riesling* (Watervale)

ANDREW GARRETT
McLaren Vale

★☆V

Die einfachen Weine verkaufen sich ausgezeichnet durch das Ansehen, das diese Kellerei für ihre besten *Cuvées* genießt, die aber ebenfalls nicht teuer sind und das beste Preis-Leistungs-Verhältnis im Sortiment aufweisen. Andrew Garrett gehört zu Beringer Blass.

✓ *Cabernet-Merlot* • *Cabernet Sauvignon* • *Riesling* • *Sémillon* (in Holz ausgebaut) • *Shiraz* (Black, Bold Style)

GROSSET
Clare Valley

★☆

Eigentümer und Winzer Jeffrey Grosset zählt zu den jungen Superstars der australischen Weinszene. Er bietet eine ganze Reihe schön gemachter terroirbetonter Weine.

✓ *Cabernet-Merlot* (Gaia) • *Chardonnay* (Piccadilly) • *Riesling* (Polish Hill)

RICHARD HAMILTON
McLaren Vale

★☆V

Der plastische Chirurg Dr. Richard Hamilton erzeugt sensationelle Weine. Der Schwerpunkt hat sich eindeutig von den Weiß- zu Rotweinen verlagert. Ihm gehört auch das Weingut Leconfield.

✓ *Cabernet Sauvignon* (Hut Block) • *Cabernet-Merlot* • *Chardonnay* • *Grenache-Shiraz* (Burton Vineyard) • *Shiraz* (Old Vines)

HARDY'S
McLaren Vale

★☆V

Diese große Firma ist die Basis der Gruppe BRL Hardy (*siehe* dort), die einige Weine unter verschiedenen Etiketten mit dem Namen von Hardys herausbringt. Das vielfältige Programm reicht von extrem billigen Weinen über preiswerte bis zu erstklassigen Qualitätsweinen. Hardy's Eileen Hardy Chardonnay (der nach der verstorbenen Frau benannt ist, die über 40 Jahre lang Oberhaupt der Familie war) beweist immer neu seinen Ruf als einer der großartigsten Weine Australiens.

✓ *Cabernet Sauvignon* (Coonawarra, Thomas Hardy) • *Chardonnay* (Eileen Hardy) • *Grenache* (Bankside) • *Port* (Show, Tall Ships Tawny) • *Shiraz* (Eileen Hardy)

HEGGIES
Siehe **Yalumba**

HENSCHKE CELLARS
Eden Valley

★★

Henschke, einer der älteren Erzeuger Australiens, produziert seit Jahren mächtige Rotweine, die sich trotz ihrer Statur eine erstaunliche Finesse bewahren. Sein Shiraz ist einer der gefragtesten und teuersten roten Kultweine Australiens. Er verfügt über ein Reifepotenzial, das man nach Jahrzehnten bemessen muss.

✓ *Cabernet Sauvignon* (Cyril Henschke) • *Chardonnay* (bes. Croft's) • *Merlot-Cabernet* (Abbott's Prayer Lenswood Vineyard) • *Riesling* (bes. Green's Hill) • *Sémillon* • *Shiraz* (Mount Edelstone, Hill of Grace)

HILL-SMITH
Siehe **Yalumba**

HOLLICK WINES
Coonawarra

★V

Weinbauer Ian Hollick erzeugt fantastisch frische, saubere, profilierte Weine, etwa einen Rotweinverschnitt im Bordeaux-Stil, der unter der einfachen Appellation Coonawarra verkauft wird.

✓ *Cabernet Sauvignon* (Ravenswood) • *Chardonnay* • *Coonawarra* (Rotwein im Bordeaux-Stil) • *Riesling* (edelfaul) • *Schaumweine* (Cornel Vintage Brut)

JAMIESONS RUN
Coonawarra

★☆V

Eine der am meisten unterschätzten Marken von Beringer Blass.

✓ *Coonawarra* (Rotwein im Bordeaux-Stil) • *Chardonnay* • *Sauvignon Blanc*

JENKE
Barossa Valley

☆V

Eine der besten Cabernets Francs Australiens. Die Weißweine müssen jedoch noch besser werden.

✓ *Cabernet Franc*

KATNOOK ESTATE
Coonawarra

★★

Katnook produziert Weine des oberen Marktsegments mit intensiven Aromen und bemerkenswerter Finesse. Preiswertere Weine werden unter der Marke Riddoch verkauft (nicht verwechseln mit Wynn's John Riddoch). Einige der roten Riddochs besitzen jedoch nahezu dieselbe herausragende Qualität.

✓ *Cabernet Sauvignon* • *Merlot* • *Riesling* • *Sauvignon Blanc* • *Riddoch* (Cabernet Sauvignon, Shiraz)

KAY'S AMERY
McLaren Vale
★☆Ⓥ

Nicht zuletzt dank einer Lage mit unglaublich ertragsarmen Shiraz-Reben, die 1982 gepflanzt wurden, platziert sich Kay's Amery als aufstrebender Star.

✓ *Grenache* • *Shiraz* (Block 6)

KNAPPSTEIN
Clare Valley
★☆

Gehört zu Petaluma. Die Weine werden nun von Andrew Hardy gemacht, nachdem Tim Knappstein zu Lenswoood in den Adelaide Hills gewechselt ist.

✓ *Cabernet Sauvignon* • *Riesling* • *Shiraz*

KRONDORF
Barossa Valley
★☆Ⓥ

Diese zur Beringer Blass-Gruppe gehörende Marke bietet ein breites

Sortiment hervorragender Weine mit ausgezeichnetem Preis-Leistungs-Verhältnis.

✓ *Cabernet-Shiraz* (Show Reserve) • *Chardonnay* (bes. Show Reserve) • *Riesling* • *Sémillon* (Wood Aged)

LEASINGHAM
Clare Valley
★☆Ⓥ

Leasingham, das zur Gruppe BRL Hardy gehört, produziert Weine von herausragender Qualität und ebensolchem Preis-Leistungs-Verhältnis.

✓ *Cabernet-Malbec* (Bin 56) • *Cabernet Sauvignon* (Classic Clare) • *Shiraz* (Bin 61, Classic Shiraz, Domaine)

LECONFIELD
Coonawarra
★☆Ⓥ

Dieses Weingut gehört Dr. Richard Hamilton (*siehe* Richard Hamilton), seine Weine werden heute von Philippa Treadwell erzeugt.

✓ *Cabernet Sauvignon* • *Shiraz*

PETER LEHMANN
Barossa Valley
★☆Ⓥ

Peter Lehmann produziert Weine mit ausgezeichnetem Preis-Leistungs-Verhältnis und zumeist brillanter Qualität.

✓ *Cabernet Sauvignon* • *Cabernet-Malbec* (Cellar Collection) • *Shiraz* (bes. Cellar Collection Stonewall) • *Riesling* (Cellar Collection) • *Sémillon*

MAGLIERI WINES
McLaren Vale
★☆Ⓥ

Außerordentlich preiswerte Weine, die Zugang zum Exportmarkt gefunden haben. (Jetzt Beringer Blass.)

✓ *Sémillon* (Ingleburn) • *Shiraz*

MAXWELL WINES
McLaren Vale
★☆Ⓥ

Die 1979 gegründete Kellerei ist ein etablierter Betrieb, wandelte sich jedoch plötzlich in eine Schatzkammer wundervoller Köstlichkeiten. Produziert werden einige verblüffend aromatische Weine, vor allem unter dem zu vernünftigen Preisen angebotenen Spitzenlabel.

✓ *Cabernet Sauvignon* (Lime Cave) • *Chardonnay* (bes. Mount Bold) • *Sémillon* • *Shiraz* (Ellen Street, Mount Bold, Reserve)

CHARLES MELTON
Barossa Valley
★☆Ⓥ

Dieses Weingut errang vor allem mit seinem Châteauneuf-du-Pape-Verschnitt-Stil Ruhm, der den frechen Namen Nine Popes (Neun Päpste) trägt. Alle Rotweine sind jedoch ausgezeichnet.

✓ *Cabernet Sauvignon* • *Nine Popes* (Grenache-Shiraz) • *Rose of Virginia* (Grenache-Cabernet) • *Shiraz*

GEOFF MERRILL
★

Es ließe sich trefflich darüber streiten, was imposanter ist, Geoff Merrills Ruf oder sein Schnauzbart, aber die Qualität seiner Weine ist eindeutig. Merrill und Chateau Tahbilk sind gemeinsame Eigentümer dieser Kellerei, deren Namen nun auch der Hauptwein trägt. Zweitweine kommen unter der Marke Cockatoo Ridge auf den Markt. Mount Hurtle ist inzwischen eine Exklusivmarke.

✓ *Chardonnay* • *Semillon-Chardonnay*

MERRIVALE
McLaren Vale
☆

Dieses Unternehmen wurde 1971 gegründet, ich stieß allerdings erst vor kurzem auf die Weine von Eigentümer-Weinmacher Brian Light, der amerikanische Eiche zu köstlichem Ergebnis einsetzt.

✓ *Shiraz* (Tapestry)

MILDARA COONAWARRA
Coonawarra
★☆Ⓥ

Aufgrund der permanenten Expansion von Beringer Blass werden diese Weine nicht gebührend beachtet.

✓ *Cabernet-Malbec-Merlot* (Alexanders) • *Cabernet Sauvignon* (bes. Alexanders) • *Riesling* • *Shiraz* (Hermitage)

MITCHELL
Clare Valley
★☆Ⓥ

Diese kleine Kellerei macht selbst aus der etwas gewöhnlichen Grenache-Traube Weine von klassischer Qualität.

✓ *Cabernet Sauvignon* • *Grenache* (Growers) • *Shiraz* (Pepper Tree Vineyard) • *Riesling*

MOUNT HURTLE
McLaren Vale
☆

Die Weine dieser ehemaligen Hauptmarke Geoff Merrills werden noch immer von Merrill in Zusammenarbeit mit Chateau Tahbilk erzeugt, aber exklusiv durch die Kette Vintage Cellars vertrieben.

MOUNTADAM VINEYARD
Eden Valley
★☆

Kürzlich übernommen von LVMH. Diese substanziellen, dennoch schlanken Weine von vorzüglicher Qualität stammen aus den Weinbergen, die Adam Wynn gehörten, dessen Vater das fast legendäre Weingut Wynns in Coonawarra gründete (heute Southcorp-Gruppe). Adam Wynn ist im Tagesgeschäft bei Mountadam jedoch noch involviert. Der Schaumwein genießt in Australien einiges Ansehen, doch herrscht mir zu viel Gär-Aroma vor.

✓ *Cabernet-Merlot* (The Red) • *Chardonnay* • *Pinot Noir* • *Riesling*

NORMANS
McLaren Vale
☆

Dieses einstige Familiengut wurde 1994 eine Aktiengesellschaft, produziert jedoch weiterhin ein breites Sortiment zuverlässig guter Weine (vor allem Rotweine).

✓ *Cabernet Sauvignon* (Chais Clarendon) • *Port* (King William Tawny) • *Shiraz* (Chais Clarendon)

ORLANDO
Barossa Valley
☆Ⓥ

Orlando, eine der vier größten Kellereien Australiens, gehört Pernod-Ricard. Vermutlich verunsichert durch die australische Konkurrenz auf den Exportmärkten, erwarb das französische Unternehmen bislang Craigmoor, Gramps, Hunter Hill, Jacob's Creek, Montrose, Morris, Orlando, Richmond Grove, Wickham Hill und Wyndham Estate und kontrolliert damit ein Viertel der Landesproduktion. Die meisten Weine sind gut gemacht und bieten für ihren Preis hohe Qualität, auch diejenigen, die unten nicht genannt werden (der süffige Schaumwein Carrington Rosé und der lebhaft-fruchtige Jacob's Creek Sémillon-Chardonnay sind typisch). Orlando ist aber auch hin und wieder zu einem Juwel fähig.

✓ *Cabernet Sauvignon* (Jacaranda Ridge, St. Hugo) • *Chardonnay* (RF) • *Port* (Liqueur) • *Shiraz* (Lawson's, Richmond Grove Limited Release) • *Shiraz-Cabernet* (Jacob's Creek)

PARACOMBE
Adelaide Hills
★Ⓥ

Eigentümer-Winzer Paul Drogemuller erzeugt einen der besten Cabernets Francs Australiens.

✓ *Cabernet Franc*

PARKER ESTATE
Coonawarra
★☆

Trotz mehrfachen Namenswechsels hat das Gut sein Profil bewahrt und erzeugt Weine sehr hoher Qualität.

✓ *Cabernet Sauvignon*

PAULETT'S
Clare Valley
★☆

In seiner auf einem Hügel gelegenen Kellerei erzeugt Neil Paulett wundervoll konzentrierte Weißweine.

✓ *Riesling* (Polish Hill) • *Sauvignon Blanc* (Polish Hill)

PENFOLDS WINES
Barossa Valley
★★☆Ⓥ

Penfolds einzigartiger Grange (früher Grange Hermitage) ist Australiens hervorragendster Wein. Er wurde von dem berühmten, kürzlich verstorbenen Max Schubert geschaffen, der sich mit diesem einen Meisterwerk Penfolds selbst zu einer Legende machte. Naturgemäß ist Grange ein sehr teures Produkt – in der Preisklasse eines Bordeaux-*1er-Cru* –, daneben finden sich auch weit preiswertere Penfolds-Weine, die als kleine Meisterwerke gelten können. Zu ihnen zählen viele Schnäppchen wie Rawson's Retreat und Koonunga Hill. Außerdem gibt es ein Sortiment preisgekrönter biologischer Weine zu vernünftigen Preisen. Einige Weine, wie Bin 707 und The Magill, sind inzwischen recht kostspielig (auch wenn sie nicht annähernd so teuer sind wie Grange), wobei The Magill hinsichtlich seiner Herkunft mehr Grange ist als der echte Grange. Penfolds gehört heute zu Southcorp. Die neueste wichtige Ergänzung der Serie ist RWT, das für Red Wine Trial steht. Der zwischen Grange und Magill anzusiedelnde RWT ist ein Shiraz, der für seinen Körper unglaubliche Finesse besitzt.

✓ *Cabernet Sauvignon* (Bin 407, Coonawarra, bes. Bin 707) • *Cabernet-Shiraz* (Bin 389) • *Chardonnay* (Padthaway) • *Port* (Grandfather) • *Sémillon* (Barrel Fermented) • *Shiraz* (Coonawarra Bin 28, bes. Kalimna Bin 28, The Magill Estate, KWT und natürlich Grange) • *Shiraz-Grenache-Mourvèdre* (Old Vine)

PENLEY ESTATE
Coonawarra
★☆

Dieses Gut wurde 1988 von Kym Tolley gegründet (dessen Mutter eine Penfolds und dessen Vater ein Tolley war, woraus sich der Name Penley ableitet). Penley schlägt aufgrund der eindeutigen Vorliebe seines Eigentümers für Rotwein stilistisch eher Penfolds nach.

✓ *Cabernet Sauvignon* • *Shiraz-Cabernet*

PETALUMA
Adelaide Hills
★★☆Ⓥ

Brian Croser, der Eigentümer des Guts, und sein Freund Tony Jordan waren schon zu einer Zeit als fliegende Weinmacher in aller Welt tätig, als ihre Kollegen noch innerhalb Australiens als Berater von Kellerei zu Kellerei reisten. Croser ist ein Meister eines wundervoll reifen, trockenen Rieslings klassischer Qualität, der langsam und elegant altert, er zählt zu den besten Schaumweinerzeugern der Neuen Welt (*siehe* Argyle Winery in Oregon, S. 483) und erzeugt einen der besten Merlots Australiens. Seine Stärke liegt in der hervorragenden Qualität über das ganze Sortiment hinweg. Petaluma besitzt vielleicht keinen Grange, der 20 von 20 Punkten erhält, aber jeder einzelne sollte mindestens 19 Punkte bekommen. Ausgezeichnete Zweitweine werden unter der Marke Bridgewater Mill verkauft.

✓ *Cabernet-Merlot* (Coonawarra) • *Chardonnay* • *Merlot* • *Riesling* (auch edelfaul) • *Schaumwein* (Croser)

PIKES
Clare Valley
★☆

Diese ausgezeichneten Rotweine werden von Weinmacher Neil Pike produziert, der zuvor für Mitchell tätig war.

✓ *Cabernet Sauvignon* • *Shiraz*

PRIMO
Adelaide Plains
☆

Dies ist weltweit die einzige Weinkellerei, die nach einer Kohlsorte benannt ist. Eigentümer und Weinmacher Joe Grilli stellt einige gute Weine her, doch nur sein edelfauler Riesling ist wirklich großartig.

✓ *Cabernet-Merlot* (Joseph) • *Riesling* (edelfaul) • *Sparkling Shiraz* (Joseph)

REDMAN
Coonawarra

Von Bruce Redmans vier Rotweinen ist sein schnörkelloser Cabernet besonders zu beachten.

✓ *Cabernet Sauvignon*

REYNELL
McLaren Vale
★★

Der alte Betrieb gehört heute zu BRL Hardy und war als Chateau Reynella Winery bekannt. Die Weine, die getrennt erzeugt und ausgebaut werden, sind zuverlässig gut.

✓ *Cabernet-Merlot* (Basket Pressed) • *Chardonnay* • *Merlot* • *Port* (Vintage)

ROCKFORD WINES
Barossa Valley
★

Die sehr traditionellen Rotweine von ertragsarmen Rebstöcken mögen einigen als etwas zu dick erscheinen, der Black Shiraz wird jedoch von allen bewundert, die den wundervoll exzentrischen australischen Schaumwein im »Burgunder«-Stil genießen.

✓ *Grenache* (Dry Country) • *Shiraz* (Basket Press) • *Schaumwein* (Black Shiraz)

RYMILL
Coonawarra
★

Dieses Weingut gehört Nachfahren von John Riddoch, der 1861 den ersten Weinberg in Coonawarra anlegte.

✓ *Cabernet Sauvignon* • *Chardonnay* • *Shiraz*

ST. HALLETT'S WINES
Barossa Valley
★☆

Die Weinkellerei produziert herrlich üppige Rotweine.

✓ *Merlot* • *Shiraz* (Old Block, von 100 Jahre alten Reben)

SALTRAM
Barossa Valley
★

Das einst für Rotwein bekannte Gut konzentriert sich nun auf köstliche Weißweine, die mitunter zu ausladend sein können.

✓ *Chardonnay* (Mamre Brook, Pinnacle) • *Port* (Mr. Pickwick's Particular) • *Riesling (Pinnacle)* • *Sémillon* (Classic)

SEAVIEW WINERY
McLaren Vale
★☆Ⓥ

Das heute zu Southcorp gehörende Seaview hat gegenüber seiner Schwesternmarke Seppelt die Nase vorn (mit Ausnahme von Salinger, Shiraz und Show Reserve Burgundy). Sein Ansehen für Stillweine wächst, vor allem für das vor kurzem kreierte Spitzenklassen-Etikett Seaview Edwards & Chaffey, das Southcorp offenbar wieder etablieren will.

✓ *Cabernet Sauvignon* (Edwards & Chaffey) • *Chardonnay* • *Riesling* • *Shiraz* (Edwards & Chaffey) • *Schaumwein* (Pinot Noir Chardonnay)

SHAW & SMITH
Adelaide Hills
★☆Ⓥ

Das aufstrebende Unternehmen wurde 1989 von Martin Shaw, der als fliegender Weinmacher bekannt ist, und Michael Hill-Smith, dem ersten australischen Master of Wine, gegründet.

✓ *Chardonnay* • *Sauvignon Blanc*

SHOTTESBROOKE
McLaren Vale
★☆

Dieser wundervoll gemachte Merlot kommt aus den Händen von Nick Holmes, einem der Weinmacher von Rosemount.

✓ *Merlot*

S. SMITH & SONS
***Siehe* Yalumba**

STANLEY BROTHERS
Barossa Valley
★

Dieses kleine Unternehmen wurde Mitte der 80er Jahre gestartet und macht einen stoffigen, eichenbetonten Cabernet Sauvignon.

✓ *Cabernet Sauvignon*

TATACHILLA
McLaren Vale
★Ⓥ

Diese etablierte Kellerei erlebt seit kurzem unter Keith Smith, dem ehemaligen Marketingmanager von Wolf Blass, einen Aufschwung.

✓ *Chardonnay* • *Grenache-Shiraz* (Keystone) • *Shiraz-Cabernet* (Partners)

TOLLANA
Barossa Valley
★☆Ⓥ

Der ehemalige Gutsbetrieb gehört heute zu Southcorp. Dennoch erhielten sich die Weine eine gewisse Identität, die Qualität blieb hoch, und das Preis-Leistung-Verhältnis wurde sogar beträchtlich besser.

✓ *Cabernet Sauvignon* (Bin TR222) • *Chardonnay* (Eden Valley) • *Riesling* (Botrytis) • *Sémillon* • *Shiraz* (Hermitage Bin TR16)

TURKEY FLAT
Barossa Valley
★☆Ⓥ

Diese vor kurzem gegründete ehrgeizige Kellerei erzeugt außergewöhnlich üppige, saftige und komplexe Rotweine.

✓ *Grenache Noir* • *Shiraz*

WIRRA WIRRA
McLaren Vale
★☆

Eigentümer-Winzer Greg Trott macht stilvolle Rotweine von aufregender Qualität.

✓ *Cabernet Sauvignon* (The Angelus) • *Grenache-Shiraz* (Original) • *Shiraz* (RSW)

WOODSTOCK
McLaren Vale
★☆

Woodstock wurde 1974 von Doug Collett gegründet, dessen Sohn Scott Weine mit großartigem Flair erzeugt.

✓ *Cabernet Sauvignon* • *Sauvignon Blanc* • *Sémillon* • *Shiraz* (The Stocks)

WYNNS
Coonawarra
★☆Ⓥ

John Riddoch gilt zwar als bester Wein im Sortiment. Er ist ausgezeichnet, doch ist der geradlinige Cabernet Sauvignon (der in den 1980er Jahren enttäuschend dünn war) der Inbegriff für Eleganz, und dies zum halben Preis des John Riddoch. Wynns gehört heute zu Southcorp.

✓ *Cabernet-Shiraz-Merlot* • *Cabernet Sauvignon* • *Chardonnay* • *Shiraz* • *Riesling*

YALUMBA
Barossa Valley
★☆Ⓥ

Diese große, auch als S. Smith & Sons bekannte Kellerei produziert ein breites Spektrum verschiedener Weintypen und Qualitäten mit dem Spitzenprodukt Shiraz »The Oktavius«. Yalumba ist eine Schaumweinmarke, die für anspruchslose Produkte bekannt ist, vor allem den sauberen, fruchtigen Rosé. Der seriöse Schaumwein Yalumba D zeigt seit Ende der 1980er Jahre Potenzial. Die Marke Heggies dient für Weine aus Trauben, die im kühlen Klima hoch gelegener Weinberge gedeihen. Yalumba ist Eigentümer von Nautilus in Neuseeland.

✓ *Heggies-Chardonnay* • *Pinot Noir* • *Riesling* • *Viognier* • *Hill-Smith Cabernet-Shiraz* • *Chardonnay* • *Riesling* • *Sauvignon Blanc* (bes. Air-Strip Block) • *Yalumba-Cabernet-Shiraz* (The Signature) • *Shiraz* (The Octavius) • *Schaumwein* (Yalumba D)

WESTERN AUSTRALIA

Die elegantesten Weine Australiens kommen aus der Region Margaret River. Klima und Boden bringen hier Weine von unvergleichlicher Reife, klarer Frucht und Ausgewogenheit hervor, und die Winzer der Region sind Fanatiker, denen Qualität und Finesse über alles geht.

Da dieser Staat einige Jahre vor Victoria und South Australia gegründet wurde, gab es hier auch früher Weinberge. Thomas Waters oder Captain John Septimus Roe pflanzten 1829 die ersten Rebstöcke. Sollte Roe der Begründer dieser Weinberge gewesen sein, so erzeugte er vermutlich keinen Wein; er hatte sich auf die Produktion von Tafeltrauben und Rosinen verlegt. Waters hingegen kaufte 8 ha Land, das sich zur Olive Farm entwickeln sollte. Er war Botaniker und hatte das Weinbauhandwerk von den Buren in Südafrika erlernt. Er kam mit zahlreichen Samen und Pflanzen nach Australien und erzeugte und verkaufte bereits 1842 Wein. 1835 übertrug König William IV. einem gewissen Henry Revett Bland mehr als 3000 ha Land im Swan Valley, der es bald darauf einem Trio britischer Armeeoffiziere veräußerte. Die neuen Eigentümer, die Herren Lowis, Yule und Houghton, waren in Indien stationiert. Yule wurde jedoch von seinem Vorgesetzten Oberst Houghton abgestellt, um das Anwesen zu leiten. So kam es, dass Houghton Wines, die erste kommerzielle Kellerei in Western Australia, den Namen eines Mannes trägt, der seinen Fuß nie in dieses Land gesetzt hat.

Das Swan Valley blieb das Zentrum der Weinindustrie des Staates. Unter Mitwirkung zahlreicher Europäer, meist aus Dalmatien, die mit Weinbau und Weinbereitung vertraut waren, wuchsen Er-

DIE KELLEREI VASSE FELIX

Das moderne Pionier-Weingut in der Region Margaret River, der ersten Appellation Australiens, erzeugt heute wie gestern ausgezeichneten Cabernet Sauvignon.

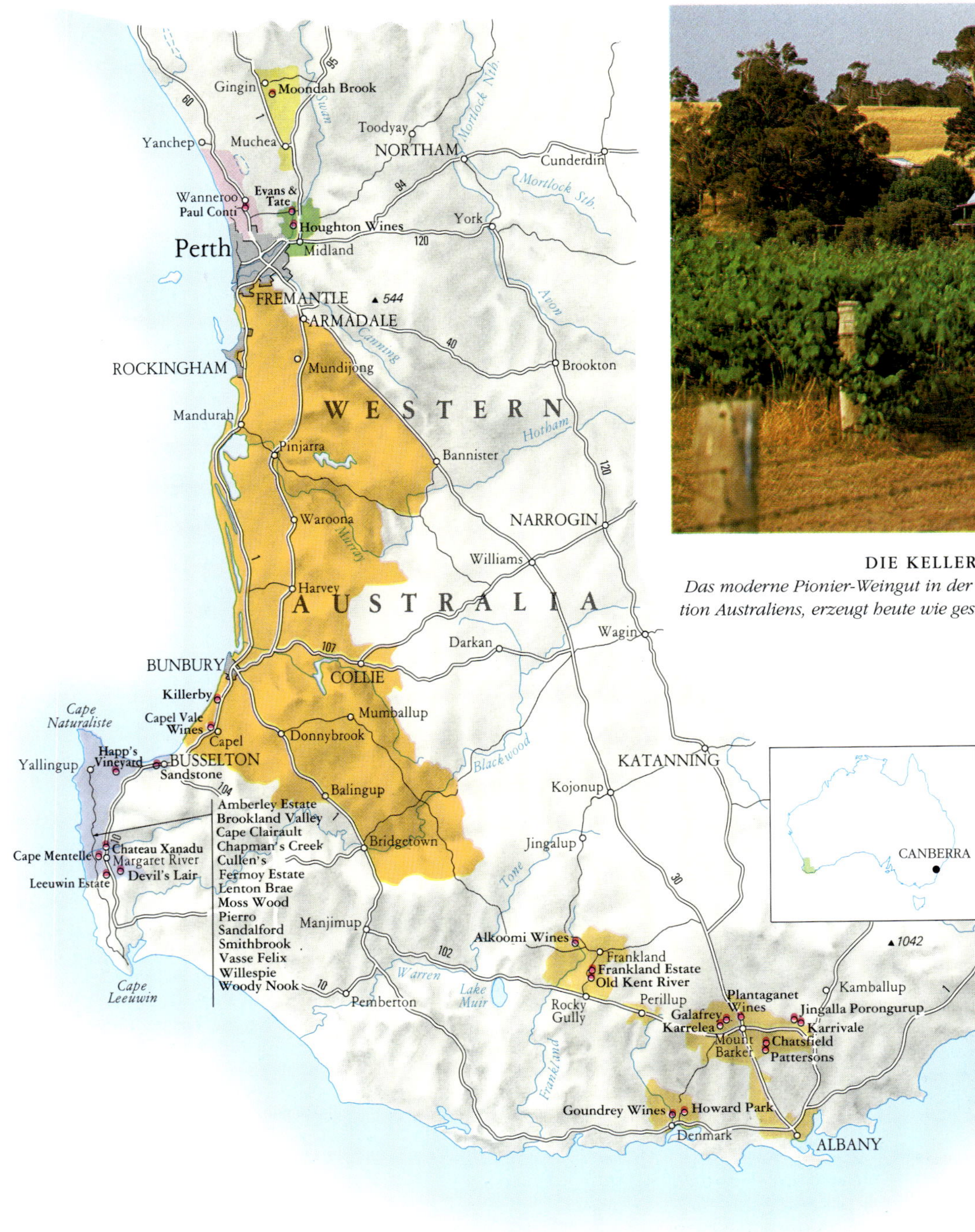

WESTERN AUSTRALIA
Siehe auch **S. 518**

An der Südwestspitze Australiens gelegen, trennt nahezu der ganze Kontinent die Weinbaugebiete des Staats Westaustralien von denen im Osten. Vom Margaret River kommen einige der größten Weine des Landes.

fahrung und Können. Allmählich entwickelte sich auch Mount Barker zum Weinbauland, gefolgt von Frankland und – last, but not least – Margaret River. Für die meisten ausländischen Weinkenner ist vor allem letztere Appellation gleichbedeutend mit ungetrübtem Genuss und höchstem Vergnügen. In den traditionellen Weingegenden im Südosten Australiens wird die von Natur aus gegebene Qualität von Margaret River immer noch strikt geleugnet – doch hier hängen einfach dem Fuchs die Trauben zu hoch.

GESCHMACKS- UND QUALITÄTSFAKTOREN

LAGE
Die Weinbauregionen von Western Australia liegen in der Umgebung und südlich von Perth sowie im Hinterland von Albany.

KLIMA
Das Klima ist sehr unterschiedlich: lange, überaus heiße, trockene Sommer und kurze, feuchte Winter im Swan Valley, einer der heißesten Weinbauregionen der Welt; mediterranes Klima am Margaret River mit mehr Niederschlägen und durch die Ozeanwinde gemilderten Sommern; gemäßigtes Klima in der Großen Südregion, die auch im Sommer etwas Niederschlag erhält. Die Meereswinde können das Problem eines zu großen Salzgehalts verschärfen, gleichzeitig trägt die hohe Feuchtigkeit an der Küste zur Entwicklung von Edelfäule bei.

TOPOGRAFIE
Die meisten Rebstöcke sind in relativ flachen Küstenebenen und Talböden gepflanzt, sie besiedeln aber auch sanfte Hügelgebiete wie um Denmark und Mount Barker in der Nähe von Albany im Südosten der Region.

BÖDEN
Die Böden sind größtenteils vom selben Typ, es sind vorwiegend tiefe, gut entwässernde Schwemmböden und tonige Lehme über einem Tonunterboden. Die Südwestliche Küstenregion besitzt eine feinkörnige, weißgraue Deckschicht aus so genanntem Tuart-Sand über einem Kalkunterboden, der in Teilen von Margaret River mit Kies vermischt ist.

WEINBAU UND WEINBEREITUNG
Aufgrund der meist fehlenden Sommerregen und der guten Drainage der Böden ist Tropfbewässerung weit verbreitet. Paradoxerweise ist im Winter der Wasserstau über dem tonigen Unterboden ein Problem. In weiten Abständen gepflanzte Rebstöcke, maschinelle Lese und der Einsatz modernster Weinbautechniken kennzeichnen die Region, die sich in den letzten Jahren verstärkt auf die kühleren Gegenden konzentriert. Hervorragend ausgestattete kleine Kellereien beherrschen die Region Margaret River.

REBSORTEN
Cabernet Franc, Cabernet Sauvignon, Chardonnay, Chenin Blanc, Pinot Noir, Malbec, Merlot, Riesling, Sauvignon Blanc, Sémillon, Shiraz, Verdelho, Zinfandel

REBFLÄCHEN IM SWAN VALLEY
Diese Ebene gehört zum ältesten Weinbaugebiet in Western Australia und einer der heißesten Weinbauregionen der Welt.

HERKUNFTSBEZEICHNUNGEN IN
WESTERN AUSTRALIA

BLACKWOOD VALLEY
Dieses GI ist das am wenigsten bekannte und zugleich eines der neuesten Weinbaugebiete Westaustraliens. Der erste Weinberg in dem zwischen Manjimup und Geographe liegenden Bereich war 1976 Blackwood Crest, und im Jahr 2000 gab es bereits mehr als fünfzig Weingärten und 5 Kellereien. Die am häufigsten angebaute und erfolgreichste Sorte ist Cabernet Sauvignon, aber Shiraz-Pflanzungen werden immer zahlreicher.

CENTRAL WESTERN AUSTRALIA
Diese Zone besteht aus einem riesigen Gebiet in den Darling Ranges, das sich von dem GI Great Southern nach Norden bis zum Swan District erstreckt. Ihre Größe ist aber das einzig Beeindruckende an dieser Zone, die, zurzeit jedenfalls noch, weinbauliches Ödland darstellt.

EASTERN PLAINS, INLAND AND NORTH OF WESTERN AUSTRALIA
Beinahe ein Zungenbrecher. Ich würde 10 zu 1 wetten, dass unter dieser aberwitzigen Herkunftsbezeichnung, die offiziell alle nicht anderweitig festgelegten Gebiete Westaustraliens umfasst, niemals Weine in den Handel kommen werden.

FRANKLAND
Dieses kleine Gebiet am Westrand der Great Southern Area ist hauptsächlich durch die Kellerei Houghton Frankland River bekannt. Hier erzeugt man einen guten Cabernet Sauvignon und einen viel versprechenden Riesling.

GEOGRAPHE
Durch ein Abtrennen der nördlichen und südöstlichen Teile der ehemaligen Region Coastal Plains entstanden, dürfte dieses GI in der Zukunft mindestens 3 Unterregionen aufnehmen (Capel, Donnybrook und Ferguson Valley). Die erfolgreichste Sorte ist wohl Chardonnay, gefolgt von Cabernet Sauvignon und Merlot, wobei auch Riesling und Shiraz in manchen Bereichen eine hohe Qualität erreichen.

GINGIN
Die kleine Region Gingin liegt nördlich von Perth in der Southwest Coastal Plain.

GREATER PERTH
Diese Zone vereint die Regionen Perth Hills und Swan District.

GREAT SOUTHERN
Unterregionen: Albany, Denmark, Frankland River, Mount Barker, Porongurup

Die kühlste Weinregion Westaustraliens liegt im selben Klimabereich wie Margaret River, erhält jedoch weniger Niederschläge. Die Weinberge sind weit verstreut, gepflanzt ist vorwiegend Riesling, Cabernet Sauvignon, Shiraz, Malbec, Pinot Noir und Chardonnay.

MANJIMUP
Diese Region liegt unmittelbar im Norden von Pemberton, auf gleicher Höhe mit Margaret River. Die beiden Bereiche teilen manche klimati-

sche Ähnlichkeiten, obwohl Manjimup höher liegt und insgesamt ein etwas kontinentaleres Klima besitzt. Am weitesten verbreitet ist Chardonnay, aber Cabernet Sauvignon und Merlot gelingen am besten. Es besteht mehr Hoffnung als Gewissheit für Pinot Noir, auch wenn Picardy, der führende Erzeuger der Region, aus dieser Traube hervorragende Weine erzeugt.

MARGARET RIVER

Die bedeutendste Region Australiens für Weinliebhaber, die nach Klasse und Rasse an Stelle von Gewicht und Glamour suchen. Der südlich von Perth gelegene Bezirk erregte 1978 Aufsehen, als er als Erster in Australien ein System von Ursprungsbezeichnungen einführte. Wie andere ähnliche Klassifizierungen blieb es erfolglos. Der erste Weinberg dieser Region wurde bereits 1890 in Bunbury bepflanzt. Den ersten Schritt auf dem Weg zum Erfolg machte jedoch Dr. Tom Cullity mit seinem 1967 in Vasse Felix angelegten Weinberg. Allerdings gibt es auch hier kleinere Probleme wie Echter Mehltau, Papageien, Wind und – das größte – trockene Sommer. Den Mehltau scheint man unter Kontrolle zu haben, und in den Weinbergen werden Sonnenblumen gepflanzt, um die Papageien von den Rebstöcken abzulenken, während Raigras als Windschutz fungiert. Viele Rebstöcke leiden unter Wassermangel, der nicht durch die Hitze, sondern durch die Trockenheit im Sommer hervorgerufen wird, und den der Wind zusätzlich verstärkt. Die Größe der Weine vom Margaret River ist unzweifelhaft, da die Frucht hier besser ist als in jedem anderen Teil Australiens. Die besten Sorten sind Cabernet Sauvignon, Chardonnay, Sémillon-Sauvignon und Shiraz.

MOUNT BARKER

Die Kellereien erwarben sich mit Sorten wie Riesling und Cabernet Sauvignon Ansehen, doch auch andere Trauben gedeihen gut. Der einzige Faktor, der das Potenzial an der Entfaltung hindert, ist, dass die meisten Weine nur von einer Hand voll Menschen gemacht werden.

PEMBERTON

Dieses GI im Süden von Manjimup ist einer der weniger qualitätsbeständigen Bereiche Westaustraliens, aber es ist ein noch junges Weinbaugebiet, und vor Ort ist man voller Zuversicht. Ein vermeintlicher Pinot-Noir-Bereich, der sich aber noch bewähren muss.

PERTH HILLS

Diese Region liegt direkt neben dem Swan Valley und besteht aus einem Streifen der niedrigeren Hänge der Darling Ranges. Das Gebiet ist wesentlich kühler als das Swan Valley, und die Trauben reifen hier zwei Wochen später.

SOUTH WEST AUSTRALIA

In dieser Zone liegt die Mehrzahl der interessantesten Weinbaugebiete Westaustraliens, einschließlich der Regionen Blackwood Valley, Geographe, Great Southern, Manjimup, Margaret River, Pemberton und Warren Valley.

SWAN DISTRICT

Unterregion: Swan Valley

Diese Region umfasst nicht nur die Unterregion Swan Valley, sondern erstreckt sich auch weiter nordwärts von Perth über zuvor nicht klassifizierte Gebiete wie Gingin und Moondah Brook.

SWAN VALLEY

Dieser östlich bei Perth gelegene Bereich gilt als heißeste Weinbauregion der Welt. Teils aus diesem Grund, teils als Reaktion auf den bemerkenswerten Erfolg von Margaret River verließen zahlreiche Erzeuger die Gegend, sodass heute die Rebfläche abnimmt. Das einstige traditionelle Zentrum der Weinindustrie von Western Australia befindet sich im Abstieg, obwohl die altmodischen, vierschrötigen Weine leichteren und frischeren Platz gemacht haben.

WARREN VALLEY

Hier will man Pemberton die Vorherrschaft beim westaustralischen Pinot Noir streitig machen, obwohl sich beide Bereiche noch nicht als würdige Anwärter qualifiziert haben.

WEST AUSTRALIAN SOUTH EAST COASTAL

Diese Zone besteht aus einem großen Küstenstreifen direkt im Osten der Zone Great Southern.

ERZEUGER IN
WESTERN AUSTRALIA

ALKOOMI WINES

Frankland

★Ⓥ

Die Schaffarmer Mervyn und Judy Lange erzeugen regelmäßig frische, fruchtige, sehr aromatische Weine.

✓ *Cabernet Sauvignon* • *Cabernet-Shiraz-Merlot-Malbec* (Classic Red) • *Malbec* • *Riesling* • *Shiraz*

AMBERLEY ESTATE

Margaret River

☆

Der ehemalige Weinmacher von Brown Brothers kreiert hier mit 40 ha Weinbergen seine eigenen Weine.

✓ *Sauvignon-Sémillon* • *Sémillon-Sauvignon*

BROOKLAND VALLEY

Margaret River

Diese kleine Kellerei (jetzt: BRL Hardy) hat ein eigenes Restaurant mit prachtvollem Ausblick über die Weinberge und den See.

✓ *Chardonnay* • *Sauvignon Blanc*

CAPE CLAIRAULT

Margaret River

Ian und Ani Lewis haben hier alles rasch erweitert, Weinberge, Kelleranlagen und Probierlokal, und es gibt jetzt auch ein kleines Café namens Food in the Forest.

✓ *Cabernet Sauvignon* • *Sauvignon Blanc* • *Sémillon*

CAPEL VALE WINES

Southwest Coastal Plain

★☆

Der frühere Radiologe Peter Pratten aus Bunbury besaß keine einschlägige Erfahrung, als er am Ufer des Capel River mit dem Weinbau begann. Seine köstlichen, vor Frucht berstenden Weine zählen zu den besten in Westaustralien und sind ihren Preis wert.

✓ *Cabernet Sauvignon* • *Merlot* • *Riesling* • *Shiraz*

CAPE MENTELLE

Margaret River

★★☆Ⓥ

Das von den Einheimischen liebevoll »Mentelle Asylum« – mental asylum bedeutet »Irrenhaus« – genannte Gut war der Grundstock zu David Hohnens Imperium, das Kultstatus erlangte. Im Folgenden begründete er das Phänomen Cloudy Bay, das zu internationalem Starruhm gelangte; er verkaufte den Betrieb an Veuve Clicquot, er besitzt aber noch einen Anteil und leitet die Geschäfte. Hohnen verfügt über die verblüffende Fähigkeit, die Alte Welt mit der Neuen zu vereinen; er respektiert die Tradition und hat Sinn für Zurückhaltung und Finesse, was ihn jedoch nicht davon abhält, die für Margaret River typischen reifen Fruchtaromen voll zur Geltung zu bringen. Er zählt zu den innovativsten Weinmachern Australiens. Seine Weine werden auch unter dem Etikett Ironstone Vineyards verkauft.

✓ *Cabernet-Merlot* (Trinders) • *Cabernet Sauvignon* • *Chardonnay* • *Sémillon-Sauvignon* • *Shiraz* • *Zinfandel*

CHÂTEAU XANADU

Margaret River

★

Auf Cape Mentelle ist man ein bisschen verrückt, doch selbst den Einheimischen ist Xanadu ein wenig unheimlich. Wenn Sie sich vorstellen, dass in der einen Ecke darüber philosophiert wird, ob die soeben eingetroffenen Trauben tatsächlich geschnitten wurden oder einfach aus dem Nichts erschienen sind, weil niemand sah, wie sie geliefert wurden, während in einer anderen Ecke in einem süß duftenden blauen Nebel Menschen singen, wären Sie von der Wirklichkeit immer noch ein Stück entfernt. Die erlesene Qualität der Weine ist glücklicherweise leichter festzustellen.

✓ *Cabernet Franc* • *Cabernet Sauvignon* • *Chardonnay* • *Sauvignon Blanc*

CHATSFIELD

Mount Barker

★Ⓥ

Der gebürtige Ire Dr. Ken Lynch besitzt einen zuverlässigen Ruf für zugängliche Weine, insbesondere für seinen runden, nach Pfirsich duftenden Riesling.

✓ *Cabernet Franc* (Soft Red) • *Chardonnay* • *Riesling* • *Shiraz*

PAUL CONTI

Wanneroo

Paul Conti ist eine eher bescheidene Kellerei, die mit Finesse überraschen kann.

✓ *Frontignac* (Late Picked) • *Shiraz*

CULLEN

Margaret River

★★

Vanya Cullen macht einen ausgezeichneten Wein. Für einen Aufenthalt in ihrer Pension benötigen Sie jedoch ein Auto mit Allradantrieb und eine Vorliebe für Schlangen.

✓ *Cabernet-Merlot* • *Chardonnay* • *Sauvignon Blanc*

DEVIL'S LAIR
Margaret River

★

Das 1981 gegründete Gut ist nach den Begriffen der Region Margaret River bereits alteingesessen. Ich stieß erst kürzlich auf diese Weine, von denen ich nur zwei Rotweine verkostete. Beide waren tiefschichtig und dunkel, jedoch fein strukturiert mit großem Alterungspotenzial. Offensichtlich denkt Southcorp ähnlich, denn es erwarb das Unternehmen im Jahr 1997.

✓ *Cabernet-Merlot* • *Cabernet Sauvignon*

EVANS & TATE
Margaret River

★☆

Diese Kellerei liefert sensationelle Weine, in denen sich Geschmacksreichtum mit Finesse vereint.

✓ *Cabernet-Merlot* (Barrique 61) • *Chardonnay* • *Merlot* • *Sémillon* • *Sémillon-Sauvignon* • *Shiraz*

FERMOY ESTATE
Margaret River

Fermoy macht einen sehr eleganten Cabernet-Merlot, die Qualität des Pinot Noir wird ständig besser.

✓ *Cabernet-Merlot*

FRANKLAND ESTATE
Frankland

Frankland Estate erzeugt einen guten roten Verschnitt aus den beiden Cabernet-Sorten Merlot und Malbec. Er ist dem verstorbenen Professor Olmo gewidmet, dem berühmten kalifornischen Rebenzüchter, aber nicht für die Kreation neuer Sorten wie Ruby Cabernet, sondern für seinen Beitrag zur Wahl der besten Anbauflächen in Frankland in den Anfangstagen dieser Region.

✓ *Olmo's Reward* (Rotwein im Bordeaux-Stil)

GALAFREY
Great Southern

☆Ⓥ

Jeder, der eine Kellerei nach Dr. Who's sagenhaften Planeten der Time Lords benennt, sollte an einem dunklen Ort eingesperrt werden – am besten mit einem guten Vorrat an Galafrey-Weinen.

✓ *Cabernet Sauvignon* • *Riesling* • *Shiraz*

GOUNDREY WINES
Great Southern

★Ⓥ

Jetzt im Besitz des in Perth ansässigen finanzgewaltigen Amerikaners Jack Bendat, der Millionen in Goundry investiert hat und fest entschlossen ist, den Umsatz immer höher zu treiben.

✓ *Cabernet Sauvignon* (Reserve) • *Chardonnay* • *Sauvignon Blanc*

HAPP'S VINEYARD
Margaret River

☆

Erland Happ produziert eine Reihe überaus köstlicher Weine, dennoch lässt sich erkennen, dass sein Herz dem Merlot gehört.

✓ *Merlot*

HOUGHTON WINES
Swan Valley

★Ⓥ

Die große Produktion dieser Kellerei, die zum noch riesigeren Unternehmen BRL Hardy gehört, führt dazu, dass diese Weine oft unterschätzt werden.

✓ *Cabernet Sauvignon* (Gold Reserve) • *Chardonnay* (Gold Reserve) • *Riesling* • *White Burgundey* (Show Reserve) • *Verdelho* (Show Reserve)

HOWARD PARK

★

Jetzt im Besitz der Familie Burch, die auch in Margaret River Weinberge ihr eigen nennt.

✓ *Chardonnay* • *Riesling*

JINGALLA PORONGURUP
Porongurup

☆

Jingalla Porongurup erzeugt frische, lebhaft fruchtige Weißweine und einen geschmeidigen Shiraz, der mit frisch gemahlenem schwarzem Pfeffer gewürzt scheint.

✓ *Shiraz* (Oak Matured) • *Verdelho*

KARRIVALE
Great Southern

☆Ⓥ

Weinmacher John Wade erzeugt in dieser Mount-Barker-Kellerei einen köstlich frischen, pikanten Riesling.

✓ *Riesling*

KILLERBY
Southwest Coastal Plain

☆

Das 1973 gegründete Gut verkauft den Großteil seiner Weine unter der Marke April Classic.

✓ *Shiraz*

LEEUWIN ESTATE
Margaret River

★★

Keine Kosten gescheut wurden beim Bau dieser Hightech-Kellerei, zu der ein ausgezeichnetes Restaurant und eine hübsche Musikbühne gehören. Leeuwin Estate produziert saftige, elegante und überaus rassige Weine.

✓ *Cabernet Sauvignon* • *Chardonnay* • *Pinot Noir* • *Riesling* • *Sauvignon Blanc*

LENTON BRAE
Margaret River

?

Hier verkostete ich nur einen Wein, einen Cabernet Sauvignon, und auch den nur einmal. Er war so vielschichtig, rund und komplex, dass ich ihn zu den großartigsten Cabernets vom Margaret River zähle – und ich habe schon viele außergewöhnliche Weine aus dieser erstklassigen Region probiert.

✓ *Cabernet Sauvignon*

MOONDAH BROOK
Gingin

★☆Ⓥ

Diese preiswerte Marke gehört zu BRL Hardy. Die Weinberge liegen in Gingin, gemacht werden die Weine bei Houghton.

✓ *Cabernet Sauvignon* • *Chardonnay* • *Chenin Blanc* • *Verdelho*

MOSS WOOD
Margaret River

★★

Moss Wood, eine der besten Kellereien in Margaret River, machte als Erste in der Region perfekten Pinot Noir.

✓ *Cabernet Sauvignon* • *Chardonnay* • *Pinot Noir* • *Sémillon*

OLD KENT RIVER
Great Southern

?

Mark und Deborah Noack gründeten dieses Gut bereits 1985, gaben jedoch erst vor wenigen Jahren die ersten Weine frei. Der große, mächtige Pinot Noir belohnt die Wartezeit. Man sollte ihn weiterhin beobachten.

✓ *Pinot Noir*

PATTERSONS
Great Southern

?

Diese aufstrebenden Weine werden von Arthur Patterson erzeugt, der seinen Weinberg 1982 anlegte.

✓ *Chardonnay*

PIERRO
Margaret River

★☆

Mike Perkin, ein wahres Weißweingenie, macht den besten Chardonnay in Margaret River.

✓ *Chardonnay* • *Guillotine Red* (Bordeaux-Stil) • *Sémillon-Sauvignon*

PLANTAGENET WINES
Great Southern

★☆

Diese erste Kellerei in Mount Barker wurde nach dem Bezirk benannt, in dem sie liegt, und ist heute das führende Unternehmen der Region.

John Wade begründete ihren Ruf, und Gavin Berry verbessert ihn weiterhin.

✓ *Cabernet Sauvignon* • *Chardonnay* • *Pinot Noir* • *Riesling* • *Shiraz*

SANDALFORD
Margaret River

☆

Die aus dem Jahr 1840 stammende Kellerei hatte Bill Crappsley, der ehemalige Weinmacher von Evans & Tate, beträchtlich nach vorn gebracht. Unzweifelhaft ist der Verdelho nach seinem Weggang Sandalfords Markenzeichen geblieben.

✓ *Verdelho*

SANDSTONE
Margaret River

Mike und Jan Davies, Eigentümer und Weinmacher, gründeten 1988 dieses winzige Gut. Ihre eichenbetonten Weine sind stoffig und direkt, dennoch komplex.

✓ *Cabernet Sauvignon, Sémillon*

SMITHBROOK
Manjimup

★☆

Petulama, der neue Besitzer, verwendet Pinot Noir für Schaumwein; Croser glaubt, dass Manjimup für Merlot und Sauvignon Blanc am geeignetsten ist.

✓ *Pinot Noir*

VASSE FELIX
Margaret River

★☆

Die Spezialität von Vasse Felix, einem der Margaret-River-Pioniere der neuen Zeit, waren immer die langlebigen Cabernet Sauvignons. Daran hat auch der Besitzerwechsel nichts geändert, nur dass die Weine heute milder und in jüngerem Alter bereits angenehm zu trinken sind. Der neue Verschnitt Classic White ist ein guter Begleiter zum Essen. Gute Mount-Barker-Weine werden unter der Marke Forest Hill verkauft, u. a. ein alterungswürdiger Riesling.

✓ *Cabernet Sauvignon* (einschl. Forest Hill) • *Classic White* • *Riesling* (Forest Hill)

WILLESPIE
Margaret River

★

Kevin und Marian Squance erzeugen in dieser expandierenden Kellerei einen herrlich rauchigen Cabernet mit Maulbeernoten, einen wundervoll frischen Sémillon und einen sehr guten Verdelho, der dem von Bill Crappsley von Sandalford in nichts nachsteht.

✓ *Cabernet Sauvignon* • *Sauvignon Blanc* • *Sémillon* • *Verdelho*

WOODY NOOK
Margaret River

☆

Neil Gallagher stellt auf Woody Nook einen schönen Cabernet Sauvignon her, dessen Frucht und Tannine elegant ausgewogen sind.

✓ *Cabernet Sauvignon*

QUEENSLAND UND NORTHERN TERRITORY

Die Staaten Queensland und Northern Territory umfassen nahezu die Hälfte Australiens, jedoch nur 15 % der Bevölkerung, die sich zudem in Brisbane konzentriert. Das glutheiße Hinterland ist spärlichst besiedelt, besitzt allerdings hoch im Granite Belt eine ernst zu nehmende Weinbauregion.

QUEENSLAND

Queensland ist einer der letzten Orte der Erde, an dem man einen Weinberg vermuten würde, besitzt aber mit etwa vierzig Kellereien eine kleine Weinindustrie, die bis etwa 1850 zurückreicht. Überraschenderweise sind die Sommer wesentlich kühler als in vielen anderen, weit bekannteren Weinbaugebieten Australiens, was die gegenwärtige Wiederbelebung der Weinindustrie in Queensland erklärt. Hitze ist kein Problem, Regen aber durchaus. In der Tat verursacht das feuchte Wetter zwischen Beginn der Reife und der Lese häufig Fäule.

NORTHERN TERRITORY

Eine als Weinbaugebiet unwahrscheinlichere Region ist kaum vorstellbar. Der Großteil des Landes ist heiß und trocken, der Rest sind krokodilverseuchte Sümpfe. Beweis dafür ist der Rat des Tourismusverbands, im Zickzack zu rennen, wenn man von einem Krokodil verfolgt wird. Seltsamerweise ist es gesetzlich verboten, in 2 km Umkreis von einer konzessionierten Bar in der Öffentlichkeit Alkohol zu trinken (ausgenommen natürlich in der Bar selbst). Man könnte erwarten, dass der Outback-Machismo den Genuss von Wein als unmännlich und unpraktisch ausschließt, vor allem angesichts der kühlenden Eigenschaften, die einigen australischen Bieren zugeschrieben werden. Dessen ungeachtet ist in Alice Springs das Weingut Château Hornsby mit 3 ha Weinbergen ansässig.

FACTORS AFFECTING TASTE AND QUALITY

LAGE
Queensland liegt im Nordosten Australiens, im Osten vom Korallenmeer (Coral Sea) und im Westen vom Northern Territory begrenzt.

KLIMA
Die Jahresniederschlagsmenge in Roma beträgt nur 510 mm, während der Granite Belt 790 mm Niederschlag erhält. Der Großteil des Regens fällt während der Lese, was Probleme verursachen kann. Frost und Hagel stellen jedoch eine größere Gefahr dar. Die Temperaturen liegen ähnlich hoch wie in Margaret River in Western Australia, werden allerdings durch die Höhenlage gemildert. Alice Springs besitzt ein überaus heißes, trockenes Kontinentalklima.

TOPOGRAFIE
Die Höhenlage von Alice Springs (600 m) und Stanthorpe, dessen Weinberge auf Höhen zwischen 750 m und 900 m angelegt sind, mildert die ansonsten glühende Sommerhitze in beiden Regionen. Um Stanthorpe stehen die Rebstöcke im Allgemeinen auf den Hügelflanken.

BÖDEN
Die Böden von Queensland sind reblausfrei. Um Stanthorpe im Granite Belt bestehen sie, wie der Name sagt, aus granitischem Material. Um Alice Springs finden sich dieselben unfruchtbaren roten Böden, die in Mittelaustralien weit verbreitet sind.

WEINBAU UND WEINBEREITUNG
Künstliche Bewässerung ist für den Weinbau in Alice Springs und ebenso in Roma erforderlich. Mit modernster Technologie kämpft man gegen das Problem der Hitze und Oxidation. Dadurch können recht gute Weine produziert werden. Queensland besitzt strenge Quarantänevorschriften für den Import von Wurzelunterlagen, um den Reblausbefall zu verhindern, was jedoch die Entwicklung unterschiedlicher Weinstile behindert.

REBSORTEN
Cabernet Sauvignon, Chardonnay, Chenin Blanc, Emerald Riesling, Malbec, Mataro, Muscat, Riesling, Sémillon, Servante, Shiraz, Sylvaner, Traminer

EINE FARM IM OUTBACK BEI ALICE SPRINGS
Das heiße, trockene Klima macht eine künstliche Bewässerung der roten Sandböden nötig. Grundwasser ist jedoch im Übermaß vorhanden.

HERKUNFTSBEZEICHNUNGEN

QUEENSLAND UND NORTHERN TERRITORY

ALICE SPRINGS

Das in Alice Springs ansässige Château Hornsby ist die einzige Kellerei im Northern Territory. Auf roten Sandböden wachsen Cabernet Sauvignon, Chardonnay, Riesling, Sémillon und Syrah. Alle Rebflächen werden mit Tropfbewässerung aus Brunnen versorgt, denn wenn man tief genug gräbt, ist Wasser reichlich vorhanden. Lese ist im Januar.

GRANITE BELT

Reben wachsen in der Umgebung der Stadt Ballandean, etwa 240 km westlich von Brisbane an der Ostküste, auf einem Granitplateau. Höhen zwischen 800 m und 950 m bieten ein ausreichend kühles Klima, in dem Weintrauben produziert werden können. Bei Felsberg, auf 850 m Höhe, kann es sogar vorkommen, dass die Trauben nicht richtig reifen. Die gute Qualität der Sortenweine des Granite Belt wurde einst als das größte Geheimnis von Queensland bezeichnet. Als geeignetste Sorte erweist sich Riesling, der erfolgreichste Wein ist jedoch – ob Sie es glauben oder nicht – die Sylvaner-Spätlese aus Ballandean. Cabernet Sauvignon, Chardonnay, Sémillon und Shiraz gedeihen ebenfalls gut.

ROMA

Diese heiße, trockene Region in Queensland ist vermutlich der ungeeignetste Ort, um Trauben zu produzieren. Dennoch gibt es hier 25 ha Rebfläche. Da sie für aufgespritete Weine bestimmt ist, war ich erstaunt, als mich eine Tafel mit der Aufschrift »Welcome to Roma, Champagne Country« begrüßte. Ein gewisser Mayor Mitchell war 1864 anscheinend von der Ähnlichkeit Romas mit der Champagne so beeindruckt, dass er diese Tatsache in Berichten erwähnte. Dies kann nur bedeuten, dass er die Champagne niemals besucht hatte.

ERZEUGER IN

QUEENSLAND UND NORTHERN TERRITORY

BALD MOUNTAIN

Granite Belt

Eigentümer sind Denis und Jackie Parsons, die unter dem wachsamen Auge ihres angestellten Winzers Simon Gilbert preisgekrönte Weine hervorbringen.

BALLANDEAN

Granite Belt

★Ⓥ

Ballandean ist ein wirklich aufregendes Weingut. Während sein leichter, eleganter Liqueur Muscat immer schon hohe Qualität bot und seine Sylvaner-Spätlese ein ganz besonderer Wein ist, mangelte es den Sortenweinen bis in die frühen 90er Jahre an Frucht und Frische. Seitdem erzeugt Eigentümer-Weinmacher Angelo Puglisi immer bessere Sortenweine. Sie sind keine großen Gewächse, doch das geben sie auch nicht vor; sie sind preiswert und von sehr angenehmer Art.

✓ *Cabernet Sauvignon* • *Sauvignon Blanc* • *Sémillon* • *Liqueur Muscat* • *Sylvaner* (Late Harvest)

BASSETTS ROMAVILLA WINERY

Roma

Der Chenin Blanc kann frisch sein und angenehm nach tropischen Früchten schmecken, aber der Shiraz ist zu mächtig und alkoholisch, so wie man es in einer extrem heißen Weinregion auch erwartet; doch dies will ein Gebiet für aufgespritete Weine sein. Der Very Old Port und der Very Old Liqueur Muscat sind sehr üppig mit großartigem Finale, außer ihnen gibt es aber nur wenige interessante Weine.

BUNGAWARRA

Granite Belt

Die in den 1920er Jahren gegründete Weinkellerei wurde von Alan Dorr und Philip Christensen 1979 wieder in Betrieb genommen. Im Jahr 1993 von Jeff Harden erworben. Die Kellerei wird zurzeit modernisiert.

CHÂTEAU HORNSBY

Northern Territory

In der australischen Weinbranche gibt es immer wieder Leute, die nicht an die Existenz der Rebflächen in Alice Springs glauben. Da ich Denis Hornsby zweimal besuchte, kann ich versichern, dass dort tatsächlich Reben wachsen. Und entgegen dem Gerücht, das zunächst als Scherz gedacht war, stehen die Rebstöcke auch nicht in Gräben, damit sie mehr Schatten bekommen. Jedes Jahr stellt Denis Hornsby seinen Early Red aus Shiraz-Trauben her, deren Lese am 1. Januar eine Minute nach Silvester beginnt, was ihn zum weltweit ersten Wein des neuen Jahrgangs macht. Hornsby hat aber auch schon früher geerntet: Ohne einen echten Winter Mitte des Jahres 1996 verloren die Rebstöcke die »Orientierung«, und sein Chardonnay reifte einen Monat früher, sodass sein Jahrgang 1997 bereits am 7. Dezember 1996 gelesen wurde und mit »Sixes and Sevens« (Sechser und Siebener) etikettiert wurde.

✓ *Early Red* • *Port* (Horny Tawny)

FELSBERG VINEYARDS-WINERY

Granite Belt

Der Chardonnay ist als Sortenwein nicht herausragend, besitzt jedoch jene schlanke Struktur, die ihn zu einem idealen Grundwein für einen hochwertigen Schaumwein machen würde.

GOLDEN GROVE ESTATE

Granite Belt

☆

Sam und Grace Costanzo haben sich nach der Gründung dieser Kellerei 1992 sehr bald einen Namen gemacht.

✓ *Cabernet* (Reserve) • *Chardonnay* • *Merlot, Shiraz*

IRONBARK RIDGE

Purga

Diese Weinkellerei wurde 1984 mit der Unterstützung von Peter Scudamore-Smith, dem einzigen Master of Wine in Queensland, in einer abgelegenen Region zwischen Brisbane und der Great Dividing Range gegründet, wo Robert Le Grand schon 1881 Rebstöcke gepflanzt hatte.

KOMINOS WINES

Granite Belt

Die preisgekrönten Weine von Tony und Mary Comino verkaufen sich hervorragend auf asiatischen Märkten. Der hier hergestellte Shiraz ist etwas für Menschen, die Weine aus Kohlensäuremaischung mögen.

✓ *Cabernet Sauvignon* • *Riesling*

MOUNT MAGNUS

Granite Belt

Dies ist Australiens höchstgelegenes Weingut.

✓ *Shiraz*

MOUNTVIEW

Granite Belt

★Ⓥ

Als ich diese makellose kleine Scheune aus Redcedar-Holz besuchte, war ich überrascht von dem Shiraz 1991. Er war erst der zweite Jahrgang von Mountview, zählte aber mit seiner üppigen, süßen und sahnigen Frucht wahrscheinlich zu den elegantesten Beispielen dieser Sorte in Australien und sicher zu den preiswertesten. Im Anschluss an diese Offenbarung wurde Mountview in drei aufeinander folgenden Jahren als »Best Queensland Red« prämiert. David und Linda Price verkauften im Jahr 2000, und es bleibt zu hoffen, dass die neuen Eigentümer auf ihrem Erbe aufbauen.

✓ *Shiraz*

OLD CAVES WINERY

Granite Belt

Die von der Weinkellerei Old Caves erzeugten Sortenweine sind wirklich recht gut.

✓ *Riesling* • *Shiraz*

ROBINSONS FAMILY

Ballandean

John Robinson entwickelte seine Leidenschaft für Wein, als er in Frankreich nicht weit vom Beaujolais lebte. Anschließend studierte er Weinwissenschaft am Riverina College bei Brian Croser.

✓ *Cabernet-Shiraz*

RUMBALARA VINEYARDS

Fletcher

★

Chris Gray ist der unangefochtene König des Sémillons im Granite Belt, sowohl in der ohne Eiche wie auch in der in Eiche ausgebauten Version.

✓ *Cabernet Sauvignon* • *Sémillon*

STONE RIDGE VINEYARD

Granite Belt

Shiraz hat das beste Potenzial, ist aber ärgerlich unbeständig.

VIOLET JCANE VINEYARD

★

Eine der neueren und interessantesten Kellereien Queenslands.

✓ *Merlot* • *Shiraz-Schaumwein* • *Viognier*

WINEWOOD

Granite Belt

Ian und Jeanette Davis betonen mitunter die von amerikanischer Eiche stammende Kokosnussnote etwas zu stark.

✓ *Shiraz* • *Shiraz-Marsanne*

✧NEUSEELAND✧

Vor zehn Jahren schrieb ich, dass der neuseeländische Sauvignon Blanc »ein vergleichbares Niveau erreicht hat wie die besten Weine aus Sancerre und Pouilly-Fumé«. Das war einmal. Viele Sauvignons Blancs aus Neuseeland übertreffen inzwischen meiner Einschätzung nach alles, was Frankreich vielleicht hervorbringen könnte. Und: Der Stern des Pinot Noir hat zu leuchten begonnen.

MISSION VINEYARDS AUF DER NORDINSEL
Diese in der Region Hawkes Bay ansässige Weinkellerei hat die Qualität ihrer Weine in jüngster Zeit stark verbessert.

Einige Weinkenner halten Sauvignon Blanc nicht für die großartigste Traubensorte Neuseelands (für manche Neuseeländer sind Chardonnay und neuerdings Pinot Noir die prestigeträchtigsten Sorten, da diese Weine bedeutend höhere Preise erzielen als Sauvignon Blanc), dennoch ist Neuseeland heute weltweit die beste Quelle für Sauvignon Blanc der Spitzenklasse, und die heimischen Erzeuger würden einen Fehler machen, wenn sie diese Tatsache herunterspielten.

DIE ERSTEN EXPORTE

Cooks und Montana nahmen in den späten 1970er Jahren den Export auf, und bereits 1982 brachten zahlreiche neuseeländische Erzeuger Chardonnay, Chenin Blanc, Gewürztraminer, Pinot Gris, Riesling und Sémillon auf den Exportmarkt. Darunter waren auch einige Gewürztraminer-Riesling-Verschnitte, eine echte Novität, und sogar ein Furmint. Die Weintypen reichten von trocken über halbtrocken bis zu süßen Spätlesen. Einige Weine wiesen unterschiedlich starke Eichenholznoten auf, die auf Gärung im Barrique oder auf den Ausbau im Fass zurückzuführen waren. Darüber hinaus fanden sich mehrere Eisweine, die mit Hilfe eines Gefrierschranks erzeugt worden waren! Das Rotweinsortiment umfasste Cabernet Sauvignon, Pinotage und Pinot Noir, die man sowohl mit als auch ohne neue Eiche produzierte.

DIE ZUKUNFT NEUSEELANDS

Seit Ende der 80er Jahre verdreifachte sich die Zahl der Erzeuger, dennoch beherrschen weiterhin nur drei Firmen die Branche: Montana (das auch Deutz Marlborough in Besitz hat), Corbans (zu dem Cooks und Robard & Butler gehören) und Villa Maria (das Vidals und Esk Valley umfasst). Auf die etwa 360 übrigen Weinkellereien entfallen lediglich 10 % der Produktion. Mit insgesamt etwa 6000 verschiedenen Weinen bietet sich jedoch eine reiche Auswahl, die weiter steigt, da pro Jahr durchschnittlich zwanzig kleine Kellereien gegründet werden. 1999 erreichte die im Ertrag befindliche

NEUSEELAND
Die Südinsel (South Island) genießt aufgrund der zum Teil geringeren Niederschläge und niedrigeren Temperaturen ein für den Weinbau günstigeres Klima als die Nordinsel (North Island).

GESCHMACKS- UND QUALITÄTSFAKTOREN

LAGE
Die Weinanbaugebiete Neuseelands befinden sich auf den beiden Hauptinseln, dazu kommt noch Waiheke Island bei Auckland. In Otago liegen die südlichsten Weinberge der Welt.

KLIMA
Die Nordinsel besitzt im Allgemeinen ein kühles Meeresklima, das von den Temperaturen her Bordeaux gleicht, aber viel höhere Niederschläge verzeichnet. Die entscheidenden Herbstwochen sind selten trocken; starke Regenfälle und hohe Luftfeuchtigkeit können die Trauben schädigen und faulen lassen. Die Südinsel ist bedeutend kühler, aber sonniger und trockener. Marlborough hat das wärmste Klima und die meisten Sonnenstunden des Landes. Die Niederschläge schwanken. Im kalifornischen Temperatursummensystem sind die meisten bedeutenden Weinbaugebiete auf beiden Inseln als Region I einzustufen (*siehe* S. 448).

TOPOGRAFIE
Der Großteil der Rebstöcke steht auf ebenem Gelände oder sanftem Hügelland und lassen sich leicht bearbeiten. In Auckland und Te Kauwhata werden nach Norden geneigte Hänge genützt, die eine bessere Dränage und längere, intensivere Sonneneinstrahlung aufweisen.

BÖDEN
Die Böden variieren; überwiegend bestehen sie aus Ton und Lehm, häufig mit Sand und Kies vermischt, mit vulkanischem Untergrund in Teilen von Hawkes Bay, in der Umgebung von Canterbury und in Matakana nördlich Auckland.

WEINBAU UND WEINBEREITUNG
Die Lese beginnt im März und April, sechs Monate vor der Ernte in der nördlichen Hemisphäre. Der Schwerpunkt liegt auf hochwertigen Sortenweinen wie Chardonnay, Sauvignon Blanc, Cabernet Sauvignon und Pinot Noir; Müller-Thurgau dominiert noch die billigen Verschnitte. Die meisten Erzeuger haben in Australien Önologie studiert und zumindest ein Praktikum in Europa absolviert. Die Kombination von Tradition und Technik, von Alter und Neuer Welt hat wesentlich zum hervorragenden Ansehen des neuseeländischen Weins beigetragen.

REBSORTEN
Hauptrebsorten: Cabernet Sauvignon, Chardonnay, Merlot, Pinot Noir, Riesling, Sauvignon Blanc
Nebenrebsorten: Cabernet Franc, Chenin Blanc, Gewürztraminer, Malbec, Muscat (verschiedene, bes. Dr. Hogg), Pinotage, Pinot Gris, Sémillon, Syrah

WEITERE REBSORTEN
Auxerrois, Baco Blanc, Bacchus, Blauberger, Breidecker, Chambourcin, Grenache, Meunier, Müller-Thurgau, Optima, Palomino, Petit Verdot, Reixchensteiner, Siebel, Sylvaner

COOPERS CREEK WINERY AUF DER NORDINSEL
Die im Huapi Valley auf der Nordinsel ansässige Coopers Creek Winery macht außergewöhnlich elegante Weine.

Rebfläche 7900 ha (1990: 4800 ha), bis zum Jahr 2000 sollen es knapp 9000 ha werden.

Sobald sich die Kunde von diesen lebhaft fruchtigen, reintönigen Weinen verbreitete, stieg auch die Nachfrage; die Exporte haben sich in den letzten zehn Jahren nahezu verachtfacht. Sauvignon Blanc und Chardonnay werden an Beliebtheit gewinnen, ebenso Rotweine wie Pinot Noir und Cabernet-Merlot-Verschnitte. Die Anpflanzung von Müller-Thurgau hat mit 475 ha (1990: 1300) vermutlich ihren Tiefpunkt erreicht, die Sorte behält lediglich eine gewisse Bedeutung für billige Verschnittweine, insbesondere für in Kartons abgefüllte Massenware. Anders als in Australien ist die Sémillon-Traube nicht weit verbreitet; sie hat jedoch im letzten Jahrzehnt beträchtlich zugenommen, was sich durch ihre Rolle als *Cuvée*partner für Sauvignon erklärt. Einige Erzeuger ernten sie früh, solange sie noch grasiger und sauvignonartiger ist als Sauvignon Blanc selbst. Ein geringer Anteil kann den sortentypischen Charakter von neuseeländischem Sauvignon Blanc beträchtlich steigern.

JÜNGERE JAHRGÄNGE IN NEUSEELAND

2001–2003 Im Norden sorgte ein verregneter Sommer 2001 für sehr geringe Ernten. Im Süden dagegen war es weitgehend trocken. Die meisten Sauvignons Blancs aus Marlborough gerieten gut, hervorragend der Pinot noir Jahrgang 2001. Das folgende Jahr bescherte den Neuseeländer Weinbauern wiederum einen niederschlagsreichen Sommer, aber ein sonniger und trockener Herbst ließ die Trauben doch noch reifen. Das Ergebnis war ein Rekordertrag. Die Qualität des Jahrgangs 2002 ist allerdings unterschiedlich: hervorragende Chardonnays, verschiedene Sauvignons Blancs aus Marlborough jedoch bildeten ihre Aromen nur schwach aus. Das Jahr 2003 begann auf den Vineyards nicht gerade günstig: Frühjahrsfröste und zu kühle Temperaturen während der Blüte reduzierten den Ertrag gegenüber dem Vorjahr erheblich. Die Qualität des Jahrgangs wird allerdings als viel versprechend eingestuft.
2000 In diesem für Neuseeland ertragreichsten Jahr aller Zeiten war die Reifung von sehr warmen Tagen und sehr kühlen Nächten geprägt. Obwohl Marlborough unter Regen litt, führten diese täglichen Schwankungen zu Weinen mit intensivem, außergewöhnlich konzentriertem Sortencharakter, mit Chardonnay und Sauvignon Blanc an der Spitze.
1999 Eine geringe Steigerung gegenüber der Rekordernte von 1998 mit guter bis sehr guter Qualität. Die Südinsel kam etwas besser heraus als die Nordinsel, und manche Rote aus Gisborne und Hawkes Bay enttäuschten.
1998 Ein sehr heißes Jahr gefolgt von Rekorderträgen ließ die besten Roten der jüngeren Geschichte Neuseelands entstehen mit beeindruckenden, üppigen Weinen von hoher Qualität aus jeder Sorte von Cabernet Sauvignon bis Pinot Noir. Einige gute, körperreiche Chardonnays, aber in Auckland waren die Weißen schwankend, und Sauvignon Blanc geriet meist schwach und träge.

NEUDORF VINEYARDS AUF DER SÜDINSEL
Das auf der Südinsel gelegene Weingut Neudorf produziert mit 4,5 ha Anbaufläche jährlich 24 000 Flaschen Wein.

DIE HERKUNFTSBEZEICHNUNGEN IN NEUSEELAND

Im Jahr 1996 schuf Neuseeland ein neues Appellationssystem, das bestimmten Regionen den Status eines *Certified Origin* (CO; geschützte Ursprungsbezeichnung) gewährt.

NORDINSEL

Die bedeutendere der beiden Inseln des Landes, auf der etwa 75 % der Bevölkerung wohnen. Die neuseeländische Weinwirtschaft nahm hier ihren Anfang und blieb bis 1973 auf diese Insel beschränkt.

AUCKLAND CO

Subregionen mit Certified Origin *Greater Auckland, Kumeu-Huapai, Henderson, Waiheke Island, Northland-Matakana*

In den 1960er Jahren, ein Jahrzehnt bevor die ersten Rebstöcke in Marlborough gepflanzt wurden, besaß Auckland über die Hälfte der Weinanbaufläche Neuseelands, heute sind es weniger als 4 %. Dank der gut achtzig hier ansässigen Kellereien bleibt die Region auch weiterhin das Zentrum der neuseeländischen Weinindustrie. Sie beziehen Trauben aus praktisch allen Regionen des Landes, ihre Abfüllanlagen stoßen einen großen Anteil der neuseeländischen Produktion aus. Während die Weinberge von Auckland von der Produktionsmenge her heute unbedeutend sind, kommen aus seinen Distrikten weiterhin einige der besten Weine des Landes. So besitzt der Distrikt Kumeu-Huapai seit langem einen Ruf für erstklassige Sortenweine, und Waiheke Island, auf der es wesentlich trockener und sonniger ist als in Auckland, zählt zu den aufregendsten Rotweinbezirken Neuseelands. Geringe Mengen Cabernet-Merlot werden auf Great Barrier Island erzeugt, die nordöstlich von Auckland draußen im Pazifik liegt. In jüngerer Zeit machen Clevedon und Whitford östlich von Auckland als viel versprechende Anbaugebiete von sich reden, ebenso Northland.

GISBORNE CO

Gisborne, gleichbedeutend mit Poverty Bay, erhielt aufgrund der großen Mengen Müller-Thurgau, der immer noch die Grundlage für die neuseeländischen Kartonweine bildet, den Beinamen »Carafe Country«. Doch selbst mit 25 t Trauben pro ha wurde der Müller-Thurgau aus Gisborne für die billigsten Verschnittweine unwirtschaftlich, die Erzeuger führen heute Massenwein aus Australien und Europa für die Hälfte des Preises ein. Das setzte eine Verlagerung vom Müller-Thurgau, der nicht billig genug war, zu ertragsärmeren, aber rentablen klassischen Sorten in Gang. Ein Großteil der Trauben aus Gisborne wird nach wie vor von Kellereien in anderen Regionen für Verschnitte gekauft, doch nun für anspruchsvollere Qualitätsprodukte an Stelle von Kartonweinen. Auch erste sortenreine Weine haben sich schon einen Namen gemacht, was darauf schließen lässt, dass die Region wohl doch mehr Potenzial für gute Weine besitzt, als bisher angenommen. Der Gisborne-Klassiker ist der um Matawhero wachsende Gewürztraminer. Der Ruf des Weins ist für neuseeländische Verhältnisse gerechtfertigt, doch ist der Chardonnay – objektiv gesehen – bedeutend erfolgreicher. Als seine zuverlässigsten Exponenten erwiesen sich Villa Maria und Robard & Butler. Aotea, Villa Maria und Coopers erzeugen zudem guten Sauvignon Blanc. Die Rotweine verbuchen weniger Erfolg.

HAWKES BAY CO

Die trockenste Weinregion des Landes wird an Größe nur von Marlborough übertroffen und wächst beinahe genauso schnell. Niemand sollte glauben, dass Hawkes Bay Marlborough unterlegen wäre. So bietet diese Region bessere Entwicklungsmöglichkeiten für Cabernet Sauvignon und seine Verschnitte, und eine Hand voll Erzeuger wetteifert mit den besten Sauvignon Blancs aus Marlborough. Stonecrofts viel versprechender Beginn mit Syrah zeigt, dass Hawkes Bay möglicherweise auch für andere Rhône-Sorten geeignet ist.

WAIKATO CO

Die Region im Binnenland der Nordinsel umfasst den Distrikt Te Kauwhata, der sich durch niedrige Erträge und ein warmes, feuchtes Klima zur Herstellung von edelfaulen Weinen eignet.

WELLINGTON CO

Subregionen mit Certified Origin *Martinborough, Te Horo, Wairarapa*

Wellington besteht aus zwei deutlich unterschiedlichen Weinbaudistrikten, dem westlich der Tararua Range gelegenen Te Horo mit einer einzigen Kellerei, und im Osten Wairarapa mit Martinborough. Der bedeutendere Distrikt ist jedoch Martinborough. Auch wenn die Zahl der Güter gering ist, so fand Martinborough in den letzten zehn Jahren vor allem mit Pinot Noir eine begeisterte Anhängerschaft. Die Region bietet aber auch anderen Traubensorten große Entwicklungsmöglichkeiten, vor allem mit hochwertigen importierten Reben. Der gut entwässernde Kiesboden ähnelt dem von Marlborough und eignet sich hervorragend für den Weinbau.

WEITERE REGIONEN DER NORDINSEL

Abgesehen von wagemutigen 3 ha Rebfläche in Kanuka Forest in Whakatane und einigen symbolischen Reihen von Rebstöcken rund um die Morton Estate Winery in Katikati spielt der Weinbau in der Bay of Plenty keine große Rolle, auch wenn er den CO-Status besitzt. In der etwa 80 km südlich von Whakatane gelegenen Galatea CO erzeugt das aufstrebende Covell Estate mit 5 ha Rebfläche intensiv aromatische Pinot Noir, Chardonnay, Cabernet-Merlot und Riesling.

SÜDINSEL

Die Südinsel ist wesentlich dünner besiedelt als die Nordinsel. Aufgrund des ungenügenden Straßennetzes wird sie erst seit 1973 für den Weinbau genutzt, zeigte aber rasch ein aufregendes Potenzial für hochwertige Sortenweine.

CANTERBURY CO

Subregionen mit Certified Origin *Banks Peninsula, Christchurch, Gibbston Valley, Waipara*

Der Sommer kann hier ebenso warm sein wie in Marlborough, der Herbst ist jedoch kühler und der Temperaturdurchschnitt niedriger. Mit nur 620 mm liegt der Jahresniederschlag deutlich unter dem von Marlborough und ist weniger als halb so groß wie in Auckland. Die meisten Weinberge liegen in den Ebenen um Christchurch und in Waipara, einer Küstenregion im Norden. Die Qualität schwankt, dennoch erscheint die Region viel versprechend.

CENTRAL OTAGO CO

Subregionen mit Certified Origin *Queenstown, Gibbston Valley, Wanaka*

Die aufregendste Entwicklung der letzten Jahre im Weinbau Neuseelands hat der Pinot Noir der Central Otago CO genommen. Sie ist inzwischen die angesagteste Weingegend ganz Neuseelands. Zugleich ist Central Otago auch die kühlste Anbauregion im Land, kühler als die Mosel, doch zurzeit heiß begehrt und geradezu en vogue für weinbauliche Investitionen – in Scharen zieht es Finanziers aus Auckland hierher, ähnlich wie in den späten 1980ern nach Marlborough. Für einen Teil der höchsten und südlichsten Weinberge in Otago liegen die Temperatursummen fast 200 Tagesgrade unter dem für den Weinbau theoretisch notwendigen Minimum. Andererseits gibt es aber auch geschützte Lagen mit untypischer Topografie und einem wärmeren Mikroklima, wie zum Beispiel Bannockburn. Der außergewöhnliche Pinot Noir von diesen Weinbergen war es, der mit seiner hohen Qualität die Investoren in diese Region gelockt hat. Bendigo ist ein Bereich, den es sich lohnt, im Auge zu behalten. Quartz Reef zeigt die Marschrichtung für Schaumwein, aber dieser Stil muss sich als regionales Produkt, über die Erzeugung in einem Einzelbetrieb hinaus, noch bewähren. Riesling und andere aromatische Sorten könnten auch Potenzial entwickeln.

MARLBOROUGH CO

Subregion mit Certified Origin *Awatere Valley*

In Marlborough wurden die ersten Rebstöcke erst 1973 gepflanzt, heute ist es unzweifelhaft die berühmteste Weinregion Neuseelands, und ihr wertvollster Besitz ist der Sauvignon Blanc. Die ganze neuseeländische Weinindustrie wächst rasch, doch nirgends so rasch wie in der Region Marlborough, deren Weine sich einer weltweiten Fangemeinde erfreuen. Speziell Cloudy Bay – eine Dependance des Champagnerhauses Veuve Clicquot – wurde zu einer Kultmarke; aber es gibt noch zahlreiche andere, ebenso aufregende Kellereien. Durch die Kooperation von Deutz und Montana hat sich Marlborough auch einen Namen für Schaumweine gemacht. Dennoch bleibt Sauvignon Blanc der Superstar, auch wenn der Kiesboden und das trockene, sonnige Klima Marlborough zu einem idealen Standort für Chardonnay und Sauvignon Blanc machen; auch Cabernet Sauvignon gedeiht gut.

NELSON CO

Subregionen mit Certified Origin *Moutere Valley, Rabbit Island, Redwood Valley*

Nelson steht zwar im Schatten des Ruhms der jenseits des Mount Richmond gelegenen Region Marlborough, hat aber als Weinbauregion, die am zweitschnellsten wächst, viel zu bieten. Die einzigartige Topografie dieser einst für Hopfen und Tabak bekannten Gegend verhindert einen mechanisierten Weinbau im großen Maßstab. Dies macht zusammen mit dem steinigen, gut entwässernden Boden Nelson zu einer der besten Regionen des Landes für kleine Kellereien. Mit höheren Niederschlägen als in Marlborough, aber bedeutend geringeren als in Auckland ist Nelson für seine langen, warmen Sommer und kühlen Herbstnächte sowie als eine der sonnenreichsten Gegenden Neuseelands bekannt. Pinot Noir, Chardonnay und Sauvignon Blanc besitzen aufregendste Entwicklungsmöglichkeiten.

DIE WEINSTILE IN NEUSEELAND

CABERNET UND MERLOT

Noch vor einiger Zeit litt Neuseeland unter dem schlechten Ruf seiner grünen, aggressiven Rotweine. Als Weißweinland eingeschätzt, erachtete man das Klima als zu kühl, um dickschalige Trauben wie Cabernet Sauvignon zur Reife zu bringen. Heute ist nahezu jede Weinregion Neuseelands eine Goldmine für üppige, runde, sinnliche Rotweine von höchst seriöser Qualität. Cabernet Sauvignon entwickelte sich mit 543 ha zur zweitwichtigsten roten Sorte, doch auch die Anbaufläche von Merlot erhöhte sich um mehr als 300 % auf 446 ha. Selbst der Cabernet Sauvignon von einer Großkellerei wie Montana ist mächtig, vollmundig und würzig und verfügt über mehr Qualität und Charakter, als man in Bordeaux für den anderthalbfachen Preis bekommt.

2–5 Jahre (außergewöhnliche Weine bis 10 Jahre)

✓ *Alpha Domus* (The Navigator) • *Babich* (Irongate Cabernet-Merlot, Patriarch Cabernet Sauvignon) • *Church Road* (Cabernet Sauvignon) • *Clearview* (Reserve Merlot, Cabernet Sauvignon) • *Cloudy Bay* (Cabernet-Merlot) • *Dashwood* (Cabernet Sauvignon) • *Delegat's* (Estate reserve Merlot, Estate Reserve Cabernet Sauvignon, Proprietor's Reserve Merlot) • *Esk Valley* (Reserve Merlot-Malbec-Cabernet, The Terraces) • *Forrest Estate* (Merlot) • *Goldwater Estate* (Cabernet-Merlot, Cabernet-Merlot-Franc, Esslin Merlot) • *Heron's Flight* (Cabernet Sauvignon) • *Huthlee* (Merlot) • *Hyperion* (Gaia Merlot) • *Kemblefield* (Merlot Cabernet) • *Kumeu River* (Cabernet-Merlot) • *Matua Valley* (Ararimu Cabernet-Merlot, Dartmoor Smith Estate Merlot) • *Mills Reef* (alle Elspeth Cuvées) • *Morton Estate* (Black Label Cabernet-Merlot) • *Ngtatarawa* (Alwyn Merlot Cabernet) • *C. J. Pask* (alle Gimblett Road Cuvées) • *Sacred Hill* (Brokenstone Reserve Merlot, Whitecliff Vineyards Merlot) • *Saint Clair Estate* (Merlot) • *St. Jérôme* (Cabernet-Merlot) • *Shingle Peak* (Merlot) • *Stonyridge* (Larose) • *Sileni* (Merlot Cabernet) • *Te Kairanga* (Cabernet Sauvignon) • *Te Mata* (Cabernet-Merlot, Awatea Cabernet-Merlot, Coleraine Cabernet-Merlot) • *Thornbury* (Hawkes Bay Merlot) • *Trinity Hill* • *Unison Vineyard* (Unison Selection) • *Vidal* (Cabernet-Merlot) • *Villa Maria* (Private Bin Cabernet-Merlot, Reserve Cabernet Sauvignon) • *Waimarama Estate* (Cabernet Sauvignon

CHARDONNAY

Diese allgegenwärtige Traube ergibt in Neuseeland wirklich besondere Weine, weshalb ihre Anbaufläche von 350 ha in den späten 1980er Jahren auf heute über 2000 ha anstieg und sie die führende Position unter den Sorten des Landes einnimmt. Im Vergleich zu ihrem australischen Pendant ist sie im Allgemeinen weniger vorhersagbar, ausdrucksstärker und zu einer langsameren, klassischeren Reifung fähig. Dies ist nicht nur auf das kühlere Klima, sondern auch auf die Lese von Hand, die Ganztraubenpressung, den verbreiteten Einsatz natürlicher lokaler Hefen und eine weniger deutliche Eichennote zurückzuführen.

1–4 Jahre

✓ *Ata Rangi* • *Babich* (Irongate) • *Cairnbrae* • *Clearview* • *Cloudy Bay* • *Collards* (Hawkes Bay, Rothesay Vineyard) • *Corbans Marlborough* • *Delegat's* (Proprietor's Reserve) • *Hunter's* • *Kumeu River* • *Lawson's Dry Hills* • *Martinborough Vineyards* • *Matua Valley* (Ararimu) • *Montana* (Ormand Estate) • *Morton Estate* (Black Label) • *Neudorf* (Moutere) • *Nobilo* (Dixon Vineyard) • *Oyster Bay* • *C. J. Pask* • *Robard & Butler* (Gisborne) • *Allan Scott* • *Te Mata* (Castle Hill, Elston) • *Trinity Hill* • *Vavasour* (Reserve) • *Vidal* (Reserve) • *Villa Maria* (Reserve Barrique Fermented Gisborne)

PINOT NOIR

Der in seinen Anforderungen an Standort und Bearbeitungsmethoden gegenüber Cabernet Sauvignon wesentlich empfindlichere Pinot Noir hat eine gewisse Zeit gebraucht, um in Neuseeland heimisch zu werden, vor allem in einigen der eher weniger bedeutenden Gebieten. Von dieser Traube hatte man zunächst erwartet, dass sie für Martinborough besonders geeignet sei, doch obwohl mancher hervorragender Pinot Noir dort erzeugt wurde und noch immer erzeugt wird, hat sich dieser gewiss nicht zu einem zweiten Burgunder entwickelt. Die beste, irgendwie als beständig zu bezeichnende Produktion von Pinot Noir kommt von der Südinsel. Zuerst war es Nelson, das am viel versprechendsten erschien, besonders durch Güter wie Neudorf, dessen Moutere Pinot Noir nur selten enttäuscht. Später folgten Canterbury, dann Marlborough und, am eindrucksvollsten von allen, Central Otago. So hat also der Pinot Noir in Neuseeland die Runde gemacht, von zögerlichen Anfängen aufgrund des in weiten Teilen des Landes schwierigen Klimas bis zum Erfolg in Central Otago, der klimatisch eigentlich ungünstigsten Weinregion.

1–4 Jahre

✓ *Ata Rangi* • *Chard Farm* • *Felton Road* • *Giesen* (Reserve Barrel Selection) • *Highfield Estate* (Elstree Reserve) • *Isabel Estate* • *Kaituna Valley* • *Martinborough Vineyard* • *McCashin's* • *Mt Difficulty* • *Mud House* • *Neudorf* (Moutere) • *Palliser Estate* • *Pegasus Bay* • *Quartz Reef* • *Rippon* • *Daniel Schuster* (Omihi Hills Selection) • *Te Kairanga* (Reserve) • *Two Paddocks*

SAUVIGNON BLANC

Die berühmte Loire-Traube ist nun fest in neuseeländischer Hand. Das Geheimnis des Erfolgs liegt nicht nur darin, dass diese Traube in Neuseeland gut reift, sondern auch in der Tatsache, dass man dem Wein ein wenig früh gelesenen Sémillon zufügt, der so grasig ist, dass er »mehr Sauvignon« ist als echter Sauvignon und den Sortencharakter des Weins mächtig aufpeppt. Diese Methode ist völlig legal, da das neuseeländische Gesetz die Beimengung von bis zu 15 % einer anderen Traubensorte zulässt und die Europäische Union, die USA und die meisten anderen Exportländer dies akzeptieren. Mit dem Auftauchen komplexerer Chardonnays, die höhere Preise erzielen als Sauvignon, setzte ein Trend zu weniger fruchtigen, subtileren Sauvignon Blancs ein. Hoffentlich werden diese Weine den Markt nicht beherrschen, denn der Versuch, dem Flaggschiff der neuseeländischen Weine seinen umwerfenden Charakter zu nehmen, würde das Huhn töten, das goldene Eier legt. Sauvignon Blanc ist keine besonders subtile Traube. Sie ist nicht anspruchsvoll, besitzt kaum die Anlage zu Komplexität und wird weder durch den Einsatz von Eiche noch durch Lagerung besser. Sauvignon ist eine unverhohlen direkte, unkomplizierte Traube, und sie ungehindert ihrer Natur folgen zu lassen, ist der Schlüssel zu ihrer phänomenalen Beliebtheit, die eine Vervierfachung der Anbaufläche im letzten Jahrzehnt erzwang.

1–2 Jahre (nicht älter, es sei denn, Sie lieben die Untertöne von gekochtem Spargel, welche diese Weine – besonders bei großer Traubenreife – rasch in der Flasche entwickeln)

SAUVIGNON-BLANC-TRAUBEN BEI CLOUDY BAY

Cloudy Bay erzeugt einen der großartigsten Sauvignon Blancs in Marlborough, von dessen Kultstatus das Ansehen der ganzen Weinindustrie Neuseelands profitiert.

✓ *Aotea* • *Cairnbrae* (The Stones) • *Clifford Bay* • *Cloudy Bay* • *Collard* • *Coopers Creek* (Marlborough) • *Kim Crawford* • *Delegat's* • *Esk Valley* • *Hunter's* • *Jackson Estate* • *Lawson Dry Hills* • *Montana* • *Nautilus* • *Neudorf* • *Oyster Bay* • *Palliser Estate* • *Selaks* • *Stoneleigh* • *Te Mata* (Castle Hill) • *Vavasour* • *Villa Maria* • *Whitehaven* (Single Vineyard Reserve)

SCHAUMWEINE

Früher waren Montanas Lindauer Brut und Rosé der Inbegriff eines neuseeländischen Schaumweins, ein keineswegs geringer Erfolg für einen schmalzigen, sahnigen, gefälligen Wein, der nach der Transvasiermethode hergestellt wird. Die Zusammenarbeit von Montana und Deutz setzte das Land auf die Landkarte des flaschenvergorenen Schaumweins. Der Wein verbesserte sich ständig, doch erst der aus der Champagne stammende Daniel Le Brun bewies das wahre Potenzial Marlboroughs für seriöse Schaumweine. Seine ersten Weine waren im besten Fall etwas zu protzig und im schlechtesten Fall problematisch. Seit dem Jahrgang 1989 erzielt er aber eine Qualität, mit der sich nur eine Hand voll Erzeuger außerhalb der Champagne messen können. Pelorus von Cloudy Bay hat für Puristen etwas zu viel Eiche, wird aber mit jedem Jahrgang besser und zählt wahrhaftig zu den besten Schaumweinen der Neuen Welt. Ich hoffe, dass die individuell konzipierten Weine aus Marlborough zunehmen, da die Region qualitativ (in der obersten Klasse) ohne weiteres mit der Champagne konkurrieren kann. Auf der Nordinsel macht Morton Estate einen zuverlässigen klassischen Schaumwein. In den frühen 1990er Jahren stieg Daniel Le Brun derart empor, dass er sogar Montana hinter sich ließ. Im Nachhinein ist nun aber deutlich geworden, dass sich sein Ruhm lediglich auf drei Jahrgänge gründete: 1989, 1990 und 1991. Es waren die Qualität dieser Jahrgänge und vor allem auch die Geschwindigkeit, mit der Le Brun diese Qualität erreichen konnte, die die Medien der Weinwelt so beeindruckten. Der Pelorus von Cloudy Bay hat sich inzwischen einen Kultstatus erworben, der an jenen des Sauvignon Blanc aus gleichem Hause herankommt, und als Hunter seinen köstlich frischen, leicht trinkbaren Miru Miru herausbrachte, verfiel die internationale Weinpresse endgültig der Vorstellung von Schaumwein aus Neuseeland. Quartz Reef verspricht nun, auch Central Otago in die Schaumweinliga zu erheben, aber vorläufig steht noch immer Marlborough einsam an der Spitze.

ATA RANGI, MARTINBOROUGH
Zuverlässiger Pinot Noir wird hier erzeugt.

1–2 Jahre (ab Kauf)

✓ *Daniel Le Brun* (ab 1997er) • *Le Brun Family Vineyards* • *Hunter's* • *Montana* (alle Deutz Cuvées, Lindauer Special Reserve) • *Pelorus* • *Quartz Reef*

BOTRYTISIERTE WEINE

In Neuseeland gibt es keine ausgesprochene Dessertweinregion, auch wenn Te Kauwhata dank der hohen Feuchtigkeit dem nahe kommt. Edelfäule tritt in nicht vorhersagbarer Weise in allen Regionen des Landes auf. Riesling eignet sich in Neuseeland zweifellos am besten für diesen Weintyp; seine überaus lebhaften Aromen werden von einer funkelnden Säure gesteigert, sodass seine Süße einen rasiermesserscharfen Charakter entwickelt. Überraschenderweise ist Chardonnay die andere erfolgreiche Sorte. Hunters machte 1987 den ersten botrytisierten Chardonnay, der mit einem überwältigenden Sahne-Pfirsich-Aroma alle verblüffte, die das Glück hatten, ihn zu verkosten, und andere Neuseeländer anregte, diesen ungewöhnlichen Wein zu perfektionieren. Botrytisierter Sémillon muss sich erst einen Namen machen, doch wird ihm dies sicher gelingen, da nun weniger grasige Klone produktiv werden.

1–15 Jahre

✓ *Corbans* (Botrytis Selected Noble Rhine Riesling) • *Dry River* (Botrytized Chardonnay, Botrytized Riesling) • *Esk Valley* (Botrytis Selection Chenin Blanc) • *Fromm* (La Strada Riesling) • *Giesen* (Botrytized Riesling) • *Neudorf* (Moutere Late Harvest Riesling) • *Redwood Valley* (Botrytized Riesling) • *Rongopai* (Botrytized Chardonnay, Botrytized Riesling) • *Allan Scott* (Late-Harvest Riesling) • *Seresin* (Noble Riesling) • *Te Whare Ra* (Botrytis Bunch Selection) • *Villa Maria* (Noble Riesling Botrytis Selection) • *Charles Wiffen* (Late Harvest Riesling)

KLASSISCHE WEISSE VERSCHNITTE

Neuseeländische Erzeuger, die mit Eiche, malolaktischem Säureabbau und Hefesatzlagerung bei anderen Sorten als Chardonnay experimentieren wollen, sollten nicht die Reinheit des Sauvignon Blanc antasten, sondern diese Verfahren auf klassische weiße Verschnitte anwenden – eine Marktnische, die sich nur sehr langsam entwickelt, sich aber als sehr lohnend erweisen wird. Der logischste Verschnittpartner für Sauvignon ist selbstverständlich Sémillon. Die bis vor kurzem in Neuseeland kultivierten Sémillon-Reben besaßen jedoch ein aggressives Aroma und waren für den Verschnitt ungeeignet, es sei denn sehr zurückhaltend, um den Sortencharakter eines Sauvignon Blanc zu betonen. Für klassische Verschnittweine, für die ein neutralerer Grundwein benötigt wird, ist der in Neuseeland traditionell verwendete spät reifende Schweizer Klon zu grasig. Sowie klassischere Sémillon-Klone für die Produktion reif werden, wird die Zahl erfolgreicher neuseeländischer Verschnitte schnell ansteigen, vor allem wenn man einen zurückhaltenderen Sauvignon verwendet (Auckland, Hawkes Bay, Martinborough und der Norden von Marlborough bieten sich als beste Möglichkeiten an). Inzwischen verschneidet man Sémillon mit Chardonnay, um das starke Aroma des Sémillon etwas zu dämpfen. Der in Australien beliebte Chardonnay-Sémillon-Verschnitt ist in Neuseeland keine gängige Kombination, da hier der Chardonnay nicht frischer gemacht werden muss. Chenin Blanc und Chardonnay erwiesen sich in Neuseeland hingegen als erstaunlich gutes Gespann.

1–3 Jahre

✓ *Alpha Domus* (Sémillon-Sauvignon) • *Kumeu River* (Sauvignon-Sémillon) • *Pegasus Bay* (Sauvignon Sémillon Oak Aged on Lees) • *Selaks* (Sauvignon Blanc-Sémillon) • *Villa Maria* (Chenin-Chardonnay)

WEITERE WEISSWEINSTILE

Niemand stellt in Neuseeland einen wirklich guten Chenin Blanc her, doch Millton Barrel Fermented ist recht ordentlich. Ebenso fand ich in Neuseeland keinen Gewürztraminer, der mich wirklich beeindruckt hätte – Cloudy Bay, Dry River, Montana Putatahi Estate und Stonecraft noch am ehesten. Kann man im neuseeländischen Gewürztraminer noch Moschus und Lychees feststellen, so ist beim Pinot Noir des Landes schon übersinnliche Einbildungskraft vonnöten, um auch nur etwas an Würze aufzuspüren. Dry River produziert den besten Pinot Gris, der zwar angenehm und elegant, aber kein wirklicher Pinot Gris ist. Quartz Reef und Martinborough Vineyards Matua machten ebenfalls einen guten Wein aus dieser Traube. Wirklich trockener Riesling ist immer noch eine relativ neue Erscheinung, wobei jedoch schöne Beispiele dieses Stils immer öfters auf den Markt kommen. Die bisher besten sind Corbans (Private Bin Amberley), Felton Road, Neudorf (Moutere), Rippon, Selaks, Seresin und Vavasour. Halbtrockene Rieslinge höchster Qualität gibt es weitaus mehr, zum Beispiel Collards (Queen Charlotte), Coopers Creek, Kim Crawford, Dry River (Craighill), Lawson's Dry Hills, Martinborough Vineyards, Millton Vineyard (Opou Vineyard), Montana (Marlborough Reserve), Nga Waka, Palliser Estate, Rippon, Allan Scott, Stoneleigh Vineyard, Stratford, Villa Maria (Private Bin, Reserve) und Charles Wiffen. Zwar bleibt eine genaue Unterscheidung zwischen edelfaulem und halbsüßem Riesling oft strittig, aber die letzte Kategorie wird sicherlich angeführt von Collards, Cooper's Creek (Reserve), Grove Mill, Framingham, Pegasus Bay und De Redcliffe. Sobald weniger krautig-aggressive Sémillon-Klone produktiv werden, sollten wir eine rasch steigende Zahl klassischer Versionen dieser Sorte beobachten können, die sich durch eine Gärung in Eichenbarriques bedeutend verbessern kann. Bis dahin genießen Collards und Villa Maria das größte Ansehen für diese Traube. Die weiße Rhône-Traube Viognier wartet noch auf ihre Chance.

WEITERE ROTWEINSTILE

Die Syrah hat es in den letzten Jahren sehr weit gebracht. Der erste neuseeländische Wein aus dieser Traube, der auf dem Markt erschien, stammte von Stonecroft in Hawkes Bay. Die frühesten Jahrgänge waren dicht und grün, ließen aber bereits Möglichkeiten erkennen, die seit 1996 auch verwirklicht wurden. Stonecroft gilt für manche noch immer als der Beste, ich würde jedoch Trinity Hill (Gimblett Road) und Fromm (La Strada) höher bewerten und Babich (Mara Estate), Denton, Dry River, Framingham, Matariki, Okahu und Peninsula Estate (Gilmour) als mindestens gleichwertig ansehen. Es gibt einen sehr guten Malbec von Fromm (La Strada), einen fabelhaften Montepulciano von Framingham sowie Pinotage von Okahu (Paula's Reserve) und Sanctuary, der es ohne weiteres mit den meisten südafrikanischen aufnehmen kann.

ERZEUGER IN NEUSEELAND

ALPHA DOMUS
Hawkes Bay
★½

Familienunternehmen, das 1995 seinen ersten Wein erzeugte, den Ausstoß 1999 verdoppelte und in sehr kurzer Zeit sehr viele Menschen beeindruckt hat.

✓ *Chardonnay* (AD) • *Merlot Cabernet* • *Semillon-Sauvignon* • *The Navigator*

AOTEA
Gisborne
Ⓥ

Dies ist keine Kellerei, sondern eine Marke, die Margaret Harvey gehört, einer Britin und Master of Wine. Der Sauvignon Blanc gehört zwar nicht derselben Klasse an wie die Weine aus Marlborough, ist aber bislang der beste Wein aus Gisborne.

✓ *Sauvignon Blanc*

ATA RANGI
Martinborough
★½Ⓥ

Clive Paton und Phyll Pattie sind für ihren schön gemachten Pinot Noir berühmt, und auch ihr Chardonnay zählt zu den besten von Martinborough.

✓ *Cabernet-Merlot* (Célèbre) • *Chardonnay* • *Pinot Noir*

BABICH
Henderson
★

Die unter der Marke Irongate verkauften Cabernet-Merlots und Chardonnays waren nie besser, und jetzt gibt es einen aufregenden Syrah.

✓ *Cabernet-Merlot* (Irongate) • *Cabernet Sauvignon* (The Patriarch) • *Chardonnay* (Irongate) • *Syrah Mara Estate*

BENFIELD & DELAMARE
Martinborough
★½

Im Herzen des Pinot-Noir-Landes erzeugt dieses Weingut einen Merlot-dominierten Bordeaux-Verschnitt von zuverlässig hoher Qualität.

✓ Rotwein

BLOOMFIELD VINEYARDS
Masterton

Ein weiterer Rotweinspezialist. Bloomfields Bordeaux-Sorten könnten sich als ebenso erfolgreich erweisen wie der Pinot Noir aus Martinborough.

BROOKFIELDS VINEYARDS
Napier
½

Hier erzeugt man einen festen, tiefschichtigen, eichenbetonten Cabernet-Merlot und einen runden, sanften, sehr gefälligen Pinot Gris.

✓ *Cabernet-Merlot*

LE BRUN
Marlborough
★

Inzwischen hat sich herausgestellt, dass Daniel Le Bruns Reputation bei Cellier Le Brun auf den Weinen lediglich dreier Jahre gegründet war: 1989, 1990 und 1991. Die Jahrgänge 1992 bis 1996 kann man getrost vergessen: Le Brun hatte seinerzeit die geballte Aufmerksamkeit der Weinmedien derart verinnerlicht, dass er voller Übermut seine Trauben viel zu grün pflücken ließ. Dies gilt auch für den 1996er, den die neuen Eigentümer damals als nicht gut genug empfanden und ohne Jahrgangsangabe unter der Marke Terrace Road verkauften. Unerklärlicherweise gewann jener Terrace-Road-Cuvée mehrere Preise, hatte aber keinen davon verdient. Trotzdem werden Qualität und ein guter Ruf nach den 1997er Weinen wieder Kennzeichen von Cellier Le Brun sein, wenn auch unter dem neuen Kellermeister Alan MacWilliams und daher mit einem anderen Stil. Zu erwarten sind tropischere, weniger biskuitartig-*champenoise* Weine.

✓ Schaumweine (ab 1997)

LE BRUN FAMILY ESTATE
Marlborough
★

Nachdem die Zusammenarbeit Daniel Le Bruns mit Cellier Le Brun 1996 beendet wurde, durfte er 3 Jahre lang keine Weine unter seinem eigenen Namen auf den Markt bringen. Im Jahr 1999, und zwar auf den Tag genau 3 Jahre nach der Trennung, eröffnete Le Brun keck sein Le Brun Family Estate gleich um die Ecke und brachte seine Cuvée No. 1 heraus – schließlich war er der erste Le Brun, und viele seiner treuen Kunden halten ihn noch immer für den besten. Allerdings ist diese erste Ausgabe nicht wirklich zu empfehlen (sie enthielt etwas Wein vom Jahr 1996, in dem Le Bruns Aufmerksamkeit nicht auf der Höhe war). Die zweite aber ist gut, und frühe Verkostungen von Le Bruns 1997er Virginie waren höchst viel versprechend. Es wäre schön zu erleben, wie Le Brun ein zweites Mal zum Superstar aufsteigt.

✓ Schaumweine (ab 1997)

CAIRNBRAE
Marlborough
★½

Diese kleine Boutiquekellerei wurde 1992 gegründet und machte sich schnell einen Namen für Weißweine von hoher Qualität.

✓ *Chardonnay* • *Riesling Reserve* • *Sauvignon Blanc (The Stones)*

CHARD FARM
Central Otago

Die Chard Farm liegt spektakulär, sie ist nur über einen provisorisch in den Berghang gehauenen Weg zu erreichen, der kaum breit genug ist für ein Auto und an einer Schlucht entlangführt. Die Weine sind köstlich, besonders der Riesling ist einen Versuch wert.

✓ *Pinot Noir*

CHURCH ROAD
Taradale
★½

Montanas Hightech-Kellerei in Hawkes Bay ist in der alten, liebevoll restaurierten Church Winery untergebracht. Mit Unterstützung des bedeutenden Weinerzeugers Cordier aus Bordeaux bringt Church Road Weine hervor, die den gezügelten Überschwang eines in kühlem Klima gereiften Neue-Welt-Weins mit der klassischen Struktur der Alten Welt verbinden.

✓ *Cabernet Sauvignon* • *Chardonnay*

CLEARVIEW ESTATE
Hawkes Bay
★½

Die junge Kellerei wird sich in naher Zukunft unter die Starerzeuger Neuseelands einreihen, vor allem aufgrund ihres sensationellen Chardonnays und Merlots (Reserve).

✓ *Cabernet Merlot* • *Chardonnay Merlot* • *Sauvignon Blanc*

CLIFFORD BAY
Marlborough
★

Erst 1997 wurde hier der erste Wein erzeugt, und seitdem zieht Clifford Bay jedermann in seinen Bann, speziell mit seinem Sauvignon Blanc.

✓ *Chardonnay* • *Sauvignon Blanc*

CLOUDY BAY
Marlborough
★★

Diese Kellerei wurde von David Hohnen von Cape Mentelle in Westaustralien gegründet. Sein Cloudy Bay Sauvignon Blanc errang rasch Kultstatus, eine gerechtfertigte Auszeichnung für Kevin Judd, Hohnens talentierten Weinmacher und Partner. Die perfekte Kombination von hoher Qualität und individuellem Können machten Cloudy Bay zu einem der am raschesten aufsteigenden Stars der südlichen Hemisphäre. Hohnen und Judd verliehen Cloudy Bay geschickt das Image einer Boutiqueweinkellerei, eine wesentliche Voraussetzung, um sich eine Fangemeinde heranzuziehen, gleichzeitig ein kleines PR-Wunder, denn Cloudy Bay ist in Wirklichkeit eine der größten Kellereien von Marlborough. Dies gelang durch eine so großräumige Distribution der Weine, dass sie streng zugeteilt werden müssen, wodurch sie rasch ausverkauft sind und den Eindruck einer kleinen Produktion vermitteln. Der Chardonnay von Cloudy Bay war schon immer mindestens so gut wie der Sauvignon. Weltbekannt ist das Gut für seinen schäumenden Pelorus, und es überrascht auch immer wieder mit Weinen wie Pinot Noir und sogar Gewürztraminer.

✓ *Cabernet-Merlot* • *Chardonnay* • *Gewürztraminer* • *Pinot Noir* • *Sauvignon Blanc* • *Schaumweine* (Pelorus)

COLLARDS
Henderson
★½Ⓥ

Diese Kellerei wurde von dem englischen Gärtner J. W. Collard gegründet und ist immer noch in Familienbesitz. Die Brüder Bruce und Geoffrey Collard bewahren den beneidenswerten Ruf des Guts für die Zuverlässigkeit des gesamten Sortiments. Die Weine besitzen eine höchst lebendige Frucht, insbesondere der lehrbuchmäßige Hawkes Bay Chardonnay, der eine schöne, jugendliche Struktur aufweist.

✓ *Chardonnay* (Hawkes Bay) • *Riesling* • *Sauvignon Blanc*

COOPERS CREEK
Huapai
★½

Coopers Creek, eine der angesehensten Kellereien Neuseelands, war in einen Skandal bezüglich der falschen Etikettierung einiger Weine verwickelt, die 1995 und 1996 hier erzeugt wurden. Unabhängig davon hatte aber Kim Crawford, seit 1980 hier Kellermeister, bis zu und auch während jener Zeit manche hervorragende, preisgekrönte Weine gemacht, und er tut dies unter seiner eigenen Marke noch heute. Crawfords Assistent, Simon Nunns, hat seitdem die Regie übernommen, und die Weine sind weiterhin exzellent. Ich habe keine Ahnung, ob ich je einen der falsch etikettierten Weine verkostet habe, aber wenn ja, dann war er verdammt gut!

✓ *Cabernet Sauvignon* • *Chardonnay* (Swamp Reserve) • *Merlot Cabernet Franc* • *Riesling* (bes. Botrytis und Late Harvest) • *Sauvignon Blanc* (Marlborough)

CORBANS
Kellereien Auckland, Gisborne, Napier, Blenheim
★½ Ⓥ

Als der Libanese Assid Abraham Corban nach Neuseeland aufbrach, war er Steinmetz, und er hat sicher nicht vermutet, dass der Wein sein Schicksal werden sollte. Nachdem er zehn Jahre in mindestens ebenso vielen Jobs auf der Insel zugebracht hatte, bestockte er 1902 einen Weinberg in der Region Henderson und entpuppte sich als Naturtalent in Sachen Weinbau. Corbans war bis November 2000, als sie von Montana gekauft wurde, die zweitgrößte Unternehmensgruppe der neuseeländischen Weinbranche. Die regionalen Qualitätsmarken sind Longridge in Hawkes Bay und Stoneleigh in Marlborough. Außerdem wird ein großes Sortiment unter verschiedenen Marken wie Chasseur, Cooks, Liebstraum, Montel, Robard & Butler, St. Arnaud, Seven Oaks und Velluto verkauft. Beachten Sie, dass viele der früher unter der Marke Private Bin verkauften Weine heute als Cottage Block auf den Markt gelangen.

Cabernet-Merlot (Cottage Block) • *Chardonnay* (bes. Cottage Block) • *Merlot* (Cottage Block) • *Pinot Noir* (Private Bin) • *Riesling* (Botrytized, Private Bin Botrytis Selected Noble, Private Bin Amberley Dry, Stoneleigh) • *Sauvignon Blanc* (Stoneleigh)

COVELL ESTATE
Galatea
½

Die einzige Weinkellerei in der Region Galatea an der Bay of Plenty. Das aufstrebende, biodynamisch arbeitende Unternehmen macht unter Leitung von Bob Covell höchst aromatische Weine, die manchmal sehr viel Eiche aufweisen, aber immer ausgezeichnet reifen.

Cabernet-Merlot • *Chardonnay* • *Pinot Noir* • *Riesling*

KIM CRAWFORD
Hawkes Bay
★½

Kim Crawford, einer der erfahrensten, talentiertesten und am meisten mit Preisen bedachten Winzer Neuseelands, besitzt seit 1996 seine eigene Kellerei. Seine besten Weine sind Chardonnay, Riesling und Sauvignon Blanc. Die Qualität der Roten ist in steilem Anstieg begriffen, aber eigentlich sind alle Weine gut.

Cabernet Franc (Wicken) • *Chardonnay* (Tietjen) • *Merlot Cabernet Franc* (Tane) • *Riesling* • *Sauvignon Blanc*

DELEGAT'S
Henderson
★½

Für die meisten seiner Weine bezieht der prämiierte Erzeuger die Trauben aus der Region Hawkes Bay. Die Weine sind im Allgemeinen zurückhaltender, als man es von dieser Frucht erwarten würde, sie sind eher elegant als körperreich, lassen es aber nie an Tiefe oder Länge mangeln.

Chardonnay (Oyster Bay, Proprietor's Reserve, Vicarage Road) • *Merlot* (Proprietor's Reserve) • *Sauvignon Blanc*

DENTON
Nelson
★

Die erste Lese fand hier 1996 statt, aber in der kurzen Zeit seitdem haben Richard und Alexandra Denton ihre Kundschaft mit herrlichem Chardonnay und Riesling erfreut. Ihr Syrah aber hat die größte Aufmerksamkeit auf sich gezogen.

Chardonnay • *Riesling* • *Syrah*

DRY RIVER
Martinborough
★½

Neil McCullum erzeugt überaus eleganten Pinot Noir und Chardonnay. Er kann auch einen herrlich duftenden trockenen Riesling machen, die wahre Stärke McCullums liegt aber in dekadent üppigen botrytisierten Weinen. »Einige halten ihn für den Top-Erzeuger Neuseelands«, sprach James Halliday zu mir, als gäbe es nicht den geringsten Zweifel daran.

Chardonnay (Botrytized) • *Gewürztraminer* • *Pinot Gris* • *Pinot Noir* • *Riesling* (Botrytized, Craighall Estate Dry) • *Syrah*

ESK VALLEY
Napier
★

Bis Ende der 1980er Jahre zählte das Unternehmen nicht zu meinen bevorzugten Erzeugern. Mit der Übernahme durch Villa Maria entwickelte das Sortiment jedoch eine beeindruckende Qualität.

Chenin Blanc (Botrytis Selection) • *Sauvignon Blanc* • *The Terraces* (Rotwein im Bordeaux-Stil)

FELTON ROAD
Central Otago
★½

Da in Felton Road erstmals 1997 geerntet wurde, ist es noch viel zu früh für definitive Aussagen, doch bisher liefert dieser Erzeuger aus Bannockburn sehr eindrucksvolle Qualität.

Pinot Noir • *Riesling*

FORREST ESTATE
Marlborough
★

Hier wird eine interessante Palette guter Weine erzeugt, etwa ein weicher, klassischer Sauvignon Blanc.

Gewürztraminer • *Merlot* • *Sauvignon Blanc*

FOXES ISLAND WINES
Marlborough
★

John Belsham, der ehemalige Weinmacher bei Hunter's, gründete einen Designerweinservice unter dem Namen Rapaura Vintners, der auf Bestellung buchstäblich jeden Weintyp herstellt, sei es für einen Weinbauern ohne eigene Kelleranlagen, einen Großhändler, einen Einzelhändler oder ein Restaurant. Er ist ein außergewöhnlich talentierter Winzer, und sein Unternehmen ist erstaunlich erfolgreich, sodass die klein gedruckte Bezeichnung Rapaura zu einem Begriff wurde, nach dem der Kenner Ausschau hält. Belsham baut nun auch sein eigenes ausgezeichnetes Programm auf. Er beginnt mit kleinsten Mengen eines sehr gesuchten Chardonnays aus eigenem Weinberg auf Foxes Island, einer Kiesbank zwischen dem Opwa River und dem Wairau River.

Chardonnay • *Pinot Noir*

FRAMINGHAM
Marlborough
★½

Von diesem rasantesten Aufsteiger Marlboroughs stammt einer der besten trockenen Rieslinge Neuseelands, und der Betrieb zeigt eine gewisse Spezialisierung auf diese Traube. Daneben faszinierende andere reinsortige Weine.

Gewürztraminer • *Merlot* • *Montepulciano* • *Pinot Gris* • *Riesling* (Dry, Classic, Late Harvest) • *Syrah*

FROMM
Marlborough
★

Im Besitz des Schweizer Ehepaars Georg und Ruth Fromm, das sich mit Hilfe des Kellermeisters Hätsch Kalberer eine gemütliche Roweinnische erarbeitet hat.

Malbec (La Strada) • *Pinot Noir* (La Strada) • *Syrah* (La Strada)

GIBBSTON VALLEY
Central Otago

Diese idyllisch gelegene Kellerei mit eigenem Restaurant macht immer bessere Weine, insbesondere Pinot Noir.

GIESEN WINE ESTATE
Christchurch
★½ Ⓥ

Canterburys größte Kellerei besitzt 35 ha Weinberge, mit denen ein breites Sortiment erzeugt wird. Der zurzeit aufregendste ist ein üppiger Pinot Noir, während sich die botrytisierten Weine durch beständig hohe Qualität auszeichnen.

Chardonnay (Isabel Estate Reserve) • *Pinot Noir* • *Riesling* (Botrytized)

GILLAN
Marlborough

Terry »Telboy« Gillan macht herrlich frische, aromatische Weißweine.

Chardonnay • *Sauvignon Blanc*

GOLDWATER ESTATE
Waiheke Island
★★

Kim und Jeanette Goldwater erzeugen zweifellos einen der großartigsten Rotweine des Landes. Der Goldwater Cabernet-Merlot ist ein Wein von klassischem Zuschnitt, der die Fülle, Finesse, Langlebigkeit und Komplexität besitzt, um mit den besten Weinen Kaliforniens, Australiens und Bordeaux' zu konkurrieren.

Cabernet-Merlot (manchmal Cabernet-Merlot-Franc) • *Chardonnay*

GROVE MILL
Marlborough
★ Ⓥ

Grove Mills funkelnder Sauvignon Blanc ist ein Muss.

Sauvignon Blanc • *Riesling*

HERON'S FLIGHT
Matakana
★

Der senstionelle Cabernet Sauvignon, der hier seit dem Jahrgang 1991 gemacht wird, hat das Potenzial von Matakana bestätigt.

Cabernet Sauvignon

HIGHFIELD ESTATE
Marlborough
½

In diesem Gut, das über dem Omaka Valley liegt, werden schöne, elegante Weißweine erzeugt. Der aus der Champagne stammende Weinmacher Drappier half bei der Entwicklung des runden Schaumweins (Marke: Elstree) mit sahnigen Vanillearomen.

Chardonnay • *Pinot Noir* (Elstree) • *Sauvignon Blanc* • *Schaumweine* (Elstree)

HUNTER'S

Marlborough

★☆

Jane Hunter ist eine talentierte Winzerin, deren Weinberg zu den unangefochtenen *Grands Crus* der Region Marlborough zählt. Ihre vielfach ausgezeichnete Kellerei setzt Standards, die ihr den Respekt ihrer Nachbarn und internationalen Ruhm erwarben. Als Jane Hunter mit dem Jahrgang 1995 auch ihren für den internationalen Markt bestimmten Schaumwein Miru Miru herausgab, stellte er sich nicht nur als besser als ihre teureren, länger gealterten Schaumweine heraus – vielmehr war er so gut, dass ich einfach nicht genug davon bekommen konnte. Das Jahr 1995 war für Hunter's offensichtlich ein qualitativer Wendepunkt beim Schaumwein, denn die unter dem Gutsnamen verkaufte Marke fiel so hervorragend aus wie noch nie zuvor. War aber der Fortschritt beim 1995er schon sehr erfreulich, so geriet der 1996er vollkommen umwerfend; er war genau das, was Jane Hunter immer hatte machen wollen.

✓ *Chardonnay* • *Pinot Noir* • *Riesling* • *Sauvignon Blanc* • *Schaumweine* (Hunter's, Miru Miru)

HUTHLEE

Hawkes Bay

★

Hervorragende Rote, darunter ein Merlot, der zum Allerbesten zählt, das Neuseeland zu bieten hat.

✓ *Cabernet Franc* • *Cabernet Sauvignon Merlot* • *Cabernet Sauvignon Merlot Cabernet Franc* • *Merlot*

HYPERION

Northland

☆

John Crone keltert Wein in einem Kuhstall nördlich von Auckland!

✓ *Merlot* (Gaia)

ISABEL ESTATE

Marlborough

☆

Boutiquekellerei mit Weingarten auf Kiesböden in Hawksberry Terrace.

✓ *Pinot Noir* • *Sauvignon Blanc*

JACKSON ESTATE

Marlborough

★☆Ⓥ

Meiner Ansicht nach erzeugen John und Warwick Stichbury zuverlässig den großartigsten Sauvignon Blanc von Marlborough, und dies seit ihrem ersten Jahrgang 1991. Er besitzt überaus intensive, lebhaft fruchtige Aromen und eine außergewöhnliche Finesse. Der Chardonnay, der ein annähernd ebenso gutes Potenzial zeigt, ist von etwas zurückhaltenderer, komplexerer Art. Der Pinot Noir ist köstlich und zeichnet sich durch eine elegante Erdbeer-Vanille-Frucht aus.

✓ *Chardonnay* • *Pinot Noir* • *Riesling* (Botrytized) • *Sauvignon Blanc*

KAITUNA VALLEY

Canterbury

★

Grant und Helen sind Besitzer und zugleich Winzer und haben sich auf Pinot Noir und Chardonnay spezialisiert.

✓ *Pinot Noir*

KEMBLEFIELD

Hawkes Bay

★☆

John Kemble erzeugt hervorragenden Chardonnay und Merlot-Cabernet. Seinen Gewürztraminer habe ich noch nicht gekostet, aber er soll sehr an elsässischen erinnern.

✓ *Chardonnay* • *Merlot Cabernet*

KUMEU RIVER

Auckland

★☆

Kellermeister Michael Brajkovich erzeugt regelmäßig einen der besten Chardonnays Neuseelands. Angenehme Weine mit ausgezeichnetem Preis-Leistungs-Verhältnis werden unter der Marke Brajkovich verkauft.

✓ *Chardonnay* • *Merlot-Cabernet* • *Sauvignon-Sémillon*

LAWSON'S DRY HILLS

Marlborough

★☆

Diese Kellerei produziert sehr aromatische Weißweine.

✓ *Chardonnay* • *Riesling* • *Sauvignon Blanc*

LINCOLN VINEYARDS

Henderson

☆

Obwohl sich die meisten Kritiker für den Chardonnay oder den in Eiche ausgebauten Chenin Blanc entscheiden, ziehe ich die körperreichen Rotweine mit ihrem Minze-Früchtekuchen-Aroma vor.

✓ *Cabernet-Merlot* (Home Vineyards, Vintage Selection)

MARTINBOROUGH VINEYARDS

Martinborough

★☆

Den Ruf dieser Kellerei begründete Larry McKenna, der aber vor kurzem den Betrieb verlassen hat, um eine eigene Kellerei zu eröffnen. Die neue Kellermeisterin Claire Mulholland (früher bei Gibbston Valley) muss sich hier noch bewähren. Da jedoch McKennas Weine vorläufig noch auf dem Markt erhältlich sind, bleibt die Bewertung von Martinborough Vineyards zunächst unverändert.

✓ *Chardonnay* • *Pinot Noir* • *Riesling*

MATARIKI

Hawkes Bay

★

Diese aufstrebende Boutiquekellerei erzeugt seit ihrem ersten Jahrgang 1997 einen Syrah, der zu den besten Neuseelands gehört, und plant für die nahe Zukunft die Produktion von Sangiovese.

✓ *Anthology* • *Chardonnay* • *Syrah*

MATAWHERO WINES

Gisborne

Gelegentlich gelingt Denis Irwing Sensationelles, häufig ist das Ergebnis jedoch enttäuschend, was schade ist angesichts der offensichtlichen Leidenschaft und Hingabe dieses Winzers. Der Gewürztraminer ist sein beständigster Wein, viele halten ihn für den besten in Neuseeland.

MATUA VALLEY

Waimauku

★★

Diese Hightech-Kellerei stellt eine Palette feiner, ausdrucksstarker Weine her, die vor Frucht überschäumen und reinen Genuss bieten. Die kürzlich gestartete Marke Ararimu ist den Spitzenweinen vorbehalten, die nur in den besten Jahrgängen hergestellt werden. Ausgezeichnete Marlborough-Weine werden unter dem Etikett Shingle Peak verkauft.

✓ *Cabernet-Merlot* (Ararimu) • *Chardonnay* (Ararimu) • *Cabernet Sauvignon* (Dartmoor Smith Estate) • *Chardonnay* (Judd Estate) • *Chenin-Chardonnay* (Judd Estate) • *Merlot* (Dartmoor Smith Estate, Shingle Peak) • *Sauvignon Blanc*

MCCASHIN'S

Nelson

☆

McCashin's ist eine bekannte Brauerei in Nelson, die mit ihrem ersten Jahrgang 1998 vor nicht allzu langer Zeit in die Weinbereitung eingestiegen ist. Vor dem Hintergrund der außerordentlichen Qualität der Rotweine jenes Jahrgangs in ganz Neuseeland muss man mit einer allgemeinen Bewertung noch vorsichtig sein, aber der Pinot Noir war einfach zu gut, um unerwähnt zu bleiben.

✓ *Pinot Noir*

MILLS REEF

Hawkes Bay

★

Die gewaltige Publicity um einen Schaumwein mit übermächtiger Eichennote lenkt die verdiente Aufmerksamkeit von dem köstlich üppigen, lebhaft fruchtigen Sauvignon Blanc und einem Bordeaux mit echter Finesse ab.

✓ *Riesling* • *Sauvignon Blanc* (einschl. alle Espeth Cuvées)

THE MILTON VINEYARD

Gisborne

☆

Dieser biodynamisch arbeitende Erzeuger ist zu Recht für seinen leicht edelfaulen, halbsüßen Opou Riesling berühmt. Außerdem stellt er einen eleganten fassvergorenen Chardonnay her und wird in der Region für seinen Chenin Blanc geschätzt.

✓ *Chardonnay* (Barrel Fermented) • *Riesling* (Opou Vineyard)

MISSION VINEYARDS

Taradale

Zwar bringt die Society of Mary gelegentlich ein Juwel hervor, etwa den Jewelstone Chardonnay 1992, doch beherrschen langweilige Produkte das Sortiment von Hawkes-Bay-Weinen aus dieser alteingesessenen Kellerei.

✓ *Chardonnay* (Jewelstone)

MONTANA

Kellereien in Auckland, Gisborne und Marlborough

★☆Ⓥ

Als größter Weinerzeuger des Landes hat sich Montana nach der Übernahme des zweitgrößten, Corbans, im November 2000, nochmals vergrößert, besitzt jetzt Weinberge mit einer Gesamtfläche von etwa 2400 ha und verkauft mit seinen verschiedenen Marken mehr als die Hälfte der neuseeländischen Weine. Die Qualität und Zuverlässigkeit der erzeugten Weine ist selbst im untersten Sortimentsbereich atemberaubend, ein Beispiel für den Standard, den jede große Weinkellerei anstreben sollte.

✓ *Cabernet Sauvignon* (Fairhall, Marlborough) • *Chardonnay* (Marlborough, Gisborne, Ormand Estate, Renwick Estate) • *Gewürztraminer* (Patutahi) • *Pinot Noir* (Reserve) • *Riesling* (Reserve) • *Sauvignon Blanc* (Stoneleigh) • *Schaumweine* (alle Deutz Cuvées, Lindauer Special Reserve)

MORTON ESTATE

Bay of Plenty

★☆

Obwohl das Weingut Morton auf Weißweine spezialisiert ist, erzeugt es einen der fantastischsten Cabernet-Merlot-Verschnitte Neuseelands und bringt in Abständen einen ausgezeichneten reinsortigen Merlot auf den Markt. Die beherrschende Sorte ist jedoch Chardonnay.

✓ *Cabernet-Merlot* (Black Label) • *Chardonnay* (bes. Black Label) • *Sauvignon Blanc* (Black Label Fumé Blanc) • *Schaumwein* (Méthode Champenoise)

MT DIFFICULTY

Central Otago

★

Könnte ein weiterer Star in Bannockburn werden.

✓ *Pinot Noir*

NAUTILUS

Marlborough

☆

Der reiche, reife Sauvignon Blanc ist ein Volltreffer, während der Chardonnay stets unangenehm übertrieben ausfällt. Nautilus erzeugt zwei unterschiedliche Schaumweine, den fruchtigen Estate Cuvée Brut und den krautigen Twin Islands.

✓ *Sauvignon Blanc* • Schaumweine (Nautilus Estate)

NEUDORF VINEYARDS

Nelson

★☆

Tim und Judy Finn erzeugen mit Beständigkeit die beiden besten neuseeländischen Weine im Burgunder-Stil, Chardonnay und Pinot Noir, außerdem einen der besten trockenen Rieslinge.

✓ *Chardonnay* (Moutere) • *Pinot Noir* (Moutere) • *Riesling* (Dry Moutere, Late Harvest Moutere) • *Sauvignon Blanc*

NGATARAWA WINES

Hastings

★

Diese qualitätsbewusste Hawkes-Bay-Kellerei gelangte durch ihre unverwechselbaren Rotweine zu Ansehen. Mit Ausnahme des Alwyn Riesling und des Glazebrook Chardonnay sind ihre Weißweine so zurückhaltend, dass mir ihre Subtilität entgeht.

✓ *Cabernet Merlot* (Glazebrook) • *Chardonnay* (Glazebrook) • *Riesling* (Alwyn)

NGA WAKA VINEYARD

Martinborough

★

Dieses Weingut wurde 1988 von dem frankophilen Absolventen des Roseworthy College Roger Parkinson gegründet. Seine Weine besitzen eine intensive, lebhafte Frucht.

✓ *Riesling* • *Sauvignon Blanc*

NOBILO

Auckland

★

Der neue Eigentümer BRL Hardy will in eine neue Kellerei und in die Hege der Weinberge investieren. Die besten Weine sind derzeit der üppige, klassische und komplexe Dixon Vineyard Chardonny und der Marlborough Sauvignon Blanc; man sollte die Kellerei im Auge behalten.

✓ *Chardonnay* (Dixon Vineyard) • *Sauvignon Blanc* (Marlborough)

OKAHU ESTATE

☆

Northland

Das nördlichste Weingut Neuseelands liegt über dem Ninety Mile Beach.

✓ *Pinotage* (Paula's Reserve) • *Syrah*

PALLISER ESTATE

Martinborough

★Ⓥ

Palliser stellt einen immer erfolgreichen Sauvignon Blanc und einen eleganten Pinot Noir her; sein Chardonnay schwankt jedoch zwischen Volltreffer und Niete (wobei die Treffer aus unerfindlichen Gründen oft in ungerade Jahre fallen).

✓ *Pinot Noir* • *Riesling* • *Sauvignon Blanc*

C. J. PASK

Hastings

★★

Chris Pask, der früher als Pilot Weinberge spritzte, produzierte 7 Jahre lang Trauben, ehe er 1989 seine eigene Kellerei erbaute. Seine 35 ha Weinberge auf tiefem Kiesboden liegen in der erstklassigen Region Gimblett Road in Hawkes Bay. Sie bilden die Grundlage für die herausragende Qualität seiner Weine. Pasks Trumpf im Ärmel ist Kate Radburnd, eine außergewöhnlich talentierte, früher für Vidal arbeitende Weinmacherin. Sie setzt das Potenzial von Pasks Weinbergen in üppige, komplexe Weine um, die größere Anerkennung verdienen.

✓ *Cabernet-Merlot* • *Chardonnay*

PEGASUS BAY

Waipara

★☆

Diese erfolgreiche neue Weinkellerei gehört dem Weinautor und Neurologen Professor Ivan Donaldson.

✓ *Cabernet-Merlot* • *Chardonnay* • *Pinot Noir* • *Riesling* • *Sauvignon* • *Sémillon Oak Aged on Lees*

PENINSULA ESTATE

Waiheke Island

Ob mutig oder töricht, es war in jedem Fall ein Wagnis, das Doug Hamilton mit seinem in den Pazifik hinausreichenden Weinberg einging, der auf drei Seiten der salzhaltigen Meeresbrise ausgesetzt ist.

✓ *Peninsula Estate Red* (Rotwein im Bordeaux-Stil) • *Syrah* (Gilmour)

QUARTZ REEF

Central Otago

★☆

Im Besitz von Rudi Bauer und Clotilde Chauvet (die auch in Rilly-la-Montagne Champagner macht). Dem Paar gehören Weingärten in Bendigo, und sie erzeugen exzellenten Pinot Noir und ebensolchen Schaumwein. Quartz Reefs schäumender Jahrgangsverschnitt enthält hauptsächlich Trauben aus Marlborough und zeigt einen unverhohlen von Frucht getriebenen Stil mit weicher, luftiger *Mousse*, entwickelt aber nach etwa einem Jahr im Keller größere Komplexität. Eine frühe Verkostung des ersten Jahrgangs (1998) vor der offiziellen Ausgabe war äußerst viel versprechend, nicht nur für Quartz Reef, sondern auch für Central Otago; dies ist der erste gelungene Schaumwein rein aus vor Ort gezogenen Trauben.

✓ *Pinot Noir* (Reserve) • Schaumwein

DE REDCLIFFE ESTATES

Mangatawhiri Valley

★

Diese Waikato-Kellerei erzeugt enttäuschende Rotweine, aber hochwertige, aromareiche Weißweine, insbesondere Riesling.

✓ *Chardonnay* (Mangatawhiri) • *Riesling*

RIPPON

Wanaka

★

Das größte Potenzial schienen 1974 Chardonnay und vielleicht auch Riesling oder Gewürztraminer zu besitzen, doch war es der Pinot Noir, der sich als Erster zuverlässig Ansehen erwarb. Ein Schaumwein steht kurz vor seiner Freigabe.

✓ *Pinot Noir* • *Riesling*

RONGOPAI

☆

Te Kauwhata

Rongopai, eine ausgezeichnete Quelle für botrytisierte Weine, erwarb jüngst das alte Forschungsgut in Te Kauwhata.

✓ *Chardonnay* (Botrytized) • *Riesling* (Botrytized)

SACRED HILL

Hawkes Bay

★

Eine stattliche Palette reinsortiger Weine guter Qualität, bei denen früher die Weißen im Vordergrund standen (ich erinnere mich an einen etwas merkwürdigen Gewürztraminer, dessen Produktion inzwischen eingestellt wurde); heute aber spielen Rote auch eine wichtige Rolle.

✓ *Chardonnay* (Rifelman's Reserve) • *Merlot* (Brokenstone Reserve, Whitecliff Vineyards) • *Riesling* (XS Noble) • *Sémillon* (Botrytis)

ST. CLAIR

★

Marlborough

☆

Mehrere interessante Weine verweisen darauf, dass dies eine der besten neuseeländischen Weinkellereien der Zukunft sein könnte, insbesondere wenn ihr großer Besitz im potenziell hervorragenden Awatere Valley Trauben für die Weinproduktion liefern wird.

✓ *Merlot* • *Sauvignon Blanc*

ST. HELENA WINE ESTATE

Christchurch

St. Helena war einst der führende Vertreter des neuseeländischen Pinot Noir. Trotz gelegentlich ausgezeichneter Weine aus dieser Traube mangelt es an Zuverlässigkeit.

ST. JÉRÔME

Henderson

★

Ein erstklassiger Bordeaux-Verschnitt in einem mächtigen, umwerfenden Stil von einer kleinen Boutiqueweinkellerei.

✓ *Cabernet-Merlot*

DANIEL SCHUSTER

Christchurch

☆

Diese in der Region Waipara gelegene Weinkellerei gehört Danny Schuster, der einen der besten Pinots Noirs Neuseelands erzeugt, zudem ausgezeichneten Chardonnay und einen interessanten Pinot Blanc.

✓ *Chardonnay* (Omihi Hills) • *Pinot Noir* (Omihi Hills)

ALLAN SCOTT

Marlborough

★

Allan Scott war es, der 1973, als er noch leitender Kellermeister bei Corbans war, das erste Weingut in Marlborough gründete. Scott erzeugt guten Sauvignon Blanc und brachte 1999 seinen eigenen Schaumwein heraus; echte Spitzenleistungen sind aber Chardonnay und Riesling.

✓ *Chardonnay* • *Riesling*

SEIFRIED ESTATE

Nelson

★☆Ⓥ

Konsumenten außerhalb Neuseelands werden diese Weine unter der Marke Redwood Valley kennen. Seifried macht ausgezeichnete Weißweine, etwa einen hervorragenden botrytisierten Riesling und einen der guten trockenen Rieslinge des Landes.

✓ *Chardonnay* (Old Coach Road) • *Riesling* (Botrytis Dry Riesling)

SELAKS

Auckland

★☆Ⓥ

Selaks verfügt über ein zuverlässiges Sortiment erstklassiger, eleganter Weine, insbesondere die Weißweine verdienen Beachtung. Sein Schaumwein ist jedoch seltsamerweise langweilig.

✓ *Chardonnay* (Birchwood, Founder's Reserve) • *Riesling* (Dry) • *Sauvignon Blanc* • *Sauvignon-Sémillon*

SERESIN
Marlborough
★½

Dieses Gut wirtschaftet biologisch, die Reben werden sämtlich per Hand gepflegt, und ein Teil der Weine wird mit wilden Hefen vergoren. Kellermeister ist Brian Bicknell, der für seine Leistungen als fliegender Winzer bekannt ist. Nichts von dem, was er als solcher erzeugt hat, kann aber mit seinen Weinen aus Seresin konkurrieren, von denen einige zu den besten in Marlborough gehören.

✓ *Merlot* • *Pinot Gris* • *Pinot Noir* • *Riesling* (Dry, Noble) • *Sauvignon Blanc*

SILENI
Hawkes Bay
★½

Aufkommender High-Tech-Megastar. Sileni presste die ersten Trauben 1998 und hat kurz danach bereits viele Weinkritiker mit seinen Merlot Cabernets wirklich beeindruckt.

✓ *Chardonnay* • *Merlot Cabernet* • *Sémillon*

STONECROFT
Hastings
½

Diese Kellerei produziert einen tiefschichtigen, konzentrierten Syrah, der eher seinem Rhône-Vetter ähnelt als einem australischen Shiraz. Die ersten Jahrgänge litten etwas unter der Jugend der Rebstöcke und benötigen eine längere Flaschenreifung. Dennoch ist Stonecroft ein bahnbrechendes Unternehmen.

✓ *Cabernet* • *Syrah*

STONYRIDGE
Waiheke Island
★★

Stephen White macht einen fast schwarzen Rotwein namens Larose. White erwarb seine Kenntnisse in der Toskana, in Kalifornien und in Bordeaux, wobei Letztere ihn am meisten beeinflusste, wie sein Bordeaux-Verschnitt Larose beweist, der *en primeur* verkauft wird.

✓ *Larose*

STRATFORD WINES OF MARLBOROUGH
Marlborough
★½

Die ersten hier erzeugten Weine stammten von der 1997er Lese und wurden unter der Marke Wakefield Vineyard verkauft, doch eine Suche nach den von Strat Canning gekelterten Stratford-Weinen lohnt sich immer, einerlei wie er sie nennt. Allen voran geht sein herrlich rassiger Riesling.

✓ *Chardonnay* • *Pinot Noir* • *Riesling*

TE KAIRANGA
Martinborough
★½

Seit dem Jahrgang 1993 erzeugt Te Kairanga einen beeindruckenden Pinot Noir mit sahniger Frucht und feinem sortentypischem Aroma, mittlerweile einen preisgekrönten Cabernet Sauvignon.

✓ *Cabernet Sauvignon* • *Chardonnay* • *Pinot Noir*

TE MATA
Hawkes Bay
★★

Te Mata, die älteste Kellerei Neuseelands, wurde 1978 von John Buck erworben. Mit Unterstützung von Weinmacher Peter Cowley schuf er zwei der großartigsten Rotweine des Landes: Awatea und Coleraine. Die Bestandteile von Coleraine besitzen großartige Finesse und schöne Struktur, während sich die von Awatea durch Üppigkeit und Zugänglichkeit auszeichnen. Der einfache Cabernet-Merlot von Te Mata ist von gefälliger Art, kann aber auch in der Flasche eine überraschende Konzentration entwickeln. Die Weißweine werden oft ignoriert, was schade ist, da sie immer sehr aromatisch sind und rassige Frucht sowie frische Säure aufweisen.

✓ *Cabernet-Merlot* (bes. Awatea, Coleraine) • *Chardonnay* (Castle Hill, Elston) • *Sauvignon Blanc* (Castle Hill)

TE WHARE RA
Marlborough

Dieses Gut ist zu Recht für seine köstlichen Dessertweine renommiert.

✓ *Botrytis Bunch Selection*

TRINITY HILL
Hastings
★★

Beachtenswert ist der Pinot Noir. Der erste Jahrgang, nämlich 2000, entstand mit praktischer Hilfe von Hancocks altem Kumpel Larry McKenna, dem Martinborough Vineyards die Reputation ihres Pinot Noir zu verdanken haben. Daneben sind auch manch unüblichere Sorten in Vorbereitung. Wichtigste Marke ist Gimblett Road, aber auch die Qualität der weniger teuren Shepherds-Croft-Weine ist besser als bei vielen anderen Kellereien. Bisher kenne ich keinen Wein von Trinity Hill, den ich nicht gerne trinke.

✓ *Cabernet Sauvignon* (Gimblett Road) • *Cabernet Sauvignon Merlot* (Gimblett Road, Shepherds Croft) • *Merlot Cabernet Franc Syrah* (Shepherds Croft) • *Riesling* (Wairarapa) • *Syrah* (Gimblett Road)

TWO PADDOCKS
Gibbston Valley
★½

Dieses Gut gehört dem Schauspieler Sam Neill und erzeugt unter der Leitung von Dean Shaw, der Rudi Bauer als Auftragswinzer abgelöst hat, einen fantastischen Pinot Noir. Bei einem unangemeldeten Besuch in Bannockburn, wo eines der beiden *Two Paddocks* – zu Deutsch etwa »zwei Felder« – liegt, konnte das »Feld« von Mr. Neill ohne weiteres ausgemacht werden. Der Weingarten war vollständig mit einem Netz überzogen, während sich Scharen von Vögeln gierig über die Trauben des Nachbarn hermachten. Vielleicht einer der Gründe für den Erfolg von Twin Paddocks? Nach neuesten Informationen hat man auch noch Land in Alexandra hinzugekauft (sehr beliebter Rebenstandort in Central Otago, besonders aus der Sicht jener, die Bannockburn für zu warm halten). Wird es nun eine Sortimentserweiterung geben, oder heißt der Wein in Zukunft einfach Three Paddocks?

✓ *Pinot Noir*

UNISON VINEYARD
Hawkes Bay
★½

Von diesem dicht bepflanzten Weingarten (5 000 Reben pro Hektar) kommen nur zwei Weine, beide ein Verschnitt von Merlot, Cabernet Sauvignon und Syrah. Der eine heißt schlicht Unison, der andere Unison Selection. Beide sind exzellent.

✓ *Unison* • *Unison Selection*

VAVASOUR
Marlborough
★½

Geht man vom Export aus, ist dies vermutlich der am meisten unterbewertete Erzeuger Neuseelands. Vavasour erschloss das Awatere Valley, das als eine der erfolgreichsten Subregionen des Landes gilt. Sowohl die Weiß- als auch die Rotweine verfügen über intensive Fruchtaromen und eine exzellente Struktur. Herausragende Weine werden auch unter der Marke Dashwood verkauft.

✓ *Chardonnay* • *Pinot Noir* • *Riesling* • *Sauvignon Blanc*

VIDAL
Hastings
★½ⓥ

Vidal wurde von einem Spanier gegründet und gehört heute George Fistonich, dem Sohn eines Einwanderers aus Dalmatien und Besitzer der Kellerei Villa Maria. Vidal produziert zuverlässig einige der aufregendsten Rotweine der Region Hawkes Bay. Den Weißweinen mangelt es mitunter an Finesse, aber sie sind meist sehr süffig und gefällig. Außerdem erzeugt Vidal einen der guten Gewürztraminer Neuseelands.

✓ *Cabernet-Merlot* (Reserve) • *Cabernet Sauvignon* (Reserve) • *Chardonnay* (Reserve)

VILLA MARIA
Auckland
★★ⓥ

Der wohl beste Allround-Erzeuger Neuseelands verfügt über ein breites Sortiment an Weinen, die alle sehr sorgfältig gemacht sind. Wenn Eiche verwendet wird, ist die Note leicht und tadellos integriert. Die Qualität ist hervorragend, und zwar in verblüffender Zuverlässigkeit.

✓ *Cabernet-Merlot* (Private Bin) • *Cabernet Sauvignon* (Reserve) • *Chardonnay* (Reserve Barrique Fermented) • *Chenin-Chardonnay* • *Riesling* (Noble Botrytis Selection, Private Bin) • *Sauvignon Blanc*

WAIPARA SPRINGS
Waipara
★

Diese Kellerei widmet sich nun der Erzeugung eines soliden Sortiments von konstant guten Qualitätsweinen. Am besten ist der Riesling.

✓ *Cabernet Sauvignon* • *Chardonnay* • *Pinot Noir* • *Riesling* • *Sauvignon Blanc*

WAITAKERE ROAD VINEYARD
Kumeu

Diese wenig bekannte Weinkellerei besitzt ein gutes Potenzial für Rotwein.

✓ *Harrier Rise*

WHITEHAVEN
Marlborough
★½

Sensationeller Riesling und Sauvignon Blanc, besonders der Single Vineyard Reserve.

✓ *Chardonnay* • *Riesling* • *Sauvignon Blanc*

CHARLES WIFFEN
Canterbury
★½

Obwohl sie schon seit 1980 Trauben anpflanzt, brachte die Wiffen-Familie erst 1997 ihren eigenen Wein heraus, und seitdem ist ihr Riesling nichts weniger als atemberaubend, vor allem die Spätlese Late Harvest. Ebenfalls sehr guter Chardonnay und Sauvignon Blanc.

✓ *Chardonnay* • *Riesling* (Late Harvest) • *Sauvignon Blanc*

WITHER HILLS
Henderson

Die Weinberge liegen in der Region Marlborough auf der Südinsel, während sich die Kellerei in Henderson auf der Nordinsel, in der Region Auckland, befindet.

✓ *Chardonnay* • *Sauvignon Blanc*

DIE AUSWAHL DES AUTORS

Meine Auswahl australischer Weine ist keine ultimative Liste der größten Weine, nennt aber einige der besten. Sie gehören alle zu meinen persönlichen Favoriten. Für Neuseeland musste ich meine Wahl in zwei Durchgängen treffen. Meine erste enthielt nicht weniger als 54 fantastische Weine. Um sie auf die zwanzig unten genannten zu verringern, musste ich Weine streichen, die viele der besten aus bedeutenden Weinregionen der Welt in den Schatten stellen würden.

ERZEUGER	WEIN	ART	BESCHREIBUNG	
AUSTRALIEN				
Grant Burge (*siehe* S. 535) ⓥ	Meshach Barossa Valley, Shiraz	ROT	Ich kann den australischen Erzeugern ihre Neigung zu einer übertriebenen Eichennote in ihren Weinen verzeihen, wenn sie so elegant sind wie dieser – ein kompakter, konzentrierter Wein mit einer üppigen, langen, warmen und würzigen Frucht.	3-7 Jahre
Cape Mentelle (*siehe* S. 540) ⓥ	Shiraz	ROT	Die eleganteste australische Version des Shiraz. Ein Wein von großartiger Komplexität und Finesse, wundervoll eingebundenen Eichenholznoten und perfekter Tanninbalance.	3-10 Jahre
Coldstream Hills (*siehe* S. 529)	James Halliday Coonawarra, Cabernet Sauvignon	ROT	Dieser Wein wird vom ehemaligen Besitzer des Guts James Halliday (der weiterhin als Weinmacher tätig ist) ausgewählt; er verkauft ihn unter seinem Namen anstatt dem des Weinguts. Wie man von einem Wein, der den Namen dieses großen Mannes trägt, erwarten kann, zeichnet er sich durch eine fantastische Eleganz aus. Halliday strebt eher nach Finesse und Länge anstatt nach Kraft; der sanfte, trocken-eichenwürzige Abgang macht den Wein zu Speisen geeignet.	4-8 Jahre
Coldstream Hills (*siehe* S. 529)	Pinot Noir	ROT	Diese Weine besitzen eine attraktive Fülle an pikanten Aromen von Kirschen und anderen roten Früchten. Ein Hauch Eiche im Abgang und genau bemessene Tannine.	2-4 Jahre
Cullens (*siehe* S. 540)	Chardonnay	WEISS	Ein sehr eleganter Chardonnay mit außergewöhnlich reichem, überschäumend fruchtigem Geschmack, der von einer spritzigen Säure unterstrichen wird.	2-4 Jahre
Lindeman's Wines (*siehe* S. 524) ⓥ	Limestone Ridge, Shiraz-Cabernet	ROT	Dieser herrlich füllige Wein mit Schwarze-Johannisbeer-Aromen besitzt eine exzellente Säure- und Tanninstruktur, die ihn über außerordentlich lange Zeit elegant reifen lässt. Sein anfängliches mächtiges, komplexes Aroma von der Eiche wandelt sich zu feinen Noten von Vanille, Kaffee und schwarzen Beeren, ehe sich die großartigen Aromen aus der Flaschenreifung entwickeln.	5-25 Jahre
Lindeman's Wines (*siehe* S. 524) ⓥ	Padthaway, Chardonnay	WEISS	Ein durch und durch australischer Chardonnay, schlichtweg einer der elegantesten, größte Freude machenden Neue-Welt-Chardonnays auf dem Markt. Sogar die unverhohlene Eichennote verströmt Klasse.	2-5 Jahre
Morris Wines (*siehe* S. 530) ⓥ	Old Premium, Liqueur Tokay	AUFGE-SPRITETER WEIN	Dieser Liqueur Tokay mit seiner honigsüßen Komplexität und erfrischenden Säure ist genau die richtige Wahl, um auf Mick Morris zu trinken.	beim Öffnen
Penfolds Wines (*siehe* S. 537) ⓥ	Bin 407, Cabernet Sauvignon	ROT	Mit seinem gehobenen, aber nicht übertriebenen Preis ist dies der im wahrsten Sinne des Wortes preiswerteste Rotwein von Penfolds. Für sein massives Bukett besitzt er erstaunliche Finesse. Ich kann mir keinen Wein dieser Statur mit einer besseren Ausgewogenheit vorstellen.	4-20 Jahre
Penfolds Wines (*siehe* S. 537) ⓥ	Magill Estate, Shiraz	ROT	Ein teurer Wein, der jedoch kaum ein Viertel des Preises von Penfolds Grange kostet. Grange gilt als großartigster Wein Australiens, doch wenn eine neue Generation von Weinautoren in zwanzig Jahren die 80er Jahrgänge beider Weine blind verkostet, würde es mich nicht überraschen, diesen noch dichteren, saubereren Wein als Sieger zu sehen.	8-30 Jahre
Petaluma (*siehe* S. 537) ⓥ	Riesling	WEISS	Der bemerkenswerteste trockene Riesling Australiens ist von klassischem, reifungswürdigem Stil. Mit einem schlichten Blütenaroma in seiner Jugend entwickelt der Petaluma-Riesling nach vier bis fünf Jahren in der Flasche ein exquisites, volles Aroma.	5-12 Jahre
Rosemount Estate (*siehe* S. 524) ⓥ	Orange Vineyard, Chardonnay	WEISS	Dieser überdimensionale Chardonnay verfügt über so volle, dichte Aromen, dass man ihn während seiner Entwicklung kaum trinken kann, man kann ihn nur ehrfurchtsvoll in kleinen Schlucken schlürfen. Mit zunehmender Reife erreicht der Wein eine sublime, nussige Komplexität, die an einen der großen alten weißen Burgunder von der Côte de Nuits erinnert.	1-15 Jahre

ERZEUGER	WEIN	ART	BESCHREIBUNG	
Rosemount Estate (*siehe* S. 524) Ⓥ	Balmoral, Syrah	ROT	Ich bete die Weine von Rosemount an, könnte die Seite nur mit ihnen füllen. Der Syrah und der Shiraz von Rosemount besitzen eine schwarzfruchtige seidenweiche Textur, die sie aus den australischen Mainstream-Shiraz-Weinen heraushebt. Ein himmlischer Genuss.	**2-5 Jahre**
NEUSEELAND				
Ata Rangi (*siehe* S. 549) Ⓥ	Pinot Noir	ROT	Ata Rangi bewahrt stets eine elegante, wundervoll klare, nach Kirsche schmeckende Pinot-Noir-Frucht und einen kaum wahrnehmbaren süßen Hauch von Eiche.	**2-5 Jahre**
Daniel le Brun (*siehe* S. 549)	Blanc de Blancs	SCHAUMWEIN	Seit dem Jahrgang 1989 ist diese *Cuvée* einem hochwertigen Champagner ebenbürtig. Trotz seiner üppigen sahnig-toastigen Frucht ist er komplex und klassisch ausgewogen. Ein Wein von großartiger Finesse.	**2-7 Jahre (geschätztes Maximum)**
Church Road (*siehe* S. 549)	Cabernet Sauvignon	ROT	Ein erstklassiger Rotwein mit voller, mit rauchigen Noten unterlegter Frucht und überragender Finesse.	**3-8 Jahre**
Cloudy Bay (*siehe* S. 549)	Chardonnay	WEISS	Der in Eichenfässern vergorene Chardonnay ist unglaublich füllig und dennoch schön ausgewogen.	**2-6 Jahre**
Cloudy Bay (*siehe* S. 549)	Pinot Noir	ROT	Die köstlich lebhafte Kirschfrucht dieses Weins bringt das Terroir von Marlborough perfekt zum Ausdruck. Unterstrichen wird es von einem harmonisch eingebundenen, sahnigen Eichenton.	**3-6 Jahre**
Goldwater (*siehe* S. 550)	Cabernet-Merlot	ROT	Seit 1990 erreichen Kim und Jeanette Goldwater eine Qualität, die sogar einen großen Jahrgang eines Bordeaux-*Cru-Classé* übertreffen würde. Klassische Struktur, feste reife Tannine und sich langsam entwickelnde Komplexität.	**2-10 Jahre**
Hunter's (*siehe* S. 551)	Oak-aged Sauvignon Blanc	WEISS	Ich liebe die üppig-würzigen Aromen tropischer Früchte in diesem Wein, die von einer köstlichen Eichennote gestützt, aber nie beherrscht werden. In der Flasche reift der Eichenton zu geschmeidigen Kokosnussnoten.	**2-3 Jahre**
Jackson Estate (*siehe* S. 551) Ⓥ	Sauvignon Blanc	WEISS	Cloudy Bay und ein oder zwei andere Weingüter könnten diesem Wein nahe kommen, doch niemand macht Jahr für Jahr einen lebhafteren und dynamischeren Sauvignon Blanc als Jackson Estate.	**1-2 Jahre**
Kumeu River (*siehe* S. 551)	Merlot-Cabernet	ROT	Das eigenwillige Weingenie Michael Brajkovich verwendet Cabernet zur Unterstützung von Merlot, um eine sinnliche Kombination aus Beeren- und Eichenaromen zu erzielen.	**3-6 Jahre**
Martinborough (*siehe* S. 551)	Chardonnay	WEISS	Unmengen überströmender, buttriger Frucht, die durch den malolaktischen Säureabbau und die Fassgärung noch weiter gesteigert wird. Bei Liebhabern von Larry McKennas berühmtem Pinot Noir mag diese Wahl umstritten sein, insgesamt erweist sich der Chardonnay jedoch zuverlässig als der bessere Wein.	**2-5 Jahre**
Matua Valley (*siehe* S. 551)	Ararimu, Chardonnay	WEISS	Für einige verdient sicher der Sauvignon Blanc von Matua Valley die Spitzenposition, für mich wurde er jedoch zur Zufallswahl zwischen dem etablierten Dartmoor Smith Estate Cabernet Sauvignon mit seinem wundervollen Tabakaroma und dem aufstrebenden Ararimu Chardonnay.	**2-5 Jahre**
Neudorf (*siehe* S. 552)	Moutere Pinot Noir Moutere Chardonnay	ROT/WEISS	Ungeachtet des Jahrgangs besitzen beide Weine immer eine üppig-füllige Frucht und einen erlesenen, reinen Sortencharakter.	**2-5 Jahre**
Stonyridge (*siehe* S. 553)	Larose	ROT	Dieser klassische Verschnitt aus Cabernet Sauvignon, Merlot, Cabernet Franc, Malbec und Petit Verdot ist ein dunkler, dichter, tanninreicher Wein mit großartiger Finesse und komplexem Zedernholz-Minz-Aroma.	**4-10 Jahre**
Te Mata (*siehe* S. 553)	Awatea und Coleraine Cabernet-Merlot	ROT	Der geschmeidige, großzügige und verführerische Awatea Cabernet-Merlot belegt qualitativ theoretisch den zweiten Platz hinter dem Coleraine, der bei der Selektion der Trauben Vorrang hat. Dennoch verfügt der Awatea über Eleganz, und er bereitet mindestens ebenso viel Vergnügen.	**3-8 Jahre**
Te Mata (*siehe* S. 553)	Elston, Chardonnay	WEISS	Dieser große, feste Wein verfügt über so üppige Frucht mit komplexen, rauchigen Röstaromen, dass er zu den besten Chardonnays Neuseelands gezählt werden muss.	**2-5 Jahre**
Villa Maria (*siehe* S. 553) Ⓥ	Reserve	ROT/WEISS	Alle Reserve-Weine von Villa Maria sind fantastisch – von dem reifen, stilvollen Chardonnay über den außerordentlich vollmundigen und komplexen Cabernet Sauvignon und den saftigeren, pflaumigen Cabernet-Merlot bis zum wundervoll konzentrierten Noble Riesling Botrytis Selection.	**2-10 Jahre**

✧ASIEN✧

Auch in den Ländern des Mittleren und Fernen Ostens herrscht der Trend zu trockeneren Weinen. Dies ist aber auch die einzige Parallele, die sich zwischen so unterschiedlichen Weinerzeugerländern wie China, Japan und Indien ziehen lässt.

ASIEN
China, Japan und Indien gehören dem asiatischen Kontinent an, doch die Weinindustrien dieser Länder sind unterschiedlich entwickelt.

Die bedeutenden Wein erzeugenden Länder Asiens sind China, Japan und Indien. Vietnam trat 1997 auf die internationale Weinbühne, als der Getränkekonzern Allied Domecq eine Mehrheitsbeteiligung an einer neuen Weinkellerei bei Phan Rang erwarb; für den heimischen Markt macht man dort Wein aus der Tafeltraube Cardinal. In Korea wagt sich zumindest ein Champagnerhaus an die Herstellung eines Schaumweins.

CHINA

Die wichtigsten Weinprovinzen liegen in einem Gürtel von der Küste nördlich Shanghai bis in den äußersten Nordwesten an der mongolischen Grenze. Es sind dies Hebei, Shandong (die besten Regionen dort: Lao Shan und Da Za Shan) und Xinjiang. Außerdem ist der Nordosten zu nennen, wo man aus der widerstandsfähigen Rebspezies *Vitis amurensis* einen »Bergwein« erzeugt, und Henan, eine für den Weinbau noch ungünstigere Gegend.

Ursprünglich haben die Chinesen Wein nur aus Reis hergestellt. Traubenwein wurde aus den Oasen Mittelasiens importiert. Erst im Jahr 128 v. Chr. säte General Chang Chien Vinifera-Kerne aus Usbekistan im kaiserlichen Palast in der 1000 km südlich von Peking gelegenen Stadt Chang'an (dem heutigen Xi'an); allerdings ist von einer Weinerzeugung nichts überliefert. Wein – nicht nur Reben – ist erst ab dem Jahr 674 n. Chr. dokumentiert, als Kaiser Tai-Tsung die Traubensorten »Schlange«, »Drachenauge« und »Stutenzitze« (Mare's Nipple) importierte. Letztere besaß purpurne Beeren, die in bis zu 60 cm langen Trauben wuchsen. Der aus ihnen hergestellte Wein wurde als feurig bezeichnet. Auf seinen Reisen zwischen 1271 und 1294 bemerkte der Entdecker Marco Polo zahlreiche Weinberge in und um Taiyuan, der Hauptstadt der Provinz Shanxi. 1373 erließ der erste Ming-Kaiser ein Dekret zur Förderung der Weinerzeugung in China, doch erreichte sie nie den Stellenwert wie in den europäischen Kulturen. Einen bedeutenden Schritt gab es erst 1892, als der chinesische Beamte Zhang Bishi aus Europa Stecklinge von über 100 *Vinifera*-Sorten – darunter auch Welschriesling – mitbrachte und die Weinkellerei Zhang Yu in Yantai in der Provinz Shandong errichtete. 1910 eröffnete ein französischer Priester eine Kellerei in Beijing unter dem Namen Shangyi (heute Beijing Friendship Winery), und im Jahr 1914 gründete das deutsche Unternehmen Melchers eine Weinkellerei in Tsingtau (heute Qingdao) auf der Halbinsel Shandong.

GESCHMACKS- UND QUALITÄTSFAKTOREN

LAGE
Die wichtigsten Weinregionen Asiens sind Indien (Staat Maharashtra), China (Norden) und Japan.

KLIMA
Indien Ganzjährig heiß, ohne echten Winter und nur geringe Niederschläge in der Wachstumsperiode. Die Höhenlage von Maharashtra bewirkt ein relativ kühles Klima.

China Das Klima ist in den Weinprovinzen feucht-kühl und von lokalen Gegebenheiten geprägt. Es entspricht etwa dem von Michigan, Ontario, Österreich und Ungarn, wo das Kontinentalklima stark von großen Gewässern beeinflusst wird, was heiße, z. T. feuchte Sommer und sehr kalte, trockene Winter ergibt.

Japan leidet unter klimatischen Extremen. In den strengen Wintern treten eisige Winde auf, im Frühjahr und Herbst heftige Monsunregen und im Sommer Taifune. Die Durchschnittstemperaturen sinken, je weiter man sich nach Norden bewegt.

TOPOGRAFIE
Indien Die Weinberge von Maharashtra liegen im Allgemeinen an sanften, nach Osten geneigten Hängen der Sahyadri-Berge in etwa 750 m Höhe.

China Die jüngsten Pflanzungen liegen auf gut entwässernden, nach Süden gerichteten Hängen, um die früheren Probleme mit hohem Grundwasser auf ebenem Gelände zu vermeiden.

Japan In der bedeutendsten Weinregion, der Insel Honshu, liegen die besten Rebflächen auf den Südhängen des Tals um Kofu.

BÖDEN
Indien Maharashtra verfügt über kalkreiche Böden.

China Sehr unterschiedliche Böden, im Allgemeinen Sand und Schwemmböden, aber auch verwitterter Granit und Kalk.

Japan Das Land besitzt vorwiegend saure Böden, die für den Weinbau ungeeignet sind. Eine Ausnahme bildet Kofu mit seinen Kiesböden vulkanischen Ursprungs.

WEINBAU UND WEINBEREITUNG
Indien In Maharashtra werden die Rebstöcke nach dem Lenz-Moser-System als Hochkultur erzogen (*siehe* S. 124). Fachleute aus der Champagne führten die Flaschengärung ein.

Japan Die jüngsten Entwicklungen konzentrieren sich auf den Anbau europäischer Spitzensorten. Das größte Problem ist der Regen, vor dem man die Trauben häufig mit einem »Regenschirm« aus Wachspapier schützt, was die ansonsten verheerende Fäule verhindert. Diese Methode ist natürlich überaus arbeitsintensiv und teuer.

China Die Weinindustrie ist hier nicht einheitlich. Sie wird sich sicher entwickeln, sobald mehr Technik und Wissen aus dem Ausland eingeführt werden; außerdem sind, ähnlich wie in Australien, noch längst nicht alle geeigneten Regionen exploriert. Im Augenblick besteht die Produktion, mit Ausnahme einiger internationaler Unternehmen und größerer heimischer Weinkellereien, aus Weinen geringer Qualität. Sie werden für den Inlandsbedarf mit Wasser und Alkohol vermischt, um die vom chinesischen Markt geforderten großen Mengen und geringen Preise zu erzielen. Selbst die stärker auf Qualität achtenden Kellereien leiden unter den hohen Erträgen (bis zu 150 hl pro ha) und der Fäuleanfälligkeit in den feuchten Sommern. Mit Hong Kong könnte sich das Land im 21. Jahrhundert allerdings durchaus zu einem aufregenden neuen Weinzentrum in der Pazifikregion entwickeln.

REBSORTEN
Indien Anab-e-shahi, Arka Shyam, Arka Kanchan, Arkavti, Bangalore Blue, Cabernet Sauvignon, Chardonnay, Karachi Gulabi, Pinot Noir, Ruby Red, Thompson Seedless, Ugni Blanc

China Beichun, Cabernet Sauvignon, Chardonnay, Chasan, Chenin Blanc, Mare's Nipple, Cock's Heart, Dragon's Eye (Longyan), Gamay, Gewürztraminer, Marsanne, Muscat à Petits Grains, Muscat d'Hambourg, Merlot, Pinot Noir, Rkatsiteli, Saperavi, Sauvignon Blanc, Sémillon, Sylvaner, Syrah, Welschriesling

Japan Campbell's Early, Cabernet Sauvignon, Chardonnay, Delaware, Koshu, Merlot, Müller-Thurgau, Muscat Bailey, Riesling, Sémillon

Vietnam Cardinal

In jüngerer Vergangenheit engagierte sich die französische Cognacfirma Rémy Martin im ersten französisch-chinesischen Gemeinschaftsunternehmen. Mit ihrem Know-how entstand der erste in China erzeugte moderne, trockene Wein in europäischem Stil. Er trägt den Namen Dynasty und wurde in Zusammenarbeit mit der Weinkellerei Tianjin 1980 entwickelt. 1987 schuf die Pernot-Ricard-Gruppe mit der Beijing Friendship Winery die Marke Dragon Seal. Sie erreichte dank der Hilfe australischer Weinmacher eine bedeutend höhere Qualität als Dynasty und hatte mehr Erfolg. Bis in die 80er Jahre waren chinesische Weine durchweg süß, plump und oft auch oxidativ. Der interne Markt für Weine im europäischen Stil entwickelte sich erst 1992 und wird von den großen Vier – Dynasty, Dragon Seal, der in chinesischem Staatseigentum befindlichen Kellerei Great Wall in Hebei sowie Huadong in Qingdao (in Staatseigentum; Allied Domecq erwarb 1990 einen Anteil von 40 %) – vorangetrieben. Heute besitzt China etwa 34 nennenswerte Kellereien und zahlreiche kleinere Firmen, so etwa mindestens 100 kleine Betriebe allein in der Provinz Shandong. Insgesamt dürfte es in China etwas über 200 Wein erzeugende Betriebe geben. Die meisten Weinberge befinden sich nach wie vor in staatlichem Eigentum oder gehören örtlichen Genossenschaften. Die Weinbaufläche Chinas wird ständig unterschätzt und neu bewertet; gegenwärtig nennt die offizielle Statistik 124 400 ha Rebfläche. Zuverlässigere Quellen in der Weinwirtschaft schätzen die tatsächliche Ziffer auf annähernd 174 000 ha, wovon etwa ein Drittel auf Trauben für die Weinerzeugung entfällt. Die wichtigsten Sorten sowohl zur Weinherstellung als auch für Tafeltrauben sind Muscat d'Hambourg und Dragon's Eye, Rkatsiteli und Welschriesling. Der beste chinesische Wein ist der milde, fruchtige Cabernet Sauvignon von Dragon Seal, von dem ich problemlos eine ganze Flasche trinken kann, ohne mich zu langweilen; auch der weiche, buttrige Chardonnay ist nicht schlecht. Weiter nennenswert sind Tsingtao (von der Kellerei Huadong), Great Wall, Marco Polo (von einem italienischen Unternehmen in Yantai) und Summer Palace (Seagram). Solange sich ihre Qualität nicht beträchtlich steigert, sollten sie sich auf den chinesischen Markt konzentrieren. Die Chinesen trinken zwar 50 mal mehr Bier als Wein, doch wächst der Weinkonsum in China um beträchtliche 15 % pro Jahr. Nach der Übergabe von Hong Kong kann man von der künftigen Entwicklung Positives erwarten.

INDIEN

Seit etwa 4000 v. Chr. wird in Teilen Indiens sporadisch Wein erzeugt. Heute besitzt das Land 12 500 ha Rebfläche – vor allem im Bundestaat Maharashtra, aber auch im Punjab und in Kaschmir. Die Weinproduktion ist jedoch so gering, dass keine offiziellen Statistiken geführt werden; allenfalls 5 % der Rebfläche werden zur Weinbereitung genutzt. Bis in die frühen 1970er Jahre war der hergestellte Wein dick, süß und nicht sehr angenehm. Der Großteil blieb bis heute ebenso unattraktiv. Ausnahmen kommen aus Jointventures wie der 1972 gegründeten indisch-französischen Firma Vinedale, die unter der Marke Shah-Eh-Shah passable Rotweine vermarktet. Zehn Jahre später erregte ein weiteres indisch-französisches Unternehmen Aufsehen: 1982 bat der Selfmade-Millionär Sham Chougule aus Bombay, dessen Indage Group eine Hotelkette besitzt sowie in der Baubranche und in der Schifffahrt engagiert ist, Piper-Heidsieck um technische Unterstützung bei dem Vorhaben, guten indischen Schaumwein nach der Champagnermethode herzustellen. Piper-Heidsieck schickte den jungen Önologen Raphael Brisbois, der damals bei der Tochtergesellschaft Champagne Technologie beschäftigt war, nach Indien. Brisbois wählte einen Standort in Narayangaon im Staat Maharashtra, westlich von Bombay und nördlich von Puna, und errichtete in der Flanke der Sahyadri-Berge eine 10 Millionen Mark teure Hightech-Kellerei. Den unter der Marke Omar Khayyam verkauften Schaumwein befand ich nach einer Verkostung als ausgezeichnet, und, wie ich mich selbst davon überzeugen konnte, war der Weinberg auch tatsächlich mit Chardonnay bestockt (damals 30 % des Verschnitts). Später gestand mir Bisbois, dass die erste *Cuvée* zu 100 % aus Thompson-Seedless-Trauben bestand, während viele glaubten, reinen Chardonnay vor sich zu haben. Der Wein ist heute ebenso gut wie in seinen Anfängen, aber im Gegensatz zu den übrigen Schaumweinen der Welt entwickelte er sich nicht weiter. So wirkt er heute – bedauerlicherweise – eher langweilig und rustikal, während sich ein moderner Schaumwein durch Eleganz und Finesse auszeichnet.

JAPAN

Weinbezirke von Honshu Aichi, Akita, Aomori, Hyogo, Iwate, Nagano (beste Region: Tal von Kofu), Niigata, Okayama, Osaka, Shimane, Yamagata, Yamanashi

Weinbezirke von Hokkaido Kushiro, Sapporo
Weinbezirke von Kyushu Fukuoka, Oita

Die Ursprünge des Weinbaus in Japan liegen im Dunkeln. Portugiesische Händler scheinen die Ersten gewesen zu sein, die im 16. Jahrhundert richtigen Wein aus Europa nach Japan brachten. Davor gab es zwar bereits seit fast 1000 Jahren Traubenanpflanzungen, aber keine Hinweise auf eine Tradition in der Weinbereitung. Im 17. Jahrhundert wurde unter dem allmächtigen Schogunat der Tokugawa, das selbst den Kaiser überwachte, der Weinbau praktisch völlig ausgelöscht. Damals verdammte man alles, was als christlich oder westlich betrachtet wurde. Erst nachdem Yoshinobu, der letzte Schogun, 1867 seine militärische und zivile Macht an den Kaiser abgetreten hatte, gab es günstige Bedingungen für den Wiederaufbau der japanischen Weinindustrie. 1875 wurde westlich von Tokio, im Bezirk Yamanashi, die erste kommerzielle Weinkellerei errichtet, die heute noch 40 % der Weinbauflächen besitzt.

Aufgrund der Geschichte des Landes war der Genuss von Wein im modernen Japan nichts Selbstverständliches, sodass er nur langsam zunahm. Mit der Verwestlichung der Gesellschaft verdoppelte sich dann der Konsum in den 80er Jahren und seitdem nochmals. Dies veranlasste die Industrie, die Qualität zu verbessern und die Herkunft ihrer Produkte zu nennen. Früher war sie dafür berüchtigt, importierten Wein mit dem Hinweis »Produce of Japan« (Hergestellt in Japan) abzufüllen. (Auf meine Frage, wie man derartiges rechtfertigen könne, stellte man mir die Gegenfrage, wo ein britisches Auto hergestellt wird – eins zu null.) Heute werden freiwillig alle importierten Weine als *Yunyu san*, in Japan erzeugte Weine als *Kokunai san* etikettiert. Ein Verschnitt aus importiertem und heimischem Wein muss eindeutig deklariert werden.

Zwar wird diese freiwillige Regelung von jedem respektablen Erzeuger eingehalten, doch kann ein *Kokunai san* noch immer aus importierten Trauben, Traubensaft oder Konzentrat produziert werden. Ein echtes japanisches Produkt ist allerdings einfach an seinem astronomisch hohen Preis zu erkennen. Eines Tages muss jedoch ein System des garantierten Ursprungs etabliert werden, wie es auf regionaler Ebene teilweise bereits verwendet wird. Die größten Weinfirmen Japans sind Suntory (die Kellerei wirkt wie die Kulisse zu einem James-Bond-Film, und das beste Produkt ist ein außergewöhnlich guter botrytisierter Wein mit einem grotesk hohen Preis, der noch über dem eines Château d'Yquem liegt), Mercian (im Eigentum von Sanacru), Polaire (die Weinmarke der gigantischen japanischen Brauerei Sapporo) und Mann's (eine Tochtergesellschaft des Sojasaucenherstellers Kikkoman). Einige dieser Weine können wirklich gut sein, die besten echten japanischen Weine werden hingegen auf Château Lumière hergestellt, das Toshihiko Tsukamoto gehört. Diese Kellerei wurde 1885 gegründet und weitete sich auf 28 ha Anbaufläche aus, bis unter General McArthur 27 ha davon konfisziert wurden. Toshihiko Tsukamoto erweiterte seinen Weinberg erneut auf 6 ha und bestockte ihn mit Cabernet Sauvignon, Cabernet Franc und Merlot von Château Margaux, Riesling von Schloss Johannisberg und Syrah von Chapoutier in Hermitage. Als ich den Weinberg besuchte, war der Boden mit unreifen Trauben bedeckt, die man entfernt hatte, um den Ertrag zu verringern. Der Effekt zeigt sich im Rotweinverschnitt nach Bordeaux-Art, der nach allen Maßstäben hervorragend ist. Der botrytisierte Sémillon-Sauvignon (Kohkijuku) ist ebenfalls gut, reicht jedoch nicht an den von Suntory heran. Der einfache Weißwein sollte hingegen gemieden werden.

WEITERE WEINE ASIENS

Die Weingüter von Kasachstan sind vor allem zwischen Alma Ata und Tschimkent konzentriert, am Fuße des Tienschan in der Nähe der chinesischen Grenze. Auf 26000 ha Anbaufläche erzeugt man im Jahr über 660000 hl Wein. Im zentralasiatischen Staat Tadschikistan arbeiten über 20 Weinkellereien, vorwiegend um die Städte Leninabad, Ghissar und Vakhsh, die mit 39000 ha Anbaufläche nahezu 315000 hl Wein herstellen. In Usbekistan, einem weiteren zentralasiatischen Staat, finden sich mehrere Weinkellereien in Buchara, Samarkand und Taschkent, die mit 125000 ha Weinbergen über 990000 hl Wein produzieren, und zwar in einer breiten Palette von alkoholreichen trockenen Weinen, Dessertweinen bis zu Schaum- und Branntweinen. Usbekistan, das eine bis in die Antike zurückreichende Anbautradition hat, liegt auf derselben Breite wie Italien und hat ein ausgesprochen kontinentales Klima. Bereits vom 6. bis 2. Jahrhundert v. Chr. wurden in Fargana Trauben angebaut, die man vor allem in China sehr schätzte. Zum Teil wurden die Rebsorten damals aus dem Iran importiert, später auch von Griechen und Arabern. Man nimmt aber auch an, dass zumindest ein Teil der autochthonen asiatischen Rebsorten hier aus der Wildrebe *Vitis silvestris* selektioniert wurden. Nach der Eroberung durch Araber Ende des 7. Jahrhunderts kam die Weinbautradition allmählich zum Erliegen. Erst nach der Annexion durch Russland Ende des 19. Jahrhunderts blühte der Weinbau langsam wieder auf. Die zwischen Kasachstan und China gelegenen Weinberge von Kirgisistan umfassen 9000 ha und liefern ca. 150000 hl alkoholreichen und sehr schweren, süßen Wein. In Korea finden sich 16000 ha mit Rebstöcken und in Pakistan 4000 ha, die jedoch in beiden Länder vorwiegend für Tafeltrauben und Rosinen verwendet werden.

EIN WEINBERG IM BEZIRK YAMANASHI-KEN (JAPAN)
Im Weinbezirk Yamanashi, auf der Insel Honshu gelegen, werden auf leicht nach Süden abfallenden Hängen Reben an Pergeln gezogen.

DAS SERVIEREN VON WEIN

Traditionell werden Weissweine gekühlt und Rotweine bei Zimmertemperatur (»chambriert«) serviert. »Zimmertemperatur« bedeutet aber nicht die Temperatur der heute gut geheizten Wohnräume; der viel zitierte Begriff stammt aus der guten alten Zeit, als Hallen und Zimmer mit Öfen und Kaminen beheizt wurden. Bei höheren Temperaturen sind die Aromakomponenten aller Weine leichter flüchtig, sodass bei chambrierten Rotweinen das Bukett besser freigesetzt wird. Ein Haupteffekt der Kühlung von Wein hingegen ist, mehr Kohlendioxid zu binden. Dadurch steigert man Frische und Lebhaftigkeit eines Weins und hebt die lebendige Wirkung der Frucht am Gaumen. Es ist daher unerlässlich, einen Schaumwein gut gekühlt zu servieren, damit er sein *Mousseux* über längere Zeit erhält. Kühlschränke und Zentralheizungen tragen allerdings dazu bei, dass Weißweine häufig zu kalt und Rotweine zu warm serviert werden.

Die Frage, bei welcher Temperatur Weine serviert werden sollten, ist oft umstritten. Zu starke Kühlung tötet Geschmack und Aroma des Weins, zu warmer Wein hingegen schmeckt langweilig und flach. Die folgende einfache Übersicht mag als Empfehlung genügen; man sollte kein Problem daraus machen.

WEINSTIL	SERVIERTEMPERATUR
Schaumwein (rot, weiß, rosé)	5–7 °C
Weißwein	7–10 °C
Rosé, leichter Rotwein	10–12 °C
Mittelgewichtiger Rotwein	12–15 °C
Körperreicher Rotwein	15–18 °C

SCHNELL KÜHLEN, RASCH CHAMBRIEREN

Es ist in Ordnung, einen Wein einige Stunden im Kühlschrank zu kühlen, jedoch nicht länger, da sonst der Korken in der Flasche hängen bleibt. Eine längere Lagerung im Kühlschrank lässt zudem den Korken austrocknen, er schrumpft und lässt den Wein oxidieren. Im Gegensatz zum kumulierenden Effekt großer Temperaturschwankungen hat ein Aufenthalt von 10–15 Minuten im Tiefkühlfach noch keinem Wein geschadet. Die Annahme, dass eine Tiefkühlung einen Wein »verbrennt«, ist unbegründet, denn die Kälte dringt gleichmäßig in die Flasche ein. Eine gute Sache sind die Kühlmanschetten, die im Tiefkühlfach aufbewahrt und über die Flasche gestülpt werden. Die Erwärmung eines Weins durch direkte Hitzeeinwirkung erfolgt im Unterschied zur Abkühlung nicht gleichmäßig. Ob Sie eine Flasche ans Feuer stellen oder unter den heißen Wasserstrahl halten, ein Teil des Weins wird zu heiß, während der Rest kühl bleibt.

DEKANTIEREN

Mit zunehmendem Alter scheiden viele Weine, vor allem Rotweine, ein natürliches Depot von Tanninen und Farbpigmenten aus, das sich am Boden der Flasche sammelt. Sowohl Rot- als auch Weißweine (besonders letztere) können zudem durch Ausfällung von Tartraten Kristalle ablagern. Diese Sedimente sind absolut harmlos, doch beeinträchtigen sie das Aussehen, sodass man sie durch Dekantieren entfernt.

Einige Stunden vor dem Dekantieren sollte die Flasche senkrecht gestellt werden. Dadurch sinkt das an der Flaschenwand abgelagerte Depot zu Boden. Schneiden Sie die Kapsel unterhalb des Wulstes am Flaschenhals ringsum ab. Hier könnte sich eine Pilzschicht oder bei älteren Jahrgängen eine schwarze Ablagerung finden. Sie kamen zwar nicht in Kontakt mit dem Wein, um aber jede Verunreinigung beim Entfernen des Korkens zu verhindern, sollte man die Flaschenöffnung und die Oberfläche des Korkens mit einem sauberen, feuchten Tuch reinigen.

Drehen Sie den Korkenzieher vorsichtig ein und ziehen Sie den Korken ebenso vorsichtig heraus. Entfernen Sie sorgsam eventuelle Korkreste und Kristalle aus dem Flaschenhals und wischen Sie die Flaschenöffnung noch einmal mit einem sauberen, trockenen Tuch ab.

Heben Sie die Flasche in der einen Hand langsam hoch und gießen Sie den Wein in die Karaffe, die Sie in Ihrer anderen Hand halten. Wenn Sie dies über einer Lichtquelle, einer Kerze oder Lampe, tun, können Sie beim Umgießen das Verhalten des Depots kontrollieren. Gießen Sie den Wein in einem langsamen, gleichmäßigen Strom um, vermeiden Sie, dass die Flasche ruckartig bewegt wird und der Wein »nach Luft schnappt«. Ein solches Missgeschick wirbelt das Sediment auf und verteilt es über einen Teil des Weins.

Ich selbst setze mich über die Tradition hinweg und gieße den Rest des Weins mit dem aufgewirbelten Bodensatz durch einen Kaffeefilter. Natürlich bemühe ich mich, so viel wie möglich zu dekantieren und nur einen geringen Anteil zu filtern. Aber ich habe noch nie einen Unterschied zwischen einem ausschließlich dekantierten Wein und einem mit einem kleinen Anteil gefilterten Wein feststellen können. Und keiner meiner Freunde und Kollegen, die meine Behauptung bezweifelten, erzielte bei einer Blindprobe eine höhere Trefferquote als 50 % – was der reinen Zufallswahrscheinlichkeit entspricht.

DEN WEIN ATMEN LASSEN

Sobald Sie eine Flasche Wein öffnen, wird er der Luft ausgesetzt, er kann »atmen«. Ein Wein »nährt sich« von der kleinen in der Flasche zwischen Wein und Korken eingeschlossenen Luftmenge und dem absorbierten Sauerstoff. Diese Oxidation bewirkt, dass verschiedene chemische Verbindungen sich im Lauf der Zeit in einem komplexen Prozess bilden bzw. verändern, der als Reifung bezeichnet wird. Einen Wein atmen zu lassen, kommt daher einer raschen, weniger differenzierten Reifung gleich.

EINE CHAMPAGNERFLASCHE ÖFFNEN

- Entfernen Sie die Folie von Korken und oberem Flaschenhals. Häufig findet sich eine kleine Folienlasche, an der Sie nur ziehen müssen.
- Halten Sie die Flasche nahezu senkrecht und legen Sie eine Hand fest um den Korken, sodass er nicht plötzlich und überraschend herausschießen kann. Drehen Sie mit der anderen Hand das zusammengezwirbelte Ende des Drahtrings auf und lockern Sie den Drahtkorb (Drahtagraffe), sodass er überall etwas Abstand zum Flaschenhals aufweist. Ein guter Tipp: Entfernen Sie den Drahtkorb nicht, nicht nur weil in diesem Augenblick der Korken gern wegfliegt, sondern weil er auch einen guten Halt bietet, wenn – was häufig vorkommt – der Korken sehr fest sitzt.
- Schließen Sie nun Ihre Hand ganz um den Korken und den Drahtkorb, mit der anderen halten Sie die Flasche unten fest. Drehen Sie nun mit Ihren Händen den Korken mit dem Drahtkorb abwechselnd nach links und rechts. Sobald Sie spüren, dass der Korken unter dem Druck in der Flasche steigt, sollten Sie ihn zurückhalten und in der Drehbewegung fortfahren, bis Sie den Korken fast widerstrebend aus der Flasche freigeben. Eine Fachfrau und einen Fachmann erkennt man daran, dass sich der Korken mit einem Seufzer löst, nicht mit einem Knall.

Umfassen Sie Korken und Drahtkorb mit festem Griff, während Sie drehen.

Bewegen Sie Flasche und Korken gegeneinander, mit Links- und Rechtsdrehungen.

WEIN UND SPEISEN

Für die Wahl eines Weins zu einem Gericht gilt nur eine goldene Regel: Je zarter der Geschmack des Gerichts, desto feiner sollte der Wein sein. Eine würzige Speise kann hingegen einen Wein mit vollem Aroma vertragen. So einfach ist das.

DIESE REGEL IST ÜBERAUS FLEXIBEL, da sie sich dem persönlichen Empfinden anpasst. Jeder von uns erfährt Geschmack und Geruch anders. Somit ist jeder für bestimmte Eigenschaften wie Säure, Süße oder Bitterkeit mehr oder weniger empfänglich. Dadurch unterscheidet sich Ihre Wahrnehmung, wie zurückhaltend oder kräftig ein Gericht und ein Wein schmecken, von der anderer Menschen. Am besten ist es, mit konventionellen Kombinationen zu beginnen und von dort zu eigenen Experimenten aufzubrechen. Wenn Sie die folgenden Kombinationen von Speisen und Wein für die Planung eines Menüs verwenden, sollten Sie versuchen, in Qualität und Geschmacksintensität eine steigende Tendenz zu realisieren. Servieren Sie daher Weißwein vor Rotwein, einen trockenen vor einem süßen Wein, einen leichten vor einem körperreichen und einen jungen vor einem alten. Dafür gibt es zwei Gründe. Zum einen würde ein qualitativer Schritt zurück bemerkt werden, zum anderen entgehen Ihnen wahrscheinlich viele subtile Eigenschaften des besseren Weins, wenn Sie, ohne zuerst einen bescheideneren Wein probiert zu haben, direkt auf einen erlesenen zusteuern.

Versuchen Sie auch, die Weine nach einer Logik oder einem bestimmten Thema anzuordnen. Das Einfachste wäre, den Weinen einer Region, eines Landes oder einer Traubensorte treu zu bleiben. Oder Sie können ein Essen zum Beispiel rund um die Pinots Noirs aus der Neuen Welt oder die Cabernets Sauvignons aus Italien anlegen. Das Thema könnte ein Weintyp sein, etwa Champagner oder Sauternes, ein beliebtes Spiel in diesen Regionen.

APERITIFS

Sei es ein einfaches Abendessen oder ein vollständiges Menü, Sie wollen vielleicht mit einem Aperitif beginnen. Die Auswahl sollte bereits auf das Essen ausgerichtet sein. Zwangsläufig werden zu Anfang eines Mahls relativ zurückhaltende Speisen serviert. Niemand könnte sie genießen, wenn der Gaumen zuvor mit einem stark alkoholischen oder geschmacksintensiven Getränk übersättigt wird. Wählen Sie den Ihrem Geschmack am meisten zusagenden Aperitif; bieten Sie keine Auswahl an.

SHERRY

Ein Fino ist ein traditioneller Aperitif, er wurde jedoch überstrapaziert. Ist der erste Gang ausreichend kräftig, kann sich Sherry als eine wunderbare Wahl erweisen und sogar als Zutat dienen. Zumeist verfügt jedoch auch der leichteste Fino über zu viel Alkohol und Aroma.

MARKENAPERITIFS

Aromatisierte Markenaperitifs wie Wermuts stellen mit ihrem zu hohen Alkoholgehalt und ihrem kräftigen Geschmack dasselbe Problem dar. Alle Spirituosen, vor allem wenn sie pur serviert werden, sind zu aggressiv, als dass der Gaumen den üblicherweise als ersten Gang angebotenen Typ von Speisen wirklich genießen könnte.

WEIN

In einigen Ländern, insbesondere Frankreich, wird oft ein süßer Wein wie Sauternes als Aperitif gereicht. In den meisten Fällen ist diese Wahl unpassend, mitunter kann sie jedoch sehr wirkungsvoll sein. Leichte Weißweine, trockene oder auch leicht süße Still- oder Schaumweine, sind ein perfekter Aperitif für alle Gelegenheiten. Auch ein Rosé könnte geeignet sein, wenn der erste zum Essen servierte Wein ebenfalls ein Rosé oder ein leichter Rotwein ist. Ausgezeichnet als Weißwein-Aperitif wären Mâcon Blanc oder Mâcon-Villages, ein guter Muscadet, leichte Elsässer wie Pinot Blanc oder Sylvaner, ein moderner Rioja, aromatische trockene Weißweine aus dem Nordosten Italiens, ein junger Mosel (bis zur Spätlese) oder Rhein-Wein (bis zum Kabinett) oder ein Chardonnay, Sauvignon, Chenin oder Colombard mit leichtem Körper aus Kalifornien, Australien, Neuseeland oder Südafrika. Die Liste ist endlos. Wenn Sie sich für einen Rosé entscheiden, sollten Sie versuchen, einen aus derselben Region und derselben Traube zu wählen wie der erste Wein des Mahls. Der Aperitif par excellence für jede nur vorstellbare Situation ist ein Champagner, wobei ein Crémant de Bourgogne oder d'Alsace ausgezeichnete Alternativen wären.

✓ Preisgünstige Wahl: Cava Brut

VORSPEISEN
Bei der Abstimmung von Wein und Vorspeise ist es wichtig, den nächsten Gang und dessen Begleitwein zu berücksichtigen.

VORSPEISEN

Einst durfte Wein erst im Verlauf des ersten Gangs serviert werden. Heute ist jede Phase des Mahls ein Geschmackserlebnis für sich, das auf die vorangehende oder die folgende abgestimmt sein sollte.

ARTISCHOCKE

Werden Artischocken mit Butter serviert, passt ein leichter, aber selbstbewusster trockener Sauvignon Blanc von der Loire am besten. Er könnte auch Artischocken mit Sauce Hollandaise begleiten; ein trockener Rosé mit gut ausgewogener Säure, etwa Coteaux d'Ancenis Rosé von der Loire, Arbois Rosé aus dem Jura oder ein Schilcher aus Österreich, wäre ebenso geeignet.

✓ Preisgünstige Wahl: Sauvignon de Haut-Poitou

AVOCADO

Viele Weine mit ausgezeichneter Säure wie Champagner oder Chablis geben erfolgreiche Partner für diese Speise ab, doch ist ein Gewürztraminer aus dem Elsass mit seiner geringen Säure die beste Wahl.

✓ Preisgünstige Wahl: Muscadet

EIER-, REIS- UND NUDELGERICHTE

Champagner bietet den perfekten Kontrast zum milden Geschmack jedes Eiergerichts, dessen Textur durch das *Mousseux* des Weins durchbrochen wird. Omelettes, Quiches, Soufflés, gekochte, pochierte, gebratene und Rühreier können auch von jedem anderen guten Schaumwein begleitet werden. Eine herzhafte *Mousse,* heiß oder kalt, aus Fisch oder Geflügel, sollte mit einem Wein kombiniert werden, der etwas weniger Körper und zumindest ebenso viel Säure aufweist wie der geeignete Partner für die Hauptzutat. Ein guter Schaumwein eignet sich auch hervorragend für viele Reis- und Nudelgerichte, vor allem für zurückhaltend gewürzte. Doch auch ein leichter, nicht allzu fruchtiger Rotwein mit angenehmen, aber deutlichen Tanninen kann eine überraschend gute Kombination ergeben.

✓ Preisgünstige Wahl: Saumur Brut oder Saumur Rouge

KAVIAR

Champagner ist der klassische Begleiter.

✓ Preisgünstige Wahl: Mineralwasser

PASTETEN

Ob es sich nun um eine Fisch-, Geflügel- oder Fleischpastete handelt, der begleitende Wein sollte auf die Hauptzutat oder den vorherrschenden Geschmack abgestimmt werden. Hervorragend zu einer Foie gras passt ein erlesener Jahrgangschampagner oder ein reifer Sauternes, auch ein Gewürztraminer oder ein Pinot Noir aus dem Elsass erweisen sich trotz ihres unterschiedlichen Charakters als perfekte Partner.

SALATE

Grüne Salate benötigen kaum mehr als einen leichten trockenen Weißwein, etwa Muscadet. Falls der Geschmack von bitteren Sorten beherrscht wird, sollte die Wahl auf einen energischeren, aber ebenso leichten Wein fallen, etwa einen schwächeren Loire-Sauvignon. Ein fester Champagner ist der beste Begleiter für einen Salat mit warmen Zutaten.

Preisgünstige Wahl: Cava Brut

SCHNECKEN

Ein bescheidener roter oder weißer Burgund-Villages von der Côte d'Or.

Preisgünstige Wahl: Côtes de Roussillon

SPARGEL

Ein feiner Champagner oder ein junger Muscat d'Alsace ergeben einen perfekten Begleiter, aber auch edelsüße Weine von der Mosel, aus dem Rheingau oder aus Sauternes oder ein mittelgewichtiger weißer Burgunder.

Preisgünstige Wahl: Raimat Chardonnay Blanc de Blancs Brut

SUPPEN

Ein Champagner oder sonst ein hochwertiger Schaumwein passt ideal zu den meisten pürierten oder cremigen Suppen, vor allem zu den zart gewürzten der Nouvelle Cuisine. Für eine gekühlte Suppe, wie eine gelierte Consommé oder eine cremige Suppe wie Vichyssoise, ist er praktisch unerlässlich. Die meisten Schaumweine können es mit dem Geschmack einer Schalentier-Bisque aufnehmen, ein guter rosa Champagner macht aber optisch besonders viel her. Suppen mit intensiverem Geschmack vertragen vollmundige, zumeist rote Weine. Eine gute Wildsuppe korrespondiert zum Beispiel gut zu kräftigen Rotweinen von der Rhône, aus Bordeaux, Burgund und Rioja.

Preisgünstige Wahl: Blanquette de Limoux

TERRINEN

Terrinen aus Fisch, Schalentieren und Fleisch sollten von einem Wein begleitet werden, der zu der Hauptzutat oder dem vorherrschenden Geschmack passt. Gemüseterrinen harmonieren ausgezeichnet mit jungen, trockenen, leicht süßen weißen Still- oder Schaumweinen mit leichtem Körper von der Loire, aus dem Elsass, Deutschland, Österreich, dem Nordosten Italiens und Neuseeland.

Preisgünstige Wahl: Crémant d'Alsace

VINAIGRETTE

Vorspeisen mit einer Vinaigrette sind schwer zu kombinieren. Konventionell wird ein Fino oder Manzanilla Sherry oder ein Montilla empfohlen, aber viele ziehen es vor, keinen Wein dazu zu servieren. Ich habe herausgefunden, dass ein Gewürztraminer aus dem Elsass einer der wenigen Weine ist, der es mit einer Vinaigrette aufnehmen kann.

Preisgünstige Wahl: einfacher Gewürztraminer

FISCH

Die meisten Fische und Schalentiere harmonieren ausgezeichnet mit trockenem Weißwein. Unter gewissen Umständen bieten sich auch Rot-, Rosé- und Schaumweine, selten jedoch süßere Stile, als Begleiter an.

FISCH MIT SAUCE ODER GEBRATEN

Ein in der Pfanne gebratener Fisch ebenso wie Fisch, der von einer Sahne- oder Buttersauce begleitet wird, benötigt einen Wein, dessen Säure bzw. *Perlage* über dem Durchschnitt liegt. Besonders geschmacksintensive Saucen können einen Wein mit kräftigerem Aroma vertragen. Saucen sollten übrigens mit dem Wein abgelöscht werden, der zum Essen vorgesehen ist (mit Ausnahme von sehr teuren Weinen).

Preisgünstige Wahl: Crémant de Loire

GERÄUCHERTER FISCH

Ein guter Tipp zu geräuchertem Fisch ist »Eiche«. Trinken Sie zu geräuchertem Fisch die in Eiche ausgebaute Version des Weins, den Sie zum ungeräucherten trinken würden. Das ist nicht immer zu realisieren, da einige Weine nicht in Eiche reifen. Die Eichennote eines Weins verbindet sich jedoch gut mit dem rauchigen Charakter der Speise. Nehmen Sie daher einen eichenbetonten Wein, der Ihnen geeignet erscheint.

Preisgünstige Wahl: preiswerter eichenbetonter Chardonnay von Hugh Ryman

MAKRELE

Zur Makrele eignet sich ein Loire-Sauvignon.

Preisgünstige Wahl: Sauvignon de Touraine

MATELOTE

Obwohl Rotwein und Fisch üblicherweise im Mund heftig und unangenehm aufeinander reagieren, gibt es bei Gerichten mit Rotwein, etwa würzigen mediterranen oder burgundischen Fischragouts, keine Probleme.

SARDINEN

Vinho Verde ist der ideale Wein für Sardinen, vor allem wenn sie frisch gefangen und noch am Strand in Portugal gebraten werden.

Preisgünstige Wahl: Vinho Verde

SCHALENTIERE

Wählen Sie einen erstklassigen Muscadet, einen burgundischen Aligoté aus einem warmen Jahr, einen Loire-Sauvignon oder einen Mosel als Begleiter zu den meisten einfacheren Schalentieren (Garnelen, Shrimps, Muscheln etc.); einen feinen, aber energischen Sancetre oder Pouilly Fumé zu Flusskrebsen und einen *Grand Cru* Chablis oder einen guten Champagner zu Krabben, Hummer, Austern und Jakobsmuscheln. Wenn das Gericht mit einer Sahnesauce gemacht ist, nehmen Sie einen Wein mit höherer Säure und stärkerer *Perlage*.

Preisgünstige Wahl: Crémant de Bourgogne

SCHALENTIERE *Eine Reihe verschiedener Weißweine wie Muscadet und Sauvignon von der Loire oder aber ein frischer, leichter Spanier – weiß oder rot – können eine spanische Paella begleiten.*

SÜSSWASSERFISCHE

Im Allgemeinen harmonieren die meisten Süßwasserfische ausgezeichnet mit einem prägnanten Rosé, da sowohl der Fisch als auch der Wein eine ergänzende Erdigkeit besitzen. Ein kräftiger Weißwein wie Sancerre ist ebenso effektvoll. Sancerre, weißer Graves und Champagner ergeben eine besonders gute Kombination mit Hecht. Champagner und Montrachet gelten als klassische Begleiter zu Lachs oder Lachsforelle, ob gebraten, gegrillt, pochiert oder geräuchert; aber jeder hochwertige trockene Schaumwein oder weiße Burgunder wird sich ebenso gut eignen wie hervorragende Chardonnays aus Kalifornien, dem Pazifischen Nordwesten, Neuseeland, Australien und Südafrika. Ein Riesling aus dem Elsass oder aus Deutschland ist nahezu Pflicht bei einer Forelle, insbesondere wenn sie blau gekocht wird.

Preisgünstige Wahl: Cava Brut Rosé

WEISSER FISCH

Weißer Fisch besitzt ein überaus zartes Aroma, dessen delikate Nuancen nicht durch einen dominanten Wein überwältigt werden sollten. Der Geschmack einer gegrillten Seezunge, Scholle und Meeräsche wird von einem jugendlichen Blanc-de-blancs-Champagner, einem erstklassigen Muscadet, Savennières, Pinot Blanc aus dem Elsass, Pinot Grigio aus dem Nordosten Italiens oder einem sehr guten *Vinho Verde* mit seiner unverfälscht herben Trockenheit und einem Hauch von Kohlensäure hervorgehoben. Schellfisch, Seehecht, Heilbutt, Steinbutt, Kabeljau und Meerbrasse harmonieren ebenfalls ausgezeichnet mit den genannten Weinen, vertragen aber auch etwas üppigere trockene Weißweine.

Preisgünstige Wahl: Crémant d'Alsace

FLEISCHGERICHTE

Nur wenige Menschen kennen die alte Maxime nicht: »Rotwein zu dunklem Fleisch, Weißwein zu hellem Fleisch«. Es ist jedoch erlaubt, diesen Leitsatz umzukehren und Weißwein zu dunklem Fleisch und Rotwein zu hellem Fleisch zu trinken, sofern Sie die eingangs erwähnte goldene Regel beachten.

BOEUF STROGANOFF

Ein echtes Boeuf Stroganoff verlangt nach einem gehaltvollen Rotwein mit tiefschichtigen, durchaus subtileren Aromen. Er darf nicht zu robust und sollte gut gereift sein. Versuchen Sie einen Mittelklasse-Médoc, einen guten Cahors oder einen Bergerac.

Preisgünstige Wahl: bulgarischer Cabernet Sauvignon-Merlot

CHINESISCHE GERICHTE

Ein guter deutscher Riesling Kabinett eignet sich ausgezeichnet als Begleiter zu vielen chinesischen Gerichten, vor allem solchen mit Schwarze-Bohnen-, Ingwer- oder Austernsauce oder mit süßem Paprika. Schälrippchen erfordern eine Spätlese, süßsaure Speisen eine Auslese, scharf gewürzte Gerichte einen Gewürztraminer aus dem Elsass, bevorzugt *Vendange Tardive*. Zu Ente oder Gans sollte man

GEFLÜGEL

Geflügel hat so zarte Aromen, dass bei der Wahl des Weins die Zubereitungsart entscheidet. Selbst sehr zurückhaltende weitere Zutaten können den Charakter des Gerichts prägen.

einen guten Vouvray Demi-sec Still- oder Schaumwein versuchen. Wenn zurückhaltende, milde Zutaten wie Wasserkastanien, Bambussprossen oder Cashewnüsse vorherrschen, probieren Sie einen frischen oder milden Weißwein wie einen leichten australischen Chardonnay. Zu Frühlingsrollen eignet sich ein guter trockener Sekt.

ENTE

Gebratene Ente ist vielseitig kombinierbar. Zu den besten Begleitern zählen *Crus* aus dem Beaujolais wie Morgon oder Moulin-à-Vent, ein guter roter oder weißer Burgunder, vor allem Côte de Nuits, oder ein reifer Médoc. Zu kalter Ente sollte man einen leichteren Beaujolais-*Cru* wie Fleurie erwägen. Zu Ente in Orangensauce passt ausgezeichnet ein milder roter oder weißer Burgunder, Wein von der südlichen Rhône wie Châteauneuf-du-Pape, ein roter Rioja oder ein Zinfandel.

✓ *Preisgünstige Wahl: Quinta da Bacalhôa*

GANS

Bei Rotwein fällt mir die Wahl schwer zwischen Chinon, Bourgueil, Anjou Rouge und Chianti, bei den Weißweinen zwischen Vouvray (Still- oder Schaumwein), Riesling (bevorzugt, aber nicht unbedingt, aus dem Elsass) und Champagner. Ihre Gemeinsamkeit besteht im ordentlichen Maß an Säure, das für dieses fette Geflügel erforderlich ist.

✓ *Preisgünstige Wahl: südafrikanischer Chenin Blanc*

GESCHMORTES HELLES FLEISCH

Helles geschmortes oder gedünstetes Fleisch lässt sich am besten mit einem jungen Beaujolais, einem Rotwein von der Loire (vor allem Bourgueil oder Chinon), mittelgewichtigen Rotweinen aus dem Südwesten Frankreichs und den Coteaux du Languedoc, einem Pinot Noir aus dem Elsass oder mit mildem Chianti kombinieren. Für Weißweinfreunde sind einen Versuch wert: ein moderner Rioja, ein Mâcon Blanc, ein Pinot Gris aus dem Elsass, ein preiswerter französischer Colombard oder ein Chenin Blanc aus Kalifornien oder Südafrika.

✓ *Preisgünstige Wahl: trockener kalifornischer Weißwein*

GESCHMORTES DUNKLES FLEISCH

Dunkles Schmorfleisch erfordert einen körperreichen Rotwein aus Bordeaux, Burgund, von der Rhône oder aus Rioja. Château Musar aus dem Libanon und Château Carras aus Griechenland wären ebenso ideal wie viele italienische Weine, von Nebbiolo aus dem Piemont über fülligen Sangiovese aus dem Chianti, aus Carmignano und Montalcino bis zum Montepulciano d'Abruzzo und zum Aglianico del Vulture, ganz zu schweigen von den Barriqueweinen, die in der Toskana und im Nordosten Italiens auftauchen. Je mächtiger das Gericht, desto robuster und tanninreicher darf der Wein sein.

✓ *Preisgünstige Wahl: Zinfandel*

GULASCH

Wer bei Ungarischem bleiben will, nimmt hier einen guten Erlauer Stierblut. Sonst eignet sich jeder körperreiche, robuste (osteuropäische) Rotwein.

✓ *Preisgünstige Wahl: bulgarischer Kadarka*

INDISCHE GERICHTE

Überraschenderweise passt ein leichter, etwas tanninhaltiger Rotwein ausgezeichnet zu einer Vielzahl indischer Gerichte wie Hühner-Tikka, Korma, Pasanda, Tandoori und sogar Rogan Josh. Um ein Gemüse-Tikka oder ein Madras Curry hinunterzuspülen, benötigt man einen frischen, lebhaften Wein wie Côtes de Gascogne oder leichten neuseeländischen Sauvignon Blanc. Für ein Vindaloo eignet sich ein fruchtigerer Wein wie ein deutscher Riesling Kabinett.

✓ *Preisgünstige Wahl: eisgekühltes Wasser*

INNEREIEN

Zu Nieren passt ein gehaltvoller, geschmacksintensiver, runder Wein wie roter oder weißer Châteauneuf-du-Pape oder Rioja. Entscheidend sind jedoch Art und Zubereitung der Nieren: Ein Ragout aus Lammnieren zum Beispiel erfordert etwas mit der Finesse eines reifen Médoc *Cru Classé*.

Feine Leberzubereitungen harmonieren gut mit einem nicht zu schweren Syrah, etwa einem reifen Côte Rôtie oder Hermitage von einem Spitzenerzeuger. Hühnerleber besitzt einen kräftigen Geschmack und benötigt einen ebenso kräftigen Wein wie einen guten Gigondas, Fitou oder Zinfandel. Leber von Schwein und Rind ist am rustikalsten, weshalb gehaltvolle, robuste Rotweine – etwa ein bescheidener *Vin de pays* aus dem Roussillon – angezeigt sind. Zum zarten, delikaten Bries passt ein leichter, eher blumiger als herber Weiß- oder Rotwein, aber auch ein Rosé aus der Provence. Lammbries ist das Feinste und gut mit einem erlesenen St-Émilion oder St-Julien zu kombinieren, aber auch mit einem guten weißen Burgunder.

✓ *Preisgünstige Wahl: Crémant de Bourgogne*

LAMM

Ein leichter roter Bordeaux ist für Lamm ebenso klassisch wie für Rind. Ein Burgunder ergibt eine genauso gute Kombination, vor allem bei rosa gebratenem Fleisch. In der Weinbranche ist bekannt, dass Lamm jede Geschmacksnuance eines guten Weins zum Vorschein bringt, weshalb Lamm bei von Händlern organisierten Diners häufiger serviert wird als anderes Fleisch. Ähnlich wie bei Rind kann fast jeder Rotwein zu Lamm gereicht werden, am besten kommt es jedoch mit leichteren Weinen zur Geltung.

✓ *Preisgünstige Wahl: Bourgogne Rouge (Buxy)*

MOUSSAKA

Romantische Urlaubserinnerungen erhält man am besten mit einem guten mittelgewichtigen oder körperreichen Rotwein aus Griechenland, etwa Naoussa, Goumenissa oder Côtes de Meliton. Für Weißweinfreunde empfiehlt sich ein sauberer, frischer Wein, etwa ein Lac des Roches von Boutari oder besser ein moderner Robola von Kefallinia. Aber auch ein einfacher weißer Rioja passt gut.

✓ *Preisgünstige Wahl: bulgarischer Merlot*

RIND

Rotwein ist der klassische Begleiter zu Rinderbraten. Wählen Sie einen jüngeren und vielleicht etwas leichteren und lebhafteren Typ, wenn das Fleisch kalt serviert wird. Ein guter Cabernet Sauvignon aus Australien, Kalifornien, Chile, Italien, Neuseeland oder Südafrika eignet sich ebenso gut, er ist sogar vorzuziehen, wenn Steaks sehr scharf gebraten und innen rot sind. Aber offen gesagt, nahezu jeder genießbare mittelgewichtige bis körperreiche Rotwein aus einer beliebigen Region, ebenso wie die meisten körperreichen und geschmacksintensiven Weißweine lassen sich mit allen Rindfleischgerichten kombinieren.

✓ *Preisgünstige Wahl: bulgarischer Cabernet Sauvignon*

SCHWEIN, GEFLÜGEL, KALB

Diese hellen Fleischsorten lassen sich mit einer breiten Palette an Weinen kombinieren, von einem bescheidenen flaschenvergorenen Schaumwein über mittelgewichtigen bis körperreichen, trockenen oder halbtrockenen Weißwein bis zu leichten Rotweinen aus dem Beaujolais, der Champagne, Elsass und Deutschland. Aber auch praktisch jeder mittelgewichtige und viele körperreiche Rotweine eignen sich ausgezeichnet. Für gegrillte, in der Pfanne gebratene oder mit Sahnesauce servierte Koteletts und Schnitzel empfiehlt sich ein Wein mit einem etwas höheren Säuregehalt oder leichter *Pétillance*. Beaujolais bietet sich vermutlich als bester Allroundwein an. Besonders gut harmoniert er mit kaltem Schweinebraten.

✓ *Preisgünstige Wahl: Gamay de Touraine*

THAILÄNDISCHE GERICHTE

Thailändische Gerichte sind intensiver und vielfältiger gewürzt als chinesische, weshalb sie weit schwieriger mit Wein richtig zu kombinieren sind. Für die sehr scharfen, mit Chilischote gewürzten Gerichte sollte man auf Wein verzichten und bei Bier oder – noch besser – eiskaltem Wasser bleiben. Mittelscharfe Speisen lassen sich mit neuseeländischem Sauvignon Blanc oder Champagner kombinieren, die sich auch für mit Kokosmilch zubereitete Gerichte eignen. Wenn Zitronengras, Limonen oder andere pikante Zutaten dominieren, versuchen Sie einen nicht in Eiche gereiften australischen Sémillon.

✓ *Preisgünstige Wahl: eisgekühltes Wasser*

WILD

Für kurz abgehangenes Wildgeflügel wählen Sie denselben Wein wie für Zuchtgeflügel, bei einem mittellang abgehangenen Wildgeflügel wäre ein voller Beaujolais-Cru zu versuchen. Lange abgehangenes Geflügel erfordert einen körperreichen roten Bordeaux oder Burgunder, wobei ein Pomerol die klassische Wahl für Fasan ist. Kurz abgehangenes Niederwild behandeln Sie wie Lamm und mittellang abgehangenes Fleisch wie Rind. Niederwild mit mittlerem Goût kann einen großen Hermitage, Côte Rôtie, Cornas, Châteauneuf-du-Pape, roten Rioja oder einen alten Château Musar vertragen. Liebhaber weißer Weine sollten sich für ältere Jahrgänge von der Rhône oder aus Rioja oder trockenen Pinot Gris *Vendange Tardive* aus dem Elsass entscheiden.

Preisgünstige Wahl: australischer Shiraz

NACHSPEISEN

Zwar kann man einen Dessertwein gut für sich genießen, doch gibt es keinen Grund, sich darauf zu beschränken.

BAISER

Zu Baiser, etwa einem Vacherin oder einer Meringue Pawlowa, wählen Sie einen stillen oder schäumenden Moscato, einen kalifornischen Muscat Canelli oder eine botrytisierte Riesling-Spätlese, eine erstklassige Mosel-Beerenauslese, einen süßen Vouvray oder einen guten Sauternes. Baisers mit Zutaten wie Nüssen, Kokosnuss oder Biskuit sind schön mit einer Tokajer-Essenz, elsässischem Pinot Gris Sélection de Grains Nobles, einem Torcolato aus Venetien oder Malmsey Madeira zu kombinieren. Pochiertes Baiser wie Îles Flottantes oder Schnee-Eier benötigt einen weniger intensiven Wein wie einen elsässischen Pinot Gris *Vendange Tardive*. Ein Eiswein eignet sich ausgezeichnet als Begleiter zu einer Zitronen-Baisertorte, einem Dessert, das nach Luxus, Säure und pikanter Süße verlangt.

Preisgünstige Wahl: iberischer Moscatel

CRÈME BRÛLÉE, CRÈME CARAMEL

Als Begleiter zu Crème brûlée benötigt man etwas luxuriöses Süßes. Ein deutscher oder österreichischer Wein wäre zu pikant; ein erstklassiger Sauternes oder ein üppiger Barsac wäre ausgezeichnet, die vermutlich beste Wahl ist jedoch ein elsässischer Pinot Gris Sélection de Grains Nobles oder ein großer Malmsey Madeira.

Preisgünstige Wahl: australischer Muscat Liqueur

KUCHEN, PUDDING, GEBÄCK

Viele Kuchen, Biskuits und Kekse benötigen keinen Wein. Ich finde aber, dass Tokajer den Genuss von Gebäck mit Kaffee- oder Vanillegeschmack steigert. Iberische Muskateller passen ausgezeichnet zu Süßspeisen, die auf Mandeln oder Walnüssen basieren, ein süßer Schaumwein wie Vouvray, Coteaux du Layon oder Asti harmoniert gut mit Früchtekuchen, Sahnetorten und Käsekuchen. Schokolade ist schwieriger; einige trinken jeden Wein von einem Sauternes bis zu einem Champagner Brut zu Schokoladekuchen oder Profiteroles, ich gehöre jedoch nicht dazu. Sehr gut passen auch ältere Ports.

OBST

Zu einem reifen, saftigen Pfirsich ist eine Riesling-Auslese oder -Beerenausleee aus dem Rheingau oder eine botrytisierte Riesling-Spätlese aus Kalifornien oder Australien ein idealer Partner. Asti, kalifornischer Muscat Canelli und Clairette de Die könnten ebenso mit Pfirsichen harmonieren, vor allem wenn sie mit Erdbeeren und Himbeeren serviert werden. Diese Weine passen zu allen Früchten einschließlich frischem Fruchtsalat. Leichtere Sauternes, Barsacs und Coteaux du Layon, ebenso süße schäumende Vouvrays eignen sich ebenfalls vorzüglich zu Fruchtsalat und sind die beste Wahl für Apfel-, Birnen- und Pfirsichkuchen. Ein österreichischer Grüner Veltliner oder eine Gewürztraminer Auslese sind zu Erdbeeren mit frisch gemahlenem schwarzem Pfeffer (ohne Sahne) eine wahre Offenbarung, ebenso ein reifer Jahrgangs-Port. Ein feiner leichter Bordeaux oder Burgunder mit frischen Himbeeren, die man im selben Wein ziehen ließ, erfreut sich großer Beliebtheit, ebenso eine erstklassige Mosel-Auslese zu Erdbeeren mit frischem Himbeerpüree (ohne Sahne). Apfelstrudel, Apfelkuchen und andere würzige Fruchtdesserts verlangen nach einem Tokajer, einem Muskateller oder einer österreichischen Gewürztraminer-Beerenauslese. Obstkuchen mit dunklen Früchten werden mit üppigen Sauternes, Bonnezeaux oder Quarts de Chaume ergänzt.

Preisgünstige Wahl: Moscato Spumante

KÄSE UND KÄSEGERICHTE

Eine heutige Lehrmeinung verwirft die traditionelle Kombination von Käse und Wein. Ich schließe mich dem nicht an, im Gegenteil, ich denke, dass die meisten Käsesorten mit Wein gewinnen. Nur die zurückhaltendsten und die geschmacksintensivsten Käsesorten und Weine erfordern eine besonders sorgfältige Wahl des passenden Begleiters.

BLAUSCHIMMELKÄSE

Ein hochwertiger Blauschimmelkäse sollte mit einem süßen Wein kombiniert werden, da sich daraus ein pikantes geschmackliches Zusammenspiel ergibt, das süß-sauren Speisen nicht unähnlich ist. Viele unterschiedliche Dessertweine bieten sich an. Die Wahl wird zumeist vom persönlichen Geschmack abhängen, meiner Ansicht nach harmonieren harte Blauschimmelkäse am besten mit Portwein, während weiche durch einen süßen Weißwein am besten zur Geltung kommen. Für einen Bleu de Bresse könnte man einen leichten Barsac, einen Coteaux du Layon, eine deutsche Beerenauslese oder einen reifen Sélection de Grains Nobles aus dem Elsass wählen, kräftigere Blauschimmelkäse wie Roquefort und Gorgonzola benötigen einen Sauternes, eine österreichische Gewürztraminer-Trockenbeerenauslese oder einen Tokajer.

Preisgünstige Wahl: Moscatel de Valencia

MILDER WEICHKÄSE

Ein leichter Beaujolais Nouveau oder ein eleganter Pinot Noir aus dem Elsass (im Gegensatz zu den farbkräftigen, in Eiche ausgebauten Rotweinen, die heute zunehmend produziert werden) eignet sich als Partner zu nahezu allen weichen und halbweichen milden Käsesorten. Für Käsesorten mit hohem Fettgehalt (60 bis 70 % i. Tr.) sollte man einen feineren Wein nehmen, etwa einen der vielen duftenden trockenen Weißweine aus dem Nordosten Italiens oder einen weichen Champagner Rosé.

Preisgünstige Wahl: Blanquette de Limoux

WÜRZIGER WEICHKÄSE

Ein Münster verlangt nach einem kräftigen Gewürztraminer, und die dekadenteste Weise, einen reifen Brie de Meaux oder Brie de Melun hinunterzuspülen, bietet ein zwanzig Jahre alter Jahrgangs-Champagner. Käsesorten mit gewaschener Rinde (die während der Reifung in Wasser, Sole oder Alkohol liegen) benötigen einen kräftigen roten Burgunder oder einen robusten Bordeaux.

Preisgünstige Wahl: junger Côtes du Rhône

HARTKÄSE

Für nussig-milde, dennoch würzige Hartkäse wie Gruyère und Comté eignen sich hervorragend weichere, aromatische Weine wie Gutedel, Pinot Gris und Gewürztraminer aus dem Elsass, während Weine mit mehr Säure, wie ein Savennières oder ein kalifornischer Sauvignon Blanc, mit kräftigeren Sorten wie Emmentaler eine bessere Kombination ergeben. Ein reifer Cheddar und andere sehr würzige Hartkäse verlangen nach einem gehaltvolleren Rotwein wie Bordeaux, Châteauneuf-du-Pape oder Château Musar. Sangiovese-Verschnitte bringen die gleichzeitig milden und salzig-pikanten Aromen eines jungen Parmigiano zur Geltung.

Preisgünstige Wahl: ein Neue-Welt-Wein aus Kohlensäuremaischung

ZIEGENKÄSE

Dieser Käse erfordert einen kräftigen trockenen Weißwein – wie Sancerre oder Gewürztraminer – oder einen festen, aber leichten Beaujolais-*Cru*.

Preisgünstige Wahl: Sauvignon de Haut-Poitou

KÄSEFONDUE

Zu einem Fondue trinkt man in der Schweiz – der Bekömmlichkeit wegen – häufig Tee. Sonst nimmt man denselben Wein, mit dem das Fondue gemacht wird: vor allem Fendant aus dem Wallis, Wein vom Genfer See und vom Neuenburger See. Für ein Fondue Savoyarde wären Apremont oder Crépy aus Savoyen angezeigt.

KÄSESOUFFLÉ

Ein Käsesoufflé verlangt einen guten Schaumwein, vor allem Champagner. Bei besonders geschmacksintensivem Soufflé, etwa mit Roquefort, muss der Wein genug Kraft besitzen, um bestehen zu können. Ein Blanc de Noirs – wie ein Vieilles Vignes von Bollinger – wäre ausgezeichnet.

Preisgünstige Wahl: Blanquette de Limoux

OBSTKUCHEN
Süße Weine, vor allem Sauternes, passen ausgezeichnet zu Kuchen und Tartes mit Früchten.

AROMEN DES WEINS

Ein »Verzeichnis« von typischen Aromen ist eine nützliche Gedächtnisstütze zur Bestimmung schwer definierbarer Aromen und Geschmacksnoten, auf die man in einem Wein stößt, ohne sie benennen zu können: Da springt ein Duft geradezu aus dem Glas, er ist sofort zu erkennen – und gleichzeitig frustrierend unbenennbar.

Selbst die erfahrensten Verkoster sind für dieses rätselhafte Phänomen anfällig. Bei näherer Analyse des Problems sagt uns die Logik, dass etwas, das im Gehirn die Saiten zum Schwingen bringt, wohlbekannt sein muss, dass es sich um ein Aroma aus dem Alltag und nicht um etwas Entlegenes handelt. Daraus ist zu schließen, dass nicht das Aroma schwer zu fassen ist, sondern lediglich sein Name. Dies überrascht keineswegs angesichts der Tatsache, dass jeder von uns das sensorische Profil von über eintausend alltäglichen Aromen in seinem Gehirn gespeichert hat. Die Schwierigkeit liegt nun darin, Zugang zu dieser Information zu finden. Ich habe deshalb in meinen Verkostungsheften stets eine Liste von Aromen und Geschmacksnoten als Gedächtnisstütze. Wenn ich auf meinen Reisen eine Blume, eine Frucht, ein Gewürz oder etwas anderes nicht bestimmen kann, gehe ich einfach die Liste durch, bis das Gehirn die Verbindung zu dem Aroma herstellt, das ich in der Nase habe, oder zu dem Geschmack auf meiner Zunge.

DIE VERWENDUNG DIESER AUFSTELLUNG

Wann immer Sie in einem Wein auf eine schwer zu definierende Eigenschaft stoßen, bietet die folgende Checkliste die schnellste Möglichkeit zu ihrer Bestimmung. Wenn Ihnen die Kategorie (Blume, Frucht, Gewürz usw.) klar ist, können Sie direkt zum entsprechenden Abschnitt gehen. Ansonsten beginnen Sie am Anfang: Nehmen Sie das Glas in eine Hand, schwenken Sie den Wein und schnuppern Sie an ihm. Wenn Sie nach einem Geschmack suchen, sollten Sie einen kleinen Schluck nehmen, während Sie mit dem Finger die Liste hinabfahren, bis ein Eintrag Ihrem Gedächtnis auf die Sprünge hilft.

DER URSPRUNG ALLTÄGLICHER AROMEN IM WEIN

Obwohl kein Wein tatsächlich Früchte (abgesehen natürlich von Trauben), Blumen, Gemüse, Kräuter, Gewürze und vieles mehr enthält, ist es vernünftig, deren Aromen zur Beschreibung von Weinen zu verwenden. Dem Uneingeweihten mag es seltsam erscheinen, in einem Wein eine Butternote festzustellen, doch Diacetyl, das als künstlicher Geschmacksstoff verwendet wird, um Margarine den Geruch und Geschmack von Butter zu verleihen, entsteht in Wein auf natürliche Weise als Nebenprodukt der malolaktischen Gärung. So beinhaltet Wein viele chemische Verbindungen in unterschiedlichen Mengen, die direkt mit einer großen Zahl charakteristischer Aromen oder Geschmäcken verbunden werden können.

Einige Verbindungen können je nach ihrem Anteil und in Abhängigkeit von anderen vorhandenen Substanzen verschiedenartige Eindrücke hervorrufen. Weiter können ganz unterschiedliche Verbindungen dasselbe Aroma erzeugen. Die dazu nötigen Mengen können verschwindend gering sein. So sind etwa die aromatischen Substanzen, die für einen starken Geruch nach Erbsen und grüner Paprikaschote verantwortlich sind, in einer Konzentration von 1:100 Milliarden Teilen vorhanden.

Gehen Sie aber mit der Suche nach Aromen und Geschmäcken nicht zu weit. Gehen Sie aber mit der Suche nach Aromafaktoren nicht zu weit. Konzentrieren Sie sich auf ein, zwei prägnante Aromen, anstatt einen ganzen Fruchtcocktail oder ein Potpourri von Gemüse aufzulisten. Wenn Sie sehr detaillierte Beschreibungen lesen (von denen es in diesem Buch hoffentlich nicht allzu viele gibt), sollten Sie sich fragen, wie solches Gebräu tatsächlich riechen könnte und ob es möglich wäre, überhaupt irgendwelche Bestandteile zu identifizieren.

Unabhängig davon, ob wir Eigenschaften eines Weins als Geruch oder Geschmack wahrnehmen, handelt es sich prinzipiell um Gerüche (*siehe* S. 17). Der stoffliche, taktile Eindruck im Mund und die von der Zunge wahrgenommenen Geschmäcke (süß, sauer, salzig und bitter) beeinflussen ebenfalls unsere Wahrnehmung. Wo spezifische chemische Verbindungen für ein Aroma oder einen Geschmack verantwortlich sind, werden sie im jeweiligen Eintrag erwähnt (in kursiv), damit Interessierte die mögliche Ursache bestimmen können, während andere ohne Unterbrechung im Text fortfahren können. Die angeführten Substanzen müssen nicht zwangsläufig die Ursache für ein Aroma sein, da es auch durch andere chemische Verbindungen hervorgerufen werden könnte.

BLUMEN

Blumendüfte finden sich vor allem in jungen Weißweinen. Sie können die wesentlichen Aromaeigenschaften ausmachen oder für vielfältige Details sorgen. Veilchenduft ist das bedeutendste und auffälligste florale Aroma bei Rotwein.

AKAZIE

An Akazienblüten erinnert das von Autolyse geprägte Aroma eines vor kurzer Zeit degorgierten Schaumweins. Dieses Aroma (*Paratolylmethyl-Keton*) weisen aber auch andere Weißweine auf.

GERANIE

Normalerweise ein Fehler bei süßem Wein (*2-Ethoxyhexa-3,5-Dien*), aber auch Zeichen eines zu alten Asti (*Geraniol*-Abbau). Ein unverwechselbarer Geruch.

HOLUNDER

Holunderblütenduft findet sich in Weinen aus aromatischen Traubensorten und ist nur dann gut, wenn das Aroma rein und frisch ist. Bei zu unreifen Trauben nähert sich dieser Geruch dem von Katzenurin.

LAVENDEL

Lavendel tritt oft zusammen mit Limone in australischen Weinen auf, besonders in Riesling, Muscat und Schaumwein, gelegentlich auch in deutschem Riesling und sogar in *Vinho Verde*.

ROSE

Viele Weine riechen nach Rosen, vor allem delikate Muscat-Weine und zurückhaltende Gewürztraminer (*Damascenon, Diacetyl, Geraniol, Iron, Nerol* oder *Phenylethylsäure*).

VEILCHEN

Veilchenaroma findet sich oft im komplexen Abgang eines auf Cabernet basierenden Rotweins, vor allem eines Bordeaux (insbesondere aus den Graves). Vermutlich eher ein taktiles als ein flüchtiges Aroma.

FRÜCHTE

Im Allgemeinen deuten Fruchtaromen auf reife Trauben und längere Flaschenreifung hin; die »jugendlichen« Blumenaromen verändern sich oft zu einem an Früchte erinnernden Charakter.

ANANAS

Ananas findet sich in sehr reifem Chardonnay, Chenin Blanc und Sémillon, vor allem aus der Neuen Welt, und in nahezu jedem botrytisierten Wein. Lässt auf einen für die hohe Reife guten Säuregehalt schließen (*Ethylcaprylat*).

APFEL

Apfel ist ein Weißweinaroma, das von grünem Apfel (Apfelsäure) in ungenügend ausgereiften Weinen bis zur milden Note von roten Äpfeln in reiferen Weinen reicht. Über 50 bekannte Verbindungen können verantwortlich sein.

APRIKOSE

Ein prägnanter Aprikosenton verweist auf eine geringere Traubenreife und längere Flaschenreifung. Aprikose findet sich häufig in Weißweinen von der Loire oder aus Deutschland (*4-Dekanolid*).

BANANE

Bananenaroma tritt in Weiß- und Rotweinen aus kühler Kohlensäuremaischung auf (*Amylacetat* oder *Isoamylacetat*).

BIRNE
Birne ist in Weiß- und Rotweinen aus kühler Kohlensäuremaischung festzustellen *(Amylacetat oder Isoamylacetat).*

ERDBEERE
Üppige, runde Erdbeeraromen finden sich bei klassischem Pinot Noir aus einem warmen Klima oder einem hervorragenden Jahrgang, außerdem bei Loire-Cabernet (*Ethylacetat, Ethylformiat,* verschiedene Säuren und Ester).

FEIGE
Feigenartige Aromen sind manchmal in jugendlichen Chardonnays zu finden, auch in Kombination mit Nuancen von Apfel oder Melone; Zeichen für potenzielle Komplexität.

GRAPEFRUIT
Grapefruit findet sich in Jurançon Sec und elsässischem Gewürztraminer, in deutscher Scheurebe und Huxelrebe und in Schweizer Arvine-Weinen (eine Kombination von Terpenen wie *Linalool* und *Citronellal*).

HIMBEERE
Manchmal in Grenache, Cabernet von der Loire, Pinot Noir und Syrah festzustellendes Aroma, das sich in der Flasche zu Schwarzer Johannisbeere entwickelt (*Ethylacetat, Ethylformiat,* verschiedene Säuren und Ester).

KIRSCHE
Sauerkirsche ist eine klassische Geschmacksnote eines Pinot Noir aus kühlem Klima, Schwarzkirsche gehört zum komplexen Aromaspektrum eines großen Cabernet oder Syrah (*Cyanhydrin, Benzaldehyd*).

LIMONE
Ein sehr typisches Aroma in hochwertigem australischem Sémillon und Riesling. Bei Riesling verändert es sich in der Flasche häufig zu Lavendel (*Limonen, Citronellal, Linalool*).

LITSCHI
Frische Litschi wird als klassischer Sortencharakter von Gewürztraminer genannt, ist jedoch selten festzustellen. Das Aroma von Litschis aus Dosen findet sich in frühreifen Weißweinen aus minderen Jahrgängen.

MELONE
Eigenschaft eines jungen, kühl vergorenen Chardonnay aus der Neuen Welt, auch in Kombination mit Aromen von Apfel oder Feige zu finden (*Limonen, Citronellal, Linalool*).

ORANGE
Orange findet sich bei Muscat, aber nie bei Gewürztraminer. Außerdem bei einigen aufgespriteten Weinen und Ruby Cabernet vorhanden (*Limonen, Citronellal, Linalool*).

PFIRSICH
Bei reifem Riesling und Muscat, sehr reifem Sauvignon Blanc, gutem Viognier, Champagner aus dem Sézannais, Neue-Welt-Chardonnay und bei botrytisierten Weinen festzustellen (*Piperonal, Undecalacton*).

SCHWARZE JOHANNISBEERE
Schwarze Johannisbeere (Cassis) zählt zum Aromaprofil eines klassischen Cabernet. Auch in Sorten wie Syrah zu finden, besonders nach längerer Flaschenreifung (*Ethylacetat, Ethylformiat,* verschiedene Säuren und Ester).

STACHELBEERE
Das klassische Aroma eines wirklich reifen und doch ausgesprochen frischen, lebhaften Sauvignon Blanc, sehr häufig bei den Weißweinen Neuseelands, vor allem aus der Region Marlborough.

TOMATE
Wir betrachten die Tomate als Gemüse, tatsächlich ist sie eine Frucht. Ein selten anzutreffendes Aroma, zu finden bei flaschengereiftem Sylvaner und zusammen mit Blutorange in Ruby Cabernet.

TRAUBE
Nur wenige Weine besitzen tatsächlich ein Traubenaroma. Zu finden ist es in billigen deutschen Weinen, jungem Gewürztraminer und Muscat sowie muscatartigen Weinen (*Ethylcaprylat, Ethylheptanoat, Ethylpelargonat*).

TROCKENOBST
Das Aroma von Sultaninen oder Korinthen findet sich verbreitet in italienischem Recioto und Amarone, während das Aroma von Rosinen für aufgespriteten Muscat typisch ist.

ZITRONE
Im Wein nicht so deutlich hervortretend. Viele junge Weißweine besitzen ein schwaches Zitronenaroma (*Limonen, Citronellal*).

VEGETALE UND HERBALE AROMEN

In kleinen Dosen können vegetale und krautige Aromen die Komplexität eines Weins steigern. Die wenigsten sind angenehm, wenn sie deutlich hervortreten, meist muss man von einem Fehler sprechen.

DOSENERBSEN
Ein bei Sauvignon Blanc häufiges Aroma, auf überreife Trauben oder zu lange Flaschenreifung zurückzuführen. Einige schätzen dieses Aroma, die meisten lehnen es ab. Kann sich aus einer Spargelnote entwickeln (*Isobutyl* oder *Segbutyl*).

GRAS
Dieses Aroma kann aggressiv sein; wenn aber frisch, leicht und angenehm, ist es ein positives Merkmal eines bewusst früh gelesenen Sauvignon Blanc oder Sémillon (*Methoxypyrazin* oder *Hexandienol*).

HEU
Wie ein langweilig-flaches oder oxidiertes grasiges Aroma kann auch ein Heugeruch in Schaumweinen auftreten, die vor der zweiten Gärung eine leichte Oxidation erlitten (*Linalool-Oxide*).

KARTOFFELSCHALEN
Dieses gegenüber Roter Rübe erdigere, weniger fruchtige Aroma findet sich in vielen Rotweinen und kann auf infizierte Fässer oder Korkenfehler deuten (*Geosmin*).

GEKOCHTER KOHL
Ein Geruch nach Kohl oder Blumenkohl charakterisiert meist einen Chardonnay oder einen Wein aus der Pinot-Familie. Einige Weinfreunde meinen, dass ein reifer ungefilterter Burgunder dieses Aroma zeigen oder sogar an einen Kuhstall erinnern sollte *(Methylmercaptan).*

KUHSTALL
Manche betrachten dies als charakteristisch für einen großen Pinot Noir; der Autor gehört nicht dazu.

GRÜNE PAPRIKASCHOTE
Dieses Aroma kann sich bei einem leicht grasig-herbalen Sauvignon, einem Cabernet Franc von der Loire oder einem Cabernet Sauvignon von starkwüchsigen Reben finden. Früher ein großes Problem in Neuseeland *(Isobutyl* oder *Segbutyl).*

PILZE
Ein schönes, sauberes Pilzaroma verweist auf Pinot Meunier in einem erlesenen alten Champagner. Ist das Aroma jedoch muffig, handelt es sich vermutlich um einen Fehler durch infizierte Fässer oder einen Korkenfehler.

ROTE RÜBE
Diese fruchtig-erdige Aroma ist in einigen Rotweinen zu finden, vorwiegend in Pinot Noir, der aus einer ungeeigneten Region stammt und zu lange in der Flasche reifte, und in Cabernet Franc *(Geosmin).*

GEKOCHTER SPARGEL
Spargel ist häufig bei einem Sauvignon Blanc anzutreffen, der aus überreifen Trauben gewonnen wurde oder zu lange in der Flasche war. Einige schätzen dieses Aroma, die meisten lehnen es jedoch ab. Spargel kann sich zu einem an Dosenerbsen erinnernden Aroma entwickeln *(Isobutyl* oder *Segbutyl).*

ZWIEBEL UND KNOBLAUCH
Ein ernster Fehler. Durch die Reaktion des Ethylalkohols mit Schwefelwasserstoff bildet sich eine übel riechende Verbindung namens *Ethylmercaptan.*

GEWÜRZE, KRÄUTER, HARZE

Diese Aromen sind entweder ein prägender Faktor eines Sortencharakters oder eine Komponente im komplexen Aroma eines Weins. Sie sind in trockenen Weinen prägnanter, in süßen Weinen treten sie zurück.

EUKALYPTUS
Dieses Aroma ist in vielen australischen Cabernet Sauvignons und Shiraz-Weinen erkennbar. Es könnte auf die von den Eukalyptusbäumen in die Körbe der Pflücker fallenden Blätter zurückzuführen sein.

GEWÜRZE
Viele Weine erinnern an bestimmte Gewürze. Nach einigen Jahren Flaschenreifung sollte der Gewürzcharakter eines Gewürztraminers auf dem Gaumen geradezu den Eindruck eines Brennens hinterlassen.

GEWÜRZNELKE
Nelkenaromen sind in Weinen zu finden, die in neuen Eichenbarriques ausgebaut wurden; die Fässer nehmen dieses Aroma beim Toasten auf (*siehe* S. 40). Außerdem tritt Gewürznelke in Gewürztraminer von bestimmten Terroirs auf, etwa Soultzmatt und Bergbieten im Elsass *(Eugenol).*

JOHANNISBEERBLÄTTER
Diese krautige Note wird vorwiegend mit Sauvignon Blanc verbunden, kann sich aber in jedem aus unreifen Trauben oder Trauben von starkwüchsigen Reben erzeugten Wein finden. Kann im Abgang grün und unangenehm sein.

LAKRITZ
Lakritze (Süßholz) kann eine Fassette im komplexen Aroma von Rot- und Weißweinen sowie von aufgespriteten, sehr konzentrierten Weinen bilden, bei letzteren vor allem in solchen aus spät gelesenen oder sonnengetrockneten Trauben *(Geraniol* oder *Glycyrrhizin).*

LEBKUCHEN
Bei reifen Gewürztraminern höchster Qualität zu finden, wenn der würzige

Charakter dieser Sorte durch Flaschenreifung gemildert wurde.

MINZE
Minze findet sich gelegentlich in Bordeaux, besonders deutlich ausgeprägt bei Château Mouton Rothschild. Wesentlich stärker ist das Aroma in körperreichen Rotweinen der Neuen Welt – insbesondere in kalifornischem Cabernet (Napa Valley) und Coonawarra-Shiraz – vorhanden.

PFEFFER
Viele junge Rotweine besitzen eine pfeffrige Grundnote. Syrah erinnert an den unverkennbaren Duft von zerstoßenen schwarzen Pfefferkörnern, erstklassiger Grüner Veltliner an gemahlenen weißen Pfeffer.

VANILLE
Eichenholz verleiht dem Wein oft einen Vanillegeschmack durch das Vanillin, das auch den Vanilleschoten ihr Aroma gibt (auch *Lactone* oder *Caprinsäure*).

ZIMT
Teil des komplexen Aromas lange gereifter, sehr guter Rotweine, insbesondere von der Rhône. Zimt findet sich auch in Weißweinen, die in Eiche ausgebaut wurden, vor allem in solchen aus botrytisierten Trauben (*Zimtaldehyd*).

WEITERE AROMEN

BUTTER
Diese Charakteristik findet sich häufig in Chardonnay und wird von *Diacetyl* verursacht, einem Aromastoff, der in der Nahrungsmittelindustrie zur Erzeugung eines Buttergeschmacks verwendet wird. Auf natürliche Weise entsteht er während der malolaktischen Gärung (auch *Undecalacton*). In einem klassischen Schaumwein ist diese Note unerwünscht, weshalb die Champagnerhersteller spezielle Bakterien verwenden, die nur geringe Mengen von Diacetyl erzeugen.

BROT
In der Autolyse gehen die blumigen, akazienähnlichen Aromen in substanziellere, sahnige Noten über (*Diacetyl, Undecalacton* oder *Paratolylmethyl-Keton*).

HART GEKOCHTES EI
Um Oxidation zu verhindern, wird dem Wein Schwefel zugesetzt. Dabei verbindet sich der Schwefel mit dem im Wein vorhandenen Sauerstoff. Verbindet er sich jedoch mit Wasserstoff, entsteht Schwefelwasserstoff, der nach hart gekochten bis zu verfaulten Eiern riecht.

ERDE
Weine können am Gaumen erdig wirken, was einige fälschlicherweise dem Terroir zuschreiben. Dieser unerwünschte Geschmack, der den Eindruck von Unsauberkeit macht, ist kein Ausdruck für einen bestimmten Ursprung (*Geosmin*).

FEUERSTEINTON
Sehr gute Sauvignons Blancs (z. B. Sancerre und Pouilly-Fumé von der Loire) weisen diesen charakteristischen Geruch auf.

FUCHSIG
Damit wird das typische, unangenehm süßliche Aroma (Geruch nach nassem Fuchs- oder Tierfell) amerikanischer *Vitis-labrusca*-Rebsorten bezeichnet (*Methylanthranilat, Ethylanthranilat*).

GEBÄCK
Die in feinen, gut gereiften Champagnern anzutreffende Gebäcknote, die sich bei Pinot Noir nach dem Degorgieren während der Flaschenreifung entwickelt. Viele reine Chardonnay-Champagner weisen einen sahnigen Gebäckton auf (*Acetal, Acetoin, Diacetyl, Benzoealdehyd* oder *Undecalacton*).

VERBRANNTER GUMMI
Ein ernster Fehler im Wein, der durch eine Reaktion zwischen Ethylalkohol und Schwefelwasserstoff verursacht wird; sie ergibt eine übel riechende Verbindung namens *Ethylmercaptan*.

HONIG
Nahezu jeder erlesene Weißwein nimmt mit dem Alter eine Honignote an. Dies gilt vor allem für große Burgunder, klassischen deutschen Riesling und botrytisierte Weine (*Phenylethylsäure*).

KÄSE
Gelegentlich besitzt ein Wein ein klares Käsearoma (eine Emmentaler- oder Blauschimmelkäse-Note tritt am häufigsten auf). Ein starker Käsegeruch verweist jedoch auf einen durch Bakterien verursachten Fehler (*Buttersäureethylester* oder *Ethylthioacetat*).

KAFFEE
Zeichen für einen großen alten Champagner (20, 50 Jahre und noch mehr). Große ältere Bordeaux-Jahrgänge verströmen oft Kaffee- und Schokoladen-Aromen im Abgang. Eine Kaffeenote findet sich heute immer häufiger im Abgang billiger Rotweine, die mit mittel bis stark gerösteten amerikanischen Eichenspänen hergestellt wurden.

KARAMELL
Karamell kann bei jungem, in neuen Fässern ausgebautem Wein als zentraler, prägender Geschmack auftreten, bei einem Tawny Port als Nachgeschmack, der sich durch einen langen Ausbau in gebrauchten Fässern bildet (*Cycloten, Maltol*).

KERZENWACHS
Kerzenwachs ist ein genauerer Vergleich für Sémillon als das häufig genannte Lanolin, da Lanolin keinerlei Geruch besitzt, wenn es auch an einen Geruch erinnert (*Caprylat, Caproat* oder *Ethylcaprylat*).

KOKOSNUSS
Auch dieses Merkmal findet sich in großem altem Champagner. Beißende Kokosnussaromen werden von verschiedenen Holzlactonen erzeugt, die häufig in amerikanischer Eiche auftreten (sie könnten aber auch auf *Caprinsäure* zurückzuführen sein).

LEDER
Eine Spur von Leder kann ein Element vieler hochwertiger, komplexer Weine sein. Das an »verschwitzten Sattel« erinnernde Aroma eines altmodischen Shiraz aus dem Hunter Valley ist jedoch ein *Methylmercaptan*-Fehler.

MAKRONEN
Der Mandel-Kokosnuss-Geschmack von Makronen ist ein typisches Merkmal eines großen alten Champagners. Es ähnelt der Kokosnussnote, ist jedoch süßer und komplexer (*Undecalacton* oder *Caprinsäure*).

MARMELADE
Jeder Rotwein kann marmeladige Aromen besitzen. Grenache neigt besonders zu Himbeermarmelade, Pinot Noir zu Erdbeermarmelade. Kein typisches Merkmal für einen wirklich feinen Wein, sondern eher für einen direkten, süffigen, sehr fruchtbetonten Wein.

NAGELLACKENTFERNER
Nagellackentferner ist die stechende Form des Fruchtdrops-Aromas, das bei intensiver Kohlensäuremaischung entsteht. Es findet sich in schlechten Beaujolais Nouveau (*Amylacetat* oder *Isoamylacetat*, auch bekannt als »Bananenester« und »Birnenester«).

NÜSSE
Dieses Aroma reicht vom nussigen Charakter eines reifen Burgunders über die Walnuss- oder Haselnussnoten in einem Blanc-de-Blancs-Champagner bis zur mandeligen Frucht jungen italienischen Rotweins (*Acetoin, Diacetyl* oder *Undecalacton*).

FEUCHTE PAPPE
Der Geruch nach feuchtem Pappkarton kann seine Ursache im Wassermangel im Weinberg haben; dann handelt es sich um einen Weinfehler. Er kann aber auch tatsächlich durch die Lagerung von Weingläsern in einem Pappkarton hervorgerufen werden.

PETROLEUM
Jeder, der einmal Benzin getankt hat, weiß, dass das klassische Petroleum-Aroma eines reifen Rieslings anders riecht als dieser Stoff. Für jene, die den würzigen, honigartigen Charakter eines großen Rieslings kennen, ist Petroleum jedoch das prägnanteste Wort im Weinverkostungsvokabular (verschiedene *Terpene*).

RAUCH
Rauchige Noten können Bestandteil des Aromas einer Rebsorte sein, etwa von Syrah. Sie lassen sich jedoch auch künstlich hervorrufen, indem der Wein während der Fassgärung aufgerührt wird und so den Charakter eines nicht abgezogenen, geklärten oder gefilterten Weins erhält.

RÖSTAROMA
Röst- oder Toastaromen werden im Allgemeinen mit Chardonnay und reifen Champagnern, vor allem Blancs de Blancs, assoziiert, finden sich jedoch in vielen Weinen. Sie können sich bei langer Flaschenreifung entwickeln oder aber unmittelbar durch neue Eiche hervorgerufen werden (*Furanaldehyde*). Die derzeit gängige Theorie ist, dass Röstaromen in Chardonnay eigentlich ein Fehler durch gebundenen Schwefel sind. Allerdings ein Fehler, den viele Weinliebhaber schätzen.

SAURE MILCH, SAURE SAHNE
Der an Sauermilch erinnernde Geruch eines Weins, der eine übermäßige malolaktische Gärung durchlief; er kann sich zu einem ausgeprägteren Sauerkrautaroma entwickeln. Dieser an Sauerkraut erinnernde Geruch ist noch unangenehmer (*Diacetyl* oder *Milchsäure*).

SCHOKOLADE
Dieses Aroma ist für noch junge Cabernets Sauvignons und Pinots Noirs typisch, wenn sie weich und üppig sind und über viel Alkohol und wenig Säure verfügen. Auch im komplexen Aroma reifer Weine ist diese Note vorhanden.

SHERRY
Ein verräterisches Zeichen für einen zu hohen *Acetaldehyd*-Gehalt, der Wein in Essig verwandeln kann, ausgenommen es handelt sich um Sherry oder einen anderen aufgespriteten Wein, der durch seinen hohen Alkoholgehalt geschützt ist.

STREICHHOLZ
Der stechende Geruch nach abgebranntem Streichholz ist auf freien Schwefel zurückzuführen (*Schwefeldioxid*). Nur in jungen oder vor kurzer Zeit abgefüllten Weinen ist dies kein Fehler, durch Schwenken des Weins im Glas kann sich der Geruch verflüchtigen.

TEER
Teer erinnert an Lakritz mit einem Touch von Rauch. Er findet sich in körperreichen Rotweinen, typischerweise in Barolo und Weinen von der nördlichen Rhône. Das Aroma kann auf einen Wein verweisen, der nicht abgezogen, geklärt oder gefiltert wurde.

TOFFEE
Das Aroma von Toffee entsteht, wenn sehr reifer Weißwein mit exotischen Fruchtaromen in einem stärker getoasteten neuen Eichenfass ausgebaut wird. Sehr häufig in den Weinen der Neuen Welt zu finden (*Cycloten, Diacetyl, Maltol, Undecalacton*).

FEHLER IM WEIN UND IHRE BESEITIGUNG

SYMPTOM	URSACHE	LÖSUNG
Ablagerungen an der Flaschenwand	Körperreiche Rotweine aus heißen Ländern oder außergewöhnlich heißen Jahrgängen Klima neigen dazu, eine Ablagerung auszuscheiden, die sich an der Innenseite der Flasche absetzt.	Prüfen Sie, ob der Wein beim Ausgießen klar ist. Da sich höchstwahrscheinlich auch lose Depotteilchen im Wein befinden, ist Dekantieren die sicherste Lösung.
Geruch nach Ammoniak oder Mäuseharn	Ein Fehler, der das Resultat der Reaktion der Hefeart *Brettanomyces* mit Lysin, einer Aminosäure, ist.	Geben Sie den Wein zurück, und lassen Sie sich den Kaufpreis erstatten.
Depot	Alle Weine bilden mit der Zeit einen Bodensatz. Die meisten werden jedoch zuvor getrunken.	Dekantieren Sie den Wein.
Erdiger Geschmack	Unreiner Geschmack, aber kein wirklicher Fehler.	Vermutlich bei einem Händler gekauft, der dieses Aroma als *Goût de Terroir* schätzt; eine Rücknahme ist unwahrscheinlich.
Essiggeruch	Der typische Geruch von Essigsäure; der Wein ist oxidiert.	Verwenden Sie den Wein für Salatsaucen.
Film oder Schicht an der Oberfläche des Weins	Ein von den Gläsern oder von der Karaffe herrührender Ölfilm. Entweder wurde nicht gut klargespült oder das Geschirrtuch, mit dem sie poliert wurden, war mit Fett verunreinigt.	Spülen Sie nach dem Abwasch gründlich mit heißem Wasser nach. Benutzen Sie das Geschirrtuch nur für die Gläser. Verwenden Sie auch nie einen Weichspüler für das Geschirrtuch.
Geruch und Geschmack nach Geranien	Der unangenehme Geruch und Geschmack nach Geranien entsteht durch den Abbau der Sorbinsäure durch Milchsäurebakterien.	Geben Sie den Wein zurück, und lassen Sie sich den Kaufpreis erstatten.
Joghurtaroma	Ein Weinfehler, der bei der malolaktischen Gärung im Weißwein entstehen kann. Erinnert manchmal auch an saure Milch.	Geben Sie den Wein zurück, und lassen Sie sich den Kaufpreis erstatten.
Aroma von Johannisbeerblättern	Von unreifen Trauben oder stark belaubten Rebstöcken hervorgerufen. Kann in Weinen aus heißen Ländern bewusst gefördert worden sein (weiteres Merkmal: grüner Abgang).	An sich kein Fehler, aber auch kein Zeichen für gute Weinbereitung. Wenn Sie sich nicht überwinden können, den Wein zu trinken, gießen Sie ihn weg.
Geruch nach gekochtem Kohl oder Kuhstall	Genau genommen ein Fehler *(Methylmercaptan)*. Die Hälfte der Weinbranche wird jedoch argumentieren, dass diese Aromen bei einigen Weinen, insbesondere Burgunder, dazugehören.	Einige Händler werden Ihnen den Kaufpreis erstatten, nicht aber solche, die diesen »traditionellen« Stil bewusst wählen.
Der Wein riecht und schmeckt nach Kork (er »korkelt«)	Verbinden sich chlorhaltige Lösungen, in denen die Korken gebleicht wurden, mit Phenol, das in jedem Naturkork vohanden ist, so entsteht in Verbindung mit Schimmelpilzen Trichloranisol, das den muffigen Geruch und den unangenehmen Geschmack verursacht; diese verstärken sich nach einiger Zeit eher noch.	Korkkranker Wein ist in der Regel nicht genießbar. Im Restaurant sollten Sie den Wein zurückweisen, beim Händler sollten Sie Ersatz fordern.
Madeira-artiger Geschmack (in jedem Wein außer Madeira)	Maderisierung ist in jedem normalen leichten Tischwein unerwünscht. Wahrscheinlich war der Wein Licht, Hitze oder beidem ausgesetzt.	Bringen Sie den Wein zurück und lassen Sie sich den Kaufpreis erstatten, außer Sie haben den Wein selbst falsch gelagert (*siehe* Kellerlagerung, S. 11).
Muffige Töne im Wein (Schimmelgeschmack)	Muffiger Geruch entsteht bei Wein, der in unhygienischen Holzfässern gelagert wurde.	Geben Sie den Wein dem Händler zurück, und lassen Sie sich den Kaufpreis erstatten.
Nagellackgeruch	Der Wein enthält eine zu große Menge an Essigsäure. Der Geruch wird von manchen Konsumenten, vor allem bei Pinot Noir oder Chardonnay, auch als Qualitätsmerkmal gewertet.	Eigentlich kein Fehler. Entscheiden Sie selbst, ob Sie den Wein trinken oder weggießen.
Geschmack nach feuchter Pappe	Ein »untypischer Alterston«, der an die Empfindung von feuchter Pappe erinnert. dieser Weinfehler kann auf Wassermangel im Weinberg zurückzuführen sein. Tatsächlich könnte der Eindruck von feuchter Pappe auch vom Papppkarton herrühren, in dem die Gläser verpackt waren.	Wenn der Wein auch im makellos sauberen Glas den Pappegeruch aufweist, sollten sie den Kaufpreis zurückfordern. Wahrscheinlich müssen Sie es aber als Erfahrung verbuchen.
Ein Stillwein zeigt kleine Perlen am Glas	Eine unerwünschte zweite alkoholische oder eine malolaktische Gärung kann einen Stillwein zum Perlen bringen.	Wenn der Wein stark perlt, bringen Sie ihn zurück. Zeigt sich nur ein leichtes Kribbeln, können Sie mit einem Vakuum-Flaschenverschluss das Gas entfernen.
Pilzaromen	Ein sauberes Pilzaroma lässt bei einem erlesenen alten Champagner auf Pinot Meunier schließen. Ein muffiger Geruch ist dagegen ein Fehler durch unsaubere oder infizierte Fässer.	Wenn es sich um einen Fehler durch Verunreinigung handelt, bringen Sie den Wein zurück und lassen Sie sich den Kaufpreis erstatten.
Sattelgeruch, Pferdeschweiss	Etliche australische Syrahs riechen »verschwitzt«, was durch die Hefebakterien *Brettanomyces* hervorgerufen werden kann. Manche Weinkonsumenten betrachten dies jedoch als charakteristisches Merkmal.	Entscheiden Sie selbst, ob Sie den Sattelgeruch als Qualitätsmerkmal oder als Weinfehler betrachten.
Sauerkraut-Aromen	Der an Sauerkraut erinnernde Geruch entsteht durch Milchsäurebakterien.	Geben Sie den Wein zurück, und lassen Sie sich den Kaufpreis erstatten.
Scharfer Geschmack	Ein Weinfehler, der auf wiederholte Einschwefelung von Holzfässern zurückgeht. Dabei kann Schwefelsäure entstehen. Auf den Zähnen empfindet man außerdem einen »stumpfen« Belag.	Geben Sie den Wein zurück, und lassen Sie sich den Kaufpreis erstatten.
Geruch nach Schwefel (vorübergehend)	Schwefliger Geruch entsteht, wenn sich zum Beispiel während der Gärung schwefelhaltige Substanzen zu Schwefelwasserstoff verbunden haben.	Bringen Sie den Wein zurück und lassen Sie sich den Kaufpreis erstatten.
Geruch nach Schwefel (bleibend)	Schwefelgeruch als bleibender Weinfehler entsteht durch zu hohe Beigaben von Schwefel.	Geben Sie den Wein dem Händler zurück, und lassen Sie sich den Kaufpreis erstatten.
Sherry-Aromen (in jedem anderen Wein als Sherry)	Zu hoher *Acetaldehyd*-Gehalt, der Wein ist oxidiert. Ein gewöhnlicher Wein mit zu viel Acetaldehyd wird zu Essig, Sherry und andere aufgespritete Weine werden durch den hohen Alkoholgehalt geschützt.	Den Wein »lüften«: Lässt man ihn im offenen Glas etwa zehn Minuten stehen, verflüchtigt sich der Geruch wahrscheinlich. Weiterer Versuch: Den Wein (mehrmals) in eine Karaffe umfüllen, damit sich der Geruch an der Luft verliert.
Aromen von Spargel oder Dosenerbsen	Tritt in einem Sauvignon Blanc auf, der aus überreifen Trauben erzeugt oder zu lange in der Flasche gelagert wurde.	Kein Fehler im eigentlichen Sinn. Kaufen Sie das nächste Mal einen jüngeren Jahrgang.
Trübungen im Wein	Trübungen entstehen durch Verbindungen von Metallen mit Inhaltsstoffen des Weins. Ursachen sich nicht rostfreie Kellereigerätschaften.	Geben Sie den Wein zurück, und lassen Sie sich den Kaufpreis erstatten.

JAHRGANGS-ÜBERSICHT

Diese Tabelle bietet eine Übersicht über die Qualität von über 850 Jahrgängen aus 28 Weinkategorien. Wie bei jeder Jahrgangstabelle sollten die Bewertungen nur als Wahrscheinlichkeiten betrachtet werden. Sie drücken aus, was von einem Jahr zu erwarten ist, und sollten nicht als Anweisung zum Kauf der Weine verwendet werden. Keine pauschale Bewertung kann die vielen in jedem Jahrgang auftretenden Ausnahmen berücksichtigen. Allerdings gilt: Je höher die Bewertung, desto seltener die Ausnahmen. Denn Qualität und Zuverlässigkeit gehen bis zu einem gewissen Grad Hand in Hand.

ERLÄUTERUNG DER JAHRGANGSBEWERTUNGEN

90 – 100*	ausgezeichnet bis erstklassig
80 – 89	gut bis sehr gut
70 – 79	durchschnittlich bis gut
60 – 69	enttäuschend
40 – 59	sehr schlecht
0 – 39	katastrophal

* Kein Jahrgang kann wirklich als perfekt bezeichnet werden; doch sind Jahrgänge, die die maximale Punktzahl erreichen, wirklich große Jahrgänge.

Bedenken Sie, dass bestimmte Weintypen in so genannten großen Jahrgängen nicht besonders angenehm oder gut werden. Solche Weine, etwa aromatische Weißweine mit leichtem Körper, die am besten jung, frisch und fruchtig getrunken werden sollten (z. B. Muscat d'Alsace, deutsche QbA oder Kabinettweine usw.), sind in Jahrgängen mit einer Bewertung zwischen 70 und 85 Punkten oder noch darunter zu bevorzugen.

JAHRGANG	2002	2001	2000	1999	1998	1997	1996	1995	1994	1993	1992	1991	1990	1989	1988	1987	1986	1985	1984	1983	1982	1981
BORDEAUX – MÉDOC und GRAVES	85	75	90	85	85	83	95	90	85	82	78	78	90	95	88	78	90	92	75	88	98	82
BORDEAUX – ST-ÉMILION und POMEROL	75	80	90	88	90	80	90	90	85	85	78	75	92	95	88	75	85	92	65	85	68	82
BORDEAUX – SAUTERNES und BARSAC	80	90	87	87	89	95	90	95	79	60	65	60	92	95	95	60	90	85	60	100	70	70
BURGUND – CÔTES D'OR (Rotwein)	85	80	85	90	89	88	97	90	70	80	85	82	95	92	98	70	78	100	70	88	80	75
BURGUND – CÔTES D'OR (Weißwein)	80	85	87	90	90	92	97	92	80	80	95	70	98	95	92	80	92	90	80	88	86	85
BURGUND – BEAUJOLAIS (Rotwein)	90	85	87	88	83	85	90	85	90	85	92	85	90	90	85	78	85	90	70	90	72	74
CHAMPAGNER	90	–	80	80	85	85	90	90	–	–	70	–	100	89	90	–	80	95	–	90	92	90
ELSASS	80	70	85	85	85	90	91	90	90	85	80	75	90	95	90	78	75	90	65	100	80	89
LOIRE (Süßwein)	90	70	60	60	60	91	90	95	90	55	55	50	90	90	90	60	85	87	65	90	85	70
LOIRE (Rotwein)	92	80	85	80	75	90	92	90	60	60	40	40	90	90	85	40	85	90	75	85	85	80
RHÔNE – NÖRDLICHE RHÔNE	70	85	95	91	89	85	85	92	75	65	75	85	96	95	95	88	86	95	70	98	92	75
RHÔNE – SÜDLICHE RHÔNE	75	87	95	88	96	70	85	90	80	80	75	70	90	95	92	70	88	90	70	92	88	87
DEUTSCHLAND – MOSEL-SAAR-RUWER	85	95	80	87	75	90	85	92	92	94	92	88	100	98	95	75	93	95	50	100	70	75
DEUTSCHLAND – RHEIN	85	90	80	87	85	95	84	90	85	90	90	80	95	95	90	78	93	95	50	98	73	75
ITALIEN – BAROLO	70	90	85	89	94	92	91	90	88	85	75	80	93	95	95	88	82	95	55	90	95	80
ITALIEN – CHIANTI	70	85	87	86	85	93	87	88	90	85	75	80	90	65	90	83	80	93	60	85	90	80
SPANIEN – RIOJA	78	90	85	84	80	85	75	87	95	87	85	85	78	85	80	80	80	80	75	88	100	85
PORTUGAL – JAHRGANGSPORTWEIN	–	80	92	–	–	90	–	88	95	–	85	95	–	–	–	–	–	95	–	95	80	–
USA – KALIFORNIEN (Rotwein)	80	89	90	95	88	87	88	92	94	88	91	93	80	80	85	90	88	98	92	90	88	85
USA – KALIFORNIEN (Weißwein)	80	85	90	89	88	88	88	92	88	89	92	85	80	82	88	85	90	84	95	86	86	88
USA – PAZIFISCHER NORDWESTEN (Rotwein)	90	85	96	95	90	85	90	88	88	87	89	85	85	85	85	85	86	96	50	95	84	88
USA – PAZIFISCHER NORDWESTEN (Weißwein)	80	85	90	90	88	85	90	85	75	69	85	85	88	80	80	85	90	96	70	95	83	80
AUSTRALIEN – HUNTER VALLEY (Rotwein)	90	88	88	80	90	65	90	95	80	90	65	95	80	85	80	88	95	90	80	90	80	80
AUSTRALIEN – HUNTER VALLEY (Weißwein)	90	84	88	80	90	65	92	92	85	90	75	90	75	90	90	90	95	90	80	90	80	85
AUSTRALIEN – BAROSSA VALLEY (Rotwein)	92	85	80	80	94	90	90	95	90	90	80	90	90	85	85	80	88	95	95	70	90	85
AUSTRALIEN – BAROSSA VALLEY (Weißwein)	90	85	85	80	90	90	88	95	90	90	80	90	90	70	80	80	90	95	95	85	90	70
AUSTRALIEN – MARGARET RIVER (Rotwein)	80	85	89	90	87	90	90	95	95	85	85	85	90	85	88	88	88	90	80	80	90	85
AUSTRALIEN – MARGARET RIVER (Weißwein)	80	82	88	85	85	85	95	93	93	85	65	85	85	88	85	88	88	90	80	80	90	85

JAHRGÄNGE MIT NIEDRIGER BEWERTUNG

Diese sollten mit Vorsicht behandelt, aber nicht ignoriert werden. Während Investoren ausschließlich große Jahrgänge kaufen, stürzt sich der kluge Weinfreund auf ungeliebte Jahrgänge und sucht nach den Ausnahmen. Denn wie gut dieser Wein auch sein mag, allein der Umstand, dass er aus einem bescheidenen Jahr stammt, schlägt sich vermutlich in einem günstigen Preis nieder.

GERINGE UNTERSCHIEDE IN DER BEWERTUNG

Je kleiner die Differenz zwischen zwei Bewertungen ist, desto geringer sollte der Qualitätsunterschied zwischen diesen Weinen ausfallen. Vielen mag eine Differenzierung um einen einzigen Punkt als Haarspalterei erscheinen. Gewiss enthüllt sie keine große Kluft, insgesamt zeigt sie jedoch, welcher Jahrgang die Nase vorn hat.

JAHRGÄNGE OHNE BEWERTUNG

Es ist unmöglich, allgemein nicht deklarierte Jahrgänge von Portwein und Champagner zu bewerten, da sich die wenigen Jahrgangsweine dann oft als wirklich außergewöhnliche Ausnahmen erweisen. Nehmen Sie den Jahrgang 1951, einen der schlechtesten in der Geschichte des Champagners. Nahezu alle, die sich an diese Ernte erinnern, behaupten, dass kein Jahrgangschampagner hergestellt wurde. Meine Nachforschungen ergaben jedoch drei. Würde ich den Jahrgang 1951 aufgrund der beiden Champagner bewerten, die ich verkostete (Clos des Goisses und Salon), würde er zu den erlesensten des Jahrhunderts zählen, was reiner Unsinn wäre. Jahrgangsportweine stellen ein ähnliches Problem dar: Soll man 1992 anhand des ausgezeichneten Taylor's, auf der Basis einer Hand voll anderer guter, aber doch deutlich schwächerer 1992er bewerten?

1980	1979	1978	1977	1976	1975	1974	1973	1972	1971	1970	1969	GROSSE JAHRGÄNGE VOR 1969	
78	85	90	45	80	90	60	80	40	83	90	62	1961, 1953, 1949, 1945, 1929, 1928, 1900	BORDEAUX – MÉDOC und GRAVES
75	85	80	45	80	90	60	78	40	83	87	60	1961, 1953, 1949, 1945, 1929, 1928, 1900	BORDEAUX – ST-ÉMILION und POMEROL
80	80	65	50	85	90	50	65	55	85	85	60	1962, 1959, 1955, 1949, 1947, 1945, 1937	BORDEAUX – SAUTERNES und BARSAC
60	75	85	40	88	20	70	65	85	90	80	98	1961, 1959, 1949, 1945, 1929, 1919, 1915	BURGUND – CÔTES D'OR (Rotwein)
72	80	88	50	80	80	75	72	80	85	80	90	1962, 1928, 1921	BURGUND – CÔTES D'OR (Weißwein)
55	60	90	55	90	50	55	82	70	85	75	88	1961, 1959, 1957, 1949, 1945, 1929	BURGUND – BEAUJOLAIS (Rotwein)
70	90	80	–	90	90	60	88	–	95	85	85	1964, 1959, 1947, 1945, 1928, 1921, 1914	CHAMPAGNER
60	85	40	33	10	92	50	85	40	90	84	90	1961, 1959, 1953, 1949, 1945, 1937, 1921	ELSASS
65	55	75	30	92	90	20	85	10	90	84	90	1961, 1959, 1949, 1945, 1921	LOIRE (Süßwein)
70	60	80	45	90	92	85	80	10	85	85	90	1961	LOIRE (Rotwein)
78	81	100	50	85	72	78	85	90	86	93	87	1961	RHÔNE – NÖRDLICHE RHÔNE
83	78	98	72	85	68	80	86	90	85	90	87	1961	RHÔNE – SÜDLICHE RHÔNE
50	85	55	50	100	98	45	90	40	98	85	90	1959, 1953, 1949, 1945, 1921	DEUTSCHLAND – MOSEL-SAAR-RUWER
50	88	55	50	98	100	40	88	40	100	85	92	1959, 1953, 1949, 1945, 1921	DEUTSCHLAND – RHEIN
60	85	100	40	80	70	83	50	20	90	85	80	1958, 1947, 1931, 1922	ITALIEN – BAROLO
70	85	88	75	40	85	75	70	65	98	86	85	1947, 1931, 1928, 1911	ITALIEN – CHIANTI
80	60	80	25	85	85	84	75	30	45	95	75	1964, 1962, 1942, 1934, 1924, 1920, 1916	SPANIEN – RIOJA
85	–	80	99	–	75	–	–	78	–	98	–	1963, 1945, 1935, 1931, 1927, 1908	PORTUGAL – JAHRGANGSPORTWEIN
88	80	88	80	88	86	95	88	80	70	90	79	1951, 1946	USA – KALIFORNIEN (Rotwein)
90	80	88	85	80	88	90	88	65	85	92	78		USA – KALIFORNIEN (Weißwein)
88	80	88	80	88	90	88	–	–	–	–	–		USA – PAZIFISCHER NORDWESTEN (Rotwein)
87	80	88	80	88	88	88	–	–	–	–	–		USA – PAZIFISCHER NORDWESTEN (Weißwein)
90	98	80	80	70	100	45	80	45	25	70	80		AUSTRALIEN – HUNTER VALLEY (Rotwein)
98	90	70	70	80	70	80	88	80	20	80	80	1965	AUSTRALIEN – HUNTER VALLEY (Weißwein)
80	92	70	80	90	80	20	20	–	–	–	–		AUSTRALIEN – BAROSSA VALLEY (Rotwein)
80	92	90	70	90	70	20	25	–	–	–	–		AUSTRALIEN – BAROSSA VALLEY (Weißwein)
80	80	70	90	45	30	45	–	–	–	–	–		AUSTRALIEN – MARGARET RIVER (Rotwein)
90	80	45	70	65	30	45	–	–	–	–	–		AUSTRALIEN – MARGARET RIVER (Weißwein)

GLOSSAR

Abkürzungen: amerik. = amerikanisch; austr. = australisch; engl. = englisch; frz. = französisch; gr. = griechisch; ital. = italienisch; port. = portugiesisch; neuseel. = neuseeländisch; span. = spanisch; südafr. = südafrikanisch

abbeeren *Siehe* entrappen.

Abgang (Finale) Ein Begriff für den Geschmack und das Aroma, das der Wein beim und nach dem Schlucken am Gaumen hinterlässt. Wenn ein Wein einen attraktiven, langen Abgang besitzt, könnte das der Grund sein, warum Sie ihn einem ähnlichen Wein ohne diese Eigenschaft vorziehen.

abstechen, abziehen Das Umfüllen eines Weins in einen anderen Behälter. Dabei wird der Wein gleichzeitig belüftet und von seinem Bodensatz getrennt.

AC (port., gr.) *Siehe Adega Cooperativa.*

Acetaldehyd Aldehyde finden sich in geringen Mengen in allen Weinen, im Sherry in größeren Mengen. In nicht aufgebesserten Tafelweinen steigert eine kleine Menge Acetaldehyd das Bukett. Ein Übermaß ist nicht wünschenswert, da der Wein dadurch instabil wird und zur Oxidation neigt, was sich an einem sherryähnlichen Geruch (»Sherry-Ton«) zeigt.

Adega (port.) Weinkellerei. Oft Teil des Firmennamens.

Adega cooperativa, AC (port., gr.) Winzergenossenschaft in Portugal oder in Griechenland.

aerob In Anwesenheit von Luft.

Agraffe Drahtkörbchen, das den Champagnerkorken auf der Flasche fixiert.

Ahr Eines der 13 großen Anbaugebiete in Deutschland. *Siehe* Anbaugebiet.

Albariza (span.) Eine weiße Erde aus Kieselgurablagerungen, die in den sherryproduzierenden Regionen Spaniens vorkommt.

Alkohol Im Weinbau bezeichnet man damit vor allem Ethylalkohol, eine farblose, brennbare Flüssigkeit, die für die berauschende Wirkung des Weins sorgt. Alkohol ist für den Geschmack und den Körper alkoholischer Produkte verantwortlich. Daher sind entalkoholisierte (alkohohlarme) Weine nie gut.

alkoholisch Meist abwertend gebrauchter Begriff; verweist auf einen zu hohen Alkoholgehalt eines Weins, der damit seine Ausgewogenheit verloren hat.

Alterung, elegante Beschreibt einen Wein, der bei der Reifung an Finesse gewinnt.

Ampelographie Die Rebsortenkunde.

anaerob In Abwesenheit von Luft.

Anbaugebiet Amtlich ausgewiesene Region zur Abgrenzung gegenüber anderen Anbaugebieten und zur Identifikation der Herkunft eines Weins. In Deutschland bezeichnet Anbaugebiet die 13 übergeordneten Weinbauregionen Ahr, Baden, Franken, Hessische Bergstraße, Mittelrhein, Mosel–Saar–Ruwer, Nahe, Pfalz, Rheingau, Rheinhessen, Saale-Unstrut, Sachsen, Württemberg.

Annata (ital.) Jahrgang.

anreichern *Siehe Chaptalisation.*

Anthocyanine Die zweitwichtigste Gruppe von Phenolverbindungen im Wein. Anthocyanine sind Farbpigmente, die in der Beerenhaut vorkommen.

antiseptisch Die Eigenschaft einer Substanz, wie Sorbinsäure oder Schwefeldioxid, Bakterien zu töten.

AOC (frz.) *Siehe Appellation d'Origine Contrôlée.*

Aperitif Ursprünglich wurde dieser Begriff ausschließlich für ein Getränk verwendet, das zur Förderung der Verdauung verschrieben wird. Heute bezeichnet man damit jedes Getränk, das vor einer Mahlzeit eingenommen wird, um den Appetit anzuregen.

apfelartig Ein Geschmacksbegriff, der das Aroma grüner Äpfel beschreibt, das auf die in einigen jungen Weinen enthaltene Apfelsäure zurückzuführen ist.

Apfelsäure Eine Säure mit kräftigem Geschmack, die sich während des Reifungsvorgangs der Frucht zurückbildet, aber auch noch in der reifen Traube und in Wein enthalten ist, obwohl sie in diesem Fall während der Gärung reduziert wird. Insbesondere bei Rotweinen wird ein hoher Gehalt an Apfelsäure als störend empfunden. Während der malolaktischen Gärung wird daher Apfelsäure in Milchsäure umgewandelt. *Siehe* auch S. 33.

AP-Nummer Amtliche Prüfnummer, die jeder deutsche und österreichische Qualitäts- und Prädikatswein tragen muss als Nachweis für die bestandene amtliche Prüfung. *Siehe* auch S. 262.

Appassimento *Siehe Recioto.*

Appellation d'Origine Contrôlée, AOC (frz.) Die *Appellation d'Origine Contrôlée* stellt die höchste Stufe im französischen Qualitätssystem für Weine dar. Da diese Bezeichnung tatsächlich sowohl die größten als auch äußerst schwache Weine umfasst, ist es immer besser, einen teuren *Vin de Pays* anstatt eines preisgünstigen AOC-Weins zu kaufen.

Aroma Dieser Begriff sollte sich auf den frischen, fruchtigen, an Trauben erinnernden Geruch beschränken und nicht ausgeweitet werden auf die weinartigere Komplexität oder die Flaschenreife des Buketts. Da es jedoch kaum möglich ist, Aroma und Bukett zu unterscheiden, sind die beiden Begriffe als Synonyme zu betrachten.

aromatisiert Diese häufig aufgespriteten Weine, die von bittersüßem Wermut bis zu Retsina reichen, werden mit bis zu fünfzig aromatischen Substanzen versetzt.

Ascorbinsäure Gemeinhin als Vitamin C bekannt. Hemmt oder verhindert die Oxidation, verleiht, in Verbindung mit Schwefeldioxid, dem Weißwein längere Frische.

Assemblage (frz.) Die Mischung (das Verschneiden) beziehungsweise die kunstvolle Komposition aus 2 oder mehr Grundweinen, aus der die *Cuvée* hervorgeht. Vor allem bei Champagner und Bordeaux-Weinen.

atmen Ein Begriff, der die Wechselwirkung zwischen einem Wein und der Luft nach Öffnen der Flasche aber vor dem Genuss des Weins beschreibt.

aufspriten Das Aufspriten mit reinem Alkohol (üblicherweise mit einem starken Traubendestillat zwischen 77 und 98 %) kann entweder vor der Gärung (wie beim Ratafia de Champagne oder Pineau de Charentes), während der Gärung (wie beim Portwein oder Muscat de Beaumes de Venise), oder nach der Gärung (wie bei Sherry) erfolgen.

Auge Die Knospe am Rebstock.

Ausbau Die kellertechnischen Maßnahmen, um aus dem Most einen trinkfertigen Wein herzustellen. Je nach Anspruch und Rebsorte kann dies bei einem Wein Monate oder Jahre dauern.

Ausbruch Weißwein-Spezialität aus Österreich aus dem Weinbaugebiet Neusiedler See–Hügelland. *Siehe* auch S. 306.

ausdrucksvoll Ein ausdrucksvoller Wein wird seiner Traubensorte und seiner Ursprungsregion gerecht.

ausdünnen *Siehe* Rebschnitt.

ausfällen Als Ausfällen wird der Vorgang bezeichnet, bei dem sich eine Flüssigkeit klärt, indem sämtliche Trübstoffe als Sediment auf den Boden der Flasche sinken.

ausgeprägt Beschreibt einen Wein mit positivem Charakter. Alle erlesenen Weine sind in bestimmtem Grad ausgeprägt, wenn auch nicht alle ausgeprägten Weine erlesen sind.

ausgetrocknet Ein ausgetrockneter Wein hat einen Teil seiner Frische und Frucht während der Reifung in der Flasche verloren. Möglicherweise ist er noch zu genießen; eine offene Flasche sollte jedoch nicht allzu lange aufbewahrt werden.

Auslese Kategorie für meist süße oder edelsüße deutsche Qualitäts-Weine, die aus vollreifen Trauben oder sogar aus einzeln »ausgelesenen« Beeren hergestellt werden. Sie können auch edelfaules Trauben- oder Beerengut enthalten.

Austrieb Das Öffnen (Aufbrechen) der Knospen (Augen) des Rebstocks.

Autolyse Der enzymatische Abbau von Hefezellen, der die Möglichkeit der Verunreinigung durch Bakterien erhöht. Daher ist der Effekt der Autolyse durch Reifung eines Weins auf dem Bodensatz meist unerwünscht. Eine Ausnahme bilden *sur Lie* (auf dem Hefesatz) gereifte Weine (meist Muscadet) und Schaumweine.

Baden Eines der 13 großen Anbaugebiete in Deutschland. *Siehe* Anbaugebiet.

Balance Damit bezeichnet man das harmonische Verhältnis zwischen Säuren, Alkohol, Frucht, Tannin und anderen natürlichen Elementen. Wenn Sie von zwei ähnlichen Weinen einen eindeutig bevorzugen, ist seine Harmonie vermutlich einer der beiden bestimmenden Faktoren (der Abgang ist der andere).

Ban de Vendange (frz.) Offizieller regional unterschiedlicher Beginn der Weinlese.

Barrique (frz.) Bezeichnet ursprünglich den Bordelaiser Fass-Typ aus bestimmtem Eichenholz und wird heute häufig synonym für den Ausbau im Eichenfass verwendet. Bei der Reifung im Barrique (vorwiegend Rotweine) nimmt der Wein die erwünschten und charakteristischen Geschmacksnoten von Karamell, Vanillin, Kaffee oder Toastbrot an – je nach Intensität des Toastgrads des Fasses. Bereits nach einmaliger Ausbauperiode hat ein Barrique bereits bis zu 85 % seiner Aromastoffe an den Wein abgegeben, was den Ausbau im Barrique kostspielig macht, da immer wieder neue Eichenfässer angeschafft werden müssen. Das hat vor allem in der Neuen Welt zu Versuchen geführt, den Barrique-Effekt durch Zusatz von gerösteten Eichenspänen (»Wood Chips«) in Edelstahlstanks zu erzielen. *Siehe* auch Eichenholz, Toasting und S. 33, 39–41.

Baumé-Skala Maßeinheit für die Dichte einer Flüssigkeit auf einem Aräometer (Senkwaage). Benannt nach dem französischen Pharmazeuten Antoine Baumé (1728–1804).

Beerenauslese Eine Kategorie deutscher und österreichischer Weine, die über der Auslese aber unter der Trockenbeerenauslese einzustufen ist und aus überreifen und edelfaulen Beeren hergestellt wird.

Beigeschmack Ein dominantes Element der Nase oder des Gaumens oder eines, das nicht direkt der Traube oder dem Wein zugeschrieben werden kann.

Bentonit Feiner Ton, der Montmorillonit enthält, den Abkömmling einer vulkanischen Asche. Als Schönungsmittel eingesetzt, aktiviert das Magnesium dieses Silikathydrats die Niederschlagsbildung im Wein und beschleunigt auf diese Weise seine Schönung. *Siehe* auch Schönung.

Bereich Bezeichnung für ein deutsches Weinbaugebiet in der Abfolge der Größenhierarchie Anbaugebiet – Bereich – Großlage – Einzellage. Es gibt in Deutschland knapp vierzig Bereiche.

Besenwirtschaft *Siehe* Buschenschank.

Biowein (Naturwein, Ökowein) Unter diesen Oberbegriff fallen Weine, deren Trauben ohne Einsatz von chemischen Düngemitteln, Pestiziden oder Herbiziden kultiviert werden und zu deren Vinifizierung nur die Mindestmenge an Schwefeldioxid verwendet wird.

biskuitartig Ein erwünschter Aspekt des Buketts, der in verschiedenen Champagnern und insbesondere in gut gereiften, von Pinot-Noir dominierten Verschnitten anzutreffen ist (Chardonnay-dominierte Champagner besitzen eher ein Röstaroma).

bitter Diese Eigenschaft kann entweder ein unangenehmer Aspekt eines schlecht gemachten Weins oder ein erwartetes Merkmal einer noch unentwickelten Geschmackskonzentration sein, die mit zunehmender Reife reicher und delikater werden sollte.

Bitzler *Siehe* Most.

Blanc de Blancs (frz.) Der Ausdruck bedeutet wörtlich »weiß aus weißen« (Trauben) und beschreibt einen aus weißen Trauben hergestellten Weißwein. Dieser Begriff wird häufig, aber nicht ausschließlich für Schaumwein verwendet.

Blanc de Noirs (frz.) Der Ausdruck bedeutet wörtlich »weiß aus schwarzen« (Trauben) und beschreibt einen aus roten Trauben hergestellten Weißwein. Dieser Begriff wird häufig, aber nicht ausschließlich für Schaumwein verwendet. Ein klassischer *Blanc de Noirs* sollte ohne künstliche Hilfsmittel so weiß wie möglich sein.

Blindverkostung Eine Weinprobe, bei der den Prüfern die Identität der Weine erst bekannt gegeben wird, nachdem sie ihre Anmerkungen notiert und ihre Bewertung abgegeben haben. Die Etiketten werden zuvor entweder abgelöst oder die Flaschen verhüllt, die Originalkorken werden durch neutrale ersetzt. Alle Weinwettbewerbe erfolgen als Blindproben.

blumig Wein mit wohlriechendem, feinem, zarten Duft, der an Blumen erinnert.

Bocksbeutel Charakteristische, bauchig-runde und relativ flache Flasche für Qualitätsweine des Anbaugebiets Franken, die gesetzlich geschützt ist.

Böckser Bezeichnung von bestimmten Weinfehlern (Geruchs- oder Geschmacksfehler). *Siehe* auch Mercaptanböckser, Schwefelböckser.

Bodega (span.) Das spanische Gegenstück zur portugiesischen *Adega* (Weinkellerei).

Bodenarten Der Boden des Weinbergs ist einer unter vielen Faktoren, die die Qualität und de Charakter eines Weins bestimmen. Zu den Bodenarten *siehe* S. 28 f.

Bota (span.) Ein Sherryfass mit einem Fassungsvermögen von 600 bis 650 l.

Botrytis cinerea Ein Schimmelpilz, der bei feuchtwarmer Witterung gedeiht und die gewünschte Edelfäule bei reifen Beeren hervorbringt, aber auch die unerwünschte Graufäule (oder Grauschimmel), eine Rebstockkrankheit. Der Pilz verursacht in der Beerenhaut mikroskopisch kleine Poren, durch die die Flüssigkeit verdunstet, sodass die Inhaltsstoffe der fast zu Rosinen geschrumpften Beeren hoch konzentriert sind (Abbildung *siehe* S. 93). Aus ihnen weden edelsüße Weine (Beeren- und Trockenbeerenauslesen, *siehe* S. 268, Sauternes, *siehe* S. 92 f.) gewonnen. *Siehe* auch S. 31.

Bouquet *Siehe* Bukett.

Bourgeois (frz.) *Cru Bourgeois* ist eine Bordeaux-Château-Klassifikation, die unter *Cru Classé* einzustufen ist.

Brauser *Siehe* Most.

Brett Ein Weinfehler, der das Resultat der Reaktion der Hefeart *Brettanomyces* mit Lysin, einer Aminosäure, ist. Der Wein schmeckt dabei nach Ammoniak. *Siehe* auch Mäuseln.

brut (frz.) Üblicherweise reserviert für Schaumweine. Wortwörtlich bedeutet *brut* roh oder knochentrocken. Doch selbst die trockensten Weine enthalten etwas Restzucker.

Bukett Dieser Ausdruck sollte auf den Zusammenklang der Gerüche angewendet werden, die eindeutig der Reifung des Weins in der Flasche zuzuschreiben sind – daher »Aroma« für die Traube und »Bukett« für die Flasche. Da es jedoch nicht immer möglich ist, diese Bezeichnung in ihrer reinsten Form einzusetzen, dürfen Aroma und Bukett als Synonyme betrachtet werden.

Buschenschank Vor allem in Österreich eine Bezeichnung für ein charakteristisches und meist rustikales Weinlokal, in dem der Wirt zu bestimmten Zeiten selbst hergestellten Wein ausschenkt. Ein »Buschen« grüner Zweige über dem Eingang weist darauf hin, dass das Lokal geöffnet ist. In Deutschland sind auch die Bezeichnungen Strauß-, Besen- oder Heckenwirtschaft gebräuchlich, und in Wien ist es das Heurigenlokal.

CA (span.) *Siehe Cooperativa Agricola.*

Cantina (ital.) Weinkellerei.

Cantina Sociale, CS (ital.) Lokale oder regionale Genossenschaft in Italien.

Cassis (frz.) Wörtlich: schwarze Johannisbeere. Der Begriff wird häufig auch synonym für die Schwarze-Johannisbeer-Note vor allem eines Cabernet Sauvignon verwendet. Cassis ist auch Zutat zu den Aperitifs Kir oder Kir Royal.

Cava (span.) Bezeichnung für einen Schaumwein.

Cépage (frz.) Wortwörtlich: Rebsorte. Dieser Ausdruck findet sich manchmal auf dem Etikett direkt vor der Sortenbezeichnung, wohingegen die Mehrzahlform *Cépages* auf die Sortenmischung eines bestimmten *Cuvée* verweist.

Chai (frz.) Keller, in dem Wein in Fässern nach Jahrgängen gruppiert gelagert wird.

Chaptalisation Hierbei wird dem Wein vor oder während der Gärung mit Zucker (Trockenzuckerung) angereichert, um seinen Alkoholgehalt zu steigern. Theoretisch benötigt man 17 g Zucker pro l Wein, um den Alkoholgehalt um 1 % zu erhöhen. Aufgrund der Verdunstung während der *Remontage* (*siehe* Überpumpen) sind für Rotweine in der Praxis 2 kg erforderlich. Die Bezeichnung geht auf den Chemiker Antoine Chaptal zurück, der unter Napoleon von 1800 bis 1805 als Innenminister diente und die Anreicherung mit Zucker oder konzentriertem süßen Most erlaubte. Letzteres Verfahren, die Nasszuckerung, wird auch nach seinem Erfinder, dem deutschen Chemiker Ludwig Gall (1791–1863), Gallisierung genannt.

Charmat-Verfahren *Siehe Méthode Charmat.*

Charta Vereinigung (seit 1984) von etwa fünfzig Winzern im Anbaugebiet Rheingau zur Förderung und Pflege des klassischen Rheingauer Rieslings. Die Charta-Mitglieder verpflichten sich freiwillig, an ihre Weine weitaus strengere Qualitätskriterien anzulegen, als es von Gesetzes wegen verlangt wird. Kapsel und Rückenetikett zeigen zeigen als Gütesiegel den romanischen Doppelbogen (Biforium). *Siehe* auch S. 281 und 282.

Château (frz.) Wortwörtlich: Schloss, Herrensitz, meint aber ein Weingut. In vielen Fällen stammen Château-Weine tatsächlich von Weingütern, die auch die Bezeichnung Schloss verdienen. In anderen Fällen handelt es sich lediglich um zweckmäßige Wirtschaftsgebäude. Die Bezeichnung Château ist im Bordeaux üblich, im Burgund die Bezeichnung Domaine.

Chlorose Eine Rebstockkrankheit, die von einem mineralischen Ungleichgewicht verursacht wird (ein zu hoher Anteil ungelöschter Kalk und ein zu geringer Anteil an Eisen oder Magnesium) und auch oft als Gelbsucht bezeichnet wird, da sich die Blätter gelb verfärben.

classico (ital.) Dieser Begriff wird ausschließlich für Weine verwendet, die im historischen oder klassischen Anbaugebiet einer Appellation hergestellt werden. Nicht unbedingt das Kennzeichen der besten Lage innerhalb der Appellation.

Climat (frz.) Im Burgund Bezeichnung einer Einzellage mit eigenem Namen innerhalb eines bestimmten Weinbergs. Einzelne *Climats* können sich im Burgund durchaus durch ihr Kleinklima voneinander unterscheiden.

Clos (frz.) Umfriedeter Weinberg im Elsass oder im Burgund; meist eine Spitzenlage.

Cooperativa Agricola, CA (span.) Lokale oder regionale Genossenschaft in Spanien.

Coopérative de Vignerons, CV (frz.) Lokale oder regionale Winzergenossenschaft in Frankreich.

Côte, Côteaux (frz.) Wie die deutsche Übersetzung – nämlich Hang – bereits andeutet, werden in Frankreich mit diesen Begriffen Weingärten in Hanglage bezeichnet.

Coulure *Siehe* Verrieseln.

Crémant (frz.) Ursprünglich eine Eigenschaft einer Variante des Champagners mit geringem Druck und einer sanften, cremigen *Mousse.* Heute eine Bezeichnung für flaschenvergorene Schaumweine außerhalb der Champagne, beispielsweise *Crémant de Bourgogne*, *Crémant d'Alsace.*

Cross-Flow-Filtration Eine Filtriertechnik, bei der der Wein mit hoher Fließgeschwindigkeitt eine Filtermembran passiert.

Cru (frz.) Bezeichnet eine Lage und den von dort stammenden Wein (*Cru* zu Deutsch: Gewächs). Im Bordeaux (*siehe* S. 60 f.) und anderen französischen Weinbauregionen basiert darauf ein Klassifikationssystem (*Grand Cru*, *Cru classé*, *Premier Cru* etc.), das neben dem AOC-System existiert. Wie in anderen Ländern so gibt es auch in Deutschland Bestrebungen, diese (zum Beispiel im Anbaugebiet Rheinhessen) oder ähnliche Bezeichnungen für Weine gehobener Qualität einzuführen: *Siehe* Erstes Gewächs, Riesling Hochgewächs.

CS (ital.) *Siehe Cantina Sociale.*

Cuve (frz.) Ein Fass: *Cuve* sollte nicht mit *Cuvée* (*siehe* dort) verwechselt werden.

Cuve close (frz.) Eine Methode zur Herstellung von Schaumwein, bei der eine zweite Gärung in einem Drucktank erfolgt. *Cuve close* ist gleich bedeutend mit der *Méthode Charmat* oder dem Tankgärverfahren.

Cuvée (frz.) Dieser Begriff bezeichnete ursprünglich den Wein aus einem *Cuve* oder einem Fass. Heute versteht man darunter ganz allgemein einen Verschnitt aus zwei oder mehreren Weinen; diese können aus verschiedenen Rebsorten, Lagen oder Jahrgängen stammen. Im Allgemeinen bestimmt jedoch eine Rebsorte den Charakter des Verschnitts. Ein typischer Verschnittwein ist der Bordeaux.

Cuverie, Cuvier (frz.) Gärkeller.

CV (frz.) *Siehe Coopérative de Vignerons.*

DAC *Siehe* Districtus Austria Controllatus.

Dégorgement Verfahrensschritt bei der Herstellung von flaschenvergorenem Schaumwein wie etwa Champagner. Nach der Gärung setzt sich die Hefe als Bodensatz ab und muss entfernt werden. Dafür wird die Flasche mit dem Hals nach unten in das Rüttelpult (frz. *Pupitre*; *siehe Remuage*) gesteckt, damit sich der Bodensatz im Hals hinter dem provisorischen Korken sammeln kann. Der Hals wird in gefrierende Sole getaucht (Kalt-Degorgieren), sodass das halb gefrorene Sediment nach dem Öffnen des Flaschenverschlusses durch den Innendruck aus der Flasche gepresst wird. Dabei geht lediglich eine kleine Menge Wein verloren. Die Flasche wird anschließend aufgefüllt und mit einem traditionellen Champagnerkorken verschlossen.

dekantieren Das vorsichtige Umgießen eines Weins in eine Karaffe nennt man dekantieren. Vor allem aus zwei Gründen werden (hauptsächlich Rotweine) dekantiert: zum einen, um das Depot (den »Bodensatz« in der Flasche, der sich im Laufe der Lagerung aus Gerb- und Farbstoffen abgesetzt hat) vom Wein zu trennen, zum Zweiten, um einen Wein mit Luft in Berührung zu bringen, damit er sein Bukett zur Entfaltung bringen kann.

Demi-Muid (frz.) Ein großes ovales Fass mit einem Fassungsvermögen von 300 l (600 l in der Champagne).

Demi-Sec (frz.) Dieser Ausdruck bedeutet wörtlich halbtrocken, obwohl derartige Weine in Wirklichkeit ziemlich süß schmecken.

Denominación de Origen, DO (span.) Theoretisch das Gegenstück zur französischen *Appellation d'Origine Contrôlée* (AOC).

Denominazione di Origine Controllata e Garantita, DOCG (ital.) Die italienische Bezeichnung *Denominazione di Origine Controllata e Garantita* ist theoretisch eine Stufe über der französischen Bezeichnung *Apellation d'Origine Contrôlée* (AOC) einzuordnen. Im Idealfall sollte er einem *Premier* oder *Grand Cru* aus Burgund oder einem *Cru Classé* aus dem Bordeaux-Gebiet entsprechen. In Wirklichkeit stellt diese Bezeichnung ein nahezu ebenso großes Beschwichtigungsmittel dar wie die italienische Bezeichnung *Denominazione di Origine Controllata* (DOC).

Denominazione di Origine Controllata, Denominaçao de Origem Controlada, Denominación de Origen Calificada, DOC (it., port., sp.) Die italienische *Denominazione di Origine Controllata* und die portugiesische *Denominaçao de Origem Controlada* stellen theoretisch die Pendants zur französischen *Apellation d'Origine Contrôlée* (AOC) dar; die spanische *Denominación de Origen Calificada* entspricht der italienischen Bezeichnung *Denominazione di Origine Controllata e Garantita* (DOCG).

derb Bezieht sich auf einen »rauen, trinkfertigen« Wein, der nicht unbedingt ungefällig sein muss, aber gewiss keine Finesse besitzt.

Deutsche Landwirtschafts-Gesellschaft, DLG Als unabhängige Vereinigung führt sie die Prämierungen von Qualitätsweinen und Sekten der Qualitätsstufe QbA durch und auf freiwilliger Basis eine Prüfung, nach deren Bestehen sie das so genannte Deutsche Weinsiegel in 3 Farben verleiht. *Siehe* auch Deutsches Weinsiegel.

Deutsches Weinsiegel Die Deutsche Landwirtschafts-Gesellschaft vergibt seit 1949 auf Antrag und nach Prüfung ein Gütezeichen für Weine jeder Qualitätsstufe, die über den gesetzlichen Mindestanforderungen liegen. Gelbes Weinsiegel: trockenen Weine, grün: halbtrockene Weine, rot: andere Weine. *Siehe* auch Deutsche Landwirtschafts-Gesellschaft.

Diabetikerwein Nach den Bestimmungen in Deutschland und Österreich gelten folgende Maximalwerte: 20 g pro l Restzucker, 4 g pro l Glucose (Traubenzucker), 150 mg pro l schweflige Säure, 12 % vol. Alkoholgehalt.

Diatomeenerde *Siehe* Kieselgur.

Districtus Austria Controllatus, DAC Das österreichische System der Qualitätsstufen befindet sich derzeit im Umbruch. So soll zur Profilierung des österreichischen Weins die Herkunftsbezeichnung stärker betont werden, ähnlich wie es in Frankreich (AC), Italien oder Spanien (DOC) praktiziert wird. Eine Maßnahme dabei ist die Einrichtung eines DAC-Status, der bestimmte Mindestanforderungen stellt. Somit gibt es in Österreich folgende Qualitätsstufen: Tafelwein, Landwein und Qualitätswein, dessen höchster Rang der DAC-Status ist.

DLG *Siehe* Deutsche Landwirtschafts-Gesellschaft.

DO (span.) *Siehe Denominación de Origen.*

DOC (it., port., sp.) *Siehe Denominazione di Origine Controllata*

DOCG (ital.) *Siehe Denominazione di Origine Controllata e Garantita.*

Domaine (frz.) Bezeichnung für Weingut, vornehmlich im Burgund gebraucht; im Bordeaux verwendet man den Begriff Château.

Doppelstück Ein Fass mit einem Fassungsvermögen von 2 400 l.

Dosage (frz.) Verfahrensschritte bei der Herstellung von Champagner. Die Füll-Dosage (*Liqueur de Tirage*; aus Reservewein, Zucker und Hefe) löst die zweite Gärung in der Flasche aus, die Versand-Dosage (*Liqueur d'Expedition, Liqueur de Dosage*; Wein und Zucker) ersetzt den Verlust nach dem *Dégorgement* (*siehe* dort) und bestimmt den Süßegrad.

doux (frz.) süß.

dünn Ein Wein, dem es an Körper, Frucht und anderen Eigenschaften mangelt.

durchgegoren Wein, der wenig oder keinen Restzucker enthält.

e Der Buchstabe e auf dem Weinetikett garantiert, dass es sich um eine nach EU-Norm geeichte Flasche handelt.

Eau-de-Vie (frz.). Wörtlich Wasser des Lebens; ein aus Traubensaft gewonnenes alkoholisches Getränk.

Edelfäule *Siehe Botrytis cinerea.*

Edelkeur (südafr.) Südafrikanischer Begriff für Edelfäule. *Siehe Botrytis cinerea.*

Edelreis Der auf die Unterlagsrebe (Wurzelstock) aufgepfropfte Teil.

Eichenholz Viele Weine werden in Holzfässern vergoren und gelagert; Eichenholz eignet sich dafür am besten. Die beiden wichtigsten und weltweit eingesetzten Eichensorten stammen aus Frankreich und den Vereinigten Staaten. Eichenfässer sind sehr teuer und arbeitsintensiv im Einsatz. Wenn Sie daher in einem preisgünstigen Wein einen starken Eichenton feststellen, ist dies mit Sicherheit auf Eichenspäne (»Wood Chips«) zurückzuführen, die dem Wein in seinem Edelstahlbehälter zugefügt wurden. Dies ist eine gesetzlich erlaubte Täuschung – und was ist schlecht daran, wenn ein Weintrinker den Geschmack von in Eiche gereiftem Wein schätzt, aber keinen hohen Preis für eine Flasche Wein bezahlen kann? *Siehe* auch Barrique, Toasting und S. 33, 39–41.

Einzellage Bezeichnung für ein deutsches Weinbaugebiet in der Abfolge der Größenhierarchie Anbaugebiet – Bereich – Großlage – Einzellage. Die Einzellage ist demnach die kleinste nach dem deutschen Weingesetz zugelassene geografische Einheit, von denen es etwa 2660 gibt.

Eiswein In Deutschland oder in Gegenden mit starken und relativ früh eintretenden Frosteinbrüchen kann man noch im Dezember oder gar im Januar Trauben an den Rebstöcken sehen, meist dann, wenn der Winzer auf Edelfäule gehofft hat und einzelne Trauben nicht davon befallen wurden. Lässt Frost die Trauben gefrieren, können sie für den Eiswein gelesen werden; die Temperatur während der Lese muss mindestens minus 7 °C betragen. Da nur das Wasser in den vollreifen Beeren gefroren ist, bleibt es als Eis beim Keltern zurück, und es wird ein superkonzentrierter Most gewonnen. Es ergeben sich edelsüße Weinspezialitäten, die nur einen Bruchteil der Weinproduktion ausmachen. Vor allem in der Neuen Welt versucht man mittlerweile ähnliche Erzeugnisse herzustellen, indem man die Trauben vor dem Keltern im Kühlhaus gefrieren lässt.

Eiweiss Ein traditionelles Schönungsmittel.

elegant Ein subjektiver Begriff, der auf Weine angewendet wird, die auch als stilvoll beschrieben werden können und Finesse besitzen.

entrappen Das Entfernen der Stiele (auch Rappen genannt) von den Trauben.

erdig Beschreibt einen trockenen Eindruck im Mund. Einige Weine lassen sich auch mit erdiger Note gut trinken, die qualitativ hochwertigsten Weine sollten jedoch blitzsauber sein. Ein besonders erdiger Wein ist üblicherweise auf ein Übermaß an Geosmin zurückzuführen. Geosmin kommt natürlich in Trauben vor, ein zu hoher Geosmingehalt verleiht einem Wein jedoch einen Korkgeschmack.

Erstes Gewächs Im Anbaugebiet Rheingau 1999 erstmals angewendete Bezeichnung für Weine aus klassifizierten Lagen. Das Gütezeichen Erstes Gewächs wird nach strenger und umfangreicher Prüfung verliehen. Zugelassen sind nur die Rebsorten Riesling und Spätburgunder. *Siehe* auch *Cru.*

Ertrag Zum einen die Ausbeute an Trauben und zum anderen die daraus gewonnene Menge Wein, meist angegeben in hl pro ha. Weißweine erbringen einen höheren Ertrag als Rotweine (obwohl süße Weine den geringsten Ertrag aufweisen), und Schaumweine können einen relativ hohen Ertrag verzeichnen. So liegt der Ertrag von Sauterne durchschnittlich bei 25 hl pro ha, derjenige von Bordeaux bei 50 hl pro ha und von Champagner bei 80 hl pro ha.

Erziehungsform Die Art und Weise, wie die Rebstöcke gezogen werden: Höhe des Rebstocks, Befestigung der Fruchtruten und Rebschnitt (*siehe* dort). *Siehe* auch S. 24–27.

Essigsäure Die Essigsäure (Ethansäure) ist neben der Kohlensäure die bedeutendste flüchtige Säure im Wein. Kleine Mengen können zur Attraktivität des Geschmacks beitragen, größere Mengen hingegen verleihen dem Wein einen Essiggeruch bis hin zum Essigstich, der einen Weinfehler darstellt.

Essigstich Essiggeruch wird durch Essigsäure hervorgerufen. Dieser Weinfehler entsteht, wenn Luft ins Fass oder in die Weinflasche gelangt ist. Wein in unverschlossenen Flaschen wird nach einiger Zeit essigstichig.

Ester Süß riechende Verbindungen, die sich während der Gärung und Reifung bilden und zum Aroma und Bukett eines Weins beitragen.

Estufagem (port.) Das Verfahren, bei dem Madeira in *Estufas* (Öfen) erwärmt wird. *Siehe* auch S. 397.

Ethansäure *Siehe* Essigsäure.

EU-Losnummer 1989 schlug die EU eine Losnummer für Weine vor, die 1992 von all ihren Mitgliedsstaaten eingeführt wurde. Diese Losnummer muss auf jeder in der Europäischen Union hergestellten oder verkauften Flasche Wein angegeben werden. Sollte ein Wein aus bestimmten Gründen aus dem Handel gezogen werden müssen, verhindert dieser Code unnötigen Aufwand bei der Feststellung der entsprechenden Partie.

Extrakt *Siehe* Gesamtextrakt.

fad Säurearmer, flacher Wein.

Farbumschlag *Siehe Véraison.*

fassvergoren Einige Weißweine werden noch auf traditionelle Weise in Eichenfässern vergoren. Für hochwertigen Bordeaux, Burgunder und ausgezeichnete sortenreine Weine verwendet man neue Eiche, für Weine mittlerer Qualität und erstklassige Champagner alte Eiche. Neue Fässer verleihen dem Wein seinen Eichenton. Je älter das Fass, desto geringer ist die Eichennote und desto höher die Neigung zur Oxidation. In Fässern vergorene Weine besitzen ein komplexeres Aroma als Weine, die lediglich in Holz reiften. *Siehe* auch Barrique, Eichenholz.

Federweißer *Siehe* Most.

Feuillette (frz.) Ein Fass mit einem Fassungsvermögen von 114 l (Burgund) oder 132 bis 136 l (Chablis).

feurig Rot- oder Weißwein mit viel Alkohol und Extrakt, oft von Vulkanböden.

Filtration Grundsätzlich unterscheidet man drei Filtrationsmethoden: Tiefenfiltration (auch Erdfiltration genannt), Polsterfiltration (auch Flachfiltration genannt) und Membranfiltration (auch Mikroporenfiltration genannt). Zusätzlich gibt es die so genannte Zentrifugenfiltration, die keine Filtration im eigentlichen Sinn ist, bei der aber ebenso unerwünschte, im Wein oder Traubensaft gelöste Teilchen entfernt werden.

Finesse Dies ist jene schwer fassbare, unbeschreibliche Eigenschaft, die einen feinen Wein von einem minderer Qualität unterscheidet.

flach Ein Schaumwein, der all seine *Mousse* verloren hat oder ein Wein, dem es an Säure mangelt.

Flaschenreifung Der Reifung- und Alterungsprozess, den ein (stiller) Wein nach der Abfüllung durchmacht. Dabei bildet er erst sein Bukett und Aroma aus und gewinnt sein charakteristisches Profil, was mitunter viele Jahre dauern kann. Der »richtige Zeitpunkt« für das Öffnen der Flasche zum Genuss ist ein wichtiger Aspekt, denn einmal hat auch ein Wein sein Optimum erreicht ab dem er nicht mehr »besser« wird und vielleicht sogar nachzulassen beginnt.

fliegender Winzer Das Konzept des fliegenden (freien) Winzers stammt aus Australien, wo die Winzer-Berater aufgrund der Größe des Kontinents und der gestaffelten Lesezeiten im Flugzeug von Lese zu Lese reisen.

Flor (span.) Eine natürlich auftretende Hefeschicht, die während der Reifung einiger Sherrys in nicht voll gefüllten Holzfässern an der Oberfläche treibt. Dieser Flor verhindert den Luftzutritt und verleiht dem Fino Sherry seinen unnachahmlichen Charakter.

Foudre (frz.) Ein Holzfass für 1000 l. Elsässer Gegenstück zum deutschen Fuder.

Franken Eines der 13 großen Anbaugebiete in Deutschland. *Siehe* Anbaugebiet.

Französisches Paradoxon 1991 zeigte Morley Safer, der Moderator der amerikanischen CBS-Show *60 Minutes*, einen Beitrag über das so genannte Französische Paradoxon (»French Paradox«). Er berichtete von einer wissenschaftlichen Untersuchung, die aufzeigte, dass Franzosen trotz ihrer cholesterinreichen Ernährung, ihrem hohen Alkoholkonsum und ihrer Abneigung gegen sportliche Betätigung eine geringere Sterblichkeitsrate aufgrund von Herzerkrankungen aufweisen als die gesundheitsbewussten Amerikaner, die auf cholesterinreduzierte Nahrung achten, häufig Sport betreiben und relativ wenig Alkohol trinken. Zum Teil wurde dieser Effekt der südländischen Ernährung zugeschrieben, in der Milch eine untergeordnete Rolle spielt und Wein, und im Speziellen Rotwein, von besonderer Bedeutung ist. Milch, die für Kinder eine gesunde Vollnahrung darstellt, ist für Erwachsene ein unnatürliches Lebensmittel, das sie nicht vollständig verdauen können. Je mehr Milch ein Erwachsener trinkt (und Amerikaner sind besonders starke Milchtrinker), desto höher liegt seine Wahrscheinlichkeit, an einem Herzleiden zu erkranken. Hingegen erwiesen sich drei Glas Wein pro Tag als wirkungsvolles Mittel gegen Herzerkrankungen. *Siehe* auch Gesundheit.

French Paradox *Siehe* Französisches Paradoxon.

frisch Beschreibt einen reinen und noch jugendlich lebhaften Wein mit angenehmer Säure.

Frizzante (ital.) Perlwein.

Frizzantino (ital.) Ein sehr leicht perlender Wein zwischen einem Stillwein und einem Perlwein.

Frucht Wein wird aus Trauben hergestellt und muss daher zu 100 % aus Frucht bestehen. Dennoch besitzt er erst eine fruchtige Note, wenn die Trauben im richtigen Verhältnis von Reifegrad und Säure verwendet werden.

Fuder Ein Fass mit einem Fassungsvermögen von 1000 l. Deutsches Gegenstück zum Elsässer Foudre.

Fülle Dieser Begriff bezieht sich in erster Linie auf die Geschmacksfülle eines Weins und in zweiter auf die Fülle seiner interessanten Note.

Füllniveau Das Füllniveau frisch abgefüllter Weinflaschen liegt etwa 1 cm unterhalb des Korkens. Durch schadhafte Korken kann es zu Schwund kommen, also zu Flüssigkeitsverlust bei gleichzeitigem Anstieg der Luftmenge. Als normal gilt ein Schwund bis zur oberen Schulter der Flasche. Je mehr Luft in die Flasche gelangt ist, desto größer ist die Gefahr der Oxidation. Ist das Niveau an der unteren Schulter angelangt, verheißt der Inhalt nicht unbeding mehr Gutes.

Fût (frz.) Ein üblicherweise aus Eiche hergestelltes Holzfass, in dem Weine vergoren werden oder reifen oder beides.

Gallisierung *Siehe* Chaptalisation.

Gärung Der biochemische Vorgang, bei dem von Hefezellen abgesonderte Enzyme Zuckermoleküle zu nahezu gleichen Teilen in Alkohol und Kohlensäure umwandeln. *Siehe* auch S. 32.

Gärung, malolaktische Die so genannte malolaktische Gärung ist ein biochemischer Prozess bei dem die harte Apfelsäure unreifer Trauben in die weichere Milchsäure und Kohlengas umgewandelt wird. *Siehe* auch S. 33, 62.

Gärung, unterbrochene Eine unterbrochene oder angehaltene Gärung lässt sich nur schwierig wieder in Schwung bringen. Und selbst wenn dies gelingt, kann der Wein einen seltsam bitteren Geschmack annehmen. Zu den häufigsten Ursachen zählen: 1. Temperaturen über 35 °C; 2. Nährstoffmangel, der zum Absterben der Hefezellen führen kann; 3. hoher Zuckergehalt, der zu einem hohen osmotischen Druck führt und das Absterben der Hefezellen bewirken kann.

Gärung, zweite Streng genommen, handelt es sich hierbei um die nach der *Méthode Champenoise* erfolgende Gärung in der Flasche. Mitunter wird dieser Begriff irrtümlich für die malolaktische Gärung verwendet.

gefällig Ein Wein ohne besonders hervortretende Eigenschaften.

gehaltvoll Ein gehaltvoller Wein eröffnet seine Fruchtnote auf dem Gaumen. Ein nicht gehaltvoller Wein besitzt wenig oder gar keine Frucht und vermutlich einen hohen Tanningehalt. Alle Weine sollten in gewissem Grad gehaltvoll sein.

Geizen *Siehe* Rebschnitt.

Geläger Der Satz aus abgestorbenen Hefen, der sich nach der Gärung am Fass- oder Flaschenboden ablagert. *Siehe* auch Hefesatzlagerung.

Gelatine Dieses positiv geladene Schönungsmittel wird eingesetzt, um negativ geladene gelöste Teilchen, und insbesondere ein Übermaß an Tannin, aus dem Wein zu entfernen.

Geld wert Der Unterschied zwischen Sparen und Knauserei. Eine Flasche Wein für 150 Mark kann ebenso ihr Geld wert sein wie eine für 15 Mark. Die Entscheidung, ob Sie sie kaufen oder nicht, hängt lediglich vom Inhalt Ihrer Geldbörse ab. Es wäre jedoch banal zu fragen, ob der erste Wein zehn Mal so gut schmeckt wie der zweite.

Geographical Indication, GI Im Jahr 2001 in Australien eingeführtes System der Herkunftsbezeichnungen, das deren Grenzen neu festlegt. *Siehe* auch S. 520.

Geranienton Der unangenehme Geruch und Geschmack nach Geranien entsteht durch den Abbau der Sorbinsäure durch Milchsäurebakterien.

Gesamtextrakt Die Summe aller im Wein vorkommenden Stoffe nach der Destillation. Die etwa fünfhundert im Wein vorkommenden Stoffe prägen seinen Charakter; zu diesen Stoffen zählen Farbstoffe, Gerbstoffe, Mineralstoffe, Säuren oder Restzucker.

Gesamtsäure Die gesamte Säuremenge in einem Wein wird üblicherweise in g pro l gemessen und aufgrund der unterschiedlichen Stärke von Säuren entweder als Schwefelsäure oder Weinsäure angegeben.

Geschein Blütenstände, die sich aus den Knospen (Augen) der Rebstöcke entwickeln.

geschmeidig Beschreibt einen harmonischen, eleganten Wein. Mit zunehmender Reife werden die Tannine in einem Wein geschmeidiger.

Gespritzter, Gspritzter Getränk aus je zur Hälfte Wein und Mineralwasser (Österreich, auch in Süddeutschland; in Deutschland ansonsten Schorle oder Weinschorle).

Gesundheit Durch mäßigen Weingenuss werden Cholesterin und Fettsubstanzen aus dem Kreislauf gespült, die sich ansonsten in den Arterienwänden festsetzen könnten. Dies ist den starken oxidationsunterbindenden Eigenschaften verschiedener chemischer Substanzen zu verdanken, die auf natürliche Weise im Wein vorkommen (durch den Kontakt mit der Traubenschale). Zu den wichtigsten zählen Polyphenole wie Procyanidin und Rytoalexine wie Reservatol. Der Großteil des Cholesterins wird auf Lipoproteinen geringer Dichte durch den Körper transportiert, die die Arterien verstopfen. Lipoproteine hoher Dichte verstopfen hingegen nicht die Arterien, sondern befördern das Cholesterin direkt in die Leber, wo es aus dem Körpersystem ausgeschieden wird. Oxidationsinhibitoren verwandeln Lipoproteinen geringer Dichte in solche hoher Dichte und spülen das Cholesterin und andere fetthaltige Substanzen geradewegs aus dem Körper. In Kombination mit dem Alkohol selbst wirken diese Oxidationsinhibitoren als gerinnungshemmendes Mittel im Blut und verringern die Gerinselbildung und dadurch die Gefahr auf einen Schlaganfall gegenüber Nichttrinkern um 50 %. *Siehe* auch S. 445.

Gewächs *Siehe Cru.*

GI *Siehe* Geographical Indication.

glatt Beschreibt einen süffigen, milden Wein.

Gout de Terroir (frz.) Wörtlich: Geschmack der Erde. Ein Begriff, der auf einen besonderen, von bestimmten Böden hervorgerufenen Geschmack im Wein verweist. *Siehe* auch Terroir.

Grains Nobles (frz.) Von Edelfäule befallene Beeren. *Siehe* auch *Botrytis cinerea.*

Grand Cru (frz.) Wörtlich: großes Gewächs. In Regionen wie etwa Burgund, in denen die Verwendung dieses Begriffs streng kontrolliert wird, setzt man ihn in seiner wahren Bedeutung ein (d. h. der Wein sollte tatsächlich groß sein – im Verhältnis zur Qualität des Jahrgangs). In anderen weinerzeugenden Gebieten, in denen keinerlei Kontrolle besteht, besitzt er wenig Aussagekraft.

Grand Vin (frz.) Dieser Ausdruck wird in Bordeaux häufig verwendet und bezieht sich auf den Hauptwein, der unter dem Namen eines berühmten Château verkauft und ausschließlich aus den besten Fässern hergestellt wird. Weine, die während dieses Prozesses ausgeschlossen werden, werden als Zweit-, Dritt- und mitunter Viertweine klassifiziert und unter einer anderen Bezeichnung vermarktet.

Grande Marque (frz.) Wörtlich: große oder berühmte Marke. In der Welt des Weins bleibt der Ausdruck *Grande Marque* dem Champagner vorbehalten und bezieht sich auf die Mitglieder des Syndicat de Grandes Marques, das selbstverständlich alle berühmten Namen umfasst.

grasig Wird häufig zur Beschreibung bestimmter Gewürztraminer, Scheureben und Sauvignon-Weine verwendet, die eine grasige Frucht aufweisen.

Graufäule Eine Rebstockkrankheit, die durch den Pilz *Botrytis cinerea* hervorgerufen wird.

Großlage Bezeichnung für ein deutsches Weinbaugebiet in der Abfolge der Größenhierarchie Anbaugebiet – Bereich – Großlage – Einzellage. Die Anzahl der deutschen Großlagen beträgt knapp 170.

grün Jung und mit unangenehm aufdringlicher Säure. Dieser Begriff kann abwertend verwendet werden oder zur Beschreibung eines jungen Weins, der sich noch steigern kann.

Grünschnitt *Siehe* Rebschnitt.

Gyropalette Maschinell betriebenes Rüttelpult bei der Herstellung von Champagner. *Siehe Remuage.* Abbildung *siehe* S. 532.

Halbfuder Ein Fass mit einem Fassungsvermögen von 500 l.

Halbstück Ein Fass mit einem Fassungsvermögen von 600 l.

harmonisch Beschreibt einen Wein, dessen Geruchs- und Geschmackstoffe sich harmonisch zusammenfügen.

hart Verweist auf eine bestimmte Schärfe, die auf ein Übermaß an Tannin oder Säure zurückzuführen ist.

Hausenblase Ein gelatineartiges Schönungsmittel, das aus der Schwimmblase von Süßwasserfischen gewonnen wird und zur Schönung von trüben tanninarmen Weinen verwendet wird. *Siehe* auch Schönung.

Heckenwirtschaft *Siehe* Buschenschank.

Hefe Eine Pilzart, die für die Weinerzeugung unerlässlich ist. Hefezellen geben verschiedene Enzyme ab, von denen 22 für die als Gärung bekannte Kettenreaktion benötigt werden. *Siehe* auch S. 32.

Hefeenzyme Jedes Enzym wirkt als Katalysator einer bestimmten Aktivität und ist ausschließlich für diese eine Aufgabe im Gärungsprozess zuständig.

Hefesatzlagerung Eine Art der Weinbereitung, bei der der Wein (besonders Muscadet in der französischen Region Loire), auf dem Hefesatz ruht (*Tirage sur Lie*). Dieses Verfahren erhöht zum Beispiel bei Muscadet-Weinen die Frucht der üblicherweise unauffälligen Melon-de-Bourgogne-Traube und verleiht ihr eine Hefenote und Fülle, die an den Geschmack eines einfachen weißen Burgunders erinnert. Zusätzlich verhindert diese Methode die Luftzufuhr, wodurch die während der Gärung entstandene Kohlensäure im Wein verbleibt und ihm eine bestimmte Lebhaftigkeit und Frische schenkt. Mit Durchmischen oder Aufrühren (*Bâtonnage*) können diese Effekte noch gesteigert werden.

hefig Für die meisten Weine gilt dieser Ausdruck nicht als Kompliment. Bei jungen Schaumweinen hoher Qualität kann ein hefiges Bukett hingegen durchaus erwünscht sein.

Hektar Flächenmaß; 1 Hektar (ha) = 10 000 Quadratmeter (m^2).

Hektoliter Hohlmaß; 1 Hektoliter (hl) = 100 Liter (l).

herb Bezieht sich auf einen Wein mit hohem Gerbstoffgehalt.

Hessische Bergstraße Eines der 13 großen Anbaugebiete in Deutschland. *Siehe* Anbaugebiet.

Heuriger Damit wird zunächst einmal der junge Wein des aktuellen, des heurigen Jahrgangs bezeichnet, zum anderen ist »der Heurige« ein Weinlokal, in dem selbst angebauter Wein ausgeschenkt wird. Geöffnet ist nur zu bestimmten Zeiten im Jahr, was durch einen Buschen grüner Zweige (*siehe* auch Buschenschank) über der Tür angezeigt wird.

Höhepunkt Der Zeitraum, in dem der Wein auf dem Optimum seiner Genussreife angelangt ist. Als Faustregel gilt: Ein Wein verweilt solange auf seinem Höhepunkt, wie er benötigt hat, um diesen zu erreichen. Diese Faustregel lässt sich je nach Wein und individuellem Konsumenten endlos abwandeln. Wenn Ihnen ein bestimmter Wein z. B. im fünften Monat, Jahr oder Jahrzehnt besonders gut schmeckt, wird er bis zu seinem zehnten Monat, Jahr oder Jahrzehnt innerhalb der Grenzen dieses Geschmacksprofils bleiben. Wenn Sie diese Faustregel genauer überdenken, besitzt sie eine gewisse Logik. Ich ließ mich zwar bei meinen Empfehlungen für den optimalen Genuss eines Weines in diesem Buch nicht von ihr beeinflussen, habe aber bislang auch keine so krasse Abweichung entdeckt, dass ich diese Faustregel gänzlich verwerfen könnte.

holzgereift Dieser Begriff bezieht sich üblicherweise auf einen in neuer Eiche ausgebauten Wein.

Holzlactone Darunter versteht man verschiedene Ester, die aus neuer Eiche aufgenommen werden und dem Wein einen bestimmten samtigen, an Kokosnuss erinnernden Eichenton verleihen.

honigsüß Viele Weine, und vor allem Süßweine und solche mit Botrytis-Charakter, entwickeln durch die Flaschenreifung eine honigsüße Note. Aber auch einige trockene Weine können honigsüß werden. Das klassische Beispiel bildet ein reifer Riesling.

Hybriden Das Ergebnis der Kreuzung zwischen zwei oder mehreren Rebsorten, die mehr als einer Spezies angehören.

Hydrogensulfid *Siehe* Schwefelwasserstoff.

Indicaçao de Provência Regulamentada, IPR (port.) Eine portugiesische Qualitätsbezeichnung, die zwischen *Denominaçao de Origem Controlada* (DOC) und *Vinho Regional* (VR) einzuordnen ist.

IPR (port.) *Siehe Indicaçao de Provência Regulamentada.*

Jahrgang Neben Rebsorte und Terroir hat natürlich das Klima großen Einfluss auf die Qualität eines Weins. Das (wechselnde) Wetter ist dafür verantwortlich, dass der Wein ein und derselben Lage von Jahr zu Jahr unterschiedlich ausfällt. Da ein Jahrgang jedoch sowohl schlechte als auch außergewöhnlich gute Weine umfassen kann, eignet sich die Angabe des Jahrgangs nicht, um auf einen Wein besonderer Qualität hinzuweisen; sie kann nur eine grobe Orientierungshilfe darstellen.

Jahrgangswein Wein, der zum großen Teil oder vollständig aus der Ernte eines einzigen Jahres hergestellt wurde. Je nach örtlichen, regionalen oder staatlichen Bestimmungen kann der Mindestanteil variieren.

Joghurtaroma Ein Weinfehler, der bei der malolaktischen Gärung im Weißwein entstehen kann. Erinnert manchmal auch an saure Milch.

Jug Wine (amerik.) Wörtlich: Krugwein. In großen Mengen hergestellter kalifornischer *Vin de Table.*

Kabinett Die erste (unterste) Prädikatsstufe in der QmP-Klassifikation. Eine Stufe unter der Spätlese und oft trockener als ein QbA.

Kaliumhydrogentartrat *Siehe* Weinstein

karg Begriff für einen Wein, dem es an Frucht mangelt und der von harten Säuren bzw. Tanninen gekennzeichnet ist.

Kellerbuch Ab einer bestimmten Anzahl zu Hause eingelagerter Flaschen sinnvoll, auf jeden Fall aber interessante Dokumentation über verkostete Weine, sofern einige wichtige Daten notiert werden wie: Bezugsquelle, Kaufdatum, Preis oder Bewertung.

keltern *Siehe* pressen.

Keramikfiltration Eine ultrafeine Tiefenfiltration mit Perlit.

kernig Beschreibt säure- und körperreicher Weine.

Kieselgur Diese auch als Diatomeenerde bekannte feine, pulverartige und siliziumhaltige Erde entstand aus Ablagerungen von zersetzten Diatomeen (Tiefseealgen). Kieselgur wird zur Filtration (*siehe* dort) benutzt.

kippen Ein Wein kippt, wenn er seinen Höhepunkt (sieh dort) überschreitet, bereits in relativ jungem Alter an Qualität verliert und rascher als üblich nachlässt.

klären Eine Maßnahme, um den Wein von Schwebeteilchen zu befreien und haltbar zu machen. Weitere Verfahren sind Filtration und Schönen oder eine Kombination daraus.

Klon Der erbgleiche Nachkomme einer Rebpflanze. Um die guten Eigeschaften eines Rebstocks zu bewahren und um Erkrankungen vorzubeugen wird bereits seit langer Zeit Aufzucht durch Selektion betrieben.

Klosterneuburger Mostwaage, KMW 1. Österreichische Maßeinheit für das Mostgewicht. – 2. Waage zur Bestimmung des Mostgewichts. *Siehe* auch Mostgewicht.

KMW *Siehe* Klosterneuburger Mostwaage.

Kohlendioxid Dieses Gas entsteht während der Gärung (bei der Zucker zu annähernd gleichen

Teilen in Alkohol und Kohlendioxid umgewandelt wird) und darf üblicherweise entweichen. Ein geringer Teil wird jedoch in jedem Wein in gelöster Form (als Kohlensäure) vorhanden sein, auch in stillen Weinen, die ansonsten langweilig, flach und leblos schmecken würden. Wird das Entweichen der Kohlensäure verhindert, entsteht Schaumwein.

Kohlensäure Im Wassergehalt des Weins aufgelöstes Kohlendioxid (Kohlendioxid CO_2 wird zu Kohlensäure H_2CO_3). Im Schaumwein ist Kohlensäure in großer Menge vorhanden.

Kohlensäuremaischung (frz.) Ein Oberbegriff für verschiedene Arten von Gärtechniken, bei denen die Trauben unter einer Kohlensäure-Atmosphäre gären. Der französische Fachausdruck lautet *Macération Carbonique. Siehe* auch S. 36.

Kokosnuss-Eiche Verschiedene Holzlactone, die überwiegend in amerikanischer Eiche zu finden sind, bewirken kokosnussartige Aromen im darin gereiften Wein.

kompakte Frucht Dieser Begriff lässt auf ein gutes Fruchtgewicht und ein ausgewogenes Verhältnis von Tannin (bei Rotweinen) und Säure schließen, das sich in der Nase und auf dem Gaumen auf eine bestimmte Art präsentiert.

Komplexität Ein überbeanspruchtes Wort, das sich auf viele unterschiedliche Geruchs- und Geschmacksnuancen bezieht. Große Weine könnten in ihrer Jugend eine bestimmte Komplexität aufweisen, aber erst durch die Reifung in der Flasche wird ein Wein schließlich sein volles Potenzial an Komplexität erreichen.

Korkschmecker Verbinden sich Rückstände aus chlorhaltigen Lösungen, in denen die Korken gebleicht wurden, mit Phenol, das in jedem Naturkork vohanden ist, so entsteht in Verbindung mit Schimmelpilzen Trichloranisol, das den muffigen Geruch und den unangenehmen Geschmack verursacht; diese verstärken sich nach einiger Zeit eher noch. Korkkranker Wein ist in der Regel nicht genießbar.

körperreich Beschreibt einen vollen, runden Wein mit viel Extrakt.

korrekt Beschreibt einen Wein mit allen zu seinem Typ und seinem Ursprung passenden Eigenschaften. Nicht unbedingt ein aufregender Wein.

kräftig Ein kräftiger Wein besitzt eine gute Konstitution, die von einer gewissen Menge Tannin und Säure unterstrichen wird.

krautig Eine an grünes Laub oder weiße Johannisbeere erinnernde Geschmacksnote, die üblicherweise mit einem zu heftigen Wachstum im Blätterdach des Rebstocks in Verbindung gebracht wird, das zu einer schlechten Reifung der Traube führt. Diese Note kann jedoch auch die Folge einer aggressiven Extraktionstechnik sein, bei der Rotwein in Edelstahlbehältern vergoren wird.

Kreuzung Vermehrung von zwei Rebsorten derselben Spezies (z. B. von zwei *Vitis-vinifera*-Arten).

Kulturvarietät Ein hauptsächlich in Südafrika verwendeter Begriff für eine kultivierte Traubensorte.

kurz Beschreibt einen Wein mit kurzem Abgang. Sein Geschmack hält im Mund nicht vor.

Lagar (port.) Steintrog, für die Portweinmaische. Das traditionelle Stampfen der Maische mit den Füßen ist heute allerdings meist nur noch Folklore.

Landwein Über dem Tafelwein liegende Qualitätsstufe; das deutsche Gegenstück zum *Vin de pays.*

Länge Bei einem Wein mit Länge bleibt der Geschmack noch lange Zeit nach dem Schlucken im Mund. Wenn zwei Weine gleich schmecken und Sie aus unerfindlichen Gründen einen eindeutig bevorzugen, besitzt dieser vermutlich mehr Länge.

langlebig Weine mit dieser Eigenschaft verdanken ihre lange Lagerfähigkeit einem hohen Gehalt einer der folgenden Substanzen: Tannin, Säure, Alkohol und Zucker.

lebendig Die Frucht eines Weins kann so frisch, reif, klar und ausdrucksvoll sein, dass sie im Mund rasch einen lebendigen Eindruck seines vollen Charakters hervorruft.

lebhaft Ein Begriff, der auf eine bestimmte jugendliche Frische der Frucht schließen lässt, die auf eine gute Säure und ein klein wenig Kohlensäure zurückzuführen ist.

leicht Beschreibt einen alkoholarmen, doch angenehm süffigen Alltagswein.

Lie (frz.) Französisch für Bodensatz. *Siehe* Geläger.

lieblich Ein säurearmer und oft leicht süßer Wein.

Limone Dies ist eine klassische Geschmacksnote von Sémillon- und Rieslingsorten, die in Australien wachsen; dies erklärt, warum der Sémillon aus dem Hunter Valley als Hunter Riesling verkauft wurde.

Linalool Eine in einigen Traubensorten und insbesondere in Muscat- und Rieslingarten enthaltene Verbindung. Sie trägt zu dem für Muscat-Weine typischen, an Pfirsich und Blumen erinnernden Duft bei.

Liqueur (frz.) Süßer Wein, der mit Weingeist aufgespritet wurde. Auch als *Vin Doux Naturel* (VDN) oder *Vin Doux Liquoreux* (VDL) bezeichnet.

Liqueur d'Expedition (frz.) Versand-Dosage. *Siehe* Dosage.

Liqueur de Dosage (frz.) Versand-Dosage. *Siehe* Dosage.

Liqueur de Tirage (frz.) Füll-Dosage. *Siehe* Dosage.

Macération Carbonique (frz.) *Siehe* Kohlensäuremaischung.

Macération Pelliculaire (frz.) *Siehe* Maischegärung.

Maderisierung Alle Madeiras werden im Prozess des *Estufagem* maderisiert. Hierbei werden die Weine langsam in erwärmt. Ein derartiger Vorgang ist bei allen anderen Weinen unerwünscht, mit Ausnahme bestimmter Mittelmeerweine, die bewusst diese Rancionote erhalten sollen. Riecht und schmeckt ein auf übliche Weise erzeugter Wein ähnlich wie ein Madeira, so handelt es sich um einen Weinfehler. Wahrscheinlich wurde solcher Wein in der warmen Sonne oder bei zu hoher Temperatur gelagert, oder er ist überaltert.

Maische Das Gemisch aus dem Saft, der Schale, dem Fruchtfleisch und den Kernen der Beeren, das vergoren wird.

Maischegärung Eine Gärtechnik zur Herstellung von Rotwein, frz. *Macération Pelliculaire.* Die festen Bestandteile der Maische (Trester) werden dabei ständig mit dem gärenden Most gemischt, um das Herauslösen (Extraktion) der Farbstoffe und Tannine zu intensivieren.

Marc (frz.) 1. Die nach dem Pressen vorhandenen, aus Schalen, Kernen und Stielen bestehenden Rückstände. – 2. Maßeinheit für Trauben bei der Champagnerherstellung. 1 Marc entspricht 4 000 kg. – 3. Branntwein, der aus den Pressrückständen der Trauben zubereitet wird (in Italien: Grappa).

Marque (frz.) Markenzeichen oder Marke.

Mäuseln Dieser Weinfehler bildet sich durch Oxidation und Milchsäurebakterien; der Wein riecht dann nach Ammoniak oder Mäuseharn. *Siehe* auch Brett.

Mehltau Zwei gefährliche Rebstock-Erkrankungen sind der Echte und der Falsche Mehltau. Erstere wird durch den Pilz *Erysiphales* ausgelöst. Ein weißgrauer Pilzbelag legt sich über Blätter und Trauben, die wie mit Mehl bestäubt aussehen. Der Rebstock verdorrt und die gesamte Ernte kann ausfallen. Sind die Folgen des Echten Mehltaus für den Winzer schon katastrophal genug, so ist der Falsche Mehltau noch gefährlicher. Auch er wird durch einen Pilz hervorgerufen (*Peronospora*). Die Blätter fallen ab, die Beeren verkümmern und das Wachstum der Stöcke wird geschädigt. Beide Krankheiten wurden aus den Vereinigten Staaten nach Europa eingeschleppt (1845 und 1878).

Mercaptanböckser Ein vorübergehender Fehler, bei dem der Wein einen Geruch nach Schwefel entwickelt. Dieser entsteht, wenn sich zum Beispiel während der Gärung schwefelhaltige Substanzen zu Schwefelwasserstoff verbunden haben. Durch »lüften« des Weins (etwa zehn Minuten im Glas stehen lassen oder durch Umfüllen in eine Karaffe) verliert sich der Geruch. *Siehe* auch Schwefelböckser.

Mercaptane Metyl und Ethylalkohole können mit Schwefelwasserstoff reagieren und Mercaptane bilden. Dies sind faulig riechende Verbindungen, die bei der Gärung entstehen können, sich häufig nicht entfernen lassen und einen Wein verderben können. Mercaptane riechen nach altem Knoblauch, verbranntem Gummi, muffigem Kohl oder faulen Eiern.

Méthode Champenoise (frz.) Verfahren, bei dem ein Wein im Zuge einer zweiten Gärung in der Flasche, in der er verkauft wird, Kohlensäure entwickelt. Diese Methode wird auf Champagner und andere hochwertige Schaumweine angewendet. In Europa ist es verboten, diesen Begriff auf dem Etikett eines anderen Weins als Champagner anzuführen, und dieser verwendet ihn ohnehin niemals.

Méthode Charmat 1907 erfand Eugène Charmat eine Methode zur Herstellung von billigem Schaumwein durch eine natürliche zweite Gärung in einem versiegelten Großtank. Dieses Verfahren ist auch als Tankgärverfahren oder *Cuve Close* bekannt.

Méthode Dioise Methode der Schaumweinherstellung an der nördlichen Rhône. Am bekanntesten ist der *Clairette de Die.* Nach der Gärung bei niedriger Temperatur wird der Wein ohne *Dosage* in Flaschen gefüllt, wo sich die Gärung fortsetzt. Es folgt das *Dégorgement* und die *Transversage*, das Filtern und Abziehen auf neue Flaschen, wiederum ohne Zugabe einer *Dosage.*

Méthode Gaillaçoise (frz.) Abgeleitet vom Namen der Appellation Gaillac im Südwesten Frankreichs. Eine Variante der *Méthode Rurale*, bei der der Wein auch degorgiert wird.

Méthode Rurale (frz.) Als Vorgänger der *Méthode Champenoise* umfasst diese Methode keine zweite Gärung. Der Wein wird vor Vollendung der ersten alkoholischen Gärung in Flaschen gefüllt. Die Kohlensäure bildet sich während des Weitergärens in der Flasche. Auch hier wird der Wein nicht degorgiert; das Depot bleibt in der Flasche.

Metodo Champenois (ital.) *Siehe Méthode Champenoise.*

Mikroklima Die geschützte, oder ausgesetzte Lage eines Weinbergs, seine Nähe zu bergigem Gelände, die zugeführte Wassermenge oder andere topografische Merkmale können ihm ein besonderes Mikroklima verleihen (oder seine Neigung dazu bestimmen).

Milchsäure Diese Säure entsteht in saurer Milch und ebenso im Wein während der malolaktischen Gärung.

Milchsäurestich Der an Sauerkraut erinnernde Geruch entsteht durch Milchsäurebakterien. Ein Weinfehler.

Millerandage (frz.) Verrieseln (*siehe* dort).

mineralisch Einige Weine besitzen einen mineralischen Nachgeschmack, der als unangenehm empfunden werden kann. Wird *Vinho Verde* aus bestimmten Traubensorten hergestellt, erhält er einen attraktiven, nahezu metallartigen Nachgeschmack.

Minimalschnitt *Siehe* Rebschnitt.

Mittelrhein Eines der 13 großen Anbaugebiete in Deutschland. *Siehe* Anbaugebiet.

moelleux (frz.) Wörtlich mild oder geschmeidig. Dieser Begriff verweist in den meisten französischen Anbaugebieten üblicherweise auf einen halbsüßen Charakter, nur an der Loire beschreibt er einen wirklich vollmundigen, süßen Botrytis-Wein und unterscheidet ihn auf diese Weise von halbtrockenen Weinen.

Monopole (frz.) Verweist darauf, dass ein Weinberg in Alleineigentum steht.

Mosel 2000 Zusammenschluss von rund fünfzig Winzern im Anbaugebiet Mosel–Saar–Ruwer, die jährlich ihre Weine von einem unabhängigen Verkostergremium begutachten lassen.

Mosel-Saar-Ruwer Eines der 13 großen Anbaugebiete in Deutschland. *Siehe* Anbaugebiet.

Most Unvergorener Traubensaft. Most während der Gärung hat bereits einen geringen Alkoholgehalt; diesen Most nennt man in Deutschland Bitzler oder Brauser, in Österreich Sturm und in der Schweiz Sauser. Der noch trübe Wein unmittelbar nach der Gärung ist in Deutschland als Federweißer und in Österreich als Staubiger bekannt. In Süddeutschland, in Oberösterreich und in der Schweiz bezeichnet Most auch einen fertig vergorenen Obstwein (aus allen geeigneten Obstsorten, außer aus Trauben).

Mostgewicht Aus dem Mostgewicht lassen sich der Gehalt an natürlichem Zucker im Most (vor der Gärung) und der Alkoholgehalt des künftigen Weins annähernd berechnen. Bereits an den Trauben noch vor der Lese lässt sich das Mostgewicht messen; es liefert auch Anhaltspunkte für den günstigsten Zeitpunkt der Weinlese. Auch für die Klassifizierung des Weins ist das Mostgewicht von Bedeutung. Es gibt verschiedene Messverfahren und Maßeinheiten: Das Öchsle in Deutschland, der Schweiz und in Luxemburg oder das KMW-Grad der Klosterneuburger Mostwaage in Österreich.

Mousse (frz.) Das Perlen eines Schaumweins lässt sich am besten im Mund beurteilen. Ein Wein kann aufgrund der Oberflächenbeschaffenheit in einem Glas flach und in einem anderen lebhaft wirken. Eine gute *Mousse* sollte kleine, anhaltende Perlen besitzen. Die Stärke des Schäumens hängt vom Charakter des Weins ab.

mousseux (frz.) Wörtlich: schäumend oder perlend; moussierend.

Mufftöne Ein Weinfehler. Muffiger Geruch entsteht bei Wein, der in unhygienischen Holzfässern gelagert wurde.

Muid (frz.) Ein Fass mit einem Fassungsvermögen von 600 l.

munter Ein reiner Wein mit guter Säure, der im Abgang einen erfrischenden, reinen Geschmack hinterlässt.

Mutage (frz.) Bei diesem Verfahren wird dem Wein oder frischem Traubensaft entweder vor der Gärung Alkohol beigefügt, wie etwa bei *Vin de Liqueur*, oder während der Gärung, wie etwa bei *Vin Doux Naturel*. Der Gärvorgang wird dabei gestoppt. *Siehe* auch S. 38.

Nachklang Bezieht sich üblicherweise auf den Abgang eines Weins – ein Nachgeschmack der buchstäblich anhält.

Nagellackgeruch Der Wein enthält eine zu große Menge an Essigsäure. Der Geruch wird von manchen Konsumenten, vor allem bei Pinot Noir oder Chardonnay, auch als Qualitätsmerkmal gewertet.

Nahe Eines der 13 großen Anbaugebiete in Deutschland. *Siehe* Anbaugebiet.

Négociant-Éléveur (frz.) Ein Weinhändler als Käufer und Verkäufer, der Trauben oder jungen Wein einkauft, im eigenen Keller keltert und/oder ausbaut und den »fertigen« Wein verkauft.

Nelken Oftmals Teil des komplexen Buketts eines in Eiche vergorenen oder gereiften Weins. Das Nelkenaroma wird von eugenischer Säure hervorgerufen, die bei der Trocknung der Eichenfässer entsteht.

Noble Late Harvest (südafr.) Edelfauler Wein; entspricht etwa der Beerenauslese. *Siehe* auch *Botrytis cinerea.*

Noble Rot (austr., neuseel.) Edelfäule. *Siehe* auch *Botrytis cinerea.*

Note Eine subtile und unterstützende Eigenschaft, die im Gegensatz zu einem Beigeschmack nicht den Gesamteindruck eines Weins beherrscht. Bei einem erlesenen Wein kann sich ein starker, einfacher Beigeschmack von Jugend in eine delikate Reifenote entwickeln und sich einer breiten Palette anderer Nuancen hinzufügen, die dem Wein Komplexität verleihen.

Obstwein *Siehe* Most.

Öchslegrad Eine Maßeinheit zur Messung des Mostgewichts im Most vor der Gärung oder in der Beere. Benannt nach der von dem Goldschmied Ferdinand Öchsle (1774–1852) entwickelten Mostwaage.

offen Dieser Begriff verweist auf einen Wein mit einem attraktiven, einfachen, unmittelbar erkennbaren Bukett, das alles sagt. Ein derartiger Wein kann anfangs interessant wirken, wird sich jedoch nicht weiterentwickeln. So sagt das letzte Glas nicht mehr über seine Eigenschaften aus als das erste.

ökologischer Weinbau Ökologisch erzeugte Weine werden ohne chemische oder synthetische Sprüh- oder Düngemittel gezogen und mit natürlicher Hefe und geringstmöglichem Einsatz von Filtration, Schwefeldioxid und Trockenzuckerung vergoren.

Oloroso (span.) Eine Sherryart, die von Natur aus trocken ist, für den Export jedoch üblicherweise gezuckert wird.

Önologie Önologie ist die Wissenschaft vom Wein, bildet ein Teilgebiet der Chemie und befasst sich mit der praktischen Seite der Weinherstellung und dem Verständnis für den Weinbau.

opulent Verweist auf ein luxuriöses, sehr reiches, aber nicht rotbäckiges Sortenaroma.

organoleptisch Ein Körperorgan oder einen Sinn betreffend – üblicherweise den Geschmacks- oder Geruchssinn.

Osmose Durchtritt von Stoffen durch eine poröse Trennwand (Membran) zwischen zwei Flüssigkeiten. In der Weinbereitung ein Verfahren zur Konzentration bestimmter Stoffe im Most oder Wein.

Ouillage (frz.) Das Auffüllen der Fässer mit Wein, z. B. nach einer *Soutirage* (*siehe* dort), und zwar spundvoll, damit sich keine Luft im Fass hält (Gefahr der Oxidation).

Oxhoftfass Ein in Australien und Neuseeland weit verbreitetes Fass mit einem Fassungsvermögen zwischen 300 und 315 l.

Oxidation Der allgegenwärtige Sauerstoff (*Oxigenium*) in der Luft ist bestrebt, mit den meisten Stoffen eine Verbindung zu bilden (z. B. mit Eisen: Rost). Aufgebrochene Beeren sind bereits der Oxidation ausgesetzt ebenso wie – natürlich in viel stärkerem Maß – die Maische. Um diesen chemischen Prozess der Oxidation zu steuern (zur Vermeidung von Weinfehlern), muss die Zufuhr von Sauerstoff kontrolliert oder unterbunden werden. Dies erreicht man beispielsweise durch Schwefeln oder durch einen Gäraufsatz auf dem Gärbottich: Die Gärung findet nun ohne Luft statt (anaerob). Bei bestimmten Weinen ist jedoch die Oxidation gewünscht: Sherry, Madeira, Portwein oder Vin Jaune werden oxidativ ausgebaut.

Parfüm Eine angenehme Duftnote eines Weinbuketts.

Passe-touts-Grains (frz.) Leichter Burgunder Rotwein aus Pinot Noir und Gamay.

Passito (ital.) Süßer Wein aus rosinierten Trauben wie z. B. der toskanische *Vin Santo*. Die Trauben sammeln ihren Zuckergehalt nicht am Rebstock im Spätherbst, sondern sie werden meist an der Luft oder in der Sonne getrocknet (z. B. auf Strohmatten). Da besonders im feuchtwarmen Klima der Mittelmeerländer bei anhaltender Nässe die Graufäule eine Gefahr darstellt, werden die Trauben früh gelesen, getrocknet und nach etwa 2 Monaten gekeltert. Der Most ist dann zwar zuckerreich, der Wein jedoch nicht edelsüß.

Pasteurisierung Ein Oberbegriff für verschiedene Methoden zur Stabilisierung und Sterilisierung des Weins.

Perlage (frz.) Perlen im Schaumwein; je feiner, desto besser die Qualität des Schaumweins.

Perlit Eine feine, puderige, leichte und schimmernde Substanz vulkanischen Ursprungs, mit ähnlichen Eigenschaften wie Diatomeenerde.

Pétillance, pétillant (frz.) Bezeichnet einen Wein, dessen Kohlensäuregehalt ausreicht, um ein leichtes Perlen zu erzeugen.

Petit Château (frz.) Wörtlich: kleines Château. Diese Bezeichnung wird auf jedes Wein-Château angewendet, das weder der *Cru-Classé*- noch der *Cru-Bourgeois*-Klasse angehört.

Petrolton Bei einer gewissen Flaschenreife nehmen die erlesensten Rieslingweine ein lebhaftes und würziges Bukett an, das an Petroleum erinnert. Diese Petroleumnote weist eine Verwandtschaft mit verschiedenen anderen würzigen und zitrusartigen Düften auf, hingegen unterscheiden sich viele zitronenartigen, zitrusartigen und andere würzigen Gerüche deutlich von dem sowohl einzigartigen als auch unverkennbaren Petrolton des Riesling.

Pfalz Eines der 13 großen Anbaugebiete in Deutschland. *Siehe* Anbaugebiet.

pfeffrig Dieser Begriff wird für einen jungen Wein verwendet, dessen Komponenten noch roh und unharmonisch sind und der in der Nase als scharf und kratzig empfunden wird. Er beschreibt auch den charakteristischen Geruch und Geschmack südfranzösischer Weine und insbesondere jener, die auf der Grundlage von Grenache erzeugt werden. Syrah kann an frisch gemahlenen schwarzen Pfeffer erinnern, während weißer Pfeffer eine Empfindungs-Eigenschaft eines besseren Grünen Veltliners ist. Junger Portwein und leichter roter Rioja können ebenfalls ein starkes Pfefferaroma aufweisen.

Pferdeschweiss *Siehe* Sattelgeruch.

pflanzlich Dieser Begriff wird auf Weine mit einer bestimmten Reife verwendet, wie etwa Chardonnay oder Pinot, die in ihrem Stil angenehm abgerundet sind und ein Bukett ausgebildet haben, das in harmonischer Weise eher an Vegetation als an Frucht erinnert.

pflaumig Ein eleganter, saftiger Geschmack und eine Beschaffenheit, die an die Frische von Pflaumen erinnert.

Pfropfrebe *Siehe* Veredelung.

Phenole Verbindungen, die in der Schale, den Kernen und den Stielen von Trauben enthalten sind. Zu den häufigsten zählen Tannin und Anthocyanin.

pH-Wert Ein Wert, der die Konzentration der aktiven Säuren in einer Füssigkeit angibt. Er wird anhand der freien Wasserstoffionen festgestellt (»Wasserstoffionenkonzentration«). Saure Lösungen haben einen niedrigeren pH-Wert, alkalische Lösungen einen höheren pH-Wert als 7 (reines Wasser). Wein hat einen pH-Wert von 2,7 bis 3,7; dies empfindet man am Gaumen als sauer oder weniger sauer.

Pierce's Disease (amerik.) Rebstock-Krankheit in Noramerika.

Pigeage (frz.) Das Unterstampfen des Treber (*siehe* dort) in den Most, das früher mit bloßen Füßen geschah. *Siehe* Überpumpen.

Pipe (port.) Das berühmteste portugiesische Fass. Ein Douro-Fass besitzt ein Fassungsvermögen von 550 l, ein Madeira-Fass von 418 l.

plump Beschreibt einen Wein, der gewöhnlich undschwer ist, dem es an Feinheit fehlt, der viel Körper hat, aber sonst unausgeglichen und qualitativ minderwertig ist.

Pourriture Gris (frz.) Französische Bezeichnung für die Graufäule. *Siehe Botrytis cinerea.*

Pourriture Noble (frz.) Französische Bezeichnung für die Edelfäule. *Siehe Botrytis cinerea.*

pressen Je nach Art der Weinbereitung werden vor dem Pressen (Keltern) entweder die Stiele von den Beeren entfernt (entrappen, abbeeren) oder die Trauben werden mit den Stielen gepresst. Das Traubengut wird dann gequetscht (gemahlen), damit die Beerenschale aufbricht, um so den Austritt des Safts zu begünstigen. Durch Abbeeren und Quetschen entsteht die Maische; diese wird gepresst. Die technische Vorrichtung dafür ist die Presse oder Kelter, die es in verschiedenen Ausführungen gibt (Korb-, Spindel-, Schnecken-, Tankpresse). Gepresst werden kann in mehreren Durchgängen, wobei von Durchgang zu Durchgang die Qualität des Mosts abnimmt. Schon vor dem Pressvorgang läuft Saft ab: der Vorlaufmost (frz. *Vin de Goutte*); dies wird dadurch ermöglicht, dass aufgrund ihres Eigengewichts Beeren bereits aufgebrochen sind. Der erste Pressvorgang liefert den Pressmost (frz. *Vin de Presse*), weitere Pressvorgänge nur noch gerb- und farbstoffreichen Most (Scheitermost, frz. *Vin de Pressoir*), der getrennt zu Wein geringer Qualität weiterverarbeitet oder gebrannt wird.

Pressmost (Presswein) *Siehe* pressen.

prickelnd Dieser Begriff beschreibt einen Wein mit einem Restgehalt an Kohlensäure, der jedoch schwächer moussiert als ein *pétillant*-Wein. In einigen frischen Weiß- und Roséweinen ist diese Eigenschaft willkommen. Im Allgemeinen gilt sie jedoch als Zeichen einer unerwünschten zweiten Gärung in Rotweinen, wenn sie auch in bestimmten südafrikanischen Weinen bewusst hervorgerufen wird.

Proteinschleier Jeder Wein enthält Protein. Ist es jedoch im Übermaß vorhanden, kann es mit Tannin reagieren und einen Schleier erzeugen. In diesem Fall setzt man üblicherweise Bentonit als Schönungsmittel ein. *Siehe* Schönung.

Puncheon Dieser häufig in Australien und Neuseeland verwendete Fasstyp besitzt ein Fassungsvermögen von 450 l.

Pupitre (frz.) Rüttelpult. *Siehe Remuage.*

QbA *Siehe* Qualitätswein bestimmter Anbaugebiete.

QmP *Siehe* Qualitätswein mit Prädikat.

Qualitätswein bestimmter Anbaugebiete, QbA Eine Qualitätsstufe in Deutschland. Mostgewicht 50 bis 72 °Öchsle, der Name der Großlage oder des Bereichs muss auf dem Etikett genannt sein, der Name der Einzellage kann genannt werden, wenn 85 % der Rebsorten aus dieser Einzellage stammen. In Südtirol neben der Bezeichnung Denominazione di Origine Controllata (DOC) auch zugelassen.

Qualitätswein mit Prädikat, QmP Die höchste Qualitätsstufe in Deutschland. Der Wein muss mindestens QbA-Anforderungen genügen. Mostgewicht mindestens 67 °Öchsle, der Name einer Einzellage kann genannt werden, die Trauben müssen vollständig von der angegebenen Rebsorte und aus der angegebenen Lage stammen. QmP-Weine sind: Kabinett, Spätlese, Auslese, Beerenauslese, Trockenbeerenauslese, Eiswein.

Quinta (port.) Weingut.

Rancio (span.) Alkoholreicher Weißwein aus Katalonien

Rasse Die Finesse eines Weins, die auf die natürliche Qualität der Trauben und des Terroirs in Kombination mit der unwiderlegbaren Fähigkeit und Erfahrung eines großen Weinerzeugers zurückzuführen ist.

Ratafia Ein *Liqueur*, der aus einer Kombination von Marc und Traubensaft hergestellt wird. Der bekannteste ist Ratafia de Champagne.

R. D. (frz) Eine gesetzlich geschützte Bezeichnung des Champagnerhauses Bollinger, die auf dem Etikett, in Verbindung mit der Jahreszahl, bescheinigt, dass der Champagner *Récemment Dégorgé*, vor kurzem degorgiert wurde.

Reblaus Die Reblaus (*Viteus vitifolii*), eine Art der Zwergläuse, ist einer der gefährlichsten Rebstockschädlinge. 1854 in Nordamerika an Wildreben entdeckt, wurde sie 1863 in England, 1874 in Frankreich und Deutschland eingeschleppt und ist bis heute einer der größten Weinbauschädlinge geblieben. Sie lebt oberirdisch als Blattgallenlaus und unterirdisch als Wurzellaus. Der befallene Rebstock ist nach spätestens 3 Jahren zu Grunde gegangen. Seit 1874 hatte sich die Reblaus über nahezu sämtliche Weingärten Europas ausgebreitet und fast alle Rebstöcke vernichtet (Reblauskatastrophe). Als bis heute einziges probates Gegenmittel erwies sich die Veredelung resistenter amerikanischer Unterlagsreben (Wurzelstöcke) mit europäischen Edelreiser (Oberteile). Es dauerte allerdings Jahrzehnte, bis sich taugliche Rebstöcke herausbildeten. Der wirtschaftliche Schaden der Reblauskatastrophe wurde mit jenem verglichen, der durch den Ersten Weltkrieg entstanden war.

Rebschnitt Der Rebschnitt dient der Regulierung des Ertrags und des Rebstockwuchses. Winterschnitt: Entfernung des einjährigen Holzes bis auf 2 Fruchtruten; Minimalschnitt: geringer oder kein Winterschnitt; Grünschnitt, nach der Blüte, Anfang Juni: Entfernung der Nebentriebe, der so genannten Geizen; Sommerschnitt, Juli oder August: bei zu hohem Behang Entfernung der noch grünen Trauben, genannt Ausdünnen, zur Verbesserung der Nährsoffversorgung der anderen Trauben.

Rebstockdichte Rebstöcke, die in geringem Abstand zueinander gepflanzt wurden, wetteifern miteinander und liefern Früchte höherer Qualität. Der Ertrag pro Rebstock ist jedoch geringer als bei locker gepflanzten Stöcken. Die Kosten der Anfangsbepflanzung liegen höher und der Schnitt und andere Aufgaben sind arbeitsintensiver. Wenn jedoch Gleichgewicht im Weinberg herrscht, sollten die größere Zahl an Rebstöcken trotz des geringeren Ertrags pro einzelnem Stock dasselbe Gesamtvolumen pro ha liefern. Auf diese Weise ist es möglich, die Quantität beizubehalten und gleichzeitig die Qualität beträchtlich zu steigern. Die wahren Vorteile einer dichten Bepflanzung ergeben sich aber erst nach Überschreiten einer gewissen Schwelle. So sind mehr als die Hälfte aller Weinberge in der Neuen Welt mit weniger als 2 000 Stöcken pro ha bepflanzt. 1 200 bis 1 500 Stöcke pro ha ist durchwegs üblich. In der Champagne hingegen liegt das gesetzlich erlaubte Minimum bei 6 666 Rebstöcken pro ha, der Durchschnitt bei 7 000 bis 8 000, und auch 11 000 sind möglich. Vor der Reblauskatastrophe betrug die Bepflanzung etwa 25 000 Stöcke pro ha. Vor der Mechanisierung der kalifornischen Weinberge lag auch hier die Durchschnittsdichte doppelt so hoch. Um den Traktoren die Zufahrt zu ermöglichen, wurde schließlich jede zweite Reihe entfernt. Als Joseph Drouhin seinen Weinberg in Oregon bepflanzte, entschied er sich für 7 450 Stöcke pro ha und kaufte französische Traktoren, die die Stockreihen hochbeinig überspannten (Abbildung *siehe* S. 488), anstatt zwischen ihnen zu fahren. Plötzlich tauchte der Begriff dichte Bepflanzung im amerikanischen Wortschatz auf, obwohl die derart bepflanzten Weinberge Drouhin zufolge diese Bezeichnung selbstverständlich nicht verdienten.

Recioto (ital.) Ein starker, süßer, italienischer Wein (vor allem aus der Umgegung von Verona), der aus rosinierten Trauben hergestellt wird, die an der Luft getrocknet wurden (Appassimento).

Redoxreaktion Ursprünglich nahm man an, dass der Alterungsprozess eines Weins rein oxidativ verläuft. Dann entdeckte man, dass für jede im Wein oxidierte Substanz (lagert Sauerstoff an) eine andere reduziert wird (gibt Sauerstoff ab). Dies bezeichnet man als Redoxreaktion. Den Sinnen eröffnen Weine sowohl ihre oxidativen als auch reduktiven Eigenschaften. Im Beisein von Luft neigt ein Wein zu oxidativen Eigenschaften, wird er von der Luftzufuhr abgeschlossen, überwiegen reduktive Merkmale. Daher ist das Bukett eines flaschengereiften Weins reduktiv geprägt und das Aroma eines frischen, jungen Weins eher oxidativ als reduktiv.

reduktiver Ausbau Je kürzer ein Wein dem Kontakt mit Luft ausgesetzt wird, desto stärker ist seine reduktive Note. In ihrem Grundcharakter so unterschiedliche Weine wie Champagner, Muscadet sur Lie und Beaujolais Nouveau sind Beispiele für reduktive Weine. Sie stehen im Gegensatz zu oxidativen Weinen, vom lebendigen, autolytischen Champagner, über den Muscadet sur Lie mit seiner nur leise anklingenden autolytischen Note, bis zum Amylaroma des Beaujolais Nouveau. Einen guten Kontrast bilden der reduktive Madeira und der oxidative Sherrry. Der Begriff wird auch missbräuchlich verwendet, da ihn viele Weinverkoster zur Beschreibung eines fehlerhaften, zu stark reduzierten Weins einsetzen.

Refraktometer Ein optisches Gerät zur Messung des Zuckergehalts von Trauben.

reich Eine ausgewogene Frucht und Fülle auf dem Gaumen und im Abgang.

reif Trauben reifen und Weine werden ausgebaut. Bei der Frucht und auch der Säure in einem Wein kann man jedoch ebenfalls von reifen sprechen. Ein reifer Wein ist auf dem Höhepunkt seiner Entwicklung.

rein Ein aussagekräftiger Begriff für jeden Wein, der frei von unerwünschten oder unnatürlichen Noten in seinem Aroma oder Geschmack ist.

Remontage (frz.) Überpumpen; *siehe* dort.

Remuage (frz.) Ein wichtiger Vorgang bei Herstellung von Champagner (*Méthode Champenoise*). Durch Drehen und Rütteln der kopfüber im Rüttelpult (*Pupitre*) steckenden Flaschen wird der Hefesatz vom Flaschenboden zum Flaschenhals verfrachtet (Abbildung *siehe* S. 168). Dies ist die Arbeit der Remuers, die jedoch zunehmend von maschinellen Gyropaletten (Abbildung *siehe* S. 532) übernommen wird.

Reserveweine Stillweine aus früheren Jahrgängen werden mit den Weinen eines bedeutenden Jahres verschnitten (*Assemblage*), um einen harmonischen, keinem Einzeljahrgang angehörigen Champagner herzustellen.

rezent Beschreibt einen frischen, vollen Wein mit einer schönen Säure.

Rheingau Eines der 13 großen Anbaugebiete in Deutschland. *Siehe* Anbaugebiet.

Rheinhessen Eines der 13 großen Anbaugebiete in Deutschland. *Siehe* Anbaugebiet.

Riesling Hochgewächs Eine Bezeichnung (seit 1987) für Riesling-Qualitätsweine aus allen deutschen Anbaugebieten. Weine mit dieser Bezeichnung müssen bereits bei der Lese erfasst sein und höheren Anforderungen als den üblicherweise geltenden gerecht werden. *Siehe* auch *Cru*.

Rotling Ein dem Rosé ähnlicher Wein aus roten und weißen Trauben.

rund Beschreibt einen Wein, der voll im Geschmack und in sich »stimmig« ist, also nach Herkunft, Traubensorte und Jahrgang nichts zu wünschen übrig lässt. Dies muss nicht unbedingt ein großer Wein sein.

Rüttelpult Französisch: *Pupitre*. *Siehe* Remuage.

SA *Siehe Sans Année*

Saale-Unstrut Eines der 13 großen Anbaugebiete in Deutschland. *Siehe* Anbaugebiet.

Sachsen Eines der 13 großen Anbaugebiete in Deutschland. *Siehe* Anbaugebiet.

saftig Beschreibt einen fruchtigen, vollen Wein.

Saignée (frz.) Ein Rosé-Wein, der nach 12 bis 48 Stunden Gärung von der Maische abgezogen wurde.

samtig Beschreibt einen weichen Rotwein mit viel Extrakt, der nicht zu viele Gerbstoffe hat.

samtige Eichennote Eine verhaltenere Version des Vanille-Eichenholz-Tons, die höchstwahrscheinlich auf Holzlactone während der Reifung in kleinen Eichenfässern zurückzuführen ist.

Sans Année (frz.) SA auf französischen Etiketten bedeutet Sans Année: ohne Jahr. Es handelt sich also um einen Wein, der aus verschiedenen Jahrgängen verschnitten wurde.

Sattelgeruch, Pferdeschweiss Etliche australische Syrahs riechen »verschwitzt«, was durch die Hefebakterien *Brettanomyces* hervorgerufen werden kann. Manche Weinkonsumenten betrachten dies jedoch als charakteristisches Merkmal.

Säure Assoziationen mit säuerlich oder durchsäuert sind ganz und gar nicht gerechtfertigt, wenn beim Wein von Säure die Rede ist. Säure ist ein wichtiger Bestandteil des Weins, ohne sie würde er fad und flau schmecken. Die Säure verleiht dem Wein (vor allem dem Weißwein) erst die Frische und die Eleganz. Vor allem 2 Säuren treten im Wein auf: die Weinsäure und die Apfelsäure. Bei Rotweinen entsteht aus der Apfelsäure während der malolaktischen Gärung Milchsäure. Diese Säuren bleiben im Wein gebunden (gebundene Säuren). Eine flüchtige Säure ist beispielsweise die Essigsäure, die bei der Gärung entsteht. Sie verflüchtigt sich im Laufe der Zeit, indem sie sich in ein Gas umwandelt und verdunstet.

Sauser *Siehe* Most.

Scheitermost *Siehe* pressen.

Schönung Die Schönung dient dazu, den Wein von allen Schwebeteilchen zu befreien und um ihn zu stabilisieren. Dies geschieht im Allgemeinen mit Behandlungsmitteln, die die Schwebeteilchen binden und sich mit ihnen am Fassboden ablagern. Der Wein kann nun von den Ablagerungen abgezogen und in ein neues Fass umgefüllt (*Soutirage*) werden.

Schorle, Weinschorle Getränk aus je zur Hälfte Wein und Mineralwasser; in Österreich: Gespritzter (Gspritzter).

Schwarzer Bruch Ein Weinfehler, sichtbar an den Trübungen, die durch Verbindungen von Metallen mit Inhaltsstoffen des Weins entstanden sind. Ursachen sich nicht rostfreie Kellereigerätschaften.

Schwefelböckser Dieser bleibende Weinfehler – ein Schwefelgeruch ist feststellbar – ist durch zu hohe Beigaben von Schwefel entstanden. *Siehe* auch Mercaptanböckser.

Schwefeln Schwefel, ein chemisches Element, wird zum Abtöten von Keimen und zur Konservierung verwendet; schon den Griechen war die konservierende Wirkung des Schwefels bei der Weinbereitung bekannt. Schwefel verhindert die Oxidation des Weins; erst wenn er im Laufe des Reifungsprozesses des Weins aufgebraucht ist, wird Wein zu Essig. Schwefel neutralisiert außerdem das Acetaldehyd, das bei der Gärung zu Tage tritt und einen unangenehmen Alterston entstehen lässt.

Schwefelsäurefirn Ein Weinfehler, der auf wiederholte Einschwefelung von Holzfässern zurückgeht. Dabei kann Schwefelsäure entstehen. Auf den Zähnen empfindet man außerdem einen »stumpfen« Belag.

Schwefelwasserstoff Wenn sich Wasserstoff mit Schwefeldioxid verbindet, entsteht ein an verdorbene Eier erinnernder Geruch. Wenn dies vor der Flaschenabfüllung auftritt und augenblicklich die entsprechenden Maßnahmen ergriffen werden, lässt sich der Wein noch korrigieren. Greift man jedoch nicht ein, kann sich der Schwefelwasserstoff zu Mercaptan weiterentwickeln und den Weinfehler Mercaptanböckser hervorrufen.

schwer Beschreibt einen Wein aus südlichen Anbaugebieten mit viel Alkohol und Extrakt.

schwungvoll, spritzig Diese Begriffe verweisen auf eine erfrischende, lebhafte und vitale Eigenschaft, die auf ein harmonisches Verhältnis von reifer Fruchtsäure im Wein zurückzuführen ist.

sec (frz.) Trocken.

Sekt Im deutschsprachigen Raum die Bezeichnung für Schaumwein. Unterschiede zum Champagner: zweite Gärung im Tankgärverfahren (anstatt in der Flasche), der Wein wird vom Tank auf Flaschen gezogen (*Remuage* und *Dégorgement* entfallen), meist sortenrein aus derselben Lage und demselben Jahrgang und meist aus preisgünstigem italienischem Traubengut (an Stelle einer *Assemblage*). *Siehe* auch *Assemblage, Dégorgement, Remuage*.

Sélection de Grains Nobles (frz.) Im Elsass bezeichnet man damit einen seltenen, intensiv süßen, edelfaulen Wein. *Siehe* auch *Botrytis cinerea*.

sherryartig Dieser Begriff bezieht sich auf den Geruch eines Weins in einem fortgeschrittenen Stadium der Oxidation, der bei schwachen oder nicht aufgespriteten Weinen unerwünscht und auf ein Übermaß an Acetaldehyd zurückzuführen ist.

Solera (span.) Eine Lagerungs- und Verschnitt-Methode von Sherry, bei der ein bestehender Verschnitt fortwährend mit neuem Wein aufgefrischt wird (der Anteil des neuen Weins entspricht der aus der *Solera* entnommenen Menge), um einen Wein gleich bleibender Qualität und beständigen Charakters zu erhalten. Einige der heute bestehenden Soleras wurden im 19. Jahrhundert angelegt. Tatsächlich beinhaltet jede einzelne heute verkaufte Flasche einer Solera eine unendlich kleine, nicht in Teelöffeln sondern nur in Molekülen zu messende Menge aus jedem Jahrgang von der Einrichtung der Solera bis zum letzten Jahr vor der Abfüllung.

Sommelière, Sommelier In einem Restaurant der gehobenen Gastronomie mit gut ausgestattetem Weinkeller ist die Sommelière oder der Sommelier zuständig für den Einkauf und die Lagerung der Weine sowie für die Beratung der Gäste.

Sommerschnitt *Siehe* Rebschnitt.

Sorbinsäure Eine in den Beeren der Eberesche enthaltene Substanz, die die Hefebildung verhindert. Süßen Weinen wird mitunter Sorbinsäure zugefügt, um eine Nachgärung zu unterbinden. Wenn der Wein anschließend einer malolaktischen Gärung unterzogen wird, kann sich ein kräftiger Geranienduft entwickeln.

Sortenbukett, Sortencharakter, sortentypisch Der einzigartige und unverwechselbare Charakter einer einzelnen Rebsorte, der sich im Wein wieder findet.

Soutirage (frz). Wechsel eines Weins in ein anderes Fass. *Siehe* auch Schönung.

Spätlese In Deutschland (Qualitätswein mit Prädikat) und Österreich (Prädikatswein) Weine der höchsten Qualitätsstufe. Deutschland: 76 bis 90 °Öchsle, vollreife Trauben (was bereits während der Hauptlese möglich ist). Österreich: mindestens 19 °KMW (94 °Öchsle), vollreife Trauben.

spitz Beschreibt einen Wein mit unangenehm hervortretender Säure aus unreifen Trauben.

spritzig Gleich bedeutend mit *pétillant*.

Spumante (ital.) Italienische Bezeichnung für Schaumwein; entspricht dem Sekt.

spundvoll *Siehe Ouillage*.

stahlig Beschreibt einen ausdrucksvollen Wein mit angenehmer Säure.

Staubiger *Siehe* Most.

stilvoll Beschreibt einen Wein der die subjektiven Qualitäten Charme, Eleganz und Finesse besitzt. Ein Wein kann den »Stil« einer bestimmten Region oder eines bestimmten Weintyps aufweisen, aber er ist entweder stilvoll, oder er ist es nicht. Damit widersetzt er sich jeder weiteren Definition.

stoffig Beschreibt einen kräftiger, vollen Wein.

Straußwirtschaft *Siehe* Buschenschank.

Strohwein *Siehe Vin de Paille*

Struktur Die Struktur eines Weines setzt sich aus dem Verhältnis von Feststoffen (Tannin, Säure, Zucker, Extrakt und Dichte der Fruchtnote) zu Alkohol zusammen und berücksichtigt, welch positiven Eindruck sie im Mund hervorrufen.

Stück Ein Fass mit einem Fassungsvermögen

von 1 200 l; außerdem Halbstück (600 l) und Viertelstück (300 l).

Sturm *Siehe* Most.

Subskription Vor allem Bordeaux-Spitzenweine werden per Subskription gekauft, also noch bevor der Wein abgefüllt ist. Man verlässt sich dabei auf das Urteil erster Verkostungen.

subtil Obwohl dieser Begriff eine bedeutende, wenn auch unaufdringliche Eigenschaft beschreiben sollte, wird er oft von Weinsnobs und selbst ernannten Experten verwendet, wenn sie den Wein einer berühmten Marke verkosten und wissen, dass er einen besonders guten Eindruck hinterlassen sollte, sie aber nichts Außergewöhnliches daran entdecken können. In diesem Fall benötigen sie eben ein Wort mit großem Interpretationsspielraum, um sich aus ihrer selbst geschaffenen Klemme zu befreien.

Supertoskaner Dieser Begriff wurde in den 80er Jahren für die mit Cabernet aufgebesserten, italienischen *Vini-da-Tavola*-Verschnitte aus der Toskana geprägt, die eine weit höhere Qualität aufwiesen als DOCG-Weine.

sur Lie (frz.) Auf dem Hefesatz. *Siehe* Geläger, Hefesatzlagerung.

Süßholz Eine oftmals in Monbazillac anzutreffende Geschmacksnote; sie könnte aber auch in jedem anderen reichen süßen Wein vorkommen.

Süßreserve Zusatz von unvergorenem Traubensaft zu einem vollständig vergorenen Wein, sodass dieser eine gewisse an Trauben erinnernde Frische und Süße erhält. Eine in Deutschland und Österreich übliche, jedoch zurückgehende Praxis.

Tabakaroma Einige Traubensorten besitzen eine Tabak-Note (insbesondere Syrah und Sauvignon Blanc). Diese Eigenschaft kann von einem stark getoasteten Eichenfass stammen, oder auf einen ungefilterten Wein verweisen. Einige talentierte Weinerzeuger stechen ihre Weine nicht ab und unterlassen mitunter sogar den Filtrationsprozess in dem leidenschaftlichen Verlangen, den vollen Charakter zu erhalten und einen Wein mit einer individuellen, ausdrucksvollen Note hervorzubringen.

Tafelwein Bezeichnet Weine der untersten Qualitätsstufe. Der Begriff muss jedoch nicht abwertend gemeint sein; er entspricht dem französischen *Vin de Table* und dem italienischen *Vino da Tavola*.

Taille Für Champagner darf Wein nur in einer bestimmten Menge aus den ersten 3 Pressvorgängen verwendet werden. Der Most aus dem ersten Pressvorgang, der *Tête de Cuvée*, wird für die besten Produkte eines Champagner-Hauses verwendet, der Most der zweiten und dritten Pressung heißt *Taille* oder *Vin de Taille*.

Talento (ital.) Seit März 1996 ist italienischen Herstellern von Weinen nach der *Méthode Champenoise* gestattet, den neuen Begriff *Talento* zu verwenden. Er wurde am Instituto Talento Metodo Classico, das 1975 unter dem Namen Instituto Spumante Classico Italiano gegründet wurde, als Handelsmarke eingetragen. Talento ist nahezu gleich bedeutend mit dem spanischen Ausdruck Cava. Um ihm völlig gleichgestellt zu sein, würde er den Schutz einer DOC benötigen, und um diesen zu erhalten, müssten sämtliche Produktionsflächen kartiert werden. In jedem Fall wird es italienische Hersteller viel Talento kosten, um den Großteil der italienischen Spumante *brut* in eine internationale Klasse für Schaumweine zu verwandeln.

Tankgärverfahren *Siehe Cuve Close, Méthode Charmat.*

Tannin Tannine sind verschiedene Phenolverbindungen, die natürlich im Wein vorkommen und aus den Schalen, Kernen und Stielen der Trauben stammen. Sie können aber auch insbesondere beim Barrique-Ausbau aus dem Eichenholz aufgenommen werden. Traubentannine lassen sich in »reife« und »unreife« einteilen, wobei erstere überaus erwünscht sind. In einem harmonischen Gleichgewicht sind beide Typen für die Struktur von Rotweinen wichtig, da sie die vielen Geschmacksnoten miteinander verbinden. Unreife Tannine sind nicht wasserlöslich und werden ungeachtet des Alters des Weins scharf bleiben. Reife Tannine hingegen sind wasserlöslich, werden bereits beim jungen Wein als geschmeidig oder höchstens als griffig empfunden und fallen mit zunehmender Reife des Weins aus. Dass reife Tannine mit dem Alter des Weins weicher werden, ist für die Struktur eines ernst zu nehmenden Rotweins bedeutend und nützlich, wenn man Speise und Wein aufeinander abstimmen möchte.

Tastevin (frz.) Eine Silberschale, die vor allem im Burgund zur Weinverkostung verwendet wird. Deutsch: Probentasse.

Terroir (frz.) Wörtlich bedeutet dieser Ausdruck »Boden«, im Weinbau bedeutet er jedoch weit mehr. Er bezeichnet die gesamte Wachstumsumgebung eines Weinbergs, das Zusammenwirken von Höhenlage, geografischer Ausrichtung, Klima, Boden und anderer bedeutender Faktoren, die das Leben eines Rebstocks und somit die Qualität der von ihm produzierten Trauben beeinflussen.

Tête de Cuvée (frz.) Bezeichnet den Most aus dem ersten Pressvorgang. Er weist die höchste Qualität auf und besitzt das ausgewogendste Verhältnis von Säuren, Zuckern und Mineralstoffen. Erstrangiger Champagner enthält ausschließlich *Tête de Cuvée*.

Tirage sur Lie (frz.) *Siehe* Geläger, Hefesatzlagerung

Toastaroma 1. Ein sich langsam entwickelndes, in der Flasche hervorgerufenes Aroma, das üblicherweise mit Chardonnay assoziiert wird, sich aber auch in anderen Traubensorten und auch Rotweinen ausbilden kann. Ein Toastaroma aus der Flasche eröffnet sich häufig nicht in der Nase sondern erst im Abgang. – 2. Ein sich rasch entwickelndes, durch Eiche hervorgerufenes Aroma. – 3. Fässer werden während ihres Baus in drei verschiedenen Graden getoastet: gering, mittel und hoch.

Toasting Das Flämmen der inneren Wand eines Barriquefasses. Das Toasten des Fassholzes verleiht den darin gereiften Weinen später einen Röstton. *Siehe* auch S. 40.

träge Beschreibt einen Wein, dem es an Säure mangelt und der dadurch langweilig, schwach und kurz ist.

Transvasage (frz.) Früheres Verfahren der Champagner-Herstellung, bei dem der Wein in eine andere Flasche umgefüllt wurde, um ihn vom Hefedepot zu trennen. Dies geschah unter Druck, um die *Mousse* zu erhalten.

Treber, Trester Das Gemenge aus Traubenschalen, Kernen und Stielen nach dem Pressen.

Trester Aus den Pressrückständen hergestellter Brand. In Italien: Grappa, in Frankreich: Marc.

Tresterhut Während der Maischegärung steigen die festen Bestandteile der Trauben wie Beerenschalen oder Stiele nach oben und bilden an der Oberfläche der Maische den Tresterhut. *Siehe* auch Überpumpen.

Tri (frz.) Wörtlich: aussortieren. Die Lese nur der besten Trauben oder sogar einzelner Beeren, vor allem, wenn es sich um edelfaule Beeren handelt. Dies kann in bis zu einem Dutzend Lese-Durchgängen erfolgen.

Trichloranisol Der Hauptverantwortliche, wenn auch nicht einzige Schuldige, für korkigen Wein. Trichloranisol findet sich ebenso in Eichendauben wie in Kork. *Siehe* Korkgeschmack.

trocken Beschreibt einen durchgegorener Wein mit geringem Gehalt an Restsüße.

Trockenbeerenauslese Wein aus überreifen, rosinierten (rosinenartig getrockneten), edelfaulen Trauben (*siehe* auch *Botrytis cinerea*) mit mindestens 150 °Öchsle (30 °KMW). Die Trauben und oftmals die einzelnen Beeren werden spät und häufig per Hand gelesen. Der Wein besitzt eine goldgelbe bis bernsteinfarbene Tönung, einen intensiv süßen, komplexen Geschmack – wie ihn nur diese »edelsüßen« Weine haben – und eine dickflüssige Konsistenz. Er unterscheidet sich ebenso stark von Beerenauslese wie diese vom Kabinett.

typisch Ein überbeanspruchter und keineswegs ehrlicher Begriff für ehrlich.

Überpumpen Während der Rotweingärung steigen die festen Bestandteile der Maische (Beerenschalen, Stiele) nach oben und bilden den so genannten Tresterhut. Zur Steigerung der Extraktion der Inhaltsstoffe aus den Schalen und Stielen ist jedoch eine gute Durchmischung zwischen Most und Tresterhut erforderlich. Dazu wird Most vom Boden des Gärbehälters nach oben über den Tresterhut gepumpt (frz. *Remontage*). Nach einem anderen Verfahren wird der Tresterhut in den Most untergetaucht (frz. *Pigeage*).

UC (frz.) *Siehe* Union Coopérative.

Union Coopérative, UC (frz.) Lokale oder regionale Genossenschaft in Frankreich.

University of California Die University of California in Davis mit ihrem Lehrstuhl für Önologie gilt als Zentrum der wissenschaftlichen Forschung im Weinbau.

Unterlage, Unterlagsrebe Der untere Teil eines Rebstocks, üblicherweise (seit der Reblauskatastophe) ein amerikanischstämmiger, reblausresistenter Wurzelstock. *Siehe* auch S. 21.

üppig Beschreibt eher einen öligen süßen Wein als einen vollmundigen Rotwein.

UTA Ein »untypischer Alterston«, der an die Empfindung von feuchter Pappe erinnert. Dieser Weinfehler kann auf Wassermangel im Weinberg zurückzuführen sein. Tatsächlich könnte der Eindruck von feuchter Pappe aber auch vom Papppkarton herrühren, in dem die Weingläser verpackt waren.

Uvaggio (ital.) Italienisch für Cuvée.

VDL (frz.) *Vin Doux Liquoreux. Siehe* Liqueur.

VDLT (span.) *Siehe Vino de la Tierra.*

VDN (frz.) *Vin Doux Naturel. Siehe* Liqueur.

VDQS (frz.) *Siehe Vin Délimité de Qualité Supérieur.*

VDT (ital.) *Siehe Vino da Tavola.*

Vendange (frz.) Weinlese

Vendange Tardive (frz.) Spätlese. *Siehe* dort.

Vendemmia (ital.) Weinlese

Vendimia (span.) Weinlese.

Véraison (frz.) Beginn der Reifephase der Beeren mit dem Farbumschlag von grün auf gelbgrün beziehungsweise auf rot. Abbildung *siehe* S. 31.

Verband deutscher Prädikats- und Qualitätsweingüter, VDP Der Verband zählt etwa zweihundert Mitgliedsbetriebe, die sich u. a. durch dauerhaft hohen Qualitätsstandard immer wieder auszeichnen müssen. Auf dem Etikett sind die Weine an dem Adler-Wappen mit der stilisierten Traube zu erkennen.

Veredelung Das Pflanzen (pfropfen) eines lebenden Pflanzensprosses (Edelreis) mit Knospen (Augen) auf einen Wurzelstock (Unterlage, Unterlagsrebe). Dazu wird in die Unterlagsrebe ein Schnitt eingebracht, in den das Edelreis gesteckt wird, sodass beide miteinander verwachsen können. Die genetischen Anlagen des so entstandenen neuen Rebstocks bestimmt das Edelreis (im Gegensatz zur Kreuzung, bei der beide Elternteile ihre Erbanlagen weitergeben). Nach der Reblauskatastrophe Ende des 19. Jahrhunderts wurden die reblausanfälligen Europäerreben auf resitente Amerikanerreben veredelt.

Verrieseln Unter Verrieseln (frz. *Millerandage*) versteht man die ungenügende Befruchtung der Blüten am Rebstock, was zur Folge hat, dass nur wenige Beeren an der Traube hängen. Ursachen können kühle und feuchte Witterung mit zu wenig Lichteinstrahlung, Schädlinge oder Pilze sein.

Verschnitt Wein aus mehreren Weinen verschiedener Rebsorten und/oder verschiedenen Jahrgängen. *Siehe* auch *Cuvée.*

Viertelstück Ein Fass mit einem Fassungsvermögen von 300 l.

Vigneron (frz.) Winzer.

Vignoble (frz.) Weinberg.

Vin de l'Année (frz.) Wein, der aus Trauben der zurückliegenden Lese gekeltert wurde und noch kein Jahr alt ist, beispielsweise der Beaujolais Primeur. Er wird dann vom nächsten Wein abgelöst. In Österreich der Heurige.

Vin de Cépage (frz.) Sortenreiner Wein.

Vin de Garde (frz.) Ein ausgezeichneter Wein, der sich durch lange Lagerung noch deutlich steigern kann.

Vin de Goutte (frz.) Vorlaufmost. *Siehe* pressen.

Vin d'une Nuit (frz.) Ein Rosé oder hellroter Wein, der nur eine Nacht der Maischegärung unterzogen wird.

Vin de Paille (frz.) Wörtlich: Strohwein. Ein komplexer süßer Wein, der aus Trauben hergestellt wird, die auf Strohmatten getrocknet werden, bis sie rosiniert sind. *Siehe* auch S. 222. Ähnliche Weine sind der Samos (Griechenland) oder der Commandaria (Zypern).

Vin de Pays (frz.) Eine Qualitätsstufe in Frankreich; über dem *Vin de Table* aber unter VDQS. *Siehe* auch S. 246. Entspricht etwa dem deutschen oder österreichischen Landwein oder dem italienischen IGT.

Vin de Presse (frz.) Pressmost. *Siehe* pressen.

Vin de Pressoir (frz.) Scheitermost. *Siehe* pressen

Vin de Qualité Produit dans les Régions Determinées, VQPRD Qualitätswein bestimmter Anbaugebiete nach EU-Norm.

Vin de Table (frz.) Wörtlich Tafelwein, obwohl eine direkte Übersetzung dieses Begriffs nicht unbedingt zutrifft. Hiermit wird die unterste Weinkategorie in Frankreich bezeichnet, die weder die Traubensorte noch den Lagenamen auf ihrem Etikett führen darf. Zumeist besteht er aus verschiedenen Rebsorten zahlreicher Anbaugebiete, die im Tank verschnitten wurden, um einen Wein gleich bleibender Qualität zu erzeugen. Entspricht dem deutschen oder österreichischen Tafelwein oder dem italienischen *Vino da Tavola.*

Vin de Taille *Siehe Taille.*

Vin Délimité de Qualité Supérieure, VDQS (frz.) Französische Qualitätsstufe, die unter der *Appellation d'Origine Contrôlée* (AOC), aber über *Vin de Table* und *Vin de Pays* einzuordnen ist.

Vin Doux Liquoreux, VDL *Siehe Liqueur.*

Vin Doux Naturel, VDN *Siehe Liqueur.*

Vin Jaune (frz.) Dies ist der berühmte »goldene Wein« des Jura. Seinen Namen verdankt er der honiggelben Farbe, die er durch eine behutsame Oxidation unter einem sherryartigen Flor erhält. Obwohl er nicht aufgespritet ist, erinnert er an einen lange gelagerten Fino Sherry.

Vin Mousseux (frz.) Dieser Begriff, der wörtlich Schaumwein bedeutet, bietet keinen Hinweis auf die Qualität des Weins. Da jedoch alle erlesenen Schaumweine Frankreichs andere Bezeichnungen in ihrem Etikett führen, bezeichnet *Vin Mousseux* in der Praxis ein billiges Produkt geringer Qualität.

Vin Nouveau (frz.) *Siehe Vin Primeur.*

Vin Ordinaire (frz.) Dieser Begriff bedeutet wörtlich gewöhnlicher Wein und bezeichnet einen billigen, einfachen Wein.

Vin Primeur Junger Wein, der noch im Jahr seiner Herstellung getrunken wird. Die offizielle Bezeichnung für den berühmtesten *Vin primeur* lautet Beaujolais Primeur. Für den Export wird dieser Wein vorwiegend als Beaujolais Nouveau deklariert.

Vin Special de Qualité Produit dans les Régions Déterminées, VSQPRD (frz.) Qualitätsschaumwein nach EU-Norm.

Vinho Regional, VR (port.) Die unterste Stufe im portugiesischen Appellationssystem. Ein VR lässt sich mit der regionalen *Vin-de-pays*-Kategorie in Frankreich vergleichen.

Vinifikation Dieser Begriff umfasst weit mehr als den Gärungsprozess allein. Er bezieht sich auf den gesamten Vorgang der Weinerzeugung vom Augenblick der Lese der Trauben bis zur endgültigen Flaschenabfüllung des Weins.

Vino de Mesa (span.) Tafelwein, Tischwein.

Vino Novello (ital.) Junger Wein, der noch im Jahr der Lese getrunken werden sollte. Entspricht dem *Vin Primeur.*

Vino da Tavola (ital.) Angeblich der niedrigste Rang im italienischen Appellationssystem. In der Praxis umfasst er einige der größten Weine des Landes. *Siehe* S. 319.

Vino de la Tierra, VDLT (span.) Qualitätsstufe Landwein in Spanien, steht jedoch dem französischen *Vin Délimité de Qualité Supérieure* (VDQS) näher als dem *Vin de Pays.*

Vitamin C *Siehe* Ascorbinsäure.

Vitis vinivera Dieser Weinart gehören sämtliche Rebsorten an, die die Trauben für die klassische Weinerzeugung hervorbringen.

voll Dieser Begriff bezieht sich üblicherweise auf den Körper eines Weins. Ein Wein kann aber auch leicht im Körper und dennoch voll im Geschmack sein.

vollmundig Beschreibt einen Wein, der mit seinem zufrieden stellenden Geschmack leicht den Mund füllt. Er ist nicht zurückhaltend, besitzt aber auch keine zu auffällige Note.

vollständig vergoren Ein Wein, der seinen natürlichen Gärungsvorgang vollständig durchlaufen darf. Das Ergebnis ist ein vollkommen trockener Wein.

Vorlaufmost *Siehe* pressen.

VQPRD (frz.) *Siehe Vin de Qualité Produit dans les Régions Déterminées.*

VR (port.) *Siehe Vinho Regional.*

VSQPRD *Siehe Vin Special de Qualité Produit dans les Régions Déterminées.*

weich Beschreibt einen runden Wein, der sich dem Höhepunkt seiner Reife nähert.

Weinlese Die Traubenernte im Weinberg (Vorlese, Hauptlese, Spätlese).

Weinrebengewächse Die Pflanzenfamilie *Ampelidaceae* besitzt 10 *Genera,* von denen *Vitis* durch die Untergattung *Euvites* die Spezies *Vitis vinifera* enthält, zu der alle berühmten Traubensorten für die Weinherstellung gehören.

Weinstein Bei der Kaltstabilisierung während der Weinbereitung wird überschüssige Weinsäure in Form von Weinsteinkristallen (Kaliumhydrogentartrat) ausgefällt und sinkt auf den Boden des Fasses. Dass sich in der Flasche später Weinstein bildet, der im Aussehen Zuckerkristallen oder Glassplittern ähnelt, kommt deshalb kaum noch vor. Weinstein ist geschmacksneutral und kein Weinfehler.

Weissherbst Ein aus einer Einzelsorte erzeugter Roséwein, der ausschließlich aus roten Trauben (meist Blauer Burgunder oder Blauer Portugieser) hergestellt wird.

Wermut Ein aromatisierter Wein, der den Namen der gleich lautenden Pflanze trägt, die auch seinen Hauptbestandteil darstellt. Die frühesten Beispiele wurden im 16. Jahrhundert in Deutschland hergestellt und waren ausschließlich für den lokalen Genuss bestimmt. Als erster kommerzieller Wermut gilt der von Antonio Carpano 1786 in Turin geschaffene Punt-é-Mes. Traditionellerweise ist der italienische Wermut rot und süß und der französische weiß und trocken. Heute werden jedoch in beiden Ländern beide Wermutvarianten erzeugt. Wermut wird aus einem Verschnitt von sehr milden Grundweinen hergestellt (zwei oder drei Jahre alt, in Italien zumeist aus Apulien und Sizilien, in Frankreich aus Languedoc-Roussillon), denen ein Extrakt aromatischer Ingredienzien zugefügt wird. Anschließend wird der Wein mit Zucker gesüßt und mit reinem Alkohol aufgespritet. Der aus dem französischen Savoyen stammende helle und zart aromatisierte Chambéry ist der einzige Wermut mit offizieller Appellation.

Winterschnitt *Siehe* Rebschnitt.

Wood Chips Geröstete (getoastete) Eichenspäne, die – vor allem in der Neuen Welt – dem Wein während der Reifung im Edelstahltank beigegeben werden, um einen Barrique-Effekt zu erzielen. *Siehe* auch Barrique.

wuchtig Beschreibt einen Wein mit viel Alkohol und Körper.

Württemberg Eines der 13 großen Anbaugebiete in Deutschland. *Siehe* Anbaugebiet.

wurzelecht Bezeichnet einen Rebstock, dessen Wurzelstock und dessen oberen, Frucht tragenden Teil ein und dieselbe Pflanze darstellen, wenn also keine Veredelung (*siehe* dort) stattgefunden hat.

würzig Beschreibt einen Wein mit spezifischem Traubenaroma, vor allem aus Muskattrauben.

zitronenartig Viele trockene und halbsüße Weine besitzen eine bittere, fruchtige Säure, die an Zitronen erinnert.

zugänglich Damit werden leicht trinkbare Weine bezeichnet, bei denen das Trinkvergnügen nicht durch grüne Tannine, Säure oder unentwickelte Extraktstoffe beeinträchtigt wird. Dieser Begriff wird auch für junge Weine hoher Qualität verwendet, deren Klasse sich mit zunehmendem Alter steigert und deren Tannine schon in der Jugend geschmeidig sind.

zurückhaltend Beschreibt einen Wein, der möglicherweise aufgrund seiner Jugend nicht voll entfaltet ist, der sich aber mit zunehmender Reife entwickeln könnte.

Zweitwein, Zweitetikett Preisgünstigere Weine aus dem Programm eines Guts, die beispielsweise aus der Vorlese stammen.

REGISTER

Auf erläuternde Textpassagen zu Weinbauregionen und auf Kurzdarstellungen von Erzeugern verweisen **fette** Seitenzahlen, auf Bildunterschriften *kursive* Seitenzahlen
Bod. = Bodega, Ch. = Château, Dom. = Domaine, Qta. = Quinta

A

B

F

G

N

O

P

Q

R

DANK

Mein Dank gilt zuerst meinem Agenten Michael Sisson. Dies ist zwar nicht mein erstes Buch, jedoch mein erstes, das ich verfasst habe, seit ich bei Michael Sissons Agentur unter Vertrag stehe.

Einen wesentlichen Bestandteil dieses Buchs stellen die Landkarten dar, die in bewundernswerter Genauigkeit ausgearbeitet wurden von meinem Freund Michael Schmidt und Peter Markley (Lovell Johns Limited, Oxford), der einer der besten Kartographen der Welt ist. Besonderer Dank gilt John Noble, der ein tatsächlich umfassendes und erschöpfendes Register erarbeitet hat.

Außerdem danke ich allen Persönlichkeiten, die mit mir in Kontakt standen, die meine Reisen koordiniert haben, und die mir aus allen Teilen der Welt Weine zukommen ließen. Dank schulde ich insbesondere Gerard und Jo Ann Bentryn, Vicky Bishop, Eric Blondeau, Dick Boushey, Véronique Bramaud, Daniel Brennan, Myriam Broggi, Steve Burns, Larry Challacombe, Clive Coates MW, Christine Coletta, Charles Cunningham, François Duhamel, Marjorie Dundas Ruhf, Ricardo Ewertz, David Forbes, Michael Fridjohn, Monty Friendship, Christina Fuggit, Peter Gamble, James Halliday, Marie Hardie, Michael Hasslacher, Professor George Hess, Bill Huisman, Mel Knox, Roxanne Langer, Kit Lindlar, Harry MacWatters, Jean-Laurent Maillard, Cathérine Manac'h, Nico Manessis, Archie McClaren, David McCulloch, Lucy Meager, Fiona Morrison MW, Hazel Murphy, Christine Pascal, Michael Parry, David Peppercorn MW, Thomas Perry, John Radford, Jennifer Sanguiliano, Michael Schmidt, Peter Scudamore-Smith MW, Simon Siegl, Con Simos, Tony Skuriat, Don Ziraldo, and Larry Walker.

BILDNACHWEIS

l = links, m = Mitte, o = oben, r = rechts, u = unten

Bildagentur Mauritius E. Gebhardt 265 r; Koch 285; Rossenbach 280. Cephas: Kevin Argue 499; Nigel Blythe 52, 292, 293, 302, 558; Andy Christodolo 260, 264, 503, 505, 520 u, 540, 548; Bruce Flemming 440; Kevin Judd 2, 547; Alain Proust 428; Mick Rock 1, 2, 5, 6, 22, 28 o, 29, 29, 29, 33, 33, 34, 38, 58 m, 61, 62, 63, 76, 86 ul, 121 o, 121 u, 135 o, 135 u, 136, 138, 139, 144 u, 151, 155, 157, 159, 165 l, 167 or, 169, 170, 181 u, 186, 207, 211, 246, 255, 258, 269, 290, 291 o, 291 u, 298 o, 300, 316, 318, 320, 330, 331, 332, 348, 350, 355, 358, 362 o, 371, 376, 380, 381, 385, 391, 309, 406 o, 406 u, 407, 408, 409, 411, 412, 420, 422, 475 o, 481, 487, 516, 522; Ted Stefanski 6, 449. Click Chicago: Peter Fronk 442 o, 480, 488; John Lawlor 444; Chuck O'Rear 447. Horizon: Milton Wordley 533. Imagebank: S. Barbosa 504. Impact: Pamla Toler 545 t, 545 u. Landscape Only: Charlie Waite 194, 339 o, 339 u. Picture Index: Guy Gravett 192. Scope: Jean-Luc Barde 131, 152, 158, 227; Jacques Guillard 24, 180, 196 o, 198 o Michel Guillard 4, 30 or, 30 ul, 31 ul, 36 u, 37 l, 58 o, 58 u, 73, 77 o, 77 u, 81, 82 l, 82 r, 86 or, 86 mr, 90 o, 91 or, 92 o, 114 or, 114 ul, 241; Jacques Sierpinski 233; Jean-Daniel Sudres 31 or. Susan Griggs Agency: Adam Woolfitt 307 o. Visionbank: Michael Freeman 456; Colin Maher 66, 93. Zefa: Armstrong 463; F. Damm 37 r; Eigen 298 u; Fotostudio 308, 405; Harlicek 307 u; Justitz 311; W. H. Mueller 23 l; K. Oster 273; W. Rötzel 270; Haro Schumacher 424; Til 271. Anthony Blake 113, 114 ul, 196 u, 199 o, 282. Anthony Blake / G. Buntro 362 u. Harry Baker 30 ol. Bernard Breuer 28 ol, 281 u. Michail Busselle 85. Martin Cameron 566. Champagne Bureau 30 ur, 31 ol, 164 o, 167 ol. Champagne Deutz 166 or. Champagne Pommery 165 r. Chateau Haut-Brion 90 u. CIVC Epernay 164 o, 166 o. Stephanie Colasanti 397. Bruce Coleman / Herbet Kranwetter 392. Bruce Coleman / Sandro Prato 425 l. Andy Crawford 16, 16, 17, 17, 39, 40 u, 41, 559. Pedro Domecq 502. Patrick Eagar 23 r, 124 o, 193, 193, 538. Neil Fletcher p 563, 564. Food and Wine from France 31 ur, 198 u. French Government Tourist Office 222. Steve Gorton 265 l. Sonia Halliday 419. Sonia Halliday / F.H.C. Birch 21. Margaret Harvey 544. Hudson Picture Library 417. Denis Hughes-Gilbey 31 mr, 199 u. Dave King 564, 565. Krug 166 ol. Laurent Perrier 166 u, 166 u. Ian O'Leary 7, 18-19. David Murray 561, 562. David Murray / Jules Felmes 35, 560. Piper's Brook Vineyard 525. Janet Price 6, 36 o, 86 ur, 103 o, 103 u, 124 u, 130, 132, 133, 144 o, 182, 210 o, 210 u, 507, 519, 520 o, 521, 526 o, 532 o, 532 u. Louis Roederer 167 ur. Kim Sayer 7. Silvestris Fotoservice, Hackenberg 304. Sotheby's 9, 10, 11, 12, 13. Tom Stevenson 28 u, 40 o, 91 ul, 91 ur, 92 u, 181 o. Tony Stone 539. Tony Stone / Fritz Prenzl 542. J. C. Tordai 415. Trip 416. Jon Wyand 284, 323, 442 u, 458, 469, 475 u. Yapp Brothers 212.

ILLUSTRATIONEN

Sandra Fernandez: Illustrationen im Glossar der Rebsorten (S. 42–48). Alle anderen Illustrationen: Kuo Kang Chen.